Graf von Westphalen
Produkthaftungshandbuch, Band 1

Produkthaftungshandbuch

Band 1: Vertragliche und deliktische Haftung, Strafrecht und Produkt-Haftpflichtversicherung

Herausgegeben von:

Rechtsanwalt *Dr. Friedrich Graf von Westphalen*

Verfaßt von:

Dr. Ulrich Foerste, Akademischer Rat an der Universität Göttingen;
Rechtsanwalt *Dr. Eberhard Goll,* Mitglied der Geschäftsleitung
der Stinnes-Trefz AG, Stuttgart;
Dr. Sigurd Littbarski, Universität Frankfurt/M.;
Dr. Friedrich Graf von Westphalen, Rechtsanwalt in Köln

C. H. Beck'sche Verlagsbuchhandlung
München 1989

Zitiervorschlag:
Produkthaftungshandbuch / *Bearbeiter*
Beispiel: Produkthaftungshandbuch / *Graf von Westphalen,* § 4 Rz. 22

CIP-Titelaufnahme der Deutschen Bibliothek

Produkthaftungshandbuch / Hrsg.: Uwe Diederichsen u. Friedrich Graf von Westphalen. – München : Beck.
NE: Diederischsen, Uwe [Red.]

Bd. 1. Vertragliche und deliktische Haftung, Strafrecht und Produkt-Haftpflichtversicherung / verf. von: Ulrich Foerste . . . Hrsg.: Friedrich Graf von Westphalen. – 1989
ISBN 3 406 33193 9
NE: Foerste, Ulrich [Mitverf.]

Bd. 1: ISBN 3 406 33193 9
Gesamtwerk Bd. 1 und Bd. 2: ISBN 3 406 34196 9

Druck der C. H. Beck'schen Buchdruckerei, Nördlingen

Inhaltsübersicht

Inhaltsübersicht

Inhaltsverzeichnis

1. Teil. Vertragliche Haftung

Rz.

§ 1 Der Fehler – Der Mangel

§ 2 Die Haftung für Eigenschaftszusicherungen beim Kauf- und Werkvertrag

§ 6 Arglistiges Verschweigen und arglistiges Vorspiegeln von Eigenschaften gemäß § 463 Satz 2 BGB

§ 7 Die Haftung auf Grund einer Garantie

Abkürzungsverzeichnis

ABl.EG	Amtsblatt der Europäischen Gemeinschaften
AcP	Archiv für die civilistische Praxis (Band, Seite)
AdSp	Allgemeine Deutsche Spediteurbedingungen
AG	Aktiengesellschaft; mit Ortsnamen: Amtsgericht
AG	Die Aktiengesellschaft (Zeitschrift)
AGB	Allgemeine Geschäftsbedingungen
AGBE	Bunte, Entscheidungssammlung zum AGB-Gesetz, Bd. I: Entscheidungen aus den Jahren 1977–1980, Bd. II: Entscheidungen aus dem Jahr 1981, Bd. III: Entscheidungen aus dem Jahr 1982, Bd. IV: Entscheidungen aus dem Jahr 1983. Bd. V: Entscheidungen aus dem Jahr 1984, Bd. VI: Entscheidungen aus dem Jahr 1985 mit Gesamtregister der Bde. I–VI.
AGBG	Gesetz zur Regelung des Rechts der Allgemeinen Geschäftsbedingungen
AGNB	Allgemeine Beförderungsbedingungen für den gewerblichen Güternahverkehr mit Kraftfahrzeugen
AHB	Allgemeine Bedingungen für die Haftpflichtversicherung
AKB	Allgemeine Bedingungen für die Kraftfahrtversicherung
AktG	Aktiengesetz
AMG	Arzneimittelgesetz
Amtl. Slg.	Amtliche Sammlung
Anm.	Anmerkung
AnwBl	Anwaltsblatt (Zeitschrift)
AöR	Archiv des öffentlichen Rechts (Band, Seite) (Zeitschrift)
Art.	Artikel
ArztR	Arztrecht
AtomG	Atomgesetz
AUB	Allgemeine Bedingungen für die Unfallversicherung
Aufl.	Auflage
AVB	Allgemeine Versicherungsbedingungen; oder: Allgemeine Bedingungen für das Deutsche Bewachungsgewerbe/für die Versorgung mit elektrischem Strom, Gas und Wasser
AVV	Allgemeine Verwaltungsvorschrift
AWD	Außenwirtschaftsdienst des Betriebs-Beraters (Zeitschrift) = RIW
BAnz.	Bundesanzeiger
BauR	Baurecht, Zeitschrift für das gesamte öffentliche und zivile Baurecht
BAV	Bundesaufsichtsamt für das Versicherungswesen
BayObLGZ	Bayerisches Oberstes Landesgericht, Entscheidungssammlung in Zivilsachen (Jahr, Seite)
BB	Betriebs-Berater (Zeitschrift)
BBG	Bundesbeamtengesetz
Bd.	Band
BDA	Bundesvereinigung der deutschen Arbeitgeberverbände oder Bund Deutscher Architekten
BDI	Bundesverband der Deutschen Industrie
Beschl.-Anm.	Beschluß-Anmerkung
BGB	Bürgerliches Gesetzbuch

Abkürzungsverzeichnis

BGBl.	Bundesgesetzblatt
BGH	Bundesgerichthof
BGHSt.	Bundesgerichtshof, Entscheidungen in Strafsachen (Band, Seite)
BGHZ	Bundesgerichtshof, Entscheidungen in Zivilsachen (Band, Seite)
BOKraft	Verordnung über den Betrieb von Kraftfahrunternehmen im Personenverkehr
BR	Bundesrat
BRRG	Beamtenrechtsrahmengesetz
BT	Bundestag
BT-Drucks.	Bundestagsdrucksache
BVerfG	Bundesverfassungsgericht
BVerfGE	Entscheidungen des Bundesverfassungsgerichtes (Band, Seite); Amtl. Sammlung
BVerwG	Bundesverwaltungsgericht
BVerwGE	Entscheidungen des Bundesverwaltungsgerichtes (Band, Seite); Amtl. Sammlung
CR	Computer und Recht (Zeitschrift)
DAR	Deutsches Autorecht (Zeitschrift)
DB	Der Betrieb (Zeitschrift)
DB	Durchführungsbestimmung
DBW	Die Betriebswirtschaft (Zeitschrift)
DIHT	Deutscher Industrie- und Handelstag
DJ	Deutsche Justiz 1933–1945, vorher Justiz-Ministerialblatt für die preußische Gesetzgebung und Rechtspflege (Zeitschrift)
DJT	Deutscher Juristentag
DGKS	Deutsche Kernreaktor-Versicherungsgemeinschaft
DNotZ	Deutsche Notar-Zeitschrift
DÖV	Die Öffentliche Verwaltung (Zeitschrift)
DR	Deutsches Recht (1931–1945) (ab 1939 Ausg. A vereinigt mit Juristische Wochenschrift)
DVBl.	Deutsches Verwaltungsblatt
DVO (oder: DV)	Durchführungsverordnung
DVS	Deutscher Versicherungs-Schutzverband
EG	Einführungsgesetz; Europäische Gemeinschaft
EnWG	Energiewirtschaftsgesetz
EuGH	Europäischer Gerichtshof
EWG	Europäische Wirtschaftsgemeinschaft
EWGV	Vertrag zur Gründung der Europäischen Wirtschaftsgemeinschaft
EWiR	Entscheidungen zum Wirtschaftsrecht
F.A.Z.	Frankfurter Allgemeine Zeitung
FN	Fußnote
FS	Festschrift
GBl.	Gesetzblatt
GbR	Gesellschaft bürgerlichen Rechts
GG	Grundgesetz
GRUR	Gewerblicher Rechtsschutz und Urheberrecht (Zeitschrift)
GSG	Gerätesicherheitsgesetz
GVBl.	Gesetz- und Verordnungsblatt
HB	Handelsblatt
Hbd.	Halbband

HGB	Handelsgesetzbuch
HRR	Höchstrichterliche Rechtsprechung (Jahr, Nr.)
HUK-Verband	Verband der Haftpflicht-, Unfall- und Kraftverkehrs-Versicherer e. V.
IHK	Industrie- und Handelskammer
IWB	Internationale Wirtschaftsbriefe
JA	Juristische Arbeitsblätter (Zeitschrift)
JMBl. (oder JMinBl.)	Justizministerialblatt
JR	Juristische Rundschau (Zeitschrift)
Jura	Juristische Ausbildung (Zeitschrift)
JuS	Juristische Schulung (Zeitschrift)
JW	Juristische Wochenschrift (Zeitschrift)
JZ	Juristenzeitung (Zeitschrift)
KF	Beiheft Karlsruher Forum zu Versicherungsrecht (Zeitschrift)
KG	Kommanditgesellschaft; Kammergericht
KO	Konkursordnung
Kza	Kennzahl
LFG	Lohnfortzahlungsgesetz
LG	Landgericht
LM	Lindenmaier/Möhring, Nachschlagewerk des Bundesgerichtshofes
LMBG	Lebensmittel- und Bedarfsgegenständegesetz
LVG	Landesverwaltungsgericht
LZ	Leipziger Zeitschrift (Jahr, Spalte)
MDR	Monatschrift für Deutsches Recht
MedR	Medizinrecht
MünchKomm	Münchener Kommentar zum BGB
Nds. Rpfl.	Niedersächsische Rechtspflege (Zeitschrift)
NJ	Neue Justiz
NJW	Neue Juristische Wochenschrift (Zeitschrift)
NJW-RR	NJW Rechtsprechungsreport Zivilrecht
NStZ	Neue Zeitschrift für Strafrecht
NVwZ	Neue Zeitschrift für Verwaltungsrecht
NWB	Neue Wirtschafts-Briefe
OHG	Offene Handelsgesellschaft
OLG	Oberlandesgericht
OLGE	Sammlung der Rechtsprechung der Oberlandesgerichte
OLGZ	Entscheidungen der OLGe in Zivilsachen
OVG	Oberverwaltungsgericht
OVGE	Sammlung der Entscheidungen der Oberverwaltungsgerichte
OWiG	Gesetz über Ordnungswidrigkeiten
PflVersG	Pflichtversicherungsgesetz
PhR/PharmaR	Pharma-Recht (Zeitschrift)
PHG	Produkthaftungsgesetz
PHI	Produkthaftpflicht Internationale (Zeitschrift)
RabelsZ	Zeitschrift für ausländisches und internationales Privatrecht (Rabels Zeitschrift)
Rdnr.	Randnummer

Abkürzungsverzeichnis

Recht	Das Recht (Zeitschrift)
RegBl.	Regierungsblatt
RegE	Regierungsentwurf
RG	Reichsgericht
RGBl.	Reichsgesetzblatt
RGSt.	Reichsgericht, Entscheidungen in Strafsachen (Band, Seite)
RGZ	Reichsgericht, Entscheidungen in Zivilsachen (Band, Seite)
RIW oder RIW/AWD	Recht der Internationalen Wirtschaft (Zeitschrift)
Rz	Randziffer
SGB	Sozialgesetzbuch
SJZ	Süddeutsche Juristenzeitung (Zeitschrift)
Slg.	Sammlung
Sp.	Spalte
StGB	Strafgesetzbuch
StPO	Strafprozeßordnung
StVO	Straßenverkehrsordnung
StVZO	Straßenverkehrs-Zulassungs-Ordnung
StWK	Steuer- und Wirtschafts-Kurzpost (Zeitschrift)
SVS	Speditions-Versicherungsschein
Tz.	Textziffer
Urt.-Anm.	Urteils-Anmerkung
VA	Vermögensabgabe; Verwaltungsakt; Versicherungsaufsichtsamt
VA	Veröffentlichungen des Reichsaufsichtsamts für Privatversicherung
VAG	Versicherungsaufsichtsgesetz
VerBAV	Veröffentlichungen des Bundesaufsichtsamtes für das Versicherungswesen
VersR	Versicherungsrecht (Zeitschrift)
VerwGO (VwGO)	Verwaltungsgerichtsordnung
VerwRspr.	Verwaltungsrechtsprechung in Deutschland
VG	Verwaltungsgericht
VGH	Verwaltungsgerichtshof
VO	Verordnung
VP	Die Versicherungspraxis (Zeitschrift)
VRS	Verkehrsrechts-Sammlung
VVG	Versicherungsvertragsgesetz
VW	Versicherungswirtschaft (Zeitschrift)
VwGO	Verwaltungsgerichtsordnung
VwVfG	Verwaltungsverfahrensgesetz
VwZG	Verwaltungszustellungsgesetz
Warn. Rspr.	Warneyer Rechtsprechung
WI	Wussow (Hrsg.), Informationen zum Versicherungs- und Haftpflichtrecht
WiR	Wirtschaftsrecht (Zeitschrift)
WiStG	Wirtschaftsstrafgesetz 1965
Wistra	Wirtschaft, Steuern, Strafrecht (Zeitschrift)
WM	Wertpapier-Mitteilungen (Zeitschrift)
ZfB	Zeitschrift für Betriebswirtschaft
ZfbF	Zeitschrift für betriebswirtschaftliche Forschung

ZfV	Zeitschrift für Versicherungswesen
ZHR	Zeitschrift für das gesamte Handelsrecht und Wirtschaftsrecht
ZIP	Zeitschrift für Insolvenzpraxis und Wirtschaftsrecht
ZLW	Zeitschrift für Luft- und Weltraumrecht
ZPO	Zivilprozeßordnung
ZVersWiss.	Zeitschrift für die gesamte Versicherungswissenschaft
ZVglRWiss.	Zeitschrift für vergleichende Rechtswissenschaft

Abkürzungsverzeichnis

Literaturverzeichnis

Adams, Produkthaftung – Wohltat oder Plage – Eine ökonomische Analyse, BB Beilage 20/1987 zu Heft 31/1987, 3ff.
ders., Irrtümer und Offenbarungspflichten im Vertragsrecht, AcP 186 (1986), 452ff.
Anhalt, Handbuch der Produzentenhaftung, ab 1980.
ders., Produzentenhaftung – Rechtsgrundlagen, Haftungsrisiken, Absicherungsmöglichkeiten, 2. Auflage 1978.
Astheimer, Beweislastregelung in den US-amerikanischen DES-Schadensfällen, PHI 1984, 52ff.
Bader, Probleme der Garantiekarte, NJW 1976, 209ff.
von Bar, Verkehrspflichten. Richterliche Gefahrtragungsgebote im deutschen Deliktsrecht, 1980.
ders., Vorbeugender Rechtsschutz vor Verkehrspflichtverletzungen, Karlsruher Forum 1983, 80ff.
Bartl, Produkthaftung nach neuem EG-Recht, Kommentar zum deutschen Produkthaftungsgesetz, 1989
Basedow, Kollektiver Rechtsschutz und individuelle Rechte – Die Auswirkungen des Verbandsprozesses auf die Inzidentkontrolle von AGB –, AcP 182 (1982), 335ff.
Batsch, Abschied vom sogenannten kaufmännischen Bestätigungsschreiben?, NJW 1980, 1731.
Bauer, Die Kraftfahrtversicherung, 2. Auflage 1983.
Baumann, Die Zusicherung, in: Festschrift für Karl Sieg, 1976, S. 15ff.
ders., Arzthaftung und Versicherung – Ist eine Patientenversicherung in der Bundesrepublik Deutschland empfehlenswert? –, JZ 1983, 167ff.
Baumgärtel, Die Beweislastverteilung bei der Produzentenhaftung, JA 1984, 660ff.
Baumgärtel/Wittmann, Handbuch der Beweislast im Privatrecht, Band 1: Allgemeiner Teil und Schuldrecht. BGB, 1981.
Bausch, Die Regelung der Probandenversicherung im neuen Arzneimittelrecht, VersR 1979, 212ff.
von Bieberstein, Frhr. Marschall, Tendenzen zur Erfüllungshaftung bei Sachmängeln (§ 480 Abs. 2 BGB) in: Das Haager Einheitliche Kaufgesetz und das Deutsche Schuldrecht – Kolloquium zum 65. Geburtstag von Ernst von Caemmerer, Freiburger Rechts- und Staatswissenschaftliche Abhandlungen, Bd. 35.
Blaurock, Haftungsfreizeichnung zugunsten Dritter – Die Ausdehnung vertraglicher Haftungsregelungen auf Dritte –, ZHR 146 (1982), 238ff.
Bodewig, Probleme alternativer Kausalität bei Masseschäden, AcP 185 (1985), 505ff.
Böckstiegel (Hrsg.), Die Produkthaftung in der Luft- und Raumfahrt, 1978
Boettinger, Der Versicherungsfall in der allgemeinen Haftpflicht-Versicherung nach deutschem und ausländischen Rechten sowie die zeitliche Geltungsdauer des Versicherungsschutzes nach § 1 AHB, 1953.
Borer, Produktehaftung: Der Fehlerbegriff nach deutschem, amerikanischem und europäischem Recht, 1986.
Borgmann/Haug, Anwaltshaftung, Systematische Darstellung der Rechtsgrundlagen für die anwaltliche Berufstätigkeit, 2. Auflage 1986.
Brandner, Berufshaftung und Vertragsgestaltung der Wirtschaftsprüfer – Zur Neufassung der Allgemeinen Auftragsbedingungen für Wirtschaftsprüfer und Wirtschaftsprüfungsgesellschaften, ZIP 1984, 1186ff.
Brendel, Qualitätsrecht. Die technisch-ökonomischen Implikationen der Produzentenhaftung, 1976.
Brendl, Produkt- und Produzentenhaftung, 1980ff.
Bruck/Möller, Kommentar zum Versicherungsvertragsgesetz und zu den Allgemeinen Versicherungsbedingungen unter Einschluß des Versicherungsvermittlerrechtes, Zweiter Band, 8. Auflage 1980.

Literaturverzeichnis

Bruck/Möller/Johannsen, Kommentar zum Versicherungsvertragsgesetz und zu den Allgemeinen Versicherungsbedingungen unter Einschluß des Versicherungsvermittlerrechtes, Vierter Band, 8. Auflage 1970.

dies., Kommentar zum Versicherungsvertragsgesetz und zu den Allgemeinen Versicherungsbedingungen unter Einschluß des Versicherungsvermittlerrechts, Fünfter Band, Lieferung 1a, Kraftfahrzeughaftpflichtversicherung, 8. Auflage 1983.

Brüggemeier, Die vertragsrechtliche Haftung für fehlerhafte Produkte und deliktsrechtlichen Eigentumsschutz nach § 823 Abs. 1 BGB – Zwei Urteile des VI. Zivilsenats des BGH zur sogenannten Schwimmschalterproblematik – VersR 1983, 501ff.

ders., Deliktsrecht, 1986

ders., Produzentenhaftung nach § 823 Abs. 2 BGB, WM 1982, 1294.

ders., Produzentenhaftung für Inhaber von Restaurants?, VersR 1983, 116ff.

ders., Produkthaftung und Produktsicherheit, ZHR 152 (1988), 511ff.

Brüggemeier/Reich, Die EG-Produkthaftungsrichtlinie 1985 und ihr Verhältnis zur Produzentenhaftung nach § 823 Abs. 1 BGB, WM 1986, 149ff.

Buchner, Neuorientierung des Produkthaftungsrechts? Auswirkungen der EG-Richtlinie auf das deutsche Recht, DB 1988, 32ff.

Bullinger, Die Anwendbarkeit des AGB-Gesetzes auf Garantiekartenverträge, NJW 1979, 2555.

Bundesstelle für Außenhandelsinformation, Europäische Gemeinschaften – die EG-Produkthaftung, 1988.

Bunte, Zur Verjährung von Garantieansprüchen gegen den Hersteller, NJW 1982, 1629f.

Busch, Kein Ausschluß der Produzentenhaftung bei vertraglichen Beziehungen zum Hersteller und Endverbraucher, JA 1977, 207ff.

v. Caemmerer, Wandlungen des Deliktsrechts, in: Hundert Jahre Deutsches Rechtsleben, Festschrift zum hundertjährigen Bestehen des Deutschen Juristentages, Bd. 2., 1960, S. 49ff.

Canaris, Ansprüche wegen „positiver Vertragsverletzung" und „Schutzwirkung für Dritte" bei nichtigen Verträgen; zugleich ein Beitrag zur Vereinheitlichung der Regeln über die Schutzpflichtverletzungen, JZ 1965, 475ff.

ders., Die Produzentenhaftpflicht in dogmatischer und rechtspolitischer Sicht, JZ 1968, 494ff.

ders., Bankvertragsrecht, 2. Auflage, Berlin, 1981.

Christoffel, Die Garantie im Rahmen kaufrechtlicher Sachmängelgewährleistung unter Berücksichtigung des Schuldrechtsreformvorschlags, Frankfurt/Bern/New York, 1984.

Coester, Kaufmännisches Bestätigungsschreiben und Allgemeine Geschäftsbedingungen – Zum Vorrang der Individualabrede nach § 4 AGBG, DB 1982, 1551ff.

COLONIA-Informationsdienst, Produkte-Haftpflicht aktuell, 2. Auflage 1981.

Deutsch, Das Arzneimittelrecht im Haftungssystem, VersR 1979, 685ff.

ders., Arzneimittelschaden: Gefährdungshaftung, Verschuldenshaftung, Staatshaftung, in: Festschrift für Karl Larenz zum 80. Geburtstag, 1983, S. 111ff.

ders., Der Zurechnungsgrund der Produzentenhaftung, VersR 1988, 1197ff.

ders., Arztrecht und Arzneimittelrecht, 1983.

ders., Fahrlässigkeit und erforderliche Sorgfalt, 1963.

ders., Haftungsrecht und Schadensersatz, 1. Band: Allgemeine Lehren, 1976

ders., Unerlaubte Handlungen und Schadensersatz, 1987.

ders., Der Schutzbereich der Produzentenhaftung nach dem BGB und dem PHG, JZ 1989, 465ff.

ders., Produkthaftung: Der besteuerte und mit Gewinnanteilen belastete Griff des Kunden in die eigene Tasche, BB 1979, 1325f.

Diederichsen, Die Haftung des Warenherstellers, 1967 (zit.: Haftung).

ders., Die Deckung des Produkthaftpflichtrisikos im Rahmen der Betriebshaftpflichtversicherung, VersR 1971, 1077ff.

ders., Wohin treibt die Produzentenhaftung?, NJW 1978, 1281ff.

ders., Die Entwicklung der Produzentenhaftung, VersR 1984, 797ff.

ders., Altlasten und WHG-Deckung, VP 1987, 85ff.

ders., Zur Dogmatik der Produkthaftung nach Inkrafttreten des Produkthaftungsgesetzes, in: Probleme der Produzentenhaftung, hrsg. von der Arbeitsgemeinschaft der Verkehrsrechtsanwälte des deutschen Anwaltsvereins, 1988, 9ff.

ders., Schadensersatz wegen Nichterfüllung und Ersatz von Mangelfolgeschäden, AcP 165 (1965), 150ff.
ders., Der „Vertragsschluß“ durch kaufmännisches Bestätigungsschreiben, JuS 1966, 129.
ders., Produzentenhaftung bei Mängeln am Kraftfahrzeug, DAR 1976, 312ff.
Dielmann, Produkthaftung in den Vereinigten Staaten von Amerika, AG 1987, 108ff.
ders., Entwicklungen und Tendenzen im Recht der Produkthaftung der Vereinigten Staaten von Amerika, in: Festschrift für Ernst C. Stiefel zum 80. Geburtstag, 1987, S. 117ff.
Diercks, Organisation des Produktrückrufs, 1978.
Dietz, Versicherungsrechtliche Aspekte, in: Die Produkthaftung in der Luft- und Raumfahrt – Dokumentation eines Internationalen Kolloquiums in Köln 1977, herausgegeben von Karl-Heinz-Böckstiegel, 1978, S. 143ff.
Diller, Produkthaftung: Aus der ökonomischen Perspektive betrachtet, BB 1980, 235ff.
Drumm, Die Grundsätze der Produzentenhaftung nach § 823 Abs. 1 BGB als Leitbild für die deliktische Haftung des Krankenhausträgers für medizinische Fehlleistungen, Diss. 1987.
Dunz/Kraus, Haftung für schädliche Ware, 1969.
Durchlaub, Überblick über die Haftung des Produzenten, DB Beilage 3/1976, 1ff.
Ebel, Die Kollision „Allgemeiner Geschäftsbedingungen“, NJW 1978, 1034.
ders., Produzentenhaftung und kaufrechtliche Gewährleistung, NJW 1978, 2494f.
Eberbach, Rechtsprobleme der HTLV-III-Infektion (AIDS), 1986.
Eimer, Verschuldensunabhängige Schadensersatzhaftung des Werkunternehmers bei Fehlen zugesicherter Eigenschaften, NJW 1973, 590.
Eiselt/Trapp, Zur Abgrenzung der von der Betriebshaftpflichtversicherung nicht erfaßten Erfüllungspflicht des Werkunternehmers, NJW 1984, 899ff.
Engel, Mängelansprüche bei Softwareverträgen, BB 1985, 1159ff.
ders., Produzentenhaftung für Software, CR 1986, 702ff.
Engels, Konkretisierung der Produzentenhaftung, DB 1977, 617ff.
Erman, Handkommentar zum Bürgerlichen Gesetzbuch, 7. Auflage 1981.
Ernst, Haftung des Warenherstellers, 3. Auflage 1977.
Fabricius, Schlechtlieferung und Falschlieferung beim Kauf, JuS 1964, 46ff.
ders., Stillschweigen als Willenserklärung, JuS 1966, 1ff.; 50ff.
Feindt, Produkthaftung: Was ist „Beseitigung“?, VW 1989, 316.
Feldmann, Europäische Produkthaftung und die Verteilung des Haftpflichtschadens, 1979.
Fenyves, Die Serienschadenklausel der AHVB 1986, Versicherungs-Rundschau 1986, 57ff. (zit.: Serienschäden)
ders., Die rechtliche Behandlung von Serienschäden in der Haftpflichtversicherung, 1988.
Ficker, Grundprobleme der Produktenhaftung, Festschrift für Konrad Duden zum 70. Geburtstag, 1977, S. 93ff.
ders., Produktenhaftung als Gefährdungshaftung, Festschrift für Ernst von Caemmerer zum 70. Geburtstag, 1978, S. 343ff.
Filthaut, Haftpflichtgesetz, Kommentar, 2. Auflage 1988.
Finger, Die Haftung des Werkunternehmers für Mangelfolgeschäden, NJW 1973, 81ff.
Fischer, Konsequenzen aus der Produkt-Haftpflicht der Hersteller, DB 1977, 71ff.
Fischerhof, Deutsches Atomgesetz und Strahlenschutzrecht, Kommentar mit Berücksichtigung des internationalen Rechts, 2. Auflage, Band I, 1978.
Fitz/Purtscheller/Reindl, Produkthaftung, 1988.
Flessner, Geldersatz für Gebrauchsentgang, JZ 1987, 271ff.
Foerste, Zur juristischen Akzeptanz und Abgrenzung der „Weiterfresserschäden“, VersR 1989, 455ff.
Frank, Die Haftung des Geschäftsführers einer GmbH und der Geschäftsführungsorgane sonstiger juristischer Personen für Aufsichtsverschulden nach § 831 Abs. 2 BGB, BB 1975, 588ff.
Frankona Rückversicherung, Produkte-Rückrufaktionen, 1987.
Frese/v. Werder/Klinkenberg, Produkthaftungs-Management deutscher Großunternehmungen nach altem und neuem Recht, DB 1988, 2369ff.
Freund/Barthelmess, Eigentumsverletzung durch Baumängel?, NJW 1975, 281ff.
Ganter, Die Anwendung von Deliktsrecht neben kaufrechtlichen Gewährleistungsansprüchen – BGHZ 86, 256, in: JuS 1984, 592ff.

Literaturverzeichnis

Garnatz (Hrsg.), Produzentenhaftung und technischer Fortschritt, 1979.

Garrn, Zur Abgrenzung von Aushandlungsvereinbarungen im Sinne des § 1 Abs. 2 AGBG, JZ 1978, 302.

ders., Zur richterlichen Inhaltskontrolle notarieller Verträge, NJW 1980, 2782ff.

Geigel, Der Haftpflichtprozeß mit Einschluß des materiellen Haftpflichtrechts, herausgegeben von Günter Schlegelmilch, 19. Auflage 1986.

Gerling-Konzern, Luftfahrt – Haftung und Versicherung, 1985.

Gernhuber, Haftung des Warenherstellers nach deutschem Recht, Karlsruher Forum 1963, 1ff.

Giesen, Warenherstellerhaftung ohne Verschulden?, NJW 1968, 1401ff.

ders., Die Haftung des Warenherstellers, NJW 1969, 582ff.

ders., Produkthaftung im Umbruch, JZ 1989, 517ff.

Gnam, Die nukleare Zulieferindustrie im Haftungsfreiraum der rechtlichen Kanalisierung, in: Drittes Deutsches Atomrechts-Symposion 1974, Hrsg. Götz, Rauschning, Zieger, 1975, S. 223ff.

Gorny/Kilian (Hrsg.), Computer-Software und Sachmängelhaftung, 1985.

Goujet, Die Haftung des Produzenten und ihre Versicherungsmöglichkeit, VP 1973, 133f.

ders., Die Haftung des Produzenten und ihre Versicherungsmöglichkeit, VP 1974, 164f.

Grasmann, Das Zusammentreffen unterschiedlicher Einkaufs- und Verkaufsbedingungen, DB 1971, 561ff.

Grell, Haftpflichtversicherer vor großen Herausforderungen und Sorgen, VW 1985, 1610ff.

ders., Die Haftpflichtversicherung im Wandel der Zeit, VW 1987, 122ff.

ders., Neuere Schwerpunkte in der Haftpflichtversicherung, VW 1987, 1509ff.

ders., Haftpflichtversicherer vor ihrer größten Herausforderung, VW 1988, 1465ff.

Grimm, Zur Abgrenzung der Schadensersatzansprüche aus § 635 BGB und aus positiver Vertragsverletzung, NJW 1968, 14ff.

Groh, Die Haftpflichtversicherung zwischen Scylla und Charybdis, Verein Deutscher Versicherungs-Makler e. V., 1986.

Grunewald, Eigentumsverletzungen im Zusammenhang mit fehlerhaften Werkleistungen, JZ 1987, 1098ff.

Günter, Sorgfaltspflichten bei Neuentwicklung und Vertrieb pharmazeutischer Präparate, NJW 1972, 309ff.

Hack, Produkthaftung für Kindertee, PHI 1984, 139ff.; 1985, 126.

Hackemann, Die Produzentenhaftung des Software-Herstellers – Ein Problem für die Praxis? in: Gorny/Kilian (Hrsg.), Computer-Software und Sachmängelhaftung, 1985.

Hägele/Hägele, Produkthaftung – eine Gefahr für jeden Betrieb, 1978.

Hager, G., Zum Schutzbereich der Produzentenhaftung, AcP 184 (1984), 413ff.

ders., Einstandspflicht des Produzenten für das Äquivalenz- und Nutzungsinteresse des Produkterwerbers, BB 1987, 1748ff.

ders., Schäden infolge Unvereinbarkeit mehrerer Medikamente – Ein Beitrag zur Haftung für Instruktions- und Herstellungsfehler –, VersR 1987, 1053ff.

Hager, J., Die Kostentragung bei Rückruf fehlerhafter Produkte, VersR 1984, 799ff.

Hamm, Strafrechtliche Produktverantwortung, PHI 1985, 15

Hannig, Die Haftung des Produzenten und ihre Versicherungsmöglichkeit, VP 1973, 17ff. und 34ff.

ders., Haftpflichtrisiken in Industrie und gewerblicher Wirtschaft und Probleme ihrer Versicherung, in: Frankfurter Vorträge zum Versicherungswesen, Heft 17, 1988, 5ff.

Harrer, Deliktische Haftung für Schäden an der Sache bei „weiterfressenden" Mängeln, Jura 1984, 80ff.

Hartl, Die neue Medizingeräteverordnung, VersR 1986, 1050ff.

Hasskarl, Aufklärungspflichten des Warenherstellers, BB 1973, 120ff.

ders., Umfang der Instruktionspflicht des Warenherstellers, BB 1976, 165f.

Hassold, Die Lehre vom Organisationsverschulden, JuS 1982, 583f.

Heinrichs, Der Rechtsbegriff der Allgemeinen Geschäftsbedingungen, NJW 1977, 1505ff.

Heiseke, Nochmals: Gewährleistung und Garantie und deren Fristen beim Kauf, NJW 1967, 238.

Helm, Auswirkungen des AGB-Gesetzes auf die Leistungspflicht des Haftpflichtversicherers, VersR 1978, 1ff.

ders., Zur Inhaltskontrolle von Allgemeinen Geschäftsbedingungen bei Verwendung gegenüber Kaufleuten, BB 1977, 1109ff.

Henseler, Zusicherung von Eigenschaften beim Kauf durch Abgabe von DIN-Normen?, BB 1969, 24f.

Hepting, Die ADSp im Internationalen Speditionsverkehr – Ein Beitrag zum Internationalen Privatrecht der Allgemeinen Geschäftsbedingungen –, RIW 1975, 457ff.

Herrmann, H., Kaufrechtliche Grenzen der Händlerwerbung, AcP 183 (1983), 248ff.

ders., Die Rückrufhaftung des Produzenten, BB 1985, 1801ff.

ders., Wettbewerbliche und kartellrechtliche Aspekte der Herstellerhaftung für Mangelschäden, GRUR 1985, 896ff.

Herrmann, M., Probleme der Packungsbeilage: Texte der Packungsbeilage aus Patientensicht, PhR 1986, 191ff.

Hettich, Produkthaftung. Risiken erkennen, begrenzen, sich absichern, 1986.

Hiddemann, Die Rechtsprechung des Bundesgerichtshofs zum Kaufrecht, WM Sonderbeilage Nr. 5/1982.

von Hippel, Verbraucherschutz, 3. Auflage 1986 (zit.: Verbraucherschutz).

ders., Produkthaftung und Verbraucherschutz, BB 1978, 721ff.

Hoechst, Die US-amerikanische Produzentenhaftung, 1986.

Hoegen, Neuere höchstrichterliche Rechtsprechung zum Versicherungsvertragsrecht, 5. Auflage 1988.

Hönig, Die Betriebshaftpflichtversicherung und die Deckung der Produkte-Haftpflichtschäden, VersR 1970, 975ff.

Hönn, Positive Vertragsverletzung und kaufmännische Untersuchungs- und Rügeobliegenheit, BB 1978, 685ff.

ders., Wirksamkeitskontrolle als Instrument des allgemeinen Privatrechts zur Bewältigung von Ungleichgewichtslagen – Zugleich zur Problematik der Verwendung von Vertragsmustern durch Notare –, JZ 1983, 677ff.

Hofmann, Privatversicherungsrecht, 2. Auflage 1983.

ders., Zur Beweislastumkehr bei Verletzung vertraglicher Aufklärungs- oder Beratungspflichten; zugleich Besprechung des Urteils BGH, NJW 1973, 1688; NJW 1974, 1641ff.

Hohgräwe, Rechtliche Anforderungen an Gebrauchsinformationen im Lichte empirischer Untersuchungen, PhR 1987, 155ff.

Hohloch, „Vertrauenshaftung“ – Beginn einer Konkretisierung?, NJW 1979, 2369ff.

Hollmann, Die EG-Produkthaftungsrichtlinie, DB 1985, 2389ff. und 2439ff.

ders., Zur Produkthaftung des Konstrukteurs, des Franchisegebers und des Lizenzgebers im amerikanischen Recht, RIW/AWD 1980, 752ff.

ders., Zur Institutionalisierung von Rückrufentscheidungen durch die Einrichtung einer „Rückruf-Kommission“, PHI 1986, 37ff.

Honsell, Der Umfang des Deckungsausschlusses bei Anwendung der sogenannten Tätigkeits- und der Herstellungs- bzw. Lieferungsklausel, VersR 1985, 3ff.

Huber, Zur Haftung des Verkäufers wegen positiver Vertragsverletzung, AcP 177 (1977), 281ff.

Hübner, Zu Ausschluß und Definition des Nutzungsausfalls bei der Lieferklausel (§ 4 II 5 AHB), VersR 1985, 810ff.

ders., Allgemeine Versicherungsbedingungen und AGB-Gesetz, 2. Auflage 1986.

ders., Haftungs- und versicherungsrechtliche Probleme der Schadenserkennung durch Sachverständige, insbesondere TÜV, in: Schadensvorsorge in Recht und Technik, Rheinisch-Westfälische TÜV-Schriftenreihe, Heft 33, 1986, 47ff. = VersR 1985, 701ff.

Jaeger, „Stellen“ und „Aushandeln“ vorformulierter Vertragsbedingungen, NJW 1979, 1574.

Jannot, Aspekte zum Arzneimittelhaftpflichtrisiko in der Bundesrepublik Deutschland und seiner Rückversicherung, in: 25 Jahre Karlsruher Forum, Beiträge zum Haftungs- und Versicherungsrecht, 1983, 129ff.

Jauernig (Hrsg.), Bürgerliches Gesetzbuch mit Gesetz zur Regelung des Rechts der Allgemeinen Geschäftsbedingungen, 4. Auflage 1987.

Jayme, Allgemeine Geschäftsbedingungen und internationales Privatrecht, ZHR 142 (1978), 105 ff.
Jenssen, Der Ereignisbegriff in der Haftpflichtversicherung – eine kritische Würdigung der neueren Entwicklung, ZVersWiss 1987, 425 ff.
Jörissen, Produkthaftung und ihre Versicherung im Rahmen der Qualitätssicherung, Qualität und Zuverlässigkeit, 1989, S. 151 f.
Johannsen, Haftpflichtversicherungsschutz gegen Umweltschäden durch Verunreinigung des Erdbodens und der Gewässer, 1987.
ders., Versicherungsvertragsrecht – Dritte Personen, in: Handwörterbuch der Versicherung, 1988, S. 1171 ff.
Jung, Der Serienschaden in der Allgemeinen Haftpflichtversicherung, Diss. Köln 1969.
Karlsruher Kommentar zur Strafprozeßordnung und zum Gerichtsverfassungsgesetz, 2. Auflage 1987.
Karstendiek, Streiflichter – Widerspruch zwischen Gewährleistung und Garantie im AGB-Gesetz?, DAR 1984, 281 ff.
J. Keibel, Eigentumsverletzung i. S. des § 823 I BGB bei kauf- und werkvertraglichen Mängeln, Diss. 1984.
Keilholz, Die Bedeutung der EG-Produkthaftpflichtrichtlinie 1985 für das private Baurecht, BauR 1987, 259 ff.
Klingmüller, Zur Probandenversicherung nach dem neuen AMG, in: Festschrift für Fritz Hauß zum 70. Geburtstag, 1978, S. 169 ff.
ders., Insurance Law and Product Liability, in: Die Produkthaftung in der Luft- und Raumfahrt – Dokumentation eines Internationalen Kolloquiums in Köln 1977, herausgegeben von Karl-Heinz Böckstiegel, 1978, S. 55 ff.
Kleinknecht/Meyer, Kurzkommentar zur Strafprozeßordnung, 38. Auflage 1987.
Kloesel/Cyran, Arzneimittelrecht, Kommentar, Band I, 1979.
Knöpfle, Subjektiver Fehlerbegriff und Gleichbehandlungen von Schlechtlieferung und Falschlieferung beim Gattungskauf, JZ 1979, 11.
Koch, H., Internationale Produkthaftung und Grenzen der Rechtsangleichung durch die EG-Richtlinie, ZHR 152 (1988), 537 ff.
Koch, J., Haftungsprobleme bei Produktspätschäden, Diss. 1987.
Kögler, Die Abwicklung von Reifen-Reklamationen, DAR 1982, 56 ff.
Köhler, Arbeitsleistungen als „Aufwendungen“?, JZ 1985, 359.
ders., Die haftungsrechtliche Bedeutung technischer Regeln, BB Beilage 4/1985, 10 ff.
Koepcke, Berechtigte Erwartungen des Konsumenten in die EG-Produkthaftpflicht-Richtlinie (I), VW 1988, 680 ff.
Körner, Die Produzentenhaftung des Lizenzgebers bei der Lizenz über gewerbliche Schutzrechte und Know-how, NJW 1985, 3047 ff.
Kötz, Gefährdungshaftung – Empfiehlt sich eine Vereinheitlichung und Zusammenfassung der gesetzlichen Vorschriften über die Gefährdungshaftung im BGB und erscheint es erforderlich, das Recht der Gefährdungshaftung weiterzuentwickeln?, in: Gutachten und Vorschläge zur Überarbeitung des Schuldrechts, Band II, 1981, S. 1778 ff.
ders., Deliktsrecht, 4. Auflage 1988.
ders., Haftungsausschlußklauseln – Eine juristisch-ökonomische Analyse –, VersR Beiheft 1983, 145 ff.
ders., Zur Wirksamkeit von Freizeichnungsklauseln, NJW 1984, 2447 ff.
Koller, Probleme des Haftungsausschlusses in Allgemeinen Geschäftsbedingungen – Die Grenzen des Haftungsausschlusses in den Allgemeinen Lagerbedingungen des Deutschen Möbeltransportes –, VersR 1980, 1 ff.
ders., Die Wirksamkeit formularmäßiger Haftungsfreizeichnungsklauseln zwischen Schadensausgleich und Schadensprävention, ZIP 1986, 1089 ff.
ders., Das Haftungsprivileg des Geschäftsbesorgers gem. §§ 664 Abs. 1 Satz 2, 675 BGB, ZIP 1985, 1243 ff.
Kollhosser, Umfang und Form der Aufklärung über die Probandenversicherung bei der klinischen Prüfung von Arzneimitteln, MedR 1983, 201 ff.
Koppensteiner, Rügeversäumnis und Käuferpflichten beim Handelskauf, BB 1971, 547 ff.

Kornmeier, Verjährungs-, Gewährleistungs- und Garantiefristen im Lichte des AGB-Gesetzes, NJW 1982, 793.
Kossmann, Der Handel im System der Produkthaftpflicht, NJW 1984, 1664ff.
Kottke, Produzentenhaftung des Verlegers? Zeitungsverlag + Zeitschriftenverlag 1982, 1078f., 1138f.
Kramer, Nicht ausgehandelter Individualvertrag, notariell beurkundeter Vertrag und AGBG, ZHR 146 (1982), 105ff.
ders., Für eine gewährleistungsrechtliche Behandlung des „Identitätsaliud", NJW 1979, 2023ff.
Krämer, Zum Rückruf von Produkten in der europäischen Gemeinschaft, DAR 1982, 37ff.
von Krbek, Nichterfüllungsregeln auch bei weiteren Verhaltens- oder Sorgfaltspflichtverletzungen?, AcP 179 (1979), 85ff.
Kretschmer, Die EG-Richtlinie zur Produzentenhaftung und die deutsche Industrie, Produktehaftpflicht International 1986, 34ff.
ders., Die Haftung für Druckerzeugnisse in den USA, PHI 1988, 77ff.
Krutein, Warn-, Rückruf- und Rückholaktionen, DAR 1985, 33ff.
Kuchinke, Zur Dogmatik des Bestätigungsschreibens, JZ 1965, 167ff.
ders., Die Risiken der Beweisführung bei Haftungsklagen gegen den Produzenten, Festschrift Laufke, 1971, S. 113ff.
Küpper, Lage und Entwicklung der deutschen Versicherungswirtschaft aus der Sicht des DVS, VP 1986, 81ff.
ders., Auswirkungen der EG-Richtlinie über Produkthaftung auf Industrie und Handel in Europa, VP 1986, 178ff.
ders., Verändert die US-Haftpflichtkrise das Verhältnis zwischen gewerblicher Wirtschaft und Assekuranz?, VP 1987, 2ff.
ders., Zum Ersatz der Rettungskosten bei Gewässer-Haftpflichtschäden, VP 1987, 125ff.
Kullmann, Haftung der pharmazeutischen Unternehmer nach dem Gesetz zur Neuordnung des Arzneimittelrechts, BB 1978, 175ff.
ders., Aktuelle Rechtsfragen der Produkthaftpflicht, 2. Auflage 1988.
ders., Die Rechtsprechung des BGH zur deliktischen Haftung des Herstellers für Schaden an der von ihm hergestellten Sache, BB 1985, 409ff.
ders., Haftung des pharmazeutischen Unternehmers für nicht wirksame Arzneimittel, PhR 1983, 196ff.
ders., Die Produktbeobachtungspflicht des Kraftfahrzeugherstellers im Hinblick auf Zubehör, BB 1987, 1957ff.
ders., Das Risiko in der Produzentenhaftung, VersR 1988, 655ff.
ders., Produzentenhaftung in der Rechtsprechung des BGH, BB 1976, 1085ff.
ders., Die neuere höchstrichterliche Rechtsprechung zur deliktischen Warenherstellerhaftung, WM 1981, 1323ff.
ders., Die Bedeutung der „Apfelschorf"-Urteile des Bundesgerichtshofes für die Pharma-Industrie, PhR 1982, 6ff.
ders., Probleme der Produzentenhaftung unter besonderer Berücksichtigung des Straßenverkehrs, in: Probleme der Produzentenhaftung unter besonderer Berücksichtigung des Straßenverkehrs, 1988, S. 33ff.
Kullmann/Pfister, Produzentenhaftung, Ergänzbares Handbuch zur gesamten Produkthaftpflicht für die juristische Praxis sowie für Hersteller, Händler, Importeure und Exporteure mit Erläuterungen und den einschlägigen Vorschriften und Entscheidungen im nationalen, supranationalen und internationalen Bereich, 1. und 2. Band, Stand März 1989.
Kuwert, Allgemeine Haftpflichtversicherung, 3. Auflage 1988.
Lang, E., Die Haftung für Fehler in Druckwerken, 1982.
Lang, H., Zur Haftung des Warenherstellers bei „weiterfressenden" Mängeln im deutschen und anglo-amerikanischen Recht, 1981.
Laufs/Schwenger, Der Schadensersatzanspruch des Bestellers beim Werkvertrag: Inhalt, Verjährung, Beweislast, NJW 1970, 1817ff.
Lehmann, Handelsrechtliche Bedeutung einer vertraglichen Garantiehaftung des Herstellers „für den es angeht" (zugleich eine Besprechung von BGH, 28. 6. 1979, BB 1979, 1257), BB 1980, 964.

Leipziger Kommentar zum Strafgesetzbuch, 10. Auflage 1978.
Lemor, Verschärfung der Regeln über die Haftung für fehlerhafte Produkte in der EG, VW 1986, 108ff.
Lemppenau, Die Haftung des Zulieferer-Unternehmens nach den Grundsätzen der Produzentenhaftung, DB 1980, 1679ff.
Lenckner, Strafe, Schuld und Schuldfähigkeit, in: Handbuch der forensischen Psychiatrie, Band 1, 1972.
Leßmann, Mitarbeiter-Eigenhaftung bei der Produzentenhaftung – BGH NJW 1975, 1827, in: JuS 1979, 853ff.
ders., Produzentenhaftung im deutschen Recht, JuS 1978, 433ff.
Lieb, Sonderprivatrecht für Ungleichgewichtslagen? Überlegungen zum Anwendungsbereich der sogenannten Inhaltskontrolle privatrechtlicher Verträge, AcP 178 (1978), 196ff.
Limbach, Obliegt dem Käufer bei Ansprüchen aus einer Garantieabrede der Beweis seiner Schuldlosigkeit?, MDR 1967, 87ff.
Lindacher, Kenntnisnahmemöglichkeit und Kenntnisnahmeobliegenheit bei Allgemeinen Geschäftsbedingungen – Genuine Wirksamkeitsgrenzen auf Primärverhaltenssteuerung und Bewußtmachung negativer Rechtsfolgen angelegter Klauseln –, JZ 1981, 131.
ders., Reduktion oder Kassation übermäßiger AGB-Klauseln?, BB 1983, 159.
ders., Zur Einbeziehung Allgemeiner Geschäftsbedingungen durch kaufmännische Bestätigungsschreiben, WM 1981, 702f.
Link, Gesetzliche Regreßansprüche bei Produzentenhaftung gegenüber dem Zulieferer, BB 1985, 1424ff.
Lipps, Herstellerhaftung beim Verstoß gegen „Regeln der Technik"?, NJW 1968, 279ff.
Littbarski, Zur Versicherbarkeit des „Unternehmerrisikos". Untersuchung über die Deckung von Schadensersatzansprüchen in der Allgemeinen Haftpflichtversicherung, Diss. Berlin 1978, Berlin 1980.
ders., Der Folgeschaden in der Betriebshaftpflichtversicherung – Zugleich Besprechung von BGHZ 80, 284ff. = VersR 1981, 771f. –, VersR 1982, 915ff.
ders., Rechtsprobleme des Garantievertrags zwischen Produzent und Endabnehmer, JuS 1983, 345ff.
ders., Neuere Entwicklungen zum Schadensbegriff unter besonderer Berücksichtigung der Rechtsprechung des BGH, Rechtstheorie 15 (1984), 171ff.
ders., Haftungs- und Versicherungsrecht im Bauwesen, Erläuterungen für Wissenschaft und Praxis, 1986.
ders., Die Auswirkungen der Rechtsprechung zu den „weiterfressenden Mängeln" auf das Haftpflicht- und Haftpflichtversicherungsrecht, in: Festschrift für Hermann Korbion zum 60. Geburtstag am 18. Juni 1986, 1986, S. 269ff.
ders., Aktuelle Probleme der Gewässerschaden-Haftpflichtversicherung, VersR 1987, 127ff.
ders., Grenzen der Versicherbarkeit im Baubereich, in: Seminar Baurecht und Versicherungswesen, 1988, S. 55ff.
Loebell, Die Haftungsgarantie, BB 1973, 1237ff.
Löwe, Rückrufpflicht des Warenherstellers, DAR 1978, 288ff.
ders., Erhebliche Erhöhung des Produzentenhaftungsrisikos durch den Bundesgerichtshof, BB 1978, 1495ff.
ders., Voraussetzungen für ein Aushandeln von AGB, NJW 1977, 1328.
ders., Folgerungen aus der Verwerfung der Tagespreisklausel in den Neuwagen-Verkaufsbedingungen durch den Bundesgerichtshof, BB 1982, 152ff.
Löwe/Graf von Westphalen/Trinkner: Großkommentar zum AGB-Gesetz, 2. Auflage ab 1983.
Loewenheim, Die EG-Richtlinie zur Produkthaftung, IWB 5 Europäische Gemeinschaften, Gruppe 3, S. 55ff.
Lorenz, Warenabsatz und Vertrauensschutz, Karlsruher Forum 1963, 8ff.
ders., Die Haftung des Warenherstellers, in: Verhandlungen der Fachgruppe für Zivilrechtsvergleichung anläßlich der Tagung für Rechtsvergleichung in Kiel vom 8. bis 11. September 1965, S. 5ff. (zit.: Haftung des Warenherstellers).
ders., Europäische Rechtsangleichung auf dem Gebiet der Produzentenhaftung: Zur Richtlinie des Rates der Europäischen Gemeinschaften vom 25. Juli 1985, ZHR 151 (1987), 1ff.

ders., Nachwirkende Produzentenpflichten: Produktbeobachtung, CR 1987, 564 ff.
ders., Rechtsvergleichendes zur Haftung des Warenherstellers und Lieferanten gegenüber Dritten, Festschrift Nottarp, 1961, S. 59 ff.
ders., Einige rechtsvergleichende Bemerkungen zum gegenwärtigen Stand der Produktenhaftpflicht im deutschen Recht, RabelsZ 34 (1970), 14 ff.
ders., Produkthaftung und internationaler „Durchgriff", IPrax 1983, 85 ff.
ders., Beweisprobleme bei der Produzentenhaftung, AcP 170 (1970), 367 ff.
de Lousanoff, Theorie und Praxis der US-amerikanischen Produzentenhaftung, ZHR 151 (1987), 72 ff.
Lüderitz, Produzieren in und unter fremdem Namen – Zurechnungskriterien in der deutschen und US-amerikanischen Produkthaftpflicht, in: Festschrift für Klemens Pleyer zum 65. Geburtstag, 1986, S. 539 ff.
ders., Wende der amerikanischen Arzneimittelhaftung?, RIW 1988, 782 ff.
Lukes, Reform der Produkthaftung, Bestrebungen insbesondere auf europäischer Ebene und ihre Verwirklichung im deutschen Recht, 1979.
ders., Produzentenhaftung und Maschinenschutzgesetz, JuS 1968, 345 ff.
Männel, Beachtung der Qualität bei Entscheidungen zwischen Eigenfertigung und Fremdbezug, DB 1976, 1074 ff.
Marburger, Die Regeln der Technik im Recht, 1979 (zit.: Regeln).
ders., Die haftungs- und versicherungsrechtliche Bedeutung technischer Regeln, VersR 1983, 597 ff.
ders., Technische Normen, Gattungsbegriff und Rügelast (§§ 377, 378, HGB) (BGH, NJW 1975, 2011), JuS 1976, 638 ff.
ders., Die Sachmängelhaftung beim Handelskauf, JuS 1983, 1 ff.
ders., Technische Normen im Recht der technischen Sicherheit, BB Beilage 4/1985, S. 16 ff.
Freiherr von Marschall, Rechtsvergleichende Überlegungen zur Produkthaftung, AG 1987, 97 ff.
ders., Zur Verantwortlichkeit leitender Mitarbeiter im Produktenhaftpflichtrecht, VersR 1976, 411 ff.
Martin, Die Auswirkungen des AGBG auf Ausarbeitung und Verwendung von AVB, in: Symposion „80 Jahre VVG", 1988, S. 305 ff.
Masing (Hrsg.), Handbuch der Qualitätssicherung, 1980.
Mattern, Allgemeine Geschäftsbedingungen und sonstige Formularklauseln in der Rechtsprechung des Bundesgerichtshofes, WM 1974, 762 ff.
Mayer, Produkthaftung und Gefahrbeseitigungsanspruch (Stichwort: „Rückrufpflicht"), DB 1985, 319 ff.
ders., Produkthaftung und Gewährleistung, BB 1984, 568 ff.
Medicus, Dieter, Schuldrecht II, Besonderer Teil, 3. Auflage 1987.
Meeske, Die Mängelrüge, Heidelberg 1965
Mehlhorn, Die Haftpflichtversicherung im Visier – Ansätze zu einem Umwelthaftungsgesetz, VW 1987, 688 ff.
Mehnle, Ersatz von Schäden in Autowaschanlagen, DAR 1982, 49 ff.
ders., Besserung der Rechtsposition des Gebrauchtwagenkäufers, DAR 1979, 272.
ders., Brauchen wir eine gesetzliche Regelung der Rückrufpflicht?, PHI 1986, 63 ff.
ders., Haftungsfragen beim Gebrauchtwagenkauf, DAR 1986, 102 ff.
Meier, Lebensmittelrechtliche Verkehrspflichten, DB 1985, 1220 ff.
ders., Haftung des Importeurs als „Ersatzhersteller" im innergemeinschaftlichen Warenverkehr, NJW 1982, 1182 ff.
Merkel, „Weiterfressende Mängel" ohne Ende?, NJW 1987, 358 ff.
Mertens, Der Begriff des Vermögensschadens im Bürgerlichen Recht, 1967.
ders., Verkehrspflichten und Deliktsrecht, VersR 1980, 397 ff.
Mes, Warenzeichenlizenz und Lizenzgeberhaftung für Produktmängel, GRUR 1982, 74 ff.
Meyer, J., Produkthaftungsgesetz und Arzneimittelhaftung, ZRP 1989, 207 ff.
Meyer, Th., Ablauf des Mindesthaltbarkeitsdatums und zivilrechtlicher Fehlerbegriff, BB 1987, 287 ff.
Meyer-Kahlen, Der Haftpflichtversicherungsschutz für Mangelfolgeschäden im Rahmen der Produkt-Haftpflichtversicherung industrieller Betriebe, BB 1974, 1613 ff.

ders., Der Gegenstand der Produkt-Haftpflichtversicherung, VP 1974, 153ff.
ders., Der Serienschaden in der Produkt-Haftpflichtversicherung, VersR 1976, 8ff.
Micklitz, Technische Normen, Produzentenhaftung und EWG-Vertrag, NJW 1983, 483ff.
ders., Holzschutzmittelprozesse: Stand der Rechtsprechung, NJW 1989, 1076f.
Möschel, Der Schutzbereich des Eigentums nach § 823 I BGB, JuS 1977, 1ff.
Müller, G., Der Garantievertrag im Kaufrecht, ZIP 1981, 707ff.
Müller, K., Zur Haftung des Warenherstellers gegenüber dem Endabnehmer, AcP 165 (1965), 285ff.
Müller-Rostin, Produkthaftpflicht im Luftverkehr und ihre Versicherbarkeit, ZLW 1983, 225ff.
Müller/Schubring-Giese, Das Deutsche Produkthaftpflicht-Modell – Zehn Jahre praktische Erfahrung, ARGUS 1985, 53ff.
von Münch, Haftung des Kraftfahrzeugherstellers für Mängel im Konstruktionsentwurf?, DAR 1958, 62ff.
Münchner Kommentar zum Bürgerlichen Gesetzbuch, 2. Auflage ab 1984.
Nauroth, Leistungsbeschreibung: Notwendiges Instrument zur Konkretisierung vertraglicher Leistungen bei Softwareverträgen, CR 1987, 153ff.
Neumann, Haftungsprobleme bei primären Vermögensschäden infolge unzutreffender Inhalte entgeltlich erworbener Druckwerke, Diss. 1984.
Nickel, Der Tätigkeitsschaden in der Betriebshaftpflichtversicherung, VersR 1987, 965ff.
ders., Störfall und Daueremission, VW 1988, 1311ff.
ders., Produzentenhaftung beim Verkauf mangelhafter Halbfabrikate, 1985.
ders., Zur Problematik von Gewährleistungs- und Garantiekostenregelungen durch AGB im Verhältnis zwischen Hersteller und Händler, NJW 1981, 1490ff.
ders., Deliktsrechtliche Haftung auf kaufrechtliche Gewährleistung des Herstellers teilmangelbehafteter Sachen, VersR 1984, 318ff.
ders., Produzentenhaftung und Handelsrecht, VersR 1985, 310ff.
ders., Allgemeine und Besondere Produkt-Haftpflichtversicherung – Die Evolution des HUK-Verbandsmodells, VP 1989, 1ff.
Niehusen, Die rechtlichen Grundlagen und die Durchführung einer Rückrufaktion, 2. Auflage 1979.
Niklisch, Die Schadensersatzhaftung für Eigenschaftszusicherung im Werkvertragsrecht und deren Einschränkbarkeit durch Allgemeine Geschäftsbedingungen, in: Festschrift für Beitzke, 1979, S. 89ff.
Nirk, Culpa in Contrahendo in: Festschrift für Philipp Möhring (zum 65. Geburtstag), München und Berlin 1965 S. 385ff.
Noehrbass, Besondere Versicherungskonzepte in den USA: Selbstversicherung mit Retro-Programmen, VW 1989, 679ff.
Palandt, Bürgerliches Gesetzbuch, Kurzkommentar, 48. Auflage 1989.
Pauli, Die Produktbeobachtungspflichten in der verbraucherpolitischen Auseinandersetzung, PHI 1985, 134ff., 180ff.
Pelzer, Atomrechtlicher Schadensausgleich bei ausländischen Nuklearunfällen, NJW 1986, 1664ff.
Petermann, Der gegenwärtige Stand in der Bundesrepublik und in Europa, in: Die Produkthaftung in der Luft- und Raumfahrt – Dokumentation eines Internationalen Kolloquiums in Köln 1977, herausgegeben von Karl-Heinz Böckstiegel, 1978, S. 133ff.
Peters, Mangelschäden und Mangelfolgeschäden, NJW 1978, 665ff.
Philipowski, Mehrfache widerspruchslose Entgegennahme von AGB-Vermerken auf Rechnungen, DB 1979, 248.
Picker, Positive Forderungsverletzung und culpa in contrahendo – Zur Problematik der Haftungen „zwischen" Vertrag und Delikt, AcP 183 (1983), 369ff.
Plum, AIDS und Hepatitis B in den USA und das Produkthaftpflichtrisiko für Medizintechnikhersteller, VersR 1986, 528ff.
ders., Zur Ausfallhaftung von Behörden, Prüfstellen, Sachverständigen und Betreibern/Anwendern gegenüber dem Produktgeschädigten, VersR 1979, 603ff.
ders., Zur Abgrenzung des Eigentums- vom Vermögensschaden, AcP 181 (1981), 68ff.
Posch/Schilcher (Hrsg.), Rechtsentwicklung in der Produkthaftung, 1981.

Prölss/Martin, Versicherungsvertragsgesetz und Erläuterungen zu den wichtigeren Versicherungsbedingungen, 24. Auflage 1988.
Prölss/Schmidt/Frey, Versicherungsaufsichtsgesetz, 10. Auflage 1989.
Rauscher, Deliktshaftung des Herstellers für Beschädigung der Kaufsache – BGH NJW 1985, 2420, in: JuS 1987, 14ff.
Rebe, Produzentenhaftung bei Verletzung der Aufklärungspflicht – BGH NJW 1972, 2217, in: JuS 1974, 429ff.
Rehbinder, E., Zur Haftung des Warenherstellers gegenüber dem Verbraucher ohne Verschulden, BB 1965, 439ff.
ders., Fortschritte in der Produktenhaftung, ZHR 129 (1967), 171ff.
ders., Pyrrhus-Sieg in der Produzentenhaftung? – BGH NJW 1969, 269, in: JuS 1969, 208ff.
Rehbinder, M./Wlodyka (Hrsg.), Die zivilrechtliche Haftung für mangelhafte Waren, 1982
Reich/Tonner, Werbung, zugesicherte Eigenschaften und Verbraucherschutz (BGH, NJW 1976, 1693), JuS 1976, 576ff.
RGRK-BGB, Kommentar zum BGB, hrsg. von Mitgliedern des Bundesgerichtshofs, 12. Auflage 1981.
Reinel, AGB-Gesetz und Garantiekarten, NJW 1980, 1610.
Reinhart, Verwendung fremder Sprachen als Hindernis beim Zustandekommen von Kaufverträgen?, RIW/AWD 1977, 16ff.
Reinicke/Tiedtke, Stoffgleichheit zwischen Mangelunwert und Schäden im Rahmen der Produzentenhaftung, NJW 1986, 10ff.
Reinking/Eggert, Der Autokauf, 3. Aufl., Düsseldorf, 1988.
Roddy, USA: Produkthaftung bei Mißbrauch?, PHI 1987, 56ff.
Röhl, Fehler in Druckwerken, JZ 1979, 369ff.
Roesch, Zur Frage der Haftung des Herstellers pharmazeutischer Präparate für Arzneimittelschäden, VersR 1971, 298ff.
ders., Norwegische Rechtsprechung zur Haftung für schädliche Nebenwirkungen von Östrogenpräparaten, VersR 1971, 594ff.
Rösner, Gesundungsmaßnahmen in der allgemeinen Haftpflichtversicherung – obligatorische Selbstbeteiligung des Versicherungsnehmers, VersArch 1959, 191ff.
Roth, Die Inhaltskontrolle nichtausgehandelter Individualverträge im Privatrechtssystem, BB 1987, 977ff.
Rottmüller, Zur Anwendung der „Tätigkeitsklausel" in § 4 I Nr. 6b AHB, VersR 1986, 843ff.
Sack, Die präventive Durchsetzung von Warn- und Rückrufpflichten des Herstellers mit Hilfe des Wettbewerbsrechts, DAR 1983, 1ff.
ders., Das Verhältnis der Produkthaftungs-Richtlinie der EG zum nationalen Produkthaftungsrecht, DAR 1988, 109ff.
ders., Das Verhältnis der Produkthaftungs-Richtlinie der EG zum nationalen Produkthaftungsrecht, VersR 1988, 439ff.
ders., Produzentenhaftung nach § 823 Abs. 2 BGB in Verbindung mit § 3 UWG?, BB 1974, 1369ff.
ders., Produzentenhaftung und Produktbeobachtungspflicht, BB 1985, 813ff.
ders., Die wettbewerbsrechtliche Haftung für das Anbieten mangelhafter und gefährlicher Produkte, GRUR Int. 1983, 565ff.
Sander, Arzneimittelrecht, Kommentar für die juristische und pharmazeutische Praxis zum neuen Gesetz über den Verkehr mit Arzneimitteln (Arzneimittelgesetz) sowie mit Betäubungsmitteln, Stand 1985.
Schack, Die Zusicherung beim Kauf, AcP 185 (1985), 333ff.
ders., Stillschweigende Gewährleistungsfreistellung aufgrund typischer Interessenlage?, NJW 1983, 2806ff.
Scheinert, Haftung des Produzenten nach den Vorschriften über unerlaubte Handlungen, VP 1979, 34ff.
Schiemann, Luxusvilla auf schwankendem Grund: Der Nutzungsschaden am Wohneigentum (BGH (GS) 98, 212), JuS 1988, 20ff.
Schilling, Industriehaftpflicht, auch ein Marktrisiko, VP 1986, 90ff.
ders., Produzentenhaftung der Kfz-Hersteller und Kfz-Zulieferer – Risikobewältigung durch

Unternehmerschaft und Versicherer, in: Probleme der Produzentenhaftung unter besonderer Berücksichtigung des Straßenverkehrs, 1988, S. 63ff.
Schilling/Jörissen, Das Produkthaftpflichtrisiko – Bedeutung für Haftung, Organisation und Marktverhalten des Unternehmens, DBW 48 (1988), 311ff.
Schirmer, Allgemeine Versicherungsbedingungen im Spannungsfeld zwischen Aufsicht und AGB-Gesetz, ZVersWiss 1986, 509ff.
ders., Die Auswirkungen des AGBG auf Ausarbeitung und Verwendung von AVB, in: Symposion „80 Jahre VVG", 1988, S. 265ff.
Schlechtriem, Angleichung der Produktehaftung in der EG – Zur Richtlinie des Rates der Europäischen Gemeinschaften vom 25. 7. 1985 –, VersR 1986, 1033ff.
ders., Summenmäßige Haftungsbeschränkungen in Allgemeinen Geschäftsbedingungen; Eine Untersuchung der in den Allgemeinen Auftragsbedingungen für Wirtschaftsprüfer und Wirtschaftsprüfungsgesellschaften vom 1. 10. 1983 vorgesehenen Haftungsbeschränkungen, BB 1984, 1177ff.
ders., Abgrenzungsfragen bei der positiven Vertragsverletzung, VersR 1973, 581ff.
ders., Gewährleistung und allgemeine Verantwortlichkeit des Werkunternehmers, JZ 1971, 449ff.
Schlegelmilch, Die Absicherung der Produkthaftpflicht, 2. Auflage 1978.
Schlosser, Haftungsgrund, Haftungsmaßstab und AGB-Gesetz, WM 1978, 562ff.
Schmidt, Gedanken zur Dauer des Haftpflichtversicherungsschutzes, VersR 1956, 266ff.
ders., „... Abweichung von BGHZ 25, 34 = VersR 1957, 499" – Eine Skizze zum Kontinuitätsproblem der Rechtsprechung, in: 25 Jahre Karlsruher Forum. Beiträge zum Haftungs- und Versicherungsrecht, 1983, 178ff.
ders., Die Falschlieferung beim Kauf, NJW 1962, 710ff.
Schmidt-Räntsch, Die Umsetzung der Produkthaftrichtlinie des Rats der EG vom 25. 7. 1985, ZRP 1987, 437ff.
Schmidt-Salzer, Ansprüche auf Ersatz von Mangelfolgeschäden gemäß § 463 BGB und Betriebshaftpflichtversicherung, BB 1972, 18ff.
ders., Produkthaftung, Die Haftung der an der Warenherstellung und am Warenvertrieb beteiligten Personen und Unternehmen, 1972 (zit.: Produkthaftung I).
ders., Entscheidungssammlung Produkthaftung, Band I, 1975; Band II, 1979; Band III, 1982; Band IV, 1982.
ders., Revolution der Betriebshaftpflichtversicherung und Neudefinition des Ereignisbegriffs?, BB 1981, 459ff.
ders., Die neuen Dimensionen des Produktrisikos, BB 1983, 1251ff.
ders., Produkthaftung, Band I: Strafrecht, 2. Auflage 1987, Band II: Freizeichnungsklauseln, 2. Auflage 1985 (zit.: Produkthaftung II).
ders., USA-Haftpflichtrisiken der deutschen Industrie: ein nationaler Approach, VP 1985, 157ff.
ders., Die EG-Richtlinie Produkthaftung, BB 1986, 1103ff.
ders., Strafrechtliche Produktverantwortung, NJW 1988, 1937.
ders., Vertrauen ist gut – Sichern ist besser – Zur Versicherbarkeit der neuen Haftungsrisiken in der EG und den USA –, FAZ vom 31. 3. 1987.
ders., Dokumentation, Produkt-Verschuldenshaftung und verschuldensunabhängige Haftung nach der EG-Richtlinie, DB 1987, 1285ff.
ders., EG-Richtlinie Produkthaftung: Der Entwurf für das deutsche Transformationsgesetz (ProdHaftG), BB 1987, 1404ff.
ders., Produkthaftung im französischen, belgischen, deutschen, schweizerischen, englischen, kanadischen und US-amerikanischen Recht sowie in rechtspolitischer Sicht, 1975.
ders., Die neuen Dimensionen des Produktrisikos, BB 1980, 1ff.
ders., Rechtliche und tatsächliche Aspekte der Produktbeobachtung (Apfelschorffälle), BB 1981, 1041ff.
ders., Das Mehrwegflaschen-Urteil des Bundesgerichtshofs und die allgemeine Produkt-Verschuldenshaftung, PHI 1988, 146ff.
ders., Produkthaftung, Produkthaftpflichtversicherung, Betriebsorganisation und risk management, BB 1972, 1430ff.

ders., Die Bedeutung der Entsorgung- und der Schwimmerschalter-Entscheidung des Bundesgerichtshofs für das Produkthaftungsrecht, BB 1979, 1ff.
ders., Deliktshaftung des Herstellers für Schäden an der gelieferten Sache, BB 1983, 534ff.
Schmidt-Salzer/Hollmann, Kommentar EG-Richtlinie Produkthaftung, Band 1: Deutschland, 2. Auflage 1988.
Schneider, Übermittlungsverzögerung und Verlust des Rügeschreibens (§ 377 Abs. 4 HGB), MDR 1977, 538ff.
Schönke/Schröder, Kommentar zum Strafgesetzbuch, 23. Auflage 1988.
Scholl, Strafrechtliche Verantwortlichkeit und zivilrechtliche Haftung eines Reifenhändlers, NJW 1981, 2737f.
Scholl/Leitzinger, „Groß und renommiert" als Rechtsbegriff? – Zur Untersuchungspflicht von Händler, Importeur und Quasihersteller, MDR 1981, 718ff.
Schünemann, Strafrechtsdogmatische und kriminalpolitische Grundfragen der Unternehmenskriminalität, wistra 1982, 41ff.
Schultz, Aliud und Gewährschaftsrecht, NJW 1980, 2172ff.
Schwark, Kaufvertragliche Mängelhaftung und deliktsrechtliche Ansprüche, AcP 179 (1979), 57ff.
Schwenzer, Rückruf- und Warnpflichten des Warenherstellers, JZ 1987, 1059ff.
Semler, Warenbeschreibung oder Zusicherung einer Eigenschaft, NJW 1976, 406ff.
Sieg, Ausstrahlungen der Haftpflichtversicherung, 1952.
ders., Das neue Modell der Produkt-Haftpflichtversicherung, BB 1974, 1176ff.
ders., Allgemeines Versicherungsvertragsrecht, 2. Auflage 1988.
Simitis, Grundfragen der Produzentenhaftung, 1965.
ders., Soll die Haftung des Produzenten gegenüber dem Verbraucher durch Gesetz, kann sie durch richterliche Fortbildung des Rechts geordnet werden? In welchem Sinne?, Gutachten für den 47. Deutschen Juristentag 1968, C 1, S. 8ff.
ders., Produzentenhaftung: Von der strikten Haftung zur Schadensprävention, Festschrift Duden, 1977, S. 605ff.
Soergel, Kommentar zum Bürgerlichen Gesetzbuch, 11. Auflage 1978ff.
Sonnenberger, Grundfragen des technischen Normenwesens, BB Beilage 4/1985, S. 3ff.
ders., Verantwortlichkeit von Gesellschaftsorganen?, GmbH-Rundschau 1973, 25ff.
Sonnenschein, Formularmietverträge im Anwendungsbereich des AGB-Gesetzes, NJW 1980, 1489ff.
Späte, Die Produkthaftpflichtversicherung, in: Brendl Produkt- und Produzentenhaftung, Gruppe 13, S. 1ff., Stand 1984.
Staudinger, Kommentar zum Bürgerlichen Gesetzbuch. Recht der Schuldverhältnisse §§ 823–832, 12. Auflage 1986.
Steffen, Die Bedeutung der „Stoffgleichheit" mit dem „Mangelunwert" für die Herstellerhaftung aus Weiterfresserschäden, VersR 1988, 977ff.
ders., Die Produzentenhaftung am Vorabend des 47. Deutschen Juristentages, JR 1968, 287ff.
Steindorff, Repräsentanten- und Gehilfenversagen und Qualitätsregelungen in der Industrie, AcP 170 (1970), 93ff.
Stiefel/Stürner, Die Vollstreckbarkeit US-amerikanischer Schadensersatzurteile exzessiver Höhe, VersR 1987, 829ff.
Stötter, Ort und Zeitpunkt der vom Käufer (Importeur) vorzunehmenden Mängeluntersuchung, DB 1976, 949ff.
Stoll, Begriff und Grenzen des Vermögensschadens, 1973.
ders., Tatbestände und Funktionen der Haftung für Culpa in Contrahendo, in: Festschrift für Ernst von Caemmerer (zum 70. Geburtstag), 1978 S. 435ff.
ders., Haftungsverlagerung, durch beweisrechtliche Mittel, AcP 176 (1976), 145ff.
Stürner, Zur Gerechtigkeit richterlicher Schadenszuweisung, VersR 1984, 297ff.
Taschner, Begrenzung der Gefährdungshaftung durch Haftungshöchstsummen?, in: Zum Deutschen und Internationalen Schuldrecht, Kolloquium aus Anlaß des 75. Geburtstages von Ernst von Caemmerer, 1983, S. 75ff.
ders., Die künftige Produzentenhaftung in Deutschland, NJW 1986, 611ff.
ders., Produkthaftung – Richtlinie des Rates vom 25. Juli 1985 zur Angleichung der Rechts- und

Verwaltungsvorschriften der Mitgliedstaaten über die Haftung für fehlerhafte Produkte (85/374/EWG) mit Erläuterungen, 1986.
Teichler, Berufshaftpflichtversicherungen. Eine Untersuchung der Berufshaftpflicht, ihrer Versicherung und deren Beziehung zueinander am Beispiel der Rechtsanwälte, Ärzte und Architekten in Deutschland, 1985.
Teichmann, Schadensersatz bei fehlerhafter Ware (BGHZ 48, 118), JuS 1968, 315ff.
Teichmann/Hansen, Zur Zusicherung nach § 463 BGB, NJW 1963, 20ff.
Teichner, Haftung bei post-transfusionellem AIDS, MedR 1986, 110ff.
Tengelmann, Gewährleistung und Garantie und deren Fristen beim Kauf, NJW 1966, 2195ff.
Thamm, Haftungsbeschränkungen in Lieferbedingungen für das Fehlen zugesicherter Eigenschaften, NJW 1976, 225f.
Thiele, Leistungsstörung und Schutzpflichtverletzung, JZ 1967, 649ff.
Thürmann, Der Sachschadenbegriff in der Bauleistungsversicherung, 1988.
Tiedtke, Ablieferung der Kaufsache und Verjährungsbeginn der Gewährleistungsansprüche, NJW 1988, 2578.
Tönnies, Produkthaftung wegen wirkungsloser Produkte, PHI 1985, 41ff.
Tonner, Herstellergarantie und AGB-Gesetz, NJW 1984, 1730.
Trappe, Die Produkthaftpflicht im Ausland aus der Sicht des Industrieversicherers, in: Brendl Produkt- und Produzentenhaftung, Gruppe 13, S. 501ff., Stand 1980.
Trinkner, Schutz des Verbrauchers vor irreführender Werbung, BB 1975, 1493ff.
Ulmer, Teilunwirksamkeit von teilweise unangemessenen AGB-Klauseln? – Zum Verhältnis von geltungserhaltender Reduktion und ergänzender Vertragsauslegung –, NJW 1981, 2025ff.
ders., Produktbeobachtungs-, Prüfungs- und Warnpflichten eines Warenherstellers in bezug auf Fremdprodukte?, ZHR 152 (1988), 564ff.
ders., Notarielle Vertragsmuster und AGB-Inhaltskontrolle, DNotZ 1981, 84ff.
ders., Auf dem Wege zur Inhaltskontrolle notarieller Verträge, DNotZ 1982, 587ff.
Ulmer/Brandner/Hansen, AGB-Gesetz, Kommentar, 5. Auflage 1987.
Ungnade, Die Geltung von Allgemeinen Geschäftsbedingungen der Kreditinstitute im Verkehr mit dem Ausland, WM 1973, 1130ff.
VDMA, Produktehaftung, 1981.
Walchshöfer, Das abweichende kaufmännische Bestätigungsschreiben, BB 1975, 719ff.
Wallis, Rechtliche Probleme des Selbstbehalts in der Haftpflichtversicherung, Diss. Köln 1972.
Walter, Kaufrecht, 1987.
Weber, Grundfragen zum Recht der Allgemeinen Geschäftsbedingungen (AGB) Teil II, DB 1970, 2417ff.
Wehn/Schmidt, Die neue Fassung der Obhuts- und Bearbeitungsschadenklausel in der Allgemeinen Haftpflichtversicherung (Besitz- und Tätigkeitsklausel), 3. Auflage 1955.
Weimar, Die vom Verwender von AGB anzuwendende Sprache bei Ausländern als Vertragspartnern, DB 1978, 243.
Weitnauer, Rezension von S. Simitis, Grundfragen der Produzentenhaftung, 1965, in: AcP 167 (1967), 286ff.
ders., Rezension von Diederichsen, Die Haftung des Warenherstellers, 1967, in: AcP 168 (1968), S. 207ff.
ders., Arzt- und Arzneimittelrecht, 1977.
ders., Beweisfragen in der Produktenhaftung, Festschrift Larenz, 1973, S. 905ff.
Weitzel, Vom Nutzungsschaden als Gegenstand der Rechtspolitik, RuP 1988, 166ff.
Werber, Die Bedeutung des AGBG für die Versicherungswirtschaft, VersR 1986, 1ff.
v. Werder, Produkthaftungs-Management US-amerikanischer Großunternehmungen, ZfB 58 (1988), 1010ff.
Graf von Westphalen, Die Produkthaftpflichtversicherung des HUK-Modells, BB 1974, 625ff.
ders., Produkthaftung – Haftungsfreizeichnung und Haftungsfreistellung nach dem AGB-Gesetz, NJW 1979, 838ff.
ders., Garantie- und Gewährleistungsvergütungen im Verhältnis zwischen Hersteller – Handel – Endkunde, NJW 1980, 2227ff.
ders., Produkthaftung oder Produzentenhaftung?, ZIP 1986, 139.

ders., Eigenschaftszusicherungen – Haftungsbegrenzungen und Haftungsfreizeichnungen in kaufmännischen AGB-Klauseln, DB 1978, 2061ff.

ders., Die Wirksamkeitsgrenzen von Haftungsfreizeichnungs- und Haftungsbegrenzungsklauseln bei leichter Fahrlässigkeit gemäß § 9 AGB-Gesetz, WM 1983, 974ff.

ders., Neue Gesichtspunkte für die Produzentenhaftung, BB 1971, 152ff.

ders., Rückstellungen wegen gestiegener Risiken aus der Produzentenhaftung?, WM 1981, 1154ff.

ders., Grundtypen deliktsrechtlicher Produzentenhaftung, Jura 1983, 57ff., 133ff., 281ff., 348ff.

ders., Grundsätze deliktischer Haftung im Bereich der Unternehmensorganisation (Produzentenhaftung), WiR 1/1972, 67ff.

ders., Schattenseiten des Verbraucherschutzes, DB 1981, 61ff.

ders., Herstellergarantie und Verkäufergewährleistung im Automobilbereich, DAR 1982, 51.

ders., Grenzziehung zwischen Allgemeinen Geschäftsbedingungen und Individualvereinbarungen, DB 1977, 943ff.

ders., Kollision von Einkaufs- und Verkaufsbedingungen beim Vertragsabschluß, DB 1976, 1317ff.

Weyers, Empfiehlt es sich, im Interesse der Patienten und Ärzte ergänzende Regelungen für das ärztliche Vertrags- (Standes-) und Haftungsrecht einzuführen?, Gutachten zum 52. Deutschen Juristentag, Wiesbaden 1978, A 7ff.

ders., Versicherungsvertragsrecht, 1986.

Wilcke, Folgeschaden und Unternehmerrisiko in der Haftpflichtversicherung, VersR 1964, 107ff.

Will, Quellen erhöhter Gefahr – Rechtsvergleichende Untersuchung zur Weiterentwicklung der deutschen Gefährdungshaftung durch richterliche Analogie oder durch gesetzliche Generalklausel, 1980.

Willenbruch, Fällt die AGB-Klausel „Soweit gesetzlich zulässig" unter die Unklarheitenregelung des AGBG? (Erwiderung zu dem Beitrag von Thümmel/Oldenburg, BB 1979, 1067ff.), BB 1981, 1976ff.

Wilms, Produkte- und Produzentenhaftung aus Marken oder ähnlichen Zeichen, 1984.

Wilts, § 635 BGB und Deliktsansprüche, VersR 1967, 817ff.

Winkelmann, Die Befundsicherungspflicht des Herstellers – Ein erster Schritt zur Beweislastumkehr beim Kausalitätsbeweis im Produzentenhaftungsrecht?, MDR 1989, 16ff.

Winterfeld, Garantie und Eigenschaftszusicherung beim Gebrauchtmotor- und Gebrauchtwagenkauf, DAR 1985, 65ff.

Wolf, Freizeichnungsverbote für leichte Fahrlässigkeit in Allgemeinen Geschäftsbedingungen, NJW 1980, 2433ff.

ders., Individualvereinbarungen im Recht der allgemeinen Geschäftsbedingungen, NJW 1977, 1937ff.

Wolf/Horn/Lindacher, AGB-Gesetz, 2. Auflage 1989.

Wolter, Die Haftungsregelung des neuen Arzneimittelgesetzes, DB 1976, 2001ff.

Wussow, Allgemeine Versicherungsbedingungen für Haftpflichtversicherung, Kommentar, 8. Auflage 1976.

Zeller/Schroth/Besson/Stiefel, Tendenzen der Produkthaftung in Europa und Amerika, 2. Auflage 1981.

Zettervall, Die Zukunft der Haftpflicht-Rückversicherung in den USA, VW 1989, 231ff.

Zollmarsch, Inhalt, Bedeutung und Auslegung des § 4 II 5 AHB, Diss. Köln 1965.

Einleitung

Gleichgültig, ob man sich für den Begriff der „Produkthaftung“[1] oder für den der „Produzentenhaftung“[2] entscheidet, man muß sich stets klar darüber sein, daß sowohl die eine wie die andere Bezeichnung lediglich ein Kürzel darstellt. In der Sache geht es stets um eine höchst komplexe Rechtsfigur: Die **Haftung für Schäden,** die **bei der Benutzung fehlerhafter Produkte entstanden** sind. Unter welchen Voraussetzungen und in welchem Umfang dann gehaftet wird, ist Gegenstand zahlreicher Judikate, untermauert und fortentwickelt durch eine nur noch schwer überschaubare Literaturflut. Betroffen von diesem Haftungsrisiko sind alle, die fehlerhafte Produkte in den Verkehr bringen – freilich in unterschiedlichem Maße, weil die Differenzierung zwischen Herstellern,[3] Zulieferanten[4] und Händlern[5] nach wie vor Gültigkeit besitzt. Gleichwohl ist die Feststellung – keineswegs zynisch, sondern durchaus realitätsbezogen formuliert – zutreffend: Das **Produktrisiko** ist eine „Gefahr für jeden Betrieb“.[6] Aber es sind auch viele, die von dieser Haftungssanktion profitieren, seitdem sich auch im allgemeinen Bewußtsein die Erkenntnis durchgesetzt hat, daß das Produktrisiko keineswegs Teil des unverschuldeten Lebensschicksals ist, das blind und unbarmherzig – als Konsequenz der industriellen Massenproduktion – den Einzelnen trifft. Im Gegenteil: Der bei der Benutzung eines fehlerhaften Produkts entstandene Schaden ist Inhalt des einklagbaren Rechtsanspruchs des Geschädigten gegenüber dem Schädiger.[7] Denn dieser ist in der Lage, das ihn treffende Haftungsrisiko zu versichern;[8] die zu entrichtende Haftpflichtprämie ist damit Teil der Herstellungskosten,[9] die in der Marktwirtschaft über den Preis auf alle Produktbenutzer im Sinn einer Kollektivierung des Individualrisikos überwälzt werden.[10]

Entsprechend der allgemeinen Distinktion des Haftungsrechts ist auch hier zwischen einer **vertragsrechtlichen** und einer **deliktsrechtlichen Haftung** zu differenzieren. Doch soweit der Schaden an dem fehlerhaften Produkt selbst eingetreten ist, verzahnt sich die deliktsrechtliche Haftung gemäß § 823 Abs. 1 BGB auf das engste mit den gewährleistungsrechtlichen Spezifika.[11] Soweit „Stoffgleichheit“ zwischen geltend gemachtem Schaden und dem durch den Produktfehler entstandenen Minderwert besteht,[12] soll es nach Auffassung des BGH bei der strikten Limitation des Gewährleistungsrechts bleiben.[13] Ist hingegen eine „Stoffgleichheit“ in diesem Sinn nicht zu bejahen, führt der Eigentumsschutz des § 823 Abs. 1 BGB trotz des engen Rahmens der Gewährleistungs-

---

[1] Schmidt-Salzer, Produkthaftung, 1. Aufl., 1973.

[2] Kullmann/Pfister, Produzentenhaftung, 1980 (Loseblattsammlung).

[3] BGH, BB 1970, 1414 – KFZ-Bremsen; BGH, BB 1978, 1088 – KFZ-Reparatur.

[4] BGH, BB 1967, 1357 – Schubstrebe.

[5] RGZ 163, 21, 26 – Bremsen; BGH, NJW 1968, 2238, 2239 – Dieselkraftstoff; BGH, VersR 1977, 839, 840 – Autokran; BGH, NJW 1980, 1219 – Klapprad.

[6] Hägele/Hägele, Produkthaftung – Eine Gefahr für jeden Betrieb, 1978.

[7] BGHZ 51, 91 – Impfstoff.

[8] Instruktiv die „Dissenting Opinion“ von Justice Traynor in: Escola v. Coca-Cola Bottling Co. of Fresno, 150 P. 2 d 436, 441 (1944).

[9] Hierzu auch Deutsch, BB 1979, 1325ff.

[10] Freiherr Marschall von Bieberstein, BB 1983, 467ff.

[11] BGH, BB 1977, 162 – Schwimmschalter.

[12] BGH, NJW 1978, 2241 – Hinterreifen; BGH, NJW 1983, 810 – Gaszug; BGH, NJW 1983, 812 – Hebebühne; BGH, NJW 1985, 2420 – Kompressor; BGH, VersR 1986, 1002 – Dichtungsbahnen.

[13] Hierzu auch Kullmann, BB 1985, 409ff.

haftung zu neuen haftungsbegründenden Schadensersatzansprüchen gegenüber dem Schädiger.[14]

Im übrigen steht das gesamte Arsenal des **Gewährleistungsrechts** – vornehmlich das des Kauf- und das Werkvertragsrechts – dem geschädigten Produktbenutzer zur Verfügung. Schadensersatzrechtlich stehen dabei die Fälle im Vordergrund, in denen der Käufer/Werkbesteller Ersatz wegen Fehlens einer zugesicherten Eigenschaft gemäß §§ 463, 480 Abs. 2, 635 BGB begehrt.[15] Im übrigen werden die Vermögensnachteile des Käufers/Werkbestellers mit Hilfe des Instituts der positiven Vertragsverletzung ausgeglichen, wobei die Differenzierung zwischen Mangelschaden und Mangelfolgeschaden – bereits im Kaufrecht problematisch genug[16] – im Werkvertragsrecht nach der Auffassung des BGH[17] nur noch den Ausweg als Lösung bietet: Es kommt stets darauf an, ob der jeweils geltend gemachte Schaden in einem so engen Zusammenhang mit dem Mangel steht, daß § 635 BGB Maß gibt,[18] oder ob der Schaden gegenüber dem Mangel weiter entfernt ist, so daß die 30jährige Verjährung des § 195 BGB zum Zuge gelangt.[19]

Doch nicht nur der Vertragspartner selbst ist geschützt; der **Schutz erstreckt sich** gleichermaßen **auch auf Dritte,** sofern sie aufgrund des Parteiwillens und der besonderen Umstände des Einzelfalls in den Schutzbereich des Vertrages einbezogen sind.[20] Produktaussagen können Anknüpfungspunkt der Haftung werden,[21] Werbeerklärungen sind hier genauso zu nennen[22] wie eine allgemeine, üblicherweise als Produktservice verstandene Beratung.[23] Die Verletzung von allgemeinen Aufklärungs- und Hinweispflichten[24] steht ebenso Pate wie der gerade jüngst erst gescheiterte Versuch, eine allgemeine Gebrauchsanweisung als Begründung für eine vertragliche Haftungsverbindung zwischen Hersteller und Benutzer heranzuziehen.[25]

Die schier nicht mehr zu übersehende Flut von Judikaten im Bereich des AGB-Gesetzes wirft immer wieder neue Fragen auf. Die Grenzen, innerhalb derer Gewährleistungsansprüche eingeschränkt werden dürfen, stehen zwar seit einiger Zeit fest.[26] Doch wo im übrigen die Grenze verläuft, welche wirksame von unwirksamen **Haftungsfreizeichnungs-** oder **Haftungsbegrenzungsklauseln** trennt, läßt sich keineswegs mehr mit der gebotenen Eindeutigkeit und Sicherheit sagen.[27] § 11 Nr. 7 AGBG und § 11 Nr. 11 AGBG sind ja nur Wegmarken für den nicht-kaufmännischen Verkehr. Das Schwergewicht der Haftungen konzentriert sich jedoch im kaufmännischen Bereich; und für die Vertragsbeziehung zwischen Lieferant und Kunde gilt ausschließlich § 9 AGBG. Sicherlich, der Verschuldensvorwurf von Vorsatz oder grober Fahrlässigkeit – in Anlehnung an den Verbotstatbestand von § 11 Nr. 7 AGBG formuliert – ist in der Praxis selten; das Schwergewicht der zu suchenden Antwort liegt im Bereich von Haftungsfreizeichnungen bei einfacher Fahrlässigkeit.[28] Für diesen aber hat die Judikatur das Substrat der „Kardinal-

[14] Hierzu auch OLG Düsseldorf, WM 1985, 1079 – Pleuelhalbschalen; OLG Oldenburg, VersR 1986, 1006 – Blumentopfpalette.

[15] BGHZ 50, 200 – Kleber; BGH, BB 1972, 1069 – Fensterlack; BGHZ 96, 111, 114 – Wärmedurchlaßwert.

[16] BGH, BB 1980, 1068 – Spanplatten.

[17] BGHZ 37, 341, 344; BGHZ 48, 257, 258; BGHZ 58, 85, 92f.; BGHZ 72, 257, 259.

[18] BGH, NJW 1971, 1131; BGH, BauR 1972, 379; BGH, NJW 1983, 2440.

[19] BGHZ 58, 305, 307f.; BGH, NJW 1979, 1651f.; BGH, NJW 1982, 2244, 2245.

[20] Grundlegend Canaris, JZ 1965, 475.

[21] OLG Köln, NJW 1972, 162; BGH, NJW 1978, 1693, 1695.

[22] BGHZ 48, 118 – Trevira.

[23] BGH, BB 1972, 1069 – Fensterlack.

[24] BGH, BB 1977, 1373 – Pflanzenschutzmittel.

[25] BGH, ZIP 1989, 317.

[26] BGHZ 22, 90, 99f.; BGHZ 34, 94, 98; BGH, NJW 1963, 1148.

[27] Schlosser, in: Heinrich/Löwe/Ulmer, RWS-Forum 2, Zehn Jahre AGB-Gesetz, S. 121ff.

[28] BGH, ZIP 1984, 971 – Textilveredelung; BGH, NJW 1984, 1350 – Kühllager; BGH, NJW-RR 1986, 271 – EDV-Klima.

pflicht"[29] entdeckt, verstanden und praktiziert als „wesentliche" Pflicht eines Vertrages,[30] die im Fall ihrer schuldhaften Verletzung Kompensation der erlittenen Nachteile erfordert und entgegenstehende Haftungsfreizeichnungen an § 9 Abs. 2 Nr. 2 AGBG scheitern läßt. Wann freilich und unter welchen Umständen eine Vertragspflicht als derart „wesentlich" einzustufen ist, daß Haftungsfreizeichnungen ihre Wirksamkeit verlieren – das läßt sich mit einiger Verläßlichkeit nicht mehr sagen.[31]

Versicherungsrechtliche Aspekte spielen hier eine wichtige Rolle: Soweit Versicherungsschutz üblicherweise zu haben ist – und es gibt kein seriöses Unternehmen, das sich der Obliegenheit zum Versicherungsschutz entzieht –, spricht vieles dafür, Haftungsfreizeichnungsklauseln zugunsten des Schädigers als unwirksam gemäß § 9 Abs. 1 AGBG einzustufen[32] – ein Aspekt, der im Hinblick auf eingetretene Personenschäden evident scheint,[33] im Bereich von Sachschäden jedoch durchaus kontrovers behandelt wird.[34] Doch wäre diese Unsicherheit durchaus – ungeachtet des Bestrebens eines jeden Kaufmanns, erkennbare Risiken zu minimieren – vertretbar, wenn jedenfalls im Rahmen von Haftungsbegrenzungsklauseln Zuverlässiges aus der Judikatur abgeleitet werden könnte.[35] Indessen ist auch dies keineswegs als selbstverständlich zu bezeichnen.[36] Der auf geneigtes Verständnis zielende Hinweis des Juristen, ein Gericht entscheide eben stets nur den Einzelfall, erweckt freilich beim Kaufmann Verwirrung und beim Techniker Unbehagen. Doch einfache Regeln sind gerade in diesem neuralgischen Bereich nicht mehr aufzustellen – und ein Hinweis auf die nur noch höchst mühsam durchzuführende Trennung zwischen Individualverträgen und Kontrakten, die dem AGBG unterliegen,[37] pointiert das Gemeinte, den Zustand der Verwirrung mehr fördernd als beseitigend.

Die ureigene Domäne des Rechts der „Produkthaftung" oder der „Produzentenhaftung" ist freilich die – fallspezifische – Adaption der allgemeinen Regeln der Verkehrssicherungspflicht gemäß § 823 Abs. 1 BGB. Wie auf wenigen anderen Gebieten geht es hier um die interdisziplinäre Verständigung von **Technik und Recht,** von **Qualität und Recht,** weil – vermeidbare – Defizite der Produktsicherheit Haftungssanktionen auslösen. Der verfügbare „neueste Stand von Wissenschaft und Technik"[38] ist Garant des Produktbenutzers; die vom Hersteller zu beachtenden Organisationspflichten haben dem Rechnung zu tragen.[39] Freilich gilt auch hier der Grundsatz der Verhältnismäßigkeit: Je gefährlicher ein Produkt für die in § 823 Abs. 1 BGB geschützten Rechtsgüter Dritter ist, um so höher sind die Anforderungen. Doch sind **Konstruktionsfehler** – Schätzungen zufolge sind Konstruktionsfehler in etwa 70% aller Produkthaftungsfälle die entscheidende Ursa-

---

[29] BGHZ 49, 356, 363; BGH, VersR 1973, 218, 219; BGH, BB 1978, 827; BGH, NJW 1984, 1350; BGH, NJW 1985, 914; BGH, NJW 1988, 1785.

[30] Kritisch hierzu Schlosser, a. a. O., S. 121, 129f.

[31] BGH, BB 1978, 627 – Wasserversorgung; BGH, NJW 1985, 623, 627 – Opelhändler; vgl. auch OLG Frankfurt, BB 1984, 1451 – Auskunftsvertrag; OLG Frankfurt, BB 1984, 300 – Computersystem; BGH, VersR 1983, 848 – Krankentagegeldversicherung; BGH ZIP 1984, 1075, 1077 – Kreditkartensystem; BGH, WM 1988, 246 – Scheckinkasso.

[32] Im einzelnen Schmidt-Salzer, Produkthaftung, B. II – Haftungsfreizeichnungsklauseln, Rdnrn. 3.374ff.

[33] Löwe/Graf von Westphalen/Trinkner, AGB-Großkommentar, Bd. III – Freizeichnungsklauseln, Rdnr. 32; Wolf, NJW 1980, 2433, 2440.

[34] Hierzu Kötz, VersR-Beiheft 1983, 145ff.; Koller, ZIP 1986, 1089, 1093ff.; Wolf, NJW 1980, 2433, 2438ff.; Graf von Westphalen, NJW 1979, 838, 843f.; Schmidt-Salzer, a. a. O., Rdnrn. 3.374ff.

[35] BGH, BB 1980, 1011 – Chemischreinigung; BGH, NJW 1984, 1350 – Kühllager; BGH, ZIP 1984, 971 – Textilveredelung.

[36] Hierzu auch Schlosser, a. a. O., S. 121, 131ff.

[37] BGH, NJW 1977, 624, 625; BGH, WM 1984, 1610, 1611f.; BGH, ZIP 1986, 1466, 1467; BGH, ZIP 1987, 448, 449.

[38] Hierzu Kullmann/Pfister, a. a. O., KZA. 1520 – S. 27; Graf von Westphalen, BB 1971, 152, 156.

[39] BGH, NJW 1987, 372 – Verzinkungsspray.

che – stets vermeidbar und deshalb haftungsbegründend.[40] **Fabrikationsfehler** demgegenüber sind vor allem nur in der juristischen Terminologie unvermeidbare „Ausreißer", für die nicht gehaftet wird;[41] in der Regel aber sind sie – unter Berücksichtigung des einzuhaltenden Standes von Wissenschaft und Technik – durchaus vermeidbar.[42] Bezugspunkt ist ja stets die jeweilige Sicherheitserwartung des Produktbenutzers;[43] und es ist schwer vorstellbar, daß ein „Ausreißer" als bedauerlicher, aber unabwendbarer Fall des allgemeinen Lebensrisikos betrachtet wird, nicht aber als haftungsbegründendes Datum.

Selbstverständlich anerkennt die BGH-Judikatur die haftungsverteilende Struktur der arbeitsteiligen Wirtschaft.[44] Eine Kanalisierung der Haftung zum Nachteil des Herstellers des Endprodukts entspricht nicht der juristischen Wirklichkeit, wie sie sich aus § 823 Abs. 1 BGB entwickelt hat.[45] Doch sind die Anforderungen an das technisch-vertragsrechtlich abgesicherte Leistungsgeflecht zwischen Zulieferant und Hersteller erheblich.[46] Häufig ist eine Pflichtverletzung sowohl dem Zulieferanten – etwa als Konstruktions- oder Fabrikationsfehler – anzulasten, und dem Hersteller des Gesamtprodukts ist die Verletzung einer Kontrollpflicht vorzuwerfen:[47] Wie meistens im Leben, ist Schuld an einem eingetretenen Schaden nicht nur einer Partei anzulasten.

Nur die exakte Analyse im Detail hilft gegenüber dem Haftungsrisiko weiter; technisches Verständnis ist Voraussetzung juristischer Analyse – Hightech, Qualitätssicherung und Qualitätskontrolle fordern auch von den Juristen ihren Preis.[48] Denn in der Sache geht es stets darum, technische Leistungsdefizite normativ zu bewerten – ein Unterfangen, das ohne die Expertise eines Sachverständigen regelmäßig nicht möglich ist. Die Produkthaftung als „battle of the experts" – dies bezeichnet die Realität des Alltags.

Beweisregeln von der Judikatur entwickelt und verfeinert[49] helfen nur dann, wenn sie an sachverständige Expertise anknüpfen. Und die vielfältig beschworene juristische „Beweislastumkehr" im Bereich des Verschuldens[50] erweist sich angesichts der Präponderanz des notwendigerweise einzubringenden Sachverständigenurteils betreffend den Fehlernachweis als nur geringe Entlastung zugunsten des beklagten Herstellers.[51] Im Zenit steht nach wie vor der Beweis der objektiven Pflichtverletzung, bezogen auf den Herrschafts- und Organisationsbereich des Beklagten und dieser gelingt nur, wenn die wechselseitigen Verschränkungen zwischen Fehlern des Produkts und der Sicherheitserwartung des Produktbenutzers[52] zum Nachteil des beklagten Herstellers aufgelöst werden. Ist dieser Nachweis zur Überzeugung des beklagten Herstellers oder des angerufenen Gerichts geglückt, dann steht die „Beweislastumkehr" im Hinblick auf das fehlende Verschulden des Herstellers[53] regelmäßig nur noch auf dem Papier. Die Kompensation des erlittenen Schadens beherrscht dann das Geschehen.

Die deliktsrechtlichen Sanktionen des § 823 BGB enden indessen nicht mit dem Inverkehrbringen des Produkts; selbst der Ablauf der kauf- oder werkvertraglichen Gewährleistungs- oder Garantiezeit ist keine Zäsur: Die **Produktbeobachtungspflicht** fordert –

---

[40] Vgl. im einzelnen § 24 Rdnrn. 1ff.
[41] Hierzu § 24 Rdnrn. 124ff.
[42] Steindorff, AcP 170 (1970), 93ff.
[43] Hierzu Kullmann/Pfister, Kza. 1520 S. 40bf.
[44] Schmidt-Salzer, BB 1979, 1ff.
[45] Hierzu auch Kullmann/Pfister, Kza. 1520 S. 29ff.
[46] BGH, VersR 1960, 855, 856 – Kondenztopf; BGH, BB 1977, 162 – Schwimmschalter.
[47] Im einzelnen Graf von Westphalen, NJW 1979, 838ff.
[48] Hierzu im einzelnen Qualität und Recht, 1988, DGQ-Schrift Nr. 19–30.
[49] BGHZ 51, 91 – Impfstoff; Diederichsen, NJW 1969, 269ff.; Kuchinke, Festschrift Laufke (1971), S. 113f.; BGH, NJW 1981, 1603, 1605; Stoll, AcP 176 (1976), 145, 168f.
[50] BGHZ 51, 104ff – Impfstoff.
[51] BGHZ 51, 91, 105 – Impfstoff.
[52] Kullmann/Pfister, Kza. 1920 S. 22ff. m. w. N.
[53] S. Fn. 51.

geprägt von Maßnahmen der Qualitätssicherung und der Qualitätskontrolle – ihren Tribut. Und keine Entscheidung ist so schwierig und oft so dramatisch wie die Antwort auf die Frage, ob – unter Berücksichtigung aller Umstände – ein Rückruf des fehlerhaften Produktes erforderlich ist. Schon emotional sind derartige Situationen nur dann beherrschbar, wenn „Katastrophenpläne" – nicht nur in der Schublade – existieren, sondern in den Köpfen der Verantwortlichen umsetzungsbereit präsent sind. Die strafrechtliche Sanktion eines Fehlverhaltens drängt gerade hier in ihr Recht;[54] sie ist keineswegs gering-zuachten: Staatsanwaltschaftliche Ermittlungsverfahren im Zusammenhang mit Produktschäden sind keine Seltenheit. Augenmaß und hoher Sachverstand sind dann angesagt; Überreaktionen schaden dem Image des Unternehmens, der „Marke" und führen häufig zu schweren Umsatzeinbrüchen, doch beharrliches Nichtstun kann für die zur Handlung verpflichteten Personen schlicht fatal sei.

Die grundlegenden Konturen der deliktsrechtlichen Haftung sind inzwischen fixiert. Doch die Rechtsprechung des BGH schreitet fort:[55] Schritt um Schritt entsteht ein Gebäude, das Haftungssanktionen dem geschädigten Produktbenutzer zur Verfügung stellt. Aber Sanktionen entfalten auch präventive Funktionen: **Qualitätssicherung und Qualitätskontrolle** ist daher die zutreffende Antwort auf die Risiken der „Produkthaftung" oder der „Produzentenhaftung". Auch das ProdHaftG, das freilich immer noch nicht in Kraft getreten ist, wird daran nichts Grundlegendes ändern. Der Unterschied zwischen einer verschuldensunabhängigen und einer verschuldensabhängigen Haftung ist – analysiert man die Judikatur im Detail – ohnedies gering. Gewiß aber wird sich die Anspruchsmentalität in absehbarer Zeit ändern; allein, „amerikanische Verhältnisse" werden wir nicht bekommen.[56] Zu stark steht der auf den Schutz des privaten Endverbrauchers bezogene Sachgüterschutz des ProdHaftG im Vordergrund, als daß die Industrie – allein wegen der verschuldensunabhängigen Haftung – Revolutionäres befürchten müßte. Denn überall dort, wo im gewerblichen, industriellen Bereich Sachschäden eintreten, bleibt es bei der Nichtanwendung des ProdHaftG (§ 1 Abs. 1 Satz 2 ProdHaftG) und deshalb notwendigerweise bei den Sanktionsregeln von § 823 BGB. Den fabrikationstechnisch bedingten, nicht verschuldeten – und damit nicht vermeidbaren – „Ausreißer" wird es jedoch nach dem ProdHaftG nicht mehr geben; er war ohnedies mehr ein Produkt juristischer Expertise als der technischen Wirklichkeit.[57] Daß darüber hinaus der EG-Importeur wie ein Hersteller haften wird, hat nach dem Konzept, auf dem das neue ProdHaftG beruht,[58] seinen guten Grund: Die EG-Kommission sah die Notwendigkeit, unter Berücksichtigung von Artikel 100 EWG-Vertrag eine „Richtlinie"[59] zu erlassen, um Wettbewerbsverzerrungen aufgrund unterschiedlicher Produkthaftungssysteme auszuschalten.

Die **internationale Dimension der „Produkthaftung"** oder der „Produzentenhaftung" ist damit bereits angedeutet. Ein Land, welches wie die Bundesrepublik Deutschland in so hohem Maße exportabhängig ist, muß sich diesem Risiko stellen. Ansprüche auf Ersatz von Personen- oder Sachschäden, die aus fehlerhaften Produkten resultieren, können – angesichts des Auseinanderfallens der jeweiligen Tatortrechte – von dem Gerichtsplatz aus geltend gemacht werden, wo die Rechtsgutverletzung eingetreten ist;[60] und es gilt nach deutschem Kollisionsrecht das dem Geschädigten günstigere Recht.

Wenn es jedoch – das sei abschließend angemerkt – richtig ist, daß die Risiken der „Produkthaftung" oder die der „Produzentenhaftung" die Sanktion auf – vermeidbare –

---

[54] Hierzu umfassend §§ 44–47 in diesem Band.

[55] BGH, BB 1987, 717 – Lenkerverkleidung.

[56] Hierzu neuestens Freedman, Product Liability Actions by Foreign Plaintiffs in the United States, 1988 m. w. N.

[57] Hierzu Fn. 42.

[58] Schmidt-Salzer/Hollmann, EG-Richtlinie Produkthaftung, Bd. 1: Deutschland, 2. Aufl., 1988.

[59] Taschner, Produkthaftung, München 1986.

[60] Vgl. § 32 ZPO; BGH NJW 1964, 2012; BGH NJW 1981, 1606.

technische Defizite darstellen, so folgt daraus Entscheidendes: Diese Risiken können künftig nur bewältigt werden, wenn im Rahmen eines **Produkthaftungs-Managements** eine Politik betrieben wird, welche eben diese Risiken klar ins Auge faßt und die Organisationsstrukturen des Unternehmens entsprechend einrichtet. Maßnahmen der Qualitätssicherung sind als Grundstrategie unerläßlich; der Versicherungsschutz kann und darf lediglich das „Restrisiko" betreffen, dabei im Auge behaltend, daß das typische Produktrisiko Serienschadencharakter besitzt.

Dies setzt – abhängig von den jeweils betroffenen Unternehmen und dem in Rede stehenden Produkt – voraus, daß Techniker, Kaufleute, Versicherungsexperten und Juristen – die Reihenfolge sei keine Rangfolge – in einem Team zusammenwirken, das aktiv und präventiv die stets wachsenden Aufgaben erfüllt, die ein „Produkthaftungs-Management"[61] heute verlangt. Das aber ist eine bleibende, stets neu zu überdenkende Aufgabe.

---

[61] Im einzelnen von Werder, Produkthaftung-Management US-amerikanischer Großunternehmungen, ZfB 58 (1988), 1010ff.

1. Teil. Vertragliche Haftung

§ 1. Der Fehler – Der Mangel

I. Im Kaufrecht

1 Die nach § 459 Abs. 1 BGB eingreifende Sachmängelgewährleistung setzt voraus, daß die Sache im Zeitpunkt, in welchem die Gefahr auf den Käufer übergeht, nicht mit Fehlern behaftet ist, die den Wert oder die Tauglichkeit zu dem gewöhnlichen oder dem nach dem Vertrag vorausgesetzten Gebrauch aufheben oder mindern. Eine unerhebliche Minderung des Wertes oder der Tauglichkeit kommt dabei nicht in Betracht.

1. Der Fehlerbegriff

a) Der subjektive Fehlerbegriff

2 Unter einem Fehler im Sinn von § 459 Abs. 1 BGB versteht die Judikatur[1] die dem Käufer ungünstige, nicht unerhebliche Abweichung der tatsächlichen Beschaffenheit der Sache (Ist-Zustand) von der vertraglich vereinbarten Beschaffenheit (Soll-Zustand), die den Wert oder die Gebrauchstauglichkeit der Sache aufhebt oder mindert.[2] Ohne daß sich die Formulierungen in der Sache widersprechen,[3] finden sich in der Judikatur auch andere Umschreibungen dieses Fehlerbegriffs: Während das RG das Vorliegen eines Fehlers „schon bei ungünstiger Abweichung von derjenigen Beschaffenheit" bejahte, „die für den nach dem Vertrag vorausgesetzten Gebrauch erwartet werden muß",[4] charakterisiert der BGH in einer neueren Entscheidung[5] einen Fehler in der Weise, daß der „tatsächliche Zustand der gekauften Sache von dem im Kaufvertrag Vereinbarten abweicht und diese Abweichung den Wert der Sache oder ihre Tauglichkeit zu dem gewöhnlichen oder nach dem Vertrag vorausgesetzten Gebrauch aufhebt oder mindert".

3 Der damit von der Judikatur und der h. M.[6] vertretene **subjektive** Fehlerbegriff – seine Definition stellt auf die Parteivereinbarung maßgeblich ab – ist gegenüber dem objektivem Fehlerbegriff abzugrenzen.[7] Der objektive Fehlerbegriff ist allein dadurch charakerisiert, daß die gekaufte Sache in ihrer Beschaffenheit von der objektiven Normalbeschaffenheit abweicht.[8] In jüngster Zeit hat vor allem *Knöpfle* den Versuch unternommen, die Maßgeblichkeit des – objektiven – Fehlerbegriffs erneut zu begründen.[9] Danach wird zunächst ausschließlich die Frage gestellt, ob ein Fehler –gemessen an objektiven Kriterien –

---

[1] RGZ 135, 340, 342; RGZ 161, 330, 334; BGHZ 16, 54, 55 – Ultraschallgerät; BGHZ 52, 51, 54 – Hasenfleisch; BGHZ 90, 198, 202 – Typ-Prüfung.

[2] Staudinger/Honsell § 459 Rz. 10; Soergel/Huber § 459 Rz. 7; MünchKomm/Westermann § 459 Rz. 9f.

[3] So mit Recht Soergel/Huber vor § 459 Rz. 39.

[4] RGZ 135, 339, 342 – Ruisdael.

[5] BGHZ 90, 198, 202 – Typ-Prüfung.

[6] Erman/Weitnauer vor § 459 Rz. 3ff.; RGRK-BGB/Mezger § 459 Rz. 5; Soergel/Huber vor § 459 Rz. 39; Staudinger/Honsell § 459 Rz. 11.

[7] Hierzu im einzelnen Soergel/Huber vor § 459 Rz. 33ff.; Knöpfle NJW 1987, 801ff.

[8] RGZ 97, 351, 352; Schmidt NJW 1962, 710.

[9] Knöpfle JZ 1978, 121; ders. NJW 1987, 801; vgl. auch Fabricius JuS 1964, 1ff.; 46ff. – allerdings mit Modifikationen.

vorliegt, welcher den Wert oder die Tauglichkeit der Sache zum gewöhnlichen Gebrauch oder zu einem nach dem Vertrag vorausgesetzten besonderen Gebrauch aufhebt oder mindert. Doch auch die Anhänger dieser Lehre betonen, es sei selbstverständlich, daß aufgrund der Parteiautonomie die objektiven Kriterien des Fehlerbegriffs ausgeschlossen werden können, soweit eine hiervon abweichende Beschaffenheitsvereinbarung getroffen worden ist.[10] Daraus wird gefolgert: Die Begründung der Kriterien eines – objektiven – Fehlers im Normalfall sowie der Ausschluß eines Fehlers – aufgrund einer besonderen Beschaffenheitsvereinbarung im Einzelfall – seien nicht miteinander vergleichbar, sondern lägen auf verschiedenen Stufen und seien deshalb voneinander zu trennen.[11] Unter dieser Voraussetzung ist es selbstverständlich, daß auch dann ein Fehler im Sinn von § 459 Abs. 1 BGB vorliegt, wenn die verkaufte Sache nicht fehlerhaft, sondern ein an sich fehlerfreies Stück einer anderen Gattung ist. Beispiel: Es wird die Ladung eines schwimmenden Dampfers als Walfischfleisch verkauft, obwohl es sich um Haifischfleisch handelt;[12] oder ein bedeutendes Ölgemälde von J. I. Ruisdael wird verkauft, das jedoch ein J. S. Ruisdael, ein wesentlich weniger bekannter Maler, gemalt hat.[13] In beiden Fällen nahm das RG einen Sachmangel an: Es war vertragsgemäß Walfischfleisch zu liefern, so daß die Lieferung von Haifischfleisch mangelhaft im Sinn von § 459 Abs. 1 BGB war.[14] Und auch der nach § 459 Abs. 1 BGB maßgebende „nach dem Vertrage vorausgesetzte" Gebrauch war beim Verkauf eines – falschen – Ruisdael nicht erfüllt, so daß Sachmängelansprüche gemäß § 459 Abs. 1 BGB bestanden.[15]

b) Der objektive Fehlerbegriff

4 Der praktisch relevante Unterschied zwischen dem subjektiven und dem objektiven Fehlerbegriff erweist sich vor allem bei der Zusicherungshaftung gemäß § 459 Abs. 2 BGB.[16] Im Unterschied zur h. M.[17] verlangen die Vertreter des – objektiven – Fehlerbegriffs nicht, daß ein besonderer Haftungsbegründungswille auf Seiten des Verkäufers vorliegt, aus der sich die Schadensersatzpflicht wegen Nichterfüllung im Fall des Fehlens einer zugesicherten Eigenschaft gemäß § 459 Abs. 2 BGB ableiten läßt.[18] Dies ist insbesondere dann relevant, wenn es darum geht, eine Beschaffenheitsvereinbarung im Sinn von § 459 Abs. 1 BGB gegenüber einer stillschweigenden Eigenschaftszusicherung gemäß § 459 Abs. 2 abzugrenzen (hierzu im einzelnen *§ 2 Rz. 22ff.*). Unter Berücksichtigung des – objektiven – Fehlerbegriffs wird nämlich schon dann ein Anspruch auf Schadensersatz wegen Nichterfüllung gemäß § 463 BGB begründet, wenn und soweit der Verkäufer dem Käufer eine verbindliche Angabe über die jeweilige Kaufsache gemacht hat.[19] Dies – so wird argumentiert – sei erforderlich und auch deswegen naheliegend, weil die allgemeine Verkehrsanschauung schon für die Bestimmung des – objektiven – Fehlerbegriffs heranzuziehen sei, zumal es in der Praxis so gut wie stets ausgeschlossen sei, in verläßlicher Weise festzustellen, daß der Verkäufer den Willen hatte, eine Eigenschaft zuzusichern.[20]

5 Die Unterschiede zwischen der subjektiven und der objektiven Fehlertheorie sind jedoch aus praktischen Gründen vernachlässigenswert. Denn notwendigerweise bedarf auch

---

[10] Neuestens Knöpfle NJW 1987, 801, 802.
[11] Knöpfle NJW 1987, 801, 802.
[12] RGZ 99, 147.
[13] RGZ 135, 340.
[14] RGZ 99, 147, 148.
[15] RGZ 135, 339, 342.
[16] Knöpfle NJW 1987, 801, 803ff.; Soergel/Huber vor § 459 Rz. 36 jeweils m. w. N.
[17] BGHZ 48, 118, 122 – TREVIRA; BGHZ 50, 200, 204ff. – Kleber; BGHZ 59, 158, 160 – Lack; BGH NJW 1973, 843, 844 – Nottestament.
[18] Hierzu auch Schack AcP 185 (1985) 333, 344ff.
[19] Knöpfle NJW 1987, 801, 804.
[20] Knöpfle NJW 1987, 801, 804f.

die objektive Fehlertheorie der – aus der Parteivereinbarung resultierenden – Einschränkung, welche ihrerseits in § 459 Abs. 1 BGB ihre Wurzel findet. Und die subjektive Fehlertheorie muß notwendigerweise – mangels gegenläufiger Parteivereinbarung – auf objektive Kriterien zurückgreifen, um die Voraussetzungen einer Sachmängelgewährleistung gemäß § 459 BGB zu umschreiben. Notwendigerweise steht auch dabei entsprechend den Grundsätzen der Parteiautonomie die Beschaffenheitsvereinbarung über die Kaufsache im Vordergrund.[21] Weder aus der subjektiven noch aus der objektiven Fehlertheorie kann jedoch irgend etwas Zuverlässiges darüber abgeleitet werden, unter welchen Voraussetzungen eine Eigenschaftszusicherung gemäß § 459 Abs. 2 BGB vorliegt *(§ 2 Rz. 7ff.)*, und unter welchen Voraussetzungen eine Beschaffenheitsvereinbarung im Sinn von § 459 Abs. 1 BGB hiervon abzugrenzen ist *(§ 2 Rz. 21ff.)*. Denn es kommt stets auf die Auslegung der jeweiligen Willenserklärungen sowie auf die besonderen Umstände des Einzelfalls an. Gleiches gilt im Hinblick auf die Festlegung, ob ein Produkt fehlerhaft ist oder ob es sich lediglich um hinzunehmenden Verschleiß handelt[21a].

2. Das Erfordernis der Beschaffenheitsabweichung

Geht man also davon aus, daß es im Sinn von § 459 Abs. 1 BGB entscheidend darauf 6
ankommt, als was die Sache verkauft worden ist,[22] so gehören zur Beschaffenheit der Kaufsache sicherlich alle diejenigen körperlichen Eigenschaften, die der Sache zur Zeit des Gefahrenübergangs anhaften.[23] Unter diesem Betracht sind die Begriffe Eigenschaft und Beschaffenheit austauschbar.[24]

a) Der Qualitätsmangel

aa) Körperliche Eigenschaften. Indessen sind es keineswegs nur die körperlichen Ei- 7
genschaften, welche die Beschaffenheit der Kaufsache ausmachen. Vielmehr fallen auch – generell gesprochen – alle Beziehungen einer Sache zur Umwelt in die Kategorie des Qualitätsmangels, sofern diese als Folge ihrer Beschaffenheit und ihrer vorausgesetzten Dauer – gemessen an der Verkehrsauffassung – Einfluß auf die Wertschätzung der Sache haben.[25] Hierunter fallen zum Beispiel die Herkunft der Sache[25a] oder die fehlende Bebaubarkeit eines Nachbargrundstücks.[26]

Soweit die Bestimmungen des **Gerätesicherheitsgesetzes** zur Anwendung berufen sind, 8
dürfen Hersteller oder Einführer von technischen Arbeitsmitteln diese gemäß § 3 Abs. 1 GerSiG nur dann in den Verkehr bringen, wenn sie nach den allgemeinen anerkannten Regeln der Technik sowie den Arbeitsschutz- und Unfallverhütungsvorschriften so beschaffen sind, daß Benutzer oder Dritte bei ihrer bestimmungsgemäßen Verwendung gegen Gefahren aller Art für Leib, Leben oder Gesundheit soweit geschützt sind, wie es die Art der bestimmungsgemäßen Verwendung gestattet.[27] Entspricht eine Anlage nicht diesen Sicherheitsbestimmungen, so ist sie grundsätzlich fehlerhaft im Sinn von § 459 Abs. 1 BGB, und zwar gleichgültig, ob der Mangel darauf zurückzuführen ist, daß Un-

---

[21] BGHZ 90, 198, 202 – Typ-Prüfung; BGH Betr. 1987, 2561 – Eignung eines im Keller gelegenen Appartments zur Vermietung.

[21a] Vgl. OLG Karlsruhe DAR 1988, 162 – Durchrostungen bei einem 13 Jahre alten PKW sind kein Mangel OLG Schleswig DAR 1989, 147; Eggert DAR 1989, 121ff.

[22] Staudinger/Honsell § 459 Rz. 13; Soergel/Huber § 459 Rz. 10.

[23] Soergel/Huber § 459 Rz. 11.

[24] Staudinger/Honsell § 459 Rz. 17; Soergel/Huber § 459 Rz. 16; im einzelnen auch *§ 2 Rz. 21ff.*

[25] RGZ 161, 330, 333f.; BGH WM 1979, 949, 950.

[25a] RGZ 135, 339, 342 – Ruisdael.

[26] RGZ 161, 330, 333; oder des verkauften Grundstücks BGH WM 1987, 1223; oder die Eignung eines im Keller liegenden Appartments zur Vermietung BGH NJW-RR 1987, 1228..

[27] BGH WM 1985, 463, 464 – Chemisch-Reinigungsanlage.

fallverhütungsvorschriften nicht beachtet oder VDE-Bestimmungen, welche zu den allgemein anerkannten Regeln der Technik gezählt werden,[28] verletzt worden sind.[29] Indessen begründet keineswegs jegliche Abweichung von einer in § 3 GerSiG erwähnten Bestimmung einen Sachmangel im Sinn von § 459 Abs. 1 BGB, weil es – wie stets – entscheidend darauf ankommt, daß aufgrund der jeweiligen Abweichung der Wert oder die Gebrauchstauglichkeit der Kaufsachsache gemindert oder beeinträchtigt wird. Dies ist zum Beispiel dann nicht notwendigerweise der Fall, wenn Unfallverhütungsvorschriften oder sonstige technische Normen nicht eingehalten worden sind, falls diese lediglich der Erleichterung von Montagen, Reparatur- oder sonstigen Wartungsarbeiten dienen.[30]

9 **bb) Die wirtschaftliche Beziehung der Sache zur Umwelt** Neben den die Beschaffenheit charakterisierenden Umweltbeziehungen kann ein Fehler im Sinn von § 459 Abs. 1 BGB auch auf die wirtschaftliche Beziehung der Sache zur Umwelt gegründet werden, wie zum Beispiel bei Angaben betreffend die Jahresmiete eines Grundstücks[31] oder die Erklärung, daß Abschreibungen gemäß § 7b EStG vorgenommen werden können.[32] Voraussetzung ist jedoch, daß die wirtschaftlichen oder rechtlichen Beziehungen in dem Kaufgegenstand selbst ihren Grund haben, ihm also selbst innewohnen.[32a] Häufig wird es sich hierbei um Eigenschaftszusicherungen im Sinn von § 459 Abs. 2 BGB handeln.[33] Notwendig ist dies jedoch nicht.[34] Insbesondere ist auch die Unverkäuflichkeit der Sache ein Mangel im Sinn von § 459 Abs. 1 BGB, wenn die Sache von einem bestimmten Herkunftsort stammt, und der auf konkrete Tatsachen gestützte Verdacht nicht auszuräumen ist, daß die Sache eine gesundheitsschädliche Beschaffenheit aufweist.[35] Stets aber muß die Unverkäuflichkeit in einem Umstand begründet sein, der der gelieferten Sache selbst anhaftet.[36] Dabei schadet es nicht, wenn der Verdacht einer gesundheitsgefährdenden Verseuchung der Ware – und damit deren Unverkäuflichkeit – erst nach Gefahrenübergang entstanden ist, sofern er zumindest auf Umständen aufbaut, die vor Gefahrenübergang gegeben, aber noch nicht erkannt waren.[37] Daß nämlich bei einer Weiterveräußerung gesundheitsgefährdende Lebensmittel für die Allgemeinheit eine objektive Gefahr begründet worden wäre, rechtsfertigt bereits die Annahme eines Mangels im Sinn von § 459 Abs. 1 BGB.[38]

10 Immer dann, wenn die wirtschaftliche Beziehung der Sache zur Umwelt als Mangel im Sinn von § 459 Abs. 1 BGB in Betracht kommt, ist sorgfältig zu untersuchen, ob nicht gegebenenfalls Ansprüche wegen Verschuldens bei Vertragsabschluß in Betracht kommen.[39] Zum Konkurrenzverhältnis zwischen Gewährleistungsansprüchen gemäß §§ 459ff. BGB einerseits und Ansprüchen wegen Verschuldens bei Vertragsabschluß andererseits vgl. im einzelnen *§ 4 Rz. 46.*

Die die Beschaffenheit charakterisierenden Umweltbeziehungen tatsächlicher, wirtschaftlicher oder rechtlicher Art müssen in der Gegenwart, d. h. zum Datum des Vertragsabschlusses bestehen oder in der Vergangenheit bestanden haben. Denn Erklärungen über

---

[28] Lukes JuS 1968, 345, 351.
[29] BGH WM 1985, 463, 464 – Chemisch-Reinigungsanlage.
[30] BGH WM 1985, 463, 464 – Chemisch-Reinigungsanlage.
[31] BGH WM 1980, 673, 674.
[32] BGHZ 79, 183, 185.
[32a] BGHZ 70, 47, 49; BGH ZIP 1988, 316, 319.
[33] BGHZ 79, 183, 185 – § 7b EStG; BGH BB 1989, 519 – Kostenmiete.
[34] Vgl. BGH WM 1978, 59 – technische Erfindung als wesentlicher Gegenstand eines Unternehmenskaufs.
[35] BGH NJW 1969, 1171 – Hasenfleisch/Salmonellenbefall.
[36] BGH NJW 1969, 1171, 1172.
[37] BGH NJW 1972, 1462 – Hasenfleisch; BGH BB 1989, 518, 519 – Glykolwein.
[38] BGH NJW 1972, 1462 – Hasenfleisch.
[39] BGH NJW 1970, 653, 655 – Unternehmenskauf; im einzelnen auch Immenga AcP 171 (1971), 1ff.

zukünftige Verhältnisse kommen für Gewährleistungsansprüche gemäß § 459 BGB nicht in Betracht.[40] Soweit künftige Umstände in Rede stehen, können diese freilich Gegenstand einer Garantieerklärung sein *(§ 7 Rz. 8),* was freilich in der Literatur in Frage gestellt wird, sofern es auf die – erst in der Zukunft sich bewährende – Zuverlässigkeit eines Produkts ankommt[41a].

cc) Umstände außerhalb der Kaufsache. Abzugrenzen sind die die Beschaffenheit und damit einen Fehler im Sinn von § 459 Abs. 1 BGB begründenden Umstände der Kaufsache gegenüber solchen Verhältnissen und Umständen, die zwar den Wert oder die Brauchbarkeit der Kaufsache beeinträchtigen, jedoch selbst außerhalb der Kaufsache liegen.[41] Dies gilt zum Beispiel dann, wenn zwischen den Parteien besprochen ist, daß eine bestimmte Maschine an einem bestimmten Platz aufgestellt werden soll,[42] oder wenn für den Betrieb einer solchen Maschine oder Anlage ein bestimmter Raum vorgesehen ist.[43] Gleiches gilt dann, wenn zwischen den Parteien vereinbart ist, daß der Anschluß an einen bestimmten beim Käufer vorhandenen Kamin möglich sein soll.[44] Selbstverständlich ist in all diesen Fällen Voraussetzung, daß die Kaufsache – für sich genommen – fehlerfrei ist, und daß der „Mangel" nur darin begründet ist, daß sie wegen außerhalb ihrer selbst liegenden Umstände nicht einwandfrei und ordnungsgemäß betrieben werden kann.[45] Anders ist es hingegen, wenn die Abschreibungsfähigkeit eines Gebäudes gemäß § 7b EStG zugesagt[46] oder ein bestimmter PKW als „werkstattgeprüft" verkauft wird.[47] Denn die Tatsache der Überprüfung des Fahrzeugs durch einen Fachmann beeinflußt dessen Wertschätzung und ist für den Käufer von Interesse – ein Ergebnis, welches vor allem dann gilt, wenn die Überprüfung ihren Niederschlag in der Feststellung eines bestimmten Zustand des PKW's – nämlich der Freiheit von Mängeln, die bei einer ordnungsgemäßen Untersuchung feststellbar sind – findet oder finden sollte.[48] 11

dd) Vorübergehende Gebrauchshindernisse. Eng verwandt mit dieser Fallkonstellation sind die Fälle, in denen vorübergehende Gebrauchshindernisse vorliegen. Stimmt zum Beispiel ein Kraftfahrzeugbrief mit den Kraftfahrzeugdaten nicht überein und beruht darauf eine – vorübergehende – Zulassungsverweigerung, so ist dies als Gewährleistungsmangel im Sinn von § 459 Abs. 1 BGB einzuordnen.[49] Dies gilt aber dann nicht, wenn der Mangel von vornherein behebbar und mit seiner baldigen Beseitigung zu rechnen ist.[50] Deswegen wird man jedenfalls für den Regelfall davon ausgehen müssen, daß nur vorübergehend wirkende Gebrauchshindernisse grundsätzlich keinen Mangel der Kaufsache im Sinn von § 459 Abs. 1 BGB begründen, soweit sie nicht von gewisser Dauer sind.[51] Wird allerdings – kraft vertraglicher Vereinbarung – der sofortige Einsatz einer Kaufsache (Kran) vereinbart, ist dieser aber wegen einer noch nachzuweisenden „Typ-Prüfung" des 12

---

[40] RGZ 148, 286, 294ff. – zukünftige Belegung einer Pension; BGH WM 1977, 118 – zukünftige Bebaubarkeit eines Grundstücks; BGH Betr. 1987, 2561 – sofortige Bebaubarkeit eines Grundstücks.

[41] RGZ 148, 286, 294 – zukünftige Belegung einer Pension; sehr weitgehend OLG Frankfurt NJW 1987, 3206, 3207 – Fehlen einer schriftlichen Bedienungsanleitung für eine EDV-Anlage: Mangel.

[41a] Gross/Wittmann BB 1988, 1126ff.

[42] BGH NJW 1962, 1196.

[43] BGH WM 1985, 463, 466 – Chemisch-Reinigungsanlage.

[44] BGH WM 1985, 1167, 1168.

[45] Soergel/Huber § 459 Rz. 21.

[46] BGHZ 79, 183.

[47] BGHZ 87, 302, 307.

[48] BGH a. a. O.

[49] BGH NJW 1953, 1505.

[50] BGH NJW 1953, 1505; dies gilt freilich nicht, wenn und soweit ein in der Vergangenheit vorhandener Mangel noch fortbesteht, z. B. Schwammbefall eines Hauses; BGH WM 1987, 1285, 1286.

[51] So mit Recht Soergel/Huber § 459 Rz. 24.

Krans nicht zulässig, so liegt darin ein Sachmangel im Sinn von § 459 Abs. 1 BGB.[52] Doch läßt sich freilich auch eine abweichende Beurteilung vertreten: Ungeachtet der fehlenden sofortigen Einsatzbereitschaft des Krans ist dieser, weil der Mangel bald behebbar ist, fehlerfrei im Sinn von § 459 Abs. 1 BGB; allerdings hat der Verkäufer eine eigenständige Nebenpflicht verletzt, wenn er es pflichtwidrig unterlassen hat, die bei Lieferung gültige Typengenehmigung beizubringen.[53] Unter dieser Voraussetzung kommen dann nur Schadensersatzansprüche aus positiver Vertragsverletzung in Betracht. Nicht anders ist zu entscheiden, wenn bei Lieferung eines Heizkessels die nach der Unfallverhütungsvorschrift erforderliche Bescheinigung über die Durchführung einer Wasserdruckprüfung fehlt.[54]

13 Unter diesen Gesichtswinkel kommt es also entscheidend auf die jeweilige Parteivereinbarung – bezogen sowohl auf die sofortige Einsatzbereitschaft der Kaufsache als auch auf die Besorgung etwa erforderlicher öffentlich-rechtlicher Genehmigungen – an. Wegen der unterschiedlichen Verjährungsbestimmungen *(§ 4 Rz. 11)* empfiehlt es sich aber in der Regel, in diesen Fällen Schadensersatzansprüche wegen positiver Vertragsverletzung einer Nebenpflicht zu reklamieren, ohne auf dem Vorhandensein eines Mangels gemäß § 459 Abs. 1 BGB zu insistieren. Zudem ist es dem Käufer möglich, gemäß § 326 BGB vorzugehen und Schadensersatz wegen Nichterfüllung zu verlangen oder vom Vertrag zurückzutreten. Diese Rechtsfolgen sind für den Käufer keineswegs ungünstiger als die Gewährleistungshaftung.

b) Quantitätsmängel

14 Wird beim Spezieskauf zu wenig geliefert, so handelt es sich um einen Sachmangel gemäß § 459 Abs. 1 BGB.[55] Hingegen behält der Käufer beim Gattungskauf den Anspruch auf vollständige Leistung.[56] Umgekehrt: Liefert der Verkäufer bei einem Gattungskauf mehr als der Käufer bestellt hat, so ist dieser berechtigt, die zuviel gelieferte Menge zurückzuweisen.[57] Demgegenüber liegt bei Zuviellieferungen ein Sachmangel gemäß § 459 Abs. 1 BGB dann nicht vor, wenn der zugrundeliegende Vertrag ein Spezieskauf ist. Denn weder der Wert noch die Gebrauchstauglichkeit werden durch die Zuviellieferung beeinträchtigt.[58] Im übrigen sei auf die gesonderten Ausführungen zur kaufmännischen Untersuchungs- und Rügepflicht gemäß §§ 377, 378 HGB verwiesen *(§ 17 Rz. 1ff.)*.

c) Verpackungs- und Etikettiermängel

15 Immer dann, wenn die Verpackung nicht nur dem sicheren Transport, sondern auch dem gewöhnlichen oder vertraglichen vorausgesetzten Gebrauch der Ware beim Käufer dient, begründet ein Verpackungsmangel eine fehlerhafte Beschaffenheit der Ware, mithin einen Sachmangel gemäß § 459 Abs. 1 BGB.[59] Dies gilt insbesondere dann, wenn die Verpackung dem Zweck dient, die Aufbewahrung der Kaufsache beim Käufer zu ermöglichen.[60] Gehörte jedoch die Verpackung nicht zur Beschaffenheitsvereinbarung im Sinn von § 459 Abs. 1 BGB, so ist ein Verpackungsmangel nur dann geeignet, Gewährleistungsansprüche gemäß §§ 459ff. BGB auszulösen, wenn die Sache infolge des Verpackungsmangels einen weitergehenden Schaden erleidet und deshalb als mangelhaft gemäß

[52] BGHZ 90, 198, 202 – „Typ-geprüft".
[53] BGHZ 90, 198, 203 – „Typ-geprüft".
[54] BGH WM 1981, 629, 630f.
[55] BGH NJW 1979, 33 – geschätzter Gerüstebestand.
[56] Soergel/Huber vor § 459 Rz. 110.
[57] Soergel/Huber vor § 459 Rz. 114.
[58] Staudinger/Honsell § 459 Rz. 19.
[59] RGZ 59, 120 – Tropenverpackung; BGH MDR 1965, 38 – fehlende Haltbarkeit.
[60] RGZ 59, 120, 130 – Tropenverpackung.

§ 459 Abs. 1 BGB anzusehen ist.[61] Indessen kann die Verpackungspflicht auch **Nebenpflicht** sein, so daß ihre Verletzung Schadensersatzansprüche wegen positiver Vertragsverletzung auslöst.[62] Denn der Verkäufer ist verpflichtet, die Ware in transportfähigem Zustand zu versenden.[63] Gleichwohl gilt grundsätzlich die Rügepflicht gemäß §§ 377, 378 HGB,[64] sofern die Ware infolge eines Verpackungsmangels auf dem Transport beschädigt wird oder untergeht[65] (auch § 17 Rz. 10).

Sofern die Ware zur Weiterveräußerung in der Originalverpackung bestimmt ist und die Verpackung unrichtig oder vertragswidrig etikettiert wurde, so liegt auch darin ein Sachmangel gemäß § 459 Abs. 1 BGB.[66] Dies gilt insbesondere dann, wenn als Folge der falschen oder vertragswidrigen Etikettierung die Weiterveräußerung der Kaufsache gegen gesetzliche Bestimmungen verstößt.[67] 16

d) Die Beeinträchtigung des Wertes oder der Tauglichkeit

aa) Der Wert als Maßstab. Anerkanntermaßen ist der Verkehrs- oder Tauschwert der Kaufsache ein selbständiges Tatbestandselement der Gewährleistungshaftung gemäß § 459 Abs. 1 BGB.[68] Die Begriffe Wert und Gebrauchstauglichkeit werden indessen in § 459 Abs. 1 BGB nebeneinander verwendet; doch bezieht sich die Wortgruppe „zu dem gewöhnlichen oder vertraglichen Gebrauch" nur auf die Tauglichkeit, nicht aber auf den Wert.[69] Gemeint sind jedoch stets, wenn es um die Bestimmung des Wertes der Sache als Verkehrs- oder Tauschwert geht, die wertbildenden Faktoren.[70] Der Wert als solcher, der Kaufpreis selbst, bleibt außer Betracht.[71] Dabei kommt es entweder – objektiv gewertet – auf die wertbildenden Faktoren an, die der Kaufsache als solcher eigen sind, oder – dies dürfte der Regelfall sein – es sind die vereinbarten, die Beschaffenheit der Kaufsache charakterisierenden, wertbildenden Faktoren maßgebend.[72] Mithin ist auf alle Umstände und Verhältnisse abzustellen, welche die Beschaffenheit der Kaufsache ausmachen, weil und soweit sie sich in den Beziehungen der Sache zur Umwelt in tatsächlicher, wirtschaftlicher oder rechtlicher Art niederschlagen.[73] 17

bb) Die Tauglichkeit zum gewöhnlichen Gebrauch. Dieser Maßstab ist für die Vertreter des objektiven Fehlerbegriffs wesentlich *(Rz. 4)*; für die der subjektiven Fehlertheorie folgende h. M. ist dieses Tatbestandselement immer dann maßgebend, wenn die Parteien keine vom gewöhnlichen Gebrauch abweichende Benutzung vereinbart haben.[74] Unabhängig von einer abweichenden Beschaffenheitsvereinbarung müssen technische Arbeitsmittel den Anforderungen von § 3 Abs. 1 GerSiG genügen, d. h. sie müssen den allgemein anerkannten Regeln der Technik sowie den Arbeitsschutz- und Unfallverhütungsvorschriften entsprechen, so daß Benutzer und Dritte bei der bestimmungsgemäßen Verwendung gegen vermeidbare Gefahren für Leib und Leben geschützt werden.[75] Das 18

---

[61] Soergel/Huber § 459 Rz. 29.
[62] BGH NJW 1976, 1353 – geladene Batterien.
[63] BGH BB 1964, 1451 – geschlachtetes Fleisch.
[64] Vgl. aber BGH NJW 1976, 1353 – geladene Batterien.
[65] Soergel/Huber § 447 Rz. 44.
[66] Soergel/Huber § 459 Rz. 30.
[67] Soergel/Huber a. a. O.
[68] Palandt/Putzo vor § 459 Anm. 3b; Staudinger/Honsell § 459 Rz. 24; Soergel/Huber § 459 Rz. 33.
[69] Staudinger/Honsell § 459 Rz. 26.
[70] Soergel/Huber § 459 Rz. 35.
[71] Palandt/Putzo a. a. O.
[72] RGZ 135, 340, 342 – Ruisdael; BGHZ 63, 369 – Jawlensky.
[73] RGZ 161, 330, 333f. – Nachbargrundstück; BGHZ 90, 198, 201 – „Typ-geprüft".
[74] RGZ 70, 82, 85f.
[75] BGH WM 1985, 463, 464 – Chemisch-Reinigungsanlage.

gleiche gilt, sofern öffentlich-rechtliche Bescheinigungen/Genehmigungen zum Betrieb einer Maschine/Anlage erforderlich sind.[76] Stets entscheidet in diesem Zusammenhang ein objektiver Maßstab; die subjektiven Vorstellungen des Käufers bleiben außer Betracht.[77] Auch dann, wenn konkrete Tatsachen vorliegen, die den Verdacht gesundheitsschädlicher Beschaffenheit der Kaufsache begründen, reichen diese aus, in der darin begründeten Nicht-Verkäuflichkeit eine nach § 459 Abs. 1 BGB erhebliche Beeinträchtigung der Gebrauchstauglichkeit zu sehen.[78]

19 **cc) Die Tauglichkeit zu dem nach dem Vertrag vorausgesetzten Gebrauch.** Notwendigerweise richtet sich diese nach der Parteivereinbarung.[79] Dies schließt ein, daß das einseitige Motiv des Käufers auch dann nicht ausreichend ist, wenn es dem Verkäufer erkennbar war.[80] Erforderlich ist vielmehr, daß die Zweckbestimmung Vertragsinhalt geworden ist.[81] Ausreichend ist es jedoch nach Auffassung des BGH auch, wenn sie Geschäftsgrundlage geworden ist.[82] Selbstverständlich ist des weiteren, daß die Tauglichkeit zu dem vertraglich vorausgesetzten Gebrauch auch auf stillschweigender Willensübereinstimmung beruhen kann.[83]

20 Dogmatisch ist es freilich richtiger, am strikten Wortlaut von § 459 Abs. 1 BGB festzuhalten und die Tauglichkeit zu dem nach dem Vertrag vorausgesetzten Gebrauch nur dann zu bejahen, wenn die Voraussetzungen eines Vertrages, nicht aber nur die der Geschäftsgrundlage vorliegen.[84] Inwieweit in diesem Zusammenhang die kürzlich verwendete Formulierung des BGH von der „Vertragsgrundlage“[85] eine Distanzierung zu früheren Judikaten darstellt,[86] muß offen bleiben, ist aber im Zweifel zu bejahen. Stets ist deshalb durch Auslegung gemäß §§ 133, 157 BGB zu ermitteln, inwieweit die Parteien – ausdrücklich oder stillschweigend – über die Tauglichkeit zu dem nach dem Vertrag vorausgesetzten Gebrauch im Sinn von § 459 Abs. 1 BGB eine Verständigung erzielt haben.

21 Notwendigerweise ist im Einzelfall auch die Abgrenzung zwischen der nach § 459 Abs. 1 BGB relevanten Beschaffenheitsvereinbarung und der nach § 459 Abs. 2 BGB zu beurteilenden – ausdrücklichen oder stillschweigenden – Eigenschaftszusicherung im Einzelfall schwierig zu ziehen. Die Rechtsprechung *(§ 1 Rz. 31ff.)* ist hier in hohem Maße einzelfallbezogen.[87]

e) Die Unerheblichkeit der Minderung des Wertes oder der Tauglichkeit

22 § 459 Abs. 1 Satz 2 BGB bestimmt eindeutig, daß der Käufer weder Wandelung noch Minderung verlangen kann, sofern der Fehler unerheblich ist. Dabei kommt es maßgebend auf die Verkehrsauffassung sowie auf den Verwendungszweck an.[88] Macht der Käufer geltend, der Wert der Kaufsache sei – unter Berücksichtigung der wertbildenden Faktoren – beeinträchtigt, so erscheint es zutreffend, nach § 472 BGB vorzugehen und die Wertminderung der Sache festzustellen, weil nur so ermittelt werden kann, ob diese

---

[76] BGHZ 90, 198, 202, 203 – „Typ-Prüfung“.
[77] Palandt/Putzo vor § 459 Anm. 3c.
[78] BGH NJW 1969, 1171 – Hasenfleisch/Salmonellenverdacht; BGH NJW 1972, 1462 – Hasenfleisch.
[79] BGH NJW 1984, 2289, 2290 – Juweliergeschäft/Tresor.
[80] BGH BB 1961, 305; Staudinger/Honsell § 459 Rz. 26; Soergel/Huber § 459 Rz. 41.
[81] Soergel/Huber a. a. O.
[82] BGH BB 1961, 305; a. M. MünchKomm/Westermann § 459 Rz. 11; Staudinger/Honsell § 459 Rz. 26; Soergel/Huber § 459 Rz. 41.
[83] BGH BB 1961, 305.
[84] So mit Recht Staudinger/Honsell § 459 Rz. 26; Soergel/Huber § 459 Rz. 41.
[85] BGH WM 1984, 814, 815.
[86] BGH BB 1961, 305.
[87] Thamm NJW 1976, 225; Semler NJW 1976, 406.
[88] Staudinger/Honsell § 459 Rz. 27; Palandt/Putzo vor § 459 Anm. 3f.

erheblich oder unerheblich ist.[89] Reklamiert hingegen der Käufer, infolge des Fehlers sei die Gebrauchstauglichkeit beeinträchtigt, so kommt es unter Berücksichtigung aller Umstände des Einzelfalls in erster Linie darauf an, ob sich der Fehler ohne weiteres und nur mit ganz unerheblichem Aufwand, schnell und effektiv beseitigen läßt.[90] Stets handelt es sich hierbei um eine Tat- und Rechtsfrage, die revisibel ist.[91]

f) Der maßgebende Zeitpunkt

Nicht der Vertragsabschluß, sondern der Zeitpunkt des Gefahrenübergangs ist der nach § 459 Abs. 1 BGB maßgebende Zeitpunkt. Dieser richtet sich nach den §§ 446, 447 BGB: Der Verkäufer soll nicht mit dem Veränderungsrisiko – nach Gefahrenübergang – belastet werden.[92] Ist die Kaufsache zu diesem Zeitpunkt fehlerfrei, bestehen keine Ansprüche aus der Sachmängelgewährleistung gemäß §§ 459ff. BGB.[93] 23

Damit Gewährleistungsansprüche zugunsten des Käufers entstehen, ist es unabdingbare Voraussetzung, daß der Mangel im Zeitpunkt des Gefahrenübergangs – jedenfalls im Keim – vorhanden war.[94] Ist der Mangel bereits vor Gefahrenübergang vorhanden, aber unbehebbar, so steht dem Käufer das Recht zu, Gewährleistungsansprüche sofort, d. h. vor Ablieferung der Kaufsache geltend zu machen.[95] 24

g) Die Verteilung der Beweislast

Soweit Sachmängelansprüche geltend gemacht werden, stellt sich – bezogen auf den Zeitpunkt des Gefahrenübergangs – stets ein Beweisproblem.[96] 25

aa) Der Standpunkt der Judikatur. Für die Judikatur ist entscheidend, ob der Käufer die Kaufsache als Erfüllung im Sinn von § 363 BGB angenommen hat. Deshalb trifft den Verkäufer die Beweislast für die Fehlerfreiheit der Sache, solange der Käufer sie nicht als Erfüllung angenommen hat.[97] Dabei unterscheidet die Judikatur nicht zwischen einem Spezies- und einem Gattungskauf.[98] Hat hingegen der Käufer die Kaufsache bereits als Erfüllung angenommen und klagt er auf Minderung oder Wandelung, so trifft ihn die Beweislast dafür, daß die Kaufsache – bezogen auf den Zeitpunkt des Gefahrenübergangs – mangelhaft war.[99] 26

bb) Der Standpunkt der Literatur. Die überwiegend in der Literatur vertretene Auffassung entspricht der der Judikatur.[100] Teilweise wird freilich geltend gemacht, der Zufall würde unter Berücksichtigung von § 363 BGB darüber entscheiden, wen die Beweislast trifft, was entscheidend von der Parteirolle des Anspruchstellers abhängig sei.[101] Danach gilt beim Spezieskauf, daß der Verkäufer nur zur Leistung der verkauften Sache, nicht aber zur mangelfreien Leistung verpflichtet ist, so daß § 363 BGB unanwendbar bleibt – mit der Folge, daß der Käufer stets die Voraussetzung von § 459 BGB beweisen müsse.[102] 27

---

[89] Soergel/Huber § 459 Rz. 49.
[90] Palandt/Putzo a. a. O.; Staudinger/Honsell § 459 Rz. 27.
[91] BGHZ 10, 242, 248; Soergel/Huber § 459 Rz. 49.
[92] Staudinger/Honsell § 459 Rz. 31.
[93] Staudinger/Honsell § 459 Rz. 32; Soergel/Huber § 459 Rz. 52.
[94] BGH WM 1972, 1314; BGH BB 1989, 518, 519; Staudinger/Honsell § 459 Rz. 33.
[95] Soergel/Huber § 459 Rz. 56.
[96] Soergel/Huber § 459 Rz. 59.
[97] RGZ 56, 399f.; RGZ 66, 279, 281; BGH WM 1981, 1049, 1050.
[98] RGZ 57, 399f.; BGH WM 1981, 1049, 1050.
[99] RGZ 57, 399f.; RGZ 106, 294, 299; BGH WM 1971, 528, 529; BGH WM 1982, 1382, 1383.
[100] Staudinger/Honsell § 459 Rz. 95; Soergel/Huber § 459 Rz. 66; MünchKomm/Westermann § 459 Rz. 89; Palandt/Putzo § 459 Anm. 6a; Jauernig/Vollkommer § 459 Anm. II 7.
[101] Meeske, Die Mängelrüge, 168f.; Neumann-Duesberg BB 1967, 1457, 1458; Soergel/Ballerstedt, BGB, 10. Aufl., § 459 Rz. 42.
[102] RGRK-HGB/Brüggemann § 377 Rz. 204.

Anders ist beim Gattungskauf zu entscheiden: Hier hat – nach dieser Auffassung – der Verkäufer durch die Lieferung einer mangelhaften Sache den Kaufvertrag nicht erfüllt, so daß in diesem Fall der Verkäufer bei einer Klage des Käufers auf fehlerfreie Leistung dafür beweispflichtig sei, daß er erfüllt hat. Konsequenterweise ändert sich dann die Beweislast, sofern der Käufer die ihm gelieferte Gattungssache angenommen hat.[103]

28 **cc) Eigener Standpunkt.** Der h. M. ist zu folgen. Denn der gesetzgeberische Grund für § 363 BGB liegt darin, daß der Käufer keineswegs verpflichtet ist, eine ihm angebotene – mangelhafte – Sache auch abzunehmen[104]; und er ist auch nicht verpflichtet, sie zu bezahlen. Folglich ist die Mangelfreiheit Voraussetzung für die erst dann entstehende Abnahme- und Zahlungspflicht des Käufers. Diesen Zusammenhang darzulegen und zu beweisen ist stets Sache des Verkäufers. Insbesondere gelten diese Erwägungen, sofern beim beiderseitigen Handelskauf die Rechtsregeln der §§ 377, 378 HGB zum Zuge gelangen und der Käufer – trotz unverzüglicher Untersuchung – keine Rüge ausgesprochen hat. Notwendigerweise ist er dann auch verpflichtet, gemäß § 377 Abs. 2 HGB erst später entdeckte Fehler nicht nur zu rügen, sondern deren Vorhandensein auch nachzuweisen (im einzelnen *§ 17 Rz. 40*).

29 Beim Versendungskauf genügt es, wenn der Verkäufer beweist, daß er die Ware im mangelfreien Zustand abgesandt hat.[105]

30 **dd) Schuldhafte Beweisvereitelung.** Nur die schuldhafte Beweisvereitelung führt zur Umkehr der Beweislast.[106] Bearbeitet der Käufer die Ware, so liegt regelmäßig der Tatbestand des § 363 BGB vor. Hat indessen der Käufer die Kaufsache nicht als Erfüllung gemäß § 363 BGB angenommen, verarbeitet er sie gleichwohl, so trifft ihn die Beweislast dafür, daß ein Mangel vorlag. Gleiches gilt, sofern der Käufer die Kaufsache weiterveräußert. Umgekehrt: Hat der Käufer die – mangelhafte – Kaufsache dem Verkäufer wieder zur Verfügung gestellt und wird diese dann von dem Verkäufer weiterverarbeitet oder veräußert, so trifft ihn die Beweislast dafür, daß die Kaufsache mangelfrei war.[107]

h) Einzelfälle

31 Es ist sicherlich ausgeschlossen, aus der Fülle der zur Verfügung stehenden Judikatur ausreichend repräsentative Präjudizien für alle in Betracht kommenden Fallkonstellationen herauszuziehen, in denen die Voraussetzungen eines Gewährleistungsanspruchs gemäß § 459 Abs. 1 BGB bejaht worden sind. Eine Beschränkung auf die praktisch wesentlichen Fälle ist deshalb unerläßlich.

32 **aa) Neufahrzeuge.** Wird ein Neufahrzeug als „neu" verkauft, so liegt in dem Begriff der Neuheit regelmäßig eine Eigenschaftszusicherung gemäß §§ 463, 480 Abs. 2 BGB.[108] Es muß dann fabrikneu sein.[109] Demzufolge ist ein PKW immer dann als „neu" anzusehen, wenn er – abgesehen von der Überführung – noch nicht bestimmungsgemäß benutzt worden ist, insbesondere wenn das Fahrzeug noch nicht auf einen anderen zugelassen worden ist.[110] Ein noch nicht benutztes Fahrzeug ist aber nur dann ‚fabrikneu", wenn und soweit das betreffende Modell weiterhin unverändert hergestellt wird, also keine Änderungen in der Technik und in der Ausstattung aufweist.[111] Auch darf das Fahrzeug keine durch die Standzeit bedingten Mängel, zum Beispiel Lack- oder Rostschäden aufweisen.[112] Der Zeitablauf zwischen Herstellung und Auslieferung eines Kraftfahrzeugs ist grundsätzlich erst dann

---

[103] Vgl. im übrigen für weitere Einzelheiten Soergel/Huber § 459 Rz. 67f.

[104] Soergel/Huber § 459 Rz. 73.

[105] RGZ 106, 294, 299; RGRK-BGB/Mezger § 459 Rz. 33; Staudinger/Honsell § 459 Rz. 95; MünchKomm/Westermann § 495 Rz. 90; Soergel/Huber § 459 Rz. 75.

[106] Soergel/Huber § 459 Rz. 77; vgl. BGH BB 1970, 1414 – Bremsen.

[107] Baumgärtel, Handbuch der Beweislast im Privatrecht, § 459 Rz. 11.

[108] BGH NJW 1980, 2127, 2128.

[109] BGH a. a. O.

[110] BGH NJW 1980, 2127; BGH BB 1980, 390; OLG Hamm DAR 1980, 285, 286; OLG Karlsruhe DAR 1977, 323.

[111] BGH DAR 1980, 337; a. M. Schmidt DAR 1981, 43, 45.

[112] BGH a. a. O.; vgl. auch BGH BB 1967, 1268; Eggert DAR 1989, 121ff.

neuheitsschädlich, wenn zwischen diesen beiden Zeitpunkten ein Zeitraum von etwa zehn bis zwölf Monaten vergangen ist.[113] Der BGH hat diese Frage allerdings offengelassen.[114] Ob jede Detailveränderung am Modell die Fabrikneuheit beseitigt, ist umstritten: Der BGH[115] scheint den Standpunkt zu vertreten, daß „keinerlei Änderungen in der Ausstattung und der Technik" vorliegen dürfen, während die Instanzgerichte jedenfalls solche Änderungen/Verbesserungen als unerheblich ansehen, die lediglich der Modellpflege dienen.[116] Der instanzgerichtlichen Judikatur ist zu folgen; es ist kein Grund ersichtlich, unter Berücksichtigung von § 459 Abs. 1 Satz 2 BGB den Käufer umfassend gegen jedwede Änderung zu schützen.

Wird jedoch ein später zu lieferndes Fahrzeug als Modell einer „neuen" Ausführung bestellt, dann 33
ist damit regelmäßig das demnächst auf den Markt kommende – neueste – Modell gemeint.[117] Fabrikneuheit liegt ebenfalls dann nicht mehr vor, wenn Reparaturarbeiten durchgeführt worden sind.[118] Dies gilt insbesondere dann, wenn lagerbedingte Lackschäden, Kratzer oder Rost beseitigt werden mußten.[119] Ist jedoch ein PKW nicht mit allen technischen Neuerungen der letzten Bauserie desselben Modells ausgestattet, so fehlt es – abhängig von der Parteivereinbarung – an den Voraussetzungen von § 459 Abs. 1 BGB.[120]

Selbstverständlich sind Konstruktions- oder Fabrikationsfehler des Fahrzeugs Mängel im Sinn von 34
§ 459 Abs. 1 BGB.[121] Höherer Benzinverbrauch ist ebenfalls ein Qualitätsmangel;[122] gleiches gilt, wenn die Leistung des PKW oder die erzielbare Höchstgeschwindigkeit – mit einer Toleranzmarge von 5% – niedriger liegt.[123] Wesentliche Bedeutung hat in diesem Zusammenhang auch die Abrede, daß eine Werksgarantie besteht.[124] Bei Neuwagen ist der Verkehr ganz allgemein daran gewöhnt, daß er zusammen mit dem PKW auch eine Garantiezusage des Herstellers erhält.[125] Der wesentliche Kern einer solchen Herstellergarantie[126] besteht darin, daß der Käufer berechtigt ist, etwaige Garantieansprüche nicht nur gegenüber dem Verkäufer, sondern gegenüber allen vom Hersteller angegebenen Betrieben – einschließlich solcher im Ausland – geltend zu machen.[127] Dies hat besondere Bedeutung, wenn es sich um „grau importierte" Fahrzeuge handelt, die bereits im Ausland zum öffentlichen Straßenverkehr zugelassen worden waren.[128]

bb) Gebrauchtwagen. Notwendigerweise ist das vom Verkäufer angegebene Alter sowie die 35
jeweilige Fahrleistung für den Kaufentschluß des Käufers bei Gebrauchtwagen von besonderer Bedeutung.[129] Allerdings ist hierbei eine erhebliche Abweichung erforderlich, bevor die Tatbestandsvoraussetzungen von § 459 Abs. 1 BGB bejaht werden können.[130] Selbstverständlich kann die Fahrleistung auch zugesicherte Eigenschaft sein.[131] Unfallschäden sind stets ein Sachmangel, sofern es sich nicht um reine Bagatellschäden handelt.[132] Denn sie beeinträchtigen – zumindest – den Wert des PKW.[133]

---

[113] LG Darmstadt NJW 1981, 289; OLG Düsseldorf MDR 1982, 579; a. M. LG Aachen NJW 1978, 273.
[114] BGH NJW 1980, 1097, 1098.
[115] BGH NJW 1980, 1097, 1098.
[116] OLG Zweibrücken MDR 1970, 325; OLG Düsseldorf NJW 1971, 622, 623.
[117] BGH WM 1980, 547, 548.
[118] BGH NJW 1980, 1097, 1098.
[119] BGH BB 1967, 1268, 1269; BGH NJW 1980, 2127, 2128.
[120] KG NJW 1969, 2145, 2146 – „Ausstellungs- und Ansichtswagen".
[121] Vgl. auch Löwe DAR 1978, 288, 292; Soergel/Huber § 459 Rz. 171.
[122] OLG Schleswig DAR 1982, 101; OLG Zweibrücken DAR 1982, 162; OLG München NJW 1987, 3012.
[123] OLG Schleswig DAR 1982, 101; OLG Schleswig DAR 1987, 87.
[124] OLG Hamm VersR 1982, 248; OLG Hamm BB 1983, 151.
[125] BGH WM 1986, 776, 778.
[126] Graf von Westphalen DAR 1982, 51 ff.
[127] OLG Hamm VersR 1982, 248.
[128] BGH WM 1986, 776; im einzelnen Creutzig BB 1987, 283 ff.
[129] BGH NJW 1979, 160, 161.
[130] Hierzu im einzelnen Flume DB 1979, 1637, 1638; Honsell JuS 1982, 810, 812.
[131] BGH NJW 1975, 1693.
[132] BGH NJW 1967, 1222; BGH NJW 1977, 1914, 1915; BGH NJW 1982, 1386.
[133] Soergel/Huber § 459 Rz. 173.

36 Zu Fragen des Gewährleistungsausschlusses beim Kauf gebrauchter Sachen *(§ 15 Rz. 1ff.)*. Zur Aufklärungspflicht vgl. im einzelnen *§ 4 Rz. 55ff.*

37 **cc) Maschinen und Geräte.** Technische Arbeitsmittel im Sinn von § 2 GerSiG – darunter fallen Werkzeuge, Arbeitsgeräte, Arbeits- und Kraftmaschinen, Hebe- und Fördereinrichtungen sowie Beförderungsmittel – sind nur dann mangelfrei im Sinn von § 459 Abs. 1 BGB, wenn sie gemäß § 3 GerSiG den allgemein anerkannten Regeln der Technik, den Arbeitsschutz- und den Unfallverhütungsvorschriften entsprechen, so daß weder ein Benutzer noch ein Dritter bei bestimmungsgemäßer Verwendung dieser Arbeitsmittel in vermeidbarer Weise Gefahren für Leib, Leben und Gesundheit ausgesetzt ist.[134]

II. Im Werkvertragsrecht

1. Der Mangel, insbesondere der Fehler

38 Gemäß der Definition von § 633 Abs. 1 BGB liegt ein Mangel des zu erstellenden Werks immer dann vor, wenn dieses entweder nicht die zugesicherten Eigenschaften hat oder mit einem Fehler behaftet ist, der den Wert oder die Gebrauchstauglichkeit herabsetzt. Maßstab ist – genauso wie beim Kauf *(§ 1 Rz. 7ff.)* – der Wert oder die Tauglichkeit des Werks zu dem gewöhnlichen oder dem nach dem Vertrag vorausgesetzten Gebrauch. Für die definitorische Eingrenzung des Mangel- und Fehlerbegriffs gelten deshalb die gleichen Erwägungen, die zuvor beim Kauf im einzelnen dargestellt wurden *(§ 1 Rz. 2ff.)*. Voraussetzung ist aber, daß der Mangel aus dem Bereich des Unternehmers herrührt,[135] ohne daß es entscheidend darauf ankommt, worauf der Mangel beruht, ob zum Beispiel auf Unfähigkeit oder ungenügender Planung des Unternehmers, schlechter Arbeit, ungeeignete Werkstoffe oder auf anderen in der Sphäre des Unternehmers liegenden Umständen.[136]

39 Gerade beim Werkvertrag ist häufig die Frage von besonderer Bedeutung, ob der Unternehmer die anerkannten technischen Normen bei der Herstellung des Werks beachtet hat.[137] Entspricht das zu erstellende Werk nicht den Anforderungen einer bestimmten technischen Norm, so liegt ein Fehler gemäß § 633 Abs. 1 BGB nur dann vor, wenn die Konformität mit der technischen Norm vertraglich vorausgesetzt oder doch zumindest üblich[138] oder doch erforderlich ist, um Gefahren für die nach § 823 BGB geschützten Rechtsgüter Dritter abzuwenden.

40 Übernimmt ein Unternehmer die Verpflichtung, ein bestimmtes Werk herzustellen, so wird – schon durch Abschluß des Vertrags – vorausgesetzt, daß er die hierfür erforderlichen fachlichen Kenntnisse und Fertigkeiten mitbringt.[139] Insbesondere muß er, sofern er gewerbsmäßig tätig ist, das nötige Wissen aufweisen, welches in dem betreffenden Gewerbe erforderlich ist.[140] Notwendigerweise ist deshalb auch der Werkunternehmer verpflichtet, Pläne, Anweisungen oder Hinweise des Bestellers – aufgrund seines regelmäßig überlegenen Fachwissens – darauf zu prüfen, ob die Durchführung des Werks nicht wegen etwaiger Unzulänglichkeiten der ihm vorgelegten Pläne, Anweisungen oder Weisungen des Bestellers mangelhaft wird.[141] Unter dieser Perspektive ist das Werk nämlich nur dann mangelfrei, wenn der Unternehmer – nach sorgfältiger Prüfung – nicht zu Bedenken

---

[134] BGH WM 1985, 463, 464 – Chemisch-Reinigungsanlage.
[135] Palandt/Putzo § 633 Anm. 2.
[136] RGRK-BGB/Glanzmann § 633 Rz. 5.
[137] OLG München BB 1984, 239.
[138] Köhler BB 1985, 10, 12.
[139] Grundlegend BGH WM 1987, 1303 – Blockheizkraftwert: Aufklärungs- und Beratungspflichten bei einer neuartigen, noch nicht erprobten Anlage; RGRK-BGB/Glanzmann § 631 Rz. 33.
[140] BGH NJW 1956, 787.
[141] BGH NJW 1956, 787; BGH VersR 1971, 958.

Anlaß hat.[142] Ist dies der Fall, ist er verpflichtet, dem Besteller hiervon Kenntnis zu geben.[143]

2. Maßgeblicher Zeitpunkt

Aus § 634 Abs. 1 Satz 2 BGB folgt unmittelbar, daß die aus einem Mangel herrührenden Rechte des Bestellers nicht die Ablieferung des Werks voraussetzen.[144] Regelmäßig kommt es jedoch in der Praxis auf den Zeitpunkt der Abnahme an, wie sich unmittelbar aus den §§ 640, 638 BGB ableiten läßt. 41

3. Beweislast

Bezogen auf den Zeitpunkt der Abnahme gelten hier im wesentlichen die gleichen Erwägungen, die zuvor beim Kauf dargelegt wurden *(§ 1 Rz. 23ff.)*: Verweigert nämlich der Besteller die Abnahme des Werks und die Zahlung der geforderten Vergütung unter Berufung auf einen Mangel, so ist der Unternehmer – vor der Abnahme des Werks – verpflichtet, die Mangelfreiheit – mithin: die ordnungsgemäße Erfüllung seiner Leistungspflichten – zu beweisen.[145] Nach der Abnahme ist es Sache des Bestellers das Vorhandensein eines Mangels zu beweisen, weil er daraus ja Rechte herleitet.[146] 42

§ 2. Die Haftung für Eigenschaftszusicherungen beim Kauf- und Werkvertrag

I. Allgemeines

1. Das Verhältnis zur Fehlerhaftung gemäß § 459 Abs. 1 BGB

Nach der hier vertretenen Auffassung *(§ 1 Rz. 2ff.)* ist entsprechend dem subjektiven Fehlerbegriff ein ,,Fehler" im Sinn von § 459 Abs. 1 BGB dann anzunehmen, wenn die tatsächliche Beschaffenheit der Sache in einem für den Käufer ungünstigen, nicht unerheblichen Maß von der im Vertrag vereinbarten oder zugesicherten Beschaffenheit abweicht.[1] So gesehen ist ein ,,Fehler" gleichbedeutend mit einer ,,Abweichung von der Beschaffenheit, die die Parteien nach dem Vertrag gemeinsam vorausgesetzt haben"[2]; oder es heißt: ,,Ein Fehler im Sinn von § 459 Abs. 1 BGB liegt vor, wenn der tatsächliche Zustand der Sache von dem im Kaufvertrag Vereinbarten abweicht und diese Abweichung den Wert der Sache oder ihre Tauglichkeit zu dem gewöhnlichen oder nach dem Vertrag vorausgesetzten Gebrauch aufhebt oder mindert".[3] Auf Basis des subjektiven Fehlerbegriffs ergibt sich damit die Konsequenz, daß im praktischen Ergebnis jede Eigenschaft einer Kaufsache, welche für den Käufer von Interesse ist, Grundlage einer Fehlerhaftung nach § 459 Abs. 1 BGB sein kann,[4] so daß eine Eigenschaftszusicherung gemäß § 459 Abs. 2 BGB in 1

---

[142] BGH NJW 1973, 754.
[143] BGH BB 1976, 17.
[144] RGRK-BGB/Glanzmann § 633 Rz. 3.
[145] BGHZ 61, 42, 47.
[146] BGHZ 61, 42.
[1] RGZ 135, 340, 342 – Ruisdael; RGZ 161, 330, 334 – unverbaubarer Blick zum Bonner Venusberg; BGHZ 16, 54, 55 – Ultraschallgerät als Heilgerät; BGHZ 52, 51, 54 – Salmonellenverseuchung; BGHZ 90, 198, 202 – Typprüfung und Einsatzbereitschaft eines Krans nach den UVV der Berufsgenossenschaft.
[2] BGHZ 16, 54, 55.
[3] BGHZ 90, 198, 202.
[4] Soergel/Huber § 459 Rz. 92.

der Regel die bereits nach § 459 Abs. 1 begründete Sachmängelhaftung – aufgrund der Zusicherung – erweitert.

2 Freilich gibt es Ausnahmen: Die Haftung wegen des Fehlens einer zugesicherten Eigenschaft gemäß § 459 Abs. 2 BGB greift auch dann ein, wenn der Wert oder die Gebrauchstauglichkeit der gekauften Sache infolge des Fehlens der zugesicherten Eigenschaft nicht beeinträchtigt werden. Eigenschaftszusicherungen im Sinn von § 459 Abs. 2 BGB können sich also auch auf unerhebliche Eigenschaften beziehen; indessen bleiben ganz unbedeutende und unerhebliche Abweichungen zwischen Zusicherung und tatsächlicher Beschaffenheit der Sache außer Betracht.[5] In diesen Grenzen schützt deshalb § 459 Abs. 2 BGB auch das Liebhaberinteresse.[6] In der Mehrzahl der Fälle, welche für die Produkthaftung von Belang sind, ist aber auch im Rahmen von § 459 Abs. 2 BGB eine erhebliche Abweichung zwischen der zugesicherten Eigenschaft und der tatsächlichen Beschaffenheit, mithin eine erhebliche Beeinträchtigung des Wertes oder der Brauchbarkeit der Sache erforderlich.

2. Der Grundtatbestand der verschuldensunabhängigen Einstandspflicht

3 Fehlt der verkauften Sache eine zugesicherte Eigenschaft, so hat der Käufer – wahlweise anstelle des Rechts auf Wandelung oder Minderung – einen verschuldensunabhängigen Anspruch auf Schadensersatz wegen Nichterfüllung.[7] Insofern geht die Haftung nach § 463 BGB über die deliktsrechtliche Produkthaftung formal hinaus. Der Verkäufer haftet also auch dann, wenn er das Fehlen der zugesicherten Eigenschaft nicht zu vertreten hatte; denn die – vertragliche – Zusicherung beruht auf dem Gedanken einer Garantiehaftung, für deren Inhalt der Verkäufer uneingeschränkt einstehen muß.[8] Demzufolge haftet der Verkäufer auch für den Fall, daß sich Entwicklungsrisiken realisieren.[9] Die auf Schadensersatz wegen Nichterfüllung gerichtete Haftung umfaßt dabei sowohl das Risiko etwaiger Mangelschäden als auch das etwaiger Mangelfolgeschäden; entscheidend ist – wie noch zu zeigen sein wird *(§ 2 Rz. 41ff.)* – der jeweilige Zweck der Zusicherung.[10]

II. Das Vorliegen einer Eigenschaft

1. Der Begriff

4 Nach den Formeln, die die Judikatur verwendet,[11] ist eine „Eigenschaft" im Sinn von § 459 Abs. 2 BGB „jedes dem Kaufgegenstand auf gewisse Dauer anhaftende Merkmal, das für den Wert, den vertraglich vorausgesetzten Gebrauch oder aus sonstigen Gründen für den Käufer erheblich ist".[12] Erfaßt werden damit zunächst die physischen Merkmale der Sache, also die „der Sache an sich zukommenden Eigenschaften",[13] nicht minder aber alle Beziehungen der Kaufsache zur Umwelt, also: ihre tatsächlichen, rechtlichen und wirtschaftlichen Verhältnisse, welche in ihren Beziehungen zu anderen Sachen wurzeln und infolge ihrer Beschaffenheit sowie der vorausgesetzten Dauer – nach den Anschauungen des Verkehrs – einen Einfluß auf die Brauchbarkeit und auf die Wertschätzung der Sache auszuüben pflegen.[14] Notwendigerweise müssen diese Beziehungen, um als „Ei-

---

[5] Palandt/Putzo § 459 Anm. 4; Staudinger/Honsell § 459 Rz. 50.
[6] Soergel/Huber § 459 Rz. 89.
[7] BGHZ 59, 158, 162 = BB 1972, 1069 m. Anm. Graf von Westphalen – Fensterlack.
[8] BGHZ 59, 158, 162; Staudinger/Honsell § 459 Rz. 50.
[9] BGHZ 59, 158 = BB 1972, 1069 m. Anm. Graf von Westphalen.
[10] BGHZ 50, 200, 204 – Kleber; vgl. auch Diederichsen AcP 165 (1965), 150, 157ff.
[11] BGHZ 16, 54, 57; BGHZ 34, 32, 41; BGHZ 87, 302, 307.
[12] BGHZ 87, 302, 307.
[13] BGHZ 16, 54, 57.
[14] Vgl. auch RGZ 59, 120; RGZ 101, 416; RG JW 1912, 910; Zusage betreffend Bebaubarkeit eines Grundstücks: BGH WM 1971, 528, 529; BGH WM 1987, 1223, 1224.

genschaft" qualifiziert zu werden, in der Beschaffenheit der Sache selbst ihren Grund haben; sie müssen von ihr ausgehen und dürfen sich nicht erst durch Heranziehung von außerhalb der Kaufsache liegenden Verhältnissen und Umständen ergeben.[15]

2. Erforderliche Abgrenzung

Soweit ein Rechtsmangel im Sinn der §§ 434, 436, 437 BGB gegeben ist, scheidet das Vorliegen einer „Eigenschaft" im Sinne von § 459 Abs. 2 BGB aus, weil die Rechtsmängelhaftung Vorrang vor der Sachmängelgewährleistung hat.[16] Demzufolge ist regelmäßig die Freiheit der Sache von Rechten Dritter keine „Eigenschaft" im Sinn von § 459 Abs. 2 BGB.[17] Keine „Eigenschaft" im Sinn von § 459 Abs. 2 BGB ist darüber hinaus der Wert oder der Preis der Kaufsache selbst,[18] weil diese Umstände außerhalb der Kaufsache selbst liegen. 5

Auf der Grundlage des subjektiven Fehlerbegriffs sind Beschaffenheit gemäß § 459 Abs. 1 BGB und Eigenschaft gemäß § 459 Abs. 2 BGB begriffsidentisch.[19] Deshalb reicht auch der Begriff der – zusicherungsfähigen – Eigenschaft nicht weiter als der, den § 459 Abs. 1 BGB in Form der – vereinbarten – Beschaffenheit der Kaufsache umschreibt.[20] Der Begriff der Eigenschaft umfaßt alles, was das Vorhandensein oder die Abwesenheit eines Fehlers ausmacht.[21] Außerhalb der Beschaffenheit – und damit auch außerhalb der Eigenschaft – einer Kaufsache liegen daher alle diejenigen Umstände, welche die äußeren Gegebenheiten ausmachen, wie zum Beispiel das Vorhandensein eines bestimmten Platzes, an dem die zu kaufende Maschine aufgestellt werden soll.[22] Demgegenüber ist freilich die Tatsache, daß ein Fahrzeug durch einen Fachmann überprüft wurde – „Werkstattprüfung" – eine Eigenschaft der Kaufsache, weil und soweit die Überprüfung ihren Niederschlag in der Feststellung eines bestimmten Zustandes des Fahrzeugs – nämlich: der Freiheit von Mängeln, die bei einer ordnungsgemäßen Untersuchung feststellbar sind – findet oder doch zumindest finden soll.[23] Auch die Möglichkeit, eine Abschreibung gemäß § 7b EStG vorzunehmen, ist eine Eigenschaft des gekauften Hauses.[24] Doch sind Angaben über erzielbare Steuervorteile beim Erwerb einer Eigentumswohnung keine zusicherungsfähigen Eigenschaften.[24a] 6

3. Einzelfälle

a) Waren – Allgemein

Ohne Anspruch auf Vollständigkeit ergeben sich aus der Judikatur folgende Gesichtspunkte, unter denen das Vorhandensein einer Eigenschaft gemäß § 459 Abs. 2 BGB bejaht wurde: Die Herkunft von Orangen, weil der Herkunftsort eine besondere Beschaffenheit verhieß;[25] gleiches gilt für die Ernte eines bestimmten Jahres oder eines bestimmten Landes.[26] Die Wasserfreiheit von Heizöl betrifft 7

[15] RGZ 148, 285, 294; BGHZ 70, 47, 49; Staudinger/Honsell § 459 Rz. 50.
[16] Soergel/Huber § 449 Rz. 98.
[17] Palandt/Putzo § 459 Anm. 4b.
[18] Palandt/Putzo a. a. O.
[19] BGHZ 88, 130, 137; BGH WM 1985, 463, 466; Staudinger/Honsell § 459 Rz. 17; Erman/Weitnauer § 459 Rz. 6; Soergel/Huber § 459 Rz. 17; 19.
[20] Soergel/Huber § 459 Rz. 16.
[21] Palandt/Putzo § 459 Anm. 4b.
[22] BGH WM 1985, 463, 466; insbesondere auch BGH WM 1985, 1167, 1168.
[23] BGHZ 87, 302, 307.
[24] BGHZ 79, 183; Landsberg JuS 1982, 335, 337; a. M. Schack AcP 185 (1985), 335, 341.
[24a] BGH ZIP 1988, 316, 320.
[25] OLG Hamburg Recht 1910 Nr. 1513.
[26] RGZ 52, 354.

dessen Eigenschaften[27] ebenso wie ein zu hoher Wassergehalt diejenigen von Rohöl.[28] Die handelsübliche Reinheit und Unverdorbenheit von Futtermitteln ist eine Eigenschaft.[29] Entsprechend ist der nicht ausräumbare Verseuchungsverdacht von Lebensmitteln als Eigenschaft zu qualifizieren.[30] Auch die Tatsache, daß Wein mit Glykol „versetzt" ist, berührt seine Eigenschaften.[31]

b) Maschinen – Geräte

8 Wird ein Küchenblock als fabrikneu verkauft, obwohl es sich um ein Ausstellungsstück handelt, so betrifft dies eine Eigenschaft gemäß § 459 Abs. 2 BGB.[32] Werden UVV bei einer Maschine nicht beachtet,[33] so gilt gleiches, ebenso dann, wenn von den Schutzbestimmungen gemäß § 3 Abs. 1 GerSiG abgewichen wird.[34] Daß ein Kran wegen öffentlich-rechtlicher Beschränkungen nicht verwendet werden kann, bezieht sich ebenfalls auf seine Eigenschaften.[35] Selbstverständlich ist das Alter einer Maschine eine Eigenschaft,[36] wie auch die Seetüchtigkeit eines Schiffes[37] und die – eingeschränkte – Benutzbarkeit einer Segelyacht.[38]

c) Kraffahrzeuge

9 Das Baujahr eines Kfz ist eine Eigenschaft,[39] ebenso der Hubraum sowie die PS-Zahl[40] oder die Kilometerleistung eines Motors.[41] Das Vorhandensein eines Original-Motors oder eines Ersatzteilmotors betrifft Eigenschaften,[42] gleiches gilt, sofern das Fahrzeug mit einem typengerechten Motor ausgestattet sein soll.[43] Daß ein Kraftfahrzeug *fabrikneu* ist, bedeutet, daß es – außer der Überführung – noch nicht benutzt wurde, unverändert als Modell weiter auf den Markt gebracht wird und daß keine Mängel vorliegen, die standzeitbedingt sind.[44] Der Zeitablauf zwischen Herstellung und Auslieferung ist dann neuheitsschädlich, wenn zwischen diesen beiden Daten ein Zeitraum von etwa 10–12 Monaten liegt.[45] Für die Definition des Merkmals fabrikneu ist das Baujahr eines Kraftfahrzeugs demgegenüber nicht entscheidend.[46] Wird jedoch ein später zu lieferndes Kraftfahrzeug als Modell einer „neuen" Ausführung bestellt, dann ist regelmäßig damit das demnächst auf den Markt kommende – neueste – Modell gemeint.[47]

10 Die Bezeichnung „Werkstattprüfung" bezieht sich bei einem Kfz. auf seine Eigenschaften.[48] Gleiches gilt, wenn ein Kfz-Meister das Kraftfahrzeug TÜV-fertig machen soll.[49] Vorhandensein eines Austauschmotors ist eine Eigenschaft.[50] Gleiches gilt für die Angaben über den Benzinverbrauch

---

[27] OLG Köln MDR 1965, 201.
[28] OLG Hamburg MDR 1954, 551.
[29] BGHZ 57, 292.
[30] BGHZ 52, 51; a. M. Fabricius JZ 1970, 29.
[31] AG Wolfsburg NJW-RR 1986, 989.
[32] OLG Hamm MDR 1983, 576.
[33] OLG Düsseldorf DB 1955, 429.
[34] BGH NJW 1985, 1769.
[35] BGHZ 90, 198.
[36] OLG Karlsruhe MDR 1967, 44.
[37] BGH VersR 1959, 424.
[38] OLG Hamm MDR 1985, 1026.
[39] BGH NJW 1979, 160.
[40] BGH NJW 1981, 1268.
[41] BGH WM 1976, 614; OLG Nürnberg DAR 1963, 300; LG Heidelberg DAR 1974, 124.
[42] BGH BB 1969, 1412.
[43] BGH NJW 1983, 1424.
[44] BGH BB 1980, 1285; BGH BB 1980, 390; OLG Hamm DAR 1980, 285, 286; OLG Karlsruhe DAR 1977, 323.
[45] LG Darmstadt NJW 1981, 289; OLG Düsseldorf MDR 1982, 579; offengelassen in BGH BB 1980, 390; a. M. Schmid DAR 1981, 43, 44; vgl. auch Knippel DAR 1981, 145, 146.
[46] OLG Zweibrücken MDR 1970, 325; LG Aachen NJW 1978, 273; LG Berlin NJW 1976, 151.
[47] BGH WM 1980, 547, 548; vgl. auch OLG Hamm DAR 1980, 285, 286.
[48] BGHZ 87, 302, 307.
[49] OLG Köln NJW 1972, 162.
[50] LG Köln VersR 1971, 139.

eines Motors.[51] Wird ein Fahrzeug ,,aus erster Hand“ verkauft, so liegt darin eine Eigenschaft.[52] Abhängig von den Umständen des Einzelfalls kann die Verwendung eines Gebrauchtwagens vor seinem Verkauf als Taxi eine Eigenschaft dieses Fahrzeugs betreffen.[53] Die Zahl der Vorbesitzer eines Kraftfahrzeugs ist ebenfalls eine Eigenschaft.[54]

III. Die Zusicherungserklärung

1. Allgemeine Erwägungen

a) Die Zusicherung als Vertragsbestandteil

Eine Zusicherungserklärung im Sinn von § 459 Abs. 2 BGB führt nur dann zur Scha- 11
densersatzhaftung wegen Nichterfüllung gemäß § 463 Satz 1 BGB, wenn sie Inhalt des Kaufvertrages, mithin Vertragsbestandteil geworden ist.[55] Dies setzt voraus, daß sich beide Parteien über den Inhalt der Zusicherung einig geworden sind. Dabei muß die Zusicherung die maßgeblichen Eigenschaften der Kaufsache so genau bezeichnen, daß ihr Inhalt und Umfang – notfalls durch Rückgriff auf die §§ 133, 157 BGB – festgestellt werden kann.[56] Deshalb wird eine Zusicherungserklärung dann nicht Vertragsbestandteil, wenn es sich nur um eine einseitige Erklärung des Verkäufers handelt. Doch ist stets zu prüfen, ob diese – einseitige – Erklärung nicht dadurch Inhalt des Kaufvertrages geworden ist, daß der Käufer konkludent bei Abschluß des Vertrages auf sie Bezug genommen hat.[57] Denn die BGH-Judikatur erkennt stillschweigende Eigenschaftszusicherungen an.[58] Ausreichend ist deshalb eine in der Werbung enthaltene Zusicherung;[59] nichts anderes gilt, wenn die zusichernde Erklärung in einer Zeitungsannonce zu finden war.[60] Voraussetzung ist allerdings stets, daß sich der Käufer – aufgrund der Annonce oder der Werbung – an den Verkäufer wendet und auf die Erklärung des Verkäufers bei Abschluß des Kaufvertrages zumindest stillschweigend Bezug nimmt.[61]

b) Die Abgrenzung zur Wissenserklärung

Gerade weil die Zusicherungserklärung darauf beruht, daß in ihr der Wille des Verkäu- 12
fers erkennbar wird, eine Leistungspflicht – bezogen auf bestimmte Eigenschaften einer Sache – zu übernehmen, ist eine Abgrenzung zur Wissenserklärung erforderlich.[62] Unter derartigen ,,Wissenserklärungen“ werden solche Angaben des Verkäufers verstanden, die sich nur auf dessen Kenntnis vom Zustand der Kaufsache beziehen, zum Beispiel in Form der Warenbeschreibung. Praktisch werden diese Fälle dann, wenn der Verkäufer kundtut,

---

[51] OLG Zweibrücken DAR 1982, 164; OLG Zweibrücken DAR 1984, 87; OLG München NJW 1987, 3012.
[52] LG Berlin VersR 1976, 396.
[53] BGH BB 1977, 61, 62f.
[54] OLG Köln VersR 1974, 584.
[55] Staudinger/Honsell § 459 Rz. 60; Soergel/Huber § 459 Rz. 100; MünchKomm/Westermann § 459 Rz. 59.
[56] BGHZ 48, 118, 123f. – TREVIRA; BGHZ 50, 200, 201 – Kleber; vgl. auch BGH DB 1966, 147 – Mauerziegel; OLG Düsseldorf DB 1967, 1582 – Lupenreinheit.
[57] BGHZ 48, 118, 123 – TREVIRA; BGHZ 87, 302, 307 – ,,werkstattgeprüft“.
[58] BGH 1972, 1069 – Fensterlack.
[59] BGHZ 48, 118, 123 – TREVIRA.
[60] OLG Köln NJW 1972, 162; OLG Schleswig MDR 1977, 929.
[61] BGH BB 1981, 579 – Klebeband; BGHZ 50 S. 200 = WM 1968, 828 – Kleber; OLG Schleswig DAR 1982, 101 – Prospektangabe; insbesondere auch OLG Köln NJW 1972, 162 – TÜV-geprüft: Zeitungsannonce.
[62] Hierzu MünchKomm/Westermann § 459 Rz. 52; Soergel/Huber § 459 Rz. 110; Staudinger/Honsell § 459 Rz. 60.

ihm sei von einem früheren Unfall des Gebrauchtwagens nichts bekannt,[63] gleiches gilt, wenn der Verkäufer auf Befragen des Käufers erklärt, er wisse nichts von etwaigen Reklamationen.[64] Dabei ist stets von entscheidender Bedeutung, wie der Käufer die Erklärung des Verkäufers – unter Berücksichtigung der Umstände des Vertragsabschlusses und der Gebote von Treu und Glauben gemäß §§ 133, 157, 242 BGB – verstehen durfte.[65] In diesem Zusammenhang sind alle Umstände zu berücksichtigen, insbesondere die Gepflogenheiten der Werbung in der betreffenden Branche sowie – vor allem – das Vertrauen, welches der Käufer dem Verkäufer aufgrund des jeweiligen Know-Hows entgegenbrachte.[66] Die Grenze zwischen einer – haftungsrechtlich irrelevanten – Wissenserklärung und einer – stillschweigenden – Zusicherung ist daher fließend.[67] Denn in jedem Fall beruht die Inanspruchnahme fremden Vertrauens, die in diesem Zusammenhang häufig das Vorliegen einer stillschweigenden Zusicherungserklärung im Sinn von § 459 Abs. 2 BGB charakterisiert, auf dem Erklärungsverhalten des Verkäufers.[68]

2. Das Vorliegen einer ausdrücklichen Zusicherung

13 Wie sich unmittelbar aus § 463 Satz 1 BGB – sowie aus § 480 Abs. 2 BGB für den Fall des Gattungskaufs – ergibt, führt eine ausdrückliche Zusicherung zur verschärften, auf Schadensersatz wegen Nichterfüllung gerichteten Gewährleistungshaftung des Verkäufers. Dazu ist es nicht erforderlich, daß der Verkäufer das Wort „zusichern" verwendet. Dies gilt auch im Verkehr gegenüber Kaufleuten, weil ja der Unterschied zwischen „Gewährleistung" und „Zusicherung" keineswegs allgemein bekannt ist.[69] Ergibt sich allerdings, daß der Verkäufer sein Versprechen zum einen mit „gewährleisten", zum anderen mit „zusichern" umschreibt, so ist dies ein wesentliches Indiz dafür, aus dieser Wortwahl unmittelbare rechtliche Konsequenzen zu folgern: Die Schadensersatzhaftung knüpft stets unmittelbar an die zum Vertragsbestandteil gewordene Zusicherungserklärung an. Die Rechtsfolgenanordnung in §§ 463 Satz 1, 480 Abs. 2 BGB tritt kraft Gesetzes ein, ein „Irrtum" des Verkäufers hierüber ist ein unbeachtlicher Rechtsfolgenirrtum.[70] Demzufolge ist es auch nicht erforderlich, daß die „Zusicherung im Bewußtsein der Übernahme gerade der besonders gravierenden Rechtsfolgen des § 463 BGB geschehen muß".[71]

14 In der Praxis kommt es sehr häufig vor, daß der Verkäufer eine bestimmte Eigenschaft „garantiert". Darin liegt allemal eine – ausdrückliche – Eigenschaftszusicherung.[72] Allerdings kann die Verwendung des Begriffs „Garantie"[73] auch noch weitergehende Bedeutung besitzen, was von hoher praktischer Relevanz ist *(§ 7 Rz. 2ff.)*.

3. Reklamehafte Anpreisungen

15 Einseitige reklamekafte Anpreisungen des Verkäufers sind keine Eigenschaftszusicherungen gemäß § 459 Abs. 2 BGB, sofern der Käufer daraus keine Einstandspflicht des Verkäufers für das Vorhandensein bestimmter Eigenschaften der Kaufsache – unter Be-

---

[63] BGH WM 1981, 323, 325.
[64] BGH WM 1974, 1204, 1205.
[65] BGH NJW 1959, 1489; BGHZ 59, 158, 160f. = BB 1972, 1069; BGH NJW 1988, 1378 – „TÜV neu" – besondere Berücksichtigung der typischen Verhältnisse des Gebrauchtwagenhändlers.
[66] MünchKomm/Westermann a. a. O.
[67] BGHZ 59, 158 = BB 1972, 1069.
[68] BGH DB 1966, 147 – Mauerziegel; BGH BB 1972, 1069 – Fensterlack; BGH WM 1976, 614 – Zeitungsannonce/Laufleistung eines PKW; OLG Schleswig MDR 1977, 929; LG Berlin VersR 1976, 396 – Zeitungsanzeigen.
[69] A. M. Soergel/Huber § 459 Rz. 108.
[70] Hierzu Soergel/Hefermehl § 119 Rz. 63 m. w. N.
[71] So aber MünchKomm/Westermann § 459 Rz. 55; wie hier Soergel/Huber § 459 Rz. 108.
[72] BGH WM 1977, 365, 366.
[73] Grundlegend RGZ 165, 41ff.; BGH BB 1975, 1507, 1508.

rücksichtigung aller Umstände sowie der Gebote von Treu und Glauben gemäß §§ 133, 157, 242 BGB – herauslesen kann und darf.[74] Maßgebendes Abgrenzungskriterium ist hierbei – erneut – die Antwort auf die Frage, ob der Käufer unter Berücksichtigung aller Umstände aus der Erklärung des Verkäufers einen Verpflichtungswillen herleiten kann, für das Vorhandensein oder Fehlen einer bestimmten Eigenschaft der Kaufsache einstehen zu wollen.[75] Wichtig ist deshalb, ob es sich um eine ersichtlich nicht ernstgemeinte Übertreibung handelt – dies dürfte in der Praxis nicht gerade häufig der Fall sein – und ob – dieser Fall ist häufig – die Erklärung des Verkäufers so allgemein formuliert ist, daß sie überhaupt keinen Rückschluß auf eine bestimmte, zusicherungsfähige Eigenschaft erlaubt.[76] Dies ist zum Beispiel dann der Fall, wenn es in der Werbung heißt, der Gebrauchtwagen sei ,,tip-top in Ordnung".[77] Keinesfalls ist aber der Schluß zulässig, daß werbemäßige Erklärungen des Verkäufers stets – schon um ihrer selbst willen – nur als reklamehafte Anpreisungen eingestuft werden.[78] Denn werbemäßige Angaben, insbesondere solche in Zeitungsanzeigen, sind schon häufig als Eigenschaftszusicherungen qualifiziert worden, wobei freilich stets die Umstände des Einzelfalls entscheidendes Gewicht hatten.[79] Selbst die Angabe auf einem Verkaufsschild kann als Eigenschaftszusicherung gewertet werden.[80]

Soweit in der Tat lediglich eine Anpreisung vorliegt, begründet dies weder nach § 459 Abs. 1 BGB noch nach § 459 Abs. 2 BGB eine Gewährleistungshaftung des Verkäufers. 16

4. Abgrenzung: Beschaffenheitsvereinbarung gemäß § 459 Abs. 1 BGB – Eigenschaftszusicherung gemäß § 459 Abs. 2 BGB: Stillschweigende Eigenschaftszusicherung

Die in der Praxis mit Abstand schwierigste Frage betrifft das Verhältnis zwischen Beschaffenheitsvereinbarungen im Sinn von § 459 Abs. 1 BGB in Konkurrenz zu Eigenschaftszusicherungen, insbesondere zu solchen, die stillschweigend/konkludent gemäß § 459 Abs. 2 BGB abgegeben werden.[81] Es ergeben sich folgende Einzelheiten: 17

a) Das Rangverhältnis zwischen einer Beschaffenheitsvereinbarung gemäß § 459 Abs. 1 BGB im Verhältnis zur Eigenschaftszusicherung gemäß § 459 Abs. 2 BGB

Vom subjektiven Fehlerbegriff ausgehend gilt: Der Verkäufer, der eine Beschaffenheit im Sinn von § 459 Abs. 1 BGB vereinbart, haftet lediglich gemäß §§ 459 Abs. 1, 462, 480 Abs. 1 BGB auf Wandelung, Minderung und Nachlieferung; für etwaige Mangelfolgeschäden haftet er nur unter der Voraussetzung, daß ihn ein Verschulden trifft.[82] Demgegenüber haftet der Verkäufer bei einer ausdrücklich oder stillschweigend zugesicherten Eigenschaft gemäß § 459 Abs. 2 BGB ohne Rücksicht auf Verschulden[83] auf Schadensersatz wegen Nichterfüllung, einschließlich etwa eintretender Mangelfolgeschäden, soweit sich die Zusicherung auch auf diese Risiken erstreckte.[84] Schon aus dieser gesetzlichen 18

---

[74] RGRK-BGB/Mezger § 459 Rz. 21.

[75] Staudinger/Honsell § 459 Rz. 70.

[76] Soergel/Huber § 459 Rz. 107.

[77] LG Dortmund DAR 1978, 165.

[78] BGHZ 48, 118, 122 – TREVIRA.

[79] BGH WM 1982, 696, 697 – allgemeine Anpreisung: Mietertrag eines Hauses; OLG Köln NJW 1972, 162 – Kfz durch ,,Meisterhand überprüft und TÜV abgenommen"; OLG Schleswig MDR 1979, 935, 936 – Baugrundstück für ein Vier- bis Sechsfamilienhaus; OLG Schleswig MDR 1977, 929 – Baujahr eines Hauses.

[80] BGH NJW 1975, 1693, 1694 – ,,58000 km": Fahrleistung eines PKW.

[81] Hierzu im einzelnen Semler NJW 1976, 406; Schack AcP 185 (1985), 333, 351f.

[82] BGH BB 1980, 1068.

[83] BGH BB 1972, 1069 – Fensterlack.

[84] BGHZ 50, 200 – Kleber.

Struktur ist ersichtlich, daß die Zusicherungserklärung ein ,,Mehr" gegenüber einer Beschaffenheitsvereinbarung voraussetzt. Anders gewendet: Die Zusicherungserklärung ist doppelstöckig: Sie schließt zum einen eine Beschaffenheitsvereinbarung ein, zum anderen setzt sie voraus, daß der Verkäufer gegenüber dem Käufer – unter Berücksichtigung aller Umstände des Einzelfalls und der Gebote von Treu und Glauben gemäß §§ 133, 157, 242 BGB – die Bereitschaft erkennen läßt, für die Folgen einstehen zu wollen, sofern der Kaufsache die zugesicherte Eigenschaft fehlt.[85]

19 Geht man von diesem Befund aus, können dogmatische Bedenken gegen die Begründung einer – stillschweigenden – Zusicherungshaftung gemäß § 459 Abs. 2 BGB dahinstehen, solange man sich darüber einig ist, daß diese stets unter Berücksichtigung aller Umstände des Einzelfalls sowie der Gebote von Treu und Glauben gemäß §§ 113, 157, 242 BGB begründet werden muß.[86] *Schack*[87] freilich hat diese von der BGH-Judikatur entwickelte Formel – bezogen auf einen ,,stillschweigenden" Garantiewillen – als Fiktion zurückgewiesen und als ,,Argumentationskrücke" bezeichnet.[88] Und in der Tat bieten immer wieder BGH-Entscheidungen Anlaß zu Kritik.[89] Doch ist es verfehlt, diese Kritik zu verallgemeinern, weil damit der wesentliche Sachverhalt nicht beachtet wird: Die BGH-Judikatur ist stets einzelfallbezogen; sie bejaht das Vorliegen einer – stillschweigenden – Eigenschaftszusicherung im Sinn von § 459 Abs. 2 BGB in Abgrenzung zur Beschaffenheitsvereinbarung gemäß § 459 Abs. 1 BGB, soweit der Käufer die Erklärungen und das Verhalten des Verkäufers nach Treu und Glauben und unter Berücksichtigung der Verkehrssitte[90] verstehen durfte.[91]

20 Aus der Sicht des Praktikers mag es bedauerlich sein, daß die BGH-Judikatur bislang davon Abstand genommen hat, konkrete – ausfüllungsfähige – Regelsätze aufzustellen.[92] Doch wird man unter Berücksichtigung der bereits apostrophierten Doppelstöckigkeit *(§ 2 Rz. 11f.)* durchaus in der Lage sein, fallspezifisch das zutreffende Auslegungsergebnis zu gewinnen: der für eine Zusicherungshaftung erforderliche **Garantiewille** ist tendenziell schwieriger zu begründen als eine Beschaffenheitsvereinbarung gemäß § 459 Abs. 1 BGB, weil seine Begründung voraussetzt, daß der Käufer unter Berücksichtigung der Gebote von Treu und Glauben und der Verkehrssitte gemäß §§ 133, 157, 242 BGB die Bereitschaft des Verkäufers annehmen durfte, für das Vorhandensein oder das Fehlen einer bestimmten Eigenschaft einstehen zu wollen.[93]

b) Warenbeschreibung – Beschaffenheitsvereinbarung im Sinn von § 459 Abs. 1 BGB

21 Es ist stets im Auge zu behalten, daß die BGH-Judikatur bei einer Beschaffenheitsangabe der Ware die Haftung des Verkäufers gemäß § 462 BGB auf Wandelung oder Minderung beschränkt.[94] So stellte der BGH zum Beispiel fest, ,,daß aufgrund einer Ausschreibung und eines damit übereinstimmenden Angebots ein Kaufvertrag geschlossen wird, läßt sich – wenn keine besonderen Umstände hinzutreten – auch nicht generell entneh-

---

[85] BGHZ 59, 158, 160 = BB 1972, 1069 – Fensterlack; BGH WM 1982, 696, 697 – Zeitungsannonce; BGH ZIP 1985, 416, 417 – Silo.

[86] BGHZ 59, 158, 160 = BB 1972, 1069; BGH NJW 1981, 221, 223 – Ausschreibung.

[87] Schack AcP 185 (1985), 333, 351ff.

[88] Vgl. auch Huber AcP 177 (1977), 281, 305; Soergel/Huber § 459 Rz. 114.

[89] Esser/Weyers, Schuldrecht, Bd. II – Besonderer Teil, 37f.; BGH BB 1972, 1069 mit abl. Anm. Graf von Westphalen – Fensterlack; vgl. auch BGH WM 1971, 1121, 1123 – Zucker; BGH NJW 1973, 843 – Nottestamentsmappe.

[90] Vgl. OLG Düsseldorf DB 1967, 1582 – Lupenreinheit/Brillianten; BGH NJW 1988, 1378 – Typische Verhältnisse des Gebrauchtwagenhandels: „TÜV neu".

[91] So mit Recht Soergel/Huber § 459 Rz. 114.

[92] Vgl. Esser/Weyers a. a. O.

[93] Nachweise bei Fn. 85.

[94] BGH BB 1958, 284; BGH NJW 1981, 222, 223 – Ausschreibung.

men, daß die in der Ausschreibung geforderten Eigenschaften als zugesichert angesehen werden".[95] Damit ist die erforderliche Doppelstöckigkeit der – stillschweigenden – Zusicherungshaftung gemäß § 459 Abs. 2 BGB plastisch wiedergegeben; denn es heißt im unmittelbaren Anschluß daran: „Schon gar nicht kann nach den Umständen des Falles angenommen werden, daß die Klägerin eine über die gewährleistungsrechtliche Zusicherung noch hinausgehende Garantiehaftung hat begründen wollen".[96] Freilich ist die Rechtsprechung keineswegs einheitlich.[97] Für die Praxis kann man indessen den Satz abschließend formulieren: Soweit sich die Warenbeschreibung des Verkäufers in einer Beschaffenheitsvereinbarung erschöpft, fehlt es – mangels weiterer Umstände – an einer Zusicherungshaftung im Sinn von § 459 Abs. 2 BGB.[98]

c) Die Bezugnahme auf Normen: Keine Eigenschaftszusicherung gemäß § 459 Abs. 2 BGB

Soweit der Verkäufer auf DIN-Normen Bezug nimmt, haftet er lediglich gemäß § 459 22
Abs. 1 BGB, wenn die Ware mit den Normen nicht übereinstimmt und deshalb in ihrer Gebrauchstauglichkeit beeinträchtigt ist. Eine – stillschweigende – Eigenschaftszusicherung liegt in diesen Fällen nach Auffassung des BGH grundsätzlich nicht vor.[99] In diesem Zusammenhang stellt die BGH-Judikatur den Regelsatz auf: Die bloße Bezugnahme auf im Vertrag verankerte und von der Industrie aufgestellte Normen rechtfertigt – ohne Hinzutreten weiterer Umstände – nicht die Annahme, der Verkäufer wolle auch für die Einhaltung dieser Normen – notfalls ohne Verschulden – im Sinn einer Garantiehaftung einstehen.[100]

Die Literatur folgt überwiegend der Tendenz der BGH-Judikatur.[101] Es finden sich aber 23
auch äußerst kritische Stimmen.[102] Diese Gegenansicht läßt sich auf folgende Argumentationskette zurückführen: Die Bezugnahme auf eine DIN-Norm ersetzt eine umfangreiche und häufig auch recht genaue Warenbeschreibung.[103] Mehr noch: Eine solche Bezugnahme erschöpft sich nicht in einer bloßen Individualisierung der jeweiligen Kaufsache,[104] weil DIN-Normen häufig Abmessungen, Formate und Toleranzen festlegen, mithin Anforderungen an Werkstoffe, Gebrauchstauglichkeit und technische Sicherheit, einschließlich der anzuwendenden Prüfmethoden fixieren, auf deren Einhaltung der Käufer für gewöhnlich vertraut.[105] Demzufolge liegt vor allem dann eine – ausdrückliche oder stillschweigende – Eigenschaftszusicherung im Sinn von § 459 Abs. 2 BGB vor, wenn der Verkäufer auf sicherheitstechnische Normen oder auf die VDE-Bestimmungen Bezug

---

[95] S. 223.

[96] Ebenda.

[97] BGH NJW 1968, 2238, 2240 – Dieselkraftstoff: keine Zusicherung; OLG Köln VersR 1964, 541 – Heizöl: Zusicherung.

[98] Vgl. auch Soergel/Huber § 459 Rz. 117; MünchKomm/Westermann § 459 Rz. 55.

[99] BGH NJW 1968, 2238, 2240 – Dieselkraftstoff; BGHZ 59, 303, 306 – mangelfreies Wasser; BGH NJW 1974, 1503 – DVGW-Prüfzeichen; BGH WM 1975, 895; BGH WM 1980, 1035 – Spanplatten; BGH NJW 1981, 1501 – Gleichstrom-Nebenschluß-Motore; OLG Zweibrücken DAR 1984, 87 – Kraftstoffverbrauch nach DIN-Norm.

[100] BGH NJW 1981, 1501.

[101] Erman/Weitnauer § 459 Rz. 33; Soergel/Huber § 459 Rz. 117; Palandt/Putzo § 459 Anm. 4a.; Semler NJW 1976, 406, 407; Graf von Westphalen DB 1978, 2061, 2062; insbesondere auch Köhler BB-Beilage Nr. 4/1985, 10, 14.

[102] Insbesondere Marburger, Die Regeln der Technik im Recht, 1979, 509ff.; ders. JuS 1976, 638, 640; ders. BB 1981, 1177ff.; Staudinger/Honsell § 459 Rz. 74; RGRK-BGB/Mezger § 459 Rz. 21; MünchKomm/Westermann § 459 Rz. 59; Henseler BB 1969, 24, 25; Schack AcP 185, 333, 349f.

[103] MünchKomm/Westermann a. a. O.

[104] Marburger BB 1981, 1177, 1178.

[105] Im einzelnen Marburger, Die Regeln der Technik im Recht, 1979, 45ff.

nimmt.[106] Daraus wird ersichtlich, daß die der BGH-Judikatur kritisch gegenüberstehende Literatur keineswegs sklavisch in jeder Bezugnahme auf eine DIN-Norm eine Eigenschaftszusicherung im Sinn von § 459 Abs. 2 BGB sieht,[107] sondern eben nur dann, wenn dies durch besondere Umstände gerechtfertigt ist, die freilich auch in der Struktur der DIN-Normen und der entsprechenden Erwartungshaltung des Käufers begründet sein müssen.

24 Aus praktischen Gründen wird man jedoch der BGH-Judikatur weiterhin folgen können, dabei aber stets im Auge behalten müssen, daß auch bei einer Bezugnahme auf DIN-Normen die besonderen Umstände im Hinblick auf die Erklärung und das Verhalten des Käufers gemäß §§ 133, 157, 242 BGB sorgfältig zu werten sind. Dies gilt insbesondere unter Berücksichtigung der Tatsache, daß die Bezugnahme auf das DVGW-Zeichen durch den BGH ebenfalls als Beschaffenheitsvereinbarung im Sinn von § 459 Abs. 1 BGB, nicht aber als Zusicherungserklärung gemäß § 459 Abs. 2 BGB bewertet wurde.[108] In dieser Entscheidung wird ausgeführt: „**Haftungsrechtlich** enthält ein die Qualität der gekennzeichneten Waren unterstreichendes Zeichen – von besonders gelagerten Fällen abgesehen – keine Garantiezusage, aus der der Abnehmer vertragliche Ersatzansprüche gegen diese Verkäuferin bei Qualitätsmängeln herleiten kann".[109] Demzufolge ist auch das Verlangen nach einem Prüfungszeugnis – bei Bezugnahme auf DIN-Normen – nicht ohne weiteres geeignet, eine Zusicherungshaftung zu begründen.[110] Entscheidend war nämlich für das Gericht, daß derartige Bescheinigungen lediglich die Vornahme von Prüfungen zum Gegenstand haben; Prüfart und Prüfumfang können dann vom Besteller entweder durch Wahl der Art der Bescheinigung oder – im Fall von Abnahmeprüfzeugnissen und -protokollen – durch die Vereinbarung zusätzlicher Vertragsbedingungen sichergestellt werden: Je verläßlicher das Prüfergebnis sein soll, um so teurer ist es – notwendiger Tribut an qualifizierte Prüfungen.[111] Im Ergebnis ist deshalb entscheidend, daß derartige Prüfzeugnisse lediglich Bescheinigungen über durchgeführte Prüfungen zum Gegenstand haben, nicht aber bestätigen, daß das Material bestimmte Eigenschaften aufweist. Dies mag allerdings dann anders sein, wenn zum Beispiel Röntgenprüfungen oder Ultraschall-Prüfungen vorgenommen werden sollen; denn diese dienen auch dem Zweck, bestimmte Materialeigenschaften zu testieren. Damit liegt in diesen Fällen der Charakter einer Zusicherungshaftung grundsätzlich nahe.

d) Die Festlegung des besonderen Verwendungszwecks

25 Die BGH-Judikatur bestätigt in diesem Zusammenhang den Rechtssatz, daß die Kenntnis des Verkäufers vom besonderen Verwendungszweck der Kaufsache – für sich allein genommen – noch nicht geeignet ist, eine Zusicherungshaftung nach § 459 Abs. 2 BGB mit dem Ziel zu begründen, daß die Kaufsache für den bestimmten Verwendungszweck des Käufers geeignet ist.[112] Dies gilt auch dann, wenn der Käufer eine Ausschreibung tätigt; auch hier sind die dort bezeichneten Eigenschaften – für sich allein genommen – nicht als Eigenschaftszusicherungen zu qualifizieren.[113] Doch hat dieser Regelsatz[114] durchaus Ausnahmen, ohne daß immer im einzelnen auf Anhieb erkennbar wird, aufgrund welcher Tatsachen hier wie dort eine Differenzierung vorgenommen wird. Ist zum Beispiel beiden Vertragsparteien der Umstand bekannt, daß ein bestimmter Verwen-

---

[106] Vgl. hierzu Marburger a. a. O., 208ff.
[107] Marburger BB 1981, 1177, 1179.
[108] BGH NJW 1974, 1503, 1504.
[109] Ebenda.
[110] OLG Hamm BB 1987, 363 m. Anm. von Henseler: Materialprüfung gemäß DIN 50059.
[111] So mit Recht Henseler BB 1987, 364.
[112] RGZ 123, 148, 149; BGH WM 1971, 797; BGH WM 1974, 1204 – Spanplatten.
[113] BGH NJW 1981, 222, 223.
[114] So auch Soergel/Huber § 459 Rz. 118.

dungszweck – durch den Kauf der Sache – angestrebt wird, so kann darin eine stillschweigende Eigenschaftszusicherung liegen:[115] Wenn nämlich beiden Parteien der Verwendungszweck – hier: von Zucker in der Getränkeindustrie – bekannt ist, so ist jedenfalls „zu prüfen", ob nicht darin eine stillschweigende Eigenschaftszusicherung des Inhalts liegt, daß der gelieferte Zucker nicht von Hefe befallen ist, der ihn für den Verwendungszweck völlig ungeeignet macht. Mehr noch: Wenn beide Parteien – in Kenntnis des bestimmten Verwendungszwecks – Prüfungen und Proben durchführen, um die Eignung eines bestimmten Produkts – hier: von Fensterlack – zu testen, bevor der Käufer sich zum Kauf entschließt, so liegt darin eine stillschweigende Eigenschaftszusicherung gemäß § 459 Abs. 2 BGB.[116] Gleiches gilt dann, wenn dem Verkäufer nicht nur der bestimmte Verwendungszweck, sondern auch die Tatsache bekannt ist, daß es dem Käufer auf eine bestimmte Eigenschaft – und die damit verbundene Qualitätsangabe – entscheidend ankommt.[117] Dabei ist es selbstverständlich auch maßgeblich, daß der Käufer auf die Qualitätsangabe des Verkäufers erkennbar vertrauen wollte und vertrauen durfte.[118] Notwendigerweise setzt dies voraus, daß der Käufer den Verkäufer darauf hingewiesen hat, daß es ihm auf bestimmte Eigenschaften der Kaufsache wesentlich ankommt.[119]

e) Werbeerklärungen – Gebrauchsanweisungen

Soweit derartige Erklärungen Vertragsbestandteil geworden sind, können sie durchaus 26
als Eigenschaftszusicherungen gemäß § 459 Abs. 2 BGB bewertet werden, weil und soweit der Käufer dem Verkäufer – für diesen erkennbar – besonderes Vertrauen entgegengebracht hat.[120] Enthält zum Beispiel eine Zeitungsanzeige Angaben über ein bestimmtes „Baujahr" eines Hauses, so sind diese Angaben als Eigenschaftszusicherung zu werten, weil und soweit sie für den Käufer eine wesentliche Grundlage für den eventuellen Kaufentschluß waren, fortwirkten und nicht widerrufen wurden.[121] Doch muß der Inhalt der Zeitungsanzeige so deutlich bei den Vertragsverhandlungen zum Ausdruck gebracht werden, daß sich der Käufer nach Treu und Glauben darauf verlassen durfte.[122] Aus diesem Grund kann auch die Angabe auf einem Verkaufsschild – „58000 km" – geeignet sein, eine Eigenschaftszusicherung zu enthalten, weil und soweit diese km-Angabe Inhalt des Kaufvertrages wurde und sich der Käufer auf die besondere, ihm selbst fehlende Sachkunde des Verkäufers verlassen hat.[123]

Ist aber die Werbung Vertragsbestandteil geworden, so spricht der Beweis des ersten 27
Anscheins dafür, daß der Käufer Kenntnis vom Inhalt der Werbung hatte und der Abschluß des Kaufvertrages – kausal – auf der Werbung beruhte.[124] Die gleichen Gesichtspunkte gelten, soweit der Verkäufer Gebrauchsanweisungen verwendete, in denen bestimmte Eigenschaften der Kaufsache angegeben sind.[125] Vom Hersteller herrührende Richtlinien und Werbung können sich dabei – kumulativ – zugunsten des Käufers im Hinblick auf die Annahme einer Eigenschaftszusicherung auswirken, so daß sich der Verkäufer daran nach Treu und Glauben festhalten lassen muß.[126] Bei Gebrauchsanwei-

---

[115] BGH WM 1971, 1121, 1123 – Zucker.
[116] BGHZ 59, 158, 160f. = BB 1972, 1069 m. Anm. Graf von Westphalen – Fensterlack.
[117] BGH DB 1966, 147 – Druckfestigkeit von Mauerziegeln.
[118] BGH a. a. O.
[119] BGH BB 1981, 579 – Klebeband.
[120] OLG Köln NJW 1972, 162 – „Von Meisterhand geprüft und TÜV-abgenommen"; ähnlich BGH NJW 1988, 1378 – „TÜV neu".
[121] OLG Schleswig MDR 1977, 929.
[122] OLG Schleswig MDR 1979, 935, 936 –Mehrfamilienhaus.
[123] BGH NJW 1978, 1693, 1695 – km-Angabe.
[124] Schack AcP 185 (1985), 333, 348.
[125] BGHZ 48, 118, 124 – TREVIRA.
[126] BGH a. a. O.

sungen differenziert freilich die Rechtsprechung danach, ob diese vom Hersteller herrühren und ob der Großhändler sich diese – bei Abschluß des Kaufvertrages – zu eigen gemacht hat.[127] Veräußert der Großhändler lediglich ein Produkt, dem die Gebrauchsanweisungen des Herstellers beigefügt sind, so liegt darin – mangels weiterer Umstände – keine Eigenschaftszusicherung gemäß § 459 Abs. 2 BGB.[128] Ob eine solche Differenzierung auch dann angezeigt ist, wenn es um Eigenschaftszusicherungen durch Werbeerklärungen geht, die vom Hersteller herrühren, ist in Zweifel gezogen worden.[129] Im Ergebnis ist aber gleich zu entscheiden: Voraussetzung ist allemal, daß die Werbeerklärung des Herstellers Bestandteil des Kaufvertrages zwischen Großhändler und Kunden wird; mithin muß sich der Großhändler in jedem Fall die Werbeerklärung zu eigen machen: Sie muß nicht nur Vertragsbestandteil sein, sondern auch den Willen des Großhändlers erkennen lassen, für das Fehlen oder das Vorhandensein zugesicherter Eigenschaften einstehen zu wollen.[130]

f) Das besondere Vertrauen des Käufers

28 Die bisherige BGH-Judikatur trägt des weiteren den Satz: Eine Eigenschaftszusicherung ist regelmäßig dann zu bejahen, wenn und soweit die bestimmten Eigenschaften der Kaufsache für den Käufer von besonderer Bedeutung waren und deshalb das besondere Vertrauen des Käufers genossen.[131] Kommt es zum Beispiel dem Käufer entscheidend darauf an, daß die gekauften Silos verschraubt, nicht aber verschweißt sind, weil davon die Kosten der Demontage und die des Wiederaufbaus abhängen, ist dieser Umstand von besonderem Belang. Nichts anderes gilt dann, wenn der Käufer auf die besondere, dem Verkäufer zukommende Sachkunde vertraut und der Verkäufer seine Angaben betreffend die Kaufsache in Kenntnis dieses Umstandes erklärt: Darin liegt grundsätzlich ein erhebliches Indiz für eine stillschweigende Eigenschaftszusicherung.[132] Die besondere Bedeutung für den Kaufentschluß kann auch darin liegen, daß der Verkäufer genaue Anweisungen[133] oder Richtlinien[134] erläßt, um auf diese Weise den Käufer in den Stand zu setzen, mit dem Produkt ordnungsgemäß und bestimmungsgemäß umzugehen. Unter diesen Umständen liegt es jeweils nahe, den Erklärungen des Verkäufers gesteigerte Bedeutung zuzumessen, die die Feststellung tragen, daß der Kaufentschluß durch sie hervorgerufen wurde.[135] Sicherlich sind diese Grundsätze nicht einer Verallgemeinerung in der Weise zugänglich, daß stets und immer eine Eigenschaftszusicherung gemäß § 459 Abs. 2 BGB zu bejahen ist, sofern auf Seiten des Verkäufers eine besondere Sachkunde vorlag, auf die der Käufer vertraute.[136] Doch handelt es sich auch hier – wie stets – um wichtige Gesichtspunkte, welche abhängig von den weiteren Umständen des Einzelfalls eine Zusicherungshaftung unter Berücksichtigung der §§ 133, 157, 242 BGB begründen können.[137]

29 Umgekehrt: Aus den dargelegten Prinzipien läßt sich – unter Berücksichtigung der jeweiligen Einzelfallumstände – der Rechtssatz ableiten, daß die Bejahung einer Zusicherung gemäß § 459 Abs. 2 BGB auch maßgeblich davon abhängt, ob ein besonderes Schutzbedürfnis des Käufers vorliegt.[138] Tritt der Verkäufer als besonderer Fachmann auf,

---

[127] BGH BB 1981, 579 – Klebeband.
[128] BGH a. a. O.
[129] Schack AcP 185, 333, 348.
[130] BGH NJW 1981, 222, 223 – Ausschreibung.
[131] BGH ZIP 1985, 416, 417 – Silo.
[132] BGH NJW 1975, 1693, 1695 – km-Angabe.
[133] BGHZ 59, 158, 161 – Fensterlack.
[134] BGHZ 48, 118, 124 – TREVIRA.
[135] Schack AcP 185 (1985) 333, 356f.
[136] Vgl. auch Soergel/Huber § 459 Rz. 122.
[137] BGH DB 1966, 147 – Mauerziegel.
[138] Diederichsen VersR 1971, 1077, 1083; Soergel/Huber § 59 Rz. 120; Köndgen Selbstbindung ohne Vertrag, 334ff.; Schack AcP 185 (1985), 333, 356f.

so liegt es wegen des Know-How-Gefälles zum Käufer nahe, daß der Käufer den Erklärungen des Verkäufers besonderes Gewicht beimißt und im Vertrauen auf die Richtigkeit der Erklärungen den Kaufvertrag abschließt.[139] Ob man so weit gehen kann, aus der Judikatur den Satz abzuleiten, ein besonderes Schutzbedürfnis des Käufers werde immer dann bejaht, wenn im Einzelfall die Rechte des Käufers auf fehlerfreie Erfüllung des Kaufvertrages – und ein entsprechendes wirtschaftliches Interesse – durch die Haftung gemäß § 459 Abs. 1 BGB nicht hinreichend geschützt sind,[140] erscheint jedoch fraglich. Denn diese Argumentation ist zu sehr ergebnisorientiert; gleichwohl ist ohne weiteres einzuräumen, daß stets und immer die Erklärungen des Verkäufers unter Berücksichtigung der Gebote von Treu und Glauben gemäß §§ 133, 157, 242 BGB interpretiert werden, um daraus eine Zusicherungshaftung abzuleiten.[141] Anders gewendet: Auch der Gesichtspunkt der besonderen Schutzbedürftigkeit des Käufers ist – für sich allein genommen – nicht der Verallgemeinerung zugänglich, sondern lediglich ein wesentliches Indiz dafür, eine Zusicherungshaftung gemäß § 459 Abs. 2 BGB zu bejahen.[142]

g) Das Bestehen einer Verkehrssitte oder eines Handelsbrauchs

Verschiedentlich wird die Eigenschaftszusicherung damit begründet, daß der Käufer – 30
in Kenntnis einer entsprechenden Verkehrssitte oder eines entsprechenden Handelsbrauchs im Sinn von § 346 HGB – aus den Erklärungen des Verkäufers keine bloße Beschaffenheitsvereinbarung gemäß § 459 Abs. 1 BGB, sondern eine Zusicherungserklärung nach § 459 Abs. 2 BGB folgern durfte.[143] Entspricht es zum Beispiel einer Usance im Juwelenhandel, daß es sich bei Lupenreinheit und bei Farbe von Steinen um unveränderliche Merkmale handelt und ist über diese Merkmale eine Bescheinigung ausgestellt, so ist diese als Eigenschaftszusicherung zu qualifizieren.[144] Gleiches gilt dann, wenn im Einzelhandel ein Handelsbrauch des Inhalts besteht, demzufolge jeweils stillschweigend die Wasserfreiheit des zu liefernden Heizöls zugesichert ist.[145] Auch liegt dann eine stillschweigende Eigenschaftszusicherung vor, wenn sich der Verkäufer eines umgebauten Seeschiffes verpflichtet, einen der höchsten Klasse der Germanischen Lloyd und den Vorschriften der See-BG entsprechendes Schiff zu liefern, das aber gleichwohl – wie sich später herausstellt – nicht seetüchtig ist.[146] In allen diesen Fällen[147] ist aber zu unterstreichen: Es ist und bleibt Sache des Käufers, die Existenz eines Handelsbrauchs und einer entsprechenden Verkehrssitte nachzuweisen, auf die er sich im Einzelfall beruft. Allein, dies reicht noch nicht aus; erforderlich ist vielmehr darüber hinaus, daß der Käufer den Nachweis erbringt, daß der Inhalt des Handelsbrauchs oder der Verkehrssitte derart ist, daß Beschaffenheitsangaben des Verkäufers als stillschweigende Eigenschaftszusicherung gemäß § 459 Abs. 2 BGB qualifiziert werden – mit der Folge, daß der Verkäufer auch ohne Rücksicht auf ein Verschulden auf Schadensersatz wegen Nichterfüllung gemäß § 463 Satz 1 BGB haftet.[148] Diese Voraussetzungen werden nicht sehr häufig vorliegen; die Darlegungs- und Beweislast des Käufers ist hoch.

---

[139] BGH NJW 1975, 1693, 1695 – km-Angabe.
[140] So Soergel/Huber § 459 Rz. 120.
[141] BGHZ 59, 158, 160 = BB 1972, 1069 – Fensterlack.
[142] BGHZ 87, 302, 306 – „werkstattgeprüft“.
[143] BGH WM 1971, 1121, 1123 – keimfreier Zucker; BGH BB 1987, 2256, 2258 – Eignung von Garnen zur Stückfärbung; vgl. auch Semler NJW 1976, 406.
[144] OLG Düsseldorf DB 1967, 1582.
[145] OLG Köln VersR 1964, 541, 542 – Heizöl.
[146] BGH VersR 1959, 424 – Seetüchtigkeit eines Schiffes.
[147] Vgl. auch BGH MDR 1955, 31 – Pfefferminzöl.
[148] BGHZ 59, 158 = BB 1972, 1069 m. Anm. Graf von Westphalen – Fensterlack.

5. Gesetzliche Fälle der Zusicherungshaftung

a) Der Tatbestand des § 494 BGB

31 Bei einem Kauf nach Probe oder nach Muster sind die Eigenschaften der Probe oder die des Musters gemäß § 494 BGB zugesicherte Eigenschaften. Ob ein Kauf nach Probe oder nach Muster vorliegt, entscheidet sich jeweils durch Auslegung des Vertragsinhalts. Entscheidend kommt es darauf an, ob die Eigenschaften der Probe oder die des Musters für die nach dem Vertrag vereinbarte Beschaffenheit der Lieferung maßgebend sein sollen.[149] Neben den jeweiligen Erklärungen der Parteien sind die Umstände des Einzelfalls stets im Auge zu behalten. Wird bei einem Kauf eine Probe oder ein Muster vorgelegt – es handelt sicht hierbei um gleichbedeutende Begriffe[150] –, so folgt daraus noch keineswegs zwingend, daß damit auch deren Eigenschaften zugesichert sein sollen. Regelmäßig aber dürfte dies der Fall sein, insbesondere dann, wenn der Verkäufer dem Käufer die Probe übergibt und beide Parteien darin einig sind, daß die Probe vom Käufer aufbewahrt werden soll.[151] Demgegenüber liegen keine Proben oder Muster im Sinn des § 494 BGB vor, wenn sie lediglich dazu dienen, den Käufer davon in Kenntnis zu setzen, wie die Lieferung ausfallen soll.[152]

32 Der Praxis bereitet es immer wieder Schwierigkeiten, wie die Vereinbarung betreffend ein **Ausfallmuster** zu beurteilen ist. Maßgeblich kommt es hierbei darauf an, welchen Zwecken das Ausfallmuster dienen sollte, das der Verkäufer dem Käufer übergab.[153] Wird ein Ausfallmuster vor Abschluß des Kaufvertrages übersandt, so findet § 494 BGB grundsätzlich Anwendung.[154] Auch wenn das Ausfallmuster erst nach Abschluß des Vertrages dem Käufer überlassen wird, kann darin ein Kauf nach Probe im Sinn von § 494 BGB vorliegen, sofern sich beide Parteien darüber einig sind, daß die künftige Fertigung entsprechend den Spezifikationen des Ausfallmusters erfolgen soll.[155] In der Praxis ist es darüber hinaus häufig so, daß beide Parteien die bestimmten Eigenschaften der Probe auch als maßgebende Kriterien dafür ansehen, in welcher Weise die Qualitätssicherung erfolgen muß, indem zum Beispiel Prüfmethoden, Toleranzen und Fehlerfaktoren festgelegt werden. Ob bereits die Probestücke Teil der Vertragserfüllung sind, ist stets abhängig von den jeweils getroffenen Vereinbarungen.[156] Unschädlich ist es deshalb auch, wenn eine Probe erst im Rahmen eines kaufmännischen Bestätigungsschreibens übersandt wird;[157] gleiches gilt dann, wenn auf frühere Warenlieferungen Bezug genommen wird und sich beide Parteien darüber einig sind, daß deren Eigenschaften als Muster gelten sollen.[158]

33 Soweit nach dem Parteiwillen die Eigenschaften der Probe für die Beschaffenheit durchzuführender Lieferungen bestimmend und maßgebend sein sollen, ist der Verkäufer nach den §§ 459 Abs. 2, 480 Abs. 2 BGB gewährleistungspflichtig. Ob eine völlige Übereinstimmung der zu liefernden Ware mit der Probe oder dem Muster gewollt ist, hängt von der jeweiligen Parteivereinbarung ab. Ob geringfügige Abweichungen der Lieferungen nach § 242 BGB hinzunehmen sind, läßt sich deshalb nicht generell sagen.[159] Ist zum

---

[149] BGH DB 1966, 415; BGH BB 1987, 2256, 2257; Staudinger/Mayer-Maly § 494 Rz. 8; Soergel/Huber § 494 Rz. 2.
[150] Staudinger/Mayer-Maly § 494 Rz. 5.
[151] Soergel/Huber § 494 Rz. 2.
[152] Staudinger/Mayer-Maly § 494 Rz. 9.
[153] RGZ 47, 129, 133f.
[154] BGH DB 1957, 66.
[155] A. M. Soergel/Huber § 494 Rz. 4.
[156] Vgl. aber Staudinger/Mayer-Maly § 494 Rz. 13.
[157] BGH DB 1966, 415.
[158] Palandt/Putzo § 494 Anm. 2b.
[159] Offengelassen in BGH DB 1966, 415; bejahend Staudinger/Mayer-Maly § 494 Rz. 15; Soergel/Huber § 494 Rz. 6.

Beispiel ein Verkauf „genau nach Muster" vereinbart,[160] so sind nur solche Abweichungen zu tolerieren, die bei der Herstellung der Sache unvermeidbar sind.[161] Bei einem Kauf nach „Typ" sind demgegenüber die Abweichungen gestattet, die dem Typus entsprechen.[162] Soweit Abweichungen zwischen Muster und Lieferung unvermeidlich und handelsüblich sind, können Gewährleistungsansprüche des Käufers darauf nicht gestützt werden.[163]

Die Mängel der Probe, die der Käufer – trotz ordnungsgemäßer Untersuchung (§§ 377, 34
378 HGB) – nicht erkannt hat, schließen Gewährleistungsansprüche nicht aus.[164] Demzufolge kommt es stets entscheidend darauf an, ob etwaige Mängel der Probe oder des Musters für den Käufer erkennbar waren, so daß eine Beanstandung hätte erfolgen können.[165] Gerade um die Risiken der Produkthaftung auszuschließen, empfehlen sich hier exakte Vereinbarungen im Rahmen ausgeklügelter Qualitätssicherungssysteme.

b) Saatgut – Futtermittel

§ 24 SaatVG bestimmt, daß beim gewerblichen Verkauf von Saatgut die Artechtheit, 35
Sortenechtheit und Erfüllung der gesetzlichen Anforderungen als zugesicherte Eigenschaften gelten, so daß der Verkäufer – bei Abweichungen in diesen Merkmalen – gemäß §§ 463 Satz 1, 480 Satz 2 BGB zur Leistung von Schadensersatz verpflichtet ist. Die Schadensersatzhaftung des Verkäufers entfällt allerdings, wenn der Verkäufer in der Lage ist, den Nachweis fehlenden Verschuldens zu führen, vorausgesetzt des weiteren, die Schadensersatzhaftung führt unter Berücksichtigung der berechtigten Interessen des Käufers zu einer unbilligen Härte gegenüber dem Verkäufer, wie sich aus § 24 Abs. 2 SaatVG ergibt.

Für Futtermittel ergibt sich aus § 7 Abs. 3 FMG, daß der Verkäufer die „Gewähr für die 36
handelsübliche Reinheit und Unverdorbenheit" übernimmt; die Judikatur sieht darin eine Zusicherungserklärung im Sinn von § 459 Abs. 2 BGB.[166] Insoweit übernimmt der Verkäufer von Futtermitteln eine verschuldensunabhängige Haftung; diese erstreckt sich auch auf das Risiko etwaiger Mangelfolgeschäden.[167]

6. Einzelfälle

Ohne Anspruch auf Vollständigkeit sollen im folgenden die Ergebnisse der Judikatur zu § 459 37
Abs. 2 BGB –produktspezifisch – kurz beleuchtet werden:
- Anhydritmörtel;[168]
- Baumaterial/Dämmfilze;[169]
- Briefmarkenhandel;[170]
- Bücher und Druckschriften;[171]

---

[160] RGZ 95, 45.
[161] Staudinger/Mayer-Maly § 494 Rz. 17.
[162] BGH LM-Nr. 6 zu § 459 Abs. 1 BGB.
[163] Soergel/Huber § 494 Rz. 7.
[164] RGZ 95, 45, 47; RGZ 99, 247, 248.
[165] BGH DB 1957, 66.
[166] BGHZ 57, 292, 294f.
[167] BGHZ 57, 292, 298.
[168] OLG Karlsruhe Schmidt-Salzer, Entscheidungssammlung, Bd. 2, 293 – Zusicherung von Wasser- und Säurefestigkeit.
[169] OLG Celle BB 1962, 272 – Zusicherung, daß Dämmfilze der DIN-Norm entsprechen.
[170] OLG Stuttgart NJW 1969, 610 – Behauptung eines bestimmten Michelwertes einer Sammlung ist Zusicherung; LG Aachen MDR 1981, 845 – Angabe „postfrisch" ist keine Zusicherung, daß es sich nicht um nachgummierte Marken handelt.
[171] BGH NJW 1973, 843 – Zusicherung der inhaltlichen Richtigkeit eines Druckwerks: Nottestamentmappe für bayerische Bürgermeister; BGH NJW 1958, 138 – Zusicherung der Geeignetheit eines Buches für Lehrzwecke.

- Computer.[172] Generell vertritt *Kilian*[173] die Auffassung, bei der Verwendung des Gütezeichens ,,Software" mit RAL und der entsprechenden DIN-Norm liege eine Eigenschaftszusicherung vor; dies gelte aber nicht für die Angaben im ,,Pflichtenheft". Dies stimmt mit der Auffassung von *Engel*[174] überein. Danach liegen keine Eigenschaftszusicherungen aufgrund Angaben im ,,Pflichtenheft" vor, und zwar auch dann nicht, wenn auf allgemeine Standards und Normen Bezug genommen wird.[175] Auch in bezug auf die Hardware können Eigenschaftszusicherungen vorliegen, und zwar etwa dann, wenn die geringe Geräuschentwicklung eines Terminals als wesentliche – und damit bedeutsame – Eigenschaft herausgestellt wird, welche für den Kaufentschluß maßgebend ist und der Verkäufer – in Kenntnis der Wichtigkeit dieser Eigenschaft – ihr Vorliegen bejaht hat.[176] *Koch*[177] sieht bei Hardware-Verträgen zusicherungsfähige Eigenschaften bei der Verwendung von Begriffen, wie zum Beispiel ,,modularer Programmaufbau", ,,wahlfreier Zugriff" und anderen wesentlichen Leistungsdaten eines Rechners. In bezug auf das Betriebssystem können ebenfalls Eigenschaftszusicherungen vorliegen, zum Beispiel im Hinblick auf die Behauptung, das Terminal sei zur synchronen Datenfernübertragung geeignet;[178]
- Dieselöl;[179]
- Edelsteine/Brillianten;[180]
- Elektromotoren;[181]
- Fleischkonserven;[182]
- Futtermittel;[183]
- Gebrauchtwagen: Die Erklärung, für TÜV-Abnahme zu sorgen, bedeutet, daß der Verkäufer für die Verkehrssicherheit des Fahrzeugs einstehen will.[184] Auch die Zusage „TÜV neu" ist eine Eigenschaftszusicherung, das Fahrzeug werde dem für die TÜV-Hauptuntersuchung erforderlichen Zustand entsprechen.[184a] Regelmäßig ist aber die Angabe im Kaufvertrag über das Datum der Erstzulassung und die Anzahl der Vorbesitzer eine Eigenschaftszusicherung.[185] Die Erklärung des Verkäufers, das Fahrzeug sei ,,werkstattgeprüft", ist Eigenschaftszusicherung.[186] Die im Kaufvertrag enthaltene Marken- und Typenbezeichnung ist ebenfalls Zusicherung, daß das Fahrzeug mit

---

172 KG Berlin CR 1985, 145: Angaben in einer dem Käufer anläßlich der Kaufverhandlungen ausgehändigten Leistungsbeschreibung gelten als Zusicherung, sofern nicht der Verkäufer vor Abschluß des Vertrages eindeutig auf eine demgegenüber eingeschränkte Leistungsfähigkeit des Computersystems verweist; OLG Karlsruhe CR 1986, 549 – keine Zusicherung von besonderen Fehlerkontrollen eines Programms, wenn Anbieter das Programm in einem Prospekt als zur Bedienung der Hilfskräfte geeignet bezeichnet haben; OLG Schleswig ZIP 1982, 457 – Zusicherung der Fähigkeiten des Programms, steuerfreie Beträge für Nacht- und Sonntagsarbeit zu ermitteln.

173 CR 1986, 187, 193; differenzierend Tiling CR 1987, 80, 85.

174 BB 1985, 1159, 1165.

175 Vgl. auch Mehrings GRuR 1985, 189.

176 LG München in: Zahrnt, DV-Rechtsprechung, Bd. 1, 43.

177 Computer-Vertragsrecht Rz. 350.

178 LG Frankfurt in: Zahrnt, DV-Rechtsprechung, Bd. 1, 71.

179 BGH NJW 1968, 2238 – keine stillschweigende Eigenschaftszusicherung des Verkäufers von Dieselkraftstoff, das dieser der DIN-Norm entspricht.

180 OLG Düsseldorf DB 1967, 1582 – Zusicherung der Lupenreinheit und der Farbe von Steinen durch Ausstellung einer ,,Verkaufs-Bescheinigung" bei Bestehen eines entsprechenden Handelsbrauchs.

181 BGH NJW 1981, 1501 – Bezeichnung der für den Motor geeigneten Betriebsart in der Auftragsbestätigung des Verkäufers ist keine Eigenschaftszusicherung gemäß § 459 Abs. 2 BGB.

182 BGH LM-Nr. 2 zu § 480 BGB – Erklärung ,,The goods are guaranteed for a period of 90 days after date of shipment" kann Zusicherung sein, daß die Ware zur Zeit des Gefahrenübergangs die Eigenschaft längerer Haltbarkeit hat.

183 BGHZ 57, 292 – Macht der Veräußerer von Futtermitteln bei der Veräußerung keine Angaben über dessen Beschaffenheit, so sind nach § 6 FMG handelsübliche Reinheit und Unverdorbenheit zugesicherte Eigenschaften.

184 OLG Hamm NJW 1980, 2200; im einzelnen Rein/Ring/Eggert, Der Autokauf, Rz. 1077ff.

184a BGH NJW 1988, 1378, 1379.

185 OLG Hamm MDR 1984, 141.

186 BGHZ 87, 302.

einem vom Hersteller vorgesehenen, typengerechten Motor ausgestattet ist.[187] Die Marken- und Typenbezeichnung ist hingegen keine Zusicherung im Hinblick auf die bestimmte Leistungsstärke und Auslegung des Motors.[188] Der Hinweis auf den km-Stand ist regelmäßig Eigenschaftszusicherung.[189] Hingegen bedeutet die Zusicherung einer bestimmten Laufleistung nicht gleichzeitig, daß eine Zusicherung auch insoweit vorliegt, als der Verschleißgrad der angegebenen Laufleistung des Kilometers entsprechen muß – jedenfalls dann, wenn der Verkäufer Privatperson ist.[190] Etwas anderes dürfte jedoch dann gelten, wenn der Verkäufer Gebrauchtwagenhändler ist.[191] Eine Zusicherung liegt freilich dann nicht vor, wenn sie auf „Gesamtfahrleistung nach Angabe des Verkäufers" lautet und in dem Ausstellformular eines Vermittlers enthalten ist.[191a] Ist die Laufleistung des Motors lediglich in einer Zeitungsanzeige angeführt, so liegt darin – abhängig von den Umständen des Einzelfalls – keine Eigenschaftszusicherung.[192] Demgegenüber aber ist die Angabe der km-Leistung auf dem Verkaufsschild Eigenschaftszusicherung.[193] Gleiches gilt dann, wenn in einer Zeitungsanzeige erklärt wird: ,,Alle Fahrzeuge durch Meister geprüft, TÜV-abgenommen und mit Garantie".[194] Nach einer neuen Entscheidung des BGH[195] ist – wie bereits kurz erwähnt – die Angabe ,,werkstattgeprüft" Zusicherung im Hinblick auf die Freiheit von solchen Mängeln, welche bei einer ordnungsgemäßen Untersuchung feststellbar sind. Notwendigerweise ist deshalb auch die Erklärung des Verkäufers, eine Maschine sei kaum gebraucht, fast neu und verhältnismäßig neuwertig, jedenfalls dann Eigenschaftszusicherung, wenn sie über die bloße, allgemein gehaltene Anpreisung hinausgeht.[196] Auch die Erklärung, der PKW werde in einem technisch einwandfreien Zustand übergeben, ist Eigenschaftszusicherung;[197]

- Geschirrspülmaschinen;[198]
- Haus;[199]
- Heizöl;[200]
- Klebeband;[201]
- Kleber/Klebemittel;[202]
- Kleiderstoff;[203]
- Kleinfilter;[204]

---

[187] BGH NJW 1983, 217.
[188] BGH NJW 1985, 967.
[189] OLG Stuttgart DAR 1986, 150.
[190] BGH NJW 1984, 1454.
[191] BGH NJW 1981, 1268.
[191a] OLG Celle NJW-RR 1988, 1135.
[192] OLG Oldenburg MDR 1984, 1024.
[193] BGH NJW 1975, 1693.
[194] OLG Köln in: Schmidt-Salzer, Entscheidungssammlung Bd. I, 339 = NJW 1972, 162.
[195] BGHZ 87, 302.
[196] BGH NJW 1959, 1489.
[197] BGH NJW 1978, 2241.
[198] LG Augsburg MDR 1979, 56 – eine 5 Jahre alte Geschirrspülmaschine, die 4 Jahre lang in den Ausstellungsräumen des Verkäufers gestanden hat, ist nicht mehr fabrikneu, so daß die Zusicherungshaftung eingreift.
[199] OLG Schleswig MDR 1977, 929 – Angabe des Baujahres eines Hauses in einer Zeitungsanzeige ist Eigenschaftszusicherung.
[200] OLG Köln VersR 1964, 541 – beim Verkauf von Heizöl gilt stillschweigend als zugesichert, daß dem Heizöl keine vom Normalen abweichende Menge von Wasser beigemischt ist; vgl. aber auch BGH NJW 1968, 2238 – Dieselöl.
[201] BGH BB 1981, 579 – Angaben in der Gebrauchsanweisung über die leichte Entfernbarkeit eines Klebebandes stellen keine Eigenschaftszusicherung dar, wenn der Käufer nicht zu erkennen gegeben hat, daß es ihm auf dieses Merkmal entscheidend ankommt.
[202] BGHZ 50, 200 – Zusicherung, daß Klebemittel zur Anbringung einer bestimmten Deckenplattenart geeignet ist, stellt eine Zusicherung dar.
[203] BGHZ 48, 118 – Bezeichnung der Ware als ,,TREVIRA" ist Zusicherung des Verkäufers, daß in jeder Be- und Verarbeitungsstufe die Richtlinien des Herstellerwerkes eingehalten worden sind und die Ware deshalb die Eigenschaften besitzt, welche sich bei TREVIRA-mäßiger Behandlung in den verschiedenen Produktionsstufen ergeben.
[204] BGH GRuR 1970, 547 – Zusicherung des Erfinders, daß der entwickelte Kleinfilter fabrikmäßig

- Küchenblock;[205]
- Kunstgegenstände: Die Tatsache, daß ein Sachverständiger ein Bild als eigenhändiges Werk eines Künstlers bezeichnet hat, ist – im Hinblick auf die Echtheit des Bildes – nicht nur eine Eigenschaftsbezeichnung, sondern auch Eigenschaftszusicherung.[206] Die Erklärung, ein Biedermeier-Zimmer sei 150 Jahre alt, ist Zusicherung der Echtheit, wenn es dem Käufer auf die Echtheit des Biedermeier-Zimmers ersichtlich ankommt.[207] Hingegen sind Katalogbeschreibungen im Regelfall keine Eigenschaftszusicherungen betreffend die Echtheit eines Bildes;[208]
- Lack;[209]
- Lastkraftwagen;[210]
- Lastwagenanhänger;[211]
- Lebensmittel;[212]
- Lichtkuppeln;[213]
- Miethaus;[214]
- Neuwagen: Ein nicht benutztes Kraftfahrzeug ist grundsätzlich fabrikneu, wenn und solange das Modell unverändert weitergebaut wird, so daß die Fabrikneuheit eine stillschweigend zugesicherte Eigenschaft darstellt.[215] Keine Fabrikneuheit liegt allerdings dann vor, wenn der PKW nach Verlassen des Herstellerwerks nicht ganz unerhebliche Lackschäden erlitten hat.[216] Eine Nachlackierung kann die Fabrikneuheit nicht wiederherstellen.[217] Des weiteren liegt keine Fabrikneuheit vor, wenn der PKW vor Übergabe an den Käufer eine Fahrtstrecke von ca. 200 km zurückgelegt hat.[218] Auch ist ein Neuwagen, der zwischen Herstellung und Übergabe an den Käufer ein Jahr oder gar länger gestanden hat, nicht als fabrikneu anzusehen.[219] Auch ein PKW, der ein Jahr nach Herstellung verkauft wird, ist nicht mehr fabrikneu.[220] Demzufolge liegt eine Eigenschaftszusicherung auch dann vor, wenn die Angabe „fabrikneu" in einer Werbeanzeige erscheint und sodann Gegenstand des Kaufvertrages wird.[221]
- Nickelsulfat;[222]

---

herstellbar und kaufmännisch en gros vertrieben werden kann, ist Eigenschaftszusicherung, wobei die §§ 459, 463 BGB bei dem zugrundeliegenden Lizenzvertrag analog angewandt wurden.

[205] OLG Hamm MDR 1983, 576 – Zusicherung der Fabrikneuheit.

[206] BGH NJW 1972, 1658.

[207] OLG Frankfurt NJW 1982, 651.

[208] BGH NJW 1980, 1619.

[209] BGHZ 59, 158 = BGH BB 1972, 1069 mit abl. Anm. Graf von Westphalen – Zusicherung über die Geeignetheit eines Fensterlackes umfaßt auch die Gewähr für die durch den hohen Wasserdurchlaufwiderstand des Lackes hervorgerufene Zerstörung des behandelten Holzes (Braunfäule), und zwar auch dann, wenn über diese Nachteile/Mängel in Technik und Wissenschaft noch nichts bekannt war, also eine Entwicklungsgefahr vorliegt.

[210] BGH BB 1955, 652 – Erklärung betreffend die Einsatzfähigkeit eines Lastkraftwagens zum Ferntransport ist Eigenschaftszusicherung.

[211] BGH BB 1958, 284 – Die Angabe im Kaufvertrag „Anhänger ca. 15 t Schooff-Anhänger" dient der Bestimmung des Kaufgegenstandes und ist deshalb keine Zusicherung einer entsprechenden Tragfähigkeit des Anhängers.

[212] BGHZ 52, 51 – Zusicherung der Unverseuchtheit.

[213] BGH NJW 1981, 222 – Bezugnahme im Kaufvertrag auf die in der Ausschreibung geforderten Eigenschaften der Lichtkuppeln – keine Bedienung und Möglichkeit des spannungsfreien Einbaus mit Bewegungselementen – ist keine Zusicherung, wenn nicht besondere Umstände hinzutreten.

[214] BGH WM 1982, 696 – Angaben zum Mietertrag eines Hauses in einer Zeitungsanzeige sind keine Zusicherung; anders BGH BB 1989, 519 – Kostenmieten = Mieteinnahmen.

[215] BGH NJW 1980, 1097.

[216] BGH NJW 1980, 2127.

[217] OLG Nürnberg BB 1985, 485.

[218] OLG Nürnberg a. a. O.

[219] OLG Hamm DAR 1985, 353.

[220] LG Berlin NJW 1976, 151; a. M. LG Aachen NJW 1978, 273.

[221] OLG Hamm DAR 1983, 357.

[222] LG Hannover in: Schmidt-Salzer, Entscheidungssammlung, Bd. I, 397 – Zusicherung eines geringeren Natriumgehalts als 100 mg/l.

- Orangen;[223]
- Pfefferminzöl;[224]
- Reitpferd;[225]
- Reisebus;[225a]
- Rohöl;[226]
- Rohre;[227]
- Schweißmaterial;[228]
- Seeschiff;[229]
- Silo;[230]
- Spanplatten;[231]
- Unternehmen: Die Angabe einzelner Umsatzzahlen des Unternehmens betrifft keine Eigenschaft, weil sich daraus noch kein Rückschluß auf eine dauerhafte Ertragsfähigkeit des Unternehmens ergibt.[232] Der Reinertrag eines Unternehmens ist deshalb nur dann eine Eigenschaft des Unternehmens, wenn er vertraglich, d.h. ausdrücklich zugesichert wurde.[233] Eine Bilanz ist demzufolge auch keine zusicherungsfähige Eigenschaft, weil es sich lediglich um Umstände handelt, die allenfalls zusammen mit anderen Faktoren Rückschlüsse auf die Ertragsfähigkeit des Unternehmens zulassen.[234] Höchstens dann kann eine Bilanz eine zusicherungsfähige Eigenschaft darstellen, wenn sich der aus ihr ergebende bisherige Ertrag des Unternehmens auf einen längeren Zeitraum bezieht;[235]
- Trockenluft/Kühlanlage;[236]
- Wäschetrockner;[237]

---

[223] OLG Hamburg Recht 1910 nr. 1513 – Angabe des Herkunftsortes kann Zusicherung einer besonderen Beschaffenheit der Orangen sein.

[224] BGH MDR 1955, 31 – Beim Verkauf von Pfefferminzöl sichert der Verkäufer stillschweigend zu, daß es sich um reines Öl handelt, wenn ein derartiger Handelsbrauch besteht.

[225] BGH NJW-RR 1986, 1438 – Erklärung des Verkäufers, daß dieses 7 Monate zuvor von einem Tierarzt für ,,röntgenologisch und klinisch in Ordnung" gefunden wurde, ist keine Zusicherung, da die tierärztliche Beurteilung die Vertragsgemäßheit oder auch die Wertschätzung des Tieres nicht dauerhaft beeinflußt.

[225a] LG Tübingen DAR 1988, 167 – Erklärung, daß Bus repariert und erst kürzlich vom TÜV abgenommen sei, wird als Eigenschaftszusicherung gewertet.

[226] OLG Hamburg, MDR 1954, 551 – Zusicherung eines bestimmten Wassergehaltes.

[227] OLG Hamm BB 1987, 363 – Die Bezugnahme auf Prüfzeugnisse im Kaufvertrag dient der Beschreibung des Kaufgegenstandes und ist, wenn nicht besondere Umstände hinzutreten, keine Eigenschaftszusicherung, und zwar auch nicht bei Ausstellung eines Prüfzeugnisses nach DIN.

[228] BGH WM 1983, 17 – Angaben über ausreichende Dehnungsfähigkeit des Materials für die geplante Verarbeitung ist Zusicherung.

[229] BGH VersR 1959, 424 – Hat sich der Verkäufer eines umgebauten Seeschiffes verpflichtet, ein der höheren Klasse des Germanischen Lloyd und den Vorschriften der See-BG entsprechendes Schiff zu liefern, so gilt grundsätzlich die Seetüchtigkeit des Schiffes als zugesicherte Eigenschaft.

[230] BGH NJW 1985, 1333 – Die Zusicherung, daß die Silo demontiert werden können, deshalb verschraubt und nicht verschweißt sind, ist Eigenschaftszusicherung, sofern diese für den Käufer von besonderer Bedeutung ist.

[231] BGH WM 1974, 1204 – Aufführen einer DIN-Vorschrift ist nicht ohne weiteres die Zusicherung der Geruchsfreiheit der Spanplatten; insbesondere ist die Bezugnahme auf DIN-Normen nicht ohne weiteres Zusicherung einer bestimmten Druckbelastbarkeit der Spanplatten, BGH BB 1980, 1068 = NJW 1980, 1950.

[232] BGH NJW 1970, 653, 655.

[233] BGH DB 1977, 1042.

[234] BGH DB 1974, 232.

[235] BGH DB 1977, 1451. Im übrigen vgl. Müller ZHR 1983, 501; Immenga AcP 171, 3ff.; Noll WM 1985, 341ff.

[236] RGZ 71, 173 – Die Erklärung, die Kühlanlage werde reine, trockene Luft sowie reine trockene Wände und eine Temperatur von plus 4 Grad C einhalten, ist eine Zusicherung.

[237] BGH NJW 1985, 2472 – Die Erklärung, die vom Trockner erzeugte Abluft sei ableitbar, ist keine Eigenschaft des Trockners, sofern sie auch noch von anderen Faktoren abhängt, so daß auch insoweit keine Zusicherungshaftung begründet werden kann.

- Warmluftheizung;[238]
- Wasser;[239]
- Wein:[240] Die Erklärung des Verkäufers, bei dem verkauften Wein handele es sich um eine Originalabfüllung, ist eine Eigenschaftszusicherung; in gleicher Weise ist die Abwesenheit von Diäthylenglykol eine zugesicherte Eigenschaft des Weines;[241]
- Ziegelsteine;[242]
- Zucker.[243]

7. Der maßgebende Zeitpunkt

38 Der maßgebende Zeitpunkt für das Vorhandensein einer Eigenschaft gemäß § 459 Abs. 2 BGB ist der des Gefahrenübergangs. Will jedoch der Käufer Schadensersatzansprüche wegen Nichterfüllung gemäß § 463 Satz 1 BGB reklamieren, so kommt es beim Spezieskauf entscheidend darauf an, daß die zugesicherte Eigenschaft der Kaufsache schon zum Zeitpunkt des Vertragsabschlusses fehlte und daß der Fehler bis zum Gefahrenübergang nicht behoben worden ist. Demzufolge kann sich die Zusicherungserklärung nur auf Eigenschaften der Kaufsache beziehen, die bei Gefahrenübergang, beim Abschluß des Kaufvertrages oder zu einem früheren Zeitpunkt bestanden haben sollen.[244] Eigenschaften, die der Kaufsache erst nach Gefahrenübergang erwachsen sollen, können nicht zugesichert werden, weil die für die Zukunft erwarteten Umstände und Verhältnisse der Kaufsache keine zusicherungsfähigen Eigenschaften darstellen.[245] Diese können aber Gegenstand eines selbständigen Garantievertrages sein.[246] Anders ist freilich dann zu entscheiden, wenn die Eigenschaftszusicherung sich auf einen in der Vergangenheit liegenden Sachverhalt bezieht, der Verkäufer aber erklärt, er werde dafür Gewähr leisten, daß diese Eigenschaften fortwirken und daher auch noch in der Gegenwart vorhanden sind. Dies gilt zum Beispiel dann, wenn der Verkäufer Angaben über den Ertrag seines Unternehmens macht, die sich über einen längeren Zeitraum erstrecken und deshalb den Schluß auf die gegenwärtige Ertragslage zulassen.[247] Gleiches gilt dann, wenn sich die Zusicherung auf die Abschreibung nach § 7b EStG bezieht.[248] Nicht anders ist zu entscheiden, wenn die Zusicherung sich darauf bezieht, daß der zum Verkauf stehende PKW keine Unfallschäden aufweist.[249]

---

[238] BGH WM 1977, 365 – Der schriftliche Zusatz zum Kaufvertrag: „Wir garantieren für diese Anlage wärmetechnisch und auch funktionstechnisch" ist Zusicherung, möglicherweise sogar auch eine selbständige Garantie, und zwar mit dem Inhalt, das gesamte mit der Aufstellung dieser Öfen innerhalb eines Gewächshauses verbundene Risiko zu übernehmen.

[239] BGHZ 59, 303 – Die sich aus einer Satzung ergebende Verpflichtung des Wasserlieferanten, unverschmutztes Wasser zu liefern, ist keine Eigenschaftszusicherung.

[240] OLG Frankfurt NJW 1966, 1621.

[241] LG Lübeck NJW-RR 1987, 243; a. M. AG Bad Kreuznach. NJW-RR 1987, 242, wonach es sich hierbei um ein „Aliud" handelt; vgl. BGH BB 1989, 518 = „Auslese".

[242] BGH DB 1966, 247 – Druckfestigkeit von Mauerziegeln ist stillschweigende Eigenschaftszusicherung.

[243] BGH WM 1971, 1121 – Die Freiheit des zu liefernden Zuckers von schädlichem Hefebefall ist jedenfalls dann Eigenschaftszusicherung, wenn dem Verkäufer der Verwendungszweck des Zuckers in der Getränkeindustrie bekannt war.

[244] Staudinger/Honsell § 459 Rz. 87.

[245] BGH WM 1977, 118; BGH NJW 1979, 2200 – künftige Bebaubarkeit.

[246] RG JW 1906, 712; RG JW 1935, 3317 – Es werde sich ein Mieter für das Grundstück finden; RGZ 52, 429 – Herstellung der Baureife; BGH WM 1977, 718 – künftige Bebaubarkeit.

[247] BGH DB 1977, 1451.

[248] BGH BB 1981, 578.

[249] BGH NJW 1982, 435.

8. Formerfordernisse

Wie aufgezeigt, ist eine Zusicherung gemäß § 459 Abs. 2 BGB davon abhängig, daß sie Vertragsbestandteil geworden ist. Dies schließt ein, daß bei einem formbedürftigen Vertrag die vorgeschriebene Form – auch für die Zusicherungserklärung – eingehalten wird.[250] Dies gilt selbstverständlich auch im Bereich von § 313 BGB; soweit nach § 313 Satz 2 BGB Heilung des Formmangels eintritt, wird damit auch eine formlose Zusicherung wirksam, soweit zur Zeit der Auflassung insoweit ein Konsens bestand.[251] 39

Ist eine – vertragliche – Schriftform für die Zusicherung vereinbart, so ist diese grundsätzlich zu beachten. Freilich kann insoweit auch eine Werbeanzeige[252] oder ein Verkaufsschild auf dem eine bestimmte Kilometerleistung angegeben ist, ausreichend sein.[253] Zu einer in den AGB des Verkäufers vereinbarten Schriftformklausel vgl. *§ 11 Rz. 9ff.* 40

IV. Der Anspruch auf Schadensersatz wegen Nichterfüllung

Auf die Darstellung von Wandelungs- und Minderungsansprüche gemäß § 463 BGB wird verzichtet, da diese keinen unmittelbaren Bezug zur Produkthaftung haben. 41

Liegt eine Eigenschaftszusicherung im Sinn von § 459 Abs. 2 BGB vor, so ist es stets erforderlich, mit großer Sorgfalt die Frage zu beantworten, ob sich die durch Auslegung zu ermittelnde Tragweite der Zusicherung gemäß §§ 463, 480 Abs. 2 BGB lediglich auf die Vertragsgemäßheit der jeweiligen Sache bezieht, oder ob – darüber hinaus – auch das Risiko etwaige Mangelfolgeschäden von der Zusicherungserklärung erfaßt werden soll.[254] Der Anspruch auf Schadensersatz wegen Nichterfüllung setzt demnach stets zweierlei voraus: Zunächst ist unter Berücksichtigung der §§ 133, 157, 242 BGB – beleuchtet aus der Perspektive des Käufers – zu klären, ob überhaupt eine Eigenschaftszusicherung des Verkäufers gemäß § 459 Abs. 2 BGB vorliegt; sodann muß – wiederum unter Rückgriff auf die §§ 133, 157, 242 BGB – untersucht werden, ob der Käufer die Zusicherung des Verkäufers dahin verstehen konnte und durfte, daß die Zusicherungserklärung des Verkäufers das Risiko etwaiger Mangelfolgeschäden umfaßte und daher dieses Risiko abdekken wollte.[255] 42

1. Die Erstreckung der Zusicherung auf die Vertragsgemäßheit der Kaufsache

Immer dann, wenn eine Zusicherungserklärung gemäß § 459 Abs. 2 BGB vorliegt, erstreckt sich der Anspruch des Käufers gemäß § 463 Satz 1 BGB wegen Fehlens einer zugesicherten Eigenschaft auf den Ersatz des Mangelschadens.[256] Dabei umfaßt der Mangelschaden denjenigen Schaden, der unmittelbar durch die mangelhafte Lieferung verursacht worden ist.[257] Dazu gehören der gezahlte Kaufpreis, dessen Rückzahlung verlangt werden kann.[258] Auch der Minderwert der Kaufsache wird als Mangelschaden qualifiziert, also der Nachteil, der sich aus der durch den Mangel bedingten – eingeschränkten – Gebrauchstauglichkeit der Kaufsache ergibt.[259] Darüber hinaus zählt der Reparaturauf- 43

---

[250] BGH WM 1970, 819; BGH WM 1973, 612.
[251] RGZ 52, 4f.; RGZ 161, 337.
[252] OLG Köln NJW 1972, 162.
[253] BGH NJW 1975, 1693, 1694.
[254] BGHZ 50, 200, 204 – Kleber.
[255] Diederichsen AcP 165, 150, 160.
[256] Vgl. BGH BB 1980, 1068, 1069.
[257] Vgl. Soergel/Huber § 463 Rz. 60.
[258] BGHZ 29, 148, 151; BGH BB 1978, 1034, 1035; BGH WM 1980, 1388, 1389.
[259] BGH BB 1980, 1068, 169.

wand zum Bereich des Mangelschadens.[260] Schließlich ist auch der Nutzungsausfall und der entgangene Gewinn Gegenstand des nach § 463 Satz 1 BGB zu ersetzenden Mangelschadens.[261]

2. Die Erstreckung der Zusicherung auf das Risiko etwaiger Mangelfolgeschäden

44 Die BGH-Judikatur ist ausgesprochen großzügig: Wird das Vorliegen einer Eigenschaftszusicherung gemäß § 459 Abs. 2 BGB bejaht, so liegt es – tendenziell – sehr nahe, daß die Zusicherungserklärung auch das Risiko etwaiger Mangelfolgeschäden erfaßt.[262] Denn Mangelfolgeschäden sind gemäß § 463 Satz 1 BGB zu ersetzen, sofern die Auslegung ergibt, „daß die Zusicherung nicht nur zu dem Zweck gegeben wurde, dem Käufer zu einem ungestörten Genuß der Kaufsache zu verhelfen, sondern daß sie darüber hinaus auch das Ziel verfolgte, ihn gegen auftretende Mangelfolgeschäden abzusichern".[263] Wird die Eignung eines Klebers „M-Compact" insofern zugesichert, als dessen alleiniger, bestimmungsgemäßer Gebrauch darin besteht, beim Verlegen von Platten verwendet zu werden, so ist von Belang, ob sich die „wirtschaftlich ins Gewicht fallenden Schäden nur in den nach der Verarbeitung sich ergebenden Mangelfolgeschäden" zeigen,[264] so daß eine Erstattung des gezahlten Kaufpreises „für den Käufer ohne wesentliche Bedeutung"[265] ist. Im Ergebnis soll nämlich eine solche Zusicherung dem Käufer die Gewißheit geben, „nicht den Schaden tragen zu müssen, der entstehen kann, wenn das Erzeugnis ungeeignet ist, und er dem Bauherrn zum Schadensersatz oder Nachbesserung verpflichtet ist".[266] Seit dieser Ausgangsentscheidung des BGH ist die Argumentationsbasis also klar; allein, es geben die jeweiligen Umstände des Einzelfalls Maß, so daß es angezeigt erscheint, die wesentlichen **Präjudizien** der BGH-Judikatur kurz näher zu analysieren.

45 Wird die Eignung eines Lackes zugesichert, die nach verschiedenen Fachgesprächen, Prüfungen und Tests entsprechend den Bedürfnissen und Wünschen des Käufers hergestellt wurde, so ist es gleichgültig, daß die Parteien bei Vertragsabschluß „in erster Linie an die Haltbarkeit und Wetterfestigkeit des Lackes selbst und den Schutz des Holzwerkes gegen Einwirkungen von außen gedacht und mit der Möglichkeit anderer Schäden – insbesondere einer durch den hohen Wasserdurchlaufwiderstand des Lackes hervorgerufenen oder jedenfalls begünstigten Zerstörung des Holz von innen – nicht gerechnet haben".[267] Da der Käufer keine eigenen Erfahrungen in der Herstellung und Behandlung von Holzrahmen mit Lack hatte, erfaßte die Zusicherung des Verkäufers auch etwaige „Entwicklungsschäden", weil die – stillschweigende – Eigenschaftszusicherung als verschuldensunabhängige Garantiehaft ausgeprägt ist; sie ist mithin „von einem Verschulden auf Seiten des Verkäufers und der Voraussehbarkeit einer etwaigen Schädigung unabhängig".[268] Wird in der Werbung erklärt, der Gebrauch einer Nottestamentsmappe sei für bayerische Bürgemeister risiko- und problemlos, so erstreckt sich die Haftung auf Schadensersatz auch auf die Kosten, welche durch die Errichtung eines – falschen – Nottestaments auf die Gemeinde zukamen.[269] Wird ein Gebrauchtwagen „in einwandfreiem technischen Zustand übergeben",so bezieht sich die Schadensersatzhaftung gemäß § 463 Satz 1 BGB auch auf den Unfallschaden, der darauf zurückzuführen ist, daß der Gebrauchtwa-

---

[260] BGH NJW 1965, 34, 35; BGH NJW 1983, 1424, 1425.
[261] BGH BB 1980, 1068, 1069; BGH WM 1982, 130.
[262] BGHZ 50, 200, 204 – Kleber.
[263] BGH a. a. O.; Diederichsen AcP 165 (1965), 150, 161.
[264] BGHZ 50, 200, 205 – Kleber.
[265] BGH a. a. O.
[266] BGHZ 50, 200, 206 – Kleber.
[267] BGHZ 59, 158, 161 f.
[268] BGHZ 59, 158, 162 = BB 1972, 1069 mit abl. Anm. von Graf von Westphalen.
[269] BGH NJW 1973, 843, 845.

gen mit unvorschriftsmäßigen Hinterreifen versehen war.[270] Falls die Unfallfreiheit eines verkauften Fahrzeugs zugesichert wird, erstreckt sich die Schadensersatzhaftung auch auf den Schaden, den der Weiterverkäufer dadurch erleidet, daß er von seinem Abkäufer, der wiederum Händler ist, auf Ersatz des entgangenen Gewinns in Anspruch genommen wird.[271] Soweit die Eigenschaftszusicherung im Hinblick auf die Reinheit und Unverdorbenheit von Futtermitteln nach § 6 FMG gesetzlichen Ursprungs ist, erstreckt sich die Schadensersatzhaftung auch auf die Schäden, die dadurch entstehen, daß das gekaufte Futter giftig ist und Tiere des Käufers eingehen.[272]

Der Umfang des nach § 463 Satz 1 BGB zu ersetzenden Schadens bemißt sich dabei stets 46
nach dem objektiven Erklärungsgehalt der Verpflichtung des Verkäufers, die Gegenstand der Zusicherung war.[273] Demzufolge ist im Rahmen der §§ 463, 480 Abs. 2 BGB kein Rückgriff auf die sowohl im Kauf- als auch im Werkvertragsrecht geführte Kontroverse zulässig, bei der es um die Abgrenzung zwischen Schadensersatzansprüchen wegen Nichterfüllung einerseits und Ansprüchen aus positiver Vertragsverletzung andererseits im Hinblick auf Sachmängel geht.[274] Vielmehr ist entscheidend, aus der – zuvor bejahten – Eigenschaftszusicherung gemäß § 459 Abs. 2 BGB einen Garantiewillen abzuleiten, der sich auf alle diejenigen Mangelfolgeschäden erstreckt, welche durch das Fehlen der zugesicherten Eigenschaft adäquat kausal verursacht werden.[275] Um den Umfang des zu ersetzenden Schadens festzustellen, ist also der Absicherungszweck der Zusicherungserklärung zu ermitteln.[276]

3. Ersatz von Mangelfolgeschäden bei Erstreckung der Zusicherung nur auf die Vertragsgemäßheit der Lieferung

Bezieht sich die Eigenschaftszusicherung gemäß § 459 Abs. 2 BGB lediglich auf die 47
Vertragsgemäßheit der Lieferung, nicht aber auf das Risiko etwaiger Mangelfolgeschäden,[277] so kann ein Mangelfolgeschaden, den der Käufer erleidet, aus positiver Vertragsverletzung zu ersetzen sein. Insoweit gelten die allgemeinen Erwägungen, die gesondert dargestellt werden *(§ 4 Rz. 3ff.)*.

4. Berechnung des Schadensersatzanspruchs

a) Allgemeine Erwägungen

Aus § 463 Satz 1 BGB folgt unmittelbar, daß der Ersatzanspruchs des Käufers auf das 48
positive Interesse gerichtet ist.[278] Mithin kann der Käufer verlangen, so gestellt zu werden, wie er stünde, wenn die zugesicherte Eigenschaft bei Gefahrenübergang vorhanden gewesen wäre. Im Rahmen des § 463 Satz 1 BGB steht dem Käufer grundsätzlich ein Wahlrecht zu, in welcher Weise er den Schadensersatz berechnet.[279] Er kann die mangelhafte Sache zurückgeben und seinen vollen Nichterfüllungsschaden reklamieren.[280] Diese Berechnungsmethode wird als „großer Schadensersatzanspruch" bezeichnet. Es steht dem Käu-

---

[270] BGH NJW 1978, 2241 – Begründung allerdings über § 823 Abs. 1 BGB.
[271] BGH NJW 1982, 435, 436.
[272] BGHZ 57, 292, 296.
[273] BGH NJW 1982, 435, 436 – Unfallfreiheit; BGH ZIP 1985, 416, 417 – Silo.
[274] BGHZ 35, 130; BGHZ 37, 341; BGHZ 46, 238; BGHZ 58, 305; BGH BB 1979, 757; BGH BB 1980, 1068; BGH NJW 1983, 2078; BGH NJW 1986, 237.
[275] BGH ZIP 1985, 416, 417.
[276] BGHZ 59, 158 – Fensterlack; BGH NJW 1982, 435, 436 – Unfallfreiheit.
[277] BGHZ50, 200, 204ff. – Kleber.
[278] BGH WM 1980, 1307, 1309.
[279] RGZ 53, 89, 92; BGH BB 1986, 286, 287.
[280] RGZ 52, 352; BGHZ 29, 148, 151; BGH WM 1979, 255, 156.

fer jedoch frei, die mangelhafte Sache zu behalten und den Minderwert ersetzt zu verlangen; erfaßt wird dabei die Vermögensdifferenz zwischen dem hypothetischen Vermögen des Käufers bei Mangelfreiheit der Sache und dem tatsächlichen Vermögen, wie es sich nunmehr aufgrund des Mangels der Sache darstellt.[281] Diese Methode wird als ,,kleiner Schadensersatzanspruch" umschrieben.

b) Die Reklamation des ,,großen" Schadensersatzanspruchs

49 Gerade bei Ansprüchen aus der Produkthaftung wird es häufig so sein, daß der Käufer – wegen des Mangels der Kaufsache – nicht mehr bereit und auch nicht mehr in der Lage ist, die Kaufsache zurückzugeben.[282] Ist die Kaufsache – wegen Fehlens der zugesicherten Eigenschaften – für den Käufer unbrauchbar oder ungeeignet, so wird eine Rückgabe praktisch ohne Wert sein.[283] Nichts anderes gilt dann, wenn die Kaufsache bestimmungsgemäß verbraucht wurde, wie etwa Futtermittel.[284]

50 Es ist umstritten, ob der ,,große" Schadensersatzanspruch ohne Rücksicht auf die Umstände des jeweiligen Einzelfalles immer gegeben ist, oder ob es in der Sache maßgeblich darauf ankommt, daß infolge des Sachmangels das Interesse des Käufers an der Durchführung des Vertrages in Fortfall geraten ist.[285] Nach ständiger Judikatur des RG[286] sowie des BGH[287] ist die Zulässigkeit des ,,großen" Schadensersatzanspruchs von einem etwaigen Wegfall des Interesses des Käufers an der Durchführung des Vertrages unabhängig – ein Gesichtspunkt, der auch in der Literatur als wichtig angesehen wird.[288] Dem ist zu folgen. Soweit der Käufer Ansprüche auf Ersatz des Mangelfolgeschadens gemäß § 463 Satz 1 BGB geltend macht, weil sich die Zusicherung im Sinn von § 459 Abs. 2 BGB auch auf das Risiko etwaiger Mangelfolgeschäden erstreckte, ist das von der BGH-Judikatur bejahte Resultat ohnedies einsichtig: Der dem Käufer entstandene Schaden besteht ja hier gerade darin, daß sich das Risiko eines Mangelfolgeschadens wegen des Fehlens einer zugesicherten Eigenschaft zum Nachteil des Käufers realisiert hat. Allenfalls in den Fällen, in denen sich die Zusicherung des Verkäufers lediglich auf die Vertragsgemäßheit der Lieferung, nicht aber auf das Risiko eines Mangelfolgeschadens erstreckte, mag es – abhängig von den Einzelumständen des Einzelfalles – Fallkonstellationen geben, in denen die Geltendmachung des ,,großen" Schadensersatzanspruchs gegen Treu und Glauben gemäß § 242 BGB verstößt. Dies ist zum Beispiel dann der Fall, wenn der geltend gemachte Mangel von völlig untergeordenter Bedeutung ist, so daß der Käufer sich treuwidrig verhält, wenn er – dessen ungeachtet – den ,,großen" Schadensersatzanspruch reklamiert.[289] Vorrangig stellt sich jedoch stets die Frage, ob denn aufgrund der Zusicherungserklärung des Verkäufers gemäß § 459 Abs. 2 BGB der Kaufsache überhaupt eine – zugesicherte – Eigenschaft fehlte, oder ob der Käufer nach Treu und Glauben gemäß §§ 133, 157, 242 BGB nicht verpflichtet ist, geringfügige Abweichungen hinzunehmen.[290] Dogmatisch ist es daher zutreffender, diese Sicht der Dinge zu favorisieren und den ,,großen" Schadensersatzanspruch des Käufers gemäß § 463 Satz 1 BGB aus der fehlenden Erklärungshaftung heraus abzulehnen und ihn nicht wegen einer vermeintlichen Geringfügigkeit des Mangels an § 242 BGB scheitern zu lassen.

---

[281] RGZ 53, 89, 92; BGH WM 1983, 363, 364; OLG Hamm BB 1984, 436.
[282] Vgl. BGHZ 48, 118, 119 – TREVIRA; BGHZ 87, 302, 303 – ,,werkstattgeprüft".
[283] BGHZ 50, 200, 201 –Kleber; BGHZ 59, 158, 159 – Fensterlack.
[284] BGHZ 57, 292, 293.
[285] Soergel/Huber § 463 Rz. 42; Palandt/Putzo § 463 Anm. 4b) bb).
[286] RGZ 52, 352; RGZ 53, 89, 92.
[287] BGHZ 29, 148, 151; BGH BB 1986, 286, 287.
[288] Diederichsen AcP 165 (1965) 150, 151; Staudinger/Honsell § 463 Rz. 42; Soergel/Huber § 463 Rz. 43; Erman/Weitnauer vor § 459 Rz. 45a; Palandt/Putzo a. a. O.
[289] Vgl. BGHZ 27, 215, 220.
[290] OLG Nürnberg MDR 1976, 142; BGH WM 1984, 941, 943 – Grundstücksgröße.

aa) Die verschiedenen Schadenspositionen. Soweit der Käufer den Kaufpreis bereits gezahlt hat, kann er gemäß § 463 Satz 1 BGB Rückzahlung verlangen.[291] Selbstverständlich ist der Kaufpreis zu verzinsen (§§ 288, 467, 347 Satz 3 BGB). Darüber hinaus ist der Käufer berechtigt, die nutzlosen Aufwendungen ersetzt zu verlangen, soweit diese dem Bereich des Mangelschadens zuzuordnen sind.[292] Hat zum Beispiel der Käufer den Kaufpreis finanziert, so sind die Finanzierungskosten dem Verkäufer gemäß § 463 Satz 1 BGB zu erstatten. Dies gilt freilich nur, soweit die Finanzierungskosten die dem Käufer zustehenden gesetzlichen Zinsen überschreiten, was aber regelmäßig der Fall ist. Zu ersetzen sind darüber hinaus – soweit der Käufer Wandelung gemäß §§ 463, 465, 467 BGB reklamiert – die Vertragskosten im Sinn von § 467 Satz 2 BGB. Zu diesen zählen: Die Kosten des Vertragsabschlusses, einschließlich der notwendigen Aufwendungen, wie zum Beispiel die Maklergebühren,[293] auch alle Kosten, die unmittelbar durch die Vertragsverhandlungen und den Vertragsabschluß verursacht worden sind, wie etwa Telegramm- und Telefonkosten, einschließlich der Reisekosten und auch der Kosten der Bevollmächtigung eines Dritten wie zum Beispiel eines Rechtsanwalts.[294] Auch die Kosten einer erforderlichen Mängelrüge, so insbesondere die Zollkosten fallen unter § 467 Satz 2 BGB, nicht minder die Kosten des Ein- und des Ausbaus sowie die Montage- und Transportkosten, sofern diese der Erhaltung[295] der Sache dienen. Dabei ist freilich stets darauf zu achten, ob und inwieweit der Verkäufer Transport- und Montagekosten bereits als Nebenpflichten im Rahmen des Kaufvertrages übernommen hat: Ist dies der Fall und sind diese Kosten dem Käufer nicht gesondert in Rechnung gestellt, so werden sie unmittelbar von einem etwaigen Wandelungsbegehren des Käufers erfaßt, sind also nicht mehr Kosten im Sinn von § 467 Satz 2 BGB.[296] Schließlich sind auch die Kosten der Wareneingangskontrolle gemäß § 377 HGB im Rahmen von § 467 Satz 2 BGB zu erstatten.[297] Wird anstelle der Wareneingangskontrolle eine ,,Abnahme" vereinbart, sind deren Kosten als – nutzlose – Aufwendungen gemäß § 467 Satz 2 BGB zu erstatten.[298] Über § 377 HGB hinausreichende, durch die Mangelhaftigkeit der Kaufsache bedingte – zusätzliche – Untersuchungen sind indessen als Teil des Anspruchs gemäß § 463 BGB ebenso wie die Kosten, die durch die Einschaltung eines Gutachters entstehen, zu ersetzen. 51

Als Schaden kann der Käufer stets den entgangenen Gewinn reklamieren, falls er (vgl. § 252 BGB) Anstalten getroffen hat, die Sache weiter zu veräußern.[299] Soweit allerdings Aufwendungen in Rede stehen, die deswegen beim Käufer angefallen sind, um erst die Weiterveräußerung zu ermöglichen, werden diese durch den zu ersetzenden entgangenen Gewinn abgegolten.[300] 52

bb) Weiterveräußerung der Kaufsache. Die Weiterveräußerung der Kaufsache ist für die Schadensberechnung ohne jeglichen Einfluß.[301] Selbst wenn es dem Käufer gelungen ist, die Sache ohne Verlust oder gar mit Gewinn weiter zu veräußern, findet eine Vorteilsausgleichung nicht statt. Der Käufer kann Ersatz des Minderwerts verlangen.[302] Die Begründung für dieses Ergebnis liegt auf der Hand: Ausschließlich infolge der günstigen Wirtschaftsbedingungen ist es dem Käufer gelungen, ungeachtet des Mangels einen Gewinn zu erzielen, so daß der ihm zufließende ,,Vorteil" keineswegs auf dem Fehlen der 53

[291] RGZ 50, 188, 190; RGZ 134, 83, 90; BGHZ 29, 148, 151; BGH WM 1980, 1388, 1389.
[292] BGH WM 1969, 835, 836; BGH WM 1977, 1089, 1090; BGH BB 1978, 1034, 1035.
[293] Soergel/Huber § 467 Rz. 53.
[294] Palandt/Putzo § 467 Anm. 3b) cc).
[295] BGHZ 87, 104, 108.
[296] Soergel/Huber § 467 Rz. 67.
[297] Soergel/Huber § 467 Rz. 61.
[298] Staudinger/Honsell § 467 Rz. 23.
[299] BGH WM 1979; OLG Hamm BB 1984, 436, 437.
[300] So mit Recht Soergel/Huber § 463 Rz. 50.
[301] Palandt/Putzo § 463 Anm. 4b dd; Soergel/Huber § 463 Rz. 55.
[302] BGH NJW 1981, 45, 46.

zugesicherten Eigenschaft beruht.[303] Stets ist jedoch zu beachten, daß die äußerste Grenze eines Schadensersatzanspruchs wegen Nichterfüllung gemäß § 463 Satz 1 BGB durch den Zweck der Zusicherungserklärung – bezogen auf das Risiko eines Mangelfolgeschadens – begrenzt und fixiert ist.[304]

54 **cc) Die Schadensersatzleistung in Geld.** Soweit der Käufer Schadensersatzansprüche wegen Nichterfüllung gemäß § 463 Satz 1 BGB reklamiert, ist der Schadensersatz stets in Geld zu leisten.[305] Demzufolge steht es dem Verkäufer nicht zu, anstelle der geschuldeten Geldleistung eine Reparaturleistung dem Käufer anzubieten, auch wenn diese möglich ist.[306] Gleiches gilt, sofern der Verkäufer Nachbesserung gemäß § 476a BGB anbietet. Anders ist freilich zu entscheiden, wenn sich der Käufer auf die Nachbesserung oder Ersatzlieferung – ungeachtet eines ihm nach § 463 Satz 1 BGB zustehenden Schadensersatzanspruchs – eingelassen hat.[307]

55 **dd) Der maßgebende Zeitpunkt der Schadensberechnung.** Aus § 463 Satz 1 BGB folgt unmittelbar, daß der Zeitpunkt des Vertragsabschlusses das für die Schadensberechnung maßgebende Datum ist: Ändern sich später die Verhältnisse, so ist dies irrelevant; insbesondere ist es deshalb auch unerheblich, wenn der Kaufsache später – gleichgültig, aus welchen Gründen – die zugesicherten Eigenschaften nicht mehr fehlen, sofern sie im Zeitpunkt des Vertragsabschlusses nicht vorlagen.[308]

56 **ee) Der Einwand des Mitverschuldens des Käufers.** Es ist selbstverständlich, daß ein mitwirkendes Verschulden des Käufers gemäß § 254 BGB bei der Berechnung des Schadensersatzanspruchs entsprechend zu berücksichtigen ist.[309]

c) Die Verteilung der Beweislast

57 Wie bei allen Gewährleistungsansprüchen ist auch hier zu entscheiden: Hat der Käufer die Kaufsache noch nicht als Erfüllung des Kaufvertrages angenommen (§ 363 BGB), so trägt der Verkäufer die Beweislast dafür, daß bei der Kaufsache die zugesicherte Eigenschaften vorhanden sind. Hat hingegen der Käufer die Kaufsache als Erfüllung angenommen, so trifft ihn die Darlegungs- und Beweislast dafür, daß der Kaufsache die zugesicherten Eigenschaften fehlen.[310] Demzufolge ist es – grundsätzlich betrachtet – Sache des Käufers, das Bestehen einer Zusicherung darzulegen und zu beweisen; und er ist auch gezwungen, im einzelnen darzulegen und zu beweisen, in welchem Umfang die Zusicherungserklärung des Verkäufers das Risiko etwaiger Mangelfolgeschäden erfaßte. Denn dies ist für die Bestimmung des Schutzzwecks der Zusicherung von kardinaler Bedeutung.[311]

V. Die Eigenschaftszusicherung beim Gattungskauf gemäß § 480 Abs. 2 BGB

58 Die Regelung von § 480 Abs. 2 BGB weicht von § 463 Satz 1 BGB nur insoweit ab, als der maßgebliche Zeitpunkt nicht derjenige des Vertragsabschlusses, sondern der des Ge-

[303] Soergel/Huber § 463 Rz. 55.
[304] BGHZ 50, 200, 204 – Kleber.
[305] BGH NJW 1965, 34; BGH NJW 1983, 1424, 1425; Staudinger/Honsell § 463 Rz. 42, 44; Soergel/Huber § 463 Rz. 54.
[306] So mit Recht Soergel/Huber § 463 Rz. 54; a. M. MünchKomm/Westermann § 463 Rz. 21; Peters JZ 1978, 92, 97.
[307] Soergel/Huber a. a. O.
[308] Palandt/Putzo § 463 Anm. 4b) cc).
[309] Palandt/Putzo § 463 Anm. 4b) ee).
[310] RGZ 66, 279, 285; Palandt/Putzo § 463 Anm. 6b; Soergel/Huber § 463 Rz. 20; Staudinger/Honsell § 463 Rz. 53.
[311] Vgl. BGHZ 50, 200, 204 – Kleber.

fahrenübergangs ist: § 463 Satz 1 BGB ist deshalb auf den Spezieskauf beschränkt; die Regel des § 480 Abs. 2 BGB bezieht sich demgegenüber ausschließlich auf den Gattungskauf. Dabei kann es durchaus sein, daß eine zugesicherte Eigenschaft der gesamten Gattung fehlt, zum Beispiel bei einem Rezeptur- oder einem Konstruktionsfehler.[312] Indessen greift die Schadensersatzhaftung des Verkäufers gemäß § 480 Abs. 2 BGB auch dann ein, wenn die zugesicherte Eigenschaft lediglich der einzelnen Kaufsache, nicht aber der gesamten Gattung fehlt, zum Beispiel bei einem fabrikationstechnisch bedingten Mangel.

Von diesen Unterschieden abgesehen, sind die Rechtsfolgen der Zusicherungshaftung beim Gattungskauf genauso geregelt wie beim Spezieskauf im vorstehenden dargestellt.

VI. Die Eigenschaftszusicherung im Werkvertrag

1. Die Tatbestandsvoraussetzungen

Notwendigerweise ist der Begriff Eigenschaft in § 633 Abs. 1 BGB identisch mit dem- 59
jenigen, der in § 459 Abs. 2 BGB Verwendung gefunden hat. Demzufolge muß sich eine Zusicherung auf eine konkrete Eigenschaft des zu schaffenden Werks beziehen.[313] Es stellt sich deshalb die Frage, ob auch der Begriff der Zusicherung im Werkvertragsrecht identisch ist mit demjenigen, den das Kaufrecht in § 459 Abs. 2 BGB verwendet. In der Literatur[314] wird dies gelegentlich bejaht. Demgegenüber steht die Judikatur[315] sowie ein Teil der Literatur[316] auf dem Standpunkt, daß im Werkvertragsrecht für eine Eigenschaftszusicherung im Sinn von § 633 Abs. 1 BGB eine einfache Beschaffenheitsvereinbarung ausreicht.[317]

a) Beschaffenheitsvereinbarung – Eigenschaftszusicherung

Folgt man der h. M., so ist gleichwohl keineswegs jede Beschreibung eines zu erstellen- 60
den Werks – ohne Hinzutreten weiterer Umstände – eine Eigenschaftszusicherung im Sinn von § 633 Abs. 1 BGB.[318] So hat zum Beispiel der BGH die nähere Beschreibung, wie denn eine Bauleistung ausgeführt werden soll, noch nicht als Beschaffenheitsvereinbarung und damit als Eigenschaftszusicherung gemäß § 633 Abs. 1 BGB gewertet.[319] Entscheidend war, daß sich aus der Bauzeichnung lediglich ergab, wo die Fugen zwischen Fassadenblenden zu hinterlegen waren. Daraus war aber – nach Auffassung des BGH – noch keine Eigenschaftszusicherung für die Güte, die Wiederstandsfähigkeit oder die Brauchbarkeit zu einem besonderen Zweck herauszulesen. Andererseits: Die Angabe eines bestimmten Wärmedurchlaßwertes bei Fenster- und Türrahmen dient der Beschreibung einer Eigenschaft des Leistungsgegenstandes und ist deshalb als Zusicherung zu qualifizieren.[320]

Zusicherung ist mithin das vertraglich vom Unternehmer gegebene, vom Besteller 61
angenommene Versprechen, das Werk mit einer bestimmten Eigenschaft auszustatten.[321] Dieses Definitionsmuster gilt auch im Rahmen von § 13 Nr. 1 VOB/B.[322] Damit wird der

[312] BGHZ 50, 200 – Kleber; BGHZ 59, 158 = BB 1972, 1069 – Lack.
[313] RGRK-BGB/Glanzmann § 633 Rz. 13.
[314] Eimer NJW 1973, 590ff.; Fikentscher, Schuldrecht, § 80 II 1.
[315] RGZ 58, 173, 1809; RGZ 165, 41, 46f.; BGH NJW 1965, 152; BGH BauR 1970, 107; BGH WM 1973, 1322; BGHZ 96, 111.
[316] RGRK-BGB/Glanzmann § 633 Rz. 12; Palandt/Thomas § 633 Anm. 1b.
[317] Nicklisch, Festschrift für Beitzke, 89ff.
[318] BGHZ 96, 111, 114 – Wärmedurchlaßwerte.
[319] BGH NJW 1981, 1448 – Bauzeichnung.
[320] BGHZ 96, 111, 114 – Wärmedurchlaßwerte.
[321] RGRK-BGB/Glanzmann § 633 Rz. 12.
[322] BGHZ 96, 111, 114 – Wärmedurchlaßwerte.

Unterschied zur Zusicherung in § 459 Abs. 2 BGB deutlich: Diese beruht darauf, daß der Verkäufer gegenüber dem Käufer durch ausdrückliche oder stillschweigende Erklärung – diese muß Vertragsbestandteil werden – zu erkennen gibt, daß er für den Bestand der betreffenden Eigenschaft einstehen will.[323] Der Garantiewille des Verkäufers ist also wesentlicher Teil der Zusicherungserklärung gemäß § 459 Abs. 2 BGB.[324] Demgegenüber ist es im Werkvertragsrecht gemäß § 633 Abs. 1 BGB nicht erforderlich, daß der Unternehmer auch zum Ausdruck bringt, er werde für alle Folgen einstehen, wenn die – zugesicherte – Eigenschaft nicht erreicht wird.[325] Anders gewendet: Ohne Rücksicht auf sein Verschulden[326] kann der Verkäufer wegen des Fehlens einer zugesicherten Eigenschaft auf Schadensersatz in Anspruch genommen werden; darin äußert sich das Wesensmerkmal der in der Zusicherungshaftung liegenden Garantieerklärung. Demgegenüber hat der Besteller beim Werkvertrag gemäß § 633 Abs. 1 BGB Anspruch auf eine Herstellung des Werkes in der Art, daß es die zugesicherten Eigenschaften hat. Notfalls ist der Besteller gegnüber dem Unternehmer zur Mangelbeseitigung gemäß § 633 Abs. 2 BGB – im Rahmen seiner Erfüllungspflicht – verpflichtet. Schadensersatz wegen Nichterfüllung muß er jedoch nur dann leisten, wenn er den Umstand, auf dem der Mangel beruht, gemäß § 635 BGB zu vertreten hat.[327] Deshalb gehört das bedingungslose Einstehen für die Zusicherung nicht zum Wesen des Werkvertrages.[328] Tritt jedoch beim Werkvertrag eine Garantieerklärung des Unternehmers – bezogen auf sein unbedingtes Einstehen für die Einhaltung der Zusicherung – zur Beschaffenheitsvereinbarung hinzu, so liegt eine unselbständige Garantie vor.[329] Darauf ist noch gesondert einzugehen *(§ 7 Rz. 3ff.)*.

b) Die stillschweigende Eigenschaftszusicherung

62 Während die BGH-Judikatur im Bereich von § 459 Abs. 2 BGB relativ großzügig ist, das Vorliegen einer stillschweigenden Eigenschaftszusicherung zu bejahen,[330] ist das Bild im Bereich von § 633 Abs. 1 BGB konturenunscharf. So wird in der Literatur die Meinung vertreten, stillschweigende und konkludente Zusicherungen seien auch beim Werkvertrag möglich, doch sei hier stets zu bedenken, daß es sich um Eigenschaften eines erst noch zu schaffenden, individuellen Werks handelt, so daß Zurückhaltung angebracht sei.[331] Diese Auffassung ist im Zusammenhang damit zu sehen, daß die Eigenschaftszusicherung im Rahmen von § 459 Abs. 2 BGB – wie aufgezeigt *(§ 2 Rz. 11f.)* – doppelstökkig ist, und daß dort die Schadensersatzhaftung aus der gesetzlichen Garantiehaftung gemäß § 463 Satz 1 BGB folgt. Demgegenüber deckt sich die Eigenschaftszusicherung in § 633 Abs. 1 BGB mit der Beschaffenheitsvereinbarung, und es ist keine Einigkeit zwischen Besteller und Unternehmer erforderlich, daß der Unternehmer – im Fall des Fehlens einer zugesicherten Eigenschaft – auch für alle Folgen einstehen will.[332] Vielmehr ist hier die Einstandspflicht – vor allem im Bereich des Mangelfolgeschadens – das Ergebnis einer zusätzlichen vertraglichen Haftungsübernahme. Diese ist häufig Gegenstand einer gesonderten Garantievereinbarung, und zwar entweder in Form einer unselbständigen oder einer selbständigen Garantie.[333]

---

[323] Statt aller Palandt/Putzo § 459 Anm. 4a.
[324] BGHZ 50, 200, 206 – Kleber.
[325] RGRK-BGB/Glanzmann § 633 Rz. 12; BGHZ 96, 111, 115.
[326] BGHZ 59, 158 – Lack.
[327] Vgl. RGRK-BGB/Glanzmann § 633 Rz. 12.
[328] A. M. Eimer NJW 1973, 590ff.
[329] So Nicklisch, Festschrift für Beitzke, 89, 90.
[330] BGHZ 59, 158 – Lack.
[331] RGRK-BGB/Glanzmann § 633 Rz. 13.
[332] BGHZ 96, 111, 115 – Wärmedurchlaßwerte.
[333] Hierzu Soergel/Mühl § 633 Rz. 18f.

63 Im Bereich von § 633 Abs. 1 BGB spielt es keine Rolle, ob der Unternehmer technisch in der Lage ist, die von ihm abgegebene Zusicherung auch zu erfüllen.[334] Denn derjenige, der eine Eigenschaft eines Werks zugesichert hat, haftet auch dann auf Mangelbeseitigung gemäß § 633 Abs. 2 BGB – und damit auch auf Erfüllung –, wenn es ihm technisch nicht möglich ist, dem Vertragsgegenstand die zugesicherte Eigenschaft zu verleihen.[335] Des weiteren ist es unerheblich, ob der Unternehmer, sofern er eine Eigenschaft zugesichert hat, in der Lage ist, deren Richtigkeit zu überprüfen.[336] Schließlich kommt es nicht darauf an, ob der Unternehmer die Zusicherung schuldhaft falsch abgegeben hat.[337] Daraus ist abzuleiten, daß es auch im Werkvertragsrecht nicht entscheidend darauf ankommt, ob die Einhaltung der Zusicherung überhaupt technisch möglich[338] ist, zum Beispiel im Zusammenhang mit „Entwicklungsschäden". Hingegen ist es selbstverständlich, daß die Schadensersatzhaftung des § 635 BGB – anders als die des § 463 Satz 1 BGB – verschuldensabhängig ist.

64 Gerade weil die Zusicherungshaftung gemäß § 633 Abs. 1 BGB primär darauf abzielt, das versprochene Werk mit den zugesicherten Eigenschaften herzustellen, liegt in einer Beschaffenheitsvereinbarung stets eine Eigenschaftszusicherung.[339] Diese kann sowohl stillschweigend als auch konkludent abgegeben werden.[340] Die Voraussetzungen einer solchen – stillschweigend oder konkludent abgegebenen – Zusicherung liegen jedenfalls immer dann vor, wenn der Unternehmer erkannte, daß der Besteller großen Wert auf das Vorliegen der konkretisierten Eigenschaften des zu erstellenden Werks legte.[341] Wegen der Identität zwischen einer Beschaffenheitsvereinbarung einerseits und einer Eigenschaftszusicherung andererseits im Bereich von § 633 Abs. 1 BGB wird man deshalb auch im Werkvertragsrecht die Grundsätze anwenden können, welche für das Vorliegen einer stillschweigenden Eigenschaftszusicherung gemäß § 459 Abs. 2 BGB dargestellt wurden *(§ 2 Rz. 17ff.)*. Es liegt darüber hinaus der Schluß nahe, daß im Werkvertragsrecht auch dann eine Eigenschaftszusicherung vorliegt, wenn im Kaufrecht lediglich die Tatbestandselemente des § 459 Abs. 1 BGB in Form einer konkreten Beschaffenheitsvereinbarung erfüllt sind.

65 Indessen führt keineswegs jede Eigenschaftszusicherung gemäß § 633 Abs. 1 BGB – ohne Hinzutreten weiterer Umstände – dazu, eine den Mangelfolgeschaden erfassende Schadensersatzhaftung des Werkunternehmers zu bejahen.[342] Abgesehen davon, daß der Anspruch auf Schadensersatz wegen Nichterfüllung gemäß § 635 BGB nur bei einem Verschulden des Werkunternehmers besteht, setzt die Konkretisierung einer solchen Schadensersatzhaftung eine Einigung zwischen Werkunternehmer und Besteller darüber voraus, daß der Werkunternehmer für die Folgen des Fehlens einer zugesicherten Eigenschaft einstehen und den Besteller hiergegen absichern will.[343] Notwendigerweise wird man diese nur dann bejahen können, wenn konkrete Indizien vorliegen, die auf einen stillschweigenden oder konkludenten Willen – und damit auf eine Haftungsübernahme durch den Werkunternehmer zugunsten der Risikoabsicherung des Bestellers – schließlich lassen. Auf dieser Ebene ist es durchaus richtig, eine gewisse Zurückhaltung zu verlangen.[344] Doch erschöpft sich diese darin, daß in jedem Einzelfall – unter Berücksichtigung der Auslegungskriterien gemäß §§ 133, 157, 242 BGB – eine entsprechende Willensüberein-

---

334 BGHZ 96, 111, 115 – Wärmedurchlaßwerte.
335 BGHZ 54, 236, 238.
336 BGHZ 96, 111, 115.
337 BGH a. a. O.
338 BGHZ 59, 158 – Fensterlack.
339 BGHZ 96, 111, 114.
340 RGRK-BGB/Glanzmann § 633 Rz. 13.
341 BGHZ 96, 111, 115 – Wärmedurchlaßwerte.
342 BGHZ 96, 111, 115.
343 Diederichsen AcP 165 (1965) 150, 161; BGHZ 50, 200, 204 – Kleber.
344 RGRK-BGB/Glanzmann a. a. O.

stimmung zwischen Besteller und Werkunternehmer nachgewiesen werden muß, ohne daß die Möglichkeit besteht, die Sanktionsfolge – wie bei § 463 Satz 1 BGB – der legislatorischen Anordnung zu entnehmen.

2. Die Schadensersatzhaftung gemäß § 635 BGB

66 Auch hier wird auf die Darstellung der Rechte gemäß § 634 BGB – Wandelung/Minderung – verzichtet, da diese keinen unmittelbaren Bezug zur Produkthaftung haben.

67 Ausgangspunkt ist zunächst die Erkenntnis, daß das Fehlen einer zugesicherten Eigenschaft nicht vertragsgemäße Erfüllung der Herstellungspflicht gemäß § 633 Abs. 1 BGB bedeutet, so daß der Besteller Mangelbeseitigung gemäß § 633 Abs. 2 BGB und damit Erfüllung verlangen kann. Darüber hinaus ist der Besteller berechtigt, das Werk auch dann abzulehnen, wenn die zugesicherte Eigenschaft hinsichtlich der Beschaffenheit und der Zweckbestimmung der Leistung nicht als erheblich anzusehen ist und infolge ihres Fehlens weder der Wert noch die Tauglichkeit des Werks gemindert werden.[345]

68 Die Schadensersatzhaftung aus § 635 BGB bezieht sich – ähnlich der Haftung aus § 463 Satz 1 BGB – stets auf Ersatz des Mangelschadens; das Verschuldenselement ist hierbei jedoch korrektiv gegenüber der verschuldensunabhängigen Haftung des § 463 Satz 1 BGB. Nach der Judikatur des BGH erfaßt die Schadensersatzhaftung gemäß § 635 BGB alle diejenigen Nachteile, die unmittelbar auf dem – fehlerhaften – Werk beruhen, weil es infolge des Mangels unbrauchbar, wertlos oder minderwertig ist.[346] Der entgangene Gewinn ist stets Teil des Mangelschadens gemäß § 635 BGB.[347] Bezieht sich allerdings die Eigenschaftszusicherung gemäß § 633 Abs. 1 BGB auch auf das Risiko etwaiger Mangelfolgeschäden – und liegt insoweit eine Haftungsvereinbarung zwischen Unternehmer und Besteller vor –, dann gibt der jeweilige Zweck der Zusicherung – genauso wie bei § 463 Satz 1 BGB – Maß für den Umfang des Schadensersatzanspruchs.[348] So gesehen gelten die gleichen Grundsätze, die im Rahmen von § 463 Satz 1 BGB dargestellt wurden *(§ 2 Rz. 48ff.)*. Folglich sind im Rahmen von § 635 BGB – Verschulden vorausgesetzt – alle die Schäden dem Besteller zu erstatten, die unter Berücksichtigung des Inhalts der Zusicherung gemäß § 633 Abs. 1 BGB von der jeweiligen, darauf aufbauenden Haftungsvereinbarung erfaßt waren.

3. Schadensberechnung

69 Die durchaus kontroverse Abgrenzung zwischen einem aus § 635 BGB zu ersetzenden Mangelschaden und einem aus positiver Vertragsverletzung zu reklamierenden Mangelfolgeschaden *(§ 4 Rz. 24ff.)* findet bei einer Eigenschaftszusicherung gemäß § 633 Abs. 1 BGB keine Anwendung. Deswegen ist im Zweifel auch im Rahmen von § 635 BGB auf die Grundsätze zurückzugreifen, die zuvor bei der Darstellung eines Schadensersatzanspruchs wegen Nichterfüllung gemäß § 463 Satz 1 BGB näher erläutert wurden *(§ 2 Rz. 48ff.)*.

---

[345] Soergel/Mühl § 633 Rz. 15; Nicklisch, Festschrift für Beitzke, 89, 101.
[346] BGHZ 35, 130, 132.
[347] BGHZ 46, 238, 239.
[348] BGHZ 65, 107 – Dortmundbrunnen.

§ 3. Der Mangelbeseitigungsanspruch

Da der Mangelbeseitigungsanspruch nach § 476a BGB versicherungstechnisch im Rahmen von Ziff. 4.4 des HUK-Produkthaftungs-Modells erfaßt ist, soll dieser gesondert dargestellt werden, denn er hat für die Praxis hohe Bedeutung.

I. Voraussetzungen

1. Das Vorliegen eines Kauf- oder Werkvertrages

Voraussetzung für die Anwendbarkeit von § 476a BGB ist, daß das zugrundeliegende Rechtsgeschäft – dies folgt unmittelbar aus § 25 AGBG – ein Kauf- oder Werkvertrag ist. Nur dann sind Ansprüche auf Wandelung oder Minderung begründet, wie sich unmittelbar aus §§ 459, 462, 465, 633, 634, 635 BGB ergibt. 1

Liegt eine Herstellergarantie vor, so findet zwar § 476a BGB keine unmittelbare Anwendung, weil in diesen Fällen zwischen Hersteller – Begünstigtem kein Kauf- oder Werkvertrag abgeschlossen ist. Gleichwohl findet nach der hier vertretenen Auffassung *(§ 7 Rz. 36)* regelmäßig der Verbotstatbestand von § 11 Nr. 10c AGBG Anwendung. 2

2. Das Vorliegen eines Sachmangels

Weitere Voraussetzung für das Eingreifen des Mangelbeseitigungsanspruchs gemäß § 476a BGB ist es, daß der jeweilige Verkäufer/Werkunternehmer im Sinn der §§ 459ff., 633ff. BGB gewährleistungspflichtig ist. Demzufolge muß der gewährleistungsberechtigte Käufer nachweisen, daß der – nachbesserungspflichtige – Verkäufer im Sinn von § 459 Abs. 1 BGB einen Fehler zu vertreten hat oder daß beim Verkauf der Sache im Sinn von § 459 Abs. 2 BGB eine zugesicherte Eigenschaft fehlt. Im Bereich des Werkvertragsrechts gilt in der Sache das gleiche: Bis zum Zeitpunkt der Abnahme im Sinn von § 640 BGB hat der Unternehmer zu beweisen, daß das von ihm erstellte Werk mangelfrei ist und daß es die zugesicherten Eigenschaften im Sinn von § 633 Abs. 1 BGB aufweist. 3

Nach der Abnahme/Annahme hat der Käufer/Besteller den Beweis dafür anzutreten, daß der Verkäufer/Unternehmer nicht ordnungsgemäß erfüllt hat.[1] 4

3. Die Vereinbarung des Nachbesserungsanspruchs anstelle von Wandelung oder Minderung

Der Wortlaut von § 476a BGB – gleiches gilt für § 11 Nr. 10c AGBG – setzt in der Sache voraus, daß das Recht auf Nachbesserung „anstelle" des Rechts auf Wandelung oder Minderung vertraglich vereinbart ist. Umstritten ist, welche Bedeutung das Wort „anstelle" in § 476a BGB aufweist.[2] Teilweise wird die Meinung vertreten, der Nachbesserungsanspruch des § 476a BGB müsse der einzige Gewährleistungsanspruch des Käufers sein.[3] Diese Auffassung wird auch teilweise in der Spezialliteratur zum AGBG vertreten.[4] Indessen findet sich auch die Auffassung, § 476a BGB komme auch dann zum Zuge, wenn dem Käufer zusätzlich zu den gesetzlichen Gewährleistungsansprüchen das Recht auf Nachbesserung eingeräumt ist.[5] 5

---

[1] Palandt/Thomas § 633 Anm. 5; im einzelnen § 1 Rz. 42.

[2] Hierzu Ulmer/Brandner/Hensen, AGBG, § 25 Rz. 8; Löwe/Graf von Westphalen/Trinkner, Großkommentar, Bd. II § 25 Rz. 5ff.; Palandt/Thomas § 476a Anm. 2b.

[3] Palandt/Putzo a. a. O.

[4] Koch/Stübing, AGBG, § 11 Nr. 10 Rz. 45; Staudinger/Schlosser, AGBG, § 11 Nr. 10 Rz. 58.

[5] Ulmer/Brandner/Hensen, AGBG, § 25 Rz. 9.

6 Richtigerweise ergibt sich jedoch aus dem Gesamtzusammenhang von § 11 Nr. 10b zu § 11 Nr. 10c AGBG, daß der Anwendungsbereich von § 476a BGB nicht nur dann zum Tragen kommt, wenn der Nachbesserungsanspruch des Käufers/Bestellers der einzige Rechtsbehelf – unter Ausschluß der Wandelung oder Minderung – ist. Hat vielmehr der Verkäufer/AGB-Verwender die Gewährleistungsansprüche des Käufers – zunächst – auf einen Mangelbeseitigungsanspruch reduziert, so gilt allemal der Verbotstatbestand von § 11 Nr. 10c AGBG, auch wenn beim „Fehlschlagen" der Mangelbeseitigung (vgl. § 11 Nr. 10b AGBG) die gesetzlichen Gewährleistungsansprüche des Käufers auf Wandelung oder Minderung wieder aufleben.[6] Für diese Interpretation[7] spricht auch die Parallelität zum Werkvertragsrecht gemäß §§ 633ff. BGB: Der Mangelbeseitigungsanspruch gemäß § 633 Abs. 2 BGB steht im Vordergrund; der Besteller kann erst nach Fristsetzung und Ablehnungsandrohung auf die weitergehenden Gewährleistungsansprüche der §§ 634, 635 BGB zurückgreifen.[8] Soweit ein Mangelbeseitigungsanspruch des Käufers im Sinn von § 476a BGB lediglich neben dem Wandelungsanspruch besteht, ein Minderungsanspruch also ausgeschlossen ist, wird man regelmäßig – aufgrund einer Auslegung der getroffenen vertraglichen Vereinbarungen – zu dem Ergebnis gelangen müssen, daß auch in diesem Fall der nachbesserungspflichtige Verkäufer/Unternehmer gleichwohl im Sinn von § 476a BGB zur Tragung der Nachbesserungsaufwendungen verpflichtet ist. Denn auch in diesem Fall liegt – verglichen mit der gesetzlichen Wertung der §§ 459, 462, 634 BGB – eine Beschränkung der Gewährleistungsrechte des Käufers/Bestellers vor. Insoweit eine Kompensation zu erreichen, ist gerade Zweck der von § 476a BGB angestrebten Regelung.[9] Umgekehrt muß auch das gleiche dann gelten, wenn der Mangelbeseitigungsanspruch des Käufers/Bestellers im Sinn von § 476a BGB neben dem Minderungsanspruch besteht, der Wandelungsanspruch hingegen ausgeschlossen ist.[10]

7 Schwieriger ist allerdings die Antwort auf die Frage, ob § 476a BGB auch dann eingreift, wenn die Voraussetzungen eines Schadensersatzanspruchs wegen Nichterfüllung gemäß §§ 463, 480 Abs. 2, 635 BGB abbedungen sind. Wenn und soweit – darüber hinaus – der Wandelungs- oder Minderungsanspruch ausgeschlossen ist, bestehen keine Zweifel: Unter diesen Voraussetzungen gilt dann unmittelbar § 476a BGB. Wenn hingegen Wandelungs- und Minderungsrechte dem Käufer/Besteller verbleiben, lediglich der Schadensersatzanspruch wegen Nichterfüllung gemäß § 463, 480 Abs. 2, 635 BGB ausgeschlossen ist, wird man in diesen Fällen von einer Anwendung des § 476a BGB absehen müssen.[11]

8 Umstritten ist des weiteren, ob § 476a BGB auch auf die Fälle des Nachlieferungsanspruchs gemäß § 480 Abs. 1 BGB Anwendung findet.[12] Auch wenn man davon ausgeht, daß § 480 Abs. 1 Satz 2 BGB Rechtsfolgenverweisung ist,[13] so ist doch entscheidend: Der in § 480 Abs. 1 BGB geregelte Ersatzlieferungsanspruch ist Erfüllungsanspruch, er ist kein Gewährleistungsanspruch.[14] Dessen ungeachtet wird man unter Berücksichtigung des jeweiligen Individualvertrages stets prüfen müssen, ob hier nicht der Verkäufer zur Ko-

---

[6] BGHZ 22, 90, 99f.; BGHZ 34, 94, 98; BGH BB 1974, 294; BGH BB 1974, 1137; BGH BB 1975, 1507; BGH BB 1978, 325; BGH BB 1979, 804; BGH BB 1980, 13.

[7] Vgl. auch Löwe/Graf von Westphalen/Trinkner, Großkommentar, Bd. II § 25 Rz. 5.

[8] Vgl. auch Soergel/Huber § 476a Rz. 8; Löwe/Graf von Westphalen/Trinkner, Großkommentar, Bd. II § 25 Rz. 9.

[9] So auch in der Sache Staudinger/Honsell § 476a Rz. 3.

[10] Im einzelnen Löwe/Graf von Westphalen/Trinkner, Großkommentar, Bd. II § 25 Rz. 6.

[11] Vgl. auch Löwe/Graf von Westphalen/Trinkner, Großkommentar, Bd. II § 25 Rz. 7.

[12] Bejahend: Soergel/Huber § 476a Rz. 12; Ulmer/Brandner/Hensen, AGBG, § 25 Rz. 6; Wolf/Horn/Lindacher, AGBG, § 11 Nr. 10c Rz. 4; Staudinger/Honsell § 476a Rz. 6; Palandt/Putzo § 476a Anm. 2c; verneinend: Löwe/Graf von Westpahlen/Trinkner, Großkommentar, Bd. II § 25 Rz. 11.

[13] Soergel/Huber § 476a Rz. 12.

[14] RGRK-BGB-Mezger § 480 Rz. 1; 3.

stentragung verpflichtet ist.[15] Fehlt es hingegen an ausreichenden Kriterien, welche für eine ergänzende Vertragsauslegung im Sinn der §§ 133, 157 BGB herangezogen werden können, so wird man im Zweifel die zur Ersatzlieferung verpflichteten Verkäufer lediglich mit den Transportkosten belasten können. Die darüber hinausgehenden Kosten der Mangelbeseitigung, wie sie Gegenstand der Regelung von § 476a BGB sind, fallen dann nicht uneingeschränkt dem Verkäufer zur Last.

Problematisch ist schließlich die Antwort auf die Frage, ob § 476a BGB auch dann gilt, 9
wenn – als Folge der Kollision zwischen Einkaufs- und Verkaufs-AGB *(im einzelnen § 8 Rz. 60)* – die Bestimmungen des dispositiven Rechts gemäß §§ 462, 465 BGB gelten. Unter Berücksichtigung des eindeutigen Wortlauts von § 476a BGB ist dies zu verneinen; denn hier ist der Mangelbeseitigungsanspruch keineswegs „anstelle" von Wandelung und Minderung vereinbart. Indessen erweist es sich in der Praxis immer wieder, daß die Gewährleistungsansprüche von Wandelung oder Minderung weder den Interessen des Käufers noch denen des Verkäufers gerecht werden; im Vordergrund steht regelmäßig – auch wenn es an den Tatbestandsvoraussetzungen von § 476a BGB fehlt – der Anspruch auf Mangelbeseitigung. Denn der Käufer will die Sache – trotz ihres Mangels – behalten; und der Verkäufer hat ein primäres Interesse an der Durchführung der Mangelbeseitigung. Demzufolge kommt es in diesen Fällen regelmäßig dazu, daß ein Mangelbeseitigungsrecht zur Entstehung gelangt, soweit sich der Verkäufer ungeachtet der gesetzlichen Ausgangslage auf den Mangelbeseitigungsanspruch des Käufers einläßt. Tut der dies, so ist die Rechtslage genauso zu beurteilen wie in den Fällen, in denen von Anfang an ein Mangelbeseitigungsanspruch zwischen den Parteien vereinbart war. Deshalb gilt auch hier die Norm des § 476a BGB, so daß der Verkäufer zur Tragung der Mangelbeseitigungsaufwendungen verpflichtet ist.

Anerkanntermaßen setzt § 476a BGB – im Gegensatz zu § 11 Nr. 10c AGBG – nicht 10
voraus, daß die verkaufte Sache neu ist.[16]

II. Die Pflicht zur Tragung der Mangelbeseitigungsaufwendungen

1. Der Umfang der Aufwendungen

Die Aufzählung in § 476a BGB ist nicht erschöpfend.[17] Aus der Verwendung des 11
Wortes „insbesondere" folgt unmittelbar, daß die Aufwendungen – „Transport-, Wege-, Arbeits- und Materialkosten" – lediglich prototypisch zu verstehen sind. Deshalb gilt: Der Verkäufer/Unternehmer ist verpflichtet, sämtliche Aufwendungen zu tragen, die zum Zweck der Mangelbeseitigung erforderlich sind.[18] Der Käufer/Besteller ist so zu stellen, wie er stehen würde, wenn der Verkäufer/Unternehmer eine mangelfreie Lieferung/Leistung erbracht hätte. Zu den Mangelbeseitigungsaufwendungen gehört auch unmittelbar der Ersatz solcher Schäden, die zwangsläufig bei Durchführung der Nachbesserungsarbeiten am sonstigen Eigentum des Käufers/Bestellers auftreten, zum Beispiel Aufstemmen einer Wand bei Nachbesserungsarbeiten als Folge schlecht verlegter Wasserleitungen.[19] Erfaßt werden auch die Kosten des Aus- und Wiedereinbaus.[20] Auch die Kosten, die zum Aufspüren der Schadensstelle selbst erforderlich sind, fallen in den Anwendungsbereich von § 476a BGB, zum Beispiel dann, wenn der Käufer nicht in der Lage ist, im einzelnen spezifiziert Auskunft über den Mangel zu geben.[21] Auch der Abtransport von Bauschutt

---

[15] Vgl. Löwe/Graf von Westphalen/Trinkner a. a. O.

[16] Ulmer/Brandner/Hensen, AGBG, § 25 Rz. 11; Löwe/Graf von Westphalen/Trinkner, Großkommentar, Bd. II § 25 Rz. 12.

[17] Löwe/Graf von Westphalen/Trinkner a. a. O. § 25 Rz. 14.

[18] BGH BB 1979, 804; BGH BB 1981, 389, 390; vgl. auch BGH WM 1979, 800; BGH WM 1972, 705.

[19] BGH NJW 1963, 805, 806; BGH NJW 1963, 811; BGH BB 1978, 1036; BGH BB 1981, 935, 936.

[20] BGH WM 1972, 800.

[21] BGH WM 1972, 705; BGH BB 1981, 389, 390.

sowie das Verlegen eines neuen Estrichs und eines neuen Teppichbodens gehören zu den vom Verkäufer zu tragenden Mangelbeseitigungsaufwendungen.[22]

12 Zu den von § 476a BGB erfaßten Mangelbeseitigungsaufwendungen gehören auch die Kosten Dritter, deren sich der Verkäufer/Unternehmer zur Durchführung der Mangelbeseitigung bedient, zum Beispiel bei Einschaltung eines Architekten, eines Handwerkers etc.[23] Auch die Kosten eines Sachverständigen fallen in den Anwendungsbereich von § 476a BGB, sofern dessen Einschaltung zum Aufspüren des Mangels erforderlich war.[24]

13 Ist der Verkäufer/Unternehmer nicht in der Lage, die Mangelbeseitigung durchzuführen, so muß er im Zweifel einen Dritten damit beauftragen; auch kann der Käufer/Besteller den Mangel selbst beseitigen: Unter dieser Voraussetzung steht dann dem Käufer/Besteller ein Anspruch auf Aufwendungserstattung gemäß §§ 256, 257 BGB unter Berücksichtigung der Grundnorm des § 476a BGB zu Seite.[25] Ist die Mangelbeseitigung – gleichgültig, durch wen sie erfüllt wird – nur durch eine teurere Ausführung möglich als vertraglich vorgesehen, so hat der Käufer/Besteller die Mehrkosten zu tragen.[26] Denn es handelt sich um typische „Sowieso"-Kosten, die den Käufer/Besteller bei entsprechender vertraglicher Vereinbarung von Anfang an ohnehin getroffen hätten, so daß der Grundsatz der Vorteilsausgleichung gemäß § 255 BGB zum Zuge gelangt.[27] Im Ergebnis ist es also unter Berücksichtigung der Grundwertung von § 476a BGB unerheblich, ob die Mangelbeseitigungsaufwendungen beim Verkäufer, beim Käufer/Besteller oder bei einem Dritten entstehen. Notwendig ist ausschließlich, daß sie zum Zweck der Mangelbeseitigung anfallen.[28]

14 Vermögensnachteile, die lediglich **anläßlich** der Durchführung der Mangelbeseitigung anfallen, sind deshalb niemals Gegenstand des Aufwendungserstattungsanspruchs gemäß § 476a BGB.[29] Soweit freilich der Verkäufer/Unternehmer verpflichtet ist, zum Zweck der Mangelbeseitigung das sonstige Eigentum des Käufers/Bestellers zu beschädigen, um auf diese Weise erfolgreich die Mangelbeseitigung durchführen zu können,[30] handelt es sich – wie bereits angeführt – um Mangelbeseitigungsaufwendungen, welche unmittelbar von § 476a BGB erfaßt werden. Dies ist auch deswegen von Wichtigkeit, weil der Mangelbeseitigungsanspruch gemäß § 476a BGB kein Verschulden voraussetzt.[31] Notwendig ist lediglich, daß – objektiv bewertet – ein Mangel vorliegt, der seine Ursache nicht im Verantwortungsbereich des Käufers/Bestellers hat.[32]

2. Der Strukturunterschied zwischen § 476a Satz 1 BGB und § 633 Abs. 2 Satz 3 BGB

15 Aus § 476a BGB folgt unmittelbar, daß der mangelbeseitigungspflichtige Verkäufer nicht berechtigt ist, wegen zu hoher Kosten die Durchführung der Mangelbeseitigung zu verweigern.[33] Die Bestimmung des § 633 Abs. 2 Satz 3 BGB ist auf das Werkvertragsrecht begrenzt; eine Ausdehnung auf das Kaufrecht scheitert ersichtlich am entgegenstehenden

---

[22] BGH BB 1979, 804, 805.

[23] BGH NJW 1963, 805; hierzu im einzelnen auch Ehe BB 1972, 1387.

[24] Löwe/Graf von Westphalen/Trinkner, Großkommentar, Bd. II § 11 Nr. 10c Rz. 9; Palandt/Thomas § 633 Anm. 2.

[25] Soergel/Huber § 476a Rz. 14; Löwe/Graf von Westphalen/Trinkner, Großkommentar, Bd. II § 11 Nr. 10c Rz. 9; Palandt/Thomas a. a. O.

[26] Palandt/Thomas a. a. O.

[27] BGHZ 91, 206.

[28] Löwe/Graf von Westphalen/Trinkner, Großkommentar, Bd. II § 25 Rz. 15.

[29] Vgl. BGHZ 72, 31, 33.

[30] BGH NJW 1963, 805; BGH NJW 1963, 811.

[31] Palandt/Thomas § 633 Anm. 2.

[32] MünchKomm/Soergel § 633 Rz. 56ff.

[33] Löwe/Graf von Westphalen/Trinkner, Großkommentar, Bd. II § 25 Rz. 17; Ulmer/Brandner/Hensen, AGBG, § 25 Rz. 16.

Willen des Gesetzgebers. Zwar ist nicht zu verkennen, daß § 476a BGB in § 633 Abs. 2 Satz 2 BGB aufgenommen worden ist. Doch lag der gesetzgeberische Grund hierfür darin, Mißverständnisse zu vermeiden und eine Parallelschaltung zwischen Kauf- und Werkvertragsrecht in bezug auf die Verpflichtung des Verkäufers/Werkunternehmers zu erreichen, die Mangelbeseitigungsaufwendungen zu tragen.[34] Gerade deswegen hätte es nahe gelegen, daß der Gesetzgeber die Limitationswirkung des § 633 Abs. 2 Satz 3 BGB auch auf das Kaufrecht erstreckt hätte, wenn er dies gewollt hätte. In der Praxis ist freilich der Unterschied zwischen beiden Normenkomplexen gering, weil die Voraussetzungen von § 633 Abs. 2 Satz 3 BGB außergewöhnlich hoch liegen.[35] Diese sind nur dann zu bejahen, wenn der Aufwand des Unternehmers zur Mangelbeseitigung in einem objektiven Mißverhältnis zum Vorteil für den Besteller steht.

III. Der Ausnahmebereich von § 476a Satz 2 BGB

1. Der bestimmungsgemäße Gebrauch

16 Der Regelungsbereich von § 476a Satz 2 BGB betrifft insbesondere die Wege- und Transportkosten.[36] Voraussetzung hierfür ist, daß die Sache an einen anderen Ort als den Ablieferungsort verbracht worden ist. Dabei richtet sich der Ort der Nachbesserungsverpflichtung nach § 269 Abs. 1 BGB. Maßgebend ist insoweit der jeweilige Individualvertrag; die dort enthaltenen Leistungsort- und Erfüllungsortregelungen sind für § 476a Satz 2 BGB schlechthin maßgeblich.[37] Befindet sich also die Sache am Wohnsitz des Käufers oder am Ort der gewerblichen Niederlassung des Käufers, so ist der Verkäufer allemal verpflichtet, gemäß § 476a Satz 1 BGB die Mangelbeseitigungsaufwendungen zu tragen – vorausgesetzt selbstverständlich, daß sich dieser Ort nach Abschluß des Kaufvertrages nicht verändert hat. Denn die Berücksichtigung der Ausnahmeregelung von § 476a Satz 2 BGB setzt voraus, daß der Verkäufer/Werkunternehmer seine Vertragspflichten – bezogen auf den jeweiligen Leistungs- und Erfüllungsort des Vertrages – bereits erfüllt hat.

17 Unter diesen Gesichtswinkeln fällt auch der Versendungskauf gemäß § 447 BGB unter den Regelungstatbestand von § 476a Satz 1 BGB. Ist zum Beispiel vereinbart, daß die Kaufsache an einen dritten Empfänger zu liefern ist – etwa beim Streckengeschäft –, so treffen den Verkäufer die Kosten der Mangelbeseitigung in voller Höhe, wenn sich die Sache an dem Wohnsitz oder der gewerblichen Niederlassung des jeweiligen Drittempfängers befindet.[38]

18 Ein – nach der Lieferung – vollzogenes Verbringen an einen anderen Ort liegt insbesondere dann vor, wenn der Käufer die Sache weiter veräußert. Die Definition des „bestimmungsgemäßen Gebrauchs" einer Sache im Sinn von § 476a Satz 2 BGB schließt dabei ein, daß die Sache – nach Lieferung – an einen anderen Ort ihrer Zweckbestimmung entsprechend verbracht wird.[39] Es geht nicht an, daß der Käufer den Verkäufer durch Ortswechsel mit exorbitanten Kostenrisiken belasten kann.[40] Denzufolge ist es sachgerecht, um der Gefahr einer Ausuferung der Kostentragungspflicht im Sinn von § 476a Satz 1 BGB vorzubeugen, den „bestimmungsgemäßen Gebrauch" der Sache – im Hinblick auf etwaige Orstveränderungen – nur dann zu bejahen, wenn die Sache ihrer Natur nach zur Mobilität bestimmt ist, der Konsens beider Parteien dieses Faktum also antizi-

[34] Dietlein/Rebmann, AGB aktuell, § 25 Rz. 5; Löwe/Graf von Westphalen/Trinkner, Großkommentar, Bd. II § 25 Rz. 21.

[35] Soergel/Mühl § 633 Rz. 29ff.

[36] Soergel/Huber § 476a Rz. 16; Ulmer/Brandner/Hensen, AGBG, § 25 Rz. 18.

[37] Löwe/Graf von Westphalen/Trinkner, Großkommentar, Bd. II § 25 Rz. 18.

[38] Soergel/Huber § 476a Rz. 16.

[39] Löwe/Graf von Westphalen/Trinkner, Großkommentar, Bd. II § 25 Rz. 19.

[40] MünchKomm/Westermann § 476a Rz. 5.

piert.[41] Demzufolge wird man diese Voraussetzungen nur dann bejahen können, wenn es sich zum Beispiel um Autos, Flugzeuge, Schiffe, Boote etc. handelt.[42]

2. Schadensersatzansprüche

19 Der Nutzungsausfall während der Reparaturzeit ist allemal Schadensersatz-, nicht aber Aufwendungsersatzanspruch im Sinn von § 476a BGB.[43] Dies gilt auch unter Berücksichtigung der Entscheidung des BGH vom 9. 7. 1986.[44] Etwas anders gilt, wenn zum Zweck der Mangelbeseitigung das sonstige Eigentum des Käufers/Bestellers beschädigt werden muß.[45] Selbstverständlich gilt dann etwas anderes, wenn die Verpflichtung zur Mangelbeseitigung nicht auf der Gewährleistungspflicht des Verkäufers/Werkunternehmers, sondern darauf beruht, daß dieser nach § 823 BGB deliktsrechtlich verantwortlich ist. Etwas anderes gilt auch in den Fällen, in denen der Verkäufer/Unternehmer gemäß §§ 463, 480 Abs. 2, 635 BGB zum Schadensersatz wegen Nichterfüllung verpflichtet ist. In diesen Fällen kann der dem Käufer/Besteller entstandene Schaden in dem Mangel der Sache/des Werks bestehen, so daß sich Schadensersatz und Mangelbeseitigungspflicht decken: Der Käufer/Besteller kann dann Ausgleich der infolge des Sachmangels entstandenen Vermögensdifferenz verlangen, also: Ersatz der Differenz zwischen dem hypothetischen Vermögensstand, der gegeben wäre, wenn die Sache bei Gefahrenübergang mangelfrei gewesen wäre, und dem Vermögensstand, wie er sich infolge des Sachmangel nunmehr tatsächlich darstellt.[46] Festzuhalten ist allerdings, daß der Mangelbeseitigungsanspruch – im Gegensatz zum Schadensersatzanspruch – nicht auf Geld gerichtet ist.[47] Macht aber der Käufer/Besteller gemäß §§ 463, 480 Abs. 2, 635 BGB Schadensersatzansprüche wegen Nichterfüllung geltend, so ist der Nutzungsausfall – als Teil des Mangelschadens *(§ 4 Rz. 7f.)* – stets ersatzpflichtig.

20 Verletzt der Verkäufer/Werkunternehmer schuldhaft die Pflicht zur Mangelbeseitigung, so entstehen Schadensersatzansprüche wegen positiver Vertragsverletzung.[48] In Betracht kommen unter dieser Perspektive vor allem Schadensersatzansprüche wegen verspäteter Nachbesserung gemäß § 286 BGB.[49] Es ist dann selbstverständlich, daß sich der zu ersetzende Schaden auch auf den Nutzungsausfall des Käufers/Bestellers erstreckt. Dieser Anspruch kann freilich unter Beachtung der Tatbestandsvoraussetzungen von § 11 Nr. 10b AGBG durch Einräumung eines ausdrücklichen Rücktrittsrechts eingeschränkt werden.[50] Dabei macht es keinen Unterschied, ob der Verkäufer/Werkunternehmer die Mangelbeseitigung selbst schuldhaft fehlerhaft durchführt oder ob hierbei Schäden an Rechtsgütern des Käufers/Bestellers verursacht oder der Schaden an der gelieferten/hergestellten Sache selbst eintritt.[51]

21 Kommt der Verkäufer/Werkunternehmer mit der vom Käufer/Besteller verlangten Mangelbeseitigung in Verzug, so ist – auch im Kaufrecht – § 633 Abs. 3 BGB analog anwendbar.[52]

---

[41] Ulmer/Brandner/Hensen, AGBG, § 25 Rz. 20.
[42] Soergel/Huber § 476a Rz. 16; vgl. auch Ulmer/Brandner/Hensen a. a. O.
[43] BGHZ 72, 31, 33.
[44] BGH ZIP 1986, 1394; vgl. auch Ott/Schäfer ZIP 1986, 613ff. – betreffend den Vorlagebeschluß.
[45] BGH NJW 1963, 805; BGH NJW 1963, 811.
[46] Soergel/Huber § 463 Rz. 53.
[47] Vgl. BGH NJW 1983, 1424, 1425.
[48] BGH LM Nr. 4 zu § 635 BGB; BGH WM 1974, 195, 196; BGH LM Nr. 9 zu § 476 BGB; vgl. auch Kirchhof NJW 1970, 2052, 2054; Stötter DB 1969, 647, 649.
[49] Vgl. KG Berlin DAR 1980, 176.
[50] Hierzu im einzelnen Löwe/Graf von Westphalen/Trinkner, Großkommentar, Bd. II § 11 Nr. 10b Rz. 26ff. m. w. N.
[51] BGH NJW 1976, 234, 235.
[52] Staudinger/Honsell § 462 Rz. 15; MünchKomm/Westermann § 462 Rz. 11; a. M. Köhler JZ 1984, 393, 399.

IV. Der Verbotstatbestand von § 11 Nr. 10c AGBG

1. Im nicht-kaufmännischen Bereich

§ 476a BGB sowie § 633 Abs. 2 Satz 2 BGB sind Grundnormen für den Verbotstatbestand von § 11 Nr. 10c AGBG. Unter den dargestellten Voraussetzungen von § 476a BGB ist also festzuhalten, daß der Verkäufer/AGB-Verwender nicht berechtigt ist, die sich aus § 476a BGB ergebenden Verpflichtungen auszuschließen oder zu beschränken. Im Ergebnis muß daher die Vereinbarung über eine Mangelbeseitigung dem Käufer das Recht einräumen, die Nachbesserung zum „Nulltarif" durchführen zu lassen.[53] Folglich sind auch solche AGB-Klauseln nach § 11 Nr. 10c unwirksam, die Höchstsummen oder die erst dann eine Nachbesserungspflicht des Verkäufers vorsehen, wenn bestimmte Voraussetzungen auf Seiten des Käufers vorliegen, wie zum Beispiel die Zahlung des Vertragspreises.[54] Soweit nicht der Ausnahmetatbestand von § 476a Satz 2 BGB eingreift, ist der Verbotstatbestand von § 11 Nr. 10c AGBG auch dann berührt, wenn die Klausel bestimmt, daß der Käufer verpflichtet ist, die Sache vor Durchführung der Mangelbeseitigung frachtfrei – auf eigene Gefahr und eigene Kosten – an den Verkäufer zurückzusenden.[55] Notwendigerweise gilt dies jedoch dann nicht, wenn die Klausel gleichzeitig bestimmt, daß die Transportkosten vom Verkäufer erstattet werden, es sei denn, die Überwälzung der Kostenlast auf den Käufer ist nicht zumutbar. 22

2. Im kaufmännischen Verkehr

In der Literatur ist es umstritten, ob der Verkäufer auch im kaufmännischen Verkehr verpflichtet ist, die zum Zweck der Durchführung der Mangelbeseitigung/Ersatzlieferung anfallenden Aufwendungen selbst zu tragen.[56] Inzwischen hat der BGH für den kaufmännischen Verkehr – in bezug auf den Verbotstatbestand von § 11 Nr. 10c AGBG – festgelegt, daß der zur Mangelbeseitigung verpflichtete Verkäufer grundsätzlich gehalten ist, auch die Mangelbeseitigungsaufwendungen zu übernehmen.[57] Dem ist zuzustimmen. Gerade weil der Gesetzgeber in den §§ 476a, 633 Abs. 2 Satz 2 BGB davon ausgeht, daß der gewährleistungspflichtige Verkäufer/Werkunternehmer verpflichtet ist, die zum Zweck der Durchführung der Mangelbeseitigung anfallenden Aufwendungen zu übernehmen, gilt dieser Gedanke gemäß § 9 Abs. 2 Nr. 1 AGBG auch im kaufmännischen Verkehr. Denn die Grundnorm von § 476a BGB greift nur dann ein, wenn – wie dargelegt *(§ 3 Rz. 5f.)* – dem Käufer das Recht auf Mangelbeseitigung „anstelle" von Wandelung und Minderung eingeräumt ist. Wenn aber die Kaufsache mangelhaft ist, so ist das Leistungsaustauschverhältnis bereits gestört.[58] Würde man dann noch – dessen ungeachtet – den Käufer mit den Mangelbeseitigungsaufwendungen ganz oder teilweise belasten, obwohl er nicht unmittelbar auf Wandelung oder Minderung zurückgreifen kann, so läge darin allemal eine unangemessene Benachteiligung im Sinn von § 9 Abs. 2 Nr. 1 AGBG. 23

Das Verbot, den Käufer mit Mangelbeseitigungsaufwendungen – entgegen dem Verbotstatbestand von § 11 Nr. 10c AGBG – zu belasten, schließt im kaufmännischen Be- 24

---

[53] BGH BB 1981, 389, 390.

[54] LG Rottweil AGBE I § 11 Nr. 102.

[55] Vgl. Löwe/Graf von Westphalen/Trinkner, Großkommentar, Bd. II § 11 Nr. 10c Rz. 11.

[56] Bejahend: Koch/Stübing, AGBG, § 11 Nr. 10 Rz. 51; Staudinger/Schlosser, AGBG, § 11 Nr. 10 Rz. 63; Wolf/Horn/Lindacher, AGBG, § 11 Nr. 10c Rz. 9; Löwe/Graf von Westphalen/Trinkner, Großkommentar, Bd. II § 11 Nr. 10c Rz. 19ff.; Palandt/Heinrichs, AGBG, § 11 Anm. 10c) bb); verneinend: Ulmer/Brandner/Hensen, AGBG, § 11 Nr. 10c Rz. 61; einschränkend auch Stein, AGBG, § 11 Rz. 99; weitergehend Schlosser/Coester-Waltjen/Graba, AGBG, § 11 Nr. 10 Rz. 67.

[57] BGH BB 1981, 935.

[58] Hierzu Löwe/Graf von Westphalen/Trinkner, Großkommentar, Bd. II § 11 Nr. 10c Rz. 19.

reich auch ein, daß der Verkäufer verpflichtet ist, neben den zum Zweck der Mangelbeseitigung erforderlichen Aufwendungen alle Schäden zu tragen, die bei der ordnungsgemäßen Erfüllung des Mangelbeseitigungsverlanges notwendigerweise anfallen.[59] Auch im kaufmännischen Verkehr ist also im Ergebnis sicherzustellen, daß die gesamten Kosten der Mangelbeseitigung vom Verkäufer übernommen werden.[60] Dabei ist insbesondere auch im Auge zu behalten, daß die erforderlichen Aus- und Einbaukosten im Rahmen eines Kaufvertrages gemäß Ziff. 4.4 des Produkthaftungs-Modells versicherbar gestellt sind *(§ 54 Rz. 66ff.)*. Wie im Zusammenhang mit Haftungsfreizeichnungsklauseln im einzelnen dargelegt *(§ 13 Rz. 23ff.)*, spielt das Versicherungsargument eine wesentliche Rolle: Soweit sich der Verkäufer/AGB-Verwender gegen die Risiken einer Schlechterfüllung versichern kann, stellt es eine unangemessene Benachteiligung des Käufers dar, wenn sich der Verkäufer/AGB-Verwender gleichwohl von dieser Haftung freizeichnet.[61] Freilich gilt diese Argumentation nicht im Werkvertragsrecht, weil insoweit die Regelung von Ziff. 4.4 des Produkthaftungs-Modells eine Ausnahmeregelung vorsieht *(§ 54 Rz. 72)*. Dennoch wird man auch hier den Werkunternehmer/AGB-Verwender für verpflichtet ansehen müssen, die Mangelbeseitigungsaufwendungen zu tragen. Soweit es sich – vor Abnahme des Werks – um einen Erfüllungsanspruch handelt, folgt dies bereits aus der grundlegenden Erkenntnis: Es ist dem AGB-Verwender verwehrt, bei Nichterfüllung seiner Leistungspflichten die dadurch entstehenden Risiken/Kosten auf seinen Vertragspartner zu überwälzen, weil darin eine unangemessene Benachteiligung im Sinn von § 9 Abs. 2 Nr. 1 AGBG liegt. Doch wird man auch im Bereich der Gewährleistung – nach der Abnahme – nicht anders entscheiden.[62]

25 Ob eine **Beschränkung** der vom Verkäufer/Werkunternehmer zu übernehmenden Mangelbeseitigungsaufwendungen in wirksamer Weise vereinbart werden kann, läßt sich nicht allgemein sagen. Es entscheiden hier stets die Umstände des Einzelfalls; insbesondere ist eine Relation zwischen der auf den Käufer/Besteller zukommenden Belastung und dem von ihm zu bezahlenden Kaufpreis herzustellen.[63] Doch müssen triftige Gründe vorliegen, Beschränkungsklauseln im Anwendungsbereich des § 476a BGB so auszugestalten, daß sie mit dem Verbotstatbestand von § 9 Abs. 2 Nr. 1 AGBG in Einklang stehen.[64] Dies dürfte nur selten der Fall sein.

26 Von besonderem Belang ist die nach § 9 Abs. 2 Nr. 1 AGBG zu bewirkenden Erstrekkung des Verbotstatbestandes von § 11 Nr. 10c AGBG auf den kaufmännischen Verkehr, sofern der Mangelbeseitigungsanspruch eines **Zwischenhändlers** in Rede steht: Ist dieser nämlich verpflichtet, gegenüber seinem Käufer den strikten Verbotstatbestand von § 11 Nr. 10c AGBG zu respektieren, dann spricht das Argument des „seitengleichen Regresses“[65] dafür, auch dem Zwischenhändler seinerseits das Recht einzuräumen, den Mangelbeseitigungsanspruch zum „Nulltarif“ auf seinen Vorlieferanten zu erstrecken. Unter Berücksichtigung der Wertungskriterien von § 9 Abs. 2 Nr. 1 AGBG ist also das Risiko dort zu lokalisieren, wo es entstanden ist.[66] Dabei ist von entscheidender Bedeutung, daß die Gewährleistungsfristen der §§ 477, 638 BGB einen hohen Gerechtigkeitsgehalt aufweisen, und daß im kaufmännischen Verkehr aus den Verbotstatbeständen von § 11 AGBG ein Indiz entnommen werden kann, daß die dort niedergelegten Verbotsnormen gemäß § 9 Abs. 2 Nr. 1 ABGB auch im kaufmännischen Verkehr Geltung beanspru-

---

[59] BGH NJW 1963, 805; BGH NJW 1963, 811; BGH BB 1979, 804; vgl. auch BGH WM 1972, 800.
[60] Wolf/Horn/Lindacher, AGBG, § 11 Nr. 10c Rz. 9.
[61] Vgl. auch Löwe/Graf von Westphalen/Trinkner, Großkommentar, Bd. II § 11 Nr. 10c Rz. 21.
[62] Vgl. BGH BB 1981, 935, 936.
[63] Vgl. auch Ulmer/Brandner/Hensen, AGBG, § 11 Nr. 10c Rz. 61; Löwe/Graf von Westphalen/Trinkner, Großkommentar, Bd. II § 11 Nr. 10c Rz. 22.
[64] Staudinger/Schlosser, AGBG, § 11 Nr. 10 Rz. 63.
[65] Hierzu im einzelnen Löwe/Graf von Westphalen/Trinkner, Großkommentar, Bd. II § 24 Rz. 17.
[66] Staudinger/Schlosser, AGBG, § 11 Nr. 10 Rz. 63; Wolf/Horn/Lindacher, AGBG, § 11 Nr. 10c Rz. 10; Löwe/Graf von Westphalen/Trinkner, Großkommentar, Bd. II § 11 Nr. 10c Rz. 20.

chen.[67] Daraus folgt unmittelbar: Soweit im Verhältnis Hersteller – Händler – Endkunde eine Parallelität der Gewährleistungsfristen vorliegt, gilt der Verbotstatbestand von § 11 Nr. 10c AGBG auf allen Stufen. Dabei ist selbstverständlich, daß dem Händler in seinem Verhältnis zum Hersteller kein Anspruch auf Erstattung des Gewinns zusteht, wenn und soweit er Gewährleistungsansprüche gegenüber dem Endkunden befriedigt; denn es handelt sich um die Erfüllung einer eigenen Verpflichtung (*vgl. § 7 Rz. 68ff.*). Etwas anderes gilt dann, wenn und soweit eine **Herstellergarantie** zugunsten des Endkunden besteht.[68] Dabei kommt es freilich darauf an, inwieweit – zum Beispiel im Rahmen eines Vertragshändlervertrages – der dem Händler eigentlich zustehende, aber abgeschnittene Gewinnanspruch durch andere Vorteile kompensiert ist, so daß dann – per Saldo – eine unangemessene Benachteiligung des Händlers im Sinn von § 9 Abs. 2 Nr. 1 AGBG ausscheidet – ein Befund, der jedenfalls für Vertragshändlerverträge in der KFZ-Branche nicht zutrifft.[69]

V. Das „Fehlschlagen" der Mangelbeseitigung – der Verbotstatbestand von § 11 Nr. 10b AGBG

1. Der Verbotstatbestand von § 11 Nr. 10b AGBG

27 Die BGH-Judikatur zum „Wiederaufleben der Gewährleistungsansprüche" ist festgefügt. Zu einem „Wiederaufleben" kommt es immer dann, wenn die vertraglich zugesicherte Mangelbeseitigung/Ersatzlieferung „fehlschlägt".[70] Unter dem Oberbegriff des „Fehlschlagens" der Mangelbeseitigung/Ersatzlieferung erfaßt der Verbotstatbestand von § 11 Nr. 10b AGBG – sowohl im Bereich des Kauf- als auch im Bereich des Werkvertragsrechts – verschiedene Fallkonstellationen, nämlich:
- die Unmöglichkeit oder das Mißlingen der Mangelbeseitigung/Ersatzlieferung[71] sowie
- die Verweigerung der Mangelbeseitigung/Ersatzlieferung[72] und schließlich
- die schuldhafte Verzögerung der Mangelbeseitigung/Ersatzlieferung.[73]

28 Es ist umstritten, ob es im Sinn von § 11 Nr. 10b AGBG ausreicht, wenn der Verkäufer/Werkunternehmer lediglich die gesetzliche Terminologie von § 11 Nr. 10b AGBG wiederholt und von einem „Fehlschlagen" der Mangelbeseitigung spricht, welche dann die weitergehenden Ansprüche auf Rückgängigmachung des Vertrages (Wandelung) oder auf entsprechende Herabsetzung der Vergütung (Minderung) auslöst.[74] Indessen hat der BGH[75] hervorgehoben, daß es nicht nur genügt, eine der von § 11 Nr. 10b AGBG erfaßten Konstellationen – isoliert – in der Gewährleistungsklausel aufzuführen, sondern daß alle in Betracht kommenden Fallkonstellationen erwähnt werden müssen.[76] Von entscheidender Bedeutung ist für den BGH, daß die Klauselgestaltung – auch im kaufmännischen

---

[67] BGH ZIP 1984, 968.

[68] Hierzu im einzelnen Graf von Westphalen NJW 1980, 2227, 2229, 2232; Palandt/Heinrichs, AGBG, § 11 Anm. 10bb; a.M. Nickel, NJW 1981, 1490, 1494; Wolf/Horn/Lindacher, AGBG, § 11 Nr. 10c Rz. 10; Ulmer/Brandner/Hensen, AGBG, § 11 Nr. 10c Rz. 61.

[69] Graf von Westphalen NJW 1980, 2227ff.; a.M. Nickel NJW 1981, 1490ff.

[70] BGHZ 22, 90, 99f.; BGHZ 34, 94, 98; BGH BB 1974, 294; BGH WM 1974, 843; BGH BB 1979, 804; OLG Celle BB 1970, 513, 514; OLG Hamm NJW 1974, 909; OLG Hamburg MDR 1974, 578.

[71] BGHZ 22, 90, 99; BGH WM 1973, 219, 220; BGH BB 1974, 294; BGH BB 1979, 804; BGH NJW 1985, 623, 630 – Opelhändler.

[72] BGHZ 22, 90, 99; BGHZ 34, 94, 98; BGH BB 1975, 1507; BGH BB 1979, 804.

[73] BGHZ 22, 90, 99; BGH NJW 1963, 1148; BGH BB 1978, 325; BGH NJW 1985, 623, 630 – Opelhändler.

[74] Koch/Stübing, AGBG, § 11 Nr. 10 Rz. 38; Staudinger/Schlosser, AGBG, § 11 Nr. 10 Rz. 52; Wolf/Horn/Lindacher, AGBG, § 11 Nr. 10b Rz. 33.

[75] BGH NJW 1985, 623, 630 – Opelhändler.

[76] BGH NJW 1985, 623, 630 – Opelhändler.

Bereich – derart sein muß, daß der Käufer im Fall eines gewährleistungspflichtigen Mangels nicht davon abgehalten wird, seine Rechte auszuüben.[77]

29 Geht man hiervon aus, so spricht nach wie vor einiges dafür, den Verkäufer/Werkunternehmer als AGB-Verwender für verpflichtet anzusehen, in der jeweiligen Gewährleistungsklausel ,,ausdrücklich" **alle** Fallkonstellationen zu erwähnen, die nach Maßgabe der BGH-Judikatur unter den Oberbegriff des ,,Fehlschlagens" der Mangelbeseitigung/Ersatzlieferung zu subsumieren sind.[78] Denn nur auf diese Weise ist der Käufer/Besteller in der Lage, seine – weitergehenden – Rechte auf Rückgängigmachung des Vertrages (Wandelung) oder entsprechende Herabsetzung der Vergütung (Minderung) im Sinn von § 11 Nr. 10b AGBG erfolgreich geltend zu machen, ohne Rechtsrat einholen zu müssen.

a) Die Unmöglichkeit der Mangelbeseitigung

30 Von einer Unmöglichkeit der Mangelbeseitigung ist immer dann zu sprechen, wenn es sich um einen Konstruktionsfehler handelt.[79] In diesen Fällen steht von vornherein fest, daß eine Mangelbeseitigung zwecklos ist.[80] In gleicher Weise ist von der Unmöglichkeit einer Mangelbeseitigung zu sprechen, wenn der Mangel nicht vollständig beseitigt wird, so daß – als weitere Folge des Mangels – ein merkantiler Minderwert verbleibt.[81] Von einem Mißlingen der Mangelbeseitigung ist im Sinn eines ,,Fehlschlagens" gemäß § 11 Nr. 10b AGBG immer dann zu sprechen, wenn es dem Käufer/Besteller nicht mehr zumutbar ist, weitere Mangelbeseitigungsversuche hinzunehmen.[82]

31 Damit stellt sich die Frage, wieviele Mangelbeseitigungsversuche dem Käufer/Besteller zuzumuten sind – eine Frage, die nur aufgrund der jeweiligen Umstände des Einzelfalls zutreffend beantwortet werden kann.[83] Dabei ist jedenfalls auch entscheidend darauf abzustellen, ob der erste – mißglückte – Mangelbeseitigungsversuch bereits die Unzuverlässigkeit des Verkäufers/Werkunternehmers erwiesen hat, so daß begründete Zweifel am weiteren Erfolg der Mangelbeseitigung bestehen. So gesehen ist es auch von Belang, ob es sich um eine technisch komplizierte Sache oder um ein gewöhnliches Serienfabrikat handelt.[84] Als Faustregel ist festzuhalten, daß zwei Mangelbeseitigungsversuche in der Regel dem Käufer/Besteller zumutbar sind.[85] Bei einer Ersatzlieferung gelten indessen engere Grenzen, soweit das Scheitern der – ersten – Ersatzlieferung in den Augen des Käufers/Bestellers bereits belegt, daß der Verkäufer/Werkunternehmer nicht ausreichend leistungsfähig oder zuverlässig ist.[86]

b) Die unangemessene Verzögerung der Mangelbeseitigung

32 Ein praktisch sehr häufiger Fall des ,,Fehlschlagens" der Mangelbeseitigung/Ersatzlieferung im Sinn von § 11 Nr. 10b AGBG besteht auch darin, daß der Verkäufer/Werkunter-

---

[77] BGH NJW 1985, 623, 630 a. E. – Opelhändler.

[78] Hierzu im einzelnen Löwe/Graf von Westphalen/Trinkner, Großkommentar, § 11 Nr. 10b Rz. 16f.; a.M. Wolf/Horn/Lindacher, AGBG, § 11 Nr. 10b Rz. 33.; Ulmer/Brandner/Hensen, AGBG, § 11 Nr. 10b Rz. 35.

[79] OLG Celle BB 1970, 513, 514; BGH WM 1974, 843.

[80] Schmidt-Salzer, AGBG, F 75.

[81] OLG Köln DB 1965, 140 – Riß im Dach eines PKW und dadurch verursachte Feuchtigkeitsschäden an der Polsterung und der Bodenwanne.

[82] OLG Stuttgart BB 1973, 1115; OLG Hamm NJW 1974, 909.

[83] Ulmer/Brandner/Hensen, AGBG, § 11 Nr. 10b Rz. 38ff.; Löwe/Graf von Westphalen/Trinkner, Großkommentar, Bd. II § 11 Nr. 10b Rz. 9ff.; Wolf/Horn/Lindacher, AGBG, § 11 Nr. 10b Rz. 20ff.

[84] Wolf/Horn/Lindacher, AGBG, § 11 Nr. 10b Rz. 21ff.; Löwe/Graf von Westphalen/Trinkner, Großkommentar, Bd. II § 11 Nr. 10b Rz. 10; Palandt/Heinrichs, AGBG, § 11 Anm. 10b) bb).

[85] OLG Nürnberg DAR 1980, 345; OLG Nürnberg BB 1983, 212; OLG Frankfurt DB 1983, 637; OLG Köln NJW 1987, 2520.

[86] Schmidt-Salzer, AGBG, F 109; Staudinger/Schlosser, AGBG, § 11 Nr. 10 Rz. 50; Löwe/Graf von Westphalen/Trinkner, Großkommentar, Bd. II § 11 Nr. 10b Rz. 14.

nehmer die Durchführung der Mangelbeseitigung/Ersatzlieferung über angemessene Fristen hinaus, d.h. unzumutbar verzögert.[87] Welche Fristen hier angemessen und damit zumutbar sind, ist wiederum abhängig von den Umständen des Einzelfalls. Jedenfalls bei Barkäufen dürfte eine Frist von einer Woche als Regelfrist angesehen werden können.[88]

c) Die treuwidrige Verweigerung der Mangelbeseitigung

Darüber hinaus liegt ein „Fehlschlagen" im Sinn von § 11 Nr. 10b AGBG auch dann vor, wenn der Verkäufer/Werkunternehmer die Durchführung der Mangelbeseitigung/Ersatzlieferung – dieser Fall wird relativ selten sein – treuwidrig verweigert.[89] Indessen ist dies immer dann zu bejahen, wenn der Verkäufer/Werkunternehmer – trotz Mängelrüge – seine Gewährleistungspflicht schlechthin bestreitet, ohne Rücksicht darauf, ob dieses Bestreiten auf tatsächlichen oder rechtlichen Erwägungen beruht.[90] 33

d) Die weitergehenden Ansprüche

Im Rahmen von § 11 Nr. 10b AGBG ist es anerkannt, daß der Verkäufer/Werkunternehmer verpflichtet ist, für den Fall eines „Fehlschlagens" der Mangelbeseitigung/Ersatzlieferung seinem Vertragspartner „ausdrücklich" die weitergehenden Rechte auf „Rückgängigmachung des Vertrages" (Wandelung) oder entsprechende „Herabsetzung der Vergütung" (Minderung) einzuräumen.[91] Es ist deshalb im Sinn von § 11 Nr. 10b AGBG unwirksam, wenn der Verkäufer/Werkunternehmer die juristischen Termini „Wandelung" oder „Minderung" verwendet.[92] Dies schließt im Sinn von § 11 Nr. 10b AGBG ein, daß dem Käufer/Besteller das Wahlrecht vorbehalten sein muß, ob er „Rückgängigmachung des Vertrages" oder „Herabsetzung der Vergütung" begehrt. Die Geltendmachung dieser Rechte setzt nicht voraus, daß der Käufer/Besteller seinem Vertragspartner eine angemessene Frist mit Ablehnungsanordnung setzt.[93] Davon losgelöst ist selbstverständlich darauf hinzuweisen, daß die Rechtsregel des § 634 BGB nicht mit dem Verbotstatbestand von § 11 Nr. 10b AGBG übereinstimmt, so daß der Besteller jedenfalls gemäß § 634 Abs. 1 Satz 1 BGB verpflichtet ist, dem Werkunternehmer eine Frist mit Ablehnungsandrohung zu setzen, bevor er die weitergehenden Ansprüche auf Wandelung oder Minderung geltend machen kann[94] – ein Gesichtspunkt, der auch in der früheren Judikatur anerkannt war.[95] Gleichwohl verstößt es nicht gegen § 11 Nr. 10b AGBG, wenn der Verkäufer/Werkunternehmer in seinen AGB bestimmt, der Vertragspartner habe erst dann das Recht auf Wandelung oder Minderung, wenn er eine angemessene Frist zur Durchführung der Mangelbeseitigung/Ersatzlieferung gesetzt hat und diese fruchtlos verstrichen ist.[96] Unabhängig davon ist es dem Käufer/Besteller stets anzuraten, seinem 34

[87] Wolf/Horn/Lindacher, AGBG, § 11 Nr. 10b Rz. 29f.; Löwe/Graf von Westphalen/Trinkner, Großkommentar, Bd. II § 11 Nr. 10b Rz. 13; Ulmer/Brandner/Hensen, AGBG, § 11 Nr. 10b Rz. 44f.

[88] Löwe/Graf von Westphalen/Trinkner, Großkommentar, Bd. II § 11 Nr. 10b Rz. 13.

[89] BGHZ 22, 90, 99; BGH WM 1974, 843.

[90] Löwe/Graf von Westphalen/Trinkner, Großkommentar, Bd. II § 11 Nr. 10b Rz. 12.

[91] BGH NJW 1982, 331, 333; BGH NJW 1982, 2380; OLG Koblenz ZIP 1981, 509; OLG Hamm NJW 1982, 187.

[92] Palandt/Heinrichs, AGBG, § 11 Anm. 10b) cc); Staudinger/Schlosser, AGBG, § 11 Nr. 10 Rz. 52; Ulmer/Brandner/Hensen, AGBG, § 11 Nr. 10b Rz. 34; Wolf/Horn/Lindacher, AGBG, § 11 Nr. 10b Rz. 33; Löwe/Graf von Westphalen/Trinkner, Großkommentar, Bd. II § 11 Nr. 10b Rz. 17; a.M. OLG Saarbrücken BB 1979, 1064; OLG Frankfurt DB 1980, 2235.

[93] Ulmer/Brandner/Hensen, AGBG, § 11 Nr. 10b Rz. 47ff.; Staudinger/Schlosser, AGBG, § 11 Nr. 10 Rz. 51; Koch/Stübing, AGBG, § 11 Nr. 10 Rz. 40; 47.

[94] Vgl. auch Stötter DB 19690, 647; Kirchhof NJW 1970, 2052; RGRK-BGB/Mezger § 462 Rz. 3.

[95] BGH NJW 1970, 1502; BGH BB 1971, 976.

[96] Staudinger/Schlosser, AGBG, § 11 Nr. 10 Rz. 51.; Löwe/Graf von Westphalen/Trinkner, Großkommentar, Bd. II § 11 Nr. 10b Rz. 19; a.M. Ulmer/Brandner/Hensen, AGBG, § 11 Nr. 10b Rz. 47. a.E.

Vertragspartner eine angemessene Frist zur Durchführung der Mangelbeseitigung/Ersatzlieferung zu setzen, bevor die weitergehenden Ansprüche im Sinn von § 11 Nr. 10b AGBG geltend gemacht werden,[97] weil dies eine größere Klarheit nach sich zieht. Dabei gilt auch hier – wie stets –, daß eine unangemessen kurze Frist eine angemessene in Lauf setzt. Für gewöhnlich dürfte eine Mangelbeseitigungsfrist zwischen 8 bis 21 Tagen sachgerecht sein.[98]

e) Keine abschließende Begrenzung gemäß § 11 Nr. 10b AGBG

35 Es ist im Auge zu behalten, daß die Rechtsregel des § 11 Nr. 10b AGBG als Verbotstatbestand aufgebaut ist, so daß der Verkäufer/Werkunternehmer keineswegs von vornherein mit der erforderlichen Sicherheit davon ausgehen kann, seine Haftung im Rahmen von § 11 Nr. 10b AGBG beschränkt zu haben. Abhängig von den jeweiligen Umständen des Einzelfalls kann es nämlich durchaus sein, daß die Einräumung eines Wandelungs- oder Rücktrittsrechts für den Käufer/Besteller nicht „erträglich" ist und deshalb gegen die Gebote von Treu und Glauben gemäß § 9 Abs. 1 AGBG verstößt.[99] Es kommt daher entscheidend darauf an, daß zugunsten des Käufers/Bestellers Schadensersatzansprüche erwachsen. Innerhalb der Verbotsgrenzen von § 11 Nr. 11 AGBG *(§ 11 Rz. 6ff.)* sind diese freilich ebenso selbstverständlich freizeichnungsfest wie innerhalb derjenigen von § 11 Nr. 7 AGBG *(§ 12 Rz. 13ff.)*. Entscheidend ist jedoch, daß die Schadensersatzhaftung des Verkäufers/Werkunternehmers von § 11 Nr. 10b AGBG nicht erfaßt wird. Insbesondere die schuldhafte Verletzung der Nachbesserungs- oder Ersatzlieferungspflicht, welche Ansprüche aus positiver Vertragsverletzung auslöst, ist nicht Gegenstand dieser Norm.[100] Gleichwohl entspricht es der – freilich vor Erlaß der AGBG bekannt gewordenen Judikatur – daß der Verkäufer/Werkunternehmer berechtigt ist, den aus positiver Vertragsverletzung folgenden Schadensersatzanspruch dadurch wirksam auszuschließen, daß er – auch für diesen Fall – seinem Käufer/Besteller ausdrücklich ein Rücktrittsrecht einräumt – ausgenommen der Verbotstatbestand von § 11 Nr. 7 AGBG.[101]

2. Im kaufmännischen Bereich

36 Die von der Judikatur entwickelten Grundsätze zum „Fehlschlagen" der Mangelbeseitigung/Ersatzlieferung sind gemäß § 9 Abs. 2 Nr. 1 AGBG auch im kaufmännischen Verkehr anerkannt: Eine Rechtlosstellung des Kunden aufgrund einer Beschränkung seiner Rechte auf Mangelbeseitigung/Ersatzlieferung ist unangemessen.[102] Dies ist ausdrücklich vom BGH unter Geltung des AGBG bestätigt worden.[103] Auch die Literatur stützt diese Auffassung.[104] Demzufolge müssen auch im kaufmännischen Verkehr alle – zuvor dargestellten *(§ 3 Rz. 27)* – Fälle aufgeführt werden, die ein „Fehlschlagen" der Mangelbeseitigung/Ersatzlieferung bedingen.[105] Allerdings reicht es im kaufmännischen Verkehr aus,

---

[97] Ulmer/Brandner/Hensen, AGBG, § 11 Nr. 10b Rz. 49; Löwe/Graf von Westphalen/Trinkner a. a. O.

[98] Thamm BB 1982, 2018, 2021.

[99] BGH BB 1974, 294, 295; BGH BB 1980, 13 – Schiffsmotore).

[100] KG Berlin DAR 1980, 176.

[101] BGH NJW 1963, 1148; BGH BB 1978, 325; BGH BB 1980, 13 – Schiffsmotoren; im einzelnen Löwe/Graf von Westphalen/Trinkner, Großkommentar, Bd. II § 11 Nr. 10b Rz. 27.

[102] BGHZ 22, 90, 99; BGHZ 37, 94, 98; BGH BB 1974, 294; BGH BB 1975, 1507; BGH BB 1978, 325; BGH BB 1979, 804; BGH BB 1981, 815; BGH BB 1981, 935.

[103] BGH NJW 1985, 623, 630 – Opelhändler.

[104] Koch/Stübing, AGBG, § 11 Nr. 10 Rz. 43; Staudinger/Schlosser, AGBG, § 11 Nr. 10 Rz. 56; Löwe/Graf von Westphalen/Trinkner, Großkommentar, Bd. II § 11 Nr. 10b Rz. 32f.; Wolf/Horn/Lindacher, AGBG, § 11 Nr. 10b Rz. 36.

[105] BGH NJW 1985, 623, 630 – Opelhändler.

wenn der Gesetzeswortlaut von § 11 Nr. 10b AGBG wiederholt und von einem „Fehlschlagen" der Mangelbeseitigung/Ersatzlieferung gesprochen wird.

Es ist umstritten, ob im kaufmännischen Verkehr – wie von § 11 Nr. 10b AGBG 37
vorgesehen – dem Kunden „ausdrücklich" das Recht eingeräumt werden muß, beim „Fehlschlagen" der Mangelbeseitigung/Ersatzlieferung Wandelung oder Minderung zu begehren.[106] Dies ist jedoch deswegen zu bejahen, weil nur so die Gewähr besteht, durch eine ausreichende – und gebotene – Klauseltransparenz dem Kunden zur Durchsetzung seiner Rechte zu verhelfen.[107] Unter dieser Perspektive aber macht es keinen Sinn, dem Kunden Wandelungs- oder Minderungsrechte für den Fall des „Fehlschlagens" der Mangelbeseitigung/Ersatzlieferung einzuräumen, ohne dieses Wahlrecht auch ausdrücklich klarzustellen. Verstärkt wird dieses Argument durch die Erwägung, daß der BGH[108] bestätigt hat, daß dem Kunden für den Fall des „Fehlschlagens" der Mangelbeseitigung/Ersatzlieferung – entsprechend dem Modell von § 11 Nr. 10b AGB – auch im kaufmännischen Verkehr sowohl das Recht auf Wandelung als auch das auf Minderung zugestanden werden muß.[109] Indessen ist es im kaufmännischen Verkehr unbedenklich, anstelle der in § 11 Nr. 10b AGBG verwendeten Terminologie unmittelbar von Wandelung oder Minderung zu reden, weil dem Kunden im kaufmännischen Bereich die Kenntnis dieser Terminologie zugemutet werden kann.[110]

Darüber hinaus empfiehlt sich in den AGB eine ausdrückliche Regelung, in denen 38
Schadensersatzansprüche wegen schuldhafter Verletzung der Mangelbeseitigungs- oder Ersatzlieferungspflicht dadurch ausgeschlossen werden, daß dem Kunden auch für diesen Fall ein Recht auf Wandelung oder Minderung zugestanden wird.[111] Ob dadurch freilich stets die in der schuldhaften Verletzung der Mangelbeseitigungs- oder Ersatzlieferungspflicht liegende Störung des Äquivalenzverhältnisses beseitigt wird, ist offen und abhängig von den jeweiligen Umständen des Einzelfalls.[112] Doch bestehen – vom Grundsatz her betrachtet – gegen eine das Schadensersatzrisiko begrenzende Haftung, die dem Kunden das Wandelungs- oder Minderungsrecht einräumt, keine durchgreifenden Bedenken, sofern im übrigen die in § 11 Nr. 10b AGBG vorgesehenen Mindestrechte dem Kunden für den Fall des „Fehlschlagens" der Mangelbeseitigung/Ersatzlieferung verbleiben.[113] Selbstverständlich gilt des weiteren die Sperrwirkung von § 11 Nr. 7 AGBG *(§ 12 Rz. 13)* sowie die von § 9 Abs. 1 AGBG im kaufmännischen Bereich *(§ 12 Rz. 19)*, weil diese Wirksamkeitsgrenzen für Schadensersatzansprüche wegen positiver Vertragsverletzung zu respektieren sind. Für den Fall des Verzugs gilt indessen gegenüber einem Schadensersatzanspruch gemäß § 286 BGB der Sondertatbestand von § 11 Nr. 8 AGBG, der im kaufmännischen Verkehr seine Entsprechung gemäß § 9 Abs. 2 Nr. 1 AGBG findet.[114]

---

106 Bejahend: Palandt/Heinrichs, AGBG, § 11 Anm. 10b ee); Ulmer/Brandner/Hensen, AGBG, § 11 Nr. 10 Rz. 58; verneinend: Wolf/Horn/Lindacher, AGBG, § 11 Nr. 10 Rz. 37; Staudinger/Schlosser, AGBG, § 11 Nr. 10 Rz. 56.

107 BGH NJW 1985, 623, 630 – Opelhändler.

108 BGH BB 1981, 815, 816.

109 Wolf/Horn/Lindacher, AGBG, § 11 Nr. 10b Rz. 36; Löwe/Graf von Westphalen/Trinkner, Großkommentar, Bd. II § 11 Nr. 10b Rz. 33.

110 Löwe/Graf von Westphalen/Trinkner, Großkommentar, Bd. II § 11 Nr. 10b Rz. 37; Koch/Stübing, AGBG, § 11 Nr. 10 Rz. 43; Staudinger/Schlosser, AGBG, § 11 Nr. 10 Rz. 56.

111 Vgl. BGH BB 1978, 325.

112 BGH BB 1980, 13 – Schiffsmotoren; im einzelnen Löwe/Graf von Westphalen/Trinkner, Großkommentar, Bd. II § 11 Nr. 10b Rz. 39f.

113 A. M. Wolf/Horn/Lindacher, AGBG, § 11 Nr. 10b Rz. 36.

114 Löwe/Graf von Westphalen/Trinkner, Großkommentar, Bd. II § 11 Nr. 8 Rz. 38; Wolf/Horn/Lindacher, AGBG, § 11 Nr. 8 Rz. 21; a. M. Palandt/Heinrichs, AGBG, § 11 Anm. 8d.

§ 4. Ansprüche wegen Schlechtlieferung – positive Vertragsverletzung – Mangelfolgeschaden

I. Im Bereich des Kaufvertrages

1. Der Grundsatz der Schlechterfüllung

1 Unter Schlechterfüllung versteht man jede mangelhafte Erfüllung einer Leistungspflicht, die weder Unmöglichkeit noch Verzug zur Folge hat, und die auch nicht durch die Spezialvorschriften der §§ 459ff. BGB ausgeschlossen ist.[1] Ohne Rücksicht darauf, daß sich aus den §§ 463, 480 Abs. 2 BGB der gesetzliche Grundsatz entnehmen läßt, eine Schadensersatzhaftung nur bei Vorliegen einer Zusicherung oder einer arglistigen Täuschung zu gewähren, ist es heute gesicherte Erkenntnis: Der Verkäufer haftet auch dann für Schäden, wenn er die Fehlerfreiheit nicht zugesichert oder arglistig vorgespiegelt oder den Fehler arglistig verschwiegen hat, sofern der jeweilige Fehler der Sache durch Fahrlässigkeit herbeigeführt wurde.[2] Man kann sogar soweit gehen, diese Rechtsentwicklung als gewohnheitsrechtlich abgesichert zu bezeichnen.[2a]

2 Die auf dem schuldhaften Handeln des Verkäufers oder seines Erfüllungsgehilfen (§ 278 BGB) beruhende Haftung folgt aus dem Institut der positiven Vertragsverletzung. Diese erfaßt zwei unterschiedliche Fallkonstellationen: Zum einen die Verletzung von Leben, Körper, Gesundheit und Eigentum des Käufers;[3] zum anderen erfassen Ansprüche aus positiver Vertragsverletzung primäre Vermögensschäden.[4]

2. Mangelschaden – Mangelfolgeschaden: Abgrenzung

3 Es entspricht gesicherter Rechtsprechung: Die Bestimmungen der §§ 463, 480 Abs. 2 BGB sind gegenüber der allgemeinen Fahrlässigkeitshaftung des Verkäufers Spezialnormen, so daß Ansprüche wegen Schlechterfüllung, die auf positiver Vertragsverletzung gestützt werden, nur für den Bereich von Mangelfolgeschäden geltend gemacht werden könen.[5] Anstelle des Begriffs Mangelschaden – Mangelfolgeschaden verwendet die Judikatur auch teilweise die parallelen Termini des mittelbaren und des unmittelbaren Schadens.[6] Ein Unterschied wird dadurch jedoch nicht begründet.[7] Maßgebend ist folglich: Die gewährleistungsrechtlichen Sonderregelungen der §§ 463, 480 Abs. 2 BGB schützen die Interessen des Käufers an dem Erlangen einer vertragsgemäßen Leistung – ,,Äquivalenzinteresse" – nicht aber sein Interesse an dem Schutz seiner sonstigen Güter vor Schädigungen durch eine mangelhafte Lieferung der Kaufsache – ,,Integritätsinteresse".[8] Der Schutzbereich des ,,Äquivalenzinteresses" erfaßt folglich nicht die Schäden, die auch bei reiner Nichterfüllung entstanden wären.

---

[1] MünchKomm/Emmerich vor § 275 Rz. 98; Palandt/Heinrichs § 276 Anm. 7 A cc) jeweils m. w. N.

[2] RGZ 53, 200; RGZ 66, 289; RGZ 103, 77; BGH NJW 1965, 532; BGH BB 1967, 433; BGH NJW 1968, 2238.

[2a] MünchKomm/Westermann § 463 Rz. 31; Palandt/Heinrichs § 276 Anm. 7 Ab); Staudinger/Löwisch vor § 275 Rz. 21; Soergel/Huber § 463 Rz. 66.

[3] BGHZ 60, 9 – Konstruktionsfehler; BGH NJW 1975, 685 – vollautomatische Waschanlage; BGH NJW 1975, 824 – Haartonicum; BGH NJW 1976, 1505 – Frostschutzmittel.

[4] RGZ 56, 166; RGZ 103, 77; BGH NJW 1968, 640; BGH BB 1971, 62.

[5] BGH BB 1980, 1068 – Spanplatten.

[6] BGH JZ 1967, 321.

[7] BGH BB 1980, 1068, 1069 – Spanplatten.

[8] BGH BB 1980, 1068, 1069.

Danach gilt die grundsätzliche Grenzziehung: Zum Bereich des Mangelfolgeschadens zählt derjenige Schaden, der dem Käufer an seinen übrigen Rechtsgütern „außerhalb der Kaufsache“[9] entstanden ist. Demgegenüber umfaßt der Bereich des Mangelschadens denjenigen Schaden, der „unmittelbar durch die mangelhafte Lieferung verursacht“ ist:[10] Fehlende oder eingeschränkte Gebrauchstauglichkeit der Kaufsache, die zur Beseitigung der Mängel erforderlichen Aufwendungen, so insbesondere die Reparaturkosten, der bleibende Minderwert, der Nutzungsausfall sowie der entgangene Gewinn.[11] 4

Die Literatur hat sich dieser Auffassung weitestgehend angeschlossen;[12] sie hat indes auch Kritik geäußert.[13] In praktischer Hinsicht ist jedoch entscheidend: Der BGH hat in seiner Entscheidung vom 2. 6. 1980[14] ausdrücklich erklärt, an dieser Judikatur „nach nochmaliger Überprüfung“[15] festzuhalten.[16] 5

Gleichwohl bleiben Abgrenzungsschwierigkeiten, so daß eine **fallspezifische** Differenzierung nach Maßgabe der Judikatur zweckdienlich erscheint: 6

a) Mangelschäden

Unstrittig unterfallen folgende Aufwand- oder Schadenspositionen dem Bereich des Mangelschadens: Die Reparaturkosten[17] sowie die Gutachterkosten, die zur Feststellung der Mängel erforderlich sind, soweit sie zwangsläufig als Folge des Mangels auftreten.[18] Gleiches gilt für den Nutzungsausfall während der Reparatur.[19] Läßt sich durch die Reparatur die Gebrauchstauglichkeit der Kaufsache nicht vollends wiederherstellen, so ist der verbleibende Minderwert Mangelschaden.[20] Auch der entgangene Gewinn, der auf der Mangelhaftigkeit der Sache beruht, zählt hierzu.[21] Auch wird man zu dem Bereich des Mangelschadens die fehlende oder eingeschränkte Gebrauchstauglichkeit der Kaufsache rechnen, soweit sie durch den Mangel bedingt ist.[22] Darüber hinaus fallen die Kosten des Transports der Ware zum Bestimmungsort in die Kategorie des Mangelschadens;[23] im Bereich des Mangelbeseitigungsanspruchs gemäß § 476a BGB gehören sie jedoch zu den nach dieser Norm zu ersetzenden Aufwendungen *(§ 3 Rz. 11)*. Auch die Kosten, welche der Käufer aufgewandt hat, um sich den Kaufpreis zu verschaffen, zählen hierzu.[24] 7

b) Mangelfolgeschäden

Soweit wegen der Verletzung der in § 823 BGB geschützten Rechtsgüter Ansprüche geltend gemacht werden, besteht Anspruchskonkurrenz, so daß schon wegen § 852 BGB Ansprüche aus positiver Vertragsverletzung in den Hintergrund treten.[25] Ein Mangelfolgeschaden liegt jedoch auch dann vor, wenn der Käufer eine fehlerhaft gelieferte Sache verarbeitet und dadurch ein mit Mängeln behaftetes Werk herstellt.[26] Dabei ist es unerheblich, in welcher Weise die Verarbeitung oder Verbin- 8

---

[9] BGH BB 1980, 1068, 1069 – Spanplatten.
[10] BGH a. a. O.
[11] BGH NJW 1978, 2241, 2242 – Hinterradfelge; BGH BB 1980, 1068, 1069 – Spanplatten.
[12] Palandt/Putzo vor § 459 Anm. 2b; Erman/Weitnauer vor § 459 Rz. 22f.; Rz. 46f.; MünchKomm/Westermann § 463 Rz. 41.
[13] Soergel/Huber § 463 Rz. 69; Staudinger/Honsell § 463 Rz. 39.
[14] BGH BB 1980, 1068 – Spanplatten.
[15] BGH BB 1980, 1068, 1069 – Spanplatten.
[16] Kritisch auch Huber AcP 177 (1977) 381, 285ff.; Evans-von Krbek, AcP 179 (1979) 85, 115ff.
[17] BGH NJW 1978, 2241, 2242 – Hinterradfelge.
[18] BGH NJW 1978, 2241, 2242 – Hinterradfelge.
[19] BGH NJW 1978, 2241, 2242 – Hinterradfelge; BGH BB 1980, 1068, 1069 – Spanplatten.
[20] BGH NJW 1978, 2241, 2242 – Hinterradfelge; BGH BB 1980, 1068, 1069 – Spanplatten.
[21] BGH WM 1972, 558, 560; BGH BB 1980, 1068, 1069 – Spanplatten.
[22] BGH NJW 1978, 2241, 2246 – Hinterradfelge.
[23] Vgl. RG DR 1941, 637, 638; a. M. Soegel/Huber § 463 Rz. 83.
[24] Soegel/Huber a. a. O.
[25] BGH BB 1970, 1414 – Bremsen; BGH DB 1972, 1335 – Propangas; BGH BB 1977, 162 – Schwimmschalter.
[26] RG DR 1941, 638; BGH BB 1967, 433 – Rutile.

dung vorgenommen wird.[27] Des weiteren fallen die Kosten der Ausbesserung sowie die erforderlichen Aufwendungen einer Neuherstellung in den Bereich des Mangelfolgeschadens.[28] Dabei ist indessen entscheidend, daß es sich nicht nur um Reparaturkosten, sondern darum handelt, daß die Neuherstellung auch den Ersatz sonstiger Leistungen als Mangelfolgeschaden einschließt.[29] Ist der Käufer wegen der Lieferung einer mangelhaften Sache Schadensersatzansprüchen Dritter ausgesetzt, so gilt Gleiches.[30] Ob dieser Schadensersatzanspruch auf gesetzlichen oder vertraglichen Bestimmungen beruht, ist ohne Belang; selbst ein Vergleich, der zwischen dem Dritten und dem Käufer akkordiert wird, ändert daran nichts.[31]

9 Wird eine mangelhafte Sache eingebaut, so sind De- und Remontagekosten weder Mangelschäden noch Mangelfolgeschäden; sie unterfallen vielmehr dem Anwendungsbereich von § 476a BGB.[32] Dies gilt freilich dann nicht, wenn als Folge des Einbaus eines mangelhaften Teils andere Sachen des Käufers in Mitleidenschaft gezogen werden, auf die sich dann die De- und Remontagekosten erstrekken.[33] Dies gilt auch bei der Lieferung mangelhafter Lichtkuppeln; die Kosten der De- und Remontage neuer Lichtkuppeln sind ersatzfähiger Mangelfolgeschaden.[34] Bei Montagekosten ist darüber hinaus stets zu prüfen, ob sie nicht dem Bereich der Vertragskosten gemäß § 467 Satz 2 BGB zuzurechnen sind, sofern der Käufer Wandelung begehrt.[35] Darüber hinaus wird man alle Schadenspositionen dem Bereich des Mangelfolgeschadens zuweisen, welche über die nach § 476a BGB zu ersetzenden Aufwendungen hinausgehen, wie zum Beispiel Transportkosten,[36] sofern es sich nicht um Schäden handelt, die für die Durchführung der Mangelbeseitigung notwendig sind.[37]

10 Ob auch in den Fällen, in denen – wegen fehlender „Stoffgleichheit“ zwischen Mangel und Schaden – Ansprüche aus § 823 Abs. 1 BGB begründet sind,[38] Ansprüche aus positiver Vertragsverletzung resultieren, erscheint zweifelhaft.[39] Denn die Abgrenzung zwischen Mangelschaden – Mangelfolgeschaden bezieht sich stets auf die gesamte Kaufsache, nicht aber auf deren funktional abgrenzbare Einzelteile.[40] Indessen ist diese Streitfrage von geringer praktischer Bedeutung: Sowohl Nutzungsausfall[41] als auch der entgangene Gewinn[42] können mit Hilfe eines Anspruchs gemäß § 823 Abs. 1 BGB bei fehlender „Stoffgleichheit“ reklamiert werden (hierzu § 21 Rz. 33ff.).

3. Die Verletzung von Nebenpflichten

11 Anerkanntermaßen wird unter dem Gesichtspunkt der positiven Vertragsverletzung jegliche schuldhafte Leistungsstörung verstanden,[43] die durch die Verletzung einer – im weitesten Sinne – aufzufassenden „Vertragspflicht“ den Vertragspartner schädigt – mit der Folge, daß eine Schadensersatzhaftung zumindest aus einer analogen Anwendung der §§ 280, 286, 325, 326 BGB folgt.[44] Unter die Kategorie der positiven Vertragsverletzung sind deshalb alle Handlungen zu subsumieren, welche die Erreichung des Vertragszwecks gefährden, einschließlich der Verletzung von aus dem Vertrag folgenden Nebenpflichten,

---

[27] BGH BB 1971, 287 – mangelhaftes Abdichtungsmaterial; BGHZ 60,9 – Heizungsteile.
[28] BGH BB 1980, 1068, 1069 – Spanplatten: im Ergebnis offengelassen.
[29] BGH BB 1980, 1068, 1069 – Spanplatten/PVC-Belag neu zu verlegen.
[30] BGH BB 1967, 433 – Rutile; BGH BB 1980, 1068, 1069 – Spanplatten.
[31] So mit Recht Soegel/Huber § 463 Rz. 84.
[32] BGH NJW 1963, 805; BGH NJW 1963, 811.
[33] BGH BB 1980, 1068, 1069 – Spanplatten, RG DR 1941, 637, 638.
[34] So mit Recht Soergel/Huber § 463 Rz. 84; a.M. BGH WM 1980, 1388, 1389.
[35] BGHZ 87, 104.
[36] Soergel/Huber § 463 Rz. 85.
[37] BGH NJW 1963, 805; BGH NJW 1963, 811.
[38] BGH BB 1977, 162 – Schwimmschalter; BGH NJW 1978, 2241 – Hinterradfelge; BGHZ 86, 256 – Gaszug; BGH WM 1985, 919 – Ölablaufrohr.
[39] A.M. Soergel/Huber § 463 Rz. 86.
[40] Vgl. BGH BB 1980, 1068, 1069 – Spanplatten.
[41] BGH NJW 1978, 2241, 2242 – Hinterradfelge; BGH BB 1980, 1068, 1069 – Spanplatten.
[42] BGH a.a.O.
[43] BGH NJW 1954, 229.
[44] BGH a.a.O.

Vorbereitungs-, Obhuts-, Auskunfts-, Anzeige-, Mitwirkungs- und sonstige Pflichten.[45] Aus diesem allgemeinen Grundsatz, der durchaus gewisse Verschleifungen zur Haftung wegen Verschuldens bei Vertragsabschluß *(§ 4 Rz. 46ff.)* ermöglicht, ergeben sich folgende in der Praxis relevanten Gesichtspunkte:

a) Die deliktsrechtlichen Organisationspflichten

Nach der hier im einzelnen entwickelten Auffassung *(§ 24 Rz. 60ff.)* ist der Hersteller 12
verpflichtet, alle erforderlichen Maßnahmen zu treffen, um die in § 823 BGB geschützten Rechtsgüter Dritter vor – vermeidbaren – Gefahren zu schützen. Unter der Perspektive von § 9 Abs. 2 Nr. 1 bzw. von § 9 Abs. 2 Nr. 2 AGBG ist diese Pflicht regelmäßig als „Kardinalpflicht" *(§ 13 Rz. 2ff.)*, jedenfalls doch als „wesentliche" Hauptpflicht einzuordnen. Sie ist keine „Nebenpflicht".[46] Allein diese Kategorisierung entspricht dem überragenden Zweck der deliktsrechtlichen Organisationspflichten, die in § 823 BGB normierten Rechtsgüter vor vermeidbaren Gefahren zu schützen – ein Gesichtspunkt, der freilich in bezug auf Haftungsfreizeichnungs- und Haftungsbegrenzungsklauseln eine gewisse Differenzierung zwischen Personen- und Sachschäden ermöglicht *(§ 13 Rz. 23)*. Daß Anspruchskonkurrenz zwischen Schadensersatzansprüchen gemäß § 823 BGB einerseits und Schadensersatzansprüchen aus positiver Vertragsverletzung andererseits besteht, bedingt freilich – gerade im Bereich von Mangelfolgeschäden – keine Differenzierung des Inhalts der Pflicht: Der Charakter der – fahrlässig verletzten – Pflicht ändert sich nicht durch den Austausch der anspruchsbegründenden Norm. Vielmehr ist ungekürzt auf den Pflichtenkatalog zurückzugreifen, der im Rahmen von § 823 BGB entwickelt worden ist *(§ 24 Rz. 3ff.)*, also mit der erforderlichen Differenzierung zwischen den Pflichten, die den Hersteller *(§ 24 Rz. 60ff.)*, den Lieferanten *(§ 24 Rz. 102ff.)* oder den Händler *(§ 26 Rz. 2ff.)* treffen. Deshalb sollen im folgenden nur einige Grundsätze verdeutlichend behandelt werden:

b) Die Verletzung von Beratungspflichten

Ob zwischen Verkäufer und Käufer Beratungspflichten – gleichgültig, ob als Haupt- 13
oder Nebenpflichten – bestehen, hängt entscheidend von den Pflichten ab, die der Verkäufer übernommen hat. Wie stets sind auch hier die besonderen Umstände des Einzelfalls zu berücksichtigen; auf das Vorliegen einer zugesicherten Eigenschaft kommt es dabei nicht entscheidend an.[47] Von Bedeutung ist stets, ob unter Berücksichtigung der Gebote von Treu und Glauben für den Verkäufer Anlaß bestand, den Käufer über die Besonderheiten der jeweiligen Kaufsache zu beraten, zum Beispiel dann, wenn es sich um einen bisher auf dem Markt noch unbekannten Werkstoff handelt.[48] So gesehen kommt es stets entscheidend darauf an, ob beim Käufer die erforderliche Sachkenntnis im Hinblick auf den risikolosen Gebrauch der Kaufsache vorlag.[49] Wesentlich ist dabei auch, ob der Verkäufer lediglich als Lieferant aufgetreten ist, oder ob er auch noch sonstige Pflichten, wie zum Beispiel der verfahrenstechnischen Beratung, übernommen hatte.[50] Unter dieser Voraussetzung besteht eine Nebenpflicht, daß die erteilten Ratschläge und Weisungen objektiv geeignet sein müssen, den Käufer in den Besitz einer funktionierenden Kaufsache zu setzen. Die gleichen Grundsätze gelten dann, wenn der Verkäufer die Verpflichtung übernommen hat, das Personal des Käufers einzuweisen, um auf diese Weise sicherzustellen, daß die gelieferte Maschine ordnungsgemäß betrieben und gewartet werden kann.[51]

---

[45] BGH NJW 1978, 260 – Carrera.

[46] So mit Recht Soergel/Huber vor § 459 Rz. 60; im einzelnen Messer, in: Kullmann/Pfister, Produzentenhaftung, Kza. 1426 S. 3ff.

[47] BGH LM Nr. 15 zu § 276 (Hb) BGB – Dachfolie.

[48] BGH LM Nr. 7 zu § 459 BGB.

[49] BGH MDR 1967, 758 – Betonbereitungsanlage.

[50] BGH WM 1982, 849, 850 – Chemikalien.

[51] BGH NJW 1983, 392 – Verzinkungsanlage.

14 Die Existenz von Beratungspflichten – als Nebenpflichten zum Kaufvertrag[52] – sind vor allem dann zu bejahen, wenn der Verkäufer ein ausgewiesener Fachmann ist, auf dessen höherwertiges Know-How der Käufer vertraut und vertrauen darf.[53] Aber auch als Fachmann darf sich der Verkäufer mit den Äußerungen solcher Personen oder Institute begnügen, die er nach ihrer Qualifikation als sachverständig ansehen darf; es trifft ihn dann keine zusätzliche Überprüfungspflicht.[54] Dies gilt freilich dann nicht, wenn gewichtige Gründe dafür sprechen, daß die von einem Dritten herrührenden Angaben unvollständig oder unzutreffend sind.[55] Von besonderem Belang ist diese Problematik im Zusammenhang mit der Lieferung von Software.[56] Diese Verpflichtung gilt dann auch gegenüber einem Leasingnehmer.[57]

15 Verstärkt gelten diese Grundsätze dann, wenn der Verkäufer einen Beratungsservice anbietet.[58] Unter diesen Voraussetzungen sind der Verkäufer sowie dessen Erfüllungsgehilfe verpflichtet, in umfassender Weise über das Für und Wider eines Pflanzenschutzes nach den verschiedenen Richtungen hin, insbesondere auch auf objektiv vorhandene synergetische Effekte zu belehren.[59]

16 Selbstverständlich gilt eine Beratungs- und Belehrungspflicht, soweit die Verwendung der Kaufsache nicht risikolos möglich, sondern zu besorgen ist, daß die in § 823 Abs. 1 BGB geschützten Rechtsgüter Dritter in Mitleidenschaft gezogen werden.[60] Diese Verpflichtung folgt – neben der allgemein anerkannten deliktsrechtlichen Verpflichtung zur Gefahrenabwehr – aus einer entsprechenden kaufvertraglichen Nebenpflicht.[61] Ziel und Zweck derartiger Aufklärungspflichten ist es, dem Käufer darüber Klarheit zu verschaffen, daß ihm möglicherweise eine Gefahr droht, um ihn auf diese Weise in die Lage zu versetzen, entweder rechtzeitig von der Verwendung der Kaufsache Abstand zu nehmen oder der drohenden Gefahr in sonstiger Weise wirksam entgegenzutreten.[62]

c) Untersuchungspflichten

17 **aa) Das Beispiel des Gebrauchtwagenhändlers.** Nach der Rechtsprechung des BGH gibt es keine allgemeinen Untersuchungspflichten, die den Käufer treffen.[63] Vielmehr greift eine Untersuchungspflicht nur dann ein, wenn bestimmte Anhaltspunkte vorliegen, aus denen sich Zweifel ergeben, daß die Kaufsache mangelfrei ist.[64] Weil keine allgemeine Untersuchungspflicht – auch zu Lasten des Gebrauchtwagenhändlers – besteht, kann von diesem auch nicht verlangt werden, daß er ungefragt jeweils darauf hinweist, er habe den zum Verkauf angebotenen Wagen nicht untersucht und auch nicht überprüft.[65] Auch die Frage des Käufers nach Unfallschäden löst keine weitergehenden Untersuchungspflichten aus; sie begründet freilich die Verpflichtung des Gebrauchtwagenhändlers zur vollständigen und richtigen Beantwortung der gestellten Fragen.[66] Die Pflicht, das Fahrzeug zu

---

[52] BGH NJW 1973, 843 – Nottestamentsmappe.
[53] BGH NJW 1957, 746 – chloridhaltiges Wasser.
[54] BGH BB 1976, 17 – Kunststoffverbundbauplatten.
[55] BGH a. a. O.
[56] OLG Stuttgart NJW-RR 1986, 1245, 1246.
[57] BGH ZIP 1985, 935.
[58] BGH VersR 1977, 918, 919 – Pflanzenschutzmittel.
[59] BGH VersR 1977, 918, 920.
[60] BGH NJW 1975, 924 – Haartonicum.
[61] BGH BB 1959, 1186; BGH NJW 1975, 824 – Haartonicum.
[62] BGH a. a. O.
[63] BGH NJW 1968, 2238 – Treibstoff; BGH NJW 1977, 1055 – Gebrauchtwagenhändler; BGH NJW 1979, 1886 – Gebrauchtwagenhändler.
[64] BGH NJW 1975, 642 – Gebrauchtwagenhändler; BGH NJW 1979, 1886 – Gebrauchtwagenhändler; BGH NJW 1981, 928 – Gebrauchtwagenhändler; BGH NJW 1982, 1386 – Gebrauchtwagenhändler; BGH NJW-RR 1987, 486 – Gebrauchtwagenhändler.
[65] BGH NJW 1977, 1055; BGH NJW 1979, 1886, 1887; BGH NJW 1981, 928, 929.
[66] BGH NJW 1979, 1886, 1887; BGH NJW 1981, 928, 929.

prüfen und den fachlich meist unerfahrenen Käufer zu unterrichten, findet ihre Rechtfertigung in der Erwägung, daß dem fachlich geschulten Verkäufer konkrete Anzeichen für Mängel eher auffallen als dem Käufer, und daß er die Erwerbsrisiken ungleich besser überblickt.[67]

18 Ausreichende, „handgreifliche Anhaltspunkte" für das Eingreifen einer Untersuchungspflicht[68] liegen immer dann vor, wenn der Gebrauchtwagenhändler aufgrund der Umstände des Einzelfalls einen konkreten Verdacht auf Mängel für begründet erachtet:[69] Ist dem Verkäufer eines gebrauchten Kraftfahrzeugs ein Mangel oder ein früherer Unfall bekannt, so hat er diesen – dies ist die Konsequenz der dann eingreifenden Untersuchungspflicht – dem Käufer mitzuteilen, wenn er sich nicht dem Vorwurf arglistigen Verschweigens aussetzen will.[70] Jedenfalls auf ausdrückliche Nachfrage des Käufers muß der Gebrauchtwagenhändler diesem alles offenbaren, was er weiß.[71] Indessen besteht dann eine Offenbarungspflicht nicht, wenn der Mangel/Unfall des Gebrauchtwagens so geringfügig war, daß bei vernünftiger Betrachtungsweise der Kaufentschluß – unter Berücksichtigung der Besonderheiten des Gebrauchtwagenhandels – nicht davon beeinflußt werden kann.[72] Als solche – nicht mitteilungsbedürftige – Bagatellschäden kommen – bei Personenkraftwagen – nur ganz geringfügige, äußere Lackschäden, nicht jedoch andere Blechschäden in Betracht, auch wenn diese keine weitergehenden Fogen hatten und sich der Reparaturaufwand auf einige hundert Mark beläuft.[73]

19 Die gleiche Grenze gilt jedoch nicht, wenn es sich um **Lastkraftwagen** handelt;[74] denn bei Nutzfahrzeugen kommt es nicht in gleicher Weise wie bei Personenwagen auf die Unversehrtheit auch der Karosserie sowie auf das dadurch vermittelte äußere Erscheinungsbild an. So ist z. B. die Auswechselung eines Kotflügels, die nicht nur wegen einer kleinen „Delle" vorgenommen wurde,[75] mitteilungspflichtig. Demgegenüber ist bei Nutzfahrzeugen die Beschädigung der vorderen Stoßstange irrelevant, nicht aber die durch einen Auffahrunfall verursachte Beschädigung von Motorteilen, wie z. B. Lüfter und Kühler.[76] Denn in diesen Fällen ist das Risiko weiterer Folgeschäden für den Käufer erheblich. Auch der Verkäufer von gebrauchten **Reifen** ist nicht verpflichtet, diese auf etwaige Mängel zu untersuchen.[77] Fraglich ist jedoch, ob dann ausreichende Anhaltspunkte für eine weitergehende Untersuchung vorliegen, wenn die erste Lieferung gebrauchter Reifen mangelhaft war.[78] Auch im übrigen hat die Untersuchungspflicht Grenzen: Der Gebrauchtwagenhändler ist nicht verpflichtet, einen Gebrauchtwagen auf versteckte Motormängel zu untersuchen, die ohne Zerlegung des Motors nicht feststellbar sind.[79] Dies gilt selbst dann, wenn das Fahrzeug neun Jahre alt war und mehre Voreigentümer hatte, soweit keine Tatsachen vorliegen, die einen Verdacht auf besondere, nicht nur im Rahmen gewöhnlicher Abnutzung zu erwartende Mängel begründen.[80] Umgekehrt: Der Käufer eines neuen Kraftfahrzeuges, der einen – reparierten – Unfallwagen einem Kraftfahrzeughändler (mit eigener Werkstatt) in Zahlung gegeben hat, genügt in der Regel den Anfor-

[67] BGH NJW 1981, 928, 929.
[68] BGH NJW 1979, 1886, 1887; BGH NJW 1981, 928, 929.
[69] BGH NJW 1981, 928, 929.
[70] BGH NJW 1975, 642; BGH NJW 1979, 1886; BGH NJW 1982; 1386; BGH NJW-RR 1987, 436.
[71] BGH NJW-RR 1987, 436, 437.
[72] BGH NJW 1982, 1386.
[73] BGH NJW 1967, 1222; BGH NJW 1977, 1914; BGH NJW 1982, 1386; BGH NJW-RR 1987, 436, 437.
[74] BGH NJW 1982, 1386.
[75] BGHZ 63, 382, 387; BGH NJW-RR 1987, 436, 437.
[76] BGH NJW 1982, 1386.
[77] LG Osnabrück DAR 1984, 222.
[78] A. M. LG Osnabrück a. a. O.
[79] OLG Hamm NJW-RR 1986, 932.
[80] BGH NJW 1981, 928, 929.

derungen des redlichen Geschäftsverkehrs, wenn er den Händler auf die Tatsache hinweist, daß das Kraftfahrzeug einen Unfall gehabt hat – mit der Maßgabe, daß dann die weitere Untersuchung Sache des Gebrauchtwagenhändlers ist.[81]

20 **bb) Bei Bestehen einer entsprechenden Verkehrsübung.** Weitergehende Untersuchungspflichten bestehen selbstverständlich dann, wenn eine entsprechende Verkehrsübung besteht.[82] Dies gilt erst recht, wenn behördliche Anordnungen vorliegen, wonach Prüfungen in einem bestimmten Umfang zu tätigen sind.[83] In diesem Zusammenhang ist auch stets zu berücksichtigen, ob der Verkäufer über einen längeren Zeitraum hin nicht vorschriftsmäßig durchgeführte Untersuchungen des Käufers geduldet hat.[84] Aus den besonderen Umständen des Einzelfalls kann sich eine – weitergehende – Untersuchungspflicht des Käufers ergeben.[85] Die Anforderungen sind jedoch streng: Daß es sich um Auslandsware handelt, die vom Importeur gekauft wird, begründet – mangels einer entsprechenden Usance – keine Untersuchungspflicht des Zwischenhändlers.[86] Dies gilt insbesondere dann, wenn der Zwischenhändler lediglich ein Streckengeschäft vornimmt, also gar keine Möglichkeit hatte, die Ware zu untersuchen.[87] Dabei macht es keinen Unterschied, ob es sich um eine Speziessache[88] oder um eine Gattungssache handelt.[89] Mangels hinreichender – handgreiflicher – Anhaltspunkte kann sich der Händler auf eine oberflächliche Besichtigung und – bei einem Motorroller – auf eine Probefahrt im üblichen Rahmen beschränken, um die Verkehrssicherheit des Kraftfahrzeugs zu prüfen.[90]

21 **cc) Weitergehende Untersuchungspflicht – Serienschäden.** Sind jedoch einem Verkäufer – gleichgültig, ob er Hersteller oder Händler ist – Mängel im Rahmen einer Serienlieferung bekannt geworden, so können darin hinreichende Anhaltspunkte liegen, eine weitergehende Untersuchungspflicht zu erfüllen.[91] Eine solche weitergehende Untersuchungspflicht gilt in diesen Fällen besonders dann, wenn wegen des Mangels der Sache das Risiko besteht, daß die Rechtsgüter Dritter im Sinn von § 823 BGB geschädigt werden.[92] Dies kann sogar soweit gehen, daß der Verkäufer verpflichtet ist, die weitergehende Untersuchung durch einen Dritten durchführen zu lassen, sofern er selbst hierzu nicht in der Lage sein sollte. Denn im Vordergrund steht die Erfüllung der Gefahrenabwendungspflichten. Diese sind selbstverständlich strenger, soweit Personenschäden drohen; sie sind tendenziell niedriger, falls lediglich Sachschäden zu besorgen sind.

4. Die Verteilung der Beweislast

a) Allgemeine Grundsätze

22 Stets muß der Gläubiger beweisen, daß der Schaden seine Ursache im Gefahrenbereich des Schuldners hat.[93] In der Praxis geschieht dies regelmäßig dadurch, daß der Gläubiger – zum Nachweis der Schadensursache – alle Umstände ausschließt, die aus seinem Gefahrenbereich herrühren.[94] Darüber hinaus ist selbstverständlich, daß der Gläubiger ver-

---

[81] BGH NJW 1965, 35.
[82] BGH NJW 1968, 2238, 2239 – Treibstoff.
[83] BGH DB 1972, 1335, 1336 – Propangasflasche.
[84] BGH DB 1972, 1335, 1336 – Propangasflasche.
[85] BGH NJW 1968, 2238, 2239 – Treibstoff.
[86] BGH NJW 1968, 2238, 2239 – Treibstoff.
[87] BGH a. a. O.
[88] BGH LM Nr. 2 zu § 276 (Hb) BGB – Motorroller.
[89] BGH NJW 1968, 2238, 2239 – Treibstoff.
[90] BGH LM Nr. 2 zu § 276 (Hb) BGB – Motorroller.
[91] Vgl. BGH LM Nr. 7 zu § 276 (Ha) BGB – Klebeband; RGZ 25, 76, 78 – chromhaltiger Schrott.
[92] Irrig LG Osnabrück DAR 1984, 222 – gebrauchte Reifen.
[93] BGH NJW 1980, 2186; BGH WM 1982, 849, 850 – Chemikalien.
[94] MünchKomm/Emmerich vor § 275 Rz. 152.

pflichtet ist, die Kausalität zwischen der – objektiven – Pflichtverletzung und dem eingetretenen Schaden zu beweisen.[95]

Bei Ansprüchen aus positiver Vertragsverletzung findet dann eine dem § 282 BGB entsprechende Umkehr der Beweislast statt, sofern der Nachweis erbracht ist, daß die Schadensursache aus dem Gefahrenkreis des Schuldners resultiert.[96] Demzufolge wird der Schuldner – genauso wie der Warenhersteller – nur dann von seiner Haftung aus positiver Vertragsverletzung frei, wenn er im einzelnen dartut, aus welchen Gründen eine mangelhafte Lieferung erfolgt ist, und daß ihn selbst und seine Erfüllungsgehilfen hieran kein Verschulden trifft.[97]

b) Einzelheiten

aa) Die einzelnen Vertragstypen. Die damit indizierte Umkehr der Beweislast bei Ansprüchen aus positiver Vertragsverletzung – sowie ihre Verteilung nach Gefahrenbereichen – gilt für Kaufverträge;[98] sie gilt auch für Werkverträge.[99] Ähnliche Grundsätze gelten bei Dienstverträgen sowie beim Gastaufnahmevertrag.[100] Ob man so weit gehen kann, die Umkehr der Beweislast auch für alle anderen Verträge einzufordern,[101] erscheint zweifelhaft, braucht aber im Rahmen dieser Abhandlung nicht weiter vertieft zu werden. Dann jedenfalls bei Kauf- oder Werkverträgen, die für die Produkthaftung typisch sind, gilt die Beweislastumkehr. 23

bb) Besonderheit: Verletzung von Aufklärungs- und Hinweispflichten. Bei der Verletzung von Aufklärungs- und Hinweispflichten regelt sich die Verteilung der Beweislast nach anderen Grundsätzen: Verletzt jemand eine vertragliche Aufklärungs- oder Hinweispflicht, so trifft ihn – abweichend von dem Grundsatz, daß der Geschädigte im Regelfall den Ursachenzusammenhang zwischen Vertragsverletzung und eingetretenem Schaden zu beweisen hat – das Risiko der Unaufklärbarkeit des Ursachenzusammenhangs insoweit, als hier in Frage steht, wie der andere Teil gehandelt hätte, wäre er pflichtgemäß aufgeklärt worden.[102] Damit wird dem Umstand Rechnung getragen, daß der Zweck solcher Aufklärungspflichten auch darin besteht, Klarheit darüber zu schaffen, ob der Vertragspartner – wäre ihm das jeweilige Risiko in seiner ganzen Tragweite bewußt gemacht worden – trotzdem an der beabsichtigten Maßnahme festhalten oder von ihr Abstand nehmen würde.[103] Mit anderen Worten: Derjenige, der die vertragliche Hinweispflicht verletzt, muß auch das Risiko der Unaufklärbarkeit des Ursachenzusammenhangs jedenfalls insoweit tragen, als offen ist, wie der andere Teil gehandelt hätte, wäre er pflichtgemäß unterrichtet worden.[104] 24

Da es sich jedoch bei der Verletzung der Aufklärungs- und Hinweispflicht regelmäßig um eine Unterlassung handelt, muß der Gläubiger des weiteren im Auge behalten: Die Verletzung der Hinweispflicht für den eingetretenen Schaden ist nur dann ursächlich, wenn pflichtgemäßes Handeln den Schaden mit Sicherheit verhindert hätte.[105] Eine bloße Möglichekit oder eine gewisse Wahrscheinlichkeit reichen in diesem Zusammenhang nicht aus.[106] 25

---

[95] BGH NJW 1957, 746, 747 – Wasserrohre.
[96] BGHZ 23, 288, 290; BGHZ 48, 310, 312; BGH WM 1982, 849, 850 – Chemikalien.
[97] BGHZ 59, 303, 309 – Wasser; BGH WM 1983, 849, 840 – Chemikalien.
[98] BGHZ 59, 303, 309 – Wasser; BGH WM 1982, 849, 850 – Chemikalien.
[99] BGHZ 27, 236, 238 – Schleppvertrag; LG Bayreuth NJW 1982, 1766, 1767 – Autowaschanlage.
[100] BGHZ 27, 236, 238.
[101] MünchKomm/Emmerich vor § 275 Rz. 154.
[102] BGH NJW 1985, 824, 825 – Haartonikum.
[103] BGH NJW 1973, 1688, 1689 – Bastelwettbewerb.
[104] BGH a. a. O.
[105] BGH NJW 1975, 824, 825 – Haartonikum.
[106] BGH a. a. O.

5. Rechtsfolgen

26 Soweit Ansprüche aus positiver Vertragsverletzung in Rede stehen, kann der Gläubiger stets – neben der Erfüllung – Ersatz des ihm durch die positive Vertragsverletzung entstandenen Schadens verlangen.[107] Der Schadensersatzanspruch ist grundsätzlich auf Naturalrestitution gem. § 249 BGB gerichtet; regelmäßig wird Geldersatz gem. §§ 251, 252 BGB bezahlt. Soweit der Vertragszweck – als Folge der positiven Vertragsverletzung – gefährdet ist, können wegen des darin liegenden Interessefortfalls auch die weitergehenden Rechte entsprechend § 326 BGB reklamiert werden.[108] Dies setzt voraus, daß der Gläubiger dem Schuldner eine angemessene Nachfrist mit Ablehnungsandrohung gesetzt hat; diese ist freilich dann entbehrlich, wenn – auch ohne Nachfristsetzung – feststeht, daß der Schuldner nicht bereit ist, Erfüllung zu leisten und deshalb die Erfüllung ernsthaft und endgültig verweigert.[109] Indessen setzen die Rechte aus § 326 BGB voraus, daß der Gläubiger seinerseits vertragstreu ist.[110]

II. Im Bereich des Werkvertrages

27 Mit Rücksicht auf die §§ 635, 638 BGB stellen sich im Werkvertragsrecht ähnliche, aber in der Sache komplexere Abgrenzungsschwierigkeiten, wie sie zuvor beim Kauf dargestellt worden sind. Daher können die beim Kauf entwickelten Kriterien nicht unbesehen auf das Werkvertragsrecht übertragen werden.

1. Der Schadensersatzanspruch gemäß § 635 BGB

28 Es entspricht ständiger Judikatur des BGH, daß der Schadensersatzanspruch gem. § 635 BGB nur solche Schäden erfaßt, die der mangelhaften Werkleistung unmittelbar anhaften, weil und soweit diese wegen des Mangels unbrauchbar, wertlos oder minderwertig ist.[110a] Auch der entgangene Gewinn zählt in diese Kategorie.[111] Alle diese Fälle sind Teil des „engen Mangelfolgeschaden", der von § 635 BGB umfaßt wird, so daß sich die Verjährung nach § 638 BGB richtet.[112] In den Anwendungsbereich der §§ 635, 638 BGB hat die BGH-Judikatur – zur „zweckgerechten Anwendung" dieser Vorschriften[113] – solche nächsten Mangelfolgeschäden einbezogen, die mit dem Werk „eng zusammenhängen".[114]

29 Für die Erkenntnis, ob ein enger oder entfernter Zusammenhang zwischen dem jeweiligen Werkmangel und dem Folgeschaden vorliegt, sind keine Kausalitätsbetrachtungen anzustellen; vielmehr ist ein „lokales" Element heranzuziehen.[115] Dabei steht die Erwägung Pate, daß sich im Lauf der Zeit eine Typenbildung nach Tatbestandsgruppen herausbildet, die bei der Abgrenzung zwischen einem Mangelschaden, einem „engen Mangelfolgeschaden"[116] und einem entfernteren Mangelfolgeschaden heranzuziehen sind.

---

[107] Statt aller MünchKomm/Emmerich vor § 275 Rz. 133.
[108] BGH WM 1977, 200; BGH NJW 1977, 35; BGH NJW 1978, 416; BGH WM 1984, 1375.
[109] Statt aller MünchKomm/Emmerich vor § 275 Rz. 138.
[110] BGH WM 1984, 140; vgl. auch MünchKomm/Emmerich § 326 Rz. 24 m. w. N.
[110a] BGHZ 30, 103, 132; BGHZ 58, 85, 87; BGHZ 67, 1, 5; BGH NJW 1986, 2307.
[111] BGH NJW 1983, 2440, 2441.
[112] BGH NJW 1986 2307 – Ölwechsel.
[113] BGH a. a. O.
[114] BGH NJW 1976, 1502 – Grundstückbewertung; BGH NJW 1983, 2078, 2079 – tierärztlicher Untersuchungsbefund.
[115] BGH NJW 1976, 1502, 1503 – Grundstücksbewertung.
[116] BGH NJW 1986, 2307 – Ölwechsel.

In der Literatur wird vielfach eine abweichende Auffassung vertreten.[117] Doch hat der BGH stets an seiner Linie festgehalten.[118] Inzwischen hat die BGH-Judikatur weitestgehend Zustimmung in der Literatur gefunden.[119] Demzufolge ist der h. M. unter fallspezifischer Berücksichtigung der BGH-Judikatur zu folgen. 30

2. Beispielsfälle für Schadensersatzansprüche gemäß § 635 BGB

Wenn es richtig ist, daß dem Schadensbegriff gem. § 635 BGB alle die Schäden zuzuordnen sind, die dem Werk unmittelbar anhaften, so daß es infolge des Mangels unbrauchbar, wertlos oder minderwertig ist – einschließlich des entgangenen Gewinns[120] –, so fallen jedenfalls – ähnlich wie im Kaufrecht *(§ 4 Rz. 3ff.)* – die Mangelbeseitigungskosten in den Anwendungsbereich des § 635 BGB.[121] Selbstverständlich setzt dies voraus, daß der Mangel vom Unternehmer im Sinn von § 635 BGB zu vertreten ist, und daß im übrigen auch die Voraussetzungen des § 634 Abs. 1 BGB vorliegen.[122] Kann die Mangelbeseitigung nur in der Weise erbracht werden, daß sonstige Rechtsgüter des Bestellers beschädigt werden, so zählen auch diese Kosten zum einen zu den Mangelbeseitigungsaufwendungen gem. § 633 Abs. 2 Satz 2 BGB,[123] zum anderen aber auch zum Bereich des Schadensersatzanspruchs gem. § 635 BGB.[124] 31

Schwierigkeiten bereitet die Abgrenzung zwischen einem Mangelschaden und einem Mangelfolgeschaden insbesondere dann, wenn Fälle in Rede stehen, die nach der BGH-Judikatur dem Bereich des „engen Mangelfolgeschadens" im Sinn von § 635 BGB zuzuordnen sind.[125] Eine beispielhafte – durchaus nicht erschöpfende – Übersicht läßt folgende Konstellationen erkennen: 32

Bei fehlerhaften Plänen eines **Architekten** hat der BGH das Vorliegen eines „engen Mangelfolgeschaden" jedenfalls dann bejaht, wenn der Fehler sich zwangsläufig auf ein anderes Werk überträgt, sich also notwendig in diesem Werk selbst „verkörpert".[126] Das gleiche gilt, sofern ein Statiker eine mangelhafte Leistung erbringt;[127] nach § 635 BGB zu beurteilen ist auch die Tätigkeit eines Vermessungsingenieurs[128] oder die Erstellung eines geologischen Baugrundgutachtens.[129] Etwas anderes gilt indessen, wenn das Gutachten lediglich darauf abzielt, den Wert eines Grundstücks zu ermitteln und sich insoweit als mangelhaft erweist.[130] 33

Ein „enger Mangelfolgeschaden" ist auch gegeben, wenn der Architekt die ihm obliegende geschäftliche Oberleitung mangelhaft ausführt, so daß dem Bauherrn dadurch ein Vermögensschaden entsteht – unabhängig davon, ob das Bauwerk seinerseits mangelhaft ist.[131] Gleiches gilt dann, wenn der Architekt – als Vertreter des Bauherrn handelnd – seine 34

---

[117] Finger NJW 1973, 81; Ganten VersR 1972, 540; Ballerstedt, Festschrift für Larenz, 1973, 717ff.; Schmitz NJW 1973, 2081ff.; Jakobs JuS 1974, 341, 342; Lauffs/Schlenger NJW 1970, 817ff.; Rebel/Rebell JA 1978, 605ff. – Übersicht; Michalski NJW 1988, 793ff.

[118] BGH NJW 1976, 1502 – Grundstücksbewertung; BGH NJW 1983, 2078, 2079 – tierärztlicher Untersuchungsbefund.

[119] Palandt/Thomas vor §§ 633ff. Anm. 4eb; MünchKomm/Soergel § 635 Rz. 21ff.; Schlenger, ZfBR 1978, 6, 8.

[120] BGH NJW 1983, 2440, 2441.

[121] BGHZ 46, 238, 239; MünchKomm/Soergel § 635 Rz. 33.

[122] BGH NJW 1973, 138.

[123] BGH NJW 1963, 605; BGH NJW 1962, 811.

[124] MünchKomm/Soergel § 635 Rz. 32.

[125] BGH NJW 1986, 2307 – Ölwechsel.

[126] BGHZ 37, 341, 344.

[127] BGHZ 48, 257, 258ff.; BGHZ 58, 85, 92f.

[128] BGHZ 58, 225, 228ff.

[129] BGHZ 72, 257, 259.

[130] BGH NJW 1976, 1502.

[131] BGH NJW 1981, 2182.

Pflichten verletzt, indem er unvollständige oder unklare Verträge mit dem Bauhandwerkern aushandelt.[132]

35 Von Belang ist in diesem Zusammenhang auch, ob die mangelhafte Werkleistung typischerweise – und zwangsläufig – an einem anderen Rechtsgut eintritt. Dies ist z. B. dann bejaht worden, wenn unzulängliche Isolierungsarbeiten durchgeführt wurden, welche ihren vorgesehenen Zweck nicht erfüllten, so daß Feuchtigkeitsschäden am Mauerwerk gleichwohl eintraten.[133] Auch ein fehlerhaft durchgeführter Ölwechsel, der zu einem Schaden an dem Motor führt, fällt in die Kategorie des ,,engen Mangelfolgeschadens" gem. § 635 BGB.[134] Auch der Schaden an einem Kühlgut, der infolge einer mangelhaften Kühlanlage eintritt, ist nach § 635 BGB zu beurteilen.[135] Ist ein Haus – infolge einer fehlerhaft erbrachten Werkleistung – nicht bewohnbar, so sind die Mietkosten einer Ersatzwohnung dem Bereich des Mangelschadens gem. § 635 BGB zuzuordnen.[136]

36 Werden bereits vorhandene Vermögensgegenstände des Bestellers vom Unternehmer umgebaut, bearbeitet oder instandgesetzt, so ist das vertragsgemäß geschuldete ,,Werk" im Sinn von § 635 BGB regelmäßig das bearbeitete Endprodukt – mit der Folge, daß Schäden, die im Zusammenhang mit der geschuldeten Tätigkeit eintreten, Mangelschäden im Sinn von § 635 BGB sind.[137] Demzufolge ist die fehlerhafte Montage eines Doppelachsaggregats in den Längsträgern eines Sattelaufliegers, die zu Rissen an den Trägern führte, nach § 635 BGB zu beurteilen.[138] Gleiches gilt, sofern der Unternehmer verpflichtet ist, eine Kreisförderanlage des Bestellers in eine – mangelhaft ausgeführte – Erweiterungsanlage einzubauen.[139] Gleiches gilt, wenn infolge des fehlerhaften Einbaus einer Ladebordwand Rahmenschäden bei einem LKW entstehen, weil und soweit ein einheitliches Werk geschuldet war.[140]

37 In die gleiche Kategorie zielt der Schadensersatzanspruch, der für die Einholung eines Sachverständigengutachtens geltend gemacht wird, soweit dieses unmittelbar darauf abzielt, vom Unternehmer zu vertretende Mängel zu beseitigen und die Schadensfolgen abzuklären.[141] Freilich rechnen die Kosten eines Beweissicherungsverfahrens gem. §§ 485ff. ZPO stets zu den Prozeßkosten.[142] Kommt es jedoch nicht zu einer gerichtlichen Auseinandersetzung, so sind die Kosten des Beweissicherungsverfahrens nicht dem Bereich des Mangelfolgeschadens, sondern dem des Mangelschadens zuzuordnen, so daß keine Ansprüche aus positiver Vertragsverletzung bestehen.[143] Darüber hinaus aber sind die Schäden aus einem fehlerhaften Gutachten typische Mangelfolgeschäden,[144] weil die Schäden aus fehlerhaften Gutachten in der Regel erst lange Zeit nach Fertigstellung/Abnahme des – fehlerhaften – Gutachtens sichtbar werden.[145] Der Unterschied liegt darin: Gutachten, welche dazu dienen, bestehende Mängel festzustelllen, ,,verkörpern" sich unmittelbar in dem zu begutachtenden Werk.[146] Es handelt sich dabei um typische – schadensbezogene – feststellende Gutachten. Demgegenüber treten die Schäden aufgrund son-

---

[132] BGH NJW 1983, 871.
[133] BGH NJW 1970, 421, 423.
[134] BGH NJW 1986, 2307.
[135] RGZ 71, 173, 175f.
[136] BGHZ 46, 238, 240.
[137] BGH NJW 1983, 2040, 2041 – Transport-LKW.
[138] BGH NJW 1971, 1131.
[139] BGH BauR 1972, 379.
[140] BGH NJW 1983, 2440, 2441 – Transport-LKW.
[141] BGHZ 54, 352, 354.
[142] MünchKomm/Soergel § 635 Rz. 42.
[143] MünchKomm/Soergel a. a. O.
[144] BGH NJW 1976, 1502, 1503.
[145] Vgl. auch BGH NJW 1965, 106 – Rechtsgutachten.
[146] Hierzu auch MünchKomm/Soergel § 635 Rz. 45; BGHZ 72, 257, 259f. – geologisches Baugrundgutachten.

stiger fehlerhafter Gutachten erst beträchtliche Zeit nach deren Ablieferung/Abnahme der begutachteten Sache an den sonstigen Vermögenswerten des Bestellers ein.[147]

3. Mangelfolgeschäden – Ansprüche aus positver Vertragsverletzung

Als „entferntere" Mangelfolgeschäden hat der BGH z. B. einen Brandschaden bewertet, der nach der Umstellung einer industriellen Ölförderungsanlage durch den Bruch der Ölzuleitung an den Werksgebäuden entstanden ist.[148] Daß das Schadensereignis erst vier Jahre nach Ende der Montage eintrat, war unerheblich. Ähnliche Erwägungen gelten für Verschmutzungsschäden, die nach der fehlerhaften Montage einzelner Rohrteile durch auslaufendes Öl verursacht worden sind.[149] Auch Sachschäden, die durch den – späteren – Absturz eines nicht ordnungsgemäß befestigten Wandregals entstanden sind, zählen hierzu.[150] Auch Brandschäden, die durch unzureichende Isolierung eines Rauchgasrohres in einem vom Auftragnehmer instandgesetzten Schiffsteil aufgetreten sind, fallen in diese Kategorie.[151] Und Schäden, die ein mit der Demontage einer Kranbrücke beauftragter Unternehmer an Kranbahn und Kranbrücke verursacht, sind „entferntere" Mangelfolgeschäden.[152] 38

Nicht ganz einsichtig ist in diesem Zusammenhang freilich, aus welchen Gründen die Erstattung von Reklamegebühren dem Bereich des „entfernteren" Mangelfolgeschadens zuzuweisen ist, sofern die gemieteten Reklameflächen wegen der Mangelhaftigkeit der gelieferten Reklamefiguren (Wackelspatzen) nicht genutzt werden konnte.[153] 39

4. Schadensersatzansprüche aus positiver Vertragsverletzung – außerhalb von Mangelfolgeschäden

Notwendigerweise gelten in diesem Zusammenhang – jedenfalls vom Grundsatz her betrachtet – die gleichen Erwägungen, die zuvor im Zusammenhang mit der kaufrechtlichen Problematik im einzelnen dargestellt worden sind *(§ 4 Rz. 4ff.)*. Der – unbezweifelbare – Anwendungsbereich der positiven Vertragsverletzung erstreckt sich also – genauso wie im Kaufrecht *(§ 4 Rz. 11)* – auf die Fälle, in denen der Unternehmer eine Nebenpflicht verletzt hat, die in keinem unmittelbarem Zusammenhang mit Mängeln bzw. Mängelfreiheit des zu erstellenden Werks steht. Denn genauso wie im Kaufrecht sind die Gewährleistungsbestimmungen der §§ 633ff. BGB Sonderregeln, die ein Zurückgreifen auf Ansprüche wegen positiver Vertragsverletzung innerhalb ihres Anwendungsbereichs sperren.[154] Davon abgesehen beruhen auch im Werksvertragsrecht Schadensersatzansprüche aus positiver Vertragsverletzung auf den gleichen Verletzungstatbeständen – Beratungs-, Belehrungs-, Instruktions-, Aufklärungs- und Untersuchungspflicht – wie im Bereich des Kaufvertrags. Doch stehen diese im Rahmen der Produkthaftung eindeutig im Vordergrund. 40

a) Belehrungs- und Beratungspflichten

Jedenfalls bei neuen Werkstoffen ist der Architekt verpflichtet, mit erhöhter Sorgfalt zu prüfen, ob er sich mit seiner Empfehlung auf das Gebiet der riskanten Planung begibt: Ist 41

[147] BGH NJW 1976, 1502, 1503 – Grundstückbewertung; BGH NJW 1982, 2078 – tierärztlicher Untersuchungsbefund.
[148] BGHZ 58, 305, 307f.
[149] BGH BauR 1972, 127, 128.
[150] BGH NJW 1979, 1651f.
[151] BGH NJW 1982, 2244, 2245.
[152] BGH NJW 1969, 838.
[153] BGHZ 35, 130.
[154] BGH NJW 1969, 1710, 1711.

ihm dies erkennbar, trifft ihn eine entsprechende Belehrungspflicht.[155] Dies gilt insbesondere dann, wenn neue Produkte, die noch nicht ausreichend erprobt sind, verwendet werden sollen.[156] Beim Werkunternehmer wird ganz allgemein vorausgesetzt, daß er die für die Herstellung des Werkes notwendigen Kenntnisse und Fähigkeiten besitzt.[156a] Deshalb ist er auch nach Treu und Glauben verpflichtet, den Besteller, der über ein solches Wissen nicht verfügt, über die den Zwecken und Bedürfnissen des Bestellers entsprechende Gestaltung und Verwendbarkeit des zu erstellenden Werkes aufzuklären.[156b] Freilich findet die der Belehrungspflicht vorgeschaltete Prüfpflicht dort ihre Grenze, wo z. B. vom Architekten eigene Sachkunde nicht erwartet werden kann: Unter diesen Voraussetzungen kann er sich auf die Äußerungen solcher Personen oder Institute verlassen, die nach ihrer Qualifikation als sachverständig anzusehen sind.[157] Abhängig von den Umständen des Einzelfalls kann es dabei durchaus sein, daß sich die Belehrungspflicht auch auf Umstände erstreckt, die außerhalb der übernommenen Leistung liegen, weil z. B. ein Architekt verpflichtet sein kann, auch dann auf die fehlerhafte Konstruktion des Wandaufbaus hinzuweisen, wenn diese Leistungen nicht in dem übernommenen Architektenvertrag enthalten sind, sofern sich aus der fehlerhaften Konstruktion des Wandaufbaus negative Auswirkungen auf seine eigenen Leistungen ergeben.[158] Zweifelsfrei ist aber ein Unternehmer verpflichtet, seinen Kunden auf weitere Mängel hinzuweisen, sofern er diese, dem Kunden noch unbekannte Mängel bei Durchführung einer Reparatur erkennt.[159]

b) Instruktions- und Aufklärungspflichten

42 Ist eine Fachfirma mit der Demontage und dem Wiederaufbau eines Röntgenapparats beauftragt, so ist der Unternehmer allemal verpflichtet, den Arzt darauf hinzuweisen, ob das Gerät noch den Richtlinien der Kassenärztlichen Vereinigung entspricht.[160] Einen breiten Raum nehmen in diesem Zusammenhang die Entscheidungen ein, die zu dem Problem von Autowaschanlagen ergangen sind.[161] Dabei geht es nicht darum, daß deswegen ein Schaden aus positiver Vertragsverletzung reklamiert wird, weil der Waschvorgang nicht ordnungsgemäß durchgeführt wurde.[162] Vielmehr ist entscheidend, daß die Haftung auch darauf gestützt werden kann, der Betreiber einer automatischen Waschanlage schulde gegenüber seinem Kunden die Erfüllung einer besonderen Instruktions- und Aufklärungspflicht, weil stets mit Schäden gerechnet werden kann.[163] Dies gilt insbesondere dann, wenn feststeht, daß eine automatische Autowaschanlage für bestimmte Fahrzeugtypen nicht geeignet ist.[164]

43 Derartige Instruktions- und Aufklärungspflichten bestehen insbesondere dann, wenn der Unternehmer verpflichtet ist, gefährliche Arbeiten durchzuführen. Diese verpflichten ihn nicht nur zur Einhaltung einer besonderen Sorgfalt,[165] sondern auch dazu, Dritte vor naheliegenden Gefahren zu warnen.[166] Dies gilt insbesondere auch dann, wenn unzureichende oder fehlerhafte Gebrauchsanweisungen vorliegen, auf die dann Schadensersatzan-

---

[155] BGH BB 1976, 17 – Fassadenbrüstungsfelder.
[156] BGH LM Nr. 15 zu § 276 (Hb) BGB – Dachfolie.
[156a] BGH WM 1987, 1303 – Blockheizkraftwerk.
[156b] BGH WM 1987, 1303, 1304 – Blockheizkraftwerk.
[157] BGH BB 1976, 17 –Fassadenbrüstungsfelder.
[158] BGH LM Nr. 30 zu § 276 (Hb) BGB – im Ergebnis offengelassen.
[159] BGH LM Nr. 37 zu § 242 (Cd) BGB.
[160] OLG Frankfurt NJW 1980, 2756.
[161] Vgl. Mehnle DAR 1982, 49.
[162] OLG Hamburg DAR 1984, 260; LG Bayreuth NJW 1982, 1766; AG Bremen DAR 1983, 231.
[163] BGH VersR 1975, 466; LG Karlsruhe VersR 1980, 879.
[164] AG Lindau DAR 1985, 61 – Dachreling.
[165] BGH VersR 1976, 166.
[166] Vgl. BGH NJW 1957, 746 – chloridhaltiges Wasser.

sprüche wegen positiver Vertragsverletzung gestützt werden.[167] Selbstverständlich hat gerade hierbei der Umfang der jeweils übernommenen Leistungspflicht besondere Bedeutung.[168]

c) Verteilung der Beweislast

Gerade bei Werkverträgen trifft den Unternehmer nach ständiger Rechtsprechung[169] die Beweislast, wenn sich aus der Sachlage zunächst der Schluß rechtfertigt, daß der Unternehmer die ihm obliegende Sorgfaltspflicht verletzt hat und die Schadensursache aus dem Gefahrenbereich des Unternehmers hervorgegangen ist – mit der Folge, daß sich der Unternehmer dann entlasten muß.[170] Deshalb gelten hier die gleichen Grundsätze, die zuvor beim Kaufvertrag im einzelnen dargestellt wurden *(§ 4 Rz. 22ff.)*. 44

III. Verschulden bei Vertragsabschluß

Das ,,Rechtsverhältnis der Vertragsverhandlungen" und die daraus folgende Haftung wegen Verschuldens bei Vertragsabschluß sind heute gewohnheitsrechtlich anerkannt.[171] In § 11 Nr. 7 AGBG wird der Anspruch wegen Verschuldens bei Vertragsabschluß erstmals gesetzlich angesprochen. Die Haftung wegen Verschuldens bei Vertragsabschluß umfaßt die unterschiedlichsten Fälle; sie haben im Grunde lediglich das eine gemeinsam: Sie fallen nicht oder nur schwer unter die gesetzlich geregelten Haftungstatbestände.[172] Der Grund für Ansprüche wegen Verschuldens bei Vertragsabschluß liegt letzten Endes darin, daß zwar bereits die Aufnahme von Vertragsverhandlungen ein gesetzliches Schuldverhältnis zur Entstehung gelangen läßt, das Pflichten zu gegenseitiger Rücksicht, Fürsorge und Loyalität mit sich bringt, das aber – und dies ist entscheidend – für die ,,Gewährung von in Anspruch genommenen Vertrauen" stets maßgebende Bedeutung besitzt.[173] So gesehen ist die Haftung wegen Verschuldens bei Vertragsabschluß eine Haftung für enttäuschtes Vertrauen.[174] 45

1. Abgrenzung gegenüber den §§ 459ff., 633ff. BGB

a) Gegenüber den §§ 459ff. BGB

Mit Rücksicht auf die Einordnung der §§ 459ff. BGB als Sonderregel vertritt die Judikatur die Auffassung, daß auch fahrlässige Angaben oder Nichtangaben des Verkäufers über Eigenschaften der Kaufsache keinen Anspruch auf Ersatz des Vertrauensschadens unter dem Gesichtspunkt des Verschuldens bei Vertragsabschluß begründen.[175] Entscheidend ist in diesem Zusammenhang, daß § 463 Satz 2 BGB den Tatbestand des Verschuldens vor oder bei Vertragsabschluß durch Nichtangabe oder Angabe von Sacheigenschaften abschließend regelt und eine Schadensersatzhaftung nur im Fall der Arglist begründet. 46

---

[167] BGH MDR 1967, 758 – Betonbereitungsanlage; BGH NJW 1983, 352 – Verzinkungskessel; BGH LM Nr. 7 zu § 276 (Ha) BGB – Klebeband.

[168] OLG Düsseldorf VersR 1984, 269 – fehlerhafte Dichtigkeitsprüfung einer Ölanlage; KG VersR 1982, 1006 – Transportschutzanlage.

[169] RGZ 112, 41, 42; RGZ 160, 153, 155; BGHZ 8, 239, 241; BGHZ 23, 288, 290; BGHZ 27, 236, 238.

[170] BGH NJW 1957, 746 – Wasserrohre.

[171] BGH NJW 1979, 1983; Staudinger/Löwisch vor § 275 Rz. 39.

[172] MünchKomm/Emmerich vor § 275 Rz. 32.

[173] Ballerstedt AcP 151 (1950/1951), 501, 507.

[174] BGH NJW 1981, 1035.

[175] RGZ 135, 339, 346; RGZ 161, 330, 337; BGH NJW 1973, 1234.

Dieser Trend ist in der Judikatur inzwischen stabilisiert.[176] Auch die Literatur hat sich diesen Überlegungen angeschlossen.[177]

47 Indessen ist darauf zu achten, daß immer wieder Ausnahmen anzuerkennen sind: Verletzt nämlich der Verkäufer gegenüber dem Käufer zusätzlich neben dem Kaufvertrag bestehende Beratungspflichten, so ist ein Anspruch aus Verschulden bei Vertragsabschluß auch dann begründet, wenn sich die schuldhafte Falschberatung auf eine Eigenschaft der Sache bezieht.[178] Gleiches gilt dann, wenn die eine Partei die andere nicht über bestimmte Umstände aufklärt, die die Erreichung des Vertragszwecks gefährden, aber nicht Eigenschaften der Kaufsache betreffen, wie z. B. Steuervorteile beim Erwerb einer Eigentumswohnung.[178a] Die dogmatische Begründung liegt darin, daß die Ratserteilung neben dem eigentlichen Kaufvertrag besteht, und daß der Käufer, der gerade durch eine solche – fehlerhafte – Beratung zum Kaufabschluß bewogen wird, in der Ratserteilung die Übernahme einer selbständigen Nebenverpflichtung aus dem Kaufvertrag sieht, so daß bei deren schuldhafter Schlechterfüllung Schadensersatz wegen Verschuldens bei Vertragsabschluß zu leisten ist.[179] Unter dieser Voraussetzung werden dann die durch den Kaufvertrag entstehenden Rechte und Pflichten durch die schuldhaft falsche Ratserteilung nicht berührt.[180] Wesentliches Indiz für die Bejahung einer derartigen – neben dem Kaufvertrag einhergehenden – Nebenpflicht ist es, daß ein Fachmann aufgetreten und eine – fehlerhafte –Empfehlung abgegeben hat.[181]

48 Die Trennlinie zwischen der Verletzung einer Beratungspflicht, die einen Anspruch aus Verschulden bei Vertragsabschluß gewährt, und den als Sonderregeln zu behandelnden §§ 459ff. BGB ist freilich nur unter Berücksichtigung der jeweiligen Umstände des Einzelfalls zu erfassen.[182] Behauptet z. B. der Käufer, der Verkäufer habe seine Aufklärungs- oder Beratungspflicht über die bei Anwendung eines Klebers erforderliche Verlegetechnik schuldhaft verletzt, so kommt es entscheidend darauf an, ob sich die fehlerhafte Beratung auf die Beschaffenheit des Klebers oder auf die Verarbeitungsmethode erstreckte: Stellt sich letzten Endes heraus, daß die bei der Anwendung eines Klebers erforderliche Verlegetechnik auf der besonderen Feuchtigkeitsempfindlichkeit des Klebers beruht, so daß dieser bei vorzeitigem Zutritt von Wasser seine Klebefähigkeit einbüßt, so ist die Verwendungsfähigkeit des Klebers – und damit dessen Eigenschaft – unmittelbar betroffen. Unter dieser Voraussetzung gilt dann der Grundsatz: Die §§ 459ff. BGB – und damit auch die Verjährungsbestimmungen des § 477 BGB – gehen als Sonderregeln einem Anspruch wegen Verschuldens bei Vertragsabschluß vor.[183]

b) Gegenüber den §§ 633ff. BGB

49 Hier gelten im wesentlichen die gleichen Abgrenzungskriterien, wie sie für den Kaufvertrag entwickelt worden sind. Auch hier steht die Rechtsprechung auf dem Standpunkt, daß die §§ 633ff. BGB Sonderregeln sind, so daß fahrlässige Falschangaben oder Nichtangaben über Eigenschaften des zu erstellenden Werkes nicht geeignet sind, Ansprüche wegen Verschuldens bei Vertragsabschluß auszulösen.[184] Dabei macht es keinen Unter-

---

[176] BGH NJW 1977, 1586; BGH NJW 1983, 2697; OLG Frankfurt MDR 1982, 667; OLG Stuttgart NJW 1983, 1200.

[177] MünchKomm/Emmerich vor § 275 Rz. 57; Palandt/Heinrichs § 276 Anm. 6 Ab.

[178] BGH LM Nr. 5 zu § 276 (H) BGB.

[178a] BGH WM 1977, 118; BGH ZiP 1988, 316, 318 – Steuervorteile.

[179] Vgl. auch BGH BB 1977, 61, 62.

[180] BGH LM Nr. 5 zu § 459 BGB.

[181] BGH VersR 1977, 918, 920 – Pflanzenschutzmittel.

[182] BGH NJW 1983, 2697 –Klebstoff.

[183] BGH NJW 1983, 2697, 2698 – Klebstoff.

[184] BGH DB 1976, 958; a. M. OLG Karlsruhe BB 1975, 1316, m. Anm. von Graf von Westphalen.

schied, ob die Bestimmungen des § 635 BGB oder die des § 638 BGB als Sonderregeln zur Anwendung gelangen.[185]

50 Selbstverständlich gilt dies für die Verjährungsbestimmungen des § 638 BGB nur insoweit, als sich der geltend gemachte, aus dem Gesichtspunkt des Verschuldens bei Vertragsabschluß reklamierte Schadensersatzanspruch mit demjenigen deckt, den § 635 BGB zum Gegenstand hat.[186]

51 Auch im Bereich des Werkvertragsrechts gilt die gleiche Ausnahme wie im Kaufvertragsrecht: Wenn der Unternehmer auf Befragen des Bestellers ausdrücklich eine unrichtige Auskunft – schuldhaft – erteilt, so kann der Anspruch wegen Verschuldens bei Vertragsabschluß auf diese, neben dem Werkvertrag bestehende Pflichtverletzung gegründet werden, ohne daß er von den Sonderregeln der §§ 633 ff. BGB verdrängt wird.[187]

c) Die Vertrauensstellung eines Dritten

52 Die Rechtsprechung des BGH hat wiederholt ausgesprochen, daß die Sonderregeln der §§ 459 ff. BGB etwa bestehende Ansprüche wegen Verschuldens bei Vertragsabschluß dann jedenfalls nicht verdrängen, wenn der Anspruch auf Ersatz des Vertrauensschadens gegen den Vermittler oder gegen den Abschlußvertreter deswegen gerichtet ist, weil dieser – ohne Vertragspartner zu sein – Vertrauen in Anspruch genommen hat.[188] Andererseits geht dieser gegenüber dem Vermittler oder Vertreter aus Verschulden bei Vertragsabschluß – wegen enttäuschten Vertragsverhandlungsvertrauens – gerichtete Anspruch nicht weiter als derjenigen, der sich gegenüber dem Verkäufer unmittelbar ergibt.[189]

53 Allgemein gilt dabei der Grundsatz: Nimmt jemand bei einem durch ihn vermittelten Vertragsabschluß eine uneingeschränkte Sachwalterstellung für die eine Vertragspartei ein, und hat er ein eigenes wirtschaftliches Interesse am Zustandekommen des Vertrages, so kann er gegenüber dem anderen, ihm allein vertrauenden Vertragspartner besondere Sorgfaltspflichten haben, deren Verletzung ihn ersatzpflichtig macht.[190] Grundsätzlich kann die Haftung des Vertreters auch allein an den Tatbestand eines eigenen, starken wirtschaftlichen Interesses geknüpft werden.[190a] Diese Sachwalterhaftung hat sich inzwischen weitgehend verselbständigt: Sie gilt insbesondere – von den noch darzustellenden Fällen des Gebrauchtwagenhändlers abgesehen – für die Haftung von Anlagevermittlern sowie des Managements, der Gründer und der Initiatoren von Kapitalanlagegesellschaften, sofern die von der BGH-Judikatur im einzelnen herausgearbeiteten Gesichtspunkte der Prospekthaftung eingreifen.[191] Doch bleiben Ansprüche aus Verschulden bei Vertragsabschluß auch in diesen Fällen unberührt, sofern der Betreffende an den Vertragsverhandlungen selbst teilgenommen hat oder persönlich mit Anspruch auf Vertrauen aufgetreten ist.[192] Darüber hinaus erstreckt sich die Sachwalterhaftung auf die Eigenhaftung der Fachleute, die für sich eine besondere Vertrauenswürdigkeit in Anspruch nehmen und auch tatsächlich in der Öffentlichkeit ein ganz besonderes Vertrauen und Ansehen genießen, wie z. B. Rechtsanwälte, Steuerberater und Wirtschaftsprüfer – vorausgesetzt, sie nehmen

---

[185] BGH NJW 1969, 1710, 1711.
[186] BGH NJW 1969, 1710, 1711.
[187] BGH ZIP 1984, 962, 965.
[188] BGHZ 63, 382, 387 ff.; BGH NJW 1977, 914; BGH NJW 1981, 922, 923.
[189] BGH NJW 1981, 922, 923.
[190] BGH NJW 1971, 1309; BGH NJW 1978, 1374; BGH NJW 1980, 2184, 2185.
[190a] BGH WM 1987, 77; BGH WM 1987, 1222; BGH WM 1987, 1466; BGH WM 1988, 781, 783.
[191] BGHZ 71, 284; BGHZ 72, 382, BGHZ 74, 103; BGH WM 1980, 825; BGH NJW 1980, 1470; BGHZ 79, 337; BGH WM 1981, 1021; BGH NJW 1982, 1059; BGH WM 1985, 533; BGH WM 1985, 534.
[192] BGH WM 1984, 889, 890; BGH WM 1984, 1075; BGH WM 1984, 1216; BGH WM 1984, 534.

für ihre Erklärungen ein besonderes Vertrauen, wie z. B. bei den Testaten von Wirtschaftsprüfergesellschaften, in Anspruch.[193]

54 Die Rechtsprechung des BGH hat die Sachwalterhaftung insbesondere auch auf den als Vermittler auftretenden Gebrauchtwagenhändler erstreckt, weil der Käufer in aller Regel den Verkäufer nicht kennt und demzufolge darauf angewiesen ist, dem Händler als Fachmann zu vertrauen.[194] Von entscheidender Bedeutung ist aber auch hier, daß es sich um eine dem als Vermittlungs- oder Abschlußvertreter auftretenden Gebrauchtwagenhändler zuzurechnende Pflichtverletzung handelt.[195] Keinesfalls besteht eine uneingeschränkte Untersuchungspflicht; doch können Zweifel am Vorhandensein von Mängeln oder das Wissen um die Möglichkeit ihres Vorhandenseins eine Untersuchungspflicht begründen.[196] Ergeben sich konkrete Anhaltspunkte, die einen Verdacht auf Schäden am Fahrzeug oder andere ungünstige und für den Kaufentschluß mitbestimmende Umstände rechtfertigen, so kann auch daraus eine Untersuchungspflicht abgeleitet werden.[197] Ist jedoch das dem Sachverwalter angebotene Fahrzeug äußerlich mängelfrei, so besteht keine Untersuchungspflicht.[198] Sie kann sich jedoch aus den konkreten Umständen des Einzelfalls ergeben, z. B. dann, wenn das Fahrzeug den amtlichen Zulassungsvorschriften nicht entspricht oder solche Veränderungen erfahren hat, die die allgemeine Betriebserlaubnis für den Kraftfahrzeugtyp zum Erlöschen bringen.[199] Freilich begrenzt sich auch in diesem Fall der Umfang der Untersuchungspflicht auf eine mehr oder weniger oberflächliche Untersuchung, die ohne besonderen technischen Aufwand möglich ist;[200] eine Demontage der in Betracht kommenden Aggregate ist nicht erforderlich.[201]

2. Die Verletzung von Aufklärungspflichten

55 Auch im Bereich der Haftung wegen Verschuldens bei Vertragsabschluß gibt es keine allgemeine Rechtspflicht, die den Verkäufer verpflichtet, den Käufer über alle Umstände aufzuklären, die auf seine Entschließung Einfluß haben könnten.[202] Eine solche Pflicht kann jedoch aus den konkreten, zwischen den Parteien bestehenden Vertragsbeziehungen jedenfalls dann abgeleitet werden, wenn das Verschweigen von Tatsachen gegen den Grundsatz von Treu und Glauben verstoßen würde und der Käufer als Erklärungsgegner die Mitteilung der verschwiegenen Tatsache nach der Verkehrssitte erwarten durfte.[203]

56 Gerade bei einem Kaufvertrag gelten trotz der widerstreitenden Interessen grundsätzlich diese Regeln.[204] Soweit eine Aufklärungspflicht besteht, ist es irrelevant, daß die Erfüllung dieser Pflicht bewirkt, den Vertragszweck zu vereiteln.[205] Gerade eine Aufklärung über solche Umstände ist für den Käufer von wesentlicher Bedeutung.[205a] Das gilt selbst bei Risikogeschäften, falls das Risiko nicht schlechthin geschäftstypisch ist.[205b] Auch Umstände, die erst während der Vertragsverhandlungen bekannt werden, unterliegen der

[193] BGHZ 77, 172, 177; BGHZ 79, 337, 348 – verneinend; BGH DB 1984, 173, 174.
[194] BGHZ 63, 382, 386; BGH NJW 1977, 914; BGH NJW 1979, 1707; BGH NJW 1980, 2184; BGH NJW 1981, 922; BGH NJW 1983, 217.
[195] BGH NJW 1975, 642, 644; BGH NJW 1980, 2184, 2185; BGH NJW 1983, 217, 218.
[196] BGH NJW 1975, 642, 644.
[197] BGH NJW 1980, 2184, 2185.
[198] BGH NJW 1979, 1886; BGH NJW 1981, 928.
[199] BGH NJW 1983, 217, 218.
[200] BGH NJW 1983, 217, 218.
[201] OLG Hamm NJW-RR 1986, 932.
[202] BGH WM 1983, 1006, 1007.
[203] RGZ 111, 233, 235; BGH WM 1979, 141; BGH WM 1981, 689; BGH WM 1983, 1006.
[204] BGH NJW 1970, 653, 655; BGH WM 1983, 1006, 1008.
[205] RGZ 97, 325, 327; BGH DB 1978, 979.
[205a] BGH ZIP 1988, 316, 318.
[205b] BGH a. a. O.

Aufklärungspflicht.[206] Dies gilt insbesondere auch dann, wenn spezifische Gefahren bei der Vertragsdurchführung für den Verkäufer erkennbar werden.[207] Gleiches gilt, wenn sich die Aufklärung auf Umstände bezieht, die die beabsichtigte Verwendung der Kaufsache betreffen, sofern auf Grund vorausgegangener Verhandlungen ein bestimmtes Vertrauen des Käufers erweckt wurde.[207a]

Derartige Beratungspflichten gelten vor allem dann, wenn der Verkäufer die jeweilige Kaufsache selbst hergestellt und vertrieben hat.[208] Selbstverständlich ist auch der Verkäufer, der die Kaufsache nicht selbst hergestellt hat, Adressat eines Anspruchs aus Verschulden bei Vertragsbeschluß, sofern ihm eine Beratungspflicht oblag, die er schuldhaft verletzt hat.[209] Dies gilt vor allem insoweit, als die Schadensersatzhaftung auf eine Pflichtverletzung im Zusammenhang mit Gebrauchanweisungen gestützt wird.[210] Selbstverständlich gilt dies auch insoweit, als Gesundheitsrisiken bei der Verwendung der Kaufsache in Rede stehen.[211] Der Zweck derartiger Beratungspflichten besteht stets darin, von vornherein – eben: durch Beratung – Klarheit darüber zu schaffen, ob der Vertragspartner, wenn ihm das jeweilige Risiko in seiner ganzen Tragweite bewußt gemacht wird, gleichwohl an der ins Auge gefaßten Maßnahme bzw. dem Vertragsabschluß festhalten oder ob er von ihr Abstand nehmen würde.[212] Mit anderen Worten: Die Aufklärungspflicht zielt gerade darauf ab, die in diesen Fällen häufig auftretende Beweisnot zu beseitigen, welche ja darin besteht, daß sich nachträglich nur schwer mit der erforderlichen Zuverlässigkeit sagen läßt, wie der Vertragspartner – bei rechtzeitiger Kenntnis von etwaigen Schaden drohenden Umständen – gehandelt hätte.[213] 57

a) Instruktionspflichten

Im Zusammenhang mit der Produkthaftung sind neben Beratungspflichten insbesondere Instruktionspflichten von hoher praktischer Bedeutung, weil sie darauf abzielen, den jeweiligen Vertragspartner/Produktbenutzer vor den einschlägigen Produktgefahren ausreichend zu warnen. Selbstverständlich gilt diese Pflicht, sofern wegen des Gebrauchs des Produkts Schäden Dritter im Sinn von § 823 BGB möglich sind.[214] Dies gilt insbesondere dann, wenn es sich um neue Produkte handelt, die sich in der Praxis noch nicht ausreichend bewährt haben.[215] Auch hier wieder spielt die Frage eine entscheidende Rolle, ob ausreichende Gebrauchsanweisungen/Bedienungsanleitungen vorlagen.[216] 58

Die Verletzung von Instruktionspflichten hat insbesondere bei dem Betrieb von Kfz-Waschanlagen eine nicht unerhebliche Rolle gespielt. So wurde z. B. die Verletzung einer Hinweispflicht bejaht und ein Anspruch aus positiver Vertragsverletzung als begründet angesehen, weil der Betreiber der Waschanlage es pflichtwidrig unterlassen hatte, auf die für Fahrzeuge mit Getriebeautomatik bestehende Gefahr aufmerksam zu machen, daß sich der Wählhebel versehentlich verstellt (falls der Motor nicht rechtzeitig vor dem Waschvorgang abgestellt war).[217] Deswegen reichen auch Hinweise des Betreibers einer Auto- 59

---

[206] BGH WM 1983, 1006, 1008.
[207] BGH DB 1978, 979.
[207a] BGH WM 1988, 1562.
[208] BGH NJW 1975, 824, 825 – Haartonikum; BGH NJW 1983, 2697 – Klebstoff.
[209] BGH LM Nr. 7 zu § 276 (Ha) BGB – Klebeband.
[210] BGH LM Nr. 15 zu § 276 (Hb) BGB – Dachfolie; BGH NJW 1983, 394 – Verzinkungsanlage.
[211] OLG Nürnberg, Schmidt-Salzer, Produkthaftung, II. 97 – Imprägniermittel.
[212] BGH NJW 1973, 1688 – Werbeagentur; BGH WM 1987, 1303, 1304 – neuartiges Blockheizkraftwerk.
[213] BGH NJW 1973, 1688, 1689 – Werbeagentur.
[214] BGH JZ 1960, 124, 125 – feuergefährliches Lösungsmittel; OLG Nürnberg, Schmidt-Salzer, Produkthaftung, II. 97 – Imprägniermittel; BGH NJW 1975, 824 – Haartonikum.
[215] BGH LM Nr. 7 zu § 459 BGB – Fußbodenbelag.
[216] BGH MDR 1967, 758 – Betonbereitungsanlage; BGH NJW 1983, 392 – Verzinkungsanlage.
[217] BGH NJW 1975, 685, 686.

waschanlage nicht aus, daß bremsen zu unterlassen sei, wenn damit zu rechnen ist, daß sich dadurch der Abstand zwischen den zu waschenden PKWs gefährlich verringert und Unfälle auftreten.[218] Deshalb ist der Betreiber einer Waschanlage auch verpflichtet, durch einen geeigneten Hinweis den Benutzer darauf aufmerksam zu machen, daß die Waschanlage für Fahrzeuge mit Dachreling nicht geeignet ist.[219] Demzufolge sind – ganz allgemein –Hinweise bei Autowaschanlagen erforderlich, welche den Benutzer davon in Kenntnis setzen, daß Schädigungen – insbesondere der außen an der Karosserie angebrachten Teile – nicht ausgeschlossen sind.[220]

60 Selbstverständlich besteht eine Hinweis- und Instruktionspflicht nur in Bezug auf die Gefahren, die weder unerheblich noch selbstverständlich und jedermann bekannt sind oder von vornherein klar zutage liegen.[221] Es gelten hier die gleichen Grundsätze, welche für die Verkehrssicherungspflicht gem. § 823 BGB entwickelt worden sind *(§ 24 Rz. 161ff.)*. Demzufolge ist es auch nicht erforderlich, auf solche Gefahren hinzuweisen, die außerhalb vernünftiger Wahrscheinlichkeitserwägungen liegen.[222] Zu warnen ist jedoch in eindeutiger, klarer und nachvollziehbarer Form vor den spezifischen Gefahren,[223] weil nur so sichergestellt werden kann, daß der Betroffene sich in wirksamer Weise der drohenden Gefahr entziehen kann.[224] Sobald sich der Verkäufer – mit Wissen und Wollen des Herstellers – zur Erfüllung dieser Verpflichtungen der Bedienungsanleitungen/Gebrauchsanweisungen des Herstellers bedient, liegt Erfüllungsgehilfenschaft im Sinn von § 278 BGB vor,[225] so daß der Verkäufer auch insoweit haftet, als die Bedienungsanleitung/Gebrauchsanweisung unvollständig ist.[226]

b) Informationspflichten

61 Der Ausgangspunkt der hier anzustellenden Überlegungen beruht auf der Erkenntnis, daß beim Handelskauf – in der Regel – keine Aufklärungspflicht des Verkäufers gegenüber dem Käufer besteht.[227] Doch gilt immer dann eine Ausnahme, wenn Tatsachen oder Umstände vorliegen, die geeignet sind, den Vertragszweck zu vereiteln oder für den Kaufentschluß des Käufers von wesentlicher Bedeutung sind – verausgesetzt, er kann nach der Verkehrsauffassung und unter Berücksichtigung der Gebote von Treu und Glauben gem. § 242 BGB Aufklärung erwarten.[228] Unter diesen Voraussetzungen besteht eine Aufklärungspflicht: Alle die Tatsachen sind dem Käufer offenzulegen, die für seinen Kaufentschluß offensichtlich von Bedeutung sind.[229] Dabei ist insbesondere zu berücksichtigen, ob der Verkäufer gegenüber dem Käufer die Stellung eines Fachmanns[230] oder zumindest doch die Stellung einer Vertrauensperson einnahm.[231] Unter dieser Voraussetzung ergibt sich – in der Regel – eine gegenüber dem Kaufvertrag selbständige Nebenpflicht, welche darauf gerichtet ist, den Käufer sachgemäß und umfassend über die besonderen Eigenschaften des zu kaufenden Produkts aufzuklären.[232]

---

[218] OLG München NJW 1974, S. 43.
[219] AG Lindau DAR 1985, 61.
[220] LG Karlsruhe VersR 1980, 879f.; LG Berlin AGBE III § 9 Nr. 27b.
[221] KG VersR 1982, 1006, 1007 – Transportschutzanlage.
[222] KG a. a. O.
[223] BGH NJW 1975, 824 – Haartonikum.
[224] BGH NJW 1975, 824, 825 – Haartonikum.
[225] BGH MDR 1967, 785, 759 – Betonbereitungsanlage.
[226] Vgl. auch BGH NJW 1983, 352 – Verzinkungsanlage.
[227] BGH BB 1971, 673, 674 – Tanklastzug.
[228] BGH NJW 1987, 909, 910 – Sportgeschäft.
[229] BGH LM Nr. 7 zu § 459 BGB – Fußbodenbelag; BGH BB 1971, 673, 674 – Tanklastzug.
[230] BGH BB 1971, 637, 674 – Tanklastzug.
[231] BGH NJW 1983, 697, 698 – Klebstoff.
[232] BGH VersR 1977, 918 – Pflanzenschutzmittel; BGH WM 1982, 849, 850 – Chemikalien; BGH NJW 1983, 2697, 2698 – Klebstoff.

Stets läßt sich jedoch eine Aufklärungspflicht immer nur aus den besonderen Umständen des Einzelfalles ableiten.[233] Deshalb ist gerade im Zusammenhang mit dem Abschluß eines Kaufvertrags zu berücksichtigen, daß Verkäufer und Käufer einander widerstreitende Interessen verfolgen, so daß – unter dieser Perspektive betrachtet – keine genuine Rechtspflicht des Verkäufers besteht, von sich aus den Käufer über alle Umstände aufzuklären, die für dessen Vertragsentschluß von Bedeutung sein könnten.[234] In diesem Zusammenhang kommt es auch entscheidend darauf an, ob dem Verkäufer die weitere Verwendung der Kaufsache durch den Käufer bekannt ist oder aufgrund der konkreten Umstände des Vertragsabschlusses, insbesondere unter Berücksichtigung des gewöhnlichen Einsatzzwecks der Kaufsache, bekannt sein muß. Selbstverständlich können sich dabei auch Anhaltspunkte aufgrund der Vertragsverhandlungen ergeben: Ist nämlich für den Verkäufer erkennbar, daß der Käufer nicht ausreichend qualifiziert ist, um die Kaufsache gefahrlos und entsprechend dem gewöhnlichen Verwendungszweck einzusetzen, so entsteht jedenfalls dann eine Aufklärungs- und Belehrungspflicht. Diese zielt darauf ab, den Käufer vor vermeidbaren Risiken zu bewahren.[235]

§ 5. Die Anspruchsverjährung

I. Die kaufrechtliche Norm des § 477 BGB

1. Der Anwendungsbereich

1 Kraft ausdrücklicher Wertung des Gesetzgebers fallen in den Anwendungsbereich von § 477 BGB: der Anspruch auf Wandelung (§ 465 BGB), auf Minderung (§ 472 BGB), auf Schadensersatz wegen Nichterfüllung als Folge des Fehlens einer zugesicherten Eigenschaft (§§ 463 Satz 1, 480 Abs. 2 BGB) und schließlich der Anspruch auf Nachlieferung (§ 480 Abs. 1 BGB). Hat sich der Verkäufer gemäß §§ 465, 480 Abs. 1 BGB mit der Wandelung, der Minderung oder einer Nachlieferung einverstanden erklärt, so unterliegen die Ansprüche, die sich aus deren Vollzug ableiten, nicht mehr der Verjährung des § 477 BGB.[1] Gleiches gilt im Anwendungsbereich der §§ 463, 480 Abs. 2 BGB.[2] Macht der Käufer gemäß § 480 Abs. 1 BGB Ansprüche auf Nachlieferung geltend, so erfaßt die kurze Verjährungsfrist des § 477 BGB allerdings auch etwaige Schadensersatzansprüche aus §§ 286, 326 BGB.[3] Im Ergebnis erstreckt sich der Anwendungsbereich von § 477 BGB deshalb auf alle Ansprüche, die sich unmittelbar aus Nachteilen wegen eines Sachmangels ergeben – gleichgültig, ob sie vertraglich modifiziert oder entsprechend der gesetzlichen Wertung übernommen worden sind.[4] Deshalb ist folgendes zu beachten:

a) Die Falschlieferung

2 Handelt es sich bei der Kaufsache um eine falsch gelieferte Sache – einschließlich von Mehr- oder Minderlieferungen – so geht die BGH-Judikatur davon aus, die Verjährungsvorschrift des § 477 BGB dann zur Anwendung zu bringen, wenn es sich – beiderseitiger Handelskauf gemäß § 343 HGB vorausgesetzt – um eine genehmigungsfähige Falschliefe-

---

[233] BGH WM 1983, 1006, 1007 – Herstellerlistenpreis.
[234] BGH NJW 1970, 653, 655; BGH WM 1983, 1006, 1008.
[235] KG VersR 1982, 1006 – Transportschutzanlage.
[1] RGZ 69, 385, 386f.; BGH NJW 1958, 418; Soergel/Huber § 477 Rz. 11.
[2] Soergel/Huber § 465 Rz. 13.
[3] BGH WM 1972, 161.
[4] Palandt/Putzo § 477 Anm. 1d) dd); Soergel/Huber § 477 Rz. 10.

rung im Sinn von § 378 HGB handelte.[5] Die Grenzlinien innerhalb von § 378 HGB sind fließend *(im einzelnen § 17 Rz. 12ff.)*. Beim bürgerlich-rechtlichen Kauf kommt es hingegen entscheidend darauf an, unter welchen Voraussetzungen eine Falschlieferung vorliegt *(§ 17 Rz. 16f)*. Ist dies zu bejahen, so ist § 477 BGB beim Spezieskauf unanwendbar.[6]

b) Ansprüche wegen positiver Vertragsverletzung

3 Es entspricht gefestigter Judikatur, daß Ansprüche aus positiver Vertragsverletzung, welche auf einen Sachmangel gestützt werden, der Verjährungsbestimmung des § 477 BGB in analoger Anwendung unterworfen sind.[7] Dabei kommt es nicht entscheidend darauf an, ob der Mangel – und damit der Mangelfolgeschaden – innerhalb der Verjährungsfrist entdeckbar war oder nicht.[8] Die frühere BGH-Judikatur, welche es im Ergebnis offen ließ, ob die Verjährungsfrist des § 477 BGB nicht ab Kenntniserlangung zu laufen beginnt,[9] ist damit in der Sache überholt.[10] Diese rechtspolitisch nicht immer zu begrüßende Tendenz ist de lege lata hinzunehmen.[11]

4 Ist die Kaufsache jedoch bei Gefahrenübergang mangelfrei, hat aber der Verkäufer eine Nebenpflicht verletzt, so kommt es entscheidend darauf an, ob diese unmittelbar mit dem Sachmangel zusammenhängt.[12] Besteht der Schutzzweck der Nebenpflicht darin, nicht die Kaufsache selbst, sondern andere Rechtsgüter des Käufers vor den Risiken der – mangelhaften – Kaufsache zu schützen, so greift § 477 BGB nicht ein.[13]

c) Ansprüche wegen Verschuldens bei Vertragsabschluß

5 Bezieht sich die vom Verkäufer geschuldete Beratung auf die Beschaffenheit der Kaufsache, so gilt für Ansprüche wegen Verschuldens bei Vertragsabschluß die kurze Verjährungsfrist des § 477 BGB, welche auch insofern analog angewandt wird.[14] Dies gilt insbesondere, soweit es sich um Eigenschaften der Kaufsache handelt, auf welche sich die Beratungs- oder Aufklärungspflicht bezog.[15] Indessen ist der Anspruch aus Verschulden wegen Vertragsabschluß immer dann ausgeschlossen, wenn es sich um fahrlässig falsche Angaben über die Beschaffenheit der Kaufsache oder um fahrlässiges Verschweigen von Mängeln handelt, weil insoweit die Bestimmungen der §§ 459ff. BGB Spezialnormen sind.[16] Erstreckt sich hingegen die Beratungs- und Aufklärungspflicht des Verkäufers auf andere Umstände, die außerhalb der Kaufsache liegen, wie zum Beispiel auf den Aufstellungsort der Maschine[17] oder auf zu beachtende Unfallverhütungsvorschriften,[18] so gelten die gewöhnlichen Verjährungsregeln, nicht aber § 477 BGB.[19]

---

[5] BGH JZ 1967, 321 – Rutile; BGH NJW 1968, 640 – Sommerweizen; BGH NJW 1975, 20011 – Wellstegträger; BGH WM 1985, 1361, 1362 – Magermilchpulver.
[6] BGH NJW 1984, 1955.
[7] RGZ 117, 315; BGHZ 60, 9, 13; BGH NJW 1972, 246; BGH BB 1973, 494; BGH NJW 1979, 2200; BGH BB 1980, 1068, 1069.
[8] BGH BB 1980, 1068.
[9] BGHZ 60, 9, 13f.; BGH NJW 1972, 246; BGH BB 1973, 494; BGH NJW 1979, 2200.
[10] BGH BB 1980, 1068.
[11] Staudinger/Honsell § 477 Rz. 30; RGRK-BGB/Mezger § 477 Rz. 14; Soergel/Huber § 477 Rz. 12.
[12] RGZ 144, 162 – fehlerhafter Einbau eines Motors; BGH NJW 1976, 1353 – fehlerhaft verpackte Batterien.
[13] BGH WM 1977, 1027 – Pflanzenschutzmittel; BGHZ 88, 130, 136 – Klebstoff.
[14] BGH WM 1984, 1092, 1095 – Leasing.
[15] Staudinger/Honsell § 477 Rz. 13.
[16] BGH WM 1976, 791.
[17] BGH NJW 1962, 1196.
[18] BGH NJW 1985, 1769, 1771 – Chemisch-Reinigungsanlage.
[19] BGH NJW 1985, 1769 – Chemisch-Reinigungsanlage; BGH WM 1985, 1167, 1168 – Trockenmaschine.

d) Mangelbeseitigungsansprüche

6 Soweit die Parteien in Abweichung von den gesetzlichen Gewährleistungsregelungen – vgl. § 476a BGB – Inhalt und Umfang der Gewährleistungsansprüche geregelt haben, gilt gleichwohl die Verjährungsbestimmung des § 477 BGB.[20] Insbesondere ist auch der Anspruch auf Ersatz der Mangelbeseitigungsaufwendungen gemäß § 476a BGB als Gewährleistungsanspruch der Verjährungsbestimmung des § 477 BGB unterworfen.[21] Sofern der Verkäufer die Mangelbeseitigungspflicht schuldhaft verletzt, verjährt der Schadensersatzanspruch in der Frist des § 477 BGB[22] – ohne Rücksicht darauf, ob der Anspruch aus § 286 BGB oder aus positiver Vertragsverletzung begründet wird. Etwas anderes gilt nur dann, wenn als Folge der schuldhaften Verletzung der Mangelbeseitigungspflicht die Kaufsache selbst zerstört oder beschädigt wird.[23]

e) Deliktsrechtliche Ansprüche

7 Auch dann, wenn deliktsrechtliche Ansprüche mit Gewährleistungsansprüchen konkurrieren, richtet sich die Verjährung der deliktsrechtlichen Ansprüche nach § 852 BGB, nicht aber nach § 477 BGB.[24] Dies gilt auch dann, wenn der Verkäufer ein defektes Einzelteil eingebaut hat, welches die Kaufsache schädigt, sofern dieses funktional abgrenzbar und der entstandene Schaden nicht „stoffgleich" mit dem Mangel ist.[25]

f) Hersteller- und Verkäufergarantien

8 Auch bei Garantien gilt die Verjährungsbestimmung des § 477 BGB, soweit diese Garantie im Vordergrund des Kundeninteresses steht und die gesetzlichen Gewährleistungsansprüche gegenüber dem Verkäufer verdrängt.[26] Soweit es sich um eine Haltbarkeitsgarantie handelt vgl. *im einzelnen § 7 Rz. 8ff.*

2. Die Berechnung der Verjährungsfrist

a) Die Ablieferung

9 Der nach § 477 Abs. 1 BGB maßgebende Zeitpunkt ist der der Ablieferung.[27] Danach liegt eine „Ablieferung" – inhaltsgleich mit dem Begriff des § 377 HGB – dann vor, wenn die Ware in der Weise in den Machtbereich des Käufers verbracht wird, daß dieser sie an dem Ort, an dem sie sich nunmehr befindet, untersuchen kann.[28] Dabei kommt es entscheidend – in Vollziehung des jeweiligen Kaufvertrages – darauf an, daß der Käufer anstelle des Verkäufers die Verfügungsmöglichkeit über die Kaufsache erhält, so daß er in den Stand gesetzt wird, die Kaufsache zu prüfen.[29] Deshalb muß der Käufer den Besitz der Sache erhalten haben;[30] „Ablieferung" bedeutet also Übergabe der Kaufsache.[31]

---

[20] BGH NJW 1971, 654, 655 m. Anm. von Schmidt-Salzer.
[21] Soergel/Huber § 477 Rz. 17.
[22] BGHZ 60, 9, 12.
[23] Soergel/Huber § 477 Rz. 17.
[24] BGH BB 1977, 162 – Schwimmschalter; BGH NJW 1978, 2241, 2242 – Hinterradfelge; BGH NJW 1985, 2420 – Ölablaufrohr).
[25] Kullmann BB 1985, 409ff.
[26] BGH NJW 1981, 867 – Händlergarantie; OLG Koblenz NJW 1986, 2511 – PKW-Motor; OLG München NJW-RR 1986, 604; OLG Köln ZIP 1987, 379.
[27] RGZ 73, 379, 391; RGZ 91, 289, 290; BGH NJW 1961, 730; BGHZ 5, 6f.; BGH WM 1981, 847.
[28] BGH NJW 1985, 1333, 1334.
[29] BGH NJW 1985, 1333, 1334.
[30] Staudinger/Honsell § 477 Rz. 24.
[31] Soergel/Huber § 477 Rz. 25 bei einer Holschuld, deren „Ablieferung" vom Käufer verzögert wird, darf diese freilich nicht zu einem späteren Beginn der Verjährung führen; vgl. auch Tiedtke NJW 1988, 2578, 2579f.

10 Demzufolge beginnt die Verjährungsfrist des § 477 BGB beim **Versendungskauf** nicht mit der Absendung, sondern erst mit der Ankunft beim Käufer: Dieser oder seine Besitzdiener müssen in der Lage sein, nach Eintreffen der Ware am Bestimmungsort die tatsächliche Sachherrschaft auszuüben; es kommt nicht darauf an, ob sie tatsächlich auch den Besitz erlangen.[32] Auf den Zeitpunkt des Gefahrenübergangs kommt es deshalb nicht an. Handelt es sich um ein fob-Geschäft, so kommt es auf die besonderen Umstände des Einzelfalls sowie auf die Warengattung und die Art der Verpackung an, ob es dem Käufer zuzumuten ist, die Ware schon bei der Verladung – also: im Abladehafen – zu untersuchen.[33] Für den Verkauf von Öl sind diese Voraussetzungen zu bejahen.[34] Hat hingegen der Käufer – aufgrund vertraglicher Vereinbarung – die Verpflichtung übernommen, die Kaufsache beim Beförderer abzuholen, so reicht es aus, wenn diese ihm zur Verfügung gestellt wird, so daß er sie jederzeit abholen kann.[35]

11 Hat der Käufer zusätzlich eine **Montageverpflichtung** übernommen, so beginnt die Verjährungsfrist des § 477 BGB erst mit der Vollendung der Montage.[36]

b) Fristverlängerungen

12 **aa) Durch Individualvertrag.** Als Ausnahme zu § 225 Satz 1 BGB bestimmt § 477 Abs. 1 Satz 2 BGB, daß die Verjährungsfrist durch Vereinbarung verlängert werden kann. Die Regelfrist des § 195 BGB darf jedoch nicht überschritten werden.[37]

13 **bb) Durch AGB-Klauseln.** Vor allem im kaufmännischen Bereich kommen Verlängerungen der Gewährleistungsfristen in Einkaufs-AGB vor.[38] Unter welchen Voraussetzungen eine Verlängerung der Gewährleistungs- und Verjährungsfristen von § 477 BGB als unangemessene Benachteiligung gemäß § 9 Abs. 2 Nr. 1 AGBG zu qualifizieren ist, läßt sich nicht generell sagen. Ausgangspunkt für die vorzunehmende Wertung ist jedoch allemal die Erkenntnis, daß Verjährungsfristen einen erheblichen Gerechtigkeitsgehalt besitzen.[39] Indessen ist anzuerkennen, daß der Besteller ein vitales Interesse daran hat, durch eine angemessene Verlängerung der Verjährungsfrist sicherzustellen, daß gegen ihn gerichtete Gewährleistungsansprüche im Wege eines Regresses gegenüber dem Lieferanten – fristwahrend – geltend gemacht werden können.[40] Als Faustregel läßt sich sagen, daß eine Verlängerung der Gewährleistungs- und Verjährungsfrist des § 477 BGB auf 24 Monate in der Regel nicht als unangemessene Benachteiligung gemäß § 9 Abs. 2 Nr. 1 AGBG einzustufen ist. Ist jedoch der Fristbeginn an ein Ereignis geknüpft, welches der Lieferant nicht selbst beeinflussen kann, wie zum Beispiel die Abnahme des Gesamtobjekts, so ist die formularmäßige Verlängerung einer Gewährleistungs- und Verjährungsfrist jedenfalls dann nach § 9 Abs. 2 Nr. 1 AGBG unwirksam, wenn nicht eine angemessene Spätestfrist vorgesehen ist, welche von dem Zeitpunkt der „Ablieferung" an im Sinn von § 477 Abs. 1 BGB datiert. Denn ein Parallelschalten langer Gewährleistungsfristen verstößt grundsätzlich gegen § 9 Abs. 2 Nr. 1 AGBG.[41]

---

[32] BGH NJW 1988, 2608, 2609; hierzu auch Tiedtke NJW 1988, 2578ff.

[33] BGH NJW 1973, 189.

[34] BGH a. a. O.

[35] Soergel/Huber a. a. O.

[36] Staudinger/Honsell § 477 Rz. 26, Soergel/Huber § 477 Rz. 27.

[37] Soergel/Huber § 477 Rz. 35.

[38] Schmidt-Salzer, AGB, F 161ff.; Thamm/Hesse BB 1979, 1583, 1586f.; Hanisch, Allgemeine Einkaufs- und Bestellbedingungen in der metallverarbeitenden Industrie. Diss. München 1981, 117ff.; Löwe/Graf von Westphalen/Trinkner, Großkommentar, Bd. III – Einkaufsbedingungen Rz. 16ff.

[39] BGH ZIP 1984, 968.

[40] Vgl. Löwe/Graf von Westphalen/Trinkner, Großkommentar, Bd. III – Einkaufsbedingungen Rz. 17.

[41] OLG München BB 1984, 1386; OLG Düsseldorf AGBE III § 9 Nr. 16; Löwe/Graf von Westphalen/Trinkner, Großkommentar, Bd. III – Subunternehmerverträge Rz. 18.

c) Die Verkürzung der Fristen

14 **aa) Durch Individualvertrag.** Gemäß § 225 Satz 2 BGB ist die individualvertragliche Verkürzung der Verjährungsfrist des § 477 BGB zulässig.

15 **bb) Durch AGB-Klauseln.** Im nicht-kaufmännischen Bereich ist der Verbotstatbestand von § 11 Nr. 10f. zwingend zu beachten. Dies gilt auch insoweit, als eine Haltbarkeitsgarantie *(§ 7 Rz. 7ff.)* vereinbart ist: In diesen Fällen beginnt die Verjährungsfrist des § 477 BGB, sofern die gesetzliche Gewährleistungsfrist des § 477 BGB verlängert wird, in dem Zeitpunkt zu laufen, in welchem der Mangel entdeckt wurde.[42] Eine Kompensation zwischen einer – unwirksamen – Verjährungsbestimmung und einer – längerfristigen – Haltbarkeitsgarantie ist nicht statthaft.[43]

16 Ausgangspunkt für die zutreffende Erfassung von AGB-Klauseln im kaufmännischen Verkehr ist die Erkenntnis, daß Verjährungsregeln wesentliche Gerechtigkeitsentscheidung des Gesetzgebers enthalten; sie reflektieren nicht nur reine Zweckmäßigkeitserwägungen.[44] Dies ist inzwischen auch vom BGH unter Berücksichtigung des Verbotstatbestandes von § 11 Nr. 10f. AGBG gemäß § 9 Abs. 2 Nr. 1 AGBG anerkannt.[45] Dabei ist insbesondere auch zu beachten, daß nach der BGH-Judikatur[46] der Anspruch auf Ersatz von Mangelfolgeschäden, welche mit einem Sachmangel eng zusammenhängen, in analoger Anwendung der kurzen Verjährungsfrist des § 477 BGB unterworfen ist. Dies gilt auch im kaufmännischen Bereich gemäß § 9 Abs. 2 Nr. 1 AGBG, weil in der Regel das Folgeschadenrisiko den Käufer ungleich schwerer trifft als das reine Gewährleistungsrisiko bei Fehlern, die sich auf die Kaufsache selbst beschränken.

d) Hemmungs- und Unterbrechungstatbestände

17 Es gelten grundsätzlich die allgemeinen Bestimmungen der §§ 202ff. BGB. Die einfache Mängelanzeige reicht nicht aus, um die Verjährung des § 477 BGB zu hemmen oder zu unterbrechen.[47] § 9 Abs. 2 Nr. 1 AGBG verbietet infolgedessen Klauseln, die bei einer einfachen Mängelanzeige eine Hemmungs- oder Unterbrechungswirkung herbeiführen wollen.

18 Wenn sich der Verkäufer mit der Durchführung einer Mangelbeseitigung einverstanden erklärt, tritt Hemmung der Verjährung in analoger Anwendung von § 639 Abs. 2 BGB ein.[48] Demzufolge läuft die Verjährungsfrist nach Durchführung der Mangelbeseitigung weiter, wie sich unmittelbar aus § 639 Abs. 2 BGB ablesen läßt. Werden allerdings häufigere Mangelbeseitigungsmaßnahmen durchgeführt, so ist während der gesamten Zeit, in der die Mangelbeseitigung in der Schwebe ist, die Verjährung gehemmt – unabhängig davon, ob der Käufer die Sache zwischenzeitlich kurzfristig benutzen konnte.[49] Die Grenzziehung zum Anerkenntnis gemäß § 208 BGB ist eng.[49a] Stets kommt es auf die Umstände des Falles an, weil ein Anerkenntnis gemäß § 208 BGB immer dann vorliegt, wenn der Verpflichtete eine Leistung (z. B. Nachbesserung) nicht nur aus Kulanz oder zur gütlichen Beilegung eines Streits anbietet.[49b] Doch muß sich aus dem tatsächlichen Ver-

---

[42] BGH NJW 1979, 645; OLG Hamm BB 1980, 177.

[43] A. M. BGH BB 1979, 185; Löwe/Graf von Westphalen/Trinkner, Großkommentar, Bd. II § 11 Nr. 10f. Rz. 27.

[44] BGH BB 1975, 804; BGH VersR 1980, 40; BGH BB 1980, 12; BGH BB 1981, 701.

[45] BGH ZIP 1984, 968; vgl. auch Löwe/Graf von Westphalen/Trinkner, Großkommentar, Bd. II § 11 Nr. 10f. Rz. 16f.

[46] BGH BB 1980, 1068.

[47] Palandt/Putzo § 477 Anm. 3; Soergel/Huber § 477 Rz. 41; Staudinger/Honsell § 477 Rz. 33.

[48] BGHZ 39, 287, 292; BGHZ 79, 117, 121.

[49] Staudinger/Honsell § 477 Rz. 35.

[49a] BGH BB 1987, 1904, 1905f.

[49b] BGH WM 1978, 328, 329; BGH BB 1987, 1904, 1906.

halten des Schuldners eindeutig ergeben, daß ihm das Bestehen einer Verbindlichkeit bewußt ist, so daß der Gläubiger darauf vertrauen darf, der Schuldner werde sich nicht nach Ablauf der Fristen der §§ 477, 638 BGB auf Verjährung berufen.[49c]

19 Durch ein Beweissicherungsverfahren gemäß § 485 ZPO tritt gemäß § 477 Abs. 2 BGB Unterbrechung der Verjährung ein. Ein solches Verfahren ist stets im Sinn von § 485 ZPO zulässig, weil der Käufer grundsätzlich ein rechtliches Interesse an der Feststellung des Zustands der Sache hat.[50] Ist das Beweissicherungsverfahren abgeschlossen, beginnt gemäß § 217 BGB die Frist des § 477 BGB erneut zu laufen[51] – ein Gesichtspunkt, der auch von der Judikatur anerkannt ist.[52]

20 Aus § 477 Abs. 3 BGB folgt unmittelbar, daß die Hemmung oder Unterbrechung der Verjährung eines der in § 477 Abs. 1 BGB bezeichenten Gewährleistungsansprüche auch unmittelbare Auswirkung auf die anderen Gewährleistungsansprüche hat. Dies gilt auch für den Anspruch auf Mangelbeseitigung.[53]

3. Die Wirkung der Verjährung

21 Gemäß § 222 BGB gibt die Verjährung dem Verkäufer eine Einrede. Dabei ist – wegen eines häufigen Mißverständnisses in der Praxis – zu unterstreichen, daß § 477 BGB zwischen erkennbaren und nicht erkennbaren, d.h. versteckten Mängeln nicht unterscheidet.[54] Allerdings muß sich der Verkäufer auf die Einrede der Verjährung des § 477 BGB berufen; dies gilt auch, falls der Käufer Ansprüche auf Ersatz von Mangelfolgeschäden geltend macht, die nach den Grundsätzen der positiven Vertragsverletzung reklamiert werden. Denn auf diese Fälle ist – wie dargelegt – § 477 BGB analog anzuwenden.[55] Abhängig von den Umständen des Einzelfalls kann es sein, daß dem Käufer gegenüber der Verjährungseinrede des Verkäufers die Replik der unzulässigen Rechtsausübung gemäß § 242 BGB zur Seite steht.[56] Dieser Einwand kann zum Beispiel dann begründet sein, wenn der Verkäufer den Käufer darauf hinweist, den eingetretenen Schaden mit seinem Haftpflichtversicherer regulieren zu wollen, sich aber dann auf Verjährung beruft.[57]

II. Die werkvertragliche Norm des § 638 BGB

1. Der Anwendungsbereich

22 Die Einrede der Verjährung des § 638 BGB gilt für alle Ansprüche des Bestellers gemäß §§ 633, 634, 635 BGB. Sie gilt deshalb auch für den Anspruch auf Mangelbeseitigung gemäß § 633 Abs. 2 Satz 1 BGB sowie insbesondere unter Berücksichtigung der Voraussetzungen des § 633 Abs. 3 BGB für den Anspruch auf Kostenerstattung.[58]

a) Ansprüche aus positiver Vertragsverletzung

23 Nach ständiger Rechtsprechung verjähren im Werkvertragsrecht Ansprüche wegen positiver Vertragsverletzung in der Regelfrist des § 195 BGB, so daß § 638 BGB keine Anwendung findet.[59] Die Abgrenzung zwischen einem nach § 635 BGB zu beurteilenden

---

[49c] BGH NJW-RR 1988, 684.
[50] Soergel/Huber § 477 Rz. 43.
[51] Staudinger/Honsell § 477 Rz. 34; Soergel/Huber § 477 Rz. 45.
[52] BGHZ 53, 43, 47; a.M. OLG Hamm NJW 1965, 1535.
[53] BGHZ 39, 287, 292f.; BGH ZIP 1985, 1141 – Werkvertragsrecht.
[54] Statt aller Soergel/Huber § 477 Rz. 4.
[55] BGH BB 1980, 1068.
[56] Vgl. Staudinger/Honsell § 477 Rz. 37; MünchKomm/Westermann § 477 Rz. 20.
[57] BGH WM 1977, 365.
[58] Palandt/Thomas § 638 Anm. 1a; MünchKomm/Soergel § 638 Rz. 4.
[59] BGHZ 35, 130, 132; BGHZ 37, 341, 343; BGHZ 46, 238, 239; BGHZ 67, 1, 5; BGHZ 87, 289, 241f.; BGH ZIP 1986, 1055.

Mangelschaden und einem der positiven Vertragsverletzung unterworfenen Mangelfolgeschaden vollzieht sich danach, ob der Schaden mit dem Werkmangel „eng zusammenhängt".[60] Für die Erkenntnis, ob ein enger oder entfernter Zusammenhang zwischen dem Werkmangel und dem Folgeschaden besteht, wird auch ein „lokales" Element von der BGH-Judikatur herangezogen.[61] Davon abgesehen handelt es sich aber um eine – generalklauselartig – zu handhabende Differenzierung, ob ein Schaden dem Begriff des „engen oder entfernten" Mangelfolgeschadens zuzurechnen ist.[62] Judikatur und Literatur liegen hier keineswegs auf einer Linie; die Darstellung dieses Problembereichs findet sich deshalb an anderer Stelle gesondert *(§ 4 Rz. 40ff.)*.

b) Anspruch wegen Verschulden bei Vertragsabschluß

Sofern sich der Anspruch wegen Verschuldens bei Vertragsabschluß mit dem Anspruch 24
aus § 635 BGB deckt,[63] gilt die Verjährungsfrist des § 638 BGB. Genauso wie beim Kaufrecht *(§ 4 Rz. 3)* sind auch die Regeln der §§ 633ff. BGB Sonderregelungen.[64] Deshalb gilt die Regelfrist des § 195 BGB, sofern sich ein Verschulden bei Vertragsabschluß weder in einem Werkmangel noch in einer Eigenschaft niederschlägt, von der die vertragsgemäße Verwendungsfähigkeit des Werks abhängt.[65]

c) Deliktsrechtliche Ansprüche

Deliktrechtliche Ansprüche werden durch die §§ 633ff. BGB nicht ausgeschlossen.[66] 25
Gibt zum Beispiel der Besteller einem Werkunternehmer eigenes Material zur weiteren Bearbeitung und wird dieses – während der Erbringung der werkvertraglichen Leistungen – schuldhaft beschädigt, so bestehen zweifelsfrei Ansprüche von Schadensersatz gemäß § 823 BGB.[67] Etwas anderes gilt dann, wenn der Mangel dem Werk von Anfang an anhaftete, so daß es praktisch nie mangelfrei war.[68] Stets ist daher eine Eigentumsverletzung im Sinn von § 823 BGB erforderlich.[69] So muß z. B. die Lieferung fehlerhaften Baumaterials zu einer Eigentumsschädigung des „übrigen" Bauwerks geführt haben.[70]

d) Herstellergarantien – Händlergarantien

Die selbständige Garantie *(im einzelnen § 7 Rz. 3)* unterliegt nicht der kurzen Verjäh- 26
rungsfrist des § 638 BGB, sondern ist der Regelfrist des § 195 BGB unterworfen.[71] Ist indessen die Garantie als unselbständige Garantie einzuordnen, weil sie zum Beispiel eine – über § 635 BGB hinausreichende – verschuldensunabhängige Einstandspflicht darstellt,[72] so gilt gleichwohl die kurze Verjährungsfrist des § 638 BGB.[73] Wiederum anders ist zu entscheiden, wenn die jeweilige Hersteller- oder Händlergarantie als Haltbarkeitsgarantie ausgestaltet ist, welche die gesetzliche Verjährungsfrist des § 638 BGB übersteigt. Unter

---

[60] BGHZ 67, 1, 5; BGHZ 87, 239, 241f.
[61] BGHZ 67, 1, 6.
[62] BGH ZIP 1986, 1055.
[63] BGH NJW 1969, 1710; BGH NJW 1974, 1187.
[64] MünchKomm/Soergel § 638 Rz. 5ff.
[65] RGRK-BGB/Glanzmann § 635 Rz. 13; Palandt/Thomas § 638 Anm. 1a.
[66] Palandt/Thomas vor §§ 633 Anm. 4h.
[67] BGH NJW 1977, 379; BGH NJW 1977, 1819 mit Anm. von Schlechtriem.
[68] BGHZ 39, 366.
[69] Einerseits BGH NJW 1985, 194 – Dachfolie; andererseits BGH NJW 1981, 2248 – Dämmplatte.
[70] BGH WM 1978, 811 – Mörtel?.
[71] RGZ 165, 41; RG JW 1921, 828 – Generatoren; BGH BB 1975, 1507, 1508 – funktionsgerechtes Wachstum.
[72] RGZ 58, 179; RG JW 1912, 290; RGZ 71, 173, 174; BGH BB 1975, 1507, 1508 – funktionsgerechtes Wachstum.
[73] MünchKomm/Soergel § 638 Rz. 10; Palandt/Thomas vor §§ 633 Anm. 3d) bb).

dieser Voraussetzung ist im Zweifel – ähnlich wie bei § 477 BGB *(§ 7 Rz. 10)* – davon auszugehen, daß die Verjährungsfrist des § 638 BGB in dem Zeitpunkt zu laufen beginnt, in welchem der Besteller den Mangel entdeckt hat.[74] Deckt sich hingegen die Dauer der Hersteller- oder Händlergarantie mit der gesetzlichen Gewährleistungsfrist des § 638 BGB, so richtet sich die Verjährung nach dieser Bestimmung *(§ 7 Rz. 14)*. Es gilt aber auch dann der Verbotstatbestand von § 11 Nr. 10f. AGBG.[75]

2. Die Berechnung der Frist

a) Die Abnahme

27 Nach gängiger Definition wird unter der Abnahme eines Werks die körperliche Entgegennahme des vom Unternehmer hergestellten Werks, verbunden mit der Erklärung des Bestellers verstanden, daß er das Werk als in der Hauptsache vertragsgerecht erbracht anerkenne.[76] Ist die körperliche Entgegennahme – infolge der Beschaffenheit des Werks – nicht möglich, so besteht die Abnahme ausschließlich in der Erklärung des Bestellers, daß er das Werk als vertragsgemäß erbracht betrachte.[77] Erforderlich ist lediglich, daß eine Abnahme erfolgt – gleichgültig, in welcher Weise dies geschieht.[78]

b) Die Fristen des § 638 BGB

28 Die Sechsmonatsfrist des § 638 BGB gilt immer dann, wenn es sich um ein bewegliches oder um ein unkörperliches Werk handelt.[79] Folglich macht es keinen Unterschied, ob es um die Herstellung einer Maschine oder um die Erstellung einer Individual-Software geht – vorausgesetzt, es handele sich in beiden Fällen um einen Werkvertrag gemäß § 631 BGB.[80]

29 Die von § 638 BGB erfaßten Gewährleistungsansprüche verjähren bei Arbeiten an einem Grundstück in einem Jahr und bei Arbeiten bei Bauwerken in fünf Jahren. Anerkannt ist dabei, daß der Begriff „Grundstück" als Rechtsbegriff zu qualifizieren ist.[81] Erfaßt werden also Ausschachtungs-, Aufschüttungs-, Dränage- oder sonstige Arbeiten, welche in tatsächlicher Hinsicht das Grundstück betreffen. Aber auch Arbeiten an dem auf dem Grundstück bereits errichteten Bauwerk fallen in diese Kategorie, wobei hier der Begriff „Grundstück" als Rechtsbegriff qualifiziert wird, zum Beispiel die Erneuerung eines Fensteranstrichs.[82] Bei dieser Kategorie ist freilich die Abgrenzung zu „Arbeiten bei Bauwerken" im Einzelfall schwierig: Maßgebend sind Art und Weise dieser Arbeiten, ihr Umfang sowie ihre Bedeutung für das Bauwerk.[83] So gesehen ist maßgebend, ob diese Arbeiten bestimmungsgemäß nach Art und Umfang für das gesamte Bauwerk oder nur für einen Teil vorgesehen sind.[84] Soweit letzteres der Fall ist, handelt es sich um „Arbeiten an einem Grundstück", so daß die einjährige Verjährungsfrist des § 638 BGB eingreift.[85]

30 Der Begriff „Arbeiten bei Bauwerken" umfaßt – weitergehend als der Begriff „Arbeiten an einem Grundstück" – Neu-, Auf-, Um-, An-, Einbau-, Hoch- und Tiefbauarbei-

---

[74] Vgl. BGH BB 1962, 234; BGH NJW 1979, 645; BGH NJW 1981, 2248; BGH WM 1983, 17, 18; BGH NJW 1984, 1525, 1526; BGH WM 1986, 714.
[75] Vgl. OLG München NJW-RR 1986, 604; OLG Köln ZIP 1987, 379.
[76] BGHZ 48, 257, 262; BGH NJW 1970, 317.
[77] BGHZ 37, 341, 345 – Architekt; BGHZ 48, 257, 263 – Statiker.
[78] MünchKomm/Soergel § 638 Rz. 39.
[79] BGH NJW 1970, 942; BGH NJW 1974, 1187.
[80] Engel BB 1985, 1159, 1161f.
[81] BGH NJW 1970, 952; Palandt/Thomas § 638 Anm. 2b; MünchKomm/Soergel § 638 Rz. 19.
[82] Palandt/Thomas a. a. O.
[83] MünchKomm/Soergel § 638 Rz. 20 m. w. N.
[84] BGH NJW 1970, 419.
[85] MünchKomm/Soergel § 638 Rz. 21.

ten, sofern diese zumindest grundstücksbezogen sind.[86] Dabei zählt jede einzelne Unternehmerleistung, die der Neuherstellung eines Bauwerks dient, zu dieser Kategorie.

c) Verlängerung – Verkürzung der Verjährungsfrist

31 Unter Berücksichtigung von § 638 Abs. 2 BGB sowie des Verbotstatbestandes von § 11 Nr. 10f. AGBG gelten hier die gleichen Gesichtspunkte, die zuvor bei der Erörterung des Parallelproblems im Kaufrecht *(§ 5 Rz. 26)* dargestellt worden sind.

3. Wirkung der Verjährung

32 Auch hier gilt § 222 Abs. 1 BGB: Genauso wie § 477 BGB gewährt § 6238 BGB eine Einrede, sofern sich der Werkunternehmer hierauf im Prozeß oder außerhalb des Prozesses beruft.

a) Die Unterbrechung der Verjährung

33 § 639 Abs. 1 BGB bestimmt, daß die §§ 477 Abs. 2, 3 und 478, 479 BGB entsprechende Anwendung finden. Es gelten deshalb die gleichen Erwägungen, die zuvor für das Kaufrecht dargestellt wurden *(§ 5 Rz. 17ff.)*.

b) Die Hemmung der Verjährung

34 Sinn und Zweck der besonderen werkvertraglichen Regelung des § 639 Abs. 2 BGB ist es, die Verjährung in ihrem Lauf solange aufzuhalten, bis der Unternehmer die Beseitigung des Mangels erklärt oder sich weigert, die Mangelbeseitigung fortzusetzen.[87] Dies setzt voraus, daß der Besteller den Mangel rügt und der Unternehmer – im Einverständnis mit dem Besteller – das Werk auf gerügte Mängel untersucht oder mit der Mängelbeseitigung beginnt. Dabei ist es gleichgültig, ob der Unternehmer die gerügten Mängel „ohne Anerkennung einer Rechtspflicht" überprüft.[88] Umgekehrt: Jedes Verhalten des Bestellers, aus dem zu entnehmen ist, daß er die vom Werkunternehmer durchgeführte Prüfung eines gerügten Mangels billigt, ist als „Einverständnis" im Sinn von § 639 Abs. 2 BGB zu werten.[89] Der Eintritt der Hemmung ist nicht davon abhängig, daß die Mangelbeseitigung erfolgreich durchgeführt wird.[90]

§ 6. Arglistiges Verschweigen und arglistiges Vorspiegeln von Eigenschaften gemäß § 463 Satz 2 BGB

I. Der Begriff der Arglist

1 Wie in § 123 BGB setzt der Begriff der Arglist voraus, daß der Verkäufer den Willen und das Bewußtsein hat, den Käufer in seiner Entscheidung durch eine Täuschung zu beeinflussen. Dies ist nicht gleichbedeutend mit dem Vorliegen einer Betrugs- oder Schädigungsabsicht.[1] Anerkanntermaßen handelt es sich bei § 463 Satz 2 BGB um einen echten Unterlassungstatbestand.[2] Deshalb ist das Verschweigen eines Fehlers im Sinn des § 459

---

[86] Palandt/Thomas § 638 Anm. 2c.
[87] Vgl. BGHZ 48, 108.
[88] BGH BauR 1977, 348; Palandt/Thomas § 639 Anm. 2; MünchKomm/Soergel § 639 Rz. 14.
[89] Palandt/Thomas § 639 Anm. 2.
[90] MünchKomm/Soergel § 639 Rz. 16.
[1] Soergel/Huber § 476 Rz. 12.
[2] Soergel/Huber § 476 Rz. 8.

Abs. 1 BGB stets arglistig, sofern die nachfolgenden Voraussetzungen vorliegen: Der Verkäufer muß den Mangel gekannt oder wenigstens mit seinem Vorhandensein gerechnet haben; er muß des weiteren gewußt oder doch damit gerechnet haben, daß der Käufer den Mangel nicht kennt, und schließlich muß er gleichfalls gewußt oder damit gerechnet haben, daß der Käufer – bei Kenntnis des Mangels – den Kaufvertrag nicht oder jedenfalls nicht zu den ausgehandelten Konditionen abschließen werde.[3] So gesehen ist es selbstverständlich, daß bloße Fahrlässigkeit zur Ausfüllung des Tatbestandselements Arglist in § 463 Satz 2 BGB nicht ausreicht.

II. Arglistiges Verschweigen eines Fehlers

2 Der Tatbestand des § 463 Satz 2 BGB kommt nur dann zum Zuge, wenn ein Fehler im Sinn von § 459 Abs. 1 BGB gegeben ist. Dies setzt in der Sache voraus, daß ein erhebliches Abweichen (vgl. § 459 Abs. 1 Satz 2 BGB) von der Soll-Beschaffenheit vorliegt.[4] Ob der Tatbestand des Verschweigens im Sinn von § 463 Satz 2 BGB das Bestehen einer besonderen Aufklärungspflicht des Verkäufers voraussetzt, ist umstritten. Teilweise wird diese Frage in der Literatur bejaht;[5] sie wird allerdings verschiedentlich mit guten Gründen verneint.[6] Unter praktischen Erwägungen bewertet kann diese Streitfrage dahinstehen. Entscheidend kommt es nämlich darauf an, ob der Verkäufer mit dem Vorhandensein eines Fehlers und zugleich auch damit rechnete, daß dem Käufer der Fehler nicht positiv bekannt war: Unter diesen Voraussetzungen besteht stets eine Aufklärungspflicht; wird sie – in Kenntnis dieser Umstände – nicht erfüllt, so handelt der Verkäufer arglistig im Sinn von § 463 Satz 2 BGB. Anders gewendet: Es sind praktisch keine Fälle denkbar, in denen – trotz Vorliegens der vorerwähnten Tatbestandselemente – ein arglistiges Verschweigen im Sinn von § 463 Satz 2 BGB deswegen verneint wird, weil keine entsprechende Aufklärungspflicht des Verkäufers anzunehmen wäre.

III. Arglistiges Vorspiegeln von Eigenschaften

3 Während sich das arglistige Verschweigen auf den Tatbestand eines Fehlers bezieht, erstreckt sich das Tatbestandselement des arglistigen Vorspiegelns auf Eigenschaften. Daraus ist zwingend abzuleiten, daß der Begriff „Eigenschaft" im Sinn von § 463 Satz 2 BGB gleichbedeutend ist mit demjenigen, der in § 459 Abs. 2 BGB Verwendung gefunden hat.[7] Der Unterschied zwischen einem Fehler und einer Eigenschaft ist freilich im Anwendungsbereich von § 463 Satz 2 BGB gering; denn die Abwesenheit eines Fehlers im Sinn von § 459 Abs. 1 BGB kann Gegenstand einer Eigenschaftszusicherung gemäß § 459 Abs. 2 BGB sein.[8]

4 Der Begriff „Vorspiegeln" bedeutet, daß der Verkäufer dem Käufer eine objektiv unrichtige Angabe über die Eigenschaft der Kaufsache macht. Eine Zusicherung im Sinn von § 459 Abs. 2 BGB ist nicht erforderlich.[9] Arglistig ist das Vorspiegeln einer bestimm-

[3] BGH NJW 1977, 914, 915; BGH NJW 1977, 1055; BGH WM 1978, 1175, 1176; Palandt/Putzo § 463 Anm. 3b) aa); Soergel/Huber § 476 Rz. 15.

[4] Erman/Weitnauer § 463 Rz. 6; Palandt/Putzo § 463 Anm. 3b) aa); Soergel/Huber § 476 Rz. 17; a.M. Staudinger/Honsell § 463 Rz. 10.

[5] Staudinger/Honsell § 463 Rz. 29; RGRK-BGB/Mezger § 463 Rz. 4; MünchKomm/Westermann § 463 Rz. 5ff.; Erman/Weitnauer § 463 Rz. 5; Palandt/Putzo § 463 Anm. 3b) aa).

[6] Larenz, Schuldrecht, Bd. II § 41 II c 2; Soergel/Huber § 476 Rz. 18.

[7] RGZ 63, 110, 113; RGZ 83, 241, 243; RGZ 132, 76, 78; BGH WM 1978, 1175.

[8] BGH NJW 1959, 1489 – ist kaum gebraucht, fast neu und verhältnismäßig neuwertig; BGH NJW 1985, 967 – typengerechter Motor; BGH NJW 1985, 1333 – Silo.

[9] Soergel/Huber § 463 Rz. 26.

ten Eigenschaft deshalb immer dann, wenn die zuvor erwähnten Voraussetzungen *(§ 6 Rz. 2f.)* vorliegen.

IV. Die Nichtigkeit des Gewährleistungsausschlusses bei Arglist – § 476 BGB

Aus § 476 BGB folgt unmittelbar, daß ein Gewährleistungsausschluß im Fall der Arglist nichtig ist.[10] 5

§ 7. Die Haftung aufgrund einer Garantie

Was unter dem Begriff „Garantie" im einzelnen zu verstehen ist und wie die aus einer solchen „Garantie" hergeleiteten Ansprüche in das System der kaufrechtlichen und werkvertraglichen Gewährleistung einzuordnen sind, hat sowohl in der Rechtsprechung[1] als auch in der Literatur[2] Schwierigkeiten bereitet.[3] 1

I. Begriffliche Voraussetzungen einer Garantie

Vor allem im Werkvertrags-, aber auch im Kaufvertragsrecht hat sich seit langer Zeit eine begriffliche Distinktion zwischen Zusicherung, unselbständiger und selbständiger Garantie herauskristallisiert.[4] Stets ist durch Auslegung gemäß §§ 133, 157, 242 BGB zu unterscheiden, um welche Form es sich bei der jeweiligen Garantieerklärung handelt: Unter einer Garantie kann zunächst einmal eine Eigenschaftszusicherung im Sinn der §§ 459 Abs. 2, 633 Abs. 1 BGB zu verstehen sein; so gesehen ist dann eine Garantie nichts anderes als die Bekräftigung einer Zusicherungserklärung des Verkäufers/Werkunternehmers.[5] Unter dieser Voraussetzung verbleibt es sodann bei den gesetzlichen Gewährleistungsansprüchen des Käufers/Werkbestellers. Abhängig von dem Ergebnis der Auslegung kann eine Garantie jedoch auch den Inhalt haben, daß der Verkäufer/Werkunternehmer eine verschuldensunabhängige Einstandspflicht rechtsgeschäftlich – über die Zusicherungserklärung hinaus – begründen will. Ein solches Auslegungsergebnis hat freilich im Kaufrecht unter Berücksichtigung von § 463 Satz 1 BGB keine eigenständige Bedeutung; anders als im Werkvertragsrecht haftet hier der Verkäufer für das Fehlen einer zugesicherten Eigenschaft stets ohne Rücksicht auf ein Vertretenmüssen.[6] Weil die Schadensersatzhaftung des Werkunternehmers gemäß § 635 BGB jedoch verschuldensabhängig ist, hat eine verschuldensunabhängige Garantie des Werkunternehmers hier durchaus selbständige Bedeutung.[7] Es entscheidet jedoch die Auslegung gemäß §§ 133, 157, 242 BGB, ob aufgrund eines solchen – unselbständigen – Garantieversprechens der Werkunternehmer ohne Rücksicht auf eigenes Verschulden haftet.[8] Indessen bedarf es hierzu stets beson- 2

---

[10] Statt aller Palandt/Putzo § 476 Anm. 3c.

[1] BGH NJW 1979, 645; BGH NJW 1981, 867, 868.

[2] MünchKomm/Westermann § 459 Rz. 86ff.; RGRK-BGB/Mezger § 459 Rz. 29; Soergel/Huber § 459, Rz. 134ff.

[3] Umfassend Christoffel, Die Garantie im Rahmen kaufrechtlicher Sachmängelgewährleistung, passim.; vgl. auch Messer, in Kullmann/Pfister, Produzentenhaftung, Kza. 1480 S. 1ff.

[4] Grundlegend RGZ 165, 41ff.; BGH BB 1975, 1507, 1508; BGH WM 1977, 365, 366; BGH NJW 1986, 1927.

[5] BGH NJW 1986, 1927.

[6] BB 1972, 1069 – Fensterlack.

[7] RGZ 165, 41, 46; BGH BB 1975, 1507, 1508.

[8] RGRK-BGB/Glanzmann § 633 Rz. 12; Soergel/Huber § 459 Rz. 134; Larenz, Schuldrecht, Bd. II, § 53 IIc 2; Palandt/Thomas vor §§ 633 Anm. 3d; Eimer NJW 1973, 590.

derer Umstände.[9] Schließlich kann die Verwendung des Begriffs Garantie auch bedeuten, daß der Verkäufer/Werkunternehmer damit für einen weitergehenden, leistungsunabhängigen Erfolg einstehen will.[10] Der mit einer solchen Garantie ins Auge gefaßte Erfolg muß deshalb außerhalb der Vertragsgemäßheit der im Rahmen des Kauf- oder des Werkvertrags geschuldeten Lieferung/Leistung liegen.[11] Ein selbständiger Garantievertrag kann auch auf Schadloshaltung gerichtet sein; mit der kauf- oder werkvertraglichen Gewährleistungshaftung hat dies dann freilich nichts mehr zu tun, zumal sich die Verjährung des Garantieanspruchs nach § 195 BGB richtet.[12]

II. Die Garantieerklärung des Verkäufers

1. Der selbständige Garantievertrag

3 Unter Berücksichtigung der dargestellten Definition enthält ein – selbständiger – Garantievertrag die Verpflichtung des Verkäufers, für das Eintreten oder Nichteintreten eines bestimmten Erfolges einzustehen, ohne die Gefahr eines künftigen, noch nicht entstandenen Schadens zu übernehmen.[13] Die Abgrenzung zwischen einem solchen, selbständigen Garantievertrag und einer Eigenschaftszusicherung im Sinn von § 459 Abs. 2 BGB ist im Kaufrecht einfach.[14] Gegenstand des – selbständigen – Garantievertrages sind nämlich im Rahmen eines Kaufvertrages nicht die gegenwärtigen Eigenschaften der Kaufsache – dann liegt regelmäßig nur eine Eigenschaftszusicherung im Sinn von § 459 Abs. 2 BGB vor –, sondern künftige, erst nach Gefahrenübergang eintretende Eigenschaften der Kaufsache oder auch Umstände, welche außerhalb der Kaufsache liegen und daher keine Eigenschaften im Sinn von § 459 Abs. 2 BGB sein können *(§ 2 Rz. 11f.)*.

4 Garantiert zum Beispiel der Hersteller/Verkäufer eines zu erstellenden Ringofens, daß mit einer bestimmten Menge Steine zu einem bestimmten Preis ein entsprechender Jahresverdienst erwirtschaftet werden kann, so liegt darin – nach der Rechtsprechung der Reichsgerichts – ein selbständiger Garantievertrag.[15] Nichts anderes gilt dann, wenn ein Verkäufer/Werkunternehmer acht Generatoren für eine Generatorenanlage eines Stahlwerks liefert und dabei garantiert, daß nach Einbau dieser Generatoren der Kohleverbrauch in bestimmtem Maße verringert werde.[16] Gleichfalls liegt dann ein selbständiger Garantievertrag vor, wenn Röhrenvorwärmer für eine Verdampfungsanlage herzustellen sind, wobei der Hersteller die Garantie abgibt, daß die Vorwärmer die Sole auf eine bestimmte Temperatur erhitzen werden,[17] denn die Erwärmung der Sole ist nicht nur von den Vorwärmern allein abhängig, sondern auch das Ergebnis anderer Faktoren.

5 Der BGH hat diese Judikatur fortgesetzt. Beim Verkauf von Elektrowärmespeichern für eine Fabrikhalle, für die eine bestimmte Innen- und Außentemperatur garantiert wurde, hat der BGH einen selbständigen Garantievertrag bejaht.[18] Insbesondere wird eine Garantie des Verkäufers für eine Anlage, die in einem Gewächshaus eingesetzt wird, als

---

[9] RGZ 58, 179; RG JW 1912, 290; RGZ 71, 173, 174; RGZ 165, 41 ff.; BGH BB 1975, 1507, 1508.

[10] RGZ 165, 41 ff.; BGH BB 1975, 1507, 1508; BGH NJW 1986, 1927; Palandt/Thomas a. a. O.; Soergel/Huber § 459, Rz. 134 f.; Christoffel a. a. O., 81 ff. m. w. N.

[11] RG JW 1921, 828; BGH WM 1976, 977 – Mietausfallgarantie; BGH WM 1977, 718 – künftige Bebaubarkeit eines Grundstücks.

[12] RGRK-BGB/Mezger § 477 Rz. 15; Palandt/Thomas vor §§ 633 Anm. 3d.

[13] RGZ 61, 157; RGZ 90, 415, 418; BGH NJW 1958, 1483; BGH NJW 1965, 148, 149; BGH WM 1977, 365, 366.

[14] Soergel/Huber § 459 Rz. 136.

[15] RG JW 1919, 241.

[16] RG JW 1921, 828.

[17] RG JW 1939, 38.

[18] BGH NJW 1965, 148.

selbständiger Garantievertrag gewertet, weil der Verkäufer versichert hatte: ,,Wir garantieren für diese Anlage wärmetechnisch und auch funktionstechnisch".[19]

Darüber hinaus nimmt die BGH-Judikatur das Vorliegen eines – selbständigen – Garantievertrages in den Fällen an, in denen sich die ,,Garantie" des Verkäufers – in Abweichung von der gesetzlichen Haftung des § 463 Satz 1 BGB – auf eine Eigenschaft bezieht, die erst nach Gefahrenübergang zur Entstehung gelangen soll, wie zum Beispiel die Bebaubarkeit eines zu veräußernden Grundstücks.[20] Begründet werden diese Entscheidungen durchweg damit, daß die gegenwärtige Eigenschaft des Grundstücks nicht die – künftige – Bebaubarkeit einschließt, so daß diese lediglich Gegenstand eines – selbständigen – Garantievertrages sein kann.[21] Maßgebend ist hierbei des weiteren, daß der Verkäufer – nach Gefahrenübergang – die Möglichkeit verliert, auf das Entstehen der zugesagten Eigenschaft Einfluß zu nehmen, so daß daraus die Annahme eines selbständigen Garantievertrages resultiert.[22] Gerade bei den hier kurz apostrophierten Fällen erscheint die Differenzierung zwischen einer Eigenschaftszusicherung gemäß § 459 Abs. 2 BGB und einem selbständigen Garantievertrag schwierig. Geht man indessen davon aus, daß ein selbständiger Garantievertrag voraussetzt, daß der Verkäufer einen weitergehenden, leistungsunabhängigen Erfolg verspricht, der auch von Faktoren abhängig ist, die nicht seinem Einflußbereich unterliegen und damit keine Eigenschaften der Kaufsache sind,[23] so wird man regelmäßig zu vertretbaren Ergebnissen kommen. 6

2. Die Haltbarkeitsgarantie

Bei der durch eine ,,Garantie" bewirkten Verlängerung der gesetzlichen Gewährleistungsfristen kann die Auslegung solcher garantiemäßigen Erklärungen des Verkäufers gemäß §§ 133, 157, 242 BGB auch ergeben, daß diese als ,,Haltbarkeitsgarantien" zu bewerten sind.[24] Die Vereinbarung von Haltbarkeitsgarantien hat unter der Perspektive der Produkthaftung überragende Bedeutung; es ergeben sich folgende Gesichtspunkte, die im einzelnen vertieft werden müssen: 7

a) Haltbarkeitsgarantie: Selbständiges oder unselbständiges Garantieversprechen?

Zwischen einer typischen Haltbarkeitsgarantie und einer selbständigen Garantie ergeben sich oft im Einzelfall mannigfache Berührungspunkte: Beide Erscheinungsformen einer Garantie sind nämlich auf die Zukunft gerichtet, d. h. auf das Vorhandensein und Vorhandenbleiben bestimmter, regelmäßig: zugesicherter Eigenschaften. Dies hat die Vorstellung heraufbeschworen, als liege in einer Haltbarkeitsgarantie stets ein selbständiger Garantievertrag.[25] Jedenfalls aber dann, wenn der dauerhafte Bestand von Eigenschaften im Rahmen einer Haltbarkeitsgarantie zugesagt wird, soll ein selbständiger Garantievertrag vorliegen.[26] Auch das Spezialschrifttum teilt diese Auffassung.[27] Die hier anzustrebende Einordnung hat auch überragende Bedeutung für die Frage der Verjährung gemäß 8

---

[19] BGH WM 1977, 365 – im Ergebnis offengelassen, ob nicht ein unselbständiger Garantievertrag vorliegt, 366; vgl. auch Staudinger/Honsell § 459 Rz. 88.

[20] RGZ 52, 429; BGH WM 1977, 718; BGH WM 1978, 554.

[21] BGH WM 1977, 118; hierzu auch Staudinger/Honsell § 459 Rz. 88; MünchKomm/Westermann § 459 Rz. 67; kritisch Christoffel, Die Garantie im Rahmen kaufrechtlicher Sachmängelgewährleistung, 104f.; 113ff. – ,,Fortbestandsgarantie".

[22] Hierzu auch Müller ZIP 1981, 707, 712f.; Christoffel a. a. O., 117f.

[23] Vgl. RGZ 165, 41ff.

[24] Hierzu im einzelnen Loebell BB 1973, 1237ff.; im einzelnen Christoffel a. a. O., 120ff.; Soergel/Huber § 459 Rz. 138ff., jeweils m. w. N.

[25] Staudinger/Honsell § 459 Rz. 88; Rz. 91; MünchKomm/Westermann § 459 Rz. 86; a. M. Groß/Wittmann BB 1988, 1126, 1131.

[26] Soergel/Ballerstedt, 10. Aufl., § 459 Rz. 23.

[27] Tengelmann NJW 1966, 2195, 2198; a. M. Heisecke NJW 1967, 238.

§ 477 BGB.[28] Ausgangspunkt für die zutreffende Differenzierung ist zunächst die – gewährleistungsspezifische – Erkenntnis: eine Gewährleistungshaftung gemäß §§ 459ff. BGB setzt zwingend voraus, daß der Mangel schon im Zeitpunkt des Gefahrenübergangs – wenigstens ,,im Keim" – vorhanden war.[29] Demzufolge hat *Müller*[30] die Auffassung vertreten, eine Haltbarkeitsgarantie sei immer dann eine – unselbständige – Garantie, wenn sie sich auf Mängel beziehe, die der Sache schon bei Gefahrenübergang anhafteten – ein Umstand, der aufgrund des Garantieversprechens beweismäßig zu vermuten sei, wenn und soweit der Mangel inerhalb der Garantiefrist zutage trete. Demgegenüber – so *Müller* – liege ein selbständiger Garantievertrag dann vor, wenn sich aus dem Sinn der Garantie ergibt, daß der Verkäufer auch für solche Mängel haftet, die erst nach Gefahrenübergang, zum Beispiel durch Verschleiß oder Abnutzung entstehen. Diese Meinung ist jedoch zu theoretisch: die in der Praxis üblichen Garantieerklärungen geben keine ausreichenden Hinweise, um eine solche Distinktion sinnvollerweise vorzunehmen.[31] Vielmehr ist auch im Rahmen einer Haltbarkeitsgarantie die zuvor herausgearbeitete Unterscheidung maßgebend: Wenn und soweit sich die Haltbarkeitsgarantie darauf bezieht, daß der Verkäufer auch für solche Mängel einstehen will, die im Zeitpunkt des Gefahrenübergangs noch nicht vorhanden sind, jedoch während der Garantiefrist auftreten, so liegt ein unselbständiger Garantievertrag vor.[32] Nimmt man hinzu, daß eine Haltbarkeitsgarantie regelmäßig voraussetzt, daß der Käufer den Mangel während der Garantiefrist rügt – und abhängig von der Formulierung auch noch sonstige, die Verjährungsfrist unterbrechende Maßnahmen rechtzeitig veranlaßt –, so liegt schon wegen der zeitlichen Begrenzung solcher Haltbarkeitsgarantien die Annahme eines selbständigen Garantievertrages fern. Dieser würde ja auch unter Berücksichtigung des zuvor erwähnten Definitionskatalogs voraussetzen, daß der Verkäufer für einen weitergehenden, leistungsunabhängigen Erfolg einstehen will, der auch von Faktoren abhängig ist, die außerhalb des vom Verkäufer unmittelbar zu beeinflussenden Leistungserfolges liegen.[33] Deshalb: Nur wenn letzteres der Fall ist, wird man bei einer Haltbarkeitsgarantie einen selbständigen Garantievertrag bejahen können; dessen Folgen sind aber auch dann darin zu sehen, daß die Verjährungsfrist des § 195 BGB, nicht aber die des § 477 BGB gilt.[34]

b) Die befristete Haltbarkeitsgarantie

9 **aa) Die Verteilung der Beweislast.** Während ein gewährleistungspflichtiger Mangel im Sinn der §§ 459ff., 633ff. BGB nur dann vorliegt, wenn der Mangel/Fehler im Zeitpunkt des Gefahrenübergangs wenigstens ,,im Keim" vorhanden war, besteht der wesentliche Gehalt einer Haltbarkeitsgarantie darin, daß der Käufer/Besteller lediglich den Nachweis erbringen muß, daß der Mangel/Fehler innerhalb der Garantiefrist aufgetreten ist.[35] Mit anderen Worten: Dem Käufer/Besteller soll während der angegebenen Garantiefrist der ungestörte Sachgebrauch gewährleistet sein.[36] Tritt also ein Mangel während der Garantiezeit auf, so ist stets die Einstandspflicht des Verkäufers/Werkunternehmers – entsprechend den Ausformulierungen der jeweiligen Haltbarkeitsgarantie – eingefordert. *Müller*[37] hat die Auffassung vertreten, die Darlegungs- und Beweislast sei insoweit umgekehrt, als bei Inanspruchnahme einer Haltbarkeitsgarantie die anfängliche Mangelhaftigkeit der

[28] Soergel/Huber § 459 Rz. 140; Christoffel a. a. O., 140ff.
[29] Staudinger/Honsell § 459 Rz. 33; Palandt/Putzo § 459 Anm. 2c.
[30] ZIP 1981, 707, 712ff.
[31] Vgl. auch Soergel/Huber a. a. O.
[32] Löwe/Graf von Westphalen/Trinkner, Großkommentar zum AGB-Gesetz, Bd. II § 11 Nr. 11 Rz. 44; im Ergebnis ebenso Soergel/Huber § 459 Rz. 141.
[33] Vgl. RGZ 165, 41ff.
[34] Statt aller RGRK-BGB/Mezger § 477 Rz. 15.
[35] BGH BB 1961, 228; BGH BB 1962, 234; BGH BB 1979, 185.
[36] Christoffel, Die Garantie im Rahmen kaufrechtlicher Sachmängelgewährleistung, 128.
[37] ZIP 1981, 707, 712ff.

Kaufsache nur widerleglich vermutet werde. Dem ist nicht zu folgen; vielmehr ist es stets Sache der Auslegung, wie die Darlegungs- und Beweislast unter Berücksichtigung des jeweiligen Inhalts der Haltbarkeitsgarantie verteilt ist.[38] Unter genauer Beachtung ihres jeweiligen Wortlauts und der Umstände des Einzelfalls liegt es deshalb regelmäßig nahe, daß sämtliche während der Garantiefrist auftretenden Mängel Garantie- oder Gewährleistungsansprüche gegenüber dem Verkäufer/Werkunternehmer auslösen.[39] Ausgenommen sind selbstverständlich stets Mängel oder Schäden, die zwar während der Garantiezeit auftreten, aber auf unsachgemäße, der vertraglichen Bestimmung zuwiderlaufende Benutzung der Kaufsache zurückzuführen sind.[40] Dies gilt grundsätzlich ohne Rücksicht darauf, ob ein derartiger Vorbehalt in den Garantiebedingungen zum Ausdruck gebracht ist oder nicht. Ursächlich hängt dies damit zusammen, daß die Haltbarkeitsgarantie den Nachweis des Käufers/Bestellers einschließt, daß der Mangel innerhalb der Garantiefrist entstanden ist, während der Einwand des Verkäufers/Werkunternehmers dahin zielt, den Käufer/Besteller treffe am Entstehen des Mangels ein Verschulden. Dies aber ist eine rechtshindernde Einrede, für die der Verkäufer/Werkunternehmer selbstverständlich die Darlegungs- und Beweislast trägt.[41] Von diesen Fallkonstellationen abgesehen wird man also eine Haltbarkeitsgarantie – freilich unter Berücksichtigung des Wortlauts der Garantieerklärung sowie der jeweiligen Umstände – regelmäßig dahin verstehen müssen, daß der Verkäufer/Werkunternehmer dafür einsteht, daß die Kaufsache so beschaffen ist, die Garantiefrist ohne Mängel/Schäden zu überstehen, wobei der gewöhnliche oder vertraglich vorausgesetzte Gebrauch der Kaufsache (vgl. § 459 Abs. 1 BGB) die maßgebende Richtschnur darstellt.

bb) Die Einrede der Verjährung gemäß § 477 BGB. Mit Recht ist festgestellt worden, 10
daß der augenfälligste Unterschied zwischen Gewährleistung und Garantievertrag in der Verjährung besteht.[42] Es ist deshalb stets unter Berücksichtigung der Prinzipien der §§ 133, 157, 242 BGB zu fragen, wie im Einzelfall das Verhältnis zwischen der Gewährleistungsfrist des § 477 BGB und der Garantiefrist ausgestaltet ist. In Betracht kommen grundsätzlich drei Lösungen:

Durch die Vereinbarung einer Haltbarkeitsgarantie kann lediglich die gesetzliche Ver- 11
jährungsfrist verlängert worden sein.[43] Es kann aber auch durchaus sein, daß der Zweck der Haltbarkeitsgarantie darin besteht, den Beginn der gesetzlichen Verjährungsfrist erst mit dem Ablauf der Garantiefrist eintreten zu lassen.[44] Schließlich kann der Zweck einer solchen Haltbarkeitsgarantie darin bestehen, daß die gesetzliche Verjährungsfrist des § 477 BGB dann beginnt, wenn der Käufer/Besteller den Mangel innerhalb der Garantiefrist entdeckt und auch gerügt hat.[45] Übersteigt die Haltbarkeitsgarantie die sechsmonatige Verjährungsfrist des § 477 BGB, so ist für den Regelfall davon auszugehen: Alle während der Garantiefrist auftretenden Mängel lösen Gewährleistungsansprüche aus; die Verjährungsfrist des § 477 BGB für die in der Haltbarkeitsgarantie normierten Ansprüche beginnt jedoch erst mit dem Zeitpunkt, in welchem der Mangel entdeckt und gerügt worden ist.[46] Diese Auffassung wird auch in der Literatur für zutreffend erachtet.[47]

---

[38] BGH BB 1961, 228, 229; BGH BB 1962, 234; BGH WM 1981, 952, 953.

[39] So im Ergebnis auch Soergel/Huber § 459 Rz. 143.

[40] Christoffel a. a. O., 129.

[41] Christoffel a. a. O., 129f.

[42] RG JW 1921, 828; RG JW 1919, 241; BGH WM 1977, 365; BGH WM 1979, 1100; BGH WM 1981, 952; BGH NJW 1981, 867; BGH NJW 1984, 1525; Christoffel a. a. O., 140f.

[43] RG JW 1910, 1117; BGH NJW 1961, 730; BGH BB 1962, 234.

[44] RGZ 65, 119, 121; RGZ 91, 306; RGZ 120, 213.

[45] BGH BB 1979, 185; vgl. auch Tengelmann NJW 1966, 2195ff.; Heisecke NJW 1967, 238.

[46] BGH BB 1979, 185; vgl. auch BGH BB 1962, 234.

[47] Loebell BB 1973, 1237, 1239; RGRK-BGB/Mezger § 477 Rz. 8; RGRK-BGB/Glanzmann § 638 Rz. 29; Staudinger/Honsell § 477 Rz. 32; Soergel/Huber § 459 Rz. 146; Löwe/Graf von Westphalen/Trinkner, Großkommentar, Bd. II § 11 Nr. 10f. Rz. 24.

12 Dieses Ergebnis ist deswegen interessegerecht, weil dadurch der Käufer in den Stand gesetzt wird, den Inhalt der Garantiefrist auszuschöpfen: Der Verkäufer steht dem Käufer nach näherer Maßgabe der Garantiebedingungen für alle Mängel ein, die sich während der Garantiefrist zeigen, soweit diese nicht auf einem Verschulden des Käufers beruhen.[48] Indessen ist der Käufer nicht mehr schutzbedürftig, soweit der Mangel – während der Garantiefrist – entdeckt ist. Unter dieser Voraussetzung ist es dann sachgerecht, die Verjährungsfrist des § 477 BGB von diesem Zeitpunkt an in Lauf zu setzen.[49] Mehr noch: Die Vereinbarung einer Haltbarkeitsgarantie über die Frist des § 477 BGB hinaus dient in erster Linie dem Zweck, die Gewährleistungsfrist des Verkäufers auszudehnen, ohne gleichzeitig eine Regelung der Verjährungsfrist im Sinn von § 477 BGB zu bewirken.

13 Dieser Lösungsansatz hat eine weitere Konsequenz: Bei wiederholt auftretenden ähnlichen Mängeln kann das Vorliegen einer Haltbarkeitsgarantie auch dazu führen, daß die Verjährungsfrist erst nach Ausführung der letzten Reparatur beginnt.[50] Umgekehrt: Bezieht sich eine Haltbarkeitsgarantie auf eine Serienlieferung, so kann es durchaus sein, daß die Verjährungsfrist des § 477 BGB nicht jeweils bei Kenntnis der einzelnen Mängel beginnt, sondern daß die Kenntnis einzelner Mängel die Verjährungsfrist für die gesamte Lieferung in Gang setzt, zum Beispiel bei einem Konstruktionsfehler, der notwendigerweise allen gelieferten Gegenständen anhaftet.[51] Denn in diesen Fällen ist es dem Käufer zuzumuten, den Eintritt der Verjährung der Gewährleistungsansprüche zu verhindern, indem notfalls Feststellungsklage erhoben wird.[52]

Diese Lösung gilt freilich dann nicht, wenn sich die Haltbarkeitsgarantie mit der Verjährungsfrist des § 477 BGB deckt oder gar kürzer als diese ist; denn in diesen Fällen ist die Interessenlage keine andere: Hier bleibt es bei dem zuvor dargestellten Zweck einer Haltbarkeitsgarantie, wonach der Verkäufer dem Käufer dafür einsteht, daß die Kaufsache bis zum Ablauf der Garantiefrist keinen Mangel aufweist, es sei denn, dieser wäre auf ein Verschulden des Käufers zurückzuführen.[53] Indessen hat dieses Ergebnis in der Literatur Widerspruch erfahren, weil der Käufer – bei dieser Auslegung – jedenfalls dann um den Genuß der Haltbarkeitsgarantie gebracht wird, wenn der Mangel unmittelbar vor Ablauf der Garantiefrist/Verjährungsfrist eintritt.[54] Deshalb wird vorgeschlagen, die Verjährungsfrist des § 477 BGB auch in diesen Fällen von dem Zeitpunkt an einsetzen zu lassen, in welchem der Käufer den Mangel entdeckt.

14 Indessen besteht hierzu kein Anlaß; die in der Haltbarkeitsgarantie bis zur Entdeckung des Mangels liegende Bonifikation ist für den Käufer – regelmäßig – ausreichend, zumal auch die Schutzbestimmungen des AGBG (§ 11 Nr. 10f.) unmittelbare Relevanz besitzen.[55] Unter Berücksichtigung von § 11 Nr. 10f. AGBG bedeutet dies, daß der Käufer regelmäßig nicht erwarten kann, bei Vereinbarung einer Haltbarkeitsgarantie wesentlich günstiger gestellt zu werden als ein gewährleistungsberechtigter Käufer[56] – abgesehen von der ohnedies vorhandenen Bonifikation: Macht der Käufer aus einer Haltbarkeitsgarantie Ansprüche gegenüber dem Verkäufer geltend, so genügt er seiner Darlegungs- und Beweislast, wenn er den Nachweis erbringt, daß der Mangel innerhalb der Garantiefrist aufgetreten ist; er ist nicht darauf angewiesen, den gewährleistungsspezifischen Nachweis

[48] Irrig zur Darlegungs- und Beweislastverteilung OLG Köln MDR 1966, 673, wonach der Nachweis des Nichtverschuldens des Käufers anspruchsbegründende, mithin vom Käufer zu beweisende Tatsache ist; a. M. Limbach MDR 1967, 87f.; Baumgärtel, Handbuch der Beweislast im Privatrecht, § 459 Rz. 15.

[49] BGH BB 1979, 185; KG Berlin DB 1981, 522.

[50] So mit Recht OLG Hamm BB 1980, 177; vgl. aber auch KG Berlin DB 1981, 701.

[51] BGH WM 1983, 1391, 1393.

[52] BGH a. a. O.

[53] RGZ 91, 305, 306; RGZ 128, 211, 213; Soergel/Huber § 459 Rz. 147.

[54] Staudinger/Honsell § 459 Rz. 91; Soergel/Huber § 459 Rz. 147.

[55] BGH BB 1981, 389; a. M. Kornmeier NJW 1982, 793ff.

[56] Vgl. auch OLG Köln ZIP 1987, 379.

zu führen, daß der Mangel schon im Zeitpunkt des Gefahrenüberganges „im Keim" vorhanden war *(§ 1 Rz. 23).*

15 **cc) Der Inhalt des Garantieanspruchs.** Es ist selbstverständlich, daß die Rechtsbehelfe des Käufers bei Inanspruchnahme des Verkäufers aus einer Haltbarkeitsgarantie in erster Linie von der inhaltlichen Ausformung dieser Garantie abhängig sind. Wertet man eine Haltbarkeitsgarantie als einen selbständigen Garantievertrag,[57] so ist der vertragliche Erfüllungsanspruch der typische Rechtsbehelf des Käufers.[58] Wertet man hingegen – wie hier geschehen – die Haltbarkeitsgarantie als einen unselbständigen Garantievertrag, so stehen dem Käufer die Gewährleistungsansprüche der §§ 459ff. BGB zur Seite.[59] Unter dieser Voraussetzung ist freilich die Konkurrenz von Gewährleistungs- und Garantieansprüchen des Käufers unter Berücksichtigung von § 11 Nr. 10 AGBG von entscheidender Bedeutung *(§ 7 Rz. 28ff.).* Denn die Haltbarkeitsgarantie des Verkäufers steht für gewöhnlich im Vordergrund des Interesses des Käufers und verdrängt mithin die daneben bestehenden Gewährleistungsansprüche.[60] Zur Herstellergarantie vgl. im einzelnen *§ 7 Rz. 22ff.;* zur Händlergarantie vgl. im einzelnen *§ 7 Rz. 50ff.*

16 Ob eine Haltbarkeitsgarantie darüber hinaus die Voraussetzungen einer Eigenschaftszusicherung im Sinn von § 459 Abs. 2 BGB erfüllt, ist abhängig von der jeweiligen Formulierung.[61] Es läßt sich jedenfalls generell nicht sagen, daß eine Haltbarkeitsgarantie sich stets auf die Erweiterung der gewöhnlichen Fehlerhaftung gemäß § 459 Abs. 1 BGB bezieht.[62] Enthält nämlich die Haltbarkeitsgarantie eine Eigenschaftszusicherung im Sinn von § 459 Abs. 2 BGB, so gilt unmittelbar der Verbotstatbestand von § 11 Nr. 11 AGBG, was in der Praxis von hoher Bedeutung ist *(§ 11 Rz. 2).*

III. Die Garantieerklärung des Werkunternehmers

1. Zusicherungserklärung – unselbständige Garantie – selbständige Garantie

17 Die weiter oben vorgenommene Distinktion zwischen Zusicherungshaftung, unselbständiger und selbständiger Garantie hat auch im Werkvertrag unmittelbare Relevanz. So hat das RG – wie bereits kurz angesprochen *(§ 7 Rz. 2)* – das Vorliegen eines selbständigen Garantievertrages angenommen, weil der Werkunternehmer eines herzustellenden Ringofens die Fabrikation einer bestimmten Menge Steine zu einem bestimmten Preis und einem entsprechenden Jahresverdienst zugesagt hatte.[63] Entscheidend war, daß die Garantie sich nicht nur auf die Leistungsfähigkeit der Anlage, sondern darüber hinaus auch auf den Jahresverdienst bezog, also Umstände betraf, die außerhalb der zu erbringenden Leistungen lagen.[64] In gleicher Weise wurde das Vorliegen einer Garantie deswegen bejaht, weil der Werkunternehmer zugesagt hatte, der Einbau von acht Generatoren in eine Generatorenanlage eines Stahlwerks werde den Kohleverbrauch in bestimmtem Maße verringern.[65] Denn notwendigerweise ist der – garantierte – geringere Kohleverbrauch nicht nur eine Eigenschaft der eingebauten Generatoren, sondern vielmehr auch von anderen Faktoren abhängig – nicht zuletzt von der Betriebsweise der Hochöfen. Mit der gleichen dogmatischen Argumentation hat das RG schließlich das Vorliegen eines selb-

---

[57] Soergel/Ballerstedt, 10. Aufl., vor § 459 Rz. 23.

[58] Vgl. Christoffel, Die Garantie im Rahmen kaufrechtlicher Sachmängelgewährleistung, 145 m. w. N.

[59] Soergel/Huber § 459 Rz. 145.

[60] BGH BB 1981, 389; OLG München NJW-RR 1986, 604; OLG Hamburg ZIP 1986, 1577; OLG Köln ZIP 1987, 379.

[61] A. M. Soergel/Huber § 459 Rz. 145.

[62] So aber Soergel/Huber a. a. O.

[63] RG JW 1919, 241.

[64] Vgl. RGZ 165, 41ff.

[65] RG JW 1921, 828.

ständigen Garantievertrages in dem Fall bejaht, in welchem zwei Röhrenvorwärmer für eine Verdampfungsanlage herzustellen waren, wobei der Unternehmer zugesagt hatte, die herzustellenden und einzubauenden Röhrenvorwärmer würden bewirken, daß die Sole eine bestimmte Temperatur erreichen würde.[66]

18 Der BGH hat diese Judikatur – wie bereits angedeutet – fortgesetzt.[67] Keineswegs wird man jedoch soweit gehen können, in jeder Zusicherung – ähnlich wie im Kaufrecht gemäß § 463 Satz 1 BGB – eine unselbständige Garantie zu sehen, so daß der Werkunternehmer verschuldensunabhängig haftet.[68] Vielmehr setzt seine Zusicherung gemäß § 633 Abs. 1 BGB voraus, daß der Werkunternehmer dem Werkbesteller das Versprechen gibt, das Werk mit einer bestimmten Eigenschaft auszustatten, wobei es nicht erforderlich ist, daß der Werkunternehmer gleichzeitig zum Ausdruck bringt, er werde für alle Folgen einstehen, wenn und soweit die Eigenschaft nicht erreicht wird.[69]

2. Einzelfälle: Unselbständige – selbständige Garantie

19 Bei der Bewältigung der sich hier stellenden Auslegungsprobleme ist stets ein Doppeltes im Auge zu behalten: Bei der werkvertraglichen Zusicherung fehlt – begriffsnotwendig – die Garantieverpflichtung des Werkunternehmers, für alle Folgen einstehen zu wollen, sofern die zugesicherte Eigenschaft nicht erreicht wird.[70] Dies ist eine signifikante Abweichung von der im übrigen bestehenden Parallelität zum Kaufrecht.[71] Dessen ungeachtet kommt es nicht entscheidend darauf an, ob der Werkunternehmer die Zusicherung schuldhaft falsch abgegeben hat.[72] In gleicher Weise ist es belanglos, ob der Werkunternehmer in der Lage war, die von einem Dritten abgegebene, aber von ihm übernommene Zusicherung auf ihre Richtigkeit zu überprüfen.[73] Schließlich ist es irrelevant, ob es überhaupt technisch möglich war, im Zeitpunkt der Zusicherungserklärung die zugesicherte Eigenschaft auch zu erreichen.[74] Entscheidend ist und bleibt eben das vom Werkunternehmer abgegebene und vom Besteller angenommene Versprechen, das Werk mit den bestimmten, zugesicherten Eigenschaften herzustellen, sofern der Besteller auf das Erreichen dieser Eigenschaft Wert legte.[75] Dies ist der eine Gesichtspunkt, der stets im Auge zu behalten ist. Der andere: Eine – selbständige – Garantie ist und bleibt davon abhängig, daß sich die Garantie des Werkunternehmers auf einen Erfolg bezieht, der außerhalb des herzustellenden Werks liegt und von anderen, nicht vom Unternehmer zu beeinflussenden Faktoren abhängt.[76] Zwischen diesen beiden Polen bewegt sich jeweils die Auslegung gemäß § 133, 157, 242 BGB.

20 Wegen der weitreichenden Folgen einer – selbständigen – Garantie überwiegen jedoch die Entscheidungen, welche teilweise recht restriktiv eine unselbständige Garantie bejahen. Wird zum Beispiel die Dichte der Isolierung garantiert, so liegt darin kein selbständiger Garantievertrag.[77] Auch die Jahresleistung eines Ziegelofens enthält nicht notwendigerweise eine selbständige Garantie.[78] Selbst eine dreißigjährige „Garantie" für die absolute Dichtigkeit für Heizöl und Dieselkraftstoffe eines Betonaußentanks sowie auf den

[66] RG JW 1939, 38.
[67] BGH BB 1975, 1507, 1508.
[68] So aber Eimer NJW 1973, 590ff.; vgl. auch Nicklisch, Festschrift für Beitzke, 89ff. – allerdings unter besonderer Berücksichtigung der Haftungssanktion gemäß § 11 Nr. 11 AGBG.
[69] BGHZ 96, 111, 114f. – Wärmedurchlaßwert; RGRK-BGB/Glanzmann § 633 Rz. 12.
[70] BGHZ 96, 111, 115 – Wärmedurchlaßwert.
[71] BGHZ 59, 158 = BB 1972, 1069 – Fensterlack.
[72] BGHZ 96, 111, 115 – Wäremdurchlaßwert.
[73] BGH a. a. O.
[74] BGH a. a. O.
[75] BGH a. a. O.
[76] RGZ 165, 41ff.
[77] BGH BauR 1970, 107.
[78] BGH WM 1973, 1322.

Nyloninnentank und eine fünfjährige Garantie für die PVC-Innenhülle ist lediglich eine unselbständige Garantie.[79] Auch die Zusage eines Werkunternehmers, er übernehme eine ,,50-km-Garantie innerhalb von 6 Monaten" ist lediglich als unselbständiges Garantieversprechen aufzufassen,[80] welche den Begünstigten durchaus besserstellt, als er unter Berücksichtigung der gesetzlichen Gewährleistungsansprüche stände.[81] Auch die Zusage einer ,,wärmetechnischen und funktionstechnischen Garantie" ist beim Einbau von ölgefeuerten Warmluftheizungen in einem Gewächshaus nicht notwendigerweise eine selbständige Garantie.[82] Und die Erklärung, daß eine 70%ige Ausbeute beim Einschnitt von Langholz erzielt werden könne, erfüllt nicht die Voraussetzung eines selbständigen Garantievertrages.[83]

3. Die Haltbarkeitsgarantie

In diesem Zusammenhang gelten die gleichen Erwägungen, die zuvor im Rahmen des Kaufrechts *(§ 4 Rz. 7)* dargestellt worden sind: Mithin ist zu unterscheiden, ob die vereinbarte Haltbarkeitsgarantie die Verjährungsfrist des § 638 BGB überschreitet oder ob sie mit dieser Frist kongruent ist. Ist die Haltbarkeitsgarantie länger als die Verjährungsfrist des § 638 BGB, so beginnt die Verjährungsfrist gemäß § 638 BGB in dem Augenblick zu laufen, in welchem der Besteller den Mangel entdeckt hat.[84] Aber auch dann, wenn die Haltbarkeitsgarantie mit der Verjährungsfrist des § 638 BGB deckungsgleich ist, gilt in der Sache nichts anderes.[85] 21

IV. Die Herstellergarantie

1. Zustandekommen des Vertrages unter Verzicht auf den Zugang der Annahmeerklärung gemäß § 151 BGB

Soweit ein Hersteller in einer Garantie eine unmittelbare Verpflichtung gegenüber dem Endabnehmer übernimmt, kommt ein direktes Vertragsverhältnis zwischen beiden zustande.[86] Auch die instanzgerichtliche Judikatur teilt diesen Ausgangspunkt.[87] In diesen Fällen kommt der Garantievertrag regelmäßig dadurch zustande, daß der Zwischenhändler als unmittelbarer Vertragspartner des Herstellers gehalten ist, bei Abschluß des jeweiligen Kaufvertrages mit seinem Endkunden die Formalitäten der Herstellergarantie (Garantieschein/Garantiekarte) auszufüllen und die Garantieurkunde dem Endkunden zu übergeben. Die Übergabe des ordnungsgemäß ausgefüllten Garantiescheins/Garantiekarte ist dabei rechtlich ein Angebot im Sinn des § 145 BGB, gerichtet auf Abschluß eines Garantievertrages gegenüber dem Hersteller. Auf den Zugang der Annahmeerklärung des Endkunden gegenüber dem Hersteller wird grundsätzlich gemäß § 151 BGB verzichtet; die Annahmeerklärung des Endkunden erfolgt stillschweigend.[88] Demzufolge haftet der Her- 22

---

[79] BGH NJW 1986, 1927.
[80] OLG Koblenz NJW 1986, 2511.
[81] S. 2512.
[82] BGH WM 1977, 365 – im Ergebnis offengelassen.
[83] RGRK-BGB/Glanzmann Anh. zu §§ 633 bis 635 Rz. 16 m. w. N.
[84] OLG Koblenz NJW 1986, 2511; vgl. auch RGZ 91, 305; RGZ 128, 211, 213.
[85] OLG Koblenz a. a. O.
[86] BGH WM 1981, 37 – Fach-Garantie; BGH WM 1981, 952 – Dämmelemente; BGH WM 1983, 1391 – Filter; BGH WM 1985, 917 – KFZ-Garantie; BGH NJW 1986, 1927 – Heizöltank.
[87] OLG Hamm MDR 1984, 53; OLG Frankfurt MDR 1984, 228; OLG München NJW-RR 1986, 604 – Hifi-Gerät; OLG Köln ZIP 1987, 379 – Sony.
[88] BGH BB 1981, 14, 15; vgl. auch Bader NJW 1976, 209, 211; Bullinger NJW 1979, 25, 55; Reinel NJW 1980, 1610; Graf von Westphalen DAR 1982, 51; ders. NJW 1980, 2270, 2230; Staudinger/Honsell § 459 Rz. 92.

steller dem Endkunden unmittelbar aus der Garantie entsprechend den jeweiligen Garantiebestimmungen.[89]

23 Soweit die Hersteller-Garantie als Haltbarkeitsgarantie ausgestaltet ist, gelten die gleichen Erwägungen, die zuvor *(§ 7 Rz. 7ff.)* dargestellt worden sind.[90]

a) Die Herstellergarantie als Vertrag zugunsten Dritter gemäß § 328 BGB

24 Es ist auch möglich, daß eine Herstellergarantie nicht als unmittelbarer Vertrag zwischen Hersteller – Endkunde, sondern als Vertrag zugunsten Dritter gemäß § 328 BGB abgeschlossen wird.[91] Dies setzt voraus, daß zwischen Hersteller und Käufer (Großhändler) der gemeinsame Wille festgestellt werden kann, eine Garantie zugunsten des Endkunden als eines Dritten im Sinn von § 328 BGB zu begründen. Dabei ist es grundsätzlich unerheblich,[92] daß die Person des Dritten – im Zeitpunkt des Vertragsabschlusses – noch nicht feststeht, soweit für die vertragsschließenden Parteien die Identität des künftigen Endabnehmers keine Rolle spielt, weil und soweit die Garantie ohnehin an den jeweiligen Endabnehmer als Drittbegünstigten gerichtet ist. Unter dieser Voraussetzung ist jedenfalls die Person des Dritten ausreichend bestimmbar.[93]

b) Besonderheit der KFZ-Hersteller-Garantie

25 Von vielen, keineswegs von allen KFZ-Herstellern/Importeuren wird eine Herstellergarantie neben der Verkäufergewährleistung eingeräumt.[94] Soweit sie übernommen wird, liegt darin eine freiwillige Erweiterung der gesetzlichen Haftung zu Lasten des Herstellers.[95] In diesem Zusammenhang bedient sich der Hersteller der jeweiligen – autorisierten – Händler als Erfüllungsgehilfen gemäß § 278 BGB, um die Herstellergarantie zu erfüllen.[96] Gleichwohl bleibt der Hersteller – unter Berücksichtigung des jeweiligen Inhalts der Herstellergarantie – selbst verpflichtet. Indessen reicht für sich allein genommen die Eingliederung der autorisierten Händlerbetriebe in ein Vertriebs- und Servicenetz des Herstellers nicht aus, eine Herstellergarantie zu begründen.[97]

26 Gegenstand der Herstellergarantie ist regelmäßig in der Kfz-Branche, daß der Endkunde Mangelbeseitigung von jedem autorisierten Händler verlangen kann,[98] der Anspruch auf Kaufpreisminderung richtet sich jedoch – soweit keine anderweitige Vereinbarung getroffen worden ist – gegen den unmittelbaren Verkäufer.[99] Wird handschriftlich in einen formularmäßig geschlossenen Importwagen-Kaufvertrag eine Klausel eingefügt, nach der während der Garantiezeit der Service nicht vom markenfremden Verkäufer, sondern von einem bestimmten Vertragshändler ausgeführt werden kann, so ist nach Auffassung des BGH[100] diese Klausel dahin auszulegen, daß der Käufer seine Nachbesserungsansprüche nur bei dem bestimmten Vertragshändler, nicht aber bei allen anderen Vertragshändlern dieser Marke geltend machen kann. Maßgebend war insoweit, daß

---

[89] BGH WM 1981, 37 – Fach-Garantie; BGH WM 1981, 952 – Dämmelemente; BGH WM 1983, 1391 – Filter; BGH WM 1985, 917 – KFZ-Garantie aufgrund Verkaufs-AGB; BGH WM 1986, 1321 – Importwagen-Garantie aufgrund Verkaufs-AGB; OLG Hamburg ZIP 1986, 1577 – KFZ-Garantie.
[90] BGH WM 1981, 952, 953 – Dämmelemente.
[91] BGH BB 1979, 1257 – Glas; Lehmann BB 1980, 964ff.
[92] BGH a. a. O.
[93] BGH a. a. O.
[94] Vgl. Reinking/Eggert, Der Autokauf, Rz. 289ff.
[95] BGH WM 1981, 37; BGH WM 1985, 127; BGH WM 1985, 917, 918.
[96] BGH WM 1981, 37.
[97] BGH WM 1985, 917, 918.
[98] BGH WM 1985, 917.
[99] BGH a. a. O.
[100] BGH WM 1986, 1321 = EWiR § 459 BGB 2/86, 1083 (Bunte).

keine Herstellergarantie, sondern lediglich eine Verkäufergewährleistung – mit handschriftlichem Zusatz – vereinbart worden war.

Unter der Perspektive von § 3 UWG – dies sei abschließend angemerkt – ist der Ver- 27
kehr nach Auffassung des BGH daran gewöhnt, daß er mit einem Neuwagen auch eine Garantiezusage des Herstellerwerks erhält.[101] Demzufolge liegt eine Irreführung gemäß § 3 UWG vor, wenn reimportierte Kraftfahrzeuge, welche bereits im Ausland zum öffentlichen Straßenverkehr zugelassen waren, dort aber nicht benutzt worden sind, als Neuwagen mit der üblichen Neuwagengarantie angeboten werden. Denn der Vorteil der Werksgarantie liegt darin, daß der Käufer seine Garantieansprüche nicht nur bei seinem Vertragspartner geltend machen kann, sondern bei allen vom Hersteller dafür autorisierten Werkstätten des In- und Auslandes, und daß seine Garantieansprüche auch nicht dadurch beeinträchtigt werden, daß der Verkäufer seinen Betrieb veräußert oder stillegt oder daß über sein Vermögen das Konkursverfahren eröffnet wird.[102] Diese in der Werksgarantie liegenden Vorteile sind – unter Berücksichtigung der Verkehrsauffassung – nicht mit denjenigen vergleichbar, die aus einer Händlergarantie resultieren. Demzufolge erwarten auch erhebliche Teile des Verkehrs eine Werksgarantie, wenn das zum Verkauf gestellte Neufahrzeug aus Reimporten stammt und von einem Händler angeboten wird, der selbst nicht Vertragshändler der betreffenden Marke ist.[103]

2. Herstellergarantie und AGBG

a) Die Herstellergarantie als Direktvertrag

Zwischen der Herstellergarantie und den Gewährleistungspflichten des Händlers/Ver- 28
käufers gegenüber dem Endkunden besteht Alternativität.[104] Dieser Ausgangspunkt ist auch in der Literatur anerkannt,[105] und das Spezialschrifttum stützt – jedenfalls im Ergebnis – diesen Ansatzpunkt.[106] Üblicherweise versteht der – rechtlich nicht vorgebildete – Durchschnittskunde unter der ,,Garantie" diejenigen Rechte, die ihm bei mangelhafter Lieferung gegen den jeweiligen Hersteller bzw. Verkäufer der Sache zustehen; keineswegs unterscheidet der ,,rechtsunkundige Käufer" zwischen der Herstellergarantie einerseits und der Verkäufergewährleistung andererseits.[107]

aa) Der Standpunkt der Judikatur. Eine abschließende BGH-Entscheidung zur Her- 29
stellergarantie in ihrem Verhältnis zu den Bestimmungen des AGBG liegt jetzt vor.[108] Unterdessen beurteilen die Instanzgerichte diese Problematik in gleicher Weise, wie dies der BGH für das Verhältnis zwischen Händlergarantie – Verkäufergewährleistung bezogen auf eine Anwendbarkeit der Bestimmungen des AGBG getan hat.[109] Dies bedeutet: Stellt man unter Berücksichtigung der neuen BGH-Entscheidung[110] auf den rechtlich nicht vorgebildeten Durchschnittskunden ab, so versteht dieser unter ,,Garantie" eben diejenigen Rechte, die ihm bei mangelhafter Lieferung – entsprechend den Bestimmungen

---

[101] BGH WM 1986, 776, 778.
[102] Ebenda.
[103] Ebenda.
[104] BGH BB 1981, 389, 391 = NJW 1981, 867.
[105] Ulmer/Brandner/Hensen, AGBG, § 11 Nr. 10a Rz. 21; Löwe/Graf von Westphalen/Trinkner, Großkommentar, Bd. II, § 11 Nr. 10a Rz. 55; Palandt/Heinrichs, AGBG, § 11 Anm. 10cc.
[106] Bullinger NJW 1979, 2555; Graf von Westphalen DAR 1982, 51; Tonner NJW 1984, 1730; a. M. Kornmeier NJW 1982, 793.
[107] Vgl. BGH BB 1981, 389, 391 – Händlergarantie.
[108] BGH NJW 1988, 1726.
[109] OLG München NJW-RR 1986, 604; OLG Köln ZiP 1987, 379 – Vorinstanz zu BGH a. a. O.
[110] BGH NJW 1988, 1726, 1727; OLG München NJW-RR 1986, 604, 605; OLG Köln ZIP 1987, 379, 380.

der Garantiekarte/des Garantiescheins – zustehen. Er ist regelmäßig nicht gewohnt, in den Fällen einer Herstellergarantie zwischen den Rechten aus eben dieser Garantie und den Gewährleistungsansprüchen gegenüber seinem Verkäufer zu unterscheiden – ein Gesichtspunkt, der jedenfalls dann ungekürzt gilt, wenn in der Garantie kein eindeutiger, unmißverständlicher Hinweis auf die neben der Herstellergarantie bestehenden Gewährleistungsansprüche gegenüber dem Verkäufer aufgeführt ist.[111] Dabei fällt insbesondere ins Gewicht, daß die übliche Textierung von Herstellergarantien lediglich einen Anspruch auf Nachbesserung gewährt, weitergehende Ansprüche jedoch oft ausschließt.[112] Daraus resultiert die Gefahr, daß sich der rechtlich nicht vorgebildete Durchschnittskunde auch in den Fällen, in denen er an den Verkäufer ein Verlangen nach Wandelung, Minderung oder Schadensersatz richtet, von diesem entsprechend dem Wortlaut der Herstellergarantie auf einen Nachbesserungsanspruch gegen den Hersteller verwiesen wird und sich damit von vornherein von der Durchsetzung weitergehender Gewährleistungsansprüche gegenüber dem Verkäufer abhalten läßt.[113] Unter dieser Voraussetzung steht der BGH[114] auf dem Standpunkt, wegen der fehlenden Transparenz im Verhältnis – Garantie/Verkäufergewährleistung – sei unmittelbar an den Verbotsbestand von § 9 Abs. 1 AGBG anzuknüpfen, während teilweise die Instanzgerichte die Bedingungen einer Herstellergarantie den Bestimmungen von § 11 Nr. 10 AGBG unterwerfen.

30 **bb) Der Standpunkt der Literatur.** Die Auffassung in der Literatur ist nach wie vor kontrovers: Verschiedentlich wird die Meinung vertreten, die Bestimmungen der Herstellergarantie müßten in jedem Fall den Voraussetzungen von § 11 Nr. 10 AGBG entsprechen.[115] Mehrheitlich wird allerdings die Ansicht vertreten, die Bestimmungen der Herstellergarantie sei nur dann an § 11 Nr. 10 AGBG zu messen, wenn zwischen der Herstellergarantie einerseits und der Verkäufergewährleistung andererseits keine eindeutige Trennung vorliegt.[116] Die Begründung für dieses Ergebnis ist freilich uneinheitlich. Verschiedentlich wird angenommen, der Hersteller sei verpflichtet, im Rahmen der Herstellergarantie darauf hinzuweisen, daß Verkäufergewährleistung und Herstellergarantie zwei verschiedene Dinge sind, so daß dem Kunden Ansprüche aus der Verkäufergewährleistung neben etwaigen Ansprüchen aus der Herstellergarantie zustehen.[117] Unter dieser Voraussetzung unterliegt die von der Verkäufergewährleistung eindeutig getrennte Herstellergarantie den Kriterien von § 9 AGBG.[117a] *Heinrichs* will demgegenüber[118] die Herstellergarantie dann § 11 Nr. 10 AGBG unterwerfen, wenn die Bedingungen der Herstellergarantie die gesetzlichen Gewährleistungsrechte ausschließen oder für den rechtlich nicht vorgebildeten Durchschnittskunden keine eindeutige Trennung erkennen lassen. Weitergehend will *Tonner*[119] eine Aufklärungspflicht des Herstellers gegenüber dem rechtlich nicht vorgebildeten Durchschnittskunden – entsprechend der Judikatur zum finanzierten Abzahlungskauf – vorschreiben, so daß sich aus den Bedingungen der Herstellergarantie eindeutig die Alternativität zu der Verkäufergewährleistung ablesen läßt – mit der

---

[111] BGH NJW 1988, 1726, 1727; OLG Köln a. a. O.

[112] BGH NJW 1988, 1726, 1727; OLG München NJW-RR 1986, 604, 605; OLG Köln ZIP 1987, 379, 380.

[113] OLG München a. a. O.

[114] BGH NJW 1988, 1726, 1727; OLG München a. a. O.

[115] Löwe/Graf von Westphalen/Trinkner, Großkommentar, Bd. II, § 11 Nr. 10a Rz. 56ff.; Graf von Westphalen DAR 1982, 51, 53ff.

[116] Karstendiek DAR 1984, 281ff.; Tonner NJW 1984, 1730, 1732f.; Ulmer/Brandner/Hensen, AGBG, § 11 Nr. 10a Rz. 22; Palandt/Heinrichs, AGBG, § 11 Anm. 10cc; Wolf/Horn/Lindacher, AGBG, § 11 Nr. 10a Rz. 5.

[117] Tonner a. a. O.; Ulmer/Brandner/Hensen, AGBG, § 11 Nr. 10a Rz. 23.

[117a] Wolf/Horn/Lindacher, AGBG, § 9 Nr. 12.

[118] Palandt/Heinrichs a. a. O.

[119] Tonner a. a. O.

Konsequenz, daß der Hersteller dann auf Schadensersatz haftet, sofern er diese Aufklärungspflicht schuldhaft verletzt hat.[120]

31 **cc) Der eigene Standpunkt.** Diese Argumentationen verkennen jedoch Wesentliches. Geht man nämlich davon aus, daß der rechtlich nicht vorgebildete Durchschnittskunde in der Herstellergarantie regelmäßig die Rechte erkennt, die ihm im Falle eines Mangels der Kaufsache zustehen, so stehen diese Ansprüche jedenfalls dann im Vordergrund, wenn die Garantiebestimmungen vorsehen, daß die Ansprüche aus der Verkäufergewährleistung hiervon „nicht berührt werden".[121] Mehr noch: Es ist üblich, daß der Verkäufer – bei Bestehen einer Herstellergarantie – den Kunden im Fall von Gewährleistungsansprüchen auf die Herstellergarantie verweist.[122] Unter dieser Voraussetzung aber ist es nicht zutreffend, in der Herstellergarantie eine Bonifikation zu sehen, die nicht an den Bestimmungen von § 11 Nr. 10 AGBG orientiert sein müsse. Denn im Rahmen von § 11 Nr. 10a AGBG ist es ausreichend, wenn der Verkäufer den Kunden – bei Geltendmachung von Gewährleistungsansprüchen – auf die Herstellergarantie verweist, weil und soweit darin Ansprüche gegenüber einem Dritten verbrieft sind.[123] Es ist keineswegs erforderlich, daß der Verkäufer schon bei Abschluß des Kaufvertrages den Kunden auf Ansprüche aus der Herstellergarantie verweist.[124] Anders gewendet: Die abstrakte Kontrolle nach den §§ 13ff. AGBG kann für Herstellergarantien am § 9 AGBG ausgerichtet werden, wenn Garantie und Verkäufergewährleistung nicht eindeutig getrennt sind und der Kunde deshalb glaubt, die Garantie verdränge die Verkäufergewährleistung. Verweist jedoch der Verkäufer auf die Herstellergarantie im Rahmen einer **konkreten** Auseinandersetzung, dann müssen die Garantiebedingungen § 11 Nr. 10a ABGB entsprechen.

32 So gesehen ist es dann auch unerheblich, ob eine Herstellergarantie als „Leistung" im Sinn von § 11 Nr. 10 AGBG zu qualifizieren ist.[125] Wichtiger ist, daß die üblichen Bestimmungen in Herstellergarantien stets – teils beträchtliche – Einschränkungen gegenüber der Verkäufergewährleistung vorsehen.[126] Dies gilt unabhängig davon, daß Herstellergarantien zumeist als Haltbarkeitsgarantien ausgeprägt sind.[127] Spätestens also dann, wenn der Verkäufer – im Rahmen von Gewährleistungsansprüchen – seinen Kunden auf die Herstellergarantie verweist, ist diese unmittelbar an § 11 Nr. 10a–f AGBG zu messen. Dies gilt unabhängig davon, ob eine klare – für den rechtlich nicht vorgebildeten Durchschnittskunden eindeutig erkennbare – Distinktion zwischen der Herstellergarantie und der Verkäufergewährleistung vorgesehen ist, weil ja der Verkäufer den gewährleistungsberechtigten Käufer im Sinn von § 11 Nr. 10a AGBG auf Ansprüche gegen den Hersteller als einen Dritten verweist. Nur unter der seltenen Voraussetzung kann – entsprechend der praktischen Lebenserfahrung – etwas anderes gelten, wenn und soweit der gewährleistungsberechtigte Käufer von sich aus ausdrücklich gegenüber dem Verkäufer klarstellt (ohne vom Verkäufer auf die Herstellergarantie verwiesen worden zu sein), daß ihm die Alternativität zwischen Herstellergarantie und Verkäufergewährleistung bekannt ist, und daß er demzufolge ausschließlich Ansprüche aus der Herstellergarantie (als einer Bonifikation) oder aus der Verkäufergewährleistung (als dem gesetzlichen Mindeststandard) geltend macht. Allein, diese Sonderfälle sind bei der Inhaltskontrolle von AGBG-Klauseln

---

120 A. M. Ulmer/Brandner/Hensen a. a. O.

121 BGH BB 1981, 389, 391 – Händlergarantie.

122 So mit Recht Ulmer/Brandner/Hensen a. a. O.

123 Löwe/Graf von Westphalen/Trinkner, Großkommentar, Bd. II, § 11 Nr. 10a Rz. 55.

124 So auch Ulmer/Brandner/Hensen, AGBG, § 11 Nr. 10a Rz. 23.

125 Ablehnend BGH NJW 1988, 1726, 1728 m. w. N.

126 BGH NJW 1988, 1726, 1727 – Herstellergarantie; BGH BB 1981, 389 = NJW 1981, 867 – Händlergarantie; BGH NJW 1986, 1927 – Verkäufergarantie; insbesondere auch OLG München NJW-RR 1986, 604 – Herstellergarantie; OLG Köln ZIP 1987, 379 – Herstellergarantie.

127 BGH BB 1981, 389 = NJW 1981, 867 – Händlergarantie; BGH NJW 1986, 1927 – Verkäufergarantie: Heizöltank.

wegen des ihr innewohnenden generalisierend-typisierenden Standards müssen außer Betracht bleiben.

b) Konsequenzen aus dem Verbotstatbestand von § 11 Nr. 10a–f AGBG

33 **aa) Der Verbotstatbestand von § 11 Nr. 10a AGBG.** Dem Verbotstatbestand von § 11 Nr. 10a AGBG ist nur dann Genüge getan, wenn die Verkäufergewährleistung so ausgestaltet ist, daß sie die Ansprüche des gewährleistungsberechtigten Kunden nicht auf Ansprüche aus der Herstellergarantie ,,beschränkt". Eine solche ,,Beschränkung" im Sinn von § 11 Nr. 10a AGBG liegt immer dann vor, wenn die Herstellergarantie eine abschließende Regelung enthält, so daß sich daraus – aus der Perspektive des rechtlich nicht vorgebildeten Durchschnittskunden – eine Haftungsfreizeichnung oder auch eine Haftungserleichterung zugunsten des Verkäufers ergibt.[128] Mit anderen Worten: Das Risiko der ,,Schadloshaltung" des Endkunden muß gegenüber dem Verkäufer aufgrund der Verkäufergewährleistung gesichert sein.[129] Nach der an anderer Stelle im einzelnen entwickelten Auffassung besteht eine Parallelität zwischen dem Verbotstatbestand der ,,Beschränkung" in § 11 Nr. 10a AGBG und dem Verbotstatbestand des ,,Fehlschlagens der Nachbesserung/Ersatzlieferung" in § 11 Nr. 10b AGBG,[130] so daß die Ansprüche aus der Herstellergarantie den Mindestanforderungen von § 11 Nr. 10b AGBG entsprechen müssen.[131] Umstritten ist hierbei, ob der Verkäufer im Rahmen der Verkäufergewährleistung verpflichtet ist, klauselmäßig exakt zu bestimmen, unter welchen Voraussetzungen – unter Berücksichtigung des jeweiligen Inhalts der Herstellergarantie – seine subsidiäre Eigenhaftung zum Zuge gelangt.[132] Gerade unter Berücksichtigung der Tatsache, daß – aus der Perspektive des rechtsunkundigen Durchschnittskunden – Herstellergarantie und Verkäufergewährleistung identisch sind, ist es im Sinn der erforderlichen Transparenz geboten, klauselmäßig die Voraussetzungen festzulegen, bei deren Vorliegen die Verkäufergewährleistung – bei einem „Fehlschlagen" der gegenüber dem Hersteller geltend gemachten Ansprüche (vgl. *§ 3 Rz. 27ff.*) – zum Zuge gelangen muß. Diese Informationen dem rechtsunkundigen Durchschnittskunden zu verweigern, würde bedeuten, ihm Steine statt Brot zu geben.

34 Der – zweite – Verbotstatbestand von § 11 Nr. 10a AGBG greift immer dann ein, wenn die Verkäufergewährleistung von der vorherigen gerichtlichen Inanspruchnahme des Herstellers ,,abhängig gemacht" wird, wobei Einvernehmen darüber besteht, daß weder die rechtlichen noch die tatsächlichen Anforderungen an die vorherige gerichtliche Inanspruchnahme des Herstellers zu hoch angesetzt werden dürfen.[133] Um hier in der Praxis klare Voraussetzungen zu schaffen, empfiehlt es sich allemal, daß der Käufer dem Hersteller zur Realisierung der aus der Herstellergarantie abzuleitenden Rechte eine Frist setzt, bei deren Verstreichen er dann in der Lage ist, die Verkäufergewährleistung in Anspruch zu nehmen.[134]

---

[128] Im einzelnen Löwe/Graf von Westphalen/Trinkner, Großkommentar, Bd. II, § 11 Nr. 10a Rz. 27f.

[129] Vgl. BGHZ 62, 251, 254f.; BGHZ 67, 101, 103; BGHZ 70, 193, 196; BGH WM 1979, 839; BGH WM 1979, 1043, 1044; BGH BB 1982, 149.

[130] Löwe/Graf von Westphalen/Trinkner, Großkommentar, Bd. II, § 11 Nr. 10a Rz. 29ff.

[131] Löwe/Graf von Westphalen/Trinkner, Großkommentar, Bd. II, § 11 Nr. 10a Rz. 31 m.w.N.

[132] Im einzelnen Löwe/Graf von Westphalen/Trinkner, Großkommentar, Bd. II, § 11 Nr. 10a Rz. 33ff.; a.M. Staudinger/Schlosser, AGBG, § 11 Nr. 10 Rz. 33; Koch/Stübing, AGBG, § 11 Nr. 10 Rz. 24; Ulmer/Brandner/Hensen, AGBG, § 11 Nr. 10 Rz. 25.

[133] Staudinger/Schlosser, AGBG, § 11 Nr. 10 Rz. 33; Koch/Stübing, AGBG, § 11 Nr. 10 Rz. 24; Löwe/Graf von Westphalen/Trinkner, Großkommentar, Bd. II, § 11 Nr. 10a Rz. 36.

[134] Vgl. auch Schlosser/Coester-Waltjen/Graba, AGBG, § 11 Nr. 10 Rz. 39; Dietlein/Rebmann, AGB aktuell, § 11 Nr. 10 Rz. 5; Löwe/Graf von Westphalen/Trinkner, Großkommentar, Bd. II, § 11 Nr. 10a Rz. 38; enger indessen Ulmer/Brandner/Hensen, AGBG, § 11 Nr. 10a Rz. 20; Palandt/Heinrichs § 11 Anm. 10a) dd).

35 **bb) Der Verbotstatbestand von § 11 Nr. 10b AGBG.** Wie angedeutet *(Rz. 33)*, müssen die Bedingungen der Herstellergarantie auch den Erfordernissen von § 11 Nr. 10b AGBG entsprechen.[135] Demzufolge muß die Herstellergarantie vorsehen, daß dem Endkunden – für den Fall des ,,Fehlschlagens" der Nachbesserung (*§ 3 Rz. 27*) – die weitergehenden Ansprüche auf Wandelung (Rückgängigmachung des Vertrages) oder auf Minderung (entsprechende Herabsetzung der Vergütung) ,,ausdrücklich" vorbehalten bleiben: Soweit derartige – weitergehende – Ansprüche ausgeschlossen sind, ist die Herstellergarantie wegen Verstoßes gegen § 11 Nr. 10b AGBG unwirksam.[136]

36 **cc) Der Verbotstatbestand von § 11 Nr. 10c AGBG.** Die Herstellergarantie muß auch den Anforderungen von § 11 Nr. 10c AGBG genügen.[137] Demzufolge ist eine AGB-Klausel in einer Herstellergarantie unwirksam, die folgenden Wortlaut enthält: ,,In der Garantiezeit beseitigen wir jeden Produktionsfehler am Gerät, der nachweisbar auf Material- oder Herstellungsfehler beruht, oder liefern einen Ersatzartikel. Die erforderlichen Ersatzteile und die anfallende Arbeitszeit werden nicht berechnet ... bei Garantiezeiten, die über sechs Monate hinausgehen, berechnen wir im Garantiefall ab dem siebten Monat eine anteilige Fahrtkosten-Pauschale von DM 9,50 oder die anfallenden Portokosten ...".[138] Entscheidend ist, daß diese Klausel bei dem rechtsunkundigen Durchschnittskunden den Eindruck erweckt, es könnten zum Beispiel Transportkosten, die während der Garantiezeit als Folge der Mangelbeseitigung anfallen, zu seinen Lasten gehen, was mit § 11 Nr. 10c AGBG nicht vereinbar ist.[139] Entsprechend der Grundnorm des § 476a BGB müssen deshalb alle Aufwendungen dem Hersteller zur Last fallen, die zum Zweck der Mangelbeseitigung erforderlich sind. Dies ist immer dann zu bejahen, wenn ein unmittelbarer Kausalzusammenhang zwischen den entstandenen Aufwendungen und der Durchführung der Mangelbeseitigung vorliegt.[140] Die in § 11 Nr. 10c AGBG vorgenommene Aufzählung der Nachbesserungsaufwendungen (Transport-, Wege-, Arbeits- und Materialkosten) ist lediglich beispielhaft zu verstehen.[141]

37 Die hiermit zusammenhängenden Fragen haben hohe praktische Bedeutung, weil Herstellergarantien üblicherweise Mangelbeseitigungsansprüche vorsehen, ohne den Aufwendungserstattungsanspruch gemäß § 476a BGB im Rahmen von § 11 Nr. 10c AGB ausreichend zu respektieren.[142] Demzufolge entscheidet sich regelmäßig an dieser Stelle, ob man eine Herstellergarantie als Bonifikation zugunsten des Endkunden wertet, so daß die Bestimmungen von § 11 Nr. 10 AGBG keine Anwendung finden,[143] oder ob man – wie hier geschehen – die Herstellergarantie – von theoretisch in Betracht kommenden Ausnahmefällen abgesehen – stets an § 11 Nr. 10 AGBG ausrichtet *(§ 7 Rz. 33)*.

38 **dd) Der Verbotstatbestand von § 11 Nr. 10d AGBG.** Es ist selbstverständlich, freilich von praktisch nicht übermäßiger Relevanz, daß die Bestimmungen einer Herstellergarantie auch den Verbotstatbestand von § 11 Nr. 10d AGBG respektieren müssen.[144]

---

[135] Vgl. BGH BB 1981, 389 = NJW 1981, 867 – Händlergarantie; a. M. LG Berlin ZIP 1981, 744.

[136] OLG Köln ZIP 1987, 379, 380; OLG München NJW-RR 1986, 604, 605.

[137] BGH BB 1981, 389, 390 = NJW 1981, 867, 868 – Händlergarantie; im einzelnen auch Graf von Westphalen DAR 1982, 51, 54.

[138] Vgl. BGH a. a. O.

[139] BGH BB 1981, 389, 391 = NJW 1981, 867, 868 – Händlergarantie; OLG Köln ZIP 1987, 379, 380; vgl. auch OLG München NJW-RR 1986, 604, 605.

[140] Staudinger/Schlosser, AGBG, § 11 Nr. 10 Rz. 59; Löwe/Graf von Westphalen/Trinkner, Großkommentar, Bd. II, § 11 Nr. 10c Rz. 7.

[141] Vgl. BGH NJW 1963, 805; BGH NJW 1963, 811; BGH WM 1972, 705; BGH WM 1972, 800; BGH WM 1978, 1009; BGH BB 1979, 804; BGH BB 1981, 935, 936.

[142] OLG Köln ZIP 1987, 379, 380.

[143] So insbesondere Kornmeier NJW 1982, 793ff.; Reinel NJW 1980, 1610; a. M. Bullinger NJW 1979, 2555; vgl. auch Bader NJW 1976, 209.

[144] Löwe/Graf von Westphalen/Trinkner, Großkommentar, Bd. II, § 11 Nr. 10a Rz. 58.

39 **ee) Der Verbotstatbestand von § 11 Nr. 10e AGBG.** Auch dieser Verbotstatbestand gilt bei Herstellergarantien uneingeschränkt.

40 **ff) Der Verbotstatbestand von § 11 Nr. 10f AGBG.** Gerade weil Herstellergarantien *(§ 7 Rz. 7)* in der Regel als Haltbarkeitsgarantien ausgestaltet sind, ist der Verbotstatbestand von § 11 Nr. 10f AGBG – entsprechend der zivilrechtlichen Grundnorm der §§ 477, 638 BGB – zu berücksichtigen.[145] Dies gilt insbesondere insoweit, als in der Herstellergarantie Bestimmungen enthalten sind, wonach trotz Erbringung von Garantieleistungen keine Verlängerung der Garantiezeit eintritt.[146] Denn Hemmungs- und Unterbrechungstatbestände, welche geeignet sind, die Garantiezeit zu verlängern, müssen in der jeweiligen Herstellergarantie Berücksichtigung finden.[147]

41 Soweit die Herstellergarantie als Haltbarkeitsgarantie die Gewährleistungsfrist der §§ 477, 638 BGB übersteigt,[148] ist freilich der Verbotstatbestand von § 11 Nr. 10f AGBG nicht unmittelbar anwendbar. In diesem Fall liegt eindeutig eine Bonifikation zugunsten des Endkunden vor. Innerhalb der Zeitspanne der §§ 477, 638 BGB aber verbleibt es beim Verbotstatbestand von § 11 Nr. 10f AGBG.[149] Dies hängt damit zusammen, daß nach der hier vertretenen Auffassung die Herstellergarantie unmittelbar an § 11 Nr. 10 AGBG zu messen ist, soweit der rechtlich nicht vorgebildete Durchschnittskunde sie als Ersatz für die Verkäufergewährleistung auffaßt. Zwar wurde weiter oben im einzelnen dargestellt, daß die Verjährungsfrist der §§ 477, 638 BGB von dem Zeitpunkt an zu laufen beginnt, in welchem der Endkunde den Mangel entdeckt *(§ 7 Rz. 11)*. Doch hat dies für die Anwendbarkeit des Verbotstatbestandes von § 11 Nr. 10f AGBG nur insoweit Relevanz, als die Gewährleistungsfrist der §§ 477, 638 BGB gemäß § 11 Nr. 10f AGBG nicht verkürzt werden darf. Konsequenz dieser Auffassung ist es, daß § 11 Nr. 10f AGBG nur die mit der Gewährleistungsfrist der §§ 477, 638 BGB konkurrierende Verjährungsfrist, nicht aber später erst eintretende Verjährungsfristen bei Herstellergarantien erfaßt.

42 **gg) Die Verbotstatbestände von § 11 Nr. 7 und § 11 Nr. 11 AGBG.** Weil nach der hier vertretenen Auffassung[150] § 11 Nr. 10 AGBG auf die Herstellergarantie unmittelbare Anwendung findet, muß sich der Hersteller „wie ein Verkäufer“ behandeln lassen, weil der rechtlich nicht vorgebildete Durchschnittskunde den Inhalt der Herstellergarantie als abschließenden Ersatz der Verkäufergewährleistung ansieht.[151] Demzufolge ergibt sich zwingend, daß auch der Verbotstatbestand von § 11 Nr. 11 AGBG insoweit auf Herstellergarantien Anwendung findet, als die Herstellergarantie – nicht nur als Haltbarkeitsgarantie –, sondern auch als Eigenschaftsgarantie ausgeprägt ist.

43 Schwierig ist die Antwort auf die Frage, ob dies sowohl für eine unselbständige als auch für eine selbständige Garantie gilt, da ja die unselbständige Garantie lediglich das im Rahmen von § 635 BGB konstitutive Verschuldenselement abbedingt, im übrigen aber gewährleistungsspezifische Ansprüche nach sich zieht, soweit sich aus dem Inhalt der Garantiebestimmungen nichts anderes ergibt.[152] Ist eine selbständige Garantie aufgrund einer Herstellergarantie begründet, dann scheitert die Haftungsfreizeichnung des Herstellers gegenüber dem Risiko von Schadensersatzansprüchen wegen Nichterfüllung unmittelbar an § 9 Abs. 2 Nr. 1 AGB, nicht aber an § 11 Nr. 11 AGBG.[153] Denn er ist allemal eine unangemessene Benachteiligung des Kunden, wenn der Hersteller das Risiko eines nichterfüllten – selbständigen – Garantievertrages sanktionslos auf seinen Vertragspartner

---

145 BGH BB 1981, 389 = NJW 1981, 867; BGH BB 1981, 1238, 1239.
146 OLG München NJW-RR 1986, 604, 605.
147 Vgl. auch BGH NJW 1984, 1525.
148 BGH NJW 1986, 2511 – Verkäufergarantie: Öltank – 30 Jahre.
149 Löwe/Graf von Westphalen/Trinkner, Großkommentar, Bd. II, § 11 Nr. 10a Rz. 58.
150 A. M. OLG München NJW-RR 1986, 604, 605; BGH NJW 1988, 1726.
151 OLG Köln ZIP 1987, 379, 380.
152 Soergel/Huber § 459 Rz. 138; Rz. 145.
153 Vgl. auch OLG München NJW-RR 1986, 604, 605.

abwälzt. Das gleiche gilt auch dann, wenn es sich um eine unselbständige Garantie handelt, die aber darauf abzielt, dem Käufer nicht nur gewährleistungsspezifische Ansprüche, sondern auch Schadensersatzansprüche wegen Nichterfüllung zuzubilligen, wobei freilich auch § 11 Nr. 11 AGBG analog Anwendung finden kann *(§ 11 Rz. 2f.)*. Ergibt jedoch die Auslegung der Haltbarkeitsgarantie lediglich, daß eine Eigenschaftszusicherung im Sinn der §§ 459 Abs. 2, 633 Abs. 1 BGB bekräftigt wird, so gilt unmittelbar der Verbotstatbestand von § 11 Nr. 11 AGBG: Das Wort ,,Garantie" ist dann synonym mit dem Begriff Eigenschaftszusicherung.

Da die Herstellergarantie ein unmittelbares Vertragsverhältnis zwischen dem Hersteller und dem jeweiligen Endkunden begründet, ist der Verbotstatbestand von § 11 Nr. 7 AGB unmittelbar anzuwenden: Haftungsfreizeichnungs- und Haftungsbegrenzungsklauseln sind innerhalb der Tatbestandsgrenzen von § 11 Nr. 7 AGBG unwirksam.[154] 44

hh) Haftungsfreizeichnung bei leichter Fahrlässigkeit des Herstellers. Es ist nicht unüblich, in Herstellergarantien den Versuch zu unternehmen, das Risiko der Produkthaftung – aufgrund eines eigenständigen Vertrages mit dem jeweiligen Endkunden – in der Weise auszuschließen (im einzelnen *§ 14 Rz. 32ff.)*, daß es zum Beispiel heißt: ,,Alle weitergehenden Ansprüche, insbesondere das Recht auf Wandelung, Minderung oder Schadensersatz, (sind) ausgeschlossen".[155] Damit ist die Frage angeschnitten, ob es mit § 9 Abs. 2 Nr. 1 AGBG vereinbar ist, wenn der Hersteller in einer Herstellergarantie den Versuch unternimmt, die aus § 823 BGB abgeleitete Produkthaftung wegen eines vom Endkunden erlittenen Körper- oder Sachschadens wirksam auszuschließen. Dies ist mit Nachdruck zu verneinen.[156] Denn eine in einer Herstellergarantie enthaltene Haftungsfreizeichnung hätte allemal einen beträchtlichen Überrumpelungs- und Übertölpelungseffekt, mit dem der Endabnehmer keineswegs rechnet,[157] so daß schon § 3 AGBG zum Zuge käme. Das Risiko, mit Körper- oder Sachschäden wegen eines mangelhaften Produkts belastet zu werden, gehört nicht zu den typischen Vertragsrisiken, mit denen der Endkunde normalerweise oder vernünftigerweise zu rechnen hat, so daß jedwede Haftungsfreizeichnung, aber auch Haftungsbegrenzung *(§ 14 Rz. 2ff.)* eine unangemessene Benachteiligung des Endkunden im Sinn von § 9 Abs. 2 Nr. 1 AGBG nach sich zieht. Es ist deshalb ausgeschlossen, daß der Hersteller in wirksamer Weise aufgrund einer Herstellergarantie das Risiko der Produzentenhaftung gemäß § 823 BGB auf den Endkunden überwälzt. 45

ii) Anspruchshindernde Klauseln – Beweislastverteilungsklauseln. Wird der Anspruch aus der Herstellergarantie davon abhängig gemacht, daß der Endkunde innerhalb einer bestimmten Frist die Garantiekarte – ,,vom Fachhändler vollständig ausgefüllt" – an den Hersteller zurücksendet, so liegt darin nach Auffassung des OLG München[158] eine unangemessene, unzumutbare Erschwerung für die im Rahmen der Herstellergarantie geltend zu machenden Ansprüche, so daß diese Klausel gemäß § 9 Abs. 1 AGBG unwirksam ist. Abgesehen davon, daß nicht sichergestellt ist, daß der Endkunde innerhalb der stipulierten Frist überhaupt Kenntnis von dem Vorhandensein der Garantiekarte erhält – dies setzt ja voraus, daß das gekaufte Gerät ausgepackt bzw. in Betrieb genommen worden ist – ist entscheidend, daß der Endkunde auf das ,,vollständige" Ausfüllen der Garantiekarte durch den Fachhändler keinen unmittelbaren Einfluß hat.[159] 46

Die Verteilung der Darlegungs- und Beweislast ist – wie gezeigt *(§ 7 Rz. 9)* – in erster Linie vom Inhalt der jeweiligen Herstellergarantie abhängig.[160] Das OLG Köln hat in einer 47

---

[154] Vgl. OLG München NJW-RR 1986, 604, 605; Löwe/Graf von Westphalen/Trinkner, Großkommentar, Bd. II, § 11 Nr. 10a Rz. 59.

[155] OLG München a. a. O.

[156] Löwe/Graf von Westphalen/Trinkner, Großkommentar, Bd. II, § 11 Nr. 10a Rz. 59.

[157] Vgl. OLG Hamm MDR 1984, 53.

[158] OLG München NJW-RR 1986, 604, 605.

[159] OLG München a. a. O.

[160] Vgl. Limbach MDR 1967, 87f.; Baumgärtel, Handbuch der Beweislast im Privatrecht, § 459 Rz. 15.

früheren Entscheidung[161] die Meinung vertreten, der Endkunde müsse ein etwaiges Nichtverschulden als anspruchsbegründenden Tatbestand beweisen, ist jedoch in einer späteren Entscheidung[162] hiervon abgerückt: Unter Berücksichtigung von Sinn und Zweck einer Herstellergarantie wird man deshalb die Darlegungs- und Beweislast in der Weise verteilen, daß der Endkunde gehalten ist, den Nachweis zu erbringen, daß der reklamierte Mangel/Schaden innerhalb der Garantiezeit aufgetreten ist, so daß es dann Sache des Herstellers ist, die Voraussetzungen seiner Entlastung in entsprechender Anwendung von § 282 BGB darzulegen und zu beweisen.[163] Es ist und bleibt deshalb Sache des Herstellers, den Nachweis zu erbringen, der Mangel/Schaden sei zum Beispiel auf unsachgemäße Handhabung oder auf Nichtbeachtung vorgesehener Richtlinien/Instruktionen des Herstellers zurückzuführen oder sei – ganz allgemein – vom Käufer „verschuldet". Überwälzt der Hersteller indessen die Darlegungs- und Beweislast auch insoweit auf den Endkunden, daß dieser nicht nur verpflichtet ist, den Eintritt des Garantiefalls, sondern auch sein „Nichtverschulden" darzulegen und zu beweisen, so scheitert eine solche Klauselgestaltung regelmäßig an § 11 Nr. 15a AGBG und ist unwirksam.

c) Die Herstellergarantie als Vertrag zugunsten Dritter gemäß § 328 BGB

48 Auch wenn der BGH in einer früheren Entscheidung die Existenz einer Herstellergarantie aufgrund eines Vertrags zwischen Hersteller und Großhändler zugunsten des jeweiligen Endkunden im Sinn von § 328 BGB begründet hat,[164] so sollte doch nicht außer acht gelassen werden: Konstruktiv ist diese Lösung um vieles „gekünstelter" als die unmittelbare Begründung eines Garantievertrages zwischen Hersteller und Endkunde.[165] Jedenfalls dann, wenn eine Garantiekarte/Garantieschein verwendet wird, den der Händler als Erfüllungsgehilfe des Herstellers zugunsten des jeweiligen Endkunden ausstellt, wird man eine Herstellergarantie zugunsten des jeweiligen Endkunden im Sinn von § 328 BGB nur mit großer Zurückhaltung bejahen können.[166] Denn die Vereinbarung zwischen Händler und Hersteller wird regelmäßig kaum so beschaffen sein, daß damit die Voraussetzungen von § 328 BGB zugunsten des jeweiligen Endkunden begründet werden. Soweit dies aber – ausnahmsweise – der Fall ist, bestehen konstruktiv gegen die Annahme eines – selbständigen – Garantievertrages zugunsten des jeweiligen Endkunden im Sinn von § 328 BGB keine durchgreifenden Bedenken, zumal Schadensersatzansprüche wegen Nichterfüllung dem Dritten gemäß § 335 BGB ohne weiteres zustehen können.[167] Soweit der Inhalt des Garantievertrages auf Nachbesserung oder Ersatzlieferung gerichtet ist, sind ebenfalls keine unüberwindbaren dogmatischen Schwierigkeiten zu erkennen.[168] Denn diese Rechte treten an die Stelle des ursprünglichen Liefer- oder Leistungsanspruchs. Falls nach dem Inhalt einer derartigen Herstellergarantie – ausnahmsweise – ein Recht auf Wandelung oder Minderung vorgesehen ist, bestehen zwar dogmatische Bedenken dagegen, daß der Dritte diese Rechte ausübt, weil deren Durchführung Gestaltungswirkung besitzt und den Vertrag ganz oder teilweise aufhebt.[169] Doch wird man hier allemal mit einer Abtretung gemäß § 398 BGB weiterhelfen können.[170] Soweit aus dogmatischen Gründen auch gegen

---

[161] OLG Köln DAR 1966, 267.
[162] OLG Köln MDR 1983, 402.
[163] Soergel/Huber § 459 Rz. 144.
[164] BGH BB 1979, 1257 – Glas; hierzu Lehmann BB 1980, 964ff.
[165] Kritisch insbesondere auch Christoffel, Die Garantie im Rahmen kaufrechtlicher Sachmängelgewährleistung, 164ff.
[166] Vgl. auch Lehmann BB 1980, 964, 968.
[167] Statt aller Palandt/Heinrichs § 335 Anm. 1b) m. w. N.
[168] Christoffel a. a. O., 173f.
[169] Erman/Westermann § 328 Rz. 7; Christoffel a. a. O., 174.
[170] Palandt/Heinrichs § 328 Anm. 1c) bb).

eine Abtretung dieser Rechte Bedenken bestehen sollten, sind diese durch die BGH-Judikatur zum Leasingvertrag überholt, die § 140 BGB anwendet.[171]

Im Hinblick auf die zuvor dargestellten Verbotstatbestände des AGBG gelten indessen die gleichen Erwägungen: Da auch eine nach § 328 BGB zu beurteilende Herstellergarantie die Verkäufergewährleistung – aus der Sicht des rechtlich nicht vorgebildeten Durchschnittskunden – in den Hintergrund treten läßt, muß sich der Hersteller auch hier „wie ein Verkäufer" behandeln lassen, so daß § 11 Nr. 10 AGBG unmittelbar gilt.[172] 49

V. Die Händler- oder Verkäufergarantie

1. Die bisherigen Ergebnisse der Judikatur

Während eine Herstellergarantie – wie gezeigt – als selbständiger Vertrag zwischen Hersteller und Endkunde gemäß § 151 BGB oder als Vertrag zwischen Hersteller und Großhändler zugunsten des jeweiligen Endkunden gemäß § 328 BGB zustande kommen kann, ist bei der Händler- oder Verkäufergarantie stets die Frage vorrangig, ob es sich – unter Berücksichtigung der Gewährleistungspflichten des Verkäufers – um eine unselbständige oder um eine selbständige Garantie handelt.[173] Demzufolge ist stets durch Auslegung zu ermitteln, welchen Inhalt die jeweilige Garantieabrede hat: Es kann sich zum einen lediglich um eine Wiederholung der Verkäufergewährleistung handeln.[174] Zum anderen kann die Auslegung der Garantieabrede ergeben, daß eine Verstärkung der kaufvertraglichen oder werkvertraglichen Gewährleistungsansprüche gewollt ist, so daß in der Sache eine unselbständige Garantie vorliegt.[175] Schließlich kann auch ein selbständiger Garantievertrag vorliegen, wobei vorausgesetzt wird, daß ein bestimmter Erfolg garantiert wird, der über die Vertragsgemäßheit der Lieferung/Leistung hinausgeht.[176] 50

Häufig erscheint die Händler- oder Verkäufergarantie als typische Haltbarkeitsgarantie.[177] Unter der Voraussetzung, daß die Haltbarkeitsgarantie länger ist als die Gewährleistungsfristen der §§ 477, 638 BGB, gilt – wie bereits weiter oben im einzelnen festgestellt *(Rz. 11)* –, daß die Verjährungsfrist der §§ 477, 638 BGB von dem Zeitpunkt an zu laufen beginnt, in welchem der Käufer/Besteller den Mangel entdeckt.[178] Umgekehrt: Ist eine Händler- oder Verkäufergarantie als Haltbarkeitsgarantie in der Weise ausgestaltet, daß die Gewährleistungsfrist der §§ 477, 638 BGB nicht verlängert wird, so ist darin im Zweifel die Wiederholung der gesetzlichen Gewährleistungspflicht zu sehen.[179] 51

Selbstverständlich gelten diese Erwägungen nur dann für Händlergarantien, wenn und soweit diese von dem Händler als Verkäufer abgegeben worden sind. Handelt es sich indessen um die Garantie eines Großhändlers, so sind die Grundsätze anwendbar, die weiter oben im einzelnen für die Herstellergarantie entwickelt worden sind *(§ 7 Rz. 22ff.)*. Entscheidend ist nämlich dann, daß die Garantie eines Großhändlers – bezogen auf das Vertragsverhältnis zwischen Verkäufer und Käufer – stets die Garantie eines Dritten ist, so daß eine einfache Verstärkung der kaufrechtlichen oder werkvertraglichen Gewährleistung nie gewollt sein kann. 52

---

[171] BGH WM 1981, 1219ff.

[172] In der Begründung abweichend OLG München NJW-RR 1986, 604, 605 – mittelbare Anwendung.

[173] RGZ 165, 41; BGH BB 1957, 1197; BGH WM 1973, 1322; BGH WM 1979, 302; BGH WM 1981, 952, 953; vgl. auch Tengelmann NJW 1966, 2195; Loebell BB 1973, 1237.

[174] OLG Koblenz NJW 1986, 2511 – „50000 km-Garantie innerhalb 6 Monaten.

[175] BGH NJW 1986, 1927 – Heizöltank; vgl. auch BGH NJW 1984, 1525.

[176] BGH WM 1969, 95, 96; BGH WM 1977, 365, 366 – Gewächshaus: offengelassen.

[177] BGH NJW 1986, 1927, 1928 – Heizöltank; vgl. auch BGH WM 1983, 17, 18 – Kessel; BGH WM 1983, 1391, 1392 – Filter; BGH WM 1986, 1321 – KFZ-Service.

[178] Vgl. die vorstehenden BGH-Entscheidungen; BGH WM 1981, 952, 1954 – Dämmelemente.

[179] OLG Koblenz NJW 1986, 2511 – „50000 km-Garantie".

2. Der Standpunkt der BGH-Judikatur

a) Händler- und Verkäufergarantie – § 11 Nr. 10 AGBG

53 Hier ist die Entscheidung des BGH vom 10. 12. 1980[180] präjudiziell. Denn: „Der rechtsunkundige Käufer wird jedenfalls im Regelfall unter „Garantie" den Umfang und die zeitliche Begrenzung derjenigen Rechte verstehen, die ihm bei mangelhafter Lieferung gegen den Verkäufer zustehen. Er wird daher auch den Garantiebedingungen eine Beschränkung seiner Ansprüche auf die dort genannten Rechte entnehmen."[181] Dies gilt selbst dann, wenn es in den Garantiebedingungen heißt, daß die „gesetzlichen Gewährleistungsansprüche ... durch die vorstehenden Bedingungen nicht berührt"[182] werden. Denn eine solche Formulierung ist – unter Berücksichtigung des Standards des „rechtsunkundigen Käufer"[183] – nicht ausreichend transparent. Ob dann etwas anderes gilt, wenn entweder auf der Vorderseite der Garantieurkunde oder als einleitender Hinweis in den Garantiebestimmungen verankert ist, daß die Händler- oder Verkäufergarantie dem Käufer „nach seiner Wahl zusätzlich zu den ihm zustehenden gesetzlichen Gewährleistungsansprüchen ein Anspruch auf Nachbesserung oder Ersatzlieferung eingeräumt wird",[184] erscheint zweifelhaft.[185] Denn eine derartiger – ausdrücklicher – Hinweis macht nur dann Sinn, wenn der Verkäufer seine Gewährleistungsbedingungen nicht an den Grenzen von § 11 Nr. 10 AGBG ausgerichtet hat, was nur selten der Fall sein dürfte.[186] Zudem ist es wenig einsichtig, daß der „rechtsunkundige Käufer"[187] zum einen darauf verwiesen wird, Ansprüche auf Nachbesserung oder Ersatzlieferung aufgrund der Händler- oder Verkäufergarantie geltend zu machen, während er zum anderen die gesetzlichen Gewährleistungsansprüche geltend machen muß. Schon der Verbotstatbestand von § 11 Nr. 10b AGBG läßt deutlich werden, daß bei einer solchen Auslegung dem „rechtsunkundigen Käufer"[188] letzten Endes Steine statt Brot gegeben werden: Ihm ist nicht klar, unter welchen Voraussetzungen er berechtigt ist, von der Händler- oder Verkäufergarantie auf die Verkäufergewährleistung überzuwechseln. Daß ihm diese Ansprüche – wie der BGH formuliert – alternativ zur Verfügung gestellt werden (vgl. „nach seiner Wahl zusätzlich") löst das Problem nicht: Wenn nämlich der Rechtssatz richtig ist, daß der „rechtsunkundige Käufer"[189] unter dem Begriff „Garantie" stets die Rechte versteht, die ihm im Fall eines Mangels der Kaufsache zustehen,[190] dann wird ein solcher Käufer stets – jedenfalls zunächst – die Händler- oder Verkäufergarantie in Anspruch nehmen, ohne zu wissen, unter welchen Voraussetzungen ihm dann die Verkäufergewährleistung zur Verfügung steht.

b) Der Standpunkt der Literatur

54 Auch die Literatur steht deshalb auf dem Standpunkt, daß Händler- und Verkäufergarantien in gleicher Weise den Bestimmungen des AGBG unterworfen sind, wie dies für die Verkäufergewährleistung gilt.[191] In der übrigen Literatur wird – soweit ersichtlich –

---

[180] BB 1981, 389 = NJW 1981, 867 – Händlergarantie.
[181] BGH BB 1981, 389, 391 = NJW 1981, 867, 868.
[182] BGH BB 1981, 389, 390 = NJW 1981, 867, 868.
[183] BGH a. a. O.
[184] BGH BB 1981, 389, 391 = NJW 1981, 867, 869.
[185] So mit Recht Tonner, NJW 1984, 1730, 1731.
[186] Tonner, a. a. O.
[187] BGH a. a. O.
[188] BGH a. a. O.
[189] BGH a. a. O.
[190] BGH BB 1981, 389, 390 = NJW 1981, 867, 868.
[191] Tonner NJW 1984, 1730, 1731f.; Löwe/Graf von Westphalen/Trinkner, Großkommentar, Bd. II, § 11 Nr. 10a Rz. 54ff.

das Problem der Händler- und Verkäufergarantie nicht gesondert dargestellt; vielmehr wird lediglich auf die Besonderheiten der Herstellergarantie verwiesen.[192]

c) Einige Einzelergebnisse aus der Judikatur

Da nach der hier vertretenen Auffassung eine Distinktion zwischen Händler- und Verkäufergarantie einerseits und Verkäufergewährleistung andererseits unter dem Gesichtswinkel der Verbotstatbestände des AGBG nicht möglich ist, haftet der Händler/Verkäufer – bei Inanspruchnahme der von ihm herrührenden Garantie – in gleicher Weise, wie dies nach den §§ 459ff., 633ff. BGB unter Berücksichtigung von § 11 Nr. 10 AGBG der Fall ist. Dabei kommt es nicht entscheidend darauf an, ob die Händler- oder Verkäufergarantie als ,,Leistung" im Sinn von § 11 Nr. 10 AGBG zu qualifizieren ist,[193] vielmehr sind an den Inhalt der Händler- und Verkäufergarantie die Maßstäbe von § 11 Nr. 10a–f AGBG anzulegen. Bezogen auf eine ,,Vollgarantie" hat dies auch der BGH in seiner Entscheidung vom 28. 11. 1979[194] bejaht und einen Verstoß gegen § 11 Nr. 10a AGBG deswegen angenommen, weil die AGBG-Klausel dahin lautete, die ,,Garantie erlischt sofort nach einem Eingriff oder nach einer Beschädigung durch den Käufer oder Dritte, nicht zum Betrieb gehörende Personen". Heißt es in einer Garantie: ,,Eine Garantieleistung verlängert die Garantiezeit nicht", so liegt darin ein Verstoß gegen § 11 Nr. 10f AGBG, weil diese Klausel nicht dem Umstand Rechnung trägt, daß nach ständiger Rechtsprechung die Verjährung in entsprechender Anwendung des § 639 Abs. 2 BGB gehemmt ist, wenn und solange der Verkäufer sich mit Einverständnis des Käufers der Prüfung des Vorhandenseins eines Mangels und seiner Beseitigung unterzieht.[195] Lautet eine Händlergarantie: ,,In der Garantiezeit beseitigen wir jeden Produktionsfehler am Gerät, der nachweisbar auf Material- oder Herstellungsfehlern beruht oder liefern einen Ersatzartikel", so verstößt dies gegen § 11 Nr. 10b AGBG, weil dem Käufer für den Fall des ,,Fehlschlagens" nicht ausdrücklich des Recht vorbehalten ist, nach seiner Wahl Wandelung (Rückgängigmachung des Vertrages) oder Minderung (Herabsetzung der Vergütung) zu verlangen.[196] Erklärt ein Verkäufer in der Händlergarantie: ,,Die erforderlichen Ersatzteile und die anfallende Arbeitszeit werden nicht berechnet", so liegt darin ein Verstoß gegen § 11 Nr. 10c AGBG,[197] wenn die weitergehende Bestimmung lautet: ,,Bei Garantiezeiten, die über 6 Monate hinausgehen, berechnen wir im Garantiefall ab dem 7. Monat eine anteilige Fahrtkostenpauschale von 9,50 DM oder die anfallenden Portokosten". Diese Klausel erweckt nämlich den Eindruck, daß zum Beispiel Transportkosten zu seinen Lasten gehen,[198] sie ist daher unwirksam. 55

VI. Besonderheiten im kaufmännischen Verkehr bei Hersteller-, Händler- und Verkäufergarantien

1. Die bisherige Judikatur

Soweit ersichtlich, differenziert die Judikatur bei Auslegung von Hersteller-, Händler- oder Verkäufergarantien nicht danach, ob der jeweils betroffenen Endkunde Kaufmann oder Nichtkaufmann ist. Dies gilt sowohl für den Bereich von Herstellergarantien, die – unabhängig von der Verkäufergewährleistung – als selbständige Garantieverträge gemäß 56

[192] Vgl. Ulmer/Brandner/Hensen, AGBG, § 11 Nr. 10a Rz. 21; Wolf/Horn/Lindacher, AGBG, Rz. 5 zu § 11 Nr. 10a; Palandt/Heinrichs, AGBG, § 11 Anm. 10 cc.
[193] So Bullinger NJW 1979, 2555; a. M. Reinel NJW 1980, 1610; Kornmeier NJW 1982, 873.
[194] BB 1980, 388 = NJW 1980, 831.
[195] BGH NJW 1963, 1492; BGH BB 1981, 389, 391 = NJW 1981, 867, 868.
[196] BGH BB 1981, 389, 391 = NJW 1981, 867, 868.
[197] BGH a. a. O.
[198] BGH a. a. O.

§ 151 BGB zustande kommen,[199] zumal sie verschiedentlich sogar mit ausdrücklicher Zielrichtung für den kaufmännischen Bereich bestimmt waren.[200] Indessen stehen die Herstellergarantien im Vordergrund, welche sowohl für den Kaufmann wie für den Nichtkaufmann bestimmt sind.[201] Aber auch die Herstellergarantie, die als Vertrag zugunsten Dritter gemäß § 328 BGB zustande kommt, ist von ihrer Konzeption her nicht auf den privaten Endverbraucher beschränkt.[202] Soweit Verkäufergarantien in Rede stehen, gilt in der Sache nichts anderes.[203] Auch bei Auslegung einer Haltbarkeitsgarantie unterscheidet die Judikatur nicht danach, ob der Endkunde Kaufmann oder Nichtkaufmann ist.[204]

2. Die Berücksichtigung von § 9 AGBG

57 Notwendigerweise ist aber eine Differenzierung der hier interessierenden Garantien unter der Perspektive von § 9 AGBG angezeigt, sofern der jeweilige Endkunde Kaufmann im Sinn von § 24 AGBG ist. Denn § 24 Satz 1 AGBG stellt klar, daß die Verbotstatbestände von § 11 AGBG im kaufmännischen Bereich keine unmittelbare Anwendung finden, was freilich nicht ausschließt, in den Verbotstatbeständen der §§ 10 und 11 AGBG eine beträchtliche Indizwirkung dafür zu sehen, daß die dort geregelten Klauselverbote auch im kaufmännischen Bereich wegen Verstoßes gegen § 9 AGBG unwirksam sein können.[205] Auch die Literatur teilt diesen Ansatzpunkt.[206]

58 Damit stellt sich die Frage, ob auch der Kaufmann als Endkunde unter dem Begriff „Garantie" den Inbegriff der Rechte versteht, die ihm im Falle eines Mangels gegenüber dem Hersteller/Verkäufer zustehen, ohne daß er zwischen der Garantie einerseits und der Verkäufergewährleistung andererseits differenziert.[207] Der Ausgangspunkt dieser Erwägung des BGH lag darin, den Endkunden als „rechtsunkundigen Käufer"[208] zu apostrophieren. Daraus leitete der BGH – wie im einzelnen dargestellt *(Rz. 33)* – das Erfordernis ausreichender Transparenz der Vertragsgestaltung ab. Notwendigerweise wird man den Kaufmann jedoch nicht mit der gleichen Elle messen dürfen: Wenn nämlich schon der BGH[209] die Möglichkeit andeutet, eine ausreichend transparente Vertragsgestaltung im nicht-kaufmännischen Bereich dadurch zu erreichen, daß zum einen die Garantie auf Nachbesserung/Ersatzlieferung lautet, und daß zum anderen dem Käufer „nach seiner Wahl zusätzlich"[210] die Rechte aus der Verkäufergewährleistung erhalten bleiben, so wird man die Wirksamkeitsanforderung für den kaufmännischen Bereich wesentlich niedriger ansetzen müssen. Hier wird man grundsätzlich davon ausgehen können, daß dem Kaufmann der Unterschied zwischen Ansprüchen aus der Garantie einerseits und aus der Verkäufergewährleistung andererseits vertraut ist. Die Richtigkeit dieser Erwägungen

---

[199] BGH NJW 1984, 1525 – selbstfahrende Arbeitsmaschine; BGH NJW 1986, 1927 – Heizöltank.

[200] BGH WM 1983, 1391 – Filter.

[201] BGH WM 1985, 1917 – KFZ; BGH WM 1986, 1321 – Import-KFZ; OLG Hamm MDR 1984, 53 – KFZ-Garantie; OLG Frankfurt MDR 1984, 228; OLG Koblenz NJW 1986, 2511 – Gebrauchtwagen-KFZ-Garantie.

[202] BGH WM 1979, 1100 – Isolierglas.

[203] RG JW 1919, 241 – Ringofen; RG JW 1921, 828 – Generatoren; RGZ 71, 173 – Kühlanlage; RG JW 1926, 2526 – Kraftbedarf; RGZ 165, 41 – Materialersparnis; BGH NJW 1965, 148 – Elektrowärmespeicher; BGH WM 1977, 365 – Gewächshaus; BGH NJW 1981, 2403 – Rauchgasklappenregulatoren.

[204] BGH WM 1981, 952 – Dämmelemente; BGH WM 1983, 17, 18 – Schweißmaterial; BGH WM 1983, 1391, 1393 – Filter; BGH NJW 1986, 1927, 1928 – Heizöltank.

[205] BGH BB 1976, 1100; BGH BB 1981, 815; BGH BB 1981, 935; BGH ZIP 1984, 968, 969.

[206] Ulmer/Brandner/Hensen, AGBG, § 24 Rz. 19; Löwe/Graf von Westphalen/Trinkner, Großkommentar, Bd. II, § 24 Rz. 14; Palandt/Heinrichs, AGBG, § 9 Anm. 5.

[207] Vgl. BGH BB 1981, 389, 390 = NJW 1981, 867, 868 = Händlergarantie.

[208] BGH a. a. O.

[209] BGH BB 1981, 389, 391 = NJW 1981, 867, 869 – Händlergarantie.

[210] BGH a. a. O.

erweist sich – um das markanteste Beispiel zu wählen – an der BGH-Judikatur zur Haltbarkeitsgarantie, deren Frist länger als die gesetzliche Gewährleistungsfrist der §§ 477, 638 BGB läuft; denn in diesen Fällen zögert der BGH überhaupt nicht, die Verjährungsvorschriften der §§ 477, 638 BGB von dem Zeitpunkt einsetzen zu lassen, in welchem der Käufer/Besteller den Mangel der Sache/des Werks entdeckt hat.[211] Wenn und soweit ein Mangel aufgetreten ist, ist es eben Sache des Kaufmanns, darüber zu befinden, welche Rechte er im einzelnen unter Berücksichtigung der jeweiligen Rechtslage geltend macht.

Daraus folgt unmittelbar: Im Rahmen einer Hersteller-, Händler- oder Verkäufergaran- 59
tie ist es nicht erforderlich, ausdrücklich auf die zusätzlich bestehende Verkäufergewährleistung aufmerksam zu machen, sofern der jeweilige Endkunde Kaufmann im Sinn von § 24 AGBG ist. Unter dieser Perspektive besteht zwischen der Garantie einerseits und der Verkäufergewährleistung andererseits klare Alternativität; als Kaufmann muß sich der Endkunde entscheiden, ob er Ansprüche aus der Garantie oder aus der Verkäufergewährleistung geltend macht. Demzufolge unterliegt weder die Herstellergarantie noch die Händler- oder Verkäufergarantie unmittelbar den Gewährleistungsbestimmungen der §§ 459ff., 633ff. BGB, so daß auch § 9 Abs. 2 Nr. 1 AGBG keine Anwendung findet. Vielmehr ist sowohl die Hersteller- als auch die Händler- und Verkäufergarantie eine Bonifikation zugunsten des Endkunden, auf die er unter Berücksichtigung der ohnedies bestehenden Verkäufergewährleistung keinen Anspruch hat. Demzufolge sind grundsätzlich auch die Verbotstatbestände von § 11 Nr. 10 a–f AGBG auf eine Hersteller-, Händler- oder Verkäufergarantie nicht mittelbar über § 9 AGBG anwendbar.[212] Dies gilt freilich dann nicht, wenn der Text der Hersteller-, Händler- oder Verkäufergarantie auch gegenüber dem Endkunden als Kaufmann bestimmt, daß die neben der Garantie bestehende Verkäufergewährleistung ausgeschlossen sei.[213] Diese Auffassung wird auch in der Literatur vertreten.[214] Ein Ausschluß der Verkäufergewährleistung ist zum Beispiel dann zu bejahen, wenn in der Garantieklausel davon die Rede ist, daß „Garantieansprüche nur gegen den Hersteller geltend gemacht werden" können.[215] Unter dieser – einschränkenden – Interpretation der eigentlich vorhandenen Alternativität zwischen Garantie und Verkäufergewährleistung ergibt sich im Hinblick auf § 9 AGBG im kaufmännischen Verkehr folgendes:

a) Unter Berücksichtigung des Verbotstatbestandes von § 11 Nr. 10a AGBG – § 9 AGBG

Anerkanntermaßen ist der vollständige Gewährleistungsausschluß im kaufmännischen 60
Bereich gemäß § 9 Abs. 2 Nr. 1 AGBG stets unwirksam, und zwar ohne Rücksicht darauf, ob es sich um einen Kauf- oder einen Werkvertrag handelt.[216] Auch die abschließende Verweisung des Endkunden auf etwaige Gewährleistungsansprüche gegenüber Dritten – bei gleichzeitiger Freizeichnung von der subsidiären Eigenhaftung – verstößt in eklatanter Weise gegen § 9 Abs. 2 Nr. 1 AGBG und ist deshalb unwirksam. Die BGH-Judikatur geht zu Recht davon aus, daß das Risiko der „Schadloshaltung" stets Sache des Verkäufers/Werkunternehmers ist.[217] Auch die Literatur teilt diese Auffassung.[218] Unbedenklich ist es

---

[211] BGH WM 1973, 17, 18 – Schweißmaterial; BGH WM 1983, 1391, 1392 – Filter; vgl. auch BGH NJW 1984, 1525 – selbstfahrende Arbeitsmaschine; BGH NJW 1986, 1927, 1928 – Heizöltank.

[212] So generell Kornmeier NJW 1982, 873ff.

[213] OLG Hamburg ZIP 1986, 1577 – KFZ-Handel = EWiR § 11 Nr. 10a AGBG, 1/86, 1161 (Heinrichs).

[214] Palandt/Heinrichs, AGBG, § 11 Anm. 10 cc.

[215] OLG Hamburg a. a. O.

[216] BGHZ 22, 90, 99; BGHZ 37, 94, 98; BGHZ 62, 251, 254; BGHZ 65, 359, 363; BGHZ 67, 101, 104; BGHZ 70, 193, 196; BGH NJW 1979, 2207, 2210.

[217] BGHZ 62, 251; BGH WM 1979, 781; BGH WM 1979, 1043; BGH BB 1982, 149.

[218] Löwe/Graf von Westphalen/Trinkner, Großkommentar, Bd. II, § 11 Nr. 10 Rz. 46ff.; Ulmer/Brandner/Hensen, AGBG, § 11 Nr. 10a Rz. 26f.; Staudinger/Schlosser, AGBG § 11 Nr. 10 Rz. 39; Palandt/Heinrichs, AGBG, § 11 Anm. 10a) ff).

freilich, wenn in den Gewährleistungsregelungen bestimmt wird, daß der Endkunde den jeweiligen Aussteller aus der Garantie zunächst gerichtlich in Anspruch nehmen muß, bevor Ansprüche aus der Verkäufergewährleistung geltend gemacht werden können.[219]

b) Unter Berücksichtigung des Verbotstatbestandes von § 11 Nr. 10b AGBG – § 9 AGBG

61 Der Verbotstatbestand von § 11 Nr. 10b AGBG ist gemäß § 9 Abs. 2 Nr. 1 AGBG auch im kaufmännischen Verkehr unmittelbar zu berücksichtigen.[220] Dies bedeutet: Im Fall des „Fehlschlagens" der Mangelbeseitigung/Ersatzlieferung müssen die Bestimmungen der Hersteller-, Händler- oder Verkäufergarantie dem Mindeststandard von § 11 Nr. 10b AGBG entsprechen und demzufolge das Recht auf Wandlung oder Minderung ausdrücklich vorsehen.[221] Die Einräumung eines Minderungsrechts allein reicht jedenfalls nicht aus.[222] Im einzelnen auch *§ 3 Rz. 27ff.*

c) Unter Berücksichtigung des Verbotstatbestandes von § 11 Nr. 10c AGBG – § 9 AGBG

62 Geht man davon aus, daß das synallagmatische Leistungsaustauschverhältnis schon dadurch empfindlich gestört ist, daß die verkaufte Sache/das zu erstellende Werk mangelhaft im Sinn der §§ 459ff., 633ff. BGB ist, so wird man die Beschränkung des kaufmännischen Kunden auf einen Mangelbeseitigungsanspruch nur dann als angemessen betrachten können, wenn die Bestimmungen der Hersteller-, Händler- oder Verkäufergarantie zu seinen Gunsten die Übernahme der vollen Mangelbeseitigungsaufwendungen im Sinn von § 476a BGB erfassen.[223] Freilich ist dies in der Literatur nicht ganz unbestritten.[224] Im einzelnen auch *§ 3 Rz. 22ff.*

d) Unter Berücksichtigung des Verbotstatbestandes von § 11 Nr. 10d AGBG – § 9 AGBG

63 Auch dieser Verbotstatbestand ist unmittelbar auf eine Hersteller-, Händler- oder Verkäufergarantie anwendbar, sofern in dieser die Verkäufergewährleistung ausgeschlossen ist.[225]

e) Unter Berücksichtigung des Verbotstatbestandes von § 11 Nr. 10e AGBG – § 9 AGBG

64 Soweit die Hersteller-, Händler- oder Verkäufergarantie als selbständiger Garantievertrag zu qualifizieren ist, sind die kaufmännischen Untersuchungs- und Rügepflichten gemäß §§ 377, 378 HGB nicht anwendbar (im einzelnen *§ 17 Rz. 50*). Dessen ungeachtet: Verdrängen die Formulierungen der Hersteller-, Händler- oder Verkäufergarantie die Verkäufergewährleistungspflichten, so sind etwaige in den Garantieklauseln enthaltene

---

[219] Vgl. Wolf/Horn/Lindacher, AGBG, § 11 Nr. 10 Rz. 26; Palandt/Heinrichs a. a. O.; Löwe/Graf von Westphalen/Trinkner, Großkommentar, Bd. II, § 11 Nr. 10a Rz. 51.

[220] BGHZ 22, 90, 99; BGH BB 1974, 294; BGH BB 1974, 1137; BGH BB 1975, 1507; BGH BB 1978, 325; BGH BB 1979, 804.

[221] Vgl. BGH BB 1981, 815; BGH BB 1981, 935.

[222] BGH BB 1981, 815.

[223] Vgl. BGH BB 1981, 935.

[224] Wie hier Koch/Stübing, AGBG, § 11 Nr. 10 Rz. 51; Staudinger/Schlosser, AGBG, § 11 Nr. 10 Rz. 63; Löwe/Graf von Westphalen/Trinkner, Großkommentar, Bd. II, § 11 Nr. 10c Rz. 18ff.; Palandt/Heinrichs, AGBG, § 11 Anm. 10c) bb); weniger weitgehend Ulmer/Brandner/Hensen, AGBG, § 11 Nr. 10c Rz. 61.

[225] Vgl. BGHZ 48, 264, 267; Koch/Stübing, AGBG, § 11 Nr. 10 Rz. 57; Löwe/Graf von Westphalen/Trinkner, Großkommentar, Bd. II, § 11 Nr. 10d Rz. 11ff.

Mängelrügefristen stets in § 9 Abs. 2 Nr. 1 AGBG zu messen.[226] Demzufolge ist insbesondere darauf zu achten, ob und inwieweit der zu rügende Mangel im Rahmen einer ordnungsgemäßen Wareneingangskontrolle gemäß §§ 377, 378 HGB erkennbar war.[227] Sind starre Fristen vorgesehen, so ist stets Vorsicht geboten.[228]

f) Unter Berücksichtigung des Verbotstatbestandes von § 11 Nr. 10f AGBG – § 9 AGBG

Unter Berücksichtigung der BGH-Judikatur[229] wird man die Verjährungsfristen der §§ 477, 638 BGB auch im kaufmännischen Verkehr gemäß § 9 Abs. 2 Nr. 1 AGBG für wegweisend ansehen müssen.[230] Freilich sind hier die Besonderheiten der Haltbarkeitsgarantie zu berücksichtigen, die zuvor dargestellt worden sind *(§ 7 Rz. 10ff.)*. 65

g) Haftungsfreizeichnungstatbestände – § 9 Abs. 2 Nr. 2 AGBG

Soweit in einer Hersteller-, Händler- oder Verkäufergarantie eine Eigenschaftszusicherung gemäß §§ 463, 480 Abs. 2, 635 BGB verankert ist, sei im Hinblick auf etwaige Haftungsfreizeichnungsklauseln auf die Ausführungen zur Eigenschaftszusicherung verwiesen *(§ 11 Rz. 1ff.)*. Ist indessen ein selbständiger Garantievertrag – unter Berücksichtigung einer Eigenschaftsgarantie – abgeschlossen, so gelten für etwaige Haftungsfreizeichnungsklauseln die Ausführungen, die weiter unten gesondert dargestellt werden *(§ 11 Rz. 2ff.)*, wobei freilich der Vorbehalt erneut unterstrichen werden soll: Nur dann sind etwaige Haftungsfreizeichnungsklauseln gegenüber dem Inhalt einer als selbständig zu qualifizierenden Hersteller-, Händler- oder Verkäufergarantie an § 9 Abs. 2 Nr. 1 AGBG zu messen, sofern diese die alternativ bestehende Verkäufergewährleistung verdrängen. 66

VII. Aufwendungsersatz- und Freistellungsansprüche im Rahmen von Händlergarantien

Im Verhältnis zwischen Hersteller-Händler-Endkunde und in vielen Industriezweigen – zum Beispiel in der Automobilindustrie[231] oder in der Hifi-Branche[232] – sind Herstellergarantien gang und gäbe: Soweit der jeweilige, nicht-kaufmännische Endkunde Mängelansprüche geltend macht, steht für ihn – wie dargelegt – die Herstellergarantie im Vordergrund des Interesses.[233] Bestehen in diesen Branchen Vertragshändlerverträge – wie zum Beispiel in der Kfz-Industrie[234] –, so stellt sich regelmäßig die Frage, ob die jeweiligen Vertragshändler berechtigt sind, Aufwendungserstattungs- oder Freistellungsansprüche gegenüber dem Hersteller geltend zu machen, weil und soweit sie gegenüber den Endkunden Ansprüche aus der Herstellergarantie erfüllen und dabei als Erfüllungsgehilfen des Herstellers gemäß § 278 BGB tätig werden.[235] Unter dieser Tatbestandsvoraussetzung stellen sich verschiedene Einzelprobleme: 67

---

[226] BGH NJW-RR 1986, 52 – Forellenseuche.
[227] Vgl. BGH LM-Nr. 6 zu § 377 HGB.
[228] Löwe/Graf von Westphalen/Trinkner, Großkommentar, Bd. II, § 11 Nr. 10e Rz. 15ff.
[229] BGH ZIP 1984, 968 – Tankentrostung.
[230] Koch/Stübing AGBG § 11 Nr. 10 Rz. 73; Staudinger/Schlosser, AGBG, § 11 Nr. 10 Rz. 86; Schmidt-Salzer AGB F 132; Löwe/Graf von Westphalen/Trinkner, Großkommentar, Bd. II, § 11 Nr. 10f Rz. 15ff.; Ulmer/Brandner/Hensen, AGBG, § 11 Nr. 10f Rz. 84.
[231] BGH NJW 1985, 623 – Opelhändler.
[232] OLG Köln ZIP 1987, 379; OLG München NJW-RR 1986, 604.
[233] BGH BB 1981, 389 = NJW 1981, 867.
[234] Hierzu Graf von Westphalen NJW 1980, 2227ff.; a. M. Nickel NJW 1981, 1490ff.
[235] Vgl. auch BGH NJW 1985, 623, 626f. – Opelhändler.

1. Verkäufergewährleistung – Herstellergarantie

68 Ist der Vertrag derart gestaltet, daß die Herstellergarantie – bezogen auf die Perspektive des „rechtsunkundigen Käufers“[236] – im Vordergrund seines Interesses steht und als abschließende Regelung der Verkäufergewährleistung verstanden wird, so erfüllt der Händler – bezogen auf etwaige Ansprüche aus der Herstellergarantie – eine fremde Verbindlichkeit, nämlich die des Herstellers.[237] Vertragliche Beziehungen zwischen dem Endkunden und dem Händler bestehen demzufolge im Rahmen der Herstellergarantie nicht.[238] Unter dieser Voraussetzung wird der Vertragshändler gegenüber dem jeweiligen Hersteller aus dem Gesichtspunkt der berechtigten Geschäftsführung tätig, so daß ihm Aufwendungsersstattungsansprüche gemäß §§ 683, 670 BGB erwachsen.[239] Demzufolge kann der Vertragshändler von seinem jeweiligen Hersteller nicht nur angemessen Aufwendungsersatz verlangen, vielmehr steht ihm auch ein Anspruch auf angemessenen Gewinn zu, weil er eine fremde Verbindlichkeit im Rahmen seiner beruflichen bzw. gewerblichen Tätigkeit erfüllt.[240]

69 Inwieweit es dem Hersteller – im Rahmen der jeweiligen Bestimmungen des Vertragshändlervertrages – möglich ist, den Anspruch auf angemessenen Gewinn auszuschließen, ist umstritten.[241] Selbstverständlich ist unbedenklich, den Gewinnanspruch des Vertragshändlers in angemessener Weise – abhängig von den jeweils als Erfüllungsgehilfe des Herstellers durchgeführten Garantiearbeiten – zu pauschalieren.[242] Äußerst zweifelhaft ist es hingegen,[243] ob es dem Hersteller möglich ist, unter Hinweis auf sonstige Vergünstigungen, die dem Vertragshändler – aufgrund seiner Vertragsbeziehung zum Hersteller – zufallen, den Gewinnanspruch auszuschließen,[244] und zwar sowohl im Bereich der Arbeitsentgelte auch bei den Ersatzteilkosten. Gegenüber der Verpflichtung des Herstellers, dem Vertragshändler – im Zusammenhang mit den von diesem durchgeführten Garantiearbeiten – einen Anspruch auf Gewinn zu konzedieren, kann nicht geltend gemacht werden, die Herstellergarantie sei eine Bonifikation. Denn der Hersteller nimmt im Rahmen des Vertragshändlervertrages unmittelbaren Einfluß auf die Ausgestaltung der Gewährleistungspflichten: Steht dann die Herstellergarantie im Vordergrund, so regiert das dadurch begründete – selbständige – Vertragsverhältnis zwischen Hersteller und Endkunde auch den Anspruch des Vertragshändlers, von den Aufwendungen gemäß §§ 683, 670 BGB freigestellt zu werden, die er im ausschließlichen Interesse des Herstellers vorgenommen hat.

70 Freilich gibt es hier noch keine präjudiziellen Gerichtsurteile, so daß notwendigerweise die Umstände des jeweiligen Einzelfalls, die Bestimmungen des Händlervertrages, die der Herstellergarantie sowie die Ausgestaltung der Gewährleistungsverpflichtungen unter Berücksichtigung des zuvor Gesagten im Vordergrund der Bewertung stehen müssen.

2. Kongruenz der Gewährleistungsfristen

71 Besteht Kongruenz der Gewährleistungsfristen im Verhältnis Hersteller – Händler – Endkunde, so ist entscheidend, daß der Verbotstatbestand von § 11 Nr. 10c AGBG auch

---

[236] BGH BB 1981, 389, 391 = NJW 1981, 867, 868 – Händlergarantie.
[237] BGH NJW 1981, 275 – FORD-Garantie.
[238] BGH NJW 1985, 623, 626 – Opelhändler.
[239] Im einzelnen Graf von Westphalen NJW 1980, 2227ff.; Wolf/Horn/Lindacher, AGBG, § 11 Nr. 10c Rz. 9; Palandt/Heinrichs, AGBG, § 11 Anm. 10c) bb.
[240] BGHZ 65, 384, 390; Köhler JZ 1985, 359ff.
[241] Ablehnend: im einzelnen Graf von Westphalen NJW 1980, 2227ff.; a.M. Nickel NJW 1981, 1490ff.
[242] Wolf/Horn/Lindacher a. a. O., Palandt/Heinrichs a. a. O.
[243] Graf von Westphalen a. a. O.
[244] So aber Nickel NJW 1981, 1490ff.; Ulmer/Brandner/Hensen, AGBG, § 11 Nr. 10c Rz. 61.

im kaufmännischen Verkehr Beachtung findet.[245] Jedenfalls hat der BGH[246] grundsätzlich diese Frage bejaht: Denn nach §§ 476a, 633 Abs. 2 Satz 2 BGB sind gewährleistungspflichtige Verkäufer/Werkunternehmer verpflichtet, die Mangelbeseitigungsaufwendungen zu tragen. Unter Berücksichtigung des synallagmatischen Leistungsaustauschverhältnisses stellt es eine unangemessene Benachteiligung des Käufers/Bestellers dar, wenn ihm auch Mangelbeseitigungsaufwendungen überwälzt werden. Von diesem Ansatzpunkt her ist klar: Besteht Parallelität der Gewährleistungsrechte und der Gewährleistungspflichten in der Kette Hersteller – Händler – Endkunde, so ist es mit § 9 Abs. 2 Nr. 1 AGBG nicht zu vereinbaren, wenn der Hersteller seinerseits gegenüber dem Händler den Ersatz der Nachbesserungsaufwendungen ausschließt oder mehr als nach den Umständen unbedingt erforderlich beschränkt, weil dadurch der Händler „in die Zange genommen“ würde.[247] Mit anderen Worten: Gegenüber dem Händler, der dem zwingenden Verbotstatbestand von § 11 Nr. 10c AGBG ausgesetzt ist, kann nur dann ein „seitengleicher Regreß“[248] gewährleistet werden, wenn es dem Händler gestattet ist, die von ihm zu übernehmenden Mangelbeseitigungsaufwendungen auf den Hersteller als denjenigen zu verlagern, der den jeweiligen Mangel/Fehler verursacht hat. Selbstverständlich ist, daß der Händler unter diesen Voraussetzungen keinen Aufwendungserstattungsanspruch besitzt, der auch den Gewinn im Sinn von § 683 BGB einschließt. Denn der sich aus den §§ 256, 257 BGB ableitende Aufwendungserstattungs- oder Befreiungsanspruch geht in der Sache nicht weiter als der Mangelbeseitigungsanspruch des § 476a BGB. Dieser aber ist ein Gewährleistungsanspruch[249] und schließt deshalb nicht den Anspruch auf entgangenen Gewinn ein.

Wird demzufolge in bezug auf den Aufwendungserstattungs- oder Befreiungsanspruch 72
des Händlers danach differenziert, ob der Endkunde Ansprüche aus der Herstellergarantie oder aus der Verkäufergewährleistung geltend macht, so liegt dies in der Systematik begründet: Gewährt der Hersteller eine Garantie, welche geeignet ist, die Verkäufergewährleistung zu verdrängen,[250] so ist der Hersteller in einem weiteren Umfang verpflichtet als von § 476a BGB bedungen. Darin liegt keine unangemessene Schlechterstellung des Herstellers, sondern die Konsequenz der Tatsache, daß es der Hersteller verabsäumt hat, den Händler im Rahmen des Vertragshändlervertrages zu zwingen, eine andere Ausgestaltung der Verkäufergewährleistung zu wählen.[251] Kommt man freilich – entsprechend dem hier gefundenen Resultat – zu dem Ergebnis, daß eine Herstellergarantie gegenüber dem „rechtsunkundigen Käufer“[252] stets die Verkäufergewährleistungen verdrängt, so liegt auch darin keine unangemessene Schlechterstellung des Herstellers: Niemand – ausgenommen der Wettbewerb – zwingt ihn dazu, eine Herstellergarantie gegenüber dem Endkunden zu geben. Tut er es dennoch, so kann er nach der hier vertretenen Auffassung den Händler nicht an dem dadurch entstehenden zusätzlichen Risiko partizipieren lassen. Die Schlüssigkeit dieses Resultats wird besonders deutlich, wenn man sich zusätzlich vor Augen führt, daß die Mehrzahl der Herstellergarantien typische Haltbarkeitsgarantien sind,[253] welche die Beweislast des Käufers erheblich verbessern, weil dieser lediglich dar-

---

245 Koch/Stübing, AGBG, § 11 Nr. 10 Rz. 51; Staudinger/Schlosser, AGBG, § 11 Nr. 10 Rz. 63; Löwe/Graf von Westphalen/Trinkner, Großkommentar, Bd. II, § 11 Nr. 10c Rz. 10ff.; Palandt/Heinrichs, AGBG, § 11 Anm. 10c) bb.; a. M. Ulmer/Brandner/Hensen, AGBG, § 11 Nr. 10c Rz. 61.

246 BGH BB 1981, 935.

247 MünchKomm/Kötz, AGBG, § 24 Rz. 6.

248 Löwe/Graf von Westphalen/Trinkner, Großkommentar, Bd. II, § 24 Rz. 18.

249 BGH BB 1981, 389, 391 = NJW 1981, 867, 868 – Händlergarantie.

250 BGH BB 1981, 389 = NJW 1981, 867 – Händlergarantie.

251 BGH BB 1981, 389, 391 = NJW 1981, 867, 869 – Händlergarantie.

252 BGH BB 1981, 389, 391 = NJW 1981, 867, 868 – Händlergarantie.

253 BGH WM 1981, 37 – FORD-Garantie; vgl. auch BGH NJW 1985, 623, 626f. – Opelhändler.

auf angewiesen ist, seinen Gewährleistungsanspruch damit zu begründen, daß während der Garantiezeit ein Mangel/Fehler aufgetreten ist, der von ihm nicht verschuldet wurde.

3. Fehlende Kongruenz zwischen Herstellergarantie und Herstellergewährleistung

73 Weder der Endkunde noch der Händler hat Anspruch darauf, daß eine Herstellergarantie zu seinen Gunsten gewährt wird. Soweit eine Herstellergarantie in Rede steht, wird dadurch die Gewährleistungshaftung des Händlers in seinem Verhältnis zum Kunden weder erweitert noch verändert,[254] es sei denn, die Herstellergarantie verdrängt in den Augen des ,,rechtsunkundigen Käufers"[255] die Verkäufergewährleistung. Demzufolge ist auch der Hersteller grundsätzlich berechtigt, Inhalt und Umfang der Herstellergarantie abzuändern.[256] Erweitert der Hersteller die Garantie, so folgt daraus: Der Händler ist nur dann verpflichtet, diese Garantiearbeiten als Erfüllungsgehilfe des Herstellers gemäß § 278 BGB auszuführen, wenn diese vom Hersteller bezahlt werden.[257] Umgekehrt: Schränkt der Hersteller seine Garantie ein, so bleiben die Verkäufergewährleistungspflichten davon unberührt,[258] es sei denn, die Herstellergarantie war in den Augen des ,,rechtsunkundigen Käufers"[259] Ersatz der Verkäufergewährleistung.

§ 8. Die Einbeziehung von AGB, insbesondere von Haftungsfreizeichnungsklauseln

I. Einbeziehung in den Individualvertrag

1. Im nicht-kaufmännischen Bereich gemäß § 2 AGBG

1 Anerkanntermaßen ist die Regelung von § 2 Abs. 1 AGBG eine Sondernorm für vorformulierte Vertragsbedingungen im Sinn von § 1 AGBG.[1]

a) Die Einbeziehungsvoraussetzungen gemäß § 2 Abs. 1 Nr. 1 AGBG

2 Gemäß § 2 Abs. 1 Nr. 1 AGBG muß der AGB-Verwender den ABG-Kunden ,,ausdrücklich" darauf hinweisen, daß der Vertrag unter Zugrundelegung bestimmter AGB-Klauseln zustande kommen soll. Im Gegensatz zur früheren BGH-Judikatur[2] reicht es nicht mehr aus, daß der AGB-Kunde von der Einbeziehungsforderung des AGB-Verwenders aufgrund eines ,,Wissen-Müssens" Kenntnis haben konnte; vielmehr ist nunmehr die Einbeziehung von AGB-Klauseln von dem Vorhandensein eines rechtsgeschäftlichen Vertragswillens beider Parteien abhängig gemacht worden.[3]

3 Ein ,,ausdrücklicher" Hinweis auf bestimmte AGB – bei Abschluß des jeweiligen Individualvertrages – liegt nur dann vor, wenn der AGB-Verwender unmißverständlich und für den AGB-Kunden klar erkennbar auf die Geltung der AGB hingewiesen hat.[4] Dabei

---

[254] BGH NJW 1985, 623, 627 – Opelhändler.
[255] BGH BB 1981, 389, 391 = NJW 1981, 867, 868.
[256] BGH NJW 1985, 623, 626f. – Opelhändler.
[257] BGH NJW 1985, 623, 627 – Opelhändler.
[258] BGH a. a. O.
[259] BGH a. a. O.
[1] Ulmer/Brandner/Hensen, AGBG, § 2 Rz. 18; Palandt/Heinrichs, AGBG, § 2 Anm. 1b.
[2] BGH NJW 1972, 1200; BGH WM 1973, 635, 636; BGH WM 1975, 1163, 1165.
[3] BT-Drucks. 7/3919, 13.
[4] BGH ZIP 1986, 1126; Ulmer/Brandner/Hensen, AGBG, § 2 Rz. 24; Palandt/Heinrichs, AGBG, § 2 Anm. 2a.

macht es keinen Unterschied, ob der ,,ausdrückliche“ Hinweis schriftlich oder mündlich erfolgt.[5] Unbedenklich ist es deshalb, daß ein solcher Hinweis auf AGB in vorformulierten Vertragsbedingungen enthalten ist. Allerdings muß der entsprechende ,,ausdrückliche“ Hinweis so gestaltet sein, daß er von einem Durchschnittskunden – selbst bei flüchtigem Durchlesen/Durchsehen – wahrgenommen und nicht übersehen werden kann.[6]

Entsprechend dem Wortlaut von § 2 Abs. 1 Nr. 1 AGBG muß der ,,ausdrückliche“ Hinweis auf die Geltung bestimmter AGB bei Abschluß des Vertrages erfolgen. In der Sache bedeutet dies: Dieser muß entweder Bestandteil des Vertragsangebots des AGB-Verwenders im Sinn von § 145 BGB oder seiner Annahmeerklärung sein. Zwingend folgt daraus, daß selbst bei ständigen Geschäftsbeziehungen zwischen den Parteien der frühere Hinweis auf die Geltung bestimmter AGB nicht ausreicht, um diese auch für den – späteren – Vertragsabschluß wirksam einzubeziehen.[7] Notwendigerweise sind deshalb auch alle Hinweise des AGB-Verwenders irrelevant, die nach Abschluß des jeweiligen Individualvertrages erfolgen.[8] Soweit also AGB in Rechnungen, Lieferscheinen, Versandanzeigen oder sonstigen – nach Vertragsabschluß übersandten – Urkunden des AGB-Verwenders enthalten sind, sind sie unbeachtlich und nicht geeignet, den dann bereits ohne Geltung der AGB abgeschlossenen Individualvertrag zu modifizieren.[9] 4

aa) Einzelheiten beim schriftlichen Vertragsabschluß. Dem Erfordernis eines ,,ausdrücklichen“ Hinweises gemäß § 2 Abs. 1 Nr. 1 AGBG ist regelmäßig nur dann Genüge geleistet, wenn der AGB-Verwender ,,ausdrücklich“ – ohne weiteres für den Empfänger erkennbar – im Text seines Angebotes auf die Geltung seiner AGB verweist, so daß diese integraler Bestandteil des Angebots sind.[10] Daran fehlt es, wenn AGB lediglich auf der Rückseite des Angebotsschreibens – ohne Verweis innerhalb des individuellen Textes des Angebotes – abgedruckt sind.[11] Gibt indessen der AGB-Kunde ein schriftliches Angebot ab, so stellt sich regelmäßig die Frage, in welcher Weise der AGB-Verwender dann wirksam seine AGB in den Vertrag einbeziehen kann. Ohne weiteres einsichtig ist hierbei, daß etwaige Verweise des AGB-Verwenders auf die Geltung seiner AGB im Sinn von § 2 Abs. 1 Nr. 1 AGBG unerheblich sind, die lediglich in Preislisten, Katalogen oder Prospekten abgedruckt sind; denn es handelt sich hierbei nicht um Willenserklärungen des AGB-Verwenders, welche – zugleich ,,bei Vertragsabschluß“ – als Angebot im Sinn von § 145 BGB zu qualifizieren sind.[12] Will also der AGB-Verwender – ungeachtet des vorliegenden schriftlichen Angebots seines Kunden – seine AGB wirksam in den Vertrag einbeziehen, so ist § 150 Abs. 2 BGB zu beachten: Seine Annahmeerklärung, die unter erstmaligem Hinweis auf die Geltung seiner AGB abgegeben wird, ist eine modifizierte Auftragsbestätigung.[13] Schweigen des Kunden ist jedoch stets Ablehnung.[14] Es kommt deshalb entscheidend darauf an, ob der Kunde – etwa durch Entgegennahme der vom AGB-Verwender erbrachten Lieferung/Leistung – später mit der Geltung der in der modifizierten Auftragsbestätigung enthaltenen AGB einverstanden ist. Dies ist – wenn überhaupt – nur mit größter Zurückhaltung zu bejahen. Es müssen nämlich ausreichend klare Indizien dafür 5

---

[5] BGH NJW 1983, 817.

[6] Palandt/Heinrichs, AGBG, § 2 Anm. 2a.

[7] BGH DB 1986, 2074; sehr weitgehend beim Holzhandel und der nach § 157 BGB zu berücksichtigenden „Tegernseer Gebäude“ OLG Koblenz BB 1988, 1138.

[8] Staudinger/Schlosser, AGBG, § 2 Rz. 10; Ulmer/Brandner/Hensen, AGBG, § 2 Rz. 27.

[9] BGH NJW 1978, 2243, 2244; OLG Düsseldorf BB 1983, 34.

[10] BGH DB 1986, 2074; Erman/Hefermehl, AGBG, § 2 Rz. 5.

[11] Löwe/Graf von Westphalen/Trinkner, AGBG, § 2 Rz. 6; Staudinger/Schlosser, AGBG, § 2 Rz. 6; Schmidt-Salzer, Produkthaftung, Bd. II, Rz. 3.107.

[12] Löwe/Graf von Westphalen/Trinkner, AGBG, § 2 Rz. 7; Koch/Stübing, AGBG, § 2 Rz. 24; Ulmer/Brandner/Hensen, AGBG, § 2 Rz. 30.

[13] Hierzu BGH WM 1988, 607, 610. Vgl. Wolf/Horn/Lindacher, AGBG, § 2 Rz. 12; MünchKomm/Kötz, AGBG, § 2 Rz. 8.

[14] BGHZ 18, 212, 216 – ständige Rechtsprechung.

vorliegen, daß der AGB-Kunde wirklich mit den AGB einverstanden war und folglich den Individualvertrag unter Geltung der bestimmten AGB abschließen wollte.[15] Soweit die BGH-Judikatur die wirksame Einbeziehung der AGB-Klauseln im Rahmen einer modifizierten Auftragsbestätigung gemäß § 150 Abs. 2 BGB bislang bejaht hat, betreffen diese Fälle ausschließlich den kaufmännischen Bereich, sind also auf den nicht-kaufmännischen Verkehr keineswegs ohne weiteres übertragbar.[16]

6 **bb) Einzelheiten beim mündlichen Vertragsabschluß.** Auch bei einem mündlichen Vertragsabschluß ist der AGB-Verwender verpflichtet, gemäß § 2 Abs. 1 Nr. 1 AGBG „ausdrücklich“ – bei Vertragsabschluß – auf die Geltung bestimmter AGB zu verweisen, um diese in wirksamer Weise in den Individualvertrag einzubeziehen. Schwierigkeiten bereitet dies vor allem, wenn der Vertragsabschluß fernmündlich erfolgt, weil der AGB-Verwender es hier erfahrungsgemäß unterläßt, rechtzeitig „ausdrücklich“ auf die Geltung seiner AGB gegenüber seinem Kunden hinzuweisen.[17] Indessen befreien die Besonderheiten des fernmündlichen Vertragsabschlusses den AGB-Verwender nicht von der Obliegenheit, die § 2 Abs. 1 Nr. 1 AGBG konstituiert: Bei einem fernmündlichen Vertragsabschluß ist der Vertrag bereits mit Abschluß des Gesprächs wirksam zustande gekommen und inhaltlich vollendet. Mangels eines „ausdrücklichen“ Hinweises des AGB-Verwenders auf die Geltung seiner AGB – und der entsprechenden rechtzeitigen Erfüllung der Kenntnisverschaffungsobliegenheit gemäß § 2 Abs. 1 Nr. 2 AGBG – ist dann der jeweilige Individualvertrag unter Berücksichtigung des dispositiven Rechts, ohne AGB-Klauseln zustande gekommen.[18] Selbst die spätere Übergabe von Eintrittskarten, Quittungen, Inhaberkarten oder sonstigen Empfangsbescheinigungen führen nicht dazu, daß die dort enthaltenen AGB-Klauseln wirksam im Sinn von § 2 Abs. 1 Nr. 1 AGBG einbezogen sind, sofern der Vertragsabschluß schon vor Übergabe des jeweiligen Papiers, nicht aber erst durch seine Aushändigung wirksam zustande gekommen ist.[19] Im Regelfall werden diese Papiere jedoch dem Kunden erst nach Abschluß des jeweiligen Vertrages ausgehändigt werden.[20] Der Hinweis auf die AGB ist dann verspätet. Unabhängig davon wird man häufig auch zu dem Ergebnis gelangen können, daß jedenfalls kein wirksames Einverständnis des Kunden mit der Geltung der auf diesen Papieren aufgedruckten AGB im Sinn von § 2 Abs. 1 Nr. 2 AGBG vorliegt.[21] Dieses – restriktive – Resultat liegt auf der Linie der zuvor angestellten Erwägungen: Wenn nämlich schon beim schriftlichen Vertragsabschluß der „ausdrückliche“ Hinweis des AGB-Verwenders im Rahmen einer modifizierten Auftragsbestätigung gemäß § 150 Abs. 2 BGB grundsätzlich nicht geeignet ist, eine wirksame Einbeziehung der AGB-Klauseln – trotz Entgegennahme der Lieferung/Leistung durch den Kunden – zustande zu bringen, so wird man auch in den hier interessierenden Fällen § 150 Abs. 2 BGB im Regelfall nicht zur Anwendung berufen.[22]

b) Der Ausnahmebereich von § 2 Abs. 1 Nr. 1 AGBG

7 Auch wenn es für Fragen der Produkthaftung nur selten von Wichtigkeit ist, so soll doch der Vollständigkeit halber aufgezeigt werden: § 2 Abs. 1 Nr. 1 AGBG läßt von dem

---

[15] Palandt/Heinrichs, AGBG, § 2 Anm. 4a; Erman/Hefermehl, AGBG, § 2 Rz. 20; MünchKomm/Kötz, AGBG, § 2 Rz. 16; weitergehend Ulmer/Brandner/Hensen, AGBG, § 2 Rz. 31; Staudinger/Schlosser, AGBG, § 2 Rz. 77.

[16] BGHZ 18, 212, 216; BGHZ 61, 287; BGH NJW 1963, 1248.

[17] MünchKomm/Kötz, AGBG, § 2 Rz. 8; Ulmer/Brandner/Hensen, AGBG, § 2 Rz. 35.

[18] Vgl. auch Schmidt-Salzer, Produkthaftung Bd. II, Rz. 3.1.14.

[19] Löwe/Graf von Westphalen/Trinkner, AGBG, § 2 Rz. 10; Staudinger/Schlosser, AGBG, § 2 Rz. 10, 13, 19; Palandt/Heinrichs, AGBG, § 2 Anm. 2a; Erman/Hefermehl, AGBG, § 2 Rz. 16; Wolf/Horn/Lindacher, AGBG, § 2 Rz. 16.

[20] BGH NJW 1984, 801, 802.

[21] Ulmer/Brandner/Hensen, AGBG, § 2 Rz. 34; Palandt/Heinrichs, AGBG, § 2 Anm. 2a.

[22] Ulmer/Brandner/Hensen, AGBG, § 2 Rz. 34; a. M. Staudinger/Schlosser, AGBG, § 2 Rz. 13.

Prinzip eines „ausdrücklichen" Hinweises auf die Geltung der AGB eine Ausnahme dann zu, wenn nach der „Art des Vertragsabschlusses" und darauf beruhenden „unverhältnismäßigen Schwierigkeiten" ein eigentlich geschuldeter, „ausdrücklicher" Hinweis auf die Geltung der AGB des Verwenders nicht möglich ist. Unter dieser – engen – Voraussetzung reicht es aus, daß der AGB-Verwender „durch deutlich sichtbaren Aushang am Ort des Vertragsabschlusses" auf die einzubeziehenden AGBG hinweist. Erfaßt werden damit, wie die Begründung beweist,[23] die Fälle „gleichmäßiger und häufiger Verträge des täglichen Lebens, bei denen AGB üblicherweise erwartet werden, ein ausdrücklicher Hinweis aber in der Praxis kaum möglich ist". Maßgeblich kommt es deshalb darauf an, ob ein persönlicher Kontakt zwischen AGB-Verwender und AGB-Kunden fehlt,[24] wie zum Beispiel: bei Beförderungs- oder Bewachungsbedingungen, bei AGB für die Benutzung automatischer Schließfächer und Kleiderablagen, im Falle der Parkhausbenutzung sowie bei dem Erwerb von Eintrittskarten aus Automaten. Es handelt sich hierbei, wie allgemein anerkannt ist,[25] in erster Linie um Verträge, die üblicherweise und typischerweise konkludent abgeschlossen werden.[26] So gesehen gilt der Ausnahmebereich von § 2 Abs. 1 Nr. 1 AGBG auch für sonstige Geschäfte des Massenverkehrs, bei denen ein „ausdrücklicher" Hinweis im Sinn von § 2 Abs. 1 Nr. 1 AGBG an sich möglich wäre, aber eine unverhältnismäßige und im Grunde genommen überflüssige Erschwerung der Massenabfertigung darstellen würde.[27] Eine zu engherzige Interpretation der Ausnahmebestimmung von § 2 Abs. 1 Nr. 1 AGBG ist deshalb zu vermeiden.

Ein deutlich sichtbarer Aushang im Sinn von § 2 Abs. 1 Nr. 1 AGBG muß so angeordnet werden, daß er von einem durchschnittlich aufmerksamen Kunden nicht übersehen werden kann,[28] ohne daß es entscheidend darauf ankommt, ob der jeweilige Kunde tatsächlich auch den Aushang wahrgenommen hat.[29] Es ist dabei umstritten, ob der Inhalt des Aushangs die Wiedergabe der AGB des Verwenders umfassen muß.[30] Dies ist jedenfalls dann zu bejahen, wenn sich der Abdruck auf wenige AGB-Klauseln beschränkt,[31] sofern im übrigen darauf hingewiesen wird, wo der Kunde – am Ort des Vertragsabschlusses – die AGB einsehen kann.[32] Handelt es sich hingegen um umfangreiche AGB-Klauseln, so wird sogar folgende Klausel im Sinn von § 2 Abs. 1 Nr. 1 AGBG ausreichend sein: „Für unsere Verträge gelten unsere AGB; diese können Sie jederzeit bei uns einsehen." 8

Die bisherige Judikatur hat den Ausnahmetatbestand von § 2 Abs. 1 Nr. 1 AGBG zum Beispiel für KFZ-Waschanlagen,[33] aber auch für Versteigerungs-[34] sowie für Auktionsbedingungen[35] bejaht. Nach der Literatur soll darüber hinaus Gleiches dann gelten, wenn Eintrittskarten für Kinos, Theater, Sportveranstaltungen etc. gelöst werden,[36] auch der 9

---

[23] BT-Drucks. 7/3919, 18.

[24] Schlosser/Coester-Waltjen/Graba, AGBG, § 2 Rz. 43.

[25] Ulmer/Brandner/Hensen, AGBG, § 2 Rz. 37; Palandt/Heinrichs, AGBG, § 2 Anm. 2b.

[26] Teilweise abweichend Koch/Stübing, AGBG, § 2 Rz. 26.

[27] BGH NJW 1985, 850; Staudinger/Schlosser, AGBG, § 2 Rz. 19; Erman/Hefermehl, AGBG, § 2 Rz. 9; Ulmer/Brandner/Hensen, AGBG, § 2 Rz. 39; Palandt/Heinrichs a. a. O.; a. M. Löwe/Graf von Westphalen/Trinkner, AGBG, § 2 Rz. 10.

[28] Palandt/Heinrichs a. a. O.

[29] Ulmer/Brandner/Hensen, AGBG, § 2 Rz. 41.

[30] Verneinend: Ulmer/Brandner/Hensen, AGBG, § 2 Rz. 42; Wolf/Horn/Lindacher, AGBG, § 2 Rz. 21; Palandt/Heinrichs a. a. O.; bejahend: Staudinger/Schlosser, AGBG, § 2 Rz. 20f.; Erman/Hefermehl, AGBG, § 2 Rz. 10.

[31] Ulmer/Brandner/Hensen a. a. O.

[32] Palandt/Heinrichs a. a. O.

[33] OLG Hamburg DAR 1984, 260; OLG Bamberg NJW 1984, 929; LG Bayreuth NJW 1982, 1766; OLG Düsseldorf BB 1980, 388.

[34] BGH NJW 1985, 850.

[35] BGH ZIP 1985, 550.

[36] Palandt/Heinrichs a. a. O.

Vertragsabschluß mit einem Chemisch-Reinigungsunternehmen wird in diesem Zusammenhang aufgeführt.[37]

c) Die Möglichkeit zumutbarer Kenntnisnahme gemäß § 2 Abs. 1 Nr. 2 AGBG

10 **aa) Der grundsätzliche Aspekt.** Der AGB-Verwender muß dem Kunden bei Abschluß des Vertages gemäß § 2 Abs. 1 Nr. 2 AGBG die Möglichkeit verschaffen, vom Inhalt der AGB in zumutbarer Weise Kenntnis zu nehmen. Genauso wie bei der Hinweispflicht des AGB-Verwenders gemäß § 2 Abs. 1 Nr. 1 AGBG handelt es sich hierbei um eine Obliegenheit[38] – eine rechtliche Qualifizierung, die sich unmittelbar daraus ergibt, daß § 2 Abs. 1 AGBG als sondergesetzliche Modifikation der §§ 145ff. BGB zu bewerten ist. Unerheblich ist allerdings, ob der Kunde von der ihm angebotenen Kenntnisnahme auch tatsächlich Gebrauch macht;[39] folglich ist auch unerheblich, ob der Kunde auf den ,,Seriositätsschein des allgemein Üblichen und Geübten"[40] vertraut oder ob er sich dem AGB-Verwender gegenüber wirtschaftlich, sozial und auch intellektuell unterlegen wähnt und deshalb auf die Kenntnisnahme der AGB verzichtet.[41]

11 **bb) Der schriftliche Vertragsabschluß.** Bei einem schriftlichen Vertragsabschluß ist der AGB-Verwender – jedenfalls in der Regel – nach § 2 Abs. 1 Nr. 2 AGBG gehalten, die einzubeziehenden AGB dem Kunden zu übersenden. Indessen wird man zwischen einem Distanzvertrag und einem Vertragsabschluß zwischen Anwesenden differenzieren müssen: Wird der Vertrag unter Anwesenden kontrahiert, dann genügt es, wenn die AGB – nach erfolgtem ,,ausdrücklichen" Hinweis auf deren Geltung – zur Einsicht ausliegen.[42] Handelt es sich hingegen um einen Distanzvertrag, so muß eine Übersendungspflicht bejaht werden, weil der AGB-Verwender nur so dem Kunden in zumutbarer Weise Kenntnis vom Inhalt der einzubeziehenden AGB gibt.[43] Eine Erkundigungspflicht des Kunden ist im nicht-kaufmännischen Verkehr abzulehnen, weil diese vom Gesetzeszweck des § 2 Abs. 1 Nr. 2 AGBG nicht gedeckt wird.[44] Freilich ist dies nicht unbestritten: Es wird vielmehr – weitergehend – auch die Auffassung vertreten, der AGB-Verwender sei nicht verpflichtet, seinem Kunden den Text der AGB zu übersenden, wenn diese erheblichen Umfang aufweisen oder sonstige technische Hindernisse dem entgegenstehen.[45] Selbstverständlich entfällt die Übersendungspflicht, wenn der AGB-Verwender in Katalogen, Prospekten oder Preislisten bereits auf die AGB hingewiesen und diese an deutlich sichtbarer Stelle abgedruckt hat.[46] Doch muß sich aus dem Inhalt der in den Katalogen pp. abgedruckten AGB im einzelnen ergeben, welche Verpflichtungen der Kunde zu erfüllen hat.[47] Verwehrt ist es jedoch dem AGB-Verwender, durch eine AGB-Klausel die „Aushändigung" der AGB sich bestätigen zu lassen, weil hier nach § 11 Nr. 15 AGBG eine unwirksame Umkehr der Beweislast stattfindet.[47a]

12 Von Wichtigkeit ist darüber hinaus: Verweist der AGB-Verwender nicht nur auf seine

---

[37] Ulmer/Brandner/Hensen, AGBG, § 2 Rz. 39.

[38] Ulmer/Brandner/Hensen, AGBG, § 2 Rz. 45.

[39] Staudinger/Schlosser, AGBG, § 2 Rz. 26; Erman/Hefermehl, AGBG, § 2 Rz. 11.

[40] Lindacher JZ 1981, 131.

[41] Im einzelnen Lindacher a. a. O.

[42] AG Freiburg AGBE II § 2 Nr. 11.

[43] Staudinger/Schlosser, AGBG, § 2 Rz. 31; Schmidt-Salzer, AGBG, D 27; vgl. auch LG München AGBE II § 9 Nr. 108.

[44] LG Stuttgart, AGBG, I § 2 Nr. 15; AG Frankfurt BB 1978, 524.

[45] Ulmer/Brandner/Hensen, AGBG, § 2 Rz. 48; für eine grundsätzliche Übersendungspflicht freilich Palandt/Heinrichs, AGBG, § 2 Anm. 3a.

[46] AG Frankfurt BB 1978, 524; Staudinger/Schlosser, AGBG, § 2 Rz. 31; Dietlein/Rebmann, AGB aktuell, § 2 Rz. 5.

[47] LG Frankfurt NJW 1984, 1626.

[47a] BGH WM 1988, 607, 610.

AGB, sondern auch auf die **AGB eines Dritten,** so gilt die Obliegenheit gemäß § 2 Abs. 1 Nr. 2 AGBG in gleicher Weise für diese.[48]

Problematisch sind auch in diesem Zusammenhang die Fälle, in denen der Hinweis des AGB-Verwenders auf die Geltung seiner AGB erst in einer modifizierten Auftragsbestätigung gemäß § 150 Abs. 2 BGB niedergelegt ist *(§ 8 Rz. 5).* Dabei kommt es wiederum entscheidend darauf an, ob der Kunde die Lieferung/Leistung des AGB-Verwenders nach Erhalt der modifizierten Auftragsbestätigung vorbehaltlos angenommen hat, so daß unter Berücksichtigung der Gebote von Treu und Glauben gemäß § 242 BGB dieses Verhalten als stillschweigendes Einverständnis mit der Geltung der AGB zu werten ist – ein Resultat, welches man, wenn überhaupt, nur mit äußerster Zurückhaltung annehmen kann. Schweigen auf eine modifizierte Auftragsbestätigung im Sinn von § 150 Abs. 2 BGB gilt als Ablehnung.[49] Fehlt es allerdings an einer nach § 2 Abs. 1 Nr. 2 AGBG erforderlichen Aushändigung der AGB, so ist auch die Tatsache irrelevant, daß die AGB als typisch anzusehen sind. Dies ist wegen des hohen Schutzzwecks von § 2 Abs. 1 AGBG kein Geltungsgrund.[41a]

cc) Der mündliche Vertragsabschluß. Auch hier wird man danach differenzieren müssen, ob es sich um einen **Vertragsabschluß zwischen Anwesenden** oder um einen fernmündlichen Vertragsabschluß handelt. Erfüllt der AGB-Verwender die Obliegenheit, im Rahmen von § 2 Abs. 1 Nr. 1 AGBG ,,ausdrücklich" auf die Geltung seiner AGB hinzuweisen, so ist er beim mündlichen Vertragsabschluß – unter Anwesenden – nicht verpflichtet, dem Kunden die AGB bei Abschluß des Vertrages auch noch auszuhändigen.[50] Freilich wird man vom AGB-Verwender verlangen müssen, daß die einzubeziehenden AGB am Ort des Vertragsabschlusses für den Kunden jedenfalls einsehbar sind, so daß er stets und ohne weiteres in der Lage ist, einem entsprechenden Informationsverlangen seines Kunden zu entsprechen. 13

Sofern bei mündlich abgeschlossenen Verträgen Inhabermarken, Inhaberkarten, Empfangsbescheinigungen oder Quittungen ausgehändigt werden, ist der AGB-Verwender im Sinn von § 2 Abs. 1 Nr. 2 AGBG – auch im Rahmen des Ausnahmetatbestandes von § 2 Abs. 1 Nr. 1 AGBG – verpflichtet, nicht nur kurz gefaßte AGB-Klauseln auf dem deutlich sichtbaren ,,Aushang" abzudrucken. Soweit drucktechnisch möglich, wird man den AGB-Verwender vielmehr auch für verpflichtet halten dürfen, die AGB auf den Inhabermarken pp. abzudrucken, zum Beispiel auch beim Abschluß eines Chemisch-Reinigungsvertrages. Soweit dies – aus drucktechnischen Gründen oder wegen des Umfangs der AGB – nicht möglich ist, wird man neben dem nach § 2 Abs. 1 Nr. 1 AGBG erforderlichen deutlich sichtbaren ,,Aushang" auch den weiteren Hinweis vom AGB-Verwender verlangen müssen, wo denn die AGB am Ort des Vertragsabschlusses für den Kunden einsehbar sind.[51]

Die besondere Problematik beim **telefonischen Vertragsabschluß** besteht darin, daß der AGB-Verwender aus technischen Gründen regelmäßig nicht in der Lage ist, rechtzeitig und in zumutbarer Weise vom Inhalt der einzubeziehenden AGB gemäß § 2 Abs. 1 Nr. 2 AGBG dem Kunden Kenntnis zu verschaffen. Die wortgetreue Erfüllung von § 2 Abs. 1 Nr. 2 AGBG würde jedenfalls zu erheblichen Beeinträchtigungen des Geschäftsverkehrs führen.[52] Unproblematisch ist daher nur der Fall, daß die einzubeziehenden AGB 14

---

[48] LG Stade AGBE II Nr. 8; LG Frankfurt NJW 1984, 1626.

[49] BGHZ 18, 212, 216; BGH BB 1973, 1459 – ständige Rechtsprechung; Neuestens BGH WM 1988, 607, 610.

[49a] BGH WM 1988, 607, 611.

[50] So mit Recht Ulmer/Brandner/Hensen AGBG § 2 Rz. 47; a.M. Staudinger/Schlosser, AGBG, § 2 Rz. 31; so wohl auch Schmidt-Salzer, AGBG, D 26, der es grundsätzlich für erforderlich hält, dem Kunden den Text der AGB zu übergeben.

[51] So auch mit Recht Ulmer/Brandner/Hensen, AGBG, § 2 Rz. 47.

[52] So auch Staudinger/Schlosser, AGBG, § 2 Rz. 33; Erman/Hefermehl AGBG § 2 Rz. 13; Ulmer/Brandner/Hensen, AGBG, § 2 Rz. 49.

im Sinn des Ausnahmetatbestandes von § 2 Abs. 1 Nr. 1 AGBG deutlich sichtbar aushängen und dem Kunden bei Auftragserteilung bekannt sind, sofern er dann – wie zum Beispiel bei Versteigerungen – den Auftrag erst später telefonisch erteilt.[53] Von diesen Fällen abgesehen, ist die Lösung der hier angeschnittenen Fragen umstritten:

15 Teilweise wird die Auffassung vertreten, der AGB-Verwender müsse solange die Erbringung seiner vertraglich geschuldeten Lieferung/Leistung zurückhalten, bis sichergestellt ist, daß die AGB im Sinn von § 2 Abs. 1 AGBG wirksam einbezogen worden sind.[54] Andere Autoren plädieren dafür, daß zwischen AGB-Verwender und Kunde ein Individualvertrag zustandekommen kann, wonach der Kunde zugunsten des AGB-Verwenders darauf verzichtet, daß dieser seine Obliegenheit gemäß § 2 Abs. 1 Nr. 2 AGBG erfüllt.[55] Demgegenüber aber erscheint es richtig, beim telefonischen Vertragsabschluß den „ausdrücklichen“ Hinweis gemäß § 2 Abs. 1 Nr. 1 AGBG als ausreichend anzusehen, ohne daß der AGB-Verwender die weitergehende Obliegenheit zumutbarer Kenntnisverschaffung gemäß § 2 Abs. 1 Nr. 2 AGBG auch erfüllt.[56] Zwar entspricht diese Lösung nicht exakt dem Wortlaut von § 2 Abs. 1 Nr. 2 AGBG; aber unter Berücksichtigung der Leichtigkeit des Rechts- und Wirtschaftsverkehrs – sowie unter besonderer Berücksichtigung der Erfordernisse des Kundenschutzes – ist sie den übrigen Lösungsversuchen vorzuziehen. Denn auch der Vorschlag von *Schlosser*[57] überzeugt nicht, beim telefonischen Vertragsabschluß den AGB-Verwender zu verpflichten, die AGB dem Kunden – nach Abschluß des Vertrages – gleichwohl zu übersenden.[58] Schließlich ist es auch nicht überzeugend, wenn man beim telefonischen Vertragsabschluß – im Hinblick auf die Besonderheit von § 2 Abs. 1 AGBG – verlangt, der Kunde müsse sich damit ausdrücklich einverstanden erklären, daß der AGB-Verwender bereit ist, ihm die AGB zu übersenden.[59] Will nämlich der Kunde – und davon ist beim telefonischen Vertragsabschluß in der Regel auszugehen – die Lieferung/Leistung des AGB-Verwenders in Anspruch nehmen – meistens sogar umgehend –, so wird man berücksichtigen müssen, daß der AGB-Verwender durch seinen „ausdrücklichen“ Hinweis im Sinn von § 2 Abs. 2 Nr. 1 AGBG bereits alles Erforderliche getan hat, seine AGB wirksam im Sinn von § 2 Abs. 1 AGBG in den Individualvertrag einzubeziehen. Freilich gilt dies nur in den Fällen, in denen der Vertragsabschluß bereits – durch Austausch der Willenserklärungen über das Telefon – zustande gekommen ist. Wird hingegen der Vertrag – entsprechend dem übereinstimmenden Willen beider Parteien – erst später schriftlich bestätigt, handelt es sich in der Sache um einen schriftlichen Vertragsabschluß (vgl. § 154 Abs. 2 BGB), so daß der AGB-Verwender schlechterdings verpflichtet ist, die Voraussetzungen einer wirksamen Einbeziehung im Sinn von § 2 Abs. 1 AGBG insgesamt zu erfüllen.

16 **dd) Das Gebot der Verständlichkeit und der Lesbarkeit.** Der AGB-Verwender erfüllt nur dann die ihm obliegende Kenntnisverschaffungspflicht gemäß § 2 Abs. 1 Nr. 2 AGBG, wenn die AGB für den rechtlich nicht vorgebildeten Durchschnittskunden[60] verständlich sind. Dies ist grundsätzlich nur dann zu bejahen, wenn der – rechtlich nicht vorgebildete – Durchschnittskunde in der Lage ist, den Inhalt der einzelnen Bestimmungen aufgrund prototypisch anzunehmender, objektivierter Fähigkeiten zu verstehen, ohne

---

[53] BGH NJW 1985, 850.
[54] Stein, AGBG, § 2 Rz. 26.
[55] Löwe/Graf von Westphalen/Trinkner, AGBG, § 2 Rz. 16; Koch/Stübing, AGBG, § 2 Rz. 34; Palandt/Heinrichs, AGBG, § 2 Anm. 3b; Dietlein/Rebmann, AGB-aktuell, § 2 Rz. 11.
[56] Löwe/Graf von Westphalen/Trinkner, AGBG, § 2 Rz. 16; Ulmer/Brandner/Hensen, AGBG, § 2 Rz. 49.
[57] Staudinger/Schlosser, AGBG, § 2 Rz. 33.
[58] Vgl. auch Dittmann/Stahl, AGBG, Rz. 93.
[59] Müller-Graff JZ 1977, 245, 249.
[60] BGH NJW 1981, 867, 868.

dabei auf Hilfe Dritter, insbesondere auf Rechtsrat angewiesen zu sein.[61] AGB müssen deshalb, um verständlich im Sinn von § 2 Abs. 1 AGBG zu sein, darauf verzichten, vermeidbare juristische Fachausdrücke zu verwenden.[62] Darin dokumentiert sich das dem AGBG eigentümliche Transparenzgebot.[63] Daraus ergeben sich folgende Ableitungen:

Ein AGB-Klauselwerk ist nur dann im Sinn von § 2 Abs. 1 AGBG verständlich, wenn die einzelnen Bestimmungen klar gegliedert und übersichtlich gestaltet sind.[64] Dies bedingt, daß die einzelnen AGB-Klauseln nach Regelungssachverhalten getrennt aufgebaut und durchgegliedert sein müssen; in der Regel schließt dies auch ein, daß die einzelnen Bestimmungen prägnante Überschriften tragen, zumal diese geeignet sind, die Verständlichkeit zu fördern. Je länger das AGB-Klauselwerk ist, um so größerer Wert ist darauf zu legen, daß es eindeutig gegliedert, in sich verständlich und auch übersichtlich aufgebaut ist.[65] 17

Soweit der AGB-Verwender – insbesondere bei Haftungsfreizeichnungs- und Haftungsbegrenzungsklauseln – **salvatorische Zusätze** verwendet, wie zum Beispiel: „Die Haftung ist, soweit gesetzlich zulässig, ausgeschlossen", oder es heißt: „Wir haften nur, soweit dies gesetzlich zwingend geboten ist", sind derartige Klauseln bereits nach § 2 Abs. 1 AGBG nicht wirksam in den Individualvertrag einbezogen.[66] Gerade im Zusammenhang mit Haftungsfreizeichnungs- und Haftungsbegrenzungsklauseln ist anerkannt, daß derartige unklare Regelungen nicht ausreichend verständlich im Sinn von § 2 Abs. 1 AGBG sind, da ja die Rechtlage zumindest im nicht-kaufmännischen Verkehr regelmäßig klar ist und nicht zu berechtigtem Zweifel Anlaß gibt.[67] Es ist im einzelnen allerdings umstritten, ob dieses Ergebnis auch dann gilt, wenn die Rechtslage zweifelhaft ist.[68] In diesem Zusammenhang wird geltend gemacht, nicht der AGB-Verwender sei in diesen Fällen dafür verantwortlich, daß die Regelung aufgrund des salvatorischen Zusatzes unklar bleibe, dies sei vielmehr das Ergebnis der Gesetzeslage. Doch diese Argumente überzeugen nicht. 18

Da salvatorische Klauselzusätze bewirken, daß die AGB-Klausel im Sinn von § 2 Abs. 1 AGBG für den – rechtlich nicht vorgebildeten – Durchschnittskunden nicht ausreichen, ihre Wirksamkeitsgrenzen also nicht nachvollziehbar sind, verfallen sie im nicht-kaufmännischen Bereich dem Verdikt der fehlenden Einbeziehung gemäß § 2 Abs. 1 AGBG.[69] 19

Schließlich hat der AGB-Verwender seine Obliegenheit zur zumutbaren Kenntnisverschaffung nur dann erfüllt, wenn das Klauselwerk mühelos lesbar ist.[70] Dabei kommt es nicht entscheidend darauf an, daß nach der Lebenserfahrung AGB-Kunden ohnedies nicht dazu neigen, die AGB-Klauseln durchzulesen,[71] weil es stets Sache des AGB-Verwenders ist, die ihn nach § 2 Abs. 1 Nr. 2 AGBG treffende Obliegenheit der mühelosen Lesbarkeit 20

---

[61] LG Staade AGBE II § 2 Nr. 8; Staudinger/Schlosser, AGBG, § 2 Rz. 29; Koch/Stübing, AGBG, § 2 Rz. 32; Bunte, Handbuch der Allgemeinen Geschäftsbedingungen, 10f.

[62] BGH BB 1982, 2072 – „Wandelung"/„Minderung"; kritisch hierzu Fehl BB 1983, 323ff.

[63] Ulmer/Brandner/Hensen, AGBG, § 2 Rz. 50; vgl. auch OLG Nürnberg NJW 1977, 1402.

[64] Vgl. auch Staudinger/Schlosser, AGBG, § 2 Rz. 28; Wolf/Horn/Lindacher, AGBG, § 2 Rz. 27; MünchKomm/Kötz, AGBG, § 2 Rz. 14.

[65] Insbesondere BGH NJW 1980, 2133 – Neuwagen-AGB: über 200 Druckzeilen.

[66] OLG Stuttgart NJW 1981, 1105; Bunte, Handbuch der Allgemeinen Geschäftsbedingungen, 11; Ulmer/Brandner/Hensen, AGBG, § 2 Rz. 53.

[67] OLG Stuttgart NJW 1981, 1105, 1106; a.M. OLG München WM 1982, 550, 551; insbesondere auch Staudinger/Schlosser, AGBG, § 11 Nr. 7 Rz. 28; Wolf/Horn/Lindacher § 2 Nr. 7 Rz. 27; Graf von Westphalen WM 1983, 974, 985.

[68] Verneinend: MünchKomm/Kötz § 2 Rz. 14a; Wolf/Horn/Lindacher, AGBG, § 2 Rz. 27; Lindacher BB 1983, 154, 157; Schlosser WM 1978, 562, 569; Palandt/Heinrichs, AGBG, vor § 8 Anm. 3d; a.M. Ulmer/Brandner/Hensen, AGBG, § 2 Rz. 53.

[69] A.M. Staudinger/Schlosser, AGBG, § 11 Nr. 7 Rz. 29; Erman/Hefermehl, AGBG, § 6 Rz. 9.

[70] BGH NJW 1983, 2772 – Konnossements-AGB; Staudinger/Schlosser, AGBG, § 2 Rz. 28; Dietlein/Rebmann, AGB-aktuell, § 2 Rz. 5.

[71] Hierzu auch Lindacher JZ 1981, 131.

der AGB-Klauseln zu erfüllen. Daran fehlt es zum Beispiel auch dann, wenn das für die AGB-Klauseln verwendete Papier so dünn ist, daß die auf der Rückseite abgedruckten AGB-Klauseln mit dem Text auf der Vorderseite ,,verschwimmen".

21 **ee) Der Zeitpunkt des Vertragsabschlusses als maßgebliches Datum.** Auch in bezug auf die Obliegenheit des AGB-Verwenders, dem Kunden die Möglichkeit der Kenntnisnahme von den einzubeziehenden AGB zu verschaffen, kommt es maßgebend auf den Zeitpunkt des Vertragsabschlusses an. Deshalb gelten – grundsätzlich – die gleichen Erwägungen, die zuvor im Rahmen von § 2 Abs. 1 Nr. 1 AGBG angestellt wurden. Doch ergeben sich unter Berücksichtigung des Zumutbarkeitskriteriums von § 2 Abs. 1 Nr. 2 AGBG gewisse Abweichungen: Frühere Hinweise auf die Geltung der einzubeziehenden AGB sind zwar im Sinn von § 2 Abs. 1 Nr. 1 AGBG unbeachtlich, doch wird man den AGB-Verwender in diesen Fällen gemäß § 2 Abs. 1 Nr. 2 AGBG nicht für verpflichtet ansehen müssen, auch dann noch dem Kunden vom Inhalt der einzubeziehenden AGB Kenntnis zu verschaffen, wenn aufgrund früherer Vertragsabschlüsse bereits sichergestellt ist, daß der Kunde im Besitz der einzubeziehenden AGB-Klauseln ist.[72] Doch dispensiert dies den AGB-Verwender keineswegs von der Hinweisobliegenheit nach § 2 Nr. 1 AGBG,[72a] und zwar auch bei laufenden Geschäftsbeziehungen. Das gleich gilt, soweit der AGB-Verwender in Katalogen, Prospekten, Preislisten oder Inseraten auf seine AGB verwiesen und diese dort abgedruckt hatte. Soweit der AGB-Verwender seinem Kunden die Möglichkeit der Kenntnisverschaffung gemäß § 2 Abs. 1 Nr. 2 AGBG erst im Rahmen einer modifizierten Auftragsbestätigung im Sinn von § 150 Abs. 2 BGB erfüllt, ist – wie an anderer Stelle bereits ausgeführt *(§ 8 Rz. 5)* – stets zu prüfen, ob der Vertrag durch die vorbehaltlose Annahme der Lieferung/Leistung unter Berücksichtigung der AGB der Auftragsbestätigung entsprechend den Geboten von Treu und Glauben zustande kam. Verspätete Hinweise auf einzubeziehende AGB sind allerdings unbeachtlich.[72b] Doch ist stets zu prüfen, ob nicht eine nachträgliche Einbeziehung vorliegt, die freilich wieder einen „ausdrücklichen" Hinweis auf die AGB und auch die Erfüllung der übrigen Tatbestandselemente von § 2 AGBG voraussetzt.[72c].

d) Sonderproblem: Der Vertragsabschluß mit einem Ausländer (Nicht-Kaufleute) im Inland

22 Aus dem Transparenzgebot von § 2 Abs. 1 Nr. 2 AGB folgt unmittelbar, daß der AGB-Verwender verpflichtet ist, ,,ausdrücklich" im Sinn von § 2 Abs. 1 Nr. 1 AGB in der jeweiligen Vertrags- oder Verhandlungssprache auf die Geltung der AGB hinzuweisen.[73] Von Beginn der Verhandlungen an beurteilen sich also alle Erklärungen der Parteien ausschließlich nach dem Inhalt der Erklärungen, die in der Vertrags- oder Verhandlungssprache abgegeben worden sind.[74] Wählen die Vertragspartner die deutsche Sprache als Verhandlungs- oder Vertragssprache, so ist auch ein ausländischer AGB-Verwender grundsätzlich verpflichtet, den gesamten deutschsprachigen Vertragsinhalt, einschließlich der zugrundzulegenden AGB gegen sich gelten zu lassen.[75] Demzufolge ist es weder angezeigt noch erforderlich, einem ausländischen Vertragspartner eine Übersetzung der deutschsprachigen AGB zur Verfügung zu stellen.[76]

---

[72] Koch/Stübing, AGBG, § 2 Rz. 30; Staudinger/Schlosser, AGBG, § 2 Rz. 32.
[72a] BGH NJW-RR 1987, 112, 113 – Lieferschein.
[72b] BGH NJW-RR 1987, 112, 114.
[72c] BGH NJW-RR 1987, 112, 114.
[73] Vgl. Steinschulte/Sandrock, Handbuch der Internationalen Vertragsgestaltung, Bd. 1 Rz. B 245; Staudinger/Schlosser, AGBG, § 2 Rz. 28; insbesondere OLG Düsseldorf AWD 1974, 103.
[74] BGH NJW 1983, 1489.
[75] OLG Bremen WM 1973, 1228, 1229; OLG München NJW 1974, 2181, 2182; Schmidt-Salzer AGB D 106f.; Weimar DB 1978, 243.
[76] BGH NJW 1983, 1489.

aa) Einschränkungen im nicht-kaufmännischen Bereich. Ist dem AGB-Verwender 23
erkennbar, daß der – ausländische – Kunde der deutschen Sprache als Vertrags- oder Verhandlungssprache nur höchst ungenügend mächtig ist, dann fehlt es im Zweifel an einem „ausdrücklichen" Hinweis im Sinn von § 2 Abs. 1 Nr. 1 AGBG, wenn dieser nur in der deutschen Sprache abgefaßt ist. Denn unter dieser Voraussetzung trifft den AGB-Verwender – auch unabhängig von der Norm des § 2 Abs. 1 AGBG – eine **Aufklärungs- oder Hinweispflicht;** deren schuldhafte Verletzung dürfte im Zweifel Schadensersatzansprüche wegen Verschuldens bei Vertragsabschluß auslösen. Ist nämlich für den AGB-Verwender erkennbar, daß rechtsgeschäftliche Erklärungen von seinem Vertragspartner nicht zureichend verstanden werden, so darf das „Sprachrisiko"[77] nicht zum Rechtsrisiko werden.[78] Diese – durchaus restriktive. – Interpretation gilt vor allem, worauf es im Rahmen dieser Abhandlung ankommt, für etwaige Haftungsfreizeichnungs- oder Haftungsbegrenzungsklauseln. Denn diese enthalten eine Risikozuweisung zu Lasten des – sprachunkundigen – Ausländers, welche von der gesetzlichen Wertung abweicht. Demzufolge wird man gerade in diesen Fällen den AGB-Verwender für verpflichtet ansehen müssen, den – erkennbar – sprachunkundigen Ausländer auf die Bedeutung der AGB und deren Risiko zu verweisen, auch wenn der Kunde den Einbeziehungsvertrag unterzeichnet hat.[79] Es erscheint unbillig, den erkennbar sprachunkundigen Ausländer an seiner Unterschrift festzuhalten, und zwar auch dann, wenn diese in der „Verhandlungssprache" erfolgt ist.[80] Notfalls ist auf das Instrumentarium der unzulässigen Rechtsausübung im Sinn von § 242 BGB zurückzugreifen.[81]

bb) Handeln eines sprachkundigen Vertreters. Selbstverständlich gelten diese Ein- 24
schränkungen nicht, wenn für den – sprachunkundigen – Ausländer ein sprachkundiger Vertreter gehandelt hat.[82] Unterläßt nämlich der Vertreter des – sprachunkundigen – Vertragspartners eine gebotene Aufklärung und Belehrung, so fällt dieses Unterlassen zwangsläufig in den Risikobereich des Kunden. Dies gilt auch für etwaige Haftungsbegrenzungs- oder Haftungsfreizeichnungsklauseln, welche eine vom dispositiven Recht abweichende Risikozuweisung zu Lasten des Kunden konstituieren.

cc) Der Aushang von AGB gegenüber Ausländern. Soweit der AGB-Verwender be- 25
rechtigterweise im Sinn von § 2 Abs. 1 Nr. 1 AGBG auf die Geltung seiner AGB durch einen deutlich sichtbaren „Aushang" am Ort des Vertragsabschlusses verwiesen hat, stellt sich indessen stets die Frage, ob der AGB-Verwender nicht verpflichtet ist, schon dann in einer fremden Sprache auf die Geltung seiner AGB zu verweisen, falls er den Umständen nach damit rechnen muß, daß unter seinen Kunden auch Ausländer sind, welche der deutschen Sprache nicht mächtig sind.[83] Dies geht jedoch zu weit. Vielmehr gilt folgendes: Wenn und soweit üblicherweise bei Abschluß derartiger Verträge – insbesondere von Massenverträgen – mündliche Verhandlungen stattfinden, reicht es aus, daß der AGB-Verwender auf die Geltung seiner AGB in deutscher Sprache verweist,[84] denn dann korrespondiert der in deutscher Sprache abgefaßte „ausdrückliche" Hinweis im Sinn von § 2 Abs. 1 Nr. 1 AGBG mit der deutschen Sprache als Vertrags- oder Verhandlungssprache, die üblicherweise benutzt wird. Mehr ist vom AGB-Verwender nicht zu fordern. Es würde zudem der Zügigkeit des Massenverkehrs, welche zu erleichtern Sinn und Zweck

---

[77] Hierzu auch Schlechtriem, Festschrift für Weitnauer, 129ff.
[78] Im einzelnen Jayme, Festschrift für Bärmann, 509, 514f.
[79] Vgl. aber Canaris, Bankvertragsrecht, 2. Aufl., Rz. 2510; Weimar DB 1978, 243.
[80] A. M. Staudinger/Schlosser, AGBG, § 2 Rz. 28 a. E.
[81] So mit Recht Canaris a. a. O.
[82] OLG Bremen WM 1973, 1228; Schmidt-Salzer, AGBG, D 105; Weimar DB 1978, 243; Ulmer/Brandner/Hensen, AGBG, Anh. zu § 2 Rz. 18.
[83] So Koch/Stübing, AGBG, § 2 Rz. 18.
[84] Staudigner/Schlosser, AGBG, § 2 Rz. 21; Ulmer/Brandner/Hensen, AGBG, Anh. zu § 2 Rz. 18; a. M. Wolf/Horn/Lindacher, AGBG, Anh. zu § 2 Rz. 27.

der Ausnahmeregelung von § 2 Abs. 1 Nr. 1 AGBG ist, strikt zuwiderlaufen, würde man den AGB-Verwender für verpflichtet halten, stets damit zu rechnen, daß sprachunkundige Ausländer mit ihm kontrahieren, so daß er den geforderten „Aushang" jeweils in deren Muttersprache abfassen muß. Ob man demgegenüber vom AGB-Verwender verlangt,[85] den entsprechenden Hinweis in dem jeweiligen „Aushang" in einer Weltsprache, zum Beispiel in Englisch oder Französisch, abzufassen, erscheint zweifelhaft.[86] Denn damit wird die Hinweisobliegenheit des AGB-Verwenders für gewöhnlich schon deswegen nicht erfüllt, weil man von einem der deutschen Sprache unkundigen Ausländer keineswege immer oder auch nur in der Regel erwarten kann, er verstehe eine dieser Weltsprachen.

26 Wenn jedoch üblicherweise keine mündlichen Vorverhandlungen in deutscher Sprache stattfinden, wie zum Beispiel beim Kauf einer Eintrittskarte (Schwimmbad, Sport- oder Theaterveranstaltungen), wird man vom AGB-Verwender fordern müssen, den Aushang in den gängigen Sprachen der in Deutschland tätigen Ausländer abzufassen, wie dies zum Beispiel in Straßen- und U-Bahnen bereits jetzt der Fall ist. Vielfach geschieht dies aber wohl in der Absicht, auch von Ausländern – im Fall des Nichtlösens eines Fahrscheins – ein erhöhtes Beförderungsentgelt verlangen zu können.

27 Soweit auf die Geltung von AGB in einer fremden Sprache gemäß § 2 Abs. 1 Nr. 1 AGBG „ausdrücklich" verwiesen ist, ist der AGB-Verwender im nicht-kaufmännischen Verkehr auch verpflichtet, die AGB in eben dieser Sprache abzufassen.[87] Dies schließt die Forderung ein, daß auch diese AGB verständlich und leicht lesbar sein müssen; es gelten dann uneingeschränkt auch die Grundsätze, die weiter oben im einzelnen im Hinblick auf die Verständlichkeit und Lesbarkeit von AGB gemäß § 2 Abs. 1 Nr. 2 AGBG aufgestellt wurden *(§ 8 Rz. 16ff.)*. Dabei ist freilich zusätzlich zu berücksichtigen, daß jede Sprache ihre eigene Rechtssprache besitzt, und daß demzufolge notwendigerweise Unschärfen, Ungenauigkeiten oder Mißgriffe in der Übersetzung dem AGB-Verwender ausschließlich zur Last fallen – ein Gesichtspunkt, der sowohl im Rahmen von § 2 Abs. 1 AGBG als auch im Bereich der Unklarheitenregel von § 5 AGBG Bedeutung besitzt.

e) Das Einverständnis des Kunden mit der Geltung der AGB im Sinn von § 2 Abs. 1 Nr. 2 – letzter Halbsatz – AGBG

28 Dieses Erfordernis ist nichts anderes als die Bestätigung traditioneller rechtsgeschäftlicher Grundsätze.[88] Stets und immer ist also das Einverständnis des Kunden im Sinn der §§ 145ff. BGB erforderlich, um das Resultat zu rechtfertigen, die AGB des Verwenders seien wirksam einbezogen.[89] Dabei macht es keinen Unterschied, ob der Kunde tatsächlich von dem Inhalt der AGB Kenntnis genommen hat, sofern ihm nur die Möglichkeit zumutbarer Kenntnisnahme im Sinn von § 2 Abs. 1 Nr. 2 AGBG verschafft wurde. Denn das Einverständnis des Kunden ist immer dann gegeben, wenn und soweit die Einbeziehungsvoraussetzungen gemäß § 2 Abs. 1 Nr. 1 AGBG und gemäß § 2 Abs. 1 Nr. 2 AGBG erfüllt sind. Ausreichend, aber auch erforderlich ist deshalb, daß das Verhalten des Kunden den Umständen nach als Einverständnis mit der Geltung der AGB qualifiziert werden kann.[90] Anders gewendet: Das Einverständnis des Kunden mit der Geltung der wirksam einbezogenen AGB wird nur dann verneint werden können, wenn besondere Umstände dafür vorliegen, welche auf eine Ablehnung des Vertragsabschlusses trotz Erfüllung der Einbeziehungsvoraussetzungen gemäß § 2 Abs. 1 AGBG schließen lassen.

---

[85] So Ulmer/Brandner/Hensen a. a. O.

[86] So auch Wolf/Horn/Lindacher a. a. O.

[87] OLG Düsseldorf AWD 1974, 103.

[88] Staudinger/Schlosser, AGBG, § 2 Rz. 36; Ulmer/Brandner/Hensen, AGBG, § 2 Rz. 61; Wolf/Horn/Lindacher, AGBG, § 2 Rz. 42; Löwe/Graf von Westphalen/Trinkner, AGBG, § 2 Rz. 18; Erman/Hefermehl, AGBG, § 2 Rz. 19.

[89] BGH WM 1982, 444, 445.

[90] BT-Drucks. 7/3919, 18.

Außerhalb einer ausdrücklichen Ablehnung einer Geltung der AGB durch den Kunden werden diese Voraussetzungen nur sehr selten zu bejahen sein.[91]

aa) Der Sonderfall der modifizierten Auftragsbestätigung gemäß § 150 Abs. 2 BGB. Hat der AGB-Verwender im Rahmen einer modifizierten Auftragsbestätigung im Sinn von § 150 Abs. 2 BGB – erstmals – auf die Geltung seiner AGB hingewiesen, so steht fest: Das Schweigen des Kunden ist nicht als Einverständnis mit der Inhalt der modifizierten Auftragsbestätigung – und damit der Geltung der AGB – zu werten.[92] Abhängig von den Umständen des Einzelfalls kann jedoch das nach § 2 Abs. 1 Nr. 2 – letzter Halbsatz – AGBG erforderliche Einverständnis des Kunden mit der Geltung der AGB in der – vorbehaltslosen – Annahme der vom AGB geschuldeten und erbrachten Lieferung/Leistung gesehen werden. Wie bereits früher betont, ist hier jedoch äußerste Zurückhaltung geboten – ein Gesichtspunkt, der jedenfalls dann gilt, wenn der AGB-Verwender – unter Berücksichtigung der gesamten Umstände des Vertragsabschlusses – die Möglichkeit außer acht gelassen hatte, schon zu einem früheren Zeitpunkt auf die Geltung seiner AGB-Klauseln wirksam hinzuweisen, zum Beispiel bei der üblichen Verwendung von Katalogen, Prospekten oder Preislisten. Davon abgesehen wird man grundsätzlich darauf abheben müssen: Das Verhalten des Kunden muß – aufgrund aller Umstände des Einzelfalls – derart sein, daß es nicht nur als vorbehaltlose Entgegennahme der geschuldeten Lieferung/Leistung, sondern auch als Einverständniserklärung mit der Geltung der AGB des Verwenders zu werten sein. Mit anderen Worten: Es muß sich um ein Erklärungsverhalten des Kunden handeln, das sich nicht nur im bloßen Schweigen erschöpft. 29

bb) Die Einverständniserklärung des Kunden bei **Haftungsfreizeichnungen,** welche aufgrund des Ausnahmetatbestandes von **§ 2 Abs. 1 Nr. 1 AGBG in einem „Aushang" verlautbart werden,** z. B. für Spielplätze,[93] Schwimmbäder,[94] Trimm-Dich-Pfade,[95] insbesondere auch Autowaschanlagen,[96] wirft regelmäßig die Frage auf, ob der Kunde im Sinn von § 2 Abs. 1 Nr. 2 – letzter Halbsatz – AGBG mit der dadurch bewirkten, zu seinen Lasten gehenden Risikoverlagerung – im Sinn eines Haftungsverzichtsvertrages – einverstanden ist.[97] Ob man in diesen Fällen das Einverständnis des Kunden im Sinn von § 2 Abs. 1 Nr. 2 – letzter Halbsatz – AGBG davon abhängig machen muß, daß der AGB-Verwender in deutlich sichtbarer Weise auf das besondere Schadensrisiko hingewiesen hat, ist freilich fraglich.[98] Unter Berücksichtigung des Wortlauts von § 2 Abs. 1 AGBG wird man eine solche – zusätzliche – Hinweispflicht des AGB-Verwenders nämlich nur dann bejahen können, wenn es sich nicht um solche Schadensrisiken handelt, die dem durchschnittlichen Benutzer/Kunden ohne weiteres erkennbar sind. Denn es geht in der Sache nicht nur um die Konkretisierung der Einbeziehungsvoraussetzungen der Haftungsfreizeichnungs- oder Haftungsbegrenzungsklauseln im Sinn von § 2 Abs. 1 AGBG, sondern um die Begründung eines – selbständigen – Haftungsverzichtsvertrages.[99] Hiervon unabhängig ist die Frage, ob sich der unterlassene Hinweis auf besondere Risiken als eine Verletzung von Instruktionspflichten darstellt *(§ 4 Rz. 57)*. 30

---

[91] Vgl. Koch/Stübing, AGBG, § 2 Rz. 14; Erman/Hefermehl, AGBG, § 2 Rz. 19; Staudinger/Schlosser, AGBG, § 2 Rz. 37; Ulmer/Brandner/Hensen, AGBG, § 2 Rz. 61.

[92] BGHZ 18, 212, 216 – ständige Rechtsprechung; neuestens BGH WM 1988, 607, 610f.

[93] OLG Köln VersR 1970, 577.

[94] OLG München VersR 1974, 200, 201.

[95] OLG Karlsruhe VersR 1975, 381.

[96] OLG Düsseldorf BB 1980, 388; LG Hannover DAR 1985, 60; OLG Hamburg DAR 1984, 2165, 261.

[97] Vgl. Ulmer/Brandner/Hensen, AGBG, § 2 Rz. 61, andererseits Palandt/Heinrichs, AGBG, § 2 Anm. 4a.

[98] Bejahend: LG Karlsruhe VersR 1980, 879; LG Berlin AGBE III § 9 Nr. 27b; LG Berlin DB 1983, 652; vgl. auch Löwe/Graf von Westphalen/Trinkner, Großkommentar, Bd. III – Autowaschanlagen Rz. 1.

[99] Vgl. BGH NJW 1982, 1144.

31 Innerhalb der Grenzen, in denen bestimmte Benutzungsrisiken – zum Beispiel bei Sportveranstaltungen oder auf Trimm-Dich-Pfaden – dem durchschnittlichen Benutzer erkennbar sind, reicht daher der deutlich sichtbare „Aushang" im Rahmen des Ausnahmetatbestandes von § 2 Abs. 1 AGBG aus; auch das „Schweigen" des Kunden, welches sich in der vorbehaltlosen Benutzung/Inanspruchnahme der angebotenen Leistung dokumentiert, reicht aus, einen wirksamen Einbeziehungsvertrag im Sinn von § 2 Abs. 1 AGBG zu bejahen.[100] Es ginge zu weit, trotz der vorbehaltlosen Benutzung/Ingebrauchnahme der angebotenen Leistung kein zureichendes Einverständnis mit der Haftungsfreizeichnungs- oder Haftungsbegrenzungsklausel des AGB-Verwenders im Sinn von § 2 Abs. 1 Nr. 2 – letzter Halbsatz – AGBG zu sehen. Denn dann wäre es dem AGBG-Verwender schlechterdings verwehrt, innerhalb des Ausnahmebereichs von § 2 Abs. 1 AGBG Haftungsfreizeichnungs- oder Haftungsbegrenzungsklauseln wirksam in den jeweiligen Vertrag einzubeziehen. Dies aber ist gerade in den Bereichen nicht gerechtfertigt und auch nicht vertretbar, in denen es dem AGB-Verwender in diesen Fällen unter Berücksichtigung der Wertungskriterien von § 9 AGBG möglich ist, sich in wirksamer Weise von seiner Haftung freizuzeichnen oder die Haftung doch wenigstens summenmäßig zu begrenzen. Abgesehen davon: Wenn es sich nicht gerade um die AGB eines Monopolunternehmens handelt, zwingt keiner den Kunden dazu, die vom AGB-Verwender – unter Hinweis auf Haftungsfreizeichnungen oder Haftungsbegrenzungen – angebotene Leistung auch in Anspruch zu nehmen. Aus diesem Grunde ist es deshalb auch notwendig, den nach § 2 Abs. 1 AGBG erforderlichen deutlich sichtbaren „Aushang" am Ort des Vertragsabschlusses so zu gestalten, daß der Kunde die Möglichkeit besitzt, die ihm angebotene Leistung – wegen des Inhalts der Haftungsfreizeichnungs- oder Haftungsbegrenzungserklärung des Verwenders – noch rechtzeitig abzulehnen.[101]

32 **cc) Bestätigungsklauseln.** Unbedenklich sind alle Bestätigungsklauseln, welche lediglich auf die Geltung der AGB zum Beispiel in der Weise hinweisen: „Der Kunde bestätigt, von den AGB Kenntnis genommen zu haben und mit deren Geltung einverstanden zu sein".[102] Denn eine solche formularmäßige Erklärung des Kunden erschöpft sich – nach Auffassung des BGH – in der Wiederholung der gesetzlichen Tatbestandsmerkmale von § 2 Abs. 1 AGBG, so daß § 11 Nr. 15a AGBG nicht eingreift.[103] Anders ist freilich die Rechtslage zu beurteilen, wenn die Bestätigungsklausel nicht in voller Kongruenz mit den Tatbestandselementen von § 2 Abs. 1 AGBG aufgebaut ist.[104] Unter dieser Voraussetzung ist die Bestätigungsklausel als – unwirksame – Beweislastverschiebung im Sinn von § 11 Nr. 15 AGBG zu qualifizieren. Deshalb greift zum Beispiel auch der Verbotstatbestand von § 11 Nr. 15b AGBG ein, wenn die Bestätigungsklausel dahin lautet, der Kunde habe „eine Durchschrift der AGB erhalten".[105]

f) Die Wirksamkeit des Individualvertrages

33 Mit guten Gründen wird in der Literatur die Auffassung vertreten, die wirksame Einbeziehung von AGB-Klauseln in den Individualvertrag setze voraus, daß der Individualvertrag zwischen den Parteien wirksam zustande gekommen ist.[106] Liegt zum Beispiel ein Dissens gemäß § 154 BGB vor, oder verstößt der Vertrag gegen die Bestimmungen der §§ 134, 138 BGB, so kann von einer – wirksamen – Einbeziehung der AGB-Klauseln

---

[100] So Ulmer/Brandner/Hensen, AGBG, § 2 Rz. 61; vgl. auch Staudinger/Schlosser, AGBG, § 1 Rz. 7.

[101] Rz. 30.

[102] BGH BB 1983, 13 mit Anm. von Bohle; OLG Frankfurt AGBE II § 2 Nr. 3; LG Frankfurt AGBE I § 9 Nr. 22.

[103] KG ZIP 1983, 188; LG Stuttgart AGBE I § 2 Nr. 18.

[104] Ulmer/Brandner/Hensen, AGBG, § 9 Rz. 98.

[105] LG München AGBE II § 11 Nr. 148.

[106] Staudinger/Schlosser, AGBG, § 2 Rz. 39; Palandt/Heinrichs, AGBG, § 2 Anm. 4d.

nicht gesprochen werden. Indessen ist bei einer modifizierten Auftragsbestätigung gemäß § 150 Abs. 2 BGB im Zweifel anzunehmen, daß der Individualvertrag jedenfalls in dem Zeitpunkt zustande kommt, in welchem die tatsächlich geschuldete Lieferung/Leistung erbracht wird und der Kunde diese – in Kenntnis des Inhalts der modifizierten Auftragsbestätigung – entgegennimmt, so daß damit die Leistungsabwicklung perfektioniert wird.[107] Damit ist freilich – um bereits Gesagtes wieder aufzugreifen – nichts darüber gesagt, ob in diesen Fällen auch die AGB des Verwenders wirksam einbezogen worden sind – ein Ergebnis, das nach der hier vertretenen Auffassung im Zweifel zu verneinen ist. Zur Konsequenz hat dies, daß der Individualvertrag dann auf Basis des dispositiven Rechts unter Berücksichtigung von § 6 Abs. 2 AGBG zustande kommt.

Wenn es zutreffend ist, daß sich **Vertragsabschlußklauseln,** um gemäß § 2 Abs. 1 Nr. 1 AGBG wirksam zu sein, in das Schema der §§ 145ff. BGB einfügen müssen, so sind notwendigerweise alle Vertragsabschlußklauseln gemäß § 9 Abs. 2 Nr. 1 AGBG unwirksam, welche nicht nur die Einbeziehung der AGB gemäß § 2 Abs. 1 AGBG bewirken, sondern auch das wirksame Zustandekommen des Individualvertrages – in Abweichung den §§ 145ff. BGB – regeln. Dies gilt in erster Linie für alle die Vertragsabschlußklauseln, welche das Zustandekommen des Individualvertrages an das Schweigen des Kunden knüpfen.[108] Unproblematisch sind freilich solche Vertragsabschlußklauseln, welche an den – seltenen – Tatbestand des § 151 BGB anknüpfen: Voraussetzung ist aber auch hier, daß der Annahmewille eindeutig betätigt und nach außen hin erklärt wird, weil bloßes Schweigen vom Tatbestand des § 151 BGB nicht umfaßt wird.[109] 34

g) Änderungsklauseln

Es gilt der Grundsatz gemäß § 2 Abs. 1 AGBG, daß die AGB in der Fassung in den Individualvertrag wirksam einzubeziehen sind, die im Zeitpunkt des Vertragsabschlusses gilt. Beabsichtigt demzufolge der AGB-Verwender, die einmal wirksam einbezogenen AGB nachträglich zu ändern, so ist dies nur möglich, wenn eine Vertragsänderung in gegenseitigem Einvernehmen vorgenommen wird.[110] Diese Vertragsänderung unterliegt ihrerseits den Einbeziehungsvoraussetzungen von § 2 AGBG.[111] 35

aa) Geltung der AGB „in ihrer jeweils gültigen Fassung". In Bezug auf eine derartige Einbeziehungsklausel wird teilweise die Ansicht vertreten, sie sei mit dem Schutzzweck von § 2 Abs. 1 AGBG unvereinbar.[112] Soweit eine solche Klausel in Dauerschuldverhältnissen Verwendung findet, ist dieser Meinung zuzustimmen. Bei einmaligen Geschäften – und darauf kommt es im Zusammenhang mit der Produkthaftung entscheidend an – bietet eine solche Klausel indessen keine unüberwindlichen Schwierigkeiten; vielmehr bringt sie zweifelsfrei zum Ausdruck, daß nur die AGB gelten sollen, welche im Zeitpunkt des Vertragsabschlusses Gültigkeit besitzen. Deswegen reicht es auch allemal im Sinn von § 2 Abs. 1 Nr. 1 AGBG aus, wenn der AGB-Verwender „ausdrücklich" auf die „jeweils gültige" Fassung seiner AGB bei Vertragsabschluß hinweist.[113] 36

bb) Bestehen laufender Geschäftsbeziehungen. Sofern zwischen den Parteien laufende Geschäftsbeziehungen bestehen, ist der AGB-Verwender darauf angewiesen, mit seinem Kunden eine Änderungsvereinbarung – im Hinblick auf die Geltung der AGB – mit dem 37

---

[107] MünchKomm/Kramer § 150 Rz. 4 m. w. N.

[108] Im einzelnen Löwe/Graf von Westpahlen/Trinkner, Großkommentar, Bd. III – Vertragsabschlußklauseln Rz. 2.

[109] Statt aller Palandt/Heinrichs § 151 Anm. 2.

[110] Staudinger/Schlosser, AGBG, § 2 Rz. 46; Erman/Hefermehl, AGBG, § 2 Rz. 24.

[111] OLG Hamm MDR 1979, 937.

[112] Ulmer/Brandner/Hensen, AGBG, § 2 Rz. 65; Palandt/Heinrichs, AGBG, § 2 Anm. 5a; Staudinger/Schlosser, AGBG, § 2 Rz. 48; Erman/Hefermehl, AGBG, § 2 Rz. 24.

[113] BGH NJW 1983, 2701, 2702; Ulmer/Brandner/Hensen, AGBG, § 2 Rz. 25; Staudinger/Schlosser, AGBG, § 2 Rz. 47; Schmidt-Salzer, AGBG, D 98.

Ziel herbeizuführen, daß die geänderten AGB in Zukunft, d. h. von einem genau bezeichneten Zeitpunkt an gelten sollen.[114] Dies dispensiert freilich den AGB-Verwender nicht, die Einbeziehungsvoraussetzungen von § 2 Abs. 1 AGBG insgesamt und ungekürzt zu erfüllen.[115] Allerdings ist darauf hinzuweisen, daß weder die Existenz laufender Geschäftsbeziehungen noch das Vorhandensein eines Dauerschuldverhältnisses – für sich allein genommen – Geltungsgrund für die wirksame Einbeziehung von geänderten AGB-Klauseln sein können. Indessen liegt ein schlüssiges Einverständnis des Kunden im Sinn von § 2 Abs. 1 Nr. 2 – letzter Halbsatz – AGBG jedenfalls dann vor, wenn der Kunde – in Kenntnis der geänderten AGB – das Vertragsverhältnis widerspruchslos fortsetzt.[116] So gesehen kommt es deshalb auch entscheidend darauf an, ob der Kunde die Möglichkeit hatte, wegen der geänderten AGB das Vertragsverhältnis zu kündigen – ein Gesichtspunkt, der bei laufenden Geschäftsbeziehungen deswegen überragende Bedeutung besitzt, weil die einzelnen Verträge selbständig sind. Folglich hat es der Kunde in der Hand, durch Verweigerung des Neuabschlusses eines ihm angebotenen Vertragsverhältnisses seinen Widerspruch gegen die Einbeziehung der geänderten AGB zu erklären.

Von diesen Sachverhalten sind die Tatbestände sauber zu scheiden, in denen der AGB-Verwender verspätet seine Obliegenheit gemäß § 2 Abs. 1 Nr. 1 und Nr. 2 AGBG erfüllt, zum Beispiel durch Hinweis auf die Geltung der AGB in einem Lieferschein[117] oder durch Übersendung einer Rechnung, auf der die AGB aufgedruckt sind.[118] Denn der verspätete Hinweis auf die Geltung der AGB bezieht sich in diesen Fällen nicht auf ein vertragskonstitutives Dokument, so daß der AGB-Verwender darauf verwiesen ist, eine wirksame Änderungsvereinbarung – unter Einbeziehung des Einverständnisses mit dem Kunden – zu erreichen. Dies gilt selbst dann, wenn der Kunde die ihm – verspätet – übersandten AGB unterzeichnet.[119]

h) Geltung der wirksam einbezogenen AGB zugunsten Dritter

38 Gerade im Zusammenhang mit Haftungsfreizeichnungs- und Haftungsbegrenzungsklauseln stellt sich immer wieder die Frage, ob diese Klauseln auch zugunsten Dritter Wirkung entfalten *(im einzelnen § 16 Rz. 1ff.)* Diese Rechtsfolge gilt immer ohne weiteres dann, wenn die zugrundeliegende Individualvereinbarung ein Vertrag zugunsten Dritter im Sinn von § 328 BGB oder ein Vertrag mit Schutzwirkung für Dritte ist.[120] Dies ist auch in der Judikatur anerkannt.[121] Wie noch im einzelnen zu zeigen ist *(§ 16)*, kommt es in allen anderen Fällen entscheidend darauf an, ob durch Auslegung der Parteivereinbarung[122] festgestellt werden kann, daß sich die Haftungsfreizeichnungs- oder Haftungsbegrenzungsklausel auch auf Dritte erstreckt; denn eine stillschweigende, d. h. praktisch selbstverständliche Drittwirkung derartiger Klauseln ist nicht anzuerkennen.[123]

i) Darlegungs- und Beweislastverteilung

39 **aa) Der Grundsatz.** Im Rahmen von § 2 Abs. 1 AGBG trifft den AGB-Verwender die Darlegungs- und Beweislast dafür, daß er die Erklärungs- und Kenntnisverschaffungsob-

---

[114] Schmidt-Salzer, AGBG, D 100; Staudinger/Schlosser, AGBG, § 2 Rz. 48; Ulmer/Brandner/Hensen, AGBG, § 2 Rz. 65.

[115] Vgl. BGH ZIP 1986, 1126, 1128 f.

[116] Schmidt-Salzer, AGBG, D 101; Staudinger/Schlosser, AGBG, § 2 Rz. 48.

[117] Vgl. BGH ZIP 1986, 1126.

[118] Vgl. KG AGBE II § 2 Nr. 6.

[119] KG a. a. O.

[120] Staudinger/Schlosser, AGBG, § 2 Rz. 44; Ulmer/Brandner/Hensen, AGBG, § 2 Rz. 69; im einzelnen Blaurock ZHR 146, 238, 244.

[121] BGH ZIP 1985, 687, 689; vgl. auch BGH RIW 1983, 377; OLG München NJW 1981, 1963.

[122] BGH ZIP 1985, 687.

[123] So mit Recht Schmidt-Salzer, Produkthaftung, Bd. II, Rz. 3.521.

liegenheiten im Sinn von § 2 Abs. 1 Nr. 1 und § 2 Abs. 1 Nr. 2 AGBG gegenüber den jeweiligen Kunden in allen Einzelheiten erfüllt hat.[124] Dies ist auch in der Judikatur anerkannt.[125] Soweit der AGB-Verwender Bestätigungsklauseln verwendet, wonach der Kunde mit der Geltung der AGB einverstanden ist, ändert sich daran nichts.[126] Demzufolge ist der AGB-Verwender beim schriftlichen Vertragsabschluß verpflichtet, den Nachweis im Sinn von § 2 Abs. 1 AGBG gegenüber dem Gericht in der Weise zu erbringen, daß er die vertragskonstitutiven Dokumente vorlegt.[127] Sind die AGB – trotz eines „ausdrücklichen" Hinweises[128] – dem Vertragsdokument lediglich beigefügt, so ist der AGB-Verwender verpflichtet, den Zugang gemäß § 130 BGB zu beweisen. Beim mündlichen Vertragsabschluß gelten in der Sache die gleichen Erwägungen: Der AGB-Verwender ist gemäß § 2 Abs. 1 Nr. 1 AGBG verpflichtet nachzuweisen, daß er auf die Geltung seiner AGB „ausdrücklich" hingewiesen hat;[129] und er ist darüber hinaus verpflichtet, den Nachweis zu erbringen, seinem Kunden die Möglichkeit verschafft zu haben, in zumutbarer Weise von dem Inhalt der AGB Kenntnis zu nehmen, zum Beispiel durch Offenlegung der AGB am Ort des Vertragsabschlusses. Beim fernmündlichen Vertragsabschluß gilt in der Sache nichts anderes: Hier ist der AGB-Verwender verpflichtet, in jedem Einzelfall den Nachweis zu erbringen, daß die Voraussetzungen von § 2 Abs. 1 AGBG eingehalten worden sind.[130] Freilich ist hierbei zu berücksichtigen, daß nach der hier vertretenen Meinung *(§ 8 Rz. 14)* der AGB-Verwender von der Erfüllung der Obliegenheit gemäß § 2 Abs. 1 Nr. 2 AGBG dispensiert ist.

bb) Formbedürftige Verträge. Sowohl bei der gesetzlichen als auch bei der gewillkürten Schriftform ist es erforderlich, daß der „ausdrückliche" Hinweis auf die Geltung der AGB im Sinn von § 2 Abs. 1 Nr. 1 AGBG in einer vertragskonstitutiven Urkunde enthalten ist. Unerheblich ist es, ob dann die einzubeziehenden AGB in der gleichen Urkunde oder in einer anderen Urkunde enthalten sind, sofern der AGB-Verwender seiner Obliegenheit gemäß § 2 Abs. 1 Nr. 2 AGBG rechtzeitig, d. h. bei Vertragsabschluß nachkommt. Im Sinn von § 126 BGB müssen die Unterschriften des AGB-Verwenders sowie die des Kunden die einzubeziehenden AGB decken. Dies ist die Konsequenz der Erkenntnis, daß das formbedürftige Rechtsgeschäft – insgesamt – in einer Urkunde enthalten sein muß.[131] Besteht allerdings die Urkunde aus mehreren Blättern, muß die Zusammengehörigkeit durch körperliche Verbindung oder in sonst geeigneter Weise erkennbar gemacht werden.[132] 40

k) Die gescheiterte Einbeziehung – Rechtsfolgen

Soweit der AGB-Verwender die Einbeziehungsvoraussetzungen gemäß § 2 Abs. 1 AGBG nicht erfüllt oder deren Erfüllung nicht nachweist, greift unmittelbar § 6 Abs. 2 AGBG ein: An die Stelle der eigentlich einzubeziehenden AGB-Klauseln treten dann die Bestimmungen des dispositiven Rechts.[133] Freilich sind die Parteien berechtigt, die – fehlende – Einbeziehung der AGB durch eine nachträgliche Vereinbarung auszugleichen. Auch ist zu berücksichtigen, daß sich die mißlungene Einbeziehung lediglich auf Einzel- 41

---

[124] Staudinger/Schlosser, AGBG, § 2 Rz. 16; Dietlein/Rebmann, AGB aktuell, § 2 Rz. 9; Ulmer/Brandner/Hensen, AGBG, § 2 Rz. 66).

[125] BGH ZIP 1986, 1126; BGH BB 1983, 13; OLG Frankfurt DB 1981, 884.

[126] BGH BB 1983, 13 mit Anm. von Bohle.

[127] So auch Ulmer/Brandner/Hensen, AGBG, § 2 Rz. 67.

[128] BGH ZIP 1986, 1126.

[129] Vgl. AG Freiburg, AGBE II § 2 Nr. 11.

[130] Im einzelnen Ulmer/Brandner/Hensen, AGBG, § 2 Rz. 67.

[131] Vgl. Palandt/Heinrichs § 126 Anm. 2c.

[132] RGZ 136, 425; BGH NJW 1964, 395.

[133] Statt aller Palandt/Heinrichs, AGBG, § 6 Anm. 2a; Ulmer/Brandner/Hensen, AGBG, § 2 Rz. 68.

klauseln beziehen kann, zum Beispiel dann, wenn diese schwer lesbar, unverständlich oder durch eine salvatorische Klausel, wie diese bei Haftungsfreizeichnungen häufig verwendet wird, geprägt sind.[134]

l) Die Befugnis zum Abschluß einer Rahmenvereinbarung gemäß § 2 Abs. 2 AGBG

42 Der Gesetzgeber wollte in § 2 Abs. 2 AGBG eine Klarstellung in der Weise erreichen, daß die Regelung von § 2 Abs. 1 AGBG den Parteien nicht den Weg versperren sollte, für eine bestimmte Art von Rechtsgeschäften im voraus die Geltung bestimmter AGBG zu vereinbaren.[135] Seiner dogmatischen Struktur nach ordnet sich § 2 Abs. 2 AGBG in die traditionelle Rechtsgeschäftslehre ein: Erforderlich ist also eine Vereinbarung zwischen AGB-Verwender und Kunde, wobei laufende Geschäftsbeziehungen nicht ausreichen.[136] Die Vereinbarung muß sich auf die Einbeziehung der AGB in künftigen Verträgen erstrecken. Mit anderen Worten: Der Wille des AGB-Verwenders, seinen AGB-Klauseln Geltung zu verschaffen, muß erkennbar über den Willen hinausgehen, die AGB lediglich konkret in den jeweiligen Einzelvertrag einzubeziehen.[137] § 2 Abs. 2 AGBG ist allerdings unanwendbar, sofern es sich um ein Dauerschuldverhältnis handelt, weil dieses dadurch charakterisiert ist, daß die geschuldete Leistung in einem dauernden Verhalten oder in wiederkehrenden, sich über einen längeren Zeitraum erstreckenden Einzelleistungen besteht, so daß dann § 2 Abs. 1 AGBG Anwendung findet.[138] Auch auf einen Sukzessiv-Lieferungsvertrag ist § 2 Abs. 1 AGBG, nicht aber § 2 Abs. 2 AGBG anwendbar.[139]

43 Die in § 2 Abs. 2 AGBG als zulässig angesehene Rahmenvereinbarung ist ein selbständiger Vertrag.[140] Es reicht demzufolge nicht aus, wenn der AGB-Verwender lediglich bestimmt: ,,Unsere AGB gelten auch für alle zukünftigen Geschäfte“,[141] sofern lediglich der AGB-Verwender damit seinen Willen dokumentiert, die AGB konkret in den jeweiligen Einzelvertrag einzubeziehen.[142] Anders ausgedrückt: Die Existenz laufender Geschäftsbeziehungen zwischen den Parteien ist – für sich allein genommen – nicht Geltungsgrund für die wirksame Einbeziehung der AGB. Andererseits ist Voraussetzung für den wirksamen Abschluß einer Rahmenvereinbarung im Sinn von § 2 Abs. 2 AGBG, daß zwischen AGB-Verwender und Kunde bereits laufende Geschäftsbeziehungen vorhanden sind oder jedenfalls die Absicht besteht, künftig miteinander fortlaufend gleichartige Geschäfte zu schließen.[143] Eine ,,Nachbestellung“ reicht hierfür nicht aus. Darüber hinaus ist zu unterstreichen, daß der AGB-Verwender gehalten ist, bei Abschluß der Rahmenvereinbarung im Sinn von § 2 Abs. 2 AGBG die Erklärungs- und Hinweisobliegenheiten gemäß § 2 Abs. 1 Nr. 1 und § 2 Abs. 1 Nr. 2 AGBG zu erfüllen. Weder das eine noch das andere Tatbestandselement kann im Rahmen von § 2 Abs. 2 AGBG allein durch schlüssiges Verhalten verwirklicht werden.

44 Die nach § 2 Abs. 2 AGBG abzuschließende – individualvertragliche – Rahmenvereinbarung setzt des weiteren voraus, daß die Geltung der AGB für eine bestimmte Art von Rechtsgeschäften vereinbart wird. Mithin ist eine Rahmenvereinbarung erforderlich, die gegenständlich spezifiziert ist. Es reicht nicht aus, wenn sie sich auf alle künftig abzuschließenden Verträge zwischen den Parteien bezieht, ohne den spezifischen Vertragstypus zu

---

[134] Vgl. OLG Stuttgart NJW 1981, 1105, 1106.
[135] BT-Drucks. 7/3919, 18.
[136] BGH ZIP 1986, 1126, 1127.
[137] BGH a. a. O.
[138] Koch/Stübing, AGBG, § 2 Rz. 36.
[139] Koch/Stübing a. a. O.
[140] Erman/Hefermehl, AGBG, § 2 Rz. 27.
[141] Staudinger/Schlosser, AGBG, § 2 Rz. 52; Schmidt-Salzer, AGBG, D 91.
[142] BGH ZIP 1986, 1126, 1127.
[143] Staudinger/Schlosser, AGBG, § 2 Rz. 52.

fixieren.[144] Unbedenklich ist es freilich, wenn sich die Rahmenvereinbarung im Sinn von § 2 Abs. 2 AGBG auf mehrere, miteinander verwandte Rechtsgeschäfte eines bestimmten Typs bezieht.[145]

Die Geltungsvereinbarung von § 2 Abs. 2 AGBG muß sich schließlich auf bestimmte AGB beziehen. Unwirksam ist deshalb eine AGB-Klausel, wonach die AGB des Verwenders „in ihrer jeweils gültigen Fassung" gelten sollen.[146] 45

2. Im kaufmännischen Bereich – § 24 AGBG

a) Der Grundsatz des § 24 Satz 1 AGBG

Obwohl § 24 Satz 1 AGBG bestimmt, daß § 2 AGBG im kaufmännischen Verkehr keine Anwendung findet, folgt aus der Begründung des Regierungsentwurfs,[147] daß die in § 2 Abs. 1 AGBG „vorgesehenen Obliegenheiten des Verwenders" „vielfach" auch bei der Verwendung von AGB gegenüber Kaufleuten zu beachten sind. 46

b) Die rechtsgeschäftliche Einbeziehung von AGB

Daß auch im kaufmännischen Verkehr die Einbeziehung von AGB nach rechtsgeschäftlichen Grundsätzen erfolgen muß, wird auch von der Judikatur gedeckt.[148] Demzufolge ist die frühere BGH-Judikatur nicht mehr einschlägig, soweit sie darauf beruhte, das Verhalten des Kunden sei als Akt der „Unterwerfung" unter die AGB des Verwenders zu qualifizieren,[149] Insbesondere ist die Formel nicht mehr zu übernehmen, daß es für die wirksame Einbeziehung von AGB unter Kaufleuten ausreicht, wenn diese davon ausgehen, der „Unterworfene" müsse die AGB-Klausel gegen sich gelten lassen, mit denen er billiger- und gerechterweise rechnen mußte.[150] Deshalb ist auch die „Kennen-Müssen-Formel" nicht mehr einschlägig, wonach all die AGB-Klauseln wirksam einbezogen waren, von deren Existenz der Kunde Kenntis haben mußte.[151] 47

aa) Ausreichende Einbeziehung. Die erforderliche rechtsgeschäftliche Einbeziehung von AGB-Klauseln ist immer dann zu bejahen, wenn der AGB-Verwender durch „ausdrückliche" Erklärung auf die Geltung seiner AGB gegenüber dem Kunden hingewiesen hat. Gleichgültig ist, ob dies in der Bestellung oder in der Auftragsbestätigung geschieht; notwendig ist lediglich, daß es sich um einen „ausdrücklichen" Hinweis in einem vertragskonstitutivem Dokument handelt. Da sich jedoch aus § 24 Satz 1 AGBG ergibt, daß ein „ausdrücklicher" Hinweis im Sinn von § 2 Abs. 1 Nr. 1 AGBG im kaufmännischen Verkehr nicht erforderlich ist, reicht auch ein stillschweigender oder konkludenter Hinweis auf die Geltung der AGB aus.[152] Diese Voraussetzung wird man jedoch nur dann als gegeben ansehen dürfen, wenn – bezogen auf die Umstände des Einzelfalls – eine genaue Prüfung des Verhaltens beider Parteien vorgenommen wurde, aus dem sich auch das 48

---

[144] Ulmer/Brandner/Hensen, AGBG, § 2 Rz. 76; Koch/Stübing, AGBG, § 2 Rz. 38; Dietlein/Rebmann, AGB aktuell, § 2 Rz. 10; Stein, AGBG, § 2 Rz. 36; Erman/Hefermehl, AGBG, § 2 Rz. 28.

[145] Ulmer/Brandner/Hensen, AGBG, § 2 Rz. 76.

[146] Staudinger/Schlosser, AGBG, § 2 Rz. 54; Koch/Stübing, AGBG, § 2 Rz. 39; Erman/Hefermehl, AGBG, § 2 Rz. 28; Löwe/Graf von Westphalen/Trinkner, AGBG, § 2 Rz. 24.

[147] BT-Drucks. 7/3919, 43.

[148] BGH BB 1978, 1085; BGH BB 1983, 2074; BGH ZIP 1985, 623.

[149] BGHZ 1, 83, 85; BGHZ 3, 200, 203; BGHZ 12, 136, 142; BGHZ 17, 1, 3; BGHZ 18, 98, 99; BGHZ 41, 151, 154.

[150] BGHZ 17, 1, 3; BGHZ 33, 216, 218f.; BGHZ 41, 151, 154.

[151] BGHZ 12, 136, 139, 142; BGHZ 17, 1, 2; BGHZ 18, 98, 99; BGH WM 1971, 987, 988; BGH DB 1976, 382.

[152] Vgl. BGHZ 3, 200, 203 – verneint; BGHZ 9, 1, 3 – obiter; BGHZ 12, 136, 142 – bejaht; BGHZ 18, 98, 99 – verneint; vgl. auch BGHZ 33, 216, 218f.; BGH WM 1973, 1198, 1199; BGH BB 1978, 1985.

erforderliche Einverständnis des Kunden mit der Geltung der AGB ableiten lassen kann.[153] Es kommt also auf eine exakte Interpretation der beiderseitigen rechtsgeschäftlichen Erklärungen an.[154]

49 Ob eine wirksame Einbeziehung vorliegt, sofern der AGB-Verwender die AGB lediglich auf der Rückseite eines Bestellschreibens oder einer Auftragsbestätigung abgedruckt hat, ohne auf deren Geltung auf der Vorderseite zu verweisen, ist umstritten,[155] aber im Ergebnis abzulehnen,[156] zumal der BGH diese Auffassung stützt.[157]

50 **bb) Nicht ausreichende Einbeziehung.** Unter Berücksichtigung der rechtsgeschäftlichen Kriterien ist deshalb auch die Bezugnahme auf AGB im Rahmen von Einzelklauseln, zum Beispiel in den Zahlungsbedingungen, nicht ausreichend.[158] Gleiches gilt dann, wenn nicht erkennbar ist, welche AGB von mehreren in Betracht kommenden AGB einbezogen werden sollten, zum Beispiel als Folge eines mißverständlichen Hinweises des AGB-Verwenders.[159] Nichts anderes gilt dann, wenn innerhalb der AGB des Verwenders auf weitere AGB eines Dritten verwiesen wird, sofern der Verweis nicht ausdrücklich, unmißverständlich und eindeutig ist. Auch die bloße Beifügung von AGB reicht nicht aus, sofern keine erkennbare Verbindung zu der jeweiligen Bestellung/Auftragsbestätigung vorliegt.[160] Selbst der Abdruck von AGB in Prospekten, Katalogen, Preislisten, Broschüren u. ä. reicht grundsätzlich nicht aus.[161] Eine Ausnahme kann freilich dann gelten, sofern an deutlicher und unübersehbarer Stelle auf die Geltung der AGB verwiesen wird – ungeachtet der Tatsache, daß es sich nicht um einen Hinweis innerhalb eines vertragskonstitutiven Dokuments handelt.[162] Auch sind Hinweise in Rechnungen[163] sowie in Lieferscheinen, Warenbegleitpapieren etc. grundsätzlich nicht geeignet, eine wirksame Einbeziehung der AGB in einem Individualvertrag sicherzustellen. Uneingeschränkt gilt dies, soweit diese Dokumente dem Vertragsabschluß nachfolgen.[164] Dies gilt auch dann, wenn Auftragsbestätigung und Rechnung – wie bei kurzfristigen Liefergeschäften üblich – in einem Dokument zusammengefaßt sind, sofern der Vertrag bei Erhalt der Auftragsbestätigung/Rechnung zwischen den Parteien wirksam zustande gekommen ist, was üblicherweise der Fall ist. Darüber hinaus ist zu unterstreichen, daß Rechnungen keine vertragskonstitutiven Erklärungen sind:[165] Auf Rechnungen enthaltene AGB sind deshalb grundsätzlich unbeachtlich.[166]

51 **cc) Laufende Geschäftsbeziehungen.** Bei laufenden Geschäftsbeziehungen zwischen Kaufleuten stellt sich häufig die Frage, ob die AGB, die früher einmal wirksam in einen Individualvertrag einbezogen worden sind, aufgrund konkludenter Vereinbarung fortgelten.[167] Dies ist nur dann zu bejahen, wenn aufgrund der jeweiligen Umstände des Einzel-

---

[153] BGH WM 1973, 1198, 1199; vgl. auch Mattern, WM 1974, 762, 763.

[154] Ulmer/Brandner/Hensen, AGBG, § 2 Rz. 80; Staudinger/Schlosser, AGBG, § 2 Rz. 51; Schmidt-Salzer, AGBG, D 30; Palandt/Heinrichs, AGBG, § 2 Anm. 6b.

[155] Bejahend: Ulmer/Brandner/Hensen, AGBG, § 2 Rz. 80; Erman/Hefermehl, AGBG, § 2 Rz. 33.

[156] Löwe/Graf von Westphalen/Trinkner, AGBG, § 2 Rz. 35; Staudinger/Schlosser, AGBG, § 2 Rz. 17; Schmidt-Salzer, AGBG, D 55; Götz/Huhn, Das kaufmännische Bestätigungschreiben, 32.

[157] BGH ZIP 1981, 1220.

[158] OLG Düsseldorf NJW 1965, 761, 762.

[159] BGH WM 1980, 164.

[160] A. M. Erman/Hefermehl, AGBG, § 2 Rz. 33; Staudinger/Schlosser, AGBG, § 2 Rz. 17.

[161] LG Berlin MDR 1980, 404; Erman/Hefermehl, AGBG, § 2 Rz. 33; vgl. auch Weber DB 1970, 2417, 2419.

[162] Schmidt-Salzer, AGBG, D 97; Erman/Hefermehl, AGBG, § 2 Rz. 33.

[163] Vgl. BGH ZIP 1986, 1125.

[164] Staudinger/Schlosser, AGBG, § 2 Rz. 17.

[165] Vgl. auch Schmidt-Salzer, AGBG, D 35.

[166] BGH BB 1978, 1085; LG Tübingen NJW 1958, 792; LG Kleve MDR 1959, 305.

[167] Hierzu insbesondere BGH NJW 1982, 1751; BGHZ 18, 212; BGHZ 52, 61, 62f.

falls feststeht, daß die erforderlichen rechtsgeschäftlichen Einbeziehungsvoraussetzungen vorliegen.[168] Voraussetzung ist hierbei allemal, daß bei Beginn der Geschäftsbeziehung – auf beiden Seiten – der erkennbare Wille vorhanden war, in Zukunft miteinander nicht nur unregelmäßig Geschäfte einer bestimmten Art abzuwickeln. Freilich ist im Gegensatz zu § 2 Abs. 2 AGBG nicht die Existenz einer Rahmenvereinbarung zu fordern,[169] wohl aber muß darauf aufmerksam gemacht werden, daß ein längerer zeitlicher Abstand zwischen den einzelnen Vertragsabschlüssen schädlich ist.[170] Denn dann steht die rechtliche Selbständigkeit der Einzelverträge im Vordergrund.[171] Nichts anderes gilt dann, wenn die Geschäftsbeziehungen zwischen den Parteien erst kurze Zeit andauern und es ungewiß ist, ob sie weiter fortgesetzt werden.[172] Jedenfalls ist die Existenz laufender Geschäftsbeziehungen – für sich allein genommen – auch im kaufmännischen Verkehr kein Geltungsgrund für die wirksame Einbeziehung der AGB des Verwenders. Daran ist insbesondere zu erinnern, wenn der AGB-Verwender bei früheren Verträgen lediglich auf Rechnungen, Lieferscheinen oder Warenbegleitpapieren auf die Geltung seiner AGB verwiesen hat.[173] Selbst die widerspruchslose Entgegennahme von AGB-Klauseln, die auf Rechnungen, Lieferscheinen[174] oder auf Versandanzeigen[175] enthalten waren, führt grundsätzlich nicht dazu, daß eine wirksame Einbeziehung für Folgegeschäfte – also: für den streitigen Vertragsabschluß – vereinbart ist.[176] Anders ist freilich die Rechtslage, wenn es sich um eine Nachbestellung handelt, sofern bei der Erstbestellung die AGB wirksam einbezogen waren, zum Beispiel bei einem Kaufvertrag mit nachfolgender Ersatzteilbestellung.[177] Doch wird man auch hier eine enge zeitliche Verknüpfung verlangen müssen, weil die Existenz einer Nachbestellung – allein gesehen – genauso wenig für die Fortgeltung der AGB ausreicht, wie die Existenz laufender Geschäftsbeziehungen.

dd) Branchenüblichkeit der Verwendung von AGB – Handelsbrauch. Auch wenn die 52
Existenz eines Handelsbrauchs für die Verwendung von AGB im Sinn von § 346 HGB selten ist,[178] ist die Verwendung branchenüblicher AGB durchaus nicht selten: Für das Transportgewerbe neigt die Judikatur dazu, auf die Formel des ,,Kennen-Müssens" zurückzugreifen, soweit die Verwendung der ADSp in Rede steht.[179] Gleiches gilt für die Verwendung von AGB im Bankengewerbe[180] sowie für die Verwendung von AGB in der Versicherungsbranche[181] sowie für die ein Holzhandel üblichen „Tegernseer Gebräuche".[181a] Soweit danach[182] die Verwendung von AGB branchenüblich ist, gilt der Grundsatz: Diese AGB werden auch ohne entsprechenden Hinweis in den jeweiligen Individual-

---

[168] BGH WM 1973, 1198, 1199 – im Ergebnis verneinend.

[169] Vgl. BGH ZIP 1986, 1125, 1126.

[170] Weber DB 1970, 2417, 2419.

[171] Vgl. BGH ZIP 1986, 1125, 1126.

[172] BGH BB 1978, 1085; Erman/Hefermehl, AGBG, § 2 Rz. 38.

[173] Vgl. BGH NJW 1965, 1324; BGH BB 1978, 1085; BGH NJW 1979, 213; BGH NJW 1979, 2199; BGH NJW 1982, 1749; BGH NJW 1982, 1751.

[174] BGH NJW 1979, 2199.

[175] Schmidt-Salzer, AGBG, D 86.

[176] Vgl. auch Philipowski DB 1979, 248; Schmidt-Salzer, AGBG, D 84.

[177] BGH BB 1965, 425; vgl. auch Staudinger/Schlosser, AGBG, § 2 Rz. 60; Ulmer/Brandner/Hensen, AGBG, § 2 Rz. 86.

[178] Bejaht wird dies teilweise für die Incoterms: Eisemann, Die Incoterms, 36f.; BGH RIW/AWD 1975, 578; sowie für die ,,Einheitlichen Richtlinien für das Inkasso von Handelspapieren" hierzu Canaris, Bankvertragsrecht, Rz. 1089; Schlegelberger/Hefermehl HGB Anh. zu § 365 Rz. 265; sowie für die ,,Einheitlichen Richtlinien und Gebräuche für Dokumenten-Akkreditive" hierzu Canaris a. a. O. Rz. 928f.

[179] BGH VersR 1974, 327, 328; BGH NJW 1976, 2075; BGH RIW 1982, 55.

[180] BGH WM 1971, 987, 988; BGH WM 1973, 635, 636.

[181] Hierzu im einzelnen Staudinger/Weber, 10./11. Aufl., Einl. zu § 241 N 147ff.

[181a] OLG Koblenz BB 1988, 1138.

[182] Für weitere Einzelheiten vgl. auch Ulmer/Brandner/Hensen, AGBG, § 2 Rz. 85.

vertrag wirksam einbezogen.[183] Auch unter Berücksichtigung von § 24 AGBG ist daran festzuhalten.[184]

53 Indessen ist die Judikatur nicht nur auf die bislang anerkannten Fallgruppen zu begrenzen; vielmehr ist ganz allgemein dafür Sorge zu tragen, daß die Formel des „Kennen-Müssens" nur mit größter Zurückhaltung angewandt wird.[185] Demzufolge ist die unbedingte Verwendung und Geltung von Lieferanten-AGB – außerhalb der vorstehend aufgeführten Branchen – in keinem Fall mit dem Argument zu rechtfertigen, der Besteller habe von der Geltung der AGB des Lieferanten Kenntnis haben müssen.[186] Vielmehr sind dann ungekürzt die rechtsgeschäftlichen Einbeziehungsvoraussetzungen zu erfüllen; ist dies nicht geschehen, so greift § 6 Abs. 2 AGBG ein. Ob bei fehlender Branchenüblichkeit die wirksame Einbeziehung von AGB-Klauseln allein unter Berücksichtigung von laufenden Geschäftsbeziehungen als wirksam anzusehen ist, sofern bislang regelmäßig die AGB eines bestimmten Verwenders vereinbart worden sind, erscheint zweifelhaft,[187] ist aber im Ergebnis abzulehnen, weil – wie bereits angedeutet – die bloße Existenz laufender Geschäftsbeziehungen nicht als rechtsgeschäftlicher Geltungsgrund für die Vereinbarung von AGB-Klauseln herangezogen werden darf, sofern keine ausreichenden Indizien für eine stillschweigende Vereinbarung vorliegen.[188] Ein solches Indiz kann zum Beispiel darin gesehen werden, daß die Geschäftsbeziehungen – trotz Änderung der AGB – unbeanstandet und widerspruchslos fortgesetzt werden.[189]

c) Die Kenntnisverschaffungsobliegenheit des AGB-Verwenders unter Berücksichtigung rechtsgeschäftlicher Kriterien

54 Verweist der AGB-Verwender „ausdrücklich" auf die Geltung seiner AGB, so ist er im kaufmännischen Verkehr nicht verpflichtet, die AGB auf der Rückseite der Bestellung/Auftragsbestätigung abzudrucken oder diese dem Vertragsdokument beizufügen.[190] Dies gilt selbst dann, wenn die AGB dem Vertragspartner nicht in ihren Einzelheiten bekannt waren.[191] Voraussetzung ist freilich, daß ein stillschweigendes Einverständnis des Vertragspartners mit der Geltung der AGB bejaht werden kann.[192] Auch die instanzgerichtliche Judikatur bestätigt dies.[193] Denn es besteht eine Erkundigungspflicht des Kunden, nicht aber eine Kenntnisverschaffungsobliegenheit des AGB-Verwenders.[194] Verlangt deshalb der Kunde vom AGB-Verwender Einblick in die AGB-Klauseln nehmen zu können, so ist der AGB-Verwender verpflichtet, diesem Begehren unverzüglich zu entsprechen. Tut er dies nicht, verhält er sich pflichtwidrig: Der AGB-Verwender ist dann daran gehindert, sich auf die Geltung der AGB mit Erfolg zu berufen, weil dies als widersprüchliches Verhalten gemäß § 242 BGB zu werten wäre.[195] Erfüllt aber der AGB-Verwender – in Übereinstimmung mit den rechtsgeschäftlichen Einbeziehungsvorausset-

---

[183] BGHZ 1, 83, 86; BGHZ 12, 136, 139; BGHZ 42, 53, 55; vgl. auch Sonnenberger, Verkehrssitten im Schuldvertrag, 61ff.; 207f.

[184] A.M. Erman/Hefermehl, AGBG, § 2 Rz. 40; wie hier: Ulmer/Brandner/Hensen, AGBG, § 2 Rz. 83ff.; Staudinger/Schlosser, AGBG, § 2 Rz. 68ff.

[185] Vgl. auch Schmidt-Salzer, AGBG, D 30.

[186] So auch Staudinger/Schlosser, AGBG, § 2 Rz. 70.

[187] Bejahend: Ulmer/Brandner/Hensen, AGBG, § 2 Rz. 86; Erman/Hefermehl, AGBG, § 2 Rz. 37; Palandt/Heinrichs, AGBG, § 2 Anm. 6b.

[188] Löwe/Graf von Westphalen/Trinkner, AGBG, § 2 Rz. 38; Staudinger/Schlosser, AGBG, § 2 Rz. 59f.

[189] OLG Koblenz BB 1983, 1635.

[190] BGH DB 1976, 1616; insbesondere BGH NJW 1988, 1212.

[191] BGH BB 1985, 884.

[192] BGH WM 1979, 302, 304; BGH BB 1985, 884.

[193] LG Kiel AGBE II § 2 Nr. 7.

[194] OLG Hamburg DB 1981, 470; Erman/Hefermehl, AGBG, § 2 Rz. 34.

[195] Staudinger/Schlosser, AGBG, § 2 Rz. 62.

zungen – seine Kenntnisverschaffungsobliegenheiten, dann müssen die AGB-Klauseln drucktechnisch so gestaltet sein, daß sie ohne Mühe gelesen werden können.[196] Denn auch im kaufmännischen Verkehr kann nach Treu und Glauben der AGB-Verwender nicht davon ausgehen, daß sich der Kunde durch die bloße Entgegennahme eines nur schwer entzifferbaren Klauselwerks mit dessen Inhalt einverstanden erklärt.[197] Darüber hinaus müssen die AGB des Verwenders auch verständlich sein; hierbei ist auf den Kenntnisstand des durchschnittlichen Kaufmanns abzustellen.[198] Dies schließt ein, daß sie klar gegliedert und in sich schlüssig geordnet sein müssen, was insbesondere auch für die Relevanz von Haftungsfreizeichnungsklauseln wichtige Bedeutung hat.[199]

Unter Berücksichtigung der rechtsgeschäftlichen Kriterien der §§ 145ff. BGB ist besonders im kaufmännischen Verkehr die Existenz einer modifizierten Auftragsbestätigung gemäß § 150 Abs. 2 BGB problematisch. In ihrer widerspruchslosen Hinnahme liegt jedenfalls kein Einverständnis des Kunden mit der Geltung der AGB des Verwenders.[200] Freilich bleibt unter Berücksichtigung der jeweiligen Umstände zu prüfen, ob nicht die spätere – widerspruchslose – Entgegennahme der Lieferung/Leistung durch den Kunden nicht als Einverständnis mit der Geltung der AGB zu werten ist.[201] Indessen ist die Entgegennahme der Lieferung/Leistung des AGB-Verwenders aufgrund einer modifizierten Auftragsbestätigung gemäß § 150 Abs. 2 BGB – für sich allein genommen – genauso erklärungsneutral wie die Bezahlung des geschuldeten Entgelts. Daß in diesen Fällen freilich – aufgrund einer vorbehaltslosen Entgegennahme der Lieferung/Leistung – der Individualvertrag wirksam zustande kommt, ist gesichert, weil ja der Kunde die Möglichkeit hat, mangels Konsenses – und damit: vorbehaltlich der Rechtsregel des § 154 Abs. 1 BGB – die Lieferung/Leistung zurückzuweisen. Doch erscheint es wenig sachgerecht, im kaufmännischen Verkehr eine Trennung zwischen Individualvertrag und Vereinbarung von AGB aufgrund einer modifizierten Auftragsbestätigung im Sinn von § 150 Abs. 2 BGB vorzunehmen. Gerade weil der Kunde die Lieferung/Leistung vorbehaltlos entgegengenommen hat, wird man darin unter Berücksichtigung der Regeln von Treu und Glauben gemäß § 242 BGB auch die erforderliche Einverständniserklärung mit den in der modifizierten Auftragsbestätigung enthaltenen AGB sehen können. 55

d) Die Darlegungs- und Beweislast

Es folgt unmittelbar aus § 24 AGBG, daß im kaufmännischen Verkehr der AGB-Verwender lediglich verpflichtet ist, im einzelnen die Tatsachen dazulegen und zu beweisen, aus denen sich ergibt, daß er in rechtsgeschäftlich erheblicher Weise – sei es ausdrücklich oder stillschweigend – auf die Geltung seiner AGB gegenüber dem Kunden hingewiesen hat. Soweit der AGB-Verwender – in Ausnahmefällen – auf die Formel des „Kennen-Müssens" zurückgreifen darf *(§ 8 Rz. 52f.)*, muß er dafür Beweis antreten, daß die Verwendung bestimmter AGB branchenüblich ist, sofern der Kunde dies bestreitet. Selbstverständlich ist der AGB-Verwender verpflichtet, im Bestreitensfall den Nachweis zu erbringen, daß der entsprechende Hinweis auf die Geltung der AGB dem Kunden gemäß § 130 BGB auch zugegangen ist. Einen Beweis des ersten Anscheins gibt es in diesem Zusammenhang nicht.[202] Im übrigen gelten im kaufmännischen Verkehr keine Besonderheiten; es ist auf die Ausführungen zum nicht-kaufmännischen Bereich zurückzugreifen *(§ 8 Rz. 39)*. 56

---

[196] BGH NJW 1983, 2772 – Konnossementsbedingungen; kritisch Rabe RiW 1984, 590.

[197] BGH VersR 1986, 679; kritisch Rabe a. a. O., vgl. auch OLG Hamburg AGBE V § 2 Nr. 6 – jeweils: Konnossementsbedingungen.

[198] Palandt/Heinrichs, AGBG, § 2 Anm. 6d.

[199] BGH BB 1977, 162.

[200] BGHZ 18, 212, 216; BGHZ 61, 282, 285; BGH JZ 1977, 602, 603.

[201] BGH LM Nr. 3 zu § 150 BGB; BGH LM Nr. 6 zu § 150 BGB.

[202] BGHZ 24, 308; BGH NJW 1964, 1176.

II. Die Verwendung kollidierender AGB

1. Der Lösungsansatz gemäß §§ 154, 155 BGB

57 Die frühere Rechtsprechung des BGH fand die Lösung des Kollisionsproblems bis etwa Mitte 1973 vorwiegend in § 150 Abs. 2 BGB. Danach blieb der Vertragsabschluß zunächst offen; es setzte sich aber dann die Partei mit ihren AGB durch, welche zuletzt auf ihre Bedingungen verwiesen hatte, sofern die andere Partei die vertraglich geschuldete Lieferung/Leistung widerspruchs- oder vorbehaltlos entgegennahm bzw. erbrachte.[203] Allerdings war das Schweigen auf eine modifizierte Auftragsbestätigung gemäß § 150 Abs. 2 BGB nicht als Einverständniserklärung zu werten.[204] Inzwischen ist allerdings der BGH dazu übergegangen, die Lösung des Kollisionsproblems in § 154 Abs. 1 BGB zu sehen, ohne ausdrücklich die Alternative gemäß § 150 Abs. 2 BGB aufzugeben.[205] Insbesondere die instanzgerichtliche Judikatur ist diesem methodischen Ansatz gefolgt.[206] Unter besonderer Berücksichtigung einer neuen BGH-Entscheidung[207] dürfte die Lösung des Kollisionsproblems gemäß § 150 Abs. 2 BGB – jedenfalls in der Praxis – keine Rolle mehr spielen. Hervorzuheben ist freilich, daß die BGH-Judikatur teilweise darauf abstellt, ob und inwieweit der Bestellung AGB-Klauseln zugrunde lagen, welche eine „Abwehrklausel" enthielten.[208] Denn dadurch gibt der AGB-Verwender dem Kunden/Lieferanten zu erkennen, daß er auf der Geltung seiner AGB beharrt. Dies hat zur Folge, daß es entscheidend darauf ankommt, ob zwischen beiden Parteien – ungeachtet des Dissenses über die AGB – Konsens über die wesentlichen Bestimmungen des Vertrages vorliegt.[209] Unter dieser Voraussetzung scheitert dann der Vertragsabschluß nicht an den kollidierenden AGB.[210]

58 Auch in der Literatur herrscht die Auffassung vor, das Kollisionsproblem von Vertragsbedingungen über § 154 Abs. 1 BGB zu bewältigen.[211] Freilich wird auch mit unter eine auf § 150 Abs. 2 BGB beruhende Meinung vertreten.[212]

59 Unter Berücksichtigung dieses nahezu eindeutigen Meinungstrends ist folglich das Kollisionsproblem von Standardbedingungen mit Hilfe von § 154 Abs. 1 BGB zu lösen.[213] Daraus ergeben sich folgende Ableitungen:

2. Eigener Standpunkt

60 Ob bei der Kollision von AGB-Klauseln bei Vertragsabschluß die eine oder die andere Partei eine „Abwehrklausel" oder eine „Ausschließlichkeitsklausel" verwendet hat, ist

---

[203] BGH LM Nr. 3 zu § 150 BGB; BGH LM Nr. 6 zu § 150 BGB; OLG Stuttgart NJW 1947/48, 383; OLG Köln WM 1971, 846.

[204] BGHZ 18, 212, 216.

[205] BGH BB 1973, 1459; BGH BB 1974, 1136; BGH WM 1977, 451; BGH WM 1977, 555, 556; BGH NJW 1980, 449; BGH NJW 1985, 1838, 1839; BGH WM 1986, 643 = NJW-RR 1986, 984.

[206] OLG Frankfurt BB 1975, 1601; LG Hagen BB 1976, 723; OLG Hamm BB 1979, 701; OLG Köln BB 1980, 1237; OLG Stuttgart ZIP 1981, 176, 177; OLG Koblenz WM 1984, 1347, 1348; OLG Hamm WM 1985, 785, 786.

[207] BGH WM 1986, 643 = NJW-RR 1986, 984.

[208] BGH BB 1974, 1136; BGH WM 1977, 451; BGH NJW 1985, 1818; BGH WM 1986, 643 = NJW-RR 1986, 984.

[209] BGH BB 1974, 1136; BGH WM 1977, 451; BGH NJW 1985, 1818; BGH WM 1986, 643 = NJW-RR 1986, 984.

[210] BGH WM 1986, 643 = NJW-RR 1986, 984.

[211] Staudinger/Schlosser, AGBG, § 2 Rz. 83; Löwe/Graf von Westphalen/Trinkner, AGBG, § 2 Rz. 45; Palandt/Heinrichs, AGBG, § 2 Anm. 6e; Erman/Hefermehl, AGBG, § 2 Rz. 47; Ulmer/Brandner/Hensen, AGBG, § 2 Rz. 98ff.; Schlechtriem, Festschrift für Wahl, 67, 71; Schmidt-Salzer, AGBG, D 68ff.

[212] Ebel NJW 1978, 1034; Wolf/Horn/Lindacher, AGBG, § 2 Rz. 72ff.

[213] Vgl. auch Graf von Westphalen DB 1976, 1317ff.

irrelevant.[214] Entscheidend ist allein, ob beide Parteien unter Berücksichtigung der dargestellten rechtsgeschäftlichen Kriterien – ihre AGB in die jeweilige Angebots- bzw. Annahmeerklärung einbeziehen wollten.[215] Denn Ausschließlichkeits- und Abwehrklauseln sind – sofern sie den Voraussetzungen von § 1 Abs. 1 AGBG entsprechen –, nicht geeignet, entgegenstehende AGB-Klauseln des anderen Teils einseitig abzuwehren, d.h. eine sich selbst Geltung verschaffende Funktion in bezug auf ihren eigenen Vorrang zu entfalten.[216] Notwendige Voraussetzung dafür, daß § 154 Abs. 1 BGB zur Anwendung gelangt, ist indessen stets, daß beide Parteien den Abschluß des Individualvertrages wollen, so daß der Dissens im Hinblick auf die Geltung der einander widersprechenden AGB infolge des Verhaltens beider Parteien als irrelevant anzusehen ist.[217] So gesehen liegt auch ein – noch nicht vollständig dogmatisch abgeklärter – Widerspruch zur BGH-Judikatur vor, welche nach wie vor – zumindest argumentativ – von Bestehen und Bedeutung einer Abwehrklausel ausgeht.[218]

a) Das individualvertragliche Konsenzsprinzip

Der Individualvertrag kommt schon in dem Zeitpunkt zustande, in welchem sich das 61
Konsensprinzip – ungeachtet des Dissenses über die AGB – durchsetzt. Dies ist regelmäßig dann anzunehmen, wenn sich beide Parteien über die wesentlichen Gesichtspunkte des Geschäfts (essentialia negotii) verständigt haben, wie zum Beispiel Preis, Lieferzeit, Zahlungsbedingungen etc.[219] Der Vorzug dieser Lösung gegenüber der Alternative von § 150 Abs. 2 BGB liegt ersichtlich darin, daß der Vertragsabschluß nicht bis zu dem Zeitpunkt in der Schwebe gehalten wird, in welchem der eine oder andere Teil – in Kenntnis der entgegenstehenden AGB – die Lieferung/Leistung ausführt oder annimmt.[220] Folge des hiermit anzuwendenden Konsensprinzips ist es, daß selbstverständlich auch die AGB-Klauseln gelten, die miteinander nicht in Widerspruch stehen.[221] Dabei kommt es nicht entscheidend darauf an, ob die beiden Parteien davon Kenntnis haben, daß sich ihre AGB entsprechen oder widersprechen.[222] Es ist kein Grund ersichtlich, daß ungeachtet des – notfalls mittels Auslegung gemäß §§ 133, 157 BGB zu erzielenden Konsenses – die AGB allein wegen des Kollisionsfalles überhaupt nicht gelten sollen.[223] Dem steht nicht entgegen, daß AGB nur Regelungsentwürfe darstellen. Demnach gibt das in § 154 Abs. 1 BGB enthaltende Konsens-Dissens-Prinzip hier den Ausschlag, und zwar nicht nur für das Zustandekommen des Individualvertrags, sondern auch für die Geltung der AGB-Klauseln, die einander – ungeachtet des Dissenses im übrigen – entsprechen.

Daraus folgt unmittelbar, daß § 6 Abs. 2 AGBG insoweit gilt, als die AGB-Klauseln 62
einander widersprechen.[224] Dies hat – grundsätzlich betrachtet – unmittelbar die Folge,

[214] A.M. Grasmann DB 1971, 561, 563; Wolf/Horn/Lindacher, AGBG, § 2 Rz. 75f.; Stein, AGBG, § 24 Rz. 6.

[215] Ulmer/Brandner/Hensen, AGBG, § 2 Rz. 98; Löwe/Graf von Westphalen/Trinkner, Großkommentar, Bd. III, Vertragsabschlußklauseln – Rz. 10; Staudinger/Schlosser, AGBG, § 2 Rz. 83; Erman/Hefermehl, AGBG, § 2 Rz. 47, 49; Schlechtriem, Festschrift für Wahl, 67, 71; Graf von Westphalen DB 1976, 1317, 1319.

[216] OLG Köln WM 1980, 905, 908.

[217] OLG Hamm BB 1979, 701; OLG Köln BB 1980, 1237; OLG Stuttgart ZIP 1981, 176; OLG Koblenz WRP 1984, 426.

[218] BGH NJW 1985, 1888, 1889; BGH WM 1986, 643 = NJW-RR 1986, 984.

[219] Ulmer/Brandner/Hensen, AGBG, § 2 Rz. 98.

[220] So aber OLG Stuttgart ZIP 1981, 176; Schmidt-Salzer, Produkthaftung, Bd. II, Rz. 3.130.

[221] Ulmer/Brandner/Hensen, AGBG, § 2 Rz. 102; Staudinger/Schlosser, AGBG, § 2 Rz. 85; Palandt/Heinrichs, AGBG, § 2 Anm. 6e; Schlechtriem, Festschrift für Wahl, 67, 68; Graf von Westphalen DB 1976, 1317, 1320.

[222] Ulmer/Brandner/Hensen, AGBG, § 2 Rz. 100.

[223] Schmidt-Salzer, Produkthaftung, Bd. II, Rz. 3.135; Lindacher JZ 1977, 604, 605.

[224] Löwe/Graf von Westphalen/Trinkner, AGBG, § 2 Rz. 46; Staudinger/Schlosser AGBG § 2 Rz. 83; Ulmer/Brandner/Hensen, AGBG, § 2 Rz. 103; OLG Köln BB 1980, 1237, 1240.

daß auf Basis des dispositiven Rechts eine käufer- und bestellerfreundliche Regelung eingreift: Der Lieferant haftet nach den gesetzlichen Gewährleistungsbestimmungen sowie – dies ist für das hier interessierende Thema von Wichtigkeit – im Rahmen der gesetzlichen Verschuldenshaftung unlimitiert. Demgegenüber sind die Regelungen der §§ 377, 378 HGB käufer- und bestellerfeindlich, soweit der angewandte Standard nicht den gesetzlichen Erfordernissen genügt *(§ 17 Rz. 36ff.)*. Auch ist die kurze Gewährleistungsfrist/Verjährungsfrist der §§ 477, 638 BGB für den Käufer/Besteller nachteilig. Dies gilt vor allem insoweit, als es dem Käufer/Besteller darauf ankommt, wegen eines Produktmangels Regresse gegenüber seinem Lieferanten durchzusetzen.

b) Geltung des dispositiven Rechts bei einseitiger Regelung in den AGB

63 Von ganz besonderer praktischer Bedeutung ist die Antwort auf die Frage, ob die gesetzlichen Bestimmungen des dispositiven Rechts gemäß § 6 Abs. 2 AGBG auch dann gelten, wenn nur die AGB einer Partei eine Regelung aufweisen, während die AGB der anderen Partei dazu schweigen. Dies gilt sowohl bei Eigentumsvorbehaltsklauseln[225] als auch – was im Rahmen dieses Themas vor allem interessiert – bei Haftungsfreizeichnungs- oder Haftungsbegrenzungsklauseln in Verkaufs-AGB, denen keine gegenteilige Regelung in den Einkaufs-AGB gegenübersteht.[226] Für die Vertreter der Auffassung, daß im Kollisionsfall ohnehin die gesetzlichen Bestimmungen – ungeachtet eines gewissen Konsenses in den AGB – gelten,[227] gilt dieses Resultat als selbstverständlich. Indessen ist die zutreffende Lösung darin zu sehen, daß gerade hier eine Auslegung gemäß §§ 133, 157, 242 BGB mit dem Ziel durchzuführen ist, ob das ,,Schweigen" der einen Partei in ihren AGB dahin zu verstehen ist, daß sie die jeweilige Bestimmung des dispositiven Rechts eingreifen lassen will, oder ob sie – weitergehend – mit der Geltung der einseitigen AGB-Regelung einverstanden ist, wie sie in den jeweiligen Verkaufs-AGB enthalten ist.[228] Will man nicht auf eine Fiktion ausweichen, kommt es jedenfalls nicht entscheidend darauf an, ob die AGB-Klauseln, zu denen die andere Partei geschwiegen hat, weithin verbreitet, üblich und gebräuchlich sind.[229] Denn dann wären Haftungsfreizeichnungs-, aber auch Haftungsbegrenzungsklauseln – ungeachtet der vorhandenen Kollision der AGB – stets aufgrund einer stillschweigenden Vereinbarung Vertragsbestandteil.

64 Teilweise ist vorgeschlagen worden, die hier interessierende Auslegung gemäß §§ 133, 157, 242 BGB unter besonderer Berücksichtigung der Interessen der ,,schweigenden" Partei vorzunehmen: Handelt es sich um solche AGB-Klauseln der anderen Seite, die der ,,schweigenden" Partei günstig sind, so sollen diese gelten,[230] sofern kein erkennbarer Zusammenhang mit einer anderen Klausel besteht.[231] Indessen ist auch die Begünstigung der ,,schweigenden" Partei durch die AGB der anderen – unter Berücksichtigung der Geltung des dispositiven Rechts – kein zwingender Grund, insoweit eine stillschweigende Vereinbarung mittels Auslegung gemäß §§ 133, 157, 242 BGB zu konstituieren. Denn beide Parteien wollen lediglich – aufgrund des erzielten Konsenses – den jeweiligen Individualvertrag perfektionieren; im Hinblick auf die Geltung der AGB haben sie indessen regelmäßig keine weiterreichende Vorstellung, die als stillschweigende Willenserklärung

---

[225] BGH NJW 1985, 1838; BGH WM 1986, 643 = NJW-RR 1986, 984 – jeweils Eigentumsvorbehalt.

[226] Hierzu Löwe/Graf von Westphalen/Trinkner, Großkommentar, Bd. III – Vertragsabschlußklauseln, Rz. 12.

[227] Schmidt-Salzer, Produkthaftung, Bd. II, Rz. 3.135; Lindacher JZ 1977, 604, 605.

[228] Ulmer/Brandner/Hensen, AGBG, § 2 Rz. 104; Erman/Hefermehl, AGBG, § 2 Rz. 48; enger allerdings Staudinger/Schlosser, AGBG, § 2 Rz. 85.

[229] A. M. Erman/Hefermehl, AGBG, § 2 Rz. 48.

[230] Ulmer/Brandner/Hensen, AGBG, § 2 Rz. 104; Wolf/Horn/Lindacher, AGBG, § 2 Rz. 79; Staudinger/Schlosser, AGBG, § 2 Rz. 85.

[231] Ulmer/Brandner/Hensen a. a. O.; abweichend teilweise Wolf/Horn/Lindacher a. a. O.

für die Geltung einzelner Klauseln angesehen werden könnte. Vielmehr ist grundsätzlich der Wille der „schweigenden" Partei dahin zu verstehen, daß eben die Bestimmungen des dispositiven Rechts zur Anwendung berufen sind, was die Kollision augenfällig werden läßt – ungeachtet des Befundes, daß im Einzelfall, was sicherlich sehr selten vorkommen dürfte, AGB-Klauseln der anderen Partei günstiger sind als es das dispositive Recht selbst vorsieht.[232]

c) Konsequenzen für Haftungsfreizeichnungsklauseln

Soweit also eine Partei in ihren Verkaufs-AGB Haftungsfreizeichnungs- oder Haftungsbegrenzungsklauseln vorsieht, während die andere Partei lediglich die Bestimmungen des dispositiven Rechts als Folge ihres „Schweigens" stipuliert, gilt § 6 Abs. 2 AGBG.[233] Dies ist nur dann anders, wenn außerhalb der AGB ausreichend sichere Indizien vorliegen, die für eine Auslegung gemäß §§ 133, 157, 242 BGB bemüht werden könnten. Im Regelfall dürfte dies jedoch kaum mehr als ein rein akademisches Problem sein. Denn gerade bei den neuralgischen Haftungsfreizeichnungs- und Haftungsbegrenzungsklauseln wird man – wegen der Kollision der AGB – einen stillschweigend erreichten Konsens in der Regel nur dann bejahen können, wenn dieser individualvertraglich fixiert wurde. 65

d) Der gesonderte Widerspruch

Weist jedoch die eine Partei ausdrücklich und gesondert – außerhalb der eigenen AGB und der dort etwa vorhandenen Abwehr- und Ausschließlichkeitsklausel – im Rahmen eines Widerspruchs die Geltung der AGB der anderen Partei zurück, so ist der Lösungsansatz nicht in § 154 Abs. 1 BGB, sondern nach wie vor in § 150 Abs. 2 BGB zu finden.[234] Die entgegenstehende Auffassung des OLG Köln[235] ist zurückzuweisen.[236] Denn ein solcher Widerspruch hat durchaus individualvertraglichen Charakter; daran ändert die Tatsache nichts, daß solche Widersprüche – unter Berücksichtigung der „Theorie des letzten Wortes" – mehr oder weniger standardmäßig und stereotyp erklärt werden. Die Richtigkeit dieser Erwägung wird auch unter Berücksichtigung des Vorrangprinzips von § 4 AGBG erkennbar: Es stellt sich dann regelmäßig die Frage, ob der Vertragsabschluß wegen des Dissenses der Parteien über die Geltung der AGB gemäß § 154 Abs. 1 BGB scheitert, oder ob die vorbehaltlose Entgegennahme der Lieferung/Leistung – in Kenntnis des entgegenstehenden Willens der anderen Partei, ihre eigenen AGB kraft ausdrücklichen Widerspruchs zur Geltung zu bringen – als stillschweigendes Einverständnis mit eben diesen AGB gemäß § 242 BGB zu bewerten ist.[237] So gesehen gelten dann die gleichen Grundsätze, die ganz allgemein für die modifizierte Auftragsbestätigung gemäß § 150 Abs. 2 BGB maßgebend sind: Das Schweigen der anderen Partei auf die modifizierte Auftragsbestätigung ist irrelevant,[238] so daß es auf das stillschweigende Einverständnis durch vorbehaltlose Entgegennahme oder Erbringung der geschuldeten Lieferung/Leistung ankommt, in welchem ein stillschweigender Konsens in der Geltung der AGB der anderen Partei liegt. 66

---

[232] A. M. Ulmer/Brandner/Hensen a. a. O.

[233] Löwe/Graf von Westphalen/Trinkner, Großkommentar, Bd. III – Vertragsabschlußklauseln, Rz. 12.

[234] Löwe/Graf von Westphalen/Trinkner, Großkommentar, Bd. III – Vertragsabschlußklauseln Rz. 13; Ulmer/Brandner/Hensen, AGBG, § 2 Rz. 99; Schlechtriem, Festschrift für Wahl, 67, 76; Graf von Westphalen DB 1976, 1317, 1319.

[235] OLG Köln WM 1980, 905, 908.

[236] A. M. Flume, Das Rechtsgeschäft, 675f.

[237] Vgl. BGH LM Nr. 3 zu § 150 BGB; BGH LM Nr. 6 zu § 150 BGB.

[238] BGHZ 18, 212, 216 – ständige Rechtsprechung.

III. Das kaufmännische Bestätigungsschreiben

1. Allgemeines

67 Seit langem unterscheidet die Judikatur zwischen einer Auftragsbestätigung und einem kaufmännischen Bestätigungsschreiben.[239] Diese begrifflich-praktische Trennung ist von essentieller Bedeutung für die Frage, ob das Schweigen des Empfängers als Ablehnung – so bei der Auftragsbestätigung gemäß § 150 Abs. 2 BGB – oder als Zustimmung – so beim kaufmännischen Bestätigungsschreiben – zu werten ist.[240] Daß die widerspruchslose Entgegennahme einer modifizierten Auftragsbestätigung keine stillschweigende Annahmeerklärung darstellt, liegt darin begründet, daß auch der Absender bei einer nach § 150 Abs. 2 BGB zu beurteilenden Auftragsbestätigung nicht davon ausgehen kann, daß sein Schweigen den Vertragsabschluß zustande bringt.[241]

68 Beim kaufmännischen Bestätigungsschreiben unterscheidet die Judikatur danach, ob es sich um ein deklatorisches oder um ein konstitutives kaufmännisches Bestätigungsschreiben handelt.[242] Das Wesen eines – deklatorischen – Bestätigungsschreibens besteht darin, zum Zweck der Beweissicherung im kaufmännischen Verkehr einen mündlich, fernmündlich oder fernschriftlich getroffenen Vertragsabschluß zu bestätigen und diesen in Nebenpunkten zu ergänzen. Die rechtserzeugende Wirkung eines solchen Bestätigungsschreibens liegt darin: Nimmt der Empfänger das Bestätigungsschreiben widerspruchslos hin, muß er seinen Inhalt – freilich in noch darzustellenden Grenzen *(§ 8 Rz. 73)* – gegen sich gelten lassen; durch sein Schweigen wird der Vertrag nach Maßgabe des Inhalts des Bestätigungsschreibens entweder geändert oder ergänzt.[244] Hierbei handelt es sich um Gewohnheitsrecht.[245] Demgegenüber ist der Fall eines – konstitutiven – Bestätigungsschreibens selten: Hier verfolgt das Bestätigungsschreiben den Zweck, den Vertragsabschluß erst zustande zu bringen.[246]

2. Die tatbestandlichen Voraussetzungen

69 Ein Bestätigungsschreiben muß seinem Inhalt nach das Ergebnis vorausgegangener Vertragsverhandlungen – nicht notwendigerweise eines Vertragsabschlusses – verbindlich festlegen.[247] Um als Bestätigungsschreiben anerkannt zu werden, muß es eindeutig sein.[248] Auch muß es in einem unmittelbaren zeitlichen Anschluß an die Vertragsverhandlungen beim Empfänger eingehen, also: zu einem Zeitpunkt, in welchem der Empfänger noch damit rechnen mußte.[249] Nicht erforderlich ist, daß auf die Vertragsverhandlungen Bezug genommen wird.[250] Auch die an den Verhandlungen beteiligten Personen brauchen in

---

[239] BGHZ 1, 353; BGHZ 11, 137; BGHZ 40, 42; BGH NJW 1964, 589; BGH DB 1969, 2126; BGH BB 1974, 524.

[240] Im einzelnen Bartsch NJW 1980, 1731; Coester DB 1982, 1551; Diederichsen JuS 1966, 129; Fabricius JuS 1966, 1ff.; 50ff.; Götz/Huhn, Das kaufmännische Bestätigungsschreiben, 1969, 25ff. – kritisch; Kuchinke JZ 1965, 167ff.; Lindacher WM 1981, 702ff.; Schmidt-Salzer BB 1971, 591ff.; Walchshöfer BB 1975, 719ff.

[241] BGHZ 18, 212, 216; BGH LM Nr. 3 zu § 550 BGB; BGH LM Nr. 4 zu § 150 BGB; BGH LM Nr. 6 zu § 150 BGB.

[242] Vgl. BGH BB 1961, 954; BGH NJW 1964, 1269.

[243] Vgl. BGH WM 1970, 1314; BGH BB 1973, 1459, 1460; BGH WM 1975, 324; BGH WM 1975, 1226.

[244] Statt aller Palandt/Heinrichs § 148 Anm. 3a.

[245] Schmidt, Handelsrecht, § 18 III 1 m. w. N.

[246] BGH NJW 1965, 965; BGH BB 1974, 524.

[247] Diederichsen JuS 1966, 129, 130; Schmidt-Salzer BB 1971, 591; Walchshöfer BB 1975, 719.

[248] BGH NJW 1964, 1223, 1224; BGH NJW 1972, 820.

[249] BGH WM 1975, 324, 325.

[250] BGH WM 1975, 324, 325.

diesem Schreiben nicht ausdrücklich angegeben zu werden, sofern nach den Umständen nur wenige Personen als Verhandlungspartner in Betracht kommen und dies für den Empfänger des Bestätigungsschreibens erkennbar war.[251] In der Praxis empfiehlt es sich allerdings, die an den Verhandlungen beteiligten Personen namhaft zu machen. Unerheblich ist des weiteren, ob ein vollmachtloser Vertreter aufgetreten ist.[252]

Die Abgrenzung zwischen einem kaufmännischen Bestätigungsschreiben und einer 70
nach § 150 Abs. 2 BGB einzuordnenden modifizierten Auftragsbestätigung kann im Einzelfall schwierig sein. Entscheidend ist jeweils die Zweckrichtung des Schreibens.[253] Auf die Bezeichnung kommt es nicht entscheidend an.[254] Dabei macht es keinen Unterschied, ob es sich um ein „Auftragsschreiben", eine „Auftragsbestätigung", um eine „Bestellung"[255] oder gar nur um eine „Vorabbestellung"[256] handelt. Erforderlich aber ist stets, daß der Zweck des Schreibens darauf abzielt, den Inhalt von Vertragsverhandlungen – in der Regel: eines mündlich, fernmündlich oder telegrafisch erzielten Vertragsabschlusses – zu bestätigen und damit verbindlich festzulegen.[257] Soweit Aktenvermerke der anderen Vertragsseite übersandt werden, liegt darin regelmäßig kein kaufmännisches Bestätigungsschreiben; vielmehr handelt es sich lediglich um eine Gedächtnisstütze; doch entscheiden stets die Umstände des Einzelfalls.[258]

3. Die unverzügliche Widerspruchspflicht des Empfängers

Will der Empfänger eines kaufmännischen Bestätigungsschreibens die Bindungswir- 71
kung ausschließen, so ist er verpflichtet, unverzüglich zu widersprechen: Sein Schweigen gilt als Genehmigung.[259] Dabei werden regelmäßig strenge Anforderungen gestellt; freilich bedeutet die Pflicht, unverzüglich zu widersprechen, nicht, daß dies sofort geschehen müsse.[260] Gewöhnlich sollte ein Zeitraum von drei Tagen nicht überschritten werden,[261] die Frist von einer Woche kann – abhängig von den Umständen des Einzelfalls – häufig bereits zu lang sein.[262] Notwendigerweise muß der Widerspruch gemäß § 130 BGB dem Bestätigenden zugehen. Es ist gleichgültig, in welcher Weise der Widerspruch erklärt wird; Voraussetzung ist freilich, daß sich aus dem Inhalt des Schreibens mit hinreichender Deutlichkeit ergibt, daß der Empfänger den Inhalt des Bestätigungsschreibens nicht gegen sich gelten lassen will.[263]

Keine Widerspruchsverpflichtung besteht dann, wenn der Bestätigende seinerseits um 72
Gegenbestätigung gebeten hat; er ist nämlich dann nicht schutzwürdig, weil erst die Gegenbestätigung den Vertrag wirksam zustande bringt.[264] Gleiches gilt, wenn sich zwei Bestätigungsschreiben kreuzen, die einander widersprechen.[265] Allerdings kann eine Widerspruchsverpflichtung in Betracht kommen, wenn die sich kreuzenden Bestätigungsschreiben teilweise einander widersprechen.[266]

---

[251] BGH WM 1975, 324, 325; BGH WM 1967, 958.
[252] BGH BB 1964, 906; BGH BB 1967, 902; OLG Karlsruhe BB 1976, 665.
[253] BGHZ 54, 236, 238f.; BGH NJW 1965, 965, 966.
[254] BGH LM Nr. 12 zu § 346 (Ea) HGB.
[255] BGHZ 11, 1.
[256] BGH WM 1979, 19.
[257] BGH NJW 1965, 965.
[258] Vgl. OLG Köln OLGZ 68, 396.
[259] BGH NJW 1962, 104; BGH NJW 1962, 246; BGH BB 1985, 546; OLG Düsseldorf MDR 1981, 1022; OLG Köln ZIP 1982, 1424.
[260] Götz/Huhn, Das kaufmännische Bestätigungsschreiben, 66.
[261] BGH NJW 1962, 246.
[262] BGH NJW 1962, 104; Palandt/Heinrichs § 148 Anm. 3e.
[263] Vgl. OLG Düsseldorf MDR 1985, 940.
[264] BGH NJW 1964, 1269; OLG Frankfurt BB 1982, 1510.
[265] BGH MDR 1961, 932; im einzelnen Götz/Huhn, Das kaufmännische Bestätigungsschreiben, 74ff.
[266] BGH BB 1966, 425; vgl. auch OLG Frankfurt a. a. O.

4. Grenzen der Widerspruchspflicht

73 Das kaufmännische Bestätigungsschreiben ist immer dann ohne Wirkung, wenn der Bestätigende selbst das Verhandlungsergebnis bewußt unrichtig oder entstellt wiedergibt.[267] Anders gewendet: Die regelmäßigen Folgen widerspruchsloser Entgegennahme eines Bestätigungsschreibens treten dann nicht ein, wenn dessen Inhalt von dem zuvor Vereinbarten soweit abweicht, daß der Absender vernünftigerweise mit einem Einverständnis des Empfängers nicht rechnen kann.[268] Es ist nicht erforderlich, daß der Absender arglistig handelt,[269] des weiteren kommt es nicht entscheidend darauf an, ob der Absender unredlich gehandelt hat.[270] Und es ist schließlich auch irrelevant, ob der Absender Kenntnis davon hatte, daß zwischen dem Verhandlungsergebnis einerseits und dem Inhalt des Bestätigungsschreibens andererseits eine Abweichung besteht.[271] Maßgebend kommt es also allein darauf an, ob – objektiv gewertet – eine Abweichung zwischen dem Inhalt des Bestätigungsschreibens und dem zuvor Vereinbarten vorliegt, und daß demzufolge der Absender vernünftigerweise, sofern er die Abweichung kennen würde, nicht mit einem Einverständnis des Empfängers rechnen kann.[272]

5. Erstmalige Einbeziehung von AGB-Klauseln im kaufmännischen Bestätigungsschreiben – Anwendbarkeit der §§ 3, 4 AGBG

a) Die Einbeziehung von AGB-Klauseln

74 Eine vertragsergänzende oder abweichende Wirkung des kaufmännischen Bestätigungsschreibens ergibt sich häufig daraus, daß der Bestätigende – erstmals in dem kaufmännischen Bestätigungsschreiben – seine AGB einbezieht. Die Wirksamkeit solcher Einbeziehungen wurde bislang von der Judikatur recht großzügig behandelt – vorausgesetzt selbstverständlich, der Empfänger des Bestätigungsschreibens hat dessen Inhalt nicht widersprochen.[273] Mangels eines Widerspruchs des Empfängers richtet sich folglich der Vertrag nach den AGB des Bestätigenden.[274] Dem ist auch die Literatur gefolgt.[275] Demzufolge gelten – auch im Hinblick auf die erstmalige Einbeziehung von AGB-Klauseln in einem kaufmännischen Bestätigungsschreiben – die gleichen Grundsätze, die zuvor erörtert worden sind, nämlich: es reicht regelmäßig der „ausdrückliche" oder der stillschweigende Hinweis auf die Geltung der AGB aus, sofern sich unter Berücksichtigung der §§ 145ff. BGB das Ergebnis rechtfertigt, daß der Kunde mit deren Geltung einverstanden ist.[276] So gesehen steht zwischen einem deklaratorischen und einem konstitutiven Bestätigungsschreiben kein Unterschied; insbesondere ist es nicht erforderlich, beim konstitutiven Bestätigungsschreiben die AGB beizufügen.[277] Denn beim kaufmännischen Bestätigungsschreiben ist es nicht erforderlich, daß die AGB Gegenstand der Vertragsverhandlungen waren.

---

[267] Statt aller Palandt/Heinrichs § 148 Anm. 3d.
[268] BGHZ 7, 187, 190; BGHZ 11, 1, 4; BGHZ 40, 42, 46; BGH BB 1970, 983; BGH BB 1985, 546, 547.
[269] BGH BB 1985, 546, 547.
[270] Schlegelberger/Hefermehl § 346 Rz. 128.
[271] BGH BB 1985, 546, 547.
[272] BGH BB 1985, 546, 547.
[273] BGHZ 7, 187, 190; BGH BB 1962, 902; BGH BB 1968, 354; BGH BB 1968, 398; BGH WM 1969, 1452; BGH BB 1985, 546, 547.
[274] BGH BB 1970, 1324; BGH BB 1974, 524; BGH BB 1985, 546, 547.
[275] Ulmer/Brandner/Hensen, AGBG, § 2 Rz. 88; Erman/Hefermehl, AGBG, § 2 Rz. 44; Schmidt-Salzer, AGBG, D 78; Lindacher WM 1981, 702, 707.
[276] Staudinger/Schlosser, AGBG, § 2 Rz. 76; Ulmer/Brandner/Hensen, AGBG, § 2 Rz. 88.
[277] A. M. Lindacher WM 1981, 702, 707.

b) Haftungsfreizeichnungsklauseln, Haftungsbegrenzungsklauseln – Anwendbarkeit der §§ 3, 4 AGBG

Lindacher[278] unterscheidet im Hinblick auf die einbezogenen AGB zwischen einem „vertragsinhaltfeststellenden" und „vertragsinhaltergänzenden" Bestätigungsschreiben: Bei der ersten Kategorie ist das kaufmännische Bestätigungsschreiben potentiell konstitutiv, während das „vertragsinhaltkonkretisierende und vertragsinhaltergänzende" kaufmännische Bestätigungsschreiben[279] dadurch charakterisiert ist, daß neben den wesentlichen Gesichtspunkten, welche den Vertragsabschluß konkretisieren, verschiedene Details noch spezifikationsbedürftig sind. In bezug auf die Einbeziehung von AGB-Klauseln verlangt deshalb *Lindacher,*[280] daß bei einem „vertragsinhaltergänzenden" Bestätigungsschreiben die AGB beigefügt sein müssen. Demgegenüber beläßt er es beim „vertragsinhaltklarstellenden Bestätigungsschreiben" bei der Erfüllung der allgemeinen – rechtsgeschäftlichen – Voraussetzungen eines wirksamen Einbeziehungsvertrages. Diese Differenzierung findet jedoch in der Praxis keine Entsprechung.[281] Insbesondere ist darauf hinzuweisen, daß die neue Judikatur den Denkansatz von *Lindacher*[282] nicht reflektiert.[283] Gleichwohl ist die entscheidende Frage, welche Bedeutung die Bestimmungen der §§ 3, 4 AGBG – bezogen auf die Widerspruchsverpflichtung des Empfängers eines kaufmännischen Bestätigungsschreibens – haben, sofern der Absender in dem Bestätigungsschreiben erstmals seine AGB einbezieht. Gerade im Hinblick auf Haftungsfreizeichnungs- und Haftungsbegrenzungsklauseln hat die Antwort auf diese Frage kardinale Bedeutung.[284] 75

Batsch[285] vertritt die Auffassung, auch beim kaufmännischen Bestätigungsschreiben werde der Inhalt des Individualvertrages durch die jeweilige Willenserklärung beider Parteien fixiert: Soweit Lücken verbleiben, greife das dispositive Recht ein, so daß zum einen das tatsächlich Vereinbarte sowie das im übrigen geltende dispositive Recht den jeweiligen Individualvertrag ausmache. Unter dieser Prämisse führt die Anwendbarkeit von § 4 AGBG dazu, daß solche AGB am Vorrangprinzip des Individualvertrages scheitern, welche hierzu in Widerspruch stehen. Diese Auffassung wird auch in der Sache von *Coester* geteilt.[286] Voraussetzung ist also, daß ein unmittelbarer, unauflösbarer Erklärungskonflikt[287] zwischen den im kaufmännischen Bestätigungsschreiben einbezogenen AGB einerseits und dem jeweiligen Inhalt des Individualvertrages andererseits vorliegt.[288] Deshalb scheitert – so *Coester*[289] – keineswegs jegliche Änderung oder Ergänzung des Vereinbarten durch AGB-Klauseln am Vorrangprinzip von § 4 AGBG, und zwar auch dann nicht, wenn diese erstmals im Bestätigungsschreiben einbezogen und durch das Schweigen des Empfängers wirksam Vertragsbestandteil werden – eine Auffassung, die auch *Lindacher*[290] im Hinblick auf das „vertragsinhaltergänzende" Bestätigungsschreiben teilt. So gesehen hängt die Anwendbarkeit von § 4 AGBG davon ab, ob die jeweilige AGB-Klausel – unter Berücksichtigung des Inhalts des Individualvertrages – materiell-rechtlich noch konsensfähig ist. Dieser Auffassung ist in der Sache zuzustimmen, ohne Rücksicht darauf, ob es sich um ein deklaratorisches oder um ein konstitutives Bestätigungsschreiben handelt.

---

[278] WM 1981, 702ff.
[279] Lindacher WM 1981, 702, 703.
[280] WM 1981, 702, 707.
[281] So insbesondere auch Coester DB 1982, 1551, 1552.
[282] WM 1981, 702ff.
[283] BGH BB 1985, 546.
[284] BGH BB 1985, 546, 547.
[285] NJW 1980, 1731, 1732.
[286] Coester DB 1982, 1551ff.
[287] Löwe/Graf von Westphalen/Trinkner, AGBG, § 2 Rz. 57.
[288] Coester DB 1982, 1551, 1553.
[289] A. a. O.
[290] WM 1981, 702, 708.

76 Nach dieser Prämisse wird man auch § 3 AGBG zur Anwendung berufen: Soweit zwischen den durch die Umstände bei Vertragsabschluß begründeten Erwartungen und dem tatsächlichen Inhalt der – erstmals – im kaufmännischen Bestätigungsschreiben einbezogenen AGB ein deutlicher Widerspruch besteht, liegt eine überraschende Klausel im Sinn von § 3 AGBG vor, die nicht Vertragsbestandteil wird. Maßgebend ist dabei die Verständnismöglichkeit des regelmäßig zu erwartenden Durchschnittskunden.[291]

77 Folglich werden Haftungsfreizeichnungs- und Haftungsbegrenzungsklauseln, auf die der Absender eines kaufmännischen Bestätigungsschreibens erstmals verweist, entweder als überrraschende Klausel im Sinn von § 3 AGBG qualifiziert oder vom Vorrangprinzip des § 4 AGBG verdrängt, sofern sie in einem deutlichen, unmittelbaren Widerspruch zum Individualvertrag (unter Berücksichtigung des zusätzlich anwendbaren dispositiven Rechts) stehen.[292] Liegt demnach eine Eigenschaftszusicherung im Sinn der §§ 463, 480 Abs. 2, 635 BGB vor, so ist eine Haftungsfreizeichnungs- oder Haftungsbegrenzungsklausel im kaufmännischen Verkehr gemäß § 9 Abs. 2 Nr. 1 AGBG unter Berücksichtigung von § 11 Nr. 11 AGBG unwirksam.[293] Dies gilt jedenfalls dann uneingeschränkt, wenn und soweit sich die Eigenschaftszusicherung auf das Risiko etwaiger Mangelfolgeschäden erstreckte.[294] Unter dieser Voraussetzung wird man auch – gerade unter Berücksichtigung des Inhalts des jeweiligen Individualvertrages – zu dem Ergebnis gelangen müssen, daß eine Haftungsfreizeichnung keine Widerspruchspflicht auslöst, wenn sie soweit vom Inhalt des zuvor Vereinbarten abweicht, daß der Absender vernünftigerweise mit einem Einverständnis des Empfängers nicht rechnen kann.[295] So gesehen kommt es dann gar nicht entscheidend darauf an, ob die Haftungsfreizeichnungsklausel nach § 9 AGBG wirksam oder unwirksam ist; der Verstoß gegen § 4 AGBG genügt.[296]

Soweit außerhalb von Eigenschaftszusicherungen Haftungsfreizeichnungs- oder Haftungsbegrenzungsklauseln in Rede stehen, welche – erstmals – in einem kaufmännischen Bestätigungsschreiben einbezogen worden sind, wird man jedenfalls immer dann die §§ 3, 4 AGBG bemühen können, wenn und soweit die Wirksamkeitsgrenzen von § 9 AGBG nicht beachtet sind. Denn in der Sache liegt dann Gesetzeskonkurrenz vor: Selbst das Schweigen des Empfängers eines kaufmännischen Bestätigungsschreibens kann keine weitergehenden Rechtswirkungen erzeugen als unter Berücksichtigung der §§ 9ff. AGBG zulässig. Deshalb sei auf die gesonderten Ausführungen zu den Wirksamkeitsgrenzen von Haftungsfreizeichnungs- *(§ 13)* und Haftungsbegrenzungsklauseln *(§ 14)* verwiesen. Innerhalb ihrer Wirksamkeitsgrenzen wird man allerdings Haftungsfreizeichnungs- und Haftungsbegrenzungsklauseln, welche – erstmals – in einem kaufmännischen Bestätigungsschreiben eingeführt werden, weder als überraschende Klauseln gemäß § 3 AGBG qualifizieren dürfen noch am Vorrangprinzip von § 4 AGBG scheitern lassen müssen. Denn weder die eine noch die andere Norm bedingt, daß der Empfänger eines kaufmännischen Bestätigungsschreibens erwarten darf, der Absender werde ausschließlich nach Maßgabe des dispositiven Rechtes haften. Diese Erwartung ist schon deswegen nicht gerechtfertigt, weil Haftungsfreizeichnungs- und Haftungsbegrenzungsklauseln in kaufmännischen AGB üblich und typisch sind. Folglich besteht eine Widerspruchsverpflichtung.[297] Darüber hinaus wird man das Vorrangprinzip von § 4 AGBG immer dann wirksam werden lassen müssen, wenn über bestimmte Vertragspunkte während der Vertragsverhandlungen gesprochen wurde, ohne daß sich die eine Partei mit ihren Vorstellungen gegenüber der anderen durchsetzen konnte, zum Beispiel im Hinblick auf Verzugsrege-

---

[291] BGH NJW 1981, 117.
[292] BGH BB 1985, 546, 547 – im Ergebnis offengelassen.
[293] BGHZ 50, 200, 206 – Kleber; BGH BB 1985, 546, 547.
[294] BGH BB 1972, 1069 – Lack.
[295] BGHZ 7, 187, 190; BGHZ 11, 1, 4; BGHZ 40, 42, 46; BGH BB 1985, 546, 547.
[296] BGH BB 1985, 546, 547.
[297] BGHZ 7, 187, 190; BGHZ 11, 1, 4; BGHZ 40, 42, 46.

lungen, Gewährleistungsbestimmungen oder sonstige für wichtig angesehene AGB-Klauseln.[298] Denn gerade in diesen Fällen besteht – objektiv gewertet – eine Abweichung zwischen dem Vereinbarten und dem Inhalt des Bestätigungsschreibens, so daß der Absender vernünftigerweise nicht mit einem Einverständnis des Empfängers rechnen kann.[299]

6. Die Verteilung der Beweislast

Ein kaufmännisches Bestätigungsschreiben hat die Vermutung der Richtigkeit und 78
Vollständigkeit für sich.[300] Gleichgültig, ob es sich um ein deklaratorisches oder um ein konstitutives kaufmännisches Bestätigungsschreiben handelt, ist der Absender verpflichtet, das Vorliegen der einschlägigen Voraussetzungen zu beweisen.[301] Insbesondere ist er auch dafür beweispflichtig, daß das Bestätigungsschreiben dem Empfänger zugegangen ist[302] und wann dies geschehen ist.[303] Die Beweislast dafür, daß kein Widerspruch – nach Erhalt des kaufmännischen Bestätigungsschreibens – erforderlich war, trifft den Empfänger,[304] gleichzeitig ist er dafür beweispflichtig, daß er rechtzeitig widersprochen hat.[305] Soweit – meist mündlich getroffene – Abreden im kaufmännischen Bestätigungsschreiben nicht enthalten sind, ist der Nachweis, daß solche vereinbart worden sind, gleichwohl möglich; die Partei, welche sich auf das Bestehen einer mündlichen Zusatzvereinbarung beruft, ist dafür beweispflichtig.[306]

IV. Die Verwendung von AGB gegenüber Ausländern als Kaufleute

1. Bei Exportverträgen

a) Die Ermittlung des Vertragsstatuts

Aus Artikel 31 Abs. 1 EGBGB folgt zwingend: Das Zustandekommen eines internatio- 79
nalen Distanzvertrages, einschließlich der materiellen Voraussetzungen, die über die Wirksamkeit von Angebot und Annahme entscheiden, beurteilen sich grundsätzlich nach dem für den Hauptvertrag maßgebenden Vertragsstatut.[307] Demzufolge vollzieht sich auch die Einbeziehung von AGBG-Klauseln – und deren Wirksamkeit – grundsätzlich nach dem Vertragsstatut. Dieses wird gemäß Artikel 27 Abs. 1 EGBGB entweder aufgrund ausdrücklicher oder stillschweigender Rechtswahl ermittelt.[308] Dabei liegt eine stillschweigende Rechtswahl, wie nunmehr Artikel 27 Abs. 1 EGBGB feststellt, nur dann vor, wenn sich die Rechtswahl mit hinreichender Sicherheit aus den Bestimmungen des Vertrages oder aus den Umständen des Falles ergibt.[309] Für eine derartige konkludente

---

[298] In der Sache auch Coester DB 1982, 1551, 1554.
[299] BGHZ 7, 137, 190; BGHZ 11, 1, 4; BGH BB 1970, 983.
[300] BGH NJW 1964, 589.
[301] BGH BB 1974, 524.
[302] RGZ 114, 282.
[303] BGH BB 1978, 321.
[304] BGH BB 1978, 321.
[305] RGZ 114, 282; Götz/Huhn, Das kaufmännische Bestätigungsschreiben, 82.
[306] BGH BB 1968, 1218; BGH WM 1977, 76.
[307] Palandt/Heldrich Art. 31 EGBGB Anm. 2a.
[308] Vgl. BGHZ 7, 231, 234; BGHZ 9, 34, 37; BGHZ 52, 239, 241; MünchKomm/Martiny vor Art. 12 EGBGB Rz. 6ff.; Staudinger/Firsching vor Art. 12 EGBGB Rz. 313ff. – alle zum früheren Recht.
[309] BGHZ 53, 189, 191; Übersicht bei Reithmann/Martiny, Internationales Vertragsrecht, Rz. 16ff.

Rechtswahl spricht insbesondere die Vereinbarung eines einheitlichen Gerichtsstandes.[310] Gleiches gilt dann, wenn ein einheitlicher Erfüllungsort vereinbart worden ist.[311]

80 Fehlt es an einer realen Rechtswahl, so entscheidet gemäß Artikel 28 EGBGB die hypothetische Rechtswahl: Aufgrund der Generalklausel von Artikel 28 Abs. 1 EGBGB gilt damit das Recht, mit welchem der Vertrag die engste Verbindung aufweist. Entsprechend der Vermutung von Artikel 28 Abs. 2 EGBGB ist das das Recht, welches die charakteristische Leistung beherrscht; diese wiederum wird dadurch ermittelt, daß auf die Vertragsleistungen abzustellen ist, welche dem Vertragstyp sein Gepräge gibt.[312] Bei Kaufverträgen ist dies stets die Leistung des Verkäufers, bei einem Werkvertrag erbringt der Unternehmer die charakteristische Leistung, bei einem Lizenzvertrag ist dies der Lizenzgeber. Dabei kommt es stets entscheidend darauf an, an welchem Ort die Partei, welche die charakteristische Leistung erbringt, im Zeitpunkt des Vertragsabschlusses ihren gewöhnlichen Aufenthaltsort hat.

b) Die ergänzende Sonderknüpfung gemäß Artikel 31 Abs. 2 EGBGB

81 Voraussetzung für das Eingreifen von Artikel 31 Abs. 2 EGBGB ist die Feststellung eines nach den Artikeln 27ff. EGBGB zu ermittelnden Vertragsstatuts, welches mit dem gewöhnlichen Aufenthaltsort der anderen Partei nicht übereinstimmt. Des weiteren ist auf die gesamten Umstände des Einzelfalls, insbesondere auf die bisherigen Gepflogenheiten der Parteien abzustellen. Daraus muß sich der Schluß ergeben, daß es nicht gerechtfertigt ist, die Wirkungen des Verhaltens der anderen Partei nach dem Vertragsstatut zu bemessen, so daß – im Hinblick auf ihr Annahmeverhalten – das Recht des eigenen, gewöhnlichen Aufenthaltsorts entscheidet. Damit knüpft Artikel 31 Abs. 2 EGBGB an die Theorie der „isolierten Anknüpfung" im Hinblick auf das vorkonsensuale Verhalten der Vertragsparteien an.[313]

82 Die praktische Relevanz von Artikel 31 Abs. 2 EGBGB bezieht sich vor allem auf das Schweigen der ausländischen Vertragspartei bei einem kaufmännischen Bestätigungsschreiben.[314] Freilich hat es auch in der Vergangenheit nicht an Gegenstimmen gefehlt.[315] Daraus ergeben sich im einzelnen folgende Ableitungen:

83 Ob eine **Offerte** wirksam die AGB des Verwenders einbezogen hat, ist nach dem Recht zu beurteilen, welches die Offerte beherrscht.[316] Die Frage, ob der Kunde Kaufmann ist, beurteilt sich dabei nach deutsch-rechtlichen Vorstellungen.[317]

84 Sofern der ausländische Kunde – ungeachtet der ihm zugegangenen Offerte – schweigt, beurteilt sich regelmäßig sein **Annahmeverhalten** nach seinem Aufenthalts- oder Wohnsitzrecht.[318] Dabei kommt es – unter Berücksichtigung von Artikel 31 Abs. 2 EGBGB – maßgebend darauf an, ob und inwieweit der ausländische Vertragspartner – gemessen am Prinzip des Vertrauensschutzes – schutzbedürftig und schutzwürdig ist, weil er nach den

---

[310] BGHZ 53, 189, 191; BGH AWD 1976, 447; OLG Hamburg RIW 1982, 205; OLG Hamburg RIW 1986, 462.

[311] Palandt/Heldrich Art. 27 EGBGB Anm. 2c m. w. N.

[312] Palandt/Heldrich Art. 28 EGBGB Anm. 2b.

[313] BGH AWD 1971, 589; BGH WM 1976, 1311; BGH NJW 1981, 1905; BGH VersR 1981, 975; LG Mainz, AWD 1972, 298 m. Anm. von Ebsen/Jayme; OLG Nürnberg AWD 1974, 404 m. Anm. von Linke; LG Zweibrücken AWD 1974, 223; OLG Hamburg RIW/AWD 1979, 482.

[314] Hierzu im einzelnen auch Jayme, Festschrift für Bärmann, 513; ders. ZHR 1978, 121; Ebenroth ZvglRWiss. 1978, 184ff.; Sandrock, Handbuch der Internationalen Vertragsgestaltung, Bd. 1, B 9ff.; MünchKomm/Martiny vor Art. 12 EGBGB Rz. 92.

[315] Stoll, Festschrift für Beitzke, 759, 763ff.; Erman/Arndt vor Art. 12 EGBGB, Vorbem. 10; Linke ZvglWiss. 1980, 2ff.

[316] Drobnig, Festschrift für Mann, 591, 606ff.; MünchKomm/Martiny vor Art. 12 EGBGB Rz. 96; obiter BGH WM 1976, 1311.

[317] Ulmer/Brandner/Hensen, AGBG, § 24 Rz. 15.

[318] Vgl. BGH RIW 1982, 589; OLG Frankfurt DB 1983, 104; OLG Hamm WM 1982, 1445, 1446.

Umständen des jeweiligen Falles nicht damit zu rechnen brauchte, sein Verhalten werde in rechtsgeschäftlicher Hinsicht nach anderen Grundsätzen als denen seines Aufenthalts- bzw. Wohnsitzrechts beurteilt.[319] Dieser Gesichtspunkt hat überragende Bedeutung, wenn der ausländische Vertragspartner – nach Erhalt eines kaufmännischen Bestätigungsschreibens – schweigt.[320] Als Faustregel kann man davon ausgehen: Während das deutsche Recht das Schweigen des Empfängers eines kaufmännischen Bestätigungsschreibens absenderfreundlich beurteilt, ist dies in den ausländischen Rechtsordnungen[321] keineswegs ohne weiteres der Fall.

Die für ein kaufmännisches Bestätigungsschreiben entwickelten Grundsätze gelten un- 85
ter Berücksichtigung von Artikel 31 Abs. 2 EGBGB auch im Hinblick auf das Schweigen des Empfängers einer modifizierten Auftragsbestätigung im Sinn des § 150 Abs. 2 BGB.[322] Die Anwendbarkeit der Sonderanknüpfung gemäß Artikel 31 Abs. 2 EGBGB wird auch prinzipiell nicht dadurch modifiziert, daß es sich um laufende Geschäftsbeziehungen zwischen den beiden Parteien handelt.[323] Demzufolge besteht auch bei einer modifizierten Auftragsbestätigung nur dann eine Widerspruchspflicht, wenn diese – unter Berücksichtigung aller Umstände – nach dem jeweiligen Aufenthalts- oder Wohnsitzrecht des Kunden geboten ist.[324] Indessen ist insoweit eine Ausnahme anzuerkennen: Bestehen laufende Geschäftsbeziehungen zwischen den Parteien und sind die früheren Verträge durchweg einer bestimmten Rechtsordnung unterworfen worden, dann ist für die Sonderanknüpfung gemäß Artikel 31 Abs. 2 EGBGB kein Platz, weil die dann vorliegenden Umstände eine Abweichung vom Einheitsstatut nicht rechtfertigen.

Ob man darüber hinaus eine Ausnahme von dem Grundsatz der Sonderanknüpfung 86
gemäß Artikel 31 Abs. 2 EGBGB zuläßt, ist stets abhängig von den Umständen des Einzelfalls. Begründbar ist eine solche Ausnahme zum Beispiel dann, wenn die Verwendung bestimmter AGB branchenüblich ist.[325] Dies ist zum Beispiel im Inter-Banken-Verkehr zu bejahen.[326] Dabei kommt es freilich entscheidend darauf an, welche der beiden Banken die vertragstypische Leistung erbringt, weil dann deren AGB gelten.[327] Gleiches gilt dann, wenn eine Spediteur-Leistung erbracht wird, weil diese grundsätzlich auf Basis der ADSp durchgeführt werden.[328]

Notwendigerweise endet die Sonderanknüpfung gemäß Artikel 31 Abs. 2 EGBGB, 87
wenn der jeweilige Vertragsabschluß – trotz seines Charakters als Distanzgeschäft – ein Inlandsgeschäft ist, zum Beispiel wenn der Vertrag in Deutschland unterzeichnet wird,[329] oder wenn der Vertrag über eine in Deutschland ansässige und hierzulande tätige Vertretung kontrahiert wird.[330] Daß die vertragstypische Leistung in Deutschland erbracht wird,

---

[319] Vgl. BGH AWD 1965, 30; BGH WM 1970, 1050; BGH WM 1973, 1238; BGH RIW/AWD 1976, 534; OLG Hamburg NJW 1980, 1238.

[320] OLG Hamburg NJW 1980, 1232; OLG Frankfurt DB 1983, 104; im einzelnen Ebenroth ZvglRWiss. 1978, 164ff.; Reithmann/Martiny, Internationales Vertragsrecht, Rz. 99; Sandrock, Handbuch der Internationalen Vertragsgestaltung, B 21ff.

[321] Hierzu Ebenroth a. a. O.

[322] NJW 1972, 391; LG Mainz AWD 1972, 298.

[323] Reithmann/Martiny, Internationales Vertragsrecht, Rdnr. 107; MünchKomm/Martiny vor Art. 12 EGBGB Rz. 94; Graf von Westphalen IWB 4 Deutschland Gruppe 2, 149, 154.

[324] Vgl. auch OLG Hamm WM 1982, 1445.

[325] Hierzu Sandrock, Handbuch der Internationalen Vertragsgestaltung, B 51ff.

[326] BGH NJW 1971, 2126; Ungnade WM 1973, 1130ff.; Ulmer/Brandner/Hensen, AGBG, Anh. zu § 2 Rz. 23; vgl. aber auch Jayme, Festschrift für Bärmann, 509, 514; Canaris, Bankvertragsrecht, Rdnr. 2518ff.

[327] Vgl. Canaris Rz. 2522; Pleyer/Battes DB 1971, 1291f.

[328] BGH NJW 1973, 2154; BGH NJW 1980, 1275; BGH RIW 1982, 55; OLG München AWD 1974, 279; OLG Frankfurt RIW/AWD 1980, 666; im einzelnen auch Hepting AWD 1975, 457ff.

[329] BGH AWD 1973, 631, 632.

[330] BGH AWD 1965, 30.

begründet freilich nicht in zureichender Weise, daß der Ausnahmetatbestand von Artikel 31 Abs. 2 EGBGB nicht zum Zuge gelangt. Denn die Sonderanknüpfung von Artikel 31 Abs. 2 EGBGB steht in einem auffallenden Spannungsverhältnis zu den Grundsätzen der hypothetischen Rechtswahl, wie sie nunmehr in Artikel 28 EGBGB gesetzt worden sind.

c) Beiderseitige Verwendung von AGB

88 Bei der kollidierenden Verwendung von AGB-Klauseln im grenzüberschreitenden Rechtsverkehr ist stets die Frage vorrangig zu prüfen, ob überhaupt ein Individualvertrag wirksam zustande gekommen ist oder ob ein Dissens vorliegt. Maßgebend ist dabei jeweils das Recht, welches Vertragsstatut ist.[331] Geht man davon aus, daß das Vertragsstatut des Anbietenden darüber entscheidet, ob ein bindendes Angebot vorliegt,[332] so entscheidet das Aufenthalts- bzw. Wohnsitzrecht des Annehmenden darüber, ob eine Annehmeerklärung vorliegt, insbesondere aber auch darüber, ob das Angebot des anderen Vertragspartners – wegen der kollidierenden AGB – überhaupt unverändert angenommen wurde.[333] Ist deutsches Recht Vertragsstatut, so gilt – wie im einzelnen dargestellt *(§ 8 Rz. 57ff.)* – dispositives Recht, soweit der Widerspruch der AGB reicht. Ist der Vertrag – trotz Dissenses der AGB – durch vorbehaltlose Erfüllung perfektioniert, so wird man – wegen des Dissenses in den AGB – stets nach dem Aufenthalts- oder Wohnsitzrecht des „Annehmenden" darüber zu befinden haben, ob der dadurch zustande gekommene Individualvertrag unter Berücksichtigung der AGB abgeschlossen ist.[334]

2. Das Sprachenstatut – die Vertragssprache

89 Auch im Rahmen des Vertragsabschlusses müssen sich die rechtsgeschäftlichen Erklärungen beider Parteien grundsätzlich nach der Sprache ausrichten, die dem anwendbaren Vertragsstatut entspricht.[335] Demzufolge müssen die einzubeziehenden AGB in der Vertrags- oder Verhandlungssprache dem ausländischen Kunden zur Kenntnis gebracht werden.[336] Dieser Gesichtspunkt ist nunmehr auch vom BGH ausdrücklich bestätigt worden.[337] Das Risiko, weder die Vertrags- noch die Verhandlungssprache in den AGB zu verwenden, geht deshalb ausschließlich zu Lasten des Erklärenden.[338] Es besteht keine Erkundigungspflicht des Empfängers eines Schreibens, das weder die AGB in der Vertrags- noch in der Verhandlungsprache wiedergibt.[339] Soweit der AGB-Verwender zwecks Einbeziehung seiner AGB einen „ausdrücklichen" Hinweis verwendet, muß zumindest dieser in der Verhandlungssprache erfolgen.[340] Unter dieser Voraussetzung besteht dann freilich eine Erkundigungspflicht, sofern lediglich der „ausdrückliche" Hinweis, nicht aber die AGB in der Vertrags- oder Verhandlungssprache abgefaßt sind. Ob man – wie in der Literatur vorgeschlagen[341] – für das Sprachenstatut eine Sonderanknüp-

---

[331] Palandt/Heldrich Art. 27 EGBGB Anm. 2c m. w. N.

[332] Vgl. auch Dreiss/von Borries JuS 1967, 54ff.; Drobnig, Festschrift für Mann, 591, 606ff.

[333] Vgl. Reithmann/Martiny, Internationales Vertragsrecht, Rz. 105.

[334] Vgl. auch Jayme ZHR 1978, 105, 122.

[335] Sandrock/Beckmann, Handbuch der Internationalen Vertragsgestaltung, B 186; Schlechtriem, Festschrift für Weitnauer, 129, 134ff.; Stoll, Festschrift für Beitzke, 759, 767.

[336] OLG Karlsruhe AWD 1972, 580; OLG Düsseldorf AWD 1974, 103; OLG Hamburg NJW 1980, 1232; OLG Frankfurt ZIP 1981, 630.

[337] BGH NJW 1983, 1489.

[338] Sandrock/Beckmann, Handbuch der Internationalen Vertragsgestaltung, B 202; insbesondere auch OLG Düsseldorf AWD 1974, 103; OLG Hamburg NJW 1980, 1232.

[339] A. M. Reinhart RIW/AWD 1977, 16, 19.

[340] OLG Frankfurt NJW 1977, 506, 507; OLG Frankfurt ZIP 1981, 630, 631; Ulmer/Brandner/Hensen, AGBG, Anh. zu § 2 Rz. 20.

[341] Jayme ZHR 1978, 105ff.

fung vornimmt, kann offen bleiben, weil das Annahmeverhalten nach Artikel 31 Abs. 2 EGBGB unter Berücksichtigung aller Umstände zu beurteilen ist, sofern keine ausdrückliche Annahmeerklärung vorliegt.[342] Um sicherzugehen, empfiehlt es sich freilich, die AGB dem ausländischen Vertragspartner in der Vertrags- oder Verhandlungssprache zugänglich zu machen. Hat der AGB-Verwender eine Klausel zweisprachig abgefaßt, wobei beide Fassungen voneinander abweichen, dann hat – mangels individualvertraglicher Abrede – keine den Vorrang, vielmehr liegt Dissens vor.[343]

§ 9. Auslegung von Haftungsfreizeichnungs- und Haftungsbegrenzungsklauseln

Die Unklarheitenregel des § 5 AGBG ist – wie allgemein anerkannt[1] – eine der bewährten Auslegungsregeln für AGB.[2] Auch war es Absicht des Gesetzgebers,[3] neben der Verankerung des Vorrangprinzips der Individualabrede gemäß § 4 AGBG und der Unklarheitenregel gemäß § 5 AGBG die übrigen Auslegungsgrundsätze für AGB unberührt zu lassen. 1

I. Der Grundsatz der objektiven Auslegung

Da AGB für eine Vielzahl von Anwendungsfällen vorformulierte Klauseln im Sinn von § 1 Abs. 1 AGBG darstellen, ist für ihre Auslegung nicht der Wille der jeweiligen Parteien des Individualvertrages entscheidend, sondern es findet eine objektiv-generelle Auslegung statt, welche die besonderen Umstände des Einzelfalls außer Betracht läßt.[4] Dabei kommt es zum einen auf den Wortlaut der AGB[5] an; mehr und mehr entscheidet jedoch auch eine – von den konkreten Umständen des Geschäfts absehende – Auslegung, die auf das gewöhnliche Verständnis der beteiligten Verkehrskreise abhebt.[6] So gesehen gibt jeweils das Verständnis des redlichen Durchschnittskunden Maß, so daß alle Auslegungsmittel, die sich dem typischerweise am Geschäft dieser Art beteiligten Durchschnittskunden verschließen, nicht herangezogen werden dürfen.[7] Dabei setzt sich – bezogen auf den nichtkaufmännischen Verkehr – auch die Figur des rechtlich nicht vorgebildeten Durchschnittskunden durch.[8] Dieser Begriff variiert entsprechend der branchenspezifischen Besonderheit, welche durch die AGB-Klausel bedingt ist.[9] Juristisches Fachwissen ist weder erforderlich noch wird es erwartet.[10] Neben dem Wortlaut hat auch die systematische Stellung der AGB-Klausel wesentliche Bedeutung.[11] Dies gilt auch insoweit, als AGB-Klauseln typischerweise gegenüber Kaufleuten Verwendung finden.[12] 2

---

[342] Kritisch Linke ZvglRWiss. 1979, 46ff.; Schlechtriem, Festschrift für Weitnauer, 129ff., 134; Sandrock/Beckmann, Handbuch der Internationalen Vertragsgestaltung, B 180ff.; 248ff.

[343] OLG Hamburg ZIP 1981, 170.

[1] Löwe/Graf von Westphalen/Trinkner, AGBG, § 5 Rz. 1; Erman/Hefermehl, ABGB, § 5 Rz. 1; Staudinger/Schlosser, AGBG, § 5 Rz. 1; Ulmer/Brandner/Hensen, AGBG, § 5 Rz. 7.

[2] Palandt/Heinrichs, AGBG, §§ 4, 5 Anm. 1.

[3] BT-Drucks. 7/5422. 5.

[4] BGHZ 17, 1, 3; BGHZ 62, 251, 254; BGH WM 1985, 1228, 1229.

[5] BGHZ 7, 365, 368.

[6] BGHZ 22, 90, 98; BGHZ 33, 216, 218; BGHZ 60, 174, 177; BGHZ 84, 268, 272, 273.

[7] BGHZ 60, 174, 177; BGH BB 1984, 1511, 1512.

[8] BGH BB 1981, 389, 391.

[9] BGH BB 1976, 156 – unvoreingenommener Leser; BGH BB 1984, 1071, 1072 – verständiger Versicherungsnehmer; BGH BB 1981, 389, 391 – Durchschnittskäufer.

[10] BGH BB 1981, 389, 391; OLG Düsseldorf WM 1984, 1080, 1086.

[11] BGH NJW 1977, 379, 381; BGH NJW 1985, 320, 324.

[12] BGH BB 1977, 162.

3 Sieht man von Ausnahmen ab,[13] so stimmt die überwältigende Mehrheit der Literatur der von der Rechtsprechung entwickelten Auffassung zu.[14] In bezug auf Haftungsfreizeichnungs- und Haftungsbegrenzungsklauseln hat sich freilich – begrenzt auf den Individualprozeß – eine hiervon abweichende Auffassung herauskristallisiert:[15] Sofern zum Beispiel eine Haftungsfreizeichnungs- oder Haftungsbegrenzungsklausel nicht entsprechend den Kriterien von § 11 Nr. 7 AGBG zwischen grobem und einfachem Verschulden differenziert, soll eine ex-post-Betrachtung einsetzen. Denn eine solche Klausel enthält sowohl unangemessene als auch wirksame Bestandteile. Hiernach kommt es entscheidend im Rahmen eines Individualprozesses darauf an, ob die Umstände derart sind, daß ein grobfahrlässiges Verhalten im Sinn von § 11 Nr. 7 AGBG tatsächlich vorliegt, weil nur unter dieser Voraussetzung die Klausel unwirksam ist, nicht aber darauf, ob lediglich leichte Fahrlässigkeit als Schadensursache in Betracht kommt. Wie jedoch *Ulmer*[16] mit Recht feststellt, zielt diese Ansicht letzten Endes darauf ab, die ,,geltungserhaltende Reduktion" zu sanktionieren (hierzu im einzelnen *§ 9 Rz. 15ff.*). Darüber hinaus verstößt diese Ansicht gegen die etablierten Grundsätze der generell-abstrakten Auslegung, welche auch losgelöst von den jeweiligen Umständen des Einzelfalls für die Inhaltskontrolle gemäß §§ 9ff. AGBG Maß gibt. Deshalb ist der h. M. zu folgen.

II. Die Unklarheitenregel gemäß § 5 AGBG

4 Notwendigerweise setzt das Eingreifen der Unklarheitenregel gemäß § 5 AGBG voraus, daß bei der Auslegung von AGB Zweifel verbleiben und eine Mehrdeutigkeit festgestellt wird.[17] Maßgebend kommt es hierbei darauf an, daß – unter Berücksichtigung der Perspektive eines redlichen Durchschnittskunden – Zweifel am Sinngehalt der AGB-Klausel bestehen bleiben.[18] Anders gewendet: Die Voraussetzung für die Anwendbarkeit der Unklarheitenregel gemäß § 5 AGBG ist es, daß – nach Ausschöpfung der in Betracht kommenden Auslegungsmethoden – ein nicht behebbarer Zweifel verbleibt, so daß mindestens zwei Auslegungen rechtlich vertretbar sind.[19] Unter Berücksichtigung der gebotenen generalisierenden Auslegung ist es deshalb nicht ausreichend, wenn – nach Erschöpfung aller Auslegungsmethoden – lediglich fern abliegende Zweifel verbleiben, deren Relevanz auf Ausnahmesituation beschränkt ist.

5 Nach der Judikatur ist freilich hierbei zwischen einem **Individualprozeß** und einem **Verbandsprozeß** gemäß §§ 13ff. AGBG zu differenzieren: Während im Individualprozeß die kundenfreundlichste Auslegung Maß gibt, gilt für den Verbandsprozeß gemäß §§ 13ff. AGBG die kundenfeindlichste Auslegung.[20] Diese Methode findet darin ihre Rechtfertigung, daß nur so die AGB-Kontrolle effizient durchgeführt werden kann.[21] Umgekehrt: Im Individualprozeß ist diejenige Auslegung bei einer mehrdeutigen Klausel zu bevorzugen, welche dem Kunden die meisten Rechte gewährt. Dies ist insbesondere im Zusammenhang mit Haftungsfreizeichnungs- und Haftungsbegrenzungsklauseln von hoher Wichtigkeit.

---

[13] Wolf/Horn/Lindacher AGBG, § 5 Rz. 6; Staudinger/Schlosser, AGBG, § 5 Rz. 18, 22.

[14] Löwe/Graf von Westphalen/Trinkner, AGBG, § 5 Rz. 4ff.; Ulmer/Brandner/Hensen, AGBG, § 5 Rz. 20ff.; Palandt/Heinrichs, AGBG, §§ 4, 5 Anm. 3; Erman/Hefermehl, AGBG, § 5 Rz. 3.

[15] Basedow AcP 182 (1982), 335, 357.

[16] Ulmer/Brandner/Hensen, AGBG, § 5 Rz. 19.

[17] BGH NJW 1982, 2662, 2663; BGH BB 1984, 1511; BGH WM 1986, 387, 388.

[18] BGH WM 1984, 944; BGH BB 1984, 1511, 1512; BGH WM 1985, 24, 25.

[19] Palandt/Heinrichs, AGBG, §§ 4, 5 Anm. 4a; Ulmer/Brandner/Hensen, AGBG, § 5 Rdnr. 26.

[20] BGH NJW 1980, 831, 832; BGH NJW 1985, 320, 321; BGH NJW 1985, 2271, 2272; BGH NJW 1986, 46, 47.

[21] Staudinger/Schlosser, AGBG, § 5 Rz. 7; Wolf/Horn/Lindacher § 5 Rz. 32; Löwe/Graf von Westphalen/Trinkner, Großkommentar, Bd. II, § 13 Rz. 7; Ulmer/Brandner/Hensen, AGBG, § 5 Rz. 6.

III. Auslegungsmaßstäbe bei Haftungsfreizeichnungs- und Haftungsbegrenzungsklauseln

1. Die am Wortlaut der Klausel ausgerichtete Auslegung

Da Haftungsfreizeichnungs- und Haftungsbegrenzungsklauseln Abweichungen vom 6
dispositiven Recht zum Nachteil des Kunden enthalten, muß die dadurch verursachte Risikoverlagerung für den Durchschnittskunden, der typischerweise an Rechtsgeschäften der betreffenden Art beteiligt ist, eindeutig und verständlich sein.[22] Deshalb kommt es entscheidend darauf an, ob die jeweilige Haftungsfreizeichnungs- oder Haftungsbegrenzungsklausel – von ihrem Wortlaut her – den in Rede stehenden Haftungstatbestand überhaupt erfaßt; soweit dies nicht – nach Erschöpfung aller Auslegungsmethoden – zutrifft, gilt gemäß § 6 Abs. 1 AGBG das dispositive Recht.[23] Dieses Ergebnis hat nicht unbedingt etwas mit dem Restriktionsprinzip zu tun, wonach Haftungsfreizeichnungs- und Haftungsbegrenzungsklauseln eng, d. h. gegen die Interessen des AGB-Verwenders auszulegen sind.[24] Vielmehr reicht die Anwendung der zuvor dargestellten Auslegungsgrundsätze aus, dieses Ergebnis wie folgt zu begründen:

Erfaßt also die **sprachlich-gegenständliche Fassung** der Haftungsfreizeichnungs- oder 7
Haftungsbegrenzungsklausel den geltend gemachten Schaden unter Berücksichtigung des reklamierten Anspruchs überhaupt nicht, so gilt § 6 Abs. 1 AGBG, wie folgende Beispielsfälle beweisen: Eine Gewährleistungsregel für Material- oder Bearbeitungsfehler erfaßt nicht Konstruktionsfehler.[25] Der Ausschluß von Schadensersatzansprüchen unter der Rubrik „Beanstandungen" ist keine Haftungsfreizeichnung für Schadensersatzansprüche, die aus fehlerhafter Beratung hergeleitet werden.[26] Wird die Schadensersatzhaftung auf den „Ersatz des unmittelbaren Schadens am Bauwerk" beschränkt, so bezieht sich diese Haftungsbegrenzung nicht auf Koordinationsfehler des Architekten.[27] Bei einer individualvertraglichen Zusicherung, daß der Gebrauchtwagen „in einwandfreiem technischen Zustand übergeben" wird, bezieht sich die Klausel, daß „ein Schadensersatz nicht besteht", nicht auf diesen Anspruch; gleiches gilt für die Klausel: „Gebraucht, wie besichtigt, und Ausschluß jeder Gewährleistung".[28]

Notwendigerweise unterliegt der Wortlaut einer jeden Haftungsfreizeichnungs- oder 8
Haftungsbegrenzungsklausel der **juristischen Wertung** im Hinblick auf den geltend gemachten Anspruch. Denn nur so ist die vom dispositiven Recht abweichende Risikoverlagerung angemessen zu berücksichtigen, sofern sie nicht eindeutig und unmißverständlich ist.[29] Deshalb ist der Haftungsausschluß für Mangelfolgeschäden nicht gleichbedeutend mit einer Freizeichnung für die Haftung wegen entgangenen Gewinns und sonstiger Mangelschäden.[30] In gleicher Weise ist der Haftungsausschluß für „mittelbare und unmittelbare Schäden" – im Rahmen der Gewährleistung – nicht geeignet, solche Schäden zu erfassen, die erst aus der schuldhaften Verletzung der Nachbesserungspflicht resultieren.[31] Auch ist die Begrenzung des Schadensersatzes auf den „unmittelbaren Schaden am Bauwerk" nicht geeignet, Ansprüche des Bauherrn gegen den Architekten aus § 823 BGB zu erfassen, sofern im Gebäude lagernde Sachen des Bauherrn beschädigt werden.[32]

---

[22] BGHZ 47, 312; BGH BB 1977, 516; BGH BB 1978, 827; BGH BB 1979, 243.
[23] Statt aller Palandt/Heinrichs, AGBG, §§ 4, 5 Anm. 5.
[24] Hierzu kritisch Ulmer/Brandner/Hensen, AGBG, § 5 Rz. 37ff.
[25] OLG Celle BB 1970, 513.
[26] BGHZ 47, 312.
[27] BGH BB 1977, 516.
[28] BGH BB 1979, 243.
[29] BGH BB 1979, 698.
[30] BGH BB 1972, 382.
[31] BGH DB 1975, 2426.
[32] BGH NJW 1975, 1315.

9 So gesehen kommt es auch auf die **systematische Stellung** der jeweiligen Haftungsfreizeichnungs- oder Haftungsbegrenzungsklausel entscheidend an. Denn die nach § 2 AGBG erforderliche Verständlichkeit und Lesbarkeit des Klauselwerks ist Voraussetzung einer wirksamen Einbeziehung – ein Gesichtspunkt, der auch im kaufmännischen Verkehr Relevanz besitzt.[33] Deshalb: Eine gewährleistungsspezifische Haftungsfreizeichnungsklausel unter der Rubrik ,,Haftung für Mängel der Lieferung" erfaßt nicht etwaige Ansprüche aus der Produkthaftung gemäß § 823 Abs. 1 BGB, und zwar auch dann nicht, wenn die Haftungsfreizeichnungsklausel abschließend lautet: ,,Weitere Ansprüche des Käufers bzw. des Bestellers, insbesondere ein Anspruch auf Ersatz von Schäden, die nicht an dem Liefergegenstand selbst, sondern nur mittelbar durch diesen entstanden sind, werden von uns in keinem Fall anerkannt".[34] Das gleiche gilt dann, wenn und soweit die Haftungsfreizeichnungsklausel nicht unmißverständlich klarstellt, daß sie sich auch auf Ansprüche aus Delikt bezieht, was zum Beispiel für die Klausel abzulehnen ist, wonach ,,ein Anspruch auf Wandelung, Minderung oder Schadensersatz nicht besteht".[35] Anders ist es dann, wenn die Klausel dahin lautet, daß ,,Schadensersatzansprüche des Bestellers aus positiver Forderungsverletzung, aus der Verletzung von Pflichten bei den Vertragsverhandlungen und aus unerlaubter Handlung" ausgeschlossen werden.[36] Gleiches gilt dann, wenn sich die Haftungsfreizeichnungs- oder Haftungsbegrenzungsklausel – außerhalb der Gewährleistungsregelung und damit an systematisch richtiger, d. h. gesonderter Stelle – unter der Rubrik ,,Haftung" befindet.[37] Unter dieser Perspektive haben Überschriften in dem AGB-Klauselwerk weitreichende Bedeutung. Denn eine Klausel, die nicht in den Sachzusammenhang gehört, der durch die Überschrift bezeichnet ist, gilt als unklar und ist deshalb nicht geeignet, das dispositive Recht zu verdrängen.[38] Anders ist deshalb zu urteilen, wenn die Überschrift generell ,,Haftung" lautet[39] oder wenn sie sich auf ,,sonstige Schadensersatzansprüche" bezieht.[40]

2. Unterschiedliche Auslegungskriterien gegenüber Nichtkaufleuten oder Kaufleuten?

10 Es ist – unter Berücksichtigung von § 24 AGBG – allgemein anerkannt, daß im Anwendungsbereich von § 5 AGBG grundsätzlich keine Differenzierung danach erfolgt, ob die AGB-Klauseln gegenüber einem Nicht-Kaufmann oder gegenüber einem Kaufmann Verwendung finden.[41] Freilich bedeutet dies nicht, daß für die Auslegung von AGB-Klauseln – verglichen mit dem nicht-kaufmännischen Bereich – keinerlei Besonderheiten bestehen; vielmehr ist davon auszugehen, daß Kaufleute typischerweise einen höheren Kenntnisstand besitzen und aufgrund ihrer Erfahrung deshalb besser in der Lage sind, AGB-Klauseln zutreffend zu werten.[42]

Dies hat – vor allem auch unter Berücksichtigung des Transparenzgebots – die Frage aufgeworfen, ob in bezug auf die Verwendung von Haftungsfreizeichnungs- oder Haftungsbegrenzungsklauseln eine Differenzierung zwischen der Verwendung solcher Klauseln gegenüber einem Nicht-Kaufmann oder gegenüber einem Kaufmann vorzunehmen

---

[33] BGH BB 1977, 162 – Schwimmschalter.
[34] BGH BB 1977, 162 – Schwimmschalter.
[35] BGH BB 1979, 243.
[36] BGH ZIP 1985, 687, 689.
[37] BGH BB 1979, 698.
[38] BGHZ 47, 312 – ,,Beanstandungen"; BGH BB 1970, 898 – ,,Gewährleistung"; BGH BB 1977, 162 – ,,Gewährleistung".
[39] BGH BB 1979, 698.
[40] BGH ZIP 1985, 687.
[41] Vgl. Löwe/Graf von Westphalen/Trinkner, AGBG, § 5 Rz. 5; Staudinger/Schlosser, AGBG, § 5 Rdnr. 29; Erman/Hefermehl, AGBG, § 5 Rz. 16.
[42] Ulmer/Brandner/Hensen, AGBG, § 5 Rz. 44.

ist.[43] Dabei ist ein Doppeltes im Auge zu behalten: Jede Haftungsfreizeichnungs- oder Haftungsbegrenzungsklausel bringt im Vergleich zum dispositiven Recht eine Risikoverlagerung zu Lasten des Kunden, so daß notwendigerweise an das generelle Verständnis des Kunden anzuknüpfen ist: So gesehen wird aber der Nicht-Kaufmann – prototypisch gewertet – als ein Durchschnittskunde zu qualifizieren sein, der rechtsunkundig ist.[44] Dies aber bringt es zwingend mit sich, daß die Verwendung juristischer Terminologie zu unterbleiben hat.[45] Gerade unter Berücksichtigung des typischen Verständnisses eines rechtlich nicht vorgebildeten Durchschnittskunden ist an anderer Stelle vorgeschlagen worden,[46] die in § 11 Nr. 10b AGBG aufgeführten Fälle des ,,Fehlschlagens" der Nachbesserung/Ersatzlieferung exakt aufzuführen, um auf diese Weise eine klauselmäßige Transparenz zu sichern.[47] Daraus folgt im einzelnen:

a) Im kaufmännischen Verkehr

Im kaufmännischen Verkehr genügt der AGB-Verwender im Hinblick auf Haftungs- 11
freizeichnungs- und Haftungsbegrenzungsklauseln dem zuvor apostrophierten Tranparenzgebot, wenn sich aus der Klauselfassung ergibt, daß die jeweilige Haftungsfreizeichungs- oder Haftungsbegrenzungsklausel an systematisch zutreffender Stelle plaziert ist und sich mithin auf die Ansprüche erstreckt, die Gegenstand der jeweiligen Schadensersatzforderung des Kunden sind.[48] Demzufolge reicht es aus, wenn die Haftungsfreizeichnungsklausel den ,,Ersatz von Schäden irgendwelcher Art" erfaßt.[49] Insbesondere ist es ausreichend, wenn die Haftungsfreizeichnungs- oder Haftungsbegrenzungsklausel ganz dezidiert von ,,Schadensersatzansprüchen des Bestellers aus positiver Forderungsverletzung, aus der Verletzung von Pflichten bei den Vertragsverhandlungen und aus unerlaubter Handlung"[50] spricht. Gerade im kaufmännischen Verkehr ist es nicht erforderlich, daß die Haftungsfreizeichnungs- oder Haftungsbegrenzungsklausel ausdrücklich ,,Ansprüche aus unerlaubter Handlung" als solche bezeichnet.[51] Vielmehr ist es auch nach Auffassung des BGH ausreichend, wenn klargestellt ist, daß ,,Schadensersatz auch aus außervertraglicher Haftung nicht geleistet wird".[52] Voraussetzung ist freilich, daß sich Sinn und Zweck der jeweiligen Klausel – als Haftungsfreizeichnungs- oder Haftungsbegrenzungsklausel – ,,durch die Formulierung der Klausel und ihre systematische Einordnung in die AGB unmißverständlich"[53] herleiten lassen. Soll sich darüber hinaus die Haftungsfreizeichnungs- oder Haftungsbegrenzungsklausel auch auf Schadensersatzansprüche aus Verschulden bei Vertragsabschluß beziehen, muß auch dies – eindeutig und an systematisch richtiger Stelle – zum Ausdruck gebracht werden.[54] Das gleiche gilt für Ansprüche aus positiver Vertragsverletzung, unabhängig davon, ob diese auf Ersatz des Mangelfolgeschadens gerichtet sind oder nicht.[55] Will der AGB-Verwender sicherstellen, daß die

[43] Löwe/Graf von Westphalen/Trinkner, Großkommentar, Bd. III – Freizeichnungsklauseln, Rdnr. 8; a. M. Schmidt-Salzer, Produkthaftung, Bd. II, Rz. 3180.

[44] BGH BB 1981, 389, 391.

[45] BGH NJW 1981, 867; BGH NJW 1982, 31; BGH NJW 1982, 2380; a. M. Fehl BB 1983, 225 – betreffend die Verwendung der Termini ,,Wandelung"/,,Minderung".

[46] Löwe/Graf von Westphalen/Trinkner, Großkommentar, Bd. II, § 11 Nr. 10b Rdnr. 15f.

[47] A. M. Ulmer/Brandner/Hensen, AGBG, § 11 Nr. 10 Rz. 35; vgl. aber auch BGH NJW 1985, 623, 630 – Opel-Vertragshändler: kaufmännischer Bereich.

[48] BGH NJW 1979, 2148 – Kartonmaschine; BGH ZIP 1985, 687 – Brandschaden.

[49] BGH NJW 1979, 2148 – Kartonmaschine.

[50] BGH ZIP 1985, 687, 689 – Brandschaden.

[51] BGH NJW 1979, 2148 – Kartonmaschine.

[52] BGH NJW 1979, 2148, 2149 – Kartonmaschine.

[53] BGH a. a. O.

[54] VGl. BGH ZIP 1985, 687, 689 – Brandschaden.

[55] Vgl. Löwe/Graf von Westphalen/Trinkner, Großkommentar, Bd. III, Freizeichnungsklausel – Rz. 9.

Haftungsfreizeichnungs- oder Haftungsbegrenzungsklausel auch Schadensersatzansprüche aus Unmöglichkeit erfaßt,[56] muß auch dies – wiederum: eindeutig und an systematisch richtiger Stelle – zum Ausdruck gebracht werden. Daraus folgt unmittelbar, daß sich eine Haftungsfreizeichnungs- oder Haftungsbegrenzungsklausel nicht auf deliktrechtliche Ansprüche bezieht, soweit sie innerhalb der Gewährleistungsregeln erwähnt wird, weil dies die systematisch verfehlte Stelle ist.[57] Um das Gebot der Transparenz zu erfüllen, tut also der AGB-Verwender gut daran, eine anspruchsspezifische Enumeration – an systematisch richtiger Stelle – in seinem Klauselwerk vorzusehen, um so sicherzustellen, daß die verwendete Haftungsfreizeichnungs- oder Haftungsbegrenzungsklausel allumfassend ist.[58] Soweit diesem Gebot Genüge getan ist,[59] reicht es aus, wenn darüber hinaus – praktisch als Auffangtatbestand – alle ,,sonstigen Ansprüche" auf Schadensersatz erfaßt werden.[60]

b) Im nicht-kaufmännischen Verkehr

12 Ausdrücklich offengelassen hat der BGH die Antwort auf die Frage, ob die vorerwähnten Grundsätze auch im nicht-kaufmännischen Bereich gelten oder ob hier nicht strengere Maßstäbe – bezogen auf das Gebot der Eindeutigkeit und der Verständlichkeit – anzulegen sind.[61] Dies wird man bejahen müssen.[62] Denn der nicht-kaufmännische Kunde muß in der Lage sein, die aus der Haftungsfreizeichnungs- oder Haftungsbegrenzungsklausel resultierende Risikoverlagerung – verglichen mit dem dispositiven Recht – exakt zu beurteilen. Deshalb muß auch der AGB-Verwender davon absehen, juristische Termini zu verwenden: An systematisch zutreffender Stelle muß er vielmehr durch die Formulierung der Haftungsfreizeichnungs- oder Haftungsbegrenzungsklausel ,,unmißverständlich" klarstellen,[63] daß zum Nachteil des Kunden eine Risikoverlagerung gewollt ist.

13 Deshalb geht es nicht an, von ,,deliktsrechtlichen" Ansprüchen zu sprechen; und es erscheint auch zweifelhaft, ob es mit dem Inhalt des Transparenzgebots vereinbar ist, von Schadensersatzansprüchen ,,aus unerlaubter Handlung"[64] zu sprechen. Hingegen ist es ausreichend, wenn der AGB-Verwender den Begriff ,,außervertragliche Haftung"[65] verwendet. Unter der Perspektive von § 5 AGBG ist es auch nicht zu beanstanden, wenn in diesem Zusammenhang ,,Schadensersatzansprüche aus der Produzentenhaftung" Erwähnung finden, weil diese Haftungsfigur gerade gegenüber dem Verbraucher ausreichend bekannt ist. Es fügt sich in dieses Bild, daß der juristische Terminus ,,positive Forderungsverletzung"[66] zu vermeiden ist.[67] Denn mit diesem Begriff kann der rechtlich nicht vorgebildete Durchschnittskunde[68] nichts anfangen. Selbstverständlich gilt gleiches, soweit der Terminus der ,,positiven Vertragsverletzung" Verwendung gefunden hat. Demzufolge wird man in diesem Bereich eine Umschreibung wählen müssen: Soweit Ansprüche aus positiver Vertragsverletzung dem Zweck dienen, Schadensersatzansprüche wegen Mangelfolgeschäden zu reklamieren *(§ 4 Rz. 8ff.)*, reicht dieser Bezugsrahmen aus:

---

[56] Vgl. OLG Frankfurt BB 1984, 300 – Computersystem.
[57] BGH BB 1977, 162 – Schwimmschalter.
[58] Vgl. Löwe/Graf von Westphalen/Trinkner, Großkommentar, Bd. III – Freizeichnungsklausel, Rz. 10.
[59] Vgl. die Klauselfassung BGH ZIP 1985, 687, 689 – Brandschaden.
[60] Vgl. BGH NJW 1979, 2148 – Kartonmaschine.
[61] BGH NJW 1979, 2148, 2149 – Kartonmaschine.
[62] Löwe/Graf von Westphalen/Trinkner, Großkommentar, Bd. III – Freizeichnungsklauseln Rz. 11; a. M. Schmidt-Salzer, Produkthaftung, Bd. II, Rz. 3.180.
[63] BGH NJW 1979, 2148, 2149 – Kartonmaschine.
[64] BGH ZIP 1985, 687, 689 – Brandschaden.
[65] BGH NJW 1979, 2148, 2149 – Kartonmaschine.
[66] BGH ZIP 1985, 687, 689 – Brandschaden.
[67] Löwe/Graf von Westphalen/Trinkner, Großkommentar, Bd. III – Freizeichnungsklausel Rz. 12.
[68] BGH BB 1981, 389, 391.

Es ist dem Nicht-Kaufmann ausreichend verständlich, wenn von ,,Schadensersatzansprüchen wegen Folgeschäden" oder von ,,Schadensersatzansprüchen wegen Mangelfolgeschäden" die Rede ist.[69] Und im Hinblick auf Ansprüche aus positiver Vertragsverletzung, die außerhalb der Gewährleistung geltend gemacht werden können *(§ 4 Rz. 11ff.)* sollte zweckmäßigerweise von Ansprüchen gesprochen werden, die aus der ,,Verletzung von vertraglichen oder gesetzlichen Nebenpflichten" resultieren.[70] Der juristische Terminus ,,culpa in contrahendo" muß ebenfalls vermieden werden. Er ist durch den durchaus verständlichen Begriff der ,,Verletzung von Pflichten bei Vertragsverhandlungen"[71] zu ersetzen. Gerade im nicht-kaufmännischen Bereich ist – an systematisch zutreffender Stelle – eine exakte Enumeration der für eine Haftungsfreizeichnungs- oder Haftungsbegrenzungsklausel in Betracht kommenden Tatbestände erforderlich, weil es sicherlich im Sinn des Transparenzgebots nicht mehr ausreicht, wenn sich die Haftungsfreizeichnungs- oder Haftungsbegrenzungsklausel auf ,,jegliche Schadensersatzhaftung" bezieht.[72] Insbesondere ist dann unklar, ob sich eine solche Haftungsfreizeichnungs- oder Haftungsbegrenzungsklausel auch auf Ansprüche gemäß § 823 BGB bezieht.

14 Die Forderung nach ausreichender **Transparenz** von Haftungsfreizeichnungs- und Haftungsbegrenzungsklauseln hat nichts mit einer nachteiligen ,,Voreinstellung des Gerichts"[73] zu tun, sondern ist die unmittelbare Konsequenz der durch Präjudizien verfestigten Anwendung der Unklarheitenregel von § 5 AGBG. Diese dient zwingend – sowohl im nicht-kaufmännischen Bereich als auch im kaufmännischen Verkehr – dazu, daß die nicht eindeutig, unmißverständlich – und an systematisch richtiger Stelle – von einer Freizeichnungs- oder Begrenzungsklausel erfaßten gesetzlichen oder vertraglichen Haftungstatbestände zugunsten des Kunden eingreifen. Anders gewendet: Die durch Auslegung zu ermittelnden Wirksamkeitsgrenzen von Haftungsfreizeichnungs- und Haftungsbegrenzungsklauseln beziehen sich – freilich mit unterschiedlichen Nuancen im nichtkaufmännischen Bereich und im kaufmännischen Verkehr – nur auf die Tatbestände, die unmißverständlich formuliert und an systematisch richtiger Stelle verankert sind; soweit dies nicht zutrifft, gilt das dispositive Recht gemäß § 6 Abs. 1 AGBG.

IV. Das Verbot der geltungserhaltenden Reduktion – Umfang der Unwirksamkeit von AGB-Klauseln

1. Das Verbot der geltungserhaltenden Reduktion – § 6 Abs. 2 AGBG

a) Der Standpunkt der Rechtsprechung

15 Seit einiger Zeit vertritt die BGH-Judikatur die Auffassung, eine geltungserhaltende Reduktion unwirksamer AGB-Klauseln – d. h. einer Rückführung der AGB-Klausel auf ihren gerade noch wirksamen Kern – sei schlechthin unzulässig.[74] Es entspricht deshalb gefestigter Rechtsprechung des BGH, Klauseln in AGB, welche gegen die §§ 9–11 AGBG verstoßen, grundsätzlich als insgesamt unwirksam zu behandeln, ohne sie auf dem Wege einer geltungserhaltenden Reduktion auf den Restbestand zurückzuführen, mit dem sie – nicht mehr – in Widerspruch zu den §§ 9 bis 11 AGBG stehen.[75] Entscheidend ist in diesem Zusammenhang: Der Zweck der AGBG gebietet es, den Kunden vor der Verwen-

[69] Löwe/Graf von Westphalen/Trinkner a. a. O.
[70] Löwe/Graf von Westphalen/Trinkner a. a. O.
[71] BGH ZIP 1985, 687, 689 – Brandschaden.
[72] So auch mit Recht Schmidt-Salzer, Produkthaftung, Bd. II, Rz. 3.181.
[73] So aber Schmidt-Salzer, Produkthaftung, Bd. II Rz. 3.181a.
[74] BGH NJW 1982, 2309; BGH NJW 1983, 662; BGH NJW 1984, 1177; BGH NJW 1984, 2404; BGH NJW 1985, 319; BGH ZIP 1986, 32.
[75] BGH ZIP 1986, 32, 34.

dung unwirksamer AGB-Klauseln zu schützen und damit „auf einen den Interessen beider Seiten gerecht werdenden Inhalt" von AGB-Klauselwerken hinzuwirken.[76] Dieses Ziel aber würde unterlaufen, „wenn es dem Verwender möglich bliebe, seine Allgemeinen Geschäftsbedingungen einseitig in seinem Interesse auszugestalten, um es dann der Initiative seines Vertragspartners und den Gerichten zu überlassen, daß derartige Klauseln auf das gerade noch zulässige Maß zurückgeführt werden".[77] Während anfangs der BGH die Antwort auf die Frage noch offen ließ, ob – wegen der Unwirksamkeit einer einzelnen AGB-Klausel – das Verbot der geltungserhaltenden Reduktion oder eine ergänzende Vertragsauslegung zur Anwendung berufen sei,[78] steht nunmehr die Auffassung des BGH fest: Nur dann, wenn die Unwirksamkeit einer AGB-Klausel „eine Lücke in der gesetzlichen Regelung offenbart, die die beteiligten Interessen beider Parteien unangemessen geregelt sein" ließe,[79] kommt unter Berücksichtigung der §§ 133, 157 BGB eine ergänzende Vertragsauslegung in Betracht, ohne daß dies gegen das Verbot der geltungserhaltenden Redaktion verstößt.[80]

16 Bei der Begründung des Verbots der geltungserhaltenden Reduktion macht die BGH-Judikatur bislang keinen Unterschied, ob es sich um eine AGB-Klausel im nicht-kaufmännischen Bereich oder im kaufmännischen Verkehr handelt.[81] Das Verbot der geltungserhaltenden Reduktion gilt auch für Haftungsfreizeichnungs- oder Haftungsbegrenzungsklauseln, die gegen das Verbot von § 11 Nr. 7 AGBG verstoßen;[82] auch die instanzgerichtliche Judikatur ist dieser Linie gefolgt.[83]

2. Der Standpunkt der Literatur

17 Die ganz überwiegende Auffassung in der Literatur geht gleichfalls dahin, die geltungserhaltende Reduktion abzulehnen.[84] Teilweise wird aber auch eine hiervon abweichende Meinung vertreten.[85] Vor allem dann, wenn eine bestimmte AGB-Klausel zu weit gefaßt ist, soll – nach dieser Auffassung – eine geltungserhaltende Reduktion stattfinden, weil es dem AGB-Verwender schlechterdings unmöglich und auch nicht zumutbar ist, für alle Eventualitäten eine – wirksame – AGB-Klausel zu formulieren.[86] So gesehen unterscheidet *Schmidt-Salzer*[87] zwischen AGB-Klauseln, die in ihrem „Klauselkern"[88] unwirksam sind und solchen, in denen lediglich der „Grenzbereich der Klausel"[89] betroffen ist: Im ersten Fall soll die Klausel gemäß § 6 Abs. 2 AGBG unwirksam sein, während im zweiten Fall das Verbot der geltungserhaltenden Reduktion nicht eingreifen soll. Eine andere Ansicht[90] zielt darauf ab, die Unwirksamkeit der jeweiligen AGB-Klausel davon abhängig zu machen, daß der AGB-Verwender im konkreten Einzelfall sich auf eine insofern wirksame Klausel beruft, welche generell gegen die Verbote der §§ 9ff. AGBB gerichtet ist –

---

[76] BGH ZIP 198, 32, 35.
[77] BGH a. a. O.
[78] BGH BB 1983, 662, 663.
[79] BGH ZIP 1986, 32, 35.
[80] BGH ZIP 1982, 969, 971; BGH ZIP 1984, 330, 334f.; BGH WM 1984, 1644, 1645.
[81] BGH NJW 1985, 319 einerseits; BGH ZIP 1986, 32 andererseits.
[82] BGH ZIP 1986, 32.
[83] OLG Hamburg VersR 1984, 1085; OLG Hamburg VersR 1984, 1036 – jeweils eine Klausel der Hamburger Lagerungsbedingungen.
[84] Löwe/Graf von Westphalen/Trinkner, Großkommentar, § 13 Rz. 31f.; Wolf/Horn/Lindacher, AGBG, § 6 Rz. 14; Erman/Hefermehl, AGBG, § 6 Rz. 8; Ulmer/Brandner/Hensen, AGBG, § 6 Rz. 20; Koch/Stübing, AGBG, § 9 Rz. 26.
[85] Kötz NJW 1979, 785ff.; Schmidt-Salzer, Produkthaftung, Bd. II, Rz. 3.187f.
[86] Schmidt-Salzer a. a. O. Nr. 3.188.
[87] A. a. O. Rdnrn. 3.188ff.
[88] Rdnr. 3.189.
[89] Rz. 3.190.
[90] Basedow AcP 182, (1982) 357ff.

mit der Konsequenz, daß die AGB-Klausel insoweit wirksam bleibt, als der konkrete Einzelfall keine Berufung auf die jeweilige Einzelklausel erfordert. Ähnlich argumentiert *Heinrichs,*[91] wenn er eine Reduktion der Klausel auf den zulässigen Inhalt jedenfalls in den Fällen befürwortet, in denen ein Verstoß gegen die §§ 9ff. AGBG allein damit begründet wird, daß die in ihrem eigentlichen Anwendungsbereich angemessene AGB-Klausel untypische, aber unwirksame Ausnahmefälle nicht berücksichtigt.[92] Verschiedentlich wird eine geltungserhaltende Reduktion auch damit gerechtfertigt, der AGB-Verwender dürfe nicht dafür ,,bestraft" werden, wenn er eine bestimmte Klauselfassung wählt, sofern die Rechtslage – nach sorgfältiger Prüfung – unklar ist.[93]

18 Der h. M. ist zu folgen: Es wäre in der Tat mit dem Transparenzgebot unvereinbar, wenn – insbesondere bei den neuralgischen Haftungsfreizeichnungs- oder Haftungsbegrenzungsklauseln – eine geltungserhaltende Reduktion in Betracht käme. Unter dieser Voraussetzung wäre der AGB-Verwender von jeglichem Verwenderrisiko befreit.[94] So gesehen ist keine Differenzierung zwischen den strikten Klauselverboten der §§ 9ff. AGBG im nicht-kaufmännischen Bereich und der Generalklausel des § 9 AGBG, die nach § 24 AGBG für den kaufmännischen Verkehr Maß gibt, zu machen.[95] Denn in jedem Fall muß der AGB-Verwender das Risiko tragen, unangemessene AGB-Klauseln verwendet zu haben, so daß dann gemäß § 6 Abs. 2 AGBG dispositives Recht gilt. Er, nicht der Kunde ist verpflichtet, die Entwicklung der Judikatur im Auge zu behalten, zumal die Literatur in nahezu jedem Fall hinreichend konturenscharf ist.

3. Teilbarkeit einheitlicher AGB-Klauseln

19 Gerade bei Haftungsfreizeichnungs- und Haftungsbegrenzungsklauseln stellt sich die weitere Frage, ob nicht eine zu weit gefaßte und daher nach den §§ 11 Nr. 7, 11 Nr. 11, 9 AGBG unwirksame Klausel nicht – im Wege der Teilbarkeit – auf die unangemessenen Regelungsteile beschränkt werden kann. Erfaßt zum Beispiel eine Haftungsfreizeichnungsklausel den Bereich des groben Verschuldens, so ist sie sicherlich nach § 11 Nr. 7 AGBG im nicht-kaufmännischen Bereich unwirksam. Allein, es stellt sich die Frage, ob diese Klausel nicht deswegen in ihre unterschiedlichen Regelungsbereiche unterteilt werden kann, so daß eine Teilung der Klausel für den Bereich leichter Fahrlässigkeit erfolgt und sie insoweit wirksam bleibt.

a) Der Standpunkt der Judikatur

20 Seit der KfZ-Entscheidung[96] steht die Rechtsprechung auf dem Standpunkt, daß inhaltlich voneinander unterscheidbare, einen einheitlichen Sachverhalt regelnde AGB-Klauseln auch dann teilbar sind, wenn sie in einem einheitlichen Satz[97] oder in einem einheitlichen Absatz[98] geregelt sind.[99] Freilich gibt es auch hiervon abweichende Entscheidungen.[100] Dabei stellt der BGH entscheidend darauf ab, daß Gegenstand der Wirksamkeitsprüfung

---

[91] Palandt/Heinrichs, AGBG, vor § 8 Anm. 3c.

[92] Kritisch hierzu Ulmer/Brandner/Hensen, AGBG, § 6 Rz. 22.

[93] Bunte NJW 1983, 1322, 1326; Lindacher BB 1983, 159 – jeweils für die Zulässigkeit salvatorischer Zusätze; Larenz, Allgemeiner Teil, 563.

[94] BGH ZIP 1986, 32, 35.

[95] Löwe/Graf von Westphalen/Trinkner, Großkommentar, Bd. III – Freizeichnungsklausel, Rz. 54.

[96] BGH NJW 1982, 178, 179, 181 – Verkaufsverbot.

[97] BGH NJW 1984, 2816, 2817 – Fertighaus.

[98] BGH NJW 1985, 53, 56.

[99] BGH NJW 1984, 2687, 2688; BGH NJW 1985, 623, 624f. – Opel-Händler; BGH NJW 1985, 320, 322 – Möbelhandel.

[100] BGHZ 92, 312, 316 – Aufrechnungsverbot.

jede „rechtlich trennbare, einzeln aus sich heraus verständliche AGB-Bestimmung"[101] sein kann. Abzulehnen ist eine Teilbarkeit nach Ansicht des BGH dann, wenn die jeweilige Bestimmung „nicht aus sich heraus verständlich und sinnvoll"[102] ist. Im Ergebnis wird man deshalb die Auffassung des BGH dahin zusammenfassen dürfen: Von einer Teilbarkeit in bezug auf den wirksamen und unwirksamen Teil einer AGB-Klausel kann immer dann gesprochen werden, wenn die einzelnen Regelungsteile der Klausel inhaltlich voneinander trennbar und aus sich selbst heraus verständlich sind, unabhängig davon, ob sie in einem Satz oder in einem Absatz des AGB-Klauselwerks enthalten sind.

b) Der Standpunkt der Literatur

21 Überwiegend folgt das Schrifttum der in der Judikatur vertretenen Meinung.[103] Dabei stellt die neue Literatur entscheidend darauf ab, „ob der materielle Regelungsgehalt des AGB-Teils einer selbständigen Wirksamkeitskontrolle zugänglich ist".[104] In der Sache kommt es also auf den Gegenstand der Inhaltskontrolle an.[105] Deshalb muß auch eine – teilbare – AGB-Bestimmung in den gesonderten Teilen einer eigenständigen Wirksamkeitsprüfung im Rahmen der §§ 9ff. AGBG zugänglich sein.[106]

c) Eigener Standpunkt

22 Der h. M. ist zu folgen. Doch sind die Trennlinien zwischen dem Verbot einer geltungserhaltenden Reduktion[107] einerseits und einer zulässigen Teilbarkeit einer einheitlichen AGB-Klausel andererseits[108] durchaus fließend. Dies zeigt sich – nicht zuletzt – auch immer dann, wenn es darum geht, die Unwirksamkeit von Haftungsfreizeichnungs- oder Haftungsbegrenzungsklauseln zu begründen,[109] ohne auf das Probleme der Teilbarkeit überhaupt einzugehen.[110]

23 Gerade unter der Perspektive von Haftungsfreizeichnungs- und Haftungsbegrenzungsklauseln erscheint es zielführend, danach zu unterscheiden, ob die jeweilige AGB-Klausel unter Berücksichtigung der Verbotskriterien der §§ 9ff. AGBG differenzierungsbedürftig und auch differenzierungsfähig ist.[111] Handelt es sich um eine pauschal formulierte Haftungsfreizeichnungs- oder Haftungsbegrenzungsklausel, welche gegen die §§ 9ff. AGBG verstößt, so kommt ausschließlich das Verbot der geltungserhaltenden Reduktion zum Zuge.[112] Die Klausel ist dann insgesamt gemäß § 6 Abs. 2 AGBG unwirksam; es gilt dispositives Recht, es sei denn, es besteht eine Lücke in der gesetzlichen Regelung, die dann auf Basis einer ergänzenden Vertragsauslegung gemäß §§ 133, 157 BGB zu schließen ist.[113] Dies entspricht auch der instanzgerichtlichen Judikatur.[114] Etwas anderes gilt dann, wenn die jeweilige Haftungsfreizeichnungs- oder Haftungsbegrenzungsklausel unter Be-

---

[101] BGH ZIP 1984, 1485.
[102] BGH NJW 1982, 178, 179 – Kfz-Verkaufsverbot.
[103] Ulmer/Brandner/Hensen, AGBG, § 6 Rz. 17ff.; Staudinger/Schlosser, AGBG, § 6 Rz. 15; Palandt/Heinrichs, AGBG, vor § 8 Anm. 3c; Schmidt, Vertragsfolgen der Nichteinbeziehung und Unwirksamkeit von AGB, 1986, 74ff.; Ulmer NJW 1981, 2025, 2031f.
[104] Schmidt a. a. O., 75; Medicus, Rechtsfolgen für den Vertrag bei Unwirksamkeit von Allgemeinen Geschäftsbedingungen, RWS-Forum 2, 83ff.
[105] Ulmer/Brandner/Hensen, AGBG, § 6 Rz. 19.
[106] Schmidt a. a. O., 75; Ulmer/Brandner/Hensen, AGBG, § 6 Rz. 19.
[107] BGH ZIP 1987, 297, 300.
[108] BGHZ 92, 312, 316; BGH NJW 1984, 2816, 2817.
[109] BGH ZIP 1986, 32, 34f.
[110] OLG Hamburg VerR 1984, 1036; OLG Hamburg VersR 1984, 1035.
[111] Wolf/Horn/Lindacher, AGBG, § 6 Rz. 15.
[112] BGH ZIP 1986, 32, 34f.
[113] BGH ZIP 1982, 969, 971; BGH ZIP 1984, 330, 334f.; BGH ZIP 1986, 32, 35.
[114] OLG Hamburg VersR 1984, 1035; OLG Hamburg VersR 1984, 1036.

rücksichtigung der Verbotstatbestände der §§ 9ff. ABGB bereits eine „Einschränkung" enthält.[115] Dann ist sie differenzierungsfähig. Dies trifft immer dann zu, wenn eine Haftungsfreizeichnungs- oder Haftungsbegrenzungsklausel mehrere Tatbestände erfaßt, die unabhängig voneinander einer gesonderten Wirksamkeitsprüfung gemäß §§ 9ff. AGBG zugeführt werden können. Dann ist das Gebot der Teilbarkeit zu berücksichtigen.[116] Enthält zum Beispiel eine Haftungsfreizeichnungs- oder Haftungsbegrenzungsklausel eine Regelung, wonach der AGB-Verwender für eigene grobe Fahrlässigkeit, nicht aber für grobe Fahrlässigkeit seiner Erfüllungsgehilfen oder Stellvertreter haftet, so wird man unter der Perspektive von § 11 Nr. 7 AGBG den zweiten Klauselteil als teilbar klassifizieren können, so daß der nach § 11 Nr. 7 AGBG nicht zu beanstandende erste Klauselteil aufrechterhalten bleibt.[117]

Darin liegt keineswegs eine unangemessene Bevorzugung desjenigen AGB-Verwen- 24
ders, der sein Klauselwerk gegliedert aufbaut. Insbesondere ist es unzutreffend, daraus ableiten zu wollen, eine solche Aufgliederung verletze das AGB-typische Transparenzgebot.[118] Ganz im Gegenteil: Nach der hier vertretenen Auffassung *(§ 13 Rz. 23ff.)* obliegt es dem AGB-Verwender gerade im Bereich von Haftungsfreizeichnungs- und Haftungsbegrenzungsklauseln, eine enumerative Aufgliederung der einzelnen Tatbestände zu erreichen. Denn nur so ist sichergestellt, daß der AGB-Kunde – vor allem im nicht-kaufmännischen Bereich– in der Lage ist, die in der jeweiligen Haftungsfreizeichnungs- oder Haftungsbegrenzungsklausel liegende Risikoverlagerung gegenüber dem dispositiven Recht exakt einzuschätzen. Ist es dann dem AGB-Verwender – gleichgültig, aus welchen Gründen – nicht gelungen, die damit vorgezeichneten Grenzlinien bei der jeweiligen Klauselfassung einzuhalten, so liegt eben darin lediglich eine – teilweise – Unwirksamkeit im Sinn der §§ 9ff. AGBG. Dabei besteht kein Unterschied gegenüber dem kaufmännischen Bereich, weil § 6 AGBG selbstverständlich gemäß § 24 AGBG nicht insoweit privilegiert.

4. Personale Teilunwirksamkeit

Immer dann, wenn AGB-Klauseln gegenüber Kaufleuten und gegenüber Nicht-Kauf- 25
leuten gleichermaßen verwendet werden, stellt sich in der Praxis die Frage, ob der AGB-Verwender in transparenter Weise klargestellt hat, welche AGB-Klauseln im Einzelfall für den Nicht-Kaufmann und welche für den Kaufmann im Sinn von § 24 AGBG gelten. Hat er dies nicht getan, sondern verwendet er vielmehr ein einheitliches Klauselwerk, so liegt das typische Problem der personalen Teilunwirksamkeit vor: Unter Berücksichtigung der unterschiedlichen Wertungskriterien der §§ 9ff. AGBG, wie sie den kaufmännischen Bereich von dem nicht-kaufmännischen Verkehr unterscheiden, bezieht sich dann die Teilunwirksamkeit einer bestimmten AGB-Klausel lediglich auf den betreffenden Personenkreis.[119] Es ist nicht angezeigt, in diesen Fällen die gesamte AGB-Klausel für unwirksam zu erklären, weil sie ja nur im nicht-kaufmännischen Verkehr wegen Verstoßes gegen die §§ 9ff. AGBG unwirksam ist. Nach der hier vertretenen Auffassung *(§ 12 Rz. 19ff.)* spielt freilich diese Frage im Zusammenhang mit der Wirksamkeit von Haftungsfreizeichnungs- oder Haftungsbegrenzungsklauseln kaum eine Rolle, weil die Wirksamkeitsgrenzen in beiden Fällen – an § 11 Nr. 7 AGBG und § 9 AGBG orientiert – nahezu gleich sind.

---

[115] BGH NJW 1985, 623, 627.

[116] Vgl. Ulmer/Brandner/Hensen, AGBG, § 6 Rz. 19; a. M. Wolf/Horn/Lindacher, AGBG, § 6 Rz. 15.

[117] A. M. freilich in der Begründung BGHZ 92, 312, 316 – Aufrechnungsverbot.

[118] Vgl. Ulmer/Brandner/Hensen, AGBG, § 6 Rz. 18.

[119] Ulmer/Brandner/Hensen AGBG § 6 Rz. 23; Erman/Hefermehl, AGBG, § 6 Rz. 8; a. M. Palandt/Heinrichs, AGBG, vor § 8 Anm. 3d; Koch/Stübing, AGBG, § 11 Nr. 1 Rz. 24; vgl. auch Wolf/Horn/Lindacher, AGBG, § 6 Rz. 17.

5. Die Verwendung salvatorischer Klauseln bei Haftungsfreizeichnungs- oder Haftungsbegrenzungsklauseln

a) Der Standpunkt der Rechtsprechung

26 Im Zusammenhang mit Haftungsfreizeichnungs- und Haftungsbegrenzungsklauseln findet sich immer wieder der salvatorische Zusatz: „soweit gesetzlich zulässig", oder der AGB-Verwender zeichnet seine Haftung insoweit frei, als „nicht zwingend gesetzlich gehaftet" wird. Die BGH-Judikatur steht – unabhängig von der Wirksamkeit einer Einbeziehung solcher Klauseln – auf dem Standpunkt, daß solche salvatorischen Zusätze – dies gilt ganz allgemein – sowohl im kaufmännischen als auch im nicht-kaufmännischen Verkehr deswegen unwirksam sind, weil sie im Ergebnis darauf hinauslaufen, den AGB-Verwender vor dem Risiko eienr Unterlassungsklage gemäß §§ 13ff. AGBG zu schützen.[120] In der Literatur ist weitgehend anerkannt, daß solche salvatorischen Zusätze – wegen der fehlenden Transparenz – gemäß §§ 9ff. AGBG unwirksam sind.[121] Freilich wird auch eine abweichende Auffassung vertreten.[122] Insbesondere unter Berücksichtigung der hier interessierenden Haftungsfreizeichnungs- und Haftungsbegrenzungsklauseln wird gegenüber der h. M. geltend gemacht, es müsse dem AGB-Verwender gestattet sein, derartige salvatorische Zusätze zu verwenden, sofern die Rechtslage zweifelhaft ist.[123]

b) Eigener Standpunkt

27 Der h. M. ist zu folgen. Wie früher dargestellt *(§ 8 Rz. 18f.)*, verstößt eine salvatorische Klausel bereits gegen das Gebot der Kenntnisverschaffungsobliegenheit gemäß § 2 Abs. 1 Nr. 2 AGBG, so daß sie überhaupt nicht wirksam Vertragsbestandteil wird.[124] Unentschieden kann deshalb bleiben, ob diese Klausel – wegen ihres salvatorischen Zusatzes – auch an der Unklarheitenregel des § 5 AGBG scheitert.[125] Doch spricht dafür vieles. In der Tat ist es zweifelhaft, ob solche salvatorischen Zusätze nicht unmittelbar dazu führen, die jeweilige Klausel als mehrdeutig zu qualifizieren, weil eben für den Kunden keineswegs klar ist, welchen Regelungsbereich die jeweilige Klausel aufweist, so daß er – jedenfalls im nicht-kaufmännischen Bereich – darauf angewiesen ist, Rechtsrat einzuholen.[126] Jedenfalls kann man nicht sagen, daß die Klausel lediglich Selbstverständliches aussagt.[127] Denn ihre Wirksamkeitsgrenzen sind bewußt unscharf gehalten.

28 **aa) Keine eindeutige Rechtslage.** Daß salvatorische Klauselzusätze unter der Perspektive der §§ 2, 5, 6, 9ff. AGBG unbedenklich sein sollen, wird deshalb in der Literatur auch nur vereinzelt vertreten.[128] Gerade weil der AGB-Verwender die Vertragsgestaltungsfrei-

---

[120] BGH NJW 1985, 63, 627 – Opel-Händler; OLG Stuttgart NJW 1981, 1105, 1106.

[121] Löwe/Graf von Westphalen/Trinkner, Großkommentar, Bd. II, § 11 Nr. 7 Rz. 36; Wolf/Horn/Lindacher, AGBG, § 6 Rz. 16; Erman/Hefermehl, AGBG, § 6 Rz. 9; Ulmer/Brandner/Hensen, AGBG, § 11 Nr. 7 Rz. 27; Lindacher BB 1983, 154, 157; Löwe BB 1982, 152, 158; Schmidt-Salzer, Produkthaftung, Bd. II Rz. 3.1 92ff.

[122] Thümmel/Oldenburg BB 1979, 1067ff.; vgl. auch Staudinger/Schlosser, AGBG, § 11 Nr. 7 Rz. 28f.; Rz. 51; Palandt/Heinrichs, AGBG, vor § 8 Anm. 3d; Schlosser WM 1978, 562, 568.

[123] Palandt/Heinrichs a. a. O.

[124] OLG Stuttgart NJW 1981, 1105, 1106; Löwe BB 1982, 152, 158; Graf von Westphalen WM 1983, 974, 985; Schlosser WM 1978, 962, 968; Ulmer/Brandner/Hensen, AGBG, § 2 Rz. 53; Wolf/Horn/Lindacher, AGBG, § 2 Rz. 27.

[125] Löwe BB 1982, 152, 158; Graf von Westphalen NJW 1979, 838, 840; a. M. Ulmer/Brandner/Hensen, AGBG, § 5 Rz. 35.

[126] Vgl. Schmidt-Salzer, Produkthaftung, Bd. II Rz. 3.194; a. M. Ulmer/Brandner/Hensen, AGBG, § 5 Rz. 35.

[127] So aber OLG München WM 1982, 550, 551.

[128] Thümmel/Oldenburg BB 1979, 1067ff.; demgegenüber auch Willenbruch BB 1981, 1976ff.

heit einseitig – unter weitgehender Abbedingung des dispositiven Rechts – für sich in Anspruch nimmt, ist es stets seine Sache, dafür Sorge zu tragen, das Ausmaß der Abweichungen der von ihm verwendeten AGB-Klauseln vom dispositiven Recht exakt zu umschreiben.[129] Unter diesem Betracht stellt sich erneut – wie bei dem Verbot der geltungserhaltenden Reduktion *(§ 9 Rz. 15ff.)* – die Frage, ob der AGB-Verwender – insbesondere im Zusammenhang mit Haftungsfreizeichnungs- und Haftungsbegrenzungsklauseln – nicht jedenfalls dann berechtigt ist, salvatorische Klauselzusätze zu verwenden, wenn die Rechtslage nicht eindeutig und der AGB-Verwender trotz sorgfältiger Recherche nicht in der Lage ist, die Wirksamkeitsgrenzen exakt zu bestimmen.[130] Diese Frage spielt im nichtkaufmännischen Bereich wegen der strikten Verbotstatbestände der §§ 11 Nr. 7, 11 Nr. 8, 11 Nr. 11 AGBG nur eine untergeordnete Rolle; sie reduziert sich auf den Regelungsbereich von § 9 AGBG ein Bereich leichter Fahrlässigkeit, für den die nachfolgenden Ausführungen entsprechend gelten.

Von großer praktischer Wichtigkeit ist die hier angeschnittene Frage im kaufmännischen Bereich, weil hier noch keine abschließenden Judikate darüber vorliegen, ob und inwieweit die Verbotstatbestände der §§ 11 Nr. 7, 11 Nr. 8, 11 Nr. 11 AGBG gemäß § 9 AGBG Berücksichtigung finden.[131] Deshalb steht hier die Bestimmung der Wirksamkeitsgrenzen, insbesondere von Haftungsfreizeichnungs- und Haftungsbegrenzungsklauseln sowohl im Bereich grober Fahrlässigkeit als auch im Rahmen einfacher Fahrlässigkeit, aber auch im Hinblick auf Eigenschaftszusicherungen unter Berücksichtigung der allgemeinen Wertungskriterien von § 9 AGBG im Vordergrund.[132] Doch dispensiert das Fehlen verläßlicher Präjudizien nicht den AGB-Verwender von der Verpflichtung, unter sorgfältigster Abwägung der in Judikatur und Literatur vertretenen Meinungstrends eine Entscheidung darüber zu treffen, in welchem Umfang er die dispositiven Bestimmungen im Rahmen einer Haftungsfreizeichnungs- oder Haftungsbegrenzungsklausel abbedingt.[133] Der AGB-Verwender muß sich also entscheiden; Ausnahmen wegen völliger oder doch weitgehender, verwirrender Rechtsunsicherheit[134] sind nicht mehr anzuerkennen, soweit sich die Judikatur inzwischen verfestigt und fortentwickelt hat.[135] Auch im Hinblick auf Haftungsfreizeichnungs- und Haftungsbegrenzungsklauseln im Bereich leichter Fahrlässigkeit muß sich der AGB-Verwender zu einer bestimmten Klauselfassung durchringen.[136] Dabei bleibt freilich ein Restrisiko, weil Auslegung und richterliche Inhaltskontrolle von AGB-Klauseln nach objektiv-generellen Kriterien erfolgen, so daß es keineswegs möglich ist, jeden Einzelfall bei der Abfassung von Haftungsfreizeichnungs- oder Haftungsbegrenzungsklauseln abschließend zu regeln.[137] Die Umstände des jeweiligen Einzelfalls sind stets stärker als selbst die ausgereifte Phantasie eines noch so begabten Klauseljuristen. Doch korrespondiert dieses Risiko mit dem Privileg des AGB-Verwenders, die Vertragsgestaltungsfreiheit allein für sich zu reklamieren. 29

Letzten Endes fügt sich das Verbot salvatorischer Klauselzusätze – gerade im Bereich von Haftungsfreizeichnungs- oder Haftungsbegrenzungsklauseln – nahtlos in das Verbot der geltungserhaltenden Reduktion ein: Beide Rechtsfiguren basieren auf der Vorstellung, 30

---

[129] Vgl. Wolf/Horn/Lindacher, AGBG, § 6 Rz. 16.

[130] OLG Stuttgart NJW 1981, 1105, 1106; Schlosser WM 1978, 562, 568f.; Wolf/Horn/Lindacher, AGBG, § 6 Rz. 16; Palandt/Heinrichs, AGBG, vor § 8 Anm. 3d.

[131] BGH NJW 1984, 1350, 1351 – Kühllager: offengelassen, *§ 12 Rz. 19ff.*

[132] BGH ZIP 1984, 971 – Textilveredelung; BGH NJW-RR 1986, 271 – EDV-Maschine; BGH NJW 1985, 914 – Tankschecksystem.

[133] Löwe/Graf von Westphalen/Trinkner, Großkommentar, Bd. II § 11 Nr. 7 Rz. 36; Rz. 48.

[134] Löwe/Graf von Westphalen/Trinkner, Großkommentar, Bd. II § 11 Nr. 7 Rz. 48.

[135] BGH NJW 1984, 1350 – Kühllager; BGH NJW 1985, 623, 627 – Opelhändler; BGH NJW-RR 1986, 271 – EDV-Anlage.

[136] Löwe/Graf von Westphalen/Trinkner, Großkommentar, Bd. III – Freizeichnungsklauseln Rz. 54; a. M. Bunte NJW 1983, 1322, 1326, Wolf/Horn/Lindacher, AGBG, § 6 Rz. 16.

[137] Vgl. BGH NJW-RR 1986, 271.

daß es nicht Sache der Gerichte sein kann und darf, dem AGB-Verwender das typische Verwenderrisiko abzunehmen.[138] Demzufolge tritt stets die gesetzliche Regelung des dispositiven Rechts gemäß § 6 Abs. 2 AGBG an die Stelle der unwirksamen AGB-Klausel, deren Wirksamkeitsgrenzen durch den salvatorischen Zusatz nicht geklärt, sondern – vor allem im nicht-kaufmännischen Bereich – selbst über die Grenze von § 2 Abs. 1 Nr. 2 AGBG hinaus verwischt worden sind. Freilich ist zu beachten, daß auch salvatorische Klauselzusätze nicht von vornherein zur Gesamtnichtigkeit der jeweiligen Haftungsfreizeichnungs- oder Haftungsbegrenzungsklausel führen, sondern daß vielmehr – wie dargestellt *(§ 9 Rz. 19)* – auch die Frage zu prüfen ist, ob nicht Teilbarkeit vorliegt.[139] Diese wäre zum Beispiel dann zu bejahen, wenn – gerade im kaufmännischen Bereich – der Verbotstatbestand von § 11 Nr. 7 AGBG respektiert, im übrigen aber – bezogen auf den Tatbestand der einfachen Fahrlässigkeit – ein salvatorischer Zusatz verwendet worden wäre. Allein, Präjudizien zu diesem Fall gibt es bislang noch nicht.

31 **bb) Anwendungsbereich der ergänzenden Vertragsauslegung.** Eine ergänzende Vertragsauslegung kommt jedoch – gerade bei Verwendung eines salvatorischen Zusatzes im Rahmen von Haftungsfreizeichnungs- und Haftungsbegrenzungsklauseln – nicht in Betracht. Zwar ist die ergänzende Vertragsauslegung als Instrument richterlicher Lückenfüllung anerkannt.[140] Doch steht fest, daß auf das Instrumentarium der §§ 133, 157 BGB – auch im Rahmen von § 6 Abs. 2 AGBG – nur dann zurückgegriffen werden darf, wenn im dispositiven Recht keine ausreichende Regelung vorhanden ist,[141] so daß die beteiligten Interessen beider Parteien unangemessen geregelt wären.[142] So gesehen ist das Instrument richterlicher Vertragsergänzung subsidiär; das dispositive Recht geht strikt vor.[143] Anders gewendet: Nur weil und soweit § 6 Abs. 2 AGBG keine Lückenfüllung auf Basis des dispositiven Rechts gestattet, ist die ergänzende Vertragsauslegung auf atypische, gesetzlich nicht geregelte Schuldverhältnisse bezogen und beschränkt.[144] Mit einem Wort: Es muß sich angesichts der betroffenen Interessen beider Parteien um ,,Sonderlösungen"[145] handeln, ,,die für die gesetzliche Regelung nicht konzipiert sind".[146] Da indessen Haftungsfreizeichnungs- und Haftungsbegrenzungsklauseln stets vom dispositiven Recht abweichen und eine Risikoverlagerung zu Lasten des Kunden bewirken, ist stets dispositives Recht als Haftungsnorm im Sinn von § 6 Abs. 2 AGBG vorhanden. Keineswegs ist es deshalb erforderlich oder zulässig, im Wege ergänzender Vertragsauslegung gemäß §§ 133, 157 BGB Ausschau nach irgendwelchen ,,Sonderlösungen"[147] zu halten. Daran ändert auch eine salvatorische Klausel – zum Beispiel: ,,soweit gesetzlich zulässig" – nichts. Denn auch diese Klausel bezeichnet lediglich Haftungsgrund und Haftungsmaßstab des dispositiven Rechts, zu dem selbstverständlich auch die zwingenden Bestimmungen der §§ 9ff. AGBG zählen.[148] So gesehen bietet ein salvatorischer Klauselzusatz keinen ausreichenden Anhaltspunkt dafür, Wirksamkeitsgrenzen von Haftungsfreizeichnungs- oder Haftungsbegrenzungsklauseln anders vorzusehen, als sie dem dispositiven Recht gemäß § 6 Abs. 2 AGBG entsprechen.

---

[138] Vgl. BGH ZIP 1986, 32, 35.
[139] BGH NJW 1984, 2816.
[140] BGH NJW 1984, 1177; BGH NJW 1984, 1180, 1181; BGH NJW 1985, 621, 622 – jeweils Tagespreisklausel.
[141] BGH ZIP 1986, 32, 35.
[142] BGH a. a. O.
[143] So auch Ulmer/Brandner/Hensen, AGBG, § 6 Rz. 46.
[144] BGH NJW 1985, 621, 622.
[145] BGH ZIP 1986, 32, 35.
[146] BGH a. a. O.
[147] BGH a. a. O.
[148] BGH ZIP 1984, 968.

§ 10. Die Wirksamkeitsgrenzen von Haftungsfreizeichnungs- und Haftungsbegrenzungsklauseln: Individualvertrag – Verwendung von AGB-Klauseln

I. Individualvertragliche Wirksamkeitsgrenzen

1 Die Schadensersatzhaftung nach dispositivem Recht kann weitestgehend ausgeschlossen werden, weil gemäß § 276 Abs. 2 BGB lediglich die Haftungsfreizeichnung bei vorsätzlichem Handeln des Schuldners ausgeschlossen ist. Vorsatz bedeutet Wissen und Wollen des rechtswidrigen Erfolges.[1] Dabei besteht zwischen der vertragsrechtlichen und der deliktsrechtlichen Schadensersatzhaftung kein Unterschied.[2] Erforderlich ist also, daß der Handelnde den rechtswidrigen Erfolg nicht nur vorausgesehen, sondern ihn auch in seinen Willen aufgenommen hat. Nicht erforderlich ist es, daß sich der Vorsatz auch auf den eingetretenen Schaden erstreckt; es reicht aus, wenn er sich auf die Vertragsverletzung bzw. auf die Verletzung der Rechtsgüter gemäß §§ 823ff. BGB bezieht.[3] Zum Vorsatz gehört dabei nach der h. M. auch das Bewußtsein der Rechtswidrigkeit.[4] Zur Konsequenz hat dies, daß der Irrtum über die tatsächlichen Umstände ebenso den Vorsatz ausschließt, wie dies beim Rechtsirrtum der Fall ist.[5] Allerdings ist der Rechtsfolgenirrtum ebenso wie der Irrtum über den Kausalverlauf unerheblich.[6] Soweit ein – beachtlicher – Irrtum vermeidbar war, greift die Fahrlässigkeitshaftung ein; war er hingegen unvermeidbar, entfällt jeglicher Verschuldensvorwurf und damit auch die Schadensersatzhaftung.[7]

2 Demzufolge ist es im Individualvertrag möglich, die Haftungsfreizeichnung auf grobes und einfaches Verschulden des Schuldners zu erstrecken. Insbesondere aber ist es zulässig, die Schadensersatzhaftung für Vorsatz, grobe oder leichte Fahrlässigkeit der Erfüllungsgehilfen und der gesetzlichen Vertreter auszuschließen, wie sich unmittelbar aus § 278 Satz 2 BGB ergibt.

3 Darüber hinaus bezeichnet § 476 BGB – unter der Voraussetzung arglistigen Verhaltens des Verkäufers – die Grenze, bis zu der ein individualvertraglich wirksamer Gewährleistungsausschluß vereinbart werden kann. Der Umfang der Haftungsfreizeichnung ist – wie stets – durch Auslegung gemäß §§ 133, 157 BGB zu ermitteln, soweit aufgrund der Umstände des Einzelfalls, insbesondere des Wortlauts der jeweiligen Haftungsfreizeichnung hierzu Anlaß besteht.[8]

4 Nichts anderes gilt im Bereich von § 637 BGB: Der vertragliche Ausschluß der Haftung des Werkunternehmers ist nichtig, soweit dieser den Mangel arglistig verschwiegen hat. Zum Begriff der Arglist vgl. *§ 6 Rz. 1*. Im Hinblick auf den Umfang der Haftungsfreizeichnung gilt auch hier der Vorbehalt der Auslegung gemäß §§ 133, 157 BGB.

II. Die Abgrenzung zwischen Individualvertrag und AGB-Klauseln – § 1 Abs. 2 AGBG

5 Gerade im Zusammenhang mit der Produkthaftung stellt sich in der Praxis regelmäßig die Frage, ob die jeweils verwendete Haftungsfreizeichnungs- oder Haftungsbegrenzungs-

---

[1] MünchKomm/Hanau § 276 Rz. 49.
[2] Palandt/Heinrichs § 276 Anm. 3a.
[3] Vgl BGH VersR 1984, 134 – Artikel 29 CMR.
[4] BGH NJW 1965, 963; Palandt/Heinrichs § 276 Anm. 3b.
[5] RGZ 119, 267.
[6] Jauernig/Vollkommer § 276 Anm. II, 2a.
[7] Deutsch, Haftungsrecht, Bd. I, 261ff.
[8] Vgl. Staudinger/Honsell § 476 Rz. 12f.

klausel eine AGB-Klausel im Sinn von § 1 Abs. 1 AGBG oder individualvertraglichen Charakter gemäß § 1 Abs. 2 AGBG hat. Es ist deshalb von höchster praktischer Bedeutung, exakt die Trennlinie zu bezeichnen – ein Gesichtspunkt, der gleichermaßen im Rahmen der Schadensvorsorge wie im Rahmen der Schadensregulierung Relevanz besitzt.

1. Die Voraussetzungen von § 1 Abs. 1 AGBG

a) Vertragsbedingungen

6 § 1 Abs. 1 AGBG setzt voraus, daß es sich um Vertragsbedingungen handelt. Diese liegen immer dann vor, wenn sie Bestandteil eines zwischen dem AGB-Verwender und dem Kunden abzuschließenden Rechtsgeschäftes sind.[9] Es genügt deshalb, daß die Vertragsbestimmungen in einen Individualvertrag einbezogen oder Inhalt eines einseitigen Rechtsgeschäftes werden sollen.[10] Nicht erforderlich ist hingegen, daß der Vertrag bereits zustande gekommen ist;[11] und – theoretisch gewertet – kommt es nicht entscheidend darauf an, ob die AGB-Klauseln auch wirksam in den Individualvertrag einbezogen sind, sofern es sich um ein Kontrollverfahren gemäß §§ 13ff. AGBG handelt.[12] Im Zusammenhang mit Problemen der Produkthaftung wird allerdings die Frage sehr selten streitig sein, ob es sich – regelmäßig: bezogen auf Haftungsfreizeichnungs- oder Haftungsbegrenzungsklauseln – um ,,Vertragsbedingungen" im Sinn von § 1 Abs. 1 AGBG handelt.

b) Das Merkmal des Vorformulierens

7 Das Tatbestandselement des Vorformulierens in § 1 Abs. 1 AGBG hat formalen Charakter.[13] Notwendigerweise setzt deshalb ein Vorformulieren im Sinn von § 1 Abs. 1 AGBG voraus, daß der AGB-Verwender die ,,Vertragsbestimmungen" nicht für den konkreten Vertragsabschluß entworfen, sondern daß sie bereits vor Abschluß des Vertrages fertig aufgestellt waren.[14] Dabei macht es keinen Unterschied, in welcher Weise die Vorformulierung vorgenommen wird; insbesondere ist es unerheblich, ob dies durch den AGB-Verwender selbst oder in seinem Auftrag oder durch einen Dritten, zum Beispiel durch einen Verband geschieht.[15] Selbst eine im Kopf des AGB-Verwenders „gespeicherte" Klausel ist AGB, sofern sie für künftige Vertragsbeschlüsse eingesetzt werden soll.[15a]

8 Das Merkmal der Vorformulierung muß sich auf eine Vielzahl beziehen. Eine ,,unbestimmte" Vielzahl von Anwendungsfällen ist nicht erforderlich.[16] Vielmehr ist das Kriterium der Vielzahl im Sinn von § 1 Abs. 1 AGBG schon dann erfüllt, wenn es sich um mindestens drei Anwendungsfälle handelt.[17] Umstritten ist, ob eine Absicht des AGB-Verwenders erforderlich ist, den vorformulierten Text für eine Vielzahl von Anwendungsfällen zu verwenden.[18] Stellt man auf das Kriterium der Zweckbestimmung – ,,vor-

---

[9] Ulmer/Brandner/Hensen, AGBG, § 1 Rz. 9; Palandt/Heinrichs, AGBG, § 1 Anm. 2a; Wolf/Horn/Lindacher, AGBG, § 1 Rz. 6.

[10] Wolf/Horn/Lindacher a. a. O.

[11] Ulmer/Brandner/Hensen, AGBG, § 1 Rz. 13.

[12] Löwe/Graf von Westphalen/Trinkner, Großkommentar, Bd. II § 13 Rz. 5 m. w. N.

[13] BT-Drucks. 7/3919, 16.

[14] Wolf/Horn/Lindacher, AGBG, § 1 Rz. 11; Ulmer/Brandner/Hensen, AGBG, § 1 Rz. 21; vgl. auch BGH ZiP 1987, 1439, 1441.

[15] Wolf/Horn/Lindacher, AGBG, § 1 Rz. 11.

[15a] BGH Betr. 1988, 439.

[16] So aber BGHZ 33, 216, 218f.

[17] BGH WM 1984, 1610, 1611f.; BGH WM 1981, 944, 946; Löwe/Graf von Westphalen/Trinkner, AGBG, § 1 Rz. 8; Wolf/Horn/Lindacher, AGBG, § 1 Rz. 13; Ulmer/Brandner/Hensen, AGBG, § 1 Rz. 25; Erman/Hefermehl, AGBG, § 1 Rz. 8.

[18] Staudinger/Schlosser, AGBG, § 1 Rz. 15; Wolf/Horn/Lindacher, AGBG § 1 Rz. 12; Ulmer/Brandner/Hensen, AGBG, § 1 Rz. 23f.

formulieren" für eine Vielzahl von Anwendungsfällen im Sinn von § 1 Abs. 1 AGBG – ab, so handelt es sich notwendigerweise nicht um AGB-Klauseln im Sinn des AGBG, wenn der AGB-Verwender die Klauseln für den konkreten Vertragsabschluß entworfen hat, ohne damit die Absicht zu verfolgen, diese Klauseln, sofern sie sich nur bewähren, auch für künftige Anwendungsfälle zu verwenden.[19] Hierdurch würde der AGB-Verwender freilich im ersten Verwendungsfall privilegiert, sofern er nicht planmäßig vorgeht, etwa mit der Ziel- und Zweckrichtung, die einmal bewährten Klauseln auch für künftige Fälle zur Anwendung zu bringen.[20] Es ist indessen die Auffassung vorzuziehen, nach der es – rein objektiv betrachtet – entscheidend darauf ankommt, ob der AGB-Verwender vorformulierte Vertragsbestimmungen in einer Vielzahl von Anwendungsfällen benutzt,[21] weil nur auf diese Weise sichergestellt ist, daß wohlfeilen „Schutzbehauptungen" des AGB-Verwenders, keine Vorformulierungsabsicht für eine Vielzahl von Anwendungsfällen gehabt zu haben, wirksam entgegengetreten und gleichzeitig erreicht werden kann, daß die jeweiligen Kunden gleichbehandelt werden.[22] Nur so ist auch gewährleistet, daß – wegen der erforderlichen Gleichbehandlung – auch derjenige als AGB-Verwender eingestuft wird, der ein Formular benutzt, welches ein Dritter entworfen hat.[23] Ist jedoch eine Klausel für einen bestimmten Einzel-Vertrag von einer Partei vorformuliert, so ist es – schon mangels einer nach § 1 Abs. 1 AGBG erforderlichen Vielzahl – keine AGB[23a]. Unberührt hiervon bleibt freilich der Rahmenvertrag, wie er besonders im kaufmännischen Verkehr üblich ist. Ein solcher ist keineswegs schon deswegen als AGB-Vertrag im Sinn von § 1 Abs. 1 AGBG zu werten, weil aufgrund des Rahmenvertrages zahlreiche Einzelverträge abgeschlossen und abgewickelt werden;[24] wohl aber kann der Rahmenvertrag als solcher deswegen AGB-Charakter haben, wenn und soweit seine Vertragsbedingungen mit anderen vorformulierten Klauseln in ihrem sachlichen Inhalt, nicht notwendigerweise in ihrer sprachlichen Textierung übereinstimmen.[25]

c) Das Merkmal des „Stellens"

9 Das Merkmal des „Stellens" bezeichnet die Rolle des AGB-Verwenders und ist immer dann erfüllt, wenn eine Partei die Einbeziehung von AGB in einen Individualvertrag durch die andere Partei verlangt.[26] Diese Aufassung findet auch in der Literatur Beifall.[27] Regelmäßig ist daher diejenige Partei Verwender, die das Angebot abgibt, daß die jeweiligen AGB in den konkreten Individualvertrag einbezogen werden sollen. Freilich kommt es immer wieder vor, daß der AGB-Verwender seinerseits seinen Kunden ersucht, ein bereits vorformuliertes Angebot/Bestellung abzugeben: Unter dieser Voraussetzung ändert sich die Rolle des AGB-Verwenders im Sinn von § 1 Abs. 1 AGBG – bezogen auf das Merkmal des „Stellens" – nicht.[28]

10 Umstritten ist die Antwort auf die Frage, ob § 1 Abs. 1 AGBG dann Anwendung findet, wenn beide Vertragsparteien sich auf ein bestimmtes Formular einigen (zum Bei-

---

[19] So Ulmer/Brandner/Hensen, AGBG, § 1 Rz. 21; Wolf/Horn/Lindacher, AGBG, § 1 Rz. 12.
[20] So ausdrücklich Ulmer/Brandner/Hensen, AGBG, § 1 Rdnr. 24.
[21] Löwe/Graf von Westphalen/Trinkner, AGBG, § 1 Rz. 8.
[22] Instruktiv BGH WM 1984, 1610; Palandt/Heinrichs, AGBG, § 1 Anm. 2c.
[23] BGHZ 74, 204, 211; BGH NJW 1982, 2243, 2244 – Notariatsverträge.
[23a] BGH NJW-RR 1988, 57, 58.
[24] Ulmer/Brandner/Hensen, AGBG, § 1 Rz. 22.
[25] Vgl. BGH NJW 1979, 2387, 2388.
[26] BGH WM 1984, 1610; BGH NJW 1985, 2477; OLG Hamburg DB 1986, 112; OLG Frankfurt ZIP 1986, 374, 375.
[27] Ulmer/Brandner/Hensen, AGBG, § 1 Rz. 27; Palandt/Heinrichs, AGBG, § 1 Anm. 2d; Löwe/Graf von Westphalen/Trinkner, AGBG, § 1 Rz. 12; Wolf/Horn/Lindacher, AGBG, § 1 Rz. 15.
[28] Erman/Hefermehl, AGBG, § 1 Rz. 11; Ulmer/Brandner/Hensen, AGBG, § 1 Rz. 27.

spiel VDMA-Bedingungen oder ZVEI-Konditionen).[29] Die überwiegend vertretene Auffassung geht dahin, in diesen Fällen keine der beiden Parteien als AGB-Verwender bzw. als Kunde zu behandeln.[30] Nach dieser Ansicht soll gleiches auch dann gelten, wenn die Einbeziehung bestimmter AGB zwar von der einen Partei veranlaßt, dem inhaltlich übereinstimmenden Willen der anderen Partei aber entspricht.[31] Begründet wird diese Meinung mit dem Schutzzweck des AGBG, welches den Schutz des Kunden gegenüber dem AGB-Verwender vorsieht, soweit der AGB-Verwender seine Interessen einseitig verfolgt.[32]

11 Diese Auffassung ist jedoch nicht zu billigen. Gerade unter Berücksichtigung des Schutzzwecks des AGBG kann sie überhaupt nur dann Beachtung verdienen, wenn es sich um einen beiderseitigen Einbeziehungsvorschlag handelt, in welchem sich nicht nur die Vertragsabschluß-, sondern auch die Vertragsgestaltungsfreiheit beider Parteien manifestiert. Anders gewendet: Der beiderseitige – übereinstimmende – Einbeziehungsvorschlag muß individualvertraglichen Charakter besitzen, um aus dem Anwendungsbereich von § 1 AGBG zu gelangen. Dies ergibt sich auch aus der Abgrenzung gegenüber § 2 AGBG und gegenüber § 1 Abs. 2 AGBG. Notwendigerweise wird deshalb das Merkmal des ,,Stellens" im Sinn von § 1 Abs. 1 AGBG nicht berührt, wenn und soweit die Einbeziehungsvoraussetzungen von § 2 AGBG erfüllt sind. Gerade unter Berücksichtigung der rechtsgeschäftlichen Elemente des wirksamen Einbeziehungsvertrages, wie er auch im kaufmännischen Verkehr erforderlich ist *(§ 8 Rz. 47)*, muß der beiderseitige – übereinstimmende, und damit: individualvertragliche – Einbeziehungsvorschlag abgegrenzt werden gegenüber der bloßen Einverständiserklärung des Kunden mit der Geltung der AGB. Es kann im Hinblick auf die Qualifikation eines Vertragswerks als AGB im Sinn von § 1 Abs. 1 AGBG – auch unter Berücksichtigung der Besonderheiten des kaufmännischen Verkehrs – keinen Unterschied machen, ob der Kunde in Kenntnis der einzubeziehenden AGB sein Einverständnis mit deren Geltung ,,bei Vertragsabschluß" erklärt, oder ob er sich schon im Verhandlungsstadium sein Einverständnis mit der Einbeziehung eines AGB-Klauselwerks äußert.

12 Mehr noch: Unter Berücksichtigung der noch darzustellenden Kriterien des **,,Aushandelns"** im Sinn von § 1 Abs. 2 AGBG darf auch ein Verhandeln über die Einbeziehung von AGB nicht dazu führen, das nach § 1 Abs. 1 AGBG erforderliche Merkmal des ,,Stellens" in Fortfall geraten zu lassen.[33] Im Gegenteil: Nur unter der Voraussetzung, daß beide Vertragsparteien in bezug auf die einzubeziehenden AGB von ihrer selbstverantwortlichen Vertragsgestaltungsfreiheit Gebrauch gemacht haben,[34] ist der Anwendungsbereich des AGBG verlassen. Dabei müssen die Umstände derart sein, daß sich in ihnen ein ,,Aushandeln" im Sinn von § 1 Abs. 2 AGBG konkretisiert und über das bloße ,,Verhandeln" hinausgeht.[35] Fehlt es jedoch an diesen Voraussetzungen, dann wird man bei einer beiderseitigen – übereinstimmenden – Einbeziehung von AGB das Merkmal des ,,Stellens" im Sinn von § 1 Abs. 1 AGBG sowohl für die eine wie für die andere Partei annehmen müssen.[36] Damit sind beide Parteien AGB-Verwender, ohne daß es in der Sache darauf ankommt, ob die jeweilige – streitbefangene – Klausel der einen oder der

---

[29] Ulmer/Brandner/Hesnen, AGBG, § 1 Rz. 29; Palandt/Heinrichs, AGBG, § 1 Anm. 2e; Staudinger/Schlosser, AGBG, § 1 Rz. 22; Koch/Stübing, AGBG, § 1 Rz. 18; Wolf/Horn/Lindacher, AGBG, § 1 Rz. 26.

[30] Ulmer/Brandner/Hensen a. a. O.; Palandt/Heinrichs a. a. O.; Wolf/Horn/Lindacher a. a. O.

[31] So Ulmer/Brandner/Hensen a. a. O.

[32] Vgl. auch Erman/Hefermehl, AGBG, § 1 Rz. 11; Jaeger NJW 1979, 1969, 1972.

[33] So mit Recht Palandt/Heinrichs, AGBG, § 1 Anm. 2d.

[34] BGH WM 1987, 42; BGH ZIP 1987, 448, 449.

[35] BGH ZIP 1987, 448, 449.

[36] So mit Recht Koch/Stübing, AGBG, § 1 Rz. 18; Staudinger/Schlosser, AGBG, § 1 Rz. 22; Sonnenschein NJW 1980, 1489, 1492.

anderen Seite günstig ist.[37] Demzufolge kommt es auch nicht entscheidend darauf an, ob die eine oder die andere Seite „ihre Verhandlungsmöglichkeit"[38] kennt, weil aus diesem Kriterium keineswegs das – formal verortete – Merkmal des „Stellens" gemäß § 1 Abs. 1 AGBG abgeleitet werden kann. Denn ob eine „Verhandlungsmöglichkeit" tatsächlich besteht, ist nicht in § 1 Abs. 1 AGBG angesiedelt, sondern – wie noch zu zeigen sein wird *(§ 10 Rz. 14ff.)* – eines der Merkmale des „Aushandelns" gemäß § 1 Abs. 2 AGBG.[39]

Auch in **dogmatischer Hinsicht** scheint dieses Ergebnis bei einem beiderseitigen Einbe- 13
ziehungsvorschlag plausibler begründbar zu sein, als die analoge Anwendung der Bestimmungen der §§ 3, 4 und 6 AGBG, indem diese Vorschriften, so die Begründung dieser Auffassung, auch ohne Zurechnung der Bedingungen zu einem bestimmten AGB-Verwender anwendbar seien.[40] Insbesondere aber ist nicht zu sehen, in welcher Weise dann die eine oder die andere Partei berechtigt sein soll, sich auf die Unangemessenheit bestimmter Klauseln nach Maßgabe der §§ 9ff. AGBG mit Erfolg zu berufen, wenn es an dem konstitutiven Element des „Stellens" gemäß § 1 Abs. 1 AGBG – und damit an der Anwendbarkeit der Bestimmungen des AGBG – schlechthin fehlt.[41] So gesehen wäre es schon einleuchtender, beiden Parteien die Berufung auf die Bestimmungen des AGBG zu versagen, soweit ein beiderseitiger übereinstimmender Einbeziehungsvorschlag vorliegt.[42] Doch dies wiederum überzeugt nicht, weil ein Aushandeln im Sinn von § 1 Abs. 2 AGBG nicht auf einer pauschalen, formelhaften Willensübereinstimmung beruht, sondern auf einem konkreten, klauselbezogenen[43] Aushandeln.[44] Voraussetzung ist also, daß wie beim Individualvertrag sowohl die eine wie die andere Partei Gestaltungsfreiheit zur Wahrung eigener Interessen ausüben konnte und damit die reale Möglichkeit besaß, die inhaltliche Ausgestaltung der Vertragsbedingungen zu beeinflussen,[45] während ja bei einem beiderseitigen, übereinstimmenden Einbeziehungsvorschlag lediglich die Vertragsabschlußfreiheit beiderseits in Anspruch genommen wird.

2. Die Voraussetzungen der Individualabrede gemäß § 1 Abs. 2 AGBG

a) Der Standpunkt der Judikatur

Die BGH-Judikatur zur inhaltlichen Bestimmung des Begriffs des „Aushandelns" in 14
§ 1 Abs. 2 AGBG hat sich inzwischen verfestigt.[46] Daraus lassen sich folgende Leitlinien herleiten: Ein „Aushandeln" im Sinn von § 1 Abs. 2 AGBG bedeutet mehr als reines Verhandeln.[47] Es müssen also jeweils konkrete Umstände vorliegen, die über das bloße „Verhandeln" hinausgehen.[48] Grundsätzlich kann von einem „Aushandeln" nur dann gesprochen werden, wenn der AGB-Verwender – zunächst – den in seinen AGB enthaltenen „gesetzesfremden" Kerngehalt, „also die den wesentlichen Inhalt der gesetzlichen Regelung ändernden oder ergänzenden Bestimmungen inhaltlich ernsthaft zur Disposition" gestellt hat.[49] Mehr noch: Gleichzeitig muß er seinem Kunden „Gestaltungsfreiheit

---

[37] Vgl. aber BGHZ 74, 204, 211 – Notarvertrag.
[38] Wolf/Horn/Lindacher, AGBG, § 1 Rz. 26.
[39] Vgl. BGH ZIP 1985, 1272; BGH WM 1987, 42; BGH ZIP 1987, 448, 449.
[40] Ulmer/Brandner/Hensen, AGBG, § 1 Rz. 30.
[41] So aber Ulmer/Brandner/Hensen a. a. O.
[42] So Palandt/Heinrichs, AGBG, § 1 Anm. 2e.
[43] BGH NJW 1984, 29, 41.
[44] BGH ZIP 1986, 1466, 1467.
[45] BGH ZIP 1983, 76, 77; BGH ZIP 1986, 1466, 1467.
[46] BGH NJW 1977, 624, 625; BGH WM 1982, 871, 872; BGH WM 1984, 1610, 1611f.; BGH ZIP 1986, 1466, 1467; BGH ZIP 1987, 448, 449.
[47] BGH ZIP 1986, 1466.
[48] BGH ZIP 1987, 448, 449.
[49] BGH ZIP 1986, 1466, 1467; BGH ZIP 1987, 448, 449.

zur Wahrung eigener Interessen eingeräumt" haben.[50] Dies schließt ein und setzt voraus, daß der AGB-Verwender seinem Kunden die ,,reale Möglichkeit" gewährt, entsprechend seiner eigenen rechtsgeschäftlichen Verantwortlichkeit ,,die inhaltliche Ausgestaltung der Vertragsbedingungen zu beeinflussen".[51] So gesehen gilt nunmehr ein ,,Regelsatz":[52] Die dem Kunden eindeutig und unmißverständlich signalisierte Abänderungsbereitschaft[53] wird sich ,,in aller Regel"[54] auch ,,in erkennbaren Änderungen des vorformulierten Textes"[55] niederschlagen. Deshalb reicht regelmäßig ein einfaches Erörtern, ein Durchsprechen des Klauselwerks nicht aus.[56] Auch ein Verhandeln genügt nicht, sofern nicht der AGB-Verwender den ,,gesetzesfremden" Kerngehalt seines Bedingungswerks ernsthaft zur Disposition stellt.[57] Lediglich in Ausnahmefällen – ,,allenfalls unter besondern Umständen"[58] – kann ein Vertrag auch dann als ausgehandelt im Sinn von § 1 Abs. 2 AGBG gewertet werden, wenn ,,nach gründlicher Erörterung" eine Abänderung des vorformulierten Textes nicht erreicht wird.[59] Damit dürfte feststehen, daß es nicht mehr ausreicht, wenn der AGB-Verwender seinem Kunden lediglich die Abänderungsbereitschaft signalisiert,[60] weil der AGB-Verwender darauf verwiesen ist, die AGB-Klauseln ,,inhaltlich ernsthaft zur Disposition" zu stellen,[61] was regelmäßig sehr detaillierte, auf Abänderungen zielende und diese verwirklichende Vertragsverhandlungen voraussetzt.[62]

b) Der Standpunkt der Literatur

15 Im wesentlichen teilt die Literatur die Auffassung, die in der BGH-Judikatur entwickelt wurde.[63] Die an der Ausgangsentscheidung des BGH[64] geäußerte Kritik[65] hat inzwischen ihre Erledigung gefunden, weil der BGH in neueren Entscheidungen[66] auf dieses Urteil nicht mehr zurückgekommen ist.[67] Dies ist auch folgerichtig, weil der BGH[68] als Voraussetzung des Aushandelns einer AGB-Klausel im Sinn von § 1 Abs. 2 AGBG nunmehr verlangt, daß der AGB-Verwender den ,,gesetzesfremden" Kerngehalt der Klausel inhaltlich ernsthaft zur Disposition stellt und dem Kunden Gestaltungsfreiheit zur Wahrung eigener Interessen einräumt. Mehr noch: Der BGH hat die in der Literatur entwickelte Formel von der ,,realen Möglichkeit" als Voraussetzung des Aushandelns aufgegriffen, weil nur so in der Sache sichergestellt ist, daß der Kunde auf die inhaltliche Ausgestaltung der Vertragsbedingungen Einfluß nimmt.[69] Man kann also – freilich unter besonderer

---

[50] BGH ZIP 1983, 76, 77; BGH ZIP 1986, 1466, 1467.

[51] BGH ZIP 1986, 1466, 1467; BGH Betr. 1988, 439.

[52] BGH ZIP 1986, 1466, 1467.

[53] BGH NJW 1977, 624, 625.

[54] BGH ZIP 1986, 1466, 1467.

[55] BGH a. a. O.

[56] BGH WM 1984, 1610, 1611f.

[57] BGH ZIP 1987, 448, 449.

[58] BGH ZIP 1986, 1466, 1467.

[59] BGH ZIP 1982, 969, 970; BGH ZIP 1986, 1466, 1467; BGH Betr. 1988, 439: Der AGB-Kunde muß von der „sachlichen Notwendigkeit überzeugt" sein, die Klause also aus diesem Grund beibehalten und unverändert übernehmen wollen.

[60] So aber noch BGH NJW 1977, 624, 625.

[61] BGH ZIP 1986, 1466, 1467.

[62] BGH ZIP 1987, 448, 449.

[63] Ulmer/Brandner/Hensen, AGBG, § 1 Rz. 45ff.; Wolf/Horn/Lindacher, AGBG, § 1 Rz. 30ff.

[64] BGH NJW 1977, 624, 625.

[65] Heinrichs NJW 1977, 1505, 1508; Löwe NJW 1977, 1328; Trinkner BB 1977, 717f.; Graf von Westphalen DB 1977, 943, 944.

[66] BGH ZIP 1983, 76; BGH ZIP 1985, 1272; BGH ZIP 1986, 1466; BGH ZIP 1987, 448.

[67] So mit Recht Ulmer/Brandner/Hensen, AGBG, § 1 Rz. 50.

[68] BGH ZIP 1986, 1466, 1467.

[69] Hierzu Wolf/Horn/Lindacher, AGBG, § 1 Rz. 32; Palandt/Heinrichs, AGBG, § 1 Anm. 4c; so insbesondere auch Wolf NJW 1977, 1937, 1939; Garrn JZ 1978, 302; kritisch Graf von Westphalen DB 1981, 61, 66f.

Berücksichtigung der jeweiligen Umstände des Einzelfalls – von einer festgefügten Meinung sprechen, welche sich im Hinblick auf die Kriterien des Aushandelns gemäß § 1 Abs. 2 AGBG entwickelt hat.[70]

c) Einzelfragen

16 **aa) Vorhandensein eines Machtgleichgewichts?** Soweit tatsächlich zwischen den Parteien eine Abänderung vorformulierter Klauseln aufgrund eines Aushandelns im Sinn von § 1 Abs. 2 AGBG stattgefunden hat, ist es unerheblich, ob der Kunde darüber unterrichtet war, daß der Akt des Aushandelns jedenfalls dann ihm die Bonifikation des AGBG nimmt, wenn in dem Klauselwerk unwirksame AGBG enthalten sind.[71] Denn die Kriterien des Aushandelns im Sinn von § 1 Abs. 2 AGBG sind von dem Bestehen eines wirtschaftlichen oder intellektuellen Macht-Gleichgewichts unabhängig.[72] Demzufolge kommt es nicht entscheidend darauf an, ob der Kunde die Abänderungsfähigkeit im Sinn der Fähigkeit zu sinnvollem Verhandeln/Aushandeln besaß.[73] Denn das AGBG schützt lediglich den Kunden vor unangemessenen AGB-Klauseln, die vom AGB-Verwender herrühren, weil dieser verpflichtet ist, die von ihm einseitig in Anspruch genommene Vertragsgestaltungsfreiheit auch unter Berücksichtigung der Interessen seines Kunden zu wahren; nicht aber schützt das AGBG den Kunden davor, seine Vertragsgestaltungsfreiheit interessenwidrig wahrzunehmen. Grundsätzlich gilt auch dann nichts anderes, wenn und soweit die vorformulierten AGB unverändert übernommen worden sind, weil unter dieser Voraussetzung eine Individualvereinbarung im Sinn von § 1 Abs. 2 AGBG „allenfalls unter besonderen Umständen"[74] vorliegt – vorausgesetzt, es hat zwischen den Parteien eine gründliche Erörterung der AGB stattgefunden, nachdem der AGB-Verwender – nicht nur zum Schein – seine Abänderungsbereitschaft dem Kunden signalisiert und ihm damit die Möglichkeit eingeräumt hat, von seiner Vertragsgestaltungsfreiheit auch Gebrauch zu machen.[75]

17 **bb) Besonderheiten bei Haftungsfreizeichnungsklauseln.** Gerade bei Haftungsfreizeichnungs- und Haftungsbegrenzungsklauseln finden – vor allem im kaufmännischen Bereich – immer wieder ausgiebige Verhandlungen über Inhalt und Reichweite dieser Klauseln vor Abschluß des Vertrages statt. Hier wird man besonders scharf darauf achten müssen, daß der AGB-Verwender – nicht nur zum Schein – bereit war, anstelle der Haftungsfreizeichnungs- oder Haftungsbegrenzungsklausel eine Regelung zu akzeptieren, die dem dispositiven Recht stärker angenähert ist, als in den AGB-Klauseln niedergelegt. Denn nur unter dieser Voraussetzung wird dem Kunden die Möglichkeit der Vertragsgestaltungsfreiheit eingeräumt, d. h. durch Abänderung der Haftungsfreizeichnungs- oder Haftungsbegrenzungsklauseln auf die inhaltliche Gestaltung des Vertrages Einfluß zu nehmen. Dabei kommt es entscheidend darauf an, in welcher Weise zwischen den Parteien des Vertrages die Konsequenzen der Risikoverlagerung im einzelnen erörtert worden sind. Regelmäßig wird sich eine solche Verhandlung – ausreichende Kenntnis der Zusammenhänge vorausgesetzt – auch auf die Frage erstrecken, inwieweit die eine oder die andere Seite Deckungssschutz für etwaige Schadensrisiken genießt oder durch zusätzliche Vereinbarungen in Anspruch nehmen kann. Auch kommt der Frage entscheidende Bedeutung zu, ob der AGB-Verwender/Lieferant seine Abänderungsbereitschaft davon abhängig gemacht hat, einen höheren Preis zu verlangen, weil notwendigerweise Haftungsfreizeichnungs- und Haftungsbegrenzungsklauseln mit dem zu kalkulierenden technischen und

---

[70] Vgl. auch OLG Düsseldorf BauR 1985, 341; OLG Köln BB 1984, 1388; LG Frankfurt NJW 1984, 2419.

[71] So aber Garrn JZ 1978, 302, 304.

[72] Graf von Westphalen DB 1981, 61, 66f.; Erman/Hefermehl, AGBG, § 1 Rz. 20; Ulmer/Brandner/Hensen, AGBG, § 1 Rz. 52.

[73] A. M. Wolf/Horn/Lindacher, AGBG, § 1 Rz. 32.

kommerziellen Risiko eng verflochten sind. Hat der Kunde unter diesen Voraussetzungen dann eine Haftungsfreizeichungsklausel – unverändert akzeptiert, so liegt darin ein ,,Aushandeln" im Sinn von § 1 Abs. 2 AGBG, weil und soweit sich dann eine eigenverantwortliche Risikoübernahme realisiert.

18 **cc) Besonderheiten bei Haftungsbegrenzungsklauseln.** Bei Haftungsbegrenzungsklauseln wird hingegen eine – unveränderte – Übernahme nur höchst selten die Voraussetzungen eines Aushandelns im Sinn von § 1 Abs. 2 AGBG erfüllen. Denn die Tatsache, daß der AGB-Verwender/Lieferant seine Haftung nicht ausschließt, sondern diese lediglich – summenmäßig oder anspruchspezifisch – in einer AGB-Klausel begrenzt, belegt bereits, daß er unter Berücksichtigung des dispositiven Rechts bereit war, eine Eigenhaftung zu übernehmen. Deshalb kommt es maßgebend darauf an, inwieweit er den dann noch vorhandenen ,,gesetzesfremden" Kerngehalt der Haftungsbegrenzungsklausel[76] gegenüber dem Kunden zur Disposition stellt und diesem ,,Gestaltungsfreiheit zur Wahrung eigener Interessen einräumt",[77] so daß der Kunde, sofern er will, auch die ,,reale Möglichkeit" besitzt, auf die inhaltliche Verbesserung seiner Haftungssituation durch Abänderung der Haftungsbegrenzungsklausel Einfluß zu nehmen.[78] Umgekehrt: Gerade bei Haftungsbegrenzungsklauseln wird man die Voraussetzungen einer Individualvereinbarung im Sinn von § 1 Abs. 2 AGBG rückhaltlos dann bejahen dürfen, wenn und soweit zwischen AGB-Verwender/Lieferant und Kunde Einvernehmen darüber erzielt worden ist, eine Abänderung der – summenmäßig oder anspruchspezifisch – aufgebauten Haftungsbegrenzungsklausel zu erzielen. So gesehen ist es für den AGB-Verwender/Lieferant wesentlich vorteilhafter, Haftungsbegrenzungsklauseln zu vereinbaren, die mit dem jeweiligen Kunden ,,im einzelnen ausgehandelt" worden sind, als darauf zu beharren, daß Haftungsfreizeichnungsklauseln – unverändert – übernommen werden müssen.

19 **dd) Aushandeln einzelner Klauseln.** Notwendigerweise beschränkt sich das ,,Aushandeln" im Sinn von § 1 Abs. 2 AGBG, wie sich unmittelbar aus dem Wortlaut der Vorschrift ergibt, auf die jeweiligen Klauseln, die Gegenstand des ,,Aushandelns" waren.[79] Ob man soweit gehen kann, von einer ,,Ausstrahlungswirkung" aufgrund der abgeänderten Klauseln zu sprechen, ist umstritten.[80] Die Antwort hierauf ist entscheidend von den Umständen des Einzelfalls abhängig.[81] Sind innerhalb eines einheitlichen Klauselwerks mehrere AGB im Sinn von § 1 Abs. 2 AGBG ,,ausgehandelt", so spricht dies – für sich allein genommen – noch keineswegs dafür, den gesamten Vertrag als Individualvertrag zu qualifizieren.[82] Maßgebend wird es vielmehr darauf ankommen, ob und inwieweit ein sachlicher Zusammenhang zwischen der ,,ausgehandelten" Klausel einerseits und den nicht abgeänderten AGB-Klauseln andererseits besteht: Ist zum Beispiel unter der Rubrik ,,Gesamthaftung" eine Haftungsbegrenzungsklausel – durch Abänderung – im Sinn von § 1 Abs. 2 AGBG ,,ausgehandelt", so spricht einiges dafür, daß dann auch alle übrigen haftungs- und risikorelevanten AGB-Klauseln individualvertraglich zu werten sind. Denn notwendigerweise besteht, was freilich im Einzelfall nachzuweisen ist, eine unmittelbare Relation zwischen einer die ,,Gesamthaftung" des Lieferanten regelnden Individualverein-

---

[74] BGH ZIP 1986, 1466, 1467.
[75] BGH ZIP 1983, 76, 77; BGH ZIP 1986, 1466, 1467.
[76] BGH ZIP 1986, 1466, 1467.
[77] BGH a. a. O.
[78] BGH a. a. O.
[79] BGH NJW 1984, 2941.
[80] Verneinend: Erman/Hefermehl, AGBG, § 1 Rz. 21; Wolf/Horn/Lindacher, AGBG, § 1 Rz. 34; Ulmer/Brandner/Hensen, AGBG, § 1 Rz. 55; bejahend: Löwe/Graf von Westphalen/Trinkner, AGBG, § 1 Rz. 24; Graf von Westphalen DB 1977, 943, 947; Palandt/Heinrichs, AGBG, § 1 Anm. 4d.
[82] Löwe/Graf von Westphalen/Trinkner a. a. O.
[82] A. M. Wolf/Horn/Lindacher, AGBG, § 1 Rz. 34, die hierin ein ,,Indiz" sehen; so auch Ulmer/Brandner/Hensen, AGBG, § 1 Rz. 55.

barung und ihren Teilelementen (Verzug, Gewährleistung, Rechtsmängelhaftung, sonstige gesetzliche Haftungen). Ist aber ein solcher Sach- und Risikozusammenhang nicht gegeben, so bleibt es grundsätzlich bei der Rechtsregel des § 1 Abs. 2 AGBG, wonach es („soweit") auf jede einzelne vorformulierte AGB-Klausel ankommt, um die Voraussetzungen des Aushandelns im Sinn von § 1 Abs. 2 AGBG zu konstituieren.

ee) Planmäßiges „Aushandeln". Soweit ein AGB-Verwender gegenüber seinen Kunden planmäßig vorgeht, indem er zunächst unwirksame AGB-Klauseln in sein „Angebot" einstellt, um diese sodann zur Disposition zu stellen, indem diese dann entweder gar nicht oder – entsprechend einem (internen) Muster – abgeändert werden, so liegt darin kein Aushandeln im Sinn von § 1 Abs. 2 AGBG.[83] Dies hängt unmittelbar damit zusammen, daß der AGB-Verwender im Sinn von § 1 Abs. 2 AGBG nicht nur verpflichtet ist, den „gesetzesfremden" Kerngehalt der AGB-Klausel „inhaltlich ernsthaft zur Disposition" zu stellen,[84] sondern daß er vielmehr auch verpflichtet ist, seinem jeweiligen Vertragspartner – entsprechend den ihm erkennbaren Umständen – die „Gestaltungsfreiheit zur Wahrung eigener Interessen"[85] einzuräumen. Notwendigerweise aber sind Kundeninteressen durchaus disparat; sie hängen in entscheidendem Maße – bezogen auf die „freiwillige" Risikoübernahme aufgrund von Haftungsfreizeichnungs- oder Haftungsbegrenzungsklauseln – von dem technischen Know-How sowie von der nur individuell zu beurteilenden Risikobereitschaft und Risikofähigkeit ab. Sind deshalb Verträge eines bestimmten AGB-Verwenders/Lieferanten – vor allem im kaufmännischen Bereich – stets gleichförmig oder ähnlich aufgrund von Verhandlungen „abgeändert", so liegt darin ein wesentliches Indiz dafür, daß der AGB-Verwender seine Vertragsgestaltungsfreiheit einseitig ausnutzt und dem jeweiligen Kunden keineswegs die „reale Möglichkeit" gewährt, „die inhaltliche Ausgestaltung der Vertragsbedingungen zu beeinflussen".[86] 20

ff) Eröffnen von Wahlmöglichkeiten. Anerkanntermaßen führt die Eröffnung von Wahlmöglichkeiten zwischen mehreren – vorformulierten – Vertragsbestimmungen noch keineswegs dazu, die Voraussetzungen eines Aushandelns im Sinn von § 1 Abs. 2 AGBG zu bejahen.[87] Dies ist auch in der Literatur anerkannt.[88] Entscheidend ist allerdings die Antwort auf die Frage, ob auch in diesem Zusammenhang der Kunde die „reale Möglichkeit"[89] besitzt, auf die „inhaltliche Ausgestaltung der Vertragsbedingungen" Einfluß zu nehmen.[90] Denn notwendigerweise setzt ein „Aushandeln" im Sinn von § 1 Abs. 2 AGBG auch in diesen Fällen voraus, daß beide Vertragsteile die ihnen zustehende Vertragsgestaltungsfreiheit ausüben.[91] Gerade unter der Perspektive von Haftungsfreizeichnungs- und Haftungsbegrenzungsklauseln kann jedoch das Einräumen von Wahlmöglichkeiten dazu führen, die Voraussetzungen eines Individualvertrages gemäß § 1 Abs. 2 AGBG zu bejahen: Besteht zum Beispiel die Wahlmöglichkeit zugunsten des Kunden darin, entweder einen höheren Preis zu zahlen und dafür eine weitergehende Haftung zu akzeptieren oder von der Alternative: Haftungsfreizeichnung – geringeres Entgelt Gebrauch zu machen, so ist dies in gleicher Weise für ein Aushandeln im Sinn von § 1 Abs. 2 AGBG ausreichend wie die Abänderung einer vom AGB-Verwender vorformulierten Haftungsbegrenzungsklausel.[92] 21

---

[83] Ulmer/Brandner/Hensen, AGBG, § 1 Rz. 57.

[84] BGH ZIP 1986, 1466, 1467.

[85] BGH a. a. O.

[86] BGH ZIP 1983, 76, 77; BGH ZIP 1986, 1466, 1467.

[87] BGH WM 1985, 1208, 1209; OLG Celle BB 1976, 1287, 1288.

[88] Löwe/Graf von Westphalen/Trinkner, AGBG, § 1 Rz. 25; Wolf/Horn/Lindacher, AGBG, § 1 Rz. 35; Ulmer/Brandner/Hensen, AGBG, § 1 Rz. 53; Erman/Hefermehl, AGBG, § 1 Rz. 20; Heinrichs NJW 1977, 1505, 1508; Wolf NJW 1977, 1937, 1941.

[89] BGH ZIP 1986, 1466, 1467.

[90] BGH a. a. O.

[91] Ulmer/Brandner/Hensen, AGBG, § 1 Rz. 53.

[92] Vgl. auch Ulmer/Brandner/Hensen, AGBG, § 1 Rz. 54.

22 **gg) Unerheblichkeit der Unterzeichnung des Vertrages.** Notwendigerweise ist die Unterzeichnung des Vertrages durch den Kunden – auch im kaufmännischen Bereich – keinesfalls als Aushandeln im Sinn von § 1 Abs. 2 AGBG zu qualifizieren. Vielmehr wird damit lediglich dokumentiert, daß der Kunde die AGB des Verwenders hingenommen hat.[93] In der Regel liegt in einer Unterschrift des Kunden lediglich das Einverständnis mit den – wirksam einbezogenen – AGB des Verwenders; dies gilt insbesondere auch dann, wenn eine entsprechende Bestätigungsklausel Verwendung gefunden hat.[94] Selbstverständlich ist – wie an anderer Stelle im einzelnen dargestellt *(§ 8 Rz. 32)* – bei derartigen Bestätigungsklauseln darauf zu achten, daß sie keine Änderung der nach § 2 AGBG vorgeschriebenen Beweislast zum Nachteil des Kunden bewirken.[95] Bezieht sich indessen der Inhalt einer solchen Bestätigungsklausel lediglich darauf, daß der Kunde ,,bestätigt", vom Inhalt der AGB Kenntnis genommen und mit deren Geltung einverstanden zu sein, so liegt darin keine Abänderung der Beweislast zum Nachteil des Kunden, sondern lediglich die – unschädliche – Wiederholung der Tatbestandselemente von § 2 Abs. 1 AGBG.[96] Anders hingegen sind Bestätigungsklauseln des Inhalts zu werten, wonach der Kunde ,,bestätigt", daß der Formularvertrag in allen Einzelheiten ,,ausgehandelt" worden sei.[97] In Übereinstimmung mit der in der Literatur vorherrschenden Auffassung[98] hält der BGH eine solche Klausel wegen Verstoßes gegen § 11 Nr. 15b AGBG für unwirksam.[99] Denn eine solche Bestätigungsklausel kann zur Konsequenz haben, daß das Gericht die Anforderungen an den Beweis zum Nachteil des Kunden erhöht, so daß darin eine nach § 11 Nr. 15b AGBG unwirksame Beweislastverschiebung zum Nachteil des Kunden liegt. Schon der ,,Versuch" des Verwenders, die Beweisposition des Kunden zu verschlechtern, reicht für das Verdikt der Unwirksamkeit im Sinn von § 11 Nr. 15 AGBG aus.[100] Dabei macht es keinen Unterschied, ob eine solche Bestätigungsklausel im Angebot des AGB-Verwenders oder in einer Auftragsbestätigung enthalten ist,[101] die dem Kunden zur Kenntnisnahme übersandt wird.

3. Verteilung der Beweislast

23 Anerkanntermaßen ist es Sache des AGB-Verwenders, den Nachweis zu führen, daß die Vertragsbedingungen im Sinn von § 1 Abs. 1 AGBG ,,im einzelnen ausgehandelt" worden sind.[102] Dabei ist allgemein anerkannt, daß die äußere Form Indizfunktion hat: Läßt also die äußere Form des Vertragsdokuments darauf schließen, daß es sich um vorformulierte Vertragsbestimmunen im Sinn von § 1 Abs. 1 AGBG handelt, so erfüllt der Kunde die ihm nach § 1 Abs. 1 AGBG obliegende Beweislast schon dadurch, daß er darauf hinweist: Vertragsbestimmungen sind gedruckt, hektographiert, von einem Schreibautomaten verfaßt oder in sonstiger Weise ,,vorformuliert".[103] Umgekehrt: Sind die Vertragsbestimmungen – ihrer äußeren Form nach – nicht ohne weiteres als im Sinn von § 1 Abs. 1

---

[93] BGH ZIP 1986, 1466, 1467.

[94] BGH BB 1983, 15 mit Anm. von Bohle.

[95] Ulmer/Brandner/Hensen, AGBG, § 2 Rz. 66.

[96] BGH BB 1983, 13; OLG Frankfurt AGBE II § 2 Nr. 3; KG ZIP 1983, 188; LG Stuttgart AGBE I § 2 Nr. 18.

[97] BGH NJW 1977, 624; BGH ZIP 1987, 448.

[98] Löwe/Graf von Westphalen/Trinkner, Großkommentar, Bd. II, § 11 Nr. 15 Rz. 28; Schlosser/Coester-Waltjen/Graba, AGBG, § 11 Nr. 15 Rz. 14; Ulmer/Brandner/Hensen, AGBG, § 11 Nr. 15 Rz. 14; Wolf/Horn/Lindacher, AGBG, § 11 Nr. 15 Rz. 19.

[99] BGH ZIP 1987, 448, 450.

[100] BGH a. a. O.

[101] BGH ZIP 1987, 448, 451.

[102] BGH NJW 1977, 624, 625; BGH ZIP 1987, 448, 450; Wolf/Horn/Lindacher, AGBG, § 1 Rz. 42; Staudinger/Schlosser, AGBG, § 1 Rz. 35.

[103] Löwe/Graf von Westphalen/Trinkner, AGBG, § 1 Rz. 29; Ulmer/Brandner/Hensen, AGBG, § 1 Rz. 61; Erman/Hefermehl, AGBG, § 1 Rz. 22.

AGBG vorformuliert zu qualifizieren, weil sie zum Beispiel maschinenschriftlich (Schreibcomputer) abgefaßt sind, so ist der Kunde dafür darlegungs- und beweispflichtig, daß gleichwohl die Voraussetzungen von § 1 Abs. 1 AGBG gegeben sind. In der Praxis kann er diesen Nachweis dadurch erbringen, daß er drei oder vier gleiche oder ähnliche Vertragsmuster des AGB-Verwenders (oder eines Dritten) dem Gericht vorlegt.[104] Anders ist es hingegen, wenn und soweit der AGB-Verwender handschriftliche Änderungen oder Ergänzungen eines ansonsten vorformulierten Textes vorgenommen hat: Hier spricht ein erstes Indiz – unter Berücksichtigung dieser äußeren Form – dafür, daß es sich um eine Individualabrede im Sinn von § 1 Abs. 2 AGBG handelt.[105] Selbstverständlich bleibt es auch in diesem Fall dem Kunden unbenommen, den Nachweis mehrfacher Verwendung der gleichen oder ähnlichen – handschriftlich eingefügten – Klausel zu führen, so daß dann ein Indiz dafür spricht, daß es sich um eine AGB-Klausel im Sinn von § 1 Abs. 1 AGB handelt.[106] Indessen entscheiden hier stets die Umstände des Einzelfalls; Erfahrungssätze, daß AGB-Verwender üblicherweise systematisch, planmäßig vorgehen, um – etwa: durch handschriftliche Zusätze – den Schutzzweck des AGBG zu umgehen, gibt es nicht. Ausgenommen bleibt folgender Fall: Sind die AGB des Verwenders – ihrer äußeren Form nach – unverändert übernommen worden, so liegt „in aller Regel"[107] keine ausgehandelte Individualvereinbarung im Sinn von § 1 Abs. 2 AGBG vor.[108] Dabei ist stets darauf zu achten, daß der Kunde bzw. der AGB-Verwender seine Darlegungs- und Beweislast im Hinblick auf die streitgegenständliche Vertragsbestimmung erfüllt,[109] es sei denn, die Darlegungen zielen ausnahmsweise dahin, daß der gesamte Vertrag im Sinn von § 1 Abs. 2 AGBG „im einzelnen ausgehandelt" worden ist.

III. Nicht ausgehandelte Individualverträge – Inhaltskontrolle formelhafter Klauseln gemäß § 242 BGB

Wie aufgezeigt *(§ 10 Rz. 6ff.)*, setzt die Anwendbarkeit von § 1 Abs. 1 AGBG voraus, 24
daß es sich um Vertragsbestimmungen handelt, die für eine Vielzahl von Anwendungsfällen vorformuliert worden sind. Anders gewendet: Soweit Vertragsbestimmungen verwendet werden, die lediglich für den Einzelfall – allerdings: durch Übernahme formelhafter Klauseln – aufgestellt worden sind, greifen die Bestimmungen des AGBG nicht ein. Gleichwohl hat sich eine h. M. gebildet, welche in diesen Fällen – insbesondere bei notariell beurkundeten Verträgen[110] – dazu tendiert, eine richterliche Inhaltskontrolle gemäß § 242 BGB durchzuführen.[111] Gerade unter Berücksichtigung der hier vor allem interessierenden Haftungsfreizeichnungs- und Haftungsbegrenzungsklauseln ist es deshalb von entscheidender Wichtigkeit, die einzelnen Gesichtspunkte näher zu verdeutlichen, weil im Ergebnis die richterliche Inhaltskontrolle formelhafter Klauseln gemäß § 242 BGB ebenso weitreichende Bedeutung hat wie die unmittelbare Anwendbarkeit von § 9 AGBG – nur, sie ist typisches „judge-made-law" und deshalb für die Betroffenen wesentlich weniger exakt vorhersehbar als die unmittelbare Anwendung der doch ziemlich fest konturierten Wertungskriterien von § 1 Abs. 2 AGBG und der §§ 9ff. AGBG.

---

[104] BGH WM 1984, 1610 – Notariatsvertrag.

[105] A. M. Wolf/Horn/Lindacher, AGBG, § 1 Rz. 36; wie hier Löwe/Graf von Westphalen/Trinkner, AGBG, § 1 Rz. 30; Ulmer/Brandner/Hensen, AGBG, § 1 Rz. 63a.

[106] LG Berlin ZIP 1981, 744, 745; AG Düsseldorf WM 1986, 463, 464.

[107] BGH ZIP 1986, 1466, 1467.

[108] Ulmer/Brandner/Hensen, AGBG, § 1 Rz. 76.

[109] Vgl. BGH NJW 1984, 2941.

[110] Hierzu Brambring/Schippel NJW 1979, 1802ff.; Garrn NJW 1980, 2732ff.; Kramer ZHR 146, 105ff.; Ulmer DNotZ 1981, 84ff.; ders. DNotZ 1982, 537ff.; insbesondere Lieb AcP 178 (1978) 196ff.; Hönn JZ 1983, 677ff.; Medicus, Zur gerichtlichen Inhaltskontrolle notarieller Verträge, 7ff.

[111] BGH NJW 1979, 1406; BGH NJW 1982, 2243, 2244; BGH NJW 1984, 2094.

1. Die Begründung der Judikatur

25 Alle bisherigen BGH-Entscheidungen[112] betrafen Fallkonstellationen, in denen der Verkäufer eines Grundstücks bzw. einer zu errichtenden Eigentumswohnung seine Gewährleistungsverpflichtungen – durch Verwendung formelhafter, d.h. wiederkehrender – Klauseln ausgeschlossen hatte. Von entscheidender Bedeutung ist dabei, daß die Bestimmungen des AGBG auf die ersten beiden Entscheidungen des BGH[113] noch nicht, wohl aber bei der nachfolgenden Entscheidung[114] anwendbar waren. Der maßgebende Rechtssatz lautet: ,,Jeder in einem Vertrag enthaltene formularmäßige Haftungsausschluß kann deshalb nach Treu und Glauben (§ 242 BGB) nur hingenommen werden, wenn er zuvor Gegenstand ausführlicher Belehrung und besonderer Vereinbarung gewesen ist".[115] Dabei gilt das die richterliche Inhaltskontrolle nach § 242 BGB ermöglichende Gegensatzpaar: Formelhafte Verwendung von Klauseln, insbesondere von ,,häufig vorkommenden Freizeichnungsklauseln"[116] – fehlende eingehende Erörterung der einschneidenden Rechtsfolgen.[117] Wird dieser Gegensatz nicht aufgrund einer ,,ausführlichen Belehrung und eingehenden Erörterung"[118] – im Sinn einer Vertragsgerechtigkeit – aufgehoben, so ist die jeweilige, formelhaft verwendete Klausel unter Berücksichtigung von Treu und Glauben gemäß § 242 BGB unwirksam.[119] Selbst für den Fall, daß die Freizeichnungsklausel ,,alle erkennbaren Mängel" betrifft, findet eine richterliche Inhaltskontrolle – wiederum: bei notariell beurkundeten Kaufverträgen – gemäß § 242 BGB statt.[120] Dabei ist es – so der BGH[121] – irrelevant, ob der Gewährleistungsausschluß in einem bei Vertragsabschluß verwendeten Formular bereits enthalten war oder ob er als ,,häufig vorkommende Freizeichnungsklausel"[122] formelhaft in den Vertragstext übernommen wurde.[123] Gleiches gilt, falls eine formelhafte Klausel Verwendung fand, die ,,nur eine nicht ins Gewicht fallende Abwandlung der für Gewährleistungsregelungen dieser Art vielfach benutzten Formeln"[124] darstellt. Ebenso ist zu entscheiden, falls die Haftung des Veräußerers einer neu zu errichtenden Eigentumswohnung auf die Erfüllung bzw. Ersatzleistung beschränkt ist, die der Veräußerer von den beteiligten Bauhandwerkern erhält.[124a] Nichts anderes gilt dann, wenn die Gewährleistungshaftung auf „sichtbare Sachmängel" beschränkt wird.[124b] oder wenn sich die Freizeichnung auf den Erwerb einer Eigentumswohnung bezieht, die durch Umwandlung eines Altbaues entstanden ist[124c]. Entscheidend ist und bleibt ausschließlich, daß sich diese Klauseln als Haftungsfreizeichnung – abweichend vom dispositiven Recht – auswirken.[125]

26 Freilich ist nicht erkennbar, wie der gegenständliche Anwendungsbereich dieser Judikatur – gerade unter Berücksichtigung der Relevanz von Haftungsfreizeichnungs- und Haftungsbegrenzungsklauseln – zu fixieren ist. Allerdings hat es der BGH abgelehnt, diese

[112] BGH NJW 1979, 1406; BGH NJW 1982, 2243; BGH NJW 1984, 2094; BGH ZIP 1987, 1052.
[113] BGH NJW 1979, 1406; BGH NJW 1982, 2243.
[114] BGH NJW 1984, 2094; BGH NJW 1988, 1972.
[115] BGH NJW 1984, 2094.
[116] BGH a. a. O.
[117] BGH NJW 1982, 2243, 2244; BGH NJW 1984, 2094, 2095; BGH ZIP 1987, 1052.
[118] BGH NJW 1984, 2094.
[119] BGH NJW 1979, 1406; BGH NJW 1982, 2243; BGH NJW 1984, 2094.
[120] BGH NJW-RR 1986, 1026.
[121] BGH NJW-RR 1986, 1026, 1027.
[122] BGH NJW 1984, 2094.
[123] BGH NJW 1982, 2243, 2244.
[124] BGH NJW-RR 1986, 1026, 1027.
[124a] BGH ZIP 1987, 1052.
[124b] BGH ZIP 1987, 1461.
[124c] BGH NJW 1988, 1972.
[125] BGH NJW-RR 1986, 1026, 1027.

Judikatur auf Haftungsfreizeichnungsklauseln auszudehnen, die in Verträgen über die Veräußerung von Grundstücken mit Altbauten ohne Herstellungsverpflichtung des Veräußerers vorgesehen waren.[126] Doch ist hervorzuheben, daß letzten Endes der Erwerber es hier verabsäumt hatte, die für die Begründung eigener Gewährleistungsansprüche erforderlichen Tatsachen vorzutragen, welche geeignet waren, die Unwirksamkeit des Gewährleistungsausschlusses zu begründen.[127] Gleichwohl ist die Feststellung des BGH von Wichtigkeit: ,,Daß für die Freizeichnungsklausel im Interesse der Klarheit vom Notar eine häufig in notariellen Urkunden verwendete Formulierung benutzt worden ist, macht sie noch nicht zu einer formularmäßigen oder formelhaften Abrede"[128] – ein Ergebnis, welches zumindest dann und solange gilt, als über die Art und Weise des Zustandekommens eines solchen Gewährleistungsausschlusses nichts Konkretes vorgetragen wird.[129] Von entscheidender Bedeutung ist letztlich, daß – dogmatisch gewertet – das AGBG nur eine „Teilkodifikation des Rechtsinstituts der Inhaltskontrolle privatrechtlicher Verträge" darstellt, so daß eine über § 242 BGB operierende – weitergehende – Inhaltskontrolle nicht ausgeschlossen ist.[129a]

2. Das Meinungsbild in der Literatur

27 Es verwundert nicht, daß sich in der Literatur die zustimmende Meinung inzwischen aufgrund der ständigen BGH-Judikatur[130] verfestigt hat.[131] Freilich finden sich nach wie vor auch kritische Stimmen.[132] Der methodische Ansatz ist freilich höchst unterschiedlich: Teilweise wird geltend gemacht, die richterliche Inhaltskontrolle sei entsprechend dem Sinn und Zweck des AGBG – durch Rückgriff auf die Gebote von Treu und Glauben gemäß § 242 BGB – immer dann angezeigt, wenn die Situation bei Vertragsabschluß derjenigen ähnlich sei, die bei Verwendung vorformulierter AGB-Klauseln im Sinn von § 1 Abs. 1 AGBG auftritt – eine Konstellation, die jedenfalls dann zu bejahen sei, wenn Vertragsformulare verwendet werden, die nicht für den konkreten Einzelfall ausgearbeitet worden seien.[133] *Kramer,*[134] aber auch andere Autoren[135] verzichten auf das Merkmal der Vielzahl, wie es in § 1 Abs. 1 AGBG zum Ausdruck gelangt, und erklären es für ausreichend, die richterliche Inhaltskontrolle eingreifen zu lassen, wenn und soweit vorformulierte Klauseln Verwendung gefunden haben. Freilich wird teilweise eine Eingrenzung auf notarielle Verträge für notwendig befunden,[136] sofern die notarielle Beurkundung ihren Zweck, aufgrund sachkundiger Beratung auf eine angemessene Vertragsgestaltung hinzuwirken, in grober Weise verfehlt.[137]

28 Von besonderer praktischer Bedeutung ist allerdings, daß in der Literatur verschiedentlich die Auffassung vertreten wird, das Instrumentarium der richterlichen Inhaltskontrolle immer dann anzuwenden, wenn – auch außerhalb des Definitionsrasters von § 1 Abs. 1

[126] BGH NJW 1986, 2824; BGH ZIP 1987, 1052 – Herstellungsverpflichtung.

[127] BGH NJW 1986, 2824, 2825.

[128] BGH NJW 1986, 2824, 2825.

[129] BGH a. a. O.

[129a] BGH ZIP 1987, 1461, 1462.

[130] BGH NJW 1979, 1406; BGH NJW 1982, 2243; BGH NJW 1984, 2094; BGH NJW-RR 1986, 1026; BGH ZIP 1987, 1052; BGH ZIP 1987, 1461; BGH NJW 1988, 1972.

[131] Staudinger/Schlosser, AGBG, § 1 Rz. 27; Ulmer/Brandner/Hensen AGBG, § 1 Rz. 78ff; Erman/Hefermehl, AGBG, § 1 Rz. 10; Garrn NJW 1980, 2782; Kramer ZHR 146 (1982) 105, 114f.; Wiedemann, Festgabe für Kummer, 175, 185ff.; Hönn JZ 1983, 677.

[132] Brambring/Schippel NJW 1979, 1802; Brambring DNotZ 1984, 782; Peters NJW 1979, 1820; Wolf/Horn/Lindacher, AGBG, § 1 Rz. 25; Roth BB 1987, 977ff.; insbesondere Medicus 30ff.

[133] Wiedemann, Festgabe für Kummer, 176ff., 187.

[134] Kramer ZHR 146, 1982, 105, 111.

[135] Garrn NJW 1980, 2782, 2783ff.; Erman/Hefermehl, AGBG, § 1 Rz. 10.

[136] Garrn NJW 1980, 2782, 2783ff.

[137] Palandt/Heinrichs, AGBG, vor § 8 Anm. 2d.

AGBG – typische Ungleichgewichtslagen infolge wirtschaftlicher, sozialer und intellektueller Überlegenheit des einen Teils über den anderen auszugleichen sind.[138] Geht man soweit, dann gibt es keinen erkennbaren Unterschied mehr zwischen einem nach § 1 Abs. 1 AGBG zu beurteilenden – vorformulierten – Vertrag und einem Individualvertrag: Die richterliche Inhaltskontrolle als richterliche Vertragshilfe greift gleichermaßen ein; befunden wird dann nur noch darüber, ob und inwieweit eine auszugleichende Ungleichgewichtslage unter Berücksichtigung wirtschaftlicher, sozialer und intellektueller Daten vorhanden ist.[139] Denn das AGBG ist lediglich eine – ergänzungsbedürftige – „Teilkodifikation" des allgemeinen Instituts der richterlichen Inhaltskontrolle,[139a] was auch der BGH[139b] einzuwirken bestätigt hat.

3. Eigener Standpunkt

29 Jegliche Auseinandersetzung mit dem in Judikatur und Literatur anzutreffenden Meinungsspektrum muß notwendigerweise von zwei – praxisrelevanten – Kriterien ausgehen: Die BGH-Judikatur[140] ist inzwischen festgefügt; es handelt sich um eine ständige Rechtsprechung, die die Praxis nicht mehr ignorieren kann. Das ist der eine Gesichtspunkt; der andere: Wegen des normtheoretischen Ansatzes, der in dieser Judikatur erkennbar wird, stellt sich aus praktischer Sicht vor allem die Frage, ob es sich hierbei um eine Sonderrechtsprechung für notarielle Grundstückserwerbs-Verträge (Haus bzw. Eigentumswohnung) handelt,[141] oder ob man sie auch auf andere Fallkonstellationen ausdehnen muß. Denn nur wenn diese Fragen – soweit nach dem bisherigen Erkenntnisstand möglich – beantwortet ist, kann eine abschließende Aussage über den jeweiligen Stellenwert von Haftungsfreizeichnungs- oder Haftungsbegrenzungsklauseln gewagt werden, die außerhalb des strikten Anwendungsbereichs von § 1 Abs. 1 AGBG verwendet worden sind.

a) Begrenzung auf notarielle Verträge?

30 Mit Recht hat *Hönn*[142] darauf hingewiesen, würde man die richterliche Inhaltskontrolle formelhafter Klauseln gemäß § 242 BGB nur auf notarielle Verträge beziehen, so würden diese mit einem erhöhten Unwirksamkeitsrisiko versehen, obwohl ja die notarielle Beurkundung gerade den Zweck verfolgt, eine beträchtliche Rechtssicherheitsfunktion und Richtigkeitsgewähr zu erreichen. Insbesondere aber ist von Wichtigkeit, daß sich in der BGH-Judikatur bislang kein ausreichender Hinweis dafür findet, daß es sich hierbei wirklich um eine Sonderrechtsprechung für notariell beurkundete Verträge handelt. Dies wird besonders deutlich, wenn in der BGH-Entscheidung vom 5. 4. 1984[143] ganz generell der Rechtssatz niedergelegt ist:

„Jeder in einem **Vertrag** enthaltene formularmäßige Haftungs**ausschluß** kann deshalb nach Treu und Glauben (§ 242 BGB) nur hingenommen werden, wenn er zuvor Gegenstand ausführlicher Belehrung und besonderer Vereinbarung gewesen ist. Das gilt gerade für häufig vorkommende Freizeichnungsklauseln, die in einem notariell beurkundeten **Formular**vertrag unwirksam wären."

31 Diese – in Satz 1 zitierte – Sentenz wird wortgleich in der wichtigen BGH-Entscheidung vom 20. 2. 1986[144] wiederholt. Dabei stellt der BGH[145] gerade nicht darauf ab, ob die

---

[138] Lieb AcP 178 (1978) 196, 205ff.; so auch Wolf NJW 1977, 1937, 1942f.
[139] Kritisch insbesondere Roth BB 1987, 977ff.
[139a] Lieb a.a.O., 196f.
[139b] BGH ZIP 1987, 1461, 1462.
[140] BGH NJW 1979, 1406; BGH NJW 1982, 2243; BGH NJW 1984, 2094; BGH NJW-RR 1986, 1026; BGH ZIP 1987, 1052.
[141] So namentlich Palandt/Heinrichs, AGBG, vor § 8 Anm. 2d.
[142] JZ 1983, 677, 686; so auch Ulmer/Brandner/Hensen, AGBG, § 1 Rz. 78.
[143] BGH NJW 1984, 2094.
[144] BGH NJW-RR 1986, 1026, 1027.
[145] BGH NJW-RR 1986, 1026, 1027.

notarielle Beurkundung ihren Zweck verfehlt hat, eine ausgewogene Vertragsgestaltung zu erreichen. Vielmehr prüft er, ob die aufgrund des Gewährleistungsausschlusses bewirkte Benachteiligung des Käufers dadurch ausgeglichen worden ist, daß sie mit ihm „ausführlich erörtert"[146] wurde:

> „Insbesondere muß der Erwerber nachhaltig über die einschneidenden Rechtsfolgen aufgeklärt werden, die mit einer derartigen Freistellung des Veräußerers verbunden sind".[147]

Nach Auffassung des BGH greift also die richterliche Inhaltskontrolle gemäß § 242 BGB – außerhalb des Anwendungsbereichs von § 1 Abs. 1 AGBG – immer dann ein, wenn und soweit formularmäßig eine Vertragsbestimmung verwendet worden ist, die sich als Haftungsausschluß oder Gewährleistungsausschluß zum Nachteil des anderen Teils auswirkt.[148] Damit stellt sich die Frage, ob die Auffassung in der Literatur zutreffend ist, die richterliche Inhaltskontrolle sei schlechthin gegenüber allen einseitig vorformulierten Verträgen durchzuführen, sofern und soweit die jeweiligen Vertragsbestimmungen nicht Gegenstand individuellen Aushandelns waren.[149] Diese Meinung findet in einer neueren BGH-Entscheidung[150] zumindest insoweit eine gewisse Stütze, als der BGH es dort für irrelevant erklärte, ob der Gewährleistungsausschluß in einem bei Vertragsabschluß verwendeten Formular enthalten ist oder eine häufig vorkommende Haftungsfreizeichnungsklausel darstellt, die formelhaft in den Vertragstext übernommen wurde.[151] Denn entscheidend sei allein, daß es sich um eine „vielfach benutzte Formel"[152] handelte. Diesen Tatbestand umschreibt *Ulmer*[153] dahin, daß es sich um eine Vertragsbestimmung handeln müsse, „die nach ihrem Inhalt **nicht auf den Einzelvertrag zugeschnitten**" ist, sondern in mehr oder weniger ähnlicher Ausgestaltung „auch sonst im Rechtsverkehr verwendet" wird. 32

Auch wenn die früher hierzu geäußerte Kritik[154] – aus dogmatischen Gründen – nicht fallengelassen werden soll, so ist doch in praktischer Hinsicht zu unterstreichen: Es ist ein Gebot kaufmännischer Vernunft, sich an den hier aufgezeigten Leitlinien der BGH-Judikatur und der h. M. in der Literatur zu orientieren, weil es nur so möglich ist, die Wirksamkeitsgrenzen von Haftungsfreizeichnungs- und Haftungsbegrenzungsklauseln mit einiger Verläßlichkeit im Vorhinein bestimmen zu können. Denn schon wegen der in solchen Klauseln notwendigerweise innewohnenden Eindeutigkeit und Klarheit ist es unerläßlich, daß – zumindest im praktischen Ergebnis – immer wieder die gleichen individuell auf den Einzelvertrag zugeschnittenen, aber allgemein gebräuchlichen Wendungen und Textierungen eingesetzt werden.[155] Daß indessen der BGH hier eine **neue** Rechtsfigur entgegen dem Zweck des AGBG geschaffen hat, und daß § 242 BGB nicht als Vehikel richterlicher Inhaltskontrolle von Individualverträgen verwendet werden darf, sondern auf Fälle des Rechtsmißbrauchs zu beschränken ist,[156] soll der dogmatischen Sauberkeit wegen unterstrichen werden, hat aber wohl praktisch keine Relevanz mehr, zumal nicht auszuschließen ist, daß der Bereich des Grundstücksrechts eines Tages überschritten wird. 33

[146] BGH a. a. O.
[147] BGH a. a. O.
[148] BGH ZIP 1987, 1052 – Individualvertrag über zu errichtende Eigentumswohnungen.
[149] Kramer ZHR 146 (1982), 105, 111; vgl. auch Garrn NJW 1980, 2782, 2783 ff.
[150] BGH NJW-RR 1986, 1026, 1027.
[151] So insbesondere auch BGH ZIP 1987, 1052, 1053.
[152] BGH a. a. O.
[153] Ulmer/Brandner/Hensen, AGBG, § 1 Rz. 81.
[154] Graf von Westphalen DB 1981, 61, 67; vgl. auch Roth BB 1987, 977 ff.
[155] Hierzu insbesondere BGH NJW 1986, 2824, 2825 a. E.; BGH ZIP 1987, 1052, 1053.
[156] Roth BB 1987, 977, 983 f.; kritisch auch Medicus 30 ff.

b) Die Voraussetzungen des Erörterns und der nachhaltigen Aufklärung der benachteiligten Vertragspartei

34 Soweit eine Partei „formalhafte" Haftungsfreizeichnungs- oder Haftungsbegrenzungsklauseln verwendet, kann sie – bei Weiterentwicklung der BGH-Judikatur auf Bereiche außerhalb der Grundstücksrechte – dem Risiko der richterlichen Inhaltskontrolle gemäß § 242 BGB nur dadurch entgehen, daß sie mit ihrem Vertragspartner die sich aus diesen Vertragsbestimmungen ergebenden einschneidenden Rechtsfolgen ausführlich erörtert und ihn über die Rechtswirkungen im einzelnen aufklärt.[157] Damit stellt sich zunächst die Frage, ob damit die gleichen Voraussetzungen zu erfüllen sind, welche für das ,,Aushandeln" vorformulierter Vertragsbestimmungen im Sinn von § 1 Abs. 2 AGBG für erforderlich angesehen werden. Dies ist jedoch zu verneinen.[158] Denn nach der BGH-Judikatur geht ein ,,Aushandeln" über ein bloßes ,,Verhandeln" hinaus, weil der AGB-Verwender gehalten ist, den ,,gesetzesfremden" Kerngehalt seiner vorformulierten Vertragsbestimmungen gegenüber dem Kunden ernsthaft zur Disposition zu stellen,[159] um auf diese Weise seinem Verhandlungspartner ,,Gestaltungsfreiheit zur Wahrung eigener Interessen mit zumindest der realen Möglichkeit einzuräumen, die inhaltliche Ausgestaltung der Vertragsbedingungen zu beeinflussen".[160] Diese Schwelle aber liegt erheblich oberhalb der Erläuterung oder der Erörterung;[161] insbesondere reicht es – ,,allenfalls unter besonderen Umständen"[162] – aus, wenn das Ergebnis der Erörterung darin besteht, die vorformulierte Vertragsbestimmung entspreche in Wirklichkeit auch den Interessen des Kunden und könne deshalb unverändert übernommen werden.[163] Genau dies aber reicht bei Verwendung formularmäßiger Vertragsbestimmungen außerhalb des Anwendungsbereichs von § 1 Abs. 1 AGBG ohne weiteres aus. Denn weder ein Erörtern noch ein nachhaltiges Belehren über die einschneidenden Rechtsfolgen einer Haftungsfreizeichnungs- oder Haftungsbegrenzungsklausel schließt eine eindeutig signalisierte Abänderungsbereitschaft ein oder setzt voraus, daß dem anderen Vertragsteil die ,,reale Möglichkeit eingeräumt" wurde, ,,die inhaltliche Ausgestaltung der Vertragsbedingungen zu beeinflussen".[164] Anders gewendet: Ein Rückgriff auf die richterliche Inhaltskontrolle gemäß § 242 BGB scheidet unter Berücksichtigung der Gebote von Treu und Glauben jedenfalls dann aus, wenn und soweit der durch eine Haftungsfreizeichnungs- oder Haftungsbegrenzungsklausel begünstigte Vertragsteil einem Vertragspartner ausdrücklich und nachhaltig über Inhalt und Umfang der damit bewirkten **Risikoverlagerung** belehrt hat, ohne die Klausel entsprechend auch abgeändert zu haben.

35 Zweckmäßigerweise ist eine solche Erörterung und Belehrung außerhalb der Vertragsurkunde protokollarisch festzuhalten, weil es ja stets auf die besonderen Umstände ankommt, die zur Vereinbarung der jeweiligen Haftungsfreizeichnungs- oder Haftungsbegrenzungsklausel geführt haben.[165] Dabei stellt sich freilich die Frage, ob dann auf ein eingehendes Erörtern und ein nachdrückliches Belehren über die Rechtsfolgen von Haftungsfreizeichnungs- und Haftungsbegrenzungsklauseln verzichtet werden kann, wenn klar zutage liegt, daß dem benachteiligten Vertragspartner das damit verbundene Risiko bekannt ist. Dies zu bejahen, wäre mit Rücksicht auf die Besonderheiten des kaufmännischen Verkehrs von hoher Bedeutung; doch sprechen wesentliche Gründe gegen eine solche Dispensierung: Ganz entscheidend ist, daß das Instrument der richterlichen Inhalts-

[157] BGH NJW-RR 1986, 1026, 1027; BGH NJW 1984, 2094, 2095; BGH ZIP 1987, 1052, 1053.
[158] So auch mit Recht Ulmer/Brandner/Hensen, AGBG, § 1 Rz. 81 bei Fn. 177a.
[159] BGH ZIP 1987, 448, 449.
[160] BGH ZIP 1983, 76, 77; BGH ZIP 1986, 1466, 1467.
[161] BGH WM 1984, 1610, 1611f.; BGH ZIP 1986, 1466, 1467.
[162] BGH ZIP 1987, 1466, 1467.
[163] Weniger weitgehend freilich BGH NJW 1977, 624, 625.
[164] BGH ZIP 1986, 1466, 1467.
[165] BGH NJW 1986, 2824, 2825 a. E; BGH ZIP 1987, 1052, 1053f.

kontrolle gemäß § 242 BGB – schlechthin – an den in einem „Vertrag enthaltenen formularmäßigen Haftungs**ausschluß**“[166] ansetzt – mit der Folge, daß die am dispositiven Recht orientierte Gleichgewichtslage nur dann nicht wieder herzustellen ist, wenn und soweit eine ausführliche Erörterung und eine nachdrückliche Belehrung über die Abweichungen vom dispositiven Recht durchgeführt wurde. Dabei gilt auch hier: Genauso wenig wie im Hinblick auf die Voraussetzungen des Aushandelns gemäß § 1 Abs. 2 AGBG ein dogmatisch-systematischer Unterschied besteht, ob der Kunde Kaufmann im Sinn von § 24 AGBG oder Nicht-Kaufmann ist,[167] trifft dies für die Voraussetzungen der für die Vermeidung der richterlichen Inhaltskontrolle gemäß § 242 BGB erforderlichen Erörterung und nachhaltigen Belehrung zu. Denn § 24 AGBG differenziert innerhalb des Anwendungsbereichs von § 1 AGBG nicht nach den persönlichen Eigenschaften des Kunden. Genauso läßt § 1 Abs. 2 AGBG die persönlichen Eigenschaften des AGB-Verwenders außer Betracht, weil wirtschaftliche, soziale und intellektuelle Ungleichgewichtslagen nicht Voraussetzung für das Eingreifen der Schutzbestimmungen des AGBG oder der richterlichen Inhaltskontrolle nach § 242 BGB sind, sondern – und damit schließt sich der Kreis – das Abweichen von den dispositiven Bestimmungen des geltenden Rechts, welches eine unangemessene Benachteiligung des Kunden bewirkt.

c) Praktische Konsequenzen

Die BGH-Judikatur[168] hat ungeahnte Sprengwirkung, weil und soweit sie sich als In- 36
haltskontrolle von Individualverträgen auswirkt. Denn in Leistungsaustauschverträgen ist es unverzichtbar, Haftungsfreizeichnungs- oder Haftungsbegrenzungsklauseln zu verwenden. Angefangen von Industrieanlagenverträgen, Liefer- und Montageverträgen, über Lizenz- und Know-How-Verträge bis hin zu Kooperationsverträgen: Immer erweist es sich, daß es ein Gebot kaufmännischer Risikovorsorge ist, Haftungsfreizeichnungs- und Haftungsbegrenzungsklauseln vorzusehen; denn nur so kann erreicht werden, daß das Risiko kalkulierbar wird.

In der täglichen Vertragspraxis gleichen sich alle diese Klauseln sehr stark. Wesentliche 37
textliche Abweichungen oder Neuerungen sind nicht zu sehen, weil selbst die Phantasie begabter Juristen sich dem Gebot beugen muß, gerade im Bereich von Haftungsfreizeichnungs- und Haftungsbegrenzungsklauseln für eine ausreichende Klarheit der Vertragsgestaltung zu sorgen. Demzufolge handelt es sich hier – im praktischen Ergebnis – stets um formelhafte, formularmäßige Vertragsbestimmungen – gleichgültig, ob sie aus früheren Verträgen, Modellentwürfen oder Handbüchern stammen oder sich in der Praxis – und sei es nur im Kopf des jeweiligen Juristen – „bewährt“ haben. Unter dieser Prämisse aber ist es unverzichtbar, zugunsten der durch die Haftungsfreizeichnungs- oder Haftungsbegrenzungsklausel benachteiligten Partei aktiv darauf hinzuwirken, daß diese mit ihr nachweislich eingehend erörtert werden und der Kunde über die damit bewirkte Risikoverlagerung nachdrücklich belehrt wird.

Dabei ist es tendenziell wesentlich leichter, eine **Haftungsbegrenzungsklausel** aus dem Risikobereich der richterlichen Inhaltskontrolle gemäß § 242 BGB herauszunehmen. Dem erfahrungsgemäß werden Haftungsbegrenzungsklauseln nicht nur verhandelt, sondern sie werden – regelmäßig – umfassend erörtert, häufig auch abgeändert. Jede Haftungsbegrenzungsklausel signalisiert ja der benachteiligten Vertragspartei, daß nur ein bestimmtes Quantum des Schadensrisikos von ihr übernommen werden soll, so daß jede summenmä-

---

[166] BGH NJW 1984, 2094; BGH NJW-RR 1986, 1026, 1027; BGH ZIP 1987, 1052, 1053 – „ein in einem **Individualvertrag** enthaltener formelhafter – ganz oder teilweiser Ausschluß der Gewährleistung ...“

[167] Hierzu im einzelnen Graf von Westphalen DB 1981, 61, 66f.; Ulmer/Brandner/Hensen, AGBG, § 1 Rz. 83.

[168] BGH NJW 1979, 1406; BGH NJW 1982, 2243; BGH NJW 1984, 2094; BGH NJW-RR 1986, 1026; BGH ZIP 1987, 1052.

ßige Haftungsbegrenzung – schon aus sich selbst heraus – eine Aufforderung für die von ihr betroffene Partei enthält, ein besseres Ergebnis zu ihren eigenen Gunsten auszuhandeln. Notwendigerweise ist dieser Sachzusammenhang bei einer rigiden Haftungsfreizeichnungsklausel nicht gegeben. Demzufolge sind auch die Anforderungen an eine eingehende substantielle Erörterung und eine nachhaltige Belehrung über die durch diese Klausel bewirkte Risikoverlagerung strenger. Unter Berücksichtigung der Gebote von Treu und Glauben gemäß § 242 BGB wird man sie nur dann als erfüllt ansehen können, wenn sich die benachteiligte Partei – aufgrund von Erörterung und Belehrung – mit dem Ergebnis der durch die Haftungsfreizeichnung bewirkten Risikoverlagerung einverstanden erklärt hat.

38 In allen diesen Fällen aber ist es angezeigt, den Gang der Verhandlungen – insbesondere Art und Weise der Erörterung und der Belehrung – im einzelnen festzuhalten und im Ergebnis dann auch das jeweilige Einverständnis des benachteiligten Kunden „dingfest" zu machen. Vor der Verwendung formelmäßiger oder formularmäßiger Erörterungs- oder Belehrungsformeln ist indessen zu warnen: Wenn schon der Akt der notariellen Beurkundung (§ 17 BeurkG) nicht geeignet ist, die Voraussetzungen eines – ausreichenden – Erörterns und Belehrens zu erfüllen,[169] so gilt dies nicht minder für irgendwelche sonstigen Belehrungs- oder Erörterungsformeln, deren sich die Partei bedient, weil sich zu ihren Gunsten die jeweilige Haftungsfreizeichnungs- oder Haftungsbegrenzungsklausel auswirkt.[170] Im Ergebnis wird man sich also der Mühe nicht entheben dürfen akkurate Protokollnotizen zu fertigen, deren Beweiswert natürlich erst dann hilfreich ist, wenn und soweit sie von der benachteiligten Vertragspartei auch anerkannt worden sind. Bis zu einer nachhaltigen Änderung der BGH-Judikatur wird die Praxis von dieser Empfehlung keine Abstriche machen dürfen, zumal die heftige Kritik an dieser Rechtsprechung[171] bislang keine Früchte getragen hat, und eine Differenzierung zwischen einer Inhaltskontrolle formalhafter Klauseln in Grundstücksverträgen und sonstigen Verträgen nicht nachvollziehbar ist.[172]

§ 11. Haftungsfreizeichnungs- und Haftungsbegrenzungsklauseln bei Eigenschaftszusicherungen oder Garantien

I. Der Anwendungsbereich von § 11 Nr. 11 AGBG

1. Das Vorliegen eines Kauf-, Werk- oder Werklieferungsvertrages

1 Nach seinem eindeutigen Wortlaut erfaßt § 11 Nr. 11 AGBG nur solche Schadensersatzansprüche wegen Fehlens einer zugesicherten Eigenschaft, die im Zusammenhang mit einem Kauf-, Werk- oder Werklieferungsvertrag nach §§ 463, 480 Abs. 2, 635 BGB stehen. Damit drängt sich die Frage auf, ob der Verbotstatbestand von § 11 Nr. 11 AGBG nicht auch in anderen Fällen oder jedenfalls dann gilt, wenn und soweit sich Eigenschaftszusicherungen – wie etwa im Anwendungsbereich von § 494 BGB – aus gesetzlicher Sanktion ergeben.

2. Bei sonstigen Fällen von Eigenschaftszusicherungen und Garantien

2 Soweit Eigenschaftszusicherungen – etwa im Bereich des Miet- und Pachtrechts gemäß §§ 537 Abs. 2, 538, 581 Abs. 2 BGB – vorliegen, geht die überwiegend in der Literatur

[169] BGH NJW 1979, 1406; BGH NJW 1982, 2243; BGH NJW 1984, 2094; BGH NJW-RR 1986, 1026; BGH BB 1988, 1841.
[170] Vgl. BGH NJW 1979, 1406.
[171] Roth, BB 1987, 977ff. mit umfassenden Nachweisen; Medicus, 21ff.
[172] BGH ZIP 1987, 1052; BGH BB 1988, 1841 – „ständige Rechtsprechung".

vertretene Auffassung dahin, eine entsprechende Anwendung von § 11 Nr. 11 AGBG zu fordern.[1] Ob freilich für eine solche Analogie unter Berücksichtigung der Generalklauseln von § 9 AGBG ein Bedürfnis besteht, erscheint zweifelhaft.[2] In der Sache wird dadurch ein Unterschied nicht begründet: Verneint man eine analoge Anwendung von § 11 Nr. 11 AGBG bei Miet- oder Pachtverträgen, so scheitern Haftungsfreizeichnungs- oder Haftungsbegrenzungsklauseln gegenüber Eigenschaftszusicherungen unmitttelbar an § 9 Abs. 2 Nr. 1 AGBG. Denn unter Berücksichtigung der von § 11 Nr. 11 AGBG ausgehenden Indizwirkung ist es eine unangemessene Benachteiligung des betroffenen Kunden, wenn und soweit er im Vertrauen auf eine Eigenschaftszusicherung einen Schaden erleidet, ohne diesen entsprechend den Bestimmungen des dispositiven Rechts kompensieren zu können. Freilich wird man auch berücksichtigen müssen, daß es der Anwendungsbereich von § 11 Nr. 11 AGBG *(§ 11 Rz. 7f.)* keineswegs schlechthin verbietet, das Risiko von Schadensersatzansprüchen wegen des Fehlens einer zugesicherten Eigenschaft auszuschließen oder zu begrenzen, sondern eben nur insoweit, als der Schadensersatzanspruch seinerseits unmittelbar der gesetzlichen Sanktionswirkung der §§ 436, 480 Abs. 2, 635 BGB entstammt. Da im Rahmen von § 9 Abs. 2 Nr. 1 AGBG stets eine Wertungsentscheidung erforderlich ist, um das Kriterium der unangemessenen Benachteiligung des Kunden aufgrund der jeweiligen AGB-Klausel festzustellen, besteht also ganz allgemein außerhalb von Kauf-, Werk- oder Werklieferungsverträgen ein ausreichender Spielraum, um zu gerechten Resultaten zu gelangen.

Soweit Garantien in Rede stehen, ist stets scharf danach zu differenzieren, ob diese 3
lediglich eine bekräftigende Wiederholung einer Eigenschaftszusicherung im Sinn der §§ 459 Abs. 2, 633 Abs. 1 BGB darstellen *(§ 7 Rz. 3ff.)*, oder ob sie – vor allem auch im Werkvertrag – eine darüber hinausgehende, d. h. verschuldensunabhängige Einstandspflicht (vgl. § 635 BGB) begründen sollen *(§ 7 Rz. 4)*. Ist nämlich der Anwendungsbereich der §§ 463, 480 Abs. 2, 635 BGB verlassen, so kann die Unwirksamkeit von Haftungsbegrenzungs- oder Haftungsfreizeichnungsklauseln wegen Nichterfüllung irgendwelcher Garantien nicht durch Rekurs auf den Verbotstatbestand von § 11 Nr. 11 AGBG begründet werden. Vielmehr ist in diesen Fällen dann unmittelbar auf § 9 Abs. 2 Nr. 1 AGBG zurückzugreifen.[3]

II. Der von § 11 Nr. 11 AGBG erfaßte Schadensersatzanspruch wegen Nichterfüllung

Ausgangspunkt für die zutreffende Bewertung von Haftungsfreizeichnungs- und Haf- 4
tungsbegrenzungsklauseln ist die Feststellung, daß der Verbotstatbestand von § 11 Nr. 11 AGBG nur den unmittelbar aus den §§ 463, 480 Abs. 2, 635 BGB resultierenden Schadensersatzanspruch wegen Nichterfüllung erfaßt. Sowohl im Kauf- als auch im Werkvertragsrecht fallen deshalb alle die Schadensersatzpositionen in den Bereich des – haftungsfreizeichnungsfesten – Nichterfüllungsschadens gemäß §§ 463, 480 Abs. 2, 635 BGB, die dem Bereich des Mangelschadens zuzuordnen sind. Also: Der gezahlte Kaufpreis, dessen Rückgabe verlangt werden kann,[4] der Minderwert der Kaufsache[5] sowie der Reparaturaufwand[6] und schließlich insbesondere der entgangene Gewinn.[7] Im Werkvertragsrecht

---

[1] Schlosser/Coester-Waltjen/Graba, AGBG, § 11 Rz. 11; Wolf/Horn/Lindacher, AGBG, § 11 Nr. 11 Rz. 2; Ulmer/Brandner/Hensen, AGBG, § 11 Nr. 11 Rz. 2.

[2] Löwe/Graf von Westphalen/Trinkner, Großkommentar, § 11 Nr. 11 Rz. 28.

[3] Löwe/Graf von Westphalen/Trinkner, Großkommentar, § 11 Nr. 11 Rz. 45.

[4] BGHZ 29, 148, 151; BGH BB 1978, 1034, 1035; BGH WM 1980, 1388, 1389.

[5] BGH BB 1980, 1068, 1069.

[6] BGH NJW 1965, 34, 35; BGH NJW 1983, 1424, 1425.

[7] BGH BB 1980, 1068, 1069; BGH WM 1982, 130.

gilt – sieht man einmal von dem Verschuldenserfordernis des § 635 BGB ab – nichts anderes.[8] Denn die aus § 635 BGB resultierende Schadensersatzhaftung erfaßt alle diejenigen Nachteile, die unmittelbar auf dem fehlerhaften Werk beruhen, weil und soweit es infolge des Fehlens einer zugesicherten Eigenschaft unbrauchbar, wertlos oder minderwertig ist.

5 Notwendigerweise schließt dies eine exakte Abgrenzung der jeweils geltend gemachten Schadensersatzpositionen ein, und zwar sowohl für das Kaufvertragsrecht *(§ 4 Rz. 1ff.)* als auch für den Bereich des Werkvertrages *(§ 4 Rz. 27ff.)*. Denn Ansprüche aus positiver Vertragsverletzung, die auf Ersatz des Mangelfolgeschadens zielen, sind nicht Gegenstand des Verbotstatbestandes von § 11 Nr. 11 AGBG,[9] ihre Wirksamkeit richtet sich vielmehr nach § 11 Nr. 7 AGBG *(§ 12 Rz. 1)*. Dies gilt selbstverständlich dann nicht, wenn sich die jeweilige Eigenschaftszusicherung auch auf das Mangelfolgeschadenrisiko erstreckte.[10] Auch im Bereich des Werkvertragsrechts ist die Distinktion zwischen einer Zusicherungshaftung aufrechtzuerhalten, die sich auf das Risiko etwaiger Mangelfolgeschäden erstreckt.[11]

III. Vorliegen einer Haftungsfreizeichnungs- oder Haftungsbegrenzungsklausel

1. Allgemeine Erwägungen

6 Ein nach § 11 Nr. 11 AGBG unwirksamer Ausschluß von Schadensersatzansprüchen liegt immer dann vor, wenn der AGB-Verwender entweder überhaupt nicht oder nur für bestimmte, von der Schadensersatzsanktion der §§ 463, 480 Abs. 2, 635 BGB erfaßte Schadenspositionen nicht haften will. Dabei macht es keinen Unterschied, ob der AGB-Verwender den nach §§ 463, 480 Abs. 2, 635 BGB zu ersetzenden Nutzungsausfall, einschließlich des entgangenen Gewinns abbedingt, oder ob er – weitergehend – auch etwaige Folgeschadenrisiken ausschließt, sofern sich die Eigenschaftszusicherung auch auf das Risiko eines Folgeschadens erstreckte.[12] Maßgebend ist also die Ziel- und Zweckrichtung der jeweiligen Eigenschaftszusicherung und die ihr entsprechende Sanktionsnorm der §§ 463, 480 Abs. 2, 635 BGB. Das gilt insbesondere auch für eine summenmäßige Beschränkung der Haftung, zum Beispiel auf den Kaufpreis.

7 Notwendigerweise werden vom Verbotstatbestand des § 11 Nr. 11 AGBG auch solche Haftungsfreizeichnungs- oder Haftungsbegrenzungsklauseln erfaßt, welche bestimmen, daß im konkreten Einzelfall ungeachtet der anerkannten Auslegungsgrundsätze Eigenschaftszusicherungen gemäß §§ 463, 480 Abs. 2, 635 BGB nicht vorliegen.[13] Gleiches gilt dann, wenn der AGB-Verwender – entgegen der Norm des § 463 Satz 1 BGB – seine Schadensersatzhaftung vom Vorliegen eines Verschuldens abhängig macht.[14] Selbstverständlich gilt dies auch, wenn Eigenschaftszusicherungen vom Vorliegen der Schriftform „abhängig gemacht oder nur „ausdrückliche Zusicherungen als bindend anerkannt werden.[15]

---

[8] BGHZ 35, 130, 132; BGHZ 46, 238, 239.

[9] Löwe/Graf von Westphalen/Trinkner, Großkommentar, § 11 Nr. 11 Rz. 23; Wolf/Horn/Lindacher, AGBG, § 11 Nr. 11 Rz. 11.

[10] BGHZ 50, 200, 204 – Kleber; BGHZ 59, 158, 161f. – Lack; BGH NJW 1973, 843, 845 – Nottestament; BGH NJW 1982, 435, 436 – Unfallfreiheit; BGH ZIP 1985, 416, 417 – Silo.

[11] BGHZ 96, 111, 115 – Wärmedurchlaßwerte; insbesondere auch BGHZ 65, 107 – Dortmundbrunnen.

[12] BGHZ 50, 200, 204ff. – Kleber.

[13] Ulmer/Brandner/Hensen, AGBG, § 11 Nr. 11 Rz. 13.

[14] Ulmer/Brandner/Hensen, AGBG, § 11 Nr. 11 Rz. 14.

[15] BGHZ 59, 158 – Lack.

Soweit eine Eigenschaftszusicherung aufgrund gesetzlicher Wertung – zum Beispiel im Rahmen von § 494 BGB – in Betracht kommt,[16] ist der Verbotstatbestand von § 11 Nr. 11 AGBG zumindest analog anwendbar. Unter Berücksichtigung allgemeiner Auslegungskriterien der §§ 133, 157 BGB ist auch hier zu ermitteln, ob die jeweilige gesetzliche Eigenschaftszusicherung sich auch auf das Risiko etwaiger Mangelfolgeschäden erstreckte.[17] Ist dies zu bejahen, scheitert jeglicher Versuch des AGB-Verwenders, seine Haftung auszuschließen oder zu begrenzen. Bezieht sich allerdings die Eigenschaftszusicherung kraft gesetzlicher Wertung lediglich auf das Risiko der Vertragsgemäßheit der jeweiligen Lieferung/Leistung, so beschränkt sich die – analog – anwendbare Verbotsnorm des § 11 Nr. 11 AGBG auf diesen Tatbestand, weil weitergehende Mangelfolgeschäden lediglich aufgrund eines Anspruchs aus positiver Vertragsverletzung reklamiert werden können. Für diesen Tatbestand aber gilt nicht § 11 Nr. 11 AGBG, sondern § 11 Nr. 7 AGBG. 8

2. Bei Verwendung einer Schriftformklausel

a) Erscheinungsformen

Es kann sich zunächst um eine einfache Schriftformklausel handeln, wie zum Beispiel: „Mündliche Abreden bedürfen zu ihrer Wirksamkeit der Schriftform". Daneben können Schriftformklauseln als Vollständigkeitsklauseln aufgebaut sein, wie zum Beispiel: „Mündliche Abreden außerhalb dieses Vertrages sind nicht getroffen". Zwischen diesen beiden Formen schwankt – je nach ihrem Inhalt – die Schriftformklausel, die entweder gegenüber dem Inhalt der AGB Abweichungsverbote oder in bezug auf mündliche Angaben, Zusagen oder sonstige Zusicherungen Bestätigungsvorbehalte für den AGB-Verwender enthält.[18] Bei dieser Version wirkt sich die Schriftformklausel in der Regel auch als Beschränkungstatbestand hinsichtlich des Vertreterhandelns aus; sie zielt insbesondere darauf ab, die Fälle einer Anscheins- und Duldungsvollmacht zu unterbinden. 9

b) Der Standpunkt der Judikatur

Die Rechtsprechung des BGH läßt sich – freilich fallspezifisch – unter den Regelsatz fassen: Schriftformklauseln sind nicht schlechthin gemäß § 9 AGBG unwirksam oder verstoßen gegen das Vorrangprinzip von § 4 AGBG; vielmehr ist im Einzelfall eine Prüfung der Ausgestaltung der Klausel und ihres Anwendungsbereichs erforderlich.[19] Freilich bietet sich hierbei ein verwirrendes Bild, so daß es angezeigt ist, nach den einzelnen – zuvor kurz apostrophierten – Modalitäten der Schriftformklauseln zu differenzieren, weil nur so ein für die Praxis unerläßlicher Überblick erzielt werden kann. Denn es gilt nicht nur unter Berücksichtigung des Vorrangprinzips von § 4 AGBG, sondern auch bei Beachtung der Unwirksamkeitskriterien von § 9 AGBG abzuklären, ob und unter welchen Voraussetzungen Schriftformklauseln geeignet sein können, das aus Eigenschaftszusicherungen gemäß §§ 463, 480 Abs. 2, 635 BGB resultierende Schadensersatzrisiko zugunsten des AGB-Verwenders zu eliminieren. 10

Typische Schriftformklauseln, wonach zum Beispiel Vereinbarungen, Zusicherungen oder **Änderungen** nur in schriftlicher Form zulässig sind, verstoßen gegen § 9 AGBG und sind daher unwirksam.[20] Dabei hat der BGH[21] ausdrücklich offengelassen, ob aufgrund der Schriftformklausel schon dann eine unangemessene Benachteiligung des Kunden vorliegt, wenn und soweit sie sich auch auf solche mündlichen Vereinbarungen bezieht, die 11

---

[16] Vgl. BGH DB 1966, 415.
[17] Vgl. BGHZ 57, 292 – Futtermittel.
[18] Zu dieser Differenzierung auch Ulmer/Brandner/Hensen, AGBG, § 4 Rz. 30ff.
[19] BGH NJW 1982, 331, 333; BGH NJW 1985, 320, 322; BGH NJW 1986, 1809, 1810.
[20] BGH NJW 1985, 320, 322.
[21] BGH a. a. O.

„**bei** den Vertragsverhandlungen oder **bei** Ausfüllung des Bestellformulars getroffen" wurden. Erfaßt aber – und dies dürfte in der Regel der Fall sein – eine Schriftformklausel auch nachträgliche mündliche Vereinbarungen, so ist sie jedenfalls wegen Verstoßes gegen § 9 AGBG unwirksam.[22] Denn es ist allgemein anerkannt,[23] daß die Parteien eines Vertrages die Rechtsmacht besitzen, eine Schriftformklausel durch eine mündlich getroffene Abrede außer Funktion zu setzen, sofern sie deutlich einen diesbezüglichen Willen zum Ausdruck bringen. Enthält also eine Schriftformklausel keine Differenzierung zwischen solchen mündlichen Abreden, die bei oder nach Abschluß des Vertrages getroffen worden sind, so ist sie insgesamt unwirksam;[24] eine Teilbarkeit[25] kommt dann regelmäßig nicht in Betracht.[26] Auch instanzgerichtliche Urteile bestätigen diesen Trend.[27]

12 Ist allerdings die Schriftformklausel als typische **Vollständigkeitsklausel** aufgebaut, so ist sie nach § 9 AGBG nicht zu beanstanden, weil sie dann nur die ohnehin eingreifende Vermutung der Vollständigkeit der Vertragsurkunde wiederholt und notwendigerweise dem Kunden den Gegenbeweis offenläßt.[28] Eine solche – wirksame – Schriftformklausel lautet zum Beispiel: „Soweit in diesem Vertrag nicht ausdrücklich etwas anderes bestimmt oder in Bezug genommen worden ist, hat O. dem Vertragshändler oder einem Händler-Geschäftsführer oder Eigentümer keine Zusagen gemacht".[29]

13 Die überwältigende Mehrzahl der in der Praxis gebräuchlichen Schriftklauseln ist – unter Berücksichtigung möglicher mündlicher Zusagen, Zusicherungen oder Nebenabreden – als **Bestätigungsklausel,** möglicheweise sogar mit qualifiziertem Schriftlichkeitsvorbehalt (z. B. Bestätigung nur durch die Geschäftsleitung) aufgebaut. Derartige Klauseln verstoßen regelmäßig gegen § 9 AGBG und sind unwirksam.[30] Bei einfachen Bestätigungsklauseln anerkennt zwar die BGH-Judikatur, der Verwender habe ein schutzwürdiges Interesse daran, sich vor unkontrollierbaren Äußerungen seiner Angestellten zu schützen und sich gegen mögliche dadurch auftretende Beweisschwierigkeiten zu sichern.[31] Doch gilt dies allerdings nicht bei einem Unternehmen, welches als „Einmannbetrieb" geführt wird.[32] Denn unter dieser Voraussetzung scheidet die Anerkennung schutzwürdiger Interessen von vornherein aus.

Indessen liegen die Dinge durchaus komplizierter, weil die BGH-Judikatur vor Inkrafttreten des AGB-Gesetzes die Schriftformklauseln in der Form der Bestätigung in der Regel unbeanstandet gelassen hat,[33] obwohl im Einzelfall die Berufung auf die Nichteinhaltung der Schriftform als treuwidrig qualifiziert wurde[34], was selbstverständlich als allgemeiner Grundsatz weitergilt.[34a] Gleiches gilt, wenn die Schriftformklausel formlos aufgheoben wird.[34b] Das ist auch dann, wenn die Parteien stillschweigend von der Maßgeblichkeit der formlos Vereinbarten ausgehen,[34c] selbst wenn sie an den Formzwang nicht gedacht haben.[34d] Inzwischen freilich deutet sich an, daß der BGH auch in diesem

[22] BGH NJW 1985, 320, 322.
[23] BGH NJW 1968, 32; BGH WM 1981, 121, 122.
[24] BGH NJW 1985, 320, 322.
[25] Zu BGH NJW 1982, 178; BGH NJW 1985, 53.
[26] BGH NJW 1985, 320, 322.
[27] LG Frankfurt AGBE V § 9 Nr. 129; LG Hamburg AGBE V § 9 Nr. 130; LG Bremen AGBE V § 9 Nr. 133; LG Dortmund AGBE V § 9 Nr. 134.
[28] BGH NJW 1981, 922; BGH NJW 1985, 623, 630.
[29] BGH NJW 1985, 623, 624.
[30] BGH NJW 1985, 623, 630 – qualifizierte Schriftformklausel.
[31] BGH NJW 1980, 234, 235.
[32] BGH NJW 1983, 1853.
[33] BGH WM 1967, 1197; BGH WM 1976, 740; BGH WM 1979, 1385.
[34] BGH WM 1975, 895.
[34a] Palandt/Heinrichs § 125 Anm. 6 A; BGH Betr. 1987, 2562.
[34b] BGH NJW 1968, 33.
[34c] BGH NJW 1962, 1908.
[34d] BGH NJW 1965, 293.

Zusammenhang danach differenziert, ob die Bestätigungsklausel nur solche mündlichen Abreden erfaßt, die bei Vertragsabschluß bestätigt worden sind oder sich auch auf solche erstreckt, die erst nach Vertragsabschluß vereinbart wurden.[35] Ist letzteres der Fall, wobei es sich keineswegs lediglich um eine fernliegende, nur theoretisch denkbare Ausnahmesituation handeln muß, dann verstößt eine Bestätigungsklausel – jedenfalls im nicht-kaufmännischen Bereich – gegen § 9 AGBG und ist unwirksam.[36] Auch wenn man in diesem Zusammenhang berücksichtigt, daß sich der BGH[37] noch nicht abschließend festgelegt hat, ob eine Schriftformklausel auch deswegen unwirksam ist, weil sie das **Vertreterhandeln** – oft unter Mißachtung der Grundsätze der Anscheins- und Duldungsvollmacht – solange privilegiert, als die schriftliche Bestätigung des AGB-Verwenders ausbleibt, ist festzuhalten: Die Judikatur der Instanzgerichte verwirft – freilich durchaus mit unterschiedlicher Begründung – derartige Bestätigungsklauseln regelmäßig und erklärt sie als nach § 9 AGBG für unwirksam.[38] Des weiteren ist hervorzuheben, daß die Literatur Schriftformklauseln mit Bestätigungsvorbehalt als nach § 9 AGBG für unwirksam erklärt, wenn und soweit sie sich auch auf mündliche Vereinbarungen/Erklärungen solcher Personen beziehen, die wirksam für den AGB-Verwender handeln können.[39]

c) Praktische Schlußfolgerung

14 Will der Verkäufer/Unternehmer das Risiko etwaiger Eigenschaftszusicherungen, wie es sich aus mündlichen Zusagen, Zusicherungen, Erklärungen oder Nebenabreden immer wieder ableiten läßt, durch eine Schriftformklausel eingrenzen, so scheitert deren Wirksamkeit grundsätzlich an § 9 AGBG.[40] Dies gilt insbesondere für alle die Klauseln, welche als Bestätigungsklausel aufgebaut sind oder eine qualifizierte Schriftform erkennen lassen.[41] Unter Berücksichtigung der Tendenzen, wie sie in der instanzgerichtlichen Judikatur und in der Literatur vertreten werden, empfiehlt es sich kaum noch, zum Zweck der Risikoeingrenzung eine Schriftformklausel zu verwenden, die sich lediglich auf mündliche Zusagen, Zusicherungen, Nebenabreden bezieht, die bei Abschluß des Vertrages getätigt worden. sind.[42] Denn in diesen Fällen schlägt sich eine Schriftformklausel als rechtsgeschäftliche Beschränkung der Vertretungsbefugnis nieder.[43] Zwar kann eine solche – möglicherweise: wirksame – Beschränkung des Vertreterhandelns in den AGB aufgrund drucktechnisch deutlicher Hervorhebung erklärt werden; indessen kommt dann alles auf die Umstände des Einzelfalls an: Zu welchem Zeitpunkt erfolgten die mündlichen Zusagen, Zusicherungen? Inwieweit wurde dadurch fremdes Vertrauen in Anspruch genommen? Von welcher Person wurden dann die AGB des Verwenders entgegengenommen, in denen eine Vollmachtbeschränkung enthalten war? Vor allem aber: Widerspricht es nicht den Geboten von Treu und Glauben gemäß § 242 BGB, das individualvertraglich begründete Vertrauen durch AGB-Klauseln wieder zunichte zu machen? Denn selbst dann, wenn man die hier referierte Judikatur nicht für einschlägig erachtet, so muß man sich doch klar darüber sein: Zwischen dem Vorrangprinzip des Individualvertrages gemäß § 4 AGBG einerseits und dem Verbotstatbestand von § 9 AGBG andererseits bestehen verschiedene

---

[35] BGH NJW 1986, 1809, 1810.
[36] BGH a. a. O.
[37] BGH NJW 1986, 1809, 1810.
[38] OLG Karlsruhe NJW 1981, 405; OLG Frankfurt WM 1981, 598; OLG Köln MDR 1983, 1025; OLG Saarbrücken AGBE V § 9 Nr. 126; LG Frankfurt AGBE V § 9 Nr. 131; LG Hamburg AGBE IV § 9 Nr. 108.
[39] Ulmer/Brandner/Hensen, AGBG, Anm. zu §§ 9 bis 11 Rz. 634; Wolf/Horn/Lindacher, AGBG, § 9 S 34, 37f.; Palandt/Heinrichs AGBG §§ 4, 5 Anm. 2c; Löwe/Graf von Westphalen/Trinkner, AGBG, § 4 Rz. 29f.
[40] BGH NJW 1985, 320, 322; BGH NJW 1986, 1809, 1810.
[41] BGH NJW 1985, 623, 630.
[42] Offengelassen in BGH NJW 1986, 1809, 1810.
[43] Hierzu im einzelnen Ulmer/Brandner/Hensen, AGBG, § 4 Rz. 38; 40ff.

Überschneidungen. Insbesondere kann die Berücksichtigung von § 4 AGBG – gerade unter Beachtung der individualvertraglich erzeugten Vertrauensmomente – der Schriftformklausel die Wirksamkeit verweigern, auch wenn diese nicht bedingt gegen § 9 AGBG verstößt.[44]

15 Für die Praxis wird man deshalb im Zusammenhang mit Schriftformklauseln gegenüber Eigenschaftszusicherungen gemäß §§ 463, 480 Abs. 2, 635 BGB regelmäßig entweder zu dem Resultat kommen, daß sie nach § 9 AGBG verstoßen oder daß sie in bezug auf individualvertragliche Zusicherungen, Zusagen und Erklärungen – regelmäßig: auch von vertretungsberechtigten Personen – am Vorrangprinzip von § 4 AGBG scheitern. Soweit bei – nicht-vertretungsberechtigten Personen – die anerkannten Grundsätze der Duldungs- oder Anscheinsvollmacht anwendbar sind, vermag weder eine Schriftform- noch eine Bestätigungsklausel den individualvertraglich erzeugten Rechtsschein zu zerstören.[45]

16 Auch wenn wichtige Entscheidungen des BGH zur Schriftformklausel im Kontrollverfahren gemäß §§ 13ff. AGBG ergangen sind,[46] so darf abschließend nicht übersehen werden, daß der BGH in einer den kaufmännischen Verkehr betreffenden Kontrollklage gemäß §§ 13ff. AGBG die qualifizierte Schriftform nach § 9 AGBG als unwirksam verworfen hat.[47] So gesehen gelten die zuvor dargestellten Grundsätze auch uneingeschränkt im **kaufmännischen Bereich,** weil § 24 AGBG weder für § 9 AGBG noch für § 4 AGBG eine Privilegierung gegenüber einem nichtkaufmännischen Kunden ausweist. Abgesehen von der Verwendung der einfachen Schriftform[48] als Vollständigkeitsklausel läßt sich also das Ergebnis halten: Schriftformklauseln sind regelmäßig ungeeignet, die sich aus mündlichen Zusicherungen gemäß §§ 463, 480 Abs. 2, 635 BGB ergebenden Haftungsrisiken auszuschalten oder zu begrenzen.

IV. Berücksichtigung des Verbotstatbestandes von § 11 Nr. 11 AGBG im kaufmännischen Bereich (§ 9 Abs. 2 Nr. 1 AGBG)

1. Der Standpunkt der h. M.

17 Da bislang noch keine höchstrichterliche Judikatur vorliegt, aus der mit der erforderlichen Sicherheit abgeleitet werden kann, inwieweit der Verbotstatbestand von § 11 Nr. 11 AGBG auch im kaufmännischen Verkehr gegenüber Schadensersatzansprüchen aus Nichterfüllung gemäß §§ 463, 480 Abs. 2, 635 BGB gilt, hat in praktischer Hinsicht der von der h. M. eingenommene Standpunkt hohe Bedeutung. Unzweifelhaft ist dabei, daß gemäß § 9 Abs. 2 Nr. 1 AGBG Haftungsfreizeichnungs- und Haftungsbegrenzungsklauseln gegenüber dem Schadensersatzrisiko aus Eigenschaftszusicherungen gemäß §§ 463, 480 Abs. 2, 635 BGB insoweit unwirksam sind, als sich die Eigenschaftszusicherung auf das Risiko etwaiger Mangelfolgeschäden erstreckte.[49] Dieser Gesichtspunkt wird auch in der Literatur durchgängig vertreten.[50] Die Begründung liegt auf der Hand: Es ist im Sinn

---

[44] OLG Celle AGBE V § 9 Nr. 127; Ulmer/Brandner/Hensen, AGBG, § 4 Rz. 33; Löwe/Graf von Westphalen/Trinkner, AGBG, § 4 Rz. 29f.; Palandt/Heinrichs, AGBG, §§ 4, 5 Anm. 2c, d; insbesondere auch Wolf/Horn/Lindacher, AGBG, § 4 Rz. 29ff.

[45] Wolf/Horn/Lindacher, AGBG, § 4 Rz. 35; einschränkend und für die Anscheinsvollmacht ablehnend Ulmer/Brandner/Hensen, AGBG, § 4 Rz. 44.

[46] BGH NJW 1985, 320, 322; BGH NJW 1986, 1809, 1810.

[47] BGH NJW 1985, 623, 630.

[48] BGH NJW 1985, 623, 630.

[49] BGHZ 48, 118, 124 – TREVIRA; BGHZ 50, 200, 206f. – Kleber; BGHZ 57, 292, 298 – Futtermittel; BGHZ 59, 158, 162 – Lack; BGH NJW 1978, 2241 – Gebrauchtwagen; BGH NJW 1985, 1333.

[50] Ulmer/Brandner/Hensen, AGBG, § 11 Nr. 11 Rz. 21; Löwe/Graf von Westphalen/Trinkner, Großkommentar, § 11 Nr. 11 Rz. 30; Wolf/Horn/Lindacher, AGBG, § 11 Nr. 11 Rz. 15; Palandt/Heinrichs, AGBG, § 11 Anm. 11c; MünchKomm/Kötz, AGBG, § 11 Rz. 130; Koch/Stübing, AGBG, § 11 Nr. 11 Rz. 10; Schmidt-Salzer AGB F 117ff.

von § 9 Abs. 2 Nr. 1 AGBG allemal eine unangemessene Benachteiligung des Kunden, wenn und soweit Zusicherungserklärungen gemäß §§ 463, 480 Abs. 2, 635 BGB das Risiko etwaiger Mangelfolgeschäden erfassen und den Kunden dagegen absichern, im Schadensfall die allfällige Kompensation jedoch ausschließen oder begrenzen. Auch ist darauf hinzuweisen, daß unter diesen Voraussetzungen die Einräumung eines Nachbesserungs- oder Ersatzlieferungsanspruchs nicht bewirkt, die Unwirksamkeit der Haftungsfreizeichnungs- oder Haftungsbegrenzungsklauseln im Sinn von § 9 Abs. 2 Nr. 1 AGBG zu heilen. Bezieht sich nämlich die Zusicherungserklärung auf das Risiko etwaiger Mangelfolgeschäden,[51] so ist der eintretende Schaden die Vermögenseinbuße des Kunden, gegen die er abgesichert werden soll und muß. Die gleiche Erwägung gilt insoweit, als dem Kunden – unter Ausschluß des Schadensersatzanspruchs – Wandelungs- oder Minderungsrechte eingeräumt werden, weil diese Rechte keine ausreichende Kompensation darstellen.[52]

18 Die h. M. wendet den Verbotstatbestand von § 9 Abs. 2 Nr. 1 AGBG auch auf die Fälle an, in denen Eigenschaftszusicherungen gemäß §§ 463, 480 Abs. 2, 635 BGB vorliegen, die sich lediglich auf die Vertragsgemäßheit der Lieferung/Leistung beziehen, also das Mangelfolgeschadensrisiko gerade nicht erfassen.[53] Die Begründung schwankt freilich: Verschiedentlich wird betont, gerade im kaufmännischen Verkehr müsse besonders darauf geachtet werden, daß die Grenzziehung zwischen eienr Zusicherung und einer ,,(bloßen) Vereinbarung von Eigenschaften“[54] eingehalten werde. Denn darin liegt – so die Argumentation – eine sinnvollere Begrenzung des Schadensersatzrisikos des Verkäufers/Unternehmers, so daß die das Erfüllungsinteresse erfassende Haftung gemäß §§ 463, 380 Abs. 2, 635 BGB unbedenklich haftungsfreizeichnungsfest ausgestaltet werden könne. Ähnlich wird geltend gemacht, im kaufmännischen Verkehr bedürfe die Annahme einer Zusicherung, welche sich auf das Mangelfolgeschadenrisiko erstreckt, besonderer Prüfung, und die Annahme, es läge eine stillschweigende Zusicherungserklärung vor, sei – anders als im nicht-kaufmännischen Verkehr – nur zurückhaltend zu bejahen.[55] AGB-rechtlich wird des weiteren vorgebracht, der Verbotstatbestand von §§ 11 Nr. 11 AGBG sei von so grundlegender Bedeutung, daß ein – wirksamer – Haftungsauschluß auch im kaufmännischen Verkehr gemäß § 9 Abs. 2 Nr. 1 AGBG nicht hinzunehmen sei.[56] Denn der statt des Ausschlusses von Schadensersatzansprüchen dem kaufmännischen Kunden eingeräumte Rücktritt vom Vertrag sei nicht geeignet, die Interessen der Parteien angemessen auszugleichen.[57] Gerade der vom BGH herangezogene Gedanke, daß Schadensersatzansprüche des Kunden ein ,,unübersehbares Ausmaß“ annehmen könnten, sei ein wesentliches Indiz für die zu fordernde – haftungsfreizeichnungsfeste – Einstandspflicht des AGB-Verwenders für die von ihm gegebenen Zusicherungen.[58]

2. Der eigene Standpunkt

19 Wie an anderer Stelle im einzelnen dargelegt,[59] sind die bislang für die Anwendbarkeit von § 9 Abs. 2 Nr. 1 AGBG vorgetragenen Argumente nicht überzeugend, soweit es sich um Eigenschaftszusicherungen gemäß §§ 463, 480 Abs. 2, 635 BGB handelt, deren Reich-

---

[51] BGHZ 50, 200, 204ff. – Kleber.
[52] Löwe/Graf von Westphalen/Trinkner, Großkommentar, § 11 Nr. 11 Rz. 30.
[53] Koch/Stübing, AGBG, § 11 Nr. 11 Rz. 10; Staudinger/Schlosser, AGBG, § 11 Nr. 11 Rz. 17; MünchKomm/Kötz, AGBG, § 11 Rz. 130; Palandt/Heinrichs, AGBG, § 11 Anm. 11c; Wolf/Horn/Lindacher, AGBG, § 11 Nr. 11 Rz. 15; Ulmer/Brandner/Hensen, AGBG, § 11 Nr. 11 Rz. 23.
[54] Ulmer/Brandner/Hensen, AGBG, § 11 Nr. 11 Rz. 24.
[55] Wolf/Horn/Lindacher, AGBG, § 11 Nr. 11 Rz. 16.
[56] Palandt/Heinrichs, AGBG, § 11 Anm. 11c.
[57] Koch/Stübing, AGBG, § 11 Nr. 11 Rz. 10.
[58] So Koch/Stübing a. a. O.; Berufung auf BGH BB 1974, 104.
[59] Graf von Westphalen DB 1978, 2061, 2063f.

weite sich lediglich auf die Vertragsgemäßheit der Lieferung/Leistung erstreckt, nicht aber das Risiko etwaiger Mangelfolgeschäden einschließt.[60] Insbesondere ist darauf aufmerksam zu machen, daß die bisherige BGH-Judikatur[61] die Auffassung stützt, daß jedenfalls dann für die unbedingte, zwingende Schadensersatzkompensation beim Fehlen einer zugesicherten Eigenschaft gemäß §§ 463, 480 Abs. 2, 635 BGB kein nachhaltiger Bedarf besteht, wenn und soweit lediglich die Vertragsgemäßheit der Lieferung/Leistung Gegenstand der Zusicherungserklärung und damit des Erfüllungsinteresses war. In diesen Fällen reicht es nämlich aus, wenn dem Käufer/Besteller – anstelle des Schadensersatzanspruchs wegen Nichterfüllung – ein Recht auf Mangelbeseitigung/Ersatzlieferung im Rahmen des Verbotstatbestandes von § 11 Nr. 10b AGBG zuerkannt wird.[62] Freilich setzt dies grundsätzlich voraus, daß die Folgen des Fehlens einer zugesicherten Eigenschaft im Rahmen einer Mangelbeseitigung/Ersatzlieferung hinreichend kompensiert werden können, so daß – per Saldo – das Schadensersatzinteresse des Käufers/Bestellers in diesen Fällen nicht schwerer wiegt als in den Fällen, in denen entweder lediglich ein Mangel im Sinn von § 459 Abs. 1 BGB vorliegt oder ein Werkvertrag zugrunde liegt, der ohnedies gemäß § 635 BGB eine Alternativität zwischen Wandelungs-, Minderungs- und Schadensersatzrecht vorsieht.

Darüber hinaus ist der Versuch der h. M., die Voraussetzungen einer Eigenschaftszusicherung gemäß §§ 463, 480 Abs. 2, 635 BGB im kaufmännischen Bereich höher anzusetzen als im nicht-kaufmännischen Verkehr systematisch verfehlt. Denn eine jede Eigenschaftszusicherung des Verkäufers/Unternehmers ist zunächst einmal als Datum hinzunehmen, weil es ja ausschließlich darum geht, unter Berücksichtigung der Wertungskriterien von § 9 Abs. 2 Nr. 1 AGBG die Grenzen einer wirksamen Haftungsfreizeichnungs- oder Haftungsbegrenzungsklausel für den Fall abzustecken, daß lediglich das Erfüllungsinteresse des Käufers/Bestellers Gegenstand der durch Auslegung ermittelten Zusicherungserklärung des Verkäufers/Unternehmers war. Dabei ist es unzulässig, wegen des tendenziell befürchteten, zu hohen Haftungsrisikos die Voraussetzungen einer Eigenschaftszusicherung restriktiv zu bewerten. Dadurch würde der der Zusicherung entsprechende Vertrauenstatbestand beim Käufer/Besteller diskontiert. Vielmehr ist auch im kaufmännischen Verkehr der dogmatisch vorgeschriebene Weg strikt einzuhalten: Zunächst geht es darum, Inhalt und Umfang einer Eigenschaftszusicherung gemäß §§ 463, 480 Abs. 2, 635 BGB zu bestimmen, um dann – unter Berücksichtigung des Verbotstatbestandes von § 9 Nr. Abs. 2 Nr. 1 – zu ermitteln, ob eine an den Kriterien von § 11 Nr. 10b AGBG ausgerichtete Gewährleistungsklausel, die die Schadensersatzhaftung nach § 11 Nr. 11 AGBG abbedingt, eine unangemessene Benachteiligung des Käufers/Bestellers darstellt.

20 Dies aber ist im Zweifel zu verneinen – ein Standpunkt, der auch in der **Literatur** verschiedentlich eine Stütze findet.[63]

21 Da noch keine präjudizielle höchstrichterliche Entscheidung zu diesem Komplex vorliegt, erscheint es daher vertretbar, die Empfehlung zu geben, die haftungsfreizeichnungsfeste Schadensersatzregelung im Anwendungsbereich von Eigenschaftszusicherungen gemäß §§ 463, 480 Abs. 2, 635 BGB auf die Fälle zu begrenzen, in denen sich die Zusicherungserklärung auf das Risiko etwaiger Mangelfolgeschäden erstreckte, im übrigen aber bei einer Vertragsgestaltung zu bleiben, die zum einen an den Kriterien von § 11 Nr. 10b AGBG *(§ 3 Rz. 27ff.)*, zum anderen an den Maßstäben von § 11 Nr. 7 AGBG ausgerichtet ist *(§ 12)*.

---

[60] Vgl. insoweit Diederichsen AcP 165 (1965) 150, 155ff.
[61] BGH BB 1974, 104; BGH BB 1974, 1137.
[62] OLG Frankfurt AGBE I § 11 Nr. 121.
[63] Thamm NJW 1976, 325f.; Schmidt-Salzer AGB F 118ff.

V. Die Wirksamkeitsgrenzen von Haftungsbegrenzungsklauseln

1. Im Anwendungsbereich von § 11 Nr. 11 AGBG

22 Entsprechend dem strikten Verbotstatbestand von § 11 Nr. 11 AGBG darf das Schadensersatzrisiko aus Eigenschaftszusicherungen gemäß §§ 463, 480 Abs. 2, 635 BGB weder ganz noch teilweise eingeschränkt werden. Gleichwohl bleibt die Trennlinie zu respektieren, weil es bei Eigenschaftszusicherungen stets entscheidend darauf ankommt, aufgrund sorgfältiger Prüfung aller Umstände des Einzelfalls zu ermitteln, ob sich die Eigenschaftszusicherung lediglich auf die Vertragsgemäßheit der Lieferung/Leistung bezog, oder ob sie auch das Risiko etwaiger Mangelfolgeschäden einschloß.[64] Daraus folgt: Erstreckt sich die Eigenschaftszusicherung gemäß §§ 463, 480 Abs. 2, 635 BGB lediglich auf die Vertragsgemäßheit der Lieferung/Leistung, so kann Ersatz des Mangelfolgeschadens lediglich aufgrund positiver Vertragsverletzung begehrt werden. Für diesen Anspruch aber gilt nicht der Verbotstatbestand von § 11 Nr. 11 AGBG, so daß eine Haftungsbegrenzung auf das Erfüllungsinteresse unbedenklich ist, soweit unter Berücksichtigung des Anwendungsbereichs von § 11 Nr. 7 AGBG Schadensersatzansprüche aus positiver Vertragsverletzung ausgeschlossen werden. Demzufolge kann im Bereich einfacher Fahrlässigkeit – dies ist das Ergebnis der unterschiedlichen Zielrichtung von § 11 Nr. 7 AGBG einerseits und § 11 Nr. 11 AGBG andererseits – der Schadensersatzanspruch wegen positiver Vertragsverletzung wirksam ausgeschlossen werden; im Bereich von Vorsatz oder grober Fahrlässigkeit ist dies freilich unter Berücksichtigung von § 11 Nr. 7 AGBG dann nicht mehr wirksam.

23 Um diese unterschiedliche Zielrichtung in einer Klauselgestaltung wirksam werden zu lassen, ist es unerläßlich, wegen der jeweils anderen Tragweite von Eigenschaftszusicherungen gemäß §§ 463, 480 Abs. 2, 635 BGB getrennte Klauseln vorzusehen: Die eine ist strikt an § 11 Nr. 11 AGBG orientiert und erfaßt das Risiko aus Eigenschaftszusicherungen gemäß §§ 463, 480 Abs. 2, 635 BGB, soweit die Zusicherungserklärung das Risiko etwaiger Mangelfolgeschäden mitumfaßt.[65] Die andere Klausel ist ebenfalls strikt am Verbotstatbestand von § 11 Nr. 11 AGBG ausgerichtet und enthält weder eine Haftungsfreizeichnung noch eine Haftungsbegrenzung. Darüber hinausgehende Schadensersatzansprüche aus positiver Vertragsverletzung im Bereich des Erfüllungsinteresses sind aber im Bereich leichter Fahrlässigkeit unter Berücksichtigung des Verbotstatbestandes von § 11 Nr. 7 AGBG wirksam auszuschließen. Dies gilt jedoch dann wiederum nicht, wenn wegen des mit der Eigenschaftszusicherung korrespondierenden Vertrauenstatbestandes eine „Kardinalpflicht" vorliegt, die nach § 9 Abs. 2 Nr. 1 oder § 9 Abs. 2 Nr. 2 AGBG freizeichnungsfest ist *(§ 13 Rz. 2ff)*.

2. Im kaufmännischen Verkehr

24 Soweit eine Eigenschaftszusicherung im kaufmännischen Verkehr das Risiko etwaiger Mangelfolgeschäden gemäß §§ 463, 480 Abs. 2, 635 BGB umfaßt, ist auch eine Haftungsbegrenzung grundsätzlich nach § 9 Abs. 2 Nr. 1 AGBG unwirksam. Hält man den Standpunkt der h. M. *(§ 11 Rz. 17)* für zutreffend, daß der Verbotstatbestand von § 11 Nr. 11 AGBG auch im kaufmännischen Verkehr gemäß § 9 Abs. 2 Nr. 1 AGBG zu respektieren ist, so gilt für etwaige Haftungsbegrenzungsklauseln das gleiche, was zuvor für den nichtkaufmännischen Bereich dargestellt wurde. Folgt man indessen der hier gegebenen Empfehlung *(§ 11 Rz. 19)* bis zur Vorlage eines präjudiziellen Urteil,[66] so reicht es aus, wenn

---

[64] BGHZ 50, 200, 204ff. – Kleber; BGHZ 59, 158, 161f. – Lack.

[65] BGHZ 50, 200, 204ff. – Kleber.

[66] Entgegen einer in der Literatur vertretenen Auffassung: Ulmer/Brandner/Hensen, AGBG, § 11 Nr. 11 Rz. 22 ist die BGH-Entscheidung vom 30. 1. 1985 NJW 1985, 1333 keineswegs im Sinn von

eine an § 11 Nr. 10b AGBG ausgerichtete Vertragsgestaltung gewählt wird, wobei Schadensersatzansprüche allesamt unter Berücksichtigung der Wertungskriterien von § 11 Nr. 7 AGBG ausgeschlossen und innerhalb des Anwendungsbereichs von § 11 Nr. 7 AGBG auf den voraussehbaren Schaden begrenzt werden *(§ 12 Rz. 23),* es sei denn, es handelt sich um die Verletzung einer ,,Kardinalpflicht" *(§ 13 Rz. 2ff.).*

VI. Bei Vorliegen einer Garantieerklärung

25 In bezug auf die Wirksamkeitsgrenzen von Haftungsfreizeichnungs- oder Haftungsbegrenzungsklauseln ergeben sich bei Vorliegen einer Garantie – wie immer diese rechtlich zu qualifizieren sein mag *(§ 7 Rz. 2ff.)* – keine Unterschiede, weil eine Garantieerklärung allemal als Eigenschaftszusicherung gemäß §§ 463, 480 Abs. 2, 635 BGB zu qualifizieren ist. Reicht sie hingegen weiter, dann gilt wegen des besonderen Vertrauenstatbestandes die Verbotsnorm des § 9 Abs. 2 Nr. 1 AGBG. Diese verbreitet eine gegen Sinn und Zweck einer Garantie gerichtete Haftungsfreizeichnungs- oder Haftungsbegrenzungsklausel.

26 Soweit durch Hersteller- oder Händlergarantien der Versuch unternommen wird, das Risiko der Produkthaftung wegen Körper- oder Sachschäden auszuschließen oder zu begrenzen, gelten in der Sache die gleichen Erwägungen, die gesondert dargestellt werden *(§ 13 Rz. 32).* Wegen des jeder Garantieerklärung innewohnenden **besonderen Vertrauens** kann insoweit sogar ein typisches ,,Erst-recht-Argument" bemüht werden: Wenn schon ganz allgemeine Risiken von Körper- oder Sachschäden nicht wirksam freigezeichnet werden dürfen, so verstärken sich die für die Unwirksamkeit sprechenden Gründe erheblich, wenn der Hersteller oder der Händler – ungefragt – für sein Produkt/seine Leistung eine Garantie gewährt. Im einzelnen auch *§ 13 Rz. 19ff.*

§ 12 Haftungsfreizeichnungs- und Haftungsbegrenzungsklauseln im Anwendungsbereich von § 11 Nr. 7 AGBG

I. Der Verbotstatbestand von § 11 Nr. 7 AGBG

1. Das Erfordernis einer Vertragsverletzung

1 § 11 Nr. 7 AGBG erfaßt, indem er von einer ,,Vertragsverletzung" spricht, alle Arten schuldhafter Leistungsstörungen, aus denen Schadensersatzansprüche erwachsen können. Deshalb gilt § 11 Nr. 7 AGBG bei Schadensersatzansprüchen wegen Unmöglichkeit, wegen Verzugs oder wegen positiver Vertragsverletzung.[1] Auch die Verletzung von Gewährleistungsbestimmungen fällt in den Anwendungsbereich von § 11 Nr. 7 AGBG – vorausgesetzt selbstverständlich, daß ein Verschulden Tatbestandsmerkmal ist.[2]

Der praktisch wichtigste Anwendungsfall von § 11 Nr. 7 AGBG sind Schadensersatzansprüche aus positiver Vertragsverletzung.[3]

(Fortsetzung v. S. 193)

§ 11 Nr. 11, AGBG, einschlägig, weil das Schwergewicht ausschließlich in der Antwort auf die Frage liegt, ob ein kaufmännisches Bestätigungsschreiben, das einen Gewährleistungsausschluß enthielt, unwidersprochen bleiben kann (S. 1334), weil zuvor eine individualvertraglich vereinbarte Eigenschaftszusicherung gegeben war, die das Risiko etwaiger Mangelfolgeschäden mitumfaßte.

[1] Wolf/Horn/Lindacher, AGBG, § 11 Nr. 7 Rz. 5.

[2] Ulmer/Brandner/Hensen, AGBG, § 11 Nr. 7 Rz. 9.

[3] Löwe/Graf von Westphalen/Trinkner, Großkommentar, Bd. II, § 11 Nr. 7 Rz. 13.

a) Abgrenzung zwischen Vertragsverhältnis und Gefälligkeitsverhältnis

Notwendigerweise setzt das Tatbestandsmerkmal „Vertragsverhältnis" in § 11 Nr. 7 AGBG voraus, eine Abgrenzung zum Gefälligkeitsverhältnis vorzunehmen, wie dies zum Beispiel bei formularmäßigen Haftungsausschlußklauseln für alle Schäden relevant wird, für die bei Automitfahrern kein Versicherungsschutz besteht.[4] Von einem Vertragsverhältnis kann deshalb nur die Rede sein, wenn ein Schuldverhältnis vorliegt. So gesehen kommt es entscheidend darauf an, ob ein Rechtsbindungswille vorhanden ist,[5] oder ob eine reine Gefälligkeit vorliegt, die auf ein uneigennütziges Handeln schließen läßt, dem zumindest kein nennenswertes Eigeninteresse zugemessen werden kann. Hier wie stets sind alle Umstände des Einzelfalls zu berücksichtigen, insbesondere die Art der Gefälligkeit, ihr Grund und ihr Zweck sowie ihre wirtschaftliche und rechtliche Bedeutung – jeweils interpretiert aus der Perspektive des Empfängers der Leistung, wie dieser das Verhalten des Handelnden unter den gegebenen Umständen nach Treu und Glauben mit Rücksicht auf die Verkehrssitte gemäß § 242 BGB verstehen konnte und durfte. Im Ergebnis wird daher ein Rechtsbindungswille des Leistenden/Handelnden angenommen werden können und dürfen,[6] wenn der Leistende/Handelnde ein Entgelt fordern kann.[7] Soweit eine reine Gefälligkeit vorliegt, haftet der Gefällige grundsätzlich nur nach den Regeln der §§ 823ff. BGB. Möglich ist freilich auch, daß Ansprüche aus culpa in contrahendo – im Rahmen einer Anspruchskonkurrenz – zum Zuge gelangen, wenn und soweit das Gefälligkeitsverhältnis einen vertragsähnlichen Vertrauenstatbestand begründet.[8] 2

b) § 11 Nr. 7 AGBG – Ansprüche aus Delikt

Es ist in der Literatur unbestritten, daß der Verbotstatbestand von § 11 Nr. 7 AGBG auch auf deliktsrechtliche Ansprüche gemäß §§ 823ff. BGB zu erstrecken ist.[9] Umstritten ist freilich, ob § 11 Nr. 7 AGBG insoweit lediglich analog[10] oder unmittelbar anzuwenden ist.[11] Notwendigerweise hat diese Frage jedoch nur akademische Bedeutung, weil die Judikatur, ohne abschließende Entscheidung der dogmatischen Streitfrage, den Verbotstatbestand von § 11 Nr. 7 AGBG im Ergebnis auch auf deliktsrechtliche Ansprüche bezieht.[12] 3

Selbstverständlich setzt die Berücksichtigung des Verbotstatbestandes von § 11 Nr. 7 AGBG gegenüber Schadensersatzansprüchen aus Delikt gemäß §§ 823ff. BGB voraus, daß zwischen Schädiger und Geschädigtem ein Vertragsverhältnis besteht; es muß sich also um eine Pflichtverletzung im Rahmen eines Vertrages handeln,[13] ohne daß es entscheidend darauf ankommt, ob – zum Beispiel bei einem Gefälligkeitsverhältnis – auch vertragliche Ansprüche bestehen. Da also kein Grund besteht, Schadensersatzansprüche im deliktsrechtlichen Bereich in bezug auf die Wirksamkeit von Haftungsfreizeichnungs- und Haftungsbegrenzungsklauseln zu privilegieren,[14] ist es auch unproblematisch, daß der 4

---

[4] BGH BB 1960, 579.
[5] BGHZ 21, 102, 106 – grundlegend.
[6] BGHZ 21, 102, 107.
[7] Palandt/Heinrichs vor § 241 Anm. 2.
[8] BGHZ 21, 102, 107.
[9] Ulmer/Brandner/Hensen, AGBG, § 11 Nr. 7 Rz. 11; Wolf/Horn/Lindacher, AGBG, § 11 Nr. 7 Rz. 7; Löwe/Graf von Westphalen/Trinkner, Großkommentar, Bd. II, § 11 Nr. 7 Rz. 18f.
[10] Ulmer/Brandner/Hensen, AGBG, § 11 Nr. 7 Rz. 11; Koch/Stübing, AGBG, § 11 Nr. 7 Rz. 5; Schlosser/Coester-Waltjen/Graba, AGBG, § 11 Nr. 7 Rz. 37; MünchKomm/Kötz, AGBG, § 11 Rz. 60.
[11] Hierfür Staudinger/Schlosser, AGBG, § 11 Nr. 7 Rz. 16; Löwe/Graf von Westphalen/Trinkner, Großkommentar, Bd. II, § 11 Nr. 7 Rz. 19.
[12] BGH ZIP 1985, 687, 689; vgl. auch BGH NJW 1979, 2148.
[13] Wolf/Horn/Lindacher, AGBG, § 11 Nr. 7 Rz. 7.
[14] Schmidt-Salzer, AGBG, F 207ff.

AGB-Verwender für seine Leute lediglich im Rahmen von § 831 Abs. 1 BGB haftet.[15] Zwar normiert § 831 Abs. 1 Satz 2 BGB, daß der AGB-Verwender lediglich für Auswahl- bzw. Überwachungsverschulden einstehen muß, doch kann daraus nichts dafür hergeleitet werden, daß eine – zumindest analoge – Anwendung von § 11 Nr. 7 AGBG gegenüber deliktsrechtlichen Ansprüchen eingreift.[16] Denn es kann nicht Sinn und Zweck von § 11 Nr. 7 AGBG sein, bei vorhandener Anspruchskonkurrenz zwischen vertragsrechtlichen und deliktsrechtlichen Ansprüchen den AGB-Verwender in bezug auf die grundsätzlich schwerer zu beurteilenden deliktsrechtlichen Ansprüche besser zu stellen und ihm eine Haftungsfreizeichnung oder Haftungsbegrenzung zu gestatten, ohne diese ihrerseits an § 11 Nr. 7 AGBG zu messen. Notwendigerweise bedeutet dies im Anwendungsbereich von § 831 Abs. 1 Satz 2 BGB, daß der Verbotstatbestand von § 11 Nr. 7 AGBG auf grobes Auswahl- bzw. Überwachungsverschulden zu beziehen ist.[17] Anders gewendet: Das Auswahl- bzw. Überwachungsverschulden muß sich als Eigenverschulden des AGB-Verwenders konkretisieren.[18]

5 Die hiermit aufworfene Frage hat unmittelbare praktische Relevanz, soweit deliktsrechtliche Ansprüche gemäß §§ 823ff. BGB geltend gemacht werden, obwohl es sich lediglich um einen Schaden an der gelieferten Sache selbst handelt *(§ 21 Rz. 33ff)*. Im Bereich von Mangelfolgeschäden, kommen deliktsrechtliche Ansprüche als Konkurrenzansprüche zu Schadensersatzansprüchen aus positiver Vertragsverletzung in Betracht; allerdings ist die Verjährungsfrist eine verschiedene *(§ 5 Rz. 3)*. Dies gilt sowohl im Bereich des Kauf-[19] als auch des Werkvertragsrechts.[20] Gleichzeitig stellt sich dabei stets die Frage, ob und inwieweit eine nach § 11 Nr. 7 AGBG wirksame Haftungsfreizeichnungs- oder Haftungsbegrenzungsklausel auch auf die persönliche Haftung der Gehilfen zu erstrecken ist – ein Ergebnis, welches stets durch Auslegung gemäß §§ 133, 157 BGB bewältigt werden muß.[21]

2. Das Vorliegen von Vorsatz oder grober Fahrlässigkeit

6 Voraussetzung für die Anwendbarkeit von § 11 Nr. 7 AGBG ist weiter, daß entweder grobe Fahrlässigkeit auf Seiten des AGB-Verwenders oder Vorsatz oder grobe Fahrlässigkeit auf Seiten des gesetzlichen Vertreters oder Erfüllungsgehilfen des AGB-Verwenders vorliegt.[22] Daß der Verbotstatbestand von § 11 Nr. 7 AGBG nicht auch den Vorsatz des AGB-Verwenders erwähnt, ist darin begründet, daß bereits nach § 276 Abs. 2 BGB insoweit – selbst bei einem Individualvertrag – ein Haftungsausschluß oder eine Haftungsbegrenzung unwirksam wäre.

7 Auch im Anwendungsbereich von § 11 Nr. 7 AGBG bleibt es – bezogen auf die Voraussetzungen von Vorsatz oder grober Fahrlässigkeit – bei den durch die Rechtsprechung und Literatur verfestigten Begriffskonturen.[23]

8 **Vorsatz** ist demnach der auf einen rechtswidrigen Erfolg gerichtete Wille des Handelnden; er muß diesen Erfolg kennen und wollen.[24] Dies gilt sowohl im Bereich des Vertrags-

---

[15] Ulmer/Brandner/Hensen, AGBG, § 11 Nr. 7 Rz. 11; a. M. Helm VersR 1978, 1, 2f.

[16] A. M. Helm a. a. O.

[17] So auch mit Recht Ulmer/Brandner/Hensen, AGBG, § 11 Nr. 7 Rz. 11.

[18] Schlosser/Coester-Waltjen/Graba, AGBG, § 11 Nr. 7 Rz. 37; Löwe/Graf von Westphalen/Trinkner, Großkommentar, Bd. II, § 11 Nr. 7 Rz. 19.

[19] *§ 5 Rz. 7.*

[20] *§ 5 Rz. 25.*

[21] BGH NJW 1962, 388, 389; BGH WM 1977, 785, 786; BGH ZIP 1985, 637, 639; im übrigen *§ 16 Rz. 2ff.*

[22] Vgl. OLG Düsseldorf MDR 1980, 671.

[23] Wolf NJW 1980, 2433, 2434; Löwe/Graf von Westphalen/Trinkner, Großkommentar, Bd. II, § 11 Nr. 7 Rz. 23.

[24] MünchKomm/Hanau § 276 Rz. 49.

als auch des Deliktsrechts.[25] Der Vorsatz braucht sich dabei nur auf die Verletzung des Vertrages zu erstrecken, nicht aber auf den eingetretenen Schaden.[26] Auf eine zielgerichtete Absicht kommt es dabei nicht an.[27] **Grobe Fahrlässigkeit** ist stets dann gegeben, wenn die im Verkehr erforderliche Sorgfalt in ungewöhnlich grobem Maß verletzt und das nicht beachtet wird, was unter den gegebenen Umständen allgemein einleuchtet, wenn also ganz naheliegende Überlegungen nicht angestellt werden.[28] Anders gewendet: Das Fehlverhalten des Schuldners muß sich, um die Voraussetzungen der groben Fahrlässigkeit zu erfüllen, als „subjektiv unentschuldbares Fehlverhalten" darstellen, ohne freilich die Grenze zum Vorsatz als Wissen und Wollen des rechtswidrigen Erfolges zu überschreiten.[29] Auch hier ist es ausreichend, aber auch erforderlich, daß sich die grobe Fahrlässigkeit auf den haftungsbegründenden Tatbestand bezieht, daß sie sich auch auf den eingetretenen Schaden erstreckt, ist nicht erforderlich.[30]

3. Die Vertragsverletzung eines gesetzlichen Vertreters oder Erfüllungsgehilfen

a) Der gesetzliche Vertreter

Jede Person ist im Sinn von § 278 BGB gesetzlicher Vertreter, deren Vertreterstellung 9
sich aus Gesetz oder organisatorischer Bestimmung ergibt. Es reicht aus, wenn ein Handeln vorliegt, dessen Wirkung für den Vertretenen eintritt.[31] Darunter fallen zum Beispiel Testamentsvollstrecker, Nachlaßverwalter, Konkursverwalter, Zwangsverwalter, Treuhänder sowie die Inhaber der elterlichen Gewalt.[32] Die verfassungsmäßig berufenen Vertreter juristischer Personen sind demgegenüber keine gesetzlichen Vertreter im Sinn von § 11 Nr. 7 AGBG, weil deren Handeln – als Organ – unmittelbar der juristischen Person selbst zugerechnet wird.[33] Soweit derartige Personen schuldhaft handeln, liegt ein eigenes Verschulden der juristischen Person vor.

b) Der Begriff des Erfüllungsgehilfen

Der in § 11 Nr. 7 AGBG verwendete Begriff des Erfüllungsgehilfen entspricht demjeni- 10
gen des § 278 BGB: Erfüllungsgehilfe ist danach jede Person, die nach den tatsächlichen Gegebenheiten des Falles mit Willen des AGB-Verwenders/Schuldners bei der Erfüllung einer diesem obliegenden Verbindlichkeit tätig wird.[34] Ein soziales Abhängigkeitsverhältnis oder ein Weisungsverhältnis ist nicht erforderlich. Unerheblich ist des weiteren, ob es sich um einen unselbständigen Erfüllungsgehilfen handelt, der den Weisungen des AGB-Verwenders/Schuldners unterworfen ist, oder ob der mit Wissen und Wollen des AGB-Verwenders/Schuldners eingeschaltete Dritte ein selbständiger Erfüllungsgehilfe ist.[35] Die

---

[25] Palandt/Heinrichs § 276 Anm. 3a.

[26] BGH NJW 1951, 596, 597.

[27] BGH NJW 1965, 962f.; BGH NJW 1970, 1082; RGRK-BGB/Alff § 276 Rz. 9ff.; Erman/Battes § 276 Rz. 19ff.

[28] BGHZ 10, 14, 16; BGH MDR 1977, 651; vgl. auch Palandt/Heinrichs § 277 Anm. 2a; Erman/Battes § 276 Rz. 61.

[29] BGH MDR 1977, 651.

[30] BGH VersR 1985, 1061.

[31] RGRK-BGB/Alff § 278 Rz. 5ff.

[32] Vgl. Palandt/Heinrichs § 278 Anm. 2a.

[33] RGRK-BGB/Alff § 278 Rz. 8.

[34] BGHZ 13, 111, 113; BGHZ 50, 32, 35; BGH NJW 1974, 692; BGH WM 1978, 1411; Erman/Battes § 278 Rz. 18ff.

[35] BGHZ 62, 124; Ulmer/Brandner/Hensen, AGBG, § 11 Nr. 7 Rz. 14; Wolf/Horn/Lindacher, AGBG, § 11 Nr. 7 Rz. 16.

gegenteilige Auffassung von *Kümpel*[36] ist abzulehnen.[37] Erfüllungsgehilfen im Sinn von § 11 Nr. 7 AGBG sind auch die Hilfspersonen des Erfüllungsgehilfen, sofern diese mit Wissen und Wollen des AGB-Verwenders/Schuldners tätig werden.[38] Da nach der hier vertretenen Auffassung § 11 Nr. 7 AGBG auch auf deliktsrechtliche Ansprüche – zumindest analog – anwendbar ist, gilt des weiteren: Der Begriff des Erfüllungsgehilfen im Sinn von § 278 BGB ist weiter als derjenige des Verrichtungsgehilfen im Sinn von § 831 Abs. 1 BGB, schließt aber diesen ein.[39] Gleichwohl kommt es gemäß § 831 Abs. 1 BGB – bezogen auf etwaige Haftungsfreizeichnungs- oder Haftungsbegrenzungsklauseln – entscheidend darauf an, ob ein schuldhaftes Verhalten des AGB-Verwenders/Schuldners in Form eines Auswahl- oder Überwachungsverschuldens vorliegt; das schuldhafte Verhalten des Verrichtungsgehilfen ist gemäß § 831 Abs. 1 BGB irrelevant.

11 Abzugrenzen sind die Fälle der Erfüllungsgehilfenschaft von denjenigen der **Substitution.**[40] § 664 Abs. 1 Satz 2 BGB enthält eine eindeutige Privilegierung: Der Auftragnehmer, der die Ausführung des von ihm übernommenen Geschäfts auf einen selbständigen Dritten überträgt, haftet nur für eigenes Verschulden. Entscheidend ist jedoch die Antwort auf die Frage, ob es dem Schuldner gestattet ist, die ihm obliegende Geschäftsbesorgung (§ 675 BGB) ganz auf einen Dritten zu übertragen, so daß er als Beauftragter praktisch aus jeder selbständigen Tätigkeit ausscheidet.[41] Dabei kommt es nicht in erster Linie darauf an, ob der Beauftragte auch in rechtlicher Hinsicht aus der Erfüllung der ihm übertragenen Tätigkeit ausscheidet; vielmehr gibt eine faktische Betrachtungsweise Maß. Indessen ist zum einen strittig, ob eine Substitution im Sinn von § 664 Abs. 1 Satz 2 BGB auch dann möglich ist, wenn der Beauftragte lediglich teilweise aus der von ihm geschuldeten Tätigkeit ausscheidet;[42] zum anderen ist umstritten, ob aus § 664 Abs. 1 Satz 2 BGB abgeleitet werden muß, daß die Auftragserledigung unentgeltlich ist.[43]

12 Sofern eine Substitution im Sinn von § 664 Abs. 1 Satz 2 BGB in Betracht kommt, ist § 11 Nr. 7 AGBG nicht anwendbar: Ein Verschulden des Substituten ist dem Beauftragten/AGB-Verwender nicht zuzurechnen.[44] Allerdings haftet der AGB-Verwender/Schuldner für **Auswahl- und Überwachungsverschulden,** so daß etwaige Haftungsfreizeichnungs- oder Haftungsbegrenzungsklauseln auch insoweit an § 11 Nr. 7 AGBG zu messen sind.[45] Ungeachtet einer restriktiven Tendenz in der Literatur[46] wird man in der Praxis etwaige Substitutionsregelungen nur unter Berücksichtigung der jeweiligen Umstände des Einzelfalls zutreffend erfassen und gegenüber einer nach § 11 Nr. 7 AGBG unwirksamen Haftungsfreizeichnung abgrenzen können. Vorrangig kommt es dabei auf den jeweiligen Vertragstypus an sowie darauf, ob der AGB-Verwender aus der tatsächlichen Erledigung des Auftrags – zumindest im wesentlichen Umfang – ausscheidet.[47] Im Rahmen von Produkthaftungsproblemen hat die hier angeschnittene Frage – jedenfalls nach der bisherigen Erfahrung – nur geringe praktische Bedeutung.

---

[36] WM 1977, 694, 700.

[37] Löwe/Graf von Westphalen/Trinkner, Großkommentar, Bd. II, § 11 Nr. 7 Rz. 25; im einzelnen auch Graf von Westphalen WM 1980, 178, 183f.

[38] BGH VersR 1978, 39; Wolf/Horn/Lindacher, AGBG, § 11 Nr. 7 Rz. 16.

[39] Wolf/Horn/Lindacher, AGBG, § 11 Nr. 7 Rz. 16.

[40] Hierzu Freiherr von Gablenz, Die Haftung der Banken bei Einschaltung Dritter, 1983; Koller ZIP 1985 1243ff.

[41] RGZ 161, 68, 73; BGH LM Nr. 1 zu § 664 BGB.

[42] Ablehnend RGRK-BGB/Steffen § 664 Rz. 2; Freiherr von Gablenz a. a. O., S. 78.

[43] Koller ZIP 1985, 1243, 1244ff.; a. M. Freiherr von Gablenz a. a. O., 87ff.

[44] Löwe/Graf von Westphalen/Trinkner, Großkommentar, Bd. II, § 11 Nr. 7 Rz. 26.

[45] Vgl. auch Wolf/Horn/Lindacher, AGBG, § 11 Nr. 7 Rz. 17.

[46] Koller ZIP 1985, 1243ff.

[47] Für die Besonderheiten gemäß Nr. 9 der Banken-AGB vgl. im einzelnen Freiherr von Gablenz a. a. O. m. w. N.; kritisch Koller ZIP 1985, 1243, 1244ff.

4. Unwirksamkeit von Haftungsfreizeichnungs- oder Haftungsbegrenzungsklauseln

a) Der Tatbestand der Haftungsfreizeichnung

Im Anwendungsberich von § 11 Nr. 7 AGBG ist es gleichgültig, in welcher Weise der AGB-Verwender/Schuldner den Versuch unternimmt, eine Haftungsfreizeichnung herbeizuführen: § 11 Nr. 7 ist darauf gerichtet, den vollen Schadensersatz bei grobem Verschulden zu erzwingen.[48] Notwendigerweise ist deshalb der totale Ausschluß der Haftung nach § 11 Nr. 7 AGBG von vornherein unwirksam.[49] Unwirksamkeit nach § 11 Nr. 7 AGBG liegt auch dann vor, wenn der AGB-Verwender/Schuldner seine Haftung auf den Ersatz von „unmittelbaren Schäden" begrenzt.[50] Unwirksam ist es des weiteren, die Schadensersatzhaftung schlechthin auf die Höhe der Deckungssumme einer Sach- oder Haftpflichtversicherung zu begrenzen.[51] Unwirksam ist selbstverständlich jegliche Haftungsbegrenzung,[52] auch die Begrenzung auf den voraussehbaren Schaden.[53] Insbesondere ist daher auch die Beschränkung der Schadensersatzleistung auf die Höhe des Kaufpreises bzw. auf die Höhe des Materialwerts eine nach § 11 Nr. 7 AGBG zu beanstandende Haftungsbegrenzung.[54] 13

In gleicher Weise liegt eine nach § 11 Nr. 7 AGBG zu beurteilende Haftungsfreizeichnungs- oder Haftungsbegrenzungsklausel vor, sofern der AGB-Verwender den Kreis der Anspruchsberechtigten – entgegen der Wertung des dispositiven Rechts – verkürzt. Dies gilt zum Beispiel im Bereich von Schadensersatzansprüchen, die Dritten deswegen zustehen, weil es sich um einen Vertrag mit Schutzwirkung oder zugunsten Dritter im Sinn von § 328 BGB handelt.[55] Umgekehrt: Beziehen sich Haftungsfreizeichnungs- oder Haftungsbegrenzungsklauseln ausdrücklich auch auf den Schutz Dritter, zum Beispiel von Angestellten, Arbeitnehmern oder sonstigen Erfüllungsgehilfen des Schuldners,[56] dann ist der Verbotstatbestand von § 11 Nr. 7 AGBG nicht berührt – vorausgesetzt freilich, die Wirksamkeitsgrenzen dieser Norm sind im Hinblick auf die Eigenhaftigkeit des AGB-Verwenders respektiert.[57] Da § 11 Nr. 7 AGBG nur die Unwirksamkeit von Haftungsfreizeichnungs- und Haftungsbegrenzungsklauseln im Hinblick auf die unmittelbare Schadensersatzhaftung des AGB-Verwenders gegenüber dem Geschädigten bewirkt und eine daneben bestehende Haftung eines Dritten privilegiert, kommt in bezug auf die Haftung des Dritten als Verbotstatbestand nur § 9 Abs. 1 AGBG in Betracht.[58] Ob und inwieweit sich eine Haftungsfreizeichnungs- oder Haftungsbegrenzungsklausel auch auf den Schutz Dritter erstreckt, ist jeweils von dem Ergebnis einer durchzuführenden Auslegung abhängig.[59] Dies wird gesondert dargestellt *(§ 16)*. 14

Eine nach § 11 Nr. 7 AGBG zu beurteilende – unwirksame – Haftungsfreizeichnungs- oder Haftungsbegrenzungsklausel ist auch dann anzunehmen, wenn und soweit die Haftung des AGB-Verwenders gegenständlich limitiert ist, wie zum Beispiel bei einer Autowaschanlage, bei der die Haftung für Lackschäden ausgeschlossen ist.[60] Demzufolge muß 15

---

[48] Ulmer/Brandner/Hensen, AGBG, § 11 Nr. 7 Rz. 17.
[49] BGH BB 1983, 527, 530.
[50] Staudinger/Schlosser, AGBG, § 11 Nr. 7 Rz. 21.
[51] LG Frankfurt AGBE V § 11 Nr. 56.
[52] OLG Hamburg VersR 1984, 1086.
[53] Löwe/Graf von Westphalen/Trinkner, Großkommentar, Bd. II, § 11 Nr. 7 Rz. 28.
[54] BGH WM 1983, 916.
[55] OLG Karlsruhe VersR 1980, 432; Schlosser/Coester-Waltjen/Graba, AGBG, § 11 Nr. 7 Rz. 34.
[56] Hierzu BGH BB 1975, 1031, m. Anm. von Schmidt-Salzer und Graf von Westphalen.
[57] Löwe/Graf von Westphalen/Trinkner, Großkommentar, Bd. II, § 11 Nr. 7 Rz. 30.
[58] BGH ZIP 1985, 687.
[59] Im einzelnen Blaurock ZHR 146, 238, 248ff.
[60] LG Bayreuth DAR 1982, 224, 225; AG Schweinfurth DAR 1982, 293, 294; LG Berlin AGBE III § 9 Nr. 27b; LG Berlin DB 1983, 652; AG Heilbronn DAR 1984, 223.

eine an § 11 Nr. 7 AGBG ausgerichtete Haftungsfreizeichnungs- oder Haftungsbegrenzungsklausel – einschränkungslos – auf vollen Schadensersatz gerichtet sein.[61]

16 Eine nach § 11 Nr. 7 AGBG zu beurteilende Haftungsfreizeichnungs- oder Haftungsbegrenzungsklausel liegt aber auch dann vor, wenn und soweit dem Geschädigten formularmäßig abverlangt wurde, sein Handeln geschehe „auf eigene Gefahr".[62] Dies gilt unabhängig davon, ob es sich um ein Vertragsverhältnis handelt, oder ob Ansprüche außerhalb des Vertragsverhältnisses geltend gemacht werden, weil insoweit deliktsrechtliche Anprüche in Betracht kommen, die zumindest eine analoge Anwendung des Verbotstatbestandes von § 11 Nr. 7 AGBG nach sich ziehen.[63]

5. Mittelbar wirkende Haftungsfreizeichnungs- oder Haftungsbegrenzungsklauseln

17 Der Anwendungsbereich von § 11 Nr. 7 AGBG ist dann nicht berührt, wenn im Fall einer gesamtschuldnerischen Haftung vorgesehen wird, daß der eine lediglich **subsidiär** haftet.[64] Gleiches gilt dann, wenn in der AGB-Klausel bestimmt wird, wen der Geschädigte bei mehreren, gleichermaßen haftenden Schuldnern zuerst in Anspruch nehmen muß.[65] Ob eine Verkürzung der gesetzlichen Verjährungsfristen unter § 11 Nr. 7 AGBG zu subsumieren ist, läßt sich nicht generell sagen: Innerhalb des Anwendungsbereichs von § 11 Nr. 10f AGBG ist diese Norm Spezialnorm gegenüber § 11 Nr. 7 AGBG;[66] es bedarf deshalb keines Rückgriffs auf § 11 Nr. 7 AGBG.[67] Wenn und soweit allerdings sonstige Verjährungsfristen – zum Beispiel die des § 852 BGB – von einer AGB-Klausel erfaßt werden, ist in erster Linie nach § 9 Abs. 2 Nr. 1 AGBG zu prüfen, ob die Verkürzung der Verjährungsregelung eine unangemessene Benachteiligung des Geschädigten nach sich zieht. Dies dürfte grundsätzlich zu bejahen sein, weil die Verjährungsfristen – ganz allgemein – einen hohen Gerechtigkeitsgehalt aufweisen.[68] Ob dies auch dann gilt, wenn der AGB-Verwender – innerhalb eines Vertragsverhältnisses – die Verjährungsfrist des § 852 BGB an diejenige der §§ 477, 638 BGB angeglichen hat, ist fraglich: Gerade in den Fällen, in denen der Kunde einen Schaden an der gelieferten Sache selbst erlitten hat, der indessen nicht nur gewährleistungs- sondern auch deliktsrechtliche Ansprüche auslöst *(§ 21 Rz. 33ff)*, fehlt es in der Regel an der unangemessenen Benachteiligung des Geschädigten im Sinn von § 9 Abs. 2 Nr. 1 AGBG. Soweit der Kunde indessen – trotz bestehender Anspruchskonkurrenz – einen Personenschaden erlitten hat, wird man diese Argumentation nicht übernehmen können; in diesen Fällen muß es vielmehr bei der Verjährungsfrist des § 852 BGB bleiben. Diese Differenzierung gilt ohne Rücksicht darauf, ob der Kunde Kaufmann[69] oder Nicht-Kaufmann ist.

18 Ob die gleichen Erwägungen auch dann gelten, wenn der AGB-Verwender/Schädiger anstelle von Verjährungsfristen Ausschlußfristen vereinbart hat, ist strittig.[70] Richtig ist, daß sich Ausschlußfristen im praktischen Ergebnis wie eine Verkürzung der Verjährungsfrist auswirken, so daß auch in diesem Zusammenhang unmittelbar an die Spezialnorm

---

[61] OLG Düsseldorf BB 1980, 388.

[62] OLG München BB 1980, 496; OLG München VersR 1974, 200, 201.

[63] BGH ZIP 1987, 640, 650; Staudinger/Schlosser, AGBG, § 11 Nr. 7 Rz. 16; Löwe/Graf von Westphalen/Trinkner, Großkommentar, Bd. II, § 11 Nr. 7 Rz. 32.

[64] Löwe/Graf von Westphalen/Trinkner, Großkommentar, Bd. II, § 11 Nr. 7 Rz. 29.

[65] Ulmer/Brandner/Hensen, AGBG, § 11 Nr. 7 Rz. 21.

[66] Löwe/Graf von Westphalen/Trinkner a. a. O.

[67] So aber Ulmer/Brandner/Hensen a. a. O.

[68] BGH ZIP 1984, 968.

[69] BGH BB 1977, 162.

[70] Bejahend: Löwe/Graf von Westphalen/Trinkner, Großkommentar, Bd. II, § 11 Nr. 7 Rz. 29; Staudinger/Schlosser, AGBG, § 11 Nr. 7 Rz. 20; verneinend: Ulmer/Brandner/Hensen, AGBG, § 11 Nr. 7 Rz. 21.

von § 11 Nr. 10f AGBG zurückgegriffen werden muß.[71] Dies ist auch deswegen unmittelbar einsichtig, weil der Verbotstatbestand von § 11 Nr. 10f AGBG – bezogen auf eine Ausschlußfrist – in einer unmittelbaren Verzahnung zu § 11 Nr. 10e AGBG steht.

II. Der Verbotstatbestand von § 11 Nr. 7 AGBG im kaufmännischen Verkehr

1. Der Standpunkt der Judikatur

Nach der vor Erlaß des AGBG ergangenen BGH-Judikatur waren Haftungsfreizeich- 19
nungsklauseln immer dann unwirksam, wenn und soweit ein grob fahrlässiges Verhalten des AGB-Verwenders/Schädigers oder Vorsatz oder grobe Fahrlässigkeit seiner leitenden Angestellten den Schaden verursacht hatte.[72] Darüber hinaus hat der BGH Haftungsfreizeichnungsklauseln für unwirksam erklärt, wenn sie Fälle des Organisationsverschuldens betrafen.[73] In neueren Entscheidungen hat der BGH es allerdings im Ergebnis offengelassen, ob unter Berücksichtigung von § 9 AGBG eine Haftungsfreizeichnungsklausel im kaufmännischen Verkehr auch insoweit unwirksam ist, als der Schaden auf grober Fahrlässigkeit der Erfüllungsgehilfen des AGB-Verwenders beruhte.[74] Von Wichtigkeit ist freilich, daß der BGH in seinem Urteil vom 26. 11. 1984[75] das Verbot der Haftungsfreizeichnung im kaufmännischen Verkehr zum einen dann für unwirksam hält, wenn eine Vertragsverletzung durch einen leitenden Angestellten begangen wird, zum anderen dies damit begründet, daß ein schuldhafter Verstoß eines Erfüllungsgehilfen gegen „wesentliche Pflichten" im Sinn von § 9 Abs. 2 Nr. 2 AGBG vorliegt.[76] Daraus ist abzuleiten, daß eine im Einzelfall sehr schwierig zu bewältigende Verschleifung zwischen dem Verbotstatbestand von § 11 Nr. 7 AGBG einerseits und dem Haftungsfreizeichnungsverbot gegenüber „wesentlichen Pflichten" – Kardinalpflichten *(§ 13 Rz. 2ff.)* – andererseits gemäß § 9 AGBG besteht.[77]

Die instanzgerichtliche Judikatur ist noch nicht festgelegt.[78] Indessen ist auch hier er- 20
kennbar, daß das Schwergewicht der Problematik bei den Haftungsfreizeichnungsklauseln liegt, die auch den Vorwurf einfacher Fahrlässigkeit erfassen,[79] so daß § 11 Nr. 7 AGBG keine Indizwirkung für die Unwirksamkeit der Klausel gemäß § 9 Abs. 1 AGBG entfaltet, weil es auf die exakte Beurteilung der jeweiligen Pflichtverletzung ankommt.

2. Der Standpunkt der Literatur

Die überwiegend in der Literatur vertretene Auffassung geht dahin, den Verbotstatbe- 21
stand von § 11 Nr. 7 AGBG ungekürzt gemäß § 9 Abs. 1 AGBG im kaufmännischen

---

[71] Stein, AGBG, § 11 Rz. 97; Löwe/Graf von Westphalen/Trinkner, Großkommentar, Bd. II, § 11 Nr. 10f Rz. 11.

[72] BGHZ 20, 164, 167f.; BGHZ 38, 183, 186; BGHZ 46, 43, 45; BGH WM 1973, 1238; BGH BB 1978, 322; BGH VersR 1980, 383; BGH VersR 1982, 486.

[73] BGH NJW 1974, 900, 901; BGH NJW 1973, 2154.

[74] BGH NJW 1984, 1350 – Kühllager; BGH NJW 1985, 914, 915f. – Tankschecksystem.

[75] NJW 1985, 623, 627.

[76] Vgl. auch BGH NJW 1985, 914, 915f. – Tankschecksystem.

[77] BGH ZIP 1984, 971, 973 – Textilveredelung.

[78] LG Ulm AGBE I § 24 Nr. 21; OLG Frankfurt AGBE IV § 9 Nr. 6; andererseits: OLG Hamburg VersR 1985, 57.

[79] OLG Hamburg VersR 1984, 1086 – Hamburger Lagerungsbedingungen; OLG Hamburg DAR 1984, 260 – Autowaschanlage; OLG Koblenz VersR 1984, 1053 – motorsportliche Veranstaltung; OLG Frankfurt ZIP 1984, 976 – Auskunftei; OLG Hamm AGBE IV § 9 Nr. 35 – KFZ-Vermittlung; OLG Frankfurt BB 1984, 300 – Computer.

Verkehr zu berücksichtigen.[80] Demgegenüber vertritt eine Mindermeinung die Ansicht, der Verbotstatbestand von § 11 Nr. 7 AGBG sei im kaufmännischen Verkehr gemäß § 9 Abs. 1 AGBG nur im Rahmen der bisherigen, vor Erlaß des AGBG festgefügten BGH-Judikatur[81] zu respektieren.[82] Eine Mittelmeinung vertritt *Hensen*:[83] Entsprechend der BGH-Judikatur[84] will er das Verbot der Haftungsfreizeichnung im kaufmännischen Verkehr nur dann respektieren, wenn grobes Verschulden des Erfüllungsgehilfen vorliegt und gleichzeitig eine wesentliche Vertragspflicht verletzt worden ist. Außerhalb dieses Pflichtenkreises will *Hensen*[85] auch bei grobem Verschulden einfacher Erfüllungsgehilfen Haftungsfreizeichnungsklauseln zulassen, wobei es entscheidend auf die kaufmännischen Gebräuche der betreffenden Verkehrskreise ankommen soll.[86]

3. Eigener Standpunkt

22 Die besseren Argumente sprechen dafür, den Verbotstatbestand von § 11 Nr. 7 AGBG auch im kaufmännischen Verkehr gemäß § 9 Abs. 1 AGBG zu respektieren.[87] Man kann einfach nicht an der Tatsache vorbeisehen, daß der Schuldvorwurf grober Fahrlässigkeit besonders schwerwiegt. Denn dieser setzt voraus, daß die im Verkehr erforderliche Sorgfalt in ungewöhnlich grobem Maße verletzt und dasjenige nicht beachtet worden ist, was unter den gebotenen Umständen allgemein einleuchtet.[88] Selbstverständlich ist im Rahmen von § 9 Abs. 1 ABGB, daß an dieser Definition des Begriffs der groben Fahrlässigkeit festgehalten werden muß: Das Fehlverhalten des Erfüllungsgehilfen muß sich also im Ergebnis als ,,subjektiv unentschuldbares Fehlverhalten“[89] darstellen. Keineswegs darf die gemäß § 9 Abs. 1 AGBG angezeigte Berücksichtigung des Verbotstatbestandes von § 11 Nr. 7 AGBG im kaufmännischen Verkehr dazu führen, die Wertungskategorien des Begriffs der groben Fahrlässigkeit zu verwässern.[90] Darüber hinaus wird in der Spezialliteratur[91] auch das Argument angeboten, es sei eine unangemessene Benachteiligung des Kunden/Geschädigten, wenn sich der AGB-Verwender/Schädiger von solchen Schadensersatzrisiken freizeichnet, gegen die er üblicherweise Versicherungsschutz verlangen kann. Dieser Aspekt wird im Zusammenhang mit der Erörterung von Haftungsfreizeichnungs- und Haftungsbegrenzungsklauseln für Fälle gewöhnlicher Fahrlässigkeit noch beträchtliche Bedeutung haben; es sei deshalb auf die dort ausgebreiteten Darlegungen verwiesen *(§ 13 Rz. 39ff.)*.

4. Haftungsbegrenzungsklauseln

23 Soweit Haftungsfreizeichnungsklauseln innerhalb des Tatbestands von § 11 Nr. 7 AGBG unwirksam sind, gilt dies grundsätzlich auch für Haftungsbegrenzungsklauseln. Indessen sind im kaufmännischen Verkehr grundsätzlich solche Haftungsbegrenzungen

---

[80] Koch/Stübing, AGBG, § 11 Nr. 7 Rz. 20; Löwe/Graf von Westphalen/Trinkner, Großkommentar, Bd. II Rz. 39ff.; Schlosser/Coester-Waltjen/Graba, AGBG, § 11 Nr. 7 Rz. 84; Stein, AGBG, § 11 Rz. 61; Staudinger/Schlosser, AGBG, § 11 Nr. 7 Rz. 52ff.; Wolf/Horn/Lindacher, AGBG, § 11 Nr. 7 Rz. 45ff.; MünchKomm/Kötz, AGBG, § 11 Rz. 67; Palandt/Heinrichs, AGBG, § 11 Anm. 7e.

[81] BGHZ 20, 164, 167f.; BGHZ 46, 43, 45; BGH BB 1978, 322.

[82] Schmidt-Salzer, AGBG, F 201; Helm BB 1977, 1109, 1111; ders. VersR 1978, 1, 2; Dittmann/Stahl, AGBG, Rz. 435.

[83] Ulmer/Brandner/Hensen, AGBG, § 11 Nr. 7 Rz. 31f.

[84] BGH NJW 1985, 623, 627 – Opelhändler.

[85] Ulmer/Brandner/Hensen, AGBG, § 11 Nr. 7 Rz. 32.

[86] OLG Hamburg VersR 1985, 57 – Hamburger Hafenschiffahrt.

[87] So auch Palandt/Heinrichs, AGBG, § 11 Anm. 7e; kritisch zu den Argumentationsketten freilich Schmidt-Salzer, Produkthaftung, Bd. II, Rz. 302ff.

[88] BGHZ 10, 14, 16; BGH MDR 1977, 651.

[89] BGH MDR 1977, 651.

[90] Vgl. auch Graf von Westphalen NJW 1979, 838, 841; Wolf NJW 1980, 2433, 2434.

[91] Im einzelnen Löwe/Graf von Westphalen/Trinkner, Bd. II, § 11 Nr. 7 Rz. 42f.

wirksam, welche die Haftung des AGB-Verwenders summenmäßig auf den Schaden begrenzen, der typischerweise bei Geschäften dieser Art eintritt.[92] Dies gilt jedenfalls dann uneingeschränkt, wenn der Kunde auf die zusätzliche Möglichkeit hingewiesen wurde, Versicherungsschutz gegen die nicht von der Haftungsbegrenzungsklausel erfaßten Risiken durch Zahlung der Mehrprämie zu erlangen.[93] Denn es gehört zu dem vom dispositiven Recht geforderten Interessenausgleich, daß der AGB-Verwender/Schädiger nicht nur in der Mehrzahl aller Fälle Ersatz anbietet, sondern daß **„stets"** für den vom AGB-Verwender „verschuldeten Schaden **voller** Ersatz"[94] geleistet wird. Unabhängig davon ist anerkannt, daß die Höhe des zu ersetzenden Schadens auf das Kriterium der Vorhersehbarkeit begrenzt werden kann.[95] Maßgebender Zeitpunkt für die Bestimmung der Voraussehbarkeit ist dabei der des Vertragsabschlusses, wie sich aus Artikel 82 Satz 2 EKG ergibt.[96] Der Unterschied zwischen dem typischerweise eintretenden Schaden und dem voraussehbar eintretenden Schaden ist vernachlässigenswert. Denn auch das Kriterium der Voraussehbarkeit ist unter Berücksichtigung von Artikel 82 Satz 2 EKG objektiviert.

5. Die Verwendung salvatorischer Klauseln

Unter Berücksichtigung der BGH-Judikatur[97] ist – wie an anderer Stelle bereits angedeutet *(§ 8 Rz. 18)* – sowohl im nicht-kaufmännischen Bereich als auch im kaufmännischen Verkehr daran festzuhalten: Alle salvatorischen Klauselsätze, welche in Haftungsfreizeichnungs- oder Haftungsbegrenzungsklauseln verankert sind, sind zum einen unklar im Sinn von § 5 AGBG, zum anderen verstoßen sie gegen § 9 Abs. 1 AGBG. Denn der Kunde wird im ungewissen darüber gelassen, in welchem Rahmen eine Freizeichnungs- oder Begrenzungsklausel wirksam ist.[98] Auch im kaufmännischen Verkehr muß sich deshalb der AGB-Verwender entscheiden, im welchem Umfang er – gemessen am Verbotstatbestand von § 11 Nr. 7 AGBG – von seiner Freizeichnungsbefugnis Gebrauch macht. Die Rechtslage ist keineswegs so unübersichtlich unklar, daß man mit Fug und Recht davon sprechen könnte, hier sei es dem AGB-Verwender praktisch nicht zumutbar, eine Haftungsfreizeichnungs- oder Haftungsbegrenzungsklausel ohne salvatorischen Zusatz zu verwenden.[99] 24

§ 13. Haftungsfreizeichnungen im Bereich leichter Fahrlässigkeit

Die mit Abstand schwierigste Frage betrifft die nach § 9 Abs. 2 Nr. 1 AGBG oder nach § 9 Abs. 2 Nr. 2 AGBG zu beurteilenden Wirksamkeitsgrenzen von Haftungsfreizeichnungsklauseln, sofern dem AGB-Verwender/Schädiger lediglich der Vorwurf gewöhnlicher Fahrlässigkeit gemacht werden kann.[1] Gerade weil sich in diesem Bereich schemati- 1

---

[92] BGH BB 1980, 1011 = NJW 1980, 1953, 1955 – Chemischreinigung.

[93] BGH NJW 1980, 1953 – Chemischreinigung.

[94] BGH NJW 1980, 1953, 1955 – Chemischreinigung.

[95] Schlosser/Coester-Waltjen/Graba, AGBG, § 11 Nr. 7 Rz. 84; Löwe/Graf von Westphalen/Trinkner, Großkommentar, Bd. II § 11 Nr. 7 Rz. 46; Ulmer/Brandner/Hensen, AGBG, § 11 Nr. 7 Rz. 34; Palandt/Heinrichs, AGBG, § 11 Anm. 7 e aa).

[96] BGH RIW/AWD 1980, 143.

[97] BGH NJW 1985, 623, 627 – Opelhändler.

[98] Unberücksichtigt allerdings in BGH ZIP 1985, 687, 698 – „soweit zwingend gehaftet wird".

[99] Vgl. auch Löwe/Graf von Westphalen/Trinkner, Großkommentar, Bd. II, § 11 Nr. 7 Rz. 49.

[1] Koller VersR 1980, 1 ff.; ders. ZIP 1986, 1089 ff.; hierzu Roussos, Freizeichnung von Schadensersatzansprüchen im Recht der AGB, 1982; Schlosser WM 1978, 562 ff.; ders., RWS-Forum 2 – Zehn Jahre AGB-Gesetz – Herausgeber: Heinrichs/Löwe/Ulmer, S. 121 ff.; Schmidt-Salzer, Produkthaftung, Bd. II Rz. 3.359 ff.; Graf von Westphalen WM 1983, 974 ff.; Wolf NJW 1980, 2433 ff. jeweils m. w. N.

sierende Lösungen verbieten[2], ist es unerläßlich, die Wertungskriterien von § 9 AGBG – abhängig von ihren jeweiligen Voraussetzungen – fallspezifisch zu konkretisieren. Dabei bleibt bewußt **unbeachtet,** ob und inwieweit sich Vorwirkungen aus dem Verbot von Haftungsfreizeichnungen nach dem ProdukthaftG (vgl. § 14 des Entwurfs) für den Bereich des AGBG ergeben. Dies abzuklären, wird späteren Erläuterungen vorbehalten bleiben.

I. Lösungsansätze in Judikatur und Literatur

1. Die Entwicklung der Rechtsprechung: „Kardinalpflicht" – Freizeichnungsverbot

2 Einer gängigen Definition entsprechend, die freilich inzwischen Modifikationen erfahren hat, versteht man unter einer „Kardinalpflicht" diejenige Pflicht, deren Beachtung von so wesentlicher Bedeutung ist, daß damit erst die Voraussetzung für die ordnungsgemäße Erfüllung eines Vertrages geschaffen wird.[3] Das Bestehen einer solchen Kardinalpflicht wurde von der Judikatur vor allem dann bejaht, wenn die Verpflichtung des Schuldners in Rede stand, ein fahr- und ladungstüchtiges Schiff zur Verfügung zu stellen.[4] Unter Berücksichtigung eines Teils der Präjudizien[5] hat der BGH – unter ausdrücklicher Betonung des in § 9 Abs. 2 Nr. 2 AGBG enthaltenen Verbots der Freizeichnung von Kardinalpflichten – diese Judikatur auch auf die Einlagerung von Waren auf Schuten und Kähnen ausgedehnt.[6] Er hat diese Auffassung damit begründet, daß Haftungsfreizeichnungsklauseln nicht Pflichten eines Vertrages in der Weise einschränken dürfen, daß dadurch der Vertragszweck „von vornherein gefährdet wird oder nicht erreicht werden kann".[7] Für den Bereich der Daseinsvorsorge hat der BGH in seiner Wasserversorgungs-Entscheidung vom 19. 4. 1978[8] wichtige Markierungspunkte gesetzt: Die Freizeichnung findet nach den Geboten von Treu und Glauben gemäß § 242 BGB dort ihre Grenzen, „wo durch sie wesentliche Pflichten des Liefervertrages so eingeschränkt werden, daß dadurch die Erreichung des Vertragszweckes gefährdet wird".[9] Daran anschließend findet sich eine sehr weitgehende Formulierung: Die in § 9 Abs. 2 Nr. 2 AGBG verankerten Prinzipien tragen – so der BGH – „dem Umstand Rechnung, daß ein Gläubiger grundsätzlich zumindest auf die **Möglichkeit** einer Vertragserfüllung durch seinen Vertragspartner – auf ein Äquivalent für die von ihm geschuldete Gegenleistung – vertrauen darf".[10] Welche Pflichten in diesem Zusammenhang für die „Erreichung des Vertragszwecks"[11] wesentliche Bedeutung haben, so daß sich der Leistende von ihrer schuldhaften Verletzung nicht formularmäßig freizeichnen kann, „richtet sich nach der Ausgestaltung des einzelnen Vertrages".[12] Da in diesem Fall die Versorgungsleitungen „von vornherein so

---

[2] Koller ZIP 1986, 1089ff.

[3] Schmidt-Salzer, AGBG, E 20; Löwe/Graf von Westphalen/Trinkner, Großkommentar, Bd. III – Freizeichnungsklauseln Rz. 14.

[4] BGHZ 49, 356, 363 – wasserundichte Ladungsluken, durchrostete Schotten; BGH VersR 1971, 833; BGH VersR 1973, 218, 219; BGH VersR 1974, 771, 772f. – jeweils falsche Beladung; BGH VersR 1975, 1117, 1118; BGH VersR 1978, 557; BGH VersR 1983, 549 – anfängliche Fahr- oder Ladungsuntüchtigkeit des Schiffes: Unzureichende Haftungsbegrenzung; BGH VersR 1980, 65 – faustgroßes Loch im Boden des Schiffes.

[5] BGHZ 49, 356, 363; BGH VersR 1976, 263, 264f.

[6] BGH VersR 1979, 901.

[7] BGH VersR 1979, 901, 902.

[8] BGH BB 1978, 827.

[9] S. 828.

[10] Ebenda.

[11] Ebenda.

[12] Ebenda.

unsachgemäß angelegt"[13] waren, daß eine ordnungsgemäße Leistungserbringung von Anfang an unmöglich war, fand die Haftungsfreizeichnungsklausel keine Berücksichtigung.

In der Sache ähnlich argumentiert der BGH in der **Kühllager-Entscheidung** vom 19. 1. 3
1984.[14] Unter ausdrücklicher Berufung auf das in § 9 Abs. 2 Nr. 2 AGBG enthaltene „Verbot der Aushöhlung vertragswesentlicher Rechte und Pflichten"[15] erklärt der BGH: Eine Haftungsbegrenzungsklausel, welche die Haftung bei grober Fahrlässigkeit eines Erfüllungsgehilfen auf das Sechsfache des monatlichen Lagergeldes bzw. auf das Sechsfache des Leistungsentgelts beschränkt, ist unwirksam. Denn:

„Zweck der von der Beklagten mit ihren Kunden abgeschlossenen Verträge ist es, Lebensmittel einzufrieren und gekühlt in einem Kühlhaus zu verwahren. Diese Vertragspflicht hat die Beklagte zu erfüllen. Unterlaufen Mitarbeitern der Beklagten bei der Einlagerung gefrorener Lebensmittel Fehler, muß die Beklagte grundsätzlich dafür einstehen".[16]

Deshalb stellt die hier ausgewiesene Haftungsbeschränkung für den Kunden „keinen 4
Ausgleich für den erlittenen Schaden"[17] dar; insbesondere ist dieser Betrag nicht geeignet, die bei Nichterreichung der Kühltemperaturen eintretenden „voraussehbaren Schäden"[18] abzudecken, so daß der Kunde „dadurch weitgehend rechtlos gestellt"[19] wird. Von Wichtigkeit ist darüber hinaus, daß der BGH[20] erklärte, es komme in diesem Zusammenhang – angesichts der unangemessenen Benachteiligung des Kunden – nicht entscheidend darauf an, „inwieweit das Schadensrisiko versicherbar ist".

In der **Tankschecksystem-Entscheidung**[21] griff der BGH diesen Gedanken erneut auf 5
und erklärte folgende Klausel für unwirksam: „Kunde bzw. Empfänger haften für mißbräuchliche oder vertragswidrige Benutzung der UTS ... Der Verlust von UTS ... ist ... (Beklagte) unverzüglich zu melden mit folgenden Angaben ... Mit Eingang der Verlustmeldung bei UTA endet die Haftung des Kunden für Mißbrauch der verlorenen UTS ..." Dabei betonte der BGH freilich,[22] der Verbotstatbestand von § 9 Abs. 2 Nr. 2 AGBG erfasse als „wesentliche Pflichten" nicht nur Hauptpflichten im Sinn der schuldrechtlichen Terminologie, „sondern auch Nebenpflichten",[23] sofern sie für die Erreichung des Vertragszweckes von besonderer Bedeutung sind.[24] Demzufolge stellte der BGH auf die „spezifische Eigenart des zwischen den Parteien abgeschlossenen Vertrages"[25] ab: Die von der Beklagten herausgestellten Vorteile ihres „Tankschecksystems" bestanden neben der Möglichkeit des bargeldlosen Tankens und der Kreditierung der gelieferten Ware in der periodischen Rechnungslegung mit Verbrauchsnachweisen, so daß dem Kunden die Bürde abgenommen war, jede Fahrt anhand eines jeden Rechnungsbeleges einzeln abzurechnen. Daraus folgerte der BGH, daß die Verpflichtung der Beklagten zur ordnungsgemäßen Abrechnung „in ihrer Bedeutung für die Erreichung des Vertragszwecks diese jeden Verkäufer im Rahmen eines „normalen" kaufvertraglichen Verhältnisses treffende Pflicht erheblich überstieg".[26] Dieses Abrechnungssystem enthielt also „einen besonderen

[13] Ebenda.
[14] NJW 1984, 1350.
[15] S. 1351.
[16] S. 1351.
[17] S. 1351.
[18] Ebenda.
[19] Ebenda.
[20] S. 1351 a. E.
[21] BGH NJW 1985, 914.
[22] S. 916.
[23] So auch Wolf/Horn/Lindacher AGBG § 9 Rz. 83; Dittmann/Stahl, AGBG, Rz. 282; Graf von Westphalen WM 1983, 974, 977.
[24] Vgl. auch Schlosser/Coester-Waltjen/Graba, AGBG, § 9 Rz. 32; Erman/Hefermehl, AGBG, § 9 Rz. 13.
[25] S. 916.
[26] Ebenda.

wirtschaftlichen Vorteil",[27] so daß der Haftungsausschluß „diesen Vertragszweck wieder in Frage"[28] stellte. Ungeachtet der Tatsache, daß die Beklagte hier nur geringen Einfluß darauf hatte, das von ihr im In- und Ausland eingesetzte Personal auszuwählen oder zu überwachen, erklärte der BGH, auch dies rechtfertige es nicht, „ihr Personalrisiko dem Kunden insoweit aufzubürden, als es um die Erfüllung besonders wichtiger Vertragspflichten geht".[29] Dabei fiel ins Gewicht, daß die Erfüllungsgehilfen der Beklagten – unstrittig – **vorsätzlich** gehandelt hatten,[30] weil LKW-Fahrer der klägerischen Firma zusammen mit einzelnen Tankstellenpächtern oder deren Personal Tankschecks in betrügerischer Weise verwendet hatten.[31]

6 Eng verzahnt mit diesem Urteil ist die **Textilveredelungs-Entscheidung** des BGH.[32] Nach den Einheitsbedingungen der Textilveredelungsaufträge (EBTV) war die Haftung für leichte Fahrlässigkeit gemäß § 15 Abs. (4) EBTV der Höhe nach auf den Mangelschaden beschränkt, während die Bestimmung von § 15 Abs. (6) EBTV vorsah:

„Weitere Ansprüche gegen den Veredler, gleichviel aus welchem Rechtsgrund, sind ausgeschlossen, es sei denn, daß der Schaden auf Vorsatz oder grober Fahrlässigkeit des Veredlers oder seiner leitenden Angestellten beruht."

Der BGH konstatierte,[33] daß die in § 15 Abs. (6) EBTV vorgesehene Beschränkung der Ansprüche wegen Mangelfolgeschäden „insgesamt auch für Pflichten aus dem Veredelungsvertrag" gilt und diese auch insoweit einschränkt, als „deren Erfüllung die ordnungsgemäße Durchführung des Vertrages überhaupt erst ermöglicht, auf deren Erfüllung der Vertragspartner daher vertraut und auch vertrauen darf". Demzufolge erklärte der BGH kategorisch:

„Von der schuldhaften Verletzung solcher Pflichten kann der Auftragnehmer sich formularmäßig nicht freizeichnen. Zu den aus der Natur des Veredelungsvertrages sich ergebenden, die Erreichung des Vertragszweckes erst gewährleistenden Pflichten gehört die pflegliche Behandlung der dem Veredler anvertrauten Ware. Diese Pflicht ist für die ordnungsgemäße Erfüllung des Veredelungsvertrages sogar von ganz besonderer Bedeutung. Die Ware soll nämlich unter Inkaufnahme gewisser Strukturveränderungen **veredelt,** also verbessert und in ihrem Wert erhöht werden. Dabei darf die Grenze vertretbarer Festigkeitsverluste nicht überschritten werden. Das gehört zum Zweck des Veredelungsvertrages".

Daran anknüpfend unterstrich der BGH den hier zutage tretenden Vertrauensgrundsatz:

„Mag auch der Veredelungsprozeß wegen seiner chemischen und mechanischen Einwirkungen auf die Ware gelegentlich kleine Schäden unvermeidlich zur Folge haben, so vertraut der Auftraggeber doch berechtigtermaßen als selbstverständlich darauf, daß die dem Veredler überlassene Ware durch die Behandlung nicht bis zur Wertlosigkeit zerstört wird. Von dem in der Natur der vertraglichen Hauptleistung liegenden Risiko schadensgeneigter Behandlung – welches die Beklagte bei der Behandlung des von der Klägerin gestellten Stoffes zugestandenermaßen „bis an den Rand" des ihr vertretbar Erschienenen einging – kann der Veredler sich redlicherweise weder ganz noch teilweise freizeichnen. Es muß vielmehr ihm überlassen bleiben, dieses gewerbliche Risiko anderweitig abzudecken".

Da hier die Haftung des Veredler auf den Ersatz des Mangelschadens begrenzt war, der Auftraggeber aber seine Ware nach Veredelung in Ausübung seines Handelsgewerbes „regelmäßig zur Verarbeitung verkaufen will, die Weiterverarbeitung also – wie hier – gerade dem Zweck solcher Veredelungsaufträge entspricht",[34] gilt:

---

[27] Ebenda.
[28] Ebenda.
[29] S. 916 a. E.
[30] S. 916.
[31] S. 914.
[32] BGH ZIP 1984, 971.
[33] BGH ZIP 1984, 971, 975.
[34] S. 976.

,,Der Schaden, der dem Auftraggeber bei erheblicher Schädigung der Ware entsteht, geht wegen der vorgesehenen Weiterverarbeitung **regelmäßig** über den Warenverlust hinaus und erstreckt sich auf den Folgeschaden im Verhältnis des Auftraggebers zu seinem (weiterverarbeitenden) Abnehmer. Das ist durchaus vorhersehbar".[35]

Deshalb formulierte der BGH den Rechtssatz:

,,Die Beschränkung des Schadensersatzes auf den reinen Warenwert in § 15 EBTV im Falle (nachweisbar) bloß leicht fahrlässiger Schadensverursachung benachteiligt deshalb den Auftraggeber entgegen den Geboten von Treu und Glauben unangemessen. Die Haftung der Beklagten ist demgemäß weder der Art noch der Höhe des Schadens nach begrenzt".[36]

Von großer Wichtigkeit ist schließlich die **EDV-Klima-Entscheidung** des BGH.[37] In den AGB war u. a. bestimmt:

,,Ein Anspruch auf Wandelung oder Minderung besteht nicht, es sei denn, daß der Lieferer nicht in der Lage ist, den Mangel zu beheben ... Weitere Ansprüche des Bestellers, insbesondere Ersatz von Schäden, die nicht an dem Liefergegenstand entstanden sind, bestehen nicht."

Wegen eines Wasserschadens, der aus der von der Beklagten zu erstellenden Teilklimaanlage resultierte und sich auf rd. DM 135000,– belief – der Vertragspreis betrug DM 14973,– (zuzüglich Mehrwertsteuer) –, machte die Bank Schadensersatzansprüche geltend. Der BGH ließ dabei offen, ob im Ergebnis das in § 9 Abs. 2 Nr. 2 AGBG verankerte ,,Verbot der Aushöhlung wesentlicher Vertragspflichten und -rechte"[38] hier zum Zuge kommt. Entscheidend war nämlich, daß nach Auffassung des BGH der Zweck der von der Beklagten übernommenen Lieferverpflichtung auch dem ,,Schutz der in dem vorgesehenen Raum untergebrachten **wertvollen, hochempfindlichen Datenverarbeitungsgeräte"**[39] diente. Deshalb – so der BGH – war die Beklagte ,,zu einer umfassenden Planung verpflichtet, die alle nach Sachlage gebotenen Schutzmaßnahmen in Erwägung zu ziehen hatte".[40] Da also die Beklagte das Vertrauen der Klägerin in Anspruch nahm, sie sei als Spezialfirma zur Erledigung der ihr übertragenen Aufgaben in der Lage, konnte sie sich ,,nicht auf einen etwaigen Haftungsausschluß berufen".[41] Von Wichtigkeit ist deshalb der Leitsatz dieser Entscheidung:

,,Bezweckt eine von einem das besondere Vertrauen des Bestellers genießenden Fachunternehmen selbständig geplante und ausgeführte Baumaßnahme (hier: Errichtung einer Klimaanlage) – wie der Unternehmer weiß – vor allem den Schutz wertvoller, hochempfindlicher Geräte (hier: EDV-Maschinen), so kann sich der Unternehmer nicht auf den Ausschluß einer Haftung für entferntere Mangelfolgeschäden in den von ihm verwendeten Allgemeinen Geschäftsbedingungen berufen, wenn die Geräte infolge eines Planungsfehlers beschädigt werden".[42]

Die Rechtsprechung des BGH zur „Kardinalpflicht" ist bis in jüngste Zeit fortentwik- 7
kelt worden. So hat der BGH[42a] den Haftungsausschluß in den AGB der **deutschen Bundesbank** für Schäden als unwirksam nach § 9 Abs. 2 Nr. 2 AGBG qualifiziert, die durch leicht fahrlässige Verzögerungen im Scheckinkasso entstanden waren. Denn die Pflicht, den Scheck auf dem schnellsten und sichersten Weg der bezogenen Bank vorzulegen, ist eine „wesentliche"[42b], die sich aus der Natur des bestehenden Auftragsverhältnis-

---

[35] S. 976.
[36] S. 976.
[37] BGH NJW-RR 1986, 271.
[38] S. 272.
[39] S. 272.
[40] S. 272.
[41] S. 272.
[42] S. 271.
[42a] BGH ZIP 1988, 360.
[42b] S. 362.

ses ergibt, durch im Handelsverkehr kann sie nicht wirksam abbedungen werden: „Der Rechtsverkehr, insbesondere aber der Handelsverkehr", so heißt es in dem Urteil, „vertraut darauf, daß die Schecks, welche im vereinfachten Scheck- und Lastschrifteinzug der Beklagten eingezogen werden, in der Regel innerhalb der Vorlagefrist der bezogenen Bank vorgelegt werden. . . . Da die Wirtschaft auf das Scheckinkasso der Beklagten angewiesen ist, würde es eine entgegen den Geboten von Treu und Glauben unangemessene Benachteiligung bedeuten, wenn sich die Beklagte von der Haftung für diese Schäden in vollem Umfange freizeichnen könnte".[42c]

Im Ergebnis wird dieser Trend auch durch **Werftentscheidung** des BGH bestätigt.[42d] In diesem Fall hatte das Verschulden eines einfachen Erfüllungsgeschäftes – Organisationsverschulden lag nicht vor – zu einem Brandschaden an einem zu reprarierenden Schiff geführt. Ausdrücklich bestätigt das Gericht seine frühere Judikatur, erklärt aber, das zu reparierende Schiff vor Schäden durch Fehlverhalten eines einfachen Erfüllungsgehilfen zu schützen, sei keine im Sinn des § 9 Abs. 2 Nr. 2 AGBG „wesentliche" Pflicht. Denn im Unterschied zum Kühllagerfall *(Rz. 3)* hat der Kunde den Gewahrsam am Schiff während der Reparaturarbeiten nicht eingebüßt, weil die Schiffsmannschaft weiter an Deck blieb[42e]. Deshalb habe zumindest die Möglichkeit bestanden, Gefahrenabwendungsmaßnahmen auch von dieser Seite zu treffen. Vor allem aber: Der Schiffseigner hatte – entsprechend der allgemeinen Branchenübungen – einen umfassenden Kaskoschutz für das Schiff[42f], worauf sich die Werft einstellen und verlassen konnte.

2. Der Standpunkt der Literatur

a) Die Kommentarliteratur

8 Die Leitlinien der BGH-Judikatur werden in der einschlägigen Kommentarliteratur im wesentlichen übernommen.[43] Allerdings ist *Wolf*[44] der Meinung, das Abstellen auf die Verletzung von nach § 9 Abs. 2 Nr. 2 AGBG – haftungsfreizeichnungsfesten – Kardinalpflichten sei ungeeignet, weil dieser Begriff zu wenig bestimmt sei, zumal auch ein aus der Kardinalpflicht in Verbindung mit § 9 Abs. 2 Nr. 2 AGBG abgeleitetes Freizeichnungsverbot für leichte Fahrlässigkeit unter Kaufleuten Geltung beanspruche. Auch *Schlosser*[45] hält das Postulat nach besonderen Kardinalpflichten – im Unterschied zu sonstigen vertraglichen Hauptleistungspflichten – für entbehrlich. Er vertritt die Meinung, die Verletzung fundamentaler Sorgfaltspflichten begründe in der Regel den Vorwurf grober Fahrlässigkeit, so daß insoweit ohnedies der Verbotstatbestand von § 11 Nr. 7 AGBG unmittelbar gelte.[46]

b) Das Spezialschrifttum

9 **aa) Die Ansicht von Kötz.**[47] *Kötz* strebt aufgrund einer juristisch-ökonomischen Analyse Prinzipien und Regeln ,,mittlerer Reichweite" an, die von Wortlaut und Schutzzweck des § 9 AGBG gedeckt sind, aber einen möglichst hohen, konkretisierungsfähigen Inhalt

---

[42c] S. 363.
[42d] BGH NJW 1988, 1785.
[42e] S. 1787.
[42f] S. 1787.
[43] Ulmer/Brandner/Hensen, AGBG, § 11 Nr. 7 Rz. 24f.; § 9 Rz. 107ff.; Palandt/Heinrichs, AGBG, § 9 Anm. 6c; im einzelnen auch Löwe/Graf von Westphalen/Trinkner, Großkommentar, Bd. III – Freizeichnungsklauseln Rz. 13ff.
[44] Wolf/Horn/Lindacher, AGBG, § 11 Nr. 7 Rz. 28.
[45] WM 1978, 962ff.; Schlosser/Staudinger, AGBG, § 11 Nr. 7 Rz. 15, 36.
[46] S. 564.
[47] VersR – Beiheft – 1983, 145ff.

aufweisen, so daß daran praktisches Handeln im Blick auf Haftungsfreizeichnungsklauseln orientiert werden kann.[48] Demzufolge hält er Haftungsausschlußklauseln dann für unwirksam, wenn durch sie das Risiko der Beschädigung, der Zerstörung oder des Diebstahls der Sache derjenigen Vertragspartei zugeteilt wird, die die Verwirklichung des Risikos nur mit höherem Aufwand als die andere Vertragspartei verhindern oder sich gegen die Folgen einer Verwirklichung dieses Risikos nur mit höherem Aufwand durch die Beschaffung von Versicherungsschutz oder durch andere geeignete Vorsorgemaßnahmen schützen kann.[49] Deshalb kommt es – so *Kötz* – entscheidend darauf an, welche Partei in der Lage ist, „mit Abstand wichtigste Schutzmaßnahme" zu ergreifen, nämlich: Versicherungsschutz zu beschaffen.[50] Unter Berücksichtigung der von der Judikatur entschiedene Bewachungsfälle[51] gelangt er dann zu dem Ergebnis: Bei Bewachungsverträgen, Lagerverträgen sowie immer dann, wenn ein Vertragspartner zum Zweck der Reparatur, der Wartung oder der Chemisch-Reinigung eine Sache der anderen Vertragspartei in Obhut gibt sowie – nicht zuletzt – bei Beförderungsverträgen sind Haftungsfreizeichnungsklauseln bezogen auf Sachschäden unwirksam, wenn der AGB-Verwender – besser als die andere Vertragspartei – in der Lage ist, das Risiko unter Versicherungsschutz zu bringen.[52] Freilich gilt diese Risikoanalyse – so *Kötz* – nicht unbedingt auch dann, wenn es um Schäden an Leib oder Leben geht.[53] Diese These exemplifiziert *Kötz* in seiner Kritik an der Kühllager-Entscheidung des BGH[54] und meint – im Gegensatz zur Auffassung des BGH, wonach es auf den Versicherungsschutz nicht entscheidend ankomme: Die Frage, ob eine Haftungsfreizeichnung mit Treu und Glauben gemäß § 9 Abs. 2 Nr. 2 AGBG vereinbar ist, kann richtigerweise „nur unter Beachtung von Versicherungsaspekten"[55] entschieden werden.

bb) Die Auffassung von Koller.[56] *Koller* analysiert zunächst die Haftungsausschluß- 10
klauseln in den Allgemeinen Lagerbedingungen des Deutschen Möbeltransportes und wägt dabei – unter Berücksichtigung des Stellenwertes des dispositiven Rechts[57] – die Interessen des Lagerhalters an einer effizienten Freizeichnung.[58] Dabei gelangt er zu dem Ergebnis, daß auf dem Gebiet der Möbellagerung eine umfassende Freizeichnung von der Haftung für leicht fahrlässig verursachte Schäden unangemessen ist, zumal der Einlagerer in der Lage ist, sich gegen Feuer-, Sturm-, Leitungswasser- und Einbruchsdiebstahlsschäden zu versichern,[59] dehnt aber den damit verknüpften Gedanken der Schadensprävention nicht über den Bereich von Sachversicherungssystemen hinaus aus.[60] Diesen Gesichtspunkt greift *Koller*[61] später in allgemeinerer Form auf und erklärt, die Versicherbarkeit von Schadensrisiken sei für die Wirksamkeit von Freizeichnungsklauseln von zentraler Bedeutung, weil sie Risiken kalkulierbar mache und wirtschaftliche Existenzrisiken vermeide.[62] Da es – so *Koller* – nach dem derzeitigen Stand der Rechtsentwicklung unmöglich ist, die unterschiedlichen Angemessenheits- bzw. Unangemessenheitskriterien einer Haftungsfreizeichnungsklausel zueinander in eine konsensfähige Rangordnung zu stellen, gilt

---

[48] S. 145.
[49] S. 147f.
[50] Ebenda.
[51] BGH NJW 1968, 1718; BGH NJW 1972, 150.
[52] S. 151f.
[53] S. 152.
[54] BGH NJW 1984, 1350 – Kühllager.
[55] NJW 1984, 2447, 2448.
[56] VersR 1980, 1ff.; ders. ZIP 1986, 1089ff.
[57] VersR 1980, 1, 2f.
[58] VersR 1980, 1, 4ff.
[59] VersR 1980, 1, 8.
[60] VersR 1980, 1, 9.
[61] ZIP 1986, 1089ff.
[62] ZIP 1986, 1089, 1096; hierzu BGH NJW 1988, 1785, 1787 – Schiffsreparatur.

der Satz,[63] „daß eine Freizeichnung von Schäden oder einem Teilschaden um so eher angemessen ist, je weniger sie gegen den Ausgleichsgedanken verstößt, je geringer der Präventionseffekt der Haftung in den von der Freizeichnung berührten Fällen sein kann, je schwankender und unvorhersehbarer die Schäden sind und je einfacher und genauer sich der Geschädigte anstatt des Schädigers zu versichern vermag."

Unter dieser Perspektive stimmt *Koller*[63a] im Ergebnis der BGH-Judikatur im Textilveredelungs-Fall[64] sowie in der EDV-Klimaanlage-Entscheidung[65] zu.

11 **cc) Die Auffassung von Wolf.**[66] Wie bereits kurz aufgezeigt, vertritt *Wolf* die Auffassung, aus dem Begriff der Kardinalpflicht heraus könne noch keineswegs unmittelbar die Frage beantwortet werden, ob Haftungsfreizeichnungsverbote bei leichter Fahrlässigkeit wirksam oder unwirksam sind.[67] Insbesondere ist er der Meinung, die Gleichsetzung aller im Rahmen der Produkthaftung gemäß § 823 BGB bestehenden Organisationspflichten mit Kardinalpflichten[68] sei nicht vertretbar.[69] Denn die Stellung des Vertragspartners sei nicht mit der Stellung eines Dritten zu vergleichen. Demzufolge schlägt *Wolf* vor, anstelle des Begriffs der Kardinalpflicht mit dem grundsätzlichen Bedürfnis nach Schutz eines besonderen Vertrauenstatbestandes zu operieren,[70] der auch im Bereich des kaufmännischen Verkehrs Geltung beanspruche.[71] Insbesondere betont *Wolf* auch, daß Schadensverhütung und gerechte Schadensverteilung wichtige Anliegen seien, die zu den wesentlichen Grundgedanken der gesetzlichen Regelung gemäß § 9 Abs. 2 Nr. 1 AGB zu zählen sind.[72] Ausgehend von der Feststellung, daß eine kollektive Schadenstragung zu einer von dem Grundgedanken der gesetzlichen Regelung getragenen gerechten Schadensverteilung gehöre, beschränkt sich deshalb – so *Wolf* – die im Rahmen von Haftungsfreizeichnungsklausen interessierende Fragestellung darauf, in wessen Person sich die kollektive Schadenstragung am besten verwirklichen lasse.[73] Demzufolge sei in erster Linie der Unternehmer bzw. der Gewerbetreibende als AGB-Verwender in der Lage, und es sei ihm auch zuzumuten, eine Haftpflichtversicherung abzuschließen, weil kollektive Schadensverteilung vor allem durch Versicherungen möglich ist. Dabei setzt das Verbot von Haftungsfreizeichnungsklauseln im Bereich leichter Fahrlässigkeit voraus, daß ein Versicherungsschutz angeboten wird, und zwar entweder als Haftpflichtversicherung oder als Produkthaftpflicht-Versicherung – ein Gesichtspunkt, der bereits dann eingreift, wenn nur die Möglichkeit besteht, entsprechenden Versicherungsschutz zu erlangen, ohne daß es auf die Üblichkeit ankommt.[74] Demzufolge gelangt *Wolf* zu dem Ergebnis, auch im Bereich leichter Fahrlässigkeit sei eine Haftungsfreizeichnung gemäß § 9 Abs. 2 Nr. 1 AGBG unwirksam, wenn sie einen Schaden betreffe, der durch eine zumutbare Haftpflichtversicherung/Produkthaftpflicht-Versicherung abgedeckt werden kann oder wenn es sich um ein Verhalten handelt, das mit typischen Gefahren für Leben und Gesundheit des Produktbenutzers verbunden ist.[75] Denn die Rechtsgüter von Leib, Leben und Gesundheit seien von derartig hohem Rang, daß bei ihnen die Schadensverhütung ein besonders dringliches Anliegen sei, so daß auch die Haftung für leichte Fahrlässigkeit als unverzichtbares Grund-

---

[63] ZIP 1986, 1089, 1097.
[63a] Koller ZIP 1986, 1089, 1099 f.
[64] BGH ZIP 1984, 971.
[65] BGH NJW-RR 1986, 271.
[66] NJW 1980, 2433 ff.
[67] NJW 1980, 2433, 2434.
[68] So Graf von Westphalen NJW 1979, 838, 844.
[69] NJW 1980, 2433, 2434.
[70] S. 2435 ff.
[71] S. 2437.
[72] S. 2437.
[73] S. 2438.
[74] S. 2439.
[75] S. 2440.

anliegen der Rechtsordnung erscheint.[76] Dabei zielt das an § 9 Abs. 2 Nr. 1 AGB orientierte Anliegen der Schadensverhütung bereits auf die „Vermeidung schadensträchtigen Verhaltens",[77] ohne daß es entscheidend darauf ankommt, ob eine tatsächliche Verletzung der Rechtsgüter Leib, Leben oder Gesundheit eintritt.

dd) Die Auffassung von Schmidt-Salzer. In seiner Monographie[78] hat *Schmidt-Salzer* die Auffassung entwickelt, das Konzept der Kardinalpflicht sei dem deutschen Recht – insbesondere der deutschen Dogmatik – fremd.[78a] Zur Begründung beruft er sich vor allem auf die Darlegungen von *Schlosser*[79] und meint im Anschluß an *Roussos*[80] der Begriff der Kardinalpflicht sei – mangels genauer Definierbarkeit – „inhaltsleer".[81] Anstelle des von ihm verworfenen Konzepts der Kardinalpflicht schlägt er vor, an „vertragstragende Hauptpflichten als Organisationspflichten"[82] anzuknüpfen, deren Erfüllung der Unternehmer nicht delegieren kann, sondern die er entweder selbst oder durch leitende Mitarbeiter zu erfüllen verpflichtet sei – eine Auffassung, die ersichtlich dazu führt, das Verbot der Haftungsfreizeichnung für leichte Fahrlässigkeit sowohl zugunsten des AGB-Verwenders als auch zugunsten seiner Mitarbeiter zu ermöglichen. Zur Konsequenz hat dies, daß *Schmidt-Salzer* – auch unter Berücksichtigung der von ihm normierten Organisationspflichten – eine Gleichsetzung dieser Organisationspflichten mit den im Produkthaftpflichtrecht gemäß § 823 BGB anerkannten Organisationspflichten ablehnt. Demzufolge hält er – entgegen der vom Verfasser an anderer Stelle vertretenen Auffassung[83] – Haftungsfreizeichnungsklauseln auch im Bereich der deliktsrechtlichen Organisationspflichten für wirksam.[84] 12

II. Eigener Lösungsversuch

1. Der dogmatische Ansatz

13 Kardinalpflichten im Sinn von § 9 Abs. 2 Nr. 2 AGBG sind solche Pflichten, welche für die Erreichung des Vertragszwecks wesentliche Bedeutung haben.[85] Diese Pflichten – gleichgültig, ob Haupt- oder Nebenpflichten – dürfen durch AGB nicht in der Weise eingeschränkt werden, daß die Erreichung des Vertragszwecks gefährdet ist.[86] Der Gläubiger muß also grundsätzlich mit der Möglichkeit einer Vertragserfüllung durch seinen Vertragspartner rechnen und auf diese vertrauen dürfen, weil darin das Äquivalent für die von ihm geschuldete Gegenleistung liegt.[87] Das Vertrauen des Gläubigers, der Schuldner werde in der Lage sein, den Vertrag ordnungsgemäß zu erfüllen, ist deshalb nach § 9 Abs. 2 Nr. 2 AGBG geschützt und haftungsfreizeichnungsfest.[88]

14 Entgegen der Auffassung von *Wolf*[89] kommt es deshalb nicht isoliert auf das Vorliegen eines besonderen, schutzbedürftigen Vertrauens an, um eine für die Vertragserfüllung wesentliche – haftungsfreizeichnungsfeste – Verpflichtung des AGB-Verwenders zu be-

[76] S. 2440.
[77] S. 2440.
[78] Schmidt-Salzer, Produkthaftung, Bd. III Rz. 3.315ff.
[78a] A. a. O. Rz. 3.323.
[79] WM 1978, 562ff.
[80] Roussos, Freizeichung von Schadensersatzansprüchen im Recht der AGB, 1982, 81ff.
[81] Schmidt-Salzer a. a. O. Rz. 3.323 a. E.
[82] Schmidt-Salzer a. a. O. Rz. 3.334.
[83] BGH NJW 1979, 838, 842ff.
[84] Schmidt-Salzer a. a. O. Rz. 3.344.
[85] BGH BB 1978, 827, 828 – Wasserversorgung.
[86] BGH NJW 1984, 1350, 1351 – Kühllager; BGH NJW 1985, 914, 916 – Tankschecksystem.
[87] BGH BB 1978, 827, 828 – Wasserversorgung.
[88] BGH NJW-RR 1986, 271, 272 – EDV-Klimaanlage.
[89] NJW 1980, 2433, 2435.

gründen. Zwar ist soviel richtig, daß das Vorliegen eines besonderen Vertrauensverhältnisses regelmäßig ein ganz wesentliches Indiz dafür ist, eine Haftungsfreizeichnungsklausel nach § 9 Abs. 2 Nr. 1 AGBG[90] oder nach § 9 Abs. 2 Nr. 2 AGBG für unwirksam zu erachten.[91] Umgekehrt aber ist auch bei Fehlen eines besonderen Vertrauensverhältnisses die Existenz einer Kardinalpflicht im Sinn von § 9 Abs. 2 Nr. 2 AGBG nicht von vorneherein zu verneinen.[92] Selbstverständlich ist freilich dabei, daß jedes vertragliche Äquivalenzverhältnis – unter besonderer Berücksichtigung der Natur des abgeschlossenen Vertrages – ein Vertrauenselement einschließt: Dieses ist darauf gerichtet, daß der Gläubiger darauf vertraut, der Schuldner werde als Äquivalent für die von dem Gläubiger entrichtete Gegenleistung die ihm übertragenen Vertragspflichten ordnungsgemäß erfüllen.[93] So gesehen kann das von *Wolf*[94] herausgearbeitete Element des besonderen, schutzbedürftigen Vertrauens durchaus als Konkretisierung der Pflichten herangezogen werden, welche für die Erreichung des Vertragszwecks von wesentlicher Bedeutung sind.[95]

15 Die Unwirksamkeit von Haftungsfreizeichnungsklauseln muß also an der Überprüfung der **Pflichten** ansetzen, die der AGB-Verwender/Schuldner im Rahmen und aufgrund des Vertrages gegenüber dem Kunden übernommen hat.[96] Denn nur unter Berücksichtigung des spezifischen Inhalts der jeweiligen Vertragspflichten kann festgestellt werden, ob die Haftungsfreizeichnungsklausel des AGB-Verwenders/Schuldners dazu führt, das Äquivalenzverhältnis von Leistung und Gegenleistung grundlegend zu stören. Die Unwirksamkeit der Haftungsfreizeichnungsklausel folgt dann aus dem Befund, daß die Erreichung des Vertragszwecks – als Folge der Haftungsfreizeichnung – gefährdet[97] oder unmöglich ist.[98] Setzt man also an der Bestimmung der **Schuldnerpflichten** an, so macht es keinen Unterschied, ob der AGB-Verwender[99] oder seine Erfüllungsgehilfen[100] den Schaden verursacht haben. Insbesondere kommt es auch nicht entscheidend darauf an, ob vorsätzliches Verhalten[101] oder einfache Fahrlässigkeit als Haftungsgrund in Betracht kommt.[102] Auch ist es unerheblich, ob ein Mangelschaden[103] oder ein Mangelfolgeschaden[104] eingetreten oder ein Gesundheitsschaden zu beklagen ist.[105] Selbstverständlich setzt der Ersatz von Mangelfolgeschäden voraus, daß der Gläubiger – angesichts der Typizität des zugrundeliegenden Vertrages – auf die besondere Sach- und Fachkompetenz des Schuldners vertraute.[106] Daraus folgt unmittelbar, daß Inhalt und Umfang vertragswesentlicher Pflichten nicht durch den Haftungsgrund,[107] sondern eben nur durch eine vertragstypische Konkretisierung der geschuldeten Pflichten bestimmt werden.

16 Dabei wird man dogmatisch die Unwirksamkeit von Haftungsfreizeichnungsklauseln dann jedenfalls unmittelbar aus § 9 Abs. 2 Nr. 2 AGBG begründen, wenn und soweit die

---

[90] So Wolf S. 2440.
[91] BGH NJW-RR 1986, 271 – EDV-Klimaanlage.
[92] BGH NJW 1984, 1350 – Kühllager; insbesondere BGH NJW 1985, 914 – Tankschecksystem.
[93] BGH ZIP 1984, 971, 975f. – Textilveredelung.
[94] NJW 1980, 2433, 2435ff.
[95] Löwe/Graf von Westphalen/Trinkner, Großkommentar, Bd. II § 11 Nr. 7 Rz. 50.
[96] BGH NJW 1985, 914, 916 – Tankschecksystem.
[97] BGH NJW 1985, 914, 916 – Tankschecksystem; BGH ZIP 1988, 360, 362 – Scheckinkasso.
[98] BGH BB 1978, 827, 828 – Wasserversorgung; BGH ZIP 1984, 971, 975f. – Textilveredelung.
[99] BGH ZIP 1984, 971 – Textilveredelung.
[100] BGH NJW 1985, 914 – Tankschecksystem; BGH NJW 1984, 1350 – Kühllager.
[101] BGH NJW 1985, 914 – Tankschecksystem.
[102] BGH BB 1978, 827 – Wasserversorgung; BGH NJW 1984, 1350 – Kühllager; BGH, NJW-RR 1986, 271 EDV-Klimaanlage.
[103] BGH NJW 1984, 1350 – Kühllager.
[104] BGH NJW 1985, 914 – Tankschecksystem; BGH NJW-RR 1986, 271 – EDV-Klimaanlage.
[105] BGH BB 1978, 827 – Wasserversorgung.
[106] BGH ZIP 1984, 971, 975f. – Textilveredelung; BGH NJW-RR 1986, 271, 272 – EDV-Klimaanlage.
[107] So aber Schlosser WM 1978, 562ff.

als vertragswesentlich einzustufenden Pflichten dem **Äquivalenzprinzip** von Leistung und Gegenleistung und dem darauf beruhenden Vertrauen des Gläubigers zuzuordnen sind.[108] Freilich ist ohne Frage einzuräumen, daß der BGH in diesem Zusammenhang auch den Gerichtspunkt der angemessenen Risikoverteilung im Rahmen von § 9 Abs. 2 Nr. 2 AGBG bemüht,[109] ohne daß dadurch in der Sache ein nennenswerter Unterschied entsteht, zumal in anderen Entscheidungen generell auf § 9 AGBG abgehoben wurde.[110] Deshalb ist bei der Verletzung von Kardinalpflichten, Hauptpflichten oder wesentlichen Nebenpflichten durch Haftungsfreizeichnungsklauseln stets an § 9 Abs. 2 Nr. 2 AGBG anzuknüpfen[111]

2. Die Vertragstypen

Berücksichtigt man diesen Ansatzpunkt des an § 9 Abs. 2 Nr. 2 AGBG orientierten 17
Verbots der Haftungsfreizeichnung, so ist eine Begrenzung auf bestimmte Vertragstypen nicht anzuerkennen.[112] Insbesondere ist das Verbot der Aushöhlung vertragswesentlicher Rechte und Pflichten nicht auf Lager-, Beförderungs-, Reparatur- und Wartungsverträge zu begrenzen[112a]. Dies folgt schon daraus, daß gewöhnliche Werkverträge[113] sowie Werklieferungsverträge[114] von dem Haftungsfreizeichnungsverbot erfaßt wurden; gleiches gilt für Lieferverträge.[115] Für den Bereich der Produktenhaftung, um den es in diesem Zusammenhang wesentlich geht, steht deshalb fest, daß die Existenz von – haftungsfreizeichnungsfesten – Kardinalpflichten bei jedem Vertragstyp vorkommen kann.[116] Dies gilt auch uneingeschränkt im kaufmännischen Verkehr.[117]

Auch wenn daher eine **typenmäßige Begrenzung** der Existenz von freizeichnungsfe- 18
sten Kardinalpflichten **nicht anzuerkennen** ist, so sind doch folgende Gesichtspunkte für den Bereich der Produktenhaftung von praktischem Belang:

a) Inanspruchnahme besonderen Vertrauens

Immer dann, wenn zwischen AGB-Verwender/Schuldner und Gläubiger ein **besonde-** 19
res Vertrauensverhältnis besteht, scheitern Haftungsfreizeichnungsklauseln an § 9 Abs. 2 Nr. 2 AGBG, sofern dadurch solche Rechte und Pflichten ausgehöhlt werden, die für die Vertragserfüllung von wesentlicher Bedeutung sind.[118] Von dem in der Natur der vertraglichen Hauptleistung liegenden Risiko ,,schadensgeneigter Behandlung" – Inanspruchnahme besonderen Vertrauens vorausgesetzt – kann sich der AGB-Verwender/Schuldner nicht wirksam freizeichnen.[119] Diesen Gedanken wird man auf all die Fälle ausdehnen können, in denen der AGB-Verwender/Schuldner aufgrund seines besonderen Know-

---

[108] BGH ZIP 1988, 360, 362, 363 – Scheckinkasso; BGH NJW 1988, 1785, 1786 – Schiffsreparatur.

[109] BGH BB 1978, 827, 828 – Wasserversorgung; BGH NJW, 1988, 1785, 1786 – Schiffsreparatur.

[110] Unterschiedslos: BGH NJW 1984, 1350, 1351 – Kühllager; BGH NJW 1985, 914, 915, 916 – Tankschecksystem.

[111] Löwe/Graf von Westphalen/Trinkner, Großkommentar, Bd. III – Freizeichnung Rz. 20; BGH ZIP 1988, 360, 362 – Scheckinkasso; BGH NJW 1988, 1785, 1786 – Schiffsreparatur.

[112] A. M. Schmidt-Salzer, Produkthaftung Bd. II Rz. 3.315ff.

[122a] So aber wohl Kötz VersR 1983 – Beiheft, 145, 151

[113] BGH ZIP 1984, 971 – Textilveredelung; BGH NJW 1984, 1350 – Kühllager; BGH NJW 1988, 1785 – Schiffsreparatur – abgelehnt.

[114] BGH NJW-RR 1986, 271 – EDV-Klimaanlage.

[115] BGH BB 1978, 627 – Wasserversorgung.

[116] OLG Frankfurt BB 1984, 1451 – Auskunftsvertrag; OLG Frankfurt BB 1984, 300 – Computersystem; BGH ZIP 1984, 1075, 1077 – Kreditkartensystem; BGH VersR 1983, 848 – Krankentagegeldversicherung.

[117] BGH NJW 1985, 623, 627 – Opelhändler; BGH ZIP 1988, 360, 362 – Scheckinkasso.

[118] BGH NJW-RR 1986, 271 – EDV-Klimaanlage; BGH ZIP 1988, 360, 362, 363 – Scheckinkasso.

[119] BGH ZIP 1984, 971, 976 – Textilveredelung.

How die Stellung eines **Fachmanns** innehat, so daß der Gläubiger notwendigerweise auf die ordnungsgemäße Leistungserbringung vertraute und in seinem Vertrauen schutzbedürftig ist.[120] Es muß sich allerdings um eine qualifizierte Vertrauensstellung handeln, die der AGB-Verwender/Schuldner einnimmt. Sie muß derart sein, daß beim Gläubiger der Eindruck entsteht, die Risiken ordnungsgemäßer Vertragserfüllung würden vom AGB-Verwender/Schuldner beherrscht, und zwar gerade dann, wenn das Risiko etwaiger Mangelfolgeschäden in Rede steht.[121] So gesehen bietet sich eine Parallelität zum Problemkreis der Eigenschaftszusicherungen gemäß §§ 463, 480 Abs. 2, 635 BGB an,[122] wobei sich diese darin erschöpft, daß der AGB-Verwender/Schuldner in Kenntnis etwaiger Folgeschadenrisiken die Vertragserfüllung übernimmt.[123] Daß insoweit lediglich Schadensersatzansprüche aus positiver Vertragsverletzung geltend gemacht werden können, steht dem Verbot von Haftungsfreizeichnungsklauseln nicht entgegen.[124]

b) Anvertrauen von Vermögenswerten

20 Aus den Bewachungsurteilen des BGH[125] sowie aus den Lagerentscheidungen[126] ist in Übereinstimmung mit der Kühllager-Entscheidung[127] abzuleiten: Zielt der Zweck des abgeschlossenen Vertrages darauf ab, bestimmte Vermögenswerte in Obhut zu nehmen,[128] so sind Haftungsfreizeichnungsklauseln gemäß § 9 Abs. 2 Nr. 2 AGBG unwirksam, soweit sie darauf abzielen, auch solche wesentlichen Rechte und Pflichten zu beschränken, die sich aus der Natur des Bewachungs- bzw. Lagervertrages ergeben.[129] Diese Rechtsprechung ist inzwischen auch auf Haftungsfreizeichnungsklauseln erstreckt worden, die bei Autowaschanlagen Verwendung finden.[130] Dabei macht es keinen Unterschied, ob sich die Haftungsfreizeichnung auf den reinen Sachschaden[131] oder auch auf den unmittelbar aus dem Sachschaden resultierenden Vermögensschaden (Nutzungsausfall) bezieht.[132] Lediglich untypische, exzessive Schäden werden von dem Verbot der Haftungsfreizeichnung/Haftungsbegrenzung ausgenommen.[133]

21 Unter Berücksichtigung des hier interessierenden Haftungsfreizeichnungsverbots gemäß § 9 Abs. 2 Nr. 2 AGBG wird man also den Schluß rechtfertigen können: Immer dann, wenn der Schuldner/AGB-Verwender eine vom Kunden stammende Sache zur Bewachung,[134] zur Einlagerung,[135] zur Weiterverarbeitung[136] oder sonst zur Obhut übernommen hat,[137] sind Haftungsfreizeichnungen im Hinblick auf die Schäden unwirksam,

---

[120] BGH NJW-RR-1986, 271, 272 a. E.
[121] BGH ZIP 1984, 971, 976 – Textilveredelung; BGH NJW-RR 1986, 271 – EDV-Klimaanlage.
[122] Wolf NJW 1980, 2433, 2435.
[123] BGH ZIP 1988, 360, 363 – Scheckinkasso; OLG Frankfurt BB 1984, 1451 – Auskunftsvertrag.
[124] BGH NJW-RR 1986, 271, 273 – EDV-Klimaanlage.
[125] BGH NJW 1986, 1718; BGH NJW 1972, 150; KG VersR 1968, 440.
[126] BGH VersR 1979, 901; OLG Hamburg VersR 1982, 1104; OLG Hamburg VersR 1984, 1035; OLG Hamburg VersR 1984, 1036.
[127] BGH NJW 1984, 1350; differenzierend auf Grund der Tatsachen BGH NJW 1988, 1785, 1787 – Schiffsreparatur.
[128] Hierzu auch Koller VersR 1980, 1ff.
[129] BGH NJW 1984, 1350, 1351.
[130] OLG Hamburg DAR 1984, 260; LG Düsseldorf DB 1979, 1632; LG Bayreuth NJW 1982, 1766; LG Berlin VersR 1983, 840; AG Schweinfurt DAR 1982, 293; a. M. OLG Düsseldorf BB 1980, 388.
[131] So aber LG Berlin VersR 983, 840, 842.
[132] LG Bayreuth NJW 1982, 1767; OLG Hamburg DAR 1984, 260.
[133] OLG Hamburg DAR 1984, 260; OLG Bamberg DAR 1984, 147; im einzelnen auch Löwe/Graf von Westphalen/Trinkner, Großkommentar, Bd. III – Autowaschanlagen Rz. 4ff. m. w. N.
[134] BGH NJW 1968, 1718.
[135] BGH NJW 1984, 350 – Kühllager.
[136] BGH ZIP 1984, 971 – Textilveredelung.
[137] BGH BB 1980, 1011 – Chemisch-Reinigung.

die sich aus der Verletzung der vertraglichen Hauptleistung ergeben und die darin liegenden Risiken „schadensgeneigter Behandlung"[138] abbedingen. Dies gilt folglich, soweit eine Lohnfertigung in Rede steht,[139] aber auch dann, wenn der AGB-Verwender/Schuldner sich verpflichtet, zum Schutz besonderer Vermögenswerte des Kunden bestimmte Arbeiten durchzuführen.[140] Voraussetzung ist jedoch, daß ausschließlich der AGB-Verwender/Schuldner den Gewahrsam über die Sache ausübt und allein das Risiko beherrscht.[140a]

c) Einstandspflicht für das Leistungsvermögen des Schuldners/AGB-Verwenders

Soweit anfängliche Unmöglichkeit vorliegt, sind etwaige Haftungsfreizeichnungsklauseln gemäß § 9 Abs. 2 Nr. 2 AGBG nicht anzuerkennen, weil sie das Äquivalenzverhältnis von Leistung und Gegenleistung[141] empfindlich stören und damit wegen der Haftungsfreizeichnungsklauseln dem Gläubiger von vornherein jegliche Möglichkeit nehmen, Vertragserfullung zu erhalten.[142] Dabei fällt ins Gewicht, daß die Einstandspflicht für anfängliches Unvermögen nach ständiger Rechtsprechung eine Garantiehaft darstellt, so daß Schadensersatzansprüche wegen Nichterfüllung begründet sind.[143] Folglich trägt der AGB-Verwender/Schuldner – unabhängig von dem jeweiligen Vertragstypus – das Risiko anfänglicher Unmöglichkeit, von dem er sich nicht in wirksamer Weise freizeichnen kann.[144] 22

III. Ansprüche aus der Produkthaftung gemäß § 823 BGB – Wirksamkeit von Haftungsfreizeichnungsklauseln?

1. Im Fall von Personenschäden

Zwar hat der BGH[145] anerkannt, daß der AGB-Verwender/Schuldner berechtigt ist, 23
deliktsrechtliche Ansprüche auch insoweit auszuschließen, als diese mit Schadensersatzansprüchen aus Gewährleistungsrecht konkurrieren. Doch berührt dies lediglich den Verbotstatbestand von § 11 Nr. 7 AGBG, der nach der hier vertretenen Auffassung auch im kaufmännischen Verkehr gemäß § 9 Abs. 1 AGBG zu berücksichtigen ist. Offen ist damit die Frage, ob es dem AGB-Verwender/Schuldner auch gestattet ist, die auf Ersatz von Personenschäden zielende Haftung gemäß § 823 BGB – im Bereich leichter Fahrlässigkeit – wirksam auszuschließen, ohne daß damit wesentliche Rechte und Pflichten, die sich aus der Natur des Vertrages ergeben – Kardinalpflichten – abbedungen sind, so daß daraus eine unangemessene Benachteiligung im Sinn von § 9 Abs. 2 Nr. 2 AGBG eintritt. Diese Frage wäre dann zu bejahen, wenn man der Auffassung folgen würde, zwischen den vertragstypischen Kardinalpflichten einerseits und den deliktsrechtlichen Organisations-

---

[138] BGH ZIP 1984, 971, 976 – Textilveredelung.
[139] BGH NJW 1977, 1819.
[140] BGH NJW-RR 1986, 271 – EDV-Klimaanlage.
[140a] BGH NJW 1988, 1785, 1786f. – Schiffsreparatur.
[141] BGH BB 1978, 827, 828 – Wasserversorgung.
[142] BGH VersR 1971, 833; BGH VersR 1973, 218, 219; BGH VersR 1974, 771, 772f.; BGH VersR 1978, 557, 559; BGH VersR 1980, 65; OLG Frankfurt BB 1984, 300.
[143] Staudinger/Löwisch § 306 Rz. 30; Palandt/Heinrichs § 306 Anm. 4a m. w. N.
[144] BGH BB 1978, 827, 828 – Wasserversorgung. Dies gilt vor allem auch im Bereich des Werkvertragsrechts, weil hier der Unternehmer dafür einstehen muß, daß er die für die Herstellung des Werkes erforderlichen Fertigkeiten und Kenntnisse besitzt: BGH WM 1987, 1303; vgl. auch Staudinger/Schlosser, AGBG, § 11 Nr. 7 Rz. 46; Löwe/Graf von Westphalen/Trinkner, Großkommentar, Bd. III – Freizeichnungsklauseln Rz. 25.
[145] BGH NJW 1979, 2148, 2149 – Kartonmaschine.

pflichten des § 823 BGB bestehe Identität.[146] Folgt man dieser These,[147] so liegen die Konsequenzen auf der Hand: Ist ein Konstruktions-, Instruktions- oder ein Fehler der Produktbeobachtung gegeben und resultiert daraus eine Rechtsgutverletzung im Sinn von § 823 BGB, dann sind Haftungsfreizeichnungsklauseln im Sinn von § 9 Abs. 2 Nr. 2 AGBG „im Zweifel" unwirksam.[148] Handelt es sich um Entwicklungsschäden oder um Fabrikationsfehler, so kommt es darauf an, ob eine Verletzung der grundlegenden deliktsrechtlichen Organisationspflichten vorliegt, wobei selbstverständlich der Nachweis vorbehalten bleibt, daß den AGB-Verwender/Schuldner kein Verschulden trifft.[148a] Dabei ist stets entscheidend: Kommt ein Verkäufer/Werkunternehmer seinen deliktsrechtlichen Organisationspflichten im Sinn von § 823 BGB gegenüber seinen Vertragspartnern nicht pflichtgemäß nach, so schafft er damit eine weit über das typische Nichterfüllungsrisiko hinausreichende Gefahrenlage, z. B. wenn er es pflichtwidrig unterläßt, die für die ordnungsgemäße Leistungserbringung erforderlichen organisatorischen Anweisungen zu geben.[149]

24 Unter besonderer Berücksichtigung der vertragstypischen Erwartungshaltung des Kunden gehört es eben nicht zum typischen Vertragsrisiko,[150] daß der Verkäufer/Werkunternehmer seinem Kunden einen **Körperschaden** zufügt.[151] Mit einer solchen, über das Nichterfüllungsrisiko weit hinausreichenden Rechtsgutverletzung braucht der Kunde nicht zu rechnen.[152] Hinzu kommt, daß der Schutz von Leib, Leben und Gesundheit einen hohen Rang genießt: Die Haftung für Körper- und Gesundheitsschäden ist ein „unverzichtbares Grundanliegen" unserer Rechtsordnung.[153] Demzufolge können überhaupt nur solche Körperschäden – als Folge fahrlässigen Handelns – hingenommen werden, die letzten Endes für den Betroffenen risikotypisch und unter Berücksichtigung aller Umstände des Einzelfalls als „selbstverständlich und letztlich unvermeidbar" erscheinen.[154]

25 Fraglich ist, ob die Unwirksamkeit von Haftungsfreizeichnungsklauseln gemäß § 9 Abs. 2 Nr. 2 AGBG gegenüber dem Risiko etwaiger Personenschäden davon abhängig ist, daß der Verkäufer/Werkunternehmer **Versicherungsschutz** genießt. Während die Versicherbarkeit des Risikos verschiedentlich eine gewisse Rolle gespielt hat,[155] beansprucht dieses Argument in einigen Entscheidungen[156] keine Relevanz, ist aber in der Schiffsreparatur-Entscheidung zentral in den Vordergrund geschoben worden.[157] Soweit sich jedoch das Risiko etwaiger Personenschäden realisiert, kommt es in der Tat nicht darauf an, ob der AGB-Verwender/Schuldner Versicherungsschutz genießt.[158] Denn die Vermeidung eines – fahrlässigen – Verhaltens, aus dem eine Gefährdung von Leib, Leben oder Gesundheit typischerweise resultiert, ist ein so wesentliches Anliegen der Rechtsordnung, daß eine Haftungsfreizeichnung – unabhängig vom Bestehen eines Versicherungs-

---

[146] Löwe/Graf von Westphalen/Trinkner, Großkommentar, Bd. III – Freizeichnungsklauseln Rz. 31; a. M. Wolf/Horn/Lindacher, AGBG, § 11 Nr. 7 Rz. 28; Schmidt-Salzer, Produkthaftung, Bd. II Rz. 3.344.

[147] Vgl. auch Graf von Westphalen BB 1977, 313, 314; ders. NJW 1979, 838, 842.

[148] Graf von Westphalen NJW 1979, 838, 843.

[148a] Ebenda.

[149] BGH NJW 1974, 900; BGH WM 1973, 1238, 1241 – jeweils Organisationsverschulden.

[150] BGH NJW 977, 1819.

[151] Löwe/Graf von Westphalen/Trinkner, Großkommentar, Bd. III – Freizeichnungsklauseln Rz. 32; Palandt/Heinrichs, AGBG, § 9 Anm. 6cdd).

[152] LG Frankfurt NJW 1977, 1687.

[153] Wolf NJW 1980, 2433, 2440.

[154] OLG Koblenz AGBE V § 9 Nr. 56 – Motorsportliche Veranstaltung.

[155] BGH VersR 1962, 22; BGH VersR 1979, 901; BGH BB 1978, 322; OLG Hamm AGBE IV § 9 Nr. 35; BGH NJW 1988, 1785, 1786 – Schiffsreparatur.

[156] BGH NJW 1984, 1350, 1351 – Kühllager; BGH ZIP 1984, 971, 976 – Textilveredelung.

[157] BGH NJW 1988, 1785, 1787; anders freilich BGH BB 1980, 1011 – Chemisch-Reinigung.

[158] Wolf NJW 1980, 2433, 2440.

schutzes – an § 9 Abs. 2 Nr. 2 AGBG scheitern muß.[159] Ausnahmen sind hier nicht anzuerkennen. Davon unabhängig hat der AGB-Verwender/Schuldner regelmäßig die Möglichkeit, ausreichenden Haftpflichtversicherungsschutz einzukaufen, um das Risiko etwaiger Personenschäden adäquat abzudecken.[160] Dies ist für sich allein genommen schon ein wesentliches Indiz dafür, eine Haftungsfreizeichnung für unwirksam zu erachten.[161]

2. Im Fall von Sachschäden

a) Das Risiko von Mangelfolgeschäden

Liegt unter Berücksichtigung des besonderen Vertrauensgrundsatzes *(§ 13 Rz. 19)* eine Kardinalpflicht im Sinn von § 9 Abs. 2 Nr. 2 AGBG vor und richtet sich die Haftungsfreizeichnungsklausel auf das Risiko etwaiger Sachfolgeschäden, so ist sie unwirksam.[162] Auch wenn es nach Auffassung des BGH[163] nicht entscheidend darauf ankommt, ob Versicherungsschutz zugunsten des AGB-Verwenders besteht, so wird man dieses Argument bei Sachfolgeschäden, die ja nicht einen so hohen Stellenwert haben wie der Schutz von Leib, Leben und Gesundheit in Übereinstimmung mit der in der Literatur vertretenen Auffassung[164] doch für zutreffend ansehen müssen. Bereits die Möglichkeit, einen Haftpflicht- bzw. Produkthaftpflicht-Versicherungsschutz zu erlangen, ist ein wesentliches Indiz dafür, Haftungsfreizeichnungsklauseln an § 9 Abs. 2 Nr. 2 AGBG scheitern zu lassen.[165] Diese Argumentation hat nichts damit zu tun – was noch später behandelt werden wird *(§ 13 Rz. 39ff.)* –, die Haftung des AGB-Verwenders/Schuldners durch Versicherungsschutz zu ersetzen.[166] Vielmehr geht es in diesem Zusammenhang ausschließlich darum, die Wertungkriterien von § 9 Abs. 2 AGBG zu füllen.[167] Unter diesem Betracht aber ist es von ausschlaggebender Bedeutung, der Frage nachzugehen, ob der AGB-Verwender/Schuldner oder der Kunde/Gläubiger in der Lage war, aufgrund einer von ihm abzuschließenden Versicherung das Risiko etwaiger Sachfolgeschäden zu beherrschen.[168] Denn insoweit ist eine Haftungsfreizeichnung als unangemessene Benachteiligung des geschädigten Kunden zu bewerten, es sei denn, der Kunde ist nach den Gepflogenheiten der Branche kaskoversichert,[168a] was jedoch den Folgeschaden nicht berührt. Denn für diesen kommt nur eine Haftpflichtversicherung in Betracht. 26

27 Es entspricht einem Erfahrungssatz, daß jedes Unternehmen heutzutage eine Betriebshaftpflicht- und eine Produkthaftpflicht-Versicherung hat. Folglich ist die Frage obsolet, in welcher Weise sich das Wechselspiel zwischen Haftungsfreizeichnung und Versiche-

---

[159] Im einzelnen auch Graf von Westphalen NJW 1979, 838, 842ff.

[160] Löwe/Graf von Westphalen/Trinkner, Großkommentar, Bd. III – Freizeichnungsklausel Rz. 34; Palandt/Heinrichs, AGBG, § 9 Anm. 6c dd).

[161] Schlosser/Coester-Waltjen/Graba, AGBG, § 11 Nr. 7 Rz. 65; Kötz VersR – Beiheft – 1983, 145ff.; ders. NJW 1984, 2447f.; Koller ZIP 1986, 1089, 1093ff.; Wolf NJW 1980, 2434, 2438ff.

[162] BGH ZIP 1984, 971 – Textilveredelung; BGH NJW-RR 1986, 271 – EDV-Klimaanlage.

[163] BGH ZIP 1984, 971, 976 – Textilveredelung; umgekehrt den Gedanken der Kaskoversicherung betonend BGH NJW 1988, 1785, 1787 – Schiffsreparatur.

[164] Kötz VersR – Beiheft – 1983, 145ff.; ders. NJW 1984, 2447f.; Koller ZIP 1986, 1089, 1093ff.; Wolf NJW 1980, 2433, 2438ff.; Graf von Westphalen NJW 1979, 838, 843f.; ders. WM 1983, 974, 979f.

[165] Löwe/Graf von Westphalen/Trinkner, Großkommentar, Bd. III – Freizeichnungsklauseln Rz. 34.

[166] Kritisch Schmidt-Salzer, Produkthaftung, Bd. III Rz. 3.374ff.

[167] Ulmer/Brandner/Hensen, AGBG, § 9 Rz. 111.

[168] Insbesondere BGH NJW 1988, 1785, 1787 – Schiffsreparatur; Kötz VersR – Beiheft – 1983, 145, 147f.; Palandt/Heinrichs, AGBG, § 9 Anm. 6c ee).

[168a] BGH NJW 1988, 1785, 1787 – Schiffsreparatur.

rungsschutz im einzelnen gestaltet.[169] Sollte ausnahmsweise ein Unternehmen weder eine Betriebshaftpflicht- noch eine Produkthaftpflichtversicherung haben, so ist dies im Rahmen der generell-abstrakten Wertung einer etwaigen Haftungsfreizeichnungsklausel *(§ 9 Rz. 2ff.)* irrelevant, weil es sich dann um einen notwendigerweise zu vernachlässigenden Einzelumstand handelt. Im Vordergrund steht deshalb die durch Betriebshaftpflicht- und Produkthaftpflicht-Versicherung bewirkte Kollektivierung des Schadens, die – jedenfalls im gewöhnlich gedeckten Bereich – eine Freizeichnung für Sachfolgeschäden gemäß § 9 Abs. 2 Nr. 2 AGBG verbietet.[170]

28 Dabei ist es im Rahmen von § 9 Abs. 2 Nr. 2 AGBG zwingend, auf die **typischerweise eintretenden Schäden** abzustellen.[171] Es geht um das „in der Natur der vertraglichen Hauptleistung liegende Risiko schadensgeneigter Behandlung",[172] von dem sich der AGB-Verwender/Schuldner „weder ganz noch teilweise freizeichnen"[173] kann. Soweit danach regelmäßig auch Mangelfolgeschäden im Bereich typischer Risiken liegen, kann eine Haftungsfreizeichnungsklausel gemäß § 9 Abs. 2 Nr. 2 AGBG keinen Bestand haben.[174] Dies kann nur dann anders sein, wenn typischerweise lediglich so geringe Sachschäden als Mangelfolgeschäden eintreten, daß der Käufer/Besteller redlicher- und billigerweise mit ihnen rechnen mußte.[175] Dies dürfte nur selten zutreffen.

b) Der Sachschaden an der gelieferten Sache

29 Soweit nach der BGH-Judikatur deliktsrechtliche Ansprüche für den Ersatz von Schäden in Betracht kommen, die am Liefergegenstand selbst entstanden sind,[176] gelten die vorstehenden Erwägungen nicht mit gleicher Stringenz. Denn der Schaden an der gelieferten/hergestellten Sache ist typisches Vertragsrisiko, mit dem der Kunde weit eher zu rechnen hat als mit der Verletzung seines Integritätsinteresses. Ergibt sich freilich, daß eine – haftungsfreizeichnungsfeste – Kardinalpflicht verletzt ist, so scheitern auch in diesem Zusammenhang Haftungsfreizeichnungsklauseln gegenüber deliktsrechtlichen Ansprüchen an § 9 Abs. 2 Nr. 2 AGBG.[177] Dies gilt jedoch dann nicht, wenn der Kunde die Sache, z. B. bei Reparaturarbeiten üblicherweise im Rahmen einer Kaskoversicherung abdeckt.[177a] Liegen jedoch diese Voraussetzungen nicht vor, so wird man eine Haftungsfreizeichnungsklausel – auch gegenüber deliktsrechtlichen Ansprüchen gemäß § 823 BGB – nach § 9 Abs. 2 Nr. 1 AGBG hinnehmen müssen: Denn im Grunde genommen realisiert sich ein typisches Gewährleistungsrisiko, so daß auch deliktsrechtliche Ansprüche in gleichem Umfang freizeichnungsfest sind, wie dies für das Gewährleistungsrecht gemäß §§ 11 Nr. 10b, 11 Nr. 10c, 11 Nr. 11, 11 Nr. 7 AGBG gilt.[178] Dieses Ergebnis wird auch durch die Erwägung gestützt, daß – bezogen auf Schadensersatzansprüche am Liefergegenstand – kein Deckungsschutz im Rahmen der Betriebshaftpflicht- oder Produkthaftpflicht-Versicherung besteht.[179] Innerhalb der **Gewährleistungsfristen** der §§ 477, 638 BGB besteht mithin Parallelität zwischen den Wirksamkeitsgrenzen gewährleistungsspezifischer und deliktsrechtlicher Haftungsfreizeichnungsklauseln.[180]

---

[169] Der Ansatz von Koller ZIP 1986, 1089, 1093ff. ist theoretisch schwer, praktisch nicht nachvollziehbar.
[170] Vgl. auch Wolf NJW 1980, 2433, 2438f.
[171] BGH BB 1980, 1011 – Chemischreinigung.
[172] BGH ZIP 1984, 971, 976 – Textilveredelung.
[173] BGH a. a. O.
[174] BGH ZIP 1984, 971, 976 – Textilveredelung.
[175] Vgl. OLG Koblenz AGBE V § 9 Nr. 56 – Motorsportliche Veranstaltung.
[176] Hierzu auch Kullmann BB 1985, 409; *§ 21 Rz. 33ff.*
[177] Vgl. BGH NJW 1984, 1350 – Kühllager; BGH ZIP 1984, 971, 975f. – Textilveredelung.
[177a] BGH NJW 1988, 1785, 1787 – Schiffsreparatur.
[178] BGH NJW 1979, 2148, 2149 – Kartonmaschine.
[179] Hierzu Graf von Westphalen NJW 1979, 838, 843f. m. w. N.
[180] Graf von Westphalen NJW 1979, 838, 844.

c) Schäden nach Ablauf der Gewährleistung

Fraglich ist, ob dann etwas anderes gilt, wenn die kauf- oder werkvertraglichen Gewährleistungsfristen der §§ 477, 638 BGB abgelaufen sind. Entgegen einer früher vertretenen Auffassung[180a] erscheint es aufgrund der Wertungskriterien von § 9 Abs. 2 Nr. 2 AGBG geboten, auch insoweit eine Differenzierung nach dem jeweiligen **Schadenstypus** vorzunehmen: Soweit sich ein Personenschadenrisiko realisiert, ist in jedem Fall eine Haftungsfreizeichnungsklausel mit § 9 Abs. 2 Nr. 2 AGBG unvereinbar: Der in seinen Rechtsgütern Leib, Leben oder Gesundheit zu Schaden gekommene Käufer/Werkbesteller hat einen schützenswerten Anspruch darauf, daß die mit hohem Gerechtigkeitsgehalt ausgestattete Verjährungsfrist des § 852 BGB[181] erhalten, daß sie zumindest nicht auf die äußerst kurzen Fristen der §§ 477, 638 BGB reduziert wird. Gleiches gilt dann, wenn ein nicht unerheblicher Sachschaden typischerweise als Mangelfolgeschadenrisiko eintritt. Lediglich für den Fall, daß deliktsrechtliche Ansprüche – gerichtet auf Ersatz eines an dem Liefergegenstand selbst entstandenen Sachschaden – nach Ablauf der kauf- oder werkvertraglichen Gewährleistungsfristen der §§ 477, 638 BGB eingreifen, bestehen gegen eine Gleichschaltung der Verjährungsfrist des § 852 BGB mit den §§ 477, 638 BGB keine durchgreifenden Bedenken im Sinn von § 9 Abs. 2 Nr. 1 AGBG. 30

3. Im Fall von Vermögensschäden

Soweit Vermögensschäden als Folge der Verletzung einer Kardinalpflicht eintreten, gelten keine Besonderheiten.[182] Fehlt es hingegen an den Voraussetzungen einer Kardinalpflicht, so ist der Ersatz von primären Vermögensschäden grundsätzlich Gegenstand gewährleistungsspezifischer Ansprüche. Es gelten dann die allgemeinen Haftungsfreizeichnungsgrenzen der §§ 11 Nr. 10, 11 Nr. 11, 11 Nr. 7 AGBG.[183] Abgesehen von den Ausnahmefällen, daß § 823 Abs. 2 BGB oder § 826 BGB zum Zuge gelangt, zählt das Vermögen nicht zu den geschützten Rechtsgütern des geschädigten Käufers/Bestellers *(§ 31 Rz. 2)*. Darüber hinaus zählen Vermögensschäden häufig zu den vertragstypischen Risiken des Käufers/Bestellers; außerdem rangiert der Schutz von Vermögensinteressen niedriger als der der Eigentums- oder körperlichen Integritätsinteressen.[184] Demzufolge ist es grundsätzlich – außerhalb der Existenz einer Kardinalpflicht als einer vertragswesentlichen Pflicht – nicht im Sinn von § 9 Abs. 2 Nr. 2 AGBG zu beanstanden, wenn der AGB-Verwender/Schuldner sich von dem Risiko etwaiger Vermögensschäden freizeichnet, sofern er dabei die gewährleistungsspezifischen Haftungsfreizeichnungsgrenzen respektiert. 31

IV. Haftungsfreizeichnungsklauseln gegenüber Produktbenutzern – Herstellergarantien

Außerhalb unmittelbarer Kaufvertragsbeziehungen stellt sich immer wieder die Frage, ob der Hersteller – sowie alle anderen Adressaten der Rechtsregeln der Produkthaftung – berechtigt sind, die deliktsrechtliche Haftung gegenüber Dritten durch AGB-Klauseln wirksam auszuschließen, z. B. durch entsprechende Vermerke auf Beipackzetteln etc. Häufig dienen auch Herstellergarantien dem Zweck, die Risiken der Produkthaftung einzugrenzen. Unabhängig von den zuvor dargestellten Erwägungen ergeben sich folgende Gesichtspunkte: 32

[180a] A. a. O.

[181] Vgl. BGH ZIP 1984, 968 – § 638 BGB.

[182] BGH NJW 1985, 914, 916 – Tankschecksystem.

[183] BGH ZIP 1986, 653 – Videokatalog.

[184] Vgl. auch Löwe/Graf von Westphalen/Trinkner, Großkommentar, Bd. III – Freizeichnungsklauseln Rz. 34.

1. Das Erfordernis einer Haftungsverzichtsvereinbarung

33 Unternimmt der Hersteller den Versuch, die Risiken der Produkthaftung – etwa durch Abdruck von Freizeichnungsklauseln auf den jeweiligen Produktinstruktionen – auszuschließen, so stellt sich zunächst im nicht-kaufmännischen Bereich die Frage, ob der Hersteller als AGB-Verwender für diese Haftungsfreizeichnungsklauseln die Einbeziehungsvoraussetzungen von § 2 AGBG erfüllt, da diese Norm voraussetzt, daß AGB-Klauseln in einen Individualvertrag einbezogen werden.[185]

34 Soweit der Geschädigte das – fehlerhafte – Produkt nicht unmittelbar vom Hersteller/Schädiger aufgrund eines Vertrages erhalten hat, setzt die wirksame Vereinbarung einer Haftungsfreizeichnung zugunsten des Herstellers voraus, daß ein Vertragsverhältnis gegenüber dem Geschädigten zur Entstehung gelangt. Nach Lage der Dinge kann dies – entsprechend dem Willen des Herstellers/AGB-Verwenders – lediglich ein Haftungsverzichtsvertrag sein.[186] Dieser aber setzt voraus, daß – spätestens durch Ingebrauchnahme des fehlerhaften Produkts – eine Verzichtsvereinbarung gemäß §§ 145ff. BGB wirksam zustande kommt. Selbst wenn man in der Überlassung des – fehlerhaften – Produkts ein Angebot des Herstellers im Sinn von § 145 BGB sehen würde, eine Haftungsverzichtsvereinbarung abzuschließen, so stellt sich die Frage, ob die Produktbenutzung – nach Kenntnisnahme vom Inhalt der Haftungsfreizeichnungsklausel – überhaupt eine wirksame Annahmeerklärung gegenüber dem Hersteller ist. Dies wäre nur dann zu bejahen, wenn der Tatbestand des § 151 BGB vorliegen würde. Dieser aber setzt voraus, daß eine nach außen hervortretende eindeutige Betätigung des Annahmewillens – mindestens durch schlüssiges Handeln – erklärt wird.[187] Abhängig von den Umständen des Einzelfalls kann dies durchaus zu bejahen sein.[188] Indessen dispensiert § 151 BGB nur dann von dem Erfordernis des Zugangs der Annahmeerklärung, wenn entweder ein entsprechender Verzicht vorliegt oder eine Verkehrssitte besteht, wonach der Zugang der Annahmeerklärung nicht erforderlich ist. Diese Voraussetzungen aber liegen für gewöhnlich nicht vor. Insbesondere besteht wegen des allgemeinen Grundsatzes des § 254 BGB im Rahmen von § 151 BGB überhaupt kein Anlaß, eine weitergehende Haftungsverzichtsvereinbarung auf Basis der jeweiligen Haftungsfreizeichnungserklärung des Herstellers deswegen abzuschließen, weil ein Abnehmer das Produkt benutzt und in Gebrauch genommen hat.

35 Aber selbst wenn man – abhängig von den Umständen des Einzelfalls – eine Haftungsverzichtsvereinbarung annimmt, müssen die Wirksamkeitsgrenzen von § 3 AGBG und § 9 Abs. 2 Nr. 1 AGBG bzw. von § 9 Abs. 2 Nr. 2 AGBG respektiert werden: Wie weiter oben im einzelnen dargestellt, ist es allemal eine unangemessene Benachteiligung des (geschädigten) Produktbenutzers im Sinn von § 9 Abs. 2 Nr. 2 AGBG, wenn und soweit sich die Haftungsfreizeichnung auf Schadensersatzansprüche wegen Körperschäden erstreckt. Auch soweit Sachschäden in Rede stehen, sind Haftungsfreizeichnungsklauseln des Herstellers gemäß § 9 Abs. 2 Nr. 2 AGBG unwirksam, weil gerade in diesem Bereich der Hersteller in der Lage ist, das Risiko etwaiger Sachschäden aufgrund einer Betriebshaftpflicht- bzw. Produkthaftpflicht-Versicherung abzudecken.[189] Soweit allerdings reine Vermögensschäden eintreten, handelt es sich um gewährleistungsspezifische Ansprüche; auf die Existenz einer etwaigen Haftungsfreizeichnungsklausel kommt es dann, sieht man von den Ausnahmefällen der §§ 823 Abs. 2, 826 BGB ab, nicht an.

36 Dieses Ergebnis deckt sich – wenngleich aufgrund anderer Begründung – mit der in der Literatur weitgehend vertretenen Auffassung.[190] Der gegenteiligen Meinung von *Schmidt-*

---

[185] Ulmer/Brandner/Hensen, AGBG, § 2 Rz. 55.
[186] Statt aller Palandt/Heinrichs § 276 Anm. 5 B m. w. N.
[187] Statt aller Palandt/Heinrichs § 151 Anm. 2 m. w. N.
[188] BGH WM 1977, 1020.
[189] Vgl. Graf von Westphalen NJW 1979, 838, 843f.
[190] Simitis DJT-Gutachten, 87ff.; Palandt/Thomas § 823 Anm. 15 D e).

Salzer[191] kann nicht zugestimmt werden: Es mag zwar richtig sein, daß der AGB-Gesetzgeber an das Verbot von Haftungsfreizeichnungen gegenüber Personenschäden nicht gedacht hat. Allein, darauf kommt es deswegen nicht entscheidend an, weil es nunmehr ausschließlich darum geht, die Wertungskriterien von § 9 AGBG – entsprechend der generellen Intention des Gesetzgebers – auszufüllen. Dazu gehört aber allemal die Erkenntnis, daß das Konzept der Kardinalpflichten – als vertragswesentliche Pflichten – in § 9 Abs. 2 Nr. 2 AGBG verortet ist,[192] und daß es überhaupt nicht einsichtig wäre, selbst Nebenpflichten, welche für die Erreichung des Vertragszwecks wesentlich sind, in den Bereich der Haftungsfreizeichnungsverbote zu erheben,[193] das Risiko von Personenschäden aber – ungeachtet seines wesentlich höheren Stellenwertes – der Freizeichnung unterzuordnen.[194]

2. Bei Vereinbarung einer Herstellergarantie

Wie an anderer Stelle im einzelnen gezeigt *(§ 7 Rz. 22)*, kommt ein Vertragsverhältnis 37
aufgrund einer Herstellergarantie gemäß § 151 BGB wirksam zustande. Gleiches gilt dann, wenn die Herstellergarantie als Vertrag zugunsten Dritter gemäß § 328 BGB aufgebaut ist *(§ 7 Rz. 24)*. In all diesen Fällen bestehen gemäß § 2 AGBG keine durchgreifenden Schwierigkeiten, eine Haftungsfreizeichnung gegenüber den Risiken der deliktsrechtlichen Produkthaftung als wirksam einbezogen anzusehen. Indessen stellt sich hier die entscheidende Frage, ob etwaige Haftungsfreizeichnungsklauseln gemäß §§ 3, 9 AGBG wirksam sind: Denn notwendigerweise begreift der aufgrund einer Herstellergarantie Begünstigte diese – und darin liegt ihr Wesenskern – als Bonifikation; hierzu aber steht eine die Risiken der Produkthaftung erfassende Haftungsfreizeichnung quer. Damit aber liegen die Voraussetzungen von § 3 AGBG vor. Denn unter Berücksichtigung des Wesensgehalts einer Herstellergarantie sind Haftungsfreizeichnungsklauseln, die die deliktsrechtliche Produkthaftung betreffen, als unüblich zu qualifizieren, weil die vom Hersteller/AGB-Verwender als Kunden angesprochenen Verkehrskreise mit AGB-Klauseln dieses Inhalts nicht rechnen.[195] Sie sind auch geeignet, den Vertragscharakter einer Herstellergarantie – verstanden als vom Vertrauen getragene Bonifikation zugunsten des Begünstigten – in sein Gegenteil zu verkehren, ihn zumindest in beträchtlichem Maße zu modifizieren, zumal derartige Klauseln keineswegs derart häufig sind, daß die beteiligten Verkehrskreise mit ihnen zu rechnen brauchen. Demzufolge wird der Begünstigte durch sie überrumpelt, weil zwischen den Wesensmerkmalen einer Herstellergarantie einerseits und einer damit gekoppelten Haftungsfreizeichnungsklausel eine deutliche, erhebliche Diskrepanz besteht.[196] Allerdings ist nicht zu verkennen, daß der Hersteller durchaus in der Lage ist, den Überraschungseffekt der Haftungsfreizeichnungserklärung durch einen eindeutigen Hinweis zu beseitigen: Je auffallender der Hinweis ist, um so sicherer ist, daß der Haftungsfreizeichnungsklausel der Überraschungscharakter gemäß § 3 AGBG fehlt.[197]

Es kann und darf jedoch nicht Sinn und Zweck einer Herstellergarantie sein, weiterge- 38
hende Haftungsfreizeichnungsmöglichkeiten zugunsten des Herstellers zu erschließen, als wenn zwischen beiden Parteien ein gewöhnliches Vertragsverhältnis besteht. Deshalb scheitert eine Haftungsfreizeichnungsklausel in gleicher Weise an § 9 Abs. 2 Nr. 2 AGBG wie dies zuvor ermittelt wurde *(§ 13 Rz. 13ff.)*.

---

[191] Schmidt-Salzer, Produkthaftung, Bd. II Rz. 3.370f.

[192] BGH BB 1978, 827, 828 – Wasserversorgung; BGH ZIP 1988, 360, 362 – Scheckinkasso; BGH NJW 1988, 1785, 1787 – Schiffsreparatur.

[193] BGH NJW 1985, 914, 916 – Tankschecksystem.

[194] A. M. Schmidt-Salzer a. a. O. Rz. 3.371 a. E.

[195] Vgl. auch Ulmer/Brandner/Hensen, AGBG, § 3 Rz. 14.

[196] Vgl. auch Ulmer/Brandner/Hensen, AGBG, § 3 Rz. 22; vgl. auch BGH BB 1984, 2147 – Bürgschaft; BGH NJW 1985, 970 – Abfindungserklärung.

[197] Ulmer/Brandner/Hensen, AGBG, § 3 Rz. 23; Palandt/Heinrichs, AGBG, § 3 Anm. 2b.

V. Wirksamkeit von Haftungsfreizeichnungsgrenzen – Abstellen auf die Ersatzleistung der Betriebshaftpflicht- und Produkthaftpflicht-Versicherung

39 Im nicht-kaufmännischen Bereich, vor allem aber im kaufmännischen Verkehr begegnet man in der Praxis immer wieder Klauseln, welche die Haftungsfreizeichnungsgrenzen dadurch umschreiben, daß sie dem geschädigten Kunden die „Ersatzleistung" der Betriebshaftpflicht- oder Produkthaftpflicht-Versicherung anbieten.[198] In diesem Zusammenhang stellen sich verschiedene Fragen, die unter sorgfältiger Beachtung der versicherungsrechtlichen und versicherungstechnischen Besonderheiten der Betriebshaftpflicht- und Produkthaftpflicht-Versicherung genau abgegrenzt werden müssen.

1. Im nicht-kaufmännischen Bereich

40 Notwendigerweise sind die Verbotstatbestände der §§ 11 Nr. 7, 11 Nr. 11 AGBG im nicht-kaufmännischen Bereich zwingend zu berücksichtigen. Der Anwendungsbereich der Haftungsfreizeichnungsklausel, welche den geschädigten Kunden auf die „Ersatzleistung" der Betriebshaftpflicht- oder Produkthaftpflicht-Versicherung verweist, beschränkt sich mithin auf den Bereich einfacher Fahrlässigkeit und berührt – nicht zuletzt – die Frage, unter welchen Voraussetzungen die Verletzungen einer Kardinalpflicht haftungsfreizeichnungsfest ist *(§ 13 Rz. 2ff.)*. Darüber hinaus sind folgende Besonderheiten zu berücksichtigen.

a) Die wirksame Einbeziehung gemäß § 2 AGBG

41 Erstreckt eine Haftungsfreizeichnungsklausel ihre Wirksamkeitsgrenzen auf die „Ersatzleistung" der Betriebshaftpflicht- oder der Produkthaftpflicht-Versicherung, so stellt sich zunächst die Frage, ob der AGB-Verwender verpflichtet ist, seinen Kunden exakt über den Deckungsumfang seiner Versicherung im Sinn von § 2 AGBG zu informieren.[199] Wie an anderer Stelle im einzelnen dargelegt *(§ 8 Rz. 12)*, ist der AGB-Verwender verpflichtet, seinen Kunden die AGB eines Dritten im Sinn von § 2 Abs. 1 AGBG zu übermitteln, sofern der AGB-Verwender seine Haftung durch einen Anspruch gegen einen Dritten ersetzt. Zwar ist die hier interessierende Klausel nicht unmittelbar auf Abtretung von Ansprüchen des AGB-Verwenders gegenüber dem Versicherer gerichtet. Doch wird man insoweit eine Parallelität im Rahmen von § 2 AGBG beachten müssen, als die Ersetzung der Haftung des AGB-Verwenders durch die „Ersatzleistung" des Versicherers genauso konturenunscharf ist wie die Verwendung salvatorischer Klauselzusätze *(§ 8 Rz. 18)*. Daher ist auch hier dem Kunden unbekannt, unter welchen Voraussetzungen und in welchem Umfang eine „Ersatzleistung" des Versicherers dazu führt, die Haftung des AGB-Verwenders zu ersetzen.[200] Ihm sind die Deckungssummen ebenso unbekannt wie die Tatsache, welche Einzelrisiken ausgeschlossen oder mitversichert sind.[201] Dies gilt unabhängig davon, ob es sich um eine Betriebshaftpflicht- oder um eine Produkthaftpflicht-Versicherung handelt. Deshalb: Im nicht-kaufmännischen Bereich ist die Ersetzung der Haftung des AGB-Verwenders – auch im Bereich leichter Fahrlässigkeit – durch die „Ersatzleistung" der Betriebshaftpflicht- oder Produkthaftpflicht-Versicherung derart intransparent, daß es an einer wirksamen Einbeziehung im Sinn von § 2 AGBG fehlt.

b) Wirksamkeitsgrenzen gemäß § 9 Abs. 1 AGBG

42 Dies ist jedoch dann anders, wenn der AGB-Verwender seinem Kunden bei Vertragsabschluß eine Kopie der Versicherungspolice überläßt. Dann stellt sich aber die weitere

---

[198] Im einzelnen Schmidt-Salzer, Produkthaftung, Bd. II Rz. 3.374ff.
[199] Vgl. Schmidt-Salzer, Produkthaftung, Bd. II Rz. 3.405ff.
[200] So mit Recht Schmidt-Salzer, Produkthaftung, Bd. II Rz. 3.408f.
[201] Hierzu Schmidt-Salzer a. a. O.

Frage, ob eine solche Klausel mit den Wertungskriterien von § 9 Abs. 1 AGB im Einklang steht. Dabei ist klarzustellen: Soweit der AGB-Verwender Deckung im Rahmen seiner Versicherung hat, wirkt sich eine solche Klausel lediglich als Haftungsbegrenzung aus, während sie die Funktion einer Haftungsfreizeichnung insoweit besitzt, als im Bereich der nicht gedeckten Risiken die Haftung total ausgeschlossen ist.[202] Unter diesem Betracht ergeben sich verschiedene Gesichtspunkte, die einer sorgfältigen Analyse im Einzelfall – bezogen auf eine erforderliche Gesamtwürdigung[203] – bedürfen:

aa) Der gedeckte Bereich. Aus § 1 AHB folgt unmittelbar (im einzelnen *§ 53 Rz. 4*), 43
daß der AGB-Verwender im Bereich des Personen- und Sachschadens Deckung genießt; ausgeschlossen ist hingegen das Risiko primärer Vermögensschäden. Dieses Risiko kann freilich mitversichert werden; allein, das Produktrisiko ist jedenfalls nach Maßgabe der AHB-Deckung gleichwohl ausgeschlossen.[204] Daran ändert sich freilich einiges, wenn die AGB-Verwender eine Produkthaftpflicht-Versicherung nach Maßgabe des HUK-Modells kontrahiert hat (im einzelnen *§ 54 Rz. 3ff.*).

Soweit der AGB-Verwender die Haftung durch die Deckung der Betriebshaftpflicht 44
bzw. Produkthaftpflicht-Versicherung ersetzt, stellt sich auf Basis der jeweiligen Police die primäre Frage, in welcher Höhe die Deckungssummen pro Schadensereignis ausgewiesen sein müssen. Unter Berücksichtigung der BGH-Judikatur[205] bestehen gegen die Angemessenheit solcher eine Haftungsbegrenzung darstellenden Klausel keine Bedenken, sofern die Deckungssummen derart sind, daß sie das typische Schadensrisiko erfassen. Dies läßt sich freilich nicht allgemein beantworten, sondern muß jeweils unter Berücksichtigung der spezifischen Produktrisiken und des jeweiligen Vertragsverhältnisses analysiert werden.[206] Es ist natürlich durchaus zutreffend, wenn festgestellt wird, daß die Höhe der Versicherungsdeckung im unternehmerischen Ermessen liegt.[207] Ersetzt aber der Unternehmer als AGB-Verwender seine Eigenhaftung durch die Deckung der Betriebshaftpflicht- bzw. Produkthaftpflicht-Versicherung, so wird sein unternehmerisches Ermessen aufgrund der dadurch vollzogenen Haftungsbegrenzung an den Wertungskriterien von § 9 Abs. 1 AGBG geprüft.[208] Exzessive, vertragsuntypische Risiken, die angesichts des jeweiligen Produktrisikos nicht vorhersehbar sind, können deshalb als Maßstab für die jeweilige Deckungssumme herangezogen werden. Dies gilt sowohl im Bereich von Personen- als auch im Bereich von Sachschäden.[208a]

bb) Maximierung – Serienschadenklausel. Im Rahmen von § 9 Abs. 1 AGBG wird 45
man jedoch bei dieser Klauselgestaltung auch berücksichtigen müssen, daß jeder Versicherer seine Ersatzleistung auf einen Jahreshöchstbetrag maximiert.[209] Ist dieser erreicht, so wirkt sich die hier diskutierte Klausel nicht mehr als Haftungsbegrenzung, sondern als Haftungsfreizeichnung aus.[210] Demzufolge stellt sich die Frage, ob nicht schon dieser Umstand unter Berücksichtigung der nach § 9 Abs. 1 AGBG gebotenen generalisierend-typisierenden Betrachtungsweise[211] dazu führt, die Klausel als unwirksam zu qualifizieren. Denn es entspricht ständiger Judikatur, daß die richterliche Inhaltskontrolle von den kon-

---

[202] Hierzu Schmidt-Salzer, Produkthaftung, Bd. II Rz. 3.413ff.

[203] Hierzu im einzelnen Ulmer/Brandner/Hensen, AGBG, § 9 Rz. 70ff.

[204] Schmidt-Salzer, Produkthaftung, Bd. II Rz. 3.418.

[205] BGH BB 1980, 1011 – Chemischreinigung; BGH NJW 1984, 1350 – Kühllager; BGH ZIP 1984, 971, 976 – Textilveredelung.

[206] Vgl. auch Graf von Westphalen DB 1978, 2061, 2065.

[207] Schmidt-Salzer, Produkthaftung, Bd. II Rz. 3.422.

[208] BGH WM 1985, 1535 – Haftungsbeschränkung in Architekten-AGB auf DM 150000,– für Nicht-Personenschäden ist wirksam.

[208a] Vgl. auch Ulmer/Brandner/Hensen, AGBG, § 9 Rz. 112; BGH BB 1980, 1011 – Chemischreinigung.

[209] Im einzelnen § 54 Rz. 166.

[210] Schmidt-Salzer, Produkthaftung, Bd. II Rz. 3.424f.

[211] Ulmer/Brandner/Hensen, AGBG, § 9 Rz. 66ff.

kreten Umständen des Einzelfalls absehen und auf die typischen Interessen der beteiligten Kreise mit der Zielrichtung abstellen muß, ob die AGB für diesen Personenkreis im allgemeinen eine billige und gerechte Regelung enthalten.[212] Dabei sind die Interessen der Vertragsparteien zu analysieren und gegeneinander abzuwägen, um zu ermitteln, ob eine unangemessene Benachteiligung im Sinn von § 9 Abs. 1 AGBG vorliegt.[213]

46 Legt man diese Wertungsmaßstäbe zugrunde, so spricht vieles dafür, im nicht-kaufmännischen Verkehr die Ersetzung der Eigenhaftung des AGB-Verwenders durch die Ersatzleistung der Versicherung an § 9 Abs. 1 AGBG scheitern zu lassen. Denn der Jahreshöchstbetrag erfaßt als Maximalsumme alle Schäden des Versicherungsjahres, ohne Rücksicht darauf, ob es sich um Personen- oder Sachschaden handelt. Deshalb ist es bei einer generalisierend-typisierenden Betrachtungsweise nicht von vornherein ausgeschlossen, daß für einen Personen- oder Sachschaden keine nennenswerte Ersatzleistung der Versicherung mehr zur Verfügung steht, weil die Höchstsumme wegen anderer Schäden bereits weitgehend erschöpft ist.[214] Dabei ist vor allem zu berücksichtigen, daß die gewöhnliche Maximierung den doppelten Schadenshöchstbetrag ausmacht *(§ 54 Rz. 179)*. Selbst wenn also – im Einzelfall – die jeweilige Deckung der Versicherung schadensadäquat ist, so muß eine generalisierend-typisierende Betrachtungsweise im Rahmen von § 9 Abs. 1 AGBG dazu führen, eine Maximierung auf den doppelten Höchstbetrag als unangemessene Benachteiligung gemäß § 9 Abs. 1 AGBG zu qualifizieren. Denn es kann keineswegs mit der erforderlichen Sicherheit oder Wahrscheinlichkeit ausgeschlossen werden, daß in einem konkreten Schadensfall keine ausreichende Deckung/Ersatzleistung mehr zur Verfügung steht. Demzufolge könnte eine solche Klausel nur dann der richterlichen Inhaltskontrolle gemäß § 9 Abs. 1 AGBG standhalten, wenn die jeweilige in der Police enthaltene Maximierung aus der AGB-Klausel ausdrücklich ausgeklammert wäre.[215] Denn dann reduziert sich die Wirksamkeitskontrolle einer solchen Klausel auf die Frage, ob die für Personen- oder Sachschäden vorgesehenen Deckungssummen das voraussehbare, typische Schadensrisikoadäquat erfassen.

47 Aber auch bei dieser Betrachtungsweise wird man nicht ohne weiteres stehen bleiben dürfen, ohne gleichzeitig das Problem der **Serienschadenklausel** zu berücksichtigen, wie sie in § 3 II 2 Abs. 1 Satz 3 AHB *(§ 54 Rz. 165ff.)* bzw. in Ziff. 8.1 des HUK-Verbandsmodells niedergelegt ist. § 3 II 2 Abs. 1 Satz 3 AHB bestimmt, daß „mehrere zeitlich zusammenhängende Schäden aus derselben Ursache oder mehrere Schäden aus Lieferungen der gleichen mangelhaften Waren" als „ein Schadensereignis" zu bewerten sind. Realisiert sich also ein Serienschaden aufgrund eines Produktfehlers, so ist angesichts der gebotenen generell-abstrakten Betrachtungsweise keineswegs von vornherein mit der erforderlichen Sicherheit auszuschließen, daß die in § 3 II 2 Abs. 1 Satz 3 AHB verankerte Kontraktionswirkung nicht zur Konsequenz hat, daß die Geschädigten leer ausgehen, die – aus welchen Gründen immer – erst dann ihre Ansprüche gegenüber dem AGB-Verwender geltend machen, nachdem die Deckungssumme aufgrund früher regulierter Schäden bereits erschöpft ist.[216] Bestimmt hingegen der AGB-Verwender, daß im Falle eines Serienschadens die Ersatzleistung des Versicherers proportional auf alle Geschädigten verteilt wird, so stellt sich wiederum nach § 9 Abs. 1 AGBG die Frage, ob damit alle typischerweise eintretenden vorhersehbaren Schäden adäquat erfaßt werden. Da es aber völlig ungewiß ist, wieviele Einzelschäden „aus derselben Ursache" oder „aus der Lieferung der gleichen mangelhaften Waren" (vgl. § 3 II 2 Abs. 1 Satz 3 AHB) entstehen, ist hierin zwangsläufig eine nach § 9 Abs. 1 AGBG zu rügende unangemessene Benachteiligung des Kunden zu sehen.

---

[212] BGHZ 22, 90, 98; BGHZ 33, 216, 219; BGHZ 52, 61, 63.

[213] Schmidt-Salzer, ABGB F 34ff.; Ulmer/Brandner/Hensen, AGBG, § 9 Rz. 68; Wolf/Horn/Lindacher, AGBG, § 9 Rz. 50.

[214] Hierzu Schmidt-Salzer, Produkthaftung, Bd. II Rz. 3.424f.

[215] Vgl. auch Schmidt-Salzer, Produkthaftung, Bd. II Rz. 3.426ff.

[216] Schmidt-Salzer, Produkthaftung, Bd. II Rz. 3.434.

Nach der Regelung von Ziff. 8.1 des HUK-Modells gilt die Bestimmung von § 3 II 2 Abs. 1 Satz 3 AHB als „gestrichen". Statt dessen heißt es: 48

„Mehrere während der Wirksamkeit des Vertrages eintretende Schadensereignisse aus der gleichen Ursache, zum Beispiel aus dem gleichen Konstruktions-, Produktions- oder Instruktionsfehler, es sei denn, es besteht zwischen den mehreren gleichen Ursachen kein innerer Zusammenhang, oder aus Lieferungen solcher Erzeugnisse, die mit den gleichen Mängeln behaftet sind, gelten unabhängig von ihrem zeitlichen Eintritt als in dem Zeitpunkt eingetreten, in dem das erste dieser Schadensereignisse eingetreten ist."

Daraus folgt, daß die einzelnen **Schadensfälle selbständig** bleiben; sie werden lediglich – als Serienschaden – auf den Zeitpunkt des ersten Schadensfalls zurückbezogen (im einzelnen *§ 54 Rz. 167ff.*). Als Serienschaden werden dann die Schäden in den Jahreshöchstbetrag eingerechnet, der für das „erste dieser Schadensereignisse" gilt. Dies hat zwingend die Konsequenz, daß später eintretende Schäden dann nicht mehr vom Versicherer zu regulieren sind, wenn der Jahreshöchstbetrag, auf den die Serienschadenklausel des HUK-Modells abhebt, erschöpft ist. Unter Berücksichtigung der Wertungskriterien von § 9 Abs. 1 AGBG rechtfertigt dies letzten Endes keine andere Bewertung: Während § 3 II 2 Abs. 1 Satz 3 AHB auf „ein Schadensereignis" abstellt und deshalb die – einfache – Deckungssumme lediglich zur Verfügung stellt, steht dem AGB-Verwender/Versicherungsnehmer bei der Regelung von Ziff. 8.1 des HUK-Modells der Jahreshöchstbetrag zu Gebot.

Nach dem zuvor Gesagten muß deshalb der AGB-Verwender nicht nur den Jahres- 49
höchstbetrag, sondern auch die Serienschadenklausel gemäß Ziff. 8.1 des HUK-Modells aus der AGB-Klausel zu streichen, in der er seine Eigenhaftung durch die Deckung und die „Ersatzleistung" der Produkthaftpflicht-Versicherung ersetzt. Selbstverständlich gilt dies für den Bereich der Betriebshaftpflicht-Versicherung wegen des wesentlich engeren Deckungsumfangs der dort in § 3 II 2 Abs. 1 Satz 3 AHB geregelten Serienschadenklausel erst recht.

cc) Der Bereich der nicht gedeckten Risiken. *Schmidt-Salzer*[217] hat mit Recht darauf 50
hingewiesen, daß nach Maßgabe der AHB für die besonderen Haftungsrisiken von Produktions-, Dienstleistungs- und Vertriebsunternehmen verschiedene Deckungsausschluß- und Deckungsbegrenzungsklauseln gelten, die für die Beurteilung der Frage von zentraler Bedeutung sind, ob der AGB-Verwender berechtigterweise seine Eigenhaftung durch die Deckung der Betriebshaftpflicht- bzw. Produkthaftpflicht-Versicherung ersetzen kann. Zu denken ist in diesem Zusammenhang in erster Linie an folgende Bestimmungen:

- Gemäß § 4 I 6 III AHB sind Erfüllung- und Erfüllungsurrogate von der Deckung ausgeschlossen *(§ 53 Rz. 7)*;
- gemäß § 4 I 3 AHB sind Auslandsschäden – freilich ist dies regelmäßig abbedungen – von der Deckung ausgeschlossen *(§ 54 Rz. 143ff.)*;
- gemäß § 4 I 5a AHB sind sogenannte „Allmählichkeitsschäden" von der Deckung ausgeschlossen, sofern nicht der AGB-Verwender/Unternehmer in gewissen Grenzen eine Deckung durch Streichung dieses Ausschlußtatbestandes erreicht hat;
- gemäß § 4 I 6b AHB sind Bearbeitungs- und Tätigkeitsschäden von der Deckung ausgeschlossen *(§ 53 Rz. 13ff.)*, sofern nicht der AGB-Verwender/Unternehmer diesen Ausschlußtatbestand entweder gestrichen oder in gewissen Grenzen mitversichert hat.

Unter Berücksichtigung der Wertungskriterien von § 9 Abs. 1 AGBG sind die hier 51
apostrophierten Ausschlußtatbestände jedoch nicht von gleicher Bedeutung. Für den Bereich von Personen- oder Sachschäden – verstanden als Sachfolgeschaden – ist der Ausschlußtatbestand von § 4 I 6 III AHB irrelevant. Soweit allerdings der Ausschlußtatbe-

---

[217] Schmidt-Salzer, Produkthaftung, Bd. II Rz. 3.420f.

stand für Auslandsschäden gemäß § 4 I 3 AHB nicht ersatzlos gestrichen und Deckung auch insoweit gewährt wird, wird man schon wegen dieses Deckungsausschlusses eine AGB-Klausel als nach § 9 Abs. 1 AGBG für unwirksam ansehen müssen, in der der AGB-Verwender seine Eigenhaftung durch die Deckung der Betriebshaftpflicht- bzw. Produkthaftpflicht-Versicherung ersetzt. Dies gilt nur dann nicht, wenn unter Berücksichtigung der typischen und voraussehbaren Umstände mit an Sicherheit grenzender Wahrscheinlichkeit ausgeschlossen werden kann, daß die vom AGB-Verwender hergestellten oder vertriebenen Produkte ins Ausland verbracht werden, so daß dort ein Schaden eintritt.[218] Eine ähnliche Erwägung greift ein, sofern der AGB-Verwender/Unternehmer den Bereich des ,,Allmählichkeitsschadens" gemäß § 4 I 5a AHB nicht ersatzlos gestrichen hat: Läßt sich aufgrund seiner typischen Produktionsrisiken mit an Sicherheit grenzender Wahrscheinlichkeit ausschließen, daß ein gemäß § 4 I 5a AHB nicht gedeckter ,,Allmählichkeitsschaden" eintritt, so ist eine entsprechende Freizeichnung nach § 9 Abs. 1 AGBG nicht zu beanstanden. Mit der Modifikation, daß der Ausschlußtatbestand von § 4 I 6b AHB lediglich Bearbeitungs- oder Tätigkeitsschäden – also: zivilrechtlich gewertete Sachschäden – erfaßt, wird man die gleiche Argumentation im Sinn von § 9 Abs. 1 AGBG auch beim Bestehenbleiben dieses Deckungsausschlusses übernehmen können *(§ 53 Rz. 13ff.)*.

52 Deshalb läßt es sich nicht generell sagen, daß jede Haftungsfreizeichnungsklausel, in der der AGB-Verwender seine Eigenhaftung durch die Deckung der Betriebshaftpflicht- bzw. Produkthaftpflicht-Versicherung ersetzt, wegen der AHB-typischen Deckungsausschlüsse von § 9 Abs. 1 AGBG scheitert. Vielmehr kommt es auf die Besonderheiten des jeweiligen ,,Rechtsgeschäfts" im Sinn von § 15 Abs. 2 AGBG an und darauf, ob diese Deckungsausschlüsse Risiken betreffen, die mit an Sicherheit grenzender Wahrscheinlichkeit ausgeschlossen werden.

53 **dd) Der Selbstbehalt.** Gemäß § 9 Abs. 1 AGBG wird man bei allen Klauseln, in denen der AGB-Verwender die Eigenhaftung durch die Deckung der Betriebshaftpflicht- bzw. Produkthaftpflicht-Versicherung ersetzt, berücksichtigen müssen, daß die Selbstbehalte der jeweiligen Police dann vom Geschädigten selbst zu tragen sind. Üblicherweise betragen diese zwischen DM 1000,– bis DM 5000,– *(§ 54 Rz. 184ff.)*; innerhalb typischer Industriepolicen kommt es aber durchaus vor, daß der Selbstbehalt – gerade als Anreiz für das erforderliche ,,Risk Management" – wesentlich höher liegt. Der entscheidende Ansatzpunkt für die nach § 9 Abs. 1 AGBG zu vollziehende Wertung ist hier die Erkenntnis, daß die danach geforderte unangemessene Benachteiligung des Kunden nur dann vorliegt, wenn sie von einigem, erheblichen Gewicht ist.[219] Dabei ist notwendigerweise eine unmittelbare Relation zu der dem Geschädigten zukommenden Schadensersatzleistung herzustellen, weil sich ja der Selbstbehalt im Ergebnis als Haftungsfreizeichnung auswirkt. Wenn es aber zutreffend ist, daß die Ersetzung der Eigenhaftung des AGB-Verwenders durch die Deckung der Betriebshaftpflicht- bzw. Produkthaftpflicht-Versicherung sich grundsätzlich als Haftungsbegrenzung auswirkt, und wenn es weiterhin richtig ist, daß Haftungsbegrenzungsklauseln nur dann nach § 9 Abs. 1 AGBG hinzunehmen sind, wenn sie den typischerweise eintretenden Schaden auf das Maß des Vorhersehbaren beschränken, so wirkt sich jeder Selbstbehalt als unangemessene Benachteiligung im Sinn von § 9 Abs. 1 AGBG aus, der nicht nur völlig vernachlässigenswert ist. Bei Beträgen von DM 10000,– liegt jedoch schon deswegen eine unangemessene Benachteiligung des geschädigten Kunden im Sinn von § 9 Abs. 1 AGBG vor, weil damit bei Personenschäden – zum Beispiel angesichts ohnehin sehr niedriger Schmerzensgeldbeträge – wesentliche Bereiche der Schmerzensgeldkompensation gemäß § 847 BGB dem Geschädigten vorbehalten bleiben. Auch im Bereich von Sachschäden gilt in der Sache nichts anderes, weil der kompensatorische Effekt der Schadensersatzleistung im Sinn von § 249 BGB in vielen

---

[218] Vgl. BGH NJW 1964, 2012; BGH NJW 1981, 1606.

[219] Hierzu Löwe/Graf von Westphalen/Trinkner, AGBG, § 9 Rz. 13; BT-Drucks. 7/3919 S. 22.

Fällen dann nur auf dem Papier stände. Sachschäden aufgrund von Produktfehlern, die unter DM 1000– liegen, sind keineswegs so selten, daß sie vernachlässigenswert wären; und die dem Geschädigten dann aufgrund des ihm überwälzten Selbstbehalts verweigerte Kompensation ist allemal als unangemessene, weil ins Gewicht fallende Benachteiligung im Sinn von § 9 Abs. 1 AGBG zu qualifizieren.

ee) Ergebnis. Überwälzt der AGB-Verwender seine Eigenhaftung in der Weise auf den 54
Geschädigten, daß er diesem die Deckung der Betriebshaftpflicht- bzw. Produkthaftpflicht-Versicherung zur Verfügung stellt, so verstößt eine solche Klausel häufig bereits gegen § 2 AGBG. Übermittelt der AGB-Verwender seinem Kunden jedoch im Sinn von § 2 Abs. 1 AGBG eine Kopie der Police, so greift regelmäßig § 9 Abs. 1 AGBG wegen der Risiko- und Deckungsbegrenzungen ein. Etwas anderes gilt nur dann, wenn der AGB-Verwender ausdrücklich den in jeder Police enthaltenen Jahreshöchstbetrag als Maximierung ausklammert, Serienschadenklausel und Selbstbehalt ersatzlos streicht und im Bereich der üblichen Deckungsausschlußtatbestände eine Optimierung seines Versicherungsschutzes in der Weise erreicht hat, daß die üblicherweise eintretenden Schadensrisiken adäquat erfaßt sind. Unter dieser Voraussetzung wirkt sich freilich die hier diskutierte Klausel lediglich als Haftungsbegrenzungsklausel aus, deren Wirksamkeitsgrenzen noch weiter unten dargestellt werden *(§ 14 Rz. 3ff.)*.

2. Im kaufmännischen Bereich

Die im nicht-kaufmännischen Bereich gemäß § 2 AGBG aufgezeigten Schwierigkeiten 55
sind im kaufmännischen Verkehr gemäß § 24 AGBG überwindbar: Ersetzt der AGB-Verwender seine Eigenhaftung durch die Deckung der Betriebshaftpflicht- bzw. Produkthaftpflicht-Versicherung, so ist es Sache des Kunden, sich im einzelnen nach Inhalt und Umfang des Deckungsschutzes zu erkundigen. Indessen ist auch im kaufmännischen Verkehr die entscheidende Frage, ob die für die Unwirksamkeit einer solchen Klauselgestaltung angeführten Gründe § 9 Abs. 1 AGBG zu berücksichtigen sind. Dies ist unter tendenzieller Berücksichtigung der BGH-Judikatur zu bejahen,[220] da Haftungsbegrenzungsklauseln nur dann wirksam sind, wenn sie auf den typischerweise eintretenden Schaden abstellen und diesen im Rahmen der Vorhersehbarkeit beschränken.[221] Deckungsbeschränkungen, Risikoausschlüsse, Jahreshöchstbeträge, Schadensmaximierung und Selbstbehalt enthalten in der Regel eine unangemessene Benachteiligung zu Lasten des Kunden.

Der praktische Wert derartiger – in der Praxis durchaus verwendeter – Haftungsbegren- 56
zungsklauseln ist damit gering. Gleichwohl ist es unter Berücksichtigung des Gebotes der Teilbarkeit *(§ 9 Rz. 19ff.)* sowie des Verbots der geltungserhaltenden Reduktion *(§ 9 Rz. 15ff.)* unschädlich, sie weiterhin zu verwenden. Dies schließt selbstverständlich ein, daß die Haftungsfreizeichnungsklausel die dargestellten Wirksamkeitsgrenzen im Rahmen von § 11 Nr. 7 AGBG *(§ 12 Rz. 19ff.)* sowie von § 11 Nr. 11 AGBG *(§ 11 Rz. 17ff.)* reflektiert, so daß lediglich **im Bereich leichter Fahrlässigkeit** die Eigenhaftung des AGB-Verwenders durch die Deckung der Betriebshaftpflicht- bzw. Produkthaftpflicht-Versicherung ersetzt wird. Ist diese – selbständige – Klausel dann unter Berücksichtigung ihres jeweiligen konkreten Inhalts, der **tatbestandlichen Differenzierung** sowie unter Berücksichtigung der Höhe der zur Verfügung stehenden Deckungssummen gemäß § 9 Abs. 1 AGBG unwirksam, so haftet der AGB-Verwender gemäß § 6 Abs. 2 AGBG nach dispositivem Recht: Ist dann seine unternehmerische Entscheidung im Hinblick auf die zur Verfügung stehenden Deckungssummen im Rahmen seiner Betriebshaftpflicht- bzw. Produkthaftpflicht-Versicherung im Einzelfall gleichwohl schadensadäquat, so hat er ungeachtet der Unwirksamkeit seiner Haftungsbegrenzungsklausel ausreichenden Schutz.

---

[220] BGH BB 1980, 1011 – Chemischreinigung; BGH NJW 1984, 1350 – Kühllager.
[221] BGH ZIP 1984, 971, 975f. – Textilveredelung.

So gesehen spricht durchaus ein gewisses unternehmerisches Kalkül dafür, unabhängig von den vorstehend dargelegten Erwägungen und unter ausdrücklicher Inkaufnahme der damit vorhandenen rechtlichen Risiken den Versuch zu unternehmen, die Eigenhaftung durch die Deckung der Betriebshaftpflicht- bzw. Produkthaftpflicht-Versicherung für Personen- und Sachschäden im Bereich leichter Fahrlässigkeit zu ersetzen.

57 Nicht empfehlenswert ist es freilich, ohne Rücksicht auf die vorstehend dargelegte Differenzierung schlechthin die Haftung des AGB-Verwenders durch die Deckung der Betriebshaftpflicht- bzw. Produkthaftpflicht-Versicherung – ohne Rücksicht auf die Tatbestände von § 11 Nr. 7 AGBG unter § 11 Nr. 11 AGBG – zu ersetzen. Denn unter dieser Voraussetzung besteht kein Zweifel: Da im Bereich von Eigenschaftszusicherungen gemäß §§ 463, 480 Abs. 2, 635 BGB kein Deckungsschutz im Rahmen der Betriebshaftpflicht- bzw. Produkthaftpflicht-Versicherung für Vermögensschäden zur Verfügung steht, ist eine solche Klausel nach § 9 Abs. 2 Nr. 1 AGBG unwirksam. Die Unwirksamkeit bereits wegen dieses Teilaspekts hat aber dann wegen des Verbots der geltungserhaltenden Reduktion zwingend zur Folge, daß die gesamte Klausel unwirksam ist, so daß dann der AGB-Verwender schlechthin nach dispositivem Recht haftet.[222]

§ 14. Die Wirksamkeit von Haftungsbegrenzungsklauseln im Bereich leichter Fahrlässigkeit

Ausgesprochen schwierig ist die Frage zu beantworten, unter welchen Voraussetzungen Haftungsbegrenzungsklauseln im Bereich leichter Fahrlässigkeit gemäß § 9 Abs. 1 AGBG zu akzeptieren sind.

I. Die bisherige Judikatur

1 Sieht man einmal davon ab, daß es im Bereich der ADSp eine eigenständige Judikatur gibt, welche die nach § 54 ADSp vorgesehenen Haftungsbegrenzungsklauseln als wirksam einordnet,[1] so lassen sich verschiedene Leitlinien herauskristallisieren, welche für die BGH-Judikatur im Hinblick auf die Wirksamkeit von Haftungsbegrenzungsklauseln von Bedeutung sind.

1. Allgemeine Kriterien der Unwirksamkeit

2 Eine grundsätzliche Beschränkung der Schadensersatzhaftung des AGB-Verwenders auf den „Verkaufspreis" ist ebenso unwirksam wie eine Haftungsbegrenzung, die auf den „Selbstkostenpreis" abzielt.[2] Dies gilt freilich nur dann, wenn diese Haftungsbegrenzung auf eine Pflicht zielt, welche für die Erreichung des Vertragszwecks von wesentlicher Bedeutung, also: eine Kardinalpflicht *(§ 12 Rz. 2)* ist und angesichts der gesetzlichen Risikoverteilung eine unangemessene Benachteiligung des Geschädigten bewirkt. Unter dieser Voraussetzung ist es dem AGB-Verwender verwehrt, sich „von dem in der Natur der vertraglichen Hauptleistung liegenden Risiko schadensgeneigter Behandlung"[3] ganz oder teilweise freizuzeichnen. Daher kann – wenn überhaupt – eine Haftungsbegrenzung nur die „vertragsuntypischen und daher kaum vorhersehbaren Schäden" erfassen.[4] Mit

---

[222] BGH ZIP 1986, 32ff.

[1] BGH VersR 1984, 486; BGH DB 1983, 2144, 2145; OLG Frankfurt VersR 1976, 628; OLG Hamburg VersR 1983, 827, 828.

[2] BGH ZIP 1984, 971, 975 – Textilveredelung.

[3] BGH ZIP 1984, 971, 976 – Textilveredelung.

[4] BGH a. a. O.; Löwe/Graf von Westphalen/Trinkner, Großkommentar, Bd. II § 11 Nr. 7 Rz. 46, 57.

anderen Worten: Schäden, die bei der Verletzung einer wesentlichen Pflicht regelmäßig und üblicherweise eintreten, sind vorhersehbar[5] und dürfen deshalb nicht Gegenstand einer Haftungsbegrenzungsklausel sein. Ist dies der Fall, dann scheitert diese an § 9 Abs. 1 AGBG. Nichts anderes gilt, wenn die Haftungsbegrenzung auf ein bestimmtes Mehrfaches des Entgelts beschränkt wird, zum Beispiel auf den Betrag des Sechsfachen des dem Einlagerer in Rechnung gestellten monatlichen Entgelts.[6] Gibt z. B. der Kunde Lebensmittel zur Kaltlagerung in ein Kühlhaus, so ist es jedoch mit § 9 Abs. 1 ABGB vereinbar, wenn die Schadensersatzpflicht des Einlagerers/AGB-Verwenders auf den Wert des Kühlguts beschränkt wird. Denn die Nichterfüllung des Kühllagervertrages bewirkt regelmäßig, daß ein Schaden am Kühlgut entsteht, so daß der Vertragszweck jedenfalls dann nicht gefährdet wird, wenn die Haftungsbegrenzung auf diesen – vorhersehbaren – Schaden bezogen ist.[7] Unter dieser Voraussetzung kann die Ersatzpflicht für „entfernt liegende Schäden" – der BGH hat dies freilich im Ergebnis offengelassen[8] – durchaus beschränkt werden, sofern mit derartigen – außergewöhnlichen – Schäden „kaum zu rechnen"[9] ist.

2. Die Chemischreinigung – Entscheidung

In diesen Rahmen fügt sich auch die BGH-Entscheidung vom 12. 5. 1980.[10] In diesem – 3
den kaufmännischen Verkehr betreffenden – Urteil erklärte der BGH: Zu dem vom dispositiven Recht „geforderten Interessenausgleich gehört" die Verpflichtung des AGB-Verwenders, nicht nur in einer bestimmten Anzahl von Fällen – hier: „in 90% aller Fälle"[11] – „sondern **stets** für den von ihm verschuldeten Schaden **vollen** Ersatz"[12] zu leisten. Angesichts der generalisierend-typisierenden Betrachtungsweise ist es deshalb nicht entscheidend, ob die jeweilige Haftungsbegrenzungsklausel – hier: der 15-fache Betrag des Reinigungsentgelts – „ganz überwiegend eine angemessene Sicherung"[13] gewährleistet, sondern die Tatsache gibt Maß, „ob sie (die AGB-Verwenderin/Klägerin) auch für jene restlichen 10% der Fälle Vorsorge getroffen hat, in denen so wertvolles Gut beschädigt worden oder verloren gegangen ist, daß die Zahlung des 15-fachen Reinigungspreises nur einen verschwindend geringen Teil des eingetretenen Schadens ausmacht und deshalb – wie hier – ohne praktische Bedeutung ist."[14]

Von besonderer Bedeutung ist allerdings in diesem Zusammenhang, daß der BGH[15] 4
feststellte, der AGB-Verwender sei keineswegs verpflichtet, das gesamte Bearbeitungsrisiko „durch eine – allgemeine oder besondere – Erhöhung"[16] des Entgelts abzusichern. Vielmehr sei es ausreichend, aber auch erforderlich, daß der AGB-Verwender in seinen Geschäftsbedingungen „eine entsprechende Versicherung"[17] empfiehlt, so daß der Kunde die Möglichkeit hat, von diesem Angebot Gebrauch zu machen, sofern er dies für erforderlich hält. Notwendig ist dann lediglich, daß der Kunde auf diese Möglichkeit – im Rahmen einer „Tarifwahl" – „deutlich genug hingewiesen"[18] wird. Auch wenn der BGH in späteren Entscheidungen[19] die in der Chemischreinigung vorgegebene „Tarifwahl" im

[5] BGH a. a. O.
[6] BGH NJW 1984, 1350 – Kühllager.
[7] BGH NJW 1984, 1350, 1351.
[8] BGH NJW 1984, 1350, 1351 – Kühllager.
[9] BGH a. a. O.
[10] BGH NJW 1980, 1953 = BB 1980, 1011 – Chemischreinigung.
[11] BGH NJW 1980, 1953, 1955 = BB 1980, 1011, 1013 = Chemischreinigung.
[12] BGH a. a. O.
[13] BGH a. a. O.
[14] BGH a. a. O.
[15] BGH a. a. O.
[16] BGH a. a. O.
[17] BGH a. a. O.
[18] BGH a. a. O.
[19] BGH NJW 1984, 1350, 1351 –Kühllager; BGH ZIP 1984, 971, 976 – Textilveredelung.

Hinblick auf einen etwa möglichen Versicherungsschutz nicht mehr aufgreift,[19a] so kann daraus gleichwohl nicht zwingend der Schluß abgeleitet werden, der BGH habe damit den Gedanken fallengelassen, daß es im Rahmen der Angemessenheitsprüfung von § 9 AGBG auch darauf ankommt, in welchem Umfang die vom AGB-Verwender vorgesehene Haftungsbegrenzung das gewöhnliche Schadensrisiko – auch unter dem Aspekt üblicher Versicherungsdeckung – abdeckt.[19b] Orientiert am Gedanken des vollen Schadensausgleichs kann dann das Exzessrisiko, d. h. oberhalb der die gewöhnlichen Fälle abdeckenden Haftungsbegrenzungen dadurch eingegrenzt werden, indem der AGB-Verwender dem Kunden die Möglichkeit eröffnet, eine entsprechende Versicherung abzuschließen.[20] Im Ergebnis unterliegen damit Haftungsbegrenzungsklauseln einer alternativen Bewertung: Entweder stellt der AGB-Verwender darauf ab, nur solche Haftungsbegrenzungen vorzusehen, welche alle typischen und üblicherweise eintretenden Risiken im Rahmen des voraussehbaren Schadens eingrenzen, oder er folgt dem Grundsatz der vollen Schadenskompensation,[21] indem er nur für die überwiegende Mehrzahl der üblicherweise eintretenden Fälle eine Haftungsbegrenzung verankert, im übrigen aber dem Kunden mit hinreichender Deutlichkeit die Möglichkeit eröffnet, Versicherungsschutz für spezielle, von der Haftungsbegrenzung nicht erfaßte Risiken einzukaufen.

II. Der Standpunkt in der Literatur

5 Die Literatur folgt den Grundlinien der BGH-Judikatur.[22] Indessen wird in der Literatur ein über die Ergebnisse der Judikatur[23] hinausreichender Zusammenhang zwischen summenmäßiger Haftungsbegrenzung einerseits und Haftpflichtversicherungsschutz zugunsten des AGB-Verwenders andererseits hergestellt.[24] So gesehen rangiert die Möglichkeit des AGB-Verwenders, für die von ihm geschaffenen Risiken Versicherungsschutz erhalten zu können, sehr hoch bei der Antwort auf die Frage, ob die Haftungsbegrenzung eine unangemessene Benachteiligung im Sinn von § 9 Ab. 1 AGBG darstellt. Das gleich gilt, soweit in der betreffenden Branche der AGB-Kunde üblicherweise eine Kaskoversicherung zur Verfügung steht.[24a]

III. Eigener Standpunkt

6 Letzten Endes gelten bei Haftungsbegrenzungsklauseln keine anderen Erwägungen als die, welche im Zusammenhang mit Haftungsfreizeichnungsklauseln im einzelnen dargestellt wurden *(§ 13 Rz. 13ff.)*. Insbesondere wirkt sich eine Ersetzung der Haftung des AGB-Verwenders durch den Verweis auf die Ersatzleistung der Betriebshaftpflicht- bzw. Produkthaftpflicht-Versicherung – soweit wirksam gestaltet – nicht als Haftungsfreizeichnung, sondern als Haftungsbegrenzung aus *(§ 13 Rz. 23ff.)*.

[19a] Allerdings sehr weitreichende Betonung des Versicherungsgedankens in der Schiffsreparatur-Entscheidung, BGH NJW 1988, 1785, 1787.

[19b] BGH a. a. O.

[20] Kritisch hierzu Schmidt-Salzer, Produkthaftung, Bd. II Rz. 3.264ff.

[21] BGH NJW 1980, 1993, 1995 = BB 1980, 1011, 1013 – Chemischreinigung.

[22] Löwe/Graf von Westphalen/Trinkner, Großkommentar, Bd. III – Freizeichnungsklauseln Rz. 40ff.; Ulmer/Brandner/Hensen, AGBG, § 9 Rz. 112; Wolf/Horn/Lindacher, AGBG, § 11 Nr. 7 Rz. 29; 50; Palandt/Heinrichs, AGBG, § 9 Anm. 6d.

[23] BGH NJW 1984, 1350, 1351 – Kühllager; BGH ZIP 1984, 971, 975f. – Textilveredelung.

[24] Wolf/Horn/Lindacher, AGBG, § 11 Nr. 7 Rz. 29ff.; Wolf NJW 1980, 2433, 2438ff.; Löwe/Graf von Westphalen/Trinkner, Großkommentar, Bd. III – Freizeichnungsklauseln Rz. 43ff.; vgl. auch Kötz VersR – Beiheft – 1983, 145ff.; Koller ZIP 1986, 1089, 1093ff.

[24a] BGH NJW 1988, 1785 – Schiffsreparatur.

1. Bei Bestehen einer Kardinalpflicht

Unabhängig davon müssen summenmäßige Haftungsbegrenzungsklauseln – auch im Bereich leichter Fahrlässigkeit – das üblicherweise eintretende Risiko im Rahmen des voraussehbaren Schadens jedenfalls dann erfassen, wenn die Schadensursache auf der Verletzung einer – haftungsfreizeichnungsfesten – Kardinalpflicht beruht.[25] Anders gewendet: Soweit die Haftungsfreizeichnung bei Verletzung einer Kardinalpflicht wegen Verstoßes gegen § 9 Abs. 2 Nr. 2 AGBG unwirksam ist,[26] kann eine summenmäßige Haftungsbegrenzung eingreifen, sofern diese die Ersatzpflicht auf die üblicherweise vorhersehbaren Schäden begrenzt.[27] Exzessrisiken können also wirksam ausgeschlossen werden. 7

2. Das Versicherungsargument

Problematisch sind indessen – generell bewertet – die Fallkonstellationen, in denen der AGB-Verwender eine Haftungsbegrenzung vorsieht, die lediglich für die Mehrzahl der üblicherweise eintretenden Schäden adäquat ist,[28] sofern es ihm nicht möglich ist, für die restlichen Fälle ausreichenden Versicherungsschutz zu erhalten.[29] Indessen ist diese Fragestellung für den Bereich der Produkthaftung irrelevant, weil jeder AGB-Verwender ohne weiteres in der Lage ist, für das interne deutsche Produktrisiko ausreichenden Deckungsschutz im Rahmen einer Betriebshaftpflicht- bzw. Produkthaftpflicht-Versicherung zu erhalten. Insbesondere wird man derartige Versicherungen inzwischen als üblich ansehen müssen. Dies hat zur Konsequenz, daß jede summenmäßige Haftungsbegrenzungsklausel im Bereich von Personen- und Sachschäden (vgl. § 1 AHB) die Möglichkeit berücksichtigen muß, daß – freilich in den aufgezeigten Grenzen *(§ 13 Rz. 13)* – Versicherungsschutz erhältlich ist. 8

Im praktischen Ergebnis sind summenmäßige Haftungsbegrenzungsklauseln, welche in wirksamer Weise das Exzessrisiko ausschließen, freilich selten.[30] Denn es fehlt in der Regel an verläßlichen Bewertungs- und Bemessungskriterien, sofern keine gesetzliche Haftungshöchstgrenze als Maßstab herangezogen werden kann, wie dies zum Beispiel in § 651h Abs. 2 BGB für den Reisevertrag geschehen ist. Unbedenklich sind aber solche Haftungsbegrenzungsklauseln, die entsprechend der Grundwertung von Artikel 82 Satz 2 EKG – ohne summenmäßige Spezifizierung – auf den ,,voraussehbaren Schaden" abheben.[31] Einer solchen Klausel fehlt keineswegs die – ansonsten – erforderliche Transparenz; denn es ist dem AGB-Verwender in vielen Fällen schlechterdings unmöglich und daher nicht zumutbar, angesichts der Streubreite möglicher Schadensursachen eine typische Haftungsbegrenzung summenmäßig zu fixieren. Freilich kann sich aus den Besonderheiten der Branche etwas anderes ergeben, wie zum Beispiel bei einer Chemischreinigung,[32] obwohl auch hier aufgrund der BGH-Entscheidung vom 12. 5. 1980[33] eine ,,Tarifwahl" als alternative Möglichkeit verankert wurde.[34] Ähnliche Erwägungen gelten, sofern eine 9

---

[25] BGH ZIP 1984, 971, 976 – Textilveredelung.

[26] BGH NJW 1985, 623, 627 – Opelhändler.

[27] Vgl. auch BGH NJW 1984, 1350, 1351 – Kühllager; BGH WM 1985 S. 1535 – Architekten-AGB; Palandt/Heinrichs, AGBG, § 9 Anm. 6d; Ulmer/Brandner/Hensen, AGBG, § 9 Rz. 112.

[28] Vgl. BGH NJW 1980, 1953 = BB 1980, 1011 – Chemischreinigung.

[29] Vgl. auch Staudinger/Schlosser, AGBG, § 11 Nr. 7 Rz. 41ff.

[30] Vgl. Schlechtriem BB 1984, 1177ff. – Wirtschaftsprüfer-AGB; Brandner ZIP 1984, 1186ff.

[31] Löwe/Graf von Westphalen/Trinkner, Großkommentar, Bd. II § 11 Nr. 7 Rz. 46; Schlosser/Coester-Waltjen/Graba, AGBG, § 11 Nr. 7 Rz. 84.

[32] AG Nürnberg NJW 1977, 1200; LG Arnsberg NJW 1979, 769, AG Lübbecke MDR 1979, 1024; AG Bonn VersR 1980, 880; AG München BB 1980, 178.

[33] NJW 1980, 1953 = BB 1980, 1011.

[34] Hierzu im einzelnen Löwe/Graf von Westphalen/Trinkner, Großkommentar, Bd. III – Chemischreinigung Rz. 12.

Kaskoversicherung des AGB-Kunden in der Branche üblich ist, wie z. B. bei der Reparatur eines Schiffes.[34a]

3. Die Erfordernisse einer „Tarifwahl"

10 Will der AGB-Verwender anstelle einer summenmäßigen Haftungsbegrenzung, die dem Gebot der umfassenden Schadensvorsorge folgt,[35] eine „Tarifwahl" seinem Kunden in Form einer zusätzlichen, die Haftungsbegrenzung überschreitenden Versicherungsdekkung anbieten, so ist zu berücksichtigen, daß dann die Voraussetzungen ausreichender Transparenz in Form einer Individualvereinbarung vorliegen müssen.[36] In der Praxis bedeutet dies, daß in diesen Fällen dem Kunden die „reale Möglichkeit" eingeräumt werden muß, unter Berücksichtigung der Alternativen der ihm zur Verfügung gestellten „Tarifwahl" seine Interessen im Rahmen von Verhandlungen durchzusetzen.[37] So gesehen muß zwar kein „Aushandeln" im Sinn von § 1 Abs. 2 AGBG vorliegen, wohl aber muß die „Tarifwahl" im Hinblick auf die Alternative: Haftungsbegrenzung – zusätzlicher Versicherungsschutz derart eindeutig sein, daß die Entscheidung des Kunden für eine in der Sache nicht ausreichend adäquate Haftungsbegrenzung als freiwillige Risikoübernahme gewertet wird.

11 Ob diese Voraussetzungen im nicht-kaufmännischen Verkehr innerhalb einer AGB-Klausel erreicht werden können, erscheint in hohem Maße zweifelhaft, weil AGB ohnehin erfahrungsgemäß nicht gelesen werden.[38] Deshalb ist es angeraten, die Vorausetzungen einer „Tarifwahl" in diesen Fällen im Rahmen eindeutiger und ernsthafter Verhandlungen zu schaffen. Im kaufmännischen Bereich ist es hingegen regelmäßig – jedenfalls bei laufenden Geschäftsbeziehungen – ausreichend, wenn der AGB-Verwender die Voraussetzungen der „Tarifwahl" innerhalb seiner AGB darstellt.[39] Fehlt es an dem Erfordernis laufender Geschäftsbeziehungen, so wird man auch hier im Zweifel dazu raten müssen, die Voraussetzungen einer „Tarifwahl" – außerhalb der AGB – durch Verhandlungen sicherzustellen.

4. Bei Verletzung von unwesentlichen Pflichten

12 Bezieht sich die Haftungsbegrenzung auf nicht wesentliche Pflichten, so ist folgende Differenzierung angezeigt: Gegenüber Körperschäden versagt auch in diesem Fall eine nicht den vollen Ersatz erfassende Haftungsbegrenzung an § 9 Abs. 1 AGBG. Denn das Risiko von Körperschäden gehört in keinem Fall zu den vertragstypischen Risiken; darüber hinaus besteht für den AGB-Verwender die Möglichkeit, Versicherungsschutz in ausreichender Höhe zu erhalten. Die gleiche Erwägung gilt für Sachschäden. Es bleiben daher nur die Fälle, in denen lediglich Vermögensschäden eintreten, sofern keine Eigenschaftszusicherung gemäß §§ 463, 635 BGB vorliegt.

13 Berücksichtigt man, daß Haftungsbegrenzungen im Bereich von Kardinalpflichten – wie dargestellt – nur in ganz begrenztem Maß wirksam sind, so folgt daraus die praktische Empfehlung: Haftungsbegrenzungsklauseln können regelmäßig nicht danach in verläßlicher Weise zwischen Kardinalpflichten und unwesentlichen Pflichten – in der Klauselfassung – differenzieren. Deshalb sollte klauselmäßig auf den Deckungsschutz einer adäquaten Haftpflichtversicherung abgestellt werden, so daß der AGB-Verwender hoffend erwarten kann, im Bereich von Vermögensschäden bestehe Kongruenz zwischen einer Haftung aus Eigenschaftszusicherungen nach §§ 463, 635 BGB und der Verletzung einer

---

[34a] BGH NJW 1988, 1785, 1787.
[35] BGH NJW 1980, 1953, 1955 = BB 1980, 1011, 1013 – Chemischreinigung.
[36] Ulmer/Brandner/Hensen, AGBG, § 1 Rz. 54.
[37] BGH ZIP 1986, 1466, 1467; BGH ZIP 1987, 448, 449.
[38] Lindacher JZ 1981, 131.
[39] BGH NJW 1980, 1953, 1955 = BB 1980, 1011, 1013 – Chemischreinigung.

Kardinalpflicht. Zur Folge hat dies dann, daß bei Vermögensschäden eine Haftungsfreizeichnung nach § 9 Abs. 1 AGBG wirksam ist.

Doch ist es wohl sicherer, auch für den Bereich des Vermögensschadens eine an dem Prinzip umfassender Schadensvorsorge orientierte Haftungsbegrenzung in den AGB zu verankern. Dies gilt jedenfalls dann, wenn der Eintritt von Vermögensschaden das typische, voraussehbare und vom Kunden nicht beherrschbare Vertragsrisiko ist. 14

Freilich gelten gerade in diesem Rahmen – gemessen an der Risikoverteilung des dispositiven Rechts – unterschiedliche Kriterien nach § 9 Abs. 1 AGBG, je nachdem ob der Kunde Kaufmann oder Nicht-Kaufmann ist. Das schließt ein, daß gerade ein kaufmännischer Verkehr die Umstände des Einzelfalls und die der jeweiligen Branche zu berücksichtigen sind. Generelle, apodiktische Antworten nach der Höhe der – wirksamen – Haftungsbegrenzungsklauseln verbieten sich. 15

§ 15. Haftungsfreizeichnungsklauseln bei gebrauchten Sachen

1. Erscheinungsformen

Da die Gewährleistungshaftung der §§ 459ff., 633ff. BGB nicht danach unterscheiden, ob es sich um eine neue oder um eine gebrauchte Sache handelt, gelten grundsätzlich auch die für die Produkthaftung maßgebenden Schadensersatzsanktionen der §§ 463, 635 BGB; auch können Ansprüche wegen positiver Vertragsverletzung in Betracht kommen *(§ 4 Rz. 1ff.)*. 1

Um das dadurch vorgegebene Risiko einzuschränken, werden – vor allem im Bereich des Gebrauchtwagenkaufs[1] – Haftungsfreizeichnungsklauseln verwendet. Diese lauten zum Beispiel: ,,Für den Kaufgegenstand wird keine Gewähr geleistet", oder es heißt lapidar: ,,Jede Gewährleistung ist ausgeschlossen". Verschiedentlich findet sich auch die Klausel: ,,Gebraucht, wie besichtigt, unter Ausschluß der Gewährleistung".

2. Inhaltskontrolle gemäß § 9 AGBG

In der BGH-Judikatur besteht Einvernehmen darüber, daß eine Haftungsfreizeichnungsklausel: ,,Gebraucht, unter Ausschluß jeder Gewährleistung" geeignet ist, die Haftung des Verkäufers auch insoweit auszuschließen, als verborgene Mängel, insbesondere unbekannte Vorschäden in Rede stehen.[2] Beim Kauf gebrauchter Sachen entspricht eine derartige Haftungsfreizeichnungsklausel anerkennenswerten Belangen des Verkäufers/Werkunternehmers. Dies gilt selbst dann, wenn – etwa beim Gebrauchtwagenkauf – Schwerstmängel vorliegen, die die Verkehrssicherheit beeinträchtigen.[3] Freilich hat diese Judikatur, worauf hinzuweisen ist, in der Literatur Kritik erfahren,[4] doch ist dieser Ansicht nur aus praktischen Erwägungen nicht zu folgen.[5] Dabei besteht kein Unterschied, ob ein privater Verkäufer[6] oder ein gewerbsmäßiger Händler von dem Haftungsausschluß Gebrauch macht.[7] 2

---

[1] Hierzu im einzelnen Reinking/Eggert, Der Autokauf, Rz. 1217ff.

[2] BGH NJW 1979, 1886; BGH NJW 1981, 922; BGH NJW 1981, 1441; BGH NJW 1983, 217.

[3] BGH NJW 1981, 1441; BGH NJW 1984, 1452; BGH NJW 1986, 2319.

[4] Löwe BB 1979, 1063; Mehnle DAR 1979, 279; ders. DAR 1986, 102, 103; Staudinger/Schlosser AGBG § 9 Rz. 131.

[5] Wolf/Horn/Lindacher, AGBG Einl. zu § 11 Nr. 10 Rz. 16f.; Löwe/Graf von Westphalen/Trinkner, Großkommentar, Bd. III, Gebrauchtwagenverkauf – Agenturvertrag Rz. 19, 22; Ulmer/Brandner/Hensen, AGBG, Anh. zu §§ 9 bis 11 Rz. 434; Reinking/Eggert, Der Autokauf, Rz. 1217ff.

[6] BGH NJW 1984, 1452.

[7] BGH NJW 1979, 1886.

3 Lautet die Freizeichnungsklausel hingegen lediglich: „Wie besichtigt und probegefahren",[8] so erfaßt sie nur solche technischen Mängel der gebrauchten Sache, die auch ohne Hilfe eines Sachverständigen bei der Besichtigung und Probefahrt gewöhnlich festgestellt werden können. Der Haftungsausschluß, der lediglich lautet: „Wie besichtigt" bezieht sich indessen nur auf sichtbare Mängel.[9]

4 Zu bedenken ist in diesem Zusammenhang freilich stets, ob nicht die **Arglisthaftung** gemäß §§ 463, 123 BGB eingreift *(§ 6 Rz. 1)*. Auch ist zu berücksichtigen, daß – gerade beim Gebrauchtwagenkauf – das Vorliegen einer Eigenschaftszusicherung häufig bejaht wird *(§ 2 Rz. 37)*.

3. Stillschweigender Gewährleistungsausschluß

5 Ist jedoch beim Kauf gebrauchter Sachen kein Gewährleistungsausschluß vertraglich vereinbart, so hindert dies nicht stets, einen stillschweigenden Gewährleistungsausschluß gleichwohl anzunehmen. Freilich gilt dies nur unter der Voraussetzung, daß sich aus den besonderen Umständen des Falles hierfür genügend Anhaltspunkte finden.[10] In bezug auf Verschleißerscheinungen eines gebrauchten PKW hat der BGH dies bei Abschluß eines Agenturvertrages/Vermittlungsvertrages angenommen: Er sieht den „wesentlichen Anknüpfungspunkt für einen Haftungsausschluß" in der typischen Interessenlage der an dem Vertrag Beteiligten", weil nämlich beide Parteien bei Abschluß eines solchen Vertrages wissen, daß Verschleißerscheinungen vorliegen.[11] Dies findet dann auch im Preis seinen Niederschlag.[12] In der Praxis dürften die Voraussetzungen eines stillschweigenden Gewährleistungsausschlusses – außerhalb eines Gebrauchtwagenkaufs – nur selten praktisch werden.

§ 16. Drittwirkung von Haftungsfreizeichnungs- und Haftungsbegrenzungsklauseln

1 Sowohl im Bereich des Verschuldens bei Vertragsabschluß *(§ 4 Rz. 52ff.)* als auch im Rahmen deliktsrechtlicher Haftungen gem. § 823 BGB kann es durchaus vorkommen, daß der Mitarbeiter persönlich neben dem Unternehmer zur Verantwortung gezogen wird.[1] Unter dieser Voraussetzung stellt sich regelmäßig die Frage, ob eine etwaige Haftungsfreizeichnungs- oder Haftungsbegrenzungsklausel zugunsten des AGB-Verwenders auch die Eigenhaftung des Angestellten/Arbeitnehmers/Mitarbeiters/Erfüllungsgehilfen/Verrichtungsgehilfen betrifft.[2] Ist dies nicht der Fall, so können insbesondere im Rahmen der Produkthaftung weitreichende Haftungsfolgen den Mitarbeiter persönlich treffen.[3]

I. Die bisherige Judikatur

1. Die Entwicklungslinien

2 Bereits das RG hatte entschieden, Haftungsfreizeichnungsklauseln, die ein Spediteur üblicherweise zugunsten des Frachtführers vereinbare, würden auch Wirkungen auf den

---

[8] OLG Schleswig VersR 1980, 98; OLG Schleswig MDR 1983, 54.
[9] RG JW 1933, 1387, 1388; BGH NJW 1979, 1406 – Grundstückskauf.
[10] RGRK-BGB/Mezger § 476 Rz. 1; Reinking/Eggert, Der Autokauf, Rz. 1255.
[11] BGH DB 1982, 1510, 1511.
[12] Vgl. Löwe/Graf von Westphalen/Trinkner, Großkommentar, Bd. III, Gebrauchtwagenverkauf – Agenturvertrag Rz. 20; a. M. Reinking/Eggert, Der Autokauf, Rz. 1255.
[1] BGH NJW 1959, 38; BGH VersR 1959, 1000, 1001; BGH NJW 1962, 388; BGH BB 1975, 1031 – Spannkupplung.
[2] BGH ZIP 1985, 687.
[3] BGH BB 1975, 1031 – Spannkupplung.

Eigentümer als Dritten nach sich ziehen.[4] Dabei ist freilich nach Auffassung des RG Voraussetzung, daß der Vertrag mit dem Frachtführer im Auftrag des Eigentümers abgeschlossen wurde, so daß bei Fehlen dieses Erfordernisses die Haftungserstreckung auf den Dritten verneint wurde.[5] Der BGH hat an die Judikatur des RG angeknüpft und insbesondere im Zusammenhang mit Transportverträgen – und deshalb zugunsten des Dritten, bezogen auf die im Verhältnis Spediteur/Eigentümer vereinbarte Haftungsfreizeichnung – eine Einrede im Rahmen eines pactum de non petendo (Anspruchsverbots) angenommen.[6] Diese dogmatische Argumentation wurde später auch auf allgemeine Billigkeitserwägungen gestützt.[7] Dabei wurden Haftungsfreizeichnungs- und Haftungsbegrenzungsklauseln auch zugunsten des Unterfrachtführers erstreckt.[8] Gleiches galt im Hinblick auf die persönliche Haftung des Schiffsführers[9] oder für die Haftung des Kapitäns eines Seeschiffs sowie des Reeder-Kapitäns.[10] Wie *Schmidt-Salzer*[11] mit Recht hervorgehoben hat, handelt es sich bei diesen Fällen in der Regel um Regressklagen von Transportversicherern.[12] Daraus folgert *Schmidt-Salzer*,[13] daß es sich um eine Ausnahme-Rechtsprechung handelt, die auf dem Gedanken basierte,[14] daß es dem Transportversicherer verwehrt ist, zunächst gegenüber den Nächstbeteiligten des Transportvertrages das Risiko gegen die berechnete Versicherungsprämie zu übernehmen, um sich dann durch Regress gegenüber einem anderen zu entlasten, der aber typischer Beteiligter an dem wirtschaftlichen Gesamtvorgang des Transportes ist, zum Beispiel ein Unterfrachtführer oder ein Kapitän.

Ob dieser Auffassung zu folgen ist, erscheint **zweifelhaft.** Denn der BGH hat in bezug 3
auf die hier insbesondere interessierende Deliktshaftung von Arbeitnehmern durchaus unterschiedlich judiziert. Den Anfang dieser Entscheidungskette bildet das Urteil des VII. Senats vom 17. 9. 1959[14a]: Der Monteur eines Unternehmens, welches sich gegenüber seinem Vertragspartner durch AGB freigezeichnet hatte, verursachte bei Vertragspartnern infolge einer fehlerhaften Montage einen Brand. Der BGH[15] lehnte eine Anwendung der Freizeichnung zugunsten des Monteurs ab und erklärte, grundsätzlich sei nicht davon auszugehen, daß Haftungsfreizeichnungsklauseln auch zugunsten von Angestellten/Mitarbeitern gelten würden – ein Gedanke, der nach Auffassung des BGH auch dann eingreifen sollte, wenn es sich um gefahrengeneigte Arbeit handelt. Denn der insoweit etwa bestehende Freistellungsanspruch des Arbeitnehmers gegenüber seinem Arbeitgeber dürfe im Ergebnis nicht bewirken, dem Geschädigten einen Ersatzanspruch gegenüber dem Arbeitnehmer zu versagen.[16] In zeitlich nahem Anschluß an diese Entscheidung erklärte jedoch der BGH in seinem Urteil vom 7. 12. 1961.[17] Die Ausdehnung der Freizeichnung auch zugunsten eines Wachmannes sei geboten, weil anderenfalls das Bewachungsunternehmen/AGB-Verwender über den arbeitsrechtlichen Freistellungsanspruch seinerseits wieder in Regress genommen werden könnte – mit der Folge, daß dann der Zweck der Haftungsfreizeichnung nicht oder nur unvollständig erreicht werde. Voraus-

---

[4] RGZ 75, 169, 172.
[5] RGZ 63, 308, 312.
[6] BGH VersR 1960, 727.
[7] BGH VersR 1971, 412; BGH NJW 1974, 2177.
[8] BGH WM 1977, 785, 786; vgl. auch BGH VersR 1960, 727, 729; BGH VersR 1973, 1038, 1039.
[9] BGH VersR 1980, 572, 573.
[10] BGH VersR 1981, 229, 230.
[11] Schmidt-Salzer, Produkthaftung, Bd. II Rz. 3.522ff.
[12] BGH VersR 1960, 727, 729; BGH WM 1977, 785, 786; BGH VersR 1980, 572, 573; BGH VersR 1981, 229, 230.
[13] Schmidt-Salzer, Produkthaftung, Bd. II Rz. 3.522.
[14] Schmidt-Salzer, Produkthaftung, Bd. II Rz. 3.524.
[14a] BGH VersR 1959, 1000.
[15] Hierzu im einzelnen auch Blaurock, ZHR 146 (1982) 238, 246f.
[16] BGH VersR 1959, 1000, 1002; hierzu auch Schmidt-Salzer, Produkthaftung, Bd. II Rz. 3.505.
[17] BGH NJW 1962, 388.

setzung sei aber auch hier, daß der Wille des Bewachungsunternehmens/AGB-Verwenders, die Freizeichnung auch auf die Angestellten/Mitarbeiter zu erstrecken, hinreichend deutlich zum Ausdruck gelangt – ein Faktum, das deswegen bejaht wurde, weil nicht anzunehmen sei, daß ein Vertragsteil, der sich auf eine weitreichende Haftungsfreizeichnung einläßt, gleichzeitig den Willen hat, zwar den „vermögenden Vertragspartner" – hier: das Bewachungsunternehmen – zu entlasten, „dessen wirtschaftlich schwächeren Angestellten jedoch an der stärkeren Haftung festzuhalten".[18]

2. Die BGH-Entscheidung vom 12. 3. 1985

4 Die neueste – wegweisende – Entscheidung ist das Urteil des BGH vom 12. 3. 1985.[19] Es ging hier um den Regress eines Feuerversicherers. Dieser wurde darauf gestützt, daß die Arbeitnehmer als Beklagte mit einer Handschleifmaschine ein nicht passendes Montageteil einer zu montierenden Schutzhaube bearbeiteten, wobei sich durch Funkenflug auf dem nahegelegenen Entlüftungsrohr der Umluftanlage ein Gemisch aus Maschinenöl und Wellpappenstaub entzündete und einen erheblichen Brandschaden verursachte. Die Haftungsfreizeichnungsklausel hatte folgenden – durchaus üblichen – Wortlaut:

> „Schadensersatzansprüche des Bestellers aus positiver Forderungsverletzung, aus der Verletzung von Pflichten bei Vertragsverhandlungen und aus unerlaubter Handlung werden ausgeschlossen. Dies gilt nicht, soweit in Fällen des Vorsatzes oder der groben Fahrlässigkeit des Lieferers, seines gesetzlichen Vertreters oder seiner Erfüllungsgehilfen zwingend gehaftet wird. Diese Haftungsbegrenzung gilt für den Besteller entsprechend."

Der BGH operierte mit der „gebotenen interessengerechten Auslegung"[20] und stützte diese sowohl auf den Gesichtspunkt der gefahrengeneigten Arbeit, der eine Freistellungsverpflichtung des Arbeitgebers nach sich ziehe, als auch auf den Vertragszweck, so daß es insgesamt „nicht nur naheliegend, sondern auch vernünftig und sachgerecht" erscheine, die Haftungsfreizeichnung den Arbeitnehmern zugute kommen zu lassen.[21] Dabei bezog sich der BGH zum einen auf die Bewachungs-Entscheidung vom 7. 12. 1961[22] als auch auf das Unterfrachtführer-Urteil vom 28. 4. 1977.[23] Demzufolge – so der BGH abschließend – müsse sich die durch Auslegung erzielte Drittwirkung der Haftungsfreizeichnungsklausel in den Grenzen halten, welche durch die Klausel selbst gezogen sind.[24] Deshalb komme es im Ergebnis darauf an, ob die beklagten Arbeitnehmer vorsätzlich oder grob fahrlässig gehandelt haben, oder ob sie lediglich der Vorwurf einfacher Fahrlässigkeit treffe,[25] weil nämlich die Haftungsfreizeichnung – entsprechend dem mitgeteilten Wortlaut der Klausel – nur im Bereich leichter Fahrlässigkeit eingreift.

II. Lösungswege für die Praxis

1. Bei ausdrücklicher Erstreckung der Haftungsfreizeichnungs- oder Haftungsbegrenzungsklausel auf Dritte

5 Soweit Haftungsfreizeichnungs- oder Haftungsbegrenzungsklauseln zugunsten des AGB-Verwenders wirksam sind, bestehen keinerlei Bedenken dagegen, die Bonifikation dieser Klauseln auch auf die in der Klausel erwähnten Dritten – insbesondere: Arbeitneh-

---

[18] BGH NJW 1962, 388, 389.
[19] BGH ZIP 1985, 687.
[20] BGH ZIP 1985, 687, 689.
[21] BGH ZIP 1985, 687, 689.
[22] NJW 1962, 388.
[23] BGH WM 1977, 785, 786.
[24] BGH ZIP 1985, 687, 689.
[25] BGH ZIP 1985, 687, 690.

mer, Angestellte, Mitarbeiter und sonstige Erfüllungsgehilfen – auszudehnen.[26] Dieser Ansatzpunkt wird auch in der Literatur geteilt.[27] Verschiedentlich wird freilich die Meinung geäußert, der Schutzbereich von § 11 Nr. 7 AGBG erfasse lediglich den Anspruch gegen den AGB-Verwender, nicht aber den Anspruch gegenüber dem Erfüllungsgehilfen. Diese könne deshalb nur innerhalb der Grenzen von § 9 AGBG durch eine Haftungsfreistellung zugunsten Dritten wirksam abbedungen werden.[28]

Solange der AGB-Verwender die Wirksamkeitsgrenzen von Haftungsfreizeichnungs- und Haftungsbegrenzungsklauseln einhält, ist es jedoch unbedenklich, kraft ausdrücklicher Bestimmung die Vorteile dieser Klauseln auch auf Dritte zu erstrecken.[29] Damit sind nicht nur die Grenzen von § 11 Nr. 7 AGBG gemeint, sondern notwendigerweise auch diejenigen, die sich unmittelbar aus § 9 Abs. 2 Nr. 1 AGBG bzw. aus § 9 Abs. 2 Nr. 2 AGBG ergeben, sofern dem AGB-Verwender keine Kardinalpflicht obliegt.[30] Da die Wirksamkeitsgrenze von Haftungsfreizeichnungs- und Haftungsbegrenzungsklauseln für den AGB-Verwender und für die persönliche Haftung seiner Mitarbeiter identisch sind, ist es nach § 9 Abs. 1 AGBG allemal unwirksam, zugunsten der persönlichen Haftung der Mitarbeiter engere Grenzen – zum Beispiel lediglich bezogen auf grob fahrlässiges Verhalten – zu ziehen.[31] 6

Selbstverständlich gelten diese Grundsätze auch dann, wenn die Haftungsfreizeichnungs- oder Haftungsbegrenzungsklausel zugunsten eines Dritten wirkt, der die Funktion eines selbständigen Erfüllungsgehilfen ausübt, wie zum Beispiel ein Subunternehmen.[32] Denn die Erstreckung der Wirksamkeitsgrenzen dieser Klauseln ist nicht davon abhängig, daß ein arbeitsrechtlicher Freistellungsanspruch des Schädigers gegenüber dem AGB-Verwender besteht.[33] Entscheidend ist allein, daß die Haftungsfreizeichnungs- oder Haftungsbegrenzungsklausel die allgemein akzeptierten Wirksamkeitsgrenzen respektiert. Dann macht es keinen materiellen Unterschied, ob der Schadensersatzanspruch des Geschädigten gegenüber dem AGB-Verwender oder gegenüber dem Schädiger von einer Haftungsfreizeichnungs- oder Haftungsbegrenzungsklausel erfaßt wird. Maßgebend ist dabei stets, ob die Einbeziehung des Dritten unter Berücksichtigung der Kriterien von § 328 BGB in wirksamer Weise vollzogen worden ist.[34] Zwar steht der unmittelbaren Anwendung von § 328 BGB der Einwand entgegen, daß es bei der bloßen Erstreckung von Haftungsfreizeichnungs- oder Haftungsbegrenzungsklauseln auf einen Dritten an einem zu seinen Gunsten abgegebenen Leistungsversprechen fehlt.[35] Doch spricht nichts dagegen, die Norm des § 328 BGB analog anzuwenden: Zwar erhält der Dritte keinen unmittelbaren Leistungsanspruch, wohl aber kann er sich zu seinen Gunsten auf die Haftungsfreizeichnungs- oder Haftungsbegrenzungsklausel mit Erfolg genauso berufen wie der AGB-Verwender selbst. Wie *Blaurock*[36] gezeigt hat, liegt deshalb die Parallele zum Vertrag zugunsten Dritter nahe, so daß jedenfalls § 328 Abs. 1 BGB analog zur Anwendung gelangt. 7

---

[26] Löwe/Graf von Westphalen/Trinkner, Großkommentar, Bd. II § 11 Nr. 7 Rz. 47.

[27] Schlosser/Coester-Waltjen/Graba, AGBG, § 11 Nr. 7 Rz. 41; Staudinger/Schlosser AGBG § 11 Nr. 7 Rz. 17; Wolf/Horn/Lindacher, AGBG, § 11 Nr. 7 Rz. 19; Ulmer/Brandner/Hensen, AGBG, § 11 Nr. 7 Rz. 12.

[28] Palandt/Heinrichs, AGBG, § 11 Anm. 7b; MünchKomm/Kötz, AGBG, § 11 Rz. 58.

[29] BGH ZIP 1985, 687, 689; so insbesondere auch Schmidt-Salzer, Produkthaftung, Bd. II Rz. 3.501f.

[30] BGH NJW 1984, 1350 – Kühllager; BGH ZIP 1984, 971 – Textilveredelung.

[31] So mit Recht auch Schmidt-Salzer, Produkthaftung, Bd. II Rz. 3.503.

[32] Schmidt-Salzer, Produkthaftung, Bd. II Rz. 3.504.

[33] Vgl. aber BGH NJW 1962, 388, 389; BGH ZIP 1985, 687, 689.

[34] Hierzu im einzelnen Blaurock ZHR 146 (1982) 238, 251.

[35] Blaurock a. a. O.

[36] Blaurock a. a. O.

8 Da die Erstreckung von Haftungsfreizeichnungs- und Haftungsbegrenzungsklauseln zugunsten eines Dritten von der jeweiligen Vertragsgestaltung abhängig ist, beantwortet sich auch auf dieser Ebene die Frage, in welchem Umfang und für welche Ansprüche der Geschädigte – auch im Rahmen seines Direktanspruchs gegenüber dem Schädiger – auf die Haftungsfreizeichnungs- oder Haftungsbegrenzungsklausel verwiesen wird. Dies gilt nicht zuletzt auch für die deliktsrechtliche Eigenhaftung des Mitarbeiters.[37] Demzufolge bleibt es bei der deliktsrechtlichen Eigenhaftung des Mitarbeiters gemäß § 328 BGB, sofern die Haftungsfreizeichnungs- oder Haftungsbegrenzungsklausel des AGB-Verwenders diesen Anspruch nicht erfaßt.[38] Umgekehrt: Bezieht sich die Haftungsfreizeichnungs- oder Haftungsbegrenzungsklausel des AGB-Verwenders auch auf deliktsrechtliche Ansprüche innerhalb der für die Gewährleistung anerkannten Wirksamkeitsgrenzen,[39] so geht der Geschädigte leer aus.[40]

2. Die stillschweigende Erstreckung von Haftungsfreizeichnungs- und Haftungsbegrenzungsklauseln auf die Eigenhaftung von Mitarbeitern

a) Der jeweilige Vertragszweck sowie die typische Beteiligung Dritter

9 Die Wirksamkeitsgrenzen von Haftungsfreizeichnungs- und Haftungsbegrenzungsklauseln sind auch auf Dritte – mangels einer ausdrücklichen Regelung – zu erstrecken, sofern dies aufgrund des Vertragszwecks und der typischen Beteiligung Dritter an der Erfüllung des Vertrages gerechtfertigt ist.[41] Mangels ausreichender Indizien für eine stillschweigende Erstreckung der Haftungsfreizeichnungs- oder Haftungsbegrenzungsklauseln auf den schädigenden Dritten bietet sich eine analoge Anwendung von § 328 Abs. 2 BGB – bezogen auf den jeweiligen Vertragszweck – an,[42] um den Dritten in den Genuß der Haftungsfreizeichnungs- oder Haftungsbegrenzungsklausel gelangen zu lassen. So gesehen kommt es also auf die Schutzwirkung der Haftungsfreizeichnungs- oder Haftungsbegrenzungsklausel zugunsten des Dritten an.[43] Denn der in § 328 Abs. 2 BGB zum Ausdruck gekommene Gedanke, daß nämlich in einem Dreipersonen-Verhältnis die Umstände und der Zweck des Vertrages dafür maßgebend sein sollen, in welchem Umfang der Dritte Rechte erwerben soll, bietet auch für die hier interessierende Fragestellung den zutreffenden Ansatz.[44] So gesehen wird man – mangels ausreichender Indizien für eine stillschweigende Erstreckung der Haftungsfreizeichnungs- der Haftungsbegrenzungsklausel auf einen Dritten – von einer Lücke innerhalb der AGB ausgehen können.[45]

10 Derartige Lücken sind anerkanntermaßen im Wege der ergänzenden Vertragsauslegung gemäß §§ 133, 157 BGB zu füllen.[46] Denn es handelt sich hier um eine von Anfang an bestehende Lücke, die nicht auf einer unwirksamen Einbeziehung oder auf dem Ergebnis richterlicher Inhaltskontrolle von AGB-Klauseln beruht.[47] Für eine an den §§ 133, 157

---

[37] BGH BB 1975, 1031 – Spannkupplung; BGH VersR 1979, 278, 279 – Lehrlingshaftung; BGH VersR 1979, 956, 957 – Heizöl-Anlieferer.

[38] Vgl. BGH BB 1977, 162 — Schwimmschalter.

[39] BGH NJW 1979, 2148 – Kartonmaschine.

[40] Hierzu im einzelnen auch Schmidt-Salzer, Produkthaftung, Bd. II Rz. 3.487ff.

[41] BGH ZIP 1985, 687, 689; BGH VersR 1980, 572, 573; Blaurock, ZHR 146 (1982) S. 238, 252ff.; Schmidt-Salzer, Produkthaftung, Bd. II Rz. 3.507ff.

[42] BGH ZIP 1985, 687, 689.

[43] Vgl. BGHZ 49, 278; BGHZ 61, 227.

[44] BGH VersR 1980, 572, 573; BGH ZIP 1985, 687, 689; Blaurock, ZHR 1146 (1982) S. 238, 252f.

[45] Vgl. auch Schmidt-Salzer, Produkthaftung, Bd. II Rz. 3.509; Blaurock ZHR 146 (1982) S. 238, 257.

[46] Ulmer/Brandner/Hensen, AGBG, § 6 Rz. 43; Staudinger/Schlosser, AGBG, § 5 Rz. 29; Ermann/Hefermehl, AGBG, § 5 Rz. 8f.

[47] BGHZ 92, 363, 370.

BGB orientierte Auslegung spielt indessen nicht nur der nach § 328 Abs. 2 BGB maßgebende Vertragszweck eine wichtige Rolle, sondern auch die Erkenntnis, daß typischerweise bei der Vertragserfüllung Dritte beteiligt sind: Ist folglich dem Geschädigten bekannt oder hätte ihm bekannt sein müssen, daß typischerweise Dritte bei der Abwicklung des Vertrages eingeschaltet sind, so sind Haftungsfreizeichnungs- oder Haftungsbegrenzungsklauseln auch auf den Schutz dieser Dritten zu erstrecken.[48] Denn unter diesem Betracht hängt es rein vom Zufall ab, ob ein Schadensersatzanspruch unmittelbar gegenüber dem AGB-Verwender oder gegenüber einem – typischerweise – eingeschalteten Dritten geltend gemacht werden kann. Fehlt es nämlich an einer materiell-rechtlichen Differenzierungsmöglichkeit zwischen der Eigenhaftung des AGB-Verwenders, auf die sich die Haftungsfreizeichnungs- oder Haftungsbegrenzungsklausel erstreckt, und der Eigenhaftung des schädigenden Dritten, den die AGB-Klausel „ausspart", dann besteht eine Lücke im Haftungskonzept, die über §§ 133, 157 BGB zu schließen ist. Hierzu bietet jedoch jede als typisch einzuordnende Situation Anlaß, falls nach Art und Umfang des Unternehmens für den Gläubiger erkennbar ist, daß der AGB-Verwender – zur Erfüllung des Vertragszwecks – Arbeitnehmer, Angestellte, Erfüllungsgehilfen oder sonstige Dritte einsetzen muß und üblicherweise einsetzt.[49]

b) Das Bestehen eines arbeitsrechtlichen Freistellungsanspruchs

Notwendigerweise wird die damit bestehende Lücke im Wege ergänzender Vertrags- 11
auslegung gemäß §§ 133, 157 BGB vor allem dann geschlossen, wenn im Bereich leichter Fahrlässigkeit zugunsten des Schädigers ein Freistellungsanspruch gegenüber dem AGB-Verwender/Arbeitgeber besteht.[50] Denn unter dieser Voraussetzung haftet der schädigende Dritte nicht für den eingetretenen Schaden; vielmehr ist er berechtigt, diesen im Rahmen eines Freistellunganspruchs auf den AGB-Verwender/Arbeitgeber abzuwälzen. Im Ergebnis haftet dann also der Arbeitgeber, obwohl er sich in wirksamer Weise gegenüber dem Geschädigten von der Haftung freigezeichnet oder diese begrenzt hat.[51] Denn unter dieser Voraussetzung ist nicht damit zu rechnen, daß der Geschädigte den schädigenden AGB-Verwender als seinen Vertragspartner aus der Haftung entlassen, den schädigenden Angestellten jedoch an der Haftung festhalten will.[52]

Die Prinzipien der ergänzenden Vertragsauslegung gemäß §§ 133, 157 BGB gelten 12
auch, soweit deliktsrechtliche Ansprüche gegenüber dem schädigenden Dritten geltend gemacht werden.[53] Freilich setzt dies voraus, daß sich die Haftungsfreizeichnungs- oder Haftungsbegrenzungsklausel des AGB-Verwenders selbst auf deliktsrechtliche Ansprüche bezieht, so daß insoweit keine Lücke besteht.[54] Denn diese kann nicht mit Hilfe der ergänzenden Vertragsauslegung gemäß §§ 133, 157 BGB geschlossen werden. Vielmehr gelten dann die allgemeinen Erwägungen, die bei unzureichend formulierten Haftungsfreizeichnungs- oder Haftungsbegrenzungsklauseln und wegen ihres nicht abschließend geklärten Umfangs eingreifen *(§ 9 Rz. 6ff.)*.

c) Der selbständige Dritte

Gewisse Zurückhaltung ist freilich dann geboten, wenn der schädigende Dritte kein 13
weisungsabhängiger Arbeitnehmer/Angestellter oder Mitarbeiter, sondern ein – selbstän-

---

[48] Blaurock ZHR 146 (1982), S. 238, 253.
[49] Blaurock ZHR 146 (1982) S. 238, 254; Schmidt-Salzer, Produkthaftung, Bd. II Rz. 3.512f.
[50] BGH NJW 1962, 388, 389; BGH ZIP 1985, 687, 689; Schmidt-Salzer, Produkthaftung, Bd. II Rz. 3.514f.
[51] BGH NJW 1962, 388, 389.
[52] BGH NJW 1962, 388, 389.
[53] BGH ZIP 1985, 687, 689.
[54] Vgl. BGH BB 1977, 162 – Schwimmschalter.

diger – Dritter ist, wie zum Beispiel ein Subunternehmer. Denn hier gebietet die analoge Anwendung von § 328 Abs. 2 BGB – bezogen auf den Vertragszweck – nur dann die Erstreckung der jeweiligen Haftungsfreizeichnungs- oder Haftungsbegrenzungsklausel auf selbständige Dritte, wenn der Geschädigte typischerweise damit rechnet, daß der AGB-Verwender/Schuldner selbständige Dritte zur Erfüllung des Vertrages einschaltet. Notwendigerweise wird dies wesentlich seltener zu bejahen sein, als in den Fällen, in denen sich die Haftungsfreizeichnungs- oder Haftungsbegrenzungsklausel auf unselbständige, d. h. weisungsgebundene Arbeitnehmer, d. h. Angestellte oder Mitarbeiter des AGB-Verwenders erstrecken soll. Insbesondere ist in diesem Zusammenhang darauf hinzuweisen, daß der Grundsatz der arbeitsrechtlichen Freistellungsverpflichtung nicht gegenüber einem – selbständigen – Dritten gilt. Notwendigerweise muß deshalb der Geschädigte nicht damit rechnen, an der zugunsten des AGB-Verwenders wirkenden Haftungsfreizeichnungs- oder Haftungsbegrenzungsklausel festgehalten zu werden.[55] Denn die Haftung gegenüber dem schädigenden Dritten trifft keineswegs notwendigerweise eine vermögenslose oder doch zumindest weniger vermögende Partei, wie dies für Arbeitnehmer, Angestellte oder sonstige Abhängige, d. h. weisungsgebundene Mitarbeiter zutrifft.[56] So gesehen ist die berechtigte Erwartung des geschädigten Vertragspartners, aufgrund der zugunsten des AGB-Verwenders wirkenden Haftungsfreizeichnungs- oder Haftungsbegrenzungsklausel eine hiervon nicht erfaßte – unabhängige – Haftung gegenüber dem schädigenden Dritten zu besitzen, durchaus schutzwürdig. Umgekehrt: Das Fehlen einer arbeitsrechtlichen Freistellungsverpflichtung bedeutet, daß der AGB-Verwender keinen Anlaß hat, von einer Parallelwirkung der Haftungsfreizeichnungs- oder Haftungsbegrenzungsklausel zugunsten des AGB-Verwenders sowie zugunsten des unselbständigen Arbeitnehmers, Angestellten oder Mitarbeiters auszugehen, sondern daß er vielmehr verpflichtet ist, den – selbständig handelnden – Dritten vor Schadensersatzansprüchen kraft ausdrücklicher Regelung zu schützen.[57]

§ 17. Untersuchungs- und Rügepflichten

I. Bedeutung der §§ 377, 378 HGB

1 Die Bestimmungen der §§ 377, 378 HGB verkörpern ein Rechtsinstitut, das nur dem Handelsrecht unter der Voraussetzung eigen ist, daß der Kauf für beide Teile ein Handelsgeschäft im Sinn der §§ 343, 344 HGB ist. Für den Werklieferungsvertrag (vgl. § 651 BGB) gilt die Parallelvorschrift des § 381 Abs. 2 HGB. Die Bedeutung dieser Bestimmungen kann – gerade unter der Perspektive der Produkthaftung – schlechterdings nicht überschätzt werden, weil in der Praxis keineswegs immer die strikten Rügeerfordernisse der §§ 377, 378 HGB respektiert werden, so daß sich vor allem immer wieder Versicherer darauf berufen, der geschädigte Käufer habe seine Obliegenheiten zur rechtzeitigen Rüge nicht ordnungsgemäß erfüllt. Denn das Alles-oder-Nichts-Prinzip des § 377 Abs. 2 HGB ist ein scharfes, schneidendes Schwert, weil die Ware als genehmigt gilt, sofern der Käufer die rechtzeitige Rüge unterlassen hat.

II. Tatbestandselemente des § 377 HGB

1. Der Begriff des Handelsgeschäfts

2 Die §§ 377, 378 HGB gelten immer dann, wenn der Kauf für beide Seiten ein Handelsgeschäft im Sinn der §§ 343, 344 HGB ist. Erfaßt wird damit ebenso der Tausch wie der

---

[55] VGl. BGH NJW 1962, 388, 389.
[56] Vgl. BGH NJW 1962, 388, 389.
[57] So auch im Ergebnis Schmidt-Salzer, Produkthaftung, Bd. II Rz. 3.539f.

Kauf auf Probe gem. §§ 495, 496 BGB und der Kauf nach Probe im Sinn von § 494 BGB.[1] Im Vordergrund des praktischen Interesses steht der Kaufvertrag über Waren; aber es ist zu berücksichtigen, daß gem. § 381 Abs. 2 HGB auch der Werklieferungsvertrag über nicht vertretbare bewegliche Sachen dem strikten Rügeerfordernis des § 377 HGB unterworfen ist. Die Grenzziehung zwischen einer vertretbaren und einer nicht vertretbaren Sache im Sinn von § 651 BGB[2] ist danach zu vollziehen, ob die herzustellende Sache den besonderen Bestellerwünschen angepaßt ist und deshalb derartige individuelle Merkmale besitzt, daß sie auf dem Markt nicht ohne weiteres austauschbar[3] und daher für den Unternehmer gar nicht anderweitig oder nur schwer anderweitig absetzbar ist, wie z. B. eine Spezialanlage, nicht aber eine nach Prospekt gekaufte Anlage.[4] Soweit danach gem. § 651 BGB Werksvertragrecht Anwendung findet, scheiden die Bestimmungen der §§ 377, 378, 381 HGB aus.[5].

3 Zwingende weitere Voraussetzung ist die Feststellung, daß beide Teile Kaufleute sind, und zwar sowohl im Zeitpunkt des Abschlusses des Kaufvertrags als auch im Zeitpunkt der Ablieferung der Ware.[6] Dabei macht es keinen Unterschied, ob es sich um einen Voll- oder um einen Minderkaufmann handelt; auch der Minderkaufmann ist als Käufer verpflichtet, die Untersuchungs- und Rügeobliegenheiten gem. §§ 377, 378 zu erfüllen.[7]

2. Ablieferung der gekauften Ware

a) Der Begriff

4 Die Ablieferung ist ein faktischer Vorgang. Darunter ist eine einseitige Handlung des Verkäufers zu verstehen, bei der der Käufer die Möglichkeit erlangt, sich den Gewahrsam an der Sache zu verschaffen.[8] Demzufolge liegt immer dann eine Ablieferung im Sinn von § 377 Abs. 1 HGB vor, wenn die Kaufsache in der Art dem Käufer zugänglich gemacht worden ist, daß er sie auf ihre Beschaffenheit prüfen kann.[9] Folglich muß der Käufer anstelle des Verkäufers die Verfügungsmöglichkeit über die Kaufsache erhalten haben.[10] Dies gilt selbst dann, wenn – wie z. B. bei einer Maschine – Teillieferungen vorgenommen werden: Hier reicht es aus, daß diese am Bestimmungsort in den Gewahrsam des Käufers übergehen.[11] Selbstverständlich gilt dies aber dann nicht, wenn der Verkäufer zusätzlich die Verpflichtung zur Montage übernommen hat, weil dann der Käufer erst – nach Erfüllung der Montagepflicht durch den Verkäufer – in der Lage ist, die Kaufsache zu erproben und über sie tatsächlich zu verfügen.[12]

5 Die Ablieferung der Kaufsache im Sinn von § 377 Abs. 1 HGB begründet für den Käufer die Obliegenheit, eine unverzügliche Untersuchung vorzunehmen. Wird diese versäumt oder nicht rechtzeitig wahrgenommen, so führt dies wegen der dann notwendigerweise verspäteten Rüge zum Rechtsverlust gemäß § 377 Abs. 2 HGB. Diese einschneidende Rechtsfolge ist indessen nur dann gerechtfertigt, wenn für den Käufer bei „objekti-

---

[1] RGRK-HGB/Brüggemann § 377 Rz. 10; Baumbach/Duden/Hopt § 377 Anm. 1 A jeweils m. w. N.

[2] BGH BB 1977, 162 – Schwimmschalter.

[3] BGH MDR 1966, 496 – Werbefilm.

[4] BGH BB 1977, 162 – Schwimmschalter.

[5] RGRK-HGB/Brüggemann § 381 Rz. 11.

[6] RGRG-HGB/Brüggemann § 377 Rz. 14; vgl. auch Meeske, Die Mängelrüge, 23 f.

[7] BGH NJW 1980, 783; im übrigen RGRK-HGB/Brüggemann § 377 Rz. 15 ff. betreffend weitere Fallgestaltungen.

[8] BGH NJW 1961, 730.

[9] BGH LM Nr. 10 zu § 377 HGB.

[10] BGH NJW 1985, 1333, 1334.

[11] BGH NJW 1961, 730.

[12] BGH a. a. O.

ver Betrachtungsweise" erkennbar ist, daß die Kaufsache in Vollziehung des Kaufvertrages nunmehr ihm, dem Käufer, anstelle des Verkäufers – durch Einräumung der tatsächlichen Sachherrschaft – zur Verfügung steht, so daß er sie untersuchen kann.[13] Demzufolge kommt es auf diese – „objektive Erkennbarkeit des Ablieferungsvorgangs"[14] – an, wenn zum Beispiel vereinbart ist, daß die Kaufsache noch längere Zeit nach Abschluß des Kaufvertrages beim Verkäufer verbleiben soll und erst später vom Käufer abzuholen ist.

b) Zulässigkeit einer abweichenden Vereinbarung

6 Ob eine Parteivereinbarung geeignet ist, den „Ablieferungsort" – entgegen seinem faktischen Anschein – zu ändern, ist umstritten.[15] Begreift man auf Basis der h. M. die Ablieferung als faktischen Vorgang,[16] so schließt dies eine Parteivereinbarung jedenfalls insoweit aus, als der in der Ablieferung dokumentierte äußere – faktische – Anschein den Wechsel der Verfügungsbefugnis zwischen Verkäufer und Käufer zum Gegenstand hat und durch eine Parteivereinbarung nicht entkräftet werden kann. Damit ist freilich nichts darüber gesagt, daß eine **Parteivereinbarung** nicht darauf abzielen könnte, die in § 377 Abs. 1 HGB zugrunde gelegte Kongruenz zwischen Ablieferung und Untersuchungspflicht in der Weise abzuändern, daß der Käufer nicht verpflichtet ist, die Untersuchung am Ablieferungsort vorzunehmen.[17]

c) Ablieferung an anderen Plätzen – Stillschweigende Vereinbarung

7 Die Frage, wo sich die Ablieferung im Sinn von § 377 Abs. 1 HGB vollzieht, ist immer dann von hoher praktischer Bedeutung, wenn die Kaufsache nicht unmittelbar beim Käufer abgeliefert wird. Doch hat der Käufer auch dann im Sinn von § 377 Abs. 1 HGB die Verfügungsbefugnis über die Kaufsache erhalten, wenn diese bei einem Beauftragten des Käufers abgeliefert oder einem vom Käufer beauftragten Spediteur oder Frachtführer übergeben wurde.[18] Die sich daraus ergebenden Konsequenzen sind für die Praxis von hoher Bedeutung, weil sich stets die Frage stellt, ob die Parteien nicht eine **stillschweigende** Vereinbarung darüber getroffen haben, daß sie nach § 377 Ab. 1 HGB geschuldete Untersuchung nicht am Ablieferungsort stattfinden soll. Dies ist zum Beispiel dann zu bejahen, wenn eine für Übersee bestimmte Ware „in verstärkter seemäßiger Verpackung" und „FOB gemäß Incoterms" verschifft wird,[19] weil bei dieser Sachlage – kraft stillschweigender Vereinbarung – der Ablieferungsort nicht am Verschiffungsort, sondern am Bestimmungsort in Übersee liegt. Aus der Vereinbarung der FOB-Klausel läßt sich dieser Schluß jedoch – ganz allgemein – nicht ableiten.[20] Vielmehr kommt es auf die besonderen Umstände, insbesondere auch auf die Warengattung und die Art der Verpakkung an, weil eine – stillschweigende – Verlagerung der Untersuchungspflicht davon abhängig ist, ob es dem Käufer zuzumuten ist, die Ware bei der Verladung – also im Abladehafen – zu untersuchen.[21] So ist es zum Beispiel dem Käufer zuzumuten, die Qualität einer in Constanza georderten Partie von Öl im Abladehafen zu untersuchen, indem dort zum Beispiel die erforderlichen Stichproben genommen wurden.[22] Ist zwischen Verkäufer und Käufer die Klausel vereinbart „frei im Container gestaut", so liegt der Abliefe-

[13] BGH NJW 1985, 1333, 1334.
[14] BGH a. a. O.
[15] Bejahend BGH NJW 1985, 1333, 1334; verneinend RGRK-HGB/Brüggemann § 377 Rz. 34.
[16] RGRK-HGB/Brüggemann § 377 Rz. 25.
[17] So in der Sache auch RGRK-HGB/Brüggemann § 377 Rz. 34.
[18] BGHZ 60, 5, 7 – Verfrachter; RGZ 91, 289, 290; RGZ 96, 247 – Spediteur.
[19] BGH BB 1953, 186.
[20] BGH WM 1973, 104, 105.
[21] BGH a. a. O.
[22] BGH WM 1973, 104, 106.

rungsort im Sinne von § 377 Abs. 1 HGB – jedenfalls bei Schnitthölzern, die für einen Käufer in Übersee bestimmt sind – am Abladehafen, weil beim Verstauen des Schnittholzes in die Container eine Stichprobenkontrolle auf etwaige Mängel durchaus möglich ist.[23] Ob allein die Tatsache, daß eine Kaufsache „serienmäßig verpackt" ist, und ob die Vereinbarung einer FOB-Klausel auf eine stillschweigende Verlagerung des Untersuchungsortes im Sinn von § 377 Abs. 1 HGB schließen läßt, läßt sich nicht generell sagen, sondern ist nur unter Vorliegen besonderer Umstände zu bejahen, zum Beispiel dann, wenn es dem Käufer unzumutbar ist, die seemäßige Verpackung – zwecks Durchführung einer Stichprobenkontrolle – zu öffnen.[24]

Notwendigerweise verschiebt sich der Ort der Ablieferung im Sinn von § 377 Abs. 1 HGB, wenn es sich um Lieferungen im sogenannten **Streckengeschäft** handelt: Ist nämlich der Verkäufer aufgrund des Vertrages verpflichtet, unmittelbar an den Abkäufer des Käufers zu liefern, so liegt der Ort der Ablieferung beim Empfänger der Ware, nicht aber beim Käufer.[25] Veräußert der Käufer die Ware weiter und überläßt er die Untersuchung der Ware seinem Abnehmer, so hat er jedenfalls dafür Sorge zu tragen, daß der Abnehmer ihn sobald als möglich von den Ergebnissen der Untersuchung benachrichtigt.[26] Allerdings hat der BGH in einer neueren Entscheidung die Antwort auf die Frage offengelassen, ob der Käufer nicht möglicherweise auch in diesen Fällen verpflichtet ist, den Mangel in gleicher Weise „unverzüglich" im Sinn von § 377 Abs. 1 HGB zu rügen, als wenn er die Ware selbst – anstelle seines Abkäufers – untersucht hätte.[27] Im Zweifel ist dies zu bejahen.[28] Allein der Umstand, daß der Verkäufer Kenntnis davon hat, der Käufer werde die Ware weiter veräußern, ist noch nicht gleichbedeutend mit einer – stillschweigenden – Abänderung der am Ablieferungsort geschuldeten Untersuchungspflicht im Sinn von § 377 Abs. 1 HGB. Für weitere Spezialfragen sei auf die Literatur verwiesen.[29] 8

3. Mangel – Falschlieferung – Quantitätsmangel

Die §§ 377, 378 HGB – gleiches gilt für § 381 Abs. 2 HGB – sind nur dann anwendbar, wenn und soweit ein Mangel im Sinn von § 377 Abs. 1 HGB oder eine Falschlieferung bzw. ein Quantitätsmangel im Sinn von § 378 HGB vorliegt. 9

a) Die Mangelhaftigkeit der Kaufsache

Die Voraussetzungen, unter denen ein Sachmangel im Sinn von § 459 Abs. 1 BGB vorliegt oder eine Eigenschaftszusicherung der Kaufsache gemäß § 459 Abs. 2 BGB anzunehmen ist, sind an anderer Stelle im einzelnen dargelegt *(§§ 1, 2)*. Soweit ein Mangel der Verpackung *(§ 1 Rz. 15)* Gewährleistungsansprüche auslöst, gilt auch insoweit die Untersuchungs- und Rügepflicht gemäß § 377 Abs. 1 HGB. Stets aber muß es sich um Ansprüche handeln, die auf einen Mangel der Kaufsache oder auf einer Falschlieferung beruhen, es müssen also „Gewährleistungsansprüche im weiteren Sinn"[30] sein, um die Untersuchungs- und Rügepflicht des Käufers auszulösen. Dies ist dann zu verneinen, wenn der Schaden auf die Verletzung einer kaufvertraglichen **Nebenpflicht** zurückzuführen ist, zum Beispiel wegen unsachgemäßer Versendung gefüllter Batterien.[31] Nach Auffassung 10

---

[23] BGH WM 1981, 847, 848.
[24] RGRK-HGB/Brüggemann § 377 Rz. 35f. m. w. N.
[25] BGH NJW 1954, 1841; BGH NJW 1978, 2394.
[26] RGZ 55, 210, 211; BGH NJW 1954, 1841.
[27] BGH NJW 1978, 2394.
[28] RGRK-HGB/Brüggemann § 377 Rz. 38.
[29] Stötter DB 1976, 949ff. – betreffend Ort und Zeit der von einem Käufer/Importeur vorzunehmenden Mängeluntersuchung; Raisch, Festschrift für Duden, 1977, 399ff.
[30] BGHZ 66, 208, 213 – Batterien.
[31] Kritisch hierzu Hönn BB 1978, 685ff.

des BGH ist im Ergebnis § 377 HGB immer dann nicht anwendbar, wenn der geltend gemachte Anspruch des Käufers seinerseits nicht der Verjährungsfrist des § 477 BGB unterworfen ist.[32] Deshalb sei auf die an anderer Stelle dargelegten Erörterungen verwiesen *(§ 5 Rz. 4)*.

11 Freilich bedeutet die Nichtanwendbarkeit des „Alles-oder-Nichts"-Prinzips des § 377 Abs. 2 HGB nicht, daß der Käufer in diesen Fällen überhaupt nicht verpflichtet ist, eine Untersuchung vorzunehmen, um festzustellen, ob und in welchem Umfang der Verkäufer eine kaufvertragliche Nebenpflicht verletzt hat. Vielmehr gilt in diesen Fällen der Grundsatz **mitwirkenden Verschuldens** gemäß § 254 BGB, soweit der Käufer eine ihm nach Treu und Glauben gemäß § 242 obliegende Untersuchungspflicht verletzt hat.[33] Auf diese Weise wird ein sachgerechter Ausgleich zwischen den beiderseitigen Interessen des Verkäufers und denen des Käufers erreicht, dessen konkrete Beurteilung freilich von den Umständen des Einzelfalls abhängig ist.

b) Die Falschlieferung

12 Die Abgrenzung, unter welchen Voraussetzungen eine Falschlieferung oder lediglich eine Schlechtlieferung vorliegt, ist ausgesprochen schwierig: Liegt nämlich ein echter Mangel vor, so muß gemäß § 377 HGB stets gerügt werden, auch wenn der Mangel die Kaufsache völlig unbrauchbar macht.[34] Hingegen ist bei einer Falschlieferung – aliud – in der Regel nur dann eine eindeutige Grenzziehung gegenüber einer nach § 377 HGB zu beurteilenden Schlechtlieferung möglich, wenn es sich beim Spezieskauf um ein Identitätsaliud handelt; in der Praxis bereitet deshalb die hier interessierende Abgrenzung beim Gattungskauf erhebliche Schwierigkeiten.[35]

aa) Beim Gattungskauf

13 **aaa) Der Standpunkt der Judikatur.** Es entspricht ständiger BGH-Judikatur, beim Gattungskauf die Abgrenzung zwischen Schlecht- und Falschlieferung unter Berücksichtigung des dem Verkäufer bekannten **Vertragszwecks** und der Verkehrsanschauung vorzunehmen.[36] Letzten Endes ist die Verkehrsauffassung dafür maßgebend, ob im Einzelfall die vertragliche Vereinbarung einer bestimmten Beschaffenheit der Kaufsache bereits als Festlegung eines besonderen Gattungsmerkmals aufzufassen ist, oder ob die Parteien nicht vielmehr lediglich bestimmt haben, mit welchen besonderen Eigenschaften die aus einer vorgegebenen Gattung zu leistende Ware ausgestattet sein soll.[37] Werden zum Beispiel Kühlschränke geliefert, die infolge Mangelhaftigkeit der Aggregate entweder überhaupt nicht oder zu tief kühlen, so sind zwar die Kühlschränke für den vorgesehenen Vertragszweck unbrauchbar, aber nach der – als maßgebend angesehenen – Verkehrsanschauung dennoch als – mangelhafte – Kühlschränke zu qualifizieren.[38] Mehr noch: Werden infolge eines Versehens des Lieferanten anstelle der in einer statischen Berechnung ausgewiesenen 40 cm hohen Wellstegträger solche mit einer Höhe von nur 32 cm geliefert, so ist eine derartige Normabweichung – wiederum: nach der für maßgeblich anzusehenden Verkehrsauffassung – nicht als Falschlieferung aus einer anderen Warengattung aufzufassen, sondern es liegt eine Schlechtlieferung vor.[39] Hingegen liegt dann eine Falschlieferung

---

[32] BGHZ 66, 208, 214 – Batterien.

[33] BGHZ 66, 208, 214 – Batterien.

[34] So mit Recht RGRK-HGB/Brüggemann § 378 Rz. 11.

[35] Hierzu Soergel/Huber vor § 459 Rz. 86ff.; von Caemmerer, Festschrift für Wolff, 3ff.; RGRK-HGB/Brüggemann § 378 Rz. 9ff.; Fabricius JuS 1964, 46ff.; Marburger JuS 1976, 638ff.; Schmidt NJW 1962, 710ff.

[36] BGH DB 1969, 1956; BGH NJW 1978, 2394 – Kühlschränke.

[37] BGH NJW 1975, 2011 – Wellstegträger; BGH BB 1989, 518 – Glykolhaltiger Wein.

[38] BGH NJW 1978, 2394.

[39] BGH NJW 1975, 2011; kritisch hierzu mit beachtlichen Gründen Marburger JuS 1976, 638ff.

vor, wenn nicht beihilfefähiges Magermilchpulver an die Interventionsstelle im Rahmen der EWG-Agrarmarktordnung geliefert wird, weil dann die gelieferte Ware – gemessen an ihren allgemeinen Beschaffenheitsmerkmalen – von der nach dem Vertrag zu liefernden Ware vollständig abweicht.[40]

Wird hingegen anstelle der vertraglich geschuldeten Sache eine Sache aus einer **anderen Gattung** geliefert, so kommt es entscheidend auf die Interpretation des Ausnahmetatbestandes von § 378 HGB, d. h. darauf an, ob die Abweichung der gelieferten Ware von der bestellten offensichtlich so erheblich war, daß der Verkäufer ,,die Genehmigung des Käufers als ausgeschlossen betrachten mußte". Dabei besteht Einvernehmen darüber, daß der Ausnahmetatbestand der ,,Genehmigungsunfähigkeit" der Kaufsache im Sinn von § 378 HGB eng auszulegen ist.[41] Aber es bedarf stets sorgfältigster Prüfung – anhand der jeweiligen Kasuistik –, ob die tatsächlich gelieferte Sache genehmigungsunfähig ist, so daß weiterhin der Erfüllungsanspruch des Käufers gem. §§ 433, 320ff. BGB besteht, oder ob Genehmigungsfähigkeit gegeben ist, so daß es entscheidend darauf ankommt, ob der Käufer rechtzeitig im Sinn der §§ 377, 378 HGB gerügt hat, zumal es dann auch regelmäßig auf die kurze Verjährungsfrist des § 477 BGB im Hinblick auf etwaige Gewährleistungsansprüche ankommt.[42] Genehmigungsunfähig im Sinn von § 378 HGB sind zum Beispiel: beim Verkauf von Futterrübensamen die Lieferung von Samen, die zu ⅔ aus Zuckerrübensamen bestanden,[43] beim Verkauf von Samen für Petersilienwurzeln die Lieferung von Samen für Schnittpetersilie,[44] beim Verkauf von gemahlenem Pfeffer die Lieferung eines Gemisch aus Pfeffer und gemahlener Kokosschale,[45] beim Verkauf von Rutile als Grundstoff für Außenanstriche die Lieferung von Anatase, der ein Grundstoff für Innenanstrich ist,[46] beim Verkauf von Sommerweizen die Lieferung von Winterweizen,[47] beim Verkauf von Auslandsschrott die Lieferung von Inlandsschrott der aus EG-rechtlichen Gründen für die Zwecke des Käufers wertlos war[48] oder beim Verkauf von ,,beihilfefähigem" Magermilchpulver an die Interventionsstelle im Rahmen von Stützungsmaßnahmen nach der EG-Agrarmarktordnung die Lieferung von Magermilchpulver, welches aus frischer Magermilch hergestellt und deshalb nicht ,,beihilfefähig" war.[49] 14

In der Praxis hat in diesem Zusammenhang die Frage entscheidende Bedeutung, ob sich aufgrund der vertraglichen Vereinbarung – bezogen auf bestimmte Merkmale einer Gattung – die Auffassung vertreten läßt, der Verkäufer habe eine bestimmte **Eigenschaft** gemäß § 459 Abs. 2 BGB zugesichert, zum Beispiel bei Vereinbarung eines besonderen Verwendungszwecks.[50] Unter dieser Voraussetzung ist es dann gleichgültig, ob es sich um eine Falsch- oder um eine Schlechtlieferung handelt, und es ist auch unerheblich, ob Genehmigungsfähigkeit im Sinn von § 378 HGB anzunehmen ist: Fehlt der Kaufsache die zugesicherte Eigenschaft, so gilt § 480 Abs. 2 BGB.[51] 15

bbb) Schlußfolgerung. Bei der praktischen Bewältigung der hier auftretenden Probleme wird man berücksichtigen müssen, daß die überwiegende Auffassung in der Literatur 16

---

[40] BGH WM 1985, 1361, 1362.
[41] Soergel/Huber vor § 459 Rz. 91.
[42] BGH NJW 1968, 640 – Winterweizen statt Sommerweizen.
[43] RG Warrn 1913 Nr. 279.
[44] RG Warrn 1912 Nr. 372.
[45] BGH BB 1953, 992.
[46] BGH JZ 1967, 321.
[47] BGH NJW 1968, 640.
[48] BGH NJW 1969, 737.
[49] BGH WM 1985, 1361.
[50] BGH BB 1972, 1069 – Fensterlack; BGH WM 1974, 1204 – Spanplatten.
[51] Vgl. Soergel/Huber vor § 459 Rz. 92; RGRK-Brüggemann § 378 Rz. 18ff.

der Ansicht der Rechtsprechung folgt.[52] Freilich finden sich auch Gegenstimmen.[53] Dabei drängt sich eine Differenzierung danach auf, ob der zugrundeliegende Gattungskauf ein beiderseitiges Handelsgeschäft ist.[54]

17 Liegt ein beiderseitiger Handelskauf im Sinn der §§ 343, 377, 378 HGB vor, so ist indessen der Judikatur – wie vorstehend im einzelnen dargestellt – zu folgen. Auch bei einer genehmigungsfähigen Falschlieferung gilt deshalb Sachmängelrecht; insbesondere sind wegen der Gleichstellung von Falsch- und Schlechtlieferung in den §§ 377, 378 HGB die Bestimmungen der §§ 477, 480 BGB anwendbar.[55] Liegen hingegen die Voraussetzungen eines beiderseitigen Handelsgeschäfts im Sinn von § 343 HGB nicht vor, so gelten für die Falschlieferung des § 320ff. BGB.[56] Im einzelnen ist hier sehr vieles streitig; stets wird es deshalb darauf ankommen, die beim Gattungskauf erforderliche Abgrenzung zwischen Falsch- und Schlechtlieferung nicht mit Hilfe begriffsjuristischer Argumentationsketten, sondern interessengerecht zu bewältigen. Deshalb steht die Antwort auf die Frage im Vordergrund, ob die Anwendung der Nichterfüllungsregeln der §§ 320ff. BGB – angesichts der vertraglichen Vereinbarung sowie der entsprechenden Verkehrserwartung des Käufers – gerechtfertigt ist, oder ob das Gewährleistungsrecht als der spezielle Normbereich vorgeht.

18 **bb) Beim Spezieskauf.** Wird beim Spezieskauf nicht die verkaufte, sondern eine **andere Sache** geliefert, steht es – per Saldo – außer Streit, daß der Verkäufer nicht ordnungsgemäß erfüllt hat.[57] In diesem Fall hat die verkaufte Sache keinen Fehler, sondern sie ist schlicht eine andere Sache als diejenige, die im Kaufvertrag bezeichnet war. Ist indessen der zugrundeliegende Kaufvertrag ein beiderseitiges Handelsgeschäft im Sinn von § 343 HGB, so gilt auch in diesem Fall, daß der Käufer zur unverzüglichen Rüge gemäß § 378 HGB – im Grundsatz – verpflichtet ist.[58] Freilich ist die Unterlassung der rechtzeitigen Rüge für den Käufer dann nicht von Nachteil, wenn die gelieferte Ware mit der bestellten so wenig gemein hat, daß sie offensichtlich nicht als Erfüllung des Kaufvertrages aufgefaßt werden kann.[59] Diese Voraussetzung ist jedoch nur dann gegeben, wenn – unter Berücksichtigung des Inhalts des Kaufvertrages und der Verkehrserwartung – ein vernünftiger Kaufmann mit der Lieferung der gelieferten anstelle der verkauften Sache nicht einmal den Versuch unternehmen würde, den zugrundeliegenden Kaufvertrag zu erfüllen.[60] In diesem Fall gelten dann die allgemeinen Vorschriften über Leistungsstörungen gemäß §§ 320ff. BGB.[61] Dabei gilt der Regelsatz, daß bei einer Falschlieferung grundsätzlich eine Genehmigung im Sinn von § 378 HGB nicht in Betracht kommt.[62]

19 **Umstritten** ist die Antwort auf die Frage, ob die Falschlieferung – unter Berücksichtigung der Rügelast gemäß § 378 HGB – hinsichtlich ihrer Rechtsfolgen einer Schlechtliefe-

---

[52] Schlegelberger/Hefermehl § 378 Rz. 12ff.; Baumbach/Duden/Hopt § 378 Anm. 2 C; RGRK-HGB/Brüggemann § 378 Rz. 58ff.

[53] MünchKomm/Westermann § 459 Rz. 19ff.; 23; Palandt/Putzo § 459 Anm. 1e; Fabricius JuS 1964, 1, 46ff.; Knöpfle JZ 1979, 11; Schultz NJW 1980, 2172ff.; Soergel/Huber vor § 459 Rz. 102ff.; Marburger JuS 1983, 1, 9.

[54] Palandt/Putzo § 459 Anm. 1e; Erman/Weitnauer § 459 Rz. 11; MünchKomm/Westermann § 459 Rz. 19ff.

[55] RGZ 86, 90 – Sendai-Seide.

[56] RGRK-HGB/Brüggemann § 378 Rz. 68; Knöpfle JZ 1979, 11 m.w.N.; a.M. Soergel/Huber vor § 459 Rz. 102.

[57] BGH NJW 1979, 811 – Lieferung eines anderen LKW; Palandt/Putzo § 459 Anm. 1e; Soergel/Huber vor § 459 Rz. 108.

[58] Schlegelberger/Hefermehl § 378 Rz. 3; RGRK-HGB/Brüggemann § 378 Rz. 9.

[59] RGRK-HGB/Brüggemann § 378 Rz. 76.

[60] BGH NJW 1979, 811.

[61] Soergel/Huber vor § 459 Rz. 108.

[62] Marburger JuS 1983, 1, 5; einschränkend Soergel/Huber vor § 459 Rz. 108 bei Fn. 84.

rung gleichgestellt ist,[63] oder ob auch in diesem Fall die Nichterfüllungsregeln der §§ 320ff. BGB eingreifen.[64] Freilich ist in diesem Zusammenhang zu berücksichtigen, daß eine allzu rigide Befürwortung des subjektiven Fehlerbegriffs nicht dazu führen darf, bei jedweder Abweichung eine Falschlieferung anzunehmen, die den Regeln der §§ 320ff. BGB folgt.[65] Auf der anderen Seite gilt es zu verhindern, eine sklavische Gleichschaltung zwischen der nach § 378 HGB gebotenen Rügeobliegenheit und der Anwendung des Sachmängelrechts der §§ 459ff. BGB herbeizuführen.[66]

Zu unterscheiden ist der Fall der Falschlieferung von der Lieferung eines sogenannten **Qualifikations-Aliud.** Hiervon ist immer dann zu sprechen, wenn sich nach Lieferung herausstellt, daß die Kaufsache einer anderen Gattung angehört als bei Abschluß des Kaufvertrages zugrunde gelegt, zum Beispiel Lieferung von Zucker anstatt Salz: Diese Fälle sind dem § 459ff. BGB zu unterstellen.[67] Dem folgt auch die Judikatur.[68] Der maßgebende Grund, die Rechtsregeln der §§ 459ff. BGB in diesen Fällen zur Anwendung zu berufen, liegt im subjektiven Fehlerbegriff; gleiches gilt selbstverständlich, sofern eine Eigenschaft im Sinn von § 459 Abs. 2 BGB zugesichert ist.[69] 20

c) Quantitätsmängel

aa) Beim Gattungskauf. Liefert der Verkäufer beim Gattungskauf zu wenig, so behält der Käufer seinen Erfüllungsanspruch; Sachmängelrecht kommt nicht zur Anwendung. Dies gilt auch dann nicht, wenn der Kaufvertrag für beide Teile ein Handelsgeschäft war; freilich ist der Käufer in diesen Fällen verpflichtet, das Manko gemäß § 378 HGB unverzüglich zu rügen, es sei denn, die Fehlmenge ist so wesentlich, daß eine Genehmigung nach Lage der Dinge ausgeschlossen ist.[70] 21

Handelt es sich hingegen um eine Zuviellieferung, so ist der Käufer – ordnungsgemäße Rüge gemäß § 378 HGB vorausgesetzt – berechtigt, die ganze Sendung zurückzuweisen und Neulieferung zu begehren.[71] Für die Anwendung von Sachmängelrecht ist in diesen Fällen kein Raum.[72] 22

bb) Beim Spezieskauf. Notwendigerweise ist beim Spezieskauf eine Zuweniglieferung ein Sachmangel; es gelten die Bestimmungen der §§ 459ff. BGB, und die kaufmännische Rügepflicht folgt selbstverständlich den Grundsätzen der §§ 377, 378 HGB.[73] 23

Liegt hingegen beim Spezieskauf eine Zuviellieferung vor, so ist für die Anwendung der §§ 459ff. BGB kein Raum; gleichwohl ist der Käufer verpflichtet, eine etwaige Überschreitung von Toleranzen – und damit den Tatbestand der Zuviellieferung – unverzüglich im Sinn von § 378 HGB zu rügen. Unterläßt er dies, so ist er verpflichtet, auch den Kaufpreis für die Mehrlieferung zu zahlen; dies gilt auch dann, wenn der Käufer – bei einer Minderlieferung – die rechtzeitige Rüge versäumt hat.[74] Dies gilt selbst dann, wenn 24

---

[63] Schlegelberger/Hefermehl § 377 Rz. 11; RGRK-HGB/Brüggemann § 378 Rz. 72; Soergel/Huber vor § 459 Rz. 108.

[64] Baumbach/Duden/Hopt § 378 Anm. 1 C.

[65] Vgl. BGH NJW 1979, 811 – Lieferung eines anderen LKW; Schultz NJW 1980, 2172ff.; im einzelnen auch, freilich teilweise abweichend Kramer NJW 1979, 2023f.

[66] Zutreffend BGH a. a. O.

[67] RGRK-HGB/Brüggemann § 378 Rz. 72; Soergel/Huber vor § 459 Rz. 109.

[68] RGZ 99, 147: Walfischfleisch – Haifischfleisch; RGZ 135, 339, 342 – Ruisdael; BGH WM 1986, 131, 132 – goldene – vergoldete Rolex-Uhr.

[69] Vgl. RGRK-HGB/Brüggemann § 378 Rz. 72.

[70] RGRK-HGB/Brüggemann § 378 Rz. 73; Soergel/Huber vor § 459 Rz. 10f.

[71] Schlegelberger/Hefermehl § 378 Rz. 19; Soergel/Huber vor § 459 Rz. 114.

[72] Im einzelnen auch Koppensteiner BB 1971, 547ff.

[73] Soergel/Huber vor § 459 Rz. 112.

[74] BGH NJW 1984, 1964, 1965f.; RGRK-HGB/Brüggemann § 378 Rz. 52; Schlegelberger/Hefermehl § 378 Rz. 21; Baumbach/Duden/Hopt § 378 Anm. 2 B.

der Kaufpreis an Stückzahl, Maß oder Gewicht orientiert oder die Minderlieferung unschwer feststellbar ist.[75]

4. Die Rügeobliegenheit

25 § 377 HGB unterscheidet die Rügeobliegenheit danach, ob es sich um einen Mangel handelt, der durch eine gebotene – unverzügliche – Untersuchung nach Ablieferung beim Käufer zutage gefördert wurde – es handelt sich dann um einen **offenen Mangel** im Sinn von § 377 Abs. 1 HGB – oder ob der Mangel sich erst später zeigt, so daß dann ein **versteckter Mangel** im Sinn von § 377 Abs. 3 HGB vorliegt. Die Differenzierung zwischen beiden Fällen hat zu Fragen der Produkthaftung überragende Bedeutung, weil aus der Versäumung der Rüge entsprechend dem in § 377 Abs. 2 HGB verankerten „Alles-oder-Nichts"-Prinzip gefolgert werden muß, daß die Ware in Ansehung des Mangels als „genehmigt" gilt. Dabei kommt es entsprechend der Struktur der §§ 377, 378 HGB ausschließlich auf die rechtzeitige Rüge an, weil das Unterlassen der Untersuchung sanktionslos ist.[76]

a) Die Obliegenheit zur Rüge bei offenen Mängeln

26 Im Blick auf die Rechtzeitigkeit der Untersuchung folgt aus der Formulierung von § 377 Abs. 1 HGB unmittelbar, daß die Untersuchung „unverzüglich" nach der Ablieferung *(§ 17 Rz. 43ff.)* erfolgen muß. „Unverzüglich" bedeutet hier – wie stets – ohne schuldhaftes Zögern (vgl. § 121 BGB). Da der Gesetzgeber in § 377 Abs. 1 HGB auf den „ordnungsgemäßen Geschäftsgang" abgestellt hat, ist ein kaufmännischer Standard erforderlich – mit der Folge, daß bereits eine vermeidbare Nachlässigkeit und eine dadurch bedingte Verzögerung geeignet ist, zum Verlust des Rügerechts zu führen.[77] Stets sind hier die Umstände des Einzelfalls maßgebend, so zum Beispiel, ob die zu untersuchende Ware einem raschen Verderb ausgesetzt ist.[78] Daß der Zeitpunkt der Untersuchung auf die Feiertage fällt, die zwischen dem Weihnachtsfest und Neujahr liegen, ist in der Regel irrelevant.[79] Allerdings gilt dann möglicherweise eine Ausnahme, wenn eine längerwierige oder mühselige Untersuchung, etwa durch einen Sachverständigen als Folge der Mängel erforderlich wird.[80]

b) Umfang und Methoden der Untersuchung

27 In der Regel wird die Durchführung von **Stichproben** ausreichend anzusehen sein; erforderlich ist jedoch allemal, daß diese in angemessener Anzahl und in ausreichender Streuung – repräsentativ – durchgeführt werden.[81] Was die Zahl der zu ziehenden Stichproben angeht, so ist hier die Grenze der Zumutbarkeit zu beachten; diese bestimmt sich nach dem hierfür erforderlichen Kosten- und Zeitaufwand sowie nach den dem Käufer zur Verfügung stehenden technischen Möglichkeiten.[82]

28 Um die Risiken der Produkthaftung zu minimieren, ist es allemal angezeigt, ein geschlossenes Qualitätssicherungssystem mit den jeweiligen Lieferanten zu vereinbaren, welches im Detail Methode und Umfang der zu ziehenden Stichproben einschließt. Soweit eine Vereinbarung zwischen Lieferant und Käufer getroffen worden ist, ist diese im

---

[75] BGH NJW 1984, 1964, 1966.
[76] RGRK-HGB/Brüggemann § 377 Rz. 70; Meeske, Die Mängelrüge, 78.
[77] RGZ 62, 255, 258; RGZ 106, 359, 360; RGRK-HGB/Brüggemann § 377 Rz. 77.
[78] OLG München NJW 1955, 1560 – Südfruchthandel.
[79] BGH LM Nr. 9 zu § 377 HGB.
[80] BGH a. a. O.
[81] LG Aachen BB 1952, 213 – Stoffballen; OLG München NJW 1955, 1560 – Südfruchthandel; BGH BB 1977, 1019 – Pilzragout.
[82] BGH BB 1977, 1019 – Fischragout.

Sinn von § 377 HGB maßgebend; insbesondere bemißt sich nach dem Inhalt der Vereinbarung, unter welchen Voraussetzungen der Käufer berechtigt ist, Gewährleistungsansprüche geltend zu machen. Notwendigerweise richtet sich aber auch die Unterscheidung zwischen einem offenen und einem versteckten Mangel im Sinn von § 377 HGB nach dem Inhalt der Qualitätssicherungsvereinbarung – mit der Folge, daß alle die Mängel als versteckte Mängel gemäß § 377 Abs. 2 HGB zu qualifizieren sind, welche bei der vereinbarungsgemäß durchgeführten Untersuchung nicht entdeckt wurden.

Mangels einer Vereinbarung kommt es regelmäßig darauf an, ob in der betreffenden 29
Branche ein eindeutiger **Handelsbrauch** für Umfang und Methode der durchzuführenden Wareneingangskontrolle anerkannt ist.[83] Demzufolge kommt es auf die Üblichkeit der Untersuchung und das Vorliegen eines an der Üblichkeit ausgerichteten Handelsbrauchs nicht an, weil nämlich bei der Anwendung solcher Maßstäbe Nachlässigkeiten und Mißstände, die bei Abwicklung von Geschäften des kaufmännischen Verkehrs eingerissen sein können, als rechtens hingenommen würden, obwohl sie nicht zu billigen sind und deshalb keinen Schutz verdienen.[84] Daher ist auch ein „Handelsbrauch", der von einer ordnungsgemäßen, unverzüglich durchzuführenden Untersuchung entbindet, als rechtsmißbräuchlich nicht anzuerkennen.[85] Auf die in einem betreffenden Geschäftszweig herrschende Übung kann – mangels eines nachweisbaren Handelsbrauchs – nur dann abgestellt werden, wenn diese Übung sachlich zu billigen ist. Dabei kommt es maßgeblich darauf an, daß die – unverzüglich – durchzuführende Untersuchung und die – ebenfalls: unverzüglich vorzunehmende – Rüge in erster Linie den Belangen des Verkäufers dient: Er soll nach Möglichkeit davor bewahrt werden, sich noch längere Zeit nach der Ablieferung der Kaufsache etwaigen, dann nur noch schwer feststellbaren Gewährleistungsansprüchen ausgesetzt zu sehen.[86] Anders gewendet: Der Verkäufer soll aufgrund der Rüge des Käufers in die Lage versetzt werden, entsprechende Feststellungen und notwendige Dispositionen – angesichts des ihm notifizierten Mangels – zu treffen, insbesondere soll er die Möglichkeit haben, einen Schaden abzuwehren: Diese Interessen genießen den Vorrang.[87]

Die nach den §§ 377, 378 HGB geschuldete Untersuchung muß sich – jedenfalls zu- 30
nächst – auf alle in Betracht kommenden Mängel beziehen.[88] Diese Untersuchung muß der Käufer solange und so gründlich durchführen, bis er sich ein zuverlässiges Urteil bilden kann; mit einem vorläufigen Befund darf er sich nicht begnügen.[89] Vielmehr ist er gehalten, die Untersuchung solange fortzusetzen, bis Zweifel über die Beschaffenheit der Ware ausgeräumt sind.[90] Notfalls ist er verpflichtet, verschiedene – nebeneinander herlaufende – Untersuchungsmethoden anzuwenden, wenn keine Methode für sich allein genommen geeignet ist, ein zuverlässiges Ergebnis zutage zu fördern.[91]

aa) Erfordernis der ausreichenden Sachkenntnis. Notwendigerweise ist der Käufer 31
verpflichtet, die Untersuchung gemäß §§ 377, 378 HGB mit fachmännischer Sorgfalt durchzuführen.[92] Besitzt der Käufer nicht die erforderliche Sachkenntnis, so ist er gehalten, einen Sachverständigen hinzuzuziehen.[93] Deshalb kann sich der Käufer nicht mit Erfolg darauf berufen, ihm fehle die für eine ordnungsgemäße Prüfung notwendige Sach-

---

[83] Vgl. LG Aachen BB 1952, 213 – Prüfung von Stoffballen; insbesondere aber auch BGH NJW 1976, 625 – Prüfung der Farbechtheit von Stoffen.
[84] BGH NJW 1976, 625 – Prüfung der Farbechtheit von Stoffen.
[85] RGRK-HGB/Brüggemann § 377 Rz. 85.
[86] BGH LM Nr. 13 zu § 377 HGB – Textilfaser; BGHZ 66, 208, 213 – Batterien.
[87] BGH NJW 1984, 1964, 1966.
[88] RGRK-HGB/Brüggemann § 377 Rz. 86; Meeske, Die Mängelrüge, 87.
[89] Meeske, a. a. O., 88; RGRK-HGB/Brüggemann § 377 Rz. 88.
[90] BGH DB 1959, 1082.
[91] Meeske a. a. O., 89.
[92] Meeske a. a. O., 88.
[93] BGH NJW 1975, 2011, 2012 – Wellstegträger.

kenntnis.[94] Dies gilt insbesondere dann, wenn lediglich ein Sachverständiger in der Lage ist, die Vertragsgemäßheit oder Mangelhaftigkeit der Kaufsache festzustellen.[95] Notwendigerweise ist ein vom Käufer eingeschalteter Sachverständiger Erfüllungsgehilfe im Sinn von § 278 BGB.[96] Selbstverständlich darf die Einschaltung eines Sachverständigen nicht dazu führen, die Untersuchung zu verzögern.[97] Doch wird man dabei berücksichtigen müssen, daß Sachverständige nicht immer auf Abruf bereitstehen – ein Gesichtspunkt, dem jedenfalls dann ausschlaggebende Bedeutung zukommt, wenn die Überprüfung durch einen Sachverständigen zum ordnungsgemäßen Geschäftsgang gemäß § 377 Abs. 1 HGB zählt.[98]

32 **bb) Erfordernis eines Verbrauchs oder einer Ingebrauchnahme der Kaufsache.** Kann die ordnungsgemäße Beschaffenheit der Sache nur dadurch festgestellt werden, daß diese teilweise verbraucht wird,[99] so erfaßt eine an § 377 Abs. 1 HGB orientierte ordnunggemäße Untersuchung auch dies.[100] Bei der Lieferung einer Maschine schließt dies ein, daß der Käufer die mit ihr herzustellenden Erzeugnisse – unter ähnlichen Bedingungen wie bei einer serienmäßigen Produktion – bearbeitet, sie also in Betrieb nimmt.[101] Nur Mängel, die bei einer solchen Fertigung nicht erkennbar, sondern erst bei Aufnahme der Serienproduktion in Erscheinung treten, sind dann als verborgene Mängel im Sinn von § 377 Abs. 3 HGB zu qualifizieren.[102] Der sofortige Einbau von gelieferten Bierfilterplatten in eine Filteranlage oder die Simulation der Produktion ist jedoch nicht erforderlich, sofern die sofortige, sachkundige Untersuchung durch Augenschein ausreicht, um festzustellen, ob die Platten nach ihrer äußeren Beschaffenheit mängelfrei sind.[103] Entscheidend für diese Aussage war die Tatsache, daß ansonsten nicht nur die gesamte übrige Filteranlage, sondern auch das herzustellende Bier in Mitleidenschaft gezogen worden wäre und daß für eine Simulation besondere Testvorrichtungen erforderlich waren, die nur mit einem unzumutbaren Kostenaufwand hätten beschafft werden können.[104] Bei der Lieferung von Spanplatten ist es zum Beispiel erforderlich, diese probeweise in einem geschlossenen Raum aufzustellen, wenn es um die Feststellung geht, ob Formaldehyd-Gase als Folge der Lackierung austreten.[105]

33 Daß der Käufer, um seine Untersuchungspflicht im Sinn der §§ 377, 378 HGB ordnungsgemäß zu erfüllen, einen Teil der Kaufsache – im Rahmen der gebotenen Stichprobenkontrolle – aufopfert, zum Beispiel im Rahmen einer zerstörenden Prüfung oder eines probeweisen Verbrauchs, erfüllt noch nicht das Kriterium der fehlenden Tunlichkeit im Sinn von § 377 Abs. 1 HGB.[106] Dabei ist stets der Kosten- und Zeitaufwand der Prüfung im Auge zu behalten, ausgerichtet an dem überragenden Zweck der §§ 377, 378 HGB, den Verkäufer möglichst umfassend und rasch darüber in Kenntnis zu setzen, ob er mit Gewährleistungsansprüchen zu rechnen hat, um ihm auf diese Weise auch die Möglichkeit zu geben, Schadensersatzansprüche abzuwehren oder zu begrenzen.[107] Nicht immer ist zum Beispiel eine chemische Untersuchung erforderlich.[108] Sind aber besonders hohe

[94] RGRK-HGB/Brüggemann § 377 Rz. 87.
[95] OLG Hamburg BB 1953, 98.
[96] Meeske a. a. O., 93.
[97] Meeske a. a. O., 91.
[98] OLG Hamburg a. a. O.
[99] RGZ 68, 368, 369.
[100] RGRK-HGB/Brüggemann § 377 Rz. 90; Meeske a. a. O., 95; Baumbach/Duden/Hopt § 377 Anm. 3 G.
[101] BGH NJW 1977, 1150, 1151.
[102] BGH a. a. O.
[103] KG NJW-RR 1986, 1162.
[104] KG a. a. O.
[105] BGH WM 1974, 1204, 1205.
[106] Im einzelnen auch RGRK-HGB/Brüggemann § 377 Rz. 89ff. m. w. N.
[107] BGH NJW 1984, 1964, 1966.
[108] BGH NJW 1959, 1081, 1082 – Perlonstrümpfe/Nylongarn.

Mangelfolgeschäden zu befürchten, wenn die Kaufsache bestimmungsgemäß weiterverarbeitet wird, so kann eine sachgemäße Abwägung der Interessen zwischen Käufer und Verkäufer eine Prüfung bedingen.[109]

c) Das eingrenzende Element der Tunlichkeit

Aus § 377 Abs. 1 HGB folgt unmittelbar, daß die am Kriterium des „ordnungsgemä- 34
ßen Geschäftsgangs" ausgerichtete Untersuchungspflicht nur insoweit besteht, als ihre Erfüllung für den Käufer „tunlich" ist. Ebenso wie die Ordnungsgemäßheit beurteilt sich die Tunlichkeit nach objektiven Kriterien.[110] Auf die betrieblichen Gegebenheiten sowie auf die wirtschaftlichen Verhältnisse im Betrieb des Käufers ist indessen nur insoweit Rücksicht zu nehmen, als es sich um eine in dem betreffenden Geschäftszweig allgemein herrschende, sachlich zu billigende Übung handelt.[111] Dabei ist im Auge zu behalten, daß das Kriterium der Tunlichkeit auch eine Modifikation für die unverzüglich abzugebende Mängelrüge darstellt.[112]

Bei der Beurteilung der die Tunlichkeit regierenden Zumutbarkeit spielen eine Rolle: 35
die wirtschaftliche Vertretbarkeit des erforderlichen Zeit- und Kostenaufwandes, der Grad der zu fordernden Fachkenntnis des Käufers im Hinblick auf den besonderen Verwendungszweck der Kaufsache.[113] Aber auch das Risiko etwaiger Folgeschäden, die dem Käufer – aufgrund der von ihm zu bewerkstelligenden Weiterverarbeitung – bekannt sind, zählt hierher, nicht zuletzt auch die dem Käufer zur Verfügung stehenden technischen Möglichkeiten, eine ordnungsgemäße Prüfung durchzuführen.[114] Dabei ist letzten Endes entscheidend, daß die Anforderungen an eine ordnungsgemäße Untersuchung nicht überspannt werden dürfen.[115] Indessen gelten zum Beispiel bei der Prüfung von Lebensmitteln recht strenge Kriterien.[116] Letzten Endes ist stets Zielpunkt der nach den §§ 377, 378 HGB gebotenen Untersuchung, diese in einem solchen Umfang und in solcher Art vorzunehmen, wie es erforderlich ist, um das Vorhandensein von Mängeln festzustellen.[117]

d) Der Inhalt der unverzüglichen Rügepflicht

Wenn sich im Sinn von § 377 Abs. 1 HGB ein Mangel zeigt, ist der Käufer verpflichtet, 36
diesen unverzüglich dem Verkäufer anzuzeigen. Indessen hat sich ein Mangel im Sinn dieser Bestimmung immer erst dann „gezeigt", wenn er zur Gewißheit des Käufers feststeht.[118] Mit bloßen Vermutungen braucht sich der Käufer nicht zufriedenzugeben, weil der Verdacht eines Mangels lediglich zu weiteren Untersuchungen verpflichtet.[119]

Sind **mehrere Mängel** im Rahmen der Untersuchung festgestellt worden, so ist grund- 37
sätzlich jeder einzelne zu rügen.[120] Besteht allerdings der Verdacht, daß ein Serienschaden infolge eines Material- oder Konstruktionsfehlers vorliegt, so ist die Reklamation auch

[109] BGH LM Nr. 13 zu § 377 HGB – Neocarminprobe von Textil-Fasern.
[110] BGH NJW 1977, 1150, 1151.
[111] BGH LM Nr. 16 zu § 377 HGB – Prüfung der Farbechtheit von Oberstoffen.
[112] RGRK-HGB/Brüggemann § 377 Rz. 95.
[113] BGH NJW 1977, 1150, 1151.
[114] BGH LM Nr. 19 zu § 377 HGB – Konserven; insbesondere auch BGH LM Nr. 13 zu § 377 HGB – Neocarminprobe bei Textil-Fasern.
[115] BGH LM Nr. 13 zu § 377 HGB – Neocarminprobe bei Textil-Fasern; BGH LM Nr. 19 zu § 377 HGB – Konserven.
[116] BGH LM Nr. 19 zu § 377 HGB – Konserven; OLG München NJW 1955, 1560 – Südfruchthandel.
[117] OLG Frankfurt NJW-RR 1986, 838 – Blusen aus Portugal, Überprüfung auch auf Größenauszeichnung erstreckt.
[118] RGRK-HGB/Brüggemann § 377 Rz. 105.
[119] BGH LM Nr. 19 zu § 377 HGB – Konserven.
[120] RGRK-HGB/Brüggemann § 377 Rz. 377.

noch dann rechtzeitig, wenn die Häufung von Reklamationen den Schluß auf einen Serienmangel nahelegt.[121] Allerdings ist diese Entscheidung nicht dahin zu verstehen, daß der Käufer bei einem Material- oder Konstruktionsfehler berechtigt ist, eine rechtzeitig gebotene Rüge zu versäumen, ohne daß damit der Rechtsverlust des § 377 Abs. 2 HGB eintritt. Entscheidend ist vielmehr: Auch in diesen Fällen gehört zur ordnungsgemäßen Mängelanzeige die Weitergabe etwaiger Reklamationen eines Abkäufers; freilich ist der Käufer nicht verpflichtet, auch in diesen Fällen die Ursache des Mangels gleichzeitig aufzudecken. Hierzu ist er – und dies ist der Kern dieser Entscheidung – erst dann verpflichtet, wenn er aufgrund gehäufter Reklamationen davon Kenntnis hat, daß die gesamte Serie einen Material- oder Konstruktionsfehler aufweist.[122]

38 Die Pflicht zur unverzüglichen Rüge gemäß § 377 HGB gilt auch dann, wenn der Verkäufer nach einer ersten Mängelrüge vergeblich versucht hat, die gelieferte Sache beim Käufer nachzubessern; auch die nachgebesserte Kaufsache unterliegt ihrerseits der Verpflichtung zur unverzüglichen Rüge.[123] Demzufolge ist der Käufer nur dann berechtigt ein „Fehlschlagen" der Mangelbeseitigung im Sinn von § 11 Nr. 10b AGBG zu reklamieren, wenn er das Erfordernis einer rechtzeitigen Rüge bei allen Mangelbeseitigungsansprüchen erfüllt hat.[124] Es fügt sich in dieses Bild, daß auch der Ersatzlieferungsanspruch gemäß § 480 BGB davon abhängig ist, daß sich der Käufer einer – erneuten – Untersuchung unterzieht und den Mangel rechtzeitig im Sinn von § 377 HGB rügt, sofern auch bei der Ersatzlieferung ein Mangel vorliegt.[125] Auch der nach § 633 Abs. 2 BGB zu beurteilende Mangelbeseitigungsanspruch unterliegt den Grenzen des § 381 Abs. 2 HGB in den gleichen Erfordernissen.[126]

39 Bei **Teillieferungen** – gleiches gilt bei Sukzessivlieferungen – muß die nach § 377 HGB geschuldete Rüge für jede Sendung gesondert vorgenommen werden.[127]

e) Die Obliegenheit zur Rüge bei versteckten Mängeln

40 Gemäß § 377 Abs. 3 HGB entsteht eine unverzügliche Rügepflicht, sofern der Mangel sich später zeigt. Damit werden alle Fälle erfaßt, in denen der Käufer eine ordnungsgemäße Mängeluntersuchung durchgeführt, den Mangel aber nicht entdeckt hat.[128] Dabei ist zu unterstreichen: Hat der Käufer eine nach § 377 Abs. 1 HGB gebotene Untersuchung – gleichgültig, aus welchen Gründen – unterlassen, so kann er weder im Rahmen von § 377 Abs. 2 oder § 377 Abs. 3 HGB mit Erfolg einwenden, eine gebotene Stichprobenkontrolle hätte den Mangel nicht zutage gefördert.[129] Gleiches gilt dann, wenn der Käufer es versäumt hat, eine ausreichend repräsentative Stichprobenkontrolle vorzunehmen. Denn der Rückgriff auf § 377 Abs. 2 HGB bzw. auf § 377 Abs. 3 HGB ist erst dann gestattet, wenn der Nachweis erbracht ist, daß es sich in der Tat um einen versteckten Mangel handelt, der also im Sinn von § 377 Abs. 2 HGB „bei der Untersuchung nicht erkennbar" war oder der sich im Sinn von § 377 Abs. 3 HGB erst „später" zeigt.

41 Demzufolge muß der Käufer auch im Auge behalten, daß er verpflichtet ist, sich durch eine unverzügliche sachdienliche Untersuchung – in Form einer **Nachuntersuchung** – Gewißheit darüber zu verschaffen, wenn sich beim Gebrauch der Kaufsache Anzeichen dafür einstellen, daß diese mangelhaft sein könnte. Demzufolge hängt die Rechtzeitigkeit der Rüge im Sinn von § 377 Abs. 3 HGB entscheidend vom Nachweis ab, daß der Käufer

---

[121] BGH NJW 1986, 3136 – Kinderfahrrad.
[122] BGH NJW 1986, 3136, 3137 – Kinderfahrrad.
[123] OLG München NJW 1986, 1111 – Streckfolien-Verpackungsmaschine.
[124] A. M. RGRK-HGB/Brüggemann § 377 Rz. 133, 154.
[125] BGH NJW 1985, 2526 – Wanderschuhe.
[126] OLG München NJW 1986, 1111, 1112 – Streckfolien-Verpackungsmaschine.
[127] OLG Köln BB 1954, 613; RGRK-HGB/Brüggemann § 377 Rz. 118.
[128] BGH LM Nr. 6 zu § 377 HGB – Perlonstrümpfe/Nylongarn.
[129] RGRK-HGB/Brüggemann § 377 Rz. 83.

unverzüglich – nach Auftreten erster Verdachtsmomente – mit der gebotenen Nachuntersuchung begonnen und diese durchgeführt hat.[130] Hat es indessen der Käufer verabsäumt, einen offenen Mangel im Sinn von § 377 HGB rechtzeitig zu rügen, so ist er keineswegs gehindert, wegen eines später hervortretenden versteckten – anderweitigen – Mangels die Kaufsache zu beanstanden.[131]

In der Praxis ist es geboten, die von den Abnehmern herrührenden Reklamationen ständig darauf zu überprüfen, ob und inwieweit diese den Schluß auf etwaige Gewährleistungsansprüche ermöglichen, die dem Käufer gegenüber dem Verkäufer zustehen.[132] Selbstverständlich ist dabei danach zu differenzieren, ob der Abkäufer Kaufmann – möglicherweise sogar ein Fachkunde – oder aber lediglich Privatmann ist.[133] Notfalls ist der Käufer verpflichtet, bei seinen nicht-fachmännischen Abkäufern Rückfrage zu nehmen, um eine Spezifizierung des Mangels zu erreichen.[134] Die Erfüllung dieser Obligation ist im Zusammenhang mit de **Produktbeobachtungspflicht** von kardinaler Bedeutung *(§ 24 Rz. 217ff.)*. 42

f) Unverzüglichkeit und Spezifizierung der Rüge

aa) Substantiierungspflicht. Gemäß §§ 377, 378 HGB ist der Käufer verpflichtet, das Vorhandensein eines „Mangels" anzuzeigen; die Ursache des Mangels braucht er hingegen nicht anzugeben.[135] Mit welchen Worten der Käufer die geschuldete Mängelanzeige umschreibt ist gleichgültig, solange für den Verkäufer erkennbar ist, daß es sich um eine Mängelanzeige handelt.[136] Eine nach § 377 HGB wirksame Mängelanzeige setzt also nicht voraus, daß der Käufer auch zum Ausdruck bringt, er behalte sich seine Rechte vor und lasse sich die Ware nicht als Erfüllung dienen.[137] Auch die Übersendung einer „Expertise" – ohne ein näher erläuterndes Begleitschreiben – kann als Mängelanzeige ausreichend sein.[138] Soweit der Käufer eine ihm von seinem Abnehmer übersandte Mängelanzeige an den Verkäufer weiterleitet, muß klargestellt werden, daß sich der Käufer die Mängelanzeige seines Abkäufers zu eigen macht, also selbst rügt – ein Umstand, der in der Regel zu bejahen ist.[139] 43

Dessen ungeachtet ist der Käufer verpflichtet, seine Mängelanzeige – soweit durch den Zweck der §§ 377, 378 HGB geboten – zu substantiieren. Die damit indizierten Voraussetzungen lassen sich freilich nicht allgemein festlegen, weil ungeachtet der im Grundsatz anzuerkennenden Substantiierungspflicht[140] zu konstatieren ist, daß der Käufer nicht verpflichtet ist, eine in alle Einzelheiten gehende, genaue und fachlich richtig bezeichnete Rüge zu erheben.[141] Vielmehr genügt es, wenn der Verkäufer in der Lage ist, aus der Mängelrüge zu entnehmen, in welchem Punkt und in welchem Umfang der Käufer mit der gelieferten Ware – als nicht vertragsgemäß geliefert – nicht einverstanden ist.[142] Hier wie stets ist der Sinn und Zweck der §§ 377, 378 HGB maßgebend: Der Gesetzgeber hat dem Käufer die Obliegenheit zur Mängelrüge deswegen auferlegt, um den Verkäufer 44

---

[130] Schlegelberger/Hefermehl § 377 Rz. 66; RGRK-HGB/Brüggemann § 377 Rz. 124; Meeske, Die Mängelrüge, 114.

[131] Meeske a. a. O.

[132] RGRK-HGB/Brüggemann § 377 Rz. 125.

[133] BGH LM Nr. 16 zu § 377 HGB – Prüfung der Farbechtheit von Oberstoffen; Schlegelberger/Hefermehl § 977 Rz. 66.

[134] RGRK-HGB/Brüggemann § 377 Rz. 125.

[135] RGZ 106, 369, 361.

[136] Vgl. BGH LM Nr. 4 zu § 377 HGB.

[137] BGH a. a. O.

[138] BGH a. a. O.

[139] RGRK-HGB/Brüggemann § 377 Rz. 132.

[140] RGRK-HGB/Brüggemann § 377 Rz. 134ff.

[141] BGH WM 1978, 1052, 1053 – Sportanlage.

[142] RGZ 47, 12, 14; BGH WM 1978, 1052, 1053; Schlegelberger/Hefermehl § 377 Rz. 55.

möglichst bald davon in Kenntnis zu setzen, ob er mit Mängelansprüchen zu rechnen hat; denn mit zunehmendem Zeitablauf gerät der Verkäufer in eine Beweisnot, weil er dann nicht mehr ohne weiteres in der Lage ist, den Beanstandungen des Käufers nachzugehen, gegebenenfalls auch Beweise sicherzustellen und damit einen Rechtsstreit zu vermeiden.[143] Bezieht sich deshalb die Mängelanzeige nur auf einzelne Mängel, während andere nicht erwähnt werden, so gelten die nicht angeführten Mängel im Sinne von § 377 Abs. 2 HGB als genehmigt.[144] Die gleiche Erwägung gilt, soweit es sich um Teil- oder um Sukzessivlieferungen handelt.[145]

Ist die versprochene Lieferung durch eine technische Norm umschrieben, so ist die Mängelanzeige im Sinn der §§ 377, 378 HGB nur dann ordnungsgemäß, wenn sie erkennen läßt, in welchem ungefähren Umfang die gelieferte Ware von der Norm abweicht – ein Gesichtspunkt, der insbesondere dann von Erheblichkeit ist, wenn die versprochene Qualität entweder aufgrund der vertraglichen Vereinbarung oder nach den Usancen des Handels Toleranzen oder Margen zum Gegenstand hat. Denn auch hier ist der Zweck der Mängelanzeige nur dann erfüllt, wenn der Verkäufer als Fachmann aufgrund der Mängelanzeige ermessen kann, ob die vorgesehenen Toleranzen/Margen überschritten oder eingehalten sind.[146]

45 Ein **Nachschieben** etwaiger Beanstandungen ist in jedem Fall nur insoweit zulässig, als die Mängelanzeige die erforderliche Substantiierung aufweist.[147] Freilich ist dann von einem – unzulässigen – ,,Nachschieben" nicht die Rede, wenn der Käufer zunächst den Mangel substantiiert rügt, der Verkäufer ihn aber bestreitet. Denn dann ist der Verkäufer – wegen des Bestreitens – gehalten, die **Mängelursache** festzustellen, um seinen Anspruch gegenüber dem Verkäufer in der Weise zu begründen, daß der Verkäufer den gerügten Mangel im Sinn der §§ 459ff. BGB zu vertreten hat.[148]

46 **bb) Die Unverzüglichkeit.** Der Käufer ist gemäß § 377 Abs. 1 und Abs. 3 HGB verpflichtet, eine – unverzügliche – Mängelrüge zu erheben: Der Gesetzeszweck sowie der zweimalige Gebrauch des Wortes ,,unverzüglich" weisen deutlich darauf hin, daß auch schon eine geringe, bei objektiv ordnungsgemäßem Geschäftsgang vermeidbare Lässigkeit in der Erfüllung der Anzeigepflicht für den Käufer die in § 377 Abs. 2 HGB angedrohte Sanktionsfolge haben muß.[149] Für die Fristbestimmung ist dabei entscheidend: Es kommt darauf an, ob sich ein Mangel **,,zeigt"**, d.h. ob er vorhanden ist, ohne daß es auf eine präzise Abklärung der Mängelursache ankommt.[150] Wartet also der Käufer eine erst nach Entdeckung des Mangels eingeleitete chemische Untersuchung ab, so ist die Rüge sowohl gemäß § 377 Abs. 1 HGB als auch gemäß § 377 Abs. 3 HGB verspätet.[151] Der in dem Kriterium der ,,Unverzüglichkeit" liegende objektive Maßstab hindert jedoch nicht, die Verhältnisse des Käufers zu berücksichtigen.[152] So ist zum Beispiel bei der Lieferung eines Trambusses, dessen Fahrgestell einen Mangel aufweist, ausreichend, wenn nach der Lieferung am 11. 5. die Rüge am 29. 5. gegenüber der Autofabrik erklärt wird, weil der Käufer des Trambusses nicht ohne weiteres in der Lage war, festzustellen, ob der gelieferte Trambus nach seiner äußeren Beschaffenheit auch die erforderliche Zahl von 57 Sitzplätzen aufwies. Der BGH befand jedoch, er habe auf die Zulassungsfähigkeit des Fahrzeugs und seine volle Benutzbarkeit im Reiseverkehr vertrauen dürfen, ohne bei der Übergabe

---

[143] BGH LM Nr. 13 zu § 377 HGB – Neocarminprobe bei Textil-Fasern; BGH WM 1978, 1052, 1053; Meeske a.a.O., 107f.
[144] Meeske a.a.O., 109.
[145] RGRK-HGB/Brüggemann § 377 Rz. 137.
[146] BGH WM 1978, 1052, 1053 – Sportplatzanlage.
[147] Duden/Baumbach/Hopt § 377 Anm. 3 D; BGH WM 1978, 1052, 1053 – Sportplatzanlage.
[148] RGZ 106, 359, 361.
[149] RGZ 106, 359, 360.
[150] RGZ 106, 359, 362.
[151] RGZ a.a.O.
[152] Baumbach/Duden/Hopt § 377 Anm. 3 E.

oder einer späteren Untersuchung des Fahrzeugs auch das vorliegende Gutachten überprüfen zu müssen.[153] Stets kommt es aber darauf an, in welcher Weise sich der Mangel – nach ordnungsgemäßer Untersuchung – „zeigt".[154] So kann zum Beispiel bei der Rüge von Verpackungsgefäßen ein Zeitraum von 8 Tagen zu lang sein.[155] Die Zeit zwischen Weihnachten und dem Jahreswechsel kann allerdings durchaus bedingen, daß die Rügefrist angemessen verlängert wird.[156]

Eine **Regelfrist** läßt sich aus den Ergebnissen der Judikatur nicht ableiten.[157] Sonn- und Feiertage bleiben außer Betracht; und auch der Samstag ist grundsätzlich nicht als Arbeitstag hinzuzurechnen, weil und soweit die Betriebe in der betreffenden Branche an diesem Tag nicht arbeiten.[158] Gleichwohl wird man sagen müssen, daß eine Frist von 8 Tagen regelmäßig nicht mehr als „unverzüglich" im Sinn von § 377 HGB ist, gerechnet von dem Zeitpunkt an, in welchem sich der Mangel „gezeigt" hat. Bei der Kontrolle eines Werbefilms hat die BGH-Judikatur verlangt, daß die Mängelrüge „spätestens innerhalb von 24 Stunden nach Erhalt des Films" vorzunehmen ist.[159] Ähnlich kurze Fristen gelten im Südfruchthandel.[160] Die gleichen Erwägungen gelten dann, wenn es sich um einen versteckten Mangel im Sinn von § 377 Abs. 3 HGB handelt.[161] 47

Hat der Käufer die gelieferte Ware an seinen **Abkäufer** weiterverkauft, und überläßt er diesem die Untersuchung der Ware, so hat er dafür Sorge zu tragen, daß der Abnehmer ihn sobald als möglich von den Ergebnissen der Untersuchung benachrichtigt.[162] Unter diesen Voraussetzungen kommt es dann entscheidend auf die rechtzeitige Anzeige des Abkäufers an.[163] Ungereimt wäre es, im Fall von Streckengeschäften zu verlangen, daß die Mängelrüge – per Saldo – genauso „unverzüglich" getätigt wird wie in den Fällen, in denen der Käufer selbst gemäß §§ 377, 378 HGB tätig geworden ist.[164] 48

5. Die Verzögerungsgefahr gemäß § 377 Abs. 4 HGB

Die Regelung des § 377 Abs. 4 HGB ist inhaltsgleich mit derjenigen des § 121 Abs. 1 Satz 2 BGB: Es bleibt deshalb bei der Grundregel, daß es auch bei der Mängelanzeige entscheidend darauf ankommt, daß diese dem Verkäufer zugeht, weil es sich um eine empfangsbedürftige Willenserklärung handelt.[165] Sinn und Zweck von § 377 Abs. 4 HGB ist es deshalb lediglich, den Käufer von der Verzögerungsgefahr freizuhalten, nicht aber von der Nachweispflicht für den Zugang der Mängelrüge beim Lieferanten.[166] Dies aber setzt voraus, daß die Anzeige ordnungsgemäß abgesandt wird, so daß hinreichend gesichert ist, daß diese den Empfänger – unter normalen Umständen – rechtzeitig erreicht.[167] Unter dieser Voraussetzung kommen alle im Handelsverkehr üblichen Kommunikations- 49

---

[153] BGH BB 1956, 1166.
[154] BGH LM Nr. 1 zu § 377 HGB.
[155] BGH a. a. O.
[156] BGH LM Nr. 9 zu § 377 HGB.
[157] Vgl. auch Meeske a. a. O., 111 ff. m. w. N.
[158] Meeske a. a. O., 113 f.
[159] BGH LM Nr. 10 zu § 377.
[160] OLG München NJW 1955, 1560.
[161] RGZ 106, 359, 362.
[162] RGZ 55, 210, 211; BGH NJW 1954, 1841.
[163] BGH NJW 1978, 2394 – Kühlschränke.
[164] Vgl. auch Baumbach/Duden/Hopt § 377 Anm. 4 A; offengelassen in BGH NJW 1978, 2394 – Kühlschränke.
[165] Staudinger/Honsell § 478 Rz. 5; RGRK-HGB/Brüggemann § 377 Rz. 142.
[166] BGH LM Nr. 8 zu § 377 HGB; BGH DB 1987, 1680 = NJW 1987, 2235 = JZ 1987, 1028 mit ablehnender Anmerkung von Reinicke; hierzu auch Müller NJW 1988, 1190.
[167] BGH LM Nr. 8 zu § 377 HGB – nicht ordnungsgemäß freigemachter Brief als Transportmittel der Mängelanzeige.

mittel in Betracht: Brief, Telex, Telefax, Telegramm sowie auch der in letzter Zeit immer häufiger verwendete Kurierdienst.[168] Selbstverständlich ist der Käufer auch nicht daran gehindert, eine etwaige Mängelrüge fernmündlich zu übermitteln.[169] Ist jedoch der Käufer nicht in der Lage, auf diesem Weg den Zugang seiner Mängelanzeige sicherzustellen, weil zum Beispiel der Verkäufer nicht anwesend ist oder den Telefonhörer nicht abnimmt, so entspricht es regelmäßig kaufmännischer Sorgfalt, die Mängelrüge dann unverzüglich schriftlich zu erheben.[170]

6. Entbehrlichkeit der Mängelanzeige

a) Bei Vorliegen einer Garantie

50 Ausgangspunkt für die zutreffende Bewertung der Frage, ob der Verkäufer auf die Mängelrüge gemäß §§ 377, 378 HGB verzichtet hat, ist die Erkenntnis, daß die Obligation zur Mängelanzeige ihrerseits in unmittelbarem Zusammenhang mit der Gewährleistungspflicht des Verkäufers bzw. mit der des Werkunternehmers (vgl. § 381 Abs. 2 HGB) steht.[171] Daraus folgt: Bei einer Verkäufergarantie ist stets danach zu differenzieren, ob es sich um eine selbständige oder um eine unselbständige Garantie handelt (im einzelnen *§ 7 Rz. 3ff.*). Nur in dem Fall, in welchem eine – selbständige – Garantie vorliegt, kann der Käufer darauf vertrauen, daß der Garantievertrag erfüllt wird, ohne daß die danach gegebenen Vertragsansprüche von der Einhaltung der Mängelanzeige im Sinn der §§ 377, 378 HGB abhängig ist.[172] Die Annahme eines – selbständigen – Garantievertrages ist selten *(§ 7 Rz. 2)*. Deshalb sollte man in der Praxis grundsätzlich davon ausgehen, daß der Käufer der Verpflichtung zur rechtzeitigen Mängelanzeige im Sinn der §§ 377, 378 HGB auch dann nicht enthoben ist, wenn eine Verkäufergarantie – bezogen auf bestimmte Eigenschaften der Kaufsache – vorliegt, solange sich aus der Interpretation eines solchen Garantieversprechens ableiten läßt, daß die kauf- oder werkvertraglichen Gewährleistungspflichten gleichwohl Anwendung finden *(§ 7 Rz. 9ff.; 17f.)*.

51 Etwas anderes gilt dann, wenn sich aufgrund der zwischen den Parteien des Kaufvertrags geschlossenen Vereinbarungen ableiten läßt, daß der Verkäufer – zum Beispiel durch Übernahme einer Warenausgangskontrolle – den Käufer von der Obliegenheit zur Wareneingangskontrolle dispensiert hat. Aber auch in diesen Fällen wird man sorgfältig erwägen müssen, ob nicht gleichwohl die Obligation des Käufers erhalten bleibt, etwa ihm bekannt werdende Mängel, sobald sich diese „gezeigt" haben, dem Verkäufer unverzüglich anzuzeigen. Im Zweifel ist dies – zumindest aus dem Gesichtspunkt des § 254 BGB – zu bejahen.[173]

b) Bei Vorliegen von Arglist

52 Für die Anwendbarkeit von § 377 Abs. 5 HGB, wonach der Käufer – im Fall der Arglist des Verkäufers – von der Rügeobliegenheit dispensiert ist, reicht es anerkanntermaßen nicht aus, wenn der Verkäufer den Vertrag wissentlich durch Lieferung von fehlerhafter Ware erfüllt.[174] Auch bei einem offen zutage liegenden Mangel kann in der Regel von einer Täuschung keine Rede sein.[175] Allerdings greift der Ausnahmebestand des § 377 Abs. 5

---

[168] Vgl. auch Schneider MDR 1977, 538, 539; Baumbach/Duden/Hopt § 377 Anm. 4 C; a. M. RGRK-HGB/Brüggemann § 377 Rz. 143.
[169] BGH NJW 1980, 782.
[170] BGH a. a. O.
[171] BGH WM 1977, 365, 366.
[172] BGH WM 1977, 365, 366.
[173] BGHZ 66, 208, 214 – Batterien.
[174] BGH NJW 1986, 316, 317.
[175] RGRK-HGB/Brüggemann § 377 Rz. 184.

HGB dann ein, wenn der Verkäufer mit einer Untersuchungs- und Rügeversäumnis durch den Käufer rechnet und ihm – mehr noch – bewußt ist, daß der Käufer nach dem Inhalt des geschlossenen Vertrages nur Ware von einer ganz bestimmten Beschaffenheit gebrauchen kann, während die gelieferte Ware diese Beschaffenheit nicht besitzt, so daß ihr vorgesehener Absatz unmöglich ist.[176] So gesehen liegt dann ein arglistiges Verschweigen des Lieferanten vor, wenn sie in ihrer Eigenschaft als Verkäuferin – unter Berücksichtigung der Gebote von Treu und Glauben gemäß § 242 BGB – verpflichtet war, den ihr selbst bekannten und nach ihrer Ansicht der Käuferin unbekannten, aber wesentlichen Umstand des Fehlens einer zugesicherten Eigenschaft zu offenbaren.[177] Zu den Voraussetzungen arglistigen Verhaltens *(§ 6 Rz. 1)*.

7. Die Genehmigungsfiktion des § 377 Abs. 2 HGB

Das in § 377 Abs. 2 HGB verankerte „Alles-oder-Nichts"-Prinzip besagt: Hat der Käu- 53
fer die nach § 377 Abs. 1 HGB oder nach § 377 Abs. 3 HGB erforderliche – rechtzeitige – Rüge versäumt, so besteht die Genehmigungsfiktion des § 377 Abs. 2 HGB darin, die Lieferung als vertragsgemäß bewirkt anzusehen.[178]

Von besonderem Belang ist, daß die Genehmigungsfiktion des § 377 Abs. 2 HGB un- 54
mittelbar an die unterlassene oder verspätete Mängelrüge anknüpft, und daß – insbesondere – diese Rechtsfolge unabhängig davon eintritt, ob sich der Verkäufer darauf beruft.[179] Die Genehmigungsfiktion des § 377 Abs. 2 HGB wirkt allseitig.[180] Sie gilt also nicht nur im Verhältnis zwischen Käufer und Verkäufer, sondern schlechthin für die aus dem Vertrag abgeleiteten und abzuleitenden Erfüllungswirkungen.

Selbstverständlich erfaßt die Genehmigungsfiktion des § 377 Abs. 2 HGB nur diejeni- 55
gen Mängel, deren Rüge versäumt wurde; nur insoweit gilt die Ware als vertragsgemäß geliefert.[181] Gleichgültig ist, ob im Hinblick auf die Mängelgewährleistung oder Ansprüche aus positiver Vertragsverletzung bestanden.[182]

Ob Ansprüche aus der Produkthaftung gemäß § 823 BGB in Ansehung eines gemäß 56
§§ 377, 378 HGB nicht gerügten Mangels ausgeschlossen sind, ist umstritten. Überwiegend wird die Frage in der Literatur verneint,[183] teilweise wird sie auch bejaht.[184] Inzwischen hat jedoch der BGH diese Streitfrage abschließend entschieden.[185] Entscheidend ist nach Auffassung des BGH, daß zwischen gewährleistungs- und deliktsrechtlichen Ansprüchen typische Konkurrenz besteht, so daß jeder Anspruch nach seinen Voraussetzungen, seinem Inhalt und seiner Durchsetzung selbständig beurteilt werden muß und seinen eigenen Regeln folgt.[186] Darüber hinaus stellt der BGH darauf ab, daß der Verkäufer bei Verfolgung deliktsrechtlicher Ansprüche gegenüber dem Käufer auch dann in ausreichender Weise geschützt ist, wenn der Käufer seine Rügeobliegenheiten verletzt hat, ohne daß dadurch dem Käufer deliktsrechtliche Ansprüche von vornherein abgeschnitten werden,[187] zumal der BGH anstelle des Alles-oder-Nichts-Prinzips des § 377 HGB mitwir-

---

[176] BGH NJW 1986, 316, 317.

[177] BGH NJW 1986, 316, 317 – nicht durchgeführte Generalüberholung eines Getriebes.

[178] BGH NJW 1959, 1081; BGH MDR 1959, 386; im einzelnen RGRK-HGB/Brüggemann § 377 Rz. 161ff.

[179] BGH LM Nr. 122 zu § 377 HGB – Bl. 4.

[180] RG JW 1936, 2391.

[181] RGRK-HGB/Brüggemann § 377 Rz. 167.

[182] OLG Karlsruhe NJW 1958, 226.

[183] Baumbach/Duden/Hopt § 377 Anm. 1C; Messer, in: Kullmann/Pfister, Produzentenhaftung, Rz. 1426 S. 32f.; Schlechtriem VersR 1973, 588ff.; Soergel/Huber § 463 Rdnr. 99.

[184] Meeske, Die Mängelrüge, 152; Schwark AcP 179 (1979) 76ff.; Schlegelberger/Hefermehl § 377 Rz. 82.

[185] BGH NJW 1988, 52ff.

[186] BGH BB 1977, 162 – Schwimmschalter; BGH NJW 1988, 52, 53.

[187] BGH NJW 1988, 52, 54.

kendes Verschulden gemäß § 254 BGB bewerten will, sofern der Käufer eine gebotene Untersuchung der schädlichen Ware pflichtwidrig unterlassen hat.[188]

Notwendigerweise gilt allerdings die Rügeverpflichtung gemäß §§ 377, 378 HGB immer dann, falls Schadensersatzansprüche aus positiver Vertragsverletzung geltend gemacht werden, die auf den Ersatz des Mangelfolgeschadens zielen (§ 4 Rz. 3ff.). Dies muß aber auch dann gelten, wenn und soweit Ansprüche wegen positiver Vertragsverletzung in Konkurrenz zu deliktsrechtlichen Ansprüchen stehen, weil nach Auffassung des BGH[189] lediglich der Schutz vor der „deliktsrechtlichen Verantwortlichkeit" des Lieferanten nicht zum Schutzzweck der §§ 377, 378 HGB zählt. Diese Einstellung liegt auch auf der Linie der BGH-Judikatur,[190] wonach Ansprüche wegen positiver Vertragsverletzung – bezogen auf das Risiko etwaiger Mangelfolgeschäden – innerhalb der Frist des § 477 BGB verjähren. Alle diese Ansprüche haben zweifelsfrei ihren Grund in der Beschaffenheit der Sache, so daß etwaige Mängel – im Fall einer verspäteten Rüge gemäß § 377 HGB – von der Genehmigungsfiktion des § 377 Abs. 2 HGB erfaßt werden.[191]

8. Die Verteilung der Beweislast

57 Zur Verteilung der Beweislast beim Vorhandensein von Mängeln *(§ 1 Rz. 25ff.)*. Die Beweislast für die rechtzeitige und ordnungsgemäße Erstattung der Mängelanzeige obliegt gemäß §§ 377, 378 HGB stets dem Käufer.[192] Die ordnungsgemäße Erfüllung dieser Obligation ist Voraussetzung für die Geltendmachung von Ansprüchen, welche ihren Grund in einem Mangel der Kaufsache haben. Dies ist die unmittelbare Konsequenz der Genehmigungsfiktion des § 377 Abs. 2 HGB, die – wie dargelegt – ohne Rücksicht darauf eintritt, ob sich der Verkäufer – etwa im Rahmen einer Einrede – darauf beruft.[193]

III. Vertragliche Abänderungen der Untersuchungs- und Rügeobliegenheiten

58 Im Zusammenhang mit den steigenden Risiken der Produkthaftung haben Qualitätssicherungsvereinbarungen ständig wachsende Bedeutung. Zu diesem Zweck zielen zahlreiche Qualitätssicherungsvereinbarungen darauf ab, die strikten Obliegenheiten gemäß §§ 377, 378 HGB abzuändern. Vor allem Kosten- und allgemeine Rationalisierungserwägungen stehen hierbei Pate; denn es ist nicht einzusehen – so wird argumentiert –, daß der Lieferant – entsprechend den Verpflichtungen des Qualitätssicherungssystems – Ausgangskontrollen durchführt, während der Besteller seinerseits zusätzlich die gesetzlichen Verpflichtungen der §§ 377, 378 HGB beachtet.

1. Die rechtliche Einordnung von Qualitätssicherungsvereinbarungen

59 Es steht außer Streit, daß die Untersuchungs- und Rügeobliegenheiten des Bestellers gemäß §§ 377, 378 HGB aufgrund einer individualvertraglichen Vereinbarung abgeändert werden können. So gesehen ist es nicht zu beanstanden, wenn der Besteller im Rahmen einer Qualitätssicherungsvereinbarung das Risiko einer Wareneingangskontrolle auf seine Lieferanten verlagert, obwohl dadurch – wie noch zu zeigen sein wird – die Risiken der Produkthaftung gemäß § 823 BGB zu Lasten des Unterlieferanten ganz erheblich ansteigen.

60 Berücksichtigt man jedoch, daß Qualitätssicherungsvereinbarungen – systemnotwendig – mit mehreren Lieferanten getroffen werden müssen, so stellt sich die Frage, ob es

---

188 BGH NJW 1988, 52, 54, 55.
189 BGH NJW 1988, 52, 55.
190 BGH NJW 1976, 1505.
191 So auch Meeske a. a. O., 152.
192 BGH LM Nr. 1 zu § 377 HGB.
193 BGH LM Nr. 22 zu § 377 HGB – Bl. 4.

sich nicht hierbei stets um AGB-Klauseln im Sinn von § 1 Abs. 1 AGBG handelt. Geht man von der weiter oben im einzelnen dargelegten Definition von § 1 AGBG aus *(§ 10 Rz. 7ff.; 14ff.)* aus, so besteht nicht der mindeste Zweifel: Der Besteller/AGB-Verwender stellt bei Vereinbarung eines Qualitätssicherungssystems regelmäßig nicht den „gesetzesfremden" Kerngehalt, „also die den wesentlichen Inhalt der gesetzlichen Regelung ändernden oder ergänzenden Bestimmungen inhaltlich ernsthaft zur Disposition."[194] Notwendigerweise geht es dem Besteller/AGB-Verwender darum, ein Qualitätssicherungssystem zu vereinbaren, wonach der Lieferant die Warenausgangskontrolle in einem Umfang durchführt, die es dem Besteller/AGB-Verwender gestattet, auf die Wareneingangskontrolle gemäß §§ 377, 378 HGB zu verzichten. So gesehen kann keine Rede davon sein, daß dem Lieferanten „Gestaltungsfreiheit zur Wahrung eigener Interessen eingeräumt"[195] wird. In diesem Punkt kann der Besteller/AGB-Verwender überhaupt nicht abänderungsbereit sein.[196]

Weil die Merkmale des „Aushandelns" im Sinn von § 1 Abs. 2 AGBG bei Qualitätssi- 61
cherungsvereinbarungen, die den Besteller/AGB-Verwender von der Erfüllung der Obliegenheiten gemäß §§ 377, 378 HGB dispensieren, regelmäßig nicht vorliegen, so ist es auch irrelevant, daß der Besteller/AGB-Verwender den Aufwand erstattet, der sich aus der Erfüllung der – erheblichen – Warenausgangskontrollpflichten ergibt. Denn die Anwendung von § 9 AGBG ist ausschließlich davon abhängig, daß AGB-Klauseln vom dispositiven Recht abweichen, sofern daraus eine unangemessene Benachteiligung resultiert. Auf die Höhe des Preises kommt es in diesem Zusammenhang überhaupt nicht an, weil der angemessene Preis schlechterdings in unserem Wirtschaftssystem nicht feststellbar ist.[197] Davon abgesehen stehen – wie noch zu zeigen sein wird – die dem Lieferanten zufließende Kostenerstattung in keinem angemessenen Verhältnis zu den gestiegenen Risiken, die die unmittelbare – und auch gewollte – Konsequenz von Qualitätssicherungsvereinbarungen sind, in denen der Besteller/AGB-Verwender seine Wareneingangskontrolle gemäß §§ 377, 378 HGB auf den Lieferanten im Rahmen einer Ausgangskontrolle überwälzt.[198]

2. Die Unwirksamkeitskriterien gemäß § 9 AGBG

a) Generelle Erwägungen

Den Untersuchungs- und Rügeerfordernissen der §§ 377, 378 HGB kommt durchaus 62
ein beträchtlicher Gerechtigkeitsgehalt zu.[199] Die Abbedingung des Erfordernisses einer unverzüglichen Rüge – ohne Rücksicht auf die Natur des Mangels – ist deshalb mit der Grundwertung der §§ 377 Abs. 1, 378 HGB unvereinbar und verstößt gegen § 9 Abs. 2 Nr. 1 AGBG.[200] Mithin sind alle die Klauseln nach § 9 Abs. 2 Nr. 1 AGBG unwirksam, in denen es z. B. heißt: „Der Besteller verzichtet auf den Einwand nicht rechtzeitiger Mängelrüge". Dies ergibt sich auch – zumindest indirekt – aus einer BGH-Entscheidung, wonach es mit § 9 Abs. 21 Nr. 1 AGBG in Verbindung mit §§ 377, 378 HGB unwirksam ist, wenn in *Verkaufs-AGB* bestimmt wird, daß der Kunde verpflichtet ist, selbst verborgene

---

[194] BGH ZIP 1986, 1466, 1467; BGH, ZIP 1987, 448, 449.

[195] BGH ZIP 1983, 76, 77; BGH ZIP 1986, 1466, 1467.

[196] BGH NJW 1977, 624, 625.

[197] Statt aller Palandt/Heinrichs, AGBG, § 9 Anm. 2g.

[198] Löwe/Graf von Westphalen/Trinkner, Großkommentar, Bd. III – Qualitätssicherungsvereinbarung – Rz. 11.

[199] Thamm/Hesse BB 1979, 1583, 1586; Löwe/Graf von Westphalen/Trinkner, Großkommentar, Bd. II § 11 Nr. 10e Rz. 14ff.; a. M. Schmidt-Salzer, AGBG, F 160; Heinze, NJW 1973, 2182, 2184.

[200] Löwe/Graf von Westphalen/Trinkner, Großkommentar, Bd. III – Einkaufsbedingungen – Rz. 13; vgl. auch Quittnat, BB 1989, 571.

Mängel bei Ablieferung zu rügen.[201] Notwendigerweise hat nämlich der Lieferant ein vitales Interesse daran, rasch darüber unterrichtet zu werden, ob er mit Mängelansprüchen rechnen kann, was allemal gemäß § 9 Abs. 2 Nr. 1 AGBG relevant ist.[202] In gleicher Weise verstößt es gegen § 9 Abs. 2 Nr. 1 AGBG, wenn die Rügefrist auf unvertretbar lange Fristen in Einkaufs-AGB terminiert wird.[203] Dies ist z. B. dann zu bejahen, wenn die Rügefrist auf einen Zeitraum von zwei bis vier Wochen erstreckt wird. Denn die von der Judikatur anerkannten Rügefristen des § 377 Abs. 1 HGB sind ausgesprochen kurz (§ 17 Rz. 46ff.). Sicherlich, es gibt im Rahmen von § 377 Abs. 1 HGB keine Regelfristen. Daraus kann man jedoch nicht den Schluß ableiten, daß eine erhebliche Verlängerung der Rügefristen noch nach § 9 Abs. 2 Nr. 1 AGBG hinzunehmen ist: Die nach § 9 Abs. 2 Nr. 1 AGBG insoweit erforderliche unangemessene Benachteiligung des Lieferanten liegt eben darin, daß der Zweck des § 377 Abs. 1 AGB der beschleunigten Abwicklung von Handelskäufen dient, so daß der Lieferant so bald wie möglich Klarheit über später nur schwer feststellbare Mängel erhalten soll.[204]

63 Die gleichen Erwägungen gelten in der Sache, wenn die Untersuchungsobliegenheiten des Bestellers/AGB-Verwenders erheblich zum Nachteil des Lieferanten modifiziert werden.[205] Notwendigerweise kann dies in zweifacher Hinsicht der Fall sein: Die sich aus § 377 Abs. 1 HGB ergebende Untersuchungsobliegenheit kann zum einen hinsichtlich ihres Inhalts und Umfangs modifiziert, zum anderen kann sie in zeitlicher Hinsicht (vgl. „unverzüglich“) eine Abweichung von § 377 Abs. 1 AGBG darstellen. Wird z. B. lediglich in den Bestell-AGB darauf abgehoben, daß überhaupt eine Wareneingangskontrolle – irgendwann einmal durchgeführt wird, so verstößt dies schon deswegen gegen § 9 Abs. 2 Nr. 1 AGBG, weil auf diese Weise die Grenzziehung zwischen einem nach § 377 Abs. 1 AGBG zu rügenden Mangel und einem versteckten Mangel im Sinn von § 377 Abs. 3 AGB verwischt wird.[206]

b) Spezielle Einwände

64 Soweit Qualitätssicherungsvereinbarungen lediglich dem Zweck dienen, im Verhältnis zwischen Besteller – Zulieferant sicherzustellen, daß die bedungenen Qualitätsstandards eingehalten werden, bestehen gemäß § 8 AGBG keine durchgreifenden Bedenken.[207] Indessen beruhen die deliktsrechtlichen Verantwortlichkeiten des Bestellers/Herstellers auf den allgemeinen Pflichten, die sich aus den §§ 823ff. BGB ergeben: In diesem Zusammenhang ist anerkannt, daß der Besteller/Hersteller berechtigt ist, einen Lieferanten einzuschalten, ohne von vornherein für dessen Pflichtwidrigkeiten auch haften zu müssen (im einzelnen *§ 24 Rz. 102f.*). Auch wenn der Besteller/Hersteller seine produktspezifische Herstellerverantwortlichkeit auf den Lieferanten – mit haftungsbefreiender Wirkung – verlagern kann, so kommt es indessen entscheidend darauf an, ob und inwieweit dem Besteller/Hersteller gleichwohl Kontroll- und Überwachungspflichten treffen, für deren Verletzung er selbst deliktsrechtlich verantwortlich ist *(§ 24 Rz. 262ff.)*. Da die Obliegenheiten gemäß §§ 377, 378 HGB lieferantenbezogen sind, liegt es auf der Hand, daß sie mit den Kontroll- und Überwachungspflichten des § 823 Abs. 1 BGB nicht notwendigerweise deckungsgleich sind.[208] Gleichwohl führt die Abbedingung der §§ 377, 378 HGB aufgrund einer Qualitätssicherungsvereinbarung notwendigerweise dazu, daß das Haftungs-

---

[201] BGH NJW-RR 1986, 52.
[202] BGH NJW 1988, 52, 53.
[203] Löwe/Graf von Westphalen/Trinkner, Großkommentar, Bd. III – Einkaufsbedingungen – Rz. 13.
[204] BGH NJW 1988, 52, 53.
[205] Löwe/Graf von Westphalen/Trinkner a. a. O.
[206] Löwe/Graf von Westphalen/Trinkner a. a. O.
[207] Vgl. auch Bauer, in: Brendl: Produkt- und Produzentenhaftung, Gruppe 6, 135ff.
[208] Graf von Westphalen JurA 1983, 133, 134.

und Risikopotential zu Lasten des Lieferanten deswegen erheblich ansteigt, weil der Besteller/Hersteller auf die ihm gemäß §§ 377, 378 HGB obliegenden Pflichten verzichtet. Denn soweit deliktsrechtliche Pflichten des Herstellers – leistungsbefreiend – auf den Lieferanten aufgrund einer Qualitätssicherungsvereinbarung delegiert werden, fehlt es jedenfalls dann an einer die Haftung begründenden Pflichtwidrigkeit zu Lasten des Herstellers, sofern man nicht bereits die Delegation der Pflicht zur umfassenden Ausgangskontrolle auf den Lieferanten ihrerseits nach § 9 Abs. 2 Nr. 1 AGBG unter Berücksichtigung der §§ 377, 378 HGB beanstandet.[209]

Für die **Unwirksamkeit** einer derartigen Vereinbarung im Sinn von § 9 Abs. 2 Nr. 1 AGBG sprechen auch zwei weitere wesentliche Argumente: Soweit – trotz Bestehens einer Qualitätssicherungsvereinbarung – eine Rückrufaktion erforderlich wird, könnte der Besteller/Hersteller seine deliktsrechtliche Verantwortlichkeit für einen eingetretenen Produktschaden gemäß § 823 BGB notwendigerweise verneinen.[210] Dies würde dann einschließen, daß der Besteller/Hersteller berechtigt wäre, anstelle des Lieferanten eine etwa erforderliche Rückrufaktion durchzuführen, um sodann – berechtigterweise – Aufwendungsersatz gemäß §§ 675, 670, 683 BGB zu verlangen. Soweit der Lieferant unmittelbar gemäß § 823 BGB auf Schadensersatz haftet,[211] bestehen selbstverständlich keine Bedenken. Wohl aber sind diese deswegen begründet, weil hier im einzelnen die Auffassung entwickelt wurde, daß der Lieferant für die Durchführung einer präventiven Rückrufaktion keine Verantwortlichkeit im deliktsrechtlichen Sinne trägt *(§ 25 Rz. 91)*. Unter dieser Prämisse aber ist es schlechthin im Sinn von § 9 Abs. 2 Nr. 1 AGBG entscheidend, daß der Besteller/Hersteller nicht auf dem Umweg einer Qualitätssicherungsvereinbarung berechtigt sein kann, das gegenteilige Ergebnis zu erzielen, in dem er auf die Wareneingangskontrolle gemäß §§ 377, 378 HGB verzichtet, diese als gesteigerte Ausgangskontrolle zum Lieferanten verlagert, um auf diese Weise keinen „Anlaß" zu geben, Adressat einer deliktsrechtlichen Haftung gemäß § 823 BGB gegenüber Dritten zu sein. Würde man anders entscheiden, so würde man dadurch ein völlig unannehmbares, die Existenz zahlreicher Lieferanten aufs höchste gefährdende Risiko auf diese überwälzen – dies nur deswegen, weil sich der Besteller/Hersteller als AGB-Verwender im Rahmen eines Qualitätssicherungssystems durchgesetzt und die von ihm zu erfüllenden Obliegenheiten gemäß §§ 377, 378 HGB auf den Lieferanten abgewälzt hat. Dies ist das eine Argument. 65

Das andere: Unter Berücksichtigung der Regelung von § 4 I 1 AHB besteht sowohl im Rahmen der Betriebshaftpflicht- als auch der Produkthaftpflicht-Versicherung kein **Dekkungsschutz,** sofern der Lieferant aufgrund der Bestell-AGB sich damit „einverstanden" erklärt, daß der Besteller/AGB-Verwender auf die Obliegenheiten gemäß §§ 377, 378 HGB verzichtet, um – statt dessen – die Wareneingangskontrolle als Ausgangskontrolle zum Lieferanten zu verlagern. Maßgebend ist hierfür, daß der Lieferant bei einer solchen Klauselgestaltung von der gesetzlichen Risikoverteilung abweicht *(§ 25 Rz. 59f.)*. Daß nach Auffassung des BGH[212] die Norm der §§ 377, 378 HGB nicht bei deliktsrechtlichen Ansprüchen gilt, steht dieser Einordnung deswegen nicht entgegen, weil notwendigerweise die Abbedingung der §§ 377, 378 HGB dazu führt, den Besteller/AGB-Verwender auch gegenüber dem Vorwurf eines mitwirkenden Verschuldens gemäß § 254 BGB feizuzeichnen.[213] Das aber eine solche Risikoverlagerung zu Lasten des Lieferanten als Versicherungsnehmer unter der Perspektive von § 4 I 1 AHB nicht hinzunehmen ist, bedarf keiner weiteren Begründung. 66

---

[209] Löwe/Graf von Westphalen/Trinkner, Großkommentar, Bd. III – Qualitätssicherungsvereinbarung – Rz. 5f.

[210] Hierzu insbesondere BGH BB 1987, 717; Kullmann BB 1987, 1957ff. – Honda, wo freilich das gegenteilige Ergebnis zu Lasten des Importeurs angenommen wird.

[211] BGH NJW 1968, 247 – Schubstrebe –.

[212] BGH NJW 1988, 52ff.

[213] BGH NJW 1988, 52, 54.

Sofern es also dem Lieferanten nicht gelingt, aufgrund einer Sonderregelung Deckungsschutz in diesen Fällen zu erlangen, führt die Vereinbarung eines Qualitätssicherungssystems nach der hier beschriebenen Art zwingend dazu, daß der Lieferant den Risiken der Produkthaftung alleine ausgesetzt ist. Dies aber verstößt gegen § 9 Abs. 2 Nr. 1 AGBG, weil dadurch der Lieferant unangemessen benachteiligt wird: Er trägt dann im Verhältnis zum Geschädigten nicht nur die volle Produktverantwortlichkeit, ohne ein Mitverschulden des Bestellers/Herstellers einwenden zu können; er trägt insbesondere auch das gesamte Risiko einer Produktrückrufaktion.

2. Teil. Deliktische Haftung

A. Einführung

§ 18. Die Entwicklung der deliktsrechtlichen Produkthaftung

Die **erste Gerichtsentscheidung,** mit der ein Obergericht den Hersteller wegen eines Produktmangels auf deliktsrechtlicher Grundlage verurteilte, stammt aus dem Jahre 1907.[1] Hier hatte der Hersteller einem Zimmermeister eine fahrbare Holzsägemaschine geliefert, der – abweichend von der Bestellung – eine Schutzvorrichtung im Bereich der Abschaltstelle fehlte; ein Arbeiter des Zimmermeisters kam beim Abschalten der Maschine dem Sägeblatt zu nahe und wurde schwer verletzt. Das OLG Stuttgart sah in der ,,Unterlassung" dieser Schutzvorrichtung, die überdies vorgeschrieben war, wegen der damit verbundenen Gefahr eine Verletzung der im Verkehr erforderlichen Sorgfalt und verurteilte zum Schadensersatz. 1

Weitaus bekannter geworden ist der von dem RG[2] entschiedene **Brunnensalz-Fall** (1915): Die Klägerin hatte auf ärztliche Anordnung das von dem Beklagten hergestellte Salz in der Originalverpackung bei einem Apotheker gekauft. Nachdem sie bei dem Genuß des Salzes erkrankt war, stellte sich heraus, daß sich in dem Salz feine Glassplitter befanden. Das RG verneinte vertragliche Ansprüche gegen die Herstellerin, hielt aber eine Haftung nach §§ 831 I 2,* 823 BGB für gegeben. Da nämlich die Klägerin bewiesen habe, daß die Ursache ihrer Verletzung in der Fabrik des Beklagten gesetzt worden sei, habe diese sich in vollem Umfang entlasten müssen. Diese Entlastung setze einerseits den schlüssigen Beweis voraus, daß die Beklagte nur zuverlässige und vertrauenswürdige Arbeiter eingestellt habe und daß diese wohl beaufsichtigt worden seien; weiterhin müsse die Beklagte nachweisen, daß sie die ,,Oberaufsicht",[3] welche ihr selbst obliege und nicht übertragbar sei, wahrgenommen habe.[4] Diese Grundsätze sind heute – 70 Jahre später – im Ergebnis wiederum hochaktuell. Die Rechtsprechung blieb allerdings bis zum Jahre 1968 hinter ihnen zurück. 2

In seinen beiden **Kraftdroschken-Urteilen** (1940) bestätigte das RG[5] den Grundsatz, daß derjenige, der ein nicht verkehrssicheres Kraftfahrzeug in Verkehr gibt, eine ,,allgemeine Rechtspflicht" im Sinne des § 823 BGB verletze. Rechtswidrig handele auch, wer bei verspäteter Erkenntnis jener Gefahr nicht alles nach den Umständen Zumutbare tue, um sie abzuwenden.[6] Auf seine frühere Judikatur zur Entlastungspflicht des Herstellers kam das RG hier jedoch nicht zurück und betonte zugleich die begrenzte Reichweite des Anscheinsbeweises.[7] 3

---

* Im gesamten 2. Teil des Handbuches sind die Paragraphen-Absätze mit römischen Zahlen bezeichnet.

[1] OLG Stuttgart OLGE 18, 69, 71.

[2] RGZ 87, 1 – Brunnensalz.

[3] Zu ihr auch RG Recht 1920, Nr. 2845 – Obstpflückleiter.

[4] RGZ 87, 1, 4 – Brunnensalz.

[5] RGZ 163, 21, 26 – Bremsen I; DR 1940, 1293 – Bremsen II.

[6] RGZ 163, 21, 26 – Bremsen I.

[7] RGZ 163, 21, 35 bzw. 27ff. – Bremsen I.

4 Der **BGH** führte die Herstellerhaftung für mangelhafte Produkte gleichfalls ganz überwiegend[8] auf Verletzungen der Verkehrssicherungspflicht zurück. Als solche wurde nicht nur das Verbot angesehen, fehlerhafte oder gefährliche Waren in Verkehr zu bringen, sondern die konkrete Verhaltenspflicht, die dem Hersteller nach den besonderen Umständen des jeweiligen Falles oblag: die gefährliche Inbetriebnahme einer noch unfertigen Anlage nicht nur zu verbieten, sondern wirksam zu unterbinden,[9] auf die Feuergefährlichkeit eines Klebemittels hinzuweisen,[10] die Prüfung der Produkte durch ausreichende Aufsichtsanweisungen sicherzustellen.[11] Beweiserleichterungen für den durch ein fehlerhaftes Produkt Geschädigten gewährte die ältere BGH-Rechtsprechung nur unter den Voraussetzungen des Anscheinsbeweises, also lediglich in Einzelfällen. Hatte z. B. eine Ölfabrik im Abstand von einem Monat zweimal vergiftetes Öl verabreicht, so sollte dies darauf schließen lassen, daß es in der Fabrik an der nötigen Ordnung oder Aufsicht oder an solchen Einrichtungen fehlte, durch die derartigen Vorgängen vorgebeugt wird; der Hersteller müsse daher Umstände beweisen, aus denen sich die ernsthafte Möglichkeit ergebe, daß das vergiftete Öl ohne sein Verschulden oder eine Mitwirkung seiner Angestellten als Speiseöl in Verkehr gekommen sei.[12] Im **Fahrradgabel-Fall** (1956)[13] dagegen wurde verneint, daß bei einem Lötfehler und unzureichender Montage der Beweis des ersten Anscheins für ein Fehlverhalten des Herstellers oder seiner Arbeiter spreche; die oft zitierte Begründung lautet: „Wie die Lebenserfahrung zeigt, gehört es zur Natur des industriellen Betriebes, daß gelegentliche technische Fehlleistungen in der Fabrikation nicht ausschließbar sind und auch nicht mit absoluter Sicherheit, jedenfalls soweit es sich um komplizierte Fabrikationsvorgänge handelt und um die Untersuchung nicht offenliegender Teile des Fabrikats, bei der Abnahme ausgeschaltet werden könnnen."

5 Die **Rechtswissenschaft** wandte ihre Aufmerksamkeit der Produzentenhaftung verstärkt[14] zu, nachdem *Lorenz* die damit verbundenen Fragen 1960 in einer grundlegenden Untersuchung darstellte und insbesondere die anglo-amerikanische Rechtsprechung referierte.[15] Vielfach hielt man die Herstellerhaftung für ein dogmatisches Sonderproblem und die Vorschriften über die unerlaubte Handlung für ungeeignet, den Verbraucher wirksam zu schützen. Im wesentlichen wurden folgende Alternativvorschläge diskutiert:

6 (1) Außer dem Hersteller solle dem Käufer auch der Verkäufer haften, da dieser ebenfalls zur Prüfung der Ware verpflichtet sei und den Hersteller insoweit als Erfüllungsgehilfen einsetze; dessen Verschulden müsse er sich daher nach § 278 BGB zurechnen lassen (*Esser*[16]).

7 (2) Das Institut der Drittschadensliquidation setze allgemein weniger eine Verlagerung des Schadens als eine Verlagerung des Gläubigerinteresses auf den Dritten voraus, der andererseits (wie bei den Verträgen mit Schutzwirkung zugunsten Dritter) eines unmittelbaren Anspruchs gegen den Schädiger bedürfe; dieses Prinzip müsse zu einem unmittelbaren Anspruch des „endlichen Käufers aus rechtlicher Sonderverbindung gegen den Produ-

---

[8] Vgl. BGH NJW 1952, 357 – Rungenverschluß; VersR 1953, 242 – Speiseöl; VersR 1954, 100f. – Trinkmilch; BB 1955, 1109 – Insektenvertilgungsmittel; VersR 1956, 410f. – Fahrradgabel; VersR 1960, 342, 343 – Fußbodenklebemittel.

[9] BGH VersR 1960, 856, 857 – Silo.

[10] BGH VersR 1960, 342, 343 – Fußbodenklebemittel.

[11] BGH NJW 1968, 247 – Schubstrebe.

[12] BGH VersR 1953, 242 – Speiseöl; s. auch BGH VersR 1958, 107, 108 – Betondecke; VersR 1959, 104 – Seilschloß; NJW 1968, 247, 248f. – Schubstrebe.

[13] BGH VersR 1956, 410, 411 – Fahrradgabel.

[14] Frühere Stellungnahmen schon bei Grau, Festschrift Seckel (1927), S. 345; Such, Wirtschaftsplanung und Sachmängelhaftung (1949).

[15] Lorenz, Festschrift Nottarp (1960), S. 59ff.

[16] Schuldrecht, 2. Aufl. (1960), § 50, 5b und § 204, 5c; anders in der 3. Aufl., Bd. 1 (1968), § 43 I 2 a. E.

zenten führen, wenn der Käufer infolge schuldhafter Pflichtverletzung des Produzenten Schäden erleidet" (*Gernhuber*[17]).

(3) Der Hersteller hafte aufgrund eines Garantievertrags, der zwischen ihm und dem Endverbraucher zustande komme, analog § 463 BGB; der Wille des Herstellers, für die Mangelfreiheit seiner Produkte einzustehen, ergebe sich nach der Verkehrsanschauung aus der ,,Benennung seiner Urheberschaft auf der Ware" (*Klaus Müller*[18]). 8

(4) Soweit der Hersteller mit sozial ernst gemeinten Erklärungen um das Vertrauen der Verbraucher geworben habe, treffe ihn analog § 122 BGB eine Vertrauenshaftung, die kein Verschulden voraussetze (*Lorenz*[19], *Markert*[20], *Rehbinder*[21]). 9

(5) Eine Vertrauenshaftung des Herstellers könne im Wege richterlicher Rechtsfortbildung entwickelt werden; denn der Hersteller habe den Schaden des Konsumenten veranlaßt und dessen Vertrauen auf die Ungefährlichkeit der Ware enttäuscht,[22] die vom Hersteller bis zum Konsumenten reichende Absatzkette sei von vornherein nur auf Verteilung ausgerichtet und erscheine daher – gemessen am Normaltypus des Kaufvertrags – sinnentleert; auch versage das Prinzip individuellen Verschuldens wegen der maschinellen Fertigungsweise der modernen Produktion (*Diederichsen*[23]). 10

(6) Die Verbindung von Vertrauenshaftung und Verschuldensprinzip führe zu einem gesetzlichen Schuldverhältnis zwischen Hersteller und Endabnehmer, da dieser seine Rechtsgüter dem Hersteller im Vertrauen auf dessen Sorgfalt aussetze; da dieses Schuldverhältnis gleichwohl rechtsgeschäftlichen Grundsätzen zu unterstellen sei, habe bei seiner Verletzung der Hersteller die Verschuldensvermutung zu widerlegen und, falls dazu außerstande, auch etwaige Vermögensschäden zu ersetzen (*Canaris*[24]). 11

Dessen ungeachtet hielt die **überwiegende Ansicht** eine Haftung nach deliktsrechtlichen Grundsätzen für ausreichend.[25] Deren Anwendung sollte ggf. auf Besonderheiten der Massenproduktion und die typische Beweisnot der geschädigten Verbraucher Rücksicht nehmen. In der Annahme, das Unternehmen stelle eine ,,einheitliche Organisation" dar, in der menschliche und maschinelle Tätigkeiten zusammengefaßt seien, wurde daher einerseits dem Unternehmer eine Entlastung für Fehler seiner Arbeiter versagt;[26] andererseits sollte eine großzügige Handhabung des Anscheinsbeweises die Schwierigkeiten des Geschädigten ,,überwinden".[27] Auch in seinem Referat für den 47. Deutschen Juristentag (September 1968) führte *Simitis* die Produzentenhaftung unter Ablehnung[28] einer Vertrags- oder Vertrauenshaftung auf eine ,,ausschließlich auf § 823 I BGB gegründete Verantwortung für die Unternehmensorganisation" zurück[29] und forderte zugleich eine Beweislastumkehr für Vorgänge, die sich im Bereich des Produzenten abspielen; der Geschädigte habe lediglich nachzuweisen, daß sein Schaden durch das Produkt verursacht wurde.[30] 12

---

[17] KF 1963, 1, 3ff., 41f.

[18] AcP 165 (1965), 304ff., 308, 319ff.

[19] KF 1963, 8, 14ff., später einschränkend, vgl. RabelsZ 34 (1970), 14, 29; ähnlich Dölle, KF 1963, 37.

[20] BB 1964, 319, 322.

[21] BB 1965, 439, 442f.; ZHR 129 (1967), 171, 180ff.

[22] Dazu auch Dölle, KF 1963, 37.

[23] Die Haftung des Warenherstellers (1967), S. 49ff., 297ff., 310, 330ff., 352f.

[24] JZ 1968, 494, 501ff.

[25] v. Caemmerer, Festschrift zum hundertjährigen Bestehen des DJT, Bd. 2 (1960), S. 49, 72f.; Simitis, Grundfragen, S. 49ff.; Hauß, KF 1963, 38; Dunz, JZ 1968, 54, 57; Giesen, NJW 1969, 582ff.; differenzierend Dölle, KF 1963, 37.

[26] S. etwa Simitis, Grundfragen, S. 72ff.

[27] Simitis, Grundfragen, S. 87f.; Hauß, KF 1963, 38.

[28] Verhandlungen des 47. DJT, C 20ff.

[29] Verhandlungen des 47. DJT, C 35ff., 52f.

[30] Verhandlungen des 47. DJT, C 92ff., 98.

13 Die zivilrechtliche Abteilung des **47. Deutschen Juristentages** folgte dem im Ergebnis überwiegend und faßte zu den hier interessierenden Punkten folgende Beschlüsse:

1. Im Bereich der Produzentenhaftung erscheint es, soweit es sich um verschuldete Schäden handelt, möglich, in Weiterführung der Rechtsprechungsgrundsätze diese Fälle zu angemessenen Lösungen zu führen.[31]
2. Die Grundlagen für diese Weiterentwicklung bieten in erster Linie die Grundsätze der deliktsrechtlichen Verkehrssicherungs- und Sorgfaltspflichten.[32]
3. Für die Haftung aus verschuldeten Schäden sollte es nicht darauf ankommen, wen im Bereich des Unternehmens die Schuld trifft.[33]
4. Von einer besonderen gesetzlichen Regelung der Beweisfragen kann abgesehen werden, weil eine sachgerechte Anwendung der Grundsätze des Anscheinsbeweises den Interessen des Geschädigten ausreichend Rechnung trägt.[34]

14 Zu den hiermit angeschnittenen Fragen nahm der **BGH** zwei Monate später in seinem berühmten **Hühnerpest-Urteil** vom 26. 11. 1968[35] wegweisend Stellung.

Die Klägerin, die eine Hühnerfarm betrieb, hatte ihre Hühner von einem Tierarzt gegen Hühnerpest impfen lassen. Einige Tage später brach jedoch die Hühnerpest aus, über 4000 Hühner verendeten. Der Tierarzt hatte den Impfstoff von der beklagten Herstellerin bezogen, wo er nach den tatrichterlichen Feststellungen mit Bakterien verunreinigt worden war, welche die Hühnerpestviren reaktiviert hatten. Die Herstellerin trat für die Arbeiter und die Leiterin ihrer Virus-Abteilung den Entlastungsbeweis an.

Der BGH bejahte einen Ersatzanspruch gegen die Herstellerin. Bei Ablehnung der Anspruchsgrundlagen, die von Teilen des Schrifttums auf einen Garantievertrag bzw. eine strikte Vertrauenshaftung gestützt worden waren *(Rz. 8ff.)*, ließ er offen, inwieweit eine verschuldensabhängige Vertrauenshaftung gerechtfertigt ist,[36] und gründete die Ersatzpflicht der Herstellerin allein auf § 823 I, II BGB. Da die Ursache eines Produktfehlers in der Produktionssphäre liege und der Produktionsprozeß vom Hersteller bestimmt und organisiert werde, sei dieser „näher daran", den Sachverhalt aufzuklären und die Folgen der Beweislosigkeit zu tragen; er müsse daher insbesondere beweisen, daß auch der Betriebsleitung kein (Organisations-)Versäumnis vorzuwerfen sei.[37] In seiner späteren **Derosal-Entscheidung**[38] hat der BGH klargestellt, daß nach diesen Grundsätzen die Darlegungs- und Beweislast wie folgt verteilt ist: Der Geschädigte muß beweisen, daß sein Schaden auf einen Produktmangel zurückgeht, dessen Ursache im Gefahrenbereich des Herstellers gesetzt wurde; dann hat der Hersteller zu beweisen, daß diese Ursache nicht auf ein Fehlverhalten – eine Pflichtwidrigkeit – des Herstellers selbst oder der Betriebsangehörigen zurückgeht (zu Einzelheiten *§ 30 Rz. 12ff.*).

§ 19. Grundzüge der deliktsrechtlichen Produkthaftung

1 Eine Haftung wegen unerlaubter Handlung (nach Deliktsrecht) setzt voraus, daß dem Hersteller, Händler usw. ein Schuldvorwurf gemacht werden kann. Dieses **Schuldprinzip** unterscheidet das Deliktsrecht sowohl von der Gefährdungshaftung (i. S. des Arzneimittelgesetzes, der EG-Richtlinie vom 25. 7. 1985) als auch – teilweise – von der Haftung

---

[31] 105 Stimmen zu 1 Stimme, 8 Enthaltungen.
[32] 106 Stimmen zu 4 Stimmen, 10 Enthaltungen.
[33] 105 Stimmen zu 9 Stimmen, 15 Enthaltungen.
[34] 95 Stimmen zu 25 Stimmen, 10 Enthaltungen.
[35] BGHZ 51, 91 = NJW 1969, 269 m. Anm. Diederichsen = JZ 1969, 387 m. Anm. Deutsch.
[36] NJW 1969, 269, 271 ff. – Hühnerpest.
[37] NJW 1969, 269, 274f. – Hühnerpest.
[38] NJW 1981, 1603 – Derosal I.

nach Kaufvertragsrecht. Schuldprinzip wie Haftungsumfang sind vom Gesetz allerdings verschiedenartig ausgestaltet.

Nach **§ 823 I BGB** wird nur für Schäden gehaftet, die aus der Verletzung bestimmter, 2
näher beschriebener „Rechtsgüter" entstehen: aus der Verletzung von Leben, Körper, Gesundheit, Freiheit, Eigentum oder sonstiger Rechte eines anderen. Ein bloßer Vermögensschaden, der nicht Folge einer Rechtsgutsverletzung ist, ist daher nicht nach § 823 I BGB zu ersetzen. Die Rechtsgutsverletzung muß ferner rechtswidrig und schuldhaft erfolgen, nämlich entweder vorsätzlich oder fahrlässig. Demjenigen, der aufgrund der Vorschrift in Anspruch genommen wird, muß also ein Fehlverhalten bei der Produktion oder bezüglich der Produktsicherheit vorwerfbar sein. Für die Haftung einer juristischen Person (AG, GmbH) reicht es naturgemäß aus, daß ein Fehlverhalten dem Vorstand, Geschäftsführer usw. zur Last fällt. Dagegen haftet der Unternehmer nach dieser Vorschrift nicht für Fehler untergeordneter Mitarbeiter (z. B. Ingenieure, Fließbandarbeiter, Qualitätsprüfer); wohl aber können diese ihrerseits nach § 823 I BGB in Anspruch genommen werden. Der Geschädigte hat dem Gesetz nach den Verhaltensfehler der Personen, die er in Anspruch nimmt, zu beweisen. Jedoch gewähren die Gerichte bei Schäden infolge fehlerhafter Produkte vielfältige Beweiserleichterungen. Aufgrund einer „Beweislastumkehr", deren Reichweite allerdings umstritten ist, soll sich der Produzent sogar vollständig entlasten müssen, wenn feststeht, daß seine Ware fehlerhaft war.

Die Haftung nach **§ 823 II BGB** trifft denjenigen, der schuldhaft gegen ein Gesetz ver- 3
stößt, das den Schutz eines anderen bezweckt (z. B. Sicherheitsvorschriften). Sie geht über die Ersatzpflicht nach § 823 I BGB insofern hinaus, als sie im Prinzip keine Rechtsgutsverletzung voraussetzt und demnach auch reine Vermögensschäden erfaßt. Allerdings spricht manches dafür, die Produkthaftung auch nach dieser Vorschrift an eine vorherige Rechtsgutsverletzung zu knüpfen. Hinter dem Schutz, den § 823 I BGB dem Verbraucher gewährt, bleibt die Haftung für Schutzgesetzverstöße ohnehin zurück, da nur wenige der Pflichten, die zur Optimierung der Produktsicherheit zu beachten sind, in Gesetzen hervorgehoben werden; in weiterem Umfang ist dies freilich im Gerätesicherheitsgesetz vom 24. 6. 1968 geschehen und auch in Zukunft zu erwarten.

Gem. **§ 826 BGB** ist zum Schadensersatz verpflichtet, wer in einer gegen die guten 4
Sitten verstoßenden Weise einem anderen vorsätzlich Schaden zufügt (vorsätzliche sittenwidrige Schädigung). Dieser Tatbestand ist z. B. bei Produktverschlechterung durch Sabotage (etwa eines Mitarbeiters) und dann erfüllt, wenn der Hersteller zumutbare Maßnahmen zur Abwendung einer Produktgefahr unter besonders verwerflichen Umständen, z. B. aus übertriebenem Gewinnstreben, bewußt unterläßt und billigend in Kauf nimmt, daß hierdurch Folgeschäden entstehen. In diesem Fall sind stets auch bloße Vermögensschäden zu ersetzen.

Die Haftung nach **§ 831 BGB** schließt die Lücke, welche die §§ 823 I und II, 826 BGB 5
lassen, indem sie die Pflicht zum Schadensersatz auf die Personen beschränken, welche schuldhaft handeln. Aufgrund von § 831 I BGB wird nämlich vermutet, daß ein „Verrichtungsgehilfe" (Arbeiter, Angestellter), der sich bei der Produktion objektiv pflichtwidrig verhält, von der Unternehmensleitung unter Mißachtung der gebotenen Sorgfalt eingestellt und überwacht worden ist. Es wird also ein schuldhaftes Verhalten des Unternehmers vermutet mit der Folge, daß dieser sich von beiden Vorwürfen entlasten muß, um der Verschuldenshaftung zu entgehen. Ob die Produkthaftung an einer solchen Entlastung endgültig scheitern kann, ist allerdings umstritten. Sehr problematisch ist auch, inwiefern sich der Leiter eines Großunternehmens entlasten kann, das u. U. Tausende von Mitarbeitern beschäftigt, deren Einstellung und Überwachung notgedrungen auf Hilfspersonen übertragen werden muß. Klar ist dagegen nach der Rechtsprechung, daß ein Fehlverhalten der in Betracht kommenden Mitarbeiter nicht von dem Geschädigten bewiesen, sondern von dem Hersteller widerlegt werden muß.

§ 20. Bedeutung der deliktsrechtlichen Produkthaftung

1 Seitdem die Rechtsprechung im Wege der Beweiserleichterung darauf verzichtet, von dem geschädigten Verbraucher den Nachweis zu fordern, daß es im Betrieb des beklagten Herstellers zu einer Pflichtverletzung kam, ist das Deliktsrecht zu einem „scharfen Schwert" des Konsumenten geworden. Erst in zweiter Linie hat dazu beigetragen, daß die Rechtsprechung zugleich an die Erfüllung der Sorgfaltspflichten und an den Entlastungsbeweis des Unternehmers strenge Anforderungen stellt. Andererseits bietet das Deliktsrecht aber auch **keinen vollständigen Verbraucherschutz** vor fehlerhaften Produkten. Es ist nicht mehr und nicht weniger als eine **wichtige Ergänzung der vertraglichen Haftung und der Gefährdungshaftung.** Diese Haftungsgrundlagen stehen wiederum nicht völlig selbständig neben dem Deliktsrecht, sondern sie können sich wechselseitig beeinflussen; beispielsweise muß das Deliktsrecht zurücktreten, wo seine Anwendung eine Regel des Vertragsrechts aushöhlen würde.[1]

I. Verhältnis zum Vertragsrecht

1. Grundsatz: Anspruchskonkurrenz

2 Hat der Geschädigte (oder sein Familienangehöriger, Arbeitgeber usw.) das fehlerhafte Produkt unmittelbar vom Hersteller erworben, so kann dieser auch nach §§ 459, 463 BGB oder wegen positiver Vertragsverletzung zum Schadensersatz verpflichtet sein (vgl. *§ 2 Rz. 1ff., § 4 Rz. 1ff.*). Hierdurch werden **deliktsrechtliche Ansprüche** aber nicht etwa ausgeschlossen; sie sind **grundsätzlich neben Ansprüchen aus Vertragsverletzung gegeben**[2]. Diese Rechtslage hat zur Folge, daß deliktische Ansprüche auf Ersatz von Mangelfolgeschäden frühestens nach drei Jahren verjähren[3] und daß der Hersteller eine Vereinbarung, die seine Haftung beschränken soll, auch auf deliktische Ansprüche erstrecken muß.[4] Insoweit braucht der Geschädigte auch keinen Totalverlust deliktischer Ansprüche nach vorbehaltloser Annahme der Kaufsache (§ 464 BGB)[5] oder – im kaufmännischen Verkehr – nach Versäumung der Rügefrist des § 377 HGB[6] zu befürchten. Auch auf Schäden, die durch Wirkungslosigkeit der Kaufsache entstehen, ist das Deliktsrecht grundsätzlich anwendbar *(§ 21 Rz. 68ff.)*.

2. Verdrängung des Deliktsrechts bei Schäden am Produkt oder Werk?

a) Verhältnis zum Kaufrecht

3 Eine Regelungskollision zwischen Vertragsrecht und Deliktsrecht droht allerdings dort, wo ein Produktmangel nach gewisser Zeit dasselbe Produkt – die Kaufsache – weiter verschlechtert (Beispiel: Eine Ölscheideanlage gerät in Brand, weil ein in ihr befindlicher Schwimmerschalter ausfällt). Kann der Käufer hier noch nach drei Jahren Schadensersatz

---

[1] BGH NJW 1988, 52, 53 – Korken; Einzelheiten aber sehr umstritten.

[2] BGH NJW 1976, 1505, 1506 – Frostschutzmittel; NJW 1977, 379, 380f. – Schwimmerschalter; NJW 1983, 810, 811 – Gaszug; NJW 1986, 922, 924 (Werkmängelrecht); NJW 1988, 52, 53 – Korken; Messer, in Kullmann/Pfister, Kza. 1426 S. 31.

[3] Vgl. § 852 BGB; BGH NJW 1976, 1505, 1506 – Frostschutzmittel.

[4] Vgl. BGH NJW 1977, 379, 381 – Schwimmerschalter; NJW 1979, 2148f. – Kartonmaschine.

[5] Kullmann/Pfister (Messer), Kza. 1426 S. 33; Palandt/Putzo § 464 Anm. 1b; **anders** RGZ 59, 104, 105f. (sogar zu § 826 BGB); RG HRR 1934, Nr. 1193; Soergel/Huber, § 464 Rz. 4.

[6] BGH NJW 1988, 52, 53f. – Korken, m. Nachw. zum Streitstand (gegen die überwiegende Lehre); näher § 40 Rz. 23.

verlangen, obwohl das Kaufrecht die Haftung des Herstellers für Mangelschäden u. U. beschränkt und vor allem auf sechs Monate befristet hat (vgl. § 477 BGB)? **Trotz Verjährung** kaufrechtlicher Ansprüche spricht der **BGH** dem Verbraucher **deliktsrechtliche Ansprüche,** wenn auch in beschränktem Umfang, zu.[7] Dies hat enorme wirtschaftliche Konsequenzen und wird der Haftung wegen unerlaubter Handlung auch in Zukunft einen wichtigen Anwendungsbereich sichern. Ob die BGH-Rechtsprechung überzeugt, ist eine andere Frage. Sie überschneidet sich – nicht zufällig[8] – mit dem Problem, ob eine Schädigung „des Produkts durch das Produkt" des Verbrauchers überhaupt eine Eigentumsverletzung durch den Hersteller sein kann, und wird erst in diesem Zusammenhang – für jede deliktische Haftung aufgrund von Fahrlässigkeit – besprochen *(§ 21 Rz. 25ff.).*

War der Erwerb des fehlerhaften Produkts für den Hersteller und für den Geschädigten ein Handelsgeschäft,[9] so mußte er, um seine kaufrechtlichen Ansprüche wegen des Mangelschadens zu erhalten, das Produkt unverzüglich untersuchen und den Mangel – bei Erkennbarkeit – rügen (§§ 377, 378 HGB). Hat er die Rügefrist versäumt, so fragt sich, ob Ersatzansprüche aus §§ 823ff. BGB ebenfalls ausgeschlossen sind. **Trotz Versäumung der Rügefrist** nimmt der **BGH** aber den **Fortbestand** auch solcher **deliktsrechtlicher Ansprüche** an, die er dem Geschädigten im Falle einer eskalierenden Beschädigung der fehlerhaften Kaufsache zuspricht.[10] Zur Stellungnahme vgl. *§ 21 Rz. 32.* 4

Seine kaufrechtlichen Ersatzansprüche[11] verliert der Geschädigte auch dann, wenn er die Kaufsache in Kenntnis des Produktfehlers annimmt, ohne sich dabei seine Rechte wegen dieses Mangels vorzubehalten (§ 464 BGB). Ob **trotz vorbehaltloser Annahme** der Kaufsache der Mangelschaden wenigstens **kraft Deliktsrechts** zu ersetzen ist, hat die Rechtsprechung, soweit ersichtlich, bisher nicht entschieden. Auch die Antwort auf diese Frage hängt davon ab, ob das Deliktsrecht über die kaufrechtlichen Ansprüche des Käufers hinausgehen soll; der **BGH** würde sie daher wohl **bejahen.** Zur Stellungnahme vgl. *§ 21 Rz. 25ff.* 5

b) Verhältnis zum Werkmängelrecht

Bis heute ist durchaus **unklar, unter welchen Umständen** handwerkliche Fehler oder Produktfehler bei der Werkleistung zu einer **Verletzung von Eigentum** des Bestellers führen können; ohne eine solche Verletzung müßte eine deliktische Produkthaftung mangels Anwendbarkeit des § 823 I BGB vielfach entfallen. Dieses Problem hat wiederum einen wichtigen Bezug zu der Frage, ob die §§ 823ff. BGB nicht überhaupt verdrängt werden, soweit das Werkmängelrecht anwendbar ist und die Haftung für Schäden am Werk selbst regelt. Diese Regeln weichen vom Deliktsrecht nicht unerheblich ab. 6

So stellt die dreijährige **Verjährungsfrist** für deliktische Ansprüche den Besteller eines Werkes oft besser, als er bei Anwendung des vertraglichen Werkmängelrechts stünde (vgl. § 638 I BGB). Dies ist nach der Rechtsprechung des BGH jedoch **unerheblich.**[12] Das Werkmängelrecht gibt dem Unternehmer nun vielfach auch eine Nachbesserungsbefugnis, die entfallen würde, wenn der Besteller zum Ausgleich des Mangelschadens ohne weiteres Geldersatz fordern könnte. Diese **Gelegenheit zur Nachbesserung** darf dem Unternehmer auch nach Ansicht des BGH durch Heranziehung des Deliktsrechts **nicht genommen werden.**[13] Zur Stellungnahme vgl. *§ 21 Rz. 62ff.* 7

---

[7] S. nur BGH NJW 1977, 379f. – Schwimmerschalter; näher § 21 Rz. 17ff.

[8] Zu eng aber Soergel/Huber, Vor § 459 Rz. 206.

[9] Dazu § 17 Rz. 2, 3; generell **gegen deliktische Produkthaftungsansprüche** eines Kaufmanns (namentlich gegen Zulieferer!) Nickel, VersR 1985, 310, 317.

[10] BGH NJW 1988, 52, 53f., insbes. S. 54 dd γ – Korken; s. auch § 21 Rz. 24.

[11] Einschließlich solcher aus positiver Vertragsverletzung, einschränkend Soergel/Huber, § 464 Rz. 4.

[12] BGH NJW 1971, 1131, 1133; 1977, 1819.

[13] BGH NJW 1986, 922, 924.

II. Verhältnis zur EG-Richtlinie vom 25. 7. 1985

8 Am 25. 7. 1985 hat der Rat der Europäischen Gemeinschaften die Richtlinie zur Angleichung der Rechts- und Verwaltungsvorschriften der Mitgliedstaaten über die Haftung für fehlerhafte Produkte erlassen. Art. 1 dieser Richtlinie ordnet die unbedingte Haftung des Herstellers für Schäden an, die durch einen Produktfehler verursacht werden. Die darin angelegte **Gefährdungshaftung** (näher Bd. 2) wird allerdings in der Bundesrepublik erst wirksam, wenn die Richtlinie durch ein Transformationsgesetz in das deutsche Recht umgesetzt ist; dies wird – verspätet – voraussichtlich bis zum 1. 1. 1990 geschehen.

9 Das Recht der unerlaubten Handlung wird auch unter der Geltung jenes neuen Rechts eine bedeutsame Haftungsgrundlage bleiben. Denn die EG-Richtlinie strebt keine Rechtsvereinheitlichung, sondern nur die Angleichung der zum Teil sehr unterschiedlichen Haftungsstandards in den Mitgliedstaaten an; zudem konnte über Vorschläge, die auf einen lückenlosen Schutz von Abnehmern und Verbrauchern abzielten, keine Einigkeit erreicht werden. Im Ergebnis läßt die EG-Richtlinie daher zahlreiche Fragen der Produkthaftung ungeregelt. Sie sind, wie Art. 9 II, 13 der Richtlinie klarstellen, weiterhin nach den nationalen Vorschriften zu beurteilen; deren verbindliche Auslegung und Anwendung – z. B. im Beweisrecht! – obliegt wiederum allein den dafür zuständigen Organen der Mitgliedstaaten, die hierbei nicht an die Grundsätze der Richtlinie gebunden sind (näher *Rz. 24ff.*).

1. Überlegenheit des deutschen Deliktsrechts

10 Eine Überlegenheit des deutschen Deliktsrechts gegenüber dem EG-Produkthaftrecht ergibt sich aus der Sicht des Geschädigten zumindest in folgender Hinsicht:

(1) Nach Deliktsrecht haften auch **Händler und Dienstleistungsbetriebe** für Produktgefahren, wenn sie diesbezügliche Warn- oder Kontrollpflichten verletzt haben. Die EG-Richtlinie läßt einen Nichthersteller nur haften, wenn er sich als Hersteller ausgegeben hat (Quasi-Hersteller), und einen Lieferanten in dem weiteren Fall, daß der Hersteller bzw. ein Importeur nicht feststellbar ist und der Lieferant weder den Vorlieferanten noch den Hersteller benennt.

11 (2) Die Verletzung einer Pflicht zur **Instruierung** des Abnehmers, zur **Beobachtung** des Produkts auf etwaige Gefahren oder zum **Rückruf** einer gefährlichen Ware ist auch dann deliktisch, wenn die (Möglichkeit einer solchen) Gefahr erst entdeckt werden konnte, nachdem das betreffende Produkt in Verkehr gelangt war. Nach der EG-Richtlinie besteht dagegen keine Haftung für Gefahren, die erst nach der Inverkehrgabe entstanden oder erkennbar wurden.[14]

12 (3) Für **Industrieabfälle und -immissionen,** die im Rahmen der Herstellung als ,,Nebenprodukte“ anfallen, ist der Verursacher bei pflichtwidrigem Verhalten u. U. nach Deliktsrecht verantwortlich. Die EG-Richtlinie ist hier unanwendbar, weil sie die Haftung an den – engeren – Herstellerbegriff knüpft.[15] Immerhin ist beabsichtigt, eine weitere Richtlinie zur Haftung für Industrieabfälle zu erlassen.

13 (4) Wer **landwirtschaftliche Naturprodukte** oder **Jagderzeugnisse** in Verkehr bringt, hat im Interesse des Verbrauchers bestimmte Sorgfaltspflichten zu erfüllen; deren Verletzung führt nach zutreffender Ansicht[16] ebenfalls zur Verschuldenshaftung. Von der Gefährdungshaftung sind jene Urprodukte dagegen ausdrücklich – wenn auch nicht zwingend – ausgenommen.

14 (5) Die Wirksamkeit der deutschen Verschuldenshaftung für Produktfehler beruht darauf, daß die Rechtsprechung die **Beweislast** für pflichtgemäßes Verhalten dem Hersteller

---

[14] Vgl. auch Schmidt-Salzer/Hollmann, Bd. 1, Art. 6 Rz. 259ff.

[15] Vgl. auch Schmidt-Salzer/Hollmann, Bd. 1, Art. 2 Rz. 31.

[16] Vgl. näher § 25 Rz. 23ff..

auferlegt, wenn feststeht, daß der Fehler in dessen Verantwortungsbereich entstand. Für die EG-Richtlinie ergeben sich Unsicherheiten daraus, daß einerseits dort keine Beweislastumkehr vorgesehen ist[17] und andererseits vertreten wird, der Geschädigte müsse als Fehler darlegen, „inwieweit ein rechtswidriges Verhalten des in Anspruch genommenen Unternehmens vorliegt".[18]

(6) Während Ansprüche aus unerlaubter Handlung u. U. erst 30 Jahre nach Entstehung des Schadens verjähren, **erlischt die Haftung** aufgrund der EG-Richtlinie bereits 10 Jahre nach Inverkehrbringen der schadenstiftenden Ware. 15

(7) Davon abgesehen **verjähren** deliktische Ansprüche erst drei Jahre nach zuverlässiger Kenntnis von den haftungsbegründenden Tatsachen. Die (ebenso lange) Verjährung von Ansprüchen kraft der EG-Richtlinie soll dagegen schon bei vorwerfbarer Unkenntnis dieser Tatsachen beginnen. 16

(8) Das Deliktsrecht verpflichtet den verantwortlichen Hersteller regelmäßig zum Ersatz des vollen Schadens. Wer sich auf das neue Recht beruft, muß dagegen eine **Eigenbeteiligung** von 500 Ecu (z. Z. etwa 1029 DM) selber tragen. 17

(9) Er muß bei Groß- oder Massenschäden auch die **globale Haftungsbegrenzung** auf 70 Mio. Ecu (z. Z. etwa 144097100 DM) beachten, für welche die Bundesrepublik voraussichtlich optieren wird. Solche Höchstgrenzen kennt unser Deliktsrecht nicht. 18

(10) **Schmerzensgeld** ist ebenfalls nur im Rahmen der Verschuldenshaftung zu zahlen. 19

(11) Schließlich kann kraft EG-Rechts Schadensersatz nur für solche Sachen verlangt werden, die gewöhnlich für den privaten Ge- oder Verbrauch bestimmt sind oder hierzu von dem Geschädigten hauptsächlich verwendet wurden. **Gewerbliche Schäden,** die schon wegen der industriellen Arbeitsteilung eine große Rolle spielen, sind daher allein nach (Vertrags- oder) Deliktsrecht auszugleichen. 20

(12) Das gilt auch für **unmittelbare Vermögensschäden,** denen ein Personen- oder Sachschaden nicht vorausgegangen ist. Solche Schäden sind, soweit sie auf Produktfehlern beruhen, kraft Deliktsrechts wenigstens in Sonderfällen zu ersetzen. 21

(13) Auch für **Verschlechterungen des fehlerhaften Produkts,** die über den ursprünglichen Produktfehler hinausgehen, ist nicht nach EG-Recht einzustehen. Ob wenigstens für Schäden gehaftet wird, die durch ein fehlerhaftes Einzelteil am Gesamtprodukt entstehen, ist umstritten.[19] Nach Deliktsrecht gewährt die deutsche Rechtsprechung dagegen für all diese Schäden in weitem Umfang Schadensersatz *(Rz. 3).* 22

(14) Ob nach der EG-Richtlinie auch Schäden zu ersetzen sind, die durch **wirkungslose Produkte** (z. B. die Untauglichkeit eines Pflanzenschutzmittels) erwachsen, ist umstritten.[20] Das deutsche Deliktsrecht begründet demgegenüber regelmäßig eine Ersatzpflicht.[21] 23

2. Beeinflussung des Deliktsrechts durch EG-Richtlinie bzw. Produkthaftungsgesetz?

„Die Ansprüche, die ein Geschädigter aufgrund der Vorschriften über die vertragliche und außervertragliche Haftung oder aufgrund einer zum Zeitpunkt der Bekanntgabe dieser Richtlinie bestehenden besonderen Haftungsregelung geltend machen kann, werden durch diese Richtlinie nicht berührt." (Art. 13 der Richtlinie) 24

Aus dieser Regelung wird mit Recht gefolgert, daß Ansprüche aus der Richtlinie (dem Produkthaftungsgesetz) und dem Deliktsrecht grundsätzlich in **Anspruchskonkurrenz**

---

[17] Zutreffend Taschner, Art. 4 Rz. 2ff.
[18] So, aber wohl unrichtig Schmidt-Salzer/Hollmann, Bd. 1, Art. 4 Rz. 13.
[19] Vgl. die Kommentierung zum PHG (Bd. 2); Sack, VersR 1988, 439, 444ff.
[20] Vgl. die Kommentierung zum PHG (Bd. 2); Schmidt-Salzer/Hollmann, Art. 6 Rz. 134ff.; Taschner, Art. 6 Rz. 29.
[21] Vgl. § 21 Rz. 68ff.

stehen, also nebeneinander geltend gemacht werden können.[22] Zwar dürfen nationale Spezialvorschriften zur Produkthaftung nach dem 30. 7. 1985 nicht mehr in Kraft treten. Das allgemeine Deliktsrecht bleibt jedoch voll anwendbar.

25 Nach der sog. **Versteinerungstheorie** soll allerdings auch die deliktische Produkthaftung auf dem Stand „eingefroren" sein, der am 30. 7. 1985 erreicht war. Änderungen der deliktsrechtlichen Haftung sind demnach unzulässig, soweit sie die Haftung für fehlerhafte Produkte modifizieren;[23] dabei kann es im Grunde keinen Unterschied machen, ob die Änderung auf einer Gesetzesnovelle oder auf Richterrecht beruht.[24] Für die Versteinerungstheorie spricht, daß namentlich richterrechtliche Verschärfungen der Produkthaftung – nicht zuletzt im Beweisrecht! – von gleichem Gewicht sein können wie eine neue „besondere Haftungsregelung", die der Rat der Europäischen Gemeinschaften ausdrücklich untersagt hat. Dennoch ist die Versteinerungstheorie wohl **abzulehnen.**[25] Die vielfältige Offenheit der Haftungssysteme in den einzelnen Mitgliedstaaten war dem Rat selbstverständlich bekannt; auch der offiziellen Erwägung (13) zur Richtlinie ist zu entnehmen, daß die Angleichung des Rechts der Produkthaftung in der Gemeinschaft zurückhaltend erfolgen sollte.

26 Dies schließt nicht aus, daß mit Inkrafttreten des Produkthaftungsgesetzes *bestimmte Fragen* des Deliktsrechts eine neue Bewertung erfahren können und müssen. Die **Vermeidung von Auslegungsdivergenzen** zwischen PHG (EG-Richtlinie) und den §§ 823ff. BGB ist sicher weithin **wünschenswert,**[26] aber auch **nicht oberstes Gebot.** Vorrangig sind die Normzwecke, die der Transformationsgesetzgeber übernimmt bzw. verfolgt. Sie gelten grundsätzlich einem System der verschuldensunabhängigen Haftung, und zwar nur in einem relativ exakt definierten Anwendungsbereich. Es ist daher eine Frage der teleologischen und systematischen *Auslegung,* ob jene neuen Regeln jeweils auch die Verschuldenshaftung – und sei es auch „nur" mit Hilfe des Beweisrechts – erweitern oder einschränken sollen. Bei dieser Auslegung, aber auch für die Frage, ob eine *Regelungslücke* vorliegt, wird zu berücksichtigen sein, daß der Bonner Gesetzgeber bei der Umsetzung der EG-Richtlinie keinen großen Spielraum hat, sondern sie mehr oder weniger vollständig übernehmen muß. Dennoch mögen sich Anhaltspunkte dafür finden, daß der Geltungsbefehl für das PHG auf Teilfragen der deliktischen Haftung erstreckt werden soll. Eine solche Anordnung darf sich freilich nicht als produkthaftungsrechtlich „besondere Haftungsregelung" darstellen (Art. 13 EG-Richtlinie).

27 Nicht anzunehmen ist, daß der **Fehlerbegriff** der EG-Richtlinie die Frage, ob dem Produktverantwortlichen auch eine **Pflichtverletzung** i. S. des § 823 I BGB zur Last fällt, **präjudiziert.** Zwar sind die beiden Kernelemente der Haftungsordnungen weitgehend kongruent; die Materialien zum Regierungsentwurf eines PHG konstatieren sogar: „Keine Änderung der Rechtslage".[27] Dennoch sind die Bewertungsparameter für „Fehler" und „Pflichtverletzung" noch keineswegs gesichert.[28] Etwaige Inkongruenzen der Standards können auch durch Unterschiede der Haftungssysteme bedingt sein. Dann sind sie im Zweifel hinzunehmen.[29] Jedenfalls ist ein Vorrang für den einen oder anderen Haftungsstandard bisher nicht zu begründen.

28 Auch die Tatsache, daß der **Lieferant** eines fehlerhaften Produkts nach der EG-Richtlinie nur subsidiär, dann aber ohne Rücksicht auf eigenes Verschulden haften soll, gestattet keine Angleichung der Deliktshaftung:[30] Ein Händler haftet nach §§ 823ff. BGB, falls ihm ein produktbezogenes Fehl-

---

[22] Genauer Diederichsen, Dogmatik, S. 9, 14ff., 24; s. auch Sack, VersR 1988, 439, 442; Schmidt-Salzer, PHI 1988, 2, 4ff.; Taschner, Art. 1 Rz. 6, Art. 13 Rz. 2.

[23] Bourgoignie, Europäische Zeitschrift für Verbraucherschutz 1986, 4, 13; Tebbens, NJB 1986, 369, 373; van Zeil, NJB 1985, 990.

[24] Ebenso Sack, VersR 1988, 439, 442.

[25] Ebenso Sack, VersR 1988, 439, 442; Taschner, Art. 13 Rz. 7.

[26] Vgl. Diederichsen, Dogmatik, S. 9, 22.

[27] BR-Drucks. 101/88 S. 42 unter Bezugnahme auf BGH VersR 1972, 559.

[28] Vgl. z. B. Taschner, Art. 6 Rz. 4, 21; Hollmann, DB 1985, 2389, 2392ff.

[29] Anders wohl Diederichsen, Dogmatik, S. 9, 19f. (zu PHG).

[30] Anders Diederichsen, Dogmatik, S. 9, 21f. (PHG).

verhalten vorwerfbar ist, zugunsten des Geschädigten auch fortan ggf. neben dem Hersteller; er haftet, wie bisher, aber nie ohne Verstoß gegen die gerade ihm zumutbaren Pflichten.

Nach einer umstrittenen Ansicht ist den Art. 13, 9 S. 2 EG-Richtlinie zu entnehmen, daß Ansprü- 29
che auf **Schmerzensgeld** nach EG-Recht zu beurteilen sind, soweit die Haftungs*voraussetzungen* in Rede stehen; das nationale Haftungsrecht soll daher nur noch für die Haftungs*folge* (z. B. Schmerzensgeld bei Körperverletzung) bedeutsam sein. Unabhängig von dieser Auslegung und ihrer Verbindlichkeit für das deutsche Recht sind die Voraussetzungen der §§ 823, 847 BGB aber weiterhin allein nach diesen Vorschriften zu beurteilen:[31] Von einer „Implantation" des PHG in diese Anspruchsnormen kann keine Rede sein!

Nach der EG-Richtlinie unterfallen **Schäden,** die durch den Produktfehler **am fehlerhaften Pro-** 30
dukt selbst entstehen, nicht der Gefährdungshaftung *(Rz. 3).* Für solche Schäden als „weiterfressende Mängel" spricht die deutsche Rechtsprechung jedoch Ersatz kraft Deliktsrechts zu. Diese Rechtsprechung wird hier abgelehnt. Mit Inkrafttreten des PHG verliert sie weiter an Berechtigung, falls der Gesetzgeber damit zugleich seinen Standpunkt bekräftigt, Mangelschäden seien im Kaufrecht abschließend geregelt. Dafür gibt es Anhalt.[32]

Die **Beweislast bezüglich der Kausalität** eines Produktfehlers für Schäden trägt grundsätzlich 31
der Geschädigte, wenn er einen deliktischen Anspruch beweisen will. Anders die EG-Richtlinie: Ist streitig, ob den Umständen nach davon auszugehen ist, daß der Fehler schon im Zeitpunkt der Inverkehrgabe des Produkts vorlag, so muß der Hersteller das Gegenteil beweisen. Eine Übertragung dieses Grundsatzes auf Prozesse um Ansprüche aus Deliktsrecht ist aber abzulehnen.[33] Eine generelle Beweislastumkehr für die Ursächlichkeit – und sei es auch nur für die von *Produkt*fehlern – ist mit dem Verursacherprinzip der §§ 823ff. BGB unvereinbar.[34] Sie wäre auch nur bei einer quotalen Kürzung der Ansprüche potentiell Geschädigter gerecht zu verwirklichen.

B. Haftung nach § 823 Abs. 1 BGB

§ 21. Geschützte Rechtsgüter

I. Leben

1 Uneingeschränkten Schutz genießt das menschliche Leben. Es beginnt mit der Vollendung der Geburt (vgl. § 1 BGB), d. h. mit dem vollständigen Austritt aus dem Mutterleib. Aber schon die Leibesfrucht ist geschützt,[1] wenn sie auch nur kurzzeitig menschliches Leben hervorbringt. Daher liegt ein Eingriff in das Leben vor, wenn die Leibesfrucht z. B. durch Nebenwirkungen eines von der Mutter gebrauchten Arzneimittels oder durch mangelhafte medizinisch-technische Geräte bei der Schwangerschaftsuntersuchung so verletzt wird, daß das Neugeborene stirbt.

II. Körper

2 Eine Körperverletzung ist jeder äußere Eingriff in die körperliche Unversehrtheit eines anderen.[2] Er erfolgt in der Regel durch mechanische Einwirkung auf die körperliche Integrität und kann sich z. B. in Hautverletzungen (Verbrennungen, Verätzungen, Strah-

[31] Näher Sack, VersR 1988, 439, 443; Schmidt-Räntsch, ZRP 1987, 437, 440; Schmidt-Salzer/Hollmann, Bd. 1, Art. 9 Rz. 15.
[32] Vgl. BR-Drucks. 101/88 S. 28; zutreffend Diederichsen, Dogmatik, S. 9, 30f.; Schmidt-Salzer/Hollmann, Bd. 1, Einl. Rz. 59.
[33] Näher Foerste, VersR 1988, 958, 961 (zu § 1 II Ziff. 2, IV des Reg.-Entwurfs zum PHG); anders wohl Reinelt, NJW 1988, 2614f.
[34] BGH NJW 1988, 2611, 2613 – Mehrwegflasche II.
[1] Vgl. BGH NJW 1972, 1126.
[2] BGH NJW 1980, 1452, 1453.

lungsschäden), Knochenbrüchen, -fissuren und Prellungen, Gehirnerschütterungen (Commotion, Contusion), dem Verlust von Gliedmaßen, Sinnesorganen, Haaren oder in Lähmungen äußern.

Beispiele: Während einer Operation an der Nasenscheidewand bricht ein Septummeißel, dessen Spitze in die Lunge gelangt und so weitere Gewebeverletzungen bewirkt oder – im Rahmen ärztlicher Hilfe – erforderlich macht.[3] Ein fehlerhaftes Röntgengerät gibt Überdosen ab.

Auch die Herbeiführung einer **ungewollten Schwangerschaft** ist nach der Rechtsprechung eine Körperverletzung.[4] Das gilt nicht nur bei fehlgeschlagener Sterilisation, sondern auch bei Versagen eines Empfängnisverhütungsmittels *(Rz. 8)*. In der **Entbindung** von einem schwer geschädigten Kind liegt ebenfalls eine Körperverletzung der Mutter, wenn eine zulässige Schwangerschaftsunterbrechung unterblieb, weil der behandelnde Arzt die Gefahr jener Schädigung – wegen Versagens der Labortechnik oder anderer diagnostischer Hilfsmittel – nicht erkannte; dagegen kann das geschädigte Kind nicht dadurch verletzt sein, daß seine Geburt nicht verhindert wurde.[5]

III. Gesundheit

1. Allgemeines

3 Gesundheit ist das ungestörte physiologische Zusammenspiel der Körperfunktionen im somatischen und psychischen Bereich.[6] Es wird oft *bei* einer äußeren Einwirkung auf den Körper (z. B. Explosion) oder doch *als Folge* dieser Einwirkung (z. B. Entzündung, Schock, Embolie) gestört. Soweit Körper- und Gesundheitsverletzung sich hier noch unterscheiden lassen, treffen sie jedenfalls zusammen.

4 **Somatisch** wirkende Beeinträchtigungen verletzen stets die Gesundheit. Das gilt für giftige und sonst gesundheitsschädliche[7] Substanzen (z. B. in Lebensmitteln oder Werkstoffen; Gase, Immissionen, Arzneimittel[8]), aber auch für den Organismus belastende Bestrahlungen, u. U. sogar für schwere Schockschäden, die der nahe Angehörige eines Unfallopfers erleidet.[9] Auch die Herbeiführung einer Krankheit – insbesondere durch Ansteckung – kann eine Gesundheitsverletzung sein *(Rz. 6, 8, 70)*;[10] deren Pflichtwidrigkeit hängt allerdings wesentlich von ihrer Gefährlichkeit und von der Ansteckungsgefahr ab. So führt die Inverkehrgabe von Blutkonserven, die AIDS-Erreger enthalten,[11] bei Infizierten auch dann zu einer Gesundheitsverletzung, wenn die Krankheit – zunächst oder überhaupt – nicht ausbricht; pflichtwidrig war eine Inverkehrgabe aber erst, als nach Kenntnis der Infektionsgefahr eine systematische Untersuchung der (lebenswichtigen!) Blutkonserven möglich wurde. Sogar der Hersteller eines pharmakologisch einwandfreien Arzneimittels kann die Gesundheit eines Patienten verletzen, wenn er nicht vor den ungewöhnlich schweren Folgen einer Fehlanwendung warnt und infolgedessen der Patient oder der behandelnde Arzt das Mittel unsachgemäß einsetzt.[12]

---

[3] Vgl. OLG Düsseldorf NJW 1978, 1693 – Septummeißel.
[4] BGH NJW 1980, 1452, 1453; NJW 1984, 2685; differenzierend MünchKomm/Mertens, § 823 Rz. 62.
[5] Vgl. BGH JZ 1983, 447, 449 m. Anm. Deutsch; Soergel/Zeuner, § 823 Rz. 18.
[6] Deutsch, KF 1983, 93, 94.
[7] RGZ 87, 1 – Brunnensalz; RGZ 152, 129.
[8] LG Aachen JZ 1971, 507 – Contergan.
[9] BGH NJW 1985, 1390; NJW 1968, 777, 778; s. auch KG VersR 1987, 105.
[10] Soergel/Zeuner, § 823 Rz. 22 a. E.
[11] Dazu Eberbach, Rechtsprobleme, S. 5, 53ff.; Plum, VersR 1986, 528; s. auch BGHZ 8, 243 (Lues).
[12] BGH NJW 1972, 2217 – ESTIL.

Psychische Beeinträchtigungen sind nur in engeren Grenzen als Gesundheitsschäden anzuerkennen;[13] andernfalls würde die deliktische Haftung, namentlich der Anspruch auf Schmerzensgeld, von der nur schwer nachprüfbaren (Über-)Empfindlichkeit des Einzelnen abhängig und untragbar ausgeweitet. Schutz verdienen psychische Verletzungen als Komponente eines schweren Schocks, den nahe Angehörige u. U. als Unfallzeugen erleiden. Im übrigen wird entscheidend sein, ob die Störung aus ärztlicher Sicht so schwerwiegend ist, daß sie – als schwere Neurose, Psychose – einer Behandlung bedarf.[14] 5

2. Schädigung des Embryos

Die menschliche Gesundheit kann ferner durch Einwirkungen auf das werdende Leben verletzt werden, und zwar selbst dann, wenn die Einwirkung durch einen Angriff auf die Psyche der Schwangeren vermittelt wird.[15] Dies hängt jedenfalls in den Fällen, die eine Produkthaftung begründen können, auch nicht davon ab, wann die Ursache der Einwirkung gesetzt wird. Tatbestandlich sind daher nicht nur Verletzungshandlungen, die während der Schwangerschaft erfolgen, sondern auch solche, die schon vor der Empfängnis bewirken, daß im Falle einer Schwangerschaft das Embryo geschädigt wird.[16] Zur letzteren Gruppe gehören genetische Schädigungen eines Elternteils (z. B. durch Arzneimittel,[17] Bestrahlungsunfälle) ebenso wie Infektionen mit Krankheiten (Lues[18], AIDS[19]) durch Vollblut- oder Plasmaübertragung. 6

3. Unwirksamkeit von Arznei-, Verhütungsmitteln und medizinischen Hilfsmitteln

Für die Hersteller von Arzneimitteln, Empfängnisverhütungsmitteln und medizinischen Hilfsmitteln ist bedeutsam, daß auch die Inverkehrgabe wirkungsloser Produkte als Gesundheitsverletzung zur Haftung führen kann. 7

Dies ist nicht selbstverständlich, weil durch die Vorschriften über unerlaubte Handlungen nur das Interesse an der Gütererhaltung (Integritätsinteresse) geschützt wird, nicht aber das Interesse des Produkterwerbers an der Gebrauchseignung der Kaufsache (Äquivalenzinteresse). Dieser Grundsatz gilt jedoch nicht für Produkte mit dem Verwendungszweck, die Rechtsgüter des Benutzers zu schützen; für solche Waren haftet der Hersteller (auch) nach Deliktsrecht, wenn er den Benutzer durch die von ihm geweckten Gebrauchs- und Sicherheitserwartungen davon abgehalten hat, andere und wirksamere Maßnahmen zu seinem Schutz zu ergreifen.[20]

Anerkanntermaßen unterfallen auch Arzneimittel, die entgegen ihrer Indikation keinen **Schutz vor zukünftigen Beeinträchtigungen** (Infektion, Krankheit, Schmerzen usw.) bieten, der Deliktshaftung, wenn der Verletzte bzw. sein Arzt im Vertrauen auf ihre Wirksamkeit bessere zur Verfügung stehende Mittel nicht anwandte.[21] Das gleiche muß für Empfängnisverhütungsmittel gelten,[22] seien sie pharmazeutische Produkte oder anderer Art (Diaphragma, Kondom[23]), und zwar um so mehr, wenn sie vor Geschlechtskrank- 8

---

[13] Vgl. Deutsch, KF 1983, 93, 95 m. Nachw.; BGH NJW 1976, 1143; LG Flensburg VersR 1989, 261f.; zur US-Rechtsprechung Roddy, PHI 1983, 106ff.

[14] MünchKomm/Mertens, § 823 Rz. 56; LG Gießen NJW 1987, 711; s. auch BGH NJW 1986, 777, 779.

[15] BGH NJW 1972, 1126; NJW 1985, 1390 (Unfallnachricht).

[16] Kullmann/Pfister, Kza. 1520 S. 7; a. A. Laufs, NJW 1965, 1053, 1056f.

[17] LG Aachen, JZ 1971, 507 – Contergan.

[18] BGHZ 8, 243.

[19] Vgl. Eberbach, Rechtsprobleme, S. 21ff., 53ff.; Plum, VersR 1986, 528.

[20] BGH NJW 1981, 1603, 1604 – Derosal I (zum Eigentumsschutz); näher Rz. 70, 73.

[21] Deutsch, KF 1983, 93, 97 FN 42; Kullmann, PhR 1983, 196.

[22] Kullmann, WM 1981, 1322; Kullmann/Pfister, Kza. 1520 S. 8.

[23] Vgl. zur US-amerikanischen Rechtsprechung J. P. M. and B. M. v. Schmid, Laboratories, Inc., 428 A 2d 515 (1981).

heit oder HIV-Infektion[24] schützen sollen. Auch die Herstellung mangelhafter Überwachungsgeräte für die Intensivstation, betriebsunsicheren Labor- und Diagnosezubehörs oder undichter Operationshandschuhe[25] wird bei Realisierung der Gefahr zur Gesundheitsverletzung. Kommt es wegen Produktversagens zur Schwangerschaft und zur Geburt eines ungewollten Kindes, so ist u. a. Ersatz für dessen Unterhalt zu leisten, der allerdings an durchschnittlichen Lebensverhältnissen zu orientieren ist.[26]

9 Geht es nicht um Schutz für die Zukunft, sondern um die **Beseitigung eingetretener Beeinträchtigungen,** so ist ebenfalls in seiner Gesundheit verletzt, wer in falschem Vertrauen auf die Wirksamkeit eines Mittels darauf verzichtet, ein besseres Mittel einzusetzen.[27] Er kann also Schmerzensgeld verlangen, wenn ein schmerzstillendes Mittel verfügbar gewesen wäre oder wenn ein verunstaltendes Geschwür sich wegen eines Kontaktfehlers im Bestrahlungsgerät nicht zurückbildet. Bei all dem spielt keine Rolle, ob das Heilmittel, z. B. ein Arzneimittel, von Anfang an wirkungslos war, kein Verfalldatum erkennen ließ, gegen den Krankheitserreger resistent geworden war oder unter dem Einfluß anderer Substanzen (Medikamente, Nahrung, Alkohol) seine Wirkung verlor.[28]

IV. Freiheit

10 Geschützt ist die körperliche Bewegungsfreiheit. Auch sie kann durch fehlerhafte Produkte verletzt werden. Zu denken ist einerseits an Fälle, in denen Räume, Durchgänge, Bergwerksschächte usw. durch Explosionen, Feuer oder Wassereinbrüche versperrt sind, die ihrerseits auf Funktions- oder Materialfehler zurückgehen können. Praktisch häufiger werden unmittelbare Beeinträchtigungen sein, z. B. fehlerhafte Schließmechanismen in Verkehrsmitteln, Aufzügen oder Sicherheitsräumen. Ebenso wie psychisch wirkende Beeinträchtigungen der Gesundheit bedarf auch eine Freiheitsverletzung gewisser Intensität; Bewegungseinschränkungen, die – wie etwa eine zehnminütige Liftblockade – noch als sozialüblich empfunden werden, sind nicht tatbestandlich.[29]

V. Eigentum

1. Allgemeines

11 Das Eigentum an einer Sache ist vor allem dann verletzt, wenn ihre **Substanz** beeinträchtigt wird; dies kann z. B. durch mechanische Einwirkung, durch Feuer, Feuchtigkeit, Säure, bakterielle Verseuchung oder durch Immissionen[30] geschehen. Auch eine spürbare Herabsetzung der **Gebrauchseignung** verletzt das Eigentum jedenfalls dann, wenn Ursache der Beeinträchtigung nicht gerade ein Mangel derselben Sache ist.[31] Selbst die **Verunstaltung,** vor allem die Verschmutzung[32] einer Sache, kann eine Eigentumsverletzung sein; insoweit kommt es auf den Sachzweck und – in Grenzen – auch auf den zur Reinigung erforderlichen Aufwand an, auf ästhetische Gesichtspunkte nur in Ausnahmefällen.

12 Maßgeblich sind die **Eigentumsverhältnisse bei Eintritt des Verletzungserfolges.** Ein Besitzer kann daher keine Eigentumsverletzung geltend machen, wenn die Sache zur Zeit ihrer Beschädigung noch unter Eigentumsvorbehalt des Verkäufers stand oder an andere

---

[24] Vgl. Plum, VersR 1986, 528, 532 FN 56.
[25] Näher Plum, VersR 1986, 528, 530.
[26] Vgl. BGH NJW 1980, 1452, 1455 f.
[27] Weber, LM § 823 (Dc) Nr. 130, I 2; zweifelnd Kullmann, PhR 1983, 196 f.
[28] Kullmann, PhR 1983, 196.
[29] Vgl. Kullmann/Pfister, Kza. 1520 S. 9; Deutsch, Festschrift Hauß (1978), S. 43, 56.
[30] BGH NJW 1985, 47 ff. – Kupolofen; NJW 1989, 707, 708 – Fischfutter.
[31] Weitergehend die Rechtsprechung, z. B. BGH NJW 1983, 812 – Hebebühne (Rz. 20); Sonderfall: OLG Oldenburg NJW-RR 1988, 540 (Einbauprodukt als Lärmquelle); s. auch § 24 Rz. 238 ff.
[32] BGH NJW 1981, 2250 – Asbestzementplatten.

zur Sicherheit übereignet war; hier kommt allerdings die Verletzung eines „sonstigen Rechts" i. S. des § 823 I BGB (Besitz, Anwartschaft) in Betracht.

Es ist das klassische Anliegen der Produkthaftung, dem Benutzer Ersatz für Schäden zu geben, die durch fehlerhafte (gefährliche) Ware an anderen Rechtsgütern eintreten. Darunter fallen z. B. Schäden, die bei einem Unfall an Kleidungsstücken, Mobiliar, an der Wohnung des Opfers, an anderen Maschinen (Produktionsmitteln), Warenbeständen, dem Fabrikgebäude oder sonstigen im Eigentum des Geschädigten stehenden Sachen eintreten. Nach neuerer Rechtsprechung sind aber auch die **Schäden,** die infolge des Produktfehlers **an dem Produkt selbst** entstehen, in bestimmtem Umfang zu ersetzen. Diese Haftung ist für Verbraucher wie Industrie von besonderer Bedeutung, zumal sie über die Haftungserweiterung durch die EG-Richtlinie vom 25. 7. 1985 hinausgeht. 13

2. Schäden am fehlerhaften Gesamtprodukt

a) Der Produktfehler

Ist ein Produkt gefährlich konstruiert oder fehlerhaft hergestellt worden, so haftet ihm dieser Mangel schon bei seiner Inverkehrgabe an. Erst recht ist er vorhanden, wenn das Produkt am Ende der Absatzkette schließlich vom Endverbraucher erworben wird. Dieser erhält daher von vornherein nur beeinträchtigtes Eigentum; deshalb liegt in dem Ausmaß, das der Produktfehler bei Eigentumserwerb (erreicht) hat, schon begrifflich **keine Eigentumsverletzung** vor.[32a] Das folgt auch aus dem Zweck des § 823 I BGB, lediglich den jeweiligen Bestand an Rechtsgütern zu wahren (sog. Integritätsinteresse), während Mängel, die der erworbenen Sache von Anfang an anhaften, das vom Vertragsrecht geregelte „Äquivalenzinteresse" betreffen. 14

b) Über den Produktfehler hinausgehende Schäden

Oft behält ein Produktfehler nicht die Gestalt, die er bei Inverkehrgabe der Ware oder ihrem Erwerb durch den Endverbraucher hatte, sondern er vergrößert sich oder zieht andere Teile des Produkts in Mitleidenschaft. So führt ein Haarriß bei langsamer Ausdehnung u. U. erst nach einiger Zeit zur Gebrauchsuntauglichkeit der Ware; die Verwendung falscher Pleuelhalbschalen führt erst zu Materialabtragung im Lager, zu Druckstellen an den Pleuellagern und dann zu Abrieb an Hauptlager und Kolben bis hin zum Motorversagen;[33] durch das fehlerhafte Ventil einer Gasflasche strömt erst bei deren Anschließung Gas aus, das sich entzündet und die gesamte Flasche zerstört.[34] Ob solche sich langsamer (= *expansiv;* „weiterfressende Mängel") oder schneller (= *dynamisch-expansiv*) vollziehenden Auswirkungen auf ursprünglich fehlerfreie Produktteile Eigentumsverletzungen i. S. des § 823 I BGB sind, ist die zur Zeit wohl wichtigste und umstrittenste Frage des Produkthaftrechts. 15

aa) Die neue Rechtsprechung zur Hersteller-Haftung: Ersatzpflicht. Bis zum Jahre 1976 hatte die Rechtsprechung es abgelehnt, die Haftung des Warenherstellers für Eigentumsverletzungen auf Schäden *am* Produkt auszudehnen; eine Ersatzpflicht für solche Produktmängel sollte daran scheitern, daß der Verbraucher von vornherein minderwertiges Eigentum erworben habe,[35] jedenfalls aber wegen der Sonderregelung für Sachmängel in den Gewährleistungsrechten.[36] 16

[32a] BGH NJW 1989, 707, 709 – Fischfutter; LG Hagen NJW-RR 1988, 1179 – Winkelsteine (Stoffgleichheit aber fraglich, Rz. 66).

[33] OLG Düsseldorf WM 1985, 1079 – Pleuelhalbschalen.

[34] BGH VersR 1972, 953 – Propangas.

[35] BGH NJW 1963, 1827 – Ortbeton; OLG Karlsruhe BB 1964, 740; s. auch OLG Oldenburg VersR 1986, 1003f. – Dichtungsbahnen, und S. 1006 – Blumentopfpaletten; LG Hanau VersR 1987, 165 – Hohlblocksteine.

[36] OLG Köln MDR 1973, 848, 849.

17 Von dieser Rechtsprechung rückte der BGH erstmals in dem **Schwimmerschalter-Fall**[37] ab, über den der VIII. Zivilsenat, der für auf Deliktsrecht gestützte Klagen erst in zweiter Linie zuständig ist, am 24. 11. 1976 entschied.

Hier hatte die Herstellerin als Verkäuferin der Firma D. eine Reinigungs- und Entfettungsanlage geliefert, in der durch Erhitzen von Perchloräthylen Öl von Blechteilen abgewaschen und abgeschieden werden sollte. Da das Perchloräthylen dabei verdampfte, bestand die Gefahr, daß die seiner Erwärmung dienenden Heizdrähte freigelegt wurden. Deren Stromversorgung sollte daher bei sinkendem Flüssigkeitsspiegel durch einen Schwimmerschalter unterbrochen werden, den die Herstellerin von einem englischen Zulieferer erworben hatte. Als dieser Schalter versagte, geriet das abgeschiedene Schmutzöl in Brand und beschädigte die Anlage erheblich. Der Brandversicherer erstattete den Schaden in Höhe von fast 80000 DM und nahm die Herstellerin aus übergegangenem Recht mit der Behauptung in Anspruch, der Schwimmerschalter habe wegen eines Konstruktions- oder Fabrikationsfehlers versagt.

Zu den Schäden, die der Schwimmerschalter an der Anlage verursacht hatte, führte der **BGH** aus, die Herstellerin habe „der Firma D. Eigentum an einer Anlage verschafft, die im übrigen einwandfrei war und lediglich ein – funktionell begrenztes – schadhaftes Steuerungsgerät enthielt, dessen Versagen nach der Eigentumsübertragung einen weiteren Schaden an der gesamten Anlage hervorgerufen hatte. In einem solchen Fall kommt es aber auf den Umstand, daß nach formaler Betrachtungsweise der Erwerber von vornherein nur ein mit einem Mangel behaftetes Eigentum erworben hat, nicht an. Entscheidend ist vielmehr, daß die in der Mitlieferung des schadhaften Schalters liegende Gefahrenursache sich erst nach Eigentumsübergang zu einem über diesen Mangel hinausgehenden Schaden realisiert hat und dadurch das im übrigen mangelfreie Eigentum des Erwerbers an der Anlage insgesamt verletzt worden ist. In derartigen Fällen besteht – insbesondere wenn der Geschädigte das Eigentum aufgrund eines Kaufvertrages erworben hat – kein Grund, diesem das Zurückgreifen auf deliktische Ansprüche abzuschneiden; dies um so weniger, als dem Geschädigten, wenn er – etwa im Interesse der Aufrechterhaltung der Produktion – die Anlage behalten muß und lediglich Ersatz seiner Reparaturkosten geltend machen will, ein vertraglicher Schadensersatzanspruch von vornherein deswegen nicht zusteht, weil das Gewährleistungsrecht (§§ 459ff. BGB) über den Sonderfall der Eigenschaftszusicherung (§§ 463, 480 II BGB) hinaus einen Schadensersatzanspruch nicht kennt und Ansprüche aus positiver Vertragsverletzung wegen Lieferung einer mangelhaften Sache nur auf Ersatz des an anderen Rechtsgütern, nicht aber an der Kaufsache selbst entstandenen Schadens gehen, der Käufer mithin ohne die Möglichkeit eines Zurückgreifens auf deliktische Ansprüche insoweit weitgehend rechtlos gestellt würde."

18 Dieser Ausgangspunkt wurde – wiederum vom VIII. Zivilsenat des BGH – in der **Hinterreifen-Entscheidung**[38] vom 5. 7. 1978 bestätigt.

Der Vertragshändler eines französischen Pkw-Herstellers verkaufte einen gebrauchten Sportwagen, der an Stelle der im Kraftfahrzeugbrief vorgeschriebenen Hinterreifen 185 HR 13 vom früheren Eigentümer mit Reifen des Typs 165 SR 13 versehen worden war. Etwa zwei Monate später erlitt der Käufer einen Unfall, weil einer der vorschriftswidrigen Reifen platzte. Erst nach weiteren sechs Monaten, als also Gewährleistungsansprüche aus dem Kaufvertrag verjährt waren, erfuhr der Käufer von der falschen Bereifung und klagte auf Ersatz des an dem Pkw entstandenen Unfallschadens.

Der BGH bejahte einen Ersatzanspruch des Käufers nach § 823 I BGB. Zwischen dem Schadensersatzanspruch aus Vertragsverletzung und demjenigen aus unerlaubter Handlung bestehe eine „echte Anspruchskonkurrenz", so daß jeder Anspruch der ihm eigenen gesetzlichen Regelung folge. Es sei kein Grund ersichtlich, durch Versagung deliktischer Ansprüche den Schädiger besser zu stellen als einen Dritten, der in die gekaufte Sache erst nach deren Übergabe an den Käufer ein mangelhaftes Teil einbaut. Der Sportwagen sei bis

[37] BGH NJW 1977, 379 – Schwimmerschalter.
[38] BGH NJW 1978, 2241 – Hinterreifen.

zu seiner Zerstörung trotz der mangelhaften Bereifung „als Ganzes" zudem ein wertvolles Vermögensstück geblieben. Ohne den Unfall, insbesondere bei rechtzeitigem Auswechseln der Reifen, wäre der in der Zerstörung liegende, mit den unvorschriftsmäßigen Reifen nicht „stoffgleiche" Schaden vermieden worden.[39]

Der VI. Zivilsenat des BGH, der für die deliktsrechtliche Produkthaftung in erster Linie 19
zuständig ist, setzte diese Judikatur in zwei Entscheidungen vom 18. 1. 1983 fort; zunächst zum **Gaszug-Fall:**[40]

Ein VW-Vertragshändler verkaufte einen Pkw-Passat, dessen Gaszug von Anfang an nicht funktionierte. Nachdem der Händler einen neuen, vom ihm selbst gefertigten Gaszug eingesetzt hatte, verursachte der Käufer einen (ersten) Auffahrunfall, nach seiner Darstellung wegen Versagens des Gaszuges. Als der Wagen repariert und ein neuer Originalgaszug eingebaut war, erlitt der Pkw bei einem zweiten Unfall, den der Käufer wiederum auf ein Hängenbleiben des Gaszugs zurückführte, weitere Schäden. Der Käufer nahm das VW-Werk, mit dem er *nicht* in vertraglicher Beziehung stand, unter Hinweis auf einen Übertragungsdefekt des Gaszugs (Fabrikationsfehler) wegen aller an seinem Wagen entstandenen Schäden in Anspruch.

Das OLG Braunschweig – als Berufungsgericht – hatte die Klage abgewiesen.[41] Nach den Grundsätzen der Schwimmerschalter-Entscheidung des BGH (*Rz. 17*) seien Schäden am Produkt selbst nur dann zu ersetzen, wenn sie von einem funktionell selbständigen Einzelteil ausgelöst würden; davon könne bei einem Übertragungsdefekt des Gaszuges aber nicht gesprochen werden. Der **BGH** bejahte dagegen eine Eigentumsverletzung. Die Verkehrspflicht des Warenherstellers könne grundsätzlich auch dazu dienen, die hergestellte Sache selbst zu erhalten (*Integritätsinteresse* des Eigentümers). Das gelte allerdings nicht bezüglich der Erwartung des Käufers, „Wert und Nutzungsmöglichkeit einer mangelfreien Sache zu erhalten"; der Schutz dieses *Äquivalenzinteresses* sei allein Aufgabe der Vertragsordnung. Die unterschiedlichen Schutzbereiche seien daher voneinander abzugrenzen: „Deckt sich der geltend gemachte Schaden mit diesem Unwert, welcher der Sache wegen ihrer Mangelhaftigkeit von Anfang an schon bei ihrem Erwerb anhaftete, dann ist er allein auf enttäuschte Vertragserwartungen zurückzuführen, und es ist insoweit für deliktische Schadensersatzansprüche kein Raum. Wo dagegen der Schaden nicht mit der im Mangel verkörperten Entwertung der Sache für das Äquivalenz- und Nutzungsinteresse ‚stoffgleich' ist, kann sich im Schaden (auch) das verletzte Integritätsinteresse des Eigentümers oder Besitzers, zu dessen Schutz der Hersteller nach den Umständen verpflichtet ist, niederschlagen." Dann sei ein deliktsrechtlicher Anspruch gegeben, ohne daß die Gewährleistungsregeln des Kaufrechts entgegenstünden; denn sie sollten den deliktsrechtlichen Schutz verstärken, nicht aber einschränken.[42]

Wann zwischen Endschaden und Produktfehler eine *„Stoffgleichheit"* besteht, welche die deliktische Haftung ausschließen soll, will der BGH nicht allein den im Schwimmerschalter-Fall angelegten Kriterien entnehmen. Diese Frage lasse sich oft schon durch eine „natürliche bzw. wirtschaftliche Betrachtungsweise" beantworten. Bezüglich des Gaszuges sei entscheidend, daß dessen Mängel den Pkw weder von Anfang an wertlos gemacht hätten noch unfallursächlich geworden wären, wenn man sie rechtzeitig entdeckt und behoben hätte, was ohne besonderen wirtschaftlichen Aufwand oder anderweitige Schäden möglich gewesen war.[43]

Aus den gleichen Erwägungen lehnte der BGH (VI. Zivilsenat) im **Hebebühnen-Fall**[44] 20
eine Ersatzpflicht ab.

[39] BGH NJW 1978, 2241, 2242f. – Hinterreifen.
[40] BGH NJW 1983, 810 – Gaszug; s. auch AG Kiel DAR 1984, 28, 29 (Pkw-Bremszylinder).
[41] OLG Braunschweig NJW 1979, 1552.
[42] BGH NJW 1983, 810, 811 – Gaszug.
[43] BGH NJW 1983, 810, 812 – Gaszug.
[44] BGH NJW 1983, 812 – Hebebühne.

Der Inhaber einer Kfz-Reparaturwerkstatt kaufte bei einem Großhändler die Einzelteile zu einer Zwei-Säulen-Kraftfahrzeug-Hebebühne, die er selbst in seinem Betrieb aufstellte und drei Jahre lang benutzte, bis ein ihm zur Reparatur überlassener Pkw von der – zusammengesackten – Hebebühne stürzte. Die Bühne selbst wurde nur insofern beschädigt, als sich ihr Führungsschlitten infolge eines Konstruktions- oder Fabrikationsfehlers seitlich verschob, auf das zuvor intakte Spindelgewinde drückte und dieses verformte, wodurch schließlich das Muttergewinde in der Führungs- und Sicherheitsmutter ausgefräst wurde und die ausgefahrene Säule absinken ließ; diese Schäden wurden von der Herstellerin der Säulen-Teile auch behoben. Dennoch benutzte der Werkstattinhaber die Bühne nicht, bis die Herstellerin die Fehlerquelle ausfindig gemacht und beseitigt hatte. Sodann nahm er die Herstellerin u. a. wegen des ihm in dieser Zeit (von 299 Tagen) entstandenen Verdienstausfalls in Anspruch.

Voraussetzung einer Ersatzpflicht war, daß der Werkstattinhaber durch die mit der Reparatur erneuerte Gefahr, daß die Hebebühne eines Tages absacken würde, in seinem Eigentum verletzt wurde. Dies verneinte der BGH wegen ,,Stoffgleichheit": ,,Hier hingegen ist der der Hebebühne von Anfang an anhaftende Defekt lediglich in dem durch ihn verkörperten Mangelunwert der Hebebühne zutage getreten: so wie der Schadensverlauf ... zu unterstellen ist, war die Hebebühne mit diesem Defekt für den bestimmungsgemäßen Einsatz auf Dauer nicht geeignet. Dies zeigt sich auch daran, daß der Kläger (mit der Benutzung) ... abwartete, bis die Beklagte ... (den Fehler) fand und beseitigte. Es ist dieser im Mangel verkörperte Minderwert für das Nutzungsinteresse, der im Absinken der Hebebühne – gewissermaßen zwangsläufig – zutage getreten ist und den der Kläger als solchen zum Ansatz für seine Ansprüche macht. In Wirklichkeit verfolgt der Kläger somit sein Nutzungs- und Äquivalenzinteresse an einer einsatzfähigen Hebebühne".[45]

21 Einen anderen Akzent setzte der BGH (VI. Zivilsenat) in seiner **Kompressor-Entscheidung**[46] vom 14. 5. 1985.

Der Hersteller verkaufte einen Kompressor an einen Kunden, der das Gerät zwei Jahre lang betrieb, bis es – als kaufrechtliche Gewährleistungsansprüche verjährt waren – einen Motorschaden erlitt. Dieser entstand, weil der Motor einige Zeit ohne Schmierung gelaufen war, nachdem das Öl wegen Bruchs des Ölablaufrohres hatte auslaufen können. Den Bruch dieses Rohres führte der Kunde darauf zurück, daß es nur an einer einzigen Stelle befestigt gewesen war (Konstruktionsfehler) und deshalb durch Schwingungen des Motors, die erst nach längerer Zeit aufgetreten seien, habe belastet werden können. Er forderte daher Ersatz wegen der Beschädigung des Motors.

Das OLG Nürnberg als Berufungsgericht hatte die Klage abgewiesen, da der Schaden ,,stoffgleich" mit dem Konstruktionsfehler sei; denn der Kompressor sei wegen des ihm anhaftenden Defekts von Anfang an nicht auf Dauer für einen bestimmungsgemäßen Gebrauch geeignet gewesen.[47] Auf eben diese Eignung hatte in dem Hebebühnen-Fall *(Rz. 20)* auch der BGH abgehoben. – In seiner Kompressor-Entscheidung meinte der **BGH** jedoch, auf sie komme es ,,nicht in erster Linie" an. Entscheidend sei vielmehr das Verhältnis des dem Produkt bei Eigentumsübergang anhaftenden Mangelunwerts zu dem geltend gemachten Schaden und damit die Frage, ob der vorzeitige Verschleiß das letztlich geschädigte Produkt (-teil) bei wirtschaftlicher Betrachtung von Anfang an ergriffen habe. Davon könne keine Rede sein, wenn der Produktfehler – hier die unzureichende Befestigung des Ölabflußrohres – zunächst nur auf einen Teil des Produkts beschränkt und grundsätzlich behebbar sei.[48] Hier sei das Deliktsrecht anwendbar, denn die Herstellerhaftung könne nicht davon abhängen, ,,ob der Fehler in der Herstellung andere Sachen des Erwerbers oder nur das Produkt selbst schädigt".[49]

---

[45] BGH NJW 1983, 812, 813 – Hebebühne.

[46] BGH NJW 1985, 2420 – Kompressor (umgesetzt von OLG Nürnberg NJW-RR 1988, 378 – Kompressor).

[47] OLG Nürnberg, zit. bei BGH NJW 1985, 2420, 2421.

[48] BGH NJW 1985, 2420 – Kompressor.

[49] BGH NJW 1985, 2420, 2421 – Kompressor.

22 Die Möglichkeit der Schadensabwendung wurde im **Dichtungsbahnen-Fall**[50] jedoch nicht als erheblich angesehen.

Die Bauherrin errichtete ein Hotel nebst Schwimmbecken, dessen Umgang mit einer Wasserzuleitung versehen war. Deren PVC-Rohre waren gegen Chlorwasser nicht resistent, so daß die Bauherrin durch die Firma F. eine Schutzfolie verlegen ließ, welche von deren Herstellerin besonders empfohlen worden war. Dennoch kam es unter dem Beckenumgang zu Durchfeuchtungen, so daß die Bauherrin, um bei dem Betrieb des Beckens weitere Schäden zu verhindern, eine erneute Abdichtung in Auftrag gab. Deren Kosten verlangte sie von der Folienherstellerin ersetzt.

Der BGH bestätigte das klageabweisende Urteil des OLG Oldenburg[51] mit folgender Begründung: ,,Wäre (an dem Fundament usw.) ein Schaden eingetreten, dann hätte es zu einer ... Verletzung des Eigentums der Klägerin kommen können. Einen solchen Schadenseintritt konnte die Klägerin jedoch durch ihre Maßnahmen abwenden. Die dafür aufgewendeten Kosten ... sind jedoch Mangelfolgeschäden, die ausschließlich dem Äquivalenz-(Nutzungs-) Interesse zuzuordnen sind, deren Ersatz über die Deliktsvorschriften des BGB nicht beansprucht werden kann."[52]

23 Die BGH-Rechtsprechung zur Abgrenzung der Deliktshaftung an Hand der ,,Stoffgleichheit" wurde im **Pleuelhalbschalen-Fall**[53] auch von dem OLG Düsseldorf zugrunde gelegt.

Die Firma S. erwarb einen Pkw Jaguar, dessen Motor – einschl. der Haupt- und Pleuellager – von der Verkäuferin zuvor generalüberholt worden war. Nach zehn Monaten – also nach Verjährung von Gewährleistungsansprüchen – und einer bei der Firma S. erbrachten Fahrleistung von ca. 18000 km blieb das Fahrzeug mit blockiertem Motor liegen. Ursächlich hierfür war nach Darstellung der Firma S., daß die Pleuelhalbschalen fehlerhaft montiert wurden und dies zu Materialabtragungen im Lager, zu Druckstellen an den Pleuellagern und zu Abrieb an Hauptlager und Kolben führte.

Das OLG Düsseldorf verneinte allerdings eine Deliktshaftung der Verkäuferin wegen ,,Stoffgleichheit" des Mangels an dem Pleuellager mit dem Motorschaden: ,,Der vorgetragene Fehler an den Pleuel mußte sich beim Gebrauch des Fahrzeugs zwangsläufig in den eingetretenen Schaden umwandeln ...; denn die fehlerhaft montierten Pleuelhalbschalen und die dadurch beschädigten Motorteile gehören zu ein und derselben technischen Einheit (Motor), und zwar einer funktionsmäßigen Einheit, bei der das Einwirken der einzelnen Teile aufeinander sich als der bestimmungsgemäße Gebrauch der Sache darstellt ... Es würde jeder natürlichen und wirtschaftlichen Betrachtungsweise widersprechen, wenn man sagen würde, die Firma S. habe ein fehlerfreies Fahrzeug mit fehlerfreiem Motor, aber fehlerhaften Pleueln erworben, deren Mangel dann die fehlerfreien Teile des Motors beeinträchtigt und so das Eigentum der Firma S. daran verletzt habe."[54]

24 Die Annahme nahezu vollständiger Anspruchskonkurrenz zwischen Delikts- und Vertragsrecht hat auch auf die Auslegung der §§ 377, 378 HGB ausgestrahlt. Hiernach muß ein Käufer, wenn er vom Hersteller ein fehlerhaftes Produkt erwirbt und dieser Kauf für beide Seiten ein Handelsgeschäft[55] ist, das Produkt nach Erhalt unverzüglich untersuchen und den Mangel – bei Erkennbarkeit – unverzüglich rügen. Versäumt er die Rügefrist, so kann er u.a. wegen des Mangelschadens keine kaufrechtlichen Ansprüche geltend machen. Nach Ansicht des BGH jedoch **bleiben trotz Versäumung der Rügefrist des § 377 HGB alle deliktischen Ansprüche** des Käufers **erhalten.**[56] Dies soll auch für Ansprüche

---

[50] BGH VersR 1986, 1003, 1004 zu b – Dichtungsbahnen.

[51] OLG Oldenburg VersR 1986, 1003f. – Dichtungsbahnen.

[52] Demgegenüber war wohl entscheidend, ob die mit der Schwimmbadbenutzung verbundenen *Gefahren* schon eine Eigentums*verletzung* darstellten und diese über den Mangelunwert hinausging!

[53] OLG Düsseldorf WM 1985, 1079 – Pleuelhalbschalen; s. auch OLG Oldenburg VersR 1986, 1006 – Blumentopfpaletten.

[54] OLG Düsseldorf WM 1985, 1079, 1080 – Pleuelhalbschalen.

[55] Dazu § 17 Rz. 2, 3.

[56] BGH NJW 1988, 52, 53f. – Korken.

auf Ersatz von (eskalierten) Schäden an der Kaufsache selbst gelten.[57] Zur Begründung hat der BGH u. a. darauf hingewiesen, daß die mit der Fristversäumung eintretende Fiktion, die Kaufsache gelte als *vertrags*gerecht, keine Einwilligung des Käufers in die Verletzung seiner Rechtsgüter darstelle.

25 **bb) Stellungnahme.** Die 1976 mit der Schwimmerschalter-Entscheidung eingeleitete Erweiterung der Produkthaftung hat eine lebhafte Kontroverse ausgelöst, die bis heute anhält.[58] Der neue Weg der Rechtsprechung hat vereinzelt Zustimmung gefunden,[59] ganz überwiegend aber Kritik hinnehmen müssen.[60] In der Tat bestehen **erhebliche Bedenken gegen eine Haftungserstreckung auf Schäden am Produkt.**

26 **aaa) Eigentumsverletzung.** Nicht berechtigt sind aber wohl Zweifel[61] daran, daß ein sich „weiterfressender" oder in andere Schäden umschlagender Mangel auch das Eigentum in diesem Umfang, d. h. weitergehend, beeinträchtigt. Dies hängt insbesondere nicht von sachenrechtlichen Kriterien ab;[62] denn soweit eine Fehlerquelle adäquat kausal für die – weitergehende – Eigentumsverletzung ist, spielt es keine Rolle, ob sie sich in einem wesentlichen oder unwesentlichen Bestandteil des Produkts oder in dessen Zubehör befindet.

27 **bbb) Beschränkung auf das Integritätsinteresse.** Es ist unbestritten, daß eine Eigentumsverletzung nur dann zur deliktischen Haftung führt, wenn sie das Integritätsinteresse des Geschädigten berührt; ausgeschlossen ist ein Anspruch aus unerlaubter Handlung dagegen wegen Vorrangs des Vertragsrechts (Gewährleistungsrecht), wo das „Nutzungs- und Äquivalenzinteresse" in Rede steht.[63] Um die Abgrenzung beider Schutzbereiche bemüht sich die Rechtsprechung mit dem Kriterium der „Stoffgleichheit"; dabei soll Bezugspunkt für den Mangelunwert der Zeitpunkt der Übereignung[64] des Produkts an den Verbraucher sein, d. h. die Gestalt, die ein expansiver Mangel zu dieser Zeit angenommen hat. Entscheidend ist nun, daß mit dieser Momentaufnahme nach Ansicht der Rechtsprechung auch das Äquivalenzinteresse des Verbrauchers erfaßt und festgeschrieben wird, obwohl das **Gesetz selbst das Äquivalenzinteresse** jedenfalls eines Käufers **abweichend definiert.** Im Rahmen dieses für Sachmängel geltenden Gewährleistungsrechts ist zweierlei nie problematisch gewesen: Gewährleistungsrechte bestehen unabhängig von dem jeweiligen Erscheinungsbild eines Mangels, wenn feststeht, daß dieser bei Gefahrübergang jedenfalls „im Keim" in der Sache angelegt war.[65] Zweitens müssen, um dem durch den Mangel Benachteiligten einen gerechten Ausgleich zu schaffen – die Äquivalenz wieder herzustellen –, unabhängig von dem doch ganz zufälligen Erscheinungsbild des Mangels bei Gefahrübergang auch mögliche spätere Zustands- und Wertänderungen der mangelbehafteten Sache Beachtung finden. Dies geschieht in unterschiedlicher Weise: falls der Käufer bzw. Werkbesteller sich für Minderung entscheidet, durch einen Wertabschlag, der auch das Risiko weiterer Verschlechterungen der Sache berücksich-

---

[57] BGH NJW 1988, 52, 54, insbes. unter dd, γ – Korken.

[58] Vgl. letztens Merkel, NJW 1987, 358.

[59] Engels, DB 1977, 617, 618; Löwe, BB 1978, 1495, 1496; Schlechtriem, JA 1983, 255, 257; Staudinger/Honsell, Vorbem. zu § 459 Rz. 32; Nickel, VersR 1984, 318; Mayer, BB 1984, 568ff.; Merkel, NJW 1987, 358; s. auch MünchKomm/Mertens, § 823 Rz. 86; Kullmann, BB 1985, 409; Rauscher, JuS 1987, 14ff. und schon Dunz/Kraus, S. 66.

[60] Vgl. Deutsch, JZ 1984, 308, 311; Diederichsen, NJW 1978, 1281, 1286; VersR 1984, 797, 798, ferner in Dogmatik, S. 26f.; Foerste, VersR 1989, 455ff.; Reinicke/Tiedtke, NJW 1986, 10, 15; weit. Nachw. im folgenden.

[61] Schubert, JR 1977, 458, 459; differenzierend Plum, AcP 181 (1981), 68, 127.

[62] Anders Ebel, NJW 1978, 2494; zutreffend Steffen, VersR 1988, 977, 978.

[63] BGH NJW 1983, 810, 811 – Gaszug; NJW 1983, 812, 813 – Hebebühne; NJW 1985, 2420, 2421 – Kompressor.

[64] BGH NJW 1985, 2420 – Kompressor; für Zeitpunkt des Gefahrübergangs: Ganter, JuS 1984, 592, 594.

[65] Staudinger/Honsell, § 459 Rz. 33.

tigt;[66] falls der Käufer bzw. Werkbesteller dieses Risiko persönlich höher einschätzt als der Verkehr, durch die Möglichkeit, sich durch Wandlung vollständig vom Vertrag zu lösen. Die Gewährleistungsrechte regeln die Äquivalenz also gerade auch für den Fall, daß ein Mangel sich – am Produkt – ausweitet, sich „weiter frißt".[67]

Im Hinblick auf die Kaufpreis-Minderung nach § 472 I BGB hat dies auch der BGH 28
eingeräumt.[68] Statt den Integritätsschutz durch § 823 BGB entsprechend zurückzunehmen, sah er sich aber nur zu dem Hinweis veranlaßt, daß das Deliktsrecht nicht schon bei beträchtlichem Mangelunwert, sondern erst bei *völliger* Stoffgleichheit von Mangelunwert und Schaden ausgeschlossen sei. Dem liegt ersichtlich der Gedanke zugrunde, daß das Deliktsrecht restituieren darf, was das Gewährleistungsrecht – ausweislich einer späteren Überprüfung – nicht ausgeglichen hat oder nicht ausgeglichen hätte, und damit die These[69] von der uneingeschränkten Konkurrenz vertraglicher und deliktischer Ansprüche. Sie setzt voraus, daß der deliktische Schutz des Eigentümers durch das Gewährleistungsrecht nicht (auch) eingeschränkt, sondern uneingeschränkt verstärkt werden soll. Dieser Ausgangspunkt ist mit dem Gesetz aber nicht vereinbar: **Die bei einem Sachmangel gegebenen Rechte werden** – unabhängig von dessen jeweiligem Umfang – **durch das Gewährleistungsrecht abschließend geregelt.**[70] Der Gesetzgeber hätte auch wegen eines bei Gefahrübergang gegebenen Mangelunwerts die Rechte des Käufers durch Schadensersatzansprüche stärken können; er hielt es aber, wie §§ 463, 472 BGB zeigen, für geboten, grundsätzlich keinen Wertersatz zu gewähren, sondern einen am etwaigen Preis-Wert-Gefälle orientierten Ausgleich. Diese Wertung ist verbindlich; es ist bis heute nicht begründet worden, weshalb sie vernachlässigt werden kann, nur weil ein Mangel die Sache – mangeltypisch! – weiter verschlechtert. Wäre der Gesetzgeber der Ansicht gewesen, dem Käufer gebühre eine Art „Nachschlag", wenn sich eine Minderung wegen zu optimistischer Einschätzung der Mangelwirkungen als unzureichend erweist, so hätte er naheliegenderweise eine Abänderung jener Minderung zugelassen. Selbst das wäre aber nur auf Kosten des Verkäuferschutzes möglich gewesen, der mit der kurzen Verjährungsfrist des § 477 BGB erreicht werden soll. Eine Ergänzung des Gewährleistungsrechts durch das Deliktsrecht würde somit nicht nur die bei Äquivalenzstörung durch Sachmängel gegebenen Rechte ihrer *Art* nach unzulässig erweitern,[71] sondern auch ihre *Dauer* wesentlich verlängern (vgl. § 852 BGB). Tatsächlich wird die Ersetzung der als zu kurz empfundenen Gewährleistungsfrist des § 477 BGB durch die Verjährungsfrist für unerlaubte Handlungen (30 Jahre; 3 Jahre ab Kenntnis) als Hauptvorteil der neuen Rechtsprechung angesehen.[72] Verjährungsfristen zu ändern (oder zu unterlaufen), ist jedoch nicht Aufgabe des Rechtsanwenders.[73]

---

[66] Vgl. Staudinger/Honsell, § 459 Rz. 33; OLG München HRR 1940, Nr. 1178, s. auch MünchKomm/Mertens, § 823 Rz. 85.

[67] Diederichsen, Dogmatik, S. 9, 26ff.; Soergel/Huber, § 463 Rz. 89; anders Ganter (JuS 1984, 592, 594) mit der bemerkenswerten Behauptung: „Wenn der Käufer den späteren Wertverlust nicht über die kaufrechtlichen Gewährleistungsansprüche ausgleichen (!) kann, kann es sich auch nicht um einen Mangelschaden handeln"; Nickel, VersR 1984, 318, 320; Merkel, NJW 1987, 358, 359.

[68] NJW 1985, 2420 unter 2a – Kompressor.

[69] Vgl. Dietz, Anspruchskonkurrenz bei Vertragsverletzung und Delikt (1934), S. 125ff., 146ff.; MünchKomm/Mertens, Rz. 29 vor § 823; kritisch aber Schwark, AcP 179 (1979), 57, 63ff. m. w. Nachw. in FN 35 und S. 83.

[70] v. Caemmerer, Festschrift Hakulinen (1972), S. 75, 76; Diederichsen, NJW 1978, 1281, 1286; VersR 1984, 797, 798; Harrer, Jura 1984, 80, 87; v. Marschall, AG 1987, 97, 104; Möschel, JuS 1977, 1, 4f.; Rengier, JZ 1977, 346, 347; Schlechtriem, VersR 1973, 581, 589, s. aber auch JA 1983, 255, 257; Schubert, JR 1983, 326, 327; Schwark, AcP 179 (1979), S. 57, 80f.; Stoll, JZ 1983, 501, 504; Weitnauer, ArztR 1978, 38; Soergel/Zeuner, Vor § 823 Rz. 41; Zimmermann, JuS 1984, 409, 415; insoweit auch Ebel, NJW 1978, 2494.

[71] Dagegen auch OLG Köln MDR 1973, 848; a. A. Löwe, BB 1978, 1495, 1496.

[72] Brüggemeier, VersR 1983, 501, 509, 511.

[73] Reinicke/Tiedtke, NJW 1986, 10, 15.

Für das Kaufrecht unterstreicht übrigens auch dessen **Entstehungsgeschichte** die Subsidiarität des Deliktsrechts: Zu den heutigen §§ 462, 463 BGB äußerten die Motive, daß die Rechte des Käufers durch diese Vorschriften auf Wandlung und Minderung beschränkt würden, falls die verkaufte Sache lediglich mangelhaft sei; eine Ausnahme wurde nur für den Fall eines ,,dolus" (Arglist) des Verkäufers gemacht.[74] Bei bloßer Fahrlässigkeit des Verkäufers sollten die §§ 823ff. BGB demnach unanwendbar bleiben.

29 Diese bewußte Beschränkung der Käuferrechte durch das Gewährleistungsrecht rechtfertigt zugleich den vom BGH[75] als unbillig betrachteten Unterschied der Behandlung von produktinternen und -externen Schäden.[76] Dieser Unterschied ließe sich übrigens theoretisch nicht nur durch Ausdehnung, sondern auch durch Einschränkung der Verschuldenshaftung aufheben:[77] Wegen *positiver Vertragsverletzung* sind auch nach der Rechtsprechung Mangelschäden selbstverständlich[78] nicht zu ersetzen und selbst Mangelfolgeschäden nur bei Wahrung der kurzen Verjährungsfrist des § 477 BGB.[79]

30 Der dargelegte **Vorrang des Vertragsrechts** bei Äquivalenzstörungen **ist allgemein.** Er gilt in erster Linie, wenn die vertraglichen Beziehungen gerade zwischen Verkehrspflichtigem (Hersteller) und Geschädigtem bestehen.[80] So verhielt es sich im Schwimmerschalter-Fall,[81] im Hinterreifen-Fall,[82] im Kompressor-Fall[83] und im Pleuelhalbschalen-Fall.[84] Im Gaszug-Fall,[85] im Hebebühnen-Fall[86] und im Dichtungsbahnen-Fall[87] war der Hersteller dagegen nicht Vertragspartner des Geschädigten; auch Zulieferer, durch deren Einzelteile ein Endprodukt fehlerhaft wird, stehen nie in vertraglichen Beziehungen zu dessen Abnehmern. Dennoch dürften auch in diesen Fällen deliktische Ansprüche des Verbrauchers wegen der am Endprodukt entstehenden Schäden ausgeschlossen sein, falls diese sich auf das Produkt des Verkehrspflichtigen beschränken. Ein Zulieferer haftet also nur für *Folgeschäden* am Endprodukt.

Der Integritätsschutz durch das Deliktsrecht muß einheitlich sein. Er kann nicht davon abhängen, *zu wem* der geschädigte Eigentümer vertragliche Beziehungen unterhält; dementsprechend hat der BGH auch in den Fällen, in welchen Hersteller und Verkäufer nicht identisch waren, eine Ausgrenzung des Äquivalenzinteresses für erforderlich gehalten.[88] Der Integritätsschutz kann auch nicht davon abhängen, *ob* der Eigentümer überhaupt bzw. *in welchem Umfang* er nach den schuldrechtlichen Beziehungen zu seinem Vormann Gewährleistungsrechte geltend machen kann, ob z. B. der Kaufvertrag wirksam ist, ob – etwa bei Schenkung – Haftungserleichterungen bestehen oder ob Gewährleistungsrechte (wirksam!) abbedungen sind usw. Denn in solchen Fällen treten oftmals Ansprüche aus Bereicherungsrecht oder Rückgewährschuldverhältnis an die Stelle etwaiger, aber regelmäßige verjährter Gewährleistungsrechte.

---

[74] Motive zum BGB, Bd. II, S. 229, 240; zur Erweiterung dieser Ausnahme bei Mangel*folge*schäden s. Soergel/Huber, Vor § 459 Rz. 56.

[75] BGH NJW 1985, 2420, 2421 – Kompressor.

[76] und erst recht den Unterschied zur Sanktionierung der *nachträglichen* Einfügung eines fehlerhaften Teils durch Dritte, a. A. BGH NJW 1978, 2241, 2242 – Hinterreifen; Merkel, NJW 1987, 358, 360.

[77] So OLG Hamm als Vorinstanz zu BGH NJW 1976, 1505 – Frostschutzmittel.

[78] Vorbehaltlich einer Ausstrahlung der hier kritisierten Rechtsprechung: vgl. Brüggemeier, VersR 1983, 501, 502; Schwark, AcP 179 (1979), 57, 64 u. 79. S. auch § 4 Rz. 10.

[79] Grundlegend BGH NJW 1976, 1505ff. – Frostschutzmittel.

[80] Stoll, JZ 1983, 501, 504.

[81] BGH NJW 1977, 379; Rz. 17.

[82] BGH NJW 1978, 2241; Rz. 18.

[83] BGH NJW 1985, 2420; Rz. 21.

[84] OLG Düsseldorf WM 1985, 1079; Rz. 23.

[85] BGH NJW 1983, 810; Rz. 19.

[86] BGH NJW 1983, 812; Rz. 20.

[87] BGH und OLG Oldenburg VersR 1986, 1003ff.; Rz. 22.

[88] BGH NJW 1983, 810 – Gaszug; NJW 1983, 812 – Hebebühne.

31 Vor allem soll der Hersteller nach Ablauf der Gewährleistungsfristen nicht mehr für Mängel des von ihm verkauften Produkts einstehen müssen. Dieser Schutz liefe leer, wenn er nicht **auch gegenüber Zweit- und Drittkäufern** gelten würde. Deren Integritätsinteresse muß also ebenfalls zurückstehen.[89]

32 Der Vorrang des Vertragsrechts muß sich **erst recht bei Versäumung der Rügefrist des § 377 HGB** *(Rz. 24)* erweisen.[90] Hat der Abnehmer des Herstellers seine Obliegenheit zu unverzüglicher Untersuchung der Ware und unverzüglicher Rüge erkennbarer Mägel verstreichen lassen, so soll der Hersteller mit einer Haftung für Schäden *an* der verkauften Ware nicht mehr rechnen müssen, auch wenn diese Schäden sich – was typisch wäre! – nach Übergabe der Ware noch ausweiten. Aber der rechtspolitische Sinn des § 377 HGB geht noch darüber hinaus, indem „die Rügeobliegenheit auch dem Interesse des Verkäufers dient, von den bei zumutbarer Prüfung zutage tretenden Mängeln der von ihm gelieferten Sache möglichst rasch zu erfahren, um dadurch drohenden Schaden noch rechtzeitig abwenden zu können."[91] Beide Zwecke würden in einem wichtigen Anwendungsbereich des § 377 HGB unterlaufen, wenn das Deliktsrecht auch Schäden *am* Produkt erfaßte.

33 **ccc) Das Kriterium der „Stoffgleichheit".** Auf herbe Kritik ist auch der Versuch des BGH gestoßen, den von ihm als maßgeblich erachteten Unterschied zwischen Mangelunwert und Schaden durch deren Überprüfung auf „Stoffgleichheit" zu ermitteln. Nicht überzeugend ist allerdings der hiergegen erhobene Einwand,[92] der Hersteller könne unmöglich für einen später entstandenen Mangel einstehen müssen, wenn er für einen von Anfang an vorhandenen Mangel des gleichen Umfangs nicht gehaftet hätte. Denn dieses Paradoxon ergibt sich nur bei isolierter Betrachtung des Deliktsrechts, das jedoch durch die Gewährleistungshaftung für anfängliche Sachmängel in jedem Fall ergänzt würde.[93]

34 Welche Schwierigkeiten die Feststellung von „Stoffgleichheit" auch dem BGH bereitet, zeigt sich beispielhaft daran, daß das Kriterium der dauerhaften Eignung der (mangelhaften) Sache zum bestimmungsgemäßen Gebrauch vom VI. Zivilsenat in der Hebebühnen-Entscheidung verwendet und im Kompressor-Urteil verworfen wurde.[94]

35 Bemerkenswert ist auch, daß der BGH die gegen „Stoffgleichheit" sprechenden Kriterien der örtlichen Begrenztheit und leichten Behebbarkeit des anfänglichen Mangels[95] im Hebebühnen-Fall gar nicht anwandte. Sonst hätte er festgestellt, daß auch dort – nach der Reparatur wiederum – ein *expansiver* Mangel vorlag, der nämlich erst allmählich das Spindelgewebe verformte und anschließend auf das Muttergewinde übergriff; jedenfalls letzteres hätte sich sicher auch rechtzeitig und mit zumutbarem Aufwand beseitigen lassen. Demnach war der Eintritt eines nicht stoffgleichen Schadens auch im Hebebühnen-Fall zwar nicht gegeben, aber zu befürchten; damit hing der geltend gemachte Anspruch auf Verdienstausfall nur davon ab, ob jene Schadensgefahr sich bereits zu einem Schaden im Sinne des Deliktsrechts verdichtet hatte.

36 Unsachgerecht erscheint ferner das Erfordernis, der anfängliche Mangel müsse auf einen Teil des Produkts beschränkt gewesen sein.[96] Warum soll es z. B. einen Unterschied

[89] Vgl. Diederichsen, VersR 1984, 797, 798 bei FN 28; auch insoweit anders Soergel/Huber, Vor § 459 Rz. 208 a. E.; Kullmann, BB 1985, 409, 410; Ganter, JuS 1984, 592; v. Westphalen, NJW 1979, 838; s. auch Sänger, JuS 1985, 743, 744.

[90] Schlechtriem, Vertragsordnung und außervertragliche Haftung (1972), S. 290ff.; Schwark, AcP 179 (1979), 57, 77f.

[91] So auch BGH NJW 1988, 52, 53 – Korken.

[92] Vgl. etwa Reinicke/Tiedtke, NJW 1986, 10, 13; Deutsch, JZ 1984, 308, 311.

[93] Wenn diese Mängel binnen sechs Monaten erkannt werden, was, da es (entgegen Merkel, NJW 1987, 358, 360) keineswegs nur um Fälle „völliger Untauglichkeit" geht, wenig sicher ist, aber wegen der gebotenen abstrakten Betrachtung auch nicht entscheidend sein kann.

[94] Rz. 20, 21.

[95] Dazu BGH NJW 1983, 810 – Gaszug; NJW 1985, 2420 – Kompressor.

[96] Dagegen auch Reinicke/Tiedtke, NJW 1987, 10, 13.

machen, ob einem Kran, der wegen Überbelastung umstürzt und dabei zerstört wird, die übliche Tragkraft wegen eines (punktuellen) Schweißfehlers oder wegen irreparabler Mängel der Statik fehlt, wenn er wegen der verbleibenden Tragkraft einen Handelswert behalten hätte?

37 Widersprüchlich ist auch, daß der BGH das Äquivalenzinteresse nach dem „im Augenblick des Eigentumsübergangs dem Produkt anhaftenden Mangelunwert" ermitteln will:[97] Wenn man schon die Äquivalenz „nach den Grundsätzen des Gewährleistungsrechts (§ 472 I BGB)" bestimmt,[98] muß man auch den danach maßgeblichen Zeitpunkt des Gefahrenübergangs (§ 459 I 1 BGB) zugrunde legen, der natürlich nicht für das Integritätsinteresse maßgeblich ist, das ja an die Eigentümerstellung anknüpft.

38 Die „Stoffgleichheit" soll fehlen – ein Deliktsanspruch also gegeben sein –, wenn ein behebbarer Mangel lediglich übersehen wurde, nicht aber, wenn der Mangel von vornherein unbehebbar war.[99] Auch diese, von dem BGH als zentral betrachtete Unterscheidung wird dem Ziel, das Äquivalenzinteresse auszugrenzen, nicht gerecht. Sie ist für die Ermittlung des Mangelunwerts nach Gewährleistungsrecht zwar erheblich, aber nicht allein entscheidend: Wer das Äquivalenzinteresse in der Gestalt, die ihm das Kaufgewährleistungsrecht gegeben hat, ernst nimmt, muß[100] jedenfalls das Minderungsrecht in vollem Umfang berücksichtigen. Demnach müßte die Rechtsprechung allein die **Differenz von Endschaden und Minderungsbetrag** i. S. des § 472 I BGB als Integritätsinteresse anerkennen.[101] Existenz wie Umfang eines Schadens wären insoweit – als „Stoffungleichheit" – durch **rein wirtschaftliche Betrachtung** zu bestimmen.

39 **cc) Konsequenzen der neuen Rechtsprechung für die Schadensersatzpflicht des Herstellers.** Der BGH hat seine mit dem Schwimmerschalter-Urteil eingeleitete neue Rechtsprechung in mehreren Entscheidungen bestätigt und präzisiert. Es ist daher nicht zu erwarten, daß die schon bisher vehemente Kritik an dieser Wende ihn in absehbarer Zeit zu einer grundsätzlichen Änderung seines Standpunkts veranlassen wird. Der Industrie, namentlich auch den Zulieferern, ist daher zu raten, sich auf die mit der Haftungserweiterung verbundene Mehrbelastung einzustellen. Dabei ist – **zusammengefaßt** – folgendes zu beachten:

40 – Es bleibt bei dem Grundsatz, daß der Hersteller, der den Vorwurf einer Pflichtverletzung in seinem Betrieb nicht widerlegen kann, neben Schäden infolge von Körper- und Gesundheitsverletzung auch Schäden zu ersetzen hat, **die durch Einwirkungen auf Sachen entstehen, welche mit dem hergestellten Produkt nicht identisch sind.**

41 – Nach der neuen (aber rückwirkenden) Rechtsprechung des BGH sind kraft Deliktsrechts u. U. auch Schäden zu ersetzen, **die durch die Einwirkung des Produktfehlers auf das Produkt selbst entstehen.** Das gilt unabhängig davon, ob der geschädigte Eigentümer die fehlerhafte Ware von dem Hersteller selbst kaufte bzw. herstellen ließ *(Rz. 30)*.

42 – Über die Ersatzfähigkeit von am Gesamtprodukt selbst entstehenden Schäden entscheidet nach dem BGH das Kriterium der **Stoffgleichheit.** Schäden, die durch Einwirkung des Produktfehlers auf das Produkt entstehen, sind nach der neuen Rechtsprechung nur dann zu ersetzen, wenn sie mit dem Produktfehler nicht „stoffgleich" sind, d. h. dessen Schaden (Mangelunwert) an Umfang überschreiten. Ein Schadensersatzanspruch setzt also voraus, daß der geltend gemachte Endschaden (am Produkt) größer als der anfängliche Mangelunwert ist.

---

[97] BGH NJW 1985, 2420 – Kompressor.

[98] Dafür BGH NJW 1985, 2420 – Kompressor, im Anschluß an Nickel (vgl. Diss.: Produzentenhaftung beim Verkauf mangelhafter Halbfabrikate, 2. Aufl., S. 94ff.).

[99] Vgl. etwa BGH NJW 1985, 2420 – Kompressor; Steffen, VersR 1988, 977ff.

[100] ,wenn er dessen Regeln schon nicht als abschließend betrachtet und auch das stets gegebene *Wandlungs*recht hintanstellt,

[101] In diesem Sinne auch Nickel, VersR 1984, 318, 319f. und vor allem Merkel, NJW 1987, 358, 359; dezidiert anders Steffen, VersR 1988, 977, 979f.

Um festzustellen, ob ein solcher Unterschied oder aber ,,Stoffgleichheit" gegeben ist, hat die Rechtsprechung auf einige Grundsätze zurückgegriffen, über deren Gewicht und Rangordnung sich noch keine sicheren Aussagen treffen lassen. Der BGH hat vielmehr geäußert, verbleibende Abgrenzungsschwierigkeiten müßten durch natürliche und wirtschaftliche Betrachtung[102] sowie von Fall zu Fall wertend[103] gelöst werden. Im übrigen stehen **folgende Kriterien** im Vordergrund: 43

– ,,Stoffgleichheit" ist gegeben, wenn der Mangel die Sache von vornherein derart ergreift, daß sie von Anfang an insgesamt wertlos ist;[104] das ist nach Ansicht des BGH selten und etwa dann der Fall, wenn Stahlleichtträgerdecken eine ungenügende Festigkeit aufweisen.[105] 44

– ,,Stoffgleichheit" soll auch dann gegeben sein, wenn der Mangel der ganzen Sache von vornherein anhaftet, diese aber dennoch eine gewisse Zeit lang genutzt werden kann. Hier wird regelmäßig die Verschleißzeit (Lebensdauer) durch unzureichende Materialeigenschaften verkürzt. 45

Beispiel: Weichmacherverluste führen zu Rissen und Undichtigkeiten einer Dachabdeckfolie.[106]

In den Fällen, in denen ein Produktfehler eine „von Anfang an eingeschränkte Lebenserwartung" der Ware zur Folge hat, hält der VI. Zivilsenat, der für die deliktische Haftung zuständig ist, eine Haftung des Herstellers offenbar für allgemein verfehlt.[107] Eine derartige Sonderbehandlung der *kontinuierlich-expansiven* Mängel, die das Eigentum doch ebenfalls verschlechtern, erscheint uns nicht begründbar. Überhaupt sollte „Stoffgleichheit" nur bejaht werden, wo mit gewisser Sicherheit festgestellt werden kann, daß der Mangel die Gebrauchsdauer derart verkürzt, daß die Verwendung der Sache wirtschaftlich unsinnig erscheint. Für Mängel, die ihre ursprüngliche Gestalt behalten (*statische* Mängel), wird dies wohl nur in Ausnahmefällen festzustellen sein. Auch bei *dynamisch-expansiven* Mängeln ist in der Regel nicht abzusehen, wann bzw. in welchem Umfang sie das Produkt funktionsunfähig machen (vgl. den Schwimmerschalter-Fall,[108] Gaszug-Fall,[109] Kompressor-Fall[110]). Ob solche Mängel selbst die vorübergehende Nutzung der Sache ausschließen, hängt ganz vom Einzelfall ab, nämlich einerseits von Art und Umfang der bei einer Expansion drohenden Folgeschäden, andererseits von den Kosten, die mit dem Austausch des unbrauchbar gewordenen Produkts verbunden sind. Dynamisch-expansive Mängel sind daher auch dann, wenn sie der ganzen Sache von vornherein anhaften, nicht in jedem Fall ,,stoffgleich" mit späteren Schäden an der Sache selbst.[111]

– ,,Stoffgleichheit" soll weiter vorliegen, wenn ein bei Eigentumsübergang an den Geschädigten fehlerhaftes Einzelteil mit den erst später beschädigten Teilen des Produkts zu einer Einheit verbunden ist, die nicht ohne erhebliche Beschädigung aufgehoben werden kann;[112] denn hier – so wird gesagt – teile sich der Mangel von Anfang an zwangsläu- 46

[102] BGH NJW 1983, 810, 812 – Gaszug; OLG Düsseldorf WM 1985, 1079, 1080 – Pleuelhalbschalen.

[103] BGH NJW 1983, 810, 812 – Gaszug; so auch Steffen, VersR 1988, 977, 979f.

[104] BGH NJW 1978, 2241 – Hinterreifen; NJW 1985, 2420 – Kompressor; Kullmann, BB 1985, 409, 413.

[105] BGH NJW 1963, 1827 – Ortbeton; s. auch Fn. 32a, 35.

[106] BGH NJW 1985, 194 – Dachabdeckfolie; s. auch BGH NJW 1983, 812 – Hebebühne; Kullmann, BB 1985, 409, 413.

[107] Vgl. Steffen (Vorsitzender Richter des VI. Zivilsenats), VersR 1988, 977, 979, widersprüchlich aber wohl S. 979f.; dazu Foerste, VersR 1989, 456f.

[108] BGH NJW 1977, 379; Rz. 17.

[109] BGH NJW 1983, 810; Rz. 19.

[110] BGH NJW 1985, 2420; Rz. 21.

[111] Vgl. Nickel, VersR 1984, 318ff.; Merkel, NJW 1987, 358, 359.

[112] BGH NJW 1981, 2248, 2249 – Dämmelemente; NJW 1983, 810, 812 – Gaszug; Kullmann, BB 1985, 409, 413.

fig der Gesamtsache mit, so daß deren Integrität schon bei Eigentumserwerb beeinträchtigt sei.[113] Dagegen soll die „Stoffgleichheit“ unvollständig sein, falls die Mangelbeseitigung trotz ihrer hohen Kosten rentabler und sinnvoller als die Verschrottung der Gesamtsache ist.[114]

47 – „Stoffgleichheit“ wird allgemein bejaht, wenn ein Mangel nicht in wirtschaftlich vertretbarer Weise behoben werden kann, weil die Kosten seiner Suche oder/und Beseitigung den Wert des gesamten Produkts erreichen.[115] Von diesem Grundsatz hat die bisherige Rechtsprechung auch dynamisch-expansive Mängel *(Rz. 15)* nicht ausgenommen, obwohl deren Existenz, wie der Hebebühnen-Fall zeigt, die Gebrauchseignung u. U. nur zeitlich einschränkt.

48 – Im Rahmen wertender Betrachtung kann die „Stoffgleichheit“ des geltend gemachten Schadens auch von den Verkehrspflichten[116] des Herstellers abhängen, insbesondere von den an sie gestellten Anforderungen und damit auch von dem Verwendungszweck des Produkts, von der Verbrauchererwartung und u. U. sogar von dem Kaufpreis.[117] Daher ist wegen „Stoffgleichheit“ ein deliktischer Anspruch selbstverständlich ausgeschlossen, wenn ein fehlerhaftes Produkt gerade wegen der Gefahr einer weiteren Sachverschlechterung mit Preisnachlaß verkauft worden war und die Verschlechterung eintritt.[118] Dies folgt letztlich schon daraus, daß der Käufer – auch wegen des günstigen Preises – seine Erwartungen an die Verkehrssicherheit herabsetzen mußte und insoweit keines Schutzes durch eine Verkehrspflicht mehr bedurfte (vgl. *§ 24 Rz. 7*).

49 – Die „Stoffgleichheit“ hängt nicht davon ab, ob der anfängliche Mangel sich durch das Hinzutreten besonderer Umstände zu dem Endschaden ausweitete.[119]

50 – Sie hängt ebensowenig davon ab, ob die Ausweitung zum Endschaden sich gewaltsam, etwa durch einen Unfall, vollzog;[120] denn dieses Kriterium läßt jeden Bezug zur angestrebten Ausgrenzung des Äquivalenzinteresses vermissen.

51 – Für „Stoffgleichheit“ und einen Ersatzanspruch kann auch nicht entscheidend sein, ob der dem Produkt zu Anfang anhaftende Mangel auch *andere* Rechtsgüter des Produktbenutzers oder Dritter gefährdete.[121]

52 – „Stoffgleichheit“ soll fehlen, wenn das Produkt sich bei Eigentumserwerb des Geschädigten noch auf relativ einfach trennbare Teile der Gesamtsache beschränkte und so rechtzeitig hätte erkannt werden können, daß der Endschaden durch eine – wirtschaftlich vertretbare – Reparatur vermieden worden wäre.[122]

53 – In diesem Fall ergibt sich der nach Deliktsrecht zu ersetzende Schaden aus der Differenz von Endschaden und anfänglichem **Mangelunwert.**[123] Dieser wird, soweit die übrigen Parameter *(Rz. 42ff.)* auf einen ersetzbaren Schaden hinweisen, nach den Grundsätzen

---

[113] Kullmann, BB 1985, 409, 413.

[114] Kullmann, BB 1985, 409, 413; Ganter, JuS 1984, 592, 594.

[115] BGH NJW 1983, 810, 812 – Gaszug; NJW 1985, 2420 – Kompressor; Kullmann, BB 1985, 409, 413.

[116] Stoll, JZ 1983, 501, 503.

[117] BGH NJW 1983, 810, 812 – Gaszug.

[118] Kullmann, BB 1985, 409, 413.

[119] BGH NJW 1985, 2420, 2421 – Kompressor; a. A. Mayer, BB 1984, 568, 572; Schmidt-Salzer, BB 1983, 534, 537.

[120] BGH NJW 1985, 2420, 2421 – Kompressor; offengelassen in BGH NJW 1983, 810, 812; a. A. MünchKomm/Mertens, § 823 Rz. 86; Lang, Die Haftung des Warenherstellers bei „weiterfressenden“ Mängeln im deutschen und anglo-amerikanischen Recht (1981), S. 181.

[121] BGH NJW 1983, 810, 811 – Gaszug; Steffen, VersR 1988, 977, 980; a. A. Schlechtriem, Gutachten und Vorschläge zur Überarbeitung des Schuldrechts, hrsg. vom Bundesminister der Justiz, Bd. II, S. 1591, 1666; G. Hager, AcP 184 (1984), 413, 417.

[122] BGH NJW 1978, 2241 – Hinterreifen; NJW 1983, 810, 812 – Gaszug; NJW 1985, 2420 – Kompressor; Kullmann, BB 1985, 409, 413.

[123] BGH NJW 1978, 2241, 2242 – Hinterreifen.

des Gewährleistungsrechts berechnet.[124] Entsprechend § 472 I BGB ist also der Kaufpreis in dem Verhältnis herabzusetzen, in welchem zur Zeit des Verkaufs der Wert der Sache in mangelfreiem Zustand gestanden haben würde. Dabei hilft die Formel

$$\text{geminderter Preis} = \frac{\text{Wert in mangelhaftem Zustand} \times \text{vereinbarter Preis}}{\text{Wert in mangelfreiem Zustand}}.$$

Der Mangelunwert entspricht der Differenz von Kaufpreis und gemindertem Preis. Demgegenüber ist der **Endschaden** die Einbuße an Verkehrswert, nämlich die Differenz zwischen dem Verkehrswert des Produkts vor Eintritt des Endschadens (und ohne den Mangelunwert!) einerseits und dem Wert der beschädigten Sache andererseits.

dd) Konsequenzen der neuen Rechtsprechung für die Rückrufpflicht des Herstellers

Ausnahmsweise kann der Hersteller auch verpflichtet sein, sein Produkt **zum Schutze des Eigentümers** zurückzurufen, wenn der Verdacht besteht, daß es einen Sicherheitsmangel aufweist. In solchen Fällen hat der Hersteller das Produkt auf seine Kosten zu untersuchen, einen etwa vorhandenen Fehler zu beheben und, wenn dieser irreparabel ist, dem Eigentümer u. U. sogar den Kaufpreis zu ersetzen. Eine solche Rückrufpflicht kann einerseits bloße *Verkehrspflicht* sein mit der Folge, daß ihre Verletzung zum Schadensersatz verpflichtet; zusätzlich wird ein *Anspruch* des Eigentümers auf die Fehlerbeseitigung diskutiert. Einzelheiten: *§ 39 Rz. 1ff.* 54

Da die Rechtsprechung auch Eigentumsverletzungen am fehlerhaften Produkt der Produzentenhaftung unterstellt, ist auch eine **Verkehrspflicht** zur Fehlerbeseitigung zum Schutz der noch mangelfreien Teile jenes Produkts vorstellbar. Der Hersteller hätte demnach dafür zu haften, daß er die Auswirkung oder Ausdehnung des Produktfehlers auf die zunächst noch mangelfreien Teile nicht rechtzeitig abwendete, indem er das Produkt untersuchte und den Fehler beseitigte. Eine solche Haftung wäre **aus der Sicht des BGH** konsequent und[125] auch **geboten.** In diesem Sinne ist denn auch eine ,,deliktische Gewährleistung“ durch den Hersteller befürwortet worden.[126] **U.E.** sind Schäden am Produkt selbst aber grundsätzlich, also auch bei Verstoß gegen eine Rückrufpflicht, **nicht ersatzfähig,** weil insofern das Gewährleistungsrecht eine abweichende und abschließende Regelung vorsieht *(Rz. 27ff., 246).* 55

Gegen einen **Anspruch** auf Rückruf spricht dies jedoch nicht ohne weiteres. Er wird teilweise aus §§ 823, 249 S. 1 BGB abgeleitet, da die Gefährdung anderer Rechtsgüter ihrer Verletzung gleichstehen soll und durch Beseitigung des Produktfehlers unterbunden werden müsse.[127] Vereinzelt wird dieser Rückrufanspruch auch für den Fall befürwortet, daß der Produktfehler nur die noch mangelfreien Teile desselben Produkts gefährdet, so daß ein mit dem ursprünglichen Fehler nicht mehr ,,stoffgleicher“ Schaden droht.[128] Nach anderer und **zutreffender Ansicht** ist ein Rückrufanspruch, der nur das fehlerhafte Gesamtprodukt retten soll, **mit dem Vorrang des Kaufrechts nicht vereinbar** und unverhältnismäßig.[129] Dies ergibt sich allerdings weniger aus der Spezialität des kaufrechtlichen 56

---

[124] BGH NJW 1985, 2420 – Kompressor; ebenso Ganter, JuS 1984, 592, 593f.; Nickel, VersR 1984, 318, 319f.; Merkel, NJW 1987, 358, 359. Betont **zurückhaltend** jetzt allerdings Steffen, VersR 1988, 977, 979f. (§ 472 BGB gestatte nur eine „Kontrolle“). U. E. wäre es bedauerlich, wenn mit der Bewertung nach § 472 BGB selbst dieses in der Gesamtproblematik greifbare Stück Rechtssicherheit wieder in den Hintergrund träte.

[125] ,soweit wirklich eine Rückrufpflicht bestand, weil eine Warnung des Eigentümers nicht genügte (dazu § 24 Rz. 235ff.),

[126] Mayer, DB 1985, 319 u. 322; a. A. Schwenzer, JZ 1987, 1059, 1062: ,,unverhältnismäßig“.

[127] Dazu kritisch § 39 Rz. 2ff.

[128] G. Hager, AcP 184 (1984), 413, 424; J. Hager, VersR 1984, 799, 805f.; Merkel, NJW 1987, 358, 361; v. Westphalen, NJW 1979, 838, 845.

[129] So offenbar auch BGH VersR 1986, 1003, 1004 zu b) – Dichtungsbahnen (Erstattungsanspruch); VersR 1986, 1125, 1127f. – Milchkühlanlage; Löwe, DAR 1978, 288, 294; Schlechtriem, JA 1983, 255, 258; wohl auch MünchKomm/Mertens, § 823 Rz. 88, der einen Rückrufanspruch offenbar

*Minderungs*rechts als aus der Möglichkeit des Produkterwerbers, eine fehlerhafte Kaufsache innerhalb von sechs Monaten zurückzugeben (Wandlung) oder ggf. – nämlich bei Serienwaren – sogar die Lieferung einer fehlerfreien Sache zu verlangen (§ 480 I BGB).

57 Allerdings ist es Sache des Käufers nachzuweisen, daß z. B. ein Fabrikationsfehler gerade (auch) dem von ihm erstandenen Produkt anhaftet. Die für die entsprechende Untersuchung erforderlichen Kosten hat er (privat oder für den gerichtlichen Sachverständigen) vorzuschießen und, falls sich die Sache als fehlerfrei erweist, sogar zu tragen. All dies ist jedoch eine Konsequenz des Kaufrechts. Es bezweckt ferner und vor allem, die Haftung des Verkäufers für Schäden an fehlerhaften Waren auf solche (Gewährleistungs-)Ansprüche zu beschränken, die binnen der kurzen Verjährungsfrist von sechs Monaten geltend gemacht werden. Dieser Zweck würde bei Zuerkennung eines Rückrufanspruchs vereitelt.[130] – Für Rückrufansprüche aus § 1004 BGB (dazu *§ 39 Rz. 7ff.*) gilt das gleiche.[131]

ee) Konsequenzen der neuen Rechtsprechung für die Werkunternehmer-Haftung

58 Auch der Werkunternehmer, namentlich der Handwerker, hat eine Produktverantwortung. Er ist einerseits verpflichtet, mit gefährlichen Produkten sorgsam umzugehen und fehlerhafte Produkte gar nicht erst anzuwenden *(§ 27 Rz. 5ff.)*. Andererseits darf er die von ihm bearbeiteten Gegenstände nicht verschlechtern, diese Produkte also nicht fehlerhaft machen. Die letztere Pflicht gilt im Rahmen der *Einwirkung auf das Produkt* (z. B. durch Verarbeitung, Änderung, Reparatur). Diese hat mitunter ebenfalls herstellende oder herstellungsähnliche Funktion (vgl. *§ 25 Rz. 3ff.*).

59 **aaa) Allgemeines.** Verschlechterungen eines Produkts durch spätere Eingriffe eines Werkunternehmers sind schon deshalb schwer zu bewerten, weil diese Eingriffe häufig dazu führen, daß der Besteller **neues Eigentum** erwirbt: Wird die ihm gehörende Sache mit einer anderen verbunden bzw. vermischt oder wird sie verarbeitet, so entsteht nicht selten eine neue Sache.[132] Das Eigentum hieran steht dem Besteller ohne weiteres zu oder es wird ihm von dem Werkunternehmer gesondert verschafft. Beides hängt meist auch nicht davon ab, ob die neue Sache – das Werk – mangelhaft ist. Der Besteller erwirbt also u. U. neues, aber von Anfang an mangelbehaftetes Eigentum. Mit Rücksicht darauf gilt als **Grundsatz: Durch eine fehlerhafte Werkleistung wird das Eigentum des Bestellers nicht verletzt,** sondern ,,nur" schlechtes Eigentum geschaffen.[133]

60 **Eigentumsverletzungen** sind aber dann **möglich, wenn durch den Werkmangel in schon vorhandenes oder bisher unversehrtes Eigentum des Bestellers eingegriffen wird.**[134] Solche Eingriffe sind einigermaßen unproblematisch, wenn ein Werkmangel zu entfernten Mangelfolgeschäden führt, d. h. zu Schäden, die nicht an einem Werkteil, sondern an anderen Sachen des Bestellers eintreten.

Beispiel:[135] Im Rahmen eines Brückenbaues hatte die Auftraggeberin eine Stahlspundwand mit Stahlseilen im Boden verankert und die Werkunternehmerin beauftragt, den Raum zwischen dieser Wand und einer Böschung zu verfüllen und zu verdichten. Diese Erdarbeiten erfolgten jedoch nicht fachgerecht, so daß mehrere Ankerstäbe rissen und die Spundwand sich verformte. Hier wurde das Eigentum der Bestellerin an der Spundwand verletzt.[136]

---

nur gegen Kostenerstattung durch den Interessenten gewähren will, wenn nicht auch Dritte gefährdet sind.

130 Anders J. Hager, VersR 1984, 799, 803.

131 Herrmann, BB 1985, 1801, 1804 u. 1807.

132 Vgl. §§ 946–948, 950 BGB; näher Rz. 75ff.

133 Grundlegend BGH VersR 1957, 304 – Betonbalken; NJW 1963, 1827ff. – Ortbeton; NJW 1981, 2248, 2250 – Dämmelemente; NJW 1986, 922, 923; Palandt/Thomas, Vorbem. v. §§ 633ff., Anm. 4h; Soergel/Zeuner, Vor § 823 Rz. 42.

134 BGH NJW 1971, 1131ff.; 1973, 1752; 1977, 1819; 1986, 922, 924; OLG Bremen VersR 1977, 867 u. BGH VersR 1978, 722, 723 – Kfz-Reparatur; Grunewald, JZ 1987, 1098, 1100; Soergel/Zeuner, Vor § 823 Rz. 42.

135 Fall nach BGH NJW 1986, 922ff. m. Anm. Stoll, JZ 1986, 400.

136 Offengelassen in BGH NJW 1986, 922, 924.

Der im Beispielsfall eingetretene Mangelfolgeschaden stand mit dem Mangel immerhin in engem Zusammenhang.[137] Besteht nicht einmal ein solcher Zusammenhang zum Schaden – wie z. B. bei Beschädigung der eigenen Garage durch den schlecht reparierten Pkw –, so ist die Haftung aufgrund[138] Deliktsrechts zweifelsfrei eröffnet.[139] Um so fraglicher ist eine Eigentumsverletzung dort, wo der Werkmangel das bearbeitete Werkteil oder andere Teile einer zusammenhängenden Sache in Mitleidenschaft zieht.

bbb) Herrschende Meinung: Schon vor der Ausweitung der *Hersteller*haftung auf Verschlechterungen des Produkts war die Ansicht verbreitet, der Werkunternehmer müsse für bestimmte Verschlechterungen am Werkobjekt auch nach Deliktsrecht haften. Dabei wurde der Grundsatz, daß das von Anfang an mangelhafte Eigentum des Bestellers nicht mehr verletzt werden kann *(Rz. 59),* relativiert: Auch **Verschlechterungen** des Werkes, die an Umfang **über den anfänglichen Mangel hinausgehen, können Eigentumsverletzungen sein.**[140] Nach § 823 I BGB ließ der **BGH** z. B. einen Werkunternehmer haften, 61

- der ein Achsaggregat unter die (d. h. *an* die!) Längsträger eines Lkw-Anhängers geschweißt hatte, wodurch diese Träger Risse und Brüche bekamen;[141]
- der Aluminium-Rasterelemente mangelhaft lackiert hatte, so daß die Elemente sich verformten;[142]
- der bei der Radaufhängung an einem Pkw ein falsches Ersatzteil verwendet hatte, wodurch es zu einem Unfall kam, bei dem (jedenfalls auch) dieser Pkw beschädigt wurde;[143]
- der einen Ölwechsel am Pkw entweder gar nicht oder fehlerhaft durchführte mit der Folge, daß der Motor des Wagens nach dreiwöchigem Gebrauch einen Lagerschaden aufwies.[144]

Hierin liegt der Sache nach eine **Vorwegnahme bzw. Übernahme der neuen BGH-Rechtsprechung** über die Herstellerhaftung für Produktverschlechterungen.[145]

ccc) Bedenken gegen eine Haftung für Werkverschlechterungen. Bedenken gegen die Anwendung der Produkthaftung auf Werkverschlechterungen ergeben sich zunächst daraus, daß der Besteller ihretwegen nach *Deliktsrecht* ohne weiteres Geldersatz verlangen könnte (§ 249 S. 2 BGB); denn nach *Vertragsrecht* kann Geldersatz meist erst verlangt werden, wenn der Werkunternehmer nicht innerhalb einer ihm gesetzten angemessenen Frist von seinem Nachbesserungsrecht Gebrauch gemacht hat (vgl. §§ 635, 633, 634 BGB; § 13 Nr. 7, 5 II VOB/B[146]). Die Zuerkennung deliktischer Schadensersatzansprüche kann das Nachbesserungsrecht des Werkunternehmers also aushöhlen. Dies ist unzulässig. Eine Eigentumsverletzung, jedenfalls ein Schadensersatzanspruch scheidet daher aus, **soweit ein Nachbesserungsrecht des Werkunternehmers vereitelt würde.**[147] 62

---

[137] und unterfiel damit der vertraglichen Schadensersatzpflicht nach § 635 BGB (BGH NJW 1986, 922, 923).

[138] positiver Vertragsverletzung und

[139] Vgl. auch BGH NJW 1973, 1752f. (Unterspülung von Straße und Kellerwand durch fehlerhaften Schmutzwasserkanal).

[140] Vgl. Möschel, JuS 1977, 1, 6.

[141] BGH NJW 1971, 1131ff.

[142] BGH NJW 1977, 1819 m. Anm. Schlechtriem.

[143] BGH VersR 1978, 722, 723 – Kfz-Reparatur (Berufungsinstanz: OLG Bremen VersR 1977, 867).

[144] BGH WM 1986, 1028, 1029.

[145] Offengelassen in BGH NJW 1986, 922, 924; s. aber Möschel, JuS 1977, 1, 6; Schlechtriem, JZ 1971, 449, 451; Stoll, JZ 1986, 400, 401.

[146] Vgl. BGH NJW 1986, 922, 923.

[147] BGH NJW 1986, 922, 924 = JZ 1986, 397 mit (teilweise zutreffender) Kritik von Stoll; Grunewald, JZ 1987, 1098, 1103.

63 Fraglich kann allerdings der **Umfang der Nachbesserungsrechte** sein. Das Recht und die Pflicht zur Nachbesserung gilt dem Ziel, die eigene mangelhafte Leistung in einen mangelfreien Zustand zu versetzen. Umfaßt sind daher auch die dazu erforderlichen vorbereitenden Arbeiten, selbst wenn sie ursprünglich nicht Gegenstand des Werkvertrags waren.[148] Zur Nachbesserung gehört andererseits nicht die Beseitigung sämtlicher Mangelfolgeschäden; für diese kann der Besteller ggf. ohne weiteres Geldersatz fordern (§ 635 BGB; § 13 Nr. 7 I VOB/B).[149] Inwieweit Mangelfolgeschäden dem Nachbesserungsrecht unterfallen, ist umstritten. Als nachbesserungsfähig sollte das ,,Werk", d.h. der bearbeitete Gegenstand in dem Zustand, den er durch die Werkleistung erhält, angesehen werden.[150] In den in *Rz. 61* genannten Beispielsfällen bestand ein Nachbesserungsrecht demnach wohl an dem Lkw-Anhänger, an den Raster-Elementen und in dem Ölwechsel-Fall (,,weiterfressender Mangel"), nicht aber in dem Ersatzteil-Fall und in dem Stahlspundwand-Fall *(Rz. 60)*. Im übrigen scheidet eine Nachbesserung immer dann aus, wenn von dem Unternehmer keine ordnungsgemäße Mangelbeseitigung zu erwarten ist.

64 Das Deliktsrecht benachteiligt den Werkunternehmer auch insofern, als Ersatzansprüche nach § 852 I BGB erst binnen drei Jahren ab Kenntnis von Schaden und Ersatzpflichtigem verjähren; die nicht-deliktsrechtlichen Ansprüche des Bestellers[151] verjähren dagegen oft schon in sechs Monaten bzw. einem Jahr nach Abnahme des Werks (Einzelheiten z. B. in § 638 I BGB). Die mit der späteren **Verjährung** verbundene Haftungsverschärfung ist **nach h.M.** für die Anwendung des Deliktsrechts jedoch **ohne Bedeutung,** wenn nicht sogar erwünscht.[152] Grundlage dieser Ansicht ist die Annahme, zwischen deliktischer und werkvertraglicher Haftung bestehe eine echte Anspruchskonkurrenz: Der vertraglich gebundene Werkunternehmer dürfe (durch Versagung deliktischer Ansprüche gegen ihn) nicht besser gestellt werden als jeder Dritte, zumal er schärfer hafte als dieser; im übrigen würden die kürzeren Verjährungsfristen des Vertragsrechts keineswegs immer unterlaufen, denn eine mangelhafte Werkleistung verletze nur selten zugleich Eigentum des Bestellers.[153] Der letztere Einwand trifft jedoch erstens kaum zu[154] und ist zweitens wohl nicht entscheidend: Fast jeder fehlerhafte Eingriff aufgrund Werkvertrags *kann* das Werkstück des Bestellers beeinträchtigen. Soll nun immer dann, wenn es zur Beeinträchtigung kommt, das Vertragsrecht, das schließlich auch dem Schutz des Werkunternehmers dient, überspielt werden können? Der Gesetzgeber war sich der Nachteile der angeordneten kurzen Verjährung durchaus bewußt[155] und wollte den Besteller hierauf auch bei fahrlässiger Schlechtleistung des Werkunternehmers beschränken.[156] Im Ergebnis sollten daher **u.E.** zusätzliche deliktische Ansprüche **nicht ohne Rücksicht auf die Verjährung vertraglicher Ansprüche** zuerkannt werden.[157] Diese Begrenzung gilt natürlich nicht für Mangelfolgeschäden, die nicht in engerem Zusammenhang mit dem Mangel stehen und dann wegen positiver Vertragsverletzung, d. h. binnen 30 Jahren,[158] zu ersetzen sind.

65 **ddd) Beschränkung auf ,,stoffungleiche" Schäden.** Sofern ein Ersatzanspruch aus § 823 I BGB – trotz der erwähnten Bedenken – dem Grunde nach in Betracht kommt,

---

148 BGH NJW 1986, 922, 923.

149 BGH NJW 1986, 922, 923, allerdings zu eng.

150 Vgl. BGH NJW 1983, 2440, 2441; Grunewald, JZ 1987, 1098, 1102; enger BGH NJW 1986, 922, 923; Stoll, JZ 1986, 400.

151 jedenfalls für Mangelschäden und Mangelfolgeschäden i. e. S.

152 Vgl. BGH NJW 1971, 1131, 1133; 1977, 1819; WM 1986, 1028, 1029; Freund/Barthelmess, NJW 1975, 281, 288; Grunewald, JZ 1987,1098, 1101; Möschel, JuS 1977, 1, 6; Schlechtriem, NJW 1977, 1819, 1820; Soergel/Zeuner, Vor § 823 Rz. 42.

153 BGH NJW 1971, 1131, 1133; 1977, 1819; Möschel, JuS 1977, 1, 6.

154 Vgl. Schlechtriem, NJW 1977, 1819, 1820.

155 Motive zum BGB, Bd. II, S. 486; vgl. demgegenüber Grunewald, JZ 1987, 1098, 1101 (,,sowieso problematisch").

156 Motive zum BGB, Bd. II, S. 488.

157 Vgl. Ganten, NJW 1971, 1804f.; MünchKomm/Mertens, § 852 Rz. 46f.; Wilts, VersR 1967, 817, 818.

158 BGH WM 1983, 760, 761 (ständige Rechtsprechung).

setzt er weiter voraus, daß dem Besteller ein Schaden entstanden ist, der über den mit Abschluß der (fehlerhaften) Werkleistung eingetretenen Unwert hinausgeht. Denn „reine Herstellungsmängel" sind keine Eigentumsverletzungen *(Rz. 14)*,[159] da sie „stoffgleich" mit dem von Anfang an vorhandenen Unwert des Werkstücks sind. Zu ersetzen ist also nur die Differenz zwischen dem Endschaden (meist: Mangelfolgeschaden) und dem Wert, den das Werk nach Abschluß der Werkleistung hatte. Dabei ist der Anfangswert ohne Rücksicht auf den vereinbarten Werklohn,[160] also objektiv zu beurteilen.

Für die Praxis sind hier erhebliche **Abgrenzungsschwierigkeiten** zu erwarten. Denn nicht alle Fälle liegen so klar wie bei der Einfügung eines falschen Ersatzteils in einen Pkw, der bei einem dadurch verursachten Unfall noch sehr viel stärker beschädigt wird.[161] Immerhin wird ein Lkw-Anhänger, an den ein neues Achsaggregat unfachmännisch angeschweißt wird, zu diesem Zeitpunkt (wegen der Möglichkeit einer ökonomisch sinnvollen Reparatur) noch einen höheren Wert haben als nach der späteren Entstehung von Rissen und Brücken an den Längsträgern des Anhängers.[162] Bei der Lackierung von Aluminium-Rastern mit anschließender Materialverformung ist dies weniger sicher, bei einer erst 7 Jahre nach ihrer Errichtung (infolge schlechter Steine) einsturzgefährdeten Gartenmauer aber immerhin eine Frage des Einzelfalles.[163] Zu Einzelheiten s. auch *Rz. 75ff.* 66

3. Schäden außerhalb des fehlerhaften Gesamtprodukts

Schäden, die durch Einwirkung des fehlerhaften Produkts auf andere Sachen seines Käufers, Benutzers oder Dritter eintreten, gehören zum klassischen Schutzbereich der Produkthaftung. Besonderheiten sind allerdings zu beachten, wenn der Schaden durch Unwirksamkeit des Produkts oder infolge von Verbindung, Vermischung oder Verarbeitung der fehlerhaften Ware entsteht. 67

a) Schäden durch unwirksame Produkte

aa) Grundsatz und Praxis. Eigentumsverletzungen können darauf beruhen, daß ein fehlerhaftes Produkt auf die Sache des Verbrauchers schädigend *einwirkt*. Sie können aber auch dadurch entstehen, daß ein sonstiger Vorgang auf die Sache einwirkt, der von dem Produkt abgewehrt werden sollte, aber *nicht abgewehrt* wurde, weil das Produkt wirkungslos war oder seine Funktion nur unvollständig erfüllte. In diesen Fällen ist eine Ersatzpflicht nach § 823 I BGB fraglich, weil diese Vorschrift nur das Interesse an der Gütererhaltung (Integritätsinteresse) schützt, nicht aber das Interesse des Produkterwerbers an der Gebrauchseignung der Kaufsache (Äquivalenzinteresse). Nach gefestigter **Rechtsprechung** muß es daher **grundsätzlich der Vertragshaftung vorbehalten** bleiben, **das Interesse** des Verbrauchers oder Benutzers **an der Gebrauchstauglichkeit** seines Produkts **zu schützen.**[164] 68

In **Anwendung dieses Grundsatzes** müßte die deliktische Haftung für Schäden, die auf die Wirkungslosigkeit eines Produkts zurückgehen, von vornherein verneint werden. Soweit ersichtlich, ist bisher aber kaum eine Produkthaftklage mit der Begründung abgewiesen worden, die Unwirksamkeit der fehlerhaften Ware könne nur im Rahmen des Vertragsrechts geltend gemacht werden.[165] Hersteller unwirksamer Waren sind im Gegenteil in zahlreichen Fällen wegen unerlaubter Handlung (Verkehrspflichtverletzung) 69

---

159 S. auch Möschel, JuS 1977, 1, 6.

160 also nicht wie bei der Minderung (und im Kaufrecht, vgl. Rz. 53),

161 Vgl. OLG Bremen VersR 1977, 867 u. BGH VersR 1978, 722f. – Kfz-Reparatur.

162 BGH NJW 1971, 1131ff.; entgegen Möschel (JuS 1977, 1, 4) aber nicht unproblematisch.

163 BGH NJW 1977, 1819 m. Anm. Schlechtriem (Alu-Rasterelemente) bzw. – zu pauschal – LG Hagen NJW-RR 1988, 1179 – Winkelsteine; Grenzfall: OLG Oldenburg NJW-RR 1988, 540 – Dachdämmplatten.

164 BGH NJW 1981, 1603, 1604 – Derosal I; NJW 1981, 1606, 1607 – Benomyl; NJW 1985, 194 – Dachabdeckfolie; vgl. Deutsch, JZ 1989, 465, 467; Huber, AcP 177 (1977), 281, 325f.

165 S. aber OLG Oldenburg VersR 1986, 1006 – Blumentopfpaletten (schon keine Eigentums*verletzung*); LG Hanau VersR 1987, 165, 166 – Hohlblocksteine.

verurteilt oder nur deshalb nicht verurteilt worden, weil die Unwirksamkeit keine Schäden verursacht hatte:

Im Betonbalken-Fall[166] und im Ortbeton-Fall[167] wiesen Betonteile nicht die erforderliche Tragkraft auf. Im Lotsand-Fall[168] fehlte dem verunreinigten Sand die Eignung, zusammen mit Kalk und Zement einen haltbaren Außenputz zu ergeben. Verunreinigtem Kalksteinmehl fehlte die Eignung, zu Asphaltboden verarbeitet zu werden.[169] Im Hebebühnen-Fall[170] war der Führungsschlitten auf Dauer ungeeignet, im Zusammenwirken mit anderen Geräteteilen die übliche Hubleistung zu erbringen. Im Schwimmerschalter-Fall[171] erfüllte der Schalter als Teil der Kaufsache (Reinigungsanlage) nicht seine Funktion, den Strom bei sinkendem Perchloräthylenspiegel abzuschalten.

70 Bezeichnend ist auch, daß die Einschränkung der Deliktshaftung bei Wirkungslosigkeit teilweise überhaupt nur für Eigentums- und Vermögensschäden befürwortet wird, nicht dagegen für Gesundheitsbeeinträchtigungen, wie sie durch unwirksame Arzneimittel verursacht werden.[172] Beides deutet darauf hin, daß die **Ausgrenzung des Interesses an der Produkteignung** aus dem Deliktsrecht **in ihrer Allgemeinheit verfehlt ist.**

71 Das Äquivalenzinteresse des Warenkäufers, für sein Geld ein gebrauchsfähiges Produkt zu erhalten, kann einer Deliktshaftung des Herstellers nur dann entgegenstehen, wenn sonst das vertragliche Sonderrecht für Äquivalenzstörungen unterlaufen würde.[173] Namentlich das Kaufrecht enthält ein Sonderrecht (der Gewährleistung) aber grundsätzlich nur für Mangelschäden, d. h. für Schäden am verkauften Produkt,[174] und nicht für Mangelfolgeschäden an anderen Rechtsgütern. Solche Folgeschäden können denn auch nach der Ansicht des BGH – neben Ansprüchen aus positiver Vertragsverletzung – auf § 823 I BGB gestützt werden.[175] Dies kann nun nicht davon abhängen, ob der Folgeschaden von Nebenwirkungen einer an sich tauglichen Ware oder von deren Untauglichkeit herrührt; im Gesetz findet diese Unterscheidung jedenfalls keine Grundlage, ganz abgesehen davon, daß die Rechtsprechung sogar (eskalierte) *Mangel*schäden dem Integritätsinteresse und Deliktsrecht zuordnet *(Rz. 17ff.)*.

72 Wegen der erwähnten **Uneinheitlichkeit der Rechtsprechung** ist schwer zu sagen, ob die Gerichte dennoch bestimmte Schäden infolge unwirksamer Produkte von der Deliktshaftung ausnehmen werden. Diskutiert wird der Fall, daß untauglicher Leim Möbelstücke auseinanderfallen läßt oder Styroporplatten nicht an der Decke hält und dadurch weitere Schäden entstehen.[176] Auch Stoffverfärbungen, die in einer Textilfabrik aufgrund mangelhafter Farbstoffe auftreten, sollen allein nach Kaufvertragsrecht geltend zu machen sein.[177]

73 **bb) Ausnahme: Sachschützende Produkte.** Der Grundsatz der Unanwendbarkeit des Deliktsrechts auf untaugliche Waren ist vom BGH selbst erheblich eingeschränkt worden. Er gilt nämlich nicht für Produkte mit dem Verwendungszweck, das Eigentum des Verbrauchers oder des Benutzers zu schützen, da sich jedenfalls hier Gebrauchsinteresse und Gebrauchssicherheit weitgehend und zumindest im Kernbereich decken: **Für eine Unwirksamkeit sachschützender Waren haftet der Hersteller auch nach Deliktsrecht, wenn er den Benutzer durch die von ihm geweckten Gebrauchs- und Sicherheitser-**

---

166 BGH VersR 1957, 304 – Betonbalken.

167 BGH NJW 1963, 1827 – Ortbeton.

168 BGH NJW 1978, 1051 – Lotsand.

169 BGH VersR 1969, 726; gegen Anwendung des Deliktsrechts bei untauglichen Baustoffen dagegen (konsequent) Huber, AcP 177 (1977), 281, 325; G. Hager, AcP 184 (1984), 413, 418 FN 28.

170 BGH NJW 1983, 812 – Hebebühne.

171 BGH NJW 1977, 379 – Schwimmerschalter.

172 Vgl. G. Hager, AcP 184 (1984), 413, 416 FN 15; Deutsch, Festschrift Larenz (1983), S. 111, 115, 118.

173 Vgl. insoweit auch zu den weiterfressenden Mängeln Rz. 28.

174 Soergel/Zeuner, Vor § 823 Rz. 41; s. auch Soergel/Huber, § 463 Rz. 87.

175 BGH NJW 1977, 379, 380f. – Schwimmerschalter.

176 Huber, AcP 177 (1977), 281, 325.

177 G. Hager, AcP 184 (1984), 413, 418; a. A. Schlechtriem, VersR 1973, 581, 589.

wartungen davon abgehalten hat, andere und wirksamere Maßnahmen zum Schutz seines Eigentums zu ergreifen;[178] Voraussetzung dieser Haftung ist also, daß der Benutzer durch jene Maßnahmen die Eigentumsverletzung hätte vermeiden können.[179]

Es ist allerdings kaum ein Fall denkbar, in dem der Produktbenutzer *nicht* durch „Gebrauchs- und Sicherheitserwartungen" an das (defekte) Produkt davon abgehalten wird, ein anderes, nämlich funktionssichereres Produkt zu verwenden oder dessen Aufgabe sogar eigenhändig wahrzunehmen. Daher ist auch nicht erkennbar, inwieweit dieses Kriterium die Haftung für sachschützende Produkte sinnvoll einzuschränken vermag.

Wie erwähnt, bestehen gegen die Nichtanwendung des Deliktsrechts auf Folgeschäden 74
einer Produktunwirksamkeit grundsätzliche Bedenken *(Rz. 70f.)*. Sie sprechen zugleich für eine benutzerfreundliche, nämlich **weite Auslegung des sachschützenden Verwendungszwecks,** zu der offenbar auch die Rechtsprechung neigt. Ausschließlich sachschützend sind **Alarm- und Warnanlagen,**[180] elektrische **Überlastsicherungen,**[181] **Sprinkleranlagen** zur Brandbekämpfung,[182] Vorrichtungen zur automatischen Öffnung von **Rauchabzugsklappen**[183] und **Rettungsgeräte**[184] überhaupt (z. B. **Feuerlöscher**). Nichts anderes gilt für eine in Pflanzungen eingesetzte **Bewässerungsautomatik** und in dem Fall, daß der schadhafte Verbundregeler einer **Heizungsanlage** in der Gärtnerei Blumen erfrieren läßt.[185] Eine **Kühlanlage** soll in erster Linie Lebensmittel schützen, ein elektrischer **Weidezaun** vor Verletzung und Verlust des Viehs; für abhanden gekommenes Vieh ist daher nicht nur dann Ersatz zu leisten, wenn es wegen überstarker Stromschläge eines defekten Impulsgebers in Panik geraten war, sondern auch dann, wenn überhaupt keine Spannung aufgebaut wurde und deshalb Kühe über den Zaun sprangen.[186] Motorschäden, die durch ungeeignete **Frostschutzmittel** entstehen, sind ebenso zu ersetzen[187] wie Schäden durch Trübungen und Verunreinigungen, die ein wirkungsloses **Desinfektionsmittel** an Schwimmbadwänden hinterläßt;[188] entsprechendes gilt für **Pflanzenschutzmittel,** gegen die der bekämpfte Schädling resistent geworden ist.[189] **Korrosionsschutzmittel** dienen ebenfalls nur einem einzigen Zweck,[190] ebenso **Schmiermittel** und **Holzschutzmittel.** Da **Dachabdeckfolien** für Flachdächer gerade vor dem Eindringen von Wasser schützen sollen, verletzen bei Undichtigkeit Wasserschäden am unteren Dachmaterial das Eigentum;[191] Schäden, die durch wirkungsloses **Abdichtungsmaterial** (z. B. an Unterwas-

---

[178] BGH NJW 1981, 1603, 1604 – Derosal I; NJW 1981, 1606, 1607 – Benomyl; NJW 1985, 194 – Dachabdeckfolie; OLG Celle VersR 1978, 1144, 1145 – Benomyl; OLG Oldenburg VersR 1986, 1003 – Dichtungsbahnen; Diederichsen, VersR 1984, 797, 798f.; Kullmann, WM 1981, 1322, 1323 und PhR 1983, 196; MünchKomm/Mertens, § 823 Rz. 286; Stoll, JZ 1983, 501, 504; v. Westphalen, Jura 1983, 57, 66; anders G. Hager, AcP 184 (1984), 413, 415f.

[179] BGH NJW 1981, 1603, 1604 – Derosal I.

[180] Diederichsen, VersR 1984, 797, 798; a. A. G. Hager, AcP 184 (1984), 413, 415f. unter Hinweis auf die US-amerikanische Rechtsprechung.

[181] Plum, AcP 181 (1981), 68, 122.

[182] Anders Plum, AcP 181 (1981), 68, 121.

[183] Diederichsen, VersR 1984, 797, 798f.

[184] Kullmann, WM 1981, 1322, 1323.

[185] BGHZ 60, 9 (dort vermutlich wegen AGB nicht erörtert); a. A. Huber, AcP 177 (1977), 281, 325.

[186] Anders Plum, AcP 181 (1981), 68, 121.

[187] BGH NJW 1976, 1505 – Frostschutzmittel (Schadensursache blieb offen, näher dazu OLG Hamm, Urt. v. 8. 6. 1977, Schmidt-Salzer, Entscheidungssammlung II, II 59); a. A. Plum, AcP 181 (1981), 68, 114f.

[188] LG Köln DB 1978, 1396f. – Desinfektionsmittel; a. A. Plum, AcP 181 (1981), 68, 115.

[189] BGH NJW 1981, 1603, 1604 – Derosal I; NJW 1981, 1606, 1607 – Benomyl.

[190] Für Deliktshaftung OLG Hamburg VersR 1983, 882; Kullmann, WM 1981, 1322, 1323; v. Westphalen, Jura 1983, 57, 66; a. A. G. Hager, AcP 184 (1984), 413, 417f.; Stoll, JZ 1983, 501, 504.

[191] BGH NJW 1985, 194 – Dachabdeckfolie; kritisch Tönnies, PHI 1985, 41.

serkameras) entstehen, unterfallen allgemein dem Deliktsrecht. Was für undichte Abdeckfolien gilt, muß auch auf unzureichende **Verpackungen** zutreffen: für sie wird nach § 823 I BGB gehaftet.[192] Wer für das Versagen einer Einbruchssicherung einzustehen hat, ist ebenso verantwortlich, wenn eine von ihm hergestellte **Pistole** bei einem Überfall blokkiert und den Raub ermöglicht.[193]

b) Schäden infolge Verbindung, Vermischung oder Verarbeitung des Produkts

75 Eine Eigentumsverletzung durch ein fehlerhaftes Produkt setzt begrifflich voraus, daß das Eigentum an der beschädigten Sache vor der Verletzung noch unbeeinträchtigt war, also zumindest nicht schon im Umfang der späteren Verletzung versehrt war. Daher ist die Haftung des Herstellers vor allem dort in Frage gestellt, wo das mangelbehaftete Produkt in anderen Sachen des Geschädigten aufgeht und diese zugleich oder später schädigt. Dazu kann es nach den sachenrechtlichen Bestimmungen der §§ 946ff. BGB kommen, wenn das fehlerhafte Produkt mit anderen Sachen verbunden bzw. vermischt oder wenn es verarbeitet wird. Die damit aufgeworfenen Fragen können hier allerdings nur vorläufig *skizziert* werden:

76 **aa) Verbindung.** Ausgesprochen häufig kommt es zu Verbindungen neuer Sachen durch Zusammenbau, Verschraubung, Vernietung, Klebung usw. Die verbundenen Sachen werden dann Bestandteile einer neuen, einheitlichen Sache, wenn sie bei technisch-ökonomischer Betrachtung nicht mehr sinnvoll getrennt werden können, ohne zerstört oder in ihrem Wesen verändert zu werden (vgl. §§ 947, 93 BGB).

77 **aaa)** Für **Baumaterialien,** die zur Herstellung eines Gebäudes eingefügt werden, gilt zusätzlich, daß sie als wesentliche Bestandteile des Grundstücks in das Eigentum an diesem Grundstück fallen (§§ 946, 94 II BGB). Ist ein Baustoff (z. B. Kalk, Sand, Putz, Beton, Folie) fehlerhaft, so wird dadurch also in dem Augenblick seiner Einfügung in das Gebäude das gesamte Hausgrundstück fehlerhaft. Man müßte nun streng genommen sagen, das *gesamte* Hausgrundstück sei – in seiner neuen, den fehlerhaften Baustoff einschließenden Gestalt – nie fehlerfrei gewesen; eine Eigentumsverletzung an den übrigen Bestandteilen des (Hauses und) Grundstücks könne daher in dem Umfang des Baustoffmangels nicht entstehen, während sie bei darüber hinausgehenden Schäden – infolge sog. „weiterfressender Mängel“[194] – denkbar sei. Die Rechtsprechung ist jedoch differenzierter. Ihr zufolge muß einerseits Eigentum i. S. von § 823 I BGB, „bevor es verletzt werden kann, bereits vorhanden sein und nicht erst geschaffen werden“.[195] Daraus ist auch gefolgert worden, die Verschaffung eines mit Mängeln behafteten Bauwerks zu Eigentum sei als solche keine Verletzung schon vorhandenen Eigentums.[196]

78 Dementsprechend war im **Lotsand-Fall**[197] eine Eigentumsverletzung verneint worden. Hier hatte die Verwendung verunreinigten Sandes dazu geführt, daß dessen Vermischung mit Kalk und Zement erstens keine geeignete Putzmasse ergab und daß der aufgetragene Putz zweitens Schäden zeigte. Dadurch war jedoch das betroffene Wohnhaus weder in seiner übrigen Substanz noch in seiner Gebrauchsfähigkeit eingeschränkt worden, während an der Putzmasse durch die Vermischung neues, aber mangelhaftes Eigentum entstanden war.

79 Im **Betonbalken-Fall**[198] ließ der Einbau nicht tragfähiger Betonbalken in einen Rohbau diesen nach seiner baupolizeilichen Abnahme einstürzen. Hier bejahte der BGH die – nicht minder proble-

---

[192] BGH WM 1976, 742; Huber, AcP 177 (1977), 281, 324; s. aber BGH VersR 1977, 139, 141.

[193] Zum umgekehrten Fall, der nicht der Herstellerhaftung unterliegt, daß das Opfer *durch* eine an sich ordnungsgemäße, aber rechtswidrig eingesetzte Schußwaffe verletzt wird, vgl. Magotsch, RIW/AWD 1986, 413, 414ff. („saturday night special“).

[194] Vgl. Rz. 15.

[195] OLG München NJW 1977, 438.

[196] BGH NJW 1963, 1827 – Ortbeton; Soergel/Huber, § 463 Rz. 84 FN 18.

[197] BGH NJW 1978, 1051 – Lotsand.

[198] BGH VersR 1957, 304 – Betonbalken.

matische – Verletzung des Besitzes am Grundstück, da der Mangel an Tragkraft zum Einsturz eskaliert war.

Zu Folgeschäden war es auch im **Asbestzementplatten-Fall**[199] gekommen, da Niederschlagswasser aus diesen Platten Substanzen löste, die Fensterscheiben beschädigten. Die Beeinträchtigung des Hausgrundstücks beschränkte sich also, wie der BGH hervorhob, nicht auf die Unbrauchbarkeit der Plattenverkleidung. 80

Im **Dachabdeckfolien-Fall**[200] wurde ein Flachdach errichtet, indem auf der obersten Betondecke eine Lage Filzpappe, darüber eine Lage Dampfbremsfolie, sodann eine Wärmedämmschicht und als oberste Schicht eine PVC-Folie aufgebracht wurden. Diese wurde nach Jahren infolge von Weichmacherverlusten rissig, so daß Wasser in die Dachkonstruktion eindrang und Dämmschicht sowie Dampfbremsfolie beschädigte. Das KG – als Berufungsgericht – hatte hierin keine Eigentumsverletzung gesehen, da es annahm, die Eigentümerin des Grundstücks habe nach Zusammenfügung der verschiedenen Elemente und Schichten ein einheitliches Bauteil ,,Dach" erworben, das aber von Anfang an fehlerhaft gewesen sei.[201] Der **BGH** hielt dagegen für maßgeblich, daß an den unteren Materiallagen schon – mangelfreies – Eigentum erworben worden war, bevor die PVC-Folie aufgebracht wurde;[202] insoweit komme es auf eine ,,bautechnische Einheit" von mangelhaften und mangelfreien Bestandteilen nicht an. 81

Auf eine solche ,,bautechnische Einheit" hatte der BGH dagegen noch im **Dämmelemente-Fall**[203] abgestellt. Hier war eine Dachhaut durch fehlerhafte Dämmelemente, die unter ihr, aber in unmittelbarem zeitlichen Zusammenhang mit ihr aufgebracht worden waren, beschädigt worden. Der BGH verneinte eine Verletzung des Eigentums an der Dachhaut, da der Bauherr nach Aufbringung der Dämmelemente nicht mehr Eigentümer ,,eines schadenfreien Hauses" gewesen sei; der entstandene Schaden beschränke sich auf die Dachabdeckung als den ,,Teil des Hauses", der aus der ,,bautechnischen Einheit" von Dachhaut und Dämmelementen entstanden sei.[204] 82

Diesen Entscheidungen zufolge nimmt die Rechtsprechung eine Eigentumsverletzung nur in den Fällen an, in welchen an der aus der Verbindung hervorgegangenen Sache ein Schaden entsteht, der im Umfang über den ursprünglichen Mangel hinausgeht; und dies auch nur dann, wenn der geschädigte Bestandteil schon *vor* der Verbindung mit dem fehlerhaften Produkt als solcher vorhanden war:[205] Erst später hinzugefügte und dadurch beschädigte Bestandteile sind demnach kein Eigentum, das durch die frühere Verbindung verletzt werden könnte.[206] **Deliktischen Schutz genießen demnach nur die zeitlich vor dem fehlerhaften Stoff eingefügten Bestandteile, deren Beschädigung über den Produktmangel hinausgeht.** 83

bbb) Diese Rechtsprechung wird, jedenfalls für **Verbindungen des Produkts mit beweglichen Sachen,** möglicherweise erweitert durch das Hebebühnen-Urteil des BGH vom 18. 1. 1983 *(Rz. 20)*. Dieser Fall wies die Besonderheit auf, daß der Geschädigte die zusammengesackte Hebebühne selber aus Einzelteilen zusammenbaute, von denen nur der Führungsschlitten fehlerhaft war. Der BGH erörterte dennoch nicht, in welcher Reihenfolge die Hebebühne zusammengebaut worden war, sondern sprach der Tatsache der Verbindung eine rechtliche Bedeutung ab, ,,da der Kläger aus allen diesen Einzelteilen – ihrer Bestimmung gemäß – eine neue Sachgesamtheit, die Hebebühne, schuf, die von 84

---

[199] BGH NJW 1981, 2250 – Asbestzementplatten; s. auch LG Hanau VersR 1987, 165 – Hohlblocksteine.

[200] BGH NJW 1985, 194 – Dachabdeckfolie; s. auch OLG Oldenburg NJW-RR 1988, 540 – Dachdämmplatten.

[201] Zitiert nach BGH NJW 1985, 194 unter I; ebenso OLG Oldenburg VersR 1986, 1003, 1004 – Dichtungsbahnen.

[202] Die zeitliche Abfolge der Verbindung von schädigendem und geschädigtem Teil war noch im Asbestzementplatten-Fall als unmaßgeblich bezeichnet worden, vgl. BGH NJW 1981, 2250 unter II. 1 a. E.!

[203] BGH NJW 1981, 2248 – Dämmelemente; ebenso BGH VersR 1986, 1003, 1004 zu b – Dichtungsbahnen; OLG Bamberg VersR 1986, 997, 998 – Bodenfliesen.

[204] BGH NJW 1981, 2248, 2249f. – Dämmelemente.

[205] Davon distanzierend jetzt Kullmann, BB 1985, 409, 410 bei FN 23.

[206] Mit Recht kritisch zu dieser Unterscheidung Thürmann, VersR 1985, 692, 693.

Anfang an ... mit dem Mangel behaftet war".[207] Demnach hält der BGH eine **Eigentumsverletzung** offenbar auch dann für möglich, wenn der zunächst unversehrte Bestandteil zur gleichen Zeit wie das fehlerhafte Produkt oder sogar später zu der einheitlichen Sache verbunden und infolgedessen beschädigt wurde.[208]

An dem Erfordernis, daß an der durch Verbindung entstandenen neuen Sache ein über den Produktmangel hinausgehender Schaden entstanden sein muß, hat der BGH auch im Hebebühnen-Fall festgehalten, allerdings bei Prüfung der sog. Stoffgleichheit, d. h. zur Ausgrenzung des Äquivalenzinteresses. Im Ergebnis wurde ein Schaden – mit zweifelhafter Begründung *(Rz. 35)* – verneint.

85 Die Rechtsprechung zum Eigentumsschutz bei Verbindungen ist auch für die **Zulieferindustrie** von Bedeutung; denn zahlreiche Fertigteile werden vom Endhersteller (Assembler) als wesentliche Bestandteile lediglich verbunden mit der Folge, daß jedes Endprodukt als neue, einheitliche Sache entsteht. Entsprechendes gilt für **Zubehör,** das oftmals erst nach Auslieferung des Hauptprodukts (der Grundausstattung) vom Verbraucher montiert und u. U. erst dadurch gefährlich wird.[209]

86 **ccc)** Der deliktische Schutz verbundener Sachen hängt dem Grunde nach nicht davon ab, inwieweit der ursprüngliche Eigentümer des Produkts – bei Eigentumsvorbehalt u. U. der Hersteller! – infolge der Verbindung sein Eigentum verliert. Allerdings werden bei Verbindung mehrerer beweglicher Sachen deren bisherige Eigentümer Miteigentümer der einheitlichen Sache zu dem Anteil, der dem Wert der verbundenen Sache zur Zeit der Verbindung entspricht (§ 947 I BGB); Alleineigentum an der einheitlichen Sache erwirbt nur der Eigentümer einer verbundenen Sache, die als Hauptsache (z. B. Lkw für Bremstrommel) anzusehen ist (§ 947 II BGB). Die **Eigentumsverhältnisse** an der einheitlichen Sache ändern jedoch nichts daran, daß die Verbindung eine neue Sache geschaffen hat, die ggf. von vornherein mangelhaft ist.[210]

87 **ddd)** Ohnehin sind die **Vorschriften über die Verbindung unanwendbar,** wenn das fehlerhafte Produkt zugleich *verarbeitet* wurde.[211]

88 **bb) Vermischung.** Werden bewegliche Sachen miteinander derart vermischt oder vermengt, daß sie untrennbar werden oder nur mit unverhältnismäßigen Kosten getrennt werden können, so werden sie ebenfalls wesentliche Bestandteile einer neuen, einheitlichen Sache (§ 948 BGB). Für deren deliktischen Schutz gilt das zur Verbindung Gesagte *(Rz. 76ff.)* entsprechend. Anders als in den Verbindungsfällen hat sich die **Rechtsprechung** in den bisher entschiedenen Vermischungsfällen allerdings auf den Standpunkt gestellt, ein Eigentumsschutz scheitere daran, daß der Produktfehler bei Vermischung lediglich minderwertiges Eigentum entstehen lasse:

Im **Kalk-Fall**[212] verneinte schon das RG eine Eigentumsverletzung durch Vermengung salzhaltigen Kalks. Der Mörtel, zu dem der Kalk verarbeitet worden war, könne weder im ganzen noch in seinen Bestandteilen beschädigt worden sein, da dieses Material eine neue Sache geworden sei.

Der BGH schloß im **Lotsand-Fall**[213] eine Eigentumsverletzung aus, da durch die Vermischung des verunreinigten Sandes mit Kalk und Zement eine von vornherein mangelhafte Sache entstanden sei, der die Eignung als Außenputz fehlte.

---

[207] BGH NJW 1983, 812, 813 – Hebebühne; dazu auch Tönnies, PHI 1985, 41, 43.

[208] So (in einem obiter dictum) auch schon BGH NJW 1981, 2250 unter II 1 a. E. – Asbestzementplatten; s. auch BGH VersR 1972, 274f.; NJW 1979, 2148 – Kartonmaschine; anders OLG Oldenburg VersR 1986, 1006 – Blumentopfpaletten.

[209] Vgl. BGH NJW 1987, 1009 – Lenkerverkleidung. Hier geht es nicht um Zubehör i. S. des § 97 BGB, das stets eine selbständige Sache bleibt.

[210] Anders für das Miteigentum Plum, AcP 181 (1981), 68, 109. Die Anwendbarkeit von §§ 946ff. BGB auf Teil-Sachen, die im Alleineigentum des Verbindenden usw. stehen, ist nicht unumstritten.

[211] RGZ 161, 109, 113; Serick, BB 1973, 1405, 1406.

[212] RG JW 1905, 367f. Nr. 6.

[213] BGH NJW 1978, 1051 – Lotsand (Rz. 78).

89 In diesen Fällen kann eine Eigentumsverletzung auch nicht darin gesehen werden, daß die mit dem fehlerhaften Produkt vermischten *Materialien* durch die Vermischung unbrauchbar werden;[214] denn diese Unbrauchbarkeit beruht nicht auf dem Produktfehler, sondern auf der Vermischung als solcher. Die Vermischung aber erfolgt hier nicht durch den Hersteller und ist ihm auch nicht als Folge eines Irrtums über die Fehlerlosigkeit des Produkts zuzurechnen, da der Verbraucher ohne jenen Irrtum erst recht vermischt hätte. Demnach ist **keine Eigentumsverletzung** gegeben, wenn die mit dem Produkt vermischten Sachen ihre **individuelle Eignung durch den Vermischungsvorgang verlieren.** Das ist der Fall, wenn diese Eignung auch bei Vermischung mit einem fehlerfreien Produkt verloren gegangen wäre.

90 Dagegen ist eine **Eigentumsverletzung** anzunehmen, **soweit die vermischten Sachen ihre individuelle Eignung durch den Produktfehler verlieren.** Voraussetzung dafür ist, daß diese Eignung durch den Vermischungsvorgang als solchen, d.h. bei Vermischung mit einem fehlerfreien Produkt, nicht beeinträchtigt worden wäre. Ursache des Eignungsverlustes muß gerade der Produktfehler sein.

91 Dies ist einerseits der Fall, wenn der Produktfehler auf andere Mischsubstanzen „überspringt", also bei **Übertragung** des Produktfehlers auf diese – i.d.R. gleichartigen – Sachen.

Beispiele: Ein Fischzüchter vermengt seinen Forellenbestand mit 7 Zentnern Forellensetzlingen, die von einem Virus befallen sind, der auch den alten Bestand vernichtet.[215] Von der Papageienkrankheit befallene Wellensittiche verbreiten den Infekt weiter, als sie zu anderen Sittichen gesperrt werden.[216]

92 Erst recht ist eine Eigentumsverletzung bei **Zerstörung** anderer Mischmaterialien durch die fehlerhafte Substanz gegeben.

Beispiel: In den Tank eines Silofahrzeugs ist Branntkalk gelangt, der das (anschließend) eingefüllte Kalksteinmehl zersetzt.[217]

93 Eine Eigentumsverletzung liegt ferner vor, wenn andere Mischsubstanzen wegen ihrer **Durchsetzung** mit dem fehlerhaften Produkt beeinträchtigt werden.

Beispiele: Ein Weinimporteur füllt seinen Vorratstank gutgläubig mit einer Lieferung auf, die mit einem Frostschutzmittel versetzt war, und macht so den alten Weinbestand unverkäuflich. Ein Landwirt schüttet eine mangelhafte Lieferung von 12 Zentnern Kleesamen auf 38 Zentner eigener Ware.[218] In dem Tank eines Silofahrzeugs befinden sich 2 kg geschrotete Maiskörner, wodurch die Tankfüllung mit 17 t Feinkreide unbrauchbar wird; in diesem Fall bejahte das OLG Frankfurt, ohne auf die Qualität des neu entstandenen Eigentums an dem Kreide-Mais-Gemenge einzugehen, einen Deliktsanspruch auf Ersatz für die Kreide.[219] In einer Brotfabrik werden verseuchte Backadditive in das im Rührbottich bewegte Mehl gegeben: Durch den Produktfehler wird die Gebrauchsfähigkeit des Mehls beeinträchtigt, während sie durch ordnungsgemäße Additive jedenfalls nicht verschlechtert worden wäre (s. auch zu *Fn. 229).*[220]

94 **cc) Verarbeitung.** Wer durch Verarbeitung oder Umbildung eines Produkts (allein oder mit anderen Sachen) eine neue bewegliche Sache herstellt, erwirbt das Eigentum an dieser, wenn nicht der Wert der Verarbeitung bzw. Umbildung erheblich geringer ist als der Wert des Stoffes; als Verarbeitung gilt auch das Schreiben, Zeichnen, Malen, Drukken, Gravieren oder eine ähnliche Bearbeitung der Oberfläche (§ 950 I BGB). Gleichzeitig

---

214 Anders Möschel, JuS 1977, 1, 6; Wilts, VersR 1967, 817, 818; etwas anderes mag der „Frustrationsgedanke" ergeben (wird z.Z. monographisch untersucht).

215 Vgl. BGH VersR 1976, 930.

216 Vgl. OLG Düsseldorf NJW 1975, 453.

217 BGH VersR 1969, 726.

218 RGZ 53, 89 (zu § 463 BGB).

219 OLG Frankfurt VersR 1969, 1121, 1122.

220 Im Ergebnis ebenso Plum, AcP 181 (1981), 68, 111.

erlöschen die an dem verarbeiteten Stoff (Ausgangsprodukt) bestehenden Rechte (§ 950 II BGB).

95 Diese Vorschriften sind für den Warenhersteller, namentlich für die Zulieferindustrie, von **erheblicher Bedeutung.** Denn ein Großteil der Industrieprodukte bedarf weiterer Verarbeitung oder wird doch weiter verarbeitet mit der Folge, daß bei Verwendung eines fehlerhaften Produkts ggf. eine von vornherein mangelhafte Sache entsteht, wenn nicht der Produktwert erheblich höher ist als der Wert der durch die Verarbeitung geschaffenen Sache;[221] erheblich höher ist er nur dann, wenn das Verhältnis Produktwert : Neuwert über 60 : 40 hinausgeht,[222] was bei einem *fehlerhaften* Produkt nicht oft der Fall sein wird.

An dieser Rechtslage ändert sich nach h. M. nichts, wenn der Verarbeiter schon/noch Eigentum an dem Ausgangsprodukt hat. Insoweit ist also auch eine Herstellerklausel, mit der vereinbart wird, wer – abweichend von § 950 BGB – in welchem Umfang als Verarbeiter gelten soll, ohne Bedeutung.

96 Zu der deliktsrechtlichen **Haftung** bei Verarbeitung mangelhafter Sachen hat der BGH im Lotsand-Fall[223] *(Rz. 78)* Stellung genommen. Die Frage, ob eine Eigentumsverletzung darin lag, daß durch die Verarbeitung des verunreinigten Sandes zu Außenputz die mitverarbeiteten Baustoffe (Kalk, Zement) wertlos wurden, verneinte er, da das Eigentum an diesen Stoffen u. a. durch Verarbeitung untergegangen sei, während das Eigentum an dem Außenputz von vornherein mangelhaft gewesen sei. In der Tat wird das Eigentum an der verarbeiteten Sache regelmäßig nur durch die Verarbeitung beeinträchtigt und nicht durch den Produktfehler. Im Umfang des Produktfehlers scheidet auch eine Beschädigung der neu entstehenden Sache aus, da diese von Anfang an mangelhaft ist.[224] Möglich bleibt aber eine **Beschädigung der neuen Sache, soweit dieser Schaden über den Produktmangel hinausgeht,** der sich auf die neue Sache übertrug. Dies gilt nach gefestigter Rechtsprechung in den Verbindungsfällen *(Rz. 83)*; es besteht kein Grund, Verarbeitungsfälle anders zu behandeln. Ist ein solcher zusätzlicher Schaden feststellbar, so liegt eine Eigentumsverletzung auch dann vor, wenn der betroffene Bestandteil erst durch eine Verarbeitung entstand, die der des Produkts zeitlich nachfolgte.[225] Ein über den ursprünglichen Produktfehler hinausgehender Schaden ergibt sich als Differenz von Endschaden und dem in der neuen Sache verkörperten Mangelunwert; dieser ist der objektive Verkehrswert der neu entstandenen Sache. Zum Haftungsumfang folgende **Beispiele:**

97 **Keine Eigentumsverletzung**

Unbrauchbare Noppen werden in Garne eingesponnen und entwerten das gesamte Material.[226] Hier ist nach der Entstehung der neuen Sache kein weiterer Schaden (Folgeschaden) eingetreten.

Untauglicher Leim läßt Möbelstücke nach ca. einem Jahr so aus den Fugen gehen, daß die Teile mit besserem Leim wieder zusammengefügt werden könnten.[227] – Nach der Rechtsprechung wäre eine Eigentumsverletzung wohl auch dann zu verneinen, wenn die frisch verleimten Stücke noch einen höheren Wert hatten als nach dem Auseinanderfallen; denn der Mangel an Klebkraft soll nur das Gebrauchsinteresse des Möbelkäufers berühren und im Vertragsrecht abschließend geregelt sein (vgl. *Rz. 68)*.

Das gleiche gilt, wenn wegen Untauglichkeit eines Klebers Schuhe wieder in ihre Einzelteile zerfallen.[228] Wurden zusätzlich die Lederstücke an ihrer Klebseite beschädigt, so begründet auch dies keine Eigentumsverletzung, wenn es auf der Verarbeitung als solcher beruht, wenn also auch ein tauglicher Kleber die Leder-Bestandteile angegriffen hätte.

---

[221] Vgl. BGHZ 18, 226, 228; BGH NJW 1971, 1175f.
[222] BGH WM 1972, 188, 189; MünchKomm/Quack, § 950 Rz. 18.
[223] BGH NJW 1978, 1051 – Lotsand; ebenso RG JW 1905, 367f. Nr. 6.
[224] OLG München NJW 1977, 438.
[225] Zu der insoweit unklaren Rechtsprechung in den Verbindungsfällen vgl. die Nachw. zu Rz. 77ff.
[226] Fall nach BGH WM 1970, 1400, 1401; anders Schlechtriem, VersR 1973, 581, 589.
[227] Im Ergebnis ebenso Plum, AcP 181 (1981), 69, 113.
[228] Im Ergebnis anders Schlechtriem, VersR 1973, 581, 589.

In einer Brotfabrik verhindert die Verarbeitung untauglicher Backadditive das Aufgehen des Teiges. Auch hier ist ein über den Mangelunwert hinausgehender Schaden nicht ersichtlich.[229] Hätte der mißlungene Teig durch Zugabe geeigneter Backadditive noch verwertbar gemacht werden können, ist dies infolge des Backvorgangs aber endgültig ausgeschlossen, so liegt auch darin kein Schaden, der auf den Produkt*fehler* zurückgeht.

Mangelhaftes Lötzinn verbindet die Elektroden auf einer Platine nur lückenhaft, so daß der gesamte Funktionsteil ausfällt.

Kabelmäntel, die unter Verwendung von Feinkreide hergestellt werden, sind schadhaft, weil die Kreide durch Hühnerfutter verunreinigt war. Ersetzbar sind allerdings *Folge*schäden der Eigentumsverletzung an der Kreide *(Rz. 93)*.[230]

Eigentumsverletzung 98

Ein untauglicher Kleber läßt nicht nur Schuhe wieder in ihre Einzelteile zerfallen, sondern beschädigt durch seine Aggressivität, die auf fehlerhafter Zusammensetzung beruht, auch die Lederstücke auf ihrer Klebseite.

Eine Möbelpolitur beschädigt, nachdem sie aufgetragen ist, das Holz.[231]

Eine Außenfarbe ist wegen Luftundurchlässigkeit für bestimmte Holzarten ungeeignet und führt daher zur Fäulnis von Fensterrahmen.

Dichtungsmaterial verursacht durch aggressive Substanzen Verfärbungen des Bauwerks.[232]

Weil wegen mangelhaften Lötzinns ein elektronisches Steuerungselement versagt, kommt es noch bei dessen Hersteller in einem anderen Bereich desselben Geräts durch Überhitzung zu einem Brand, der das ganze Gerät zerstört.

Asphaltböden werfen Blasen, weil das bei ihrer Herstellung verwendete Kalksteinmehl verunreinigt war.[233]

Der Hersteller von Ölentfettungsanlagen verarbeitet u. a. Schwimmerschalter eines Zulieferers, die dafür sorgen sollen, daß die Heizdrähte der Anlage bei Verdunstung der Lösungssubstanz abgeschaltet werden. Bei einem Probelauf versagt ein solcher Schalter; ein durch Überhitzung ausgelöster Brand zerstört die ganze Anlage.

dd) Einfache Hinzufügung, Aufbringung. Vielfach bringt der Verbraucher das fehler- 99
hafte Produkt mit anderen, ihm gehörenden Sachen in Berührung, ohne daß es zu einer Verbindung, Vermischung oder Verarbeitung kommt: Aus einer defekten Flasche läuft Möbelpolitur auf ein Möbelstück, das durch die intensive Einwirkung beschädigt wird; ein für den Verwendungszweck ungeeignetes (und insoweit fehlerhaftes), aber kostbares Produkt bleibt trotz seiner Verarbeitung eine selbständige Sache, da es erheblich wertvoller als der (fehlgeschlagene) Verarbeitungserfolg ist (vgl. § 950 BGB; *Rz. 95*). In derartigen Fällen ist die Eigentumsverletzung unproblematisch.

Das gilt zunächst für Schäden, die durch **Hinzufügung** fehlerhafter Waren zu anderen, 100
oft gleichen oder ähnlichen Sachen des Eigentümers entstehen. So wird unzweifelhaft das Eigentum an einem Forellenbestand verletzt, der durch Anreicherung mit besonders kenntlichen Regenbogenforellen, die von einem Virus befallen sind, vernichtet wird.[234] Das gilt auch, wenn der Wurmbefall einer Holzlieferung auf andere Lagerbestände übergreift, mögen sie älteren oder jüngeren Datums sein.

Die **Aufbringung** eines Produkts erfolgt in der Regel durch Verbindung mit dem 101
Trägerstoff oder durch Verarbeitung. Der Trägerstoff kann aber auch bei anderweitigem Gebrauch des fehlerhaften Produkts, etwa bei chemischer Behandlung,[235] Druck, Erschütterung oder Erhitzung, beschädigt werden. Eine derartige Substanzverletzung setzt übrigens nicht etwa voraus, daß sie auch durch Abschleif-, Abbeiz- oder andere Neutralisie-

---

229 Anders MünchKomm/Mertens, § 823 Rz. 79b.

230 OLG Frankfurt VersR 1969, 1121.

231 LG Köln MDR 1966, 926; a. A. Plum, AcP 181 (1981), 68, 112.

232 Vgl. BGH BB 1971, 287 (Sachmängelgewährleistung).

233 BGH VersR 1969, 726.

234 BGH WM 1985, 1145, 1147 unter III 3.

235 Vgl. BGH NJW 1976, 1505 (aggressives Kühlerfrostschutzmittel); dazu auch OLG Hamm, Urt. v. 8. 6. 1977, Schmidt-Salzer, Entscheidungssammlung II, II 59.

rungsmaßnahmen nicht rückgängig zu machen ist;[236] solche Maßnahmen wären bereits auf Wiederherstellung des ursprünglichen Zustandes gerichtet und damit Schadensersatz.

VI. Sonstige Rechte

102 Zum Schadensersatz verpflichtet auch die Verletzung sonstiger Rechte. Hierbei muß es sich jedoch um absolute Rechte handeln. Zu ihnen gehören **nicht Forderungsrechte;**[237] daher besteht keine deliktische Haftung gegenüber Personen, die lediglich einen ungesicherten schuldrechtlichen Anspruch auf Verschaffung oder Gebrauch der beschädigten Sache haben. Zu dem **Vermögen** als solchem s. *Rz. 112.* Schutz genießen vor allem die nachstehenden Rechte.

1. Dingliche Rechte

103 Als dingliche Rechte sind namentlich **vertragliche Pfandrechte** an beweglichen Sachen, **Grundpfandrechte, Grunddienstbarkeiten** und der **Nießbrauch** geschützt, **gesetzliche Pfandrechte** einschl. des Pfändungspfandrechts jedenfalls bei Besitzentziehung.

104 Zu den dinglichen Rechten gehören auch **Anwartschaftsrechte.** Ein Anwartschaftsrecht entsteht für denjenigen, zu dessen Gunsten von einem mehraktigen Erwerbstatbestand so viele Voraussetzungen erfüllt sind, daß seine Position nicht mehr gegen seinen Willen zerstört werden kann. Das ist bei einem Kauf unter Eigentumsvorbehalt der Fall, wenn die Kaufsache dem Käufer übergeben wurde, beim Kauf eines (Haus-)Grundstücks jedenfalls dann, wenn der Erwerber einen wirksamen Eintragungsantrag beim Grundbuchamt gestellt hat. Demnach kann beispielsweise auch der Käufer eines noch unter Eigentumsvorbehalt stehenden Pkw Ansprüche aus unerlaubter Handlung haben, wenn der Wagen vor Zahlung der ausstehenden Kaufpreisraten beschädigt wird.[238]

105 Das **Verhältnis der Ansprüche von Eigentümer und dinglich Berechtigtem** hängt vom Einzelfall ab. Der Ersatzpflichtige sollte, wenn er Schutzgüter verschiedener Personen verletzt hat, an diese vorsichtshalber nur gemeinschaftlich leisten bzw. hinterlegen (vgl. § 1281 BGB).

2. Besitz

106 Ein Besitzer, der durch die Zerstörung oder Beschädigung der Sache beeinträchtigt ist, wird jedenfalls dann geschützt, wenn er ein **Recht zum Besitz** hat, also z. B. als Käufer,[239] Mieter,[240] Pächter und Leasingnehmer;[241] das gilt auch für den Käufer eines Hausgrundstücks.[242] Der Werkunternehmer hat ein Recht zum Besitz an dem von ihm bearbeiteten Werkstück; er kann daher Ersatz für zumindest den Schaden verlangen, der ihm daraus entsteht, daß wegen externer Beschädigung des Werkstücks erforderliche Mehraufwendungen (Reparaturen) bis zur Abnahme nicht von dem Besteller, sondern von ihm zu tragen sind (vgl. §§ 631, 275 BGB).[243]

---

[236] Unrichtig Plum, AcP 181 (1981), 68, 113.

[237] RGZ 57, 353, 355ff.; 95, 283, 284f.; BGHZ 12, 308, 317; zu Einzelheiten Soergel/Zeuner, § 823 Rz. 43.

[238] RGZ 170, 1, 6; OLG Celle NJW 1960, 967.

[239] RGZ 170, 1, 7.

[240] BGH NJW 1981, 750, 751.

[241] BGH VersR 1976, 943, 944; VersR 1977, 227f.; AG Schorndorf DAR 1987, 123.

[242] BGH VersR 1957, 304 – Betonbalken; a. A. MünchKomm/Mertens, § 823 Rz. 123.

[243] BGH NJW 1984, 2569, 2570; dagegen mit beachtlichen Argumenten Richter, NJW 1985, 1450f.

Beispiel: Ein Baukran knickt wegen einer schlecht verschweißten Strebe ein; der Ausleger stürzt auf den fertigen, aber vom Bauherrn noch nicht abgenommenen Dachstuhl. Hier ist dem Grundstückseigentümer letztlich kein Schaden entstanden, da der Bauunternehmer zu der Werkleistung, den Dachstuhl zu errichten, verpflichtet (und ohne zwischenzeitlichen Konkurs o. ä. auch imstande) bleibt. Der Bauunternehmer kann sich nach § 823 I BGB an dem Kranhersteller schadlos halten (problematisch).

Ob auch der bloße Besitz – die **tatsächliche Sachherrschaft** – mit der Folge einer Produkthaftpflicht verletzt werden kann, hängt von dem Schaden des Besitzers ab. Schäden wegen entgangener *Nutzungen* kann der Besitzer in der Regel nicht geltend machen, da er ohnehin verpflichtet war, die Nutzungsmöglichkeit dem Berechtigten einzuräumen.[244] Soweit dem Besitzer ein *Verwendungsschaden* entstanden ist, da er wegen seiner Verwendungen auf die Sache ohne deren Beschädigung ein besseres Recht gehabt hätte (z. B. auf Ersatz, Wegnahme, Zurückbehaltung, Verwertung), erhält er auch deliktischen Schutz.[245] Das gilt erst recht für *Haftungsschäden,* nämlich dann, wenn der Besitzer für die Verschlechterung der Sache durch den Dritten selber einzustehen hat. 107

Beispiel: Ein Dieb stellt das von ihm entwendete Kraftfahrzeug am Straßenrand ab, wo es von einem Wagen beschädigt wird, dessen Gaszug wegen eines Konstruktionsfehlers nicht rechtzeitig zurückfedert. Für den Bestohlenen kann es sinnvoller sein, statt des Herstellers den Dieb zu verklagen; denn dieser haftet auch für Zufallsschäden (§§ 992, 823, 848 BGB). Hier sollte der Dieb – und jeder anderweitig Ersatzpflichtige – auch aus eigenem Recht gegen den Produzenten vorgehen können.

Der **Umfang** eines auf Besitzverletzung gestützten Ersatzanspruchs wird allerdings generell durch das berechtigte Interesse des Besitzers an einer Ersatzleistung bestimmt.[246] 108

3. Eingerichteter und ausgeübter Gewerbebetrieb

Wird in einen eingerichteten und ausgeübten Gewerbebetrieb eingegriffen, so besteht nach der Rechtsprechung – in engen Grenzen – auch ein besonderer Unternehmensschutz kraft Deliktsrechts. Dabei handelt es sich allerdings um einen Auffangtatbestand; denn in vielen Fällen werden Schäden, die in Unternehmen entstehen, Folge einer Eigentumsverletzung sein, welche ohnehin eine Haftung begründet. Ein Bedürfnis nach einer Haftungserweiterung entsteht daher erst, wenn Schäden eintreten, weil der Produktfehler auf Sachen Dritter einwirkt oder die Einwirkung auf eine Sache des Gewerbetreibenden keine Eigentumsverletzung darstellt. 109

Beispiele: Ein Lkw gerät wegen eines Konstruktionsfehlers seines Gaszuges außer Kontrolle und fährt gegen einen Stromleitungsmasten; wegen der Stromunterbrechung fällt im nahen Aluminiumwerk die Produktion für zwei Tage aus. Bei einem Getränkehersteller versagt die fremdbezogene Abfüllanlage; erst nach einwöchiger Suche stellt sich heraus, daß ein Relaisanschluß unfachmännisch verkabelt worden war: Durch diese Pflichtwidrigkeit wurde das Eigentum an der Abfüllanlage nicht verletzt *(Rz. 14)*; ein Eingriff in die übrigen Vorrichtungen fehlt erst recht.

Erleidet der Gewerbetreibende dadurch Schäden, so werden diese als bloße Vermögensschäden grundsätzlich ebensowenig ersetzt wie jedem anderen Bürger.[247] Etwas anderes gilt nach der Rechtsprechung aber für **unmittelbare Eingriffe in den gewerblichen Tätigkeitskreis;** sie müssen, wie der BGH formuliert, **betriebsbezogen** sein und nicht nur solche Rechtsgüter oder Rechte betreffen, die vom Gewerbebetrieb ohne weiteres ablösbar sind.[248] In Betracht kommen nur solche **Beeinträchtigungen, die den Betrieb in seinen Grundlagen bedrohen oder gerade den Funktionszusammenhang der Betriebs-** 110

---

[244] Vgl. MünchKomm/Mertens, § 823 Rz. 125.
[245] MünchKomm/Mertens, § 823 Rz. 124.
[246] Soergel/Zeuner, § 823 Rz. 53.
[247] BGH NJW 1977, 2264, 2265.
[248] BGH NJW 1959, 479, 480ff.; NJW 1977, 1875, 1877; NJW 1983, 812, 813 – Hebebühne.

mittel auf längere Zeit aufheben.[249] Betriebsbezogen sind ferner vorsätzliche Eingriffe, die das Unternehmen als Ganzes treffen sollen, auch wenn sie objektiv nur ein an sich selbständiges Rechtsgut beeinträchtigen.[250] Im übrigen sind die Anforderungen der Rechtsprechung an Art und Tragweite des Eingriffs uneinheitlich.

111 In dem Fall, daß bei Baggerarbeiten das **Starkstromkabel** eines Elektrizitätswerks zerrissen wurde, hat der BGH einen betriebsbezogenen Eingriff zu Lasten der gestörten Fabrik verneint: daß gerade diese Fabrik über das beschädigte Stromkabel beliefert worden sei, sei gleichsam Zufall; die Stromversorgung sei für einen eingerichteten und ausgeübten Gewerbebetrieb zudem nicht wesenseigentümlich, sondern erfolge auch an beliebige andere.[251] Auch die wegen Brandgefahr angeordnete, *vorübergehende* **Sperrung einer öffentlichen Zufahrtstraße** zum Gewerbebetrieb hat der BGH nicht als erheblichen Eingriff angesehen; eine derartige Beeinträchtigung des Gemeingebrauchs müsse von jedem Benutzer öffentlicher Straßen als schicksalhaft ersatzlos hingenommen werden.[252] In dem von dem OLG München entschiedenen **Sauna-Fall**[253] wurde dagegen eine Verletzung bejaht; hier war eine Sauna **infolge unsachgemäßer Wartung durch Feuer** zerstört worden, so daß auch eine angeschlossene Massagepraxis und ein Getränkevertrieb ihren Betrieb einstellen mußten. An der Betriebsbezogenheit fehlt es jedenfalls, wenn nur **einzelne Betriebsangehörige**[254] – einschl. des **Geschäftsführers**[255] –, ein **Betriebsfahrzeug,**[256] eine einzelne **Maschine** oder ein sonstiges **Gerät** betroffen sind und der Gewerbebetrieb hierdurch weder zum Erliegen gebracht noch in seiner Substanz ernstlich beeinträchtigt wird.[257] Ein Ersatzanspruch ist daher auch im Hebebühnen-Fall[258] verneint worden, wo ein Nutzungsausfallschaden dadurch entstand, daß die **Hebebühne** einer Kfz-Reparaturwerkstatt wegen eines Konstruktionsfehlers auf Dauer nicht gefahrlos benutzt werden konnte. Die Beschädigung oder Beschmutzung einzelner **Waren** beeinträchtigt ein Unternehmen ebenfalls nicht in seiner Grundlage; anders kann es sein, wenn – etwa durch rücksichtslose Bauarbeiten – der überwiegende **Warenbestand** unbrauchbar wird.[259] Betriebsbezogen ist auch die Lieferung verdorbener **Fertiggerichte** an ein Restaurant, dessen Existenz durch das Ausbleiben der Gäste gefährdet wird, nicht aber schon bei bloßer Rufschädigung.[260]

4. Kein Vermögensschutz

112 Das Vermögen als solches ist kein sonstiges Recht i. S. des § 823 I BGB.[261] An diesem Ergebnis vermag auch die Entwicklung besonderer Verkehrspflichten zum Schutze allgemeiner Vermögensinteressen nichts zu ändern.[262] Vermögensschäden werden nach Deliktsrecht lediglich unter den Voraussetzungen der §§ 823 II, 826 BGB ersetzt. Sind diese

---

[249] BGH NJW 1983, 812, 813 – Hebebühne.
[250] BGHZ 59, 30, 35; BGH NJW 1977, 1875, 1877f.; 1969, 1207, 1208.
[251] BGH NJW 1959, 479; a. A. Glückert, AcP 166 (1966), 311, 317ff.; Neumann-Duesberg, NJW 1968, 1990, 1992.
[252] BGH NJW 1977, 2264, 2265; BGHZ 86, 152, 156ff.; s. aber BGH VersR 1961, 831.
[253] OLG München VersR 1977, 1111.
[254] BGH NJW 1952, 1249.
[255] OLG Celle BB 1960, 117f.; BGH LM § 823 (Da) Nr. 4.
[256] BGH NJW 1959, 479, 481.
[257] BGH NJW 1983, 812, 813 – Hebebühne; RGRK/Steffen, § 823 Rz. 44.
[258] BGH NJW 1983, 812, 813 – Hebebühne.
[259] Vgl. BGH VersR 1961, 831, 832; Staudinger/Schäfer, § 823 Rz. 164; s. auch RG WarnR 1940 Nr. 97.
[260] Vgl. G. Hager, AcP 184 (1984), 413, 426.
[261] RGZ 95, 173, 174; BGHZ 27, 137, 140; BGH NJW 1978, 2031, 2032; BGH NJW 1983, 812, 813 – Hebebühne.
[262] Soergel/Zeuner, § 823 Rz. 41 m. Nachw.

Vorschriften unanwendbar und auch keine vertraglichen Ansprüche gegeben, so werden daher **nicht ersetzt**
- Schäden am gelieferten Produkt (zur Eigentumsverletzung s. aber *Rz. 39ff.*),
- Verdienstausfälle und Belastungen mit Schadensersatzpflichten wegen fehlender Betriebsbereitschaft des Produkts,
- Verdienstausfälle und Belastungen mit Schadensersatzansprüchen wegen Verletzung der Rechtsgüter Dritter, Belastungen mit Schadensersatzpflichten wegen Weitergabe oder Verarbeitung des fehlerhaften Produkts,
- Aufwendungen für Warn- oder Rückrufaktionen wegen Weitergabe oder Verarbeitung des fehlerhaften Produkts (s. aber *§ 42 Rz. 62ff.*).

Beispiele: Ein Geschäftsmann wird im Lift, der mit unzuverlässiger Regelungstechnik ausgestattet ist, fünf Minuten lang aufgehalten, wodurch er das Flugzeug und die Geschäftsgelegenheit versäumt. In einer Kfz-Reparaturwerkstatt kann die Hebebühne monatelang nicht genutzt werden, weil wegen eines Konstruktionsfehlers die Gefahr besteht, daß sie plötzlich zusammensackt.[263] Durch cin unsicheres Haushaltsgerät wird der Zeichner eines Konstruktionsbüros arbeitsunfähig, das deshalb mit einem Auftrag in Verzug gerät und eine Konventionalstrafe zu zahlen hat.

§ 22. Rechtsgutsverletzung

Für eine Verletzung des Rechtsgutes ist der Schädiger nur verantwortlich, wenn sie auf sein zurechenbares Verhalten zurückgeht. 1

I. Haftungsbegründendes Verhalten

1. Handlungen und Unterlassungen

Gerade im Bereich der Produkthaftung ist das unerlaubte Verhalten nicht leicht zu erfassen. Soll der Hersteller eines fehlerhaften Produkts zur Verantwortung gezogen werden, so liegt es zunächst nahe, an die **Handlung** anzuknüpfen, mit welcher die fehlerhafte Ware „in den Verkehr" gegeben wurde.[1] Regelmäßig hat der Hersteller als Unternehmer mit Absatz und Verteilung seiner Waren selber aber nichts zu tun; dafür sind vielmehr die Mitarbeiter der Abteilung Verkauf bzw. Warenausgang zuständig, allenfalls noch das mit der abschließenden Qualitätskontrolle befaßte Personal. Der Unternehmer selbst hat natürlich die Konstruktion, Herstellung und Auslieferung des Produkts durch die Bereitstellung der Produktionsmittel und die Anweisung seiner Mitarbeiter überhaupt erst veranlaßt. Jedoch werden unternehmerische Aktivitäten zur Herstellung von Produkten, die grundsätzlich zugelassen und oft sogar von erheblichem sozialen Nutzen sind, kaum einmal als rechtswidrig zu bezeichnen sein. Gleiches gilt für die Handlungen von Mitarbeitern, die das fehlerhafte Produkt schließlich in Verkehr bringen; sofern diesen nämlich nicht gerade die Qualitätskontrolle obliegt oder zumindest möglich ist, läßt sich die bloße Weiterleitung des Produkts nicht als unerlaubt und rechtswidrig ansehen. Nach allem ist das Inverkehrbringen der Ware kein geeigneter Anknüpfungspunkt für das Deliktsrecht.[2] 2

Der Vorwurf, der wegen der Fehlerhaftigkeit der Ware erhoben wird, richtet sich häufig überhaupt weniger gegen eine Handlung des Unternehmers oder seiner Mitarbeiter. Ist das gesamte Herstellungsverfahren nämlich optimal organisiert und versagt trotz guter Auswahl der Mitarbeiter z.B. das Personal der Endkontrolle infolge zeitweiser Unaufmerksamkeit, so kann schwer von einem Handlungsunrecht gesprochen werden. 3

---

[263] BGH NJW 1983, 812, 813 – Hebebühne (dazu kritisch Rz. 35).
[1] Vgl. BGH VersR 1956, 419, 420 – Dreschmaschine; VersR 1960, 855, 856 – Kondenstopf.
[2] Köhler, BB 1985 Beil. 4, S. 10; Lieb, JZ 1976, 526ff.

Das gilt erst recht, wenn das Produkt sich in technisch perfektem Zustand befindet, jedoch unvermeidbar unter bestimmten, möglicherweise fernliegenden Umständen Schäden anrichten kann, vor denen der Hersteller nicht deutlich genug gewarnt hat.[3] In solchen Fällen ist dem Hersteller bzw. seinen Mitarbeitern eher ein **Unterlassen** vorzuwerfen.

2. Verkehrspflichtverletzung

4 Eine klare Unterscheidung[4] von Handlung und Unterlassung gelingt allerdings – zumal bei Fahrlässigkeitsdelikten – nur selten.[5] Gerade im Produktionsverfahren lassen die betriebliche Arbeitsteilung sowie die Verschachtelung von Herstellungs- und Kontrollmechanismen die Grenzen der Verhaltensformen verschwimmen. Ist z. B. eine Kontrollperson, welche die Füllhöhe von Mineralwasserflaschen zu prüfen hat, wegen der Fließbandgeschwindigkeit oder wegen unzureichender Erholungspausen überfordert,[6] so kann dem Unternehmer entweder diese Überlastung der Kontrollperson (Handeln), die Kürze bzw. Seltenheit der Erholungspausen (Handeln/Unterlassen) oder die unterbliebene Einrichtung eines weiteren Kontrollplatzes (Unterlassen) vorgeworfen werden. Hier darf die rechtliche Bewertung seines Verhaltens aber nicht davon abhängen, auf welches Fragment der betrieblichen Leitung abgestellt wird. Der Unterschied von Tun und Unterlassen verliert ohnehin seine Bedeutung, wenn feststeht, daß das Verhalten im Ergebnis pflichtwidrig war; denn dann bestand, falls (nur) unterlassen wurde, jedenfalls eine Pflicht zum Handeln. Pflichtwidrig – und damit rechtswidrig – sind Verhaltensweisen, die im Bereich der Produkthaftung eine Rolle spielen, regelmäßig[7] nur, wenn sie gegen eine Verkehrspflicht verstoßen.[8] Zweckmäßigerweise ist demnach schon als Verletzungshandlung i. S. des § 823 I BGB nicht das Verhalten anzusehen, das der Verkehrspflicht im Einzelfall zuwiderläuft, sondern der **Verstoß gegen die Verkehrspflicht** als solche.[9]

II. Haftungsbegründende Kausalität

1. Allgemeines

5 Die Ursächlichkeit des rechtswidrigen Verhaltens – der Verkehrspflichtverletzung – für die Rechtsgutsverletzung wird auch als haftungsbegründende Kausalität bezeichnet. Dieser wird die Verursachung des Schadens als haftungsausfüllende Kausalität gegenübergestellt *(§ 29 Rz. 7ff.)*.

6 Die Feststellung der haftungsbegründenden Kausalität ist selbstverständliche Voraussetzung jeder deliktsrechtlichen Haftung. Dabei schließt die **Äquivalenztheorie** (Bedingungstheorie) eine Zurechnung solcher Folgen aus, die in keinem naturwissenschaftlichen Zusammenhang zum rechtswidrigen Verhalten stehen. Nach ihr ist ein Pflichtverstoß nur, aber auch schon dann kausal, wenn er nicht hinweggedacht werden kann, ohne daß die Rechtsgutsverletzung entfiele; ein solcher Pflichtverstoß ist die „conditio sine qua non" der Rechtsgutsverletzung. Während die Äquivalenztheorie das Strafrecht beherrscht,[10] wurde die Zurechnung aller naturwissenschaftlich belegbaren Folgen im Zivilrecht als zu weitgehend empfunden. Hier folgt insbesondere die Rechtsprechung der **Adäquanztheorie;** nach dieser ist ein Verhalten nur dann zurechenbar, wenn es *im allgemeinen* und nicht nur unter besonders eigenartigen, ganz unwahrscheinlichen und nach

[3] Vgl. BGH NJW 1972, 2217 – ESTIL.
[4] Zu ihr v. Bar, Verkehrspflichten, S. 67ff.; Deutsch, Haftungsrecht, S. 131ff.
[5] MünchKomm/Mertens, § 823 Rz. 18 m. weit. Nachw. in FN 17.
[6] Vgl. LG Hanau VersR 1955, 785f. – Mineralwasserflasche I.
[7] und zwar selbst bei bewußter „Inkaufnahme" eines bestimmten (noch zulässigen) Risikos bzw. seiner Opfer (vgl. § 24 Rz. 126)
[8] Im einzelnen § 23 Rz. 1ff.
[9] Ebenso Rebe, JuS 1974, 429, 432; offenbar auch BGH NJW 1981, 1606, 1607 – Benomyl.
[10] Vgl. BGHSt 1, 323; 2, 20, 24.

dem regelmäßigen Verlauf der Dinge außer Betracht zu lassenden Umständen *zur Herbeiführung eines Erfolges geeignet* war.[11] Entscheidend ist also, ob ein besonders erfahrener und äußerst sorgfältiger Beobachter mit der Möglichkeit des eingetretenen Kausalverlaufs gerechnet hätte.[12] In neueren Entscheidungen hat der BGH offengelassen, ob an der Adäquanztheorie (nicht nur für die haftungsausfüllende, sondern) auch im Rahmen der haftungsbegründenden Kausalität festzuhalten ist.[13] Im Ergebnis ist die mit dem Adäquanzgedanken bezweckte Begrenzung der Zurechnung u. a. mit dem Kriterium des Verschuldens *(§ 28 Rz. 1ff.)* zu erreichen. Umgekehrt ist eine Haftung für fehlerhafte Produkte bisher wohl noch nie an fehlender Adäquanz der Rechtsgutsverletzung gescheitert. In der Praxis ist der Thorienstreit damit ohne größere Bedeutung.

2. Kumulative und alternative Kausalität

Ein Sonderfall der Verursachung ist die **kumulative Kausalität,** insbesondere die Ursächlichkeit mehrerer Produkte verschiedener Hersteller; hier sind vor allem folgende Fallgruppen zu unterscheiden: 7

– Mehrere Hersteller geben fehlerhafte Produkte – z. B. schädliche Arzneimittel – in Verkehr und verkennen pflichtwidrig die Schädlichkeit; der Verletzte gebrauchte beide Produkte so, daß er *durch jedes* von ihnen geschädigt wurde. Hier haften alle **Nebentäter** als Gesamtschuldner (§ 840 I BGB; *§ 42 Rz. 3ff.*).[14] 8

– Ein Produktfehler ist sowohl dem Zulieferer als auch dem Endhersteller als Verkehrspflichtverletzung vorzuwerfen; auch hier haften beide Unternehmer als **Nebentäter.**[15] 9

– Zulieferer und Endhersteller bringen ihr Teil- bzw. Endprodukt in Kenntnis seiner Gefährlichkeit in Verkehr und nehmen *gemeinsam* in Kauf, daß es gelegentlich zu Schäden führt; beide Hersteller haften als **Mittäter** und Gesamtschuldner (§§ 830 I 1, 840 I BGB; *§ 42 Rz. 7f.*). 10

Kommt im Rahmen haftungsbegründender Ursächlichkeit auch eine **alternative Kausalität** in Betracht, so kann der Geschädigte nur selten Ersatz verlangen: 11

– Mehrere Hersteller geben fehlerhafte Produkte – z. B. schädliche Arzneimittel – in Verkehr und verkennen pflichtwidrig die Schädlichkeit; der Verletzte verbrauchte Produkte von H_1 und H_2, wurde aber, wie Laboruntersuchungen ergeben, nur durch eines dieser Produkte geschädigt, ohne daß dessen Hersteller ermittelt werden kann. Hier haften H_1 und H_2 als **„Beteiligte"** und Gesamtschuldner (§§ 830 I 2, 840 I BGB; *§ 42 Rz. 12ff.*). 12

– Ein Hersteller setzt die Produktion schädlicher Waren fort, obwohl ihm der Produktfehler ab 1985 erkennbar war. Im Jahre 1986 wird festgestellt, daß das Produkt einen Verbraucher, der es seit 1984 benutzt, verletzt hat, ohne daß der Zeitpunkt der Verletzung ermittelt werden kann. Hier ist nicht festzustellen, daß die Rechtsgutsverletzung gerade auf dem Verstoß gegen die Verkehrspflicht beruht. Die Schadensersatzklage des Verletzten ist daher abzuweisen, sofern nicht die Beweislast dem Produzenten auferlegt wird (näher *§ 42 Rz. 19ff.*). 13

– Ein Kraftfahrer erleidet einen Unfall, als er mit seinem Pkw von der Fahrbahn abkommt; es läßt sich nicht feststellen, ob dies auf fehlerhaftem Fahrverhalten oder auf einem Fabrikationsfehler der Bremsanlage beruht.[16] Auch hier bleibt die haftungsbegründende Kausalität, letztlich sogar der Produktfehler selbst offen. 14

---

[11] BGH VersR 1952, 357 – Rungenverschluß; VersR 1966, 368; 1967, 580. OLG Karlsruhe, Urt. v. 27. 6. 1958, Schmidt-Salzer, Entscheidungssammlung II, II 23, S. 296, 298 – Klebstoff.

[12] Soergel/Mertens, Vor § 249 Rz. 120.

[13] BGH VersR 1971, 964; VersR 1980, 87, 88; s. auch BGH VersR 1981, 676; Weber, VersR 1988, 986, 987: für Ersetzung der Adäquanztheorie durch **Schutzzweck.**

[14] BGH VersR 1964, 243.

[15] Vgl. § 42 Rz. 10f.; zur Haftung für Zubehörprodukte BGH NJW 1987, 1009, 1011 – Lenkerverkleidung.

[16] Fall nach BGH VersR 1971, 80 – Bremsen III; zum Problem § 30 Rz. 34ff.

3. Hypothetische Kausalität

15 Die Ursächlichkeit ist auch dann in Frage gestellt, wenn die verzeichnete Rechtsgutsverletzung aufgrund eines anderen Ereignisses – der sog. Reserveursache – ohnehin eingetreten wäre; hier spricht man von hypothetischer (oder umgekehrt: überholender) Kausalität. Ihre rechtliche Behandlung ist bis heute umstritten.[17] Die Rechtsprechung berücksichtigt die hypothetische Kausalität überwiegend nicht, insbesondere nicht bei sog. **Objektschäden** (die spätere Reserveursache hätte ohnehin das Rechtsgut selbst verletzt),[18] wohl aber bei Vermögensfolgeschäden (z. B. entgangenen Nutzungen, Erwerbsausfall, entgangenem Gewinn), d. h. erst im Bereich der (haftungsausfüllenden) Schadenszurechnung (dazu *§ 29 Rz. 13*). Dagegen findet in den **Anlagefällen** Beachtung, daß das verletzte Rechtsgut hier – wegen einer internen Schadensanlage oder unabweisbarer äußerer Gefährdung – ohnehin mit Sicherheit beschädigt worden wäre; dem Geschädigten ist daher lediglich der sog. Verfrühungsschaden zu ersetzen.[19]

III. Zurechnungsprobleme

16 Heute ist anerkannt, daß das Kriterium der Kausalität nicht ausreicht, um die Zurechnung im erforderlichen Umfang zu begrenzen. Die Deliktshaftung wird zusätzlich auf den Schutzzweck der verletzten Verhaltensnorm und bei Unterbrechnung des Kausalzusammenhangs beschränkt.

1. Schutzzweck der Norm

17 Die Rechtsgutsverletzung muß so, wie sie infolge der Verkehrspflichtverletzung eingetreten ist, innerhalb des Schutzzwecks der verletzten Norm liegen; diese muß also den Zweck haben, Geschehensabläufe der eingetretenen Art zu verhindern. Hieran fehlt es z. B. in dem Schulfall, daß ein Kraftfahrer, der eine rote Ampel überfährt, *deshalb* einen entfernten Fahrbahnabschnitt zu dem Zeitpunkt passiert, in dem dort ein Kind völlig unerwartet über die Straße läuft. Wird das Kind hierbei überfahren, so ist dies bloßer Zufall, gemessen an dem Zweck des Haltegebots, den Verkehrsfluß *im Ampelbereich* zu ordnen.

18 Dieser Schutzzweck (hier auch: „Rechtswidrigkeitszusammenhang") ist **auch bei Produktfehlern** im Auge zu behalten.[20]

Beispiele:

Ein Medikament hat zwei gefährliche Nebenwirkungen, von denen bei seiner Inverkehrgabe immerhin eine bekannt und vermeidbar war. Bei Applikation des Medikaments erblindet ein Patient infolge der anderen Nebenwirkung. Hier scheidet eine Produkthaftung aus, da die Verkehrspflicht, die bekannte Nebenwirkung zu unterdrücken, nicht vor den Folgen unvermeidbarer anderer Fehler schützen soll.

Ein Motorradfahrer, dessen Maschine mit einer Lenkradverkleidung ausgestattet ist, die bei Geschwindigkeiten ab 120 km/h die Bodenhaftung gefährlich vermindert, wird bei einem Fahrtempo von 90 km/h aus einer scharfen Kurve getragen und verunglückt. Auch hier hat sich, obwohl das Motorrad (ohne Gefahrenhinweis) u. U. gar nicht in Verkehr gegeben werden durfte,[21] die spezifische Produktgefahr, für die gehaftet wird, nicht realisiert.

---

[17] Vgl. den Überblick bei Staudinger/Medicus § 249 Rz. 98 ff.

[18] BGHZ 29, 207, 215; BGH NJW 1967, 551 f.

[19] BGH NJW 1985, 676, 677.

[20] OLG Hamburg, Urt. v. 6. 3. 1980, Schmidt-Salzer, Entscheidungssammlung III, II 95, S. 547 – Automatenumrüstung (Zink-Cadmium); Deutsch, JZ 1989, 465 ff.; Kullmann/Pfister, Kza. 1525 S. 5; zu den Händlerpflichten vgl. auch BGH VersR 1973, 32, 33 – Natriumchlorat.

[21] Vgl. BGH NJW 1987, 1009 ff. – Lenkerverkleidung.

19 Allerdings ist der Zweck der Verkehrspflichten nicht etwa darauf beschränkt, Gefahren aus dem Verantwortungsbereich des Verkehrspflichtigen zu steuern. Ersatzfähig sind vielmehr auch Schäden, die durch anderweitige Gefahren entstehen, weil diese infolge Produktversagens nicht wirksam bekämpft werden konnten:[22] Auch wirkungslose, jedenfalls aber **sachschützende Produkte** unterliegen der Deliktshaftung *(§ 21 Rz. 73f.).*

20 Auch die **Schadensersatzpflicht gegenüber Unbefugten** hängt weitgehend vom Schutzzweck des verletzten Gesetzes ab.[23] Dabei geht es um Fälle wie die, daß der Dieb eines Pkw verletzt wird, weil dessen Bremsen infolge eines Herstellungs- oder Wartungsfehlers versagen, daß ein Einbrecher an dem schadhaften Kühlschrank einen Stromschlag erhält, als er sich stärken will, oder daß ein Schüler sich bei der Besichtigung einer Druckerei von der Gruppe entfernt und bei der eigenmächtigen Bedienung einer Presshydraulik verletzt wird. Der Schutzzweck dient jedoch regelmäßig der Haftungsbegrenzung. Er wird daher erst erheblich, wenn ein rechtswidriges Verhalten – eine Verkehrspflichtverletzung – feststeht. Daher ist insbesondere die Frage, ob der Produktverantwortliche trotz eines *bestimmungswidrigen Gebrauchs* der Ware durch den Geschädigten haftet, von der Schutzzweck-Frage zu trennen und auch vorrangig.

In dem Hydraulik-Beispiel stellt sich also die Vorfrage, ob die Art und Weise, in der der Schüler die Presse betätigte, für den Hersteller vorauszusehen war und ob er ihr durch besondere Schutzmaßnahmen (Schutzgitter, Zweihand-Bedienung) hätte Rechnung tragen müssen. Das hängt davon ab, ob der Schüler diejenige Sorgfalt walten ließ, die bei Maschinen dieser Art und ihrem Bedienungspersonal üblicherweise vorausgesetzt werden kann; ggf. mußte der Hersteller sogar mit gewissen („eingerissenen") Unvorsichtigkeiten rechnen! Erst wenn der Hydraulik die demnach erforderliche Bedienungssicherheit fehlte, stellt sich die Frage, ob der Hersteller dennoch nicht haftet, weil der Schüler von dem Produkteigentümer, -mieter usw. keine Erlaubnis zur Betätigung erhalten hatte.

21 Die Erstreckung der Haftung von *Hersteller* oder *Händler* auf Unbefugte **entspricht** aber regelmäßig auch **dem Schutzzweck der verletzten Norm.** Es besteht kein Anlaß, den Hersteller nur deshalb aus seiner Haftung für ein Produktrisiko, das sich verwirklicht hat, zu entlassen, weil der Geschädigte in seinem „Innenverhältnis" zum Benutzungsberechtigten Befugnisse überschritten hat, ohne daß hierdurch auch die Produktgefahr erhöht worden wäre.

22 Dagegen wird der Produkt*benutzer*[24] einem Unbefugten oft nur beschränkt verantwortlich sein,[25] und zwar meist schon deshalb, weil es dem Verkehrssicherungspflichtigen nicht zumutbar war, seine Gefahrsteuerung auf rechtswidrig geschaffene Gefahren auszudehnen.[26] Das gilt allerdings nicht, soweit auch derartige Gefahren naheliegend waren und mit zumutbarem Aufwand hätten vermieden werden werden können.[27] Letztlich schließt ein widerrechtliches Verhalten die Haftung nur aus, „wenn gerade das Moment der Widerrechtlichkeit zu einer vom Opfer selbst veranlaßten Gefahrerhöhung bzw. zur Minderung eines schutzwürdigen Vertrauens in eigenverantwortlich nicht zu meisternde Gefahren führt".[28]

---

[22] Kullmann/Pfister, Kza. 1525 S. 5ff.; anders LG Hamburg, Urt. v. 2. 7. 1976, Schmidt-Salzer, Entscheidungssammlung II, III 20, S. 526f.

[23] Hierzu allgemein v. Bar, Verkehrspflichten, S. 186f.; Marburger, JurA 1971, 481ff.; Schwab, JZ 1967, 13ff.

[24] und auch der Händler bezüglich der *Lagerung* seiner Waren

[25] Vgl. etwa Schröder, AcP 179 (1979), 567, 585 FN 60.

[26] Vgl. OLG Celle VersR 1972, 52 r. Sp. (Ls.): gestohlener Pkw ist schadhaft.

[27] BGH MDR 1967, 663 (Lehrling verletzt sich, als er nach Arbeitsschluß in Werkstatt seines Arbeitgebers eindringt), zustimmend Marburger, JurA 1971, 481, 500; Schröder, AcP 179 (1979), 567, 585 FN 60.

[28] v. Bar, Verkehrspflichten, S. 189; insofern zweifelhaft OLG Düsseldorf VersR 1962, 453 (Grabstein stürzt unter außergewöhnlichen Umständen um).

2. Unterbrechung des Kausalzusammenhangs

23 Zweifel an der Zurechenbarkeit einer Rechtsgutsverletzung bestehen auch dort, wo diese durch das Verhalten des Verletzten oder Dritter wesentlich mitverursacht worden ist. Dabei geht es nicht um die Fälle eklatant bestimmungswidrigen Produktgebrauchs, in denen es bereits an einer produktbezogenen Verkehrspflicht und deren Verletzung fehlt. Außer Betracht bleiben auch Fälle, in welchen den Verletzten lediglich ein Mitverschulden an der Rechtsgutsverletzung trifft, auch wenn infolgedessen ein Ersatzanspruch gänzlich entfallen kann (§ 254 BGB). Daneben ist eine Unterbrechung des Kausalzusammenhangs allenfalls[29] dann vorstellbar, wenn der Produktbenutzer den Produktfehler erkannte und die Ware in Kenntnis der damit verbundenen Gefahren gebrauchte.

24 Fälle dieser Art werden als **Handeln auf eigene Gefahr** bezeichnet, wenn der Verletzte selber das Produktrisiko bewußt in Kauf nimmt. Ob hier die Verantwortlichkeit des Produzenten *gänzlich* zurücktritt, weil der Verletzte sie quasi übernommen hat, ist nur durch wertende Beurteilung zu entscheiden; maßgebend muß wiederum sein, ob der Schutzzweck der vom Hersteller verletzten Norm trotz der Risikoübernahme nicht doch eine Haftung – in welchem Umfang auch immer – erfordert.[30]

Beispiele:

Ein Patient besteht auf dem Verbrauch eines ihm vor längerer Zeit verschriebenen Schmerzmittels, obwohl sein Arzt ihn darüber unterrichtet hat, daß neuerdings gravierende Nebenwirkungen dieses Medikaments bekannt geworden sind. Schädigen sie auch den Patienten, so kann er sich nicht darauf berufen, der Hersteller hätte warnen oder gar zurückrufen müssen.

Ein Hersteller von Klappstühlen versieht die Sitzgeräte mit dem auffälligen Hinweis: „Vorsicht! Nicht in belastetem Zustand verschieben oder rücken. Quetschungsgefahr!" Ein Klappstuhlbenutzer vergißt diese Warnung und klemmt sich, als er auf dem Stuhl zur Seite rücken will, einen Finger ein. – Ein derart unsicherer Klappstuhl leidet an einem Konstruktionsfehler,[31] für den der Produzent einzustehen hat, ohne daß er sich seiner Haftung durch eine Instruktion entziehen kann *(§ 24 Rz. 98)*. Läßt aber selbst eine Warnung des Benutzers die Haftung bestehen, so kann bei sonstigem Gefahrenwissen nichts anderes gelten, wenn es nicht gerade zur Mutwilligkeit führt.

25 Ein Grenzfall ist auch die *Beseitigung von Sicherheitseinrichtungen*. Unterläuft ein Industriearbeiter eine Abschaltautomatik, indem er den an sich manuell zu betätigenden Hebel festbindet usw., so fehlt es nicht unbedingt schon an einer Pflichtverletzung des Herstellers. Oft wird nämlich feststellbar sein, daß entsprechende Manipulationen bekannt waren und/oder durch weitere konstruktive Maßnahmen hätten ausgeschlossen werden können. War dem Hersteller eine solche Manipulationsprophylaxe außerdem zumutbar, so kann die entsprechende Verkehrspflicht oder die Zurechnung nicht deshalb entfallen, weil manipuliert wurde. Grundsätzlich braucht der Produzent sich allerdings auf vorsätzliche Risikoerhöhungen nicht einzustellen *(§ 24 Rz. 80ff.)*.

26 Realisiert sich die Produktgefahr erst durch eine **Intervention Dritter,** so hindert dies die Zurechnung im allgemeinen nicht. Hier kann es einerseits schon an einer Verkehrspflichtverletzung fehlen (Beispiel: Ein Pflanzenschutzmittel, dessen Schädlichkeit auf das nach dem Stand der Wissenschaften mögliche Maß reduziert ist, wird zur Vergiftung eines Menschen eingesetzt)[32] oder am Rechtswidrigkeitszusammenhang (Beispiel: Ein Mord gelingt nur deshalb, weil das dazu verwendete Pflanzenschutzmittel übermäßig viele oder giftige Schadstoffe enthält). Andererseits wird es oft dem Zweck der Verkehrspflicht entsprechen, den Geschädigten auch vor Anmaßungen Dritter zu schützen:[33]

---

[29] **Ablehnend** für die „praktisch wichtigsten Fälle" aber **BGH** NJW 1961, 655, 656ff.; VersR 1982, 296, 297; OLG Köln VersR 1987, 573 – Schreckschußpistole.

[30] Ähnlich Kullmann/Pfister, Kza. 1525 S. 8, allerdings an die Rechtsprechung zur „Herausforderung" des Geschädigten (vgl. BGH NJW 1978, 421, 422 und 1005, 1006) anknüpfend.

[31] OLG Celle VersR 1978, 258, 259 – Hocker.

[32] Unklar Kullmann/Pfister, Kza. 1525 S. 9.

[33] Vgl. auch BGH NJW 1979, 712, 713; Kullmann, VersR 1988, 655, 659.

Beispiele:

Ein Arzt verschreibt ein Schmerzmittel, ohne seinen Patienten über die Nebenwirkungen aufzuklären, welche ihm kürzlich bekannt geworden sind, in dem Beipackzettel aber infolge Nachlässigkeit des Herstellers noch nicht angesprochen werden. Hier haftet der Hersteller neben dem Arzt für seinen Instruktionsfehler.

Das Versagen einer Alarmanlage führt zur Eigentumsverletzung, weil es die Einbrecher motiviert, den Diebstahl auch zu beenden: Haftung bei schuldhaftem Konstruktionsfehler, da das Produkt gerade dazu dienen sollte, vorsätzliche Taten Dritter zu verhindern.

3. Rechtmäßiges Alternativverhalten

Ein Zurechnungsproblem bildet auch der Einwand des rechtmäßigen Alternativverhaltens. Mit ihm macht der Schädiger nicht geltend, das Rechtsgut wäre auch ohne sein Zutun verletzt worden (hypothetische Kausalität, *Rz. 15*), sondern er beruft sich darauf, der gleiche Erfolg wäre *von ihm* auch dann herbeigeführt worden, wenn er sich *rechtmäßig* verhalten hätte. Dieser Einwand ist **grundsätzlich beachtlich.**[34] 27

Beispiel: Der Produzent behauptet (und beweist bei Bestreiten), daß der Verletzte bei ausreichender Warnung vor Nebenwirkungen des Produkts X jedenfalls auf sein Produkt Y ausgewichen wäre, das aber, damals unerkennbar, ebenso gefährlich war.

Ausnahmsweise kann sich aus dem Schutzzweck der verletzten Norm aber ergeben, daß dem Geschädigten jene Entlastung abgeschnitten ist.[35] 28

§ 23. Rechtswidrigkeit

I. Allgemeines

Die Rechtsgutsverletzung allein begründet noch keine Haftung des Herstellers bzw. Vertriebshändlers. Sie muß vielmehr auch rechtswidrig sein, also von der Rechtsordnung mißbilligt werden. Unter welchen Umständen eine Rechtsgutsverletzung als rechtswidrig zu gelten hat, ist überaus problematisch und seit langem umstritten. 1

Nach der (reinen) Lehre vom **Erfolgsunrecht**[1] führt der Eingriff in eines der Rechtsgüter des § 823 I BGB ohne weiteres zur Rechtswidrigkeit: Der Verletzungserfolg ,,indiziert" die Rechtswidrigkeit des Eingriffs. Diese Indikation kann der Schädiger erst widerlegen, wenn er beweist, daß ihm ein Rechtfertigungsgrund (z. B. Notwehr) zur Seite stand. Der BGH schränkte den Anwendungsbereich dieser Lehre nicht unerheblich ein, als er 1957 den Grundsatz aufstellte, daß jedenfalls ein Teilnehmer am Straßen- oder Eisenbahnverkehr nicht rechtswidrig handle, wenn er sich verkehrsrichtig (ordnungsgemäß) verhält; in diesem Fall könne der Schädiger sich auf einen Rechtfertigungsgrund des verkehrsrichtigen Verhaltens berufen, dessen Voraussetzungen er freilich zu beweisen habe.[2] In der Rechtslehre setzte sich dagegen zunächst die Auffassung durch, die Indizierung der Rechtswidrigkeit sei auf die Fälle zu beschränken, in denen der Schädiger vorsätzlich handelt oder die Rechtsgutsverletzung unmittelbar herbeiführt.[3] Demgegenüber muß nach der Lehre vom **Verhaltensunrecht**[4] die Rechtswidrigkeit einer Rechtsgutsverletzung schon festgestellt werden können, 2

---

[34] BGH NJW 1986, 576, 579.

[35] Zu den Differenzierungen der Rechtsprechung vgl. Frank/Löffler, JuS 1985, 689, 693f.

[1] Vgl. dazu etwa Reinhard, KF 1961, 1, 8.

[2] BGH NJW 1957, 785ff. = BGHZ 24, 21ff.

[3] Larenz, Festschrift Dölle, Bd. I (1963), S. 169, 183ff.; Deutsch, Fahrlässigkeit, S. 229f., 282; Stoll, AcP 162 (1963), 203, 235f.

[4] v. Caemmerer, Festschrift zum hundertjährigen Bestehen des DJT, Bd. 2 (1960), S. 49f., 74ff., 126ff.; Münzberg, Verhalten und Erfolg als Grundlagen der Rechtswidrigkeit und Haftung (1966), S. 1ff., 49ff.; Nipperdey, NJW 1967, 1985, 1989ff.

bevor der Verletzungserfolg eintritt, und daher von diesem unabhängig sein. Die Rechtswidrigkeit eines Verhaltens, das zur Schädigung führen kann, ist demnach mangels Indikation in jedem Einzelfall gesondert zu prüfen. Falls der Schädiger – wie meistens – nur fahrlässig handelt, soll die Feststellung der Rechtswidrigkeit voraussetzen, daß er gegen eine („objektive" oder „äußere") Sorgfaltspflicht verstößt.

3 Der Gesetzgeber wollte in § 823 I BGB jedenfalls im Ansatz eine Verschuldenshaftung für „Erfolgsunrecht" statuieren: „Ebenso zweifelsfrei widerrechtlich ist die Verletzung des einem Anderen zustehenden absoluten Rechtes ... Es liegt in dem Begriffe eines solchen subjektiven Rechtes, daß jeder Dritte dasselbe achten muß und nicht verletzen darf."[5] Die Rechtsverletzung könne, so heißt es in der Entwurfsbegründung weiter, vorsätzlich oder fahrlässig erfolgen.[6] Demnach wurde eine gesonderte Prüfung der Rechtswidrigkeit einer Verletzungshandlung als entbehrlich angesehen. Diese – sehr weitgehende – Konzeption der Rechtswidrigkeit ist heute mit Recht aufgegeben.[7] Sie läßt nämlich außer acht, daß Rechtsgutsverletzungen und Schäden oftmals durch Handlungen ausgelöst werden, die sowohl erlaubt als auch im allgemeinen nützlich sind und dem Geschädigten häufig erst durch eigenes Fehlverhalten oder durch Fehler Dritter gefährlich wurden.[8] So weiß ein Automobilhersteller, daß jeder seiner Wagen mit einer statistisch nicht zu vernachlässigenden Wahrscheinlichkeit an einem Unfall mit Sach- oder sogar Personenschaden beteiligt sein kann; indem er die Wagen dennoch in Verkehr bringt, setzt er somit nicht nur adäquate[9] Bedingungen für spätere Rechtsgutsverletzungen, sondern er nimmt sie auch billigend in Kauf, führt sie also vorsätzlich herbei. Wäre der Hersteller deshalb zum Schadensersatz verpflichtet, so würde dies jedoch in eklatantem Widerspruch zu der Entscheidung des Gesetzgebers stehen, die allgemeinen Risiken des Straßenverkehrs hinzunehmen und daher auch für sich allein ungefährliche Kraftfahrzeuge zuzulassen.[10]

4 Das schließt es allerdings nicht aus, die Herstellung *mangelhafter* Produkte dann als rechtswidrige Handlung anzusehen, wenn der Fehler eine Rechtsgutsverletzung verursacht. Hiergegen spricht jedoch zweierlei. Zum einen rechtfertigt der Umstand allein, daß ein Produkt mangelhaft ist, noch nicht das Verdikt eines gesetz- oder pflichtwidrigen Handelns; denn im Einzelfall kann es dem Hersteller unmöglich gewesen sein, den Mangel zu vermeiden oder auch nur zu entdecken (etwa bei sog. Ausreißern[11] oder bei Belieferung durch hochspezialisierte Zulieferer). Zum anderen bereitet die Abgrenzung einer Verletzungshandlung, welche die Rechtswidrigkeit indizieren könnte, von einer Unterlassung, die einer Handlung nur im Falle einer Handlungspflicht gleichsteht, gerade im Bereich der Produkthaftung große Schwierigkeiten *(§ 22 Rz. 4)*.

5 Damit empfiehlt es sich, zumindest im Rahmen der Produkthaftung für die Rechtswidrigkeit von Handlungen wie von Unterlassungen an gleiche Voraussetzungen anzuknüpfen, nämlich an die Feststellung einer **Pflichtverletzung** des Schädigers.[12]

---

[5] Motive zum BGB, Bd. II, S. 726; vgl. auch Stoll, JZ 1958, 137, 139.

[6] Motive zum BGB, Bd. II, S. 727.

[7] S. nur Dunz, KF 1983, 97, 98f.

[8] v. Caemmerer, Festschrift zum hundertjährigen Bestehen des DJT, Bd. 2 (1960), S. 49, 77f.

[9] v. Caemmerer, Festschrift zum hundertjährigen Bestehen des DJT, Bd. 2 (1960), S. 49, 77f.; Nipperdey, NJW 1967, 1985, 1989; a. A. Weitnauer, Festschrift Oftinger (1969), S. 321, 341.

[10] Zutreffend Nipperdey, NJW 1967, 1985, 1989; s. auch Simitis, Grundfragen, S. 75f.; OLG Koblenz, Urt. v. 14. 7. 1969, Schmidt-Salzer, Entscheidungssammlung II, II 26, S. 308 – Holzschutzmittel I.

[11] Vgl. § 24 Rz. 125.

[12] BGH NJW 1981, 1606, 1608 – Benomyl. Zu diesem Ergebnis käme auch die Lehre vom Erfolgsunrecht (Rz. 2); denn Rechtsgutsverletzungen werden durch ein gefährliches Produkt so gut wie nie „unmittelbar" bewirkt (vgl. v. Bar, Verkehrspflichten, S. 157; Larenz, Festschrift Nottarp [1961], S. 59, 63f.).

II. Verkehrspflicht

1. Herleitung und Zuordnung

6 Diejenige Sorgfaltspflicht, die jedermann zur Vermeidung von Gefahren für fremde Rechtsgüter – den „Verkehr" – zu beachten hat, wird seit langem als Verkehrssicherungspflicht oder Verkehrspflicht bezeichnet. Soweit die Verkehrspflichtverletzung – als Verletzungs*handlung* oder zusätzlich zu einer solchen Handlung – Haftungsvoraussetzung ist, stellt sie einerseits eine notwendige Einschränkung des gesetzlichen Tatbestandes dar (vgl. *Rz. 3f.*). Der Verstoß gegen eine Verkehrspflicht begründet jedoch andererseits auch – und in erster Linie – eine Haftung für das *Unterlassen* der Sicherung des Verkehrs vor Gefahren. Diese Haftung erweitert das Recht der unerlaubten Handlung insofern, als **der Gesetzgeber** eine derart weitgehende Verantwortlichkeit für Eigentum bzw. Besitz an gefährlichen Gegenständen nicht anstrebte.[13] Nach der Entwurfsbegründung zum heutigen § 823 II BGB sollte eine „widerrechtliche Handlung" zwar auch in einem Unterlassen bestehen können.[14] Dieses begründete eine Haftung in der Regel aber nur dann, wenn der Unterlassende zuvor durch Handeln eine besondere Gefahr gesetzt hatte (Ingerenz); an einer solchen Gefahr fehlt es z. B. dann, wenn eine ursprünglich bzw. für sich allein ungefährliche Sache witterungsbedingt oder wegen Beschädigung oder allmählichen Verfalls zu einem Risiko für den Verkehr wird.[15] Nach Ansicht des Gesetzgebers sollte die Verantwortlichkeit für gefährliche Sachen indessen auf Schäden beschränkt bleiben, die durch Einsturz oder abgelöste Teile mangelhaft errichteter oder unterhaltener Bauwerke (§ 836 BGB) verursacht würden, da „es bedenklich sein würde, und überdies kein Bedürfnis vorliegt, den Besitzer jeder, auch einer beweglichen Sache zu verpflichten, die letztere mit der Sorgfalt eines ordentlichen Hausvaters in dem Stande zu erhalten, welcher die Möglichkeit der Beschädigung eines Dritten ausschließt. Es leuchtet ein, welche schwerwiegende, in ihren Folgen kaum zu übersehende Eigenthumsbeschränkung sich aus einer solchen Bestimmung ergeben würde."[16]

7 Demgegenüber hatte die **Rechtsprechung** bereits vor Inkrafttreten des BGB anerkannt, daß die Eröffnung eines Verkehrs[17] eine Haftung begründen kann.[18] Diese Judikatur wurde nach 1900 fortgesetzt, indem das RG Verkehrssicherungspflichten z. B. im Hinblick auf einen umgefallenen morschen Baum[19] und für eine unbeleuchtete, schneeglatte Treppe[20] statuierte. Inzwischen ist der Grundsatz, daß jeder für eine Beschädigung durch seine Sache insoweit aufzukommen hat, als er sie bei billiger Rücksichtnahme auf die Interessen des anderen hätte verhindern müssen, ständige Rechtsprechung des BGH[21] und Gewohnheitsrecht.[22]

8 Es liegt nahe, auch die aus diesem Grundsatz im Einzelfall abzuleitenden Verkehrspflichten als Gewohnheitsrecht anzusehen und deshalb als Schutzgesetze i. S. des § 823 II BGB zu behandeln.[23]

---

[13] Vgl. v. Bar, JZ 1979, 332, 334; Zeuner, KF 1983, 196, 199.

[14] Motive zum BGB, Bd. II, S. 727.

[15] Vgl. v. Bar, JZ 1979, 332, 333f.

[16] Motive zum BGB, Bd. II, S. 815f.

[17] Schon § 367 Nr. 12 RStGB stellte die Schaffung bestimmter Gefahren „an Orten, an welchen Menschen verkehren", unter Strafe.

[18] Vgl. RGSt 14, 362, 363 (1886) und die Nachw. bei Zeuner, KF 1983, 196, 198 in FN 33, 34.

[19] RGZ 53, 373ff. (1902).

[20] RGZ 54, 53ff. (1903).

[21] BGH NJW 1953, 1297f.; 1958, 627, 629; BB 1961, 71; 1967, 734; NJW 1975, 108; 1976, 291, 292.

[22] So zutreffend v. Bar, JZ 1979, 332, 333.

[23] So die überwieg. Lehre, vgl. v. Bar, Verkehrspflichten, S. 159ff.; v. Caemmerer, KF 1961, 26; Larenz, Festschrift Dölle, Bd. I (1963), S. 169, 189; weit. Nachw. bei Marburger, VersR 1983, 597, 604 FN 69.

Jedoch wären diese Pflichten insoweit, wie sie *Ver*bote sind, in jedem Fall (auch) dem § 823 I BGB zuzuordnen, um das dortige Merkmal der Rechtswidrigkeit zu konturieren. Würden demgegenüber die durch Unterlassen begangenen Eingriffe allein dem § 823 II BGB unterfallen, so wäre Abs. 1 dieser Vorschrift weitgehend entleert, obwohl er nach seiner Systematik und dem Rang der von ihm geschützten Rechtsgüter eine deliktsrechtliche Zentralnorm darstellt.[24] Gegen das Verständnis der Verkehrspflichten als Schutzgesetze spricht weiter, daß nach § 823 II BGB auch Vermögensschäden zu ersetzen sind, was die Gefahr einer Ausuferung des Schadensersatzes birgt; ob für dessen Beschränkung der ,,Schutzzweck" der Verkehrspflichten hinreichenden Anhalt bietet,[25] erscheint zweifelhaft.

9 Im Ergebnis ist daher der Rechtsprechung beizupflichten, die auch die gewohnheitsrechtlich begründeten **Verkehrspflichten** (Gebote) **in § 823 I BGB integriert.**[26] Auf diese Weise wird die Haftung für Unterlassen, die in jener Vorschrift von jeher angelegt ist, auf Fälle ausgedehnt, in denen eine Verantwortlichkeit und Einwirkungspflicht des Schädigers zwar zu bejahen ist, aber nach klassischer Vorstellung mangels Ingerenz[27] dem Handeln nicht gleichgestellt werden kann. Diese Gleichstellung ist bei der gebotenen weiten Auslegung des § 823 I BGB entbehrlich; denn eine Verkehrspflicht, die sowohl der Gefahr als auch dem Sicherheitsbedürfnis im Einzelfall angepaßt wird, kann nach Bedarf als Gebot oder als Verbot formuliert werden. Die Mißachtung jeder dieser Anordnungen indiziert die Rechtswidrigkeit.

10 Auf dieser Grundlage erhält der Rechtsanwender einen erheblichen Beurteilungs- und Gestaltungsspielraum. Es ist daher mit Recht betont worden, daß **Verkehrspflichten** nicht nachträgliche Konstruktionen zur Begründung einer Haftung sind, sondern **ernstzunehmende Verhaltensnormen,** deren Einhaltung realistischer- und gerechterweise verlangt werden kann.[28]

2. Ermittlung und Umfang

11 Die in der älteren Rechtsprechung oft gewählte Wendung, jedermann habe sein Verhalten so einzurichten, daß er dadurch die Rechte anderer nicht mehr als im menschlichen Zusammenleben unvermeidlich gefährdet, umschreibt die Verkehrspflicht wohl abstrakt, ist im übrigen aber eine Leerformel.[29] Im Einzelfall und damit in der Praxis bereitet die Festlegung der Verkehrspflichten erhebliche Schwierigkeiten; sie gehört zu den Kernproblemen gerade auch der Produkthaftung.[30] Bei aller Flexibilität und Einzelfallgerechtigkeit, die das Institut der Verkehrspflicht ermöglicht hat, mußte deren Ermittlung durch die Gerichte notwendig zu einem **Fallrecht** werden; dessen Tribut besteht auch hier in einem Mangel an Voraussehbarkeit der richterlichen Anforderungen an die Sorgfaltspflichten und damit in einer Einbuße an Rechtssicherheit.

12 Inhalt und Umfang der Verkehrspflicht sind nach dem Grundsatz zu bestimmen, daß der Träger der Verkehrspflicht die Maßnahmen zu treffen hat, die nach den Umständen des Falles zur Vermeidung bzw. Beseitigung einer Gefahr sowohl **erforderlich** als auch **zumutbar** sind.[31]

---

[24] Canaris, Festschrift Larenz (1983), S. 27, 78.

[25] So Mertens, VersR 1980, 397, 406; Marburger, VersR 1983, 597, 605.

[26] BGH VersR 1956, 419 – Dreschmaschine; VersR 1972, 559 – Förderkorb; NJW 1975, 1827, 1828 – Spannkupplung; NJW 1979, 2309, 2310 – Kfz-Verkauf; NJW 1981, 2250 – Asbestzementplatten; NJW 1987, 2671, 2672. Zustimmend Canaris, Festschrift Larenz (1983), S. 27, 78ff.; Fikentscher, Schuldrecht, 7. Aufl., § 103 III 1d; Marburger, VersR 1983, 597, 605; Medicus, JZ 1986, 778, 780; MünchKomm/Mertens, § 823 Rz. 152; Staudinger/Schäfer, § 823 Rz. 320; Steffen, VersR 1980, 409.

[27] Vgl. Rz. 6.

[28] Mertens, VersR 1980, 397, 405; Leßmann, JuS 1978, 433, 436; Esser, Schuldrecht, Bd. 2, 4. Aufl., § 108 I; anders wohl Brüggemeier, der das ,,evolutionäre Potential" der Verkehrspflichten ,,nutzen" will, AcP 182 (1982), 385, 424.

[29] Vgl. Lukes, JuS 1968, 345, 349; Leßmann, JuS 1978, 433, 436; Mertens, VersR 1980, 397, 401.

[30] S. nur Simitis, Verhandlungen des 47. DJT, C 38ff.

[31] BGH NJW 1964, 814, 816; 1965, 815; 1972, 903, 904.

a) Erforderlichkeit

13 Welche Maßnahmen bzw. Sicherheitsvorkehrungen von dem Verkehrspflichtigen zu erwarten sind und welche Verhaltensweisen ihm mangels Vermeidbarkeit der Gefahr sogar untersagt sind, hängt zunächst von der **Gefährlichkeit eines Verhaltens** ab.[32] Weiter ist entscheidend, ob die Gefahr und die Möglichkeit ihrer Vermeidung **objektiv erkennbar** waren; hierfür maßgebend ist der Stand von Wissenschaft und Technik,[33] der im Zeitpunkt letztmöglicher Einflußnahme auf die Gefahr erreicht war.[34] Ferner müssen die Verkehrsteilnehmer in berechtigter Weise auf die Ungefährlichkeit des betreffenden Verhaltens **vertraut** haben;[35] ob ein solches Vertrauen berechtigt ist, hängt maßgebend auch davon ab, welche Erwartungen in bezug auf Verläßlichkeit, Fürsorge,[36] fachliche[37] oder technische Qualität usw. der Verkehrspflichtige weckte. Hierfür können Erklärungen[38] oder sozialübliche Verhaltensweisen des Verkehrspflichtigen ebenso bedeutsam sein wie diejenigen Sicherheitserwartungen, die üblicherweise von dem Gewerbezweig oder der Berufsgruppe, welcher der Verkehrspflichtige sich zuordnet, erfüllt werden[39] oder zumindest gerade an sie gestellt werden dürfen.[40] Maßgeblich ist der **Erwartungshorizont der gefährdeten Verkehrsteilnehmer.** Dabei ist die Verkehrspflicht einerseits auf die *schutzbedürftigsten* Personen auszurichten;[41] wird z. B. das Besteigen eines hohen Stahlgerüstes nur durch eine Warntafel verboten, so genügt der Errichter zwar seinen Pflichten gegenüber Erwachsenen, nicht aber gegenüber Kindern, die infolge ihrer Unbesonnenheit durch mechanische Hindernisse geschützt werden müssen.[42] Andererseits ist nur vor solchen Gefahren zu sichern, deren Beseitigung ein verständiger bzw. *durchschnittlicher* Benutzer erwarten darf.[43] Von bestimmten Ausnahmen[44] abgesehen, ist auch kein Schutz vor Gefahren erforderlich, die nur bei völlig unüblichem Verhalten drohen.[45] Allerdings können – wie bei Kindern ohnehin – Verkehrspflichten auch **gegenüber Unbefugten** bestehen.[46] Allgemein ist derjenige Sicherheitsgrad zu fordern, den „die in dem entsprechenden Bereich herrschende Verkehrsauffassung" für nötig hält.[47]

b) Zumutbarkeit

14 Der technische Fortschritt führt dazu, daß jedenfalls in Teilbereichen die Risiken, die mit menschlichem Handeln oder mit naturwissenschaftlichen Mechanismen selbst verbunden sind, zunehmend besser beherrscht werden können. Hier geht es kaum noch um

---

32 BGH NJW 1966, 40, 41.
33 Näher § 24 Rz. 16.
34 Näher § 24 Rz. 28ff.
35 Problem des „bestimmungsgemäßen Gebrauchs", vgl. § 24 Rz. 63ff.
36 OLG Bremen VersR 1978, 525, 526.
37 Vgl. Köndgen, JZ 1978, 389, 392.
38 z. B. ausdrückliche Festlegungen des bestimmungsgemäßen Gebrauchs auf dem Beipackzettel, bei der Anwendungsberatung usw.
39 BGH VersR 1975, 812.
40 BGH NJW 1961, 868, 869f.; BB 1967, 1358; VersR 1972, 559f. – Förderkorb.
41 BGH VersR 1974, 358; NJW 1985, 620 (Skipistensicherung).
42 BGH VersR 1963, 532; s. auch BGH LM § 823 BGB (EF) Nr. 11b; NJW 1975, 108f.; 1980, 1745f.; VersR 1982, 492; 1984, 46, 47; zum umgekehrten Fall LG Hannover VersR 1983, 765 (Abenteuerspielplatz); OLG Celle VersR 1983, 1163.
43 BGH VersR 1981, 482.
44 Vgl. § 24 Rz. 76ff.
45 Vgl. § 24 Rz. 80, 82, 214f.
46 Vgl. § 24 Rz. 174f.; § 22 Rz. 20ff.
47 BGH VersR 1971, 1021, 1022; 1972, 559f. – Förderkorb; NJW 1961, 868, 869f.; BB 1967, 1358; VersR 1978, 721.

unvermeidbare Folgen menschlichen oder technischen Versagens, sondern um den **Sicherheitsaufwand,** mit dem solches Versagen auszuschließen ist.[48] Der Sicherheitsaufwand ist billigerweise von dem zu tragen, der auch die Gefahr gesetzt hat.[49] Da dieser Aufwand aber häufig außerordentlichen Einsatz erfordert, nämlich außer persönlichen Anstrengungen u. U. einen Mitarbeiterstab zur systematischen Abwehr und Kontrolle von Gefahrenherden,[50] eine Ausstattung mit Sicherheitstechnik oder gar eine Spezialisierung auf Sicherheitsfragen („risk management“[51]), und dann ganz erhebliche Kosten verursachen kann, ist anerkannt, daß dem Verkehrspflichtigen nicht alle theoretisch möglichen Sicherungsmaßnahmen zuzumuten sind.[52]

15 Diese stoßen auch auf **volkswirtschaftliche Grenzen.** Sie zeigen sich einerseits an den unvermeidlichen Risiken der öffentlichen Straßen (u. a. Fahrbahnbreite, Kurvenführung, Streudienst[53]), andererseits an der beschränkten Leistungskraft kleiner und mittelständischer Unternehmen;[54] wollte man an diese – gerade im Bereich der Produkthaftung – die gleichen Sicherheitsanforderungen stellen wie an die wesentlich potenteren Marktführer, so müßte das zur Erdrosselung erlaubter Aktivitäten[55] und zu weiterer Verschlechterung der Marktstruktur führen. Allerdings verlieren die volkswirtschaftlichen Konsequenzen eines Haftungsrisikos an Gewicht, wenn seine **Versicherung** zu hinnehmbaren Prämien besser durch den Verkehrspflichtigen als durch die Gefährdeten erfolgen kann; dafür ist – in der Wirtschaft – auch von Bedeutung, inwieweit der Prämienaufwand auf die Marktbeteiligten umgelegt werden kann.

16 Kann der Schädiger sein Haftpflichtrisiko versichern, so folgt daraus aber noch nicht, daß ihm auch größere Anstrengungen bei der Gefahrsteuerung zuzumuten sind. Denn die deliktische Haftung knüpft an einen (typisierten) Verhaltensfehler an; dieser darf nicht deshalb bejaht werden, weil der Schädiger eine Schadensersatzpflicht ggf. gut „verkraften“ kann (s. auch *§ 24 Rz. 56*).

17 Allgemein gilt der **Grundsatz,** daß sich die Verkehrspflicht dem Umfang nach auf dasjenige beschränkt, was „**billige Rücksicht** nach der Verkehrsauffassung“ gebietet.[56] Danach ist dem Verkehrspflichtigen **um so mehr Sicherheitsaufwand** zuzumuten, **je größer die Gefahr** ist;[57] Art und Umfang des Sicherheitsaufwandes müssen also zu Art und Umfang der Gefahr im Verhältnis stehen.[58] Hierbei kann die geringe Wahrscheinlichkeit eines Schadens durch seine Schwere ausgeglichen werden, die Geringfügigkeit eines Schadens durch dessen höhere Wahrscheinlichkeit. Bei Gefahr für Leben, Körper oder Gesundheit wird natürlich generell mehr Sicherheitsaufwand veranlaßt sein als bei drohenden Sachschäden.[59] Darf der Sicherheitsaufwand unter dem Gesichtspunkt der Zumutbarkeit beschränkt werden, so kann sich das auf die Art wie auf die Zeitfolge – Häufigkeit oder Dauer – der gebotenen Maßnahmen auswirken.[60]

---

[48] Grundlegend Steindorff, AcP 170 (1970), 93, 98f.
[49] OLG Celle VersR 1978, 258, 259 – Hocker.
[50] Vgl. etwa die bei Esser (JZ 1953, 129, 131) dargestellten Anforderungen der Rechtsprechung an die Rohrschutzwachen der Stadtwerke.
[51] Vgl. § 24 Rz. 267.
[52] BGH NJW 1964, 814, 817; 1972, 903, 904.
[53] BGH NJW 1972, 903, 904.
[54] Steindorff, AcP 170 (1970), 93, 99f. u. 130f.
[55] Mertens, VersR 1980, 397, 401.
[56] BGH VersR 1972, 543; 1978, 1160, 1161; NJW 1985, 270 (Hervorhebung durch Verf.).
[57] BGH VersR 1960, 856f. – Silo; Schmidt-Salzer, Entscheidungssammlung I, S. 8.
[58] BGH VersR 1969, 42, 43.
[59] BGH VersR 1977, 546, 547; NJW 1987, 1009, 1011 – Lenkerverkleidung; Steffen, VersR 1980, 409, 411.
[60] BGH NJW 1972, 903, 904; 1975, 444, 445.

§ 24. Verkehrspflichten im Bereich der Warenherstellung

I. Anknüpfung

Wird durch ein mangelhaftes Produkt dessen Benutzer oder ein Dritter in seinen Rechtsgütern verletzt, so begründet das noch nicht den Vorwurf, der Hersteller habe rechtswidrig gehandelt (vgl. *§ 23 Rz. 1ff.*). Dieser Vorwurf setzt vielmehr die Feststellung voraus, daß der Produzent bei der Herstellung oder durch die Inverkehrgabe der Ware im Einzelfall die objektiv gebotene Sorgfalt verletzte und daher gegen eine Verkehrspflicht verstieß (vgl. *§ 23 Rz. 5*). Auch die Verkehrspflichten des Warenherstellers bestimmen sich in Inhalt und Umfang nach dem allgemeinen Grundsatz,[1] daß diejenigen Maßnahmen getroffen werden müssen, die im konkreten Fall zur Vermeidung bzw. Beseitigung einer Gefahr sowohl **erforderlich** als auch **zumutbar** sind.[2] Diese Leitbegriffe kennzeichnen das Mindestmaß und das Höchstmaß dessen, was im Bereich der Produkthaftung und namentlich vom Hersteller an objektiver Sorgfalt verlangt werden kann. Zur Präzisierung der Leitbegriffe sind zahlreiche Kriterien, Fallgruppen und Richtlinien entwickelt worden.[3] Auch sie können teilweise der Rechtsprechung zu den allgemeinen Verkehrspflichten[4] entnommen werden. 1

Die Inverkehrgabe eines mangelhaften Produkts wirft andererseits eine Reihe von **Spezialfragen** auf. Sie betreffen u. a. den Erwartungshorizont der gefährdeten Verkehrsteilnehmer, den Einfluß technischer Standards auf die Verkehrspflichten und die Abhängigkeit der unternehmerischen Kapazität für Sicherungsaufwand von der wirtschaftlichen Leistungskraft. Von erheblicher Bedeutung ist auch die Zuschneidung der Verkehrspflichten auf die Arbeitsteilung im Herstellungsverfahren: Nach der Rechtsprechung treffen den Hersteller während der Konstruktion, während der Fabrikation und nach Inverkehrgabe des Produkts vertypte, aber unterschiedliche Pflichten, die durch Hinweis- bzw. Rückrufpflichten und durch die Pflicht zu ordnungsgemäßer Organisation des Betriebs zunehmend ergänzt worden sind. 2

1. Erwartungshorizont der Verkehrsteilnehmer

Ob eine bestimmte Sicherungsmaßnahme erforderlich ist, hängt zunächst davon ab, ob die (erst) durch sie gewährleistete Produktsicherheit von den gefährdeten Personen erwartet werden durfte. Allerdings weichen die Vorstellungen der Verbraucher von der Sicherheit eines Produkts je nach Erfahrung und Bildungsstand oft stark voneinander ab, zumal die Gefährlichkeit unbemerkt zunehmen kann, wenn das Produkt laienhaft, ungeschickt, anweisungswidrig, übermäßig oder sogar zweckwidrig eingesetzt wird. Hier gelten folgende Grundsätze: 3

a) Durchschnittliche Erwartung

Für die Produktsicherheit ist in erster Linie die durchschnittliche **Erwartung derjenigen Verbraucher** maßgebend, **für die** das jeweilige **Produkt bestimmt** ist. Soll z. B. ein chemisches Erzeugnis ausschließlich gewerblich und von Fachleuten verwendet werden, 4

---

[1] Vgl. § 23 Rz. 12.

[2] BGH NJW 1981, 1603, 1606 – Derosal I („zumutbare Möglichkeiten der Gefahrabwehr vorhanden"); NJW 1988, 2611f. – Mehrwegflasche II; Kullmann/Pfister, Kza. 1520 S. 22; Canaris, JZ 1968, 494, 497 FN 23.

[3] Vgl. etwa Brüggemeier, WM 1982, 1294ff.

[4] Vgl. die Nachw. zu § 23 Rz. 13ff.

darf der Hersteller die bei diesen zu erwartende Sachkunde voraussetzen;[5] er kann dann auch davon ausgehen, daß Dritte, die mit dem Erzeugnis in Berührung kommen, von den Abnehmern auf besondere Gefahren hingewiesen werden.[6] Höhere Anforderungen bestehen dagegen bei chemischen Produkten, die für den Haushalt gedacht sind und daher typischerweise auch in die Hände ganz unerfahrener Personen geraten können.[7] Wird ein Produkt üblicherweise von Personen benutzt, die technisch wenig geschult sind und daher mit einem überfeinerten Sicherheitsmechanismus nicht immer umzugehen wissen, kann die Ausstattung mit einem leichter zu handhabenden Sicherungssystem geboten sein.[8] Der Hersteller kann allgemein nicht mit übertriebener Vorsicht der Benutzer rechnen, sondern nur mit durchschnittlicher Sorgfalt. Er muß daher auch solche Unvorsichtigkeiten berücksichtigen, die erfahrungsgemäß nicht selten vorkommen.[9] Die größtmögliche Sicherheit müssen naturgemäß Waren aufweisen, die gerade für Verbraucher bestimmt sind, denen – wie Kleinkindern – jedes Gefahrenbewußtsein fehlt; so darf Kinderspielzeug schon deshalb nicht mit giftiger Farbe gestrichen sein, weil es oft genug in den Mund gesteckt wird.[10]

5 Die Orientierung an den jeweiligen Verbraucherkreisen hat zur Folge, daß ein Hersteller, der bestimmte Waren ausschließlich exportiert, einerseits reduzierte Sicherheitserwartungen, die z. B. in sog. Schwellenländern vorhanden sein mögen, einkalkulieren darf, zum anderen aber auch besondere Unerfahrenheiten der dortigen Verbraucher bedenken muß. In diesen Grenzen besteht ein **territoriales Ausstattungsermessen des Exporteurs.**[11]

6 Auf die Erwartungen des durchschnittlichen Verbrauchers kann der Hersteller sich ferner verlassen, wenn praktisch **allgemein bekannt** ist, daß die betreffende Ware **gefährliche Wirkungen** haben kann, die aber durch Maßnahmen des Herstellers **nicht zu vermeiden** sind. Hierzu zählen Alkoholika und Tabakwaren,[12] sofern ihre Gefahren nicht durch falsche Sachaussagen verharmlost werden,[13] u. U. sogar Medikamente, deren Nebenwirkungen von den Heilwirkungen kaum zu trennen sind und – falls sie leicht sind – hingenommen werden. Das gilt auch für Pflanzenschutzmittel, die, ohne den Ertrag nachhaltig zu mindern, bekanntermaßen zu einer vorübergehenden Wachstumshemmung führen, welche aber zugunsten wirksamer Schädlingsbekämpfung in Kauf genommen wird.[14] Überhaupt nimmt der Verbraucher Nebenwirkungen und Restrisiken um so eher hin, je größer der Nutzen eines Produkts für ihn ist.[15]

7 Ein Sicherheitsdefizit verbindet der Verbraucher bei bestimmten Waren auch mit einer minderen Qualitätskategorie, für die er bewußt einen entsprechend **niedrigeren Preis** entrichtet.[16] Ohne weiteres ist der Hersteller zwar nicht berechtigt, von einer technisch möglichen Sicherheitsmaßnahme aus Kostengründen abzusehen.[17] Etwas anderes gilt je-

---

[5] S. auch BGH VersR 1972, 149, 151 – Förderanlage.

[6] BGH NJW 1981, 2514, 2515 – Kältemittel; s. auch BGH VersR 1972, 149, 151 – Förderanlage; OLG Karlsruhe VersR 1978, 830 – Betonbereitungsanlage; s. auch BGH NJW 1987, 372f. – Verzinkungsspray.

[7] BGH NJW 1981, 2514, 2515 – Kältemittel.

[8] BGH VersR 1952, 357f. – Rungenverschluß.

[9] BGH VersR 1972, 149, 150 – Förderanlage; OLG Hamm BB 1971, 845, 846 – Kappsäge; OLG Köln, Urt. v. 20. 1. 1972, Schmidt-Salzer, Entscheidungssammlung II, II 30, S. 322ff. – Speiseeisbereiter; OLG Karlsruhe VersR 1978, 830 – Betonbereitungsanlage.

[10] S. etwa BGH NJW 1988, 48, 49 und 2667 (Spielgeräte).

[11] Prägung von Schmidt-Salzer, in: Schmidt-Salzer/Hollmann, Bd. 1, Art. 6 Rz. 94.

[12] Kullmann/Pfister, Kza. 1520 S. 22.

[13] Klees, Die Verkehrspflicht der Aufklärung, Diss. Freiburg (1976), S. 99.

[14] BGH VersR 1977, 918, 919 – Erdbeerplantage I.

[15] Vgl. Plagemann, WRP 1978, 779, 782.

[16] Näher Adams, BB 1987 Beil. 20, S. 5ff.; Schmidt-Salzer/Hollmann, Bd. 1, S. 515f. (zu Art. 6 EG-Richtlinie).

[17] Vgl. OLG Celle VersR 1978, 258, 259 – Hocker; Steffen, VersR 1980, 409, 411; näher Rz. 51ff.

doch, wenn das billigere Produkt jedenfalls eine Mindestsicherheit[18] bietet, die – dem Verkehr ersichtlich – nur durch einen Aufwand gesteigert werden kann, der einen wesentlich höheren Warenpreis voraussetzt;[19] das ist namentlich bei Kraftfahrzeugen und bei Skiern der Fall.

Birgt der Gebrauch einer Sache bekanntermaßen Gefahren, so nimmt der Verbraucher 8
diese im übrigen aber nur hin, wenn sie auf das **unvermeidbare Minimum** reduziert sind. Daher sind Autoscooter so sicher wie möglich zu konstruieren, obwohl die mit ihrer Benutzung verbundenen Risiken geradezu als reizvoll empfunden werden.[20]

Keine Sicherheit wird dagegen bei Waren erwartet, die von vornherein nur **als fehler-** 9
haft („Ausschuß") oder **als ungeprüft** in Verkehr gegeben werden,[21] sofern gewährleistet ist, daß solche Waren nicht in die Hände unwissender Verbraucher gelangen. **Naturprodukte** werden vom Verkehr keineswegs immer „als ungeprüft" angesehen.[22] Vielmehr ist die Erwartung berechtigt, daß Naturprodukte jedenfalls nicht solche Schadstoffe enthalten, die dem Einflußbereich des Urproduzenten zuzurechnen sind;[23] verkehrspflichtig ist daher nicht nur ein Fischzüchter, dessen Teiche verunreinigt sind, sondern auch, wer Torf aus einem Feld gewinnt, das er mit einem Unkrautvernichtungsmittel besprühen ließ.[24]

Der Kenntnis einer **Produktgefährlichkeit** hat der BGH den Fall gleichgestellt, daß 10
diese sich dem Verbraucher **aufdrängen muß.** Demnach soll der Hersteller eines Insektenvertilgungsmittels, das er zur Bekämpfung von Fliegen und „Motten aller Art" empfiehlt, nicht damit rechnen müssen, daß ein Imker dieses Mittel zur Bekämpfung von Wachsmotten einsetzt und dadurch auch die Bienenvölker selbst vernichtet.[25]

Auf Wissen und Erfahrung des Durchschnittsverbrauchers kann der Hersteller auch 11
dann vertrauen, wenn ein Produkt nur bei **völlig zweckwidriger Verwendung**[26] oder unter solchen Umständen gefährlich wird, deren **risikoerhöhende Wirkung bekannt** ist.[27] Vor dem bewußten Mißbrauch eines Lösungsmittels als Rauschgift muß er daher ebensowenig warnen[28] wie vor der Benutzung eines Feuerzeugs in der Nähe leicht brennbarer Stoffe.

b) Individuelle Erwartung

Ausnahmsweise muß die Produktsicherheit auf die schutzbedürftigsten Personen ausge- 12
richtet sein. Diese sind dann auch vor solchen Gefahren zu bewahren, mit denen sie aufgrund eines individuellen und außergewöhnlichen Mangels an Erfahrung oder Vorsicht nicht rechnen. So hat der Hersteller von giftigen oder ätzenden Reinigungsmitteln für den Hausgebrauch mit der Neugier von Kleinkindern zu rechnen und entweder die Aufsichtspersonen auf die Gefährlichkeit hinzuweisen[29] oder sogar einen Sicherheitsverschluß anzubringen (*Rz. 119*). Überhaupt sind bei einem **zweckwidrigen Gebrauch** des Produkts,

---

[18] BGH VersR 1984, 270 – Flachmeißel; OLG Celle VersR 1978, 258, 259 – Hocker; hierzu auch OLG Köln, Urt. v. 20. 1. 1972, Schmidt-Salzer, Entscheidungssammlung II, II 30, S. 333 – Speiseeisbereiter; BGH NJW 1988, 52 – Korken (verneinend).

[19] BGH VersR 1957, 584 – Gelenkwellenschutz; VersR 1984, 270 – Flachmeißel; Kullmann/Pfister, Kza. 1520 S. 23; vgl. auch v. Münch, DAR 1958, 62, 64.

[20] BGH VersR 1977, 334, 335 – Autoscooter.

[21] Kullmann/Pfister, Kza. 1520 S. 23.

[22] Anders offenbar OLG Hamm DB 1973, 325, 326 – Torf; Kullmann/Pfister, Kza. 1520 S. 23, 38f. für Lebensmittel.

[23] Vgl. BGH VersR 1954, 100 – Trinkmilch; NJW 1972, 2300, 2302 – Wasserversorgung I; näher § 25 Rz. 21ff.

[24] Diederichsen, NJW 1978, 1281, 1287; anders OLG Hamm DB 1973, 325, 326 – Torf.

[25] BGH BB 1955, 1109 – Insektenvertilgungsmittel.

[26] Näher hierzu Rz. 80ff. und 215.

[27] OLG Koblenz VersR 1981, 740 – Grillgerät.

[28] BGH NJW 1981, 2514, 2515 – Kältemittel.

[29] Schmidt-Salzer, Produkthaftung, Rz. 56.

der nicht ganz fernliegt oder doch häufiger vorkommt, Schutzmaßnahmen des Herstellers jedenfalls dann angezeigt, wenn gravierende Schäden drohen.[30] Zu **Allergien** vgl. *Rz. 99, 187.*

2. Technische Standards

13 Art und Umfang der Herstellerpflichten hängen nicht nur davon ab, welche Produktsicherheit der Verbraucher im Ergebnis erwartet, sondern auch von dem Sicherheitsniveau, das nach dem jeweiligen Erkenntnisstand von Wissenschaft bzw. Technik möglich und zumutbar ist (ausführlich hierzu in Bd. 2).

a) Stand der Technik, allgemein anerkannte Regeln der Technik, Stand von Wissenschaft und Technik

14 Von einem einheitlichen Erkenntnisstand kann nur selten die Rede sein; zu oft eilen neue wissenschaftliche Erkenntnisse dem anerkannten Fachwissen voraus, dieses wiederum den beruflich akzeptierten und angewandten Regeln. Auf der anderen Seite hat der Hersteller ein berechtigtes Bedürfnis, möglichst zuverlässig feststellen zu können, welche Sorgfaltsanforderungen seinem Betrieb abverlangt werden.

15 **aa) Abgrenzung der technischen Standards**

In Anlehnung an gesetzliche **Sprachgebräuche** (vgl. §§ 16, 24 IV GewO, 3 VI BImSchG, § 7 II Nr. 3 AtomG) ist teilweise versucht worden,[31] die technischen Anforderungen in einem Dreistufen-Modell darzustellen; danach umschreiben die ,,allgemein anerkannten Regeln der Technik" die Mindestsorgfalt, der ,,Stand der Technik"[32] ein mittleres Sicherheitsniveau und der ,,Stand von Wissenschaft und Technik"[33] die nach letzter – wissenschaftlicher – Erkenntnis gebotenen (höchsten) Anforderungen. Gegen diese Unterscheidung[34] und insbesondere gegen die Formel ,,Stand von Wissenschaft und Technik"[35] sind vielfältige Bedenken geäußert worden. Sie sind insofern berechtigt, als die wissenschaftlich-theoretischen Erkenntnisse der Technik von dem Begriff der ,,Technik" mitumfaßt werden.[36] Auch hier lassen sich zwar Technologie und angewandte Technik sondern;[37] rechtlich bedeutsam ist aber weniger dieser Unterschied, sondern der zwischen der technischen Entwicklung, nämlich dem ,,Stand", und dessen Akzeptanz bzw. Durchsetzung. Der ,,Stand der Wissenschaft" sollte daher nicht auf das Gebiet der Technik, sondern auf andere Wissenschaften bezogen werden, deren Erkenntnisse – seien sie medizinischer, biologischer oder ökologischer Art – zur Aufdeckung von Produktgefahren heute unentbehrlich sind.[38]

16 Demnach erfaßt der **,,Stand von Wissenschaft und Technik"** diejenigen Erkenntnisse, die nach dem letzten, gesicherten Forschungsstand[39] in Technik bzw. Naturwissenschaften die rechtzeitige Wahrnehmung und Vermeidung einer Produktgefahr ermöglichen.[40] Dagegen sind **,,(allgemein) anerkannte Regeln der Technik"** solche, die in den Kreisen der betreffenden Techniker bekannt und als richtig anerkannt sind; sie müssen also in der Praxis erprobt worden sein, sich dort verbreitet und bewährt haben.[41]

---

[30] Näher § 24 Rz. 78ff., 211ff.

[31] Jeiter, Das neue Gerätesicherheitsgesetz (1980), S. 47f.; Breuer, AöR 101 (1976), 46, 66f.; Obenhaus/Kuckuck, DVBl. 1980, 154, 156f.; s. auch BVerfG NJW 1979, 359 – Kalkar.

[32] RGSt 44, 75, 79f.

[33] S. etwa §§ 24 IV 2 GewO, 6 II Nr. 2 und 7 II Nr. 3 AtomG.

[34] Kritisch etwa Nicklisch, NJW 1983, 841, 844.

[35] Dagegen z.B. Kriele, NJW 1976, 355, 357f.; Brendel, Qualitätsrecht (1976), S. 83; Bullinger, VersR 1972, 599, 604.

[36] Vgl. insbes. Marburger, Regeln, S. 164f.; Winckler, DB 1983, 2125, 2126.

[37] Marburger, Regeln, S. 164f. FN 4.

[38] Marburger, Regeln, S. 165; vgl. auch Schmidt-Salzer, Entscheidungssammlung II, S. 39, 44.

[39] Vgl. BVerfG NJW 1979, 359, 362 – Kalkar; BVerwG BB 1972, 1075, 1076.

[40] Marburger, Regeln, S. 165.

[41] Obenhaus/Kuckuck, DVBl. 1980, 154, 156; Marburger, Regeln, S. 157, 439; OLG Koblenz BB 1973, 216.

bb) Bedeutung der technischen Standards für die Verkehrspflichten. Die wissenschaftlichen und technischen Standards sind für die Verkehrspflichten des Herstellers von immenser Bedeutung. 17

Sie sind als solche allerdings nicht identisch mit den Verkehrspflichten, selbst wenn man diese als abstrakte Verhaltensnormen formuliert.[42] Denn erstens ordnen sie eine bestimmte Gefahrvermeidungsmaßnahme meist nicht zwingend an, so daß dem Hersteller regelmäßig ein gleich effizientes Alternativverhalten gestattet ist;[43] zweitens hängt die Pflicht zur Wahrung und Übernahme eines bestimmten Sicherheitsstandards u. U. auch von der Kapazität und Spezialisierung des Herstellerbetriebs sowie von der Person (Funktion) des Verkehrspflichtigen ab.[44]

aaa) Obergrenze der Sicherheitsanforderungen. Die Obergrenze der an die Produktsicherheit zu stellenden Anforderungen bildet im allgemeinen der **Stand von Wissenschaft und Technik.** 18

Denn einerseits wird absolute technische Sicherheit, die Voraussetzung für völlige Risikofreiheit wäre, prinzipiell unerreichbar bleiben. Selbst die in dem AtomG niedergelegten Grundsätze bestmöglicher Gefahrenabwehr lassen eine Genehmigung zu, wenn es nach dem Stand von Wissenschaft und Technik (nur) praktisch ausgeschlossen erscheint, daß ein Schaden eintritt. Wie das BVerfG in seiner Kalkar-Entscheidung formuliert hat, haben „Ungewißheiten jenseits dieser Schwelle praktischer Vernunft ... ihre Ursache in den Grenzen des menschlichen Erkenntnisvermögens; sie sind unentrinnbar und insofern als sozial adäquate Lasten von allen Bürgern zu tragen."[45] Andererseits kann von dem Hersteller nichts Unmögliches verlangt werden. Gefahren, welche die Gesellschaft trotz Aufbietung höchster fachlicher Kompetenz und modernster Technologie nicht hätte wahrnehmen bzw. vermeiden können, braucht auch er nicht zu berücksichtigen.

Die Begrenzung der Sorgfaltspflichten durch den jeweiligen Entwicklungsstand hat zur Folge, daß eine spätere Anhebung des Standes von Wissenschaft und Technik keine Haftung des Herstellers für sein aus früherer Sicht korrektes Verhalten begründen kann: **Für** nicht voraussehbare Gefahren seines Produkts, die sog. **Entwicklungsfehler**, trägt der Hersteller **keine Verantwortung** (*Rz. 83ff.*).[46] 19

Ausnahmsweise können die Sorgfaltsanforderungen aber **über den Stand von Wissenschaft und Technik hinausgehen.** Das gilt namentlich für Produkte, die nach Komplexität und/oder abstraktem Gefahrenpotential so einzigartig sind, daß ihrem Hersteller zugemutet werden kann, die zur Analyse und Risikoforschung benötigten technischen oder Hilfswissenschaften selber erst im erforderlichen Umfang fortzuentwickeln (z. B. Arzneimittel, sicherheitsrelevante Hochtechnologie).[47] 20

bbb) Untergrenze der Sicherheitsanforderungen. Die Untergrenze der Herstellerpflichten liegt zunächst bei den **anerkannten Regeln der Technik.**[48] Pflichtwidrig handelt allerdings nicht schon, wer diese Regeln mißachtet, indem er der dadurch erhöhten Gefahr auf andere Weise vorbeugt.[49] Pflichtwidrig handelt nur, wer den Sicherheitsstandard, der bei Beachtung der anerkannten technischen Regel gewährleistet wäre, unterschreitet.[50] Dies kann auf mehrerlei Weise geschehen:[51] Statt der in der technischen Regel vorgesehe- 21

---

[42] Schmidt-Salzer, Entscheidungssammlung III, S. 529ff.; a. A. Lindacher, BB 1981, 144; Marburger, VersR 1983, 597, 604.

[43] Vgl. Marburger, VersR 1983, 597, 600ff.

[44] Vgl. etwa Schmidt-Salzer, Entscheidungssammlung II, S. 39, 49ff.; näher Rz. 32.

[45] BVerfG NJW 1979, 359, 363 – Kalkar.

[46] Dieser Grundsatz gilt teilweise auch im Rahmen der Gefährdungshaftung für Arzneimittel (§ 84 AMG) und wird selbst in der EG-Richtlinie zur Produkthaftung (Art. 7 lit. e) beibehalten.

[47] Ebenso Plagemann/Tietzsch, Recht und Staat 498/499, S. 21, 23; s. auch LG Münster NJW-RR 1986, 947, 952f. – Thallium.

[48] BGH VersR 1971, 80, 82 – Bremsen III; VersR 1984, 270 – Flachmeißel; OLG Köln, Urt. v. 20. 1. 1972, Schmidt-Salzer, Entscheidungssammlung II, II 30, S. 324 – Speiseeisbereiter.

[49] MünchKomm/Mertens, § 823 Rz. 23c.

[50] So ausdrücklich auch § 3 I 2 GSG.

[51] Vgl. Marburger, VersR 1983, 597, 603.

nen wird überhaupt keine Sicherungsmaßnahme getroffen;[52] bei Einhaltung des vorgeschriebenen Sicherungsweges wird das Sicherungsniveau (quantitativ) unterschritten (z. B. durch Überprüfung der Druckfestigkeit bei 1,5 atü statt 1,8 atü); in Abweichung vom vorgeschriebenen Sicherungsweg wird eine andere Sicherungstechnik angewandt, die (qualitativ oder/und quantitativ) unter dem geforderten Niveau bleibt. Steht im letzten Fall lediglich fest, daß der Hersteller eine andere als die vorgeschriebene Sicherheitstechnik gewählt hat, so trägt er die Beweislast dafür, daß dadurch die normierte Sicherheit nicht gemindert wurde.[53]

22 Mit Wahrung der ,,(allgemein) anerkannten Regeln der Technik" genügt der Verkehrspflichtige nach dem *öffentlichen* Sicherheitsrecht weitgehend der gebotenen Sorgfalt (vgl. etwa § 1 I 1 der 2. DVO und § 1 S. 1 der 4. DVO zum EnWG; § 3 I 1 GSG). Dieser Maßstab erleichtert auf der einen Seite dem Verkehrspflichtigen die Erkennung und Erfüllung der ihm gestellten Anforderungen erheblich. Der Nachteil ihres niedrigen Niveaus besteht jedoch, wie das BVerfG formuliert hat, ,,darin, daß die Rechtsordnung mit dem Maßstab der allgemein anerkannten Regeln stets hinter einer weiterstrebenden technischen Entwicklung herhinkt."[54] Der Hersteller hat daher grundsätzlich nicht nur die anerkannten Regeln,[55] sondern auch den **Stand von Wissenschaft und Technik** zu beachten.[56] Er muß sich also über die Fortentwicklung der Technik auf dem Laufenden halten[57] und insbesondere über die Erkenntnisse auf seinem Tätigkeitsgebiet unterrichten.[58]

23 **ccc) Bildung des Standes von Wissenschaft und Technik.** Ein bestimmter Stand von Wissenschaft und Technik ist erst erreicht, **wenn die** für ihn **maßgebenden Erkenntnisse** – samt der Möglichkeit ihrer Realisierung – **gesichert sind.**

24 Hat die Fachwelt Gelegenheit gehabt, sich hierüber ein **Urteil** zu bilden, kommt es auf den Standpunkt an, der auf der höchsten Ebene **anerkannter Fachleute** vertreten wird. Daß diese sich völlig einig sind, ist nicht erforderlich. Schon die Auffassung einer Spezialistenmehrheit wird in der Regel als repräsentativ anzusehen sein; ausnahmsweise können Autorität und Forschungsschwerpunkte bestimmter Wissenschaftler Anlaß zu einer anderen Beurteilung geben. Grundsätzlich sind **abweichende Meinungen** einzelner Wissenschaftler aber unerheblich, solange sie nicht Anerkennung gefunden haben.[59]

Das ist zwar insofern bedenklich, als die Anerkennung einer zutreffenden Mindermeinung sich nicht immer allein aus Gründen wissenschaftlicher Skepsis verzögert. Andererseits spricht die Vermutung dafür, daß eine Majorität von Fachkundigen das größere Potential an Erfahrung und Forschungskapazität besitzt. Die Gesellschaft muß es daher hinnehmen, daß sich auch naturwissenschaftliches Wissen ,,immer nur auf dem neuesten Stand unwiderlegten möglichen Irrtums befindet".[60]

---

[52] Beispiel: BGH in: Schäfer/Finnern Z 3.01 Bl. 322.

[53] Marburger, VersR 1983, 597, 602; s. aber auch § 30 Rz. 49ff.

[54] BVerfG NJW 1979, 359, 362 – Kalkar.

[55] A. A. Lukes, Bedeutung, S. 43; Marburger, Regeln, S. 439 und VersR 1983, 597, 603.

[56] Vgl. zum Stand der *Technik:* BGH VersR 1952, 357 – Rungenverschluß; VersR 1954, 100 – Trinkmilch; VersR 1956, 625 – Karussell; VersR 1959, 523, 524 – Seilhexe; VersR 1960, 1095, 1096 – Kühlanlage; Klingmüller, Festgabe Oftinger (1969), S. 121, 124f.; Dunz/Kraus, S. 86. Zum Stand der *Wissenschaft:* BGH, Urt. v. 25. 3. 1958, Schmidt-Salzer, Entscheidungssammlung I, I 30, S. 120 – Leim; OLG Bremen, Urt. v. 14. 6. 1960, Schmidt-Salzer, Entscheidungssammlung II, II 24, S. 300f. – Röntgengerät. Zum Stand von *Wissenschaft und Technik:* BGH NJW 1969, 269, 275 – Hühnerpest; vgl. auch BVerwG BB 1972, 1075, 1076 (zu § 7 II Nr. 2 und 4 AtomG a. F.); Diederichsen, NJW 1978, 1281, 1283; v. Westphalen, Jura 1983, 57, 59.

[57] BGH VersR 1977, 543, 545 – Verkehrsschild; NJW 1981, 1606, 1608 – Benomyl; OLG Schleswig, zit. nach BGH VersR 1960, 1095, 1096 – Kühlanlage; Diederichsen, Haftung, S. 61ff.

[58] BGH NJW 1981, 1606, 1608 – Benomyl; Löwe, DAR 1978, 288, 290; v. Westphalen, Jura 1983, 57, 59, 63f.

[59] Lorenz, CR 1987, 564, 568; a. A. offenbar Roth-Stielow, DÖV 1979, 167f.

[60] BVerfG NJW 1979, 359, 363 – Kalkar; Wagner, NJW 1980, 665, 667.

Der Hersteller kann sein Produkt deshalb in der Regel als ungefährlich betrachten, wenn die denkbare Fehlerquelle (Material, Konstruktion, Herstellungsverfahren usw.) nach mehrheitlicher Ansicht der zuständigen Fachleute für unbedenklich gehalten wird.

Das gilt allerdings nicht, falls **neue wissenschaftliche** – namentlich experimentelle – **Erkenntnisse** vorliegen, mit denen sich die Fachwelt noch nicht auseinandersetzen konnte. Hier hängt die Sorgfaltspflicht des Herstellers vom Einzelfall ab. Verfügt der Hersteller über entsprechende Kapazitäten, muß er die Forschungsberichte selber auf ihre Seriosität überprüfen oder überprüfen lassen. Bleiben daraufhin erhebliche Zweifel an der bisherigen Einschätzung der Ungefährlichkeit, kann dem Hersteller eine Warnung der Verbraucher oder sogar eine Aussetzung seiner Produktion zuzumuten sein,[61] bis die Fachwelt Gelegenheit zu einer Revision ihres Urteils erhält. Eine Fortentwicklung von Wissenschaft oder Technik kann sich auch dadurch ankündigen, daß ein Konkurrent des Herstellers, der ein vergleichbar zusammengesetztes oder konstruiertes Produkt verwendete, dieses aus dem Verkehr zieht oder durch ein Modell ersetzt,[62] das eine erhöhte Sicherheit aufweisen soll. Auch in diesem Fall ist dem Hersteller aber eine angemessene **Beobachtungs- und Prüfungszeit** zuzubilligen, bevor er Konsequenzen für sein eigenes Produkt zieht;[63] will er die fremde Technik eines Konkurrenzunternehmens übernehmen, ist er sogar gehalten, sie gründlich zu untersuchen, da er in der Regel nicht überblicken kann, inwieweit dies auf seiten des Konkurrenten geschehen ist. 25

ddd) Erkundung des Standes von Wissenschaft und Technik. Die Erkundung des Standes von Wissenschaft und Technik durch den Hersteller setzt zunächst voraus, daß diesem die hierfür maßgebenden Äußerungen der berufenen Fachleute zugänglich sind. Er braucht nur solche Erkenntnisse zu berücksichtigen, von denen er sich in zumutbarer Weise Kenntnis verschaffen kann. Er hat daher jedenfalls inländische Fachzeitschriften auszuwerten,[64] Fachtagungen zu verfolgen,[65] ggf. mit wissenschaftlichen Instituten zu korrespondieren und auch die Eigenschaften und Neuerungen ähnlicher Konkurrenzprodukte zu beobachten.[66] Inwieweit ein deutsches Unternehmen auch ausländische Publikationen zu verfolgen hat,[67] hängt vom Einzelfall ab, und zwar von dem abstrakten Gefahrenpotential, von den Ländern, in denen über die betreffenden Produkte oder Stoffe hauptsächlich geforscht wird, und von dem Operationsfeld des Herstellers. So sind einem Weltkonzern schon wegen des ihm erleichterten Zugriffs auf die Medien der wichtigen Industrieländer breitere Auswertungen möglich als einem mittelständischen Unternehmen.[68] Auch diesem können aber Abonnement und Übersetzung z. B. einer japanischen (und nicht in Englisch abgefaßten) Fachzeitschrift zumutbar sein, falls in seiner Branche gerade Japan an der Spitze der technischen Entwicklung steht. Dagegen braucht der Hersteller Forschungsergebnisse, die in Privatunternehmen – gar der Konkurrenz – gewonnen werden und als know-how geheim oder aus anderen Gründen unzugänglich bleiben, nicht zu kennen.[69] 26

eee) Richterliche Ermittlung des Standes von Wissenschaft und Technik. Die gerichtliche Ermittlung des Standes von Wissenschaft und Technik geht von der Frage aus, ob der Hersteller den zu einem bestimmten Zeitpunkt (vgl. *Rz. 28ff.*) erreichten Stand beachtet hat. Hierbei kommt es nicht darauf an, wie der Richter die objektiven techni- 27

---

[61] Köhler, BB 1985 Beil. 4, S. 11.

[62] Vgl. BGH VersR 1960, 1095, 1096 – Kühlanlage.

[63] Schmidt-Salzer, Rz. 47 (3); s. auch Rz. 221ff.

[64] BGH NJW 1981, 1606, 1608 – Benomyl; OLG Schleswig, zit. nach BGH VersR 1960, 1095, 1096 – Kühlanlage; s. auch BGH VersR 1971, 134, 135b.

[65] BGH NJW 1981, 1606, 1608 – Benomyl.

[66] BGH VersR 1960, 1095, 1096 – Kühlanlage; Kullmann/Pfister, Kza. 1520 S. 28.

[67] Dazu auch Schmidt-Salzer/Hollmann, Bd. 1, Art. 7 Rz. 136ff.

[68] BGH NJW 1981, 1606, 1608 – Benomyl.

[69] Vgl. Simitis, Verhandlungen des 47. DJT, C 47, 55; v. Westphalen, WiR 1/1972, 67, 76.

schen Möglichkeiten bzw. Gefahren zu der betreffenden Zeit selbst einschätzt; denn er hat – anders als bei Anwendung z. B. des § 7 II Nr. 3 AtomG[70] – nicht selber den (wahren) Stand von Wissenschaft und Technik zu ermitteln, indem er sich über divergierende Ansichten von Experten seine eigene Meinung bildet.[71] Auch für den Richter ist vielmehr nur der gesicherte Stand der Entwicklung maßgebend und damit dessen **Bewertung durch die Fachleute** zu der jeweiligen Zeit. Wird dem Hersteller dagegen vorgehalten, er hätte sich mit neuen Forschungsergebnissen usw. auseinandersetzen müssen, über die sich die Fachwelt noch kein Urteil gebildet hatte, wird sich die richterliche Prüfung auf das Erscheinungsbild und die damalige Bedeutung der Forschungsergebnisse ausdehnen.[72]

28 **fff) Zeitpunkt des Standes von Wissenschaft und Technik.** Für die Beurteilung der wissenschaftlich-technischen Entwicklung ist grundsätzlich der Zeitpunkt maßgebend, in dem die Produktgefahr bei pflichtgemäßem Verhalten spätestens vermieden worden wäre.[73]

29 Er liegt also für Fehler, die bei der Konstruktion, Fabrikation, der diesbezüglichen Organisation des Betriebs oder bei der Instruktion der Verbraucher unterlaufen sind, in der **Inverkehrgabe** des Produkts.[74] Grundsätzlich hat der Hersteller deshalb die von einer Fehlkonstruktion ausgehenden Gefahren seines Produkts auch dann noch zu berücksichtigen, wenn diese der Fachwelt erst – u. U. Jahre später – vor der Serienfertigung oder vor Vertriebsbeginn erkennbar werden.[75]

30 Dies kann zu **Härten** führen. Läßt sich der für das Sicherheitsdefizit ursächliche Mangel durch leichte Änderungen der Konstruktion oder durch zusätzliche Schutzvorkehrungen (Sonder- oder Serienfertigung) beheben, so muß dies geschehen,[76] indem z. B. Trennwände bzw. -scheiben oder Zusatzstreben angebracht oder ungefährlichere Materialien gleicher Eignung verwendet werden. Wo dergleichen ausgeschlossen ist, stellt sich die Frage, inwieweit die allein geeigneten Schutzmaßnahmen dem Hersteller zuzumuten sind (s. auch *Rz. 58*). Dieser hat bis zur Serienreife häufig über Jahre hinweg erhebliche Investitionen getätigt und kann bei völligem Fehlschlagen der geplanten Produktion – jedenfalls als mittelständischer Unternehmer – in ernste Schwierigkeiten geraten. Hinzu kommt, daß ein Erzeugnis, dessen Entwicklung Jahre in Anspruch genommen hat, zunehmend schon bei erstmaligem Verkauf nicht mehr dem allerneuesten Stand der Erkenntnisse entspricht.[77] Oft ist das auch dem Verbraucher bekannt, dessen Erwartung an das Sicherheitsniveau sich dann auf die angebotene Qualität beschränken wird.[78] Ist das zwar nicht der Fall, würde aber der nach dem Stand der Technik erzielbare Sicherheitsgewinn in keinem vernünftigen Verhältnis mehr zu dem Kostenanstieg stehen, so ist eine Umstellung der Produktion unzumutbar.[79] Andererseits muß auch Ware zweiter oder dritter Klasse stets eine Mindestsicherheit bieten.[80] Geht diese dem Produkt ab und kann sie auch durch zulässige Hinweise oder Warnungen an den Verbraucher nicht hergestellt werden, darf das Produkt nicht in Verkehr gehen.[81]

---

[70] Dazu BVerfG NJW 1979, 359, 362 – Kalkar; Marburger, VersR 1983, 597, 601 FN 41; Nicklisch, NJW 1983, 841, 846f.

[71] A. A. Köhler, BB 1985 Beil. 4, S. 10. Anders natürlich im Rahmen der historisch-deskriptiven Urteilsbildung!

[72] Vgl. auch BGH NJW 1982, 1049, 1050.

[73] BGH VersR 1957, 584f. – Gelenkwellenschutz; Schmidt-Salzer, Entscheidungssammlung II, S. 39, 40.

[74] OLG Schleswig, zit. nach BGH VersR 1960, 1095, 1096 – Kühlanlage; OLG Köln, Urt. v. 20. 1. 1972, Schmidt-Salzer, Entscheidungssammlung II, II 30, S. 322f. – Speiseeisbereiter; OLG Celle VersR 1978, 1144f. – Benomyl.

[75] Schmidt-Salzer, Produkthaftung, Rz. 51.

[76] BGH VersR 1957, 584f. – Gelenkwellenschutz.

[77] Dunz/Kraus, S. 89.

[78] Schmidt-Salzer/Hollmann, Bd. 1, Art. 6 Rz. 80; zur Bedeutung von Qualität und Preis für die Verkehrspflicht vgl. Rz. 7

[79] Marburger, Regeln, S. 162; zurückhaltend auch v. Westphalen, WiR 1/1972, 67, 77.

[80] Vgl. BGH VersR 1984, 270 – Flachmeißel, sowie Rz. 7.

[81] OLG Köln, Urt. v. 20. 1. 1972, Schmidt-Salzer, Entscheidungssammlung II, II 30, S. 322 und 332 – Speiseeisbereiter; anders wohl Schmidt-Salzer, Produkthaftung, Rz. 48, 49.

Auch **nach dem Inverkehrbringen** der Ware treffen den Hersteller noch bestimmte Pflichten. Er hat das Produkt auf etwaige Risiken hin zu beobachten und die Verbraucher u. a. zu warnen, wenn – wie auch immer – Nebenfolgen, Spätschäden oder sonstige Gefahren zutage treten. Für die Beurteilung der Frage, wann und in welcher Weise der Hersteller reagieren muß, kommt es wiederum darauf an, ab welchem Zeitpunkt infolge einer Entwicklung des Standes von Wissenschaft und Technik hinreichende Erkenntnisse über die Gefahr möglich wurden.[82] 31

ggg) Einzelpflichten im Herstellerbetrieb. Allein aus dem Umstand, daß die Sicherheit eines Produkts unter dem Stand von Wissenschaft oder Technik geblieben ist, kann noch nicht auf einen Mangel an Sorgfalt im Herstellerbetrieb geschlossen werden. Welche Pflichten dem jeweiligen Stand von Wissenschaft und Technik entsprechen, hängt vielmehr letztlich von den allgemeinen Grundsätzen ab, also von der Größe des Gefahrenpotentials, aber auch von Kapazität[83] und Spezialisierung des Unternehmens sowie von der Funktion des Verkehrspflichtigen. Kann ein Produkt, das fehlerhaft ist, zu **Gefahren für Leben oder Gesundheit** führen, müssen z. B. Prüfgeräte und Testverfahren prinzipiell dem neuesten Erkenntnisstand entsprechen.[84] Die Anforderungen an das Sicherheitswissen in einem Betrieb wachsen mit dessen **Spezialisierung;**[85] setzt die Herstellung eines Produkts ein besonderes Fachwissen voraus, muß der Produzent sicherstellen, daß auf entsprechendem Niveau auch etwaigen Produktrisiken nachgegangen wird. Wer beispielsweise Rennräder aus zugelieferten Teilen zusammensetzt, muß dafür Sorge tragen, daß die Belastbarkeit der Leichtmetallrahmen der gewählten Konstruktion entspricht; das setzt bestimmte Kenntnisse auch des Materialverhaltens voraus. Diese werden sich in der Regel allerdings nicht auf Herstellung und Qualitätskontrolle zu erstrecken brauchen, da beides dem insoweit auch spezialisierteren Zulieferer obliegt. Vergleichbar ist zu differenzieren, wo die Verkehrspflichten bei arbeitsteiliger Herstellung in demselben Betrieb nach **Funktion und Berufsgruppen** aufgeteilt sind:[86] Ein Ingenieur, der in der Abteilung Entwicklung eingesetzt ist und sich in jahrelanger Spezialisierung besondere Kenntnisse von Beschaffenheit und Verwendbarkeit bestimmter Werkstoffe verschafft hat, muß sich ebenso intensiv mit der Gefahr auseinandersetzen, daß diese Materialien versagen oder unverträglich sind; für die mit untergeordneten Arbeiten befaßten Mitarbeiter dieses Ingenieurs und für seine Vorgesetzten wird je nach Ausbildung und Aufgabenkreis anderes gelten.[87] 32

In einer besonderen Zwangslage befindet sich ein Hersteller, der **gehindert** ist, **der technischen Entwicklung zu entsprechen.** Dies kann zwei Gründe haben: Entweder kennt der Hersteller zwar den – regelmäßig von einem Konkurrenten – erzielten Sicherheitsgewinn, kann aber die dafür erforderliche Technologie nicht in Erfahrung bringen. Oder er kennt zwar die Technologie, kann sie aber aus rechtlichen Gründen (z. B. Patentierung) weder verwerten noch Verwertungsrechte auf vertretbare Weise erwerben. 33

Soweit der Verbreitung der technischen Entwicklung Betriebsgeheimnisse im Wege stehen, ließe sich das Problem lösen, indem der Produzent, der die Entdeckung verwertet, zu ihrer Offenbarung verpflichtet würde. Ein solcher Eingriff in das Wirtschaftsrecht könnte den Anreiz, die Konkurrenz durch – meist sehr teure – technische Innovationen zu überholen, empfindlich schwächen; er ist daher abzulehnen.[88]

---

[82] Näher dazu Rz. 221 ff., 235 f., 252 f.

[83] Vgl. Rz. 53 ff.

[84] Vgl. BGH VersR 1971, 80, 82 – Bremsen III (zur Anpassung der Kontrollgeräte an geänderte Bremsvorrichtungen); NJW 1988, 2611, 2612 – Mehrwegflasche II.

[85] OLG Karlsruhe, Urt. v. 16. 4. 1981, Schmidt-Salzer, Entscheidungssammlung III, II 104, S. 592 ff. – Flüssiggaskocher II; Schmidt-Salzer, Produkthaftung: Strafrecht, Rz. 1.083 ff., 1.104 ff.

[86] BGH BB 1976, 17 – Kunststoffplatten; Schmidt-Salzer, Entscheidungssammlung II, S. 39, 50 f.

[87] Zur Verkehrssicherungspflicht vgl. auch BGH NJW 1988, 48, 49.

[88] v. Westphalen, WiR 1/1972, 67, 76 f.

34 Hier stellt sich die Frage, ob dem Hersteller vorzuwerfen ist, daß er überhaupt noch produzierte, obwohl es Waren gibt, die dem fortgeschrittenen Stand der Technik entsprechen. An einer **Pflichtverletzung** fehlt es, soweit der Verbraucher – etwa wegen des Preisgefälles gegenüber der neuen Technik (*Rz.* 7) – die höhere Produktgefahr hinnimmt und diese nicht die Mindestsicherheit beeinträchtigt. Dieser Fall dürfte auch bei Flugzeugen gegeben sein, die noch nicht über radargespeiste Computer verfügen, mit deren Hilfe Flugzeugkollisionen praktisch ausgeschlossen werden könnten;[89] denn diese sind – ungeachtet des Gefahrenpotentials – außerordentlich selten. Im übrigen aber kann je nach Gefahrgröße einerseits und wirtschaftlicher Tragweite einer Produktionseinstellung andererseits die weitere Verbreitung der weniger sicheren Ware unzulässig werden.

b) Technische Regelwerke

35 Die Verkehrspflichten des Herstellers werden maßgeblich auch durch die technischen Regeln beeinflußt, welche von fachlichen Institutionen (z. B. Fachverbände, Sachverständigenausschüsse) zusammengestellt werden.

aa) Arten der Regelwerke

36 – *Überbetriebliche technische Normen.* Überbetriebliche technische Normen sind die von Sachverständigenausschüssen privatrechtlicher Verbände aufgestellten technischen Regeln zur Vereinheitlichung bestimmter Gegenstände. Die bekanntesten der rd. 150 privatrechtlichen Organisationen, die sich mit der Aufstellung und Verbreitung technischer Normen beschäftigen, sind das Deutsche Institut für Normung (DIN), der Verband Deutscher Elektrotechniker (VDE), der Deutsche Verein des Gas- und Wasserfaches (DVGW) und der Verein Deutscher Ingenieure (VDI).

Durch die – weitgehend übereinstimmenden – Verfahren, welche einer Normgebung der jeweils berufenen Gremien vorangehen,[90] soll sichergestellt werden, daß Rationalisierungs-, Qualitäts- oder Sicherheitsregeln[91] entstehen, von deren Richtigkeit die Mehrheit der zuständigen Fachleute überzeugt ist. Die Normen werden als gedruckte Regelblätter veröffentlicht und in bestimmten Zeitabständen, gewöhnlich alle fünf Jahre, überprüft; ist der Stand der Technik inzwischen fortgeschritten, werden sie ihm entweder angepaßt oder zurückgezogen.[92]

37 – *Regelwerke der öffentlich-rechtlichen technischen Ausschüsse.* Mit der Aufstellung technischer Regeln sind auch mehrere öffentlich-rechtliche Ausschüsse befaßt. Am bekanntesten sind die technischen Ausschüsse des Rechts der überwachungsbedürftigen Anlagen, z. B. der Deutsche Dampfkesselausschuß (DDA) und der Deutsche Aufzugsausschuß (DAA); sie sind auf der Grundlage des § 24 IV GewO durch Rechtsverordnungen eingesetzt worden, die auch ihre Zusammensetzung genau festlegen. Regelwerke sind z. B. die Technischen Regeln für Dampfkessel (TRD) und die Technischen Regeln für Aufzüge (TRA).

38 – *Unfallverhütungsvorschriften.* Die Unfallverhütungsvorschriften regeln – außer dem Verhalten der Versicherten – u. a. die „Einrichtungen, Anordnungen und Maßnahmen, welche die Unternehmer zur Verhütung von Arbeitsunfällen zu treffen haben" (§ 708 I 1 Nr. 1 RVO). Sie werden nach einem festgelegten Verfahren von Fachausschüssen der Zentralstelle für Unfallverhütung des Hauptverbandes der gewerblichen Berufsgenossenschaften erarbeitet, von der jeweiligen Vertreterversammlung beschlossen und nach Genehmigung durch den Bundesarbeitsminister in Kraft gesetzt.[93] Die Berufsgenossenschaften als Träger der gesetzlichen Unfallversicherung publizieren die Vorschriften, die für Unternehmer und Versicherte bindend sind.

---

[89] Hierzu v. Westphalen, WiR 1/1972, 67, 77.
[90] Vgl. im einzelnen Marburger, VersR 1983, 597, 598.
[91] Zur Terminologie Marburger, VersR 1983, 597, 599.
[92] Vgl. z. B. DIN 820 Teil 4 „Normungsarbeit; Geschäftsgang" (Febr. 1974), Abschnitte 4 und 5.
[93] Vgl. Bogs, Die Sozialversicherung im Staat der Gegenwart (1973), S. 228, 239 ff.

bb) Bedeutung der Regelwerke für die Verkehrspflicht. Die technischen Regelwerke sind größtenteils nicht Bestandteil des Haftungsrechts, weil die überbetrieblichen technischen Normen und die Regelwerke der öffentlich-rechtlichen Ausschüsse **keine Rechtsnormen** sind.[94] Die Unfallverhütungsvorschriften sind zwar Rechtsnormen, da sie von selbständigen öffentlich-rechtlichen Körperschaften im Rahmen ihrer Satzungsgewalt erlassen werden (vgl. §§ 537, 546, 708f. RVO); sie binden jedoch außer den Beschäftigten die Unternehmer unmittelbar nur als Mitglieder der Berufsgenossenschaften, nicht aber als Hersteller *(Rz. 43)*. 39

Dennoch sind die technischen Regelwerke sehr verbreitet und werden weitenteils wie Rechtsnormen angewandt. Letzteres hat seinen Grund auch darin, daß das öffentliche Recht der technischen Sicherheit in seinen Anforderungen häufig auf den Inhalt der privaten Regelwerke verweist.[95] Derartige Geltungsbefehle sind zunächst auf den Bereich des jeweiligen öffentlich-rechtlichen Sicherheitsrechts beschränkt; sie **können** daher **die privatrechtlichen Verkehrspflichten** unmittelbar **weder erweitern noch einschränken.** Der Inhalt der Regelwerke ist auch **nicht identisch mit den anerkannten Regeln der Technik.**[96] Denn die Normierung in Regelwerken setzt weder die einheitliche Handhabung einer bestimmten Technik noch deren Anerkennung als richtig voraus, sondern soll beides oft erst bewirken. Ferner können technische Regeln anerkannt sein, die (noch) nicht in Regelwerke eingegangen sind; umgekehrt können normierte Regeln an Anerkennung verloren haben, weil sie nach einigen Jahren als überholt gelten. 40

Andererseits sprechen der Sachverstand, die fachliche Autorität der Normungsgremien, deren Arbeitsweise sowie das Ansehen und die Verbreitung der Regelwerke für die **tatsächliche Vermutung,** daß die Normen der **Regelwerke anerkannte Regeln der Technik** sind oder geworden sind.[97] Daraus folgt: 41

Jedenfalls eine **Unterschreitung des Sicherheitsstandards,** der in überbetrieblichen technischen Normen (DIN, VDE, DVGW usw.) oder öffentlich-rechtlichen Regelwerken vorgeschrieben ist, **indiziert** eine **Verkehrspflichtverletzung.**[98] So ist die Herstellung von Meißeln, deren Härte den HRC-Wert der DIN-Normen wesentlich überschreitet, jedenfalls dann pflichtwidrig, wenn sie über Baumärkte auch an Fachunkundige vertrieben werden sollen.[99] 42

Auch **Unfallverhütungsvorschriften** stellen den Niederschlag von Erfahrungen dar, die auf typische Gefahren hinweisen und daher vom Unternehmer verlangen, diesen durch die geforderten Sicherungsmaßnahmen vorzubeugen.[100] Sie halten den Unternehmer an, insbesondere auch mit leichtsinnigem Verhalten *seiner* Arbeiter zu rechnen, deren 43

---

[94] BGH VersR 1967, 133, 134; NJW 1972, 2300, 2301 – Wasserversorgung I; NJW 1987, 2222, 2223f.; Lukes, in: Veröffentlichungen des Instituts für Energierecht, Nr. 23/24, S. 39; Sack, GRUR-Int. 1983, 565, 570; s. aber BGH NJW 1987, 372, 373 – Verzinkungsspray („konkretisieren" Sorgfaltspflichten); NJW 1988, 2667, 2668.

[95] Vgl. z. B. § 1 I der 2. DVO (v. 31. 8. 1937, RGBl. I S. 918 = BGBl. III 752-1-2) zum EnWG sowie § 3 I GSG nebst § 3 I der AVV zum GSG i. d. F. v. 11. 6. 1979 (BAnz. Nr. 108 v. 13. 6. 1979). Näher zu allem in Bd. 2.

[96] BGH NJW 1987, 372, 373 – Verzinkungsspray; Marburger, VersR 1983, 597, 602; Zemlin, Die überbetrieblichen technischen Normen – ihre Wesensmerkmale und ihre Bedeutung im rechtlichen Bereich (1973), S. 115.

[97] BGH VersR 1972, 767, 768; im Erg. auch BGH VersR 1972, 953, 954 – Propangas (Vertragsrecht); OLG Stuttgart BauR 1977, 129 – Schablone; OLG Karlsruhe, Urt. v. 16. 1. 1981, Schmidt-Salzer, Entscheidungssammlung III, II 104 S. 592 – Flüssiggaskocher II; Köhler, BB 1985 Beil. 4, S. 11; Lukes, JuS 1968, 345, 351; Marburger, VersR 1983, 597, 602; Sonnenberger, BB 1985 Beil. 4, S. 8; zurückhaltend OLG Köln BB 1981, 143; differenzierend Lipps, NJW 1968, 279, 282.

[98] BGH VersR 1984, 270 – Flachmeißel (zu DIN); OLG Hamm VersR 1982, 152f.; Lindacher, BB 1981, 144; Marburger, VersR 1983, 597, 603.

[99] BGH VersR 1984, 270 – Flachmeißel.

[100] BGH VersR 1953, 335f.; OLG Karlsruhe VersR 1978, 830 – Betonbereitungsanlage; Boller, VersR 1965, 20, 22; Dunz/Kraus, S. 70.

Vorsicht infolge der Gewöhnung an die täglichen Gefahren oft nachläßt. Gerade deshalb können diese Vorschriften den Pflichtenkreis des Warenherstellers aber **nur beschränkt präzisieren.**[101]

Denn der Hersteller braucht mit unvorsichtigem Verhalten oder mit einem bestimmungswidrigen Gebrauch seines Produkts durch andere nur in leichteren Fällen zu rechnen.[102] Er darf sich insbesondere darauf verlassen, daß ein Produkt, das nur an Fachleute vertrieben wird, von diesen mit dem Erfahrungswissen behandelt wird, das bei ihnen zu erwarten ist; Fachleute in diesem Sinne sind gerade auch geschulte Arbeiter.[103] Allerdings darf die Betriebssicherheit maschinellen Geräts keine vermeidbaren Mängel aufweisen; sind solche Mängel Gegenstand einer Unfallverhütungsvorschrift, spricht die Vermutung für eine Pflichtwidrigkeit des Herstellers auch dann, wenn die Vorschrift sich nicht an ihn, sondern an den Betreiber des Geräts richtet.[104]

44 Die **Wahrung des Sicherheitsstandards,** der in einem Regelwerk verlangt wird, **indiziert die Einhaltung der anerkannten Regeln** der Technik.[105] Das gilt jedoch nur, wenn überhaupt eine technische Norm existiert, welche die eingetretene Gefahr *ihrer Art nach* vermeiden soll; fehlt eine solche Norm, z. B eine VDE-Norm,[106] hat der Hersteller sich über etwaige Gefahren und den anerkannten Stand der Technik selbst zu orientieren. So verzichten die VDE-Vorschriften auf die Anordnung eines Kletterschutzes von Hochspannungsmasten nur deshalb, weil ein Besteigen in freiem Gelände unter normalen Umständen nicht zu befürchten ist; das ändert sich, wenn ein Mast im Spielgebiet von Kindern errichtet wird.[107] Existiert eine technische Norm, so muß der Hersteller – über ihren Wortlaut hinaus[108] – eigenverantwortlich prüfen, ob sie auch die *konkrete* Gefahr erfaßt;[109] bei außergewöhnlichen Risiken oder Umständen ist das nicht der Fall.[110]

45 Im übrigen hat der Hersteller nicht nur die anerkannten Regeln der Technik, sondern, soweit ihm das möglich und zumutbar ist, **auch den Stand von Wissenschaft und Technik** *(Rz. 16)* **zu berücksichtigen.** Dieser kann im Einzelfall durchaus über den Standard eines technischen Regelwerkes hinausgehen.[111] Je älter dieses ist, desto sorgfältiger hat der Hersteller daher zu prüfen, inwieweit die einschlägige technische Norm noch neuen Erkenntnissen entspricht.[112] Andernfalls haftet er für eine Vernachlässigung der wissenschaftlich-technischen Entwicklung auch dann, wenn er sich normgerecht verhielt.[113]

---

[101] BGH VersR 1972, 149, 150 – Förderanlage; OLG Karlsruhe VersR 1978, 830 – Betonbereitungsanlage; ohne Begründung anders OLG Stuttgart, Urt. v. 13. 1. 1981, Schmidt-Salzer, Entscheidungssammlung III, II 100 – Kühlwalzensystem.

[102] Zu Einzelheiten Rz. 78ff., 211ff.

[103] Vgl. Rz. 68 Fn. 167.

[104] OLG Hamm BB 1971, 845f. – Kappsäge.

[105] BGH VersR 1960, 855 – Kondenstopf; OLG Stuttgart BauR 1977, 129 – Schablone; s. auch OLG Karlsruhe, Urt. v. 16. 1. 1981, Schmidt Salzer, Entscheidungssammlung III, II 104, S. 589ff. – Flüssiggaskocher II.

[106] Dazu OLG Köln, Urt. v. 20. 1. 1972, Schmidt-Salzer, Entscheidungssammlung II, II 30, S. 331 – Speiseeisbereiter.

[107] OLG Stuttgart VersR 1978, 161 (Ls.); OLG Karlsruhe VersR 1979, 382f.; LG Tübingen VersR 1982, 586f.

[108] Anders Herschel, NJW 1968, 617, 622f.

[109] BGH NJW 1987, 372, 373 – Verzinkungsspray; OLG Köln, Urt. v. 20. 1. 1972, Schmidt-Salzer, Entscheidungsammlung II, II 30, S. 330 – Speiseeisbereiter; OLG Zweibrücken NJW 1977, 111, 112 – Gittermast II; AG Gelsenkirchen, Urt. v. 14. 6. 1973, Schmidt-Salzer, Entscheidungssammlung III, III 24, S. 602 – Backofen; Marburger, VersR 1983, 597, 600.

[110] RG JW 1932, 745, 746 m. zust. Anm. Rumpf; JW 1935, 2196, 2198 m. zust. Anm. Weimar.

[111] BGH NJW 1987, 372, 373 – Verzinkungsspray; unrichtig OLG Düsseldorf DB 1984, 1772, 1773 (DIN-Vorschrift gebe „jeweiligen Stand" des technischen Wissens wieder).

[112] Hollmann, DB 1985, 2389, 2395; Schmidt-Salzer, Entscheidungssammlung II, S. 47; a. A. Marburger, VersR 1983, 597, 603.

[113] OLG Stuttgart, Urt. v. 31. 10. 1973, Schmidt-Salzer, Entscheidungssammlung I, II 17 – Betonwerkstein; OLG Düsseldorf VersR 1979, 824, 825; s. auch BGH VersR 1967, 1194, 1195 – Flachdach; WM 1981, 683, 684; OLG Karlsruhe VersR 1978, 770.

46 Nach **anderer Ansicht** ist es erforderlich, die Wertungen im Recht der technischen Sicherheit und im Haftungsrecht so zu parallelisieren, daß der Anwender eines Regelwerks wenigstens solche technischen Normen, die das öffentlich-rechtliche Sicherheitsrecht *(Rz. 47f.)* für verbindlich erklärt, als Stand der Technik ansehen kann; er soll lediglich überprüfen müssen, ob die betreffende Norm eine bestimmte Gefahr tatbestandlich überhaupt erfaßt und ob eine besondere Risikolage besteht, die von der Norm nicht berücksichtigt wurde.[114] Diese Auffassung würde dazu führen, daß ein Unternehmen, das eine Risikolage, die von der technischen Norm bislang in Kauf genommen wurde, dank seiner hohen Spezialisierung ohne besonderen Aufwand beseitigen könnte, bedenkenlos die gefahrträchtige Produktionsweise fortsetzen kann. Das ist nicht zu rechtfertigen, auch nicht mit dem Ziel, das Risiko individuellen Irrtums im Bereich der technischen Sicherheit durch generelle Maßstäbe auszuschließen; letzteres ist in sachgerechtem Umfang auch durch die Kriterien der Zumutbarkeit und der inneren Sorgfalt *(§ 28 Rz. 10ff.)* zu erreichen.

c) Öffentlich-rechtliches Sicherheitsrecht und Verkehrspflicht

47 Die technischen Regelwerke erhalten einen großen Teil ihrer Bedeutung dadurch, daß das öffentliche Recht der technischen Sicherheit in seinen Anforderungen häufig auf den Inhalt privater Regelwerke verweist.[115] Durch eine solche Inbezugnahme werden sie Rechtsnormen mit der Folge, daß der Hersteller kraft Verwaltungsrechts gehalten ist, sie zu beachten. Für die Verkehrspflichten hat dies, je nach dem Inhalt der Verweisungsnorm, unterschiedliche Folgen.

48 **aa) Anordnung eines Sicherheitsstandards.** Die technischen Regelwerke selbst beschränken sich im allgemeinen darauf, einen bestimmten Sicherheitsstandard festzulegen; ihrem Anwender steht es daher frei, von der jeweiligen konkreten Anweisung abzuweichen, wenn er deren Sicherheitsniveau auf andere Weise erreicht *(Rz. 21)*. Eine öffentlich-rechtliche Vorschrift, die auf ein Regelwerk Bezug nimmt, will im allgemeinen keine zusätzlichen (schärferen) Anforderungen aufstellen.[116] In jedem Fall ist eine *Unterschreitung* des Sicherheitsstandards pflichtwidrig (vgl. *Rz. 42*), aber auch bei *Einhaltung* des Sicherheitsstandards hat der Hersteller zu prüfen, ob der Stand von Technik oder Wissenschaft darüber hinausgeht (vgl. *Rz. 25, 45f*).

49 **bb) Zwingende Anordnung einer Sicherheitsmaßnahme.** Ausnahmsweise kann die Auslegung der öffentlich-rechtlichen Verweisungsnorm jedoch ergeben, daß ihr Adressat die vorgeschriebene Verhaltensnorm genau einzuhalten hat, ohne auf eine gleichwertige Alternativlösung ausweichen zu können; das wird namentlich dort der Fall sein, wo eine Behörde in die Lage versetzt werden soll, die Einhaltung eines bestimmten Standards mit einfachen Mitteln nachzuprüfen. Dann ist dem Hersteller eine **technische Alternative** auch dann **verwehrt,** wenn sie dem geltenden, aber u. U. rückständigen Sicherheitsrecht überlegen ist.

Beispiel:[117] Gem. § 5 I MedGV bedarf insbesondere die Inverkehrgabe bestimmter medizinischer Geräte einer Typenzulassung, die nur zu erteilen ist, wenn die Bauart den „allgemein anerkannten Regeln der Technik sowie den Arbeitsschutz- und Unfallverhütungsvorschriften" entspricht (§§ 5 III, 3 MedGV). Für diese Beurteilung sollen sog. Einzelprüfgrundsätze maßgebend sein,[118] welche wiederum bestimmte DIN-Normen, VDE-Vorschriften u. a. m. in Bezug nehmen.

50 Wäre auch in diesen Fällen an dem Grundsatz festzuhalten, daß ein unter dem Stand von Wissenschaft und Technik bleibendes Produkt nicht in Verkehr gebracht werden darf, so würde der Hersteller einer rechtlich bedenklichen Pflichtenkollision ausgesetzt. Dieser könnte er zwar theoretisch durch eine Einstellung seiner Produktion entgehen; sie wird

---

[114] Marburger, VersR 1983, 597, 603; s. auch Rz. 95ff.
[115] Vgl. Marburger, BB 1985 Beil. 4, S. 16, 20f.
[116] Vgl. Schmidt-Salzer/Hollmann, Bd. 1, Art. 7, Rz. 98.
[117] Nach Kullmann. Zur **Gefahrstoffverordnung** v. 26. 8. 1986 BGH NJW 1987, 372, 373 – Verzinkungsspray.
[118] Vgl. die Bekanntmachung des Bundesarbeitsministers v. 30. 10. 1985 (BABl. 1/1986 S. 55).

ihm aber nur bei extremer Gefährlichkeit der betreffenden Produkte zumutbar sein. Vielmehr gilt als Grundsatz: Ein Verhalten, das die Rechtsordnung als Sicherheitsrecht strikt gebietet, kann **nach Deliktsrecht nicht unerlaubt** sein.[119] Keine Rechtfertigung stellt demgegenüber eine behördliche Genehmigung dar (näher *Rz. 94ff.*).

3. Ökonomische Grenzen des Sicherheitsaufwands

51 Produktsicherheit war über lange Zeit nur in den Grenzen der menschlichen Leistungskraft und der – rückblickend – eher peripheren technischen Substitute zu gewährleisten. Dies hat sich mit dem raschen Fortschritt der Naturwissenschaften, insbesondere der Elektrotechnik, grundlegend geändert: Für entsprechendes Geld ist fast jede Sicherheitstechnik erstellbar. Welches Maß an Warensicherheit erreicht wird, hängt damit mehr denn je von der betriebswirtschaftlichen Bewertung der Qualitätskontrolle ab.[120] Hierin liegt einerseits ein rechtlicher Anknüpfungspunkt für effizienten Verbraucherschutz, aber auch die Gefahr einer Knebelung des Herstellers. Die Entwicklung des Deliktsrechts in der jüngeren Zeit ist mit den Worten „Haftung, mehr Haftung, noch mehr Haftung" skeptisch skizziert worden.[121] Daran ist jedenfalls richtig, daß das Deliktsrecht nicht instrumentalisiert werden darf. Namentlich eine **perfekte** (hundertprozentige) **Gefahrsteuerung** kann **nur** verlangt werden, **wenn** sie **dem Hersteller ernsthaft zuzumuten** ist (vgl. schon *§ 23 Rz. 10*).

a) Relation von Preis und Qualität

52 **Kein Problem der Zumutbarkeit** ist allerdings die Inverkehrgabe von verhältnismäßig unsicheren Waren zu einem vergleichsweise geringen Preis. Denn dieser Preis besagt nichts über die Kostendeckung und weist den Verbraucher allenfalls darauf hin, daß er mit einer Qualitätseinbuße zu rechnen hat, die insbesondere die Sicherheit der Ware beeinträchtigen kann. Ist dies für den durchschnittlichen Konsumenten ersichtlich, z. B. weil auch bessere Produkte einer höheren Preisklasse angeboten werden, so setzt er schon seine Erwartungen an die Sicherheit herab. Der Hersteller hat hier also nur für eine Mindestsicherheit zu sorgen *(Rz. 7f.)*.

b) Betriebswirtschaftliche Zwänge

53 Nur vereinzelt sind auch der „erzielbare Verkaufspreis" und die Seriengröße des Produkts als Maßstab für den gebotenen Sicherheitsaufwand bezeichnet worden.[122] Für den Sonderfall, daß kurz vor der Inverkehrgabe einer Produktserie die technische Entwicklung voranschreitet und so die Sicherheit dieses Produkts in Frage stellt, wird zwar im Schrifttum darauf hingewiesen, daß ein Verlust der bis dahin getätigten Investitionen die Konkurrenzfähigkeit des Herstellers gefährden könnte.[123] Allgemeiner formuliert *Schmidt-Salzer:* „die Offensichtlichkeit der Gefahr und/oder die wirtschaftlich-finanziellen Auswirkungen der in Betracht kommenden Gefahrabwendungsmaßnahmen sind mit der Größe und/oder Wahrscheinlichkeit der Gefahr, der Zahl der Betroffenen, der Bedeutung der

---

[119] Vgl. auch Schmidt-Salzer/Hollmann, Bd. 1, Art. 7 Rz. 99, 102. So sogar Art. 7 lit. d EG-Richtlinie für die Gefährdungshaftung. Für Deliktsrecht offengelassen von BGH NJW 1987, 372, 373 – Verzinkungsspray.

[120] Grundlegend Steindorff, AcP 170 (1970), 93, 99, 110 und FN 32; Fischer, DB 1977, 71, 74; Jaeger, QZ 1974, 2, 3.

[121] Großfeld, Festschrift Coing (1982), Bd. II, S. 111, 115; ebenso Zöllner, AcP 188 (1988), 85, 95f. Zu manchen, unvergleichlichen Tendenzen in den **USA** s. das erschlagende Bekenntnis von Richter Neely, PHI 1988, 102.

[122] Schmidt-Salzer, Produkthaftung, Rz. 50, 62, s. aber Rz. 85; indirekt ablehnend BGH VersR 1967, 498, 499 – Plastikmassebehälter („wirtschaftliche Überlegung").

[123] Dunz/Kraus, S. 89.

gefährdeten Rechtsgüter usw. abzuwägen."[124] Die **Rechtsprechung** jedoch steht betriebswirtschaftlichen Zwängen **mit spürbarer Zurückhaltung** gegenüber.

Mitte der 50er Jahre wurde einem Hersteller noch zugute gehalten, daß ein Gelenkwellenschutz, der bis 1951 nicht in Serie hergestellt werden konnte, als Sonderanfertigung zu „starken Erhöhungen der Gestehungskosten" geführt hätte.[125] In einer Entscheidung des BGH vom 7. 7. 1970[126] hieß es dann, „daß sich manche Fehler durch eine verkehrsübliche und wirtschaftlich allgemein vertretbare Herstellungsweise" nicht mit Sicherheit vermeiden ließen, so daß der Verkehr mit ihnen u. U. im Einzelfall rechnen müsse. Ohne Bezug zur Produzentenhaftung hat sich der BGH erst kürzlich auch gegen eine Überspannung der betrieblichen Organisationspflicht entgegen den „wirtschaftlichen ... Gegebenheiten" ausgesprochen.[127] Zu dem Gebot der Mindestsicherheit eines Hockers bemerkte das OLG Celle hingegen, es dürfe auch aus Kostengesichtspunkten nicht durchbrochen werden.[128] In seinem Urteil vom 7. 6. 1988 stellte der **BGH** allerdings zu den Anforderungen an die Berstsicherheit einer Flasche fest: „Bei der Beurteilung des wirtschaftlich Zumutbaren werden u. a. ... die Absatzchancen für ein entsprechend verändertes Produkt zu berücksichtigen sein".[128a]

In der Tat muß ein Produkt die zu seiner Benutzung erforderliche **Mindestsicherheit** 54
stets aufweisen. Diese fehlt nicht nur einem Hocker, der im Falle seiner horizontalen Bewegung zusammenklappt,[129] sondern auch einem Eiszubereitungsgerät, dessen Gerätestecker bei Überlaufen von Eismasse stromführend wird.[130] Solche Gegenstände dürfen nie in den offenen Verkehr gelangen.

Fehlt der Ware dagegen „nur" die **höhere Sicherheit,** welche nach dem Stand von 55
Wissenschaft und Technik erreichbar wäre, so ist die Bewertung schwieriger. Zu kurz greift jedenfalls der Hinweis: „Produktsicherheit ist Gegenstand des Wettbewerbs; wer ihre Kosten nicht zu tragen vermag, muß aus dem Wettbewerb ausscheiden."[131] Letzteres setzt voraus, daß jegliche erforderlichen Kosten getragen werden *müssen;* das aber ist gerade die Frage. Schließlich findet auch die Verkehrspflicht eines Grundstückseigentümers ihre Grenzen – und zwar eigentlich immer nur Kostengrenzen –, obwohl es auch dem Eigentümer natürlich freisteht, sich von dem Grundstück zu trennen, wenn es ihm „zu teuer" wird. Die Frage läßt sich zuspitzen: Soll ein Hersteller z. B. dann, wenn er seinen Maschinenpark soeben mit hohem Aufwand und unter Ausschöpfung seiner Kreditlinien erneuert hat, um ihn 12 Jahre lang abzuschreiben, nur deshalb seinen Betrieb schließen müssen, weil auf der Messe eine neue Technik vorgestellt wird, mit deren Hilfe die Ausschußquote von 8^{-6} auf 3^{-6} reduziert werden könnte? Ist das wirklich eher zumutbar als die Veräußerung eines Grundstücks, dessen Eigentümer vor der Alternative steht, für die ersten Passanten ab 4 Uhr morgens das Glatteis zu beseitigen? Konsequenz eines derart strengen Standpunktes wäre, daß die Herstellung bestimmter Produktarten (geringer bis mittlerer Gefährlichkeit) entweder ganz unterdrückt oder zum Privileg leistungskräftiger Unternehmen würde, die den hohen Qualitätsaufwand für ein breiteres Sorti-

---

124 Schmidt-Salzer, Produkthaftung, Rz. 68, wenig klar aber in Schmidt-Salzer/Hollmann, Bd. 1, Einl., Rz. 97f. und S. 515; ähnlich auch Kullmann/Pfister, Kza. 1520 S. 20, 35; s. auch Diederichsen, DAR 1976, 312, 317; Herrmann, BB 1985, 1801, 1805 und FN 63; Steindorff, AcP 170 (1970), 93, 101.

125 OLG Stuttgart, zit. nach BGH VersR 1957, 584 – Gelenkwellenschutz; a. A. offenbar Kullmann, BB 1976, 1085, 1089.

126 BGH JZ 1971, 63 – Druckfehler.

127 BGH NJW-RR 1987, 147 – Gasversorgungssystem.

128 OLG Celle VersR 1978, 258, 259 – Hocker; ebenso BGHSt 2, 384, 385 (für Bereich der Lebensmittelherstellung).

128a BGH NJW 1988, 2611, 2612 – Mehrwegflasche II; dazu Schmidt-Salzer, PHI 1988, 146, 148f.

129 OLG Celle VersR 1978, 258, 259 – Hocker.

130 OLG Köln, Urt. v. 20. 1. 1972, Schmidt-Salzer, Entscheidungssammlung II, II 30, S. 322ff. – Speiseeisbereiter.

131 So MünchKomm/Mertens, § 823 Rz. 292; zustimmend Kullmann/Pfister (Veltins), Kza. 4310 S. 31.

ment nutzen oder doch im Rahmen einer Mischkalkulation hinnehmen könnten. Würde hierdurch zu einer Verschlechterung der Marktstruktur beigetragen, so müßte das noch keine Einschränkung des Verbraucherschutzes nahelegen; denn dieser kann nicht von Fragen der Wettbewerbspolitik abhängen. Andererseits ist die Produktion von Waren, die immerhin eine Grundsicherheit bieten, nicht stets rechtswidrig, sondern nur dann, wenn es dem jeweiligen Hersteller angesichts der Restgefahr und der mit ihr drohenden Schäden objektiv zumutbar gewesen wäre, eine höhere Sicherheit zu gewährleisten. Kommt es hierbei auf alle Umstände des Einzelfalles an, so kann auch der **Kostenspielraum,** der dem jeweiligen Unternehmer üblicherweise für die Produktsicherheit eröffnet ist, **nicht gänzlich außer Betracht bleiben,**[132] was unter dem Gesichtspunkt der ,,Unternehmensgröße" übrigens auch vermehrt zugestanden wird *(Rz. 59).*

56 Etwas anderes ergibt sich auch nicht aus der **Versicherbarkeit des Produkthaft-Risikos.**[133] Nach Deliktsrecht wird nur für Fehlverhalten gehaftet. Fehlverhalten setzt die Feststellung voraus, daß korrektes Verhalten – wenn auch objektiv – zumutbar gewesen wäre. Wer daran festhält, kann von dem Hersteller einen unzumutbaren *Sicherheits*aufwand nicht mit der Begründung fordern, die *Schadensersatz*leistung[134] sei ihm zumutbar, das er *diese* Last ja durch Versicherung seines Risikos habe auf die Warenpreise, d. h. auf die Verbraucher, umlegen können.[135] Das Gesetz jedenfalls macht die Haftung für unerlaubte Handlungen nicht davon abhängig, ob die Schadensersatzleistung dem Verursacher leicht fällt, weil er besonders liquide ist, sich gegen das Haftungsrisiko versichert hat oder (gar nur) hätte versichern können.[136]

Wo dagegen ausnahmsweise der Sicherheitsaufwand selbst versichert werden kann[137] und dem Hersteller die Übernahme bzw. Umlegung der entsprechenden Prämien zumutbar ist, kann dies die Anforderungen an die Gefahrsteuerung wesentlich verschärfen.

57 Der Kreis der Verkehrspflichten, die einer **ökonomischen Relativierung zugänglich** sind, ist allerdings beschränkt. Bei größeren Gefahren wird der Kostenfaktor oft gänzlich zurücktreten, so daß die Aufnahme der Produktion ohne angemessene Kapazitäten für Sicherheitsaufwand ein *Übernahmeverschulden* darstellt.[138] Hatte jedoch der schon erreichte Sicherheitsstandard die Gefahren auf ein vertretbares Maß zurückgeschraubt, so sollte dem Hersteller ruhig der Nachweis gestattet werden, daß es einem Betrieb dieser Art wirtschaftlich unzumutbar war, auch die technisch *mögliche* Sicherheit zu bieten. Dieser Nachweis setzt selbstverständlich voraus, daß der Hersteller seine gesamte Kalkulation offenlegt und dartut, daß die Marktsitutation ihn zwang, sich auf den investierten Sicherheitsaufwand zu beschränken. Exemplarisch für die Abgrenzungsschwierigkeiten ist die Verlagshaftung für Druckfehler.

---

[132] OLG Düsseldorf NJW 1978, 1693, 1694 a. E. – Septummeißel; so wohl auch MünchKomm/Mertens, Vor §§ 823–853, Rz. 65 und FN 77; entschieden **anders** Schmidt-Salzer/Hollmann, Bd. 1, Einl., Rz. 97 (mit zutreffendem Hinweis auf die Irrelevanz der *individuellen* Kostenlage, um die es allerdings nicht geht; gegenteilig denn auch S. 515); Steffen, VersR 1980, 409, 411. Auch die „im Verkehr erforderliche Sorgfalt" (§ 276 BGB) ist nicht mit Verbraucher*wünschen* zu verwechseln.

[133] So jetzt auch Schmidt-Salzer/Hollmann, Bd. 1, S. 515 (sogar zur Gefährdungshaftung nach der neuen EG-Richtlinie); **anders** offenbar Mertens, VersR 1980, 397, 405.

[134] , zu der er wegen Verstoßes gegen die extremen Anforderungen oft verpflichtet sein wird,

[135] So aber Mertens, VersR 1980, 397, 406.

[136] Zurückhaltend gegenüber solchen Argumentationsmustern auch Adams, BB 1987 Beil. 20, S. 17; anders Steffen, VersR 1980, 409, 412 (,,Verkraftung der Haftung"); Kötz, AcP 183 (1983), 605; Kreuzer, AcP 184 (1984), 81, 83.

[137] Vgl. z. B. zur Rückrufpflicht (als Verkehrspflicht) Rz. 235.

[138] BGH NJW 1972, 2217, 2221 – ESTIL; OLG Düsseldorf NJW 1978, 1693, 1694 – Septummeißel; OLG Celle VersR 1978, 258, 259 – Hocker; Kullmann, BB 1976, 1085, 1087; enger wohl Schmidt-Salzer, Produkthaftung: Strafrecht, Rz. 1.503f.; s. aber auch BGH NJW 1988, 2611, 2612 – Mehrwegflasche II; NJW 1989, 707, 708 – Fischfutter.

In dem hierzu bekannt gewordenen Fall des BGH[139] enthielt ein medizinisches Werk ein Diagramm, dessen Kurven die Entwicklung von Urinwerten bei gesunden und kranken Versuchspersonen veranschaulichte. Zu dem Diagramm war vermerkt, daß die Urinuntersuchungen nach Infusion einer 25%igen Kochsalzlösung vorgenommen wurden; im Buchmanuskript war von 2,5% die Rede gewesen. Aufgrund des Druckfehlers wurde ein Patient mit 25%iger Lösung behandelt und dadurch in Lebensgefahr gebracht.

Der BGH hielt es für unbedenklich, daß der beklagte Verlag auch in diesem Fall die Korrekturpflicht lediglich dem Buchautor auferlegt hatte. Dessen Korrekturen genügten, sofern nicht Inhalt und Zweckbestimmung eines Druckwerks einen besonderen Sicherheitsaufwand erforderten, der etwa für mathematische und technische Tabellen, baustatische Anleitungen, für Dosierungen gefährlicher Medikamente und für ungewöhnliche bzw. riskante Eingriffe in Betracht komme.[140] Diese Differenzierung überzeugt nicht; denn gerade der vom BGH entschiedene Fall unterstreicht, daß praktisch *jede* medizinische Einwirkung auf den menschlichen Körper gefährlich wird, wenn sie das zuträgliche Maß überschreitet. Ob aber, wie der BGH angenommen hat,[141] ein Verlag sich darauf verlassen kann, daß ein durch Druckfehler unzuträglich gewordenes Maß dem anwendenden Arzt auffällt, ist angesichts mancher Überlastung doch sehr fraglich. Die Frage der Zumutbarkeit ist damit freilich noch nicht beantwortet.

Ein besonderes Gewicht erhält der ökonomische Faktor bei **Fortentwicklungen des** 58
Standes von Wissenschaft und Technik. Sie können im Einzelfall bewirken, daß zum Schutze des Verkehrs – sofort oder nach einer gewissen Beobachtungszeit – eine Umstellung der Produktion auf den neuen Sicherheitsstandard erforderlich wird; zur Minimierung der Produktgefahr ist u. U. die Zurückhaltung einer ganzen Serie selbst dann geboten, wenn diese schon die Lager füllt. Diese Konsequenz kann für den Hersteller katastrophale Folgen haben. Sie ist ihm daher nur zumutbar, wenn der dank der neuen Erkenntnisse erreichbare Sicherheitsgewinn so bedeutsam ist, daß der wirtschaftliche Verlust des Herstellers dahinter zurücktritt.[142] Bei Gefahren für Leben und Gesundheit – etwa durch Kraftfahrzeuge – kann das durchaus der Fall sein. In der Regel wird es dem Hersteller aber unbenommen bleiben, den Erwartungshorizont der Verbraucher durch deutliche Preisabschläge *(Rz. 7)* oder sogar durch Warnungen[143] auf das Sicherheitsdefizit seiner (alten) Waren auszurichten (s. auch *Rz. 30*).

c) Unternehmensgröße

Die Frage, ob größere Unternehmen schärferen Anforderungen als kleine und mittel- 59
ständische Betriebe ausgesetzt sind, erlangt auf zwei Ebenen Bedeutung: für die hier nicht interessierende Beweislastumkehr[144] und als Indiz der wirtschaftlichen **Zumutbarkeit eines bestimmten Sicherheitsaufwandes.** Es ist bemerkenswert, daß ohne Bezug auf die produktspezifische Kostenproblematik nicht selten hervorgehoben wird, von größeren Unternehmen seien – allgemein – stärkere Anstrengungen für die Produktsicherheit zu erwarten.[145] Dem liegt offensichtlich die Vorstellung zugrunde, kapitalkräftigere Unter-

---

[139] BGH JZ 1971, 63 – Druckfehler, m. Anm. Deutsch; näher dazu § 25 Rz. 105ff.

[140] BGH JZ 1971, 63, 64 – Druckfehler.

[141] BGH JZ 1971, 63, 64 – Druckfehler.

[142] Ähnlich Dunz/Kraus, S. 88f.; Schmidt-Salzer, Produkthaftung, Rz. 87 und in Schmidt-Salzer/Hollmann, Bd. 1, Art. 6 Rz. 78ff., 91; zur Frage einer „Übergangszeit" bei Änderung von DIN-Normen s. BGH NJW 1988, 2667, 2668.

[143] OLG Koblenz, Urt. v. 14. 7. 1969, Schmidt-Salzer, Entscheidungssammlung II, II 26, S. 311 – Holzschutzmittel I.

[144] Dazu BGH NJW 1969, 269, 275 – Hühnerpest; näher § 30 Rz. 60ff.

[145] Vgl. Mertens, VersR 1980, 397, 404; Steindorff, AcP 170 (1970), 93, 99f., 130f. und FN 17 zur betrieblichen Organisationshaftung. Zur Produktbeobachtungspflicht Herrmann, BB 1985, 1801, 1805; Niehusen, Grundlagen, S. 15; v. Westphalen, WiR 1/1972, 67, 83.

nehmen seien zu höheren Investitionen für die Produktsicherheit imstande und daher auch verpflichtet. In dieser Allgemeinheit erscheint das unzutreffend; ebensowenig, wie die allgemeinen Verkehrspflichten mit dem Kapitalvermögen des Verpflichteten wachsen, kann die bloße Finanzkraft einer wirtschaftlichen Einheit die Herstellerpflichten erhöhen. Vielmehr müssen auch Großunternehmen genaue Rentabilitätsberechnungen anstellen, wenn sie sich gegenüber der Konkurrenz auf Dauer halten wollen. Es ist auch nicht ersichtlich, auf welche zusätzlichen Ressourcen gerade diese Unternehmen zurückgreifen können sollten; schließlich erstreckt sich das Gebot zur Sicherheitsmaximierung auf jedes von ihnen hergestellte Produkt. Allerdings kann es einem Großunternehmen aufgrund von Umsatz oder Marktmacht möglich sein, bei der Rentabilitätsberechnung für das „gefährliche" Produkt unter Rückführung der Gewinnspanne einen wesentlichen höheren Sicherheitsaufwand vorzusehen *(Rz. 53ff.)*; infolge bereits vorhandener technischer und personeller Einrichtungen mag ferner eine Intensivierung der Qualitätskontrolle erleichtert sein und eine weltweite Orientierung über bestimmte technische Entwicklungen[146] vereinfacht werden. All dies hängt indes vom Einzelfall ab. Dem Hersteller **muß** daher **Gelegenheit bleiben,** die etwaigen **Grenzen für den Sicherheitsaufwand** in einem Betrieb der von ihm geführten Art **aufzuzeigen** und zu beweisen *(Rz. 57)*.

II. Typische Pflichtenbereiche

60 Mehr noch als die Rechtsprechung[147] klassifiziert das Schrifttum die Verkehrspflichtverletzungen nach bestimmten Fehlerkategorien oder Fallgruppen. Geläufig ist die Aufteilung in Konstruktionsfehler, Fabrikationsfehler und Instruktionsfehler;[148] sie wird oftmals um die Kategorien der Produktbeobachtungsfehler und/oder Entwicklungsrisiken erweitert,[149] darüber hinaus auch gelegentlich auf die Bereiche Zulieferung und betriebliche Organisation erstreckt.[150]

61 Die **Berechtigung solcher Unterscheidungen** ist nicht unbestritten.[151] Ihnen wird entgegengehalten, die durch sie abgesteckten Verantwortungsbereiche entsprächen nicht den betrieblichen Realitäten. So gehe in kleinen Unternehmen die Trennung der Aufgaben über die Bereiche „Technik" und „Kaufmännisches" kaum hinaus, wobei dieses Ressort vielfach auch für die Beschaffung von Rohstoffen und technischem Gerät zuständig sei; dagegen erfolge eine etwa vorgesehene Lieferantenbeurteilung durch eine technische Abteilung, die entweder selbständig oder der Fabrikation zugeordnet sei.[152] Die Zusammenarbeit zwischen den einzelnen Abteilungen größerer Unternehmen sei derart verzahnt, daß eine Beschränkung auf bestimmte Fehlerarten den Blick für die einheitliche Unternehmensverantwortung verstellen könne.[153] – Es ist das Verdienst dieser Kritik, daß sie deutlich auf die Grenzen einer Differenzierung nach betrieblichen Funktionsbereichen hingewiesen hat. Die Rechtswidrigkeit eines Verhaltens im Herstellerbetrieb hängt allein von der jeweiligen Verkehrspflicht ab *(Rz. 1)*; ist diese ihrer Herkunft nach das billige Ergebnis einer Abwägung zwischen Erforderlichkeit und (objektivierter) Zumutbarkeit, so kann ihr Umfang nie von starren Grenzen abhängen. Von Nutzen ist die Klassifizierung der Herstellerpflichten jedoch insofern, als Verhaltensweisen in gleichen oder vergleichbaren betrieblichen Funktionen auch eine gleichartige Beurteilung rechtfertigen

---

[146] Dazu etwa BGH NJW 1981, 1606, 1608 – Benomyl; Rz. 26.

[147] BGH NJW 1981, 1603, 1604 – Derosal I; BGH NJW 1975, 1827, 1828f. – Spannkupplung; OLG Köln VersR 1987, 573 – Schreckschußpistole.

[148] Diederichsen, NJW 1978, 1281, 1284; Simitis, Grundfragen, S. 3–7; Palandt/Thomas, § 823 Anm. 15 c aa.

[149] S. etwa Brüggemeier, WM 1982, 1294, 1297; Deutsch, Festschrift Larenz (1983), S. 111, 119f.; Kullmann, BB 1976, 1085; Lorenz, KF 1963, 16; Ficker, Festschrift Duden (1977), S. 93, 102f.

[150] RGRK/Steffen, § 823 Rz. 278–283.

[151] Kritisch-zurückhaltend etwa Giesen, NJW 1969, 582, 586; Rebe, JuS 1974, 429, 431 FN 26; Schmidt-Salzer, BB 1972, 1430, 1433.

[152] Schmidt-Salzer/Hollmann, Bd. 1, Art. 6 Rz. 107.

[153] v. Westphalen, WiR 1/1972, 67, 71; Schmidt-Salzer/Hollmann, Bd. 1, Art. 6 Rz. 108.

oder immerhin nahelegen. Besonderheiten der Betriebsorganisation stehen dem nicht von vornherein entgegen: Der Bereich Produkt-Erprobung wird der „Konstruktion" ebenso zuzurechnen sein wie eine Belastbarkeitsprüfung, die dem technischen Zweig der Abteilung Qualitätswesen übertragen wurde. Im übrigen wird die Spezifizierung der Verkehrspflicht nicht nur dann erheblich, wenn der Hersteller den Entlastungsbeweis *(§ 30 Rz. 44ff.)* antritt, sondern bei jeder Mitarbeiter-Eigenhaftung *(§ 25 Rz. 184ff.)*.

Vergeblich wäre allerdings der Versuch, die typischen Herstellerpflichten so darzustellen, daß sie sich nicht überschneiden. Mag er bei den Bereichen Konstruktion und Fabrikation noch sinnvoll sein, so sind die übrigen Pflichtenkategorien geradezu darauf angelegt, das Gebot sicherer Herstellung zu verwirklichen und (auch einander) zu ergänzen. Dabei bleiben Überlappungen nicht aus.

1. Konstruktion

a) Allgemeines

Ein Konstruktionsfehler liegt vor, wenn das Produkt schon seiner Konzeption nach unter dem gebotenen Sicherheitsstandard bleibt. Ursache hierfür kann die Entscheidung zur Verwendung unnötig gefährlicher Materialien sein, die unzulängliche Dimensionierung an sich ungefährlicher Materialien (z. B. falsche Berechnung von Belastbarkeit, Isolation, Hitzeentwicklung) oder eine andere gefährliche Bauweise (z. B. instabile Klappstuhl-Mechanik). Konstruktionsfehler haften der ganzen Serie an. Sie können deshalb zu Masseschäden und außerordentlich hohen Ersatzansprüchen führen; z. B. ist die Höchstgrenze der Gefährdungshaftung für fehlerhafte Arzneimittel unter dem Eindruck der Contergan-Katastrophe auf 200 Mio. DM festgesetzt worden. 62

b) Bestimmungsgemäßer und bestimmungswidriger Gebrauch

Es kann als Grundgedanke der Produkthaftung bezeichnet werden, daß der Verbraucher vor solchen Gefahren geschützt werden soll, die ohne sein Mitverschulden, d. h. bei ordnungsgemäßer Verwendung der Ware bestehen. Daraus leitete etwa die amerikanische Rechtsprechung zeitweise den Grundsatz ab, der Produzent habe nicht vor offensichtlichen Mängeln seiner Waren zu schützen; selbst für die verschuldensunabhängige Haftung galt: „Strict liability ist primarily concerned with the surprise element of danger."[154] Die damit einhergehende Zurücknahme der Verkehrspflichten muß konsequent erscheinen, wenn man den Verbraucher als autonome Persönlichkeit betrachtet, die eigenverantwortlich aber auch für ihre Ungeschicklichkeit, Unbesonnenheit und Irrtümer ist. Außerhalb der Massenproduktion mag vieles dafür sprechen, die Zurechnungssphären von Verursacher und Geschädigtem auf diese Weise abzugrenzen. Im Bereich der Produzentenhaftung erscheint das unbillig; denn der Hersteller ist dem Verbraucher im Hinblick auf die Erkennung und Vermeidung von Gefahren derart überlegen, daß von ihm verlangt werden kann, bei der Konstruktion seiner Waren auch gewisse Anwendungsfehler zu berücksichtigen. 63

Das gilt vor allem für **technische Arbeitsmittel.** Sie müssen zwar nach § 3 I 1 GSG (nur) so beschaffen sein, daß Benutzer oder Dritte „bei ihrer bestimmungsgemäßen Verwendung ... so weit geschützt sind, wie es die Art der bestimmungsgemäßen Verwendung gestattet". Hierbei handelt es sich jedoch um einen öffentlich-rechtlichen Mindeststandard; ist er erreicht, kann die zuständige Behörde keine vorbeugenden Maßnahmen nach § 5 GSG ergreifen. Die nach Privatrecht bestehenden Verkehrspflichten des Herstellers werden hiervon aber nicht berührt.

aa) Bestimmungsgemäßer Gebrauch. Uneingeschränkten Schutz verdient der Verbraucher bei bestimmungsgemäßer Verwendung der Ware, also dann, wenn sein Ge- 64

---

[154] Magnuson v. Rupp Mfg. Inc.: (1969) 171 NW 2 d 201, 207, 208.

brauch sich innerhalb des Verwendungszwecks gehalten hat. Dieser hängt einerseits von der Verkehrsanschauung ab, andererseits von Verwendungshinweisen des Herstellers.

65 **aaa) Verkehrsanschauung.** In erster Linie wird der Verwendungszweck des Produkts durch die **Eignung** festgelegt, **die nach der Überzeugung des Durchschnittsverbrauchers gegeben ist und gegeben sein sollte.**[155] So gehört zum üblichen Gebrauch eines Hockers nicht nur, daß man sich darauf setzt, sondern auch, daß man – halb im Sitzen – versucht, ihn zur Seite zu rücken,[156] oder daß man – ohne anderweitige Kraftausübung – auf ihm steht. Ein Autoscooter dient nach den Vorstellungen des Publikums gerade auch dazu, anderen Fahrzeugen Hindernisse zu bereiten, mit ihnen zu kollidieren oder sie an den Rand des Fahrfeldes zu drücken; die Fahrzeuge müssen daher mit Puffern versehen und besonders gepolstert sein.[157] Erst recht erwartet der Verkehr, daß ein Tanklastzug betriebs- und verkehrssicher bleibt, wenn er mit einer handelsüblichen Flüssigkeit vollständig beladen ist.[158] Da die Verbraucherkreise sehr verschiedenartig sein können, gibt es auch keinen einheitlichen Durchschnittsverbraucher. Sondern es kommt auf die Vorstellungen an, welche für den **jeweiligen Abnehmerkreis** typisch sind,[159] letztlich also auf den durchschnittlichen Klempner, Tischler, Heimwerker, Kfz-Mechaniker, Patienten usw. Daher braucht ein Fensterkran, der regelmäßig nur von fachkundigen Bauhandwerkern eingesetzt wird, nicht so konstruiert zu sein, daß er dem Zug der ihm überlassenen Last standhält, ohne aus der Fensteröffnung herauszubrechen.[160]

66 Ein nach Erfahrung und Besonnenheit **überdurchschnittlicher** Verbraucher wird jedenfalls die tatsächliche Eignung eines Produkts eher einschränkend beurteilen. Auf die Verkehrspflichten des Herstellers wirkt sich das aber nicht aus. Nur dann, wenn gerade der weitsichtige Verbraucher zu Schaden kommt, weil er eine von ihm selbst erkannte Grenze bzw. Grauzone der Produkteignung vernachlässigte, kann dies als *Mitverschulden* die Herstellerhaftung einschränken (§ 254 BGB).[161]

67 Häufiger und folgenschwerer ist der Fall, daß einzelne Verbraucher mit **unterdurchschnittlichem** Erfahrungswissen die Eignung einer Ware überschätzen und dadurch Schaden erleiden. Beispiele: Wer in der Badewanne an einem Kassettenrekorder mit Netzanschluß hantiert, erhält leicht einen tödlichen Stromstoß; im Schwimmbad benutzt ein Kind die für den Kleidertransport vorgesehene schräge Drahtspiegelglasplatte als Rutschbahn und bricht auf ihr ein.[162] Hier kommt eine Haftung des Herstellers nur nach den Grundsätzen des bestimmungswidrigen Gebrauchs in Betracht. Immerhin ist es denkbar, im Schwimmbad-Fall je nach dem Publikum die Kinder schon als eigenständige Benutzergruppe anzusehen.[163]

68 Vielfach trifft ein Produkt auch auf **unterschiedliche Verbraucherkreise.** So wird ein Mehrkomponenten-Kleber, dessen Teile zur Vermeidung einer Selbstentzündung nur in bestimmtem Verhältnis zusammengefügt werden dürfen, nicht nur von Handwerksbetrieben, sondern auch von sprachunkundigen Gastarbeitern und von Schülern erworben. Hier hat der Hersteller sich, falls nicht die Vertriebswege getrennt sind, an der gefährdet-

---

155 Vgl. BGH NJW 1988, 2611, 2612 – Mehrwegflasche II; NJW 1989, 707, 708 – Fischfutter; Kullmann, VersR 1988, 655, 656: „vernünftiger" (!) Verbraucher; Schmidt-Salzer, BB 1972, 1430, 1433f.

156 OLG Celle VersR 1978, 258, 259 – Hocker.

157 Vgl. BGH VersR 1977, 334, 335 – Autoscooter.

158 BGH BB 1971, 673, 674f. (Tanklastzug).

159 BGH VersR 1972, 149, 150f. – Förderanlage; NJW 1975, 1827, 1829 – Spannkupplung; NJW 1981, 2514, 2515f. – Kältemittel; OLG Karlsruhe VersR 1984, 544, 545 – Trockenputzmischer; OLG Köln VersR 1987, 573 – Schreckschußpistole.

160 BGH VersR 1959, 523 – Seilhexe.

161 Schmidt-Salzer/Hollmann, Bd. 1, Art. 6 Rz. 126; vgl. § 40 Rz. 3ff.

162 BGH VersR 1978, 561f. – Rutsche.

163 Anders wohl BGH NJW 1980, 1159 – Kopfsprung; s. aber OLG Karlsruhe VersR 1978, 550 – Colaflasche.

sten Käufergruppe zu orientieren.[164] Gleiches gilt, wenn Meißel, deren Härte für Nichtfachleute zu einer Gefahrenquelle werden kann, über Baumärkte auch an Heimwerker vertrieben werden,[165] und für nicht verschreibungspflichtige Medikamente.[166] Bei Gegenständen, insbesondere Maschinen, die praktisch nur von Fachleuten oder von Betrieben erworben werden, in denen geschultes Personal bereitsteht, ist zu unterscheiden: Kann der Hersteller erwarten, daß die Erwerber unkundigen oder unerfahrenen Personen den Zugriff auf das Produkt verwehren bzw. sie in geeigneter Form vor unsachgemäßer Handhabung warnen, so darf er sich auf Fachkunde und Erfahrung der Abnehmer verlassen;[167] anderenfalls muß er sich die laienhafte Einschätzung der Produkteignung entgegenhalten lassen.[168]

bbb) Verwendungshinweise des Herstellers. Der Verwendungszweck eines Produktes wird auch durch Hinweise des Herstellers (Gebrauchsanweisungen, Beipackzettel, Warnungen) bestimmt.[169] Solche Hinweise können die nach der Verkehrsanschauung bestehende Eignung der Ware sowohl einschränken als auch erweitern. 69

Durch die **Einschränkung** wirklicher oder etwaiger Vorstellungen über eine Eignung, die der Ware fehlt, will der Hersteller oft zugleich seiner Instruktionspflicht nachkommen. Beides setzt voraus, daß der Verbraucher in verständlicher und klarer Form[170] darauf hingewiesen wird, daß die mißbilligte Verwendung des Produkts mit Gefahren verbunden ist. Drohen größere Gefahren, so müssen sie konkret benannt werden, damit der Verbraucher sich des Schadens, der bei der üblichen Verwendungsweise einträte, voll bewußt wird.[171] 70

Zum Beispiel ist der Hinweis: „Achten Sie bitte auch darauf, daß beim Eisbereiten nichts auf den Motorteil verschüttet wird; insbesondere muß die Steckdosenöffnung ... von jeder Feuchtigkeit freigehalten werden" ungeeignet, die Inbetriebnahme des Geräts mit feuchten oder nassen Händen zu untersagen.[172]

Eine Bestimmung des Verwendungszwecks durch Instruktion ist im übrigen **unwirksam,** wenn der Hersteller sich hierdurch seiner Verantwortung für die Konstruktion entziehen würde (vgl. *Rz. 98*). 71

Eine **Erweiterung** des üblichen Verwendungszwecks durch den Hersteller ist naturgemäß unbedenklich, begründet aber dessen volle Verantwortung für Gefahren, die bei dem erweiterten Gebrauch auftreten. Die Erweiterung kann durch Erklärung an alle an dem Produkt Interessierten erfolgen (*generelle* Erweiterung), indem in der Werbung oder in Gebrauchsanweisungen o. ä. auf zusätzliche Verwendungsmöglichkeiten hingewiesen wird.[173] 72

---

[164] OLG Karlsruhe VersR 1978, 550 – Colaflasche.

[165] BGH VersR 1984, 270 – Flachmeißel.

[166] Schmidt-Salzer/Hollmann, Bd. 1, Art. 6 Rz. 129.

[167] Vgl. BGH VersR 1972, 149, 151 – Förderanlage; NJW 1975, 1827, 1829 – Spannkupplung (Instruktion); NJW 1981, 2514, 2515 – Kältemittel (Instruktion); OLG Karlsruhe VersR 1978, 830 – Betonbereitungsanlage; OLG Düsseldorf VersR 1982, 199, 200 – Wendelrutsche; s. auch Schmidt-Salzer/Hollmann, Bd. 1, Art. 6 Rz. 127.

[168] OLG Düsseldorf VersR 1982, 199f. – Wendelrutsche; s. auch OLG Karlsruhe VersR 1984, 544, 545 – Trockenputzmischer.

[169] Hier ist Warnpflicht Unterfall der Konstruktionspflicht, vgl. OLG Köln VersR 1987, 573 – Schreckschußpistole.

[170] Dazu Rz. 194ff.

[171] BGH NJW 1972, 2217, 2221 – ESTIL.

[172] Im Erg. ebenso OLG Köln, Urt. v. 20. 1. 1972, Schmidt-Salzer, Entscheidungssammlung II, II 30, S. 322f. und 327f. – Speiseeisbereiter.

[173] OLG Oldenburg VersR 1986, 1003 – Dichtungsbahnen; NJW-RR 1988, 540 – Dachdämmplatten; LG Köln NJW 1972, 1580, 1581 – Kerze; zur US-amerikanischen Rechtsprechung Astheimer, PHI 1984, 92ff.

Beispiele: Im Prospekt heißt es zu einem Klebstoff, er sei auch dazu geeignet, Hartschaumplatten aufeinander zu kleben.[174] Eine elektrische Schaltuhr wird unter Hinweis auf eine Schaltkapazität von 5 kW angepriesen. Ein Schmiermittel wird gegenüber Textilherstellern als auswaschbar bezeichnet.[175]

73 Wie bei einer Zusicherung im Sinne des Vertragsrechts[176] ist aber auch hier stets zu prüfen, ob nicht eine bloße Anpreisung vorliegt, mit der ersichtlich keine Sachaussage beabsichtigt war (fraglich z. B. bei „Alleskleber“[177]). Oft wird die Eignungsbeschreibung auch lückenhaft sein: Die **Attribute** „schlagfest“ und „wasserdicht“ können verständigerweise nicht auf jeden beliebigen Belastungsgrad bezogen werden; ein Korrosionsschutzmittel, das „bei Lagerung im Freien und beim Transport“ empfohlen wird, muß deshalb nicht auch bei extremer Beanspruchung, z. B. für einen fünfwöchigen Seetransport, geeignet sein.[178] Auch hier ist vielmehr ein Kernbereich von einer Grauzone zu unterscheiden, die nicht der Hersteller aufzuklären hat, dem die konkrete Gebrauchsabsicht unbekannt ist, sondern der Verwender. Im Schnittpunkt von Werbung und Produktinformation stehen ferner **Erfahrungsberichte** o. ä., in denen der Hersteller über erfolgreiche Lösungen bestimmter Anwendungsprobleme referiert, oft nur „nach bestem Wissen und Gewissen, aber ohne Gewähr“. An solchen Angaben muß sich der Hersteller – ungeachtet einer Schutzklausel – um so eher festhalten lassen, je allgemeiner und verbindlicher sie gefaßt sind.[179] Denn der Verbraucher geht sehr zu Recht davon aus, daß der Hersteller sich Erfahrungen, die er für mitteilenswert hält, auch zu eigen macht; hierfür bedarf es nicht der Voraussetzungen, von denen eine Zusicherung i. S. des § 463 BGB abhängt.

74 Zunehmend kommt es auch zu einer sog. **anwendungstechnischen Beratung** durch den Hersteller.[180] Sie führt jedoch nur dann zu einer *(individuellen)* Erweiterung des Verwendungszwecks, wenn der Verbraucher trotz seiner eigenen Kenntnis der spezifischen Anwendungsproblematik auf die Angaben des Herstellers angewiesen ist, diesen vollständig informiert und auf seine Angaben vertraut.[181]

75 Bringt der Hersteller ein neuartiges Produkt auf den Markt, so verbindet der durchschnittliche Verbraucher damit u. U. überhaupt keinen Verwendungszweck. Hier ist es Sache des Herstellers, das Produkt einzuführen und über dessen Sinn und Gebrauch aufzuklären. Eine solche originäre **Begründung** des Verwendungszwecks, die auch als „Widmung“ der Ware bezeichnet werden kann,[182] bindet den Hersteller ohne weiteres. Dagegen schützt sie ihn vor einer Mißachtung des Zwecks nur vorläufig; denn die Vorstellung des Verkehrs[183] über die Eignung des Produkts kann sich wandeln und über den autorisierten Zweck hinausgehen, wenn sie nicht wieder durch den Hersteller eingeschränkt[184] wird.[185]

76 **bb) Bestimmungswidriger Gebrauch.** In gewissem Umfang hat der Hersteller bereits durch konstruktive Maßnahmen sicherzustellen, daß der Verbraucher auch bei einer be-

---

[174] BGH NJW 1968, 1622 – Kleber.
[175] BGH DB 1959, 1082f. – Maschinenfett.
[176] Vgl. § 2 Rz. 15f.
[177] Schmidt-Salzer/Hollmann, Bd. 1, Art. 6 Rz. 203.
[178] OLG Hamburg VersR 1983, 882 – Korrosionsschutz.
[179] Ähnlich Schmidt-Salzer/Hollmann, Bd. 1, Art. 6 Rz. 221.
[180] BGH NJW 1972, 1706 – Fensterlack; OLG München, Urt. v. 18. 10. 1979, Schmidt-Salzer, Entscheidungssammlung III, II 88, S. 496ff. – Erdbeerplantage II.
[181] Vgl. OLG München, Urt. v. 18. 10. 1979, Schmidt-Salzer, Entscheidungssammlung III, II 88, S. 496ff. – Erdbeerplantage II.
[182] Schmidt-Salzer/Hollmann, Bd. 1, Überschrift Rz. 157.
[183] Vgl. Rz. 65ff.
[184] Vgl. Rz. 70f.
[185] Zu den sonst bestehenden Instruktionspflichten Schmidt-Salzer/Hollmann, Bd. 1, Art. 6 Rz. 158.

stimmungswidrigen Nutzung des Produkts nicht geschädigt wird.[186] Ebenso klar ist, daß diese Pflicht deutliche Grenzen hat: Wer seine Katze im Backofen trocknen möchte oder den Rasenmäher zum Heckenschneiden benutzt,[187] darf die Verantwortung für Schäden nicht bei anderen suchen. Außerhalb solcher Extremfälle wirft die Abgrenzung der Verantwortungssphären jedoch die üblichen Schwierigkeiten auf; schon über die Abgrenzungskriterien herrscht Streit.

Eine gewisse Tradition hat die **Unterscheidung von Fehlgebrauch und Mißbrauch** des 77
Produkts; auf einen Fehlgebrauch soll der Hersteller sich weitgehend, auf einen Mißbrauch jedoch nur ausnahmsweise einstellen müssen.[188] Dagegen ist mit Recht eingewandt worden,[189] daß beide Begriffe sich in ihrer Bedeutung überschneiden: Die intraarterielle Injektion eines intravenös anzuwendenden Serums[190] ist jedenfalls als fehlerhaft zu bezeichnen, bei Vorsatz oder bei elementarem Irrtum des Arztes aber auch als mißbräuchlich. Immerhin wird mit dem Begriff des Mißbrauchs eine besonders hohe Eigenverantwortung des Verbrauchers verbunden, die wiederum indiziert, daß der Hersteller sich ordnungsgemäß verhalten hat.

Verläßlicher ist die **Unterscheidung von naheliegendem und fernliegendem Fehlgebrauch;**[191] sie ist von der Rechtsprechung ergänzt worden durch die Kriterien von **Häufigkeit und Seltenheit** und das Maß der **Schuld,** das den Geschädigten an dem eingetretenen Schaden trifft.[192] Demnach ist entscheidend, inwiefern der Hersteller mit einem bestimmungswidrigen Gebrauch rechnen mußte. Das muß er bei Kindern, ggf. auch bei Jugendlichen,[193] im übrigen bei Üblichkeit,[194] Bekanntwerden[195] oder Naheliegen[196] spezifischer Mißbräuche, die nicht gerade vorsätzlich[197] oder äußerst leichtfertig[198] erfolgen oder üblicherweise durch Aufsichtspersonen unterbunden werden.[199] 78

So ist mit der zwar fehlerhaften, aber doch nicht ganz fernliegenden Fehlbedienung 79
einer **Maschine**[200] zu rechnen, mit der leichtsinnigen Überbeanspruchung von **Tragegriffen** bei „schwunghaftem“ Aufladen[201] und mit der Überlastung eines **Förderhaspels** im

---

186 Vgl. schon Rz. 63.

187 Gar nicht so fernliegende Karikaturen der US-amerikanischen Rechtsprechung, die aber prinzipiell ebensowenig verlangt, daß Produkte narrensicher (fool-proof) sein müssen.

188 Vgl. etwa Taschner, NJW 1986, 611, 614; OLG Düsseldorf VersR 1982, 199 – Wendelrutsche; gerade umgekehrt dagegen BGH NJW 1972, 2217, 2221 – ESTIL.

189 Schmidt-Salzer/Hollmann, Bd. 1, Art. 6 Rz. 144.

190 BGH NJW 1972, 2217, 2221 – ESTIL.

191 Vgl. Schmidt-Salzer, BB 1981, 1967, 1969.

192 Vgl. BGH NJW 1972, 2217, 2221 – ESTIL (zur Warnpflicht); VersR 1967, 498, 499 – Plastikmassebehälter; ähnlich Schmidt-Salzer/Hollmann, Bd. 1, Art. 6 Rz. 154.

193 OLG Karlsruhe VersR 1978, 550 – Colaflasche; OLG Frankfurt VersR 1985, 890 – Mehrwegflasche I; zur allgemeinen Verkehrssicherungspflicht BGH VersR 1978, 561 – Rutsche; NJW 1980, 1159ff. – Kopfsprung; VersR 1980, 648, 649 – Treppengeländer I.

194 BGH VersR 1967, 498, 499 – Plastikmassebehälter; NJW 1988, 2611, 2612 – Mehrwegflasche II.

195 BGH NJW 1981, 2514, 2515 – Kältemittel.

196 BGH VersR 1952, 357 – Rungenverschluß; NJW 1972, 2217, 2221 – ESTIL; BGH NJW 1989, 707, 708 – Fischfutter; OLG Stuttgart, Urt. v. 13. 1. 1981, Schmidt-Salzer, Entscheidungssammlung III, II 100 – Kühlwalzensystem; s. auch OLG Köln, Urt. v. 20. 1. 1972, Schmidt-Salzer, Entscheidungssammlung II, II 30, S. 325, 327 – Speiseeisbereiter.

197 BGH NJW 1981, 2514, 2515 – Kältemittel; vgl. auch BGH NJW 1972, 2217, 2221 – ESTIL.

198 BGH JZ 1971, 63, 65 – Druckfehler; zur allgemeinen Verkehrssicherungspflicht BGH NJW 1980, 1159f. – Kopfsprung.

199 Zum Eltern-Kind-Verhältnis OLG Düsseldorf VersR 1982, 199, 200 – Wendelrutsche; LG Tübingen VersR 1982, 352 – Folienstreifen. Zur Betreuung Auszubildender BGH NJW 1981, 2514, 2515 – Kältemittel.

200 BGH VersR 1952, 357 – Rungenverschluß; OLG Stuttgart, Urt. v. 13. 1. 1981, Schmidt-Salzer, Entscheidungssammlung III, II 100 – Kühlwalzensystem.

201 BGH VersR 1967, 498, 499 – Plastikmassebehälter.

Bergwerk.[202] Bei Berechnung der Berstsicherheit von **Glasflaschen** für kohlensäurehaltige Getränke ist zu bedenken, daß die Flaschen bei Transport und Lieferung vielfach unsachgemäß, jedenfalls nicht schonend behandelt werden.[203] Da **Treppengeländer** jedenfalls bei Kindern als Rutschbahnen geschätzt sind, stellt sich auch hier die Frage nach wirksamem Schutz. Die Rechtsprechung hat jedenfalls den Betreibern von Kinderheimen die Verkehrssicherungspflicht auferlegt, die Geländer z. B. mit rutschfesten Materialien auszustatten;[204] diese Aufgabe wird den Hersteller von Treppengeländern jedoch im allgemeinen nicht treffen,[205] da er den Kreis der hauptsächlichen Treppenbenutzer nicht überblickt. Bei **Spielgeräten,** die auf einem Schulhof stehen und damit für Kinder mittleren Alters gedacht sind, kann sich der Hersteller sogar darauf verlassen, daß kleinere Kinder, die außerhalb der Schulzeiten auf dem Hof spielen, von ihren Eltern zur gebotenen Vorsicht angehalten werden.[206] Vergleichbares gilt für **Lastenaufzüge,** die je nach den örtlichen Gegebenheiten (Entfernung zur Treppe, zu einem Personenaufzug) und der Disziplin im Betrieb gar nicht selten zur Personenbeförderung mißbraucht werden. Dem hat nicht etwa der Hersteller durch verkomplizierende und kostentreibende Schutzeinrichtungen entgegenzutreten, sondern der Aufzug-Betreiber, in dessen Betrieb eine Mißbrauchsgefahr im Einzelfall entsteht.[207] Dagegen ist die – nicht selten bewußte – Überlastung eines **Personenaufzugs** abzusehen und für die Tragkraft von Stahlseilen, Aufzugskabinen usw. zu berücksichtigen. In **Kraftfahrzeugen** sollten selbst solche Gefahrenquellen vermieden werden, die typischerweise nur bei Unfällen Folgen zeigen (z. B. Feuer infolge Tankbeschädigung);[208] denn Autounfälle – einschließlich der Auffahrunfälle[209] – sind geradezu Paradebeispiele für übliches Fehlverhalten. Aber darauf wird es nicht einmal mehr ankommen, wenn der durchschnittliche Kraftfahrer die Eignung z. B. eines Benzintanks, auch bei einem mittelschweren Unfall instand zu bleiben, eines Tages zum „bestimmungsgemäßen Gebrauch" *(Rz. 64ff.)* des Kraftfahrzeugs rechnet.

80 Die Möglichkeit eines **bewußten und gravierenden Mißbrauchs** seines Produkts, z. B. die Verwendung eines Lösungsmittels als Rauschgift,[210] hat der Hersteller grundsätzlich nicht zu berücksichtigen.[211] Ein solcher Mißbrauch wird aber dann voraussehbar, wenn er nach der Eigenart des Produkts besonders nahe liegt[212] oder bei den schon umlaufenden Waren des öfteren beobachtet werden konnte. So sind zahlreiche chemische Produkte wie Reinigungsmittel und Klebemittel bei manchen Jugendlichen und in interessierten Kreisen wegen ihrer rauscherzeugenden Wirkung bekannt, was die Hersteller spätestens dann erfahren, wenn die beliebtesten Marken in den Medien oder Polizeiberichten erwähnt werden. Kann hier die Verpflichtung entstehen, den zur Selbstgefährdung geeigneten Stoff durch einen weniger toxischen zu ersetzen oder, falls dies nicht möglich ist, die Herstellung des ganzen Produktes einzustellen? Dazu besteht gewiß keine Veranlassung, falls schon deutliche Warnungen auf Etikett und Beipackzettel vor den Gefahren eines Mißbrauchs abschrecken.[213] Gerade die mit Rauschmitteln verbundenen Gefahren werden aber in erschreckendem Umfang ignoriert. Letztlich kann die konkrete Herstellerpflicht

[202] Offengelassen von BGH VersR 1972, 559f. – Förderkorb.
[203] BGH NJW 1988, 2612, 2613.
[204] BGH VersR 1980, 648, 649 – Treppengeländer I; s. auch OLG Frankfurt VersR 1987, 204 (Treppenhandlauf).
[205] Vgl. auch OLG Celle MDR 1983, 933 – Treppengeländer II.
[206] OLG Düsseldorf VersR 1982, 199, 200 – Wendelrutsche; s. aber BGH NJW 1988, 2667.
[207] Ebenso Schmidt-Salzer/Hollmann, Bd. 1, Art. 6 Rz. 154 a. E.
[208] S. auch Kullmann/Pfister, Kza. 1520 S. 34f.
[209] Dazu Schmidt-Salzer/Hollmann, Bd. 1, Art. 6 Rz. 144.
[210] BGH NJW 1981, 2514ff. – Kältemittel (Instruktion).
[211] BGH NJW 1981, 2514, 2516b – Kältemittel (Instruktion).
[212] So auch BGH NJW 1972, 2217, 2221 – ESTIL; NJW 1981, 2514, 2516c – Kältemittel (beide zur Instruktion).
[213] Vgl. BGH NJW 1981, 2514, 2516 – Kältemittel; näher dazu Rz. 188ff., 194ff.

wieder nur das Ergebnis einer Abwägung sein: Steht ein weniger giftiger Stoff zur Verfügung, der Eignung und Kosten des Produkts nicht wesentlich beeinflussen würde, so hat der Hersteller hierauf auszuweichen; zu einer Einstellung der Produktion dagegen wird er praktisch nie verpflichtet sein.

Eine Gefahr, die erst bei bestimmungswidrigem Gebrauch eintritt, führt nämlich nur 81
dann zu einem Konstruktionsfehler, wenn dem Hersteller **gerade konstruktive Schutzmaßnahmen zumutbar** waren. Dies hängt wesentlich von den Kosten der notwendigen Änderungen ab, aber auch von sonstigen Umständen, die Eignung und Attraktivität der Ware in Frage stellen können.[214] Würde sie durch die Schutzvorrichtung z. B. zu schwer, zu klobig oder ästhetische Einbußen erleiden, so kann dies je nach Größe der Mißbrauchsgefahr gegen die Änderung sprechen. Auch hier kommt es also darauf an, ob der Mißbrauch, dem vorgebeugt werden soll, nahe- oder fernliegend, häufiger oder selten ist.

Die **Grenze der Zumutbarkeit** ist u. a. dort erreicht, wo zu befürchten ist, daß der 82
Anwender des Produkts versucht, an diesem bereits befindliche Schutzmechanismen deshalb auszuschalten, weil sie ihm lästig sind. Besonders im betrieblichen Alltag soll es noch immer vorkommen, daß Unfallverhütungsvorrichtungen neutralisiert werden, indem z. B. einer oder beide der – mit je einer Hand – zu bedienenden Schalter für die Inbetriebnahme festgeklemmt werden.[215] In solchen Fällen kann von dem Hersteller nicht verlangt werden, daß er den Benutzern seiner Waren quasi hinterherläuft, um sie an der Beseitigung ihres eigenen Schutzes zu hindern; diese Aufgabe obliegt im Arbeitsleben vielmehr den Arbeitgebern, und auch ihnen nur nach Maßgabe der Fürsorgepflicht.

c) Entwicklungsfehler

Von der Konstruktion eines Produkts gehen gelegentlich Gefahren aus, die auch nach 83
dem neuesten Stand der Technik nicht zu vermeiden waren, als es in Verkehr gebracht wurde. Für die rechtliche Beurteilung und Abgrenzung solcher Gefahren sind drei Fallgruppen zu unterscheiden:

aa) Nicht erkennbare Gefahren. Die häufigste Ursache dafür, daß eine Gefahr auch 84
nach dem neuesten Stand der Wissenschaft und Technik unvermeidbar war, liegt darin, daß sie nicht bekannt war und mit den Mitteln, die verfügbar waren oder auch nur von dem Hersteller entwickelt werden mußten, von niemandem erkannt werden konnte (sog. *Entwicklungsfehler*).

Beispiele: Die Kanzerogenität eines Medikaments[216] oder eines Kosmetikums wird erst Jahre nach seiner Inverkehrgabe entdeckt, weil eine bestimmte Krebsart sich erst später häuft, weil sie infolge einer Langzeitwirkung erst jetzt erstmals auftritt oder weil Erprobungen an Tieren, die fälschlich als geeignet angesehen wurden,[217] negativ ausfielen. Das in den 40er Jahren verwendete Kontrastmittel Thorotrast führte Jahrzehnte nach seiner Anwendung zu schweren Erkrankungen und wurde u. a. deshalb erst spät als gefährlich erkannt.[218]

In einem solchen Fall wäre nicht nur ein Schuldvorwurf verfehlt, sondern es **fehlt** bereits an einer **Pflichtverletzung** im Herstellerbetrieb. Dies gilt jedoch nur für die Inverkehrgabe der gefährlichen Konstruktion. Wird der Fehler nach der Inverkehrgabe erkennbar, weil er inzwischen Wirkung zeigt oder weil die analytisch-diagnostischen Methoden fortgeschritten sind, so können den Hersteller Produktbeobachtungs- und Warnpflichten treffen *(Rz. 252ff., 161ff.)*.

---

[214] Vgl. z. B. OLG Düsseldorf VersR 1982, 199, 200 – Wendelrutsche.

[215] Vgl. Schmidt-Salzer/Hollmann, Bd. 1, Art. 6 Rz. 154; s. auch § 22 Rz. 25.

[216] Vgl. die DES-(Diethylstilbesterol)-Fälle, dazu Hoechst, Die US-amerikanische Produzentenhaftung (1986), S. 93ff.; zur **Giftigkeit** von Cadmium (-Lötmittel in einem Getränkeautomaten) s. OLG Hamburg, Urt. v. 6. 3. 1980, Schmidt-Salzer, Entscheidungssammlung III, II 96 – Automatenumrüstung.

[217] Vgl. LG Aachen JZ 1971, 507, 518 – Contergan.

[218] Vgl. etwa KG VersR 1975, 427 – Thorotrast; LG Frankfurt NJW 1977, 1108 – Arzneimittel.

85 **bb) Unmöglichkeit der Gefahrbeseitigung.** Gelegentlich ist die Gefahr, die von der Konstruktion einer Ware ausgeht, zwar bekannt oder doch erkennbar; aber nach dem bei Inverkehrgabe erreichten Stand von Wissenschaft und Technik besteht keine Möglichkeit, sie abzuwenden.

Diese Situation ist auch als **„Entwicklungslücke"** bezeichnet worden.[219] Diesem Begriff fehlt jedoch einerseits die sprachliche Kontur und andererseits die Rechtfertigung; denn die „Lücke" ist weitgehend wie eine nicht erkennbare Gefahr *(Rz. 84)* zu behandeln. Da sich für diese der Begriff Entwicklungfehler durchgesetzt hat, sollte er auf alle Gefahren bezogen werden, die aus einer Verzögerung der wissenschaftlich-technischen Entwicklung herrühren.

Welche Verkehrspflichten den Hersteller hier treffen, hängt wiederum vom Einzelfall ab.

86 Ist die Benutzung des Produkts derart gefährlich, daß ihm sogar die **Mindestsicherheit fehlt,** die ein durchschnittlicher Verbraucher erwartet, dann darf es erst gar nicht in Verkehr gebracht werden.[220] Etwas anderes gilt allenfalls gegenüber solchen Verbrauchern, die in voller Kenntnis dieses Risikos „auf eigene Gefahr" handelten (vgl. *§ 22 Rz. 23ff.*).

87 Gewährt das Produkt zwar eine Mindestsicherheit, ist sein Gebrauch aber bekanntermaßen **nicht ohne Risiko,** so wird dies vom Verbraucher weitgehend hingenommen, weil der soziale Nutzen oder der Unterhaltungs- bzw. Prestigewert des Produkts nach dem Empfinden des Verbrauchers überwiegt.

Beispiele: Nebenwirkungen von Medikamenten, Bestrahlungen; Emboliegefahr bei Antikonzeptiva; Verletzungsgefahren vor Entdeckung von Sicherheitsgurten und Kopfstützen; Gefahren von Schiffs- und Flugreisen vor Erfindung von Radar bzw. Autopilotsystemen; Eisenbahngefahren vor Entdeckung des automatischen Bremssystems; Stromschlaggefahr vor Nutzbarmachung der Fehlerstromsicherung.

Hier scheint von vornherein keine Verkehrspflicht des Herstellers zu bestehen, weil der Verbraucher die Waren schon mit reduzierter Sicherheitserwartung erwirbt.[221] In Wirklichkeit, zumindest aber für die rechtliche Bewertung, ist die Hinnahme der Risiken durch den Verbraucher jedoch stets an die stillschweigende Voraussetzung geknüpft, daß eine sichere Gestaltung des Produkts aus technischen Gründen (noch) nicht in zumutbarer Weise möglich ist. Liegt eine solche Entwicklungsgefahr tatsächlich vor, so ist die **Inverkehrgabe** der Ware **rechtmäßig.** Dies gilt wegen der Hinnahme des Risikos durch den Verbraucher auch dann, wenn der soziale Nutzen der Ware objektiv fragwürdig ist.[222]

88 Nicht einmal ein Entwicklungsfehler besteht dagegen, wo Produkte ungeachtet ihrer Konstellation und Verwendung, nämlich **von Natur aus**, bekanntlich eine gewisse **Gefahr verkörpern.**[223]

Dies gilt sowohl für Genußmittel wie Tabakwaren und Alkoholika als auch für Rauschgifte wie Haschisch, Heroin, Kokain usw. Zwar führen diese Stoffe je nach Einnahme vielfach zu einer physischen Abhängigkeit und schon damit zu einer Gesundheitsbeschädigung der Verbraucher. Derartige Wirkungen sind aufgrund der biochemischen Gegebenheiten aber bestenfalls zu mildern (Zigarettenfilter), auszuschließen sind sie praktisch nicht.[224] Daher nimmt der Verbraucher sie auch hin, ohne die Erwartung zu haben, daß die Gefährlichkeit des Stoffes beseitigt wäre, falls dies naturwissenschaftlich

---

[219] Schmidt-Salzer, Entscheidungssammlung II, I 101 (Anm.), S. 42; näher in Schmidt-Salzer/Hollmann, Bd. 1, Art. 7 Rz. 109.

[220] OLG Köln, Urt. v. 20. 1. 1972, Schmidt-Salzer, Entscheidungssammlung II, II 30, S. 321ff. – Speiseeisbereiter.

[221] Vgl. auch Rz. 7.

[222] A. A. Brüggemeier, WM 1982, 1294, 1302.

[223] A. A. wohl Schmidt-Salzer/Hollmann, Bd. 1, Art. 6 Rz. 239: Entwicklungslücke.

[224] Das von Hoffmann-La Roche entwickelte Antidot gegen Alkohol mindert dessen *toxische* Wirkungen nicht und soll aus ethischen Gründen auch nicht in Verkehr gebracht werden, F. A. Z. Nr. 292 v. 17. 12. 1986, S. 29.

möglich würde. Schon deshalb besteht für den Hersteller solcher Stoffe keine Verkehrspflicht, den durchschnittlichen *Verbraucher* vor seiner Gefährdung zu schützen; aus den öffentlichrechtlichen und Strafvorschriften, welche die Abgabe von Rauschgiften im *öffentlichen* Interesse einschränken, ergibt sich nichts anderes.[225]

Eine Verkehrspflicht besteht jedoch gegenüber solchen Personen, die zu einer verantwortlichen Entscheidung über ihre Selbstschädigung durch ein **Rauschgift** noch nicht oder nicht mehr in der Lage sind. Wer Rauschgift in Verkehr bringt, hat daher sicherzustellen, daß das Gift nicht an Minderjährige oder physisch bereits Abhängige abgegeben wird. Insofern hat die Drogenkriminalität auch eine zivilrechtliche Seite, deren Folgen – die Schadensersatzpflicht – weniger illusorisch sind als die Annahme, die Verkehrspflicht werde Beachtung finden. 89

cc) Unterentwickeltes Gefahrenbewußtsein. Von einem Entwicklungsfehler kann auch dann keine Rede sein, wenn die Gefahr einer Ware bekannt war und nach dem Stand der Technik vielleicht sogar abgewendet werden konnte, aber von der Allgemeinheit zur Zeit des Inverkehrbringens noch nicht dem Produkt selbst zugeordnet wurde, weil dieses den vorherrschenden Sicherheitserwartungen entsprach. 90

Dies gilt etwa für die Beurteilung von Kraftfahrzeugen vor der Verbreitung von Sicherheitsgurten bzw. Kopfstützen und auch für die Verharmlosung jedenfalls solcher Umweltgefahren, die den Bürger nicht unmittelbar gefährden.

Hier fehlt es schon nach allgemeinen Grundsätzen an der Erforderlichkeit einer Sicherungsmaßnahme (vgl. *Rz. 3f.*). Auch dann, wenn bestimmte Schutzvorrichtungen dem Verkehr nicht gleichgültig sind, sondern wegen eines dafür verlangten Aufpreises, aus Bequemlichkeit oder aus Eigensinn abgelehnt werden, ist der Hersteller nicht verpflichtet, sich darüber hinwegzusetzen, solange die Grundsicherheit des Produkts gewahrt bleibt. Andernfalls würde man ihn anhalten, gleichsam erzieherisch auf den Verbraucher einzuwirken.

d) Anpassungsermessen bei Wandel des Gefahrenbewußtseins

Wird es durch eine Fortentwicklung des Standes der Technik möglich, ein Produkt sicherer zu konstruieren, so hat dies regelmäßig zu geschehen; denn der Verbraucher nimmt ein Sicherheitsdefizit im allgemeinen nur hin, weil er unterstellt, daß es technisch nicht zumutbar beseitigt werden kann *(Rz. 87)*. Gelegentlich ist dieses **Gefahrenbewußtsein** jedoch **unterentwickelt.** In dieser Phase darf der Hersteller sich an den Verbrauchererwartungen orientieren *(Rz. 90)*. 91

Problematisch ist dagegen, wie der Hersteller bei einer **Schärfung des Gefahrenbewußtseins** zu reagieren hat; denn ein solcher Wandel zieht sich nicht selten über Jahre hin und spaltet die „Durchschnittsverbraucher" in gefahrenbewußte und indifferente. In dieser Übergangszeit kann eine bestimmte Konstruktionsweise also nur der einen oder der anderen Verbrauchergruppe gerecht werden. 92

Das gilt vor allem im Kraftfahrzeugbereich: Die Sicherheitsgurte und Kopfstützen, die Antiblokkier-Bremssysteme, Antriebs-Schlupf-Regelungen (gegen Durchdrehen der Räder) und Airbags werden von den Kraftfahrern durchaus unterschiedlich beurteilt. Das beruht oft weniger auf einer abweichenden Einschätzung des Sicherheitsgewinns, sondern auf Kriterien wie Sportlichkeit, Behinderung, Bequemlichkeit oder Gewöhnung. So spricht manches dafür, daß in der Bundesrepublik erst die Gerichtsurteile über das Mitverschulden bei unterbliebener Gurtanlegung[226] und die spätere Bußgeldbewehrung der Nichtanlegung den Sinn für die Notwendigkeit von Sicherheitsgurten geschärft haben. Die Aufnahme automatischer Gurtstraffer, die bei Gefahr in Aktion treten, und von noch in der Entwicklung befindlichen Radaren zur automatischen Fahrzeugbremsung bleibt abzuwarten.

Solange die Verbrauchererwartung derart uneinheitlich ist, kann dem Hersteller nicht zugemutet werden, die Konstruktion seiner Produkte ohne weiteres den Vorstellungen 93

[225] A. A. Schmidt-Salzer/Hollmann, Bd. 1, Art. 6 Rz. 239.

[226] OLG Braunschweig VersR 1977, 477 (Urt. v. 4. 11. 1976); BGHZ 74, 25, 28ff.

derer anzupassen, die eine Ausstattung z. B. mit Airbags – vielleicht sogar auf der Beifahrerseite – zu ihrem Schutz für erforderlich halten. Es steht ihm daher nicht nur frei, nur die teureren Modelle[227] – ein- oder beidseitig – mit Airbags auszustatten, sondern er **kann von** deren **serienweisem Einbau ganz absehen.**[228] Schon aus Wettbewerbsgründen wird der Hersteller allerdings bestrebt sein, neue Sicherheitstechnik gegen Aufpreis zumindest als **Alternativ- oder Zusatzeinrichtung** anzubieten. Verpflichtet ist er auch hierzu aber nicht schon dann, wenn die ersten Enthusiasten auf der technischen Bereicherung bestehen. Diese muß vielmehr bis zur Serienreife entwickelt sein und – trotz der voraussichtlichen Mehrkosten – mit dem **Interesse breiterer Abnehmerkreise** rechnen können. Insoweit und bis zu diesem Zeitpunkt hat der Hersteller ein Anpassungsermessen.[229] Es schlägt in eine Pflicht zur Bereitstellung der technischen Neuheit erst um, wenn der entsprechende Wunsch breiterer Schichten auch von anderen Herstellern (für das Grundmodell) nicht befriedigt wird. Eine Pflicht zur Änderung der Gesamtkonstruktion entsteht gar erst, wenn das Gefahrenbewußtsein des durchschnittlichen Verbrauchers gewandelt ist.

e) Typenzulassung und Genehmigung einer Konstruktion

94 Bestimmte besonders gefährliche Gegenstände dürfen nicht in Verkehr gebracht werden, bevor die Ungefährlichkeit ihrer Konstruktion (Konzeption) von einer Behörde geprüft und bestätigt worden ist.

So ist für Kraftfahrzeuge eine Betriebserlaubnis erforderlich, die für Typen von dem Kraftfahrt-Bundesamt als Allgemeine Betriebserlaubnis erteilt werden kann (§ 20 StVZO). Auch die wichtigeren Arzneimittel bedürfen einer Zulassung, welche von der zuständigen Bundesoberbehörde u. a. dann versagt werden kann, wenn der begründete Verdacht auf unvertretbare schädliche Wirkungen besteht (vgl. näher §§ 2, 25 II Nr. 5 ArzneimittelG). Fallen bei der Warenherstellung oder Energiegewinnung zusätzlich Schadstoffe als „negative" Produkte an, so kann Bedeutung erlangen, daß der Betrieb der entsprechenden Anlage genehmigt wurde, weil ihr Schadstoffausstoß unterhalb bestimmter Höchstgrenzen blieb (vgl. z. B. §§ 4, 5 I Nr. 1 und 2, 6 Nr. 1, 7 I Nr. 2 BImSchG).

In diesen Fällen wird der Hersteller wegen der amtlichen Überprüfung seiner Produkte bzw. seiner Anlage oftmals der Überzeugung sein, die Ungefährlichkeit seiner Produktkonzeption sei rechtsverbindlich festgestellt.[230]

95 Das Gegenteil ist der Fall. Die abstrakten **Genehmigungsvoraussetzungen,** welche nach öffentlichem Recht bestehen, gehören zum Sicherheitsrecht *(Rz. 47)* und **bilden im allgemeinen nur einen Mindeststandard,** dessen Einhaltung im Rahmen des § 823 I BGB auf jeden Fall verlangt werden kann.[231] Auch die Zulassung, Erlaubnis oder Genehmigung einer Behörde entbindet den Verantwortlichen daher nicht von der Pflicht, selber nach etwaigen Gefahren zu forschen und diesen in einer technisch wirksameren, zumutbaren Form zu begegnen.[232] So dient die staatliche Aufsicht über technische Betriebe nicht dazu,

---

[227] Zum Verhältnis von Preis und Verbrauchererwartung schon Rz. 7.

[228] Ebenso Schmidt-Salzer/Hollmann, Bd. 1, Art. 6 Rz. 83.

[229] Ähnlich Schmidt-Salzer/Hollmann, Bd. 1, Art. 6 Rz. 82.

[230] Entsprechend für die allgemeine Betriebserlaubnis nach § 20 StVZO v. Münch, DAR 1958, 62, 64 und LG Köln NJW-RR 1987, 864, 865.

[231] BGH LM § 823 BGB (Dc) Nr. 12; Canaris, Festschrift Larenz (1983), S. 27, 54.

[232] RGZ 163, 21, 23 – Bremsen I; BGH VersR 1952, 357 – Rungenverschluß; VersR 1966, 165, 166; 1975, 329, 330; 1976, 66, 67 und 776, 778; NJW 1987, 372, 373 – Verzinkungsspray; NJW 1987, 1009, 1011 f. – Lenkerverkleidung; NJW 1988, 2667, 2668 (Spielgerät); NJW 1989, 707, 709 – Fischfutter; OLG Oldenburg, Urt. v. 19. 2. 1975, Schmidt-Salzer, Entscheidungssammlung II, II 39, S. 366 (Pkw); Diederichsen, DAR 1976, 312, 314; Löwe, DAR 1978, 288, 290; Schmidt-Salzer, Produkthaftung: Strafrecht, Rz. 1.374; s. auch Sack, BB 1985, 813, 816; Kullmann/Pfister, Kza. 1520 S. 34; G. Wagner, Der Einfluß öffentlich-rechtlicher Genehmigungen auf das zivilrechtliche Rechtswidrigkeitsurteil (voraussichtl. 1989); **anders** für militärisches Gerät US-Supreme Court, Urt. v. 27. 6. 1988, CCH Products Liability Reports Nr. 11830, dazu PHI 1988, 168.

den Unternehmer einer Seilbahn davor zu bewahren, daß er aufgrund technisch vermeidbarer Unfälle an Fahrgäste Schadensersatz leisten muß;[233] der Veranstalter eines Autorennens muß unabhängig von behördlichen Auflagen eigenverantwortlich prüfen, welche Vorkehrungen zur Sicherung des Publikums angebracht sind.[234] Anders als der Verkehrspflichtige ist die Genehmigungsbehörde vielfach auch gar nicht in der Lage, die nach dem Stand der Technik möglichen Maßnahmen oder auch nur außergewöhnliche Gefahren[235] und neue Risikofaktoren[236] zu überschauen. Auch eine **Patentierung** befreit den Hersteller nicht von seiner Haftung.[237] Denn die Patentierung bestätigt nicht, daß eine Erfindung irgendeinen Sicherheitsstandard erreicht, sondern daß sie neu ist (§ 1 I PatG).

Allerdings sind **Ausnahmen** denkbar. Wo die Rechtsordnung mit einer verwaltungsrechtlichen Genehmigung o. ä. auch den **Ausschluß privatrechtlicher Ansprüche** verbindet, bleibt die Verletzung einer Sorgfaltspflicht ohne zivilrechtliche Folgen. Ein solcher Ausschluß muß jedoch – wie in § 14 BImSchG und in § 11 WHG – ausdrücklich angeordnet sein.[238] Er erfaßt Schadensersatzansprüche seinem Zweck nach auch nur dann, wenn der Verkehrspflichtige die Genehmigung aufgrund richtiger und vollständiger Angaben erwirkt hat und die der Genehmigung zugrunde liegenden Verhaltensrichtlinien (Grenzwerte, Auflagen, technische Prüfungen) einhält. Raum für Schadensersatzansprüche dürfte auch dort bleiben, wo eine Behörde genehmigt hat, die – dem Verkehrspflichtigen ersichtlich – mangels eigener Sachkompetenz außerstande war, die Genehmigungsvoraussetzungen korrekt zu beurteilen.[239] 96

Eine rechtfertigende Kraft der Genehmigung ist ferner zu erwägen, falls ausnahmsweise sichergestellt ist, daß eine **Genehmigung nur erteilt** wird, wenn der von ihr erfaßte **Gegenstand keine Gefahrenquelle werden kann.** Es muß also sowohl (abstrakt) durch die Genehmigungsvoraussetzungen als auch (konkret) durch das Genehmigungsverfahren, nämlich die technische und personelle Ausstattung der Behörde sowie deren Prüfverfahren, gewährleistet sein, daß der untersuchte Gegenstand nach den neuesten Erkenntnissen von Technik und Wissenschaft keine Gefahr birgt, deren Vermeidung dem Verkehrspflichtigen zumutbar ist.[240] Aber selbst wenn die Genehmigung dieser Feststellung gleichkommt, entbindet sie den Hersteller nicht von der Pflicht, den Stand von Technik und Wissenschaft u. U. selber voranzutreiben (vgl. *Rz. 20*) und das Produkt nach dessen Inverkehrgabe zu beobachten. Die den Hersteller im übrigen treffenden Verkehrspflichten (Fabrikation, Instruktion) bleiben ohnehin unberührt.[241] 97

f) Abwendung eines Konstruktionsfehlers durch Instruktion

Grundsätzlich kann der Hersteller den bestimmungsgemäßen Gebrauch seines Produkts durch Bedienungshinweise und Warnungen selbst festlegen *(Rz. 69ff.)* und so seine Haftung für Schäden durch bestimmungswidrigen Gebrauch ggf. begrenzen. Er kann sich 98

---

[233] BGH NJW 1965, 200f.; s. auch BGH VersR 1956, 419 – Dreschmaschine; VersR 1956, 625, 627 – Karussell.

[234] BGH VersR 1975, 329, 330.

[235] Vgl. etwa BGH VersR 1976, 66 (Einsturzgefahr bei Sturm); VersR 1976, 776 (Hochwasser nach Trockenlegung einer Brückenbaustelle).

[236] Vgl. BGH VersR 1975, 87 (Gefährdung von Kindern).

[237] BGH VersR 1952, 357, 358 – Rungenverschluß; OLG Stuttgart, Urt. v. 21. 5. 1951, zit. nach Schmidt-Salzer, Entscheidungssammlung I, I 19, S. 77; Schmidt-Salzer, Produkthaftung, Rz. 70.

[238] Canaris, Festschrift Larenz (1983), S. 27, 56.

[239] Vgl. Diederichsen, Verhandlungen des 56. DJT, L 48, 69f.

[240] Weitergehend Raisch, in: Duden (Hrsg.), Gerechtigkeit in der Industriegesellschaft (1972), S. 97ff., 105: für das ordnungsgemäße Verhalten des Unternehmers spreche hier eine „gewisse tatsächliche Vermutung“.

[241] Vgl. BGH NJW 1987, 1009, 1011f. – Lenkerverkleidung.

seiner Pflicht zu einer möglichst ungefährlichen Konstruktionsweise aber auch nicht dadurch entziehen, daß er eine technisch mögliche und zumutbare konstruktive Maßnahme durch Warnungen an die Gefährdeten ersetzt: Die Eigenverantwortlichkeit des Verbrauchers für ihm bekannte und vermeidbare Gefahren rechtfertigt keine Abwälzung der Herstellerpflichten. **Eine Warnung** des Verbrauchers **vor den der Konstruktion anhaftenden Gefahren ist** daher auch **nicht „im allgemeinen ausreichend".**[242] Sie genügt vielmehr nur dann, wenn die Gefahr lediglich bei fernliegendem bzw. seltenem Fehlgebrauch der Ware besteht und/oder durch konstruktive Maßnahmen nicht zumutbar zu verhindern ist. Davon kann bei einer Steckverbindung, die auf einer Seite nur zweipolig ist und daher einen am Elektrogerät etwa vorhandenen Schutzkontakt unterbricht, keine Rede sein; der Aufdruck „Vorsicht, nicht geerdet" auf dem Zwischenstecker ändert deshalb nichts daran, daß dieser gar nicht erst in Verkehr gebracht werden durfte.[243]

99 Besteht eine Produktgefahr allerdings nur **bei Allergien oder** unter **sonstigen seltenen Umständen,** so wird es dem Hersteller oft nicht möglich sein, mit zumutbaren Mitteln *konstruktive* Verbesserungen zu bewirken. Hier kann er sich auf eine Einschränkung des bestimmungsgemäßen Gebrauchs, insbesondere auf eine Warnung der gefährdeten Benutzergruppe, beschränken, wenn der soziale Nutzen des Produkts das Risiko überwiegt.[244]

100 Eine Warnung genügt erst recht nicht, wenn damit gerechnet werden muß, daß sie **nicht alle Benutzer erreicht,** z. B. weil der Verbraucher ein Produkt, das er selbst fabrikneu, also einschließlich Beipackzettel o. ä. erworben hat, ohne Beifügung dieser Anweisungen weiterverkauft, verschenkt oder verleiht. Hier müssen die Instruktionen vielmehr an dem Produkt selbst angebracht sein, z. B. durch beschädigungssichere Plastikfolie, Aufdruck oder ein Blechschild.

101 Eine andere Frage ist es, ob der Hersteller seiner Verkehrspflicht durch eine Warnung nachkommen kann, wenn deren Mißachtung nicht nur den Produktbenutzer, sondern auch **unbeteiligte Dritte schädigen** könnte. Hiergegen ist eingewandt worden, daß Unbeteiligte das Produktrisiko nicht übernehmen und daher ihnen gegenüber die Pflicht zu fehlerfreier Konstruktion fortbestehe.[245] Dem ist nicht zu folgen. Es hängt vom Einzelfall ab, ob der Verkehr auf die Ungefährlichkeit der Konstruktion[246] oder darauf vertraut, daß ein gefährlicher Gegenstand in gefahrloser Weise genutzt wird. Wer durch einen leichtsinnigen Benutzer geschädigt wird, hat immerhin gegen diesen einen Schadensersatzanspruch. Der Hersteller darf jedenfalls davon ausgehen, daß der Produktbenutzer sich nicht nur zu dessen eigenem Schutz verkehrsgerecht verhält.

g) Einzelpflichten

102 **aa) Materialwahl.** Während der Hersteller für die Fabrikation einer Ware nur solche Stoffe und Zwischenprodukte verwenden darf, deren jeweilige *Qualität* den Sicherheitsanforderungen genügt (Materialauswahl, *Rz. 128*), fällt schon im Rahmen der Konstruktion die Entscheidung über die Eignung einer bestimmten Material*art.* Diese Materialwahl kann etwa zwischen Stahlblech, Aluminium oder Kunststoff zu treffen sein, zwischen den Isolatoren Hartgummi und Keramik oder zwischen mehr oder weniger wärmeleitenden

---

[242] So aber Schmidt-Salzer, Produkthaftung, Rz. 54, 74, anders – dort aber zu weitgehend – dagegen Rz. 86; s. dort auch Rz. 131.

[243] BGH Strafs., Urt. v. 17. 2. 1959, Schmidt-Salzer, Entscheidungssammlung IV, IV 4, S. 175 – Zwischenstecker.

[244] BGH NJW 1975, 824 – Haartonikum (zu immerhin 166 bekannt gewordenen Zwischenfällen); OLG Celle VersR 1958, 404 f. – Blondierungsmittel; Schmidt-Salzer, Produkthaftung, Rz. 131.

[245] Schmidt-Salzer, Produkthaftung, Rz. 74.

[246] Vgl. z. B. OLG Frankfurt, Urt. v. 24. 6. 1975, Schmidt-Salzer, Entscheidungssammlung III, II 72, S. 425 f. – Wandfertiger (Benutzung durch Mitarbeiter).

Metallen. Sie kann sich beziehen auf **Druckfestigkeit,**[247] **Reißfestigkeit,**[248] **Splittergefahr,**[249] sonstige **Belastbarkeit,**[250] die **Verschleißzeit,** insbesondere die Gefahr einer **Materialermüdung,** oder eine **Korrosionsanfälligkeit.**[251] Auch **Temperaturbeständigkeit,**[252] **Wasserdichtigkeit**[253] und **Klimaverträglichkeit** (Tropentauglichkeit) können Kriterien der Materialwahl sein, erst recht die **Brennbarkeit**[254] oder **Explosionsgefahr** eines Stoffes, mag sie von vornherein bestehen oder bei Kontakt mit anderen Stoffen des Produkts oder der Umwelt entstehen.

Durchgehende Beachtung verdient die **Giftigkeit** eines Stoffes, falls nicht durch die 103
Anordnung der Materialien *(Rz. 106ff.)* eine Gefährdung des Produktbenutzers ausgeschlossen werden kann. Daher darf Kinderspielzeug nicht mit einer Farbe oder Lackierung versehen sein, die toxische Bestandteile abgeben kann; das gilt auch für Glasuren von Keramikgefäßen, die der Nahrungsaufnahme dienen oder als dazu geeignet angesehen werden können. Ein Kunststofftank aus Polystyrol, der z. B. für Weinlagerung gedacht ist, darf keine Styrolmoleküle abgeben.[255] Ein Holzschutzmittel darf, besonders wenn es für die Inneneinrichtung gedacht ist, gesundheitsschädliche Stoffe allenfalls in dem unbedingt erforderlichen Umfang enthalten; PCP-haltige Mittel dürften heute unzulässig sein.[256] Auch die Formaldehydbelastung von Einrichtungsgegenständen muß sich in den vorgeschriebenen Grenzen halten.[257] Bei Imprägniersprays ist ebenfalls auf gesundheitliche Beeinträchtigungen zu achten; sind solche auch nicht einmal bei Benutzung am offenen Fenster auszuschließen, so wird im allgemeinen schon die Inverkehrgabe unstatthaft sein. Von größter Bedeutung ist natürlich die Konzeption von **Arzneimitteln,**[258] zumal in einigen Fällen, etwa im Stadium der klinischen Prüfung,[259] keine Gefährdungshaftung des Herstellers besteht (vgl. §§ 84 S. 1, 21 II Nr. 2, 91 AMG). Der pharmazeutische Unternehmer hat nicht nur die Nebenwirkungen zu minimieren und deren Risiko gegen den Nutzen des Arzneimittels abzuwägen, sondern bei unvertretbar hohen Gefahren den Anwendungsbereich entsprechend einzuschränken[260] (vgl. auch § 5 AMG). Auch wer **Naturprodukte** herstellt,[261] z. B. ein Wasserwerk betreibt oder Milch pasteurisiert oder sonst verarbeitet, ist verpflichtet, hierbei keinerlei Materialien zuzusetzen, die in irgendeiner

---

[247] BGH VersR 1960, 1095f. – Kühlanlage; OLG Bamberg VersR 1986, 997 – Bodenfliesen; zu **Mineralwasserflaschen** vgl. LG Hanau VersR 1955, 785 – Mineralwasserflasche; OLG Karlsruhe VersR 1978, 550 – Colaflasche; OLG Frankfurt VersR 1980, 144 – Limonadenflasche; VersR 1985, 890 – Mehrwegflasche I; VersR 1987, 469 – Mehrwegflasche II; BGH NJW 1988, 2611 – Mehrwegflasche II; Rz. 128.

[248] BGH VersR 1967, 498f. – Plastikmassebehälter.

[249] BGH VersR 1984, 270 – Flachmeißel; OLG Hamburg VersR 1984, 793 – Hüftgelenkprothese III.

[250] BGH NJW 1977, 379, 380 – Schwimmerschalter; OLG Düsseldorf NJW 1978, 1693 – Septummeißel; OLG Saarbrücken NJW-RR 1988, 611 – Venenkatheter; s. auch BGH NJW 1979, 2148 – Kartonmaschine (ohne Schmierung).

[251] OLG Hamburg VersR 1983, 882 – Korrosionsschutz.

[252] Vgl. OLG Koblenz VersR 1981, 740, 741 – Grillgerät.

[253] BGH NJW 1985, 194 – Dachabdeckfolie (Weichmacherverlust); OLG Oldenburg VersR 1986, 1003f. – Dichtungsbahnen.

[254] BGH VersR 1966, 542, 543 – Kabelmerkringe (Instruktion).

[255] OLG Frankfurt NJW-RR 1987, 1386ff. – Weintank.

[256] Vgl. aber LG Köln NJW-RR 1987, 541ff. – Holzschutzmittel II; Micklitz, NJW 1989, 1076, 1077; zu **Pflanzenschutzmittel** s. auch BGH VersR 1977, 918, 920 – Erdbeerplantage I.

[257] Dazu § 9 III, IV GefahrstoffVO; vgl. auch AG Köln NJW-RR 1987, 972 (Mietwohnung).

[258] LG Aachen JZ 1971, 507 – Contergan (haupts. zu Warnpflicht); KG VersR 1975, 427 – Thorotrast; LG Hamburg VersR 1987, 828 – Immunglobulin = Serum (Strafsache); LG Frankfurt NJW 1977, 1108 – Arzneimittel; Deutsch, Arztrecht und Arzneimittelrecht (1983), Rz. 426ff.

[259] Dazu (Rechtslage vor Inkrafttreten des ArzneimittelG 1976) Günter, NJW 1972, 309ff.

[260] und nicht bloß vor der Anwendung zu warnen!

[261] Dazu näher § 25 Rz. 19ff.

Weise toxisch wirken[262] oder auch nur Verunreinigungen fördern können.[263] Bei Schildern und Rückstrahlern, die im Straßen- oder Schienenverkehr Verwendung finden, kann es geboten sein, nur **lichtreflektierende Stoffe** zu verarbeiten.[264]

104 Einen ersten Anhalt für die Gefährlichkeit eines Materials mag die aufgrund des Chemikaliengesetzes erlassene Gefahrstoffverordnung vom 26. 8. 1986[265] samt ihren Anhängen[266] geben. Der Hersteller hat aber stets eigenverantwortlich zu prüfen, inwieweit der betreffende Stoff nach seiner jeweiligen Intensität und der geplanten Anordnung innerhalb des Produkts den Verbraucher gefährden kann, inwiefern der Verbraucher sich davor schützen kann oder die Gefahr sogar hinnimmt[267] und ob ein weniger gefährlicher Stoff verwendet werden könnte. Diese Untersuchung und die der weiteren Eignung setzen eine umfassende **Materialprüfung** voraus, also Belastungs-, Verschleißproben, Probebehandlungen usw.[268] Diese Tests müssen durch fachkundiges Personal in Kontrollanlagen und -verfahren vorgenommen werden, die dem neuesten Stand von Wissenschaft und Technik[269] entsprechen. Sollen neuartige Stoffe eingesetzt werden oder birgt die Eigenart der Konstruktion ein abstraktes Gefahrenpotential, das mit herkömmlichen Mitteln nicht zu überblicken ist, so kann der Hersteller im Einzelfall auch verpflichtet sein, Technik und Hilfswissenschaften selber in erforderlichem Umfang fortzuentwickeln.[270] Die Materialprüfung braucht nicht unbedingt im Herstellerbetrieb zu erfolgen; sie kann auch einem Drittunternehmer oder z. B. einem Forschungsinstitut übertragen werden, wenn gewährleistet ist, daß dort eine technisch und fachlich qualifizierte Kontrolle durch zuverlässige Kräfte stattfindet.[271]

105 **bb) Materialdimensionierung.** Auch Stoffe, die ihrer Art nach keine Gefahr darstellen, können zum Risiko werden, wenn sie in falschem Umfang eingesetzt werden. Das versteht sich nicht nur bei chemischen Produkten, sondern auch bei unzureichender Wandstärke (von Rohren, Gehäusen usw.), zu geringem Durchmesser (von Schrauben, Standbeinen, Kranauslegern) oder der überdimensionierten Federstärke eines Sicherheitsventils.[272]

106 **cc) Materialbearbeitung und -anordnung.** Auch Bearbeitung und Anordnung der gewählten Stoffe müssen in einer Weise erfolgen, die Gefährdungen weitgehend ausschließt. So sind die Ränder von **Glasscheiben** zu schleifen, falls der Warenbenutzer mit ihnen in Berührung kommen kann. Sofern der Gebrauch **giftiger Stoffe** unvermeidbar ist, ist für deren Isolierung zu sorgen. Mit blanken **stromführenden Teilen** darf der Produktbenutzer nicht in Berührung kommen können.[273] Ein Ölschlauch, der an einem Motorrad vom

---

[262] Beispiel aus dem Jahre 1986: Gesundheitsschädlicher Innenanstrich von Wasserrohren.

[263] Vgl. BGH NJW 1988, 52 – Korken (für Weinflasche); OLG Frankfurt NJW-RR 1987, 1386 – Weintank (aus Polystyrol); OLG Hamburg, Urt. v. 6. 3. 1980, Schmidt-Salzer, Entscheidungssammlung III, II 96 – Automatenumrüstung (Cadmium in Getränkeautomat).

[264] BGH VersR 1977, 543, 545 – Verkehrsschild.

[265] Verordnung über gefährliche Stoffe (BGBl. 1986 I S. 1470), geändert durch VO v. 16. 12. 1987 (BGBl. I S. 2721).

[266] Anhänge I–VI, abgedr. in Heinen/Tentrop/Wienecke/Zerlett, Kommentar zum medizinischen und technischen Arbeitsschutz, Bd. 2: Gefahrstoffe, 3. Aufl., Teil III.

[267] Vgl. Rz. 64ff., 76ff.

[268] BGH BB 1955, 1109 – Insektenvertilgungsmittel; VersR 1977, 918, 919f. – Erdbeerplantage I (Verträglichkeit von Herbizid und Pestizid).

[269] Vgl. auch BGH VersR 1971, 80, 81 – Bremsen III; näher Rz. 17ff.

[270] Vgl. auch Rz. 20.

[271] BGH JZ 1971, 63, 64 – Druckfehler; VersR 1970, 469, 470 – Arbeitsbühne; vgl. auch § 25 Rz. 98.

[272] Vgl. BGH VersR 1967, 498 – Plastikmassebehälter; s. auch BGH VersR 1960, 1095 – Kühlanlage (zur Wandstärke eines Schauglases).

[273] OLG Köln, Urt. v. 20. 1. 1972, Schmidt-Salzer, Entscheidungssammlung II, II 30 – Speiseeisbereiter.

Ölkühler bis zum hinteren Schutzblech geführt wird, muß so verlegt werden, daß kein Öldampf auf den **Motorradreifen** gelangen und dessen Haftfähigkeit beeinträchtigen kann.[274] **Betten** und **Laufställchen** für Kleinkinder müssen jede Selbstgefährdung verhindern; daher sind alle scharfkantigen Teile zu verdecken und Gitterstäbe bzw. Netzbespannungen so anzuordnen, daß das Kind nicht hindurchrutschen, daran klettern oder sich einklemmen kann.[275] Eine **Blumentopfpalette** muß so perforiert sein, daß die Töpfe samt den darin gezogenen Pflanzen bei ihrer Herausnahme nicht beschädigt werden.[276]

Bei Pressen, automatischen oder rotierenden Schneidewerkzeugen und sonst gefährli- 107
chen Geräten ist ggf. durch **Schutzvorrichtungen** (Zweihandbedienung, automatische Stromabschaltung, Schutzgitter oder -scheibe) sicherzustellen, daß Gefährdungen auch bei fehlerhafter Bedienung ausgeschlossen sind;[277] hier kommt es allerdings – nach den Grundsätzen über bestimmungswidrigen Gebrauch[278] – in besonderem Maße auf die Zumutbarkeit des Sicherheitsaufwandes an. Sie wiederum ist unproblematisch, wo es darum geht, durch Lochung eines Gehäuses für den Abzug von Warmluft zu sorgen oder brennbare Stoffe durch Dämmaterial vor Erhitzung zu schützen. Auch bei medizinisch-technischen Geräten[279] ist Perfektion oberstes Gebot. Daher sind etwa Narkosegeräte und Herz-Lungen-Maschinen mit Warneinrichtungen zu versehen, die Fehlfunktionen anzeigen;[280] die „allgemein anerkannten Regeln der Technik", deren Beachtung nunmehr die Medizingeräteverordnung[281] in § 3 I 1 vorschreibt, bilden keineswegs die Obergrenze der Verkehrspflichten des Herstellers. Der Verbraucher ist ferner vor Ausdünstungen z. B. langsam trocknender oder abbindender Stoffe zu bewahren; dies gilt – heute selbstverständlich – erst recht für Abgase von Kraftfahrzeugen.

Unter besonderen Umständen kann der Hersteller ausnahmsweise auch verpflichtet 108
sein, Schutzvorrichtungen vorzusehen, die bei dem Ausfall eines Produkts oder Produktteils dessen Funktion automatisch übernehmen **(fail-safe-Prinzip).** Dies wird allerdings nur bei besonderer Ausfallgefährdung oder bei ungewöhnlichem Gefahrenpotential in Betracht kommen (Beispiel: Schrauben der Triebwerksaufhängung bei Jet[282]).

Ergibt sich erst nach der Fertigstellung, aber vor der Inverkehrgabe eines Produkts, daß 109
dessen Sicherheit durch einen konstruktiven Zusatz verbessert werden könnte, so hat der Hersteller u. U. entsprechende **Sonderanfertigungen** anzubieten und die Verbraucher auf die Möglichkeit zum Erwerb hinzuweisen. Voraussetzung dafür ist zunächst, daß eine serienweise Montage des Zusatzes nicht in Frage kommt und daß es andererseits unzumutbar wäre, dem Hersteller die Inverkehrgabe ohne Schutzvorrichtung ganz zu untersagen. Ist es dem Hersteller wirtschaftlich zuzumuten, solche Spezialausführungen bereit zu halten,[283] so kann er sich nicht auf eine bloße Warnung der Verbraucher beschränken.

dd) Materialverbindung. Von der Materialauswahl kaum zu trennen ist die Entschei- 110
dung darüber, wie die Einzelteile des Produkts zusammengefügt bzw. -gehalten werden sollen. Regelmäßig werden erst systematische Belastungsproben die Feststellung erlau-

---

[274] OLG Frankfurt BB 1986, 1117 – Ölschlauch.

[275] Kullmann/Pfister, Kza. 1520 S. 34; s. auch LG Tübingen VersR 1982, 352 – Folienstreifen (schneidet 2-jähriges Kind; Haftung zu Recht abgelehnt).

[276] OLG Oldenburg VersR 1986, 1006 – Blumentopfpaletten (Klage abgewiesen!).

[277] BGH VersR 1957, 584f. – Gelenkwellenschutz; OLG Frankfurt, Urt. v. 24. 6. 1975, Schmidt-Salzer, Entscheidungssammlung III, II 72, S. 425f. – Wandfertiger (fehlende Sturzsicherung); OLG Karlsruhe VersR 1981, 643 – Obstbaumleiter (fehlende Spreizsicherung); AG Opladen, Urt. v. 11. 4. 1974, Schmidt-Salzer, Entscheidungssammlung III, III 25, S. 608 – Folienimprägnieranlage.

[278] Vgl. Rz. 76ff.

[279] Vgl. näher in Bd. 2.

[280] Bedenklich daher die im Narkosegerät-Fall bewertete Apparatur, BGH NJW 1978, 584.

[281] v. 14. 1. 1985 (BGBl. I S. 93).

[282] Kullmann/Pfister, Kza. 1520 S. 33.

[283] BGH VersR 1957, 584 – Gelenkwellenschutz; Schmidt-Salzer, Produkthaftung, Rz. 49.

ben, daß eine Verschraubung, Vernietung, Klebung[284] oder eine Rast- bzw. Schließmechanik[285] die erforderliche Festigkeit gewährleisten. Das gilt auch für Lötungen und Schweißungen; z. B. ist erfahrungsgemäß bei Fahrradgabeln statt einer Punkt- stets eine Rundumlötung notwendig.[286]

111 **ee) Mechanik.** Ist die Substanz eines Produktes einwandfrei, so kann seine Funktionsweise unnötig gefährlich sein. So verhielt es sich in den **Bremsen-Fällen,** über die das RG zu entscheiden hatte.[287]

Die in importierten Kraftfahrzeugen eingebauten Bremsnocken waren zu klein. Der schon deshalb große Spielraum zwischen Bremsnocken und -trommel konnte sich bei geringfügiger Abnutzung von Bremstrommel oder -belegen weiter ausdehnen und dann bewirken, daß die Nocken blockierten oder gar übersprangen. Ersterenfalls wurde das jeweilige Rad zu scharf gebremst, letzterenfalls überhaupt nicht mehr. Wegen dieses Konstruktionsfehlers wurden die Hersteller zum Ersatz der bei zahlreichen Unfällen entstandenen Schäden verurteilt.

112 Weniger eindeutig war die Konstruktionsgefahr im **Rungenverschluß-Fall**[288] zu beurteilen:

Ein Holzarbeiter war beim Beladen eines Langholzwagens verunglückt, weil sich eine Runge gelöst hatte. Deren Patentverschluß war verdeckt konstruiert, so daß sein Funktionieren nicht visuell kontrolliert werden konnte. Die Schließung war lediglich akustisch (Anschlag beim Einrasten) oder mechanisch (durch Rüttelprobe) festzustellen, und selbst das nicht in jedem Falle. Der BGH sah hierin einen Konstruktionsfehler, da zur Gefahrvermeidung eine möglichst einfache Bedienung des Verschlusses, d. h. dessen optische Überprüfung, geboten und, wie Konkurrenzprodukte zeigten, auch realisierbar gewesen sei.

113 Auch in dem **Raupen-Fall** wurde dem Hersteller die Gefährlichkeit der Bedienung vorgehalten:[289]

Ein Raupenfahrer erlitt tödliche Quetschungen, als sich die Raupe, die er für kurze Zeit verlassen hatte, von selbst in Bewegung setzte. Hierzu kam es, weil der Schalthebel infolge der Eigenvibration der Raupe in den Rückwärtsgang rutschen konnte, wenn er einmal in eine bestimmte Position zwischen der Neutralstellung und jenem Gang gerückt war. Dies wiederum konnte leicht ungewollt geschehen; denn der Hebel war in so kurzer Entfernung vor dem Armaturenbrett und dem daran befindlichen Haltegriff angebracht, daß der Fahrer ihn, wenn er nicht besonders aufpaßte, beim Aussteigen mit großer Wahrscheinlichkeit berühren mußte. All das war zwar ausgeschlossen, wenn die Raupe durch Betätigung der Feststellbremse, die Einlegung des Schalthebels in eine Neutralstellung und durch Befestigung des Sicherheitsknopfes geschützt war. Das OLG Celle hielt jedoch eine selbsttätige Sicherung für erforderlich, da durch Gewöhnung an Gefahren abgestumpfte Arbeiter oft die gebotene Sicherheit außer acht ließen.

114 Im **Trockenputzmischer-Fall**[290] konnte das Gericht offenlassen, ob der Umstand, daß sich bei einer Stromabschaltung der Verschlußdeckel der Mischtrommel automatisch schloß – und einen Arbeiter, der sich gerade in die Luke beugte, einklemmen mußte – ein Sicherheitsmangel der Konstruktion[291] war; denn in jedem Fall hätte auf diesen Schließautomatismus und die mit ihm verbundene Gefahr hingewiesen werden müssen.

115 Besondere Anforderungen sind auch an die Sicherheit von **Skibindungen** zu stellen. Diese müssen trotz Vereisung und Schneekrustenbildung funktionsfähig bleiben, und

---

[284] OLG Frankfurt BB 1986, 1117 – Ölschlauch.

[285] BGH VersR 1952, 357 – Rungenverschluß.

[286] BGH VersR 1956, 410 – Fahrradgabel.

[287] RGZ 163, 21 – Bremen I (zu §§ 823 II, 826 BGB); RG DR 1940, 1293 – Bremsen II; s. auch BGH VersR 1971, 80 – Bremsen III.

[288] BGH VersR 1952, 357 – Rungenverschluß.

[289] OLG Celle VersR 1984, 276 – Raupe.

[290] OLG Karlsruhe VersR 1984, 544 – Trockenputzmischer.

[291] So zutreffend OLG Celle VersR 1984, 525, 526 (zu demselben Fall).

zwar unabhängig von Qualität und Preis.[292] Im übrigen aber ist allgemein bekannt, daß die Sicherheit von Skibindungen wegen des dafür erforderlichen Aufwands eine Qualitätsfrage ist und somit wesentlich von der Preisklasse abhängt; ein Sicherheitsdefizit, das nicht grundlegend ist, wird daher bei billiger Ware hingenommen (vgl. *Rz.* 7).

ff) Verpackung. Die Verkehrspflicht zu einer gefahrlosen Konzeption des Produkts erstreckt sich auch auf die Verpackung und etwaige Transportvorrichtungen. Die hierfür beigefügten Behältnisse aus Blech, Holz, Plastik, Glas oder Pappe müssen daher so beschaffen sein, daß fremde Rechtsgüter nicht gefährdet werden.[293] Z. B. muß eine Limonadenflasche auch einen Stoß auf hartem Untergrund aushalten können.[294] Tragegriffe an schweren Behältern sind überreichlich zu dimensionieren, wenn eine erhöhte Reißfestigkeit nötig wird, weil die Behälter üblicher- und sinnvollerweise „mit Schwung“ auf- oder abgeladen werden oder auch horizontalem Zug ausgesetzt sind.[295] Zum bestimmungsgemäßen Transport gehört – in Grenzen – auch eine „unsanfte“ Behandlung von Waren, die (bei Bahn, Post usw.) als Massengut befördert werden; in diesem Rahmen kann der Hersteller sich seiner Sicherungspflicht auch nicht ohne weiteres durch Instruktionen („Vorsicht! Zerbrechlich! Nicht kippen!“) entziehen. 116

Für die **gefährlichen Stoffe und Zubereitungen** bestimmt § 3 der Gefahrstoffverordnung:[296] 117

(1) Die Verpackungen gefährlicher Stoffe und Zubereitungen müssen so beschaffen sein, daß vom Inhalt nichts ungewollt nach außen gelangen kann. Diese Voraussetzungen gelten als erfüllt, wenn das Versandstück nach den verkehrsrechtlichen Vorschriften über die Beförderung gefährlicher Güter verpackt ist.

(2) Feste gefährliche Stoffe oder Zubereitungen brauchen abweichend von § 13 Abs. 1 und 2 und § 15 des Chemikaliengesetzes beim Inverkehrbringen nicht verpackt zu sein, wenn bei bestimmungsgemäßer Verwendung Gefahren für Leben und Gesundheit des Menschen und die Umwelt nicht entstehen.

(3) Gefährliche Stoffe und Zubereitungen dürfen nicht in solche Behältnisse verpackt oder bei der Abgabe abgefüllt werden, durch deren Form oder Bezeichnung der Inhalt mit Lebensmitteln verwechselt werden kann.

(4) Die Verpackung oder die Kennzeichnung dürfen keine die Gefahren verharmlosenden Angaben, wie „Nicht giftig“, „Nicht gesundheitsschädlich“, „Nicht kennzeichnungspflichtig“, „Nicht schädlich bei bestimmungsgemäßem Gebrauch“, „Nicht umweltgefährlich“ oder ähnliche Angaben aufweisen.

Hierbei handelt es sich allerdings um öffentlich-rechtliche Vorschriften, welche die allgemeinen Verkehrspflichten zwar präzisieren, aber nicht einschränken.[297] Jedoch muß dem Benutzer einer größeren Glasflasche klar sein, daß diese nicht genug Halt bietet, um auf ihr zu stehen; hier kann dem Hersteller daher allenfalls vorgeworfen werden, daß er vor besonderen Gefahren des Flascheninhalts nicht deutlich genug gewarnt hat.[298] Für **Düngemittel** schreibt § 7 DüngemittelVO[299] i. V. mit Anlage 1 Spalte 6 vor, daß Kalziumchlorid nur in geschlossenen, gegen Feuchtigkeit schützenden Verpackungen gewerbsmäßig in Verkehr gebracht werden darf. 118

---

[292] Kullmann/Pfister, Kza. 1520 S. 40a; Hummel, in: Sport und Recht, Hrsg. Schroeder/Kauffmann (1972), S. 71ff., 80ff.

[293] BGH NJW 1976, 1353f. – Batterie (Vertragsrecht); zum Ausschluß der **Verwechselungsgefahr** durch besondere Verpackung vgl. Alaska Supreme Court, Ross Laboratories v. Thies, 725 P.2d 1076, Alaska 1986, dazu Roddy, PHI 1987, 56f.

[294] OLG Karlsruhe VersR 1978, 550 – Colaflasche; s. auch Fn. 247.

[295] BGH VersR 1967, 498, 499 – Plastikmassebehälter.

[296] v. 26. 8. 1986 (BGBl. I S. 1470), in Kraft getreten am 1. 10. 1986

[297] LG Duisburg VersR 1979, 41 – Gießpulver (Instruktion; noch zur alten ArbeitsstoffVO).

[298] OLG Düsseldorf VersR 1977, 652f. – Flußsäure.

[299] v. 19. 12. 1977 (BGBl. I S. 2845), zuletzt geändert durch VO v. 13. 4. 1987 (BGBl. I S. 1207).

119 Von besonderer Bedeutung ist die **kindersichere Verpackung** gefährlicher Stoffe. Sie ist für bestimmte *Arzneimittel* schon öffentlich-rechtlich vorgeschrieben, nämlich durch die den pharmazeutischen Unternehmen vom Bundesgesundheitsamt erteilten Auflagen vom 18. 4. 1979[300] und vom 12. 2. 1982.[301] Die hierin genannten Arzneimittel dürfen nur in bestimmten Packungen abgegeben werden, z. B. in Durchdruck- oder Siegelstreifenpackungen oder in Behältnissen mit Trick- bzw. Patentverschlüssen oder mit nicht entfernbaren Tropfeinsätzen eines Maximaldurchlaufs. Mit Ausnahme der letzteren Verpakkungsform müssen diese Verschlüsse der DIN-Norm 55.559 entsprechen:[302] Sie dürfen – innerhalb eines bestimmten Zeitraums unter bestimmten Bedingungen – von höchstens 20% der zum Test herangezogenen Kinder im Alter von 42–51 Monaten zu öffnen sein.[303] Vergleichbare Regeln für *andere chemische Erzeugnisse,* die im Haushalt verwandt werden, gibt es bisher nicht. Je nach Gefährlichkeit und Zumutbarkeit besteht aber auch hier die Verkehrspflicht, die Behältnisse kindersicher zu gestalten oder mit Sicherheitsverschlüssen zu versehen;[304] diese müssen dann zumindest dem Standard der DIN-Norm 55.559 entsprechen.

120 **gg) Herstellung von Druckwerken und Software.** Konstruktionsfehler sind auch bei Verlagserzeugnissen und Computerprogrammen denkbar. Bei der Erstellung von **Druckwerken** beginnt die Fabrikation praktisch erst mit der druck- bzw. fototechnischen Vervielfältigung, dem eigentlichen Druck. Zur Phase der Konstruktion gehören daher die Herstellung, die Berichtigung und die Ergänzung des Drucksatzes bis zur Bestätigung der Druckreife durch den Autor, aber auch die Vorbereitung der Vervielfältigung. Inhaltliche Unrichtigkeiten des Drucksatzes bzw. -programms sind demnach Konstruktionsfehler, ohne daß es darauf ankommt, ob der betreffende Inhalt von dem Autor bzw. Verlag gewollt war (und für richtig gehalten wurde) oder nicht gewollt war. Im letzteren Fall handelt es sich meist um einen *Druckfehler*[305] oder die *Verwechselung* von Seiten oder Schaubildern; hier ist die Herstellerhaftung wegen der typischen Arbeitsteilung zwischen Verlag und Autor eingeschränkt *(§ 25 Rz. 105ff.).* Die Verlegerhaftung für Unrichtigkeiten des *Manuskripts,* die in das Druckwerk eingehen, richtet sich nach den jeweiligen Berufspflichten.[306]

121 **Software** ist in erster Linie ein Computerprogramm, nämlich „eine Folge von Befehlen, die nach Aufnahme in einen maschinenlesbaren Träger fähig sind zu bewirken, daß eine Maschine mit informationsverarbeitenden Fähigkeiten eine bestimmte Funktion oder Aufgabe oder ein bestimmtes Ergebnis anzeigt, ausführt oder erzielt."[307] Software wird entweder isoliert – auf einem Datenträger – oder als Bestandteil einer kompletten EDV-Anlage geliefert. Dabei werden *Standardprogramme* in größeren Mengen hergestellt, *Individualprogramme* auf den Bedarf des jeweiligen Verwenders zugeschnitten. Die Überlassung der Software erfolgt aufgrund eines Kauf-, Werk(lieferungs)- oder Lizenzvertrages,[308] wobei die Nutzung des geistigen Gutes im Vordergrund steht. Verfügbar ist die Software aber regelmäßig erst auf einem Datenträger (Diskette, Magnetband, Microchip), der eine

[300] (BAnz. Nr. 81 v. 28. 4. 1979) i. d. F. v. 10. 4. 1980 (BAnz. Nr. 76 v. 22. 4. 1980).

[301] (BAnz. Nr. 36 v. 23. 2. 1982).

[302] Zu den Einzelheiten vgl. Pos. 3 bzw. 4 der genannten Auflagen.

[303] VG Berlin PhR 1982, 73, 76.

[304] Kullmann/Pfister, Kza. 1520 S. 40. Seit dem 1. 1. 1986 sind die wichtigsten Industrieverbände auch durch *interne* Vereinbarung zur Verwendung kindersicherer Verschlüsse verpflichtet; s. ferner §§ 24, 30 LMBG.

[305] BGH JZ 1971, 63 – Druckfehler.

[306] Vgl. etwa BGH NJW 1973, 843 – Nottestamentsmappe; NJW 1978, 997 (Börseninformationsdienst); OLG Saarbrücken NJW 1978, 2395 (Zeitungsinserat); zu allem Röhl, JZ 1979, 369ff.

[307] Vgl. § 1 I, IV der Mustervorschriften der WIPO (Weltorganisation für geistiges Eigentum) für den Schutz von Computerprogrammen, GRUR 1979, 306.

[308] Vgl. BGH NJW 1988, 406, 407f; Engel, BB 1985, 1159, 1161ff.; Kilian, CR 1986, 187ff.

ganz bestimmte, dem Programm entsprechende Beschaffenheit aufweist. Schon insofern läßt sich von einer Software-Produktion sprechen, die damit **grundsätzlich**[309] auch **der Herstellerhaftung unterliegt.**

Die Produkthaftung wird damit auf weite Bereiche der modernen Technik ausgedehnt, 122
z. B.[310] auf Medizintechnik (Computertomographie, auswertende Laboranalytik), Verkehrssteuerung (Kraftfahrzeuge, Schiffe, Flugzeuge), Industrieroboter, NC-gesteuerte Werkmaschinen, andere Computerprogramme und Datenbestände, deren Löschung oder Änderung unerwünscht ist. Diese Haftung ist angesichts der immensen Gefahren,[311] die mit der Konzentration auf Spitzentechnologie einhergehen, auch erforderlich, obwohl diese den Risikofaktor des menschlichen Versagens natürlich verringert. Auch Händlern und Benutzern von Software obliegt eine gewisse Produktverantwortung.

Besonderheiten ergeben sich allerdings daraus, daß Computerprogramme oft nicht in 123
der Qualität hergestellt werden können, die bei anderen Produkten üblicherweise erreicht wird. Trotz der rasanten Entwicklung der EDV ist es gegenwärtig nach wohl allgemeiner Ansicht technisch **unmöglich,** jedenfalls **komplexere Software fehlerfrei herzustellen:**[312] Der Anteil der „Konstruktionsfehler" an den Programmfehlern ist auf 80–90% geschätzt worden. Daraus wird für die Anwendung des vertraglichen Gewährleistungsrechts gefolgert, daß ein Sachmangel von dem „Grad der Beeinträchtigung" des vertraglich vorausgesetzten bzw. bestimmungsgemäßen Gebrauchs abhängen müsse.[313] Entsprechend ist für das Deliktsrecht eine Herabsetzung der Sicherheitserwartungen jedenfalls sachkundiger Abnehmer zu berücksichtigen, sofern nicht der Hersteller bestimmte Eigenschaften zugesichert hat. Andererseits ist der Softwarehersteller bei Steuerungselementen, die ihrem Zweck nach oder erfahrungsgemäß in Produkte mit hohem Risikopotential eingehen (z. B. medizinische Technik, Flugsicherung), trotz hoher Kosten zu extremem Kontrollaufwand verpflichtet. Darüber hinaus sind die Verkehrspflichten auch an den Prüfrichtlinien zu orientieren, die seit August 1985 für die Erteilung des **RAL**[314]**-Gütezeichens** 901 „Software" maßgebend sind;[315] diese Richtlinien sind auch in der DIN-Vornorm V 66285 in Bezug genommen.

2. Fabrikation

a) Allgemeines

Fabrikationsfehler entstehen bei der Herstellung selbst. Sie beruhen darauf, daß das 124
Produkt infolge eines Mangels im Herstellungsprozeß nicht das Sicherheitsniveau aufweist, welches bei ordnungsgemäßer Umsetzung der (fehlerfreien) Konstruktion erreicht worden wäre. Hierfür kommen die verschiedensten Ursachen in Betracht: bei Einzelfertigung in Handarbeit eine manuelle Ungeschicklichkeit oder eine Unachtsamkeit, bei Serienfertigung der Verschleiß einer Maschine, deren technische Unzulänglichkeit oder fehlerhafte Bedienung und überhaupt jedes menschliche Fehlverhalten bis hin zur Sabotage; die letztere wird zwar selten sein, vermag aber wohl allein zu erklären, daß im Brunnensalz-Fall[316] Glassplitter in das Heilmittel gelangten und daß – in einem Fall des Supreme

[309] Wenig klar und wohl abweichend Engel, CR 1986, 702, 706 zu 2; s. aber auch Hackemann, in: Gorny/Kilian (Hrsg.), Computersoftware und Sachmängelhaftung, Stuttgart (1985), S. 197.

[310] Vgl. auch Engel, CR 1986, 702, 705; MünchKomm/Mertens, § 823 Rz. 321.

[311] Zu den typischen Fehlern vgl. Gorny, CR 1986, 673, 674.

[312] Gorny, CR 1986, 673, 674; Tiling, CR 1987, 80, 82.

[313] Gorny, CR 1986, 673, 674; s. aber auch BGH NJW 1988, 406, 408; OLG Stuttgart CR 1987, 231, 232; OLG München CR 1987, 506, 507.

[314] Deutsches Institut für Gütesicherung und Kennzeichnung.

[315] Vgl. dazu Krückeberg, CR 1985, 47 ff. und 113 ff.

[316] RGZ 87, 1 ff. – Brunnensalz.

Court of Carolina[317] – ein Angelhaken in Kautabak geriet. Fabrikationsfehler haften demnach kaum einmal der ganzen Serie an, sondern denjenigen Produkten, die während des maschinellen oder menschlichen Versagens „durchliefen".

b) Die Ausreißer-Problematik

125 Auch wenn die Fertigungsanlagen nach dem neuesten Stand von Wissenschaft und Technik ausgestattet sind und von fachkundigem und überwachtem Personal bedient und gewartet werden, kann es immer einmal passieren, daß ein Funktionsfehler unterläuft, durch den das Produkt gefährlich wird. Über die rechtliche Bewertung eines solchen „Ausreißers" besteht keine Einigkeit. Gelegentlich wird betont, daß nach dem heutigen Stand der Technik spätestens bei der ohnehin gebotenen Produktkontrolle praktisch sämtliche „Ausreißer" ausgesondert werden könnten, wenn nur der Kontrollaufwand groß genug wäre; hiernach weist ein Ausreißer regelmäßig auf eine Pflichtverletzung hin.[318]

126 Dieser Standpunkt löst sich von der Frage, ob der technisch mögliche Sicherheitsaufwand trotz der evtl. sehr hohen Kosten dem Hersteller im Hinblick auf die jeweilige Produktgefahr auch zumutbar war. Er vernachlässigt damit ein für die Begründung der Verkehrspflicht und Rechtwidrigkeit unverzichtbares Element *(Rz. 1)* und ist mit deliktsrechtlichen Grundsätzen nicht zu vereinbaren. Selbstverständlich trifft den Hersteller im Bereich der Fabrikation auch die Sorgfaltspflicht zu einer technisch hinreichenden und den Umständen nach angemessenen Produktkontrolle. Deren Umfang unterliegt jedoch den allgemeinen Grenzen jeder Verkehrspflicht (vgl. *Rz. 51*). Die Tatsache allein, daß der Hersteller durch Produktbeobachtung und Wahrscheinlichkeitsberechnungen zu der *Erkenntnis* gelangen kann, daß sein Produkt X eine Fehlerquote von Y ‰ aufweist, ist zunächst nur ein Reflex des Lebensrisikos, das jenseits einer Verschuldenshaftung auch sonst verbleibt. Das gilt sogar für die weitere Erkenntnis des Unternehmers, daß er durch „statistische Qualitätskontrolle . . . die unbeabsichtigte Hereinnahme fehlerhafter Teile auf ein gewünschtes Maß (Durchschlupf)" beschränken kann;[319] denn das Maß, das der Hersteller wünschen muß, weil es von der Rechtsordnung verlangt wird, hängt eben davon ab, welcher Kostenaufwand tragbar ist. Mit anderen Worten: Ein Hersteller, der von seiner Abteilung Qualitätskontrolle vernimmt, daß technisch eine Ausreißerquote von 1 : 1 Million erreichbar wäre, muß diesen Vorschlägen nur ausnahmsweise folgen, wenn ihre Durchführung die Ware überteuern und unverkäuflich machen würde.[320] Auch in der Herstellungsphase **kann** also **keine absolute Sicherheit,** sondern nur die Einhaltung der Verkehrspflichten **verlangt werden.**[321] Hiervon geht auch die Rechtsprechung des BGH aus; ihr zufolge hat allerdings der Hersteller zu „beweisen, daß es sich bei dem schadhaften Produkt um einen trotz bester Kontrollen immer wieder einmal vorkommenden ‚Ausreißer' handelt".[322]

127 Andererseits ist im Anlagenbereich **vor Fehlinvestitionen zu warnen,** die zu einem **Sicherheitsdefizit** führen und so die Gefahr einer Produkthaftung heraufbeschwören. Zwar ist es verständlich, daß bei der Entscheidung über die Anschaffung einer neuen Maschine Kriterien wie Leistungsfähigkeit, allgemeine Betriebssicherheit, Bedienungskomfort, Verkäufer-Service und nicht zuletzt Preis und Lieferzeit im Vordergrund stehen.

---

[317] Candle v. Bohameon Tobacco Co., 16 SE 2d 680.

[318] Giesen, NJW 1969, 582, 586; wohl auch Steindorff, AcP 170 (1970), 93ff.

[319] So die unbekümmerte Formulierung im Bericht eines großen deutschen Unternehmens aus dem Jahre 1965, zit. bei Steindorff, AcP 170 (1970), 93, 110.

[320] Vgl. BGH NJW 1988, 2611, 2612 – Mehrwegflasche II, zu den „Absatzchancen"; anders wohl OLG Frankfurt VersR 1985, 890 – Mehrwegflasche I.

[321] LG Dortmund VersR 1987, 697, 698 – Landrotwurst; Brendel, S. 79; Brüggemeier, WM 1982, 1294, 1300; Kullmann/Pfister, Kza. 1520 S. 40b FN 237; Mertens, VersR 1980, 397, 404; Schmidt-Salzer, Entscheidungssammlung I, S. 359f.; Palandt/Thomas, § 823 Anm. 15 caa.

[322] BGH NJW 1975, 1827, 1828 – Spannkupplung (Beweislastumkehr, näher § 30 Rz. 42ff.).

Die Dominanz dieser Parameter geht aber nicht selten auf Kosten der späteren Produktionsqualität, indem bestimmte Soll-Abweichungen des Investititionsgutes bewußt oder weniger bewußt hingenommen werden. Dies ist noch vertretbar, wenn eine Qualitätsstreuung, die außerhalb der Toleranz liegt, durch sekundäre Kontrollmechanismen zuverlässig erfaßt und neutralisiert werden kann. Wo das nicht mehr möglich ist, das Sicherheitsoptimum aber mit betriebswirtschaftlich objektiv vertretbarem Aufwand erreichbar gewesen wäre, stellt der Einsatz einer derart unzulänglichen Anlage ein Fehlverhalten dar.

Es ist **vermeidbar,** indem die Soll-Qualitäten der Fertigungsmaschine vor der Kaufentscheidung in enger Kooperation aller betrieblichen Abteilungen festgelegt werden, sämtlich Gegenstand des Kaufvertrages werden und nach der Lieferung beim Probelauf ohne jedes Wohlwollen durchgeprüft werden. Jede Abweichung der Ist-Werte von den Soll-Werten muß moniert werden – ohne Rücksicht auf andere Abteilungen des eigenen Betriebs oder gar auf den Lieferanten der Maschine. Daß bei rigoroser Handhabung dieser Prinzipien über kurz oder lang ökonomische Einbußen drohen, liegt auf der Hand. Sie lassen sich aber – und das ist haftungsrechtlich entscheidend – bei optimierter Organisation abwenden oder doch mindern. In diesem Zusammenhang dürfte es sich gerade in Großunternehmen dringend empfehlen, die Abteilung für Qualitätskontrolle in Investitionsentscheidungen frühzeitig miteinzubeziehen.

c) Pflichtenbereiche

aa) Auswahl von Rohstoffen, Halbfabrikaten und Zwischenprodukten. Erste Voraussetzung dafür, daß der konstruktiv vorgegebene Sicherheitsstand bei der Herstellung gewahrt bleibt, ist, daß die beschafften Rohstoffe, Halbfabrikate und Zwischenprodukte die für die Konstruktion vorausgesetzte Qualität aufweisen. So muß bei der **Materialauswahl** darauf geachtet werden, daß die bei der Materialwahl *(Rz. 102)* unterstellten Eigenschaften für jedes in die Fertigung eingehende Einzelstück gewährleistet sind. 128

Beispiel: Ein Limonadenhersteller darf nur in Flaschen abfüllen, die hinreichend druckfest sind. Dabei ist nicht nur mit Drucksteigerungen infolge einer Erwärmung des Flascheninhalts zu rechnen, sondern auch damit, daß die Flaschen später einmal auf hartem Untergrund hinfallen: Sie müssen auch einmal „einen Stoß" vertragen können, zumal sie oft in die Hände von Kindern geraten werden. Während die Wahl des dafür geeigneten Flaschen*typs* eine Frage der Konstruktion des Produkts Limonade ist, gehört die *Beschaffung* von Flaschen dieses Typs zur Fabrikation. Hierbei muß beachtet werden, daß Mehrwegflaschen bei längerem Gebrauch feinste Substanzverletzungen (Schädigungsbänder) davontragen, die ihre Berstgefahr gegenüber neuen Flaschen u. U. erhöhen. Der Hersteller muß daher auf eine Aussonderung jener Flaschen bedacht sein und entsprechende Kontrollgeräte u. U. selber entwickeln (lassen). Ist die Berstgefahr jedoch „außerordentlich selten", so *können* extreme Kosten einer solchen Kontrolle gegen diesen Aufwand sprechen.[323]

Bei **Fremdbezug** von Rohstoffen und Halbteilen ist eine Wareneingangskontrolle unerläßlich. Durch Vergleich der Lieferpapiere und Teilenummern muß zumindest die Identität der eintreffenden Waren überprüft werden. In welchem Umfang eine Qualitätskontrolle hinzukommen muß, richtet sich nach den Grundsätzen für die industrielle Arbeitsteilung *(§ 25 Rz. 46ff.)*. 129

Sofern der Hersteller **Eigenteile** aus eigener Produktion verwendet, hängt seine Pflicht zur Eignungs- und Qualitätskontrolle davon ab, inwieweit diese bereits im Rahmen der Teileherstellung erfolgt ist. Insoweit muß die betriebliche Organisation für eine klare Zuweisung der Qualitätsverantwortung sorgen. In größeren Betrieben sind diejenigen Abteilungen, die Rohlinge oder Halbteile anliefern, meist auch in erheblichem Umfang für die Qualitätssicherung zuständig. Eine solche Delegation ist deliktsrechtlich unbedenklich, wenn wenigstens die Qualitätsziele auf die Konstruktion abgestimmt und mit der Unternehmensleitung abgesprochen sind. Die Umsetzung dieser Ziele kann jedenfalls in Großunternehmen kaum mehr auf höchster Ebene erfolgen, sondern muß den jeweili- 130

[323] BGH NJW 1988, 2611, 2612f. – Mehrwegflasche II; abweichend OLG Frankfurt VersR 1985, 890 – Mehrwegflasche I; näher Fn. 247.

gen Abteilungen überlassen werden. Dies entbindet die Unternehmensleitung freilich nie von der Pflicht, durch organisatorische Maßnahmen die Grundlagen für ein effektives *System* der Qualitätskontrolle zu schaffen.

131 Auch bei der **Lagerung** und dem innerbetrieblichen **Transport** der Stoffe, Produkte und Prüfmittel muß für die Minimierung von Gefahren gesorgt sein. Zur Vermeidung von Altersschäden (z. B. Rostbefall) ist bei der Lagerung z. B. der Grundsatz „first-in, first-out" zu beachten. Für die Kennzeichnung bzw. Absonderung geprüfter bzw. gesperrter Materialien bedarf es klarer Vorschriften, deren Einhaltung zu überwachen ist.

132 Zur ordnungsgemäßen Stoffeauswahl gehört in jedem Fall die **fortlaufende Identitätskontrolle.** In komplexe Produkte gehen oft Hunderte oder gar Tausende von Zulieferteilen ein; hier muß die Verwechselung solcher Teile, die sich äußerlich gleichen, u. U. aber ganz unterschiedlich beschaffen sind, mit Sicherheit ausgeschlossen sein. Dies setzt eine entsprechende Organisation sowohl der Lagerhaltung als auch des Warenflusses zu den Fertigungsplätzen voraus.

133 Ein Mindestmaß an Qualitätskontrolle ist für alle Rohstoffe und Zulieferteile erforderlich. Dies führt, wenn – wie nicht selten – Tausende von Teilen zu verarbeiten oder gar für verschiedene Produkte vorzuhalten sind, zu organisatorischen Problemen und gigantischen Informationsströmen, die sich nach heutigen Maßstäben oft nur noch mit Hilfe **elektronischer Datenverarbeitung** zuverlässig bewältigen lassen. Deren Einführung kann daher auch haftungsrechtlich geboten sein, wenn sie zu vertretbaren Kosten einen Sicherheitsgewinn bietet, etwa weil Auffälligkeiten wie Qualitätsabweichungen, Mängelberichte aus der Endfertigung, der Endkontrolle oder den Werkstätten zuverlässiger erfaßt oder (einem Zulieferer oder einer bestimmten Maschine) rascher zugeordnet werden können.

bb) Sicherheit der Fabrikationsanlage

134 **aaa) Einrichtung nach dem Stand von Wissenschaft und Technik.** Elementare Bedingung der Fabrikationsqualität ist weiter, daß Produktionsanlagen eingesetzt werden, die ihrerseits der Konstruktion nach – namentlich durch Präzision und Betriebssicherheit – dem neuesten Stand von Wissenschaft und Technik entsprechen. Hieraus folgt zunächst die Pflicht, überhaupt auf **Technik** zurückzugreifen, wo sie dem Menschen **in sicherheitsrelevanten Herstellungsphasen** überlegen ist, wenn die Unterlegenheit nicht in einer anderen Herstellungsphase, etwa bei der Qualitätskontrolle, ausgeglichen werden kann. Besteht z. B. bei manueller Abfüllung eines Impfstoffes die Gefahr, daß dieser bakteriell verseucht wird, so muß die Abfüllung mangels sonstiger Abhilfe mechanisch erfolgen.[324] Sind Bohrungen oder Schnitte mit extremer Genauigkeit vorzunehmen, so kann statt mechanischer Geräte die Verwendung von Präzisions-Laserschneidern geboten sein.

135 Im übrigen besteht aber **keine allgemeine Pflicht zur Maximierung der Automation.** Grundsätzlich steht es im betriebswirtschaftlichen Ermessen des Herstellers, ob er eine halbautomatische oder anderweitige Fertigungsweise bevorzugt. Die deliktsrechtlichen **Grenzen des Ermessens** beginnen erst dort, wo die Abwägung von Risiko und Aufwand ergibt, daß eine Fehlerquote nach Umfang oder Konsequenzen zu gewichtig ist, als daß ihre Minimierung an menschlichem Versagen scheitern dürfte. Diese Grenzen sind allerdings schon heute und voraussichtlich erst recht **in Zukunft enger zu ziehen:** Die Gefahr eines Fehlverhaltens in der Fertigung, und zwar auch noch in der Qualitätskontrolle, ist erheblich. Zugleich strahlen die Möglichkeiten, welche neue Technologien bei der Bekämpfung des klassischen „Ausreißers" bieten, auch auf die Verkehrspflichten aus. In sicherheitsrelevanten Herstellungsphasen wird sich der Einsatz von CAM (Computer Aided Manufactoring) bzw. CIM (Computer Integrated Manufactoring) zunehmend zur

---

[324] BGH NJW 1969, 269, 275 – Hühnerpest.

Rechtspflicht verdichten.[324a] Freilich sind gerade in diesem Zusammenhang der Kostenfaktor und traditionelle betriebliche Strukturen zu beachten. Zwar ist absehbar, daß die menschliche Arbeitskraft, gemessen an den sprunghaften Entwicklungen der Fertigungstechnik, immer teurer werden wird. In kleinen bis mittelgroßen Betrieben können sich die Investitionsüberlegungen dennoch – verständlicherweise – ganz anders darstellen. Ein Produktionsverbot – wegen „verminderter Qualitätsfähigkeit" – dürfte sich daraus nur in Einzelfällen herleiten lassen *(Rz. 55ff.)*. Insgesamt wird die Umstellung auf rechnergestützte Fertigungsformen und gar auf Industrieroboter auch mittelfristig eine Frage der Zumutbarkeit und damit – vorbehaltlich des im individuellen Betrieb schon erreichten Standes – des Zeitpunktes bleiben.

Gegenwärtig kommen auf 10000 Beschäftigte in der bundesdeutschen Produktion erst etwa 15 Industrieroboter; Ende 1986 waren hier ca. 12400 Industrieroboter installiert. Die Zahl der gegenwärtig etwa 71000 kompletten Montagestationen wird nach Schätzung des Rationalisierungs-Kuratoriums der Deutschen Wirtschaft e. V. bis 1990 um etwa 7000 Systeme zunehmen. Aber selbst der damit erreichte Gesamtautomatisierungsgrad soll 35–70% nicht überschreiten. **Vollautomatische Systeme,** die sog. mannlosen Montageschichten, werden aber auch von Rechts wegen auf besonders sensible Produktionsphasen beschränkt bleiben dürfen.

Fertigungsanlagen einschl. der darauf zugeschnittenen Kontrollmechanismen werden meist nicht im Hause gefertigt, sondern fremd bezogen, wenn auch oft nach Vorgaben des Herstellers als Käufer der Anlage. Hier ist natürlich von überragender Bedeutung, daß die gelieferte Anlage auch tatsächlich den Anforderungen entspricht, die in Auftrag gegeben waren. **Die Leistungsfähigkeit der fremdbezogenen Anlage ist** von dem Hersteller im Detail **zu kontrollieren,** bevor die Serienproduktion anläuft. Diese Prüfpflicht läßt sich nur ausnahmsweise beschränken. Insbesondere können die Grundsätze über die Pflichtenverteilung bei vertikaler Arbeitsteilung, d. h. bei Fremdbezug von Rohstoffen oder Halbfabrikaten, nicht ohne weiteres auf den Erwerb von Anlagen übertragen werden, da es hier um ein ungleich größeres Risikopotential geht. Andererseits können den Anlageerwerber bezüglich der Anlage aber auch nicht die originären Herstellerpflichten treffen, wenn er bei der Bestellung die gebotene Sorgfalt beachtete (vgl. sinngemäß *§ 25 Rz. 46ff.*). In diesem Fall genügt es, wenn die gelieferte Anlage **durch Probeläufe** gründlich auf ihre Qualitätsfähigkeit geprüft wird, indem die Probestücke nach dem Durchlauf und während eines aussagefähigen Zeitraums einer Qualitätskontrolle unterzogen werden. Nur wenn diese **Abnahme** positiv ausfällt oder etwaige Toleranzüberschreitungen durch Nachbesserung der Anlage ausgeschlossen wurden, darf diese für die Serienfertigung freigegeben werden (vgl. *Rz. 127*). 136

bbb) Wartung und Bedienung. Die Produktionsanlagen müssen zur Wahrung ihrer Betriebssicherheit systematisch betreut werden. Sowohl ihre Wartung (mit Kühlstoffen, Schmiermitteln; Reinigung, Desinfektion usw.) als auch die Verschleißkontrollen sind von Fachleuten und nach dem neuesten Stand der Technik vorzunehmen. 137

cc) Kontrolle des Fabrikationsverfahrens. Vielfach wird auch zu kontrollieren sein, ob bei laufender Produktion die einzelnen Arbeitsprozesse fehlerfrei durchgeführt werden. Das ist insbesondere dann geboten, wenn die Qualitätskontrolle der fertigen End- oder Zwischenprodukte nicht mit gleicher Zuverlässigkeit erfolgen könnte. Erforderlich sind insofern selbstverständlich die ordnungsgemäße Programmierung der Fertigungsanlage und die korrekte Eingabe der Werkstücke, ggf. aber auch eine Kontrolle von Lufttemperatur, Feuchtigkeit, Verweildauer in der Anlage usw. und, je nach Fall, eine Prüfung der zuverlässigen Durchführung jedes einzelnen maschinellen Arbeitsschrittes. Ob dies durch Sensoren, Lichtschranken, elektronische Gewichts- bzw. Abstandsmessungen geschieht oder erst mittelbar durch Qualitätsprüfung nach Ablauf jenes Arbeitsprozesses, ist gleich- 138

[324a] Zu den Einsatzmöglichkeiten s. etwa Scheer, CIM – Der computergesteuerte Industriebetrieb, 3. Aufl. (1988).

gültig, sofern die nötige Kontrolldichte gewahrt bleibt. Vielfach werden aber Mechanismen vorzusehen sein, die bei maschinellem oder menschlichem Versagen entweder Warnsignale geben oder die Produktion unterbrechen bzw. das entsprechende Werkstück aussondern und evtl. einer erneuten Bearbeitung zuführen.

139 **dd) Qualitätskontrolle.** Die Qualitätskontrolle ist eine **Kardinalpflicht** und die eigentliche Schwelle zur Produkthaftung insofern, als sie bei effektiver Handhabung fast alle Fehler, die beim Fertigungsprozeß – vermeidbar oder nicht – unterlaufen sind, erfassen und neutralisieren kann: Das fehlerhafte Produkt wandert zur Nacharbeit zurück oder wird als „Ausschuß" ausgesondert. Die Qualitätskontrolle muß im Grunde die ganze Produktion begleiten, nach der Konstruktion nämlich die Materialauswahl *(Rz. 128)*; sie muß in die Fabrikationsanlagen *(Rz. 134ff.)* möglichst schon integriert sein, verschmilzt mit der Kontrolle des Fabrikationsverfahrens *(Rz. 138)* einschl. der Montage und mündet in die Kontrolle des Endprodukts. Aus konzeptioneller Sicht ist Qualitätskontrolle eher *Qualitätssicherung,* aus normativer (nicht notwendig juristischer) Sicht wohl eher *Qualitätsregelung.*

140 Die Frage nach der **Notwendigkeit** einer Qualitätskontrolle kann sich praktisch nur auf Art und Umfang der Kontrollmaßnahmen beziehen. Denn Produkte oder Produktionsverfahren, die keiner Fertigungskontrolle bedürfen, sind selten und überhaupt nur in sehr überschaubaren Bereichen (z. B. der manuellen Fertigung) vorstellbar. Demgegenüber hängt die gebotene **Prüfintensität** vom Einzelfall ab, und zwar in erster Linie von der Gefährlichkeit der denkbaren Fabrikationsfehler. Im übrigen versteht sich von selbst: Je größer die Wahrscheinlichkeit ist, daß es bei der Herstellung zu unbemerkten Fehlfunktionen kommt, desto intensiver muß die Qualitätskontrolle sein.[325]

141 **Gegenstand** der Qualitätskontrolle kann im allgemeinen nicht nur das fertige Endprodukt sein. In der Regel genügt auch nicht die Überprüfung der Halbfabrikate und Zwischenprodukte. Denn in diesem Stadium der Fertigung sind oft schon Teile mit hohem Gefahrenpotential einer effektiven Kontrolle entzogen, sei es, weil sie nicht mehr zugänglich sind oder weil die erforderlichen Prüfmaßnahmen, vor allem Belastungstests, jetzt nicht mehr durchgeführt werden können. Ist eine Abschlußuntersuchung des Endprodukts allerdings ausnahmsweise ebenso effektiv wie die Teile-Prüfung, so hat der Hersteller selbstverständlich die Wahl.

142 Eine vollständige Prüfung jedes sicherheitsrelevanten Teils oder auch nur jedes fertigen Produkts ist oft nicht erforderlich oder doch derart unökonomisch, daß die Grenze der Zumutbarkeit spürbar wird. **Stichproben** wiederum haben den Nachteil, daß sie nur solche Fehler aufzeigen, die mit einer statistischen Mindesthäufung auftreten: Die Fehlerquelle muß hinreichend oft in Erscheinung treten oder – bei seltener Aktivierung – doch hinreichend viele Produkte erfassen. Angesichts dieser Schwierigkeiten muß die Prüfintensität von den Umständen des Einzelfalls abhängen; dessen Bewertung erfolgt nach den bekannten Grundsätzen, d. h. dem Gefahrenpotential des Prüfobjekts (Fehlergefahr und -folgen) sowie dem mit einer lückenlosen Prüfung verbundenen Aufwand. Auf den ersten Blick leuchtet ein, daß Stichproben **unzulänglich** sind, wo ein Fabrikationsfehler zu einer **Gefahr für Leib oder Leben** führen könnte. In der Tat müssen sicherheitsrelevante Serienteile z. B. von Flugzeugen oder Kraftfahrzeugen[326] (Bremse, Lenkung samt Montage, Verdrahtung) sowie OP-Instrumente[327] und künstliche Gelenke[328] einer durchgehenden Prüfung unterzogen werden. Auch die Füllhöhe von Glasflaschen mit kohlensäurehaltigen

---

[325] Schmidt-Salzer, Produkthaftung, Rz. 96.

[326] Schmidt-Salzer/Hollmann, Bd. 1, Einl. Rz. 118.

[327] OLG Düsseldorf NJW 1978, 1693 – Septummeißel; OLG Saarbrücken NJW-RR 1988, 611 – Venenkatheter.

[328] LG Hamburg, Urt. v. 11. 2. 1981, Schmidt-Salzer, Entscheidungssammlung III, III 40, S. 666f., 673 – Hüftgelenkprothese II.

Getränken ist wegen der durch falsche Füllung erhöhten Explosionsanfälligkeit bei jeder einzelnen Flasche zu kontrollieren.[329]

Andererseits dürfte es auch heute noch eine Überforderung sein, generell zu verlangen, daß jedes Einzelteil (bis hin zur einzelnen Schraube!), das nach seinem Einbau irgendwie[330] sicherheitsrelevant werden kann, einer individuellen Kontrolle unterzogen wird. Dagegen sind *Annäherungen* an einen solchen Grundsatz durchaus vorstellbar, und zwar um so eher, je mehr die Automatisierung der Fertigung fortschreitet: Der Einsatz von **Mess- und Laborautomaten** ermöglicht **zunehmend** komplexe Prüfungen jedes durchlaufenden Werkstücks in kürzester Zeit und macht diese so auch **zumutbar,** falls die entsprechende Investition betriebswirtschaftlich bzw. mit Rücksicht auf das Gefahrenpotential vertretbar war (vgl. *Rz. 54ff.*). Kommt es mangels derartiger Technologie zu einem Fabrikationsfehler, obwohl die betreffende Prüfautomatik schon bei Inverkehrgabe des fehlerhaften Produkts verfügbar war, so muß der Hersteller sich allerdings entlasten, d. h. beweisen, daß ihm zu dem entscheidenden Zeitpunkt jene Automatisierung der Qualitätskontrolle nicht zumutbar war *(§ 30 Rz. 44ff.)*. Gelingt der Beweis, so erweist sich nur, daß ein minimaler „Durchschlupf" mit der Verschuldenshaftung durchaus vereinbar sein kann.[331] 143

Die **Vornahme von Stichproben** erfolgt unter Beachtung der **allgemeinen Prüfbestimmungen** (des DIN, VDE, RAL; des Lebensmittelrechts), soweit diese nicht hinter dem Stand der Wissenschaft und Technik zurückbleiben. Auch die **„Allgemeinen Grundsätze für die Herstellung von Waren"** (DIN 66051) und das **AQL-System** („annehmbare Qualitätsgrenzlage", DIN 40080) sind zu berücksichtigen. Dies gilt selbst für „Bagatellrisiken",[332] sofern sie – sonst kommt es ohnehin nicht zum Schaden und auf eine Pflichtverletzung an! – Rechtsgüter des Verbrauchers gefährden. 144

Damit die Stichproben repräsentative Aussagen über den Zustand der Gesamtmenge und damit über die Qualitätsfähigkeit eines Prozesses gestatten, bedürfen sie mathematisch-statistischer Fundierung. Vorrangig ist die **repräsentative Auswahl** der Messwerte bzw. Prüfobjekte, erfolge sie nun – im Wareneingang – lieferungsbezogen (abhängig von der Zahl der Lieferungen), mengenbezogen (z. B. jedes 150. Teil), periodenbezogen (z. B. jeden Mittwoch) oder chargenbezogen (aus jeder neuen Charge). 145

Aus einer Vielzahl solcher Meßwerte wird der arithmetische *Mittelwert* gebildet. Die Abweichungen von diesem Mittel lassen sich durch Diagramm oder Kurve wiedergeben. Meßwerte aus der industriellen Fertigung stellen sich meist als *Normalverteilung* dar (Gauß'sche Verteilung; „Glockenkurve"). Der jeweilige Abstand der Mittelwert-Achse zu den beiderseits gelegenen Wendepunkten der „Glockenkurve" ergibt die *Standardabweichung;* in ihr spiegelt sich die Streuung des überprüften Fertigungsprozesses wider: Mit der Standardabweichung nimmt auch die Streuung zu. Der Basis der Glockenkurve entspricht (als Unterschied zwischen dem festgestellten größten und kleinsten Meßwert) die *Spannweite.* Mittels dieser Daten kann die Prozeßfähigkeit der betreffenden Fertigung untersucht werden, und zwar einerseits bezüglich der Streuung

$$(\text{Cp} = \text{Capability of process} = \frac{\text{Vorgegebene Toleranz T}}{\text{Prozeßstreuung}}),$$

andererseits aber auch bezüglich des Mittelwertes gegenüber vorgegebenen Grenzwerten (C_{pk}). Die Auswertung der gewonnenen Meßwerte erfolgt zweckmäßigerweise mit EDV-Unterstützung oder auf sog. Qualitätsregelkarten, die dem Prüfpersonal ggf. durch graphische Anordnung kenntlich machen, ob die (obere oder untere) **„Eingriffsgrenze"** oder doch eine **„Warngrenze"** berührt ist.

ee) Beschriftung und Verpackung des Produkts. Bei Produkten, die für die in Betracht kommenden Abnehmerkreise nicht (ohne weiteres) identifizierbar sind, kann auch eine 146

---

[329] LG Hanau VersR 1955, 785 – Mineralwasserflasche; s. auch Rz. 128.

[330] und theoretisch auch für Leib und Leben!

[331] S. auch Kullmann/Pfister, Kza. 1520 S. 42; Schmidt-Salzer, Entscheidungssammlung I, S. 360.

[332] Anders Kullmann/Pfister, Kza. 1520 S. 43.

falsche[333] Bezeichnung oder Beschreibung durch den Hersteller gefährlich werden. Das gilt vor allem für Chemikalien (in neutralen Behältnissen) aber auch für Geräte oder Maschinen (mit z. B. verwechselten Typenschildern) und überhaupt für alle Waren, deren falsche Bezeichnung über die Gebrauchseignung täuscht. Zu denken ist an **Etikettierungsfehler**[334] (bei Druck-, Stanz- und anderen Beschriftungen von Produkt, Behältnis oder Verpackung) und an **Verwechslungen** der Behältnisse, Verpackungen, Identifikationsmarken, -ringe, Kabeltrommeln usw. Derartige Fehler können und müssen bei guter betrieblicher Organisation aber praktisch ausgeschlossen werden.

d) Fehlerquellen

147 Die Fehlerquellen bei der Fertigung hängen ganz von der Produktart und der Fabrikationsweise ab. Ihre Vielfalt kann hier anhand einiger Beispiele nur angedeutet werden. **Materialfehler** können auf Legierungs- oder Gußfehler[335] zurückgehen, aber auch auf Rostbefall (z. B. infolge ungeschützten Transports oder zu langer Lagerung). Insbesondere **Oberflächenfehler** sind häufig, z. B. Porosität, Beschädigung eines hitzebeständigen Anstrichs, einer Verzinkung; Dellen, Riefen oder Risse können auch auf Schäden bei Transport oder Lagerung zurückgehen. Die Lauffläche eines Kolbenrings im Kfz-Motor muß kanalartige Netzstrukturen aufweisen, um kleinste Ölmengen zurückhalten und auch Schmutzpartikel aufnehmen zu können; diese Absorption mißlingt, wenn die Lauffläche schlecht bearbeitet ist. Falsche **Maße** können die verschiedensten Folgen haben: eine Materialermüdung infolge konstruktionswidriger Überbeanspruchung, eine Beschädigung von Zylinder oder Trommel infolge Radialspiels, eine unzureichende Befestigung infolge verkürzten Schraubgewindes oder zu weiten Durchmessers eines Verbindungsschlauchs, eine Undichtigkeit infolge falsch dimensionierter Dichtungsringe[336] usw.[337] **Fräsfehler** können die Belastbarkeit des bearbeiteten Teils entscheidend mindern, z. B. wenn der Übergang zwischen zwei Querschnitten einer Welle nicht fließend, sondern scharfkantig gearbeitet ist.[338] Bei einer **Bohrung** kann der scharfkantige Übergang des Bohrlochs infolge mechanischer Belastung (Vibration o. ä.) zu Schäden führen. Wird eine Bohrung dagegen vergessen oder mißlingt sie, so kommt es ggf. mangels Belüftung des Geräts zur Überhitzung oder mangels Kondenswasserableitung zu Rostbildung. Schneidefehler bei **Gewinden** mindern die Festigkeit der Schraubverbindung. **Löt-** oder **Schweißfehler** (Schweißporen, -risse) können Stabilität oder Dichtigkeit herabsetzen. Über **Verschmutzungen** ist für Pharmazeutika,[339] Labortechnik und Lebensmittel[340] kein Wort zu verlieren. Aber auch in der Kühlwasserpumpe eines Kfz-Motors können z. B. Grat oder Bohrspäne dazu führen, daß das schnell rotierende Flügelrad beschädigt wird, dadurch die Pumpleistung abnimmt und der Motor mangels Kühlung überhitzt und beschädigt wird. Eine vergessene **Schmierung** kann ebenfalls zu Reibungswärme und Überhitzung führen,[341] eine fehlerhafte **Verdrahtung** usw. – gar im Flugzeug – zur Katastrophe.

---

[333] und vom Hersteller nicht beabsichtigte (sonst Konstruktions- bzw. Instruktionsfehler!)

[334] Schmidt-Salzer, Produkthaftung, Rz. 76.

[335] Vgl. etwa LG Hamburg, Urt. v. 11. 2. 1981, Schmidt-Salzer, Entscheidungssammlung III, III 40, S. 672 – Hüftgelenkprothese II.

[336] AG Kiel DAR 1984, 28f.

[337] Zu einem **Montagefehler** vgl. LG Rottweil, Urt. v. 25. 3. 1975, Schmidt-Salzer, Entscheidungssammlung III, III 28 (unrichtige Temperaturanzeige bei Friteuse).

[338] BGH VersR 1972, 559, 560 – Förderkorb.

[339] BGH NJW 1969, 269ff. – Hühnerpest.

[340] Vgl. BGH VersR 1954, 100 – Trinkmilch; VersR 1961, 153 – Flaschenbier; NJW 1972, 2300 – Wasserversorgung I; VersR 1977, 571 – Wasserversorgung II; NJW 1978, 1430 – Wasserversorgung III; OLG Frankfurt VersR 1982, 151 – Salmonellen; LG Dortmund VersR 1987, 697 – Landrotwurst.

[341] BGH NJW 1979, 2148 – Kartonmaschine.

e) Mittel der Qualitätskontrolle

aa) Kontrollsystem. Eine Beherrschung der die Fabrikation bedrohenden Fehlerquellen setzt zunächst ein System voraus, mit dessen Hilfe (möglichst) sämtliche Schwachstellen der Fertigung entdeckt und überwacht werden können. Erforderlich ist also eine auf vollständige Fehlerbekämpfung angelegte **Organisation** des Betriebs (s. auch *Rz. 271ff.*). Ein derart geschlossenes Qualitätssicherungssystem erfordert kompetentes und verantwortungsbewußtes Personal. Ebenso wichtig sind die konkreten Kontrollverfahren samt der Kontrolltechnik. Beide müssen dem neuesten Stand von Wissenschaft und Technik entsprechen, falls der jeweilige Sicherheitsaufwand auch zumutbar ist (näher *Rz. 54ff.*). 148

bb) Sichtprüfung. Bei Serienprodukten ist es heute nur noch **in Ausnahmefällen zulässig,** die Qualitätskontrolle *allein* mit bloßem Auge vorzunehmen. Unbedenklich wird die Sichtprüfung immer als Bestandteil der Endkontrolle und bei solchen Produkten sein, deren Ungefährlichkeit selbst durch Fabrikationsfehler nicht wesentlich gemindert wird, und oft auch dann, wenn etwaige Fehler derart deutlich und leicht ins Auge fallen, daß Irrtümer des Kontrollpersonals unwahrscheinlich sind. Das gilt z. B. für Holzleitern,[342] für einfache Bohrungen, Verschlüsse von Koffern, Werkzeugkästen u. ä. und vielleicht auch für scharfe Kanten der Innenausstattung von Kraftfahrzeugen.[343] Wo ein – schuldhaftes oder schuldloses – Versagen des Kontrollpersonals dagegen gravierende Konsequenzen haben kann, muß der Hersteller (auch) zuverlässigere Prüfmittel anwenden. Im übrigen wird sich das Investitionsermessen je nach Kostenlage zu einer Modernisierungspflicht verdichten. 149

Demnach ist das – 1954 noch angemessene[344] – Verfahren, die Füllhöhe von Flaschen mit kohlensäurehaltigen Getränken wegen der Berstgefahr vor einem Lichtschirm zu prüfen, in Frage zu stellen.[345] Jedenfalls vor Wiederverwendung gebrauchter Flaschen, die nach allmählicher Abnutzung besonders gefährlich werden können, wird eine gezielte technisch-maschinelle Untersuchung der Berstdruckstabilität geboten sein.[346]

cc) Manuelle Messung. Keine Sichtprüfung im vorerwähnten Sinne ist die manuelle oder visuelle Messung mit Hilfsmitteln. So führt die Prüfung von selbstgefertigten oder zugelieferten Produktteilen mit der „Rachenlehre" (auf Durchmesser) oder dem „Gewindelehrdorn" (einer Schraube mit Normal-Gewinde) meist zu hinreichend genauen Ergebnissen, da bestimmte Toleranzüberschreitungen zwangsläufig auffallen. Dies setzt natürlich die *gewissenhafte* Untersuchung *jedes* einzelnen Prüfstücks voraus und hängt damit vom Unsicherheitsfaktor „Mensch" ab. Ob diese Unsicherheit hingenommen werden kann oder, soweit möglich, durch automatische (maschinelle) Prüfverfahren ausgeschaltet werden muß, richtet sich nach den allgemeinen Grundsätzen *(Rz. 32ff., 53ff.)*. 150

dd) Akustische Prüfung. Mitunter kann auch eine akustische Qualitätskontrolle, etwa als Funktionskontrolle eines Mechanismus, geeignet und ausreichend sein. In anderen Fällen kommt eine Kombination von Schallerzeugung und anderen Verfahren in Betracht. So werden in der Kraftfahrzeugindustrie Bremstrommeln (auf Sprünge) u. a. dadurch untersucht, daß ihr Klangsignal jeweils elektronisch mit dem Normalklang einer ordnungsgemäßen Trommel verglichen wird.[347] Auch das Kegelrad einer Fahrzeugachse kann ggf. durch Frequenzanalyse und Geräuschanteilsmessung (bei Aufzeichnung mittels Plotter) überprüft werden. 151

---

342 RG Recht 1920 Nr. 2845 – Obstpflückleiter.

343 So Schmidt-Salzer, Produkthaftung, Rz. 94; s. auch LG Detmold, Urt. v. 18. 12. 1974, Schmidt-Salzer, Entscheidungssammlung III, III 27, S. 613 – Lüfterrad.

344 LG Hanau VersR 1955, 785 – Mineralwasserflasche.

345 Anders Kullmann/Pfister, Kza. 1520 S. 42; vgl. auch Fn. 247.

346 OLG Frankfurt VersR 1985, 890 – Mehrwegflasche I.

347 Hain, ADAC-Motorwelt 9/1978, 12.

152 **ee) Mechanische Prüfung.** Belastbarkeit, Festigkeit, Dichtigkeit und Haltbarkeit sowie sonstige Eigenschaften eines Produkts lassen sich vielfach nur durch physikalische Einwirkung überprüfen. Neben Kälte- bzw. Hitzetests stehen dabei mechanische Einwirkungen im Vordergrund, z. B. mittels Druck, Zug, Vibration, Rotation usw. Namentlich die Prüfung von umschlossenen Behältnissen auf Dichtigkeit bzw. Wandstärke erfolgt oft durch Wasserdruck- oder Dampfprobe.[348]

153 Ist eine aussagefähige Untersuchung nur durch **zerstörende Kontrolle** möglich, so ist dieses Verfahren natürlich auf Stichproben zu beschränken, aber keineswegs von vornherein unzumutbar.[349] Erforderlichkeit und Umfang dieser Prüfform richten sich vielmehr nach den allgemeinen Grundsätzen *(Rz. 32ff., 53ff.)*. Immerhin wird die Zerstörung des Prüfobjekts dem Hersteller aber nur in geringerem Umfang als andere Prüfmethoden zumutbar sein, so daß zugleich auch die statistische Unsicherheit über die (Bekämpfung der) Ausreißer zunehmen mag. In diesem Fall kann, wenn die Produktsicherheit auch durch eine Änderung der Fertigung nicht zu verbessern ist, eine Warnung der Verbraucher geboten sein. Bei besonderen Gefahren wird sogar verlangt werden müssen, daß der Hersteller den denkbaren Ausfall des „unsicheren" Produktteils konstruktiv ausgleicht, indem er z. B. zusätzliche Teile, welche die Gefahr eines Versagens „auffangen" können, „in Reihe legt" (fail-safe-Prinzip; *Rz. 108*).

Der zerstörenden Kontrolle steht es gleich, wenn die mechanische Prüfung **neue Schäden auslösen** kann und diese entweder verhältnismäßig häufig eintreten oder jedenfalls nicht ohne weiteres zu erkennen sind. In beiden Fällen sind dem Hersteller nur Stichproben zuzumuten.[350]

154 **ff) Meß- und Laborautomaten.** Sobald das Kontrollpersonal Sichtprüfungen oder Messungen vornimmt oder auf mechanische Prüfungen Einfluß hat, besteht die Gefahr einer Verfälschung der Meßergebnisse durch Ermüdung, Ablenkung, Ungenauigkeit o. ä.; ihr kann in vielen Fällen durch Einsatz von Automatik, zumal Elektrotechnik, oder von EDV begegnet werden. Der Anwendungsbereich der Prüfautomatik reicht von elektronischen Waagen über die maschinelle Nachprüfung des Drehmoments einer Verschraubung bis hin zum dreidimensionalen Koordinaten-Meßgerät oder einem kompletten Prüfstand, auf dem bei entsprechender Programmierung z. B. das Bremssystem eines Kraftwagens in allen Funktionsphasen untersucht wird und die Testergebnisse gespeichert und ausgedruckt werden. Sofern nicht nur Bagatellgefahren abzuwehren sind, ist der Einsatz solcher Halb- oder Vollautomaten auch geboten, wenn dem Hersteller die entsprechenden Investitionen zuzumuten sind *(Rz. 54ff., 134f.)*. Dann kann die Verkehrspflicht durchaus auch dahin gehen, eine auf die spezielle Fertigung zugeschnittene Prüftechnologie eigens zu entwickeln oder entwickeln zu lassen.[351] Ein vorhandenes Prüfsystem muß bei Änderungen des Prüfobjekts (Produkts) selbstverständlich angepaßt werden.[352]

155 **gg) Ultraschall-Prüfung.** Durch Untersuchung mit Ultraschall lassen sich z. B. Lötfehler und teilweise auch Materialfehler (etwa in Stahlteilen) feststellen. Bei entsprechend großem Gefahrenpotential, beispielsweise bei Operationsinstrumenten,[353] ist eine Ultraschallabtastung jedes einzelnen Produkts geboten (hundertprozentige Prüfung).

156 **hh) Magnetische Flutung.** Durch magnetische Flutung (Ferro-Flux-Methode) können insbesondere bei geschmiedeten Einbauteilen selbst feinste Risse und Materialüberlappungen sichtbar gemacht werden. Zu diesem Zweck werden die untersuchten Teile magnetisiert und mit Rißpulver bestreut, das unter ultraviolettem Licht beobachtet wird; alterna-

[348] Vgl. BGH VersR 1960, 855f. – Kondenstopf.
[349] Zurückhaltend dagegen Kullmann/Pfister, Kza. 1520 S. 43.
[350] Vgl. BGH VersR 1972, 953, 954 – Propangas.
[351] OLG Frankfurt VersR 1985, 890 – Mehrwegflasche I.
[352] BGH VersR 1971, 80 – Bremsen III.
[353] OLG Düsseldorf NJW 1978, 1693 – Septummeißel.

tiv kann auch fluoreszierender Farbstoff aufgebracht werden. – Zumindest nach diesem Verfahren müssen z. B. geschmiedete Einbauteile für Kraftfahrzeuge untersucht werden.[354]

ii) Röntgenologische Prüfung. Die Röntgentechnik eigent sich besonders zur Über- 157
prüfung von Gußteilen[355] (z. B. Scheibenräder, Lenkgehäuse und -getriebe), bei deren Herstellung u. U. Gasblasen eingeschlossen werden, die zuverlässig erkannt werden müssen. Auch Karkassenfehler in Stahlgürtelreifen lassen sich durch Aufnahme von Röntgenbildern feststellen.[356] Naturgemäß ist dieses Verfahren vor allem bei großen Stückzahlen aufwendig und wegen der Notwendigkeit der optischen Auswertung auch fehleranfällig. Eine wesentliche Verbesserung wäre daher von der elektronischen Zerlegung und rechnergestützten Auswertung des Röntgenbildes zu erwarten; beides sollte Ende 1988 erstmals unter den Bedingungen der industriellen Produktion erprobt werden (Philipps-Forschungslaboratorium).

jj) UV- und Laserstrahl-Prüfung. Exakte Untersuchungen werden auch durch Be- 158
strahlung mit ultraviolettem Licht bzw. Laser möglich. So lassen sich Materialfehler im Gummi von Autoreifen nur durch Laserstrahlmessung entdecken.[357] Selbst andere Meßmittel (z. B. Koordinaten-Meßgeräte) und Werkzeugmaschinen sind mit einem Dreistrahl-Laserinterferometer zu überprüfen. Dagegen wird nach Schweißfehlern (Schweißporen, -rissen) meist unter UV-Bestrahlung gefahndet. Diese Prüfung muß im Falle wichtiger Sicherheitsteile, z. B. des Wellrohres der Kfz-Lenkung, hundertprozentig sein, also jedes einzelne Teil erfassen.

kk) Prüfung der Prüfmittel. Auch eine ordnungsgemäß durchgeführte Qualitätsprü- 159
fung ist nur so zuverlässig wie das dabei verwendete Prüfmittel. Qualität und Überwachung der Prüfmittel sind daher von größter Bedeutung und natürlich vor allem wieder eine Aufgabe der betrieblichen Organisation. So muß für die regelmäßige, z. B. **periodische Eichung** der Meßinstrumente (Kalibrierung) gesorgt sein; ungeprüfte Prüfmittel dürfen nicht (mehr) zum Einsatz kommen. Dies kann für eine (hufeisenförmige) Rachenlehre (zur Durchmesserprüfung) z. B. dadurch sichergestellt werden, daß sie nach ihrer Überprüfung mit einem Farbpunkt versehen wird, der zum Einsatz in der Periode II berechtigt, während zugleich alle Rachenlehren, die für die Periode I zugelassen waren, eingezogen werden. Dabei empfiehlt es sich aus Gründen der Organsation und Beweissammlung, den Zeitpunkt und die Ergebnisse der Prüfmittelkontrolle auf einer Qualitätsregelkarte festzuhalten, die dem numerierten Prüfmittel zugeordnet ist. Und auch in diesem Bereich kann der Einsatz von EDV u. a. Übertragungsfehler vermeiden und ggf. die Kosten senken. Sichergestellt sein muß ferner, daß bei entsprechendem Anlaß **außerordentliche Überprüfungen** stattfinden. Beispielsweise darf eine Rachenlehre, die hingefallen ist, nicht mehr verwendet werden, bevor feststeht, daß sie nicht an Genauigkeit verloren hat. Die Qualitätsprüfer müssen in diesem Sinne eindringlich belehrt und beaufsichtigt werden.

Auch die Prüfmittelkontrolle muß nach dem jeweiligen **Stand von Wissenschaft und** 160
Technik erfolgen. Dabei sind besonders strenge Anforderungen gerechtfertigt; denn die (erneute) Ausgabe eines (mittlerweile) falsch geeichten Prüfmittels führt mit Wahrscheinlichkeit sogar zu systematischen Schäden, da die entsprechenden Toleranzüberschreitungen der untersuchten Serienstücke unbemerkt bleiben. Die Kalibrierung etwa eines Koordinaten-Meßgeräts wird (bei hinreichend konstanter Temperatur!) durch Laserinterferometer oder an Hand eines Quader-Prüfkörpers erfolgen.

---

[354] BGH NJW 1968, 247 – Schubstrebe.
[355] S. auch OLG Düsseldorf NJW 1978, 1693 – Septummeißel.
[356] Vgl. Lotz, ADAC-Motorwelt 8/1978, 14f.
[357] Lotz, ADAC-Motorwelt 8/1978, 14f.

3. Instruktion

a) Allgemeines

161 Als Instruktionsfehler bezeichnet man die unzureichende Warnung vor gefährlichen Wareneigenschaften. Dem Hersteller wird vorgeworfen, daß er auf eine Gefahr entweder überhaupt nicht hinwies, daß er dies nur unklar, unvollständig oder ohne den gebotenen Nachdruck tat oder daß er die Gefahr zugleich bagatellisierte. Eine Aufklärungspflicht besteht insbesondere dann, wenn die Gefahr schon durch konstruktive Maßnahmen hätte vermieden werden können, diese dem Hersteller aber nicht zumutbar waren *(Rz. 98)*. Nicht minder wichtig ist die Aufklärung über Risiken, die konstruktiv unvermeidbar sind oder erst im Herstellungsverfahren (durch Ausreißer) entstehen.

162 Der **Zweck** der Warnpflicht besteht typischerweise darin, dem Warenbenutzer die Möglichkeit zu geben, sich auch vor solchen Gefahren zu schützen, mit denen er nicht rechnet. Bei manchen Produkten, z. B. bei Medikamenten mit ihren Nebenwirkungen, besteht diese Möglichkeit von vornherein nicht. Aber auch hier sind Warnungen in aller Regel geboten, damit der Verbraucher eine Grundlage für seine Entscheidung erhält, ob er das Risiko auf sich nimmt, es meidet oder ein anderes Produkt vorzieht, das vielleicht weniger wirksam, aber ungefährlicher ist.[358]

163 Kommt der Hersteller seinen Warnpflichten nach, so tritt dadurch **keine Heilung anderer Pflichtverletzungen** ein. Vor allem der Pflicht, Gefahrenquellen möglichst schon durch konstruktive Maßnahmen zu begegnen, kann der Hersteller sich nicht entziehen, indem er auf ein entsprechendes Versäumnis auch noch hinweist *(Rz. 98)*.

b) Hinweis- und Warnpflichten bei Inverkehrbringen

164 Der Warenbenutzer muß vor etwaigen Gefahren zu dem frühestmöglichen Zeitpunkt gewarnt werden, in der Regel also bei Inverkehrgabe des Produkts. Sowohl Erforderlichkeit als auch Umfang einer Warnpflicht hängen davon ab, bei welcher Verwendungsweise die Produktgefahr droht.

165 **aa) Aufklärung über Gefahren bei bestimmungsgemäßem Gebrauch.** Verwendet der Verbraucher die Ware in einer Weise, die ihm den Umständen nach als üblich, jedenfalls als (noch) sachgerecht erscheinen darf, so vertraut er zu Recht auf die Ungefährlichkeit des Gebrauchs. Der Hersteller muß daher **in jedem Fall** warnen, wenn schon der bestimmungsgemäße Gebrauch seiner Waren gefährlich werden kann.[359]

166 **aaa) Bestimmungsgemäßer Gebrauch.** Der bestimmungsgemäße Gebrauch, also der Verwendungszweck des Produkts, wird in erster Linie durch die **Eignung** festgelegt, **die nach der Überzeugung des Durchschnittsverbrauchers gegeben ist und gegeben sein sollte.**[360] Da die Verbraucherkreise sehr verschieden sein können, gibt es keinen einheitlichen Durchschnittsverbraucher. Sondern es kommt auf die Vorstellungen an, welche für den **jeweiligen Benutzerkreis** typisch sind,[361] letztlich also auf die durchschnittliche Bil-

---

[358] BGH NJW 1975, 824 – Haartonikum; OLG Köln VersR 1983, 862, 863 – Chemikalien; OLG Hamm VersR 1984, 243 – Reinigungsmittel I; LG Aachen JZ 1971, 507, 516 – Contergan.

[359] BGH BB 1955, 1109 – Insektenvertilgungsmittel; VersR 1960, 342f. – Fußbodenklebemittel; NJW 1975, 824 – Haartonikum; NJW 1975, 1827, 1829 – Spannkupplung; NJW 1981, 2514, 2515 – Kältemittel; NJW 1987, 372 – Verzinkungsspray; OLG Koblenz VersR 1981, 740 – Grillgerät; OLG Hamm VersR 1984, 243 – Reinigungsmittel I; OLG Celle VersR 1985, 148 – Gichtmittel; Schmidt-Salzer, BB 1981, 1041f.

[360] Vgl. BGH NJW 1975, 1827, 1829 – Spannkupplung; OLG Koblenz VersR 1981, 740 – Grillgerät; OLG Karlsruhe VersR 1984, 544, 545 – Trockenputzmischer.

[361] BGH, Urt. v. 19. 9. 1958, Schmidt-Salzer, Entscheidungssammlung III, I 153, S. 119 – Bolzensetzgerät; VersR 1972, 149, 150f. – Förderanlage; NJW 1975, 1827, 1829 – Spannkupplung; NJW 1981, 2514, 2515 – Kältemittel; NJW 1987, 1009, 1012 – Lenkerverkleidung; NJW-RR 1987, 664, 665 – Bleischmelzanlage (technisch nicht unkundige Firma); OLG Hamburg VersR 1987, 1144, 1145 – Dickschichtlack; LG Köln DB 1978, 1396, 1397 – Desinfektionsmittel.

dung und Erfahrung eines Heimwerkers, Facharztes,[362] Installateurs,[363] Landmaschinen-Monteurs,[364] Patienten usw. Zur Ermittlung dieses Wissensstandes können u. U. auch Schullehrbücher herangezogen werden, die 20 Jahre vor der etwaigen Pflichtverletzung, also zur Schulzeit der mittleren Generation, verfaßt wurden.[365]

Z. B. rechnet der Fahrer einer Speditionsfirma nicht ohne weiteres damit, daß ein in 167
Papiersäcke verpacktes **Gießpulver** bei Hautkontakt ätzend wirkt.[366] Ein Bauarbeiter hält es im allgemeinen für ungefährlich, eine Tonne mit Celluloid-Ringen in 30–40 cm Entfernung von einem Ofen abzustellen; denn die spezifische **Feuergefährlichkeit** dieses Kunststoffs ist dem Laien nicht bekannt.[367] Ist ein Klebemittel als „feuergefährlich" bezeichnet, so verbindet weder ein beliebiger Käufer noch ein Schreiner damit die Vorstellung, es könnten sich bei der Auftragung auch **entzündliche Dämpfe** bilden; auch eine Hausfrau wird daher kaum Bedenken haben, das Mittel auf dem Fußboden ihrer Küche auftragen zu lassen, während sie den Propangasofen benutzt.[368] Auch das Personal von Kraftfahrzeugreparaturwerkstätten rechnet – trotz einer gewissen Sachkunde – nicht ohne weiteres damit, daß sich beim Umfüllen eines Unterbodenschutzmittels ein entzündliches Gas-Luftgemisch bildet, zumal dann nicht, wenn ein Hinweis auf die Feuergefährlichkeit des Mittels gänzlich fehlte.[369] Von einem **Kleber** wird übrigens nicht nur Klebkraft, sondern auch erwartet, daß er sich bei flüchtiger Handhabung wieder von den Fingern usw. lösen läßt; mit der einem Spezialkleber eigenen Gefahr, daß dies nicht ohne Hautverletzungen möglich ist, rechnet jedenfalls der Laie nicht. Der durchschnittliche Hausbewohner wird den Gebrauch eines **Holzschutzmittels** im Dachgebälk auch dann für ungefährlich halten, wenn er das Haus während der Austrocknung des Mittels weiter bewohnen will.[370] Der Mitarbeiter einer Gebäudereinigungsfirma rechnet nicht damit, daß dem **Reinigungsmittel** etwa entweichende Säuredämpfe in geschlossenen Räumen Metalle korrodieren lassen.[371] Nach den technischen Erfahrungen, die in Molkereien üblicherweise vorhanden sind, bleibt die Gebrauchssicherheit einer **Kühlmaschine** auch dann gewahrt, wenn diese längere Zeit außer Betrieb ist.[372] Friseure rechnen trotz ihrer Fachausbildung nicht ohne weiteres mit gravierenden Nebenwirkungen eines **Haartonikums,**[373] Fachärzte für Orthopädie aber mit Ermüdungsbrüchen einer **Hüftprothese.**[374] Nicht jeder Motorradfahrer hält es für möglich, daß eine Lenkerverkleidung die Fahrstabilität des **Motorrads** selbst bei hoher Geschwindigkeit beeinträchtigt.[375] Die zur Bedienung eines **Trockenputzmischers** eingesetzten Arbeiter vermuten nicht, daß sich dessen Bodenverschlußklappe bei Stromabschaltung automatisch schließt, wenn sich dies der Bedienungsanleitung erst durch Rückschlüsse entnehmen läßt.[376] In einem technisch erfahrenen Unternehmen, das über einem Bleischmelzofen eine **komplexe Anlage** (Entstaubungsanlage) installiert, die nur

[362] OLG München VersR 1980, 1052 – Hüftgelenkprothese I.
[363] BGH NJW 1987, 372, 374 – Verzinkungsspray.
[364] BGH NJW 1986, 1863, 1864 – Überrollbügel.
[365] OLG Celle VersR 1985, 949 – Reinigungsmittel II.
[366] LG Duisburg VersR 1979, 41, 42 – Gießpulver.
[367] BGH VersR 1966, 542, 543 – Kabelmerkringe.
[368] BGH VersR 1960, 342 – Fußbodenklebemittel.
[369] LG Ravensburg, Urt. v. 18. 1. 1979, Schmidt-Salzer, Entscheidungssammlung III, III 34, S. 648 – Unterbodenschutzmittel.
[370] OLG Koblenz, Urt. v. 14. 7. 1969, Schmidt-Salzer, Entscheidungssammlung II, II 26 – Holzschutzmittel I.
[371] OLG Celle VersR 1985, 949 – Reinigungsmittel II.
[372] BGH VersR 1960, 1095, 1096 – Kühlanlage.
[373] BGH NJW 1975, 824, 825 – Haartonikum (Allergie!), freilich mit nur bedingt überzeugender Beweiswürdigung durch Tatrichter.
[374] OLG München VersR 1980, 1052f. – Hüftgelenkprothese I.
[375] BGH NJW 1987, 1009, 1012 – Lenkerverkleidung.
[376] Karlsruhe VersR 1984, 544, 545 – Trockenputzmischer.

für die Rauchgasentstaubung einer Bleischmelze ausgelegt ist, ist erkennbar, daß die Kunststoffilter der Entstaubungsanlage in Brand geraten können, wenn der Schmelzofen – atypischerweise – auch mit leicht brennbaren Fremdmaterialien beschickt wird.[377] Entscheidet sich der Betreiber einer Fluglinie aus Kostengründen dafür, **runderneuerte Reifen** zu verwenden, so soll deren gefahrfreier Gebrauch selbstverständlich voraussetzen, daß der Betreiber eine sorgfältige und moderne technische Reifenwartung vornimmt, wenn er die Flugzeuge bis zur Belastungsgrenze einsetzen will.[378] Nach allem kommt es nicht darauf an, wie die Eignung einer Ware von einem übertrieben vorsichtigen Benutzer eingeschätzt wird;[379] gelegentlich vernachlässigt der durchschnittliche Benutzer sogar **allgemeine Vorsichtsgrenzen,** indem er z. B. einen stromführenden Gerätestecker mit nassen Händen berührt.[380]

168 Die Eignung eines Produkts hängt insbesondere auch von seiner **Lebensdauer** (Verschleißzeit) ab. Diese wird der durchschnittliche Abnehmer hauptsächlich nach der Gebrauchsdauer früher verwendeter (gleicher oder ähnlicher) Waren beurteilen, im Einzelfall aber auch nach dem jeweiligen äußeren Erscheinungsbild der Ware. Die Beachtung der üblichen Verschleißzeit gehört damit grundsätzlich zur Sphäre der Produktbenutzer.[381]

169 Die Eignung eines Produkts geht nach allgemeiner Ansicht nicht dadurch verloren, daß es zusammen mit einem **Zubehörprodukt** gebraucht, u. U. auch verbunden wird, wie dies bei Kraftfahrzeugen gang und gäbe ist.[382] Das versteht sich bei notwendigem oder vom Hersteller des Hauptprodukts empfohlenem Zubehör von selbst, gilt aber auch für Kfz-Zubehör, für das die allgemeine Betriebserlaubnis (§ 22 StVZO) oder eine Einzelbetriebserlaubnis (§ 19 II StVZO) eingeholt worden ist.

170 Ein nach Erfahrung und Besonnenheit **überdurchschnittlicher** Verbraucher wird jedenfalls die tatsächliche Eignung eines Produkts eher einschränkend einschätzen. Auf die Warnpflichten des Herstellers wirkt sich das aber nicht aus. Nur dann, wenn gerade der weitsichtige Verbraucher zu Schaden kommt, weil er eine von ihm selbst erkannte Grenze bzw. Grauzone der Produkteignung vernachlässigte, kann dieses Mitverschulden[383] die Herstellerhaftung einschränken oder entfallen lassen (§ 254 BGB).[384]

171 Häufiger und folgenschwerer ist der Fall, daß einzelne Verbraucher mit **unterdurchschnittlichem** Erfahrungswissen die Eignung einer Ware überschätzen und dadurch Schaden erleiden. Beispiele: Auf einer Silvesterparty wird beschlossen, feucht gewordene Feuerwerkskörper noch rasch im Ofen zu trocknen, wo es zur Explosion kommt; der Betreiber eines Holzkohlegrills glaubt trotz der inzwischen bekannten Gefahren, dessen Funktion durch Zugießen von Brennspiritus zu unterstützen.[385] Hier kommt eine Haftung der Produzenten nur nach den Grundsätzen des bestimmungswidrigen Gebrauchs in Betracht, wobei eine Warnpflicht des Ofenherstellers von vornherein zu verneinen ist.

172 Vielfach trifft ein Produkt auch auf **unterschiedliche** Abnehmer und Benutzerkreise. So wird ein Kleber für Fußböden, bei dessen Auftragung selbstentzündliche Dämpfe entstehen, oft nicht nur an Fliesenleger vertrieben, die aufgrund ihrer Ausbildung mit jener Gefahr zumindest rechnen werden, sondern auch an Heimwerker. Hier hat der Hersteller

---

377 BGH NJW-RR 1987, 664, 665 – Bleischmelzanlage.

378 OLG Köln VersR 1985, 747 und VersR 1986, 98, 100 – Flugzeugreifen.

379 OLG Köln, Urt. v. 20. 1. 1972, Schmidt-Salzer, Entscheidungssammlung II, II 30, S. 324 – Speiseeisbereiter.

380 Vgl. OLG Köln, Urt. v. 20. 1. 1972, Schmidt-Salzer, Entscheidungssammlung II, II 30, S. 327 – Speiseeisbereiter.

381 BGH NJW 1975, 1827, 1829 – Spannkupplung; LG Köln DB 1978, 1396, 1397 –Desinfektionsmittel.

382 BGH NJW 1987, 1009 ff. – Lenkerverkleidung; näher § 25 Rz. 145 ff.

383 Näher § 40 Rz. 3 ff.

384 Vgl. z. B. OLG Köln VersR 1987, 573, 574 a. E. – Schreckschußpistole („technisch nicht unbegabt"); zum Wegfall der **Kausalität** vgl. OLG Köln VersR 1983, 862, 863 – Chemikalien.

385 OLG Koblenz VersR 1981, 740 – Grillgerät.

sich, falls nicht die Vertriebswege getrennt sind, an der gefährdetsten Käufergruppe zu orientieren.[386]

173 Für Gefahren und Nebenwirkungen von **Medikamenten,** die nicht verschreibungspflichtig sind, kann ebenfalls kein ärztliches Wissen, sondern nur das Verständnis eines durchschnittlichen Patienten vorausgesetzt werden.[387] Aber auch die Beipackzettel für verschreibungspflichtige Medikamente müssen allgemein verständlich sein, da die rezeptfreie Selbstmedikation aus Arzneimittelrestbeständen nun einmal verbreitet ist; sie kann auch nicht von vornherein als bestimmungswidriger Gebrauch angesehen werden, sondern erfordert Informationen zumindest über Haltedauer, Indikation, Dosierung und Nebenwirkungen.[388]

174 Bei Gegenständen, insbesondere Maschinen, die praktisch nur von Fachleuten oder von Betrieben erworben werden, in denen **geschultes Personal** bereitsteht, ist zu unterscheiden: Kann der Hersteller erwarten, daß die Erwerber unkundigen oder unerfahrenen Personen den Zugriff auf das Produkt verwehren oder sie in geeigneter Form vor unsachgemäßer Handhabung warnen, so darf er sich auf Fachkunde und Erfahrung der Abnehmer verlassen;[389] dies hat der BGH in seiner Kältemittel-Entscheidung[390] sehr deutlich gemacht:

> „Daran ändert nicht, daß auch in Gewerbebetrieben damit zu rechnen ist, daß minderjährige Lehrlinge mit solchen Erzeugnissen in Berührung kommen. *Ihnen* die vielen modernen Arbeitsmitteln innewohnende Gefährlichkeit bei unsachgemäßem Gebrauch rechtzeitig und eindrücklich bewußt zu machen, ist Sache des Ausbilders; es würde zu einer unzumutbaren Behinderung des Wirtschaftslebens führen, wenn man unter diesem Gesichtspunkt den Herstellern noch zusätzliche Warn- und Aufklärungspflichten auferlegen wollte."

Demnach kann dem Produzenten die laienhafte Einschätzung der Produkteignung durch Dritte nur zugerechnet werden, wenn der Abnehmer auf diese ersichtlich keinen Einfluß nehmen wird.[391] Dennoch ist dem Hersteller zu raten, die Evidenz der Gefahren gerade seines Produkts für den durchschnittlichen (Fach-)Arbeiter zurückhaltend zu beurteilen. Im Zweifel sollte immer ein Hinweis gegeben werden, zumal im Schadensfall an der Zumutbarkeit *dieses* Hinweises praktisch kein Zweifel bestehen wird; insofern ergibt sich ein deutlicher Unterschied der Instruktion zu Ergänzungen der Konstruktion, die oft ungleich aufwendiger sind.

175 Besondere Probleme entstehen, wenn – wie im Haushalt – durchschnittlicher Gefahrensinn und die **Unvorsicht von Kindern, alten, kranken und gebrechlichen Personen** typischerweise zusammentreffen. Nach Möglichkeit hat der Hersteller auf die Gefährdung dieses gemischten Benutzerkreises schon durch konstruktive Vorrichtungen Rücksicht zu nehmen, z. B. durch kindersichere Verschlüsse *(Rz. 119).* Warnhinweise sind dort geboten, wo ein Produkt für Menschen mit herabgesetztem Schutzinstinkt besondere Gefahren birgt. Namentlich Eltern sind daher auf außergewöhnliche Gefahren (von Reinigungsmitteln usw.) für Kinder hinzuweisen.[392] Derartige Warnungen werden sich sinnvollerweise

---

386 BGH VersR 1972, 149, 150 – Förderanlage; VersR 1987, 372f. – Verzinkungsspray; LG Köln DB 1978, 1396, 1397 – Desinfektionsmittel; zur Gefährdung Dritter durch **Nachlässigkeit des Benutzers** (Chemikalie in Handtuch) vgl. Dist. Ct. App. von Florida, Advance Chemical Co. v. Harter, 478 So. 2d 444, 1985, dazu Roddy, PHI 1987, 58f. (zu weitgehend).

387 Schmidt-Salzer/Hollmann, Bd. 1, Art. 6 Rz. 129.

388 Schmidt-Salzer, Produkthaftung, Rz. 126; a. A. Roesch, VersR 1971, 594, 597.

389 BGH VersR 1972, 149, 151 – Förderanlage; NJW 1981, 2514, 2515 – Kältemittel; NJW 1987, 372f. – Verzinkungsspray; OLG Hamburg VersR 1987, 1144, 1145 – Dickschichtlack; Kullmann/Pfister, Kza. 1520 S. 49; anders wohl Brüggemeier, WM 1982, 1294, 1301.

390 BGH NJW 1981, 2514, 2515 – Kältemittel.

391 Vgl. BGH VersR 1960, 856, 857 – Silo; dazu auch Rz. 231f.

392 LG Tübingen VersR 1982, 352 – Folienstreifen (konkret verneint); AG Gelsenkirchen, Urt. v. 14. 6. 1973, Schmidt-Salzer, Entscheidungssammlung III, III 24, S. 601 – Backofen (Rz. 176).

aber eben nur an die Sorgepflichtigen richten. Da diese die Schutzbedürftigkeit der ihnen Anvertrauten am besten kennen und im allgemeinen sogar von Rechts wegen für Schutz sorgen müssen, darf der Hersteller daher annehmen, daß die Sorgepflichtigen ihr Gefahrenwissen auch im Interesse der Schutzbefohlenen anwenden und gegen evidente Gefahren selber Vorsorge treffen. Das gilt nicht nur für einen Gasherd und heiße Herdplatten, sondern auch für die erhitzte Glasscheibe eines Elektrobackofens.

176 Anders entschied allerdings das AG Gelsenkirchen im **Backofen-Fall.**[393] Es stützte sich auf eine von ihm angeordnete demoskopische Umfrage, die ergab, daß 75% der Befragten allen Ernstes glaubten, eine Ofensichtscheibe werde nicht so heiß, daß Kinder sich an ihr verbrennen könnten.[394] Es mag sein, daß *diese* Erkenntnis dem Hersteller Anlaß zu einer Warnung sein mußte. Vorher aber brauchte er mit elterlicher Sorglosigkeit diesen Ausmaßes wohl nicht zu rechnen.[395]

177 Der **Verwendungszweck** eines Produkts wird **auch durch Hinweise des Herstellers** (Gebrauchsanweisung, Beipackzettel, Warnungen) **bestimmt.** Solche Hinweise können die nach der Verkehrsanschauung bestehende Eignung der Ware *(Rz. 166ff.)* sowohl einschränken als auch erweitern.

178 Durch die **Einschränkung** wirklicher oder etwaiger Vorstellungen über eine Eignung, die der Ware fehlt, will der Hersteller oft zugleich seiner Instruktionspflicht nachkommen. Beides setzt voraus, daß der Verbraucher in verständlicher und klarer Form (näher *Rz. 194ff.*) darauf hingewiesen wird, daß die mißbilligte Verwendung mit Gefahren verbunden ist.[396] Dem steht der Hinweis, die Gefahrlosigkeit habe in bestimmter Hinsicht noch nicht abschließend überprüft werden *können,* gleich.

Beispiel:[397] Der Beipackzettel zu einem Medikament enthält den Passus: „Obwohl keinerlei Hinweise auf eine embryotoxische oder teratogene Wirkung bestehen, sollten Frauen, bis weitere Erfahrungen vorliegen, während der Schwangerschaft von der Behandlung ausgeschlossen werden." Vgl. auch die Hinweispflicht nach § 13 I 3 Chemikaliengesetz: „Achtung – noch nicht vollständig geprüfter Stoff".

Eine Bestimmung des Verwendungszwecks durch Instruktion ist im übrigen unwirksam, wenn der Hersteller sich hierdurch seiner Verantwortung für die Konstruktion entziehen würde (vgl. *Rz. 98f.*).

179 Eine **Erweiterung** des üblichen Verwendungszwecks durch den Hersteller ist naturgemäß unbedenklich, begründet aber dessen volle Verantwortung für Gefahren, die bei dem erweiterten Gebrauch auftreten (Einzelheiten: *Rz. 72ff.*).

Um eine individuelle Erweiterung des Verwendungszwecks ging es im **Bolzensetzgerät-Fall.**[398] Hier war ein Arbeiter schwer verletzt worden, als die aus einem neuartigen Bolzenschießgerät im Nebenzimmer abgefeuerte Kartusche eine 12 cm dicke Steinwand durchschlug. Der BGH hielt den Benutzer des Schießgeräts für verpflichtet, sich über dessen Handhabung eingehend zu unterrichten; als erheblich bezeichnete er aber auch den Einwand des Erwerbers, ein Beauftragter der Herstellerin habe den Benutzer in den Gebrauch des Geräts eingewiesen und kontrolliert, *ohne* die Gefährdung

---

393 AG Gelsenkirchen, Urt. v. 14. 6. 1973, Schmidt-Salzer, Entscheidungssammlung III, III 24, S. 601 – Backofen.

394 Vgl. AG Gelsenkirchen, Schmidt-Salzer, Entscheidungssammlung III, III 24, S. 600. Der Fall zeigt aber zugleich die Grenzen der Demoskopie auf: Die Eltern hätten wohl gefragt werden müssen, ob sie eine Erhitzung der Scheibe auch nur für *möglich* hielten. Die individuelle Prüfung, inwieweit hierdurch Kleinkinder gefährdet würden, war dann – wie bei allen Gefahrenquellen im Haushalt – Gegenstand ordnungsgemäßer *elterlicher Fürsorge.*

395 Kritisch auch Schmidt-Salzer, in: Entscheidungssammlung III, S. 605f.

396 Vgl. etwa BGH NJW 1987, 372, 374 – Verzinkungsspray (Sachverhalt: Erhitzung auf Grauglut); OLG Köln VersR 1983, 862, 863 – Chemikalien.

397 Kullmann/Pfister, Kza. 1520 S. 54a.

398 BGH, Urt. v. 19. 9. 1958, Schmidt-Salzer, Entscheidungssammlung III, I 153, S. 121f. – Bolzensetzgerät.

hinter der beschossenen Wand anzusprechen. – In der Tat hätte die Herstellerin auf diese Weise signalisiert, das Gerät könne ohne Absicherung der Nachbarräume eingesetzt werden.

Bringt der Hersteller ein neuartiges Produkt auf den Markt, so verbindet der durchschnittliche Verbraucher damit u. U. überhaupt keinen Verwendungszweck. Hier ist es Sache des Herstellers, das Produkt einzuführen und über dessen Sinn und Gebrauch aufzuklären. Eine solche originäre **Begründung** des Verwendungszwecks, die auch als „Widmung" der Ware bezeichnet werden kann,[399] bindet den Hersteller ohne weiteres. Vor einer Mißachtung des Zwecks schützt sie ihn dagegen nur vorläufig; denn die Vorstellung des Verkehrs *(Rz. 166ff.)* über die Eignung des Produkts kann sich wandeln und über den autorisierten Zweck hinausgehen, wenn sie nicht wieder durch den Hersteller eingeschränkt *(Rz. 178)* wird.[400] 180

Vorsorglich fügt der Hersteller seinen Produkten mitunter auch Empfehlungen bei, die lediglich eine **Bestätigung** der durchschnittlichen Ansichten über die Gebrauchseignung sind. Das gilt z. B. für den Hinweis, die Holzkohle eines Gartengrills könne zur Glut gebracht werden, indem über einen langen Span ein Becher Brennspiritus über der Kohle verteilt werde, nachdem die Spiritusflasche wieder verschlossen worden sei; denn diese Handhabung schließt eine unkontrollierte Flammenentwicklung und Verpuffung des Spiritus aus.[401] Derartige Hinweise des Herstellers sind rechtlich nicht ohne jede Bedeutung. Sie können im Schadensfalle nämlich das Gericht von der Notwendigkeit entbinden, Feststellungen über die Beurteilung des bestimmungsgemäßen Gebrauchs durch den Abnehmer zu treffen. Zugleich entgeht der Hersteller dem Risiko, daß das Gericht das Gefahrenwissen des Benutzerkreises anders beurteilt als er selbst oder sogar den Benutzerkreis abweichend definiert. **Klarstellende Hinweise,** die nicht gerade die *gebotenen* Warnungen in den Hintergrund treten lassen, **sind** daher nützlich und **ratsam.** 181

bbb) Art und Umfang der Aufklärung. Der Hersteller muß **vor jeder Gefahr** warnen, die bei bestimmungsgemäßem Gebrauch droht[402] und **nicht schon zu dem allgemeinen Erfahrungswissen** der jeweiligen Abnehmerkreise **gehört.**[403] 182

Diese letzte Einschränkung ist allerdings in den meisten Fällen ohne Bedeutung; denn ein Produktgebrauch, der allgemein bekannte Gefahren vernachlässigt, ist regelmäßig nicht einmal mehr bestimmungsgemäß und schon deshalb dem Hersteller kaum zuzurechnen (vgl. *Rz. 206*). In bestimmten Fällen muß zwar selbst vor bestimmungswidrigem Gebrauch gewarnt werden; die gleichen Ausnahmen sind aber erst recht für den Entpflichtungsgrund des „allgemeinen Erfahrungswissens" zu machen.

Über die Notwendigkeit einer Warnung entscheidet der Hersteller eigenverantwortlich. An **öffentlich-rechtlichen Normen,** DIN-Vorschriften oder sonstigen Empfehlungen über Anlaß, Form und Inhalt einer Warnung kann er sich zwar orientieren. Die Beachtung 183

---

[399] Schmidt-Salzer/Hollmann, Bd. 1, Überschrift zu Rz. 157.

[400] Zu den sonst bestehenden Instruktionspflichten Schmidt-Salzer/Hollmann, Bd. 1, Art. 6 Rz. 158.

[401] OLG Koblenz VersR 1981, 740f. – Grillgerät.

[402] BGH VersR 1960, 342 – Fußbodenklebemittel; NJW 1972, 2217, 2220 – ESTIL; NJW 1981, 2514, 2515 – Kältemittel; OLG Celle VersR 1985, 148 – Gichtmittel; OLG München VersR 1988, 635, 636 – Minitrainer (bedenklich).

[403] BGH BB 1955, 1109 – Insektenvertilgungsmittel; Urt. v. 19. 9. 1958, Schmidt-Salzer, Entscheidungssammlung III, I 153 – Bolzensetzgerät; VersR 1959, 523 – Seilhexe; VersR 1972, 149, 150 – Förderanlage; NJW 1975, 1827, 1829 – Spannkupplung; NJW 1986, 1863, 1864 – Überrollbügel; NJW 1987, 372, 374 – Verzinkungsspray; NJW 1987, 1009, 1012 – Lenkerverkleidung; NJW-RR 1987, 664, 665 – Bleischmelzanlage; OLG Koblenz VersR 1981, 740 – Grillgerät; KG VersR 1982, 1006, 1007; OLG Köln VersR 1985, 747 und VersR 1986, 98, 100 – Flugzeugreifen; VersR 1987, 573 – Schreckschußpistole; Kullmann/Pfister, Kza. 1520 S. 48.

solcher Vorschriften gibt jedoch **keinen Rechtfertigungsgrund,** wenn eine dort nicht vorgesehene Warnung nötig war.[404]

184 Andererseits läßt nicht schon jede entfernt liegende Möglichkeit einer Gefahr (abstrakte Gefahr) eine Warnpflicht entstehen; denn eine Verkehrssicherung, die *jeden* Unfall ausschließen würde, ist ohnehin nicht erreichbar und auch nicht zumutbar.[405] Aufzuklären sind demnach z. B. die Fahrer einer Ladung **Gießpulver** über dessen **Ätzgefahr** bei Hautkontakt,[406] Bauarbeiter über die **Feuergefährlichkeit** ihres Arbeitsmaterials,[407] Laien über die Entwicklung **entzündlicher Dämpfe** bei Auftragung eines Klebemittels und über die resultierende Brandgefahr bei offenem Licht bzw. Feuer,[408] Benutzer eines Holzschutzmittels über gefährliche **Ausdünstungen** während seiner Trocknung in geschlossenen Räumen,[409] Anwender eines Ledersprays über gefährliche **Dämpfe** und die Benutzer eines **Schnellklebers** über dessen etwaige Unlösbarkeit von der Haut („klebt binnen weniger Sekunden") bzw. sofortige Schutzmaßnahmen. Abnehmerkreise, die von der gewöhnlichen **Lebensdauer** eines Produkts ausgehen, müssen vor den Gefahren eines vorzeitigen Produktversagens gewarnt werden, wenn die Verschleißzeit infolge atypischer Materialien oder Konstruktionsweisen verkürzt ist.[410] Vor **Fremdkörpern in Lebensmitteln** braucht der Hersteller dagegen nicht zu warnen, soweit es darum geht, daß bei der Produktion immer wieder einmal Verunreinigungen usw. vorkommen, die – wie z. B. Knochenreste in einer Wurst – auch bei sorgfältigstem Verhalten nie ganz vermieden werden können:[411] Die **Gefahr eines „Ausreißers"** ist eher abstrakt und dem Verbraucher – in diesem Umfang! – auch geläufig.

185 Natürlich kann der Hersteller nur vor solchen Gefahren warnen, die ihm selbst bekannt sind. Ihn trifft daher die **Vorpflicht, sein Produkt auf etwaige Gefahren hin zu untersuchen.** Diese Pflicht besteht schon während der Konstruktion. Sie erhält im Laufe des Herstellungsverfahrens aber einen weitergehenden Umfang; denn einerseits schafft die Fabrikation neue Gefahrenquellen, andererseits werden solche Risiken, deren *konstruktive* Beseitigung nicht möglich oder zumutbar ist, durch gezielte Warnungen an die Verbraucher wenigstens für diese beherrschbar. Für Umfang und Zumutbarkeit der Sicherheitsprüfung gilt das zur Konstruktion Gesagte *(Rz. 102ff.)* entsprechend; auch im Rahmen der Instruktion bildet also der neueste **Stand der Wissenschaft und Technik** die Obergrenze der Untersuchungspflicht: Vor Gefahren, von denen der Hersteller auf zumutbare Weise keine Kenntnis erlangen kann *(Rz. 26f.),* braucht er nicht zu warnen.[412]

186 Unbekannt sind dem Hersteller auch solche Gefahren, die sich erst aus einem besonderen Verwendungszweck des Verbrauchers ergeben. Hier fragt sich, inwiefern der Hersteller sich über den beabsichtigten Gebrauch informieren muß und ob er **zur Anwendungsberatung verpflichtet** ist. Dies sollte einerseits nach den Grundsätzen beurteilt werden, die im Verhältnis von Zulieferer und Endhersteller gelten *(§ 25 Rz. 55, 77).* Andererseits wird die Produktkenntnis eines nicht-industriellen Verbrauchers der des Herstellers nicht

---

[404] BGH NJW 1987, 372, 373 – Verzinkungsspray.

[405] BGH NJW 1981, 1603, 1604c – Derosal I; NJW 1980, 392 – Nichtschwimmer; OLG Karlsruhe VersR 1983, 46, 47 – Motorsense; OLG Celle VersR 1985, 949 – Reinigungsmittel II; OLG Köln VersR 1987, 573 – Schreckschußpistole.

[406] LG Duisburg VersR 1979, 41 – Gießpulver; s. auch OLG Hamm VersR 1984, 243, 244 – Reinigungsmittel I.

[407] BGH VersR 1966, 542 – Kabelmerkringe (aus Zelluloid).

[408] BGH VersR 1960, 342 – Fußbodenklebemittel.

[409] OLG Koblenz, Urt. v. 14. 7. 1969, Schmidt-Salzer, Entscheidungssammlung II, II 26 – Holzschutzmittel I.

[410] BGH NJW 1975, 1827, 1829 – Spannkupplung; OLG München VersR 1980, 1052f. – Hüftgelenkprothese I (abgelehnt); LG Köln DB 1978, 1396, 1397 – Desinfektionsmittel.

[411] LG Dortmund VersR 1987, 697 – Landrotwurst.

[412] Allgemeine Ansicht, s. auch OLG Celle VersR 1985, 148f. – Gichtmittel; LG Köln NJW-RR 1987, 541, 543 – Holzschutzmittel II; zu dem erforderlichen Gefahrenverdacht auch Rz. 221ff., 224.

selten unterlegen sein, was diesen u. U. zu besonderer Aufmerksamkeit verpflichtet. Letztlich hängen die beiderseitigen Pflichten zur Kooperation zwecks Gefahrvermeidung aber stets vom **Einzelfall** ab. Hierzu äußert der BGH:[413]

„Der meist sachunkundige Besteller verläßt sich in zahlreichen Fällen auf den fachkundigen Unternehmer. Deshalb gehört es z. B. zum Pflichtenkreis des sachkundigen Unternehmers, den nicht sachkundigen Besteller darüber aufzuklären, ob das bestellte Werk für den vorgesehenen Zweck tauglich ist und den Bedürfnissen des Bestellers entsprechen kann. Der Unternehmer hat den Besteller ferner auch über die Wartung und Bedienung des erstellten Werks zu unterrichten. Umgekehrt treffen aber auch den Besteller Aufklärungspflichten gegenüber dem Unternehmer. So hat der Besteller nicht nur für die Richtigkeit seiner dem Vertragsschluß zugrunde gelegten Vorgaben einzustehen, der Besteller hat den Unternehmer vielmehr auch über Umstände zu unterrichten, aus denen Gefahren für das Gelingen des Werks hervorgehen können. Der Zweck dieser gegenseitigen Aufklärungsverpflichtungen ist, dem jeweils anderen Vertragspartner Klarheit über ihm unter Umständen drohende Risiken und Gefahren zu verschaffen, die er aufgrund seiner eigenen Sach- und Fachkunde allein nicht zu erkennen oder richtig einzuschätzen vermag. Gegenseitige Aufklärungsverpflichtungen können insbesondere dann bestehen, wenn es ... um die Erstellung einer komplexen technischen Anlage geht."

Untersuchung und Warnung sind u. U. auch auf solche Gefahren zu erstrecken, die nur 187 bei **Allergien**[414] oder unter sonstigen **seltenen Umständen**[415] entstehen. Hier kommt es allerdings in besonderem Maße auf Zumutbarkeit an, neben dem Untersuchungsaufwand nämlich auf die Häufigkeit einer Eskalation, ihre Abhängigkeit von dem Produktgebrauch und die Schwere ihrer Folgen.[416] Sofern die Allergiegefahr mit der Benutzungsintensität zunimmt, kann eine Warnung zumindest und gerade der Großabnehmer erforderlich sein; sie ist hier durch Beilagen in Großpackungen o. ä. mühelos möglich. Die Schutzbedürftigkeit von Allergikern wächst auch dann, wenn deren monovalente Überempfindlichkeit (gegenüber dem spezifischen Wirkstoff) in eine polyvalente (gegenüber weiteren Stoffen) umschlagen kann.[417] Zu Umfang und Zeitpunkt der Warnung vgl. *Rz. 200, 221ff.*

In welcher **Form** die gebotene Instruktion erfolgt, ist dem Hersteller überlassen, sofern 188 sie nur effizient ist. Grundsätzlich kann der Hersteller z. B. zwischen einer Gebrauchsanweisung (Bedienungsanleitung), einem Beipackzettel, einem aufgeklebten oder -genieteten Schild wählen, sich aber auch für ein angehängtes Pappschild oder für einen Aufdruck auf dem Produkt, seinem Behältnis oder auf der Verpackung entscheiden, für ein- oder mehrsprachige Hinweise in Klein-, Fett- oder Farbdruck. Dieses Ermessen wird aber oft durch Art und Größe der Gefahr und durch die Bedürfnisse der gefährdeten Abnehmer begrenzt.

So glaubt der Verbraucher nicht selten, auf die Lektüre einer längeren *Gebrauchs*anwei- 189 sung verzichten zu können. Daher müssen Hinweise, die nicht nur der optimalen Funktion, sondern der *Gefahrenvermeidung* dienen, **besonders kenntlich** gemacht werden. Neben extrem kurzen Gebrauchsanweisungen mag das überflüssig sein. Im übrigen aber wird eine räumliche Sonderung geboten sein, etwa durch Textrahmung oder die Überschrift „Warnung", „Vorsicht!", „Achtung!", „Wichtige Hinweise"; alternativ oder zusätzlich kann ein hervorhebendes Schriftbild erforderlich werden, insbesondere Sperr-, Fett- oder Farbdruck. Keinesfalls dürfen Warnhinweise also zwischen Werbung, Anwen-

---

[413] BGH NJW-RR 1987, 664, 665 (X. Zivilsenat) – Bleischmelzanlage (zit. ohne Fundstellennachweise).

[414] Simitis, Verhandlungen des 47. DJT, C 46 FN 181; zu pauschal Kullmann/Pfister, Kza. 1520 S. 47 zu FN 290.

[415] Zu seltenen Nebenwirkungen eines **Medikaments** OLG Celle VersR 1985, 148f. – Gichtmittel (Nebenwirkungs*verdacht* verneint).

[416] BGH NJW 1975, 824 – Haartonikum; OLG Koblenz, Urt. v. 14. 7. 1969, Schmidt-Salzer, Entscheidungssammlung II, II 26, S. 310 – Holzschutzmittel I.

[417] BGH NJW 1975, 824 – Haartonikum.

dungsvorschlägen, Serviceangeboten, Garantiebedingungen o. ä. „verschwinden".[418] Bei größeren Gefahren müssen an exponierter Stelle zusätzlich die entsprechenden plastischen Gefahrensymbole (Totenkopf usw.) erscheinen, deren Anbringung meist auch vorgeschrieben ist. Alle Warnhinweise, die am Produkt(-behältnis) selbst angebracht sind, müssen deutlich sichtbar sein und auch bleiben, wenn das Produkt (z. B. eine Maschine) von seinem Verwender in besonderer, aber nicht unüblicher Weise aufgestellt wird. Gibt der Hersteller mehrere Warnhinweise, so gilt auch für deren Verhältnis, daß die **wichtigeren Hinweise voranzustellen** sind.

190 Die Instruktionspflicht gilt **nicht nur gegenüber dem Endabnehmer** der fabrikneuen Waren, sondern gegenüber jeder Person, von der anzunehmen ist, daß sie in den Gefahrenbereich des Produktes gerät, ohne von Aufsichtspersonen hieran gehindert oder doch zuvor unterwiesen zu werden. Der Hersteller hat insbesondere damit zu rechnen, daß sein Produkt u. U.

- in dem Betrieb des Endabnehmers von Arbeitern benutzt wird, die zwar eine Fachausbildung besitzen *(Rz. 174)*, mit den spezifischen Risiken des neuen Produkts aber nicht hinreichend vertraut sind;
- von dem Endabnehmer verschenkt, vermietet, verleast oder verliehen wird oder sogar
- als second-hand-Artikel weiter verkauft wird, wobei es natürlich wesentlich auf die Lebensdauer des Produkts und die wirtschaftlichen Umstände (Verhältnis von Neu- und Gebrauchspreis, Transport- und Montagekosten) ankommt;
- bei den genannten Gelegenheiten oder schließlich als Abfall von fachfremdem Personal transportiert wird.

191 Für solche Fälle ist **sicherzustellen, daß die Instruktion jede gefährdete Person erreicht.** Der Hersteller kann sich im allgemeinen nicht darauf verlassen, daß der Endabnehmer die dem Produkt beigefügten Warnhinweise an seine Käufer, Mieter, Leasingnehmer usw. weiterreicht. Nicht selten werden z. B. Gebrauchtkäufe ohne die bedruckte, aber weggeworfene oder verlorene Originalpackung abgewickelt. Auch Beipackzettel, Faltblätter usw., die sich in der Verpackung befanden oder sogar an dem Produkt (mit Band oder Draht) befestigt waren, kommen im Laufe der Zeit oft abhanden; dies gilt erst recht für beschriftete Durchdrückpackungen, in die zunehmend auch Klebstoffe, Lösungsmittel und andere chemische Produkte eingeschweißt werden. Soweit das irgend möglich ist, muß der Hersteller daher seine Warnhinweise mit Umlauf-Produkten oder deren Behältnissen[419] dauerhaft verbinden, sei es durch Anschrauben bzw. Annieten von Blechschildern oder durch Aufdruck, durch Aufkleben bzw. -schweißen von beschrifteten Plastikfolien o. ä. Dabei ist jeweils zu beachten, daß die Haltbarkeit der Beschriftung zumindest der Lebensdauer des Produkts entsprechen muß; das verwendete Material sollte also normaler Beanspruchung durch Kratzer, abgelegte Werkzeuge, Schmutz, Temperatur- und Witterungseinflüsse standhalten.

192 In welcher **Sprache** die Warnhinweise abzufassen sind, richtet sich wiederum nach den Abnehmerkreisen. Zu diesen zählen in der Bundesrepublik längst immer auch **Gastarbeiter,** darunter auch solche, die die deutsche Schriftsprache nicht beherrschen. Das allein verpflichtet den Hersteller jedoch nicht, jedem Produkt zugleich eine Übersetzung ins Türkische, Griechische usw. beizufügen.[419a] Diese zusätzliche Belastung wäre weder mit dem gegenwärtigen Ausländeranteil in der Bundesrepublik noch mit der Majorität bestimmter Nationalitäten zu rechtfertigen, zumal in der Regel erwartet werden kann, daß ein Sprachunkundiger sich über ein ihm nicht vertrautes Produkt auf andere Weise infor-

---

[418] BGH VersR 1960, 342, 343 – Fußbodenklebemittel; NJW 1987, 1009, 1012 – Lenkerverkleidung; OLG Köln, Urt. v. 20. 1. 1972, Schmidt-Salzer, Entscheidungssammlung II, II 30, S. 324 – Speiseeisbereiter. Zur Bedeutung der Schriftgröße s. auch Hohgräwe, PhR 1987, 155ff.

[419] BGH VersR 1960, 342, 343 – Fußbodenklebemittel.

[419a] Schmidt-Salzer, Produkthaftung: Strafrecht, Rz. 1.472; so auch die analogiefähige Wertung in § 20 II PflanzenschutzG v. 15. 9. 1986.

miert. Letzteres gilt übrigens auch für den nicht ganz kleinen Kreis von **Analphabeten** unter den erwachsenen Bundesbürgern.

Zwei Ausnahmen sind allerdings zu machen: Der Hersteller hat, soweit das auf einfache 193
Weise möglich ist, seine Warnungen durch Gefahrensymbole und ggf. auch durch zeichnerische Darstellung des gefahrlosen Gebrauchs zu umschreiben.[420] Weiter ist eine Übersetzung der Warnungen in eine oder mehrere Fremdsprachen dann geboten, wenn der Ausländeranteil unter den Abnehmern überdurchschnittlich hoch ist; ein Indiz hierfür wird in der Regel sein, daß der Hersteller seine Werbung gezielt auf die ausländischen Bürger ausdehnt, etwa durch Anzeigen in fremdsprachigen Zeitungen, Zeitschriften usw.

Ihrem **Inhalt** nach müssen Warnhinweise klar[421] und allgemeinverständlich formuliert 194
sein. Bagatellisierungen sind ebenso verfehlt wie detaillierte Beschreibungen von Gefahren, die mangels Wahrscheinlichkeit zu vernachlässigen sind: Es ist mit gutem Grund betont worden, daß überzogene Anforderungen an die Instruktion die Warnhinweise so aufblähen können, daß der protegierte Verbraucher sie resigniert ignoriert.[422] Grundsätzlich aber sind nicht nur die Produktgefahren, sondern auch die zu ihrer Vermeidung erforderlichen Schutzmaßnahmen vollständig darzustellen **(Anwendungswarnung).**[423] Je größer das Risiko ist, desto mehr Sorgfalt muß auf die Beschreibung der drohenden Gefahr verwandt werden. Informationen, die sich erst durch Rückschlüsse oder scharfes Nachdenken erschließen, erreichen den durchschnittlichen Verbraucher nicht.[424] Je allgemeiner und abstrakter die Warnung formuliert ist, desto eher wird der Gefährdete sie infolge selektiver Wahrnehmung oder aus Bequemlichkeit auch vernachlässigen. Das spezifische Risiko ist daher in seiner ganzen Tragweite und möglichst eindringlich zu schildern **(Folgenwarnung).**[425]

Das war im **ESTIL-Fall**[426] unterblieben. Das Kurznarkosemittel ESTIL führte, wie seinem Her- 195
steller bekannt war, bei intraarterieller Injektion regelmäßig zu schwersten Schäden, nämlich zum Totalverlust des betroffenen Körpergliedes. Diese Gefahr bestand besonders bei der – üblichen – Injektion im Ellenbogen, da dort wegen der anatomischen Verhältnisse die Vene leicht verfehlt werden kann, zumal ESTIL mit einer großkalibrigen Kanüle und unter starkem Druck zu injizieren war. Dennoch beschränkte sich die Warnung, die der Hersteller in der Packungsbeilage unter der Überschrift „Kontraindikationen" gab, auf den (fettgedruckten) Satz: „Eine intraarterielle Injektion muß mit Sicherheit vermieden werden." Diesen Hinweis erachtete der BGH als unzureichend; denn bei Kenntnis der außergewöhnlichen und irreparablen Folgen eines Injektionsfehlers hätte jeder pflichtbewußte Arzt keinesfalls in die Ellenbeuge injiziert, bei Auffindung einer anderen geeigneten Vene nur mit größter Aufmerksamkeit gespritzt oder ggf. überhaupt auf die Anwendung von ESTIL verzichtet.[427]

---

420 BGH NJW 1987, 372, 373 – Verzinkungsspray.

421 BGH VersR 1960, 342, 343 – Fußbodenklebemittel; NJW 1987, 1009, 1012 – Lenkerverkleidung: „deutlich"; OLG Karlsruhe VersR 1984, 544, 545 – Trockenputzmischer: Scharfes Nachdenken und Rückschlüsse sind dem Verbraucher unzumutbar.

422 BGH NJW 1987, 372, 373 – Verzinkungsspray, und schon Schmidt-Salzer, in: Entscheidungssammlung III, S. 67. Zu den Packungsbeilagen für **Arzneimittel** s. Herrmann, PhR 1986, 191 ff.; Hohgräwe, PhR 1987, 155 ff.; pharmazeutische Unternehmer sind an die (gelegentlich zur Überfrachtung führenden) Gestaltungsanordnungen des BGA allerdings weithin gebunden.

423 BGH NJW 1987, 372, 373 – Verzinkungsspray; OLG Karlsruhe VersR 1983, 46 – Motorsense; OLG Köln VersR 1987, 573 – Schreckschußpistole.

424 OLG Karlsruhe VersR 1984, 544, 545 – Trockenputzmischer.

425 BGH NJW 1987, 372, 373 – Verzinkungsspray; OLG Koblenz, Urt. v. 14. 7. 1969, Schmidt-Salzer, Entscheidungssammlung II, II 26, S. 309 f. – Holzschutzmittel I; OLG Hamm VersR 1984, 243, 244 – Reinigungsmittel I; v. Westphalen, Jura 1983, 57, 63.

426 BGH NJW 1972, 2217 – ESTIL (bestimmungswidriger Gebrauch); insofern unklar LG Dortmund VersR 1987, 697 – Landrotwurst.

427 BGH NJW 1972, 2217, 2221 – ESTIL; dazu (einschränkend) OLG München VersR 1980, 1052, 1053 – Hüftgelenkprothese I.

196 Noch klarer war die Pflichtverletzung im **Holzschutzmittel-Fall.**[428] Hier war ein vom Hausbock befallener Dachstuhl imprägniert worden. Die Bewohner des Hauses blieben – nach zweiwöchiger Urlaubsabwesenheit – in ihm wohnen, obwohl sie Geruchsbelästigungen feststellten, und erlitten gesundheitliche Schäden. In dem Werbeprospekt der Herstellerin war lediglich erwähnt, die mit dem Holzschutzmittel behandelten Hölzer seien „nach Trocknung für Mensch und Tier ungefährlich",[429] ohne daß zur gewöhnlichen Dauer der Austrockung irgend etwas gesagt wurde. Diese Klausel, die der juristischen Eleganz nicht entbehrt, kann als klassisches Beispiel für die Unbeachtlichkeit einer versteckten Warnung gelten.

197 Ungenügend war ferner die im **Eiszubereiter-Fall**[430] ausgesprochene Warnung. Ein Eiszubereitungsgerät war – konstruktionsbedingt *(Rz. 106)* – deshalb gefährlich, weil seine Stromversorgung über einen Gerätestecker erfolgte, der nicht nur durch die Speiseeismasse leicht verschmutzt werden konnte, sondern auch bei jeder Einführung und Entnahme dieser Masse gezogen werden mußte, währenddessen aber unter Spannung stand, wenn nicht zuvor auch der Netzstecker gezogen worden war. Dem damit überaus hohen Risiko eines Stromschlages begegnete der Hersteller nur mit den Hinweisen, der Netzstecker möge im Anschluß an die Fertigstellung der Eismasse, d. h. nach dem Verstummen des Motorgeräusches, „gleich aus der Steckdose gezogen werden"; auch müsse „die Steckdosenöffnung – in der Mitte des Motorteiles – von jeder Feuchtigkeit freigehalten werden". Zusätzlich wäre aber ein direkter Hinweis auf die andernfalls drohende „Lebensgefahr" nötig gewesen, die in dem entschiedenen Fall zum Tode einer Hausfrau geführt hatte.

198 Im **Fußbodenklebemittel-Fall**[431] kam es zum Schaden, als der Kleber in einer Küche aufgetragen wurde und dabei entzündliche Dämpfe entwickelte, die explosionsartig abbrannten, weil zur gleichen Zeit der Propangasofen in Betrieb war. Derartigen Gefahren wurde die Bezeichnung des Klebers als „feuergefährlich" nicht gerecht; denn es macht einen Unterschied, ob eine Substanz als solche besonders brennbar (feuergefährlich) ist oder ob sie zusätzlich Bestandteile enthält, die sich leicht verflüchtigen und in diesem gasförmigen Zustand sogar explosiv wirken können.

199 Im **Verzinkungsspray-Fall**[432] hatte ein Wassermeister einen Wasserkessel, der nur durch ein „Mannloch" zugänglich war, innen entrostet und dann mittels Spray verzinkt. Er beschleunigte die Trocknung der verzinkten Fläche durch äußere Erwärmung des Kessels mit einer Lötlampe und wurde dann durch eine aus dem „Mannloch" schießende Stichflamme verletzt, die entweder durch die Kesselerhitzung oder dadurch entzündet wurde, daß der Geschädigte die Lötlampe der Kesselöffnung näherte. – Im ersteren Fall wären die auf die Sprayflasche gedruckten Warnhinweise – „Behälter steht unter Druck, vor Erwärmung über 50° C (z. B. durch Sonnenbestrahlung) schützen. Nach Gebrauch nicht gewaltsam öffnen oder verbrennen. Nicht gegen Flammen oder auf glühende Körper sprühen. Nur völlig entleert fortwerfen. Brennbar." – unzureichend gewesen; denn sie machten die Gefahr einer Entflammung des erhitzten Gas-Luft-Gemisches nicht deutlich.[433]

200 Im **Haartonikum-Fall**[434] hatte die Allergie eines Friseurs gegen den Wirkstoff eines Haartonikums zur Folge, daß er nach längerer Verwendung dieses Mittels auch gegenüber ähnlichen Wirkstoffen überempfindlich wurde (polyvalente Allergie, *Rz. 187*) und daher seinen Beruf aufgeben mußte. Da dem Hersteller dieses besondere Risiko erkennbar war, wurde sein – ohnehin nur an Einzelkunden gerichteter – Hinweis, das Tonikum könne in einzelnen Fällen Allergien hervorrufen und solle dann abgesetzt werden, von dem BGH als unvollständig betrachtet. Dem ist im Ergebnis zuzustimmen, nicht aber der Begründung, die Warnung halte allergische Benutzer nicht schon von dem erstmaligen Gebrauch ab;[435] denn es ist wohl nicht mehr Sache des Herstellers, den Benutzer auf

---

[428] OLG Koblenz, Urt. v. 14. 7. 1969, Schmidt-Salzer, Entscheidungssammlung II, II 26 – Holzschutzmittel I.

[429] S. auch LG Köln NJW-RR 1987, 541, 543 – Holzschutzmittel II (Anwendungsverbot für „Bienenhäuser, Blumenkästen und Holz in Gewächshäusern" ist gewiß keine ausreichende Warnung vor Gesundheitsgefahren).

[430] OLG Köln, Urt. v. 20. 1. 1972, Schmidt-Salzer, Entscheidungssammlung II, II 30 (vgl. S. 324) – Speiseeisbereiter.

[431] BGH VersR 1960, 342 – Fußbodenklebemittel; dazu auch BGH NJW 1987, 372, 373 – Verzinkungsspray.

[432] BGH NJW 1987, 372 ff. – Verzinkungsspray.

[433] BGH NJW 1987, 372, 374 – Verzinkungsspray.

[434] BGH NJW 1975, 824 – Haartonikum.

[435] BGH NJW 1975, 824 – Haartonikum.

die (allgemeingültige) Tatsache hinzuweisen, daß *im Falle* einer Überempfindlichkeit schon der erstmalige Gebrauch die (polyvalente?) Allergie auslösen kann.

Unvollständig war ferner die im **Hühneraugensalbe-Fall**[436] gegebene Warnung „Nicht in offene Wunden tropfen lassen". Denn sie klärte den durchschnittlichen Benutzer nicht darüber auf, daß schwere Augenschäden entstehen konnten, wenn er, ohne zuvor die Salbe von seinen Händen abzuwaschen, mit den Fingern einen Gegenstand aus dem Auge entfernte oder sich auch nur die Augen rieb. 201

Zu einer Erblindung war es auch im **Kühlanlage-Fall**[437] gekommen. Aufgrund eines Konstruktionsfehlers konnte sich in dem Kurbelgehäuse einer stillgelegten Kühlmaschine Ammoniak ansammeln und einen Überdruck entwickeln, der das Schauglas bersten ließ, so daß das Ammoniak herausspritzte. Allerdings hätte schon dessen Ansammlung verhindert werden können, wenn der Betreiber der Anlage deren Saugabsperrventil geschlossen hätte. Hierzu war in der Betriebsanweisung – für den Fall einer Stillegung der Anlage – auch aufgefordert worden. Dies konnte den Hersteller dennoch nicht entlasten, da jeder Hinweis auf die Gefahren fehlte, welche ohne die Schließung drohten. 202

In dem **Bolzensetzgerät-Fall**[438] *(Rz. 179)* enthielt die Gebrauchsanweisung den Hinweis, mit dem Setzgerät dürfe nicht in Richtung auf Menschen gearbeitet werden. Er erschien dem BGH unzureichend, da er nicht *klar* besage, daß Menschen sich in der Arbeitsrichtung nicht einmal hinter einer massiven Mauer (in einem anderen Raum) befinden dürften. 203

In den **Reinigungsmittel-Fällen** ging es einerseits um die Gefahren der – auch gegen Glas und Fliesen – sehr aggressiven Flußsäure. Sie waren weder mit dem Ätzsymbol im Sinne der (früheren) Gefahrstoffverordnung noch mit einem Hinweis „flußsäurehaltig" deutlich gemacht.[439] – Ein anderes Mittel trug u. a. die Aufschrift: „Polierten Marmor nicht behandeln . . . Verursacht Verätzungen, reizt die Atemwege". Aus einem solchen Hinweis folgt für Angestellte einer Reinigungsfirma aber nicht, daß bei Verwendung in geschlossenen Räumen auch Korrosionsschäden an (gar nicht behandelten) Metallen auftreten können.[440] 204

Ungenügend sind auch Aufforderungen, das Produkt „feucht", „kühl" oder bei „einer Höchsttemperatur von 35° C" zu lagern, wenn es unter anderen Verhältnissen z. B. giftig, feuergefährlich oder gar explosiv wird; das gilt namentlich für Nebenwirkungen bzw. Wirkungseinbußen von Medikamenten. Bei Bezifferung von Mindest- oder Höchsttemperaturen, Feuchtigkeitsgraden, Füllmengen,[441] Belastbarkeitsgrenzen usw. geht der Verbraucher vielfach davon aus, daß **geringfügige Abweichungen** nicht gleich „dramatische" Folgen haben. Auch den damit verbundenen Gefahren muß der Hersteller entgegenwirken, indem er bei seinen Angaben eine Sicherheitsmarge berücksichtigt oder die Gefährlichkeit selbst minimaler Abweichungen hervorhebt. 205

bb) Aufklärung über Gefahren bei bestimmungswidrigem Gebrauch. Wird ein Produkt erst bei zweckwidrigem Gebrauch gefährlich, so muß hiervor nur **ausnahmsweise** gewarnt werden. 206

aaa) Bestimmungswidriger Gebrauch. Bestimmungswidrig ist eine Benutzung, die den Verwendungszweck überschreitet, der von den jeweiligen Abnehmerkreisen erwartet wird *(Rz. 166ff.)* bzw. von dem Hersteller durch anderweitige Instruktion festgelegt worden ist *(Rz. 177ff.)*. 207

Bestimmungswidrig handelt demnach, wer die Standsäule eines **Fensterkrans** trotz der erheblichen Zugkräfte ohne stabilisierende Vorrichtungen nur zwischen Fensterbank und Fenstersturz einklemmt.[442] Unsachgemäß verhält sich auch, wer sich in eine laufende 208

---

[436] LG Osnabrück VersR 1960, 453 – Hühneraugensalbe.

[437] BGH VersR 1960, 1095 – Kühlanlage; vgl. Rz. 105 Fn. 272.

[438] BGH, Urt. v. 19. 9. 1958, Schmidt-Salzer, Entscheidungssammlung III, I 153 (vgl. S. 120) – Bolzensetzgerät.

[439] OLG Hamm VersR 1984, 243f. – Reinigungsmittel I.

[440] OLG Celle VersR 1985, 949 – Reinigungsmittel II.

[441] OLG Köln, Urt. v. 20. 1. 1972, Schmidt-Salzer, Entscheidungssammlung II, II 30 (vgl. S. 322) – Speiseeisbereiter.

[442] BGH VersR 1959, 523 – Seilhexe; strenger jetzt OLG München VersR 1988, 635, 636 – Minitrainer (bedenklich).

Kies-Förderanlage begibt und dort einer sogar teilweise abgeschirmten Antriebsrolle zu nahe kommt.[443] Ein **Bausatz** für den Überrollbügel einer Zugmaschine wird bestimmungswidrig verwendet, wenn eindeutige Montagebestimmungen mißachtet werden und dies für einen Monteur mit normalem technischen Fachwissen erkennbar fehlerhaft ist.[444] Weist ein Hersteller, der Kobalt-Beschleuniger und Härter für die Produktion von Polyesterbeton liefert, darauf hin, diese Stoffe dürften „keinesfalls" direkt zusammengebracht werden, weil sonst eine heftige Reaktion der **Chemikalien** eintreten könne, so liegt die Einfüllung auch nur kleiner Mengen des Beschleunigers in einen Kobalttank außerhalb der vom Hersteller definierten Bestimmung.[445] Wird für ein **Insektenvertilgungsmittel** damit geworben, es könne gegen Fliegen, Schnaken, Küchenschaben, Wanzen und gegen „Motten aller Art" eingesetzt werden, so sollen Imker daraus nicht schließen dürfen, das Mittel könne auch gegen Wachsmotten verwendet werden, ohne die Bienen zu gefährden; der BGH hat die Behandlung von Bienenwaben daher als sachwidrig betrachtet.[446] Eindeutiger ist die Gefährlichkeit von Brennspiritus als Zündmaterial für **Holzkohlengrille:** Das damit verbundene *Risiko* explosionsartiger Verpuffungen gehört jedenfalls heute zum Grundwissen durchschnittlicher Bevölkerungskreise.[447] Jedem einsichtigen Menschen (und vor allem einem Installateur) ist auch klar, daß ein Kessel, der mit einem **Verzinkungsspray** besprüht wurde, welcher laut Warnung nicht „auf glühende Körper" aufgetragen werden darf, zwecks Trocknung nicht bis zur Grauglut erhitzt werden darf.[448] Außerhalb des Verwendungszwecks einer **Hühneraugensalbe**[449] und eines **Klebemittels** liegt es zweifellos, diese Substanzen in das menschliche Auge einzuführen; allerdings rechnet man nicht ohne weiteres damit, daß ein Spezialkleber, der versehentlich an Haut oder Augenlider gerät, auch diese binnen Sekunden zusammenklebt. Abwegig ist auch der Versuch, das Sonnenlicht durch ein **Fernglas** zu betrachten oder mit einer **Lupe** auf die Haut oder trotz Brandgefahr auf brennbare Gegenstände zu konzentrieren. Auf dieser Ebene liegt auch der Gebrauch einer **Schreckschußpistole:** Wer sie in dichter Folge zehnmal betätigt, darf sich nicht wundern, wenn er ein Schalltrauma davonträgt.[450] Erst recht gehen **Mutproben an Feuerwerkskörpern, Kraftfahrzeugen** usw. an den Zweckbestimmungen vorbei.

209 Für den Benutzer **unbekannte oder neuartige Produkte** dürfen nach der Verkehrsauffassung erst verwendet werden, wenn ihre Funktionsweise und korrekte Bedienung geläufig ist; dies hat der BGH schon 1959 formuliert:[451]

> „Es kann keine Rede davon sein, daß ein einwandfrei gestaltetes maschinelles Gerät von dem Hersteller immer nur dann auf den Markt gebracht werden dürfte, wenn er dafür Sorge trüge, daß die Abnehmer vor unsachgemäßem Gebrauch gewarnt werden, ganz abgesehen davon, ob sich die denkbaren Möglichkeiten unsachgemäßer Anwendung in ihrer Vielfalt überhaupt aufzählen ließen. Wer sich eine Maschine, ein Werkzeug oder ein sonstiges Gerät anschafft, um sich seiner zu bedienen, muß sich selbst darum kümmern, daß er mit ihm umzugehen lernt; es ist seine Sache, sich darüber zu unterrichten, wie es in rechter Weise einzusetzen und zu handhaben ist."

Diese Grundsätze sind durch § 3 III des GSG vom 4. 6. 1968 nur insofern eingeschränkt worden, als der Hersteller auf Gefahren, die sich bei der Aufstellung, Anbringung, Ver-

---

443 BGH VersR 1972, 149, 151 – Förderanlage.
444 BGH NJW 1986, 1863, 1864 – Überrollbügel.
445 Anders offenbar OLG Köln VersR 1983, 862, 863 – Chemikalien.
446 BGH BB 1955, 1109 – Insektenvertilgungsmittel.
447 OLG Koblenz VersR 1981, 740 – Grillgerät.
448 BGH NJW 1987, 372, 374 – Verzinkungsspray.
449 LG Osnabrück VersR 1960, 453 – Hühneraugensalbe.
450 OLG Köln VersR 1987, 573f. – Schreckschußpistole.
451 BGH VersR 1959, 523, 524 – Seilhexe; ebenso BGH, Urt. v. 19. 9. 1958, Schmidt-Salzer, Entscheidungssammlung III, I 153, S. 120f. – Bolzensetzgerät; BGH NJW-RR 1987, 664, 665 – Bleischmelzanlage; OLG Köln VersR 1987, 573f. – Schreckschußpistole.

wendung, Ergänzung oder Instandhaltung eines *technischen Arbeitsmittels* ergeben können, durch eine entsprechende Gebrauchsanweisung hinzuweisen hat.

Sache des Benutzers sind natürlich auch die Überprüfung des Produkts auf **Verschleiß** 210
sowie **Wartung und Pflege;** eine abweichende Gebrauchsweise überschreitet die Eignung des Produkts erst recht, wenn seine Lebensdauer bekanntermaßen von Häufigkeit und Intensität der Benutzung abhängt.[452] Dagegen braucht der Benutzer nicht damit zu rechnen, daß die Lebensdauer, die Waren der betreffenden Art üblicherweise beschieden ist, durch Besonderheiten des verwendeten Materials oder der Konstruktionsweise verkürzt ist.[453]

bbb) Art und Umfang der Aufklärung. Die Gefahren eines bestimmungswidrigen 211
Gebrauchs sind in erster Linie dem Verantwortungsbereich des Produktbenutzers zuzurechnen. Aufklärungspflichten des Herstellers können hier deshalb nur in beschränktem Maße bestehen. Andererseits treten sie auch nicht völlig zurück. Denn der Hersteller kann wegen seiner deutlich überlegenen Produktkenntnis in der Regel auch die Wahrscheinlichkeit eines Fehlgebrauchs, jedenfalls aber dessen Konsequenzen frühzeitig überblicken; in bestimmten Fällen ist ihm daher auch zuzumuten, dieses Wissen an die Verbraucher weiterzuleiten, um sie vor ihren eigenen Fehlern wirksamer zu schützen.[454] Die Abgrenzung der Verantwortungssphären fällt hier jedoch besonders schwer. Eine gewisse Tradition hat die Unterscheidung der Fälle von **Fehlgebrauch und Mißbrauch** des Produkts; sie ist aber u. a. zu unscharf und hat sich nicht einmal begrifflich durchgesetzt (vgl. *Rz.* 77).

Verläßlicher ist die **Unterscheidung von naheliegendem und fernliegendem Fehlgebrauch;**[455] sie ist von der Rechtsprechung ergänzt worden durch die Kriterien von **Häufigkeit und Seltenheit** und das Maß der **Schuld,** das den Geschädigten an dem eingetretenen Schaden trifft.[456] Demnach ist entscheidend, inwiefern der Hersteller mit einem bestimmungswidrigen Gebrauch rechnen mußte.[457] Das muß er bei Kindern, ggf. auch bei Jugendlichen in weitem Umfang,[458] im übrigen bei Üblichkeit,[459] Bekanntwerden[460] oder Naheliegen spezifischer Mißbräuche, die nicht gerade vorsätzlich[461] oder äußerst leichtfertig[462] erfolgen oder typischerweise von Aufsichtspersonen unterbunden werden.[463] Mit einem Schaden, dessen Gefahr dem Benutzer offen vor Augen liegt, muß der Hersteller keinesfalls rechnen.[464] 212

---

452 BGH NJW 1975, 1827, 1829 – Spannkupplung.

453 BGH NJW 1975, 1827, 1829 – Spannkupplung; LG Köln DB 1978, 1396, 1397 – Desinfektionsmittel.

454 Rebe, JuS 1974, 429, 430; a. A. Hasskarl, BB 1973, 120, 121.

455 BGH NJW 1981, 1603, 1604 – Derosal I; OLG Köln VersR 1983, 862, 863 – Chemikalien; OLG Karlsruhe VersR 1984, 544, 545 – Trockenputzmischer.

456 Vgl. BGH NJW 1972, 2217, 2221 – ESTIL; VersR 1967, 498, 499 – Plastikmassebehälter (zur Konstruktionspflicht).

457 OLG Köln VersR 1985, 747 und VersR 1986, 98, 100 – Flugzeugreifen.

458 OLG Karlsruhe VersR 1978, 550 – Colaflasche; OLG Frankfurt VersR 1985, 890 –Mehrwegflasche I; s. aber OLG Köln VersR 1987, 573f. – Schreckschußpistole (zu „jugendlichem Überschwang"); zur allgemeinen Verkehrssicherungspflicht BGH VersR 1978, 561 – Rutsche; NJW 1980, 1159, 1160 – Kopfsprung; VersR 1980, 648 – Treppengeländer I.

459 BGH VersR 1967, 498, 499 – Plastikmassebehälter; NJW 1988, 2611, 2612 – Mehrwegflasche II.

460 BGH NJW 1981, 2514, 2515 – Kältemittel.

461 BGH NJW 1981, 2514, 2515 – Kältemittel; vgl. auch BGH NJW 1972, 2217, 2222 – ESTIL.

462 BGH JZ 1971, 63, 65 – Druckfehler; zur allgemeinen Verkehrssicherungspflicht BGH NJW 1980, 1159f. – Kopfsprung.

463 Zum Eltern-Kind-Verhältnis OLG Düsseldorf VersR 1982, 199, 200 – Wendelrutsche; LG Tübingen VersR 1982, 352 – Folienstreifen (schneidet 2-jähriges Kind); zur Betreuung Auszubildender BGH NJW 1981, 2514, 2515 – Kältemittel.

464 BGH VersR 1957, 584, 585 – Gelenkwellenschutz; s. auch OLG Hamburg VersR 1987, 1144, 1145 – Dickschichtlack.

213 Es ist aber keineswegs über jede Gefahr aufzuklären, die bei einem voraussehbaren bestimmungswidrigen Gebrauch droht.[465] Eine Warnpflicht besteht lediglich unter der weiteren Voraussetzung, daß wegen der Größe der Gefahr eine Warnung auch **zumutbar** ist; das wird oft der Fall sein, wenn der Produktbenutzer das Ausmaß des drohenden Schadens nicht übersieht,[466] und um so eher, je leichter der Benutzungsfehler unterlaufen kann.[467]

214 In dem Fall, daß ein Landwirt durch eine offen rotierende **Gelenkwelle** verletzt wurde, ist eine Warnpflicht daher mit Recht verneint worden.[468] Vor dem Herabstürzen eines nicht fachgerecht befestigten **Fensterkrans** braucht ebensowenig gewarnt zu werden[469] wie ein Reifenmonteur vor der Verwendung eines nicht zur Felge passenden Schlauches.[470] Dagegen ist die Gefahr, daß ein zur Bekämpfung von „Motten aller Art" empfohlenes **Insektenvernichtungsmittel** auch gegen Wachsmotten eingesetzt wird und dabei die Bienen schädigt, nicht sehr fernliegend; auf sie muß daher hingewiesen werden.[471] Grundsätzlich hohe Anforderungen sind an die Aufklärung über Gefahren zu stellen, die von **medizinisch-technischen Geräten** und **pharmazeutischen Produkten** *(Rz. 224)* drohen. Führt z. B. die versehentliche Injektion eines Serums in die Arterie – statt in die Vene – regelmäßig zum Verlust der Extremität, so ist gerade diese Konsequenz mitzuteilen, auch wenn sie nur bei einem Fehlverhalten des Arztes oder gar des Anästhesisten eintreten kann.[472] Nachdem es noch in den letzten Jahren wiederholt zu Unfällen beim sommerlichen Grillen gekommen ist, kann den Herstellern von **Gartengrill-Geräten** wohl auch ein Hinweis auf die großen Gefahren von Brennspiritus zugemutet werden.[473] Für den Fehlgebrauch einer **komplexen technischen Anlage** ist ein gewerblicher Abnehmer dagegen im Zweifel selbst verantwortlich.[474]

215 Die Möglichkeit eines **bewußten und gravierenden Mißbrauchs** seines Produkts, z. B. die Verwendung eines Lösungsmittels als Rauschgift,[475] kann der Hersteller grundsätzlich außer acht lassen.[476] Ein solcher Mißbrauch wird aber immerhin voraussehbar, wenn er nach der Eigenart des Produkts besonders nahe liegt[477] oder bei den schon umlaufenden Waren des öfteren beobachtet werden konnte. So werden Feuerwerkskörper zum Jahresende immer wieder mutwillig zweckentfremdet, sei es, daß sie aus Übermut oder als Mutprobe nach der Zündung (zu lange) in der Hand gehalten werden oder daß sie in umschlossenen Behältnissen wie Flaschen oder Briefkästen zur Explosion gebracht werden. Ferner sind zahlreiche chemische Produkte wie Lösungs- und Klebemittel bei manchen Jugendlichen und in interessierten Kreisen wegen ihrer rauscherzeugenden Wirkung bekannt, was die Hersteller spätestens dann erfahren, wenn die beliebtesten Marken in den Medien oder Polizeiberichten erwähnt werden. Gegen eine Warnung selbst in solchen Fällen spricht jedoch zweierlei: Ein Hinweis auf die Gefahren eines Mißbrauchs kann für

---

[465] BGH NJW 1981, 1603, 1604 – Derosal I; OLG Köln VersR 1987, 573 a. E. – Schreckschußpistole.

[466] Vgl. z. B. BGH NJW 1972, 2217, 2220 – ESTIL; OLG Koblenz VersR 1981, 740f. – Grillgerät (Brennspiritus); OLG Karlsruhe VersR 1984, 544, 545 – Trockenputzmischer.

[467] Vgl. BGH NJW 1972, 2217, 2220 – ESTIL (Injektion in Arterie statt Vene).

[468] BGH VersR 1957, 584, 585 – Gelenkwellenschutz.

[469] BGH VersR 1959, 523, 524f. – Seilhexe; vgl. Rz. 208.

[470] OLG Bamberg VersR 1977, 771, 772 – Kfz-Felge.

[471] Anders BGH BB 1955, 1109 – Insektenvertilgungsmittel.

[472] BGH NJW 1972, 2217, 2221 – ESTIL (Rz. 195); s. aber auch BGH VersR 1968, 276, 277 und OLG München VersR 1980, 1052, 1053 – Hüftgelenkprothese I.

[473] Vgl. DIN 66007 (seit 1978); anders (zum Jahre 1976) OLG Koblenz VersR 1981, 740f. – Grillgerät; offengelassen von BGH VersR 1981, 740, 741. Echte Zweifelsfrage!

[474] BGH NJW-RR 1987, 664, 665 – Bleischmelzanlage.

[475] BGH NJW 1981, 2514, 2515f. – Kältemittel.

[476] BGH NJW 1981, 2514, 2516b – Kältemittel.

[477] Vgl. BGH NJW 1981, 2514, 2515f. – Kältemittel.

ein Publikum, das – wie Jugendliche – ohnehin dazu neigt, einen weiteren Anreiz bilden und damit mehr Schaden als Nutzen stiften.[478] Im übrigen ist bei Individuen, welche das *Risiko* der Mißbrauchsfolgen leichtfertig oder sogar bewußt auf sich nehmen, oft auch ein Warnhinweis vergebens. Dies muß aber nicht so sein, vor allem dann nicht, wenn – wie im Kältemittel-Fall[479] – der Mißbrauch als Rauschgift unmittelbar lebensgefährlich ist. Der Hersteller hat die Vorzüge und Nachteile einer Mißbrauchswarnung also **sorgfältig abzuwägen** und dabei zu beachten, daß die Bereitschaft zum Mißbrauch bisweilen nur besteht, weil das Ausmaß der Gefahren verdrängt werden konnte.

Selbstverständlich besteht **keine Vorpflicht** *(Rz. 185)* des Herstellers, zwecks optimaler Aufklärung das Produkt auch auf solche Gefahren hin **zu untersuchen,** die dem Benutzer bei bewußtem und gravierendem Mißbrauch drohen. Insofern kann sich ein gewisser Unterschied zur Konstruktionspflicht ergeben (vgl. *Rz. 81f.*). 216

c) Hinweis- und Warnpflichten nach Inverkehrbringen des Produkts

aa) Allgemeines. Der Hersteller hat allgemein nur solchen Gefahren zu steuern, von denen er sich in zumutbarer Weise Kenntnis verschaffen konnte; entsprechendes gilt für die Mittel zur Beseitigung einer solchen Gefahr. Verkehrspflichten – Konstruktions-, Fabrikations- und Warnpflichten – bestehen daher nicht, soweit und solange eine zumutbare Gefahrsteuerung nach dem Stand von Wissenschaft und Technik ausgeschlossen ist *(Rz. 83ff.)*. Andererseits können sie auch nach der Inverkehrgabe eines Produkts entstehen, und zwar in folgenden Fällen: 217

- Das ausgegebene Produkt wird durch Hinzutreten neuer Umstände, z. B. wegen Unverträglichkeit mit einem später entwickelten Arzneimittel, gefährlich.
- Durch eine Fortentwicklung von Wissenschaft oder Technik wird eine dem Produkt von Anfang an eigene Gefahr jetzt erstmals erkannt.
- Wegen veränderter, irriger Vorstellungen des Publikums über den Verwendungszweck des Produkts *(Rz. 180)* erwachsen Gefahren, mit denen ursprünglich – wenigstens nach Häufigkeit oder Ausmaß – nicht zu rechnen war.
- Bei bestimmungswidrigem Gebrauch erwachsen Gefahren, mit denen ursprünglich – wenigstens nach Häufigkeit oder Ausmaß – nicht zu rechnen war.
- Infolge einer Fortentwicklung von Wissenschaft bzw. Technik oder aus anderen Gründen wird es möglich, sich vor einer – bislang bekannten oder unbekannten – Gefahr des Produkts (wirksamer) zu schützen.

Hier kann der Hersteller gegenüber den Abnehmern bzw. Benutzern seiner Produkte noch nachträglich zur Aufklärung verpflichtet sein.[480]

Diese Pflicht besteht aber auch dann, wenn der Hersteller für Gefahren des Produkts schon aus anderen Gründen haftet, sei es weil er seine Konstruktions-, Fabrikations- oder Instruktionspflicht schon vor der Inverkehrgabe verletzt hatte oder weil er einer Gefährdungshaftung unterliegt. So wird gerade die Haftungsverschärfung aufgrund der EG-Richtlinie vom 25. 7. 1985 oft zu einer Haftung führen, aus der sich der Hersteller auch durch nachträgliche Instruktion nicht mehr befreien kann, wenn es dennoch zum Schaden kommt.[481] In diesen Fällen ist die Pflicht zu nachträglicher Instruktion zivilrechtlich nur von untergeordneter Bedeutung; ihre Verletzung kann allerdings dazu führen, daß der 218

---

[478] Vgl. BGH NJW 1981, 2514, 2516 – Kältemittel.

[479] BGH NJW 1981, 2514 – Kältemittel.

[480] RGZ 163, 21, 26 – Bremsen I; BGH NJW 1981, 1603, 1605 – Derosal I; NJW 1981, 1606, 1608 – Benomyl; OLG Braunschweig, Urt. v. 16. 3. 1967, Schmidt-Salzer, Entscheidungssammlung III, II 69, S. 405f. – Tierimpfstoff; LG XYZ (anonym), Urt. v. 1. 1. 1975, zit. in: Schmidt-Salzer, Entscheidungssammlung II, III 17, S. 517 – Ventil; LG Düsseldorf, Urt. v. 29. 3. 1977, Schmidt-Salzer, Entscheidungssammlung III, III 30, S. 628 f. – Mikroschutzfilter; Brüggemeier, WM 1982, 1294, 1301f.; Löwe, DAR 1978, 288, 291. Zur US-Rechtsprechung s. Voelker, PHI 1985, 174ff.

[481] Schmidt-Salzer/Hollmann, Bd. 1, Art. 6 Rz. 260ff.

Hersteller und die übrigen Verantwortlichen sich – möglicherweise erstmals – **strafbar** machen.

219 **bb) Vorpflichten.** Auch die nachträgliche Instruktion setzt natürlich voraus, daß der Hersteller sich von den Umständen, die zur Aufklärung verpflichten, in zumutbarer Weise Kenntnis verschaffen konnte. Die **Anforderungen an die Unterrichtung des Herstellers** sind jedoch nach der Inverkehrgabe des Produkts **herabgesetzt.** Insbesondere die Pflicht zu systematischer Untersuchung der Waren auf Gefahren endet mit ihrer Inverkehrgabe, erst recht die Nebenpflicht, die Entwicklung von Wissenschaft und Technik zwecks wirksamerer Gefahrsteuerung u. U. selber voranzutreiben (dazu *Rz. 20*).

Selbstverständlich gilt das nur für die bereits ausgelieferten Stücke einer Serie! Für die übrigen Produkte, mögen sie schon existieren oder nicht, bleibt es bei dem Grundsatz, daß alle Verkehrspflichten sich nach dem Kenntnis- und Entwicklungsstand richten, der bis zu *ihrer* Inverkehrgabe erreicht war.

220 Ebensowenig darf der Hersteller die Entwicklung der Technik oder die Verwendung seiner Produkte aber auf sich beruhen lassen. Er hat vielmehr durch deren *Beobachtung (Rz. 252ff.)* bzw. eine geeignete *Organisation (Rz. 271ff.)* für **Wachsamkeit und Reaktionsfähigkeit** zu sorgen, nämlich sicherzustellen, daß Nachrichten über

- Unfälle und Schäden, die seine Produkte oder deren Bestandteile möglicherweise hervorgerufen haben,
- Fortschritte in Wissenschaft und Technik, welche die Sicherheit seiner Produkte betreffen könnten,
- Änderungen des Produktgebrauchs und
- neuartige Umstände, unter deren Einfluß seine Produkte u. U. gefährlich werden können,

ihn erreichen und in geeigneter Weise genutzt werden. Welche Detailmaßnahmen geboten, namentlich zumutbar sind, hängt wiederum vom Einzelfall ab, d. h. von dem Gefahrenpotential der Waren,[482] von dem Informationsaufwand und der Verbreitung der Waren im In- und Ausland.[483] Von erheblicher Bedeutung ist es auch, ob der Hersteller die erwähnten Maßnahmen ohnehin trifft oder treffen muß, sei es, weil die betreffende Serie noch nicht ausgelaufen ist oder weil ein ähnliches bzw. Nachfolgeprodukt in Verkehr gebracht werden soll. Zu Einzelheiten *Rz. 26*.

221 **cc) Die Entscheidung über eine Reaktion.** Wenn sich Anhaltspunkte für Umstände ergeben, bei deren Vorliegen eine sofortige Warnung der Verbraucher nötig wäre, kann der Hersteller in eine Zwangslage geraten: Erhärtet sich der Verdacht auf bestimmte Gefahren usw. nicht, so geht nicht nur der u. U. erhebliche Aufwand für die Warnungen ins Leere, auch Einbußen durch Absatzrückgang und Prestigeverlust sind zu befürchten, unterbleibt eine Warnung aber zu Unrecht, so kann dies nicht nur zu Schadensersatz- und Strafprozessen, sondern erst recht zu katastrophalem Vertrauensverlust der Verbraucher führen. Auch hier ist also ein **verantwortungsbewußtes Abwägen** gefragt. Wird es im Schadensfall **innerhalb einer angemessenen Überlegungsfrist**[484] bewiesen, kann dem Hersteller kein Sorgfaltsverstoß vorgeworfen werden.[485] Dabei sind für die Beurteilung des Herstellerverhaltens die Umstände zugrunde zu legen, die dem Hersteller *im Zeitpunkt der Entscheidung über seine Reaktion* bekannt waren oder bekannt sein mußten.[486]

---

[482] RG DR 1940, 1293 – Bremsen II; Schmidt-Salzer, BB 1981, 1041, 1042 zu 8.

[483] BGH NJW 1981, 1606, 1608 – Benomyl.

[484] Vgl. Schmidt-Salzer, BB 1981, 1041, 1042.

[485] Für Zurückhaltung bei Bestimmung des Warnzeitpunktes auch BGH NJW 1981, 1603, 1605 – Derosal I.

[486] BGH NJW 1981, 1603, 1065 – Derosal I; NJW 1981, 1606, 1608 – Benomyl; OLG Hamburg, Urt. v. 6. 3. 1980, Schmidt-Salzer, Entscheidungssammlung III, II 96 – Automatenumrüstung; OLG Celle VersR 1985, 148, 149 – Gichtmittel.

Diese Entscheidung hat sich **maßgeblich** an der **Größe der möglichen Gefahr** zu orientieren: Je schwerwiegender das indizierte Risiko ist, desto niedriger liegt die Verdachtsschwelle, ab welcher der Hersteller einzugreifen hat.[487] Bei Gefahren für Leben und Gesundheit, wie sie z. B. mit Kraftfahrzeugen, Babynahrung oder pharmazeutischen Produkten verbunden sind, nötigt daher jeder ernst zu nehmende Verdacht zu einer Warnung,[488] und zwar ohne „jede Rücksichtnahme auf die Absatzinteressen des Herstellers".[489] Das gilt um so mehr, wenn die betreffende Gefahr nicht nur – etwa bei „Ausreißern" – einzelnen Produkten, sondern der ganzen Serie anzuhaften scheint. Aber auch wenn nur Sachschäden zu befürchten sind, ist **kein wissenschaftlicher Nachweis** einer Produktgefahr **erforderlich;** verdichtet diese sich aufgrund bestimmter Indizien, so hat der Hersteller sich ggf. selber durch forcierte Nachforschungen Gewißheit zu verschaffen, falls dieser Aufschub zu verantworten ist.[490] 222

Die für **Pflanzenschutzmittel** geltenden Warnpflichten sind von der Rechtsprechung mehrfach untersucht worden, nachdem im Obstanbaugebiet des Alten Landes in den 70er Jahren zahlreiche, zur Bekämpfung des Apfelschorfes eingesetzte Pestizide versagten, weil der Schädling gegen sie resistent wurde. Auf die Möglichkeit dieses Risikos war seit 1969 in einzelnen Veröffentlichungen australischer, russischer und japanischer Forscher hingewiesen worden, was die Frage aufwarf, wie die Hersteller darauf hätten reagieren müssen. In dem „Benomyl"-Fall war eine weltweit agierende US-amerikanische Herstellerin verklagt; der BGH hielt sie für verpflichtet, den Hinweisen jener ausländischen Forscher nachzugehen, verneinte aber eine Warnpflicht mit der Begründung, Anhaltspunkte für „eine unmittelbar bevorstehende Resistenzbildung" des Apfelschorfpilzes hätten sich nicht ergeben.[491] In dem Parallelfall ging es um das Pestizid „Derosal", ein sog. systematisches Fungizid; hier hob der BGH hervor, eine Warnung vor der zunächst bloß als möglich angesehenen Resistenzgefahr hätte nichts genutzt, sondern die Verbraucher möglicherweise veranlaßt, auf systematische Fungizide völlig zu verzichten und einseitig auf die üblichen Kontaktfungizide zurückzugreifen, was die Resistenz gegen *diese* Mittel u. U. sogar beschleunigt hätte.[492] 223

Für **pharmazeutische Produkte** gelten nach wie vor die von dem LG Aachen im Contergan-Beschluß[493] vom 18. 12. 1970 aufgestellten Grundsätze:[494] 224

„(Es) wird grundsätzlich schon bei einem geringeren Grad an Verdacht ein Handeln des Arzneimittelherstellers notwendig sein.

---

[487] BGH VersR 1954, 364, 365; NJW 1972, 2217, 2220 – ESTIL; NJW 1981, 1603, 1604 – Derosal I; LG Aachen JZ 1971, 507, 516 – Contergan; Schmidt-Salzer, BB 1981, 1041, 1042.

[488] BGH NJW 1981, 1603, 1604 – Derosal I; OLG Celle VersR 1985, 148f. – Gichtmittel; OLG Köln VersR 1987, 573, 574 – Schreckschußpistole; LG Aachen JZ 1971, 507, 516 – Contergan; zu Zahnschäden durch Zuckertees vgl. LG Frankfurt, Urt. v. 14. 6. 1984, zusammengefaßt von Hack, PHI 1984, 139 (zu Recht kritisch) u. PHI 1985, 126.

[489] Vgl. BGH NJW 1972, 2217, 2220 – ESTIL; s. aber auch BGH NJW 1988, 2611, 2612d – Mehrwegflasche II (zu Konstruktion/Fabrikation).

[490] BGH NJW 1981, 1603, 1604 – Derosal I; Sack, BB 1985, 813, 817; zu den hier häufigen **Kommunikationsproblemen** zwischen Naturwissenschaftlern und Juristen Schmidt-Salzer, Produkthaftung: Strafrecht, Rz. 1.373.

[491] BGH NJW 1981, 1606, 1608 – Benomyl; s. auch OLG Celle BB 1979, 392 – Benomyl (Berufungsinstanz).

[492] BGH NJW 1981, 1603, 1604 – Derosal I; s. aber OLG Frankfurt VersR 1987, 1196, 1197 – Derosal II.

[493] LG Aachen JZ 1971, 507, 516 – Contergan.

[494] Dazu auch OLG Celle VersR 1985, 148f. – Gichtmittel (2 Zwischenfälle nach 7 Jahren Arzneimittelvertrieb); LG Frankfurt NJW 1977, 1108 – Arzneimittel (Nebenwirkungsrisiko 1:2 Mio.); Günther, NJW 1972, 309, 312ff.; Kullmann, PhR 1982, 6, 7f.; für **Veterinärheilmittel** vgl. OLG Braunschweig, Urt. v. 16. 3. 1967, Schmidt-Salzer, Entscheidungssammlung III, II 69, S. 403ff. – Tierimpfstoff.

Im allgemeinen wird man hierfür einen durch mehrere ernst zu nehmende Meldungen verstärkten Verdacht fordern, aber auch ausreichen lassen müssen. Doch liegt es in der Natur der Sache, daß sich ein generell gültiger Maßstab, an dem der Grad des Verdachtes im Einzelfall gemessen werden könnte, nicht angeben läßt, weil von Fall zu Fall unterschiedliche Faktoren berücksichtigt werden müssen.

So ist die Schwere des behaupteten Gesundheitsschadens von wesentlicher Bedeutung. Der Arzneimittelhersteller muß um so eher handeln, je schwerer die Schäden sind, die sein Präparat möglicherweise verursacht. Bei leichten Schäden mag es im Einzelfall vertretbar sein, daß der Arzneimittelhersteller zunächst versucht, den Verdacht durch gezielte Prüfungen zu widerlegen, und erst dann Maßnahmen ergreift, wenn ihm das nicht gelingt und auf Grund zahlreicher Meldungen eine größere Wahrscheinlichkeit dafür besteht, daß der Verdacht zutreffend ist. Bei schweren Schäden müssen Schutzmaßnahmen schon bei vergleichsweise geringen Verdachtsmomenten getroffen werden. Besonders schwere Schäden, wie z. B. Mißbildungen, zwingen den Arzneimittelhersteller schon dann zum Handeln, wenn nur die – mitunter sogar entfernte – Möglichkeit besteht, daß sich der geäußerte Verdacht als richtig erweist.

Bedeutsam kann im Einzelfall auch sein, ob die aufgetretenen Schäden schnell oder langsam wieder abklingen oder als therapieresistent oder irreversibel bezeichnet werden. Bei langwierigen Beschwerden oder sogar irreparablen Schäden muß der Arzneimittelhersteller naturgemäß eher eingreifen als bei flüchtigen, rasch abklingenden Störungen.

Von Bedeutung ist ferner die Häufigkeit der Schäden. Treten diese mit Regelmäßigkeit oder doch in zahlreichen Fällen auf, so ist der Arzneimittelhersteller bei einem geringeren Grad an Verdacht zum Handeln verpflichtet, als wenn die Schäden nur vereinzelt oder nur in besonderen Ausnahmefällen beobachtet werden.

Wesentlich ist schließlich auch der therapeutische Wert des Präparates. Bei therapeutisch wertvollen oder sogar lebensnotwendigen und unersetzbaren Arzneimitteln können schwerere Schäden in Kauf genommen werden, als bei weniger wichtigen und leicht ersetzbaren Medikamenten. Entsprechend wird der Arzneimittelhersteller bei den zuerst genannten Präparaten einschneidende Maßnahmen erst zu treffen haben, wenn ein höheres Maß an Wahrscheinlichkeit dafür besteht, daß der bestehende Verdacht richtig ist. Mitunter mag es das Interesse des Patienten, das immer im Vordergrund zu stehen hat, sogar verlangen, daß ein Mittel wegen seines besonderen therapeutischen Wertes trotz nachgewiesener schwerer Nebenwirkungen – wenn auch unter strengen Vorsichtsmaßnahmen – weiter vertrieben wird. Demgegenüber ist bei weniger wichtigen und leicht ersetzbaren Medikamenten ein vergleichsweise geringeres Maß an Wahrscheinlichkeit zu fordern.

Auch eine unterschiedliche Kombination der aufgezeigten Gesichtspunkte kann im Einzelfall den Grad des Verdachtes im Sinne geringerer oder höherer Anforderungen beeinflussen."

225 Erweisen sich **Kraftfahrzeuge** oder ihre gefahrträchtigen Bestandteile (z. B. Bremsen, Reifen, automatische Getriebe) im nachhinein als gefährlich, so ist ebenfalls rasches Handeln geboten. Selbst bei Serien von vielen tausend Stück wird zu einer Warnung zu raten sein, wenn auch nur 20 oder 30 Gefahrensituationen bekannt werden, die auf die gleiche Fehlerquelle hinweisen.[495] Diese muß übrigens nicht genau lokalisiert oder gar technisch erklärbar sein; erst recht kommt es nicht darauf an, ob der Hersteller imstande wäre, den Fehler abzustellen. Denn die Warnpflicht dient ausschließlich dem Selbstschutz der Produktbenutzer.

226 **dd) Art und Umfang der Warnung.** Für Art und Umfang der nachträglichen Warnung gilt das zur Aufklärung bei Inverkehrgabe Gesagte *(Rz. 182ff.)* entsprechend. Nur muß der Hersteller auf andere Weise sicherstellen, daß seine Warnung diejenigen erreicht, die durch die ausgelieferten Produkte gefährdet werden können.[496]

227 *(1) Adressaten.* Dazu gehören streng genommen nicht nur die einstigen Endabnehmer, sondern auch deren an dem Produkt Beschäftigte, ihre Mieter, Leasingnehmer, Käufer usw. Ob dieser weitere Kreis *von den Endabnehmern* informiert würde, wenn sie einen Warnhinweis von dem Hersteller erhielten, ist bei realistischer Betrachtung recht fraglich.

---

[495] Sack, DAR 1978, 288, 291; s. aber Diederichsen, DAR 1976, 312, 316, dazu Kullmann/Pfister, Kza. 1525 S. 22 (für *Rückruf*).

[496] Zu den **praktischen Problemen** bei Warnung und Rückruf ausführlich J. Diercks, Organisation des Produktrückrufs (1978).

Dennoch kann dem Hersteller nicht zugemutet werden, sich mit jeder Warnung an jeden zu wenden, „den es angeht", d. h. über die Medien an die Öffentlichkeit. Das kann nur bei besonders schweren Gefahren oder bei sehr verbreiteten oder leicht umlaufenden Produkten (z. B. gebrauchten Kraftfahrzeugen) verlangt werden. Im übrigen genügt eine Warnung der früheren Endabnehmer bzw. -verbraucher.

(2) Durchführung. Schon die Benachrichtigung dieser Personen wirft oft erhebliche 228
Schwierigkeiten auf. Um sie zu überwinden, muß der Hersteller in jedem Fall die **effizientesten Anstrengungen** unternehmen. Nach Möglichkeit hat er zunächst die Endabnehmer zu ermitteln, ggf. unter Einschaltung seiner Vertriebsketten, eigener und fremder Kundenkarteien oder durch anderweitige Nachforschungen. Lassen sich auf diese Weise nicht sämtliche Abnehmer identifizieren (und benachrichtigen), sind Hilfsmaßnahmen zu ergreifen: Je nach den Umständen

- ist auf die **Zwischen- bzw. Großhändler** einzuwirken, damit diese in geeigneter Form versuchen, frühere Produktbezieher anzusprechen (durch Verteilung von Warnhinweisen an ständige Kunden, Aushänge im Geschäftslokal o. ä.);
- sind zumindest die als **(Groß-)Abnehmer** in Betracht kommenden Institutionen anzuschreiben;
- ist in **Fachzeitschriften** bzw. **Zeitungen** durch Anzeigen oder lancierte Nachrichten zu warnen;
- ist bei gravierenden Gefahren über **Rundfunk** bzw. **Fernsehen** zu warnen.

Kann der Hersteller die Endabnehmer identifizieren, so darf er sich nicht darauf be- 229
schränken, seine Warnhinweise einer **Kundendienstzeitschrift** beilegen zu lassen, die an die Abnehmer verteilt wird.[497] Derartige Zeitschriften werden zu selten und zu oberflächlich gelesen, oft genug nur durchgeblättert; das gilt jedenfalls für kleinere Handwerksbetriebe und ggf. sogar für medizinische **Fachzeitschriften.**[498] Sollen die **Endabnehmer,** welche die Produkte im Rahmen von Dienstleistungen weitergereicht haben, zur Warnung ihrer Kunden angehalten werden, so muß dies in deutlicher Form geschehen, ggf. durch direktes Anschreiben.[499] Gegenüber **Vertriebshändlern** wird dagegen eine zuverlässige Unterrichtung genügen, da im allgemeinen angenommen werden kann, daß sie die Warnung den Endabnehmern rechtzeitig zukommen lassen.[500] Wenn derartige Hilfeleistungen für eine Warnaktion mit spürbarem Aufwand verbunden sind, kann der Hersteller nicht immer erwarten, daß sie unentgeltlich erfolgen. Um die rasche Durchführung der Hilfsaktion nicht zu gefährden, muß er daher u. U. anbieten, etwaige Kosten zu ersetzen oder gar vorzuschießen. **Öffentliche Warnungen** sind je nach Sachlage mehrfach zu wiederholen; in jedem Fall muß der Hersteller versuchen, sich z. B. mittels der Verbraucherreaktionen Rechenschaft darüber abzulegen, wieviele Verbraucher bisher erfaßt werden konnten und welche zusätzlichen Maßnahmen angebracht sind.

Letztlich hängt der Umfang einer Warnaktion von dem Ausmaß des Risikos ab, dem 230
die Warnung gilt; bei Gefahr für Leib und Leben wird kaum ein **Aufwand** zu groß sein. Die Höhe der finanziellen Belastung kann andererseits auch nicht gänzlich vernachlässigt werden:[501] Soll die Verschuldenshaftung nicht ihre Grundlage verlieren, muß auch die Zumutbarkeit ein Kriterium bleiben.

d) Mißachtung der Warnung

Ergibt sich, daß der Verbraucher eine ordnungsgemäße Warnung bewußt mißachtet, 231
weil er die angesprochene Gefahr unterschätzt oder sie in Kauf nehmen will, so stellt sich

---

[497] Kullmann/Pfister, Kza. 1520 S. 53.

[498] Vgl. LG XYZ, Urt. v. 1. 1. 1975, (anonym) zit. in: Schmidt-Salzer, Entscheidungssammlung II, III 17, S. 518 – Ventil; BGH NJW 1972, 2217, 2221 – ESTIL (Arzneimittel-Information).

[499] LG XYZ, Urt. v. 1. 1. 1975, (anonym) zit. in: Schmidt-Salzer, Entscheidungssammlung II, III 17, S. 519 – Ventil.

[500] Kullmann/Pfister, Kza. 1520 S. 53.

[501] Anders wohl Kullmann/Pfister, Kza. 1520 S. 54; dazu allgemein Rz. 54 ff.

die Frage nach Folgepflichten des Herstellers: Muß er den Abnehmer an dem gefährlichen Gebrauch des Produkts hindern, indem er es wegnimmt, unbrauchbar macht oder staatliche Stellen (z. B. Gewerbeaufsichtsamt, Polizei) veranlaßt, die **Benutzung zu unterbinden?** Der BGH hat dies in dem Silo-Fall,[502] der allerdings besondere Umstände aufwies, bejaht.

Der Inhaber eines Sand- und Kiesgeschäfts (S.) hatte bei dem Hersteller eine Kies-Siloanlage bestellt, die ein Eigengewicht von 6 t hatte und gefüllt ca. 170 t wog. Die Anlage wurde aufgestellt, war aber weder gestützt noch verschraubt noch, wie vorgesehen, durch Bolzen verankert worden. Deshalb verbot der Hersteller dem S. „ausdrücklich und wiederholt", die Anlage vor ihrer Fertigstellung in Betrieb zu nehmen. S. wollte die restlichen Montagearbeiten jedoch selbst durchführen und nahm die Anlage *schon vorher* wochenlang und trotz wiederholter Vorbehalte des Herstellers in Betrieb. Als S. und der von ihm beauftragte Fuhrunternehmer F. Kies auf einen unter die Anlage gefahrenen Lkw laden wollten, stürzte diese zusammen; dabei wurden auch S. und F. getötet.

Der BGH hielt den Hersteller für schadensersatzpflichtig, weil er den durch die unfertige Anlage geschaffenen Gefahrenzustand habe fortdauern lassen. Insbesondere gegenüber Dritten habe diese Gefahr, die Benutzung der Anlage, nur durch Entfernen bzw. Blockieren wichtiger Bauteile oder mit Hilfe der Gewerbepolizei unterbunden werden können und müssen.[503]

232 Dieser Ausgangspunkt erscheint mit Rücksicht auf die offenbar wochenlange Gefährdung Dritter im entschiedenen Fall zutreffend; er kann jedoch nicht verallgemeinert werden. Richtigerweise ist wie folgt zu differenzieren. Eine **alleinige Gefährdung des Gewarnten** begründet keine Verpflichtung des Herstellers, den Verbraucher vor dessen Leichtsinn zu schützen. Von einem Hersteller, der mit Nachdruck auf die Gefahren eines noch unfertigen Werkes hinweist, kann schlechterdings nicht verlangt werden, daß er gegen vorsätzliche Selbstgefährdung einschreitet; dies folgt schon aus den auch von der Rechtsprechung anerkannten Grundsätzen über bestimmungswidrigen Gebrauch *(Rz. 215)*. Selbst dann, wenn dieser – nur oder auch – zu einer **Gefährdung Dritter** führen *kann,* ist der Hersteller nicht in jedem Fall schutzpflichtig; denn er darf grundsätzlich darauf vertrauen, daß der Endabnehmer eines gefährlichen Produkts Dritte hierdurch nicht gefährdet und sie insbesondere von dem Produkt fernhält oder wenigstens vor dessen Risiken warnt *(Rz. 174)*. Nur wenn diese Annahme nicht berechtigt ist oder sich später als irrig erweist, ist der Hersteller zum Einschreiten verpflichtet, falls der Dritte die Produktgefahr mit üblichem Gefahrenwissen[504] nicht erkennen kann; letzteres wurde im Silo-Fall *(Rz. 231)* für die Person des Fuhrunternehmers offenbar vorausgesetzt.

4. Rückruf

a) Allgemeines

233 Produkte, die mit einem Konstruktions- oder Fabrikationsfehler behaftet sind oder einen solchen Fehler mit gewisser Wahrscheinlichkeit aufweisen, werden in neuerer Zeit oft **freiwillig** zurückgerufen: Die Endabnehmer (Benutzer) dieser Waren werden über den Handel oder direkt (schriftlich bzw. über die Medien) aufgefordert, die Produkte von dem Hersteller oder in einer (Vertrags-)Werkstatt untersuchen und ggf. kostenlos reparieren oder gegen ein mangelfreies Exemplar austauschen zu lassen. Motiviert sind solche Rückrufaktionen oft nicht nur durch Sicherheitsethik oder Prestigegedanken, sondern auch durch die Vorstellung, zum Rückruf verpflichtet zu sein. Von einer diesbezüglichen Rechtsüberzeugung breiterer Kreise kann jedoch allenfalls für bestimmte Fallgruppen die Rede sein. Eine **gewohnheitsrechtliche Verpflichtung** zum Rückruf fehlerhafter Waren ist daher **nicht anzuerkennen.**[505]

---

[502] BGH VersR 1960, 856 – Silo.
[503] BGH VersR 1960, 856, 857 – Silo.
[504] Vgl. Rz. 166 ff.
[505] Offengelassen von OLG Stuttgart NJW 1967, 572, 573.

Eine Pflicht zum Rückruf ist in **zwei Formen** denkbar: einerseits als Anspruch auf Rücknahme (und Untersuchung bzw. Reparatur oder Austausch) des fehlerverdächtigen Produkts im Interesse der *Schadensvermeidung* (dazu *§ 39 Rz. 1ff.*), andererseits vor allem als Verkehrspflicht i. S. des § 823 I BGB. Im letzteren Fall, der nachfolgend allein behandelt wird, geht es um die Frage, inwieweit der Umstand, daß der Hersteller ein Produkt nicht (rechtzeitig) zurückgerufen hat und hierdurch Schäden entstanden sind, *zum Schadensersatz verpflichtet.* 234

b) Verkehrspflicht zum Rückruf

aa) bei Gefährdung der Allgemeinheit. Das verbindliche Angebot des Herstellers, Waren, die u. U. einen Sicherheitsmangel aufweisen, auf eigene Kosten zu untersuchen, auszubessern bzw. gegen fehlerfreie Modelle auszutauschen, stellt im allgemeinen eine erhebliche wirtschaftliche Belastung, zumindest aber ein beträchtliches Kostenrisiko dar. Der Sicherheitsaufwand, der erforderlich ist, um einen Rückruf durchzuführen (und die Produkthaftung mangels Rückrufs abzuwenden), ist bis heute nur sehr begrenzt versicherbar (Drittschäden, Fremdrückrufe, Kfz-Rückrufe). In jedem Fall wäre ein Versicherung des Rückrufrisikos an hohe Prämien geknüpft (vgl. *§ 56 Rz. 35ff.*). Die Frage, unter welchen Umständen dem Hersteller statt einer Warnung ein Rückruf zuzumuten ist, läßt sich daher nicht leicht beantworten.[506] Am ehesten wird ein Rückruf zumutbar sein, wenn nicht nur der Endabnehmer der fehlerverdächtigen Ware, sondern auch die Allgemeinheit (ein by-stander) gefährdet ist; denn sie ist über Warnungen, die ja bevorzugt an die Endabnehmer gerichtet sind, oftmals nicht informiert und kann sich auch kaum schützen, wenn der Endabnehmer trotz Kenntnis der Warnung den Gebrauch eines gefährlichen Produkts fortsetzt. Eine Pflicht zum Rückruf liegt daher um so näher, **je größer die Gefährdung der Allgemeinheit ist und je weniger sie durch eine Warnung abgewendet werden kann.**[507] Dabei hängt das Ausmaß der Gefährdung, wie stets, von der mutmaßlichen Häufigkeit des Produktfehlers und den dadurch gefährdeten Rechtsgütern ab: Konstruktionsfehler wiegen schwerer als punktuelle Fabrikationsfehler; Gefahren für Leib oder Leben sind grundsätzlich gewichtiger als die Besorgnis schwerer oder gar leichter Vermögensschäden. 235

Allerdings ist es dem Hersteller unbenommen, die von einem fehlerhaften Produkt ausgehenden Gefahren **mit geringerem Aufwand** zu bannen oder wenigstens auf ein hinnehmbares Maß zurückzuführen. Er kann insbesondere versuchen, auch **dritte Personen,** welche das Produkt neben den Endabnehmern ebenfalls nutzen (z. B. Mieter, Leasingnehmer, Gebrauchtwagenkäufer), **zu warnen.** Wo dies nicht über das Vertriebsnetz oder mittels Kundenkartei möglich ist, kommt schließlich die Einschaltung der Medien in Betracht, auf deren Mitwirkung u. U. auch eine Rückrufaktion beschränkt wäre. Jede Warnung bleibt aber nutzlos, wenn der Produktbenutzer sie mißachtet, weil er leichtfertig ist, die Kosten einer eigenen Fehlersuche bzw. Reparatur scheut oder infolge (vielleicht sogar entschuldbaren) Irrtums davon ausgeht, *sein* Produkt sei fehlerfrei. Ob und in welchem Umfang mit derartigem Fehlverhalten zu rechnen ist, hängt von den Umständen des Einzelfalls ab, namentlich von dem Gefahrenbewußtsein des Benutzerkreises. In jedem Fall hat der Hersteller sorgfältig zu prüfen, ob die Gefahr eines fortgesetzten Gebrauchs fehlerverdächtiger Waren nicht durch zusätzliche Schritte wesentlich verringert werden kann. Zu diesen zählt – neben dem Angebot zur *kostenlosen* Überprüfung, Repara- 236

[506] Zu pauschal jedenfalls Pauli, PHI 1985, 134, 141 zu FN 66; Kullmann/Pfister (Veltins), Kza. 4310 S. 20ff.

[507] Vgl. Löwe, DAR 1978, 288, 291; v. Bar, JZ 1979, 728, 729; Diederichsen, DAR 1976, 312, 316; G. Hager, AcP 184 (1984), 413, 424; Herrmann, BB 1985, 1801, 1804 FN 57; Link, BB 1985, 1424, 1426f.; Mayer, DB 1985, 319, 324; Niehusen, Grundlagen, S. 19. Von der durchgängigen Beachtung eines *Rückrufs* (etwa im Gegensatz zur Warnung) kann allerdings keine Rede sein, vgl. Krutein, DAR 1985, 33, 35.

tur usw. (Rückruf) – auch der Versuch, bekannt gewordene oder befürchtete Nutzungen gefährlicher Produkte durch **Information der zuständigen Behörden** zu unterbinden.[508] Auch wenn durch eine Stillegungsverfügung, Beschlagnahme usw. von seiten des TÜV, des Ordnungsamts oder der Polizei die Folgen fehlerhafter Produktion auf den Verbraucher abgewälzt werden, ist dies deliktsrechtlich nicht zu beanstanden: Ziel des § 823 I BGB ist nur die Gefahrsteuerung; über ihre Mittel kann der Verantwortliche frei entscheiden, solange sie hinreichend[509] effektiv sind.

237 **Keine Rückrufpflicht** besteht, wenn dem Produkt lediglich ein **Entwicklungsfehler** anhaftet.[510] Hat der Hersteller den Sicherheitsmangel nicht zu verantworten, weil dieser bei der Inverkehrgabe der betreffenden Ware nicht zu erkennen war, so ist ihm zwar zuzumuten, sich dieses Mangels nachträglich zu vergewissern (Produktbeobachtung) und vor ihm zu warnen (Instruktion). Denn zu ersterem ist er ohnehin verpflichtet, während eine Warnung in aller Regel mit relativ geringem Aufwand durchführbar und daher auch ohne vorausgegangene Pflichtverletzung zumutbar ist. Dies läßt sich von Rückrufaktionen aber nicht sagen. Zu den Besonderheiten bei **industrieller Arbeitsteilung** vgl. *§ 25 Rz. 43, 91.*

238 **bb) bei Gefährdung des Eigentümers bzw. Produktbenutzers.** Eine Rückrufpflicht kann auch daraus erwachsen, daß ein dem Produkt etwa anhaftender Fehler – wie meist – in erster Linie den Produktbenutzer selbst gefährdet; dieser wird in der Regel auch Eigentümer des Produkts sein. Für Umfang und Folgen der Rückrufpflicht gegenüber dem Produktbenutzer gelten allerdings Besonderheiten.[511]

239 **aaa) Gefährdung produktexterner Rechtsgüter.** Der Produktbenutzer wird nämlich nicht durch unverantwortliches Verhalten Dritter gefährdet, sondern er entscheidet grundsätzlich selbst darüber, ob und wie er das Produkt braucht bzw. verbraucht. Auch der Eigentümer eines Produkts kann jedenfalls dann, wenn dessen Gebrauch durch einen Mieter oder andere Personen seine eigenen Rechtsgüter gefährden könnte, Einfluß auf den weiteren Produktgebrauch nehmen. Hierdurch scheint der Hersteller die Möglichkeit zu erhalten, sich *stets* auf eine Warnung der Gefährdeten zu beschränken;[512] denn warum sollte er jemanden, der seine Ware in Kenntnis der von ihr möglicherweise ausgehenden Gefahr weiter benutzt, noch vor sich selbst schützen, indem er ihm eine kostenlose Überprüfung bzw. Reparatur anbietet? Dem wird entgegengehalten, eine bloße *Warnung* vor der etwaigen Produktgefahr entlaste den Hersteller meist nicht vollständig, da der Verbraucher sich bei Mißachtung dieser Warnung lediglich ein Mitverschulden vorwerfen lassen müsse; sein „Handeln auf eigene Gefahr" schließe eine Haftung mangels Rückrufs nicht aus.[513]

240 Von anderer Seite ist betont worden, daß ein Hersteller, der sich auf eine Warnung beschränken dürfte, seine Pflichten „auf Kosten der **Dispositionsfreiheit** des Produkterwerbers erfüllen" könnte.[514] Dieser Einwand ist zweifellos zutreffend, deliktsrechtlich aber wohl nicht durchgreifend; denn eine Rückrufpflicht kann, soweit sie andere Rechtsgüter als das fehlerhafte Produkt schützen soll, nicht daran anknüpfen, daß *dessen* Nutzung möglich bleiben muß. Falls der Benutzer bei Gebrauch des fehlerhaften Produkts auch seine übrigen Rechtsgüter gefährden würde, mag dies die Nutzbarkeit und damit das Eigentum am fehlerhaften Produkt (zusätzlich) beeinträchtigen (zur deliktsrechtlichen Bewertung dieses Eingriffs *§ 21 Rz. 55f.*). Ein Recht des Benutzers zur bewußten Gefährdung jener *übrigen Rechtsgüter* ist dagegen nicht anzuerkennen. Grundlage der Verkehrspflicht zum Schutz dieser Güter muß demnach sein, daß dem Benutzer ein Selbstschutz möglich ist, indem er den Gebrauch des

---

[508] BGH VersR 1960, 856f. – Silo.
[509] D. h. nicht notwendig: gleichermaßen!
[510] G. Hager, AcP 184 (1984), 413, 424; Schwenzer, JZ 1987, 1059, 1061; Ulmer, ZHR 152 (1988), 564, 572; anders offenbar Herrmann, BB 1985, 1801, 1804f.
[511] Ohne jede Differenzierung dagegen Kullmann/Pfister (Veltins), Kza. 4310 S. 20.
[512] Vgl. Stoll, JZ 1983, 501, 503f.
[513] Vgl. Herrmann, BB 1985, 1801, 1805 (eigentlich zum Rückruf*anspruch*).
[514] G. Hager, AcP 184 (1984), 413, 424; ähnlich Schwenzer, JZ 1987, 1059, 1061.

fehlerverdächtigen Produkts einschränkt oder notfalls einstellt.[515] Andernfalls würde der Schutz der übrigen Rechtsgüter zum Vehikel einer Pflicht zur Produktverbesserung. Dies wird übrigens (stillschweigend) auch von denen anerkannt, die dem Rückrufinteressenten eine Eigenbeteiligung zumuten wollen.[516]

Andererseits kann der Benutzer u. U. nur durch das Angebot eines Rückrufs, d. h. einer kostenlosen Überprüfung bzw. Ausbesserung, davor bewahrt werden, die Nutzung des fehlerverdächtigen Produkts in Kenntnis oder in Verdrängung dieser Gefahr fortzusetzen. Es ist dem Hersteller jedoch **nicht zuzumuten,** den Benutzer **vor einer** wenn auch nur bedingt **vorsätzlichen Selbstschädigung zu schützen.**[517] Ist der Benutzer auf die Möglichkeit eines Sicherheitsmangels seines Produkts ausdrücklich hingewiesen worden, so läßt sich[518] auch nicht sagen, er nehme die mit einer Weiterbenutzung drohenden Schäden in der Regel nicht hin: Natürlich wird der Benutzer stets hoffen, daß gerade sein Produkt fehlerfrei ist oder daß er, falls doch ein Sicherheitsmangel gegeben ist, wenigstens dessen Folgen noch abwenden kann. Nicht selten wird die Lebenserfahrung aber ergeben, daß der Benutzer das ihm übermittelte abstrakte Risiko durchaus erfaßte und das konkrete Risiko eines (ggf. auch in seinen Folgen nicht beherrschbaren) Fehlers seiner Ware gerade wegen dessen geringer Wahrscheinlichkeit *hinnahm;* besonders nahe liegt dies, wenn sich die Warnung auf einen Konstruktionsfehler bezog.[519] Schließlich würde auch ein Schadensersatzanspruch mangels Rückrufs voraussetzen, daß der Benutzer dem Gefahrenverdacht eine gewisse Berechtigung gegeben hätte; der Unterschied zwischen dem Motiv „Ich will die Ware lieber – zumal kostenlos – untersuchen lassen" und der Vorstellung, „daß gerade mir etwas passiert, ist unwahrscheinlich, und man muß auch etwas riskieren können", ist gar nicht so groß. Bei all dem handelt es sich aber um eine vom Richter zu entscheidende **Tatfrage.** 241

Ergibt sich im Schadensersatzprozeß wegen unterbliebenen Rückrufs, daß der gewarnte Benutzer eine Selbstschädigung nicht bewußt in Kauf nahm, so fragt sich, ob ein Rückruf auch **zum Schutz vor fahrlässigem bestimmungswidrigen Gebrauch** hätte erfolgen müssen. Selbstverständlich kann dies schon wegen des erheblichen Aufwands, der mit einer Rückrufaktion verbunden ist, nicht sein.[520] Insofern muß die Abwägung auch differenzierter ausfallen als der Grundsatz,[521] daß eine sichere Konstruktionsweise nicht durch Warnungen vor Konstruktionsmängeln ersetzt werden kann.[522] Erst recht läßt sich das Prinzip, daß eine *Warnung* ggf. auch dem bestimmungswidrigen Gebrauch gelten muß,[523] auf die vorliegende Problematik nicht übertragen; eine Warnung kann nämlich fast immer 242

---

[515] Dieser Ansicht ist (wenn auch für den Rückruf*anspruch*) sogar J. Hager, der sie allerdings, was wenig verständlich ist, auf irreparable Produkte beschränkt, die für den Verbraucher „gänzlich" wertlos sein sollen (vgl. VersR 1984, 799, 805 zu FN 73). Fernliegend ist auch der Vergleich fortgesetzter Produktbenutzung mit dem Fall, daß ein auf dem Grundstück des Geschädigten gefällter Baum (unvermeidbar!) die Grundstücksnutzung beeinträchtigt (vgl. VersR 1984, 804).

[516] So z. B. Mayer, DB 1985, 319, 325; MünchKomm/Mertens, § 823 Rz. 88; Schlechtriem, JA 1984, 255, 258; Teichmann, in: Jauernig, Schlechtriem/Stürner/Teichmann/Vollkommer, Bürgerliches Gesetzbuch, 4. Aufl., § 823 Anm. VIII E 3d; wie hier (wegen Spezialität des Gewährleistungsrechts) auch Pauli, PHI 1985, 134, 147.

[517] So wohl auch Herrmann, BB 1985, 1801, 1805; Schlechtriem, JA 1984, 255, 258; Teichmann, in: Jauernig, Schlechtriem/Stürner/Teichmann/Vollkommer, Bürgerliches Gesetzbuch, 4. Aufl., § 823 Anm. VIII E 3d; Ulmer, ZHR 152 (1988), 564, 572 u. FN 28; wie hier (wegen Spezialität des Gewährleistungsrechts) auch Pauli, PHI 1985, 134, 147.

[518] entgegen Herrmann, BB 1985, 1801, 1805; zutreffend Schwenzer, JZ 1987, 1059, 1061 (zu § 254 BGB).

[519] Vgl. Herrmann, BB 1985, 1801, 1805 FN 72.

[520] Vgl. Schwenzer, JZ 1987, 1059, 1062; anders Herrmann, BB 1985, 1801, 1805.

[521] Vgl. Rz. 98ff.

[522] Anders J. Hager, VersR 1984, 799, 804 zu FN 66 (zum Rückruf*anspruch*).

[523] Vgl. Rz. 211ff.

mit geringem Aufwand erfolgen. Nach allem ist ein Rückruf zugunsten des Produktbenutzers neben einer Warnung **nur ausnahmsweise zumutbar,** etwa dann, wenn ein großes Schadenspotential (z. B. die Gefahr schwerer Gesundheitsschäden) gegeben ist und aus naheliegenden (verständlichen) Gründen damit zu rechnen ist, daß die Warnung nicht ernst genug genommen wird, und wenn der mit dem Rückruf verbundene Aufwand in Grenzen gehalten werden kann. Für letzteres kann (und muß!) der Hersteller ggf. dadurch sorgen, daß er seinen Rückruf unter den Vorbehalt einer bestimmten Mitwirkung oder Kostenbeteiligung desjenigen stellt, der auf den Rückruf eingeht. Zu denken ist z. B. an eine Aufteilung der Kosten für Fehlersuche bzw. Ausbau und Montage einerseits und das Ersatzteil (die Materialkosten) andererseits[524] (**bedingter Rückruf**).

243 Der Gesichtspunkt, daß Produktbenutzer sich im Falle einer Warnung selber schützen können, tritt freilich dann zurück, wenn diese Personen nicht zuverlässig zu ermitteln sind und deshalb nicht einmal gewarnt werden können. Von einem Rückruf würden sie in dieser Situation zwar ebensowenig Kenntnis erhalten. Ein Rückruf wäre allerdings so lange effizienter, wie die Waren an ihre späteren Benutzer noch nicht ausgeliefert sind, d. h. **während der Dauer ihres Vertriebs.** Eine **gesteigerte Rückrufpflicht** besteht also bezüglich solcher Waren, die noch im Vertriebssystem zirkulieren und dort auffindbar sind. Wiederum sind aber zwei Einschränkungen nötig: Es steht dem Hersteller frei, den laufenden Absatz auch auf andere Weise zu unterbrechen; so genügt theoretisch die bloße Informierung des Handels (!) über mutmaßliche Produktfehler, um die deliktsrechtlich bewehrten Händlerpflichten zum Vertriebsstopp auszulösen. Im übrigen kann sich auf die verschärfte Rückrufpflicht nur berufen, wer eine spätere Warnung des Herstellers nicht vernahm, das gefährliche Produkt bei rechtzeitigem Rückruf aus dem Vertrieb aber gar nicht mehr erhalten hätte.

244 Besteht nach den vorstehenden Grundsätzen keine Rückrufpflicht, so hat ein trotz Warnung geschädigter Produktbenutzer auch dann keinen Ersatzanspruch, wenn das Produkt zum Schutze *der Allgemeinheit (Rz. 235ff.)* hätte zurückgerufen werden müssen. Denn hier fehlt der **Rechtswidrigkeitszusammenhang:** Die Pflicht, ein Produkt zurückzurufen, damit nicht Dritte durch die Verantwortungslosigkeit seines Benutzers geschädigt werden, soll nicht diesen Benutzer schützen.

Beispiel: E befährt auf seinem Motorrad mit hohem Tempo die Autobahn, obwohl er durch Anschreiben des Herstellers gezielt darauf hingewiesen worden ist, daß die von demselben Hersteller stammende Lenkerverkleidung, welche zufällig auch an diesem Motorrad montiert wurde, die Fahrstabilität ab 120 km/h erheblich beeinträchtigen kann. E verläßt sich ganz auf seine Fahrkunst, gerät aber ins Schleudern und wird schwer verletzt, während der ihm im Pkw nachfolgende D der auf der Fahrbahn liegenden Maschine nur knapp ausweichen kann. – Hier hätte D im Falle seiner Schädigung u. U. einen Ersatzanspruch mangels Rückrufs nach § 823 I BGB gehabt. E kann sich auf *jene* Rückrufpflicht jedoch nicht berufen, da sie nur Dritte vor seiner eigenen Nachlässigkeit schützen sollte.

245 Entsprechendes gilt zu Lasten eines Produktbenutzers, der bei rechtzeitigem Rückruf aus dem Handel die Ware gar nicht erst erhalten hätte, selber aber noch eine Warnung des Herstellers vernommen hatte, bevor es zum Unfall kam (vgl. *Rz. 241*).

246 **bbb) Gefährdung des fehlerhaften Produkts.** Eine Verkehrspflicht zum Rückruf besteht **u. E. keinesfalls** zur Abwehr von Gefahren für das fehlerverdächtige Produkt selbst. Insoweit ist das kaufrechtliche Gewährleistungsrecht vorrangig *(§ 21 Rz. 56f.).* In dem Umfang des Sicherheitsmangels, der dem Produkt *bei Eigentumserwerb* durch den Endabnehmer anhaftete, fehlt es ohnehin an einer Eigentumsverletzung; denn unbeschädigtes Eigentum hatte der Erwerber eben wegen dieses Fehlers nie erhalten. Deliktische Verkehrspflichten, die auf dessen Beseitigung gerichtet sind, scheiden daher aus, und zwar auch nach Auffassung des **BGH,** der hier eine Rückrufpflicht wegen der „Stoffgleichheit" von Mangelunwert und vertraglichem Äquivalenzinteresse (dazu *§ 21 Rz. 14)* verneint.[525]

[524] Vgl. auch Mayer, DB 1985, 319, 325 (allerdings zum Rückruf*anspruch*).
[525] BGH VersR 1986, 1125, 1128 – Milchkühlanlage (an sich zum Rückruf*anspruch*).

Ob eine Rückrufpflicht zur Abwehr solcher Gefahren besteht, denen der ursprüngliche Sicherheitsmangel[526] die noch *mangelfreien Teile des Produkts* aussetzt, hat der BGH dagegen offengelassen.[527] Hiergegen spricht jedoch der Vorrang des Gewährleistungsrechts, wonach der Hersteller als Verkäufer nicht mehr für Mängel an der Kaufsache haften soll, wenn sein Abnehmer die kaufrechtlichen Nachbesserungsansprüche verjähren läßt; in diesem Fall sind auch deliktsrechtliche Ansprüche späterer Käufer, z. B. des Endverbrauchers, ausgeschlossen *(§ 21 Rz. 30f., 55)*.[528]

c) Durchführung des Rückrufs

247 Soweit eine Rückrufpflicht besteht, hat der Hersteller zunächst duch geeignete Erklärungen darauf hinzuwirken, daß die Eigentümer bzw. Besitzer fehlerverdächtiger Waren einer Überprüfung derselben und der Beseitigung etwaiger Sicherheitsmängel zustimmen. Dies setzt im allgemeinen die **verbindliche Erklärung** voraus, jene Maßnahmen **kostenlos** durchführen (lassen) zu wollen. Ausnahmsweise kann der Hersteller aber auch berechtigt sein, seine Leistungen unter den Vorbehalt einer Beteiligung des Interessenten zu stellen (bedingter Rückruf, *Rz. 242*).[529] In jedem Fall ist es Sache des Interessenten, eine vom Rückruf erfaßte Ware, die ohne größere Schwierigkeiten zu transportieren ist, auf seine Kosten zu dem Hersteller oder an einen von ihm benannten Ort (z. B. in eine Vertragswerkstatt) zu schaffen.[530] Sodann ist der Hersteller (auch deliktsrechtlich) zur **ordnungsgemäßen Durchführung** der von ihm zugesagten Leistungen verpflichtet. Er hat nämlich alles zu unterlassen, was das Vertrauen des Verkehrs in den Sinn des Rückrufs und damit dessen Befolgung durch andere Produktbenutzer schwächen könnte.

248 Erweist sich ein zurückgerufenes Produkt als **irreparabel** oder steht dies von vornherein fest, so muß der Hersteller ein **neues, mangelfreies Produkt** zur Verfügung stellen. Ist ihm dies wegen besonderer Umstände nicht zumutbar, kann die Rückrufpflicht in ihrer Gesamtheit in Frage gestellt sein *(Rz. 242)*. Im allgemeinen wird der Hersteller aber, statt ein fehlerfreies Produkt zu stellen, auch anbieten dürfen, gegen Einbehalt des Produkts den von dem Endabnehmer entrichteten **Kaufpreis zu ersetzen,** und zwar abzüglich eines Abschlags „neu für alt".[531] Damit genügt er seiner etwaigen Rückrufpflicht selbst dann, wenn der Einlieferer des fehlerhaften Produkts auf dessen Rückgabe in unverändertem Zustand besteht.

249 Dem kann sich der Hersteller zivilrechtlich – von Notstandssituationen abgesehen – übrigens nicht widersetzen. Er mag in einem solchen Fall allerdings kraft unbenannter Verkehrspflicht gehalten sein, durch Einschaltung von Ordnungsamt oder Polizei zu verhindern, daß das Produkt unter Gefährdung Dritter weiter benutzt wird.

250 Kommt ein Umtausch des fehlerhaften Produkts nicht in Frage, so ist der Hersteller zum Ersatz des Kaufpreises „neu für alt" sogar verpflichtet, und zwar ohne Rücksicht darauf, ob auf diese Weise (unvermeidlich) auch das[532] Äquivalenzinteresse des Produkterwerbers befriedigt wird.[533]

---

[526] D. h. die von Anfang an vorhandene Eigentumsverletzung.

[527] BGH (VI. Zivilsenat) VersR 1986, 1125, 1127f. – Milchkühlanlage (an sich zum Rückruf*anspruch*); **für Rückrufpflicht** dagegen OLG Karlsruhe VersR 1986, 1125, 1126 – Milchkühlanlage; J. Hager, VersR 1984, 799, 805f.; Mayer, DB 1985, 319, 322; Sonderfall (*Schaden* durch eingebautes Produkt): OLG Oldenburg NJW-RR 1988, 540 – Dachdämmplatten.

[528] Vgl. auch Diederichsen, NJW 1978, 1281, 1286 FN 89; Herrmann, BB 1985, 1801, 1806ff.; Löwe, DAR 1978, 288, 293; Pauli, PHI 1985, 134, 147; Schwenzer, JZ 1987, 1059, 1062.

[529] Vgl. Mayer, DB 1985, 319, 325 (zum Rückruf*anspruch*).

[530] Mayer, DB 1985, 319, 325 (zum Rückruf*anspruch*).

[531] Schwenzer, JZ 1987, 1059, 1064 (zum Rückruf*anspruch*).

[532] nur vom Kaufrecht geschützte

[533] Vgl. Schwenzer, JZ 1987, 1059, 1063f.

251 Der Hersteller genügt seiner Rückrufpflicht natürlich nicht schon dadurch, daß er sich dann, wenn Hinweise auf einen Produktfehler unübersehbar werden, erstmals fragt, auf welche Weise und mit welchen Mitteln er einen Rückruf durchführen könnte. Er hat vielmehr – wie auch im Rahmen der Warnpflicht – für eine **vorausschauende Organisation** zu sorgen, wenn nach der Palette seiner Erzeugnisse und deren Verwendung eine Rückrufpflicht wenigstens theoretisch in Betracht kommt. Es muß also dafür gesorgt sein, daß im Alarmfall der Rückruf unverzüglich über die zuständigen Stellen – z. B. Vertriebshändler, Medien – verbreitet werden kann *(Rz. 226ff.)*; ggf. sind Fähigkeit und Bereitschaft dieser Stellen, an der Rückrufaktion zuverlässig mitzuwirken, schon bei Vertriebsbeginn sicherzustellen (näher *Rz. 257ff., 275*). Sind Kraftfahrzeuge zurückzurufen, so ist von dem Hersteller zu erwarten, daß er das zentrale Kraftfahrzeugregister beim Kraftfahrtbundesamt nutzt; es enthält Millionen von Daten über die Fahrzeuge und deren Halter. Eine weitere Vorpflicht des Herstellers ist die zur **Produktbeobachtung.**

5. Produktbeobachtung

a) Allgemeines

252 Der Hersteller hat bei der Konstruktion, der Fabrikation und ggf. auch durch Gebrauchshinweise dafür zu sorgen, daß die Sicherheit seiner Waren **zur Zeit ihrer Inverkehrgabe** dem neuesten Stand von Wissenschaft und Technik entspricht (vgl. *Rz. 29*). Zu diesem Zweck hat er unter Einsatz aller verfügbaren Mittel – z. B. Fachzeitschriften, Laboruntersuchungen, Belastungstests – nach möglichen Fehlerquellen zu suchen (vgl. *Rz. 26*). Ein besonders wichtiges Mittel zur Fehlerentdeckung ist die *Beobachtung* von Konkurrenzprodukten und *der eigenen Produkte* nach ihrer Inverkehrgabe;[534] dabei kann es sich um ältere Stücke derselben Serie handeln, aber auch um ähnliche Produkte einer früheren Serie, selbst wenn die Gemeinsamkeiten mit der neuen Ware sich auf die verwendeten Materialien oder auf Besonderheiten von Konstruktion oder Fabrikation beschränken. Erweisen sich solche Produkte als fehlerhaft, indem sie gehäuft zu Unfällen oder doch zu Gefahrensituationen führen, so kann der Hersteller dadurch wertvollen Aufschluß über Risiken der noch nicht abgesetzten Waren erhalten. Entsprechendes gilt natürlich für die übrigen bereits umlaufenden Waren; vor deren Gefahren muß der Hersteller ebenfalls, d. h. **nachträglich,** durch Warnung oder sogar durch Rückruf schützen.

253 Um seinen Schutzpflichten entsprechen zu können, hat der Hersteller daher **systematisch zu prüfen,** wie sich seine **Produkte in der Praxis bewähren,** und **Anhaltspunkten für Gefahrenquellen** eigenverantwortlich nachzugehen.[535] Dieser Grundsatz ist nicht davon abhängig, ob ein Mangel, der erst in der Praxis erkennbar wird, von dem Hersteller zu früherer Zeit – während der Konstruktion, Fabrikation usw. – schuldhaft übersehen wurde; im Gegenteil: War er bislang mit zumutbarem Aufwand nicht zu erkennen, so führt ein Defizit an Produktbeobachtung erstmals zur Haftung. Hätte er dagegen schon früher beseitigt werden müssen, so kann eine unzulängliche Beobachtung – u. U. erstmalig – strafrechtliche Konsequenzen haben.

b) Gegenstand der Beobachtungspflicht

254 Die Beobachung hat sich auf **sämtliche Waren** zu erstrecken, die in Verkehr gebracht worden sind. Sie bezieht sich grundsätzlich nicht nur auf neuartige, sondern auch auf

---

[534] Vgl. Sack, BB 1985, 813, 815 mit umfangreichen Nachw. in FN 22.

[535] RGZ 163, 21, 26 – Bremsen I; RG DR 1940, 1293 – Bremsen II; BGH VersR 1971, 80, 82 – Bremsen III; NJW 1981, 1603, 1604 – Derosal I; NJW 1981, 1606, 1607 – Benomyl; NJW 1981, 2250, 2251 – Asbestzementplatten; OLG Frankfurt VersR 1987, 1196, 1197 – Derosal II; LG Freiburg, Urt. v. 17. 2. 1959, Schmidt-Salzer, Entscheidungssammlung I, III 3, S. 363ff. – Mopedgabel; Sack, BB 1985, 813ff.; Schmidt-Salzer, BB 1981, 1041ff.; v. Westphalen, WiR 1/1972, 67, 78f.; einschränkend OLG Karlsruhe VersR 1978, 550 – Cola-Flasche; zur US-Rechtsprechung Roddy, PHI 1988, 42ff.

eingeführte Produkte.[536] Gerade deren Mängel zeigen sich oft erst nach längerer oder langer Zeit (Spätfolgen): Z. B. traten die Folgeschäden des Kontrastmittels Thorotrast erst nach 12–15 Jahren zutage, die krebserzeugenden Eigenschaften des amerikanischen Medikaments Diethylstilbesterol (DES) sogar erst nach 20–30 Jahren. Auch überraschende Materialermüdungen stellen sich u. U. erst nach Jahren heraus; Gefahren aus dem Zusammentreffen des Produkts mit *neuen* Wirkstoffen sind gänzlich unberechenbar.

Es besteht ferner kein Anlaß, die Beobachtungspflicht auf Konstruktionsfehler zu beschränken.[537] Nicht minder gefährlich sind Fabrikationsfehler, zumal wenn sie einer größeren Zahl von Serienstücken anhaften, und Mängel der Instruktion. Die Produktüberwachung muß somit **sämtliche Fehlerquellen** ins Auge fassen.[538] Dazu gehören u. U. auch Gefahren, die sich daraus ergeben, daß der Verbraucher das Produkt des Herstellers im Zusammenhang mit anderen Produkten verwendet oder mit diesen sogar kombiniert[539] (näher *§ 25 Rz. 145ff.*). 255

c) Beginn der Beobachtungspflicht

Die Beobachtungspflicht beginnt **mit der Inverkehrgabe** des Produkts und nicht etwa erst, wenn Nachrichten über eine Häufung von Unfällen zu dem Hersteller dringen. Im letzteren Fall wird sich die Beobachtung naturgemäß intensivieren und Anlaß für Folgemaßnahmen sein müssen; die systematische Beobachtung der Produktbewährung bedarf jedoch keines Anlasses (Prinzip der *aktiven Beobachtung*).[540] Anderenfalls würde oft wertvolle Zeit verstreichen; denn bei organisierter Sammlung der sonst vielfach als zufällig erscheinenden Schadensmeldungen kann der Hersteller dank seiner einzigartigen Produktkenntnis Fehlerindizien am schnellsten wahrnehmen. 256

d) Art und Umfang

aa) System und Verfahren. Ziel der Beobachtung muß es sein, über Gefährdungen und Schäden, die durch das Produkt möglicherweise verursacht worden sind, möglichst vollständig und rasch informiert zu werden. Dafür hat der Hersteller Vorkehrungen zu treffen (Grundsatz der aktiven Beobachtung), und zwar hinsichtlich der **Informationserfassung** wie der -auswertung. Einerseits muß also sichergestellt sein, daß Unfallnachrichten, Kundenbeschwerden u. a. m. gesammelt und zu dem Hersteller weitergeleitet werden. Zu diesem Zweck muß der Hersteller Zeitungs- und Testberichte, Fachzeitschriften und die Erkenntnisse der Unfallforschung verfolgen, seine Mitarbeiter ggf. auch zu Fachkongressen senden und nach Möglichkeit auf Polizei- oder Versicherungsstatistiken zugreifen. Vor allem aber kann der Aufbau eines schnell und zuverlässig arbeitenden Meldesystems geboten sein, sei es über die eigenen Absatz- und Vertriebsketten,[541] ein Händlernetz oder mit Hilfe einer besonderen Außenorganisation;[542] ein solches System wird ohne ständig aktualisierte Kundenkarteien im allgemeinen nicht funktionsfähig sein. 257

Im Rahmen der **Informationsauswertung** hat der Hersteller die ihm übermittelten Berichte statistisch und technisch nutzbar zu machen. Er muß nach Maßgabe der betrieblichen Organisationspflicht (*Rz. 271ff.*) die Voraussetzungen dafür schaffen, daß einlaufende Schadensmeldungen o. ä. zügig an die zuständigen Abteilungen weitergeleitet und dort 258

---

[536] Vgl. Kullmann/Pfister, Kza. 1520 S. 51; anders OLG Karlsruhe VersR 1978, 550 – Cola-Flasche; Schmidt-Salzer, Produkthaftung, Rz. 101, 106.

[537] So aber Schmidt-Salzer, Produkthaftung, Rz. 100, 105; BB 1972, 1430, 1435; offenbar auch OLG Karlsruhe VersR 1978, 550 – Cola-Flasche.

[538] Vgl. Kullmann/Pfister, Kza. 1520 S. 50; Sack, BB 1985, 813ff.; s. auch oben Fn. 534, 535.

[539] BGH NJW 1987, 1009, 1010ff. – Lenkerverkleidung.

[540] v. Westphalen, WiR 1/1972, 67, 79; anders wohl OLG Karlsruhe VersR 1978, 550 – Cola-Flasche.

[541] Vgl. BGH VersR 1971, 80, 82 – Bremsen III; v. Westphalen, WiR 1/1972, 67, 79.

[542] Kullmann/Pfister, Kza. 1520 S. 52.

gewissenhaft registriert sowie auf ihre Bedeutung überprüft werden.[543] Es ist zumindest ratsam, bei Umsetzung dieser Grundsätze zu bedenken, daß weder die Auswertung noch eine etwa erforderliche Benachrichtigung der Verantwortlichen durch **Voreingenommenheit** behindert werden darf.

259 **bb) Umfang.** Welche Maßnahmen im einzelnen zu treffen sind, richtet sich wieder nach allgemeinen Grundsätzen, d. h. nach dem abstrakten Gefahrenpotential (Wahrscheinlichkeit und Folgen) der Produktverbreitung, den Absatzwegen des Herstellers und nach der ökonomischen Verhältnismäßigkeit. Gefahren für Leben und Gesundheit – z. B. durch Pharmazeutika, medizinisch-technische Geräte, Kindernahrung, Kraftfahrzeuge – erfordern den größten zumutbaren Aufwand. Sind lediglich Sachschäden zu erwarten, so reichen weniger einschneidende Maßnahmen aus (z. B. bei Fotoartikeln, batteriebetriebenen nichtmechanischen Geräten, Textilien). Die Zumutbarkeit eines Meldesystems wird in recht direkter Weise von der Art des Absatzes abhängen. Hat der Hersteller autorisierte Absatz- und Vertriebsorganisationen eingesetzt, so muß er sich ihrer auch zur Beobachtung seiner Waren bedienen; denn Vertragshändler werden vom Verbraucher dem Hersteller zugeordnet und schon deshalb am ehesten Adressaten einer Mängelrüge sein können; wegen der engen vertraglichen Bindung und der Interessenidentität kann der Hersteller auf Vertragshändler auch besser einwirken.[544] Inwieweit ein selbständiges Händlernetz als effizientes Meldesystem einzusetzen ist, richtet sich nach den Gegebenheiten, vor allem nach den Einwirkungsmöglichkeiten (Marktmacht) des Herstellers. Ein Unternehmen mit geringerer Durchsetzungsfähigkeit hat jedenfalls die Kundenbeschwerden zu sammeln und auszuwerten oder durch kompetente Stellen auswerten zu lassen. Dabei muß ein weltweit tätiges Unternehmen auch Erkenntnissen nachgehen, die über sein Produkt in anderen Erdteilen gewonnen werden.[545]

e) Ende der Beobachtungspflicht

260 Über die **Dauer** der Beobachtungspflicht lassen sich **keine allgemeinen Aussagen** machen. Die Pflicht endet insbesondere nicht mit der maximalen Lebensdauer der Produkte. Bei zeitlich gestaffelter Abgabe der Serienstücke an die Verbraucher folgt das schon aus der Notwendigkeit, die Benutzer der später in Verkehr gelangten Waren vor den Gefahren zu warnen, die an älteren Produkten beobachtet worden sind. Bei gleichzeitiger Distribution einer ganzen Serie kann es erforderlich werden, auch noch nach Ablauf der Lebensdauer vor ungewöhnlichen Gefahren zu warnen, die erst zu dieser Zeit, also bei bestimmungswidrigem Gebrauch (*Rz. 210*) entstehen.

261 Eine **Abschwächung** der Beobachtungspflicht ist allenfalls bei solchen Waren denkbar, deren abstraktes Gefahrenpotential nach bestimmter Zeit mit großer Sicherheit auf Null zurückgeht. Beispiele dafür sind schwer zu finden, ganz gewiß aber nicht unter Arzneimitteln zu suchen, deren Auswirkungen auf den menschlichen Organismus sich erfahrungsgemäß sogar oft erst nach einigen Jahren erweisen.[546]

6. Betriebliche Organisation

a) Allgemeines

262 Kommt es im Industriebetrieb zu einer Verkehrspflichtverletzung, so haftet dafür nicht ohne weiteres der Inhaber des Betriebs, sei er nun Einzelkaufmann oder eine juristische

---

[543] Vgl. Schmidt-Salzer, BB 1981, 1041 ff.

[544] v. Westphalen, WiR 1/1972, 67, 80 f.

[545] BGH NJW 1981, 1606, 1608 – Benomyl.

[546] Unrichtig daher LG Frankfurt NJW 1977, 1108 – Arzneimittel (Konzentration der Pflicht auf 1–2 Jahre). Gegen Beobachtungspflicht bei „langjährig in der Praxis bewährten Produkten" Pauli, PHI 1985, 134, 139; vorzuziehen ist eine *graduelle* Abschwächung der Pflicht.

Person (GmbH, AG); auch die Organe einer juristischen Person, z. B. der Geschäftsführer der GmbH oder der Vorstand der AG, sind nicht in jedem Fall verantwortlich. Denn die Sorgfaltspflichten, welche hinsichtlich der Produktsicherheit gegenüber dem Verbraucher bestehen, richten sich nicht zuletzt auch nach der Funktion, die innerhalb des Herstellungsverfahrens wahrgenommen wird (vgl. *Rz. 32*). Überdies steht es dem Verkehrspflichtigen in gewissem Umfang frei, seine Pflichten von anderen Personen desselben Betriebs (§ 831 BGB) oder eines anderen Unternehmens erfüllen zu lassen, wenn er diese auf ihre Eignung und Zuverlässigkeit hin überprüft; auf diese Weise kann er seine Verantwortung für Fehler im Produktionsverfahren jedenfalls theoretisch stark einschränken. Das gilt jedoch nicht für Mängel, die bei der betrieblichen Organisation unterlaufen: Den Hersteller bzw. die Organe einer mit Warenherstellung befaßten juristischen Person trifft die **Pflicht, persönlich für die Grundlagen einer Organisation zu sorgen, die das Risiko von Produktfehlern minimiert** (§ 823 I BGB).[547]

b) Abgrenzung

aa) „Körperschaftliche Organisationspflicht“. Im Hinblick auf die Organisationspflicht wird teilweise auch verlangt, daß eine juristische Person für Bereiche ihres Betriebs oder ihrer Verwaltung, die ihr Organ nicht vollständig überschauen kann, einen *verfassungsmäßig berufenen* Vertreter bestellt;[548] für die Schuld eines solchen Vertreters würde die juristische Person ohne Entlastungsmöglichkeit haften (§ 31 BGB). Der Ruf nach einer Verkehrspflicht des Herstellers zur Bestellung dieser Personen bezweckt daher, Pflichtverletzungen einzelner Abteilungsleiter dem Betriebsinhaber möglichst weitgehend zuzurechnen, um dem Geschädigten einen finanzkräftigen Schuldner zu sichern.[549] 263

Das Deliktsrecht vermag diese Zurechnung aber **nicht zu begründen.**[550] Aufgrund der Verkehrspflicht ist der Hersteller nur gehalten, sichere Waren herzustellen, nicht aber, durch organisatorische Maßnahmen seine eigene Haftung zu verschärfen. Es mag zwar Fälle geben, in denen die Produktsicherheit es erfordert, sicherheitsempfindliche Phasen der Herstellung in einer betrieblichen Einheit zu verselbständigen *und* diese einem satzungsgemäß berufenen Leiter zu unterstellen. Dabei handelt es sich aber zunächst um eine Frage der Effizienz; sie ist der Beurteilung des Tatrichters vorbehalten und erlaubt keine pauschale Antwort im Sinne einer „körperschaftlichen Organisationspflicht“. Die Erstreckung der Zurechnungsnorm des § 31 BGB auf Nicht-Organe kann allerdings in analoger Anwendung dieser Vorschrift erfolgen *(§ 25 Rz. 181ff.)*. 264

bb) Auswahl und Überwachung von Verrichtungsgehilfen. Auch die ordnungsgemäße Auswahl bzw. Überwachung bestimmter Verrichtungsgehilfen gehört wohl nicht zur betrieblichen Organisationspflicht.[551] Während diese nämlich aus § 823 I BGB folgt, ist die Haftung für Pflichtwidrigkeiten, die bezüglich eines Verrichtungsgehilfen unterlaufen, speziell in § 831 BGB erfaßt. Das muß, unabhängig davon, welche Anforderungen an den Entlastungsbeweis in Großunternehmen gestellt werden, für alle Verrichtungsgehilfen 265

---

[547] RGZ 87, 1, 4 – Brunnensalz; RG Recht 1920, Nr. 2845 – Obstpflückleiter; JW 1938, 1651, 1652; BGH NJW 1968, 247, 248f. – Schubstrebe; VersR 1972, 953, 954 – Propangas; NJW 1973, 1602, 1603 – Feuerwerkskörper; Steindorff, AcP 170 (1970), 93ff., insbes. S. 113ff.; v. Westphalen, WiR 1/1972, 67ff.

[548] RG JW 1932, 2076 und 3702; BGHZ 24, 200, 213; BGH NJW 1963, 902f.; VersR 1965, 1055, 1056.

[549] So ausdrücklich RG RGZ 89, 136, 138 (allg. Verkehrssicherungspflicht); vgl. auch Soergel/Zeuner, § 823 Rz. 184.

[550] Ebenso Landwehr, AcP 164 (1964), 482, 514ff.; Martinek, Repräsentantenhaftung (1979), S. 182; Mertens, VersR 1980, 397, 405 FN 23; MünchKomm/Reuter, § 31 Rz. 4; Hassold, JuS 1982, 583, 586.

[551] v. Westphalen, WiR 1/1972, 67, 81ff.; Soergel/Zeuner, § 823 Rz. 185, § 831 Rz. 11f.; anders wohl v. Bar, JuS 1988, 169, 172.

gelten. Allerdings bezieht sich die Verschuldensvermutung in § 831 I BGB nur auf die Pflicht, Mitarbeiter einzustellen, die für die jeweilige Verrichtung geeignet sind und geeignet bleiben, also den Anforderungen des konkreten Arbeitsplatzes entsprechen. Ob *dieser Arbeitsplatz* den Anforderungen entspricht, die im Interesse der Produktsicherheit zu stellen sind, ist dagegen eine Frage der betrieblichen Planung, die in § 831 BGB nicht geregelt wird. Das gleiche gilt für Überwachungsmaßnahmen, die sich nicht auf bestimmte Mitarbeiter, sondern auf einen *Arbeitsprozeß* beziehen, namentlich für allgemeine Dienstanweisungen und Richtlinien; sind diese unzulänglich, so kann das also eine Haftung nach § 823 I BGB begründen.[552] Zur Übertragbarkeit der Organisationspflicht s. *Rz. 285f.*

266 **cc) Sonstige Herstellerpflichten.** Die Pflicht zu ordnungsgemäßer Organisation des Betriebs ist nur schwer von den Einzelpflichten abzugrenzen, die bei der Konstruktion, Fabrikation, Produktbeobachtung und bezüglich Instruktion oder Rückruf bestehen. Denn die Erfüllung jeder dieser Pflichten setzt naturgemäß voraus, daß die dafür erforderlichen organisatorischen Grundlagen geschaffen wurden. Im Umkehrschluß läßt sich sogar sagen, daß jeder Verstoß gegen eine beliebige Einzelpflicht sich durch ein Mehr an Organisation hätte vermeiden lassen. In diesem Sinne ist schon vor 20 Jahren erkannt worden: „Die Produzentenhaftung ist und bleibt eine Frage des organisatorischen Versagens und damit der Anwendung des § 823 I BGB".[553]

267 **dd) Risiko-Management.** Auch die Grenze zwischen Organisationspflicht und Risiko-Management ist fließend. Nach der Bedeutung, die das risk-management in der US-amerikanischen Versicherungswirtschaft und Industrie erhielt, dient es einerseits der finanziellen Vorsorge für unvorhersehbare und leistungsbedrohende Verluste (loss management), vor allem aber der Minimierung der Risikogesamtkosten: Risiken mit hohem Schadenspotential sollen möglichst von vornherein vermieden, zumindest aber in ihren Folgen (Fehler-Kaskaden) beherrscht werden (risk analysis, preventive risk management). Zu diesem Zweck werden u. a. die Mitarbeiter – über das mittlere Management – für Produktrisiken sensibilisiert, geschult und informiert; Fehlerquellen werden systematisch verfolgt und nach ihrer Bedeutung erfaßt, indem z. B. Fehlerkosten betriebsintern dem Verursacher zugeordnet werden; das betriebliche Berichtswesen für Produktgefahren wird optimiert und auf Verantwortungskreise ausgerichtet, die einerseits zentral sind (koordinieren), aber auch dezentralisiert werden müssen (ausführen).[554]

268 Welche organisatorischen Maßnahmen im einzelnen geeignet sind, die Produktfehlerquote in einem Industriebetrieb zu senken, hängt natürlich von dessen Struktur und den Spezifika der Produkte ab. Darüber hinaus gibt es **kein Einheitskonzept** für die Fehlerminimierung. Es muß daher grundsätzlich dem Hersteller überlassen bleiben, kraft der überlegenen Kenntnis auch der Schwächen seines Betriebs die effektivsten Maßnahmen zu treffen. Es ist dem Hersteller auch nicht zu verdenken, wenn er dabei auf ein angemessenes Aufwand-Nutzen-Verhältnis achtet; denn Kosten allein sind noch kein Zeichen für Qualität. Andererseits hat der Hersteller, wenn ihm im Produkthaftprozeß ein Organisationsfehler vorgeworfen wird, nachzuweisen, daß er mit dem ihm zumutbaren Aufwand für eine effektive Organisation seines Betriebs gesorgt hat *(Rz. 57)*. Maßstab dieser Beurteilung werden auch die als Schadensverhütungsmanagement *anerkannten* Grundsätze der Gefahrsteuerung sein. Die Industrie muß also damit rechnen, an den Konzepten, die in ihrem Interesse zur Kostenminimierung entwickelt worden sind, auch im Außenverhältnis zum Geschädigten gemessen zu werden.

---

[552] Soergel/Zeuner, § 823 Rz. 185; MünchKomm/Mertens, § 831 Rz. 18, 22.

[553] Simitis, Verhandlungen des 47. DJT, C 53.

[554] Vgl. näher Brendl, Produkt- und Produzentenhaftung, Gruppe 4 (Führungsbezogene Aufgaben); Schmidt-Salzer, BB 1972, 1430, 1431f.; Frese/Werder/Klinkenberg, DB 1988, 2369ff.; Abbott, PHI 1982, 84ff.

c) Begrenzung

Die Möglichkeit, jeder Einzelpflicht, die bei der Warenherstellung zu beachten ist, eine „kleine" Organisationspflicht zuzuordnen, bietet die Chance, den Hersteller auch dort zur Verantwortung zu ziehen, wo er sich für einen Verrichtungsgehilfen – ausnahmsweise – entlasten kann. Damit einhergehen kann die Versuchung, eine gelungene Entlastung im Interesse des Produktgeschädigten durch **Überspannung der Organisationspflichten** zu überspielen. Nach verbreiteter Ansicht[555] hat die Rechtsprechung dem nicht immer widerstanden. Von anderer Seite wird die Ausschaltung des § 831 BGB befürwortet und die Organisationspflicht geradezu als Schlüssel zum konsequenten Verbraucherschutz betrachtet.[556] Diese Auffassung ist weder mit dem in § 823 I BGB festgeschriebenen Verschuldensprinzip noch mit § 831 I 2 BGB vereinbar,[557] der überflüssig wäre, wenn jedem Fehler eines Verrichtungsgehilfen durch organisatorische Maßnahmen vorgebeugt werden müßte (vgl. auch *Rz. 125ff.*). Versuche, die Produzentenhaftung durch Pflichtenüberspannung zu erweitern, werden mit der Umsetzung der EG-Richtlinie vom 25. 7. 1985 in das deutsche Recht überdies ihre vermeintliche Legitimität verlieren. 269

Demnach ist auch für die persönlichen Organisationspflichten von Betriebsinhaber und Organen daran festzuhalten, daß **nur zumutbare Maßnahmen** verlangt werden können.[558] 270

d) Inhalt

Kraft seiner Organisationspflicht muß der Hersteller die **„allgemeine Oberaufsicht"** über seinen Betrieb ausüben.[559] Sie erstreckt sich einerseits auf das Personal, nämlich auf Zahl und Zuschnitt der Arbeitsplätze und die grundlegenden Anweisungen, andererseits auf den technisch-gegenständlichen Bereich. 271

aa) Dimensionierung der Arbeitsplätze. Die Pflicht des Herstellers, die in seinem Betrieb vorgesehenen Arbeitsplätze mit geeigneten Kräften zu besetzen und diese auch ordnungsgemäß zu beaufsichtigen, ist in § 831 I BGB geregelt und gehört nicht zur eigentlichen Organisationspflicht *(Rz. 265)*. Dagegen folgt die Verkehrspflicht, **hinreichend viele und spezialisierte Arbeitsplätze** bereitzustellen, unmittelbar aus § 823 I BGB; das gilt auch für die Pflicht, das dort eingesetzte – gut ausgewählte und überwachte – **Personal nicht zu überfordern.** Je verantwortungsvoller und je belastender eine Tätigkeit ist, um so mehr ist dafür zu sorgen, daß die Arbeitskraft Erholungspausen einlegen kann, rechtzeitig abgelöst wird und bei Ausfall von Arbeitskollegen usw. deren Tätigkeit nicht noch zusätzlich übernehmen muß. Durch entsprechende Zeit- und Vertretungspläne muß also sichergestellt sein, daß bei der gebotenen regulären Ablösung und erst recht für Urlaubszeiten und Notfälle (Unfall, Krankheit) **Ersatzkräfte** bereitstehen.[560] Diese müssen selbstverständlich ebenso qualifiziert sein; sind sie es nicht, so hat der Hersteller bei der Auswahl *dieser* Verrichtungsgehilfen die erforderliche Sorgfalt fehlen 272

---

[555] Canaris, JZ 1968, 494, 498; Esser, JZ 1953, 129; Hassold, JuS 1982, 583, 585; E. Schmidt, AcP 170 (1970), 503, 528 und FN 102; v. Westphalen, WiR 1/1972, 67, 76 („Fiktionen"); s. auch Simitis, Verhandlungen des 47. DJT, C 84.

[556] Simitis, Grundfragen, S. 71ff., 73; Giesen, NJW 1969, 582, 586.

[557] Vgl. Canaris, JZ 1968, 494, 498; Simitis, Verhandlungen des 47. DJT, C 84 („Denaturierung des Verschuldensprinzips"); v. Westphalen, WiR 1/1972, 67, 76, 84.

[558] Vgl. auch BGH NJW-RR 1987, 147 – Gasversorgungssystem (gegen Überspannung der Organisationspflicht entgegen „wirtschaftlichen und technischen Gegebenheiten"); v. Westphalen, WiR 1/1972, 67, 82f.

[559] RGZ 87, 1, 4 – Brunnensalz; BGH NJW 1968, 247, 248 – Schubstrebe; VersR 1978, 338, 340; VersR 1978, 722, 723 – Kfz-Reparatur.

[560] BGH NJW 1968, 247, 248f. – Schubstrebe.

lassen und ist *insoweit* nach § 831 I 1 BGB verantwortlich. Eine Vertretungsregelung ist gerade auch für höhere Angestellte und Führungspersonal unverzichtbar.

273 Einen Mangel an Arbeitskräften rügte das RG im **Obstpflückleiter-Fall.**[561] Hier war eine 5 m lange, freistehende Leiter im Herstellerbetrieb von dem Arbeiter Z. unter Verwendung nicht passender Teile zusammengesetzt worden. Obwohl Z. seit 14 Jahren Hunderte unbeanstandeter Leitern zusammengesetzt hatte, hielt das RG dem Betriebsinhaber, einem Gärtner, vor, er habe sich mit der anschließenden Überprüfung durch Z. nicht begnügen dürfen und hätte eine dritte sachverständige Kontrollperson bestellen müssen.

274 Zu einer Personalüberlastung im sicherheitsrelevanten Bereich kam es im **Mineralwasserflaschen-Fall.**[562] Ein 6-jähriges Mädchen war mit einer solchen Flasche, die sich in der Mittagshitze erwärmt hatte, gegen die Stufe einer Steintreppe gestoßen; die Flasche zersprang explosionsartig in unzählige kleinste Splitter, wodurch das Mädchen ein Auge verlor. Zu solchen Explosionen konnte es nur kommen, wenn eine Flasche zu knapp gefüllt war und daher einen zu großen Gasraum aufwies. Bei der Abfüllung des Mineralwassers wurde die Füllhöhe in zwei Phasen kontrolliert: An der Abfüllmaschine stand eine Arbeiterin, die überfüllte Flaschen durch Einführung eines Stabes auf den normalen Füllstand zu bringen hatte (sog. Stäbchenprobe); an dem folgenden Prüfstand kontrollierte eine weitere Arbeiterin die Flaschen vor einem Lichtschirm auf Füllhöhe und Sauberkeit – allerdings ca. 2500 Flaschen stündlich. Bei dieser Arbeitsbelastung waren Ermüdungen und Unaufmerksamkeiten geradezu wahrscheinlich. Der Hersteller hätte daher die rechtzeitige Abwechslung am Lichtschirm nicht den Arbeiterinnen überlassen dürfen, sondern durch einen Zeitplan sicherstellen müssen.

275 Soweit der Verbraucherschutz das erfordert, hat der Hersteller dafür zu sorgen, daß auch **außerhalb des Betriebs** die personellen Voraussetzungen für eine wirksame Gefahrsteuerung geschaffen werden. So ist die Beobachtung[563] der in Verkehr gegebenen Produkte auf etwaige Risiken ohne Mitwirkung der Händler kaum effektiv; auch zur Durchführung einer Warn- oder Rückrufaktion wird der Hersteller sich in der Regel fremder Hilfe bedienen. Die dafür benötigten Kräfte sind daher beizeiten besonders zu verpflichten, wenn nicht gleichwertige Einwirkungsmöglichkeiten (z. B. auf Vertragshändler) bestehen.[564]

276 **bb) Information und Anweisung der Mitarbeiter.** Von eminenter Bedeutung ist es, daß die Mitarbeiter in jedem Aufgabenbereich, der die Produktsicherheit berührt, zur Gefahrsteuerung angehalten werden. Die bloße Mahnung, die übertragenen Aufgaben gewissenhaft und umsichtig zu erfüllen, genügt dafür nicht. Andererseits kommt es im Rahmen der Organisationspflicht auch nicht auf die Beaufsichtigung der Mitarbeiter an; denn sie ist in § 831 BGB erfaßt. Kraft seiner *allgemeinen* Oberaufsicht hat der Hersteller vielmehr die Voraussetzungen zu schaffen, welche – gut ausgewählte und beaufsichtigte – Mitarbeiter in die Lage versetzen, Produktfehler weitestgehend zu vermeiden. Das Personal muß daher auf denkbare Gefahrenquellen aufmerksam gemacht und zugleich angehalten werden, solche eigenverantwortlich zu ermitteln.[565] Es muß darauf hingewiesen werden, welche Konsequenzen ein Fehlverhalten in einem bestimmten Aufgabenbereich für die Produktsicherheit haben kann und wie solche Verhaltensfehler zu vermeiden sind. So müssen die für die Eingangskontrolle Verantwortlichen darüber belehrt werden, nach welchen Kriterien die Zulieferer auszuwählen sind, welche Anforderungen deren Waren

---

[561] RG Recht 1920, Nr. 2845 – Obstpflückleiter; dazu auch Rz. 284.

[562] LG Hanau VersR 1955, 785 – Mineralwasserflasche (dort aber als Anwendungsfall des § 831 BGB behandelt).

[563] Dazu Rz. 257f.

[564] Vgl. BGH VersR 1971, 80, 82 – Bremsen III; Schmidt-Salzer, BB 1981, 1041ff.; v. Westphalen, WiR 1/1972, 67, 78ff.

[565] Vgl. BGH VersR 1972, 953f. – Propangas (zu Qualitätsprüfung); VersR 1978, 722, 723 – Kfz-Reparatur (zu Montageanweisungen); NJW 1982, 699 – Infusionslösung (Bakterienbildung bei verfrühter Zubereitung durch Krankenschwester wegen Schichtbetrieb).

erfüllen müssen und wie diese zu überprüfen sind.[566] Auch **Ausnahmesituationen** müssen bedacht und geregelt sein: Fällt ein Teil der Mitarbeiter (durch Krankheit usw.) oder ein Teil des Produktionsapparats aus, ohne daß die Herstellung sogleich eingeschränkt werden kann oder soll, müssen zumindest Richtlinien für sofortige Maßnahmen, Sicherheitsvorkehrungen, Zusatzkontrollen u. a. m. bestehen. Ein Notfallplan ist auch für den Fall erforderlich, daß ein Produktfehler eine Warnung der Verbraucher oder den Rückruf des Produkts erforderlich macht.[567] Für ungewöhnliche Ereignisse und Auffälligkeiten im Herstellungsverfahren wird zudem die Benachrichtigung übergeordneter Stellen, z. B. der technischen Leitung, anzuordnen sein. Das **betriebliche Vorschlagswesen** sollte allgemein in die Verhaltensregel münden, Vorschläge zur Verbesserung der Gefahrsteuerung der zuständigen Abteilung zuzuleiten. Sind komplexere Arbeitsprozesse zu bewältigen, empfiehlt sich vielfach die Anordnung, einzelne Arbeitsschritte in Formularen, Checklisten oder Arbeitsberichten festzuhalten. Hierbei handelt es sich einerseits um eine Überwachungsmaßnahme i. S. des § 831 I 2 BGB, für die Arbeitnehmer jedoch um ein **Mittel zur Selbstkontrolle;** es muß bei ordnungsgemäßer Organisation zur Verfügung stehen.

Schadensverhütungshinweise müssen **klar,**[568] **detailliert**[569] und um so eindringlicher 277
sein, je größer die Gefahren sind, die bei Nichtbeachtung drohen.[570] Namentlich dem mit der Qualitätskontrolle befaßten Personal ist die Bedeutung seiner Tätigkeit einzuschärfen, zumal dann, wenn eine weitere Überprüfung nicht stattfindet. Läßt sich voraussehen, daß es zu Verhaltensweisen oder – in Ausnahmesituationen – zu Reaktionen kommen wird, die *keine* wirksame Gefahrsteuerung ermöglichen, so ist vorsorglich auch darauf hinzuweisen.[571]

Ein Anweisungsfehler lag z. B. im **Propangas-Fall**[572] vor. Hier war eine Explosion verursacht 278
worden, weil durch das schadhafte Ventil einer Gasflasche Gas ausströmen konnte. Dies wurde darauf zurückgeführt, daß der das Ventil abdichtende Hartgummikörper beschädigt war und durch den Druck schließlich herausgeschleudert wurde. Der Hersteller der Gasflasche hatte sich nach ihrer Füllung darauf beschränkt, die Dichtigkeit des Flaschenverschlusses durch Bepinseln mit Nekal zu überprüfen. Technisch möglich und auch zumutbar wäre aber eine zusätzliche Beschaffenheitsprüfung des Gummikörpers gewesen. Diesbezügliche Richtlinien hatte der Hersteller jedoch nicht erlassen.

Das gesamte **Sicherheitswissen muß** den jeweiligen Mitarbeitern **vermittelt werden.** 279
Das kann bei einfacheren Tätigkeiten und kleineren Gefahren im Rahmen der Einweisung in den Arbeitsplatz geschehen. Häufig werden aber auch **Schulungen** oder die Entsendung zu Fortbildungskursen erforderlich sein; jeder Beschäftigte muß auch die Möglichkeit haben, die für seinen Arbeitsbereich einschlägigen Qualitätsregeln – den Qualitätsplan – in einem **Handbuch** o. ä. nachzulesen.[573] Namentlich solche Mitarbeiter, die – im Bereich der Konstruktion, Fabrikation oder Qualitätssicherung – mit technisch-wissenschaftlichen Fragen befaßt sind, müssen fortlaufend Gelegenheit erhalten, sich über neue Erkenntnisse auf ihrem Fachgebiet zu informieren (vgl. *Rz. 26*). Zu diesem Zweck kann der Aufbau eigener Dokumentations- und Forschungsabteilungen geboten sein; zumindest sollte eine **Betriebsfachdokumentation**[574] angelegt werden, die nicht nur den Stand der Technik mitteilt, sondern auch die betriebsinternen Erkenntnisse aufnimmt und so

---

[566] Näher dazu § 25 Rz. 46ff.

[567] Scherpf, VersW 1973, 24, 31; s. auch J. Diercks, Organisation des Produktrückrufs (1978).

[568] BGH VersR 1971, 741, 742 (allg. Verkehrspflicht).

[569] BGH NJW 1968, 247, 249 – Schubstrebe; VersR 1967, 877, 878 (allg. Verkehrspflicht, zu § 831 BGB).

[570] BGH VersR 1971, 741, 742 (allg. Verkehrspflicht).

[571] BGHZ 24, 200, 213; BGH VersR 1971, 741, 742 (allg. Verkehrspflicht).

[572] BGH VersR 1972, 953 – Propangas (positive Vertragsverletzung).

[573] Steindorff, AcP 170 (1970), 93, 114f.

[574] Näher Schmidt-Salzer/Hollmann, Bd. 1, Einl. Rz. 238ff.

zugleich Grundlage für einen späteren Entlastungsbeweis werden kann. Allgemein ist für einen raschen und zuverlässigen **Informationsaustausch** im Betrieb zu sorgen: Gerade in größeren Unternehmen muß gewährleistet sein, daß Erkenntnisse über mögliche Gefahrenquellen nicht versickern, sondern weitergeleitet, geprüft und ggf. verbreitet werden. Dieser Informationsfluß darf auch durch Prestigedenken einzelner Mitarbeiter oder Abteilungen nicht behindert werden. Mit besonderer Sorgfalt sind die Instruktionen zu behandeln, die zugelieferten Produkten beigefügt werden;[575] sie müssen zur Kenntnis zumindest derjenigen Personen gelangen, welche die zu bestellenden und eingetroffenen Materialien auf ihre Eignung und Qualität hin prüfen.[576]

280 **cc) Ausstattung mit Arbeitsmitteln und Technik.** Sowohl bei Konstruktion und Fabrikation als auch im Interesse frühestmöglicher Warnung vor etwaigen Gefahren hat der Hersteller den neuesten Stand von Wissenschaft und Technik zu berücksichtigen. Er ist daher im Rahmen des Zumutbaren verpflichtet, diesem Stand entsprechende Produktionsmittel, Meß- und Kontrollgeräte anzuschaffen oder zu konstruieren. Nach Möglichkeit sind daher z. B. Impfstoffe nicht mit der Hand, sondern maschinell abzufüllen,[577] Messungen von extremer Genauigkeit nicht mechanisch, sondern elektronisch vorzunehmen; Qualitätsprüfungen, die visuell erfolgen und deshalb eine unvertretbar hohe Fehlerquote aufweisen, müssen – z. B. durch Sensoren oder Bildverarbeitungssysteme – mechanisiert werden.[578] Ist die Verunreinigung eines Produkts gefahrträchtig, so kann neben entsprechenden Hinweisen an die Mitarbeiter eine Schutzvorrichtung erforderlich sein; z. B. sind bei der Herstellung pharmazeutischer Produkte höchste Anforderungen an die Keimfreiheit zu stellen, bei Lebensmitteln an die Hygiene (zu Naturprodukten s. *§ 25 Rz. 19ff.*).

281 **dd) Festlegung und Abgrenzung der Qualitätsverantwortung.** Eine umfassende Qualitätssicherung setzt voraus, daß sämtliche Gefahrenquellen, die einen Produktfehler auslösen können, erfaßt und bekämpft werden. **Bei der Gefahrsteuerung** darf es **keine Lükken** geben. Deshalb muß jeder Arbeitsschritt, der für die Produktsicherheit bedeutsam ist, einer bestimmten Funktionseinheit im Betrieb zugewiesen sein. Zugleich müssen die **Verantwortungsbereiche klar und umfassend** – am besten schriftlich – **abgegrenzt** sein, damit Überschneidungen und Gegenläufigkeiten bei Risikobewertung und -bekämpfung ausgeschlossen sind *(§ 25 Rz. 186ff.)*. Die Abgrenzung der Verantwortungssphären darf andererseits nicht den nötigen **Informationsfluß** hemmen: Zwischen den Abteilungen für Entwicklung (Konstruktion), Fertigung und den Qualitätsprüfern muß eine ständige Rückkopplung erfolgen. Auch dafür ist in der Regel durch Vorgaben der Unternehmensleitung zu sorgen. Bei dieser liegt vor allem die Entscheidung für ein übergeordnetes, an den Eigenheiten von Produkt und Betrieb orientiertes **Qualitätssicherungssystem.**

282 **ee) Besondere Abteilung für Qualitätskontrolle?** Es hängt von dem Gefährdungspotential des jeweiligen Produkts ab, in welchem Umfang seine Herstellung von Qualitätskontrollen begleitet bzw. abgeschlossen werden muß. Danach richtet sich auch die Anzahl der benötigten Kontrollpersonen. Diese werden zweckmäßigerweise in einer selbständigen Abteilung zusammengefaßt, die insbesondere von den mit Planung und Herstellung befaßten Einheiten unabhängig sein sollte. Fraglich ist, ob zu dieser Verselbständigung auch eine Pflicht besteht. Dafür spricht, daß in jedem größeren Betrieb arbeitspsychologische Gegebenheiten in einzelnen Abteilungen zu Abhängigkeiten und Solidarverhalten führen: Wer z. B. als Mitarbeiter im Bereich Planung das zeit- und kostenintensive Ringen um eine Neuentwicklung mitempfunden hat, wird allein deshalb, weil ihm – vielleicht auch nur zusätzlich – eine Kontrollaufgabe obliegt, kaum zu dem beharrlichen Widerstand

---

[575] Vgl. § 25 Rz. 39, 42.
[576] BGH VersR 1978, 722, 723 – Kfz-Reparatur.
[577] BGH NJW 1969, 269, 275 – Hühnerpest.
[578] Vgl. Rz. 134ff., 149.

bereit sein, zu dem der Verdacht einer Gefährlichkeit ihn an sich verpflichtet; vielfach wird ihm schon die kritische, detektivische Distanz zu dem Produkt fehlen, das unter seinen Augen und der Regie des Abteilungsleiters gewachsen ist. Ohne ein **Minimum an betrieblicher Gewaltenteilung** ist Sicherheitskontrolle also nicht denkbar.[579]

Für **größere Unternehmen** folgt daraus, daß die Kontrollabteilung Einfluß auf alle gefahrträchtigen Herstellungsphasen erhalten muß, etwa indem sie ermächtigt wird, einzelne Schritte der Produktion – z. B. den Einsatz bestimmter Materialien, die Materialauswahl usw. – an ihre Genehmigung zu binden, zu suspendieren oder unter Auflagen zu stellen. Die Neutralität dieser Abteilung setzt unabhängiges Personal voraus; sie darf, abgesehen von vertretbaren zeitlichen Vorgaben, auch durch die Unternehmensleitung nicht gefährdet werden. Ob die Prüfabteilung zudem in die Lage versetzt werden muß, ihre Untersuchungen mit *eigenen* technischen Mitteln durchzuführen, hängt vom Einzelfall ab; grundsätzlich bestehen keine Bedenken dagegen, daß Qualitätsprüfer sich der Einrichtungen der von ihnen kontrollierten Abteilungen bedienen. Weiterhin ist es in der Betriebswirklichkeit weder vermeidbar noch von vornherein problematisch, daß die Prüfstellen mit den jeweiligen Abteilungen kommunizieren. Sicherzustellen ist lediglich, daß diese fachliche Verständigung die verschiedenen Verantwortlichkeiten nicht verwischt. 283

Dafür ist auch in **kleineren Betrieben** zu sorgen. Hier sollte es allerdings dem Betriebsinhaber überlassen bleiben, ob die Qualitätskontrolle – noch dazu als einzige Aufgabe – einem besonderen Qualitätsbeauftragten aufgegeben wird.[580] Es ist z. B. recht fraglich, ob in einem kleinen Unternehmen, das von einem erfahrenen Arbeiter seit 14 Jahren freistehende, 5 m lange Leitern herstellen läßt, noch eine sachverständige Person zu bestellen ist, welche vor der Inverkehrgabe prüft, „ob alle einzelnen Teile gehörig paßten".[581] 284

In derartigen Fällen mag bei einem Produktfehler der Hersteller beweisen, daß er selbst oder die an der Herstellung beteiligten Mitarbeiter in der Lage waren, eine Qualitätskontrolle vorzunehmen, die dem Gefahrenpotential des Produkts angemessen war.

e) Übertragbarkeit der Organisationspflicht?

Wäre die „allgemeine Oberaufsicht" über den Betrieb eine Verrichtung i. S. des § 831 I BGB, so könnte der Aufsichtspflichtige auch sie einem geeigneten Mitarbeiter (Leitenden Angestellten, Manager) übertragen und sich so der Verantwortung entledigen. **Nach ständiger Rechtsprechung**[582] und herrschender Lehre[583] ist die betriebliche Organisationspflicht jedoch eine **persönliche Pflicht und unübertragbar.** Der Inhaber des Produktionsbetriebs bzw. die für eine AG oder GmbH bestellten Organe handeln demnach auf eigene Gefahr, wenn sie die für die Produktsicherheit *grundlegenden* organisatorischen Maßnahmen von Mitarbeitern treffen lassen. Dieser Grundsatz ist von außerordentlicher Bedeutung; er kann vor dem Hintergrund der gleichzeitigen Beweislastumkehr, d. h. der Umlegung der Beweislast für *ordnungsgemäße* Organisation auf den Hersteller,[584] und der scharfen Anforderungen an diese Organisation als Lebensnerv der deliktsrechtlichen Produzentenhaftung bezeichnet werden. 285

Rechtsdogmatisch ist jene Konzentration der Organisationspflicht auf den Hersteller **nicht unbedenklich.**[585] Gem. § 831 I 2 BGB soll sich nämlich auch entlasten können, wer „Vorrichtungen 286

---

[579] Vgl. Steindorff, AcP 170 (1970), 93, 114 FN 36a.

[580] So im Ergebnis wohl auch Kullmann/Pfister (Veltins), Kza. 4310 S. 29ff.

[581] So aber RG Recht 1920, Nr. 2845 – Obstpflückleiter (Rz. 273).

[582] RGZ 87, 1, 4 – Brunnensalz; BGH NJW 1968, 247, 248 – Schubstrebe; zur allg. Verkehrspflicht RGZ 78, 107, 109; BGH VersR 1962, 1013, 1014f.; 1964, 297; weitergehend LG Göttingen VersR 1981, 760 m. Anm. v. Bar.

[583] Brüggemeier, WM 1982, 1294, 1298; Hassold, JuS 1982, 583, 584f.; Lukes, Reform, S. 42f.

[584] Vgl. § 30 Rz. 48.

[585] Kritisch etwa Canaris, JZ 1968, 494, 497f.; Esser/Weyers, Schuldrecht, Bd. II, 6. Aufl. (1984), § 58 I 2c; zurückhaltend auch Soergel/Zeuner, § 831 Rz. 6.

oder Gerätschaften zu beschaffen oder die Ausführung der Verrichtung zu leiten hat(te)". Dabei muß es sich zwar um Arbeitsmittel für bzw. Tätigkeiten von Verrichtungsgehilfen gehandelt haben;[586] diesen ist aber gerade in größeren Betrieben die Mehrheit der Produktionsmittel zugeordnet. Weiter folgt aus § 831 II BGB, daß die Besorgung jeder in § 831 I BGB genannten Tätigkeit durch Vertrag, nach herrschender Meinung auch von Bediensteten des Herstellers, *übernommen* werden kann. Beide Vorschriften werden nun weithin eng ausgelegt, um dem Geschädigten den Zugriff auf den leistungsfähigeren Geschäftsherrn zu erhalten. Der Intention des Gesetzes entspricht das nicht. Sie ist auch durch die Lehre vom Verhaltensunrecht *(§ 23 Rz. 2)* – die judizielle Konzeption des Deliktsrechts[587] – und durch die Entwicklung der Verkehrspflichten nicht ohne weiteres hinfällig geworden: Sind diese lediglich Ausprägungen des neminem-laedere-Gebots, indem sie Verhaltenspflicht und Rechtswidrigkeit konkretisieren, so folgt daraus nicht ihre Unübertragbarkeit. Eine solche „Kanalisierung" auf den „Erstgaranten" ließe sich nur dann rechtfertigen, wenn man den Verkehrspflichten Erfolgseinstandselemente zuerkennt.[588] Danach soll der Geschäftsherr zwar „die Verkehrssicherung delegieren (können), nicht aber seine Verantwortung dafür, daß die Opfer mangelnder Verkehrssicherung bei einem Schaden finanziellen Ersatz erhalten".[589]

§ 25. Träger der Verkehrspflichten bei der Warenherstellung

1 Die Einordnung der Herstellerpflichten nach Erforderlichkeit und Zumutbarkeit des Sicherheitsaufwands in den jeweiligen Produktionsphasen bedarf der Ergänzung. Die im Bereich der Produktion bestehenden Pflichten sind insbesondere gegenüber anderen Berufspflichten abzugrenzen und im Hinblick auf zwischenbetriebliche wie innerbetriebliche Arbeitsteilung zu konkretisieren.

I. Herstellerbegriff

1. Allgemeines

2 Der Begriff der **„Produzentenhaftung"** ist nach dem heutigen Sprachgebrauch mehrdeutig.[1] Produzentenhaftung i. e. S. ist die Haftung des herstellenden Unternehmers, d. h. des Inhabers dieses Unternehmens, sei er Einzelkaufmann, AG, GmbH usw. Produzentenhaftung i. w. S. ist die Haftung jedes mit der Herstellung befaßten Rechtssubjekts, also des Unternehmensinhabers *oder* eines Abteilungsleiters, Fließbandarbeiters, Qualitätsverantwortlichen usw. Letztlich hängt die Haftung für ein fehlerhaftes Produkt aber nicht einmal davon ab, daß der Verantwortliche gerade an der Produktion beteiligt war; eine Verkehrspflicht für die Produktsicherheit besteht vielmehr immer dann, wenn von einer Person aufgrund ihrer besonderen Beziehung zu dem Produkt oder zum Verkehr billigerweise erwartet werden kann, daß sie auf Produktgefahren achtet und den Verkehr vor ihnen schützt. Im Einzelfall kann daher auch der Verkäufer oder eine Person, die das Produkt in sonstiger Weise nutzt oder in Verkehr bringt (z. B. ein Spediteur, Handwerker), nach § 823 I BGB haftbar sein; dann ist eine **„Produkthaftung"** gegeben. Zwar hat die Rechtsprechung gerade für Pflichtverletzungen im Produktionsbereich besondere Grundsätze entwickelt. Auch insofern dient der Hersteller-Begriff aber nur dazu, den

---

[586] Vgl. MünchKomm/Mertens, § 831 Rz. 21.

[587] MünchKomm/Mertens, § 823 Rz. 1ff., 11ff.

[588] Vgl. etwa v. Bar, Verkehrspflichten (1980), § 5 III, § 9; MünchKomm/Mertens, § 823 Rz. 180; Vollmer, JZ 1977, 371ff. Solche Elemente sind dem Deliktsrecht aber fremd!

[589] MünchKomm/Mertens, § 831 Rz. 3; s. auch Mertens, VersR 1980, 397, 408; offensichtlich **anders BGH** NJW 1987, 2669, 2670.

[1] Vgl. dazu die Glosse von v. Westphalen, ZIP 1986, 139.

Bereich der Warenproduktion, -verteilung und -benutzung in Verantwortungskreise aufzuteilen.[2] Daraus folgt: **Die Produzentenhaftung richtet sich** nicht nach dem Begriff der Herstellung, sondern **nach der herstellenden Funktion.**[3]

2. Dienstleistung am Produkt

„Hersteller" eines im haftungsrechtlichen Sinne neuen Produkts kann daher auch sein, wer es im Rahmen einer Dienstleistung **verändert und so wieder in Verkehr gibt:** Im Rahmen eines Dienst-, Werk- oder Werklieferungsvertrages kommt es zu einer mangelhaften Reparatur,[4] unfachmännischen Generalüberholung bzw. Modernisierung oder einer falschen Funktionseinstellung (Wartung); bei einer Runderneuerung von Reifen[5] oder beim Recycling unterlaufen Fehler; der Auftraggeber bzw. Benutzer wird auf unvermeidbare Unzulänglichkeiten der Reparatur usw. und daraus resultierende Gefahren nicht hingewiesen. In diesen Fällen werden, soweit die Einwirkung individuelle Züge hat, Konstruktions- und Instruktionsfehler auftreten. Diese „Hersteller"-Haftung hängt auch nicht davon ab, ob der Bearbeitungsfehler auf die unfachmännische Handhabung des Arbeitsgeräts oder auf dessen Mangelhaftigkeit (z. B. wegen schlechter Wartung) zurückgeht.[6] 3

Allerdings ist **keineswegs jede Verschlechterung des bearbeiteten Produkts** auch eine **Eigentumsverletzung.** Dies bzw. die deliktische Haftung hängt nicht zuletzt davon ab, ob die §§ 823ff. BGB neben dem Gewährleistungsrecht des Vertrags, den der Einwirkende abschloß, anwendbar bleiben (dazu *§ 20 Rz. 2ff.).*

3. Abgrenzung zu Handel und Dienstleistung mit dem Produkt

Eine fehlerhafte Dienstleistung *am* Produkt führt zwar grundsätzlich zur Herstellerhaftung *(Rz. 3).* Beruht der Bearbeitungsfehler jedoch nur darauf, daß einem Arbeitsgerät aus fremder Herstellung seinerseits ein Produktfehler anhaftete, so tritt die herstellende Funktion im allgemeinen zurück: Der Dienstleistende haftet lediglich als Produktbenutzer *(§ 27 Rz. 4ff.).* Die besondere Funktion des Herstellers zeigt sich noch klarer am Unterschied zu Händlern und solchen Dienstleistungsbetrieben, die nicht gezielt auf fremde Waren einwirken. Wer Produkte lediglich vertreibt, befördert oder im Schutzbereich Dritter anwendet, verfügt in der Regel weder über die Kenntnis noch über die Ausrüstung, welche erforderlich wäre, um Produktgefahren zu erkennen und gefährliche Produkte auszusondern. Nicht zuletzt deshalb erwarten Verbraucher bzw. Dritte im allgemeinen auch gar nicht, daß Händler oder Dienstleistende die erworbenen Produkte einer Sicherheitsprüfung unterziehen; sie werden sich vielmehr darauf verlassen, daß schon der Hersteller für die Zurückhaltung gefährlicher Waren gesorgt hat. Daher trifft **Händler und sonstige Personen,** die den Verkehr *mit* gefährlichen Produkten in Berührung brin- 4

---

[2] Diederichsen, NJW 1978, 1281, 1286.

[3] Insofern kann auch ein Bildschirmtext-Anbieter als „Hersteller" bezeichnet werden, Redeker, DB 1986, 1057, 1059.

[4] BGH VersR 1963, 951f.; 1978, 722 – Kfz-Reparatur (Berufungsinstanz: OLG Bremen VersR 1977, 867); BGH VersR 1985, 268, 269; OLG Zweibrücken VersR 1977, 848f. (Elektroinstallation); OLG Oldenburg VersR 1984, 1097 – Schlauchfalte; OLG Celle VersR 1987, 993 (Gasinstallation); LG Augsburg, Urt. v. 24. 11. 1978, Schmidt-Salzer, Entscheidungssammlung III, III 33, S. 643 – Kunststoff-Öltank. Zur Stellung mangelhafter Werkstücke durch den Auftrag*geber* s. OLG Köln VersR 1987, 511f.

[5] OLG Köln VersR 1985, 747 und 1986, 98 – Flugzeugreifen; OLG Hamm VersR 1987, 594 – Autoreifen III.

[6] Brüggemeier, WM 1982, 1294, 1308f.; s. auch BGH VersR 1962, 480, 481; zu eng Niewöhner, VersR 1977, 1087ff.

gen, eine Verkehrspflicht für die Produktsicherheit **nur nach Maßgabe ihrer spezifischen beruflichen Tätigkeit.**[7]

5 Die **Abgrenzung** dieser Tätigkeitsbereiche von der Produktion bereitet allerdings Schwierigkeiten, wenn das Produkt bei seiner Inverkehrgabe noch nicht betriebsbereit war oder von Vertriebshändler oder Benutzer noch ergänzt bzw. verändert wird. Zu denken ist z. B. an folgende Konstellationen:

6 – **Zusammensetzung:** Der Hersteller versendet das Produkt, z. B. um Transportkosten zu sparen, in zerlegtem Zustand. Falls der Händler es übernimmt, die Teile zusammenzusetzen, ist er in diesem, *sehr beschränkten Umfang* zugleich Endhersteller. Insoweit obliegen ihm also auch die Produzentenpflichten, die aber nach den Grundsätzen der Verantwortung für Montage *(Rz. 65ff.)* zu beurteilen sind und über die Berufspflichten des Händlers kaum hinausgehen werden.

7 – **Vervollständigung:** Das Produkt ist von vornherein unvollständig, weil es nur als Bauelement, Chassis oder Grundausstattung geliefert wird. Wer das Produkt in der Weise vervollständigt, daß er es vor der Veräußerung mit eigenen oder fremd bezogenen Zusatzprodukten vervollständigt, erscheint ebenfalls als (End-)Hersteller. Dagegen verschwimmt die Grenze zwischen Herstellung und Handel, wo der Händler mit völlig untergeordnetem Arbeitsaufwand lediglich austauschbare Steuerungselemente oder Zubehörstücke *(Rz. 141)* einsetzt, die er u. U. von demselben Lieferanten bezieht.

8 – **Herstellung der Betriebsbereitschaft** (make ready-service): Diese Tätigkeit wird erforderlich, wenn das Produkt – z. B. ein Kraftfahrzeug, eine Produktionsanlage – noch nicht oder nicht mehr betriebsbereit ist, weil mechanische Einflüsse – z. B. Erschütterung beim Transport – Wirkung zeigen oder weil beim Endabnehmer eine technische Anpassung (Integration, Feinabstimmung) erfolgen muß. Sofern zu diesem Zweck nicht relevante Teile des Produkts ausgewechselt, z. B. auf den Pkw (falsche) Reifen aufgezogen werden,[8] bleibt es bei den Händlerpflichten.[9] Auch diese führen aber selbstverständlich zur Deliktshaftung, wenn das Produkt durch unfachmännische Eingriffe gefährlich wird.

9 – **Änderung oder Ergänzung** von Produktteilen: Hier hängt es vom Einzelfall ab, ob den Händler Hersteller- oder berufsspezifische Pflichten treffen. Wechselt der Hersteller sicherheitsrelevante Teile des Produkts *auf eigene Initiative* gegen vermeintlich sicherere, wirksamere oder auch nur billigere Stücke aus, so wird er zum Hersteller dieser neuen Komposition. Das gleiche muß für Ergänzungen gelten, die eine Funktionserweiterung bezwecken oder die Betriebssicherheit erhöhen sollen. Nimmt der Hersteller derartige Maßnahmen aber *auf ausdrücklichen Wunsch des Kunden* vor, so haftet er diesem gegenüber jedenfalls nicht, wenn er ihn vor den mit dem Umbau verbundenen Gefahren bzw. Unsicherheiten ausreichend gewarnt hat.[10] Im Verhältnis zu Dritten, die durch den Umbau gefährdet werden, besteht jedoch eine Herstellerhaftung, falls nicht aufgrund der Abrede mit dem Kunden eine Gefährdung des übrigen Verkehrs ausgeschlossen erschien *(§ 24 Rz. 232)*.

10 – **Abfüllung:** Durch bloße Abfüllung der erworbenen Ware wird der Händler noch nicht Hersteller.[11] Anders kann es aber sein, wenn – wie z. B. bei Lebensmitteln, Arzneimitteln und Chemikalien – Hygiene bzw. Sterilität oder Verpackung für den Verkehr so bedeutsam sind, daß er den Einflußbereich des Händlers der Herstellung zurechnet. Erst recht wird der Händler (End-)Hersteller, wenn er Handelswaren derart mischt, daß neue

---

[7] BGH VersR 1960, 855 – Kondenstopf; VersR 1977, 839 – Autokran; näher § 26 Rz. 2ff.; § 27 Rz. 5ff.

[8] BGH NJW 1978, 2241 – Hinterreifen; OLG Hamburg DAR 1972, 16 – Autoreifen I.

[9] BGH VersR 1977, 839, 840 – Autokran; OLG Hamm VersR 1972, 274f.

[10] Grund: Handeln auf eigene Gefahr (§ 22 Rz. 23ff., § 24 Rz. 231f.) bzw. ganz überwiegendes Mitverschulden des Kunden; s. auch BGH VersR 1972, 274f.

[11] Schmidt-Salzer/Hollmann, Bd. 1, Art. 3 Rz. 64.

Produkte entstehen; das gilt z. B. für Saatgut, Futtermittel und Chemikalien, und zwar unabhängig davon, ob die Mischung im Auftrag des Kunden erfolgt.[12]

Für Handwerker und andere Dienstleistungsunternehmen, die ein Produkt unter Gefährdung Dritter einsetzen (Ärzte, Solarienbetreiber, Gastwirte), gilt Entsprechendes *(§ 27 Rz. 1ff)*. Unsicherheiten der Abgrenzung werden auch hier verbleiben. Sie können aber hingenommen werden; denn letztlich **hängt die deliktische Haftung nicht davon ab, ob eine Herstellerpflicht oder eine sonstige Verkehrspflicht verletzt worden ist.**[13] Insofern besteht ein wesentlicher Unterschied zu dem neuen europäischen Produkthaftrecht. 11

4. „Quasi-Hersteller"

Hersteller ist nach der Definition in Art. 3 I der EG-Richtlinie vom 25. 7. 1985 nicht nur, wer an der Herstellung der Ware objektiv beteiligt war, sondern auch „jede Person, die sich als Hersteller ausgibt, indem sie ihren Namen, ihr Warenzeichen oder ein anderes Erkennungszeichen auf dem Produkt anbringt." Eine solche Person wird auch als Quasi-Hersteller bezeichnet. Diese Benennung allein besagt jedoch nichts über Art oder Umfang der Verkehrspflichten desjenigen, der sich als Hersteller ausgibt. Im weiteren Zusammenhang lassen sich zunächst vier Fallgruppen unterscheiden. 12

- Ein Händler erwirbt vom Hersteller, ohne auf dessen Produktion Einfluß zu nehmen, Waren, die er mit seiner Handelsmarke versieht, jedoch erkennbar **als Händler** verkauft. Hier tritt er nicht als Quasi-Hersteller auf; nach allgemeiner Ansicht obliegen ihm keine Herstellerpflichten.[14] 13
- Ein Großabnehmer läßt, ohne selber Entwicklungs-, Konstruktions- oder Fertigungsaktivitäten zu entfalten, die gewünschte Ware nach genauen Direktiven von Dritten herstellen, um sie dann – **als Händler** – zu verkaufen. Auch in diesem Fall scheidet eine Haftung als *Quasi*-Hersteller aus. In Betracht kommt aber eine **mittelbare Herstellung** mittels (vom Abnehmer) dominierter horizontaler Arbeitsteilung *(Rz. 94ff.)*. Die dafür erforderliche Produktionsherrschaft ist allerdings[15] nur gegeben, wenn der Auftraggeber durch die Art der Auftragsvergabe bzw. seine Anweisungen auch auf die Gefahrenabwehr Einfluß nimmt.[15a] 14
- Ein Großabnehmer läßt, ohne auf die Produktion irgendeinen Einfluß zu nehmen, die gewünschte Ware von einem (oder mehreren) autonom arbeitenden Hersteller(n) fertigen und tritt bei dem Vertrieb wiederum **als Händler** auf. Hier besteht keinerlei Anlaß, den Auftraggeber als Hersteller zu behandeln.[16] Wer lediglich die Produktion eines Dritten initiiert, um die Ware dann unter eigenem Namen zu vertreiben, nimmt weder tatsächlich noch scheinbar Herstellerfunktionen wahr. 15
- Ein Händler (mit oder ohne Nachfragemacht) erwirbt (mit oder ohne Auftrag gefertigte) Ware bei einem verantwortlichen Hersteller und gibt sich durch Ausstattung mit seiner Handelsmarke o. ä. **als** ihr **Hersteller** aus. Er ist damit Quasi-Hersteller. 16

Der Quasi-Hersteller haftet nach der Rechtsprechung des BGH aber **nicht wie ein Hersteller.**[17] In der Tat begründet der Umstand, daß der Händler an fremd hergestellten Waren ein Erkennungszeichen anbringt, das ihn als Hersteller ausweist, für sich allein 17

---

[12] Anders Schmidt-Salzer/Hollmann, Bd. 1, Art. 3 Rz. 64.

[13] BGH NJW 1981, 1606, 1609 – Benomyl.

[14] So auch Schmidt-Salzer/Hollmann, Bd. 1, Art. 3 Rz. 158.

[15] Unklar Schmidt-Salzer/Hollmann, Bd. 1, Art. 3 Rz. 145 FN 65.

[15a] OLG München VersR 1988, 635, 636 – Minitrainer (mit unnötiger und mißverständlicher Betonung einer „Identifikation" des Herstellers mit dem Produkt).

[16] Anders Simitis, Verhandlungen des 47. DJT, C 41; offenbar auch Brüggemeier, WM 1982, 1294, 1308.

[17] BGH VersR 1977, 839 – Autokran; NJW 1980, 1219 – Klapprad; NJW 1981, 1606, 1609 – Benomyl; näher § 26 Rz. 45.

keine Verkehrspflichten.[18] Die einem solchen Produkt etwa anhaftende Gefahr ist von vornherein vorhanden und wird nicht erhöht, wenn sich der Quasi-Hersteller mit ihm identifiziert. Es kann auch nicht darauf ankommen, ob ein bestimmter Verbraucher, der sich über die Person des Herstellers Gedanken gemacht hat, sich von der Produktion *seines Händlers* besondere Qualität (und Sicherheit) versprochen hat; denn die persönlichen Vorstellungen, die ein Verbraucher von der Produktsicherheit hat, sind auch sonst kein Kriterium der Gefahrsteuerung. Pflichtwidrig kann das Auftreten als Hersteller allerdings sein, wenn die *konkreten Umstände* einem verständigen Verbraucher (objektiven) Anlaß geben konnten, Vorsichtsmaßregeln zu unterlassen, die er bei Kenntnis des wahren Herstellers getroffen hätte.[19] Auch dieser Fall zwingt jedoch nicht zur Gleichbehandlung von Händler und Hersteller; er kann durch eine Anpassung der Händlerpflichten angemessener berücksichtigt werden *(§ 26 Rz. 47)*. Auch ein Quasi-Hersteller kann freilich **mittelbarer Hersteller** sein *(Rz. 14)*.

5. Ausgegliederte Vertriebsgesellschaft des Herstellers

18 Vielfach läßt das Herstellerunternehmen seine Waren von einer rechtlich selbständigen Vertriebsgesellschaft absetzen, mit der es aber – z. B. als Mutter-, Tochter- oder Schwesterunternehmen – wirtschaftlich und rechtlich eng verbunden bleibt. Aber selbst solche konzernmäßigen Verflechtungen zwischen Hersteller- und Vertriebsgesellschaft ändern an den unterschiedlichen Aufgaben und Funktionen nichts. Auch der Verbraucher verbindet mit konzernrechtlichen Besonderheiten, deren Auswirkungen gerade auf den Vertrieb er zudem kaum überblickt, regelmäßig keine Sicherheitserwartungen. Die ausgegliederte Vertriebsgesellschaft eines Herstellers **haftet** daher **nicht wie der Hersteller;**[20] ihr können im Einzelfall aber besondere Pflichten obliegen (vgl. *§ 26 Rz. 44*).

6. Haftung für Naturprodukte

19 Wer Naturprodukte in Verkehr bringt, ist nur schwer als *Hersteller* zu bezeichnen; denn seine persönliche Einwirkung, ja selbst seine Einflußmöglichkeit auf Eigenschaften und Qualität des „Urprodukts" ist von vornherein beschränkt, da dieses typischerweise nicht oder nur geringfügig bearbeitet wird: Gegenüber anderen, durchschnittlichen Waren ist die gezielte menschliche Einwirkung auf Naturprodukte nur marginal. Aber selbst hierdurch kann der Verbraucher gefährdet werden, indem z. B. Lebensmittel falsch bzw. zu lange gelagert oder in formaldehydhaltiger Folie verpackt werden. Im übrigen fragt sich, ob derjenige, der Naturalien in Verkehr bringt, auf diese nicht sogar einwirken muß, um den Verbraucher vor verunreinigten, verfaulten oder sonst gefährlichen Waren zu schützen. Dies hängt einerseits wiederum von dem Gefahrenpotential (Sach- oder Gesundheitsschäden) ab; andererseits wachsen die Sicherungs- und Schutzpflichten allgemein mit der **Einwirkungsmöglichkeit des Verantwortlichen.** Von den Händlerpflichten heben sie sich um so mehr ab, je intensiver die tatsächliche Einwirkung auf die Naturalie ist, je eher also von einer herstellenden – statt einer nur distributiven – Tätigkeit gesprochen werden kann.

a) Rohstoffe

20 Zu den Urprodukten gehören zunächst die klassischen Rohstoffe wie **Roheisen, Metalle, Holz, Kohle, Erdöl, Erdgas, Sand, Kies, Torf** oder **Baumwolle.** Viele Rohstoffe

---

[18] BGH VersR 1977, 839 – Autokran; anders OLG Celle BB 1979, 392 – Benomyl; OLG Düsseldorf VersR 1979, 824, 825 – Klapprad; Schmidt-Salzer/Hollmann, Bd. 1, Art. 3 Rz. 157; Scholl/Leitzinger, MDR 1981, 718, 720.

[19] BGH NJW 1977, 839, 840 – Autokran.

[20] BGH NJW 1981, 2250 – Asbestzementplatten; NJW 1987, 1009, 1010 – Lenkerverkleidung; OLG Oldenburg, Urt. v. 19. 2. 1975, Schmidt-Salzer, Entscheidungssammlung II, II 39, S. 366 – Pkw; OLG Celle VersR 1981, 464 – Reifendecke I, anders noch BB 1979, 392 – Benomyl; LG Saarbrücken, Urt. v. 2. 7. 1974, Schmidt-Salzer, Entscheidungssammlung I, III 13, S. 393.

können schon bei ihrer Gewinnung oder der anschließenden Lagerung Qualitätseinbußen erleiden, sei es, weil sie verunreinigt werden oder sonst schädlichem Einfluß (z. B. Witterung, Holzwurm) ausgesetzt sind oder weil sie mit ähnlichen, aber qualitativ anderen Stoffen (z. B. Erdöl anderer Wertigkeit) vermischt werden. Die Beeinträchtigung kann auch vor der Ausbeutung des Rohstoffs erfolgt sein: Eine Kiesgrube ist wegen eines nahen Tankwagenunfalls mit öligem Grundwasser bedeckt gewesen; pflanzliche Faserstoffe verlieren infolge des Einsatzes eines Schädlingsbekämpfungsmittels an Haltbarkeit; Torf ist verunreinigt, weil das Torffeld mit einem Herbizid besprüht wurde.[21]

In solchen Fällen wäre es geradezu begriffsjuristisch, dem Urproduzenten jede Verant- 21
wortung für seine Ausbeute, die ja mit der Inverkehrgabe zur „Ware" wird, nur deshalb abzusprechen, weil keine Herstellung i. e. S. vorliegt. Auf diese ist die Deliktshaftung nicht beschränkt; vielmehr wird für Verkehrspflichtverletzungen gehaftet. Inwieweit dem Urproduzenten Verkehrspflichten obliegen, richtet sich, wie sonst auch, nach Erforderlichkeit und Zumutbarkeit einer Verkehrssicherung. Insoweit besteht aber kein erheblicher Unterschied zum eigentlichen „Hersteller": Auch der Urproduzent bringt seine „Waren" in Verkehr, auch er kann ihre Qualität durch Prophylaxe, Ausgangskontrolle, Lagerung und Bewachung in beachtlicher Weise steuern. Vor allem verläßt sich der Verkehr darauf, daß auch ein Urproduzent von seinen Einwirkungsmöglichkeiten im Interesse des Verkehrsschutzes Gebrauch macht: Wer sonst außer dem Ausbeutungsberechtigten[22] sollte denn auch die Verantwortung für die Phase der Produktgewinnung übernehmen? Wenn der Verbraucher z. B. weiß, daß Torf dadurch gewonnen wird, daß man ihn „aushebt, trocknet, zerkleinert, rüttelt und verpackt", findet er sich noch nicht damit ab, daß dieser Torf wachstumshindernde Substanzen enthält, die seine Pflanzungen schädigen.[23] Im Rahmen des Vertriebs aber kann eine Qualitätskontrolle in der Regel schon aus technischen Gründen kaum mehr erfolgen. **Schutzpflichten bezüglich des Rohstoffs, seiner Herkunft und seiner weiteren Verwendung bis zur Inverkehrgabe** müssen daher schon dem Urproduzenten obliegen.[24]

Selbstverständlich ist der Umfang dieser Pflichten mit dem bei industrieller Fertigung 22
nicht vergleichbar. Der Urproduzent kann sich, falls nicht besondere Umstände hinzutreten, vor allem darauf verlassen, daß die Qualität der Rohstoffe selbst von hinreichender Konstanz ist. Seine **Hauptaufgabe** ist es, **von den Rohstoffen vor und nach ihrer Gewinnung schädliche Einwirkungen fernzuhalten.** Wo Verunreinigungen durch Müll, Industrieabfälle, radioaktiven Niederschlag o. ä. drohen, sind daher geeignete Absperrungen, Abdeckungen oder Überwachungsmaßnahmen vorzusehen. Bei dem Abbau der Rohstoffe müssen Verunreinigungen, Erhitzungen oder Druckeinwirkungen (durch maschinelle Hilfsmittel), soweit erforderlich, ausgeschlossen sein. Auch während der Lagerung und des Transports der Rohstoffe dürfen keine Ursachen für Qualitätsminderungen gesetzt werden, die bei dem späteren Gebrauch u. U. übersehen werden, weil eine diesbezügliche Untersuchung unüblich ist. Lassen sich derartige Einbußen nie ganz vermeiden, so kann der Urproduzent verpflichtet sein, schadhafte Stücke durch eine Rohstoffkontrolle zu ermitteln und auszusondern. Die Notwendigkeit solcher und weitergehender Qualitätskontrollen hängt – wie bei vertikaler Arbeitsteilung für den Zulieferer – vor allem von den Sicherheitserwartungen des Abnehmerkreises ab: Je konkreter und spezifischer diese Erwartungen sind, um so mehr hat der Urproduzent den Verwendungszweck der Abnehmer zu berücksichtigen; letztlich kommt hier natürlich alles auf die **vertragliche bzw. branchentypische Aufgabenverteilung** an (näher *Rz. 80f.*). Das gilt auch bezüglich der Frage, wer für starke (natürliche) Qualitätsschwankungen bei einem Rohstoff verantwortlich ist.

---

[21] Fall nach OLG Hamm DB 1973, 325 – Torf.
[22] und etwaigen, in der Regel nicht greifbaren direkten Schädigern
[23] Anders OLG Hamm DB 1973, 325, 326 – Torf.
[24] So wohl auch BGH NJW 1978, 1051 – Lotsand.

b) Nahrungs- und Genußmittel

23 Die im Hinblick auf Rohstoffe dargestellten **Schutzpflichten des Urproduzenten** *(Rz. 21f.)* gelten für Nahrungs- und Genußmittel erst recht.[25] Sie sind wegen der hier stets drohenden Gesundheitsgefährdung in der Regel aber **wesentlich strenger** und ihrer Bedeutung wegen zum Teil auch öffentlich-rechtlich geregelt (z. B. im Lebensmittel- und Bedarfsgegenständegesetz[26] und im Futtermittelgesetz[27]). Ein Hinweis auf nur wenige Lebensmittel – Fleisch und Fisch, Wurst-[28] und Milchprodukte,[29] Wein[30] und seine Süßstoffe, Brot (Getreide), Honig, Obst und Gemüse – mag die Fülle der Risiken, die auch bei ihrer Herstellung bestehen, andeuten; selbst Tabak birgt Gefahren.[31] Diese Risiken müssen auf mehreren Ebenen abgewehrt werden: bei den Futtermitteln und Tierpharmazeutika, bei Düngemitteln und Schädlingsbekämpfungsmitteln, durch Hygiene bei Gewinnung, Sortierung wie Lagerung und vor allem durch sachgerechte Lagerung (Temperatur, Feuchtigkeit, Belüftung) und Transporte; die dafür bestehenden gesetzlichen Regelungen und Verordnungen sind, wie sonst auch, nicht unbedingt identisch mit den Maßnahmen, die im Einzelfall erforderlich und zumutbar sein können.[32] Deren Umfang richtet sich auch hier natürlich nach der Einflußmöglichkeit des Urproduzenten: Für Süßwasserfische aus dem eigenen Teich bestehen ganz andere Pflichten als für Seefische, die nicht gerade in einer schadstoffreichen Bucht gefangen werden; entsprechendes gilt für eigenes Schlachtvieh im Gegensatz zu Wild, das aber u. U. mit Schrot geschossen wird!

24 Mit jeder **Verarbeitung** (z. B. Mahlen, Keltern, mechanische Trocknung, Homogenisierung, Pökeln, Einfrieren), aber auch der Verpackung des Lebensmittels, gehen weitere Verkehrspflichten einher.[33]

25 Die Lebensmittelverarbeitung in der **Gastronomie** hat die Rechtsprechung schon mehrfach beschäftigt. Gerade in diesem Gewerbe ist der Unterschied zwischen bloßer Weitergabe (von Getränken, Obst usw.) und Einwirkung im Umfang einer ‚Herstellung' oft fließend. Aber jedenfalls dort, wo es um die Zubereitung von Fleisch (und dessen Verseuchung mit Salmonellenerregern)[34] oder um die unsachgemäße Garung von Muscheln (als klassischen Trägern von Hepatitisviren)[35] geht, können die Grundsätze der Produzentenhaftung unmittelbar angewendet werden. Das gilt auch für die Herstellung einer Pizza mit Muschelfleisch, in welche eine Muschelschale eingebacken ist,[36] und wohl auch für eine Salatbeilage mit Schnecke.[37]

Zum Gegenstand der Produzentenhaftung können auch **Gewürz- und Heilpflanzen** werden. Die Herstellung (Ernte) von Heilpflanzen unterfällt nicht in jedem Fall schon dem Arzneimittelgesetz.

---

[25] Meier, DB 1985, 1220ff.

[26] v. 15. 8. 1974 (BGBl. I S. 1945); vgl. § 8 LMBG: Verbot der Inverkehrgabe von (scheinbaren) Lebensmitteln, deren Verzehr geeignet ist, die Gesundheit zu schädigen.

[27] v. 2. 7. 1975 (BGBl. I S. 1745); vgl. auch die FuttermittelVO v. 8. 4. 1981 (BGBl. I S. 352), zuletzt geändert durch VO v. 2. 1. 1987 (BGBl. I S. 94).

[28] LG Dortmund VersR 1987, 697 – Landrotwurst.

[29] BGH VersR 1954, 100 – Trinkmilch; NJW 1972, 2300 – Wasserversorgung I.

[30] Vgl. OLG Frankfurt NJW-RR 1987, 1386 – Weintank.

[31] Supreme Court of North Carolina, in Candle v. Bohameon Co., 16 SE 2d 680.

[32] Vgl. auch Diederichsen, Verhandlungen des 56. DJT, L 48, 65ff.

[33] Vgl. AG Frankfurt VersR 1977, 1137 – Vollkornbrot; LG Dortmund VersR 1987, 697 – Landrotwurst; zu den Warnpflichten bezüglich Zahnschäden bei gezuckerter Säuglingsnahrung s. LG Frankfurt, Urt. v. 14. 6. 1984, zusammengefaßt von Hack, PHI 1984, 139ff. (zu Recht kritisch) u. PHI 1985, 126.

[34] OLG Frankfurt VersR 1982, 151f. – Salmonellen; kritisch Brüggemeier, VersR 1983, 116, 117.

[35] BGH NJW 1982, 2447f. – Muscheln I.

[36] AG Münster VersR 1987, 393f. – Muschelschale.

[37] AG Burgwedel NJW 1986, 2647 – Schnecke (Vertragsrecht) m. zutr. krit. Anm. Wolf, NJW 1987, 821 und 1988, 1251f.

c) Wasser

Schutzpflichten der dargestellten Art *(Rz. 21f.)* sind auch bei **Wassergewinnung** bzw. -verteilung zu beachten. Im Wassereinzugsbereich müssen also Schutzgebiete und Grundwasser überwacht, Brunnen, Quellen und insbesondere Flüsse fortlaufend auf Verschmutzungen und Verunreinigungsgefahren hin kontrolliert werden. In den **Sammel-, Klär- und Verteilerstellen** (Wasserwerken) sowie für die Verantwortlichen der **Leitungsnetze** besteht die Pflicht, die Abnehmer nicht nur vor Verunreinigungen, sondern auch vor gefährlichen Druckveränderungen zu schützen. Die insoweit einschlägigen Wassergesetze und DIN-Vorschriften[38] beschreiben gerade für die Trinkwasserversorgung nicht stets die Obergrenze der Anforderungen. Pflichtverstöße führen in jedem Fall zur Produkthaftung, auch wenn man wegen Überwiegens der distributiven Funktion vielleicht nicht stets von einer Produktion sprechen kann.[39] 26

Beispiele:
Da zu einem Leitungsnetz Stichleitungen (zu Feuerlöschhydranten) gehören und diese nicht regelmäßig gespült werden, bilden sich **Colibakterien,** die in das fließende Wasser gelangen.[40]

Bei der Reinigung des Leitungsnetzes lösen sich **Rohrverkrustungen** aus Eisenoxid; durch diese Wasserverschmutzung wird eine Molkerei geschädigt, die für die Butterwaschung besonders reines Wasser benötigt. Hier hätte die Molkerei auf die bevorstehende Reinigung zumindest hingewiesen werden müssen, um ihr Gelegenheit für Schutzmaßnahmen zu geben.[41]

Bei einer Leitungsaufbesserung werden Rohre eingefügt, deren **Innenanstrich** gesundheitsgefährdende Substanzen enthält, die von dem Wasser aufgenommen werden.

Bei der **Desinfizierung** einer neuen Steigleitung mit aufgelöstem Chloramin gelangt infolge verspäteter und unvollständiger Schließung eines Schiebers konzentriertes Chlorwasser über eine Falleitung in das Versorgungsnetz; dadurch werden Gartenbaukulturen vernichtet. Das Leitungsnetz wurde – bis auf die neue Leitung – von dem Wasserzweckverband (WZB) I zur Verfügung gestellt; dieser bezog das Frischwasser von dem WZB II, der auch die Desinfektion in Auftrag gegeben hatte. Der BGH verurteilte beide Wasserzweckverbände wegen mangelhafter Überwachung der Frischwasserentnahme, den WZB I aufgrund positiver Vertragsverletzung, den WZB II aufgrund Deliktsrechts.[42]

d) Energie

Ob Mängel der Energieversorgung (mit Gas, Elektrizität, Fernwärme) zur Produzentenhaftung führen können, wäre dann zweifelhaft, wenn ein Produkt eine „Sache" sein müßte. Tatsächlich ist Produzentenhaftung aber nicht auf Gegenstände beschränkt, sondern lediglich der Sammelbegriff der Verantwortung für Hergestelltes, das in Verkehr gebracht wird. Demnach unterfällt der Herstellerhaftung nicht nur die Versorgung mit Heißwasser, Wasserdampf und Gas, sondern auch die elektrische Energie.[43] Ein **Elektrizitätswerk** haftet zunächst für Schäden, die auf pflichtwidrig verursachte Unterbrechungen der Stromversorgung oder auf vermeidbare Frequenz- bzw. Spannungsschwankungen zurückgehen, *wenn* hierdurch ein Rechtsgut i. S. des § 823 I BGB verletzt wurde. 27

---

[38] BGH NJW 1972, 2300, 2301 – Wasserversorgung I; VersR 1983, 37 u. 890f. – Wasserversorgung IV.

[39] Anders wohl BGH NJW 1972, 2300, 2302 – Wasserversorgung I. Klarer ist die „Herstellung" durch den Betreiber einer **Wasseraufbereitungsanlage** (BGH VersR 1983, 37 u. 890f. – Wasserversorgung IV) oder eines **Brunnens** (BGH NJW 1983, 2395 – Brunnenwasser).

[40] BGH NJW 1978, 1430f. – Wasserversorgung III.

[41] BGH NJW 1972, 2300ff. – Wasserversorgung I; zu demselben Fall OLG Nürnberg, Urt. v. 11. 12. 1974, Schmidt-Salzer, Entscheidungssammlung II, II 38, S. 364.

[42] BGH VersR 1977, 571, 572 – Wasserversorgung II; zu einem ähnlichen Fall vgl. F. A. Z. Nr. 32 v. 7. 2. 1987, S. 7.

[43] Dazu näher Erman/Recknagel/Schmidt-Salzer, Kommentar zu den Allgemeinen Versorgungsbedingungen, Bd. 1 (1981), S. 226f.

Letzteres ist insofern selten, als durch Funktionsstörungen elektrischer Geräte oft nur die Schaffung *neuer* Rechtsgüter verhindert wird (z. B. bei Stillegung einer Fabrik);[44] existente Rechtsgüter werden z. B. bei einer Störung von Kühl- oder Heizanlagen (etwa in Gewächshäusern) gefährdet.[45] Allerdings können besonders empfindliche Geräte auch durch kleinere Überspannungen Schaden nehmen. Bei Schwankungen des **Gasdrucks** oder der **Wassertemperatur** (bei Fernwärme) gilt entsprechendes.

28 Neben dieser Haftung für Produktfehler stehen die **allgemeinen Verkehrssicherungspflichten** der Energieversorgungsunternehmen. Namentlich Elektrizitäts- und Gaswerke sind z. B. verpflichtet, ihr Leitungsnetz so zu sichern und zu warten, daß der Verkehr nicht durch Stromstöße bzw. ausströmendes Gas gefährdet wird.[46] Die gleiche Verantwortung besteht für Wasserleitungen, deren Brüche in kürzester Zeit zu Unterspülungen führen können.[47]

e) Menschliches Blut, Organe

29 Blut, Blutplasma, Organe und Spermien des Menschen werden nicht einmal als Naturprodukte „gewonnen".[48] Sie werden aber jedenfalls vom Spender, u. U. auch von Blut- bzw. Samenbanken in Verkehr gebracht; in diesem Sinne kommen als *Hersteller* sowohl der Spender als auch eine Blutbank, wenn sie – wie üblich – die Blutspenden mischt (und behandelt), in Betracht. Auch hier hängen die Verkehrspflichten aber nicht von der Herstellereigenschaft ab. Ein **Spender** unterliegt der Deliktshaftung, wenn er an einer Krankheit i. e. S. leidet, die durch das gespendete Blut übertragen werden kann (Lues, Hepatitis, HIV-Infektion), ohne daß er auf diese Krankheit ausdrücklich hinweist.[49] Die Hinweispflicht setzt nicht die sichere Kenntnis der eigenen Infektion (genetischen Schädigung) voraus; sie besteht vielmehr schon dann, wenn der Spender zu einer sog. Risikogruppe gehört oder durch das Mitglied einer solchen Gruppe infiziert worden sein könnte. Eine noch größere Verantwortung obliegt den Verteilerstellen, insbesondere den **Blutbanken.** Sie müssen bei der *Aufarbeitung* des Blutes zu Plasma und Blutkonserven sowie bei deren Lagerung natürlich äußerste Sorgfalt anwenden.[50] Auch Gefährdungen durch infizierte Spender sind auszuschließen; hierzu bedarf es in der Regel schon bei der *Auswahl* einer gewissen Gesundheitskontrolle. Vor allem ist durch Blutprüfungen und ggf. geeignete Blutbehandlung sicherzustellen, daß kein infiziertes Blut in Verkehr gelangt; seit dem 1. 10. 1985 ist für Spender auch in der Bundesrepublik der HIV-Antikörper-Test obligatorisch.[51] Die mit solchen Schutzmaßnahmen verbundenen Kosten müssen wegen des hohen Risikos weitgehend in den Hintergrund treten.

Solange „nur" die Gefahr einer Hepatitis-Infektion im Vordergrund stand, war es allerdings zulässig, neben besonders behandeltem Plasma auch Plasma in Verkehr zu bringen, das keinen vollständigen Schutz vor dem Virus bot, wenn dieses Produkt wesentlich billiger war als das sichere Plasma und vor dem erhöhten Risiko gewarnt wurde.[52]

7. Haftung für Nebenprodukte (Industrieabfälle)

30 Industrielle Abfälle werden auch *negative Produkte* genannt, um zu betonen, daß sie nicht zum Gebrauch oder Verbrauch bestimmt sind und daher auch nicht absichtlich hergestellt werden, sondern bei der Herstellung positiver Produkte anfallen.

---

[44] Zum Eingriff in den eingerichteten und ausgeübten Gewerbebetrieb s. aber § 21 Rz. 109ff.
[45] BGH NJW 1964, 720, 722 – Bruteier.
[46] S. nur OLG Karlsruhe VersR 1979, 382ff.
[47] Vgl. die von Esser (JZ 1953, 129, 131 FN 23, 23a, 28, 32) zitierten Entscheidungen.
[48] Taschner, Art. 2 Rz. 5.
[49] Vgl. Taschner, Art. 2 Rz. 5.
[50] S. auch LG Hamburg VersR 1987, 828 – Immunglobulin = Serum (Strafsache).
[51] Zur Ergänzung der Transfusionsrichtlinien vgl. Bundesgesundheitsblatt 1985, 122.
[52] Zu den allgemeinen Grundsätzen vgl. § 24 Rz. 7; s. auch Plum, VersR 1986, 528ff., insbesondere FN 50.

Für Abfälle ist vielfach auch kein Soll-Zustand vorstellbar, da ihr Ist-Zustand nur beschränkt vermeidbar ist; sie lassen sich infolgedessen nicht immer als „fehlerhaft" bezeichnen. Darauf kommt es im Rahmen der Verschuldenshaftung aber andererseits auch nicht an. Denn die Verkehrspflicht des Herstellers gebietet nicht nur den sichersten *Zustand* eines in Verkehr gegebenen Produkts; sondern in bestimmten Fällen verbietet sie die Inverkehrgabe eines unvermeidbar gefährlichen Produkts gänzlich oder erlegt dem Hersteller auf, wenigstens auszuschließen, daß der Verkehr durch dieses Produkt gefährdet wird.[53] Das hier vorhandene Bedürfnis nach Verkehrssicherung kann nun nicht davon abhängen, ob das schädliche Produkt freiwillig oder unfreiwillig geschaffen wird; es ist jedenfalls *Resultat der Produktion*.[54]

Unabhängig von der Zuordnung zum Herstellungsprozeß ist derjenige, der Abfälle hervorbringt, jedenfalls **nach § 823 I BGB verpflichtet, den Verkehr vor daraus erwachsenden Gefahren zu schützen.**[55] Die hiernach gebotenen Maßnahmen zum Umweltschutz werden sich mit den Anforderungen der Spezialvorschriften (WHG, Landeswassergesetze, BImSchG, TA Luft bzw. Lärm, Abfallbeseitigungsgesetz usw.) weitgehend dekken. Die Obergrenze der Verkehrspflichten bilden diese Vorschriften aber ebensowenig,[56] wie eine öffentlich-rechtliche Genehmigung – bis auf Ausnahmen – von technisch weitergehenden und zumutbaren Schutzmaßnahmen entbindet.[57] Die Verkehrspflichten, welche für die Zuführung von Gasen, Dämpfen, Gerüchen, Ruß, Wärme, Geräusche, Erschütterungen oder ähnliche Einwirkungen *auf ein Nachbargrundstück* gelten, werden durch § 906 BGB konkretisiert.[58] Rechtswidrig sind insoweit lediglich wesentliche Beeinträchtigungen, die nicht ortsüblich sind, aber durch Maßnahmen, welche Benutzern der betreffenden Art zumutbar sind, verhindert werden könnten.[59] 31

II. Haftung bei Arbeitsteilung mehrerer Betriebe

1. Allgemeines

Arbeitsteilung bei der Güterherstellung ist schon für früheste Zeiten nachgewiesen. Ihre Formen haben sich allerdings – begünstigt durch die technisch-naturwissenschaftliche Entwicklung und betriebswirtschaftliche Einsichten – gerade in den letzten Jahrzehnten stark verfeinert und vervielfältigt. Im Rahmen der Produkthaftung ist daher von Bedeutung, in welchem Maße die am Herstellungsprozeß beteiligten Wirtschaftseinheiten für eigene bzw. für fremde Fehler einzustehen haben. Dies hängt, wie sonst auch, von sämtlichen Umständen der konkreten Aufgabenzuweisung und damit vom **Einzelfall** ab. Immerhin lassen sich für die klassischen Kooperationsmodelle typische Pflichtenkreise abstecken. 32

Das gilt zunächst für die **vertikale Arbeitsteilung** zwischen Endhersteller – auch *Assembler* genannt – und Zulieferer: Da der Endhersteller die zur Produktion erforderlichen Stoffe nicht (sämtlich) selbst besitzt, erwirbt er Rohstoffe, Zwischenprodukte (z. B. Walzbleche), einfache Bauteile (z. B. Schrauben, Leim) oder komplexe Bauteile (Meßgeräte, 33

---

[53] Vgl. § 24 Rz. 7, 232.

[54] BGH NJW 1976, 46 – Entsorgung.

[55] RG DR 1942, 1703 (arsenhaltiger Hüttenrauch); BGH MDR 1968, 395; NJW 1976, 46 – Entsorgung; NJW 1985, 47 - Kupolofen; LG Münster NJW-RR 1986, 947, 952f. – Thallium; Brüggemeier, WM 1982, 1294, 1306f.; Diederichsen, in: Umwelt- und Technikrecht, Hrsg. R. Breuer u. a., Bd. 1: Altlasten und Umweltrecht (1986), S. 117, 125ff.; ders., Verhandlungen des 56. DJT, L 49, 65ff., 72ff.; Diederichsen/Scholz, WiVerw 1984, 36; G. Hager, NJW 1986, 1961, 1965ff.; Medicus, JZ 1986, 778.

[56] BGH NJW 1985, 47, 49 – Kupolofen; Diederichsen, Verhandlungen des 56. DJT, L 49, 65ff.; anders noch das RG RGZ 161, 203, 208.

[57] Diederichsen, Verhandlungen des 56. DJT, L 49, 65ff.

[58] BGH NJW 1984, 2207.

[59] BGH NJW 1984, 2207, 2208; ausführlich G. Hager, NJW 1986, 1961, 1962ff.

Motoren) bei Zulieferern. Diese stimmen die Beschaffenheit ihrer Produkte wiederum nicht selten mit dem Endhersteller ab, wenn größere Umsätze zu erwarten sind; im Rahmen einer Auftragsfertigung erstellte Produkte sind sogar allein auf das Endprodukt zugeschnitten. Nach dem vorherrschenden Sprachgebrauch setzt vertikale Arbeitsteilung aber voraus, daß zumindest Konstruktion und Fabrikation der gelieferten Waren durch den Zulieferer erfolgen.

34 Wird ein anderes Unternehmen an Fabrikation oder/und Konstruktion (eines End- oder Teilprodukts) lediglich *beteiligt,* während die restlichen Arbeiten von weiteren Unternehmen oder dem Endhersteller selbst übernommen werden, so liegt **horizontale Arbeitsteilung** vor; anders als dieser Begriff suggeriert, muß die Kooperation hier jedoch nicht unbedingt auf derselben Produktionsstufe erfolgen.

Beispiele: Der Endhersteller beauftragt ein Konstruktionsbüro, ein Produktteil oder das gesamte (End-)Produkt bis zur Serienreife zu entwickeln; ein Spezialunternehmen wird beauftragt, die von dem Endhersteller angelieferten Plastikteile nach genauer Anweisung zusammenzukleben und zurückzusenden; ein Forschungsinstitut soll die Komponente XY eines Pflanzenschutzmittels auf Gesundheitsgefahren hin prüfen; aus Kostengründen wird die Qualitätskontrolle vergeben; der Warnhinweise soll sich auch ein Übersetzungsbüro annehmen.

2. Vertikale Arbeitsteilung

a) Beschränkung der Herstellerhaftung

35 Im Ergebnis herrscht Einigkeit darüber, daß bei vertikaler Arbeitsteilung *(Rz. 33)* die beteiligten Hersteller nicht für sämtliche Gefahren des Endprodukts verantwortlich sind; ihre Haftung ist vielmehr auf die jeweiligen Aufgabenbereiche beschränkt oder doch beschränkbar. Für den **Zulieferer** ergibt sich das schon daraus, daß sein Produkt und dessen Einsatz durch den Assembler nach der Auslieferung seinem Einfluß entzogen sind. Der **Endhersteller** haftet für Pflichtverletzungen des Zulieferers jedenfalls nicht gem. § 831 BGB; denn regelmäßig ist der Zulieferer schon mangels sozialer Abhängigkeit vom Endhersteller nicht dessen Verrichtungsgehilfe.[60] Auch sonst bestehen keine Bedenken dagegen, daß der Endhersteller seine Produkthaftung durch die Einschaltung von Zulieferern begrenzt, wenn er auch insoweit für verkehrsrichtiges Verhalten sorgt.[61]

36 Die **Begründungen** hierfür sind unterschiedlich. Nach herrschender Meinung erstrecken sich die Herstellerpflichten des Assemblers – zumindest für Konstruktion und Fabrikation – ungeschmälert auch auf das zugelieferte Teil des Endprodukts, soweit die *Erfüllung* dieser Pflichten nicht wirksam auf den Zulieferer *übertragen* wird.[62] Demgegenüber ist jedoch zu betonen, daß der Assembler zugelieferte Teile nicht herstellt; im Hinblick auf Konstruktion und Fabrikation dieser Teile können ihm daher nicht die bereichstypischen Herstellerpflichten obliegen.[63] Gleichwohl ist der Assembler für das gesamte, von ihm in Verkehr gebrachte Endprodukt verantwortlich, wenn auch *von vornherein* nur in dem Umfang der durch die Arbeitsteilung ggf. *reduzierten Pflichten.*[63a]

---

[60] BGH NJW 1976, 46, 47 – Entsorgung; Lukes, Reform, S. 43.

[61] BGH VersR 1972, 559, 560 – Förderkorb; NJW 1975, 1827, 1828 – Spannkupplung; NJW 1976, 46, 47 – Entsorgung; Beschluß des BGH v. 7. 3. 1978 – VI ZR 143/77 –, VersR 1978, 550 – Colaflasche.

[62] BGH VersR 1960, 855, 856 – Kondenstopf; VersR 1967, 498f. – Plastikmassebehälter; NJW 1975, 1827, 1828 – Spannkupplung; NJW 1977, 379, 381 – Schwimmerschalter; VersR 1977, 839, 840 – Autokran; OLG Celle VersR 1978, 258f. – Hocker; OLG Düsseldorf NJW 1978, 1693 – Septummeißel; Brüggemeier, WM 1982, 1294, 1305; Kullmann/Pfister, Kza. 3250 S. 3, 9ff.; Lemppenau, DB 1980, 1679, 1680; Schmidt-Salzer, Produkthaftung: Strafrecht, Rz. 1.192f.

[63] RG DR 1940, 1293 – Bremsen II.

[63a] So offenbar auch BGH VersR 1972, 559, 560 – Förderkorb; s. auch BGHZ 103, 298, 304; Lukes, Reform, S. 43; Schmidt-Salzer, BB 1972, 1430, 1436; Schmidt-Salzer/Hollmann, Bd. 1, Einl. Rz. 114.

b) Haftung des Endprodukt-Herstellers

aa) Verkehrspflichten im originären Aufgabenbereich. Zahlreiche Pflichten des Endherstellers werden durch den Umstand der Zulieferung nicht berührt oder lediglich modifiziert. Für Pflichtwidrigkeiten in diesem Bereich haftet der Assembler grundsätzlich uneingeschränkt.[64] 37

aaa) Konstruktion. Der Assembler hat schon im Rahmen der Konstruktion dafür zu sorgen, daß ein Produktteil, das er nicht selber herstellen will, nach Material und Belastbarkeit die Funktion erfüllen kann, die es im Endprodukt erfüllen soll. Ähnlich wie im eigenen Unternehmen kann er auf die Konstruktion des Zulieferteils nämlich dann Einfluß nehmen, wenn der Zulieferer in seinem Auftrag fertigt. Hier besteht die Aufgabe des Assemblers in der **richtigen Spezifikation des Zulieferprodukts.** Er muß dieses entweder *genau beschreiben* (z. B. nach Material, Maßen, Gewicht, Belastbarkeit, Wärmeabgabe) oder durch *Zielvorgaben* sicherstellen, daß das Zulieferprodukt keine sicherheitsrelevanten Mängel aufweist. 38

Beispiele: Beschreibung der Betriebsbedingungen; Benennung der Verwendungszwecke und ggf. (etwa bei Exportprodukten) auch der Einsatzorte; Hinweise auf Spitzenbelastung, mögliche Überbeanspruchung, möglichen Fehlgebrauch durch Abnehmerkreis.

Der Zulieferer muß jedenfalls dann, wenn er die konkreten Eigenschaften des Zulieferprodukts an Hand der Zielvorgaben selber erst ermitteln soll, über die Konzeption des Endprodukts möglichst umfassend informiert werden. Der Assembler wird dem Zulieferer daher Einblick in die Konstruktionspläne geben und ggf. auch Probestücke der übrigen Konstruktionsteile überlassen;[65] im Interesse aller Beteiligten sollten auch sonstige Unterlagen, z. B. Urmodelle, Abgüsse, fertige Lehren, Meßdaten und Prüfberichte, ausgetauscht werden. Soweit der Assembler hiervon absieht, um keine Betriebsgeheimnisse zu gefährden, muß er Informations- und Verständnislücken der beauftragten Zulieferer auf andere Weise, etwa durch Abordnung kompetenter Mitarbeiter oder durch anderweitige sorgfältige Instruktion, ausschließen. Die Direktiven für das Zubehörprodukt werden zweckmäßigerweise in einem **Pflichtenheft** zusammengefaßt.

Im Einzelfall kann es sich herausstellen, daß die von dem Assembler angeordnete Konstruktion des Zulieferteils auf Schwierigkeiten stößt, weil sich ungeahnte technische Probleme ergeben oder jedenfalls der Zulieferer die Qualitätsanforderungen nicht einzuhalten vermag. Hierdurch wird die Auftragserfüllung aber nicht stets hinfällig werden; der Zulieferer wird – zumal bei geringfügigen Abweichungen – vielmehr die aufgetretenen Probleme mitteilen und oft zugleich den Hinweis geben können, welcher Änderung z. B. die Gesamtkonstruktion bedarf, um jene „Schwäche" des Zulieferprodukts auszugleichen. Überhaupt fügt der Zulieferer seinem Produkt häufig Behandlungs-, Montage- oder Verarbeitungshinweise bei. Solche **Instruktionen des Zulieferers sind** von dem Endhersteller **unbedingt zu beachten** und, soweit sie Änderungen der Gesamtkonstruktion nahelegen, zu überprüfen; ihre Mißachtung führt zu einem Konstruktionsfehler. 39

bbb) Fabrikation. Im Rahmen der Fabrikation ist der Hersteller u. a. zu ordnungsgemäßer Materialauswahl verpflichtet *(§ 24 Rz. 128)*; das gilt nicht nur für Rohstoffe, sondern allgemein für Zulieferprodukte. Der Endhersteller muß also jedes Zulieferteil, das nicht nach seinen Weisungen gefertigt wurde, auf die generelle Eignung überprüfen, welche nach dem Ergebnis der Konstruktion erforderlich ist. Diese **Typenprüfung des Zulieferprodukts** muß nach dem neuesten Stand der Wissenschaft und Technik erfolgen. Sie erstreckt sich z. B. auf Güte und Verträglichkeit des Materials, auf die Belastbarkeit und Temperaturempfindlichkeit der Konstruktion und allgemein auf die Betriebssicherheit, falls ein Produktversagen zu Gefahren führen kann. 40

---

[64] OLG Saarbrücken NJW-RR 1988, 611 – Venenkatheter.
[65] Schmidt-Salzer/Hollmann, Bd. 1, Art. 7 Rz. 197.

Beispiele: Schrauben sind nach Material, Durchmesser und Gewinde auf ihre Belastbarkeit zu testen, Tragegriffe und Haltebügel auf ihre Reißfestigkeit,[66] Mineralwasserflaschen auf Druckbeständigkeit,[67] Stahlträger auf Tragkraft und Standfestigkeit (Statik).

Die Prüfung ist zunächst **auf Konstruktionsmängel beschränkt;** denn in seinem originären Aufgabenbereich (für das Endprodukt) hat der Assembler nur dafür zu sorgen, daß das von ihm gewählte Außenteil nicht *seiner Art nach* – durch Einfügung in das Endprodukt – Gefahren verursacht. Darüber hinaus kann der Endhersteller aber auch für die **Fertigungsqualität** verantwortlich sein, falls er zusätzlich für die Sicherheit des zugelieferten Produkts zu sorgen hat (dazu *Rz. 44ff.*).

41 Von der Arbeitsteilung unberührt bleibt selbstverständlich die **Pflicht** des Assemblers, die **zugelieferten Teile nach dem Stand von Wissenschaft und Technik zu verarbeiten.** Diese originäre Fabrikationspflicht schließt die Qualitätskontrolle von Endfertigung und Endprodukt ein; Einzelheiten: *§ 24 Rz. 139ff.*

42 **ccc) Instruktion und Beobachtung.** Zu warnen hat der Assembler in der Regel auch vor solchen Gefahren, die auf das zugelieferte Produkt zurückgehen. Dies gilt jedenfalls dann, wenn er hinreichende **Kenntnis von Gefahrenhinweisen** hat. Diese werden ihm u. U. (pflichtgemäß!) von dem Zulieferer gegeben, wenn dessen Produkt sich – als solches oder in (anderen) Endprodukten – als gefahrträchtig erwiesen hat; erst recht ist der Assembler verpflichtet, dem Verbraucher Gebrauchs- oder Warnhinweise weiterzuleiten, die schon den zugelieferten Teilen beigefügt waren und auch für das Endprodukt wichtig sind. Zu allgemeiner **Beobachtung** der Zulieferprodukte ist der Endhersteller dagegen nur verpflichtet, falls er auch für diese Produkte verantwortlich ist *(Rz. 44ff.)*. Ergeben sich jedoch anläßlich der pflichtgemäßen Beobachtung des Endprodukts Anhaltspunkte für Sicherheitsmängel des Zulieferteils, so wird der Assembler in jedem Fall den Zulieferer benachrichtigen, der ja in erster Linie einzuschreiten hat *(Rz. 89)*. Ist dieser zu einer intensivierten Beobachtung und Überprüfung jedoch nicht bereit oder imstande, muß der Endhersteller hierfür in gewissem Umfang selber Sorge tragen.

43 **ddd) Rückruf.** Eine Verkehrspflicht zum Rückruf fehlerverdächtiger Produkte besteht nur ausnahmsweise und praktisch auch nur zum Schutz der Allgemeinheit, d. h. der mit dem Endabnehmer bzw. Benutzer nicht identischen Personen (näher *§ 24 Rz. 235ff.*). In diesem Umfang ist aber auch der **Assembler verpflichtet, falls der Produktfehler in seinen Verantwortungsbereich** fällt: Jede Pflichtverletzung im Bereich der Endherstellung *(Rz. 37ff.)* löst bei Vorliegen der sonstigen Voraussetzungen die Pflicht zum Rückruf aus, auch wenn der Produktfehler seine Ursache in einem zugelieferten Teil hat. Dagegen läßt sich eine darüber hinausgehende, allgemeine Rückrufpflicht bei fehlerhaften Zulieferteilen nicht rechtfertigen. Zwar muß der Endhersteller, wenn er zusätzlich für die Zulieferteile verantwortlich ist *(Rz. 44ff.)*, nach einer sie betreffenden Pflichtverletzung auch die Folgepflicht zum Rückruf tragen; hier wird er oft gemeinsam mit dem Zulieferer haften. Hat der Assembler sich der Verantwortung für die Sicherheit eines Zulieferteils aber wirksam entledigt, so muß dies auch für eine etwa erforderliche Rückrufaktion gelten; denn sie wäre hier – anders als eine Warnung – mangels eigener Pflichtverletzung kaum mehr zumutbar.[68]

Zumutbar bleibt dem Endhersteller dagegen die **Mitwirkung an einer Rückrufaktion** des Zulieferers *(Rz. 91)*. Hierzu ist er daher auch deliktsrechtlich verpflichtet, falls die jeweilige Maßnahme sonst nicht gleichermaßen wirksam durchgeführt werden könnte. Zumutbar ist u. U. auch die **vorsorgliche Durchführung** des Rückrufs in einer Phase der Unklarheit, welche noch keinen hinreichenden Aufschluß über Fehlerquelle und -verantwortung erlaubt. Diese Pflicht kann aber erst

---

[66] BGH VersR 1967, 498 – Plastikmassebehälter.

[67] OLG Karlsruhe VersR 1978, 550 – Colaflasche; näher § 24 Rz. 102 und Fn. 247.

[68] Anders Niehusen, Grundlagen, S. 22 mit der deliktsrechtlich nicht überzeugenden Begründung, der Fehler des Zulieferteils werde „schließlich in seinem Endprodukt wirksam"; offenbar ebenso Kullmann/Pfister, Kza. 1520 S. 54; zur Dimension der Rückrufkosten vgl. § 56 Rz. 35.

bei Untätigkeit des Zulieferers aufleben und von der Kostenfrage (Versicherbarkeit) nicht ganz gelöst werden *(Rz. 91, § 56 Rz. 35ff.)*. Sie wandelt sich in jedem Fall zur Hauptpflicht des Endherstellers, sobald sich dessen Verantwortung klarer abzeichnet.

bb) Verkehrspflichten für das zugelieferte Produkt. Obwohl der Assembler die zugelieferten Produkte nicht *herstellt,* treffen ihn, da er sie als Teile des Endprodukts in Verkehr bringt, **umfassende Sicherungspflichten.** Denn grundsätzlich vertraut der Verbraucher darauf, daß jedenfalls der Endhersteller keine unnötig gefährlichen Produkte in Verkehr gelangen läßt; diesem Vertrauen kann der Assembler, soweit er nicht selbst herstellt, nur entsprechen, indem er die zugelieferten Waren entweder vollständig überprüft oder schon auf ihre Herstellung einen gewissen Einfluß nimmt.[69] 44

aaa) Alternativpflicht: Vollständige Produktkontrolle. Der Endhersteller darf (Teil-) Produkte, die er von einem beliebigen Zulieferer erworben hat, nur verwenden, wenn er sie einer umfassenden Sicherheitsprüfung unterzogen hat. Diese erstreckt sich einerseits darauf, ob das Zulieferteil *seiner Art nach überhaupt für das Gesamtprodukt geeignet* ist (dazu schon *Rz. 40*). Darüber hinaus hat der Assembler festzustellen, ob *jedes einzelne Zulieferteil als solches fehlerfrei* ist. Diese Untersuchung muß von Rechts wegen mit derselben Gründlichkeit erfolgen, die geboten gewesen wäre, wenn der Assembler das Zulieferteil selber hergestellt hätte. Anderenfalls könnte ein Produzent seine Sicherungspflichten dadurch unterlaufen, daß er sich alle Teile mit nennenswertem Risikopotential ungeachtet ihrer Qualität zuliefern ließe. Die Sicherheitsprüfung muß die Fehlerquellen sämtlicher Herstellungsstufen ausschließen. Insoweit **decken sich die Assemblerpflichten** also **mit den allgemeinen Herstellungspflichten;**[70] auf deren Darstellung wird verwiesen *(§ 24 Rz. 60ff.)*. 45

bbb) Alternativpflicht: Einflußnahme auf Herstellung. Eine haftungsbefreiende Einflußnahme auf die Herstellung der zugelieferten Waren setzt ungeachtet einer Pflicht zur Prüfung dieser Waren *(Rz. 60f.)* immer die 46

- **Kontrolle des Zulieferers** voraus:

– **Auswahl des Zulieferers.** Der Assembler darf sich nur solcher Zulieferer bedienen, die die Gewähr dafür bieten, daß ihre Produkte die nach dem Stand von Wissenschaft und Technik mögliche Sicherheit aufweisen. Das herangezogene Unternehmen muß daher einerseits **zuverlässig** arbeiten, also verantwortungsbewußt geleitet und organisiert[71] sein sowie über zuverlässige Mitarbeiter verfügen.[72] Zur Zuverlässigkeit gehört ferner die fachliche Eignung (Sachkunde), d.h. die persönliche Fähigkeit, den Stand von Wissenschaft und Technik zu ermitteln, ggf. sogar fortzuentwickeln und für Konstruktion, Fabrikation und Instruktion nutzbar zu machen. Der Qualifikation muß die gegenständliche und technische **Ausstattung** entsprechen: Das eingeschaltete Unternehmen darf nicht mit antiquierten Produktionsanlagen oder mit Kontrollvorrichtungen ausgerüstet sein, deren Fehlerquote zu hoch ist. Beispielsweise muß ein Lebensmittelhersteller ohnehin, besonders aber als Lieferant eines Restaurants, für hygienische Verhältnisse sorgen.[73] 47

Selbstverständlich muß die **Eignung** des Zulieferbetriebs nur bzw. gerade **für das gewünschte Produkt** gegeben sein. Im Haftungsprozeß muß daher konkret festgestellt werden, ob sich technische oder Qualifikationsmängel gerade auf den Produktfehler ausgewirkt haben; zur Beweislast des Assemblers s. aber *§ 30 Rz. 32*. Umgekehrt liegt ein Auswahlfehler auch dann vor, wenn einem Zulieferer, der jahrelang Normteile bester 48

---

[69] Vgl. OLG Düsseldorf NJW 1978, 1693f. – Septummeißel.

[70] Vgl. beispielsweise BGH VersR 1960, 855, 856 – Kondenstopf; VersR 1970, 469, 470 – Arbeitsbühne; VersR 1972, 559, 560 – Förderkorb; VersR 1977, 839, 840 – Autokran; OLG Düsseldorf NJW 1978, 1693 – Septummeißel; OLG Saarbrücken NJW-RR 1988, 611 – Venenkatheter; LG Rottweil, Urt. v. 25. 3. 1975, Schmidt-Salzer, Entscheidungssammlung III, III 28, S. 619f. – Friteuse.

[71] Vgl. § 24 Rz. 271ff.

[72] OLG Düsseldorf NJW 1978, 1693 – Septummeißel.

[73] OLG Frankfurt VersR 1982, 151f. – Salmonellen.

Qualität geliefert hat, die Entwicklung eines Spezialgerätes übertragen wird, dessen Sicherheitsprobleme der Zulieferer nicht überblicken kann.[74]

49 In der Praxis sind Zulieferunternehmen oft durchaus unterschiedlich ausgestattet. Gerade kleineren Unternehmen ist es wegen der beschränkten Leistungskraft kaum möglich, Produktions- und Kontrollanlagen stets auf dem *neuesten* Stand von Wissenschaft und Technik zu halten; es ist ihnen auch kaum zumutbar, z. B. einen 8 Monate zuvor erneuerten Maschinenpark wieder abzustoßen, nur weil eine neu entwickelte Technik es ermöglicht, die Ausreißerquote von 1/60000 auf 1/200000 zu senken (vgl. *§ 24 Rz. 53ff., 125ff.*). Hier stellt sich die Frage, ob der Assembler einen **rechtmäßig, aber technisch nicht optimal arbeitenden Zulieferer** beauftragen darf. U. E. darf ein solches Unternehmen nicht herangezogen werden, wenn wenigstens *ein* anderer geeigneterer Lieferant zur Verfügung steht. Denn die Unzumutbarkeit, den Stand der Technik einzuhalten, kann nur die Verkehrspflichten des davon betroffenen Herstellers einschränken. Dem Assembler aber ist es in der Regel durchaus zumutbar, den geeignetsten Zulieferer auszuwählen; das wird ungeachtet der Kosten gelten, es sei denn, daß Personenschäden und größere Schäden ohnehin auszuschließen sind.

50 Nach verbreiteter Ansicht darf der Endhersteller nur solche Zulieferer beauftragen, die – im Falle ihrer Pflichtverletzung – etwaige Schadensersatzansprüche Dritter auch erfüllen können. Geeignet sind demnach praktisch nur Lieferanten, deren Liquidität im Schadensfall durch ausreichenden **Deckungsschutz eines Haftpflichtversicherers** sichergestellt ist.[75]

Grundlage dieses Standpunktes ist die Annahme, der Assembler trage die Herstellerverantwortung für alle Produktteile selbst und könne sich der Haftung durch Pflichtendelegation (auf den Zulieferer) daher nur auf eigene Gefahr entziehen.[76] Diese Vorstellung läßt aber außer acht, daß der Umfang einer Verkehrspflicht nicht vorgegeben ist, sondern von den Umständen des Einzelfalls abhängt; ein solcher Umstand ist auch die Einschaltung einer Hilfsperson.

51 Die Industrie muß damit rechnen, daß die Forderung nach einer solchen Liquiditätsgarantie von der Rechtsprechung aufgegriffen wird.[77] Zu wünschen ist das nicht; denn das Deliktsrecht verpflichtet den Endhersteller nur dazu, mit der gebotenen Sorgfalt *Güterverletzungen zu vermeiden,* nicht aber dazu, bei sich selbst (!) oder (geeigneten) Hilfspersonen im Interesse von Geschädigten für *Liquidität* zu sorgen.

52 Die Anforderungen an die **Feststellung der Eignung** richten sich nach dem Einzelfall, insbesondere nach dem abstrakten Gefahrenpotential des Zulieferteils. Können Mängel dieses Produkts lediglich Sachschäden auslösen, so wird es durchweg ausreichen, daß der herangezogene Lieferant in der Branche als geeignet angesehen wird, Produkte dieser Art herzustellen.[78] Im übrigen kann die Einholung von Referenzen, aber auch ein Einblick in die betrieblichen Verhältnisse des Zulieferers geboten sein. Vielfach wird im Verhandlungsstadium Gelegenheit bestehen, sich bei dem Zulieferer über dessen Produktionsweise, Spezialisierung und Erfahrungen zu informieren; zur Produktionsweise gehört insbesondere auch die Qualitätskontrolle, d. h. Kontrolleinrichtungen, Prüfmethoden, Dokumentationen für Materialien und Fertigteile.

53 Als vorbildlich kann das vom Verband der Automobilindustrie e. V.[79] empfohlene

---

[74] Vgl. Schmidt-Salzer, BB 1979, 1, 3.

[75] Kullmann/Pfister, Kza. 3250 S. 14; MünchKomm/Mertens, § 823 Rz. 197 und § 831 Rz. 63.

[76] Vgl. v. Bar, Verkehrspflichten, S. 270ff.; MünchKomm/Mertens, § 823 Rz. 180; Vollmer, JZ 1977, 371.

[77] Vgl. insbesondere Kullmann/Pfister, Kza. 3250 S. 14; s. aber auch BGH NJW 1987, 2669, 2670 II 1a.

[78] Vgl. Kullmann/Pfister, Kza. 3250 S. 12.

[79] Vgl. dessen Schriftenreihe „Qualitätskontrolle in der Automobilindustrie", Bd. 2: „Sicherung der Qualität von Lieferungen in der Automobilindustrie – Lieferantenbewertung/Erstmusterprüfung –"; zur „**Quelle-Qualität-Norm** (QQN 2000)" vgl. Brendl, Produkt- und Produzentenhaftung, Ordner 2, Gruppe 8, S. 81ff.

Beurteilungsverfahren gelten. Danach ist vor der Auftragsvergabe der **Besuch eines Qualitätsbeauftragten** des Abnehmers beim Zulieferer erforderlich. Die dort vorgefundenen Voraussetzungen werden mit Hilfe eines **Fragebogens** erfaßt, der, von beiden Seiten unterzeichnet, Mindestauskünfte über folgende Bereiche gibt:

- Allgemeine Angaben über **Firma** und **Betrieb, Art und Umfang der Produktion** (leitende Mitarbeiter im technischen und kaufmännischen Zweig; Verantwortlichkeit für Produktion, Verkauf, Qualitätssicherung; Labor-Werkstoffprüfung: Entwicklung, technischer Verbindungsmann, kaufmännischer Verbindungsmann; Größe des Betriebs: Zahl der Beschäftigten in Produktion und Qualitätssicherung, Größe und Sitz weiterer Zweigbetriebe, Umfang der Eigenentwicklung, Lieferung vergleichbarer Teile an andere Kunden, von diesen erhaltene Referenzen, Fertigung anderer dokumentationspflichtiger Teile für die Automobilindustrie, Belieferung von Vorlieferanten oder Zweigwerken, Umfang der Außenfertigung des Zulieferers)
- Angaben über **Betrieb** (Gesamteindruck über Betrieb: Fertigung, Transporteinrichtungen, Lager; Zustand des Maschinenparks: Alter, Pflegezustand, spezielle Prozeß-Überwachungseinrichtungen, z. B. an Schweißmaschinen, Härte- und Vergütungsanlagen und dgl.)
- Angaben über **Qualitätssicherung** (organisatorische Einrichtung, personelle Besetzung nach Mitarbeiterzahl, Ingenieuren, Technikern, Meistern, Güteprüfern; Existenz von Organisationsplan, Prüfplänen, Prüfvorschriften oder sonstigen Anweisungen, aus denen Prüfmerkmale und Prüfumfang zu ersehen sind; Dokumentation und ggf. statistische Auswertungen von Prüfergebnissen; Umfang der Prüfung durch die Fertigungsabteilung; Vorsorge für den Ausschluß fehlerhafter Teile von der Auslieferung; Gefahr von Produktschäden durch betriebliche Transportmittel des Zulieferers; Art und Umfang der Prüfung gefertigter Teile auf Lebensdauer und Alterung; statistische Erfassung von Ausschuß und Garantieschäden im Hinblick auf Qualitätsverbesserung)
- **Zulieferungen** (Erstmusterprüfung und Bericht; Serie)
- **Prüfmittel** (Eignung der Prüfmittel und -methoden für Verwendungszweck des Abnehmers; Zustand und Überprüfung vorhandener Lehren und Prüfeinrichtungen sowie von Meßmitteln; Existenz und Ausstattung eines besonderen Meßraums)
- **Werkstoffprüfung** (personelle Besetzung nach Anzahl der Ingenieure, Chemiker, Techniker, Laboranten; produktbezogene Laboreinrichtungen)
- Art und Umfang **nicht durchführbarer Prüfungen,** die in Zeichnungen und Liefervorschriften aufgeführt sind.

Die sich hieraus ergebende **Qualitätsfähigkeit** wird mit Hilfe eines Punktsystems ob- 54
jektiviert und führt zu folgenden **Einstufungen:**

A voll qualitätsfähig,
B bedingt qualitätsfähig,
C nicht qualitätsfähig.

Entspricht die vorgefundene Qualitätsfähigkeit nicht den Vorstellungen des Abnehmers, ist der Zulieferer jedoch bereit, für Abhilfe zu sorgen, so wird eine erneute Betriebsbesichtigung notwendig sein.

– Vertragliche Verpflichtung. Eine Einwirkung auf den Lieferanten setzt voraus, daß 55
dieser vertraglich verpflichtet wird, das Zulieferteil **nach der genauen Spezifikation des Endherstellers und in der Qualität zu liefern, die dem Stand der Technik bzw. den Vorgaben entspricht.** Die Vertragsgestaltung muß entsprechend detailliert sein; sie muß in Art und Umfang der technischen Anforderungen auch auf Verständnis und Erfahrung des Zulieferers zugeschnitten sein, damit Mißverständisse ausgeschlossen sind. Durch pauschale Klauseln in Allgemeinen Geschäftsbedingungen

„Für die Einhaltung der Qualität ist in vollem Umfang der Auftragnehmer verantwortlich.“[80]

---

[80] Lemppenau, DB 1980, 1679, 1681.

„Der Lieferant hat eine nach Art und Umfang geeignete, dem neuesten Stand der Technik entsprechende Qualitätskontrolle durchzuführen."[81]

kann der Assembler seine Verantwortung daher vielleicht im Innenverhältnis (gegenüber dem Zulieferer) einschränken; seine Verkehrspflicht (gegenüber Dritten) erfüllt er damit nur, wenn dem Lieferanten Herstellungstechnik und Qualitätskontrolle der gewünschten Zulieferteile völlig vertraut sind.[82] Letzteres versteht sich, auch wenn der Lieferant sorgfältig ausgewählt worden ist, nicht von selbst. Vielmehr hat der Assembler vorsorglich **genaue Anweisungen für die Qualitätskontrolle** zu geben, soweit er die erforderliche Sachkunde besitzt. Kann der Endhersteller aufgrund seiner überlegenen Kenntnis des Gesamtprodukts erkennen, daß bei dem Zulieferteil bestimmte „Schwachstellen" oder Risikoquellen drohen, die besonderer Obacht bedürfen, so muß er die Tätigkeit des Zulieferers durch gezielte Hinweise unterstützen;[83] deren Beachtung ist u. U. ebenfalls vertraglich abzusichern.

56 Auch in diesem Bereich sollte man die **Einwirkungspflicht** jedoch **nicht überspannen.** Besteht kein Anlaß, an Zuverlässigkeit und Verantwortungsbewußtsein des Beauftragten zu zweifeln, so darf der Auftraggeber auch erwarten, daß der Zulieferer die für dessen eigene Produkte erreichbare Qualitätssicherung beherrscht. Ergänzender Hinweise des Auftraggebers bedarf es zwar immer dann, wenn die beabsichtigte Verwendung des Zulieferteils zu besonderen Qualitätsanforderungen führt. Ist die spätere Verwendung hingegen die einzig mögliche oder von dem Zulieferer jedenfalls als selbstverständlich vorausgesetzt und berücksichtigt, so gehört die Qualitätskontrolle zu seinem originären und geläufigen Aufgabenbereich. Hier wäre es überflüsssig, von dem Endhersteller zu verlangen, dem Zulieferer die gleiche Kontrolle – in detaillierter Form – nochmals aufzuerlegen.

57 **– Überwachung. In begrenztem Umfang** muß der Endhersteller sich auch nach der Auftragserteilung vergewissern, daß der Zulieferer den in ihn gesetzten Erwartungen entspricht.[84] Allerdings würden die Sorgfaltsanforderungen überzogen (und die angestrebte Arbeitsteilung entwertet), wenn dem Assembler angesonnen würde, die Arbeitsweise seiner Beauftragten auf Schritt und Tritt zu kontrollieren;[85] dazu besteht bei Unternehmen, die als solide und kompetent gelten, auch kein Anlaß. Andererseits bedarf die Überwachung als solche nicht etwa eines konkreten Anlasses oder besonderer Voraussetzungen;[86] denn sie ist letztlich nur ordnungsgemäße Auswahl zur Zeit der Zulieferung.

58 Anders als vor der Auftragserteilung wird jedoch eine Kontrolle der **betrieblichen Verhältnisse** des Lieferanten aus praktischen Gründen nur selten möglich sein. Zu ihr ist der Assembler daher nur ausnahmsweise verpflichtet. Zuzumuten ist ihm aber, Hinweisen (Anzeichen, ernst zu nehmenden Gerüchten) über nachlassende Qualität, betrieblichen Schlendrian oder Mißstände am Arbeitsplatz nachzugehen. Stellt sich erst bei Arbeitsbesprechungen oder einer Unterrichtung über Entwicklungsfortschritte heraus, daß der Auftragnehmer Herstellungs- oder Qualitätsproblemen nicht gewachsen ist, so hat dies deliktsrechtlich ebenfalls zur Folge, daß der Endhersteller die zugelieferten Teile nicht in Verkehr geben darf, ohne den erkannten Gefahren entgegenzuwirken. Welche Maßnahmen er zur Gefahrsteuerung ergreift, ist sein Problem: Bei Anhalt für gravierendes Versagen des Lieferanten muß er auf dessen Mitwirkung gänzlich verzichten, auch wenn die Lösung von dem Vertrag im Einzelfall rechtliche oder ökonomische Probleme aufwirft.

---

[81] Schmidt-Salzer, BB 1979, 1, 3.

[82] Vgl. Kullmann/Pfister, Kza. 3250 S. 13.

[83] Lemppenau, DB 1980, 1679, 1680.

[84] BGH NJW 1976, 46, 47 – Entsorgung; OLG Hamburg VersR 1984, 793, 794 a. E. – Hüftgelenkprothese III; Schmidt-Salzer, BB 1979, 1, 3.

[85] BGH NJW 1976, 46, 47 – Entsorgung; s. auch BGH NJW 1975, 1827, 1828 – Spannkupplung.

[86] So aber offenbar BGH NJW 1976, 46, 47 – Entsorgung; BGH VersR 1975, 87, 88 – Kabelrollen (allg. Verkehrssicherungspflicht); Kullmann/Pfister, Kza. 3250 S. 15.

Nimmt er wegen derartiger Probleme trotz der Gefahrenhinweise die bestellten Waren ab, ist er ggf. zu vollständiger Kontrolle jedes einzelnen Zulieferprodukts gehalten.

59 Zur Überwachung des Lieferanten bleibt eine gewisse **Wareneingangskontrolle** auch ohne besonderen Anlaß erforderlich.[87] Ihr Umfang hängt maßgeblich von dem Gefahrenpotential ab, welches durch den Gebrauch des Zulieferteils entsteht. Der Automobilindustrie beispielsweise ist regelmäßig eine *Erstmuster*-Prüfung des bezogenen Teils zuzumuten, jedenfalls dann, wenn die erforderlichen Prüfeinrichtungen vorhanden sind, und ohnehin, wenn eine Erstmuster-Prüfung schon im eigenen Interesse des Endherstellers erfolgt und üblich ist.[88] Eine Überwachung der Fabrikation des Lieferanten, d. h. der *Serienteile,* wird jedoch regelmäßig nur durch Stichproben erfolgen müssen.[89] Einzelprüfungen können dagegen erforderlich werden, soweit Anhaltspunkte für Qualitätsmängel bestehen oder wegen der Eigenart des Produkts die Qualitätskontrolle durch den Zulieferer nicht ausreicht; u. U. sind dann sogar die dem Zulieferer obliegenden Material- und Funktionsprüfungen Stück für Stück zu wiederholen (*factory type-Prüfung*).

60 • **Kontrolle der zugelieferten Waren.** Ergeben sich bei der Überwachung keine Bedenken gegen die Eignung des Zulieferers, so kann sich der Assembler darauf verlassen, daß die angelieferten Waren spezifikationsgemäß sind und daß Konstruktion, Fabrikation und Instruktion nach dem Stand von Wissenschaft und Technik erfolgten. Da der Zulieferer für sein Produkt die vereinbarten bzw. üblichen Qualitätskontrollen vorzunehmen hat, darf der Auftraggeber insbesondere von deren sachgerechter Durchführung ausgehen. Infolgedessen **ist er zu eigenen Warenkontrollen grundsätzlich nicht verpflichtet.**[90]

61 Eine **Ausnahme** wird allerdings für den Fall gemacht, daß die Tätigkeit des Zulieferers mit besonderen Gefahren verbunden ist, deren Beherrschung auch von dem Endhersteller ohne weiteres überprüft werden kann.[91] Richtigerweise ist jedoch zu unterscheiden: Muß ein dem Zulieferer unterlaufener Herstellungsfehler bei der Verarbeitung des Zulieferteils dem jeweiligen Mitarbeiter des Endherstellers *ins Auge fallen,* so sind diesbezügliche Flüchtigkeiten natürlich von dem Assembler zu verantworten;[92] das gilt namentlich für Fehler, die an dem (fertigen) Zulieferteil durch Sichtprüfung[93] festzustellen sind. Ist ein Sicherheitsmangel dagegen zwar für den Endhersteller, aber *nicht ohne Aufwand* erkennbar, läßt sich eine Untersuchungspflicht nicht rechtfertigen. Denn gerade dieser Aufwand sollte und kann durch Einschaltung des fremden Betriebs eingespart werden. Gestattet die Rechtsordnung aber überhaupt, sich auf sorgfältig gewählte und überwachte Hilfspersonen zu verlassen, so muß dies auch für besonders gefährliche Tätigkeiten gelten; solche werden jedenfalls auch sonst nicht (allgemein) von der sog. Pflichtendelegation ausgenommen.[94]

62 • **Übernahme von Zulieferer-Pflichten.** Läßt der (End-)Hersteller Teile seines Produkts von fremden Unternehmen fertigen, so liegt ihm in der Regel daran, auch eine Produkthaftung für diese Waren zu vermeiden (näher *Rz. 46ff.*). Es kommt jedoch durchaus vor, daß ein Assembler durch Vertrag mit seinem Lieferanten die Verpflichtung eingeht, dessen Herstellerpflichten für das Zulieferprodukt teilweise zu übernehmen.

[87] Schmidt-Salzer/Hollmann, Bd. 1, Einl. Rz. 115, 117.

[88] Vgl. auch dazu Brendl, Produkt- und Produzentenhaftung, Ordner 1, Gruppe 8, S. 29, 39ff.

[89] Schmidt-Salzer/Hollmann, Bd. 1, Einl. Rz. 117; Lemppenau, DB 1980, 1679, 1680; Stichproben: § 24 Rz. 142ff.

[90] LG Kleve, Urt. v. 26. 2. 1964, Schmidt-Salzer, Entscheidungssammlung I, III 6, S. 372f. – Schubstrebe; Schmidt-Salzer/Hollmann, Bd. 1, Einl. Rz. 118 a. E.; enger („nicht in allen Fällen") BGH NJW 1975, 1827, 1828 – Spannkupplung.

[91] BGH NJW 1976, 46, 47 – Entsorgung; Kullmann/Pfister, Kza. 3250 S. 15; zur allg. Verkehrssicherungspflicht BGH VersR 1954, 364, 365; NJW 1965, 197, 199 – Feuerwerk I; VersR 1975, 87, 88 – Kabelrollen.

[92] Vgl. BGH VersR 1977, 839, 840 – Autokran (Montage).

[93] Vgl. § 24 Rz. 149.

[94] S. nur OLG Düsseldorf NJW 1978, 1693 – Septummeißel.

Beispiele:

Für ein Atomkraftwerk sollen Stahlbauteile gefertigt werden; da deren Schweißnähte mit Röntgengeräten überprüft werden müssen, über die nicht der Auftragnehmer, wohl aber der Endhersteller verfügt, verpflichtet dieser sich zur Vornahme der Qualitätskontrolle.

Eine chemische Fabrik bietet einen neuartigen Grundstoff für Pflanzenschutzmittel an, weist aber zugleich darauf hin, daß es sich um eine evident giftige Substanz handele, deren Auswirkung auf die menschliche Gesundheit noch nicht hinreichend getestet sei; wer dieses Produkt wegen seiner Wirksamkeit dennoch erwirbt, ist selbstverständlich – ungeachtet einer Mischung mit weiteren Stoffen – in vollem Umfang für die Warnung der Verbraucher, u. U. sogar für die Inverkehrgabe als solche (die Konzeption), verantwortlich.

63 Durch eine solche Verpflichtung, die im Einzelfall auch den Umständen entnommen werden kann, verhindert der Zulieferer u. U., daß ihm Verkehrspflichten gegenüber den Benutzern des Endprodukts erwachsen.[95] Für den *Endhersteller* ändert sich insofern wenig, als ihm ohne eine Einflußnahme (Pflichtendelegation) auf den Zulieferer ohnehin umfassende Sicherungspflichten obliegen *(Rz. 45)*. Soweit er zusätzlich noch originäre Zulieferer-Pflichten übernimmt und sie verletzt, trifft ihn die **volle Haftung als Hersteller des zugelieferten Produkts.**[96]

64 Grundlage dieser Haftungserweiterung ist in aller Regel eine entsprechende Vereinbarung mit dem Zulieferer. **Ein wirksamer Lieferungsvertrag ist** jedoch **nicht Voraussetzung der Haftungsverschärfung.** Denn die Produktgefahr, welcher der Verkehr durch die zugelieferte Ware ausgesetzt wird, beruht nicht auf diesem Vertrag, sondern darauf, daß der Zulieferer auf eine Gefahrsteuerung verzichtet, weil er aufgrund des Vertrags*schlusses* annehmen konnte, der Endhersteller werde Verkehrsgefährdungen verhindern.[97]

65 **cc) Sonderfall: Montage nach vorgegebenem Plan.** Ein Endhersteller (Assembler) verbindet bzw. verarbeitet die ihm zugelieferten Produkte hauptsächlich nach seinem eigenen Konzept (Konstruktionsplan) für das Endprodukt und im eigenen Interesse. Demgegenüber beschränkt sich ein Montagebetrieb im wesentlichen darauf, angelieferte Einzelteile nach einem ebenfalls vorgegebenen Plan zusammenzusetzen.

Geschieht dies im Interesse und Auftrag eines Dritten, der in der Regel auch die Konstruktionsunterlagen stellt (eigentliche „Montage"[98]), so erfolgt diese Fabrikation im Rahmen horizontaler Arbeitsteilung zugunsten des Auftraggebers. Werden die zugelieferten Teile dagegen auf eigene Rechnung, aber unter Verwendung fremder Konstruktionsunterlagen(-hinweise) montiert, so ist insoweit an sich ebenfalls *horizontale* Arbeitsteilung – im Eigeninteresse – gegeben. Die Rechtsprechung scheint die Montage-Tätigkeit jedoch allein der vertikalen Arbeitsteilung zuzuordnen;[99] die deliktsrechtliche Beurteilung kann davon nicht abhängen.

66 Die Rechtsprechung hat bislang, soweit ersichtlich, nur über die Verkehrspflichten bei eigennütziger Montage befinden müssen;[100] dabei geht es um Gefahren eines Produkts, das ein Montageunternehmer weitgehend aus Zubehörteilen und nach fremdem Plan, aber auf eigene Rechnung zusammensetzt. Die bei dieser Tätigkeit bestehenden Verkehrspflichten liegen nach der Rechtsprechung des BGH über denen eines Vertriebshändlers, aber unter denen des normalen Endherstellers:[101] Der Unternehmer **soll grundsätzlich nur für weisungs- und fachgerechte Montage haften.**

67 Insbesondere die **Konstruktion der Zulieferteile** ist demnach von dem Montageunternehmen nicht etwa an Hand von Zeichnungen und Konstruktionsbeschreibungen nachzu-

---

[95] Zu den entsprechenden Entlastungsmöglichkeiten des Assemblers vgl. Rz. 46ff.

[96] Kullmann/Pfister, Kza. 3250 S. 15f.

[97] Vgl. BGH VersR 1958, 833; VersR 1961, 233f.; Ulmer, JZ 1969, 163, 171ff.; MünchKomm/Mertens, § 823 Rz. 198; Soergel/Zeuner, § 823 Rz. 188, aber umstritten!

[98] Schmidt-Salzer, BB 1979, 1, 7.

[99] BGH VersR 1977, 839, 840 – Autokran.

[100] RG DR 1940, 1293, 1294 – Bremsen II; BGH VersR 1977, 839, 840 – Autokran.

[101] BGH VersR 1977, 839, 840 – Autokran.

vollziehen. Eine solche Überprüfung kann allerdings dann zumutbar sein, wenn die Endmontage ohnehin eine Einarbeitung in Konstruktion und Berechnungsgrundlagen voraussetzt. Werkstücke, die erkennbar fehlerhaft sind, dürfen natürlich in keinem Fall verwandt werden. Bei ernsten Zweifeln an ihrer Betriebssicherheit muß mit dem Konstrukteur bzw. dem jeweiligen Lieferanten Rücksprache genommen werden; dafür ist betriebsintern durch geeignete Weisungen zu sorgen. Weitergehend – und wohl über die BGH-Rechtsprechung[102] hinaus – ist aber zu verlangen, daß die Grundprinzipien der Konstruktion im Rahmen des Möglichen auch in dem Montagebetrieb fachmännisch-verständig überdacht werden.[103] Schließlich steht es dem Montageunternehmer – wie jedem Assembler – frei, sich auch insofern zu entlasten, indem er auf die Herstellung der Zulieferteile Einfluß nimmt *(Rz. 35, 46ff.)*; so soll eine Pflicht zur Prüfung der Konstruktion gänzlich entfallen, wenn diese von einem Spezialunternehmen mit internationalem Ruf stammt.[104]

Da der Montageunternehmer sich insoweit entlasten kann, sollte ihm eine Mitverant- 68
wortung auch für die **Fabrikation der Zulieferteile** auferlegt werden. Der BGH hat zwar betont, die den Warenhersteller im allgemeinen treffende Pflicht, zugelieferte Teile auf Fabrikationsfehler zu prüfen, könne auf Montagebetriebe kaum übertragen werden.[105] Ein Grund für die abweichende Behandlung ist aber nicht ersichtlich; er liegt jedenfalls nicht darin, daß dem Montagebetrieb die *Konstruktion* vorgegeben wird. Eine Entlastung sollte daher auch dem Montageunternehmer nur durch sorgfältige Auswahl und Überwachung geeigneter Zulieferer möglich sein (dazu *Rz. 46ff.*). Zur Aussonderung evident fehlerhafter Werkstücke bleibt er stets verpflichtet *(Rz. 61)*.[106]

Für die **Konstruktion des Endprodukts** ist ein Montageunternehmer nach der Recht- 69
sprechung des BGH ebenfalls nur beschränkt verantwortlich. Er soll nämlich, wenn er aufgrund fremder Konstruktionspläne zusammenbaut, nicht verpflichtet sein, „die Konstruktion *des Geräts* in seinen Einzelteilen anhand von Zeichnungen und konstruktiven Erläuterungen nachzuvollziehen".[107] Indessen ist nicht einzusehen, weshalb sich ein Montagebetrieb[108] auf fremde Konstruktionen (ohne weiteres?) verlassen darf, während ein Assembler, der nicht besondere Schutzmaßnahmen[109] ergreift, für *sämtliche* Gefahren der von ihm verarbeiteten Fremdprodukte haftet. Daher ist ein Montagebetrieb grundsätzlich auch für Mängel der von ihm zugrunde gelegten Konstruktion verantwortlich, wenn er sich nicht hinsichtlich des Konstrukteurs entlastet (dazu *Rz. 46ff.*).

Für **Fabrikationsfehler,** die durch weisungswidrigen Zusammenbau entstehen, haften 70
dagegen nicht Konstrukteur oder Zulieferer, sondern der für die Montage Verantwortliche.

Für **Instruktions- und Beobachtungsfehler** hat der Montageunternehmer wie ein regu- 71
lärer Endhersteller (Assembler!) einzustehen *(Rz. 42)*. Allerdings dürfte eine Vorpflicht zur Untersuchung von Zulieferteilen und Konstruktion auf dem Boden der BGH-Rechtsprechung nur in sehr beschränktem Umfang zu bejahen sein (vgl. *Rz. 66ff.*). Entsprechendes gilt bei unterbliebenem **Rückruf** *(Rz. 43)*.

c) Haftung des Zulieferers

aa) Verkehrspflichten im originären Aufgabenbereich. Wie der Assembler Hersteller 72
des Endprodukts ist, ist der Zulieferer Hersteller seines (Teil-)Produkts. Ihm obliegen

---

[102] Vergleichsweise zurückhaltend noch RG DR 1940, 1293 – Bremsen II.
[103] Kullmann/Pfister, Kza. 1520 S. 63.
[104] BGH VersR 1977, 839, 840 – Autokran.
[105] BGH VersR 1977, 839, 840 – Autokran.
[106] BGH VersR 1977, 839, 840 – Autokran.
[107] BGH VersR 1977, 839, 840 – Autokran (Hervorhebung durch Verf.).
[108] , den noch das RG „uneingeschränkt" als Hersteller ansehen wollte (LZ 1933 Sp. 659 – Mauersteine),
[109] Vgl. Rz. 46ff.

insoweit also grundsätzlich die vollen Herstellerpflichten.[110] Diese werden allerdings durch die jeweilige Beziehung zum Endhersteller konkretisiert oder auch modifiziert.

Rechtspolitisch ist die **Ausweitung der Produkthaftung** auf Zulieferer **nicht unproblematisch.** Der Wert des zugelieferten Teils steht oft in keinem Verhältnis zu dem Wert des Endprodukts (bzw. dem Mehrwert und dem Gewinn des Assemblers) und der Höhe der drohenden Schäden.[111] Auch das Erfordernis einer mehrfachen Versicherung der Produktgefahr (durch Assembler und Zulieferer) ist, obwohl es in anderen Haftungsbereichen Parallelen findet, volkswirtschaftlich nicht sinnvoll.[112]

73 **aaa) Konstruktion.** Die Konstruktionspflichten des Zulieferers werden in besonderem Maße durch die **Sicherheitserwartungen des Abnehmerkreises** bestimmt. Denn zwischen den Erwartungen von Konsumenten und professionellen Verarbeitern bestehen naturgemäß oft wesentliche Unterschiede. Diese ergeben sich einerseits aus der technischen Vorbildung und besseren Produktkenntnis in der Industrie, teilweise aber auch aus den dort höheren Anforderungen an das Produkt. Die Verkehrspflichten können also danach differieren, ob der bestimmungsgemäße Verbrauch durch Konsumenten, Weiterverarbeiter (Assembler) oder in beiden Gruppen erfolgen soll. Prinzipiell steht es jedem Hersteller frei, den bestimmungsgemäßen Gebrauch seiner Waren auf Konsumenten *oder* die Industrie zu beschränken, sei es durch die Bezeichnung des Produkts, durch Instruktion oder durch geschlossene Vertriebswege. Geschieht dies nicht, muß der Hersteller mit einem Produktgebrauch durch beide Abnehmergruppen rechnen und daher den durchschnittlichen Sicherheitserwartungen sämtlicher Kreise Rechnung tragen.[113]

74 Selbstverständlich können sich **industrielle Verbraucher** aber nicht darauf verlassen, daß ein auf dem Markt vorgefundenes Produkt gerade ihren Zwecken genügt. Auch diesbezügliche Sicherheitserwartungen bilden sich daher im allgemeinen gar nicht erst. Jedoch ist mit Ausnahmen zu rechnen und – im Interesse der Gefährdeten – ggf. auch ein *bestimmungswidriger Gebrauch* zu berücksichtigen:

- Ein spezialisiertes oder jedenfalls renommiertes Unternehmen stellt seit längerem ein Produkt X mit bestimmten Eigenschaften in relativ konstanter Qualität her. Deshalb wird dieses Produkt auch in der Industrie als Einbauteil oder zur Verarbeitung genutzt. Um seinen Absatz an die *Konsumenten* durch eine Preissenkung steigern zu können, entschließt sich der X-Hersteller zu einer äußerlich nicht erkennbaren Konstruktionsänderung, welche für den Normalverbraucher folgenlos bleibt, die industrielle Verwendbarkeit aber in Frage stellt. Hier ist die Konstruktionsänderung ohne gleichzeitige Warnung der Assembler pflichtwidrig.
- Ein Produkt Z ist zwar für den privaten Verbrauch, aus Sicherheitsgründen aber nicht für die industrielle Herstellung des Endprodukts E geeignet. Aus Kostengründen wird es von zahlreichen E-Herstellern dennoch verwendet. Lassen sich die daraus resultierenden Gefahren für die E-Verbraucher durch geringfügige Konstruktionsänderungen des Z-Produkts abwenden, die dessen Verarbeitung sicherer (oder unmöglich!) machen, so kann der Z-Hersteller dazu verpflichtet sein. Solange die Z-Serie noch nicht ausgelaufen ist, wird dem Zulieferer allerdings oft nur eine *Warnung* der E-Verbraucher[114] zumutbar sein.

---

[110] BGH NJW 1968, 247, 248 – Schubstrebe; VersR 1972, 559, 560 – Förderkorb; Kullmann/Pfister, Kza. 3250 S. 4ff.; zur Haftung der **nuklearen Zulieferindustrie** s. Gnam, Drittes deutsches Atomrechts-Symposion (1975), S. 223ff.; rechtsvergleichend: Die Produkthaftung in der **Luft- und Raumfahrt,** Schriftenreihe Internationales Wirtschaftsrecht Bd. 1 (1977), Hrsg. K.-H. Böckstiegel; dazu auch Müller-Rostin, ZLW 1983, 225ff.

[111] Diederichsen, DAR 1976, 312, 317; ders., NJW 1978, 1281, 1286; Lemppenau, DB 1980, 1679, 1680; s. aber Kullmann/Pfister, Kza. 3250 S. 3f.

[112] Vgl. Diederichsen, NJW 1978, 1281, 1286.

[113] Dazu grundsätzlich § 24 Rz. 68.

[114] Dazu Rz. 85ff.

Wenn keine besonderen Umstände vorliegen, kann der Hersteller eines vielfältig einsetzbaren Produkts die mit einer *industriellen Nutzung* verbundenen Risiken aber praktisch nicht überblicken; man denke nur an Schrauben, Klemmen, Bleche, Gittermasten, Kleber, Dichtungsmaterial oder Glasscheiben. Daraus folgt als **Grundsatz, daß Produkte, die einem Endhersteller ohne Rücksicht auf den Verwendungszweck geliefert werden, nur eine Mindestsicherheit aufweisen müssen.** 75

Dieser Grundsatz erfährt zwei praktisch sehr wichtige **Ausnahmen:** 76

Bei **Kenntnis von Verwendungszweck bzw. Endprodukt** darf der Zulieferer dem Endhersteller keine Teile überlassen, die für das Endprodukt erkennbar ungeeignet sind. Er muß vielmehr, falls nicht ein bestimmter Warentyp definitiv bestellt ist, bestrebt sein, die Eignung der Zulieferteile zu optimieren. Diese Pflicht verdichtet sich in dem Maße, in welchem sich der Verwendungszweck für den Zulieferer konkretisiert, und richtet sich dann nach den Sicherheitserwartungen eines durchschnittlichen Endherstellers.

Demnach hat z. B. ein Glashersteller, der von einem Produzenten vorfabrizierter Türen gebeten wird, mit der Lieferung einiger Scheiben einzuspringen, im Interesse der gefährdeten Benutzer von sich aus Glas einer gewissen Bruchfestigkeit zu wählen.[115]

Von eminenter Bedeutung ist die Pflicht, eine etwaige **Spezifikation des Zulieferprodukts** zu beachten; sämtliche Hinweise des Assemblers und vertragliche Abreden zu Maßen, Gewicht, Belastbarkeit und sonstigen Qualitäten der Zulieferteile begründen nämlich zugleich Sicherungspflichten zugunsten des Assemblers und des übrigen Verkehrs. Dies hängt nicht davon ab, ob sich durch eine solche Spezifikation der *Endhersteller* von den ihm obliegenden Pflichten *befreien* kann.[116] Der Zulieferer hat also nach dem Stand von Wissenschaft und Technik dafür zu sorgen, daß die Konstruktion seiner Waren den Anforderungen des Assemblers entspricht. Erscheinen diese widersprüchlich, muß er ggf. mit dem Auftraggeber Rücksprache nehmen, in jedem Fall aber bei Auslieferung der Waren einen Hinweis geben. In der Praxis werden Qualitätsanforderungen nicht selten etwas unklar formuliert, obwohl der Auftraggeber sich damit um seine Haftungsbefreiung bringen kann. Hier ist es dem Auftragnehmer nicht zu verdenken, wenn er seine vertraglichen Pflichten im Hinblick auf die vereinbarte Gegenleistung so einschränkend interpretiert, wie der Vertragstext das zuläßt (§§ 133, 157 BGB). Auch deliktsrechtlich kann von dem Zulieferer nicht mehr als die Gewähr der vereinbarten Spezifikation verlangt werden – freilich nur im Rahmen der Konstruktion (und Fabrikation): *Hinweise* an den Auftraggeber sind stets zumutbar. Der Zulieferer hat den Assembler daher auf jede Unklarheit der Spezifikation aufmerksam zu machen, bevor die bestellten Teile Schäden anrichten können;[117] das gilt um so mehr, wenn der Zulieferer die betreffende Beschreibung zu seinen Gunsten ausgelegt hat. 77

bbb) Fabrikation. Oft wird ein Produkt in verschiedenen Abnehmerkreisen genutzt, z. B. von Konsumenten und industriellen Verarbeitern, von letzteren u. U. auch in mehreren Branchen. Auf den ersten Blick decken sich die Sicherheitserwartungen aller Verbraucherkreise in der Annahme, daß die Fabrikation des – wie auch immer konstruierten – Produkts technisch optimal und in möglichst konstanter Qualität erfolgt. Allerdings werden die Fehlerquellen eines Herstellungsverfahrens und ggf. auch die damit verbundene Ausreißerquote einem industriellen Abnehmer eher bekannt sein als den Privatverbrauchern. Wesentliche **Unterschiede für die Fabrikationspflichten** können sich jedenfalls **aus dem spezifischen Verwendungszweck** einzelner Abnehmerkreise ergeben;[118] welche Maßnahmen zur Gefahrsteuerung erforderlich und zumutbar sind, hängt nämlich vor allem von dem Gefahrenpotential ab, dieses wiederum von dem jeweiligen Produktge- 78

---

115 Zu dem Fall vgl. Schmidt-Salzer, Produkthaftung, Rz. 139.

116 Dazu Rz. 46 ff.

117 Vgl. Kullmann/Pfister, Kza. 3250 S. 5.

118 Schmidt-Salzer, Produkthaftung, Rz. 143.

brauch. Beispielsweise kann ein Leck oder die Knickanfälligkeit eines Plastikschlauchs in einer Berieselungsanlage zu Wasserschäden oder Pflanzungsverlusten führen, in einem Narkosegerät aber zum Tode des Patienten. Im ersten Fall kann bei der Schlauchherstellung im Einzelfall eine bestimmte Ausreißerquote hinzunehmen sein *(§ 24 Rz. 125ff.)*; im zweiten Fall ist jeder Kompromiß – spätestens bei der Qualitätskontrolle[119] – pflichtwidrig. Entsprechend variieren auch die Pflichten eines Zulieferers: Er muß, falls nicht ein bestimmter Warentyp definitiv bestellt ist, bestrebt sein, den **Verwendungszweck des Auftraggebers bei der Qualitätssicherung zu berücksichtigen;** hierbei kommt es auf durchschnittliche Sicherheitserwartungen an.

Z. B. hat der Hersteller von geschmiedeten Zulieferteilen für Kraftfahrzeuge nicht nur die Maße und die Oberflächen auf Fehler bzw. Risse zu überprüfen, sondern er muß auch für eine sog. magnetische Flutung der Teile sorgen.[120]

79 Größte Sorgfalt ist natürlich geboten, wenn die Qualitätsanforderungen – u. U. sogar die maximale Ausreißerquote – durch eine **Spezifikation des Zulieferprodukts** festgelegt sind. Kann der Zulieferer die Erfüllung dieser Anforderungen nicht sicherstellen, so durfte er den Auftrag rückblickend nicht einmal übernehmen; er haftet daher ggf. wegen Vertragsverletzung. Eine unerlaubte Handlung begeht der Zulieferer erst, wenn er die bestellten Waren übergibt und dadurch bei dem Endhersteller den Eindruck ihrer spezifizierten Beschaffenheit erweckt, obwohl er sich davon nicht überzeugt hat (Fabrikationsfehler). Zu den Pflichten bei unzulänglicher Spezifikation s. *Rz.* 77.

80 **ccc) Instruktion.** Eine Pflicht zur **Instruierung des Endherstellers** besteht bei typischen Gefahren des Zulieferprodukts und insoweit, wie der Zulieferer wegen Kenntnis des Verwendungszwecks auf weitere Risiken schließen kann. Vor typischen Gefahren ist jedenfalls dann zu warnen, wenn sie in dem Industriezweig (der Branche) des Endherstellers nicht allgemein bekannt sind. Ein Hinweis des Zulieferers ist auch dann geboten, wenn zwar die Gefahr seines Produkts bekannt ist, nicht aber ein besonders wirksamer Weg zur Gefahrvermeidung, den der Zulieferer aufgrund seiner überlegenen Produkterfahrung zeigen könnte.[121] Stets ist aber der Aufgabenbereich des Endherstellers im Auge zu behalten: Für Risiken, die aus der Verwendung eines *nur dafür* nicht geeigneten Zulieferteils erwachsen, ist in erster Linie der Assembler verantwortlich; davon, daß er seine Pflichten erfüllt, darf auch der Zulieferer grundsätzlich ausgehen. Dessen Gefahrsteuerung kann sich daher im allgemeinen auf Risiken beschränken, die der Endhersteller mangels Spezialisierung oder Erfahrung mit dem Zulieferteil auch bei pflichtgemäßer Handhabung u. U. nicht ohne weiteres beherrscht.[122] Verläßt sich der Hersteller aber auf die Eignung des ihm angebotenen Zulieferteils, ohne daß die wechselseitigen Informationen und Eignungsprüfungen dies rechtfertigen, so muß der Zulieferer, wenn er das erkennt, den Assembler auf die verbleibenden Unsicherheiten hinweisen. Diese an Stelle des Endherstellers zu beheben, ist der Zulieferer dagegen nicht gehalten, es sei denn, daß er eine diesbezügliche vertragliche (Neben-)Pflicht übernommen hat. Dies und der Umfang einer solchen Pflicht bedürfen im Einzelfall näherer Prüfung. Überhaupt sind die Verantwortungsbereiche von Zulieferer und Assembler im nachhinein nur durch eine **Gesamtschau aller rechtlichen und tatsächlichen Elemente der Kooperation** abzugrenzen.[123]

81 Beispielhaft zeigt dies der von dem BGH entschiedene **Arbeitsbühnen-Fall:**[124] Der Benutzer einer Arbeitsbühne wurde schwer verletzt, als diese aus 25 m Höhe herabstürzte, weil in ihrem 1,5 PS

[119] Vgl. etwa § 24 Rz. 142.

[120] Kullmann/Pfister, Kza. 3250 S. 4 FN 15; offengelassen in BGH NJW 1968, 247, 248 – Schubstrebe; s. auch § 24 Rz. 156.

[121] Kullmann/Pfister, Kza. 3250 S. 5.

[122] Anders offenbar Kullmann/Pfister, Kza. 3250 S. 5 FN 21.

[123] Zu dem Parallelproblem im Verhältnis zwischen Endhersteller und Produkterwerber vgl. § 24 Rz. 186.

[124] BGH VersR 1970, 469 – Arbeitsbühne.

starken Aufzugsmotor die Schneckenradwelle brach; die Welle war der Torsions- und Biegebeanspruchung aufgrund ihrer Konstruktion nicht gewachsen. Den demnach zu schwachen Motor hatte die Herstellerin der Arbeitsbühne von einer Lieferantin bezogen, die den Motor aber ebenfalls nicht produziert hatte. Obwohl die Endherstellerin ursprünglich einen 2 PS starken Motor bestellt hatte, bot ihr der für die Lieferantin tätige Ingenieur L. im Hinblick auf eine unrichtige Information über das Gesamtgewicht der Bühne den kleineren Motor an und verließ sich angeblich darauf, daß die Endherstellerin die nach dem Einbau zu erwartenden Biegemomente durch eigene Maßnahmen neutralisieren würde. Während L. von dem Verwendungszweck des Motors wußte, war streitig, ob ihm auch die Einzelheiten der Bühnenkonstruktion bekannt gewesen waren. Der BGH hielt nach allem weitere Sachaufklärung für erforderlich, um prüfen zu lassen, „ob es ausreichte, daß sich Ing. L. darauf verließ, die (Endherstellerin) werde die anerkannten Regeln der Technik beachten und selbst das Biegemoment ausschalten, oder ob er angesichts der besonderen Gefahren und der möglicherweise individuellen, nicht auf allgemeine Erfahrungen zu stützenden Art der Gesamtanlage deren Konstruktion in ihren Einzelheiten hätte prüfen und danach die Belastbarkeit des Motors auch hinsichtlich der auftretenden Biegekräfte berechnen müssen“.[125]

In scharfem Gegensatz zu dem Recht des Zulieferers, von aufwendiger Anwendungsberatung für industrielle Verbraucher abzusehen, steht die Verpflichtung, Fragen des Endherstellers nach Umfang und Grenzen der Produkteignung richtig, vollständig und ohne Beschönigung zu beantworten. Erst recht bei Anfragen zu konkreten Gefahren ist dem Zulieferer **jede Beschwichtigung untersagt,** die von dem Assembler ernst genommen werden kann, sachlich aber nicht zu verantworten ist. Eine schuldhaft falsche Beratung über den Anwendungsbereich des Produkts führt in jedem Fall zur Haftung für bestimmungsgemäßen Gebrauch *(§ 24 Rz. 72),*[126] d. h. zum Konstruktions- oder Fabrikationsfehler; im Einzelfall kann sie sogar eine vorsätzlich sittenwidrige Schädigung sein (§ 826 BGB; *§ 35 Rz. 1ff.).* 82

Wenn keine weitergehenden Aufklärungspflichten bestehen, darf der Zulieferer sich auf Fragen nach der Produkteignung aber auch **mit Nichtwissen** erklären. 83

Darum ging es im **Plastikmassebehälter-Fall.**[127] Der Hersteller von Plastikspachtelmasse bezog von dem Zulieferer sog. „25 kg-Hobbocks“, nämlich Blecheimer mit zwei beweglichen Tragegriffen aus 5 mm starkem Walzdraht. Ein Malermeister verunglückte beim Transport eines solchen Hobbocks, weil dieser mit 50 kg Plastikmasse gefüllt war und sich deshalb ein Tragegriff löste. Der Endhersteller hatte sich zuvor bei dem Zulieferer erkundigt, ob er die Hobbocks derart belasten könne, und die Antwort erhalten, sie seien für 25 kg geeignet; ob er – der Endhersteller – 50 kg einfüllen könne, müsse er selbst wissen. Damit brachte der Zulieferer deutlich zum Ausdruck, daß eine Belastung mit mehr als 25 kg von dem Assembler zu verantworten sei; zu dieser knappen Auskunft war er auch berechtigt.[128] S. aber auch *Rz. 86!* 84

Für eine **Instruierung der Endabnehmer,** d. h. der Benutzer des Endprodukts, besteht insofern kein Bedürfnis, als der Zulieferer sich darauf verlassen kann, daß seine Waren von dem Assembler nur im Rahmen ihrer Eignung (bestimmungsgemäß) eingesetzt werden;[129] dazu gehört auch die Erwartung, daß der Assembler Instruktionen des Zulieferers, die (auch) für die Endabnehmer wichtig sind, an diese weiterleitet. Eine gesonderte Warnung der Endabnehmer ist jedoch in zwei Fällen geboten: bei erkennbarem Fehlgebrauch des Zulieferteils und vor solchen Risiken, die erst nach der Inverkehrgabe des Endprodukts erkennbar werden. 85

Ein **erkennbarer Fehlgebrauch des Endherstellers** liegt z. B. vor, wenn dieser ersichtlich die Belastungsgrenzen der zugelieferten Waren ignoriert, Warnungen des Zulieferers vernachlässigt oder pflichtwidrig nicht an die Endabnehmer weiterleitet. Hier können, 86

---

[125] BGH VersR 1970, 469, 470 – Arbeitsbühne.
[126] Vgl. Schmidt-Salzer, Produkthaftung, Rz. 142.
[127] BGH VersR 1967, 498 – Plastikmassebehälter.
[128] BGH VersR 1967, 498 – Plastikmassebehälter; a. A. Schmidt-Salzer, Produkthaftung, Rz. 141.
[129] Dies gilt auch sonst im Verhältnis zu Dritten, vgl. § 24 Rz. 68, 101, 174ff.

falls eine Warnung der Endabnehmer untunlich oder unzureichend ist, zu deren Schutz auch wirksamere Maßnahmen geboten sein, etwa ein Lieferungsstopp oder die Einschaltung der Behörden.[130] Derartige Initiativen sollten dem Zulieferer, dessen Herstellerverantwortung hier nachgeordnet ist, allerdings nur bei evidenten und schweren Gefahren zugemutet werden. Müssen z. B. verglaste Zimmertüren mit 6 mm starken Scheiben ausgestattet sein, während ein Hersteller dieser Türen billigere 5 mm-Scheiben eingesetzt hat, so geht es zu weit, dem Glaslieferanten aufzuerlegen, die Geschäftsbeziehung (ungeachtet der vertragsrechtlichen Konsequenzen!) abzubrechen und die Gewerbeaufsicht auf die beschränkte Bruchsicherung der schon ausgelieferten Scheiben hinzuweisen.[131]

87 Stellt sich **nach Inverkehrgabe des Endprodukts** heraus, daß die Endabnehmer durch einen **Fehler des Zulieferteils** gefährdet sind, so ist – neben dem Endhersteller *(Rz. 42)* – auch der Zulieferer zur Warnung verpflichtet. Ob er sich hierbei (der Organisation) des Endherstellers bedient, ist eine Frage der technischen Abwicklung. In jedem Fall hat sich der Zulieferer zu vergewissern, ob der Assembler die gebotenen Maßnahmen ergreift, und solche notfalls gegen dessen Willen durchzuführen. Regelmäßig wird eine wirksame Warnung der Endabnehmer, wenn man von der Einschaltung der Medien einmal absieht, ohne die tatkräftige Unterstützung des Assemblers (dessen Kundenkartei, Vertriebshändler usw.) aber gar nicht möglich sein. Hier erlangt Bedeutung, daß dem Endhersteller ungeachtet seiner vertraglichen Beziehung zum Zulieferer gegenüber den Endabnehmern die *Verkehrspflicht* obliegt, den Zulieferer bei Erfüllung seiner Warnpflicht zu unterstützen; diese Pflicht hängt unter normalen Umständen auch nicht von Fähigkeit und Bereitschaft des Zulieferers ab, die Kosten der Warnaktion zu erstatten.

88 Anders ist die Rechtslage, wenn die mit Verspätung festgestellte Gefahr auf einen **Fehlgebrauch des Zulieferteils** zurückgeht, der nur von dem Endhersteller zu verantworten ist. Hier ist vorrangig der Endhersteller zur Warnung verpflichtet, der Zulieferer erst dann, wenn der Assembler seiner Pflicht aus Prestigedenken oder wegen evidenter Verkennung von Verdachtsmomenten nicht nachkommt. Diese Voraussetzung einer evidenten Pflichtverletzung ist schon dadurch bedingt, daß dem Zulieferer nicht zugemutet werden darf, sich durch eine unfundierte Herabsetzung der für ihn fremden Endprodukte schadensersatzpflichtig zu machen.[132]

89 **ddd) Beobachtung.** Als Hersteller muß auch der Zulieferer verfolgen, ob sich seine Produkte in der Praxis, hier also: nach ihrer industriellen Verarbeitung, bewähren. Bei jedem **konkreten Anhaltspunkt für Gefahren** des Endprodukts, die auf das Zulieferteil zurückgehen *können*, sind daher intensivierte Beobachtungen und eigene Tests erforderlich, die möglichst in enger Zusammenarbeit mit dem Endhersteller erfolgen sollten. Diese Aufklärungspflichten bestehen aber nur in dem Umfang der übrigen Zulieferpflichten und des Zumutbaren. Der Zulieferer kann sich daher zunächst darauf konzentrieren, Fehler seiner eigenen Waren zu suchen bzw. auszuschließen; denn Gefahren, die aus einer fremdverschuldeten Inkompatibilität bzw. einem Fehlgebrauch seiner Waren herrühren, hat in erster Linie der Endhersteller zu bekämpfen *(Rz. 42, 44ff.)*. Kann der Zulieferer ihn hierbei allerdings aufgrund bereits durchgeführter, eigener Untersuchungen unterstützen, so muß er dies selbstverständlich tun. Ferner versteht sich, daß Assembler und Zulieferer diejenigen Informationen und Unterlagen, die eine Untersuchung bzw. Entkräftung des Fehlerverdachts erleichtern, im Notfall wechselseitig zur Verfügung stellen müssen.

90 Ohne konkreten Anhalt für einen Produktfehler kann dem Zulieferer eine **aktive Beobachtung des Endprodukts** dagegen kaum zugemutet werden. Ist sie ihm überhaupt möglich, so kann sie durch den Endhersteller doch wesentlich zuverlässiger und wirtschaftlicher durchgeführt werden. In der Regel wird es daher ausreichen, daß der Zulieferer den

---

[130] Vgl. BGH VersR 1960, 856, 858 – Silo; näher § 24 Rz. 231.

[131] So aber offenbar Schmidt-Salzer, Produkthaftung, Rz. 139f.; Kullmann/Pfister, Kza. 3250 S. 5; einschränkend Anhalt, Teil 13/2, S. 4f.

[132] Zu dem entsprechenden Problem bei Zubehörprodukten vgl. Rz. 155f.

Assembler veranlaßt, ihm Berichte und Erkenntnisse über Mängel der Zulieferteile weiterzuleiten. Diese **Mitwirkung des Endherstellers** sollte, soweit möglich, durch vertragliche Bindung sichergestellt werden.[133]

eee) Rückruf. Eine Verkehrspflicht zum Rückruf besteht nur ausnahmsweise und praktisch auch nur zum Schutz der sog. by-stander (näher *§ 24 Rz. 235ff.*). In diesem Umfang obliegt sie aber auch dem **Zulieferer, falls der Produktfehler in seinen Verantwortungsbereich** fällt.[134] Beruht der (Verdacht auf einen) Fehler des Endprodukts dagegen auf einem Fehlgebrauch des Zulieferteils durch den Assembler, so ist allein dieser zu einem Rückruf verpflichtet. Angesichts der mit einer Rückrufaktion verbundenen hohen Kosten wäre es dem Zulieferer wohl kaum zuzumuten, auch nur hilfsweise einen Rückruf zu initiieren und dann dessen Kosten tragen zu müssen, weil sich der Fehlerverdacht als unbegründet erweist und/oder ein Rückgriff auf den hauptverantwortlichen Assembler z. B. mangels Liquidität scheitert (vgl. auch *Rz. 43*). 91

Die **Durchführung** eines Rückrufs, der dem Zulieferer obliegt, ist praktisch nur in enger Zusammenarbeit mit dem Endhersteller möglich. Dieser ist auch seinerseits zur Kooperation verpflichtet *(Rz. 43)*. Er muß z. B. den Kontakt zu den Endabnehmern ermöglichen oder beschleunigen und ggf. vor allem bei der Überprüfung bzw. Reparatur der zurückgegebenen Endprodukte mitwirken, indem er seine Vertragswerkstätten, Prüf- und Fertigungstechnik sowie Fachkräfte – zumindest gegen Entgelt – zur Verfügung stellt.

bb) Verkehrspflichten für das Endprodukt. Mit Ausnahme der Lieferung des bestellten Produktteils kann der Zulieferer keinen Einfluß auf die Herstellung des Endprodukts nehmen. Auch Instruktionen zum Gebrauch des Zulieferprodukts – einschl. etwaiger Ratschläge für die Herstellung des Endprodukts – machen den Zulieferer nicht zum Endhersteller. Herstellerpflichten für das Endprodukt obliegen ihm daher **grundsätzlich nicht.** 92

Verkehrspflichten für das Endprodukt treffen den Zulieferer allerdings **insoweit, wie er** originäre **Assembler-Pflichten**[135] **übernimmt.** Dies geschieht regelmäßig, aber nicht notwendig im Rahmen *vertraglicher* Absprache mit dem Endhersteller *(Rz. 64)*. Die Pflichtenerweiterung auf seiten des Zulieferers hängt nicht davon ab, ob der Endhersteller in gleichem Umfang entlastet wird. 93

Beispiele für Pflichtenübernahme: Eine Ölgesellschaft bestellt eine Anzahl Generatoren, die in Nordkanada eingesetzt werden sollen; der Generatorhersteller vereinbart mit seinem Motorlieferanten, daß dieser die Betriebssicherheit der Aggregate für Temperaturen bis zu minus 40 ° C sicherstellt. Dem Hersteller eines Klebers wird, da er über die besseren Prüfeinrichtungen verfügt, aufgetragen, die Haltbarkeit einer Klebeverbindung in mehreren Probestücken des Endherstellers a) bei extremer Feuchtigkeit, b) unter Langzeitvibration (Simulation eines Schiffsmotors) zu testen.

3. Horizontale Arbeitsteilung

a) Allgemeines

Horizontale Arbeitsteilung ist gegeben, wenn jemand, der ein Produkt auf eigene Rechnung in Verkehr bringen will, Arbeitsgänge auf einer oder mehreren Produktionsstufen an ein anderes Unternehmen vergibt (näher *Rz. 34*). Wie bei vertikaler Arbeitsteilung dem Endhersteller, muß es hier dem Auftraggeber möglich sein, auch die **deliktsrechtliche Verantwortung** für die Fremdarbeiten **auf den Auftragnehmer zu konzentrieren.** 94

Nur die **Begründung** dieser Haftungsbeschränkung ist zweifelhaft. Entweder sieht man den Auftraggeber als „Hersteller“ des ganzen Produkts an und gestattet ihm lediglich, seine (umfassenden) Pflichten von dem Auftragnehmer *erfüllen* zu lassen;[136] oder man beschränkt Herstellereigen-

[133] Kullmann/Pfister, Kza. 3250 S. 4f.
[134] Kullmann/Pfister, Kza. 3250 S. 4f.; Niehusen, Grundlagen, S. 22.
[135] – wenn auch (nach herrschender Meinung) nur zur Erfüllung –
[136] So wohl BGH NJW 1975, 1827, 1828 – Spannkupplung.

schaft und -haftung auf den jeweiligen Aufgabenbereich mit der Folge, daß stets mehrere „Hersteller“ tätig werden.[137] Letzteres erscheint richtiger (vgl. *Rz. 36*).

95 Jedoch treffen den Auftraggeber auch hinsichtlich der vergebenen Arbeiten **umfassende Sicherungspflichten.** Denn grundsätzlich vertraut der Verkehr darauf, daß jedenfalls der Koordinator des Herstellungsverfahrens keine unnötig gefährlichen Produkte in Verkehr gehen läßt. Diesem Vertrauen kann der Auftraggeber, soweit er nicht selbst herstellt, nur entsprechen, indem er die betriebsfremden Leistungen entweder vollständig überprüft *(Rz. 45)*[138] oder schon auf die Auftragserledigung einen gewissen Einfluß nimmt.

96 Die **Abgrenzung von vertikaler und horizontaler Arbeitsteilung** ist unsicher, weil Einigkeit nur über die Zuordnung der Grundfälle dieser Kooperationsformen besteht. In den Randbereichen, namentlich bei Fixierung zusätzlicher Prüfpflichten für die eine oder andere Seite, kommt es oft zu Überschneidungen, so auch in den Beistellungs-Fällen *(Rz. 112)*. Für die deliktsrechtliche Bewertung ist das nicht entscheidend. Denn die Kategorisierung nach Kooperationsformen gibt lediglich Orientierungshilfe, indem sie die Verantwortungsbereiche und damit die Einzelpflichten typisiert; zumindest jeder atypische Fehler bedarf einer Neubewertung.

97 Das gilt auch insofern, als der Auftraggeber in der Praxis keineswegs immer sämtliche Arbeiten vergibt, die auf einer bestimmten Produktionsstufe anfallen. Oft rentiert es sich, nur einzelne Arbeitsprozesse von Fremdunternehmen ausführen zu lassen. Die Kontrolle dieser Arbeiten kann für den Auftraggeber leicht, schwieriger oder unmöglich sein; entsprechend variiert – auf allen Produktionsstufen – der zumutbare Kontrollaufwand. Grundsätzlich sind die bei vertikaler und horizontaler Arbeitsteilung bestehenden Pflichten jedoch gleichartig; **das zur vertikalen Arbeitsteilung Gesagte**[139] **gilt** daher **weitgehend auch hier.**

b) Vergabe von Planung bzw. Konstruktion

98 In dieser Fallgruppe läßt der Auftraggeber ein Produkt oder Teile dieses Produkts z. B. von einem Konstruktionsbüro konzipieren. Er kann von dem Auftragnehmer ebensogut (nur) Vorfragen, Zweifelsfragen oder Spezialprobleme verbindlich klären lassen.

Beispiel: Ein Hersteller von Motorradzubehör will eine Lenkerverkleidung auf den Markt bringen. Er kann absehen, daß sich für Maschinen mit einer Höchstgeschwindigkeit von 120 km/h keine Sicherheitsprobleme ergeben; nur bei einem bestimmten, besonders leicht gebauten Motorradtyp bleiben letzte Zweifel. Er beauftragt daher ein Forschungsinstitut mit zusätzlichen Windkanal-Tests.

99 Der **Auftragnehmer,** welcher die Arbeiten im Konstruktionsbereich übernommen hat, hat grundsätzlich als Hersteller dafür einzustehen, daß seine Tätigkeit spezifikationsgemäß[140] erfolgt ist und keine nach dem neuesten Stand von Wissenschaft und Technik vermeidbaren Gefahren birgt. Diese Haftung setzt keinen *wirksamen* Vertrag voraus, wenn der Auftraggeber wegen des Vertrags*schlusses* oder aus anderen Gründen erkennbar davon ausgeht, der Beauftragte habe die übernommene Aufgabe verantwortlich erledigt *(Rz. 64)*. Über außergewöhnliche Eigenschaften des Produkts und sämtliche mit der Konstruktion verbundenen Gefahren muß der Auftragnehmer den Auftraggeber detailliert informieren; vgl. dazu über die Zuliefererpflichten *Rz. 80ff.* Nicht verantwortlich ist der Auftragnehmer dagegen für Gefahren, die sich aus Abweichungen von seinen Plänen oder Hinweisen ergeben. Zur Warnung der Benutzer der fertigen Produkte und zur Beobachtung dieser Produkte auf Konstruktionsfehler ist er im allgemeinen nur wie ein Zulieferer *(Rz. 85ff.)* verpflichtet; denn regelmäßig sind nur auf seiten des Auftraggebers die Vor-

---

[137] So z. B. Lukes, Reform, S. 44; Schmidt-Salzer/Hollmann, Bd. 1, Einl. Rz. 111.
[138] S. auch BGH VersR 1970, 469, 470 – Arbeitsbühne.
[139] Vgl. Rz. 37ff., 72ff.
[140] Vgl. Rz. 77, 79.

aussetzungen für eine Kontaktaufnahme zu dem Endabnehmer und für eine aktive Beobachtung gegeben.

Der **Auftraggeber** kann seine Haftung nur beschränken, wenn er durch sorgfältige Auswahl und Überwachung des Auftragnehmers, durch dessen vertragliche Bindung *(Rz. 55f.)* und ggf. auch durch eine gewisse Kontrolle der Arbeitsergebnisse Einfluß auf die Auftragserledigung nimmt. Besonders wichtig ist, daß sicherheitsrelevante Arbeiten nur einem zuverlässigen sowie nach Kompetenz und Ausstattung geeigneten Unternehmen übertragen werden (näher *Rz. 47ff.*).[141] Die Qualität der Auftrags*erledigung* wird der Auftraggeber nur selten nachprüfen können, in der Regel aber auch nicht nachzuprüfen brauchen;[142] Neuberechnungen, Nachmessungen oder Wiederholungen von Tests sind dagegen geboten, wenn bei der Umsetzung der Konstruktion für die Serienfertigung oder aus anderen Gründen Unklarheiten bzw. Zweifel an der Eignung der Konstruktion entstehen. Schon wegen des außerordentlichen Gefahrenpotentials einer fehlerhaften Konstruktion ist der Auftraggeber verpflichtet, jedem Anhaltspunkt für Sicherheitsmängel zumindest durch Rückfrage bei dem Konstrukteur nachzugehen. Läßt dessen Antwort ernste Zweifel bestehen, so wird der Auftraggeber verpflichtet sein, die aufgetretenen Fragen durch ein Drittunternehmen oder Fachinstitut klären zu lassen.[143] Weitergehende Pflichten treffen den Auftraggeber um so eher, je mehr er selbst kraft eigener Sachkunde, technischer Ausstattung oder Spezialisierung die Fremdleistung beurteilen kann. Es muß auch im Rahmen der Prüfpflicht einen Unterschied machen, ob die komplette Konstruktion bis zur Entwicklung der Serienreife (z. B. ein mobiler Generator mit dem Treibstoffverbrauch x, dem Höchstgewicht y und der Ausgangsleistung z) vergeben wird oder ob nach einem Konstruktionsplan des Auftraggebers nur ein Probestück gefertigt oder noch für Schalldämpfung gesorgt werden soll. In den letzteren Fällen wäre eine genauere Prüfung des Arbeitsergebnisses nicht nur äußerst naheliegend, sondern auch ohne besonderen Aufwand zumutbar. **100**

Zur Vergabe von Konstruktionsleistungen, namentlich einer Sicherheitsprüfung, ist der Hersteller nicht nur berechtigt, sondern sogar **verpflichtet,** wenn ihm selber die dazu erforderliche Sachkunde oder die technische Ausrüstung fehlt.[144] **101**

c) Vergabe der Fabrikation

Wird dem **Auftragnehmer** nur die Fabrikation der Produkte (Produktteile) übertragen oder allein die Qualitätskontrolle[145] fremder Fabrikate überlassen, so beschränken sich seine Verkehrspflichten grundsätzlich auf die ordnungsgemäße Ausführung dieser Tätigkeit;[146] zu den Fabrikationspflichten *§ 24 Rz. 125ff.* Um die Eignung der ihm vorgegebenen Konstruktion braucht sich der Auftragnehmer nicht zu kümmern,[147] auch wenn er sie überprüfen könnte. Erkennt der Auftragnehmer jedoch ohne weiteres oder aus Anlaß von Fabrikationsproblemen, daß der vorgesehene Werkstoff oder die übrige Konstruktion u. U. Gefahren birgt, so muß er den Auftraggeber darauf hinweisen.[148] Gibt er dem Auftraggeber bei dieser Gelegenheit auch Ratschläge für die Änderung der Konstruktion, so wird im Regelfall nicht ersichtlich sein, daß er für ihre Richtigkeit auch eintreten will; eine Mitverantwortung für das fertige Produkt entsteht also nicht durch bloße Änderungsvorschläge.[149] **102**

---

[141] Schmidt-Salzer, BB 1972, 1430, 1436.

[142] Anders wohl Schmidt-Salzer, BB 1972, 1430, 1436.

[143] Vgl. BGH VersR 1970, 469, 470 – Arbeitsbühne; OLG Hamburg, Urt. v. 6. 3. 1980, Schmidt-Salzer, Entscheidungssammlung III, II 96, S. 545 – Automatenumrüstung (etwas kategorisch).

[144] BGH VersR 1970, 469, 470 – Arbeitsbühne.

[145] Dazu § 24 Rz. 139ff.

[146] BGH VersR 1959, 104, 105 – Seilschloß.

[147] BGH VersR 1959, 104, 105 – Seilschloß.

[148] Kullmann/Pfister, Kza. 3250 S. 17.

[149] Anders wohl Kullmann/Pfister, Kza. 3250 S. 18.

103 Der **Auftraggeber** wird von seiner Verantwortung für die Fabrikation nicht schon deshalb frei, weil insoweit der Auftragnehmer „Hersteller“ ist. Er kann sich wiederum nur durch sorgfältige *Auswahl* und Überwachung des Auftragsnehmers entlasten *(Rz. 46ff.)*: Die Vergabe darf nur an Unternehmen erfolgen, deren Fertigung nach Technik, Organisation und Qualitätskontrolle so erfolgt, daß ein hinreichend niedriger „Durchschlupf“ gesichert ist. Eine Ausreißerquote von 0% kann dagegen nicht allgemein verlangt werden, weder für Zulieferprodukte[150] noch vom Auftragnehmer (und für dessen Auswahl); denn die Grenze der Zumutbarkeit ist in jedem Fall zu beachten, auch wenn sie bei größeren Gefahren, z. B. bei Kraftfahrzeugen und medizinischer Technik, weitgehend zurücktritt. Im Rahmen der gebotenen *Überwachung* kann die Kontrolle darüber, daß der Auftragnehmer die auferlegten Qualitätskontrollen tatsächlich durchführt, zwangsläufig nur mittelbar und marginal sein;[151] denn praktisch kann der Auftraggeber weder unangemeldete „Stichproben“ im Fertigungsbetrieb durchführen noch die fremden Kontrollmaßnahmen mittels eigener Wareneingangsprüfung nachvollziehen. Letzteres wäre wirksam nur durch eine Einzelstückprüfung möglich, die den Vorteil der Arbeitsteilung aber weitgehend zunichte machen würde; insofern kann auch nichts anderes als bei zugelieferten Waren *(Rz. 57, 59f.)* gelten. Demnach **genügt der Auftraggeber seiner Überwachungspflicht,** solange an der Eignung des Beauftragten nicht zu zweifeln ist, **mit Stichproben-Untersuchungen der Fabrikate.**[152] Das gilt auch dann, wenn der Auftraggeber für die verschiedenen Arbeitsgänge *mehrere Unternehmen* einschaltet;[153] u. U. gibt hier sogar jede Stichprobe Gelegenheit, sämtliche Teilleistungen zu prüfen.

104 Eine andere Auffassung läßt sich auch nicht der **Spannkupplungs-Entscheidung**[154] des **BGH** entnehmen. In diesem Fall waren bei der Einspannung von Armierungsrundstäben in Schalungen für Spannbetonteile u. a. Spannkupplungen verwendet worden; als an einer Kupplung die Spannhülse zerbarst, wurde ein Arbeiter tödlich verletzt. Die Herstellerin der Kupplung hatte die Spannhülsen nach eigenen Konstruktionszeichnungen und genauen Fertigungsanweisungen in einem anderen Unternehmen drehen und in einem weiteren Unternehmen härten lassen. Dessenungeachtet bezeichnete der BGH sie als „Hersteller“ der Spannkupplung, der für einen etwaigen Fabrikationsfehler (!) zu haften habe. Die bei *Zulieferung* anerkannten Grundsätze der Haftungsbeschränkung seien u. a. deshalb unanwendbar, weil nicht gebrauchsfertige Spannhülsen bezogen worden seien.[155] – Der damit angedeutete Standpunkt, ein Hersteller könne sich wohl bei vertikaler, nicht aber bei horizontaler Arbeitsteilung entlasten, ist unhaltbar,[156] auch mit dem grundgesetzlichen Gleichheitssatz kaum mehr vereinbar und der Sache nach bereits im Autokran-Fall[157] aufgegeben worden (dazu *Rz. 65ff.)*.

In dem Spannkupplungsfall aber spielte der Umstand, daß auf gleicher Stufe *zwei* Beauftragte eingeschaltet waren, für den BGH ersichtlich und zu Recht nur eine untergeordnete Rolle.

105 Auch bei der Erstellung von **Druckwerken** ist horizontale Arbeitsteilung – zwischen Verleger und Autor – verbreitet. Für die deliktische Haftung sollten zwei Arbeitsphasen unterschieden werden: einerseits die Herstellung, Berichtigung und Ergänzung des Drucksatzes bis zur Bestätigung der Druckreife durch den Autor (Imprimatur), andererseits der Auflagendruck mit dem genehmigten Satz. Die erste Phase ist eindeutig der *Konstruktion* des Druckwerks zuzurechnen. In der zweiten Phase beginnt die *Fabrikation* praktisch erst mit der druck- bzw. phototechnischen Vervielfältigung, dem eigentlichen Druck. Werden vor diesem Zeitpunkt einzelne Seiten oder Schaubilder des genehmigten

---

150 Vgl. Rz. 49.

151 Etwas unscharf Schmidt-Salzer, BB 1972, 1430, 1436; a. A. Kullmann/Pfister, Kza. 3250 S. 17 unter aa.

152 Zu Stichproben vgl. § 24 Rz. 142ff.

153 Anders Kullmann/Pfister, Kza. 3250 S. 17, unter Einbeziehung der insoweit verfehlten Spannkupplungs-Entscheidung des BGH (dazu sogleich).

154 BGH NJW 1975, 1827f. – Spannkupplung.

155 BGH NJW 1975, 1827, 1828 – Spannkupplung.

156 Ablehnend auch Schmidt-Salzer, Entscheidungssammlung I, S. 419, 426f.

157 BGH VersR 1977, 839 – Autokran.

Satzes vertauscht, liegt also ein Konstruktionsfehler vor;[158] nach diesem Zeitpunkt kommen nur Fabrikationsfehler in Betracht, die aber sehr selten noch zu Druckfehlern führen werden, welche den Buchinhalt verfälschen und so eine Produktgefahr schaffen. Dies kann dagegen leicht vor der Drucklegung naturwissenschaftlicher Werke, z. B. medizinischer, pharmazeutischer oder bautechnischer Handbücher, geschehen. Wird die Ursache hierfür **nach der Imprimatur** gesetzt, so ist der Verleger für sie verantwortlich, falls ihm ein Mangel an Sorgfalt vorzuwerfen ist.

Etwas anderes folgt auch nicht aus dem Verlagsrecht.[159] Ein Verlag muß so organisiert sein, daß z. B. Verwechselungen von (genehmigten) Schaubildern, Tabellen usw. oder von alten und neuen Fahnen ausgeschlossen sind, daß etwa korrigierte Revisionsabzüge nicht unbeachtet bleiben. Bei computerisiertem Satz muß sichergestellt sein, daß durch spätere Arbeiten oder solche an anderen Drucksätzen keine Interferenzen entstehen.

Für Druckfehler, die **bis zur Imprimatur** nicht beseitigt werden, weil der Autor sie bei 106
der Fahnenkorrektur übersehen hat, kann der Verlag nur ausnahmsweise verantwortlich sein. In tatsächlicher Hinsicht ist er zwar „Hersteller" eines Druckwerks, dessen Inhalt von den Lettern nicht zu trennen ist.[160] Die Prüfung der (inhaltlich) richtigen Anordnung der Lettern, Tabellen, Schaubilder usw., letztlich also der „Konstruktion", kann er jedoch durch Vertrag auch auf Betriebsfremde übertragen, wenn diese zuverlässig sind und ihre Tätigkeit kontrolliert wird. Gerade der Autor nun ist dem Verleger (Lektor) an fachlicher Beurteilungskraft in der Regel nicht nur ebenbürtig, sondern weit überlegen. Auch auf die Zuverlässigkeit des Autors wird der Verlag sich im allgemeinen verlassen dürfen, selbst wenn der Autor zu Manuskriptvergleich und Druckfehlerkontrolle seinerseits Hilfspersonen heranzieht;[161] denn wie ein zuverlässiger Zulieferer wird auch der Autor sich in der Regel zuverlässiger Hilfskräfte bedienen und diese, was auch sonst genügt, durch Stichproben kontrollieren. Daher **befreit die Überlassung der Satzkorrektur an den Autor im allgemeinen auch von der deliktischen Verantwortung für Druckfehler.**[162] Für Druckwerke mit generell hohem Gefahrenpotential, z. B. medizinische Lehrbücher, baustatische Tabellen, ist keine Ausnahme zu machen.[163] Hier intensivieren sich allerdings – nach allgemeinen Grundsätzen – die Auswahl- und die Überwachungspflicht des Verlages, so daß sich die Stichproben-Kontrolle u. U. zu der Pflicht verdichtet, ganze Abschnitte des Manuskripts mit den Fahnen zu vergleichen; zusätzlich mag ein Hinweis an den Autor auf dessen (auch deliktische!) Verantwortung angebracht sein.

Erfolgt auch der **Druck in einem auswärtigen Betrieb,** so liegt auch insoweit eher horizontale 107
als vertikale Arbeitsteilung vor.[164] Sie mindert die Verantwortung des Verlags nicht, zumal die Druckerei die an sich ihr obliegende „Qualitätskontrolle" regelmäßig abwälzt.

d) Vergabe der Instruktion und Beobachtung

Daß der Hersteller einen Betriebsfremden mit der **Warnung** vor Produktgefahren be- 108
auftragt, ist nur für Ausnahmefälle vorstellbar. Zu denken ist etwa daran, daß bei der

---

[158] Jeweils abweichend Röhl, JZ 1979, 369, 377; Schmidt-Salzer/Hollmann, Bd. 1, Art. 7 Rz. 215.

[159] So aber Schmidt-Salzer/Hollmann, Bd. 1, Art. 7 Rz. 212, 215, offenbar auch für die Verschuldenshaftung.

[160] Röhl, JZ 1979, 369, 375f.; s. auch E. Lang, Die Haftung für Fehler in Druckwerken (1982).

[161] Anders Röhl, JZ 1979, 369, 377f.; ähnlich die US-amerikanische Rechtsprechung, vgl. Kretschmer, PHI 1988, 77ff.

[162] BGH JZ 1971, 63 – Druckfehler, dazu auch § 24 Rz. 57; G. Hager, AcP 184 (1984), 413, 426; Schmidt-Salzer/Hollmann, Bd. 1, Art. 7 Rz. 215; kritisch Brüggemeier, WM 1982, 1294, 1307; Röhl, JZ 1979, 369, 377f.; zurückhaltend Deutsch, JZ 1971, 65.

[163] Anders Brüggemeier, WM 1982, 1294, 1307; offengelassen in BGH JZ 1971, 63, 64 – Druckfehler.

[164] Anders wohl Röhl, JZ 1979, 369, 376 (Druckerei als Zulieferer).

Abfassung mehrsprachiger Warnhinweise ein Übersetzungsbüro hinzugezogen wird oder daß ein Fachinstitut den Auftrag erhält, ein Produkt auf Benutzungsrisiken hin zu prüfen und ggf. Schutzhinweise zu formulieren; für ein multinationales Unternehmen liegt es nahe, die Warnhinweise für seine Produkte von den nationalen Tochterunternehmen entsprechend den jeweiligen Gegebenheiten und Rechtsvorschriften formulieren zu lassen.[165] Häufiger werden Aufträge zur **Beobachtung** bereits in Verkehr gegebener Produkte sein, verbunden mit der Pflicht, etwaige Auffälligkeiten dem Hersteller mitzuteilen und/oder die erforderlichen (Eil-)Maßnahmen selber zu treffen.

109 Im Regelfall verfügt allein oder in erster Linie der Hersteller über die Sachkunde, die für eine sämtliche Risiken einbeziehende Warnung der Verbraucher erforderlich ist. Das muß aber nicht so sein. Es gibt Forschungsinstitute und spezialisierte Unternehmen, die aufgrund ihrer Erfahrungen mit – z. B. medizinisch-pharmazeutischen – Risiken oder Substanzen auch das größere Gefahrenwissen haben; zumindest für die Produktbeobachtung bringt ein Großunternehmen der benachbarten Branche oder ein Händler mit bundesweitem Vertriebsnetz u. U. bessere Voraussetzungen mit als der Hersteller. Dieser kann Wissenslücken Betriebsfremder im übrigen vielfach ausgleichen. Eine **haftungsbefreiende Arbeitsteilung ist** also **auch im Instruktionsbereich möglich.**[166] Der Umfang der Entlastung richtet sich allerdings nach dem Inhalt des jeweiligen Auftrags und dem bei dem Hersteller verbleibenden Einfluß auf die Instruktion. Wer sich z. B. vor Inverkehrgabe eines Arzneimittels bei der Formulierung der Packungsbeilage von einem medizinischen Sachverständigen *beraten* läßt, darf von diesem zwar Aufklärung über Anwendungsgefahren und Komplikationen erwarten; die Entscheidung aber, ob vor einem Anwendungsfehler schlicht gewarnt wird oder ob – der Eindringlichkeit halber – auch dessen Folgen hervorgehoben werden, ist nicht mehr medizinischer Art und daher hier von dem Hersteller zu treffen.[167]

110 Für den **Auftraggeber** setzt die Entlastung voraus, daß er die Instruktion einem sorgfältig ausgewählten Unternehmer bzw. Institut überträgt und dieses so überwacht, wie es dem Gefahrenpotential entspricht (näher *Rz. 46ff.*). Wer es als **Auftragnehmer** unternimmt, fremde Produkte zu beobachten bzw. vor ihren Gefahren zu warnen, lädt eine besondere Verantwortung auf sich, da der Erfolg seiner Tätigkeit oft erst im Ernstfall auf die Probe gestellt wird. Er hat, um den Vorwurf eines Übernahmeverschuldens zu vermeiden, unabhängig von dem Engagement des Auftraggebers für eine vollständige Kenntnis des Produkts und seiner Risiken zu sorgen, auf Einsicht in alle sicherheitsrelevanten Unterlagen (Pläne, Dokumentationen usw.) zu dringen und den Stand der einschlägigen Wissenschaften und Technik zu verfolgen.

4. Mischformen der Arbeitsteilung

111 Bei atypischen Formen der Arbeitsteilung sind die Verkehrspflichten **an Hand der Grundsätze** zu entwickeln, die **für vertikale bzw. horizontale Arbeitsteilung** gelten. Stets ist entscheidend, welchen Einfluß die Beteiligten auf den Herstellungsprozeß nach ihrer Absprache haben sollten und inwieweit der letztverantwortliche Hersteller für eine lückenlose Gefahrsteuerung sorgte.

112 Das gilt namentlich für die **Beistellungsfälle.** Hier beauftragt der Endhersteller (Abnehmer) einen weiteren Hersteller mit der sachgerechten Bearbeitung oder Ergänzung von (Teil-)Produkten, die der Endhersteller selbst zur Verfügung stellt.

Beispiele: A stellt ein Lkw-Chassis, das B mit Aufbauten versieht; wegen fehlerhafter Anpassung des Aufbaues an das Chassis wird die Lenksäule überbeansprucht und bricht.[168] A bezieht von Z

---

[165] Vgl. etwa BGH NJW 1981, 1606, 1609 – Benomyl.
[166] Einschränkend Kullmann/Pfister, Kza. 3250 S. 18.
[167] BGH NJW 1972, 2217, 2221 – ESTIL; vgl. § 24 Rz. 195.
[168] Smith v. Ford Motor Co., 392 N.E. 2d 1287, 1296 (Ohio App. 1978).

Heißgetränkeautomaten und läßt, um sie zu Kaltgetränkeautomaten umzurüsten, von B Kühlaggregate herstellen und diese von C (unter Anleitung durch D) in die Automaten einbauen; dabei verwendet C cadmiumhaltiges Weichlot, das die später eingefüllten Getränke verseucht.[169]

In diesen Fällen liegt hinsichtlich der Rohstoffe oder Zwischenprodukte, die der Endhersteller beibringt und *bearbeiten* läßt, horizontale Arbeitsteilung vor. Soll der Zweithersteller, wie in aller Regel, das beigestellte Teil mit eigenen Materialien *ergänzen* (z.B. verschrauben, vernieten, verdrahten, Zubehör montieren), so wird er dadurch nicht zum Zulieferer (einer vertikalen Arbeitsteilung); denn das Zusatzteil – aus eigenen oder dritten Beständen – verarbeitet er auf letzter Stufe selbst: Eine Assembler-Aufgabe verbleibt dem Endhersteller hier nicht. Wenigstens bei der Beschaffung des Zulieferteils wird der Zweithersteller aber funktionell wie ein Zulieferer tätig. Der Endhersteller muß sich folglich, wenn er die Haftung auf den Zweithersteller kanalisieren will, auf drei Ebenen entlasten:
- bezüglich des **beigestellten Teils,** nämlich dessen Konstruktion, Fabrikation (einschl. der Qualitätskontrolle) und der für dieses Produktteil erforderlichen Warnhinweise und Beobachtung;
- bezüglich der **Gesamtproduktion,** d.h. der Gesamtkonstruktion, der Montage und deren Qualitätskontrolle, als horizontaler Arbeitsteilung *(Rz. 94ff.)*;
- bezüglich der dazu erforderlichen **Fremdteile,** d.h. ihrer Eignung, Kompatibilität und Qualität, als vertikaler Arbeitsteilung mit der Besonderheit, daß auch die dem Endhersteller obliegenden Kontrollpflichten[170] auf den Zweithersteller übertragen werden.

Abweichende Deutungen der Kooperation sind gewiß denkbar;[171] sie sollten sich im Ergebnis aber nicht auswirken.

5. Herstellung in Lizenz

a) Allgemeines

Zu industrieller Arbeitsteilung kann es auch in Lizenzverhältnissen kommen. Die deliktsrechtliche Beurteilung hängt natürlich auch hier maßgebend von der internen Aufgabenzuweisung ab, die im Einzelfall – insbesondere vertraglich – abgesprochen wird. In zweiter Linie kommt es auf den Vertragstyp an; drei typische Vertragsarten sind zu unterscheiden:[172] 113

aa) Lizenz über Herstellungsrechte. Einer Lizenz über das Herstellungsrecht (Produktionsrecht) bedarf der Produzent, wenn die Herstellung der betreffenden Ware durch gewerbliche Schutzrechte (Patent, Gebrauchs- oder Geschmacksmusterrecht, ggf. Urheberrecht) einem Berechtigten vorbehalten ist. Ermächtigt dieser (Lizenzgeber) den Produktionswilligen (Lizenznehmer), das Schutzrecht zur Herstellung einer Ware zu benutzen, so nimmt der **Lizenzgeber** grundsätzlich **keinerlei Einfluß auf die Herstellung** (reine *Negativlizenz*). Er kann die Lizenzerteilung aber auch mit Auflagen verbinden, indem er den Lizenznehmer z.B. zur Herstellung verpflichtet, um die vereinbarten Einkünfte aus der Lizenzierung zu realisieren *(Ausübungspflicht)*. 114

bb) Lizenz an Know-how. Wer durch ein gewerbliches Schutzrecht an der Produktion gehindert ist, kennt in der Regel immerhin die Interna, d.h. Konstruktion und Fertigungstechnik seines Produktionsvorhabens. Ist die Herstellung eines Produkts dagegen unmöglich oder sinnlos, weil der Produktionswillige auch die (geheimen) Kenntnisse, welche für Produktion oder Vermarktung erforderlich sind, nicht besitzt, so fehlt das 115

---

[169] OLG Hamburg, Urt. v. 6. 3. 1980, Schmidt-Salzer, Entscheidungssammlung III, II 96 – Automatenumrüstung.

[170] zur Begutachtung der Zusatzteile *vor* ihrem Einbau (dazu Rz. 59ff.)

[171] Vgl. etwa Schmidt-Salzer/Hollmann, Bd. 1, Art. 7 Rz. 205.

[172] Vgl. Körner, NJW 1985, 3047, 3048.

Know-how.[173] Wer über das Know-how verfügt, kann es als Lizenzgeber dem Produktionswilligen (Lizenznehmer) mitteilen. **Ziel** eines solchen Vertrages ist es, dem Lizenznehmer vor allem **die Herstellung** des betreffenden Produkts oder Produktteils **zu ermöglichen;**[174] an ihr wird der Lizenzgeber daher durch Unterweisungen, ggf. auch durch eine gewisse Erfolgskontrolle, **mitzuwirken** haben.

116 **cc) Lizenz an Warenzeichen.** Für den sog. „Quasi-Hersteller" ist charakteristisch, daß er durch Anbringung *seines* Warenzeichens auf fremden Produkten den Eindruck erweckt, diese seien von ihm hergestellt worden (*Rz. 12ff.*). Wer dagegen die Lizenz für ein fremdes Warenzeichen[175] anstrebt, will Waren, die er selbst hergestellt hat oder doch als Hersteller in Verkehr bringt, durch Hinweis auf den fremden Warenzeicheninhaber aufwerten. Hierauf darf sich der **Inhaber des Warenzeichens** aus wettbewerbsrechtlichen Gründen nicht einlassen, ohne daß er sich im Lizenzvertrag eine **Qualitätskontrolle über die Waren des Lizenznehmers vorbehält** (§ 3 UWG).[176] Die eigentliche Herstellung dieser Waren liegt jedoch allein bei dem Lizenznehmer.

117 dd) **In der Praxis** werden diese Vertragtypen vielfach **kombiniert.** Wer z. B. ein Produkt herstellen möchte, dessen Teil X bekannt, aber patentrechtlich geschützt ist, während die Konstruktion des Teils Y geheimgehalten wird, muß einen Lizenzvertrag über Herstellungsrechte (X) und das Know-how (Y) anstreben. Ferner möchte sich der Inhaber eines Warenzeichens, wenn er einem Lizenznehmer die Benutzung gestattet, oft nicht nur auf eine *Qualitäts*kontrolle der Fremdprodukte beschränken, sondern von vornherein auf das Äußere, die Konstruktion oder Fertigung dieser Waren Einfluß nehmen (z. B. beim **Franchising**!); diese Mitwirkung des Lizenzgebers kann sich als Know-how-Vermittlung darstellen oder durch ein Weisungsrecht sichergestellt werden.

b) Lizenz über Herstellungsrechte

118 **aa) Haftung des Lizenznehmers.** Bei dieser Vertragsart *(Rz. 114)* erreicht der Lizenznehmer grundsätzlich nur, daß die von ihm beabsichtigte Produktion nicht aufgrund des Schutzrechts verhindert werden kann. Der Lizenzgeber wirkt insbesondere nicht kraft des Lizenzvertrages an der Produktion mit; ergeben sich bei der Konstruktion oder Fabrikation irgendwelche Schwierigkeiten, so liegt es allein bei dem Lizenznehmer, ob er mit ihnen fertig wird. Das gilt auch für die Produktionstechnik, welche vor der Lizenzierung dem Schutzrecht unterfiel; denn der Lizenzgeber übernimmt in der Regel keine Gewähr dafür, daß die geschützte Technik für die Zwecke des Lizenznehmers geeignet ist oder auch nur für sich allein gefahrlos eingesetzt werden kann.[177] Die Ungefährlichkeit der geschützten Materialien bzw. Technik ergibt sich auch nicht aus der Tatsache, daß durch Patentverfahren usw. ein gewerblicher Rechtsschutz gewährt worden ist; denn derartige öffentlich-rechtliche Verfahren bezwecken und bewirken regelmäßig keine Sicherheitsprüfung nach dem neuesten Stand von Wissenschaft und Technik.[178] Folglich ist der Lizenznehmer **für die Sicherheit seines Produkts in vollem Umfang verantwortlich,** nämlich für seine eigenen Arbeiten wie für die lizenzierte Technik.[179]

119 Wie ein „Auftraggeber" bei horizontaler Arbeitsteilung, kann auch der Lizenznehmer seine **Haftung beschränken,**[180] wenn er den Lizenzgeber sorgfältig auswählt *(Rz. 47ff.)* und sich vergewissert, daß das lizenzierte Verfahren nicht nur dem aktuellen Stand von Wissenschaft und Technik entspricht, sondern auch für sein Endprodukt geeignet ist. Zu diesem Zweck muß der Lizenznehmer insbesondere die Bereitschaft des Lizenzgebers, für

---

[173] Zu den Details der Definition s. Stumpf, Der Know-how Vertrag, 3. Aufl., Rz. 4ff.
[174] Körner, NJW 1985, 3047, 3048.
[175] Dazu BGH NJW 1966, 823 – Messmer-Tee II.
[176] Baumbach/Hefermehl, Warenzeichenrecht, 12. Aufl., Anh. § 8 Rz. 20.
[177] Vgl. auch Körner, NJW 1985, 3047, 3049.
[178] ,den der Hersteller zu beachten hat (vgl. § 24 Rz. 16ff.).
[179] Stumpf, Der Lizenzvertrag, 5. Aufl., Rz. 258; inzident auch Körner, NJW 1985, 3047, 3049.
[180] Stumpf, Der Lizenzvertrag, 5. Aufl., Rz. 259.

die Sicherheit der lizenzierten Technik einzustehen, im Einzelfall feststellen. Diese Bereitschaft kann nicht einmal dort unterstellt werden, wo der Lizenznehmer aufgrund einer Ausübungspflicht *(Rz. 114)* gehalten ist, sein Produkt nach dem lizenzierten Verfahren zu fertigen.

Durch **Benennung des Lizenzgebers** auf dem Produkt kann der Lizenznehmer seine **Haftung grundsätzlich nicht beschränken.**[181] 120

Bei industrieller Arbeitsteilung ist es prinzipiell nicht möglich, die eigene Verantwortung für das Endprodukt durch bloße Information der Verbraucher über die Arbeitsteilung auf Zulieferer bzw. Beauftragte zu kanalisieren. Der Verkehr erwartet zumutbare Vorsorge gegen Produktfehler und daher bei Einschaltung von Lieferanten, daß diese sorgfältig ausgewählt sind, überwacht werden und daß der Endhersteller sich mit ihnen abgestimmt hat *(Rz. 46ff.)*.

Verkehrspflichten für die lizenzierte Technik lassen sich allerdings durch **Herabsetzung der Sicherheitserwartungen** der Verbraucher vermeiden. Dies kann, wenn jene Technik wenigstens eine Basissicherheit gewährt, dadurch erfolgen, daß das mit ihr ausgestattete Produkt besonders billig angeboten wird.[182] Ungeeignet wäre dagegen ein allgemeiner Hinweis wie der, der Lizenznehmer übernehme im Umfang der lizenzierten Technik keine Produktverantwortung. 121

bb) Haftung des Lizenzgebers. Der Lizenzgeber nimmt bei einer reinen Negativlizenz *(Rz. 114)* keinerlei aktiven Einfluß auf die Produktion des Lizenznehmers. Immerhin *ermöglicht* er diesem die Produktion, indem er ihm die Nutzung des Schutzrechts gestattet. Jedoch wird derjenige, der ein rechtliches Hindernis der Produktion beseitigt, dadurch noch nicht Produzent oder in anderer Weise für gefährliche Produkte verantwortlich; namentlich der Lizenzgeber überläßt es dem Lizenznehmer, ob und wie dieser von der lizenzierten Technik Gebrauch macht. Daraus kann allerdings nicht geschlossen werden, den Lizenzgeber träfen überhaupt keine Verkehrspflichten.[183] Denn der Lizenzgeber bietet eine Leistung an, von der er – wie ein Zulieferer bzw. Auftragnehmer – weiß, daß sie im Zuge der Warenverteilung in Verkehr gebracht werden soll; oft wird er den konkreten Verwendungszweck sogar besser kennen, als das bei den sonstigen Formen industrieller Kooperation möglich ist. Ihn treffen daher **zumindest** die **Instruktionspflichten,** die bei horizontaler Arbeitsteilung dem Auftragnehmer obliegen *(Rz. 99)*. Für die **lizenzierte Technik** selbst ist er jedenfalls dann verantwortlich, wenn der Lizenznehmer sich ersichtlich auch insoweit auf das den gewerblichen Schutz begründende Verfahren (z. B. Patentverfahren) oder auf den Ruf des Lizenzgebers verläßt.[184] Auch in diesem Fall kann der Lizenzgeber seine *deliktsrechtlichen* Pflichten aber meist durch gezielte Instruktion bzw. Ermahnungen auf den Lizenzgeber abwälzen. 122

Legt der Lizenzgeber dem Lizenznehmer eine **Ausübungspflicht** auf, so haftet er verschärft;[185] denn in dem Regelfall, daß die lizenzierte Technik bei Vertragsschluß für ausgereift gehalten wird, setzt er den Lizenznehmer unter Druck, sie ohne nähere Prüfung, d. h. ungeachtet ihrer etwaigen Gefahren in Verkehr zu bringen.[186] Für solche Gefahren ist der Lizenzgeber hier voll verantwortlich, soweit er sie erkennen kann, den Lizenznehmer aber nicht auf sie hinweist. Wenn der Lizenznehmer einen solchen Gefahrenhinweis mißachtet und dies zur Folge hat, daß die betreffende Gefahr seinem Produkt anhaftet und den Verbraucher bedroht, muß der Lizenzgeber u. a. die Verbraucher warnen (näher *Rz. 85ff.*). Im übrigen fallen Risiken, die auf einem Fehlgebrauch der lizenzierten Technik beruhen, den der Lizenzgeber nicht verschuldet hat, aber ganz in die Sphäre des Lizenznehmers. 123

---

[181] Offengelassen von Kullmann/Pfister, Kza. 1520 S. 62.
[182] Dazu allgemein § 24 Rz. 7, 86, 93.
[183] So aber Körner, NJW 1985, 3047, 3049.
[184] Schmidt-Salzer/Hollmann, Bd. 1, Art. 3 Rz. 139; ähnlich Kullmann/Pfister, Kza. 1520 S. 62.
[185] Gegen jede Haftung Körner, NJW 1985, 3047, 3049.
[186] Vgl. Stumpf, Der Lizenzvertrag, 5. Aufl., Rz. 167.

c) Lizenz an Know-how

124 **aa) Haftung des Lizenznehmers.** Der Know-how-Vertrag *(Rz. 115)* ist ein typischer Fall horizontaler Arbeitsteilung. Auch hier trägt der Lizenznehmer aber grundsätzlich die **volle Verantwortung** für die Sicherheit seiner Produkte; im Schadensfall kann er sich nicht ohne weiteres darauf berufen, lediglich den Anweisungen des Lizenzgebers gefolgt zu sein. Entsprechend den allgemeinen Regeln setzt eine **Entlastung** vielmehr voraus, daß der Lizenznehmer den Lizenzgeber sorgfältig ausgewählt (ggf. auch beaufsichtigt) und ihm die Verantwortung für Qualität und Funktionssicherheit des Know-how vertraglich auferlegt hat *(Rz. 46ff.)*.[187] Wer an Know-how interessiert ist, wird bestrebt sein, schon vor Abschluß des Lizenzvertrages sicherzustellen, daß die ihm unbekannte Technik hinreichend ausgefeilt ist, erprobt worden ist und sich bewährt hat, ohne Sicherheitsmängel zu zeigen. Er muß sich insoweit aber doch ganz wesentlich auf die Beteuerungen des Know-how-Anbieters verlassen. Nach der Übermittlung des Know-how sind die Möglichkeiten, Entwicklung und Qualität des Know-how (auch bei dem Lizenzgeber!) zu überprüfen, oft erstmals gegeben oder doch deutlich größer. Der Lizenznehmer muß sie dann nutzen, soweit ihm das zumutbar ist, um das anfängliche Defizit an Auswahlkriterien nachträglich auszugleichen.

125 Eine Entlastung des Lizenznehmers kommt nur im **Umfang des übermittelten Know-how** in Betracht, d. h. bezüglich der Herstellungsphasen, welche von Plänen, Unterweisungen oder verantwortlicher Kontrolle des Lizenzgebers begleitet waren. Entscheidend ist nur das tatsächlich übermittelte Know-how; ob der Lizenzgeber nach dem Lizenzvertrag auch die weiteren (Sicherheits-)Probleme der Produktion hätte lösen müssen, ist sekundär. Im Außenverhältnis obliegt dem Lizenznehmer die Verkehrspflicht, alle sicherheitsrelevanten Probleme, die der Lizenzgeber im Ergebnis nicht klärt, selber zu lösen oder durch Dritte lösen zu lassen, bevor er das Produkt in Verkehr gibt. Die Feststellung, inwieweit das übermittelte Know-how Sicherheitsprobleme vermeidet oder löst, setzt eine enge Kooperation der Vertragspartner und auf seiten des Lizenznehmers das kompetente Bemühen um Nachvollziehung des übermittelten Wissens voraus. Der Lizenznehmer wird sich auf den Lizenzgeber um so mehr verlassen dürfen, je umfassender der Lizenzvertrag den Herstellungsprozeß abdeckt, und um so weniger, je schwieriger die Anpassung eines von vornherein begrenzten Know-how an eine komplexe Produktion ist. Auch dabei kommt es natürlich maßgebend auf Spezialisierung und Erfahrung des Lizenzgebers an.

126 **bb) Haftung des Lizenzgebers.** Die Haftung des Lizenzgebers ist von der des Lizenznehmers nicht abhängig, kann sich aber mit ihr überschneiden.[188] Die **Mindestpflichten** des Lizenzgebers ergeben sich aus dem Lizenzvertrag: Wegen des umfassenden Einflusses, den der Lizenzgeber durch sein überlegenes Know-how auf die Produktion nehmen kann und soll, ist er **für die Richtigkeit und Vollständigkeit all seiner Unterlagen, Hinweise und Ratschläge auch deliktsrechtlich verantwortlich,**[189] soweit der Lizenznehmer sich auf die Richtigkeit oder Vollständigkeit verläßt. Ob der Lizenznehmer einen Fehler oder eine Unvollständigkeit der Unterweisung *hätte* erkennen müssen, ist unerheblich und allenfalls für dessen Haftung bedeutsam. Die Obergrenze der Pflicht zur Know-how-Übermittlung begrenzt auch die deliktsrechtlichen Mindestpflichten. Durch Auslegung des Lizenzvertrages muß daher im Einzelfall festgestellt werden, ob der Lizenznehmer lediglich zur Handhabung des spezifischen Know-how befähigt werden sollte oder ob der Lizenzgeber auch die besonderen Anwendungsprobleme des Lizenznehmers, z. B. die Klimatauglichkeit oder Lärmdämpfung eines neuartigen Elektromotors, zu lösen hatte.

---

[187] Zur Festlegung der Verantwortung s. auch Stumpf, Der Know-how Vertrag, 3. Aufl., Rz. 173ff.

[188] Körner, NJW 1985, 3047, 3050.

[189] Körner, NJW 1985, 3047, 3050; ebenso wohl Kullmann/Pfister, Kza. 1520 S. 62.

Unabhängig von dem Vertragskern, nämlich der Pflicht zur Mitteilung des Know-how und zu spezifischer Anwendungshilfe, besteht jedenfalls stets die **Nebenpflicht,** den Lizenznehmer auf erkennbare Gefahren auch der konkreten Anwendung hinzuweisen. Muß dem Lizenzgeber aufgrund seiner überlegenen Produktkenntnis z. B. auffallen, daß eine Speziallegierung, deren Herstellung er durch sein Know-how ermöglichen soll, bei der letztlich vorgesehenen Verwendung besonders ermüdungsgefährdet ist, so hat er vor dieser zu warnen.[190] Auf das vertraglich geschuldete Know-how kommt es im übrigen dann nicht an, wenn die **tatsächlichen Produktionsanweisungen** des Lizenzgebers darüber hinausgehen.

d) Lizenz an Warenzeichen

aa) Haftung des Lizenznehmers. Ein Produzent, der seine Waren – zu Recht oder zu Unrecht – mit einem fremden Warenzeichen versieht, bleibt in vollem Umfang Hersteller; ihm obliegen daher auch als Lizenznehmer die **regulären Herstellerpflichten.** Das gilt unabhängig davon, in welchem Umfang der Warenzeichen-Lizenzgeber wettbewerbsrechtlich verpflichtet ist, eine Qualitätskontrolle über die Produktion auszuüben, oder sie tatsächlich ausübt.[191] Allerdings ist es dem Lizenzgeber unbenommen, durch eine Zusatzvereinbarung einzelne Herstellerpflichten des Lizenznehmers verbindlich zu übernehmen; in diesem Fall kommt es zu horizontaler Arbeitsteilung, die dem Lizenznehmer die Möglichkeit zur Haftungsbeschränkung eröffnet.[192] 127

bb) Haftung des Lizenzgebers. Ein Lizenzgeber, der dem Produzenten nur die Benutzung seines Warenzeichens gestattet, aber **keinen Einfluß auf die Herstellung** selbst nimmt, kann deliktsrechtlich nur unter dem Gesichtspunkt einer Täuschung des Verbrauchers zur Verantwortung gezogen werden.[193] Dann muß ihm vorwerfbar sein, daß er es dem Lizenznehmer durch den Lizenzvertrag erst ermöglicht hat, durch Anbringung des Warenzeichens bei den Verbrauchern den Eindruck zu erwecken, das Produkt stamme von dem Lizenzgeber; dieser Eindruck wiederum erhält nur dann Bedeutung, wenn er einem verständigen Verbraucher (objektiven) Anlaß geben konnte, wegen erhöhter Sicherheitserwartungen Vorsichtsmaßnahmen zu unterlassen, die andernfalls getroffen worden wären.[194] Die letztere Voraussetzung wird nicht häufig gegeben sein und bedarf im Einzelfall sorgfältiger Prüfung, zumal die Verwendung eines Warenzeichens nicht besagt, daß sein Inhaber für eine bestimmte Qualität *einstehen* will.[195] Andererseits ist gerade bei Produkten, die von Natur aus gefährlich sind oder leicht bis zur Grenze ihrer Belastbarkeit (des Fehlgebrauchs!) benutzt werden, nicht auszuschließen, daß ihre Benutzer im Vertrauen auf einen großen Namen mehr als gewöhnlich riskieren.[196] 128

In solchen Fällen ist eine Haftungsbeschränkung nach den Grundsätzen, die der BGH für psychische Kausalität entwickelt hat,[197] in der Regel nicht angebracht.[198] Der Verbraucher verdient jedenfalls insoweit Schutz, wie er sich im Rahmen des bestimmungsgemäßen Gebrauchs gehalten hat; dessen Umfang kann aber auch durch die *Person* des Herstellers, dessen Warenzeichen in Erscheinung tritt, erweitert werden. In diesem Fall muß selbst ein Produktfehlgebrauch nach allgemeinen Grundsätzen *(§ 24 Rz. 76ff.)* behandelt werden.

---

[190] , wenn auch – kraft *Delikts*rechts! – erst vor der Inverkehrgabe des derart hergestellten Produkts durch den Lizenznehmer.

[191] Dazu Rz. 116.

[192] Vgl. etwa Rz. 99, 102, 109. Zur Haftung wegen Verbraucher-Täuschung s. aber Rz. 128.

[193] Vgl. Lüderitz, Festschrift Pleyer (1986), S. 539, 541; auch insoweit ablehnend Mes, GRUR 1982, 74, 76f.; Stumpf, Der Lizenzvertrag, 5. Aufl., Rz. 260; s. ferner Egbert F. J. Wilms, Produkte- und Produzentenhaftung aus Marken oder ähnlichen Zeichen (Zürich 1984), S. 125ff., 159ff.

[194] Zu dem Parallelproblem bei der Haftung des Quasi-Herstellers vgl. § 26 Rz. 46ff.

[195] BGH NJW 1967, 1903 – Trevira.

[196] Vgl. Lüderitz, Festschrift Pleyer (1986), S. 539, 541: Benutzung eines Kettler-Trampolins.

[197] Vgl. BGHZ 57, 25, 30; 63, 189, 192; NJW 1978, 1005, 1006.

[198] So wohl auch Lüderitz, Festschrift Pleyer (1986), S. 539, 541.

129 Unter den dargelegten Voraussetzungen muß der Lizenzgeber auch dann haften, wenn er bei Vergabe einer *Herstellungs*lizenz *(Rz. 114)* dem Lizenznehmer auferlegt, dessen Produkte, Werbematerial o. ä. mit einem **Hinweis auf den Lizenzgeber** zu versehen.[199] In diesem Fall wird der Lizenzgeber in der Regel aber schon nach dem Grundsatz der horizontalen Arbeitsteilung verantwortlich sein *(Rz. 122f.)*.

130 Im allgemeinen kann der Benutzer sogar erwarten, daß das Unternehmen, dessen Warenzeichen dem Produkt zugewiesen ist (Lizenzgeber), einen gewissen **Einfluß auf die Herstellung** und die Produktqualität nimmt. Da ohne einen solchen Einfluß die Gefahr bestünde, daß das Publikum über Herkunft und/oder Güte des Produkts getäuscht würde, ist der Lizenzgeber nämlich gesetzlich zu einer Kontrolle der ausgewiesenen Produkte verpflichtet (§ 3 UWG). Diese Qualitätskontrolle muß ausschließen, daß von den Güte- und Sicherheitsstandards des Warenzeicheninhabers wesentlich abgewichen wird; sie muß daher vertraglich abgesichert und effizient sein.[200] In dem Umfang dieser wettbewerbsrechtlichen Verpflichtung bestehen – im Hinblick auf Produktgefahren – auch Verkehrspflichten des Lizenzgebers.[201] Diese intensivieren sich natürlich, soweit der Lizenzgeber – wie z. B. bei **Franchising**-Verträgen – durch Weisungsrechte oder fortgesetzte Produktberatung zusätzlichen Einfluß auf den Herstellungsprozeß erhält.[202]

III. Haftung für Gefahren aus dem Zusammenwirken mehrerer Produkte

1. Allgemeines

131 Abgrenzungsbedürftige Verantwortungsbereiche bestehen auch dann, wenn ein Produkt nur gefährlich wird, falls es mit (mindestens) einem anderen Produkt zusammengebracht wird. Das gefahrträchtige Zusammenwirken mehrerer Produkte kann auf verschiedene Weise erfolgen: z. B. durch **Addition** gleicher oder gleichartiger gefährlicher Substanzen; durch **Potenzierung** der Wirkungen solcher Substanzen (Synergismus); durch die **Unverträglichkeit** für sich allein unschädlicher, zusammentreffender Substanzen; durch einseitige, gegen- oder wechselseitige Neutralisierung bzw. **Einschränkung der Tauglichkeit.** Das ganze Spektrum chemisch-technischer Multikausalitäten zeigt sich dramatisch an den Umweltschäden. Aber auch im klassischen Bereich der Produzentenhaftung resultieren viele Gefahren erst aus dem Zusammentreffen mehrerer Produkte.

132 Die deliktische **Verantwortung der jeweiligen Hersteller** hängt auch hier weitgehend davon ab, ob die gefahrträchtige Annäherung der Waren durch den Benutzer bestimmungsgemäßer oder bestimmungswidriger Gebrauch[203] war und ob dies für ein oder alle zusammengebrachten Produkte galt. Zur Abgrenzung sollten die nachstehenden Fallgruppen unterschieden werden.

2. Mehrere Produkte desselben Herstellers

133 Für Gefahren, die sich daraus ergeben, daß der Benutzer mehrere Produkte desselben Herstellers miteinander verbindet, vermischt, verarbeitet oder aneinander annähert, haftet dieser Hersteller in vollem Umfang. Nach allgemeinen Grundsätzen setzt eine Verkehrspflichtverletzung natürlich voraus, daß die konkrete Benutzung sämtlicher Produkte bestimmungsgemäß war. Die Zusammenführung dieser Waren muß also nach der Überzeu-

---

[199] Anders Stumpf, Der Lizenzvertrag, 5. Aufl., Rz. 260.

[200] Vgl. Beier, Die Warenzeichenlizenz, 2. Aufl. (1966), S. 28f.; Körner, NJW 1985, 3047, 3051 bei FN 40.

[201] Hollmann, RIW/AWD 1980, 756, 758; Lüderitz, Festschrift Pleyer (1986), S. 539, 554 FN 96; wenig überzeugend Körner, NJW 1985, 3047, 3051; a. A. Mes, GRUR 1982, 74, 77.

[202] Insoweit ebenso Körner, NJW 1985, 3047, 3052.

[203] Einzelheiten: § 24 Rz. 63ff., 76ff.

gung des Durchschnittsverbrauchers gefahrlos möglich gewesen sein und auch mit den Anweisungen des Herstellers in Einklang gestanden haben (näher *§ 24 Rz. 64ff.*). Beides ist unproblematisch bei Produkten, deren Verbindung usw. der Hersteller selber empfiehlt, also z. B. bei **Original-Ersatzteilen** und Original-**Zusatzteilen,** namentlich bei **Zubehör.** Ob solche Teile zum Gebrauch des Hauptprodukts bzw. Chassis ihrer Art nach notwendig, nützlich, geeignet oder – als solche – unschädlich sind, ist unerheblich; der Hersteller haftet im Ergebnis jedenfalls für die aus der Verbindung herrührenden Gefahren.

3. Beteiligung mehrerer Endhersteller

a) Unverträglichkeit mehrerer selbständiger Produkte

Typische Gefahren entstehen dadurch, daß ein Produkt A durch gleichzeitige oder spätere Anwendung eines anderen Produkts B seine Wirksamkeit verliert oder Nebenwirkungen entfaltet; das gleiche kann mit dem Produkt B geschehen. **134**

aa) Arzneimittel. Aus diesem Grunde sind pharmazeutische Unternehmer, die Arzneimittel in Verkehr bringen, auch gesetzlich verpflichtet, in der Packungsbeilage und in der vom 1. 2. 1987 an zur Verfügung zu stellenden Fachinformation auf Wechselwirkungen mit anderen Mitteln hinzuweisen (§§ 11 I Nr. 7, 11a I Nr. 7 AMG). Für die deliktische Haftung gilt das gleiche.[204] Aber schon bei der Konzeption eines Arzneimittels besteht die Verkehrspflicht, auf Unverträglichkeiten und neutralisierende Wirkungen anderer Arzneimittel (und Lebensmittel) zu achten, zumal dann, wenn diese entweder ergänzend oder alternativ zu dem entwickelten Mittel angewandt zu werden pflegen. Produktbeobachtungs- und Warnpflichten treffen die pharmazeutischen Unternehmer auch in dem Fall, daß das Mittel, dessen zusätzlicher Gebrauch Gefahren schafft, erst nach der Inverkehrgabe des eigenen Produkts zugelassen wird.[205] **135**

bb) Pflanzenschutzmittel. Auch der gleichzeitige Einsatz mehrerer Pflanzenschutzmittel birgt Gefahren. Dies hat z. B. der vom BGH entschiedene **Erdbeerplantagen-Fall**[206] gezeigt. **136**

Die Inhaberin der Pflanzungen erwarb von dem Hersteller, der sie zuvor beraten hatte, das Schädlingsbekämpfungsmittel (Pestizid) „F.-Öl", welches sie mit dem von einer anderen Firma hergestellten Fungizid mischte. Sie spritzte die Erdbeerpflanzen zunächst mit dem von einer dritten Firma produzierten Unkrautvernichtungsmittel (Herbizid) „T."; anschließend versprühte sie das vermischte „F.-Öl". Nachdem wenige Tage später Frost auftrat, zeigten sich an den Pflanzen „Verbrennungen", die zu Wachstumsstörungen und Ertragseinbußen führten. Als dafür ursächlich erwies sich eine Unverträglichkeit von „F.-Öl" und „T.", die durch den Frost u. U. noch verstärkt worden war.

Die Entscheidung dieses Falles ist, obwohl sie sich an den vertraglichen Pflichten des Pestizid-Herstellers orientiert, auch für die deliktsrechtliche Beurteilung von Interesse.

Im Vordergrund steht die Frage nach der **Pflicht** des Herstellers eines Pflanzenschutzmittels, **sich Gewißheit über** dessen **Verträglichkeit mit anderen, gleichzeitig anwendbaren Mitteln zu verschaffen,** bevor er den Benutzer berät. Zu ihr äußerte der **BGH,** sie entziehe „sich angesichts der Vielfältigkeit der in Betracht kommenden Sachverhalte wohl auch weitgehend einer generalisierenden Beantwortung. Berücksichtigt man die ... Vielzahl der auf dem Markt befindlichen und ständig neu in den Handel kommenden Pflanzenschutzmittel verschiedenartiger chemischer Zusammensetzung und Zweckbestimmung, und berücksichtigt man weiterhin, daß diese Pflanzenschutzmittel in ihrer jeweiligen Kombination ganz unterschiedlich nicht nur auf die einzelnen Pflanzengattungen, **137**

---

[204] Kullmann, PhR 1983, 196.

[205] Kullmann, PhR 1983, 196; Weitnauer, Arzt- und Arzneimittelrecht (1977), S. 104.

[206] BGH VersR 1977, 918 – Erdbeerplantage I; kritisch v. Westphalen, BB 1977, 1374f.

sondern innerhalb dieser Gattungen auch auf die einzelnen Sorten wirken können und diese Wirkung schließlich vom jeweiligen Anbaugebiet und insbesondere den dort bestehenden klimatischen Bedingungen abhängen kann, so leuchtet ein, daß der Hersteller eines Pflanzenschutzmittels **nicht verpflichtet** sein kann, **ohne besonderen Anlaß jedes Mittel** eines anderen Herstellers durch Versuche auf die Verträglichkeit mit den eigenen Mitteln **zu überprüfen.** Etwas anderes mag dann gelten, wenn die Verwendung des anderen Pflanzenschutzmittels so allgemein gebräuchlich ist, daß eine etwaige Unverträglichkeit einen risikolosen Einsatz des eigenen Mittels weitgehend ausschließen würde."[207] Jedenfalls dann, wenn das andere Mittel von den Marktteilnehmern nur in unbedeutendem, untergeordnetem Umfang verwendet wird, müssen nach Ansicht des BGH keine Versuche über eine Unverträglichkeit durchgeführt werden, für die keine Anhaltspunkte bestehen.[208]

138 Andererseits hielt der **BGH** die Herstellerin für **verpflichtet,** den Anwender des Pestizids **allgemein über die Risiken,** die **bei gleichzeitiger Verwendung** mehrerer Pflanzenschutzmittel bestehen, **zu unterrichten.** Die Benennung *verträglicher* Mittel, die mit dem Produkt eingesetzt werden können, sah der BGH als unzureichend an, da der Anwender im Rahmen der vertraglich (!) übernommenen Beratung eine auch die *Risiken* umfassende Entscheidungsgrundlage habe erhalten müssen. Ob eine solche Hinweispflicht „ganz allgemein beim Inverkehrbringen und Verkauf derartiger Mittel" gilt, hat der BGH ausdrücklich offengelassen.[209]

139 Sicher besteht **keine Verkehrspflicht** des Herstellers, **ohne besonderen Anlaß jedes andere Pflanzenschutzmittel auf Verträglichkeit mit dem eigenen Produkt zu prüfen.** Ein derartiger Aufwand wäre dem Hersteller angesichts der Vielzahl schon der existierenden Schutzmittel unzumutbar; insofern werden sich – wegen der unvergleichbaren Gefährlichkeit – in der Regel wesentliche Unterschiede zur Arzneimittelhaftung ergeben. Allerdings sind Pflanzenschutzmittel in der Phase ihrer Konzeption entsprechend den chemisch-pharmazeutischen Gegebenheiten auch **auf gängige andere Erzeugnisse abzustimmen.** Im übrigen ist der Hersteller schon nach allgemeinen Grundsätzen gehalten, die praktische Bewährung seines Produkts aktiv zu verfolgen und bei Anhaltspunkten für Unverträglichkeiten die Beobachtung zu intensivieren und ggf. durch eigene Untersuchungen zu vertiefen, um seiner Warnpflicht entsprechen zu können *(§ 24 Rz. 252ff.).* **Allgemeinere Warnungen** vor Unverträglichkeiten werden sogar ohne weiteres zumutbar sein: Muß der Hersteller aufgrund seiner Spezialkenntnisse wissen, daß andere Pflanzenschutzmittel, die sich an Hand ihres Anwendungsbereichs oder ihrer Zusammensetzung zusammenfassen lassen, zumindest die abstrakte Gefahr einer Unverträglichkeit bergen, so hat er den Anwender seines Mittels darauf hinzuweisen.

b) Produktkombination und Zubehör

140 **aa) Allgemeines.** In dieser Fallgruppe führt der Verbraucher mehrere (Teil-)Produkte zusammen, um eine Sache neuer Funktion zu schaffen oder ein von ihm als Hauptsache betrachtetes Produkt zu vervollständigen.

Beispiele: Eine Maschine wird in unvollständigem Zustand versandt, um die Versandkosten niedrig zu halten oder dem Benutzer zu überlassen, ein seinen Bedürfnissen am ehesten entsprechendes Zusatzteil anderweitig zu erwerben.

Ein Metallkleber für industrielle Zwecke wird als Mehrkomponentenkleber hergestellt, damit der Verbraucher durch individuelle Kombination den Anwendungsbereich verbreitern kann. Wenig später bietet ein mittelständisches Unternehmen für diesen Kleber neuartige oder billigere Zusatzstoffe an.

---

[207] BGH VersR 1977, 918, 920 – Erdbeerplantage I (Hervorhebung – bis auf Sperrdruck – durch Verf.).

[208] BGH VersR 1977, 918, 920 – Erdbeerplantage I.

[209] BGH VersR 1977, 918, 920 – Erdbeerplantage I.

Der hohe Preis von Original-Ersatzteilen veranlaßt den Verbraucher, nachgeahmte Teile anderer Hersteller zu verwenden.

Von großer Bedeutung ist insbesondere das **Zubehör,** namentlich das Kfz-Zubehör. 141
Für den Zubehörbegriff ist im Rahmen des Haftungsrechts nicht etwa die (sachenrechtliche) Vorschrift des § 97 BGB maßgebend. Letztlich ist auch nicht entscheidend, ob man die Ersatzteile, welche zu einem sicheren Gebrauch des Hauptprodukts erforderlich sind, als Zubehör oder als notwendige Komponente des Hauptprodukts einordnet, das nach Versagen des Originalteils unvollständig geworden sei; denn auf die Verkehrspflichten der Beteiligten kann das keinen Einfluß haben. Im folgenden wird unter Zubehör **jedes Produkt** verstanden, **das zusammen mit dem Hauptprodukt benutzt wird und diesem weder zugehörte noch beigefügt war.** Damit lassen sich drei Fallgruppen unterscheiden:

aaa) Notwendiges Zubehör benötigt der Benutzer, wenn das Hauptprodukt für sich 142
allein nicht funktionsfähig ist; die Gebrauchstauglichkeit wird erst dadurch erreicht, daß das Produkt mit einem weiteren Erzeugnis kombiniert wird.

Beispiele: Bei Kraftfahrzeugen Benzin, Öl oder andere Schmierstoffe, Ersatz- und Verschleißteile[210] wie Reifen, Zündkerzen, Auspuff; beim Mehrkomponentenkleber der Härter.

bbb) Empfohlenes Zubehör ist zum Gebrauch des Hauptprodukts nicht unbedingt 143
notwendig, laut besonderen Hinweises des Hauptprodukt-Herstellers aber dafür geeignet. Dieser Hinweis kann das empfohlene Zubehör *genau bezeichnen,* z. B. durch Benennung seines Herstellers, einer Marke oder sogar des Typs; er kann sich aber auch allgemein auf die Kompatibilität von Produkten *einer bestimmten Art* beschränken.

Beispiele: Ein Motorradhersteller vermerkt in der Bedienungsanleitung, bei Benutzung der Maschine im Gelände empfehle sich der Einbau von Stoßdämpfern des Typs XYZ, als Zusatzscheinwerfer eigneten sich die Ausführungen der Firma A besonders gut. Ein Hersteller von Lenkerverkleidungen teilt mit, diese könnten bedenkenlos für Motorräder mit bis zu 500 cbm Hubraum verwendet werden.

ccc) Fakultatives Zubehör umfaßt das Gros der Zusatzteile, nämlich all die Produkte, 144
deren Eignung für das Hauptprodukt von dessen Hersteller weder ausdrücklich noch mittelbar herausgestellt wird. Von seiten dieses Herstellers wird also keinerlei Einfluß auf die Entscheidung des Verbrauchers genommen, sein Produkt mit (irgend-)einem oder mehreren Zubehörteilen auszustatten.

Beispiele: Bei einem Motorrad, das zur Zeit der Inverkehrgabe vollständig ist: Stoß- und Lenkungsdämpfer, Zusatztank, Gepäckträger, Verkleidungen, Ölthermometer, Zusatzscheinwerfer, Schutzbleche, Packtaschen einerseits, Zeituhr, Ball-Hupen, Zierleisten und Plaketten andererseits.

Ob der Hersteller *des Zubehörs,* das u. U. ohne das Hauptprodukt nicht sinnvoll genutzt werden kann und daher funktionell unvollständig ist, eine Empfehlung für das Hauptprodukt abgegeben hat, ist für diese Fallgruppe von untergeordneter Bedeutung.

bb) Haftung für unvollständige Produkte und notwendiges Zubehör. Wer wegen 145
seiner Spezialisierung oder aus betriebswirtschaftlichen Gründen ein Produkt herstellt, das nur zusammen mit anderen Produkten sinnvoll eingesetzt werden kann, ist auch für diese **Vervollständigung** in hohem Maße verantwortlich. Seine Verkehrspflichten erstrecken sich sowohl auf Gefahren der Komplementärprodukte als auch auf Risiken, die bei der Verbindung, Vermischung, Verarbeitung oder bei sonstigem Gebrauch des Komplementärprodukts drohen. Für die Ausstattung eines Hauptprodukts mit notwendigem **Zubehör** gilt grundsätzlich das gleiche: Die Hersteller von Hauptprodukt und Zubehörprodukten haben, jeder für seinen Aufgabenbereich, auch vor den aus der Kombination erwachsenden Gefahren zu schützen.[211]

---

[210] Vgl. auch Reuter, DB 1979, 293ff.
[211] BGH NJW 1987, 1009, 1010f. – Lenkerverkleidung; s. auch Rz. 150.

146 Diese Pflichten werden ihrem **Umfang** nach denen bei industrieller Arbeitsteilung zwecks *Herstellung* eines Endprodukts entsprechen.

Die an der Herstellung Beteiligten sind zwar, schon weil sie sich kennen und sich wechselseitig verpflichten können, am ehesten in der Lage, aufeinander einzuwirken und die jeweiligen Sicherheitsstandards zu kontrollieren; demgegenüber wissen Hersteller von unvollständigen Produkten bzw. Zubehör vielfach weder, welcher Herkunft, welchen Typs und welcher Größe das Komplementärprodukt sein wird, noch, ob der Benutzer beide Teilprodukte sachgerecht verbindet und den gerade aus der kombinierten Anwendung resultierenden Gefahren Rechnung tragen wird: hier ist die Gefahrsteuerung schwieriger. Andererseits ist das Schutzbedürfnis des Benutzers, der das Endprodukt selber erst noch sachgerecht vervollständigen muß, aber auch generell größer. Kraft seiner überlegenen Produktkenntnis ist daher namentlich der Hauptherstellcr zur Gefahrenabwehr prädestiniert.

Besteht also keine Absprache zwischen den beteiligten Herstellern, so hat grundsätzlich jeder von ihnen dafür zu sorgen, daß der Verbraucher auch durch eine Vervollständigung ihrer Waren nicht gefährdet wird. Maßstab hierfür ist wiederum der jeweils erreichte Stand von Wissenschaft und Technik. Seine Einhaltung muß auch dann überprüft werden, wenn das Komplementärprodukt durch behördliche Genehmigung zugelassen worden ist; denn im Regelfall kann der Hersteller nicht darauf vertrauen, daß die Zulassungsbehörde allen Anwendungsrisiken in der gebotenen Weise nachgeht.[212] Die Sicherungspflichten sind vor allem bei der Konstruktion sowie durch Instruktion bzw. Produktbeobachtung zu erfüllen.

147 *Konstruktion.* Die **Herstellerpflichten** für ein ergänzungsbedürftiges Endprodukt sind **grundsätzlich unabhängig von den Pflichten anderer Hersteller.** Wer z. B. ein Hochgeschwindigkeits-Motorrad ohne Reifen in Verkehr bringt, bleibt für Risiken, die beim Aufziehen von Spezialreifen eines Reifenherstellers erwachsen, auch dann verantwortlich, wenn diesen Hersteller aufgrund seiner überlegenen Kenntnisse über Bodenhaftung, Belastbarkeit usw. noch weitergehende Verkehrspflichten treffen. Im allgemeinen kann sich ein Produzent nämlich nicht darauf verlassen, daß der Hersteller komplementärer Waren den Benutzer vor Inkompatibilität oder anderen Gefahren warnt oder solchen, wo das möglich ist, schon durch konstruktive Maßnahmen begegnet. **Ausnahmen** gelten aber unter den Voraussetzungen, die den Endhersteller bei horizontaler Arbeitsteilung entlasten würden (näher *Rz. 94ff.*): Wenn also der Produzent durch sorgfältige „Auswahl" bzw. vertragliche Bindung und Überwachung der Hersteller von Komplementärprodukten sicherstellt, daß Inkompatibilitäten und andere Sicherheitsmängel des vervollständigten Produkts vermieden werden, ist er von der Haftung für *diese* Gefahren befreit.

148 Die Pflicht, bei Herstellung unvollständiger Endprodukte die daraus resultierenden, besonderen Gefahren zu beachten, kann ausnahmsweise sogar zu einem **Herstellungsverbot** führen. Es ist jedenfalls nicht gestattet, Produkte in Verkehr zu bringen, die infolge ihrer Unvollständigkeit derart gefährlich sind, daß dem Produzenten die Vervollständigung zuzumuten ist. Der Hersteller darf seine Waren daher **nicht ohne die erforderlichen Sicherheitsvorrichtungen** auf den Markt bringen und den Benutzern anheimstellen, Schutzgitter, Abschaltautomatismen usw. erst als Zubehör zu erwerben; eine werksseitige Komplettierung kann allerdings dann unterbleiben, wenn die Art der Schutzvorrichtung vom Verwendungszweck der Maschine abhängt[213] oder wenn auf dem Markt mehrere geeignete Vorrichtungen angeboten werden, deren Auswahl dem Benutzer in Anbetracht der Risiken überlassen werden kann (vgl. *§ 24 Rz. 7, 93*).

Im Ergebnis darf ein neu entwickeltes Hochgeschwindigkeits-Motorrad so lange nicht in Verkehr gegeben werden, wie auf dem Inlandsmarkt keine Reifen angeboten werden, die den Anforderungen dieser Geschwindigkeit entsprechen. Ansonsten würde der Motorradbenutzer nicht nur „herausgefordert", sondern geradezu dazu genötigt, unpassende Zubehörprodukte zu verwenden, die zu einer Gefährdung seiner eigenen Rechtsgüter und derjenigen anderer Verkehrsteilnehmer führen müßten.

---

[212] BGH NJW 1987, 372, 373 – Verzinkungsspray; BGH NJW 1987, 1009, 1011 – Lenkerverkleidung; s. auch § 24 Rz. 95f.

[213] Schmidt-Salzer/Hollmann, Bd. 1, Art. 3 Rz. 25.

Im übrigen müssen die Endhersteller komplementärer Produkte schon bei deren Konstruktion dafür Sorge tragen, daß eine **Vervollständigung möglichst gefahrlos** erfolgen kann.[214] Ist z. B. zu befürchten, daß Stützen oder Streben, die für Kräne, Beleuchtungsmasten, Gerüste o. ä. erforderlich sind, nicht mit der gebotenen Rutschsicherheit montiert werden (können), so sind solche freistehenden Fabrikate schon von ihrem Hersteller mit geeigneten Schweißpunkten, Ösen, Schraub-, Steck- oder Klemmverbindungen zu versehen. Für zusätzliche Schutzgitter einer Preß- oder Stanzanlage sind von vornherein Montagevorrichtungen (Löcher, Halterung) zu belassen, wenn andernfalls die nachträgliche Anbringung wesentlich erschwert wäre. Voraussetzung dieser Vorsorge ist natürlich stets, daß eine Abstimmung mit Funktionsweise, Typ und Maßen des komplementären Produkts möglich ist. Wird dieses Produkt B nur in zwei Ausführungen hergestellt, so mag von dem Hersteller des Produkts A zu verlangen sein, daß er auf die doppelte Kombinationsmöglichkeit Rücksicht nimmt. Wo dagegen – wie z. B. im Kraftfahrzeugbereich – Austauschware und ergänzbare Einzelteile in großer Vielfalt angeboten werden, stellt sich alsbald die Frage nach der **Zumutbarkeit** von Anpassungen der Konstruktion. Je zahlreicher die Produkte B_1, B_2, B_3 . . . sind, die mit der Ware A_1 kombiniert werden können, um so mehr geht auch die Verantwortung für Gefahren dieser Kombination auf den Benutzer bzw. die B-Hersteller über. Sind die B-Produkte ihrerseits zugleich mit einer Vielzahl von A-Produkten kombinierbar, können konstruktionsbezogene Verkehrspflichten für die Kombinationsrisiken gänzlich entfallen. 149

Instruktion und Beobachtung. Vielfach wird dem Risiko, daß ein unvollständiges Produkt vom Benutzer in seinem Zustand belassen oder unsachgemäß komplettiert wird, nur durch **Information und Warnung** zu begegnen sein. Zu ihr sind grundsätzlich alle Hersteller von unvollständigen Produkten bzw. notwendigem Zubehör verpflichtet. Anlaß und Umfang dieser Instruktionspflichten hängen zunächst davon ab, inwieweit mit einem bestimmungsgemäßen Produktgebrauch zu rechnen ist; denn vor Risiken, die bei üblicher und vom Hersteller auch nicht untersagter Verwendung drohen, ist unbedingt und konkret zu warnen *(§ 24 Rz. 165ff.)*. Insofern ist für unvollständige Produkte und für notwendiges Zubehör von Bedeutung, daß der Verbraucher zu einer Kombination gezwungen ist, wenn er die Ware sinnvoll nutzen will. Denn damit läuft *jeder* Verbraucher Gefahr, sich (oder andere) bei unsachgemäßer Komplettierung zu schädigen; eben deshalb wachsen auch die Erwartungen aller Verbraucher, auf etwaige Risiken hingewiesen zu werden. Die Hersteller haben also verstärkt damit zu rechnen, daß der durchschnittliche Verbraucher ein Komplementärprodukt, das ihm einigermaßen geeignet erscheint, ohne große Bedenken einsetzt. Um dies zu vermeiden, müssen die Hersteller wechselseitig bestrebt sein, das volle Spektrum der in Frage kommenden Komplementärprodukte einer Sicherheits-**Prüfung** zu unterziehen. Das setzt eine systematische **Beobachtung** des Zubehörmarktes bzw. der zubehörbedürftigen Waren voraus. Sie muß ohne besonderen Anlaß, also nicht erst dann beginnen, wenn sich Anhaltspunkte für Risiken bestimmten Zubehörs aufgrund von Unfällen o. ä. verdichten (Prinzip der aktiven Beobachtung; *§ 24 Rz. 256*). Grundsätzlich sind also sämtliche Waren, die ihrer Art nach zur – notwendigen – Komplettierung des unvollständigen Produkts dienen können, auf ihre Sicherheit hin zu untersuchen.[215] Der dafür erforderliche Aufwand kann sowohl bei aufgeblähtem Markt, z. B. seiner Überschwemmung mit billiger Importware, als auch bei diversifiziertem Zubehör leicht die Grenze des Zumutbaren erreichen.[216] In diesem Fall bleibt der Hersteller allerdings verpflichtet, den Kreis komplementärer Produkte, für die er die Mit„verantwortung" übernimmt, durch **positive Empfehlungen** einzugrenzen.[217] 150

[214] Vgl. auch BGH NJW 1983, 812 – Hebebühne.

[215] BGH NJW 1987, 1009, 1010f. – Lenkerverkleidung; grundsätzlich **enger** (mit beachtlichen Argumenten) Ulmer, ZHR 152 (1988), 564, 577ff.

[216] BGH NJW 1987, 1009, 1010f. – Lenkerverkleidung.

[217] So wohl auch BGH NJW 1987, 1009, 1011 (cc, 2. Absatz und a. E.) – Lenkerverkleidung; s. ferner BGH VersR 1977, 918 – Erdbeerplantage I.

151 Beobachtungs- und Warnpflicht beziehen sich in erster Linie nur auf Risiken **bestimmungsgemäßen Gebrauchs** *(§ 24 Rz. 165ff.)*. Insofern ist für den Kraftfahrzeugbereich von Bedeutung, daß jedenfalls die TÜV-genehmigten Zubehörprodukte vom Verkehr als geeignet und sicher betrachtet werden; bestimmungsgemäßer Gebrauch liegt insoweit vor, wenn

- für das Zubehörprodukt bereits die – vom Zubehörhersteller beantragte – allgemeine Betriebserlaubnis nach § 22 StVZO erteilt wurde,
- das um das Zubehörprodukt ergänzte Kraftfahrzeug sich ausweislich eines TÜV-Gutachtens nach § 19 II 2 StVZO in ordnungsgemäßem Zustand befindet oder
- für die um das Zubehörprodukt ergänzten Kraftfahrzeuge Einzelbetriebserlaubnisse nach § 19 II 2 StVZO erteilt worden sind.

152 Ausnahmsweise ist jedoch auch vor den Risiken **bestimmungswidrigen Gebrauchs** zu warnen, nämlich dann, wenn mit ihm gerechnet werden muß, weil er häufiger vorkommt bzw. bei Unaufmerksamkeit leicht unterläuft, und wenn eine Warnung wegen der Größe der Gefahr zumutbar erscheint *(§ 24 Rz. 206ff.)*. Zu bestimmungswidrigem Gebrauch von Zubehör kommt es immer wieder bei der Ausstattung von Kraftfahrzeugen: An einem Pkw werden falsche Reifen aufgezogen;[218] bei einem Motorwechsel werden unpassende Pleuelhalbschalen eingesetzt;[219] Mopeds und Motorräder werden mit Hilfe nicht zugelassener Teile, deren Einbau sogar die allgemeine Betriebserlaubnis erlöschen läßt (§ 19 II 1 StVZO), schneller gemacht („frisiert"). Auch hier richtet sich die Warnpflicht nach allgemeinen Grundsätzen *(§ 24 Rz. 211ff.)*. Kann der Hersteller – wie bei Reifen und Motorteilen – davon ausgehen, daß die Risiken des Fehlgebrauchs den Benutzern, hier Kfz-Mechanikern bzw. Autofahrern, in der Regel bekannt sind, so ist eine zusätzliche Warnung entbehrlich. Das gleiche gilt im allgemeinen bei vorsätzlichem Fehlgebrauch, z. B. bei technischer Manipulation durch Jugendliche, es sei denn, daß die damit verbundenen Gefahren nicht überblickt werden, weil sie außergewöhnlich sind *(§ 24 Rz. 215)*.

153 Durch **positive Empfehlung** bestimmter fremder Komplementärprodukte kann sich der Hersteller seiner Warnpflicht nicht allgemein entledigen. Immerhin ist er in der Lage, durch die Empfehlung einiger Produkte und den gleichzeitigen Hinweis, zur Verwendung nicht ausdrücklich erwähnter Produkte könne mangels eigener Sicherheitsprüfung zur Zeit nicht geraten werden, den **bestimmungsgemäßen Gebrauch einzuschränken** *(§ 24 Rz. 178)*; ein solcher Hinweis würde den Einsatz anderer Komplementärprodukte zum bestimmungswidrigen Gebrauch degradieren. Ausnahmsweise ist aber auch vor solchem Gebrauch zu warnen, z. B. dann, wenn die Verwechselung des empfohlenen Produkts mit einem inkompatiblen Teil besonders nahe liegt; namentlich eine Folgenwarnung[220] ist dort geboten, wo die Verwendung eines bestimmten, nicht kompatiblen Produkts schwere Schäden verursachen kann. Kann der Benutzer sich bei Gebrauch nicht empfohlenen Zubehörs verletzen und müßte der Hersteller dies aufgrund *konkreter* Vorfälle wissen, so ist also trotz der Empfehlung eine gezielte Warnung erforderlich. Zur Haftung für die empfohlenen Produkte s. *Rz. 158ff.*

154 Soweit eine Warnung erforderlich ist, wird sie sich auf Zusatzteile einer bestimmten Art,[221] eines bestimmten Herstellers (Marke) oder eines konkreten Typs beziehen. In jedem Fall kann die Warnung auf seiten des (der) Zubehörhersteller(s) zu ganz erheblichen Absatz- und Prestigeverlusten führen. Das gilt um so mehr, wenn – wie häufig – einem Oligopol von Hauptprodukt-Herstellern eine Vielzahl zumeist kleinerer und mittelständischer Unternehmen der Zubehörbranche gegenübersteht;[222] bei den hier ausgeprägten

---

[218] OLG Bamberg und BGH VersR 1977, 771, 772 – Kfz-Felge; BGH NJW 1978, 2241 – Hinterreifen.

[219] OLG Düsseldorf WM 1985, 1079 – Pleuelhalbschalen.

[220] Vgl. § 24 Rz. 194ff.

[221] BGH NJW 1987, 1009, 1011 (cc), 1012 (aa) – Lenkerverkleidung.

[222] Vgl. Monopolkommission, Sondergutachten 7 (1977).

Abhängigkeiten kann bereits die Erklärung eines bedeutenden Herstellers, mit seinem (Haupt-)Produkt seien die Fabrikate eines (kleineren) Zubehörproduzenten nicht kompatibel, dessen wirtschaftliche Existenz gefährden. Daraus sind jedoch im Grundsatz **keine wettbewerbsrechtlichen Bedenken gegen eine Warnung** herzuleiten.

Eine **berechtigte Warnung begründet keine Schadensersatzansprüche des Herstellers der** 155
Komplementärprodukte. Anders als in **§§ 1, 14 UWG** vorausgesetzt, handelt der warnende Produzent oft schon nicht „zu Zwecken des Wettbewerbes"; es fehlt zumindest an der dafür erforderlichen Wechselbeziehung zwischen den Nachteilen (des inkriminierten Herstellers) und dem denkbaren Ziel des Warnenden, eine Rufschädigung durch Schadensfälle zu vermeiden. Steht der Warnende aber selber in Wettbewerb mit dem Zubehör-Hersteller, weil er auch Komplementärprodukte vertreibt, so geht das Bedürfnis der Allgemeinheit nach sachgemäßer Aufklärung vor, wenn diese in den Grenzen des Erforderlichen und wahrheitsgemäß bleibt.[223] Auch eine Inanspruchnahme wegen Eingriffs in den eingerichteten und ausgeübten Gewerbebetrieb des inkriminierten Herstellers (§§ 823, 824 BGB) kann der Warnende weitgehend vermeiden. Eine Haftung nach **§ 824 BGB** kommt ohnehin nur in Betracht, wenn sich die Warnung – etwa bei weiteren Versuchen mit dem Komplementärprodukt – als unbegründet erweist. In diesem Fall besteht aber keine Schadensersatzpflicht, soweit der warnende Hersteller in Wahrnehmung berechtigter Interessen handelte (vgl. § 824 II BGB). Darüber ist nach umfassender Interessen- und Güterabwägung zu entscheiden,[224] also im Hinblick auf die zur Zeit der Warnung ersichtlichen Verdachtsmomente, die Möglichkeit und Zumutbarkeit ihrer kurzfristigen Überprüfung und die Größe der Gefahr. Handelte der warnende Hersteller demnach nicht pflichtwidrig (oder nicht schuldhaft), so haftet er dem Hersteller des Komplementärprodukts auch nicht gem. **§ 823 I BGB.**[225]

Ein Hersteller darf bei bloßem Gefahrenverdacht allerdings *in keinem Fall* daran gehin- 156
dert werden, seinen wettbewerbsrechtlichen Pflichten nachzukommen. Daher ist zu betonen, daß die **Warnpflicht erst entsteht, wenn der Hersteller die Gefahrenindizien nach Art und Anzahl als ausreichend ansehen mußte,** und auch dann (nicht die pauschale Abwertung des anderen Produkts gestattet, sondern) nur eine **auf diesen Erkenntnisstand beschränkte Verbraucherinformation** fordert. Solange das unvollständige Produkt noch nicht in Verkehr gegeben ist, kann sein Hersteller sich über die Sicherheit bereits vertriebener Komplementärprodukte – jedenfalls aus rechtlicher Sicht – ohne Zeitdruck informieren. Ergeben sich jedoch erst nach der Inverkehrgabe Anhaltspunkte für Gefahren, etwa weil ein neuartiges Zusatzprodukt auf den Markt gebracht wird, so steht dem Hersteller eine Bedenkzeit zu, innerhalb derer er sich über die Gefahrenhinweise Gewißheit verschaffen und ihnen u. U. auch durch eigene Versuche nachgehen muß (näher *§ 24 Rz. 221*). Sodann muß er unter Abwägung der verbleibenden Unsicherheit, der Risiken für die Produktbenutzer und der wirtschaftlichen Nachteile für den inkriminierten Hersteller über eine Warnung entscheiden.

cc) Haftung für empfohlene Komplettierungs- und Zubehörteile. Die **Empfehlung,** 157
ein ergänzungsbedürftiges oder Zubehörprodukt mit dem bestimmten Erzeugnis eines anderen Herstellers zu kombinieren, kann mehrere **Gründe** haben: bei Konzernverbundenheit Interessenidentität, bei Kooperationsverträgen usw. eine entsprechende Verpflichtung und die Hoffnung, durch besondere Abstimmung der beiderseitigen Produkte mit der Qualität des vervollständigten Produkts den eigenen Umsatz zu steigern. Der produkthaftrechtliche Vorteil einer Empfehlung liegt darin, daß die Verkehrspflichten für fremde Komplementärprodukte weitgehend auf die empfohlenen Waren beschränkt werden können.[226]

---

[223] Zur Wechselbeziehung vgl. Baumbach/Hefermehl, Wettbewerbsrecht, 15. Aufl. (1988), Einl. UWG Rz. 212ff. und § 14 UWG Rz. 2, jeweils m. weit. Nachw.; zur Gesamtproblematik (differenzierend) Ulmer, ZHR 152 (1988), 564, 583ff., 589ff.

[224] Vgl. RGRK/Steffen, § 824 Rz. 34.

[225] S. auch BGH BB 1982, 62ff. (zu Bericht über Defekthäufigkeit in ADAC-Zeitschrift).

[226] BGH NJW 1987, 1009, 1011 (cc, 2. Absatz und a. E.) – Lenkerverkleidung; vgl. auch Rz. 150 a. E., 153, 174f.

158 Der Nachteil einer gezielten Empfehlung ist, daß der Hersteller mit ihr eine **besondere Verantwortung** übernimmt: Durch die Empfehlung wird jede – aus Verbrauchersicht sachgerechte – Vervollständigung der Ware A mit der empfohlenen Ware B zum bestimmungsgemäßen Gebrauch *beider* Waren. Der Abnehmer dieser Waren darf also davon ausgehen, daß der A-Hersteller sowohl die Kompatibilität der Produkte A und B als auch die Sicherheit jedes Einzelprodukts nach dem neuesten Stand von Wissenschaft und Technik sicherstellt.[226a] Entsprechendes gilt für den B-Hersteller, wenn er – aus eigener Initiative oder nach Absprache mit dem A-Hersteller – Produkt A empfiehlt.

159 **Ohne** eine solche **eigene Empfehlung** haftet der B-Hersteller grundsätzlich nur nach allgemeinen Grundsätzen. Er darf eine Empfehlung seiner Komplementärprodukte durch den A-Hersteller aber auch nicht völlig ignorieren. Denn selbst wenn er mit ihr nicht einverstanden ist, weil er der Qualität, Kompatibilität bzw. Sicherheit der A-Waren nicht traut, muß er doch damit rechnen, daß die Erwerber dieser Waren der Empfehlung folgen. Spätenstens damit wird die Kombination beider Produkte zum bestimmungsmäßigen Gebrauch,[227] für dessen Risiken auch der B-Hersteller haftet, solange er nicht *seine* Abnehmer warnt oder/und gegen die gefährliche Empfehlung einschreitet.

160 Einer **Empfehlung steht es gleich,** wenn der Hersteller durch besondere Konstruktion seiner Waren signalisiert, daß zur Vervollständigung bestimmte Komplementärprodukte geeignet sind. So schließt der Verkehr aus der Anbringung von Löchern, Ösen, Halterungen, Aufhängevorrichtungen usw. oft, daß Zusatzprodukte, die dem Anschein nach auf diese Weise befestigt werden können, zu dem unvollständigen Produkt passen und in der bezeichneten Form auch sachgerecht zu montieren sind.[228] Gesonderter Prüfung bedarf allerdings, auf welche der in Betracht kommenden Komplementa sich die technische Vorrichtung bezog. Dem Verbraucher ersichtlich, will der Hersteller nämlich meist nicht die Verantwortung für alles Zubehör übernehmen, das zu seiner Ware zu „passen" scheint. Insofern muß einerseits der Verbraucher mitdenken; andererseits ist der Hersteller imstande und ggf. aufgefordert, den bestimmungsgemäßen Gebrauch einzuengen *(Rz. 163)*.

161 Der empfehlende Hersteller hat weitestgehend schon bei der **Konstruktion** seines Produkts sicherzustellen, daß es gefahrlos mit dem empfohlenen Zusatzteil ergänzt werden kann und daß diese Kombination – im Rahmen bestimmungsgemäßen Gebrauchs – gefahrlos zu benutzen ist. Er muß z. B. Montagevorrichtungen einplanen, die eine sichere Verbindung ermöglichen, auf Materialverträglichkeit mit dem Zubehör achten und berücksichtigen, daß nach der Kombination mit dem Zusatzteil die Produkte einander der Temperaturschwankung, Verformung, Erschütterung usw. aussetzen können. Im Idealfall sollte daher schon bei der Entwicklung komplementärer Produkte eine *Abstimmung der Hersteller* stattfinden. Zumindest muß der empfehlende Hersteller sicherstellen, daß er über beabsichtigte konstruktive Änderungen des Komplementärprodukts so zeitig unterrichtet wird, daß er deren Auswirkungen überprüfen kann; ggf. muß er sich auch eine Reaktionszeit sichern, die es ihm erlaubt, entweder die Konstruktion des eigenen Produkts an jene Änderungen anzupassen oder seine frühere Empfehlung zurückzunehmen. Nicht zu verlangen ist allerdings eine *Einflußnahme* auf die Konzeption des komplementären Produkts; sie müßte bereits an der fehlenden Einwirkungsmöglichkeit des Herstellers scheitern.

162 Die **Anpassung der Konstruktion findet ihre Grenzen** ferner in der Technik und in der Zumutbarkeit. So sind, wenn die Ware A und das Zubehörstück B zur Zeit seiner Empfehlung durch den A-Hersteller bereits in Serie erscheinen, konstruktive Änderungen im allgemeinen nicht mehr zumutbar; dadurch wird die Empfehlung auch nicht etwa insgesamt unzulässig werden, es sei denn, daß ein Zubehörstück B_2 die größere Sicherheit bietet oder daß dem empfohlenen Produkt B_1 schon die Mindestsicherheit fehlt.

[226a] OLG München VersR 1988, 1073f. (Lackadditiv).

[227] Vgl. § 24 Rz. 180, 217.

[228] BGH NJW 1987, 1009, 1011, cc – Lenkerverkleidung.

In jedem Fall bleibt der empfehlende Hersteller aber zu umfassender **Instruktion,** zugleich also zur **Beobachtung bzw. Überprüfung** des empfohlenen Produkts verpflichtet.[229] Da die Benutzer, welche der Empfehlung folgen, der fachlichen Autorität des Herstellers oft mehr als ihrem Gefahrinstinkt vertrauen werden, müssen sie vor Risiken einer Verwechselung ähnlichen Zubehörs, vor Montagefehlern bei der Vervollständigung und vor gefährlichem Gebrauch des komplettierten Produkts in besonderer Weise gewarnt werden. Das gilt erst recht bei unvollständigen Produkten und notwendigem Zubehör, da hier jeder Endabnehmer zur Vervollständigung gezwungen wird (vgl. *Rz. 145*). Wie der Endhersteller bei horizontaler Arbeitsteilung hat allerdings auch der empfehlende Hersteller die Möglichkeit, seine Instruktionspflicht von dem Hersteller des komplementären Produkts „erfüllen" zu lassen. Voraussetzung dafür ist neben sorgfältiger Auswahl, Verpflichtung und Überwachung des Zubehör-Herstellers (näher *Rz. 46ff.*), daß auch dessen Hinweise die erforderliche Beachtung finden; nicht selten wird der Verbraucher aber gerade dem Zubehör-Hersteller besonders vertrauen, weil er bei ihm die bessere Kenntnis der eigenen Waren vermutet. 163

dd) Haftung für fakultatives Zubehör. Fakultatives Zubehör umfaßt solche Zusatzprodukte, die von dem Hersteller des Hauptprodukts weder empfohlen werden noch für dessen Gebrauch notwendig sind *(Rz. 144)*. Ist z. B. für einen bestimmten Motorradtyp von einem anderen Hersteller eigens eine dazu passene Packtasche entwickelt worden, so ist diese für den Pflichtenbereich des Motorradherstellers fakultatives Zubehör; für den Pflichtenbereich des Taschenherstellers ist sie, falls ihre isolierte Verwendung nicht in Betracht kommt, (auch) ein unvollständiges Produkt, das der „Ergänzung" durch das Motorrad bedarf. Grundsätzlich haftet der **Hersteller fakultativen Zubehörs** daher wie für unvollständige Produkte *(Rz. 145ff.),* bei Empfehlung bestimmter Hauptprodukte zudem wie für empfohlene Komplettierungsteile *(Rz. 158ff.)* Inwieweit der **Hersteller des Hauptprodukts** für Risiken verantwortlich ist, die durch den Gebrauch gefährlichen Zubehörs entstehen, war lange Zeit ungeklärt; der BGH hat nun in seiner Lenkerverkleidungs-Entscheidung vom 9. 12. 1986 eine recht weitgehende Haftung für fakultatives Zubehör bejaht. Jedoch bleibt abzuwarten, ob die Rechtsprechung an dem damit angedeuteten Weg festhält. 164

Der Umstand, daß weitere Hersteller zu einem (Haupt-)Produkt Zusatzteile anbieten, die dessen Funktion sichern oder unterstützen sollen, kann die für das Hauptprodukt bestehenden **Konstruktionspflichten nur in Ausnahmefällen** erweitern. Denn grundsätzlich ist es nicht Aufgabe des Herstellers, bei der Konzeption seines Produkts technische Veränderungen bzw. Ergänzungen zu berücksichtigen, die er nicht befürwortet hat und vielleicht sogar als nachteilig ablehnt. Eigenmächtige Änderungen des Produkts durch den Verbraucher erfolgen auf dessen Gefahr; vor ihr muß der Hersteller ggf. warnen, vor den Folgen einer Mißachtung seiner Warnung braucht er im allgemeinen aber nicht zu schützen *(§ 24 Rz. 82, 231f.).* 165

Auch hier sind freilich Ausnahmen denkbar: Werden z. B. von jugendlichen Motorradfahrern – ohne oder trotz einer Warnung des Herstellers – ständig bestimmte Aufbauten verwandt, die bei geringfügiger und unproblematischer Änderung einer Halterung wesentlich sicherer montiert werden könnten, so ist der Hersteller zu dieser Änderung verpflichtet. Erweisen sich dagegen Warnungen vor einem bestimmten Zubehörteil als fruchtlos, so kann der Hersteller gehalten sein, bei nächster Gelegenheit eine geringfügige Konstruktionsänderung vorzunehmen, wenn hierdurch die Anbringung des Zubehörs unmöglich würde.

Warnpflichten und gewisse **Produktbeobachtungspflichten** obliegen dem Hersteller des Hauptprodukts **grundsätzlich auch für Zubehörprodukte.** Entscheidend dafür ist, daß – neben dem Zubehörhersteller – niemand schneller und besser als der Hersteller des 166

---

[229] BGH NJW 1987, 1009, 1011, cc – Lenkerverkleidung; ebenso das OLG München (Berufungsinstanz), vgl. BGH a. a. O.; zurückhaltend Ulmer, ZHR 152 (1988), 564, 580ff.

Hauptprodukts neue Einsichten verwerten und Gefahrenhinweisen auf den Grund gehen kann. Unter Umständen bringt der Hersteller des Hauptprodukts selber Zubehörteile in Verkehr; dann muß er ohnehin gleichartige Konkurrenzprodukte mitbeobachten. Im übrigen werden ihm bei Wahrnehmung seiner Pflicht, die technische Entwicklung über Fachkongresse und Zeitschriften zu verfolgen[230] sowie Bewährung und Handhabung seines (Haupt-)Produkts in der Praxis zu beobachten,[231] etwaige Auffälligkeiten bekannt werden; diesen muß er auch dann nachgehen, wenn sie möglicherweise „nur" auf fremdes Zubehör zurückgehen, zumal gerade dies erst festzustellen ist. Andererseits darf dem Hersteller zum Schutz der Verbraucher vor gefährlichem Zubehör – wie im Konstruktionsbereich *(Rz. 149)* – kein unzumutbarer Aufwand auferlegt werden.

167 • **Konkreter Anlaß.** Eine Warnpflicht trifft den Hersteller des Hauptprodukts jedenfalls bei konkretem Anlaß, also vor allem in folgenden Fällen:

168 – Es gibt **zuverlässige Hinweise** darauf, daß bei Anbringung des Zubehörs an das Hauptprodukt oder bei Benutzung beider Produkte Gefahren drohen.

Beispiele: Unfallnachrichten in Presse oder Fachzeitschriften; sich häufende Beschwerden über Versagen oder Auffälligkeiten von Hauptprodukt oder Zubehör; Mitteilung einer Motorradzeitschrift, auf ihre Anfrage hin hätten 47 Leser mitgeteilt, bei schneller Fahrt ihrer lenkerverkleideten Maschinen Pendelbewegungen festgestellt zu haben, die sonst nie beobachtet wurden.[232]

169 – Bei einer **Änderung der Konstruktion des Hauptprodukts** bleibt seine äußere Form erhalten, so daß eingeführtes und verbreitetes Zubehör auch an den neuen Produkten angebracht werden kann. Ist dies aber wegen der Änderung mit erheblicher Gefahr verbunden, so muß der Hauptprodukt-Hersteller in seiner Betriebsanleitung darauf hinweisen, daß die üblichen Zubehörprodukte nicht mehr benutzt werden können. Hierin kann bei vielfältigem Zubehör eine erhebliche Belastung liegen; sie wird bei Kraftfahrzeugen allerdings dadurch abgeschwächt, daß für sicherheitsrelevantes Kfz-Zubehör in aller Regel auch eine allgemeine Betriebserlaubnis erforderlich ist, die, da typgebunden, von dem Zubehörhersteller in jedem Fall neu beantragt werden muß.

170 In beiden Fällen wird der Hersteller des Hauptprodukts auch verpflichtet sein, das fragliche Zubehör gezielt zu **beobachten** bzw. zu **überprüfen,** wenn konkrete Anhaltspunkte für eine Gefährlichkeit noch der Bestätigung bedürfen. Das gilt zumindest in dem Umfang, der erforderlich ist, um auszuschließen, daß bei Verwendung des Zubehörprodukts eine (sonst latente) Gefahr des *Haupt*produkts in Erscheinung tritt.

171 • **Generelle Risikoerhöhung.** Das Hauptproblem der Zubehör-Haftung liegt in der Frage, ob Herstellerpflichten für fremdes Zubehör auch ohne konkreten Anlaß bestehen. Das ist jedenfalls für Zubehör zu erwägen, das **seiner Art nach** in Verbindung mit dem Hauptprodukt für den Benutzer **gefährlich werden kann.**

172 *Allgemeine Warnung.* Bestimmtes Zubehör ist entweder von vornherein oder in bestimmter Ausführung oder unter besonderen Umständen, die wiederum seltener oder häufiger sein können, nicht ganz ungefährlich. Falls dies dem Benutzer des Hauptprodukts unbekannt ist, kann er durch allgemeine Warnhinweise immerhin informiert werden und so eine umfassende Grundlage für seine Entscheidung über die Zubehörverwendung erhalten.[233] Auf den ersten Blick würde der Hersteller durch solche allgemeinen Hinweise auch nicht übermäßig belastet. Jedoch gibt es Produkte, z. B. Motorräder, zu denen Hunderte oder Tausende von Zubehörteilen angeboten werden. Zugleich zeigt die deutsche wie die US-amerikanische Gerichtspraxis, daß es kaum ein Produkt gibt, das – seiner Art nach! – nicht in irgendeiner Weise gefährlich werden kann, also sicherheitsrelevant ist. Selbst die allgemeine Warnpflicht ist daher unter dem Gesichtspunkt der **Zumutbarkeit**

---

[230] Vgl. § 24 Rz. 26, 219f.
[231] Vgl. § 24 Rz. 252ff.
[232] Spiegel Nr. 9/1987, S. 97.
[233] Vgl. schon BGH VersR 1977, 918, 920 – Erbeerplantage I.

zu beschränken, zumal auch der Produktbenutzer einen langen Katalog vager Gefahrenhinweise bestenfalls „überfliegen", vielleicht sogar ignorieren würde. Der Hersteller des Hauptprodukts hat sich von vornherein auf die gefährlichen Zubehörarten[234] zu beschränken; in der Regel wird er auch Fabrikate, die nicht in nennenswertem Umfang vertrieben werden, unerwähnt lassen können.[235] Mangels **Erforderlichkeit** nicht anzusprechen sind Gefahren, die in der gleichen Allgemeinheit, mit der vor ihnen gewarnt würde, den Verbrauchern bekannt sind. Dabei kommt es auf die durchschnittliche Erfahrung und Bildung in dem jeweiligen Abnehmerkreis an (näher *§ 24 Rz. 6, 166ff.*). Das **allgemeine Gefahrenwissen** über Zubehörteile ist von dem BGH in der ersten grundlegenden Entscheidung zur Produkthaftung für fremdes Zubehör freilich zurückhaltend beurteilt worden.[236]

173 In diesem **Lenkerverkleidungs-Fall** hatte ein Motorradfahrer einen Unfall erlitten, weil die von ihm montierte Lenkerverkleidung eines anderen Herstellers das Motorrad bei höheren Geschwindigkeiten zum Pendeln brachte und völlig destabilisierte. Der BGH verneinte, daß Motorradfahrern die bei höheren Geschwindigkeiten drohende Pendelgefahr infolge von Lenkerverkleidungen allgemein bekannt sei; dagegen spreche schon, daß die Lenkerverkleidung bessere Windschlüpfrigkeit und insoweit bessere Fahrstabilität suggeriere, während sich deren Beeinträchtigung erst bei hohen Geschwindigkeiten gezeigt habe.[237] An anderer Stelle heißt es, die Prüfungspflicht müsse sich auf Motorradzubehör erstrecken, „dessen Einfluß auf die Fahrstabilität des Motorrades nicht für alle Motorradfahrer **ohne weiteres auf der Hand liegt.**"[238]

Weniger problematisch ist beispielsweise, daß die mit dem Toasten von Knäckebrot (als etwaigem „Zubehör") verbundene Brandgefahr nicht zum allgemeinen Erfahrungswissen gehört. Auf diese Gefahr hat daher (auch) ein Toastgeräte-Hersteller hinzuweisen!

174 *Aktive Beobachtung und spezifische Warnung?* Der **BGH** hat sich in der erwähnten Lenkerverkleidungs-Entscheidung auf den Standpunkt gestellt, auch ohne konkreten Anlaß müsse der Hersteller des Hauptprodukts solche Zubehörprodukte beobachten, „die so allgemein gebräuchlich sind, daß bei einer etwaigen Unverträglichkeit ein risikoloser Einsatz des eigenen Produkts schon wegen dieser Verbrauchergewohnheit ausgeschlossen wird. Diese Produkt*beobachtungs*pflicht kann sich zu einer Pflicht zur eigenen *Überprüfung* der fremden Zubehörteile steigern, wenn konkreter Anlaß zu der Befürchtung besteht, daß das Zubehör *seiner Art nach* in Verbindung mit dem eigenen Produkt dem Benutzer gefährlich werden kann."[239] Dies gilt nach Ansicht des BGH um so mehr für **Motorradzubehör,** da bei der Benutzung von Motorrädern die Gefährdung von Leben und Gesundheit im Vordergrund steht. Danach hat „ein Motorradhersteller dann, wenn speziell für seine Fahrzeuge entwickelte oder als geeignet angepriesene Zubehörteile anderer Hersteller in größerem Umfang auf den Markt kommen, und er konkreten Anlaß zu der Annahme hat, daß diese *Art von Zubehör* einen Einfluß auf die Fahrsicherheit seiner Motorräder haben kann, jedenfalls die Erzeugnisse der Marktführer einer diesbezüglichen Prüfung zu unterziehen".[240] Die Prüfung soll sich wenigstens auf Zubehör erstrecken, dessen Einfluß auf die Fahrstabilität nicht für alle Motorradfahrer von vornherein auf der Hand liegt. Eine noch weitergehende Prüfung hält der BGH bei Motorrädern für nötig, deren Fahrstabilität bei hohen Geschwindigkeiten auch ohne Zubehör an der Grenze der Sicherheitserwartun-

---

[234] Vgl. etwa BGH NJW 1987, 1009, 1011 – Lenkerverkleidung. S. auch § 24 Rz. 194.
[235] BGH NJW 1987, 1009, 1011 – Lenkerverkleidung („in größerem Umfang").
[236] BGH NJW 1987, 1009, 1012 – Lenkerverkleidung.
[237] BGH NJW 1987, 1009, 1012 – Lenkerverkleidung.
[238] BGH NJW 1987, 1009, 1011 – Lenkerverkleidung (Hervorhebung von Verf.); **Urteilsanmerkungen:** Kullmann, BB 1987, 1957ff.; Lorenz, CR 1987, 564ff.; Schmidt-Salzer, BB 1987, 721f.; Schmitz, JR 1988, 245ff.; Ulmer, ZHR 152 (1988), 564ff. (kritisch).
[239] BGH NJW 1987, 1009, 1011 – Lenkerverkleidung; ähnlich Schmidt-Salzer/Hollmann, Bd. 1, Art. 3 Rz. 35; wohl auch Ulmer, ZHR 152 (1988), 564, 580f.
[240] BGH NJW 1987, 1009, 1011 – Lenkerverkleidung.

gen der Benutzer liegt.[241] Bei **Unübersichtlichkeit des Zubehörmarktes** soll der Hersteller die Benutzer zumindest darauf hinweisen, daß – beim Motorrad – die Fahrsicherheit durch das Zubehör beeinträchtig werden kann; im übrigen darf der Hersteller „sich auf die Überprüfung einzelner Zubehörteile beschränken,[242] ist aber dann verpflichtet, vor allem, wenn einige sich in Tests als gefährlich herausgestellt haben, genaue Gebrauchsempfehlungen zu geben mit dem Hinweis auf die mögliche Gefährdung durch nicht empfohlenes Zubehör."[243]

175 Für die Praxis beläßt die BGH-Rechtsprechung einige **Unklarheiten.** Denn in den Entscheidungsgründen zum Lenkerverkleidungs-Urteil wird einerseits der recht weitgehende Grundsatz ausgesprochen, daß für allgemein gebräuchliches Zubehör, das seiner Art nach gefährlich werden kann, Beobachtungs- und Prüfpflichten bestehen; an dem zusätzlich geforderten „konkreten Anlaß" zu der Besorgnis einer derart allgemeinen Gefährlichkeit wird es wohl kaum einmal fehlen. Andererseits schränkt der BGH jenen Grundsatz – zu Lasten der besonders gefährdeten Motorradfahrer! – wieder ein: Es müsse sich um speziell für das Hauptprodukt entwickeltes oder empfohlenes Zubehör von Marktführern handeln. Für den Fall der Unübersichtlichkeit des Zubehörmarktes bleibt offen, ob der Hersteller *nur* zu einer allgemeinen Warnung *(Rz. 172)* vor möglichen Gefahren verpflichtet ist oder *zusätzlich* (wenigstens) einzelne Zubehörstücke zu empfehlen hat *und drittens* (dennoch) vor Gefahren bestimmten, nicht empfohlenen Zubehörs warnen muß.

176 **M. E.** besteht **keine aktive Beobachtungs- oder Prüfpflicht für fakultatives Zubehör,** das, mit dem Hauptprodukt verbunden, seiner Art nach gefährlich werden kann. Die gegenteilige Ansicht des BGH wird der Tatsache, daß die Produktgefahr in erster Linie der Sphäre des Zubehörherstellers entstammt, nicht gerecht. Grundgedanke der Produkthaftung ist, daß der Hersteller für Pflichtverletzungen einzustehen hat, die durch die Inverkehrgabe des Produkts den Verkehr gefährden. Dieser Gedanke ist zwar um die Pflicht zur Warnung nach Inverkehrgabe und vor bestimmungswidrigem Gebrauch erweitert worden; auch bei Unvollständigkeit eines Produkts ist dem Hersteller eine Art „Nachsorge" zuzumuten. Es geht jedoch zu weit, dem Hersteller die Verantwortung für alle wesentlichen Gefahren aufzuerlegen, die ohne die Inverkehrgabe – als Kausalfaktor – ausgeblieben wären: Zwischen der Inverkehrgabe des Hauptprodukts und der vom BGH befürworteten Beobachtungs- und Prüfpflicht für fremdes Zubehör besteht kein innerer Zusammenhang mehr. Die Haftung für fremdes *notwendiges* Zubehör war noch dadurch zu rechtfertigen, daß die Inverkehrgabe unvollständiger bzw. verschleißender Produkte sämtliche Benutzer zur Komplettierung zwingt *(Rz. 145f., 150)*; davon kann bei fakultativem Zubehör keine Rede sein. Auch aus Billigkeitsgründen ist eine Haftung des Hauptprodukt-Herstellers nicht geboten, da regelmäßig der Zubehörhersteller haftet, welcher keineswegs illiquide sein muß. Jedenfalls sollte die betriebswirtschaftliche und legitime Entscheidung eines Produzenten, nicht selbst auf dem Zubehörmarkt tätig zu werden, nicht ohne Not unterlaufen werden; dies um so mehr, als der Hersteller des Hauptprodukts bei jeder Warnung, die – um der strengen Rechtsprechung zu genügen – zu früh, zu allgemein oder zu umfassend erfolgt, mit einer Schadensersatzklage der empörten Zubehör-Hersteller rechnen muß *(Rz. 155f.)*. Schließlich dürfte ein Blick auf die Sicherheitserwartungen der Benutzer zeigen, daß Kompatibilitätsprüfungen zwar von dem jeweiligen Zubehörfabrikanten erwartet werden, weniger aber von einem Kraftfahrzeughersteller, der sich einem kaum überschaubaren Zubehörmarkt gegenübersieht; auch der Laie wird hier zwischen Service und Verpflichtung unterscheiden.

---

[241] BGH NJW 1987, 1009, 1011 – Lenkerverkleidung.
[242] Dazu auch schon Rz. 150 a. E., 153.
[243] BGH NJW 1987, 1009, 1011 – Lenkerverkleidung.

IV. Verpflichtete Personen

1. Unternehmensinhaber

Für Pflichtverletzungen, die im Herstellerbetrieb unterlaufen, haftet dessen Inhaber nicht ohne weiteres. Seine Produkthaftung, d. h. die Produzentenhaftung i. e. S., setzt vielmehr voraus, daß ihm entweder persönlich ein Pflichtverstoß vorzuwerfen ist oder ihm die deliktische Verantwortung des betreffenden Mitarbeiters zugerechnet werden kann. In diesem Fall haftet – je nach Sachlage – der einzelne Unternehmer (natürliche Person), eine den Betrieb tragende Personenmehrheit (oHG, KG, Gesellschaft bürgerlichen Rechts) oder die juristische Person, d. h. die AG, GmbH, Genossenschaft usw. 177

a) Persönliche Verantwortung

Eine persönliche Verantwortung des Inhabers kommt nur bei **natürlichen Personen** in Betracht, nämlich dann, wenn dem Einzelunternehmer oder sämtlichen Mitgliedern einer Personengesellschaft eine Pflichtwidrigkeit vorzuwerfen ist. Bei dieser kann es sich um die Verletzung einer produktionsbezogenen Verkehrspflicht handeln. 178

Beispiele: Alle Gesellschafter einer oHG geben, um der Konkurrenz zuvorzukommen, „grünes Licht" für die Serienfertigung, bevor die letzten Konstruktionsprüfungen abgeschlossen sind. Ein Ingenieur, der mit 15 Mitarbeitern ein von ihm entwickeltes Produkt herstellt, ignoriert Schadensmeldungen, die ihn aufgrund seiner Fachkenntnis hätten beunruhigen müssen.

Die Pflichtverletzung kann aber auch darin bestehen, daß ein Verrichtungsgehilfe (Mitarbeiter), der seinerseits eine ihn bei der Warenherstellung treffende Verkehrspflicht verletzt hat, von dem Inhaber nicht mit der gebotenen Sorgfalt ausgesucht oder beaufsichtigt wurde. Ein solcher Sorgfaltsmangel wird nach § 831 I BGB vermutet (näher *§ 37 Rz. 1)*.

b) Haftung für verfassungsmäßig berufene Vertreter (§ 31 BGB)

Die Haftung für verfassungsmäßig berufene Vertreter (sog. Organe) ist vor allem deshalb von Bedeutung, weil **juristische Personen** (AG, GmbH, Genossenschaft) als solche nicht handlungsfähig sind; sie werden erst durch ihre Organe, in erster Linie durch den Vorstand bzw. Geschäftsführer, tätig. Dementsprechend haftet die juristische Person für unerlaubte Handlungen, die ihr Gesamtvorstand, ein Mitglied ihres Vorstandes bzw. ein Geschäftsführer innerhalb des ihm übertragenen Wirkungskreises begeht (§ 31 BGB); entsprechendes gilt für juristische Personen des öffentlichen Rechts, es sei denn, daß das betreffende Organ hoheitlich handelte (§ 89 BGB). Wegen ihrer Nähe zur körperschaftlichen Verselbständigung trifft diese Haftung auch eine **oHG**[244] oder **KG**,[245] deren vertretungsberechtigter Gesellschafter innerhalb seines Wirkungskreises Verkehrspflichten verletzt. Eine analoge Anwendung des § 31 BGB auf die Gesellschaft bürgerlichen Rechts (§ 705 BGB) ist dagegen abzulehnen.[246] 179

Die Zurechnung nach § 31 BGB ist eine **unbedingte Haftung.** Daher kann der Unternehmensinhaber sich, wenn das Gericht von der Haftung seines Organs ausgehen muß, nicht mit dem Hinweis entlasten, der verfassungsmäßig berufene Vertreter sei vor dessen Anstellung und bei dessen Arbeit gründlichst überprüft worden. 180

c) Haftung für leitende Mitarbeiter (§ 31 BGB analog)

Die unbedingte Haftung nach § 31 BGB tritt nicht nur für die gesetzlich vorgesehenen Organe – wie Vorstand bzw. Geschäftsführer – ein, sondern auch für **besondere Vertre-** 181

---

[244] RGZ 76, 35, 48; BGH MDR 1952, 285.
[245] BGH MDR 1952, 285; Beuthien, DB 1975, 725f.
[246] BGHZ 45, 311, 312; Sellert, AcP 175 (1975), 98, 104; anders Beuthien, DB 1975, 725, 775.

ter, die von einer juristischen Person **nach § 30 BGB** für bestimmte Geschäfte durch Satzung bestimmt worden sind. Solcher besonderen Vertreter werden vor allem größere Betriebe bedürfen, deren Organisation nach Umfang oder Spezialisierung so ausgedehnt ist, daß die Betriebsleitung die Einheiten nicht mehr zuverlässig führen und kontrollieren kann. Andererseits ist die Berufung besonderer Vertreter in § 30 BGB freigestellt, so daß in der betrieblichen Praxis zur Vermeidung einer Ausdehnung der deliktischen Einstandspflicht gerne davon abgesehen wird, die Positionen der Abteilungsleiter gerade durch die Satzung festzulegen.

182 Dies wird weithin als Umgehung der strikten Haftung empfunden und ist der Rechtsprechung Anlaß, größeren Unternehmen die Verkehrspflicht aufzuerlegen, für bestimmte Tätigkeiten besondere Vertreter zu berufen (vgl. *§ 24 Rz. 263*). Im Ergebnis werden **Personen,** die für einen Geschäftskreis bestellt sind, „der eine **dem Vorstand ähnliche Selbständigkeit** bzw. Verantwortlichkeit verlangt",[247] den verfassungsmäßig berufenen Vertretern **gleichgestellt.** Demnach haftet die juristische Person auch für Mitarbeiter, denen nur durch die „allgemeine Betriebsregelung und Handhabung" bedeutsame Funktionen zur eigenverantwortlichen Erfüllung zugewiesen sind,[248] unbedingt.[249]

183 Diese Erweiterung rechtfertigt sich durch den Zweck des § 31 BGB, eine juristische Person, die nur über Organe tätig werden kann, für deren Verhalten ebenso haften zu lassen, wie eine natürliche Person haften würde, die *dieser* Organe nicht bedürfte. Dieser Zweck spricht allerdings zugleich dafür, den **Kreis der formlos berufenen Vertreter,** für die gehaftet wird, **nicht zu weit zu ziehen.** Denn auch eine natürliche Person kann die Leitung der Abteilungen eines größeren Betriebs Verrichtungsgehilfen überlassen, für deren Fehlverhalten sie nur beschränkt haftet (§ 831 I BGB); eine juristische Person darf nicht ohne weiteres schlechter gestellt werden. Ein solches Haftungsgefälle kann auch nicht etwa dadurch vermieden werden, daß § 31 BGB sogar zu Lasten einer natürlichen Person angewandt wird, wenn ihr ein größeres Unternehmen gehört.[250] Dies wäre mit dem Zweck der Vorschrift – und mit § 831 I 2 BGB – unvereinbar.

2. Vorstand, Geschäftsführer

184 Grundsätzlich kann die Produkthaftung auch den oder die Leiter des Herstellungsbetriebs treffen, beispielsweise den Gesamtvorstand bzw. Mitglieder des Vorstandes einer AG oder Genossenschaft sowie den Geschäftsführer einer GmbH. Ob es sich für den Geschädigten trotz der strikten Haftung des Betriebsinhabers für diese Personen *(Rz. 179f.)* lohnt, sie zusätzlich zu verklagen, ist eine Frage des Einzelfalls und jedenfalls keine Haftungsvoraussetzung.

185 Wegen der zivilrechtlichen Verantwortlichkeit des Unternehmens*inhabers* sind die Sorgfaltspflichten der Unternehmensleitung bisher hauptsächlich für das Strafrecht herausgearbeitet worden.[251] Der strafrechtliche Verschuldensbegriff ist zwar täterbezogen und daher prinzipiell enger als der objektivierende Verschuldensmaßstab des Zivilrechts.[252] Beide Maßstäbe decken sich aber insofern, als **im Strafrecht und im Zivilrecht** – nach Maßgabe der innerbetrieblichen Arbeitsteilung – die **besondere Funktion des Unternehmensleiters bei der Produktion im Vordergrund** stehen muß: Die Frage nach den ihm obliegenden

---

[247] BGH NJW 1977, 2259, 2260 (Hervorhebung durch Verf.).

[248] BGHZ 49, 19, 21.

[249] RG RGZ 163, 21, 29f. – Bremsen I; DR 1942, 1703; BGH VersR 1962, 664, 665; Staudinger/Coing, § 31 Rz. 34.

[250] So aber v. Marschall, VersR 1976, 411, 413; Nitschke, NJW 1969, 1737, 1740ff.; Staudinger/Coing, § 31 Rz. 34.

[251] Dazu ausführlich Goll, §§ 44–47; Schmidt-Salzer, Produkthaftung: Strafrecht, insbesondere Rz. 1.117ff.

[252] Vgl. § 28 Rz. 3 und § 45 Rz. 31ff.

Verkehrspflichten kann[253] weithin kaum anders beantwortet werden als die strafrechtliche Vorfrage, welche Sorgfaltspflichten der Unternehmensleiter aufgrund (oder trotz!) der vorgesehenen bzw. faktischen Arbeitsteilung im Betrieb beachten mußte. Insofern ist auf die Darstellung der strafrechtlichen Verantwortung *(§ 46 Rz. 1ff.)* zu verweisen.

Anknüpfungspunkt für die zivilrechtliche Haftung ist in aller Regel nicht etwa schon die *Inverkehrgabe* eines fehlerhaften Produkts,[254] sondern eine produktionsbezogene Verkehrspflicht. Im Ansatz obliegen gerade auch dem Unternehmensleiter Pflichten zu ordnungsgemäßer Konstruktion, Fabrikation, Instruktion, Produktbeobachtung usw. Diese Pflichten werden jedoch erst konkretisiert durch die – selbstverständliche – Arbeitsteilung in dem jeweiligen Betrieb. Es ist der Unternehmensleitung nämlich grundsätzlich möglich, die ursprünglich bei ihr konzentrierten **Verkehrspflichten**[255] auf andere Personen **zu übertragen.** Dies kann durch *zwischenbetriebliche* Arbeitsteilung erfolgen *(§ 25 Rz. 46ff.)*. Im geleiteten Unternehmen geht es um *innerbetriebliche Arbeitsteilung*. Auch sie muß organisiert sein. Die Übertragung bestimmter Aufgaben auf Abteilungsleiter bzw. nachgeordnete Mitarbeiter und die übrige betriebliche Kooperation sind also systematisch zu gestalten. Dabei hat über Grundfragen der betrieblichen Organisation *allein* die Unternehmensleitung zu entscheiden *(§ 24 Rz. 285)*. Haftungsbefreiend ist nur ordnungsgemäße Organisation. Mängel derselben hindern einerseits die Delegation von Einzelpflichten und führen andererseits zum Organisationsverschulden. Schadensersatzklagen gegen die Unternehmensleitung werden daher nicht nur, aber meist auch auf **Organisationsfehler** gestützt. 186

Hinzu tritt die Verantwortung für **konkrete Entscheidungen oder Unterlassungen,** die sich auf die Produktsicherheit auswirken und immer dann erheblich werden, wenn die Delegation einer Pflicht später überspielt *wird* oder aus konkretem Anlaß rückgängig gemacht werden *muß*. Hier geht es um das „Wiederaufleben der Generalverantwortung in Krisen- oder Ausnahmesituationen“.[256] Immer dann nämlich, wenn die Unternehmensleitung eine Aufgabe/Entscheidung, die sie einer Abteilung oder bestimmten Mitarbeitern übertragen hat, wieder an sich zieht, wird sie für die sachgerechte Erledigung auch wieder voll verantwortlich. Nichts anderes gilt, wenn der Leitung Tatsachen bekannt werden, die im Interesse der Produktsicherheit zur Intervention verpflichten, also Anlaß sein müssen, in die Arbeitsteilung kontrollierend bzw. korrigierend einzugreifen. 187

Beispiele: Es mehren sich Hinweise auf Qualitätsprobleme in der Fertigung, ohne daß der Abteilungsleiter hierzu auch nur vorgetragen hätte. Gerüchten zufolge soll die Abteilung Verkauf energischen Widerstand gegen Bestrebungen leisten, dem Produkt P nach zahlreichen Schadensfällen wenigstens einen Warnhinweis beizufügen. Mitarbeiter der Qualitätskontrolle kündigen, weil ihr Engagement angeblich zu stark beschnitten wird. Alkoholmißbrauch wird bekannt. Terminprobleme bei der Konstruktion lösen sich unter dem neuen Abteilungsleiter auf wundersame Weise.

Bei **mehrköpfigen Geschäftsleitungen** ist allerdings zu unterscheiden: Ein Geschäftsführer einer **Personengesellschaft** haftet (als Gesellschafter) – auch ohne eigene Pflichtverletzung – für Pflichtwidrigkeiten anderer Geschäftsführer stets, wenn sie sich als *Vertragsverletzungen* durch die Gesellschaft darstellen. Für *deliktisches* Verhalten des anderen Geschäftsführers haftet er nur als Gesellschafter einer **oHG** oder **KG** *(§ 25 Rz. 179)*. Demgegenüber haftet ein **GmbH-Geschäftsführer** oder ein **Vorstandsmitglied** ausschließlich für persönliche Pflichtverletzungen. Für diese Personen und zur Feststellung der Eigenverantwortung des Geschäftsführers einer Personengesellschaft ist die Abgrenzung der Leitungspflichten daher unverzichtbar. 188

---

[253] vorbehaltlich der Sonderprobleme wie etwa der Strafbarkeit von Unterlassen ohne vorausgegangene Verhaltensfehler (§ 45 Rz. 11ff.)

[254] Vgl. § 23 Rz. 3ff.

[255] Zumindest aber deren *Erfüllung* (vgl. § 25 Rz. 36).

[256] Schmidt-Salzer, Produkthaftung: Strafrecht, Rz. 1.160.

189 Eine **Ressortverteilung** auf der Leitungsebene ist nichts anderes als horizontale Arbeitsteilung *im* Betrieb, etwa mit den Bereichen Technik/Kaufmännisches oder Planung/Herstellung usw. Ihre Zulässigkeit als haftungsbeschränkende Delegation steht außer Frage, hängt aber sinngemäß von den allgemeinen Voraussetzungen jeder Pflichtenübertragung ab. Es gelten folgende Grundsätze:

190 Die Verkehrspflichten richten sich nach dem Aufgabenbereich, der **vereinbarungsgemäß** übernommen wurde. Diese Vereinbarung bedarf *keiner Form.*[257] Sie muß daher nicht einmal schriftlich erfolgen, ist also auch jederzeit formlos änderbar. Sie sollte und wird sich im allgemeinen aber aus dem *Organisationsplan* (Geschäftsverteilungsplan) des Unternehmens ergeben.[258] Soweit ein Organisationsplan, z. B. bei kleineren Unternehmen, fehlt oder mangels klarer Zuweisung der betreffenden Aufgabe lückenhaft ist, muß festgestellt werden, ob diese *faktisch* – und sei es auch nur mit stillschweigender Billigung der Beteiligten – einem bestimmten Ressort übertragen war. Indizien hierfür sind die bisherige Handhabung und übereinstimmende Vorstellungen der Beteiligten im maßgebenden Zeitpunkt, ggf. auch die Sachnähe zu einem Ressort *(Rz. 191).*

191 Von Bedeutung ist auch die **Sachnähe** der fraglichen Aufgabe zu einem feststehenden Pflichtenbereich: Nachträgliche Warnung und Rückruf fallen eher in den Bereich „Technisches“ als ins „Kaufmännische“; die Produktbeobachtung gehört weniger zur „Fabrikation“ als zur „Qualitätssicherung“ bzw. „Konstruktion“.[259] Auch hier hängt freilich alles vom Zuschnitt der Abteilungen im individuellen Betrieb ab. Die Sachnähe eines Ressortleiters zu einer weiteren Aufgabe kann Indiz dafür sein, daß ihm auch diese stillschweigend zugewiesen worden war *(Rz. 190).* Größere Bedeutung hat die Sachnähe für die *Zumutbarkeit,* sich jener Aufgabe auch dann anzunehmen, wenn sie vielleicht nicht kraft Vereinbarung zugewiesen wurde.

192 Die **Pflicht, sich** auch **um nicht verteilte Aufgaben zu kümmern, besteht latent** aber **für jeden Geschäftsleiter;** denn jede Lücke in der Delegation einer Verkehrspflicht beläßt diese bei dem Führungskollektiv, jeder Koordinationsmangel ist ein Organisationsfehler.[260] Daraus folgt: Jede Lücke oder Unklarheit betrieblicher Aufgabenverteilung führt zur potentiellen Haftung der übrigen Ressortleiter. Daher kann nicht deutlich genug gesagt werden, daß **Indifferenz und Grauzonen** bei der Aufgabenzuweisung **belasten**, auch wenn sie den trügerischen Eindruck vermitteln, durch Nichtbehandlung des Problems habe man sich in sichere Entfernung zu ihm gebracht.[261]

193 Die latente **Gesamtverantwortung der einzelnen Ressortleiter** lebt auch dann wieder auf, **wenn die Grundlage der horizontalen Aufteilung** der Führungsaufgaben **entfällt.** Die Produktverantwortung darf anderen Ressortleitern nur insoweit überlassen werden, wie angenommen werden kann, daß diese ihr gerecht werden.[262] Jeder Anhaltspunkt, der diese Annahme in Frage stellt, kann also ergänzende Schutzpflichten auslösen, letztlich sogar eine **Pflicht zur Einmischung** begründen. In jedem Fall ist Hinweisen auf Organisationsfehler im fremden Ressort durch **Nachfrage** nachzugehen. Bei fortdauerndem Verdacht auf eine (bevorstehende) Verletzung produktbezogener Schutzpflichten im Fremdressort ist von jedem anderen Ressortleiter zu erwarten, daß er nachfaßt und sich um Informationen bemüht, die ihm eine verantwortliche **Meinungsbildung** ermöglichen.

194 Hierfür ist ihm natürlich ein **angemessener Zeitraum** zu belassen. Vor allem ist im Auge zu behalten, daß Ressortverantwortung in erster Linie der Kompetenz wegen übertragen wird. Die Zuständigkeit für das jeweilige Sachgebiet beruht auf der vermuteten

---

[257] Vgl. auch § 25 Rz. 64.

[258] Schmidt-Salzer, Produkthaftung: Strafrecht, Rz. 1.166ff.

[259] Schmidt-Salzer, Produkthaftung: Strafrecht, Rz. 1.169: „Natur der Sache“.

[260] Schmidt-Salzer, Produkthaftung: Strafrecht, Rz. 1.250ff.

[261] Goll, § 46 Rz. 6ff.; Schmidt-Salzer, Produkthaftung: Strafrecht, Rz. 1.172ff.; insoweit unrichtig Ostermeyer, ZRP 1971, 75, 76.

[262] Vgl. entsprechend zur horizontalen Arbeitsteilung § 25 Rz. 100, 103.

fachlichen Eignung, die einerseits durch Einarbeitung, andererseits durch zunehmende Erfahrung bzw. Spezialisierung noch erhöht, jedenfalls aber gesichert wird. Unter normalen Umständen, und zwar gerade auch im Rahmen einer fachlichen Kontroverse über die Produktsicherheit, hat ein fachfremder Ressortleiter daher **keinen Anlaß, die überlegene Kompetenz der zuständigen Leitung zu bezweifeln.**[263] Einschreiten muß er allerdings bei konkretem Anhalt für Fehlentscheidungen – infolge Unklarheit, Unvollständigkeit oder Unschlüssigkeit ihrer Begründung,[264] infolge Prestigedenkens, Betriebsblindheit usw. – und stets bei Hinweisen auf persönliche Unzuverlässigkeit, verstärkt also in **Krisen- und Sonderfällen** *(Rz. 187)*. Eine Gefahrsteuerung ist ihm hier auf drei Ebenen möglich; auf jeder Ebene können Verkehrspflichten bestehen:

– **Verhalten bei Kollegialentscheidung:** Eine Kollegialentscheidung kann regulär sein 195
und grundlegende Fragen der Produktion bzw. Produktsicherheit betreffen. Sie ist aber auch dann anzustreben, wenn zum Zwecke der Gefahrsteuerung punktuell die Diskussion bzw. Korrektur einer Ressortentscheidung geboten erscheint. Jedes Mitglied des Gremiums hat die Pflicht, sich in der ihm zumutbaren Weise mit den aufgeworfenen Sicherheitsproblemen zu befassen, sich um eine verantwortliche Meinungsbildung zu bemühen *(Rz. 193f.)* und bei durchgreifenden Sicherheitsbedenken auch Überzeugungsarbeit zu leisten.[265]

– **Stimmabgabe:** Von diesem Bemühen muß auch eine nachfolgende Stimmabgabe 196
getragen sein. Wer pflichtwidrig an einem Beschluß mitwirkt, der die Produktsicherheit verschlechtert oder sonstige Schutzmaßnahmen (Warnung, Rückruf usw.) vernachlässigt, haftet dafür ohne weiteres, wenn der Beschluß ohne seine Mitwirkung (z. B. wegen dann fehlender Stimmenmehrheit) nicht zustande gekommen wäre. Er haftet aber oft auch dann, **wenn** der Beschluß auch ohne *seine* Stimme wirksam geworden wäre, weil dafür **Stimmenmehrheit ausreichte**; denn hier **sind alle Befürworter** entweder schon als Mittäter (bei Eventualvorsatz) oder wegen etwaiger früherer Beihilfe **verantwortlich,** allerdings kaum einmal wegen bloßer Teilnahme an der Abstimmung.[266]

Wer allerdings **gegen** eine **sicherheitsgefährdende Maßnahme bzw. Untätigkeit ge-** 197
stimmt hat und dabei überstimmt wurde, ist für die Mehrheitsentscheidung als solche nicht verantwortlich.[267] Das hängt auch nicht etwa davon ab, ob die Stimmabgabe von dem „richtigen" Motiv, d. h. wirklich nur von der Sorge um die Produktsicherheit getragen war (keine Haftung für Gesinnung!).[268] Erst recht kann eine **Abwesenheit** bei der Abstimmung nicht zur Haftung für die Entscheidung des Gremiums führen!

– **Umsetzung einer Mehrheitsentscheidung:** In eine verwickelte Lage gerät, wer durch 198
eine Mehrheitsentscheidung gehindert wird, in der objektiv gebotenen Weise gefahrsteuernd einzugreifen (Beispiel: Die Weigerung der Geschäftsführung, aufgrund des bisherigen Erkenntnisstandes Produkte zurückzurufen, ist unverantwortlich). Der Überstimmte ist **einerseits gehalten, die beschlossene Maßnahme** zu respektieren, d. h. **kollegial mitzutragen** und ggf. sogar umzusetzen, also bei der Ausführung mitzuwirken.[269] Eine solche Mitwirkung in Kenntnis der Produktgefahr oder der sie indizierenden Umstände ist andererseits aber auch eine unerlaubte Handlung.[270] Hinzu kommt, daß die Gesamtver-

---

[263] Vgl. RGZ 91, 72, 77; Spieker, DB 1962, 927, 928; Schmidt-Salzer, Produkthaftung: Strafrecht, Rz. 1.288, 1.290, 1.299.

[264] Schmidt-Salzer, Produkthaftung: Strafrecht, Rz. 1.288f., 1.292.

[265] Vgl. Henn, Handbuch des Aktienrechts (1978), S. 202: „muß deutlich seine Stimme erheben".

[266] Zu undifferenziert OLG Stuttgart NStZ 1981, 27, 28 (zur Strafbarkeit).

[267] **Anders** und sehr bedenklich **OLG Stuttgart** NStZ 1981, 27, 28 (in Strafsache!); wie hier Schmidt-Salzer, Produkthaftung: Strafrecht, Rz. 1.280f.

[268] Anders Schmidt-Salzer, Produkthaftung: Strafrecht, Rz. 1.282 (zur Strafbarkeit).

[269] Henn, a. a. O. (Fn. 265), FN 114.

[270] Vgl. Koppensteiner, in: Rowedder/Fuhrmann/Koppensteiner/Lanfermann/Rasner/Rittner/Zimmermann, GmbH-Gesetz (1985), § 43 Rz. 10 (zu § 43 GmbHG); rechtsvergleichend Sonnenberger, GmbH-Rdsch. 1973, 25, 29f.

antwortung von Vorstand bzw. Geschäftsführern durch Mehrheitsentscheidungen zwar konkretisiert, aber nicht aufgehoben wird.

199 Daher kann den bei der Abstimmung überstimmten oder nicht einmal anwesenden[271] Ressortleiter prinzipiell **auch eine Pflicht zur Verhinderung des Schadens** treffen, der infolge der Mehrheitsentscheidung droht.[272] Als *geeignete* Schutzmaßnahmen kommen in Betracht: Verweigerung der Mitwirkung, Einschaltung des Aufsichtsrates[273] bzw. Beirates, eine Amtsniederlegung, die eigenmächtige Einleitung einer Warn- bzw. Rückrufaktion bis hin zur Einschaltung der Behörden oder Medien.

Statt einer Amtsniederlegung, die auch kaum einmal zumutbar ist, wird allerdings die Verweigerung der Mitwirkung ausreichen.[274] Wer seine diesbezügliche Pflicht vernachlässigt hat, kann sich aber nicht darauf berufen, bei pflichtgemäßem Verhalten wäre ein Nachfolger bestellt worden, der ebenfalls pflichtwidrig gehandelt hätte! Umgekehrt drohen bei einem Verstoß gegen Loyalitäts- und Verschwiegenheitspflichten durch Einschaltung Außenstehender Schadensersatzpflichten, wenn dieser Schritt nicht wirklich zwingend geboten, also auch verhältnismäßig war. Führt die Anrufung eines Kontrollorgans der Gesellschaft nicht zur Abhilfe, so entlastet dies vielleicht gegenüber der Gesellschaft,[275] nicht aber ohne weiteres gegenüber den später geschädigten Verbrauchern.

Welche dieser Maßnahmen auch *zumutbar* ist, kann nur im Einzelfall entschieden werden – unter Beachtung der Opfergrenze (§ 242 BGB)[276] sowie der Größe und Evidenz[277] von Gefahrenpotential bzw. Rechtswidrigkeit (vgl. *§ 46 Rz. 24*).

3. Leitende Angestellte

200 Umstritten ist, ob auch Leitende Angestellte des Herstellerbetriebs der Produkthaftung unterliegen. Dabei werden allerdings die Fragen der deliktischen Haftung als solcher und der – praktisch sehr wichtigen – Beweislastumkehr (dazu *§ 30 Rz. 104*) nicht immer deutlich genug unterschieden. Der **BGH** ist in der Spannkupplungs-Entscheidung ohne weiteres davon ausgegangen, daß ein **verantwortlicher Geschäftsleiter,** der allerdings zugleich Kommanditist der Hersteller-KG war, für eigenes Verschulden bei der Produktion **einzustehen** habe.[278] Hiergegen ist eingewandt worden, für die Ausdehnung der Produkthaftung auf Leitende Angestellte bestehe kein Bedürfnis, da praktisch stets der Inhaber des Betriebs haftbar sein werde. Anders als dieser könne ein Mitarbeiter die ihm bei einer Inanspruchnahme entstehenden Kosten auch nicht abwälzen.[279]

201 Jedoch kann die Möglichkeit des Schädigers, seine Nachteile abzuwälzen, im Rahmen eines Gefahrsteuerungsgebots, das am Umfang der Gefahr und an der Zumutbarkeit ihrer Beherrschung orientiert ist, nicht ausschlaggebend sein. Es ist nicht einzusehen, weshalb ein Abteilungsleiter, durch dessen Pflichtwidrigkeit Betriebsfremde verletzt werden, gerade von der Produkthaftung ausgenommen sein soll. Auch ihm gegenüber verdient das Interesse des Geschädigten den Vorzug, zumal der Abteilungsleiter selbst im Falle seiner Verurteilung zu Schadensersatz – neben dem haftenden Inhaber des Betriebs – kaum in

---

[271] Schmidt-Salzer, Produkthaftung: Strafrecht, Rz. 1.276f.

[272] Ebenso (zum Strafrecht) Goll, § 46 Rz. 23ff.; Schmidt-Salzer, Produkthaftung: Strafrecht, Rz. 1.285; s. auch BGH AG 1978, 162, 165 (zur Innenhaftung des Vorstandsmitgliedes einer AG).

[273] BGH AG 1978, 162, 165; Spieker, DB 1962, 927, 929f. (zur Innenhaftung).

[274] Hachenberg/Mertens, GmbH. Großkommentar, 7. Aufl. (ab 1975), § 43 Rz. 26.

[275] Auch insoweit ablehnend Hachenberg/Mertens, a. a. O. (Fn. 274).

[276] Henn, a. a. O. (Fn. 265).

[277] Zur Bedeutung der Evidenz für die Interventionspflicht nachgeordneter Mitarbeiter vgl. Rz. 206f.

[278] BGH NJW 1975, 1827, 1828 – Spannkupplung (Rz. 104); ebenso BGH NJW 1987, 372, 374 – Verzinkungsspray (für „Konstruktions- und Verantwortungsbereich"; obiter dictum); zustimmend v. Westphalen, BB 1975, 1033, 1034; differenzierend Leßmann, JuS 1979, 853, 856; Lieb, JZ 1976, 526, 528; Mertens, VersR 1980, 397, 407f.; Schmidt-Salzer, BB 1975, 1032, 1033.

[279] Vgl. etwa Lieb, JZ 1976, 526, 527; Diederichsen, NJW 1978, 1281, 1287.

Anspruch genommen werden wird oder sich doch nach den Grundsätzen der Haftung bei gefahrgeneigter Arbeit freistellen lassen kann. Jedenfalls muß das Konkursrisiko eher dem Abteilungsleiter auferlegt werden, den ein (echter) Schuldvorwurf trifft, als dem Opfer des Produktfehlers. Die **Haftung Leitender Angestellter** ist demnach **zu bejahen.**

Der **Umfang** dieser Haftung entspricht der jeweiligen Funktion und Aufgabenzuwei- 202
sung im Betrieb. Er ist aber insofern problematisch, als leitende Mitarbeiter eine Mittelstellung einnehmen: Sie verfügen einerseits über einen erheblichen Entscheidungsspielraum, der ihre Verantwortung – etwa im Vergleich zu nachgeordneten Mitarbeitern *(Rz. 204ff.)* – spürbar erhöht. Andererseits sind aber auch die Leitenden nicht gänzlich unabhängig, da sie die „Richtlinien" der Unternehmensleitung zu respektieren haben und etwaige konkrete Beschlüsse über Produktionsweise, Konstruktionsänderungen, Gestaltung von Warnhinweisen usw. umsetzen müssen. Daneben werden die Leitenden in die Entscheidungsbildung oftmals mit einbezogen; das Gewicht ihrer Einwirkungsmöglichkeit kann hier ganz zurücktreten, bei entsprechender Autorität aber auch ausschlaggebend werden. Demnach läßt sich die individuelle Produktverantwortung von mittlerem Management und Abteilungsleitern **nur im Einzelfall festlegen.** Je nach Funktion und Aufgabenbereich kann sie sich den Pflichten eines Geschäftsführers bzw. Ressortleiters *(Rz. 186ff.)* annähern. Wo aber Beschränkungen von Funktion und Einfluß darauf hinweisen, daß die konkrete Tätigkeit eher exekutiver Art ist, müssen u. E. auch die entsprechenden Verkehrspflichten an der Weisungsabhängigkeit orientiert werden (vgl. *Rz. 207*). Selbstverständlich ist die Pflicht des leitenden Mitarbeiters, jedes Sicherheitsproblem, das von Geschäftleitung bzw. Vorgesetztem nicht oder doch nicht in seiner Tragweite erkannt wurde, **mitzuteilen,** ggf. zu problematisieren und **auf Abhilfe zu drängen;** denn hier sind Grundlagen bzw. Grenzen der Pflichtenübertragung berührt. Auch auf erkennbare Organisationsschwächen ist hinzuweisen *(Rz. 192)*.

Fraglich ist dagegen, inwieweit der Leitende gegen Weisungen bzw. Untätigkeit Vor- 203
gesetzter **intervenieren** muß, wenn seine Gegenvorstellungen keine Aussicht auf Änderung hatten oder haben. Muß er nicht jedenfalls dann initiativ werden, wenn seine überlegene Sachkompetenz ihm den Eindruck vermittelt (vermitteln sollte), daß das Verhalten seines Vorgesetzten die Produktsicherheit gefährdet? Zu denken ist an die Informierung der Geschäftsleitung oder gar des Aufsichtsrates – unter Durchbrechung der betrieblichen Hierarchie! – bis hin zur Verweigerung der weiteren Mitwirkung und zum Schritt in die Öffentlichkeit *(Rz. 199)*. Für die Praxis ist zu betonen, daß derartige Interventionen leitenden Mitarbeitern weit eher zugemutet werden dürften als untergeordneten Mitarbeitern.[280] Hierfür gibt es auch gute Gründe. Jedoch sollte im Auge behalten werden, daß die Leitenden zwar an exponierter Stelle, aber auch nur innerhalb der Hierarchie stehen, wodurch ihr Aktionsradius soziologisch u. U. ebenfalls stark eingeengt ist, zumal eine Vielzahl produktionstechnischer Fragen gerade wegen ihrer Komplexität kollektiv, d. h. mit besonderer Autorität, entschieden wird. M. a. W.: Je radikaler der erforderliche Ausbruch aus der Verantwortungshierarchie hätte sein müssen, desto mehr ist nach der Zumutbarkeit – den persönlichen Konsequenzen – dieses Schrittes zu fragen.

4. Sonstige Mitarbeiter

Aus den gleichen Gründen **haften auch sonstige Mitarbeiter** – z. B. der für die Kon- 204
struktion mitverantwortliche Ingenieur, der für die Montage zuständige Facharbeiter oder die Qualitätsprüferin – für Fehler, die ihnen in ihrem Arbeitsbereich unterlaufen und das Produkt mangelhaft machen, **dem Geschädigten persönlich.**[281] Denn die – nicht zufällig

[280] Vgl. LG Kleve NStZ 1981, 266, 267 – Glyzerinwasser (zur Strafbarkeit); Schmidt-Salzer, Produkthaftung: Strafrecht, Rz. 1.240 bei FN 76.

[281] Kullmann/Pfister, Kza. 3210 S. 2f.; Schmidt-Salzer, Entscheidungssammlung III, S. 226, 240f.; vgl. auch BGH NJW 1968, 247, 249 – Schubstrebe; anders v. Marschall, VersR 1976, 411, 414; v. Westphalen, BB 1975, 1033, 1034.

auch strafbewehrte[282] – Pflicht des Arbeitnehmers, die Gefährlichkeit der Waren, die seiner Einwirkung unterliegen, so gering wie möglich zu halten, besteht nicht nur gegenüber dem Arbeitgeber, sondern vor allem gegenüber dem Gefährdeten, d. h. den Produktverbrauchern.

In eine andere Richtung weist das Urteil des BGH vom 16. 6. 1987 (IX. Zivilsenat[283]). Darin verneinte der BGH deliktsrechtliche Ansprüche gegen einen Wachmann, durch dessen Nachlässigkeit ein Diebstahl und damit eine Eigentumsverletzung ermöglicht worden war. Die Pflichten des Wachmanns aus seinem Arbeitsvertrag hätten nur gegenüber dem Arbeitgeber, einem Bewachungsunternehmen, bestanden, nicht aber als allgemeine Verkehrspflicht, da die Interessen an der Sicherung des eingelagerten Guts „nur" privater Natur gewesen seien. – Diese Begründung ist bedenklich und jedenfalls auf Produktschadensfälle nicht übertragbar, weil der Kreis der Gefährdeten hier zur Zeit der Verletzungshandlung kaum einmal übersehbar ist.

Daran vermag die Hypothese, Produkthaftung sanktioniere stets eine mangelhafte Organisation, auf die der untergeordnete Mitarbeiter keinen Einfluß nehmen könne,[284] nichts zu ändern. Dieser Satz kennzeichnet nämlich allenfalls die Situation der Unternehmensleitung. Produkthaftung ist demgegenüber die Haftung *für* fehlerhafte Produkte. Ihr steht auch die Schutzbedürftigkeit des Arbeitnehmers nicht entgegen; denn dieser kann von seinem Arbeitgeber verlangen, von den Ansprüchen des Geschädigten freigestellt zu werden, wenn er – der Arbeitnehmer – nicht gerade grob fahrlässig handelte,[285] wodurch die Rechte des Geschädigten freilich nicht beschränkt werden.[286] Der arbeitsrechtliche Schutz des haftenden Arbeitnehmers wird allerdings dann lückenhaft, wenn der Arbeitgeber, der regelmäßig ebenfalls für den Produktfehler einzustehen hat, insolvent wird, ohne daß ein Versicherungsschutz besteht.[287] Das Opfer der unerlaubten Handlung verdient aber auch in diesen Fällen Schutz.

205 Selbstverständlich obliegen den einfachen Mitarbeitern nur solche Pflichten, die ihrer Ausbildung und ihrem Aufgabenbereich im Herstellungsprozeß entsprechen und denen sie nach Kräften gerecht werden können.[288] So braucht medizinisches Hilfspersonal nicht über Kenntnisse zu verfügen, die bei einem erfahrenen Arzt regelmäßig vorausgesetzt werden.[289] **Weisungen,** die dem Arbeitnehmer für das Herstellungsverfahren oder die Qualitätskontrolle gegeben werden, **beeinflussen** auch den **Umfang der Verkehrspflicht** im Außenverhältnis. So kann ein nachgeordneter Mitarbeiter grundsätzlich darauf vertrauen, daß Vorgaben eines Vorgesetzten geeignet sind, Produktrisiken nach Maßgabe der deliktsrechtlichen Anforderungen auszuschalten; im allgemeinen besteht keine Überprüfungspflicht des Arbeitnehmers.[290]

206 Problematisch ist die Bewertung der Fälle, in denen bei einem nachgeordneten Mitarbeiter aufgrund seiner überlegenen Detailkenntnis bzw. praktischen Erfahrung der **sichere Eindruck** entstehen muß, **das** im Betrieb **praktizierte Verfahren entspreche nicht dem Stand der Technik oder den Erkenntnissen** im Betrieb. Diese Fälle bilden, wo überhaupt ein Verschulden in Rede steht, sicher nicht die Ausnahme, sondern wohl eher die Regel, will man das Phänomen der „Betriebsblindheit" einmal außer acht lassen.

Beispiele: Obwohl sich Hinweise auf einen Produktfehler (durch Unfallmeldungen o. ä.) häufen, reagiert die Geschäftsleitung – mit welcher Begründung auch immer – gar nicht oder verspätet. –

---

[282] S. etwa LG Aachen JZ 1971, 507, 517f. – Contergan.
[283] BGH NJW 1987, 2510f. (der IX. Zivilsenat ist für Streitigkeiten über Produkthaftung kraft Deliktsrechts nicht zuständig); ähnlich BGH BB 1954, 273f.; s. demgegenüber BGHZ 103, 298, 304.
[284] So Leßmann, JuS 1979, 853, 856, unter Hinweis auf Steindorff, AcP 170 (1970), 93, 129f.
[285] Vgl. BAG NJW 1988, 2816, 2818f.; näher § 43 Rz. 10.
[286] BGH VersR 1979, 278, 279 m. weit. Nachw.
[287] Vgl. auch LG Göttingen, RdE 1968, 38f.
[288] BGH NJW 1988, 48, 49 (Instandhaltung eines Spielplatzes).
[289] OLG Celle VersR 1959, 525, 526 (Krankenschwester).
[290] Schmidt-Salzer, Produkthaftung: Strafrecht, Rz. 1.262ff., 1.268ff.

Die vorgesehenen Erprobungstests in der Entwicklung werden unter Zeitdruck auf Weisung abgekürzt. – In der Fertigungsabteilung eines Zulieferers spricht sich herum, daß acht Gußteile, die als Ausschuß vernichtet werden sollten, versehentlich freigegeben, ausgeliefert und vom Abnehmerwerk in acht unbekannte Fahrzeuge (von insgesamt 10000 Wagen) eingebaut worden sind.[291]

Hier ist jeder für das Sicherheitsproblem zuständige Mitarbeiter zweifellos **verpflichtet,** seinen Vorgesetzten (oder die insoweit zuständigen Kollegen) über die Gefahr bzw. den Gefahrenverdacht **zu informieren.**[292] Er muß ggf. auch **Vorschläge zur Gefahrenabwehr** unterbreiten.[293]

Wie aber soll er reagieren, wenn er erkennen kann, daß seine **Hinweise bzw. Vorschläge ignoriert** oder mit offensichtlich verfehlter Begründung verworfen werden? Muß er seinen unmittelbaren Vorgesetzten übergehen, aus eigener Initiative die zur Gefahrsteuerung geeigneten Maßnahmen veranlassen und notfalls die weitere Mitarbeit „aus Gewissensgründen" einstellen? Die meisten dieser Konfliktlagen werden schon aus naheliegenden Beweisgründen nicht die Justiz beschäftigen, damit aber nicht hinfällig. U. E. kann von einem Arbeitnehmer **nur in extremen**[294] **Ausnahmefällen eine Intervention** erwartet werden, durch die er aus seiner arbeitsvertraglich und -soziologisch definierten Rolle ausbricht und zum Wohle des Produkterwerbers oder Dritter – wenn auch nur aus seiner Sicht – seine ökonomische Existenz aufs Spiel setzt. Im allgemeinen wird es für den Arbeitnehmer unzumutbar sein, entgegen einer – vorgeblich sachgerechten – Direktion und trotz durchaus unsicherer Beweislage einen arbeitsrechtlichen Konflikt zu riskieren und für alle Zukunft zumindest seine „Loyalität" in Frage stellen zu lassen.[295] 207

Unter den angesprochenen Umständen wird schließlich eine scharfe Haftung der Bereichs- und Unternehmensleitung nicht nur gegeben, sondern auch beweisbar sein und daher den Interessen des Geschädigten genügen. Das gilt übrigens auch für harmlosere Organisationsmängel, die zur Folge haben, daß der Arbeitnehmer versagen mußte, weil er deplaziert eingesetzt wurde oder überfordert war. Beispielsweise kann eine Kontrollperson, die ohne hinreichende Pausen Tausende von Flaschen vor einem Lichtschirm auf ordnungsgemäße Füllung zu überprüfen hat, kaum dafür verantwortlich gemacht werden, daß eine dieser Flaschen später wegen Überfüllung explodiert.[296]

§ 26. Verkehrspflichten des Vertriebshändlers

Während Pflichtverletzungen im Herstellerbetrieb zur „Produzentenhaftung" führen, trifft den Vertriebshändler eine **„Produkthaftung"**, wenn er durch die Inverkehrgabe der Ware Gefahren schafft, die durch zumutbare Schutzmaßnahmen hätten vermieden werden können; denn produktbezogene Verkehrspflichten obliegen grundsätzlich jeder Person, von der eine Gefahrsteuerung billigerweise erwartet werden kann (§ 823 I BGB; *§ 25 Rz. 2*). Die Oberbegriffe Produzentenhaftung, Händlerhaftung usw. dienen lediglich dazu, typische Verantwortungskreise zu umschreiben.[1] 1

Im folgenden werden nur die Verkehrspflichten des Händlers dargestellt, der die betreffende Ware nicht selber herstellt und auch nicht auf eigene Rechnung herstellen läßt. Die Begriffe **„Händler"** und

---

[291] Vgl. die Schilderung von Diederichsen, DAR 1976, 312, 316; dazu Kullmann/Pfister, Kza. 1525 S. 22.

[292] Schmidt-Salzer, Produkthaftung: Strafrecht, Rz. 1.240, 1.256.

[293] Vgl. LG Aachen JZ 1971, 507, 518 – Contergan (Strafsache).

[294] – d. h. vornehmlich durch die Größe der Gefahren bestimmten –

[295] Vgl. OLG Celle NJW 1985, 2206, 2207 (Ordnungswidrigkeit); so wohl auch Kullmann/Pfister, Kza. 3210 S. 4; etwas strenger offenbar Schmidt-Salzer, Produkthaftung: Strafrecht, Rz. 1.266f.

[296] LG Hanau VersR 1955, 785 – Mineralwasserflasche.

[1] Diederichsen, NJW 1978, 1281, 1286; s. auch OLG Köln, Urt. v. 20. 1. 1972, Schmidt-Salzer, Entscheidungssammlung II, II 30, S. 328 – Speiseeisbereiter; § 25 Rz. 2.

„Vertriebshändler“ werden synonym gebraucht; der Begriff „Zwischenhändler“ wird vermieden, weil er nur schwer mit einer gesonderten Haftungskategorie zu verbinden ist.

I. Der einfache Händler

2 Anders als der Hersteller verfügt der Händler in der Regel weder über die Kenntnis noch über die Ausrüstung, welche erforderlich wäre, um Produktgefahren zu erkennen und gefährliche Produkte auszusondern; u. U. führt er ein breites Sortiment von Waren, deren Verschiedenheit eine sinnvolle Qualitätsprüfung von vornherein ausschließt. Nicht zuletzt deshalb erwarten Verbraucher bzw. Dritte im allgemeinen auch gar nicht, daß ein Händler die von ihm erworbenen Produkte einer Sicherheitsprüfung unterzieht. Sie werden sich vielmehr darauf verlassen, daß schon der Hersteller für die Zurückhaltung gefährlicher Waren gesorgt hat. Demnach ist der Vertriebshändler für die Produktsicherheit **nur in engen Grenzen verantwortlich.**[2]

1. Haftung im originären Aufgabenbereich

3 Der Händler haftet allerdings in jedem Fall nach Maßgabe seiner spezifischen Berufspflichten. Diese ergeben sich teilweise aus *öffentlich-rechtlichen* Vorschriften;[3] teilweise dekken sie sich mit den typischen *Nebenpflichten* eines Verkäufers oder resultieren doch aus dem *Vertrauen* des Käufers, das darauf beruht, daß der Verkäufer üblicherweise bestimmte Schutzfunktionen wahrnimmt.

a) Keine Lieferung evident ungeeigneter Produkte

4 Ein Händler, der fremd hergestellte Waren verkauft, ist aufgrund Kaufvertrags im allgemeinen nur verpflichtet, keine ersichtlich untauglichen oder sonst gefährlichen Produkte zu liefern.[4] Das gilt auch im Rahmen der Deliktshaftung; denn der Händler wird die Eignungsgrenzen seiner Waren nur in bestimmten Fällen sicher beurteilen können und noch seltener überblicken, inwieweit die von dem Käufer beabsichtigte spezielle Verwendung jene Grenzen überschreitet und gefährlich werden kann.

Der Händler befindet sich damit in ähnlicher Lage wie ein Zulieferer (Teile-Hersteller, vgl. *§ 25 Rz. 75*). Im Unterschied zu diesem kennt der Händler die von ihm vertriebenen Produkte jedoch nicht näher; er kann daher auch die aus der Produktverwendung (-kombination bzw. -verarbeitung) erwachsenden Gefahren weit weniger ermessen.

5 Jedoch sind **Ausnahmen** denkbar und auch nicht selten: Je genauer der Händler aufgrund seiner Spezialisierung das Produkt bzw. den Verwendungszeck **kennt,** um so eher muß ihm die Gefahr, daß das Produkt nicht geeignet ist, bewußt werden; sind derartige Anhaltspunkte gegeben, darf das Produkt dem Abnehmer nicht (ohne auch nur vorsorglichen Hinweis) überlassen werden. Das gilt erst recht, wenn der Käufer die bestellte Ware nach Eigenschaften oder Verwendungszweck **bindend spezifiziert** hat (dazu *§ 25 Rz.* 77). In jedem Fall müssen Versandfehler, z. B. Materialverwechselungen, vermieden werden, wenn nicht wegen der Art oder Kennzeichnung des Produkts Fehlgebräuche ausgeschlossen sind.[5]

---

[2] Übersicht über die Rechtsprechung bei Kossmann, NJW 1984, 1664ff.

[3] Vgl. z.B. das Lebensmittel- und Bedarfsgegenständegesetz, §§ 3ff. GeflügelfleischhygieneG, §§ 22ff. PflanzenschutzG.

[4] S. etwa RGZ 125, 76, 78 – Schrott; zur positiven Vertragsverletzung durch den Händler vgl. § 4 Rz. 17.

[5] BGH JZ 1967, 321 f. – Farbengrundstoff (positive Vertragsverletzung); Schmidt-Salzer, Entscheidungssammlung II, S. 289.

Allerdings ist eine **Pflicht** des Händlers, **für die Eignung** seiner Waren **zu einem bestimmten Zweck zu sorgen,** in dieser Allgemeinheit **nicht anzuerkennen.**[6] Es ist in erster Linie Sache des Warenabnehmers, zumal eines weiterverarbeitenden Herstellers, sich über Einsatzmöglichkeiten zu informieren, die nicht eindeutig im Rahmen des bestimmungsgemäßen Gebrauchs liegen. Prinzipiell muß sich nicht der Händler um die Gebrauchsabsicht dieses Herstellers (Assemblers[7]) kümmern, sondern der Hersteller um die Eignung der von ihm gewählten Waren. Das schließt die abweichende Bewertung von Sonderfällen nicht aus (näher *§ 25 Rz. 76ff.*). 6

b) Beratung über Produkteignung

Soweit der Händler einen Käufer über Eignung bzw. Risiken des Produkts berät, müssen seine Hinweise **richtig und vollständig** sein.[8] Veranlaßt der Händler den Käufer durch unrichtige Darstellung der Gebrauchseignung zum Erwerb einer Ware, die bei der beabsichtigten Verwendung gefährlich werden kann, so haftet er für Folgeschäden an anderen Rechtsgütern nicht nur wegen positiver Vertragsverletzung, sondern – auch Dritten gegenüber – nach § 823 I BGB. 7

Das gilt auch für eine irreführende Darstellung notwendiger Unfallverhütungsmaßnahmen: Im **Motorsensen-Fall**[9] hatte der Hersteller in seiner Gebrauchsanleitung auf die Notwendigkeit hingewiesen, beim Betrieb der Sense eine Schutzbrille zu tragen. Der Händler aber trug, als er den Kaufinteressenten in den Umgang mit der Sense einführte, selber keine Schutzbrille und wies beim Kauf auch nur darauf hin, „das Gerät sei nicht ungefährlich", der Käufer solle „nochmals in die Gebrauchsanweisung 'reinsehen". Der Käufer tat dies nicht und erlitt durch ein hochgeschleudertes Drahtstück eine Augenverletzung. Der Händler wurde wegen seiner unzureichenden Beratung zum Ersatz des hälftigen Schadens verurteilt. 8

Im **Tierimpfstoff-Fall**[10] ging es um die rechtzeitige Information über Impfstoffrisiken. Innerhalb der Händlerfirma, die auch über ein pharmakologisches Labor verfügte, waren bereits mehrere Fälle bekannt geworden, in denen geimpfte Schafe eingegangen waren. Dies wurde dem für die Kundenberatung zuständigen Angestellten M. aber nicht mitgeteilt. M. erklärte daraufhin einem kaufinteressierten Tierarzt, Reklamationen über den Impfstoff seien bislang nicht bekannt geworden. Die Händlerfirma wurde mit Recht wegen Organisationsverschuldens verurteilt, den in der Folge eingetretenen Schaden zu ersetzen. 9

Zu Beratungs- bzw. zu Einstellungsfehlern kommt es ferner nicht selten beim **Skikauf.** Der Skisport *kann* heute wegen der entwickelten Bindungstechnik relativ ungefährlich sein; dagegen drohen erhebliche Verletzungen, wenn sich bei einem Sturz des Skifahrers die Skibindung nicht löst. Entsprechend groß ist das Vertrauen, welches das Publikum dem Skifachhändler und dessen Personal entgegenbringt. Um so mehr ist der Skihändler einerseits zu umfassender Beratung der Kunden, namentlich zur Information über die heute üblichen Verfahren zur Anpassung der Skibindungen,[11] andererseits zur sorgfältigen Anwendung dieser Verfahren[12] verpflichtet. 10

Deliktisch verhält sich der Händler auch, wenn er gegenüber seinem Käufer eine Beratungspflicht übernommen hat, auf bestimmte Anwendungsrisiken jedoch nicht hinweist.[13] Sofern eine **Beratungspflicht** nicht ausdrücklich vereinbart worden ist, kann sie – 11

---

[6] Wohl ebenso Kullmann/Pfister, Kza. 1524 S. 1f.; Schmidt-Salzer, Produkthaftung, Rz. 169f.

[7] Vgl. § 25 Rz. 33.

[8] BGH NJW 1976, 1505 – Frostschutzmittel; OLG Celle, Urt. v. 26. 10. 1978, Schmidt-Salzer, Entscheidungssammlung II, II 68, S. 460 – Benomyl (insoweit nicht in BB 1979, 392); s. auch § 25 Rz. 82.

[9] OLG Karlsruhe VersR 1986, 46 – Motorsense.

[10] OLG Braunschweig, Urt. v. 16. 3. 1967, Schmidt-Salzer, Entscheidungssammlung III, II 69, S. 406ff. – Tierimpfstoff.

[11] OLG München NJW 1980, 2587f. – Skibindung III.

[12] AG Bochum, Urt. v. 22. 5. 1979, Schmidt-Salzer, Entscheidungssammlung III, III 36 – Skibindung II.

[13] Vgl. OLG Celle, Urt. v. 26. 10. 1978, Schmidt-Salzer, Entscheidungssammlung II, II 68 – Benomyl (zur Vertragshaftung).

als Nebenpflicht zum Kaufvertrag oder als Verkehrspflicht – jedoch **nur aufgrund besonderer Umstände** angenommen werden, etwa dann, wenn der Händler sich als Vertrauensperson ausgibt und von dem Käufer, der selber nicht fachkundig ist, als Berater und Fachmann angesehen wird[14] (s. auch *Rz. 22f.*).

12 Die Beratungs- und Warnpflichten des Händlers gehen in ihrem **Umfang** aber keineswegs weiter als die eines Produzenten. Daher kann sich auch der Händler darauf verlassen, daß sein Käufer diejenigen Produktgefahren kennt, welche dem jeweiligen Abnehmerkreis geläufig sind. Wer beispielsweise Endoprothesen vertreibt, die selbstverständlich nur vom Facharzt implantiert werden, braucht auf die Gefahr eines vorzeitigen Bruchs (nach Lockerung und Materialermüdung) nicht hinzuweisen.[15]

c) Weitergabe von Herstellerhinweisen

13 Unabhängig von eigenen Beratungs- und Warnpflichten ist es dem Händler **stets zumutbar,** Warnhinweise des Herstellers, die der verkauften Wareneinheit nur lose beigefügt sind,[16] an die einzelnen Abnehmer weiterzuleiten oder in sonst geeigneter Form (z. B. durch Hinweisschild in Verkaufshalle) zur Kenntnis zu geben. Diese Pflicht besteht ungeachtet ihrer vertragsrechtlichen Grundlage auch als Verkehrspflicht gegenüber den Abnehmern und solchen Dritten, die bei Weitergabe der Warnung – und deren Beachtung durch den Benutzer – besser geschützt werden könnten.

d) Beachtung von Abgabebeschränkungen des Herstellers

14 Eingrenzungen des Abnehmerkreises durch den Hersteller dienen oft unmittelbar der Gefahrsteuerung; so sollen die Anordnungen „Nicht an Personen unter 18 Jahren abgeben“,[17] „Nur für professionelle Abnehmer“ einen Mißbrauch durch unerfahrene Benutzer ausschließen. Erfolgen solche Anweisungen auf gesetzlicher Grundlage, so besteht für den Händler eine Berufspflicht, sie zu beachten und durch organisatorische Maßnahmen sicherzustellen, daß nur an die zugelassenen Abnehmer verkauft wird.[18] Aber auch ohne gesetzliche Grundlage kann sich der Hersteller jedenfalls bei Produkten, die ihrer Art nach gefährlich sind, darauf verlassen, daß die Vertriebshändler Abgabebeschränkungen einhalten. Zur Entlastung des *Herstellers* kann insoweit zwar – wie bei Arbeitsteilung in der Produktion[19] – eine vertragliche Bindung des Händlers geboten sein. Der Händler aber muß in jedem Fall damit rechnen, daß der Hersteller sich auf die Beachtung der Vertriebshinweise verläßt, und daher entsprechende Maßnahmen treffen.

e) Keine Abgabe an ungeeignete Personen

15 Ungeachtet etwaiger Vertriebshinweise des Herstellers muß der Händler in gewissem Umfang von sich aus dafür sorgen, daß ein Produkt nicht durch unsachgemäßen Gebrauch gefährlich wird. Ihn trifft daher die Verkehrspflicht, öffentlich-rechtliche Abgabebeschränkungen, die der Verkehrssicherheit dienen, zu beachten.[20] Im übrigen wird eine Abgabe dann unterbleiben müssen, wenn eine Ware mit erheblichem Risikopotential von

---

[14] BGH WM 1972, 854, 855f. (zum Kaufrecht); s. auch BGH NJW 1962, 1196f.; zum **Reifenhändler** OLG Hamburg DAR 1972, 16 – Autoreifen I; LG Osnabrück DAR 1984, 222 – Autoreifen II.

[15] OLG München VersR 1980, 1052 – Hüftgelenkprothese I.

[16] Dies kann ein Instruktionsfehler sein! Vgl. § 24 Rz. 191.

[17] BGH VersR 1973, 32, 33 – Natriumchlorat.

[18] BGH VersR 1973, 32, 33 – Natriumchlorat.

[19] Vgl. § 25 Rz. 55f.

[20] Vgl. z. B. § 12 I Nr. 2 GefahrstoffVO zu Mindestalter von 18 Jahren; BGH VersR 1973, 30 – Kaliumchlorat (zum Verbot der gewerblichen Überlassung von Chemikalien an nicht erkennbar zuverlässige Jugendliche); vgl. auch BGH VersR 1973, 32f. – Natriumchlorat.

einer zu ihrem sicheren Gebrauch erkennbar ungeeigneten Person begehrt wird, sei sie jugendlich-unerfahren,[21] betrunken oder sonst beeinträchtigt.

f) Sachgerechte Lagerung des Produkts

Selbstverständlich muß der Händler dafür sorgen, daß die bei ihm durchlaufenden Waren keiner Behandlung ausgesetzt werden, welche die Produktsicherheit (auch nur zusätzlich) beeinträchtigt.[22] Er muß die Waren daher so lagern, daß sie nicht verderben oder beschädigt werden können. Z. B. sind Lebensmittel hygienisch und bei adäquaten Temperaturen zu lagern sowie zu transportieren, gerade Gefrierkost ist vor Erwärmung zu schützen. Aber auch sonstigen Beschädigungen oder Verunreinigungen muß der Händler vorbeugen, indem er der Nachlässigkeit von Mitarbeitern oder Kunden entgegenwirkt und Unbefugte von sicherheitsrelevanten Bereichen des Betriebs fernhält. Der Umfang solcher Maßnahmen hängt in erster Linie vom Gefahrenpotential ab; beim Handel mit Lebensmitteln, medizinisch-pharmazeutischen Produkten oder offenen Chemikalien bestehen daher höchste Sorgfaltspflichten. 16

g) Beachtung von Haltbarkeitsdaten

Auf Verfalldaten, welche die Gebrauchssicherheit des Produkts zeitlich begrenzen, muß der Händler nicht nur deshalb achten, weil er keine evident gefährlichen Waren in Verkehr bringen darf. Sondern der Verbraucher erwartet auch, daß ihm im Handel keine Waren angeboten werden, deren Verfalldatum zur Zeit des Kaufs schon erreicht ist. Das gilt unabhängig davon, ob das Verfalldatum auch dem Verbraucher erkennbar war und von ihm hätte überprüft werden müssen; eine solche Überprüfung ist ohnehin jedenfalls dann unzumutbar, wenn die Ware alsbald verbraucht wird. Unabhängig von öffentlich-rechtlichen Vorschriften trifft den Händler also die Verkehrspflicht, Waren mit abgelaufenem Verfalldatum – insbesondere Lebensmittel (Tiefkühlkost!), pharmazeutische Produkte und Desinfektionsmittel – auszusondern.[23] 17

2. Haftung für Herstellungsfehler

Wirtschaftlich bedeutsamer als die angesprochenen Berufspflichten ist für den Händler die **Frage,** inwieweit er für Produktionsfehler haftet, d. h. in welchem Umfang er die durchlaufenden Waren **einer Sicherheitsprüfung** unterziehen muß. 18

a) Grundsatz: Nur Sichtkontrolle

Maßnahmen gegen Herstellungsfehler erwartet der Verkehr im allgemeinen nur vom Produzenten; einem Zwischenhändler sind solche Maßnahmen mangels Ausbildung und Ausstattung in der Regel auch weder möglich noch zumutbar *(Rz. 2)*. Daher ist anerkannt, daß Vertriebshändler grundsätzlich nicht verpflichtet sind, durchlaufende Waren auf Herstellungsfehler hin zu prüfen.[24] Das gilt insbesondere für Konstruktions- 19

---

[21] BGH NJW 1961, 101f. (Wurfpfeil); NJW 1979, 2309, 2310 – Kfz-Verkauf (etwas weitgehend).

[22] Brüggemeier, WM 1982, 1294, 1307.

[23] Brüggemeier, WM 1981, 1294, 1308.

[24] RGZ 125, 76, 78 – Schrott; RG LZ 1907, 429 Nr. 14; BGH VersR 1956, 259, 260 – Motorroller; VersR 1960, 855 – Kondenstopf; NJW 1968, 2238, 2239 – Dieselkraftstoff; MDR 1977, 390 – Adventsstollen (positive Vertragsverletzung); VersR 1977, 839, 840 – Autokran; NJW 1980, 1219f. – Klapprad; NJW 1981, 1269, 1270 – Klebeband (positive Vertragsverletzung); NJW 1981, 2250 – Asbestzementplatten; KG BB 1973, 169 – Superkraftstoff (Kaufrecht); OLG Celle BB 1979, 392 – Benomyl; Urt. v. 9. 10. 1979, zit. bei Schmidt-Salzer, Entscheidungssammlung III, S. 371f.; VersR 1981, 464 – Reifendecke I; OLG München VersR 1980, 1052 – Hüftgelenkprothese I; OLG Karlsruhe VersR 1983, 644 (Flaschenverschluß); OLG Frankfurt BB 1986, 1117 – Ölschlauch; OLG Zweibrük-

fehler,[25] aber auch für Fabrikationsfehler[26] und sonstige Fehlerquellen der Herstellung. Jedoch sind Sichtprüfungen der Waren regelmäßig ohne nennenswerten Aufwand auch dem Händler möglich, d. h. zumutbar und geboten.[27] Jedenfalls sind solche Fehler zu beachten, die bei dem Transport, der Lagerung, Umpackung oder Verpackung der Waren *ins Auge fallen* (vgl. *§ 25 Rz. 61*); dies läßt sich aber z. B. von der Beschädigung eines Marmeladenglases, das in einem Selbstbedienungsladen als Massenartikel ins Regal gestellt wird, schon nicht mehr ohne weiteres sagen.[28] Eine Pflicht zum Funktionstest der Waren besteht hingegen ebensowenig wie eine Pflicht, Warenpackungen zu öffnen,[29] um eine Sichtkontrolle zu ermöglichen.

20 Auch aus **§ 377 HGB** folgt keine Verkehrspflicht des Händlers zur Warenprüfung. Nach dieser Vorschrift besteht (gegenüber dem Verkäufer des Händlers) lediglich die *Obliegenheit,* die Kaufsache unverzüglich nach der Ablieferung zu untersuchen. Versäumt der Händler dies, so verliert er zwar etwaige Sachmängelgewährleistungsrechte; seine eigenen Abnehmer sollen davon aber nicht profitieren.[30] Hat der Händler allerdings organisatorische Maßnahmen getroffen, um der handelsrechtlichen Obliegenheit zu entsprechen, so können ihm Untersuchungen der Waren in diesem Umfang auch zumutbar sein und so zur *Verkehrspflicht* werden.

b) Erweiterte Haftung

21 Weitergehende Prüf-, Warn- oder Beobachtungspflichten obliegen dem Vertriebshändler allerdings bei **Hinzutreten besonderer Umstände;**[31] hier kann der Händler äußerstenfalls sogar gehalten sein, den Vertrieb der betreffenden Waren einzustellen. Andererseits dürfte der Händler von Prüf- und Beobachtungsaufgaben gänzlich entbunden sein, wenn er begründeten Anlaß zu der Annahme hat, daß seine Abnehmer – praktisch aber nur industrielle Verarbeiter – diese Maßnahmen ohnehin selber treffen.[32] Hierüber muß er sich in Zweifelsfällen allerdings Gewißheit verschaffen. – In Auswertung der Rechtsprechung lassen sich zunächst vier **Fallgruppen** unterscheiden.

22 **aa) Gesteigerte Verkehrserwartung.** Erwartet der Verkehr ausnahmsweise, daß auch der Händler das Produkt in bestimmter Hinsicht selber prüft, so muß der Händler dem entsprechen.[33] Die Berechtigung einer solchen Erwartung spielt keine Rolle; es genügt, daß die Erwartung bei dem durchschnittlichen Abnehmer[34] besteht. Ursache hierfür kann

---

ken NJW 1987, 2684, 2685 – Tretlager; Schmidt-Salzer, Entscheidungssammlung II, S. 288; Köhler, BB 1985 Beil. 4 S. 10, 11; Kullmann/Pfister, Kza. 1524 S. 1f.; v. Westphalen, Jura 1983, 57, 134; **anders,** aber nicht überzeugend Kuchinke, Festschrift Laufke (1971), S. 113, 121; Scholl/Leitzinger, MDR 1981, 718; s. auch RG RGZ 163, 21, 26 – Bremsen I; DR 1940, 1293 – Bremsen II.

[25] BGH NJW 1980, 1219f. – Klapprad; OLG Celle VersR 1981, 464 – Reifendecke I.

[26] BGH NJW 1980, 1219f. – Klapprad; OLG Hamburg VersR 1984, 793, 794 – Hüftgelenkprothese III.

[27] OLG Düsseldorf, Urt. v. 23. 7. 1980, Schmidt-Salzer, Entscheidungssammlung IV, IV 24, S. 266 – Fischfilet; Schmidt-Salzer, Entscheidungssammlung II, S. 291.

[28] Vgl. OLG Nürnberg ZfS 1983, 161 – Marmeladenglas (keine Pflicht zur Überprüfung einzelner Gläser).

[29] Kullmann/Pfister, Kza. 1524 S. 1. Anders oft bei Fachhändler, s. Rz. 21ff.

[30] BGH VersR 1956, 259, 260 – Motorroller; NJW 1977, 1055, 1056; Schmidt-Salzer, Produkthaftung: Strafrecht, Rz. 1.400 FN 7 (zum Strafrecht); Soergel/Huber, § 433 Rz. 173f.; vgl. auch § 40 Rz. 13.

[31] BGH VersR 1960, 855 – Kondenstopf; NJW 1968, 2238, 2239 – Dieselkraftstoff; VersR 1977, 839, 840 – Autokran; NJW 1980, 1219f. – Klapprad; NJW 1981, 2250 – Asbestzementplatten; NJW 1987, 1009, 1010 – Lenkerverkleidung; KG BB 1973, 169 – Superkraftstoff (Kaufrecht); OLG Celle, Urt. v. 9. 10. 1979, zit. bei Schmidt-Salzer, Entscheidungssammlung III, S. 371f.; VersR 1981, 464 – Reifendecke I; OLG Hamburg VersR 1984, 793, 794 – Hüftgelenkprothese III.

[32] OLG Zweibrücken NJW 1987, 2684, 2685 – Tretlager.

[33] Kullmann/Pfister, Kza. 1524 S. 3.

[34] Vgl. § 24 Rz. 4, 65ff.

die Vorstellung sein, eine Kontrolle durch den Händler sei üblich.[35] Es reicht aber auch aus, wenn die Abnehmerkreise von dem Händler eine besondere Sach- und Fachkunde erwarten,[36] sei es aufgrund seiner Spezialisierung oder weil der Händler eine besondere Fachkunde herausstellt.[37]

Eine erhöhte Verkehrserwartung besteht vor allem im **Kfz-Neuwagengeschäft.** Da die Neuwagen in dem Zustand ihrer Anlieferung bei dem Händler nicht ohne weiteres fahrbereit sind, muß spätestens der Einzelhändler eine „Ablieferungsinspektion" durchführen.[38] Hierzu gehört stets eine systematische und gründliche Sichtkontrolle. Im Rahmen einer Fahrprobe sind auch die sicherheitsrelevanten Funktionen der Wagen zu prüfen. Ergeben sich dabei keine Auffälligkeiten, so sind aber auch dem Kfz-Händler weitere Prüfungen (Belastungstests, Messungen usw.) nicht zuzumuten. Generell wird die Inspektion weder „flüchtig"[39] oder „oberflächlich"[40] sein dürfen noch stets „äußerster Sorgfalt" bedürfen.[41] Es hängt eher vom Einzelfall ab, welches Teil in welchem Wagentyp eines bestimmten Herstellers erfahrungsgemäß besonders anfällig (gefährdet) ist; entsprechend müssen Art und Umfang der Ablieferungsinspektion variieren. Zu einer Suche nach *verborgenen Mängeln* wird aber praktisch nie Anlaß bestehen.[42] 23

Dagegen spricht auch nicht, daß Fertigungs- und Kontrolltechnik ständig fortschreiten.[43] Entscheidend ist, daß einem Händler, der nicht ohnehin Zusatzaufgaben erfüllen muß, kaum einmal zugemutet werden kann, nur zu Zwecken der Produkt*kontrolle* in teure Meßtechnik zu investieren, und zwar um so weniger, je komplexer die Waren und je breiter die Sortimente sind. Wer dem Händler dies aufbürdet, behandelt ihn faktisch doch wie einen Hersteller; die volkswirtschaftlichen Nachteile einer solchen Doppelfunktion wären erheblich.

Zu den Pflichten des **Gebrauchtwagen-Händlers** vgl. *§ 4 Rz. 17ff.*

Jeder *Eingriff* in das Produkt löst natürlich Folgepflichten aus: Werden vor der Rostschutzbehandlung eines neuen Wagens die Räder abgenommen, so sind deren Felgen einerseits vor Beschädigungen zu schützen, andererseits aber auch auf etwa schon vorhandene (sichtbare) Eindellungen hin zu prüfen.[44] 24

Auf (zusätzliche) Sicherheitsprüfungen durch den Händler vertraut der Verbraucher auch dann, wenn sie eine **gesetzliche Grundlage** haben. Entsprechende Vorschriften enthalten z. B. das Arzneimittelgesetz, das Fleischbeschaugesetz, das Geflügelfleischhygienegesetz und – genereller – das Lebensmittel- und Bedarfsgegenständegesetz. Im Umfang solcher Schutzgesetze bestehen daher stets auch Verkehrspflichten des Händlers.[45] 25

Erst recht verläßt sich der Endabnehmer darauf, daß eine **vertraglich übernommene Untersuchung** auch durchgeführt wird. Ist der Händler die Untersuchungspflicht nicht gegenüber dem Abnehmer, sondern gegenüber seinem eigenen Lieferanten – dem Zwischenhändler bzw. Hersteller[46] – eingegangen, so haftet er jedenfalls wegen Übernahme einer (zunächst fremden) Verkehrspflicht *(§ 25 Rz. 93).* 26

---

[35] Zur Vertragshaftung bei (objektiver) Verkehrsüblichkeit vgl. § 4 Rz. 20.

[36] Kullmann/Pfister, Kza. 1524 S. 3.

[37] BGH WM 1972, 854ff.

[38] BGH NJW 1980, 1219 – Klapprad; Reinking/Eggert, Der Autokauf, 3. Aufl., Rz. 425.

[39] So Reinking/Eggert, Der Autokauf, 3. Aufl., Rz. 425.

[40] BGH VersR 1956, 259, 260 – Motorroller.

[41] So wohl BGH NJW 1969, 1708, 1710 (positive Vertragsverletzung); Soergel/Huber, § 433 Rz. 176.

[42] OLG Oldenburg, Urt. v. 19. 2. 1975, Schmidt-Salzer, Entscheidungssammlung II, II 39, S. 366 – Pkw.

[43] So aber Kuchinke, Festschrift Laufke (1971), S. 113, 121.

[44] BGH NJW 1969, 1708, 1710 (positive Vertragsverletzung).

[45] Vgl. OLG Düsseldorf, Urt. v. 23. 7. 1980, Schmidt-Salzer, Entscheidungssammlung IV, IV 24, S. 266 – Fischfilet; differenzierend Kullmann/Pfister, Kza. 1524 S. 3; s. auch Rz. 57.

[46] BGH NJW 1987, 1009, 1010 – Lenkerverkleidung; zur Arbeitsteilung bei der Produktion vgl. § 25 Rz. 93 bzw. 102.

27 Sofern der Händler als besonders fachkundig gilt, weil er spezialisiert ist oder seine Fähigkeiten herausgestellt hat, kann der Verkehr u. U. auch eine nähere **Beratung über die Produkteignung** erwarten. Das gilt jedenfalls dann, wenn der Händler im Fachgespräch den Eindruck erweckt, das Anwendungsproblem des Abnehmers zu überblicken und die dafür erforderlichen (Zulieferer-)Produkte beschaffen zu können. Gerade im Bereich der Anwendungsberatung kann bei einem Schadensfall jedoch nicht auf exakte Rekonstruktion der Verantwortungsbereiche verzichtet werden; dies hat der BGH schon im Arbeitsbühnen-Fall[47] hervorgehoben (näher *§ 25 Rz. 80f.*). Grundsätzlich ist der Vertriebshändler noch weniger als ein *Produzent* von Zulieferteilen verpflichtet, die häufig komplexen und schwer überschaubaren Anwendungsprobleme der Abnehmer zu lösen. Seine Bereitschaft zu einer nicht notwendig bindenden, aber *verantwortlichen* Eignungsbestätigung muß daher im Einzelfall festgestellt werden. Andererseits ist der Händler gehalten, Mißverständnisse und Irrtümer des Abnehmers über eine Eignungsbestätigung auszuräumen; so ist ein klarstellender Hinweis geboten, wenn der Abnehmer sich auf Ratschläge des Händlers verläßt, ohne die Notwendigkeit letzter technischer Änderungen zu beachten, welche nur aus der – überlegenen – Sicht des Händlers selbstverständlich sein konnten.[48]

28 **bb) Anhaltspunkte für Fehlerverdacht.** Der Händler haftet auch dann verschärft, wenn er Anhaltspunkte, die auf die Möglichkeit von Sicherheitsmängeln hinweisen, ignoriert. Er ist nämlich wegen der Gefahr, die er – neben dem Hersteller – durch die Inverkehrgabe eines fehlerhaften Produkts objektiv setzt, wie der Hersteller verpflichtet, Anzeichen für Sicherheitsmängel zu berücksichtigen. Werden dem Händler z. B. **Schadensfälle** bekannt, die u. U. auf einen Fehler der von ihm vertriebenen Waren zurückgehen, so muß er sie zumindest dem Hersteller mitteilen, diesen zur Stellungnahme bzw. Prüfung von Schäden und Produkt veranlassen und sich vergewissern, daß der Hersteller ggf. seiner Warnpflicht nachkommt.[49] Auch die Kenntnis von **schlechter Arbeit oder Organisationsmängeln** im Herstellerbetrieb muß dem Händler ggf. Anlaß sein, Maßnahmen zur Gefahrsteuerung zu ergreifen.[50] Eine solche Kenntnis liegt besonders nahe, wenn zwischen Händler- und Herstellerbetrieb personelle Verflechtungen oder organisatorische Bindungen bestehen, die erwarten lassen, daß z. B. über konstruktive Schwächen des Produkts oder Unzulänglichkeiten der Fertigung ein Erfahrungs- bzw. Meinungsaustausch stattgefunden hat;[51] gegen eine solche Erwartung spricht nicht etwa, daß die Produktentwicklung sich auf einer Ebene „unterhalb der Geschäftsführung" vollzieht.[52] Auch jeder **sonstige Fehlerverdacht** des Händlers kann Verkehrspflichten auslösen. Vermag der Händler aufgrund langjähriger Erfahrung oder Spezialisierung zu erkennen, daß ein Produkt gefährlich werden kann, so muß er seine fachliche Überlegenheit zum Schutz der – bisherigen und künftigen – Endabnehmer einsetzen.

29 Der **Umfang der Schutzpflichten** ist auch in diesen Fällen problematisch, weil der Händler in Funktion und Kompetenz nicht mit dem Hersteller zu vergleichen ist. Dennoch hält die Rechtsprechung ihn offenbar für verpflichtet, auf Fehlerhinweise wie ein Hersteller zu reagieren: Wird dem Händler z. B. bekannt, daß bestimmte Überprüfungen

---

[47] BGH VersR 1970, 469 – Arbeitsbühne; s. auch BGH VersR 1977, 839, 840 – Autokran.

[48] BGH VersR 1977, 839f. – Autokran.

[49] Vgl. BGH MDR 1977, 390 – Adventsstollen (positive Vertragverletzung); NJW 1980, 1219 – Klapprad; NJW 1981, 2250 – Asbestzementplatten; Schmidt-Salzer, Produkthaftung: Strafrecht, Rz. 1.402f.; v. Westphalen, Jura 1983, 57, 134.

[50] BGH VersR 1960, 855, 856 – Kondenstopf; NJW 1981, 2250, 2251 – Asbestzementplatten; OLG Celle VersR 1981, 464 – Reifendecke I; Schmidt-Salzer, BB 1979, 1, 5; vgl. auch RG LZ 1907, 429 Nr. 14.

[51] BGH NJW 1981, 2250, 2251 – Asbestzementplatten; OLG Celle VersR 1981, 464 – Reifendecke I.

[52] So aber BGH NJW 1981, 2250, 2251 – Asbestzementplatten.

im Herstellerbetrieb unterblieben sind, so soll er sie nachholen oder doch Produktkontrollen vornehmen müssen;[53] hiervon sind aber Konstruktionsfehler zum Teil vollständig ausgenommen worden.[54] Letztlich muß der Sicherheitsaufwand, der einem Händler zumutbar ist, von dessen Ausbildung, Spezialisierung und der betrieblichen Ausstattung abhängen: Der Tätigkeit als Fachhändler, Großhändler und in einem Selbstbedienungsladen (oder Warenhaus!) entsprechen besondere Pflichtenkreise.[55] Darüber hinaus sollten aber folgende **Fallgruppen** unterschieden werden:

Erfährt der Händler von **konkreten und evidenten Produktfehlern,** so hat er, falls 30
Warnhinweise an die Verbraucher keinen hinreichenden Schutz bieten, den (weiteren) Vertrieb der Ware abzulehnen. Das muß unabhängig von der Fehlerursache gelten, also insbesondere auch für Konstruktionsfehler. Hinsichtlich der schon verkauften Waren trifft in erster Linie den *Hersteller* eine Warnpflicht. Kommt er ihr nicht nach, so muß der Händler die Warnung der Gefährdeten übernehmen – allerdings nur bei evidenter Pflichtverletzung des Herstellers, denn von dem Händler darf nicht verlangt werden, sich durch eine unfundierte Herabsetzung der fremden Produktion schadensersatzpflichtig zu machen.[56]

Sind lediglich einzelne Waren gefährlich, etwa weil der Hersteller eine unzulässig hohe Ausreißerquote hingenommen hat, kann der Händler, statt den Vertrieb einzustellen, natürlich auch sämtliche Waren einer Nachkontrolle unterziehen. Seiner Verkehrspflicht genügt er damit aber nur, wenn ihm trotz seiner beschränkten Mittel eine wirksame Qualitätsprüfung möglich ist.

Oft werden dem Händler nur **Mängel der Organisation oder Fertigung** im Hersteller- 31
betrieb bekannt werden:

Die Produktentwicklung sei unter übermäßigem Zeitdruck erfolgt; ein Qualitätsbeauftragter sei nicht bestellt oder inkompetent; die Fertigungstechnik sei nicht auf dem neuesten Stand; das Personal der Warenausgangskontrolle habe wegen Nachlässigkeit schon mehrfach verwarnt werden müssen usw.

Solange derartige Mängel die Produktsicherheit nicht ersichtlich beeinträchtigen, sollte dem Händler eine Einstellung des Vertriebs bzw. eine Warnung der Endabnehmer nicht zugemutet werden, falls nicht außergewöhnliche Gefahren drohen. Das gilt natürlich auch für ergänzende Sicherheitsprüfungen.[57] In der Regel fehlen dem Händler schon die dafür erforderlichen technischen und personellen Voraussetzungen. Im übrigen wird es ihm, von einfachen Fällen (z. B. Sichtkontrolle) abgesehen, wirtschaftlich nicht zumutbar sein, den mit eigenen oder fremden Untersuchungen verbundenen Aufwand zu tragen. Die verantwortliche Entscheidung, ein Produkt „in Verkehr" zu geben, liegt in erster Linie bei dem Hersteller, der dafür auch haftet. Der Händler zieht zwar – in Höhe der Handelsspanne – ebenfalls Nutzen aus dem Produkt(-vertrieb); jedoch sind die für Herstellung und Handel erforderlichen organisatorischen Voraussetzungen derart unterschiedlich, daß es auch volkswirtschaftlich unsinnig wäre, dem Händler – nur zur Produkt*kontrolle!* – zusätzlich Produzentenaufgaben aufzuerlegen. Diesen Mehraufwand erfordert auch der Verbraucherschutz nicht dringend, haftet doch stets der (i. d. R. auch liquide) Hersteller.

---

[53] BGH VersR 1960, 855, 856 – Kondenstopf; NJW 1980, 1219 – Klapprad; NJW 1981, 2250, 2251 – Asbestzementplatten; s. auch OLG Celle VersR 1981, 464 – Reifendecke I; ähnlich OLG Zweibrücken NJW 1987, 2684, 2685 – Tretlager; s. auch § 4 Rz. 21.

[54] OLG Celle VersR 1981, 464 – Reifendecke I (unter Berufung auf BGH NJW 1980, 1219 – Klapprad); OLG Hamburg VersR 1984, 793, 794 – Hüftgelenkprothese III; MünchKomm/Mertens, § 823 Rz. 290.

[55] Brüggemeier, WM 1982, 1294, 1307; Schmidt-Salzer, Entscheidungssammlung II, S. 292.

[56] Zu den entsprechenden Problemen bei vertikaler Arbeitsteilung und der Haftung für Zubehör vgl. § 25 Rz. 154ff.

[57] Anders OLG Celle VersR 1981, 464 – Reifendecke I (obiter dictum); gänzlich ablehnend Schmidt-Salzer, Produkthaftung: Strafrecht, Rz. 1.407.

32 Ist nach der Sachlage nur ein **konkreter Fehlerverdacht** gerechtfertigt, der aber **nicht erhärtet** werden konnte, so muß der Händler vor allem den Hersteller informieren und auf Klärung dringen. Problematisch werden die Händlerpflichten dann, wenn der Hersteller Indizien, welche für einen Produktfehler sprechen könnten, ignoriert, verharmlost oder auch nur abweichend interpretiert. Auch hier darf von dem Händler nicht verlangt werden, über den Kopf des Herstellers hinweg die Endabnehmer zu warnen, wenn nicht dessen Pflichtverletzung evident ist. Nur in diesem Fall ist dem Händler auch die Einstellung des weiteren Vertriebs zumutbar.[58] Er ist allerdings zu einer intensivierten Produktbeobachtung verpflichtet, die ihn aufgrund seines Kundenkontakts ohnehin nicht sonderlich belasten dürfte. Von dieser Pflicht ist jedoch – wie in der Fallgruppe *Rz. 31* – entgegen der Rechtsprechung[59] die Untersuchungspflicht wiederum auszunehmen. An deren Stelle tritt die Pflicht, dem Hersteller sämtliche Erkenntnisse über die Bewährung des Produkts zuzuleiten.

33 **cc) Irreführende Verteidigung gegen Schadensersatzbegehren.** Deutsche Gerichte haben eine deliktsrechtliche Produkthaftung vereinzelt auch für den Fall bejaht, daß ein Vertriebshändler, der auf Schadensersatz in Anspruch genommen wird, nicht rechtzeitig klarstellt, daß er *nicht Hersteller* der fehlerhaften Ware ist und auch nicht für dessen Verbindlichkeiten eintritt. Die Kriterien dieser Haftung werden jedoch unterschiedlich beurteilt.

34 Das **OLG Frankfurt**[60] verurteilte die „Firma Honda Deutschland GmbH“, die lediglich Vertriebshändlerin des japanischen Motorradherstellers ist, wegen eines Produktfehlers auf der Grundlage des § 823 I BGB, da sie in der sich über ein Jahr hinziehenden vorprozessualen Korrespondenz den Geschädigten in dem Irrtum beließ, sie sei die Herstellerin, sich ferner mit dem behaupteten Herstellungsmangel sachlich auseinandersetzte und sogar Fahrversuche unternahm. Unter diesen Umständen habe der Geschädigte das Verhalten der Firma Honda Deutschland so auffassen dürfen, daß sie für etwaige Haftpflichtverbindlichkeiten des Herstellers gegenüber Endabnehmern eintreten wolle und solle.[61]

35 Nach der Rechtsprechung des **BGH**[62] ist ein Vertriebshändler nicht einmal zu Beginn eines Rechtsstreits verpflichtet, Geschädigte auf seine Funktion, d. h. auf „Bedenken gegen die Passivlegitimation“, hinzuweisen; eine solche Pflicht könne aber bei vertraglichen Beziehungen bestehen, also dann, wenn – wie häufig – der Endabnehmer den Einzelhändler verklagt. Außerhalb vertraglicher Beziehungen habe der Vertriebshändler für Verkehrspflichtverletzungen *des Herstellers* allenfalls einzustehen, wenn sein **vorprozessuales und Prozeßverhalten ausdrücke, er „wolle und solle für Rechnung des Herstellerwerkes für dessen Haftpflichtverbindlichkeiten gegenüber den Käufern der Produkte eintreten.“**[63] Eine derartige „Schuldmitübernahme“ ist dem BGH zufolge noch nicht daraus herzuleiten, daß der Vertriebshändler sich – für die Herstellerin – sämtlicher Kundendienstangelegenheiten annimmt.[64]

36 Die somit für eine Haftung erforderliche Schuldmitübernahme des Vertriebshändlers setzt auf seiten des Geschädigten in jedem Fall das Bewußtsein voraus, daß der Händler für eine Schuld des Herstellers einstehen will, mit diesem also nicht identisch ist. Solange der

---

[58] , dann aber auch bei Konstruktionsfehlern!

[59] Für eine Untersuchungspflicht offenbar jedenfalls BGH NJW 1980, 1219 – Klapprad; OLG Zweibrücken NJW 1987, 2684, 2685 – Tretlager; zu Gebrauchtwagen: BGH NJW 1979, 1886, 1887; 1981, 928, 929.

[60] BB 1986, 1117ff. – Ölschlauch.

[61] OLG Frankfurt BB 1986, 1117 – Ölschlauch; offenbar zustimmend Kullmann/Pfister, Kza. 1524 S. 7.

[62] NJW 1981, 2250, 2251 – Asbestzementplatten.

[63] BGH NJW 1981, 2250, 2251 – Asbestzementplatten; Palandt/Thomas, § 823 Anm. 15c gg.

[64] Ebenso OLG Oldenburg, Urt. v. 19. 2. 1975, Schmidt-Salzer, Entscheidungssammlung II, II 39, S. 365f. – Pkw.

Geschädigte den Händler irrig für den Hersteller hält, ist eine **Händlerhaftung** daher **u. E. ausgeschlossen.** Bei vertraglicher Bindung kann die Unterhaltung eines solchen Irrtums durch den Vertriebshändler zwar treuwidrig sein;[65] daraus folgt jedoch keine Produkthaftung, sondern nur die Pflicht, einen durch die Treuwidrigkeit verursachten Schaden (Prozeßkosten usw.) zu ersetzen.[66]

Die Entscheidung des OLG Frankfurt *(Rz. 34)* überzeugt demnach weder in der Begründung noch im Ergebnis: Weder einigte sich der durch den Produktfehler Geschädigte über die Übernahme einer fremden Schuld, noch erscheint es billig, den Händler für vermeintliches prozessuales Fehlverhalten mit seiner Verurteilung zu strafen (Spezialität des § 138 ZPO und der Präklusionsvorschriften!).

dd) Mittlerfunktion und Mitwirkungspflichten. Zusätzliche Verbraucherschutzpflichten können sich daraus ergeben, daß der Händler oft eine einzigartige Vermittlerstellung zwischen Hersteller und Endabnehmer (Verbraucher) innehat. Vielfach kennt nur er die Endabnehmer, oder er kann sie (mit Hilfe von Rechnungsdurchschriften, Kundenkartei usw.) doch noch nachträglich feststellen. Ist dies nicht möglich, da die betreffenden Produkte als Massenware ohne ordentliche Rechnung (oder Garantieerklärung) vertrieben wurden, so bleibt wenigstens für Fachhändler die Möglichkeit, ihre einstigen Kunden durch Anschläge, Hinweisschilder o. ä. anzusprechen, falls diese Kunden das Ladengeschäft neuerlich aufsuchen. Auf dieser Weise sind Händler zur **Mitwirkung an Warn- und Rückrufaktionen des Herstellers** prädestiniert. 37

Eben deshalb muß der *Hersteller* sich in Erfüllung seiner Produktbeobachtungs-, Warn- und Rückrufpflichten, also auch zwecks Vorbereitung entsprechender Maßnahmen, frühzeitig der Mitwirkung der Vertriebshändler vergewissern (vgl. *§ 24 Rz. 257*). Ohne Rücksicht darauf treffen aber auch den *Händler* Verkehrspflichten zur Mitwirkung. Dies versteht sich fast von selbst, soweit er dem Hersteller sogar vertraglich[67] verpflichtet ist. Im übrigen ist daran anzuknüpfen, daß (unmittelbar erst) der Händler das fehlerverdächtige Produkt in Verkehr gegeben hat. Auch wenn ihm daraus, wie meist, kein Vorwurf gemacht werden kann, ist ihm in aller Regel zuzumuten, jede organisatorische Hilfe zu leisten, die nötig ist, damit die Produktbeobachtung möglichst effizient und eine Warn- oder Rückrufaktion auch möglichst rasch durchgeführt werden kann. 38

Die **Initiative** zu einer Warn- oder Rückrufaktion wird allerdings regelmäßig vom Hersteller auszugehen haben. Insofern ist es nicht Sache des Händlers, bei seinem Lieferanten sicherzustellen, daß er in den Informationsfluß über einen etwaigen Rückruf miteinbezogen wird, oder sich gar noch zu vergewissern, von welcher Seite, auf welche Weise und wie lange ihm entsprechende Informationen sicher sind.[68] 39

II. Vertragshändler des Herstellers

Strengere Pflichten als den einfachen Händler treffen die Vertragshändler des Herstellers. Diese werden vom Verbraucher einerseits als besonders sachkundig angesehen,[69] weil sie als Spezialisten gelten und mit dem Know-how des hinter ihnen stehenden Herstellers bei Service- und Reparaturangeboten oft auch nachhaltig werben. Andererseits setzt die enge Beziehung der Vertragshändler zum Hersteller diese tatsächlich in die Lage, zur Gefahrsteuerung überdurchschnittlich beizutragen. Jedoch bleibt es eine **Frage des Einzelfalls,** welche zusätzlichen Aufgaben dem Vertragshändler zumutbar sind. Ausgangspunkt wird sein können, daß der Vertragshändler – wie jeder andere spezialisierte und gut 40

---

[65] BGH NJW 1981, 2250, 2251 – Asbestzementplatten.
[66] Anders wohl BGH VersR 1971, 227, 228 unter 3.
[67] – und sei es auch nur aufgrund einer Nebenpflicht zum Kaufvertrag –
[68] So aber OLG Karlsruhe NJW 1981, 1054 (zu Kfz-Reifen; Strafsache!); kritisch auch Scholl, NJW 1981, 2737f.
[69] Vgl. BGH NJW 1978, 2241, 2243 – Hinterreifen.

beratene Händler – über eine gehobene Kenntnis des Produkts und dessen Schwachstellen verfügt oder verfügen sollte.

41 Handelt er auch mit **gebrauchten Produkten** „seines" Herstellers, muß er nachteilige Veränderungen wenigstens der äußeren Sicherheitsteile erkennen können. Das gilt vor allem im Kraftfahrzeughandel. Im Hinterreifen-Fall hat der BGH dem Vertragshändler daher zu Recht auferlegt, seine Gebrauchtwagen zumindest auf solche Änderungen hin zu prüfen, welche die Betriebserlaubnis erlöschen lassen.[70]

42 Ungeachtet einer Pflicht zu selbständigen Schutzmaßnahmen muß der Vertragshändler den Hersteller bei dessen Produktbeobachtung, Warn- oder Rückrufaktionen jedenfalls unterstützen *(Rz. 37ff.)*. Wegen seiner außergewöhnlichen Beziehung zu den Endabnehmern wird ihm auch zuzumuten sein, eine **aktualisierte Kartei** zu führen, mit deren Hilfe die Verbraucher rasch benachrichtigt werden können. Daneben versteht sich, daß der Händler bei den geringsten ernst zu nehmenden Auffälligkeiten, die ihm über das Produkt bekannt werden, **Rücksprache** nehmen muß. Den Kunden erscheint der Vertragshändler weithin als „Außenstelle" des Herstellers; er muß diesem Vertrauen dadurch entsprechen, daß er bei *jeder Kenntnis* von sicherheitsrelevanten Qualitätseinbußen zumindest die nun erwerbenden Abnehmer warnt, falls der Hersteller seine diesbezügliche Pflicht vernachlässigt.

Der hierdurch denkbare Konflikt mit dem Hersteller ist insofern gemildert, als die **Warnpflicht nur bei sicherem Anhalt für einen Produktfehler** entsteht *(Rz. 30)* und dem Hersteller an dessen Behebung nicht minder gelegen sein wird. Im übrigen gehen die Verkehrspflichten vor; wer nach außen besonderes Vertrauen in Anspruch nimmt, muß im Innenverhältnis notfalls illoyal werden.

43 Aus dem gleichen Grund kann der Vertragshändler auch verpflichtet sein, etwaigen, vom Hersteller vernachlässigten Hinweisen auf Produktfehler auf eigene Rechnung nachzugehen. Soweit er über produktbezogene Kontroll-, Analyse- oder Wartungsgeräte verfügt, mögen ihm im Rahmen seiner Fähigkeiten eigene Nachforschungen zumutbar sein. Ggf. muß er auch Forschungsinstitute einschalten, Gutachten einholen usw. Um den Vertragshändler nicht mit funktionsfremden Aufgaben zu überlasten, wird ihm eine solche **Untersuchungspflicht** allerdings nur bei größerem Gefahrenpotential zuzumuten sein. Hier kann sie aber auch dann entstehen, wenn der schon bestehende Anfangsverdacht auf Produktfehler rasches Handeln gebietet und der Hersteller erst zu späterer Zeit reagieren kann.

III. Ausgegliederte Vertriebsgesellschaft des Herstellers

44 Vielfach läßt das Herstellerunternehmen seine Waren von einer rechtlich selbständigen Vertriebsgesellschaft absetzen, mit der es aber – z. B. als Mutter-, Tochter- oder Schwesterunternehmen – wirtschaftlich und rechtlich eng verbunden bleibt. Eine solche Vertriebsgesellschaft haftet nicht wie der Hersteller *(§ 25 Rz. 18)*. Ihr obliegt daher auch keine Pflicht zu genereller Prüfung der angelieferten Waren;[71] das gilt auch für Kfz-Händler, selbst wenn sie Inhaber der Allgemeinen Betriebserlaubnis nach § 20 I Nr. 3 StVZO sind.[72] Im Einzelfall kann die konzernmäßige Bindung des Händlers aber auch zu besonderen Pflichten führen. Im allgemeinen werden die Abhängigkeit des Händlers und seine Verflechtungen mit der Herstellergesellschaft ihm zugleich erleichterten Zugang zu den Informationen verschaffen, die zur Beurteilung des Produkts, seiner Qualität und seiner

---

[70] BGH NJW 1978, 2241, 2243 – Hinterreifen (§ 21 Rz. 18).

[71] BGH NJW 1981, 2250 – Asbestzementplatten; LG Köln NJW-RR 1987, 864, 865 – Zylinderkopf; Kullmann/Pfister, Kza. 1524 S. 7.

[72] OLG Oldenburg, Urt. v. 19. 2. 1975, Schmidt-Salzer, Entscheidungssammlung II, II 39, S. 366 – Pkw (bestätigt durch Beschluß des BGH v. 8. 2. 1977 – VI ZR 86/75 –).

Schwächen erforderlich sind; hinzu treten wird oft eine Spezialisierung auf die Produkte des beherrschenden Herstellers oder eine produktbezogene technische Ausstattung für Service und Reparatur. All dies rechtfertigt es, die konzerngebundene Vertriebsgesellschaft zumindest **wie einen Vertragshändler** *(Rz. 40ff.)* zu behandeln. Sie ist, zumal wenn sie für den hiesigen Verbraucher die einzige Kontaktstelle zu dem (ausländischen) Hersteller ist, zu aktiver Produktbeobachtung verpflichtet.[73] Sofern sie infolge personeller Verflechtungen aus dem Herstellerwerk selbst authentische Hinweise auf Produktfehler erhält, muß sie geeignete Schutzmaßnahmen ergreifen.[74] Nach der Rechtsprechung des BGH soll der Händler dann werksseitig unterbliebene Qualitätsprüfungen bzw. **Produktkontrollen** sogar nachholen sollen.[75] Dazu ist er aber schon technisch kaum einmal in der Lage; **u. E.** können ihm daher aufwendige Kontrollen – oder die vorsorgliche Einstellung des Vertriebs – **nur bei evidenten Produktfehlern oder größerem Gefahrenpotential** zugemutet werden. Der Beginn einer Warnpflicht gegenüber den Endabnehmern kann dagegen, z. B. bei Einblick in Erkenntnisse des Herstellers, vorverlegt sein.

IV. „Quasi-Hersteller"

1. Allgemeines

Hersteller ist nach der Definition in Art. 3 I der EG-Richtlinie vom 25. 7. 1985 auch „jede Person, die sich als Hersteller ausgibt, indem sie ihren Namen, ihr Warenzeichen oder ein anderes Erkennungszeichen auf dem Produkt anbringt." Eine solche Person wird auch als Quasi-Hersteller bezeichnet (zur Abgrenzung *§ 25 Rz. 12ff.*). Dieser **haftet nicht wie ein Hersteller,**[76] denn objektiv ist der Quasi-Hersteller in der Regel nur Händler und als solcher nur sehr beschränkt zur Gefahrsteuerung imstande. 45

2. Irreführung der Verbraucher

Ohne weiteres ist einem Händler auch **nicht vorzuwerfen,** daß er sich als Hersteller ausgegeben hat. Denn der Verkehr hat nicht von vornherein ein schützenswertes Interesse daran, den wirklichen Hersteller kennenzulernen. Über diesen haben sich Dritte, die anläßlich der Benutzung des Produkts durch den Verbraucher verletzt werden (sog. „bystander"), ohnehin keine Gedanken gemacht; der Benutzer selbst gebraucht, wenn er nicht besonders sensibilisiert ist, jedenfalls alltägliche Produkte in ihrem typischen Anwendungsbereich insofern unreflektiert, als er hier von *jedem* Hersteller Betriebssicherheit erwarten würde.[77] Anders verhält es sich, wenn der Verbraucher mit der Person (Firma) des Herstellers bestimmte Vorstellungen über den bestimmungsgemäßen Gebrauch, d. h. die Grenzen des gefahrlosen Gebrauchs, der Produkte verbindet. Dabei kommt es nicht auf die subjektiven Erwartungen einzelner Verbraucher an; sie sind auch sonst kein Kriterium der Verkehrspflicht. 46

---

[73] BGH NJW 1987, 1009, 1010 – Lenkerverkleidung; Kullmann/Pfister, Kza. 1524 S. 8; Schmidt-Salzer, Produkthaftung: Strafrecht, Rz. 1.430 (für Fall der *Übernahme* dieser Pflicht).

[74] BGH VersR 1960, 855, 856 – Kondenstopf; NJW 1981, 2250, 2251 – Asbestzementplatten.

[75] BGH VersR 1960, 855, 856 – Kondenstopf; NJW 1981, 2250, 2251 – Asbestzementplatten (obiter dictum).

[76] BGH VersR 1977, 839 – Autokran; NJW 1980, 1219 – Klapprad; NJW 1981, 1606, 1609 – Benomyl; einschränkend NJW 1987, 372, 373 – Verzinkungsspray; ebenso OLG München VersR 1980, 1052 – Hüftgelenkprothese I; OLG Celle VersR 1981, 464 – Reifendecke I; OLG Nürnberg VersR 1982, 174 – Torfsack; OLG Hamburg VersR 1984, 793, 794 – Hüftgelenkprothese III; Kullmann/Pfister, Kza. 1524 S. 9; offengelassen von OLG Köln, Urt. v. 20. 1. 1972, Schmidt-Salzer, Entscheidungssammlung II, II 30, S. 328 – Speiseeisbereiter.

[77] Vgl. auch den Sachverhalt des Hüftgelenkprothese-Falles, OLG München VersR 1980, 1052.

47 **Pflichtwidrig** kann das Auftreten als Hersteller aber dann sein, wenn die *konkreten Umstände* einem verständigen Verbraucher **Anlaß** geben konnten, **Vorsichtsmaßregeln zu unterlassen, die er bei Kenntnis des wahren Herstellers beachtet hätte.**[78] Die letztere Voraussetzung wird nicht häufig gegeben sein und bedarf im Einzelfall sorgfältiger Prüfung. Andererseits ist gerade bei Produkten, die von Natur aus gefährlich sind oder leicht bis zur Grenze ihrer Belastbarkeit (des Fehlgebrauchs!) benutzt werden, nicht auszuschließen, daß ihre Benutzer im Vertrauen auf einen großen Namen mehr als gewöhnlich riskieren.[79] Das wird gerade dort naheliegen, wo der Schein-Hersteller unter den Stichworten „Gütesicherung", „Qualitätssiegel", „unterliegen unserer strengen Kontrolle" usw. um besonderes Vertrauen für „seine" Produkte geworben hat.[80]

3. Instruktionspflicht

48 Unabhängig davon, ob der Verbraucher gerade durch einen Irrtum über den Hersteller gefährdet wurde, werden dem Quasi-Hersteller zum Teil **verschärfte Warnpflichten** auferlegt.[81] Deliktsrechtlich ist dies **nicht zu rechtfertigen.** Der Quasi-Hersteller ist typischerweise Vertriebshändler – mit der Besonderheit, daß er signalisiert, Hersteller zu sein. Wirkt sich diese Besonderheit jedoch nicht risikoerhöhend aus, so kann sie auch keine Haftungsverschärfung begründen. Als Händler ist der Quasi-Hersteller allerdings verpflichtet, sämtliche Warnhinweise des (wirklichen) Herstellers bzw. der Zwischenhändler an seine Abnehmer weiterzuleiten.[82] Hat er selbst gar keine oder nur unzureichende Instruktionen erhalten, so sind die Waren u. U. mit einem Produktfehler behaftet; auf diesen hat der Quasi-Hersteller nach allgemeinen Grundsätzen *(Rz. 28ff.)* zu reagieren. Dessen Warnpflicht verdichtet sich natürlich auch dann, wenn seine Person dadurch Bedeutung gewinnt, daß die Verbraucher sich nach einem schon bekannt gewordenen Gefahrenverdacht daran orientieren, ob der „Hersteller" ihres Produkts schon eine Warnung usw. für angezeigt hält. Hier genügt allerdings auch eine Aufklärung des Verbraucher-Irrtums.

Eine Warnung des Herstellers vor den Waren des Quasi-Herstellers und deren Rückruf können zu erheblichen tatsächlichen und rechtlichen Problemen führen. Über solche Aktionen sollte daher unbedingt und vorbereitend **beiderseitiges Einvernehmen** angestrebt werden.

4. Produktbeobachtungspflicht

49 Im Produktbeobachtungsbereich treffen den Quasi-Hersteller **besondere Pflichten.** Der wirkliche Hersteller kann die an sich ihm obliegende Beobachtungspflicht hier nämlich oft nur beschränkt erfüllen. Er ist, gleich ob er überhaupt nur „no name"-Waren herstellt oder ob sein Erkennungszeichen (Marke, Warenzeichen) nur von manchen Händlern beseitigt wird, von den Verbrauchern insofern abgeschnitten, als er als Adressat von Schadensmeldungen, Beschwerden usw. ausfällt. Eine frühzeitige und damit effiziente Reaktion auf Schadensnachrichten ist daher unmöglich, wenn nicht der Quasi-Hersteller die *ihn* erreichenden Meldungen verwertet. Hierzu ist der Quasi-Hersteller jedenfalls dann verpflichtet, wenn er durch die Inverkehrgabe von Waren, die den echten Hersteller nicht erkennen ließen, ihre Beobachtung erschwert hat.

---

[78] BGH VersR 1977, 839, 840 – Autokran; OLG München VersR 1980, 1052 – Hüftgelenkprothese I; OLG Nürnberg VersR 1982, 174 – Torfsack; OLG Hamburg VersR 1984, 793, 794 – Hüftgelenkprothese III; OLG München VersR 1988, 635, 636 – Minitrainer; s. auch Egbert F. J. Wilms, Produkte- und Produzentenhaftung aus Marken oder ähnlichen Zeichen (Zürich 1984), S. 125ff., 159ff.

[79] Vgl. Lüderitz, Festschrift Pleyer (1986), S. 539, 541: Benutzung eines Kettler-Trampolins.

[80] Kullmann/Pfister, Kza. 1524 S. 10f.

[81] Kullmann/Pfister, Kza. 1524 S. 11f.; Schmidt-Salzer/Hollmann, Bd. 1, Art. 3 Rz. 154ff.; Schmidt-Salzer, BB 1979, 1, 7f.; differenzierend **BGH** NJW 1987, 372, 373f. – Verzinkungsspray (der Hersteller überblicke die Gefahren besser als der Quasi-Hersteller).

[82] BGH NJW 1987, 372, 374 – Verzinkungsspray.

Sofern ihm der **Hersteller** seiner Waren **bekannt** ist, muß der Quasi-Hersteller diesem sämtliche Erkenntnisse über die Bewährung der betroffenen Waren zuleiten. Ggf. genügt auch die Weitergabe an den Großhändler oder einen Importeur; die Zuverlässigkeit derartiger Hilfspersonen muß jedoch regelmäßig überprüft werden (vgl. *§ 25 Rz. 57ff.*). **50**

Ist dem Händler der wahre **Hersteller unbekannt** und kann er ihn mit zumutbarem Aufwand auch nicht ermitteln, so muß er sich bemühen, etwaige Gefahrenhinweise wenigstens über Großhändler bzw. Importeur weiterzuleiten. Ist der Erfolg dieser Bemühungen unsicher, gewinnt Bedeutung, daß der Quasi-Hersteller Waren in Verkehr gegeben hat, um die sich niemand sonst erkennbar kümmert: Er muß sich an der aktiven Produktbeobachtung beteiligen. Er hat also nicht nur durch organisatorische Maßnahmen sicherzustellen, daß ihn Berichte über Auffälligkeiten und Unfälle, die mit dem Produkt in Zusammenhang stehen, erreichen; sondern er muß derartige Berichte auch – wie ein Produzent[83] – auswerten, d. h. analysieren und technisch, medizinisch usw. überprüfen (lassen). Während er – statt dessen – den weiteren Vertrieb der Waren natürlich jederzeit einstellen *kann, muß* er ihn schon dann beenden, wenn hinreichende Anhaltspunkte für einen Produktfehler erkennbar werden (dazu *Rz. 30*). Eine Einstellung des Vertriebs erübrigt die (weitere) Produktbeobachtung jedoch insofern nicht, als der Quasi-Hersteller vor einer Produktgefahr auch seine bisherigen Abnehmer zu warnen hat; diese Warnung darf nicht leichtfertig erfolgen, da andererseits eine pflichtwidrige Schädigung des Warenherstellers zu vermeiden ist *(Rz. 30ff.)*. **51**

Dieser Hersteller wird dem Verkehr in diesem Stadium zwar nicht namentlich bekannt sein; das kann sich im Zuge einer Warn- oder Rückrufaktion aber rasch ändern. Dann sind geschäftliche Nachteile einer verfrühten (und unangebrachten) Warnung nicht auszuschließen; sie drohen im übrigen schon dadurch, daß der Verbraucher zumindest die Produkte, vor denen der Händler warnt, aufgrund ihrer Beschreibung auch ohne Kenntnis des wahren Herstellers unschwer identifizieren wird. **52**

Zu erwägen ist allerdings, **Schadensersatzansprüche,** die der Hersteller **aus einer nicht hinreichend fundierten Warnung** ableitet, wegen Mitverschuldens zu begrenzen; ein Hersteller, dessen Produkte unter fremdem Namen vertrieben werden, ist nämlich gehalten, dafür zu sorgen, daß die – zunächst ihm obliegende – Produktbeobachtung Wirkung entfalten kann. Mit der Rücknahme der Haftung gegenüber dem Hersteller würde jedenfalls die Warnpflicht des Quasi-Herstellers gestärkt.

V. Importeur

1. Allgemeines

An den einfachen Vertriebshändler werden verhältnismäßig geringe Anforderungen gestellt *(Rz. 2, 21ff.)*. Dies rechtfertigt sich u. a. dadurch, daß sowohl der Händler als auch die Verbraucher sich darauf verlassen können, daß der Hersteller für die Sicherheit der Produkte sorgt; dieser ist schließlich hauptverantwortlich, mit den hiesigen Sicherheitserwartungen vertraut, zur Beobachtung seines Produkts in der Lage und bei Verletzung seiner Pflichten einer effizienten Produkthaftung ausgesetzt. Bei Einschaltung ausländischer Hersteller gilt das nur beschränkt. Diese kennen die öffentlich-rechtlichen Vorschriften bzw. Regelwerke zum Schutz von Verbrauchern oder Arbeitnehmern nicht ohne weiteres; sie werden auch die Sicherheitserwartungen der jeweiligen Verbraucherkreise – und ihre Veränderungen – weniger rasch und sicher ermitteln als ein inländischer Hersteller, der Produkt und Verbraucher ständig beobachten kann. U. U. hat der ausländische Hersteller einen Export in die Bundesrepublik gar nicht beabsichtigt oder – wegen unzureichender Qualität seiner Waren! – nicht einmal für möglich gehalten. Ebensowenig ist auszuschließen, daß die Schwierigkeiten und Ungewißheiten, mit denen ein Produkthaftprozeß im Ausland verbunden ist, einzelne Exporteure zur Nachlässigkeit verleitet. **53**

---

[83] Vgl. § 24 Rz. 252f.; Schmidt-Salzer, Produkthaftung: Strafrecht, Rz. 1.418.

54 Diese Umstände erhöhen das Risiko von Produktfehlern. Daher ist anerkannt, daß Importeure eine **besondere Verantwortung** für die Produktsicherheit tragen.[84] Das ergibt sich für technische Arbeitsmittel und die ihnen gleichgestellten Gegenstände auch aus § 3 I des Gerätesicherheitsgesetzes (näher Bd. 2). Problematisch und noch ungeklärt ist der Umfang der besonderen Importeurpflichten; er hängt insbesondere davon ab, aus welchem Land die importierte Ware stammt.

2. Umfang der Importeurpflichten

55 Grundsätzlich obliegen dem Importeur nicht die Pflichten eines Herstellers.[85] Es ist wohl kein Fall denkbar, in dem er die importierte Ware einer *vollständigen* Sicherheitsprüfung unterziehen muß. Andererseits tritt das Kriterium der Zumutbarkeit in dem Maße zurück, in welchem nach Herkunft und Produktionsweise zu bezweifeln ist, daß die ausländische Ware dem inländischen Stand von Wissenschaft und Technik entspricht. Inwieweit Anlaß zu solchen Zweifeln besteht, muß der Importeur eigenverantwortlich beurteilen. Ihm ist daher ein sog. **Übernahmeverschulden** vorzuwerfen, wenn er sich, ohne wenigstens sachkundig beraten zu sein, mit dem Import von Waren befaßt, deren Risiken er nicht annähernd überblickt; das gilt auch bei Gelegenheitsimporten.

56 Bei der **Einschätzung des** (abstrakten) **Risikos** von Importwaren werden folgende Kriterien im Vordergrund stehen:
- das allgemeine technisch-ökonomische Niveau im Herstellerland;[86]
- die Dichte und Einhaltung des ausländischen staatlichen Sicherheitsrechts (administrative Effizienz);
- das technisch-ökonomische Niveau der Branche im Herstellerland einschl. etwaigen Qualitätswettbewerbs;
- **Besonderheiten des Herstellerbetriebs:** technische und personelle Ausstattung, Leitung und Organisation, konzernmäßige Beeinflussung bzw. Abhängigkeit, privates oder staatliches Unternehmen, Anteil an ausländischem Markt, bisherige Exporterfahrung, internationaler Ruf, Spezialisierung usw.

57 **Je größer die Bedenken** sind, die sich bei der Bewertung des Herstellers ergeben, **um so intensiver** muß **die Kontrolle durch den Importeur** sein. Bei nachhaltigen Bedenken muß der Importeur den Vertrieb überhaupt ablehnen oder jedes Einzelstück überprüfen. Ggf. kann der Importeur sicherheitsrelevante Teile natürlich selber ergänzen oder austauschen; dann unterliegt er aber insoweit auch der *Hersteller*haftung. Bestehen keine Bedenken gegen die Produktqualität – z. B. weil der Hersteller ein renommierter US-amerikanischer Konzern ist, der die betreffende Ware seit Jahren für den deutschen Markt produziert –, so wäre jede besondere Untersuchungspflicht überzogen (allgemein zu privilegierten Exportländern *Rz. 63ff.*). Die meisten und schwierigen Fälle liegen zwischen diesen Extremen. Die hier gebotene Gefahrsteuerung richtet sich nach dem **Einzelfall;** sie muß geeignet sein, die Zweifel an der Produktqualität auszuräumen. Je nach Sachlage hat der Händler sich also zu vergewissern, daß die Kompetenz und Organisation des Herstellerbetriebs, die Fertigungstechnik, die Lieferanten- und Qualitätskontrolle *im Ergebnis* den hiesigen Anforderungen entsprechen.

Sofern die importierten Waren wenigstens eine **Basissicherheit** aufweisen, ist ihr Vertrieb allerdings auch bei Qualitätsmängeln zulässig, wenn auf diese ausdrücklich hingewiesen wird, indem der

---

[84] RG DR 1940, 1293, 1294 – Bremsen II; BGH NJW 1980, 1219, 1220 – Klapprad; NJW 1987, 1009, 1010 – Lenkerverkleidung; OLG Düsseldorf VersR 1979, 824, 825 – Klapprad; OLG Celle VersR 1981, 464 – Reifendecke; Kullmann/Pfister, Kza. 1524 S. 13f.; Schmidt-Salzer, BB 1979, 1, 5; Scholl/Leitzinger, MDR 1981, 718, 720.

[85] BGH NJW 1980, 1219, 1220 – Klapprad; LG Köln NJW-RR 1987, 864, 865 – Zylinderkopf; a. A. Schmidt-Salzer, Produkthaftung: Strafrecht, Rz. 1.421f.; Brüggemeier, WM 1982, 1294, 1298.

[86] BGH NJW 1980, 1219, 1220 – Klapprad.

übliche Einzelhandelspreis spürbar herabgesetzt ist *(§ 24 Rz. 7)*. Hierfür hätte der Importeur – notfalls durch Bindung seiner Abnehmer – zu sorgen.

Importeure von **Lebensmitteln** dürfen sich nach der Rechtsprechung praktisch kaum einmal auf konstante Qualität verlassen und müssen daher laufend Stichproben vornehmen.[86a] Diese Anforderungen sind wohl überzogen. So wertvoll die bedrohten Rechtsgüter auch sind, besteht doch kein Anlaß, Einführer von Lebensmitteln schärfer haften zu lassen als Importeure von Kraftfahrzeugen oder Operationsinstrumenten.

Oft wird es nicht genügen, daß der Importeur sich über Prestige und Zuverlässigkeit eines ausländischen Herstellers orientiert. Hier kann eine **Untersuchung** der Ware **auf Konstruktions- und Fabrikationsfehler** geboten sein, d. h. die Einsicht in Testunterlagen und Prüfberichte des Herstellers, notfalls aber auch eine eigene Prüfung durch den Importeur oder beauftragte Sachverständige.[87] In jedem Fall wird der Importeur sich vergewissern müssen, daß die Waren den einschlägigen DIN-Normen, VDE-Bestimmungen sowie den Arbeitsschutz- und Unfallverhütungsvorschriften entsprechen;[88] zugleich wird der Importeur sich aber auf die technische Prüfung eines Kraftfahrzeugs, für das die Typengenehmigung erteilt worden ist, zunächst einmal verlassen können.[89] Ggf. sind aber auch weitergehende Prüfungen zu veranlassen. Der dafür erforderliche Aufwand ist dem Importeur grundsätzlich auch dann zumutbar, wenn er erheblich ist. Andererseits darf er nicht außer Verhältnis zu der abstrakten Produktgefahr stehen; für sie kommt es sowohl auf die Risiken an, welche mit einem Produktfehler verbunden sein könnten, als auch auf die Wahrscheinlichkeit eines solchen Fehlers. Mit dieser Maßgabe ist der Importeur auch zu aktiver **Produktbeobachtung** verpflichtet, und zwar um so mehr, wenn er als inländischer *Generalvertreter* das alleinige Verbindungsglied der deutschen Verbraucher zu dem Exporteur ist.[90] Er hat diesem nicht nur sämtliche Erkenntnisse über die Produktbewährung im Importland zu übermitteln, sondern auch – bei Versagen des Herstellers – Gefahrenhinweisen nachzugehen und die Verbraucher ggf. selbständig zu **warnen** (zu dem Risiko voreiliger Warnungen *Rz. 30*). In gravierenden Fällen kann selbst eine **Rückrufaktion** geboten sein. Von besonderer Bedeutung ist die Stellung des Importeurs auch für die anfängliche **Instruktion** der inländischen Verbraucher. Auf typische Produktgefahren hinzuweisen, bleibt zwar Aufgabe des ausländischen Herstellers. Dessen Warnhinweise sind jedoch nicht immer vollständig und häufig nicht auf die Sicherheitserwartungen der inländischen Verbraucherkreise zugeschnitten; so ist in bestimmten Abnehmergruppen oder – wenn die Bevölkerung ein hohes Sicherheitsniveau gewöhnt ist – u. U. sogar allgemein mit einem Produktgebrauch zu rechnen, den der ausländische Hersteller vielleicht als bestimmungswidrig eingeschätzt hätte. Derartige Lücken der Gefahrsteuerung kann und muß der Importeur schließen (vgl. auch § 3 III GSG).[91] 58

Die vorerwähnten Pflichten treffen **grundsätzlich jeden Importeur.** Sie werden dennoch in gewissem Umfang davon berührt, über welche Kapazitäten der Importeur verfügt und wie seine Beziehungen zu dem Exporteur (Hersteller) sind. Erhöhte Anforderungen sind an die Berufs- und Verkehrspflichten **spezialisierter Händler** zu stellen und an Generalimporteure (einzelner Produzenten). Je intensiver die Geschäftsverbindung zu be- 59

[86a] OLG Hamm NJW 1957, 1202 – Sterilmilch (einfacher Großhändler!); OLG Köln, Urt. v. 24. 10. 1978, LRE 8, 50, 52f. – Brechbohnen; OLG Düsseldorf, Urt. v. 19. 9. 1978, LRE 11, 346 – Tomatenmark; anders für bedeutenden Hersteller von gutem Ruf BGH, Urt. v. 14. 4. 1959, LRE 2, 241; kritisch Schmidt-Salzer, Produkthaftung: Strafrecht, Rz. 1.411 ff.

[87] Anders wohl Schmidt-Salzer, Produkthaftung: Strafrecht, Rz. 1.390, 1.426.

[88] BGH NJW 1980, 1219, 1221 – Klapprad (zu § 823 II BGB i. V. m. § 3 I GSG); zu weitgehend aber Anhalt, Produzentenhaftung, 2. Aufl., S. 130; gegen ihn auch Kullmann/Pfister, Kza. 1524 S. 14; Schmidt-Salzer/Hollmann, Bd. 1, Art. 3 Rz. 186.

[89] LG Köln NJW-RR 1987, 864, 865 a. E. – Zylinderkopf.

[90] BGH NJW 1987, 1009, 1010 – Lenkerverkleidung.

[91] Schmidt-Salzer/Hollmann, Bd. 1, Art. 3 Rz. 188.

stimmten Produzenten ist, desto mehr Kontrollaufwand ist dem Importeur zuzumuten,[92] es sei denn, daß die fortwährende Zusammenarbeit zugleich die Leistungskraft des Produzenten bestätigt. Das gilt namentlich für den vertraglich abgesicherten **Alleinimporteur,** der – wie eine ausgegliederte Vertriebsgesellschaft des Herstellers *(Rz. 44)* – meist besondere Produktinformationen, Gefahrenhinweise oder sogar Kontrolltechnik erhalten wird.[93]

60 Die hier umrissenen Verkehrspflichten gehen über die Importeurpflichten, welche in § 3 I, III **Gerätesicherheitsgesetz** und in den darauf gestützten Verordnungen geregelt sind, hinaus. Allerdings sind diese Vorschriften nicht nur Schutzgesetze i. S. des § 823 II BGB, sondern auch Maßstab der Mindestpflichten nach § 823 I BGB.[94] Sie bleiben ihrem Umfang nach aber unter dem Stand der Verkehrspflichten, weil sie im wesentlichen nur an den „anerkannten" Regeln der Technik orientiert sind und den Eigentumsschutz ausklammern. Andererseits sind sie – in Verbindung mit § 823 II BGB – auch nicht strenger als die Verkehrspflichten; denn auch nach jener Vorschrift haftet der Importeur nur bei Verschulden.[95]

3. Prinzip des freien Warenverkehrs zwischen EG-Ländern

61 Zur Gewährleistung des freien Warenverkehrs innerhalb der EWG sind auch der Bundesrepublik Deutschland alle Maßnahmen verboten, die von gleicher Wirkung wie mengenmäßige Einfuhrbeschränkungen sind (Art. 30 EWGV). Zu solchen Maßnahmen gehören auch Vorschriften, die Importeure von Waren aus anderen Mitgliedstaaten haftungsrechtlich schlechter stellen als Großhändler, die Waren aus dem eigenen Land vertreiben, im deutschen Recht also z. B. § 823 II BGB i. V. mit § 3 I GSG.[96] Eine Schlechterstellung der Importeure erfolgt aber auch durch die (erwähnte Auslegung der) Vorschrift des § 823 I BGB, da hiernach den Importeuren generell strengere Prüfpflichten obliegen. Diese **Benachteiligung** ist jedoch **mit dem EWG-Vertrag vereinbar,** da er Einfuhrbeschränkungen zuläßt, die notwendig sind, um zwingenden Erfordernissen des Schutzes der öffentlichen Gesundheit[97] oder des Verbraucherschutzes[98] gerecht zu werden. Das gilt zwar nur, solange und soweit die Gemeinschaft nicht gem. Art. 100 EWGV zur Rechtsangleichung Richtlinien auf dem betreffenden Gebiet erlassen hat.[99] Gleichwohl wird die EG-Richtlinie vom 25. 7. 1985 zur Produkthaftung einer Benachteiligung der Importeure nicht entgegenstehen; denn diese Richtlinie läßt die bestehenden nationalen Vorschriften über die Produktverschuldenshaftung – und damit auch die bisherige Abstufung der Verkehrspflichten – unberührt (Art. 13 der Richtlinie).[100]

62 Eine gewisse Vereinheitlichung ist immerhin mit der sog. **Niederspannungs-Richtlinie**[101] vom 19. 2. 1973 erreicht worden. Auch diese gestattet aber nicht Exporte von Produkten, die (nur) dem technischen Stand im Exportland entsprechen; sondern sie verlangt die Beachtung des (höchsten) in der Gemeinschaft erreichten Standes der Sicherheitstechnik (Art. 2)[102] und stimmt insoweit mit § 823 I BGB überein.

---

[92] Schmidt-Salzer/Hollmann, Bd. 1, Art. 3 Rz. 192.
[93] Schmidt-Salzer, Produkthaftung: Strafrecht, Rz. 1.423.
[94] Anders offenbar BGH NJW 1980, 1219 ff. – Klapprad.
[95] BGH NJW 1980, 1219, 1221 f. – Klapprad.
[96] BGH NJW 1980, 1219, 1220 – Klapprad.
[97] Art. 36 S. 1 EWGV.
[98] Zu Art. 30 EWGV vgl. EuGH RIW/AWD 1981, 696, 697; Micklitz, NJW 1983, 483, 486.
[99] EuGH NJW 1980, 508 (Entscheidungsgrund 14); NJW 1981, 1896.
[100] Schmidt-Salzer/Hollmann, Bd. 1, Art. 3 Rz. 195; anders wohl Micklitz, NJW 1983, 483, 489; s. auch Moench, NJW 1982, 2689, 2693.
[101] ABLEG L 77/29 v. 26. 3. 1973, S. 942.
[102] Vgl. § 2 I Nr. 1 der 1. VO zum GSG v. 11. 6. 1979 (BGBl. I S. 29); Kullmann/Pfister, Kza. 2455 S. 6 m. weit. Nachw.

4. Privilegierte Exportländer

In einigen Staaten erreicht die Produktsicherheit aus technisch-ökonomischen oder administrativen Gründen einen Stand, der dem in der Bundesrepublik entspricht oder sogar überlegen ist. Da der Importeur die Länderverhältnisse in seine Risikobewertung mit einzubeziehen hat *(Rz. 56),* werden seine Kontrollpflichten hier schon nach allgemeinen Grundsätzen gemindert sein. Fraglich ist, inwieweit Importeurpflichten ganz entfallen können. 63

a) Der Standpunkt des BGH

Dazu hat der BGH in seiner **Klapprad-Entscheidung**[103] Stellung genommen: 64

„Jedenfalls können denjenigen Importeuren, die technische Geräte aus dem Bereich der Europäischen Wirtschaftsgemeinschaft, zumindest aus einem der sechs ursprünglichen Mitgliedsstaaten, einführen, im Rahmen des § 823 Abs. 1 BGB keine Pflichten auferlegt werden, die über die Pflichten der Großhändler, die im Inland erzeugte Produkte vertreiben, hinausgehen. In diesen Ländern werden – auch bei der Herstellung von Fahrzeugen – im wesentlichen die gleichen Sicherheitsvorkehrungen getroffen wie in der Bundesrepublik. Schließlich ermöglicht auch das Übereinkommen über die gerichtliche Zuständigkeit und die Vollstreckung gerichtlicher Entscheidungen in Zivil- und Handelssachen vom 27. 9. 1968, das zwischen diesen Staaten seit dem 1. 2. 1973 in Kraft ist, eine ausreichende Rechtsverfolgung des Herstellers in jedem Mitgliedsstaat."[104]

Besondere Importeurpflichten sollen also **bei Einfuhren zumindest**[105] **aus Belgien, Frankreich, Italien, Luxemburg oder den Niederlanden nicht bestehen,** weil in diesen Ländern die hiesige Produktsicherheit (annähernd) erreicht wird und Produkthaftansprüche aufgrund des sog. Brüsseler Abkommens leichter durchgesetzt werden können. Hervorzuheben ist allerdings, daß diese Hinweise des BGH unverbindliche Rechtsausführungen (obiter dicta) sind; zu den tragenden Gründen der Klapprad-Entscheidung gehören sie deshalb nicht, weil der BGH feststellte, daß der verklagte Importeur den Konstruktionsfehler der eingeführten Ware selbst bei besonderer Untersuchung nicht hätte entdecken können.[106] Es bleibt daher abzuwarten, ob der BGH an den dargelegten Grundsätzen auch noch festhält, wenn ein Importeur bei näherer Prüfung z. B. einer in Süditalien hergestellten Ware Sicherheitsmängel festgestellt hätte.[107]

b) Stellungnahme

Die von dem BGH befürwortete Privilegierung von Importen aus den sechs ursprünglichen Mitgliedstaaten der Europäischen Gemeinschaft erscheint zu wenig differenziert.[108] Plausibel ist zweifellos der Ausgangspunkt des BGH, daß z. B. auch in Frankreich, Belgien und den Niederlanden auf vertretbarem technischen Niveau produziert wird. Bedenklich ist dagegen die pauschale Einbeziehung Italiens und vor allem die – bisherige – Ausgrenzung Dänemarks sowie der Nicht-EG-Länder Schweiz, Österreich, Schweden, USA, Kanada, Japan usw. – ungeachtet bilateraler Urteils- und Vollstreckungsabkom- 65

---

[103] BGH NJW 1980, 1219, 1220 – Klapprad.

[104] BGH NJW 1980, 1219, 1220 – Klapprad.

[105] S. auch OLG Zweibrücken NJW 1987, 2684, 2685 – Tretlager (keine besonderen Pflichten bei einfachem industriellen Produkt aus **Jugoslawien**); OLG München VersR 1988, 635, 636 – Minitrainer: **Finnland;** Art. 3 II der EG-Richtlinie vom 25. 7. 1985 nimmt den grenzüberschreitenden Handel *innerhalb* der (gesamten!) Gemeinschaft von der *Gefährdungs*haftung der Importeure aus.

[106] BGH NJW 1980, 1219, 1221 – Klapprad (zu § 823 II BGB).

[107] In diesem Sinne aber offenbar Kullmann (Berichterstatter des für Produkthaftung zuständigen VI. BGH-Senats), WM 1981, 1322, 1326.

[108] Kritisch auch Schmidt-Salzer/Hollmann, Bd. 1, Art. 3 Rz. 177ff.; Scholl/Leitzinger, MDR 1981, 718ff.

men. Im übrigen dürfte es zu weit gehen, die spezifischen Importeurpflichten in ihrer Gesamtheit an ländertypische Standards zu knüpfen. Zwar ist die Produktsicherheit auch auf dem deutschen Binnenmarkt nicht einheitlich in dem Sinne, daß keine Unterschiede zwischen einzelnen Branchen und Herstellern existieren. Jedoch weist der deutsche Markt ein vergleichsweise hohes Maß an Homogenität und Transparenz auf. Es kann zwar auch in anderen modernen Industrieländern gegeben sein. Regionale und produktspezifische Qualitätsgefälle können dort aber auch wesentlich größer als in der Bundesrepublik sein;[109] reduzierte Exportanteile oder Fehlentwicklungen bei Nahrungs- und Genußmitteln sind mitunter Reflex auch dieser Tatsache. **Der Importeur sollte** nach allem **verpflichtet bleiben, der Besonderheit des Einzelfalls Rechnung zu tragen,** also z. B. die Entwicklung der Branche, die Gewerbeaufsicht, die Sicherheitsvorschriften und deren Durchsetzung – auch in strukturschwachen Gebieten! – im Auge zu behalten. Ohnehin muß er etwaige Unterschiede der Verbrauchererwartungen berücksichtigen, und zwar auch im Verhältnis der Bundesrepublik zu anderen EG-Ländern.

Demgegenüber kann die Möglichkeit, den ausländischen Hersteller in der Bundesrepublik zu verklagen, nicht ins Gewicht fallen;[110] denn die Importeurhaftung ist keine Ausfallhaftung, sondern Folge der eigenständigen Pflicht, atypischen Gefahren für den deutschen Verbraucher zu begegnen.

66 Im Rahmen der Importeurhaftung ist demnach die **völlige Gleichstellung einzelner Exportländer mit der Bundesrepublik abzulehnen.** Allerdings werden die Kontrollpflichten des Importeurs gegenüber Produkten aus hochentwickelten Industrieländern generell reduziert sein, zumal dann, wenn der ausländische Hersteller selber einer strengen Produkthaftung unterliegt oder – bei vollständigem Export seiner Waren – aufgrund internationaler Urteils- und Vollstreckungsabkommen auch eine Rechtsverfolgung durch deutsche Verbraucher befürchten muß. Je nach Industriezweig kann das auch für Produkte der Deutschen Demokratischen Republik und sogar für Waren aus Schwellenländern (Hongkong, Taiwan, Korea, Brasilien, China) gelten. Auch in dem Fall, daß ein Unternehmen (Konzern) aus einem westlichen Industrieland seine Produktion in Niedriglohnländer auslagert, können Prüfpflichten des deutschen Importeurs weitgehend entfallen.[111]

§ 27. Verkehrspflichten des Produktbenutzers

I. Allgemeines

1. Schutzpflichten außerhalb von Produktion und Handel

1 Außer dem Hersteller und dem Händler können auch sonstige Personen verpflichtet sein, besonders gefährdete Dritte oder die Allgemeinheit vor Produktrisiken zu schützen. Dabei geht es in erster Linie um Produktbenutzer, also diejenigen, die das Produkt beruflich oder privat derart verbrauchen oder anwenden, daß fremde Rechtsgüter betroffen werden können.

2 In zweiter Linie geht es um Lagerhalter, Bewachungs- und Transportpersonal[1] und andere, die auf die Sicherheit des Produkts Einfluß nehmen können, bis es seinen Endabnehmer (Verbraucher) erreicht hat. Wiederum andere Schutzpflichten gelten fehlerhaften oder sonst gefährlichen Produkten (z. B. Abfällen), die im Interesse des Umweltschutzes nur noch zuverlässig beseitigt oder wieder aufbereitet werden sollen.[2] Diese Aufgabenbereiche sind großenteils spezialgesetzlich geregelt und müssen hier vernachlässigt werden.

[109] Vgl. auch Schmidt-Salzer, BB 1980, 445.
[110] Anders Kullmann, WM 1981, 1322, 1326.
[111] Vgl. Schmidt-Salzer/Hollmann, Bd. 1, Art. 3 Rz. 179.
[1] Vgl. RGZ 102, 38, 42f.; 105, 302, 304; BGH VersR 1987, 935f.
[2] Dazu BGH NJW 1976, 46 – Entsorgung.

2. Herstellung und Benutzung

Von großer Bedeutung ist der Einfluß des **Handwerks** auf die Produktsicherheit. Hier sind allerdings nicht sämtliche Fehler anzusprechen, die infolge unfachmännischer oder unsorgfältiger Arbeit Sachen des Kunden schädigen oder in ihrer Funktion ändern. Denn solche Eingriffe in das Produkt und ihre Folgeschäden beruhen meist auf **„herstellender" Tätigkeit,** auch wenn diese kraft eines Werk- oder Werklieferungsvertrags erfolgt; charakteristisch dafür ist die „Dienstleistung *am* Produkt" des Kunden (vgl. *§ 25 Rz. 3*). 3

Mißlingt eine Reparatur z. B. deshalb, weil der Handwerker ein unpassendes Ersatzteil oder ein passendes Ersatzteil unfachmännisch einsetzt, so haftet er ggf. als „Hersteller" der veränderten Gesamtsache auch nach Deliktsrecht.[3] Das gleiche kann **bei pflichtwidriger Handhabung von Arbeitsgerät** gelten, nämlich dann, wenn sie dazu führt, daß die Reparatur, Änderung oder Ergänzung des Werkstücks fehlschlägt. Hier spielt es keine Rolle, ob das Arbeitsgerät bestimmungswidrig gebraucht wurde, veraltet war oder ob es sogar von dem Handwerker selbst beschädigt, schlecht repariert oder unfachmännisch verändert worden war. Insoweit verursacht also auch der falsche Umgang *„mit* dem Produkt" eine **fehlerhafte Herstellung.**

Entsprechendes gilt für die *Zubereitung* von Speisen und Getränken in **Restaurants** und **Bars** (vgl. *§ 25 Rz. 25*).

Beruht der Bearbeitungsfehler jedoch nur darauf, daß dem verwendeten Arbeitsgerät aus fremder Herstellung seinerseits ein Produktfehler anhaftete, so tritt die herstellende Funktion im allgemeinen zurück: Der Dienstleistende – z. B. ein Handwerker, der die Fehlerhaftigkeit eines von ihm benutzten Spezialklebers nicht erkannte – haftet lediglich als Produktbenutzer für den Umgang *mit* diesem fehlerhaften Produkt. Um reine **Benutzerverantwortung**[4] geht es auch bei der Anwendung von Arznei- bzw. Heilmitteln und medizinischer Technik[5] durch den **Arzt,** bei dem **Leasing** und der **Vermietung**[6] jedweder Produkte sowie dem Betrieb von **Transportmitteln** oder **Vergnügungsparks.** Aber selbst ein **Privatmann,** der sein schadhaftes Verlängerungskabel verleiht, seinen neuen Pkw trotz spürbarer Mängel der Bremsanlage probefährt oder mit einer wenig standsicheren „Seilhexe" über dem Bürgersteig Mörtel in sein Haus hievt, kann (mittelbar) wegen eines Produktfehlers in Anspruch genommen werden. 4

II. Berufspflichten

Entsteht ein Schaden dadurch, daß ein zur Berufsausübung verwendetes Arbeitsmittel sich nicht in ordnungsmäßigem Zustand befand, so haftet der Verwender für diesen Produktfehler ggf. wegen Verletzung seiner Berufspflichten. Wer in einem Gewerbebetrieb, in Ausübung eines freien Berufes oder als Veranstalter seine Leistungen der Allgemeinheit anbietet, ist denjenigen Personen, die hierbei gefährdet werden können, zu **besonderer Fürsorge** verpflichtet. Ihm obliegt die Verkehrspflicht, sämtliche Gefahren, die aus (oder im Zusammenhang mit) seiner Tätigkeit erwachsen können, zu vermeiden. Er darf insbesondere nur **verkehrssichere Arbeitsmittel** einsetzen. Auch bezüglich solcher Arbeitsmittel, die er nicht selbst hergestellt hat, treffen ihn daher Sorgfalts- und Obhutspflichten,[7] die als **Produktverantwortung** bezeichnet werden können. 5

---

[3] Vgl. § 25 Rz. 3.

[4] Dazu auch Schmidt-Salzer, BB 1979, 1, 2 zu FN 10.

[5] mit Ausnahme mancher zahnmedizinischer Laborarbeiten

[6] Zur Haftung des Skivermieters Huber, NJW 1980, 2561 f.; zur Überlassung eines Pkw an Minderjährige durch den Halter BGH NJW 1979, 2309, 2310 – Kfz-Verkauf.

[7] Vgl. BGH VersR 1963, 860 f. – Auftau-Transformator; VersR 1960, 342 – Fußbodenklebemittel; VersR 1973, 43 (Dachdecker); NJW 1975, 2245 f. und 1978, 584, 585 (jeweils zu Narkosegeräten); NJW 1978, 1157 f. (Heizkörper); OLG Köln VRS 64 (1983), 407 ff.; VersR 1989, 160; LG Wiesbaden VersR 1984, 95 f.; Kullmann, VersR 1988, 655, 659.

1. Haftung im originären Aufgabenbereich

a) Bestimmungsgemäßer Gebrauch

6 Wer im Rahmen seiner beruflichen Tätigkeit ein Arbeitsmittel gebraucht, darf dieses natürlich nur bestimmungsgemäß einsetzen. Er muß vor allem **Gebrauchs- und Warnhinweise des Herstellers beachten,** sich aber auch darüber hinaus **über Funktion und Risiken** des Produkts **gründlich informieren** (lassen) und dessen **Handhabung üben.** Strengste Anforderungen gelten bei dem Einsatz solcher Mittel, deren Fehlfunktion Leben und Gesundheit gefährden kann, z. B. für die Anwendung von Arznei- und Heilmitteln, für medizinisch-technische Geräte[8] und solche Geräte, mit denen die Funktionssicherheit anderer gefahrträchtiger Geräte überprüft werden kann. Zu diesem Zweck wird im Rahmen der Organisationspflicht vielfach die systematische Schulung und Fortbildung auch des Personals (in Krankenhaus, Labor oder Servicestation) geboten sein.[9] Im Bereich der klinischen Medizin muß eingearbeitetes Personal imstande sein, auch in ungewöhnlichen Situationen **Fehlfunktionen** (z. B. eines Narkosegeräts) zu **erkennen** und für **rasche Abhilfe** zu sorgen (§ 6 I 2 MedizingeräteVO). Andererseits wäre es auch hier mit dem Verschuldensprinzip unvereinbar, durch Überspannung der Sorgfaltspflichten eine Gefährdungshaftung für lebensschützende Technik einzuführen. Ebensowenig kann eine maschinelle Dokumentation, wenn sie nicht zur Funktions*überwachung* erforderlich ist, der Gefahrsteuerung dienen; eine allgemeine Dokumentationspflicht kann daher nicht auf Deliktsrecht gestützt werden.[10] Zum Umgang mit **Gefahrstoffen** vgl. §§ 14ff. GefahrstoffVO.

7 Bestimmungsgemäßer Gebrauch setzt weiter voraus, daß auf **Haltbarkeitsangaben** des Herstellers und ganz allgemein auf **Alterungsschäden**[11] geachtet wird. Deren Abwendung kann auch auf seiten des Benutzers einen außerordentlichen Aufwand erforderlich machen. So stehen Fluggesellschaften vor der Alternative, die von Materialermüdung bzw. Verschleiß bedrohten Teile ihrer Flugzeuge ständig zu kontrollieren bzw. ersetzen zu lassen oder aber die betreffenden Maschinen – trotz ggf. schwieriger Ersatzbeschaffung – rigoros aus dem Verkehr zu nehmen.

b) Schutz vor Verunreinigung, Beschädigung, Funktionsmängeln

8 Schon vor dem Einsatz des Produkts muß dieses vor allen erdenklichen Funktionsmängeln geschützt werden. Durch umfassende **Obhut** ist daher Verunreinigungen, Beschädigungen und anderen Funktionsstörungen vorzubeugen. Der hierfür zumutbare Aufwand hängt maßgebend von dem Gefahrenpotential ab. Im klinisch-medizinischen Bereich beispielsweise haben Hygiene und Sepsis – und damit auch die Ausschließung Unbefugter – absoluten Vorrang; medizinisch-technische Geräte, die aufgrund ihrer offenen Konstruktion (z. B. wegen lösbarer Schläuche) leicht und gar unmerklich beschädigt werden können, müssen davor geschützt werden und dürfen z. B. nicht ohne weiteres auf dem belebten Gang eines Krankenhauses abgestellt werden.[12] Aber auch nichtmedizinische Meßinstrumente, empfindliche Geräteteile oder Computerprogramme, deren Störung zu erheblichen Gefahren führen könnte, sind vor unabsichtlicher Beschädigung wie vor Sabotage zu sichern.

---

[8] BGH NJW 1978, 584, 585 = JZ 1978, 275 m. Anm. Deutsch.

[9] BGH NJW 1982, 699f. – Infusionslösung; s. auch §§ 6 III, 10 der MedizingeräteVO v. 14. 1. 1985 (BGBl. I S. 93).

[10] Zu pauschal daher MünchKomm/Mertens, § 823 Rz. 403; s. aber auch BGH NJW 1988, 2611, 2613f. – Mehrwegflasche II, dazu kritisch Foerste, VersR 1988, 958ff. und Schmidt-Salzer, PHI 1988, 146, 149ff.

[11] BGH NJW 1975, 2245f.

[12] Vgl. BGH NJW 1978, 584, 585 = JZ 1978, 275 m. Anm. Deutsch (Narkosegerät).

Auch die **Überprüfung** eines Arbeitsmittels kommt in Betracht. Sie ist in dem Maße angezeigt, wie mit unmerklichen Funktionsstörungen, auch durch Verschleiß und Alterung, zu rechnen ist. Unter besonderen Umständen, vornehmlich bei medizinisch-technischen Geräten, kann sogar vor jeder (Phase der) Ingebrauchnahme eine zumindest oberflächliche Kontrolle der Funktion oder wenigstens der Unversehrtheit geboten sein (s. auch §§ 6 IV, 11 MedizingeräteVO). Zur Überprüfung des Tubus eines Narkosegeräts auf Alterungsschäden ist allerdings nicht ohne weiteres der Arzt verpflichtet, welchem die Narkose übertragen wurde; dieser kann sich nämlich im allgemeinen darauf verlassen, daß entsprechende Kontrollen schon durch befähigte und zuverlässige Hilfskräfte vorgenommen wurden,[13] falls solche eingesetzt sind. 9

c) Schutz vor unvermeidbaren Produktgefahren

Bringt der Einsatz eines Arbeitsmittels Gefahren mit sich, deren Quelle nicht abzustellen ist, so hat der Produktbenutzer Gegenmaßnahmen zu treffen, die ihm möglich und zumutbar sind. Er muß z. B. seinen Arbeitsbereich absperren[14] oder zumindest durch Warnung anderen Gelegenheit geben, sich selber zu schützen. Diese Pflicht entspricht, zumal dann, wenn sie – über Kunden hinaus – den Schutz Dritter bezweckt, der klassischen **Verkehrssicherungspflicht** für beherrschbare Gefahrenbereiche; auf die diesbezüglichen Darstellungen[15] kann daher verwiesen werden. 10

Nur beispielhaft sei erwähnt, daß eine Person, die einen Auftauservice für vereiste Rohre (mit Hilfe von Starkstrom) betreibt, ihre Tätigkeit abbrechen, zumindest aber **Brandschutzmaßnahmen** treffen muß, wenn das Rohrnetz – dazu noch an unerwarteter Stelle – auffallend heiß wird. Generell muß der Einsatz eines technischen Geräts unterbleiben, sobald sich **außergewöhnliche Ereignisse** zeigen, die sich ohne weitergehendes Wissen des Produktbenutzers weder beherrschen noch in ihrer Gefährlichkeit einschätzen lassen.[16] Wer ein **Feuerwerk**[17] veranstaltet oder einen **Vergnügungspark**[18] betreibt, hat vor den jeweiligen Gefahren entweder durch ausreichende Absperrung oder durch Warnungen (Schilder, Lautsprecherdurchsagen usw.) zu schützen. In diesem Zusammenhang sind auch die besonderen, nicht nur öffentlich-rechtlichen Pflichten des Arbeitgebers bezüglich der **Sicherheit am Arbeitsplatz** zu nennen. Die hierzu erlassenen Unfallverhütungsvorschriften[19] definieren im allgemeinen auch die Mindestpflichten nach § 823 I BGB; diese Benutzerpflichten können von den Herstellerpflichten durchaus abweichen.[20] 11

2. Haftung für Herstellungsfehler

a) Grundsatz: bei renommierten Waren nur Sichtkontrolle

Maßnahmen gegen Herstellungsfehler erwartet der Verkehr in erster Linie vom Produzenten. Die Aufdeckung von Sicherheitsmängeln jedenfalls komplexerer Produkte ist selbst dem professionellen Produktanwender oft auch gar nicht möglich, jedenfalls nur 12

---

[13] BGH NJW 1975, 2245, 2246; anders offenbar BGH NJW 1978, 584, 585.

[14] BGH VersR 1975, 812f.

[15] Konzentrierte Zusammenstellung bei Palandt/Thomas, § 823 Anm. 8 B: „Bauarbeiten und andere gefährliche Arbeiten", „Maschinen und gefährliche Anlagen", „Straßenbauarbeiten".

[16] BGH VersR 1963, 860f. – Auftau-Transformator; bei **wichtigen Arzneimitteln** kann allerdings die Versorgung des Patienten vorrangig sein.

[17] BGH NJW 1965, 197 – Feuerwerk I; NJW 1986, 52 – Feuerwerk II.

[18] OLG Nürnberg NJW-RR 1986, 1224f. (Autoscooter).

[19] Vgl. § 24 Rz. 38, 43.

[20] S. auch BGH, Urt. v. 19. 9. 1958, Schmidt-Salzer, Entscheidungssammlung III, I 153, S. 118ff. – Bolzensetzgerät.

beschränkt zumutbar. Daher ist anerkannt, daß die Inverkehrgabe bzw. Anwendung fabrikneuer Waren, die von einem renommierten Hersteller stammen, grundsätzlich keine gründliche Prüfung oder Funktionskontrolle voraussetzt. Für solche Waren genügt im allgemeinen – wenn auch seltener als beim Vertriebshändler *(§ 26 Rz. 19)* – eine Sichtkontrolle.[21] So ist ohne besonderen Anlaß wohl weder ein Krankenhausträger noch ein Arzt[22] verpflichtet, den Tubus eines **Narkosegeräts** auf Fabrikationsfehler hin zu untersuchen. Ein Heizungsinstallateur braucht sich über die Wandstärke der von ihm einzubauenden **Heizkörper** in der Regel keine Gedanken zu machen.[23] Der Halter eines Omnibusses, welcher von einem bedeutenden Hersteller stammt und amtlich zugelassen wurde, hat nicht zu prüfen, ob der **Schließmechanismus der Bustür** mit einem Konstruktionsfehler behaftet ist, der u. U. bewirkt, daß die Tür automatisch schließt, noch während ein Fahrgast aussteigt.[24] Wer dagegen zum Zwecke einer Altkleidersammlung einen **Container** aufstellt, dessen Diebstahlssicherung (scharfkantige Metallamellen) auch reguläre Benutzer verletzen kann, ist hierfür (neben dem Hersteller) verantwortlich.[25]

b) Erweiterte Haftung

13 **aa) Gesteigerte Verkehrserwartung.** Der Produktbenutzer schuldet einen verstärkten Aufwand zur Gewährleistung der Produktsicherheit, soweit die Kunden bzw. Patienten oder die ebenfalls betroffene Allgemeinheit dies erwarten. Dies wiederum hängt vom Gefahrenpotential und der Zumutbarkeit aufwendigerer Prüfungen durch den Produktbenutzer ab. Außer Frage steht z. B. die ärztliche Pflicht, Vollblut,[26] Blutplasma und ggf. auch Implantate bzw. deren Spender stets den üblichen Untersuchungen auf Lues usw. – und heute auch: auf HIV-Antikörper[27] – zu unterziehen. Aber auch bei weniger gefährlichen Produkten wird der professionelle Anwender eine **erhöhte Gefahrensensibilität** zeigen müssen, weil er durch seine Ausbildung und vor allem durch seine kontinuierliche Gebrauchserfahrung mit Funktion, Funktionsmängeln und Risiken dieser Gegenstände besonders vertraut ist. Den überlegenen Wissensstand des *Herstellers* wird er zwar nur selten erreichen; meist wird er aber eine wesentlich bessere (u. U. sogar vergleichende!) Produktkenntnis haben als ein Vertriebshändler, der oft über einen Blick in die Verpakkung nicht hinauskommt. Im Einzelfall kann von dem Benutzer daher zu erwarten sein, daß er **Konstruktions-, Instruktions- oder Produktbeobachtungsfehler selber erkennt** oder entsprechenden Anhaltspunkten mit etwaigen **eigenen Mitteln** nachgeht, bevor er den Produktgebrauch fortsetzt. Dies gilt in besonderem Maße, wenn er Produkte verwendet, die neuartig sind oder von einem **Hersteller** stammen, der weniger bzw. **nicht als zuverlässig bekannt** ist. Ohne weiteres müssen dem Produktanwender solche Fehler auffallen, die mit einer durchschnittlichen Produktkenntnis seines Berufs völlig unvereinbar sind. Ein solcher Fall ist für einen Mediziner gegeben, wenn ein Fachbuch infolge Druckfehlers die Infusion einer 25%igen (statt 2,5%igen) Kochsalzlösung empfiehlt; denn die damit verbundene Salzzufuhr binnen kurzer Zeit wäre ein grober Kunstfehler.[28] Andererseits kann auch von einem Architekten nicht erwartet werden, daß er neuartige Baustoffe eines seit Jahrzehnten eingeführten Herstellers auf ihre Eignung hin überprüft.[29]

14 **bb) Anhaltspunkte für Fehlerverdacht.** Gesteigerte Sorgfaltspflichten treffen den Produktbenutzer, wenn er Anhaltspunkte sieht, die auf einen möglichen Produktfehler hin-

[21] BGH VersR 1956, 618; Brüggemeier, WM 1982, 1294, 1309.
[22] BGH NJW 1975, 2245, 2246.
[23] BGH VersR 1962, 480, 481; vgl. auch BGH NJW 1978, 1157f.
[24] OLG Köln VRS 64 (1983), 407ff.
[25] LG Hamburg NJW-RR 1987, 17f., aber Frage des Einzelfalls.
[26] BGHZ 8, 243, 245.
[27] Eberbach, Rechtsprobleme, S. 52ff.
[28] BGH JZ 1971, 63, 65 – Druckfehler.
[29] BGH BB 1976, 17.

weisen (vgl. auch *§ 26 Rz. 28ff.*). Anders als der Vertriebshändler wird er solche Hinweise aber meist nur **bei der Arbeit mit dem Produkt** erhalten, nämlich durch Auffälligkeiten oder bei Wirkungslosigkeit des Arbeitsmittels. Auch hier gilt der Grundsatz: Der Einsatz eines Produkts muß unterbleiben, sobald sich außergewöhnliche Ereignisse zeigen, die sich ohne weitergehendes Wissen des Produktbenutzers weder beherrschen noch in ihrer Gefährlichkeit einschätzen lassen.[30] Inwieweit **fremde Erkenntnisse** über Sicherheitsmängel auch vom Produktbenutzer zu beachten sind, hängt ganz vom Einzelfall ab. Sicher ist, daß ein Krankenhausträger, der medizinisch-technisches Gerät bereithält, Facherörterungen über dessen Eignung – d. h. hier immer auch: Risiken – verfolgen muß; für die organisatorischen Voraussetzungen, z. B. für die Durchsicht von Fachzeitschriften und für Kongreßbesuche, hat er zu sorgen. Vergleichbares kann für ein kleineres Unternehmen, das elektrische Gartengeräte oder Schreibmaschinen verleiht, dagegen kaum gelten. Der Umfang einer Pflicht zu Erkundung, Vergewisserung und Reaktion muß im Zweifel nach den Kapazitäten des Produktbenutzers, seiner Spezialisierung und ggf. dem Zugang zum Hersteller und zu dessen Informationen bestimmt werden.

Besonderheiten gelten allerdings für **Arzneimittel.** Deren Anwendung kann trotz Ver- 15
dachts auf schwerere Nebenwirkungen zulässig und sogar geboten bleiben, wenn eine Risiko-Nutzen-Abwägung ergibt, daß das Nebenwirkungsrisiko im Interesse des Patienten, wenn auch nur vorübergehend, in Kauf genommen werden muß.[31] Andererseits ist der Arzt – oft kaum weniger als der pharmazeutische Hersteller – verpflichtet, unabhängig von dem Hersteller wissenschaftliche Erkenntnisse über Arzneimittelrisiken zu verfolgen und sie, soweit ihm möglich, eigenständig zu bewerten.[32]

Beispiel: Zwischen 1982 und 1984 verdichtete sich der Verdacht, daß sog. Gerinnungsfaktor-Präparate, die aus (vornehmlich aus den USA in die Bundesrepublik importiertem) Blutplasma hergestellt werden und für Hämophile oftmals lebenswichtig sind, mit HIV-Viren durchseucht waren. Darüber entspann sich eine wissenschaftliche Diskussion, die in zahlreichen, nicht nur pharmakologischen Fachzeitschriften nachvollzogen werden konnte. Hierzu waren auch die Hämophile behandelnden Ärzte verpflichtet, und zwar unabhängig davon, wann die Präparate von ihren Herstellern aus dem Verkehr gezogen oder mit einem Warnhinweis versehen wurden. Eine andere Frage ist es, inwieweit diese Ärzte bei ihrer *Bewertung* berücksichtigen durften, ob die deutschen Hersteller eine Warnung für erforderlich hielten.

III. Pflichten bei außerberuflicher Nutzung

Grundsätzlich treffen auch den Privatmann Verkehrspflichten bezüglich der von ihm 16
gebrauchten Produkte. An seine Person werden allerdings keine berufsspezifischen Anforderungen gestellt. Er hat im Hinblick auf Gefahrerkennung und Gefahrvermeidung nur die Sorgfalt zu wahren, die der Verkehr von einem durchschnittlichen Produktbenutzer erwartet. Hier geht es also um die allgemeine, im Prinzip **jedermann obliegende Verkehrssicherungspflicht** beim Umgang mit gefährlichen Sachen. Insoweit kann auf die allgemeinen Darstellungen[33] zur Verkehrssicherungspflicht verwiesen werden. Beispielhaft sei erwähnt, daß ein Elektrizitätswerk, das die Verlegung von Erdkabeln in Auftrag gibt und dafür[34] Kabelmerkringe aus Celluloid zur Verfügung stellt, nach Ansicht des BGH den Auftragnehmer oder dessen Arbeiter auf die besondere **Feuergefährlichkeit**

[30] BGH VersR 1963, 860f. – Auftau-Transformator.

[31] LG Aachen JZ 1971, 507, 516 – Contergan; vgl. auch Bd. 2 zu § 84 AMG.

[32] BGH VersR 1961, 810ff. – Thorotrast; OLG Frankfurt, Urt. v. 15. 1. 1976 – 6 U 128/74 –; OLG München VersR 1989, 198; Gaisbauer, VersR 1976, 214, 218; Hielscher, PhR 1986, 196ff.; Kullmann/Pfister, Kza. 3800 S. 27 FN 116; Rieger, Lexikon des Arzneimittelrechts (1984), Rz. 1827, 1829.

[33] Vgl. Fn. 15.

[34] – aber wohl ohne deshalb auch Spezialistin für Baumaterial und -zubehör zu sein! –

dieser Ringe hinweisen muß.[35] Da bei Waschmaschinen trotz der heute verfügbaren Materialien **Wasserschlauchrisse** nicht ganz unwahrscheinlich sind, ist es einem Etagenmieter zumutbar, seine Waschmaschine während des Waschvorgangs zu überwachen, um Wasserschäden anderer Mieter zu vermeiden.[36]

17 Auch die Pflicht, Dritte nicht durch einen **Produktfehler** zu gefährden, der dem gebrauchten Gegenstand anhaftet, besteht nur insoweit, als dem Benutzer hinreichende Anzeichen für einen Sicherheitsmangel erkennbar sind. Aber selbst der durchschnittliche Verbraucher hat Anlaß zu Schutzvorkehrungen, wenn z. B. bei seinem fabrikneuen Pkw die **Bremsanlage** einmal deutlich ausfällt, wenn das metallene Gehäuse eines **Elektrogeräts** auch nur einmal aus unerklärlichen Gründen Spannung führt oder wenn ein oft verliehenes **Fahrrad** am Lenkerhals einen Riß erkennen läßt. Erst recht hat der Produktbenutzer im Interesse Dritter **Instruktionen** und **Rückrufe** des Herstellers zu beachten, wenn sie ihn erreichen.[37]

§ 28. Verschulden

I. Verhältnis zur Verkehrspflichtverletzung

1 Deliktsrecht bedeutet Verschuldenshaftung. Nach § 823 I BGB haftet nur, wer eine Rechtsgutsverletzung vorsätzlich oder fahrlässig herbeigeführt hat. Im Rahmen der Produkthaftung geht es praktisch stets um die Frage, ob dem Hersteller oder einem seiner Mitarbeiter Fahrlässigkeit vorzuwerfen ist. Nach der Definition in § 276 I 2 BGB handelt fahrlässig, „wer die im Verkehr erforderliche Sorgfalt außer acht läßt." Jedoch wird bereits die *Verkehrspflicht* des Warenherstellers danach bestimmt, welche Maßnahmen zur Wahrung der Produktsicherheit erforderlich und zumutbar sind *(§ 24 Rz. 1)*. Auch diese Verkehrspflicht, d. h. die Rechtmäßigkeit des Herstellerverhaltens, richtet sich weitgehend nach der Verkehrsanschauung, insbesondere nach den durchschnittlichen Vorstellungen der gefährdeten Verkehrsteilnehmer.[1] Das wirft die Frage auf, ob zwischen der Verletzung einer Verkehrspflicht, die durch die – verallgemeinerten – Merkmale des Einzelfalls konkretisiert wird, und dem Verschulden überhaupt ein Unterschied besteht.

Diese Frage stellt sich natürlich nicht für die Lehre vom Erfolgsunrecht (vgl. *§ 23 Rz. 2*). Für sie ist das Verschuldenserfordernis jedenfalls dann, wenn die Rechtsgutsverletzung unmittelbar erfolgt, ein wichtiger Filter zur Haftungsbegrenzung. Zumindest für die Produkthaftung gibt diese Lehre jedoch keine brauchbaren Abgrenzungskriterien. Zur Beurteilung einer Pflichtwidrigkeit im Produktionsverfahren ist daher die Lehre vom Verhaltensunrecht vorzuziehen (näher *§ 23 Rz. 3ff.*).

2 Zweifellos „kehren Elemente der Rechtswidrigkeit in der **Verschuldensstation,** für die die Norm die Fahrlässigkeit vorbehält, wieder, wenn auch unter ergänzenden, auf die Situation des Schädigers genauer abhebenden Vorzeichen."[2] Nach der hier vertretenen Ansicht sind diese ergänzenden Kriterien aber von **untergeordneter Bedeutung.** Was von dem einzelnen Hersteller in Form von Gewissenhaftigkeit, Selbstkontrolle, Umsicht, Spezialisierung und Finanzkraft verlangt werden kann, ist nämlich auf typisierter Ebene schon im Rahmen der Verkehrspflicht zu prüfen; denn nur eine Abweichung von zumutbarem Verhalten kann pflichtwidrig sein.

---

[35] BGH VersR 1966, 542f. – Kabelmerkringe.

[36] OLG Düsseldorf BB 1974, 1366; OLG Hamm NJW 1985, 332f.; s. auch OLG Karlsruhe NJW-RR 1987, 861 (Geschirrspülmaschine); OLG München VersR 1987, 621 (Munddusche).

[37] Zur Mißachtung eines Kraftfahrzeug-Rückrufs vgl. Krutein, DAR 1985, 33, 35. Weiterbenutzung des Fahrzeugs kann Ordnungswidrigkeit nach § 49 I Nr. 22 StVO sein.

[1] RGRK/Steffen, § 823 Rz. 149; näher § 24 Rz. 3ff.

[2] RGRK/Steffen, § 823 Rz. 397 (Hervorhebung durch Verf.).

Beispielsweise wirkt sich der Umstand, daß ein Kleinunternehmer oder Konstrukteur einer bestimmten Gefahr nicht begegnen kann, weil die sie betreffenden Erkenntnisse neu sind und zunächst schwer zugänglich waren, da sie in einer japanischen Fachzeitschrift veröffentlicht wurden, bereits auf die konkrete Verkehrspflicht aus: Da zu jenem Zeitpunkt für einen Kleinunternehmer jener Branche keine Pflicht zu Bezug und Übersetzung der Fachzeitschrift bestand, handelte er nicht einmal rechtswidrig.[3]

Ist demnach eine Pflichtwidrigkeit gegeben, so soll dies regelmäßig zur Haftung führen. 3
Insofern besteht ein wesentlicher **Unterschied zwischen zivil- und strafrechtlicher Verantwortung:** Während die Inverkehrgabe gefährlicher Produkte nur dann strafbar ist, wenn der individuelle Täter (Hersteller, Mitarbeiter) den Produktfehler nach seiner Bildung, Erfahrung und persönlichen Erkenntnisfähigkeit hätte vermeiden können, wird auf Schadensersatz auch dann gehaftet, wenn der Hersteller den vertypten und objektiven Anforderungen aus persönlichen Gründen nicht entsprechen konnte.[4] Im Ergebnis ist das **Verschuldenserfordernis** daher **meist ohne praktische Bedeutung.**

Dessenungeachtet hält die Rechtsprechung an der Unterscheidung zwischen innerer und äußerer Sorgfalt fest. Hierbei geht es allerdings nicht immer um eine Haftungseinschränkung durch das Verschuldens-Erfordernis, sondern oft im Gegenteil um seine Annäherung an das Tatbestandsmerkmal der Rechtswidrigkeit.[5]

II. Selbständiges Haftungserfordernis

Als selbständiges Haftungserfordernis kann das Verschulden aber in Ausnahmefällen 4
auch praktische Bedeutung erlangen.

1. Die Deliktshaftung ist – mit Ausnahme einer Billigkeitshaftung – ausgeschlossen, wenn der Täter zur Zeit der unerlaubten Handlung **nicht zurechnungsfähig** war (§ 827 S. 1 BGB). Diese Haftungsbeschränkung wird aber der Produkthaftung kaum einmal entgegenstehen. Soweit etwa ein Fabrikationsfehler darauf zurückgeht, daß ein Mitarbeiter – am Fließband oder in der Qualitätskontrolle – unter starkem Alkoholeinfluß stand, wird die Haftung dieses Mitarbeiters ggf. ohnehin auf den Vorwurf der Alkoholisierung ausgedehnt (vgl. § 827 S. 2 BGB).

2. Für **Schmerzensgeldansprüche,** die auf §§ 823 I, 847 I BGB gestützt werden, 5
kommt es u. U. auf den Grad des Verschuldens an, welches dem Hersteller zur Last fällt. Denn bei gravierenden Pflichtverletzungen und erst recht bei bewußter Inkaufnahme vermeidbarer Produktfehler ist dem Hersteller die Zahlung einer höheren Entschädigung zuzumuten.[6]

3. Auch dann, wenn ein **Mitverschulden des Geschädigten** feststeht, hängt der Ersatz- 6
anspruch jedenfalls seiner Höhe nach davon ab, wie schwer die Schuld des Herstellers im Verhältnis zu dem Mitverschulden wiegt (§ 254 BGB; *§ 40 Rz. 6).*

4. Eine solche Bewertung des Verschuldensanteils wird auch erforderlich, wenn mehre- 7
re Personen für einen Produktschaden als Gesamtschuldner haften (§§ 830, 840 I BGB). Der **Innenausgleich unter Gesamtschuldnern** erfolgt nämlich nach § 426 I 1 BGB, worin auf den Grundsatz des § 254 BGB Bezug genommen ist.

5. In seltenen Fällen kann das Verschulden auch wegen **Irrtums** entfallen oder doch 8
herabgesetzt sein.

---

[3] Anders Kullmann/Pfister, Kza. 1525 S. 19; abweichende Zuordnung a. a. O. insbesondere unter FN 107.

[4] RGZ 152, 129, 140 – Trinkwasser; Deutsch, Unerlaubte Handlungen, Rz. 123; Schmidt-Salzer, Produkthaftung: Strafrecht, Rz. 1.026ff., 1.503ff.; Simitis, Verhandlungen des 47. DJT, C 47f.

[5] Vgl. etwa BGH VersR 1986, 765, 766; deutlich anders aber BGH NJW 1981, 1603, 1605 – Derosal I; s. auch BGH NJW 1987, 372, 373a aa a. E. – Verzinkungsspray.

[6] Zur allgemeinen Rechtsprechung vgl. OLG Düsseldorf VersR 1985, 291, 293.

9 Nicht hierher gehören allerdings Fälle, in denen der Hersteller (Mitarbeiter) über die *tatsächlichen Voraussetzungen* einer Verkehrspflicht irrt; denn diese gilt, da sie stets auf den verallgemeinerten Einzelfall zugeschnitten ist, überhaupt erst dann, wenn der Hersteller über diejenigen Kenntnisse verfügt, die ihn zu weiterem Handeln/Unterlassen veranlassen sollten.

Beispiel: Die nach der Inverkehrgabe eines Produkts mögliche *Instruktionspflicht* entsteht erst dann, wenn der Hersteller hinreichende Anhaltspunkte dafür hat, daß einige der in Verkehr gegebenen Produkte fehlerhaft sind. Zu einem früheren Zeitpunkt kann freilich schon die *Produktbeobachtungspflicht* – mit wieder anderen Voraussetzungen – verletzt worden sein.

Insofern ist auch der Satz, Fahrlässigkeit setze voraus, daß „die Pflichtensituation als solche erkennbar" gewesen sei,[7] Ausdruck einer Selbstverständlichkeit.

10 Praktisch bedeutsam ist vor allem die Frage, ob der Hersteller dem Geschädigten entgegenhalten kann, er habe sich über die *rechtlichen Anforderungen* an die Produktion geirrt, d. h. über den ihm obliegenden Sicherheitsaufwand. Dieser Einwand liegt insofern nahe, als die Verkehrspflicht verbindlich immer erst nach dem Schadensfall (vom Gericht) formuliert wird, falls es zum Produkthaftprozeß kommt. Zudem kann der Hersteller sich nicht selten darauf berufen, er habe die technischen Regelwerke, die der inzwischen realisierten Gefahr galten,[8] beachtet und sich darauf verlassen können, daß diese Normen dem damaligen Stand der Technik entsprochen hätten.

11 Jedoch ist ein solcher **Rechtsirrtum im allgemeinen unbeachtlich.**[9] Der Hersteller muß sich nach Kräften bemühen, den ihm abverlangten Sicherheitsaufwand selber richtig einzuschätzen. Das gilt selbst dann, wenn technische Regelwerke zu einem Detail der Herstellung, Materialprüfung usw. Einzelheiten vorschreiben (vgl. *§ 24 Rz. 45*). Hier mag sich im Einzelfall allerdings ergeben, daß der Hersteller angesichts des geringen Alters z. B. einer DIN-Vorschrift, seiner eigenen Spezialisierung und des bislang publizierten Erkenntnisstandes keinen Anlaß hatte, an der Richtigkeit der technischen Norm zu zweifeln; dann fehlte es schon an einer Verkehrspflichtverletzung. Im übrigen ist dem Hersteller allen Ernstes zu raten, das sicherheitstechnische Soll im Zweifel eher überzuerfüllen. Jedenfalls würde die Zulassung der Berufung auf einen Rechtsirrtum die Produkthaftung in weiten Bereichen leerlaufen lassen.

12 Dennoch sollte ein **unvermeidbarer Rechtsirrtum** auch hier als Entschuldigungsgrund anerkannt werden (vgl. *§ 33 Rz. 18*). Zu denken ist etwa an den Fall, daß die Rechtsprechung[10] bestimmte Anforderungen, die sie als ausreichend angesehen hat, aufgrund eines Bewertungswandels wenig später verschärft, ohne daß sich der Stand der Technik oder die Grundlagen der Zumutbarkeit geändert haben.

III. Verschuldensformen

1. Vorsatz

13 Das Verschulden muß sich im Rahmen des § 823 I BGB auf die Rechtsgutsverletzung beziehen. Daher handelt vorsätzlich, wer **bewußt** bewirkt, daß ein fehlerhaftes Produkt die Gesundheit, das Eigentum usw. eines Verbrauchers oder eines Dritten schädigt. Drei Vorsatzarten sind zu unterscheiden:

---

[7] BGH VersR 1976, 166, 168.

[8] Vgl. § 24 Rz. 35 ff.

[9] Großzügiger Mertens, VersR 1980, 397, 407 (für umstrittene Pflichten); Marburger, VersR 1983, 597, 603 (bis auf „offenkundige Mängel der technischen Regel"); differenzierend Lipps, NJW 1968, 279, 282: Vermutung für Nichtverschulden bei Beachtung eines technischen Regelwerks.

[10] Einzelheiten zu dem maßgeblichen Spruchkörper bei RGRK/Kreft, § 839 Rz. 296 ff.

a) Absicht

Absichtlich handelt, wer eine Rechtsgutsverletzung herbeiführen *will;* dabei ist unwichtig, ob er auch *weiß,* daß sein Vorhaben Erfolg haben wird. Hier spricht man auch von **direktem Vorsatz 1. Grades.** Ein absichtlich verursachter Produktfehler (Vergiftung, Lösung von Schrauben o. ä.) kann praktisch nur auf Sabotage beruhen. Immerhin sind sowohl in der Bundesrepublik als auch aus den USA in jüngerer Zeit mehrere Vergiftungsfälle bekannt geworden. 14

b) Direkter Vorsatz

Direkten Vorsatz (2. Grades) hat, wer die Rechtsgutsverletzung *als sicher voraussieht.* Ein Handeln in Absicht oder mit direktem Vorsatz 2. Grades wird den Umständen nach oft außerdem sittenwidrig sein; dann ist auch die Haftung wegen vorsätzlicher sittenwidriger Schädigung eröffnet (§ 826 BGB; *§ 35 Rz. 1ff.*). 15

c) Bedingter Vorsatz

Von größerer Bedeutung ist der bedingte Vorsatz **(Eventualvorsatz).** Er ist gegeben, wenn der Schädiger die Rechtsgutsverletzung zwar nicht will, sie aber doch für möglich hält und für den Fall ihres Eintritts billigend in Kauf nimmt[11] oder doch gleichgültig hinnimmt.[12] 16

Beispiele: 17

Noch *kein Vorsatz* (sondern ggf. Fahrlässigkeit) liegt vor, wenn der Hersteller auf letzte Prüfungen der Konstruktion oder eine Qualitätskontrolle verzichtet, weil er meint, Produktfehler seien ohnehin ausgeschlossen. Nur fahrlässig verhält sich auch ein Hersteller, der auf Schadensmeldungen über sein Produkt nicht reagiert, weil er ohne nähere Prüfung ernstlich glaubt, die Schäden gingen auf einen (fernliegenden) bestimmungsgemäßen Gebrauch zurück.

Mit *Eventualvorsatz* handelt dagegen, wer auf Schadensmeldungen deshalb nicht reagiert, weil er der Ansicht ist, die bislang bekannte Schadensquote von 3‰ rechtfertige, obwohl sie eindeutig auf einen Produktfehler hinweise, keine Fehlersuchaktion. Eventualvorsatz wird auch dann gegeben sein, wenn die Unternehmensleitung die Entwicklungsabteilung zur Abkürzung erforderlicher Tests anweist, da „schon nichts passieren wird, jedenfalls (!) müssen wir schnellstens ins Geschäft kommen". 18

Entsprechend ist die wissentliche **Hinnahme einer statistisch prognostizierten Fehlerquote** zu bewerten. Die Tatsache allein, daß die Qualitätsquote nicht 100,0% erreicht, sondern daß trotz des Sicherheitsaufwandes eine bestimmte Ausfallquote bleibt, rechtfertigt jedoch noch nicht einmal die Annahme einer Pflichtverletzung *(§ 24 Rz. 125f.).* Der Hersteller hat lediglich die zumutbaren Vorkehrungen zur Produktsicherheit zu treffen; für „Ausreißer" haftet er nicht. Dies ändert sich auch dann nicht, wenn er – paradoxerweise – „seine" Ausreißerquote ermitteln bzw. voraussagen kann.[13] Für eine Vorsatzhaftung ist erst Raum, wo eine rechtswidrige, d. h. untragbar hohe Fehlerquote als solche erkannt und toleriert wird. Das schließt nicht aus, daß für bestimmte, besonders wichtige Produkte tatsächlich auf völliger Fehlerfreiheit zu bestehen ist. 19

2. Fahrlässigkeit

Fahrlässig handelt, wer die im Verkehr erforderliche Sorgfalt außer acht läßt (§ 276 I 2 BGB). Dies ist in zwei Formen vorstellbar. Entweder rechnet der Schädiger überhaupt nicht mit der Gefahr, daß sein Verhalten zu einer Rechtsgutsverletzung führen kann, obwohl er diese Gefahr hätte erkennen müssen **(unbewußte Fahrlässigkeit).** Oder er 20

---

[11] BGH NJW 1986, 180, 182; zur Produzentenhaftung: RGZ 163, 21, 26 bzw. 32f. – Bremsen I; zur Händlerhaftung: RG LZ 1933, Sp. 659 – Mauersteine; BGH VersR 1958, 672.

[12] Vgl. z. B. BGH WM 1962, 527, 529; NJW 1965, 249, 251; NJW 1984, 800, 801.

[13] Kullmann/Pfister, Kza. 1525 S. 17 FN 89.

erkennt zwar die Möglichkeit, daß ein Rechtsgut verletzt wird, geht aber in vorwerfbarer Weise davon aus, zu dieser Verletzung werde es dennoch nicht kommen, weil sein Verhalten letztlich ungefährlich sei oder durch bestimmte Sicherheitsvorkehrungen ungefährlich werde **(bewußte Fahrlässigkeit).** Für die rechtliche Bewertung spielt dieser Unterschied keine Rolle; denn die Erkennung der Möglichkeit einer Schädigung besagt für sich allein nichts über die Schwere des Schuldvorwurfs.

21 Aber auch die Schwere des Schuldvorwurfs, hier also der **Grad der Fahrlässigkeit,** ist für die deliktische Haftung nur ausnahmsweise von Bedeutung (vgl. *§ 13 Rz. 23ff.*). Der Schädiger haftet nämlich schon für leichteste Fahrlässigkeit, und zwar in vollem Umfang. Immerhin unterscheidet das Gesetz zwischen grober und einfacher Fahrlässigkeit (§ 277 BGB).

a) Grobe Fahrlässigkeit

22 Grobe Fahrlässigkeit wird auch als **„Leichtfertigkeit“** bezeichnet. Sie liegt vor, wenn die verkehrserforderliche Sorgfalt in besonders schwerem Maße verletzt worden ist, weil schon einfachste, ganz naheliegende Überlegungen nicht angestellt wurden und das nicht beachtet wurde, was unter den gegebenen Umständen jedem einleuchten mußte.[14] Dies kann darauf zurückgehen, daß eine besonders geläufige oder wichtige Verkehrspflicht mißachtet wurde, oder darauf, daß eine sonstige Verkehrspflicht in eklatanter und gravierender Weise verletzt wurde. Während das Verschulden grundsätzlich nicht davon abhängt, warum der Schädiger die verkehrserforderliche Sorgfalt außer acht ließ, knüpft die Rechtsprechung den Vorwurf grober Fahrlässigkeit auch an die individuellen Fähigkeiten des Schädigers.[15]

b) Einfache Fahrlässigkeit

23 Einfache Fahrlässigkeit ist gegeben, wenn die verkehrserforderliche Sorgfalt mißachtet wurde, ohne daß ein Fall grober Fahrlässigkeit vorliegt; hier wird auch von **„leichter“** oder „gewöhnlicher“ Fahrlässigkeit gesprochen. Darüber hinaus wird im Arbeitsrecht eine weitere Unterteilung der einfachen in **mittlere** und **leichteste Fahrlässigkeit** diskutiert.[16] Dies bezieht sich jedoch nur auf die Haftungsverteilung zwischen einem (fahrlässig handelnden) Arbeitnehmer und seinem Arbeitgeber, nicht auf die Ansprüche des Geschädigten.

IV. Schuldvermutung?

24 Da Verkehrspflichtverletzung und Schuldvorwurf weitgehend zusammenfallen *(Rz. 2f.)*, bereitet die Feststellung, daß auch die „innere“ Sorgfalt nicht beachtet wurde, in der Praxis kaum Schwierigkeiten, wenn die Pflichtverletzung feststeht. Insoweit bedarf es auch nicht der Annahme,[17] ein Verstoß gegen die „äußere“ Sorgfaltspflicht indiziere den Schuldvorwurf oder begründe doch eine (widerlegbare) tatsächliche Vermutung für schuldhaftes Verhalten. Jedoch bleibt das Verschulden stets eigenständige Haftungsvoraussetzung, die im Produkthaftprozeß also u. U. nachgewiesen werden muß, soweit keine Beweiserleichterungen bestehen (dazu *§ 30 Rz. 69*).

---

[14] BGH VersR 1967, 1197, 1199; NJW 1980, 886, 888; VersR 1983, 1011.

[15] BGH VersR 1970, 568; NJW 1972, 475, 476.

[16] BAGE 19, 66, 69; zur neuen Rechtsprechung vgl. aber BAG NJW 1983, 1693, 1694f. und DB 1988, 1603ff.

[17] Vgl. BGH VersR 1986, 765, 766; Köhler, BB 1985 Beil. 4 S. 11; Mertens, VersR 1980, 397, 407.

§ 29. Schädigung

Voraussetzung der Produkthaftung ist nicht nur, daß infolge eines pflichtwidrigen und verschuldeten Produktfehlers ein fremdes Rechtsgut verletzt worden ist. Die Rechtsgutsverletzung muß vielmehr in zurechenbarer Weise zu einem Schaden geführt haben. 1

I. Schaden

Schaden ist jeder Nachteil, der an den Rechtsgütern einer Person entsteht.[1] Er kann Vermögensschaden oder Nichtvermögensschaden sein. Ein Nichtvermögensschaden ist nur in den gesetzlich bestimmten Fällen zu ersetzen (§ 253 BGB); dazu gehört vor allem der Schmerzensgeldanspruch bei Körper- bzw. Gesundheitsschäden oder Freiheitsentziehung (§ 847 BGB). Auch bei Verletzung dieser Rechtsgüter stehen aber Vermögensschäden im Vordergrund, z. B. Heilungskosten, Mehrbedarf, Erwerbsausfall (§ 843 BGB) und entgangener Gewinn (§ 252 BGB). 2

Der Schaden muß grundsätzlich **bei dem Verletzten** eingetreten sein; es reicht also nicht aus, daß – aus rechtlichen oder wirtschaftlichen Gründen – ein Dritter geschädigt wird. Etwas abweichendes bestimmt das Gesetz allerdings in §§ 844, 845 BGB. Danach haben bei tödlichen Folgen der unerlaubten Handlung z. B. Dritte, denen der Getötete zur Zeit der Verletzung unterhaltspflichtig war, gegen den Schädiger Anspruch auf Ersatz des Schadens, der durch den Entzug des Unterhaltes eingetreten ist. Um Dritten auch in anderen Fällen einen Anspruch gegen den Schädiger zu geben, sieht das Gesetz etwa zugunsten des Arbeitgebers (§ 4 I LFG), des Dienstherrn (§§ 87a BBG, 52 BRRG) und des Kranken- bzw. Sozialversicherers (§ 116 SGB X) des Verletzten vor, daß dessen Ersatzansprüche auf den Dritten übergehen (sog. Legalzession). Ansonsten kann der Verletzte nur in den seltenen Fällen der **Drittschadensliquidation** statt eigener Schäden die Schäden Dritter geltend machen. Dies setzt voraus, daß das wirtschaftliche Interesse, welches typischerweise mit dem verletzten Rechtsgut verbunden ist, von diesem ausnahmsweise abgespalten ist, ohne daß es gerechtfertigt wäre, daß der Schädiger durch diesen Umstand auf Kosten des Dritten freigestellt würde. 3

Wichtige Fallgruppen der Drittschadensliquidation:

1. **Mittelbare Stellvertretung, Treuhandverhältnisse:** Bei diesen Rechtsverhältnissen werden lediglich die Rechtsgüter des mittelbaren Stellvertreters bzw. des Treuhänders verletzt; ein Schaden entsteht diesen Personen jedoch regelmäßig nicht, da sie ihrem Auftraggeber den beschädigten Gegenstand in dem Zustand herauszugeben haben, in dem er sich (ohne ihr Verschulden) befindet. Obwohl hier also der Auftraggeber (Treugeber) geschädigt ist, hat aber auch er keinen Anspruch gegen den Schädiger; denn der beschädigte Gegenstand gehörte im Zeitpunkt der Verletzung nicht zu seinen Rechtsgütern, sondern stand noch im Eigentum des mittelbaren Stellvertreters (Treuhänders). Dieser kann daher den Drittschaden geltend machen.[2] 4

2. **Obligatorische Gefahrentlastung:** Diese Fallgruppe betrifft die schuldrechtliche Schadensverlagerung, und zwar namentlich den Versendungskauf. Dessen Besonderheit besteht darin, daß das Risiko, den Nachteil einer Beschädigung der Kaufsache zu tragen, schon dann auf den Käufer übergeht, wenn der Verkäufer die Kaufsache zum Transport gegeben hat. Hier treffen etwaige Transportschäden also den Käufer, obwohl der Verkäufer bei Schadenseintritt meist noch Eigentümer der Kaufsache ist. Daher wird dem Verkäufer gestattet, den Schaden des Käufers (gegenüber dem Transporteur oder Dritten) geltend zu machen.[3] Zudem kann der Käufer verlangen, daß der Verkäufer ihm diesen Anspruch abtritt (§ 281 BGB). 5

---

[1] Deutsch, Unerlaubte Handlungen, Rz. 405.
[2] BGH NJW 1967, 930, 931.
[3] BGH NJW 1963, 2071, 2074.

6 **Eintritt und Höhe eines Schadens** werden festgestellt, indem die Rechtsgüter vor und nach der Verletzung bewertet werden. Ein Verlust ist auszugleichen. Dies geschieht grundsätzlich dadurch, daß der früher bestehende Zustand wiederhergestellt wird **(Naturalrestitution):** Dies muß der Schädiger nach der Wahl des Geschädigten entweder selbst bzw. durch Hilfskräfte, z. B. Handwerker, tun (§ 249 S. 1 BGB) oder[4] dadurch ermöglichen, daß er die zur Wiederherstellung erforderlichen Kosten zahlt (§ 249 S. 2 BGB). Beides ist allerdings ausgeschlossen, wenn die Wiederherstellung nur mit unverhältnismäßigem Aufwand möglich wäre; in diesem Fall ist eine **Entschädigung** in Geld zu leisten (§ 251 II BGB). Das gilt auch dann, wenn die Wiederherstellung nicht möglich oder zur Entschädigung des Gläubigers nicht ausreichend erscheint (§ 251 I BGB). Wegen der zahlreichen Einzelfragen des allgemeinen Schadensrechts kann auf die einschlägige Literatur verwiesen werden; für die Produkthaftung gelten insoweit keine Besonderheiten. Zu dem Sonderproblem eines Anspruchs auf **Reparatur des fehlerhaften Produkts** (vgl. *§ 21 Rz. 56f.*).

II. Haftungsausfüllende Kausalität

7 Erste Voraussetzung für die Zurechnung eines Schadens ist die haftungsausfüllende Kausalität: Der eingetretene Schaden muß auf die Rechtsgutsverletzung zurückgehen. Mindestvoraussetzung dafür ist, daß die Rechtsgutsverletzung nicht hinweggedacht werden kann, ohne daß der Schaden entfiele (**Äquivalenztheorie;** *§ 22 Rz. 6*). Die Zurechnung aller naturwissenschaftlich belegbaren Folgen wird jedoch gerade im Schadensbereich als zu weitgehend empfunden. Als kausal gelten daher nur solche Verletzungen, die im allgemeinen und nicht nur unter besonders eigenartigen, ganz unwahrscheinlichen und nach dem regelmäßigen Verlauf der Dinge außer Betracht zu lassenden Umständen zur Herbeiführung des konkreten Schadens geeignet waren (**Adäquanztheorie**).[5] Entscheidend ist also, ob ein besonders erfahrener und äußerst sorgfältiger Beobachter mit der Möglichkeit der jeweiligen Schadensfolge gerechnet hätte.[6] Letzteres hat die Rechtsprechung aber von jeher in sehr weitgehendem Umfang bejaht; daher sind jedenfalls Klagen, die auf einen Anspruch aus unerlaubter Handlung gestützt wurden, nur in wenigen Fällen an fehlender Adäquanz des Schadens gescheitert.[7] Daran ist zugleich erkennbar, daß die „Adäquanz"-Probleme – auch für die Rechtsprechung – letztlich *Schutzzweckfragen* sind: Adäquanz entfällt nicht schon dann, wenn der Schadensverlauf ungewöhnlich ist.

Beispiele:

8 *Adäquanz:* Von einem Hammer, der aus zu hartem Stahl hergestellt worden ist, löst sich – was trotz des Materials sehr ungewöhnlich ist – ein Stahlsplitter, der einem Passanten ins Auge dringt.[8] Ein Student, der infolge einer tatbestandlichen Körperverletzung sein Studium unterbrechen muß, gerät dadurch in eine Zeit politischer Unruhen (Vorlesungsstreiks) und erleidet so einen weiteren Verzögerungsschaden.[9] Nach der Beschädigung seines Pkw wird dessen Eigentümer von dem Schädiger gestattet, vorübergehend ein Fremdfahrzeug zu festem Rückkaufpreis zu erwerben; dem Geschädigten entsteht nun ein Folgeschaden, als der Motor des Zweitwagens (der insofern anfälliger als der Unfallwagen war!) defekt wird.[10] Infolge der durch einen Produktfehler verursachten Verletzung kommt eine bis dahin latente Infektionskrankheit zum Ausbruch.[11]

---

[4] , falls es sich, wie meist, um eine Personenverletzung oder Sachbeschädigung handelt,

[5] BGH VersR 1952, 357 – Rungenverschluß; VersR 1966, 368; 1971, 964.

[6] Soergel/Mertens, Vor § 249 Rz. 120.

[7] Vgl. etwa RG JW 1908, 41 f.; BGH VersR 1969, 895 f.; NJW 1976, 1143 f.; OLG Karlsruhe VersR 1966, 741 f.

[8] Vgl. BGH VersR 1961, 465 f.; 1984, 270 – Flachmeißel.

[9] BGH NJW 1985, 791, 792; dazu Grunsky, JZ 1986, 170, 172.

[10] OLG Düsseldorf VersR 1976, 891, 892.

[11] BGH VersR 1962, 77 f.

Keine Adäquanz: Ein Lkw kommt infolge Bremsversagens von der Fahrbahn ab und rutscht in einen Graben, während das andere Fahrzeugende noch 1½ m auf die Fahrbahn ragt; obwohl die Gefahrenstelle ordnungsgemäß mit Warnfackeln abgesichert ist, fährt ein Tanklastzug auf.[12] Der Verletzte erleidet weitere Schäden, weil dem ihn behandelnden Arzt ein besonders schwerer Kunstfehler unterläuft[13] oder weil die Rechtsverfolgung (gegen Dritte) wegen eines ganz ungewöhnlichen anwaltlichen Versäumnisses fehlschlägt.[14] Der Verletzte wird ins Krankenhaus eingeliefert und stirbt an einer dort zugezogenen Grippeinfektion.[15] 9

Zu Sonderformen der Kausalität vgl. *§ 22 Rz. 7ff.*

III. Zurechnungsprobleme

Haftungsausfüllende Kausalität rechtfertigt nicht in jedem Fall die Zurechnung des Schadens. Anhand von Fallgruppen sind vielmehr Zurechnungsbeschränkungen entwikkelt worden; sie können im folgenden nur stichwortartig dargestellt werden. 10

1. Reserveursache

Die Zurechnung ist z. B. dann in Frage gestellt, wenn der verzeichnete Schaden aufgrund eines anderen Ereignisses – der sog. Reserveursache – ohnehin eingetreten wäre. Hier spricht man auch von hypothetischer (oder umgekehrt: überholender) Kausalität,[16] obwohl oft betont wird, die damit aufgeworfenen Fragen beträfen nicht die Schadensursachen, sondern die Schadensbewertung. Die rechtliche Behandlung der Reserveursache ist bis heute umstritten.[17] Überwiegend nicht berücksichtigt wird eine Reserveursache bei sog. **Objektschäden,** also dann, wenn sie das durch die unerlaubte Handlung vorgeschädigte Rechtsgut erneut verletzt hätte.[18] Hier erwirbt der Geschädigte mit Eintritt des „Erstschadens" einen Ersatzanspruch, der durch die hypothetische Verschlechterung nicht mehr entfallen kann. 11

Beispiel: Ein durch Unfall beschädigter Pkw kann nicht in der Garage abgestellt werden. Dort bricht durch Kurzschluß ein Feuer aus, das den Pkw gänzlich zerstört hätte. Sein Eigentümer kann dennoch Ersatz für die Reparaturkosten verlangen.

Anders behandelt werden allerdings die **Anlagefälle,** eine Untergruppe der Objektschäden. Hier findet Beachtung, daß das verletzte Rechtsgut – wegen einer internen Schadensanlage oder unabweisbarer äußerer Gefährdung – ohnehin mit Sicherheit geschädigt worden wäre. Dem Geschädigten ist daher lediglich der sog. Verfrühungsschaden zu ersetzen.[19] 12

Beispiel: Ein Lkw rast infolge eines Fehlers der Bremsanlage gegen ein Haus und bringt es zum Einsturz. Auf Schadensersatz verklagt, wendet der Lkw-Hersteller ein, das Haus wäre wegen Baufälligkeit ohnehin spätestens ein Jahr später eingestürzt. Trifft dies zu, so beschränkt sich der Schaden des Hauseigentümers auf den in dieser Zeit entstandenen Nutzungsausfall.

Entgegen dem für Objektschäden geltenden Grundsatz kann sich der Schädiger auf solche Reserveursachen berufen, die einen bestimmten **Vermögensfolgeschaden** ausge- 13

---

[12] BGH VersR 1969, 895f. (Grenzfall); kritisch Schmidt, VersR 1970, 395ff.

[13] Vgl. RGZ 102, 230, 231; JW 1937, 990.

[14] Zum Grundsatz vgl. RGZ 140, 1, 9.

[15] Anders noch RGZ 105, 264, 266 (Grenzfall).

[16] Zur haftungsbegründenden Kausalität vgl. § 22 Rz. 15.

[17] Vgl. den Überblick bei Staudinger/Medicus, § 249 Rz. 98ff.; gute Zusammenstellung auch bei Frank/Löffler, JuS 1985, 689ff.

[18] RGZ 141, 365, 367; 144, 80, 84 und 348, 358; BGHZ 29, 207, 215; BGH VersR 1960, 115, 117; anders z. B. R. Schmidt, AcP 152 (1952/1953), 126ff.

[19] BGH NJW 1985, 676, 677; s. auch BGHZ 29, 207, 215.

löst hätten.[20] Dem Schädiger gereicht also zum Vorteil, daß die Reserveursache – zwar vielleicht nicht die Rechtsgutsverletzung (und den darin bestehenden Schaden), wohl aber den daraus – zusätzlich erwachsenden Vermögensschaden verursacht hätte, wenn es nicht zu der unerlaubten Handlung gekommen wäre. Solche Vermögensfolgeschäden sind z. B. eine Erwerbsminderung und ein entgangener Gewinn.

14 Eine Reserveursache ist aber generell **unbeachtlich, wenn** im Falle ihrer Auswirkung ein **Dritter** für diesen (hypothetischen) Schaden **gehaftet hätte.**[21] Denn dann hätte der Geschädigte diesen Schaden abwälzen können, so daß sich die Reserveursache im Ergebnis nicht nachteilig ausgewirkt hätte und den tatsächlichen Schädiger nicht entlasten kann.[22]

Beispiel: Geht die in dem Beispiel *Rz. 12* erhebliche Baufälligkeit darauf zurück, daß dem mit der Hauserrichtung beauftragten Bauunternehmer Fehler unterliefen, für die er einzustehen hat, so haftet auch der Produzent unbeschränkt.

2. Unterbrechung des Kausalzusammenhangs

15 Die Zurechenbarkeit eines Schadens steht auch dort in Frage, wo dieser durch das Verhalten des Verletzten oder Dritter wesentlich mitverursacht worden ist. Dabei geht es hier nur um die Fälle, in denen Kausalität und Zurechenbarkeit der *Rechtsguts*verletzung feststehen.[23] Außer Betracht bleiben auch Fälle, in welchen den Verletzten lediglich ein Mitverschulden an der Schadensentstehung trifft, auch wenn infolgedessen ein Ersatzanspruch gänzlich entfallen kann (§ 254 BGB). Demnach kommt ein Bruch des Kausalzusammenhangs nur in Betracht, wenn das Opfer eines Produktfehlers elementare Maßnahmen zur Schadensvermeidung so bewußt vernachlässigt, daß bei wertender Betrachtung der Verletzte die Schadenssteuerung vollständig übernommen (und den Schaden in Kauf genommen) hat.[24] Hier führt aber schon die Anwendung des § 254 BGB zu billigen Ergebnissen.[25]

3. Rechtmäßiges Alternativverhalten

16 Unter diesem Stichwort werden üblicherweise meist Fälle behandelt, in denen der Schädiger geltend macht, (schon) das *Rechtsgut* hätte er auch dann verletzt, wenn er sich rechtmäßig verhalten hätte. Dieser Einwand ist im allgemeinen beachtlich *(§ 22 Rz. 27f.)*. Das muß auch dann gelten, wenn der Schädiger beweisen kann, daß er bei rechtmäßigem Handeln vielleicht nicht mehr *dieses* Rechtsgut verletzt, aber auf andere Weise dennoch den gleichen Schaden verursacht hätte.

4. Schutzzweck der Norm

17 Wie die Rechtsverletzung[26] muß erst recht die Schadensfolge so, wie sie eingetreten ist, innerhalb des Schutzzwecks der verletzten Norm liegen; diese muß also den Zweck haben, dem Verletzten Ersatz gerade auch für den konkreten Schaden zu gewähren. Dieser Zweck steht nicht in Zweifel, wo der Verletzte durch schuldhaftes Verhalten selber Folgeschäden entstehen läßt;[27] denn die Konsequenzen eines Mitverschuldens sind in § 254 BGB speziell geregelt. Gewisse, völlig ungewöhnliche Schadensabläufe werden auch schon

---

[20] BGHZ 29, 207, 215; BGH LM § 249 BGB (Ba) Nr. 23; DB 1979, 352; zu den Rentenfällen schon RGZ 68, 352, 353f. Die Abgrenzung zu der in Rz. 12 dargestellten Fallgruppe ist unsicher, vgl. RGRK/Steffen, § 823 Rz. 100.

[21] BGH NJW 1967, 551, 552 (nicht unstreitig).

[22] Vgl. Larenz, Schuldrecht I, 14. Aufl. (1987), § 30 I zu FN 11; Frank/Löffler, JuS 1985, 692.

[23] Vgl. aber schon § 22 Rz. 23ff.

[24] Weitergehend offenbar BGH VersR 1971, 173, 174.

[25] Ebenso Kullmann/Pfister, Kza. 1525 S. 11 (zum Schutzzweck).

[26] Vgl. § 22 Rz. 17ff.

[27] S. aber BGH VersR 1980, 649, 650.

mangels Adäquanz ihrer Verursachung[28] ersatzlos bleiben. Im übrigen ist **im Einzelfall zu prüfen,** ob die Kompensation des betreffenden Schadens dem Anliegen der Norm noch entspricht oder nur das allgemeine Lebensrisiko des Geschädigten ausgleichen würde.[29] Eine Ausgrenzung bestimmter Schäden oder Schadensarten sollte allerdings nur mit Zurückhaltung und auf der Basis einer verallgemeinerungsfähigen Begründung erfolgen. Jedenfalls der Vorschlag,[30] „im Rahmen der eine Verkehrspflicht tragenden Interessen- und Güterabwägung ihren Schutzbereich auf einzelne Eigentumsfunktionen zu beschränken", erscheint als zu weitgehend.

Beispiele für Begrenzung auf Schutzzweck:
Ein Unterhaltsanspruch für ein Kind, das gesund zur Welt kommt, da ein wegen befürchteter Behinderung geplanter Schwangerschaftsabbruch unterblieben (fehlgeschlagen) ist, ist kein Schaden, der vom Arzt bzw. vom Hersteller des fehlerhaften medizinisch-technischen Geräts zu ersetzen wäre.[31] Wer durch ein fehlerhaftes Produkt verletzt wird, kann nicht Schäden geltend machen, die ihm erst daraus entstehen, daß bei der notwendigen ärztlichen Untersuchung eine bislang verborgene Krankheit entdeckt wird, die zur vorzeitigen Pensionierung führt.[32] Auch die Grundsätze zur Beschränkung der Haftung für die Gebrauchstauglichkeit eines für sich allein ungefährlichen Produkts[33] gelten dem Schutzbereich des § 823 I BGB.

§ 30. Beweisfragen der Haftung für Pflichtverletzung

I. Allgemeines

1 In der Praxis liegen die Probleme der Produkthaftung oft weniger im Adressaten oder im Umfang der Verkehrspflichten als in Unklarheiten des Sachverhalts, also in den sog. Tatfragen. Das Gericht, welches über die Produkthaftung des verklagten Herstellers zu entscheiden hat, darf Schadensersatz nämlich nur dann zusprechen, wenn die für die Haftung vorausgesetzten Tatsachen **unstreitig** sind oder nach der Überzeugung des Gerichts feststehen.

2 Ist eine für die Haftung maßgebliche Tatsache im Zivilprozeß nicht unstreitig, so bedarf sie, falls sie nicht offenkundig ist oder gesetzlich vermutet wird, des Beweises; sie ist **beweisbedürftig.** Wenn sie nicht durch ein zulässiges Beweismittel bewiesen wird, darf das Gericht sie im Prinzip nicht zugrunde legen. Daher ist von wesentlicher Bedeutung, welchen Anforderungen die Beweisführung genügen muß und welche Partei die Folgen einer etwaigen Beweislosigkeit zu tragen hat.

1. Beweismittel

3 Im regulären Zivilprozeß gilt der Grundsatz des Strengbeweises. Die Parteien sind also auf bestimmte Beweismittel beschränkt, nämlich auf den **Augenschein** (für das Gericht; §§ 371 ff. ZPO), **Zeugen** (§§ 373 ff. ZPO), **Sachverständige** (§§ 402 ff. ZPO), **Urkunden** (§§ 415 ff. ZPO) und **Parteivernehmung** (§§ 445 ff. ZPO). Im Produkthaftprozeß werden die Fragen, ob ein Produktfehler vorlag, ob er zur Zeit der Inverkehrgabe des Produkts erkennbar bzw. vermeidbar war und ob der eingetretene Schaden auf einen solchen Fehler (oder z. B. auf einen Produktfehlgebrauch) zurückging, kaum einmal ohne Sach-

---

[28] Vgl. Rz. 7 ff.
[29] Vgl. Schack, JZ 1986, 305, 312.
[30] MünchKomm/Mertens, § 823 Rz. 72; verfehlt auch z. B. BGH NJW 1986, 1687 f.; s. aber BGH NJW 1989, 707, 708 – Fischfilet: „in aller Regel innerhalb des Schutzbereichs".
[31] Vgl. BGH NJW 1984, 658, 660.
[32] Vgl. BGH NJW 1968, 2287 f.
[33] Vgl. § 21 Rz. 68 ff.

verständige zu klären sein. Zur Vorbereitung einer sachverständigen Stellungnahme oder ergänzend kann sich aber auch die Anhörung von Zeugen (Abteilungsleiter, Mitarbeiter der Qualitätskontrolle usw.) oder die Vorlage von Urkunden (z. B. innerbetriebliche Korrespondenz über Entwicklung und Probleme des Produkts, Prüfberichte) als erforderlich erweisen. Sonstige Unterlagen, die mit der Produktion zusammenhängen (z. B. Probefertigungen, tabellarische Meßergebnisse) unterliegen, soweit sie nicht Urkunden sind, nur dem Augenschein bzw. der freien Beweiswürdigung durch das Gericht.

4 Allerdings kann der **Antritt eines Urkundenbeweises** sehr erschwert sein, wenn der Prozeßgegner (z. B. der Hersteller) die Urkunde in Händen hält, aber nicht zur Herausgabe bereit ist. Der Gegner ist zur Vorlegung der Urkunde bei Gericht nämlich nur verpflichtet, wenn er sie nach bürgerlichem Recht herausgeben muß oder auf sie schon im Prozeß zur Beweisführung Bezug genommen hatte (§§ 422f. ZPO). Diese Beschränkung gilt jedoch nur für den Beweisantritt einer *Partei*.

Demgegenüber kann das *Gericht* zur Terminsvorbereitung gem. § 273 II ZPO insbesondere

1. den Parteien die Ergänzung oder Erläuterung ihrer vorbereitenden Schriftsätze sowie die Vorlegung von Urkunden und von anderen zur Niederlegung bei Gericht geeigneten Gegenständen aufgeben, insbesondere eine Frist zur Erklärung über bestimmte klärungsbedürftige Punkte setzen;

. . .

3. das persönliche Erscheinen der Parteien anordnen;
4. Zeugen, auf die sich eine Partei bezogen hat, und Sachverständige zur mündlichen Verhandlung laden.

2. Richterliche Überzeugung

5 Über das Ergebnis der Beweisaufnahme entscheidet das Gericht nach seiner freien „Überzeugung"; Beweisregeln binden es nur dann, wenn sie gesetzlich festgelegt sind (§ 286 ZPO). Mit der Formulierung, daß die Beweiswürdigung zu einer „Überzeugung" des Richters führen muß, entscheidet sich das Gesetz aber zugleich für ein bestimmtes Beweismaß: Der Grad der richterlichen Erkenntnis muß den der **persönlichen Gewißheit** erreichen.[1] Der Richter darf sich daher nicht mit einer überwiegenden Wahrscheinlichkeit begnügen, sondern erst „mit einem für das praktische Leben brauchbaren Grad von Gewißheit . . ., der den Zweifeln Schweigen gebietet, ohne sie völlig auszuschließen."[2] Diese Gewißheit wird auch durch einen Gegenbeweis ausgeschlossen, der die beweisbedürftige Tatsache zwar vielleicht nicht widerlegt, aber doch die Überzeugungskraft des Hauptbeweises erschüttert.[3]

3. Beweislast und Beweislastumkehr

6 Die **Beweislast** hat im Zivilprozeß eine doppelte Bedeutung. Als *Beweisführungslast* entscheidet sie darüber, welche Partei für eine bestimmte Tatsache bzw. deren Gegenteil den Beweis antreten, insbesondere Beweismittel benennen muß. Insoweit ergänzt die Beweislast die Darlegungslast. Die Beweislast ist aber auch *Feststellungslast,*[4] da mit ihr feststeht, wer die Folgen einer Beweislosigkeit zu tragen hat. Grundsätzlich liegt die Beweislast für die anspruchsbegründenden Tatsachen bei dem Kläger, für die anspruchsvernichtenden Tatsachen bei dem Beklagten.[5] Wer Schadensersatz wegen unerlaubter Handlung begehrt, trägt demnach die Beweislast für alle objektiven und subjektiven Voraussetzungen des § 823 BGB, d. h. vor allem für die Kausalitäten, die Rechtswidrigkeit und die Schuld des Beklagten.[6]

---

[1] BGH NJW 1970, 946, 948.
[2] BGH NJW 1970, 946, 948; 1973, 1924, 1925.
[3] BGH MDR 1978, 914; VersR 1983, 560, 561.
[4] Rosenberg, Die Beweislast, 5. Aufl. (1966), S. 16ff.
[5] Stephan, in: Zöller, Zivilprozeßordnung, 15. Aufl., Vor § 284 Rz. 19; Einzelheiten auch bei Blomeyer, Zivilprozeßrecht. Erkenntnisverfahren, 2. Aufl. (1985), § 69 III.
[6] BGH NJW 1963, 953f.; RGRK/Steffen, § 823 Rz. 496ff.

Das starre Festhalten an diesen Prinzipien kann aber im Einzelfall für die beweisbelastete Partei unzumutbar sein. Dann kann das verfassungsrechtliche Gebot, durch faire Verhandlungsführung Waffengleichheit herzustellen, Anlaß sein, die reguläre Beweislastverteilung abzuändern.[7] U. U. ist sogar eine **Beweislastumkehr** angezeigt. Allerdings beruht die reguläre Zuordnung der Beweislast, indem sie sich aus einem System von Normen und Gegennormen (Ausnahmeregeln) ergibt, weithin auf gesetzlicher Anordnung und Wertung. Eine Verschiebung dieser Risikozuweisung greift daher, wie nicht aus den Augen verloren werden sollte, immer auch in das materielle Zivilrecht ein.[8] Dem wird die Ansicht, nach der im Falle einer pflichtwidrigen Gefahrerhöhung die Beweislast für die (Nicht-)Ursächlichkeit dieser Gefahr für eine eingetretene Schädigung generell auf den eventuellen Schädiger übergehen soll,[9] nicht gerecht.[10] Im Deliktsrecht wird eine Beweislastumkehr insbesondere befürwortet bei 7
- Verstößen gegen Hinweis- und Aufklärungspflichten, die den Verletzten befähigen sollten, über die Hinnahme des Verletzungsrisikos verantwortlich zu entscheiden;[11]
- unterbliebener Befundsicherung bzw. Dokumentation und groben Fehlern des Arztes[12] oder Produzenten;[13]
- vorsätzlicher und selbst bei fahrlässiger Beweisvereitelung u. U. dann, wenn der Betreffende auch hätte erkennen müssen, daß der vernichtete Gegenstand einmal als Beweismittel Bedeutung erlangen könnte,[14] und
- in Produkthaftprozessen im Hinblick auf Pflichtverletzung und Verschulden des Herstellers.

4. Anscheinsbeweis

Während bei Beweislastumkehr die behauptete Tatsache als bewiesen gilt, bis ein Gegenbeweis gelingt, ist der Anscheinsbeweis nur eine Beweiserleichterung. Er setzt voraus, daß bestimmte Umstände des Einzelfalls nach allgemeiner Lebenserfahrung für die behauptete Tatsache sprechen. Diese muß entweder Ursache oder Folge eines **typischen Geschehensablaufs** sein, dessen übrige Elemente auch im Streitfall belegt und ggf. bewiesen[15] sind. 8

Ein „typischer Geschehensablauf" ist allerdings noch nicht bei nur überwiegender Wahrscheinlichkeit gegeben. Geht ein bestimmter Schaden erfahrungsgemäß in 60% aller Fälle auf einen Produktfehler zurück, im übrigen aber auf falsche Handhabung des Produkts, so ist kein Anscheinsbeweis möglich.[16]

Ist ein allgemeiner Erfahrungssatz auf den Streitfall anwendbar, so besagt der erste Anschein, daß hier auch die behauptete Tatsache eingetreten ist: Sie gilt als bewiesen, bis der Gegner Tatsachen vorträgt (und ggf. beweist), die den Anschein erschüttern, da sie auf die **ernsthafte Möglichkeit eines anderen Geschehensablaufes** hinweisen.[17] Ist der erste 9

[7] BVerfGE 52, 131, 147; BGH NJW 1978, 1681, 1682.
[8] Baumgärtel/Wittmann, Festschrift Karl Schäfer (1980), S. 13, 25.
[9] S. etwa Deutsch, Festschrift Larenz (1973), S. 885, 901f.
[10] Vgl. Kullmann/Pfister, Kza. 1526 S. 12f.; Lorenz, RabelsZ 34 (1970), 14, 35; RGRK/Steffen, § 823 Rz. 531; Stoll, AcP 176 (1976), 145, 175ff.
[11] BGH JZ 1984, 886, 888.
[12] BGH NJW 1967, 1508f.; 1968, 2291, 2293; VersR 1989, 80f.; BGHZ 99, 391, 396ff.
[13] BGH NJW 1988, 2611, 2613 – Mehrwegflasche II; näher Rz. 36f., 85f.
[14] BGH LM § 433 BGB Nr. 36 Bl. 3 – Bremsen III (insoweit nicht in VersR 1971, 80ff.); VersR 1975, 952, 954; 1976, 543, 544; NJW 1983, 2935, 2936f.; 1988, 2611, 2612 – Mehrwegflasche II; OLG Celle, Urt. v. 31. 10. 1979, Schmidt-Salzer, Entscheidungssammlung III, II 89, S. 511f. – Batterietank; Kullmann/Pfister, Kza. 1526 S. 7f.; v. Westphalen, BB 1971, 152, 156; umstr.
[15] RGZ 163, 21, 27 – Bremsen I; BGH NJW 1982, 2447, 2448.
[16] OLG Köln VersR 1976, 1164, 1165 – Skibindung I.
[17] BGH NJW 1969, 277; 1972, 1131; 1978, 2032f.; 1983, 1380.

Anschein erschüttert, so muß der Beweisbelastete (auf andere Weise) den vollen Beweis führen, wenn er nicht beweisfällig bleiben will.[18] Der Unterschied zwischen Beweislastumkehr und Anscheinsbeweis besteht also darin, daß der letztere leichter zu entkräften ist: Hierzu bedarf es nur bewiesener Zweifel, während einer umgekehrten Beweislast allein durch den Vollbeweis entsprochen werden kann.

Dennoch ist die Abgrenzung von Anscheinsbeweis und Beweislastumkehr nicht unproblematisch.[19] Die Beweislastumkehr rechtfertigt sich letztlich durch materiellrechtliche Erwägungen. Aber auch der Anscheinsbeweis ist nicht nur ein Institut der Beweiswürdigung. Einerseits unterliegt der ihn tragende Erfahrungssatz der Prüfung des Revisionsgerichts,[20] andererseits zeigt das Beispiel des Einschreibebriefs, für dessen Zugang trotz der sehr niedrigen Verlustrate kein Anscheinsbeweis spricht,[21] daß dieser nicht allein an die Lebenserfahrung, d. h. an Wahrscheinlichkeitssätze, anknüpft.

5. Indizienbeweis

10 Der Indizienbeweis besteht in einer Gesamtschau und Gesamtwürdigung solcher Umstände, die **mittelbar Rückschlüsse auf die behauptete Tatsache** erlauben.[22] Auch der Indizienbeweis ist letztlich nur ein Strengbeweis, welcher der freien Beweiswürdigung unterliegt. So bedürfen Beweisanzeichen, aus denen das Gericht auf die Haupttatsache schließen soll, des Vollbeweises;[23] ob die Beweisanzeichen nach ihrem Gewicht und in ihrem Zusammentreffen den Schluß auf die Haupttatsache erlauben, entscheidet das Gericht ebenfalls nach freier Überzeugung (§ 286 ZPO). Wer einen Indizienbeweis antritt, muß darlegen, daß ein Bezug der Indiz- zur Haupttatsache ernsthaft möglich ist.[24] Unter diesen Voraussetzungen kann z. B. das Wissen eines Zeugen berücksichtigt werden, der über die beweisbedürftige Tatsache lediglich von einem (unmittelbaren) Zeugen erfahren hat (sog. Zeuge vom Hörensagen).[25]

11 Auch Entscheidungen über einen Indizienbeweis können vom Revisionsrichter daraufhin überprüft werden, ob der Tatrichter gegen Denk- und Erfahrungssätze verstoßen hat (§ 550 ZPO); dazu gehört auch die Frage der Beweiskraft eines Indizes.[26] Nicht **revisibel** ist dagegen wohl die Nichtberücksichtigung eines auf bloße *Indizien* gegründeten Erfahrungssatzes; darin liegt ein Unterschied zu den typischen Geschehensabläufen, die einen *Anscheinsbeweis* rechtfertigen.[27] Eine überzeugende Abgrenzung der beiden Beweiserleichterungen steht allerdings noch aus. Gerade in der Gerichtspraxis **verfließt der Unterschied zwischen Indizien- und Anscheinsbeweis.**

II. Besonderheiten im Produkthaftprozeß gegen den Hersteller

1. Einführung

12 In einem Produkthaftprozeß **müßte der Geschädigte theoretisch beweisen,**
- daß das schädliche Produkt in dem Betrieb, dessen Inhaber er in Anspruch nimmt, gefertigt wurde,

---

[18] BGHZ 6, 169, 170f.

[19] Vgl. Diederichsen, VersR 1966, 211ff.; ZZP 81 (1968), 45ff.

[20] Vgl. RGZ 134, 237, 241f.; BGH VersR 1952, 181, dazu auch Diederichsen, VersR 1966, 211, 217; BGH NJW 1987, 1694 – Putenfutter.

[21] BGHZ 24, 308.

[22] Vgl. RGZ 163, 21, 27f. – Bremsen I; BGH NJW 1970, 946, 949 – Anastasia; VersR 1971, 80, 81 – Bremsen III; NJW 1984, 2039, 2040; NJW 1987, 1009, 1012 – Lenkerverkleidung; Nack, MDR 1986, 366ff.

[23] BGH JR 1954, 468.

[24] BGH NJW 1983, 2034, 2035.

[25] BGH NJW 1984, 2039, 2040.

[26] Nack, MDR 1986, 366, 371.

[27] Blomeyer, Zivilprozeßrecht. Erkenntnisverfahren, 2. Aufl. (1985), § 72 III 1.

– daß dieses Produkt infolge einer vorwerfbaren Pflichtverletzung, für die der Beklagte einzustehen hat, unnötig gefährlich war,
– daß infolge dieser Gefährlichkeit (und nicht etwa durch unsachgemäße Handhabung oder auf sonstige Weise) eines seiner Rechtsgüter verletzt worden ist und
– daß diese Verletzung zu dem geltend gemachten Schaden geführt hat.

Diese Beweise sind praktisch schwer zu führen. Namentlich eine Pflichtverletzung und 13
ihre Zurechenbarkeit kann der Geschädigte meist nicht einmal darlegen, da ihm die Organisation des Herstellerbetriebs unbekannt ist. Wer zu dem maßgeblichen Zeitpunkt für die Konstruktion, einen bestimmten Fertigungsschritt oder die Qualitätskontrolle zuständig war, entzieht sich der Kenntnis Außenstehender ebenso wie der Sicherheitsaufwand, der in dem jeweiligen Verantwortungsbereich getätigt wurde. Das Opfer eines Produktfehlers bliebe daher weitgehend schutzlos, wenn seine rechtliche Stellung nicht durch Ausnahmeregeln gestärkt würde. Hierum hat sich die Rechtsprechung, wenn auch schwankend, schon früh bemüht (vgl. *§ 18 Rz. 2ff.*). In der Folgezeit ist das **Beweisrecht zugunsten des Geschädigten** bis hin zur „Waffengleichheit" **fortgebildet** worden. Das Ergebnis ist eine „Haftungsverlagerung durch beweisrechtliche Mittel".[28]

Der förmliche[29] Bruch mit dem herkömmlichen Beweisrecht erfolgte in der **Hühner-** 14
pest-Entscheidung des BGH vom 26. 11. 1968.[30]

Die Klägerin, die eine Hühnerfarm betrieb, hatte ihre Hühner von einem Tierarzt gegen Hühnerpest impfen lassen. Einige Tage später brach jedoch die Hühnerpest aus, über 4000 Hühner verendeten. Der Tierarzt hatte den Impfstoff bei der beklagten Herstellerin bezogen, wo er nach den tatrichterlichen Feststellungen mit Bakterien verunreinigt worden war, welche die Hühnerpestviren reaktiviert hatten (Fabrikationsfehler). Die Herstellerin trat für die Arbeiter und die Leiterin ihrer Virus-Abteilung den Entlastungsbeweis an.

Der BGH bejahte einen Ersatzanspruch gegen die Beklagte und insbesondere die Haf- 15
tung nach § 823 I BGB, da die Herstellerin sich von dem Vorwurf, den Produktfehler verschuldet zu haben, *entlasten* müsse und dies nicht getan habe:

„Allzuoft wird der Betriebsinhaber die Möglichkeit dartun, daß der Fehler des Produkts auch auf eine Weise verursacht worden sein kann, die den Schluß auf sein Verschulden nicht zuläßt – ein Nachweis, der zumeist wiederum auf Vorgängen im Betriebe des Schädigers beruht, daher vom Geschädigten schwer zu widerlegen ist. Infolgedessen kann der Hersteller dann, wenn es um Schäden geht, die aus dem Gefahrenbereich seines Betriebes erwachsen sind, noch nicht dadurch als entlastet angesehen werden, daß er Möglichkeiten aufzeigt, nach denen der Fehler des Produkts auch ohne ein in seinem Organisationsbereich liegendes Verschulden entstanden sein kann. Dies gebieten in den Fällen der Produzentenhaftung die schutzbedürftigen Interessen des Geschädigten – gleich ob Endabnehmer, Benutzer oder Dritter; andererseits erlauben es die schutzwürdigen Interessen des Produzenten, von ihm den Nachweis seiner Schuldlosigkeit zu verlangen.

Diese Beweisregel greift freilich erst ein, wenn der Geschädigte nachgewiesen hat, daß sein Schaden im Organisations- und Gefahrenbereich des Herstellers, und zwar durch einen objektiven Mangel oder Zustand der Verkehrswidrigkeit ausgelöst worden ist. Dieser Beweis wird vom Geschädigten sogar dann verlangt, wenn er den Schädiger wegen Verletzung vertraglicher oder vorvertraglicher Schutz- und Nebenpflichten in Anspruch nimmt. Nichts anderes gilt, wenn er den Produzenten wegen Verletzung der Verkehrssicherungspflicht in Anspruch nimmt. Hat er aber diesen Beweis geführt, so ist der Produzent „näher daran", den Sachverhalt aufzuklären und die Folgen der Beweislosigkeit zu tragen. Er überblickt die Produktionssphäre, bestimmt und organisiert den Herstellungsprozeß und die Auslieferungskontrolle der fertigen Produkte. Oft machen die Größe des Betriebes, seine komplizierte, verschachtelte, auf Arbeitsteilung beruhende Organisation, verwickelte technische, chemische oder biologische Vorgänge und dergleichen es dem Geschädigten praktisch unmöglich, die Ursache des schadenstiftenden Fehlers aufzuklären. Er vermag daher dem Richter den

---

[28] Vgl. Stoll, AcP 176 (1976), 145.

[29] Beweiserleichterungen, welche die anerkannten Beweisregeln strapazieren, fanden sich schon in früheren Entscheidungen, vgl. z. B. BGH VersR 1959, 104 – Seilschloß; NJW 1968, 247 Nr. 4 – Schubstrebe; dazu auch Lorenz, AcP 170 (1970), 367, 369ff.

[30] NJW 1969, 269 m. Anm. Diederichsen = JZ 1969, 387 m. Anm. Deutsch = BGHZ 51, 91.

Sachverhalt nicht in solcher Weise darzulegen, daß dieser zuverlässig beurteilen kann, ob der Betriebsleitung ein Versäumnis vorzuwerfen ist oder ob es sich um einen von einem Arbeiter verschuldeten Fabrikationsfehler, um einen der immer wieder einmal vorkommenden „Ausreißer" oder gar um einen „Entwicklungsfehler" gehandelt hat, der nach dem damaligen Stand der Technik und Wissenschaft unvorhersehbar war. Liegt so aber die Ursache der Unaufklärbarkeit im Bereich des Produzenten, so gehört sie auch zu seiner Risikosphäre. Dann ist es sachgerecht und zumutbar, daß ihn das Risiko der Nichterweislichkeit seiner Schuldlosigkeit trifft.

... Die moderne Entwicklung der Warenproduktion, an der oft nachträglich nur schwer zu ermittelnde Personen oder Maschinen beteiligt sind und die auf nur noch vom Fachmann zu durchschauenden und zu kontrollierenden Fertigungsprozessen beruht, verlangt eine Fortbildung des Beweisrechts in der Richtung, wie sie das Gesetz in § 836 BGB vorgezeichnet hat".[31]

Diese Begründung wird ergänzt durch einen Hinweis auf die Beweislastregeln, welche die Rechtsprechung seit langem für vertragliche und quasivertragliche Sonderbeziehungen zwischen Geschädigtem und Schädiger aufgestellt hat; die dafür maßgebenden Erwägungen seien auch für die Deliktshaftung des Herstellers angezeigt.[32]

16 Die **Rechtslehre** hat den mit der Hühnerpest-Entscheidung eingeleiteten Wandel der Haftungs-Judikatur nahezu einhellig begrüßt,[33] wenn auch die Rechtfertigung der Beweislastumkehr gelegentlich abweichend akzentuiert wurde: Gegenüber der von dem BGH vor allem angewandten Gefahrenbereichslehre wird beispielsweise betont, daß der Hersteller sein Schadensrisiko verhältnismäßig günstig versichern könne und als Korrelat seiner Gewinnchance auch die Verantwortung für Fehler übernehmen müsse.[34] Auch hierbei geht es aber nur um eine Bewertung der „schutzwürdigen Interessen des Produzenten", die der BGH ausdrücklich mitberücksichtigte.[35]

17 In späteren Entscheidungen hat der BGH klargestellt, daß die **Beweislastumkehr** auf den Produktehersteller nicht nur **für Fabrikationsfehler,** sondern auch für **Konstruktionsfehler** gilt[36] und hier vor allem auch die **Verletzung der Verkehrspflicht** als „äußerer" Sorgfalt[37] einschließt.[38] Damit wurde früheren Zweifeln an dem Umfang der Beweislastumkehr[39] die Grundlage entzogen.

18 Andererseits ist mit Recht darauf hingewiesen worden, daß der **Begriff des „Produktfehlers"** nach der BGH-Rechtsprechung **aufgespalten** wird:[40] in den „objektiven Mangel oder Zustand der Verkehrswidrigkeit",[41] welchen der Geschädigte beweisen soll, und in das „Verschulden"[42] bzw. die Verkehrspflichtverletzung („äußere" Sorgfalt[43]) des Herstellers. Beides ist kaum zu trennen, da im Falle einer „Verkehrswidrigkeit" gerade und nur derjenige Sicherheitsaufwand fehlt, für den der Hersteller – bei Wahrung der „äußeren" Sorgfalt – hätte sorgen müssen. Eine Trennung dieser Kriterien – im Sinne der BGH-Rechtsprechung – ist wohl nur erreichbar, wenn der „objektive Mangel" des Produkts, den der Geschädigte beweisen muß, als Mangel an Sicherheit *ohne Rücksicht auf die Zumutbarkeit*[44] des zu seiner Behebung erforderlichen Aufwands bestimmt wird. Dieser objekti-

---

[31] BGH NJW 1969, 269, 274f. – Hühnerpest.

[32] BGH NJW 1969, 269, 275 – Hühnerpest.

[33] Vgl. nur Diederichsen, NJW 1969, 269ff.; Deutsch, JZ 1969, 391; Kuchinke, Festschrift Laufke (1971), S. 113, 114; Kritik bei Rehbinder, JuS 1969, 208ff.; Leßmann, JuS 1978, 433, 439f.

[34] So etwa Baumgärtel, JA 1984, 660, 665; Sack, BB 1985, 813, 819; s. auch Nickel, VersR 1985, 310, 312f.

[35] BGH NJW 1969, 269, 274 – Hühnerpest.

[36] BGH VersR 1971, 80, 82 – Bremsen III; NJW 1977, 379, 380 – Schwimmerschalter.

[37] Zu dem Unterschied zwischen Pflichtwidrigkeit und Schuld vgl. § 28 Rz. 1ff.

[38] BGH NJW 1981, 1603, 1605 – Derosal I. All das gilt nicht nur für Konsumenten, sondern **auch zugunsten Gewerbetreibender:** BGH NJW 1989, 707, 708 – Fischfutter.

[39] Deutsch, JZ 1969, 391, 393; Larenz, Festschrift Hauß (1978), S. 225, 227ff.

[40] Vgl. v. Westphalen, Jura 1983, 57, 283; s. auch Stoll, AcP 176 (1976), 145, 168f.

[41] BGH NJW 1969, 269, 274 – Hühnerpest.

[42] BGH NJW 1969, 269, 274 – Hühnerpest.

[43] BGH NJW 1981, 1603, 1605 – Derosal I.

[44] Zu diesem Kriterium vgl. § 23 Rz. 14ff., § 24 Rz. 51ff.

ve Mangel im Sinne des Beweisrechts wird fortan als **Produktmangel** bezeichnet; beruht er auf einer Pflichtwidrigkeit, so wird er (weiterhin) **Produktfehler** genannt.

Demnach können für den Produkthaftprozeß folgende **Beweisstufen** unterschieden werden: 19

- Beweis eines Produktmangels (als bloßen Sicherheitsdefizits),
- Beweis, daß der Mangel im Organisations- und Gefahrenbereich des Herstellers entstanden ist,
- Beweis einer (dem Hersteller unterlaufenen oder zurechenbaren) schuldhaften Verkehrspflichtverletzung und ihrer Ursächlichkeit für den Produktmangel (kurz: Beweis eines Produktfehlers),
- Beweis einer dadurch verursachten Verletzung von Rechtsgütern des Geschädigten,
- Beweis eines hierdurch entstandenen Schadens.

2. Leitlinien der Rechtsprechung

Die wesentlichen Grundsätze der Rechtsprechung zu den Beweiserleichterungen im Produkthaftprozeß lassen sich wie folgt skizzieren: 20

(1) Ein **Anscheinsbeweis** *(Rz. 8)*, ein **Indizienbeweis** *(Rz. 10)* und eine Umkehr der Beweislast wegen **Beweisvereitelung** *(Rz. 7, 36f.)* kommen auf allen Beweisstufen in Betracht.

(2) Der Geschädigte muß beweisen, daß das Produkt, das ihn verletzt hat, aus Gründen, die im Organisations- und Gefahrenbereich des Herstellers liegen, nicht die erforderliche Sicherheit aufwies, also **mangelhaft** war.

(3a) Im Falle eines **Konstruktions-** oder **Fabrikationsmangels** muß der Hersteller beweisen, daß der Mangel nicht auf eine ihm zurechenbare Pflichtwidrigkeit zurückgeht. Entsprechend muß er ein Verschulden ausschließen.

(3b) Behauptet der Geschädigte einen **Instruktionsfehler,** so muß er im allgemeinen beweisen, daß der Hersteller seine Warnpflicht verletzt hat, weil er trotz Erkennbarkeit der Gefahr mögliche Schutzmaßnahmen unterlassen oder verzögert hat. Etwas anderes kann aber für solche Beweisthemen und Vorfragen gelten, deren Beurteilung nur innerhalb des Produktionsbetriebs möglich ist (z. B. Organisationsfragen, betriebliches Spezialwissen, Delegierung der Verbraucherwarnung). Steht allerdings der Verstoß gegen eine Warnpflicht fest, so muß im allgemeinen der Hersteller beweisen, daß ein *Schuld*vorwurf dennoch nicht zu erheben ist.

(3c) Einen **Produktbeobachtungsfehler** behandelt die Rechtsprechung im Ergebnis offenbar wie einen Instruktionsfehler.

3. Beweis eines Produktmangels (Sicherheitsdefizits)

a) Beweislast

Die Beweislast für einen Produktmangel *(Rz. 18)* liegt auch nach der neuen Rechtsprechung **bei dem Geschädigten.**[45] Dieser hat also darzulegen und – bei Bestreiten durch den Hersteller – zu beweisen, daß dem Produkt, das den Schaden verursacht haben soll, die zum Schutze des Verbrauchers erforderliche Sicherheit fehlte. Hierfür muß es ausreichen, daß mit der Benutzung des Produkts eine Gefahr verbunden war, die *theoretisch* hätte beseitigt werden können; ob der dafür erforderliche Sicherheitsaufwand überhaupt und gerade auch dem Hersteller zumutbar gewesen wäre, ist auf dieser Beweisstufe ohne Bedeutung. 21

---

[45] BGH NJW 1969, 269, 274 – Hühnerpest; VersR 1971, 80, 81 – Bremsen III; OLG Köln VersR 1988, 580, 581 – Gehstütze; LG Köln NJW-RR 1987, 541 – Holzschutzmittel II; v. Westphalen, Jura 1983, 57, 281.

22 Eine **Beweislastumkehr** kommt nur ausnahmsweise in Betracht, nämlich – entsprechend den allgemeinen Grundsätzen – **bei schuldhafter Beweisvereitelung.** Der Hersteller oder eine Person, für die er im Rahmen der Verschuldenshaftung einzustehen hätte, muß also mindestens leicht fahrlässig verkannt haben, daß der vernichtete oder veränderte Gegenstand noch einmal eine Bedeutung als Beweismittel erhalten könnte.[46] U. E. ist hierfür sogar grobe Fahrlässigkeit vorauszusetzen; hingegen reicht es aus, wenn die Entwertung des Beweismittels selbst leicht fahrlässig erfolgte. Dem Hersteller ist demnach zu raten, Unterlagen, Probestücke, Prüfprotokolle usw., deren Beweisfunktion aufgrund von Produktschadensmeldungen erkennbar wird, aufzubewahren und die dafür erforderlichen organisatorischen Maßnahmen zu treffen.

23 Zu weit würde es dagegen führen, die systematische Konservierung aller die Produktion betreffenden Unterlagen zu verlangen.[47] Hieran wird der Hersteller zwar ein eigenes Interesse haben, um im Falle einer Produkthaftklage den Entlastungsbeweis führen zu können; eine **Rechtspflicht zur Dokumentation** und zu längerer Aufbewahrung von beweisgeeigneten Gegenständen ist jedoch **nicht anzuerkennen.** Zur *Befundsicherungspflicht* s. aber auch *Rz. 36f.*

b) Anscheinsbeweis

24 Schon der Beweis eines Produktmangels kann für den Geschädigten u. U. sehr schwierig sein, z. B. dann, wenn im Zusammenhang mit einem Unfall das Produkt explodiert oder verbrannt ist, wenn Reste von Lebensmitteln, Tablettenpackungen usw. weggeworfen wurden oder wenn der Hersteller sich darauf beruft, der Geschädigte habe das Produkt bestimmungswidrig gebraucht (für abwegige Zwecke, entgegen der Gebrauchsanleitung oder ohne die nötige Wartung). Hier ist der Geschädigte auf Beweiserleichterungen angewiesen. Die Rechtsprechung erkennt daher, falls andere Schadensursachen als ein Produktmangel mit hoher Wahrscheinlichkeit auszuschließen sind, vielfach einen **für Produktmängel „typischen Geschehensablauf"** und damit einen Anscheinsbeweis *(Rz. 8)* an. Diesen kann der Hersteller nur dadurch erschüttern, daß er Tatsachen nennt und ggf. beweist, aus denen sich die ernsthafte Möglichkeit eines atypischen Geschehensablaufs ergibt.

25 **Bejaht** worden ist ein Anscheinsbeweis z. B. im Trinkmilch-Fall;[48] hier konnte aus der Tatsache, daß im September 1949 20 in verstreuten Haushalten lebende Personen Milch eines bestimmten Bauern tranken, auf dessen Hof ein Ausscheider von Typhusbazillen lebte, und dann in der Inkubationszeit erkrankten, geschlossen werden, daß die Milch Typhusbazillen enthielt und die Erkrankten infizierte. Ähnlich wurde im Hühnerpest-Fall ein Erfahrungssatz für die Verseuchung des Hühnerpest-Impfstoffes darauf gestützt, daß die Hühnerbestände mehrerer Landwirte, in verschiedenen Landkreisen und um dieselbe Zeit erkrankten, nachdem sie mit Seren aus derselben Charge geimpft worden waren.[49] Ein Erfahrungssatz, wonach ein Immundefekt auf einen fehlerhaften Impfstoff zurückgehen soll, ist nur mit Rücksicht darauf verneint worden, daß im gegebenen Fall konkrete Anhaltspunkte für eine Vorschädigung des Immunsystems bestanden.[50] Nach heutiger

---

[46] BGH LM § 433 BGB Nr. 36 Bl. 3 – Bremsen III (insoweit nicht in VersR 1971, 80ff.); VersR 1975, 952, 954, III; VersR 1981, 1181, 1182 – Klimatisierungsgerät; Kullmann/Pfister, Kza. 1526 S. 7f.; v. Westphalen, BB 1971, 152, 156; s. auch Baumgärtel, Festschrift Kralik (1986), S. 63ff.

[47] Kullmann/Pfister, Kza. 1526 S. 8.

[48] BGH VersR 1954, 100 – Trinkmilch; instruktiv auch BGH VersR 1976, 543, 544 (ölverseuchte Kartoffeln).

[49] BGH NJW 1969, 269, 274 – Hühnerpest; krit. (für Indizienbeweis) Weitnauer, Festschrift Larenz (1973), S. 905, 913.

[50] OLG Celle PhR 1983, 224, 227; zu Infektionskrankheiten vgl. auch RGZ 165, 336ff.; BGH VersR 1960, 416ff.; 1965, 91, 93; NJW 1982, 2447, 2448 – Muscheln I; VersR 1983, 375 – Muscheln II (Anscheinsbeweis abgelehnt); OLG Köln NJW 1985, 1402 (durch Zahnarzt); OLG Düsseldorf VersR 1986, 494f. (Akupunktur).

medizinischer Erkenntnis ist auch nicht zweifelhaft, daß Gerinnungsfaktor-Präparate, die zur Behandlung der Hämophilie dienen und bis ca. 1985 keiner Hitzebehandlung unterzogen wurden, jedenfalls zeitweise mit HIV-Viren durchseucht waren.[51] Der erste Anschein spricht ferner für den Baufehler einer Geschoßdecke, wenn 11 Wochen nach ihrer Errichtung eine Person in ihr einbricht.[52] Nach der Lebenserfahrung fehlerhaft ist ein mit Butangas betriebenes Fonduegerät, wenn es bei bestimmungsgemäßem Gebrauch – und dazu gehört auch der Betrieb in der Nähe eines Spiritusrechaud – explodiert; das gilt unabhängig davon, ob sich der Entzündungsvorgang im einzelnen – z. B. als Folge eines ungeeigneten Dichtungsringes – aufklären läßt.[53] Ein anderer Erfahrungssatz besagt, daß ein Operationsinstrument 7 Monate nach seiner Auslieferung während der Operation nur dann brechen kann, wenn es fehlerhaft hergestellt worden ist.[54] Platzt ein Heizöltank bei ordnungsgemäßer Befüllung an der Klebenaht, so kann dies für eine fehlerhafte Verklebung der Kunststoffteile sprechen.[55] Erst recht ist als Brandursache ein Klimatisierungsgerät in Betracht zu ziehen, wenn bei einem Feuer, das wenige Wochen nach seiner Installation in einem Büroraum ausbricht, hauptsächlich dieses Gerät zerstört wird.[56]

Verneint wurde dagegen ein Erfahrungssatz, wonach die Auspuffanlage eines Treckers fehlerhaft konstruiert sei, wenn sie gelegentlich Funken ausstößt; denn letzteres könne auch Folge eines Wartungsfehlers oder der Mißachtung einer Betriebsanweisung sein.[57] Auch die Ablösung einer Reifendecke spricht nicht für einen Herstellungsfehler, solange nicht auszuschließen ist, daß die Fahrt mit diesem Reifen infolge unsachgemäßer Wartung oder Unterhaltung desselben bestimmungswidrig war.[58] 26

c) Indizienbeweis

Wo nicht ein *allgemeiner* Erfahrungssatz auf einen Produktmangel hinweist, kann dieser sich u. U. und überzeugender[59] aus mehreren Beweisanzeichen *(Rz. 10)* des Einzelfalles ergeben.[60] 27

Dies kam z. B. in dem **Bremsen-Fall** in Betracht, über den der BGH[61] zu entscheiden hatte. 28

Hier war dem Geschädigten schon kurz nach dem Kauf des Gebrauchtwagens aufgefallen, daß dessen Bremsen zu fest ansprachen. Sie wurden daraufhin überprüft. Wenig später erlitt der Geschädigte einen Unfall, als er mit dem Wagen bei einer Geschwindigkeit von 150 km/h überholen wollte, kurz zuvor aber abbremsen mußte, weil unerwartet ein 150 m vor ihm fahrender Lkw nach links ausscherte. Dabei kam der Gebrauchtwagen ins Schleudern und kippte auf der Gegenfahrbahn um. Zu der Frage, ob dies durch ungleichmäßiges Bremsen – also einen Fehler der Bremsanlage – verursacht war, hatten Sachverständige unterschiedliche Stellungnahmen abgegeben. Andererseits sprach gegen die Unfallursächlichkeit scharfen Bremsens, daß nach dem Unfall keine Radier-, Brems- oder Blockierspuren festgestellt wurden, und gegen einen Fahrfehler des Geschädigten, daß dieser ein

---

[51] Vgl. auch Eberbach, Rechtsprobleme, S. 53 (zur Infektion nach Blutspende).

[52] VersR 1958, 107 – Betondecke.

[53] OLG Köln, Urt. v. 10. 3. 1976, Schmidt-Salzer, Entscheidungssammlung II, II 44, S. 381 – Fonduegerät.

[54] OLG Düsseldorf NJW 1978, 1693 – Septummeißel.

[55] OLG Celle, Urt. v. 31. 10. 1979, Schmidt-Salzer, Entscheidungssammlung III, II 89 – Batterietank (mit allerdings zweifelhafter Begründung).

[56] BGH VersR 1981, 1181, 1182 – Klimatisierungsgerät.

[57] BGH VersR 1971, 453, 454 – Traktor.

[58] OLG Bamberg VersR 1982, 1146, 1147 – Reifendecke II (zweifelhaft); s. auch LG Duisburg VersR 1982, 199, 200 – Wendelrutsche.

[59] Kritik an der (teilweise unangebrachten) Heranziehung des Anscheinsbeweises durch die Rechtsprechung auch bei v. Westphalen, BB 1971, 152, 155.

[60] Baumgärtel, JA 1984, 660, 667; Weitnauer, Festschrift Larenz (1973), S. 905, 913; s. auch BGH VersR 1971, 453, 454 unter 4. – Traktor; NJW 1982, 2447, 2448 – Muscheln I.

[61] BGH VersR 1971, 80 – Bremsen III.

erfahrener Kraftfahrer war und der Unfall bei guten Straßen- und Wetterverhältnissen geschah. All diese Umstände konnten, wie der BGH[62] hervorhob, Beweisanzeichen für einen Fehler der Bremsanlage sein.

29 Ansätze zu einem Indizienbeweis enthält auch die Begründung der ersten **Mehrwegflaschen-Entscheidung.**[63] Hier war eine Limonadenflasche explosionsartig zerborsten. Fest stand, daß die Berstsicherheit gerade dieser Flasche durch ihr Alter und Oberflächenschäden am Glas („Schädigungsbänder") beeinträchtigt sein konnte; dies sprach, da jeder konkrete Anhalt für weitere, nicht vom Hersteller verursachte Beschädigungen der Flasche fehlte,[64] nach Ansicht des OLG Frankfurt für eine mangelhafte Druckstabilität der geborstenen Flasche. Erkranken 30 Personen, die in einem übereinstimmenden Zeitraum in einer Gaststätte **Muscheln** gegessen haben, innerhalb der Inkubationszeit an Hepatitis, so sprechen diese Indizien dafür, daß sich in den Muscheln Hepatitiserreger befanden.[65] Verenden in mehreren Schafherden gerade solche Tiere, die mit einem **Impfstoff** behandelt wurden, so rechtfertigt dies die Annahme einer Mangelhaftigkeit des Impfstoffes, selbst wenn eine Schädigung zusätzliche, prädisponierende Faktoren voraussetzt.[66] Auch wenn in mehreren Gebäuden Transparentglocken der **Wasserfilter** desselben Herstellers platzen, spricht dies gegen eine Häufung zufälliger Montagemängel und damit für einen Produktmangel.[67]

4. Zuordnung des Produktmangels zum Verantwortungsbereich des verklagten Herstellers

a) Beweislast

30 Der **Geschädigte** hat ferner zu beweisen, daß der Produktmangel im Organisations- und Gefahrenbereich des Herstellers entstand, den er gerichtlich in Anspruch nimmt.[68] Ist die Herkunft des betreffenden Produkts unsicher, weil Waren dieser Art von mehreren Unternehmern hergestellt bzw. importiert werden, muß also bewiesen werden, **daß das mangelhafte Produkt gerade von dem beklagten Hersteller stammt.** Hierbei dürften allerdings nur selten Schwierigkeiten auftreten, da zumindest der Endhersteller durch Rückverfolgung der Vertriebswege feststellbar sein wird. Ist dies nicht möglich, da es sich um ein Importprodukt handelt oder ein Quasi-Hersteller[69] auftrat, so scheidet eine Deliktshaftung u. U. aus. Statt des Herstellers wird dem Geschädigten dann aber – nach dem neuen Produkthaftungsgesetz – vielfach der Quasi-Hersteller oder sogar der Lieferant haften.

31 Der Organisations- und Gefahrenbereich, dem das Produkt zugeordnet werden muß, deckt sich im übrigen nicht mit dem Pflichtenkreis des Herstellers. Bei **arbeitsteiliger Herstellung** ist daher folgendermaßen zu unterscheiden:

32 Bei einer Klage gegen den **Endhersteller** genügt es, daß der Mangel seinem Produkt anhaftet. Ohne Belang ist dagegen – jedenfalls auf dieser Beweisstufe –, ob der Mangel

[62] BGH VersR 1971, 80, 81 – Bremsen III.

[63] OLG Frankfurt VersR 1985, 890, 891 – Mehrwegflasche I.

[64] und die Berstsicherheitskontrolle der Herstellerin ohnehin unzulänglich war

[65] , die mangels ausreichender Kochzeit nicht abgetötet wurden: BGH NJW 1982, 2447, 2448 – Muscheln I; VersR 1983, 375, 376 – Muscheln II.

[66] OLG Braunschweig, Urt. v. 16. 3. 1967, Schmidt-Salzer, Entscheidungssammlung III, II 69, S. 403f. – Tierimpfstoff.

[67] LG Düsseldorf, Urt. v. 29. 3. 1977, Schmidt-Salzer, Entscheidungssammlung III, III 30, S. 628 – Mikroschutzfilter.

[68] BGH NJW 1969, 269, 274 – Hühnerpest; OLG Düsseldorf NJW 1978, 1693 – Septummeißel; OLG Frankfurt VersR 1985, 890, 891 – Mehrwegflasche I; VersR 1987, 469, 470 – Mehrwegflasche II; OLG Köln VersR 1988, 580, 581 – Gehstütze.

[69] Vgl. § 25 Rz. 12.

ursprünglich auf ein Zulieferteil beschränkt war und ob der Endhersteller insoweit seine Assemblerpflichten verletzte.

33 Verklagt der Geschädigte (nur oder zusätzlich) den **Hersteller des Teilprodukts**, so muß er nachweisen, daß dieses entweder ungeachtet der Einbringung in das Endprodukt mangelhaft war oder doch im Hinblick auf diese besondere Verwendung nicht die erforderliche Sicherheit aufwies. Dieser Nachweis braucht sich u. E. grundsätzlich nicht darauf zu erstrecken, daß das Teilprodukt auch dann unsicher war, wenn der Endhersteller die mit dem Zulieferer abgesprochenen oder doch nach wie vor notwendigen konstruktiven oder Kontrollmaßnahmen vorgenommen hatte. Denn der Geschädigte hat regelmäßig keine Kenntnis von etwaigen Abreden über die Aufgabenverteilung zwischen Zulieferer und Endhersteller. Eine daran anknüpfende Beweislast des Geschädigten wäre daher im allgemeinen unzumutbar. Es kann dem Zulieferer überlassen bleiben, sich – auf der Beweisstufe der Pflichtverletzung – von dem Vorwurf eines Pflichtverstoßes zu entlasten, jedenfalls insoweit, wie *ihm* dies zumutbar ist (dazu *Rz. 57*).

34 Ist der Hersteller des Produkts identifiziert, so muß der **Geschädigte** im Prinzip auch **ausschließen, daß der Produktmangel erst nach der Inverkehrgabe entstand;** denn der Hersteller haftet nicht für Transportschäden beim Vertrieb, für Sabotageakte und Wartungs- oder Reparaturfehler, zu denen es z. B. noch bei Vertriebshändlern und Servicestationen kommen kann. Besteht die Möglichkeit, daß das Produkt bei Eingriffen des Benutzers selbst – z. B. bei unfachmännischen Reparaturversuchen, technischen Umrüstungen usw.[70] – beschädigt wurde, so hat der Geschädigte auch solche Verdachtsmomente zu widerlegen. Dies kann naturgemäß zu Härten führen.

35 Sie zeigten sich vor allem im zweiten **Mehrwegflaschen-Fall,** über den in 2. Instanz das **OLG Frankfurt**[71] entschied. Der damals dreijährige Kläger ging in den Keller, um eine Flasche Limonade heraufzuholen. Als er die Flasche aus dem Kasten nahm, zersprang sie mit dem für eine Explosion typischen „dumpfen Schlag", wodurch das Kind schwere Augenverletzungen erlitt. Als Explosionsursache kam einerseits ein falscher Innendruck der Flasche in Betracht; er wäre allein dem Verantwortungsbereich des Herstellers zuzuordnen gewesen. Ursächlich konnte aber auch eine Schädigung des Flaschenglases sein, die u. U. beim Hersteller (der ungeeignete Flaschen zwar weitgehend, aber nicht vollständig aussonderte), vielleicht aber auch erst beim Transport der Flasche eintrat. Sichere Aussagen über die Fehlerquelle wären bei einer Untersuchung der Flaschenscherben möglich gewesen; diese waren aber „nicht mehr vorhanden". Das OLG Frankfurt erkannte die daraus folgende Beweisnot des Klägers ausdrücklich an, sah aber keine Möglichkeit, von den anerkannten Grundsätzen der Beweisverteilung abzuweichen.

36 Neuerdings zieht der **BGH** eine **Beweislastumkehr** aber unter besonderen Umständen in Betracht. Zugunsten des Geschädigten sollen Beweiserleichterungen bis hin zur Beweislastumkehr möglich sein, **wenn** dem Hersteller ein **Verstoß gegen die** sog. **Befundsicherungspflicht** (auch: Statussicherungspflicht) **vorwerfbar** ist. Dabei handele es sich um eine Pflicht, die „zur Gefahrenabwehr gezielt auf Erhebungen zur Aufhellung eines unklaren Zustandes oder einer ungeklärten Beschaffenheit des Produktes gerichtet ist, die dem Hersteller zum Schutz der Verwender gerade deshalb aufgegeben ist, um durch eine genaue Ermittlung und Sicherung des Status sich rechtzeitig über das Freisein von Produktgefahren zu vergewissern, die typischerweise das Produkt belasten und die nach Inverkehrgabe des Produkts durch den Hersteller nicht mehr aufzudecken sind." Insofern soll die Befundsicherungspflicht über die „allgemeine Verkehrspflicht" des Produzenten hinausgehen.[72]

---

[70] Vgl. z. B. OLG Hamm VersR 1987, 594 – Autoreifen III.

[71] OLG Frankfurt VersR 1987, 469f. – Mehrwegflasche II.

[72] BGH NJW 1988, 2611, 2613f. – Mehrwegflasche II, m. zustimm. Anm. Reinelt = JZ 1988, 966 m. zustimm. Anm. Giesen; dazu kritisch Foerste, VersR 1988, 958, 959; Schmidt-Salzer, PHI 1988, 146ff.

Eine solche Befundsicherungspflicht bejahte der BGH im zweiten Mehrwegflaschen-Fall *(Rz. 35)*, indem er der zerborstenen Flasche eine „besondere Schadenstendenz" zuerkannte.[73] Dieses Kriterium schränkt die Beweislastumkehr aber wohl nur scheinbar ein: Letztlich läßt sich fast jeder Fehlerquelle, die ja immerhin einen besonderen Sicherheitsaufwand rechtfertigen soll, eine „besondere Schadenstendenz" zuschreiben. Auch dies spricht gegen die neue Beweisregel (vgl. *Rz. 37*).

37 Diese Rechtsprechung knüpft an die für den Arzthaftungsprozeß entwickelten Beweisregeln an. Ob diese auf den Produkthaftprozeß übertragen werden können, ist jedoch **zweifelhaft.** Jedenfalls sind die vom BGH genannten Merkmale der Befundsicherungspflicht des Produzenten nicht geeignet, diese von der allgemeinen Pflicht zur – natürlich ebenfalls gezielten – Qualitätskontrolle abzugrenzen. Zwar lehnt der BGH eine allgemeine Beweislastumkehr für die Folgen einer Pflichtwidrigkeit entschieden ab.[74] Die bisherige Definition der **Befundsicherungspflicht** steht dazu aber eher in Widerspruch; sie **sollte** daher **eng ausgelegt werden.**[75]

b) Anscheinsbeweis

38 Auch für die Entstehung des Produktmangels im Organisations- und Gefahrenbereich des Herstellers kann ein Anscheinsbeweis sprechen. Er wird meist sogar mit dem (Anscheins-)Beweis des Mangels selbst einhergehen. Steht nämlich fest, daß der Schaden, für den Ersatz begehrt wird, überhaupt auf einen Sicherheitsmangel des Produkts zurückgeht, so wird die Lebenserfahrung oft nahelegen, daß dieser Mangel nur bei der Produktion entstanden sein kann.[76] Diesem Anschein läßt sich offenbar nur dann die Grundlage entziehen, wenn konkrete Anhaltspunkte dafür bestehen, daß die Ursache des Mangels erst nach der Inverkehrgabe, d. h. durch werksfremde Einflüsse, gelegt wurde.[77]

39 Demgegenüber bejaht der **BGH** Erfahrungssätze für *Herstellungs*mängel nur **zurückhaltend:**[78] Sie setzten im allgemeinen voraus, daß
- **entweder** eine nachträgliche Produktveränderung faktisch ausgeschlossen sei oder daß dafür (etwa bei neueren Geräten) wenigstens keinerlei Anhaltspunkte bestünden[79]
- **oder** bei verschiedenen Verwendern des Produkts bzw. an mehreren Stellen gleiche oder ähnliche Schäden aufträten (z. B. bestimmte Erkrankungen typischer Art nach dem Gebrauch von Nahrungsmitteln, Medikamenten, Kosmetika).

40 Dementsprechend wies der BGH die im **Putenfutter-Fall** erhobene Produkthaftklage ab.[80] Hier traten bei den Puten des Klägers nach Verfütterung einer bestimmten Futterlieferung Lähmungserscheinungen und Freßunlust auf. Diese Symptome klangen nach einer Gegenfütterung mit anderem Futter wieder ab. Beide Vorgänge wiederholten sich, und zwar auch bei der vom Kläger eingeschalteten Versuchsanstalt der Landwirtschaftskammer. Dennoch vermißte der BGH konkrete Anhaltspunkte für einen *Herstellungs*mangel, nämlich z. B. 1. die Feststellung eines bestimmten (und im landwirtschaftlichen Betrieb nicht verbreiteten) Krankheitserregers im Putenfutter oder 2. Putenerkrankungen auch in anderen Mastbetrieben nach Fütterung aus der gleichen Charge oder 3. die Feststellung, daß das von der Landwirtschaftskammer getestete Futter unmittelbar aus den Futtersilos entnommen (und nicht etwa anschließend noch verunreinigt) worden war.

---

[73] BGH NJW 1988, 2611, 2613f. – Mehrwegflasche II.

[74] BGH NJW 1988, 2611, 2613b aa – Mehrwegflasche II.

[75] Vgl. Foerste, VersR 1988, 958ff.; Schmidt-Salzer, PHI 1988, 146, 153f.

[76] OLG Köln, Urt. v. 10. 3. 1976, Schmidt-Salzer, Entscheidungssammlung II, II 44, S. 382 – Fonduegerät; OLG Düsseldorf NJW 1978, 1693 – Septummeißel; s. auch OLG Hamm VersR 1987, 594 – Autoreifen III.

[77] Vgl. BGH VersR 1971, 453, 454 – Traktor; OLG Bamberg VersR 1982, 1146, 1147 – Reifendecke II (zweifelhaft).

[78] BGH NJW 1987, 1694, 1695 – Putenfutter.

[79] Ebenso BGH NJW 1988, 2611, 2612f. – Mehrwegflasche II; OLG Frankfurt VersR 1987, 469, 470 – Mehrwegflasche II.

[80] BGH NJW 1987, 1694f. – Putenfutter; dazu Deutsch, JZ 1989, 465, 466f..

c) Indizienbeweis

Im Einzelfall werden dessen besondere Umstände oft weniger als allgemeine Lebenserfahrung denn als Indizien nahelegen, daß der Mangel dem Produkt schon bei seiner Inverkehrgabe anhaftete.[81] Auf solche Beweisanzeichen kann der Geschädigte u. U. auch den Nachweis stützen, daß das schädliche Produkt nur aus dem Betrieb des beklagten Herstellers stammen kann. 41

5. Beweis von Verkehrspflichtverletzung und Verschulden

a) Allgemeines

Die deliktische Produkthaftung steht und fällt mit der Feststellung, ob dem Hersteller oder einer Person, für die er einzustehen hat, ein Pflichtverstoß vorzuwerfen ist. Wie erwähnt, wird ein solcher Pflichtverstoß nach den Grundsätzen der neueren **Rechtsprechung** vermutet, wenn die Verletzung durch einen Herstellungsmangel feststeht *(Rz. 13ff.)*. Der **Hersteller muß sich** also **entlasten,** indem er darlegt und ggf. beweist, daß es in seinem Organisations- und Gefahrenbereich zu keiner Verkehrspflichtverletzung kam, für die er einzustehen hat. Dieses Prinzip wird jedoch von der Rechtsprechung selbst nur auf Konstruktions- und Fabrikationsfehler angewandt, während im übrigen nur singuläre Beweiserleichterungen gelten sollen, die teilweise auch noch auf die „innere" Sorgfalt (Schuld) des Verantwortlichen beschränkt werden. 42

Richtigerweise ist das **Ausmaß der Beweislastumkehr** stets an den Kriterien zu orientieren, die auch bei der Fortbildung des Beweisrechts im Vordergrund standen: der jeweiligen *Beweisnot* des Geschädigten und der *Zumutbarkeit* einer Beweislastumkehr für den Hersteller.[82] 43

b) Konstruktions- und Fabrikationsfehler

aa) Grundsatz: Beweislastumkehr. Der Hersteller trägt die Beweislast dafür, daß er für einen Konstruktions- oder Fabrikationsfehler des aus seinem Betrieb stammenden Produkts nicht einzustehen hat.[83] Diese Beweislast ist in persönlicher wie in sachlicher Hinsicht umfassend. Der Hersteller kann ihr praktisch nur genügen, indem er jede Behauptung des Geschädigten über Unzulänglichkeiten bei der Herstellung widerlegt und darüber hinaus von sich aus **alle zumutbaren Sicherheitsvorkehrungen** – im Betrieb und speziell für das betreffende Produkt – **lückenlos darlegt und unter Beweis stellt.** Dieser Nachweis ist naturgemäß sehr schwierig und, soweit bekannt, bisher auch nur in seltenen Fällen gelungen.[84] Er darf andererseits aber auch nicht künstlich erschwert werden, um den Verbraucher vor dem wirtschaftlich meist potenten (und versicherten!) Hersteller lückenlos zu schützen. Die Beweisnot des Geschädigten berechtigt allenfalls zur Umkehr der Beweislast, nicht jedoch zur Verschärfung des Beweismaßes. 44

Die Beweislastumkehr beruht auf Billigkeit. Ihre **Grundlage entfällt** daher, wo die Entlastung des Herstellers durch eine Obliegenheitsverletzung des Geschädigten unmöglich gemacht oder wesentlich erschwert wird (§ 242 BGB). Bedeutsam wird dies vor allem, **wenn der Geschädigte die Sicherstellung des mangelhaften Produkts** (der Produktreste) schuldhaft **vernachlässigt** (s. auch

---

[81] So wohl OLG Frankfurt VersR 1985, 890, 891 – Mehrwegflasche I; vgl. auch OLG Oldenburg VersR 1984, 1097 – Schlauchfalte (im Ergebnis abgelehnt).

[82] BGH NJW 1969, 269, 274f. – Hühnerpest.

[83] BGH NJW 1969, 269, 274f. – Hühnerpest; VersR 1971, 80, 82 – Bremsen III; NJW 1972, 2300, 2301 – Wasserversorgung I; NJW 1977, 379, 380 – Schwimmerschalter; NJW 1981, 1603, 1605 – Derosal I; OLG Düsseldorf NJW 1978, 1693 – Septummeißel; Baumgärtel, JA 1984, 660, 666ff.; Brüggemeier, WM 1982, 1294, 1304; Kullmann, BB 1976, 1085, 1092f.

[84] Vgl. z. B. AG Frankfurt VersR 1977, 1137 – Vollkornbrot.

Rz. 127); denn hierdurch kann die sachverständige Begutachtung des Produkts, die Rekonstruktion des Unfallhergangs und damit u. U. auch eine Eingrenzung der denkbaren Mangelursachen erschwert werden. Schwindet auf diese Weise die letzte Chance einer Entlastung, so muß die Beweislast nach den Regeln über die fahrlässige Beweisvereitlung *(Rz. 7)* wieder auf den Geschädigten zurückfallen,[84a] und zwar (entgegen *Rz. 22*) hier schon bei leichter Fahrlässigkeit.

45 **aaa) Gegenstände der Beweislast.** Der Grundsatz, daß der verklagte Hersteller die tatsächlichen Voraussetzungen seiner Einstandspflicht widerlegt haben muß, bedeutet in **personeller Hinsicht,** daß der Inhaber des Produktionsbetriebs nicht nur eigene Pflichtverletzungen ausschließen muß, sondern die Sorgfalt sämtlicher Personen zu beweisen hat, deren Fehlverhalten ihm zugerechnet würde. Er muß sich also hinsichtlich eigener Organisationsfehler usw. ebenso entlasten wie für Leitende Angestellte, Abteilungsleiter und sonstige Mitarbeiter, für die er nach § 31 BGB oder § 831 BGB[85] einzustehen hätte.

Diese Entlastung für Verrichtungsgehilfen ist wiederum von der Exkulpation nach § 831 I 2 BGB zu unterscheiden: Während die hier besprochene Beweislastumkehr der Frage gilt, ob ein betrieblicher *Mitarbeiter* pflichtwidrig gehandelt hat[86] (was zur Haftung des Betriebsinhabers führen würde, § 831 I 1 BGB), betrifft die Exkulpation die in jenem Fall überhaupt erst erforderliche Widerlegung der Vermutung, daß dem *Inhaber* ein Auswahlfehler zur Last fällt (dazu *§ 38 Rz. 6ff.*).

Entsprechend setzt die Entlastung für Vorstandsmitglieder, Geschäftsführer usw.[87] den Beweis voraus, daß sich sämtliche Organe der AG bzw. GmbH bis hin zu den Abteilungsleitern pflichtgemäß verhalten und daher – entgegen § 31 BGB – keine Einstandspflicht der Gesellschaft begründet haben.

46 Der Entlastungsbeweis kann sich selbstverständlich auf diejenigen Organe und Mitarbeiter beschränken, die auf der jeweiligen Produktionsstufe mit dem fehlerhaften Produkt befaßt waren. Auf diese Personen *muß* der Beweis sich aber auch erstrecken. Daraus folgt, daß der Hersteller die Nichtbeteiligung anderer als der von ihm benannten Mitarbeiter ebenfalls zu beweisen hat. Ist er hierzu außerstande, muß er sich ggf. **für sämtliche Mitarbeiter entlasten,** die in relevanter Weise auf das Produkt eingewirkt haben können.[88] Gegenstand dieser Entlastung ist dann, wie nochmals klargestellt sei, das pflichtgemäße Verhalten jedes einzelnen Mitarbeiters.

Ein weitsichtiges **Risikomanagement** wird zur Vermeidung solcher Beweisnöte für eine sichere Identifizierbarkeit der Produkte ebenso sorgen wie für eine Dokumentation, welche die Zuordnung des fehlerhaften Produkts zu der jeweiligen Serie und dem konkreten Durchlauf bis hin zu den namentlich erfaßten Schichtarbeitern ermöglicht. Dabei müssen insbesondere auch die Wareneingangs- und die Qualitätskontrolle mit einbezogen werden.

47 In **sachlicher Hinsicht** ist zu beweisen, daß dem Inhaber (und den betreffenden Mitarbeitern) keine der bei der Produktion vorstellbaren Pflichtverletzungen zur Last fällt.[89] In erster Linie muß also ein **rechtswidriges Handeln** – ein Verstoß gegen die „äußere“ Sorgfalt – ausgeschlossen werden.[90] Steht eine Verkehrspflichtverletzung fest oder mißlingt zumindest die ihr geltende Entlastung, so kann der Hersteller versuchen, die weitere

---

[84a] Insofern bedenklich BGH NJW 1988, 2611, 2613f. – Mehrwegflasche II; OLG Saarbrücken NJW-RR 1988, 611 – Venenkatheter (allerdings jeweils *elterliches* Verschulden, also Zurechnungsproblem, dazu § 40 Rz. 8).

[85] Dazu im einzelnen in § 37.

[86] BGH NJW 1973, 1602, 1603 – Feuerwerkskörper; OLG Köln, Urt. v. 10. 3. 1976, Schmidt-Salzer, Entscheidungssammlung II, II 44, S. 382ff. – Fonduegerät; Lieb, JZ 1976, 526, 527; so übrigens auch schon RGZ 87, 1, 4 – Brunnensalz; BGH VersR 1959, 104 – Seilschloß.

[87] Vgl. § 25 Rz. 179ff.

[88] BGH NJW 1973, 1602, 1603 – Feuerwerkskörper; OLG Köln, Urt. v. 10. 3. 1976, Schmidt-Salzer, Entscheidungssammlung II, II 44, S. 382ff. – Fonduegerät.

[89] BGH NJW 1973, 1602, 1603 – Feuerwerkskörper; Baumgärtel/Wittmann, § 823 Rz. 82f.

[90] BGH NJW 1969, 269, 274f. – Hühnerpest; NJW 1981, 1603, 1605 – Derosal I; OLG Saarbrücken NJW-RR 1988, 611 – Venenkatheter.

Vermutung zu widerlegen, welche für ein **Verschulden** – den Verstoß gegen die „innere" Sorgfalt – spricht.[91] Dies wird allerdings kaum einmal gelingen, weil der Schuldvorwurf an die Verletzung der „äußeren" Sorgfalt anknüpft *(§ 28 Rz. 2f.)*. Bei Versagen eines Mitarbeiters kommt hinzu, daß die Haftung für Verrichtungsgehilfen gar nicht voraussetzt, daß diese schuldhaft gehandelt haben *(§ 37 Rz. 8)*.

Die damit aufgeworfenen **Beweisthemen** entsprechen letztlich den in *§ 24* erörterten Verkehrspflichten. Der Hersteller muß dartun, daß eine ihm zurechenbare Störung des Produktionsablaufs durch Fehlleistungen im Konstruktions- und Fabrikationsbereich (samt etwaiger Organisationsfehler) ausgeschlossen war. Ein pyrotechnischer Hersteller, aus dessen Fabrik ein **Feuerwerkskörper** mit übermäßiger Sprengkraft geliefert wurde, hat z. B. zu beweisen, daß die Lagerungs- und Trockenanlagen für seine Produkte nicht unsachgemäß benutzt wurden und daß die Papphüllen der Feuerwerkskörper nicht durch Überleimen o. ä. nachteilige Strukturveränderungen erfuhren.[92] Entstehen durch einen erbsengroßen, in ein **Vollkornbrot** eingebackenen Stein Zahnschäden, so hat der Brotfabrikant nachzuweisen, daß die bei der Herstellung verwendeten Behältnisse (Teigschalen, Formen, auch Öfen) nicht geeignet sind, derartige Fremdkörper abzugeben.[93] Aber auch der bauliche Zustand der Fabrikhallen muß ordnungsgemäß sein. Daher ist hier eine Entlastung erschwert, wenn der Fußboden in der Nähe des Backofens abgetreten ist, so daß ein roher Betonfußboden mit sichtbarer Körnung zum Vorschein kommt; denn es ist nicht völlig unwahrscheinlich, daß sich dort (etwa beim Reinigen) Steinchen ansammeln, von denen eines an dem (in einer Backstube gar nicht ganz selten) hinfallenden Teig haften blieb.[94] Wenn feststeht, daß die Produktsicherheit durch den Einsatz modernerer Technik oder verfeinerter Qualitätskontrollen hätte erhöht werden können, muß der Hersteller selbstverständlich auch die **Unzumutbarkeit** solcher Maßnahmen beweisen. Er kommt also nicht umhin, dem Gericht einen nachvollziehbaren Einblick in die betriebswirtschaftliche Situation[95] seines Unternehmens und den dort geleisteten Sicherheitsaufwand zu geben. 48

Praktisch wichtig ist die „Zweifelsfrage",[96] ob der Beweislastumkehr auch die **außerbetrieblichen Voraussetzungen einer Verkehrspflicht** unterliegen. Wer dies bejaht, zwingt den Hersteller – über den Nachweis, daß in seinem Betrieb zur Zeit der Inverkehrgabe ein bestimmter Stand von Wissenschaft und Technik gewahrt wurde, hinaus – auch zu dem Beweis, daß dieser Stand dem seinerzeit *neuesten* Stand der Wissenschaft und Technik entsprach. Dieser Beweis würde als Vorfrage also den zur Zeit der Inverkehrgabe objektiv erreichten Entwicklungsstand einbeziehen, obwohl gerade er – mit Hilfe von Sachverständigen – auch von dem Geschädigten ermittelt werden könnte. Letztlich geht es hierbei um die Frage, ob der Hersteller auch die außerbetrieblichen Voraussetzungen eines Entwicklungsfehlers, für den er nicht haftet,[97] nachzuweisen hat. 49

Davon schien der **BGH** bislang auszugehen. Schon in der Hühnerpest-Entscheidung wurde zugunsten des Geschädigten berücksichtigt, daß er dem Gericht meist keine zuverlässige Grundlage für die Beurteilung geben kann, „ob der Betriebsleitung ein Versäumnis vorzuwerfen ist oder ob es sich . . . gar um einen ‚Entwicklungsfehler' gehandelt hat, der nach dem damaligen Stand der Technik und Wissenschaft unvorhersehbar war."[98] Ohne Differenzierung nach den einzelnen Beweisfragen heißt es dann: „Liegt so aber die Ursa- 50

[91] NJW 1969, 269, 274f. – Hühnerpest; NJW 1981, 1603, 1605 – Derosal I; vgl. Rz. 17f.

[92] BGH NJW 1973, 1602, 1603 – Feuerwerkskörper.

[93] AG Frankfurt VersR 1977, 1137 – Vollkornbrot.

[94] Anders AG Frankfurt VersR 1977, 1137 – Vollkornbrot („rein theoretische Überlegung").

[95] Zur Relevanz der Sicherheitskosten vgl. § 24 Rz. 51ff.

[96] So Kullmann/Pfister (Kza. 1526 S. 16) zur Erstreckung der Beweislastumkehr auf die Abgrenzung von Entwicklungsfehler und (vorwerfbarem) Konstruktionsfehler.

[97] Vgl. § 24 Rz. 84.

[98] BGH NJW 1969, 269, 275 – Hühnerpest; ebenso BGH VersR 1971, 80, 82 – Bremsen III.

che der Unaufklärbarkeit im Bereich des Produzenten, so gehört sie auch zu seiner Risikosphäre."[99]

51 Unter Hinweis darauf nimmt auch das **Schrifttum** an, die dem Hersteller obliegende Beweislast erstrecke sich auf den objektiven Erkenntnisstand bei der Inverkehrgabe des Produkts.[100] Zugleich wird aber eingeräumt, daß diese Ausweitung mit den Grundsätzen zur Beweislast für Instruktionsfehler nur schwer vereinbar ist.[101] Zu diesen heißt es in der grundlegenden Derosal-Entscheidung[102] des BGH:

„Es mag zwar Fälle geben, in denen sich ein derart Geschädigter in ähnlicher Beweisnot befindet wie bei einer Schädigung durch Konstruktions- oder Fabrikationsfehler; zuweilen kann dieser Grund, der den *Senat* in BGHZ 51, 91 = NJW 1969, 269, zur Überbürdung der Beweislast auf den Hersteller veranlaßt hat, auch bei Schädigung durch einen Instruktionsfehler gegeben sein. Daß der *Senat* dem Geschädigten die Beweislast abgenommen hat, beruht jedoch wesentlich auf dem Gedanken, daß er Vorgänge aufklären müßte, die sich bei der Herstellung des Produkts im Betriebe des Produzenten abgespielt haben, wie sich das am deutlichsten bei Fabrikationsfehlern zeigt. Geht es aber – wie im Streitfall – darum, ob der Hersteller nach Inverkehrbringen seines Produkts durch allgemein zugängliche Veröffentlichungen und durch Erfahrungen, die dessen Benutzer mit dem Produkt inzwischen gemacht haben und die er kennen mußte, Anlaß zu Warnungen hatte, so läßt sich in aller Regel nicht sagen, der Geschädigte hätte Vorgänge aufzuklären, die sich in einem Bereich zugetragen haben, der allein dem Produzenten, nicht aber dem Benutzer zugänglich war. Infolgedessen fehlt es an einem ausreichenden Grund, die Benutzer einer Ware gegenüber deren Herstellern entgegen der nach dem Gesetz grundsätzlich geltenden Beweisregel besser zu stellen."

52 Ein solcher Grund ist **u. E.** auch für eine Entlastungspflicht im Bereich der Konstruktion und Fabrikation nicht ersichtlich. Es wäre vielmehr ein Wertungswiderspruch, dem Hersteller die Beweislast für den neuesten Stand der Wissenschaft und Technik zwar bei Fertigungsfehlern, nicht aber bei Instruktionsfehlern aufzuerlegen. Ferner „Jede Verlagerung der Beweislast im Bereich deliktischer Haftung bedeutet ... eine Hinwendung zu einer reinen Erfolgshaftung. Sie bedarf daher einer besonderen Legitimation."[103] Eine solche Legitimation ist nicht etwa schon daraus abzuleiten, daß der Hersteller sein Haftungsrisiko besser versichern kann als der Verletzte seinen Schaden und daß seiner Gewinnchance eine Produktverantwortung entsprechen muß;[104] denn all dies ändert nichts daran, daß der spezifische Entwicklungsstand zur[105] Zeit der Inverkehrgabe des schädlichen Produkts meist auch von dem Geschädigten festgestellt werden kann. Daß dieser die Kosten für im Haftpflichtprozeß bestellte Sachverständige ggf. vorzuschießen hat, ist keine Besonderheit der Produkthaftung. Die **Beweislast für außerbetriebliche Voraussetzungen der Verkehrspflicht(verletzung)** sollte demnach **der Geschädigte** tragen. Diesem Standpunkt hat sich auch der BGH in seiner Entscheidung vom 7. 6. 1988 deutlich genähert.[106]

53 Das schließt keineswegs aus, daß der neueste Stand der Wissenschaft und Technik in hochspezialisierten Unternehmen, die selber Forschung und Entwicklung vorantreiben, zu den betriebs*internen* Haftungsvoraussetzungen gehören kann; bei entsprechenden Anhaltspunkten muß der Hersteller beweisen, daß der **im individuellen Betrieb erreichte oder erreichbare Erkenntnisstand** bei der Inverkehrgabe des Produkts nicht über den externen Stand von Wissenschaft und Technik hinausging.

---

[99] BGH NJW 1969, 269, 275 – Hühnerpest.

[100] Dezidiert Kullmann/Pfister, Kza. 1526 S. 16; Sack, BB 1985, 813, 819; RGRK/Steffen, § 823 Rz. 534; vgl. auch Baumgärtel/Wittmann, Festschrift Karl Schäfer (1980), S. 13, 25; Gottwald, Jura 1980, 303, 305.

[101] Sack, BB 1985, 813, 819.

[102] BGH NJW 1981, 1603, 1605 – Derosal I.

[103] BGH JZ 1985, 540, 541; Baumgärtel/Wittmann, Festschrift Karl Schäfer (1980), S. 13, 23 („ohne zwingendes Gerechtigkeitspostulat nicht durch richterliche Rechtsfortbildung").

[104] So aber Sack, BB 1985, 812, 819.

[105] allerdings von dem Hersteller zu beweisenden

[106] BGH NJW 1988, 2611, 2612d – Mehrwegflasche II; ebenso LG Köln NJW-RR 1987, 541, 542 l. Sp. – Holzschutzmittel II.

Im übrigen versteht sich, daß der Geschädigte zum Stand der jeweiligen Technik überhaupt erst Stellung nehmen kann, wenn der Hersteller den bei *ihm* beachteten Standard, d. h. alle Einzelheiten der Konstruktion und Fabrikation des betreffenden Produkts, mitgeteilt (und bewiesen) hat; hierzu gehören auch Details der zwischenbetrieblichen Arbeitsteilung (s. aber *Rz. 55ff.*). Jedoch können und sollten Zweifel an der Vereinbarkeit jener Produktionsweise mit dem objektiven Stand von Wissenschaft und Technik von dem Geschädigten ausgeräumt werden. Zur Vermeidung prozessualer Nachteile und im Hinblick auf das Risikomanagement muß allerdings klar gesagt werden, daß auch die **Praxis der Instanzgerichte** bislang **von einer umfassenden Darlegungs- und Entlastungspflicht des Herstellers ausgeht.** 54

Im Falle vertikaler oder horizontaler **Arbeitsteilung** wird der beklagte Hersteller bestrebt sein, Schuldvorwürfe auf den fremden Verantwortungsbereich abzuschieben. Eine darauf gestützte Entlastung setzt jedoch voraus, daß 55

1. die erforderliche Sicherheit nur dem zugelieferten Produkt (sonstigen Fremdleistungen) bzw. dem Endprodukt fehlte[107] und
2. eigene Assembler- bzw. Zuliefererpflichten sowie Kontroll- und Koordinationspflichten nicht verletzt wurden.[108]

Diese Beweise können nur gelingen, wenn zuvor die für die Arbeitsteilung maßgebenden Verhältnisse, aus denen die beiderseitigen Verkehrspflichten folgen, im einzelnen dargelegt wurden. Sie müßten, will man die BGH-Rechtsprechung zur Beweislastumkehr konsequent anwenden, ggf. auch bewiesen werden.

Hiergegen bestehen bei einer **Klage gegen den Endhersteller** auch keine Bedenken. Denn dieser ist im Prinzip ohnehin für sämtliche Produktionsstufen und Produktteile verantwortlich und kann sich seiner Einstandspflicht durch Vergabe einzelner Arbeitsschritte an andere Betriebe nur entziehen, wenn er dafür sorgt, daß die Produktsicherheit auf andere Weise gewahrt bleibt (näher *§ 25 Rz. 46ff.*) Auf entsprechende Beweismittel muß er von vornherein bedacht sein. 56

Bei einer **Klage gegen Zulieferer** oder sonstige Leistungserbringer ist dagegen zu bedenken, daß eine Entlastung hier im Einzelfall unzumutbar werden kann. Waren die Teilprodukte oder -leistungen nämlich für sich allein fehlerfrei und nur im Hinblick auf ihre besondere Funktion im Endprodukt unzulänglich, so sind etwaige Behauptungen des Geschädigten über eine fehlerhafte Anwendungsberatung des Zulieferers u. U. kaum zu widerlegen. Die starre Beweislastumkehr zugunsten des Geschädigten sollte dann auf Fälle beschränkt bleiben, in denen feststeht, daß der Zulieferer eine gewisse Kenntnis von dem genauen Verwendungszweck hatte, der seiner Teilleistung von dem Endhersteller zugedacht war.[109] Demnach können z. B. Zulieferer, die standardisierte Teile typischerweise ohne eine Anwendungsberatung o. ä. stellen, von der Beweislastumkehr ausgenommen werden. 57

Gegenstand der Beweislastumkehr ist die Frage, ob der Produktmangel (als bloßes Sicherheitsdefizit) auf eine Pflichtverletzung zurückgeht. Folglich hat der Hersteller **auch zu beweisen, daß** eine (festgestellte oder nicht widerlegte) **Verkehrspflichtverletzung** jedenfalls **nicht ursächlich für den Produktmangel** wurde, auf den der Geschädigte seine Klage stützt.[110] Theoretisch ist ja nie auszuschließen, daß ein Fehlverhalten im Betrieb 58

---

[107] Schmidt-Salzer, BB 1979, 1, 11; s. auch Kullmann, BB 1976, 1085, 1092.

[108] Einzelheiten: § 25 Rz. 32ff.

[109] Ähnlich Schmidt-Salzer/Hollmann (Bd. 1, Art. 7 Rz. 168f.) zum Ausschluß der Gefährdungshaftung des Zulieferers.

[110] Baumgärtel, JA 1984, 660, 668; Kuchinke, Festschrift Laufke (1971), S. 113, 131; Kullmann/Pfister, Kza. 1526 S. 18; **anders** wohl bei Feststellung **strafrechtlicher** Verantwortung wegen unzureichender Mitarbeiterkontrolle oder für einen Fabrikationsfehler infolge unterbliebener *Stichproben* (dazu § 45 Rz. 50; Schmidt-Salzer, Produkthaftung: Strafrecht, Rz. 1.462ff.).

durch glückliche Fügung keine Auswirkung hatte oder „nur“ andere Produkte in Mitleidenschaft zog.

59 Auch im **Förderkorb-Fall**[111] war problematisch, ob ein Verarbeitungsfehler sich gefährdend ausgewirkt hatte. Ein Förderkorb (Haspel) war infolge des Bruches seiner ersten Vorlegewelle abgestürzt. Der Bruch erfolgte an der Stelle, an welcher der Wellenquerschnitt von 85 mm auf 80 mm überging. Dieser Übergang war nicht, wie erforderlich, glatt ausgerundet, sondern scharfkantig belassen worden. Daß der Wellenbruch hierauf zurückzuführen sei, hielt der Sachverständige jedoch „für eher unwahrscheinlich (unter 50%)“, da die Belastbarkeit der Welle im Bereich jener Kerbe vermutlich schon aufgrund früherer Überbeanspruchungen (Verspannungen) weitgehend aufgehoben gewesen sei. Unter Hinweis darauf verneinte der BGH einen Anscheinsbeweis für die Unfallursächlichkeit des Bearbeitungsfehlers.[112] – Hier ging es in der Tat schon um die Ursächlichkeit des Produktmangels (Scharfkantigkeit) für die erste Mangelfolge (Wellenbruch), also *nicht* um ein Beispiel für *Rz. 58:* Der Produktmangel selbst beruhte klar auf Fehlverhalten.

60 **bbb) Erstreckung auf Kleinbetriebe.** Bis heute ist **nicht geklärt,** ob die dargestellte Beweislastumkehr jeden Hersteller trifft. Der BGH stützte sie in der Hühnerpest-Entscheidung nämlich auch darauf, daß „die Größe des Betriebes, seine komplizierte, verschachtelte, auf Arbeitsteilung beruhende Organisation, verwickelte technische, chemische oder biologische Vorgänge und dergleichen es dem Geschädigten praktisch unmöglich (machen), die Ursache des schadenstiftenden Fehlers aufzuklären“;[113] zugleich wies der BGH darauf hin, daß die „Frage, ob auch dem Inhaber eines kleineren Betriebes, dessen Herstellungsverfahren überschaubar und durchsichtig ist (Familien- und Einmannbetriebe, landwirtschaftliche Erzeuger und dergleichen), die Übernahme des Beweisrisikos zugemutet werden kann“, in dem gegebenen Fall keiner Prüfung bedurfte.[114]

61 Jedoch ist die Ausdehnung der Beweislastumkehr auf landwirtschaftliche Erzeuger und kleinere Unternehmen bis hin zu Familien- und Einmannbetrieben **erforderlich.**[115] Das läßt sich zwar nicht schon mit der Prämisse „Verbraucherschutz geht vor Mittelstandsschutz“[116] begründen. Jedoch ist die Beweisnot desjenigen, der durch ein fehlerhaftes Produkt geschädigt wird, in der Regel nicht deshalb geringer, weil die Ware in einem Kleinbetrieb oder nicht einmal industriell gefertigt wurde. Ob der Hersteller nun Landwirt,[117] Bäcker,[118] Abfüllunternehmer oder Gastwirt ist: Fehlerquellen in seinem Betrieb – und damit auch Pflichtwidrigkeiten – kann er allemal leichter überblicken als der Geschädigte. *Insofern* verhält es sich nicht anders als bei industrieller Produktion en gros.[119]

62 Dagegen wäre es ersichtlich **verfehlt,** dem Kleinhersteller – auf der Grundlage der früheren Rechtsprechung – eine **Entlastung** auch **hinsichtlich der außerbetrieblichen Haftungsvoraussetzungen** zuzumuten. Der Hersteller hat lediglich zu beweisen, daß es in seinem Betrieb nicht zu Verstößen gegen diejenigen Pflichten kam, welche sich aus dem jeweiligen Stand der Wissenschaft und Technik ergaben, für den aber im Streitfall meist der Geschädigte beweispflichtig ist. Dies sollte zwar nicht nur für Produkte aus Kleinunternehmen gelten *(Rz. 52);* bei diesen zeigt sich der Legitimationsmangel einer vollständigen Beweislastumkehr aber klarer, da hier auch der „deep-pocket“-Gedanke keine sichere Stütze bietet.

63 **ccc) Beweislastumkehr neben Vertragshaftung?** Grundlage der Beweislastumkehr ist die Beweisnot, letztlich also die Schutzbedürftigkeit der Opfer von Produktmängeln. Das

---

[111] BGH VersR 1972, 559f. – Förderkorb.
[112] BGH VersR 1972, 559, 560 – Förderkorb.
[113] BGH NJW 1969, 269, 275 – Hühnerpest.
[114] BGH NJW 1969, 269, 275 – Hühnerpest.
[115] Ebenso Baumgärtel, JA 1984, 660, 666; Schmidt-Salzer, BB 1979, 1, 10: Steindorff, AcP 170 (1970), 93, 130f.; v. Westphalen, BB 1973, 1374f.; differenz. MüKo/Mertens, § 823 Rz. 310.
[116] Steindorff, AcP 170 (1970), 93, 131.
[117] Dazu Schmidt-Salzer, BB 1979, 1, 10.
[118] Vgl. etwa AG Frankfurt VersR 1977, 1137 – Vollkornbrot.
[119] Anders offenbar Kullmann/Pfister, Kza. 1526 S. 19.

wirft die Frage auf, ob mit der Not des Geschädigten nicht auch die Beweislastumkehr entfallen muß, wenn unabhängig von der deliktischen Haftung des Herstellers auch eine vertragliche besteht (oder doch bestand und nur wegen Verjährung nicht mehr durchgesetzt werden kann); dabei geht es vor allem um den Fall, daß der Geschädigte das mangelhafte Produkt direkt vom Hersteller erworben hat. Frühere Gerichtsentscheidungen[120] rechtfertigten die Annahme, der BGH werde in solchen Fällen die Beweislast nicht umkehren. In neueren Entscheidungen hat der **BGH** eine Beweislastumkehr jedoch ungeachtet verjährter vertraglicher Ansprüche **befürwortet.**[121] Dagegen bestehen auch keine Bedenken:[122] Wenn deliktische und vertragliche Ansprüche den gleichen Umfang haben, ist die Frage ohnehin nur akademisch. Soweit der deliktische Anspruch der Höhe (z. B. eines Schmerzensgeldes) nach über den vertraglichen hinausgeht, bleibt der Geschädigte schutzbedürftig. Ist dagegen der vertragliche Anspruch als erster verjährt, so steht weniger die Beweislast in Frage als der deliktische Anspruch in seiner Gesamtheit (vgl. *§ 21 Rz. 27f.*).

ddd) Beweislastumkehr neben Gefährdungshaftung? Die Berechtigung der Beweis- 64
lastumkehr ist auch für den Fall bezweifelt worden, daß dem Geschädigten zumindest ein Anspruch aus Gefährdungshaftung zusteht. Dieser Frage wird ab Inkrafttreten des neuen **Produkthaftgesetzes** erhebliche Bedeutung zukommen, da hiermit in weiten Bereichen eine verschuldensunabhängige Produkthaftung eingeführt wird. Der Deliktshaftung verbleibt ein Anwendungsbereich aber insbesondere[123] bei Schäden bis zu 500 ECU (Selbstbeteiligungsgrenze von ca. 1029 DM), bei immateriellen Schäden, bei Schäden an nur beruflich oder gewerblich genutzten Sachen und – nach der BGH-Rechtsprechung – bei am Produkt selbst entstehenden Schäden. Die Auswirkungen der Gefährdungshaftung für **Arzneimittel** gem. § 84 AMG standen schon bisher in Frage. Nach den meisten hierzu bekannten Äußerungen[124] soll wegen der Gefährdungshaftung kein Anlaß bestehen, in einem Prozeß wegen Schmerzensgeldes oder eines das Haftungslimit des AMG etwa übersteigenden Schadenersatzes die Beweislast zugunsten des Geschädigten umzukehren.

Das erscheint nicht schlüssig. Soweit die Deliktshaftung über eine daneben eingreifende 65
Gefährdungshaftung hinausgeht, ist auch das schutzwürdige Interesse des Geschädigten indiziert; es bleibt in der Regel nicht hinter dem Umfang des deliktsrechtlichen Anspruchs zurück. Die Gegenansicht läuft darauf hinaus, daß dem Geschädigten die Realisierung z. B. eines Schmerzensgeldanspruchs „zum Ausgleich dafür" erschwert wird, daß das Gesetz den Ersatz materieller Schäden u. U. erleichtert hat. Wer dies für billig hält, müßte zunächst einsichtig machen, weshalb er nicht auch schon innerhalb des Deliktsrechts einen Anspruch auf Schmerzensgeld gegen den Ersatz eines – infolge Beweislastumkehr ja ebenfalls leicht einklagbaren – Vermögensschadens aufwiegt. Auf das neue Produkthaftgesetz bezogen hilft dem Verletzten, der einen Schaden von nur 1029 DM ersetzt verlangt, der Umstand, daß er einen *noch höheren* Schaden ohne Rücksicht auf ein Herstellerverschulden ersetzt bekäme, natürlich gar nicht. Solche Schäden müssen daher nach den wohl erwogenen Grundsätzen des nationalen Rechts, einschließlich einer Beweislastumkehr, geltend gemacht werden können: Die **Gefährdungshaftung hindert eine Beweislastumkehr im Prozeß wegen unerlaubter Handlung nicht.**

bb) Anscheinsbeweis, Indizienbeweis. Nach der neuen Rechtsprechung des BGH wird 66
vermutet, daß ein Mangel des schädlichen Produkts, der dem Organisations- und Gefahrenbereich des Herstellers entstammt, auf einer Pflichtwidrigkeit beruht, die dem Herstel-

---

[120] BGH NJW 1973, 843, 845 – Nottestamentsmappe; NJW 1976, 1505, 1506 – Frostschutzmittel.

[121] BGH NJW 1977, 379, 380 – Schwimmerschalter.

[122] Kullmann/Pfister, Kza. 1526 S. 21; **kritisch** aber Lieb, JZ 1977, 345f.; Nickel, VersR 1985, 310, 312f. (zur Schädigung industrieller Abnehmer); Schwark, AcP 179 (1979), 57, 73ff.

[123] Einzelheiten in § 20 Rz. 10ff.

[124] Vgl. Kullmann, BB 1978, 175, 178; Kullmann/Pfister, Kza. 1526 S. 21; Sander/Köbner, Arzneimittelrecht, § 84 Erl. 3 a. E.; **anders** offenbar Deutsch, Arztrecht und Arzneimittelrecht, Rz. 426.

ler zurechenbar ist. Demnach ist der Geschädigte kaum noch darauf angewiesen, *seinerseits* Sorgfaltsverstöße bei der Herstellung aus Erfahrungssätzen herzuleiten. Ausführungen zu den Voraussetzungen eines **Anscheinsbeweises** für schuldhafte Pflichtverletzungen im Herstellerbetrieb finden sich denn auch praktisch nur in den bis 1968 ergangenen Gerichtsentscheidungen. Immerhin können auch diese älteren Entscheidungen Anhalt für Erfahrungssätze geben, von denen sich die Rechtsprechung außerhalb des Geltungsbereichs der Beweislastumkehr u. U. auch in Zukunft zu überzeugen haben wird.

67 Schon das **RG** bejahte einen Anscheinsbeweis in mehreren Fällen, die freilich eher im Randbereich der „Produkthaftung" lagen. So wurde das Verschulden von Gastwirten vermutet, die statt des verlangten „Sauerbrunnen" eine Flasche mit ätzender Flüssigkeit[125] und statt Selterswassers Salmiakgeist[126] servierten. In seiner Bremsen I-Entscheidung rügte das RG dagegen die unrichtige Anwendung der Grundsätze des Anscheinsbeweises (statt des Indizienbeweises), da der Tatrichter aus dem Wissen von Arbeitern der Herstellerin über einen Funktionsfehler, aus der anschließenden Verwendung anderer Bremsrollen sowie aus Änderungen an dem Bremsgestänge einiger Wagen nicht als „regelmäßige(n) Geschehensablauf" habe schließen dürfen, daß die Herstellerin die genaue Ursache des Konstruktionsfehlers und die damit verbundene Gefahr von Verkehrsunfällen erkannt habe.[127] Grundsätzlich könne ein typischer Geschehensablauf allerdings auch für das schuldhafte Verhalten einer beteiligten Person sprechen.[128] In der Speiseöl-Entscheidung des **BGH** hieß es, nach allgemeiner Lebenserfahrung spreche die zweimalige Verabreichung vergifteten Öls durch eine Ölfabrik dafür, daß diese Fabrik nicht ordnungsgemäß geführt worden sei.[129] In der Schubstreben-Entscheidung sah der BGH den ersten Anschein für Pflichtverletzungen im Organisationsbereich darin, daß das für die Betriebssicherheit des Kraftfahrzeugs entscheidende Werkstück in schadhaftem Zustand angeliefert worden war und daß bei seiner Herstellung und Stückkontrolle Fehler unterlaufen waren.[130]

68 Ein **Indizienbeweis** ist im Rahmen der Produkthaftung namentlich für die Kenntnis des Herstellers von bestimmten, Schutzpflichten auslösenden Umständen in Betracht gezogen worden. Das RG betonte allerdings in seiner Bremsen I-Entscheidung,[131] für den gewöhnlichen Beweis durch Anzeichen genüge nicht eine größere oder geringere Wahrscheinlichkeit, sondern nur die volle richterliche Überzeugung. Der BGH hat in seiner Lenkerverkleidungs-Entscheidung[132] darauf hingewiesen, daß bei der Frage, ob die Herstellerin von Mängeln der Betriebssicherheit ihrer Motorräder gewußt habe, als „Beweisanzeichen" u. a. auch die Kenntnis älterer TÜV-Merkblätter mit diesbezüglichen Berichten zu berücksichtigen sei.

69 **cc) Verschuldensvermutung.** Die von der Rechtsprechung seit 1968 befürwortete Beweislastumkehr erstreckt sich zweifellos auch auf ein – dem Hersteller zurechenbares – Verschulden, d. h. einen Verstoß gegen die „innere" Sorgfalt.[133] Ohnehin bereitet die Feststellung des Verschuldens in der Praxis kaum Schwierigkeiten, wenn ein Verstoß gegen Verkehrspflichten feststeht; denn Verkehrspflichtverletzung und Schuldvorwurf

---

[125] RG JW 1912, 682 – Sauerbrunnen.

[126] RGZ 97, 116ff. – Selterswasser; s. auch RG Recht 1924 Nr. 26 – Branntwein.

[127] RGZ 163, 21, 27f. – Bremsen I.

[128] RGZ 163, 21, 27 – Bremsen I.

[129] BGH VersR 1953, 242 – Speiseöl; anders wieder BGH VersR 1956, 410, 411 – Fahrradgabel (dazu § 18 Rz. 4)!

[130] BGH NJW 1968, 247, 248f. – Schubstrebe; zutreffende Kritik dazu bei Lorenz, AcP 170 (1970), 367, 373 („versteckt geübte echte Beweislastumkehr").

[131] RGZ 163, 21, 28 – Bremsen I.

[132] BGH NJW 1987, 1009, 1012 – Lenkerverkleidung (Instruktionsfehler).

[133] BGH NJW 1969, 269, 274f. – Hühnerpest; VersR 1971, 80, 82 – Bremsen III; NJW 1981, 1603, 1605 – Derosal I; allgemeine Ansicht.

fallen weitgehend zusammen *(§ 28 Rz. 2f.)*. Demgegenüber wird auch in der Rechtsprechung immer wieder darauf hingewiesen, ein Verstoß gegen die „äußere" Sorgfalt indiziere den Schuldvorwurf oder begründe doch eine (widerlegbare) tatsächliche Vermutung für schuldhaftes Verhalten.[134] Entsprechendes soll bei Verstößen gegen technische Regelwerke bzw. Unfallverhütungsvorschriften gelten.[135] Derartige Formeln sind aber jedenfalls **im Bereich der Beweislastumkehr ohne Bedeutung.** Soweit die Zurechnung einer im Betrieb unterlaufenen Verkehrspflichtverletzung ein Verschulden voraussetzt,[136] muß dieses im Prozeß gegen den Hersteller zwar gesondert festgestellt werden; bei Konstruktions- und Fabrikationsfehlern gilt es aber als *bewiesen,* falls sich der Hersteller nicht auch insoweit entlastet.

c) Instruktionsfehler

aa) Grundsatz: Aufteilung der Beweislast. Anders als bei Konstruktions- und Fabrikationsfehlern ist der Hersteller auch nach der Rechtsprechung nicht gehalten, sich von dem Vorwurf eines Instruktionsfehlers generell zu entlasten. Nach den bisherigen Stellungnahmen des BGH, insbesondere in der Grundsatzentscheidung über den Derosal-Fall,[137] ist vielmehr zwischen ursprünglichen und nachträglichen Instruktionsfehlern sowie zwischen Pflichtverletzung und Schuldvorwurf zu unterscheiden. 70

aaa) Instruktionsfehler nach Inverkehrgabe. Die bislang bekannten Äußerungen des **BGH** zur Beweislast bei Instruktionsfehlern beziehen sich auf Warnpflichten, die für den Hersteller nach der Inverkehrgabe des schädlichen Produkts entstanden, weil er zwischenzeitlich von der Produktgefahr erfahren hatte oder hätte erfahren können. Für solche Fälle lehnt der BGH eine Beweislastumkehr prinzipiell ab. Die Belastung des Herstellers mit der Beweislast für Pflichtverletzungen rechtfertige sich im wesentlichen dadurch, daß der Geschädigte außerstande sei, die für eine Beurteilung maßgeblichen Vorgänge im Herstellerbetrieb aufzuklären. In solcher Beweisnot befinde sich der Geschädigte in der Regel aber nicht, wenn er eine Instruktionspflicht des Herstellers auf allgemein zugängliche Veröffentlichungen und Benutzererfahrungen stütze, die auch dem Hersteller bekannt oder erkennbar waren. **Sache des Geschädigten** ist demnach der **Beweis, daß die Gefahr des in Verkehr gegebenen Produkts** nach dem zu einer bestimmten Zeit erreichten Wissensstand **überhaupt erkannt und mit zumutbaren Mitteln abgewendet werden konnte;** dabei soll es um die Verletzung der „äußeren" Sorgfalt gehen. Ist dieser Beweis erbracht, so ist es dem BGH zufolge **Sache des Herstellers zu beweisen, daß er (persönlich) die entsprechenden Erkenntnismöglichkeiten weder hatte noch sich verschaffen konnte** (Verletzung der „inneren" Sorgfalt).[138] Die Beweislast des Produzenten erstreckt sich allerdings auch auf die Wahrung der „äußeren" Sorgfallt, wenn der Geschädigte sich ausnahmsweise in ähnlicher Beweisnot befindet, wie sie bei Schäden durch Konstruktions- oder Fabrikationsfehler entsteht.[139] 71

Gegen diese Abgrenzungskriterien bestehen **Bedenken.** Zu begrüßen ist zwar, daß der BGH die Beweislastumkehr auf Umstände beschränkt, die im Bereich des Herstellerbe- 72

---

[134] Vgl. BGH VersR 1986, 765, 766; v. Bar, Verkehrspflichten, S. 301ff.; Marburger, VersR 1983, 597, 605; Mertens, VersR 1980, 397, 407.

[135] S. etwa Marburger, VersR 1983, 597, 602; Weitnauer, Festschrift Larenz (1973), S. 905, 917 FN 40.

[136] , was bei Pflichtverstößen von Verrichtungsgehilfen nicht der Fall ist (§ 37 Rz. 8),

[137] BGH NJW 1981, 1603, 1605 – Derosal I.

[138] BGH NJW 1981, 1603, 1605f. – Derosal I; NJW 1981, 1606, 1608 – Benomyl; OLG Celle VersR 1985, 148f. – Gichtmittel; OLG Frankfurt VersR 1987, 1196, 1197 – Derosal II; zustimmend Baumgärtel, JA 1984, 660, 668; Schmidt-Salzer, Entscheidungssammlung II, S. 474, 480; Weber, in: LM § 823 BGB (Dc) Nr. 131 a. E.; s. auch v. Westphalen, WM 1981, 1154, 1158.

[139] BGH NJW 1981, 1603, 1605 – Derosal I.

triebs liegen und so dem Geschädigten verschlossen sind.[140] Die Abgrenzung der Beweislast nach „Sphären" gelingt mit den Kriterien des BGH aber nur teilweise.

So hängt schon die *Erforderlichkeit* einer Warnung vielfach davon ab, welcher Erkenntnisstand zu welchem Zeitpunkt in dem konkreten Betrieb erreicht war und ob dort die Erkenntnis auch hinreichend[141] gefördert wurde. Dies wird ohne Einblick in die Resultate der (ordnungsgemäßen!) Produktbeobachtung[142] aufgrund eingegangener Schadensmeldungen usw., in die Technologie und die übrigen personellen und organisatorischen Rahmenbedingungen oft auch von Sachverständigen – im Rückblick – nicht zu beurteilen sein. Hier ist dem Geschädigten die Beweisführung also erschwert. Das gilt erst recht für die *Zumutbarkeit,* diejenigen Anforderungen zu erfüllen, welche im Rahmen der – mit der Instruktionspflicht eng verzahnten – Produktbeobachtung geboten sind; denn die Zumutbarkeit kann ohne Kenntnis der Spezialisierung und der technisch-ökonomischen Strukturen des konkreten Betriebs nicht abschließend bewertet werden (vgl. *§ 24 Rz. 51ff.*). Reagierte der Hersteller aber rechtzeitig, so ist ohne Kenntnis von Organisation und Vertriebswegen des jeweiligen Betriebs nicht zu beurteilen, ob die veranlaßten Warnmaßnahmen die effektivsten waren oder ob weitere Bemühungen zumutbar waren, z. B. weil die Vertriebshändler dem Hersteller direkte Kontakte zu den Produkterwerbern hätten vermitteln können.

73 Die Beweislast für Verstöße gegen die Instruktionspflicht sollte daher – ähnlich der Beweislast bei Konstruktions- und Fabrikationsfehlern *(Rz. 52ff.)* – nach folgenden **Prinzipien** verteilt werden:

74 Der **Geschädigte** hat zu beweisen, daß zu dem fraglichen Zeitpunkt (jedenfalls auch) außerhalb des herstellenden Betriebs ein Kenntnisstand erreicht war, der eine Warnung erforderlich machte. Er kann sich aber auch auf die substantiierte Behauptung beschränken, daß (jedenfalls) in dem herstellenden Betrieb ein solcher Erkenntnisstand erreicht war oder mit zumutbaren Mitteln erreicht werden konnte.

75 Der **Hersteller** muß im letzteren Fall beweisen, daß in seinem Betrieb kein Erkenntnisstand erreicht bzw. erreichbar war, der eine Warnung als geboten erscheinen ließ; das setzt den Nachweis ordnungsgemäßer Produktbeobachtung und die Entlastung hinsichtlich aller denkbaren *Pflichtverstöße* voraus, die dem Hersteller zugerechnet würden. Hat der Geschädigte einen überbetrieblichen Kenntnisstand nachgewiesen, muß der Hersteller beweisen, daß er und jeder andere Mitarbeiter, für den er einzustehen hat, sich diesen Kenntnisstand nicht mit zumutbaren Mitteln verschaffen konnten oder doch zur rechtzeitigen Überprüfung jener Informationen außerstande waren. Falls der Hersteller rechtzeitig reagiert hat, muß er beweisen, daß seine Warnung hinreichend effektiv war, daß ihm also zuverlässigere Schutzmaßnahmen nicht möglich oder unzumutbar waren.[143] Wenn eine Verkehrspflichtverletzung jedoch feststeht bzw. unwiderlegt bleibt, kann der Hersteller einer Verurteilung nur dadurch entgehen, daß er ein für die Haftung u. U. vorausgesetztes *Verschulden* ausschließt.

76 **bbb) Instruktionsfehler bei Inverkehrgabe.** Soweit ersichtlich, hat die Rechtsprechung zur Frage der Beweislastverteilung für *ursprüngliche* Warnpflichtverletzungen noch keine Stellung genommen. Der BGH hat eine Beweislastumkehr auf den Hersteller zwar grundsätzlich abgelehnt, seine entsprechenden Ausführungen in der Derosal-Entscheidung aber deutlich auf den dort allein fraglichen *nachträglichen* Verstoß gegen die Warnpflicht beschränkt.[144] Dennoch wird weitgehend offenbar davon ausgegangen, daß die Beweislastverteilung nicht davon abhängen kann, ob der Instruktionsfehler nach dem Vorbringen

---

[140] Anders wohl Lorenz, AcP 170 (1970), 367, 391; v. Marschall, in: Deutsche zivil-, kollisions- und wirtschaftsrechtliche Beiträge zum X. Internationalen Kongreß für Rechtsvergleichung in Budapest 1978, S. 40; Stoll, AcP 176 (1976), 145, 170f.

[141] – das kann sogar heißen: über den bisherigen Stand von Wissenschaft und Technik hinaus! –

[142] Dazu auch Sack, BB 1985, 813, 818; Diederichsen, VersR 1984, 797 zu FN 16.

[143] Lorenz, AcP 170 (1970), 367, 391.

[144] BGH NJW 1981, 1604, 1605 und 1606 – Derosal I.

des Geschädigten bei oder nach der Inverkehrgabe unterlaufen sein soll.[145] Das erscheint richtig. Die Schwierigkeiten des Geschädigten, eine Warnpflichtverletzung zu beweisen, können wohl von dem Zeitpunkt beeinflußt werden, in dem die Pflichtverletzung erfolgt sein soll, nicht aber von dem Zeitpunkt der Inverkehrgabe des Produkts. Die entsprechende **Beweislast muß** daher **nach einheitlichen Grundsätzen verteilt werden** (s. *Rz. 74f.*).

bb) Anscheinsbeweis, Indizienbeweis. Anscheins- und Indizienbeweis werden ungeachtet der Rechtsprechung zur Beweislastumkehr auch für die Frage einer schuldhaften Warnpflichtverletzung Bedeutung behalten. Beispielsweise hat der BGH in seiner Lenkerverkleidungs-Entscheidung darauf hingewiesen, daß bei der Frage, ob die Herstellerin von Mängeln der Betriebssicherheit ihrer Motorräder gewußt habe, als „Beweisanzeichen" u. a. auch die Kenntnis älterer TÜV-Merkblätter mit diesbezüglichen Berichten zu berücksichtigen sei.[146] 77

d) Produktbeobachtungsfehler

aa) Grundsatz: Aufteilung der Beweislast. Zur Produktbeobachtung ist der Hersteller sowohl vor als auch nach der Inverkehrgabe der (älteren bzw. neuen) Produkte verpflichtet. Eine Mißachtung der *ursprünglichen* Beobachtungspflicht kann u. a. zu vorwerfbaren Konstruktions- oder Fabrikationsfehlern führen, ein Verstoß gegen die *nachträgliche* Beobachtungspflicht zur Verletzung der Warn- bzw. Rückrufpflicht. Dem Beobachtungsfehler ersterer Art steht der sog. Entwicklungsfehler gegenüber, für den der Hersteller mangels Erkennbarkeit nicht haftet. 78

Beide Ausprägungen der Produktbeobachtungspflicht sind in der **Rechtsprechung** auch beweisrechtlich verschieden behandelt worden. Der BGH hat mehrfach darauf hingewiesen, daß Gegenstand der allgemeinen Beweislastumkehr auf den Hersteller auch die Abgrenzung von Konstruktions- und Entwicklungfehler sei;[147] demnach hat der *Hersteller* zu beweisen, daß die Erkennung bzw. Vermeidung einer Produktgefahr nach dem früheren Stand von Wissenschaft und Technik auch durch Beobachtung der eigenen Produkte nicht möglich war. Demgegenüber hat der BGH in seiner Derosal-Entscheidung[148] wie in der Benomyl-Entscheidung,[149] der Sache nach[150] auch für nachträgliche Beobachtungsfehler, den Grundsatz aufgestellt, daß der *Geschädigte* einen Verstoß des Herstellers gegen die „äußere" Sorgfalt beweisen muß.[151] Im Ergebnis liegt damit die **Beweislast** für eine (Nicht-)Verletzung der Produktbeobachtungspflicht **vor der Inverkehrgabe bei dem Hersteller, nach der Inverkehrgabe bei dem Geschädigten.** 79

Dieser Unterschied in der beweisrechtlichen Behandlung ist nicht zu rechtfertigen: Die **Beweislast muß** – ohne Rücksicht auf die zeitliche Phase, in die der Beobachtungsfehler fällt – **einheitlich verteilt werden.** Sie liegt **für außerbetriebliche Voraussetzungen** der Verkehrspflicht(verletzung) **bei dem Geschädigten**[152] (näher *Rz. 52ff.*) und **im übrigen bei dem Hersteller,** dessen Belastung hier, aber auch nur hier durch die Beweisnot des Geschädigten gerechtfertigt ist. Bei der Verteilung können die für Instruktionsfehler for- 80

---

[145] S. etwa Baumgärtel, JA 1984, 660, 668f.; Kullmann/Pfister, Kza. 1526 S. 17; RGRK/Steffen, § 823 Rz. 534; zu *ursprünglichen* Fabrikationsfehlern auch BGH NJW 1988, 2611, 2612 d – Mehrwegflasche II; zweifelnd v. Westphalen, Jura 1983, 57, 284.

[146] BGH NJW 1987, 1009, 1012 – Lenkerverkleidung; s. auch RGZ 163, 21, 28 – Bremsen I.

[147] BGH NJW 1969, 269, 275 – Hühnerpest; ebenso BGH VersR 1971, 80, 82 – Bremsen III.

[148] BGH NJW 1981, 1603, 1605f. – Derosal I.

[149] BGH NJW 1981, 1606, 1608 – Benomyl.

[150] , auch wenn in beiden Entscheidungen verbal nur die Beweislast für *Instruktions*fehler erörtert wird,

[151] Ebenso OLG Celle VersR 1985, 148, 149 – Gichtmittel; scheinbar anders LG Frankfurt NJW 1977, 1108 – Arzneimittel (obiter dictum).

[152] BGH VersR 1971, 80, 82 – Bremsen III; vgl. auch BGH NJW 1988, 2611, 2612 d – Mehrwegflasche II; anders – durch eine (hier wohl nicht eröffnete) „umfassende Interessenabwägung" – Sack, BB 1985, 813, 819.

mulierten Prinzipien *(Rz. 74f.)* berücksichtigt werden. Selbstverständlich hat der Hersteller sich aber auch hinsichtlich außerbetrieblicher Voraussetzungen der Pflichtverletzung insoweit zu entlasten, wie es um Aufbau und Überwachung eines dezentralen Systems zur Registrierung von Schadensmeldungen usw. geht;[153] denn solche Vorkehrungen sind dem Einblick des Geschädigten in der Regel ebenfalls entzogen.

81 **Beispiele:**

Behauptet bei einem Arzneimittelschaden der Verletzte, schon vor 3 Jahren seien in Kanada bei 15 Patienten einschlägige Nebenwirkungen beobachtet worden, so muß er dies beweisen; den (substantiierten) Verteidigungseinwand des Herstellers, diese Erkenntnisse seien von den kanadischen Ärzten erst kürzlich an ihn weitergeleitet worden, hat er zu widerlegen. Dagegen muß der Hersteller beweisen, daß die Überprüfung jener Beobachtungen in seinem Betrieb (bis vor kurzem) gegen eine pharmakologische Ursache der beobachteten Symptome sprach oder 10 Monate dauern mußte.

Die Behauptung des Geschädigten, auf die Gefährlichkeit des ihm verabreichten Medikaments X habe der für den Hersteller tätige Professor P auch bei der Entwicklung von Y, das stärkere Dosen des auch in X enthaltenen Wirkstoffs enthielt, aufmerksam werden müssen, hat der Hersteller zu widerlegen. Bestreitet dieser aber, daß der in X *und* Y enthaltene Wirkstoff überhaupt schädlich ist oder daß eine solche Schädlichkeit vor dem Schadensfall nach dem pharmakologischen Wissensstand hätte entdeckt werden können, so ist hierfür der Geschädigte beweispflichtig, der Hersteller hingegen dafür, daß nicht gerade in seinem Betrieb entwickelte Analysegeräte und Testmethoden eine frühere Erkennung der Nebenwirkungen hätten ermöglichen können.

82 **bb) Anscheinsbeweis, Indizienbeweis.** Anscheinsbeweis und Indizienbeweis können im Einzelfall sowohl für als auch gegen eine schuldhafte Verletzung der Produktbeobachtungspflicht sprechen.[154]

83 6. Beweis der Ursächlichkeit des Produktmangels für die Rechtsgutsverletzung

Die Feststellung, daß ein Rechtsgut des Geschädigten gerade durch den Produktmangel verletzt wurde, ist in zweierlei Hinsicht wichtig: Sie ist einerseits Bedingung jeder Schadenszurechnung und andererseits Voraussetzung dafür, daß die Beweislast für Pflichtverletzungen im Herstellerbetrieb auf den Produzenten übergeht. Allerdings ist der Kausalzusammenhang zwischen Produktmangel und Rechtsgutsverletzung u. U. nur schwer zu beweisen, zumal dann, wenn auch ein Fehlverhalten des Produktbenutzers (Fehlgebrauch) zum Schaden geführt haben kann. Daher steht die Kausalitätsfrage nicht selten im Mittelpunkt des Produkthaftprozesses.

Dabei geht es letztlich natürlich um die Ursächlichkeit der *Verkehrspflichtverletzung* (des Produkt*fehlers*). Da diese aber einerseits (wegen der Beweislastumkehr) oft nicht positiv festgestellt zu werden braucht und andererseits eben diese Beweislastumkehr voraussetzt, daß die Ursächlichkeit des Produktmangels für eine Rechtsgutsverletzung feststeht, sollte die Beweisstufe der Kausalität an den Produktmangel (das bloße Sicherheitsdefizit) anknüpfen. Dies genügt natürlich dann nicht, wenn ein Produkt mehrere Mängel, z. B. die Mängel X und Y hat, der Produzent sich aber hinsichtlich des Mangels X von vornherein entlastet: hier geht es nur darum, ob gerade der Mangel Y zur Rechtsgutsverletzung führte.

a) Allgemeine Beweisregeln

84 **aa) Grundsatz: keine Beweislastumkehr.** Nach der gesetzlichen Regelung hat prinzipiell der Geschädigte zu beweisen, daß eines seiner Rechtsgüter gerade durch den Produktmangel verletzt worden ist.[155] Daher sind auch Behauptungen des Herstellers über einen von dem Produktmangel unabhängigen Kausalverlauf von dem Geschädigten zu

---

[153] BGH VersR 1971, 80, 82 – Bremsen III.

[154] Vgl. BGH NJW 1987, 1009, 1012 – Lenkerverkleidung; s. auch RGZ 163, 21, 28 – Bremsen I.

[155] BGH NJW 1969, 269, 274 – Hühnerpest; VersR 1971, 80, 81 – Bremsen III; VersR 1981, 1181 – Klimatisierungsgerät; anders OLG Frankfurt VersR 1980, 144 – Limonadenflasche; s. auch OLG Zweibrücken VersR 1977, 848, 849; Baumgärtel/Wittmann, § 823 Rz. 71f.

widerlegen. Das **gilt insbesondere für** den Verteidigungseinwand des Herstellers, der Geschädigte habe den Unfall durch **Fehlgebrauch** des – „wenn auch mangelhaften" – Produkts selber herbeigeführt: Zu einer generellen Abwälzung der Beweislast für bestimmungsgemäßen Gebrauch auf den Hersteller besteht kein Anlaß.[156]

Erwogen worden ist eine Beweislastumkehr allerdings für den Fall, daß dem Hersteller ein **grober Verstoß gegen Berufspflichten**[157] oder die Verletzung solcher Pflichten vorzuwerfen ist, die den **Schutz von Leben, Körper und Gesundheit sowie eine „hundertprozentige Fehlerfreiheit"** bezwecken.[158] In der Tat bejaht der BGH eine Beweislastumkehr für die haftungsbegründende Kausalität seit langem bei groben Behandlungsfehlern des Arztes;[159] diese Judikatur ist auf grobe Pflichtverletzungen anderer Berufsgruppen, z. B. auf Schwimmeister[160] und Krankenhauspflegepersonal,[161] ausgedehnt worden. 85

Wer diese Rechtsprechung begrüßt, obwohl sie auch nach ihrem Selbstverständnis[162] weder durch die u. U. größere Sachnähe des Schädigers noch durch die höhere Wahrscheinlichkeit der Kausalität motiviert ist, wird ihre Erstreckung auf Produkthaftprozesse befürworten müssen.[163] Demgegenüber spricht manches dafür, die **Beweislastumkehr bei grober Pflichtwidrigkeit als Besonderheit** der Beweislage **in Arzthaftungsfällen** zu betrachten. Nach geltendem Recht entbindet nicht einmal vorsätzliches Handeln den Geschädigten von dem Nachweis, daß er eben hierdurch verletzt wurde. Eine Ausnahme hiervon macht das Gesetz nur in dem Fall, daß eine Mehrheit von Tätern in Betracht kommt, die den ihnen bei einer Inanspruchnahme entstehenden Schaden im Innenverhältnis auszugleichen haben und so mildern können (§ 830 I 2 BGB). Ohnehin ist das Kriterium der „groben Pflichtverletzung" von zweifelhaftem Gerechtigkeitsgehalt.[164] 86

Im Ergebnis sollten auch grobe Pflichtverletzungen des Herstellers oder solche, die gesundheitsgefährdend waren, die Beweislast für die Kausalität nicht umkehren. Um so wichtiger sind die allgemeinen Beweiserleichterungen für den Geschädigten *(Rz. 88ff.)*.

Beweiserleichterungen bis hin zur Beweislastumkehr kommen nach Ansicht des BGH auch bei schuldhafter **Verletzung einer Befundsicherungspflicht** in Betracht[165] (näher *Rz. 36f.*). Diese Rechtsprechung gilt zwar in erster Linie der Frage, ob ein Produktmangel dem Bereich der Herstellung zuzuordnen ist. Es ist aber damit zu rechnen, daß sie auf die übrigen Aspekte der haftungsbegründenden Kausalität erstreckt wird. 87

bb) Anscheinsbeweis. Sofern feststeht, daß ein Produkt nicht die erforderliche Sicherheit aufwies und daß bei seinem Gebrauch ein Schaden entstand, nimmt die Rechtsprechung in weitem Umfang einen Anscheinsbeweis für die haftungsbegründende Kausalität 88

---

[156] So offenbar auch BGH VersR 1971, 80, 82 – Bremen III; OLG Köln, Urt. v. 10. 3. 1976, Schmidt-Salzer, Entscheidungssammlung II, II 44, S. 380f. – Fonduegerät; Baumgärtel, JA 1984, 660, 668; Teichmann, in: Jauernig/Schlechtriem/Stürner/Teichmann/Vollkommer, Bürgerliches Gesetzbuch, 4. Aufl., § 823 Anm. VIII E 3bff. **Anders** Kullmann/Pfister, Kza. 1526 S. 19f. unter Hinweis auf die (wenig eindeutigen) Äußerungen Weitnauers in Festschrift Larenz (1973), S. 905, 919f.

[157] BGH NJW 1988, 2611, 2613 – Mehrwegflasche II (für Zuordnung des Produkt*mangels* zur Herstellung); Deutsch, Festschrift Larenz (1983), S. 111, 121f.; zurückhaltend Weitnauer, Festschrift Larenz (1973), S. 905, 917f.

[158] Kullmann/Pfister, Kza. 1526 S. 13 und FN 59 (für Arzneimittel); RGRK/Steffen, § 823 Rz. 524.

[159] BGH VersR 1959, 598, 601; 1967, 713; 1978, 764, 765; 1986, 366, 367; 1989, 80, 81; Deutsch, VersR 1988, 1ff.

[160] BGH VersR 1962, 541, 542.

[161] BGH VersR 1971, 227, 229; s. auch OLG Braunschweig VersR 1987, 76, 77 (Hebamme).

[162] BGH NJW 1983, 333, 334 b bb.

[163] Zurückhaltend indes Kullmann/Pfister, Kza. 1526 S. 12f.; offengelassen von BGH VersR 1983, 375 – Muscheln II; zugrunde gelegt von BGH NJW 1988, 2611, 2613 l. Sp. – Mehrwegflasche II, freilich für Zuordnung des Produkt*mangels* zur Herstellung.

[164] Vgl. auch Hofmann, Die Umkehr der Beweislast in der Kausalfrage (1972), S. 98; Prölß, ZZP 82 (1969), 468, 473ff.

[165] BGH NJW 1988, 2611, 2613 r. Sp. – Mehrwegflasche II („Auch . . . dem Arzt, der . . . *schuldhaft* unterläßt", Hervorhebung durch Verf.); OLG Karlsruhe VersR 1989, 375.

an. Die entschiedenen Fälle lassen allerdings Zweifel daran aufkommen, ob die meist sehr auf den Einzelfall bezogenen Entscheidungsgründe wirklich einen gesicherten *Erfahrungssatz* zugrunde legten und nicht oft eher von einem gelungenen *Indizienbeweis* ausgingen. Für die Praxis ist der Unterschied freilich nicht groß.

89 **Bejaht** wurde ein Anscheinsbeweis für folgende Sachverhalte: Tragen zwei Personen auf einer engen Kellertreppe einen 50 kg schweren Blechbottich (sog. „Hobbock") herab, dessen Tragegriffe für eine Last von 25 kg ausgelegt sind, so ist die Lösung eines Tragegriffs typische Folge der Überfüllung des „Hobbocks". Der erste Anschein spricht damit für die Ursächlichkeit des Verpackungsfehlers; er ist nur zu erschüttern, indem der Hersteller die ernsthafte Möglichkeit eines anderen Geschehensablaufs (z. B. Alkoholisierung, körperliches Versagen eines Trägers, Experimente beim Transport) beweist.[166] Steht fest, daß eine bestimmte Charge Impfstoff gegen Hühnerpest bakteriell verunreinigt ist, und bricht bei den Hühnern mehrerer Landwirte, die Impfstoff aus dieser Charge bezogen und zudem noch in verschiedenen Landkreisen leben, um dieselbe Zeit die Hühnerpest aus, so gehen diese Infektionen erfahrungsgemäß auf den mangelhaften Impfstoff zurück.[167] Ist eine 180°-Wendeltreppe ohne Geländer errichtet worden und stürzt ein Benutzer von ihr ab, so soll ein Erfahrungssatz für die Unfallursächlichkeit des Mangels nur sprechen, wenn feststeht, daß es sich um einen *seitlichen* Sturz (an einer Stelle, wo das Geländer fehlte) handelte; es müsse auszuschließen sein, daß der Verunglückte evtl. auch vornüber (und damit außerhalb des Einwirkungsbereichs der Gefahrenstelle) stürzte.[168] Wenn die Bremsanlage eine Kfz fehlerhaft ist und der Wagen bei einer Abbremsung aus hoher Geschwindigkeit, ohne Bremsspuren zu hinterlassen, und bei guten Straßenverhältnissen ins Schleudern gerät, spricht die Erfahrung für die Unfallursächlichkeit des Bremsendefekts;[169] die ernsthafte Möglichkeit, daß der Unfall auf die Bremsintensität oder einen Fahrfehler des Geschädigten zurückging, wurde nach dem vorläufigen Sachstand (des Bremsen III-Falles) verneint. Im Autoreifen-Fall stand fest, daß ein vorschriftswidriger Reifen aufgezogen worden war; daß dieser Reifen bei einer schnellen Fahrt platzte, wurde dem ersten Anschein nach auf die fehlerhafte Bestückung (und nicht auf Wartungsmängel o. a.) zurückgeführt.[170]

90 **Abgelehnt** wurde ein Anscheinsbeweis z. B im Flaschenbier-Fall: Der Geschädigte hatte aus einer ihm verkauften „Bierflasche", deren Inhalt unbekannt blieb, aber unstreitig fremdartig roch, lediglich zwei Schluck genommen, diese aber zumindest teilweise sofort wieder erbrochen; obwohl sich daraufhin typische Symptome einer Rohölvergifung zeigten, verneinte der BGH – medizinisch beraten – einen Anscheinsbeweis dafür, daß ein später festgestelltes chronisches Magenleiden durch die zugeführte Substanz verursacht wurde.[171] Bricht in der Umgebung eines nicht betriebssicheren Klimatisierungsgeräts ein Feuer aus, so ist ein für die Ursächlichkeit sprechender Anschein zumindest erschüttert, wenn auch andere konkrete Brandursachen in Betracht kommen.[172]

91 Die Lebenserfahrung spricht im allgemeinen auch **für den bestimmungsgemäßen Gebrauch eines Produkts.**[173] Also hat der Hersteller konkrete Umstände darzulegen und zu

---

[166] BGH VersR 1967, 498, 499f. – Plastikmassebehälter.

[167] BGH NJW 1969, 269, 274 – Hühnerpest; zustimmend Weitnauer, Festschrift Larenz (1973), S. 905, 913.

[168] BGH VersR 1974, 263, 264f. – Wendeltreppe (zweifelhaft).

[169] BGH VersR 1971, 80, 82 – Bremsen III („Anscheinsbeweis", auf S. 81: „Beweisanzeichen"!); vgl. *Rz. 28.*

[170] OLG Hamburg DAR 1972, 16 – Autoreifen I (Vertriebshändler).

[171] BGH VersR 1961, 153f. – Flaschenbier.

[172] BGH VersR 1981, 1181, 1182 – Klimatisierungsgerät.

[173] BGH VersR 1971, 80, 81f. – Bremsen III; offenbar auch OLG Köln, Urt. v. 10. 3. 1976, Schmidt-Salzer, Entscheidungssammlung II, II 44, S. 380f. – Fonduegerät; Baumgärtel, JA 1984, 660, 668; Kuchinke, Festschrift Laufke (1971), S. 113, 130; Weitnauer, Festschrift Larenz (1973), S. 905, 919f. Abweichender Fall: BGH VersR 1972, 559 – Förderkorb *(Rz. 59).*

beweisen, aus denen sich die Möglichkeit, daß der Unfall *trotz des Produktfehlers* auf bestimmungswidrigen Gebrauch zurückging, mit gewisser Plausibilität ergibt. Bei bestimmten Produkten (z. B. Antikonzeptiva) ist allerdings – ebenfalls erfahrungsgemäß – mit einer nicht unerheblichen Häufigkeit unsachgemäßen Gebrauchs zu rechnen. Dort hängt es von allen Umständen des Einzelfalles ab, ob sich der Produktfehler selbst mit hinreichend hoher Wahrscheinlichkeit ausgewirkt hat.[174]

Beweiserleichterungen gelten auch bezüglich der **Folgen von Verstößen gegen Unfallverhütungsvorschriften**[175] und gegen **technische Regelwerke.**[176] Dabei ist nicht einmal erforderlich, daß der *Hersteller* der betreffenden Norm zuwidergehandelt hat. Ein Anscheinsbeweis für die Unfallursächlichkeit ist vielmehr schon dann begründet, wenn der *Zustand* des Produkts mit der Unfallverhütungsvorschrift usw. nicht vereinbar ist;[177] denn Grund der Beweiserleichterung ist, daß technische und sonstige Unzulänglichkeiten, denen die Sicherheitsnorm gilt, erfahrungsgemäß immer wieder, d. h. mit erheblicher Wahrscheinlichkeit, zu Unfällen führen. Der Anscheinsbeweis ist aber erschüttert, wenn auch andere Unfallursachen eine gewisse Wahrscheinlichkeit beanspruchen können. Steht allerdings fest, daß z. B. das Verbot, feuergefährliche Abfälle in Plastikeimer zu füllen, verletzt wurde, so ist der erste Anschein für die Brandverursachung nicht schon durch Hinweis auf die bloße Möglichkeit eines Kurzschlusses im Leitungssystem zu entkräften.[178] 92

cc) Indizienbeweis. Wo nicht gerade der bestimmungsgemäße Gebrauch des Produkts in Frage steht oder gegen Unfallverhütungsvorschriften bzw. technische Regelwerke verstoßen wurde, ist der Indizienbeweis oft überzeugender zu führen, als die Umstände des Einzelfalls einen „Erfahrungssatz" ergeben; dessen Begründung und Abgrenzung wird in der Gerichtspraxis nicht zufällig oft gar nicht erst versucht.[179] 93

b) Besonderheiten bei Instruktionsfehlern

Der **Beweis,** daß es ohne die Unterlassung bzw. Unzulänglichkeit der Warnung nicht zur Rechtsgutsverletzung gekommen wäre, ist für den Geschädigten **besonders schwierig.** Denn er verfügt kaum einmal über Beweismittel dafür, daß er im Falle rechtzeitiger und ausreichender Warnung eine *innere Entscheidung* gegen den Produktgebrauch getroffen und danach auch gehandelt *hätte* (hypothetische Entscheidung). In seltenen Fällen mag der Geschädigte die Gefahr, auf die er hätte hingewiesen werden müssen, vor dem Produktgebrauch mit Dritten erörtert haben, ohne – mangels Warnung – ihre Tragweite zu überblicken; hier stehen ihm eventuell Zeugen zur Verfügung. Im übrigen müßten Klagen, die auf Instruktionsfehler gestützt sind, wegen Beweisfälligkeit aber generell abgewiesen werden. 94

aa) Beweislast. Mit Rücksicht auf diese ungewöhnliche Beweisnot ist verschiedentlich vorgeschlagen worden, die Beweislast für die Mißachtung einer Warnung durch den Geschädigten dem Hersteller aufzuerlegen.[180] Eine Beweislastumkehr soll zumindest dann erfolgen, wenn die unterbliebene Aufklärung (Warnung) dazu dienen sollte, dem Geschä- 95

---

[174] Lorenz, AcP 170 (1970), 367, 386f.; Plum, VersR 1986, 528, 532 FN 56.

[175] BGH VersR 1953, 335, 336: 1961, 1044, 1045; 1965, 1055, 1056; 1972, 149, 150 – Förderanlage; VersR 1974, 263, 264 – Wendeltreppe; Diederichsen, NJW 1978, 1281, 1288. **Für Beweislastumkehr:** v. Bar, Verkehrspflichten (1980), S. 291ff.; Marburger, VersR 1983, 597, 604; Weitnauer, Festschrift Larenz (1973), S. 905, 916, 924 und FN 39.

[176] BGH, in: Schäfer/Finnern, Rechtsprechung der Bau-Ausführung, 1955ff.: Z 3.01 Bl.322 (DIN-Vorschrift).

[177] BGH VersR 1972, 149, 150 – Förderanlage.

[178] BGH NJW 1978, 2032, 2033.

[179] Kritisch auch BGH NJW 1987, 1694 – Putenfutter; Marburger, VersR 1983, 597, 604.

[180] Baumgärtel, JA 1984, 660, 668; Teichmann in: Jauernig/Schlechtriem/Stürner/Teichmann/Vollkommer, Bürgerliches Gesetzbuch, 4. Aufl., § 823 Anm. VIII E 3c bb; Schmidt-Salzer, BB 1980, 1, 7; Stoll AcP 176 (1976), 145, 171.

digten ein erhebliches Risiko[181] oder sogar eine Gefahr, über die man sich vernünftigerweise nicht hinwegsetzt,[182] zu verdeutlichen. Die **Rechtsprechung** hat eine **Beweislastumkehr** bei Instruktionsfehlern bislang nur bejaht, wenn eine *vertragliche* Aufklärungspflicht verletzt worden war.[183] Auf Fälle ausschließlich[184] *deliktischer* Haftung sind diese Grundsätze dagegen nicht explizit erstreckt worden,[185] wenn man einmal von den Besonderheiten ärztlicher Aufklärungsfehler[186] absieht; und noch in seiner Produkthaftentscheidung vom 9. 12. 1986 hat der BGH unterstrichen, die im vertraglichen Bereich gewährten Beweiserleichterungen seien auf das Deliktsrecht **„nicht ohne weiteres"** anwendbar.[187]

96 Die **Beweislast für die Wirkungslosigkeit einer Warnung sollte** jedoch **dem Hersteller auferlegt werden.**[188] Hätte der Geschädigte den Beweis für die Beachtung der unterbliebenen Warnung zu führen, so könnte dieser zwar vielfach durch den ersten Anschein erbracht werden (vgl. *Rz. 98f.*). Diese Möglichkeit scheidet aber immer dann aus, wenn die Instruktion einer Gefahr gelten mußte, die zwar unvermeidlich ist, wegen der Vorteile des Produkts aber wenigstens von einem Teil seiner Benutzer in Kauf genommen wird; so kann es sich vor allem bei Arzneimitteln und ihren Nebenwirkungen verhalten. Hier wird ein Erfahrungssatz u. U. weder dafür noch dagegen sprechen, daß der Produktgebrauch bei ordnungsgemäßer Instruktion unterblieben wäre. Mangels entsprechenden Anscheins müßte der Geschädigte dann beweisfällig, der Instruktionsfehler folgenlos bleiben. Diese partielle Aushöhlung der Produkthaftung ist nicht hinnehmbar. Denn die Instruktionspflicht soll Grundlagen für die *persönliche* Nutzen-Risiko-Abwägung des Produktbenutzers liefern. Ebensowenig wie die daraus resultierende Entscheidung vernünftig oder auch nur (statistisch) normal zu sein braucht, darf es dem Geschädigten aber prozessual zum Nachteil gereichen, wenn die Lebenserfahrung nicht gegen den Produktgebrauch eines durchschnittlichen, wohlinstruierten Benutzers spricht. Dieses Prinzip ist für ärztliche Aufklärungsfehler anerkannt[189] und insoweit verallgemeinerungsfähig. Die demnach grundsätzlich dem Hersteller obliegende Beweisführung kann allerdings ihrerseits nach allgemeinen Regeln erleichtert sein (dazu sogleich *Rz. 101f.*).

97 Die Beweislastumkehr ist im übrigen **nur** insofern berechtigt, als die **persönliche Reaktion** des Produktbenutzers in Frage steht. Die sonstigen Voraussetzungen der haftungsbegründenden Kausalität sind von dem Geschädigten zu beweisen. Das spielt z. B. dann eine Rolle, wenn die unterbliebene Instruktion den Produktbenutzer zu besonderer Überprüfung von Belastbarkeit, Lebensdauer, Kompatibilität o. ä. der Ware hätte anhalten sollen. Bleibt in solchen Fällen – mangels Anscheins- bzw. Indizienbeweises – offen, ob die Überprüfung die Produktgefahr vermindert hätte, so kann die Produkthaftungsklage keinen Erfolg haben; das gleiche gilt, wenn mangels Beweises des Geschädigten offen bleibt, ob dieser den Beipackzettel, auf den die unterbliebene Warnung hätte gedruckt werden müssen, überhaupt las.[190] Bei nachträglichem Instruktionsfehler (oder unterbliebenem Rück-

---

[181] So Kullmann/Pfister, Kza. 1526 S. 11; s. auch RGRK/Steffen, § 823 Rz. 527.

[182] So v. Westphalen, Jura 1983, 57, 281; Kullmann, WM 1981, 1322, 1329.

[183] BGH NJW 1975, 824, 825 – Haartonikum; VersR 1977, 918, 921 – Erdbeerplantage I.

[184] Bei vertraglicher *und* deliktischer Haftung wurde Beweislastumkehr bejaht von BGH NJW 1984, 658, 659.

[185] BGH VersR 1977, 334, 335 – Autoscooter; NJW 1980, 1159, 1160 – Kopfsprung. Zur **Produkthaftung** s. aber auch BGH NJW 1975, 1827, 1829 bb – Spannkupplung: Gelinge der Geschädigten der Beweis, sie habe darauf vertraut, die Kupplungen seien ohne Überprüfung auch mehrfach verwendbar, so könne der Tatrichter „rechtsfehlerfrei zu der Annahme gelangen", daß sie nur durch einen Warnhinweis zu der gebotenen Überprüfung veranlaßt worden wäre.

[186] Dazu z. B. BGH NJW 1978, 593f.; OLG Oldenburg VersR 1986, 69, 71.

[187] BGH NJW 1987, 1009, 1012 – Lenkerverkleidung; VersR 1989, 399, 401; so auch BGH VersR 1980, 1159f. – Kopfsprung.

[188] Ebenso LG Ravensburg, Urt. v. 18. 1. 1979, Schmidt-Salzer, Entscheidungssammlung III, III 34, S. 649 – Unterbodenschutzmittel.

[189] Sehr deutlich z. B. BGH NJW 1980, 1333, 1334.

[190] Vgl. BGH NJW 1975, 1827, 1829 – Spannkupplung; Schmidt-Salzer, Produkthaftung: Strafrecht, Rz. 1.471, anders (?) Rz. 1.473.

ruf) muß der Geschädigte beweisen, daß nach rechtzeitiger *Einleitung* der Aktion die Information ihm bzw. dem Produktbenutzer rechtzeitig *zugegangen* wäre.[190a]

bb) Anscheinsbeweis, Indizienbeweis 98

aaa) Erleichterungen für den Geschädigten. Die Rechtsprechung hat, da sie die Beweislast für die Folgen einer Warnung bei dem Geschädigten beläßt *(Rz. 95),* mehrfach zur Frage des **Anscheinsbeweises** Stellung nehmen müssen und auf dessen Grundlage die Kausalität von Instruktionsfehlern bejaht.[191]

Bejaht wurde z. B. ein Erfahrungssatz dafür, daß der Hinweis eines Wasserversor- 99
gungsbetriebs auf mögliche Schäden einer Leitungswasserchlorung für bakteriologisch arbeitende Betriebe einen mit Gurkenkonservierung befaßten Wasserabnehmer veranlaßt hätte, sich nach eventuellen Risiken der Chlorung zu erkundigen und ggf. für eine Entchlorung zu sorgen.[192] Im ESTIL-Fall hat der BGH es als „typische Folge" des (unterbliebenen) Hinweises auf schwerste und irreversible Folgen einer intraarteriellen statt intravenösen Injektion bezeichnet, daß die anwendenden Ärzte ihre Aufmerksamkeit „aufs höchste gesteigert" und ggf. sogar auf das gefährliche Narkosemittel verzichtet hätten.[193]

Verneint worden ist dagegen ein Erfahrungssatz für die Behauptung, die Anbringung 100
eines besonderen Warnschildes auf einer Baumspritze, deren Gelenkwelle ersichtlich ungeschützt war, hätte die Möglichkeit grob unachtsamer Bedienungsfehler ausgeschlossen.[194] Im Autoscooter-Fall konnte sich das Gericht nicht davon überzeugen, daß eine Warntafel mit der Aufforderung „Fahrzeuge nach Stromabschaltung erst verlassen, wenn das akustische Signal ertönt" von einem 13jährigen Kind beachtet worden wäre.[195]

bbb) Erleichterungen für den Hersteller. Nach der hier vertretenen Ansicht trifft die 101
Beweislast dafür, daß der Geschädigte einen Warnhinweis übersehen oder doch ignoriert hätte, entgegen der Rechtsprechung den Hersteller *(Rz. 96).* Auch dessen Beweisführung kann durch **Erfahrungssätze und Indizien** erleichtert sein. So sind durchaus Produkte vorstellbar, welche trotz einer Gefahr, auf die der Benutzer nicht gebührend hingewiesen wurde, wegen besonderer Nützlichkeit fast allgemein verwendet werden. Hier würde es zu weit gehen, dem mißachteten Selbstbestimmungsrecht des Benutzers absoluten Vorrang einzuräumen und jeden Anscheinsbeweis abzulehnen, da nie auszuschließen sei, daß gerade der verletzte Benutzer sich erfahrungswidrig verhalten haben würde.[196] Daher muß z. B. bei Arzneimittelrisiken berücksichtigt werden, ob die große Mehrheit von Patienten oder alle „verständigen" Patienten sich auch in Kenntnis des betreffenden Risikos für die Anwendung des Medikaments entschieden hätten.[197] Einen entsprechenden ersten Anschein für die Unbeachtlichkeit der Warnung kann der Geschädigte allerdings erschüttern, indem er ggf. in seiner Person liegende Besonderheiten aufzeigt (und beweist), die gegen einen Produktgebrauch nach Warnung sprechen *(Rz. 102).*

Überhaupt **muß der Geschädigte seine Behauptungen zur haftungsbegründenden** 102
Kausalität sorgfältig begründen (substantiieren). Als exemplarisch können die Anforderungen gelten, die der BGH bei ärztlichen Aufklärungsfehlern an die spezifische Darlegung stellt:[198]

190a Vgl. den Fall LG Hamburg VersR 1987, 828 – Immunglobulin = Serum; OLG Köln VersR 1983, 862, 863 – Chemikalien; OLG Düsseldorf VersR 1988, 1026; Schmidt-Salzer, Produkthaftung: Strafrecht, Rz. 1.482ff.

191 Ebenso Lorenz, AcP 170 (1970), 367, 390f.; im Ergebnis auch der BGH in der Spannkupplungs-Entscheidung (Fn. 185).

192 BGHZ 17, 191, 198 – Gurken.

193 BGH NJW 1972, 2217, 2221 – ESTIL; § 24 Rz. 195.

194 BGH VersR 1957, 584, 585 – Gelenkwellenschutz.

195 BGH VersR 1977, 334, 335 – Autoscooter.

196 In diesem Sinne aber BGH NJW 1980, 1333, 1334 (ärztliche Aufklärung).

197 Anders BGH NJW 1980, 1333, 1334 (ärztliche Aufklärung).

198 BGHZ 90, 103, 111f.

Anlaß zu besonderer Darlegung bestehe „jedenfalls dann, wenn die Gründe für eine Ablehnung der Behandlung angesichts der Schwere der Erkrankung und der angewendeten, als Methode der Wahl anerkannten Therapie mit einer günstigen Erfolgsprognose und im Regelfall verhältnismäßig geringen Belastungen für den Patienten nicht ohne weiteres zutage liegen. In solchen Fällen ist es geboten, daß der Patient plausibel darlegt, weshalb er bei Kenntnis der aufklärungsbedürftigen Umstände die Behandlung gleichwohl abgelehnt haben würde. Zwar sind seine persönlichen Gründe für eine solche Ablehnung zu respektieren. ... Aber sie müssen erkennen lassen, daß der Patient bei ordnungsmäßiger Aufklärung *aus seiner* Sicht vor einem echten Entscheidungskonflikt gestanden hätte, aus dem heraus die behauptete Ablehnung der Behandlung im *damaligen* Zeitpunkt verständlich wird, und er nicht das Aufklärungsversäumnis *nachträglich* ausschließlich zur Begründung einer Schadensersatzklage benutzt. Nur auf diese Weise kann einem Mißbrauch des Aufklärungsrechts allein für Haftungszwecke vorgebeugt werden."

7. Beweis der Schädigung durch Rechtsgutsverletzung

103 Über Entstehung und Umfang von Schäden infolge der Rechtsgutsverletzung entscheidet das Gericht im Streitfall „unter Würdigung aller Umstände nach freier Überzeugung" (287 I 1 ZPO). Seinem Ermessen bleibt es auch überlassen, inwieweit es eine beantragte Beweisaufnahme oder von Amts wegen die Begutachtung durch Sachverständige anordnet. Das Gericht kann den Beweisführer ferner über den Schaden vernehmen. Die größte Erleichterung dieser Vorschriften liegt für den Geschädigten darin, daß an die Darlegung (Substantiierung) seines Vorbringens zu Schadensentstehung und Schadenshöhe geringere Anforderungen gestellt werden, falls ihm eine lückenlose Darstellung nicht möglich ist; dazu kann es etwa kommen, wenn der Schadensverlauf wegen der Umstände eines Unfalls nicht mehr mit Sicherheit zu rekonstruieren ist oder wegen der Zerstörung bestimmter Sachen auch deren Wert nicht mehr ermittelt werden kann. Hier **genügt** für die richterliche Überzeugungsbildung, daß aufgrund greifbarer Anhaltspunkte **eine erhebliche Wahrscheinlichkeit für den behaupteten Schaden(sverlauf)** besteht[199] **(sog. Schadensschätzung)**. Zu beachten ist jedoch, daß dies nur für den *Schadens*hergang, also nicht für die haftungs*begründende* Kausalität (Verursachung der Rechtsgutsverletzung durch Produktfehler) gilt.[200] Außerdem muß die **Wahrscheinlichkeit** des von dem Geschädigten behaupteten Verlaufs die **deutlich größere** sein.[201]

III. Der Produkthaftprozeß gegen Arbeiter, Angestellte, Geschäftsführer und Vorstandsmitglieder

104 Grundsätzlich sind auch Arbeiter, (Leitende) Angestellte und vor allem die Organe des Herstellerbetriebs nach Maßgabe ihres Aufgabenkreises verpflichtet, für ein Höchstmaß an Produktsicherheit zu sorgen; bei Verletzung dieser Verkehrspflichten haften sie dem Geschädigten – ggf. neben dem Hersteller selbst – nach Deliktsrecht *(§ 25 Rz. 184ff.)*. Umstritten ist allerdings, ob in einem Produkthaftprozeß gegen solche Mitarbeiter – wie im Prozeß gegen den Hersteller selbst *(Rz. 44)* – auch die Beweislast für Pflichtwidrigkeit und Verschulden der Mitarbeiter umgekehrt wird. In diesem Fall hätte der verklagte Mitarbeiter zu beweisen, daß der geltend gemachte Produktmangel nicht auf eine vorwerfbare Pflichtwidrigkeit in seinem Aufgabenfeld zurückgehen kann.

---

199 BGHZ 4, 192, 196f.; BGH VersR 1969, 801; NJW 1983, 998f.

200 BGH VersR 1973, 619; NJW 1983, 998; VersR 1987, 310. In der **Praxis** wird dieses Prinzip aber nicht selten durchbrochen, s. auch BGH LM § 287 ZPO Nr. 39.

201 BGH VersR 1970, 924, 926f.; 1973, 619, 620; 1987, 310; 1988, 466, 467.

1. Die Beweislast nach der Rechtsprechung

Der BGH hat zur Frage der Beweislastverteilung im Prozeß gegen Mitarbeiter bisher nur im Spannkupplungs-Fall Stellung genommen.[202] Für den Mangel der dort zerborstenen Spannkupplung machte der Geschädigte u. a. den **verantwortlichen Geschäftsleiter** für die Produktion (und **Kommanditisten**) der Herstellergesellschaft verantwortlich. Der BGH erstreckte seine Rechtsprechung zur Beweislastumkehr auch auf diesen Geschäftsleiter: 105

„Er hatte eine herausgehobene und verantwortliche Stellung im Produktionsbereich der (Herstellerin) inne. Auch er überblickte die von ihm geleitete Produktionssphäre, er bestimmte und organisierte den Herstellungsprozeß der Spannkupplungen und deren Kontrolle bei ihrer Auslieferung; daher ist auch er ‚näher daran', den Sachverhalt aufzuklären, als der Geschädigte. Die schutzbedürftigen Interessen des Geschädigten gebieten es daher auch bei ihm, daß er sich nicht bereits dadurch entlasten kann, indem er Möglichkeiten aufzeigt, nach denen der Fehler des Produkts ohne ein in seinem Organisationsgebiet liegendes Verschulden entstanden sein kann, während es andererseits seine schutzwürdigen Interessen erlauben, in gleicher Weise wie vom Unternehmer selbst den Nachweis des Schuldlosigkeit zu verlangen. Dabei ist es ohne Bedeutung, daß er nur Kommanditist der (Herstellerin) war. Aufgrund seiner Stellung im Betrieb kann und muß ihm zugemutet werden, das Risiko zu übernehmen, seine Schuldlosigkeit nicht beweisen zu können. Eine solche Verteilung der Beweislast bewirkt bei den im zu entscheidenden Fall gegebenen Verhältnissen entgegen der Meinung der Revision nicht die ‚Gefahr einer uferlosen Haftung nachgeordneter Mitarbeiter', da es sich hier um einen solchen nicht gehandelt hat."[203]

Andererseits wies der BGH die Klage gegen den ebenfalls in Anspruch genommenen Maschinenbauingenieur, der für die Bearbeitung, Prüfung und Auslieferung der Spannkupplung verantwortlich war, ab.[204] Auch deshalb ist die Spannkupplungs-Entscheidung so verstanden worden, daß der BGH die **Beweislastumkehr nur auf** solche Leitenden Angestellten ausdehnen will, die gewissermaßen **„Repräsentanten" des Herstellers** waren.[205] Die Beweislast für das Fehlverhalten eines nachgeordneten Mitarbeiters bleibt demnach bei dem Geschädigten, wenn der Mitarbeiter verklagt ist.

2. Kritik an der Rechtsprechung

Jene Ausweitung der Beweislastumkehr ist ganz überwiegend auf **Ablehnung** gestoßen.[206] Kritisiert wird vor allem, im Prozeß gegen Nicht-Hersteller fehle es an den materiellrechtlichen Grundlagen, welche die mit der Beweislast verbundene Haftungsverschärfung letztlich nur rechtfertigten. Arbeiter und Leitende Angestellte im Produktionsbetrieb hätten regelmäßig keinen Gestaltungs- und Organisationsrahmen, der dem des Herstellers vergleichbar sei. Vor allem seien sie von der unternehmerischen Gewinnchance ausgeschlossen, so daß ihnen auch nicht das Korrelat nahezu strikter Haftung aufgebürdet werden dürfe. Bei etwaiger Gewinnbeteiligung Leitender Angestellter usw. sei nur eine anteilsmäßige Haftung zu erwägen, aber als unnötige Komplizierung der Haftungsgrund- 106

---

[202] BGH NJW 1975, 1827ff. – Spannkupplung; § 25 Rz. 104.

[203] BGH NJW 1975, 1827, 1828f. – Spannkupplung (Auszug ohne Fundstellenhinweise); **zustimmend** Kullmann/Pfister, Kza. 1526 S. 20; Schmidt-Salzer, BB 1975, 1032, 1033, unklar dagegen in Schmidt-Salzer/Hollmann, Bd. 1, Art. 3 Rz. 11; v. Westphalen, BB 1975, 1033, 1034.

[204] Vgl. den in BB 1975, 1031 abgedr. Sachverhalt und den Hinweis von Kullmann/Pfister, Kza. 1526 S. 20.

[205] So Kullmann/Pfister, Kza. 1526 S. 20.

[206] Baumgärtel, JA 1984, 660, 666; Baumgärtel/Wittmann, § 823 Rz. 65; Leßmann, JuS 1979, 853, 856ff.; Lieb, JZ 1976, 526, 527; Ludwig, Festschrift Nüchterlein (1978), S. 215, 246f.; MünchKomm/Mertens, § 823 Rz. 311 (differenzierend); insb. auch für **nachgeordnete Mitarbeiter:** v. Marschall, VersR 1976, 411, 414; Gottwald, Jura 1980, 303, 305f.; Larenz, Lehrbuch des Schuldrechts, Bd. 2, Halbbd. 1, 14. Aufl., § 41a zu FN 26; Leßmann, JuS 1979, 853, 856; RGRK/Steffen, § 823 Rz. 534 a. E.; s. auch Kullmann/Pfister, Kza. 1526 S. 20.

sätze abzulehnen.[207] Mitarbeiter könnten das durch die Beweislastumkehr verschärfte Haftungsrisiko auch nicht versichern und billigerweise nicht tragen.

3. Stellungnahme

107 Der Kritik ist zuzugeben, daß die Beweislastumkehr im Produkthaftprozeß den Beklagten nicht unzumutbar belasten darf. In einem solchen Fall müßte auch die disziplinierende Funktion des Haftungsrisikos in den Hintergrund treten.[208] Richtig ist ferner, daß der Beweislastumkehr stets Billigkeitserwägungen zugrunde liegen. Daß diese generell gegen eine Umkehr der Beweislast auf Mitarbeiter usw. sprächen, läßt sich jedoch nicht sagen. So kann eine gewisse Entschärfung der Beweislastumkehr schon darin liegen, daß der Geschädigte den Produktmangel der Funktion, d.h. dem Aufgabenbereich, gerade des verklagten Mitarbeiters zuordnen muß:[209] Eine Produkthaftklage gegen diesen kann also[210] nicht ins Blaue hinein auf irgendwelche Pflichtverstöße gestützt werden. Andererseits fehlt ein schutzwürdiges Interesse an einer Beweislastumkehr im Prozeß gegen Mitarbeiter, solange Aussicht besteht, daß der Geschädigte erfolgreich gegen den Hersteller vorgehen kann. Ist das aber nicht der Fall, so sollte eine Beweislastumkehr nicht schon daran scheitern, daß ein Mitarbeiter weder sein Haftungsrisiko versichern noch aus der Liquidität eines Unternehmens schöpfen kann; denn dies ist schon für seine materiellrechtliche Haftung, die Verkehrspflicht, nicht entscheidend *(§ 25 Rz. 204f.)* und angesichts der Beweisnot des Geschädigten auch nicht von vornherein unbillig. Unzumutbar wird eine Umkehr der Beweislast erst dann, wenn die Beweisführung auch für den Mitarbeiter trotz seiner „Beweisnähe“[211] so schwierig ist, daß die Umkehr überwiegend auf eine Haftungsverschärfung hinausliefe. Dies hängt vom **Einzelfall** ab:

108 (1) Bei **Konstruktions-, Instruktions- und Produktbeobachtungsmängeln** dürfte der Mitarbeiter oft durchaus in der Lage sein, unter Beweisantritt darzulegen, daß zumindest er die ihm in seinem Funktionsbereich obliegenden Pflichten erfüllte. Jedenfalls sind übertriebene Beweisanforderungen – nicht anders als im Prozeß gegen den Hersteller – fehl am Platze.

109 (2) Auch von dem Vorwurf eines **Organisationsfehlers** wird ein (leitender) Mitarbeiter sich für seinen Arbeits- und Kontrollbereich ggf. entlasten können.

110 (3) Im Hinblick auf **Fabrikationsmängel,** einschl. punktuellen Versagens bei der Qualitätskontrolle, ist eine Entlastung in der Regel aber kaum möglich und damit unzumutbar. Auch die überlegene Beweisnähe nützt dem verklagten Mitarbeiter hier nichts, wenn er z.B. beweisen soll, daß er die vor 15 Monaten durchgelaufenen Produkte (Nr. 136.000–137.200) mit aller Sorgfalt überprüfte.

4. Beweisführung

111 Für die Beweisführung gelten – ungeachtet der Beweislast im Einzelfall – die **allgemeinen Regeln und Beweiserleichterungen.** Für den verklagten Mitarbeiter ist wichtig, daß er sich durch den Nachweis entlasten kann, daß ihm eine den Sicherheitserfordernissen entsprechende Organisationsgewalt oder die erforderlichen sachlichen bzw. personellen Mittel verweigert wurden.[212] Auch sonstige Direktiven der Vorgesetzten können die Zumutbarkeit *eigener* Gefahrsteuerung begrenzen. Dringt z.B. der Leiter eines Versuchslabors mit seinen Hinweisen auf die Notwendigkeit weiterer Tests einer Neuentwicklung bei der Geschäftsleitung nicht durch, so ist ihm oft nicht zuzumuten, seine Versetzung zu

---

[207] So v. Marschall, VersR 1976, 411, 414.
[208] Anders offenbar Schmidt-Salzer, BB 1975, 1032, 1033.
[209] Schmidt-Salzer, BB 1975, 1032, 1033.
[210] eigentlich im Gegensatz zu der Klage gegen den Produzenten selbst!
[211] Vgl. MünchKomm/Mertens, § 823 Rz. 311.
[212] Schmidt-Salzer, BB 1975, 1032, 1033.

beantragen oder gar zu kündigen (näher *§ 25 Rz. 202f.*). Sache des Abteilungsleiters usw. ist es allerdings, seine vergeblichen Bemühungen um die Gefahrsteuerung unter Beweis zu stellen. Daß dies erheblich erschwert sein kann, wenn der meist gleichzeitig verklagte Hersteller seine Interessen tangiert sieht, ist bei der Beweiswürdigung zu berücksichtigen.

IV. Der Produkthaftprozeß gegen Vertriebshändler

Ist ein Vertriebshändler verklagt, weil er seine Händlerpflichten verletzt habe, so hat der Geschädigte nach allgemeinen Grundsätzen nachzuweisen, daß das Produkt objektiv mangelhaft war *(Rz. 21.ff.)*, daß dieser Mangel in dem Betrieb gerade des verklagten Händlers verursacht bzw. übersehen wurde *(Rz. 30ff.)* und daß durch den Mangel eine Rechtsgutsverletzung mit Schadensfolge herbeigeführt wurde *(Rz. 83ff., 103)*. Insoweit **gelten die allgemeinen Beweisregeln** über Beweislast, Anscheins- und Indizienbeweis.[213] 112

Fraglich ist dagegen, ob die **Beweislastumkehr,** welche nach der Rechtsprechung im Prozeß gegen den Hersteller **bezüglich schuldhafter Pflichtwidrigkeiten** erfolgt *(Rz. 42ff.)*, auch gegenüber einem Händler Platz greifen muß. Die bisherige Rechtsprechung zur Beweislastumkehr war ganz auf die Abwägung der Interessen von Geschädigtem und *Hersteller* zugeschnitten. Offenbar deshalb wird eine Entlastungspflicht des Händlers teilweise abgelehnt.[214] **Überwiegend befürwortet** wird sie jedoch mit dem Hinweis, die Beweisnot des Geschädigten werde auch bei Inanspruchnahme eines Händlers oft erheblich sein, so daß kein Anlaß bestehe, seine Prozeßchancen – etwa einem großen Vertriebsunternehmen gegenüber – zu verschlechtern.[215] 113

In der Tat wäre eine Besserstellung des Händlers gegenüber dem Hersteller nicht zu rechtfertigen, insbesondere nicht wegen Unterschieden in der wirtschaftlichen Potenz; solche werden nur im Einzelfall festzustellen sein und sollten – wie auch im Prozeß gegen Mitarbeiter des Herstellers – gegenüber der Beweisnot des Geschädigten zurücktreten. Eine **Beweislastumkehr für Betriebsinterna** ist dem Vertriebshändler schon deshalb **kaum unzumutbar,** weil sie voraussetzt, daß der Produktmangel dem Organisations- und Gefahrenbereich (jedenfalls) des Händlers sicher zugeordnet werden kann: Ebensowenig wie die Beweislast auf den Hersteller übergeht, wenn der Sicherheitsmangel des Produkts[216] auch bei dem Händler oder dem Benutzer verursacht worden sein kann, hat sich der Händler zu entlasten, wenn nicht feststeht, daß der Produktmangel schon bei der Abgabe an seinen Kunden vorhanden war.[217] Ist letzteres aber bewiesen, so darf von dem Händler erwartet werden, daß er die Erfüllung seiner meist wenig anspruchsvollen[218] Händlerpflichten beweist; denn nur er kann die in seinem Betrieb durchgeführten Schutzmaßnahmen überblicken und belegen. Erweisen sich seine Beweisschwierigkeiten allerdings als unzumutbar, so kommt auch eine Zurücknahme der Beweislastumkehr in Betracht.[219] 114

---

213 Zum Anscheinsbeweis z. B. OLG Köln VersR 1976, 1164f. – Skibindung I; AG Bochum, Urt. v. 22. 5. 1979, Schmidt-Salzer, Entscheidungssammlung III, III 36 – Skibindung II; andererseits OLG München VersR 1985, 298 – Skibindung IV.

214 Kullmann/Pfister, Kza. 1526 S. 20f. und FN 110; anscheinend auch Kossmann, NJW 1984, 1664, 1667 und BGH NJW 1978, 2241, 2242 r. Sp. – Hinterreifen.

215 Baumgärtel, JA 1984, 660, 666 zu FN 99; Brüggemeier, WM 1982, 1294, 1307; Lukes, Reform, S. 52f.; Schmidt-Salzer, BB 1979, 1, 11 (anders in Entscheidungssammlung III, S. 371, 375); für ausgegliederte Vertriebsgesellschaften des Herstellers offenbar ebenso BGH NJW 1977, 379, 380 c a. E. – Schwimmerschalter (obiter dictum).

216 vorbehaltlich eines Anscheinsbeweises für das Gegenteil

217 OLG Köln VersR 1976, 1164f. – Skibindung I.

218 Vgl. § 26 Rz. 19ff.

219 Brüggemeier, WM 1982, 1294, 1307.

115 Ohnehin sollte die **Beweislast für außerbetriebliche Voraussetzungen** einer Händlerpflicht und deren Verletzung bei dem Geschädigten verbleiben (zum Prozeß gegen den Hersteller vgl. *Rz. 52*).

116 **Kein schutzwürdiges Interesse** an einer Beweislastumkehr ist gegeben, **wenn der Geschädigte** mit Aussicht auf Erfolg **auch gegen den Hersteller der fehlerhaften Kaufsache** vorgeht oder **vorgehen könnte.** Soweit dem Händler also „nur" vorgeworfen wird, er habe bei dem Umschlag der Ware oder bei Beratung des Käufers einen Sicherheitsmangel übersehen, der dem Produkt schon seit dessen Herstellung anhaftete, beschränkt sich die Beweislastumkehr auf den Prozeß gegen den Hersteller, falls auf diesem Wege Schadensersatz zu erlangen ist.

V. Der Produkthaftprozeß gegen Benutzer

117 **Verkehrspflichten** des Produktbenutzers bestehen auf zwei Ebenen: Soweit er mit eigenem Werkzeug oder Material – insbesondere handwerklich – auf fremde Waren einwirkt, kann seine Tätigkeit sich der eines Herstellers annähern oder sogar klassische Herstellung sein; hier können die Benutzerpflichten – nach einem fließenden Übergang – mit Herstellerpflichten zusammenfallen *(§ 25 Rz. 3, 5ff.)*. Gefährdet dagegen die bloße Produktbenutzung andere Rechtsgüter (z. B. die Gesundheit eines Kunden) oder das Eigentum Dritter (by-stander) ohne dessen gezielte Bearbeitung, so wird nur bei Verstoß gegen eine Benutzerpflicht gehaftet; diese bleibt im allgemeinen unter den Anforderungen einer Herstellerpflicht. Das gleiche sollte für Rechtsgutsverletzungen gelten, die ihrerseits nur auf einen Produktfehler von Werkzeug oder Material zurückgehen *(§ 27 Rz. 4ff.)*.

Schon diese Unterschiede im Haftungsgrund **sprechen gegen einheitliche Beweisgrundsätze** im Prozeß gegen den Produktbenutzer.

118 Nach den **allgemeinen Beweisregeln** über Beweislast, Anscheins- und Indizienbeweis hat allerdings der **Geschädigte** nachzuweisen, daß das benutzte bzw. gefertigte Produkt mangelhaft war *(Rz. 21ff.)*, daß dieser Mangel gerade von dem verklagten Benutzer (oder in dessen Betrieb) verursacht bzw. übersehen wurde[220] und daß durch jenes Produkt eine Rechtsgutsverletzung mit Schadensfolge herbeigeführt wurde *(Rz. 83ff., 103)*.

119 Fraglich ist dagegen, inwieweit die **Beweislastumkehr,** welche nach der Rechtsprechung im Prozeß gegen den Hersteller **bezüglich schuldhafter Pflichtwidrigkeiten** erfolgt *(Rz. 42ff.)*, auf den Benutzer erstreckt werden kann. Dies ist vornehmlich für den Einsatz von Medizintechnik und für die Gastronomie diskutiert worden. So wird die Beweislast dafür, daß der Defekt eines Narkosegeräts nicht auf dessen falsche Behandlung zurückgeht, dem Krankenhausträger[221] und teilweise sogar dem Arzt[222] auferlegt. Der Betreiberin einer Klinik wurde anheimgestellt, sich von dem Vorwurf zu entlasten, die Insterilität der von einer Krankenschwester aufbereiteten Infusionslösung beruhe auf einer Pflichtwidrigkeit in der Klinik.[223] Einem Gastwirt wurde die Beweislast dafür zugewiesen, daß er den Salmonellen-Befall eines Zigeunerschnitzels nicht zu verantworten hatte.[224]

120 In diesem **Salmonellen-Fall** schieden der Koch, dessen Gesundheitszeugnis ein Jahr zuvor abgelaufen war, die Bufettkraft und die Küchenhilfe Salmonellen aus. Dennoch vermochte das Gericht wegen der Möglichkeit, daß das Fleisch schon bei dessen Anlieferung befallen war, kein kausales Fehlverhalten festzustellen. Es hielt aber eine Beweislastumkehr für gerechtfertigt, da der Gastwirt ein „objektiv fehlerhaftes Erzeugnis" in Verkehr gebracht habe.[225] – In der Tat wurde hier durch die

---

[220] OLG Oldenburg VersR 1984, 1097 – Schlauchfalte.

[221] So wohl OLG Hamm VersR 1980, 585f.; Deutsch, JZ 1978, 277, 278; MünchKomm/Mertens, § 823 Rz. 403, 416; wenig klar BGH JR 1978, 372, 373 m. Anm. Baumgärtel.

[222] MünchKomm/Mertens, § 823 Rz. 416; differenzierend Baumgärtel, JR 1978, 373, 374.

[223] BGH NJW 1982, 699 – Infusionslösung.

[224] OLG Frankfurt VersR 1982, 151f. – Salmonellen.

[225] OLG Frankfurt VersR 1982, 151f. – Salmonellen.

Fleischverarbeitung ein Schnitzel „hergestellt".[226] Nach allgemeinen Grundsätzen hatte der Gastwirt daher zu beweisen, daß der Befall nicht auf der Erkrankung Betriebsangehöriger, sondern schon auf einem Mangel des zugelieferten „Rohstoffs" beruhte, der mit zumutbarem Prüfaufwand nicht erkennbar und durch Lieferantenkontrolle nicht vermeidbar war.

Herstellende Tätigkeit eines Produktbenutzers **sollte allgemein zur Beweislastumkehr für Pflichtverletzung und Schuld führen,** allerdings[227] nur dann, **wenn allein der Benutzer Herstellungsablauf und Gefahrsteuerung überblickt.**[228] Denn nur hier befindet sich der geschädigte Kunde *typischerweise* in einer nicht behebbaren Beweisnot. Das gilt beispielsweise bei Restaurantbesuchen und bei Reparaturen o. ä., die in einer Werkstatt durchgeführt werden, nicht dagegen bei Eingriffen, die in der Sphäre des Geschädigten erfolgen, nachdem z. B. der Handwerker bestellt worden ist. Der herstellende Benutzer hat also ggf. zu beweisen, daß ein von ihm oder seinen Verrichtungsgehilfen verursachter Produktmangel nicht von ihm zu verantworten ist, 121

- weil er nur auf einem (anderen) Produktmangel von Material oder Werkzeug beruhen kann, den er nicht mit den ihm als Benutzer zumutbaren Mitteln zu erkennen vermochte,
- weil in seinem gesamten Gefahrenbereich, also ggf. auch in dem von ihm geleiteten Betrieb, überhaupt kein Fehlverhalten unterlief oder
- weil ein Verrichtungsgehilfe, der unsorgfältig handelte, ordnungsgemäß ausgewählt und beaufsichtigt worden war.

Die **Ausdehnung dieser Beweislastumkehr auf reine Produktbenutzer,** die den Verkehr ohne Eingriffe in fremde Waren gefährden, ist **nicht unproblematisch.** Denn sie entfernt sich erheblich von den Voraussetzungen, die für die BGH-Rechtsprechung zur Beweislastumkehr maßgeblich wurden. Wer aber der hier vertretenen Ansicht folgt, diese Rechtsprechung könne sich in erster Linie auf die Beweisnot des Geschädigten und die vergleichsweise guten Entlastungsmöglichkeiten des Schädigers stützen (Sphärengedanke),[229] muß berücksichtigen, daß eine solche Beweisnot auch im Falle bloßer Produktbenutzung durch andere entstehen kann. Bei medizinischer Technik, der die Patienten ausgesetzt werden, ist dies evident; zu denken ist auch an die Gefahren, welche von falsch gelagerten Lebensmitteln, angefeuchteten Feuerwerkskörpern oder nicht gekennzeichneten Chemikalien ausgehen können. Selbstverständlich kann auch ein Karussellbenutzer weit weniger als dessen Betreiber beurteilen, ob die Betriebssicherheit überhaupt und auch in regelmäßigen Abständen (nicht nur behördlich) überprüft worden ist. Allerdings dürfte es zu weit gehen, dem Produktbenutzer hier den Beweis zuzumuten, in seiner Sphäre seien keinerlei ihm irgendwie zurechenbare Fehlerquellen gesetzt worden. 122

Für die **Entlastung** muß es vielmehr ausreichen, daß die **Einhaltung der typischen und bedeutsamsten Pflichten** nachgewiesen wird.[230] Weiterhin ist **vorauszusetzen, daß ein Herstellungsfehler**[231] **als Schadensursache ausscheidet,**[232] es sei denn, dem Benutzer wird gerade vorgeworfen, das Produkt gebraucht zu haben, obwohl *er* diesen Fehler hätte erkennen können. Auch für eine derart beschränkte Beweislastumkehr besteht aber, wie gesagt, nur Anlaß, **soweit die Beweisnot reicht,** soweit also nicht der Geschädigte, sondern nur der Produktbenutzer Einblick in Voraussetzungen und Maßnahmen der Gefahrsteuerung hat. 123

Beispiel: Bricht ein Kranarm und behauptet der Geschädigte, der Betreiber des Krans habe einen Schweißfehler oder fortgeschrittenen Rostbefall vorher mit zumutbaren Mitteln erkennen können, so

---

[226] Vgl. § 25 Rz. 25; anders Brüggemeier, VersR 1983, 116, 117.

[227] wie im Prozeß gegen den Hersteller

[228] Vgl. OLG Frankfurt VersR 1982, 151, 152 – Salmonellen.

[229] Rz. 50, 52ff.; so auch deutlich BGH NJW 1982, 699 – Infusionslösung.

[230] Ähnlich wohl MünchKomm/Mertens, § 823 Rz. 321.

[231] des ursprünglichen Produzenten und natürlich auch andere Vorschädigungen

[232] So auch BGH NJW 1982, 699 unter 3a – Infusionslösung.

werden die dafür erforderlichen Feststellungen auch im nachhinein von Sachverständigen zu treffen sein. Eine Beweislastumkehr wäre hier nicht angebracht, wohl aber bei der Frage, ob der Kran z. B. jährlich zerlegt bzw. inspiziert wurde. Ob eine solche Inspektion auch gründlich erfolgte, mag wiederum – anhand der Fehlerausbreitung – für Sachverständige, d. h. auch für den Geschädigten, feststellbar sein.

124 An einer **Beweisnot fehlt** es schließlich auch dann, wenn der Geschädigte mit Aussicht auf Erfolg auch **gegen den Hersteller** des fehlerhaften Produkts vorgeht oder vorgehen könnte.

VI. Beweissicherung

125 Wer im Produkthaftprozeß die Beweislast für eine bestimmte haftungsrelevante Tatsache trägt, verliert u. U. den Prozeß, wenn er diese Tatsache nicht beweisen (widerlegen) kann. Es ist daher für Produzenten wie Produktgeschädigte **äußerst wichtig,** Beweismittel, die in einem Produkthaftprozeß verwendet werden könnten, zu schaffen und zu bewahren.

Die spätere gerichtliche Auseinandersetzung gilt oft genug den technischen Vorfragen der Haftung. Sie können nicht ohne Sachverständige beantwortet werden. Über deren Eignung besteht leider nicht in jedem Fall Einigkeit, so daß schon ihre Bestellung durch das Gericht hilfreich ist. Zugleich kommt oft alles darauf an, daß Sachverständige möglichst bald nach dem Unfall Einblick nehmen können. Daher ist – schon vor dem Produkthaftprozeß! – die gerichtliche Beweissicherung im **Beweissicherungsverfahren von kardinaler Bedeutung** *(Rz. 128ff.).*

1. Beweissicherung für den Geschädigten

a) Allgemeine Sicherungsmaßnahmen

126 Eine Beweissicherung ist schon **vor dem Schadensfall** möglich. Um nämlich die Identität des Händlers und – vielleicht auch über den Vertriebsweg – die Person des Herstellers sicherer belegen zu können, sollten die **Verkaufsunterlagen** (Bon, Quittung, Garantiescheine usw.) prinzipiell und bis zur Trennung von der Ware aufbewahrt werden. Das gilt sogar für Lebensmittel, deren Zuordnung – man denke nur an Frischbrot und Gemüse – besondere Schwierigkeiten bereiten kann. Nötig ist auch die Aufbewahrung etwaiger **Warn- und Gebrauchshinweise;** denn deren Fassung wird im Laufe der Zeit u. U. geändert (Medikamente!), so daß später durchaus zweifelhaft werden kann, welche Hinweise dem schädlichen Produkt beigefügt waren.

127 **Nach einem Produktschaden** ist umsichtiges Verhalten derart wichtig, daß mit gewissem Recht gesagt werden kann, der Verbraucher halte den Erfolg eines späteren Prozesses schon jetzt in der Hand. Die Grundregeln lauten:

- das defekte, beschädigte oder zerstörte **Produkt aufbewahren** (z. B. auch die kleinsten Scherben einer explodierten Flasche sammeln);[233]
- etwaige **Produktreste aufbewahren** (z. B. die angebrochene Brotpackung, Reste angebrochener Flaschen, Tablettenpackungen);
- **Fotographieren von Unfallort bzw. defektem Produkt;**
- **Hinzuziehung von Zeugen,** insbesondere der **Polizei,** zwecks Beschreibung des Unfallortes bzw. des Produktzustandes (möglichst) unmittelbar nach dem Unfall (ggf. unter Anregung, ein genaues Gedächtnisprotokoll zu fertigen);
- **Hinzuziehung eines Arztes** im Hinblick auf Ursachen und Ausmaß von Körperverletzungen;

---

[233] Vgl. OLG Frankfurt VersR 1987, 469 – Mehrwegflasche II; s. auch Rz. 44.

- **Einschaltung von Behörden,** z. B. der Polizei, des Ordnungs- bzw. Veterinäramtes, zu dem Zweck,
  1. Massenschäden (durch Lebensmittelvergiftungen, verunreinigtes Trinkwasser, schädliche Arzneimittel, Etikettierungsirrtümer) zu verhindern und
  2. von ähnlichen Produktschäden, die gemeldet wurden/werden, (als Indizien!) Kenntnis zu erhalten und
  3. fehlerverdächtige Produkte oder deren Rest von autorisierten Fachleuten (sachverständigen Zeugen!) untersuchen zu lassen.

b) Das gerichtliche Beweissicherungsverfahren

Neben den Sofortmaßnahmen, die nach einem Produktschaden beachtet werden sollten, empfiehlt sich oft die Einleitung eines Beweissicherungsverfahrens. Denn hier ordnet ein Gericht die Einnahme des Augenscheins oder die Vernehmung von Zeugen oder Sachverständigen an, auch wenn der Geschädigte noch gar keine *Klage* auf Ersatz seines Schadens erhoben hat. **Voraussetzung** dafür ist, daß der Gegner dem zustimmt oder daß zu besorgen ist, daß das Beweismittel verloren oder seine Benutzung erschwert wird, oder daß der gegenwärtige Zustand einer Sache festgestellt werden soll und der Antragsteller daran ein rechtliches Interesse hat (vgl. §§ 485ff. ZPO). 128

Beispiele: Das fehlerhafte Produkt droht zu verderben oder soll, bevor es völlig wertlos wird, veräußert werden. Ohne alsbaldige Dokumentierung des fehlerhaften Produkts oder des Schadensbildes gewinnen andere Schadensursachen an Plausibilität; u. U. setzt der Geschädigte sich sogar dem Verdacht nachträglicher Manipulierung an einem Beweismittel aus. Ein wichtiger Zeuge will auswandern oder als Ausländer die Bundesrepublik wieder verlassen.

Zuständig für eine Anordnung zur Beweissicherung ist vor Erhebung einer Schadensersatzklage das Amtsgericht, in dessen Bezirk die zu vernehmenden Personen sich aufhalten oder der in Augenschein zu nehmende Gegenstand sich befindet. Hat der Geschädigte dagegen schon Klage auf Schadensersatz erhoben, so muß er das Gesuch um Beweissicherung bei dem Prozeßgericht anbringen. In Fällen dringender Gefahr ist jedoch auch hier das erwähnte Amtsgericht zuständig (§ 486 ZPO). 129

Die mit der Beweissicherung verbundenen **Kosten** können allerdings erheblich sein. Wer ein Beweissicherungsverfahren beantragt, hat einerseits die *Gerichtsgebühren* vorzulegen. Sie betragen die Hälfte einer vollen Gerichtsgebühr;[234] diese wiederum hängt von der Höhe des Streitgegenstandes (praktisch vor allem des Schadens) ab und ist der Tabelle der Anlage 2 zum Gerichtskostengesetz zu entnehmen. Darüber hinaus kann das Gericht die Ladung von Zeugen und Sachverständigen davon abhängig machen, daß der Antragsteller einen hinreichenden Vorschuß zur Deckung der *Auslagen* zahlt, die der Staatskasse durch die Vernehmung erwachsen (§ 492 ZPO i. V. m. §§ 379, 402 ZPO); die Auslagen z. B. für Sachverständige können durchaus mehrere tausend Mark betragen. Ein Antragsteller, der außerstande ist, jene Kosten ohne Beeinträchtigung des für ihn und seine Familie notwendigen Unterhalts aufzubringen, erhält allerdings *Prozeßkostenhilfe,* wenn die beabsichtigte Rechtsverfolgung hinreichende Aussicht auf Erfolg bietet und nicht mutwillig erscheint (§§ 114ff. ZPO). Ohnehin werden dem Antragsteller die entrichteten Gebühren und Auslagen von dem Prozeßgegner *erstattet,* soweit er den späteren Schadensersatzprozeß gewinnt (§ 91 ZPO). 130

2. Beweissicherung für den Hersteller

Wird ein Unfall mit einem bestimmten, vermeintlich fehlerhaften Produkt in Verbindung gebracht und erfährt dessen Hersteller davon, so kann auch er ein Interesse daran haben, den Geschehensablauf vorsorglich und zuverlässig in einem gerichtlichen Beweissicherungsverfahren *(Rz. 128)* ermitteln zu lassen. Das Hauptproblem des Herstellers 131

---

[234] Nr. 1140 des Kostenverzeichnisses (Anlage 1 zum Gerichtskostengesetz).

besteht aber, wenn ein Produktmangel und dessen Ursächlichkeit für den Schaden sicher sind, in dem Entlastungsbeweis, daß bei der Konstruktion und Serienfertigung (einschl. der Qualitätskontrolle) in seinem Betrieb keine Pflichtverletzung unterlief (vgl. *Rz. 42ff.*). Dieser Beweis ist im nachhinhein nur zu führen, wenn in einer genauen und systematischen **Dokumentation** sämtliche Schritte der Produktion festgehalten worden sind. Eine wirklich lückenlose Dokumentation ist zwar kaum zu erreichen. Auch ist leider nicht ganz von der Hand zu weisen, daß ein solches Vorhaben bei einer Kosten-Nutzen-Betrachtung im Hinblick auf die Anforderungen der Rechtsprechung an den Entlastungsbeweis „ungerechtfertigt und unzumutbar" erscheint.[235] Dies spricht aber weniger gegen eine Dokumentierung als gegen die Handhabung des Verschuldensprinzips in der Praxis. Abgesehen davon, daß eine systematische Qualitätssicherung dem Hersteller langfristig auch Kostenvorteile und vielleicht sogar einen Qualitätsvorsprung sichert, ist **ohne Dokumentation fast jeder Entlastungsbeweis zum Scheitern verurteilt.**

132 **Art und Umfang** der Dokumentation hängen selbstverständlich von dem Produkt und der Unternehmensstruktur ab.[236] Gesetzliche Bestimmungen über die Erhebung produktionsbezogener Daten existieren in der Bundesrepublik – anders als in den USA – nur punktuell (vgl. etwa §§ 24ff. AMG). Die Industrie hat hier also freie Hand. Archiviert werden sollten aber in jedem Fall die Aufzeichnungen

- der Informationen und Anweisungen der Mitarbeiter zur Qualitätssicherung einschließlich der Vorschriften über die Schulung und Kontrolle der Mitarbeiter;
- über Qualifikation, Bewährung und genaue Funktion der Mitarbeiter im Produktionsprozeß;
- über das Qualitätssicherungssystem (auch hinsichtlich der Produktbeobachtung durch eine eigene Abteilung, Vertriebshändler usw.; der Sabotageabwehr);
- über die einzelnen Schritte der Entwicklung und Konstruktion des Produkts einschließlich der Prüfberichte, Prüfverfahren (Prüftechnik), Verfahrensüberwachung, Probestücke, der Berichte über Mängel, deren Behebung bzw. Neutralisierung;
- über Zulieferer: Betriebsprüfungen, Erstmusterkontrollen, Wareneingangskontrollen (Stichproben/zerstörende Kontrollen), Prüfverfahren, Prüfmittelkontrolle, die Zuordnung des Prüfpersonals zu den jeweils durchlaufenden Serienstücken;
- über die eigene Fertigung: Art und Umfang der Qualitätskontrolle (Zwischen- und Endprüfungen), Prüfverfahren, -technik und -personal.

Es bleibt dem jeweiligen Betrieb überlassen, die damit umrissene Datenflut auf Karteien, Qualitätsregelkarten, **Mikrofilm** oder **Computerausdrucke** zu konzentrieren, deren Richtigkeit unter Datumsangabe durch Unterschrift bestätigt werden sollte.

C. Haftung nach § 823 Abs. 2 BGB

§ 31. Allgemeines zur Schutzgesetzhaftung

1 Der Grundsatz des § 823 I BGB, wonach Schadensersatz zu leisten hat, wer bestimmte Rechtsgüter eines anderen pflichtwidrig verletzt, wird in § 823 II 1 BGB ergänzt: „Die gleiche Verpflichtung trifft denjenigen, welcher gegen ein den Schutz eines anderen bezweckendes Gesetz verstößt." Diese Haftung für Schutzgesetzverstöße kann über die Haftung für Verkehrspflichtverletzungen (§ 823 I BGB) hinausgehen; sie kann aber auch

---

[235] So Kullmann/Pfister (Veltins), Kza. 4310 S. 27f.; Schmidt-Salzer/Hollmann, Bd. 1, Einl. Rz. 253.

[236] Vgl. etwa die Zusammenstellung des Verbandes der Automobilindustrie (VdA): Dokumentationspflichtige Teile bei Automobilherstellern und Lieferanten (1983); Hollmann, QZ 1984, 23.

hinter ihr zurückbleiben. So ist es durchaus vorstellbar, daß Vorschriften des technischen Sicherheitsrechts infolge neuer Erkenntnisse nicht mehr dem Stand der Wissenschaft und Technik entsprechen, welcher die jeweilige Verkehrspflicht mitbestimmt (vgl. *§ 24 Rz. 48*). Umgekehrt kann der Gesetzgeber einen Sicherheitsstandard, dessen Zumutbarkeit im Rahmen der Rechtswidrigkeitsprüfung nach § 823 I BGB u. U. zweifelhaft ist, verbindlich vorgeben.

Eine **Verschärfung** stellt die Haftung nach § 823 II BGB in dreierlei Hinsicht dar: 2

1. Der Schadensersatzanspruch setzt statt einer Rechtsgutsverletzung nur voraus, daß bei dem Geschädigten ein Vermögensschaden eingetreten ist.[1]
2. Das Verschulden muß sich – anders als nach § 823 I BGB *(§ 28 Rz. 1)* – nicht auf eine Rechtsgutsverletzung beziehen, sondern lediglich auf den Verstoß gegen das Schutzgesetz, falls dieses nicht selbst an eine Rechtsgutsverletzung anknüpft.
3. Darüber hinaus gilt nach der Rechtsprechung die Vermutung, daß die Verletzung eines Schutzgesetzes auch schuldhaft erfolgt ist; der Schädiger muß ihn entlastende Umstände also beweisen *(§ 34 Rz. 6ff.)*.

Wie in Teil B dargestellt, wird die Frage, ob ein bestimmtes Sicherheitsdefizit bei der Herstellung pflichtwidrig ist, heute ganz überwiegend auf der Grundlage der Verkehrs(sicherungs)pflichten beantwortet. Dabei handelt es sich letztlich um die Konkretisierung des Prinzips, daß jeder, der eine nicht völlig ungefährliche Ware in Verkehr bringt, die zum Schutze des Verkehrs erforderlichen Sicherheitsmaßnahmen zu treffen hat. Da dieses Prinzip heute einerseits gewohnheitsrechtlich gilt, in seiner jeweiligen Ausformung als Verkehrspflicht aber auch als Richterrecht angesehen werden kann, hat man die **Ansicht** vertreten, die **Verkehrspflichten seien zugleich „Gesetze"** i. S. des § 823 II BGB. Dem entspricht es, nicht § 823 I BGB, sondern § 823 II BGB als eigentliche deliktische Grundnorm anzusehen.[2] Beides ist jedoch **abzulehnen.**[3] Es ist nicht mit dem System des Deliktsrechts vereinbar und führt letztlich zu einem vom Gesetzgeber nicht beabsichtigten[4] allgemeinen Schutz des Vermögens vor unerlaubten Handlungen. 3

§ 32. Schutzgesetze

I. Gesetzesbegriff

Gesetz i. S. des Bürgerlichen Gesetzbuches und damit auch i. S. des § 823 II BGB ist „jede Rechtsnorm" (Art. 2 EGBGB). Eine Rechtsnorm ist **jede Rechtsregel normativen Inhalts,** die aufgrund eines förmlichen Verfahrens oder ohne dieses zustande kommt.[1*] 1

Nach diesem weiten Gesetzesbegriff können **Schutzgesetze** sein 2

1. einfache Gesetze (des Bundes oder eines Landes), und zwar bloße *Verhaltensnormen* (Gebote, Verbote) oder *Sanktionsnormen* (Straf- oder Ordnungswidrigkeitstatbestände, die oft zugleich eine Verhaltensnorm darstellen);[2*] sofern eine Verhaltensnorm bereits ein unmittelbares Gebot oder Verbot enthält, spielt es keine Rolle, ob in erster Linie eine Behörde zur Einzelfallregelung ermächtigt werden soll;[3*]

---

[1] Zu Besonderheiten der **Produzentenhaftung** s. aber § 32 Rz. 9.

[2] Vgl. v. Bar, Verkehrspflichten, S. 157ff.; J. Rödig, Erfüllung des Tatbestandes des § 823 Abs. 1 BGB durch Schutzgesetzverstoß (1973), S. 42ff.

[3] Ebenso Soergel/Zeuner, § 823 Rz. 42, 251.

[4] BGH NJW 1976, 1740, 1741.

[1*] Vgl. BGH NJW 1965, 2007: „jede von der Rechtsordnung festgestellte Regel".

[2*] Lesenswert Dörner, JuS 1987, 522, 524f.

[3*] MünchKomm/Mertens, § 823 Rz. 153.

2. Rechtsverordnungen;
3. öffentlich-rechtliche Satzungen im Einzelfall;[4]
4. das Recht der Europäischen Gemeinschaften, und zwar sowohl das Vertragsrecht (primäres Gemeinschaftsrecht; Art. 59 II GG) als auch das von den Organen der EG erlassene Recht (sekundäres Gemeinschaftsrecht; Art. 24 GG), soweit es unmittelbare und generelle Außenwirkung hat; dies gilt für die Verordnungen, ausnahmsweise auch für Richtlinien und Entscheidungen;[5]
5. Gewohnheitsrecht;[6]
6. Gebote und Verbote von Verwaltungsbehörden (Verwaltungsakte).[7]

3 Mangels Gesetzesqualität sind **keine Schutzgesetze**
1. Verwaltungsvorschriften, die mangels Selbstbindung der Verwaltung noch keine Außenwirkung entfalten;
2. das für den Einzelfall gesetzte Richterrecht (einschl. der Konkretisierung von Verkehrspflichten, s. *§ 31 Rz. 3*);
3. technische Regelwerke (DIN-Normen, VDI-Richtlinien, VDE-Bestimmungen), sofern ihr Inhalt nicht Gegenstand einer Rechtsnorm, z. B. des öffentlich-rechtlichen Sicherheitsrechts, geworden ist (dazu *§ 24 Rz. 47ff.*);[8]
4. Unfallverhütungsvorschriften, die nicht Inhalt einer Rechtsnorm geworden sind (vgl. *§ 24 Rz. 39f.*).

II. Schutzgesetzcharakter

4 Letztlich bezweckt jedes Gesetz den Schutz irgendeines Rechtsgutes. § 823 II BGB dient jedoch dem Individualschutz. Daher muß in jedem Einzelfall festgestellt werden, ob das von dem Schädiger verletzte Gesetz seiner Intention nach gerade den Verletzten und auch vor dem konkreten Schaden schützen soll, der eingetreten ist.

1. Individualschutz

5 Das verletzte Gesetz darf also nicht *nur* dem Schutz öffentlicher Interessen dienen. Soll es lediglich die (allgemeine) öffentliche Sicherheit oder vor fiskalischen Einbußen bewahren, so ist § 823 II BGB nicht anwendbar. Die verletzte Vorschrift muß ergeben, daß jedenfalls auch individuelle Rechtsgüter eines Einzelnen oder bestimmter Personenkreise geschützt werden; daß ein solcher Individualschutz – wenn auch typischer – Reflex der angestrebten öffentlichen Sicherheit ist, reicht hierfür nicht aus.[9] **Anhaltspunkte** für oder gegen einen individualschützenden Charakter können die **amtliche Überschrift** und die amtliche **Begründung** zu dem betreffenden Gesetz geben, u. U. aber auch eine (in den neueren Gesetzen vielfach) an den Anfang gestellte Darlegung der Regelungszwecke.[10] Keine Rolle kann dagegen spielen, ob das Gesetz Sanktionen vorsieht, also z. B. mit einer Straf- oder Bußgeldandrohung bewehrt ist.[11] Ein Individualschutz wird um so eher angestrebt sein, je gewichtiger die durch eine Verletzung **bedrohten Rechtsgüter** sind.

---

[4] OLG Düsseldorf NJW 1979, 2618.

[5] Merten/Kirchhof in Staudinger, Art. 2 EGBGB Rz. 73.

[6] Merten/Kirchhof in Staudinger, Art. 2 EGBGB Rz. 93ff.

[7] So die Rechtsprechung: OLG München VersR 1983, 887, 888; BGH NJW 1974, 1240; OLG Hamm JZ 1981, 277 m. Anm. Baur. Hiergegen mit Recht MünchKomm/Mertens, § 823 Rz. 153 m. weit. Nachw.

[8] Marburger, Regeln, S. 475ff.

[9] BGH NJW 1976, 1740f.; s. auch BGH NJW 1982, 2780.

[10] Zum FuttermittelG vgl. etwa BGH NJW 1987, 1694, 1695 – Putenfutter.

[11] BGH NJW 1982, 2780, 2781; Soergel/Zeuner, § 823 Rz. 252.

Um Schutzgesetze handelt es sich demnach etwa bei dem Verbot, „bedenkliche Arzneimittel" in Verkehr zu bringen (§ 5 I AMG), bei den Verbotstatbeständen des Lebensmittel- und Bedarfsgegenständegesetzes, die ausdrücklich dem „Schutz der Gesundheit" zugeschrieben sind (§§ 8, 24, 30 LMBG), und bei den Verboten nach §§ 3, 7 und 14 Futtermittelgesetz.

Nach einer – recht weitgehenden – Formulierung des **BGH** soll die Anerkennung als Schutzgesetz bei Ermangelung anderer Anhaltspunkte davon abhängen, ob die **Schaffung eines Schadensersatzanspruches** „in diesen Fällen **sinnvoll und** im Lichte des haftpflichtrechtlichen Gesamtsystems **tragbar** erscheint."[12] Dies kann auch für Vorschriften zum Schutze der Verkehrssicherheit nicht allgemein bejaht werden,[13] sondern ist im Einzelfall festzustellen. 6

2. Schutzzweck

Zur Haftung führt noch nicht, daß ein Gesetz verletzt wurde, das (auch) dem Individualschutz dient. Sondern der Geschädigte muß zu dem Kreis der geschützten Individuen zählen, und es muß dem Zweck der verletzten Norm entsprechen, daß gerade der eingetretene Schaden ersetzt wird. Der konkrete Schaden muß also innerhalb des Schutzzwecks der Norm liegen.[14] 7

Wer zu den von ihr **Geschützten** gehört, ist nicht stets dem Wortlaut zu entnehmen. So ergibt sich für das Verbot des § 5 AMG, bedenkliche Arzneimittel in Verkehr zu bringen, erst aus dem Zusammenhang mit § 84 AMG[15] und der Entstehungsgeschichte des AMG, daß hiernach vor Arzneimittelschäden nur derjenige geschützt sein soll, dem das Medikament bestimmungsgemäß appliziert wird, also nicht etwa ein Arzt, der sich an einer mit verdorbenem Impfstoff gefüllten Spritze verletzt, oder ein Dritter, der von dem damit behandelten Patienten infiziert wird. Vor übermäßigen Gefahren technischer Arbeitsmittel schützt das Verbot, solche Arbeitsmittel herzustellen oder aufzustellen (§ 3 I GSG), nur deren Benutzer oder Dritte, die bei der Benutzung bzw. Aufstellung gefährdet werden können, nicht aber die z. B. bei der Inverkehrgabe eingesetzten Personen.[16] 8

Oft ist der Schutz der verletzten Norm auch auf **bestimmte Rechtsgüter** beschränkt. Insbesondere das Recht der technischen Sicherheit soll im allgemeinen nicht das Vermögen in seiner Gesamtheit, sondern nur vor der Einbuße *konkreter Rechtsgüter* (Leben, Gesundheit, Eigentum usw.) bewahren.[17] Andernfalls würde das Haftungsrisiko angesichts der vielfältigen Möglichkeiten der Vermögensbeeinträchtigung überhand nehmen. Entscheidend ist aber in jedem Fall der Zweck der jeweiligen Schutznorm, die eventuell auch reine Vermögensschäden verhindern soll.[18] 9

Weitere Begrenzungen des Schutzumfangs können sich aus dem Schutzgesetz selbst ergeben: Gem. § 3 I GSG soll das Gerätesicherheitsgesetz nur verhindern, daß *Leben und Gesundheit* durch mangelhafte technische Arbeitsmittel geschädigt werden.[19] Die Pflicht nach § 12 I Nr. 5 des Pflanzenschutzgesetzes vom 10. 5. 1968, Pflanzenschutzmittel nicht ohne einen Hinweis „auf die Gefahren, die bei der Anwendung auftreten können", in Verkehr zu bringen, sollte dagegen nicht nur vor Gesundheitsschäden, sondern auch das Eigentum – namentlich die behandelten und andere Pflanzen – schützen.[20]

---

[12] BGH NJW 1976, 1740f. (Hervorhebung durch Verf.).

[13] Anders wohl Palandt/Thomas, § 823 Anm. 9b.

[14] Vgl. BGH NJW 1973, 1547, 1549; 1975, 1223, 1225; 1976, 1740.

[15] Kullmann/Pfister, Kza. 3800 S. 15.

[16] Kullmann/Pfister, Kza. 2450 S. 4f.

[17] Diederichsen, DAR 1976, 312, 317; Köhler, Beil. 4 zu BB 1985, S. 1f.; Kullmann/Pfister, Kza. 1601 S. 5f., anders wohl Kza. 1602 S. 7; Marburger, Regeln, S. 481; MünchKomm/Mertens, § 823 Rz. 159.

[18] Vgl. z. B. zu § 3 Nr. 3 lit. b FuttermittelG BGH NJW 1989, 707, 709 – Fischfutter.

[19] BGH NJW 1983, 812, 813 – Hebebühne.

[20] BGH NJW 1981, 1606, 1608 – Benomyl.

10 Von Bedeutung kann auch die **Art der Schädigung** sein. Beispielsweise sollte § 12 I Nr. 5 Pflanzenschutzgesetz a. F. wohl vor schädlichen *Neben*wirkungen, nicht aber vor der eventuellen Wirkungslosigkeit eines Pflanzenschutzmittels schützen.[21] Dies hatte zur Folge, daß der allgemeine deliktsrechtliche Eigentumsschutz nach § 823 I BGB[22] hier über dem Standard des Spezialgesetzes lag; denn dem Pflanzenschutzgesetz war nicht zu entnehmen, daß die Haftung (zumal des Herstellers) abschließend geregelt werden sollte. Die Berufspflicht, giftige Stoffe nicht an Personen unter 21 Jahren abzugeben, soll nicht nur unmittelbare Schädigungen des menschlichen Organismus durch chemische Einwirkung verhüten, sondern auch Gefahren abwehren, die aus mutwilliger Mischung jener Substanzen für Explosionsversuche entstehen (atypische Gefahren).[23] Durch das Verbot des § 3 I GSG, übermäßig gefährliche technische Arbeitsmittel in Verkehr zu bringen oder auszustellen, soll der Export solcher Geräte, die nur den ausländischen Sicherheitsbestimmungen entsprechen, nicht behindert werden; daraus hat das BVerwG geschlossen, die Aufstellung derartiger Geräte sei auch in der Bundesrepublik dann statthaft, wenn auf der Messe darauf hingewiesen wird, sie seien nur für den Export geeignet.[24] Demnach wäre hier aus § 823 II BGB i. V. mit § 3 I GSG keine Produkthaftung abzuleiten, wenn ein Messebesucher durch den Sicherheitsmangel des Produkts verletzt würde.

III. Wichtige Schutzgesetze im Dienst der Produktsicherheit

11 Die Zahl der Gesetze, mit denen der Schutz vor Herstellung, Vertrieb und (nicht zuletzt) Anwendung gefährlicher Produkte bzw. vor Abfall verbessert werden soll oder die Rechtsangleichung innerhalb der Europäischen Gemeinschaften gefördert werden soll, nimmt rasch zu. Längst sind die Vorschriften, welche für die Produktsicherheit im weiteren Sinne bedeutsam werden können, nur noch schwer zu übersehen. Auch der nachfolgende Überblick ist auf einige **wichtige Vorschriften** beschränkt. Die Ermittlung ihrer Schutzgesetze ist dadurch erschwert, daß rechtswissenschaftliche Vorarbeiten bisher weitgehend fehlen; auch die vereinzelten Gerichtsentscheidungen erlauben nur selten eine Kategorisierung allgemeiner Art, zumal der konkrete Schutzzweck oft recht begrenzt ist. Die folgende Auflistung benennt daher – **ohne Anspruch auf Vollständigkeit** – Normen, deren Bedeutung für den Individualschutz nach dem Gewicht der jeweiligen Anordnung naheliegt.[25] Die Frage, inwieweit und für welche Gruppen von Geschädigten und Schäden deshalb die **Schutzgesetzeigenschaft** zu bejahen ist, wird damit nicht beantwortet; sie ist **für jeden Einzelfall zu prüfen.**

Die als Schutzgesetze in Betracht kommenden Rechtsnormen erscheinen im **Fettdruck.** Straf- oder Ordnungswidrigkeitstatbestände, die Verstöße gegen eine in derselben Gesamtregelung enthaltene Vorschrift sanktionieren, sind zusätzlich in Klammern gesetzt.

1. Allgemeines, Arbeitsschutz

12 **Gewerbeordnung** i. d. F. vom 1. 1. 1987 (BGBl. I S. 426): **§§ 30b, 56 I Nr. 1b, d, f, 4, 5, § 120a, (§§ 144 III 1, 145 II Nr. 2); §§ 143 I Nr. 3, 146 I Nr. 1a, 2, § 147 I Nr. 1, 2 Halbs. 2.**
Strafgesetzbuch: §§ 212, 222ff., 263, 303.

---

[21] BGH NJW 1981, 1606, 1608f. – Benomyl.
[22] Zur Haftung für wirkungslose Produkte s. § 21 Rz. 68ff.
[23] BGH VersR 1973, 32, 33 – Natriumchlorat; nicht unbedenklich.
[24] BVerwGE 50, 231, 235.
[25] Vgl. auch die in Nuancen abweichende Zusammenstellung bei Kullmann/Pfister, Kza. 1601 S. 9ff.

2. Arzneimittel; Seuchenbekämpfung

Apothekengesetz i. d. F. vom 15. 10. 1980 (BGBl. I S. 1994): **§§ 1 II, 6, 9 II, (§§ 23, 25).** 13

Apothekenbetriebsordnung vom 9. 2. 1987 (BGBl. I S. 547): **§§ 2 II, 3 II 1, V, 4, 6, 7, 9 I–III** (im Einzelfall), **10, 16, 17, 18** (im Einzelfall), **19 II, 20–22, 26 II, 27 II 1** (im Einzelfall), **28 III, 29, 31, 32 I, (§ 34).**

Arzneimittelgesetz vom 24. 8. 1976 (BGBl. I S. 2445), zuletzt geändert durch Gesetz vom 20. 7. 1988 (BGBl. I S. 1050): **§§ 5 I,**[26] **7 I, 8, 10 I Nr. 5, 7–9, II, V, X 1, 2, §§ 11, 56a I, 58 I, (§§ 95–97).** Zu *Auflagen* nach § 28 AMG vgl. insbesondere die Anordnungen über kindergesicherte Verpackungen für Arzneimittel vom 18. 4. 1979 (BAnz. Nr. 81) i. d. F. vom 10. 4. 1980 (BAnz. Nr. 76), vom 12. 2. 1982 (BAnz. Nr. 36 = PhR 1982, 82), vom 17. 9. 1984 (BAnz. Nr. 178) i. d. F. des Widerspruchsbescheides vom 13. 3. 1985 (BAnz. Nr. 57).

Arzneibuchverordnung vom 25. 7. 1978 (BGBl. I S. 1112, zuletzt geändert durch VO vom 25. 10. 1985 (BGBl. I S. 2034): **§ 5.**

Arzneimittelfarbstoffverordnung vom 25. 8. 1982 (BGBl. I S. 1237), geändert durch VO vom 21. 2. 1983 (BGBl. I S. 219): **§ 1 I, II, (§ 2).**

Arzneimittel-Warnhinweisverordnung vom 21. 12. 1984 (BGBl. I 1985 S. 22), zuletzt geändert durch VO vom 24. 10. 1987 (BGBl. I S. 2333): **§§ 2, 3, (§ 4).**

Betriebsverordnung für Arzneimittelgroßhandelsbetriebe vom 10. 11. 1987 (BGBl. I S. 2370): **§§ 2–6, 9 I 1** (im Einzelfall), **(§ 10).**

Betriebsverordnung für pharmazeutische Unternehmer vom 8. 3. 1985 (BGBl. I S. 546), geändert durch VO vom 25. 3. 1988 (BGBl. S. 480): **§§ 2–13, 16, (§ 17).**

Verordnung über das Verbot der Verwendung bestimmter Stoffe bei der Herstellung von Arzneimitteln zur Anwendung bei Tieren vom 21. 10. 1981 (BGBl. I S. 1135): **§ 1, (§ 2).**

Verordnung über radioaktive oder mit ionisierenden Strahlen behandelte Arzneimittel vom 28. 1. 1987 (BGBl. I S. 502): **§ 3 II, III, (§ 5).**

Verordnung über tierärztliche Hausapotheken i. d. F. vom 3. 5. 1985 (BGBl. I S. 752), geändert durch VO vom 11. 3. 1988 (BGBl. I S. 303): **§§ 2–12, 14, (15).**

Tierseuchengesetz i. d. F. vom 28. 3. 1980 (BGBl. I S. 386): **§§ 6, 9** (zweifelhaft), **17c I, 17d I, 36, 38, 61d I 1, (§§ 74, 76).**

Tierimpfstoff-Verordnung vom 2. 1. 1978 (BGBl. I S. 15), zuletzt geändert durch VO vom 12. 4. 1984 (BGBl. I S. 624): **§§ 3–10, 13, 21, 24, 25 II, 29–33, 34 I 1** (im Einzelfall), **(§ 38).**

3. Lebensmittel, Futtermittel; gefährliche Stoffe

Chemikaliengesetz vom 16. 9. 1980 (BGBl. I S. 1718), zuletzt geändert durch Gesetz 14
vom 15. 9. 1986 (BGBl. I S. 1505, 1517): **§§ 4, 13–16, (§ 26 I Nr. 1, 5, 6); § 26 I Nr. 3, 10, § 27 I Nr. 2.**

Gefahrstoffverordnung vom 26. 8. 1986 (BGBl. I S. 1470), zuletzt geändert durch VO vom 16. 12. 1987 (BGBl. I S. 2721): **§§ 3–7, 9–12, 23, 24, (§§ 40–43).**

DDT-Gesetz vom 7. 8. 1972 (BGBl. I S. 1385), zuletzt geändert durch Gesetz vom 15. 9. 1986 (BGBl. I S. 1505, 1518): **§§ 1, 6, (§ 7).**

Düngemittelgesetz vom 15. 11. 1977 (BGBl. I S. 2134): **§§ 2, 4 II, (§ 9 I, II Nr. 1).**

Düngemittelverordnung vom 19. 12. 1977 (BGBl. I S. 2845), zuletzt geändert durch VO vom 24. 6. 1988 (BGBl. I S. 921, berichtigt S. 1216): **§§ 2–5, 7, (§ 8).**

---

[26] Zu § 6 AMG v. 16. 5. 1961 vgl. BGH NJW 1969, 269, 274 – Hühnerpest; s. auch Hielscher, PhR 1984, 1, 3ff.; Kullmann, PhR 1981, 112, 114ff.

Fleischhygienegesetz i. d. F. vom 24. 2. 1987 (BGBl. I S. 649): **§§ 1, 9, 11, 13–16, 20, 25, (§ 28).**

Fleischhygieneverordnung vom 30. 10. 1986 (BGBl. I S. 1678), zuletzt geändert durch VO vom 11. 3. 1988 (BGBl. I S. 303): **§§ 4, 7–10, 12, 13 II, (§ 18).**

Futtermittelgesetz vom 2. 7. 1975 (BGBl. I S. 1745), geändert durch Gesetz vom 12. 1. 1987 (BGBl. I S. 138): **§§ 3,**[27] **5, 7, 8, 14, (§§ 21, 22).**

Futtermittelverordnung vom 8. 4. 1981 (BGBl. I S. 352), zuletzt geändert durch VO vom 2. 1. 1987 (BGBl. I S. 94): **§§ 2, 5, 6 I–IV, 8, 9, 11–14, 16 II, 17,**[28] **18, 20–30, (§ 36).**

Geflügelfleischhygienegesetz i. d. F. vom 15. 7. 1982 (BGBl. I S. 994): **§§ 3, 7, 9 III, 10 I, 13, 15, 16, 17 I, 18, 24 I, 25 I, (§§ 38, 40); § 38 Nr. 6, 7.**

Klärschlammverordnung vom 25. 6. 1982 (BGBl. I S. 734): **§ 3 I, II 1, §§ 4, 5 I, (§ 7).**

Lebensmittel- und Bedarfsgegenständegesetz (LMBG) vom 15. 8. 1974 (BGBl. I S. 1945, berichtigt 1975 S. 2652), zuletzt geändert durch Gesetz vom 19. 6. 1986 (BGBl. I S. 2613): **§§ 8,**[29] **9 II, 11, 13–15, 17, 18, 20, 24, 25, 30, 31, 47, (§§ 51–54).**

– Verordnungen zum LMBG über *Lebensmittel:*

Aromenverordnung vom 22. 12. 1981 (BGBl. I S. 1677), geändert durch VO vom 10. 7. 1984 (BGBl. I S. 901), teilweise neu erlassen durch VO vom 2. 4. 1985 (BGBl. I S. 631): **§§ 2, 3 II, 4, 5, (§ 6).**

Diätverordnung i. d. F. vom 25. 8. 1988 (BGBl. I S. 1713): **§§ 5 I, 6 I 3, III 3, §§ 7 I 3, II, 8 II, 9 I 2, II 2, III 2, §§ 10 II, 11–13, 14 I, II, 14a, 14b I–IV, V 2, §§ 16–20a, 21 II–VIII, 23 III, IV, 25, (§ 26).**

Eiprodukteverordnung vom 19. 2. 1975 (BGBl. I S. 537, berichtigt S. 1031), zuletzt geändert durch Art. 7 VO vom 22. 12. 1981 (BGBl. I S. 1625, 1662): **§§ 2–10, (§ 11).**

Erukasäure-Verordnung vom 24. 5. 1977 (BGBl. I S. 782), geändert durch VO vom 26. 10. 1982 (BGBl. I S. 1446): **§ 2, (§ 3).**

Fleischverordnung i. d. F. vom 21. 1. 1982 (BGBl. I S. 90), zuletzt geändert durch VO vom 25. 3. 1988 (BGBl. I S. 482): **§§ 1–4, 5 II, 6, 8, 9, (13).**

Fruchtsaftverordnung i. d. F. vom 17. 2. 1982 (BGBl. I S. 194), zuletzt geändert durch VO vom 9. 12. 1983 (BGBl. I S. 1421): **§§ 4 IV, V, VIII, 5 i, (§ 6).**

Verordnung über Fruchtnektar und Fruchtsirup i. d. F. vom 17. 2. 1982 (BGBl. I S. 199), zuletzt geändert durch VO vom 9. 12. 1983 (BGBl. I S. 1421): **§§ 4 IV, VIII, 5 Nr. 2–5, (§ 6).**

Verordnung zum Schutz der Gesundheit bei giftverdächtigen Fischfängen vom 21. 8. 1950 (BAnz. Nr. 170): **§ 1, (§ 2).**

Hackfleischverordnung vom 10. 5. 1976 (BGBl. I S. 1186), zuletzt geändert durch Art. 4 VO vom 13. 3. 1984 (BGBl. I S. 393, 395): **§§ 2–5, 8, 14 (§§ 16, 17).**

Honigverordnung vom 13. 12. 1976 (BGBl. I S. 3391), zuletzt geändert durch Art. 24 VO vom 22. 12. 1981 (BGBl. I S. 1625, 1684): **§§ 2 I, III, 5 Nr. 2, (§ 6 I).**

Käseverordnung i. d. F. vom 14. 4. 1986 (BGBl. I S. 413), zuletzt geändert durch VO vom 3. 12. 1987 (BGBl. I S. 2443, 2453): **§§ 3–5, 7, 12, 14–17, 20–23, (§§ 30, 31).**

Kaffeeverordnung vom 12. 2. 1981 (BGBl. I S. 225), zuletzt geändert durch VO vom 10. 3. 1987 (BGBl. S. 906): **§§ 2 I 2, III, 3, 3a, (§ 5).**

Kakaoverordnung vom 30. 6. 1975 (BGBl. I S. 1760), zuletzt geändert durch VO vom 6. 11. 1984 (BGBl. I S. 1329): **§§ 2, 3 I 2, III, 4 I, III, 5 II, III, 6 IV 2, 3, §§ 7, 12–15, (§ 16).**

---

[27] Zugunsten des Tierhalters, vgl. BGH NJW 1987, 1694, 1695 – Putenfutter; NJW 1989, 708, 709 – Fischfutter.

[28] Vgl. BGH NJW 1987, 1694, 1695 – Putenfutter.

[29] Vgl. BGH NJW 1976, 543, 544; zum früheren Recht RGZ 170, 155, 156f. (zugunsten des erwerbenden Händlers!); BGH NJW 1969, 269, 274 – Hühnerpest; zum Thema „Lebensmittel und Produkthaftung" s. a. Lebensmittelrechts-Handbuch, München 1988ff., Teil III A.

Konfitürenverordnung vom 26. 10. 1982 (BGBl. I S. 1434), zuletzt geändert durch VO vom 9. 12. 1983 (BGBl. I S. 1421): **§§ 2–4, (§ 5).**

Lebensmittel-Kennzeichnungsverordnung i. d. F. vom 6. 9. 1984 (BGBl. I S. 1222), zuletzt geändert durch VO vom 15. 4. 1987 (BGBl. I S. 1255): **§§ 3 I Nr. 1, 3, 4, III, 8, (§ 10).**

Mineral- und Tafelwasserverordnung vom 1. 8. 1984 (BGBl. I S. 1036): **§§ 3 I 1** (im Einzelfall), **4, 5 I** (im Einzelfall), **III, 6 S. 2, §§ 7, 8, 9 III, 11 II–IV, 12, 13, 16, 18, (§ 17).**

Pflanzenschutzmittel-Höchstmengenverordnung vom 24. 6. 1982 (BGBl. I S. 745), zuletzt geändert durch VO vom 25. 4. 1988 (BGBl. I S. 563, berichtigt S. 601): **§§ 1, 2, 4 IV, (§ 7).**

Quecksilberverordnung, Fische vom 6. 2. 1975 (BGBl. I S. 485): **§ 1, (§ 2).**

Schadstoff-Höchstmengenverordnung vom 23. 3. 1988 (BGBl. I S. 422): **§ 1, (§ 2).**

Speiseeisverordnung vom 15. 7. 1933 (RGBl. I S. 510 = BGBl. III 2125-4-7), zuletzt geändert durch VO vom 3. 12. 1987 (BGBl. I S. 2443, 2453): **§§ 2a II, 3–6, (§ 7b).**

Verordnung über Stoffe mit pharmakologischer Wirkung i. d. F. vom 25. 9. 1984 (BGBl. I S. 1252), zuletzt geändert durch VO vom 11. 3. 1988 (BGBl. I S. 303): **§§ 2, 3, (§ 5).**

Teigwarenverordnung vom 12. 11. 1934 (RGBl. I S. 1181 = BGBl. III 2125-4-8), zuletzt geändert durch VO vom 16. 5. 1975 (BGBl. I S. 1281, 1286, berichtigt S. 1859): **§§ 5a, 5b.**

Trinkwasser-Aufbereitungs-Verordnung vom 19.12. 1959 (BGBl. I S. 762), zuletzt geändert durch VO vom 13. 12. 1979 (BGBl. I S. 2328): **§§ 1–3, (§ 4).**

Trinkwasserverordnung vom 22. 5. 1986 (BGBl. I S. 760): **§§ 1, 2, 3** (im Einzelfall),[30] **5, 7, 8,**[31] **13, 15, (§§ 21–23).**

Verordnung über vitaminisierte Lebensmittel vom 1. 9. 1942 (RGBl. S. 538 = BGBl. III 2125-4-23), zuletzt geändert durch VO vom 3. 12. 1987 (BGBl. I S. 2443, 2454): **§§ 1b, 2, (§ 2a).**

Zusatzstoff-Verkehrsverordnung vom 10. 7. 1984 (BGBl. I S. 897): **§§ 3, 4, 5 I 1, III, IV 1, V, VI 1, (§ 6).**

Zusatzstoff-Zulassungsverordnung vom 22. 12. 1981 (BGBl. I S. 1625, 1633), zuletzt geändert durch VO vom 20. 12. 1984 (BGBl. I S. 1652): **§ 2 II 2, §§ 3 II, III, 4 II, 5 III, IV, 6 III, 8, (§ 9).**

– Verordnungen zum LMBG über *Bedarfsgegenstände* i. w. S.:

Flammenschutzbedarfsgegenstände-Verordnung vom 15. 7. 1980 (BGBl. I S. 1013): **§ 2, (§ 3).**

Keramik-Bedarfsgegenstände-Verordnung vom 21. 3. 1988 (BGBl. I S. 393): **§ 4 I Nr. 1, 2, (§ 5).**

Kosmetikverordnung i. d. F. vom 19. 6. 1985 (BGBl. I S. 1083), zuletzt geändert durch VO vom 21. 3. 1988 (BGBl. I S. 396): **§ 1 S. 1, §§ 2, 3, 3a II, III, 3b III, IV, 4 II, III, 5, (§ 6).**

Nitrosamin-Bedarfsgegenstände-Verordnung vom 15. 12. 1981 (BGBl. I S. 1406): **§ 2, (§ 4).**

Spielwaren- und Scherzartikel-Verordnung vom 28. 2. 1984 (BGBl. I S. 376): **§ 1, (§§ 2, 3).**

Tabakverordnung vom 20. 12. 1977 (BGBl. I S. 2831), zuletzt geändert durch VO vom 21. 3. 1986 (BGBl. I S. 368): **§§ 1 II, III, 2 I, 3 I–VI, 5, (§ 6).**

Vinylchlorid-Bedarfsgegenstände-Verordnung vom 26. 10. 1979 (BGBl. I S. 1773), geändert durch VO vom 9. 2. 1983 (BGBl. I S. 80): **§ 2, (§ 5).**

Zellglas-Bedarfsgegenstände-Verordnung vom 20. 5. 1987 (BGBl. I S. 1322): **§§ 1–5, (§ 6).**

Margarinegesetz i. d. F. vom 27. 2. 1986 (BGBl. I S. 327): **§§ 2 III,**[32] **3, (§ 5).**

Milchgesetz vom 31. 7. 1930 (RGBl. I S. 421 = BGBl. III 7842-2), zuletzt geändert durch Gesetz vom 16. 12. 1986 (BGBl. I S. 2441, 2445): **§§ 3, 4, 6, 7, 9, 11, 13, 14** (im Einzelfall), **15 I, 17 I, 35, 36, (§§ 44–47).**

Butterverordnung i. d. F. vom 10. 8. 1970 (BGBl. I S. 1287), zuletzt geändert durch VO vom 16. 10. 1984 (BGBl. I S. 1284): **§§ 2, 4–7, 8a, 9, 13, 15–19, (§ 22).**

---

[30] Vgl. BGH NJW 1983, 2935, 2937 – Brunnenwasser.
[31] Vgl. BGH NJW 1983, 2935, 2936 – Brunnenwasser.
[32] Zum Margarinegesetz v. 15. 6. 1897 (RGBl. I S. 475) vgl. BGH NJW 1957, 1762, 1763.

Erste Verordnung zur Ausführung des Milchgesetzes vom 15. 5. 1931 (RGBl. I S. 150 = BGBl. III 7842-2-1), zuletzt geändert durch VO vom 18. 4. 1975 (BGBl. I S. 967): **§§ 3–12, 15–19.**

Hygieneverordnung für Milch-ab-Hof-Abgabe vom 24. 5. 1973 (BGBl. I S. 477), zuletzt geändert durch VO vom 13. 8. 1979 (BGBl. I S. 1455, 1459): **§§ 1–3, (§ 6).**

Verordnung über Milcherzeugnisse vom 15. 7. 1970 (BGBl. I S. 1150), zuletzt geändert durch VO vom 3. 12. 1987 (BGBl. I S. 2443): **§§ 2–5, (§ 6).**

Pflanzenschutzgesetz vom 15. 9. 1986 (BGBl. I S. 1505): **§§ 6, 11 I, III, 20 I, II Nr. 4, 5, 6,**[33] **7, 21–24, 25** (zweifelhaft), **31, (§ 40 I); § 40 I Nr. 2a.**

Bienenschutzverordnung vom 19. 12. 1972 (BGBl. I S. 2515):[34] **§§ 2, 3** (im Einzelfall), **(§ 5).**

Pflanzenbeschauverordnung vom 15. 3. 1982 (BGBl. I S. 329), zuletzt geändert durch VO vom 19. 11. 1985 (BGBl. I S. 2115): **§§ 2–7, 9, 12–14, 17, (§ 19).**

Pflanzenschutz-Anwendungsverordnung vom 19. 12. 1980 (BGBl. I S. 2335), zuletzt geändert durch VO vom 21. 3. 1986 (BGBl. I S. 363): **§§ 1–4, (§ 7).**

Pflanzenschutzmittelverordnung vom 28. 7. 1987 (BGBl. I S. 1754): **§ 4 I** i. V. m. Anlage 1.

Sprengstoffgesetz i. d. F. vom 17. 4. 1986 (BGBl. I S. 578): **§§ 5, 7 I, 15 I, 17, 22 I–IV, 24, 27, (§§ 40–42).**

Erste Verordnung zum Sprengstoffgesetz i. d. F. vom 10. 3. 1987 (BGBl. I S. 793, berichtigt S. 1579): **§§ 6 I, 7, 14–18, 20–22, 23 I 2, 3, §§ 25, 28, (§ 46).**

Wasch- und Reinigungsmittelgesetz i. d. F. vom 5. 3. 1987 (BGBl. I S. 876): **§§ 1, 3, 4, 7 I Nr. 1, 2, § 9, (§ 11 I); § 11 I Nr. 1** i. V. m. § 1 der Tensidverordnung vom 30. 1. 1977 (BGBl. I S. 244), zuletzt geändert durch VO vom 4. 6. 1986 (BGBl. I S. 851).

Phosphathöchstmengenverordnung vom 4. 6. 1980 (BGBl. I S. 664): **§§ 2, 3, (§ 5).**

Wasserhaushaltsgesetz i. d. F. vom 23. 9. 1986 (BGBl. I S. 1530, berichtigt S. 1654): **§§ 19a I 1, III, 19g I–III, 19h I 1, 19i I, II, 19k, 19l I 1, (§ 41 I Nr. 6).**

Weingesetz i. d. F. vom 27. 8. 1982 (BGBl. I S. 1197), geändert durch Gesetz vom 20. 3. 1985 (BGBl. I S. 567): **§§ 8, 9, 22, 23 II, III, 27, 30, 32, 33, 36, 37 IV, 38, 42, 46, 47** (im Einzelfall), **52, 60, (§§ 67, 69).**

Schaumwein-Branntwein-Verordnung vom 15. 7. 1971 (BGBl. I S. 939), zuletzt geändert durch VO vom 22. 12. 1982 (BGBl. I S. 2012): **§§ 7, 9, 12, 18, (19, 20).**

Weinverordnung i. d. F. vom 4. 8. 1983 (BGBl. I S. 1079), zuletzt geändert durch VO vom 22. 5. 1987 (BGBl. I S. 1346): **§§ 2, 17, 18, 23, 24, (§§ 26, 27).**

4. Fahrzeuge, gefährliche Geräte, Anlagen

15 **Atomgesetz** i. d. F. vom 15. 7. 1985 (BGBl. I S. 1566): **§§ 7, 9, 9a, (§ 46 I Nr. 2).**

Röntgenverordnung vom 8. 1. 1987 (BGBl. I S. 114): **§§ 5 V-VII, 9 Nr. 1, (§ 46 Nr. 4, 5).**

Strahlenschutzverordnung vom 13. 10. 1976 (BGBl. I S. 2905, berichtigt 1977 S. 184, 269): **§§ 15, 24, 45, 72, 73, (§ 81); § 81 I Nr. 7** (je nach Auflage).

Eisenbahnbau- und Betriebsordnung vom 8. 5. 1967 (BGBl. II S. 1563), zuletzt geändert durch VO vom 18. 12. 1981 (BGBl. I S. 1490): **§§ 2, 19–28, 29** (im Einzelfall), **32, 33, 42, 43.**

Energiewirtschaftsgesetz, Zweite Durchführungsverordnung vom 31. 8. 1937 (RGBl. I S. 918), geändert durch VO vom 24. 10. 1966 (BGBl. I S. 628): **§ 1.**[35]

---

[33] Zu § 12 I Nr. 5 PflanzenschutzG v. 10. 5. 1968 vgl. BGH NJW 1981, 1606, 1608 – Benomyl (Rz. 9f.).

[34] Zur VO v. 25. 5. 1950 (BAnz. Nr. 131) vgl. OLG Neustadt VersR 1958, 251.

[35] Vgl. Lipps, NJW 1968, 279, 280.

Energiewirtschaftsgesetz, Vierte Durchführungsverordnung vom 7. 12. 1938 (RGBl. I S. 1732): **§ 1.**

Gerätesicherheitsgesetz (GSG; früher „Maschinenschutzgesetz") vom 24. 6. 1968 (BGBl. I S. 717), zuletzt geändert durch Gesetz vom 18. 2. 1986 (BGBl. I S. 272):[36] **§§ 3 I,**[37] **III,**[38] **9 I Nr. 2.**

Erste Verordnung zum GSG vom 11. 6. 1979 (BGBl. I S. 29): **§ 2.**

Zweite Verordnung zum GSG vom 26. 11. 1980 (BGBl. I S. 2195): **§ 1, (§ 2).**

Medizingeräteverordnung vom 14. 1. 1985 (BGBl. I S. 93):[39] **§§ 3–11, (§§ 20 I, II, 21).**

Gewerbeordnung *(Rz. 12)*

Acetylenverordnung vom 27. 2. 1980 (BGBl. I S. 220): **§§ 3, 11, (§ 30 II Nr. 1, 2a).**

Aufzugsverordnung vom 27. 2. 1980 (BGBl. I S. 205), zuletzt geändert durch VO vom 17. 8. 1988 (BGBl. I S. 1685): **§§ 3, 9, (§ 27 II Nr. 1, 2a).**

Dampfkesselverordnung vom 27. 2. 1980 (BGBl. I S. 173): **§§ 6 I, 15, (§ 32 II Nr. 1, 2a).**

Druckbehälterverordnung vom 27. 2. 1980 (BGBl. I S. 184): **§§ 4, 9, (§ 40 I Nr. 1, 2a).**

Getränkeschankanlagenverordnung vom 14. 8. 1962 (BGBl. I S. 561, berichtigt S. 660), geändert durch VO vom 27. 11. 1973 (BGBl. I S. 1762): **§§ 3, 4, 5 I, 9, (§ 15).**

Verordnung über elektrische Anlagen in explosionsgefährdeten Räumen vom 27. 2. 1980 (BGBl. I S. 214): **§§ 3, 8, (§ 20 I Nr. 1, 2).**

Verordnung über brennbare Flüssigkeiten vom 27. 2. 1980 (BGBl. I S. 229), geändert durch VO vom 3. 5. 1982 (BGBl. I S. 569): **§§ 4 I, 19 I (§ 27 II Nr. 1, 6).**

Straßenbahn-Bau- und Betriebsordnung vom 11. 12. 1987 (BGBl. I S. 2648): **§§ 2, 3, 4 I, II, 21, 27 II, 33–48.**

Straßenverkehrszulassungsordnung: §§ 30, 32ff.[40]

Waffengesetz i. d. F. vom 8. 3. 1976 (BGBl. I S. 432), zuletzt geändert durch Gesetz vom 18. 3. 1986 (BGBl. I S. 265): **§§ 7, 16,**[41] **19 I 2, 3, II, 21 I, II, 22, 23, 24/25/35 I 1** (im Einzelfall), 37–39, 41, (§§ 52a, 53, 55).

Erste Verordnung zum Waffengesetz i. d. F. vom 10. 3. 1987 (BGBl. I S. 778): **§§ 8 I, 36, (§ 42a).**

Dritte Verordnung zum Waffengesetz vom 20. 1. 1980 (BGBl. I S. 2344): **§§ 24 I, 25 I, II** (im Einzelfall), **(§ 31 Nr. 4, 5).**

§ 33. Voraussetzungen der Schutzgesetzhaftung

I. Verstoß gegen das Schutzgesetz

1. Verletzung des äußeren Tatbestandes

Die Prüfung, ob bei Herstellung oder Vertrieb eines Produkts gegen die objektiven Voraussetzungen eines Schutzgesetzes verstoßen wurde, hat sich an den Besonderheiten dieses Gesetzes zu orientieren. Seine Tatbestandsmerkmale brauchen mit den Anforderun- 1

---

[36] Dazu (und zu den Verordnungen zum GSG) ausführlich in Bd. 2.

[37] Vgl. BGH VersR 1972, 149, 150 – Förderanlage; NJW 1980, 1219, 1220 – Klapprad.

[38] Vgl. AG Gelsenkirchen, Schmidt-Salzer, Entscheidungssammlung III, III 24, S. 597f. – Backofen.

[39] Dazu ausführlich Bd. 2; s. auch Hartl, VersR 1986, 1050ff.

[40] Zu §§ 30, 41 StVZO vgl. die zu § 3 bzw. § 4 Nr. 2 VO über den Kraftverkehr v. 16. 3. 1928 (RGBl. I S. 91) ergangene Entscheidung RGZ 163, 21, 33 – Bremsen I.

[41] OLG Karlsruhe VersR 1989, 375.

gen einer Verkehrspflicht i. S. des § 823 I BGB keineswegs übereinzustimmen. Beispielsweise läßt sich ein Verstoß gegen § 3 I GSG nicht schon im Falle eines „Konstruktionsfehlers", sondern erst dann bejahen, wenn eine Mißachtung der „allgemein anerkannten Regeln der Technik" feststeht.[1]

2. Haftungsbegründende Kausalität

2 Zum äußeren Tatbestand gehört auch die haftungsbegründende Kausalität. **Inhaltlich** umfaßt sie an sich nur den Verbotsverstoß, erstreckt sich, wo das Verbot der Beeinträchtigung eines Rechtsguts gilt, aber auch auf diese.[2] Das ist auch bei solchen Schutzgesetzen zu beachten, die der Produktsicherheit dienen. So ist in vielen allgemeinen Strafgesetzen (§§ 222, 223, 230, 303 StGB) eine bestimmte Rechtsgutsverletzung (z. B. Tötung, Körperverletzung, Sachbeschädigung) ausdrücklich vorausgesetzt. Andere Gesetze, gerade solche der technischen Sicherheit, verlangen eine Rechtsgutsverletzung zwar nicht nach ihrem Wortlaut, wohl aber nach dem Schutzzweck der Haftungsnorm *(§ 32 Rz. 9)*. Und dort, wo nur eine konkrete Gefährdung gefordert ist, muß festgestellt werden, daß das betreffende Rechtsgut gerade durch das verbotene Verhalten wenigstens gefährdet wurde.[3] Die **Prüfung** der haftungsbegründenden Kausalität erfolgt nach den allgemeinen Grundsätzen *(§ 22 Rz. 6ff.)*.

II. Haftungsausfüllende Kausalität

3 Im Bereich der Schutzgesetzhaftung für fehlerhafte Produkte beschränkt sich die haftungsausfüllende Kausalität demnach meist auf Entstehung und Umfang eines Schadens. Ob dieser (nicht bloß durch den Verbotsverstoß, sondern auch) durch die Verletzung oder Gefährdung eines konkreten Rechtsguts bewirkt wurde, ist teilweise schon ein Problem der haftungs*begründenden* Kausalität.[4]

4 Gegenstand der haftungsausfüllenden Kausalität ist die **Frage, ob der geltend gemachte Schaden auf die Beeinträchtigung des Rechtsguts bzw. des Schutzgesetzes zurückgeht.** Dies beurteilt sich nach der Adäquanztheorie;[5] danach ist ein Ereignis, zu dem es ohne die Verletzung nicht gekommen wäre, auch kausal, es sei denn, daß der Geschehensablauf auf ganz außergewöhnlichen, auch von einem besonders erfahrenen, sorgfältigen Beobachter nicht in Betracht gezogenen Umständen beruht. Und selbst in einem solchen Ausnahmefall kann der Schutzzweck der Norm Anlaß geben, dem Schädiger auch jene inadäquate Folge zuzurechnen.[6] Zum ersatzfähigen **Schaden** vgl. auch *§ 29 Rz. 2ff.*

III. Zurechnungsprobleme

5 Steht die Ursächlichkeit der Schutzgesetzverletzung fest, so kann deren Zurechnung noch nach den Grundsätzen der **Reserveursache** *(§ 29 Rz. 11)*, der **Unterbrechung des Kausalzusammenhangs** *(§ 29 Rz. 15)*, des **rechtmäßigen Alternativverhaltens** *(§ 29 Rz. 16)* oder des **Schutzzwecks der Norm** *(§ 29 Rz. 17)* entfallen; hierzu gehört namentlich ein Mangel an Rechtswidrigkeitszusammenhang *(§ 22 Rz. 18)*.

6 Eine Entlastung wegen der Möglichkeit **rechtmäßigen Alternativverhaltens** ist nicht ganz selten.

---

[1] BGH NJW 1980, 1219, 1220 – Klapprad; s. näher Bd. 2.
[2] Streitig; vgl. RGRK/Steffen, § 823 Rz. 537.
[3] Vgl. BGH VersR 1969, 378, 379.
[4] Anders Kullmann/Pfister, Kza. 1602 S. 7f.; s. auch Deutsch, Unerlaubte Handlungen, Rz. 213f.
[5] Vgl. § 22 Rz. 7.
[6] Deutsch, Haftungsrecht, S. 153f.; Kullmann/Pfister, Kza. 1602 S. 9.

Sie kam auch im **Brunnenwasser-Fall**[7] in Betracht:[8] Ein Säugling wurde durch eine Babynahrung geschädigt, die unter Verwendung von Brunnenwasser hergestellt worden war, dessen Nitratgehalt die nach § 3 (Anlage 1) der TrinkwasserVO noch zulässige Grenzkonzentration deutlich überstieg. Andererseits stand fest, daß auch ein Nitratgehalt, der gerade noch innerhalb der zulässigen Marge gelegen hätte, für Säuglinge hätte schädlich sein können. Der Schaden war hier also zwar durch einen Schutzgesetzverstoß eingetreten und wäre ohne *diesen* Verstoß unterblieben; er wäre mit einer gewissen Wahrscheinlichkeit aber auch dann eingetreten, wenn § 3 TrinkwasserVO gerade eben noch eingehalten worden wäre. (Dessenungeachtet hafteten die Beklagten aber gem. § 823 II i. V. mit § 8 TrinkwasserVO, da sie entgegen dieser Vorschrift nicht jährlich eine Wasserprobe hatten untersuchen lassen und daher – vermutlich – erst verspätet über den Nitratgehalt informiert wurden.[9])

Der Einwand rechtmäßigen Alternativverhaltens hindert auch die Haftung für ein 7
Pflanzenschutzmittel, das nicht von der biologischen Bundesanstalt zugelassen ist, wenn dieses Mittel nur solche Schäden verursacht, deren Gefahr auch im *Zulassungsverfahren* nach dem damaligen Forschungsstand nicht erkennbar gewesen wäre; denn dann wäre einem Zulassungsantrag des Herstellers entsprochen worden.

Anders verhält es sich, wenn ein Zulassungsverfahren der Bekämpfung einer bestimmten Gefahr dient, der Schaden jedoch durch ein weiteres Risiko des nicht zugelassenen Produkts verursacht wird. Hier wäre das Produkt schon wegen der typischen Gefahr nicht zugelassen und – bei Einhaltung des Schutzgesetzes – auch nicht in Verkehr gegeben worden; ein Ersatz des *entstandenen* Schadens läge aber außerhalb des Schutzzwecks des Gesetzes.

IV. Verschulden

1. Gegenstand des Schuldvorwurfs

Auch die Haftung nach § 823 II BGB setzt einen Schuldvorwurf voraus. Er bezieht sich 8
auf die **Verletzung des betreffenden Schutzgesetzes,** grundsätzlich also nicht auf Folgen dieser Verletzung, die nicht schon im Tatbestand des Gesetzes vorausgesetzt sind.[10] Zwar wird bei Verletzung solcher Schutzgesetze, die als Regelungen technischer Sicherheit im Rahmen der Produkthaftung Bedeutung erlangen, oft nur gehaftet, wenn der Schaden von der Beeinträchtigung eines Rechtsguts herrührt *(§ 32 Rz. 9)*. Dennoch braucht sich das Verschulden hierauf nicht zu beziehen, es sei denn, das Schutzgesetz selbst verlangt den Einbruch in ein bestimmtes Rechtsgut (vgl. z. B. § 230 StGB = fahrlässige Körperverletzung).[11]

Schutzgesetze sind nämlich – nach Maßgabe ihrer Voraussetzungen – weitgehend abstrakte Gefährdungsdelikte.[12] Ihre damit verbundene Eignung als Grundlage einer wirksamen zivilrechtlichen Sanktion würde abgeschwächt, wenn der Schuldvorwurf an den Verhaltensfolgen, d. h. an deren Voraussehbarkeit, zu orientieren wäre. Dazu zwingt auch die Beschränkung der *Produkt*haftung auf (Folgen von) Rechtsgutsverletzungen nicht; denn diese Begrenzung dient nur dazu, reine Vermögensschäden von der Ersatzpflicht auszunehmen, nicht aber zur Anhebung der subjektiven Haftungsvoraussetzungen.

Daß dem Hersteller wenigstens der **Vorwurf einer Gefährdung** des von dem Verbots- 9
gesetz geschützten Interesses gemacht werden kann, ist ebenfalls **nicht erforderlich.**[13]

---

[7] BGH NJW 1983, 2935 ff. – Brunnenwasser.

[8] Nach Kullmann/Pfister (Kza. 1602 S. 9) fehlte der „Rechtswidrigkeitszusammenhang".

[9] BGH NJW 1983, 2935, 2936 f. – Brunnenwasser.

[10] BGH VersR 1955, 504, 505; NJW 1971, 459, 461; NJW 1976, 1143, 1144; Palandt/Thomas, § 823 Anm. 9d; Soergel/Zeuner, § 823 Rz. 256.

[11] Kullmann/Pfister, Kza. 1602 S. 1 f.

[12] Vgl. Kullmann/Pfister, Kza. 1602 S. 2.

[13] H. M., vgl. Kullmann/Pfister, Kza. 1602 S. 2; **anders** Fikentscher, Schuldrecht, 7. Aufl. (1985), § 104 III 3; MünchKomm/Mertens, § 823 Rz. 42a; Stoll, Kausalzusammenhang und Normzweck im Deliktsrecht (1968), S. 22 f.

Sofern das Schutzgesetz nicht ausdrücklich etwas anderes besagt, bezieht sich der Schuldvorwurf somit nicht auf die Folgen des Gesetzesverstoßes.

2. Der erforderliche Verschuldensgrad

10 Eine Haftung nach § 823 II BGB setzt stets voraus, daß der Verstoß gegen das Schutzgesetz schuldhaft erfolgte. Das gilt auch dann, wenn nach dem Inhalt des Schutzgesetzes dessen Verletzung ohne Schuld möglich ist (§ 823 II 2 BGB). In diesem Fall genügt aber jeder Verschuldensgrad; als **Mindestschuld** ist daher **leichte oder leichteste Fahrlässigkeit** erforderlich und ausreichend.

11 In manchen Schutzgesetzen ist das Erfordernis fahrlässiger Zuwiderhandlung ausdrücklich genannt (z. B. §§ 222, 230 StGB), in Spezialgesetzen etwa der technischen Sicherheit allerdings nur selten. Allgemein ist derjenige **Verschuldensgrad, den das Schutzgesetz für seine Verletzung voraussetzt, auch für die zivilrechtliche Haftung erforderlich;**[14] ggf. besteht also auch die Ersatzpflicht nach § 823 II BGB erst bei grob fahrlässiger oder vorsätzlicher Zuwiderhandlung.

12 Kommen **mehrere Schutzgesetze** zur Anwendung, so ist der jeweilige Verschuldensgrad nur bei einer Gesamtschau festzustellen. Ordnet z. B. § 1 eines Gesetzes die Einhaltung eines Mindestwertes an *(Verhaltensnorm)* und stellt § 2 die vorsätzliche Nichteinhaltung dieses Wertes unter Strafe *(Sanktionsnorm),* so kann eine Schutzgesetzhaftung nicht darauf gestützt werden, wegen § 823 II 2 BGB sei ein nur fahrlässiger Verstoß gegen § 1 ausreichend; denn dadurch würde die Wertung des § 2 unterlaufen.[15] Wollte man dem nicht folgen, so würde die vorsorgliche Formulierung der Verhaltensnorm (§ 1) durch den Gesetzgeber den Schädiger begünstigen; existierte nämlich nur die Sanktionsnorm, so stünde außer Zweifel, daß nur bei Vorsatz gehaftet wird.

3. Verschuldensformen, Verbotsirrtum

13 Als Verschuldensformen sind **Vorsatz** und **Fahrlässigkeit** zu unterscheiden, nämlich einerseits Absicht, direkter Vorsatz und Eventualvorsatz, andererseits leichte Fahrlässigkeit und grobe Fahrlässigkeit (Leichtfertigkeit). Insoweit kann auf die frühere Darstellung verwiesen werden *(§ 28 Rz. 13ff.).*

14 Besonderheiten gelten, wenn für das herangezogene Schutzgesetz die Schuldform eines **Strafgesetzes** zu beachten ist (Hauptfall: das Schutzgesetz selbst ist ein Straftatbestand). Hier fragt sich, ob die Schuldform des Haftungsrechts *(Rz. 13)* oder des Strafrechts maßgeblich ist.[16] Vorsatz wie Fahrlässigkeit werden im Zivil- und Strafrecht nämlich durchaus unterschiedlich verstanden.

Fahrlässig im strafrechtlichen Sinne handelt, wer nach seinen persönlichen Fähigkeiten und nach individuellem Können imstande war, seine Sorgfaltspflicht zu erkennen und zu erfüllen. Zivilrechtlich haftet dagegen schon, wer den Anforderungen nicht entspricht, die von einem bestimmten Personenkreis, dem er angehört, typischerweise beachtet bzw. erwartet werden.

Vorsätzlich im strafrechtlichen Sinne handelt bereits, wer die Merkmale des Straftatbestandes bewußt und gewollt verwirklicht; ist er sich der Rechtswidrigkeit seines Tuns nicht bewußt, so entfällt nicht der Vorsatz, sondern nur die Schuld, und auch das erst bei Unvermeidbarkeit dieses Irrtums („Schuldtheorie"). Im Zivilrecht haftet dagegen wegen Vorsatzes nur, wer auch die Rechtswidrigkeit seines Tuns kannte („Vorsatztheorie").

Konsequenterweise müßten bei einem Verstoß gegen strafrechtliche Schutzgesetze für die Haftung auf Schadensersatz entweder strafrechtliche *oder* zivilrechtliche Kriterien zu-

---

[14] BGH NJW 1962, 910, 911.

[15] BGH NJW 1982, 1037ff. (zu § 1 BauforderungsicherungsG); Dörner, JuS 1987, 522, 524f. (auch zur Terminologie) m. weit. Nachw.; **anders** Kullmann/Pfister, Kza. 1602 S. 3.

[16] Dazu näher Dörner, JuS 1987, 522, 526ff.

grunde gelegt werden. Demgegenüber wendet der **BGH** auf fahrlässige Schutzgesetzverstöße den zivilrechtlichen Maßstab[17] und auf vorsätzliche Verstöße den strafrechtlichen Maßstab[18] an mit der Folge einer **Ausdehnung der Schutzgesetzhaftung.**[19] Im einzelnen gilt:

Auch bei Verletzung eines strafrechtlichen Schutzgesetzes ist **Fahrlässigkeit objektiv,** 15
also nicht nach den (etwa nur unterdurchschnittlichen) persönlichen Fähigkeiten des Schädigers **zu beurteilen.**[20] Im übrigen bezieht sich der Vorwurf vorsätzlichen bzw. unsorgfältigen Verhaltens im Rahmen des § 823 II BGB in der Regel nicht – wie bei § 823 I BGB – auf die Rechtsgutsverletzung, sondern auf den Verstoß gegen das Schutzgesetz. Voraussetzung für das Verschulden ist daher, daß der Produktverantwortliche die **für die Zuwiderhandlung maßgebenden Umstände** kannte bzw. hätte kennen müssen.

Zu diesen Umständen gehört auch das Schutzgesetz selbst, d. h. die Existenz des jewei- 16
ligen Gebots oder Verbots. Bei einem Irrtum über Existenz oder Reichweite des Schutzgesetzes (**Verbotsirrtum**) gelten dennoch Sonderregeln: Setzt das Schutzgesetz selbst oder jedenfalls die Haftung nach § 823 II BGB nur eine *fahrlässige* Zuwiderhandlung voraus, so hindert auch ein (wenigstens leicht) fahrlässiger Verbotsirrtum die Haftung nicht.[21] Irrt der Schädiger dagegen über ein Schutzgesetz, das eine *vorsätzliche* Zuwiderhandlung voraussetzt, so entfällt die Ersatzpflicht erst dann, wenn der Irrtum für den Schädiger unvermeidbar war; die Rechtsprechung übernimmt hier den Unvermeidbarkeits-Grundsatz, der für das Straf- und Ordnungswidrigkeitsrecht gilt (§§ 17 StGB, 11 II OWiG), ins Haftungsrecht.[22]

Folgerichtig gilt der Grundsatz, daß nur ein unvermeidbarer Irrtum entlastet, nicht für Schutznor- 17
men, die zwar Vorsatz voraussetzen, aber **keine Strafgesetze** oder Ordnungswidrigkeiten sind.[23] Hier entfällt der Vorsatz – entsprechend der an sich anerkannten Vorsatztheorie *(Rz. 14)* – also sogar bei vermeidbarem Verbotsirrtum.

Auf einen **unvermeidbaren Verbotsirrtum** kann sich der Schädiger nicht schon dann 18
berufen, wenn er sich sorgfältig verhält. Unvermeidbarkeit ist mehr als Nicht-Fahrlässigkeit. Sie setzt voraus, daß der Schädiger bei gehöriger Anspannung seines Gewissens „alle seine geistigen Erkenntniskräfte eingesetzt und etwa auftauchende Zweifel durch Nachdenken und erforderlichenfalls durch Einholung von Rat beseitigt hat".[24] Steht also die Tragweite (Auslegung) des Schutzgesetzes in Frage, so muß der Produktverantwortliche sich zuverlässig darüber informieren, ob zu dieser Anwendungsfrage eine gefestigte Rechtsprechung besteht oder von angesehenen Experten Stellung bezogen worden ist. Auf derartige Äußerungen darf er sich aber auch verlassen,[25] soweit sie nicht divergieren.[26] In Zweifelsfällen ist hier freilich immer zur Vorsicht zu raten; denn nach verbreiteter Ansicht sind Verbotsirrtümer nur in seltenen Ausnahmefällen zu berücksichtigen, damit die Funktion der Rechtsordnung nicht gefährdet wird.[27]

---

[17] BGH VersR 1968, 378, 379; LM § 823 BGB (Bb) Nr. 2, Bl. 2.

[18] BGH NJW 1962, 910, 911; 1985, 134, 135; s. auch Deutsch, Haftungsrecht, S. 266.

[19] Zu Recht kritisch Dörner, JuS 1987, 522, 527f.

[20] Dörner, JuS 1987, 522, 527; Kullmann/Pfister, Kza. 3210 S. 4f.; offengelassen von BGH NJW 1985, 134, 135; **anders** Staudinger/Schäfer, § 823 Rz. 619; Weitnauer, JZ 1963, 631, 632 III.

[21] Kullmann/Pfister, Kza. 1602 S. 6; RGRK/Steffen, § 823 Rz. 563.

[22] Vgl. BGH NJW 1962, 910, 911; NJW 1985, 134, 135.

[23] Kullmann/Pfister, Kza. 1602 S. 5; Staudinger/Schäfer, § 823 Rz. 496; **anders** wohl BGH NJW 1985, 134, 135; MünchKomm/Mertens, § 823 Rz. 164.

[24] BGH NJW 1985, 134, 135.

[25] Kullmann/Pfister, Kza. 1602 S. 6.

[26] Vgl. z. B. BGH NJW 1980, 1401 und BVerwG NJW 1981, 295 (zur Auslegung des § 17 I Nr. 1 LMBG).

[27] Vgl. etwa BGH NJW 1985, 134, 135 II a. E.

§ 34. Beweisfragen der Schutzgesetzhaftung

I. Allgemeines

1 Im Produkthaftungsprozeß wird die Beweislast für Pflichtwidrigkeit und Verschulden i. S. des **§ 823 I BGB** großenteils dem Hersteller auferlegt, da der Geschädigte meist keinen Einblick in den Produktionsablauf und dessen Fehlerquellen hat, während es dem Hersteller zuzumuten ist, einen Entlastungsbeweis zu führen.[1] Eine **Erstreckung dieser Beweiserleichterung auf** solche Tatsachen, die einen Anspruch nach **§ 823 II BGB** begründen, **läge nahe;** danach hätte der Hersteller zu beweisen, daß bei der Produktion auch nicht gegen ein Schutzgesetz verstoßen wurde oder daß dies jedenfalls nicht schuldhaft geschah.

2 Diese Konsequenz hat die **Rechtsprechung** jedoch nicht gezogen. Soweit eine Produkthaftklage (auch) auf die Verletzung eines Schutzgesetzes gestützt wird, gelten daher im Prinzip die allgemeinen Beweisgrundsätze: Der **Geschädigte hat die anspruchsbegründenden Tatsachen zu beweisen;** dies wird ggf. durch Indizien- bzw. Anscheinsbeweis erleichtert (vgl. *§ 30 Rz. 8ff.*). Dabei ist jedoch zweierlei zu beachten: Falls unstreitig oder bewiesen ist, daß eine von dem verklagten Produzenten hergestellte Ware einen Produktmangel[2] aufwies, also nicht die erforderliche Sicherheit hatte, wird wegen der allgemeinen Fassung mancher Schutzgesetze oft auch schon der objektive Verstoß gegen ein Schutzgesetz feststehen. Ist aber ein objektiver Verstoß bewiesen, so gelten besondere Beweiserleichterungen für das Verschulden und ggf. sogar für die weiteren Folgen dieser Schutzgesetzverletzung.

II. Beweis der objektiven Voraussetzungen eines Schutzgesetzverstoßes

3 **Grundsätzlich** hat **der Geschädigte** zu beweisen, daß der von ihm verklagte Hersteller, Händler, Importeur usw. den äußeren Tatbestand eines Schutzgesetzes verletzt hat.[3] Dies ist oft nur schwer möglich, wenn das Schutzgesetz ein *Verbot* enthält. Für solche Unterlassungspflichten hat die Rechtsprechung daher den Grundsatz aufgestellt, daß der Verpflichtete im Prozeß substantiiert darzulegen hat, inwiefern er dem Verbot genügte; bestreitet die geschädigte Partei die Richtigkeit dieser Darlegungen, so hat sie jedoch das Gegenteil zu beweisen.[4]

4 Eine **Beweislastumkehr** soll nur dann erfolgen, wenn gegen die Pflicht verstoßen wurde, durch Untersuchungen oder Kontrollen Umstände zu klären, die nachträglich nicht mehr feststellbar sind, und wenn diese Pflicht dem Schutz der an sich beweisbelasteten Partei dienen sollte.[5]

Zur Begründung wird auf das Verbot schuldhafter Beweisvereitelung[6] und darauf verwiesen, die fraglichen Untersuchungen sollten nicht nur Schäden verhüten, sondern auch für die Zukunft sicherstellen, daß die Beachtung der Vorschriften „nachvollzogen" werden kann.[7] Um letzteres zu gewährleisten, ist vielfach[8] in der Tat die Aufbewahrung bestimmter Untersuchungsbelege angeordnet. Wo

[1] BGH NJW 1969, 269, 274f. – Hühnerpest; näher § 30 Rz. 14ff.

[2] Dazu § 30 Rz. 18.

[3] BGH NJW 1983, 2935, 2936f. – Brunnenwasser; NJW 1987, 1694, 1695 – Putenfutter; VersR 1976, 543, 544; (allgemein) BGH NJW 1985, 1774, 1775 m. weit. Nachw.

[4] BGH NJW 1985, 1774, 1775 m. zust. Anm. Baumgärtel, JZ 1985, 540.

[5] BGH NJW 1983, 2935, 2936f. – Brunnenwasser; Kullmann/Pfister, Kza. 1602 S. 11f.; s. auch BGH NJW 1988, 2611, 2613f. – Mehrwegflasche II (§ 30 Rz. 35f.).

[6] Vgl. § 30 Rz. 7; OLG Karlsruhe VersR 1989, 375 (an sich zu Verletzungs*folgen*).

[7] So Kullmann/Pfister, Kza. 1602 S. 11.

[8] Vgl. etwa § 5 II EiprodukteVO.

solche Vorschriften fehlen und bloße, nur der Gefahrsteuerung dienende Kontrollpflichten bestehen, kann in diese aber kaum eine prozessuale Fürsorgepflicht hineingelesen werden (s. auch *§ 30 Rz. 36f.*).

5 Steht jedoch fest, daß das konkrete Produkt insofern mangelhaft war, als ihm die erforderliche Sicherheit fehlte, oder scheiden nach den Umständen der Schadensentstehung jedenfalls andere Unfallursachen aus, so wird sich oft auch ein **Indizienbeweis** bzw. **Anscheinsbeweis** für einen Verstoß gegen das Schutzgesetz führen lassen. Dies gilt jedenfalls dann, wenn das Schutzgesetz die Inverkehrgabe bestimmter gefährlicher Waren generell verbietet oder doch Sicherheitsanforderungen aufstellt, bei deren Beachtung der eingetretene Schaden normalerweise nicht hätte entstehen können.

Beispiel: Findet sich in einem Lebensmittel, dessen Genuß bei vielen Konsumenten zu Gesundheitsstörungen geführt hat, ein nicht zugelassener Zusatzstoff, so steht in aller Regel fest, daß bei der Herstellung oder Behandlung des Lebensmittels gegen das Verbot nach § 11 I Nr. 1 LMBG verstoßen wurde. Zu beweisen bleibt daher (in objektiver Hinsicht) nur noch, daß die schädliche Ware gerade von dem Beklagten in Verkehr gegeben wurde.

Wegen der **Einzelheiten** kann auf die Darstellung der Beweiserleichterungen im Hinblick auf Produktmängel *(§ 30 Rz. 24ff., 38ff.)* verwiesen werden. Zum Nachweis der **Folgen einer Schutzgesetzverletzung** s. *Rz. 10ff.*

III. Beweis des Verschuldens

1. Allgemeine Beweislastumkehr im Produkthaftprozeß?

6 Wenn ein Verstoß gegen die objektiven Merkmale (äußerer Tatbestand) eines Schutzgesetzes feststeht, hat nach ständiger Rechtsprechung der Übertretende in aller Regel Umstände, die gegen sein Verschulden sprechen, darzulegen und zu beweisen.[9] Ob dieser Grundsatz die Konsequenz eines Anscheinsbeweises oder eine echte Beweislastumkehr darstellt, ist **von dem BGH bisher offengelassen** worden.[10] Bedenkt man, daß der Geschädigte noch viel weniger als der Produzent Kenntnis davon haben kann, welche Anstrengungen bei der Herstellung unternommen wurden, um dem Schutzgesetz zu genügen, so läge es auf der Linie der Rechtsprechung zu § 823 I BGB, die Beweislast für das (Nicht-)Verschulden ganz dem Hersteller aufzuerlegen. Eine solche Fortbildung des Beweisrechts, die der Geschlossenheit des Haftungssystems gewiß dienlich wäre, ist **bislang** aber **nicht erfolgt.** Im Prozeß um eine Produkthaftung nach § 823 II BGB gelten daher vorerst keine spezifischen Erleichterungen, sondern die generellen Beweisregeln.[11]

2. Anscheinsbeweis, Indizienbeweis

7 Hierzu ist vorgeschlagen worden, zwischen bestimmten und weniger bestimmten Schutzgesetzen zu unterscheiden: Bei Verletzung **allgemeinerer Verhaltensnormen** – z. B. des Verbots, gesundheitsgefährdende Lebensmittel herzustellen (§ 8 Nr. 1 LMBG) – soll das Verschulden des üblichen Nachweises (durch den Geschädigten) bedürfen; es sei nur dann zu vermuten, wenn die Verletzung der äußeren Sorgfalt, d. h. der Verbotsverstoß, im einzelnen feststeht. Bei Verletzung einer **bestimmten Verhaltensnorm** – z. B. des Verbots, einem Lebensmittel für unzulässig erklärte Stoffe zuzusetzen – soll zumindest nach der Lebenserfahrung auch auf ein Verschulden zu schließen sein.[12]

---

[9] RGZ 91, 72, 76; 113, 293, 294f.; 145, 107, 116; BGH VersR 1961, 231, 232; NJW 1968, 1279, 1281; NJW 1969, 269, 274 – Hühnerpest; JZ 1977, 178f.; NJW 1985, 1774, 1775.
[10] BGH JZ 1977, 178f.
[11] Dezidiert Kullmann, VersR 1988, 655, 660: „Hier gibt es keine Beweislastumkehr."
[12] Vgl. Kullmann/Pfister, Kza. 1602 S. 12f.; RGRK/Steffen, § 823 Rz. 566.

8 Dem ist nur mit der Einschränkung zu folgen, daß auch ein Verstoß gegen bestimmte Verhaltenspflichten nicht *ohne weiteres* ein Verschulden indiziert: Wer z. B. das durchaus konkrete Gebot verletzt, auf einer bestimmten Fertigungsstufe die Verunreinigung des Produkts durch einen schädlichen Stoff auf ein näher definiertes Maß zu begrenzen, braucht keineswegs fahrlässig gehandelt zu haben, wenn ihm dies im Einzelfall nicht gelingt; hier kann erst unter Berücksichtigung aller Umstände des konkreten Falles festgestellt werden, ob die Schadstoffbegrenzung überhaupt unterblieb, unzulänglich organisiert war oder aus technischen Gründen ausnahmsweise fehlschlug („Ausreißer"). Zwar ist dem Hersteller zuzumuten, daß er zu Umständen, die ein zurechenbares Verschulden ausschließen sollen, detailliert vorträgt. Indizien oder der erste Anschein werden für eine Fahrlässigkeit aber nur dann sprechen, **wenn** die hierfür erforderlichen **Voraussetzungen im Einzelfall** auch **belegt** sind, wenn also hinreichend unwahrscheinlich ist, daß die Verletzung des Schutzgesetzes nur schuldlos erfolgte.

9 Dabei ist wichtig, daß das Verschulden eine Haftung **gerade des Beklagten** begründen muß, sei es des Herstellers (auch der AG, GmbH, oHG usw.), eines Geschäftsführers, Leitenden Angestellten oder eines sonstigen Mitarbeiters. Dem Beklagten muß also entweder ein persönlicher Schuldvorwurf zu machen oder die Schuld eines Mitarbeiters zurechenbar sein (näher *§ 25 Rz. 177ff.*).

IV. Beweis der Kausalität zwischen Schutzgesetzverstoß und Rechtsgutsbeeinträchtigung bzw. Schaden

1. Beweislast

10 **Im Prinzip** ändert selbst ein schuldhafter Schutzgesetzverstoß nichts daran, daß **der Geschädigte** die weiteren Haftungsvoraussetzungen, also auch seine Schädigung durch jenen Verstoß, darzulegen und zu beweisen hat. Von der Beweislast des Geschädigten geht auch die Rechtsprechung aus.[13] Im Produkthaftprozeß hat der Kläger demnach vor allem einen **Produktmangel** der Ware des verklagten Herstellers zu beweisen. (Dieser Beweis ist ohnehin nützlich, weil auf seiner Grundlage eine Schutzgesetzverletzung leichter belegt werden kann.) Der Kläger hat ferner seine **Verletzung und Schädigung durch diesen Produktmangel** zu beweisen (s. aber *Rz. 16ff.*).

11 Der **BGH** läßt eine **Beweislastumkehr** heute allerdings für den Fall zu, daß „Wesen und Inhalt der materiellen Schutznorm und der in ihr enthaltenen Verhaltensanweisung es gebieten, dem Schädiger aufgrund einer von ihm geschaffenen unklaren Beweislage die Sachverhaltsaufklärung und ihre Risiken aufzuerlegen."[14]

12 Dies steht in gewissem Kontrast dazu, daß bei einem Verstoß gegen Unfallverhütungsvorschriften, die ja nicht einmal Schutzgesetze sind, dem Verstoßenden eine allgemeinere Entlastungspflicht zugemutet wird.[15] Andererseits ist mit Recht betont worden, daß eine generelle Beweislastumkehr für die Folgen eines Schutzgesetzverstoßes nicht allein als prozessuale Billigkeit zu rechtfertigen ist.[16] Auch die von dem BGH gewählte Anknüpfung an die *Verursachung* der unklaren Beweislage durch den Schädiger ist kein überzeugender Grund für eine Beweislastumkehr, da letztlich *jedes* Verhalten „unklare" Folgen nach sich ziehen kann, ohne daß das Deliktsrecht den Nachteil solcher Unaufklärbarkeit deshalb dem Täter aufbürdet.[17]

---

[13] BGH LM § 823 BGB (J) Nr. 9, 11; VersR 1966, 90, 92; NJW 1985, 1774, 1775.

[14] BGH NJW 1985, 1774, 1775; s. auch BGH NJW 1983, 2935, 2936f. – Brunnenwasser; NJW 1988, 2611, 2613f. – Mehrwegflasche II; OLG Karlsruhe VersR 1989, 375; so wohl auch Baumgärtel, JZ 1985, 541, 542; RGRK/Steffen, § 823 Rz. 564; sehr zurückhaltend dagegen Kullmann/Pfister, Kza. 1602 S. 15.

[15] Vgl. etwa OLG Hamm VersR 1985, 671.

[16] Kullmann/Pfister, Kza. 1602 S. 15; RGRK/Steffen, § 823 Rz. 564.

[17] Dazu jetzt auch BGH NJW 1988, 2611, 2613 b aa – Mehrwegflasche II; s. aber auch § 30 Rz. 36f.

Demnach sollte eine **Beweislastumkehr** auf den Hersteller in der Regel **außer Betracht** bleiben.[18] Meist werden auch schon die regulären Beweiserleichterungen angemessene Hilfe bieten.

2. Anscheinsbeweis, Indizienbeweis

Wenn feststeht, daß gegen ein Schutzgesetz verstoßen worden ist, das typischen Gefahren entgegenwirken will, und daß zeitlich nach diesem Verstoß ein Schaden der Art eingetreten ist, wie ihn das Schutzgesetz verhindern sollte, spricht vielfach der **erste Anschein** dafür, daß der Verstoß für den Schadenseintritt ursächlich war. Für einen derartigen Erfahrungssatz ist allerdings nur Raum, **wenn das Schadensrisiko** durch den Schutzgesetzverstoß nicht nur statistisch, sondern **spezifisch und deutlich erhöht wurde.**[19] 13

Das ist in der Regel nicht der Fall, wenn nur gegen eine **Zulassungsvorschrift** verstoßen wird; die entsprechenden Prüf- und Zulassungsverfahren sind nämlich meist nicht so effektiv, daß anzunehmen ist, bei Unterwerfung unter ein solches Verfahren wäre die Produktgefahr rechtzeitig beseitigt worden. Anders kann es sich verhalten, wenn ein Prüf- bzw. Zulassungsverfahren auf die Bekämpfung konkreter Gefahren zugeschnitten ist, in diesen Bereichen die Produktsicherheit auch erhöht und wenn der eingetretene Schaden nach Art und Entstehung typischerweise auf eine jener Gefahrenquellen zurückgeht. 14

So ging der BGH in der Brunnenwasser-Entscheidung davon aus, daß die Betreiberin des Brunnens dann, wenn sie ihrer Pflicht zur jährlichen Untersuchung einer Wasserprobe nachgekommen wäre, rechtzeitig den Hinweis erhalten hätte, daß das Wasser nicht zur Zubereitung von Säuglingsnahrung benutzt werden durfte; die Betreiberin wurde darauf verwiesen, den Gegenbeweis zu führen.[20]

Ein Indizien- bzw. Anscheinsbeweis kommt z. B. dann in Betracht, wenn gegen das Verbot verstoßen wurde, *technische Arbeitsmittel* in Verkehr zu bringen, die nach den allgemein anerkannten Regeln der Technik sowie den Arbeitsschutz- und Unfallverhütungsvorschriften nicht so beschaffen sind, daß Benutzer oder Dritte bei ihrer bestimmungsgemäßen Verwendung hinreichend geschützt sind (vgl. näher § 3 I GSG).[21] Auch hier[22] ist aber erforderlich, daß Art und Entstehung des eingetretenen Schadens (der Körperverletzung usw.) typische Folge der spezifischen Gefahr sind, die durch den jeweiligen Regelverstoß entstand; dies ist in jedem Einzelfall festzustellen. Im übrigen gilt der Grundsatz: **Je spezieller das Schutzgesetz und die mit seiner Verletzung eröffnete Gefahr sind,** um so eher wird ein nachfolgender Schaden dieser Verletzung erfahrungsgemäß zuzuordnen sein. Solche speziellen Verhaltensnormen sind z. B. § 1 I der 2. Verordnung zum GSG und §§ 11 I Nr. 1, 14 I LMBG. Näherer Prüfung bedarf aber, ob z. B. ein Verstoß gegen das Verbot, gewerbsmäßig Lebensmittel in Verkehr zu bringen, die unzulässigerweise mit ultravioletten oder ionisierenden Strahlen behandelt worden sind (§ 13 I LMBG), nur *typische* Gesundheitsschäden auslöst.[23] Jedenfalls dann, wenn nur einem allgemeinen Schutzgesetz zuwidergehandelt wurde, kann ohne besonderen Anhalt weder durch Anscheins- noch durch Indizienbeweis auf Rechtsgutsverletzung bzw. Schaden geschlossen werden. 15

---

[18] Weitnauer, Festschrift Larenz (1973), S. 905, 923 FN 56; anders Kuchinke, Festschrift Laufke (1971), S. 113, 125 (mit unklarer Abgrenzung der Beweissphären).

[19] BGH VersR 1961, 828, 829; VersR 1975, 1007, 1008; NJW 1983, 1380; NJW 1984, 432, 433; NJW 1985, 1774, 1775; VersR 1986, 916, 917; NJW 1987, 1694, 1695 – Putenfutter; Kullmann/Pfister, Kza. 1602 S. 13f.

[20] BGH NJW 1983, 2935, 2937 (vor III; eigentlich Beweislastumkehr!); vgl. § 33 Rz. 6.

[21] Kullmann/Pfister, Kza. 1602 S. 14.

[22] und z. B. bei Verstößen gegen § 5 I AMG

[23] So wohl Kullmann/Pfister, Kza. 1602 S. 14.

3. Schätzung der Folgen eines Schutzgesetzverstoßes?

16 Über Entstehung und Umfang von Schäden entscheidet das Gericht im Streitfall „unter Würdigung aller Umstände nach freier Überzeugung" (§ 287 I 1 ZPO); dabei genügt es, daß aufgrund greifbarer Anhaltspunkte eine erhebliche Wahrscheinlichkeit für den behaupteten Schaden(sverlauf) besteht[24] (sog. Schadensschätzung). Während nun für Haftpflichtprozesse, die auf § 823 I BGB gestützt werden, anerkannt ist, daß diese Beweiserleichterung nur für die *Schadens*verursachung (haftungsausfüllende Kausalität) gilt,[25] ist überaus unklar, welche Folgen eines Schutzgesetzverstoßes der richterlichen Schätzung unterliegen.[26] Auch die Rechtsprechung folgt keiner einheitlichen Linie. Der **BGH** hat einerseits im Rahmen des § 823 II BGB für die Rechtsgutsverletzung, die als solche (außerhalb der Produkthaftung) meist keine Haftungsvoraussetzung ist, den Vollbeweis gefordert,[27] andererseits aber für sämtliche Folgen einer Vertrags-[28] bzw. Amtspflichtverletzung[29] des öfteren die Schätzung zugelassen.

17 Richtigerweise muß **für den Nachweis,** daß ein Schutzgesetzverstoß zu **einer Rechtsgutsbeeinträchtigung** geführt hat, der **Vollbeweis** nach § 286 ZPO verlangt werden,[30] der freilich durch den ersten Anschein usw. erleichtert sein kann. Denn die Beeinträchtigung eines Rechtsguts ist auch für die Produkthaftung nach § 823 II BGB oftmals vorausgesetzt und damit haftungsbegründend *(§ 32 Rz. 9).* Im übrigen würde die Haftung nach § 823 II BGB gegenüber derjenigen für Verkehrspflichtverletzungen (§ 823 I BGB) unverhältnismäßig und systemwidrig verschärft, wenn über wesentliche Kausalitätszweifel – etwa schon über die bloße Gefährdung des Geschädigten durch den Schutzgesetzverstoß – nach den Regeln der Wahrscheinlichkeit entschieden werden könnte.[31]

18 Dagegen unterliegen die **Folgen der Rechtsgutsbeeinträchtigung,** also die Frage, ob der Schutzgesetzverstoß *weitere* „Schäden" ausgelöst hat, der erleichterten Beurteilung nach § 287 I ZPO. Für eine Verurteilung zum Schadensersatz genügt insoweit, daß für den von dem Geschädigten behaupteten Schadensverlauf eine **deutlich größere Wahrscheinlichkeit** spricht.[32]

D. Haftung nach § 826 BGB

§ 35. Voraussetzungen der Haftung für sittenwidrige Schädigung

1 Gegenüber der Haftung für Verkehrspflichtverletzungen (§ 823 I BGB) und für Verstöße gegen ein Schutzgesetz (§ 823 II BGB) ist die Haftung wegen vorsätzlicher sittenwidriger Schädigung (§ 826 BGB) ein **Auffangtatbestand.** Dieser ergänzt § 823 I BGB[1] inso-

---

[24] BGH VersR 1973, 619, 620; 1987, 310; s. auch § 30 Rz. 103.

[25] BGH JZ 1971, 228, 229; VersR 1973, 619.

[26] Dazu etwa Arens, ZZP 88 (1975), 1, 7–27; Hanau, Die Kausalität der Pflichtwidrigkeit (1971), S. 117–145; Stoll, AcP 176 (1976), 145, 187 ff.

[27] BGH VersR 1957, 529, 530 f.; MDR 1969, 379 f. („Betroffensein"!).

[28] BGH VersR 1964, 161; VersR 1971, 641, 642; anders aber BGH NJW 1969, 1708, 1709.

[29] BGH VersR 1961, 610, 611; 1974, 782, 783; 1982, 158, 160; anders aber BGH NJW 1963, 1828, 1829; VersR 1965, 91, 92.

[30] Anders wohl Kullmann/Pfister, Kza. 1602 S. 8; Weitnauer, Festschrift Larenz (1973), S. 905, 923 FN 56.

[31] Ebenso Stoll, AcP 176 (1976), 145, 187 f.; MünchKomm/Grunsky, Vor § 249 Rz. 141; Stein/Jonas/Leipold, Zivilprozeßordnung, 20. Aufl., § 287 Rz. 15; näher auch § 36 Rz. 7.

[32] BGH VersR 1973, 619, 620.

[1] und auch § 823 II BGB, nach dessen Zweck eine Produkthaftung oft nur für Folgen einer Rechtsgutsbeeinträchtigung stattfindet (§ 32 Rz. 9),

fern, als § 826 BGB keine Rechtsgutsverletzung voraussetzt, sondern einen bloßen Vermögensschaden ausreichen läßt. Anders als nach § 823 II BGB ist auch keine Schutzgesetzverletzung erforderlich. Andererseits erfaßt § 826 BGB nur besonders gravierende Verhaltensfehler.

I. Schädigung

2 Das Verhalten des Produktverantwortlichen muß zu einem **Schaden** geführt haben, sei es bei dem Ersterwerber, dem Benutzer oder weiteren Erwerbern des Produkts. Schaden ist jede Beeinträchtigung eines legitimen materiellen oder immateriellen Interesses, z. B. eine Sachbeschädigung, eine Vermögenseinbuße, ein Eingriff in die körperliche Unversehrtheit; der Schaden muß aber nicht Folge einer Rechtsgutsverletzung i. S. des § 823 I BGB sein. Auch eine nur mittelbare Schädigung reicht aus. Einen Ersatzanspruch können daher auch solche Personen haben, denen nach der Vorstellung des Herstellers zunächst keine unmittelbare Gefahr drohte.

Unerläßlich ist aber, daß der Hersteller auch insoweit vorsätzlich handelte, daß er eine Schadenserstreckung auf Dritte also zumindest für möglich hielt und in Kauf nahm (näher *Rz. 8ff.*). Eine Einschränkung des Kreises der Ersatzberechtigten und des ersatzfähigen Schadens kann sich ferner aus dem Schutzzweck des § 826 BGB ergeben *(Rz. 15f.)*.

3 Die **Kausalität** zwischen Verhalten und Schaden ist rechtlich meist nicht problematisch, da die Schadensentstehung weitenteils vom Schädiger vorausgesehen worden sein muß und vorausgesehene Schäden stets auch adäquat kausal[2] sind; zur Kausalität im übrigen s. *§ 36 Rz. 6ff.*

II. Sittenwidrigkeit der Schädigung

4 Maßstab für die Beurteilung als sittenwidrig ist die **Sozialmoral des allgemeinen Verkehrs.**[3] Dabei kann es, soweit Herstellerpflichten verletzt worden sind, weder auf die Bewertung durch Industrieverbände noch allein auf das Empfinden der Verbraucher ankommen, die sich dem Geschädigten nicht erst bei vorsätzlichem Handeln des Herstellers verbunden fühlen werden. Es ist vielmehr Aufgabe des Richters, Anschauungen und Beweggründe aller beteiligten Kreise in einer auf Nachvollziehbarkeit bedachten Weise zu erfassen und abzuwägen. Gegenstand dieser Abwägung wird insbesondere das **Mittel-Zweck-Verhältnis** sein, welches das Verhalten des Produktverantwortlichen charakterisiert. Hierbei werden, getrennt voneinander, zunächst

- der **Zweck** (z. B. die Ersparung erheblicher Aufwendungen für einen Rückruf, die Sorge um einen Imageverlust, eine bereits angeschlagene Marktposition usw.) und
- das **Mittel** (z. B. die Abstandnahme von einem Rückruf, einer Warnung, einer Abänderung der Konstruktion, eine Ignorierung von Schadensmeldungen) einschl. der damit verbundenen und vom Hersteller hingenommenen Gefahren (Sachschäden nach Art und Umfang; Gefahren für Gesundheit oder Leben nach Schwere bzw. Häufigkeit)

festgestellt und gewichtet. Sodann werden beide Gesichtspunkte gegenübergestellt; dabei ist eine Sittenwidrigkeit indiziert, **wenn** das in Kauf genommene **Mittel hinter** der Bedeutung und der **Legitimität der verfolgten Zwecke wesentlich zurückbleibt.**

5 Bei dieser **Bewertung** sollte im Auge behalten werden, daß eine vorsätzliche sittenwidrige Schädigung im Prinzip eine größere Verwerflichkeit voraussetzt als ein vorsätzlicher Verstoß gegen Verkehrspflichten; insofern ist § 826 BGB enger als § 823 I BGB.[4] Die

---

[2] Dazu § 29 Rz. 7ff.

[3] RGZ 48, 114, 124f.; 72, 175, 176; BGH NJW 1953, 1665.

[4] Vgl. Soergel/Hönn, § 826 Rz. 11.

Verfolgung eigener, meist egoistischer Interessen durch den Produzenten ist daher nicht in jedem Fall sittenwidrig, auch wenn sie mit einer Schädigung Dritter verbunden ist und der Handelnde dies weiß. In solchen Fällen muß sich das Rechtsgefühl damit beruhigen, daß der Geschädigte in den allermeisten Fällen einen Ausgleich gem. § 823 I bzw. II BGB erhalten kann. Sittenwidrigkeit ist jedenfalls erst anzunehmen, wenn die vorsätzliche Schädigung von **besonderen Umständen** begleitet war.[5] Das ist vor allem dann der Fall, wenn der Schädiger seinen Vorteil in rücksichtsloser Form auf Kosten anderer suchte,[6] wenn z. B. der angestrebte Vorteil in keinem Verhältnis zu dem drohenden Schaden stand.[7] Eine solche Unverhältnismäßigkeit liegt natürlich nahe, wo nicht nur Vermögensschäden drohen, sondern auch das menschliche Leben oder die Gesundheit gefährdet ist.[8] Aber selbst hier können Pauschalierungen verfehlt sein. Im Einzelfall mag z. B. eine „Ausreißer"-Quote von 2/1000000 gerade noch unterhalb eines Organisationsfehlers bleiben; soll nun die bewußte Hinnahme einer Quote von 5/1000000, verursacht durch veraltete Maschinen, nicht nur vorsätzlich, sondern gleich sittenwidrig sein? Eine abgewogene Antwort wird sich stets erst nach **Berücksichtigung aller Umstände des Falles** formulieren lassen.

6 Für das Verdikt der Sittenwidrigkeit ist es allerdings **unerheblich, ob** dem Produktverantwortlichen ein **Tun oder Unterlassen** vorzuwerfen ist. Denn auch ein Unterlassen kann sittenwidrig sein, wenn eine Pflicht zum Handeln bestand. Hierfür genügt freilich wiederum nicht eine bloße Rechtspflicht, sei sie Verkehrs- oder Vertragspflicht; sondern die Gefahrsteuerung durch Handeln muß nach den guten Sitten zwingend geboten sein.[9] Auch das richtet sich wesentlich nach den Rechtsgütern, die durch ein Unterlassen gefährdet würden; so wird für einen Pkw-Hersteller, der nach der Inverkehrgabe seiner Fahrzeuge erfährt, daß ein Konstruktionsfehler der Bremsen die Gefahr schwerer Unfälle begründet, in aller Regel auch eine *sittliche* Pflicht zu Instruktion bzw. Rückruf bestehen.[10]

III. Vorsatz des Schädigers

1. Grundsatz: zumindest Eventualvorsatz

7 Die Schadenszufügung muß nicht nur sittenwidrig, sondern auch vorsätzlich erfolgt sein. Dabei ist gleichgültig, ob der Produktverantwortliche mit Schädigungsabsicht (z. B. bei Sabotage), mit direktem Vorsatz oder mit Eventualvorsatz handelte (zu den Vorsatzarten *§ 28 Rz. 13ff.*). Jedoch ist mindestens ein Eventualvorsatz erforderlich: Der Schädiger muß also eine sittenwidrige Schädigung für **möglich gehalten und** sie – für den Fall ihres Eintritts – **billigend in Kauf genommen** haben.[11]

a) Die für die Sittenwidrigkeit maßgebenden Umstände

8 Zwar muß dem Schädiger nicht bewußt gewesen sein, daß er sittenwidrig handelte. Er muß aber die für die Sittenwidrigkeit maßgebenden Umstände gekannt haben.[12] Im Rahmen der Produkthaftung ist also zu verlangen, daß dem Verantwortlichen die Herbeifüh-

---

[5] BGH LM § 826 (Gc) Nr. 2; LM § 826 (Gi) Nr. 2.
[6] BGH NJW 1958, 989, 991 IV; 1978, 816, 817 (Fluglotsenstreik).
[7] BGH NJW 1962, 2198, 2200; LM § 826 (Gc) Nr. 2; LG Heidelberg BB 1963, 670 – Backsteine.
[8] Vgl. RGZ 163, 21, 26 – Bremsen I.
[9] Vgl. RGZ 155, 257, 285; BGH NJW 1963, 148, 149; Dütz, NJW 1970, 1822, 1825; Palandt/Thomas, § 826 Anm. 2f.; zu allgemein RGZ 163, 21, 26 – Bremsen I.
[10] RGZ 163, 21, 26 – Bremsen I; RG DR 1940, 1293f. – Bremsen II; s. auch BGH NJW 1965, 249, 251; RGRK/Steffen, § 826 Rz. 31.
[11] BGH NJW 1961, 2302, 2303; 1962, 1099, 1100 und 1766; 1963, 148, 150; WM 1984, 744, 745.
[12] BGH NJW 1961, 2302, 2303; NJW 1973, 2285, 2286; WM 1983, 1235; s. auch BGHZ 8, 83, 87f.

rung eines Sicherheitsmangels bzw. das Bestehen einer Beobachtungs- oder Instruktionspflicht bewußt war, daß er eine diesbezügliche Gefahrsteuerung wissentlich vernachlässigte und auch billigend in Kauf nahm, daß hierdurch Verbraucher oder Dritte in einem Umfang geschädigt werden konnten (gefährdet wurden), der – aus juristischer Perspektive – sittenwidrig erscheint. Genaugenommen wird aber auch für die Kenntnis des Sicherheitsmangels oft ausreichen, daß dem Verantwortlichen die **Anhaltspunkte** bekannt waren, **aus denen sich die Möglichkeit eines Sicherheitsmangels mit einer hinreichenden und ihm bewußten Wahrscheinlichkeit ergab.**[13] Sittenwidrig ist nämlich keineswegs nur die Inverkehrgabe eines zweifelsfrei gefährlichen Produkts, sondern u. U. auch schon die bewußte Gleichgültigkeit gegenüber Anzeichen für einen Sicherheitsmangel; in diesem Fall genügt es, wenn der Vorsatz sich auf solche Anzeichen erstreckt. Hier steht es der Kenntnis also gleich, wenn sich der Verantwortliche der sicheren Kenntnis bewußt verschließt.[14] Zum *Irrtum* vgl. *Rz. 14.*

Das gleiche gilt, wenn der Produktverantwortliche bei Inverkehrgabe der Ware gut- 9
gläubig war und **erst später von Umständen erfährt,** die auf einen Produktfehler hinweisen. So wie hier nach § 823 I BGB Produktbeobachtungs- bzw. Instruktionspflichten entstehen, haftet der Hersteller u. U. wegen vorsätzlicher sittenwidriger Schädigung, wenn er die Gefahrenzeichen bewußt vernachlässigt und in Kauf nimmt, daß infolgedessen an sich vermeidbare Schäden eintreten.[15] Auch hier kommt es aber auf den Einzelfall an; freilich kann Sittenwidrigkeit besonders naheliegen, wenn der Hersteller schon durch die Inverkehrgabe nachweislich eine Verkehrspflicht verletzte und selbst dann noch, als er dies erkennt oder doch für möglich hält, die dadurch drohenden Schäden in Kauf nimmt.

b) Die Schädigung

Der Eventualvorsatz muß eine Schädigung einbeziehen, allerdings nur den ungefähren 10
Schadensverlauf. Die Produkthaftung hängt also nicht davon ab, daß der Verantwortliche sich über die Zahl der gefährdeten Verbraucher und die jeweilige Schadenshöhe Gedanken macht; es genügt, daß er die Entstehung von Körper-, Sach- oder Vermögensschaden **ihrer Art nach** in seinen Willen aufgenommen hat. Hat der Schädiger dagegen z. B. weitere Schadensfolgen für ausgeschlossen gehalten oder gar nicht bedacht, so haftet er für diese nicht.[16]

Der Schädiger braucht sich **nicht** vorzustellen, daß der Schaden **bestimmte Personen** 11
trifft. Die Produkthaftung tritt schon dann ein, wenn in Kauf genommen wird, daß eine gewisse Zahl von Verbrauchern/Benutzern möglicherweise Schäden erleidet.[17] So wird der Hersteller in aller Regel damit rechnen müssen und meist auch tatsächlich damit rechnen, daß seine Waren (neu oder gebraucht) weiterveräußert, vermietet oder Leasinggut werden, d. h. einem größeren Personenkreis zugänglich werden. Für bestimmte Produkte (Kraftfahrzeuge, Gaskocher, Feuerwerkskörper usw.) ist auch klar, daß ihre Mängel oft nicht nur Benutzer, sondern auch Dritte (by-stander) gefährden können. Hier werden die Ansprüche breiterer Personenkreise daher kaum an fehlendem Vorsatz scheitern, allenfalls am Schutzzweck des § 826 BGB (dazu *Rz. 16*).

---

[13] So wohl auch Sack, DAR 1983, 1, 2.

[14] BGHZ 8, 387, 393; BGH NJW 1975, 1361, 1362 II 1; LG Heidelberg BB 1963, 670 – Backsteine; MünchKomm/Mertens, § 826 Rz. 46.

[15] Vgl. RGZ 143, 48, 56; BGH NJW 1965, 249, 251.

[16] BGH NJW 1963, 148, 150. Ein Irrtum über den voraussichtlichen Schadensumfang kann natürlich auch dem Vorsatz bezüglich der *Sittenwidrigkeit* entgegenstehen (Rz. 8).

[17] BGH NJW 1963, 579, 580; 1965, 249, 251; 1974, 2091, 2092; anders OLG München NJW 1980, 1581, 1582.

2. Haftung schon bei grober Fahrlässigkeit?

12 Die **Rechtsprechung** hat eine Haftung nach § 826 BGB in verschiedenen Fällen auch bei nur grob fahrlässigem Verhalten des Schädigers bejaht. Schon das **RG** entschied in einem Produkthaftprozeß gegen den Lieferanten salzhaltiger und damit bauuntauglicher Mauersteine, auch eine „besonders grobe, die Merkmale äußerster Leichtfertigkeit und Gewissenlosigkeit an sich tragende Fahrlässigkeit" könne sittenwidrig sein.[18] Der **BGH** schien dem zunächst zu folgen,[19] bezeichnete in seinem Urteil vom 6. 6. 1962 entsprechende Wendungen aber als mißverständlich.[20] Dennoch läßt er für bedingten Vorsatz ausreichen, daß sich „der Handelnde grob leichtfertig ... verhält und eine aus dieser Fahrlässigkeit als möglich erkannte Schadensfolge bewußt in Kauf nimmt."[21]

13 Auch besonders grobe, ja gewissenlose Verstöße gegen Herstellerpflichten stehen vorsätzlichem Handeln aber nicht ohne weiteres gleich.[22] Wer einen Sicherheitsmangel grob fahrlässig ignoriert, hat deshalb noch keine *Kenntnis* von dem Mangel; selbst gravierende Nachlässigkeit begründet daher **keine Haftung.** Praktisch ist die sichere Kenntnis eines Produktfehlers aber oft auch gar nicht erforderlich. Weiß der Hersteller z. B., daß seine Anordnung, die Materialprüfungen vorzeitig abzubrechen, die Gefahr birgt, daß bestimmte Materialschwächen unentdeckt bleiben, so kann die bewußte Inkaufnahme schon dieser (abstrakten) Gefahr sittenwidrig sein, wenn sie sich auch in einer entsprechenden Gefährdung der Verbraucher (durch den konkreten Produktfehler) niederschlägt (vgl. *Rz. 8*). Hier ist die *Beweiswürdigung* von großer Bedeutung.

3. Irrtum über die Sittenwidrigkeit

14 Grundsätzlich hängt die Haftung nicht davon ab, ob der Schädiger sein Verhalten selber als sittenwidrig bewertete oder bewerten konnte *(Rz. 8)*. Ist der Schädiger aber davon überzeugt, daß sein Verhalten erlaubt war, so kann dies innerhalb der rechtlichen Gesamtbewertung durchaus zur Verneinung einer Sittenwidrigkeit führen.[23] Auch **nach der Rechtsprechung kann ein Sittenverstoß entfallen, wenn** der Schädiger der **redlichen Überzeugung** ist, er dürfe sich in der betreffenden Weise verhalten, und wenn dieser Irrtum **nicht auf Leichtfertigkeit** (grober Fahrlässigkeit) beruht.[24] Ob der BGH – zumal für die Produkthaftung – an diesem Grundsatz festhalten wird, erscheint allerdings nicht sicher.[25] Zu wünschen wäre es. Bei einem Irrtum über die Unerlaubtheit wird schon der Verhaltensfehler oft nicht so gravierend sein, daß von einem Sittenverstoß zu sprechen ist. Daß der Irrtum evtl. verschuldet war, kann hieran übrigens schwerlich etwas ändern.

IV. Beschränkung der Haftung durch Schutzzweck

15 Auch die Haftung nach § 826 BGB ist durch den Schutzzweck dieser Vorschrift begrenzt.[26] Dies gilt einerseits für die ersatzfähigen **Schäden:** So muß ein Hersteller, der den Erwerber über die Eignung des Produkts arglistig getäuscht hat, nicht für Schäden einstehen, die dem Erwerber durch einen *anderen* Mangel der Ware oder durch Zufall erwachsen.[27]

---

[18] RG LZ 1933 Sp. 659f. – Mauersteine (Händler); s. aber auch RGZ 143, 48, 51.
[19] Vgl. BGH NJW 1956, 1595; 1961, 2302, 2303.
[20] BGH NJW 1962, 1766 (zu RGZ 76, 319).
[21] BGH WM 1984, 1502, 1505; vgl. schon BGH NJW 1973, 2285, 2286; WM 1975, 559, 560.
[22] Vgl. Honsell, JuS 1976, 621, 628; Soergel/Hönn, § 826 Rz. 66.
[23] So zutreffend Soergel/Hönn, § 826 Rz. 57.
[24] Vgl. RGZ 123, 271, 278f. (grundlegend); RGZ 155, 234, 238; BGH LM § 826 (Gd) Nr. 21.
[25] Zurückhaltend z. B. BGH LM § 826 (Gd) Nr. 21; WM 1983, 1235 a. E.
[26] Anders noch RGZ 79, 55, 59; s. auch Deutsch, JZ 1971, 244, 248.
[27] Vgl. BGH NJW 1972, 36, 37.

Reduziert wird ggf. auch der Kreis der **Ersatzberechtigten,** z. B. Dritter, die infolge des sittenwidrigen Verhaltens (mit)geschädigt werden. Hier muß die Bewertung von dem Grundsatz ausgehen, daß die für die Sittenwidrigkeit maßgebenden Umstände nicht nur gegenüber dem unmittelbar Betroffenen (z. B. dem Verbraucher bzw. Assembler), sondern im Verhältnis zu jedem Geschädigten (einem Mieter, by-stander usw.) vorliegen müssen.[28] Dies wird im Bereich der Produkthaftung kaum problematisch werden. 16

Immerhin lassen sich zwei Fallgruppen unterscheiden:

(1) Der Dritte wird bei einem Transport/der Benutzung des Produkts durch den unmittelbar Betroffenen – als **by-stander** – (mit)geschädigt. Hier wird die Schädigung auch des Dritten regelmäßig sittenwidrig sein, wenn sie auf dem Produktfehler[29] beruht und nicht auf einen atypischen Kausalverlauf zurückgeht, der außerhalb der Vorstellungen (Vorsatz!) des Herstellers lag.[30]

(2) Der Produktfehler schädigt nicht (nur) den Endabnehmer/Assembler, für den das Produkt in erster Linie gedacht war, sondern – u. U. nacheinander – den **Zweit- oder Dritterwerber, Leasingnehmer, Untermieter** usw. Auch hier sollten alle Geschädigten ersatzberechtigt sein, selbst wenn dies zu einer Anspruchseskalation führt.[31]

§ 36. Beweisfragen der Haftung für sittenwidrige Schädigung

I. Schädigung durch Verhalten des Beklagten

Eine Verurteilung auf der Grundlage des § 826 BGB setzt zunächst die Feststellung voraus, daß der Kläger durch ein Verhalten des Beklagten (Endhersteller, Zulieferer, Mitarbeiter usw.) geschädigt worden ist. 1

1. Produktmangel

Im Produkthaftungsprozeß ist folglich immer der Nachweis erforderlich, daß dem als schadensursächlich bezeichneten Produkt die objektiv erforderliche Sicherheit fehlte. Diesen Nachweis muß der **Geschädigte** erbringen. Seine Beweisführung wird allerdings oft durch einen **Indizienbeweis** oder einen **Anscheinsbeweis** erleichtert sein (vgl. *§ 30 Rz. 24ff.*). 2

2. Verursachung des Produktmangels durch den Beklagten

Der Produktmangel muß dem jeweils verklagten Hersteller, Geschäftsführer oder sonstigen Mitarbeiter auch zurechenbar sein. Dies setzt einerseits den Beweis voraus, daß das mangelhafte Produkt gerade **in dem Betrieb** hergestellt wurde, dessen Inhaber oder Mitarbeiter in Anspruch genommen wird. Zumindest muß im Rahmen vertikaler oder horizontaler Arbeitsteilung ein Einfluß dieses Betriebs auf die Produktsicherheit bestanden haben. Insofern ist der Geschädigte beweispflichtig. 3

Sehr viel schwieriger ist zu beweisen, daß gerade der verklagte **Mitarbeiter** oder eine **Person,** für die der Hersteller gem. § 31 BGB einzustehen hat, für den Produktmangel verantwortlich ist. Im Prozeß gegen einzelne *Mitarbeiter* trägt aber auch hierfür der Geschädigte die Beweislast (vgl. *§ 30 Rz. 107*). Ist der *Hersteller* verklagt, so liegt es nahe, diesem durch Beweislastumkehr aufzuerlegen, seine eigene Mitverantwortung und die eines nach § 31 BGB Verantwortlichen auszuschließen (vgl. *§ 30 Rz. 45ff.*).

---

[28] BGH NJW 1972, 36, 37c; NJW 1979, 1599, 1600; Soergel/Hönn, § 826 Rz. 71 m. weit. Nachw.

[29] und nicht auf anderen Mängeln, bestimmungswidrigem Gebrauch oder Zufall

[30] So wohl auch Soergel/Hönn, § 826 Rz. 74.

[31] Vgl. OLG Hamm NJW 1974, 2091, 2092; anders OLG München NJW 1980, 1581, 1582; Staudinger/Schäfer, § 826 Rz. 77 a. E.

II. Vorsätzliches sittenwidriges Verhalten

4 Zur Verurteilung des für den Produktmangel Verantwortlichen ist allerdings erforderlich, daß über einen Pflichtverstoß – einen Produktfehler – hinaus auch ein vorsätzliches und sittenwidriges Verhalten festgestellt ist. Auch hierbei handelt es sich natürlich um betriebsinterne Umstände, von denen der Geschädigte als Außenstehender meist keine Kenntnis hat und haben kann. Dennoch wird insoweit eine **Beweislastumkehr auf den Hersteller** wohl **allgemein abgelehnt.**[1] Dem ist zuzustimmen, obwohl ein Schutzbedürfnis des Geschädigten, der reine (und nur nach § 826 BGB ersetzbare) Vermögensschäden erlitten hat, anzuerkennen ist. Jedoch würde von dem Hersteller Unzumutbares verlangt, wenn er zu beweisen hätte, daß er (oder ein Mitarbeiter, für dessen Fehler er haftet) die entstandenen Schäden nicht voraussah oder doch nicht billigend in Kauf nahm; gerade der letztere Beweis ist praktisch nicht zu führen. Dies gilt erst recht im Prozeß gegen **Mitarbeiter.**[2]

5 Die Beweisführung des Geschädigten kann andererseits durch **Indizienbeweis** oder **Anscheinsbeweis** erleichtert sein. Im Einzelfall lassen sich u. U. aus den Umständen der Pflichtverletzung Rückschlüsse auf die Vorstellung des Schädigers, insbesondere auf einen Eventualvorsatz, ziehen.[3] Namentlich der Sittenwidrigkeit jenes Verhaltens werden nach der Lebenserfahrung oft Anhaltspunkte für das Bewußtsein des Schädigers zu entnehmen sein.[4]

III. Schaden und Schadensursächlichkeit

6 In vollem Umfang ist nur die **haftungsbegründende Kausalität** zu beweisen, und zwar **von dem Geschädigten** (§ 286 ZPO). Dagegen unterliegt die Frage, ob bzw. welche Schäden bei dem Geschädigten eingetreten sind (haftungsausfüllende Kausalität), ggf. der Schätzung durch das Gericht (§ 287 I 1 ZPO). Des Vollbeweises bedürfen daher der Produktfehler, dessen Zuordnung zum beklagten Hersteller und seine Verursachung durch sittenwidriges Verhalten.

7 Fraglich ist, inwieweit der Verletzte auch seine Schädigung durch den Produktfehler zu beweisen hat. Da die Haftung nach § 826 BGB die Beeinträchtigung eines Rechtsguts nicht voraussetzt, scheinen sämtliche Folgen des Produktfehlers der haftungsausfüllenden Kausalität zuzugehören; damit wären sie der richterlichen Schätzung zugänglich.

Auf diese Weise würde die Durchsetzung eines Anspruchs wegen sittenwidriger Schädigung gegenüber der Sanktionierung einer Verkehrspflichtverletzung (§ 823 I BGB) u. U. erheblich erleichtert. Das wäre unangemessen; denn das in dieser Vorschrift enthaltene Erfordernis einer Rechtsgutsverletzung soll reine Vermögensschäden von der Haftung ausschließen, aber kaum die Beweislage des Geschädigten punktuell verschärfen. Der Bereich der haftungsbegründenden Kausalität solcher Haftungsnormen, die auf eine Rechtsgutsverletzung verzichten, sollte daher der Ausformung in § 823 I BGB angenähert werden.

Eine Harmonisierung der Beweisanforderungen im Deliktsrecht ist allerdings nur zu erreichen, wenn **teilweise auch die Folgen des Produktfehlers** als **haftungsbegründend** betrachtet werden. Des Vollbeweises sollte daher auch die Verursachung einer Rechtsgutsverletzung bedürfen, falls eine solche dem Schadenseintritt sicher vorausgegangen ist.

---

[1] RGZ 163, 21, 29ff. – Bremsen I; Schmidt-Salzer, Entscheidungssammlung I, S. 52f.; s. auch MünchKomm/Mertens, § 826 Rz. 101.

[2] Zur Frage der Beweislastumkehr s. auch schon § 30 Rz. 104ff.

[3] BGH NJW 1962, 1766; 1970, 1737, 1738; WM 1984, 744, 745.

[4] BGH WM 1975, 559, 560; WM 1984, 744, 745; zurückhaltend BGH WM 1985, 565, 566.

Falls es nicht zu einer Rechtsgutsverletzung gekommen ist, sollte der Geschädigte beweisen, daß er von dem Produktfehler „so betroffen" wurde, „daß nachteilige Folgen für ihn eintreten" konnten.[5] Beweisthema ist also eine *Einwirkung* auf die Güter des Klägers. Dieser muß insbesondere nachweisen, daß seine Beeinträchtigung auf den jeweiligen Produktfehler zurückgeht und nicht etwa durch falsche Handhabung des Produkts oder ganz andere Umstände (z. B. eine frühere Erkrankung) verursacht wurde. Auch insoweit werden aber vielfach Beweiserleichterungen bestehen (vgl. *§ 30 Rz. 85ff.*).

Ob eine solche Einwirkung bei dem Kläger tatsächlich zu Schäden geführt hat bzw. wie 8
hoch diese sind, ist jedoch eine Frage der **haftungsausfüllenden Kausalität.** Deren Beweis ist oft durch die Möglichkeit der Schadensschätzung erleichtert (§ 287 I 1 ZPO; *§ 30 Rz. 103*).

E. Haftung nach § 831 BGB

§ 37. Voraussetzungen der Haftung für Verrichtungsgehilfen

I. Allgemeines

Die Produkthaftung nach §§ 823ff. BGB setzt grundsätzlich voraus, daß zu Lasten des 1
in Anspruch genommenen Herstellers, Geschäftsführers oder Mitarbeiters ein Verschulden festgestellt werden kann. Dieser Grundsatz wird aber in zwei Fällen durchbrochen, indem (auch) für fremdes Verschulden gehaftet oder doch ein eigenes Verschulden vermutet wird: Einerseits haben juristische Personen, Offene Handelsgesellschaften und Kommanditgesellschaften für unerlaubte Handlungen ihrer Vorstandsmitglieder bzw. Geschäftsführer und Leitenden Angestellten einzustehen (§ 31 BGB; s. *§ 25 Rz. 179ff.*). Andererseits hat, wer sich eines sog. Verrichtungsgehilfen bedient, auch für dessen Pflichtverletzungen einzustehen, falls er nicht beweisen kann, daß er bei der Bestellung und Beaufsichtigung des Gehilfen die erforderliche Sorgfalt beobachtet hat (§ 831 BGB). Hiernach **haftet der Geschäftsherr also für ein Verschulden bei der Bestellung bzw. Beaufsichtigung seines Verrichtungsgehilfen** (§ 831 I BGB). Das Verschulden braucht aber – anders als an sich in § 823 I BGB vorgesehen – nicht von dem Geschädigten bewiesen zu werden, sondern es wird unterstellt, falls nicht der Geschäftsherr seine Schuldlosigkeit beweist.

An diesen **Entlastungsbeweis** werden von den Gerichten allerdings **hohe Anforderungen** gestellt. Im übrigen hat die Möglichkeit der Entlastung, aber auch die gesamte Haftungsgrundlage des § 831 BGB, im Produkthaftrecht dadurch an Bedeutung verloren, daß Fehler von Verrichtungsgehilfen dem Hersteller oft auch infolge sonstigen **Organisationsverschuldens** nach § 823 I BGB zugerechnet werden können.[1] Hier wird dem Hersteller also vorgeworfen, er hätte die Pflichtverletzung des – gut oder schlecht beaufsichtigten – Mitarbeiters jedenfalls voraussehen und durch eine bessere Organisation seines Betriebs vermeiden können. Von diesem Vorwurf hat der Hersteller sich infolge der weitgehenden Beweislastumkehr im Produkthaftprozeß[2] auch im Rahmen des § 823 I BGB zu entlasten.

---

[5] So z. B. die Abgrenzung des BGH (NJW 1982, 998, 999) bei Vermögensschaden infolge Vertragsverletzung; vgl. aber auch § 34 Rz. 16 und Stein/Jonas/Leipold, Zivilprozeßordnung, 20. Aufl., § 287 Rz. 14f.; zu weitgehend Baumgärtel/Wittmann, § 826 Rz. 3 („Beweis für den Schadenseintritt").

[1] Dazu z. B. Diederichsen, NJW 1978, 1281, 1287; kritisch Canaris, JZ 1968, 494, 497f.

[2] Dazu § 30 Rz. 13ff., 42ff.

II. Verkehrspflichtverletzung eines Verrichtungsgehilfen (§ 831 Abs. 1 BGB)

2 Die Haftung des Herstellers für vermutetes Verschulden setzt voraus, daß ein von ihm bestellter Verrichtungsgehilfe einem Dritten in Ausführung der Verrichtung widerrechtlich Schaden zugefügt hat.

1. Verrichtungsgehilfe

3 Verrichtungsgehilfe ist, wer die ihm zugewiesene Aufgabe **nach den Weisungen des Geschäftsherrn** zu erledigen hat. Eine solche Weisungsgebundenheit liegt in der Regel bei sozialer Abhängigkeit des Gehilfen – namentlich **im Arbeitsverhältnis** – vor, jedenfalls aber dann, wenn der Geschäftsherr die Tätigkeit des Gehilfen jederzeit beschränken kann; das ist der Fall, wenn die spezifische Tätigkeit entweder beendet oder doch nach Zeit und Umfang geregelt werden kann.[3] An dieser Einflußmöglichkeit fehlt es dagegen, wenn Selbständige eingeschaltet werden,[4] z. B. fremde Lieferanten, Kontrolleure, Auftragsunternehmer[5] oder *deren* Verrichtungsgehilfen.[6] Keine Verrichtungsgehilfen des Herstellers sind daher Fremdunternehmer, die – in vertikaler oder horizontaler Arbeitsteilung – in den Produktionsprozeß einbezogen sind; auch für Fehler eines Mitgesellschafters (einer GbR, oHG, KG) haften die übrigen Gesellschafter nicht ohne weiteres nach § 831 BGB.[7] Nur ausnahmsweise kann etwas anderes gelten, etwa dann, wenn der Hersteller einen Selbständigen – wenigstens vorübergehend – derart in seinen Betrieb integriert, daß der Selbständige *dort* weisungsabhängig ist.[8] Hiervon abgesehen, kann die Abgrenzung von selbständiger und abhängiger Tätigkeit (Verrichtungsgehilfe) nach der **Faustregel** erfolgen: Wer kraft Werkvertrags tätig wird, fällt nicht unter § 831 I BGB; wer kraft Dienst- oder Arbeitsvertrags tätig wird, ist Verrichtungsgehilfe.[9]

Für Personen, die im Herstellerbetrieb tätig, aber weisungsunabhängig sind, hat der Unternehmensinhaber allerdings regelmäßig gemäß oder analog § 31 BGB einzustehen, und dann sogar ohne Entlastungsmöglichkeit.[10] Eine **Lücke in der Haftung** des Endherstellers kann also praktisch nur bei zwischenbetrieblicher Arbeitsteilung entstehen, wenn nämlich der Zulieferer oder ein beauftragter Unternehmer eine fehlerhafte Leistung erbringt, während der Endhersteller seinen Pflichten genügt hat.

2. Handeln in Ausführung der Verrichtung

4 Das schädigende Verhalten des Gehilfen muß mit der aufgetragenen Verrichtung **in innerem Zusammenhang** stehen.[11] Die Schädigung muß zwar nicht gerade Konsequenz der weisungsgemäßen Verrichtung sein;[12] wenn sie dies ist, wird[13] eine Pflichtverletzung des Verrichtungsgehilfen sogar fraglich, da er „lediglich" einer Weisung nachkam, auch wenn diese der Produktsicherheit abträglich und damit für den *Geschäftsherrn* pflichtwidrig war. Ein innerer Zusammenhang mit der aufgetragenen Verrichtung soll aber dann fehlen, wenn die Schädigung nur „aus Anlaß" oder „bei Gelegenheit" der Verrichtung began-

---

[3] BGH VersR 1966, 956, 957.
[4] Vgl. BGHZ 42, 374, 375; BGH NJW 1980, 941.
[5] Vgl. BGH NJW 1976, 46, 47 – Entsorgung; s. auch BGH VersR 1966, 145, 146.
[6] BGH NJW 1958, 220, 221.
[7] Vgl. BGH NJW 1966, 1807, 1808.
[8] Ähnliche Fälle: BGH NJW 1956, 1715 (Generalvertreter); VersR 1957, 301 (Rechtsanwalt); NJW 1980, 941 (Handelsvertreter).
[9] Vgl. Staudinger/Schäfer, § 831 Rz. 89.
[10] Vgl. BGH NJW 1980, 1901, 1902 (Arzthaftung); § 25 Rz. 179ff.
[11] BGH VersR 1966, 1074, 1075; NJW 1971, 31, 32.
[12] BGH MDR 1955, 282.
[13] nicht nur das Verschulden, sondern auch

gangen wird.[14] Auch diese Formeln sind jedoch nicht wörtlich zu nehmen, da die **Rechtsprechung** weder bei irrtümlicher noch bei willkürlicher Überschreitung der Weisungen des Geschäftsherrn den inneren Zusammenhang notwendig vermißt; sie **stellt** vielmehr **auf den Einzelfall ab.**[15]

5 Im Bereich der Produkthaftung dürfte der innere Zusammenhang zwischen Schädigung und aufgetragener Verrichtung nur bei **funktionsfremdem Fehlverhalten** und bei Sabotageakten zweifelhaft sein.

Beispiele: Der für die innerbetriebliche Postverteilung zuständige Bote durchläuft, um abzukürzen, aber entgegen den betrieblichen Sicherheitsbestimmungen, eine geschützte Zone, in der höchst staubempfindliche Chips hergestellt oder pharmazeutische Produkte offen bewegt werden, ohne Schutzkleidung. Eine Büroangestellte berührt in der Materialprüfstelle, wo sie nichts zu suchen hat, aber ihren Freund sucht, aus Unachtsamkeit Armaturen eines Meßgeräts, so daß Testergebnisse verfälscht werden. Aus Wut über seine Kündigung setzt ein Chemiefacharbeiter der von ihm kontrollierten Charge einen gefährlichen Stoff zu, um seinen Arbeitgeber zu schädigen.

In dem Boten-Beispiel dürfte der sachliche Zusammenhang mit der Diensterledigung noch zu bejahen sein. Wer sich dagegen in Betriebsabteilungen, die mit seinem Funktionsbereich nichts zu tun haben, unvorsichtig verhält, handelt in der Regel nicht mehr in Ausführung *seiner* Verrichtung;[16] hier kommt allerdings in Betracht, daß der Hersteller selbst die *ihm* obliegende Organisationspflicht verletzt hat, das Betreten der gefährdeten Bereiche durch Abteilungsfremde zu unterbinden.[17] Für **Sabotageakte** ist an den Grundsatz anzuknüpfen, daß vorsätzliche unerlaubte Handlungen, die nicht die aufgetragene Verrichtung selbst betreffen, mit dieser auch nicht in innerem Zusammenhang stehen; dafür reicht der Umstand, daß der Gehilfe durch seine Verrichtung u. U. überhaupt erst die Möglichkeit zur Sabotage (z. B. den Zugang zum Betrieb) erhielt, nämlich nicht aus. Eine Vorsatztat hat allerdings dann Bezug zur Verrichtung, wenn diese gerade auch[18] den Produktschutz umfaßt; das liegt z. B. bei Qualitätsprüfern, aber auch in dem Chemiearbeiter-Beispiel auf der Hand.

3. Rechtswidrigkeit der Schadenszufügung durch Gehilfen

6 Die Verschuldensvermutung setzt weiter voraus, daß der Verrichtungsgehilfe „widerrechtlich" geschädigt hat. Anerkanntermaßen unterscheidet sich diese Widerrechtlichkeit nicht von derjenigen, die eine Rechtsgutsverletzung i. S. des § 823 I BGB kennzeichnen muß.[19] Dementsprechend ist für das gesamte Deliktsrecht **umstritten, ob** schon die bloße Rechtsgutsverletzung bzw. Schädigung zur Rechtswidrigkeit führt[20] oder ob ein Verstoß des Schädigers gegen die objektiv erforderliche Sorgfalt, also eine **Verkehrspflichtverletzung, festgestellt sein muß.**

Dabei geht es in erster Linie darum, ob die Rechtswidrigkeit als **Erfolgsunrecht oder** – was jedenfalls bei Produktionsfehlern sachgerechter ist (vgl. *§ 23 Rz. 3ff.*) – als **Verhaltensunrecht** zu verstehen ist. Diese Frage ist für die Haftung gem. § 823 I BGB sekundär, da ein Verhaltensfehler spätestens zur Bejahung der *Schuld* festgestellt sein muß oder – bei Beweislastumkehr auf den Hersteller – doch nicht widerlegt sein darf. Für die Haftung gem. § 831 BGB dagegen ist die Streitfrage wichtiger, da diese Vorschrift ein Verschulden des Verrichtungsgehilfen nicht voraussetzt. Folglich müßte nach der (reinen) Lehre vom Erfolgsunrecht jede von dem Gehilfen mitverursachte Rechtsgutsverletzung zur Haftung führen, nach der Lehre vom Verhaltensunrecht dagegen nur eine Pflicht-

[14] Vgl. etwa BGH MDR 1955, 282; NJW 1971, 31, 32; Soergel/Zeuner, § 831 Rz. 27.

[15] Vgl. BGHZ 11, 151, 153; BGH VersR 1963, 1076, 1077f.; NJW 1971, 31, 32.

[16] , da es wohl zu weit führt, schon das Verbot, sicherheitssensible Betriebsbereiche überhaupt zu betreten, dieser Verrichtung zuzuordnen.

[17] Vgl. Staudinger/Schäfer, § 831 Rz. 114.

[18] und nicht nur kraft der allgemeinen Treuepflicht des Arbeitnehmers

[19] Soergel/Zeuner, § 831 Rz. 31; Staudinger/Schäfer, § 831 Rz. 128.

[20] oder diese zumindest indiziert

widrigkeit. Immerhin gibt der **BGH**, der die Rechtswidrigkeit an sich schon mit der Erfolgsverursachung gegeben sieht, dem Geschäftsherrn bei Unfällen im Straßen- und Eisenbahnverkehr die Möglichkeit, ein verkehrsrichtiges (ordnungsgemäßes) Verhalten seines Verrichtungsgehilfen zu beweisen;[21] wenn dieser Gegenbeweis gelingt, entfällt schon eine Grundvoraussetzung des § 831 I BGB, so daß es auf die sorgfältige Auswahl und Beaufsichtigung durch den Geschäftsherrn gar nicht mehr ankommt. Hierin liegt eine begrüßenswerte Annäherung an die Lehre zum Verhaltensunrecht; jedoch führt die Verlagerung der Beweislast für ordnungsgemäßes Verhalten auf den Geschäftsherrn zu schwer erträglichen Widersprüchen zu der Wertung in § 823 I BGB: Nach dem BGH haftet ein Geschäftsherr bei Unfällen seines Verrichtungsgehilfen scheinbar schärfer als er bei einem eigenen Unfall haften müßte, da ihm selbst erst eine Pflichtwidrigkeit nachzuweisen wäre.[22]

7 Im Ergebnis ist auch für die Haftung nach § 831 BGB ein **widerrechtliches Verhalten des Verrichtungsgehilfen erforderlich.**[23] Dabei kann es sich handeln um die Verletzung eines Schutzgesetzes (§ 823 II BGB), um eine vorsätzliche sittenwidrige Schädigung (§ 826 BGB)[24] oder um eine Verkehrspflichtverletzung i. S. des § 823 I BGB.[25] Diese liegt nicht schon dann vor, wenn gegen *Hersteller*pflichten verstoßen wurde. Entscheidend ist vielmehr, ob der Verrichtungsgehilfe die für seine Funktion und seinen Aufgabenbereich als Abteilungsleiter, Konstrukteur, Material- oder Qualitätsprüfer usw. bestehenden Pflichten verletzt hat; zu Einzelheiten s. *§ 25 Rz. 204ff.* Wenn feststeht, daß eine solche Pflicht verletzt worden ist, kommt es allerdings nicht darauf an, *welcher* Mitarbeiter ihr zuwiderhandelte; es genügt, daß die Voraussetzungen des § 831 I BGB auf jeden Fall erfüllt sind.[26]

8 Ein **Verschulden** des Verrichtungsgehilfen, d. h. eine Verletzung der inneren Sorgfalt, ist für die Haftung des Herstellers jedoch **nicht vorausgesetzt.** Es ist also unerheblich, ob dem betreffenden Mitarbeiter die fragliche Pflichtwidrigkeit auch persönlich vorgeworfen werden kann, ob z. B. auch eine Eigenhaftung des Mitarbeiters besteht oder ob Schuldausschließungsgründe (etwa nach §§ 827, 828 BGB; streitig!) gegeben waren.

4. Schädigung durch Verrichtungsgehilfen

9 Der Verrichtungsgehilfe muß durch sein Fehlverhalten, das zum Produktfehler führte, den Produktbenutzer oder andere Personen geschädigt haben. Darüber hinaus ist vielfach, nämlich bei Verstößen gegen § 823 I BGB oder § 823 II BGB, erforderlich, daß die Schädigung Folge einer Rechtsgutsverletzung ist. Für Rechtsgutsverletzung, Schaden und die entsprechenden Kausalitäten kann auf die Darstellungen zu § 823 I, II BGB und § 826 BGB verwiesen werden.

III. Beweisfragen

1. Beweis eines Produktmangels

10 Grundsätzlich hat der **Geschädigte** zu beweisen, daß dem Produkt, das den Schaden verursacht haben soll, die zum Schutz des Verbrauchers erforderliche Sicherheit fehlte. Eine Beweislastumkehr kommt hier nur selten in Betracht, wohl aber ein Anscheins- oder ein Indizienbeweis *(§ 30 Rz. 24ff.)*.

---

[21] BGH (Großer Zivilsenat) NJW 1957, 785 = BGHZ 24, 21; s. auch BGH NJW 1971, 31f.; 1981, 570, 571.

[22] Zur Kritik am BGH auch Dunz, VersR 1983 Beil. (= KF) 1, S. 97, 101; Lorenz, Festschrift Nottarp (1961), S. 59, 62f., 65 FN 26; Stoll, JZ 1958, 137ff.

[23] Im Ergebnis ebenso RGZ 135, 149, 155; BGHZ 12, 94, 96; BGH VersR 1957, 247, 248; 1975, 447, 449; ausdrücklich auch NJW 1973, 1602, 1603 – Feuerwerkskörper; Soergel/Zeuner, § 831 Rz. 32, 33; RGRK/Steffen, § 831 Rz. 28, 31.

[24] , wenn sie in Ausführung der Verrichtung erfolgte,

[25] BGH NJW 1978, 584, 585; OLG Hamm BB 1971, 845f. – Kappsäge.

[26] BGH NJW 1968, 247, 248 – Schubstrebe; NJW 1973, 1602, 1603 – Feuerwerkskörper.

2. Zuordnung des Produktmangels zum Verantwortungsbereich des verklagten Herstellers/Händlers

Der **Geschädigte** muß ferner beweisen, daß der Sicherheitsmangel im Organisations- und Verantwortungsbereich des Herstellers entstand, den er gerichtlich in Anspruch nimmt.[27] Er muß also einerseits ausschließen, daß der Produktmangel erst nach der Inverkehrgabe entstand, und andererseits beweisen, daß das mangelhafte Produkt gerade von dem beklagten Hersteller stammt. Zu Einzelheiten s. *§ 30 Rz. 30ff.* 11

3. Verkehrspflichtverletzung des Verrichtungsgehilfen: Beweislastumkehr

Nach allgemeinen Grundsätzen hätte der Produktgeschädigte als Haftungsvoraussetzung nachzuweisen, daß ein bestimmter Mitarbeiter des Herstellers sich widerrechtlich verhielt, indem er z. B. eine Verkehrspflicht verletzte. Hierbei handelt es sich jedoch um einen betriebsinternen Umstand, über den sich der Geschädigte aus praktischen Gründen kaum einmal Information beschaffen kann. Daher unterfallen auch Pflichtverletzungen von Mitarbeitern des Herstellers der BGH-Rechtsprechung zur Beweislastumkehr im Produkthaftprozeß: Der verklagte **Hersteller** hat darzulegen und ggf. zu beweisen, daß (außer ihm auch) kein Mitarbeiter in sicherheitsgefährdender Weise auf das Produkt eingewirkt haben kann[28] *(§ 30 Rz. 45ff.)*; entsprechendes gilt u. U. auch in Produkthaftprozessen gegen **Händler** *(§ 30 Rz. 113ff.)* und **Benutzer** *(§ 30 Rz. 117ff.)*. 12

Um eine unmittelbare Einwirkung auf das Produkt geht es in erster Linie bei Konstruktions- und Fabrikationsfehlern. Die Produktsicherheit wird aber nicht minder gefährdet, wenn im Vorfeld von Instruktions- oder Beobachtungspflichten Nachlässigkeiten geschehen, indem z. B. Hinweisblätter nicht jeder Produktpackung beigefügt werden, Mitteilungen über Auffälligkeiten des Produkts „stekkenbleiben“ oder die Beschaffung neuer Fachliteratur verzögert wird. Jede Erfüllung dieser kleinen oder großen Pflichten durch einzelne Mitarbeiter kann Gegenstand des **Entlastungsbeweises** werden. Dieser gilt (hier) aber erst der richterrechtlichen Beweislastumkehr und noch nicht der Verschuldensvermutung i. S. des § 831 I 1 BGB (dazu *§ 38 Rz. 1ff.*).

Zur Beweislastumkehr kommt es allerdings erst, **wenn der Geschädigte seine Verletzung durch das mangelhafte Produkt bewiesen hat** *(§ 30 Rz. 42)*.

Schon der Umfang der damit eröffneten Beweisthemen kann erdrückend sein. Die Beweisführung wird allerdings wesentlich erleichtert, wenn der Hersteller diejenigen **Verrichtungsgehilfen,** die mit dem schädlichen Produkt befaßt waren, **namhaft machen,** alle übrigen Betriebsangehörigen also ausschließen kann. Dies wiederum setzt voraus, daß das schädliche Produkt – u. U. noch nach Jahren – durch Numerierung, Chiffrierung o. ä. einer bestimmten Produktionsperiode zugeordnet werden kann und daß andererseits beweisbar ist, welche Arbeiter, Qualitätsprüfer usw. an den betreffenden Arbeitsschritten beteiligt waren. Letztlich muß also in betrieblicher Dokumentation festgehalten werden, daß in einer bestimmten Arbeitsschicht, an der die einzeln benannten Mitarbeiter mitwirkten, die näher bezeichneten Stoffe, Zwischen- bzw. Endprodukte „durchliefen“. Unter diesen Voraussetzungen läßt sich der **Beweis,** keiner der Mitarbeiter habe pflichtwidrig gehandelt, **auf die nachweislich allein Beteiligten beschränken.** 13

Ist eine zuverlässige Zuordnung des Produkts dagegen nicht mehr möglich, so muß eine **Pflichtverletzung für sämtliche Mitarbeiter ausgeschlossen** werden, die auf das Produkt oder die seine Entwicklung usw. betreffenden Arbeiten irgendeinen Einfluß genommen haben können. Dieser Beweis wird praktisch kaum zu führen sein. Schon die Ausgrenzung der Mitarbeiter, die nicht – einmal zufällig – mit dem Produkt in Berührung gekom- 14

---

[27] BGH NJW 1969, 269, 274 – Hühnerpest; NJW 1973, 1602, 1603 – Feuerwerkskörper.

[28] BGH NJW 1969, 269, 275 – Hühnerpest; NJW 1972, 2300, 2302 – Wasserversorgung I; NJW 1973, 1602, 1063 – Feuerwerkskörper; NJW 1981, 1603, 1605 – Derosal I; unscharf OLG Düsseldorf NJW 1978, 1693 – Septummeißel; s. auch Baumgärtel, JA 1984, 660, 666ff.

men sein können, wird oft große Schwierigkeiten machen, zumal auch Zeugenaussagen dieser Mitarbeiter nach Ablauf mehrerer Jahre u. U. nur noch beschränkten Beweiswert haben.

4. Rechtsgutsverletzung und Schädigung durch Produktmangel

15 Der **Geschädigte** muß wiederum beweisen, daß der Sicherheitsmangel des betreffenden Produkts eines seiner Rechtsgüter verletzt bzw. einen Schaden verursacht hat. Die jeweilige Beweisführung und die Möglichkeit einer Beweislastumkehr richten sich nach der Haftungsnorm, gegen die der Verrichtungsgehilfe verstoßen hat.

IV. Eigenhaftung Leitender Angestellter (§ 831 Abs. 2 BGB)

16 Wie ein Geschäftsherr (Hersteller, Händler) haften die Personen, welche für den Geschäftsherrn eine der Schutzpflichten i. S. des § 831 I 2 BGB durch Vertrag übernehmen. Wer sich also vertraglich verpflichtet, die Auswahl oder Beaufsichtigung aller oder bestimmter Mitarbeiter für den Hersteller zu besorgen, haftet für rechtswidrige Schädigungen durch diese Mitarbeiter, wenn er nicht seinerseits den Entlastungsbeweis *(§ 38)* führen kann. Nach der Rechtsprechung[29] und herrschender Lehre[30] kann eine solche **Übernahme von Schutzpflichten** auch innerhalb ein und desselben Unternehmens stattfinden.

17 Der Haftung nach § 831 II BGB unterliegen danach Zwischenpersonen, zu deren Aufgaben die Auswahl bzw. Überwachung der Beschäftigten gehört, sofern diese Tätigkeiten nach Entscheidungsspielraum, Benennung und Vergütung leitenden Charakter haben. Hierbei wird es sich meist um **Betriebsleiter, Geschäftsführer, Werkführer** oder um sonstige **Leitende Angestellte** handeln, die für einen größeren Betriebsbereich zuständig sind. Inwieweit deren Tätigkeit das Unternehmen auch nach außen „repräsentiert", dürfte – wie bei der Haftung des Geschäftsherrn selbst – nicht entscheidend sein.[31] Ohne Bedeutung ist auch, ob der Übernehmende ebenfalls Verrichtungsgehilfe ist oder als satzungsmäßiger Vertreter seines Unternehmens sogar dessen unbedingte Haftung nach § 31 BGB auslösen kann; ggf. haftet das Herstellerunternehmen (z. B. als Geschäftsherr) neben der Zwischenperson, soweit der jeweilige Entlastungsbeweis mißlingt. Von der Haftung nach § 831 II BGB **ausgenommen** hat der BGH den **Geschäftsführer einer GmbH.**[32]

§ 38. Entlastungsbeweis des Unternehmers

1 Sind die Haftungsvoraussetzungen des § 831 I 1 BGB erfüllt, weil das pflichtwidrige Verhalten eines Mitarbeiters festgestellt wurde oder von dem Geschäftsherrn jedenfalls nicht widerlegt werden konnte, so wird ein Verschulden des Geschäftsherrn bei der Auswahl bzw. Beaufsichtigung dieses Mitarbeiters vermutet. Der **Geschäftsherr** kann sich jedoch entlasten, indem er diese Vermutung widerlegt. Er muß dafür darlegen und beweisen, daß der betreffende Mitarbeiter sorgfältig ausgewählt und überwacht wurde, daß dessen Verfehlung für den Geschäftsherrn also unvermeidbar war (§ 831 I 2 BGB).

2 Entsprechendes gilt für **Leitende Angestellte,** die sich zur Auswahl bzw. Überwachung untergeordneter Verrichtungsgehilfen für den Geschäftsherrn vertraglich verpflichtet haben und deshalb für Pflichtwidrigkeiten dieser Gehilfen einstehen müssen *(§ 37 Rz. 16f.)*.

---

[29] RG Gruchot 51, 997, 1000; BGH VersR 1960, 371, 372 a. E.

[30] Staudinger/Schäfer, § 831 Rz. 246; RGRK/Steffen, § 831 Rz. 65; Soergel/Zeuner, § 831 Rz. 55; a. A. MünchKomm/Mertens, § 831 Rz. 64.

[31] Anders RGRK/Steffen, § 831 Rz. 65.

[32] BGH NJW 1974, 1371, 1372; kritisch Frank, BB 1975, 588f.

I. Ausschluß des Entlastungsbeweises bei Produkthaftung?

Gelingt dem Hersteller eines fehlerhaften Produkts der **Entlastungsbeweis,** so erweist sich § 831 I 2 BGB als schwächstes Glied und als Einbruchstelle der Produzentenhaftung. Entsprechend zahlreich sind die Bestrebungen, den Anwendungsbereich dieser Vorschrift einzuengen. Daß sie es dem Geschäftsherrn überhaupt ermöglicht, sich der Haftung für Fehler seiner Gehilfen zu entziehen, wird weitgehend als verfehlt angesehen[1] und soll der Gerichtspraxis sogar „zum ständigen Ärgernis" geworden sein.[2] Ein Referentenentwurf des Justizministers aus dem Jahre 1967 sah denn auch eine unbedingte Einstandspflicht für Verrichtungsgehilfen vor, die einen Dritten rechtswidrig und[3] schuldhaft schädigen; dieser Entwurf wurde jedoch nicht Gesetz. Daher wurde zumindest für den Bereich der Produzentenhaftung eine „stillschweigende Ausschaltung" des Entlastungsbeweises[4] durch eine erhebliche Verschärfung der Anforderungen an den Geschäftsherrn[5] empfohlen. 3

Teilweise hält man § 831 BGB hier auch für insgesamt unanwendbar, da Produktfehler ökonomisch bzw. betriebssoziologisch nicht auf individualisierbarem Fehlverhalten (der Arbeitnehmer), sondern auf mangelhafter Organisation des Herstellers beruhten.[6] Nach dieser Auffassung enthält § 823 BGB einen hinreichenden und vielleicht sogar speziellen Haftungstatbestand.

Nach wie vor ist die **Entlastungsmöglichkeit des Geschäftsherrn** jedoch **geltendes Recht.** Sie kann daher weder übergangen noch durch Umgehung,[7] z. B. durch überzogene Anforderungen an den Entlastungsbeweis, ausgeschaltet werden,[8] zumal die Begünstigung großer gegenüber kleinen Unternehmen bei Beratung der Regelung nicht verkannt wurde.[9] Der **BGH** hat in seiner Hühnerpest-Entscheidung (1968) zwar für Fabrikationsfehler in Frage gestellt und offen gelassen, ob der Entlastungsbeweis angetreten werden könne;[10] in seinem Feuerwerkskörper-Urteil (1973) ging er aber ausdrücklich von der Möglichkeit dieser Entlastung aus.[11] 4

Nach der Rechtsprechung ist der Entlastungsbeweis allerdings **ausnahmsweise ausgeschlossen:** Der Geschäftsherr kann sich nicht entlasten, **wenn** er die **gesamte Betriebsführung** auf einen (zuverlässigen) Geschäftsführer **übertragen** hat.[12] Insbesondere soll der Geschäftsherr verpflichtet bleiben, selber für die **allgemeinen Aufsichts- und Sicherheitsanordnungen** zu sorgen. In diesem Umfang ist also die Organisationspflicht des Herstellers unübertragbar (zu Einzelheiten und Kritik s. *§ 24 Rz. 285f.*). 5

---

[1] Vgl. Diederichsen, ZRP 1968, 60; MünchKomm/Mertens, § 831 Rz. 6; Weitnauer, VersR 1970, 585, 593ff.

[2] Hauß, Verhandlungen des 43. DJT, C 43.

[3] – auch insoweit abweichend vom geltenden Recht –

[4] Lorenz, RabelsZ 34 (1970), 14, 29; s. auch Deutsch, VersR 1988, 1197, 1201.

[5] Vgl. Simitis, Grundfragen, S. 71ff.; dagegen Rehbinder, ZHR 129 (1967), 171, 179.

[6] Simitis, Verhandlungen des 47. DJT, C 49ff.; Giesen, NJW 1969, 582, 586; Steindorff, AcP 170 (1970), 93, 122f.; Rebe, JuS 1974, 429, 430f. (für Großbetriebe); s. auch Brüggemeier, WM 1982, 1294, 1298.

[7] Vgl. Kullmann/Pfister, Kza. 3210 S. 7: „Der an das Gesetz gebundene Richter ist ... zu einer Korrektur der gesetzlich angeordneten Rechtsfolge nicht befugt."

[8] Kullmann/Pfister, Kza. 3210 S. 7; Canaris, JZ 1968, 494, 497f.; Soergel/Zeuner, § 831 Rz. 7f.; differenzierend Fikentscher, Schuldrecht, 7. Aufl., § 107 I 2c.

[9] Vgl. Protokolle zum BGB, Bd. II, S. 602f.

[10] BGH NJW 1969, 269, 272 – Hühnerpest.

[11] BGH NJW 1973, 1602, 1603f. – Feuerwerkskörper.

[12] BGH VersR 1964, 297.

II. Grundsatz: Entlastung bezüglich des Verrichtungsgehilfen

6 Dem Gesetz nach setzt die Entlastung den Beweis voraus, daß der Gehilfe, der sich – auch nur möglicherweise[13] – pflichtwidrig verhalten und dadurch den Produktfehler herbeigeführt hat, mit der verkehrserforderlichen Sorgfalt ausgewählt und beaufsichtigt worden ist. Dieser Beweis muß also prinzipiell für alle Mitarbeiter geführt werden, die zumindest als **mögliche Schädiger** in Betracht kommen, da sie u. U. durch pflichtwidriges Verhalten den Produktfehler (mit)verursacht haben. Kann der Hersteller einen oder mehrere Mitarbeiter als allein Verantwortliche(n) ermitteln und ein Fehlverhalten der übrigen Verrichtungsgehilfen ausschließen, so ist natürlich auch der Entlastungsbeweis beschränkbar. Dieser muß aber für jeden Mitarbeiter angetreten werden, dessen ordnungsgemäßes Verhalten bei der Produktion offen bleibt.[14]

1. Ordnungsgemäße Auswahl

7 Schon durch die Auswahl des Verrichtungsgehilfen muß der Hersteller dafür sorgen, daß in seinem Betrieb qualifiziert und **zuverlässig** gearbeitet wird. Bei der Einstellung des Personals ist daher in dem Maße, das den Erfordernissen und Risiken des Arbeitsplatzes entspricht, auch auf charakterliche Eigenschaften (Gewissenhaftigkeit, Verantwortungsbewußtsein) zu achten; dafür werden der berufliche Werdegang (Zeugnisse, Arbeitspapiere, Erkundungen) und etwaige Vorstrafen des Bewerbers (Führungszeugnis) von großer Bedeutung sein. Je verantwortungsvoller die vorgesehene Tätigkeit ist, um so höhere Anforderungen sind auch an die **fachlichen Fähigkeiten** des Bewerbers zu stellen. Dazu gehört außer Sachkunde, technischer Fertigkeit und Geschicklichkeit u. U. auch die Kenntnis der die Produktsicherheit mitbestimmenden einschlägigen Vorschriften. Es hängt vom Einzelfall ab, ob entsprechende Nachweise schon durch Abschluß- und Arbeitszeugnisse zu erbringen sind; oft können unmittelbare Erkundungen bei früheren Arbeitsstellen oder anderweitige Nachweise erfolgreicher Tätigkeit angezeigt sein.

2. Ordnungsgemäße Beaufsichtigung

8 Die der Einstellung eines Mitarbeiters zugrundeliegende Prognose über seine Eignung muß allerdings – auch nach Ablauf einer Probezeit – zwangsläufig unsicher bleiben. Deshalb ist die fortlaufende Beaufsichtigung aller Mitarbeiter von größter Bedeutung. Gewohnheitsrechtlich gilt denn auch, daß der Geschäftsherr (Hersteller, Händler usw.) verpflichtet ist, sich durch geeignete Kontrollmaßnahmen regelmäßig davon zu überzeugen, daß Eignung und Zuverlässigkeit des Mitarbeiters wirklich gegeben sind und auch andauern.[15] Wird dies zweifelhaft, so ist durch Hinweise, Ermahnungen, aber auch durch intensivere Kontrollen sicherzustellen, daß Arbeitsfehler in Zukunft unterbleiben; mangels anderer Abhilfe kann schließlich die Entziehung der bisherigen Aufgaben oder gar eine Kündigung geboten sein.

3. Ordnungsgemäße Sonderaufsicht

9 Von der Beaufsichtigung, die der allgemeinen Zuverlässigkeit und Eignung des Mitarbeiters gilt *(Rz. 8),* ist die Sonderaufsicht nach § 831 I 2 Fall 3 BGB zu unterscheiden. Einer Sonderaufsicht bedarf der Verrichtungsgehilfe nur bei besonders gefährlichen Tätigkeiten oder anderen Umständen, die eine gezielte Leitung der Verrichtung durch den

---

[13] Vgl. § 37 Rz. 12ff. (Beweislastumkehr).

[14] RGZ 159, 283, 291; BGH VersR 1953, 242; 1958, 107, 108; 1959, 104, 105 – Seilschloß; NJW 1968, 247, 248 – Schubstrebe; NJW 1973, 1602, 1603 III a. E. – Feuerwerkskörper.

[15] RGZ 79, 101, 105; 87, 1, 4 – Brunnensalz; BGH VersR 1966, 1074, 1075; KG VersR 1966, 1036f.

Geschäftsherrn erforderlich machen; dies wird auch im Produktionsbereich nur selten der Fall sein, ggf. aber bei der Durchführung wichtiger Tests, von deren Ergebnis die Sicherheit bestimmter Konstruktionen oder Materialien abhängt. Soweit allerdings eine Sonderaufsicht erforderlich war, wird – gem. § 831 I 1 BGB – vermutet, daß auch sie entweder gar nicht oder mangelhaft erfolgte. Aber auch von diesem Vorwurf kann der Hersteller sich nach § 831 I 2 BGB entlasten.

Die Sonderaufsicht und die allgemeine Beaufsichtigung des Verrichtungsgehilfen **sollten nicht mit der Organisationspflicht des Herstellers verwechselt werden.** Diese gilt weniger bestimmten Mitarbeitern und deren ordnungsgemäßer Arbeit, sondern der Meidung von Gefahren, die durch menschliche oder technische Unzulänglichkeiten immer wieder einmal entstehen und nur durch ein allgemein vorsorgendes Kontrollsystem vermieden werden können (vgl. *§ 24 Rz. 265*);[16] für die Verletzung der Organisationspflicht wird auch nur nach § 823 I BGB gehaftet. Für die Produkthaftung ist dieser Unterschied aber ohne praktische Bedeutung, da der Hersteller den Vorwurf einer Verletzung seiner Organisationspflicht ebenfalls zu *widerlegen* hat. 10

Aus dem gleichen Grunde führt auch die Vermutung, bei der **Beschaffung von Vorrichtungen und Gerätschaften** habe der Geschäftsherr pflichtwidrig gehandelt (vgl. § 831 I 2 Fall 2 BGB), zu keiner nennenswerten Haftungsverschärfung gegenüber § 823 I BGB.

4. Irrelevanz des vermuteten Verschuldens

Eine Entlastung ist schließlich durch den Beweis möglich, daß der von dem Verrichtungsgehilfen verursachte Schaden selbst dann eingetreten wäre, wenn der Geschäftsherr den Gehilfen sorgfältig ausgewählt und überwacht hätte (§ 831 I 2 Fall 4 BGB). Diese Regelung entspricht gedanklich dem Haftungsausschluß bei **rechtmäßigem Alternativverhalten** *(§ 22 Rz. 27)*. Der Geschäftsherr kann beispielsweise einwenden, daß ihm der Alkoholismus und die damit verbundene Unzuverlässigkeit eines Qualitätsprüfers auch dann nicht bekannt geworden wäre, wenn er – wie erforderlich – entsprechenden Gerüchten aus dem Betrieb des früheren Arbeitgebers nachgegangen wäre.[17] Praktisch werden derartige Beweise aber nur selten gelingen. 11

Ein Zurechnungshindernis nach § 831 I 2 Fall 4 BGB ist **nicht gegeben,** wenn der Verrichtungsgehilfe aus den Gründen a) und b) ungeeignet war, bei sorgfältiger Auswahl aber allenfalls das Einstellungshindernis a) entdeckt worden wäre, während der Produktfehler zweifelsfrei nur die Ursache b) hat. Denn hier wäre bei korrekter Prüfung des Bewerbers – immerhin möglicherweise – a) festgestellt und deshalb die Einstellung abgelehnt worden, so daß auch Eignungsmangel b) keinen Schaden angerichtet hätte.[18] Eine andere[19] Frage ist es, ob ein Ersatzanspruch des Geschädigten hier noch vom *Schutzzweck* des § 831 I 1 BGB gedeckt wäre; das ist wohl nicht der Fall. 12

III. Erleichterte Entlastung bei Einschaltung von Überwachungspersonal

In größeren Unternehmen ist es dem Inhaber bzw. dem Geschäftsführer oft unmöglich, sich persönlich mit jedem Arbeitnehmer zu befassen, der eingestellt werden soll oder – mehr oder weniger intensiv – überwacht werden muß. Schon für viele mittelständische Unternehmen stellt sich daher die Frage, ob die Unternehmensleitung sich entlasten kann, wenn die Auswahl und Überwachung der Mitarbeiter **der Personalabteilung und den jeweiligen Vorgesetzten überlassen** wird. In diesem Fall müßte die Unternehmensleitung sich zumindest bezüglich dieses Überwachungspersonals entlasten. Ob die Haftung für den Schädiger durch einen solchen **dezentralisierten Entlastungsbeweis** überhaupt ausgeschlossen werden kann, ist aber umstritten. 13

---

[16] Zur Abgrenzung auch RGZ 53, 53, 56f.; 82, 206, 218f.; Staudinger/Schäfer, § 831 Rz. 211. Überschneidungen sind aber denkbar.

[17] Vgl. BGHZ 4, 1, 4.

[18] Vgl. BGH NJW 1978, 1681f.; RGRK/Steffen, § 831 Rz. 62.

[19] von der Rechtsprechung, soweit ersichtlich, stets übergangene

1. Zulässigkeit des dezentralisierten Entlastungsbeweises?

14 **Gegen** den dezentralisierten Entlastungsbeweis ist immer wieder eingewandt worden, daß er Großunternehmen haftungsrechtlich privilegiere und daß eine Übertragung der Pflichten des Geschäftsherrn mit befreiender Wirkung in § 831 I 2 BGB nicht vorgesehen sei. Ein Ausgleich für den Geschädigten liege insbesondere nicht darin, daß ihm der Schädiger und ggf. auch der Zwischengehilfe (bei Verletzung von dessen Personalüberwachungspflicht) persönlich hafte; denn die Liquidität dieser Personen sei unsicher.[20] **Für** die dezentralisierte Entlastung ist geltend gemacht worden, nach § 831 BGB solle der Geschäftsherr nur für *Eigen*verschulden haften. Das setze voraus, daß dem Geschäftsherrn eine sorgfältige Auswahl und Beaufsichtigung seines Personals mit zumutbaren Mitteln wenigstens möglich sei; in Großbetrieben, die ohne Dezentralisierung auch nicht funktionsfähig seien, müsse eine Entlastung hinsichtlich der Zwischengehilfen daher ausreichen.[21] Als **Kompromiß** ist die dezentralisierte Entlastung von der zusätzlichen Voraussetzung abhängig gemacht worden, daß der Hersteller nicht nur sich, sondern auch den Zwischengehilfen, z. B. den Personalsachbearbeiter, entlasten kann (Doppel-Entlastung).[22]

15 Die **Rechtsprechung** hatte die dezentralisierte Entlastung schon früh **zugelassen.**[23] Allerdings ließ der BGH in seiner Schubstreben-Entscheidung (1967) ausdrücklich offen, ob an der „den Großbetrieb begünstigenden Rechtsprechung zum dezentralisierten Entlastungsbeweis festgehalten werden kann".[24] In einer späteren Entscheidung (1979) ging er jedoch von der Möglichkeit dieses erleichterten Beweises aus.[25]

16 **U.E.** ist der dezentralisierte Entlastungsbeweis zwar prinzipiell, aber **nur beschränkt zulässig,** nämlich in der Form, daß eine **Entlastung sowohl für den Hersteller (Geschäftsführer) als auch für das Überwachungspersonal** zu erfolgen hat. Hierin liegt zwar ein Bruch mit dem Grundsatz, daß der Geschäftsherr allein für eigenes[26] Verschulden einzustehen hat. Andererseits ist dem § 831 I 2 BGB nicht zu entnehmen, daß der Geschäftsherr sich der Pflicht zu sorgfältiger Auswahl usw. durch ihre Übertragung auf Zwischengehilfen *ohne weiteres* entziehen kann.[27] Immerhin muß die Möglichkeit zur Entlastung aber auch für Großunternehmen bestehen; denn von der Beschränkung dieser Haftungserleichterung auf Kleinunternehmen hat der Gesetzgeber bewußt[28] Abstand genommen, was der Rechtsanwender nicht übergehen sollte. Die Erweiterung der Entlastung auf die Person(en), welcher sich der Geschäftsherr seinerseits bedient, wird der Regelungslücke, die § 831 I 2 BGB gelassen hat, am ehesten gerecht.

2. Gegenstand des erleichterten Entlastungsbeweises

17 Der verklagte Hersteller, Händler usw. hat demnach einen **Doppelbeweis** zu führen.

Er muß **einerseits** beweisen, daß die Zwischenpersonen, denen die Auswahl des Verrichtungsgehilfen (Schädigers) wegen der Größe bzw. Struktur seines Unternehmens übertragen werden mußte, von ihm bzw. seinem Geschäftsführer sorgfältig ausgewählt

---

[20] Jakobs, VersR 1969, 1061, 1066f.; Leßmann, JuS 1979, 853, 855f.; offenbar auch Kupisch, JuS 1984, 250, 256; MünchKomm/Mertens, § 831 Rz. 63 a. E.; s. auch BGH NJW 1968, 247, 248f. – Schubstrebe.

[21] Vgl. v. Caemmerer, ZfRV 1973, 241, 249f.; Canaris, JZ 1968, 494, 497f.; Hassold, JuS 1982, 583, 584; Kullmann/Pfister, Kza. 3210 S. 10f.; Schmidt-Salzer, Produkthaftung, Rz. 197f.; RGRK/Steffen, § 831 Rz. 52.

[22] v. Caemmerer, Festschrift zum hundertjährigen Bestehen des DJT, Bd. 2 (1960), S. 49ff., 115ff.

[23] RGZ 78, 107, 109; BGHZ 4, 1, 2ff.; BGH VersR 1959, 104, 105 – Seilschloß; s. auch OLG München VersR 1963, 686.

[24] BGH NJW 1968, 247, 248 – Schubstrebe.

[25] BGH VersR 1979, 844, 845c (Städtisches Krankenhaus); s. auch BGH VersR 1978, 722, 723 (vgl. Hinweis auf Bestellung als satzungsmäßiger Vertreter!).

[26] – wenn auch nur vermutetes –

[27] , obwohl zu bedenken ist, daß er *mittelbar* oft – aber nicht immer – ohnehin für Fehler des Zwischengehilfen aufzukommen hat (vgl. Kullmann/Pfister, Kza. 3210 S. 10f.).

[28] Vgl. Protokolle zum BGB, Bd. II, S. 602f.

(Rz. 7) und überwacht *(Rz. 8)* wurden. Dieser Beweis wird in größeren Betrieben in der Regel gelingen, muß aber z. B. dann scheitern, wenn feststeht, daß die Unternehmensleitung von Schwierigkeiten mit dem Überwachungspersonal wußte, jedoch in vorwerfbarer Weise untätig blieb. **Andererseits** ist zu beweisen, daß die mit der Einstellung des Mitarbeiters betrauten Personen ihrerseits für eine sorgfältige Auswahl *(Rz. 7)* sorgten und daß sodann (auch) die Vorgesetzten des Mitarbeiters diesen hinreichend beaufsichtigten *(Rz. 8)*.

F. Rückrufanspruch

§ 39. Anspruchsgrundlagen für einen Rückruf

1 Unter bestimmten, engen Voraussetzungen trifft den Hersteller die *Verkehrspflicht* zum Rückruf schädlicher Waren; unterbleibt hier ein Rückruf, so wird für daraus entstehende Schäden nach § 823 I BGB gehaftet *(§ 24 Rz. 233ff.)*. Eine ganz andere Frage ist es, ob der Eigentümer, die Benutzer des Produkts oder Dritte einen *Anspruch* darauf haben, daß der Hersteller die Ware zurücknimmt zu dem Zweck ihrer Überprüfung auf Produktfehler, deren (kostenloser) Beseitigung oder gar eines Austausches gegen fehlerfreie Waren bis hin zur Rückzahlung des Kaufpreises (vgl. schon *§ 24 Rz. 247ff.*). Die **Rechtsprechung** stand einem solchen Rückrufanspruch **bisher zurückhaltend** gegenüber.[1] Nach **heute h. M.** ist er auch außerhalb vertraglicher Beziehungen zumindest **für bestimmte Fallgruppen anzuerkennen.**[2] **Mir** erscheint es sehr **zweifelhaft,** ob Individualansprüche auf Rückruf nach geltendem Recht zu begründen sind; sie sind von vornherein abzulehnen, falls der Produktfehler nur das Produkt selbst gefährdet *(§ 24 Rz. 246)*.

I. Rückrufanspruch aus §§ 823 Abs. 1, 249 S. 1 BGB

2 Aus §§ 823 I, 249 S. 1 BGB läßt sich ein Individualanspruch auf Rückruf fehlerverdächtiger Produkte **in den praktisch wichtigsten Fällen nicht** herleiten.[3] Namentlich der oft betonte Grundsatz, die Schadensverhütung gehe der Schadensregulierung vor, hilft nicht darüber hinweg, daß das geltende Recht in § 823 I BGB eine Rechtsguts*verletzung* verlangt; es genügt demnach nicht, daß durch die Existenz oder bei der Nutzung des fehlerverdächtigen Produkts Rechtsgüter *gefährdet* werden können. Daher findet auch der Satz, wer unter Verletzung einer Verkehrspflicht eine Gefahr geschaffen habe, müsse diese

---

[1] BGH NJW 1963, 1827 – Ortbeton; OLG Celle, Urt. v. 24. 1. 1979, Schmidt-Salzer, Entscheidungssammlung III, II 79, S. 456 – Dampfkessel; **grundsätzlich bejahend** jetzt aber OLG Karlsruhe VersR 1986, 1125, 1126f. – Milchkühlanlage; s. auch OLG Stuttgart NJW 1967, 572f.; **offen gelassen** von BGH VersR 1986, 1125, 1127f. – Milchkühlanlage; **ablehnend** Hollmann, PHI 1986, 37; Pauli, 1985, 134, 142ff.; Ulmer, ZHR 152 (1988), 564, 572 und FN 28. Zur **rechtspolitischen** Diskussion Hollmann, a. a. O.; Mehnle, PHI 1986, 63ff.; Pauli, PHI 1985, 180ff.; zur Rechtslage in den USA (außerhalb der umfassenden gesetzlichen Rückrufpflichten) s. Roddy, PHI 1988, 42, 45.

[2] Brüggemeier, VersR 1983, 501, 510f.; J. Hager, VersR 1984, 799, 806f.; Harrer, Jura 1984, 80, 86f.; Herrmann, BB 1985, 1801, 1805ff.; Mayer, DB 1985, 319, 321ff.; Merkel, NJW 1987, 358, 361; MünchKomm/Mertens, § 823 Rz. 88, 299; Schwenzer, JZ 1987, 1059ff.; Sack, DAR 1983, 1, 3ff.; v. Westphalen, NJW 1979, 838, 845. **Anders** v. Bar, VersR 1983 Beil. (= KF) 1, S. 80, 85; Diederichsen, NJW 1978, 1281, 1286 FN 89; Löwe, DAR 1978, 288, 292ff.; Stoll, JZ 1983, 501, 503f.

[3] **Anders** J. Hager, VersR 1984, 799, 802; MünchKomm/Mertens, § 823 Rz. 88; Sack, DAR 1983, 1, 2f.; Schwenzer, JZ 1987, 1059, 1061ff.; wie hier auch Krutein, DAR 1985, 33, 34; Link, BB 1985, 1424, 1426.

beseitigen,[4] in dieser Allgemeinheit keine Grundlage im Deliktsrecht. Von dem Prinzip, daß jeder Schadensersatzanspruch eine Rechtsgutsverletzung voraussetzt, ist denn auf breiterer Basis auch nur in zweifacher Hinsicht abgewichen worden: bezüglich der – hier nicht interessierenden – sog. Vorhaltekosten und bei der Notwendigkeit, nahe bevorstehende bzw. typischerweise zu erwartende Schäden abzuwenden.

Wird der Gefährdete zu diesem Zweck selber tätig, so sind ihm die sog. **Schadensabwehrkosten** zu ersetzen.[5]

3 Dementsprechend entsteht auch für den Produktbenutzer ein **Gefahrbeseitigungsanspruch** nur dann, **wenn die** aus einem vorwerfbaren Produktmangel resultierende **Gefahr andere** ihm gehörende **Rechtsgüter unmittelbar bedroht.**[6] Dabei ist zweierlei zu beachten:

4 (a) Eine Schadensgefahr steht einer Rechtsgutsverletzung nur dann gleich, wenn sie hinreichend konkret ist. Die bloß **abstrakte Gefahr irgendwelcher Schäden** an Rechtsgütern des Produktbenutzers **genügt nicht,** um einen Fehlerbeseitigungsanspruch zu begründen.[7] Vor allem muß eine hinreichende Wahrscheinlichkeit dafür sprechen, daß gerade das Produkt des Rückrufinteressenten fehlerhaft ist.[8] Hiervon kann **nur bei Konstruktionsfehlern oder anderen Serienfehlern** ausgegangen werden, nicht aber bei punktuellen Fabrikationsfehlern. Zu Recht hat das OLG Karlsruhe daher einen Rückrufanspruch bei einer bekannt gewordenen Fehlerquote von nur 310:40000 (0,77%) verneint.[9] Nach den Grundsätzen des allgemeinen Schadensrechts, die auch hier allein in Rede stehen, dürfte eine Gleichbehandlung von Risiko und Schaden erst dann zulässig sein, wenn der Schadenseintritt – und damit wenigstens ein Produktfehler – mit erheblicher Wahrscheinlichkeit zu erwarten ist. Andernfalls würde die Haftung für Schäden auf den – auch ungleich kostspieligeren – Schutz vor pflichtwidrig[10] gesetzten Risiken ausgedehnt.

5 (b) Gegenstand des Anspruchs ist nur die Gefahrenabwehr. Der Hersteller muß also entweder die *gefährdeten Rechtsgüter* abschirmen oder – jedenfalls dann, wenn dies nicht in Betracht kommt – die *Gefahrenquelle* eindämmen. Letzteres ist u. U. nur dadurch möglich, daß der **Produktfehler beseitigt** wird; dafür spielt dann keine Rolle, daß mit der Fehlerbeseitigung zwangsläufig auch dem Interesse des Produktbenutzers an der Verfügbarkeit eines ordnungsgemäßen Produkts (Äquivalenzinteresse) entsprochen wird. **Oft werden** aber auch **vorläufige oder sonstige Maßnahmen ausreichend sein,** welche die Gefahr beseitigen, ohne die Funktionsfähigkeit des Produkts wiederherzustellen. Hiermit muß sich der Eigentümer bzw. Benutzer des Produkts im allgemeinen abfinden; denn er kann keine bestimmte Form der Gefahrbeseitigung fordern, sondern der Hersteller kann zwischen solchen Maßnahmen, die weder das fehlerhafte Produkt noch andere Rechtsgüter des Benutzers *zusätzlich* schädigen oder gefährden, frei wählen.[11]

6 Dieser Gesichtspunkt wurde in der Entscheidung des OLG Karlsruhe über den **Milchkühlanlagen-Fall**[12] allerdings nicht berücksichtigt. Dort hatte der Hersteller Milchkühlanlagen nebst der dazu gehörenden Rührmechanik geliefert. Deren Funktionssicherheit war insofern zweifelhaft geworden, als bei ca. 310 von insgesamt 40000 ausgelieferten Anlagen infolge fehlerhafter Zuliefer-Teile der

---

[4] OLG Stuttgart NJW 1967, 572, 573; J. Hager, VersR 1984, 799, 802; vgl. auch Pauli, PHI 1985, 134, 135f.

[5] v. Caemmerer, Festschrift Hakulinen (1972), S. 75, 83; Stoll, JZ 1983, 501, 503.

[6] Vgl. OLG Karlsruhe VersR 1986, 1125, 1126f. – Milchkühlanlage; RGRK/Steffen, § 823 Rz. 453f.

[7] S. auch v. Bar, VersR 1983 Beil. (= KF) 1, S. 80, 85 (zu § 1004 BGB).

[8] OLG Karlsruhe VersR 1986, 1125, 1126f. – Milchkühlanlage; RGRK/Steffen, § 823 Rz. 453f.

[9] OLG Karlsruhe VersR 1986, 1125, 1126f. – Milchkühlanlage.

[10] Dies wird zu Lasten des Herstellers auch noch vermutet, wenn man die Beweisgrundsätze des Schadensersatzprozesses anwendet.

[11] Vgl. MünchKomm/Mertens, § 823 Rz. 82, 88.

[12] OLG Karlsruhe VersR 1986, 1125ff. – Milchkühlanlage.

Thermostat versagt hatte mit der Folge, daß sich die Rührmechanik nicht mehr ausschaltete und die jeweils gekühlte Milch zu Butter verrührt werden konnte. Das OLG verneinte einen Rückrufanspruch der Endabnehmer gegen den Zulieferer deshalb, weil es die Wahrscheinlichkeit, daß gerade die Kühlanlage des konkreten Rückrufinteressenten mit jenem Mangel behaftet war, für zu gering hielt (dazu auch *Rz. 4*). Nicht minder wichtig war aber wohl die Frage, ob ein Verlust der Milch bis zur Überprüfung bzw. Reparatur der Kühlanlagen (durch wen auch immer!) nicht schon durch Überwachung oder *Unterbrechung des Betriebs* dieser Anlagen hätte verhindert werden können.[13]

II. Rückrufanspruch aus § 1004 Abs. 1 BGB

7 Für den Beseitigungsanspruch (Unterlassungsanspruch) nach § 1004 I BGB genügt anstelle einer Rechtsgutsverletzung eine (Besorgnis einer) Beeinträchtigung. Diese Vorschrift wird daher von der h. M. als Grundlage eines Rückrufanspruchs gegen den Produzenten betrachtet,[14] zum Teil selbst für den Fall, daß der Produzent für *Schäden* infolge des Produktfehlers nicht einzustehen hätte, weil ihm keine Verkehrspflichtverletzung vorzuhalten ist.[15] Für diese letztere Ausweitung des Abwehranspruchs spricht immerhin, daß in § 1004 BGB vermutlich ein anderer Rechtswidrigkeitsbegriff als in § 823 I BGB und an sich keine Verkehrspflichtverletzung vorausgesetzt ist.

8 Insgesamt stößt die Herleitung eines Rückrufanspruchs aus § 1004 I BGB aber auf **erhebliche Bedenken.**[16] Wer den Produzenten nämlich als „Störer“ ansieht, obwohl jener das fehlerverdächtige Produkt nur in Verkehr gegeben hat und obwohl fremde Rechtsgüter in aller Regel nur durch den fortgesetzten Gebrauch dieses Produkts gefährdet werden können, geht von einer Verursacherhaftung aus; diese ist in § 1004 I BGB jedoch nicht vorgesehen.[17] Störer kann zwar auch eine Person sein, welche die Störung anders als durch *fortgesetztes* positives Tun[18] bewirkt. Einem solchen „Untätigkeitsstörer“ kann die Störung aber nur unter weiteren Voraussetzungen zugerechnet werden. Andernfalls würde die Haftung nach § 1004 I BGB das im Deliktsrecht zugrunde gelegte[19] Verschuldensprinzip unterlaufen und selbst dann eingreifen, wenn der „Untätigkeitsstörer“ auf die Gefahrenquelle gar keinen Einfluß mehr hat.

Schon in den **Motiven**[20] zum späteren § 1004 BGB hieß es: „Als Anspruchsverpflichteter und als kostenpflichtig erscheint derjenige, durch dessen Willen die zuständliche Eigenthumsverletzung aufrecht erhalten wird, regelmäßig also der Eigenthümer der Anlage, unter besonderen Umständen auch der besitzende Nichteigenthümer oder der Inhaber der Anlage. Ob die bloße Handlung der Errichtung im einzelnen Falle dem Beseitigungsanspruche gegenüber verpflichten kann, bleibt besser dahingestellt.“

9 Auch die **analoge Anwendung der §§ 907, 908 BGB** würde keine Ausdehnung des vorbeugenden Rechtsschutzes rechtfertigen; denn der Produktbenutzer befindet sich typischerweise nicht in der Zwangslage eines Grundstücksnachbarn.[21]

---

[13] In diesem Fall hätte ein Beseitigungsanspruch das dem Deliktsrecht entzogene Äquivalenzinteresse des Benutzers befriedigt, vgl. BGH VersR 1986, 1125, 1127f. – Milchkühlanlage.

[14] Brüggemeier, VersR 1983, 501, 510f.; Harrer, Jura 1984, 80, 86f.; Mayer, DB 1985, 319, 321ff.; Schwenzer, JZ 1987, 1059, 1060ff.

[15] J. Hager, VersR 1984, 799, 806f.; differenzierend Herrmann, BB 1985, 1801, 1805ff.; wohl auch OLG Stuttgart NJW 1967, 572f.

[16] Ablehnend auch v. Bar, VersR 1983 Beil. (= KF) 1, S. 80, 85; Löwe, DAR 1978, 288, 293; Pauli, PHI 1985, 134, 149: Spezialität des Gewährleistungsrechts; Sack, DAR 1983, 1, 3.

[17] Vgl. MünchKomm/Medicus, § 1004 Rz. 11ff.

[18] Sog. „Tätigkeitsstörer“ (MünchKomm/Medicus, § 1004 Rz. 36a).

[19] und auch im Produkthaftprozeß nur eingeschränkte, nicht aufhebbare

[20] Motive zum BGB, Bd. III, S. 425f.

[21] Vgl. v. Bar, VersR 1983 Beil. (= KF) 1, S. 80, 85.

10 Dementsprechend ist auch für störende Anlagen anerkannt, daß im Falle ihrer Veräußerung die Verantwortlichkeit in der Regel auf den Erwerber übergeht.[22] Für bewegliche Sachen wie fehlerhafte Produkte muß das gleiche gelten.

Dies mag das folgende, bewußt zugespitzte Beispiel unterstreichen: Verschenkt ein Bastler ein von ihm gebautes, aber stümperhaft verschweißtes und daher lebensgefährliches Tandem an seinen Bruder und verkauft dieser es an dessen Freund, so kann der Freund von dem Bastler schlechterdings keine Reparatur nach § 1004 I BGB verlangen, nur weil er sich bei der Benutzung des Tandems gefährden würde!

11 Überdies unterläge ein Anspruch aus § 1004 I BGB den schon für § 823 I BGB dargelegten Grenzen: Dem Hersteller kann oft nicht vorgeschrieben werden, die Störung, welche von dem Produktfehler ausgeht, gerade durch dessen Behebung zu beseitigen; und die eher abstrakte Möglichkeit, daß ein Fabrikationsfehler, gar ein „Ausreißer", gerade dem Produkt des Rückgabewilligen anhaftet, stellt noch keine Störung dar.[23] Ein Rückrufanspruch des Produkteigentümers käme also ohnehin nur bei Serienfehlern in Frage. Aber selbst vor Serienschäden könnten sich gefährdete by-stander oft nicht schützen, weil ihre Beziehung zu fehlerverdächtigen Produkten und damit auch ihre Gefährdung durch solche vielfach nur zufällig bleibt.

Beispiel: Bestimmte Pkw's der Marke X haben einen Konstruktionsfehler im automatischen Getriebe, was in manchen Situationen zu ungewollter Änderung der Fahrtrichtung führen kann. Die Wahrscheinlichkeit, daß hierdurch ein beliebiger, aber *bestimmter* anderer Autofahrer oder Fußgänger gefährdet wird, ist extrem gering, wenn es sich nicht z. B. um Nachbarn handelt, deren Wagen sich regelmäßig begegnen.[24]

Zur Schadensausweitung an dem bereits fehlerhaften Gesamt*produkt* vgl. *§ 21 Rz. 55ff.*

III. Rückrufanspruch aus § 1 UWG

12 Vereinzelt sind Rückrufansprüche auch auf § 1 UWG gestützt worden;[25] solche Ansprüche wären zwar nicht ohne weiteres von den Eigentümern fehlerverdächtiger Waren, immerhin aber von den Mitbewerbern des betreffenden Herstellers oder von Verbraucherverbänden durchzusetzen (vgl. näher § 13 II UWG). Gegenüber einem Hersteller, der sich weigert, eine zur Gefahrsteuerung gebotene Rückrufaktion durchzuführen, ist ein Anspruch auf Unterlassung dieses Verhaltens bzw. auf Gefahrbeseitigung also **denkbar.**

13 Voraussetzung dafür ist aber u. a., daß die Unterlassung des Rückrufs geeignet ist, dem Hersteller einen wettbewerblichen Vorsprung vor seinen Mitbewerbern zu geben.[26] Dies kommt nur in Frage, **wenn** der Hersteller mit (objektiv fehlenden) sicherheitstechnischen Eigenschaften geworben hat oder wenn das bloße Angebot des betreffenden Produkts wegen besonderer Sicherheitserwartungen der Abnehmer auf eine **unzutreffende Werbung mit dem Sicherheitsniveau** hinauslief (z. B. bei Medizintechnik, Pharmaprodukten, Kraftfahrzeugen). Gefährdet der Fehler des Produkts nicht dessen Endabnehmer, sondern ausschließlich Dritte (by-stander), so kommt dem Rückruf ohnehin nur ausnahmsweise wettbewerbsrechtliche Bedeutung zu, weil die *Abnehmer,* welche über die Nachfrage ja allein entscheiden, Gefährdungen Dritter gewöhnlich unterbewerten (Ausnahme: Familienangehörige in Pkw usw.!).[27]

---

[22] BGH NJW 1959, 936, 938; 1964, 1794f.; MünchKomm/Medicus, § 1004 Rz. 42.
[23] So auch Mayer, DB 1985, 319, 324; s. auch Rz. 4.
[24] Zutreffend Herrmann, BB 1985, 1801, 1805f.
[25] Vgl. Sack, DAR 1983, 1, 3f.; GRUR Int. 1983, 565, 570f.; ablehnend Pauli, PHI 1985, 134, 149f.
[26] Herrmann, BB 1985, 1801, 1811f.
[27] Herrmann, BB 1985, 1801, 1811.

Erhielt der Hersteller durch die Inverkehrgabe des fehlerhaften Produkts einen wettbewerblichen Vorsprung, so ist weiter zu unterscheiden: 14

Ein Vorsprung, der darin liegt, daß der **zukünftige Absatz** potentiell fehlerhafter Produkte gegenüber den Mitbewerbern unangemessen erleichtert ist, wird nicht erst durch einen Rückruf oder gar die anschließende Fehlerbeseitigung, sondern schon bei Aufklärung (Warnung) der Kaufinteressenten hinfällig.[28] Einer *Beseitigung des Fehlers* bedarf es hierfür also nicht.

Beschränkt sich der Wettbewerbsvorsprung darauf, daß der Hersteller durch Vernachlässigung einer Rückrufpflicht Sicherheitsaufwand gespart und so einen **früheren Vorsprungsgewinn** erzielt hat, so ist dies nicht durch Unterlassungsanspruch, sondern im Rahmen eines Schadensersatzanspruchs – wenn auch ebenfalls gem. § 1 UWG – geltend zu machen.[29] Dieser Anspruch setzt voraus, daß der Hersteller seine Verhaltenspflicht zum Rückruf schuldhaft und in Kenntnis der Sittenwidrigkeit dieses Unterlassens verletzte.[30] Inhalt auch des Schadensersatzanspruchs ist zwar in erster Linie die Wiederherstellung des ursprünglichen Zustands – jedoch *nicht bei den Erwerbern* der fehlerverdächtigen Produkte, sondern bei den wettbewerblich Geschädigten, vor allem also bei den Mitbewerbern. Diese können als Schaden zwar auch den Vorsprungsgewinn des Verletzers (Herstellers) herausverlangen, nicht aber Fehlerbeseitigung bei den Endabnehmern fordern. 15

Anders wäre wohl zu entscheiden, wenn auch die geschädigten Verbraucher den Schaden geltend machen könnten, der *ihnen* durch das unlautere Verhalten des Herstellers entsteht.[31] Nach ganz h. M. sind einzelne Verbraucher jedoch nicht aktivlegitimiert, individuelle *Schadensersatz*ansprüche geltend zu machen, so daß §§ 1, 3 UWG wohl auch nicht als Schutzgesetze i. S. des § 823 II BGB gelten können.[32] Der Gesetzgeber hat eine Ausdehnung des Schadensersatzanspruchs aus § 1 UWG auf Letztverbraucher – entgegen einer Novellierungsabsicht im Jahre 1982 – abgelehnt und ihnen in der UWG-Novelle 1986 nur ein **Rücktrittsrecht** eingeräumt. Dieses setzt u. a. eine unwahre und zur Irreführung geeignete Werbeangabe (§ 4 UWG) voraus, die dem Vertragspartner, falls sie nicht von ihm, sondern von dem Hersteller stammt, nur selten zurechenbar ist, und richtet sich dann auch nur **gegen den Verkäufer** (§ 13a UWG). Dieser kann aber u. U. seinerseits zurücktreten oder bei dem Hersteller, von dem die Werbung ausging, Regreß nehmen (§ 13a III UWG).[33] 16

IV. Aufwendungsersatz bei Fehlerbeseitigung ohne Auftrag des Herstellers?

Besteht aufgrund der bisher angesprochenen Vorschriften kein Anspruch auf Rückruf bzw. Fehlerbeseitigung, so kann der Hersteller dazu auch nach den Regeln der **Geschäftsführung ohne Auftrag** nicht gezwungen werden.[34] Denn die §§ 677ff. BGB verpflichten den Geschäftsherrn (Produzenten) allenfalls zum *Ersatz von Aufwendungen,* die erfolgten, weil er im Ergebnis untätig blieb. 17

Ein solcher Ersatzanspruch kommt z. B. in Betracht, **wenn** eine **Rückrufaktion** des Herstellers ausnahmsweise geboten ist, aber unterbleibt und deshalb **von einer anderen Person**[35] **durchgeführt** wird (§§ 683, 670 BGB).[36] Gegen eine solche Fremdausführung 18

---

[28] Wohl ebenso, aber mißverständlich („bloße Zurückrufen") Herrmann, BB 1985, 1801, 1812.

[29] Ebenso Herrmann, BB 1985, 1801, 1812. Verbraucherverbände könnten *diesen* Anspruch nicht aus eigenem Recht verfolgen, Baumbach/Hefermehl, Wettbewerbsrecht, 15. Aufl., § 13 Rz. 41.

[30] Sack, GRUR Int. 1983, 565, 572.

[31] In diesem Sinne Sack, GRUR Int. 1983, 565, 572ff.

[32] Baumbach/Hefermehl, (Fn. 29), § 1 Rz. 857, § 3 Rz. 440; s. aber auch BGH NJW 1985, 194, 195 – Dachabdeckfolie; weit. Nachw. bei Sack, GRUR Int. 1983, 572 FN 65.

[33] Näher zu allem Sack, BB 1987 Beil. 2 (zum Regreß S. 27f.).

[34] Sack, DAR 1983, 1, 3.

[35] , z. B. einem **Zulieferer,** der um sein Prestige bangt, obwohl ihn an der Überlastung des Zulieferteils keine Schuld trifft, oder einem **Verbraucherschutzverband,**

[36] Vgl. z. B. OLG Karlsruhe VersR 1986, 1125, 1127e – Milchkühlanlage.

wird der Hersteller vielfach einwenden, der Rückruf sei nicht in seinem Interesse gewesen, da dessen Kosten den Schaden, der ohne Rückruf zu befürchten war, überstiegen. Jedoch kann ein Geschäft auch gegen den Willen des Geschäftsherrn geführt werden, wenn andernfalls eine Pflicht des Geschäftsherrn, deren Erfüllung im öffentlichen Interesse liegt, nicht rechtzeitig erfüllt würde (§ 683 S. 2 BGB).[37] Im öffentlichen Interesse liegt es, die von fehlerverdächtigen Produkten ausgehenden Gefahren zumindest von solchen Personen abzuwenden, die sich davor nicht schützen können. Sind also auch **by-stander** gefährdet, weil eine *Warnung* vor den gefährlichen Produkten sie nicht ausreichend schützen würde, so handelt im öffentlichen Interesse, wer die fremde Verkehrspflicht zum Rückruf erfüllt, auch wenn ein *Anspruch* auf den Rückruf nicht bestand. Die Aufwendungen sind vom Hersteller zu ersetzen.

19 Dagegen kann ein **Gefährdeter,** der ein fehlerverdächtiges Produkt vorsorglich auf eigene Kosten überprüfen und ggf. reparieren läßt, **nur ausnahmsweise** Ersatz seiner Aufwendungen verlangen.

Dies erscheint auf den ersten Blick paradox. Tatsächlich scheitert ein Anspruch auch nicht daran, daß der Gefährdete (neben der Erfüllung der Hersteller-Pflicht) immer auch sein eigenes Interesse am Schutz seiner Güter verfolgt.[38] Entscheidend ist aber, daß eine berechtigte Geschäftsführung ohne Auftrag gegen den Willen des Herstellers nur denkbar ist, soweit das öffentliche Interesse (§ 679 BGB) hieran reicht; und die dafür maßgebliche[39] Verkehrspflicht zum Rückruf mit dem Ziel der Beseitigung von Fehlerverdacht bzw. Fehler besteht nur im Einzelfall: gegenüber dem **Benutzer** des fehlerverdächtigen Produkts praktisch kaum einmal *(§ 24 Rz. 238ff.)*; gegenüber **Dritten** (by-stander) nur dann, wenn zu besorgen ist, daß ihre Gefährdung weder durch eine *Warnung* an den Produktbenutzer noch sonstige Maßnahmen vermieden werden kann *(§ 24 Rz. 235ff.)*.

20 Aufwendungsersatz kann demnach allenfalls ein **by-stander** fordern, der den Produktbenutzer zwar nicht überreden konnte, den Betrieb des fehlerverdächtigen Produkts einzustellen, wohl aber dazu veranlaßte, das Produkt (auf Kosten des by-standers) überprüfen bzw. reparieren zu lassen. Hingegen ist der **Eigentümer bzw. Benutzer** eines fehlerverdächtigen Produkts ohnehin gehalten, dieses vor der weiteren Benutzung überprüfen bzw. reparieren zu lassen, wenn er (z. B. durch Warnung des Herstellers) von dem Verdacht eines Fehlers erfährt, der auch Dritten gefährlich werden kann; das gilt erst recht, wenn sein Gefahrenbewußtsein derart entwickelt ist, daß er sich hierzu tatsächlich entschließt: Jedenfalls solchen Verbrauchern gegenüber besteht keine Rückrufpflicht und damit auch keine Aufwendungsersatzpflicht.

G. Einwendungen und Einreden des Herstellers

§ 40. Mitverschulden, Obliegenheitsverletzungen des Geschädigten

1 Wenn die allgemeinen Voraussetzungen der Produkthaftung gegeben sind, können dem Hersteller (Händler usw.) doch besondere Einwendungen zustehen, die den Anspruch des Geschädigten entfallen lassen oder einschränken. Solche **Einwendungen** hat das Gericht, falls die maßgebenden Tatsachen bewiesen sind, *von Amts wegen* zu beachten. Das gilt jedoch nicht für **Einreden;** diese hemmen nur die Ausübung (Durchsetzung) des Anspruchs und müssen von dem Hersteller besonders geltend gemacht werden. Praktisch

---

[37] Sack, DAR 1983, 1, 3; s. auch BGH NJW 1970, 243, 245 – Fotowettbewerb.

[38] So jedenfalls die Rechtsprechung, vgl. Löwe, DAR 1978, 288, 293.

[39] OLG Celle, Urt. v. 24. 1. 1979, Schmidt-Salzer, Entscheidungssammlung III, II 79, S. 456 – Dampfkessel.

bedeutsam ist vor allem die Einrede der Verjährung (vgl. *§ 41*). Als Einwendung kann der Hersteller ausnahmsweise vorbringen, seine Haftung sei durch Vereinbarung mit dem Geschädigten ausgeschlossen oder beschränkt (dazu *§§ 9–16*). Im folgenden geht es um Einwendungen, die an eine Mitwirkung des Geschädigten bei der Schadensentstehung oder an sonstige Versäumnisse des Geschädigten anknüpfen.

I. Mitverschulden des Geschädigten

2 Hat sich der Geschädigte der Produktgefahr bewußt ausgesetzt, so ist der daraus erwachsende Schaden wegen **Handelns auf eigene Gefahr** dem Hersteller u. U. nicht einmal zurechenbar. In der Regel hindert eine Risikobereitschaft des Geschädigten die Zurechnung des Folgeschadens aber nicht *(§ 22 Rz. 23ff.)*. Hier ist der Hersteller auf die Einwendung eines Mitverschuldens beschränkt.

1. Allgemeine Grundsätze

3 Das Gesetz berücksichtigt u.a. zwei **Hauptfälle des Mitverschuldens:** Hat **bei der Schadensentstehung** ein Verschulden des Geschädigten mitgewirkt, so hängt die Verpflichtung zum Ersatze sowie der Umfang des zu leistenden Ersatzes von den Umständen, insbesondere davon ab, inwieweit der Schaden vorwiegend von dem einen oder dem anderen Teil verursacht worden ist (§ 254 I BGB). Dies gilt auch dann, wenn sich das Verschulden des Geschädigten darauf beschränkt, daß er unterlassen hat, den Schädiger auf die Gefahr eines ungewöhnlich hohen Schadens aufmerksam zu machen, die der Schädiger weder kannte noch kennen mußte, oder daß er eine **Schadensabwendung oder -minderung** unterlassen hat (§ 254 II 1 BGB).

4 Diese Regeln gelten vor allem, aber keineswegs nur für deliktsrechtliche Ersatzansprüche. Sie sind **auch** auf **Ersatzansprüche aus vertraglicher Haftung** oder **Gefährdungshaftung** anwendbar, sei es kraft ausdrücklicher Verweisung (z.B. in § 85 AMG) oder im Rahmen einer Analogie zu § 254 BGB.

5 Die Vorschrift setzt ihrem Wortlaut nach stets ein (Mit-)**Verschulden** des Geschädigten voraus. Es ist nach allgemeinen Grundsätzen zu beurteilen (näher *§ 28 Rz. 4ff.*), erfordert also auch Deliktsfähigkeit des Geschädigten. Namentlich Minderjährigen schadet ein Mitverschulden daher nur im Einzelfall,[1] falls ihnen nicht eine etwaige Aufsichtspflichtverletzung ihrer Eltern zuzurechnen ist (dazu *Rz. 8f.*). Dem Verschulden steht es allerdings, wie heute anerkannt ist, gleich, wenn der Geschädigte nur infolge einer ihm zurechenbaren **Sach- oder Betriebsgefahr** für den Schaden mitverantwortlich ist. Eine solche Gefahr kann also auch gegenüber einer deliktischen Schädigung berücksichtigt werden;[2] inwieweit sie hier noch ins Gewicht fällt, ist eine andere Frage, die nur für den konkreten Fall beantwortet werden kann.

6 Ob die Ersatzpflicht des Schädigers aufgrund des Mitverschuldens entfällt bzw. inwieweit sie herabgesetzt wird, ist mit Hilfe einer **Abwägung** zu beurteilen. Gegenstand der Abwägung ist „insbesondere" der beiderseitige Anteil an der *Verursachung* des Schadens. Dementsprechend berücksichtigt die Rechtsprechung das Maß des beiderseitigen *Verschuldens* erst in zweiter Linie[3] und stellt in erster Linie darauf ab, in welchem Umfang die Wahrscheinlichkeit des Schadenseintritts durch die jeweilige Mitwirkung erhöht wurde.[4]

---

[1] Vgl. §§ 827f. BGB; s. auch § 28 Rz. 4.
[2] BGH NJW 1954, 594, 595; VersR 1981, 354, 355f.; Palandt/Heinrichs, § 254 Anm. 1b.
[3] BGH NJW 1952, 538, 539; 1969, 789, 790; mit Recht **kritisch** Rother, VersR 1983, 793ff.
[4] BGH NJW 1963, 1447, 1449; 1969, 789, 790; 1983, 622, 623.

2. Verantwortlichkeit für Hilfspersonen

7 Zu Lasten des Geschädigten ist ggf. auch die Mitwirkung – das heißt wiederum: Verschulden oder Gefährdung – seines **gesetzlichen Vertreters** bzw. einer **Hilfsperson** zu berücksichtigen. Dabei ist zu unterscheiden:

8 Erfolgte die Mitwirkung zu einem Zeitpunkt, in dem (schon) eine rechtliche **Sonderverbindung zwischen Schädiger und Geschädigtem** bestand, so ist das Verhalten der Hilfsperson dem Geschädigten uneingeschränkt zuzurechnen (§§ 254 II 2, 278 BGB); dieser kann sich also nicht entlasten. Eine Sonderverbindung besteht insbesondere – und hier von vornherein – **zwischen Vertragspartnern,** also z. B. dann, wenn der Zulieferer den Endhersteller durch Lieferung fehlerhafter Halbprodukte schädigt, wenn aber der (Einbau dieser Produkte und damit der) Schaden unterbleiben wäre, falls wenigstens der beim Endhersteller tätige Qualitätskontrolleur ordentlich gearbeitet hätte. Eine Sonderverbindung besteht auch, wenn der Vertrag mit dem Schädiger zwar von einem Dritten abgeschlossen war, aber **Schutzwirkung zugunsten des Geschädigten** entfaltete.[5] In beiden Fällen hat der Geschädigte für die Hilfsperson auch dann einzustehen, wenn er seinen Ersatzanspruch nicht aus dem Vertrag, sondern aus deliktischer oder Gefährdungshaftung herleitet.[6] Eine Sonderverbindung besteht zudem immer **nach Verletzungseintritt,** also hinsichtlich der Obliegenheit zur Schadensabwendung oder -minderung. Vorher aber entsteht sie nach der – sehr umstrittenen – Rechtsprechung des BGH nicht.[7] Daraus folgt, daß Minderjährigen **kein Mitverschulden** anzurechnen ist, **soweit** schon ihre **Verletzung durch den Produktfehler auf einer Nachlässigkeit der Eltern beruht.**[8] (Beispiel: Die Eltern ignorieren eine Auffälligkeit des Produkts). Unbedenklich ist diese Rechtsprechung – trotz der Wertung in § 831 BGB – nicht, zumal die abweichende Bewertung der Verletzungs*folgen* wenig überzeugt.

9 Trägt die Hilfsperson zu der Schädigung bei, **ohne** daß **eine Sonderverbindung** zwischen Schädiger und Geschädigtem besteht, so fällt diese Mitwirkung dem Geschädigten nur zu Last, wenn sie – als selbständige Schädigung eines Dritten gedacht – kraft besonderer Vorschrift seine eigene Haftung begründen würde. Dies gilt einerseits bei einer Mitwirkung von *Geschäftsführern, leitenden Mitarbeitern* usw. (analog § 31 BGB).[9] Es gilt andererseits zu Lasten von Geschäftsherren, also dann, wenn die Hilfsperson die Eigenschaften eines *Verrichtungsgehilfen* aufweist und als solcher pflichtwidrig handelte, ohne daß der Geschädigte sich bezüglich der Hilfsperson entlasten kann (§ 831 BGB analog).[10]

10 Ist das Verschulden der Hilfsperson dem Geschädigten nicht zurechenbar, so kann es aber doch eine eigenständige Haftung der Hilfsperson gegenüber dem Geschädigten begründen (Nebentäterschaft). In diesem Fall haftet der Hauptschädiger neben ihr als Gesamtschuldner, so daß er ganz oder teilweise **Rückgriff bei der Hilfsperson** nehmen kann (vgl. *§ 42 Rz. 41ff.*). Allerdings wird die Haftung der Hilfsperson hier oft – z. B. im Eltern-Kind-Verhältnis – eingeschränkt sein (vgl. §§ 708, 1359, 1664 BGB); dann soll auch ein Rückgriff ausscheiden![11]

3. Unsachgemäße Handhabung des schädlichen Produkts

11 Hat der Geschädigte an der *Schadensentstehung* durch ein fehlerhaftes Produkt mitgewirkt, so kommt eine Mitverantwortung meist nur bei unsachgemäßer Handhabung dieses Produkts in Betracht. Folgende Fallgruppen können unterschieden werden:

---

[5] BGH NJW 1953, 977; 1957, 1187; 1961, 211, 212; 1975, 867, 868.

[6] BGH NJW 1953, 977; 1975, 867, 869; differenzierend Sass, VersR 1988, 768ff.

[7] BGH NJW 1988, 2667, 2668; anders noch RGZ 141, 353, 356; BGHZ 33, 136, 140f.; OLG Düsseldorf NJW 1973, 1801, 1802; näher Soergel/Mertens, § 254 Rz. 90ff.

[8] AG Gelsenkirchen, Urt. v. 14. 6. 1973, Schmidt-Salzer, Entscheidungssammlung III, III 24, S. 603 – Backofen; anders OLG Düsseldorf NJW 1973, 1801, 1802.

[9] BGH NJW 1952, 538.

[10] BGH NJW 1980, 2573, 2575; vgl. näher § 37 Rz. 2ff., § 38 Rz. 6ff.

[11] So jetzt BGH NJW 1988, 2667, 2669 a. E. (zu §§ 1359, 1664 BGB) gegenüber BGH NJW 1961, 1966; 1979, 973, 974.

a) Unzureichendes Studium der Gebrauchsanweisung bzw. Warnhinweise

Der Benutzer eines Produkts ist vor dessen Ingebrauchnahme zu sorgfältiger Lektüre etwaiger Gebrauchs- und Warnhinweise gehalten. Das gilt auch dann, wenn diese Hinweise lückenhaft oder zu unklar sind oder doch nicht deutlich genug über die Folgen ihrer Mißachtung informieren. Ein Mitverschulden des Geschädigten kann also auch dann gegeben sein, wenn dem Hersteller zwar ein Instruktionsfehler vorzuwerfen ist, der Geschädigte sich den zur Vermeidung der Gefahr ausreichenden Mindestinhalt der Hinweise aber in zumutbarer Weise hätte erschließen können. Ein solches Mitverschulden wird gegenüber massiven Instruktionsfehlern oft völlig in den Hintergrund treten. Andererseits wäre es verfehlt, aus dem Instruktionsfehler ohne weiteres auf die Nichterkennbarkeit der Gefahr zu schließen.[12] 12

b) Verletzung der handelsrechtlichen Untersuchungspflicht

Bei beiderseitigem Handelsgeschäft ist der Erwerber des Produkts in gewissem Umfang u.a. zu unverzüglicher Untersuchung auf Mängel (auch Produktfehler!) verpflichtet (§§ 377, 378 HGB; *Rz. 22*). In diesem Zusammenhang hat vor allem der **BGH** darauf hingewiesen, dem Erwerber könne die Unterlassung „einer gebotenen Untersuchung der schädlichen Ware" vor deren Ingebrauchnahme als **Mitverschulden** anzulasten sein, falls der Warenmangel Folgeschäden auslöst.[13] Dies ist jedoch kaum mit dem Schutzzweck der §§ 377f. HGB zu vereinbaren; denn diese Vorschriften sollen eine rasche Information über Sachmängel im Interesse des Verkäufers sichern, enthalten aber für sich allein keine typisierten Erfahrungssätze über gebotenen Selbstschutz: Dieser erfordert meist nicht die *unverzügliche* Prüfung der Ware,[14] sondern nur eine Prüfung vor Ingebrauchnahme; und selbst das gilt nur ab einer bestimmten Fehlergefahr und in einem Umfang, der sich mit den Anforderungen der handelsrechtlichen Untersuchungspflicht nicht zu decken braucht. 13

c) Bestimmungswidriger Gebrauch

Der Hersteller hat den Benutzer des Produkts und erst recht by-stander in gewissem Umfang auch vor Gefahren zu schützen, die nur bei bestimmungswidrigem Gebrauch auftreten können. Das ändert aber nichts daran, daß ein unsachgemäßer Gebrauch eine zurechenbare Selbstgefährdung darstellt. Sie erfolgt meistens auch schuldhaft. Es ist daher bemerkenswert, daß die **Rechtsprechung** jedenfalls in den veröffentlichten Entscheidungen zu bestimmungswidrigem Gebrauch Ersatzansprüche gegen den Hersteller, falls sie überhaupt bejaht wurden, nur **verhältnismäßig selten** wegen Mitverschuldens reduziert hat.[15] 14

Die **Beispiele** bestimmungswidrigen Gebrauchs sind zahlreich (vgl. *§ 24 Rz. 76ff., 207ff.*). Hier sei nur daran erinnert, daß es dem Produktbenutzer obliegt, auf den **Verschleiß** und die Folgen einer Überalterung selber zu achten; setzt er ohne Rücksicht darauf den Gebrauch des Produkts fort, so ist auch die Herstellerhaftung beschränkt[16] oder sogar ausgeschlossen.[17] Entsprechendes kann bei einer 15

---

[12] So AG Gelsenkirchen, Urt. v. 14. 6. 1973, Schmidt-Salzer, Entscheidungssammlung III, III 24, S. 603 – Backofen; s. dagegen OLG Celle VersR 1985, 949, 950 – Reinigungsmittel II (Innenausgleich); OLG Karlsruhe VersR 1986, 46, 47 – Motorsense; § 26 Rz. 8.

[13] BGH NJW 1988, 52, 54 – Korken; s. auch BGH NJW 1976, 1353 m. Anm. Hiddemann; OLG Frankfurt VersR 1969, 1121, 1122.

[14] und schon gar nicht die *Mitteilung* etwaiger Mängel, zu der § 377 HGB aber ebenfalls verpflichtet,

[15] Deutlich allerdings OLG Köln VersR 1987, 573, 574 a. E. – Schreckschußpistole.

[16] BGH VersR 1984, 270 – Flachmeißel.

[17] BGH NJW 1975, 1827, 1828 – Spannkupplung; s. aber auch LG Köln DB 1978, 1396, 1397 – Desinfektionsmittel.

Überbeanspruchung (Überlastung) des Produkts[18] bzw. seinem **Einsatz unter Extrembedingungen**[19] gelten.

d) Gebrauch trotz Warnung oder Rückrufs

16 Bestimmungswidrig gebraucht ein Produkt auch, wer von einer Warnung oder einem Rückruf erfahren hat, diesen Aufruf aber vernachlässigt, weil er die Gefahr anders bewertet oder für das eigene Produkt ausschließt. Hier wird eine Haftung des Herstellers oft schon entfallen, weil seine Pflichtverletzung nicht kausal wurde, im übrigen wegen überwiegenden Mitverschuldens.[20] Schuldhaft handelt ggf. auch, wer eine Warnung (einen Rückruf) vernommen hat, sie aber irrtümlich einem anderen Produkttyp oder Hersteller zuordnet.

e) Gebrauch trotz Anhaltspunkten für Produktmangel

17 Zu den Elementarpflichten auch des Produktbenutzers gehört das Bemühen um ein **Mindestmaß an Gefahrensinn.** Insoweit müssen Auffälligkeiten des Produkts oder Irregularitäten bei seiner Handhabung Anlaß sein, einen Produktmangel in Erwägung zu ziehen und entsprechende Vorsicht walten zu lassen. Dies versteht sich nicht nur bei offensichtlich verdorbenen Lebensmitteln,[21] sondern u. U. auch bei Schadensspuren an Verpackung, Gehäuse und bei erkennbar schlechtem Allgemeinzustand des Produkts.[22] Im Zweifel – und vor allem bei industrieller Weiterverarbeitung – ist hier immer eine **Nachfrage** beim Lieferanten bzw. Hersteller[23] angebracht, je nach Gefahrenverdacht und Aufwand aber u. U. auch eine **eigene Prüfung** des Produkts zur Klärung des Gefahrenverdachts.

18 Die Entscheidung, den Produktgebrauch trotz Anhaltspunkten für einen Mangel fortzusetzen, **muß** dem Benutzer freilich **vorwerfbar sein;** andernfalls wird sie jedenfalls gegenüber einer Pflichtverletzung (Verschuldenshaftung) des Herstellers kaum ins Gewicht fallen. Die Verschuldensfrage stellt sich u. a. dann, wenn der Benutzer sichere Anhaltspunkte zwar für einen Mangel*verdacht* hat, diesen Verdacht aber mit zumutbarem Aufwand nicht bewerten kann.

19 Derartige **Verdachtsmomente** werden u. U. sogar schon in der (Fach-)Öffentlichkeit diskutiert, bleiben aber **umstritten,** bis die weitere Produktbeobachtung eine zuverlässige Einschätzung gestattet.

Beispiele finden sich etwa in Motorsport-Zeitschriften und im Bereich der Pharmazie. So wurde die Gefahr einer Verseuchung bestimmter, zur Behandlung der Hämophilie unentbehrlicher Blutgerinnungsfaktor-Präparate mit HIV-Viren[24] nicht nur in der Fachwelt, sondern auch in den Hämophilenverbänden diskutiert, bevor man hierüber traurige Gewißheit erlangte. Hätte die Fortsetzung der Behandlung in Kenntnis der damaligen Gefahranzeichen den Hämophilen bzw. deren Ärzten entgegengehalten werden können, falls die Hersteller der Präparate für die Kontamination hafteten?

Der fortgesetzte Produktgebrauch kann dem Benutzer hier nach dem Schutzzweck der Herstellerhaftung im allgemeinen nicht zum Nachteil gereichen. Die Grundlage der umfassenden Schutzpflichten des Herstellers ist seine – potentiell – optimale Fähigkeit zur Erkennung und Bewältigung von Produktgefahren. Hierauf vertraut auch der durchschnittliche Verbraucher, und dieses Vertrauen ist grundsätzlich legitim. Beruhigt sich der

---

[18] Z. B. von Autoreifen, vgl. Kögler, DAR 1982, 56f.; Kullmann/Pfister, Kza. 4330 S. 7f.
[19] Vgl. etwa OLG Hamburg VersR 1983, 882 – Korrosionsschutz.
[20] Pauli, PHI 1985, 134, 146f.; Schwenzer, JZ 1987, 1059, 1061.
[21] Vgl. den Fall OLG Düsseldorf, Urt. v. 23. 7. 1980, Schmidt-Salzer, Entscheidungssammlung IV, IV 24 – Fischfilet.
[22] BGH NJW 1988, 52, 54f. – Korken.
[23] , aber auch bei staatlichen Prüfstellen
[24] Vgl. auch das Beispiel § 42 Rz. 21.

Produktbenutzer also mit der Annahme, der *Hersteller* würde vor dem weiteren Gebrauch des Produkts schon gewarnt haben, wenn an dem diskutierten Fehlerverdacht „etwa dran" wäre, so kann ihm daraus **kein Vorwurf** gemacht werden. Etwas anderes kann – wie sonst auch – bei überlegener Sachkunde des Benutzers und dann gelten, wenn er an Autorität oder Verantwortungsbewußtsein „seines" Herstellers zweifeln muß (Beispiele: dessen Lieferanten warnen; Konkurrenten rufen zurück; staatliche Stellen intervenieren).

f) Umgang mit gefährlichen Stoffen

Unvorsicht beim Umgang mit gefährlichen Stoffen stellt ein Mitverschulden dar, das **20**
insbesondere der Produkthaftung wegen Instruktionsfehlers entgegenstehen kann.[25]

So müßte ein Minderjähriger, dem unzulässigerweise ein **Unkrautvernichtungsmittel** verkauft wurde, das Explosivstoffe enthält, sich als Mitverschulden anrechnen lassen, daß seine Eltern gegen Experimente mit diesem Mittel nicht eingeschritten sind, obwohl sie wußten, daß es hierbei schon früher zu einem gefährlichen Zwischenfall gekommen war.[26] Schüttet der Benutzer eines Grillgeräts **Brennspiritus** auf Kohlenreste, ohne sicher sein zu können, daß die Glut schon vollständig erloschen ist, so schließt diese „gröbliche Leichtfertigkeit" eine etwaige Haftung des Grillherstellers vollständig aus.[27] Wer – wie ein Kraftfahrzeugmeister – erkennen kann, daß sich beim Umfüllen eines **Unterbodenschutzmittels** explosive Gase bilden können, muß „unbedingt dafür sorgen", daß in der Nähe nicht ausgerechnet Schweißarbeiten stattfinden, und kann daher, falls diese zur Explosion führen, nur ⅓ seines Schadens von dem Hersteller verlangen, der auf die Explosionsgefahr nicht hingewiesen hatte.[28] Entsprechendes gilt bei Verbrennungsschäden durch ein **Fußbodenklebemittel,** wenn dieses in der Küche aufgetragen werden soll, die Hausfrau aber unbekümmert ihren Gasherd benutzt, obwohl sie zuvor einen privaten Hinweis auf die Feuergefährlichkeit erhielt.[29] Ein Hersteller, der **Verzinkungsspray** ohne zureichenden Hinweis auf dessen Entflammbarkeit in Verkehr gegeben hat, kann auch einem chemischen Laien, der immerhin Erfahrung im Umgang mit Farben und Lacken hat sowie über eine Meisterausbildung verfügt, entgegenhalten, dieser hätte u. a. durch Geruch wahrnehmen können, daß die verwendete Aerosoldose außer Treibgas auch brennbares Lösungsmittel enthielt, das in gasförmigen Zustand übergehen und so – zumal nach Erhitzung der besprühten Fläche – entflammt werden konnte.[30] Schuldhaft handelt auch ein Fahrer, der **ätzendes Gießpulver** transportiert und dieses nach einem Unfall ohne Hautschutz zusammenkehrt, wenn der Pulverhersteller zwar seine Warnpflicht verletzte, der Fahrer sich aber zuvor nicht nach der Gefährlichkeit des Pulvers erkundigt hatte.[31] Eine Haftung wegen Instruktionsfehlers soll ausgeschlossen sein, wenn **Hühneraugensalbe** dem Benutzer ins Auge spritzt und der Hersteller (lediglich) davor warnte, die Salbe „auf offene Wunden" aufzubringen.[32]

g) Umgang mit gefährlichen Geräten

Auch die Handhabung maschinell betriebener Geräte erfordert besondere Vorsicht. **21**
Namentlich solche Schäden, die aus Arbeitsunfällen erwachsen, sind oft keineswegs nur dem Gerätehersteller zuzurechnen.[33]

---

[25] **Abgelehnt** allerdings in den Fällen BGH VersR 1966, 542, 543 – Kabelmerkringe (besondere Umstände); LG Duisburg VersR 1979, 41, 42 – Gießpulver.

[26] OLG Düsseldorf NJW 1073, 1801, 1802 (Händlerhaftung); anders die BGH-Rechtsprechung (Rz. 8).

[27] OLG Koblenz VersR 1981, 740, 741 – Grillgerät.

[28] LG Ravensburg, Urt. v. 18. 1. 1979, Schmidt-Salzer, Entscheidungssammlung III, III 34, S. 650 – Unterbodenschutzmittel.

[29] BGH VersR 1960, 342, 344 – Fußbodenklebemittel (ohne Angabe zum Verantwortungsanteil).

[30] BGH NJW 1987, 372, 374 – Verzinkungsspray.

[31] Vgl. LG Duisburg VersR 1979, 41, 42 – Gießpulver.

[32] LG Osnabrück VersR 1960, 453 – Hühneraugensalbe (Totalausschluß ist bedenklich).

[33] Mitverschulden **abgelehnt** allerdings in den Fällen BGH VersR 1960, 1095, 1096 – Kühlanlage; OLG Köln, Urt. v. 20. 1. 1972, Schmidt-Salzer, Entscheidungssammlung II, II 30, S. 335 – Speiseeisbereiter; unberücksichtigt auch in OLG Karlsruhe VersR 1984, 544f. – Trockenputzmischer.

So wurde einem Arbeiter, der sich an einer **Kappsäge** verletzte, die – hierin lag ein Konstruktionsfehler – durch bloße Betätigung eines ungeschützten Fußschalters in Betrieb zu setzen war, im Produkthaftprozeß nur Ersatz von ¼ seines Schadens zugesprochen.[34] Einem Arbeiter, der mangels Schutzgitters mit einem Finger unter ein automatisches **Folientrennmesser** geriet, wurde der Ersatzanspruch auf ⅓ gekürzt, da ihm die Anlage vertraut war und er auch den Schneiderhythmus hätte einschätzen können.[35] Wird ein Arbeiter dadurch verletzt, daß er bei der Bedienung einer **Kühlwalzenanlage** die Gewebebahn – mangels Sicherheitsstange – an einer gefährlichen Stelle einschiebt, so ist dem Hersteller nur ein Verursachungsanteil von ⅓ zuzurechnen, wenn auch der Sicherheitsingenieur des Arbeitgebers den Konstruktionsmangel nicht beanstandete und Arbeitskollegen die Walze einschalteten, bevor der Verletzte die Gefahrenstelle verlassen konnte.[36] Einem Kleinkind, das sich an der heißen Sichtscheibe eines **Backofens** verletzte, hätte die mangelhafte Beaufsichtigung durch seine Eltern angelastet werden müssen.[37] Die Befestigung einer **Reckstange** an einer Gipswand mit Dübel und Schraube wurde bei unzureichendem Hersteller-Hinweis auf tragfähige Wandarten als Mitverschulden von 40% veranschlagt.[38]

II. Verletzung der handelsrechtlichen Untersuchungs- und Rügepflicht

22 Bei einem zweiseitigen Handelskauf hat der Käufer die Ware unverzüglich nach der Ablieferung durch den Verkäufer, soweit dies nach ordnungsmäßigem Geschäftsgang tunlich ist, zu untersuchen und, wenn sich ein Mangel (auch Produktfehler!) zeigt, dem Verkäufer unverzüglich Anzeige zu machen. Zeigt sich später ein solcher Mangel, so muß die Anzeige unverzüglich nachgeholt werden. Andernfalls ist der Käufer mit seinen Gewährleistungsansprüchen ausgeschlossen (§§ 377, 378 HGB; ausführlich dazu *§ 17 Rz. 1ff.*). Schadensweiterungen *an* der Kaufsache, die auf den Mangel zurückgehen, sind dann – richtigerweise – auch nicht kraft Deliktsrechts zu ersetzen *(§ 21 Rz. 32)*. Selbst **Ansprüche** wegen Schäden, die außerhalb der Kaufsache eintreten, sind **ausgeschlossen, soweit** der Käufer sie auf **positive Vertragsverletzung** stützt *(§ 17 Rz. 55)*.

23 Umstritten ist dagegen, ob eine Verletzung der Untersuchungs- und Rügepflicht auch **Ansprüche** ausschließt, die der Käufer wegen ihm entstandener Mangelfolgeschäden **aus Deliktsrecht** herleitet.[39] Der BGH hat in seiner Korken-Entscheidung vom 16. 9. 1987 klargestellt, daß solche Ansprüche **nicht ausgeschlossen** sind: Vertragliche und deliktische Ansprüche stünden prinzipiell selbständig nebeneinander, und zwar nach Voraussetzungen, Inhalt und Durchsetzung. Das Interesse des Verkäufers, sich alsbald Klarheit über später nur schwer feststellbare Mängel zu verschaffen und dadurch etwa drohende Schäden auch rechtzeitig abwenden zu können, sei zwar auch dann tangiert, wenn der Käufer Ansprüche aus §§ 823ff. BGB behalte; ein Schutz vor solchen Ansprüchen sei aber nicht Zweck des § 377 HGB.[40] Der Standpunkt des BGH ist in seiner Begründung durchaus angreifbar, im Ergebnis aber wohl richtig (anders *Graf von Westphalen, § 17 Rz. 56*). Zum *Mitverschulden* s. *Rz. 13.*

III. Annahme der Kaufsache in Kenntnis des Produktmangels

24 Nimmt der Käufer eine mangelhafte Sache an, obwohl er den Mangel kennt, so stehen ihm Gewährleistungsansprüche nur zu, wenn er sich seine Rechte wegen des Mangels bei der Annahme vorbehält (§ 464 BGB). Ohne einen solchen Vorbehalt entfallen auch An-

[34] OLG Hamm BB 1971, 845, 846 – Kappsäge.

[35] AG Opladen, Urt. v. 11. 4. 1974, Schmidt-Salzer, Entscheidungssammlung III, III 25, S. 609f. – Folienimprägnieranlage.

[36] OLG Stuttgart, Urt. v. 13. 1. 1981, Schmidt-Salzer, Entscheidungssammlung III, II 100, S. 569 – Kühlwalzensystem (eher Fall des „gestörten Gesamtschuldnerausgleichs", § 42 Rz. 5).

[37] Anders AG Gelsenkirchen, Urt. v. 14. 6. 1973, Schmidt-Salzer, Entscheidungssammlung III, III 24, S. 601 – Backofen; s. auch Rz. 8, § 24 Rz. 176.

[38] OLG München VersR 1988, 635, 636 – Minitrainer.

[39] Guter Überblick über den Meinungsstand bei BGH NJW 1988, 52, 53f. – Korken.

[40] BGH (VIII. Senat) NJW 1988, 52, 53f. – Korken; (VI. Senat) NJW 1989, 707, 709 – Fischfutter.

sprüche aus positiver Vertragsverletzung.[41] Dagegen sind **Ansprüche** wegen Mangelfolgeschäden **aus Deliktsrecht** – wie bei Verstößen gegen §§ 377f. HGB *(Rz. 23)* – **nicht ausgeschlossen.**[42] Bei Schäden, die dem Käufer infolge Benutzung eines bekanntermaßen fehlerhaften Produkts entstehen, wird allerdings meist ein ganz überwiegendes Mitverschulden vorliegen.

§ 41. Verjährung deliktsrechtlicher Ansprüche

Die Verjährung wird vor Gericht nicht von Amts wegen berücksichtigt, sondern nur dann, wenn sie vom Schuldner zumindest außergerichtlich als Einrede **geltend gemacht** worden ist (§ 222 I BGB). **Schadensersatzansprüche** aus §§ 823ff. BGB **verjähren in drei Jahren** von dem Zeitpunkt an, in welchem der Verletzte von dem Schaden und der Person des Ersatzpflichtigen Kenntnis erlangt, ohne Rücksicht auf diese Kenntnis in **dreißig Jahren** von der Begehung der Handlung an (§ 852 I BGB). 1

Schweben zwischen dem Ersatzpflichtigen und dem Ersatzberechtigten **Verhandlungen über den zu leistenden Schadensersatz,** so ist die Verjährung gehemmt, bis der eine oder der andere Teil die Fortsetzung der Verhandlungen verweigert (§ 852 II BGB).[1] 2

Ebenso wie der deliktsrechtliche Anspruch selbst wird auch seine Verjährung nicht dadurch berührt, daß dem Geschädigten noch andere Ansprüche (aus vertraglicher oder Gefährdungshaftung) zustehen, für die abweichende Verjährungsfristen gelten. Die Fristen des § 852 BGB sind also **auch bei Anspruchskonkurrenz** anwendbar.[2] Die Regeln über die Verjährung deliktsrechtlicher Ansprüche werden allerdings ausnahmsweise verdrängt, wenn ihre Anwendung Sonderregeln (z. B. über kürzere Verjährungsfristen) unterlaufen würde. Eine solche **Spezialität besonderer Verjährungsfristen** ergibt z. B. die Auslegung des Kauf- bzw. Werkmängelgewährleistungsrechts **für Mangelschäden,** also namentlich solche Schäden, die infolge eines Produktfehlers an der Kaufsache (dem Werkstück) selbst entstehen; anders die Rechtsprechung (vgl. *§ 21 Rz. 17ff., 25ff., 64*). 3

Der **Beginn der Verjährung** setzt zunächst **Schadenskenntnis** voraus. Sie ist im allgemeinen schon gegeben, wenn der Geschädigte erfährt, daß überhaupt ein Schaden eingetreten ist; Details und Höhe des Schadens braucht er nicht zu kennen. Einer gesonderten und erst später beginnenden Verjährung unterliegen nur Ansprüche auf Ersatz von Schäden, mit denen zunächst nicht zu rechnen war.[3] 4

In dieser Weise ist auch bei solchen Schäden zu unterscheiden, die aus einer abgeschlossenen Pflichtverletzung, z. B. der Inverkehrgabe eines bestimmten fehlerhaften Produkts, fortdauernd oder wiederkehrend entstehen (etwa bei langfristiger Einwirkung einer schädlichen Substanz).[4] Für Schäden, die auf wiederholten Pflichtverletzungen beruhen, gilt der Grundsatz, daß jede unerlaubte Handlung eine neue Verjährung in Lauf setzt.[5] Hiervon abzugrenzen ist der Fall, daß eine Vielzahl unerlaubter Handlungen auf einen einheitlichen Entschluß zurückgeht und damit als *fortgesetzte Handlung* erscheint; gerade die Inverkehrgabe fehlerhafter Produkte stellt sich – mit dem Entschluß zur Serienproduktion[6] – typischerweise als fortgesetzte Handlung dar (Beispiel: Unnötig schädliche Ne- 5

---

[41] Ganz h. M., s. nur Kullmann/Pfister (Messer), Kza. 1426 S. 35f.; Soergel/Huber, § 464 Rz. 4.

[42] Schlechtriem, Vertragsordnung und außervertragliche Haftung (1972), S. 300f.; MünchKomm/H. P. Westermann, § 464 Rz. 7; **anders** Soergel/Huber, § 464 Rz. 4; wohl auch Kullmann/Pfister (Messer), Kza. 1426 S. 35f.

[1] Vgl. dazu BGH NJW 1982, 1041; MünchKomm/Mertens, § 852 Rz. 63ff.

[2] BGH NJW 1988, 52, 53f. – Korken; ständige Rechtsprechung.

[3] BGH NJW 1973, 702.

[4] BGH VersR 1964, 66, 67; 1972, 1046, 1047; NJW 1973, 2285.

[5] BGH VersR 1972, 1046, 1047; vgl. auch RGRK/Steffen, § 852 Rz. 53 zu dem Fall, daß immer neue, abgrenzbare Schäden verursacht werden.

[6] mit fahrlässigem Konstruktionsfehler, ohne zureichende Instruktion usw.

benwirkungen eines Medikaments intensivieren die Gesundheitsverletzung, weil es über Jahre hinweg eingenommen wurde). Nach der Rechtsprechung ist aber auch bei fortgesetzter Handlung – ungeachtet der im Strafrecht geltenden Grundsätze – jede Einzelhandlung gesondert zu berücksichtigen; für den durch sie begründeten Anspruch beginnt also jeweils eine neue Verjährungsfrist.[7]

6 Hinzu kommen muß die Kenntnis von der **Person des Ersatzpflichtigen,** d. h. des Schädigers und der übrigen Tatsachen, die nach der jeweiligen Haftungsnorm die Ersatzpflicht begründen. Diese Kenntnis muß so weit gediehen sein, daß dem Geschädigten die Erhebung einer Klage zuzumuten ist.[8] Zweifel an der Beweisbarkeit der maßgebenden Tatsachen hindern den Verjährungsbeginn daher nicht ohne weiteres.[9] Insbesondere solche Tatsachen, für die (genauer: für deren Gegenteil) im Prozeß der Schädiger beweispflichtig wäre, braucht der Geschädigte nicht zu kennen;[10] das ist im Hinblick auf die Beweislastumkehr für Pflichtverletzung und Verschulden des Produzenten von erheblicher Bedeutung: Hier beginnt die Frist oft schon mit der eine Klage erlaubenden Kenntnis (1) des bloßen *Sicherheitsmangels* und (2) seiner *Entstehung im Organisations- und Gefahrenbereich* (3) eines *bestimmten Herstellers* usw. Zweifel an der Verantwortlichkeit eines von mehreren möglichen Tätern hindern dagegen den Verjährungsbeginn.[11] Das gilt wiederum nicht, soweit all diese Täter trotz der Verursachungszweifel haften, also für Ansprüche nach § 830 I 2 BGB, falls die dafür maßgebenden Tatsachen – also vor allem die jeweilige Beteiligung an der Tat – bekannt sind.

7 Zur **Unterbrechung der Verjährung** vgl. §§ 208ff. BGB.

H. Mehrheit von Verpflichteten und Innenausgleich

§ 42. Haftung mehrerer Unternehmen

I. Allgemeines

1 Besondere Probleme entstehen, wenn ein Schaden infolge Produktfehlers – sicher oder zumindest eventuell – auf die Mitwirkung mehrerer Personen zurückzuführen ist. Folgende Fälle sind zu unterscheiden: Ist der Schaden durch eine gemeinschaftlich begangene unerlaubte Handlung verursacht worden, so haftet jeder dieser **Mittäter** (§ 830 I 1 BGB; *Rz. 7f.*). **Anstifter** und **Gehilfen** haften ebenso (§ 830 II BGB; *Rz. 9*). Ist der Schaden durch voneinander unabhängige Handlungen verschiedener Personen ausgelöst worden, so haftet jeder dieser **Nebentäter** *(Rz. 10f.)*. Wenn mehrere rechtswidrige Handlungen begangen worden sind, von denen jede den Schaden (zumindest teilweise) verursachen konnte und eine mit Sicherheit ursächlich wurde, haften die Handelnden als **Beteiligte,** falls sich nicht klären läßt, wessen Handlung ursächlich war (§ 830 I 2 BGB; *Rz. 12ff.)*.

2 Eine solche Mehrheit von Verpflichteten kann im Rahmen der Produkthaftung innerhalb ein und desselben Herstellerbetriebs gegeben sein (Beispiel: Es haften die GmbH, ihre Geschäftsführer und der für die Konstruktion verantwortliche Ingenieur; näher *§ 43 Rz. 1ff.*). Im folgenden wird nur die Haftung mehrerer Unternehmen gegenüber dem Geschädigten dargestellt. Dabei geht es praktisch meist um die Frage, inwieweit die *Inhaber* (z. B. GmbH, oHG-Gesellschafter) verschiedener Herstel-

---

[7] BGH NJW 1954, 1033f.; VersR 1972, 1046, 1047; NJW 1978, 262, 263 u. 1377, 1378; zweifelnd RGRK/Steffen, § 852 Rz. 53 a. E.

[8] BGH NJW 1960, 380, 381; 1977, 198, 199; 1984, 661.

[9] BGH NJW 1963, 1103, 1104.

[10] Vgl. BGH VersR 1961, 910; NJW 1963, 1103, 1104 (jeweils zu § 831 BGB); zur Arzthaftung s. aber auch BGH NJW 1976, 363, 365; Soergel/Zeuner, § 852 Rz. 15 a. E.

[11] BGH VersR 1964, 927, 928.

lerunternehmen dem Produktgeschädigten verantwortlich sind. In Betracht kommt z. B. eine gemeinsame Verantwortlichkeit von Endhersteller und Zulieferer oder von mehreren Endherstellern, die jeweils fehlerhafte Produkte abgegeben haben, deren Ursächlichkeit für den konkreten Schaden nicht exakt zugeordnet werden kann.

II. Haftung im Außenverhältnis

1. Gesamtschuldnerische Haftung mehrerer Verpflichteter

Wenn dem Geschädigten mehrere Hersteller zum Ersatz des Schadens verpflichtet sind, der infolge des Produktfehlers entstanden ist, haften sie als Gesamtschuldner (§ 840 I BGB). Der Geschädigte kann also nach seiner Wahl **jeden** dieser Hersteller in Anspruch nehmen, und zwar **wegen des gesamten Schadens;** der Hersteller haftet demnach nicht etwa nur für den auf ihn entfallenden Anteil. Das gilt aber nur im Verhältnis der Hersteller (Gesamtschuldner) zum Geschädigten (im Außenverhältnis). Im Verhältnis der Hersteller untereinander (Innenverhältnis) kann durchaus eine Aufteilung des Schadensersatzes geboten sein; sie erfolgt oft erst nach der Befriedigung des Geschädigten, nämlich durch **Innenausgleich** *(Rz. 41ff.)*. 3

Hat *ein* Gesamtschuldner mit dem Geschädigten wirksam[1] einen **Haftungsausschluß** oder eine Haftungsbeschränkung vereinbart, so **hindert** das zwar die Inanspruchnahme dieses Vertragspartners, nach der Rechtsprechung aber **nicht die Haftung der übrigen Gesamtschuldner.**[2] Dabei wird in Kauf genommen, daß der vertraglich begünstigte Gesamtschuldner nach dieser Ansicht mittelbar doch verpflichtet wird, da er im Innenverhältnis ja regelmäßig den Ausgleichsansprüchen seiner Mitschuldner ausgesetzt ist. 4

Die gesamtschuldnerische Haftung ist allerdings **eingeschränkt,** wenn der Umgang mit dem fehlerhaften Produkt im Betrieb eines anderen Herstellers oder des Benutzers zu einem **Arbeitsunfall** führt, an dem der Arbeitgeber oder ein Arbeitskollege des verletzten Arbeitnehmers mitschuldig ist (z. B. weil er Unfallverhütungsvorschriften vernachlässigt hat). Hier steht dem Verletzten nach der Sonderregelung in §§ 636, 637 RVO kein Schadensersatzanspruch gegen seinen Arbeitgeber bzw. Kollegen zu. Diese Privilegierung darf auch nicht dadurch umgangen werden, daß der Hersteller des fehlerhaften Produkts nach einer Inanspruchnahme durch den Verletzten bei dem mitverantwortlichen Arbeitgeber (Kollegen) *Ausgleich* sucht. Um dies zu verhindern, ist die Haftung des Herstellers von vornherein auf den Anteil beschränkt, für den er im Verhältnis zu dem Mitverantwortlichen ohne dessen Privilegierung einzustehen hätte (sog. *gestörter Gesamtschuldnerausgleich).*[3] 5

Die gesamtschuldnerische Haftung muß auch dann **eingeschränkt** werden, **wenn** ein **Mitverschulden des Geschädigten** festgestellt ist. Diese Mitschuld kann zunächst auf zweierlei Weise berücksichtigt werden. 6

Muß sie auf ⅓ veranschlagt werden, weil die Nachlässigkeit des Geschädigten dem Verschulden des Endherstellers (⅓) und dessen Lieferanten (⅓) entspricht, so könnte jedem Schuldner gestattet werden, den gegen ihn gerichteten Anspruch um die Hälfte zu kürzen, weil bei einer *Einzelabwägung* die Verschuldensanteile gleichwertig sind. Eine derartige Beschränkung des Schadensersatzes entspräche aber nicht mehr der Gesamtsituation. Demgegenüber könnte eine *Gesamtabwägung* dazu veranlassen, die gesamtschuldnerische Haftung jedes Schädigers auf ⅔ zu erhöhen. Dies würde aber wiederum die Schädiger benachteiligen, da nun jeder zusätzlich für das Verschulden des anderen einzustehen hätte; gegen diesen bestünde zwar eine Ausgleichsforderung *(Rz. 41ff.),* sie ist aber nicht immer durchsetzbar. S. aber auch *Rz. 58.*

---

[1] Zu der AGB-Problematik vgl. die Darstellungen in §§ 10–16.

[2] BGH NJW 1961, 1966, 1967; 1972, 942, 943; ebenso BGH NJW 1988, 2667, 2669, zum **gesetzlichen Haftungsprivileg** der Eltern gegenüber dem Kind; **anders** die h. L., vgl. Palandt/Heinrichs, § 426 Anm. 5a; Prölss, VersR 1967, 678f.; G. u. D. Reinicke, NJW 1954, 1641f.

[3] Vgl. allgemein BGH NJW 1973, 1648; 1981, 760; 1987, 2669, 2670; OLG Stuttgart, Urt. v. 13. 1. 1981, Schmidt-Salzer, Entscheidungssammlung III, II 100, S. 569 – Kühlwalzensystem.

Die Rechtsprechung bevorzugt einen Kompromiß.[4] Sie beschränkt die gesamtschuldnerische Haftung **auf** den **Schadensteil,** der **bei einer Einzelabwägung** mit dem Verschulden eines der Schädiger von beiden zu ersetzen wäre. In Höhe des darüber hinausgehenden Schadensteils, der bei einer Gesamtabwägung nun dem Geschädigten nicht zuzurechnen ist, sollen die Schädiger nur als Teilschuldner haften.

2. Mittäterschaft

7 Mittäter ist, wer mit mindestens einer anderen Person **bewußt und gewollt** zur Herbeiführung des tatbestandlichen Erfolges **zusammengewirkt** hat. Erforderlich ist also Vorsatz, und zwar bei § 823 I BGB in bezug auf den Verletzungserfolg,[5] bei § 823 II BGB in Hinblick auf die Schutzgesetzverletzung. Gemeinsames **fahrlässiges Handeln reicht** nach der Rechtsprechung **nicht** aus, auch nicht bei bewußter Fahrlässigkeit, d. h. bei Voraussicht des Verletzungserfolges in Verbindung mit der – fahrlässigen – Annahme, dieser werde nicht eintreten.[6] Mittäterschaft scheidet demnach aus, wenn Zulieferer und Endhersteller bei der Beratung über die Eignung eines Teilprodukts zusammenarbeiten und dessen Belastbarkeit dabei fahrlässig überschätzen.[7] Wird bei jener Beratung jedoch deutlich, daß die Belastbarkeit nicht ausreicht (und durch zumutbare Konstruktionsänderung zu verbessern wäre), und nehmen die Verhandlungspartner dies „augenzwinkernd“ hin, so handeln sie bedingt vorsätzlich und sind Mittäter, falls der Produktfehler später tatsächlich zu Schäden führt.

8 Der Tatbeitrag des Mittäters muß keineswegs in einer physischen Mitwirkung an der Produktion bestehen. Auch eine **intellektuelle, geistig bestimmende Tätigkeit** oder eine **Ermutigung** des anderen Herstellers **genügt,** sofern diese Einflußnahme von dem Willen zur gemeinschaftlichen Tat getragen ist.[8]

3. Anstiftung, Beihilfe

9 Wer auf das rechtswidrige Verhalten eines anderen bei der Produktion Einfluß genommen hat, ohne den dadurch bewirkten Erfolg als eigene oder wenigstens gemeinsame Tat zu wollen, haftet dennoch als Gesamtschuldner, wenn er Anstifter oder Gehilfe war (§§ 830 II, 840 I BGB). Voraussetzung dafür ist, daß der **Täter,** der angestiftet oder unterstützt wird, **vorsätzlich handelt,**[9] also zumindest billigend in Kauf nimmt, daß die Inverkehrgabe eines fehlerhaften Produkts den Haftungstatbestand verwirklicht. Die **Anstiftung bzw. Beihilfe** zu dieser Tat **muß** ebenfalls **vorsätzlich erfolgen.**[10] Demnach erfordert Anstiftung, daß der Täter vorsätzlich zu seiner Tat bestimmt wird.

Beispiel für Anstiftung: Der Endhersteller hat Hemmungen, ihm gelieferte Teilprodukte zu verwenden, nachdem er festgestellt hat, daß sie den Belastungen des Endprodukts nicht in jedem Fall standhalten. Der Zulieferer ist für den Eignungsmangel zwar nicht verantwortlich, sieht aber Kulanzforderungen auf sich zukommen. Daher redet er dem Endhersteller die Bedenken aus, indem er darauf hinweist, die Konkurrenz verwende doch die gleichen Teile.

Beihilfe erfordert, daß dem Haupttäter bei dessen Tat vorsätzlich Hilfe geleistet wird.

---

[4] BGH NJW 1959, 1772, 1774f.; zur Berücksichtigung des Mitverschuldens bei „Haftungseinheit“ (Rz. 58) vgl. Selb, Mehrheit von Gläubigern und Schuldnern (1984), S. 109ff.

[5] BGH NJW 1955, 1274, 1275.

[6] BGH NJW 1959, 1772, 1773; 1974, 360, 361; OLG Schleswig MDR 1983, 1023, 1024; **anders** noch RGZ 58, 357, 359; ferner Deutsch, JZ 1972, 105, 107; Weckerle, Die deliktische Verantwortung mehrerer, S. 69ff.

[7] Beide haften aber als „Nebentäter“ (Rz. 10f.).

[8] BGH NJW 1972, 40, 42; 1984, 1226, 1229.

[9] BGH VersR 1967, 471, 473; **anders** z. B. K. Schmidt, JZ 1978, 661, 666; Weckerle [Fn. 6], S. 76f.

[10] BGH VersR 1967, 471, 473; NJW 1979, 1823, 1826, 1829; **anders** wiederum Deutsch, Haftungsrecht, S. 348; Weckerle [Fn. 6], S. 76f.

Beispiel für Beihilfe: Beim Endhersteller ist A für den Einkauf bestimmter Zulieferteile verantwortlich. Nach Anlieferung einer Partie der Firma Z stellt er fest, daß diese Teile nicht den Qualitätsanforderungen genügen, da diese von ihm – A – nicht hinreichend spezifiziert worden waren. Um seine anstehende Beförderung nicht zu gefährden, bittet A einen bei Z beschäftigten Freund F, ihm einen geschönten Meßbericht nachzureichen, um damit eine „erneute“ Qualitätskontrolle beim Endhersteller zu verhindern. Entspricht F diesem Ansinnen, so begeht er Beihilfe zur Tat des A mit der Folge, daß F, A und ihre Arbeitgeber[11] als Gesamtschuldner haften, falls der Fehler der Endprodukte Schäden verursacht.

4. Nebentäterschaft

Nebentäterschaft liegt vor, wenn der Schaden durch **verschiedene Personen** verursacht 10
wird, die nicht gemeinschaftlich, sondern **unabhängig voneinander tätig** geworden und verantwortlich sind. Aus welchem Grunde diese Personen schadensersatzpflichtig sind, ist ohne Bedeutung. Nebentäterschaft ist daher auch gegeben, wenn z. B. der Zulieferer bedingt vorsätzlich, der Qualitätsverantwortliche des Endherstellers fahrlässig handelte und dieser selbst nur kraft Gefährdungshaftung für den Schaden aufzukommen hat.

Als Nebentäter handeln Zulieferer und Assembler ferner, wenn jeder von ihnen zur Warnung vor einem nachträglich erkennbar gewordenen Produktfehler verpflichtet ist, diese aber hinauszögert.[12] Nebentäter sind auch ein Kraftfahrzeughersteller und ein Zubehörproduzent, falls beiden zugemutet werden konnte, das Zubehörteil auf Anwendungsgefahren hin zu prüfen und vor solchen zu warnen.[13] Unter entsprechenden Voraussetzungen haften auch Hersteller und Vertriebshändler,[14] Hersteller und Werkunternehmer[15] bzw. sonstiger Benutzer[16] als Nebentäter.

Auch Nebentäter haften als Gesamtschuldner für den **vollen Schaden** (§ 840 I BGB). 11
Dies setzt aber voraus, daß die Mitwirkung des einzelnen Täters geeignet war, den ganzen Schaden herbeizuführen.[17] Läßt sich für einen Täter nur die Verursachung eines Teilschadens zweifelsfrei feststellen, so haftet er lediglich in diesem Umfang als Gesamtschuldner; das schließt aber nicht aus, daß die *übrigen* Täter auch in Höhe des Restschadens Nebentäter und damit Gesamtschuldner sind.

5. Alternative Täterschaft von Beteiligten

a) Verursachungszweifel, Anteilszweifel

Falls sich nicht ermitteln läßt, wer von mehreren Beteiligten den Schaden durch seine 12
Handlung verursacht hat, haften alle Beteiligten als Gesamtschuldner (§§ 830 I 2, 840 I BGB). Die Vorschrift gilt also dem Fall, daß mehrere Personen sich so verhalten haben, daß jede von ihnen zum Schadensersatz verpflichtet wäre, wenn nur feststünde, daß gerade *ihr* Verhalten den Schaden herbeigeführt hat **(Verursachungszweifel).**

---

[11] aufgrund der Vermutung, A bzw. F schlecht ausgewählt zu haben (§ 831 BGB),

[12] BGH VersR 1970, 469 – Arbeitsbühne; VersR 1977, 571 – Wasserversorgung II; OLG Hamburg, Urt. v. 6. 3. 1980, Schmidt-Salzer, Entscheidungssammlung III, II 96, S. 402f. – Automatenumrüstung; Link, BB 1985, 1424, 1425.

[13] (Fragliches) Beispiel: BGH NJW 1987, 1009ff. – Lenkerverkleidung.

[14] BGH VersR 1970, 469 – Arbeitsbühne; VersR 1972, 149 – Förderanlage; OLG Braunschweig, Urt. v. 16. 3. 1967, Schmidt-Salzer, Entscheidungssammlung III, II 69, S. 402f. – Tierimpfstoff; v. Westphalen, NJW 1979, 838, 845.

[15] BGH VersR 1957, 304 – Betonbalken; NJW 1983, 812, 814 a. E. – Hebebühne; NJW 1986, 1863 – Überrollbügel.

[16] BGH VersR 1960, 856 – Silo; VersR 1963, 860 – Auftau-Transformator; VersR 1968, 276 und NJW 1972, 2217, 2221 – ESTIL; KG VersR 1975, 427, 428 – Thorotrast; OLG Stuttgart, Urt. v. 13. 1. 1981, Schmidt-Salzer, Entscheidungssammlung III, II 100 – Kühlwalzensystem; OLG Celle VersR 1985, 949f. – Reinigungsmittel II.

[17] Steht nur fest, daß die Beteiligten einen Teilschaden verursacht haben können, haften sie immerhin insoweit gesamtschuldnerisch.

13 Die Vorschrift wird aber entsprechend angewendet, wenn feststeht, *daß* jeder Beteiligte in irgendeiner Weise zum Schaden beigetragen hat und auch den ganzen Schaden allein verursacht haben kann, aber nicht zu klären ist, welcher *Anteil* des Schadens auf den Betreffenden entfällt **(Anteilszweifel).**[18]

b) Voraussetzungen der gemeinsamen Verpflichtung

14 Die Voraussetzungen der Haftung bei alternativer Täterschaft sind bis heute **nicht ganz geklärt.** Rühren die Kausalitätszweifel daher, daß das schadensursächliche (fehlerhafte) Produkt von mehreren Unternehmen stammen kann, so ergeben sich besondere Schwierigkeiten. Die allgemeinen Bedingungen für die Zurechnung alternativer Kausalität hat der **BGH** wie folgt zusammengefaßt:[19]

„Nach Abs. 1 S. 2 soll ein Ersatzanspruch des Geschädigten nicht daran scheitern, daß sich die Verursachung gerade durch einen bestimmten ‚Beteiligten' nicht feststellen läßt. Diese besondere und ungewöhnliche Anspruchsgrundlage hat zur tatbestandlichen Voraussetzung, daß

1) bei jedem Beteiligten ein anspruchsbegründendes Verhalten gegeben war, wenn man vom Nachweis der Ursächlichkeit absieht,
2) eine der unter dem Begriff ‚Beteiligung' zusammengefaßten Personen den Schaden verursacht haben *muß,* und
3) nicht feststellbar ist, welcher von ihnen den Schaden tatsächlich (ganz bzw. teilweise) verursacht hat (. . .).

Dabei kommt auch der Bedingung zu 3) nicht etwa die Bedeutung einer bloßen Beweisregel, sondern ausnahmsweise diejenige eines sachlichen Tatbestandsmerkmales zu."

Demnach sind erforderlich:

15 **aa) Anspruchsbegründendes Verhalten.** Dem Hersteller, der zur Haftung nach § 830 I 2 BGB herangezogen wird, muß eine „unerlaubte Handlung" vorwerfbar sein. Er muß also gem. §§ 823ff. BGB für eigenes oder fremdes **Verschulden** einzustehen haben. Unterliegt er der Verschuldenshaftung nicht, so genügt meist sogar, daß eine **Gefährdungshaftung** besteht (genauer: bestünde, wenn die Gefährdung für den Schaden ursächlich war). Diese Haftung wird nämlich regelmäßig auf Fälle alternativer Kausalität ausgedehnt, sei es aufgrund ausdrücklicher Regelung oder entsprechender Anwendbarkeit[20] des § 830 I 2 BGB.

16 **bb) Schädigung durch anspruchsbegründendes Verhalten.** Es muß ferner feststehen, ggf. also bewiesen sein, daß der Schaden nur durch (irgend)eine Person verursacht wurde, die im Falle ihrer Identifizierung ersatzpflichtig wäre. Damit ergeben sich vier Fälle, in denen **keine Haftung** besteht:

17 • Eine Haftung scheidet aus, wenn der Schaden möglicherweise (nur) **durch den Geschädigten** selbst herbeigeführt wurde.[21] Auch sonst hat der Produktgeschädigte ja nachzuweisen, daß er durch einen Mangel und nicht etwa nur durch unsachgemäße Handhabung des Produkts geschädigt wurde. Dieser Beweis wird freilich oft erleichtert sein (vgl. *§ 30 Rz. 24ff., 91*).

18 • Eine Haftung entfällt ferner, wenn der Schaden auch **durch Zufall** eingetreten sein kann.[22] Auch diese Möglichkeit wird aber meist durch Anscheinsbeweis ausgeschlossen werden können (vgl. *§ 30 Rz. 24ff.).* Wo solche Beweiserleichterungen fehlen, bleiben allerdings Haftungslücken.

---

[18] BGH NJW 1961, 263, 264 unter 5; 1976, 1934, 1935.

[19] BGH NJW 1979, 544.

[20] Zur Haftung nach § 84 AMG vgl. etwa Deutsch, VersR 1979, 685, 689.

[21] BGH NJW 1973, 993, 994; OLG Nürnberg VersR 1972, 447f.; Soergel/Zeuner, § 830 Rz. 15; anders Deutsch, Haftungsrecht, S. 354.

[22] Vgl. OLG Karlsruhe NJW 1971, 1944, 1945; Bauer, JZ 1973, 599; anders Bydlinski, Festschrift Beitzke (1979), S. 3, 30ff.

Beispiel: Patient P wird jahrelang von verschiedenen Herstellern mit einem Arzneimittel versorgt, dessen längere Anwendung das allgemeine Risiko, an Krebs zu erkranken, verdoppelt. P wußte dies nicht. Als er an Krebs erkrankt, verklagt er die Arzneimittelhersteller, welche vor der Nebenwirkung hätten warnen müssen, auf Zahlung von Schmerzensgeld. Die Klage kann mangels Kausalitätsnachweises keinen Erfolg haben.

Denn § 830 I 2 BGB soll lediglich bei Beweisschwierigkeiten helfen, die sich aus der Existenz einer Mehrzahl möglicher Schädiger ergeben. Haben die Kausalitätszweifel (auch) andere Gründe, z. B. solche eines virologisch-konstitutionellen Erkrankungsrisikos oder der regionalen Schadstoffbelastung, so bliebe der Geschädigte auch dann beweisfällig, wenn nur *ein* konkreter Schädiger in Betracht käme. Auch § 830 I 2 BGB kann daher keinen weitergehenden Schutz bieten.[23]

19 • Vor allem ist eine Haftung dann ausgeschlossen, wenn auch nur **einer der Hersteller**, die als Schadensverursacher in Frage kommen, **rechtmäßig**[24] **oder schuldlos**[25] **handelte.** Gelingt einem dieser *Hersteller* der Nachweis, daß ihn keine Verantwortung für den Fehler *seines* Produkts trifft, so sind also auch alle übrigen „Tatverdächtigen" aus der Haftung entlassen.

Im allgemeinen ist § 830 I 2 BGB sogar schon dann unanwendbar, wenn an dem rechtswidrigen (schuldhaften) Verhalten der in Betracht kommenden Verursacher nur Zweifel bestehen. Im Produkthaftprozeß wird pflichtwidriges Verhalten des Herstellers aber weitgehend vermutet, wenn ein ursprünglicher Produktmangel feststeht *(§ 30 Rz. 42ff.)*. Soweit die Beweislastumkehr reicht, ist sie zugunsten des Geschädigten auch bei alternativer Täterschaft zu berücksichtigen.[26] Daraus folgt umgekehrt:

20 Dieser Haftungsausschluß ist noch **erleichtert,** soweit eine Beweislastumkehr hinsichtlich der Verantwortlichkeit nicht stattfindet. In diesen Fällen hätte der Geschädigte selbst bei feststehender Verursachung durch einen bekannten Hersteller diesem eine Pflichtverletzung nachzuweisen, die den Schaden verursachen konnte, also insbesondere *zeitlich vor Schadenseintritt* erfolgte; dann kann bei einer Mehrheit potentieller Schädiger nichts anderes gelten.[27] Gelingt dem *Geschädigten* dieser Beweis nicht, so ist § 830 I 2 BGB zugunsten sämtlicher Beteiligten unanwendbar. Dies kann den Geschädigten in erhebliche Beweisnot bringen; sie ist aber – jedenfalls im Rahmen des § 830 I 2 BGB[28] – kaum vermeidbar.

21 **Beispiel:** Die pharmazeutischen Hersteller A, B und C produzieren die aus Spenderblut gewonnenen, für Hämophile lebenswichtigen Gerinnungsfaktor-Konzentrate. Dem H werden drei Jahre lang monatlich Präparate aller drei Hersteller injiziert. Als H an AIDS erkrankt, stellt sich heraus, daß infolge der nicht bekannten HIV-Infektion einiger Blutspender die Präparate aller Hersteller mit HIV-Viren verseucht worden waren. Unterstellt man, daß die Hersteller den H ein Jahr vor Beendigung seiner Behandlung vor dem Risiko einer HIV-Infektion hätten warnen müssen (Instruktionsfehler), so wäre einerseits unklar, ob H (zuerst) durch ein Präparat des A, B oder C infiziert wurde. Über diese Zweifel würde § 830 I 2 BGB hinweghelfen, aber nur dann, wenn feststünde, daß H erst durch ein Präparat (von A, B oder C) infiziert wurde, dem ein Instruktionsfehler anhaftete, und nicht schon durch eines, das ihm in den ersten beiden Jahren verabreicht wurde. – Die damit verbleibende Beweisnot des Geschädigten erscheint auf den ersten Blick unbillig; sie hat ihren Grund aber darin,

---

[23] Anders Bodewig, AcP 185 (1985), 505, 528f., 543ff. (für quotale Haftung gegenüber den wirklichen und scheinbaren Opfern).

[24] BGH NJW 1972, 40, 41.

[25] OLG Schleswig MDR 1983, 1024; **offengelassen** von BGH NJW 1972, 40, 41 m. Nachw. zum Streitstand.

[26] Vgl. Schantl, VersR 1981, 105; Palandt/Thomas, § 830 Anm. 3c cc.

[27] Vgl. allgemein BGH NJW 1984, 1226, 1230 (Grohnde-Demonstration); anders noch BGH VersR 1962, 430 (mit der kaum noch rechtsstaatlichen Konsequenz, daß der Beklagte beweisen muß, *rechtmäßig* gehandelt zu haben).

[28] Zu den Erleichterungen des Kausalitätsbeweises, die bereits gegen den allein in Betracht kommenden Schädiger gewährt werden, vgl. § 30 Rz. 85ff.

daß auch ein potentieller Täter nicht für Schäden haften soll, die auch nur *möglicherweise* (von ihm selbst oder anderen) „rechtmäßig", d.h. ohne Verstoß gegen eine Verkehrspflicht, herbeigeführt worden sind.

22 Der Ausschluß der Solidarhaftung bei Entlastung *eines* potentiellen Verursachers ist **im Regelfall** auch **gerecht;** denn schließlich besteht die Möglichkeit, daß der Schaden durch das Produkt gerade dieses Herstellers – und vielleicht sogar „rechtmäßig" – herbeigeführt wurde. Andererseits wird die Freistellung derjenigen Produzenten, deren Verantwortlichkeit für die Produktfehler unwiderlegt blieb, in dem Maße **unbillig,** in dem die Wahrscheinlichkeit zunimmt, daß die Schädigung auf das Produkt eines von *diesen* Herstellern zurückgeht. Wenn z. B. nur einem von 20 Herstellern, die den Geschädigten mit fehlerhaften Produkten versorgt haben, die Entlastung gelingt, sollten die übrigen Produzenten zur solidarischen Haftung herangezogen werden, da die Wahrscheinlichkeit ihrer Täterschaft immerhin 95% beträgt.[29]

23 • Selbstverständlich haftet auch derjenige Hersteller nicht, der nachzuweisen vermag, daß eines *seiner* (fehlerhaften) Produkte nicht zum Schaden geführt haben kann.[30] Dieser **individuelle Entlastungsbeweis** wird freilich erst bedeutsam und notwendig,[31] wenn das Gericht festgestellt hat, daß der betreffende Hersteller an der Schädigung „beteiligt" war, daß also eines seiner Produkte den Geschädigten konkret gefährdete (dazu näher *Rz. 26ff.*). Diese Beteiligung muß vom Geschädigten ggf. vorher bewiesen werden.

24 Darüber hinaus ist – allerdings je nach Gefährdungsintensität – zu überlegen, ob die Gesichtspunkte, die einen der beteiligten Hersteller im Rahmen der Kausalität „entlasten", nicht ebenfalls vom *Geschädigten* widerlegt werden müßten. Schließlich spricht jeder Umstand, der der Ursächlichkeit gerade des Produkts von X entgegensteht, schon gegen die *Eignung* dieses Produkts, den Schaden (ebenso wie die Produkte von Y und Z) herbeizuführen.

25 **cc) „Beteiligung" an der Schädigung.** Die Haftung für alternative Täterschaft trifft nach dem Gesetz nur die an der Schädigung „Beteiligten". Eine Beteiligung kann nur unter den zuvor erwähnten Umständen[32] gegeben sein. Ob weitere Voraussetzungen erfüllt sein müssen, ist umstritten. Besonders die ältere Rechtsprechung nahm an, die Handlungen der potentiellen Täter müßten einen einheitlichen, örtlich und zeitlich zusammenhängenden Vorgang bilden, in dessen Bereich der Verletzungserfolg falle.[33] Hiervon ist der **BGH** allerdings mehr und mehr abgerückt; in seiner Entscheidung vom 27. 5. 1987 hat er offengelassen, ob an dem Erfordernis eines einheitlichen Vorgangs festzuhalten ist, und betont, es komme auf die **„Gleichartigkeit der Gefährdung** des bedrohten Rechtsguts" durch die verschiedenen Handlungen an.[34] U. E. kann weder die Einheitlichkeit[35] noch die Gleichartigkeit der Gefährdung die Haftung nach § 830 I 2 BGB sachgerecht einschränken; es ist nicht einzusehen, warum die Solidarhaftung trotz nachgewiesener Gefährdungen scheitern soll, nur weil diese nach zeitlicher Abfolge oder technischem Hergang nicht übereinstimmen.

Erwägenswert ist es, für die Haftung eine vergleichbare *Intensität* der Gefährdungen vorauszusetzen. Dadurch würden aber empfindliche Haftungslücken entstehen: Die Haftung müßte gänzlich entfallen, wenn auch nur einer der Tatbeiträge „nur" halb so gefährlich war wie jeder übrige. Den Vorstellungen des Gesetzgebers dürfte dies nicht entsprechen.

---

[29] Ebenso Bodewig, AcP 185 (1985), 505, 528.

[30] Vgl. allgemein Staudinger/Schäfer, § 830 Rz. 40.

[31] Vgl. Koch, Haftungsprobleme, S. 174; enger (als Rz. 24) Baumgärtel/Wittmann, § 830 Rz. 5.

[32] Vgl. Rz. 15–24. Der Begriff wird nicht einheitlich gebraucht!

[33] So noch BGH NJW 1957, 1834, 1835; s. auch BGH NJW 1961, 263, 264; BGHZ 55, 86, 93; 72, 355, 359.

[34] BGHZ 101, 106, 112 (Hervorhebung durch Verf.).

[35] Dazu kritisch Bodewig, AcP 185 (1985), 505, 515; Bydlinski, Festschrift Beitzke (1979), S. 3, 11ff.; Deutsch, Haftungsrecht, S. 352; Köndgen, NJW 1971, 871, 872.

26 Zu verlangen ist aber, daß die jeweiligen Schädigungshandlungen nicht nur abstrakt geeignet waren, den entstandenen Schaden zu verursachen, sondern daß sie das betreffende Rechtsgut **konkret gefährdeten.**[36]

27 Diese Voraussetzung ist im Bereich der Produzentenhaftung regelmäßig erfüllt, wenn feststeht, daß die fehlerhaften Produkte (jeweils bekannter Hersteller) gerade auch von dem Geschädigten *erworben* oder – von wem auch immer – unter Gefährdung seiner Rechtsgüter *verwendet* wurden. Hier ist der Kreis der **möglichen Verursacher zuverlässig einzugrenzen.**

Beispiele: Ein Patient hat laufend Medikamente eingenommen, die von den Herstellern A, B und C stammen und sämtlich eine Substanz enthielten, die schädliche, aber vermeidbare Nebenwirkungen hat. Ein Pkw-Hersteller bezieht Gußteile von drei Zulieferern; als in einem fertigen Pkw eines dieser Gußteile bricht und einen Unfall verursacht, stellt sich heraus, daß bei keinem Zulieferer eine Qualitätskontrolle erfolgte, die dem Stand der Technik entsprach.

28 Eine **Gefährdung durch bestimmte Hersteller** ist aber **nicht immer greifbar.** Gelegentlich kann der Geschädigte nicht einmal mehr die Waren, mit denen er unmittelbar vor dem Unfall zu tun hatte, einem bestimmten Hersteller zuordnen, sei es, weil die Waren verschiedener Hersteller äußerlich kaum noch zu unterscheiden sind (z. B. Naturprodukte), weil sie schon im Laufe des Vertriebs miteinander vermischt wurden (z. B. Standardteile) oder weil der Geschädigte nicht mehr belegen kann, von welchem Einzelhändler und wann er die fehlerhafte Ware erwarb; evtl. hat er auch bewußt die Erzeugnisse verschiedener Hersteller erworben und vermag das schadensursächliche Produkt infolge Vergeßlichkeit oder dessen Zerstörung nun nicht mehr zuzuordnen. In all diesen Fällen setzt eine Inanspruchnahme wegen alternativer Täterschaft zunächst den Beweis voraus, daß sämtliche Produkte, die als Unfallursache in Frage kommen, mangelhaft waren und ihre Hersteller dafür verantwortlich sind. Die anschließende Rechtsfrage lautet: Wurden diese Hersteller **schon durch die bloße Inverkehrgabe** der fehlerhaften Produkte **Beteiligte an der späteren Schädigung?** Diese Frage ist im wesentlichen nur bezüglich der Gefährdungshaftung für Arzneimittel (§ 84 AMG) erörtert und verneint worden.[37]

29 Nun sind Kausalitätszweifel infolge der Beteiligung mehrerer **im Rahmen der Gefährdungshaftung** ohnehin nur zu überwinden, wenn der Geschädigte ein hohes Maß an konkreter Gefährdung dargetan hat.[38]

Das folgt daraus, daß dem rechtswidrigen und schuldhaften Handeln, das für §§ 823ff. BGB festgestellt sein muß, im Bereich der Gefährdungshaftung schon die im jeweiligen Tatbestand umschriebene Gefährdung entspricht. Demnach ist auch eine „Beteiligung" i. S. des § 830 I 2 BGB schon dann indiziert, wenn die tatbestandliche Gefährdung – bis auf die Verursachung der Rechtsgutsverletzung – feststeht. Derart abstrakte Gefährdungen durch verschiedene Personen können aber sinnvollerweise noch nicht zur Haftung führen. Andernfalls würde diese sozial inadäquat (Schulbeispiel:[39] Bleibt die Urheberschaft für die Beschädigung eines parkenden Pkw unklar, so wären die *Fahrzeughalter,* die vor dem Unfall an diesem Pkw vorbeigefahren sind, zur Gefährdungshaftung heranzuziehen). Andererseits wird erwogen, für die Gefährdungshaftung mehrerer *Arzneimittelhersteller* schon die Inverkehrgabe der fehlerhaften Medikamente genügen zu lassen.[40]

30 Dies gilt **für die Verschuldenshaftung** nicht ohne weiteres. Für sie muß die Bewertung differenzierter ausfallen. Dabei ist folgendes zu berücksichtigen:

31 Hält man die Inverkehrgabe der fehlerhaften Waren für **ausreichend,**[41] um die Solidarhaftung ihrer Hersteller zu eröffnen, so ist der Geschädigte in jedem Fall geschützt. Unbe-

---

[36] Staudinger/Schäfer, § 830 Rz. 33 („unmittelbare Gefährdung").
[37] Deutsch, VersR 1979, 685, 689; Kloesel/Cyran, Arzneimittelgesetz, Erl. zu § 93; Sander/Köbner, Arzneimittelgesetz, § 84 Erl. 12 (S. 16).
[38] Vgl. Bodewig, AcP 185 (1985), 505, 523ff.; Bydlinski, Festschrift Beitzke (1979), S. 3, 24ff.
[39] Nach Bydlinski, Festschrift Beitzke (1979), S. 3, 24.
[40] Bodewig, AcP 185 (1985), 505, 518, 521f.; **anders** die wohl **h. L.,** vgl. die Nachw. in Fn. 37.
[41] So Bodewig, AcP 185 (1985), 505, 521f.

friedigend ist allerdings, daß auch solche Hersteller haften, deren fehlerhafte Produkte nur mit geringerer Wahrscheinlichkeit ursächlich wurden (Beispiele: Der Vertriebsschwerpunkt eines Herstellers liegt in Süddeutschland, der Geschädigte lebt in Norddeutschland; ein Hersteller vertreibt 80% seiner Waren über Baumärkte, die der Geschädigte unstreitig nie aufgesucht hat). Zudem kann der Geschädigte versucht sein, den Kreis der Haftenden künstlich zu erweitern, indem er vorgibt, die Identifizierung des (Händlers und damit auch des) Herstellers sei ihm nicht mehr möglich.[42] Ein derart einbezogener Hersteller kann zwar versuchen, sich bezüglich der Kausalität zu entlasten *(Rz. 23)*; gelingen wird dies aber selten. Damit bleibt ihm nur die Hoffnung, den geschuldeten Ersatz im Innenausgleich abzuwälzen.

32 Wer die bloße Inverkehrgabe für **nicht ausreichend** hält,[43] stellt sicher, daß bei alternativer Täterschaft nur solche Hersteller haften, deren Produkte für den Schaden ernstlich kausal geworden sein können (z. B. alle Hersteller, die den Einzelhändler belieferten, bei dem der Geschädigte zu kaufen pflegte). Andererseits können für den Geschädigten erhebliche Beweisprobleme entstehen; denn er ist darauf angewiesen, den Kreis der in Betracht kommenden Hersteller stringent einzugrenzen.

33 Dies kann insofern gelingen, als Belege über Ort und Zeit des Warenkaufs, die Vertriebswege der Waren und regionale Besonderheiten im Marktanteil der jeweiligen Hersteller meist die *Wahrscheinlichkeit* begründen werden, daß das schadensursächliche Produkt von wenigen Herstellern stammt oder von bestimmten Herstellern nicht stammt. Diese Wahrscheinlichkeit nützt dem Geschädigten aber nur beschränkt; denn er muß *beweisen,* daß der Produktfehler von Herstellern verursacht wurde, die dafür auch verantwortlich sind (weil sie z. B. den Entlastungsbeweis für pflichtgemäßes bzw. unverschuldetes Verhalten nicht geführt haben). Jener Beweis durch den Geschädigten setzt voraus, daß er zur *Überzeugung* des Gerichts dartut, andere Produkte als die der verklagten Hersteller könnten nicht kausal geworden sein.[44] Dies wird dem Geschädigten zwar im Einzelfall (z. B. nach der Einnahme verschreibungspflichtiger Medikamente), aber keineswegs immer möglich sein. Wer als bystander Opfer eines Produktfehlers wird, hat meist noch größere Schwierigkeiten. Zur „market-share-liability", die hier nach deutschem Recht keine Hilfe bietet, s. *Rz. 36f.*

34 **Im Ergebnis** entspricht es der Risikoverteilung in § 830 I 2 BGB am ehesten, den Geschädigten zu schützen, wenn feststeht, daß (fast) sämtliche Hersteller vor der Schädigung fehlerhafte Produkte ausgeliefert haben (und hierfür auch verantwortlich sind!). Diesen Herstellern ist es dann zuzumuten, sich entweder individuell zu entlasten *(Rz. 23)* oder den Schaden solidarisch zu tragen, auch wenn die Ursächlichkeit ihrer jeweiligen Waren zweifelhaft bleibt. Demnach **ist § 830 I 2 BGB schon bei der Inverkehrgabe fehlerhafter Waren anwendbar** (vgl. *Rz. 31*). Einem Mißbrauch dieses Schutzgesetzes durch den Geschädigten *(Rz. 31)* sollte prozessual begegnet werden: Im Rahmen des Entlastungsbeweises eines Herstellers, daß der Geschädigte *sein* Produkt nie besessen habe *(Rz. 23),* können an das substantiierte Bestreiten des Geschädigten strenge Anforderungen gestellt werden. Alle Hersteller, denen die Entlastung dennoch nicht gelingt, haften als **Gesamtschuldner;** das gilt **jedenfalls dann, wenn** anzunehmen ist, daß die Gesamtmenge der fehlerhaften Produkte **nur vereinzelte Schäden** verursacht (zu den Konsequenzen zahlreicher Schadensfälle s. *Rz. 35ff.*).

c) Bei Vielzahl von Opfern nur Teilverpflichtung?

35 Eine Haftung für alternative Täterschaft trifft ggf. auch solche Täter, von denen nur feststeht, daß sie vor der Schädigung fehlerhafte Produkte in Verkehr gegeben haben

---

[42] Koch, Haftungsprobleme, S. 174 FN 175. Zur *Entlastung* des Herstellers durch den Nachweis *regional* begrenzten Vertriebs im US-Recht vgl. Court of Appeals von Illinois, Smith v. Eli Lilli & Co., [CCH] Products Liability Reports Nr. 11918, dazu PHI 1989, 16.

[43] So im Grundsatz Koch, Haftungsprobleme, S. 173ff.

[44] Denn eine Klage gegen *sämtliche* Hersteller, die sich auf die bloße Inverkehrgabe stützt, soll ja nach der hier erörterten Ansicht in § 830 I 2 BGB keine Grundlage mehr finden.

(Rz. 34). Haben diese Produkte nur *einzelne* Schäden verursacht, so ist dem Hersteller, der dem Geschädigten vollen Ersatz leisten muß und leistet, zweifelsfrei zuzumuten, erst beim späteren Gesamtschuldnerausgleich angemessenen Ersatz von den übrigen Herstellern zu fordern. Sind diese in Konkurs gefallen oder aus anderen Gründen nicht in Anspruch zu nehmen, so muß der Hersteller, der vorgeleistet hat, diesen Nachteil hinnehmen (§§ 840 I, 426 I 2 BGB). Diese Regelung kann jedoch zu einer bedenklichen Überlastung eines Herstellers führen, wenn die fehlerhaften Produkte zahlreiche Schäden ausgelöst haben. In diesem Fall werden die Geschädigten nämlich bevorzugt den liquidesten oder bekanntesten Hersteller in Anspruch nehmen. Dieser kann dann leicht mit mehr Schadensfällen konfrontiert werden, als *seine* Produkte technisch herbeigeführt haben können.

Hiermit war theoretisch auch in den sog. **DES-Fällen** zu rechnen: Das Arzneimittel Diethylstilbesterol (DES) wurde in den USA von ca. 200 Unternehmen in gleicher Zusammensetzung hergestellt und über lange Zeit hinweg Schwangeren zur Vermeidung von Fehlgeburten verordnet. Bei ihren Töchtern stellte man nach jeweils 12–20 Jahren eine ungewöhnliche Krebsart fest, die auf DES zurückging. Die Erkrankten konnten nach der langen Zeit aber nicht mehr den Hersteller des Medikaments benennen (beweisen), das ihre Mütter eingenommen hatten. Zur Bewältigung dieser Schwierigkeiten entwickelte der Supreme Court of California einen neuen Grundsatz **(„market-share-liability“)**: Da die Wahrscheinlichkeit, daß die Mutter das Arzneimittel eines bestimmten Herstellers erhalten habe, im wesentlichen der Größe seines Marktanteils entspreche, habe er in diesem Verhältnis auch Schadensersatz zu leisten, wenn er gemeinsam mit den anderen (damals) größeren Unternehmen verklagt werde und seine Ursächlichkeit nicht für den konkreten Fall ausschließen könne.[45] 36

Dieser Lösungsweg ist **im deutschen Schadensersatzrecht,** das individualistisch konzipiert ist, wohl versperrt, soweit er die *Kausalitätszweifel* überwinden soll. Dies läßt sich u. E. auch (systemkonformer) durch weite Auslegung der „Beteiligung“ erreichen *(Rz. 34)*. **Wegweisend** ist die kalifornische Lösung aber für die *Einschränkung* der Solidarhaftung bei Massenschäden; denn deren Konsequenzen liegen offensichtlich außerhalb der Erwägungen unseres Gesetzgebers, die verhältnismäßig überschaubaren Verhältnissen galten. Denkbar wäre zwar auch die Aufteilung des Gesamtschadens aller Opfer auf die haftenden Hersteller mit der Folge, daß jeder Hersteller die Anspruchsteller „der Reihe nach“ zu befriedigen hätte, bis sein Kontingent erschöpft wäre. Dieser Weg ist aber nicht ideal,[46] obschon er das dem deutschen Recht bekannte Prioritätsprinzip lediglich ausdehnt. 37

Zur Vermeidung einer unbilligen Überbelastung einzelner Hersteller mit Schadensersatzbegehren sollte die Gesamtverpflichtung eingeschränkt werden. Einer Vielzahl von Opfern ist es zuzumuten, sich bei der Geltendmachung ihrer Schäden ebenso solidarisch zu verhalten, wie das Gesetz es von alternativen Tätern verlangt:[47] Sie können ihre individuellen Schäden bei dem jeweils haftenden Hersteller nur in dem Umfang geltend machen, in welchem dieser für den Gesamtschaden verantwortlich ist. Die einzelnen **Ansprüche** sind also **auf die Verursachungsquote** des jeweiligen Herstellers **reduziert.**[48] Kann ein Geschädigter allerdings die Kausalität eines bestimmten Produkts (Herstellers) nachweisen, so bleibt ihm natürlich sein Anspruch auf vollen Ersatz durch diesen Hersteller.[49] 38

Durch diese Besonderheit steht sich ein Hersteller, dem die Verursachung eines Einzelschadens nachweisbar ist, zugleich schlechter als seine Konkurrenten, wenn diese durchweg nur in Höhe ihrer Verursachungs*quote* in Anspruch genommen werden. In der Praxis dürften derartige **Sonderlasten** aber nicht von vornherein einseitig verteilt sein; im übrigen sind sie wohl hinnehmbar, bis sie im Innenausgleich *(Rz. 41ff.)* kompensiert werden.[50] 39

---

[45] Supreme Court of California (Sindell v. Abbott Laboratories), 607 Pac. Rptr. 2d 924; Zusammenfassung des Urt. bei Deutsch, VersR 1982, 712; Astheimer, PHI 1984, 52ff.; s. jetzt auch Brown v. Abbott Laboratories, 245 Cal. Rptr. 412, dazu Lüderitz, RIW 1988, 782ff.

[46] Vgl. auch Bodewig, AcP 185 (1985), 505, 524f., 549; Koch, Haftungsprobleme, S. 193f.

[47] Bodewig, AcP 185 (1985), 505, 543f., 547.

[48] Bodewig, AcP 185 (1985), 505, 547; Koch, Haftungsprobleme, S. 191ff.

[49] Denn dieser Geschädigte ist auf einen Anspruch nach § 830 I 2 BGB (samt dessen Einschränkungen) gar nicht angewiesen.

[50] Vgl. auch Bodewig, AcP 185 (1985), 505, 553ff.

40 Die hier empfohlene Haftung nach Quoten setzt voraus, daß dem Geschädigten die **Ermittlung des Marktanteils** gelingt, den er seinem Schadensersatzbegehren jeweils zugrunde legt. Im Produkthaftprozeß wird insofern eine *Beweislastumkehr* auf den Hersteller jedenfalls bezüglich solcher Umstände veranlaßt sein, die sich als Betriebsinterna der Kenntnis des Geschädigten entziehen. Auch die Erfassung des **Gesamtschadens,** d. h. der schon eingetretenen und noch zu befürchtenden Einzelschäden durch fehlerhafte Produkte, kann große Schwierigkeiten bereiten. Ob ihnen durch richterliche *Schätzung* (§ 287 ZPO) begegnet werden kann,[51] erscheint zweifelhaft. Zu erwägen wäre die Verurteilung zu einer vorläufig reduzierten Quote durch Teilurteil, bis der annähernde Gesamtschaden endgültig übersehbar wird.

III. Ausgleich im Innenverhältnis

41 Die **Haftung** mehrerer Betriebe[52] **als Gesamtschuldner** führt oft dazu, daß der Geschädigte Ersatz seines ganzen Schadens von einem Hersteller verlangen kann, der für den Schaden nur bedingt oder teilweise – nämlich gemeinsam mit anderen Betrieben – verantwortlich ist *(Rz. 3ff.)*. Hier wird eine übermäßige Belastung des Herstellers (im Außenverhältnis) erst intern unter allen Verantwortlichen (im Innenverhältnis) gerecht verteilt. Die Mittel der Verteilung sind verschieden *(Rz. 42ff.)*. Zwischen Herstellern, die **nicht als Gesamtschuldner** haften, kann ein Innenausgleich ebenfalls geboten sein *(Rz. 60ff.)*.

1. Mitwirkung bei Befriedigung, nachträglicher Ausgleich

42 Der Gesamtschuldner, von dem der Geschädigte Ersatz fordert, hat gegen die übrigen Verantwortlichen bereits einen Anspruch auf **Mitwirkung bei der Befriedigung** des Geschädigten. Er kann also verlangen, daß sie zu der Schadensersatzleistung den Teil beisteuern, den sie im Innenverhältnis tragen müssen.[53] Dieser Mitwirkungsanspruch verdichtet sich zu einem Freistellungsanspruch, wenn die übrigen Gesamtschuldner intern für den ganzen Schaden aufkommen müssen.[54]

43 Hat ein Hersteller den Geschädigten ohne Mitwirkung der übrigen Gesamtschuldner befriedigt, so erfolgt nachträglich ein angemessener **Ausgleich seiner Leistung.** Dessen Umfang richtet sich nach der jeweiligen Grundlage: (1) Soweit zwischen den Gesamtschuldnern vertragliche Bindungen bestehen (z. B. zwischen Assembler und Zulieferer, Großhändler und Hersteller), läßt sich u. U. ausnahmsweise schon aus dem *Vertrag* selbst ein Ausgleichsanspruch für die Partei herleiten, die den ganzen Schaden ersetzt hat, obwohl sie dazu aufgrund der beiderseitigen Pflichtenverteilung nicht (in vollem Umfang) verpflichtet war.[55] (2) Das Gesetz gewährt einen besonderen *Ausgleichsanspruch,* dessen Umfang von den individuellen Verursachungsbeiträgen der Gesamtschuldner abhängt (§ 426 I 1 BGB; *Rz. 44ff.*). (3) Zusätzlich wird der vorleistende Gesamtschuldner dadurch begünstigt, daß der *Anspruch des Geschädigten* trotz der Zahlung nicht erlischt, sondern auf den Zahlenden im Umfang seiner Ausgleichsforderung *übergeht* und von ihm nun gegen die übrigen Schuldner geltend gemacht werden kann (§ 426 II 1 BGB; *Rz. 59*).

---

[51] So offenbar Bodewig, AcP 185 (1985), 505, 555f. und FN 176.

[52] Genauer und praktisch meist: der *Inhaber* mehrerer Betriebe.

[53] BGH NJW 1986, 978f.

[54] OLG Frankfurt VersR 1983, 926, 927.

[55] S. auch Soergel/Wolf, § 426 Rz. 12; zum *gesetzlichen* Anspruch wegen positiver Vertragsverletzung s. Rz. 61.

2. Ausgleichsanspruch nach § 426 Abs. 1 S. 1 BGB

a) Grundsatz: Bemessung nach Anteil an Schuld bzw. Verursachung

Nach § 426 I 1 BGB sind die Gesamtschuldner im Verhältnis zueinander *zu gleichen Anteilen* verpflichtet. Das gilt aber nur, „soweit nicht ein anderes bestimmt ist"; und diese Ausnahme bildet die Regel: Eine Bestimmung, nach der nicht lediglich ein gleichwertiger Ausgleich stattfinden soll, läßt sich meistens entweder einer (zumindest stillschweigenden) vertraglichen **Absprache der Gesamtschuldner,**[56] dem **Inhalt und Zweck des Rechtsverhältnisses,** das zwischen ihnen besteht,[57] oder der analog anzuwendenden Regelung über das **Mitverschulden** (§ 254 BGB)[58] entnehmen. Demnach hängt der Ausgleich zwischen mehreren Schädigern insbesondere davon ab, inwieweit sie nach Verschulden bzw. Verursachung zu dem entstandenen Schaden beigetragen haben. Dies gilt auch für einen Ausgleich der Produkthaftung.[59] Allerdings hat ein Gesamtschuldner, der von den übrigen Schuldnern einen unverhältnismäßig hohen Ausgleich einklagt, die dafür sprechenden Umstände – namentlich die überwiegende Pflichtverletzung dieser Schuldner – zu beweisen.[60] 44

Mißlingt dieser Beweis, so kann nur auf einen **Ausgleich zu gleichen Anteilen** (nach Köpfen) erkannt werden (§ 426 I 1 BGB). Aber auch insoweit sind Ausnahmen zu beachten: Schädiger, deren Mitwirkungsakte eine „Zurechnungseinheit" bilden, werden in *einem* Anteil zusammengefaßt *(Rz. 58).* 45

Richtet sich ein Ausgleichsanspruch gegen mehrere Schädiger, so sind diese lediglich **Teilschuldner.**[61] Als Gesamtschuldner sollen sie aber haften, falls ein Freistellungsanspruch *(Rz. 42)* bestand[62] oder im Rahmen einer „Haftungseinheit" geleistet wurde *(Rz. 58).* 46

b) Ermittlung des Anteils an Schuld bzw. Verursachung

Inwieweit ein Produktfolgeschaden einem von mehreren Schädigern zurechenbar ist, hängt natürlich ganz vom Einzelfall ab. Von wesentlicher Bedeutung dafür ist zunächst die Abgrenzung der einstigen Pflichtenkreise. Haften dem Geschädigten also mehrere Unternehmen, die das (im Ergebnis fehlerhafte) Produkt in industrieller Arbeitsteilung fertigen, so ist maßgeblich, welches Unternehmen für die Sicherheit des fehlerhaften Teiles **nach** der **Absprache der Beteiligten verantwortlich** sein sollte, dem aber nicht entsprach.[63] Ohne Belang ist dagegen, daß *dem Geschädigten* gegenüber im Ergebnis *alle* Beteiligten haften.[64] Das hat zwei Gründe: Zu einer Haftung im Außenverhältnis kommt es u. U. nur deshalb, weil der verklagte Hersteller die Vermutung, die für pflichtwidriges und schuldhaftes Verhalten (auch) in seinem Betrieb spricht, nicht widerlegen kann; das bedeutet noch nicht, daß dieser Hersteller tatsächlich eine Verkehrspflicht verletzte. Hinzu kommt, daß der Schutz des Geschädigten (und der Allgemeinheit) vor Produktfehlern strenge Anforderungen an die Sorgfalt *aller* Produktionsbeteiligten erfordert; dieser Maßstab kann nach seinem Schutzzweck nicht ohne weiteres auf die internen Erwartungen der Produktionsbeteiligten übertragen werden. 47

---

[56] Vgl. allgemein BGH NJW 1983, 1845, 1846; 1984, 482; 1986, 1491, 1492.
[57] Vgl. BGH NJW 1983, 2442; 1984, 482.
[58] BGH NJW 1955, 1314ff.; 1965, 1175, 1176; 1972, 1802, 1803f.
[59] Vgl. BGH NJW 1983, 812, 814 a. E. – Hebebühne; Link, BB 1985, 1424, 1425; v. Westphalen, NJW 1979, 838, 845.
[60] RGZ 88, 122, 125; MünchKomm/Selb, § 426 Rz. 8.
[61] BGH NJW 1955, 1314, 1315.
[62] BGH NJW 1955, 1314, 1316.
[63] Vgl. BGH VersR 1984, 443, 444; BGHZ 103, 298, 304.
[64] Vgl. auch BGH NJW 1980, 2348, 2349.

48 **Beispiel:** Ein Pkw-Hersteller H beauftragt Z mit der Lieferung genau spezifizierter Einbauteile, deren Qualität Z nach einem exakt festgelegten und insoweit ordnungsgemäßen Verfahren zu sichern hat. Als Z hiervon nach einiger Zeit abgeht, kommt es zu Qualitätsschwankungen, die von H, der sich ganz auf Z verläßt, nicht entdeckt werden und letztlich zu Unfällen führen. Gegenüber den Unfallopfern haften H und Z als Nebentäter gesamtschuldnerisch, weil H auf eine Kontrolle der Qualitätssicherung durch Z nicht völlig verzichten durfte *(§ 25 Rz. 57ff.)*. Die beiderseitigen Pflichtverstöße stehen sogar positiv fest. Dennoch hat im Innenverhältnis Z den ganzen Schaden zu tragen, weil er die Qualität gerade auch für den Fall sichern mußte, daß H sie nicht mehr nachprüfte (vgl. *Rz. 57*).

49 Bei der Abwägung sollten folgende **Faktoren** im Vordergrund stehen:

50 (1) Welches an der Produktion beteiligte Unternehmen war **kraft** einer ausdrücklichen oder stillschweigenden **Absprache** für die Qualität des fehlerhaften Teils **hauptsächlich verantwortlich?**

51 (2) Welches an der Produktion beteiligte Unternehmen war mangels einer Absprache **kraft allgemeiner Verkehrspflicht** für die Qualität des fehlerhaften Teils **hauptsächlich verantwortlich?**

52 (3) Ist einem nach (1) und (2) weniger verantwortlichen Unternehmen eine **Nachlässigkeit** vorzuhalten, die **neben dem Pflichtverstoß des hauptverantwortlichen Unternehmens** immerhin ins Gewicht fällt?

Beispiele: Die von dem Zulieferer verantworteten Qualitätsabweichungen hätten beim Einbau in das Endprodukt dem fachkundigen Personal des Endherstellers unbedingt auffallen müssen (dann ggf. Aufteilung zu ½). – Beim Endhersteller wurden die leicht fahrlässig verursachten Qualitätsschwankungen bzw. sogar die Ausreißer selbst erkannt, aber hingenommen (dann ggf. Assembler-Verantwortung von ⅔ bzw. 100%).

53 (4) Erhalten Pflichtverstöße der an der Produktion beteiligten Unternehmen **besonderes Gewicht durch das jeweilige Verschulden** (leichte, grobe Fahrlässigkeit, Eventualvorsatz, direkter Vorsatz)?

54 (5) Beruht die gesamtschuldnerische Haftung eines Schädigers nicht auf Deliktsrecht und nicht einmal auf Vertragsrecht, sondern **nur** auf einer **Gefährdungshaftung?**

55 (6) Werden die nach (1)–(5) maßgebenden Umstände – namentlich Ausnahmetatbestände – einschließlich der haftungsbegründenden Kausalität lediglich (im Produkthaftprozeß gegen die Hersteller) vermutet, sind sie immerhin **wahrscheinlich oder sogar bewiesen?**

56 (7) Die unter (2)–(6) skizzierten Faktoren gelten entsprechend für das Verhältnis von **Hersteller und Händler, Hersteller und Benutzer** sowie **Händler und Benutzer.**

In dem **Beispiel** der durch HIV-Viren verseuchten Gerinnungsfaktor-Präparate *(Rz. 21)* wäre eine Mitverantwortung der verschreibenden Ärzte nicht nur im Außen-, sondern auch im Innenverhältnis zu erwägen, falls der Gefahrenverdacht zu einem bestimmten Zeitpunkt auch den (auf Hämophilie spezialisierten?) Ärzten deutlich werden mußte.[65]

Gerade hier, wo sich oft mehr als zwei Gesamtschuldner gegenüberstehen, sind aber auch die Besonderheiten der „Zurechnungseinheit“ zu beachten (dazu *Rz. 58*).

57 **Unwesentliche Anteile** eines Schädigers an Verschulden bzw. Verursachung **werden** aber meist **völlig in den Hintergrund treten,** wenn die Hauptverantwortung eindeutig bei dem anderen Schädiger liegt. Soll nach der Vereinbarung mit der Endherstellerin etwa ein Konstruktionsbüro oder ein Zulieferer für die Qualität seiner Leistungen abschließend verantwortlich sein und werden diese Pflichten verletzt, so kann nicht mehr ins Gewicht fallen, daß der Mangel dieser Leistung auf seiten des Endherstellers leicht fahrlässig übersehen wurde[66] oder bei besserer Auswahl bzw. Überprüfung des beauftragten Unternehmens von vornherein vermieden worden wäre.

---

[65] S. auch zu dem Narkosemittel ESTIL BGH VersR 1968, 276 (Arzthaftung) und NJW 1972, 2217, 2221 (Herstellerhaftung); ferner OLG Celle VersR 1985, 949f. – Reinigungsmittel II (Hersteller-Benutzer).

[66] Enger wohl Link, BB 1985, 1424, 1425 bei FN 24.

Insoweit ist eine Parallele zum Innenausgleich zwischen schadensverursachendem Bauunternehmer und dem seine Aufsichtspflicht verletzenden Architekten zu ziehen; hier soll der Bauunternehmer intern regelmäßig allein haften.[67] Vgl. auch die Wertung in § 840 II BGB (dazu *§ 43 Rz. 10*).

c) Besonderheiten bei „Zurechnungseinheit"

Der Grundsatz, daß mehrere Gesamtschuldner sich intern nach dem Verhältnis ihrer Mitwirkung bzw. zu gleichen Teilen ausgleichen, führt zu Besonderheiten, wenn alle oder einige Gesamtschuldner eine „Zurechnungseinheit"[68] bilden. Hiervon spricht man, wenn mehrere Schädiger aus *rechtlichen* Gründen für denselben Tatbeitrag einzustehen haben oder *tatsächlich* dieselbe Gefahr verursacht haben, welche später gemeinsam mit anderen Umständen zum Schaden führt.[69] Im Bereich der zwischenbetrieblichen Arbeitsteilung befinden sich etwa Zulieferer und Endhersteller in einer Haftungseinheit,[70] soweit nach der Inverkehrgabe des Produkts noch ein Verschulden des Produktbenutzers oder ein Mitverschulden des Geschädigten den Schaden auslöst; das gleiche gilt im Verhältnis von Hersteller und Produktbenutzer einerseits gegenüber dem Geschädigten andererseits. Die **Konsequenzen** sind: (1) Die Zurechnungseinheit wird im Verhältnis zu den übrigen Schädigern wie *ein* Anteil (Kopf) behandelt. (2) Bei der Auseinandersetzung wird jeder zur Zurechnungseinheit zählende Schädiger so behandelt, als habe er den Tatbeitrag des anderen selber bewirkt. (3) Der auf die Zurechnungseinheit entfallende Ausgleichsanteil wird auf der Stufe dieser „kleineren Einheit" gesondert (nach § 426 BGB) ausgeglichen.[71] 58

3. Forderungsübergang nach § 426 Abs. 2 BGB

Zusätzlich zu dem Ausgleichsanspruch nach § 426 I 1 BGB wird dem Gesamtschuldner, der an den Geschädigten zahlt, dessen früherer Anspruch gegen die übrigen Gesamtschuldner übertragen, soweit der Zahlende den Geschädigten befriedigt hat und von den Mitschuldnern Ausgleichung verlangen kann (Legalzession). Dieser Anspruch begründet – nach seinem Übergang – allerdings nur eine **Teilhaftung** der einstigen Gesamtschuldner:[72] Diese sind nur in Höhe des Anteils verpflichtet, für den sie im Innenverhältnis aufzukommen haben. Der Zahlende erwirbt die fremde Forderung mit allen Vorteilen und Nachteilen. Er kann sich daher einerseits auf eine Beweislastumkehr berufen, die bei klageweiser Geltendmachung dem Geschädigten zugute gekommen wäre.[73] Umgekehrt muß er ein in der Person des Geschädigten begründetes Mitverschulden usw. auch noch gegen sich gelten lassen (§ 404 BGB). 59

4. Ausgleich nach Leistung an Geschädigten ohne eigene Haftung

In der Praxis kommt es – gerade bei spektakulären Schäden – oft zu Ersatzleistungen von Unternehmen, obwohl deren Ersatzpflicht noch ungeklärt ist oder ersichtlich nicht besteht. Solche Leistungen sind, auch wenn sie vordergründig durch Prestigedenken oder Kulanz motiviert sind, von dem verantwortlichen Schädiger z. T. ebenfalls auszugleichen. Für die Anspruchsgrundlage ist zu unterscheiden: Wollte das zahlende Unternehmen – weil es wenigstens damit rechnete, nicht allein verpflichtet zu sein – zumindest *auch* für den fremden Schädiger einspringen, so sind ihm ggf. als **Geschäftsführer ohne Auftrag** 60

[67] BGH NJW 1971, 752, 753; s. auch BGH NJW 1980, 2348, 2349; Link, BB 1985, 1424, 1425 bei FN 24.

[68] Auch bezeichnet als „Haftungseinheit", „Verantwortungseinheit".

[69] Vgl. BGH NJW 1971, 33, 34; 1973, 2022, 2023f.

[70] v. Westphalen, NJW 1979, 838, 845; vgl. auch OLG Stuttgart, Urt. v. 13. 1. 1981, Schmidt-Salzer, Entscheidungssammlung III, II 100, S. 569 – Kühlwalzensystem.

[71] Selb, Mehrheit von Gläubigern und Schuldnern (1984), S. 105, zur Haftungseinheit bei Mitverschulden S. 109ff.

[72] Soergel/Wolf, § 426 Rz. 50; **anders** wohl BGH NJW 1966, 1912f.

[73] Soergel/Wolf, § 426 Rz. 52.

seine Aufwendungen zu ersetzen (§§ 683 S. 1, 677 BGB);[74] im übrigen besteht ein Bereicherungsanspruch (§§ 812 I 1, 267 BGB).[75] Die §§ 677ff. BGB sind unanwendbar, wenn der Zahlende irrtümlich annimmt, ausschließlich selbst verpflichtet zu sein.[76] Hier steht dem Schädiger aber ein **Bereicherungsanspruch** zu; dieser richtet sich an sich gegen den Geschädigten, nach der Rechtsprechung aber alternativ gegen den wahren Schuldner, falls der Zahlende nachträglich erklärt, seine frühere Leistung solle als für den Schuldner erbracht gelten.[77]

61 Hinzutreten können Ansprüche gegen den Vertragspartner aus **positiver Vertragsverletzung** (näher *§ 4 Rz. 11ff.*). So haftet ein Lieferant, der den Endhersteller fahrlässig mit schlechten Einbauelementen versorgt und dadurch Sicherheitsmängel der Endprodukte verursacht, dem Endhersteller auf Schadensersatz, sei es, weil den Elementen eine zugesicherte Eigenschaft fehlte (§ 463 S. 1 BGB) oder weil der Lieferant seine *Nebenpflicht* zur Qualitätssicherung *verletzte*. Eine solche Vertragsverletzung wirkt sich, falls auch der Endhersteller dem Geschädigten haftet, schon auf den Innenausgleich beider Gesamtschuldner aus *(Rz. 44)*. Die Inanspruchnahme des Herstellers durch den Geschädigten stellt sich aber zusätzlich als Vermögensschaden dar, den der Lieferant zu ersetzen hat. Haftet der Endhersteller im Außenverhältnis dagegen nicht, so wird ihm nur selten ein Schaden entstehen. Ein Schaden kommt aber dann in Betracht, wenn der Endhersteller – als adäquate Folge der Vertragsverletzung – den Geschädigten in der irrigen Annahme einer eigenen Verpflichtung befriedigt oder Aufwendungen zur Schadensvermeidung tätigt (zum *Rückruf* usw. *Rz. 66ff.*).

5. Ausgleich von Aufwendungen für Produktbeobachtung, Warn- oder Rückrufaktionen

62 Besondere Probleme ergeben sich, wenn Auffälligkeiten des Produkts (z. B. Unfallmeldungen) oder sonstige Gefahrenhinweise einem Unternehmen Anlaß zu intensivierter (d. h. kostspieliger) Produktbeobachtung oder sogar zu einer Warn- bzw. Rückrufaktion geben. Ist das Risiko, daß sich solche Maßnahmen im nachhinein als unbegründet erweisen, regelmäßig von demjenigen zu tragen, der sie ergriffen hat? Und bestehen Ausgleichsansprüche, wenn der Endhersteller Schutzmaßnahmen ergreift, die letztlich wegen einer Pflichtverletzung des Zulieferers nötig werden, oder wenn der Zulieferer einer Gefahr entgegentritt, die später dem Verantwortungsbereich des Endherstellers zugeordnet werden kann? Für die rechtliche Bewertung sind verschiedene Konstellationen zu unterscheiden:

63 (1) Mehrere an der Produktion beteiligte Unternehmen sind **gemeinsam zum Rückruf verpflichtet.** Wird diese Pflicht von allen Unternehmern verletzt, so haften sie für einen dadurch entstehenden Schaden ohnehin gesamtschuldnerisch mit der Folge des Ausgleichs nach allgemeinen Grundsätzen *(Rz. 42ff.)*. Bei rechtzeitigem Rückruf durch nur einen[78] Unternehmer gilt:

64 (a) Soweit die durch die Produktfehler Gefährdeten ausnahmsweise einen **Anspruch** auf Rückruf haben,[79] bestehen gegen die Annahme einer gesamtschuldnerischen Verpflichtung (zum Rückruf!) und die Durchführung des Innenausgleichs nach § 426 BGB usw. keine Bedenken.[80] Der nachträgliche Ausgleich erfolgt allerdings – wegen der Einmaligkeit von Rückrufmaßnahmen – regelmäßig

---

[74] Vgl. Link, BB 1985, 1424, 1427 (zu Rückruf).

[75] BGH NJW 1983, 812, 814 – Hebebühne; OLG Karlsruhe VersR 1986, 1125, 1126 – Milchkühlanlage (zu Rückruf).

[76] BGH NJW 1981, 1908, 1909.

[77] BGH NJW 1983, 812, 814 – Hebebühne; OLG Karlsruhe VersR 1986, 1125, 1126 – Milchkühlanlage (zu Rückruf).

[78] oder jedenfalls nicht alle beteiligten

[79] Vgl. § 39 Rz. 1ff.

[80] Im Erg. ebenso Link, BB 1985, 1424, 1427.

durch Geldzahlung (anders bei ursprünglichem Anspruch auf vollen Ausgleich: Freistellungsanspruch; *Rz. 42*).

65 (b) Meist werden für mehrere Unternehmen „nur" **Verkehrspflichten** zum Rückruf bestehen. Handelt es sich dabei um Folgepflichten aus jeweils selbständigen Pflichtverstößen, so kommt weniger ein Aufwendungsersatzanspruch *(Rz. 67)* als ein *Bereicherungsanspruch* gegen den Mitverpflichteten in Betracht *(Rz. 68)*. Häufiger werden Verkehrspflichten entstehen, weil in einer Phase der Unklarheit von Produktfehler und Verantwortung doch schon rasches Eingreifen geboten scheint; wer hier die Initiative ergreift, kann meist bei dem Unternehmen Rückgriff nehmen, das den Produktfehler zu verantworten hat (näher *Rz. 70*). Das gilt erst recht, wenn ein Unternehmen zurückruft, dessen Verkehrspflicht erst auflebte, weil der primär verpflichtete Hersteller nicht (rechtzeitig) tätig wurde (gegen eine solche Pflicht allerdings *§ 25 Rz. 43, 91)*. Hinzu kommt: Soweit z. B. der primär verpflichtete Zulieferer dem Endhersteller wegen *positiver Vertragsverletzung* verantwortlich ist, sind Aufwendungen für eine Rückrufaktion ggf. als adäquater Schaden zu ersetzen; aus der Sicht des Endherstellers muß der Rückruf allerdings rechtlich objektiv geboten gewesen sein oder sich doch als Maßnahme der Schadensbeschränkung[81] dargestellt haben.[82]

66 (2) Schwieriger liegen die Fälle, in denen ein Unternehmen **ohne gemeinsame Verpflichtung zum Rückruf** einen Rückruf durchführt.

67 (a) **Erfüllt** z. B. der Endhersteller **bewußt die fremde Verkehrspflicht** des Zulieferers (Fremdrückruf), so ist ein *Aufwendungsersatzanspruch* nach §§ 683 S. 1, 677 BGB zu erwägen.[83] Als Fremdgeschäftsführer – im Sinne der Rechtsprechung – handelt der Assembler selbst dann, wenn er glaubt, zugleich **auch einer eigenen Pflicht** zu entsprechen.[84] Mit Willen und im Interesse des Zulieferers agiert der Assembler aber allenfalls dann, wenn den Umständen nach wirklich ein Rückruf veranlaßt war (weil eine Warnung der Produktbenutzer nicht genügt hätte; näher *§ 24 Rz. 235ff.*). Nur in diesem Fall ist auch ein Desinteresse des Zulieferers an der kostspieligen Rückrufaktion wegen des öffentlichen Interesses an der Gefahrenabwehr belanglos (§ 679 BGB).[85] – Entsprechendes gilt bei bewußter Erfüllung eines Rückruf*anspruchs* gegen den fremden Schuldner.

68 (b) **Erfüllt** z. B. der Endhersteller **irrtümlich die fremde Verkehrspflicht** des Zulieferers, weil er den Produktfehler fälschlich seinem eigenen Verantwortungsbereich zuordnet, so führt er ein reines Eigengeschäft; §§ 683 S. 1, 677 BGB sind daher unanwendbar. Zu erwägen bleibt ein *Bereicherungsanspruch* gegen den Zulieferer; denn diesem ist die Erfüllung *seiner* Verkehrspflicht durch die Maßnahmen des Assemblers erleichtert, wenn nicht sogar abgenommen.[86] Dennoch ist die Bereicherung fraglich: Der Zulieferer ist nicht von einer echten Verbindlichkeit befreit, da die „Verkehrspflicht" lediglich Rechtswidrigkeit konturiert. Aufwendungen, die ihm ohne die Hilfe des Assemblers selber entstanden wären, hat der Zulieferer *tatsächlich* nicht erspart, wenn er seine Produktverantwortung verkannte oder ignorierte. Immerhin verhindert der Assembler, daß der Zulieferer wegen Verstoßes gegen dessen Rückrufpflicht den Verpflichtungen zum Ersatz der dadurch ent-

---

[81] im Rahmen der Haftung des Endherstellers!

[82] Zum Aufwand für *Schadensverhütung* als Schaden vgl. Soergel/Mertens, § 249 Rz. 54ff.; Thiele, Festschrift Felgentraeger (1969), S. 393, 396ff. Zu den Kosten der *Überprüfung* auf Mängel als Folgeschaden s. Soergel/Huber, § 463 Rz. 84.

[83] Vgl. v. Westphalen, DB 1982, 1655, 1662; OLG Karlsruhe VersR 1986, 1125, 1127 – Milchkühlanlage; anders offenbar Schwenzer, JZ 1987, 1059, 1062.

[84] Link, BB 1985, 1424, 1427.

[85] Zu allgemein Link, BB 1985, 1424, 1427f.; tendenziell zutreffend OLG Karlsruhe VersR 1986, 1125, 1127 e – Milchkühlanlage; vgl. auch § 39 Rz. 18f.

[86] Dies hält OLG Karlsruhe (VersR 1986, 1125, 1126 a – Milchkühlanlage) offenbar für ausreichend; „grundsätzlich" gegen einen Regreß des Endherstellers bei (wenn auch: freiwilligem) Rückruf Schwenzer, JZ 1987, 1059, 1062 (ohne Begründung).

stehenden Schäden ausgesetzt wird;[87] diese Bereicherung könnte bei Veranschlagung der Ausreißerquote, Schädigungsgefahr usw.[88] monetarisiert werden. – Bei irrtümlicher Erfüllung eines Rückruf*anspruchs* gegen einen anderen Hersteller entsteht durchweg ein Bereicherungsanspruch. – Die Einleitung einer Rückrufaktion kann aber auch adäquate Folge einer *positiven Vertragsverletzung* sein; dann sind die zurechenbaren Aufwendungen als Schaden zu ersetzen *(Rz. 61).*

Dies gilt aber im allgemeinen nur, soweit der Initiator des Rückrufs sich hierzu verpflichtet glauben durfte, d. h. nur im Umfang einer den vorgestellten Tatsachen objektiv entsprechenden Rückrufpflicht.

69 (3) Kommt ein Unternehmen der **gemeinsamen oder fremden Verkehrspflicht zur Warnung** der Produktbenutzer vor Gefahren des Produkts nach, so müssen für den Innenausgleich der Aufwendungen die gleichen Grundsätze gelten, welche für die Rückrufpflicht skizziert wurden *(Rz. 63ff.).*

70 (4) Die Erfüllung der **Pflicht zu intensivierter Produktbeobachtung** liegt insofern besonders, als sie erhebliche Aufwendungen oft schon zu einem Zeitpunkt erfordert, in dem allenfalls der Verdacht auf einen Produktfehler besteht, welcher daher um so schwerer einem bestimmten Verantwortungsbereich zugeordnet werden kann. Bei diesem Erkenntnisstand werden – je nach Sachlage – u. U. alle an der Produktion beteiligten Unternehmen gehalten sein, zum Schutz der Gefährdeten an der Produktbeobachtung mitzuwirken *(§ 25 Rz. 89f.).* Ist also ein Unternehmen, das sich hieran pflichtwidrig nicht beteiligt, schon deshalb zum Innenausgleich verpflichtet? Tatsächlich scheinen die Unternehmen, die ihrer Pflicht entsprechen, zugleich als Geschäftsführer ohne Auftrag zugunsten der untätigen Hersteller zu handeln, und zwar auch im öffentlichen Interesse, sind doch die Folgen einer Vernachlässigung des Fehlerverdachts meist unabsehbar. Dennoch sollte der Innenausgleich nicht davon abhängen, wer *vorübergehend* bei der Gefahrenabwehr mitzuwirken hatte,[89] sondern davon, wer schon für die Gefahrenlage als solche verantwortlich war; dies ist, wer den Produktfehler zu verantworten hatte. Nur dann, wenn ein Produktfehler auch später nicht festgestellt oder doch keinem bestimmten Hersteller zugeordnet werden kann, ist nach §§ 683 S. 1, 677 BGB eine Umlegung der Aufwendungen auf die in Betracht kommenden Hersteller geboten. Zum schadensvorbeugenden Aufwand als Vermögensschaden des Initiators vgl. *Rz. 61, 65, 68.*

6. Verjährung der Ausgleichsansprüche

71 Ausgleichsansprüche **nach § 426 I BGB** verjähren in 30 Jahren (§ 195 BGB), und zwar auch dann, wenn der (erfüllte) Anspruch des Geschädigten früher verjährt gewesen wäre.[90]

72 Ansprüche des Geschädigten, die durch Legalzession **nach § 426 II BGB** auf den zahlenden Gesamtschuldner übergeleitet worden sind, verjähren nach Ablauf der für sie maßgeblichen Verjährungsfrist. Ein übergeleiteter Anspruch aus §§ 823ff. BGB verjährt also binnen drei Jahren, und zwar auch dann, wenn die Verjährung schon vor der Überleitung begann, weil die Voraussetzungen für den Verjährungsbeginn schon in der Person des *Geschädigten* gegeben waren.[91]

73 Aufwendungsersatzansprüche **nach § 683 BGB** verjähren an sich in 30 Jahren (§ 195 BGB). Eine kürzere Verjährung wird aber für die Tilgung kurz verjährender Schulden

---

[87] Vgl. auch Staudinger/Lorenz, § 812 Rz. 70.

[88] Insoweit wäre freilich der Bereicherungsgläubiger, d. h. der Aufwendende, beweispflichtig.

[89] Die §§ 812ff. BGB geben mangels Bereicherung des passiv bleibenden Herstellers keinen Anspruch, falls die Produktbeobachtung den Verdacht eines Produktfehlers entkräften kann (vgl. demgegenüber Rz. 68).

[90] BGH NJW 1972, 942f.

[91] Vgl. BGH NJW 1988, 1375, 1377; § 41 Rz. 4ff.

erwogen; hierzu gehören an sich auch Schadensersatzansprüche nach § 823ff. BGB. Allerdings ist nicht die lange Verjährungsfrist, sondern schon der Ausgleichsanspruch selbst in Frage gestellt, wo der Leistende noch einen verjährungsgefährdeten Anspruch des Schädigers erfüllt. Bleibt der Ausgleichsanspruch jedoch davon unberührt, so bestehen gegen die lange Frist kaum Bedenken.[92]

Bereicherungsansprüche **nach §§ 812ff. BGB** verjähren an sich nach 30 Jahren (§ 195 BGB). Dabei sollte es auch dann bleiben, wenn die Bereicherung auf der Tilgung von *Ansprüchen* des Geschädigten beruht, deren Verjährungsfrist kürzer ist (vgl. *Rz. 73*).[93] 74

Zur Verjährung von Ansprüchen **aus positiver Vertragsverletzung** vgl. *§ 5 Rz. 3f.* 75

§ 43. Haftung mehrerer Personen desselben Unternehmens

I. Haftung im Außenverhältnis

1. Allgemeines

Entsteht infolge eines Fehlverhaltens bei Herstellung (oder Vertrieb usw.) des Produkts ein Produktfehler, so kann die zivilrechtliche Verantwortung den Inhaber des Betriebs, den Vorstand bzw. die Geschäftsführer, die Leitenden Angestellten, aber auch sonstige Arbeitnehmer treffen *(§ 25 Rz. 177ff.)*. Sind mehrere Personen verantwortlich, so haften sie als **Mittäter,** wenn der Schaden durch eine gemeinschaftlich begangene unerlaubte Handlung verursacht wurde (§ 830 I 1 BGB; *§ 42 Rz. 7f.*). **Anstifter** und **Gehilfen** haften ebenso (§ 830 II BGB; *§ 42 Rz. 9*). Ist der Schaden durch voneinander unabhängige Handlungen verschiedener Personen ausgelöst worden, so haftet jeder dieser **Nebentäter** *(§ 42 Rz. 10f.)*. Sind mehrere rechtswidrige Handlungen begangen worden, von denen jede den Schaden (zumindest teilweise) verursachen konnte und eine mit Sicherheit ursächlich wurde, so haften die Handelnden als **Beteiligte,** wenn sich nicht klären läßt, wessen Handlung ursächlich war (§ 830 I 2 BGB; *§ 42 Rz. 12ff.*). 1

Mehrere Verantwortliche haften dem Geschädigten – also im Außenverhältnis – **als Gesamtschuldner.** Der Geschädigte kann also nach seiner Wahl *jeden* Verantwortlichen in Anspruch nehmen, und zwar *wegen des gesamten Schadens* (Einzelheiten: *§ 42 Rz. 3ff.*). 2

2. Beispiele für die Verantwortlichkeit mehrerer

Mittäterschaft 3

Die Geschäftsführer einer GmbH beschließen, die Erprobung eines Prototyps vorzeitig abzubrechen, um mit der Serienfertigung vor der Konkurrenz auf dem Markt zu sein; die Gefahr eines bislang unentdeckten Konstruktionsfehlers und schädlicher Folgen halten sie für gering, nehmen sie aber in Kauf. – A und B haben zu prüfen, ob der neu erworbene Fräsautomat die erwarteten Qualitätsziele erreicht. Sie stellen nicht nur leichte Defizite fest, sondern auch, daß diese bei besserer Spezifizierung der nötigen Leistungsmerkmale durch ihren Abteilungsleiter vermieden worden wären. Um dem Vorgesetzten Ärger zu ersparen, täuschen sie falsche Resultate vor a) in der bloßen *Hoffnung,* dies werde die Fertigungsqualität nicht entscheidend verschlechtern (i. d. R. Mittäterschaft), b) in der *Annahme,* die Abweichungen seien zu gering, um sich auszuwirken (fahrlässige Nebentäterschaft; *Rz. 5*).

Anstiftung, Beihilfe 4

Im letztgenannten Beispiel (Fall a) überredet A den B lediglich, die von B zu fertigende Liste der Meßergebnisse zu verfälschen (Anstiftung durch A). – A ist zunächst nicht geneigt, an dem von B angeregten Vorhaben mitzuwirken und findet sich auch später nur dazu bereit, B vor „unpassendem Besuch" zu warnen, während dieser die Meßergebnisse manipuliert (Beihilfe durch A).

---

[92] **Anders** Link, BB 1985, 1424, 1426 (zu §§ 812ff.).

[93] **Anders** (und nicht ganz klar) Link, BB 1985, 1424, 1426.

5 **Nebentäterschaft**

Der für die Qualitätskontrolle zuständige Q liest Zeitung, statt alle drei Minuten eine Stichprobe zu nehmen. Q war dem Geschäftsführer G der GmbH schon vorher als unzuverlässig aufgefallen, aber keiner besonderen Aufsicht unterstellt worden. Für die durch Fabrikationsfehler verursachten Schäden haften Q (§ 823 I BGB), der G (§§ 831 I, 823 I BGB) und die GmbH (§§ 31, 831 I bzw. 823 I BGB) gesamtschuldnerisch.[1]

6 **Alternative Täterschaft (Beteiligten-Haftung)**

Es ergibt sich, daß die Verunreinigungen zahlreicher Produkte eines Serienteiles am 5. Januar erfolgt sein müssen; an diesem Tage wurde denn auch beobachtet, daß sich X und Y nacheinander ohne Schutzkleidung in dem Fertigungsraum aufhielten. Bei unklarer Kausalität haften X und Y wegen alternativer Täterschaft (und insofern ggf. auch als Nebentäter mit der für sie und die Organisation der Qualitätssicherheit verantwortlichen Geschäftsführung; *Rz. 5*).

II. Ausgleich im Innenverhältnis

1. Mitwirkung bei Befriedigung, nachträglicher Ausgleich

7 Die Haftung mehrerer Personen als Gesamtschuldner hat oft zur Folge, daß der Geschädigte Ersatz seines ganzen Schadens von jemandem verlangen kann, der für den Schaden nur bedingt oder teilweise – eben gemeinsam mit anderen – verantwortlich ist. In diesem Fall wird die übermäßige Belastung des einen Schuldners (im *Außenverhältnis*) erst intern unter allen Verantwortlichen (im *Innenverhältnis*) gerecht verteilt. Dies geschieht vor der Leistung an den Geschädigten kraft eines **Anspruchs auf Mitwirkung bei der Befriedigung** des Geschädigten *(§ 42 Rz. 42),* nach der – auch nur teilweisen – Befriedigung des Geschädigten durch einen **Anspruch auf Ausgleichszahlung** *(Rz. 8ff.)*.

2. Ausgleichsanspruch nach § 426 Abs. 1 S. 1 BGB

8 Grund und Höhe eines Ausgleichsanspruchs nach § 426 I BGB hängen in erster Linie davon ab, **inwieweit die verschiedenen Schädiger** nach Verschulden bzw. Verursachung zu dem entstandenen Schaden – praktisch also meist: **zu dem Produktfehler – beigetragen haben** *(§ 42 Rz. 44)*. Dies richtet sich wesentlich nach dem ursprünglichen Aufgabengebiet der Schädiger, dem Gewicht ihrer Pflichtverstöße[2] und dem Grad ihres Verschuldens (zu den Faktoren vgl. auch *§ 42 Rz. 49ff.*). Daß jeder Schädiger *dem Geschädigten gegenüber* haftet, ist dagegen für sich allein nicht entscheidend; denn die entsprechende Verurteilung zum Schadensersatz ist oft nur eine Folge der Beweislastumkehr für Pflichtverletzung und Verschulden[3] und besagt dann wenig über den tatsächlichen Beitrag zu dem Produktfehler. Aber auch im übrigen muß derjenige Gesamtschuldner, der den Ausgleich begehrt, die Tatsachen, aus denen er eine übermäßige Mitwirkung der übrigen Schuldner an dem Produktfehler herleitet, beweisen. Vermag er dies nicht, so erfolgt der **Ausgleich zu gleichen Anteilen** (nach Köpfen; § 426 I 1 BGB).

9 Diese Grundsätze werden modifiziert, soweit alle oder mehrere Schädiger eine **„Zurechnungseinheit"** bilden, also aus *rechtlichen* Gründen für denselben Tatbeitrag einzustehen haben oder *tatsächlich* dieselbe Gefahr verursacht haben, welche später gemeinsam mit anderen Umständen zum Schaden führte.[4]

So bilden ein Arbeiter, der pflichtwidrig handelt, und der Geschäftsherr, der für ihn einzustehen hat, eine Zurechnungseinheit, da die Haftung beider an den Tatbeitrag des Verrichtungsgehilfen anknüpft.[5] Eine Einheit bilden auch zwei für die Konstruktion Verantwortliche, welche Meßergeb-

---

[1] Weitere Fälle: BGH NJW 1975, 1827ff. – Spannkupplung; NJW 1986, 1863ff. – Überrollbügel.
[2] Vgl. BGH VersR 1984, 443, 444.
[3] Vgl. § 30 Rz. 105ff.
[4] Vgl. auch § 42 Rz. 58.
[5] , auch wenn strenggenommen der Geschäftsherr für vermutetes Eigenverschulden haftet.

nisse „schönen“ (oder zwei Mitarbeiter der Wareneingangskontrolle, die nachlässig arbeiten), im Verhältnis zu dem Versagen der Qualitätskontrolle des fertigen Produkts, falls die Sicherheitsmängel spätestens dort hätten auffallen müssen.

Die Mitwirkung dieser Zurechnungseinheit wird im Verhältnis zu den übrigen Schädigern, deren Beiträge sich hiervon trennen lassen, nur wie *ein* Anteil behandelt (näher *§ 42 Rz. 58*). Der Ausgleich innerhalb der Zurechnungseinheit erfolgt gesondert.

Dabei gelten für den **Ausgleich zwischen Geschäftsherrn und Verrichtungsgehilfen** 10
weitere Besonderheiten. Nach dem Gesetz hat bei konkurrierender Haftung des Geschäftsherrn (nach § 831 I BGB) und seines Gehilfen intern allein der Gehilfe den Schaden zu tragen (§ 840 II BGB). Diese Regelung ist eindeutig; sie ist, da der Gesetzgeber[6] nicht das Gewicht der jeweiligen Tatbeiträge, sondern den Pflichtverstoß im Innenverhältnis für maßgeblich hält, im Regelfall auch bindend.[7] Sie wird aber verdrängt, soweit der Verrichtungsgehilfe als **Arbeitnehmer** kraft Arbeitsrechts intern **nicht für den Schaden** des Dritten **verantwortlich** ist.

Nach der Rechtsprechung des Bundesarbeitsgerichts[8] muß ein Arbeitnehmer jedenfalls solche Schäden, die bei einer fehleranfälligen, d. h. **gefahrgeneigten Arbeit** unterlaufen, unbeschränkt nur tragen, wenn er vorsätzlich oder grob fahrlässig handelte. Bei normaler Schuld (leichte und mittlere Fahrlässigkeit) soll der Schadensersatz nach Billigkeit und Zumutbarkeit zwischen Arbeitgeber und Arbeitnehmer geteilt werden. Soweit der Arbeitnehmer danach im Außenverhältnis weitergehend als im Innenverhältnis haftet, muß der Arbeitgeber ihn von jener Verpflichtung freistellen.

Diese Privilegierung gilt für alle Arbeitnehmer, u. U. auch für Leitende Angestellte,[9] aber nicht in einem selbständigen Dienstverhältnis.[10]

3. Sonstige Ausgleichsansprüche

Der Ausgleichsanspruch nach § 426 I BGB wird bestärkt durch einen **Übergang des** 11
ursprünglichen Anspruchs des Geschädigten gegen die übrigen Gesamtschuldner auf den Ausgleichsberechtigten (§ 426 II BGB; *§ 42 Rz. 59*). Leistet der Inhaber des Unternehmens, aus dem das fehlerhafte Produkt stammt, Schadensersatz, bevor die insoweit intern verantwortliche Person feststeht oder obwohl er seine persönliche Verantwortung ausschließt, so können ihm Ansprüche aus **Geschäftsführung ohne Auftrag** oder aus **ungerechtfertigter Bereicherung** zustehen (vgl. *§ 42 Rz. 60*). Entsprechendes gilt bei der Erfüllung eines Rückrufanspruchs[11] oder einer Verkehrspflicht, die entweder ganz oder teilweise einer anderen Person – z. B. dem Geschäftsführer, Abteilungsleiter – obliegt. Soweit ein Dienst- oder Arbeitsverhältnis besteht, sind stets auch Ansprüche aus **positiver Vertragsverletzung** in Betracht zu ziehen; danach sind dem Geschädigten (z. B. dem Betriebsinhaber) diejenigen Aufwendungen zu ersetzen, zu denen er sich aufgrund der Pflichtverletzung (z. B. eines Mitarbeiters) verpflichtet glauben durfte *(§ 42 Rz. 61)*. Jeder Ausgleichsanspruch gegen einen Arbeitnehmer ist allerdings insoweit eingeschränkt, wie dieser nach den Regeln für *gefahrgeneigte Arbeit* privilegiert ist *(Rz. 10)*.

4. Verjährung der Ausgleichsansprüche

Vgl. die Übersicht in *§ 42 Rz. 71ff.* 12

---

[6] – anders als für die Abwägung nach § 254 I 1 BGB –

[7] Anders MünchKomm/Mertens, § 840 Rz. 25f. Ihre analoge Anwendung auf ein **Organisationsverschulden** des Arbeitgebers (§ 823 I BGB) ist jedoch abzulehnen.

[8] BAG (Urt. v. 24. 11. 1987, 8. Senat) NJW 1988, 2816, 2818f.; dazu Walker, NZA 1988, 753ff.; anders BAG DB 1983, 1207f. (7. Senat).

[9] Vgl. BAG NJW 1977, 598; Brox/Walker, DB 1985, 1469, 1476; zurückhaltend BGH WM 1969, 621, 623 (Abteilungsdirektor); **ablehnend** BGH NJW 1970, 34, 35 (Justitiar).

[10] BGH NJW 1963, 1100, 1102f. m. abl. Anm. Isele; Brox/Walker, DB 1985, 1469, 1477f.

[11] Vgl. § 42 Rz. 63ff.

3. Teil. Strafrechtliche Produktverantwortung

§ 44. Überblick zu den strafrechtlichen Aspekten

I. Die derzeitige Situation in der Rechtsprechung

Verwirklicht sich ein strafrechtliches Produktrisiko, bedeutet dies in vielen Fällen, daß ein Unternehmen in den Blickpunkt der Öffentlichkeit rückt. Contergan und Monza-Steel sind beredte Spuren aus der jüngeren Vergangenheit, Erdal-Rex ein Beispiel aus der Gegenwart. Dabei bilden solche spektakulären Verfahren nur die Spitze des Eisberges, führt man sich die seitens der Versicherungsbranche angegebenen Zahlen von jährlich ca. 20000 strafrechtlichen Ermittlungsverfahren in der Bundesrepublik einmal vor Augen.[1] 1

Betrachtet man die Rechtsprechung der zurückliegenden Jahre, scheint es eher von im einzelnen nicht nachvollziehbaren Zufälligkeiten abhängig zu sein, ob ein Schadensereignis in ein strafrechtliches Verfahren mündet, oder ob es „nur" zivilrechtlich gewürdigt wird. So kam es in vielen Fällen, in denen im zivilrechtlichen Verfahren eine Verletzung von Verkehrssicherungspflichten festgestellt wurde, trotz gravierender Verletzungsfolgen dennoch zu **keiner strafrechtlichen Verurteilung** möglicher Verantwortlicher.[2]

Als **Beispiele** hierfür seien erwähnt: 2

- Das Estil-Urteil.[3]
  Hier kam es zu irreparablen Personenschäden, weil es der Hersteller des Narkosemittels Estil nach Ansicht des Bundesgerichtshofes versäumt hatte, mit der nötigen Deutlichkeit vor einer intraarteriellen Injektion zu warnen.
- Das Spannkupplungs-Urteil.[4]
  Beklagter des zivilrechtlichen Verfahrens war hier der Produktionsleiter der Herstellerfirma. Ihm wurde mangelnde Kontrolle der Spannkupplungen sowohl während des Produktionsprozesses wie auch vor der Auslieferung vorgeworfen. Das Bersten einer Spannhülse führte zu einem folgenschweren Unfall, bei dem ein Arbeiter eines Betonwerkes getötet wurde.
- Das Spraydosen-Urteil.[5]
  Hier zog sich ein Arbeiter schwere Körperverletzungen zu, als sich ein Gas, das bei der Benutzung des Verzinkungssprays entstanden war, beim Erwärmen des verzinkten Behälters entzündete.
- Das Honda-Lenkerverkleidungs-Urteil.[6]
  Der Sohn der Klägerin des zivilrechtlichen Verfahrens erlitt tödliche Verletzungen bei einem Motorradunfall. Der Unfall war darauf zurückzuführen, daß an dem Motorrad eine Lenkverkleidung montiert war, welche bei hohen Geschwindigkeiten die Gesamt-

---

[1] Eidam in „Unternehmen und Strafrecht", Festvorträge der Hannover Rechtsschutz Versicherungs AG, 1988, S. 9.

[2] In Rechtsprechung und Literatur ist umstritten, ob für die Staatsanwaltschaft bei der Entscheidung, ob sie ein Ermittlungsverfahren einleiten will, eine Bindung an bestimmte präjudizielle höchstrichterliche Entscheidungen besteht (vgl. Kleinknecht/Meyer vor § 141 GVG Rz. 11 m. w. N.). Soweit eine solche Bindung anerkannt wird, gilt dies jedoch nur für strafrechtliche, nicht für zivilrechtliche Entscheidungen.

[3] BGH NJW 1972, 2217.

[4] BGH NJW 1975, 1827.

[5] BGH NJW 1987, 372.

[6] BGH BB 1987, 717.

bodenhaftung des Motorrades bis zur Instabilität verringerte. Der Bundesgerichtshof bejahte eine Produktbeobachtungspflicht des Importeurs des Motorrades auch für solche Gefahren, die sich aus einer Kombination des Produktes des Herstellers mit Produkten anderer Hersteller ergeben könne.

3 Stellt man dieser willkürlichen Auswahl zivilrechtlich gewürdigter Produkthaftpflichtfälle die vergleichsweise wenigen Fälle gegenüber, in denen es zu – öffentlichkeitswirksamen – **strafrechtlichen Verfahren** kam, so veranschaulichen diese deutlich, wie gravierend sich ein Strafverfahren auf ein gesamtes Unternehmen, seine Reputation am Markt eingeschlossen, auswirken kann.[7] Stellvertretend seien hier die beiden herausragenden Verfahren in der jüngeren Vergangenheit genannt, nämlich der Contergan-Prozeß und das Monza-Steel-Verfahren, sowie das nunmehr erstinstanzlich abgeschlossene Erdal-Rex-Verfahren.

4 Im **Contergan-Verfahren** waren wegen der durch das Schlafmittel Contergan verursachten embryonalen Mißbildungen neun Führungskräfte des Unternehmens angeklagt. Das Ermittlungsverfahren erstreckte sich über 6½ Jahre, das Verfahren insgesamt, also bis zur Einstellung des Strafverfahrens gem. § 153 Abs. 3 StPO durch das Landgericht Aachen am 18. 12. 1970, über neun (!) Jahre.[8]

5 In dem vor dem Landgericht München II 1978 anhängigen **Monza-Steel-Verfahren** waren vier Führungskräfte des Unternehmens angeklagt, u. a. der Vorstandsvorsitzende.[9] Ein Angeklagter verstarb während des ebenfalls langwierigen Verfahrens, zwei weitere Angeklagte wurden verhandlungsunfähig, der Leiter der reifentechnischen Entwicklung wurde verurteilt. Nachdem das Unternehmen 1971 mit der Produktion und dem Verkauf der Hochgeschwindigkeitsreifen begonnen hatte, traten ab Herbst 1972 Defekte an diesen Reifen auf (sog. Protektorabwürfe) mit z. T. folgenschweren Verkehrsunfällen. Die Rückrufaktion erfolgte im Januar 1975; bis zu diesem Zeitpunkt waren 22 Menschen bei Unfällen, die auf einen solchen Reifendefekt zurückzuführen waren, z. T. schwer verletzt worden, 7 Personen fanden den Tod. Vorgeworfen wurde den Führungskräften u. a. mangelnde Versuchserprobung, verfrühte Produktions- und Vertriebsfreigabe sowie eine verspätete Reaktion auf die Schadensereignisse.

6 In dem jüngsten, ebenfalls mit großer Publizität in Rundfunk und Presse verfolgten strafrechtlichen Produkthaftpflichtfall, dem sog. **Erdal-Rex-Verfahren,** ging es um die gesundheitsschädlichen Wirkungen eines Imprägniersprays. 5 Geschäftsführer des Unternehmens sowie ein Chemiker hatten sich vor der 5. Großen Strafkammer des Landgerichtes Mainz wegen fahrlässiger bzw. vorsätzlicher gefährlicher Körperverletzung zu verantworten. Die Anklage warf den Beschuldigten vor, Produkte im Markt gelassen zu haben, deren Gefährlichkeit ab einem bestimmten Zeitpunkt erwiesenermaßen feststand. Die Frankfurter Allgemeine Zeitung berichtete am 8. 12. 1987 über den Beginn des Verfahrens, die Stuttgarter Zeitung am 17. 1. 1989 (mit dem Zitat aus der Urteilsbegründung „russisches Roulett mit den Verbrauchern“) über den Abschluß des Verfahrens. Danach wurden die Angeklagten z. T. mit Freiheitsstrafen bis zu 1½ Jahren und mit empfindlichen Geldbußen bis 630000 DM belegt.[10]

7 Diese kurze Bestandsaufnahme der wichtigsten strafrechtlichen Produkthaftpflichtverfahren der letzten Jahre macht deutlich, welche **Brisanz Produkthaftpflichtsachverhalte**

---

[7] Schmidt-Salzer, Produkthaftung, I, Rz. 1014, sieht darüberhinaus auch die Gefahr spürbarer Beeinträchtigungen der individuellen Arbeitsleistung der Betroffenen sowie des betrieblichen Friedens.

[8] Vgl. LG Aachen JZ 1971, 507, sowie Schmidt-Salzer, Entscheidungssammlung IV, IV 26, S. 271 ff.

[9] AZ IV KLs 58 Js 5534/76, auszugsweise abgedruckt bei Schmidt-Salzer, Entscheidungssammlung IV, IV 28, S. 296 ff.

[10] Gegen das Urteil wurde nach Presseberichten Revision eingelegt; die Urteilsgründe der erstinstanzlichen Entscheidung lagen bei Drucklegung noch nicht vor. Vgl. zum Sachverhalt auch die Darstellung bei Brendl, Produkthaftung 11, S. 74e.

für ein Unternehmen entwickeln können, wenn sie sich auf die strafrechtliche Ebene verlagern. Des weiteren zeigen die eingangs aufgelisteten, der zivilrechtlichen Judikatur entnommenen Beispielsfälle, daß es sich auch hierbei um potentielle strafrechtsrelevante Sachverhalte hätte handeln können und es offensichtlich von den Zufälligkeiten des Einzelfalles abhängt, in welche Schiene das Verfahren mündet.

Unbekannt dürfte insbesondere auch die Zahl derjenigen Fälle sein, in denen zunächst 8
über eine Strafanzeige versucht wurde, die Grundlagen für ein später durchgeführtes zivilrechtliches Verfahren vorzubereiten. Nach dem Inkrafttreten der EG-Richtlinie zur Produkthaftung ist gerade vor dem Hintergrund einer vereinfachten zivilrechtlichen Geltendmachung von Ersatzansprüchen[11] nicht mehr auszuschließen, daß zukünftig verstärkt der **Einstieg in ein zivilrechtliches Verfahren über die Ermittlungsergebnisse der Staatsanwaltschaft** gesucht wird.[12] Denn die hoheitlichen Eingriffsbefugnisse in Form von **Durchsuchungen und Beschlagnahmen** ergeben noch immer die unmittelbarsten Zugriffsmöglichkeiten auf im Unternehmen vermutete Beweismittel. Dabei ist künftig mangels eines Verschuldenserfordernisses für die Geltendmachung zivilrechtlicher Ersatzansprüche der Ausgang des strafrechtlichen Ermittlungsverfahrens zur Schuldfrage weitgehend ohne Bedeutung. Maßgebend bleibt allein, ob es gelingt, im Rahmen der Ermittlungen einen Produktfehler und einen daraus entstandenen Schaden festzustellen.
In der nachfolgenden Darstellung sollen deshalb im Interesse einer **Gefahrenminimierung** die möglichen Ansatzpunkte für eine strafrechtliche Haftung sowohl aus dogmatischer wie auch aus Sicht der Gegebenheiten im Unternehmen aufgezeigt werden.[13]

II. Strafrechtliche Produktverantwortung als persönliche Haftung

Vorauszuschicken ist, daß strafrechtliche Produktverantwortlichkeit immer als **persön-** 9
liche Haftung für eigenes Fehlverhalten oder für Fehlverhalten von Mitarbeitern zu verstehen ist. Strafrechtliche Haftung für Schäden aufgrund von Produktfehlern gibt es somit nur in der Form des persönlichen Einstehenmüssens des einzelnen, für den Fehler verantwortlichen Mitarbeiters. Eine strafrechtliche Verantwortlichkeit des Unternehmens als juristische Person läßt sich nach unserem geltenden Recht dogmatisch nicht begründen.[14] Insoweit besteht zum Zivilrecht ein gravierender Unterschied, als es dort in erster Linie um die Haftung des Unternehmens und allenfalls subsidiär um die deliktsrechtliche Eigenhaftung desjenigen geht, der den Schaden letztlich verursacht hat. Dabei zeigt die zivilrechtliche Rechtsprechung eine zunehmende Tendenz, in größerem Umfang nicht delegierbare Organisationspflichten des Betriebsinhabers bzw. der Organe des Unternehmens anzuerkennen, um so dem Unternehmen die Exkulpationsmöglichkeit nach § 831

[11] Vgl. dazu § 20 Rz. 8ff.

[12] Adams, BB Beilage 20/1987, S. 23, spricht davon, daß das Strafrecht, wenn auch von den Voraussetzungen her eingeschränkt, die zivilrechtliche Anreizlücke bei nur teilweiser Entdeckung des Schadens zu schließen vermöge.

[13] Daß hier immer noch beträchtliche Aufklärungsdefizite herrschen, zeigt ein Bericht zum Thema „Rückruf" in Capital 5/1982, 101. In ihm wird der Bereich strafrechtlicher Produktverantwortlichkeit in unzulässiger Weise wie folgt verkürzt: „... kommen Menschen zu Schaden, greifen in der Bundesrepublik unter Umständen auch noch die Strafgesetze. Allerdings nur, wenn es sich um einen Konstruktionsfehler handelt ..."

[14] Strafe setzt nach unserem geltenden Rechtsverständnis Schuld voraus. Schuld als sozialethischer Tadel ist aber stets persönliche Vorwerfbarkeit, im Sinne eines „Dafür-Könnens" (vgl. statt aller Lenckner in Schönke-Schöder, StGB, vor §§ 13ff. Rz. 103, 118). Dieser Vorwurf kann gegen Einzelpersonen eines Unternehmens, nicht aber gegenüber dem Unternehmen als einer abstrakten juristischen Person erhoben werden. Daß dadurch spezifische Zurechnungsprobleme entstehen, wenn Einzelpersonen für eine solche organisatorische Einheit handeln, liegt auf der Hand und bildet einen wesentlichen Teil der nachfolgenden Ausführungen (vgl. dazu auch Schünemann, wistra 1982, 41).

BGB und damit den Weg aus der eigenen Haftung abzuschneiden. Zur Frage der Übertragbarkeit grundlegende Organisationspflichten vgl. oben *§ 24 Rz. 269, 285f.*

10 Die damit verfolgte Zielsetzung, den Entlastungsbeweis zu überspielen um dem Geschädigten möglichst das Unternehmen als potenten Anspruchsgegner zu erhalten, bleibt jedoch nicht ohne Folgen für die strafrechtliche Seite. Soweit hinter der zivilrechtlichen Rechtsprechung der bereits angesprochene Gedanke der Haftungszurechnung auf das Unternehmen steht, gilt dies für das Strafrecht nicht. Das im Zivilrecht verstärkt auf die Verletzung von Verkehrssicherungspflichten gerichtete Augenmerk kann vielmehr wie ein Bumerang auf die strafrechtliche Haftung des Einzelnen zurückschlagen. Die **Festschreibung nicht delegierbarer Organisationspflichten** bedeutet für den Bereich des Strafrechts, daß, wenn Schäden auf die vorwerfbare Verletzung von Verkehrssicherungspflichten zurückzuführen sind, sich die strafrechtliche Verantwortung im Unternehmen dorthin verlagert, wo die notwendigen organisatorischen Vorkehrungen nicht getroffen wurden, nämlich auf diejenigen Personen, die es versäumt haben, im Unternehmen die jeweiligen Zuständigkeitsbereiche klar zu strukturieren. Es dürfte heute unbestritten sein, daß eine wirksame Gefahrenminimierung in einer von der Unternehmensgröße und der Technologie her zwangsläufig spezialisierten und arbeitsteiligen Wirtschaft nur noch durch **Schaffung einzelner Verantwortungsbereiche** erreichbar ist.[15] Beispielhaft genannt seien nur die ihrerseits wiederum aufgegliederten Bereiche der Entwicklung, der Versuchserprobung und der Fertigung eines Großunternehmens. Dies zwingt nicht nur zu organisatorisch immer diffizileren Anforderungen sondern auch zu einem immer engmaschigeren Kommunikationsnetz zwischen den einzelnen Verantwortungsbereichen. Je mehr man sich in einem solchen Organisationsgefüge der Spitze der Unternehmenshierarchie nähert, desto mehr verwandeln sich dabei die **Primärpflichten** einer fehlerfreien Konstruktion, Fabrikation, Instruktion und Produktbeobachtung des Ein-Mann-Unternehmers in reine **Aufsichts- und Organisationspflichten.**[16] Vergegenwärtigt man sich die gesamte Palette dieser Verantwortungsbereiche und bedenkt man, daß Versäumnisse und Fehler in jedem einzelnen auftreten und zu der strafrechtlichen Haftung der hierfür verantwortlichen Person führen können, so wird der unterschiedliche Ansatzpunkt strafrechtlicher und zivilrechtlicher Haftung augenfällig.

III. Keine Versicherbarkeit der strafrechtlichen Verantwortung

11 Genau so wenig wie das Unternehmen die strafrechtliche Haftung für Produktschäden übernehmen kann, kann das Risiko der strafrechtlichen Verantwortlichkeit des Einzelnen auf einen Versicherer verlagert werden. Bildet das Unternehmen mit dem Abschluß einer **Produkthaftpflichtversicherung im Zivilrecht** quasi eine Immunschwelle gegenüber dem einzelnen Mitarbeiter, ist dies hinsichtlich eines strafrechtlich vorwerfbaren Verhaltens nicht möglich. Das Unternehmen darf sich im vorhinein gegenüber seinen Mitarbeitern nicht einmal verpflichten, die aus eventuellen Strafverfahren entstehenden finanziellen Nachteile zu übernehmen, also beispielsweise den Ausgleich von Geldstrafen zuzusagen.

Zwar ist bis heute umstritten, ob die Schadloshaltung des zu einer Geldstrafe Verurteilten den Tatbestand der Strafvereitelung – hier in der Variante der Vollstreckungsvereitelung – erfüllt,[17] bei einer von vornherein seitens des Unternehmens gemachten Zusage spricht jedoch einiges für die Annahme einer Strafvereitelung, zumal wenn sich der Ver-

---

[15] BGH NJW 1987, 372; Cramer in Schönke-Schröder, § 15 Rz. 223; Schmidt-Salzer, Entscheidungssammlung IV, S. 16ff.

[16] Schünemann, wistra 1982, 41, befürchtet, daß diese Dezentralisierung aus der „Organisierung der Verantwortlichkeit" in die „organisierte Unverantwortlichkeit" führt; vgl. dazu aber unten § 46 Rz. 14ff.

[17] Stree in Schönke-Schröder § 258 Rz. 28.

dacht ergeben sollte, daß dies mit konkreten wirtschaftlichen Überlegungen im Unternehmen verbunden war.

12 Dies bedeutet jedoch nicht, daß das Unternehmen seine Mitarbeiter im Falle eines Strafverfahrens schutzlos „im Regen stehen lassen muß". Versicherungsschutz kann dem von einem Strafverfahren Betroffenen seitens des Unternehmens z. B. in Form einer **Strafrechtsschutzversicherung** gewährt werden, welche die Kosten der Strafverteidigung übernimmt.[18] Die Wichtigkeit einer solchen Versicherung sollte nicht unterschätzt werden. Neben dem psychologischen Moment, nämlich dem Gefühl, daß das Unternehmen auch in dieser Situation hinter dem Mitarbeiter stehe, muß noch auf einen weiteren Aspekt hingewiesen werden: Durch den Abschluß einer solchen Versicherung ist der Mitarbeiter in der Wahl seines Anwaltes frei. Er wird also nicht „zwangsweise" auf einen dem Unternehmen nahestehenden (Haus-)Anwalt verwiesen. Dies gewinnt vor dem Hintergrund möglicher späterer Interessenkollisionen eine nicht unerhebliche Bedeutung. Der von einem Ermittlungsverfahren Betroffene sollte nicht nur in der Wahl seines Verteidigers, sondern auch in der Wahl seiner Verteidigungsstrategie frei sein, sobald diese nicht mehr mit den Interessen des Unternehmens deckungsgleich ist.[19]

IV. Strafrechtliche Produktverantwortlichkeit als „Einstehenmüssen" für durch fehlerhafte Produkte in rechtswidriger und schuldhafter Weise herbeigeführte Schäden

13 Strafrechtliche Produktverantwortlichkeit war bei den in der Vergangenheit von der Rechtsprechung entschiedenen Fällen fast ausnahmslos eine Frage **fahrlässigen Verhaltens.** Da fahrlässiges Verhalten aber nur dann bestraft wird, wenn es vom Gesetz ausdrücklich mit Strafe bedroht ist (§ 15 StGB), kommen als die wesentlichsten Straftatbestände aus dem Bereich des Strafgesetzbuches die fahrlässige Körperverletzung (§ 230), die fahrlässige Tötung (§ 227), evtl. noch die fahrlässige Brandstiftung (§ 309) sowie aus dem Katalog der Umweltschutzdelikte die fahrlässige Gewässerverunreinigung (§ 324), die fahrlässige Luftverunreinigung (§ 325) und die fahrlässige umweltgefährdende Abfallbeseitigung (§ 326) in Betracht.

Durch die Tatsache, daß fahrlässige Sachbeschädigung nicht mit Strafe bedroht ist, fällt ein ganz wesentliches Teilsegment der zivilrechtlichen Produkthaftung aus der hier darzustellenden strafrechtlichen Problematik heraus.

14 **Vorsätzliches Handeln** wird im Bereich der strafrechtlichen Produkthaftung oftmals keine Rolle spielen. So wird in der Praxis in der Mehrzahl der Fälle anhand der objektiven Gegebenheiten nur schwer der Beweis zu erbringen sein, daß der für den schädlichen Erfolg Verantwortliche wenigstens mit der schwächsten Vorsatzform, dem bedingten Vorsatz, gehandelt hat. Voraussetzung hierfür wäre, daß er wenigstens die Möglichkeit des Erfolgseintrittes vorausgesehen, dennoch gehandelt und den schädlichen Erfolg damit in Kauf genommen hätte. Gerade die Feststellung des zuletzt genannten Willensmomentes der Inkaufnahme des Schadens wird in aller Regel erhebliche Schwierigkeiten bereiten, da in ihm nach ganz h. M. die Gleichgültigkeit des Verantwortlichen gegenüber der möglichen Rechtsgutverletzung zum Ausdruck kommen muß.[20] In der Regel wird sich der für einen schädlichen Erfolg Verantwortliche aber gerade darauf berufen, zwar von der Gefährlichkeit seines Verhaltens gewußt, jedoch darauf vertraut zu haben, daß schon alles gut gehen und der Erfolg ausbleiben werde. Sofern dieses **Moment der inneren Mißbilligung des Erfolges** nicht auszuschließen ist, liegt nach h. M. kein Handeln mit bedingtem Vor-

---

[18] Vgl. dazu ausführlich Schmidt-Salzer, Produkthaftung I, Rz. 1645 ff.
[19] Vgl. dazu unten § 47 Rz. 10.
[20] Cramer in Schönke-Schröder § 15 Rz. 72, 84.

satz sondern allenfalls bewußt fahrlässiges Verhalten vor, selbst wenn der Handelnde in leichtfertiger Weise auf den Nichteintritt des Erfolges vertraut hat.[21]

15 Dem Monza-Steel-Verfahren lag diese Situation unausgesprochen zugrunde: Soweit es um die Freigabe des Reifens 185 VR 14 ging, erfolgte diese durch den Angeklagten, obwohl sich bei der versuchstechnischen Erprobung eine hohe Ausfallquote von 3,1% ergeben hatte und somit der Angeklagte keinerlei Anhaltspunkte für die Gewähr besaß, daß dieser Reifen den Anforderungen im täglichen Fahrbetrieb standhalten werde. Entsprechend lautete die Begründung zur Strafzumessung: „Die HR-Reifen und der 185 VR 14 wurden leichtfertig selten geprüft."

Daß der Angeklagte dementsprechend wegen fahrlässiger Tötung in 7 Fällen und wegen fahrlässiger Körperverletzung in 22 Fällen verurteilt wurde, kann nur als eine Folge der stillschweigenden Annahme des Gerichtes verstanden werden, der Angeklagte habe trotz der unbefriedigenden Prüfstandsergebnisse dennoch auf das Ausbleiben von Schäden vertraut. Denn nur so konnte bei dem objektiv vorhersehbaren Erfolgseintritt die Klippe des Handelns mit bedingtem Vorsatz umgangen werden.

16 Entsprechendes gilt für die bei Schmidt-Salzer[22] wiedergegebenen **„Zwischenstecker-Fälle".** Hier kam es zu tödlichen Stromschlägen weil abweichend von den VDE-Richtlinien zweipolige Konstruktionen gewählt werden, die die in Steckdosen enthaltenen Schutzkontakte außer Kraft setzen. Trotz dieser gravierenden Sicherheitsverstöße kam es jeweils nur zu Verurteilungen wegen fahrlässiger Tötung und dies, obwohl in einem der beiden Fälle Fehlerhaftigkeit wie Gefährlichkeit des Produktes durch den herstellerseitigen Hinweis „Vorsicht nicht geerdet" noch dokumentiert wurden.

17 Anders dagegen beurteilten Staatsanwaltschaft und Gericht die Situation in der Erdal-Rex Entscheidung.[23] Soweit den Presseberichten zu entnehmen ist, lautete die Anklage in einigen Fällen auf **vorsätzliche gefährliche Körperverletzung;** das Gericht schloß sich dieser Beurteilung an. Obwohl die schriftliche Urteilsbegründung noch nicht vorliegt, dürfte die Annahme des Handelns mit (bedingtem?) Vorsatz jene Verletzungsfälle betreffen, die nach Mai 1981 auftraten. Denn spätestens zu diesem Zeitpunkt hätten aufgrund der bis dahin eingetretenen Schadensfälle die schädlichen Sprays zurückgerufen werden müssen. Tatsächlich erfolgte der Rückruf aber erst Ende 1983. Vor diesem Hintergrund erklärt sich auch der in der mündlichen Urteilsbegründung von den Richtern gezogene Vergleich zum russischen Roulett.

Verallgemeinernd läßt sich damit feststellen: **Wer den Weiterverkauf** eines als gesundheitsschädlich erkannten Produktes **nicht stoppt,** obwohl er mit weiteren Schadensfällen rechnet, kann sich bei deren Eintritt nicht mehr glaubhaft darauf berufen, diese nicht gewollt zu haben. Er nimmt vielmehr diese zusätzlichen Schadensfälle in Kauf, **handelt** also **mit bedingtem Vorsatz.**

Möglicherweise gewinnt das Urteil vor diesem Hintergrund eine tragende Bedeutung in der strafrechtlichen Rechtsprechung zur Produkthaftung.

Zu den verschiedenen Formen vorsätzlichen und fahrlässigen Handelns vgl. auch *§ 28 Rz. 13ff.*.

V. Strafrechtliche Produktverantwortlichkeit einer Mehrzahl von Personen im Unternehmen

18 Schließlich bedarf es, bevor auf die Voraussetzungen strafbaren Verhaltens im einzelnen einzugehen sein wird, noch des Hinweises, daß auch dann, wenn die Verantwortlichkeit einer bestimmten Person für einen schädlichen Erfolg feststeht, dies die **Strafbarkeit**

---

[21] Cramer a. a. O. Rz. 106.

[22] Entscheidungssammlung IV, IV 4, S. 170 und IV 34, S. 357.

[23] Entscheidung des LG Mainz vom 16. 1. 1989.

weiterer, in Produktion, Vertrieb oder Instruktion des Produktes eingeschalteter **Personen** nicht ausschließt.[24]

Folgendes Beispiel soll dies verdeutlichen: Durch fehlerhafte Konstruktion des für das Fahrwerk eines PKW verantwortlichen Konstruktionsleiters kommt es dazu, daß die Bremsschläuche der Vorderachse an scharfkantigen Karosserieteilen scheuern. Diese Berührung der Bremsschläuche mit der Karosserie wird bereits bei der Montage sichtbar. Weder der Monteur, noch die diesen Arbeitsschritt kontrollierende Person unternehmen etwas hiergegen. Kurz nach Serienanlauf kommt es innerhalb eines engen Zeitraumes zu mehreren Unfällen infolge Bremsversagens. Mehrere Monate nach Bekanntwerden der ersten Unfälle ist das erste Todesopfer zu beklagen; erst im Anschluß daran erfolgt der Rückruf der Fahrzeuge dieser Serie.

Wegen fahrlässiger Tötung können sich hier strafbar gemacht haben neben dem Kon- 19
struktionsleiter der Monteur, der den augenscheinlichen Fehler nicht weitermeldete, der mit der Prüfung des Arbeitsabschnittes betraute Kontrolleur, sowie die Personen, die es unterlassen haben, rechtzeitig nach Bekanntwerden der ersten Schadensfälle geeignete Warnhinweise zu geben bzw. einen Rückruf der gefährdeten Fahrzeuge zu veranlassen. Schließlich käme, falls es eine für Rückrufsachverhalte zuständige Stelle im Unternehmen nicht geben sollte, auch noch die Strafbarkeit der Personen in Betracht, die es versäumt hatten, hierfür die notwendigen organisatorischen Vorkehrungen zu treffen.

§ 45. Materielle Voraussetzungen der strafrechtlichen Verantwortung für fehlerhafte Produkte

Der zuletzt skizzierte Beispielsfall einer fehlerhaften Montage sicherheitsrelevanter Teile 1
macht deutlich, daß **Ansatzpunkt** für eine strafrechtliche Verantwortlichkeit die **verschiedensten Verhaltensweisen** sein können. Das Gesetz spricht bei der fahrlässigen Körperverletzung ebenso wie bei der fahrlässigen Tötung lediglich davon, daß durch Fahrlässigkeit die Körperverletzung oder der Tod eines Anderen verursacht worden sein muß, ohne dabei den Begriff des fahrlässigen Verhaltens selbst näher zu definieren. Zurückkommend auf unser Ausgangsbeispiel bedeutet dies, daß im Rahmen des vom Gesetz geforderten Ursachenzusammenhanges zwischen Handeln und Erfolg jedes menschliche Verhalten in die tatbestandsmäßige Prüfung mit einzubeziehen ist, das für den konkret eingetretenen Erfolg in irgendeiner Form kausal wurde.[1] In unserem Beispielsfall trifft dies für sämtliche genannten Personen vom Konstruktionsleiter bis hin zu der für die Unternehmensorganisation verantwortlichen Personen zu. Das Fehlverhalten jeder dieser Personen hat in dem konkret eingetretenen Erfolg seinen Niederschlag gefunden.

Trotzdem scheinen **Differenzierungen notwendig,** vergleicht man das Verhalten des 2
Konstrukteurs, der fehlerhaft handelte oder des Monteurs, der in ordnungsgemäßer Verrichtung seiner Tätigkeit den Fehler zwar erkannte, sich aber allein auf die Richtigkeit der Arbeitsanweisung verließ, mit dem Untätigbleiben der vorgesetzten Personen, nachdem diesen gegenüber die Fehlerquelle offenkundig geworden war. Während der Konstrukteur durch falsche Vorgaben aktiv die Fehlerquelle setzte, bestehen bei der Qualifikation des Verhaltens des Monteurs bereits Schwierigkeiten. Liegt die **Maßgeblichkeit seines Ver-**

---

[24] Schmidt-Salzer, Produkthaftung I, Rz. 1101ff., weist darauf hin, daß Arbeitsteilung in einem arbeitsteilig organisierten Unternehmen zur Verantwortungsvervielfachung führe.

[1] Zur im Strafrecht geltenden Äquivalenztheorie vgl. Lenckner in Schönke-Schröder vor §§ 13ff. Rz. 73ff. sowie näher unter IV Rz. 42ff. Nach ihr besteht ein Kausalzusammenhang immer dann, wenn die Handlung des Verantwortlichen nicht hinweggedacht werden kann, ohne daß der konkret eingetretene Erfolg entfiele (sog. conditio-sine-qua-non-Formel).

haltens im Hinblick auf den Erfolg darin, daß er sehenden Auges den von der Konstruktion vorgegebenen Fehler umsetzte, oder darin, daß er es unterließ, auf diese Schwachstelle hinzuweisen? Bei den für die Unternehmensorganisation verantwortlichen Personen liegt das ursächliche Verhalten dagegen eindeutig in einem Untätigbleiben, in der Terminologie des Strafrechts in einem „Unterlassen". Je nach Unternehmensstruktur hätten diese Personen entweder nach Kenntnis der Fehlerquelle selbst tätig werden müssen oder aber **organisatorisch Vorsorge treffen** müssen, daß eine entscheidungskompetente Stelle im Unternehmen installiert ist, die auf solche Gefahrenquellen reagieren kann.[2]

3 Geht man davon aus, daß fahrlässiges Handeln dadurch gekennzeichnet ist, daß ihm **objektiv sorgfaltswidriges** und für den eingetretenen Schaden **kausales** sowie für die betreffende Person **vorhersehbares und subjektiv vermeidbares Verhalten** zugrunde liegen muß, gilt es im einzelnen folgende Voraussetzungen näher zu beleuchten:

- Welche Verhaltensweisen, aktives Tun und/oder Unterlassen spielen im Bereich der Prüfung der für den Erfolg kausal gewordenen Faktoren eine Rolle (nachfolgend *Rz. 4f., 6ff.*)?
- Wie muß das Verhalten qualitativ beschaffen sein, damit es als objektiv pflichtwidrig bewertet werden kann (nachfolgend *Rz. 27ff.*)?
- Wie weit sind Kausalfaktoren zurückzuverfolgen; wo verlaufen die Grenzen einer Haftung trotz eines noch darstellbaren Kausalzusammenhanges (nachfolgend *Rz. 42ff.*)?
- Welche Anforderungen sind an die subjektive Vorhersehbarkeit und Vermeidbarkeit im Rahmen des Schuldvorwurfes bei fahrlässigem Verhalten zu stellen (nachfolgend *Rz. 54ff.*)?

I. Tatbestandsmäßiges Verhalten durch aktives Tun oder Unterlassen

4 Ausgangspunkt für die strafrechtliche Haftung ist, wie oben erwähnt, jedes für den konkreten Erfolg irgendwie kausal gewordene Verhalten. Dieses Verhalten kann in einem **positiven Tun** – Montage eines falschen Teiles, verfrühte Serienfreigabe eines Produktes – wie auch in einem **Unterlassen** liegen – Nichtdurchführung von Stichprobenkontrollen, Fehlen der notwendigen organisatorischen Vorgaben bei Auftreten eines Fehlers, Fehlen von Warnhinweisen beim Inverkehrbringen eines Produktes –. Dabei kommt der Unterscheidung, ob es sich um Fehler aus dem Bereich der Konstruktion, Fabrikation, Instruktion oder der Produktbeobachtung handelt, keine Bedeutung zu. In allen Bereichen können Fehler auf aktivem Handeln ebenso wie auf einem Unterlassen beruhen. Oftmals sind die **Grenzen der Unterscheidung fließend.** Handelt es sich bei der nicht ordnungsgemäß befestigten Spurstange um fehlerhaftes Tun oder liegt in dem Nichtanziehen der Muttern mit dem vorgeschriebenen Drehmoment, also in der Nichtvornahme der an sich geforderten ordnungsgemäßen Handlung, ein Unterlassen? Liegt beim Aufdruck auf eine Spraydorse „Vorsicht feuergefährlich" eine fehlerhafte Warnung vor, wenn sich später jemand bei einer Explosion verletzt, die darauf zurückzuführen ist, daß beim Austrocknen des Sprühdoseninhaltes explosive Dämpfe entstehen? Oder liegt der Mangel hier in dem Unterlassen einer vollständigen Aufklärung auch über solche Explosionsgefahren.[3] War bei den Monza-Steel-Hochgeschwindigkeitsreifen der maßgebende Ansatz neben der fehlerhaften Konstruktion die Anordnung der zu frühen Serienfreigabe oder das Unterlassen der erforderlichen Tests auch unter den Bedingungen des praktischen Einsatzes?[4] Die h. M. stellt für die Unterscheidung zwischen Tun und Unterlassen darauf ab, wo der

---

[2] Schmidt-Salzer/Hollmann, Bd. 1, Art. 6, Rz. 263.

[3] BGH NJW 1987, 372 sieht den Pflichtverstoß schwerpunktmäßig in (dem Unterlassen) der nicht vollständigen Aufklärung über die Produktgefahren des Sprays.

[4] Das LG München (vgl. Schmidt-Salzer, Entscheidungssammlung IV, IV 28, S. 296ff.) prüfte sämtliche Gesichtspunkte, allerdings ohne Unterscheidung zwischen Tun und Unterlassen.

Schwerpunkt des Verhaltens[5] bez. der **Schwerpunkt der Vorwerfbarkeit** liegt, wobei es im hier maßgeblichen Bereich unvorsichtigen Verhaltens naheliegend ist, den Ansatzpunkt im Unterlassen der ordnungsgemäßen Handlung zu suchen.[6] Im ersten Beispielsfall dürfte dies in der fehlerhaften Ausführung der Montage zu suchen sein, im zweiten im Unterlassen der vollständigen Aufklärung über wesentliche Gefahren. Im Monza-Steel-Verfahren ging das Landgericht München II offensichtlich von einem fehlerhaften aktiven Tun des Angeklagten aus, wenn es darauf abstellt, daß die Freigabe der Reifen „theoretisch nicht begründet und versuchstechnisch nicht abgesichert" war. Soweit Konstruktion, Erprobung und Serienfreigabe bei einer Person zusammenlaufen, ist dies im Ergebnis sicherlich vertretbar. Geht man jedoch davon aus, daß A für die Konstruktion, B für die Erprobung und C für die Serienfreigabe zuständig waren, wäre bei B der Vorwurf sicherlich auf die unterlassene hinreichende Versuchserprobung zu richten gewesen.

Zusammenfassend läßt sich damit feststellen: 5

Die strafrechtliche Haftung für einen **erstmalig auftretenden Produktfehler** kann sowohl auf einem fehlerhaften aktiven Tun (Montagefehler, falsche Anweisung durch den Vorgesetzten) wie auch auf einem Unterlassen (mangelnde Aufsicht, Überwachung) beruhen. Zu den Unterlassungskonstellationen gehören auch die Fälle der Nichtbeachtung bestehender Sorgfaltsanforderungen bei der Konstruktion, wie sie insbesondere durch das Gerätesicherheitsgesetz, die Unfallverhütungsvorschriften, DIN-Normen und sonstige technische Regelwerke konkretisiert werden.

Die **Haftung** kann sich des weiteren auch **aus einer unterlassenen Reaktion auf eine** erkannte oder erkennbare **Gefahrenquelle** ergeben, wenn sich später weitere Schäden einstellen. Bei einer erkannten Gefahrenquelle ergibt sich die strafrechtliche Verantwortlichkeit aus der fahrlässigen Falscheinschätzung („wird schon gut gehen"). Bei der zwar nicht erkannten, aber doch erkennbaren Gefahrenquelle zielt der Fahrlässigkeitsvorwurf darauf ab, daß infolge fehlerhafter Organisation beispielsweise kein Informationsfluß zu den maßgebenden Gremien im Unternehmen stattfand. Zeichnet sich die zuerst genannte Fallkonstellation dadurch aus, daß die Gefahrenquelle zwar erkannt, fahrlässigerweise aber falsch eingeschätzt wird, so verhindert im zuletzt genannten Fall das **Organisationsdefizit,** daß die Gefahrenquelle überhaupt erkannt werden konnte. Für die rechtliche Verantwortlichkeit macht dies jedoch keinen Unterschied.

II. Unechtes Unterlassen – zur Begründung von Garantenpflichten im Bereich der strafrechtlichen Produkthaftung

Gewicht gewinnt diese zunächst akademisch anmutende Unterscheidung zwischen positivem Tun und Unterlassen dadurch, daß **nicht jedes Unterlassen,** das einen tatbestandsmäßigen Erfolg bewirkt, **unter Strafe gestellt** ist. So trifft den Trankstelleninhaber, der erkennt, daß bei einem bestimmten Fahrzeugtyp der Tankstutzen so angeordnet ist, daß die Gefahr besteht, daß überschwappendes Benzin sich am Auspuff entzünden kann, weder eine Aufklärungs- noch eine Mitteilungspflicht an den Hersteller bzw. an eine Verbraucherschutzorganisation oder an sonstige Dritte. Allein die Tatsache, daß er mit einem solchen Produkt zufälligerweise von Berufs wegen in Berührung kommt, begründet für ihn noch keine Garantenpflicht. 6

Unser geltendes Recht kennt nämlich keine, auf den Bereich der Produkthaftung zugeschnittenen Unterlassungsdelikte, die die Nichtmeldung von Produktgefahren generell unter Strafe stellen würden. In Betracht kommt deshalb nur eine Bestrafung aus den Tatbeständen, die nach dem Gesetzeswortlaut „normalerweise" durch aktives Handeln verwirklicht werden, wie z. B. die fahrlässige Tötung oder die fahrlässige Körperverlet- 7

[5] BGHSt 6, 46, 59.

[6] Stree in Schönke-Schröder vor §§ 13ff. Rz. 158.

zung. Wird der tatbestandsmäßige Erfolg solcher Begehungsdelikte durch ein Unterlassen verwirklicht, so spricht man von unechten Unterlassungsdelikten.[7] Gem. § 13 StGB ist der Unterlassende aus dem Tatbestand des Begehungsdelikts aber nur dann strafbar, „wenn er rechtlich dafür einzustehen hat, daß der Erfolg nicht eintritt", oder m. a. W., der Täter muß **Garant** für den Nichteintritt des Erfolges sein.

8 Besteht folglich im Bereich der unechten Unterlassungsdelikte eine Verantwortlichkeit nur, soweit der Einzelne verpflichtet ist, den schädlichen Erfolg abzuwehren, gilt es für den Bereich der Produkthaftung zu prüfen, woraus sich eine solche Garantenstellung ergeben kann.

Grundsätzlich lassen sich alle **Garantenpflichten** auf zwei Grundsituationen zurückführen:[8]

– Der Unterlassende ist verpflichtet, ein bestimmtes Rechtsgut gegen alle möglichen Gefährdungen zu schützen.
– Der Unterlassende hat alle möglichen Rechtsgüter Dritter gegen Gefahren zu schützen, welche aus einer Gefahrenquelle resultieren, für die er verantwortlich ist.

Die zuletzt genannte Fallkonstellation ist im Rahmen der Produkthaftung für die Begründung von Garantenpflichten einschlägig. Produktverantwortung bedeutet insoweit, daß fremde Rechtsgüter, insbesondere die körperliche Integrität, gegen Gefahren aus dem Herstellungsbereich des Produzenten zu schützen sind. Welche Garantenpflichten im Rahmen dieser Fallkonstellation in Betracht kommen, soll im folgenden erörtert werden.

1. Die Garantenpflicht aus vorausgegangenem, gefahrschaffendem Tun

9 Die erste Gruppe der hierzu zählenden Pflichten ist die aus sogenanntem vorausgegangenem, gefahrbegründendem Tun (sog. Ingerenz). **Schafft der Hersteller** durch das **Inverkehrbringen** seiner fehlerhaften Produkte eine **Gefahr,** ist er verpflichtet, den Eintritt schädlicher Erfolge zu verhindern.[9] Heftig umstritten ist hier, welche Qualität sein Vorverhalten, also das Inverkehrbringen des Produktes, besitzen muß. Nach wohl h. M. trifft ihn eine **Verpflichtung zur Abwendung drohender Schäden** nur, wenn sein vorausgegangenes Verhalten pflichtwidrig war.[10].

a) Pflichtwidriges vorausgegangenes Tun

10 Unproblematisch sind damit diejenigen Fälle, in denen das **fehlerhafte Verhalten bei Inverkehrbringen** des Produktes **bereits vorlag.** So z. B. im Überrollbügel-[11] und im Monza-Steel-Hochgeschwindigkeitsreifen-Fall.[12] Der Bundesgerichtshof hielt den Hersteller von Überrollbügeln, wenn diese mit Anbauanleitungen auf den Markt gebracht werden, die eine sicherheitsgefährdende Montage vorsehen, für verpflichtet, alle in Betracht kommenden Verwender so zu informieren, daß die richtige Montageart gewährleistet ist. Im Monza-Steel-Hochgeschwindigkeitsreifen-Fall hafteten die verantwortlichen Personen spätestens ab Bekanntwerden der ersten Schäden und Schadensursachen aufgrund Unterlassens, da der gebotene sofortige Rückruf nicht in die Wege geleitet wurde.

Aufgrund der schlechten Prüfstandsergebnisse, spätestens jedoch aufgrund der aufgetretenen Schadensfälle mußte den verantwortlichen Personen bewußt gewesen sein, daß in der verfrühten Produktions- und Vertriebsfreigabe ein pflichtwidriges Verhalten lag, wobei es für die strafrechtliche Haftung unerheblich ist, ob das vorausgegangene Verhalten in einem aktiven Tun oder in einem Unterlassen besteht.[13]

---

[7] Stree a. a. O. vor §§ 13ff. Rz. 135ff.
[8] Stree a. a. O. § 13 Rz. 9; Rudolphi in SK StGB § 13 Rz. 24.
[9] Stree a. a. O. § 13 Rz. 32 m. w. N.
[10] Stree a. a. O. § 13 Rz. 35; Jescheck LK § 13 Rz. 33 jeweils m. w. N.
[11] BGH NJW 1986, 1863.
[12] Schmidt-Salzer, Entscheidungssammlung IV, IV 28, S. 296.
[13] Stree a. a. O. § 13 Rz. 32.

b) Pflichtgemäßes vorausgegangenes Tun

Problematisch sind jedoch die Fälle, in denen den Hersteller beim Inverkehrbringen eines Produktes kein Pflichtverstoß trifft, sich die **Gefährlichkeit des Produktes vielmehr erst später herausstellt,** sei es aufgrund fortentwickelter Material- oder Prüftechniken, sei es aufgrund von Schäden, die während der gesamten Erprobungszeit nicht sichtbar wurden. Verlangt man für das Entstehen einer Garantenpflicht ein pflichtwidriges Vorverhalten, tut man sich mit der Begründung einer Handlungspflicht in diesen Fällen schwer. 11

Zwar wird auch von denjenigen, die ein pflichtwidriges Vorverhalten verlangen, anerkannt, daß sich eine Garantenpflicht daneben auch aus der Verantwortung für eine Gefahrenquelle aus dem eigenen Zuständigkeitsbereich ergeben kann. Jedoch liegt dem eine Art Zustandshaftung zugrunde, die nur solange eine Garantenpflicht nach sich zieht, solange sich die Gefahrenquelle im eigenen Zuständigkeitsbereich des Betreffenden befindet.[14] Betreibt ein Maschinenhersteller im eigenen Produktionsbereich eine Maschine und wird erst einige Zeit nach Inbetriebnahme derselben erkennbar, daß der Aufenthalt in ihrer Nähe gesundheitsschädlich ist, so darf der Hersteller die Maschine im Sinne der zuvor genannten Zustandshaftung nicht mehr weiter betreiben, will er sich nicht wegen fahrlässiger Körperverletzung strafbar machen, begangen durch die unterlassene Außerbetriebsetzung. Verkauft er jedoch solche Maschinen weiterhin an Dritte, haftet er für später eintretende schädliche Erfolge bereits unter dem Gesichtspunkt des pflichtwidrigen Inverkehrbringens.

Verläßt das Produkt dagegen den **Herrschaftsbereich des Herstellers** zu einem Zeitpunkt, zu dem diesen keine Pflichtverletzung trifft, so soll eine sich erst später manifestierende Gefährlichkeit keine Garantenpflicht mehr begründen können. Den Produzenten treffe hier lediglich eine Hinweispflicht nach § 323c StGB; unterbleibe diese, könne er nur wegen unterlassener Hilfeleistung, nicht mehr jedoch wegen fahrlässiger Körperverletzung oder fahrlässiger Tötung begangen durch Unterlassen zur Verantwortung gezogen werden.[15] 12

Im Ergebnis ist dies, so erfreulich die Konsequenzen dieser Ansicht für den Hersteller sind, wenig befriedigend, besonders wenn man bedenkt, daß in der Mehrzahl der Fälle allein der Hersteller es ist, der die Gefährlichkeit seines Produktes taxieren kann, während der Besitzer quasi als gutgläubiges Werkzeug das gefährliche Produkt in Gebrauch nimmt bzw. im Gebrauch hält. 13

Folgendes Beispiel möge dies verdeutlichen: Zeigen sich an einem Fahrzeug unter bestimmten Einsatzbedingungen im Kundenbetrieb erstmals Schwingungsbrüche, die nachweisbar in der gesamten Erprobungsphase nicht aufgetreten waren, wird allein der Hersteller die Typizität der Schäden im Rahmen seiner Produktbeobachtungspflicht zur Kenntnis nehmen und richtig bewerten können. Die Frage ist, ob er dies, da ihn beim Inverkehrbringen keine Pflichtverletzung traf, tatenlos tun darf. Dieselbe Frage stellt sich beispielsweise, wenn ein Hersteller erfährt, daß sein an sich vielseitig verwendbares Produkt zu einem von ihm nicht vorgesehenen und auch nicht vorhersehbaren Zweck verwendet wird und daraus Gefahren für Leib und Leben des Anwenders resultieren. Soll der Hersteller hier – von den Fällen des groben Produktmißbrauches einmal abgesehen[16] – ebenfalls tatenlos zusehen dürfen? Schließlich sei noch auf die durch das Honda-Lenkerverkleidungs-Urteil[17] aufgetretene Konstellation hingewiesen. Hier erfuhr der Hersteller erstmals im Rahmen von Schadensfällen von der Gefährlichkeit, die sein Produkt durch die Verwendung von Anbauteilen erfährt. Geht man davon aus, daß der Hersteller nicht

---

[14] Stree a. a. O. § 13 Rz. 43; Schünemann, wistra 1982, 41, 44 will die Garantenstellung hierarchisch übergeordneter Personen im Unternehmen generell auf diesen Zeitpunkt beschränken.

[15] Stree a. a. O. § 13 Rz. 39; Schünemann a. a. O., unter Hinweis darauf, daß mit Eintritt des Herrschaftsverlustes über das Produkt die allein anzuerkennende „Betriebsgarantenstellung" ende.

[16] Vgl. dazu unten § 46 Rz. 32ff.

[17] BGH NJW 1987, 1009.

jedes auf den Markt kommende Anbauteil kennen kann und ihn somit auch nicht für jedes Anbauteil Prüfpflichten treffen können,[18] so stellt sich auch hier die Frage, ob er auch noch nach Kenntnis der Gefährlichkeit von Anbauteilen weiteren Personenschäden tatenlos und ohne die Gefahr, sich strafbar zu machen, entgegensehen darf.

14 Letztlich geht es bei der Entscheidung dieser Fälle auch um die **Inhaltsbestimmung der Produktbeobachtungspflicht,** also darum, ob denjenigen, der ohne Pflichtverletzung ein Produkt in den Verkehr gebracht hat, im Rahmen seiner Produktbeobachtungspflicht eine Schadensabwendungspflicht trifft. Im Zivilrecht ist dies unbestritten. Dort wird vom Hersteller verlangt, daß er eigenverantwortlich allen Anhaltspunkten für Gefahrenquellen aus seinem Produkt nachgeht und zwar unabhängig davon, ob er die Gefahrenquelle zu einem früheren Zeitpunkt hätte erkennen können oder nicht.[19] Ferner wird von ihm verlangt, daß er geeignete Schritte unternimmt, damit sich diese Gefahren nicht realisieren.[20] Er hat in den Grenzen des Möglichen und Zumutbaren dafür zu sorgen, daß dem Verwender keine Schäden entstehen. Ihm obliegen somit umfangreiche Sicherungsmaßnahmen zur Gefahrenabwendung.[21] Letztlich ist dann aber auch diese uneingeschränkt jeden Hersteller treffende **Produktbeobachtungspflicht** nichts anderes als die **Ausprägung einer Garantenpflicht,** für die mit dem Inverkehrbringen seines Produktes möglicherweise eröffneten Gefahrenquellen.

15 Es würde deshalb zu merkwürdigen Ergebnissen führen, wollte man diese im Zivilrecht uneingeschränkt anerkannte Produktbeobachtungspflicht im Rahmen der strafrechtlichen Verantwortlichkeit auf die Schadensfälle beschränken, in denen bereits das Inverkehrbringen des Produktes einen Pflichtverstoß darstellt, in allen übrigen Fällen die Verantwortlichen jedoch nur wegen unterlassener Hilfeleistung zur Verantwortung ziehen. Da auch im Hinblick auf das **Schutzbedürfnis der gefährdeten Rechtsgüter** keine Veranlassung besteht, im Strafrecht zwischen qualitativ unterschiedlich sanktionierten Produktbeobachtungspflichten zu unterscheiden, darf es für die Begründung einer Garantenpflicht nicht darauf ankommen, ob die mit dem Inverkehrbringen des Produktes entstehende Gefahrenquelle pflichtgemäß oder pflichtwidrig geschaffen wurde. Zeigt sich später, daß von ihr Gefahren für strafrechtlich geschützte Rechtsgüter drohen – vornehmlich für Leib und Leben – so trifft die beim jeweiligen Hersteller hierfür verantwortliche Person die Pflicht, in geeigneter und zumutbarer Weise dem drohenden Erfolgseintritt entgegen zu wirken.

2. Die Pflicht kraft Übernahme/die Pflichtenstellung des Übertragenden

16 Die vorstehend beschriebene Garantenpflicht aus der Verantwortlichkeit für bestimmte Gefahrenquellen kann **auf Dritte übertragen** werden. In einer arbeitsteiligen Wirtschaft stellt dies eine Zwangsläufigkeit dar, da es bereits in einem Unternehmen mittlerer Größe rein faktisch unmöglich sein dürfte, sämtliche Verkehrssicherungspflichten aus Konstruktion, Fabrikation, Instruktion und Produktbeobachtung auf den Firmeninhaber oder auf die vertretungsberechtigten Organe der Firma zu konzentrieren.[22]

Mit der **Übertragung der Garantenpflicht** entsteht bei dem Dritten eine **eigene Garantenstellung** kraft Übernahme. D. h., er übernimmt für den ihm übertragenen Verantwortungsbereich die der Allgemeinheit gegenüber bestehende Gefahrenabwendungspflicht für Produktgefahren, die aus diesem Bereich resultieren. So soll ein Laboratoriumsleiter zwar die Verantwortung für den Konstruktions- und Fabrikationsbereich tragen, dagegen soll ihn nicht auch die Verantwortung für eine fehlerfreie Instruktion treffen, insbesondere soll er nicht für das Fehlen von Warnhinweisen verantwortlich sein.[23]

---

[18] Vgl. dazu oben § 25 Rz. 140ff.
[19] Vgl. oben § 24 Rz. 253.
[20] BGH NJW 1987, 1009 „Honda-Lenkerverkleidung".
[21] BGH NJW 1981, 1603 „Derosal".
[22] Schmidt-Salzer NJW 1988, 1937.
[23] BGH NJW 1987, 372 „Spraydose".

Die Übertragung dieser Pflichten bedeutet indes auch in strafrechtlicher Hinsicht nicht, daß der Delegierende aus seiner Pflicht gänzlich entlassen wird. Die aus seiner fortbestehenden Garantenstellung resultierende **Verkehrssicherungspflicht** bleibt insofern wirksam, als er für die richtige Auswahl, Instruktion und Überwachung desjenigen haftbar bleibt, auf den er seine Pflichtenstellung delegiert hat.[24] Ist von der Unternehmensgröße oder von der Spezialisierung her die Wahrnehmung dieser Auswahl- und Überwachungspflicht der Unternehmensführung selbst nicht möglich, können weitere Zwischenhierarchien in erforderlicher Zahl installiert werden. Immer jedoch bleibt es bei der Verantwortlichkeit der vorgesetzten Ebene für die richtige Auswahl, Instruktion und Überwachung des jeweiligen nachrangigen Mitarbeiters.[25] 17

3. Die gebotenen Maßnahmen im Rahmen der Erfolgsabwendungspflicht; zur Zumutbarkeit des Tätigwerdens; Parameter der Interessenabwägung

Das Unterlassen der verantwortlichen Person setzt bei der Produkthaftung dort an, wo die Verkehrssicherungspflicht die Vornahme einer geeigneten Maßnahme zur Gefahrbeseitigung verlangt hätte, diese jedoch nicht durchgeführt wurde. In der Regel sind dies Warnhinweise an den Produktbenutzer – vgl. dazu im einzelnen oben *§ 24 Rz. 217ff.* – oder als ultima ratio ein Rückruf des gefährlichen Produkts – dazu näher *§ 24 Rz. 233ff.* Insoweit ist mit der Feststellung, daß gegen eine solche Pflicht verstoßen wurde, regelmäßig auch die **Feststellung der Rechtswidrigkeit des Verhaltens** verbunden.[26] Zu der Frage, wann ein Pflichtverstoß vorliegt, vgl. die nachfolgenden Ausführungen zu den im einzelnen zu stellenden Sorgfaltsanforderungen.[27] 18

Da der Verantwortliche im Rahmen seiner Garantenstellung erfolgsabwendungspflichtig ist, stellt sich in den Fällen, in denen ein zukünftig drohender Schadenseintritt noch verhindert werden kann, die weitere Frage, ab welchem Zeitpunkt ein **Tätigwerden** von ihm **verlangt** wird, wenn sich aus dem Inverkehrbringen des Produktes bereits eine Gefahrensituation abzeichnet. Ferner stellt sich die Frage, wo die Grenzen für sein Tätigwerden liegen. Angesprochen ist mit letzterem das Kriterium der Zumutbarkeit des Handelns, dessen Einordnung im Deliktsaufbau nach wie vor umstritten ist, was aber hier nicht weiter vertieft zu werden braucht.[28]

Bereits oben wurde angedeutet, daß die **Entscheidung über eine Rückrufaktion** ein verantwortungsbewußtes **Abwägen** voraussetzt. Unterbleibt sie pflichtwidrig, ist bei Eintritt einer tatbestandsmäßigen Verletzungsfolge der Vorwurf strafrechtlich relevanten Unterlassens gegeben.[29] Die maßgebenden **Entscheidungsparameter im Rahmen der Interessenabwägung** zwischen Handeln und Nichthandeln sind dabei: 19

a) Die Wahrscheinlichkeit des Erfolgseintrittes

Bei bloß abstrakt denkbaren Gefährdungen braucht, solange sich **keine ernsthaften Anzeichen** ergeben, daß sich die Gefahr realisieren kann, nicht eingeschritten zu werden. Oftmals bleibt auch ein zeitlicher Handlungsspielraum, der es ermöglicht, mit Mitteln zu reagieren, die das Unternehmen weniger belasten als ein sofortiger Rückruf. So ist z. B. 20

---

[24] BGHSt 19, 286, 288; Stree in Schönke-Schröder § 13 Rz. 26.

[25] Schmidt-Salzer NJW 1988, 1937, 1939f.

[26] Stree in Schönke-Schröder § 13 Rz. 62.

[27] Vgl. nachfolgend Rz. 31ff.

[28] Z. T. wird in der Unzumutbarkeit ein Rechtfertigungsgrund für die unterbliebene Handlung gesehen, z. T. wird bei Unzumutbarkeit des Handelns bereits der Tatbestand eines unechten Unterlassungsdeliktes verneint, da der an sich Handlungspflichtige in diesem Fall genausowenig für den Erfolg einzustehen habe, wie in dem Fall, in dem es ihm unmöglich sei, die erforderliche Handlung vorzunehmen; zum Meinungsstand vgl. Stree in Schönke-Schröder vor §§ 13ff. Rz. 155.

[29] Schmidt-Salzer/Hollmann, Bd. 1, Art. 6, Rz. 263; Cramer in Schönke-Schröder, § 15 Rz. 223; Löwe, DAR 1978, 288, 289.

die Behebung von Korrosionsschäden an sicherheitsrelevanten Teilen eines Produktes im Rahmen von turnusmäßig stattfindenden Wartungsarbeiten denkbar, wenn sichergestellt ist, daß die meisten, noch zugelassenen Fahrzeuge erfaßt werden und die wenigen, noch verbleibenden Fahrzeughalter individuell benachrichtigt werden können.

b) Die Schwere der drohenden Rechtsgutverletzungen

21 Die **Schwelle,** ab der ein Eingreifen von der verantwortlichen Person erwartet wird, liegt hier umso niedriger, je höher das indizierte Risiko ist. So muß bei **ernstlichen Gefahren für Leib und Leben** sofort durch geeignete Maßnahmen, wie Warnhinweise, Rückrufe usw. der Gefahr entgegengesteuert werden. Dabei hängt der Umfang der durchzuführenden Aktion entscheidend vom Ausmaß des Risikos ab, vgl. dazu *§ 24 Rz. 229f.* Im Monza-Steel-Hochgeschwindigkeitsreifen-Fall hätte unmittelbar nach Bekanntwerden der ersten Schadensfälle ein Rückruf veranlaßt werden müssen. Dasselbe gilt, wenn der Verdacht besteht, daß aufgetretene Gesundheitsschäden auf die Einnahme pharmazeutischer Mittel zurückzuführen sind.[30]

c) Die beim Produkthersteller zu erwartenden Schäden infolge Absatzrückganges oder Imageverlustes

22 Da es im Bereich der strafrechtlichen Produkthaftung vornehmlich um die Abwehr von Gefahren für Leib und Leben geht, kommt **wirtschaftlichen Faktoren** wie Absatzrückgang oder Imageverlust im Rahmen der Interessenabwägung nur eine ganz untergeordnete Rolle zu. Wirtschaftliche Gesichtspunkte haben hier i. d. R. zurückzutreten.[31] Solche Faktoren vermögen allenfalls dort Beachtung zu gewinnen, wo einerseits dem Produzenten im Falle eines öffentlichen Rückrufes oder Warnhinweises ein solcher Umsatzrückgang drohen würde, daß zahlreiche Arbeitsplätze gefährdet wären, andererseits dem aber bei einem Untätigbleiben lediglich geringfügige Beeinträchtigungen gegenüber stünden. Auf keinen Fall ausreichend ist dagegen, wie im Monza-Steel-Hochgeschwindigkeitsreifen-Fall der lediglich drohende Auftragsverlust bei Nichtverfügbarkeit der damals verlangten Reifengröße.

d) Die eigenen Interessen dessen, aus dessen Verantwortungsbereich die Gefahr resultiert

23 Soll die Handlungspflicht aufgrund eigener Interessen eingeschränkt sein, müssen durch ein Tätigwerden **eigene billigenswerte Interessen** in so erheblichem Umfange **gefährdet** werden, daß gegenüber dem drohenden Erfolg zumindest eine gleichgewichtige Situation vorliegt. So macht beispielsweise die Angst vor arbeitsrechtlichen Konsequenzen ein Tätigwerden grundsätzlich noch nicht unzumutbar, wenn dem die Gefährung von Leib und Leben Dritter gegenüber steht. Es spielt insofern auch keine Rolle, ob der Produktmangel von der verantwortlichen Person in einer von ihr zu vertretenden Weise herbeigeführt wurde, oder ob er sich erst nach Inverkehrbringen aufgrund neuer technischer Erkenntnisse zeigt. Auch das Risiko, daß sich der Verantwortliche wegen bereits eingetretener Schäden möglicherweise der Gefahr einer Strafverfolgung aussetzt, wenn er im Wege eines Rückrufes auf seine Verantwortlichkeit für den Fehler aufmerksam macht, führt nicht zur Unzumutbarkeit des Tätigwerdens. Nach h. M. ist die Gefahr einer Strafverfolgung dann zumutbar, wenn sie das Verhalten (i. S. des vorausgegangenen gefahrschaffenden Tuns) betrifft, aus dem die Pflicht zur Erfolgsabwendung entsteht.[32]

---

[30] Löwe DAR 1978, 288, 291.
[31] OLG Karlsruhe NJW 1981, 1054.
[32] BGH NJW 1964, 732; BGH NStZ 1984, 452.

Zusammenfassend läßt sich damit feststellen, daß **an die Zumutbarkeit des Tätigwerdens** zum Zwecke der Erfolgsabwendung **sehr hohe Anforderungen** gestellt werden und nur in Ausnahmefällen dem Garanten ein Handeln unzumutbar sein dürfte.

4. Zur Handlungspflicht bei sog. Schwebezuständen

24 Die zuvor genannten Grundsätze gelten auch, solange noch nicht mit wissenschaftlicher Sicherheit festgestellt werden kann, ob aufgetretene Schäden auf einen Produktfehler bzw. im pharmazeutischen Bereich auf Produktnebenwirkungen zurückzuführen sind. Mit der Frage der Handlungspflicht bei solchen **Schwebezuständen** hatte sich eingehend das Landgericht Aachen im Contergan-Verfahren zu befassen.[33] Dabei ging es von dem Grundsatz aus, daß das Interesse des Produktbenutzers an seiner körperlichen Integrität den Vertriebsinteressen des Produzenten vorrangig ist. Bei der Schwere der Schäden, die das Produkt möglicherweise verursache und der Häufigkeit bzw. Regelmäßigkeit der bereits aufgetretenen Schäden könne das von einem Arzneimittelhersteller zu fordernde Verhalten nur dahingehend umrissen werden, „daß er jeweils von Fall zu Fall unter Beachtung der genannten Kriterien und unter besonderer Berücksichtigung der schutzwürdigen Interessen des Verbrauchers eingehend prüfen muß, wann ihn ein gegen sein Präparat erhobener Verdacht zwingt, Schutzmaßnahmen zu ergreifen". Normalerweise treffe dies bei verstärkten Verdachtsmomenten immer zu.

25 Als **geeignete Schutzmaßnahmen** seien dabei vom Hersteller eine ausreichende Information des Verbrauchers, die Einführung einer Rezeptpflicht und notfalls die Zurückziehung des Mittels vom Markt zu verlangen. Diese Grundsätze sind nicht nur auf den Bereich der pharmazeutischen Produkte zu beschränken. Sie verdienen beispielsweise auch im Bereich der chemischen Produkte Beachtung. Erinnert sei in diesem Zusammenhang an die Verwendung von sog. PCB-Zusätzen in Holzschutzfarben oder an die Verwendung von Asbest in den verschiedensten Produkten wie Dämmstoffen usw.

5. Handlungspflicht bei zeitlichem Spielraum

26 Um den Schaden zu verhindern, kann der verantwortlichen Person im Einzelfall ein **zeitlicher Handlungsspielraum** zur Verfügung stehen.[34] Erinnert sei an die bereits oben erwähnten Fälle von Korrosionsschäden an sicherheitsrelevanten Fahrzeugteilen. Eine vergleichbare Situation liegt bspw. vor, wenn sich im Gebrauch eines technischen Gerätes ab einem bestimmten Zeitraum an sicherheitsrelevanten Maschinenteilen Haarrisse zeigen.

In beiden Fällen ist zunächst die Feststellung möglich, daß beim Inverkehrbringen des Produktes eine **aktuelle Gefahr noch nicht besteht.** Umgekehrt kann aber auch nicht mit letzter Sicherheit prognostiziert werden, ab welchem Zeitpunkt die in dem Produkt vorhandene Schadensanlage konkret gefährlich wird. Grundsätzlich hat der Unterlassende eine ihn treffende Handlungspflicht deshalb ab deren Kenntnis sofort zu erfüllen. Ein zeitlicher Spielraum ist nur dort anzuerkennen, wo das spätere Tätigwerden ohne eine bis zu diesem Zeitpunkt eintretende Gefahrvergrößerung den Erfolgseintritt noch ebenso sicher zu verhindern vermag.[35] Ein solches Urteil dürfte nur in seltenen Fällen möglich sein. Von einer Gefahrerhöhung wird man nämlich auch dann auszugehen haben, wenn die Schadensanlage den Erfolgseintritt lediglich begünstigt hat, wobei durchaus auch andere Faktoren letztlich das schadensauslösende Moment bilden können. So kann in unserem Ausgangsbeispiel der Lenkhebelbruch auch dadurch bedingt sein, daß das Fahrzeug in ein Schlagloch geriet. Hier bedarf es für die strafrechtliche Verantwortlichkeit der

---

[33] LG Aachen JZ 1971, 507, 515; Brüggemeier WM 1982, 1294, 1301.

[34] Brüggemeier a. a. O., Jescheck LK § 13 Rz. 47, wobei sich hier in den Fällen vorsätzlichen Verhaltens die Frage nach dem Beginn eines strafbaren Versuches stellt.

[35] Stree in Schönke-Schröder vor §§ 13ff., Rz. 153.

zweifelsfreien Feststelllung, daß ein völlig intakter Lenkhebel den Schlag überstanden hätte. Zweifel an der Mitursächlichkeit des Produktfehlers müssen sich zugunsten der herstellerseitig hierfür verantwortlichen Person auswirken.

III. Zur Pflichtwidrigkeit des Verhaltens

27 Bereits oben[36] wurde darauf hingewiesen, daß der **Begriff der Fahrlässigkeit** im Gesetz an keiner Stelle definiert ist. Während früher Fahrlässigkeit als reines Schuldelement angesehen wurde, erkennt die h. M. heute die Fahrlässigkeit als ein komplexes Merkmal an, das sowohl Elemente der Rechtswidrigkeit wie auch der Schuld enthält.[37] So muß für die Feststellung der Rechtswidrigkeit der Erfolg durch ein objektiv sorgfaltswidriges Verhalten herbeigeführt worden sein, wobei die Festlegung des Sorgfaltsmaßstabes erhebliche Schwierigkeiten bereitet.[38] Erst wenn dieser objektive Pflichtverstoß feststeht, stellt sich im Bereich der Schuld die weitere Frage nach der individuellen Sorgfaltspflichtverletzung, die darauf abzielt, ob es dem fahrlässig Handelnden gerade in dieser Situation möglich gewesen wäre, den eingetretenen Erfolg vorauszusehen und auch zu vermeiden.

1. Die Begründung fahrlässigen Handelns in der bisherigen Rechtsprechung

28 Wenden wir uns zunächst dem **Element der Fahrlässigkeit** zu, welches im Bereich der Rechtswidrigkeit das Verhalten als **objektiv sorgfaltswidrige Handlung** umschreibt. In der Mehrzahl der bisher ergangenen strafrechtlichen Entscheidungen wird die im Zusammenhang damit stehende Frage nach dem anzulegenden Sorgfaltsmaßstab mehr oder weniger vom eingetretenen Erfolg her festgeschrieben: So enthält beispielsweise das Monza-Steel-Urteil Ausführungen zu den an einen Reifenhersteller allgemein zu stellenden Sorgfaltsanforderungen im Bereich der Produkterprobung (Prüfstands-/Felderprobung). Teilweise sind diese Ausführungen jedoch in sich widersprüchlich. So wurde dem angeklagten Leiter der reifentechnischen Entwicklung einerseits vorgehalten, daß er aufgrund seiner Kenntnisse und Fähigkeiten und der ihm damit zumutbaren Sorgfaltsanforderungen schon vor Produktionsfreigabe hätte erkennen müssen, daß allein durch die Prüfstandsversuche die Freigabe versuchstechnisch nicht hinreichend abgesichert gewesen sei. Zusätzlich seien kombinierte Tests zu fordern gewesen, also die Überprüfung sowohl im Dauerlauf wie im Schnellauf. Wenig später wird dann allerdings ausgeführt, daß wenn der Angeklagte schon nicht auf die sogar für Nichttechniker naheliegenden Möglichkeiten des Kombinationstestes kam, weil dies damals nicht dem Stand der Technik entsprochen habe, so hätte er zumindest für eine ausreichende Erprobung dieser Reifen im Fahrbetrieb auf der Straße sorgen müssen.[39]

29 Mit dieser Begründung werden zunächst allgemeine, angeblich für jedermann erkennbare **Sorgfaltsanforderungen für ein bestimmtes Spezialgebiet** postuliert, diese anderer-

---

[36] Vgl. einleitend zu § 45 Rz. 1.

[37] Cramer in Schönke-Schröder § 15 Rz. 120ff.

[38] Während die wohl h. M. die an den einzelnen zu stellenden Sorgfaltspflichten nach den Durchschnittsanforderungen des jeweiligen Verkehrskreises bemißt (Cramer in Schönke-Schröder § 15 Rz. 141), stellt eine im Vordringen begriffene Meinung mit überzeugenden Argumenten auf das individuelle Leistungsvermögen ab. Wer kenntnisreicher und fähiger als der Durchschnitt sei, habe das Optimum dessen zu leisten, wozu er zur Vermeidung von Gefahren imstande sei (Cramer a. a. O. Rz. 139f. m. w. N.). So ist naheliegend, daß von einem besonders befähigten Chirurgen eine Ausschöpfung seiner gesamten persönlichen Fähigkeiten erwartet wird. Ob dieselben Maßstäbe aber auch für einen Produzenten gelten, der beispielsweise in technischer Hinsicht als Marktführer gilt, weckt zumindest hinsichtlich der damit verbundenen Verteuerung seiner Produkte Zweifel und bedarf der weiteren Erörterung.

[39] Schmidt-Salzer, Entscheidungssammlung IV, IV 28, S. 312f.

seits aber den dort nach dem Stand der Technik geltenden Maßstäben noch vorangestellt, was im Ergebnis nicht zutreffend sein kann. Wenig später wird dann ausgeführt, daß sich auch aus den Prüfstandsversuchen für den Angeklagten als Fachmann hätte ergeben müssen, daß keinerlei Sicherheitsreserven in den Reifen steckten. Immerhin habe die Freigabe dieser Reifen den Tod von 3 Menschen und die Körperverletzung von 5 Menschen bewirkt. Wie die Begründung zeigt, eine im Ergebnis vom Erfolg her konstruierte Pflichtverletzung.

Ähnlich verhält es sich auch in den bei Schmidt-Salzer zitierten, vom Kammergericht 1973/74 entschiedenen Butterpackungsfällen.[40] In beiden Fällen ging es um die Frage, in welchem Umfange der Angeklagte verpflichtet war, Stichproben zu entnehmen, um die Butterqualität, insbesondere einen bestimmten Wassergehalt der Butter, sicherzustellen. Zu den an ein **Stichprobenkontrollverfahren** zu stellenden Anforderungen wird ausgeführt, daß derjenige, der Lebensmittel abgepackt in den Verkehr bringt, nur dann davon befreit ist, jede einzelne Verpackungseinheit zu untersuchen, wenn er damit rechnen kann, daß ein Stichprobenverfahren ausreicht, Mängel mit genügender Sicherheit auszuschließen. Dabei seien so viele Stichproben zu nehmen, daß es zu mehr als gelegentlichen Ausreißern nicht kommen könne.

Die Entscheidung enthält mit dieser vagen Formulierung keine griffigen Aussagen zu 30
den **Anforderungen,** die **an ein Qualitätssicherungsverfahren** zu stellen sind. Dem Kammergericht wäre es durchaus zumutbar gewesen, von der Qualifizierung der Gefährlichkeit des Produktfehlers her die noch tolerierbare Fehlerhäufigkeit festzuschreiben und von daher den Sorgfaltsmaßstab als operationale Größe abzustecken.[41]

2. Der dogmatische Ansatzpunkt für die Festlegung des Sorgfaltsmaßstabes

Soweit ersichtlich, liegt weder vonseiten der Rechtsprechung noch vonseiten der Litera- 31
tur eine eindeutige Aussage dazu vor, **welcher Sorgfaltsmaßstab** im Bereich der strafrechtlichen Produktverantwortung an den einzelnen zu stellen ist. Während im Zivilrecht der Sorgfaltsmaßstab in Anlehnung an § 276 Abs. 1 S. 2 BGB[42] als ein objektiver und abstrakter Maßstab umschrieben wird, der sich an den allgemeinen Verkehrsbedürfnissen orientiere, soll im Bereich des Strafrechts ein individueller Sorgfaltsmaßstab gelten.[43] Das heißt, der Maßstab aufgrund dessen sich die Sorgfaltswidrigkeit des Handelns ergibt, wäre im Strafrecht ein anderer als im Zivilrecht, wo mit der Bezugnahme auf die „im Verkehr erforderliche Sorgfalt" lediglich die jedermann treffenden Sorgfaltsanforderungen umschrieben sind.

Geht man davon aus, daß abweichend hiervon im Strafrecht jedermann das **Optimum** 32
dessen zu leisten hat, was er **zur Gefahrabwendung** leisten kann,[44] so baut dieser Maßstab im Grunde genommen auf dem im Zivilrecht geltenden Maßstab auf. Auch im Bereich der strafrechtlichen Produkthaftung ist daher stets zu prüfen, ob derjenige, dessen Verhalten für einen schädlichen Erfolg kausal geworden ist, die im Verkehr erforderliche Sorgfalt außer Betracht gelassen hat. Der Strafrichter wird demgemäß in einer ersten Stufe ebenso wie der Zivilrichter prüfen, ob diejenige Sorgfalt beobachtet wurde, die von einem durchschnittlichen Anforderungen entsprechenden Angehörigen dieses Verkehrskreises

---

[40] Schmidt-Salzer, Entscheidungssammlung IV, IV 20, S. 251 und IV 21, S. 253.

[41] Eine z. B. bei Hohlglasherstellern verwendete Methode: Handelt es sich um sog. kritische Fehler, die beim Konsumenten Verletzungen verursachen können, gilt als quantitativer Prüfungsmaßstab, daß solche Fehler nicht vorkommen dürfen. Wird trotzdem ein solcher Fehler festgestellt, erfolgt Sperrung der gesamten Partie. Zur mathematisch-statistischen Fundierung von Qualitätssicherungsmodellen vgl. oben § 24 Rz. 144ff.

[42] Nach § 276, I, S. 2 BGB handelt fahrlässig, wer die im Verkehr erforderliche Sorgfalt außer acht läßt.

[43] Vgl. zum Meinungsstand oben Fußnote 38.

[44] Cramer in Schönke-Schröder § 15 Rz. 139ff.; Schmidt-Salzer, Produkthaftung I, Rz. 1505ff.

erwartet werden konnte. Zur Ausfüllung dieses Maßstabes wird er in der Regel Rechtsvorschriften wie das Gerätesicherheitsgesetz, Unfallverhütungsvorschriften, DIN-Normen oder sonstige anerkannte technische Regelwerke heranziehen und von hier aus sein Urteil darüber fällen, ob beispielsweise beim Inverkehrbringen des Produktes dem jeweiligen Stand der Technik Rechnung getragen wurde.[45]

33 Probleme tauchen jedoch dann auf, wenn **einzelne Hersteller** aufgrund ihres **individuellen Leistungsvermögens** – u. U. bestimmt durch die Hochtechnologie ihres Unternehmens – das Produkt selbst, oder – aufgrund einer überragenden Datenverarbeitung – die Produktbeobachtung hätten sicherer und effizienter gestalten können.

Dies macht es erforderlich, die einzelnen Bereiche der Produkthaftung auf die Fragestellung hin zu durchleuchten, welcher Sorgfaltsmaßstab Anwendung findet, wenn zwischen den durchschnittlichen Verkehrserwartungen, die an ein Produkt gestellt werden und dem individuellen Leistungsvermögen eines Unternehmens ein Gefälle besteht. Können hier die verantwortlichen Personen dafür haftbar gemacht werden, daß das Produkt nicht der optimal umsetzbaren Sicherheit entspricht?

34 **a)** Beginnen wir mit dem Bereich der **Konstruktion.** Hier wäre es dem einen oder anderen Hersteller mit entsprechendem zusätzlichem personellem und versuchstechnischem Aufwand sicher möglich, derzeit bei Kraftfahrzeugen noch nicht bis zur Serienreife entwickelte, zusätzliche Sicherheitseinrichtungen zur Produktionsreife zu bringen. Gedacht ist hier z. B. an sogenannte Abstandswarngeräte, an Rückhaltesysteme für im Fond sitzende Personen usw. Letztlich wäre es auch machbar, Fahrzeugkarosserien so zu gestalten, daß die Fahrgastzellen selbst einen Frontalaufprall bei höheren Geschwindigkeiten unbeschadet überstehen. Trotzdem denkt im Moment niemand daran, derartige konstruktive Vorgaben an die dafür verantwortlichen Personen zu stellen. Wohl aber erwartet man von einem Konstrukteur, daß er Lage und Beschaffenheit des Kraftstofftankes so wählt, daß nicht schon bei leichten und mittleren Auffahrunfällen die Gefahr von Fahrzeugbränden entsteht.

An dieser Stelle mag daher als Fazit zunächst der Hinweis genügen, daß die allgemeinen Verbrauchererwartungen in punkto Produktsicherheit die Grenzen der Sorgfaltspflichten im Bereich der Konstruktion entscheidend beeinflussen.

35 **b)** Entsprechend sind die Dinge im Bereich der **Produktion** gelagert. Bleiben wir auch hier zunächst im Bereich des Automobilbaues. Von der technischen Realisierbarkeit wäre es den Herstellern aller namhaften Fabrikate zumutbar, ihre Fahrzeuge nur noch mit Sicherheitseinrichtungen wie Airbag, Gurtstraffer, Antiblockiersystem, Allradantrieb, Antischlupfregelung usw. anzubieten.

Bei Airbag und Gurtstraffer ließe sich das Fehlen in der Serienproduktion noch damit erklären, daß dadurch im Normalfall nur die Gefährdung des Produktbenutzers selbst ansteigt und es ihm unbenommen bleiben muß, ein entsprechendes höheres Gefährdungsrisiko in Kauf zu nehmen.[46]

---

[45] In den bei Schmidt-Salzer, Entscheidungssammlung IV, IV 4, S. 170 und IV 34, S. 357 aufgeführten „Zwischenstecker-Fällen" wurde dementsprechend der Sorgfaltsverstoß mit der Nichtbeachtung der VDE-Richtlinien begründet.

[46] Würde man die Nichtausstattung der Fahrzeuge mit diesen Sicherheitseinrichtungen als Sorgfaltsverstoß bewerten, wäre zu prüfen, ob die Produktbenutzung durch den Verbraucher nicht dem Prinzip des gerechtfertigten Risikos folgen würde. In der Ingebrauchnahme des Produktes würde sich die Einwilligung des Benutzers in eine möglicherweise gegebene rechtswidrige Gefährdung dokumentieren. Das an sich pflichtwidrige Verhalten des Produzenten wäre durch das hierdurch zum Ausdruck gebrachte mangelnde Interesse an der Einhaltung der vom Hersteller erwarteten Sorgfaltspflichten gerechtfertigt (vgl. Lenckner in Schönke-Schröder vor §§ 32ff. Rz. 100ff.). Ein für den Bereich der Produkthaftung jedoch unbefriedigendes Ergebnis, da damit nur die auf Benutzerseite möglicherweise auftretenden Schäden erfaßt wären, nicht aber die bei dritten Personen. Voraussetzung auf Seiten des Produktbenutzers wäre ferner, daß er sich der Tragweite seiner Einwilligung in das Risiko bewußt war, was beispielsweise bei Kindern, technischen Laien usw. fraglich wäre.

Anders ist es jedoch dort, wo **neue Technologien** auch **dem Schutz Dritter zugute** kommen. Hier kann der Verzicht auf zusätzliche Sicherheitseinrichtungen nicht mit dem Hinweis auf die Einwilligung des Produktbenutzers in ein größeres Gefahrenmoment begründet werden. Es bedarf vielmehr, wie bereits zuvor für den Bereich der Konstruktion angedeutet, zusätzlicher Zurechnungskriterien, wenn durch ein nicht optimal ausgestaltetes Produkt Dritte geschädigt werden.

Im Rahmen der zivilrechtlichen Bestimmung der Verkehrspflichten[47] wurde dargelegt, 36
daß für die vom Hersteller zu schaffende Produktsicherheit ein maßgeblicher Faktor die **jeweilige Verbrauchererwartung** darstellt. So ist der Verbraucher umso eher bereit, Restrisiken hinzunehmen, je größer der Nutzen des Produktes für ihn und für die Allgemeinheit ist und je geringer die von dem Produkt selbst ausgehenden Gefahren sind. Dies gilt im Grundsatz auch für die strafrechtliche Festlegung des Sorgfaltsmaßstabes, welcher an den Hersteller im Rahmen seiner Verkehrssicherungspflicht anzulegen ist: Soweit der Hersteller die durch die technischen Regelwerke (Gerätesicherheitsgesetz, Unfallverhütungsvorschriften, DIN-Normen) vorgegebene Mindestsicherheit gewährleistet, wird von ihm nicht erwartet, daß er die nach dem Stand von Wissenschaft und Technik erreichbare höhere Sicherheit in das Produkt einfließen läßt, wenn dies für das Produkt unter ökonomischen Gesichtspunkten indiskutabel wäre. Insoweit prägen auch wirtschaftliche Faktoren die Verbrauchererwartung und begrenzen die Pflicht des Herstellers, jeder Fortentwicklung des Standes von Wissenschaft und Technik sofort Rechnung zu tragen. Gleichzeitig ist damit der Gefahr vorgebeugt, daß sich Hersteller aus Furcht vor einer zwangsläufigen Verteuerung ihrer Produkte nicht mehr an technisches Neuland heranwagen.

Deshalb kann es, solange die durch die technischen Regelwerke vorgegebene **Grundsi-** 37
cherheit gewährleistet ist und diese sich mit der allgemeinen Verbrauchererwartung deckt, auch nicht Aufgabe des Herstellers sein, auf die Sicherheitserwartungen des Verbrauchers Einfluß zu nehmen.[48] Das in diesen Grenzen von jedermann hinzunehmende Risiko entspricht der **sozialen Adäquanz.** Man spricht deshalb auch von „sozialadäquatem" oder „erlaubtem Risiko".[49] Dieser Ansatzpunkt bezieht seine Berechtigung aus den Gegebenheiten des modernen Massenverkehrs, insbesondere dem Straßenverkehr. Hier entwickelte sich bereits an anderen Sachverhalten die Erkenntnis, daß sich Gefahrenquellen in bestimmten Bereichen letztlich nie völlig ausschließen lassen. Entsprechendes muß auch für den Bereich der Produkthaftung gelten. In einer hochtechnisierten und vom technischen Fortschritt lebenden Gesellschaft kann dem jeweiligen Stand von Wissenschaft und Technik nicht lückenlos Rechnung getragen werden, will man das marktwirtschaftliche Gefüge nicht aus den Angeln heben oder aber die Gefahr heraufbeschwören, daß sich Hersteller aus Angst vor einer Unverkäuflichkeit ihrer durch Sicherheitsanforderungen überteuerten Produkte dem technischen Fortschritt verschließen.[50]

Deshalb kann – um am Beispiel der Automobiltechnologie zu bleiben – derzeit von 38
einem Fahrzeughersteller nicht verlangt werden, daß er **Sicherheitseinrichtungen** wie

---

[47] Vgl. oben § 24 Rz. 4ff.

[48] Vgl. § 24 Rz. 91, Hamm PHI 1985, 15.

[49] Im Gegensatz zu der in Fußnote 46 dargestellten Situation begrenzt das sozialadäquate (= erlaubte) Risiko bereits das Maß der im Verkehr zu beachtenden Sorgfalt. Das sich in diesem Rahmen bewegende Verhalten des Herstellers stellt deshalb bereits keinen Sorgfaltsverstoß und damit kein tatbestandsmäßiges Verhalten dar. Es bedarf deshalb auch keiner Prüfung etwaiger Rechtfertigungsgründe, wie dem der Einwilligung.

[50] Schmidt-Salzer, BB 1988, 349, interpretiert in diesem Zusammenhang den in Art. 6 Abs. 1 der EG-Richtlinie zur Produkthaftung enthaltenen Fehlerbegriff dahingehend, daß anhand der berechtigten Benutzer-Sicherheitserwartungen und der Hersteller-Benutzungserwartungen zu beurteilen sei, ob das Produkt „unnötig gefährlich" ist. In diesem Sinne spricht auch der EG-Richtlinienentwurf zur Produktsicherheit in Art. 4 von einer aus technischen und/oder wirtschaftlichen Gründen zumutbaren Restgefahr eines Produktes.

Airbag, ABS und ASR in der Serienausstattung seiner Fahrzeuge anbietet. Auch ohne diese Sicherheitseinrichtungen entsprechen seine Fahrzeuge regelmäßig den an sie zu stellenden Sicherheitsanforderungen. Verursacht der Fahrer eines Fahrzeugs, das diese Zusatzausstattung nicht aufweist, einen Unfall mit Personenschäden, der nach Lage der Dinge beispielsweise mit ABS hätte vermieden werden können, so kann, wenn dem Fahrer sonst keine Pflichtverletzung vorzuwerfen ist, weder er noch der Fahrzeughersteller zur Verantwortung gezogen werden. Beiden war es erlaubt, ein Produkt, das den technischen Anforderungen entsprach, in den Verkehr zu bringen, auch wenn es noch sicherer hätte gestaltet werden können. Das mit dem Inverkehrbringen dieses Fahrzeugs geschaffene Restrisiko wurde von der allgemeinen Verkehrserwartung toleriert. Das Verhalten des Herstellers war dementsprechend von vornherein kein tatbestandsmäßiges Unrecht i. S. einer Körperverletzung. Deshalb kommt auch der Unterscheidung, ob es sich um Gefahren handelt, die den Produktbenutzer selbst treffen und in die er mit der Produktbenutzung konkludent einwilligt,[51] oder ob sich die Gefahr gegenüber Dritten realisiert, keine Bedeutung zu. Verursacht ein von der allgemeinen Verkehrserwartung als sicher akzeptiertes Produkt einen Schaden, so geht es nicht erst um die rechtfertigende Einwilligung in die vorhandene Gefährdung, sondern um das zwar risikobehaftete aber wegen seiner sozialen Adäquanz doch erlaubte Verhalten des Herstellers, das auch dann, wenn es zu schädlichen Erfolgen führt, kein tatbestandsmäßiges Unrecht im Sinne einer fahrlässigen Körperverletzung oder fahrlässigen Tötung darstellt. Abschließend sei nochmals daran erinnert, daß die Toleranzgrenze der Verbrauchererwartung bestimmt wird durch die Aufstellung konkretisierter Sorgfaltspflichten wie z. B. das Gerätesicherheitsgesetz, Unfallverhütungsvorschriften, DIN-Normen oder sonstige anerkannte technische Regelwerke.[52]

39 Auch die von der h. M. im Rahmen einer ordnungsgemäßen Produktion **tolerierten Ausreißer** stellen nichts anderes als einen Ausfluß des Prinzips des erlaubten Risikos dar. Wer den Anforderungen, die an ein Stichprobenkontrollverfahren zu stellen sind, inhaltlich genügt, kann nicht für Schäden, die mögliche Ausreißer verursachen, zur Verantwortung gezogen werden. Auch hier trägt die Verbrauchererwartung das mit jedem Stichprobenkontrollverfahren verbundene Restrisiko mit.[53]

40 **c)** Fraglich ist indes, ob dieser, für den Bereich der Konstruktion und der Produktion umschriebene Sorgfaltsmaßstab auch für die den Hersteller treffenden **Instruktions- und Produktbeobachtungspflichten** gilt, oder ob man hier nicht den strengeren, am individuellen Leistungsvermögen des Einzelnen ausgerichteten Sorgfaltsmaßstab anlegen muß. Soll derjenige, der aufgrund seiner fortgeschrittenen technisch wissenschaftlichen Erkenntnisse eine überragende Produktkenntnis besitzt, welche es ihm überhaupt erst ermöglicht, bestimmte Gefahrenmomente zu realisieren, nicht vor möglichen Schädigungen daraus warnen müssen? Oder soll er sich darauf verlassen dürfen, daß sein Produkt beim Inverkehrbringen den an allgemeinen Benutzererwartungen entsprach?

41 Wenn der **Grundsatz des erlaubten Risikos** dazu beitragen soll, daß die an die Produktsicherheit zu stellenden Anforderungen nicht in wirtschaftlich nicht mehr vertretbare Dimensionen eskalieren, muß die Produktbeobachtung insoweit ein Korrektiv bilden, als über sie auf alle nach dem jeweiligen Erkenntnisstand vorhandenen Gefahren insbesondere für Leib und Leben hinzuweisen ist. Einen durch das Korrektiv des erlaubten Risikos bis zu einem gewissen Grad generalisierten Sorgfaltsmaßstab kann es daher im Bereich der Produktbeobachtung nicht geben. Stellt sich ein unter Beachtung des Standes der Technik

---

[51] Vgl. oben Fußnote 46.

[52] Unzutreffend ist es deshalb, wenn Schmidt-Salzer, Produkthaftung I, Rz. 1509, aus dem individuellen Sorgfaltsmaßstab ableitet, daß ein mit unterdurchschnittlichen Kenntnissen ausgestatteter Hersteller nicht für das Fehlen der von einem Angehörigen seines Verkehrskreises erwarteten Kenntnisse und Fähigkeiten einzustehen habe.

[53] Vgl. § 24 Rz. 126 m. w. N.; ferner Lenckner in Schönke-Schröder vor §§ 32ff. Rz. 94.

gefertigtes Produkt nach seinem Inverkehrbringen deshalb als gefährlich heraus, weil überragende Prüftechnologien seines Herstellers zwischenzeitlich neue Erkenntnisse liefern, so darf sich der Hersteller nicht darauf zurückziehen, daß die „normalerweise" anzulegenden Prüfmethoden den Fehler nicht zutage gefördert hätten. Er ist vielmehr gehalten, durch entsprechende Hinweise auf zwischenzeitlich erkannte Gefahrenmomente zu reagieren. Ein Fahrlässigkeitsvorwurf kann ihn demnach treffen, wenn er seine im Verkehr befindlichen Produkte nicht an seinen neuesten technischen Erkenntnissen mißt, wobei dies nicht gleichgesetzt werden darf mit der Forderung, daß sämtliche dieser Erkenntisse in das Produkt einfließen müssen. An dieser Stelle geht es vielmehr nur um die Warnung vor einer Gefährlichkeit des Produktes, die aufgrund fortgeschrittener Technologien jetzt erst erkennbar wurde. Der Sorgfaltsverstoß kann in solchen Fällen auch darin seinen Niederschlag finden, daß die in dem jeweiligen Unternehmen gegebenen Möglichkeiten einer optimalen Produktbeobachtung nicht genutzt werden,[54] wie z. B. ein im Absatzgebiet der Produkte gegebenes lückenloses Vertriebsnetz oder ein sämtliche Vertriebshändler erfassendes Datenverarbeitungssystem.

IV. Die Kausalität des Verhaltens

1. Zum kausalen Verhalten mehrerer Personen

Nach der im Strafrecht geltenden **Äquivalenztheorie** ist kausal für den eingetretenen Erfolg jedes Verhalten, das nicht hinweggedacht werden kann, ohne daß der konkret eingetretene Erfolg entfallen würde.[55] Darauf gründet auch die bereits eingangs vermerkte Tatsache, daß für einen eingetretenen Schaden durchaus mehrere Personen strafrechtlich verantwortlich gemacht werden können.[56] Besonders deutlich wurde dies im Monza-Steel-Hochgeschwindigkeitsreifen-Fall, wo zunächst neben dem Leiter der Abteilung reifentechnische Entwicklung 3 Mitglieder der Geschäftsführung angeklagt waren. Das Verfahren konnte gegen diese Personen nur deshalb nicht durchgeführt werden, weil einer dieser Mitangeklagten während des Verfahrens verstarb und gegen die beiden anderen Mitangeklagten das Verfahren wegen Verhandlungsunfähigkeit eingestellt werden mußte. Ein weiteres, konstruiertes Beispiel mag die aus Sicht der Unternehmenshierarchie **„mehrstufige Kausalität"** verdeutlichen: Durch fehlerhaft aufeinander abgestimmte Arbeitspläne besteht die Gefahr, daß beim Schichtwechsel die für ein Sicherheitsteil vorgeschriebene hundertprozentige **Kontrolle nicht lückenlos** durchgeführt wird. Infolge eines fahrlässig verursachten Montagefehlers der mit der Endmontage beschäftigten Personen und der unterbliebenen Kontrolle kommt es zu einem folgeschweren Unfall mit Todesfolge. Hier ist neben dem unsorgfältig arbeitenden Monteur als Letztverursacher auch das Verhalten derjenigen Personen kausal geworden, die für die Aufstellung und Abstimmung der Arbeitspläne, also die innerbetriebliche Ablauforganisation zuständig waren. Möglicherweise kann darüberhinaus noch das Untätigbleiben derjenigen Person kausal geworden sein, die für die Kontrolle und Überwachung der für die Organisation zuständigen Personen verantwortlich waren. Infolge der durch die Arbeitsteiligkeit eines modernen Produktionsablaufes vorgegebenen unterschiedlichen Verantwortungsbereiche kann ein Fehlverhalten in jedem dieser Bereiche kausal bis zum letztendlich eintretenden Erfolg durchschlagen.[57] Da die Arbeitsteiligkeit nur durch eine Koordination von Einzelzuständigkeiten zu einem sinnvollen Ganzen wird, reicht somit die Kausalitätsprüfung vom 42

[54] Vgl. unten § 46 Rz. 9f.

[55] Im Gegensatz zu der im Zivilrecht geltenden Adäquanztheorie, die in einer wertenden Betrachtungsweise nur die für den Erfolg wesentlichen Faktoren herausgreift (zu den Einzelheiten vgl. Palandt/Heinrichs Anm. 5 A, b vor § 249).

[56] Vgl. oben § 40, 5.

[57] Ebenso Schmidt-Salzer, Produkthaftung I, Rz. 1449f.; derselbe in NJW 1988, 1937, 1939.

unmittelbar handelnden Letztverursacher bis hin zur Leitungs-, Überwachungs- und Koordinationszuständigkeit in den hierfür jeweils vorgesehenen verschiedenen hierarchischen Ebenen des Unternehmens.

2. Alternative Kausalität

43 Liegen im zuvor genannten Sinne **mehrere Ursachen** vor – nicht ausreichende Versuchserprobung, verfrühte Produktions-, Vertriebsfreigabe, kein rechtzeitiger Rückruf –, die unabhängig voneinander jede ursächlich für den Erfolgseintritt waren, so versagt die der Äquivalenztheorie zugrundeliegende conditio-sine-qua-non-Formel. Als methodisches Hilfsmittel zur Verknüpfung von Handlung und Erfolg[58] wird die strafrechtliche Kausalitätstheorie daher von der h. M. dahingehend interpretiert, daß die jeweilige Handlung im konkreten Erfolg wirksam geworden sein muß. Da diese Eigenschaft durchaus mehreren unabhängig voneinander gesetzten Bedigungen zukommen kann, wird ein für den Erfolg kausales Verhalten auch in solchen Fällen sog. alternativer Konkurrenz[59] bejaht. Es entlastet folglich den fahrlässig handelnden Monteur nicht, daß die anschließende Kontrolle nicht durchgeführt wurde. Genausowenig entlastet es den Kontrolleur, daß die Arbeitsanweisung für die von ihm nicht durchgeführte Kontrolle fehlerhaft war.

3. Zur Kausalität des Unterlassens

44 Seitens der innerhalb eines arbeitsteilig strukturierten Betriebes zuständigen Koordinations-, Kontroll- und Leitungsorgane wird dabei in erster Linie ein **Nichthandeln** zu dem Erfolgseintritt beigetragen haben. So z. B., wenn Arbeitsanweisungen auf ihre Schlüssigkeit und Folgerichtigkeit hin nicht kontrolliert werden, oder wenn sicherheitsrelevante Serienfehler an einem Produkt auftreten und diese nicht auf dem kürzesten Weg an ein für Rückruffragen entscheidungskompetentes Gremium gelangen. Daß auch ein solches Unterlassen auf der organisatorischen Ebene für den eingetretenen Erfolg kausal geworden sein kann, ist heute unbestritten.[60] Die h. M. verlangt für die Kausalität des Unterlassens in Umkehrung der Formal für aktives Tun, daß die unterlassene Handlung nicht hinzugedacht werden kann, ohne daß der konkrete Erfolg entfiele.[61] Im einzelnen bedarf es dafür der Feststellung, daß der Erfolgseintritt mit an Sicherheit grenzender Wahrscheinlichkeit bei Vornahme der erforderlichen Handlung vermieden worden wäre. Dies zeigt, daß es sich hierbei im Grunde um eine „quasi-Kausalität" handelt, die normative Faktoren in die Kausalitätsprüfung mit einbezieht, indem die an sich erforderliche unterlassene Handlung in Beziehung zu dem eingetretenen Erfolg gesetzt wird.[62] Um bei unserem Ausgangsbeispiel, dem Monza-Steel-Fall, zu bleiben, hätte eine hinreichende versuchstechnische Erprobung der Reifen die verfrühte Produktionsfreigabe und ein rechtzeitiger Rückruf das Eintreten weiterer Schadensfälle verhindern müssen. Dies leitet über zu der Frage, wie die Fälle zu entscheiden sind, in denen der Produktbenutzer sich um Warnhinweise und Rückrufe nicht kümmert. Daß auch hier das Verhalten der auf Produzentenseite verantwortlichen Personen nach wie vor kausal für den eingetretenen Erfolg bleibt, ist nicht zu bestreiten. Die Frage ist jedoch, ob die verantwortlichen Personen herstellerseitig dafür weiterhin zur Verantwortung gezogen werden können, oder ob es hier zusätzlicher einschränkender Zurechnungskriterien bedarf.

---

[58] Lenckner in Schönke-Schröder vor §§ 13ff. Rz. 74f.

[59] Lenckner a. a. O. Rz. 82.

[60] Schünemann, wistra 1982, 41, spricht von einer Unterlassungshaftung derjenigen Personen, die ihre Kontroll- und Koordinationspflichten vernachlässigen.

[61] So bereits RGSt 63, 393; weitere Nachweise bei Stree in Schönke-Schröder § 13 Rz. 61.

[62] Stree a. a. O.

4. Kausalität und objektive Zurechnung des eingetretenen Erfolges

Selbst mit den im zuvor erwähnten Sinne korrigierten Kausalitätstheorien lassen sich 45
nicht alle Fälle befriedigend lösen. Neben der Kausalität gewinnt deshalb in jüngerer Zeit zunehmend die **Lehre von der objektiven Zurechnung des Erfolges** an Bedeutung. Grundlage dieser Lehre ist die Erkenntnis, daß die Kausalität zwar eine notwendige Bedingung für die Zurechnung eines Erfolges ist, sie aber nicht in allen Fällen den Nachweis dafür erbringen kann, daß eine ursächliche Handlung zugleich in einer dem Schutzzweck der jeweiligen Norm widersprechenden Weise den Erfolg herbeigeführt bzw. die Gefahr des Erfolgseintrittes in relevanter Weiser erhöht hat.[63] Im einzelnen sollen dies für den Bereich der strafrechtlichen Produktverantwortlichkeit folgende Konstellationen veranschaulichen:

a) Der Produktbenutzer schlägt vom Hersteller vorgegebene **Warnhinweise** in den Wind bzw. benutzt das Produkt in Kenntnis einer Rückrufaktion seitens der Herstellers weiter.

Kommt es hier zu Schäden, wird in beiden Fällen zwar weiterhin die Kausalität zwi- 46
schen Fehler und Erfolg feststellbar sein, vermittelt wird sie aber erst durch das **eigenverantwortliche Verhalten des Produktbenutzers** selbst. Solange dabei die von dem Produktmangel ausgehenden Gefahren den Produktbenutzer selbst treffen und bei ihm zu Schäden führen, hat dies der Hersteller nicht zu verantworten. In Abwandlung einer allgemeinen Lebenserfahrung gilt hier für den Produktbenutzer, daß derjenige, der sich in Kenntnis des Risikos eigenverantwortlich in eine Gefahrensituation begibt, auch die daraus resultierenden Schäden hinzunehmen hat. Es kann in diesen Fällen nicht Aufgabe des Herstellers sein, den Produktbenutzer vor den Folgen des eigenen Leichtsinnes zu schützen, vgl. auch oben *§ 24 Rz. 231, 241*

Genauso strafrechtlich unbehelligt muß der Hersteller aber auch dann bleiben, wenn bei 47
der eingangs erwähnten Konstellation der **Schaden** nicht beim Produktbenutzer selbst sondern **bei einem Dritten** eintritt. Wird das Produkt in Kenntnis seiner Gefährlichkeit bzw. entgegen den vom Hersteller gegebenen Warnhinweisen (weiter-)benutzt, so verwirklicht sich in einem später eintretenden Erfolg nicht mehr das ursprüngliche, im pflichtwidrigen Verhalten des Herstellers liegende Risiko. Hier hat sich das Geschehen aus der Sicht des Herstellers vielmehr derart verselbständigt und seinen Herrschaftsbereich verlassen, daß es zu einer von ihm nicht mehr beeinflußbaren Größe geworden ist.[64] So kann bspw. derjenige, der in Kenntnis einer Rückrufaktion weiterhin seinem Kind ein Medikament mit gefährlichen Nebenwirkungen verabreicht, nicht den Hersteller für später auftretende Gesundheitsschäden strafrechtlich zur Verantwortung ziehen. Die für Warnhinweise bzw. Rückrufe beim Hersteller verantwortlichen Personen dürfen grundsätzlich darauf vertrauen, daß diese Maßnahmen auch befolgt werden. Nur dort, wo ihnen ausnahmsweise konkrete Anzeigen einer Nichtbefolgung bekannt werden und ihnen ein Einschreiten zumutbar ist, dürfen sie nicht untätig bleiben; zur zivilrechtlichen Seite *vgl. oben § 24 Rz. 232.* Unabhängig hiervon bleibt selbstverständlich die Prüfung der Strafbarkeit desjenigen, der das fehlerhafte Produkt weiterbenutzt hat.

b) An dieser Stelle soll – obwohl es sich um kein Zurechnungsproblem im eigentlichen 48
Sinne handelt – eine bereits oben erörterte Konstellation[65] nochmals kurz angesprochen werden. Der Hersteller, der Sicherheitseinrichtungen für sein Produkt nur bei bestimmten Typen anbietet – z. B. Airbag, Gurtstraffer oder ABS nur für Fahrzeuge der sog. Mittel- oder Oberklasse – schafft hier nur in einem Teilbereich seiner Produktpalette eine meßbare Gefahrenverringerung. Wenn hier bei einem nicht mit diesen Sicherheitseinrichtungen ausgestatteten Fahrzeug ein Schaden eintritt, der durch die entsprechenden Vorkehrungen

---

[63] Lenckner in Schönke-Schröder vor §§ 13ff. Rz. 92ff.
[64] Lenckner a. a. O. Rz. 102.
[65] Vgl. oben Rz. 38; sowie Lenckner a. a. O. Rz. 93.

hätte vermieden oder jedenfalls verringert werden können, so ist die Kausalität zwischen dem Verhalten und dem Erfolg nicht zu leugnen. Trotzdem handelt es sich bei dem auf das Fehlen der Sicherheitseinrichtungen zurückzuführenden Erfolg nicht um eine rechtlich verbotene Gefährdungshandlung, da das Verhalten des Herstellers **im Rahmen des erlaubten,** weil **sozialadäquaten Risikos** lag. Für das Fehlen dieser Sicherheitseinrichtungen können die beim Hersteller diese Entscheidung treffenden Personen deshalb nicht verantwortlich gemacht werden.

49 **c)** Ging es in den bisherigen Fällen darum, einen Erfolg trotz zurückzuverfolgender Kausalität nicht der beim Hersteller hierfür verantwortlichen Personen zuzurechnen, so liegen die Dinge in dem nunmehr zu erörternden Beispielsfall genau umgekehrt: Die für die Qualitätskontrolle verantwortliche Person läßt, nachdem die Produktion eine Zeitlang fehlerfrei gelaufen ist, die kostenintensiven **Stichprobenkontrollen** auf ein Maß **verringern,** welches in keiner Weise mehr der Gefährlichkeit eines fehlerhaften Produkts Rechnung trägt.

50 Niemand vermag in dieser Situation mit an Sicherheit grenzender Wahrscheinlichkeit zu sagen, daß bei einer ordnungsgemäßen Anzahl von Stichproben der Ausreißer entdeckt und der Schaden vermieden worden wäre. Trotzdem wurde durch die zu geringe Zahl der Stichprobenkontrollen die **Gefahr des Schadenseintritts erhöht.** Aber auch wenn man – wie oben ausgeführt – davon ausgeht, daß bei den unechten Unterlassungsdelikten jede Kausalitätsprüfung ohnehin nur die quasi-Kausalität der nicht vorgenommenen Handlung ist,[66] von der verlangt wird, daß bei ihrer Vornahme der Erfolgseintritt mit an Sicherheit grenzender Wahrscheinlichkeit vermieden worden wäre, reicht dies vorliegend für die Bejahung des Kausalzusammenhanges zwischen den unterlassenen Stichproben und dem Erfolgseintritt nicht aus. Daher bedarf es für die Zurechnung des Erfolges in diesen Fällen weiterer Zurechnungskriterien. Der richtige Ansatzpunkt ist hier die in dem pflichtwidrigen Unterlassen liegende Gefahrerhöhung, die den Schadenseintritt in relevanter, weil rechtlich zu mißbilligender Weise begünstigt hat.[67] Wird also durch das pflichtwidrige Unterlassen die Gefahr des Schadenseintritts objektiv vergrößert, so spricht vieles dafür, daß sich die **Risikoerhöhung** auch im Schaden niedergeschlagen hat, was eine Zurechnung des Erfolges in diesen Fällen als gerechtfertigt erscheinen läßt.

51 **d)** Schließlich versagt die Zurechnung eines schädlichen Erfolges auch dort, wo die für das Produkt verantwortlichen Personen nach allgemeiner Lebenserfahrung mit einem derartigen Erfolgseintritt nicht zu rechnen brauchten. Es geht hier um die **Begrenzung der objektiven Vorhersehbarkeit des Erfolgseintrittes** oder anders ausgedrückt um die **Ausscheidung völlig atypischer Geschehensabläufe.** In Betracht kommen hier in erster Linie die Fälle eines eklatanten **Produktmißbrauches.** Eine entsprechende Feststellung hat der Bundesgerichtshof im sog. „Sniffing-Urteil“[68] getroffen. Danach brauche der Hersteller mit einem vorsätzlichen bestimmungswidrigen Gebrauch seines Produktes nicht zu rechnen. Die Hinweis- und Warnpflicht ende dort, „wo die Verwendung des Erzeugnisses, die zum Schaden führen kann . . . mit dem die Herstellung bestimmenden Produktzweck überhaupt nichts mehr zu tun hat“. Etwas anderes gelte dann, „wenn sie die Gefahr bereits sinnfällig verwirklicht habe“, also ein Produktmißbrauch der in Frage stehenden Art für den Hersteller bereits manifest geworden ist.[69] Dies traf vorliegend jedoch nicht zu, zumal sich das Produkt ausschließlich an einen gewerblichen Nutzerkreis richtete. An die objektive Vorhersehbarkeit eines Produktmißbrauches wären sicherlich höhere Anforderungen zu stellen gewesen, wenn es sich um ein allgemein im Privatbereich benutztes

---

[66] Stree in Schönke-Schröder § 13 Rz. 61.

[67] Ebenso Schünemann wistra 1982, 41, 45.

[68] BGH NJW 1981, 2514.

[69] Es bestehen Zweifel, ob diese Aussage in dieser Allgemeinheit zutreffend ist, vgl. dazu unten § 46 Rz. 36ff.; ferner § 24 Rz. 211ff., 215, wo darauf hingewiesen wird, daß die Gefahren eines bewußten Produktmißbrauches in den alleinigen Verantwortungsbereich des Benutzers fallen.

Produkt gehandelt hätte.[70] Unerheblich ist die Frage des Produktmißbrauches jedoch dann, wenn es nicht mehr nur um den Umfang der Hinweispflicht geht, sondern das **Produkt selbst** bereits mit einem so **gravierenden Mangel** versehen ist, daß sich die Gefahr auch bei einer bestimmungsgemäßen Nutzung realisiert hätte. Illustrative Fälle hierfür sind die bei Schmidt-Salzer aufgezeigten „Zwischensteckerfälle".[71] In beiden Fällen kam es zu einem tödlichen Stromschlag infolge Fehlens einer Schutzkontaktleitung am Zwischenstecker. Während im ersten Fall eine durchaus alltägliche Situation zugrunde lag – Anschluß der Waschmaschine mittels des Zwischensteckers – lag der zweite Fall doch erheblich jenseits verkehrsüblicher Verhaltensweisen: Anschluß zweier Tauchsieder mittels eines Zwischensteckers um das zu kühle Badewasser zu erwärmen.

Trotzdem verwirklichte sich auch im letzteren Fall **keine abseits der Lebenserfahrung** 52
liegende Kausalkette, die eine Erfolgszurechnung auf den Hersteller verbieten würde. Folgerichtig wurde auch in beiden Fällen der Hersteller wegen fahrlässiger Tötung verurteilt. Es würde gerade im Bereich der unbewußten Fahrlässigkeit das Kriterium der Vorhersehbarkeit überstrapazieren, wenn der Verantwortliche die Kausalkette in allen Einzelheiten hätte erfassen müssen. Es genügt, wenn der Erfolg im Endergebnis vorhersehbar war; nicht erforderlich ist die Kenntnis vom Ablauf der Ereignisse im einzelnen.[72] Auf den fehlerhaften Zwischenstecker übertragen bedeutet dies, daß die Gefahr von Todesfällen mit dem Inverkehrbringen naheliegend war, da bestehende Schutzkontakteinrichtungen aufgehoben wurden und Fehlströme nicht mehr abgeleitet werden konnten. Ob die konkrete Gefahrensituation dabei auf eine mehr oder weniger sinnvolle Produktbenutzung zurückzuführen ist, spielt allenfalls noch im Rahmen der Strafzumessung eine Rolle, also bei der Frage des Mitverschuldens des Opfers.

Anders ist die Situation jedoch dort, wo das Produkt erst infolge einer vom Hersteller 53
nach allgemeiner Lebenserfahrung nicht mehr vorhersehbaren, bestimmungswidrigen Nutzung seine **Gefährlichkeit entfaltet.** Hierher gehört z. B. das Inhalieren des sich aus einem Klebstoff verflüchtigenden Lösungsmittels. Kommt man hier bei der Prüfung, ob der eingetretene Erfolg dem vorausgegangenen Verhalten – der Nichtaufklärung über die Gefahren beim Produktmißbrauch – noch zurechenbar ist, zu dem Ergebnis, daß der so eingetretene Erfolg nicht mehr im Rahmen normaler menschlicher Erfahrung liegt, dann endet die Prüfung ob strafbares Verhalten gegeben ist, an dieser Stelle. Die bei der Prüfung der Fahrlässigkeitsschuld maßgebende Frage, ob der Erfolgseintritt in dieser Form für den Handelnden individuell vorhersehbar war, stellt sich nicht mehr,[73] weil die fehlende objektive Voraussehbarkeit insoweit bereits den Unrechtstatbestand entfallen läßt. Ein auch von der Praktikabilität her einleuchtendes Ergebnis, da schwer vorstellbar ist, auf welche Art und Weise wirksam vor Gefahrzuständen gewarnt werden soll, deren Herbeiführung außerhalb der allgemeinen Lebenserfahrung liegt.

V. Die Fahrlässigkeitsschuld

1. Das Schuldelement der Fahrlässigkeit

Ging es oben unter 3. um die Frage des Unrechtstatbestandes, also um die objektiv 54
festzustellende Pflichtwidrigkeit des Verhaltens, so geht es bei der Frage der Fahrlässigkeitsschuld um die Feststellung der **individuellen Sorgfaltswidrigkeit** oder anders ausgedrückt um die Nichteinhaltung der dem Handelnden in dieser Situation möglichen Sorg-

---

[70] Zu den unterschiedlichen Anforderungen an die Produktaufklärung je nach Benutzerkreis vgl. oben § 24 Rz. 166ff.

[71] Schmidt-Salzer Entscheidungssammlung IV, IV 4, S. 170 und IV 34, S. 357.

[72] Cramer in Schönke-Schröder § 15 Rz. 180ff., 200.

[73] Zu dieser Prüfung im Bereich des Schuldvorwurfes vgl. nachfolgend Rz. 54f.

falt. Der Schuldvorwurf bedeutet bei den Fahrlässigkeitsdelikten somit, daß der konkret eingetretene Erfolg für den Verursacher individuell vorhersehbar und vermeidbar gewesen sein muß.[74] Zur Prüfung des Schuldvorwurfes kommt man indes nur dann, wenn zuvor die objektiv festzustellende Pflichtwidrigkeit des Verhaltens bejaht wurde.

55 Liegt diese vor, ist beim Fahrlässigkeitsdelikt in aller Regel auch die Frage der Vorhersehbarkeit und Vermeidbarkeit des Erfolgseintrittes und damit auch der Schuldvorwurf indiziert. Eine praktisch relevante Ausnahme hiervon ist im Bereich der strafrechtlichen Produktverantwortlichkeit nur unter dem Aspekt denkbar, daß demjenigen, dem der Pflichtverstoß anzulasten ist, ein anderes Verhalten nicht zumutbar war.

2. Die Unzumutbarkeit pflichtgemäßen Verhaltens

56 Im Bereich der **bewußten Fahrlässigkeit,** also dort, wo der Betreffende die Pflichtwidrigkeit seines Verhaltens kennt, aber es dennoch nicht ändert, in der Hoffnung, es werde schon alles gut gehen, mag als Motivation nicht selten die begründete oder unbegründete Angst vor persönlichen Nachteilen hinter diesem Verhalten stehen. Dieser Motivationslage trug die Rechtsprechung[75] schon frühzeitig Rechnung, indem sie im Rahmen der Fahrlässigkeitshaftung die Unzumutbarkeit pflichtgemäßen Verhaltens als Korrektiv anerkannte.

Danach kann die Unzumutbarkeit pflicht- bzw. normgemäßen Verhaltens in Ausnahmefällen im Bereich der Fahrlässigkeit entweder den Schuldvorwurf (vgl. dazu nachfolgend a) oder aber bereits die Tatbestandsmäßigkeit des Handelns entfallen lassen (dazu nachfolgend b).

57 **a)** Soweit die Unzumutbarkeit des Andershandelns den Schuldvorwurf entfallen läßt, bleibt das Verhalten des Verantwortlichen zwar weiterhin pflichtwidrig und damit unrechtmäßig, das Recht verzichtet jedoch aufgrund der besonderen Situation, in der sich der Handelnde befindet, darauf, ihm aus seinem Verhalten einen Vorwurf zu machen. Aufgrund des geringeren Unwertgehaltes, welcher dem Fahrlässigkeitsdelikt gegenüber dem Vorsatzdelikt zukommt, ist dieser im Gesetz nicht enthaltene und deshalb auch als **übergesetzlich bezeichnete Entschuldigungsgrund** allgemein anerkannt.[76] Maßgebend für die im Rahmen der Zumutbarkeitsprüfung durchzuführende Interessenabwägung ist dabei einerseits der dem Handelnden **bei pflichtgemäßem Verhalten drohende Nachteil,** soweit andererseits die **aus dem pflichtwidrigen Verhalten resultierende Gefahr** und die Wahrscheinlichkeit des Erfolgseintrittes.[77]

58 Dort wo im Bereich der Produkthaftung gravierende Körperverletzungen oder gar Todesfolgen mit hoher Wahrscheinlichkeit zu erwarten sind, scheidet eine Berufung auf die Unzumutbarkeit pflichtgemäßen Verhaltens regelmäßig aus. Der Verantwortliche kann sich also nicht auf diesen Entschuldigungsgrund berufen, wenn der Schaden tatsächlich eintritt. So wird sich der Monteur, der ein sicherheitsrelevantes Teil einer Maschine oder eines Fahrzeuges einzubauen hat und der erkennt, daß die diesbezügliche **Arbeitsanweisung** fehlerhaft ist, nicht auf die Unzumutbarkeit des Andershandelns berufen können, auch wenn ihm aus der Nichtbeachtung der Arbeitsanweisung gegenüber seinem Vorgesetzten zunächst vordergründig Nachteile drohen können. Dasselbe gilt dort, wo eine für Prüfstandsversuche verantwortliche Person auf Drängen der Geschäftsleitung entgegen den bisher gewonnenen Erkenntnissen vorzeitig ein Produkt zur Serienfertigung frei-

---

[74] Cramer in Schönke-Schröder § 15 Rz. 190ff.; zu den Schwierigkeiten der Festlegung des individuellen, täterbezogenen Maßstabes vgl. ferner Lenckner in Handbuch der forensischen Psychiatrie, Bd. I, S. 59.

[75] RGSt 30, 25.

[76] Lenckner in Schönke-Schröder vor §§ 32ff., Rz. 126.

[77] Lenckner a. a. O.

gibt.[78] Selbst eine hier im Falle der Weigerung möglicherweise drohende **Versetzung an einen anderen Arbeitsplatz** würde im Rahmen der Interessenabwägung gegenüber der aus einer Produktionsfreigabe resultierenden Gefahr für Leib oder Leben Dritter eindeutig zurücktreten.

b) Waren die bisher erwähnten Beispiele dadurch gekennzeichnet, daß die Gefahrensi- 59
tuation durch aktives pflichtwidriges Tun geschaffen wurde, so sind auch hier Fälle denkbar, in denen sich die **Zumutbarkeit** des Andershandelns im **Bereich des Unterlassens** stellt. Hier geht es dann aber nicht erst um die Frage, ob für das Handeln ein Schuldausschließungsgrund gegeben ist, sondern bereits um die Frage, ob dem Unterlassenden ein Handeln zumutbar war, also **überhaupt** eine **Handlungspflicht** für ihn bestand, oder ob billigenswerte Interessen in erheblichem Umfang einem Tätigwerden entgegenstanden.

Diese Prüfung, ob bei grundsätzlicher Bejahung einer Garantenpflicht im konkreten 60
Fall auch eine Handlungspflicht gegeben ist, gehört bereits zur **Feststellung des tatbestandsmäßigen Unrechts** eines Unterlassungsdeliktes.[79] In der Praxis dürfte dieser Unterscheidung indes keine allzu große Bedeutung zukommen, da für die Interessenabwägung in beiden Fällen dieselben Maßstäbe anzulegen sind,[80] und bei Bejahung der Unzumutbarkeit der Pflichterfüllung in beiden Fällen Straflosigkeit eintritt. Zu unterschiedlichen Ergebnissen kann es lediglich im Bereich der irrigen Vorstellung über solche Merkmale kommen.[81] Vor diesem Hintergrund erscheint es daher auch angebracht, weniger auf die dogmatischen Feinheiten einzugehen als sich die in Betracht kommenden Fallsituationen näher vor Augen zu führen.

Beginnen wir mit dem Beispiel einer infolge technischer Störungen nicht durchgeführten Stichprobenkontrolle bei Lebensmitteln. Droht hier bei Zuwarten der Verderb sämtlicher im Produktionsvorgang bzw. im Lager befindlicher Ausgangsstoffe, so kann die **Pflichterfüllung** (gleich Durchführung der erforderlichen Anzahl von Stichproben) **unzumutbar** sein, wenn bei tatsächlich auftretenden Fehlern beim Verbraucher lediglich ein kurzfristiges Unwohlsein zu erwarten ist. Anders dürfte im Rahmen der Interessenabwägung dagegen zu entscheiden sein, wenn die Stichprobenkontrollen aus Wettbewerbsgründen, also aus wirtschaftlichen Gründen unterbleiben bzw. wenn das dadurch möglicherweise fehlerhaft hergestellte Lebensmittel echte Gesundheitsschäden hervorzurufen droht. Ebenso wird man die Zumutbarkeit pflichtgemäßen Handelns bejahen müssen, wenn der Hersteller eines pharmazeutischen Präparates erst längere Zeit nach dem Inverkehrbringen die gesundheitsschädliche Wirkung erkennt, der Fehler aber bereits früher von ihm hätte erkannt werden können. Drohen hier wegen des fahrlässigen Inverkehrbringens möglicherweise Strafverfolgungsmaßnahmen, hindert dies die Verpflichtung zu einem Warnhinweis oder Rückruf nicht. Die **Gefahr einer Strafverfolgung** spielt im Rahmen der Zumutbarkeitsprüfung keine Rolle, wenn die Handlungspflicht auf die Beseitigung einer selbst geschaffenen Gefahrenquelle gerichtet ist.[82]

---

[78] Das Beispiel wurde in Anlehnung an die Monza-Steel-Hochgeschwindigkeitsreifen-Entscheidung gebildet (vgl. Schmidt-Salzer, Entscheidungssammlung IV, IV 28, S. 296ff., 309). Der sich in einem finanziellen Engpaß befindliche Reifenhersteller wollte seinerzeit eine Marktlücke schnellstmöglich nützen; entsprechend wurde der zuständige Abteilungsleiter und spätere Mitangeklagte von seinem Vorstand unter Druck gesetzt. Das Gericht berücksichtigte dies jedoch lediglich im Bereich der Strafzumessung als strafmildernd (vgl. Schmidt-Salzer a. a. O. S. 334).

[79] Die Einordnung ist im einzelnen umstritten; zu dem hier vertretenen Standpunkt vgl. Stree in Schönke-Schröder vor §§ 13ff. Rz. 155.

[80] Stree a. a. O.

[81] Die irrige Annahme von Umständen, die das Handeln unzumutbar machen würden, führt zu einem vorsatzausschließenden Tatbestandsirrtum bei denjenigen, die die Unzumutbarkeit des Handelns als tatbestandsbegrenzend ansehen; ein Irrtum über die Unzumutbarkeit als Entschuldigungsgrund wäre nach § 35 II StGB zu behandeln (vgl. Cramer in Schönke-Schröder § 16 Rz. 32).

[82] BGHSt 11, 355.

61 Wesentlich problematischer dürfte der Fall sein, daß sich ein im Unternehmen für Rückrufe zuständiger „Feuerwehrkreis" aus sachfremden Überlegungen mehrheitlich gegen einen Rückruf ausspricht. Können sich hier die in der Minderheit gebliebenen Befürworter eines Rückrufes, wenn es zu Schadensfällen kommt, darauf berufen, daß es ihnen nicht zumutbar war, weitergehende Maßnahmen zu ergreifen? Oder hätte man von den überstimmten Mitgliedern dieses Gremiums verlangen können, daß sie ihr abweichendes Votum aus dem Kreis heraustragen und beispielsweise die Geschäftsleitung oder den Vorstand informieren?

62 Auch hier wird man wieder in die eingangs erwähnte **Interessenabwägung** eintreten müssen. Im Rahmen dieser Prüfung bilden sicherlich die Schwere eines möglichen Schadens und die Wahrscheinlichkeit des Schadenseintrittes einerseits sowie die dem Handlungspflichtigen aus seinem Tätigwerden zu erwartenden Nachteile andererseits die maßgeblichen Kriterien. Besteht die naheliegende Gefahr gravierender Körperschäden, ist ein Handeln einem Mitglied dieses Kreises auch dann zumutbar, wenn daraus im Einzelfall berufliche Nachteile drohen. Vor diesem Hintergrund kann das einzelne Mitglied eines Kollegialorganes daher durchaus die Verpflichtung treffen, auf sachfremden Überlegungen beruhende Entscheidungen aus dem Kreis heraus an die Unternehmensleitung weiterzugeben. Dagegen kann nur bei unmittelbarer Gefahr weiterer erheblicher Schäden verlangt werden, daß die majorisierte Person bei weiterem Untätigbleiben des Unternehmens auch noch den Schritt an die Öffentlichkeit tut.

VI. Irrtumsfälle

63 Irrtumsfragen im eigentlichen Sinne gewinnen im Bereich der strafrechtlichen Produkthaftung allenfalls in Ausnahmefällen Bedeutung. Wie eingangs dargestellt[83] kommt strafrechtliche Verantwortlichkeit in aller Regel als Haftung für fahrlässiges Verhalten in Betracht. Irrtumsfälle sind jedoch in der Regel dadurch gekennzeichnet, daß sich der vorsätzlich Handelnde **Fehlvorstellungen** über sein Verhalten, über die Folgen seines Verhaltens usw. macht.

64 Trotzdem sind auch hier Situationen denkbar, die von irrtümlichen Vorstellungen des verantwortlich Handelnden (bzw. Unterlassenden) geprägt sind. So z. B., wenn die für die Qualitätssicherung verantwortliche Person eine nicht ausreichende Zahl von Stichprobenkontrollen für ausreichend erachtet, oder wenn die für die Produktüberwachung zuständige Person der Ansicht ist, daß maßgebend allein der Zeitpunkt des Inverkehrbringens des Produktes ist und dabei gar nicht bedenkt, daß später auftretende Produktfehler den Hersteller ebenfalls berühren können, oder aber, daß die Produktbeobachtungspflicht nur für das eigene Produkt, nicht aber für Zubehörteile und deren Vereinbarkeit mit dem eigenen Produkt gilt.[84]

Schließlich und endlich sind Irrtumslagen auch dergestalt vorstellbar, daß die für die Konzeption und den Vertrieb des Produktes verantwortlichen Personen die Produktbeschreibung zu eng fassen, indem sie bestimmte Mißbrauchsfälle nicht bedenken, in denen das Produkt erst seine Gefährlichkeit entfaltet.[85]

65 Soweit es sich hierbei um Fälle unbewußt fahrlässigen Verhaltens handelt, dem Betreffenden also die Gefährlichkeit seines Verhaltens aufgrund einer falschen Einschätzung der Gegebenheiten gar nicht bewußt wird, läuft die Frage der Beachtlichkeit seiner Fehlvorstellung darauf hinaus, ob die spätere Gefahrensituation bei der nötigen Sorgfaltsanwendung voraussehbar gewesen wäre. Dabei ist die Frage der Voraussehbarkeit untrennbar verknüpft mit der Frage nach der im Einzelfall geforderten Sorgfalt. Die Normierung der

[83] Vgl. oben § 44, Rz. 13ff.
[84] Vgl. BGH NJW 1987, 1009 „Honda-Lenkerverkleidung".
[85] BGH NJW 1981, 2514 „Sniffing".

Anforderungen an die Sorgfaltspflicht legt damit zugleich das Maß dessen fest, was konkret von der verantwortlichen Person als voraussehbar erwartet werden konnte.[86] Auf die Ausgangsbeispiele übertragen bedeutet dies:

- Durch die zu geringe Zahl von Stichprobenkontrollen wird von der dafür verantwortlichen Person die sie treffende Sorgfaltspflicht nicht bzw. nicht richtig erkannt. 66 Die damit geschaffene Gefahr wäre jedoch voraussehbar gewesen. Die irrige Vorstellung vermag daher an der Pflichtwidrigkeit des Verhaltens nichts zu ändern, sie begründet dieses vielmehr gerade.
- Für die Person, die den zeitlichen Rahmen der Produktbeobachtung falsch absteckt und damit bestehende Sorgfaltspflichten unzulässigerweise zeitlich verkürzt, gilt das vorstehend Gesagte gleichermaßen.
- Auch die Person, die an die Frage der Vereinbarkeit von Zubehörteilen mit dem eigenen Produkt gar nicht denkt, verkürzt die sie treffende Produktbeobachtungspflicht in unzulässiger Weise. Die Sorgfaltswidrigkeit liegt darin begründet, daß sie nicht daran gedacht hat, daß aus der Kombination von Produkten verschiedener Hersteller Gefahren resultieren können.
- Schließlich gilt dies auch für den Bereich der Produktanwendung, wobei es hier im Bereich der Vorhersehbarkeit nicht um die bereits an früherer Stelle erörterte Frage der Zurechenbarkeit eigenverantwortlichen fremden Fehlverhaltens geht, sondern darum, ob die verantwortliche Person Veranlassung hatte, vorausschauend festzustellen, daß die mangelnden Warnhinweise für den Produktbenutzer gefährlich werden könnten. Nach der Rechtsprechung ist der Maßstab dessen, was in diesen Fällen noch vorhersehbar ist, anhand der objektiven, dem Handelnden zugänglichen Lebenserfahrung zu bestimmen.[87] Die genannten Beispiele verdeutlichen somit allesamt, daß die in ihnen aufgezeichneten Irrtumslagen bzw. Fehlvorstellungen über die tatsächlichen Gegebenheiten im Zusammenhang mit der Bestimmung der Anforderungen an die Voraussehbarkeit zu lösen sind.

Im Bereich bewußt fahrlässigen Verhaltens, also dort, wo der Handelnde sich zwar der 67 Gefährlichkeit seines Verhaltens bewußt ist, aber auf das Ausbleiben von Schäden hofft, kann der Irrtum auf die Bestimmung von Umfang und Grenzen seiner Sorgfaltspflicht gegründet sein. Der Handelnde irrt hier also darüber, was von ihm als pflichtgemäßes Verhalten erwartet wird.

Davon wäre beispielsweise in dem Zubehörfall auszugehen, wenn der Handelnde zwar die Gefahr, die von fremden Zubehörteilen auf das eigene Produkt ausgeht, erkennt, es jedoch allein für eine Angelegenheit des Zubehörherstellers ansieht, die Kompatibilität des Zubehörteiles mit seinem Produkt zu prüfen. Entsprechend läge die Situation, wenn die für die Produktbeschreibung verantwortliche Person zwar gewisse gefährliche Produktfehlgebräuche im Auge hätte, sich jedoch darauf zurückziehen würde, daß mit der Vorgabe des bestimmungsgemäßen Anwendungsbereiches das Produkt hinreichend beschrieben und damit der eigenen Hinweispflicht Genüge getan ist.

Hier befindet sich die jeweils verantwortliche Person in einem Irrtum über den Umfang 68 der sie treffenden Sorgfaltspflichten. Während sich die eingangs erörterten Konstellationen dadurch auszeichneten, daß der Handelnde in tatsächlicher Hinsicht Fehlvorstellungen unterlag, indem er die Gefährlichkeit seines Verhaltens überhaupt nicht erkannte, irrt er hier über die rechtliche Tragweite seines Verhaltens. Er bestimmt den bei richtiger Beurteilung der Sachlage ihn treffenden Pflichtenumfang falsch. Hierbei handelt es sich um einen für ihn unbeachtlichen Verbotsirrtum; kommt es zu Schäden, kann er sich folglich auf den Irrtum nicht berufen.

---

[86] Cramer in Schönke-Schröder § 15 Rz. 199ff.

[87] Cramer a. a. O. Rz. 201f.

§ 46. Einzelfragen

I. Verkehrssicherungspflichten in einer arbeitsteiligen Wirtschaft

1 Die Strafbarkeit infolge schädlicher Auswirkungen eines Produktes ist, wie bereits mehrfach dargelegt, stets zurückzuführen auf die Verletzung individueller Sorgfaltspflichten. D. h., der Einzelne kann nur dann zur Verantwortung gezogen werden, wenn sein Verhalten sorgfaltswidrig war.

2 In einer arbeitsteilig strukturierten Wirtschaft bedeutet dies zunächst, daß der Betriebsinhaber bzw. die Organe einer juristischen Person persönlich für eine Organisation verantwortlich sind, die das Entstehen von Produktrisiken infolge von Produktfehlern minimiert, vgl. dazu oben *S. 24 Rz. 262ff.* Dies setzt voraus, daß die den Einzelnen treffenden, oftmals arbeitsvertraglich verankerten Pflichten möglichst so eindeutig konkretisiert werden, daß sich daraus auch für einen unbefangenen Dritten ein bestimmter Zuständigkeits-, oder juristisch ausgedrückt **Verantwortungsbereich** ableiten läßt.[1] Bereits oben (vgl. *§ 24 Rz. 266ff.*) wurde darauf hingewiesen, daß es zu den Herstellerpflichten gehört, die für die Herstellung sicherer Produkte notwendigen organisatorischen Vorkehrungen in Unternehmen zu treffen.

Im Idealfall sollte sich die strafrechtliche Produktverantwortlichkeit dementsprechend als ein Mosaik aus Einzelverantwortlichkeiten der Mitarbeiter eines Unternehmens darstellen, die projiziert auf das Unternehmen in seiner Komplexität das fiktive Bild eines sorgfältig handelnden Gesamtunternehmens ergeben müßten.[2]

3 Wie aber sieht es in der Praxis mit der Abgrenzung dieser Verantwortungsbereiche gegeneinander aus? Denkbar wäre es, die Pflichtverletzungen aus der Zuordnung zu einzelnen Verantwortungsbereichen zu kategorisieren und letztere von daher zu strukturieren. So bietet sich z. B. aus der mit zunehmender Größe eines Unternehmens vorgegebenen hierarchischen Struktur einerseits sowie aus der produktionsbedingten Abfolge von Arbeitsabläufen andererseits die Möglichkeit einer vertikalen und einer horizontalen Gliederung von Verantwortungsbereichen an.[3] Dabei würde diese Trennung jeweils für alle Bereiche der Produkthaftung von der Konstruktion über Fertigung, Vertrieb und Instruktion bis hin zur Produktbeobachtung gelten. Entsprechend dieser Aufteilung der Verantwortungsbereiche wäre zwischen Primärverstößen auf der horizontalen Ebene, also der Ebene des Letztverursachenden und sog. Sekundärverstößen auf der Ebene organisatorisch vorgeschalteter Personen zu unterscheiden.

4 In der Sache ist diese Differenzierung jedoch weder angezeigt noch weiterführend. Mit der Unterscheidung zwischen Primär- und Sekundärverstoß kann keine Bewertung im Hinblick auf die Schadensrelevanz eines pflichtwidrigen Verhaltens verbunden sein, etwa dergestalt, daß Sekundärverstöße hinter Primärverstößen zurücktreten würden. Derjenige, der es pflichtwidrig versäumt, den notwendigen Umfang von Prüfstandsversuchen vor Serienfreigabe organisatorisch zu regeln, kann für einen später eintretenden Schaden genauso haftbar gemacht werden, wie derjenige, der mit der Durchführung der Versuche betraut war und trotz der zu geringen Anzahl der Versuche den Fehler hätte bereits erkennen können und müssen. Da wie bereits mehrfach erwähnt[4] strafrechtlich mehrere Personen auf verschiedenen Ebenen des Unternehmens für ein und denselben Schaden

---

[1] BGH NJW 1987, 373 „Spraydose"; Schmidt-Salzer NJW 1988, 1937, 1938; derselbe in Produkthaftung I, Rz. 1104ff., 1130ff.: Aus strafrechtlicher Sicht könne von den Mitarbeitern eines Unternehmens kein Handeln verlangt werden, das nicht ihrer betrieblichen Rolle entspreche.

[2] Cramer in Schönke-Schröder § 15 Rz. 223.

[3] Schmidt-Salzer, Produkthaftung I, Rz. 1093ff.

[4] Vgl. oben § 44 Rz. 18ff. und § 45 Rz. 42.

gleichzeitig verantwortlich sein können, empfiehlt es sich, zum mosaikartig projizierten, fiktiven **Bild des gesamtverantwortlich handelnden Unternehmens** zurückzukehren und von daher die Einzelbausteine dieses Mosaiks vor dem Hintergrund der beiden folgenden Fragen zu durchleuchten:

1. Empfiehlt es sich überhaupt und ggf. in welchem Rahmen und in welcher Detailgenauigkeit **Verantwortungsbereiche im Unternehmen** auszugestalten?
2. **Wie** haben diese Verantwortungsbereiche ggf. auszusehen?

1. Notwendigkeit der Ausgestaltung von Verantwortungsbereichen

Je größer und komplexer ein Unternehmen ist, desto schwieriger wird in der Regel eine klare Abgrenzung der Verantwortungsbereiche sein, desto mehr werden sich diese überlagern bzw. gegenseitig durchdrängen.[5] Die Frage ist deshalb, ob es sich gerade auch im Hinblick auf mögliche strafrechtliche Verantwortlichkeiten empfiehlt, Organisationspläne detailliert zu erstellen und dadurch möglicherweise Mehrfachzuständigkeiten auf verschiedenen hierarchischen Stufen auszuweisen? 5

Kehren wir zur Beantwortung dieser Frage nochmals zu der eingangs getroffenen Feststellung zurück, daß strafrechtliche Produktverantwortung die Haftung mehrerer Personen nebeneinander für ein und dieselbe Schadensfolge sein kann. Schon von daher ist aus strafrechtlicher Sicht die Erstellung **detaillierter Organisationspläne** vorbehaltlos zu bejahen. Denn es verschlechtert nicht die Situation der letztenendes verantwortlichen Personen im Schadensfalle, wenn Ermittlungsbehörden sofort auf sie zugehen können, verhindert aber andererseits, daß die Staatsanwaltschaft auf der Suche nach den möglicherweise Verantwortlichen den Kreis der verdächtigen Personen übermäßig weit zieht.[6] 6

Auch die umgekehrte Gefahr, daß mit zunehmender Detailgenauigkeit zwischen den einzelnen Verantwortungsbereichen u. U. Lücken dokumentiert werden können, spricht nicht gegen eine sorgfältige **Umschreibung des jeweiligen Zuständigkeitsbereiches.** Auch hier gilt wieder das vorstehend Ausgeführte: Die von der Sache her mit zunehmender Spezialisierung bedingte Feinverzahnung der Bereiche im Unternehmen schließt zwar die Gefahr, daß später einmal der Vorwurf lückenhafter Regelungen erhoben wird nicht aus. Möglicherweise wird ein detaillierter Organisationsplan im ersten Zugriff die Tätigkeit der Ermittlungsbehörden auch erleichtern.[7] Entscheidend ist jedoch, daß ein solcher Plan die Gefahr von Ermittlungen auf der vollen Bandbreite des Unternehmens in Grenzen hält und die Ermittlungstätigkeiten in berechenbarer Weise kanalisiert, was die erwähnten Nachteile bei weitem aufwiegt. 7

Liegt nämlich nur ein unzureichend konkretisierter Organisationsplan vor, beseitigt dies – wie bereits erwähnt – die strafrechtliche Verantwortlichkeit hierarchisch vorgeschalteter Stellen nicht, sondern bestärkt den Verdacht eines Organisationsverschuldens auf dieser Ebene. Unklare wie sich überschneidende Regelungen führen folglich nicht dazu, daß sich die strafrechtliche Verantwortlichkeit unter einer Mehrzahl regelungszuständiger Personen arithmetisch verringert, sondern sie bewirken genau das Gegenteil, nämlich daß das Ermittlungsverfahren auf eine nicht notwendige Vielzahl von Personen ausgedehnt wird, von denen jede Gefahr läuft, für den aus dem Regelungsdefizit entstandenen Schaden in vollem Umfange verantwortlich zu sein.[8] 8

Empfiehlt sich damit eine detaillierte Regelung schon im Hinblick auf die im Rahmen eines Ermittlungsverfahrens drohenden Konsequenzen, so gilt dasselbe erst recht unter 9

---

[5] Schmidt-Salzer NJW 1988, 1937, 1942.

[6] Schmidt-Salzer a. a. O. S. 1940; Brendl, Produkthaftung 11, S. 74f.

[7] Schmidt-Salzer a. a. O., weist zu Recht darauf hin, daß die Ansicht, konkrete Verantwortlichkeitszuweisungen würden „die Mitarbeiter an das Messer liefern" an der eigentlichen Problematik, nämlich der Verhinderung unnötiger Ermittlungsmaßnahmen, vorbeigehe.

[8] Vgl. Schmidt-Salzer, Produkthaftung I, Rz. 1170f.: Mit zunehmender Unübersichtlichkeit wachse die Streuungsbreite der Zuordnungsmöglichkeiten.

Prophylaxe-Gesichtspunkten. An einem Beispiel verdeutlicht genügt es nicht, wenn ein unfallträchtiger, herstellerseitig nicht vorgesehener Produktgebrauch allein der Vertriebsorganisation des Herstellers bekannt wird. Solange nicht die Querinformation zu Entwicklung und Versuch erfolgt, kann über den daraus möglicherweise resultierenden Gefahrenumfang und über geeignete (Aufklärungs-/Abhilfe-) Maßnahmen nicht kompetent entschieden werden. Prophylaxe in diesem Sinne bedeutet damit nichts anderes als Beachtung der Sorgfaltsanforderungen auch im organisatorischen Bereich, um ein stets vorhandenes, latentes Gefahrenpotential zu minimieren.

10 Derjenige, dem es kraft seiner Stellung im Unternehmen obliegt bzw. der es kraft arbeitsvertraglicher Regelung übernommen hat, einen bestimmten Bereich organisatorisch zu gestalten, d. h. ihn zu strukturieren und ihn in das Unternehmen als ganzes einzubinden, hat dafür einzustehen, daß **keine Regelungsdefizite** auftreten. So hat z. B. die für den Bereich Kundendienst zuständige Person in einem Werkstatthandbuch oder ähnlichen Arbeitsunterlagen für die Außenorganisation des Unternehmens festzulegen, wie und wohin Fehler einer bestimmtenKategorie zu melden sind. Nur richtiges und zeitgerechtes Reagieren in einem ungestörten Informationsfluß gibt den sachlich tangierten Stellen die Möglichkeit der Gefahrenkompensation bevor (weitere) Schäden drohen vgl. auch *§ 24 Rz. 279ff.*

2. Die inhaltliche Strukturierung von Verantwortungsbereichen

11 Halten wir als Prämissen der weiteren Darstellung nochmals fest: Jede Person im Unternehmen hat einen ihr zugewiesenen Verantwortungsbereich. Je nach Art der Tätigkeit können mehrere Personen einen solchen Verantwortungsbereich auch gemeinsam ausfüllen, z. B. die Geschäftsleitung eines Unternehmens soweit sie als Kollegialorgan zuständig ist,[9] aber auch Montagegruppen in der Fertigung.

Soweit an dieser Stelle der Versuch unternommen wird, diesen Bereichen etwas an Konturen zu geben, kann dies natürlich nicht bedeuten, daß hier Teile eines Organisationshandbuches festgeschrieben werden. Es geht vielmehr darum, unter dem Gesichtspunkt der Produktverantwortung die Verhaltenspflichten zu konkretisieren, die den Einzelnen hier jeweils treffen können.

12 **a)** Beginnen wir mit den **unmittelbar in den Produktionsvorgang eingeschalteten Personen.** Diese haben gemäß den ihnen vorgegebenen Arbeitsanweisungen die ihnen übertragenen Arbeiten durchzuführen. Kommen sie dem nach, handeln sie in der Regel sorgfaltsgemäß. Auch wenn sich solche Anweisungen im nachhinein als falsch erweisen und ihre Erstellung in dieser Form als fahrlässig zu beurteilen ist, kann dies nicht Anknüpfungspunkt für ein strafbares Verhalten desjenigen sein, der sich an die Anweisung gehalten hat. Hier führt der Vertrauensgrundsatz[10] dazu, daß die subjektiven Sorgfaltsanforderungen des einzelnen durch die Arbeitsanweisung selbst begrenzt werden. D. h., der unmittelbar in die Produktion eingeschaltete Mitarbeiter darf sich grundsätzlich auf die Richtigkeit der ihm von seinem Vorgesetzten erteilten Anweisungen verlassen. Sein Verhalten mag zwar zu einem von der Rechtsordnung objektiv mißbilligten Erfolg führen, solange sich ihm die Unrichtigkeit der Arbeitsanweisung jedoch nicht aufdrängen mußte, kann ihm gegenüber nicht der Vorwurf pflichtwidrigen Verhaltens erhoben werden.[11]

13 **b)** Zum Verantwortungsbereich **organisatorisch vorgeschalteter Personen** ist zunächst festzuhalten, daß den Vorgesetzten auch unter dem strafrechtlichen Aspekt der Produkthaftung Organisationspflichten für den ihm nachgeordneten Zuständigkeitsbereich treffen. Für die Geschäftsleitung eines Unternehmens gilt in Bezug hierauf das

---

[9] Schmidt-Salzer, Produkthaftung I, Rz. 1146, 1158.

[10] Cramer in Schönke-Schröder § 15 Rz. 223; Schmidt-Salzer, Produkthaftung I, Rz. 1262.

[11] Cramer a. a. O.; Schmidt-Salzer a. a. O. Rz. 1265: Weisungsgebundenheit sei kein Freibrief für Verantwortungslosigkeit.

Prinzip der generellen Verantwortung; Zweifel an einer ausreichenden Delegation von Pflichten läßt die Verantwortung für Schäden aus einem solchen Organisationsdefizit auf sie zurückfallen.[12] Eine gesetzliche Aufzählung von Verantwortungsbereichen enthält das Arzneimittelgesetz.[13] Neben diesen Organisationspflichten obliegen dem Vorgesetzten Überwachungspflichten, die auf die Anleitung und Kontrolle der ihm unterstellten Mitarbeiter abzielen. Darüber hinaus treffen ihn auch bei der Auswahl der Mitarbeiter für bestimmte Tätigkeiten Auswahlpflichten hinsichtlich deren Qualifikation und Zuverlässigkeit,[14] so z. B. in besonderem Maße bei Personen, die sicherheitsrelevante Produktions- oder Montageabläufe kontrollieren.

Die **Regelungszuständigkeit** für einen bestimmten Bereich verlangt somit die schlüssi- 14
ge und inhaltlich richtige Vorgabe organisatorischer Maßnahmen. Sie erschöpft sich jedoch nicht in der Delegation der Pflichten auf die nachgeordneten Mitarbeiter. Der Übertragende selbst bleibt vielmehr in der Verantwortung für die Umsetzung und Kontrolle seiner Vorgaben im Unternehmen. Stellt er später die mangelnde Qualifikation eines Mitarbeiters fest, auf den eine bestimmte Pflicht delegiert wurde oder treten von den organisatorischen Vorgaben nicht erfaßte Situationen auf, muß der Delegierende selbst wiederum tätig werden.[15]

Je höher die Einzelperson dabei in der **Unternehmenshierarchie** angesiedelt ist, desto 15
weiter ist sie hinsichtlich ihrer Regelungsverantwortlichkeit von den unmittelbaren Konstruktions-, Fertigungs-, Vertriebs- und Überwachungsaktivitäten entfernt. Damit abstrahiert sich zwar ihre konkrete Einflußnahme auf den Produktionsprozeß selbst von Stufe zu Stufe innerhalb der **hierarchischen Struktur,** dies bedeutet indes nicht, daß sich damit proportional ihre Verantwortlichkeit für das Produkt vermindert. Zwangsläufig gestalten sich die **Tätigkeitsanforderungen** mit zunehmend höherer Stellung im Unternehmen bezüglich des eigenen Verantwortungsbereiches **abstrakter in Richtung allgemeiner Direktiven.** Trotzdem können Versäumnisse auf dieser Ebene ebenso mitursächlich für einen eingetretenen Schaden sein und somit auch die Haftung übergeordneter Personen auslösen. Nicht von ungefähr waren deshalb im Monza-Steel-Verfahren neben den vorgeschalteten entwicklungs-, produktions- und vertriebsverantwortlichen Personen auch Mitglieder des Vorstandes angeklagt. Auch **Vorstand und Geschäftsleitung** haben im Rahmen ihrer Tätigkeit zumindest eine laufende Plausibilitätskontrolle hinsichtlich der Organisationsstruktur ihres Unternehmens durchzuführen und den zur Beurteilung hierfür notwendigen Informationsfluß sicherzustellen. Sie trifft die allgemeine Oberaufsicht in Form grundlegender Anweisungen für die verschiedenen Bereiche des Unternehmens; vgl. *§ 24 Rz. 271ff.*

Der oben unter a) angesprochene Vertrauensgrundsatz, demzufolge sich nachgeordnete 16
Mitarbeiter auf die organisatorischen Vorgaben ihrer Vorgesetzten verlassen dürfen, gilt bei der Delegation von reinen Organisationspflichten in quasi umgekehrter Richtung. Schmidt-Salzer unterscheidet insofern zwischen **generellen Organisationsmaßnahmen** i. S. einer Delegation von konkreten Organisationspflichten auf nachgeordnete Mitarbeiter und **Maßnahmen** des Delegierenden **aus konkretem Anlaß.**[16]

Die **Verantwortlichkeit des Vorgesetzten** beschränkt sich bei generellen Organisa- 17
tionsmaßnahmen auf die Richtigkeitskontrolle und die Umsetzung seiner Vorgaben. Hat er sich davon überzeugt, daß der generell vorgegebene Organisationsstandard erreicht ist,

---

[12] Schmidt-Salzer a. a. O. Rz. 1158, Jescheck LK § 13 Rz. 45 anerkennt eine Garantenpflicht in diesem Bereich nur, soweit sich aus der Eigenart des Betriebes selbst Gefahren für die Allgemeinheit mit besonderen Überwachungspflichten des Leiters ergeben.

[13] §§ 14, 63a Arzneimittelgesetz sehen folgende Verantwortungsbereiche vor: Herstellungsleiter, Kontrolleiter, Vertriebsleiter, Stufenplanbeauftragte.

[14] Schmidt-Salzer, Produkthaftung I, Rz. 1215ff.; derselbe in NJW 1988, 1937, 1941.

[15] Schmidt-Salzer, a. a. O. Rz. 1193; Brendl, Produkthaftung 11, S. 74f., spricht davon, daß die Eingriffsverantwortung in Ausnahme-, Zweifels- und Krisenfällen nicht delegiert werden darf.

[16] Schmidt-Salzer, a. a. O. Rz. 1246ff.

darf er sich darauf verlassen, daß die auf den nächsten Ebenen tätigen Mitarbeiter bei der konkreten Verfolgung der Maßnahmen richtig handeln. Insofern wirkt der Vertrauensgrundsatz hier gegenüber dem Vorgesetzten, also in umgekehrter Richtung. Erst beim Auftreten von Sondersituationen, die beispielsweise auch durch organisatorische Veränderungen in anderen Unternehmensbereichen bedingt sein können, muß er selbst wieder tätig werden.

18 Auf ein konkretes Beispiel übertragen bedeutet dies: Der **unmittelbar Organisationsverantwortliche** muß die geeigneten Prüfstandsversuche festlegen und deren jeweilige Zahl bestimmen. Sein Vorgesetzter muß sich mit ihm über die inhaltliche Richtigkeit der Prüfstandsanordnungen auseinandersetzen. Besteht insofern Konsens, darf er, solange Gegenteiliges ihm nicht bekannt wird, sich auf gelegentliche Stichproben beschränken und ansonsten auf die Umsetzung durch seine Mitarbeiter vertrauen. Kommen dem Vorgesetzten dann jedoch unzureichende Prüfstandsergebnisse zu Ohren oder erfährt er gar von einschlägigen Schadensfällen, ist die Vertrauensbasis erschüttert und er darf nicht länger untätig bleiben sondern muß selbst Schritte in Richtung Fehlererkennung und -behebung veranlassen. Ein Untätigbleiben würde bei weiteren Schadensfällen den Vorwurf strafrechtlich relevanten Unterlassens auch bei ihm nahelegen.[17]

19 Entsprechendes gilt, wenn z. B. **Montagefehler** auftreten, die im Rahmen der produktionsimmanenten Kontrollen nicht erkannt wurden. Legen diese den Verdacht fehlerhafter Organisationsanweisungen nahe, so z. B. wenn die Gefahr einer nicht lückenlosen Kontrolle bei Schichtwechsel besteht, genügt es nicht, wenn der für die konkrete Arbeitsanweisung Verantwortliche die Sache aufgreift.

20 Ähnliches gilt bei der **Produktüberwachung.** Auch hier darf sich der Vorgesetzte, der die Organisation der Produktbeobachtung einem Mitarbeiter übertragen hat, darauf verlassen, daß der unmittelbar für die organisatorische Durchführung Verantwortliche ein lückenloses Informationssystem zu den entscheidungskompetenten Stellen installiert hat. Erst wenn Störungen in diesem System auftreten, muß er aktiv werden. So z. B., wenn er davon erfährt, daß das Produkt in Verbindung mit gängigen Zubehörteilen zu einer Gefahrenquelle werden kann und derartige Erkenntnisse nach den betriebsinternen Vorgaben nicht erfaßt und weitergeleitet werden.[18]

21 **c)** Im Rahmen dieser organisatorischen Vorgaben zur richtigen Behandlung auftretender Produktfehler stellt sich auch die Frage der betrieblichen Notwendigkeit der **Errichtung eines besonderen Entscheidungsgremiums** (sog. „Feuerwehrkreis") und damit die Frage der strafrechtlichen Haftung des einzelnen Mitglieds für dessen Kollegialentscheidungen.

Die „Welt" berichtete am 15. 12. 1984 im Rahmen der seinerzeit anhaltenden Diskussion über eine gesetzlich zu normierende Rückrufverpflichtung u. a. über einen 1982 an bestimmten Fahrzeugen eines Herstellers auftretenden Fehler am Lenkungssystem. Zitat: „Als die Fehler bei dem Hersteller bekannt wurden, entschied die sog. Feuerwehrkommission, die sich aus Ingenieuren aller Fertigungsbereiche zusammensetzt, umgehend die Rückrufaktion für rund 10000 Autos einzuleiten".

22 Sowohl unter strafrechtlichen wie unter zivilrechtlichen Aspekten besteht für die Errichtung eines solchen **Kollegialorganes** aus materiellrechtlichen Gründen **keine zwingende Notwendigkeit.** Der Hersteller wird in organisatorischer Hinsicht den an ihn gestellten Anforderungen ebenso gerecht, wenn sichergestellt ist, daß sicherheitsrelevante Mängel, die auf einen Produktfehler schließen lassen, auf schnellem Weg an eine entscheidungskompetente Stelle gemeldet werden. In kleineren Unternehmen wird dies nicht

---

[17] Cramer in Schönke-Schröder § 15 Rz. 223; a. A. Schünemann wistra 1982, 41.

[18] Im Honda-Lenkerverkleidungsfall hatte der TÜV Bayern bereits 1 Jahr vorher einen Prüfbericht über die Lenkerverkleidung erstellt, bevor der Hersteller selbst konkrete Versuche in die Wege leitete (vgl. BGH NJW 1987, 1009).

selten die Geschäftsführung selbst sein.[19] Je größer und damit auch organisatorisch komplexer jedoch ein Unternehmen ist, desto mehr empfiehlt es sich, ein aus den verschiedenen Bereichen von Entwicklung, Versuch, Zentralkundendienst, Vertrieb und soweit vorhanden auch Rechtsabteilung zusammengesetztes Gremium zu bilden, welchem letztlich die Entscheidungskompetenz in der Frage eines Rückrufes zusteht. Mit der Installierung eines solchen Gremiums können zwar nicht alle produkthaftpflichtrelevanten Sachverhalte unternehmensintern aufgefangen werden. So werden Fälle einer fehlerhaften Entwicklung, einer nicht hinreichenden Versuchserprobung, einer verfrühten Produktions- bzw. Vertriebsfreigabe sicherlich nicht durch ein solches Gremium verhindert werden können. Verhindert werden kann aber, daß sich die Personenschäden aus einer solchen Gefahrenquelle häufen, indem bereits auf die ersten Schadensfälle in kompetenter Weise reagiert wird.

Allerdings setzt die Mitarbeit in einem solchen Gremium auch ein **erhöhtes Maß an** 23
Verantwortungsübernahme bei jedem einzelnen Mitglied voraus. Obwohl diese Frage bis heute höchstrichterlich noch nicht entschieden ist, dürfte bei einer in fahrlässiger Weise falsch zustande gekommenen Entscheidung eines solchen Gremiums jedes Mitglied für sich allein auch in strafrechtlicher Hinsicht haftbar sein. Denn der aus einer fehlerhaften Entscheidung resultierende Pflichtverstoß des Kollegialorganes ist als Pflichtverletzung eines jeden einzelnen, der daran mitgewirkt hat, zu beurteilen.[20] Im Rahmen der **materiellen Mitentscheidungskompetenz** innerhalb dieses Gremiums unterwirft sich jedes Mitglied auch der Mitverantwortung für die getroffene Entscheidung. Mit Recht weist das OLG Stuttgart[21] darauf hin, daß es dem Wesen der Unterwerfung unter eine Kollegialentscheidung widersprechen würde, wenn man sich der übernommenen Mitverantwortung durch schlichtes Dagegenstimmen wieder entziehen könnte.[22] Deshalb wird, wenn einzelne Mitglieder aus ersichtlich sachfremden Motiven überstimmt werden, ein Rückruf daraufhin unterbleibt und später Schadensfälle eintreten, auch die Strafbarkeit derjenigen zu prüfen sein, die sich untätig der falschen Entscheidung unterworfen hatten, ohne sie innerlich mitzutragen. Voraussetzung einer Mithaftung ist jedoch stets, daß sich jedes Mitglied im Rahmen des Vertrauensgrundsatzes auf die Stellungnahmen anderer Mitglieder zu deren Verantwortungsbereich verlassen und sie zur Tatsachengrundlage seiner gesamtverantwortlich mitgetroffenen Entscheidung machen darf.[23]

Eine Ausnahme von der Haftung für Mehrheitsentscheidungen ist für die Fälle anzuerkennen, in denen man in einer non-liquet-Situation eine ex post betrachtet falsche Mehrheitsentscheidung traf. Da man hier in aller Regel auch der Mehrheit nicht den Vorwurf fahrlässigen Verhaltens wird machen können, solange die Hinnahme der Risikosituation vertretbar erschien, kann auch das Untätigbleiben desjenigen, der ein entgegengesetztes Minderheitenvotum abgab, im nachhinein nicht strafrechtlich relevant werden. Schmidt-Salzer[24] weist allerdings zurecht darauf hin, daß sich bei **Nichtteilnahme an einer Kollegialentscheidung** die **nachträgliche Pflicht zum Widerspruch** ergeben kann. Dies insbesondere dann, wenn die Entscheidung des Kollegialorganes in der Sache den Verantwor-

[19] Schmidt-Salzer, Produkthaftung I, Rz. 1271ff.

[20] OLG Stuttgart NStZ 1981, 27; Cramer in Schönke-Schröder § 15 Rz. 223.

[21] OLG Stuttgart a. a. O. S. 28.

[22] A. A. Schmidt-Salzer, Produkthaftung I, Rz. 1281ff., der in jedem Einzelfall die Motive desjenigen auf ihre strafrechtliche Relevanz überprüfen will, der ein abweichendes Votum abgab und nur in Extremfällen eine Mithaftung bejaht, wie z. B. bei sich aufdrängender Rechtswidrigkeit der Entscheidung sowie bei Voraussehbarkeit einer Vielzahl schwerer Schäden. Für das zuerst genannte einschränkende Kriterium besteht indes keine sachliche Berechtigung, da jedes Mitglied im Rahmen des Vertrauensgrundsatzes zu der ihm möglichen sorgfältigen Prüfung verpflichtet ist. Das weiter genannte Kriterium der Schadensrelevanz verschiebt die bereits für die Frage eines Rückrufes maßgebende Interessenabwägung in unzulässiger Weise.

[23] Schmidt-Salzer, Produkthaftung I, Rz. 1290f.

[24] Schmidt-Salzer a. a. O. Rz. 1276.

tungsbereich dessen betraf, der während der Sitzung nicht anwesend war. Betraf die Entscheidung dagegen nicht seinen Verantwortungsbereich und kann die Entscheidung ohne Teilnahme an der Sitzung nicht ohne weiteres nachvollzogen werden, haftet der **Abwesende** bei späteren Schadensfällen nicht.

24 Bei **Offenkundigkeit der Pflichtverletzung** gewinnt dagegen auch das Unterlassen desjenigen, der gegen eine fehlerhafte Entscheidung nichts unternimmt im späteren Schadensfall die Qualität eines strafrechtsrelevanten Verhaltens. Letztlich übernimmt mit seiner Zugehörigkeit zu diesem Gremium jedes Mitglied die Verpflichtung, sich für die Gefahrenabwehr aus fehlerhaften Produkten einzusetzen. Diese Garantenpflicht wird dort verletzt, wo **eindeutig falsche Kollegialentscheidungen** schweigend mitgetragen werden, so z. B., wenn sich der Vertrieb aus rein marktstrategischen Gründen gegen eine Rückrufaktion ausspricht, obwohl seitens der Technik eindeutige Argumente dafür sprechen. Denkbar sind solche Fälle insbesondere dort, wo ein neu auf den Markt gekommenes Produkt keinen Imageverlust erleiden soll. In einem derartigen Fall muß das überstimmte Mitglied notfalls das Gremium verlassen und die Geschäftsleitung über die Hintergründe seines Schrittes informieren. Die Verpflichtung, in diesem Sinne tätig zu werden, findet ihre Grenzen erst dort, wo ein solcher Schritt dem einzelnen nicht mehr zugemutet werden kann.[25] Eine solche Situation könnte sich beispielsweise ergeben, wenn derjenige, der das Gremium verläßt und die Geschäftsleitung informiert, erkennen muß, daß auch diese auf seine Information hin untätig bleibt. Die Frage wäre hier, ob er im Rahmen seiner Garantenstellung dann möglicherweise verpflichtet wäre, über das Unternehmen hinaus die **Öffentlichkeit** über Verbraucherschutzverbände, Presseorgane oder ähnliche Institutionen **zu warnen.** Angesichts der damit für ihn verbundenen Nachteile – wie z. B. der Gefährdung seines Arbeitsplatzes – wird die Zumutbarkeit hier seiner Handlungspflicht Grenzen setzen. Wie in *§ 45 Rz. 59ff.* ausgeführt, gilt dies allerdings nicht, wenn durch sein Untätigbleiben die unmittelbare Gefahr von weiteren erheblichen Körperverletzungen oder gar von Todesfolgen droht. Die Furcht vor persönlichen Nachteilen kann in diesen Fällen nur im Rahmen der Strafzumessung berücksichtigt werden.

II. Strafrechtliche Haftung bei nicht mehr bestimmungsgemäßer Verwendung des Produktes durch den Benutzer

25 **1. Im Bereich der Konstruktion** hat der Hersteller die im Umfeld mit dem bestimmungsgemäßen Gebrauch des Produktes liegenden **Fehlverhalten des Benutzers** nach Möglichkeit mit zu berücksichtigen.[26] Bestimmendes Kriterium muß auch hier wieder die Verkehrserwartung sein. Der Gesetzesentwurf zum Produkthaftungsgesetz[27] spricht demgemäß in § 3 bei der Fehlerdefinition von einem Produktgebrauch „mit dem billigerweise gerechnet werden kann". Gemeint ist damit der bestimmungsgemäße Gebrauch, der eine nicht ganz fernliegende Fehlanwendung noch mit einschließt.[28] So geht der Durchschnittsbenutzer eines Kraftfahrzeuges beim heutigen Stand der Technik davon aus, daß dieses so konstruiert ist, daß es nicht schon bei jedem unkontrollierten Lenkeinschlag manövrierunfähig wird.

Zum Teil sind gewisse **Fehlverhalten** bereits **in Vorschriften berücksichtigt,** welche den Stand der Technik mitbestimmen. Beispielsweise sind selbsttätig schließende Türen und Tore so zu konstruieren, daß auch jemand, der während des Schließvorganges noch

---

[25] Vgl. dazu oben § 45 Rz. 61f.; auch für Schmidt-Salzer (a. a. O. Rz. 1284f.) bildet die Zumutbarkeit das entscheidende Korrektiv in den verbleibenden „Extremfällen", in denen trotz ablehnendem Votum eine Haftung für die Kollegialentscheidung anerkannt wird.

[26] Vgl. oben § 24 Rz. 76.

[27] Entwurf der BReg. vom 9. 6. 1988, BT-Drucks. 11/2447.

[28] BGH NJW 1972, 2217; Palandt-Thomas, Produkthaftungsgesetz, § 3 Anm. 3e.

das Tor zu passieren versucht, keine Quetschverletzungen erleidet.[29] Durch Reversier- oder andere entsprechende Einrichtungen ist hier sicherzustellen, daß ein solcher Fehlgebrauch ohne Verletzungsfolgen bleibt. Versäumnisse auf dieser Ebene stellen sich als Sorgfaltspflichtverletzung im Bereich der Konstruktion dar und können zur strafrechtlichen Haftung in Schadensfällen führen.

Der Hersteller braucht jedoch bei der Konstruktion keinen Produktfehlgebrauch berücksichtigen und mit Sicherheitsvorkehrungen auffangen, welche das Produkt in einem Maße verteuern würden, daß es praktisch unverkäuflich wäre. Von ihm wird nicht verlangt, nur noch „idiotensichere" Produkte[30] auf den Markt zu bringen, schon gar nicht muß er im Rahmen der Konstruktion Vorkehrungen gegen einen bewußten Produktmißbrauch treffen, wenn sich der Produktbenutzer zu einem solchen Gebrauch eigenverantwortlich und in Kenntnis der Tragweite des Risikos entschließt. Kommen die Produkte erfahrungsgemäß in die Hände von Kindern und Jugendlichen, werden demgemäß strengere Anforderungen zu stellen sein (vgl. dazu oben, *§ 24 Rz. 77ff.*).

Ob und in welchem Umfange ihn dagegen in diesen Fällen **Hinweispflichten** auf die Gefährlichkeit des Verhaltens des Produktbenutzers treffen, soll im folgenden dargestellt werden.

2. Geht man davon aus, daß Produktfehler im zuvor genannten Sinne nicht vorhanden 26
sind, kann die **Pflichtverletzung** des Produktverantwortlichen in Schadensfällen in der **mangelhaften oder unterlassenen Aufklärung** liegen.[31] Genauer gesagt in dem pflichtwidrig versäumten Hinweis darauf, daß sein an sich fehlerfreies Produkt bei einer bestimmten Verwendungsart bzw. bei nicht mehr bestimmungsgemäßer Verwendung eine Gefahrenquelle für Leib und Leben bilden kann. Produktverantwortlicher i. S. der oben getroffenen Abgrenzung nach Verantwortungsbereichen[32] ist dabei in aller Regel der für die Ausgestaltung der Bedienungs- und Gebrauchsanleitung oder der für die Erstellung von Verarbeitungshinweisen verantwortliche Mitarbeiter.

Zumeist wird es sich hierbei um Personen aus dem Vertriebsbereich handeln. Jedoch ist dies nicht zwingend. Dem für die Erstellung einer **Bedienungsanleitung** zuständigen Mitarbeiter können beispielsweise die seitens des Entwicklungs- oder Vertriebsbereiches vorzulegenden notwendigen Informationen über einen gefährlichen Produktgebrauch fehlen, obwohl eine entsprechende interne Organisationsanweisung besteht. In diesem Falle verlagert sich die strafrechtliche Haftung auf den zuständigen Mitarbeiter des informationspflichtigen Bereiches. So kann von einem Vertriebsmann beispielsweise nicht erwartet werden, daß er bei Fahrzeugen, die mit Außentemperaturfühlern ausgestattet sind, aus eigener Kenntnis darauf hinweist, daß die Geräte einer gewissen Ansprechdauer unterliegen und insofern nicht vor aktuellen, sich schnell ändernden Straßenzuständen warnen können, wie z. B. vor Vereisungen in Waldschneisen oder auf Brücken. Die beim Hersteller hierfür verantwortlichen Personen aus den technischen Bereichen sind deshalb gehalten, deutlich zu machen, daß sich ein Benutzer des Produktes keinesfalls „blindlings" auf die Aussage der Temperaturanzeige verlassen darf.

Worauf aber gründet sich diese **Pflicht, auf die Gefährlichkeit einer bestimmten Produktnutzung hinzuweisen,** insbesondere dann, wenn diese außerhalb des vom Hersteller vorgegebenen Verwendungszweckes bzw. außerhalb der vorgeschriebenen Benutzungsart liegt? Führt man sich ein paar Beispielsfälle graduell abgestuften Produktfehlgebrauches vor Augen, so stellt sich sehr schnell die weitere Frage, wo die Pflicht des Herstellers zur Aufklärung des Produktbenutzers über sein bestimmungswidriges Verhalten ihre Grenzen findet. Muß z. B. der Hersteller von Fertigbeton darauf hinweisen, daß längeres

---

[29] Vgl. Unfallverhütungsvorschrift – UVV 1 – § 29; sowie Richtlinie für kraftbetätigte Fenster, Türen und Tore (ZH 1/494) 4.7 und 4.8

[30] Schmidt-Salzer, Produkthaftung I, Rz. 1378.

[31] Vgl. oben § 24 Rz. 206ff.

[32] Vgl. oben Rz. 2, 11.

Knien in dem noch frischen Beton zu schwerwiegenden Hautverätzungen führen kann? Darf sich der Hersteller von Farben, Klebstoffen, Reinigungsmitteln u. ä. darauf verlassen, daß die in seinen Produkten enthaltenen Lösungsmuttel nicht durch Einatmen zur Herbeiführung von Rauschzuständen genutzt werden (sog. „sniffing"), oder muß der Hersteller gar damit rechnen, daß ein Rasenmäher als Heckenschere, ein Tauchsieder zum Erwärmen des Badewassers oder ein Bolzenschußgerät wie eine Handfeuerwaffe benutzt werden. Diese Beispielskette ließe sich beliebig erweitern. An sie schließt sich letztlich noch die Frage an, ob der Hersteller in allen diesen Fällen ausnahmslos spätestens dann zu Warnhinweisen verpflichtet ist, wenn er von der bestimmungswidrigen Verwendung erfährt, gleichviel wie gravierend der Produktmißbrauch sich im Einzelfall darstellt.

27 **a)** Beginnen wir mit der Frage nach der **Begründung der Pflicht,** auch für Produktgefahren einstehen zu müssen, die aus einem Fehlgebrauch resultieren.

Aufgrund der steigenden technischen Komplexität und technisch anspruchsvolleren Ausgestaltung der Produkte ist es Sache des Herstellers, darauf hinzuweisen, was mit dem jeweiligen Produkt noch gefahrlos getan werden kann und was nicht. Diese Verpflichtung beruht in erster Linie auf der Tatsache, daß die mit dem Produkt in Berührung kommenden Personen oftmals in der Beurteilung des Bereiches, innerhalb dessen das Produkt noch gefahrlos eingesetzt werden kann, überfordert sind. Man denke hier nur an chemische Prozesse auslösende Produkte.

Mit dem Inverkehrbringen des Produktes ist der Hersteller deshalb aufgrund seines aus der Entwicklung und Erprobung stammenden **Mehrwissens** verpflichtet, den gefahrlosen Bereich der Produktbenutzung sorgfältig abzustecken,[33] jeweils bezogen auf die Verbrauchererwartungen des Verkehrskreises mit dem das Produkt erfahrungsgemäß in Berührung kommt.[34]

28 So muß beispielsweise der Verbraucher bei einer Holzschutzfarbe erkennen können, ob ihre Verwendung in Innenbereichen gefahrlos möglich oder ob sie mit Gesundheitsgefahren verbunden ist. Dasselbe gilt für bestimmte chemische Reinigungsmittel im Haushalt, wie z. B. Sanitärreiniger, wenn diese wegen der sonst stattfindenden Freisetzung von gesundheitsgefährlichen Dämpfen niemals in Verbindung mit anderen Reinigern verwendet werden dürfen.

Dabei treffen den Hersteller umso weitgehendere Aufklärungspflichten, je größer der Kreis der Produktbenutzer ist. Wie bereits oben dargestellt,[35] gibt es nicht den „einheitlichen Durchschnittsverbraucher". Deshalb muß – besonders deutlich am Beispiel des Automobils – der Hersteller mit einfachen, praktischen Beispielen darauf hinweisen, daß ABS und Vierradantrieb nicht geeignet sind, die Grenzen der Physik zu durchbrechen. So kann bspw. ABS bei zu schneller Kurvenfahrt und zu hoher Querbeschleunigung keine zusätzliche Sicherheit bieten.

29 Alle diese Fälle sind dadurch gekennzeichnet, daß das Produkt in seinem eigentlichen Sinne, also **produktkonform benutzt** wird. Sind hier gewisse Einschränkungen geboten, hat der Hersteller dafür Sorge zu tragen, daß diese dem Benutzer mit dem Inverkehrbringen deutlich gemacht werden. Da es wie vorstehend erwähnt eine einheitliche, einem allgemeinen Maßstab zugängliche Verbrauchererwartung schon wegen der **unterschiedlichen Adressatenkreise eines Produktes** nicht gibt, kann es im Einzelfall notwendig sein, daß der Hersteller auch auf Gefahren hinweisen muß, die für einen verständigen Verbraucher eine Selbstverständlichkeit darstellen. Ein in Grenzbereich liegendes Beispiel hierfür ist der eingangs erwähnte Beispielsfall der Hautverätzung durch längeres Knien in frischem Beton. Die Kenntnis, daß Zement die menschliche Haut angreift, kann zwar bei jedem im Umgang mit Baustoffen auch nur einigermaßen erfahrenen Menschen unterstellt werden. Im Zeichen der heutzutage geradezu sprunghaft anwachsenden Do it your-

[33] BGH NJW 1987, 372 „Spraydose".
[34] BGH NJW 1986, 1863 „Überrollbügel".
[35] Vgl. § 24 Rz. 4.

self – Welle dürfen jedoch die an den Verbraucherhorizont zu stellenden Produktkenntnisse nicht überstrapaziert werden, da sich neben einer Gruppe professioneller Verarbeiter immer mehr produktunkundige Personen in das Neuland des Selbermachens begeben.

Der Hersteller darf sich insbesondere auch nicht darauf verlassen, daß **Rechtsvorschriften,** die bestimmte Gefahrenhinweise, Gefahrenkennzeichnungen und Verarbeitungsrichtlinien von ihm verlangen[36] seine Instruktionspflichten vollständig abdecken. Oftmals enthalten solche Vorschriften nur Regelungen hinsichtlich bestimmter Produktbestandteile, während aus einer im weitesten Sinne noch bestimmungsgemäßen Verwendung des Produktes zusätzliche Gefahren entstehen können. 30

Besonders **strenge Warn- und Hinweispflichten** treffen den Hersteller immer dann, wenn er davon ausgehen muß, daß sein Produkt auch in die Hände **besonders unsachkundiger Personen**[37] geraten kann oder möglicherweise auch solcher Personen, die der deutschen Sprache (noch) nicht mächtig sind, den Sinngehalt von Symbolen aber durchaus zu erkennen vermögen. Als Paradebeispiele hierfür seien die oftmals bildhaften Warnhinweise von Herstellern elektrischer Geräte genannt, die vor der Benutzung in Naßräumen üblicherweise warnen, sowie die Hinweise für die richtige, gesundheitsunschädliche Benutzung von Imprägniersprays. Unterläßt ein Hersteller die vom Produkt-Benutzerkreis aus gebotenen Warnhinweise und verursacht das Produkt infolge fehlerhaften Gebrauchs Gesundheitsschäden, so kann die hierfür im Unternehmen verantwortliche Person wegen fahrlässiger Körperverletzung zur Verantwortung gezogen werden. 31

b) Daß dieses strafrechtliche Einstehenmüssen für eine unterlassene Produktaufklärung nicht für jeglichen Produktfehlgebrauch gelten kann, wurde bereits eingangs anhand einiger dort aufgezeigter Beispiele angedeutet. Kein Produkthersteller ist imstande, im Zeitpunkt des Inverkehrbringens seines Produktes vorherzusehen, wie und zu welchen Zwekken es letztlich nicht nur gebraucht sondern auch mißbraucht werden kann. 32

Deshalb setzt zunächst einmal die **Vorhersehbarkeit des Fehlgebrauchs** der Zurechnung eines späteren Schadens Grenzen. Vorhersehbarkeit bedeutet dabei aber bezogen auf den **Zeitpunkt des Inverkehrbringens** nichts anderes als die im weitesten Sinne zu verstehende, noch bestimmungsgemäße Nutzung des Produktes. In diesem Sinne hat der Bundesgerichtshof im „sniffing-Urteil"[38] die Warn- und Hinweispflichten auf solche Gefahren begrenzt, „die die funktionsbedingte Beschaffenheit des Produktes mit sich bringt". Wer also seinen Rasenmäher als Heckenschere zweckentfremdet benutzt oder wer Lösungsmittel in Farben, Klebstoffen, Kältemitteln o. ä. dazu mißbraucht, sich zu berauschen, darf sich nicht darauf verlassen, daß sein Verhalten mangels entsprechender Warnhinweise des Herstellers ungefährlich ist. 33

Die Vorhersehbarkeit eines Produktfehlgebrauches im Zeitpunkt des Inverkehrbringens – und nur hiervon ist an dieser Stelle die Rede – wird demgemäß begrenzt durch: 34
- die vorstehend unter a.) näher beschriebene Verbrauchererwartung,
- den damit eng verbundenen Kreis der potentiellen Produktbenutzer
- sowie den herstellerseitig vorgegebenen Verwendungszweck, wobei hierunter produktkonforme Nutzung im weitesten Sinne zu verstehen ist.

Die Sorgfaltspflichten des Herstellers hinsichtlich seiner Instruktions- und Hinweispflichten werden – wie bereits erwähnt – dagegen nicht begrenzt durch behördliche Prüfvorschriften, Zulassungs- und Genehmigungsverfahren. Mit Recht hat der Bundesgerichtshof im Spraydosen-Urteil[39] darauf hingewiesen, daß sich der Hersteller nicht auf die Instruktionspflichten beschränken dürfe, die Gesetze oder Rechtsverordnungen im Rahmen der Gefahrenkennzeichnung von ihm verlangen, da hierdurch i. d. R. nur sektorale Gefahrenmomente angesprochen seien, andere Produktbestandteile bei nicht bestim-

[36] BGH NJW 1987, 372 „Spraydose".
[37] BGH NJW 1981, 2514, 2515 „Sniffing".
[38] BGH a. a. O.
[39] BGH NJW 1987, 372.

mungsgemäßem Gebrauch aber zusätzliche Gefahrenquellen eröffnen können. Besonders deutlich wird dies an dem vom Bundesgerichtshof entschiedenen Fall, in dem der Hersteller zwar entsprechend den gesetzlichen Kennzeichnungsvorschriften auf die speziellen Gefahren von Spraydosen, wie „... nicht gegen Flammen sprühen. Brennbar“ hingewiesen hatte, nicht jedoch auf die Gefahren, die sich im Umgang mit dem in der Spraydose selbst enthaltenen Produkt ergeben können. Die Folge davon war, daß explosionsgefährliche Dämpfe beim Austrocknen des aufgesprühten Materials nicht erkannt wurden und es zu einer Explosion mit schwerwiegenden Verletzungsfolgen kam.

35 Ähnliches dürfte für die **gesetzlichen Lager- und Verarbeitungsvorschriften** für die dem Sprengstoffgesetz unterliegenden Treibgassätze gelten, die beim Airbag Verwendung finden. Allein die Beachtung dieser Lagervorschriften entbindet den Kfz-Hersteller nicht davon, z. B. auch auf die Gefahren beim Verschrotten derartiger Fahrzeuge hinzuweisen.

36 **c)** War bisher die Fragestellung nach den Instruktionspflichten bzw. Warnhinweisen im Rahmen eines Produktfehlgebrauches stets auf den Moment des Inverkehrbringens des Produktes bezogen, so stellt sich dieselbe Frage erneut, wenn der Hersteller im Rahmen seiner Produktbeobachtung erst **nach Inverkehrbringen** von einer nicht mehr bestimmungsgemäßen Verwendung erfährt. Dabei bedürfen allerdings nur noch die Fälle einer gesonderten Erörterung, die nicht mehr im Rahmen eines vorhersehbaren Fehlgebrauches liegen, da – wie vorstehend ausgeführt – jeder vorhersehbare Produktfehlgebrauch Warn- und Hinweispflichten bereits im Zeitpunkt des Inverkehrbringens eines Produktes auslöst.

37 Ob aber in den verbleibenden Fällen des nicht vorhersehbaren Produktmißbrauches im Zeitpunkt des Inverkehrbringens ausnahmslos bei späterer Kenntnis Warn- und Hinweispflichten entstehen, gleichgültig wie weit sich der Produktmißbrauch von der bestimmungsgemäßen Verwendung entfernt, erscheint äußerst fraglich. Zwar macht ein einmal zutage getretener Mißbrauch weitere derartige Fälle für den Hersteller vorhersehbar, dennoch wird man in besonders gravierenden Mißbrauchsfällen eine Zurechnung von Schäden auf die beim Hersteller für Warnhinweise verantwortliche Person verneinen müssen. Wie bereits an früherer Stelle angedeutet[40] begrenzt das Prinzip des selbstverantwortlichen Handelns hier die Haftung. So soll derjenige, der eine Gefahrenlage in rechtswidriger Weise geschaffen hat, dann nicht mehr für daraus resultierende Schäden haften, wenn sich ein anderer in eigenverantwortlicher Weise dieser Gefahr aussetzt.

38 Dieser Grundsatz greift auch vorliegend Platz. Für die mit der Produktbeschreibung befaßten Personen besteht keine Pflicht, auf später bekanntwerdende, zumeist gezielt bestimmungswidrige Benutzungsmöglichkeiten hinzuweisen, sofern diese ersichtlich unter Inkaufnahme eines damit möglicherweise verbundenen Risikos erfolgen. Oftmals wird die Situation dabei so gelagert sein, daß dem Hersteller eine verläßliche Aussage zur Gefährlichkeit oder Ungefährlichkeit des bestimmungswidrigen Gebrauches gar nicht möglich ist. Man denke hier nur an das Beispiel des Medikamentenmißbrauches bei Sportlern zur Anregung des Muskelwachstums. Die Klärung der Frage von **möglichen Nebenwirkungen** unter den bei einem Hochleistungssportler anzutreffenden Bedingungen ist sicherlich nicht Aufgabe des Herstellers, der ein auf ein bestimmtes Krankheitsbild gerichtetes Medikament erprobt.

39 Doch auch dort, wo die Gefährlichkeit des eigenverantwortlich gewählten Produktmißbrauches evident ist, trifft den Hersteller keine Warnpflicht. So muß der Hersteller, der gesundheitsgefährdende, lösungsmittelhaltige Produkte in den Verkehr bringt, zwar im Rahmen der Verarbeitungshinweise deutlich machen, daß z. B. für eine ausreichende Durchlüftung der Räumlichkeiten zu sorgen ist; er ist jedoch nicht verpflichtet, darüberhinaus auch noch vor Schäden zu warnen, die durch ein gezieltes Inhalieren der Dämpfe zum Zwecke des Berauschens herbeigeführt werden können und zwar auch dann nicht, wenn er von solchen Schäden bereits Kenntnis erlangt hat. Solange sich ein gezielt bestim-

[40] Vgl. oben § 45 Rz. 46f.

mungswidriger Produktgebrauch als selbstverantwortliche und bewußte Vornahme eines riskanten Verhaltens darstellt, ist der Hersteller nicht gehalten, hierauf mit entsprechenden Warnhinweisen zu reagieren.[41]

Bezieht sich diese Aussage zunächst nur auf den dem Hersteller nachträglich bekanntgewordenen bestimmungswidrigen Gebrauch, so kann für ein **späteres Inverkehrbringen neuer Produkte** nichts anderes gelten. Es wäre unzumutbar, von einem Hersteller zu verlangen, daß er sein Produkt vor dem Hintergrund einer immer länger werdenden Kette bekannt gewordener Mißbrauchsfälle auf die in ihm steckenden Mißbrauchsmöglichkeiten abklopft. 40

Zusammenfassend muß es daher bei der Feststellung bleiben, daß den Hersteller keine Warnpflichten vor Gefahren treffen, die aus einem eigenverantwortlich gewählten, gezielt bestimmungswidrigen Gebrauch eines Produktes resultieren. Schlägt eine solche Gefahr in einen Schaden um, kann die beim Hersteller hierfür verantwortliche Person nicht aufgrund unterlassener Warn- und Hinweispflichten strafrechtlich zur Verantwortung gezogen werden.

III. Strafrechtliche Verantwortlichkeit dritter Personen neben dem Hersteller

Schaltet der **Endhersteller** in Fertigung, Montage oder Vertrieb dritte Personen ein, so kann der auf einen Produktfehler zurückzuführende Schaden in den Verantwortungsbereich dieses Dritten fallen, weil der Hersteller den Fehler entweder nicht erkennen konnte oder im Rahmen ordnungsgemäßer Stichprobenkontrollen nicht erkennen mußte.[42] 41

In Betracht kommen als Verantwortliche neben dem Hersteller hier vor allem Zulieferanten und Teilmontagen ausführende Dritte (dazu nachfolgend Rz. 42ff.) aber auch die in die Distribution des Produktes eingeschalteten, vom Hersteller unabhängigen Händler (nachfolgend Rz. 44ff.).

Wann diese Personen einer eigenen strafrechtlichen Verantwortlichkeit für den aus dem fehlerhaften Produkt oder der fehlerhaften Produktbeschreibung entstehenden späteren Schaden unterliegen, soll im folgenden erörtert werden.

1. Strafrechtliche Haftung des Zulieferanten

Der **Zulieferant** ist bezüglich des von ihm gelieferten Produktteiles Hersteller; nur wird ihn i. d. R. für Entwicklung und Konstruktion des Teiles keine Verantwortung treffen, soweit er hier den herstellerseitigen Vorgaben folgen muß (vgl. dazu im einzelnen oben *§ 25 Rz. 72ff.*). Soweit er allerdings auch für die Konstruktion des Teiles – wie z. B. bei Schrauben, Muttern und ähnlichen Kleinteilen denkbar – verantwortlich zeichnet, ist er gegenüber dem Endhersteller, der diese Teile verarbeitet, wie ein Hersteller umfassend 42

---

[41] Vgl. Cramer in Schönke-Schröder § 15 Rz. 155f. und 223, wo darauf hingewiesen wird, daß der Vertrauensgrundsatz auch zwischen Produzent und Verbraucher gelte und der Produzent demgemäß nicht für Schäden aus einem sachwidrigen Gebrauch hafte. Der Vertrauensgrundsatz düfte hier jedoch kein praktikables Kriterium für einen Haftungsausschluß sein, da der Hersteller in gewissem Umfang gehalten ist, gerade auch vor sachwidrigem Gebrauch zu warnen (vgl. oben § 24, Rz. 208ff. sowie vorstehend Rz. 27ff.)

[42] Anders ist die Situation dagegen, wenn der Zulieferer kein für ein bestimmtes Endprodukt spezifisches Teil liefert. In diesen Fällen trifft den Endhersteller die Verantwortung für die Eignung des Teiles in der konkreten Verwendungsart. Der Zulieferer haftet nur für die Verwendbarkeit im Rahmen der von ihm getroffenen Zweckbestimmung. Schmidt-Salzer, Produkthaftung I, Rz. 1355, verweist auf folgendes Beispiel: Keine Haftung eines Zulieferers für Stahlteile durchschnittlicher Qualität, wenn diese unter extremen Niedrigtemperaturen eingesetzt werden und es bei Materialbrüchen zu Verletzungen von Personen kommt.

produktverantwortlich allerdings begrenzt auf die von ihm vorgegebenen Verwendungsmöglichkeiten. Gibt er in dieser Eigenschaft z. B. unzutreffende Produktbeschreibungen ab, um mit dem Endhersteller in geschäftlichen Kontakt zu kommen, so haftet er auch unter strafrechtlichen Gesichtspunkten für eventuelle Schäden aus einer seinen Angaben folgenden ungeeigneten Verwendung des Teiles.[43]

Eine strafrechtliche Haftung des Zulieferanten kann sich ferner daraus ergeben, daß er das mit dem Endhersteller vereinbarte **Qualitätssicherungsmodell verläßt,** indem er einseitig und ohne den Hersteller zu informieren seine Kontrollintensität drastisch reduziert. Unterläßt der Endhersteller hier im Vertrauen auf die bisherige Praxis beim Zulieferanten zusätzliche Kontrollen und kommt es zu strafrechtlich relevanten Verletzungstatbeständen, so haftet der Zulieferant für diese Folgen.

2. Verlängerte Werkbank

43 Strafrechtlich bedeutsame Tatbestände können ferner dort verwirklicht werden, wo der Endhersteller **Dritte** quasi **als verlängerte Werkbank** in den Fertigungsablauf einschaltet.

Stellt der Dritte ohne ausreichende eigene Erfahrungswerte leichtfertig auf ein vom Hersteller nicht freigegebenes **Montage-/Bearbeitungsverfahren** um, so hat er ggf. für daraus resultierende Schäden einzustehen. So z. B. wenn ein für die Oberflächenendbehandlung von Leichtmetallfelgen zuständiger Betrieb zu einer veränderten, mit dem Hersteller nicht abgestimmten Bearbeitungsweise übergeht und dadurch Haarrisse in den Felgen entstehen. Kommt es hier im späteren Gebrauch der Felgen infolge von Materialbrüchen zu Unfällen mit Personenschäden, trifft der Vorwurf fahrlässigen Verhaltens die verantwortlichen Personen des weisungswidrig arbeitenden Betriebes.

Für die Frage, ob daneben auch die beim Endhersteller selbst für die Vergabe dieser Arbeiten verantwortliche Person haftet, gelten die oben im Rahmen der Pflichtendelegation an nachgeordnete Stellen herausgearbeiteten Grundsätze entsprechend.[44]

3. Zur Verantwortlichkeit des Händlers

44 Den in die **Distribution der Ware** eingeschalteten, mit dem Hersteller nicht identischen Händler kann eine strafrechtliche Produktverantwortung in dem Rahmen treffen, in dem er durch fahrlässiges Inverkehrbringen der Waren Gefahren schafft, die er als Händler durch ihm zumutbare Vorkehrungen hätte vermeiden können.[45] Materielle Voraussetzung für ein strafrechtliches Einstehenmüssen ist, daß es in seinen Verantwortungsbereich fällt, derartige Gefahren zu verhindern. Die Gefahr muß demzufolge ihren Ursprungsbereich in einem Verstoß gegen **betriebsbezogene Pflichten des Händlers** haben. Zusammengefaßt beschränken sich diese händlertypischen Pflichten darauf

- keine offensichtlich fehlerhaften Produkte zu vertreiben,
- den Produktbenutzer über die Produkteignung nicht falsch zu beraten,
- die Herstellerangaben weiterzugeben
- evtl. bestehende Abgabebeschränkungen zu beachten (vgl. dazu ausführlich oben *§ 26 Rz. 3ff.*).

Exemplarisch bleibt aus strafrechtlicher Sicht anzumerken:

Eine Haftung für Konstruktions- und Fabrikationsfehler scheidet in aller Regel aus, da dem **Händler** – solange er nicht als quasi-Hersteller auftritt[46] – eine eigenständige Prüfungspflicht für die Fehlerfreiheit des Produktes nicht abverlangt werden kann. Lediglich vor evidenten, ins Auge springenden Fehlern oder vor erkannten gefährlichen Produktmißbräuchen hat er zu warnen.[47] So z. B. wenn er erkennt, daß die von ihm verkauften

---

[43] Schmidt-Salzer, Produkthaftung I, Rz. 1364.

[44] Vgl. oben Rz. 13ff.

[45] OLG Karlsruhe NJW 1981, 1054; vgl. ferner oben § 26 Rz. 1.

[46] Vgl. § 26 Rz. 45ff.

[47] Schmidt-Salzer, Produkthaftung I, Rz. 1401ff.; vgl. ferner § 26 Rz. 18ff.

Anstecknadeln in Form von üblicherweise eßbaren Gummibärchen immer wieder von Kleinkindern in den Mund genommen werden, weil diese sie mit Süßigkeiten verwechseln oder wenn sich bei ihm gleichartige Kundenreklamationen in einer Form häufen, die den Schluß auf einen sicherheitsrelevanten Serienfehler nahelegen.[48] Schafft ein Weiterverkauf die Gefahr von Körperverletzungen, hat der Händler den Hersteller hierauf hinzuweisen und ggf. bis zu dessen endgültiger Entscheidung den Verkauf einzustellen.

Mit vorstehenden Beispielen wurde bereits angedeutet, daß es auch in den Pflichtenbereich des Händlers gehört, ihm bekannt gewordene **Schadensfälle an den Hersteller weiterzumelden,** wenn diese den Verdacht eines Produktfehlers und die Gefahr weiterer Schäden nahelegen. Soweit es sich um Vertragshändler des Herstellers oder konzerngebundene Vertriebsgesellschaften handelt, ergibt sich die Pflicht zur Weitermeldung in aller Regel aus den im Händlervertrag übernommenen vertraglichen Pflichten. Deshalb empfehlt es sich, herstellerseitig eine entsprechende Meldepflicht beispielsweise in Werkstatthandbüchern zu verankern. Soweit eine Bindung im vorgenannten Sinne an den Hersteller nicht besteht, genügt es, wenn der Händler nach erkannter Fehlerhaftigkeit den weiteren Verkauf einstellt. Da ihn keine originären Produktbeoachtungspflichten treffen und er solche auch nicht vertraglich übernommen hat, entsteht aus seinem ursprünglichen, nicht sorgfaltswidrigen Inverkehrbringen des Produktes keine Garantenpflicht zur Verhinderung von Schadensfällen.[49]

Von diesen Ausnahmefällen „herstellernaher Pflichten" abgesehen, fällt in den Verantwortungsbereich des Händlers vor allem die **Produktinformation,** sei es in Form der Weitergabe von Herstellerhinweisen, sei es in Form eigener Ratschläge und Empfehlungen für ein Produkt. Unterläßt es der Händler, Verarbeitungs- und Benutzungshinweise des Herstellers mit dem Produkt weiterzugeben, in denen vor einem gefährlichen Produktgebrauch gewarnt wird, so hat er ggf. auch für strafrechtlich relevante Schäden einzustehen. Entsprechendes gilt, wenn sich der Händler in der Anpreisung oder Beschreibung des Produktes fahrlässig über Herstellerangaben hinwegsetzt. 45

So ist der Händler für Körperschäden auch strafrechtlich verantwortlich, wenn er beispielsweise eine Holschutzfarbe für Innen- und Außenanstrich als gleichermaßen geeignet verkauft, obwohl der Hersteller die Gefahr von Gesundheitsschäden bei Verwendung in Innenräumen ausdrücklich herausstellt.

Korrespondierend zur Weitergabe der Produktinformationen beim Verkauf, trägt der Händler auch die Verantwortung dafür, daß spätere **Informationen seitens des Herstellers** an ihn gelangen, damit er sie in geeigneter Weise **an seine Abnehmer weitergeben** kann. Dementsprechend hat das OLG Karlsruhe[50] einen Reifenhändler für verpflichtet gehalten, gegenüber seinen Lieferanten sicherzustellen, daß er in den Informationsfluß des Herstellers über einen möglichen Rückruf mit einbezogen werde. Es sei Aufgabe des Händlers, dafür Sorge zu tragen, daß nicht den Kunden das Risiko einer bei ihm ausbleibenden Information über einen Rückruf treffe. Soweit Gesundheit und Leben der Kunden des Händlers von der einwandfreien Beschaffenheit der Ware abhängig seien, seien an die Sorgfaltspflichten auch des Händlers sehr strenge Anforderungen zu stellen. Genüge er diesen in zuvor genanntem Umfange nicht, müsse er notfalls vom Handel mit dem entsprechenden Produkt Abstand nehmen. Was in der Entscheidung des OLG Karlsruhe am Fall eines Rückrufes an Händlerinformationspflichten statuiert wurde, muß selbstverständlich auch in dem Fall gelten, in dem der Hersteller erst nach Inverkehrbringen des Produktes auf eine gefährliche Verwendungsart hinweist. So z. B. wenn ein Zubehörteil sich in Verbindung mit einem anderen Produkt als unverträglich erweist, wie dies im Honda-Lenkerverkleidungs-Fall zutraf. Hier hat der Händler alles zu tun, daß er in den 46

[48] Schmidt-Salzer, a. a. O., Rz. 1402.
[49] Vgl. oben § 45 Rz. 7, 16f.
[50] OLG Karlsruhe NJW 1981, 1054.

Informationsfluß des Zubehörherstellers integriert ist und sofortige Verwendungsbeschränkungen beim Verkauf an den Kunden beachten und an diesen weitergeben kann.

47 Ebenso wie Herstellerangaben, Warnhinweise und Rückrufaktionen vom Händler zu beachten sind, hat der Händler sich auch an gesetzlichen oder sonstigen behördlichen **Abgabebeschränkungen** zu orientieren.[51] Gehört es zum Schutzzweck dieser Bestimmungen, auch der Gefahr von Körperschäden vorzubeugen, so haftet der Händler für durch fahrlässigen Pflichtverstoß mitverursachte Schäden. Signifikantes Beispiel hierfür ist das Verbot der Abgabe von Feuerwerkskörpern an Personen unter 18 Jahren. Beachtet der Händler solche Abgabebeschränkungen nicht und kommt es durch unsachgemäßen Umgang mit dem Produkt zu Körperverletzungen des Produktbenutzers oder Dritten, so trifft die auf der Händlerseite verantwortliche Person der Vorwurf, fahrlässig den Erfolg mit herbeigeführt zu haben. Zwar wurde oben dargelegt, daß derjenige, der bewußt und eigenverantwortlich ein gefahrenträchtiges Produkt fehlerhaft benutzt, nicht den Hersteller für etwaige Schäden daraus zur Verantwortung ziehen kann. Dieses Regulativ besitzt jedoch dort keine Geltung, wo öffentlich rechtliche Abgabebeschränkungen gerade verhindern sollen, daß Jugendliche oder sonstige, mit dem speziellen Produkt im Umgang unerfahrene Personen durch falsche Handhabung zu Schaden kommen. Hier besteht aufgrund der Abgabenbeschränkung die Vermutung, daß es diesem Personenkreis an der Einsichtsfähigkeit in die eigenverantwortliche Übernahme des Risikos fehlt.

48 Vorstehende Fallgruppen verdeutlichen, daß den Hersteller bei der Weitergabe des Produktes durchaus auch strafrechtlich sanktionierte Verhaltenspflichten treffen können. Schwerpunktmäßig liegen die Pflichten des Händlers dabei in der Weitergabe der für eine gefahrlose Produktbenutzung notwendigen Informationen.

§ 47. Praktische Verhaltensregeln bei strafrechtlichen Ermittlungsmaßnahmen im Unternehmen

1 Einleitend (*§ 44 Rz 3ff.*) wurde darauf hingewiesen, daß ein strafrechtliches Ermittlungsverfahren in besonderem Maße geeignet ist, dem Ansehen eines Unternehmens Schaden zuzufügen. Zwar bedeutet strafrechtliche Verantwortlichkeit stets das Betroffensein einzelner Mitarbeiter des Unternehmens, es steht jedoch außer Zweifel, daß ein Ermittlungsverfahren umso mehr auf das Unternehmen als ganzes ausstrahlt, je höher die Person, gegen die sich der strafrechtliche Vorwurf richtet, in der Unternehmenshierarchie angesiedelt ist, geht es dann in aller Regel doch um den Vorwurf nachhaltiger organisatorischer Versäumnisse.[1]

Deshalb sollte sich gerade in der ersten Ermittlungsphase kein Unternehmen Fehler leisten, die im nachhinein betrachtet zu unnötigen Verfahrensausweitungen führten; ein Grundsatz, der im übrigen für alle Ebenen des Unternehmens gilt.

2 Im folgenden werden daher thesenartig **zwölf „Verhaltensanweisungen“** aufgezeigt. Sie sollen sicherstellen, daß in Situationen, wo sofortiges Handeln angezeigt ist, situationsgerecht gehandelt wird. Geprägt sind sämtliche „Verhaltensanweisungen“ von folgenden Fragestellungen:

- Wozu ist das Unternehmen im Rahmen von konkreten Ermittlungsmaßnahmen letztlich verpflichtet?
- Welches Verhalten erscheint innerhalb des verbleibenden Handlungsspielraumes als opportun?

Wählen wir zur Verdeutlichung folgenden **Ausgangsfall:** Ein Fahrzeug verläßt mit nicht ordnungsgemäß befestigtem Lenkhebel das Herstellerwerk. Es kommt infolge des Versagens der Lenkung zu

---

[51] Vgl. oben § 26 Rz. 15.

[1] Vgl. oben § 46 Rz. 8.

einem folgenschweren Unfall mit Todesfolge. Der Untersuchungsbericht des Sachverständigen ergibt, daß eine Mutter nicht ordnungsgemäß angezogen und gesichert war. Dies hätte bei der Kontrolle dieses Arbeitsabschnittes auffallen müssen. Die Staatsanwaltschaft ermittelt zunächst gegen den für diesen Montageabschnitt zuständigen Mitarbeiter sowie gegen die Person, die für die Kontrolle zuständig war. Im Rahmen der ersten Vernehmungen weist der Monteur darauf hin, daß er ein solches Ereignis infolge der bestehenden Arbeitsüberlastung und der Verhältnisse am Arbeitsplatz selbst schon lange befürchtet habe. Vermutlich sei es zu dem Versäumnis beim Schichtwechsel gekommen. Für diesen Zeitpunkt hätten keine klaren Arbeitsanweisungen bestanden, so daß sich hier schon mal ein solcher Fehler einschleichen könne.

Sämtliche dieser Behauptungen können später durch Vorlage entsprechener Arbeitspapiere entkräftet werden. Trotzdem beruft sich der durch diese Vorwürfe in seinem Verantwortungsbereich betroffene Vorgesetzte in Unkenntnis dieser Dinge darauf, daß er sich seit geraumer Zeit erfolglos um zusätzliches Personal bzw. um klare Arbeits-/Prüfrichtlinien bemühe. Außerdem seien die Entscheidungswege im Unternehmen viel zu lang. Bis auf solche Mißstände reagiert werde, sei das Kind schon lange in den Brunnen gefallen. 3

Auf diese Weise schaukelt sich das anhängige Verfahren in unnötiger Weise hoch. Jeder, der in den Verdacht eigener Versäumnisse gebracht wird, zeigt rollentypisch seinerseits auf möglicherweise sonst noch für den Fehler in Betracht kommende Dritte. Im Zweifel sind dies die für seinen Tätigkeitsbereich verantwortlichen Vorgesetzten. Oftmals geschieht der Verweis auf weitere Verantwortliche dabei in der irrigen Annahme, daß sich dadurch die eigene strafrechtliche Verantwortlichkeit verlagere. Wenn auch solche Entwicklungen nicht mit letzter Sicherheit verhindert werden können, so kann ihnen doch bei Beachtung der folgenden Punkte in vielen Fällen wirksam gegengesteuert werden, ohne daß dadurch der Einzelne in der Effizienz seiner Verteidigung beeinträchtigt wird. 4

1. Sicherstellen, daß bereits **vor Erscheinen der Ermittlungsorgane** eine **innerbetriebliche Ansprechstelle** festgelegt ist, an welche die Ermittlungsorgane verwiesen werden. 5

Sind die Ermittlungsbehörden gezwungen, sich den richtigen Verantwortlichen im Unternehmen selbst zu suchen, ist die Gefahr groß, daß in dieser informativen Phase durch divergierende Aussagen verschiedener Stellen im Unternehmen Widersprüche entstehen. Diese führen fast zwangsläufig zu Weiterungen des Verfahrens.

Bei Unternehmen mit eigener Rechtsabteilung empfiehlt sich diese als Ansprechstelle; sonst diejenige Person, die den unmittelbaren Kontakt zu dem das Unternehmen beratenden Anwalt unterhält. Sollten Ermittlungsbeamte bereits an der Pforte darauf drängen, in eine bestimmte Fachabteilung des Unternehmens geführt zu werden, so ist die Ansprechstelle unverzüglich zu informieren, damit sich ein Mitarbeiter dieser Stelle sofort an den Ort begeben kann, wo die Ermittlungstätigkeiten stattfinden.

2. Vorsicht bei sog. informativen Gesprächen; diese nach Möglichkeit unterbinden oder auf das unvermeidliche Maß reduzieren. 6

In der Regel wird versucht, durch **informative Befragung** den Kreis der in Betracht kommenden Verantwortlichen erst festzulegen. Es finden daher oft mehrere Gespräche – u. U. zeitgleich – statt. Da es noch keine Beschuldigten gibt, fühlt man sich im eigenen Herrschaftsbereich des Unternehmens sicher, vielleicht sogar überlegen.[2] Durch bereitwilliges Erzählen entstehen oft vorschnell Widersprüche zu Aussagen anderer Mitarbeiter. Daher sind informative Gespräche sowohl hinsichtlich Anzahl wie auch Dauer auf das unvermeidliche Maß zu beschränken. Nicht vermeidbare Gespräche sollten immer in dem Bewußtsein geführt werden, daß die ermittelnde Behörde im Augenblick der Befragung mehr weiß, was im Ergebnis bedeutet, daß die Tragweite der eigenen Aussage nur schwer abzuschätzen ist.

Auch aus juristischer Sicht sind informative Gespräche nicht ungefährlich. Sie stellen noch keine förmliche Vernehmung dar, sodaß eine Belehrung über etwaige Aussage-/ 7

---

[2] Ebenso Hamm PHI 1985, 15, 16.

Zeugnisverweigerungsrechte nicht erfolgen muß,[3] auch steht der späteren Verwertung einer solchen Aussage durch Zeugenvernehmung des Ermittlungsbeamten nichts im Wege.[4]

8 **3.** Möglichst frühzeitig gegenüber den Ermittlungsbehörden **auf klare Verhältnisse drängen:** Wer kommt als **Verantwortlicher,** wer als **Zeuge** in Betracht? Welche **Gegenstände, Urkunden** werden herausverlangt?

Hier ist besonders zu beachten, daß alle **Auskünfte** strikt auf das **zu beschränken** sind, wonach gefragt wurde. Entsprechend sind angeforderte Unterlagen sorgfältig aufzubereiten; jede nachträgliche Aktenbereinigung ist zu vermeiden, da hieraus i. d. R. äußerst negative Auswirkungen zu befürchten sind.

Als Prinzip gilt: Den Ermittlungsbehörden muß bewußt werden, daß eine etwaige Vernehmung von Mitarbeitern der Ansprechstelle als Zeugen über das Angefragte hinaus keine weiteren Erkenntnisse bringen wird. Deshalb empfiehlt sich keine unternehmensinterne – u. U. auch noch dokumentierte – Ermittlungstätigkeit über das Angefragte hinaus. So wäre es in unserem Beispielsfall unvertretbar, einen eigenen Untersuchungsbefund zur Frage der Überlastung des Montagepersonales bzw. zur Vollständigkeit von Arbeitsanweisungen und zur Logik der Ablaufstruktur der Montage zu erstellen.

9 **4.** Ausgehend von den Vorgaben der Ermittlungsbehörden **intern den Kreis der** in Betracht kommenden **Verantwortlichen abklären;** den Kreis möglichst gering halten, insbesondere keine mutmaßlichen Verdächtigen schaffen.

Um zu verhindern, daß, wie in obigem Ausgangsbeispiel deutlich geworden, die jeweils verantwortliche Person auf ihren Vorgesetzten zeigt, kann es durchaus sinnvoll sein, darauf hinzuweisen, daß die eigene strafrechtliche Verantwortlichkeit nicht dadurch beseitigt wird, daß weitere Personen in den Verdacht geraten, ebenfalls fehlerhaft gehandelt zu haben. Denn wie bereits mehrfach dargelegt, können für ein und denselben schädlichen Erfolg nebeneinander mehrere Personen strafrechtlich verantwortlich sein.[5]

Ist aber erst einmal die Gefahr gegenseitiger Schuldzuweisungen geschaffen, ist die Wahrscheinlichkeit einer Eskalation des Ermittlungsverfahrens groß. Daher empfiehlt es sich, den nach Lage der Dinge verantwortlichen Personen den Schuldvorwurf und die Verdachtsmomente rechtzeitig offenzulegen.

10 **5. Soweit ohne Interessenkollision möglich, gemeinsame Verteidigungslinie anstreben.**

Der eingangs aufgezeigte Beispielsfall macht deutlich, daß bei unkoordiniertem Verteidigungsverhalten sehr schnell eine Situation entstehen kann, in der die Interessen des Unternehmens und des von den Ermittlungsmaßnahmen Betroffenen in Gegensatz geraten können. Der Mitarbeiter einer Rechtsabteilung stößt ab diesem Zeitpunkt an die Grenzen seiner Loyalitätspflicht gegenüber seinem Arbeitgeber, wenn er zugleich die Interessen des von den Ermittlungsmaßnahmen Betroffenen wahrnehmen soll. Deshalb empfiehlt es sich, schon in einer frühen Phase der Ermittlungen externe Anwälte für die Betroffenen beizuziehen. Diese sollten jedem Beschuldigten nicht als Benefiz des Unternehmens, sondern als Anwalt seines Vertrauens für das gesamte Ermittlungsverfahren einschließlich eines sich evtl. anschließenden Strafverfahrens angeboten werden. Auch sollte bereits zu diesem Zeitpunkt die Möglichkeit späterer Interessenkollisionen herausgestellt und dem Beschuldigten gegenüber für diesen Fall betont werden, daß er in der Wahl seiner Verteidigungsstrategie stets freie Hand hat. Allerdings sollte auch auf die Gefahr hingewiesen werden, daß sich ein Betroffener damit möglicherweise selbst von den dem Unternehmen zur Verfügung stehenden Informationsmöglichkeiten abkoppelt und dann Gefahr läuft, seine Verteidigung auf später nicht mehr haltbare Einlassungen zu stützen.

---

[3] Kleinknecht/Meyer Einleitung StPO Rz. 79 m. w. N.
[4] OLG Düsseldorf NJW 1968, 1840.
[5] Vgl. oben § 44 Rz. 18ff.

6. Stets auf **schriftliche Anfragen** und auf **schriftliche Beantwortungsmöglichkeiten** drängen. 11

Obwohl § 163a I S. 2 StPO diese Möglichkeit vorsieht, hat der Betroffene keinen rechtlichen Anspruch darauf.[6] Voraussetzung hierfür ist, daß gegenüber den Ermittlungsorganen rechtzeitig und glaubhaft eine sachbezogene Kooperationsbereitschaft signalisiert wurde. Und zwar auf der klar zum Ausdruck gebrachten Vorgabe, daß bei allen Ermittlungsmaßnahmen stets nur im Rahmen einer korrespondierenden gesetzlichen Verpflichtung mitgewirkt wird.[7]

Laufen die Ermittlungen auf dieser Grundlage, liegen die Vorteile einer schriftlichen Anfrage auf der Hand: Die Ermittlungsmaßnahmen werden unternehmensintern auf eine Stelle kanalisiert. Das Verhalten gegenüber dem Beschuldigten bleibt, weil jederzeit nachvollziehbar, transparent.

7. Zeugen- oder Beschuldigtenvernehmungen sollten **nur in Gegenwart eines Anwalts** durchgeführt werden. 12

Hierauf besteht aufgrund einer Entscheidung des Bundesverfassungsgerichtes ein Rechtsanspruch.[8] Da der Vernommene die rechtliche Tragweite seiner Aussagen i. d. R. nicht abschließend beurteilen kann, ist er bei seiner Aussage auf die Gegenwart eines Rechtsbeistandes angewiesen, um mögliche Zeugnis- oder Auskunftsverweigerungsrechte interessengerecht wahrnehmen zu können.[9] Dies gilt insbesondere dann, wenn im Rahmen einer Durchsuchung informative Gespräche unterbunden werden[10] und sich die Staatsanwaltschaft bzw. deren Hilfsbeamte (i. d. R. Personen des Polizeidienstes) daraufhin zu einer Zeugenvernehmung entschließen. Der als Zeuge Vernommene vermag insbesondere in einer solchen emotional angespannten Situation i. d. R. nicht zu erkennen, ob er sich durch Teile seiner Aussage nicht möglicherweise selbst belastet.

8. Erscheinen Staatsanwaltschaft und/oder Polizeibeamte, um **Räume zu durchsuchen,** sind für diesen Fall die **nachfolgenden Handlungsanweisungen betriebsintern** vorzusehen. Sie sind von allen, die Ermittlungsorgane begleitenden Personen zu beachten. 13

a) Durchsuchungs- und Beschlagnahmebeschluß vor Beginn der Aktion vorlegen lassen.[11] Nach Ziel und Zweck der Durchsuchung fragen; hierauf besteht nach § 106 Abs. 2, § 103 Abs. 1 StPO ein Rechtsanspruch. Dienstausweise der Ermittlungsbeamten vorlegen lassen, Namen und Nummer der Ermittlungsbeamten festhalten. Nur dadurch können später etwaige, im Rahmen der Durchsuchungsmaßnahmen vorgekommene Verfahrensverstöße personell zugeordnet werden. 14

b) Sofort **externen Anwalt zuziehen** und bis zu dessen Erscheinen den **Durchsuchungsbeginn aufzuschieben versuchen.** Da hierauf kein Anspruch besteht, notfalls **Versiegelung** der zu durchsuchenden Räume **anbieten.** Der externe Anwalt sollte in Gegenwart eines Ermittlungsbeamten angerufen werden. Mit dem Anwalt nach dessen Eintreffen Durchsuchungs- und Beschlagnahmebeschluß auf seine Rechtmäßigkeit überprüfen.[12] Die nur schlagwortartige Nennung der mutmaßlichen Straftat ohne tatsächliche Angaben über den Inhalt des Tatvorwurfes genügt nicht. Im Rahmen eines 15

---

[6] KK/Müller § 163a StPO Rz. 10.

[7] Hamm PHI 1985, 15, 16.

[8] BVerfG NJW 1975, 103.

[9] Hamm PHI 1985, 15, 18.

[10] Vgl. oben Rz. 6.

[11] Nach BVerfG NJW 1976, 1735 besteht hierauf ein rechtlicher Anspruch.

[12] Folgende Punkte sollten geprüft werden:
– Wie konkret ist der Tatvorwurf durch Tatsachenangaben belegt?
– Wie konkret sind die zu durchsuchenden Räume benannt?
Die Wirksamkeit des Durchsuchungsbeschlusses hängt nach BVerfG 38, 105 auch davon ab, ob er tatsächliche Angaben über den Inhalt des Tatvorwurfes enthält.

strafrechtlichen Produkthaftpflichtverfahrens werden die Ermittlungsbeamten daher offenlegen müssen, aufgrund welcher Tatsachen sie in welchen Bereichen des Unternehmens eine strafrechtlich relevante Pflichtverletzung vermuten.

16 c) Während der Durchsuchung **jede Ermittlungsmaßnahme durch** geeignete **Mitarbeiter begleiten** lassen. Diese Mitarbeiter haben strikt darauf zu achten, daß keinerlei Aussagen von irgendwelchen, in den Räumen sich aufhaltenden Mitarbeitern gemacht werden. Die Gespräche zwischen den Ermittlungsbeamten und den in den durchsuchten Räumen Beschäftigten sind auf technische Details der Durchsuchung zu beschränken (was befindet sich wo). Bei weitergehenden Erkundigungen ist gegenüber den Ermittlungsbeamten auf einer förmlichen Vernehmung zu bestehen. Informatorische Anhörungen sind aus den oben erwähnten Gründen[13] zu unterbinden.

17 **9.** Die **Herausgabe** bzw. **Mitnahme von Unterlagen** soll grundsätzlich nur aufgrund eines Beschlagnahmebeschlusses erfolgen.

Die Strafprozeßordnung gibt den Ermittlungsbeamten so weitreichende Befugnisse, daß eine **sofortige Abwehr von Beschlagnahmemaßnahmen praktisch nicht möglich** ist. Dies gilt selbst dann, wenn ein Beschlagnahmebeschluß nicht vorliegt, oder dieser die Mitnahme der vorgefundenen Gegenstände nicht mehr abdeckt. In diesen Fällen kann von den Ermittlungsbeamten die Beschlagnahme unter Annahme von „Gefahr im Verzuge" angeordnet werden (§ 98 Abs. 1 StPO).

18 Trotzdem sollte darauf hingewiesen werden, daß die Mitnahme der Unterlagen **nicht freiwillig gestattet** wird, es vielmehr einer Beschlagnahme nach § 94 Abs. 2 StPO bedarf. Liegt neben dem Durchsuchungsbeschluß keine richterliche Beschlagnahmeanordnung vor, sollte der Beschlagnahme widersprochen werden. Zwar hindert dies, wie bereits erwähnt, eine Beschlagnahme nicht, da dann die Gegenstände unter Annahme von Gefahr im Verzuge dennoch mitgenommen werden können. Die Staatsanwaltschaft ist in diesem Falle jedoch verpflichtet, innerhalb von 3 Tagen eine richterliche Bestätigung einzuholen. Sinn dieser Vorgehensweise ist es, nicht die Arbeit der Ermittlungsbeamten zu erschweren, sondern gegenüber dem im Einzelfall von den Ermittlungsmaßnahmen Betroffenen zu dokumentieren, daß seitens des Unternehmens nur das getan wurde, wozu eine gesetzliche Verpflichtung bestand.

Unter Umständen empfiehlt es sich, für diese Situation einen vorformulierten Brief bereitzuhalten.[14]

19 **10. Auflistung aller mitgenommenen Unterlagen** verlangen.

Hierauf besteht gem. § 107 StPO ein Rechtsanspruch. Nach Möglichkeit sollte versucht werden, daß die Einwilligung zur Anfertigung von Kopien in Gegenwart eines Ermittlungsbeamten gegeben wird.

20 **11.** Um **Protokoll/Niederschrift über die Durchsuchungsaktion bitten,** u. U. auch um ein Abschlußgespräch.

Die Aushändigung eines solchen Protokolls ist allgemein üblich; den Ermittlungsbeamten stehen hierfür fertige Formularvordrucke zur Verfügung. Obwohl ein Anspruch auf ein solches Protokoll nicht besteht, sollte der Wunsch danach geäußert werden, da es für die spätere Rekonstruktion einzelner Ermittlungsmaßnahmen eine wertvolle Hilfestellung geben kann.

---

[13] Vgl. oben Rz. 6.

[14] Das Schreiben könnte folgenden Wortlaut haben: „Wir bitten um Verständnis dafür, daß wir Unterlagen weder freiwillig herausgeben noch ihre Mitnahme freiwillig gestatten können. Sollte eine richterliche Beschlagnahmeanordnung nicht vorliegen und die Beschlagnahme unter Annahme von Gefahr im Verzuge durch die Staatsanwaltschaft oder deren Hilfsbeamte erfolgen, so widersprechen wir dieser hiermit. Sofern uns eine Kopie des Durchsuchungsbeschlusses nicht zur Verfügung gestellt wurde, bitten wir nach Beendigung der Durchsuchung um Angabe der Durchsuchungsgründe sowie um ein Verzeichnis der beschlagnahmten Gegenstände und falls nichts Verdächtiges gefunden wurde, um eine Bescheinigung hierüber (§ 107 StPO)."

Ziel eines Abschlußgespräches sollte es sein, die weitere Vorgehensweise der Ermittlungsbeamten in Erfahrung zu bringen, evtl. auch eine Verständigung darüber herbeizuführen, daß nach Sichtung und Auswertung des beschlagnahmten Materials ggf. im Wege einer schriftlichen Anfrage nachgefaßt wird.

12. Nach Abschluß der Durchsuchungs- und Beschlagnahmeaktion intern eine mög- 21
lichst **detaillierte Chronologie über die einzelnen Vorgänge erstellen.**

Entsprechendes geschieht aufseiten der Ermittlungsbeamten und wird dort Bestandteil der Ermittlungsakten. Unter Umständen kann hier später erfolgreich auf Diskrepanzen hingewiesen werden. Auch eine spätere Rekonstruktion möglicher Verfahrensverstöße ist ohne eine solche Chronologie wesentlich erschwert, wenn nicht gar unmöglich.

4. Teil. Produkt-Haftpflichtversicherung

§ 48. Einleitung

Die Haftungsgefahren, die jedem Produzenten drohen, sind schon seit langem bekannt und nehmen auf nationaler wie auf internationaler Ebene immer mehr zu. Entscheidend hierfür ist der allseits zu beobachtende **Siegeszug des Verbraucherschutzgedankens,** der auch vor der Gesetzgebung und der Rechtsprechung nicht Halt gemacht hat. 1

Angesichts einer solchen Entwicklung verwundert es nicht, daß auf seiten der Produzenten frühzeitig Versuche unternommen wurden, einer weiteren **Ausuferung dieses Gedankens entgegenzuwirken** bzw. die **Haftungsgefahren** zumindest zu **kanalisieren,** um so die mit der Produkthaftung[1] verbundenen Risiken in einem einigermaßen überschaubaren Rahmen zu halten. 2

Als Weg bot sich hierfür der **Abschluß entsprechender Haftpflichtversicherungen** an. Gewähren diese doch im Rahmen konventioneller Betriebs-Haftpflichtversicherungen grundsätzlich Deckungsschutz für Schadensersatzansprüche aller Art und damit auch für diejenigen, die aus einer Produkthaftung resultieren. 3

Die **enorme Haftungsverschärfung,** der durch eine Reihe grundlegender Untersuchungen in der Literatur[2] dogmatisch der Boden bereitet worden war und in aufsehenerregenden Entscheidungen wie dem **Schubstreben-Urteil** vom 17. 10. 1967,[3] dem **Kleber-Urteil** vom 29. 5. 1968[4] und dem **Hühnerpest-Urteil** vom 26. 11. 1968[5] ihren ersten Höhepunkt fand, ließ daher in den betroffenen Kreisen der Industrie und der Versicherungswirtschaft Überlegungen aufkommen, wie dem haftungsmäßig gestiegenen Risiko auch aus versicherungsrechtlicher Sicht in angemessenerer Form als bisher Rechnung getragen werden könnte. Dahinter stand die Überlegung, daß die herkömmliche Betriebs-Haftpflichtversicherung die auftauchenden Probleme nur in einem begrenzten Maße zu lösen 4

---

[1] Nachfolgend wird – von Zitaten abgesehen – einheitlich der Begriff Produkthaftung verwendet. Zu der in diesem Bereich herrschenden Begriffsverwirrung vgl. die Glosse von Graf von Westphalen ZIP 1986, 139.

[2] Vgl. Gernhuber, Karlsruher Forum 1963, 1ff.; W. Lorenz, Karlsruher Forum 1963, 8ff.; ders., Die Haftung des Warenherstellers, S. 5ff.; S. Simitis Grundfragen; ders., Gutachten zum 47. Deutschen Juristentag, C 1ff. und Diskussionen und Beschlüsse des 47. Deutschen Juristentages, 1968, M 1f. und 130ff.; K. Müller AcP 165 (1965), 285ff.; E. Rehbinder BB 1965, 439ff.; ders. ZHR 129 (1967), 171ff.; Diederichsen Haftung; Weitnauer AcP 167 (1967), 286ff.; ders. AcP 168 (1968), 207ff.; Canaris JZ 1968, 494ff.

Aus der kaum noch überschaubaren neueren Literatur sind zu nennen: Schmidt-Salzer Produkthaftung; Ficker Festschrift Duden, S. 93ff.; ders. Festschrift v. Caemmerer, S. 343ff.; Diederichsen NJW 1978, 1281ff.; ders. VersR 1984, 797ff.; Lukes Reform; Graf von Westphalen Jura 1983, 133ff.; Littbarski JuS 1983, 345ff.; G. Hager AcP 184 (1984), 413ff.; Stürner VersR 1984, 297, 302ff.; ders. BB 1987, 1748ff.; U. Hübner Haftungsrechtliche Probleme, S. 47, 51ff. = VersR 1985, 701, 705ff.; Kullmann Rechtsfragen Produkthaftpflicht; Freiherr von Marschall AG 1987, 97ff.; Schwenzer JZ 1987, 1059ff.; Deutsch VersR 1988, 1197ff.; Giesen JZ 1989, 517ff.; Walter Kaufrecht, § 9 S. 398ff.; zur ökonomischen Analyse der Produkthaftung und ihrer Versicherung eingehend Adams BB Beilage 20/1987, 3ff.; vgl. ferner Mertens in: MünchKomm, BGB, Bd. 3, Schuldrecht BT, 2. Hbd., § 823 Rz. 279ff.; Pfister in: Kullmann/Pfister Produzentenhaftung, Kennzahl 1310, S. 1ff.; Brüggemeier Deliktsrecht, Rz. 521ff.; Kötz Deliktsrecht, Rz. 433ff.; jeweils m. w. N.

[3] BGH BB 1967, 1357ff. = NJW 1968, 247ff.

[4] BGH NJW 1968, 1622ff. = BB 1968, 765ff.

[5] BGH NJW 1969, 269ff. = BB 1969, 12ff.

vermochte und es daher ergänzender Regelungen in Gestalt einer **besonderen Produkt-Haftpflichtversicherung** bedurfte.

5 Nach langwierigen Verhandlungen zwischen dem Bundesverband der Deutschen Industrie (BDI), dem Deutschen Versicherungs-Schutzverband (DVS) und dem Verband der Haftpflicht-, Unfall- und Kraftverkehrs-Versicherer (HUK-Verband), kam es im Jahre 1974 schließlich zum Erlaß des Modells für die Versicherung der Produkthaftpflicht im Rahmen der Betriebs-Haftpflichtversicherung **(Produkt-Haftpflicht-Modell).**[6]

6 Allerdings zeigte sich schon bald, daß auch dieses Modell nicht sämtliche Zweifelsfragen klären konnte, Lücken ließ und daher in bestimmten Teilen **ergänzungsbedürftig** war.[7] Deshalb überrascht es nicht, daß immer wieder einmal darüber diskutiert wird, ob nicht das Modell den geänderten Verhältnissen angepaßt werden kann. Erste Schritte hierzu waren die Ergänzungen von 1979 und 1986, die jedoch keine wirklichen Reformen darstellten und den tatsächlichen Bedürfnissen der Praxis nur beschränkt Rechnung trugen.[8]

7 Darüber hinausgehend konnten mit Hilfe des Modells nur die haftpflichtversicherungsrechtlichen Grundfragen des Risikos der Produkthaftung geregelt werden, so daß für **spezielle Produkthaftpflichtfälle** wie etwa aus den Bereichen der Arzneimittel, der Luftfahrt oder des Betreibens gefährlicher Anlagen **besondere Deckungskonzepte** zu entwickeln waren.

8 Daraus ergibt sich zwangsläufig das weitere Vorgehen in der vorliegenden Untersuchung:

Nach einem Überblick über die Gründe für die Einführung einer Produkt-Haftpflichtversicherung wird kurz die Entwicklung des Modells geschildert. Danach wird etwas näher auf dessen Anwendungsbereich eingegangen. Daran anschließend gilt es, nach einer Einführung in für das Modell relevante Grundfragen des Haftpflichtversicherungsrechts die das Modell betreffenden Einzelheiten zu erörtern und die Möglichkeiten seiner eventuellen Weiterentwicklung in der Zukunft zu beleuchten. In einem weiteren Abschnitt sind die Sonderformen der Produkt-Haftpflichtversicherung zu betrachten. Schließlich ist auch noch ein Blick auf den derzeitigen Stand der Produkt-Haftpflichtversicherung im internationalen Bereich zu werfen, wobei hierbei die gegenwärtige Lage in den Ländern der Europäischen Gemeinschaft und in den USA anzusprechen sein wird.

§ 49. Gründe für die Einführung einer Produkt-Haftpflichtversicherung

1 Die **Gründe,** die zur **Einführung einer Produkt-Haftpflichtversicherung** geführt haben, stehen in untrennbarem Zusammenhang mit der haftungsrechtlichen Situation in den späten sechziger Jahren. Aufgeschreckt durch die in *§ 48 Rz. 1ff.* geschilderten Entwicklungen konnte weder auf der Seite der Industrie noch auf der der Versicherer eine abwartende Haltung eingenommen werden, wollte man nicht Gefahr laufen, in der Zukunft in einem nicht einmal annähernd überschaubaren Maße in Anspruch genommen zu werden.

2 So löste insbesondere das **Kleber-Urteil** des BGH vom 29. 5. 1968[1] eine rege, durch kontroverse Standpunkte gekennzeichnete Diskussion zwischen der Industrie und den Versicherern über die haftpflichtversicherungsrechtlichen Konsequenzen dieser Entscheidung aus. **Auf seiten der Industrie** wurde ganz überwiegend die Ansicht vertreten, daß für den Mangelfolgeschaden auch dann Versicherungsschutz gegeben sei, wenn ein solcher Schaden im Rahmen des dem Gewährleistungsrecht zuzuordnenden Anspruchs aus

---

[6] Nachfolgend wird grundsätzlich vom Modell gesprochen.
[7] Einzelheiten hierzu in § 50 Rz. 1ff.
[8] Einzelheiten hierzu in § 49 Rz. 10 und § 54 Rz. 194.
[1] BGH NJW 1968, 1622ff. = BB 1968, 765ff.

§ 463 BGB geltend gemacht werde. Deshalb genüge es, die Deckungssummen für Personen- und Sachschäden angemessen zu erhöhen und den Versicherungsschutz auch auf Vermögensschäden zu erweitern, um das Risiko aus der durch die Rechtsprechung begründeten verschärften Haftungssituation versicherungstechnisch in den Griff zu bekommen.[2]

Demgegenüber vertrat der **HUK-Verband** in seinem bekannten Rundschreiben H 20/69 vom 26. 9. 1969 an seine Mitgliedsunternehmen die Ansicht, daß der Ersatz des Mangelfolgeschadens auf einer durch Auslegung der Zusicherung gewonnenen Einstandspflicht des Verkäufers beruhe. Diese Einstandspflicht, die an die Stelle der ursprünglich geschuldeten Leistung, aber nicht gehörig erfüllten Leistung des Verkäufers trete, müsse erfüllt werden, ohne daß ein Haftpflichttatbestand in Form einer schuldhaften Vertragsverletzung vorauszugehen habe. Der erhöhte Leistungsaufwand des Verkäufers bleibe im Erfüllungsbereich, der nach einem allgemeinen Rechtsgrundsatz[3] nicht Gegenstand der Haftpflichtversicherung sei. Allerdings leugnete der HUK-Verband nicht, daß durch das Urteil ein neues Versicherungsbedürfnis entstanden sei und schlug zur Bewältigung der aufgetretenen Probleme vor, das Produkt-Haftpflichtrisiko als selbständigen Teil in einer Gesamt-Police mit dem allgemeinen Betriebsrisiko zu versichern.[4] 3

Da sich aber weder der BDI noch der DVS der Auffassung anschließen wollten, daß durch das Kleber-Urteil eine Änderung auf der deckungsrechtlichen Ebene eingetreten sei, kam es auf Anregung des HUK-Verbandes **im Jahre 1970 zur Bildung einer Experten-Kommission,** die sich aus Mitgliedern der drei genannten Verbände zusammensetzte. Aufgabe dieser Kommission sollte es sein, die Bedingungen für eine Produkt-Haftpflichtversicherung zu konzipieren, die dem gesteigerten Haftungsrisiko Rechnung trugen. Dabei konnte die Kommission an den Entwurf eines Bedingungswerkes anknüpfen, das vom HUK-Verband vorgelegt worden war.[5] Dennoch dauerte es über zwei Jahre, bis die Kommission im Dezember 1972 ihre Verhandlungen abschließen und den Entwurf einer Produkt-Haftpflichtversicherung den Gremien der beteiligten Verbände zur Genehmigung überlassen konnte. Nachdem diese ihre Zustimmung erteilt hatten, wurden **im Jahre 1973** zusammen mit dem **Produkt-Haftpflicht-Modell**[6] auch **Erläuterungen** zu diesem Modell[7] herausgegeben, die – vergleichbar mit Motiven und Materialien eines Gesetzes – die Grundlage der Auseinandersetzung mit Einzelproblemen dieses Modells bilden. Daher wird es sich als erforderlich erweisen, im weiteren Verlauf der Untersuchung auch immer wieder auf diese Erläuterungen zurückzugreifen, da nur so der Wille der Modell-Verfasser erforscht werden kann. 4

Zeitlich parallel zu der soeben geschilderten Entwicklung wurde das Modell dem dafür zuständigen BAV zur Genehmigung vorgelegt, die mit geringfügigen Änderungen erteilt wurde und zum Erlaß der **„Besonderen Bedingungen und Risikobeschreibungen für die Produkt-Haftpflichtversicherung industrieller Betriebe“**[8] führte. Dabei ist allerdings klarstellend darauf hinzuweisen, daß Gegenstand der Genehmigung nur die Ziff. 4 und in weiten Teilen die Ziff. 6–9 des Modells waren und diese in der genehmigten Fassung die Ziff. I–V erhielten.[9] Dahinter stand die Überlegung, daß es sich bei den vom BAV genehmigten Vorschriften trotz ihrer Bezeichnung als „Besondere Bedingungen“ um Allgemei- 5

[2] Vgl. Hannig VP 1973, 34, 35; eingehend hierzu Graf von Westphalen BB 1974, 625ff.; vgl. ferner § 54 Rz. 25ff.
[3] H 20/69 unter Bezugnahme auf BGH VersR 1964, 230.
[4] Vgl. Hannig a. a. O., 35.
[5] Vgl. Hannig a. a. O.
[6] VP 1973, 134ff.
[7] VP 1973, 153ff. = VW 1973, 1409ff.
[8] VerBAV 1974, 183f.; mit einer anderen Bezifferung sind diese Besonderen Bedingungen auch in VP 1974, 180ff. abgedruckt; vgl. ferner Littbarski, Zur Versicherbarkeit, S. 85ff.
[9] Vgl. Sieg BB 1974, 1176 in Fn. 11; vgl. ferner § 51 Rz. 8.

ne Versicherungsbedingungen handelt, während die anderen Bestimmungen nicht genehmigungspflichtige Risikobeschreibungen sind.[10]

6 Ferner sollte nicht unerwähnt bleiben, daß das Modell in der Praxis bis auf den heutigen Tag aufgrund seines Modellcharakters ebenfalls häufig anders beziffert wird und zudem im Rahmen der einzelnen Versicherungsverträge bisweilen Umstellungen und kleinere Abweichungen aufweist. Da diesen Aspekten aber in einer zusammenfassenden, die Grundlagen der Produkt-Haftpflichtversicherung erläuternden Arbeit nicht Rechnung getragen werden kann, wird in der weiteren **Darstellung** immer von der **Konzeption des Modells ausgegangen.** Sollten daher in einem konkreten Einzelfall Abweichungen vom Modell festgestellt werden, ist genau zu prüfen, inwieweit die dort geregelten Sachverhalte auf die hier getroffenen Aussagen übertragbar sind.

7 Aufgrund des soeben Gesagten ist bereits zum Ausdruck gebracht, daß durch die Genehmigung des BAV das Modell nunmehr grundsätzlich allen Versicherungsverträgen zugrunde gelegt werden konnte, in denen das Produkt-Haftpflichtrisiko eine Rolle spielte. Allerdings konnte es auch nicht ausbleiben, daß in der Praxis bereits bald darauf hingewiesen wurde, daß das Modell Zweifelsfragen nicht ausreichend beantworte und zudem manche Lücken lasse. Verwundern vermochte eine solche Kritik zumindest Insider schon deshalb nicht, als sich die beteiligten Verbände beim Entwurf des Modells bewußt waren, daß es sich hierbei um eine erst nach hartem Ringen zustande gekommene **Kompromißlösung** handelte[11] und daher das Modell gar nicht vollständig sein konnte. Hinzu kam aber ferner, daß das Haftungsrisiko im Bereich der Produkthaftung aufgrund neuer Urteile des BGH weiter gewachsen war und dementsprechend Überlegungen hervorrief, die auf eine inhaltliche Präzisierung des Modells hinausliefen.

8 Diese bestanden zum einen darin, daß der HUK-Verband durch Intervention bestimmter Verbände wie dem Verband Deutscher Maschinen- und Anlagenbau (VDMA) zu Absichtserklärungen für die Regulierungspraxis bei der Anwendung einzelner Bestimmungen des Modells veranlaßt wurde.[12] Zum anderen führten sie aber auch zu entsprechenden **Ergänzungen des Modells.**

9 So wurde auf Initiative des BDI, des DVS und des VDMA **im Jahre 1979**[13] die sog. **Maschinenklausel** als Ziff. 4.5 in das Modell eingefügt, weil es in der Regulierungspraxis der Haftpflichtversicherer und der Rechtsprechung in der Vergangenheit zu unterschiedlichen Handhabungen gekommen war.[14] Ferner wurden auch bestimmte Klauseln wie Ziff. 6.5 des Modells neu gefaßt[15] oder wie die ursprüngliche Ziff. 7.1 ganz gestrichen.[16]

10 Damit waren aber die Überlegungen, die auf eine Ergänzung des Modells abzielten, keineswegs abgeschlossen. Vielmehr setzten **im Jahre 1984** zwischen den mehrfach genannten Verbänden eingehendere Diskussionen darüber ein, ob nicht das Modell in der näheren Zukunft einer grundlegenden Reform unterzogen werden müßte, da es den von der Rechtsprechung des BGH zum Haftungsrecht gesetzten Anforderungen und den geänderten Verhältnissen nicht mehr in ausreichendem Maße genügte.

11 Ausgehend von der bereits seit 1975 bestehenden Möglichkeit der Erstreckung des Modells auf Großhandelsbetriebe[17] wurde auf Wunsch des Handels eine **Änderung der**

---

[10] Vgl. VP 1974, 180; Einzelheiten zu den Begriffen „Besondere Bedingungen" und „Risikobeschreibungen", die ebenso wie andere versicherungsrechtliche Begriffe in Theorie und Praxis manche Schwierigkeiten bereiten, in § 51 Rz. 4f. und 12f.

[11] Vgl. Hannig VP 1973, 34, 35.

[12] Vgl. VDMA Produktehaftung, S. 57 hinsichtlich der Auslegung der Ziff. 4.4 des Modells; Einzelheiten hierzu in § 54 Rz. 64ff.; zur Auslegung der Selbstbehaltsregelung der Ziff. 8.3 vgl. VP 1979, 80, 81; eingehend hierzu in § 54 Rz. 184f.

[13] VerBAV 1979, 192; vgl. auch VP 1979, 80f.; Einzelheiten zu dieser Klausel in § 54 Rz. 80ff.

[14] Vgl. VDMA Produktehaftung, a. a. O.

[15] Vgl. VP 1979, 80, 81; Einzelheiten hierzu in § 54 Rz. 108ff.

[16] VP 1979, 80, 81; zu den früheren Ziff. 7.2 und Ziff. 7.3, die nunmehr Ziff. 7.1 und Ziff. 7.2 sind, vgl. § 54 Rz. 156ff.

[17] Vgl. VerBAV 1975, 187.

Besonderen Bedingungen für die Produkt-Haftpflichtversicherung beim BAV in der Weise beantragt, daß diese **Bedingungen auf Handelsbetriebe** schlechthin **Anwendung fänden.** Hintergrund hierfür war die Überlegung, daß in der Praxis nicht nur für Groß-, sondern auch für alle anderen Handelsbetriebe ein Bedürfnis nach einer erweiterten Produkt-Haftpflichtversicherung bestehen könne. Ebenso wie Groß- wären nämlich auch Einzelhandelsbetriebe Produkthaftpflichtrisiken ausgesetzt, die nicht über die gewöhnliche Betriebshaftpflichtversicherung des Händlers gedeckt sind, sondern nur über die Zusatzdeckung versichert werden können.[18] Nachdem das BAV die Genehmigung zu dieser Bedingungsänderung erteilt hat,[19] führen diese nunmehr die Bezeichnung **„Besondere Bedingungen für die Produkt-Haftpflichtversicherung von Industrie- und Handelsbetrieben".**

Darüber hinausgehend wurden im Zusammenhang mit diesem Genehmigungsverfahren noch zwei weitere Änderungen vorgenommen. Zum einen wurde die **Ziff. 4.4 des Modells geändert,**[20] hierzu näher in *§ 54 Rz. 69f.* Zum anderen wurde eine alternative Serienschadenklausel für den Bereich der Produkt-Haftpflichtversicherung konzipiert, die als **„Besondere Bedingung für den alternativen Einschluß von Serienschäden in die Produkt-Haftpflichtversicherung"** ebenfalls vom BAV genehmigt wurde.[21] Auch hierauf wird noch in *§ 54 Rz. 181ff.* zurückzukommen sein. 12

Schließlich haben die Versicherer unter Berücksichtigung dieser genannten Änderungen entsprechende **Geschäftsplanmäßige Erklärungen zur Produkt-Haftpflichtversicherung** abgegeben,[22] die neben den ebenfalls teilweise neu gefaßten Erläuterungen zum Modell[23] bei dessen Vorstellung in *§ 54 Rz. 182* zu berücksichtigen sein werden. 13

Festzuhalten bleibt daher, daß das Modell ständigen **Änderungen und Ergänzungen** unterworfen ist und auch in der Zukunft sein muß, wenn es den Zeitströmungen wirklich gerecht werden will.[24] Gerade in einem Bereich wie dem der Produkthaftung, der in den vergangenen 20 Jahren eine zunächst kaum für möglich gehaltene Ausdehnung erfahren hat, müßte es fatale Auswirkungen haben, wenn mit der haftungsrechtlichen Entwicklung nicht auch die haftpflichtversicherungsrechtliche konform ginge. 14

§ 50. Das Produkt-Haftpflicht-Modell

I. Die Zielsetzung des Modells

Die Zielsetzung des Modells kommt weitgehend bereits in den dazu 1973 veröffentlichten Erläuterungen[1] zum Ausdruck. Danach geht das Modell seiner Konstruktion nach davon aus, daß die Betriebs-Haftpflichtversicherung als einheitlicher Vertrag bedingungsmäßig in zwei Teile gegliedert wird. Während **Teil I das allgemeine Betriebsrisiko** deckt, wird durch **Teil II das Produkthaftpflichtrisiko** versichert. Daraus ergeben sich dann im einzelnen folgende Konsequenzen: 1

1. Die **im Rahmen einer konventionellen Betriebs-Haftpflichtversicherung** gebotene Deckung wird nicht geschmälert; d. h., soweit die Produkthaftung von ihr erfaßt ist, bleibt es bei dieser Deckung.

---

[18] Vgl. VerBAV 1987, 3.
[19] VerBAV a. a. O.
[20] VerBAV a. a. O., 3f.
[21] VerBAV a. a. O., 5.
[22] VerBAV a. a. O., 5f.
[23] VW 1987, 255ff.
[24] Vgl. auch Nickel VP 1989, 1ff.
[1] VP 1973, 153; VW 1987, 255; vgl. auch die Geschäftsplanmäßigen Erklärungen der Haftpflichtversicherer zur Produkt-Haftpflichtversicherung VerBAV 1987, 3, 5f.; vgl. ferner Schlegelmilch Absicherung, S. 93ff.

2. Wünscht der Versicherungsnehmer aufgrund der bei ihm gegebenen Risikosituation eine Erweiterung oder Erhöhung der Deckung im Hinblick auf die Produkthaftung, so ist diese Änderung nur über den **Abschluß einer besonderen Produkt-Haftpflichtversicherung** möglich, die aber Teil der allgemeinen Betriebs-Haftpflichtversicherung bleibt. Wird eine derartige erweiterte Versicherung abgeschlossen, erfaßt diese auch die unter Ziff. 1 genannte Deckung hinsichtlich des Produkthaftpflichtrisikos nach Maßgabe des Modells.
3. Die erweiterte Produkt-Haftpflichtversicherung beseitigt für den Bereich der Produkthaftung die in anderen Bereichen bis in die Gegenwart kontrovers geführte Diskussion über die **Frage der Deckung der Mangelfolgeschäden bei Fehlen zugesicherter Eigenschaften,**[2] da sie derartige Schäden ausdrücklich als mitversichert bezeichnet.
4. Darüber hinaus bietet das Modell die **Möglichkeit der Versicherung von Schäden,** die einem Dritten durch **Verbindung, Vermischung oder Verarbeitung** der gelieferten mangelhaften Erzeugnisse mit anderen Produkten entstehen, sowie der **Aus- und Wiedereinbaukosten,** die einem Dritten wegen des Ausbaus mangelhafter und des Einbaus mangelfreier Erzeugnisse des Versicherungsnehmers entstehen.
5. Als Ergänzung zu dieser in Ziff. 4 genannten sog. Vermischungs- und Kostenklausel wird seit 1979 auch die **sog. Maschinenklausel** angeboten.[3] Sie dient den Versicherungsnehmern, die Produktions- und Verarbeitungsmaschinen herstellen, und regelt den Sondertatbestand der Herstellung, Be- und Verarbeitung von Sachen durch Einsatz von vom Versicherungsnehmer gelieferten, montierten oder gewarteten Maschinen.[4]
6. Die zuvor genannten Erweiterungen beziehen sich auch auf die sog. **reinen Vermögensschäden,** die in diesem Bereich den Sachschäden gleichgestellt werden, so daß insoweit durch das Modell eine Deckungslücke geschlossen wurde.

2 Diese Grundaussagen sind bestimmend für die mit der Schaffung des Modells verbundene Zielsetzung. Aufgabe des einzelnen Betriebes muß es daher sein, zu prüfen, ob und inwieweit der **Abschluß einer derartigen Produkt-Haftpflichtversicherung** für ihn **notwendig** oder **zweckmäßig** ist.

3 Bei der Schaffung des Modells waren die dort geregelten **Deckungserweiterungen** als **„Baukasten"** gedacht, dessen einzelne **„Bausteine"** von den Versicherern entsprechend den jeweiligen Bedürfnissen des Versicherungsnehmers zu der Standarddeckung angeboten werden sollten.[5] Die Praxis ist jedoch inzwischen weitgehend darüber hinweggegangen und bietet die Deckungserweiterungen vorzugsweise als Gesamtpaket an.[6] Entscheidend hierfür ist einmal, daß nicht immer eine einwandfreie Abgrenzung zwischen den einzelnen von der Haftpflichtversicherung gedeckten Tatbeständen möglich ist. Hinzu kommt zum anderen, daß es dem Versicherer trotz entsprechender Befragung des Versicherungsnehmers nicht immer gelingt, den von diesem benötigten Versicherungsschutz eindeutig zu bestimmen. Paßt aber bei Eintritt eines Schadenereignisses der zu regelnde Tatbestand nicht unter eine der Deckungserweiterungen des Modells, hätte der Versicherungsnehmer einen für ihn wertlosen Versicherungsschutz eingekauft und damit die Versicherungsprämien letztlich umsonst entrichtet.[7]

4 Zusammengefaßt ist damit festzuhalten, daß die mit dem Modell verbundene Zielsetzung darin besteht, der im Bereich der Produkthaftung zunehmenden **Haftungsverschär-**

---

[2] Vgl. hierzu Voit in: Prölss/Martin VVG, § 4 AHB Anm. 1; Einzelheiten hierzu bei Littbarski, Zur Versicherbarkeit, S. 74ff.; jeweils m. w. N.; vgl. ferner § 54 Rz. 25ff.

[3] Vgl. § 54 Rz. 80ff.

[4] VP 1979, 80, 81; Einzelheiten hierzu in § 54 Rz. 80ff.

[5] Vgl. Erläuterungen zum Modell VP 1973, 153, 154f.; vgl. ferner § 54 Rz. 22ff.

[6] Vgl. W. Müller/Schubring-Giese ARGUS 1985, 53ff.; zur Kritik am Baukastensystem im Hinblick auf Auslandsschäden vgl. Hoechst, US-amerikanische Produzentenhaftung, S. 141.

[7] Zu weiteren Einzelheiten vgl. § 54 Rz. 22ff., 42ff. und 193.

fung auch auf haftpflichtversicherungsrechtlicher Ebene zu begegnen und der betroffenen Wirtschaft einen möglichst **weitgehenden Versicherungsschutz** zur Verfügung zu stellen.

II. Die Systematik des Modells

5 Verständnis für die **Möglichkeiten, aber auch die Grenzen des Modells** läßt sich nur dadurch gewinnen, daß zumindest im Grundsatz seine **Systematik** bekannt ist. Ohne der Einzelheiten erörternden Darstellung vorgreifen zu wollen,[8] ergibt sich in einem ersten Überblick folgendes Bild:

Während in den ganz überwiegend[9] nicht von der Genehmigungspflicht durch das BAV erfaßten Ziff. 1–3 der Gegenstand des Vertrages, das versicherte Risiko und die Deckungssummen angesprochen sind, betrifft die Ziff. 4 Abgrenzungen und Erweiterungen des Versicherungsschutzes und bildet damit das Kernstück des gesamten Modells. Daran schließt sich eine nicht genehmigungspflichtige Vorschrift über die Auslandsdeckung an, gefolgt von der nur teilweise der Genehmigung unterliegenden, für die Praxis enorm wichtigen Bestimmung der Ziff. 6 über nicht versicherte Tatbestände. Ziff. 7 betrifft die zeitliche Begrenzung des Versicherungsschutzes und bedurfte ebenso der Genehmigung durch das BAV wie die theoretisch wie praktisch bedeutsame Vorschrift der Ziff. 8.1 über die Serienschadenklausel und die Regelung der Ziff. 9 über Erhöhungen und Erweiterungen des Risikos. Hingegen sind die verbleibenden Bestimmungen der Ziff. 8.2 und 8.3 betreffend die Maximierung und den Selbstbehalt wiederum genehmigungsfrei.

6 Bereits in diesem noch sehr kursorischen Überblick über das Modell spiegelt sich zumindest für den Eingeweihten ein Aufbau wider, der der großen Mehrzahl aller Versicherungsbedingungen eigen ist und damit zeigt, daß auch **für das Modell die allgemeinen versicherungsrechtlichen Prinzipien Geltung beanspruchen.** Schon daraus erhellt, daß Verständnis für die mit der Auslegung des Modells zusammenhängenden Fragen nur gewonnen werden kann, wenn auch diese Prinzipien in die Betrachtung miteinbezogen werden. Noch deutlicher wird aber ein derartiges Erfordernis beim Blick auf das Modell selbst. Wenn dort nämlich speziell versicherungsrechtliche Begriffe wie beispielsweise Personen-, Sach- und Vermögensschäden, Deckungssumme, Schadenereignis, Serienschadenklausel, Maximierung oder Selbstbehalt Verwendung finden, offenbart sich hieran die Notwendigkeit, sich um eine Klärung der Bedeutung dieser Begriffe für das Modell zu bemühen. Schließlich schlägt das Modell selbst eine Brücke zu den Grundsätzen des allgemeinen Haftpflichtversicherungsrechts. Richtet sich doch nach dessen Ziff. 1.1 der Versicherungsschutz nach den **Allgemeinen Versicherungsbedingungen für die Haftpflichtversicherung (AHB)** und den folgenden, im Modell genannten Vereinbarungen. Dann müssen aber auch die bei jedem Haftpflichtversicherungsvertrag grundsätzlich zur Anwendung kommenden **AHB** in die Betrachtung miteinbezogen werden, da sie mit ihren Bestimmungen und den dort verwendeten Begriffen gewissermaßen den **Allgemeinen Teil des Modells** bilden.

§ 51. Rechtsgrundlagen eines Versicherungsvertrages

1 Rechtsgrundlage eines Versicherungsvertrages ist zunächst das **Gesetz über den Versicherungsvertrag,** das VVG vom 30. 5. 1908.[1] Dieses für alle Zweige der Binnenversicherung geltende Gesetz stellt allgemeine Grundsätze auf, geht auf bestimmte Versicherungs-

[8] Vgl. hierzu § 54 Rz. 1ff.

[9] Vgl. § 49 Rz. 5; eine Ausnahme bildet Ziff. 1.32 Satz 2 des Modells, wonach ausgeschlossen Haftpflichtansprüche aus Personenschäden sind, bei denen es sich um Arbeitsunfälle im Betrieb des Versicherungsnehmers gemäß der Reichsversicherungsordnung handelt.

[1] RGBl. S. 263; zuletzt geändert durch Gesetz vom 19. 10. 1982 (BGBl. I S. 1493).

zweige wie die hier zu behandelnde Haftpflichtversicherung näher ein und wird demgemäß der großen Mehrzahl aller Versicherungsverträge zugrunde gelegt.

2 Rechtsquelle eines Versicherungsvertrages sind weiterhin die **Vorschriften des BGB und des HGB,** auf die im VVG verwiesen wird,[2] ferner solche Normen, die den Versicherungsvertrag berühren, aber nicht bereits als Sonderregelung im VVG selbst geregelt sind.[3]

3 Rechtsquelle eines Versicherungsvertrages sind vor allem aber Versicherungsbedingungen, und zwar zum einen **Allgemeine Versicherungsbedingungen (AVB)** und **Zusatzbedingungen** und zum anderen **Besondere Bedingungen.** Während die zuerst genannten Bestimmungen enthalten, die in einer Vielzahl von Versicherungsverträgen ohne Rücksicht auf individuelle Verschiedenheiten der einzelnen Wagnisse gelten,[4] sind Besondere Bedingungen von ihrer Struktur her solche, die für ein konkretes, einzelnes Risiko benutzt werden.[5] Allerdings wird diese Terminologie in der Praxis nicht einmal ansatzweise durchgehalten, so daß etwa Besondere Bedingungen den Charakter von AVB haben können, während Zusatzbedingungen fälschlich auch als Besondere Bedingungen bezeichnet werden.

4 Auf die für die Produkthaftung relevanten, in *§ 49 Rz. 11ff.* bereits genannten **„Besonderen Bedingungen für die Produkt-Haftpflichtversicherung von Industrie- und Handelsbetrieben“** übertragen bedeutet dies, daß sie für das Risiko „Produkthaftung“ in allen seinen Ausstrahlungen Geltung beanspruchen, damit über ein konkretes, einzelnes Risiko weit hinausgehen und daher trotz der irreführenden Kennzeichnung als Besondere Bedingungen sich als AVB darstellen.[6]

5 Die AVB gehören ihrem Wesen nach zu den **Allgemeinen Geschäftsbedingungen (AGB)** und unterliegen daher grundsätzlich auch dem AGB-Gesetz.[7] Während dies früher[8] damit begründet wurde, daß sie vom Versicherer von vornherein für eine Vielzahl von Versicherungsverträgen aufgestellt wurden, um diesen als typisierte Vertragsbedingungen zugrunde gelegt zu werden, läßt sich dies nach Inkrafttreten des AGB-Gesetzes am 1. 1. 1977[9] aus dessen §§ 1 und 16 Ziff. 1 begründen.[10] Da sich ihr Geltungsbereich im allgemeinen über den Bezirk eines Oberlandesgerichts hinaus erstreckt, sind sie gemäß § 549 I ZPO grundsätzlich revisibel.[11] Ferner werden sie im Falle der Auslegungsbedürftigkeit gesetzesähnlich ausgelegt. Eine solche Auslegung geht schon auf das Reichsgericht[12] zurück. Danach hat der Richter bei unklaren Versicherungsbedingungen unter Beachtung des wirtschaftlichen Zwecks der getroffenen Regelung und der gewählten

---

[2] Vgl. etwa die §§ 5 IV, 22 und 69 III VVG.

[3] Einzelheiten hierzu bei Prölss in: Prölss/Martin VVG, Vorbem. I Anm. 3.

[4] Vgl. RGZ 144, 301, 304; 158, 6, 8; BGH VersR 1975, 845; Prölss in: Prölss/Martin VVG, Vorbem. I Anm. 6 Aa; Weyers Versicherungsvertragsrecht, Rz. 133ff.

[5] Vgl. RG VA 1922, Nr. 1256; RG VA 1928, Nr. 1910; OLG Nürnberg VersR 1957, 541, 542; Prölss in: Prölss/Martin a. a. O.

[6] Ebenso Sieg BB 1974, 1176.

[7] Vgl. BGH NJW 1982, 1391f.; Prölss in: Prölss/Martin VVG, Vorbem. I Anm. 6 C m. w. N.; Weyers a. a. O.; Horn in: Wolf/Horn/Lindacher, AGB-Gesetz, § 23 Rz. 10 und 450ff.; Soergel/U. Stein AGB-Gesetz, § 9 Rz. 112 und § 23 Rz. 21; Einzelheiten zur Einwirkung des AGB-Gesetzes auf AVB bei U. Hübner Allgemeine Versicherungsbedingungen; Werber VersR 1986, 1ff.; Schirmer ZVersWiss 1986, 509, 535ff.; ders. 80 Jahre VVG, S. 265ff.; Martin 80 Jahre VVG, S. 305ff.

[8] So etwa Wussow AHB, Vorbem. 1 vor § 1.

[9] Gesetz zur Regelung des Rechts der Allgemeinen Geschäftsbedingungen vom 9. 12. 1976 (BGBl. I S. 3317); zuletzt geändert durch Gesetz vom 25. 7. 1986 (BGBl. I S. 1142).

[10] Vgl. BGH NJW 1983, 1322, 1324; Palandt/Heinrichs BGB, § 1 AGB-Gesetz, Anm. 1 und 2 und § 16 AGB-Gesetz, Anm. 1; Prölss in: Prölss/Martin VVG, Vorbem. I Anm. 6 A.

[11] Allgemeine Auffassung: Vgl. BGH NJW 1952, 1294; BGH VersR 1983, 850; Weyers Versicherungsvertragsrecht, Rz. 142.

[12] RGZ 171, 43, 48.

Ausdrucksweise den Sinn der Norm, den sie für alle Beteiligten und alle Fälle vernünftigerweise gleichmäßig haben muß, entsprechend der Auslegung, die auf alle Gesetze in Zweifelsfällen zur Anwendung kommen muß, zu erforschen und im Urteilsspruch festzulegen. Der **BGH**[13] hat dies dahingehend ergänzt, daß **AVB** einen **„rechtsordnungsartigen Charakter"** hätten. Allerdings darf daraus nicht gefolgert werden, daß AVB damit selbst Rechtsnormqualität aufwiesen. Daher muß ihnen im Gegensatz zu Rechtsnormen eine unmittelbare Wirkung für den einzelnen Versicherungsvertrag abgesprochen werden. Sie müssen vielmehr grundsätzlich durch Vereinbarung in jeden Vertrag einbezogen werden.[14]

Hinsichtlich des Zustandekommens der AVB ist zum einen darauf hinzuweisen, daß sie immer seltener das Werk eines einzelnen Versicherers sind. Vielmehr entstehen sie fast ausnahmslos als **Verbandsbedingungen,** wobei die Tendenz zunimmt, auch die Gegenseite, d. h. die Versicherungsnehmer, vertreten durch ihre Organisationen, zumindest anzuhören, wenn nicht gar zu beteiligen.[15] Ein derartiges Vorgehen hat den Vorteil, daß die Interessen aller Beteiligten Berücksichtigung finden, somit die AVB ausgewogener sind und weniger Anlaß zu Streitigkeiten bieten.[16] 6

In konsequenter Anwendung hiervon ist man – wie in *§ 49 Rz. 1ff.* gezeigt – auch bei der Schaffung des Modells in dieser Weise vorgegangen und hat damit von vornherein die Gefahr von Auseinandersetzungen nicht unwesentlich reduziert, wenn auch **Zweifelsfragen und verbleibende Lücken** nicht gänzlich ausgeschlossen werden konnten.[17] 7

In bezug auf das Zustandekommen der AVB ist zum anderen von Bedeutung, daß sie **Teil des Geschäftsplans des Versicherers** sind und deshalb nach den §§ 5 III Nr. 2, 8 und 13 VAG grundsätzlich der Genehmigung durch das BAV unterliegen, [18] wie auch schon im Hinblick auf das Inkrafttreten des Modells gezeigt wurde.[19] Dies gilt sowohl für neue als auch für bestehende AVB, die abgeändert werden sollen, da jede Änderung zugleich eine Änderung des Geschäftsplans ist. Allerdings darf aus der Genehmigungsbedürftigkeit der AVB keine Folgerung für die zivilrechtliche Gültigkeit eines Versicherungsvertrages gezogen werden.[20] Denn schon immer bestand allgemeine Einigkeit darüber, daß die fehlende Genehmigung allein öffentlich-rechtliche Sanktionen gegenüber dem Versicherer auslöst.[21] 8

Mit dem Hinweis auf **Regelungen des VAG** ist bereits zum Ausdruck gebracht, daß auch dessen Bestimmungen eine bei jedem Versicherungsvertrag zu beachtende Rechtsquelle bilden.[22] 9

Nicht den Charakter von Rechtsquellen haben dagegen **Erläuterungen,** die – wie auch beim Modell[23] – den Versicherungsbedingungen beigefügt werden, um den Versicherungsschutz im Interesse der Klarheit und Verständlichkeit für den Versicherungsnehmer zu erläutern. Zwar werden sie im allgemeinen bei der Schaffung oder Änderung von Versicherungsbedingungen mitkonzipiert, stellen aber nichts anderes als eine Kurzkom- 10

---

[13] Vgl. BGH NJW 1952, 1294; weitere Einzelheiten bei Prölss in: Prölss/Martin VVG, Vorbem. III; vgl. ferner Weyers a. a. O., Rz. 144.

[14] Vgl. §§ 2 und 23 III AGB-Gesetz; Einzelheiten hierzu bei Prölss in: Prölss/Martin Vorbem. I Anm. 6 B; vgl. ferner Weyers a. a. O., Rz. 138.

[15] Vgl. Weyers a. a. O., Rz. 83 und 133; Littbarski, Haftungs- und Versicherungsrecht, Rz. 303, 457ff. und 541f.

[16] Vgl. Littbarski a. a. O., Rz. 303.

[17] Einzelheiten hierzu in § 54 Rz. 1ff.

[18] Vgl. Weyers a. a. O., Rz. 106; Littbarski a. a. O.; Horn in: Wolf/Horn/Lindacher, AGB-Gesetz, § 23 Rz. 451; zu einem Ausnahmefall vgl. BGH NJW 1982, 824, 825 m. w. N.

[19] Vgl. hierzu § 49 Rz. 5, 7 und 11f.

[20] Vgl. BGH VersR 1967, 247, 248; Littbarski a. a. O.

[21] Vgl. Prölss/Schmidt/Frey VAG, § 8 Rz. 10 m. w. N.

[22] Vgl. Littbarski a. a. O., Rz. 306.

[23] Vgl. hierzu § 49 Rz. 4.

mentierung der Verfasser der Bedingungen dar. Mit einem Gesetzgebungsverfahren verglichen könnte man sie als Motive bezeichnen. Dementsprechend unterliegen sie auch nicht der Genehmigung durch das BAV.[24]

11 Dies gilt in gleicher Weise auch für die sog. **Risikobeschreibungen,** bei denen eine nach Eigenschaften, Rechtsverhältnissen oder Tätigkeiten des Versicherungsnehmers vorzunehmende Beschreibung der versicherten Risiken erfolgt.[25]

12 Sprachlich kommt die **Unterscheidung zwischen Versicherungsbedingungen und Risikobeschreibungen** zumeist in der Weise zum Ausdruck, daß die zuerst genannten mit den Worten „Eingeschlossen .../Ausgeschlossen...“ beginnen, während für die zuletzt genannten die Formulierungen „Versichert .../Mitversichert.../Nicht versichert...“ Verwendung finden.[26]

13 Schließlich kann jeder Versicherungsvertrag auch noch ganz **individuelle Vereinbarungen** zwischen dem Versicherer und dem Versicherungsnehmer enthalten, die selbstverständlich ebenfalls nicht genehmigungspflichtig sind.[27] Gerade hiervon wird in den Bereichen, in denen eine Haftung nach den Grundsätzen über die Produkthaftung droht, sehr häufig Gebrauch gemacht, da die auf die einzelnen Produzenten zukommenden Risiken zu vielfältig sind, als daß ausschließlich generalisierende, die Besonderheiten des Einzelfalles unberücksichtigt lassende AVB Verwendung finden könnten. Dies bestätigt auch die Konzeption des Modells, das zwar von vereinheitlichenden Grundsätzen ausgeht, durch das Baukastenprinzip aber auch individuellen Bedürfnissen Rechnung trägt.[28] Ob damit allerdings den Beteiligten immer in angemessener Weise gedient ist, wird noch zu erörtern sein.[29]

14 Die Vielfalt der bei einem Versicherungsvertrag unter Umständen zu berücksichtigenden Bestimmungen läßt die Frage aufkommen, in **welchem Verhältnis diese verschiedenen Vorschriften** zueinander stehen. Entsprechend dem allgemeinen Rechtsgrundsatz, wonach das **spezielle Gesetz das allgemeine verdrängt („lex specialis derogat legi generali“)** hat die individuelle Vereinbarung Vorrang vor Vorschriften aus Besonderen Bedingungen. Diese gehen wiederum den AVB vor. Schließlich verdrängen die AVB die allgemeineren Vorschriften des VVG.[30] Diese Rangfolge gilt allerdings nur dann, soweit nicht ein Verstoß gegen zwingende Vorschriften vorliegt. Verstößt etwa eine individuelle Vereinbarung gegen eine nicht abdingbare Regelung des VVG, erweist sich die individuelle Vereinbarung als unwirksam. Ferner sind die allgemeineren Bestimmungen immer dann heranzuziehen, soweit die spezielleren keine entsprechenden Bestimmungen enthalten.[31]

15 Berücksichtigt man, daß alle diese Aspekte bei einem einzigen Versicherungsvertrag eine Rolle spielen können, werden in einer Gesamtschau die Schwierigkeiten offenkundig, die es in einem Einzelfall aus dem Wege zu räumen gilt, wenn sachgerechte, die Interessen aller Beteiligten berücksichtigende Ergebnisse erzielt werden sollen. Um so wichtiger ist es daher zu erkennen, daß auch im Hinblick auf die **Produkt-Haftpflichtversicherung** diese nicht isoliert betrachtet werden kann, sondern sie vielmehr **in ihrer Einbettung in das gesamte System des Haftpflichtversicherungsrechts** gesehen werden muß, wie auch die Bezugnahme auf die Bestimmungen der AHB in Ziff. 1.1 des Modells zeigt. Dann ist es aber unumgänglich, sich nachfolgend wenigstens in einem Überblick mit den die Haftpflichtversicherung beherrschenden Prinzipien auseinanderzusetzen.

---

[24] Littbarski a. a. O., Rz. 307.

[25] Vgl. § 1 Ziff. 2 AHB; vgl. ferner VerBAV 1969, 13 in bezug auf die Vertragsordnung in der Allgemeinen Haftpflichtversicherung.

[26] Derartige Formulierungen werden insbesondere vom BAV, VerBAV a. a. O. für erforderlich gehalten.

[27] Littbarski a. a. O., Rz. 310.

[28] Einzelheiten hierzu in § 54 Rz. 22ff., 42ff. und 193.

[29] Vgl. § 54 Rz. 193.

[30] Vgl. Littbarski a. a. O., Rz. 311.

[31] Littbarski a. a. O.

§ 52. Grundsätzliches zur Haftpflichtversicherung

I. Die Einordnung der Haftpflichtversicherung in das System des Versicherungsvertragsrechts

1 Eine nähere Beschäftigung mit der Haftpflichtversicherung setzt zunächst die Klärung der Frage voraus, wie diese Art der Versicherung in das **System des Versicherungsvertragsrechts** einzuordnen ist. Dazu ist von der Regelung des **§ 1 I VVG** auszugehen, die in legislatorisch wenig geglückter Weise[1] zwischen der **Schadens- und der Personenversicherung** unterscheidet. Während erstere dem Versicherer die Verpflichtung auferlegt, nach Eintritt des Versicherungsfalles den dadurch entstandenen Schaden zu ersetzen, besteht bei letzterer die Verpflichtung des Versicherers darin, den vereinbarten Betrag an Kapital oder Rente zu zahlen oder die sonst vereinbarte Leistung zu bewirken.[2] Schon daraus ergibt sich, daß es sich bei der **Haftpflichtversicherung** allein um eine **Schadensversicherung** handeln kann und damit auch nur die für sie geltenden Prinzipien heranzuziehen sind.

2 Anknüpfend an die Regelung des § 1 I VVG hat bei der Schadensversicherung der Versicherer dem Versicherungsnehmer den durch den Vermögensschaden entstandenen Schaden bis zur Höchstgrenze der vertraglich vereinbarten Versicherungssumme zu ersetzen, wobei dies unabhängig davon ist, ob der Versicherer zum Ersatz der Haftpflichtverbindlichkeit des Versicherungsnehmers verpflichtet ist oder ob es sich eventuell um einen Eigenschaden des Versicherungsnehmers handelt. Von Bedeutung ist allein, daß sich ein **Vermögensschaden**[3] **im Vermögen des Versicherungsnehmers** niedergeschlagen hat. Dabei tritt dieser dann ein, wenn entweder die Aktiven einer Person vermindert oder die Passiven erhöht sind.[4] Dementsprechend unterscheidet man innerhalb der Schadensversicherung auch zwischen einer Aktiven- und einer Passivenversicherung.[5]

3 Die **Haftpflichtversicherung** ist nur als **Passivenversicherung** denkbar. Entscheidend hierfür ist, daß Gegenstand der Passivenversicherung Vermögensschäden des Versicherungsnehmers sind, die dadurch entstanden sind, daß er mit gesetzlichen oder vertraglichen Verpflichtungen oder unter Umständen auch mit notwendigen Aufwendungen belastet wird.[6] Hingegen kennt die Passivenversicherung anders als die Aktivenversicherung keine Wertbeziehung des Versicherungsnehmers zu einer Sache und damit auch kein Interesse im eigentlichen Sinne. Somit kann in bezug auf die Passivenversicherung und damit auch auf die Haftpflichtversicherung bei der Verwirklichung der Gefahr auch nicht die Wertbeziehung zu einem bestimmten Gut beeinträchtigt werden.[7]

II. Grundprinzipien der Haftpflichtversicherung

4 Den Ausgangspunkt für die für die Haftpflichtversicherung geltenden Grundprinzipien bilden die **§§ 149ff. VVG,** in denen zwischen **Allgemeinen (§§ 149–158a VVG)** und aus-

---

[1] Einzelheiten hierzu bei Sieg Versicherungsvertragsrecht, S. 37ff.; vgl. ferner Weyers Versicherungsvertragsrecht, Rz. 130; Littbarski, Haftungs- und Versicherungsrecht, Rz. 314.

[2] Littbarski a. a. O.

[3] Zur Besonderheit der Begriffe Sach- und Vermögensschaden nach den AHB und dem Modell vgl. Rz. 7ff.

[4] Vgl. Littbarski a. a. O., Rz. 315.

[5] Allgemeine Auffassung: Vgl. Sieg Versicherungsvertragsrecht, S. 39ff.; Weyers a. a. O., Rz. 91 und 460f.

[6] Sieg a. a. O., S. 41f.; Weyers a. a. O., Rz. 701f.

[7] Littbarski a. a. O., Rz. 317 mit weiteren Einzelheiten.

schließlich für die Pflichtversicherung geltenden **Besonderen Vorschriften (§§ 158b–k VVG)** unterschieden wird. Nachfolgend interessieren vor allem die zuerst genannten **Allgemeinen Vorschriften,** da es im Bereich der Produkthaftung nur vereinzelt im Gesetz vorgesehene Verpflichtungen zum Abschluß einer Haftpflichtversicherung gibt.[8] Insbesondere reicht hierfür weder eine vertraglich vorgesehene noch eine auf Verlangen einer Behörde geschlossene Versicherung aus.[9]

5 Hinsichtlich der **§§ 149–158a VVG** ist darauf hinzuweisen, daß entsprechend dem in § 51 Rz. 1 Gesagten auf sie immer dort zurückzugreifen ist, soweit spezielle, auf den Haftpflichtversicherungsvertrag zur Anwendung kommende Vorschriften keine Regelung treffen. Ferner sind sie immer dann heranzuziehen, wenn sich aus den vorrangig zu prüfenden, individuellen Vereinbarungen der Parteien bzw. den dem Versicherungsvertrag zugrunde liegenden Versicherungsbedingungen keine eindeutige Antwort auf die offene Frage entnehmen läßt.[10]

6 Regeln die **§§ 149ff. VVG** als gesetzliche Vorschriften die allgemeinen Voraussetzungen einer Haftpflichtversicherung, insbesondere die einer **Betriebs-Haftpflichtversicherung,**[11] kommt in der Praxis in allen Bereichen und damit auch dem der Produkthaftung den Vorschriften der **AHB** die erheblich größere Bedeutung zu. Im Jahre 1921 geschaffen[12] werden sie in ihrer heutigen Struktur seit 1940[13] von den Versicherern als deren Versicherungswerk allgemein angewendet und sind seitdem nur hinsichtlich einiger Bestimmungen in einem beschränkten Umfang geändert worden.[14] Gegenüber den Regelungen der §§ 149ff. VVG unterscheiden sich die Vorschriften der AHB sichtbar dadurch, daß sie in den **§§ 1 und 4 AHB** über den Gegenstand, den Umfang und die Grenzen des Versicherungsschutzes etwas deutlicher Auskunft geben. Jedoch treten aufgrund der für eine unbekannte Vielzahl von Fällen gedachten Formulierungen ähnlich wie bei der Auslegung von Gesetzen in der Praxis eine Reihe von Problemen und Abgrenzungsschwierigkeiten auf, die bis auf den heutigen Tag noch nicht zufriedenstellend gelöst sind.[15] Dies gilt insbesondere auch unter der Geltung des Modells, das zwar bestimmte Fragen der **Auslegung der AHB** im Hinblick auf die **Produkt-Haftpflichtversicherung** beantwortet, andere aber neu aufgeworfen hat.[16]

7 Ein Grundproblem stellt dabei seit jeher die Bestimmung der vom Versicherungsschutz erfaßten **Schadensarten** dar. So besteht – ohne Einzelheiten schon vorwegnehmen zu können[17] – nach § 1 Ziff. 1 AHB Versicherungsschutz nur für Schadensersatzansprüche wegen **Personen- und Sachschäden,** während es hinsichtlich der gesetzlichen Haftpflicht wegen **Vermögensschäden** nach § 1 Ziff. 3 AHB einer besonderen Vereinbarung bedarf.

8 Daher ist es verständlich, daß es – unabhängig von den Regelungen des Modells[18] – in bezug auf die Vermögensschäden auch noch spezielle **„Allgemeine Versicherungsbedingungen zur Haftpflichtversicherung für Vermögensschäden" (AHBVerm)** gibt. Dabei ist allerdings zu beachten, daß der dort verwendete **Begriff des Vermögensschadens** genauso wie der des § 1 Ziff. 3 AHB sich von dem **Vermögensschadenbegriff des BGB** erheblich unterscheidet.[19]

---

[8] Vgl. §§ 40 und 94 AMG; Einzelheiten hierzu in § 56 Rz. 2ff.; zu rechtspolitischen Überlegungen, eine Pflichtversicherung einzuführen vgl. Brüggemeier ZHR 152, 521ff. Hierauf kann an dieser Stelle nicht eingegangen werden.

[9] Littbarski a. a. O., Rz. 320.

[10] Littbarski a. a. O., Rz. 321.

[11] Vgl. die §§ 151ff. VVG.

[12] VA 1921, 120.

[13] Verordnung vom 29. 11. 1940 (RGBl. S. 1943).

[14] Einzelheiten hierzu bei Littbarski a. a. O., Rz. 328, 362, 469, 533 und 541ff. m. w. N.

[15] Littbarski a. a. O., Rz. 322.

[16] Einzelheiten hierzu in § 54 Rz. 1ff.

[17] Vgl. hierzu Rz. 10f.

[18] Einzelheiten hierzu in § 54 Rz. 11 und 14ff.

[19] Vgl. Littbarski a. a. O., Rz. 322.

So ist ein **Vermögensschaden** im Sinne des BGB grundsätzlich mit Hilfe der **Differenzhypothese** festzustellen, indem der Saldo entscheidet, der sich aus einem Vergleich des vorhandenen Vermögens des Geschädigten mit dem Vermögen ergibt, das es beim Hinwegdenken des schädigenden Ereignisses hätte.[20] Konsequenz hiervon ist, daß ein ausgleichsfähiger Vermögensschaden nur dann vorliegt, wenn sich die Vermögenslage des Geschädigten durch das schädigende Ereignis verschlechtert hat, nicht aber wenn sie gleich geblieben ist oder sich gar gebessert hat.[21] Läßt sich eine derartige Differenz relativ einfach feststellen, treten beim Begriff des Vermögensschadens des BGB die bekannten, aber hier nicht weiter zu erörternden **Abgrenzungsschwierigkeiten** im Verhältnis zum **Nichtvermögensschaden des § 253 BGB,** dem sog. immateriellen Schaden, auf.[22] 9

Demgegenüber setzt die **Problematik des haftpflichtversicherungsrechtlichen Vermögensschadens** an einem ganz anderen Punkt an. Wie schon der Wortlaut des § 1 Ziff. 3 AHB und der des § 1 I Abs. 2 Satz 1 AHBVerm zeigt, sind danach Vermögensschäden solche Schäden, die weder Personen- noch Sachschäden sind, noch sich aus solchen Schäden herleiten. Hieraus wird allgemein gefolgert, daß es sich insofern um sog. **reine Vermögensschäden** handelt.[23] Zu diesen werden etwa Nachteile gerechnet, die durch Verzögerungen oder durch den Verlust von Gewährleistungsansprüchen eintreten. Dazu gehören weiterhin Verteuerungen und finanzielle Nachteile, die durch Fehler bei Rechnungsprüfungen, durch die Überschreitung von Kostenanschlägen bzw. durch die Außerachtlassung steuerlicher Vorteile entstehen. Schließlich können solche reinen Vermögensschäden als Folge unrichtiger Auskünfte eintreten.[24] 10

Von diesen reinen Vermögensschäden sind abzugrenzen die sog. **unechten Vermögensschäden,** die als Folge eines Personen- oder Sachschadens entstehen. Hierzu werden etwa der Nutzungsausfall, die Heilungskosten oder der Verdienstausfall des Verletzten, der Minderwert einer Sache oder die Kosten gezählt, die durch die notwendig werdende Einschaltung sachkundiger Personen entstehen.[25] 11

Welche haftpflichtversicherungsrechtlichen Konsequenzen sich hieraus unter Berücksichtigung der Besonderheiten der Produkthaftung ergeben, wird noch im einzelnen zu zeigen sein. An dieser Stelle muß der Hinweis genügen, daß hiermit Grundfragen des Haftpflichtversicherungsrechts angesprochen sind. 12

III. Bedeutung und Zweck der Haftpflichtversicherung

Verständnis für die bei der Haftpflichtversicherung auftretenden Probleme läßt sich nur gewinnen, wenn man sich ihrer praktischen **Bedeutung** und ihres **Zweckes** bewußt wird. 13

---

[20] Vgl. RGZ 77, 99, 101; 91, 30, 33; BGH NJW 1954, 270, 272; BGH NJW 1958, 1085; BGH NJW 1964, 542f.; BGH NJW 1966, 1260, 1261; BGH NJW 1980, 775, 776; BGH VersR 1986, 189ff.; Mertens Vermögensschaden, S. 17ff.; Soergel/Mertens BGB, Vor § 249 Rz. 41ff.; Stoll Vermögensschaden, S. 5ff.; Borgmann/Haug Anwaltshaftung, § 29, 1a und b; Littbarski Rechtstheorie 15 (1984), 171, 176ff.; jeweils m. w. N.

[21] Vgl. die in Fn. 20 Genannten.

[22] Vgl. hierzu den Vorlagebeschluß des V. Zivilsenats des BGH vom 22. 11. 1985 (BGH VersR 1986, 189ff.) mit zahlreichen Nachweisen und die Entscheidung des Großen Senats des BGH vom 9. 7. 1986 BGHZ 98, 212ff. = WM 1986, 1352ff. = NJW 1987, 50ff. mit Anm. Rauscher; vgl. zum Beschluß des Großen Senats auch Medicus, EWiR § 249 BGB, 6/86, 1071f.; ders. Jura 1987, 240ff.; Flessner JZ 1987, 271ff.; Schiemann JuS 1988, 20ff.; Weitzel RuP 1988, 166ff.; eingehend zur Abgrenzung Soergel/Mertens a. a. O., Rz. 61ff. und 71ff.

[23] Bruck/Möller/Johannsen VVG, Vierter Band, Anm. F 85; Teichler Berufshaftpflichtversicherungen, S. 10ff., 156ff., 190ff.; Weyers Versicherungsvertragsrecht, Rz. 695; Littbarski a. a. O., Rz. 325; Schmalzl Berufshaftpflichtversicherung, Rz. 21.

[24] Bruck/Möller/Johannsen a. a. O.; Weyers a. a. O.; Littbarski a. a. O.

[25] Vgl. RGZ 160, 48, 51; BGH NJW 1957, 907, 908; BGH VersR 1960, 1074; Voit in: Prölss/Martin VVG, § 1 AHB Anm. 3; Littbarski a. a. O., Rz. 326.

14 Wohl unbestritten ist, daß die Entstehung der Haftpflichtversicherung durch das Inkrafttreten des **Reichshaftpflichtgesetzes** am 7. 6. 1871[26] entscheidend beeinflußt wurde und seitdem diese Versicherung infolge der immer mehr zunehmenden Industrialisierung, die mit einer sich **verschärfenden Unternehmerhaftung** einherging, im Laufe der letzten 100 Jahre erheblich an Bedeutung gewonnen hat.[27] Dabei tritt die Haftpflichtversicherung heute in verschiedenen **Erscheinungsformen** auf, die von der Privat- über die Betriebs- und die Berufshaftpflichtversicherung bis hin zu speziellen Haftpflichtversicherungen wie etwa für Gewässerschäden, für Umweltschäden, für Tierhalter und für Bauherren reichen können. Allerdings werden in dem hier besonders interessierenden industriellen Bereich häufig mehrere dieser Risiken innerhalb eines einzigen **Deckungskonzeptes** zusammengefaßt, so daß der Abschluß einer Betriebs-Haftpflichtversicherung den Anlaß für die gleichzeitige Deckung des privaten Haftpflicht-, des Gewässerschäden-, des Umweltschäden- oder des Tierhalterrisikos bilden kann. Ermöglicht wird dies dadurch, daß – wie in Rz. 4ff. angesprochen – grundsätzlich auf **alle Haftpflichtversicherungen** die **§§ 149ff. VVG** und die **Vorschriften der AHB** Anwendung finden. Dann überrascht es aber auch nicht, daß die Mehrzahl aller haftpflichtversicherungsrechtlichen Probleme in allen Versicherungszweigen der Haftpflichtversicherung in gleicher Weise auftreten, da es zumeist um die Auslegung der AHB bzw. der aus ihnen entwickelten, in den einzelnen Versicherungsbedingungen sich niederschlagenden haftpflichtversicherungsrechtlichen Grundgedanken geht, während spezielle Probleme der einzelnen Zweige der Haftpflichtversicherung nur einen verhältnismäßig geringen Platz einnehmen.[28] Deshalb kann im Zusammenhang mit der Erläuterung grundlegender Fragen der Produkt-Haftpflichtversicherung auch auf die **allgemeinen,** aus dem **VVG** und den **AHB** sich ergebenden **Grundsätze** zurückgegriffen werden.

15 Wesentlich für die Haftpflichtversicherung ist, daß zu der rechtlichen Beziehung des Schädigers mit dem Geschädigten ein **Dritter, der Haftpflichtversicherer,** hinzukommt. Dieser prüft, inwieweit er aufgrund seines Haftpflichtversicherungsvertrages mit dem Schädiger zur **Deckung** des dem Geschädigten entstandenen **Schadens** verpflichtet ist. Dadurch kommt zugleich der **Zweck der Haftpflichtversicherung** zum Ausdruck, der nach Auffassung des BGH[29] darin zu erblicken ist, daß er in erster Linie auf die **Freistellung des Versicherungsnehmers** und damit den Schutz seines Vermögens vor Haftpflichtansprüchen gerichtet ist. Mithin ist kennzeichnend für das Haftpflichtversicherungsrecht die Existenz von **drei Beteiligten,** nämlich des Schädigers, des Geschädigten und des Haftpflichtversicherers, wobei allerdings rechtlich relevante Beziehungen nur zwischen dem **Schädiger** und dem **Geschädigten** einerseits und dem **Schädiger** und dem **Haftpflichtversicherer** andererseits bestehen.

16 Demgemäß gibt die Haftpflichtversicherung grundsätzlich nur dem Schädiger einen **Befreiungsanspruch** gegenüber seinem Haftpflichtversicherer,[30] hingegen dem Geschä-

---

[26] RGBl. 1871, S. 207; inzwischen ist das Reichshaftpflichtgesetz durch das Haftpflichtgesetz abgelöst worden, das aufgrund des Art. 6 des Gesetzes zur Änderung schadensersatzrechtlicher Vorschriften vom 16. 8. 1977 (BGBl. I S. 1577) am 4. 1. 1978 in der seit dem 1. 1. 1978 geltenden Fassung bekannt gemacht worden ist; umfassend zum Haftpflichtgesetz Filthaut Haftpflichtgesetz.

[27] Zur Entstehungsgeschichte der Haftpflichtversicherung vgl. Sieg Ausstrahlungen, der auf S. 41 auch darauf hinweist, daß es Ansätze zu einer Industrie-Haftpflichtversicherung schon vor dem Inkrafttreten des Reichshaftpflichtgesetzes gegeben habe; vgl. ferner Teichler Berufshaftpflichtversicherungen, S. 6ff. und Leininger, Probleme der Haftpflichtversicherung, in: Brendl, Produkt- und Produzentenhaftung, Gruppe 13, S. 513f.

[28] Vgl. Littbarski, Haftungs- und Versicherungsrecht, Rz. 338f.

[29] BGH NJW 1980, 1623, 1624.

[30] Eingehend hierzu Bruck/Möller/Johannsen VVG, Vierter Band, Anm. A 9 m. w. N.; Johannsen Versicherungsvertragsrecht, S. 1171, 1177f.; vgl. ferner Voit in: Prölss/Martin VVG, § 149 Anm. 1a; Weyers Versicherungsvertragsrecht, Rz. 699 und 715; Hoegen Versicherungsvertragsrecht, S. 81f.; Hofmann Privatversicherungsrecht, 3.7.5, S. 191.

digten **keinen direkten Anspruch** gegen den Haftpflichtversicherer.[31] Daher stehen sich im sog. **Deckungsprozeß,** bei dem es um die Frage der Eintrittspflicht des Haftpflichtversicherers geht, auch nur der Schädiger und sein Haftpflichtversicherer gegenüber, während der Geschädigte an diesem Prozeß grundsätzlich nicht beteiligt ist.[32]

§ 53. Der Anwendungsbereich der Haftpflichtversicherung

I. Allgemeines

1 Ging es bisher um die die Haftpflichtversicherung beherrschenden Prinzipien, gilt es nunmehr, den **Aufbau** und die **Struktur** der für sie geltenden **Versicherungsbedingungen** zu erläutern, da nur so Verständnis für das in § 54 Rz. 1ff. eingehender darzustellende Modell gewonnen werden kann.

2 Allgemein üblich ist es, in den **einleitenden Bestimmungen** der Versicherungsbedingungen zu sagen, was Gegenstand des Vertrages ist, wer Versicherungsschutz genießt, wann dieser beginnt und endet und welchen Umfang er hat. In einer zumeist mit **„Ausschlüsse"** überschriebenen Vorschrift wird verdeutlicht, unter welchen Voraussetzungen grundsätzlich **kein Versicherungsschutz** besteht. Zugleich wird durch Formulierungen wie „falls im Versicherungsschein oder seinen Nachträgen nicht ausdrücklich etwas anderes bestimmt ist ..." die Möglichkeit eröffnet, von bestimmten Ausschlußbestimmungen, den **sog. Deckungsausschlußklauseln,** im Einzelfall abzuweichen und damit zugunsten des Versicherungsnehmers den Versicherungsschutz zu erweitern oder seinen Interessen gemäß anders auszugestalten.

3 Von dieser Abweichungsmöglichkeit wird in der Praxis beim Abschluß eines Versicherungsvertrages rege Gebrauch gemacht, um den dem Versicherungsnehmer drohenden **Haftungsrisiken individuell Rechnung tragen** zu können. Nicht selten erweist sich die vertraglich vereinbarte Abweichung von den standardisierten, vom BAV genehmigten Versicherungsbedingungen aber nur solange als unproblematisch, wie sich die Haftungsrisiken nicht verwirklichen. Tritt hingegen bei einem Dritten ein Schaden ein, stellt sich im Zusammenhang mit **der Prüfung der Eintrittspflicht** des Haftpflichtversicherers nicht nur die Frage, ob Gerichtsentscheidungen bzw. Stellungnahmen des Schrifttums zu den für eine unbestimmte Vielzahl von Fällen geltenden Versicherungsbedingungen existieren. Vielmehr ist bei Bejahung dieser Frage auch zu überlegen, inwieweit diese Äußerungen auf den Ausgangsfall übertragen werden können und in welchem Sinne. Eine Antwort hierauf fällt aber um so schwerer, sofern die Rechtsprechung und die Literatur in sich wenig geschlossen sind. Unter diesen Umständen muß nämlich auf seiten des Versicherungsnehmers überlegt werden, ob bei Versagung des Versicherungsschutzes durch den Versicherer auch die Führung eines Deckungsprozesses in Betracht kommt.[1]

---

[31] Einen hier nicht zu erörternden Sonderfall bildet der für die Kfz-Haftpflichtversicherung geltende § 3 I PflVG, der einen Direktanspruch des Geschädigten gegen den Haftpflichtversicherer ermöglicht; vgl. hierzu etwa BGH NJW 1987, 2586ff. = BB 1987, 1628ff. mit Anm. Littbarski, EWiR § 10 AKB, 1/87, 1055f.; eingehender zum Direktanspruch des Geschädigten Bauer Kraftfahrtversicherung, Rz. 519ff. und vor allem Bruck/Möller/Johannsen VVG, Fünfter Band, Anm. B 1ff.; Johannsen a. a. O., S. 1178ff.

[32] Vgl. Littbarski, Haftungs- und Versicherungsrecht, Rz. 342 mit weiteren Einzelheiten zur Schutzfunktion der Haftpflichtversicherung im Verhältnis zum geschädigten Dritten.

[1] Vgl. Littbarski, Haftungs- und Versicherungsrecht, Rz. 352 mit weiteren Einzelheiten.

II. Der Gegenstand der Haftpflichtversicherung

4 Die Ausgangsvorschrift für die Frage, was **Gegenstand des Versicherungsschutzes** ist, bildet in allen Bereichen der Haftpflichtversicherung der **§ 1 Ziff. 1 AHB.** Danach gewährt der Versicherer dem Versicherungsnehmer Versicherungsschutz für den Fall, daß er wegen eines während der Wirksamkeit der Versicherung eingetretenen Schadenereignisses, das den Tod, die Verletzung oder Gesundheitsbeschädigung von Menschen (Personenschaden) oder die Beschädigung oder Vernichtung von Sachen (Sachschaden) zur Folge hatte,
- für diese Folgen
- aufgrund gesetzlicher Haftpflichtbestimmungen privatrechtlichen Inhalts
- von einem Dritten auf Schadensersatz in Anspruch genommen wird.

5 Schon der Wortlaut dieser Bestimmung verdeutlicht, daß es nicht ganz einfach ist, alle ihre Tatbestandsmerkmale näher zu bestimmen. Etwas stärker aufgespalten und unter Berücksichtigung der in Rechtsprechung und Literatur allgemein anerkannten Grundsätze bedeutet dies aber folgendes: **Voraussetzung für die Gewährung von Versicherungsschutz** ist, daß während der Wirksamkeit der Versicherung ein Schadenereignis eingetreten ist und zu einem Personen- oder Sachschaden eines Dritten geführt hat. Für die Folgen dieses Schadens bzw. dieser Schäden muß der Versicherungsnehmer vom Dritten aufgrund gesetzlicher Haftpflichtbestimmungen privatrechtlichen Inhalts auf Schadensersatz in Anspruch genommen werden und deshalb bei seinem Versicherer um Deckungsschutz nachsuchen.

6 Bedarf der **Eintritt eines Personen- oder Sachschadens beim Dritten** während der Wirksamkeit der Versicherung hier keiner weiteren Erläuterung, ist entscheidend, ob der Versicherungsnehmer vom Dritten **„aufgrund gesetzlicher Haftpflichtbestimmungen privatrechtlichen Inhalts auf Schadensersatz in Anspruch genommen wird“.** Unter dem Begriff der gesetzlichen Haftpflichtbestimmungen privatrechtlichen Inhalts sind nach allgemein geteilter Auffassung[2] solche Normen einzuordnen, die unabhängig vom Willen der Beteiligten an die Verwirklichung eines unter § 1 AHB fallenden Ereignisses Rechtsfolgen knüpfen. Hiervon werden nicht nur deliktische und quasideliktische Ansprüche erfaßt, sondern auch Ansprüche, die sich als vertragliche oder vertragsähnliche Ansprüche aus einem Vertragsverhältnis ergeben, sofern sie auf Schadensersatz gerichtet sind, dabei jedoch nicht über den Umfang der gesetzlichen Haftpflicht des Versicherungsnehmers hinausgehen.[3] Darin kommt zum Ausdruck, daß die gesetzlichen Haftpflichtbestimmungen privatrechtlichen Inhalts im Sinne des § 1 Ziff. 1 AHB **Schadensersatzansprüche des Dritten** zur Folge haben müssen.

7 Genauer gesagt bedeutet dies, daß die Schadensersatzansprüche aus positiver Vertragsverletzung, aus Verschulden bei Vertragsschluß (culpa in contrahendo) und aus unerlaubter Handlung nach den §§ 823ff. BGB von der Vorschrift des § 1 Ziff. 1 AHB bei Vorliegen aller ihrer Tatbestandsvoraussetzungen erfaßt werden und damit Gegenstand des Versicherungsschutzes sind. Umgekehrt heißt dies aber auch, daß **vertragliche Erfüllungsansprüche nicht dem § 1 Ziff. 1 AHB unterfallen,** da sie mit einem Schadensersatzanspruch nichts zu tun haben. Denn wie der BGH[4] sehr treffend formuliert hat, stellt das Bewirken der vertraglich versprochenen Leistung keinen Schadensersatz dar, da der Schuldner für seine Erfüllungsleistung mit der vertraglichen Gegenleistung auch einen

---

[2] Vgl. BGH VersR 1971, 44.

[3] So RGZ 75, 173, 175; 86, 1, 2; 160, 48, 49; RG JW 1937, 1496, 1497; BGH NJW 1957, 907, 908; BGH NJW 1961, 269f.; BGH NJW 1962, 2106f.; BGH VersR 1966, 434, 435; OLG Frankfurt NJW-RR 1988, 1495, 1496; Sieg BB 1987, 352, 353f.; Bruck/Möller/Johannsen VVG, Anm. G 58; Voit in: Prölss/Martin VVG, § 1 AHB Anm. 2; jeweils m. w. N.

[4] BGH NJW 1957, 907, 908; BGH NJW 1963, 805f.; vgl. zur Rechtsprechung des BGH ferner Hoegen Versicherungsvertragsrecht, S. 88ff.

entsprechenden Gegenwert erhält.[5] Daher kommt der im Zusammenhang mit **§ 1 Ziff. 1 AHB** zu lesenden Bestimmung des **§ 4 I Ziff. 6 Abs. 3 AHB,** wonach die Erfüllung von Verträgen und die an die Stelle der Erfüllungsleistung tretende Ersatzleistung nicht Gegenstand der Haftpflichtversicherung ist, auch nur eine der Klarstellung dienende und damit deklaratorische Bedeutung zu.[6] Dementsprechend spielt es keine Rolle, wenn eine dem § 4 I Ziff. 6 Abs. 3 AHB vergleichbare Regelung nicht ausdrücklich in einen Haftpflichtversicherungsvertrag Eingang gefunden hat, da es sich bei dem in § 4 I Ziff. 6 Abs. 3 AHB zum Ausdruck kommenden Gedanken um einen allgemeinen Grundsatz der Haftpflichtversicherung handelt. Solange es nur um die Erfüllung eines Vertrages geht, liegt noch kein Schaden und damit verbunden auch kein Schadensersatzanspruch im Sinne des § 1 Ziff. 1 AHB vor, so daß auch der Deckungsbereich der Haftpflichtversicherung als einer Schadensversicherung nicht tangiert sein kann.[7]

Konsequenz dieser Ausgrenzung ist, daß die Ansprüche, die sich als **echte oder modifizierte Erfüllungsansprüche darstellen,** ebenfalls dem Erfüllungsbereich eines Vertrages zuzurechnen sind und damit **nicht von der Haftpflichtversicherung erfaßt** werden. So ist etwa der **Ersatzlieferungsanspruch aus § 480 I BGB** zur reinen Vertragserfüllung zu zählen, da es sich hierbei um den ursprünglichen Erfüllungsanspruch handelt, der auf Lieferung einer Sache mittlerer Art und Güte mit den etwa zugesicherten Eigenschaften gerichtet ist.[8] Das gleiche gilt für den einen modifizierten Erfüllungsanspruch bildenden **Mängelbeseitigungsanspruch des § 633 II 1 BGB,** da er dem Anspruch des Bestellers auf „Herstellung des versprochenen Werkes" gemäß § 631 I BGB entspringt.[9] 8

Nicht anders ist die Beurteilung auch im Hinblick auf die **Ansprüche auf Wandlung und auf Minderung,** die für das Kaufvertragsrecht in **§ 462 BGB** und für das Werkvertragsrecht in **§ 634 I 3 BGB** geregelt sind. Dies ergibt sich nicht nur aus der Fassung des Gesetzes, das die Ansprüche auf Wandlung und Minderung den Schadensersatzansprüchen aus § 463 Satz 1 BGB und aus § 635 BGB ausdrücklich gegenüberstellt. Es folgt auch daraus, daß die Gewährleistungsansprüche aus Wandlung und Minderung sich als die besonderen Folgen mangelhafter Vertragserfüllung darstellen.[10] Soweit es um die Wandlung geht, liegt inhaltlich eine Rückgängigmachung des Vertrages vor. Eine Erfüllung findet nicht statt.[11] Es wird aber auch nicht anstelle der Erfüllung Schadensersatz geleistet, so daß die Wandlung auch nicht als Surrogat für eine Vertragserfüllung oder als Schadensersatz anderer Art angesehen werden kann.[12] Das gleiche gilt auch für die Minderung, da ihr Inhalt darin besteht, den Vertrag nicht in der ursprünglich vorgesehenen Weise, sondern in einem geringeren Umfang zu erfüllen, aber keinen Schadensersatz zu leisten.[13] Dann können aber weder der Anspruch auf Wandlung noch der auf Minderung Gegenstand der Haftpflichtversicherung sein, was auch in der Rechtsprechung und in der Literatur bisher noch nicht umstritten ist.[14] 9

---

[5] Vgl. BGH NJW 1964, 1025, 1026.

[6] Vgl. Bruck/Möller/Johannsen VVG, Anm. G 59; Littbarski, Zur Versicherbarkeit, S. 31 f.; ders., Baurecht und Versicherungswesen, S. 55, 59.

[7] Vgl. Littbarski, Haftungs- und Versicherungsrecht, Rz. 362.

[8] Vgl. BGH NJW 1958, 418; Littbarski, Zur Versicherbarkeit, S. 32.

[9] Vgl. BGH NJW 1958, 706; BGH NJW 1963, 805, 806; Bruck/Möller/Johannsen VVG, Anm. G 59; Wussow AHB, § 1 Anm. 72; Littbarski a. a. O.; jeweils m. w. N.; vgl. auch 1. Teil § 3 Rz. 6.

[10] Littbarski a. a. O., S. 32. f.

[11] Vgl. Wussow AHB, § 1 Anm. 71; Littbarski a. a. O., S. 33; ders., Haftungs- und Versicherungsrecht, Rz. 380 ff.

[12] Wussow und Littbarski a. a. O.

[13] Wussow und Littbarski a. a. O.

[14] Vgl. BGH NJW 1958, 706; BGH VersR 1978, 219, 220; Wussow a. a. O.; Bruck/Möller/Johannsen VVG, Anm. G 59; vgl. demgegenüber die Diskussion um den Dachziegel-Fall, BGH NJW 1983, 1479 ff.; hierzu § 55 Rz. 12 ff.

10 Was die **Nachbesserungsansprüche,** insbesondere die aus **§ 633 Abs. 2, 1 BGB** und aus **§ 13 Nr. 5 VOB/B** angeht, ist in der **konventionellen Betriebshaftpflichtversicherung** ebenfalls in Rechtsprechung[15] und Literatur[16] im Grundsatz anerkannt, daß diese wegen ihres Charakters als Erfüllungs- bzw. Gewährleistungsanspruch nicht dem Versicherungsschutz unterliegen. Im Bereich der **Produkt-Haftpflichtversicherung** hingegen wird seit der Schaffung des Modells unter bestimmten Voraussetzungen Deckung auch für Ansprüche auf Nachbesserung geboten, da es Ziel des mit dem Modell verfolgten Zweckes war, den Deckungsschutz zu erweitern.[17]

III. Der Ausschluß des Haftpflichtversicherungsschutzes aufgrund einzelner Deckungsausschlußklauseln der AHB

1. Allgemeines

11 Die bisherigen Ausführungen haben bereits gezeigt, daß die Bejahung der Tatbestandsvoraussetzungen des § 1 Ziff. 1 AHB allein nicht genügt, um die Eintrittspflicht des Haftpflichtversicherers zu begründen. Vielmehr ist in einem konkreten Fall jeweils zu prüfen, ob nicht **Versagungsgründe** eingreifen, die eine **Ablehnung des Versicherungsschutzes** rechtfertigen.

12 Hierfür kommen die **Deckungsausschlußklauseln der AHB** in Betracht, die enumerativ in § 4 AHB aufgelistet sind. Dabei verdienen **aus dem Blickwinkel der Produkthaftung** die in allen Bereichen der Haftpflichtversicherung geltenden Bestimmungen über die Tätigkeitsklausel des § 4 I Ziff. 6b AHB, die Herstellungsklausel des § 4 II Ziff. 5 AHB, der Ausschluß von Auslandsschäden nach § 4 I Ziff. 3 AHB und von Allmählichkeitsschäden nach § 4 I Ziff. 5 AHB, die Vorsatzausschlußklausel des § 4 II Ziff. 1 AHB und die schon im Zusammenhang mit dem Gegenstand der Haftpflichtversicherung genannte Erfüllungsklausel des § 4 I Ziff. 6 Abs. 3 AHB Beachtung. Allerdings haben der in § 4 I Ziff. 3 AHB normierte **Ausschluß von Auslandsschäden** und die in § 4 II Ziff. 1 AHB geregelte **Vorsatzausschlußklausel** in den Ziff. 5 bzw. Ziff. 6.5 des Modells nicht unwesentliche Modifizierungen für den Bereich der Produkthaftung erfahren, so daß auf diese beiden Klauseln erst im Zusammenhang mit der Vorstellung des Modells in § 54 Rz. 108ff. und 143ff. eingegangen wird. Der in § 4 I Ziff. 5 AHB vorgesehene Ausschluß von Allmählichkeitsschäden schließlich hat für den Bereich der Produkthaftung bisher nur beim Eindringen von ungebundenen Styrolmolekülen in Wein enthaltende Kunststofftanks praktische Bedeutung erlangt, so daß insoweit auf die diesem Fall zugrundeliegende Entscheidung und die zu dieser Vorschrift existierenden Stellungnahmen verwiesen wird.[18]

2. Die Tätigkeitsklausel des § 4 I Ziff. 6b AHB

13 **§ 4 I Ziff. 6b AHB**[19] schließt bei Fehlen ausdrücklich anderer Bestimmungen den Versicherungsschutz aus für Haftpflichtansprüche wegen Schäden, die an fremden Sachen

[15] BGH NJW 1963, 805f.; BGH NJW 1963, 811f.; BGH VersR 1978, 219ff.

[16] Vgl. Voit in: Prölss/Martin VVG, § 4 AHB Anm. 6e; Wussow AHB, § 1 Anm. 71f.; Littbarski, Haftungs- und Versicherungsrecht, Rz. 364; dagegen sprechen sich Eiselt/Trapp NJW 1984, 899, 901ff. für die Deckung derartiger Ansprüche aus.

[17] Vgl. hierzu § 54 Rz. 44ff.

[18] Vgl. OLG Frankfurt NJW-RR 1987, 1386; grundlegend zu § 4 I Ziff. 5 AHB BGH VersR 1956, 789, 790; BGH VersR 1968, 1080, 1081; BGH VersR 1970, 611f.; BGH VersR 1988, 1259; Bruck/Möller/Johannsen a. a. O., Anm. G 171ff.; Wussow a. a. O., § 4 Anm. 12ff.; Voit in Prölss/Martin a. a. O., § 4 AHB Anm. 5; Nickel VW 1988, 1311ff.

[19] Grundlegend zu dieser Norm: Bruck/Möller/Johannsen a. a. O., Anm. G 202ff.; Wussow a. a. O., § 4 Anm. 49ff.; Voit in: Prölss/Martin, a. a. O., § 4 AHB Anm. 6b; eingehend zur Rechtsprechung des BGH Rottmüller VersR 1986, 843ff. und Hoegen Versicherungsvertragsrecht, S. 83ff.; vgl. ferner Nickel VersR 1987, 965ff. und Heimbücher VW 1989, 629ff.

durch die gewerbliche oder berufliche Tätigkeit des Versicherungsnehmers an oder mit diesen Sachen (z. B. Bearbeitung, Reparatur, Prüfung und dergleichen) entstanden sind; bei Schäden an fremden unbeweglichen Sachen gilt dieser Ausschluß nur insoweit, als diese Sachen oder Teile von ihnen unmittelbar Gegenstand der Tätigkeit gewesen sind.

Zweck der aus der sog. **Obhutsklausel** entstandenen und seit dem 1. 1. 1949 geltenden **Tätigkeitsklausel**[20] soll es sein, den Versicherer in einem gewissen Umfang von dem erhöhten Risiko zu befreien, das sich aus der **gewerblichen oder beruflichen Tätigkeit des Versicherungsnehmers** ergibt.[21] Sachen, die unmittelbar von ihm bearbeitet werden, seien in besonders hohem Maße der Gefahr der Beschädigung ausgesetzt.[22] Die durch eine Beschädigung entstandenen Schäden an den zu bearbeitenden Sachen brächten dem Unternehmer ein überschaubares und kalkulierbares Risiko, das nicht auf den Versicherer abgewälzt werden solle.[23] Daher müsse der Unternehmer die ihm entstandenen Nachteile selbst tragen, weil sonst ein **Anreiz zu nachlässigem Arbeiten** gegeben werde.[24] 14

Daraus ergibt sich bereits, daß das **Hauptanwendungsgebiet dieser Klausel** bei der Betriebs-Haftpflichtversicherung liegt.[25] Dann stellt sich aber die weitere Frage, **welche Bedeutung § 4 I Ziff. 6b AHB für den Bereich der Produkthaftung** zukommt. Rückt man hierzu die allgemeine Überlegung in den Vordergrund, daß es bei der Produkthaftung um Verbraucherschutz geht, also um Schäden, die aus dem Inverkehrbringen von Waren entstanden sind, so scheint die Irrelevanz der Tätigkeitsklausel für den Produkthaftungsbereich unübersehbar. Bestätigung könnte diese Auffassung auch noch dadurch erhalten, daß trotz einer Vielzahl zu § 4 I Ziff. 6b AHB veröffentlicher Entscheidungen[26] noch kein Urteil bekannt geworden ist, in dem die Produkthaftung explizit erwähnt worden ist. Dennoch wäre eine derartige Ansicht ein wenig voreilig, wenn man den Blick auf den sog. **Most-Fall** des BGH vom 21. 9. 1983[27] wirft, in dem u. a. auch die Frage der Anwendbarkeit des § 4 I Ziff. 6b AHB eine nicht unwesentliche Rolle spielte. 15

In diesem **Most-Fall** hatte die Klägerin als Betreiberin eines Weinlabors eine ihr von einem Winzer übergebene Mostprobe zu analysieren und die Kalkmenge zu bestimmen, mit der der verhältnismäßig hohe Säuregrad des Mosts zu mindern war. Da die Klägerin versehentlich den Säurewert nicht miteinbezog, der im Ergebnis erreicht werden sollte, übergab sie dem Winzer eine Rezeptur, die nach entsprechender Zuführung der Kalkmenge durch den Winzer zum Most zu dessen völliger Entsäuerung und damit zur Untauglichkeit für die Weinbereitung führte. Die Klägerin zahlte dem Winzer eine Entschädigung und nahm die beklagte Haftpflichtversicherung wegen des von ihr geleisteten Betrages auf Gewährung von Versicherungsschutz in Anspruch.[28] 16

Der **BGH gab** im Gegensatz zu den Vorinstanzen **der Klage im Grundsatz statt** und nahm nach Bejahung eines Sachschadens[29] u. a. auch zur **Deckungsausschlußklausel des § 4 I Ziff. 6b AHB** Stellung. Dazu wies er darauf hin,[30] daß der Begriff „an oder mit einer fremden Sache" nach dem gewöhnlichen Sprachgebrauch auszulegen sei und daher eine körperliche Beziehung des Versicherungsnehmers zu der Sache, auf die eingewirkt werde, 17

---

[20] Zur Entstehungsgeschichte vgl. Wehn/Schmidt, Besitz- und Tätigkeitsklausel, S. 14.

[21] Vgl. OLG Köln NJW–RR 1987, 1052, 1053; Voit in: Prölss/Martin a. a. O.; Wussow AHB, § 4 Anm. 49.

[22] Vgl. hierzu jüngst OLG Köln a. a. O.; ferner Bruck/Möller/Johannsen VVG, Anm. G 202; jeweils m. w. N.

[23] Bruck/Möller/Johannsen a. a. O.

[24] So BGH VersR 1960, 109, 110; aus österreichischer Sicht vgl. OGH Versicherungs-Rundschau 1988, 203 = VersR 1988, 143f. (Leitsatz).

[25] Bruck/Möller/Johannsen a. a. O., Anm. G 203.

[26] Umfassend hierzu Voit in: Prölss/Martin VVG, § 4 AHB, Anm. 6b und c.

[27] BGH VersR 1983, 1169f.

[28] Zu weiteren, hier nicht interessierenden Einzelheiten vgl. BGH VersR 1983, 1169.

[29] Vgl. hierzu § 52 Rz. 7 und 10f.

[30] BGH a. a. O., 1170.

erfordere. Daran fehle es, wenn der Beitrag des Versicherungsnehmers an der Entstehung des Schadens lediglich darin bestehe, daß er dem Eigentümer der Sache eine Rezeptur zu der vom Eigentümer selbst vorzunehmenden Bearbeitung der Sache ausarbeite. Dabei machte der BGH ferner deutlich, daß der Schaden im vorliegenden Fall nicht auf der fehlerfrei durchgeführten Analyse der Mostprobe beruhe, sondern auf einem Fehler bei der Erarbeitung der von der Klägerin erstellten Rezeptur, also einer Beratungstätigkeit, die auch nicht – wie vom OLG Frankfurt als Berufungsgericht angenommen – unter dem Gesichtspunkt einer mittelbaren Täterschaft einer Bearbeitung des Mosts gleichgestellt werden könne.[31]

18 Auch wenn der **BGH** im Ergebnis zu Recht die **Anwendbarkeit der Tätigkeitsklausel des § 4 I Ziff. 6b AHB verneinte** und damit verbunden zur Eintrittspflicht des Versicherers gelangte, verdeutlichen doch sowohl die Sachverhaltsgestaltung als auch die Begründung des BGH, daß mit einer **vergleichbaren Situation im Bereich der Produkthaftung** immer wieder **gerechnet** werden muß, da dieser von auf Arbeitsteilung beruhenden Prinzipien beherrscht wird, also eine Vielzahl von Beteiligten zur Erstellung des gewünschten Produktes beitragen. Dabei spielt es keine Rolle, daß bestimmte, am Fertigungsprozeß Beteiligte häufig nicht selbst körperlich auf die Bestandteile des Endproduktes einwirken, sondern aufgrund ihres besseren Know-how dem eigentlichen Produzenten Anleitungen zur Produktherstellung geben und dadurch die **Möglichkeit einer Schadensverursachung entscheidend mitbestimmen.**[32] Denn auch auf diesem Wege tragen diese Beteiligten einen nicht unwesentlichen Anteil an der Fertigung des Endproduktes.

19 Geben diese an der Fertigung des Endproduktes einen Anteil tragenden Personen dem eigentlichen Produzenten eine **falsche, zu einem Schaden führende Anleitung** und werden deshalb auf Schadensersatz in Anspruch genommen, so genießen sie nach den vom BGH im Ausgangsfall entwickelten Grundsätzen zwar Versicherungsschutz, da die Tätigkeitsklausel des § 4 I Ziff. 6b AHB nicht eingreift. Dennoch kann hieraus **nicht gefolgert werden,** daß die **Tätigkeitsklausel für den Bereich der Produkthaftung überhaupt keine Bedeutung habe.** Dagegen spricht bereits, daß im Ausgangsfall immerhin die Vorinstanzen zur Anwendbarkeit des § 4 I Ziff. 6b AHB gelangt waren und damit gezeigt haben, daß eine andere Argumentation zumindest denkbar ist. Hinzu kommt ferner, daß es bei einer vom Ausgangsfall etwas abweichenden Fallkonstellation nicht ausgeschlossen erscheint, daß ein Eingreifen der Ausschlußklausel des § 4 I Ziff. 6b AHB zu bejahen ist. Daher ist als Fazit festzuhalten, daß die Bedeutung der Tätigkeitsklausel für den Bereich der Produkthaftung zwar nicht groß ist, es jedoch verfehlt wäre, sie von der Betrachtung gänzlich auszuschließen.

3. Die Herstellungsklausel des § 4 II Ziff. 5 AHB

20 In sachlich engem Zusammenhang mit der Tätigkeitsklausel des § 4 I Ziff. 6b AHB steht die Herstellungsklausel des **§ 4 II Ziff. 5 AHB.** Danach bleiben von der Haftpflichtversicherung ausgeschlossen Haftpflichtansprüche wegen Schäden, die an den vom Versicherungsnehmer (oder in seinem Auftrag oder für seine Rechnung von Dritten) hergestellten oder gelieferten Arbeiten oder Sachen infolge einer in der Herstellung oder Lieferung liegenden Ursache entstehen. Ebenso wie der Tätigkeitsklausel soll auch der **Herstellungsklausel der allgemeine Gedanke zugrunde liegen,** daß das **Risiko der Unternehmerleistung grundsätzlich nicht versicherbar sei.**[33] Denn die Übernahme der Deckung

[31] BGH a. a. O. mit weiteren Einzelheiten.

[32] Vgl. Wussow WI 1983, 193f., der jedoch zu Unrecht in Übereinstimmung mit dem OLG Frankfurt als Vorinstanz zu BGH a. a. O. allein deshalb sich für die Anwendbarkeit des § 4 I Ziff. 6b AHB ausspricht; dagegen Littbarski, Haftungs- und Versicherungsrecht, Rz. 481f.

[33] So BGH NJW 1957, 907, 908; grundlegend zur Herstellungsklausel Zollmarsch, Diss.; vgl. ferner Bruck/Möller/Johannsen VVG, Anm. G 251ff.; Wussow AHB, § 1 Anm. 41ff. und § 4 Anm. 108ff.; Wilcke VersR 1964, 107ff.; Diederichsen VersR 1971, 1077, 1094f.; Kuwert, Allgemeine Haftpflichtversicherung, Rz. 4206ff.; Schmalzl Berufshaftpflichtversicherung, Rz. 140ff.

derartiger Schäden käme der Übernahme des Unternehmerrisikos gleich, was der Haftpflichtversicherung grundsätzlich fremd sei.[34] Bis zur Abnahme der Sache bzw. der Arbeit trage daher der Hersteller die Gefahr.[35]

Ohne auf diese wenig aussagekräftigen Formulierungen hier eingehen zu können,[36] ist doch darauf hinzuweisen, daß mit dem Begriff **„Haftpflichtansprüche" Schadensersatzansprüche gemeint sind,** die entgegen der Ausgangsregelung des § 1 Ziff. 1 AHB vom Versicherungsschutz ausgeschlossen sind.[37] 21

Die Ursache des Schadens muß in der Herstellung oder Lieferung liegen, d. h. dem Gefahrenbereich des Herstellers oder Lieferanten entstammen,[38] wobei durch die Gleichstellung von „Herstellung" und „Lieferung" sowohl die Produzenten als auch die Zulieferer erfaßt werden.[39] Schon daraus erhellt, wie enorm wichtig diese Vorschrift für den Bereich der Produkt-Haftpflichtversicherung ist. 22

Um dies an einem Beispiel[40] zu erläutern: 23

Bricht dem A während einer Fahrt mit seinem Pkw die vom Automobilkonzern B mangelhaft hergestellte Vorderachse, so ist der Minderwert des durch den Achsenbruch zerstörten oder beschädigten Fahrzeugs ein Schaden, der an dem von B als Versicherungsnehmer produzierten Wagen entstanden ist. Nimmt A wegen des ihm entstandenen Schadens B auf Schadensersatz in Anspruch, so besteht aufgrund der Herstellungsklausel des § 4 II Ziff. 5 AHB kein Versicherungsschutz. Daneben greift im Falle eines vertraglichen Anspruchs des A gegen B auch die Deckungsausschlußklausel des § 4 I Ziff. 6 Abs. 3 AHB ein, weil es darum geht, dem A das Erfüllungssurrogat für den vernichteten Leistungsgegenstand, nämlich Ersatz für das durch den Achsenbruch zerstörte Auto, zu gewähren.[41]

Wandelt man den Fall dahingehend ab, daß die mangelhaft hergestellte Vorderachse vom Zulieferer C stammt, aber vom Automobilkonzern B in das Fahrzeug eingebaut wird, so besteht für C bei einer Inanspruchnahme durch A wegen des Eingreifens der Deckungsausschlußklausel des § 4 II Ziff. 5 AHB kein Versicherungsschutz. Aber auch B genießt aufgrund dieser Bestimmung dann keinen Deckungsschutz, wenn ihn – was die Regel sein wird – aus haftungsrechtlicher Sicht der Vorwurf einer nur unzureichenden Kontrolle der Achse bei der Fertigung des Wagens trifft.

Bedeutsam ist ferner, daß sich aus der **Gleichstellung von „Arbeiten" und „Sachen"** ergibt, daß es sich bei dem hergestellten oder gelieferten Produkt nicht immer um eine Sache im Sinne des BGB handeln muß, sondern die Leistung auch in der **„Lieferung geistiger Arbeiten"** bestehen kann.[42] Dann zeigt sich nämlich, daß insofern der Anwendungsbereich des § 4 II Ziff. 5 AHB noch weiter zu ziehen ist als der des § 4 I Ziff. 6 b AHB, da im Gegensatz zu dieser Bestimmung eine körperliche Beziehung zu der Sache, auf die eingewirkt wird, nicht erforderlich ist.[43] 24

Bereitet dies alles im Grundsatz keine großen Schwierigkeiten, treten die eigentlichen Probleme bei der Frage **nach dem Umfang des § 4 II Ziff. 5 AHB** auf, da es hierbei um die Abgrenzung der nach § 1 Ziff. 1 AHB gedeckten Schadensersatzansprüche von den durch § 4 II Ziff. 5 AHB vom Versicherungsschutz ausgeschlossenen Schadensersatzansprüche geht. Wie hier zu verfahren ist, hat Rechtsprechung und Literatur immer wieder beschäftigt, ohne daß über sehr abstrakt gehaltene Formulierungen hinaus **allgemeine Grundsätze** entwickelt worden wären, die auf den Einzelfall übertragbar sind. 25

---

[34] So Wussow a. a. O., § 4 Anm. 108 S. 489.
[35] Wussow a. a. O.
[36] Vgl. Littbarski, Haftungs- und Versicherungsrecht, Rz. 413 und 491 mit weiteren Einzelheiten.
[37] Vgl. Zollmarsch a. a. O., S. 55.
[38] Zollmarsch a. a. O.
[39] Zollmarsch a. a. O.
[40] In Anlehnung an Diederichsen VersR 1971, 1077, 1094.
[41] So zutreffend Diederichsen a. a. O.
[42] Vgl. Zollmarsch a. a. O.; Littbarski, Zur Versicherbarkeit, S. 16 f.; einschränkend aber Bruck/Möller/Johannsen VVG, Anm. G 251.
[43] Vgl. Rz. 16 unter Bezugnahme auf die Erkenntnisse des BGH im Most-Fall (BGH VersR 1983, 1169 f.).

26 So entspricht es **der ständigen, allerdings schon etwas älteren Rechtsprechung des BGH,**[44] daß § 4 II Ziff. 5 AHB sich nur auf Schäden an Sachen bezieht, die unmittelbar Gegenstand der vom Versicherungsnehmer geschuldeten Leistung waren. Ferner soll § 4 II Ziff. 5 AHB auch insoweit eingreifen, als der Geschädigte diese Sachen nicht rechtzeitig verwerten und nutzen konnte, ihm also infolge der unterbliebenen Verwertung und Nutzung ein Gewinn entgangen ist. Hingegen sollen nach Ansicht des BGH anderweitige Schäden, die durch eine vom Versicherungsnehmer hergestellte oder gelieferte Sache oder mittelbar aus einer mangelhaften Leistung entstehen, auch dann nicht unter den Deckungsausschluß fallen, wenn ihre Ursache in einer Zerstörung oder Beschädigung des Leistungsgegenstandes selbst liegt und insoweit der Ausschluß zum Zuge kommt. Daher wäre beispielsweise in dem in Rz. 23 genannten Fall Deckungsschutz zu gewähren, wenn es infolge des durch den Bruch der Vorderachse verursachten Unfalls auch zu einem Personenschaden käme, da dieser nur mittelbar aus einer mangelhaften Leistung entsteht.[45]

27 Die **ältere Literatur**[46] hat sich demgegenüber ganz überwiegend für einen weitergehenden Ausschluß vom Versicherungsschutz bei § 4 II Ziff. 5 AHB ausgesprochen. Auf sie braucht jedoch an dieser Stelle nicht weiter eingegangen zu werden, da sie einmal nicht den speziellen Problemen des Produkthaftpflichtrisikos gewidmet ist und zum anderen weder in der bereits genannten **Rechtsprechung**[47] noch im **neueren Schrifttum**[48] auch nur im Ansatz eine entsprechende Gefolgschaft gefunden hat. Entscheidend dürfte hierfür sein, daß es modernen Tendenzen in der Haftpflichtversicherung entspricht, zugunsten des Geschädigten die **enge Auslegung von Deckungsausschlußklauseln** zu favorisieren.[49]

28 Wo allerdings im Falle der Herstellungsklausel des § 4 II Ziff. 5 AHB die **Grenze zwischen dem gedeckten und ungedeckten Bereich** genau verläuft, läßt sich aufgrund des Fehlens entsprechender Stellungnahmen in Rechtsprechung und Literatur nicht sagen. Dies macht insbesondere die Frage deutlich, welche Auswirkungen die Rechtsprechung zu den sog. **weiterfressenden Mängeln** auf die Haftpflichtversicherung, insbesondere auf § 4 II Ziff. 5 AHB hat. Wenn dennoch auf diese Problematik nicht hier, sondern erst nach der Darstellung des Modells eingegangen wird, geschieht dies aus der Erwägung, daß diese Frage zugleich auch im Zusammenhang mit dem Anwendungsbereich des Modells auftaucht, mithin auch das Verständnis für die Bedeutung des Modells und die Möglichkeiten seiner Änderung voraussetzt.[50]

IV. Die Begrenzung des Versicherungsschutzes

1. Allgemeines

29 Nach der Darstellung der zum Ausschluß vom Versicherungsschutz führenden Deckungsausschlußklauseln der AHB gilt es nunmehr auf **Möglichkeiten der Begrenzung des Versicherungsschutzes** durch den Haftpflichtversicherer hinzuweisen. Dabei werden solche Fragen angesprochen, die nicht nur für alle Zweige der Haftpflichtversicherung und damit auch jede Betriebs-Haftpflichtversicherung von Bedeutung sind, sondern auch

---

[44] BGH NJW 1957, 907, 908; BGH VersR 1961, 265, 266; BGH NJW 1962, 2106, 2107; BGH VersR 1969, 723, 725.

[45] So zutreffend Diederichsen a. a. O., 1095.

[46] Vgl. Prölss/Martin VVG, 23. Aufl. 1984, § 4 AHB Anm. 11 m. w. N.

[47] Vgl. Fn. 44 m. w. N.

[48] Vgl. Diederichsen a. a. O., 1094 f.

[49] Vgl. im Hinblick auf § 4 I Ziff. 6b AHB BGH NJW 1984, 370 f. = VersR 1984, 252 f.; hierzu Freiherr von Forstner VersR 1984, 750 f.; Hoegen Versicherungsvertragsrecht, S. 84 ff. aus der Sicht eines an der Entscheidung maßgeblich beteiligten Richters; Kuwert Allgemeine Haftpflichtversicherung, Rz. 4091 f.; Littbarski, Haftungs- und Versicherungsrecht, Rz. 483 ff.; vgl. ferner Rz. 13 ff.

[50] Vgl. hierzu § 55 Rz. 4 ff.

in bezug auf die Produkt-Haftpflichtversicherung Geltung beanspruchen. Hierzu sind die Fragen zu rechnen, die im Zusammenhang mit den Bestimmungen über das Schadenereignis, die Versicherungssumme, die Serienschadenklausel, die Jahreshöchstleistung und den Selbstbehalt auftauchen. Soweit sich allerdings aus dem Modell Besonderheiten ergeben, werden die relevanten Fragen hier nur angedeutet und bleiben der Erläuterung im Zusammenhang mit der Darstellung des Modells vorbehalten.

2. Das Schadenereignis

Der **Begriff des Schadenereignisses** weist unter verschiedenen Blickwinkeln eine ent- 30
scheidende Bedeutung für die Gewährung von Versicherungsschutz auf und findet sich dementsprechend auch in einer Reihe von Vorschriften der AHB[51] wieder. Die größte Bedeutung kommt jedoch seiner Auslegung in **§ 1 Ziff. 1 und § 5 Ziff. 1 AHB** zu, da diese Einfluß auf alle weiteren, soeben in Rz. 29 genannten Bestimmungen hat, die ebenfalls der Begrenzung des Versicherungsschutzes dienen.

Orientiert man sich allein **am Wortlaut des § 1 Ziff. 1 AHB bzw. dem des § 5 Ziff. 1** 31
AHB, so ahnt man gar nicht, welche Probleme die Auslegung dieser Vorschriften in der jüngeren Vergangenheit bereitet hat. Denn wenn nach § 1 Ziff. 1 AHB „... wegen eines während der Wirksamkeit der Versicherung eingetretenen Schadenereignisses ..." der Versicherer Versicherungsschutz gewährt bzw. nach § 5 Ziff. 1 AHB „Versicherungsfall im Sinne dieses Vertrages das Schadenereignis ist, das Haftpflichtansprüche gegen den Versicherungsnehmer zur Folge haben könnte," steht fest, daß das für die Gewährung von Versicherungsschutz relevante Schadenereignis zu einem Zeitpunkt eingetreten sein muß, als ein Versicherungsvertrag bestand.[52] Allerdings ist zu beachten, daß dieser Klarheit schaffende **Begriff des Schadenereignisses** in § 1 Ziff. 1 AHB erst mit der „Verordnung über die Änderung der Allgemeinen Versicherungsbedingungen für die Haftpflichtversicherung" vom 15. 2. 1982[53] in die AHB übernommen wurde und damit **den Begriff des „Ereignisses"** abgelöst hat, dessen nähere Bestimmung vor 1982 Rechtsprechung und Literatur wiederholt Probleme bereitet hatte.

Dahinter stand die Diskussion um den **haftpflichtversicherungsrechtlichen Ereignis-** 32
begriff, der weder in § 149 VVG eindeutig bestimmt ist noch in § 1 Ziff. 1 AHB a. F. unmißverständlich festgelegt war. Während nach § 149 VVG der Versicherer bei der Haftpflichtversicherung verpflichtet ist, dem Versicherungsnehmer die Leistung zu ersetzen, die dieser aufgrund seiner Verantwortlichkeit für eine während der Versicherungszeit eintretende Tatsache zu bewirken hat, gewährte nach § 1 Ziff. 1 AHB a. F. der Versicherer dem Versicherungsnehmer Versicherungsschutz dafür, daß er wegen eines während der Wirksamkeit der Versicherung eingetretenen Ereignisses ... auf Schadensersatz in Anspruch genommen wurde.

Aus diesen im Hinblick auf den Ereignisbegriff recht unbestimmten Formulierungen 33
sind im Laufe der Zeit im wesentlichen zwei Theorien entwickelt worden. Die **Kausalereignis- oder auch Verstoßtheorie** sieht als Tatsache im Sinne von § 149 VVG bzw. als Ereignis im Sinne von § 1 Ziff. 1 AHB a. F. das verursachende Geschehen an. Diese Theorie lag zuletzt der Rechtsprechung des Reichsgerichts zugrunde[54] und gilt bis heute im Bereich der Architekten- und der Vermögensschaden-Haftpflichtversicherung.[55] Die

---

[51] Vgl. § 1 Ziff. 1, § 3 II Ziff. 1 Abs. 2, § 3 II Ziff. 2 Abs. 1 S. 1, § 3 II Ziff. 2 Abs. 1 S. 3, § 3 III Ziff. 1 S. 1, § 4 I Ziff. 3, § 5 Ziff. 1 AHB.

[52] Vgl. Littbarski, Haftungs- und Versicherungsrecht, Rz. 533.

[53] VerBAV 1982, 122f.; eingehend zu den Konsequenzen für die Rechtsverordnung Johannsen Haftpflichtversicherungsschutz, S. 116ff.

[54] Vgl. RG JW 1936, 2978 und vor allem RGZ 171, 43, 50.

[55] Vgl. Littbarski a. a. O., Rz. 536, 585 und 600ff.; vgl. ferner Teichler Berufshaftpflichtversicherungen, S. 37ff. und 192ff.; Borgmann/Haug Anwaltshaftung, § 36, 1 S. 214f. und § 36, 3 S. 219 in Fn. 59 im Hinblick auf die Berufshaftpflichtversicherung der Anwälte.

Schadenereignis- oder auch Folgetheorie wertete hingegen schon immer den Eintritt des „realen Verletzungszustandes“ als Ereignis im Sinne von § 1 Ziff. 1 AHB a. F.[56]

34 Um dies an einem Beispiel zu verdeutlichen:

Baut der Automobilhersteller mängelbehaftete Bremsbeläge in ein Fahrzeug ein und erleidet deshalb der Käufer des Fahrzeugs zwei Monate später einen Unfall, der Personen- und Sachschäden zur Folge hat, so kommt es für die Gewährung von Versicherungsschutz nach der Kausalereignis- oder Verstoßtheorie darauf an, ob zum Zeitpunkt des Einbaus der mängelbehafteten Bremsbeläge der Automobilhersteller haftpflichtversichert war. Hingegen ist es nach der Schadenereignis- oder Folgetheorie für die Eintrittspflicht des Haftpflichtversicherers entscheidend, ob zum Unfallzeitpunkt Versicherungsschutz bestanden hat.

35 Der Schadenereignistheorie hatte sich der BGH in einer grundlegenden Entscheidung vom 27. 6. 1957[57] angeschlossen, sie jedoch mit Urteil vom 4. 12. 1980[58] zugunsten der Kausalereignistheorie wieder aufgegeben. Nachdem dieses Urteil aufgrund der sich aus ihm ergebenden Konsequenzen auf weitgehende Ablehnung gestoßen war,[59] kam es zu der schon erwähnten Änderung des § 1 Ziff. 1 AHB. Damit steht nunmehr fest, daß in allen Fällen, in denen die AHB zur Anwendung kommt, **Voraussetzung für die Gewährung von Versicherungsschutz** ist, daß **das Schadenereignis** – im Beispielsfall der Unfall – **während der Wirksamkeit der Versicherung eingetreten ist.** Demgegenüber ist unerheblich, ob auch die Ursache des Schadenereignisses – im Beispielsfall der Einbau der mängelbehafteten Bremsbeläge – im versicherten Zeitraum gesetzt wurde.[60] Zudem haben sich die Versicherer im Zusammenhang mit der Änderung des § 1 Ziff. 1 AHB durch Geschäftsplanmäßige Erklärung dazu verpflichtet, dessen geänderte Fassung auch auf Schadenereignisse anzuwenden, die vor dem Tag der Genehmigung eingetreten sind, sofern nicht einzelvertragliche Vereinbarungen dem entgegenstehen.[61] Dann kann aber grundsätzlich von der generellen Geltung der Schadenereignistheorie ausgegangen werden.

3. Die Versicherungssumme

36 Neben der zeitlichen Begrenzung des Versicherungsschutzes kommt auch seiner Beschränkung auf einen **summenmäßig bestimmten Umfang** eine ganz wesentliche Bedeutung zu. Dazu bedarf es allerdings einer **entsprechenden Vereinbarung** zwischen dem Versicherungsnehmer und dem Versicherer, die die **Eintrittspflicht** des Versicherers im Schadensfall auf einen **Höchstbetrag begrenzt** und daher den Versicherungsnehmer für alle darüber hinausgehenden Ansprüche selbst einstandspflichtig macht. Im allgemeinen wird hierfür der Begriff **Versicherungssumme** verwendet, wie beispielsweise die §§ 50, 51 I, 150 II, 150 III und 156 III VVG bzw. die §§ 3 II Ziff. 2 Abs. 1 S. 1, 3 II Ziff. 2 Abs. 3, 3 II Ziff. 4, 3 III Ziff. 1 und 3 III Ziff. 2 AHB zeigen. Nichts anderes ist aber auch gemeint, wenn von der Deckungssumme oder der Höchsthaftungssumme gesprochen wird, was

---

[56] Grundlegend Boettinger Versicherungsfall, S. 101; vgl. ferner R. Schmidt VersR 1956, 266ff.; Teichler a. a. O., S. 43ff.; Jenssen ZVersWiss 1987, 425, 426ff.; Johannsen Haftpflichtversicherungsschutz, S. 90ff.; Kuwert Allgemeine Haftpflichtversicherung, Rz. 1008ff.

[57] BGH VersR 1957, 499ff.

[58] BGHZ 79, 76ff. = NJW 1981, 870ff. = VersR 1981, 173ff.

[59] Vgl. Klingmüller, Urteilsanmerkung zu BGHZ 79, 76ff. = NJW 1981, 870ff. = VersR 1981, 173ff., in: VersR 1981, 421ff.; Schmidt-Salzer BB 1981, 459ff.; ebenso R. Schmidt, Karlsruher Forum 1983, 178ff.; Teichler a. a. O., S. 57ff.; Jenssen a. a. O., 425ff.; zustimmend demgegenüber Diederichsen VP 1987, 85, 89f. und Johannsen a. a. O., S. 100f.; vgl. ferner Hoegen Versicherungsvertragsrecht, S. 78ff. und Dehner Urteilsanmerkung, in: LM § 1 AHB Nr. 13 aus der Sicht der an dieser Entscheidung maßgeblich beteiligten Richter.

[60] Vgl. Littbarski a. a. O., Rz. 543.

[61] Vgl. VerBAV 1982, 65f.

gerade im Bereich der Haftpflichtversicherung sehr häufig geschieht,[62] wie die in § 54 Rz. 138ff. zu erläuternde Ziff. 3 des Modells beweist.

Die genauere Bestimmung der Versicherungssumme, die sich im Schadensfall als **ausreichend** erweist und damit als **angemessen** bezeichnet werden kann, bereitet in der Praxis nicht unerhebliche Schwierigkeiten und läßt sich auch an dieser Stelle nicht vornehmen, da es jeweils auf die besonderen Umstände des Einzelfalles ankommt, die sich in den **individuellen Risikofaktoren** manifestieren. So spielt es **im Hinblick auf die Produkthaftung** beispielsweise eine nicht unwesentliche Rolle, welches Produkt hergestellt wird, wer und wieviele am Produktionsprozeß beteiligt sind, ob die Entstehung von Personen-, Sach- oder Vermögensschäden droht, ob das Produkt nur im Inland oder auch im Ausland vertrieben werden soll und schließlich – was nicht immer genügend berücksichtigt wird –, ob die Haftungsgefahr aufgrund der durch Gesetz und Rechtsprechung geprägten Rechtslage beachtlich oder nur gering ist. **Da alle diese Aspekte in die Betrachtung miteinzubeziehen sind,** müssen sich Versicherer und Versicherungsnehmer um eine individuelle Lösung bemühen, wobei insbesondere dem Versicherer aufgrund seiner Fachkompetenz eine enorm wichtige Aufgabe zur sachgerechten Beratung des Versicherungsnehmers zukommt. 37

In Anbetracht dieser Schwierigkeiten bei der Bestimmung der richtigen Versicherungssumme ließe sich daran denken, dem Versicherungsvertrag eine **unbegrenzte Versicherungssumme** zugrundezulegen, zumal die Begrenzung der Versicherungssumme kein unumstößliches Dogma der Haftpflichtversicherung ist. **Gegen eine derartige Lösung spricht** jedoch, daß sorglos handelnde Versicherungsnehmer sich im Bewußtsein des Bestehens von Versicherungsschutz veranlaßt sehen könnten, sich erst gar nicht um eine ordentliche Leistungserbringung zu bemühen, wodurch nicht nur dem Versicherer, sondern längerfristig auch der hinter ihm stehenden Versichertengemeinschaft erhebliche finanzielle Nachteile zugefügt werden könnten.[63] 38

Allerdings sollte auch nicht unerwähnt bleiben, daß angesichts einer sich **immer weiter verschärfenden Rechtsprechung zur Produkthaftung** sich die **Vereinbarung** einer **möglichst hohen Versicherungssumme** empfiehlt. Denn einmal ist die Gefahr des für den Einzelnen summenmäßig fühlbaren Schadens größer als häufig angenommen wird, so daß bei einer nicht ausreichenden Versicherungssumme der Versicherungsnehmer für den diese übersteigenden Betrag selbst einzustehen hätte. Zum anderen macht aber selbst eine beachtliche Erhöhung der Versicherungssumme nur einen relativ geringen Prämienmehraufwand erforderlich, weil die Gefahr der Entstehung von wirklichen Großschäden recht gering ist.[64] Dann sollte aber zur Vermeidung erheblicher Nachteile diesem Aspekt in der Praxis genügend Beachtung geschenkt werden. 39

4. Die Serienschadenklausel

Eine weitere Möglichkeit, den Versicherungsschutz zu begrenzen, besteht in der Anwendung von **Serienschadenklauseln,** die in so gut wie jedem Haftpflichtversicherungs- 40

---

[62] Vgl. Littbarski a. a. O., Rz. 549.

[63] Einzelheiten hierzu bei Littbarski a. a. O., Rz. 551.

[64] Vgl. Sieg Versicherungsvertragsrecht, S. 158 und Littbarski a. a. O., Rz. 553; zur Anhebung der Versicherungssummen auch Teichler Berufshaftpflichtversicherungen, S. 370ff. und Leininger, Probleme der Haftpflichtversicherung, in: Brendl, Produkt- und Produzentenhaftung, Gruppe 13, S. 513, 528ff.; vgl. aber auch Schmidt-Salzer Produkthaftung II, Rz. 3. 422, der unter Nennung von Zahlenbeispielen darauf hinweist, daß es eine „richtige" Deckungssumme in der Betriebshaftpflichtversicherung nicht gebe, weil der denkbare Höchstschaden auch theoretisch nicht kalkulierbar sei. Infolgedessen stehe es weitgehend im unternehmerischen Ermessen des einzelnen Versicherungsnehmers, welche Deckungssummen vereinbart würden. Demgegenüber machen Borgmann/Haug Anwaltshaftung, § 40, 2d S. 235 im Hinblick auf die Berufshaftpflichtversicherung der Anwälte deutlich, daß die Versicherer bei dem Verlangen nach sehr hohen Deckungssummen zurückhaltend bis ablehnend seien, da das auszugleichende Risiko großer Haftpflichtsummen prämienmäßig schwer sei.

vertrag enthalten sind. Dabei ist allerdings deutlich darauf hinzuweisen, daß hiermit eine der **kompliziertesten und umstrittensten Fragen des gesamten Haftpflichtversicherungsrechts** angesprochen ist. Entscheidend hierfür ist, daß nicht nur eine Reihe unterschiedlicher Serienschadenklauseln in den einzelnen Versicherungsbedingungen und auch in individuell vereinbarten Versicherungsverträgen Verwendung finden, sondern auch keine dieser Klauseln nur annähernd eindeutig formuliert ist. Dann überrascht es aber nicht, daß Theorie und Praxis erhebliche Schwierigkeiten bei der Lösung der anstehenden Fragen haben.[65]

41 Dieses berücksichtigend kann es daher nachfolgend nur darum gehen, die für alle Haftpflichtversicherungsverträge grundsätzlich geltende, in **§ 3 II Ziff. 2 Abs. 1 S. 3 AHB geregelte Serienschadenklausel** kurz vorzustellen, wobei dies unter dem Blickwinkel der für die Produkt-Haftpflichtversicherung geltenden Serienschadenklauseln[66] zu geschehen hat, während im übrigen auf das weiterführende Schrifttum verwiesen werden muß.[67]

42 Nach **§ 3 II Ziff. 2 Abs. 1 S. 3 AHB** gelten mehrere zeitlich zusammenhängende Schäden aus derselben Ursache oder mehrere Schäden aus Lieferungen der gleichen mangelhaften Waren als ein Schadenereignis. Legt man diesen Wortlaut seinen Überlegungen zur Bedeutung dieser Klausel zugrunde, so besteht zunächst Einigkeit darüber, daß es sich bei dem Begriff **„mehrere Schäden"** um eine unzutreffende Ausdrucksweise handelt, da nur **mehrere Schadenereignisse,** also mehrere schadenstiftende Vorgänge, **nicht** dagegen **mehrere Schäden,** also mehrere Zustände, im Wege der Fiktion zu einem **einzigen Schadenereignis** zusammengefaßt werden können.[68]

43 Umstritten ist hingegen, welche Bedeutung dem **zeitlichen Zusammenhang** zukommt. Während der BGH in einer Entscheidung vom 18. 1. 1965[69] in einem Falle, in dem es innerhalb von viereinhalb Monaten zu verschiedenen Deckenabstürzen gekommen war, den zeitlichen Zusammenhang noch bejahte, soll es nach einem Beispiel von Wussow[70] am zeitlichen Zusammenhang bereits fehlen, wenn eine schlecht unterhaltene Mauer zum Teil einstürzt und der Rest erst einige Wochen später zusammenfällt. Gegenüber dieser Auffassung von Wussow[71] hat Johannsen[72] zu Recht eingewendet, daß diese Auslegung nicht mehr mit dem Sprachgebrauch übereinstimme und dem verständlichen Bestreben des Versicherers, seine Haftung für zeitlich zusammenhängende Schadenereignisse aus derselben Ursache auf die Versicherungssumme zu begrenzen, nicht gerecht werde. Allerdings sieht auch Johannsen[73] die Schwierigkeiten der genauen zeitlichen Festlegung und nennt als Höchstgrenze für den ersten und den zweiten Schadenseintritt etwa sechs Monate. In der Tat dürfte aufgrund der fehlenden Festlegung in der Klausel selbst eine ganz verbindliche Antwort auf die Länge des zeitlichen Zusammenhangs kaum gegeben werden können, so daß letztlich jeweils die **besonderen Umstände des Einzelfalles** maßgeblich sind. Jedoch wird man unter Berücksichtigung des vom BGH und Johannsen einge-

---

[65] Vgl. hierzu die Darstellungen von Jung Diss.; Meyer-Kahlen VersR 1976, 8ff.; Bruck/Möller/Johannsen VVG, Anm. G 42; Wussow AHB, § 3 Anm. 15; Teichler a. a. O., S. 41ff., 132ff., 267ff.; Littbarski a. a. O., Rz. 557ff.; ders., EWiR § 3 AVB-WP, 1/88, 853f.; Kuwert, Allgemeine Haftpflichtversicherung, Rz. 3029ff.; umfassend jüngst Fenyves Serienschäden; jeweils m. w. N.; aus österreichischer Sicht ist insbesondere hinzuweisen auf den instruktiven Beitrag von Fenyves Versicherungs-Rundschau 1986, 57ff.; zum Einfluß des § 9 I AGBG auf einzelne Serienschadenklauseln vgl. 1. Teil § 13 Rz. 48ff.

[66] Vgl. hierzu § 54 Rz. 166ff.

[67] Vgl. hierzu die in Fn. 65 Genannten.

[68] Vgl. Jung Diss., S. 51ff.; Meyer-Kahlen VersR 1976, 8, 9.

[69] BGH NJW 1965, 755, 757; vgl. aber auch BGH VersR 1969, 723, 726; hierzu Littbarski, Haftungs- und Versicherungsrecht, Rz. 562.

[70] Wussow AHB, § 3 Anm. 15 S. 349.

[71] Wussow a. a. O.

[72] Bruck/Möller/Johannsen VVG, Anm. G 43.

[73] Bruck/Möller/Johannsen a. a. O.

schlagenen Weges etwa sechs Monate als grundsätzlich angemessen bezeichnen können, um den divergierenden Interessen der Beteiligten gerecht zu werden.[74]

Nicht eindeutig zu beantworten ist auch die Frage, was unter **„derselben Ursache“** zu verstehen ist. So hatte der BGH in einer Entscheidung vom 28. 5. 1969[75] darüber zu befinden, daß ein Architekt bei mehreren Bauten Fehler begangen hatte, indem er jeweils die Mindestwerte für den Wärmeschutz in der falschen Tabelle ablas. Der BGH vertrat die Auffassung,[76] daß die Schäden auf einer gleichartigen, nicht aber auf derselben Ursache beruhten. Es habe sich um 18 voneinander zu unterscheidende Versicherungsfälle gehandelt, da es auf der Hand liege, daß für jedes der voneinander unterschiedlich gestalteten Häuser besondere Ausführungszeichnungen angefertigt worden seien, von denen jede den gleichen Fehler hinsichtlich der Wärmedämmung enthalten habe. Der gleiche Fehler, der allen Schäden zugrunde gelegen habe, rechtfertige für sich allein nicht die Annahme des einheitlichen Ereignisses, da die Schäden ihre Ursache in der jeweils für das einzelne Haus gefertigten Werkzeichnung hätten. 44

Auf den **Bereich der Produkthaftung** übertragen erscheint auch dort eine **derartige Fallkonstellation** durchaus möglich. So könnte etwa daran gedacht werden, daß ein Hersteller für verschiedene Produkte seiner Produktpalette immer die gleichen Grundsubstanzen benötigt und infolge eines Fehlers falsche Substanzmengen eines bestimmten Stoffes zur Herstellung der verschiedenen Endprodukte verwendet. Treten daraufhin an den einzelnen Produkten Serienschäden auf, so beruhen sie im Verhältnis der verschiedenen Produkte zueinander auf einer gleichartigen, nicht aber auf derselben Ursache. 45

Folge hiervon ist, daß in einem solchen Fall die Serienschadenklausel des **§ 3 II Ziff. 2 Abs. 1 S. 3 AHB** nicht zur Anwendung kommt und daher insoweit eine Versagung des Deckungsschutzes durch den Haftpflichtversicherer nicht rechtfertigt. Haben Versicherer und Versicherungsnehmer im Versicherungsvertrag hingegen die **Geltung einer der beiden Serienschadenklauseln des Modells** oder einer **mit diesen vergleichbaren Klausel** vereinbart, so besteht keine Eintrittspflicht des Versicherers, da diese Klauseln für die Einstufung als Serienschäden gerade auf die **Gleichartigkeit der Ursachen** abstellen.[77] Dann zeigt sich aber an diesem Beispiel, daß es aus deckungsrechtlicher Sicht für den Versicherungsnehmer unter Umständen von Vorteil sein kann, nicht die Geltung einer Bestimmung des Modells zu vereinbaren, sondern sich mit der in den AHB getroffenen Regelung zu begnügen. 46

§ 3 II Ziff. 2 Abs. 1 S. 3 AHB greift demgegenüber wieder ein und führt zum Ausschluß vom Versicherungsschutz, wenn es sich um die einzelnen Exemplare desselben Endproduktes handelt. Denn hier wirkt sich der bei der Bestimmung der falschen Substanzmenge gemachte Fehler einheitlich aus und beruht daher auf derselben Ursache. 47

Die Regelung des **§ 3 II Ziff. 2 Abs. 1 S. 3 AHB** greift aber auch dann ein, wenn es sich um mehrere Schadenereignisse aus Lieferungen der gleichen mangelhaften Waren handelt. Im Gegensatz zur ersten Alternative kommt es hier auf den zeitlichen Zusammenhang nicht an. Entscheidend ist allein, daß beispielsweise ein nicht ausreichend bindender Zement, poröse Fassadenplatten oder auch wasserdurchlässige Dachhäute aus Lieferungen der gleichen mangelhaften Waren stammen, bei mehreren Auftraggebern verwendet werden und dort zu entsprechenden Schäden führen.[78] Schon aus derartigen Beispielen wird ersichtlich, daß diese **Alternative der Serienschadenklausel** im Bereich der **Produkthaftung** von **enorm großer Bedeutung** ist und daher ihre Kenntnis auf Versicherungsnehmerseite unerläßlich ist, um die mit ihr verbundenen Nachteile zu vermeiden. 48

---

[74] Vgl. Littbarski, Haftungs- und Versicherungsrecht, Rz. 561.

[75] BGH VersR 1969, 723, 726; vgl. auch LG Köln VersR 1989, 355f.; hierzu Littbarski EWiR § 3 AVB-WP, 1/88, 853f. und Ebel VersR 1989, 356f.

[76] BGH a. a. O.

[77] Einzelheiten hierzu in § 54 Rz. 165ff.

[78] Einzelheiten zu dieser Regelung bei Bruck/Möller/Johannsen VVG, Anm. G 44 und Wussow AHB, § 3 Anm. 17.

49 Liegen nämlich die Voraussetzungen der Serienschadenklausel des § 3 II Ziff. 2 Abs. 1 S. 3 AHB vor, so gelten **alle Schadenereignisse als ein Schadenereignis.** Rechtlich hat dies also zur Folge, daß damit aufgrund einer **Fiktion** der in Wirklichkeit vorliegende Sachverhalt **mehrerer Schadenereignisse** geleugnet wird. Konsequenz hiervon ist, daß damit das mit einer derartigen Klausel verfolgte Ziel erreicht wird, die Leistungspflicht des Versicherers im Fall eines Serienschadens auf die für ein **Schadenereignis** zur Verfügung stehende Versicherungssumme zu beschränken.[79]

5. Die Jahreshöchstleistung

50 Eine weitere Möglichkeit der **Begrenzung des Versicherungsschutzes** besteht in der Vereinbarung einer **Jahreshöchstleistung (Maximierung),** die in den AHB in § 3 II Ziff. 2 Abs. 3 AHB geregelt ist. Danach kann vereinbart werden, daß der Versicherer seine Gesamtleistung für alle Schadenereignisse eines Versicherungsjahres auf ein **Mehrfaches der vereinbarten Versicherungssumme** begrenzt. Die Jahreshöchstleistung dient damit der Maximierung der Leistungspflicht des Versicherers für alle Schadenereignisse eines Jahres auf das für das **betreffende Jahr festgesetzte Limit.**[80] Die Versicherer werden daher davor bewahrt, in irgendeinem Versicherungsjahr für Serien- oder sonstige Schäden aus Schadenereignissen des betreffenden Jahres über die jeweils vereinbarte Jahreshöchstleistung hinaus eintreten zu müssen.[81] Dies bedeutet, daß die **Leistungspflicht des Versicherers** erst wieder nach Ablauf des Jahres, also in einer **neuen Versicherungsperiode,** wirksam wird. Ziel einer derartigen Regelung ist daher die Vermeidung der Überbeanspruchung des Versicherers innerhalb einer Periode.[82] Will der Versicherungsnehmer diesem ihm drohenden Nachteil entgehen, muß er sich bei seiner Arbeit bemühen, zumindest unterhalb der Grenze zu bleiben, die die Leistungsfreiheit des Versicherers herbeiführt.[83]

51 Die praktische Bedeutung der Regelung über die Jahreshöchstleistung zeigt sich daran, daß – **beeinflußt von Usancen des internationalen Versicherungsmarktes** – die deutschen Haftpflichtversicherer vor geraumer Zeit dazu übergegangen sind, ihren Verträgen generell eine Jahreshöchstleistung zugrunde zu legen, was dementsprechend auch im Fall des Modells geschehen ist.[84] Dabei wird – wie auch **Ziff. 8.2 des Modells** zeigt –[85] von den Versicherern im allgemeinen der in den AHB genannte Begriff **„Mehrfaches" als „Doppeltes" der Versicherungssumme** ausgelegt.[86]

6. Der Selbstbehalt

52 Als letzte der **Begrenzung des Versicherungsschutzes** dienende Möglichkeit ist schließlich auch noch auf die Vereinbarung eines **Selbstbehaltes** hinzuweisen, der in § 3 II Ziff. 2 Abs. 2 AHB seinen Niederschlag gefunden hat. Danach kann vereinbart werden, daß sich der Versicherungsnehmer bei jedem Schadenereignis mit einem im Versicherungsschein festgelegten Betrag an einer **Schadensersatzleistung selbst beteiligt.** Grundgedanke einer solchen Klausel ist es, den Schadensbetrag innerhalb der Versicherungssumme zu teilen in den Hauptbetrag, den der Versicherer als Hauptleistung aus dem Vertrag

---

[79] Vgl. hierzu Rz. 36ff.; zu weiteren im Zusammenhang mit der Serienschadenklausel des § 3 II Ziff. 2 Abs. 1 S. 3 AHB auftretenden Folgeproblemen vgl. Littbarski, Haftungs- und Versicherungsrecht, Rz. 566ff.

[80] Meyer-Kahlen VersR 1976, 8, 13; Littbarski a. a. O., Rz. 570; vgl. auch 1. Teil § 13 Rz. 45f.

[81] Meyer-Kahlen und Littbarski a. a. O.

[82] Littbarski, Zur Versicherbarkeit, S. 197; ders. a. a. O.

[83] Littbarski a. a. O.

[84] Vgl. die Erläuterungen zum Produkt-Haftpflicht-Modell, VP 1987, 255, 261.

[85] Einzelheiten hierzu in § 54 Rz. 179.

[86] Vgl. Littbarski, Haftungs- und Versicherungsrecht, Rz. 571 mit umfassenden Nachweisen in Fn. 449.

übernimmt, und einen Minimalbetrag, den der Versicherungsnehmer trägt.[87] Wirtschaftlich hat die gleichzeitige Inanspruchnahme von Versicherungsnehmer und Versicherer die Bedeutung, zu verhindern, daß sich der Versicherer mit **Bagatellschäden** zu befassen hat. Ferner will sie dazu beitragen, den Versicherungsnehmer am **Unterbleiben eines Schadens mit zu interessieren** und damit gewissermaßen erzieherisch auf ihn einzuwirken.[88] Hierdurch soll er zu größerer Sorgfalt und damit zur Schadensverhütung oder zumindest zur Schadensminderung angehalten werden.[89] Begründet wird dies im wesentlichen damit, daß zu oft gerade in der Haftpflichtversicherung ein Nachlassen des Verantwortungsgefühls der Versicherungsnehmer zu beobachten sei.[90] Denn diese gingen davon aus, daß – wenn etwas passiere – dies nicht so schlimm sei, da man versichert sei und der Haftpflichtversicherer dann eben zahlen müsse. Da die bloße Anrufung des moralischen Gewissens nicht mehr genüge, Schäden zu verhindern, sei nur durch eine gewisse **finanzielle Belastung der Versicherungsnehmer** zu erwarten, daß diese der Durchsetzung unberechtigter oder übersetzter Schadensersatzansprüche nicht mehr Vorschub leisteten, sondern sich vielmehr an deren **Abwehr** tatkräftig **beteiligten.**[91]

In Anwendung dieser allgemeinen Grundsätze sind in der großen Mehrzahl aller Zwei- 53
ge der Haftpflichtversicherung **Regelungen über den Selbstbehalt** enthalten. Dazu gehört auch die Produkt-Haftpflichtversicherung, wie die Regelung der **Ziff. 8.3 des Modells** zeigt, auf die noch zurückzukommen sein wird.[92] Festzuhalten bleibt jedoch schon hier, daß eine Regelung über den Selbstbehalt grundsätzlich geeignet ist, den Versicherungsnehmer zu möglichst sorgfältigem Handeln anzuhalten, da sie sich in jedem Schadensfall unmittelbar finanziell nachteilig zu seinen Lasten auswirkt. Daher kann auf die Vereinbarung einer solchen Bestimmung mit gutem Gewissen in keinem Zweig der Haftpflichtversicherung verzichtet werden.[93]

V. Zusammenfassung und Folgerungen für die Produkt-Haftpflichtversicherung

Die bisherigen Ausführungen zum Gegenstand und zu den Grenzen der Allgemeinen 54
Haftpflichtversicherung haben ergeben, daß es neben wenigen allgemein anerkannten Grundsätzen eine Reihe von Problemen gibt, die Rechtsprechung und Literatur immer wieder beschäftigen, ohne daß sich auch nur im Ansatz konkrete, für **alle Zweige der Haftpflichtversicherung verbindliche Lösungen** abzeichneten. Dies gilt insbesondere für die Auslegung der verschiedenen, sich aus den AHB ergebenden Deckungsausschlußklauseln und so wichtiger, ebenfalls der Begrenzung des Versicherungsschutzes dienender Bestimmungen wie der über die Serienschadenklausel. Hinzu kommt aber ferner, daß allgemeine Bestimmungen über die Haftpflichtversicherung den **spezifischen Bedürfnissen** eines besonderen Haftungsbereiches wie dem der **Produkthaftung** nur unzureichend Rechnung tragen können und sich somit die Frage stellt, inwieweit dies durch das Modell gelungen ist.

---

[87] Einzelheiten zum Selbstbehalt einschließlich seiner verschiedenen Erscheinungsformen bei Wallis Diss.; vgl. ferner Rösner VersArch 1959, 159ff.; Bruck/Möller/Johannsen VVG, Anm. G 52ff.; Schmidt-Salzer Produkthaftung II Rz. 3.452ff.; Weyers Versicherungsvertragsrecht, Rz. 471; vgl. auch 1. Teil, § 13 Rz. 53.

[88] Rösner a. a. O., 197; Wallis a. a. O., S. 42; Bruck/Möller/Johannsen a. a. O., Anm. G 53; Littbarski, Haftungs- und Versicherungsrecht, Rz. 574.

[89] Rösner a. a. O.; Wallis a. a. O., S. 61f.; Littbarski a. a. O.

[90] Rösner a. a. O., 198.

[91] Rösner a. a. O.

[92] Vgl. hierzu § 54 Rz. 184f.

[93] Vgl. Littbarski, Haftungs- und Versicherungsrecht, Rz. 579.

55 Daher wird nachfolgend in der Weise vorgegangen, daß die dem **Modell zugrunde liegenden Prinzipien** erläutert werden, wobei ein besonderes Augenmerk darauf gelegt wird, zugleich auch die Querverbindungen zu den schon erläuterten Regelungen der AHB aufzuzeigen. In einem weiteren Schritt wird die Frage aufzuwerfen sein, inwieweit das **Modell ergänzungsbedürftig** ist und welche **Chancen zur Realisierung** hierfür bestehen.

§ 54. Einzelheiten zum Produkt-Haftpflicht-Modell

I. Allgemeines

1 Anknüpfend an die bisherigen Ausführungen gilt es nunmehr, sich im einzelnen mit dem Produkt-Haftpflicht-Modell zu beschäftigen. Dabei wird entgegen dem Aufbau des Modells keine einer Kommentierung gleichende Darstellung geboten. Vielmehr werden zunächst die in einem **sachlichen Zusammenhang stehenden Vorschriften** angesprochen und im einzelnen erläutert. In einem weiteren Schritt wird dann auf die Vorschriften des Modells eingegangen, die **ohne inneren Zusammenhang** bestimmte, für dessen Anwendungsbereich **bedeutsame Aussagen** treffen.

2 Konkret gesprochen heißt dies: Den **Ausgangspunkt** der Erörterungen werden die **Ziff. 1, 4 und 6 des Modells** bilden, da sie – entsprechend den für jeden Versicherungsvertrag grundsätzlich geltenden Prinzipien – sich mit dem Gegenstand des Vertrages (Ziff. 1), mit den Abgrenzungen und Erweiterungen des Versicherungsschutzes (Ziff. 4) und schließlich mit den nicht versicherten Tatbeständen (Ziff. 6) beschäftigen und damit das Kernstück des gesamten Modells darstellen. Danach werden die verbleibenden **Ziff. 2, 3, 5, 7, 8 und 9** vorzustellen sein, die das versicherte Risiko (Ziff. 2), die Deckungssummen (Ziff. 3), die Auslandsdeckung (Ziff. 5), die zeitliche Begrenzung (Ziff. 7), die Serienschadenklausel, die Maximierung und den Selbsbehalt (Ziff. 8) und die Erhöhungen und Erweiterungen des Risikos (Ziff. 9) betreffen.

II. Der Gegenstand des Versicherungsschutzes nach Ziff. 1

3 Nach **Ziff. 1.1** richtet sich der Versicherungsschutz für Schäden, die durch
a) vom Versicherungsnehmer hergestellte oder gelieferte Erzeugnisse,
b) Arbeiten oder sonstige Leistungen nach Ausführung der Leistung oder nach Abschluß der Arbeiten entstehen, nach den Allgemeinen Versicherungsbedingungen für die Haftpflichtversicherung (AHB) und den folgenden Vereinbarungen.

4 Durch die **Verweisung auf die AHB** und die folgenden Vereinbarungen kommt zunächst zum Ausdruck, welche **Interdependenz zwischen diesen beiden Regelwerken** besteht und wie wichtig es daher ist, sich nicht nur der dem Modell zugrundeliegenden Gedanken, sondern auch denen der AHB immer wieder bewußt zu werden, will man die mit dem Modell verbundene Zielsetzung wirklich verstehen.

5 Noch wesentlicher ist allerdings, daß Ziff. 1.1 eine **Definition des Begriffes der Produkthaftpflicht** gebracht und damit verbunden eine **Abgrenzung** des daraus resultierenden Risikos vom **allgemeinen Betriebsrisiko** ermöglicht hat.[1] Legt man nämlich den Wortlaut dieser Vorschrift zugrunde, so sind **Produkthaftpflichtschäden** nicht nur solche Schäden, die durch vom Versicherungsnehmer **hergestellte oder gelieferte Erzeugnisse** hervorgerufen werden. Vielmehr fallen darunter auch solche Schäden, die aus **Arbeiten oder sonstigen Leistungen** herrühren. Während dabei zu Arbeiten vor allem Montagen gehören, für die beim Fehlen einer besonderen Vereinbarung die Anwendbarkeit der

[1] Vgl. auch die Erläuterungen zum Modell VW 1987, 255, 256; Meyer-Kahlen VP 1974, 153; Produkte-Haftpflicht aktuell, S. 60.

Deckungsausschlußklausel des § 4 I Ziff. 6b AHB denkbar bleibt, wird zu den sonstigen Leistungen insbesondere die von vielen Herstellern oder Händlern im Zusammenhang mit dem Verkauf der Erzeugnisse gebotene anwendungstechnische Beratung gerechnet, da häufig eine falsche oder unvollständige Beratung die eigentliche Ursache für eingetretene Produktschäden ist.[2]

Dieser weit gefaßte Begriff der Produkthaftpflicht entspricht internationalen, insbesondere in den USA üblichen Gepflogenheiten, nicht nur das engere **„products risk"**, sondern auch das **„completed operations risk"** in den Bereich der Produkthaftpflicht einzubeziehen, wenn der Schaden nach Abschluß der Arbeiten entsteht.[3] Dadurch sollen Schwierigkeiten vermieden werden, die sich daraus ergeben können, daß nicht völlig geklärt werden kann, ob der Schaden auf einen **Mangel des Produkts** oder auf eine **fehlerhafte Montage** zurückzuführen ist. Auch soll verhindert werden, daß im Falle der Ungeeignetheit eines Erzeugnisses für einen bestimmten Zweck die Zweifelsfrage entsteht, ob lediglich das Erzeugnis unter dem Gesichtspunkt seines spezifischen **Verwendungszwecks mangelhaft** war oder ob nicht auch der Schaden auf eine **fehlerhafte Instruktion** zurückzuführen ist.[4] 6

Weitere Voraussetzung für die Anwendbarkeit der Ziff. 1.1 ist, daß es sich um Schäden handelt, die **nach Ausführung der Leistung oder nach Abschluß der Arbeiten entstehen.** Darin kommt zum Ausdruck, daß vom **Produkthaftpflichtrisiko** nur solche Schäden erfaßt werden und damit dem Deckungsschutz unterliegen, die zu einem Zeitpunkt eingetreten sind, nach dem der Versicherungsnehmer die ihm obliegende Leistungshandlung erbracht oder die von ihm durchzuführenden Arbeiten abgeschlossen hat. Zugleich wird damit aber auch das **Produkthaftpflichtrisiko vom allgemeinen Betriebsrisiko, dem sog. Betriebsstättenrisiko abgegrenzt,** das für solche Schäden gilt, die durch vom Versicherungsnehmer hergestellte oder gelieferte Erzeugnisse, Arbeiten oder sonstige Leistungen entstehen, bevor die Leistung ausgeführt oder die Arbeit abgeschlossen war. Liegen diese und die weiteren, aus § 1 Ziff. 1 AHB sich ergebenden Voraussetzungen der Eintrittspflicht des Haftpflichtversicherers vor, so besteht Versicherungsschutz im Rahmen der allgemeinen Betriebshaftpflichtversicherung. Entscheidendes Kriterium für die Unterscheidung zwischen dem allgemeinen Betriebsrisiko und dem Produkthaftpflichtrisiko ist also der **Zeitpunkt des Schadeneintritts.**[5] 7

Beispiele:[6] 8

Setzt der Versicherungsnehmer auf dem Betriebsgelände seines Kunden die von ihm gebaute Maschine zusammen und beschädigt dabei die für die Kühlung der Maschine erforderliche Zuführung der Wasserleitung, so daß es zu einer Überschwemmung auf dem Betriebsgelände kommt, so ist das allgemeine Betriebsrisiko betroffen. Wird hingegen beim Zusammensetzen der Maschine die Zuführung der Wasserleitung fehlerhaft montiert, so daß nach Inbetriebnahme der Maschine die Wasserleitungsrohre platzen und das Betriebsgelände überschwemmen, geht es um das Produkthaftpflichtrisiko.

Stellt der Versicherungsnehmer explosive Stoffe her, die noch während der Lagerung auf dem Betriebsgrundstück eine Explosion herbeiführen und einen übergreifenden Feuerschaden auslösen, ist dieser Schaden dem allgemeinen Betriebsrisiko zuzurechnen. Ereignet sich hingegen aufgrund einer unsachgemäßen Verpackung des explosiven Stoffes die Explosion erst nach dessen Auslieferung beim Kunden des Versicherungsnehmers, zählt der eingetretene Schaden zum Produkthaftpflichtrisiko.

Ein weiterer, nicht aus dem **Wortlaut der Ziff. 1.1** abzuleitender, aber sich aus den dem Modell zugrundeliegenden Gedanken ergebender Aspekt wird schließlich noch in den Erläuterungen zum Modell angesprochen.[7] Sofern danach im Rahmen der Versicherung 9

---

[2] Vgl. die Erläuterungen zum Modell a. a. O., 256; Produkte-Haftpflicht aktuell a. a. O.

[3] So ausdrücklich die Erläuterungen zum Modell a. a. O.

[4] Vgl. die Erläuterungen zum Modell a. a. O.

[5] Vgl. auch die Erläuterungen zum Modell a. a. O.; Produkte-Haftpflicht aktuell a. a. O.

[6] Vgl. die Erläuterungen zum Modell a. a. O.

[7] A. a. O.

des Betriebsstättenrisikos einzelne der in § 53 Rz. 11ff. genannten **Ausschlüsse der AHB** abbedungen sind, wird das **Produkthaftpflichtrisiko** von dieser Deckungserweiterung nicht erfaßt. Vielmehr bedarf es hierzu einer besonderen Vereinbarung. Dahinter steht die einfache Überlegung, daß die **Betriebs-Haftpflichtversicherung** als einheitlicher Vertrag **bedingungsgemäß in zwei Teile** gegliedert ist, nämlich den das **allgemeine Betriebsrisiko erfassenden Teil I** und den das **Produkthaftpflichtrisiko regelnden Teil II.**[8] Dann muß aber angesichts der grundsätzlichen Selbständigkeit beider Teile auch jeder Teil im Hinblick auf seine einzelvertraglich vereinbarten Bestimmungen isoliert betrachtet und kann nicht in der Weise interpretiert werden, daß die für ihn geltenden Regelungen ohne besondere Vereinbarung auch auf den anderen Teil zur Anwendung kämen.

10 **Nach Ziff. 1.2** des Modells ist versichert die gesetzliche Haftpflicht des Versicherungsnehmers für Personen- und Sachschäden. Auf den ersten Blick scheint diese Formulierung eine Selbstverständlichkeit zu besagen, die bereits in dem für alle Haftpflichtversicherungsverträge grundsätzlich geltenden § 1 Ziff. 1 AHB zum Ausdruck kommt. Unter Berücksichtigung der anderen Bestimmungen des Modells und der dazu ergangenen Erläuterungen wird jedoch deutlich, daß es sich bei **Ziff. 1.2** um eine der **zentralen Regelungen des Modells** handelt, der sich folgende Grundgedanken entnehmen lassen:

11 Einmal zeigt der systematische Zusammenhang, in dem die Ziff. 1.2 des Modells mit der unmittelbar davor sich findenden Ziff. 1.1 steht, daß das **gesamte** in Ziff. 1.1 definierte **Produkthaftpflichtrisiko** Gegenstand des Vertragsteils „Produkthaftpflicht" ist.[9] Zum anderen bringt Ziff. 1.2 zum Ausdruck, daß diese Bestimmung nicht nur die **Produktschäden erfaßt,** für die bereits in einer **konventionellen Betriebshaftpflichtversicherung** Deckungsschutz besteht, sondern auch die **Produktschäden,** die ausschließlich **mit Hilfe der in Ziff. 4 des Modells geregelten Deckungserweiterungen** versichert werden können.[10] Schließlich stellt die in Ziff. 1.2 des Modells vorgesehene Beschränkung des Versicherungsschutzes auf **Personen- und Sachschäden klar, daß Deckung** für die sog. **reinen Vermögensschäden**[11] im Modell **grundsätzlich nicht vorgesehen ist.** Daher bedarf es zur Einbeziehung derartiger reiner Vermögensschäden in den Versicherungsschutz ebenso wie in der konventionellen Betriebshaftpflichtversicherung einer **besonderen Vereinbarung** zwischen dem Versicherer und dem Versicherungsnehmer, wobei die Möglichkeit hierfür durch die in Ziff. 4 des Modells vorgesehenen Erweiterungen des Versicherungsschutzes geschaffen wird.[12] Dann wird aber auch hieran deutlich, in welch engem Zusammenhang Ziff. 1.2 mit Ziff. 4 des Modells steht, so daß es sinnvoll ist, zur näheren Bestimmung des Gegenstandes und der Grenzen des Modells nachfolgend auf Ziff. 4 genauer einzugehen.

12 Um jedoch den Überblick über die den Gegenstand des Versicherungsschutzes für die Produkthaftpflicht regelnde Vorschrift der Ziff. 1 abzuschließen, sei noch kurz darauf hingewiesen, daß die verbleibende Ziff. 1.3 eine sich bereits aus § 151 I VVG ergebende Selbstverständlichkeit der **Mitversicherung der persönlichen gesetzlichen Haftpflicht der verschiedenen Betriebsangehörigen** enthält,[13] so daß es keiner über den Wortlaut hinausgehender Erläuterungen bedarf. Danach ist mitversichert die persönliche gesetzliche Haftpflicht der gesetzlichen Vertreter des Versicherungsnehmers und solcher Personen, die er zur Leitung oder Beaufsichtigung des versicherten Betriebes oder eines Teils desselben angestellt hat, in dieser Eigenschaft, ferner sämtlicher übrigen Betriebsangehörigen für Schäden, die sie in Ausführung ihrer dienstlichen Verrichtungen verursachen.

---

[8] Vgl. hierzu § 50 Rz. 1.

[9] Vgl. die Erläuterungen zum Modell a. a. O.

[10] Erläuterungen zum Modell a. a. O.

[11] Vgl. hierzu § 52 Rz. 10f.; umfassend zum Sachschadenbegriff und seiner Abgrenzung zum Vermögensschaden Thürmann Sachschadenbegriff, S. 15ff., 96ff. und 107ff.; vgl. auch Nickel VP 1989, 1f.

[12] Erläuterungen zum Modell a. a. O.

[13] Vgl. hierzu Voit in: Prölss/Martin VVG, § 151 Anm. 2 und § 1 AHB Anm. 6 m. w. N.

Ausgeschlossen sind hingegen **Haftpflichtansprüche aus Personenschäden,** bei denen es sich um **Arbeitsunfälle im Betrieb des Versicherungsnehmers** gemäß der Reichsversicherungsordnung handelt. 13

III. Die Abgrenzungen und Erweiterungen des Versicherungsschutzes nach Ziff. 4

1. Grundsätzliches zur Ziff. 4

Ziff. 4 des Modells regelt die Abgrenzungen und Erweiterungen des Versicherungsschutzes, und zwar in der Weise, daß in einem einleitenden Satz allgemeine Grundsätze aufgestellt werden und in den sich daran anschließenden, immer zusammen mit dem einleitenden Satz zu lesenden Ziff. 4.1–4.5 die dem Versicherungsschutz unterliegenden Tatbestände enumerativ aufgezählt sind. Dabei ist bereits der mehrere Aussagen treffende einleitende Satz nicht gerade verständlich formuliert, in dem es heißt: 14

„Eingeschlossen sind – wobei Vermögensschäden wie Sachschäden behandelt werden – in teilweiser Abänderung von § 1, § 4 I Ziff. 1 und Ziff. 6 Abs. 3 AHB gesetzliche Schadensersatzansprüche, die aus der Herstellung oder Lieferung mangelhafter Erzeugnisse oder Leistungen einschließlich der Falschlieferung von Lieferungen resultieren, sowie es sich handelt um ..."

Etwas stärker aufgespalten bedeutet dies, daß eingeschlossen gesetzliche Schadensersatzansprüche sind, die aus der Herstellung oder Lieferung mangelhafter Erzeugnisse oder Leistungen einschließlich der Falschlieferung von Erzeugnissen resultieren, soweit es sich um die in Ziff. 4.1–4.5 geregelten Tatbestände handelt. Damit wird zum Ausdruck gebracht, daß **Gegenstand des Versicherungsschutzes** nur die in den Ziff. 4.1–4.5 des Modells im einzelnen aufgeführten Schadensersatzansprüche sind. Dagegen unterfallen diejenigen Ansprüche nicht der Deckung, die zwar auch Mangelfolgeschäden hervorrufen können, aber in den Ziff. 4.1–4.5 des Modells keine ausdrückliche Berücksichtigung gefunden haben. Hierzu zählen einmal alle Haftpflichtansprüche kraft Vertrages oder Zusage, die vom erweiterten Deckungsschutz der Ziff. 4.1 des Modells deshalb nicht erfaßt werden, da sie nicht nur der Ausschlußklausel des § 4 I Ziff. 1 AHB unterliegen, sondern zugleich auch den Erfüllungsbereich des Vertrags i. S. des § 4 I Ziff. 6 Abs. 3 AHB berühren. Zum anderen sind hierzu auch diejenigen Nachbesserungsansprüche zu rechnen, die unter die in Ziff. 4.23 und 4.53 des Modells genannten deshalb nicht einzuordnen sind, weil sie sich als Erfüllungssurrogate gemäß § 4 I Ziff. 6 Abs. 3 AHB darstellen. Mithin soll mit der **Ausgrenzung derartiger Ansprüche** erreicht werden, daß die Deckungsausschlußklauseln des § 4 I Ziff. 1 und Ziff. 6 Abs. 3 AHB nicht gänzlich ins Leere laufen. 15

Hinsichtlich der von **Ziff. 4** des Modells grundsätzlich erfaßten gesetzlichen Schadensersatzansprüche ist zur Abgrenzung noch folgendes bemerkenswert: Einmal fällt hierunter **ausschließlich die gesetzliche Haftpflicht des Versicherungsnehmers,** nicht aber eine vertraglich übernommene Schadensersatzpflicht anderer Hersteller oder Händler.[14] Zum anderen wird aber auch klargestellt, daß die **Lieferung falscher Erzeugnisse,** also die Lieferung einer anderen als der bestellten Ware derjenigen mangelhafter Erzeugnisse gleichzustellen ist, so daß in der Praxis häufiger vorkommende Schäden durch Verwechslung von Waren bei der Auslieferung oder durch falsche Etikettierung ebenfalls Gegenstand des Versicherungsschutzes sind.[15] 16

Die Einleitung der Ziff. 4 bringt ferner zum Ausdruck, daß **Vermögensschäden wie Sachschäden behandelt** werden. Dadurch soll deutlich gemacht werden, daß die in den 17

---

[14] Vgl. die Erläuterungen zum Modell VW 1987, 255, 257.
[15] Vgl. Produkte-Haftpflicht aktuell S. 63.

Ziff. 4.2–4.5 des Modells angesprochenen, dem Versicherungsschutz unterliegenden reinen Vermögensschäden, also Schäden, die weder auf einem Personen- oder Sachschaden beruhen, dennoch Sachschäden gleichgestellt werden und daher für sie auch die für Sachschäden vereinbarten Deckungssummen gelten.

18 Zudem wird durch die **Einleitung der Ziff. 4 i.V.m. den in Ziff. 4.1–4.5 geregelten Tatbeständen** Versicherungsschutz in teilweiser Abänderung von § 1, § 4 I Ziff. 1 und Ziff. 6 Abs. 3 AHB geboten. Konkreter gesprochen heißt dies, daß in bedingungsgemäßem Umfang auch **Mangelfolgeschäden aufgrund fehlerhafter Eigenschaftszusicherungen nach §§ 463 und 480 BGB Gegenstand der Deckung** sind. Dadurch sollte in bezug auf die vom Modell erfaßten Fälle der Anfang der siebziger Jahre heftig geführten Diskussion um die Versicherbarkeit derartiger Ansprüche ein Ende bereitet werden.[16]

19 Sofern das Modell zur Anwendung kommt, braucht daher über die **Versicherbarkeit derartiger Ansprüche** nicht mehr diskutiert zu werden. Wird hingegen die Geltung des Modells nicht vereinbart, kommt die genannte Diskussion um das Bestehen oder Nicht-Bestehen von Versicherungsschutz wieder voll zum Tragen.

20 Die teilweise Abänderung von § 1, § 4 I Ziff. 1 und Ziff. 6 Abs. 3 AHB bezieht sich – wie in Rz. 15 bereits angedeutet – ausschließlich auf Ansprüche wegen Mangelfolgeschäden aus dem Fehlen zugesicherter Eigenschaften. Demgegenüber sind vom Versicherungsschutz ausgeschlossen Haftpflichtansprüche kraft Vertrages oder Zusage, die den gesetzlichen Umfang überschreiten.[17] Ferner sind vom Versicherungsschutz auch nicht erfaßt die in § 4 I Ziff. 6 Abs. 3 AHB angesprochenen Erfüllungsansprüche und die an die Stelle der Erfüllung tretenden Ersatzleistungen, da deren Unversicherbarkeit als Ausfluß eines allgemeinen Grundsatzes der Haftpflichtversicherung über diese Bestimmung hinaus allseits anerkannt ist.[18]

2. Die Tatbestände der Ziff. 4

a) Allgemeines

21 Bereitet nach dem zuvor Gesagten schon die Einleitung der Ziff. 4 des Modells erhebliche Auslegungsschwierigkeiten, werden diese noch erheblich verstärkt, wenn es um die Frage geht, welche Bedeutung den einzelnen in **Ziff. 4.1–4.5** geregelten, immer im Zusammenhang mit der Einleitung zu Ziff. 4 zu lesenden **Deckungserweiterungen** konkret zukommt.

22 Auszugehen ist davon, daß nach den Intentionen der Bedingungsverfasser den in den **Ziff. 4.1–4.5** geregelten Tatbeständen ein **Baukastensystem** zugrundeliegt, dessen Ziel es ist, dem Versicherungsnehmer nicht global alle Bausteine anzubieten, sondern nur solche, derer er entsprechend seinen Bedürfnissen wirklich bedarf.[19] Denn es sei – so wird in den Erläuterungen zum Modell ausdrücklich hervorgehoben[20] – im Einzelfall stets zu prüfen, welche **Deckungserweiterungen** der Versicherungsnehmer benötige. Es sei nämlich wenig sinnvoll, Prämien für Deckungserweiterungen zu zahlen, die nicht erforderlich seien.

23 So braucht – was unstreitig ist – zum Beispiel ein Hersteller von Druckfarben oder ein Lieferant von Zutaten für die Nahrungsmittelindustrie in aller Regel die Vermischungsklausel der Ziff. 4.2, hingegen nicht die Klausel für Aus- und Wiedereinbaukosten der

---

[16] Vgl. hierzu Hönig VersR 1970, 975, 981; Diederichsen VersR 1971, 1077, 1081ff.; Schmidt-Salzer BB 1972, 18ff.; ders. Produkthaftung, Rz. 303f.; Hannig VP 1973, 34ff.; Goujet VP 1973, 133f.; ders. VP 1974, 134f.; Graf von Westphalen BB 1974, 625ff.; Meyer-Kahlen BB 1974, 1613ff.; Baumann, Festschrift für Sieg, S. 15, 17; Nickel VP 1989, 1, 4; zusammenfassend Littbarski, Zur Versicherbarkeit, S. 78f.; zur Haftung für Eigenschaftszusicherungen vgl. im einzelnen 1. Teil § 2 Rz. 1ff.

[17] Zur Abgrenzung zugesicherter Eigenschaften von selbständigen Garantiezusagen vgl. Rz. 101ff.

[18] Vgl. hierzu § 53 Rz. 7; die Bedeutung des § 4 I Ziff. 6 Abs. 3 AHB demgegenüber verkennend Nickel a.a.O.

[19] Vgl. die Erläuterungen zum Modell VW 1987, 255, 257.

[20] Vgl. die Erläuterungen zum Modell a.a.O.

Ziff. 4.4.[21] Dagegen hat die Ziff. 4.4 erhebliche Bedeutung für Hersteller von Betonfertigteilen, Rohren oder Maschinenteilen.[22] Daher richtet sich die **Notwendigkeit der einzelnen Deckungserweiterungen** primär nach der **Art des möglichen Schadens** und den **Möglichkeiten** seiner **Beseitigung.**[23] Dazu benötigen die Versicherer genauere Angaben des Versicherungsnehmers über das Produktionsprogramm und die weitere Verwendung des Produkts, die sie sich am besten durch entsprechend vorbereitete Fragebögen bzw. im Gespräch mit leitenden Mitarbeitern des einzelnen Unternehmens holen.[24] Allerdings nimmt in der letzten Zeit in der Praxis immer mehr die Tendenz zu, dem Versicherungsnehmer die **Bausteine des Modells als Gesamtpaket anzubieten,** wie auch Vertreter der Versicherungswirtschaft unumwunden zugeben.[25] Hintergrund hierfür ist in erster Linie, daß bisweilen erhebliche Probleme bei der Beantwortung der Frage auftauchen, welche Deckungserweiterungen vom Versicherungsnehmer tatsächlich benötigt werden. Daneben dürften aber auch immer wieder auftretende Abgrenzungsschwierigkeiten zwischen den einzelnen Tatbeständen der Ziff. 4 eine nicht ganz unwesentliche Rolle spielen, wie noch in Rz. 30ff. zu zeigen sein wird.

24 Angesichts solcher Diskrepanzen zwischen den Intentionen der Modellverfasser und den in der Praxis tatsächlich herrschenden Gepflogenheiten stellt sich dann aber die Frage, ob ein uneingeschränktes Festhalten am Baukastensystem noch sachgemäß ist. Hierauf wird noch in Rz. 193 zurückzukommen sein.

b) Ziff. 4.1: Sachschadendeckung bei Eigenschaftszusicherung

25 Nach **Ziff. 4.1** werden in den Versicherungsschutz Schäden einbezogen, die an Sachen Dritter eintreten, und die daraus entstehenden weiteren Schäden. Hierunter sind, wie sich aus dem Zusammenhang mit der Formulierung der Einleitung („. . . in teilweiser Abweichung von § 4 I Ziff. 1 und Ziff. 6 Abs. 3 AHB . . .") ergibt, Sachschäden zu verstehen, die sich als Mangelfolgeschäden bei Fehlen einer zugesicherten Eigenschaft darstellen.[26] Wird eine Eigenschaft hingegen nicht zugesichert, besteht für derartige Produkteschäden Versicherungsschutz über die Ziff. 1.2 des Modells bzw. über § 1 AHB.[27]

26 Der mit der **Regelung der Ziff. 4.1 verbundene Vorteil** besteht also darin, daß wegen des mit Ziff. 1.2 übereinstimmenden Deckungsumfanges der haftungsrechtlich bisweilen schwierigen Frage, ob eine Eigenschaft tatsächlich zugesichert war und ob die eingetretenen Schäden eine Folge dieser Zusicherung waren, aus deckungsrechtlicher Sicht keine entscheidende Bedeutung zukommt. Denn **Versicherungsschutz** besteht auf jeden Fall, und zwar entweder über **Ziff. 4.1** oder über **Ziff. 1.2.**[28]

27 Um dies an einem Beispiel zu verdeutlichen:

Der Versicherungsnehmer X stellt Pappen für Pralinenschachteln her und sichert dem Pralinenhersteller Y zu, daß die Pappen trotz einer speziellen Kunststoffbeschichtung unter keinen Umständen den Geschmack der Pralinen beeinträchtigen. Nach der Konfektion werden diese Pralinen an die Süßwarenabteilungen einer Warenhauskette ausgeliefert und dort einheitlich bei einer Temperatur von 16° C gelagert. Bei Stichproben stellt sich heraus, daß die Pralinen wegen einer zu hohen Lagerungstemperatur nach Kunststoff schmecken und nicht mehr zu veräußern sind. Die Süßwarenabteilungen müssen die Pralinen daher gegen einwandfreie austauschen und den Kaufpreis für bereits

---

[21] Vgl. die Erläuterungen zum Modell a. a. O.

[22] Vgl. die Erläuterungen zum Modell a. a. O.

[23] Vgl. die Erläuterungen zum Modell a. a. O.

[24] Vgl. auch die Erläuterungen zum Modell a. a. O.

[25] Vgl. W. Müller/Schubring-Giese ARGUS 1985, 53ff.

[26] Allgemeine Auffassung: Vgl. die Erläuterungen zum Modell VW 1987, 255, 257; Produkte-Haftpflicht aktuell, S. 64; Späte in: Brendl, Produkt- und Produzentenhaftung, Gruppe 13, S. 46; zur Haftung für Eigenschaftszusicherungen vgl. im einzelnen 1. Teil § 2 Rz. 1ff.

[27] So auch die Erläuterungen zum Modell a. a. O.

[28] Vgl. auch Späte a. a. O., S. 47; Produkte-Haftpflicht aktuell a. a. O.

verkaufte Pralinen erstatten. Zudem werden sie von den Lebensmittelbehörden angewiesen, bereits länger gelagerte Pralinen wegen der Gefahr der Übertragung des Kunststoffgeschmacks auf unmittelbar daneben gelagerte andere Süßwaren vernichten zu lassen.

Der Pralinenhersteller wird von der Warenhauskette wegen der entstandenen Kosten in Anspruch genommen und wendet sich seinerseits wegen aller ihm entstandenen Kosten an den Versicherungsnehmer X. Dieser wiederum hält seinen Versicherer Z wegen aller Schäden für eintrittspflichtig.

28 Hinsichtlich der Ansprüche auf Kaufpreiserstattung liegen gesetzliche Schadensersatzansprüche und damit ein nach Ziff. 4.1 gedeckter **Sachschaden** vor, da dieser die Folge des Sachschadens an den unbrauchbar gewordenen Pralinen ist. Sofern es um die Kosten für den Pralinenaustausch geht, handelt es sich um einen aus dem Sachschaden resultierenden **Vermögensfolgeschaden,** der ebenfalls von der Deckung durch Ziff. 4.1 erfaßt wird. Das gleiche gilt schließlich auch für die Kosten, die aufgrund der Vernichtung der Pralinen entstanden sind. Somit ergibt sich, daß für alle eingetretenen Schäden der Haftpflichtversicherer Z über die Ziff. 4.1 eintrittspflichtig ist.

29 Hingegen besteht kein Versicherungsschutz, soweit X neue, einwandfreie Pappen herzustellen hat und an Y liefern muß bzw. Y sich neue Pappen bei einem anderen Hersteller besorgt und die dadurch entstandenen Kosten dem X in Rechnung stellt. Denn insoweit ist die **ordnungsgemäße Vertragserfüllung** durch X und damit der vom Deckungsbereich der Haftpflichtversicherung ausgeschlossene **Erfüllungsbereich des Vertrages** i. S. d. § 4 I Ziff. 6 Abs. 3 AHB berührt. Dieser Erfüllungsbereich ist aber – wie schon in § 53 Rz. 7 erwähnt – als Ausfluß eines allgemeinen Grundsatzes der Haftpflichtversicherung nicht Gegenstand des Versicherungsschutzes und kann daher von der in der Einleitung zu Ziff. 4 vorgesehenen Abweichung von § 4 I Ziff. 6 Abs. 3 AHB nicht erfaßt werden.

c) Ziff. 4.2: Vermischung, Verbindung, Verarbeitung

30 **aa) Allgemeines** Die **Ziff. 4.2** ist von ihrer Struktur her ähnlich aufgebaut wie die gesamte Ziff. 4. Nach einer die Voraussetzungen des Versicherungsschutzes umschreibenden Einleitung werden in den **Ziff. 4.21–4.25 einzelne Fallgruppen** genannt, die Gegenstand der Deckung durch die Haftpflichtversicherung sind. Somit muß im Einzelfall zunächst das Vorliegen der Tatbestandsmerkmale der Ziff. 4.2 bejaht werden, ehe genauer auf die einzelnen Tatbestände der Ziff. 4.21–4.25 eingegangen werden kann. Dementsprechend empfiehlt sich ein derartiges Vorgehen auch in der nachfolgenden Darstellung.

31 Nach **Ziff. 4.2** sind Gegenstand des Versicherungsschutzes **Schäden Dritter infolge Mangelhaftigkeit von Sachen,** die erst durch Verbindung, Vermischung oder Verarbeitung der gelieferten Erzeugnisse mit anderen Produkten entstehen, und zwar wegen einer der in Ziff. 4.21–4.25 genannten Fallgruppen. Daher stellt sich zunächst die Frage, welcher **Zweck mit Ziff. 4.2** verfolgt wird.

32 Wie der Wortlaut dieser Bestimmung zeigt, soll mit ihr der **Tatbestand der Herstellung einer neuen mangelhaften Sache** geregelt werden, die durch Verbindung, Vermischung oder Verarbeitung der vom Versicherungsnehmer gelieferten mangelhaften Erzeugnisse mit anderen Produkten entsteht.[29] Dabei ist die Deckung für solche Fälle gedacht, in denen die Erzeugnisse des Versicherungsnehmers derartig mit anderen Produkten vermischt, verbunden oder verarbeitet werden, daß aus tatsächlichen Gründen eine Trennung der mangelhaften Erzeugnisse des Versicherungsnehmers nicht möglich ist oder aus wirtschaftlichen Gründen nicht vorgenommen wird.[30] Damit werden von dieser Vorschrift auch **reine Vermögensschäden** erfaßt, für die wegen der Regelung der Ziff. 1.2 des Modells bzw. der Bestimmung des § 1 Ziff. 3 AHB in einer Betriebs-Haftpflichtversicherung grundsätzlich kein Versicherungsschutz besteht.

33 Hinsichtlich der Tatbestandsvoraussetzungen der Ziff. 4.2 ist zu beachten, daß es sich hierbei um die in der Praxis enorm wichtigen **Vermischungs- und Verbindungstatbe-**

[29] So die Erläuterungen zum Modell VW 1987, 255, 257.
[30] Erläuterungen zum Modell a. a. O., 257 f.

stände handelt, die grundsätzlich in den §§ 946, 947 BGB geregelt sind und die dazu führen, daß das Produkt des Versicherungsnehmers aus tatsächlichen oder wirtschaftlichen Gründen in dem Endprodukt aufgeht. Damit ist der **Tatbestand der Ziff. 4.2** im Einzelfall von dem **in Ziff. 4.4 geregelten abzugrenzen,** der die Aus- und Einbaukosten betrifft. Die dort vorgesehene Deckungserweiterung dient nämlich dazu, dem Versicherungsnehmer von Erzeugnissen, deren Mangelhaftigkeit dazu führt, daß sie wieder ausgebaut oder freigelegt und gegen mangelfreie Erzeugnisse ausgetauscht werden müssen, Versicherungsschutz zu bieten.[31]

Häufig werden bei Ziff. 4.2 Gegenstand des Versicherungsschutzes **vertragliche Schadensersatzansprüche des Herstellers des Endproduktes** gegen den Versicherungsnehmer sein. So kommen beispielsweise vertragliche Schadensersatzansprüche eines Prospekt- und Plakatherstellers gegen den Versicherungsnehmer in Betracht, wenn eine von diesem gelieferte Druckfarbe nicht schnell genug trocknet, die mit ihr hergestellten Prospekte und Plakate somit beim Druckvorgang zusammenkleben oder verschmieren und daher unbrauchbar sind.[32] Das gleiche gilt etwa, wenn der Versicherungsnehmer als Hersteller von Oberleder an einen Schuhfabrikanten Leder liefert, dessen Mangelhaftigkeit sich nach der Verarbeitung zu den Schuhen herausstellt.[33] 34

Zwingend notwendig ist es für die Anwendbarkeit der Ziff. 4.2 allerdings nicht, daß der **Vertragspartner des Versicherungsnehmers** einen Schaden erleidet. Vielmehr muß Versicherungsschutz auch dann geboten werden, wenn im Zusammenhang mit der Verbindung, Vermischung oder Verarbeitung des vom Versicherungsnehmer gelieferten Erzeugnisse mit anderen Produkten ein **Dritter geschädigt** wird und dieser **Dritte Ansprüche gegen den Versicherungsnehmer** geltend macht. Dies ergibt sich schon daraus, daß Ziff. 4.25 ausdrücklich den Versicherungsschutz auf Ansprüche wegen der dem Abnehmer entstehenden Kosten beschränkt, während weder Ziff. 4.2 noch Ziff. 4.21–4.24 eine solche Beschränkung des Versicherungsschutzes auf den Abnehmer vorsehen. Dann muß aber im Umkehrschluß die Folgerung gezogen werden, daß auch Ansprüche jedes beliebigen Dritten Gegenstand der Deckung durch den Haftpflichtversicherer sein können.[34] 35

In der Praxis werden derartige Ansprüche aus einem mehrstufigen Herstellungsprozeß resultieren, wie sich anhand des nachfolgenden Beispieles zeigt: 36

Der Versicherungsnehmer liefert Leder an einen Polsterbetrieb, der Autositze herstellt und diese an einen Automobilkonzern verkauft. Nach der Auslieferung der Fahrzeuge stellt sich heraus, daß das Leder der Sitze schon nach kurzem Gebrauch ohne übermäßige Beanspruchung brüchig ist. Der Automobilkonzern wendet sich wegen der Schadensersatzansprüche der Autokäufer über den Polsterbetrieb an den Versicherungsnehmer. Dieser nimmt seinerseits seinen Haftpflichtversicherer in Anspruch, der im Rahmen der Ziff. 4.21–4.24 eintrittspflichtig ist.

Somit ergibt sich zwar nicht aufgrund des Wortlautes der Ziff. 4.2, aber doch im Wege der Auslegung dieser Bestimmung, daß in einem derartigen Fall Versicherungsschutz zu gewähren ist.[35] 37

Liegen die Voraussetzungen der Ziff. 4.2 vor, muß – um eine Eintrittspflicht des Haftpflichtversicherers zu bejahen – zumindest einer der in **Ziff. 4.21–4.25 genannten Tatbestände** gegeben sein. Allerdings weisen diese **Tatbestände** eine Reihe von **Überlappungen und Überschneidungen** auf, so daß keinem Versicherungsnehmer ernsthaft geraten werden kann, sich nur mit der Vereinbarung eines dieser Tatbestände zu begnügen. Vielmehr erscheint es im Regelfall sinnvoller, bei der Gefahr der Entstehung von Verbindungs- und Vermischungstatbeständen die **Ziff. 4.2 insgesamt in den Versicherungsschutz einzube-** 38

---

[31] Vgl. die Erläuterungen zum Modell VW 1987, 255, 258; Einzelheiten hierzu in Rz. 64ff.

[32] Beispiel nach den Erläuterungen a. a. O.

[33] Beispiel nach den Erläuterungen a. a. O.

[34] So zu Recht Produkte-Haftpflicht aktuell, S. 65; unklar Nickel VP 1989, 1, 5.

[35] Vgl. Produkte-Haftpflicht aktuell a. a. O.

ziehen oder zumindest **Kombinationen** der Ziff. 4.21 und 4.22 bzw. 4.23 und 4.24 zu wählen, wie der nachfolgende Überblick zeigen wird.

39 **bb) Ziff. 4.21 und Ziff. 4.22** Während nach **Ziff. 4.21** Versicherungsschutz besteht für **Schadensersatzansprüche wegen Beschädigung oder Vernichtung der anderen Produkte,** mit denen die Sache des Versicherungsnehmers verbunden, vermischt oder verarbeitet wird, ist im Falle der **Ziff. 4.22** eine Eintrittspflicht des Haftpflichtversicherers **wegen der für die Herstellung des Endproduktes aufgewandten Kosten** mit Ausnahme des Entgelts für das mangelhafte Erzeugnis des Versicherungsnehmers gegeben. Somit stellt Ziff. 4.21 für die Bejahung des Versicherungsschutzes allein auf die **Beschädigung oder Vernichtung der anderen Produkte** ab. Ziff. 4.22 dient hingegen dazu, die **Endproduktkosten**[36] grundsätzlich dem Deckungsschutz zu unterstellen. Zu diesen Endproduktkosten zählen etwa Arbeitslohn und Transportkosten, aber auch die Kosten für Verpackungsmaterial wie Papier, Transportkisten oder Etikettierungen.[37] Damit handelt es sich hierbei um **echte Vermögensschäden,** die jedoch **deckungsrechtlich wie Sachschäden** behandelt werden und damit gegenüber der Regelung der Ziff. 1.2 des Modells bzw. der allgemeineren des § 1 Ziff. 3 AHB eine Erweiterung des Versicherungsschutzes bringen.

40 Um die mit der **Abgrenzung der Ziff. 4.21 von der Ziff. 4.22 verbundene Problematik** zu verdeutlichen, sei folgendes Beispiel genannt:[38]

Nach der Lieferung eines vom Versicherungsnehmer hergestellten Klebers lösen sich infolge eines Mangels des Klebers die auf dem Estrich des Fußbodens verklebten Platten. Da sowohl der Estrich als auch die Platten durch den mangelhaften Kleber unbrauchbar geworden sind, stellt der Hauseigentümer dem Versicherungsnehmer die dadurch entstandenen Kosten in Rechnung, der seinerseits seinen Haftpflichtversicherer in Anspruch nimmt.

41 Einmal besteht der Schaden in dem unbrauchbar gewordenen Estrich und den nicht mehr zu benutzenden Platten. Insofern ist Versicherungsschutz über die Ziff. 4.21 gegeben. Darüber hinausgehend sind aber auch Arbeitskosten umsonst aufgewendet worden. Hierfür kann Deckung nur über die Ziff. 4.22 gewährt werden.[39]

42 Somit zeigt dieses Beispiel, wie wichtig es ist, in einem derartigen Fall für **beide Tatbestände** einen **entsprechenden Versicherungsschutz vor Schadenseintritt** vereinbart zu haben. Zudem bestätigt dieses Beispiel auch die bereits in Rz. 23 getroffene Feststellung, daß das Baukastensystem in der Praxis nur mit großer Vorsicht gehandhabt werden sollte und es als leichtfertig bezeichnet werden muß, nur die Geltung einzelner Bausteine zu vereinbaren, während andere, in engem Zusammenhang damit stehende unberücksichtigt bleiben.

43 Dies verdeutlicht auch der Blick auf die Regelungen der **Ziff. 4.23 und 4.24,** die sachlich eng miteinander verbunden sind.

44 **cc) Ziff. 4.23 und Ziff. 4.24.** Nach **Ziff. 4.23** besteht Versicherungsschutz wegen Aufwendungen, die zusätzlich wegen einer rechtlich und wirtschaftlich notwendigen **Nachbesserung des Endprodukts** oder einer anderen Schadensbeseitigung entstehen. Der Versicherer ersetzt allerdings die entstehenden Aufwendungen in dem Verhältnis nicht, in dem das Entgelt für das gelieferte Erzeugnis zum Verkaufspreis des Endproduktes steht. **Ziff. 4.24** knüpft hieran an und gewährt Versicherungsschutz wegen eines weiteren Vermögensnachteils, weil das Endprodukt nicht oder nur mit einem Preisnachlaß veräußert werden kann. Der Versicherer ersetzt aber insbesondere den Schaden in dem Verhältnis nicht, in dem das Entgelt für das gelieferte Erzeugnis zu dem Verkaufspreis steht, der bei mangelfreier Lieferung für das Endprodukt zu erwarten gewesen wäre.

---

[36] Treffender Begriff von Späte Produkthaftpflichtversicherung in: Brendl, Produkt- und Produzentenhaftung, Gruppe 13, S. 48.

[37] Vgl. Späte a. a. O.

[38] Vgl. Produkte-Haftpflicht aktuell, S. 66.

[39] So zutreffend Produkte-Haftpflicht aktuell a. a. O.

Aus diesen Formulierungen wird zumindest im Ansatz deutlich, was mit diesen beiden **Ziffern bezweckt** wird. Sachlich geht es nämlich darum, **Fälle zu regeln,** in denen das fertige Endprodukt einen Mangel aufweist, der auf einem **Fehler des vom Versicherungsnehmer gelieferten Erzeugnisses** zurückzuführen ist. Besteht die Möglichkeit, diesen Mangel des Endproduktes durch Nachbesserung zu beseitigen, wird nach Ziff. 4.23 Versicherungsschutz für die Nachbesserungskosten geboten. Läßt sich das Endprodukt hingegen überhaupt nicht oder nur mit einem Preisnachlaß veräußern, sieht Ziff. 4.24 die Gewährung von Versicherungsschutz für die weiteren Vermögensnachteile vor. Zu diesen zählen neben dem entgangenen Gewinn die Kosten der Vernichtung des mangelhaften Endproduktes.[40] Dazu ist aber auch eine Vertragsstrafe zu rechnen, die der Hersteller des Endprodukts an seinen Vertragspartner zahlen muß, weil er das Endprodukt infolge seiner Mangelhaftigkeit nicht rechtzeitig liefern konnte.[41] 45

Mit der **Einbeziehung der Nachbesserungskosten und der weiteren Vermögensnachteile** in den Versicherungsschutz werden somit in Abweichung von Ziff. 1.2 des Modells und von § 1 Ziff. 3 AHB **reine Vermögensschäden des Versicherungsnehmers** zum Gegenstand der Deckung durch den Haftpflichtversicherer gemacht. Unter Berücksichtigung der mit der Schaffung des Modells verfolgten Intentionen mag dies auf den ersten Blick als sachgerechte Lösung bezeichnet werden. Denn Ziel der Einführung des Modells war es gerade, auch in **Grenzbereichen der Haftpflichtversicherung einen erweiterten Deckungsschutz** zu bieten, um auf diese Weise den sich immer weiter verschärfenden Grundsätzen über die Produkthaftung aus haftpflichtversicherungsrechtlicher Sicht angemessen Rechnung tragen zu können. Bei genauerem Hinsehen fällt die Einbeziehung derartiger Vermögensnachteile des Versicherungsnehmers in den Versicherungsschutz allerdings etwas differenzierter aus, und zwar sowohl im Hinblick auf die Nachbesserungskosten als auch die weiteren Vermögensnachteile. 46

So handelt es sich bei den **Nachbesserungskosten** nach herkömmlichem Verständnis um solche Kosten, die dem **Erfüllungsbereich des Vertrages** zuzurechnen sind[42] und daher dem in den §§ 1 Ziff. 1 und 4 I Ziff. 6 Abs. 3 AHB als allgemeinen Grundsatz zum Ausdruck kommenden **Wesen der Haftpflichtversicherung widersprechen.** Besteht deren Aufgabe als einer Schadensversicherung doch darin, Versicherungsschutz wegen der Inanspruchnahme aus **Schadensersatzansprüchen** und **nicht aus Erfüllungsansprüchen** zu bieten, wie die genannten Regelungen deutlich zeigen. Zudem wird aber – und dies wiegt noch schwerer – damit das jedem Vertrag immanente Vertragsrisiko, bei einer fehlerhaften Leistung mit unter Umständen erheblichem Kostenaufwand nachbessern zu müssen, weitgehend, nämlich bis auf die eigentliche Vertragsleistung selbst, auf den Haftpflichtversicherer und damit letztlich auf die Versichertengemeinschaft abgewälzt.[43] 47

Genau diese Entwicklung haben die Bedingungsverfasser allerdings im Auge gehabt, da nach **Ziff. 4.23** der Versicherer (nur) die entstehenden Aufwendungen in dem Verhältnis nicht ersetzt, in dem das Entgelt für das gelieferte Erzeugnis zum Verkaufspreis des Endprodukts steht.[44] **Dieser Auffassung kann jedoch keinesfalls zugestimmt werden.** Wenn nämlich in dieser Weise verfahren wird, laufen die für die Bedingungen Verantwortlichen Gefahr, entscheidend dazu beizutragen, die der deutschen Haftpflichtversicherung zugrundeliegenden Grundprinzipien aus den Angeln zu heben und eine neue, auch die Vertragserfüllung weitgehend einschließende Versicherungsform zu schaffen. **Falls** 48

---

[40] Vgl. Produkte-Haftpflicht aktuell, S. 66.

[41] So mit Recht Produkte-Haftpflicht aktuell a. a. O.

[42] Vgl. § 53 Rz. 7 und § 54 Rz. 20 und 50.

[43] Vgl. zu ähnlichen, im Ergebnis abzulehnenden Entwicklungen im Bereich des § 633 II 1 BGB und in der Bauhandwerker-Haftpflichtversicherung Littbarski, Haftungs- und Versicherungsrecht, Rz. 371 ff.; Kuwert, Allgemeine Haftpflichtversicherung, Rz. 4229 ff.

[44] Einzelheiten zur Berechnung bei Späte Produkthaftpflichtversicherung in: Brendl, Produkt- und Produzentenhaftung, Gruppe 13, S. 49; Schlegelmilch Absicherung, S. 108.

man dies wirklich will, sollte man sich offen hierzu bekennen. Ansonsten riskiert man, die Haftpflichtversicherung in Bereiche zu verlagern, die mit einer Haftpflichtversicherung herkömmlichen Zuschnitts nichts mehr gemein haben.[45]

49 Daß Abweichungen von scheinbar festgefügten Grundsätzen der Haftpflichtversicherung bei der Schaffung des Modells grundsätzlich gewollt waren, bestätigt auch die in **Ziff. 4.24 vorgesehene Einbeziehung weiterer Vermögensnachteile in den Versicherungsschutz** mit Ausnahme des Schadens, in dem das Entgelt für das gelieferte Erzeugnis zu dem Verkaufpsreis steht, der bei mangelfreier Lieferung für das Endprodukt zu erwarten gewesen wäre.[46]

50 Ist zu diesen **weiteren Vermögensnachteilen** entsprechend dem in *§ 52 Rz. 10f.* Gesagten auch der **entgangene Gewinn zu rechnen,** so hat man mit dessen in Ziff. 4.24 vorgesehener grundsätzlichen Versicherbarkeit einen Weg eingeschlagen, der mit dem bisherigen Verständnis der Rechtsprechung und des ganz überwiegenden Teils der Literatur in Widerspruch steht und dem unbefangenen Beobachter daher recht seltsam anmutet. Gingen doch der BGH[47] und der große Teil des Schrifttums[48] schon früher davon aus, daß es sich beim **entgangenen Gewinn** eindeutig um eine **„an die Stelle der Erfüllungsleistung tretende Ersatzleistung"** gemäß § 4 I Ziff. 6 Abs. 3 AHB handele, die dem Erfüllungsinteresse zuzurechnen sei und damit dieser nicht vom Versicherungsschutz erfaßt werde. Dahinter stand der Gedanke, daß im **entgangenen Gewinn** ein am Werk selbst eingetretener Schaden zu erblicken sei, der das unmittelbare Interesse des Haftpflichtgläubigers am Leistungsgegenstand selbst betreffe und daher dem **unversicherbaren Bereich** zuzuordnen sei.[49] Dieser Auffassung ist der BGH auch im sog. Bohrinselfall vom 25. 9. 1985[50] gefolgt, bei dem es um eine durch den Ausfall des Krans bedingte 18½ Tage dauernde Arbeitsverlängerung an einer Bohrinsel und damit um einen Nutzungsausfallschaden ging. Zwar setzte sich der BGH u. a. auch mit kritischen Stellungnahmen des Schrifttums[51] sachlich auseinander. Inhaltlich hielt er jedoch an der Begründung seiner bisherigen Rechtsprechung fest und sah den geltend gemachten Nutzungsausfallschaden als von der Haftpflichtversicherung nicht erfaßt an.[52]

51 Umso größer muß dann aber bei allen denjenigen, die mit Grundfragen der Haftpflichtversicherung nicht so vertraut sind, die Verwunderung sein, daß **im Falle des Modells** von diesem scheinbar unumstößlichen **Grundsatz der Unversicherbarkeit des entgangenen Gewinns abgewichen** wurde. Zwar ist nach der diesseitig vertretenen, an anderer Stelle näher erläuterten Auffassung[53] der bei Ziff. 4.24 des Modells eingeschlagene Weg uneingeschränkt zu begrüßen, zumal die Gewährung von Versicherungsschutz im Hinblick auf den entgangenen Gewinn allgemeinen Grundsätzen der Haftpflichtversicherung nicht widerstreitet.[54] Dem Verständnis für die in allen anderen Bereichen der Haftpflichtversicherung unterbleibende Deckung des entgangenen Gewinns wäre es jedoch dienlicher, wenn dort unumwunden zugegeben würde, daß es sich insoweit um **kein unum-**

---

[45] Littbarski a. a. O.

[46] Einzelheiten zur Berechnung bei Späte a. a. O., S. 50f.; Schlegelmilch a. a. O., S. 109ff.

[47] BGH NJW 1957, 907, 908; BGH NJW 1967, 340, 342; BGH VersR 1968, 437, 438; BGH NJW 1975, 1278, 1279.

[48] Vgl. Zollmarsch Diss. S. 136; Bruck/Möller/Johannsen VVG, Anm. G 252 und 254; Wussow AHB, § 1 Anm. 64, S. 159; Th. Honsell VersR 1985, 3, 5f.; U. Hübner VersR 1985, 810, 812ff.

[49] Vgl. BGH NJW 1957, 907, 908; BGH NJW 1967, 340, 342; Wussow a. a. O.

[50] BGH VersR 1985, 1153; hierzu aus der Sicht eines an der Entscheidung maßgeblich beteiligten Richters Hoegen Versicherungsvertragsrecht, S. 92ff.; vgl. ferner Littbarski, Haftungs- und Versicherungsrecht, Rz. 501ff.

[51] BGH a. a. O. unter Bezugnahme auf Littbarski VersR 1982, 915, 918.

[52] BGH a. a. O.; vgl. auch Hoegen a. a. O., S. 93f.

[53] Vgl. Littbarski, Zur Versicherbarkeit, S. 39ff., 121ff.; ders., Haftungs- und Versicherungsrecht, Rz. 401, 500 und 503ff.

[54] Littbarski a. a. O.

stößliches Dogma handelt, sondern die **Versagung des Deckungsschutzes** allein aus **geschäftspolitischen Erwägungen** erfolgt.

52 **dd) Ziff. 4.25.** Nach **Ziff. 4.25** besteht Versicherungsschutz für Ansprüche wegen der dem Abnehmer des Versicherungsnehmers infolge eines sich daraus ergebenden Produktionsausfalls unmittelbar entstehenden Kosten. Gemeint ist mit dieser wenig präzise formulierten Vorschrift, daß der **Kosten verursachende Produktionsausfall** beim Abnehmer des Versicherungsnehmers die Folge einer Verbindung, Vermischung oder Verarbeitung der vom Versicherungsnehmer gelieferten Erzeugnisse mit anderen Produkten ist.[55] Liegen diese Voraussetzungen vor, sind die aus dem **Produktionsausfall unmittelbar entstehenden Kosten** Gegenstand des Versicherungsschutzes. Mit der Beschränkung auf die unmittelbar entstehenden Kosten soll zum Ausdruck gebracht werden, daß darunter beispielsweise die Kosten für die Reinigung verschmutzter Maschinen und einer neuen Zurüstung und ebenso alle in dem betroffenen Betrieb weiterlaufenden Kosten fallen.[56] Hingegen soll **nicht Gegenstand des Versicherungsschutzes der durch den Produktionsausfall entgangene Gewinn** sein,[57] so daß dieser im Gegensatz zu Ziff. 4.24 von der Deckung ausgeschlossen ist.

53 Der Grund für den in **Ziff. 4.25** vorgesehenen **Ausschluß des entgangenen Gewinns** ist zum einen darin zu erblicken, daß eine Einbeziehung in die Deckung **prämienmäßig** nicht ganz unwesentlich zu Buche schlagen müßte. Zum anderen spielt aber auch eine ganz erhebliche Rolle, daß die **Ziff. 4.25 im Zusammenhang mit der Ziff. 6.1** des Modells zu lesen ist.[58] Danach sind vom Versicherungsschutz ausgeschlossen Folgeschäden wie z. B. Betriebsunterbrechung oder Produktionsausfall, da die Produkt-Haftpflichtversicherung sich generell nicht auf Schäden durch Betriebsunterbrechung oder Produktionsausfall erstreckt.[59] Dann mußte diesem Umstand aber auch in Ziff. 4.25 Rechnung getragen werden, um zu verhindern, daß der **entgangene Gewinn** als **typischer Folgeschaden einer Betriebsunterbrechung oder eines Produktionsausfalls** über diese Vorschrift doch gedeckt wäre und diese Bestimmung sich dann in Widerspruch zu Ziff. 6.1 setzte.

54 **Kein Versicherungsschutz** besteht nach **Ziff. 4.25** auch in den Fällen, in denen die Mangelhaftigkeit des gelieferten Erzeugnisses **vor Beginn der Weiterverarbeitung,** also z. B. bei der Eingangskontrolle oder bei einer sonstigen Überprüfung festgestellt wird.[60] Denn hier hat eine Verbindung, Vermischung oder Verarbeitung des mangelhaften Produkts mit dem späteren Endprodukt noch gar nicht stattgefunden, so daß auch eine Beschädigung oder Vernichtung der anderen Produkte nicht vorliegt.[61] Reine Vermögensschäden, die sich allein aus der Schlechtlieferung ergeben, ohne daß die Produkte beschädigt werden, sind aber nicht Gegenstand einer Deckung durch den Haftpflichtversicherer nach Ziff. 4.25.[62]

55 Dementsprechend sind die Voraussetzungen für die Gewährung von Versicherungsschutz nach **Ziff. 4.25** auch dann nicht gegeben, wenn die **Ursache** für den Produktionsausfall nicht in der Verbindung, Vermischung oder Verarbeitung, sondern in der Tatsache begründet ist, daß dem Abnehmer des Versicherungsnehmers für die Weiterführung der Produktion **keine mangelfreien Erzeugnisse der vom Versicherungsnehmer gelieferten Art** zur Verfügung stehen.[63]

---

[55] Vgl. die Erläuterungen zum Modell VW 1987, 255, 258; Schlegelmilch Absicherung, S. 113; Produkte-Haftpflicht aktuell, S. 67.

[56] Vgl. Schlegelmilch a. a. O.

[57] Vgl. Schlegelmilch a. a. O. und Produkte-Haftpflicht aktuell a. a. O.

[58] So zutreffend Schlegelmilch Absicherung, S. 114.

[59] Schlegelmilch a. a. O.

[60] So zutreffend die Erläuterungen zum Modell VW 1987, 255, 258 und Schlegelmilch a. a. O., S. 113.

[61] Vgl. auch die Erläuterungen zum Modell a. a. O.

[62] So mit Recht die Erläuterungen zum Modell a. a. O.; ebenso Schlegelmilch a. a. O.

[63] So zutreffend Produkte-Haftpflicht aktuell, S. 67 f.; ebenso Schlegelmilch a. a. O., S. 113 f.

56 **d) Ziff. 4.3: Verarbeitungskosten.**

Ziff. 4.3 ist im Verhältnis zu den bisher genannten Tatbeständen der Ziff. 4 ungewöhnlich ausführlich ausgestaltet, bietet aber mit einer Ausnahme sachlich keine allzu großen Auslegungsschwierigkeiten. Nach **Ziff. 4.3 Abs. 1** sind Gegenstand des Versicherungsschutzes Kosten Dritter für die Weiterverarbeitung oder Weiterbearbeitung eines mangelhaften Erzeugnisses – ohne daß eine Vermischung, Verbindung oder Verarbeitung mit anderen Produkten stattfindet –, sofern das verarbeitete oder bearbeitete Erzeugnis unveräußerlich ist und soweit diese Kosten nicht für die Behebung des Mangels an dem Erzeugnis selbst aufgebracht werden oder sonstwie den Charakter der Nachbesserung tragen. **Ziff. 4.3 Abs. 2** ergänzt diese Vorschrift und bringt eine Definition der Kosten. Danach sind Kosten die Herstellungskosten des Dritten mit Ausnahme des Entgelts für das mangelhafte Erzeugnis des Versicherungsnehmers.

57 Inhaltlich werden daher durch Ziff. 4.3 die Fälle angesprochen, in denen das **Erzeugnis des Versicherungsnehmers** durch Weiterverarbeitung oder Weiterbearbeitung **zu einer neuen Sache umgestaltet** wird, ohne daß eine Verbindung, Vermischung oder Verarbeitung mit anderen Produkten im Sinne von Ziff. 4.2 erfolgt. Gedacht ist somit an solche Fälle, in denen z. B. Folien, Kunststoffe, Kartonagen, Bleche, Stahlplatten oder ähnliches zu Verpackungen, Kisten, Behältern oder Röhren gepreßt, gegossen oder gefalzt werden und das Endprodukt infolge eines Mangels des verarbeiteten Erzeugnisses unbrauchbar oder nur bedingt brauchbar ist.[64]

58 Als Beispielsfälle sind etwa folgende zu nennen:[65]

- Kunststoffgeschirre weisen aufgrund einer fehlenden Homogenität der vom Versicherungsnehmer gelieferten Kunststoffmasse Schlieren auf.
- Vom Abnehmer maschinell gestrickte Pullover können wegen Unreinheiten der vom Versicherungsnehmer stammenden Wolle nur als zweite Wahl verkauft werden.
- Infolge eines Herstellungsfehlers ist die vom Versicherungsnehmer gelieferte Kunststoffmasse von einer zu geringen Härte und erweist sich daher nach dem Pressen von Schallplatten als unbrauchbar für die Schallplattenproduktion.
- Die vom Versicherungsnehmer stammenden Bleche werden zu Dachrinnen verarbeitet, sind aber wegen einer zu hohen Rostanfälligkeit unverkäuflich.
- Pappen des Versicherungsnehmers werden im Betrieb des Abnehmers zu Umzugskisten weiterverarbeitet. Infolge einer zu hohen Reißanfälligkeit lassen sie sich für den Transport von Porzellan und Büchern nicht benutzen.

59 Liegen derartige oder ähnliche Fallgestaltungen vor, ist der **Schaden des Dritten** vor allem in seinen **umsonst aufgewendeten Herstellungskosten** zu erblicken. Demgemäß wird bei einer auf die Mangelhaftigkeit des Erzeugnisses des Versicherungsnehmers beruhenden Unveräußerlichkeit des Endproduktes nach Ziff. 4.3 Abs. 1 und 2 Versicherungsschutz im Hinblick auf die umsonst aufgewendeten Herstellungskosten mit Ausnahme des Entgelts für das mangelhafte Erzeugnis des Versicherungsnehmers gewährt. Führt die Mangelhaftigkeit des vom Versicherungsnehmer gelieferten Erzeugnisses hingegen zu einem Preisnachlaß für das Endprodukt, so ersetzt der Versicherer nach Ziff. 4.3 Abs. 3 anstelle der Kosten den durch den Preisnachlaß bedingten Mindererlös des Dritten. Hiervon hat der Versicherungsnehmer den Anteil zu tragen, der dem Verhältnis des Entgelts für das gelieferte Erzeugnis zu dem Verkaufspreis entspricht, der bei mangelfreier Lieferung für das Endprodukt zu erwarten gewesen wäre.

60 Indem der Versicherungsschutz im Hinblick auf den soeben genannten Anteil versagt wird und zudem **keine Deckung bezüglich des Entgelts für das mangelhafte Erzeugnis** des Versicherungsnehmers besteht, kommt wie in Ziff. 4.22–4.24 der Gedanke zum Tra-

---

[64] Vgl. die Erläuterungen zum Modell VW 1987, 255, 258; Produkte-Haftpflicht aktuell, S. 68; Späte Produkthaftpflichtversicherung in: Brendl, Produkt- und Produzentenhaftung, Gruppe 13, S. 51; Schlegelmilch Absicherung, S. 115.

[65] Vgl. die Erläuterungen zum Modell a. a. O. und Späte a. a. O.

gen, daß als Ausfluß des in den §§ 1 und 4 I Ziff. 6 Abs. 3 AHB sich widerspiegelnden Grundsatzes das Erfüllungsinteresse an einer ordnungsgemäßen Durchführung des Vertrages nicht Gegenstand des Versicherungsschutzes ist. Dies ist – wie in § 53 Rz. 7 gezeigt – eine haftpflichtversicherungsrechtliche Selbstverständlichkeit und bedarf daher an dieser Stelle keiner weiteren Erläuterung mehr.

Unklar ist die Rechtslage, soweit es um die **Versicherbarkeit einer im Einzelfall vorgenommenen Nachbesserung** geht. Legt man die in **Ziff. 4.3 Abs. 1 verwendete Formulierung** „... insoweit diese Kosten nicht für die Behebung des Mangels an dem Erzeugnis selbst aufgebracht werden oder sonstwie den Charakter der Nachbesserung tragen ...“ zugrunde, so scheint eine Deckung nicht möglich. Sieht man sich hingegen die zu **Ziff. 4.3 herausgegebenen Erläuterungen der Bedingungsverfasser** an,[66] so kann Deckung im Einzelfall auch für die Kosten geboten werden, die wegen einer rechtlich und wirtschaftlich notwendigen Nachbeserung des Endproduktes oder einer anderen Schadensbeseitigung entstehen. Einschränkend wird jedoch weiter hinzugefügt, daß der Versicherer die entstehenden Kosten (nur) in dem Verhältnis nicht ersetze, in dem das Entgelt für das gelieferte Erzeugnis zum Verkaufspreis des Endprodukts stehe. Dennoch ändert diese Einschränkung nichts daran, daß in der Praxis in einem begrenzten Umfang für derartige Nachbesserungskosten Deckung durch den Haftpflichtversicherer geboten wird.[67] 61

Nun ist zwar nicht zu verkennen, daß die **Übernahme dieser Kosten im Einzelfall** durch den Versicherer durchaus sinnvoll sein kann, weil dadurch die höheren Aufwendungen vermieden werden, die bei einem Preisnachlaß für das Endprodukt oder gar bei dessen Unveräußerlichkeit entstünden.[68] 62

Fraglich ist aber, wie die **von den Bedingungsverfassern erwogene Nachbesserung**[69] an dem vom Versicherungsnehmer stammenden mangelhaften Erzeugnis **praktisch durchführbar** sein soll. Denn bei Zugrundelegung der in Rz. 58 genannten Beispiele erscheint es nicht denkbar, daß etwa verarbeitete schlierenhaltige Kunststoffmasse oder bereits zu Karton verarbeitete reißanfällige Pappe noch nachgebessert werden könnte. Daher dürfte die grundsätzliche Bereitschaft der Versicherer zur Deckung der Nachbesserungskosten wenig realistisch sein. 63

e) Ziff. 4.4: Aus- und Einbaukosten. 64

Nach **Ziff. 4.4** besteht Versicherungsschutz für Schadensersatzansprüche wegen Aufwendungen Dritter für Beseitigung, Ausbau, Abnahme oder Freilegung mangelhafter Erzeugnisse und für Einbau, Anbringen und Verlegen mangelfreier Erzeugnisse. Wie der Wortlaut zeigt, werden durch diese Bestimmung auch **reine Vermögensschäden in den Versicherungsschutz einbezogen,** die im Rahmen einer konventionellen Betriebs-Haftpflichtversicherung grundsätzlich nicht gedeckt sind. **Adressat der Deckungserweiterung** ist der **Lieferant von Erzeugnissen,** deren Mangelhaftigkeit dazu führt, daß sie ausgebaut oder freigelegt und gegen mangelfreie Erzeugnisse ausgetauscht werden müssen. Somit ist die Deckung vor allem bedeutsam für Hersteller von Bau-Fertigteilen und sonstige Baustofflieferanten, ferner für Hersteller von Rohren, Kabeln, Maschinenteilen, Aggregaten und Zubehör aller Art.[70]

Im Gegensatz zu den Tatbeständen der **Ziff. 4.2** findet im Falle der **Ziff. 4.4** eine Verbindung oder Vermischung mit einem anderen Produkt nicht statt, so daß eine **Trennung der einzelnen Produkte jederzeit möglich** ist.[71] Daher spielt Ziff. 4.4 bei den in Rz. 64 genannten Produkten wie Bau-Fertigteilen, Rohren, Kabeln, Maschinenteilen, 65

---

[66] Erläuterungen zum Modell VW 1987, 255, 258; vgl. auch Produkte-Haftpflicht aktuell, S. 69.

[67] Zu den sich daraus ergebenden Problemen vgl. § 53 Rz. 10 und § 54 Rz. 47ff.

[68] So Produkte-Haftpflicht aktuell a. a. O.

[69] Vgl. auch § 53 Rz. 10 und § 54 Rz. 47ff.

[70] Vgl. die Erläuterungen zum Modell VW 1987, 255, 258; vgl. ferner OLG Hamburg 8 U 10/86 zur Frage der Anwendbarkeit der Ziff. 4.4 für die Kosten der Vernichtung schadhafter Betonfertigteile; hierzu Feindt VW 1989, 316.

[71] Vgl. Produkte-Haftpflicht aktuell, S. 69.

Aggregaten, ferner bei Leitungen und Zubehör wie Schrauben und Armaturen eine ganz entscheidende Rolle, sofern diese Produkte sich von anderen Produkten nur jederzeit wieder trennen lassen.[72]

66 Allgemein anerkannt ist, daß der **Begriff der Aufwendungen im Sinne der Ziff. 4.4** weit auszulegen ist.[73] Daher werden hierzu **alle Kosten Dritter** gezählt, die aufgewendet werden müssen, um den **Austausch des mangelhaften Erzeugnisses und den Einbau des mangelfreien Erzeugnisses** zu ermöglichen. Zu den Kosten werden im einzelnen diejenigen gerechnet, die für das Aufsuchen des mangelhaften Erzeugnisses, seine Freilegung und seinen Aus- und Einbau erforderlich sind. Kosten sind als Korrelat hierzu ferner diejenigen, die durch den Einbau eines mangelfreien Erzeugnisses und das Wiederverschließen der Einbaustelle entstehen. Kosten sind schließlich – und dies macht den weiten Begriff der Aufwendungen besonders deutlich – aber auch Reisekosten, Spesen und Übernachtungskosten für das Montagepersonal, Überstundenzuschläge, Prüfkosten und Kosten für die Vorhaltung von Gerüsten und sonstigen Geräten.[74]

67 Hingegen werden Schäden aus einer durch den **Aus- und Einbau bedingten Betriebsstillegung** als nicht versichert angesehen, da sie nicht als Aufwendungen für den Aus- und Einbau zu bezeichnen seien.[75] Im Ergebnis wird man dieser Ansicht zustimmen können, da derartige Schäden bei den Ziff. 4.4 betreffenden Fallkonstellationen als atypisch anzusehen sind und daher in allzu entferntem Zusammenhang mit dem erforderlich werdenden Aus- und Einbau stehen.

68 Kein Versicherungsschutz besteht auch hinsichtlich der **Kosten für die Nachlieferung mangelfreier Erzeugnisse** einschließlich der Transportkosten, wie Ziff. 4.4 Abs. 2 deutlich macht. Entscheidend hierfür ist, daß derartige Kosten dem Anspruch auf Lieferung mangelfreier Erzeugnisse entstammen, damit der vom Versicherungsnehmer geschuldeten Vertragsleistung angehören und daher dem unversicherbaren Erfüllungsbereich des Vertrages zuzurechnen sind.[76]

69 Ein zunächst nur in der Literatur[77] erörtertes Problem betrifft die Frage, ob Versicherungsschutz für die Kosten eines mangelfreien Erzeugnisses auch dann besteht, wenn **nicht ein mangelfreies Erzeugnis des Versicherungsnehmers,** sondern **ein solches eines anderen Herstellers eingebaut** wird, weil ein mangelfreies Erzeugnis des Versicherungsnehmers nicht mehr vorhanden ist oder aber der Geschädigte Erzeugnisse des Versicherungsnehmers nicht mehr verwenden will. Zwar waren unter Hinweis auf den Wortlaut der Ziff. 4.4 a. F. Bedenken geäußert worden,[78] da diese Bestimmung allein von **„mangelfreien Erzeugnissen des Versicherungsnehmers“** sprach. Jedoch war die Nicht-Gewährung von Versicherungsschutz in Fällen der vorliegenden Art als zu formalistisch und nicht vertretbar bezeichnet worden,[79] da der Versicherungsnehmer auch dann dem Anspruch wegen der Einbaukosten für ein mangelfreies Produkt ausgesetzt sei, wenn der Geschädigte statt des Erzeugnisses des Versicherungsnehmers das Erzeugnis eines anderen Herstellers einbaue.

70 Dieser Auffassung wurde nunmehr durch eine entsprechende Änderung der Ziff. 4.4 Rechnung getragen, indem nur noch von **„mangelfreien Erzeugnissen“** die Rede ist. In der Begründung des BAV[80] heißt es hierzu, daß durch die Änderung sichergestellt werde, daß Aufwendungen Dritter bei Auswechslung von Erzeugnissen auch dann gedeckt seien,

---

[72] Vgl. die Erläuterungen zum Modell a. a. O.
[73] Vgl. die Erläuterungen zum Modell a. a. O.; Produkte-Haftpflicht aktuell a. a. O.
[74] Vgl. die Erläuterungen zum Modell a. a. O.; Produkte-Haftpflicht aktuell a. a. O.
[75] So Produkte-Haftpflicht aktuell a. a. O.
[76] Eingehend hierzu § 53 Rz. 7.
[77] Produkte-Haftpflicht aktuell, S. 70.
[78] Produkte-Haftpflicht aktuell a. a. O.
[79] Produkte-Haftpflicht aktuell a. a. O.
[80] BAV VerBAV 1987, 3.

wenn das mangelfreie Erzeugnis eines anderen – nicht nur des Versicherungsnehmers selbst – verwendet werde. Dahinter dürfte die Überlegung stehen, daß auch bei einem dem Versicherungsnehmer nicht zurechenbaren Einbau der Versicherungsnehmer unter Umständen mit einer Inanspruchnahme rechnen muß und der Versicherer mit der Gewährung von Versicherungsschutz seiner Verpflichtung zur Abwehr unberechtigter Ansprüche nachkommen soll.

Ging es bisher um die durch Ziff. 4.4 gebotene erweiterte Deckung von Ansprüchen durch den Haftpflichtversicherer, werden in **Ziff. 4.4a) und 4.4b)** zwei Tatbestände genannt, in denen grundsätzlich kein Versicherungsschutz besteht. 71

Dies ist **nach Ziff. 4.4a) Abs. 1** dann der Fall, wenn der Versicherungsnehmer die **mangelhaften Erzeugnisse selbst eingebaut oder montiert hat** oder **in seinem Auftrag oder für seine Rechnung hat einbauen oder montieren lassen.** Nach **Ziff. 4.4a) Abs. 2** gilt dies allerdings nicht, wenn der Versicherungsnehmer bei Montage durch den Besteller oder ein von diesem beauftragtes Unternehmen **lediglich überwachend oder beratend** – nicht als Montageleiter – **tätig geworden** ist und die Mangelhaftigkeit nachweislich nicht auf fehlerhafter Montage, Montageüberwachung oder Beratung, sondern aus der Herstellung oder Lieferung resultiert. 72

Hinter dieser sprachlich wenig geglückten, nicht nur dem Laien kaum verständlichen Kombination von Ausschlüssen und Deckungseinschlüssen steht der Gedanke, daß Einbau und Montage immer dann nicht dem Versicherungsschutz unterliegen sollen, wenn diese zu den vertraglich vom Versicherungsnehmer gegenüber seinem Auftraggeber übernommenen Pflichten gehören und sich daher in diesen Tätigkeiten das dem unversicherbaren Erfüllungsbereich des Vertrages zuzuordnende eigentliche Vertragsrisiko manifestiert.[81] Denn sowohl aus haftungs- als auch aus haftpflichtversicherungsrechtlicher Sicht macht es einen erheblichen Unterschied, ob – wie in Ziff. 4.4a) wenigstens einigermaßen deutlich hervorgehoben – der Versicherungsnehmer die mangelhaften Erzeugnisse selbst eingebaut oder montiert bzw. diese Arbeiten geleitet oder zumindest entscheidend beeinflußt hat oder ob er – ohne zugleich die Montageleitung zu haben – nur in überwachender oder beratender Funktion tätig geworden ist und die Mangelhaftigkeit nachweislich nicht auf fehlerhafter Montage, Montageüberwachung oder Beratung beruht, sondern aus der Herstellung oder Lieferung resultiert. Nur im Falle der **Beteiligung des Versicherungsnehmers an herausgehobener Stelle** beim Einbau und bei der Montage der mangelhaften Erzeugnisse kann nämlich von einer den Versicherungsschutz zu Recht versagenden Tätigkeit des Versicherungsnehmers gesprochen werden, da dieser in der Lage war, den gesamten Arbeitsablauf zu steuern. Treten dabei aber Schäden auf, muß der Versicherungsnehmer sie als Ausfluß der von ihm übernommenen Verpflichtung zur ordnungsgemäßen Vertragserfüllung gegenüber seinem Auftraggeber auch selbst tragen. 73

Nicht Gegenstand des Versicherungsschutzes sind daher grundsätzlich auch die Fälle, in denen nach **§ 476a Satz 1 BGB (bzw. § 633 II 2 BGB)** anstelle des Rechts des Käufers auf Wandlung oder Minderung ein Recht auf Nachbesserung vereinbart ist und der zur Nachbesserung verpflichtete Verkäufer auch die zum Zwecke der Nachbesserung erforderlichen Aufwendungen, insbesondere Transport-, Wege-, Arbeits- und Materialkosten zu tragen hat. Denn auch diese im Normalfall vom Verkäufer (bzw. Unternehmer) als Versicherungsnehmer vorgenommene oder zumindest in seinem Auftrag oder für seine Rechnung durchgeführte Nachbesserung ist dem Erfüllungsbereich des Kaufvertrages (bzw. bei Anwendbarkeit des § 633 II 2 BGB dem des Werkvertrages) zuzurechnen und wird daher vom Deckungsausschluß der Ziff 4.4a) Abs. 1 erfaßt. Demgegenüber scheint die Möglichkeit, daß im Einzelfall einmal die Voraussetzungen der Ziff. 4.4a) Abs. 2 vorliegen, relativ gering. Allerdings kommt auch bei einer Nicht-Versicherbarkeit derar- 74

---

[81] Vgl. auch die Erläuterungen zum Modell VW 1987, 255, 258f.; Produkte-Haftpflicht aktuell, S. 71; Späte Produkthaftpflichtversicherung in: Brendl, Produkt- und Produzentenhaftung, Gruppe 13, S. 53f.

tiger Risiken nach dem Modell für den Kfz-Bereich der Abschluß einer Rückrufkosten-Versicherung in Betracht, wie in *§ 56 Rz. 35ff.* im einzelnen zu zeigen sein wird.

75 **Nach Ziff. 4.4b)** besteht auch bei Teilen, Zubehör oder Einrichtungen von Kraft-, Luft- oder Wasserfahrzeugen kein Versicherungsschutz. Der Grund für die **Versagung von Deckungsschutz** in bezug auf bei derartigen Gegenständen entstehende Aus- und Einbaukosten wird darin erblickt, daß diese besonders gravierenden Risiken nicht in ein Versicherungskonzept einbezogen werden könnten, das in erster Linie für grundsätzlich vergleichbare Produktrisiken gelten solle.[82] Derartige Risiken brächten nämlich nicht nur eine unübersehbare Vielzahl möglicher gegen den Versicherungsnehmer gerichteter Ansprüche. Sie machten auch wegen ihrer Schwere die Vereinbarung sehr hoher Deckungssummen erforderlich, die im Rahmen einer sich nach dem Modell richtenden Produkt-Haftpflichtversicherung unüblich bzw. nicht mehr tragfähig seien.[83]

76 Dieser **Ausschluß des Versicherungsschutzes** bedeutet allerdings nicht, daß unter keinen Umständen eine Deckung derartiger Risiken möglich wäre. Vielmehr wird **in der Praxis Ziff. 4.4b)** entweder teilweise **abbedungen** oder es werden **spezielle,** den besonderen Risiken Rechnung tragende **Deckungskonzepte** angeboten.

77 So werden **Aufwendungen für den Aus- und Einbau von Teilen von Wasserfahrzeugen** im Einzelfall nach einer gründlichen Risikoprüfung über **Ziff. 4.4** doch **mitversichert,** wobei allerdings nicht ganz unwesentliche Abweichungen vom in einer Produkt-Haftpflichtversicherung sonst üblichen Umfang des Deckungsschutzes die Regel sind.[84] Ferner wird im Hinblick auf den **Austausch von Teilen von Luftfahrzeugen** bisweilen eine **Lösung** über die die Luftprodukthaftpflicht regelnde **Ziff. 6.7** gesucht, worauf noch in Rz. 120ff. einzugehen sein wird. Schließlich liegt hinsichtlich des **Aus- und Einbaus von Teilen von Kraftfahrzeugen** grundsätzlich eine spezielle Versicherungsform, die sog. **Rückrufkosten-Versicherung,** vor, die aufgrund der Besonderheiten des Kraftfahrzeugbereichs entwickelt wurde und auf die als spezielle Ausprägung der Produkt-Haftpflichtversicherung noch in *§ 56 Rz. 35ff.* im einzelnen zurückzukommen sein wird.

78 Vorweg muß der Hinweis genügen, daß nach den Erläuterungen zum Modell[85] der Grund für die Einschränkung der durch Ziff. 4.4 sonst gebotenen Deckungserweiterung in dem speziell auf dem Kfz-Sektor bekannt gewordenen **Problem des Rückrufs** gesehen wird. **Das Rückrufrisiko von Fahrzeugen** sei nicht über eine Deckung im Rahmen des Modells versicherbar, sondern könne nur im Rahmen einer besonderen Rückrufkosten-Versicherung geboten werden. Einschränkend wird aber hinzugefügt,[86] daß unter Umständen **eine Deckung** auch über **Ziff. 4.4** grundsätzlich **möglich sei,** wobei **zwei Alternativen** angeboten werden:

Wird Versicherungsschutz für den Austausch eines fehlerhaften Kfz-Teiles gewünscht, bei dem keine Personen- oder Sachschäden zu besorgen sind, so werden von den Versicherern Sonderlösungen je nach Produkt und Schadenbild über die **Produkt-Haftpflichtversicherung** oder die **Rückrufkosten-Versicherung** bei Bedarf im Einzelfall angeboten.

Entstehen Austauschkosten bei Kraftfahrzeugen wegen fehlerhafter Teile, deren Zweckbestimmung als Kraftfahrzeugteil im Zeitpunkt der Auslieferung durch den Versicherungsnehmer z. B. wegen zwischengeschalteter Verarbeitungs- oder Vertriebsstufen nicht ersichtlich war, wird die **Ausschlußbestimmung der Ziff. 4.4b)** nicht angewandt.

79 Diese Handhabung verdeutlicht, welche Interdependenz zwischen der Ziff. 4.4 des Modells einerseits und der Rückrufkosten-Versicherung andererseits besteht. Daher wird es in der Praxis darauf ankommen, diesem Aspekt auch bei der Vereinbarung der Versicherung derartiger Risiken entsprechend Rechnung zu tragen, wozu die Darstellung der

---

[82] Vgl. Produkte-Haftpflicht aktuell, S. 71; Späte a. a. O., S. 55.
[83] Vgl. auch Produkte-Haftpflicht aktuell a. a. O.; Späte a. a. O.
[84] Vgl. auch Produkte-Haftpflicht aktuell a. a. O.
[85] Erläuterungen zum Modell VW 1987, 255, 259.
[86] Erläuterungen zum Modell a. a. O.

Rückrufkosten-Versicherung in *§ 56 Rz. 35ff.* wenigstens eine erste Hilfestellung leisten soll.

f) Ziff. 4.5: Maschinenklausel. 80

Nach **Ziff. 4.5** sind eingeschlossen in den Versicherungsschutz Schadensersatzansprüche wegen Schäden Dritter infolge Mangelhaftigkeit von Sachen, die durch die vom Versicherungsnehmer gelieferten oder montierten oder gewarteten Maschinen hergestellt oder bearbeitet oder verarbeitet wurden, und zwar wegen einer der in Ziff. 4.51–4.55 geregelten Tatbestände. Grundgedanke dieser erst 1979 in das Modell eingefügten, dessen bis dahin vorhandenen Bausteine ergänzenden sog. **Maschinenklausel** ist es, **Versicherungsschutz** den Versicherungsnehmern zu bieten, die **Produktions- und Verarbeitungsmaschinen** herstellen.[87] Die Herstellung oder Lieferung mangelhafter Maschinen kann nämlich dazu führen, daß derjenige, der die Maschinen gebraucht, aufgrund des Mangels der Maschine fehlerhafte Produkte produziert. Resultieren daraus Mängel der mittels der Maschine hergestellten Produkte, so besteht zwar im Regelfall die Möglichkeit, den Maschinenhersteller nach Vertragsgrundsätzen heranzuziehen. Jedoch wird im Rahmen der allgemeinen, sich nach den Regelungen der AHB richtenden Betriebs-Haftpflichtversicherung kein Versicherungsschutz geboten, da die hinsichtlich dieser Produkte geltend gemachten Ansprüche grundsätzlich in den unversicherbaren Erfüllungs- und Vermögensschaden-Bereich des Vertrages fallen.[88]

Nicht nur der Erfüllungsbereich des Vertrages, sondern zugleich auch der **Güterbestand ist** allerdings in dem Fall **betroffen,** in dem eine fehlerhaft arbeitende Maschine zur Weiterverarbeitung bestimmte wertvolle Produkte unbrauchbar macht. 81

Aber auch die **Ziff. 4.1–4.4** greifen für die Gewährung von Versicherungsschutz in den Fällen nicht ein, in denen **allein dem Erfüllungsbereich des Vertrages zuzurechnende Ansprüche** vorliegen. Da das Bedürfnis zur Versicherung solcher Ansprüche jedoch schon bald nach Schaffung des Modells unübersehbar war und von niemandem ernsthaft bestritten wurde, war es nur konsequent, daß sich die Modellverfasser zur Einführung dieser Regelung entschlossen. 82

Vom Aufbau und vom Inhalt her lehnt sich **Ziff. 4.5** eng an Ziff. 4.2 an, so daß unter Berücksichtigung der sich aus dem Wortlaut der Ziff. 4.5 ergebenden Besonderheiten weitgehend auf die Darstellung der einzelnen Tatbestände der Ziff. 4.2 in Rz. 30ff. verwiesen werden kann.[89] Einer etwas ausführlicheren Behandlung bedarf allein **Ziff. 4.55,** wie auch die Erläuterungen zum Modell deutlich machen.[90] 83

Danach sind Schäden Dritter Gegenstand des Versicherungsschutzes wegen der dem Abnehmer des Versicherungsnehmers infolge eines sich aus Mängeln der hergestellten oder bearbeiteten oder verarbeiteten Erzeugnisse ergebenden **Produktionsausfalls unmittelbar entstehenden Kosten.** 84

Ebenso wie bei Ziff. 4.25 wird auch bei Ziff. 4.55 auf die dem **Abnehmer unmittelbar entstehenden Kosten des Produktionsausfalls** abgestellt. Grundgedanke dieser Regelung ist es, dem Maschinenhersteller Deckung dafür zu gewähren, daß sein Abnehmer mit der Maschine mangelhafte Zwischenprodukte herstellt, die er anschließend nicht mehr weiterverarbeiten kann und sich hieraus **Stillstandskosten** ergeben.[91] 85

Kommt es für die **Gewährung von Versicherungsschutz** entscheidend darauf an, daß der Abnehmer die von ihm mit der Maschine hergestellten **mangelhaften Zwischenpro-** 86

---

[87] Vgl. Erläuterungen zum Modell a. a. O.

[88] Vgl. Erläuterungen zum Modell a. a. O.

[89] Vgl. auch Erläuterungen zum Modell a. a. O.; Produkte-Haftpflicht aktuell, S. 74; etwas eingehender demgegenüber Späte Produkthaftpflichtversicherung, in: Brendl, Produkt- und Produzentenhaftung, Gruppe 13, S. 55f.

[90] Erläuterungen zum Modell a. a. O.; vgl. ferner Produkte-Haftpflicht aktuell a. a. O.

[91] Vgl. Erläuterungen zum Modell a. a. O.; Späte a. a. O., S. 59.

dukte nicht mehr weiter verarbeiten kann, so wird von **Ziff. 4.55** der **Fall nicht erfaßt,** daß infolge Maschinenfehlers mangelhafte Zwischenprodukte ihrerseits Teile der zur Weiterverarbeitung benutzten Produktionsstraße beschädigen und aufgrund dieser Beschädigung ein Produktionsausfall entsteht. Denn unmittelbar entstehen dem Abnehmer die Kosten des Produktionsausfalls durch die beschädigte Maschine, nicht aber durch die zeitlich schon zuvor mangelhaft erstellten Zwischenprodukte.

87 Die Deckung erfaßt also nur den zeitlich begrenzten Kostenaufwand, der darauf entfällt, daß die bereits hergestellte Fehlproduktion in der weiteren Verarbeitungsstufe nicht weiter be- oder verarbeitet werden kann, nicht aber denjenigen, daß die mangelhaften Produkte im weiteren Produktionsprozeß eingesetzt werden und daraus ein Schaden resultiert.

88 Wird z. B. eine Charge Blech falsch dimensioniert gepreßt und hätten die Bleche über eine Stanzstraße laufen müssen, so kann die Weiterbearbeitung der Bleche wegen der falschen Dimensionierung nicht erfolgen. Die Stanzstraße liegt still. Ersetzt werden die durch **diesen Stillstand verursachten Kosten.**[92] Hingegen besteht keine Deckung für den durch den Stillstand der Maschine bedingten Produktionsausfall bezüglich anderer, noch gar nicht dimensionierter Bleche.

89 Weiterhin werden nur die dem Abnehmer des Versicherungsnehmers aus dem **Produktionsausfall selbst entstandenen Kosten** ersetzt. Wird der Abnehmer dagegen seinerseits wegen Ausfallschäden anderer aufgrund mangelhafter Produkte in Anspruch genommen, so besteht im Fall des Regresses für den Maschinenfabrikanten keine Deckung.[93]

IV. Nicht versicherte Tatbestände

1. Allgemeines

90 Ging es bisher darum, den Gegenstand des Vertrages bzw. die Abgrenzungen und Erweiterungen des Versicherungsschutzes näher zu bestimmen, muß im folgenden geklärt werden, **unter welchen Voraussetzungen** grundsätzlich **kein Versicherungsschutz besteht.** Im Modell ist dies in **Ziff. 6** geschehen, in der unter der Überschrift **„Nicht versicherte Tatbestände"** die in Betracht kommenden Fallgruppen enumerativ aufgeführt sind. Dabei wird allerdings differenziert zwischen Fallgestaltungen, die **nach Ziff. 6.0 nicht versichert** sind, und solchen, die **nach Ziff. 6.1–6.7 vom Versicherungsschutz ausgeschlossen** sind. Mit dieser sprachlich unübersehbaren Unterscheidung zwischen den Formulierungen **„nicht versichert sind"** und **„ausgeschlossen sind"** ist folgendes gemeint: Die Verwendung der Worte **„nicht versichert sind" in Ziff. 6.0 a)–e) des Modells** dient dem Zweck, alle diejenigen Tatbestände zu erfassen, die bereits nach den AHB nicht dem Versicherungsschutz unterliegen, weil sie entweder nach § 4 I Ziff. 6 Abs. 3 AHB dem Erfüllungsbereich des Vertrages zuzurechnen sind oder gemäß § 1 Ziff. 1 AHB sich nicht als Schadensersatzansprüche darstellen. Allerdings gilt dieser Ausschluß vom Versicherungsschutz nur dann, soweit **nicht das Modell eine Sonderregelung** trifft, wie die in Ziff. 6.0a) und c) genannten Fälle der Ansprüche auf Nachbesserung oder wegen ausdrücklich mitversicherter Mangelfolgeschäden zeigen.[94] Mithin handelt es sich bei den in Ziff. 6.0 des Modells aufgeführten Tatbeständen um solche, die nur **grundsätzlich nicht versichert sind,** aber aufgrund der durch das Modell beabsichtigten erweiterten Deckung auch Ausnahmen zulassen.

Die in Ziff. 6.1–6.7 des Modells gewählte Formulierung **„ausgeschlossen sind"** verfolgt hingegen das Ziel, alle diejenigen Tatbestände zusammenzufassen, die auch im Rahmen der vom Modell gebotenen erweiterten Deckung **unter keinen Umständen Gegenstand**

---

[92] Erläuterungen zum Modell a. a. O.
[93] Vgl. auch Erläuterungen zum Modell a. a. O.; Späte a. a. O.
[94] Späte a. a. O., S. 62.

des Versicherungsschutzes sind, also auch in einer Produkt-Haftpflichtversicherung als unversicherbar angesehen werden.[95] Die Tatbestände der Ziff. 6.1–6.7 des Modells unterscheiden sich also insofern von denen der Ziff. 6.0 a)–e) des Modells, als bei den zuerst genannten eine Deckung überhaupt nicht möglich ist.

Gemeinsam ist allerdings einigen der in **Ziff. 6.0** und in **Ziff. 6.1–6.7 geregelten Fälle,** 91
daß sie aus dem Charakter einer Haftpflichtversicherung sich ergebende Selbstverständlichkeiten besagen und die Hervorhebung ihrer fehlenden Deckung daher rein deklaratorischer Natur ist. Somit kann sich die nachfolgende Darstellung dieser Tatbestände unter Hinweis auf schon früher getroffene Feststellungen weitgehend auf die Nennung ihres Wortlautes und kurze Erläuterungen beschränken.

2. Ziff. 6.0: Spezielle nicht versicherte Tatbestände

Nach **Ziff. 6.0** sind nicht versichert 92

a) Ansprüche auf Wandlung, Minderung, Nachbesserung, Neu(Ersatz-)Lieferung;
b) Ansprüche aus Verzug;
c) Ansprüche wegen Nichterfüllung, soweit es sich nicht um ausdrücklich mitversicherte Mangelfolgeschäden handelt;
d) Ansprüche aus der gesetzlichen Gefahrtragung (für zufälligen Untergang und zufällige Verschlechterung);
e) Ansprüche wegen Aufwendungen in Erwartung ordnungsgemäßer Leistung (z. B. vergebliche Investitionen).

In der großen Mehrzahl handelt es sich hierbei um **Ansprüche,** für die schon **nach den** 93
AHB kein Versicherungsschutz gewährt wird, weil sie dem unversicherbaren Erfüllungsbereich des Vertrages zuzurechnen sind oder keine Schadensersatzansprüche im Sinne von § 1 Ziff. 1 AHB darstellen. Augenfällig ist dies insbesondere bei den in **Ziff. 6.0a)** genannten Ansprüchen auf Wandlung, Minderung und Neu(Ersatz-)lieferung, da sie aus den in *§ 53 Rz. 9* genannten Gründen nicht von der Deckung durch die allgemeine Haftpflichtversicherung erfaßt werden.

Eine differenziertere Beurteilung ist demgegenüber im Hinblick auf die ebenfalls in 94
Ziff. 6.0a) des Modells genannten **Ansprüche auf Nachbesserung** erforderlich, da sie zwar im Rahmen der konventionellen Betriebshaftpflichtversicherung nach §§ 1 Ziff. 1 und 4 I Ziff. 6 Abs. 3 AHB ebenfalls nicht Gegenstand des Versicherungsschutzes sind, im Zusammenhang mit den Deckungserweiterungen der Ziff. 4 des Modells in einem begrenzten Rahmen aber auch für sie Deckungsschutz gewährt wird.[96] Diese aus der mit dem Modell verfolgten Zielsetzung zu erklärende Erweiterung des Versicherungsschutzes[97] hätte sprachlich allerdings besser auch in den Wortlaut der Ziff. 6.0a) des Modells Eingang finden sollen. Wäre nämlich etwa die Formulierung **„soweit es sich nicht um ausdrücklich mitversicherte Ansprüche auf Nachbesserung handelt"** verwendet worden, könnte der unbefangene Leser des Modells auch leichter eine Brücke zu den Dekkungserweiterungen der Ziff. 4 schlagen. In der gewählten Form wird dagegen das **Nebeneinander von gedeckten und ungedeckten Nachbesserungsansprüchen** vielen unverständlich bleiben.

Daß klarer formuliert werden kann, zeigt **Ziff. 6.0c),** wonach nicht versichert sind 95
Ansprüche wegen Nichterfüllung, soweit es sich nicht um ausdrücklich mitversicherte Mangelfolgeschäden handelt. Hierdurch wird nämlich zum Ausdruck gebracht, daß mit **Ausnahme der in Ziff. 4 geregelten Tatbestände** kein Versicherungsschutz für derartige Fälle besteht.

---

[95] Erläuterungen zum Modell a. a. O., 260.

[96] Vgl. Rz. 44ff.

[97] Vgl. § 53 Rz. 10 und § 54 Rz. 47; zu den Bedenken, Nachbesserungsansprüche in den Versicherungsschutz einzubeziehen, vgl. Rz. 47f.

96 Nicht ganz einleuchtend ist demgegenüber, welche Bedeutung der Regelung der **Ziff. 6.0d)** zukommen soll, wonach nicht versichert sind Ansprüche aus der gesetzlichen Gefahrtragung (für zufälligen Untergang und zufällige Verschlechterung). Zum einen wird damit nämlich nur noch einmal der **Wortlaut von § 4 I Ziff. 6 Abs. 3 S. 2 AHB wiederholt,** in dem sich diese Aussage bereits findet. Zum anderen regeln die **Vorschriften des BGB über die Gefahrtragung** nur die Frage, ob bei zufälligem Untergang oder zufälliger Verschlechterung der zugesagten Leistung der andere Vertragspartner noch zu der vereinbarten Gegenleistung verpflichtet ist oder nicht. Hingegen sind haftpflichtversicherungsrechtlich relevante Schadensersatzansprüche aus der gesetzlichen Gefahrtragung nicht gegeben.[98]

97 Hinsichtlich der in **Ziff. 6.0b)** als nicht versichert bezeichneten Ansprüche aus Verzug ist für den Bereich der Produkt-Haftpflichtversicherung insofern eine **Klarstellung** erfolgt, als sonst im **Rahmen der allgemeinen Haftpflichtversicherung differenziertere Lösungen angeboten** werden, die von einer generellen Unversicherbarkeit derartiger Ansprüche über ihre teilweise Zuordnung zum unversicherbaren Erfüllungsbereich des Vertrages bis hin zur uneingeschränkten Deckung durch die Haftpflichtversicherung reichen.[99]

98 In bezug auf die nach **Ziff. 6.0e)** ebenfalls nicht vom Versicherungsschutz erfaßten Ansprüche wegen Aufwendungen in Erwartung ordnungsgemäßer Leistung (z. B. vergebliche Investitionen) schließlich wird nur noch einmal etwas **klarstellend hervorgehoben,** was nach einem **allgemeinen Rechtsgedanken** ohnehin eine **Selbstverständlichkeit** ist. Daß nämlich Ansprüche wegen vergeblicher Aufwendungen des Versicherungsnehmers mit haftpflichtversicherungsrechtlich bedeutsamen Schadensersatzansprüchen nichts zu tun haben, da **Aufwendungen** grundsätzlich **freiwillige, gewollte, „finale" Vermögensopfer** darstellen[100] und sich damit von den bei Schadensersatzansprüchen gegebenen unfreiwilligen Vermögensopfern unterscheiden.

3. Ziff. 6.1: Folgeschäden

99 Nach **Ziff. 6.1** sind vom Versicherungsschutz ausgeschlossen im Rahmen der Deckung gemäß Ziff. 4.2–4.5:

Folgeschäden, wie z. B. Betriebsunterbrechung oder Produktionsausfall, unbeschadet Ziff. 4.25 und Ziff. 4.55.

100 Mit dieser nicht gerade **leicht verständlichen Vorschrift** wird bezweckt, **bestimmte, kalkulatorisch nur schwer erfaßbare Folgeschäden** wie die aus einer Betriebsunterbrechung oder einem Produktionsausfall von der Deckung durch den Haftpflichtversicherer auszuschließen.[101] Dabei geschieht dies allerdings nur in einem begrenzten Rahmen. Ungedeckt bleiben nämlich nur Folgeschäden aus den Tatbeständen, die in den **Ziff. 4.2–4.5** geregelt sind, soweit es sich nicht um die **aus Ziff. 4.25** und aus **Ziff. 4.55** sich ergebenden Folgeschäden handelt. Für diese den **Ziff. 4.25** und **Ziff. 4.55** des Modells unterfallenden Folgeschäden besteht ebenso Versicherungsschutz wie auch für die, die aus Sachschäden nach **Ziff. 1** des Modells resultieren. Ferner sind auch diejenigen Folgeschäden gedeckt, die die Folge der nach **Ziff. 4.1** des Modells mitversicherten, aus dem Fehlen zugesicherter Eigenschaften hergeleiteten Sachschäden sind.[102] Die Einbeziehung dieser aus **Ziff. 1** und

---

[98] Vgl. auch Schlegelmilch Absicherung, S. 123; Einzelheiten zur Gefahrtragung bei Jauernig/Vollkommer BGB, § 446 Anm. 1 und 2.

[99] Vgl. OLG München MDR 1962, 222f.; BGH VersR 1975, 557f.; Voit in: Prölss/Martin VVG, § 4 AHB Anm. 6e; eingehend Littbarski, Zur Versicherbarkeit, S. 42ff. m. w. N.

[100] Vgl. Bruck/Möller VVG, § 63 Anm. 5; Martin in: Prölss/Martin VVG, § 63 Anm. 2a und b; eingehend Littbarski VersR 1987, 127, 131 m. w. N.; zur Kritik von Küpper VP 1987, 125ff. an dem von Littbarski a. a. O. entwickelten Lösungsansatz kann an dieser Stelle nicht eingegangen werden.

[101] Vgl. auch Produkte-Haftpflicht aktuell, S. 79.

[102] Ebenso Produkte-Haftpflicht aktuell a. a. O.; Späte Produkthaftpflichtversicherung, in: Brendl, Produkt- und Produzentenhaftung, Gruppe 13, S. 58.

Ziff. 4.1 des Modells herzuleitenden Folgeschäden in den Versicherungsschutz muß aus einem Umkehrschluß aus **Ziff. 6.1** des Modells entnommen werden, da diese Vorschrift nur die nicht gedeckten Folgeschäden nennt. Somit ist der nach dem Modell vorgesehene Ausschluß von Folgeschäden aus dem Deckungsbereich im Ergebnis geringer, als dies auf den ersten Blick erscheint.

4. Ziff. 6.2: Selbständige Garantiezusagen

Ausgeschlossen sind nach **Ziff. 6.2** vom Versicherungsschutz Ansprüche aus selbständigen Garantiezusagen. Mit dieser Regelung wird bezweckt, eine negative Abgrenzung zu den Schadensersatzansprüchen vorzunehmen, die sich aus dem Fehlen zugesicherter Eigenschaften ergeben und Gegenstand der Deckung durch den Haftpflichtversicherer sind.[103] Allerdings stellt sich die Frage, ob es **wirklich sinnvoll war, die Regelung der Ziff. 6.2 ins Modell aufzunehmen,** da hierdurch fast unüberwindbare haftungs- und haftpflichtversicherungsrechtliche Abgrenzungsschwierigkeiten für die Praxis vorprogrammiert sind. 101

So fällt schon **aus haftungsrechtlicher Sicht** die Bestimmung einer selbständigen Garantiezusage oder – wie es zumeist heißt – einer selbständigen Garantie bzw. eines selbständigen Garantievertrages nicht leicht, da die **selbständige Garantie** im Wege der Auslegung nicht nur von der **Zusicherung,** sondern auch von der **unselbständigen Garantie abgegrenzt** werden muß.[104] Während die **Zusicherung** sich darauf bezieht, daß die Kaufsache bei Gefahrübergang eine bestimmte Eigenschaft hat, wird als kennzeichnend für die **unselbständige Garantie** bezeichnet, daß die Kaufsache diese Eigenschaft behält, so daß die unselbständige Garantie typischerweise eine Haltbarkeitsgarantie sein soll.[105] Daher kann nach umstrittener Auffassung[106] die unselbständige Garantie immer nur Mängel erfassen, die, wenn auch verborgen und nur im Keim, der Sache bei Gefahrübergang anhafteten. Sei es dagegen der Sinn der Garantie, den Verkäufer auch für Mängel haftbar zu machen, die erst nachträglich – etwa durch Abnutzung, Rost und dgl. – eintreten, sei die nicht auf Sachmängel beschränkte Garantie notwendigerweise eine selbständige. Eine **selbständige Garantie** soll daher immer dann vorliegen, wenn die Garantieerklärung sich nicht auf gegenwärtige Eigenschaften der Kaufsache bezieht, sondern auf künftige, nach Gefahr eintretende Eigenschaften oder auf Umstände, die außerhalb der Kaufsache liegen und daher keine Eigenschaften sind. Eine selbständige Garantie wurde etwa vom RG[107] in einem Fall bejaht, in dem der Verkäufer dem Käufer zusicherte, daß dieser mit Hilfe des gelieferten Ringofens bei ordnungsmäßigem Betrieb jährlich 5 Millionen Schiefersteine zu einem Durchschnittspreis von 22 Mark für das Tausend herstellen und einen jährlichen Verdienst von rund 49000 Mark erzielen könne. Eine selbständige Garantie hat nach Ansicht des RG[108] auch in einem Fall vorgelegen, als dem Käufer gesagt wurde, daß er bei Einsatz der verkauften Generatoren in seiner Stromerzeugungsanlage seinen Kohleverbrauch um eine bestimmte Rate senken könne. Eine unselbständige Garantie ist nach 102

[103] Vgl. § 50 Rz. 1; § 54 Rz. 18ff. und 25ff.

[104] Vgl. hierzu etwa BGH NJW 1969, 787, 788; BGH BauR 1970, 107, 108; BGH NJW 1976, 43; BGH WM 1988, 1828, 1830; Einzelheiten zur selbständigen und zur unselbständigen Garantie bei Soergel/Huber BGB, § 459 Rz. 140ff.; Medicus Schuldrecht II, § 77 II 1; 1. Teil § 7 Rz. 3ff. und 17ff.; Jauernig/Vollkommer BGB, § 459 Anm. 1; zur rechtlich selbständigen Herstellergarantie vgl. OLG Köln ZIP 1987, 379ff.; Graf von Westphalen BB 1974, 625ff.; Meyer-Kahlen BB 1974, 1613ff.; G. Müller ZIP 1981, 707ff.; eingehend zu Problemen des Garantievertrages Graf von Westphalen NJW 1980, 2227ff.; G. Müller a. a. O.; Littbarski JuS 1983, 345ff.; G. Hager BB 1987, 1748ff.; Walter Kaufrecht, § 9 II 4, S. 409ff.

[105] So Soergel/Huber a. a. O., Rz. 138.

[106] So G. Müller a. a. O., 712ff.; kritisch demgegenüber Soergel/Huber a. a. O., Rz. 140.

[107] RG JW 1919, 241; zustimmend Soergel/Huber a. a. O., Rz. 136.

[108] RG JW 1921, 828; zustimmend Soergel/Huber a. a. O.

Auffassung des BGH[109] dann gegeben, wenn ein Malerbetrieb für Außenputz- und Malerarbeiten ein von der Beklagten entwickeltes Wärmeschutzsystem verwendete und die Beklagte dem Malerbetrieb schrieb, daß sie auf die Dauer von zwei Jahren ab Lieferung für das Vollwärmeschutz-System bestimmte Eigenschaften gewährleiste. Das gleiche soll dann gelten, wenn in einer Garantieerklärung für die Funktionstüchtigkeit und für die Beibehaltung der zugesicherten Eigenschaften von Dämmelementen für Flachdächer eine Garantie von 10 Jahren übernommen wird und auch eine Haftung für während dieses Zeitraums eintretende Folgeschäden garantiert wird, die nachweislich auf Nichtbeibehaltung der garantierten Eigenschaften zurückzuführen sind.[110]

103 Verdeutlichen diese Ausführungen, welche Schwierigkeit die Bestimmung einer selbständigen Garantiezusage bereits aus haftungsrechtlicher Sicht bereitet, kommt **aus haftpflichtversicherungsrechtlichem Blickwinkel** hinzu, daß für die Eintrittspflicht des Versicherers entscheidend ist, ob die geltend gemachten Schadensersatzansprüche aus dem Fehlen zugesicherter Eigenschaften hergeleitet werden oder ob sie sich aus einer selbständigen Garantiezusage ergeben. Denn nur im ersteren Fall besteht über Ziff. 4.1 des Modells Versicherungsschutz, während im letzteren Ansprüche erhoben werden, die nach §§ 1, 4 I Ziff. 1 und 4 I Ziff. 6 Abs. 3 AHB über den Umfang der gesetzlichen Haftpflicht des Versicherungsnehmers hinausgehen und daher – wie in Ziff. 6.2 des Modells auch noch einmal besonders hervorgehoben – nicht dem Versicherungsschutz unterliegen. Ferner dürfte nicht nur im Kreis der Versicherer selbst, sondern vor allem auch in dem der Versicherungsnehmer immer wieder einmal die Frage gestellt werden, was es eigentlich mit der im Haftungsrecht entwickelten unselbständigen Garantie auf sich hat, da diese weder in Ziff. 4.1 noch in Ziff. 6.2 Erwähnung gefunden hat. Zwar dürfte nach dem in Rz. 102 Gesagten feststehen, daß auch die darauf gestützten Schadensersatzansprüche über den Umfang der gesetzlichen Haftpflicht des Versicherungsnehmers hinausgehen und daher ebenso wie die aus einer selbständigen Garantiezusage nach §§ 1, 4 I Ziff. 1 und 4 I Ziff. 6 Abs. 3 AHB nicht gedeckt sind. Eindeutig läßt sich dies aber dem Wortlaut der Ziff. 6.2 des Modells nicht entnehmen, so daß es nicht ausgeschlossen erscheint, daß – sofern die Rechtsprechung einmal mit dieser Regelung zu tun haben sollte – sie **dem Verdikt des § 9 I AGBG unterfällt** oder aufgrund der **Unklarheitenregel des § 5 AGBG** zumindest zu Lasten der Versicherer als Verwender ausgelegt wird.

104 **Unter diesen Umständen ist dem Betroffenen** aber damit **nicht geholfen,** darauf zu verweisen,[111] daß das Wort „Garantie" in Wirtschaft und Handel häufig für Zusagen und Vereinbarungen gebraucht werde, die mit dem Begriff der selbständigen Garantiezusage nichts zu tun hätten. Ebenso wenig aussagekräftig ist es, der Praxis den Hinweis zu geben, daß bei einem Kauf- bzw. einem Werkvertrag ein Garantieversprechen jedenfalls nicht schon in der Zusage zu finden sei, daß eine gekaufte bzw. hergestellte Sache gewisse vertraglich zugesicherte Eigenschaften tatsächlich besitze. Schließlich ist für die Praxis auch damit nichts gewonnen, daran zu erinnern, daß die Annahme einer selbständigen Garantiezusage häufig deshalb scheitern werde, weil ein Verpflichtungswille, einen anderen und weitergehenden Erfolg als die bloße Vertragsgemäßheit der Leistung zu schulden,[112] nicht entsprechend erkennbar und deutlich erklärt werde und im übrigen zu erwarten sei, daß auch die Rechtsprechung weiterhin dahin tendieren werde, eher die Zusicherung von Eigenschaften als einen Garantievertrag anzunehmen.

105 Denn **allen diesen Argumenten** ist **gemeinsam,** daß sie zwar auf gewissen Erfahrungssätzen aus einer Reihe von Fällen beruhen mögen, insgesamt aber viel zu allgemein gehal-

---

[109] BGH NJW 1979, 645.

[110] BGH NJW 1981, 2248, 2249; hierzu kritisch Bunte NJW 1982, 1629f.; zustimmend Littbarski JuS 1983, 345ff.

[111] Vgl. Späte Produkthaftpflichtversicherung, in: Brendl, Produkt- und Produzentenhaftung, Gruppe 13, S. 62f.; Produkte-Haftpflicht aktuell, S. 79; Schlegelmilch Absicherung, S. 125.

[112] Vgl. BGH NJW 1969, 787, 788; BGH BauR 1970, 107, 108; BGH NJW 1976, 43; vgl. ferner Soergel/Huber BGB, § 459 Rdnr. 140ff.

ten sind und daher eine Übertragung auf den konkreten Einzelfall nicht zulassen. Zudem müßte der Hinweis auf die in der Rechtsprechung sich abzeichnende Tendenz schon genauer belegt werden, wenn ihm eine auch nur einigermaßen verbindliche Aussagekraft zukommen soll. Damit bleibt festzuhalten, daß der in Ziff. 6.2 vorgesehene Ausschluß von Ansprüchen aus selbständigen Garantiezusagen vom Versicherungsschutz als wenig glückliche Lösung bezeichnet werden muß und seine baldige Streichung oder zumindest seine Änderung in der Weise geboten erscheint, daß von ihm auch die unselbständigen Garantiezusagen erfaßt werden.

5. Ziff. 6.3: Rechtsmängel

Nach **Ziff. 6.3** sind vom Versicherungsschutz ausgeschlossen Ansprüche, die daraus 106
hergeleitet werden, daß gelieferte Sachen oder Arbeiten mit einem **Rechtsmangel behaftet** sind (z. B. Schäden aus der Verletzung von Patenten, gewerblichen Schutzrechten, Urheberrechten, Persönlichkeitsrechten, Verstößen in Wettbewerb und Werbung). Hinter dieser Regelung steht die Überlegung, daß der Vertragspartner des Versicherungsnehmers diesen deshalb in Anspruch nimmt, weil er den Leistungsgegenstand wegen eines ihm nach dessen Erwerb von einem Dritten streitig gemachten Rechts nicht nutzen oder benutzen kann. Daß ein derartiger Anspruch nicht Gegenstand des Versicherungsschutzes sein kann, folgt schon aus seiner **Zugehörigkeit zum Erfüllungsbereich des Vertrages.** Nach § 434 BGB ist nämlich der Verkäufer verpflichtet, dem Käufer den verkauften Gegenstand frei von Rechten zu verschaffen, die von Dritten gegen den Käufer geltend gemacht werden können. Da zu diesen die vertragliche Haftpflicht des Verkäufers ergänzenden Rechten u. a. auch die in Ziff. 6.3 beispielhaft aufgezählten Rechte gehören,[113] handelt es sich insofern um nicht gedeckte, echte Erfüllungsansprüche und nicht um für die Haftpflichtversicherung allein relevante Schadensersatzansprüche.[114]

6. Ziff. 6.4: Herstellungsklausel

Ziff. 6.4 sieht den Ausschluß vom Versicherungsschutz für Ansprüche wegen Schäden 107
gemäß § 4 II Ziff. 5 AHB vor und wiederholt damit für den Bereich der Produkt-Haftpflichtversicherung in deklaratorischer Form nur noch einmal das, was bereits im Hinblick auf **die Herstellungsklausel des § 4 II Ziff. 5 AHB** in § 53 Rz. 20ff. ausgeführt wurde. Daher kann insoweit zur Vermeidung von Wiederholungen hierauf verwiesen werden.

7. Ziff. 6.5: Vorsätzliche Verstöße

Ziff. 6.5 sieht den Ausschluß vom Versicherungsschutz bei Ansprüchen gegen die 108
Personen (Versicherungsnehmer oder jeden Mitversicherten) vor, die den Schaden **durch vorsätzliches Abweichen** von gesetzlichen oder behördlichen Vorschriften sowie von **schriftlichen Anweisungen oder Bedingungen des Auftraggebers** herbeigeführt haben.

Vorbild dieser gegenüber **§ 4 II Ziff. 1 AHB modifizierten,** in der Praxis **nicht allzu** 109
bedeutsamen Vorsatzklausel[115] sind Regelungen, die sich in anderen Zweigen der Haftpflichtversicherung, nämlich in der Vermögensschaden-Haftpflichtversicherung, in den Besonderen Bedingungen für die Mitversicherung von Vermögensschäden, in den Zusatzbedingungen für die Versicherung der Haftpflicht aus Gewässerschäden und in den Besonderen Bedingungen und Risikobeschreibungen für die erweiterte Versicherung von Umweltschäden im Rahmen der Betriebs-Haftpflichtversicherung ebenfalls finden[116] und unter erleichterten Voraussetzungen zur Versagung des Deckungsschutzes führen. Hierfür

---

[113] Zu weiteren Rechten im Sinne des § 434 BGB vgl. etwa Palandt/Putzo BGB, § 434 Anm. 2; Jauernig/Vollkommer BGB, § 434 Anm. 2.

[114] Vgl. Schlegelmilch Absicherung, S. 127f.; Späte a. a. O., S. 63f.

[115] Vgl. Produkte-Haftpflicht aktuell, S. 79.

[116] Vgl. Erläuterungen zum Modell VW 1987, 255, 260.

genügt es nämlich, daß dem Versicherungsnehmer das **vorsätzliche,** also bewußte und gewollte **Abweichen von gesetzlichen oder behördlichen Vorschriften sowie von schriftlichen Anweisungen oder Bedingungen des Auftraggebers vom Versicherer nachgewiesen** wird und zwischen dem Abweichen und dem eingetretenen Schaden ein Kausalzusammenhang besteht.[117] Hingegen ist es nicht nötig, daß der Versicherungsnehmer auch den aus der Abweichung entstandenen Schaden bewußt und gewollt herbeigeführt hat.[118] Selbst wenn er nicht mit der Entstehung des Schadens gerechnet hat, besteht dennoch kein Versicherungsschutz, wenn der Schaden durch das vorsätzliche Abweichen verursacht wurde.[119]

110 **Grundgedanke** dieser aus der Sicht der Versicherungsnehmer recht rigide erscheinenden Vorschrift ist es zu verhindern, daß der Versicherungsnehmer veranlaßt werden könnte, aufgrund von Wettbewerbsdruck zwar schneller und billiger, dafür aber auch viel **schadenträchtiger zu produzieren** und zudem Waren geringerer Qualität zu Lasten der Verbraucherseite herzustellen.[120] Muß der Versicherungsnehmer dagegen damit rechnen, beim Abweichen von Vorschriften und Anweisungen für den eingetretenen Schaden seinen Haftpflichtversicherer nicht in Anspruch nehmen zu können, sondern selbst eintrittspflichtig zu sein, wird er sich eher um die Erfüllung der ihm obliegenden Pflichten bemühen.[121] Die Vorschrift der Ziff. 6.5 hat damit in einem gewissen Maße auch den Zweck, den Versicherungsnehmer gegenüber seinem Vertragspartner zu disziplinieren.[122]

111 Im übrigen ist durch die **im Jahre 1979 erfolgte Modifizierung der Ziff. 6.5**[123] der Ausschluß eingeengt und damit die Eintrittspflicht des Haftpflichtversicherers etwas erweitert worden. Während in der ursprünglichen Form der Ziff. 6.5[124] bereits der vorsätzliche Verstoß jedes beliebigen Betriebsangehörigen zur Versagung des Versicherungsschutzes auch für den Versicherungsnehmer führte, verliert nunmehr den Versicherungsschutz nur derjenige, der **vorsätzlich gegen die entsprechenden Vorschriften oder Anweisungen** verstößt, wobei allerdings Verstöße der Repräsentanten dem Versicherungsnehmer zugerechnet werden.[125] Dagegen haben der Versicherungsnehmer und seine Repräsentanten dann Versicherungsschutz, wenn ein sonstiger Mitarbeiter den Schaden ohne ihr Wissen oder gegen ihren Willen verursacht hat.[126]

8. Ziff. 6.6: Experimentierrisiko

112 Nach **Ziff. 6.6** sind ausgeschlossen vom Versicherungsschutz Ansprüche aus Sach- und Vermögensschäden durch Erzeugnisse, deren Verwendung und Wirkung im Hinblick auf den konkreten Verwendungszweck nicht nach den **anerkannten Regeln der Technik oder Wissenschaft** oder in **sonstiger Weise ausreichend erprobt** waren.

113 Dies gilt nicht für Schäden an Sachen, die mit den hergestellten oder gelieferten Erzeugnissen **weder in einem Funktionszusammenhang** stehen noch deren **bestimmungsgemäßer Einwirkung** unterliegen.

114 Gegenstand dieser Regelung ist der **Ausschluß des sog. Experimentierrisikos** vom Versicherungsschutz. Mit ihr soll verhindert werden, daß ein Unternehmer aus Kosten-

---

[117] Vgl. auch Erläuterungen zum Modell a. a. O.; Produkte-Haftpflicht aktuell, S. 80.

[118] So zutreffend Schlegelmilch Absicherung, S. 129; Späte Produkthaftpflichtversicherung, in: Brendl, Produkt- und Produzentenhaftung, Gruppe 13, S. 64; eingehend zum Vorsatzbegriff Johannsen Haftpflichtversicherungsschutz, S. 61 ff. und Littbarski VersR 1987, 127, 128 f.; jeweils m. w. N.

[119] Schlegelmilch a. a. O., S. 130.

[120] Vgl. Schlegelmilch a. a. O.; Späte a. a. O., S. 65.

[121] Vgl. auch Schlegelmilch a. a. O.

[122] Zur Disziplinierungsfunktion der Regelung über den Selbstbehalt vgl. § 53 Rz. 52.

[123] VerBAV 1979, 192; VP 1979, 80, 81; vgl. ferner § 49 Rz. 9.

[124] VerBAV 1974, 182.

[125] Vgl. Erläuterungen zum Modell VW 1987, 255, 260.

[126] Erläuterungen zum Modell a. a. O.; fälschlicherweise wird allerdings a. a. O. von sonstigen Mitversicherten und nicht von sonstigen Mitarbeitern gesprochen.

oder Wettbewerbsgründen Erzeugnisse auf den Markt bringt, ohne sie vorher ausreichend erprobt zu haben. Geschieht dies dennoch und werden hierdurch Dritte geschädigt, so besteht wegen der eingetretenen Sach- und Vermögensschäden kein Versicherungsschutz, da es **nicht als Aufgabe des Versicherers angesehen** wird, **dem Unternehmen im Ergebnis seine Entwicklungsrisiken nachzufinanzieren.**[127]

Hingegen läßt sich im Umkehrschluß aus dem Wortlaut der Ziff. 6.6 des Modells entnehmen, daß **Personenschäden dem Versicherungsschutz unterfallen.** Entsteht also durch ein nicht oder nicht ausreichend erprobtes Produkt ein Personenschaden, so genießt der Versicherungsnehmer Versicherungsschutz.[128] **115**

Um dies an einem Beispiel zu verdeutlichen: **116**

Der Versicherungsnehmer liefert einem Unternehmen ein nicht ausreichend erprobtes Aggregat zum Einbau in eine Maschine. Nachdem der Einbau erfolgt ist, gerät das Aggregat infolge seiner unzureichenden Erprobung in Brand und beschädigt die Maschine. Außerdem greift das Feuer auf die Werkshalle über, verursacht erhebliche Brandverletzungen bei zwei Arbeitern und führt dazu, daß der Betrieb in der Werkshalle für zwei Wochen stillsteht.

In bezug auf die in **Brand geratene Maschine** verwirklicht sich das Experimentierrisiko und führt damit zum Ausschluß des Versicherungsschutzes nach Ziff. 6.6 Abs. 1 des Modells. Demgegenüber sind die aus dem Brand resultierenden **Schäden an der Werkshalle** Gegenstand der Deckung, da sie nach Ziff. 6.6 Abs. 2 des Modells an Sachen eintreten, die mit dem hergestellten Erzeugnis – dem Aggregat – weder in einem Funktionszusammenhang stehen, noch dessen bestimmungsgemäßer Einwirkung unterliegen und als aus einer positiven Vertragsverletzung bzw. aus einer unerlaubten Handlung nach § 823 I BGB herrührende Schadensersatzansprüche über Ziff. 1.1 des Modells i. V. m. § 1 Ziff. 1 AHB versichert sind.[129] In gleicher Weise gilt dies im Ergebnis auch für die im Zusammenhang mit dem Brand eintretenden **Personenschäden,** die von Ziff. 6.6 des Modells gar nicht berührt werden, für die vielmehr als aus positiver Vertragsverletzung bzw. aus unerlaubter Handlung nach § 823 I BGB hergeleitete Schadensersatzansprüche Versicherungsschutz nach Ziff. 1.1 des Modells i. V. m. § 1 Ziff. 1 AHB besteht. Der infolge des zweiwöchigen Betriebsstillstandes dem Unternehmen entstehende **Vermögensschaden** schließlich wird dagegen von Ziff. 6.6 Abs. 1 des Modells erfaßt und stellt sich daher als nicht gedeckter Schaden dar. **117**

Bereitet die Abgrenzung der versicherten von den nicht versicherten Schadensarten bei Ziff. 6.6 keine allzu großen Schwierigkeiten, liegt das eigentliche Problem darin, daß die Verwendung oder Wirkung der Erzeugnisse **„im Hinblick auf den konkreten Verwendungszweck nicht nach den anerkannten Regeln der Technik oder Wissenschaft oder in sonstiger Weise ausreichend erprobt“** gewesen sein muß. Denn immerhin handelt es sich beim Begriff der „anerkannten Regeln der Technik oder Wissenschaft“ um ein so facettenreiches Gebilde, dessen genauere Bestimmung Rechtsprechung[130] und Literatur[131] aus haftungsrechtlicher Sicht alles andere als leicht fällt. **118**

Ohne im Rahmen der vorliegenden Darstellung hierauf näher eingehen zu können,[132] ist aus **deckungsrechtlichem Blickwinkel entscheidend,** daß bei der Beurteilung der Dek- **119**

---

[127] Vgl. Erläuterungen zum Modell a. a. O.; Späte Produkthaftpflichtversicherung, in: Brendl, Produkt- und Produzentenhaftung, Gruppe 13, S. 65.

[128] Späte a. a. O.

[129] Vgl. § 53 Rz. 7.

[130] Vgl. BVerfGE 49, 89, 135 ff. zur Auslegung der Begriffe „allgemein anerkannte Regeln der Technik“, „Stand der Technik“ und „Stand von Wissenschaft und Technik“ mit umfassenden Nachweisen.

[131] Vgl. grundlegend zum Begriff der Regeln der Technik im Recht Marburger Regeln; zur haftungs- und versicherungsrechtlichen Bedeutung technischer Regeln im Recht ders. VersR 1983, 597 ff.; jeweils mit umfassenden Nachweisen.

[132] Vgl. hierzu Marburger a. a. O.; 2. Teil § 24 Rz. 13 ff.

kungsfrage auf die Regeln abgestellt werden muß, die **zur Zeit des Inverkehrbringens des Erzeugnisses galten.** Stellt sich dagegen erst später anläßlich von Schäden heraus, daß die seinerzeit angewendeten Regeln der Technik falsch oder unzureichend waren oder das geübte Erprobungsverfahren unzulänglich war, hat dies auf den Versicherungsschutz keinen Einfluß.[133] Damit wird eine **Besserstellung der Position des Versicherungsnehmers erreicht,** zu dessen Lasten es nicht gehen soll, daß erst später die richtigen Erkenntnisse über die Unzulänglichkeit der früher angewendeten Regeln der Technik gewonnen werden.

9. Ziff. 6.7: Luft-Produkt-Haftpflicht

120 Ausgeschlossen vom Versicherungsschutz sind nach **Ziff. 6.7** Ansprüche aus

a) Planung oder Konstruktion, Herstellung oder Lieferung von Luftfahrzeugen oder Teilen für Luftfahrzeuge, soweit die Teile ersichtlich für den Bau von Luftfahrzeugen oder den Einbau in Luftfahrzeuge bestimmt waren;

b) Tätigkeiten (z. B. Montage, Wartung, Inspektion, Überholung, Reparatur, Beförderung) an Luftfahrzeugen oder Luftfahrzeugteilen,

und zwar sowohl wegen Schäden an Luftfahrzeugen einschließlich der mit diesen beförderten Sachen und der Insassen als auch wegen Schäden durch Luftfahrzeuge.

121 Gegenstand dieser Ausschlußklausel ist die Versagung des Versicherungsschutzes für das **Luftfahrt-Produkte-Haftpflichtrisiko,** da dieses angesichts einiger spektakulärer, durch Luftfahrzeuge verursachter Schadensfälle[134] als außergewöhnlich hoch eingestuft wird und dementsprechend exorbitante Deckungssummen zur Folge hätte, die den Rahmen der bei Produkt-Haftpflichtversicherungen sonst üblichen Deckungssummen sprengten.

122 Damit ist jedoch nicht gesagt, daß derartige Risiken überhaupt nicht versichert wären. Zum einen ergibt sich schon eine Einschränkung aus Ziff. 6.7 selbst, wie sogleich darzulegen sein wird. Zum anderen ist aber der im Modell vorgesehene Ausschluß auch deshalb erfolgt, weil für das Luftfahrt-Produkte-Haftpflichtrisiko **spezielle Deckungskonzepte** existieren, die eine Versicherung dieses Risikos bei der **Versicherergemeinschaft des Deutschen Luftpools** grundsätzlich möglich machen. Hierauf wird noch im Zusammenhang mit der Darstellung spezieller Formen der Produkte-Haftpflichtversicherung zurückzukommen sein.[135]

123 Hinsichtlich des in Ziff. 6.7 vorgesehenen Ausschlusses ist zu beachten, daß er – von der nachfolgend zu schildernden Ausnahme abgesehen – nach dem insoweit eindeutigen Wortlaut dieser Bestimmung umfassend ausgestaltet ist.[136] Einmal erstreckt er sich auf **Schadensersatzansprüche** wegen der Schäden an den **Luftfahrzeugen selbst.** Ferner bezieht er sich auf **Schadensersatzansprüche** wegen der Schäden an den mit den **Luftfahrzeugen beförderten Sachen und Insassen.** Schließlich erfaßt er auch die **Schadensersatzansprüche** wegen der Schäden, die durch die **Luftfahrzeuge verursacht** werden.

124 Dies gilt allerdings nur dann, soweit für den Versicherungsnehmer **ersichtlich** war, daß seine Erzeugnisse für die Produktion von Luftfahrzeugen oder Teilen davon Verwendung finden. Hingegen wird Versicherungsschutz geboten, wenn sich aus den gesamten Umständen – Art der Produkte, Person des Bestellers oder Weiterverarbeiters, Verhandlung

---

[133] Ebenso Schlegelmilch Absicherung, S. 133 und Späte Produkthaftpflichtversicherung, in: Brendl, Produkt- und Produzentenhaftung, Gruppe 13, S. 65.

[134] Vgl. hierzu die bei Späte Produkthaftpflichtversicherung, in: Brendl, Produkt- und Produzentenhaftung, Gruppe 13, S. 67 und Müller-Rostin ZLW 1983, 225f. genannten Beispiele; hinzuweisen ist ferner auf die gerade in jüngster Zeit sich in einem erschreckenden Maße häufenden Flugzeugabstürze, die umfangmäßig noch gar nicht abzusehende Schadensersatzforderungen zur Folge haben dürften.

[135] Vgl. hierzu § 56 Rz. 55ff.

[136] So auch Schlegelmilch Absicherung, S. 135.

mit dem Besteller, Auftragserteilung etc. – nicht ergab, daß die Teile für den Bau von Luftfahrzeugen oder den Einbau in Luftfahrzeuge bestimmt waren, die **Notwendigkeit bzw. Möglichkeit des Abschlusses einer Luftfahrt-Produkte-Haftpflichtversicherung** also **nicht erkannt** werden konnte.[137]

Hinter dieser Differenzierung steht die Überlegung, daß es eine Reihe von Erzeugnissen gibt, die so vielseitig verwendet werden können, daß **nicht ohne weiteres** auf ihre **Beteiligung an der Produktion von Luftfahrzeugen** zu schließen ist.[138] So können beispielsweise Präzisionsschrauben sowohl zum Einbau in Uhren als auch in Navigationsinstrumente für Flugzeuge geeignet sein. Weiß der Schraubenhersteller nichts vom konkreten Verwendungszweck seiner Schrauben, so genießt er Versicherungsschutz, wenn eine fehlerhafte Schraube in ein Navigationsgerät eingebaut wird und es infolge Versagens desselben zum Flugzeugabsturz kommt.[139] Deckung besteht auch dann, wenn ein Versicherungsnehmer von einem Unternehmen zur Herstellung elektrischer Präzisionsgeräte aller Art den Auftrag zur Lieferung einer größeren Menge standardisierter, vielseitig verwendbarer Leitungen erhält, diese Leitungen für den Versicherungsnehmer aber nicht ersichtlich zur Herstellung von in Luftfahrzeuge eingebaute Höhenmesser verwendet werden und es infolge mangelhafter Leitungen zu einem Schaden kommt.[140] 125

Hingegen besteht im Schadensfall kein Versicherungsschutz, wenn der Versicherungsnehmer von einem Flugzeughersteller den Auftrag zur **Lieferung von Höhenmessern** erhält oder diese sogar selbst in die Flugzeuge einbaut.[141] Denn dann ist für den Versicherungsnehmer der **konkrete Verwendungszweck ersichtlich.** 126

V. Vorschriften zur Konkretisierung und Begrenzung des Versicherungsschutzes

1. Allgemeines

Ging es bei den bisher erörterten Vorschriften des Modells über den Gegenstand des Vertrages, die Abgrenzungen und Erweiterungen des Versicherungsschutzes und nicht versicherte Tatbestände um solche Bestimmungen, die unverändert oder nur geringfügig modifiziert einer Vielzahl von Versicherungsverträgen zugrunde gelegt werden, gilt es nunmehr, auf die verbleibenden, im allgemeinen im Einzelfall individueller ausgestalteten Regelungen des Modells näher einzugehen. Hierbei handelt es sich um die Vorschriften über das **versicherte Risiko** nach Ziff. 2, die **Deckungssummen** nach Ziff. 3, die **Auslandsklausel** nach Ziff. 5, die **zeitliche Begrenzung** nach Ziff. 7, die **Serienschadenklausel,** die **Maximierung** und den **Selbstbehalt** nach Ziff. 8 und die **Erhöhungen und Erweiterungen des Risikos** nach Ziff. 9. Ferner sind die im Anhang des Modells[142] abgedruckten, erst durch seine 1986 erfolgte Änderung zur Geltung gelangten **„Besonderen Bedingungen für den alternativen Einschluß von Serienschäden in die Produkthaftpflichtversicherung von Industrie- und Handelsbetrieben"** zu nennen, die als Alternativregelung zur bisher allein gültigen Serienschadenklausel der Ziff. 8.1 verstanden werden.[143] 127

Gemeinsam ist allen diesen Bestimmungen, daß sie den durch das Modell gewährten **Versicherungsschutz** nicht nur **stärker konkretisieren,** sondern auch entscheidend zu dessen **Begrenzung** beitragen. Dabei läßt sich dies aufgrund der besonderen Umstände 128

[137] So ausdrücklich Erläuterungen zum Modell VW 1987, 255, 260.

[138] So zutreffend Schlegelmilch a. a. O.

[139] So das treffende Beispiel von Späte Produkthaftpflichtversicherung, in: Brendl, Produkt- und Produzentenhaftung, Gruppe 13, S. 67.

[140] Erläuterungen zum Modell a. a. O.

[141] Erläuterungen zum Modell a. a. O.

[142] VerBAV 1987, 3; vgl. auch Anlage II, Anhang.

[143] Einzelheiten hierzu in Rz. 181 ff.

des Einzelfalles allerdings nur in der Weise realisieren, daß individuelle, auf die jeweiligen Bedürfnisse des Deckungsschutz begehrenden Versicherungsnehmers zugeschnittene Lösungen angeboten werden. Wie wichtig dieser Aspekt auch den Bedingungsverfassern war, zeigt der Umstand, daß in den genannten Bestimmungen entweder auf die Möglichkeit besonderer Vereinbarungen deutlich hingewiesen[144] oder der Raum für entsprechende Vereinbarungen bereits im Modell freigelassen[145] oder die Auswahl zwischen zwei verschiedenen Serienschadenklauseln angeboten wird.[146]

129 Dementsprechend müssen sich die nachfolgenden Ausführungen darauf beschränken, die diesen **Regelungen zugrunde liegenden Gedanken** herauszuarbeiten, während es im übrigen den Versicherern und Versicherungsnehmern vorbehalten bleiben muß, sich im Einzelfall um die konkrete Ausformung der für sie maßgeblichen Produkt-Haftpflichtversicherung zu bemühen.

2. Ziff. 2: Versichertes Risiko

130 **Ziff. 2** beschäftigt sich mit dem versicherten Risiko und trifft dazu zwei verschiedene Aussagen. Während – durch eine Klammer besonders hervorgehoben – zunächst ein Hinweis auf die genaue **Beschreibung des Produktions- und Tätigkeitsprogramms** erfolgt, wird im eigentlichen Textteil deutlich gemacht, daß **ohne besondere Vereinbarung nicht mitversichert** sind Ansprüche wegen Schäden, die durch einen von dem **Versicherungsnehmer als Generalunternehmer beauftragten Subunternehmer** entstehen. Sachlich soll damit folgendes zum Ausdruck gebracht werden:

131 Die Möglichkeit, umfassenden Versicherungsschutz zu erhalten, läßt sich für den Versicherungsnehmer nur dadurch verwirklichen, daß er sich entsprechend dem in Ziff. 2 Gesagten um eine genaue Beschreibung seines Produktions- und Tätigkeitsprogramms bemüht. Denn der Versicherer muß aufgrund der Angaben des Versicherungsnehmers in der Lage sein festzustellen, welche **besonderen Risiken bei dessen Produktion entstehen bzw. welche Gefahren im Zusammenhang mit dessen Produktion auftreten können.** Daher ist es erforderlich, entsprechend detaillierte Angaben zu machen, um vor Überraschungen oder erheblichen Nachteilen im Schadensfall gefeit zu sein.[147] Eine **Grenze** ist der genauen Beschreibung des Produktions- und Tätigkeitsprogramms nur insoweit gesetzt, als die Beschreibung für den Versicherer noch überschaubar sein muß. Wenn daher durch eine Vielzahl von Einzelerzeugnissen der Überblick für den in diesem Bereich nicht so sachkundigen Versicherer verloren geht, empfiehlt es sich, die Einzelerzeugnisse in Produktionsgruppen zusammenzufassen und die einzelnen Produktionsgruppen in die Beschreibung des Produktionsprogramms aufzunehmen.[148]

132 Das große Interesse des Versicherers, über das gesamte Produktions- und Tätigkeitsprogramm des Versicherungsnehmers ausreichend informiert zu sein, wird für den speziellen Fall des **vom Versicherungsnehmer beauftragten Subunternehmers** in Ziff. 2 sehr deutlich hervorgehoben. Wird dort nämlich die Mitversicherung von Ansprüchen wegen Schäden, die durch einen von dem Versicherungsnehmer als Generalunternehmer beauftragten Subunternehmer entstehen, von einer **besonderen Vereinbarung abhängig** gemacht, kommt darin die dem Versicherer eventuell drohende Eintrittspflicht zum Ausdruck, der er sich unter Umständen ausgesetzt sähe, wenn er nicht in genügendem Maße über das vom Subunternehmer ausgehende Haftungsrisiko informiert würde.

---

[144] So Ziff. 2, 5, 7.2 und 9 des Modells.

[145] So Ziff. 3, 8.2 und 8.3 des Modells.

[146] So Ziff. 8.1 des Modells und die in dessen Anhang abgedruckten Besonderen Bedingungen für den alternativen Einschluß von Serienschäden in die Produkt-Haftpflichtversicherung von Industrie- und Handelsbetrieben.

[147] Vgl. Späte Produkthaftpflichtversicherung, in: Brendl, Produkt- und Produzentenhaftung, Gruppe 13, S. 43; Produkte-Haftpflicht aktuell, S. 62f.

[148] So zutreffend Produkte-Haftpflicht aktuell, S. 63.

Allerdings wird der **Begriff des Subunternehmers** in Ziff. 2 des Modells nicht näher erläutert. Gemeint ist jedoch in Anlehnung an die in § 3 Ziff. 2 der Allgemeinen Montageversicherungsbedingungen (AMoB) sich findende Definition, daß es sich bei Subunternehmern um diejenigen handelt, **„die durch ihre Lieferungen und Leistungen hinsichtlich des Vertrages mit dem Besteller ganz oder teilweise an die Stelle des (General-) Unternehmers treten“.**[149] Darin kommt in sehr verklausulierter Form zum Ausdruck, daß ausschließlich zwischen dem Generalunternehmer und dem Besteller ein Vertragsverhältnis besteht, nicht aber zwischen dem Subunternehmer und dem Besteller. Die Erbringung der vom Subunternehmer geschuldeten Lieferungen und Leistungen erfolgt also in Erfüllung des Vertrages mit dem Generalunternehmer und stellt gleichzeitig die Erfüllung derjenigen Verpflichtungen dar, die der Generalunternehmer gegenüber dem Besteller eingegangen ist. Hierdurch unterscheidet sich der Subunternehmer vom bloßen Erfüllungsgehilfen und vor allem auch vom Zulieferer. Denn während dieser eine Lieferung vorzunehmen hat, schuldet der Subunternehmer eine Werkleistung, zu deren Erbringung sich der Generalunternehmer gegenüber dem Besteller verpflichtet hat. 133

Hintergrund für die Regelung der **Ziff. 2** des Modells ist, daß produzierende Unternehmen aller Art häufig als Generalunternehmer auftreten, selbst aber nur geringe Eigenleistungen erbringen und die Ausführung der für die Produktherstellung erforderlichen Leistungen Subunternehmern überlassen, die hierzu von den Generalunternehmern entsprechend beauftragt werden. 134

Beispiele: 135

- Herstellung von Radio- oder Fernsehapparaten durch ein seit Jahrzehnten auf diesem Markt tätiges Unternehmen für ein Versandhaus.
- Herstellung von Erfrischungsgetränken aller Art durch einen kostengünstig arbeitenden Familienbetrieb im Auftrag einer aus vielen Lebensmittelmärkten bestehenden Filialkette.

Tritt nun ein **durch den Subunternehmer verursachter Schaden** ein, haftet der Versicherungsnehmer als Generalunternehmer grundsätzlich für dessen Verschulden gemäß § 278 BGB. Zugleich kommt aber bei fehlender Offenlegung des Verhältnisses zwischen dem Generalunternehmer und dem Subunternehmer im Versicherungsvertrag die uneingeschränkte Eintrittspflicht des Versicherers für den eingetretenen Schaden in Betracht, da der Versicherer hierfür nach dem Vertrag verantwortlich scheint. Eine solche **Risikoausdehnung** ist jedoch für den **Versicherer** nur dann **akzeptabel,** wenn er weiß, um was für einen Betrieb es sich bei dem des Subunternehmers handelt, wie zuverlässig dieser in der Vergangenheit gearbeitet hat und welche Haftungsgefahren in der Zukunft möglicherweise von diesem ausgehen können. Hiervor will Ziff. 2 den Versicherer schützen, da sonst der Versicherungsnehmer es fast nach Belieben in der Hand hätte, durch Beauftragung von Subunternehmern den ihm zu gewährenden Versicherungsschutz über seinen eigenen Betrieb hinaus auch auf eine Vielzahl anderer Betriebe ohne entsprechende prämienmäßige Berücksichtigung zu erstrecken oder sogar Betriebe in den Versicherungsschutz einzubeziehen, die aufgrund ihres hohen subjektiven Risikos Deckungsschutz entweder gar nicht oder nur zu erheblich erschwerten Bedingungen erhalten hätten. 136

Mithin soll mit der in **Ziff. 2 des Modells von einer besonderen Vereinbarung abhängig gemachten Mitversicherung des Subunternehmerrisikos** erreicht werden, daß dieses erst nach einer umfassenden Risikoanalyse in den Versicherungsschutz einbezogen wird, wobei dies im Regelfall nicht ohne entsprechende Prämienerhöhungen abgehen wird. 137

3. Ziff. 3: Deckungssummen

Ziff. 3 betrifft die Versicherungssummen oder – wie es dort ausdrücklich heißt – die Deckungssummen für Personen- und Sachschäden je Schadenereignis, überläßt deren 138

---

[149] Eingehender zum Verhältnis Generalunternehmer/Subunternehmer/Zulieferer Späte a. a. O., S. 43.

konkrete Ausgestaltung aber den Besonderheiten des Einzelfalles. Verwundern mag dies nach dem in § 53 Rz. 37ff. bereits Ausgeführten schon deshalb nicht, da gerade bei der Bestimmung der angemessenen Deckungssumme eine solche Vielzahl von Faktoren zu berücksichtigen ist, daß sich eine schematische Festlegung von selbst verbietet. Deshalb kann der in den **Erläuterungen zum Modell**[150] gegebene Hinweis, daß innerhalb der Deckungssumme für Personenschäden die Begrenzung für die einzelne Person bei der Regeldeckungssumme von DM 1000000 für Personenschäden üblicherweise DM 500000 betrage, nur auf den ersten Blick als gewisser Anhaltspunkt gewertet werden. Das gleiche gilt für die in der **Literatur**[151] zu findende Äußerung, wonach die Deckungssummen für das Produkthaftpflichtrisiko und für das allgemeine Betriebshaftpflichtrisiko in der Regel identisch seien und die Regeldeckungssumme für Sachschäden DM 300000 betrage. Bei genauerem Hinsehen fragt sich nämlich, ob insbesondere der Versicherungsnehmerseite mit derartigen Stellungnahmen gedient ist. Könnte damit doch der Eindruck erweckt werden, daß die genannten Deckungssummen im Regelfall ausreichend seien. Gerade dies muß aber unter Berücksichtigung des in § 53 Rz. 37f. bereits Gesagten im Hinblick auf einen so schadensträchtigen und durch die Rechtsprechung immer weiter ausgedehnten Bereich wie dem der Produkthaftung bezweifelt werden. Hier kommt es vielmehr darauf an, **im Einzelfall alle ernsthaft in Betracht zu ziehenden Risikofaktoren umfassend zu würdigen und daraus entsprechende Folgerungen für die Bestimmung der angemessenen Deckungssummen abzuleiten.**

139 Hieran anknüpfend mögen zwar gewisse Zweifel angebracht sein, ob die Feststellung zutrifft, wonach die Festlegung der Deckungssumme eine nur sehr begrenzt vom Risiko her qualifzierbare Entscheidung sei, weil sie von einer Fülle außerhalb des Herstellerbereichs liegender Faktoren abhängig sei und daher nach den Kriterien kaufmännisch vernünftiger Risikovorsorge getreffen werden müsse.[152] Denn auch die außerhalb des eigentlichen Herstellerbereichs liegenden Faktoren lassen sich als der Produkthaftung immanente Risikofaktoren begreifen. **Zutreffend** ist jedoch die **Folgerung,** daß es aufgrund des theoretisch nicht kalkulierbaren denkbaren Höchstschadens für die Deckungssummenhöhe **keine „richtige“, sondern nur eine nach Lage der Dinge angemessene Deckungssumme gibt.**[153]

140 Somit bleibt den **Beteiligten** im Grundsatz **nichts anderes übrig, als sich selbst um eine für den Einzelfall angemessene Deckungssumme zu bemühen.** Dabei kommt dem Versicherer aufgrund seines in der täglichen Praxis gewachsenen Sachverstandes die Aufgabe zu, den Versicherungsnehmer umfassend zu beraten,[154] wobei einen ersten Anhaltspunkt für die Bestimmung einer angemessenen Deckungssumme Betriebe gleicher Größenordnung und vergleichbare Produktpaletten darstellen können. Sollte die Beratung des Versicherers den Versicherungsnehmer nicht zufriedenstellen, so bleibt diesem die – ohnehin immer gegebene – Möglichkeit, auch noch andere Versicherer zu konsultieren, um die auf dem Markt üblichen Konditionen zu erfahren. Dabei kann es sich bisweilen als sehr vorteilhaft erweisen, sich der Hilfe anerkannter Versicherungsmakler zu bedienen, da diese den besten Überblick über das gesamte Geschehen am Versicherungsmarkt haben.

141 Nun drängt sich nach diesen Hinweisen die Frage auf, ob es nicht doch zumindest Richtwerte über die derzeit üblichen Deckungssummen gibt. Hierfür erscheinen Äußerungen von Schmidt-Salzer,[155] eines namhaften Vertreters der Versicherungswirtschaft, aus dem Jahre 1985 besonders gewichtig, der die eingangs erwähnte Regeldeckungssum-

---

[150] Erläuterungen zum Modell a. a. O., 257.

[151] Späte Produkthaftpflichtversicherung, in: Brendl, Produkt- und Produzentenhaftung, Gruppe 13, S. 44.

[152] Schmidt-Salzer BB 1983, 1251, 1253.

[153] Schmidt-Salzer a. a. O.; ders. Produkthaftung II, Rz. 3.422; vgl. ferner § 53 Rz. 39 m. w. N. in Fn. 64.

[154] Vgl. hierzu § 53 Rz. 37.

[155] Schmidt-Salzer Produkthaftung II, Rz. 3.422; ders. BB 1983, 1251, 1252f.; ebenso Jörissen Gabler's Magazin 12/1988, 44 aus der Sicht des Versicherers.

me für gewerbliche Unternehmen zu Recht eindeutig als zu niedrig bezeichnet und davon gesprochen hat, daß auch für mittelständische Herstellerunternehmen eine **Deckungssumme von DM 5000000 pauschal für Personen- und/oder Sachschäden gewissermaßen die Deckungssummen-Mindestausstattung** darstelle. Ferner hat Schmidt-Salzer[156] in diesem Zusammenhang aber auch darauf aufmerksam gemacht, daß Anhebungen der Deckungssummen in Sprüngen von DM 5000000, DM 10000000, DM 50000000, DM 100000000 bis hin zu DM 200000000 erfolgen. Dabei wollte er allerdings die extrem hohen Deckungssummen nicht zur Regel werden lassen. Demgemäß hat er zutreffend darauf hingewiesen,[157] daß **Deckungssummen von DM 100000000** zwar **nicht für einen Großkonzern,** wohl **aber für mittelständische Zulieferbetriebe mit einem Umsatz von DM 50000000 unverhältnismäßig** wären, selbst wenn im Einzelfall ein derartiger Haftungsfall theoretisch durchaus denkbar sei. Gerechtfertigt sei bei einem solchen **mittelständischen Betrieb** vielmehr eine **niedrigere Deckungssumme von DM 5000000 oder DM 10000000,** weil nach der Erfahrung der Eintritt eines derartigen Katastrophenschadens umso unwahrscheinlicher sei, je weniger Produkte im Einsatz seien und zudem die theoretische Addition möglichst vieler ungünstiger, den Schadenumfang bestimmender Momente in der Praxis nur äußerst selten eintrete.

Orientiert sich die Praxis in etwa an derartigen Maßstäben, kann sie gegenwärtig sein, 142
im Regelfall ausreichenden Versicherungsschutz zu genießen.

4. Ziff. 5: Auslandsdeckung

Ziff. 5 spricht die Auslandsdeckung an, regelt sie aber nicht selbst, sondern macht deren 143
Umfang vielmehr von einer **besonderen Vereinbarung** abhängig. Zur Begründung wird in den Erläuterungen zum Modell[158] darauf hingewiesen, daß der Versicherungsschutz für Schäden im Ausland in diesem Zusammenhang nicht ausdrücklich geregelt worden sei, da sich hierzu gewisse Handhabungen auf dem Markt bereits eingespielt hätten, die auch im Rahmen des Produkt-Haftpflicht-Modells Anwendung finden sollten.

Gedacht ist hierbei neben selbstverständlich immer möglichen individuellen Vereinba- 144
rungen vor allem an die **„Besonderen Bedingungen für den Einschluß von Auslandsschäden in die Betriebshaftpflichtversicherung“,**[159] die vom HUK-Verband als Modell für das Auslandsrisiko konzipiert worden sind, um in einem begrenzten Umfang den Versicherungsnehmern Versicherungsschutz nach ihren individuellen Bedürfnissen zu bieten.[160] Derartige Bedingungen waren erforderlich geworden, da in der Praxis das Interesse an diesbezüglichen Bestimmungen schon immer groß war, aber früher nur individualvertraglich geregelt werden konnte, da nach **§ 4 I Ziff. 3 AHB** der Versicherungsschutz sich mit Ausnahme der Ansprüche aus § 640 RVO nicht auf Haftpflichtansprüche aus im Ausland vorkommende Schadenereignisse bezieht.[161]

Hintergrund für die grundsätzliche Versagung des Versicherungsschutzes für Aus- 145
landsschäden in den AHB ist die Überlegung, daß die damit verbundenen **Risiken häufig kaum überschaubar** sind und eine sachgerechte Beurteilung nur schwer zulassen. Denn es ist zu bedenken, daß in **rechtlicher und tatsächlicher Hinsicht** die in anderen Ländern herrschenden Verhältnisse sich zumeist so grundlegend von denen in der Bundesrepublik

---

[156] A. a. O.

[157] Schmidt-Salzer BB 1983, 1251, 1254.

[158] Erläuterungen zum Modell VW 1987, 255, 260.

[159] VerBAV 1981, 238.

[160] Vgl. Hoechst, US-amerikanische Produzentenhaftung, S. 127; de Lousanoff ZHR 151 (1987), 72, 85.

[161] Eingehend zu dieser Vorschrift Bruck/Möller/Johannsen VVG, IV. Band, Anm. G 166–168; aus dem Blickwinkel der Produkt-Haftpflichtversicherung ist zu verweisen auf Späte Produkthaftpflichtversicherung, in: Brendl, Produkt- und Produzentenhaftung, Gruppe 13, S. 24ff. und Produkte-Haftpflicht aktuell, S. 75ff.

Deutschland unterscheiden, daß die Versicherer **erst nach eingehender Risikoprüfung** einigermaßen in der Lage sind, zu überblicken, womit im Schadensfall gerechnet werden muß und welche Entwicklungen sich in der näheren Zukunft möglicherweise abzeichnen.[162]

146 Andererseits kann natürlich auch die Versicherungswirtschaft die Augen nicht vor der Tatsache verschließen, daß Handel und Industrie eines hochtechnisierten Staates **in internationalen Verflechtungen eingebunden und auf Auslandsbeziehungen bzw. -aktivitäten** in einem erheblichen Maße angewiesen sind und deshalb hierfür auch eines entsprechenden Versicherungsschutzes dringend bedürfen. Da diesem Umstand aber aus haftpflichtversicherungsrechtlicher Sicht einzelvertraglich nur sehr begrenzt Rechnung getragen werden kann, bestand über die Notwendigkeit vereinheitlichender Regelungen seit langem weitgehende Einigkeit. Jedoch haben erst im Jahre 1981 die bereits genannten **„Besonderen Bedingungen für den Einschluß von Auslandsschäden in die Betriebs-Haftpflichtversicherung“** Gültigkeit erlangt, in denen u. a. auch die Deckung von Produkthaftpflichtschäden auf der Basis der AHB enthalten ist.[163]

147 Ohne auf Einzelheiten dieser **Besonderen Bedingungen** hier eingehen zu können,[164] seien doch **die sie beherrschenden Gedanken** sogleich kurz **genannt.** Allerdings muß vorweg deutlich darauf hingewiesen werden, daß sie aufgrund der in einzelnen Ländern herrschenden Besonderheiten nur einen Teil der daraus resultierenden Risiken erfassen können und daher individuelle Vereinbarungen über die Einbeziehung von Auslandsschäden in den Versicherungsschutz nicht obsolet machen.[165] Dies gilt insbesondere für einen Staat wie die USA, in dem das Produkthaftpflichtrisiko in den letzten Jahren solche Dimensionen angenommen hat, daß sich bisweilen die Frage stellt, ob Versicherungsschutz überhaupt und gegebenenfalls in welchem Umfang gewährt werden kann. Hierauf wird in § 57 Rz. 12ff. noch gesondert einzugehen sein, da sonst die Darstellung bezüglich des Einschlusses von Auslandsschäden in den Versicherungsschutz gesprengt würde.

148 Kommt man somit auf die **Besonderen Bedingungen für den Einschluß von Auslandsschäden** zurück, so ist zunächst zu beachten, daß ebenso wie das Modell auch **diese Bedingungen** von einem **Baukasten-System** beherrscht werden. Mithin wird dem Versicherungsnehmer die Möglichkeit geboten, sich nur die Bausteine auszusuchen, die er für sein Unternehmen zu benötigen glaubt. Zwar hat die Inanspruchnahme nur einzelner Bausteine prämienmäßig nicht ganz unwesentliche Vorteile für den Versicherungsnehmer.[166] Ebenso wie beim Modell[167] stellt sich aber auch hier die Frage, ob nicht von dieser Auswahlmöglichkeit in der Praxis besser nur äußerst vorsichtig Gebrauch gemacht werden sollte.[168] Zu beachten ist nämlich, daß der einzelne Versicherungsnehmer nicht immer in der Lage sein dürfte, die auf ihn zukommenden Risiken sachgerecht zu beurteilen und daher Gefahr läuft, bei Verzicht auf einen für ihn wesentlichen Baustein im Schadensfall mit unter Umständen verheerenden Auswirkungen selbst eintrittspflichtig zu sein. Zumindest wächst daher dem Versicherer die ganz wesentliche Aufgabe zu, insoweit den Versicherungsnehmer sachgerecht zu beraten und die ihm drohenden erheblichen Nachteile deutlich vor Augen zu führen.

149 Wesentlich ist ferner, daß die **Besonderen Bedingungen in insgesamt fünf Ziffern** unterteilt werden:

---

[162] Vgl. hierzu etwa den Überblick von Trappe, Produkthaftpflicht im Ausland, in: Brendl, Produkt- und Produzentenhaftung, Gruppe 13, S. 501ff.; zum Zweck einer Auslandsklausel aus österreichischer Sicht vgl. OGH Versicherungs-Rundschau 1988, 198 = VersR 1988, 1144 (Leitsatz).

[163] Vgl. Späte a. a. O., S. 26.

[164] Vgl. hierzu Hoechst, US-amerikanische Produzentenhaftung, S. 127ff.

[165] Ebenso Späte a. a. O.

[166] Ebenso Hoechst a. a. O., S. 127.

[167] Vgl. hierzu Rz. 42 und 193.

[168] Bedenken auch bei Hoechst a. a. O., S. 141.

Nach Ziff. 1 ist die gesetzliche Haftpflicht des Versicherungsnehmers wegen im Ausland vorkommender Schadenereignisse in den Versicherungsschutz eingeschlossen, wobei zwischen drei Fallgruppen unterschieden wird. Einmal geht es nach Ziff. 1a um Schadenereignisse, die aus weltweitem indirekten Export resultieren. Zum anderen finden gemäß Ziff. 1b Schadenereignisse Berücksichtigung, die in bestimmten, im Versicherungsvertrag zu nennenden Ländern eintreten. Schließlich unterliegen nach Ziff. 1c solche Schadenereignisse dem Versicherungsschutz, die die Folge im Ausland vorkommender Schadenereignisse aus Montage-, Wartungs- und Reparaturarbeiten sind, wobei zu den Wartungsarbeiten auch die Inspektion und der Kundendienst gerechnet werden.

Nach Ziff. 2 sind vom Versicherungsschutz Haftpflichtansprüche aus **Arbeitsunfällen** 150
von Personen ausgeschlossen, die vom Versicherungsnehmer im Ausland eingestellt oder dort mit der Durchführung von Arbeiten betraut worden sind. Eine Ausnahme wird im Einklang mit der Regelung des § 4 I Ziff. 3 AHB nur für Hafpflichtansprüche aus Arbeitsunfällen gemacht, die den Bestimmungen der Reichsversicherungsordnung unterliegen.

Ziff. 3 trägt den **besonderen Risiken Rechnung,** die bei **Schadenereignissen in den** 151
USA und Kanada zu erwarten sind,[169] und sieht vor, daß abweichend von § 3 II Ziff. 4 AHB die Aufwendungen des Versicherers für Kosten als Leistungen auf die Deckungssumme angerechnet werden. Dabei sind Kosten die in den USA und Kanada besonders zu Buche schlagenden Anwalts-, Sachverständigen-, Zeugen- und Gerichtskosten, ferner Aufwendungen zur Abwendung oder Minderung des Schadens bei oder nach Eintritt des Versicherungsfalls sowie Schadenermittlungskosten und Reisekosten, wobei es unerheblich ist, ob alle diese Kosten auf Weisung des Versicherers entstanden sind. Ausgeschlossen vom Versicherungsschutz bleiben auch Ansprüche auf Entschädigung mit Strafcharakter, insbesondere punitive oder exemplary damages, da die Versicherbarkeit derartiger Ansprüche den Grundsätzen der deutschen Haftpflichtversicherung widerspräche.

Ziff. 4 macht deutlich, daß die Leistungen des Versicherers in Deutscher Mark erfolgen, 152
wobei die Verpflichtung des Versicherers mit dem Zeitpunkt als erfüllt gilt, in dem der DM-Betrag bei einem inländischen Geldinstitut angewiesen ist.

Ziff. 5 schließlich sieht den Ausschluß vom Versicherungsschutz für Haftpflichtansprü- 153
che wegen Schäden vor, die nachweislich auf Kriegsereignissen, anderen feindseligen Handlungen, Aufruhr, inneren Unruhen, Generalstreik, illegalem Streik oder unmittelbar auf Verfügungen oder Maßnahmen von hoher Hand beruhen. Das gleiche gilt für Schäden durch höhere Gewalt, soweit sich elementare Naturkräfte ausgewirkt haben.

Überblickt man diese verschiedenen Regelungen noch einmal im Zusammenhang, so 154
muß man zugestehen, daß der durch die **Besonderen Bedingungen gewährte erweiterte Versicherungsschutz beachtlich ist** und nur dort seine Grenze findet, wo er den der deutschen Haftpflichtversicherung immanenten Grundsätzen widerstreitet oder so kostenintensiv wäre, daß dies nur durch erheblich höhere Prämien zu Lasten der Versichertengemeinschaft ginge. Daher sollten sich Versicherungsnehmer und Versicherer in allen den Fällen, in denen auch nur mit der Möglichkeit der Entstehung von Auslandsschäden zu rechnen ist, um die **Erarbeitung eines für den Versicherungsnehmer maßgeschneiderten erweiterten Deckungsschutzes** bemühen. Daß gerade **im Hinblick auf die Auslandsschäden die Haftungsgefahren größer sind als häufig angenommen** wird, macht das Beispiel des in Ziff. 1a der Besonderen Bedingungen angesprochenen indirekten Exports besonders deutlich.

Unter den **indirekten Export** ordnet man die Fälle ein, in denen der Produzent zwar 155
nicht selbst sein Produkt ins Ausland exportiert, jedoch Abnehmer, Händler und Weiterverarbeiter dieses Produkts den ausländischen Markt beliefern. Liegen derartige Voraussetzungen vor, muß so gut wie jeder Hersteller industrieller Produkte damit rechnen, daß sein Produkt irgendwann einmal ins Ausland exportiert wird. Wenn er dann aber keinen Versicherungsschutz für dort eintretende Schadenereignisse hat, kann seine alleinige Inan-

[169] Vgl. hierzu § 57 Rz. 12ff.

spruchnahme finanziell erhebliche Auswirkungen bis hin zur Existenzvernichtung haben. Hiervor können – wie gezeigt – den Versicherungsnehmer die Besonderen Bedingungen für den Einschluß von Auslandsschäden in angemessener Weise schützen.

5. Ziff. 7: Zeitliche Begrenzungen

156 **Ziff. 7** regelt die zeitliche Begrenzung des Versicherungsschutzes und unterscheidet dabei zwischen zwei Fallgestaltungen. Nach der den **Regelfall bildenden Ziff. 7.1** umfaßt der Versicherungsschutz die Folgen aller während der Versicherungsdauer vorkommenden Schadenereignisse, die – unbeschadet sonstiger Anzeigepflichten – dem Versicherer nicht später als drei Jahre nach Beendigung des Versicherungsvertrages gemeldet werden. **Ziff. 7.2** sieht hingegen vor, daß für Schäden durch Erzeugnisse, die vor Inkrafttreten dieses Vertrages ausgeliefert wurden, Versicherungsschutz nur im Falle besonderer Vereinbarung besteht.

157 Hinsichtlich **Ziff. 7.1** ist allgemein anerkannt, daß es sich hierbei um eine **Kompromißlösung** handelt, die den divergierenden Interessen des Versicherers und des Versicherungsnehmers Rechnung zu tragen sucht.[170] **Aus der Sicht des Versicherers ist von Bedeutung,** daß das Produkthaftpflichtrisiko im Laufe der Jahre immer weiter zunimmt. Bringt doch die große Mehrzahl aller Versicherungsnehmer ständig neue Produkte auf den Markt, wendet neue Verfahrensmethoden an oder verstärkt aus Wettbewerbsgründen in sonstiger Weise ihr Engagement erheblich, ohne zugleich durch den Eintritt von Gewährleistungs- oder Verjährungsfristen oder durch Haftungsfreizeichnungen in Allgemeinen Geschäftsbedingungen zu einem Risikoabbau zugunsten der Versicherer beizutragen.[171] Unter derartigen Umständen besteht aber für jeden Versicherer die Gefahr, daß das ihn treffende Risiko immer unübersichtlicher und undurchschaubarer wird und er sich dementsprechend zu einer risikogerechten Prämiengestaltung kaum noch in der Lage sieht.[172] Um dieser Entwicklung entgegenzuwirken, kommt für den Versicherer nur die **zeitliche Begrenzung des Versicherungsschutzes** auf solche **Schadenereignisse in Betracht, die ihm nicht später als drei Jahre nach Beendigung des Versicherungsvertrages gemeldet wurden,** da dieser überschaubare Zeitraum noch gewährleistet, den Überblick zu behalten. Davon bleiben – wie der Wortlaut der Ziff. 7.1 zeigt – unberührt die den Versicherungsnehmer treffenden **sonstigen Anzeigepflichten,** die sich aus **§ 5 Ziff. 2 und 3 AHB** ergeben und das beim Eintritt eines Versicherungsfalles vom Versicherungsnehmer geforderte Verhalten näher konkretisieren.

158 So ist nach **§ 5 Ziff. 2 Abs. 1 AHB** jeder Versicherungsfall dem Versicherer unverzüglich, spätestens innerhalb einer Woche, schriftlich anzuzeigen. Wird ein Ermittlungsverfahren eingeleitet oder ein Strafbefehl oder ein Mahnbescheid erlassen, so hat der Versicherungsnehmer gemäß **§ 5 Ziff. 2 Abs. 2 AHB** dem Versicherer unverzüglich Anzeige zu erstatten, auch wenn er den Versicherungsfall selbst bereits angezeigt hat. Macht der Geschädigte seinen Anspruch gegenüber dem Versicherungsnehmer geltend, so ist dieser nach **§ 5 Ziff. 2 Abs. 3 AHB** zur Anzeige innerhalb einer Woche nach der Erhebung des Anspruchs verpflichtet. Wird gegen den Versicherungsnehmer ein Anspruch gerichtlich geltend gemacht, die Prozeßkostenhilfe beantragt oder wird ihm gerichtlich der Streit verkündet, so hat er gemäß **§ 5 Ziff. 2 Abs. 3 AHB** ebenfalls unverzüglich Anzeige zu erstatten, wobei das gleiche im Falle eines Arrestes, einer einstweiligen Verfügung oder eines Beweissicherungsverfahrens gilt. Nach **§ 5 Ziff. 3 Satz 2 AHB** schließlich hat der Versicherungsnehmer den Versicherer bei der Abwehr des Schadens sowie bei der Schadensermittlung und -regulierung zu unterstützen, ihm ausführliche und wahrheitsgemäße

---

[170] Vgl. Erläuterungen zum Modell VW 1987, 255, 260f.; Späte Produkthaftpflichtversicherung, in: Brendl, Produkt- und Produzentenhaftung, Gruppe 13, S. 67f.; Produkte-Haftpflicht aktuell, S. 81f.; Schlegelmilch Absicherung, S. 136.

[171] Vgl. die in Fn. 170 Genannten.

[172] Vgl. Erläuterungen zum Modell a. a. O., 261.

Schadensberichte zu erstatten, alle Tatumstände, welche auf den Schadensfall Bezug haben, mitzuteilen und alle nach Ansicht des Versicherers für die Beurteilung des Schadensfalls erheblichen Schriftstücke einzusenden.

Verletzt der Versicherungsnehmer eine dieser **Obliegenheiten,** die er nach **§ 5 AHB** gegenüber dem Versicherer zu erfüllen hat, so ist dieser gemäß **§ 6 AHB** von der **Verpflichtung zur Leistung frei,** es sei denn, daß die Verletzung weder auf Vorsatz noch auf grober Fahrlässigkeit beruht. Dann führt aber allein die Verletzung einer der soeben genannten Anzeigepflichten zur **Versagung des Versicherungsschutzes,** so daß es auf die durch Ziff. 7.1 des Modells gesetzte zeitliche Begrenzung gar nicht mehr ankommt. Das **Verhältnis der Ziff. 7.1 des Modells zu § 5 AHB** läßt sich daher dahingehend umschreiben, daß Ziff. 7.1 des Modells den zeitlichen Rahmen setzt, innerhalb dessen dem Versicherungsnehmer Versicherungsschutz gewährt werden kann, während § 5 AHB dem Versicherungsnehmer bestimmte Anzeigepflichten auferlegt, denen er zur Vermeidung der Versagung des Versicherungsschutzes grundsätzlich unverzüglich nachzukommen hat. 159

Dient damit die in Ziff. 7.1 des Modells vorgesehene zeitliche Begrenzung des Versiche- 160
rungsschutzes dem Interesse des Versicherers an einer Überschaubarkeit des ihn treffenden Risikos, geht **auf seiten des Versicherungsnehmers** das Bestreben dahin, Deckung durch den Versicherer solange zu erhalten, **wie eine Inanspruchnahme** aufgrund der Verwirklichung eines **Haftungstatbestandes droht.** Da diesem Wunsch des Versicherungsnehmers in Ziff. 7.1 des Modells nur in einem begrenzten Maße Rechnung getragen wird, ist es erforderlich, daß Versicherer und Versicherungsnehmer im Einzelfall **die Frist der Ziff. 7.1 des Modells verlängern.** Dies kommt einmal dann in Betracht, wenn bereits die gesetzlichen Gewährleistungs- und Verjährungsfristen die in Ziff. 7.1 gesetzte Frist überschreiten, zum anderen aber auch dann, wenn der Versicherungsnehmer mit seinem Vertragspartner vertraglich die gesetzlichen Gewährleistungs- und Verjährungsfristen verlängert hat und Schadensersatzansprüche dieses Vertragspartners bzw. eines in den Schutzbereich des Vertrages fallenden Dritten allein aufgrund der Verlängerung der Frist der Ziff. 7.1 des Modells noch gegenüber dem Versicherungsnehmer drohen.[173] Unberührt von der Möglichkeit der Verlängerung der Frist der Ziff. 7.1 bleibt allerdings, daß der Versicherungsnehmer bei Eintritt des Versicherungsfalles die sich aus § 5 AHB ergebenden, bereits genannten Anzeigepflichten zu erfüllen hat. Verletzt er diese Obliegenheiten, so ist auch hier wieder der Versicherer nach § 6 AHB von der Verpflichtung zur Leistung grundsätzlich frei. Ferner muß beachtet werden, daß angesichts der nicht unwesentlichen Risikoerhöhung die Verlängerung der Frist der Ziff. 7.1 nur um den Preis entsprechend angepaßter Prämien geschehen kann.

Mit der Regelung der **Ziff. 7.2** ist beabsichtigt, dem Versicherer die Möglichkeit zu 161
geben, sich **vor der Zeichnung des Risikos** über das Schadenpotential zu informieren, welches die bereits ausgelieferten Erzeugnisse des Versicherungsnehmers darstellen.[174] Denn eine derartige Kenntnis ist für die Entscheidung des Versicherers, ob und gegebenenfalls in welchem Umfang er zur Risikoübernahme bereit ist, von ganz wesentlicher Bedeutung.

In der Praxis wird das Problem vor allem beim **Versichererwechsel** auftreten. Dabei 162
handelt es sich in erster Linie um einen Merkposten, der nur für das Neugeschäft gelten soll. Damit dieser Komplex bei Vertragsschluß nicht übersehen wird, dürfte – wie es in der Praxis ganz überwiegend geschieht – es zweckmäßig sein, eine **entsprechende Frage** in den Antrag oder einen eventuellen Fragebogen zur Ermittlung des Produkthaftpflichtrisikos **aufzunehmen.** Sofern dies aber bisher noch nicht erfolgt ist, sollten die **bestehenden Arbeitsanweisungen** für die Sachbearbeiter der Haftpflichtversicherer ergänzt werden.[175]

---

[173] Vgl. Produkte-Haftpflicht aktuell, S. 82.
[174] So ausdrücklich Erläuterungen zum Modell a. a. O.
[175] Vgl. auch Erläuterungen zum Modell a. a. O.

163 Hingegen wird eine **generelle Anwendung der Ziff. 7.2** bei **Umwandlung bestehender Verträge** zu Recht für **wenig sinnvoll** gehalten, obwohl dies im Hinblick auf die Deckungserweiterungen der Ziff. 4 eigentlich erforderlich wäre.[176] Zur Begründung wird zutreffend darauf hingewiesen, daß bei einer Erweiterung der beim Versicherer bereits bestehenden Betriebs-Haftpflichtversicherung um die Bedingungen des Modells der Versicherer den Versicherungsnehmer und das mit dessen Betrieb verbundene Risiko bereits kenne und daher das Informationsbedürfnis des Versicherers in diesem Fall nicht so groß sei und es zudem im Schadensfall Abgrenzungsschwierigkeiten geben könne, ob der Schaden nach den Bestimmungen der AHB oder denen nach dem Modell zu regulieren sei.[177]

164 Aus dem klaren Wortlaut der Ziff. 7.2 ergibt sich schließlich, daß sich diese Regelung nur auf Schäden durch Erzeugnisse, nicht aber auf Schäden durch Arbeiten oder durch sonstige Leistungen bezieht.[178] Entscheidend hierfür ist, daß die **Gefahr eines Serienschadens** besonders groß ist, so daß die Versicherer Wert auf die Kenntnis der bereits ausgelieferten Produkte legen.[179]

6. Ziff. 8.1 und 2: Serienschadenklausel und Jahreshöchstleistung

165 **Ziff. 8** betrifft die **Serienschadenklausel,** die **Maximierung** und schließlich den **Selbstbehalt,** also drei weitere Möglichkeiten zur Begrenzung des Versicherungsschutzes. Dabei stehen aber nur die in Ziff. 8.1 geregelte Serienschadenklausel und die von Ziff. 8.2 erfaßte Maximierung, die mit dem Begriff der Jahreshöchstleistung synonym ist, in einem so engen Verhältnis zueinander, daß sie zusammen erörtert werden müssen, während die in Ziff. 8.3 angesprochene Bestimmung über den Selbstbehalt gesondert behandelt werden muß.

166 Wendet man sich somit zunächst den Regelungen über den **Serienschaden** und die **Maximierung** zu, so findet schon beim Blick auf den Wortlaut der Ziff. 8.1 die in § 53 Rz. 40 getroffene Feststellung ihre Bestätigung, wonach es sich hierbei um eine der **kompliziertesten Fragen des gesamten Haftpflichtversicherungsrechts** handelt. Heißt es doch dort, daß mehrere während der Wirksamkeit des Vertrages eintretende Schadenereignisse

- aus der gleichen Ursache, z. B. aus dem gleichen Konstruktions-, Produktions- oder Instruktionsfehler, es sei denn, es besteht zwischen den mehreren gleichen Ursachen kein innerer Zusammenhang,
  oder
- aus Lieferungen solcher Erzeugnisse, die mit den gleichen Mängeln behaftet sind,

unabhängig von ihrem tatsächlichen Eintritt als in dem Zeitpunkt eingetreten gelten, in dem das erste dieser Schadenereignisse eingetreten ist. Zudem wird auch darauf hingewiesen, daß § 3 II Ziff. 2 Abs. 1 S. 3 AHB gestrichen wird.

167 Klingt dies für sich gesehen bereits verwirrend genug und bedarf daher einer noch eingehenderen Erläuterung,[180] werden die Schwierigkeiten zusätzlich dadurch verstärkt, daß in einer Fußnote zum Modell[181] ferner darauf aufmerksam gemacht wird, daß **Versicherungsschutz für Serienschäden** alternativ auch im Rahmen der **„Besonderen Bedingungen für den Einschluß von Serienschäden in die Produkt-Haftpflichtversicherung von Industrie- und Handelsbetrieben"** gewährt werden könne. Dann wird nämlich deut-

---

[176] So Erläuterungen zum Modell a. a. O.; ebenso Späte Produkthaftpflichtversicherung, in: Brendl, Produkt- und Produzentenhaftung, Gruppe 13, S. 68; Produkte-Haftpflicht aktuell, S. 82.

[177] Vgl. Produkte-Haftpflicht aktuell a. a. O.; vgl. ferner Erläuterungen zum Modell a. a. O. und Späte a. a. O.

[178] Ebenso Erläuterungen zum Modell a. a. O. und Späte a. a. O.

[179] So Erläuterungen zum Modell a. a. O.

[180] Vgl. hierzu Rz. 192ff.

[181] VW 1987, 252, 254 = Anlage II, Anhang.

lich, daß diese Besonderen Bedingungen in die Betrachtung miteinbezogen werden müssen, wenn es darum geht, einen möglichst optimalen, den spezifischen Bedürfnissen des einzelnen Versicherungsnehmers gerecht werdenden Versicherungsschutz zu erlangen.

Nach diesen Besonderen Bedingungen gelten mehrere Schadenereignisse 168

- aus der gleichen Ursache, z. B. aus dem gleichen Konstruktions-, Produktions- oder Instruktionsfehler, es sei denn, es besteht zwischen den mehreren gleichen Ursachen kein innerer Zusammenhang,
  oder
- aus Lieferungen solcher Erzeugnisse, die mit den gleichen Mängeln behaftet sind (Serie),

unabhängig von ihrem tatsächlichen Eintritt als ein Schadenereignis und in dem Zeitpunkt eingetreten, in dem das erste dieser Schadenereignisse eingetreten ist.

Ferner bezieht sich teilweise abweichend von § 1 Ziff. 1 AHB die **zeitliche Geltung des Versicherungsschutzes** ausschließlich auf Schadenereignisse solcher Serien, deren erstes Schadenereignis während der Wirksamkeit der Versicherung eingetreten ist, aber auch auf alle Schadenereignisse dieser Serien. Schließlich wird auch hier § 3 II Ziff. 2 Abs. 1 S. 3 AHB gestrichen. 169

Mit der Berücksichtigung dieser Serienschadenklauseln kann die **Serienschadenproblematik** im Rahmen des Modells aber nicht allein bewältigt werden. Hinzu kommt ferner, daß Serienschäden sich im allgemeinen über einen längeren, das Versicherungsjahr nicht selten übersteigenden Zeitraum ereignen und demgemäß zum Zwecke der Risikobegrenzung die **Vereinbarung einer Jahreshöchstleistung (Maximierung)** erforderlich machen können. Diesem Aspekt haben auch die Modellverfasser Rechnung getragen, wenn es in der die Maximierung betreffenden Ziff. 8.2 heißt, daß die Gesamtleistung des Versicherers für alle Schadenereignisse eines Jahres ..... beträgt (höchstens das Doppelte der vereinbarten Deckungssumme). 170

Aus alledem ergibt sich, daß nachfolgend unter Berücksichtigung der Serienschadenklausel der AHB die **Tatbestandsvoraussetzungen** und die **Gemeinsamkeiten** bzw. **Unterschiede** der beiden im Bereich der Produkt-Haftpflichtversicherung grundsätzlich möglichen **Serienschadenklauseln** herausgearbeitet werden müssen, wobei auch die Frage zu berücksichtigen ist, welchen Einfluß die **Maximierung** auf die Begrenzung des Versicherungsschutzes nimmt. 171

Sieht man sich unter diesem Blickwinkel die beiden Serienschadenklauseln an, so fällt auf, daß beide eine Streichung des § 3 II Ziff. 2 Abs. 1 S. 3 AHB vorsehen, also der allgemeinen Regelung der AHB über den Serienschaden.[182] Darin kommt zum Ausdruck, daß in der Produkt-Haftpflichtversicherung **eigenständige Serienschadenklauseln** existieren, die Parallelen zu der der AHB nur in einem begrenzten Umfang zulassen. Dazu trägt aber auch der Umstand bei, daß die in Ziff. 8.1 geregelte Serienschadenklausel und die in den Besonderen Bedingungen sich findende, seit 1986 dem Versicherungsnehmer vom Versicherer zusätzlich wahlweise angebotene alternative Serienschadenklausel[183] wesentlich ausführlicher formuliert sind als die Serienschadenklausel der AHB. 172

Berücksichtigt man dies, so stellen sich zwei grundsätzliche Fragen. Zum einen ist zu prüfen, warum bei der Schaffung des Modells im Jahre 1974 mit Ziff. 8.1 eine von § 3 II Ziff. 2 Abs. 1 S. 3 AHB abweichende Serienschadenklausel konzipiert wurde. Zum anderen ist nach einer Erläuterung der die Ziff. 8.2 beherrschenden Grundgedanken zu erörtern, warum seit 1986 auf Wunsch des Versicherungsnehmers wahlweise anstelle von Ziff. 8.1 eine weitere, nämlich die sog. alternative Serienschadenklausel vereinbart werden kann. 173

Hinsichtlich der Frage, warum mit Einführung des Modells **eine von der AHB abweichende Serienschadenklausel** geschaffen wurde, ist wesentlich, daß dem **Serienschaden** 174

---

[182] Vgl. hierzu Rz. 40ff.

[183] Im folgenden alternative Serienschadenklausel genannt.

gerade **im Bereich der Produkthaftung** eine **besondere Bedeutung** zukommt. Denn aufgrund der Abkehr von der Einzelanfertigung einer Ware hin zur Massenproduktion gleichartiger Erzeugnisse ist das Schadensrisiko, mangelhafte Produkte in Serien herzustellen und damit verbunden Serienschäden zur Entstehung zu bringen, im Verhältnis zu den zumeist nur relativ wenige Stückzahlen erreichenden Einzelanfertigungen in beträchtlichem Maße gestiegen.[184] Dem sollte nach den Intentionen der Modell-Verfasser durch eine **spezielle, auf den Bereich der Produkthaftung bezogene Serienschadenklausel** Rechnung getragen werden. Dabei galt es, eine Regelung zu finden, die einen Ausgleich zwischen dem Interesse der Versicherungsnehmer an einem möglichst umfassenden Versicherungsschutz für Serienschäden und dem Interesse der Versicherer an einer gewissen Eingrenzung des Risikos aus Serienschäden herbeiführte.[185] Eine solche Regelung glaubte man bei Schaffung des Modells im Jahre 1974 in der Serienschadenklausel der Ziff. 8.1 gefunden zu haben, die teils weiter, teils enger gefaßt ist als diejenige der AHB und zudem auf die dort übliche Kontraktion der einzelnen Serienschäden zu einem Schadenereignis verzichtet. Nachdem sich jedoch herausgestellt hatte, daß den Bedürfnissen der von Serienschäden bedrohten Produzenten durch Vereinbarung der Ziff. 8.1 allein nicht immer Rechnung getragen werden konnte, entschlossen sich die Bedingungsverfasser im Jahre 1986 zur **Einführung der zusätzlich wahlweise angebotenen alternativen Serienschadenklausel.**

175 Im einzelnen heißt dies dann aber: Wie die Serienschadenklausel des § 3 II Ziff. 2 Abs. 1 S. 3 AHB kennt auch die der Ziff. 8.1 zwei Arten von Serienschäden. Es muß sich nämlich um mehrere während der Wirksamkeit des Vertrages eintretende Schadenereignisse handeln, die entweder aus der gleichen Ursache (Ursachenklausel) oder aus Lieferungen solcher Erzeugnisse, die mit den gleichen Mängeln behaftet sind (Lieferungsklausel), eintreten.

176 Geht man auf diese beiden Alternativen der Serienschadenklausel der Ziff. 8.1 näher ein, so ist hinsichtlich der **Ursachenklausel** von Bedeutung, daß sie **anders als die Serienschadenklausel der AHB nicht auf dieselbe,**[186] sondern allein **auf die gleiche Sache abstellt** und zudem durch die **exemplarische Nennung von gleichen Konstruktions-, Produktions- oder Instruktionsfehlern** eine zusätzliche Konkretisierung möglicher Fehlerarten vornimmt. Ferner kommt es bei Ziff. 8.1 für die Einstufung als Serienschäden nur auf die **Gleichartigkeit der Ursache,** nicht aber auf die **Gleichartigkeit der tatsächlich eingetretenen Schäden** an.[187] Ein wesentlicher Unterschied zwischen der Ursachenklausel des Modells und der der AHB besteht weiterhin darin, daß anders als in § 3 II Ziff. 2 Abs. 1 S. 3 AHB die Anwendbarkeit der Ziff. 8.1 **nicht vom Bestehen zeitlich zusammenhängender Schäden,**[188] sondern davon abhängig gemacht wird, daß zwischen **mehreren gleichen Ursachen ein innerer Zusammenhang besteht.** Damit sollen nur die Fälle erfaßt werden, in denen eine Ursache nicht ohne die andere denkbar ist oder alle Ursachen nicht ohne eine gemeinsame dritte Ursache möglich sind.[189] Als Beispiel hierfür ist etwa ein Planungsfehler zu nennen, der an einer Stelle des Betriebes gemacht und sich dann später bei verschiedenen Produktionsvorgängen in den einzelnen Betriebsstätten auswirkt.[190] Das gleiche gilt etwa für den Fall, daß falsche Arbeitsanweisungen für ein Erzeugnis in verschiedenen Produktionsstätten herausgegeben werden und der Grund hierfür in einer

---

[184] Vgl. Erläuterungen zum Modell VW 1987, 255, 261; Produkte-Haftpflicht aktuell, S. 83; Schlegelmilch Absicherung, S. 139.

[185] Vgl. Produkte-Haftpflicht aktuell, S. 83; Erläuterungen zum Modell a. a. O.

[186] Vgl. zum Begriff „derselben Ursache" nach § 3 II Ziff. 2 Abs. 1 S. 3 AHB § 53 Rz. 44f.

[187] So zutreffend Produkte-Haftpflicht aktuell, S. 83.

[188] Vgl. hierzu § 53 Rz. 43.

[189] So mit Recht Späte Produkthaftpflichtversicherung, in: Brendl, Produkt- und Produzentenhaftung, Gruppe 13, S. 69.

[190] Vgl. Schlegelmilch Absicherung, S. 142.

für alle Produktionsstätten geltenden Arbeitsanweisung liegt.[191] Umgekehrt soll durch das Abstellen auf den inneren Zusammenhang eine Fallgestaltung ausgeschieden werden, bei der die gleiche Schadenursache nur rein zufällig gesetzt wird.[192] So ist etwa ein innerer Zusammenhang zu verneinen, wenn ein Mitarbeiter des Versicherungsnehmers bei der Ausgangskontrolle eines Erzeugnisses dessen Mängel übersieht und ein anderer Mitarbeiter durch Zufall den gleichen Fehler begeht. Dann liegt nämlich ein individuelles Versagen beider Mitarbeiter vor, dem es an jeglichem Sachzusammenhang mangelt.[193] Indem in Ziff. 8.1 die **Voraussetzung des inneren Zusammenhangs** in einen **„es sei denn"-Satz eingekleidet** ist, kommt schließlich zum Ausdruck, daß bei mehreren gleichen Ursachen das **Bestehen eines inneren Zusammenhangs** vermutet wird und daher derjenige, der dies bestreitet, hierfür beweispflichtig ist.[194]

In bezug auf die **Lieferungsklausel der Ziff. 8.1** ist von Bedeutung, daß es ebenso wie 177 bei § 3 II Ziff. 2 Abs. 3 S. 1 AHB auf einen **irgendwie gearteten Zusammenhang** – sei er zeitlicher oder sonstiger Natur – **nicht ankommt.**[195] Anders als bei der Lieferungsklausel der AHB wird aber bei der Lieferungsklausel des Modells **nicht auf Lieferungen der gleichen mangelhaften Waren** abgestellt, sondern auf **Lieferungen solcher Erzeugnisse, die mit den gleichen Mängeln behaftet** sind. Dadurch wird zum Ausdruck gebracht, daß entscheidend die Gleichheit des Mangels der gelieferten Erzeugnisse ist, während die Erzeugnisse selbst durchaus verschiedenartig sein können. Auch müssen die durch die Mängel eingetretenen Schäden nicht gleichartig sein und können daher auch bei verschiedenen Personen oder Sachen entstehen.[196]

Machen bereits diese Bemerkungen die **nicht ganz unwesentlichen Abweichungen der** 178 **Serienschadenklausel des Modells von der der AHB** deutlich, tritt der eigentliche Unterschied aber bei den **in beiden Klauseln** vorgesehenen **Fiktionen** auf. Während nach § 3 II Ziff. 2 Abs. 1 S. 3 AHB alle Schadenereignisse als ein Schadenereignis gelten,[197] verzichtet **Ziff. 8.1** auf eine derartige Kontraktion zu einem Schadenereignis und sieht statt dessen vor, daß **mehrere während der Wirksamkeit des Vertrages eintretende Schadenereignisse unabhängig von ihrem tatsächlichen Eintritt als in dem Zeitpunkt eingetreten gelten, in dem das erste dieser Schadenereignisse eingetreten** ist. Dadurch wird erreicht, daß alle Schadenereignisse der Serie hinsichtlich ihres zeitlichen Eintritts auf den **Zeitpunkt des Eintritts des ersten Schadenereignisses fixiert** werden, während im übrigen alle Schäden der Serie wie Einzelschäden behandelt werden. Folge hiervon ist, daß grundsätzlich der Versicherer für jeden Einzelschaden der Serie bis zur Höhe der je Schadenereignis vereinbarten Deckungssumme eintrittspflichtig ist und damit anders als bei der Serienschadenklausel der AHB die **Leistungspflicht des Versicherers nicht auf die für ein Schadenereignis zur Verfügung stehende Deckungssumme zu beschränken** ist.[198]

Würde dies allerdings ohne jede Einschränkung konsequent durchgeführt, brächte nicht 179 nur die in Ziff. 8.1 vorgesehene Fixierung auf das erste Schadenereignis keinen Sinn. Vielmehr würde auch das mit jeder Serienschadenklausel verfolgte Ziel, aufgrund des großen Schadenpotentials eine Begrenzung der Eintrittspflicht des Versicherers zu ermöglichen, verfehlt. Dementsprechend kommt der **zeitlichen Rückbeziehung** aller Schadenereignisse der Serie auf das erste Schadenereignis die Bedeutung zu, daß **der Schadeneintritt aller Schadenereignisse in dasselbe Versicherungsjahr verlagert** wird, auch wenn sie unter Umständen in ganz verschiedenen Jahren eingetreten sind.[199] Dies wiederum hat

[191] Späte a. a. O.; Produkte-Haftpflicht aktuell, S. 83f.
[192] So mit Recht Späte a. a. O.
[193] Vgl. Produkte-Haftpflicht aktuell, S. 83.
[194] Ebenso Produkte-Haftpflicht aktuell, S. 84.
[195] Vgl. hierzu § 53 Rz. 48.
[196] Vgl. auch Produkte-Haftpflicht aktuell, S. 84.
[197] Vgl. hierzu § 53 Rz. 42.
[198] Vgl. hierzu § 53 Rz. 49.
[199] Vgl. Produkte-Haftpflicht aktuell, S. 84.

zur Folge, daß die **Regelung der Ziff. 8.2 über die Maximierung eingreift,** wonach die Gesamtleistung des Versicherers für alle Schadenereignisse ..... (höchstens das Doppelte der vereinbarten Deckungssumme) beträgt. Damit steht für alle Schäden der Serie grundsätzlich die vereinbarte Jahreshöchstleistung zur Verfügung, es sei denn, daß sie bereits vorher teilweise oder ganz durch andere nicht zur Serie gehörende Schäden aufgezehrt worden war.[200] Dabei ist zeitlich maßgebend die bei Eintritt des ersten gedeckten Schadenereignisses vereinbarte Jahreshöchstleistung.[201]

180 Hiermit sind aber noch nicht alle Aspekte der nur begrenzten Anwendbarkeit der Serienschadenklausel des Modells angesprochen. Zu beachten ist nämlich weiterhin, daß es sich **nach Ziff. 8.1** um „mehrere während der Wirksamkeit des Vertrages eintretende Schadenereignisse" handeln muß und davon die Fiktion der Rückbeziehung auf das erste dieser Schadenereignisse abhängig gemacht wird. Dies bedeutet, daß **sowohl das erste als auch alle weiteren Schadenereignisse während der Laufzeit des Vertrages eintreten** müssen, um die Fiktion dieser Serienschadenklausel auszulösen. Liegt daher das erste Schadenereignis vor Vertragsbeginn, während die weiteren Schadenereignisse erst innerhalb des Vertragszeitraums eintreten, so kommt Ziff. 8.1 nicht zur Anwendung.[202] Vielmehr ist bei Vorliegen aller weiteren Voraussetzungen der Versicherer für Schäden aus derartigen Schadenereignissen im Rahmen des vereinbarten Deckungsumfanges eintrittspflichtig. Beginnt hingegen eine Serie zwar während des Vertragszeitraumes, treten aber zur Serie gehörende Schadenereignisse erst nach Vertragsbeendigung ein, so besteht für daraus resultierende Schäden kein Versicherungsschutz.[203]

181 Bereits dieser knappe Überblick über die **Serienschadenklausel des Modells**[204] und **ihre Abgrenzung zu der der AHB** verdeutlicht, daß sie ungemein kompliziert formuliert ist, eine Reihe nicht ganz leicht zu beantwortender Fragen aufwirft und auch unverkennbar einige Lücken läßt. Dementsprechend ging bei vielen Betroffenen schon bald die Intention dahin, sich um eine Klarstellung oder gar um eine Ergänzung dieser Klausel zu bemühen. Dabei stand im Mittelpunkt der sich daraus entwickelnden Diskussionen der Aspekt, daß nach den in der AHB und im Modell verwendeten Serienschadenklauseln sowohl der Versicherer als auch der Versicherungsnehmer den Versicherungsvertrag während einer laufenden Schadenserie kündigen und sich dieses Herauskündigen aus der Schadenserie sowohl für den Versicherer als auch für den Versicherungsnehmer als nachteilig erweisen kann.[205] Daher hat der HUK-Verband in Verhandlungen mit dem BDI und dem DVS die bereits in § 49 Rz. 12 genannte **alternative Serienschadenklausel** konzipiert, die nach Genehmigung durch das BAV von den Versicherern als „Besondere Bedingung für den alternativen Einschluß von Serienschäden in die Produkt-Haftpflichtversicherung" im Rahmen einer **Produkt-Haftpflichtversicherung, nicht** aber im Rahmen einer gewöhnlichen **Betriebs-Haftpflichtversicherung nach den AHB** angeboten wird.[206] Diese alternative Serienschadenklausel bietet gegenüber denen der AHB und des Modells den Vorteil, daß eine Kündigung aus einer laufenden Schadenserie heraus für beide Vertragsparteien nunmehr nicht mehr möglich ist.[207] Im übrigen unterscheidet sich die alternative Serienschadenklausel nach ihrem insoweit eindeutigen Wortlaut in mehreren Punkten von der Serienschadenklausel der Ziff. 8.1 des Modells, und zwar sowohl zu Gunsten als auch zu Lasten der Versicherungsnehmer.

182 Einerseits zieht sie aufgrund der Formulierung „Mehrere Schadenereignisse ... gelten unabhängig von ihrem tatsächlichen Eintritt als ein Schadenereignis" die Einzelschadener-

---

[200] Vgl. auch Produkte-Haftpflicht aktuell a. a. O.
[201] Erläuterungen zum Modell VW 1987, 255, 261.
[202] Vgl. auch Produkte-Haftpflicht aktuell, S. 85.
[203] Ebenso Produkte-Haftpflicht aktuell, S. 84.
[204] Zu weiteren Einzelheiten vgl. Meyer-Kahlen VersR 1976, 8ff.
[205] Vgl. VerBAV 1987, 3, 5.
[206] Vgl. die Erläuterungen des BAV VerBAV 1987, 3, 5.
[207] So auch deutlich die Erläuterungen des BAV a. a. O.

eignisse der Serie wie § 3 II Ziff. 2 Abs. 1 S. 3 AHB zu einem Schadenereignis zusammen und bewirkt dadurch eine **Einschränkung des Versicherungsschutzes,** indem die Eintrittspflicht des Versicherers auch für die Serie durch die Deckungssumme begrenzt ist und sich der Deckungsumfang nach dem Zeitpunkt des Eintritts des ersten Einzelschadenereignisses bestimmt.[208] Andererseits **weitet sie den Versicherungsschutz zugunsten des Versicherungsnehmers dadurch aus,** daß von ihr nicht nur während der Laufzeit des Vertrages eintretende Einzelschadenereignisse erfaßt werden, sondern auch „nachlaufende" Serienschäden gedeckt sind, also diejenigen, die erst nach Beendigung des Versicherungsvertrages eintreten.[209] Schließlich führt sie umgekehrt aber auch zur **völligen Versagung des Versicherungsschutzes,** wenn das erste Schadenereignis vor Beginn der Laufzeit des Vertrages eingetreten ist. Hieraus können – wie auch das BAV[210] ausdrücklich hervorhebt – dann **Deckungslücken** entstehen, wenn der Versicherungsnehmer von der Serienschadenklausel der Ziff. 8.1 zur alternativen Serienschadenklausel überwechselt. Um den Eintritt solcher – **vor allem beim Versichererwechsel** – denkbaren Deckungslücken zu vermeiden und Übergangslösungen zu ermöglichen, haben sich die Haftpflichtversicherer, die diese alternative Serienschadenklausel anbieten, zu einer **Geschäftsplanmäßigen Erklärung** gegenüber dem BAV bereit gefunden. Diese sieht vor, daß sich die Versicherer verpflichten, beim Wechsel des Versicherungsnehmers von der Serienschadenklausel der Ziff. 8.1 zu der alternativen Serienschadenklausel diesen auf die Vor- und Nachteile eines solchen Wechsels hinzuweisen und gegebenenfalls zur Vermeidung von Deckungslücken Übergangsregelungen bereitzustellen.

Nun soll gar nicht bestritten werden, daß gerade beim **Versichererwechsel Deckungslücken** immer wieder auftauchen und daher Übergangsregelungen erforderlich machen. 183
Auch wird es angesichts eines zumeist sehr kurzfristigen Versichererwechsels sich nicht immer vermeiden lassen, daß diese **Übergangsregelungen** entsprechend ihrer Bestimmung als vorübergehende Regelungen unvollständig und auf spätere Ergänzungen und Änderungen angelegt sind. Dennoch ändert dies nichts daran, daß es auch durch die Einführung der derartige Übergangsregelungen erleichternden alternativen Serienschadenklausel noch nicht ganz gelungen ist, die mit **Serienschäden zusammenhängende Problematik** haftpflichtversicherungsrechtlich **voll in den Griff zu bekommen.** Daher wird es angesichts des unbestritten erheblichen Schadenpotentials im Bereich von Produktserien eine der Zukunftsaufgaben der Haftpflichtversicherer sein, sich um die Schaffung nicht nur vereinheitlichender, sondern vor allem noch klarerer Bestimmungen zu bemühen.

7. Ziff. 8.3: Selbstbehalt

Bereiten sowohl die Serienschadenklausel der Ziff. 8.1 als auch die alternative Serien- 184
schadenklausel in Theorie und Praxis nicht ganz unwesentliche Schwierigkeiten, kann dies nicht in gleicher Weise von der in **Ziff. 8.3** getroffenen **Regelung über den Selbstbehalt** behauptet werden. Danach hat von jedem Schaden der Versicherungsnehmer. „. . . selbst zu tragen, jedoch für alle Schadenereignisse einer Serie . . ." Gemeint ist nämlich hinsichtlich des ersten Teilsatzes dieser Bestimmung im Grundsatz genau das, was auch schon im Zusammenhang mit der **Regelung des § 3 II Ziff. 2 Abs. 2 AHB** bezüglich der Bedeutung einer Bestimmung über den Selbstbehalt ausgeführt wurde[211] und worauf daher zur Vermeidung von Wiederholungen verwiesen werden kann.

Ergänzend ist nur noch folgendes hervorzuheben: 185

Einmal entspricht die **Vereinbarung eines Selbstbehaltes internationalen Usancen** der Versicherung des Produkthaftpflichtrisikos, wobei der Selbstbehalt entweder als fester

---

[208] Vgl. auch Erläuterungen zum Modell VW 1987, 255, 262.
[209] Vgl. auch BAV VerBAV 1987, 3, 5; Erläuterungen zum Modell a. a. O.
[210] BAV VerBAV a. a. O.
[211] Vgl. hierzu § 53 Rz. 52f.

Betrag in DM oder in einem Prozentsatz vereinbart werden kann.[212] Ferner kann – wie auch in den Erläuterungen zum Modell zutreffend hervorgehoben wird –[213] die Vereinbarung eines Mindestselbstbehaltes durchaus im Interesse des Versicherungsnehmers liegen, da er in diesem Falle kleinere Reklamationen seiner Abnehmer **ohne Einschaltung des Versicherers** bereinigen und damit seine **Kulanz beweisen kann.** Schließlich wird durch die einschränkende Formulierung „... jedoch für alle Schadenereignisse einer Serie ...“ auch den **Besonderheiten** der im Bereich der Produkthaftung öfter auftretenden **Serienschäden** besser Rechnung getragen. Denn während eigentlich im Falle einer Serie der Selbstbehalt so häufig fällig würde wie Einzelschadenereignisse eintreten, wird hier durch die Einschränkung die Möglichkeit eröffnet, den Selbstbehalt für alle Schadenereignisse der Serie auf eine einmal in Ansatz zu bringende bestimmte Summe zu begrenzen.[214] Dabei dürfte es sich im Regelfall empfehlen, hierfür einen Betrag zugrunde zu legen, der einem **Mehrfachen des vereinbarten Mindestselbstbehaltes** entspricht. Allerdings bleibt es den Vertragsparteien unbenommen, auch andere, die Besonderheiten des Falles stärker berücksichtigende Regelungen zu vereinbaren.[215]

8. Ziff. 9: Erhöhungen und Erweiterungen des Risikos

186 **Ziff. 9** betrifft die Erhöhungen und Erweiterungen des Risikos und sieht vor, daß abweichend von § 8 II Ziff. 1 AHB der Versicherungsnehmer **wesentliche gefahrerhöhende Änderungen oder Erweiterungen** des Produktions- oder Tätigkeitsprogramms zwecks Vereinbarung neuer Prämien und Überprüfung der Bedingungen anzuzeigen hat. Wird eine solche Änderung oder Erweiterung nicht angezeigt, so erhöhen sich die in Ziff. 8.3 genannten Selbstbehalte in Schadenfällen, die mit einer solchen Änderung oder Erweiterung im Zusammenhang stehen, auf das Doppelte.

187 Wie der Wortlaut dieser Bestimmung zeigt, wird durch sie § 8 II Ziff. 1 AHB ersetzt, soweit es um wesentliche gefahrerhöhende Änderungen oder Erweiterungen des Produktions- oder Tätigkeitsprogramms geht. In diesem Fall trifft den Versicherungsnehmer eine besondere **Anzeigepflicht** gegenüber dem Versicherer, um durch eine **Neubewertung** und eine **prämienmäßige Anpassung** dem für den Versicherer **gestiegenen Risiko** angemessen Rechnung tragen zu können. Kommt der Versicherungsnehmer dieser ihm obliegenden Anzeigepflicht nicht nach, so hat er in Schadenfällen, die mit einer solchen Änderung oder Erweiterung im Zusammenhang stehen, einen Selbstbehalt zu leisten, der sich gegenüber dem in Ziff. 8.3 genannten verdoppelt. Weitergehende Rechtsfolgen oder sogar die Versagung des Versicherungsschutzes drohen dem Versicherungsnehmer aber nicht.

188 Unberührt von der Bestimmung der Ziff. 9 bleiben **neue Risiken.** Für diese gelten vielmehr die allgemeinen Vorschriften über die sogenannte Vorsorgeversicherung, die in den §§ 1 Ziff. 2c und 2 AHB geregelt sind.[216]

VI. Zusammenfassung und Folgerungen

189 Versucht man, die bisherigen Ausführungen zum Modell noch einmal zusammenfassend zu würdigen, so kommt zunächst dem Aspekt eine ganz wesentliche Bedeutung zu, daß das **Modell laufenden Ergänzungen und Änderungen** unterworfen sein muß, wenn es den in der Technik und in der Rechtsprechung zur Produkthaftung sich abzeichnenden Entwicklungen standhalten und die divergierenden Interessen von Versicherer- und Versi-

---

212 Vgl. Erläuterungen zum Modell VW 1987, 255, 261.
213 Erläuterungen zum Modell a. a. O.
214 Vgl. auch VP 1979, 80, 81.
215 Vgl. auch Erläuterungen zum Modell a. a. O. und Produkte-Haftpflicht aktuell, S. 86.
216 Vgl. hierzu Voit in: Prölss/Martin VVG, § 2 AHB Anm. 1 m. w. N.

cherungsnehmerseite angemessen berücksichtigen will. Dabei ist jedoch in der Praxis ein erhebliches, bisweilen sich sogar über Jahre hinweg erstreckendes **„Hinterherhinken"** in bezug auf **derartige Entwicklungen** unverkennbar, was der sachgerechten Lösung aktueller Fragen nicht gerade dienlich ist. Der Grund hierfür ist vor allem in allzu zähen Verhandlungen der an der Neufassung des Modells beteiligten Verbände zu suchen, denen es in der Vergangenheit nicht gelungen ist, mehr als nur **Kompromißlösungen** zu erzielen.[217]

Nun wird diesem Umstand in der Praxis im allgemeinen **kein allzu großes Gewicht** 190 beigemessen, da dies gerade im Zusammenhang mit der Schaffung von Versicherungsbedingungen immer wieder geschieht. Zudem wird häufig darauf hingewiesen, daß für mehr als bloße Kompromißlösungen auch gar keine Notwendigkeit bestehe, da es den das Modell einem Versicherungsvertrag zugrunde legenden Parteien unbenommen bleibe, davon **abweichende individuelle Regelungen** zu treffen. So zutreffend dies im Grundsatz auch ist, sollte doch nicht verkannt werden, daß damit die Lösung des eigentlichen Problems, vereinheitlichende, für eine unbestimmte Vielzahl von Fällen geltende Bestimmungen zu schaffen, nicht bewältigt werden kann.

In engem Zusammenhang steht hiermit auch die **fehlende Klarheit einer Reihe von** 191 **Bestimmungen des Modells.** Auch dieser Tatsache wird nur allzu oft keine hinreichende Beachtung geschenkt. Entweder wird sie überhaupt geleugnet oder es wird darauf verwiesen, daß Zweifelsfragen mit Hilfe der dem Modell beigefügten Erläuterungen gelöst werden könnten. Schließlich wird auch noch dem Faktum eine erhebliche Bedeutung beigemessen, daß es veröffentlichte Rechtsprechung zum Modell nicht gibt und sich hieran die Bewährung seiner Normen in ausreichendem Maße widerspiegele.

Keines dieser **Argumente** vermag jedoch wirklich zu überzeugen. So ist einmal die 192 fehlende Klarheit einer Reihe von Bestimmungen nach den Ausführungen in Rz. 25ff. evident. Ferner ist die Auffassung, Schwierigkeiten bei der Auslegung einzelner Bestimmungen des Modells könnten mit Hilfe der dazu veröffentlichten Erläuterungen gelöst werden, schon deshalb nur im Ansatz zutreffend, als die Heranziehung von Gesetzesmotiven, denen die Erläuterungen zum Modell in der Sache gleichzusetzen sind,[218] immer nur eines von mehreren Auslegungskriterien sein kann. Damit geht einher, daß Erläuterungen zu Allgemeinen Geschäftsbedingungen, wie sie die Vorschriften des Modells darstellen, von der Rechtsprechung noch nie ein allzu hoher Stellenwert beigemessen wurde, da es Aufgabe des Verwenders ist, möglichst klar zu formulieren. Unterläßt er dies, muß er im Streitfall damit rechnen, als **Ausfluß der Unklarheitenregelung des § 5 AGBG** die sich daraus ergebenden Nachteile zu tragen.[219] Nun ist zwar zutreffend, daß es veröffentlichte Rechtsprechung zum Modell nicht gibt und dieser Umstand daher tatsächlich auf den ersten Blick für eine Bewährung des Modells in der Praxis sprechen könnte. Bei genauerem Hinsehen wird jedoch deutlich, daß die Situation jederzeit umschlagen kann, indem die Betroffenen in der Zukunft erheblich prozeßfreudiger werden könnten und sich mit einer außergerichtlichen Beilegung von Streitigkeiten bezüglich der Auslegung von Bestimmungen des Modells unter Umständen nicht mehr abfinden werden. Wieviel für eine derartige Vermutung spricht, beweist die Tatsache, daß auch im haftungsrechtlichen Bereich der Produkthaftung eine erhebliche Zunahme von Rechtsstreitigkeiten unverkennbar ist.

Neben diesen mehr generellen Bedenken gegenüber der derzeitigen Konzeption des 193 Modells ist aber auch an den dem **Baukastensystem zugrunde liegenden Gedanken**

---

[217] Vgl. hierzu § 49 Rz. 10.

[218] Vgl. hierzu § 49 Rz. 4 und § 51 Rz. 10.

[219] Vgl. hierzu Littbarski, Haftungs- und Versicherungsrecht, Rz. 312, 563 und 678: ders. Festschrift für Korbion, S. 269, 280f.: zur Möglichkeit, Versicherungsbedingungen klar und eindeutig zu formulieren vgl. BGH ZIP 1986, 1544ff. = VersR 1987, 68ff.; hierzu Littbarski EWiR § 5 AGBG, 2/86, 1157f.

Kritik zu üben. Entscheidend hierfür ist, daß weder auf Versicherer- noch auf Versicherungsnehmerseite bei Vereinbarung der Geltung des Modells immer mit genügender Sicherheit vorausgesagt werden kann, welche Bausteine vom Versicherungsnehmer wirklich benötigt werden. Während hierfür der Versicherer häufig nicht über ausreichende, eine sachgerechte **Risikoanalyse** erst möglich machende Informationen durch den Versicherungsnehmer verfügt, sieht dieser sich aufgrund des größtenteils nicht eindeutigen Wortlautes der Bestimmungen der Ziff. 4 des Modells gar nicht in der Lage, zu erkennen, welche Zwecke mit welchem Baustein wirklich verfolgt werden. Zudem sind aber auch die Abgrenzungsschwierigkeiten zwischen den einzelnen Tatbeständen der Ziff. 4 des Modells nicht zu übersehen, so daß selbst bei einer zufriedenstellenden Klärung aller tatsächlichen Fragen noch erhebliche rechtliche Probleme bleiben. Dann **erscheint es** aber – wie es auch in der Praxis teilweise geschieht –[220] **sinnvoller,** in der großen Mehrzahl aller Fälle die **Geltung aller Bausteine** zu vereinbaren und vom **Baukastensystem** nur dann Gebrauch zu machen, wenn wirklich sichergestellt ist, daß dem Versicherungsnehmer Risiken nur im Hinblick auf bestimmte, in Ziff. 4 genannte Tatbestände drohen.

194 Berücksichtigt man alle diese Aspekte, so wäre es sinnvoll, wenn ihnen bei zukünftigen Änderungen des Modells noch stärker als bisher Rechnung getragen würde. Insbesondere sollten dabei auch Fragen in die Betrachtung miteinbezogen werden, die – wie sogleich zu zeigen sein wird –[221] zwar schon vor geraumer Zeit aufgetaucht sind, denen aber bisher entweder kaum Beachtung geschenkt wurde oder die zwischen den für das Modell verantwortlichen Verbänden immer noch so kontrovers diskutiert werden, daß gegenwärtig mit einer Klärung durch Übernahme verbindlicher Regelungen in das Modell nicht zu rechnen ist. Erst wenn es daher gelingt, über die bisher geltenden Grundsätze hinaus eine **gewisse Ordnung in das System des Modells** zu bringen, kann von einer wirklichen Reform gesprochen werden.

§ 55. Zur Fort- und Fehlentwicklung des Produkt-Haftpflicht-Modells

I. Allgemeines

1 Wie bereits in § 54 Rz. 189ff. hervorgehoben, ist es aufgrund der immer weiter **ausufernden Rechtsprechung zur Produkthaftung** auch im Bereich der Produkt-Haftpflichtversicherung mit einem **Verharren auf den bisher erreichten Positionen** nicht getan, wenn die in der Zukunft sich stellenden Aufgaben einigermaßen sachgerecht, d. h. zur weitgehenden Zufriedenheit aller Betroffenen gelöst werden sollen. Vielmehr ist auch hier ein **zukunftsorientiertes Vorgehen** unumgänglich.

2 Daher verwundert es nicht, daß immer wieder Fragestellungen auftauchen, die Überlegungen dazu herausfordern, ob und gegebenenfalls in welchem Umfang eine **Änderung oder Ergänzung** der gegenwärtig bestehenden **Produkt-Haftpflichtversicherung** und damit verbunden auch des **Modells** angezeigt erscheint. Dabei sind jedoch zwei gegenläufige Tendenzen unverkennbar, die die unterschiedlichen Interessen der Versicherer- und

---

[220] Vgl. W. Müller/Schubring-Giese ARGUS 1985, 55, 58.

[221] Vgl. hierzu § 55 Rz. 3ff.

[1] Grundlegend hierzu BGH NJW 1977, 379ff.; vgl. ferner BGH NJW 1978, 2241ff.; BGH NJW 1983, 812ff.; BGH JZ 1983, 499ff,; BGH NJW 1985, 2420ff.; abweichend von der Rechtsprechung des BGH LG Karlsruhe JZ 1987, 828ff. mit umfassenden Nachweisen; hierzu Tiedtke EWiR § 823 BGB, 10/87, 983f. und Walter Kaufrecht, § 9 IV a S. 432; vgl. auch LG Hagen NJW-RR 1988, 1179, wonach bei Stoffgleichheit die Grundsätze über die Produkthaftung nicht zur Anwendung kämen; eingehend zu den Eigentumsverletzungen im Zusammenhang mit fehlerhaften Werkleistungen Grunewald JZ 1987, 1098ff.; vgl. auch Medicus Schuldrecht II, § 77 III 3b.

der Versicherungsnehmerseite deutlich widerspiegeln. Einerseits werden bestimmte Probleme zwar gesehen, aber unter dem haftpflichtversicherungsrechtlichen Blickwinkel als unerheblich bezeichnet, obwohl eine derartige pauschale Betrachtungsweise der Sache nicht dienlich ist. Andererseits werden aber auch Diskussionen über Fragen geführt, die aus haftpflichtversicherungsrechtlicher Sicht von einer so offensichtlichen Irrelevanz sind, daß Zweifel darüber auftauchen, ob bloße Unkenntnis oder der bewußte Versuch, eine Durchbrechung der die Haftpflichtversicherung beherrschenden Prinzipien herbeizuführen, das Motiv für ein derartiges Vorgehen ist.

Um diese Behauptungen zu belegen, sollen nachfolgend zwei Beispiele genannt werden, die in der jüngeren Vergangenheit zwischen den Versicherern und den Versicherungsnehmern diskutiert wurden und in einem Fall auch Eingang in die Literatur gefunden haben. Zugleich wird hiermit aber auch der Zweck verfolgt, dazu beizutragen, die ausgelösten Diskussionen ein wenig zu versachlichen und damit nicht auszuschließende Fehlentwicklungen im Bereich der Produkt-Haftpflichtversicherung in der näheren Zukunft möglichst zu vermeiden. Zu diesen Beispielen gehört einmal die Diskussion um die **haftpflichtversicherungsrechtlichen Auswirkungen** der Rechtsprechung zu den **„weiterfressenden Mängeln“**[1] und zum anderen die Erörterung der Frage, welche haftpflichtversicherungsrechtlichen Konsequenzen aus der **Wandlung eines Kaufvertrages** und dem damit verbundenen **Ein- und Ausbau von Produkten** zu ziehen sind.[2] 3

II. Die Auswirkungen der Rechtsprechung zu den „weiterfressenden Mängeln“ auf das Haftpflichtversicherungsrecht

Die Beantwortung der Frage, welche Auswirkungen sich aus der Rechtsprechung zu den **„weiterfressenden Mängeln“**[3] auf das Haftpflichtversicherungsrecht und insbesondere auch auf die Produkt-Haftpflichtversicherung ergeben, weist zwar eine enorme praktische Relevanz auf, hat jedoch bisher in der Literatur keine hinreichende Beachtung gefunden.[4] Dabei mag eine Rolle spielen, daß diese Rechtsprechung schon aus **haftungsrechtlicher Sicht höchst umstritten ist**[5] und daher **ihre haftpflichtversicherungsrechtlichen Konsequenzen** noch nicht **näher durchdacht wurden.** 4

Bekanntlich weicht der **BGH** in den zu den **„weiterfressenden Mängeln“** ergangenen Entscheidungen[6] von der Auffassung ab, daß beim Verkauf einer mit einem Mangel behafteten Sache keine Eigentumsverletzung im Sinne des § 823 I BGB vorliegt, da der Käufer das Eigentum an dieser von Anfang an mit einem Mangel versehenen Sache erhält. Statt dessen soll nach **Ansicht des BGH** sich ein Schadensersatzanspruch für den Verlust der Sache aus § 823 I BGB ergeben, sofern der Mangel sich zunächst auf einen abgegrenzten Teil der Sache beschränkte und später zur Zerstörung der gesamten Sache führte. In dieser Weise hat sich der BGH trotz ständig ändernder Begründung im Falle des Schwimmerschalters einer Reinigungs- und Entfettungsanlage,[7] des Hinterreifens eines Sportwa- 5

---

[2] Vgl. hierzu BGH NJW 1983, 1479ff.

[3] Vgl. hierzu eingehend 2. Teil § 21 Rz. 14ff.; ferner Littbarski, Festschrift für Korbion, S. 269ff.; ders., Haftungs- und Versicherungsrecht, Rz. 218ff.; aus der Sicht eines an den Entscheidungen des BGH maßgeblich beteiligten Richters vgl. Steffen VersR 1988, 977ff.; hierzu kritisch Foerste VersR 1989, 455ff.; vgl. ferner Kullmann, Rechtsfragen Produkthaftpflicht, S. 8ff.

[4] Exemplarisch für die viel zu undifferenzierte Betrachtungsweise des Schrifttums etwa Grunewald a. a. O., 1098, 1103 m. w. N. in Fn. 60; etwas eingehender Littbarski, Festschrift für Korbion, S. 269, 280ff. mit Nachweisen zu den weiteren, in der Begründung ebenfalls recht lapidaren Äußerungen des Schrifttums in Fn. 62; ders., Haftungs- und Versicherungsrecht, Rz. 508ff.; Ansätze zu einer differenzierteren Beurteilung nunmehr auch bei Hannig Haftpflichtrisiken, S. 21.

[5] Vgl. hierzu Littbarski, Festschrift für Korbion a. a. O. m. w. N. in Fn. 8, 13, 15 und 17.

[6] Vgl. Fn. 1 m. w. N.

[7] BGH NJW 1977, 379ff.

gens,[8] des Gaszugs eines Pkw's,[9] der Einzelteile einer Kraftfahrzeughebebühne[10] und des Kompressors eines Pkw's[11] geäußert.

6 Daran anknüpfend scheint denjenigen, die sich überhaupt zu den haftpflichtversicherungsrechtlichen Auswirkungen dieser Rechtsprechung äußern, ganz überwiegend die Beantwortung der sich aufwerfenden Frage so eindeutig zu sein, daß trotz Fehlens entsprechender den Versicherungsschutz betreffender Urteile eine nähere Beschäftigung mit dieser Problematik nicht als lohnenswert angesehen wird. Könne doch – wie immer wieder zu hören ist – kein Zweifel daran bestehen, daß für **Fälle der vorliegenden Art kein Versicherungsschutz** gegeben sei und damit eine Deckungslücke bestehe, und zwar sowohl in der konventionellen Betriebs-Haftpflichtversicherung als auch im Rahmen der erweiterten Produkt-Haftpflichtdeckung des Modells. Begründet wird dies damit, daß insoweit die Deckungsausschlußklausel des § 4 II Ziff. 5 AHB[12] eingreife. Ergänzend wird ferner auf Ziff. 6.4 des Modells verwiesen, wonach nicht versichert sind Ansprüche wegen Schäden gemäß § 4 II Ziff. 5 AHB.[13]

7 Dahinter steht der Gedanke, daß sich darin das **unversicherbare „Unternehmerrisiko"** realisiere, das sich aus der Verpflichtung zur Herstellung einer mangelfreien Sache ergebe.[14]

8 Daß mit derlei **Formulierungen allein nichts anzufangen** ist und eine allen Beteiligten gerecht werdende Lösung der aufgeworfenen Frage nicht erwartet werden kann, ist an anderer Stelle[15] eingehend gezeigt worden und soll daher hier nicht wiederholt werden. Zu beachten ist jedoch, daß unter Berücksichtigung der jüngsten Rechtsprechung des BGH zu den Deckungsausschlußklauseln der AHB, insbesondere zu § 4 I 6b AHB und § 4 I Ziff. 6 Abs. 3 AHB[16] eine wesentlich **differenziertere Beurteilung** der aufgeworfenen Frage unumgänglich ist.

9 Denn immerhin handelt es sich bei dem auf **„weiterfressende Mängel" gestützten Schadensersatzanspruch aus § 823 I BGB** um einen, der sich als ein „aufgrund gesetzlicher Haftpflichtbestimmungen privatrechtlichen Inhalts bestehender Schadensersatzanspruch" im Sinne des § 1 Ziff. 1 AHB darstellt und daher bei Fehlen eines sich aus den AHB ergebenden Ausschlußgrundes dem **Versicherungsschutz unterliegt.**[17] Einen solchen Ausschlußgrund könnte nur die **Deckungsausschlußklausel des § 4 II Ziff. 5 AHB** geben.[18] Diese ist aber entgegen häufig gehörten Äußerungen nicht so eindeutig formuliert, daß sie einer kritischen Prüfung durch den BGH ohne weiteres standhielt, wie gerade das Beispiel der „weiterfressenden Mängel" deutlich zeigt. Denn da nach **§ 4 II Ziff. 5 AHB** Haftpflichtansprüche wegen Schäden von der Versicherung ausgeschlossen bleiben, die „an ... Sachen" entstehen, stellt sich zunächst die Frage, was **Sache im Sinne dieser Vorschrift** ist. Handelt es sich – wie offensichtlich von den genannten Stimmen in der Literatur angenommen – um die **Gesamtsache,** also etwa die Reinigungs- und Entfet-

---

[8] BGH NJW 1978, 2241 ff.

[9] BGH JZ 1983, 499 ff.

[10] BGH NJW 1983, 812 ff.

[11] BGH NJW 1985, 2420 f.

[12] Vgl. zu dieser Deckungsausschlußklausel in § 53 Rz. 20 ff.

[13] Eingehender zu Ziff. 6.4 des Modells in § 54 Rz. 107.

[14] So etwa Löwe BB 1978, 1495, 1497; Graf von Westphalen NJW 1979, 838, 843 f.; Scheinert VP 1979, 34; Schilling Produzentenhaftung des Kfz-Herstellers, S. 63, 67 aus der Sicht des Versicherers.

[15] Littbarski, Zur Versicherbarkeit; ders. VersR 1982, 915 ff.; ders., Festschrift für Korbion, S. 269, 280 ff.; vgl. ferner Eiselt/Trapp NJW 1984, 899 ff.; Th. Honsell VersR 1985, 3, 4; U. Hübner VersR 1985, 810, 814; Voit in: Prölss/Martin VVG § 4 AHB Anm. 1.

[16] Nachweise hierzu bei Littbarski, Festschrift für Korbion, S. 269, 280 ff.; ders., Haftungs- und Versicherungsrecht, Rz. 509 ff.

[17] Vgl. § 53 Rz. 7.

[18] Littbarski, Festschrift für Korbion, S. 269, 281; ders., Haftungs- und Versicherungsrecht, Rz. 509.

tungsanlage bzw. den Pkw, so ist diese Auffassung zutreffend und führt daher zur Versagung des Versicherungsschutzes.[19] Genauso gut ließe sich aber in Anknüpfung an die vom BGH vor allem im Gabelstapler-Fall[20] im Hinblick auf § 4 I Ziff. 6b AHB favorisierte enge Auslegung einer Deckungsausschlußklausel die Ansicht vertreten, daß Sache im Sinne des § 4 II Ziff. 5 AHB **nur das schadhafte Einzelteil** ist. Dann bestünde bei Zugrundelegung dieser Rechtsprechung wegen der durch das „Weiterfressen" eingetretenen Schäden Versicherungsschutz, da sich der Deckungsausschluß nur auf Schäden „an ... der Sache" erstreckt, nicht hingegen auf Schäden zur Anwendung kommt, die „durch die hergestellte Sache" entstehen, also an der Gesamtsache eintreten.[21]

Daran zeigt sich, daß **beide Auslegungsmöglichkeiten denkbar** sind und es daher entscheidend darauf ankommt, welcher die Rechtsprechung den Vorrang einräumt, wenn sie einmal mit dieser Frage konfrontiert sein sollte. Nun ist es **nicht möglich,** hierauf eine auch nur im Ansatz **einigermaßen verbindliche Antwort** zu geben. Überraschen muß jedoch, daß sich Versicherer- wie auch Versicherungsnehmerseite weitgehend jeder öffentlichen Stellungnahme zu diesem Problem enthalten und damit erst gar nicht den Versuch unternehmen, die Diskussion in eine bestimmte Bahn zu lenken. Während für die **Versicherer** dabei die nach dem soeben Gesagten nicht überzeugende Überlegung maßgeblich sein dürfte, daß sie eine **erheblich stärkere Inanspruchnahme** in einer Reihe von Schadensfällen befürchten, mag das fast einhellige Schweigen der **Versicherungsnehmerseite**[22] darin begründet sein, daß bei einer unverhohlenen Forderung auf Einbeziehung derartiger Schäden in den Versicherungsschutz von den Versicherern mit einer **erheblichen Prämienerhöhung** geantwortet werden könnte. Denn bei allem Streit um die Angemessenheit von Prämien kann doch nicht verkannt werden, daß die **Rechtsprechung zu den „weiterfressenden Mängeln"** eine solche von niemandem vorausgesehene **Haftungsverschärfung** gebracht hat, daß die damit verbundenen Risiken in der gegenwärtigen Prämienkalkulation noch nicht berücksichtigt sind. Sollte daher das mit den „weiterfressenden Mängeln" verbundene Risiko tatsächlich auf den Haftpflichtversicherer abgewälzt werden, kann dies nur um den Preis einer das **erhebliche Risiko berücksichtigenden Prämienanpassung** geschehen. Dann wären auf diesem Umweg die Versicherungsnehmer an den mit den „weiterfressenden Mängeln" verbundenen Risiken mitbeteiligt, so daß die Annahme, eine derartige Rechtsprechung brächte den Versicherungsnehmern nur Vorteile, als voreilig zu bezeichnen wäre.[23] 10

Kommt aber der mit den „weiterfressenden Mängeln" zusammenhängenden Problematik nicht nur aus haftpflicht-, sondern auch aus haftpflichtversicherungsrechtlicher Sicht eine ganz erhebliche Bedeutung zu und weist sie weder für die Versicherer noch für die Versicherungsnehmer nur Vorteile auf, stellt sich die Frage, ob es nicht das Beste wäre, wenn ihr alsbald durch **klarstellende Formulierungen in den Versicherungsbedingungen** entsprechend Rechnung getragen würde. Dabei kann es an dieser Stelle nicht darum gehen zu entscheiden, ob es volkswirtschaftlich sinnvoller ist, die durch die „weiterfressenden Mängel" entstehenden Schadensersatzansprüche ausdrücklich in den Versicherungsschutz miteinzubeziehen und damit verbunden eine erhebliche Prämienerhöhung in Kauf zu nehmen oder ob sich eher eine Herausnahme dieses nicht ganz unwesentlichen Risikos aus dem Versicherungsschutz empfiehlt. Auch müssen die für die Versicherungsbedingungen Verantwortlichen selbst entscheiden, ob hierfür eine entsprechende Ände- 11

---

[19] Vgl. aus dem Blickwinkel der Versicherer Schilling a. a. O., wonach Produkt das vom Versicherungsnehmer gelieferte Gesamtprodukt, nicht ein Teilprodukt dieses Gesamtprodukts ist.

[20] BGH NJW 1984, 370f. = VersR 1984, 252f.; hierzu Freiherr von Forstner VersR 1984, 750f.; Hoegen Versicherungsvertragsrecht, S. 84ff. aus der Sicht eines an der Entscheidung maßgeblich beteiligten Richters; vgl. ferner Littbarski, Haftungs- und Versicherungsrecht, Rz. 483ff.

[21] Littbarski, Festschrift für Korbion, a. a. O., S. 281.

[22] Ansätze zu einer differenzierteren Beurteilung nur bei Hannig Haftpflichtrisiken, S. 5, 21.

[23] Littbarski, Festschrift für Korbion, a. a. O.; ders., Haftungs- und Versicherungsrecht, Rz. 512.

rung der AHB oder des Modells in Betracht zu ziehen ist.[24] Jedenfalls sollte man sich bewußt sein, daß ein **alsbaldiges Handeln dringend geboten** ist, will man nicht in naher Zukunft Entwicklungen in der Rechtsprechung heraufbeschwören, die niemanden zufriedenzustellen vermögen.

III. Die Auswirkungen eines mit der Wandlung zusammenhängenden Ein- und Ausbaus von Produkten auf das Haftpflichtversicherungsrecht

12 Ging es soeben darum, Wege zu einer differenzierteren Behandlung einer haftpflichtversicherungsrechtlich bedeutsamen Frage aufzuzeigen, gilt es nachfolgend eine Problematik anzusprechen, die nach dem bereits in § 53 Rz. 9 Gesagten aus haftpflichtversicherungsrechtlicher Sicht keinerlei Bedeutung aufzuweisen scheint, aber dennoch von der Versicherungsnehmerseite zur Diskussion gestellt wurde und dementsprechend auch Äußerungen der Versicherer hervorrief. Gedacht ist hierbei an die haftpflichtversicherungsrechtlichen Auswirkungen des sog. **Dachziegel-Urteils des BGH vom 9. 3. 1983,**[25] das zwar ausschließlich mit der **Wandlung eines Kaufvertrages zusammenhängende Fragen** betraf, jedoch bereits kurz nach seinem Bekanntwerden Stellungnahmen zu einer eventuellen **Fortschreibung des Modells** auslöste.

13 Um die mit dieser Entscheidung zusammenhängende haftpflichtversicherungsrechtliche Problematik richtig verstehen zu können, muß wenigsten kurz auch auf den **Tatbestand** und die **wesentlichen Entscheidungsgründe** eingegangen werden.

14 Der Kläger hatte bei der Beklagten Dachziegel zur Eindeckung seines Hauses gekauft und nach Lieferung bezahlt. Als sich jedoch bei der ersten vorläufigen Eindeckung des Hauses Mängel an den Ziegeln herausstellten, erklärte der Kläger die Wandlung und erstritt ein rechtskräftiges Urteil gegen die Beklagte auf Rückzahlung des Kaufpreises Zug um Zug gegen Rücknahme der noch auf dem Haus befindlichen Ziegel. Anschließend verlangte der Kläger von der Beklagten, die Ziegel auf ihre Kosten abzudecken und wieder abzutransportieren. Als die Beklagte dies ablehnte, ließ der Kläger die Abdeckung der Ziegel zunächst auf eigene Kosten durchführen und verlangte danach von der Beklagten Ersatz der Kosten in Höhe von ca. DM 7500 für die erste, vorläufige Eindeckung und die anschließende Abdeckung des Hauses.[26]

15 Der **BGH** hat der **Klage in vollem Umfang stattgegeben.** Dabei unterschied er im Hinblick auf die Anspruchsgrundlagen zwischen den Kosten für das Aufbringen der Ziegel auf das Dach und die Grobeindeckung einerseits und den Kosten für das Abdecken andererseits.

16 Hinsichtlich der **Kosten für das Aufbringen der Ziegel auf das Dach und die Grobeindeckung** stützte der **BGH seine Begründung auf § 467 S. 2 BGB,** wonach (im Rahmen der Wandlung) der Verkäufer dem Käufer auch die Vertragskosten zu ersetzen hat. Unter Hinweis darauf, daß mit dieser Regelung bezweckt sei, den Käufer im Falle der Wandlung so zu stellen, als hätte er sich auf den Vertrag überhaupt nicht eingelassen, legte der BGH den Begriff der Vertragskosten sehr weit aus. Danach gehören zu den Vertragskosten auch diejenigen Kosten, die notwendigerweise entstehen, damit dem Käufer der nach dem Vertrag vorausgesetzte, bestimmungsgemäße Gebrauch der Sache ermöglicht wird. Dies heißt, daß Einbau-, Montage- und Transportkosten des Käufers zu den Vertragskosten nach § 467 S. 2 BGB gerechnet werden. Daher hat es nach Auffassung des BGH im Ausgangsfall in der Natur der Sache gelegen, daß der Käufer die Dachpfannen nicht auf dem Erdboden nutzen, sondern damit sein Dach eindecken wollte. Dementsprechend waren nach Ansicht des BGH dem Kläger auch die Kosten für das Aufbringen der Ziegel auf das Dach und die Grobeindeckung als Vertragskosten vom Beklagten zu ersetzen.[27]

---

[24] Littbarski, Festschrift für Korbion, S. 269, 281f.
[25] BGH NJW 1983, 1479ff.
[26] BGH a. a. O., 1479.
[27] BGH a. a. O., 1480.

17 In bezug auf die **Kosten für das Abdecken des Daches** stellen diese nach **Auffassung des BGH** zwar **keine Vertragskosten nach § 467 S. 2 BGB** dar, da auch bei weiter Auslegung die mit der Rückabwicklung des gerade aufgelösten Vertrages verbundenen Aufwendungen nicht mehr zu den Vertragskosten gezählt werden könnten. Dennoch finde aber der Ersatzanspruch seine Grundlage in den Verzugsvorschriften der §§ 284 I und 286 I BGB, da die Beklagte im Rahmen des Wandlungsvollzuges verpflichtet gewesen sei, die Dachziegel wieder abzudecken und wegzuschaffen. Dabei sei als Erfüllungsort für die beiderseitigen Rückgewährpflichten der Austauschort anzusehen, d. h. der Ort, an dem sich die Sache zur Zeit der Wandlung vertragsgemäß befinde. Mithin sei im Ausgangsfall das Dach des Hauses des Klägers Austauschort für die Rückgewähr der Dachziegel gewesen. Aufgrund der wiederholten Mahnungen des Klägers sei die Beklagte verpflichtet gewesen, das Dach abzudecken und die Ziegel abzutransportieren. Da sie dieser Verpflichtung nicht nachgekommen sei, habe sie sich in Verzug befunden, so daß der Kläger im Wege des Schadensersatzes auch Ersatz der Abdeckungs- und Abtransportkosten als Verzugsschaden verlangen könnte.[28]

18 Wie schon eingangs angedeutet und in der Urteilsbegründung noch einmal besonders deutlich zum Ausdruck gekommen, waren **Gegenstand der Klage** ausschließlich **Kosten,** die sich aus dem **Vollzug der Wandlung eines Kaufvertrages** ergaben. Dennoch wurde vom **DVS** die Ansicht vertreten, daß das in dieser Entscheidung neu **umschriebene Haftungsrisiko versichert sei** oder aber **mittels ausdrücklicher Erweiterung des Modells versichert werden müsse.** Dahinter stand die Überlegung, daß die Voraussetzungen der Ziff. 4.4 des Modells gegeben seien oder es zumindest erforderlich sei, den dort geregelten Tatbestand auch auf Fälle der vorliegenden Art auszudehnen.

19 Zwar ist dieser Auffassung **auf seiten der Versicherer** im Ergebnis mit der Begründung **widersprochen worden,** daß der geltend gemachte **Ersatzanspruch** zu den **Wandlungsansprüchen** gehöre, die im **Modell** ausdrücklich **ausgeschlossen** seien. Jedoch wurde vereinzelt auch darauf hingewiesen, daß durch eine vernünftige **Interpretation der Ziff. 4.4** des Modells oder durch eine **Veränderung dieser Klausel** man sicherstellen könne, daß auch **Ansprüche für umsonst aufgewendete Einbaukosten versichert** seien. Noch weitergehend wurde bei einer unterbleibenden Deckung derartiger Ersatzansprüche sogar von einer **partiellen Aushöhlung der Ziff. 4.4** gesprochen und die grundsätzliche Bereitschaft erklärt, alle auf eine **Wandlung zurückzuführenden Kosten** insoweit als **gedeckt** betrachten zu wollen, als sie auch zu ersetzen gewesen wären, wenn die Aus- und Einbaukosten auf positiver Vertragsverletzung oder auf einem Schadensersatzanspruch wegen zugesicherter Eigenschaften beruhten.

20 Ob derartige, im Einzelfall unter Umständen einmal gerechtfertigte Vorgehensweisen einer **Verallgemeinerung fähig** sind und eine **Deckung derartiger Ansprüche generell ermöglichen, erscheint** mehr als **zweifelhaft.** Hängt doch die Beurteilung der Frage, welche haftpflichtversicherungsrechtlichen Konsequenzen sich aus dem Dachziegel-Urteil ergeben, entscheidend von der rechtlichen Einordnung der geltend gemachten Ansprüche ab. Beiden Ansprüchen ist aber gemeinsam, daß sie eine Folge der Wandlung des Kaufvertrages durch den Käufer der Dachziegel sind. Hinsichtlich der Kosten für das Aufbringen der Ziegel auf das Dach und die Grobeindeckung ergibt sich dies schon daraus, daß sie vom BGH auf § 467 S. 2 BGB gestützt werden, eine Vorschrift also, die die Durchführung der Wandlung regelt. In bezug auf die Abdeckkosten hat der BGH den geltend gemachten Schadensersatzanspruch zwar als Verzugsschaden angesehen. Gleichzeitig hat er jedoch deutlich gemacht, daß er im Rahmen des Wandlungsvollzuges entstanden war und damit dem Recht der Wandlung entstammt.

21 Legt man aber diese Erkenntnisse seinen weiteren Überlegungen zugrunde, muß sich auch die haftpflichtversicherungsrechtliche Beurteilung der geltend gemachten Ansprüche hieran orientieren. Dann bestehen aber keine Zweifel daran, daß **derartige Ansprüche**

---

[28] BGH a. a. O., 1480f.

grundsätzlich **keiner versicherungsrechtlichen Deckung unterliegen.** Denn Wandlungsansprüche werden gesetzlichen Schadensersatzansprüchen ausdrücklich gegenübergestellt und führen zur Rückgängigmachung des Vertrages, während die Schadensersatzansprüche „statt der Wandlung", also bei Fortführung des Vertrages, erhoben werden können.[29] Somit besteht also gerade keine Identität zwischen gesetzlichen Schadensersatzansprüchen einerseits und Wandlungsansprüchen andererseits. Dann muß aber § 1 Ziff. 1 AHB in der Weise interpretiert werden, daß Wandlungsansprüche nicht Gegenstand der Allgemeinen Haftpflichtversicherung sind, da diese Vorschrift das Vorliegen eines Schadensersatzanspruchs voraussetzt. Insoweit kommt dem in Ziff. 6.0 a) des Modells statuierten Ausschluß des Anspruchs auf Wandlung nur eine klarstellende Funktion zu.[30] Sind daher die Ansprüche aus der Wandlung nicht Gegenstand des Versicherungsschutzes, muß das gleiche auch für die aus dem Vollzug der Wandlung eines Vertrages sich ergebenden Ansprüche gelten.

22 Nun wurde allerdings wie gezeigt selbst von **zwei Versicherern die Regelung der Ziff. 4.4 als ergänzungsbedürftig bezeichnet bzw. bei Nichtanwendbarkeit der Vorschrift** in Fällen der vorliegenden Art von ihrer partiellen Aushöhlung gesprochen. Dennoch führt dies im Ergebnis zu keiner anderen Beurteilung. Folgte man diesen Auffassungen, setzte man sich mit den hinter dem Modell stehenden Grundgedanken in Widerspruch. Sollte doch – wie bereits mehrfach ausgeführt –[31] mit der Schaffung des Modells erreicht werden, daß bestimmte, im einzelnen aufgeführte Fallgruppen, die nicht Gegenstand der konventionellen Haftpflichtversicherung sind, unter näher geregelten Voraussetzungen vom Versicherungsschutz erfaßt werden. Dabei war man sich aber über den abschließenden Charakter der dort geregelten Tatbestände grundsätzlich einig, zumal sie ohnehin schon teilweise eine Durchbrechung des Prinzips der Unversicherbarkeit von Erfüllungsansprüchen brachten. Wenn nun über den Wortlaut der Ziff. 4.4 hinaus auch noch weitere Tatbestände als deckungsfähig angesehen würden, bestünde die Gefahr, daß das Grundprinzip der Haftpflichtversicherung, der Deckung von Schadensersatzansprüchen Dritter zu dienen, gänzlich aus den Angeln gehoben würde. Daher kann **Forderungen auf Erweiterung des Versicherungsschutzes,** wie sie im Zusammenhang mit dem Erlaß des Dachziegel-Falles erhoben wurden, **unter keinen Umständen Rechnung getragen werden.**

§ 56. Spezielle Formen der Produkt-Haftpflichtversicherung

I. Allgemeines

1 Kommen die bisher erörterten Grundsätze in der großen Mehrzahl der die allgemeine Produkt-Haftpflichtversicherung betreffenden Fälle zur Anwendung, kann doch nicht unerwähnt bleiben, daß es auch noch **spezielle Formen der Produkt-Haftpflichtversicherung** gibt, die für bestimmte Bereiche der Produkthaftung von elementarer Bedeutung sind. Dazu gehören einmal Pflichtversicherungen vorsehende Regelungen des Arzneimittelgesetzes (AMG) bzw. des Atomgesetzes (AtomG) und zum anderen die bereits erwähnten **Rückrufkosten-Versicherung im Kfz-Bereich** bzw. die **Luftfahrt-Produkt-Haftpflichtversicherung.** Gemeinsam ist allen diesen Sonderformen der Produkt-Haftpflichtversicherung, daß sie so spezielle Risiken betreffen, daß sich eine generalisierende Erfassung von selbst verbietet.[1] Daher wird nachfolgend in der Weise vorgegangen, daß alle die, diese verschiedenen Haftpflichtversicherungen beherrschenden Prinzipien kurz erläutert werden.

---

[29] Vgl. hierzu § 53 Rz. 9.
[30] Vgl. hierzu § 54 Rz. 93.
[31] Vgl. hierzu § 50 Rz. 4 und § 54 Rz. 11.
[1] Einen guten Überblick bietet Klingmüller, Insurance Law, S. 55 ff.

II. Die Deckungsvorsorge pharmazeutischer Unternehmer nach dem AMG

1. Allgemeines

Das am 1. 1. 1978 in Kraft getretene Gesetz zur Neuordnung des Arzneimittelrechts (AMG) vom 24. 8. 1976[2] hat neben der Einführung des Zulassungsverfahrens für Arzneimittel in § 84 AMG[3] eine **Gefährdungshaftung für pharmazeutische Unternehmer** statuiert und damit verbunden in **§ 94 AMG** deren Verpflichtung ausgesprochen, eine **entsprechende Deckungsvorsorge** zu treffen. Hintergrund hierfür waren die Erfahrungen, die im Zusammenhang mit dem **Contergan-Fall** gesammelt worden waren. Dieser hatte nämlich gezeigt, daß es nicht damit getan ist, die Arzneimittelsicherheit auf einen optimalen Stand zu bringen, sondern daß es auch unerläßlich ist, den Menschen einen ausreichenden wirtschaftlichen Schutz angedeihen zu lassen, die trotz aller Vorkehrungen einen Arzneimittelschaden erleiden.[4] Diesen ausreichenden wirtschaftlichen Schutz meinte man nach einer wechselvollen Entstehungsgeschichte des AMG schließlich in den Regelungen der §§ 84ff. AMG gefunden zu haben,[5] die in Band 2 dieses Handbuchs eingehender erläutert werden. 2

Hinzuweisen ist im vorliegenden Zusammenhang allerdings auf **§ 88 AMG,**[6] da er die für **§ 94 AMG** relevanten **Haftungshöchstbeträge** nennt und vorsieht, daß der Ersatzpflichtige 3

1. im Falle der Tötung oder Verletzung eines Menschen nur bis zu einem Kapitalbetrag von DM 500000 oder bis zu einem Rentenbetrag von jährlich DM 30000,
2. im Falle der Tötung oder Verletzung mehrerer Menschen durch das gleiche Arzneimittel unbeschadet der in Nr. 1 bestimmten Grenzen bis zu einem Kapitalbetrag von DM 200000000 oder bis zu einem Rentenbetrag von jährlich DM 12000000

haftet.

Übersteigen im Falle des **Satzes 1 Nr. 2** die den mehreren Geschädigten zu leistenden Entschädigungen die dort vorgesehenen Höchstbeträge, so verringern sich die einzelnen Entschädigungen in dem Verhältnis, in welchem ihr Gesamtbetrag zu dem Höchstbetrag steht.[7] 4

§ 94 AMG stellt die für die **Deckungsvorsorge des pharmazeutischen Unternehmers relevante Vorschrift** dar, wobei das Kernstück dessen Abs. 1 bildet. Danach hat der pharmazeutische Unternehmer dafür Sorge zu tragen, daß er seinen gesetzlichen Verpflichtungen zum Ersatz von Schäden nachkommen kann, die durch die Anwendung eines von ihm in den Verkehr gebrachten, zum Gebrauch bei Menschen bestimmten Arzneimittel entstehen, das der Pflicht zur Zulassung unterliegt oder durch Rechtsverord- 5

---

[2] BGBl. I S. 2445.

[3] Vgl. hierzu eingehend Diederichsen in Band 2 dieses Handbuchs; vgl. ferner Sander Arzneimittelrecht, § 84 AMG, Anm. 1ff.; Wolter DB 1976, 2001, 2003ff.; Kullmann BB 1978, 175, 176f.; ders. Rechtsfragen Produkthaftpflicht, S. 119ff.; ders. in: Kullmann/Pfister Produzentenhaftung, Kennzahl 3800, S. 13ff.; Will, Quellen erhöhter Gefahr, S. 31: Jannott Karlsruher Forum 1983, 129, 131; Deutsch Festschrift Larenz, S. 111ff.; ders. VersR 1988, 1197, 1199f.; G. Hager VersR 1987, 1053ff.; Geigel/Schlegelmilch Haftpflichtprozeß, 14. Kapitel, Rz. 297ff.; Medicus, Schuldrecht II, § 148 I; vgl. auch OLG Celle VersR 1983, 1143f.; zum Verhältnis der Haftung des pharmazeutischen Unternehmers und der des Arztes vgl. Weyers, Gutachten zum 52. Deutschen Juristentag, A 7, 31f.; zur EG-Produkthaftung und den §§ 84ff. AMG de lege ferenda Schmidt-Salzer in: Schmidt-Salzer/Hollmann EG-Richtlinie Produkthaftung, Art. 13 Rz. 9ff.; G. Hager a. a. O., 1053, 1056f.; J. Meyer ZRP 1989, 207ff.

[4] Vgl. Gesetzentwurf der Bundesregierung zur Neuordnung des Arzneimittelrechts, BT-Drucks. 7/3060, S. 43.

[5] Eingehend zur Entstehungsgeschichte des AMG Wolter DB 1976, 2001ff.; vgl. ferner Kullmann BB 1978, 175ff.

[6] Umfassend hierzu Diederichsen in Band 2 dieses Handbuchs.

[7] Zur ungewöhnlichen Höhe dieser Haftungshöchstbeträge vgl. Jannott a. a. O.

nung von der Zulassung befreit worden ist (Deckungsvorsorge). Dabei kann die Dekkungsvorsorge nur

1. durch eine **Haftpflichtversicherung** bei einem im Geltungsbereich dieses Gesetzes zum Geschäftsbetrieb befugten **Versicherungsunternehmen** oder
2. durch eine **Freistellungs- oder Gewährleistungsverpflichtung eines inländischen Kreditinstituts**

erbracht werden.

2. Einzelheiten zur Deckungsvorsorge

6 Grundgedanke des mit **§ 94 AMG** verfolgten Zieles ist die Überlegung, daß pharmazeutischen Unternehmern eine Verpflichtung zur Deckungsvorsorge auferlegt werden sollte, um sicherzustellen, daß der Geschädigte im Schadensfall seinen **Entschädigungsanspruch voll realisieren kann,** was sonst im Falle der Insolvenz eines pharmazeutischen Unternehmers nicht gewährleistet wäre.[8] Dabei gewährt diese Vorschrift im Gegensatz zum Gesetz über die Pflichtversicherung für Kraftfahrzeughalter (Pflichtversicherungsgesetz) dem Geschädigten keinen direkten Anspruch gegen den Versicherer bzw. das Kreditinstitut. Vielmehr bleibt **Ersatzpflichtiger und Anspruchsgegner** allein der **pharmazeutische Unternehmer.**[9]

7 **Die Pflicht zur Deckungsvorsorge** trifft **alle pharmazeutischen Unternehmer,** die zulassungspflichtige oder von der Zulassungspflicht nach § 36 AMG befreite, zum Gebrauch beim Menschen bestimmte Arzneimittel im Inland in den Verkehr bringen. Dabei ist **pharmazeutischer Unternehmer** derjenige, der Arzneimittel unter seinem Namen in den Verkehr bringt, so daß grundsätzlich maßgeblich ist, wessen Name bzw. Firma auf dem Arzneimittel angegeben ist.[10] Die **Deckungsvorsorge** ist allerdings – was sich dem insoweit nicht ganz eindeutigen Wortlaut nicht entnehmen läßt – **keine Zulassungsvoraussetzung.** Dies ergibt sich jedoch, wie der Bericht des Ausschusses für Jugend, Familie und Gesundheit[11] zeigt, daraus, daß nach Art. 21 der Ersten pharmazeutischen Richtlinie der EG es unzulässig wäre, eine solche Zulassungsvoraussetzung zu begründen. Darüber hinaus wäre ein zusätzlicher Verwaltungsaufwand mit hohen Kosten für Bund und Länder entstanden.[12]

8 Die Frage, welche der gegenüber dem pharmazeutischen Unternehmer möglichen Haftungsgrundlagen von § 94 AMG erfaßt werden, läßt sich aus dieser Vorschrift selbst nicht eindeutig beantworten, da darauf abgestellt wird, „daß er seinen gesetzlichen Verpflichtungen zum Ersatz von Schäden nachkommen kann". Entsprechend dem zu § 84 AMG Gesagten[13] und unter Berücksichtigung der Entstehungsgeschichte des AMG ist allerdings anzunehmen, daß **neben der Gefährdungshaftung** nach § 84 AMG auch die **kraft Gesetzes entstehende Verschuldenshaftung** mitabgedeckt werden sollte.[14] Somit werden von der Deckungsvorsorge Ersatzansprüche aus Gefährdungs- und Verschuldenshaftung unter Einschluß eventueller Ansprüche auf Ersatz immaterieller Schäden erfaßt. Demgegenüber betrifft die Deckungsvorsorge nach § 94 AMG **keine Sachschäden,** da es sich um Schäden handeln muß, die durch die Anwendung eines vom pharmazeutischen Unternehmer in den Verkehr gebrachten, zum Gebrauch bei Menschen bestimmten Arzneimittels entstehen.[15]

---

[8] Vgl. Bericht des Ausschusses für Jugend, Familie und Gesundheit, BT-Drucks. 7/5091, S. 21; Kullmann BB 1978, 175, 178; Sander Arzneimittelrecht, § 94 AMG Anm. 1; Lukes Reform, S. 280 und 283f.

[9] Vgl. Sander a. a. O.; Kullmann in: Kullmann/Pfister Produzentenhaftung, Kennzahl 3805 S. 17.

[10] Vgl. Sander a. a. O., Anm. 2.

[11] Vgl. BT-Drucks. 7/5091, S. 21.

[12] Vgl. BT-Drucks. a. a. O.

[13] Vgl. hierzu Diederichsen in Band 2 dieses Handbuchs.

[14] So zutreffend Sander a. a. O., Anm. 3; vgl. ferner Kullmann in: Kullmann/Pfister Produzentenhaftung, Kennzahl 3805, S. 17.

[15] Ebenso Sander a. a. O.

Die Deckungsvorsorge muß nach § 94 I 2 und 3 AMG in der Höhe der in § 88 Satz 1 genannten, in Rz. 3 bereits erwähnten Beträge erbracht werden, wobei dies nur durch eine Haftpflichtversicherung bei einem im Geltungsbereich dieses Gesetzes zum Geschäftsbetrieb befugten Versicherungsunternehmen oder durch eine Freistellungs- oder Gewährleistungsverpflichtung eines inländischen Kreditinstituts geschehen kann. Dabei hat sich in der Praxis allerdings schon bald gezeigt, daß von der Möglichkeit einer Freistellungs- oder Gewährleistungsverpflichtung eines inländischen Kreditinstituts kein Gebrauch gemacht wird.[16] Vielmehr haben die im **HUK-Verband zusammengeschlossenen Versicherungsunternehmen** mittels **Geschäftsplanmäßiger Erklärung** gegenüber dem BAV sich verpflichtet, jedem pharmazeutischen Unternehmer, der nach § 94 AMG zur Deckungsvorsorge verpflichtet ist, hierfür **Haftpflichtversicherungsschutz** in Höhe der gesetzlich vorgeschriebenen Mindestdeckungssumme und nach Maßgabe der AHB sowie der **„Besonderen Bedingungen und Risikobeschreibungen für die Versicherung der Produkt-Haftpflicht (Inland) pharmazeutischer Unternehmer“** gegen risikogerechte, den tatsächlichen Verhältnissen angemessene Prämien zu gewähren.[17] 9

Somit wird in der Praxis die **Deckungsvorsorge durch den Abschluß einer Haftpflichtversicherung** erbracht, wobei von einer gesetzlichen Verpflichtung der Versicherer, Deckungsvorsorge zu gewähren, abgesehen wurde, da dem Gesetzgeber ein solcher Kontrahierungszwang als härtestem Eingriff in die Vertragsfreiheit nicht geboten erschien.[18] Zur Begründung wurde einmal auf die bei der Schaffung des Gesetzes von den Versicherern in Aussicht gestellte Geschäftsplanmäßige Erklärung verwiesen und zum anderen darauf abgestellt, daß der unter den Versicherern bestehende Wettbewerb dafür sorgen werde, daß jedem pharmazeutischen Unternehmen der von ihm geforderte Versicherungsschutz gewährt werden würde.[19] 10

Zu erwähnen ist im vorliegenden Zusammenhang in bezug auf diese besondere Form der Haftpflichtversicherung zweierlei: Zum einen geht es um die Frage, wie in der Praxis für den **Haftpflichtversicherungsschutz in Höhe der gesetzlich vorgeschriebenen Mindestdeckungssumme gesorgt wird** und zum anderen um die Frage, wie die **„Besonderen Bedingungen und Risikobeschreibungen für die Versicherung der Produkt-Haftpflicht (Inland) pharmazeutischer Unternehmer“ konkret ausgestaltet** sind. 11

Hinsichtlich der gesetzlich vorgeschriebenen **Mindestdeckungssumme** ist darauf hinzuweisen, daß sie sich an den in **§ 88 AMG vorausgesetzten Haftungshöchstbeträgen,** also DM 200 000 000 pro Arzneimittel bei Kapitalleistung oder DM 12 000 000 pro Arzneimittel und Jahr bei Rentenleistung, zu orientieren hat,[20] so daß eine **Deckungssumme von insgesamt DM 200 000 000 je Arzneimittel** erforderlich ist. 12

Da eine solche Deckungssumme die Kapazität einzelner Versicherer übersteigen müßte, haben der HUK-Verband und der Bundesverband der Pharmazeutischen Industrie ein System entwickelt, das die Bereitstellung einer solch hohen Deckungssumme gewährleistet.[21] Dazu werden die **DM 200 000 000 in zwei Tranchen** aufgeteilt. **Ein Sockelbetrag von DM 10 000 000** wird von dem einzelnen Erstversicherer, der den Versicherungsvertrag mit dem pharmazeutischen Unternehmer abschließt, selbst übernommen bzw. individuell 13

---

[16] Vgl. den Bericht der Bundesregierung über Erfahrungen mit dem Arzneimittelgesetz, BT-Drucks. 9/1355, S. 30; Kullmann in: Kullmann/Pfister a. a. O., S. 18; Jannott Karlsruher Forum 1983, 129, 131; Schilling/Jörissen DBW 48 (1988), 311, 325 f.

[17] Vgl. Bericht des Ausschusses für Jugend, Familie und Gesundheit, BT-Drucks. 7/5091, S. 21; vgl. ferner Sander a. a. O., Anm. 5 in Fn. 2.

[18] Vgl. BT-Drucks. a. a. O.

[19] Vgl. BT-Drucks. a. a. O.

[20] Vgl. hierzu Rz. 3.

[21] Vgl. den Bericht der Bundesregierung über Erfahrungen mit dem Arzneimittelgesetz, BT-Drucks. 9/1355, S. 30; Sander Arzneimittelrecht, § 94 AMG Anm. 5; Jannott Karlsruher Forum 1983, 129, 133 f.; von Hippel Verbraucherschutz, S. 58.

rückversichert. Die zweite Tranche, die den **DM 10000000 übersteigenden Betrag** eines Schadens bis **DM 200000000** abdeckt, wird von dem Erstversicherer zwar in die gleiche Police aufgenommen und von ihm nach außen hin auch uneingeschränkt vertreten, jedoch in vollem Umfang in die am 8. 10. 1976 gegründete **Pharma-Rückversicherungs-Gemeinschaft (Pharmapool)** eingebracht, der etwa 120 deutsche und in Deutschland zum Geschäftsbetrieb zugelassene ausländische Versicherungsunternehmen angehören. Diese Gemeinschaft gewährt jedem Erstversicherer Rückdeckung seiner Pharmarisiken für Schäden ab DM 10000000 bis DM 200000000 je Arzneimittel.[22]

14 In bezug auf die **„Besonderen Bedingungen und Risikobeschreibungen für die Versicherung der Produkt-Haftpflicht (Inland) pharmazeutischer Unternehmer“**[23] kann ein knapper Überblick genügen,[24] da dieses Bedingungswerk insgesamt von einer erfreulichen Klarheit ist.

15 So wird nach **Ziff. 1 der Gegenstand des Versicherungsschutzes** bestimmt und dem **Versicherungsnehmer** Versicherungsschutz **in dessen Eigenschaft als pharmazeutischer Unternehmer im Sinne des § 4 Abs. 18 AMG** für die Herstellung und/oder den Vertrieb von solchen Arzneimitteln gewährt, für die er nach § 94 AMG eine Deckungsvorsorge zu treffen hat. Aufgrund der nach § 4 Abs. 18 AMG weiten Begriffsbestimmung des pharmazeutischen Unternehmers fällt darunter beispielsweise auch der Drogist, wenn er etwa Kamille oder Baldriantinktur aus großen Tüten oder Flaschen in kleinere Abgabepackungen auf Vorrat abfüllt. Denn damit wird ein Fertigarzneimittel hergestellt, das unter die Zulassungsbestimmungen des AMG fällt. Mithin muß der Drogist für eine Deckungsvorsorge sorgen.[25] Umgekehrt gilt dies nicht für Hersteller pharmazeutischer Grundstoffe und Zulieferer der Arzneimittelindustrie, da sie nicht Arzneimittel unter eigenem Namen in den Verkehr bringen. Daher haften diese nicht nach § 84 AMG, sondern nur nach den allgemeinen Vorschriften.[26]

16 Ferner ist nach **Ziff. 1 Abs. 2** versichert die **gesetzliche Haftpflicht des Versicherungsnehmers wegen Personenschäden durch im Geltungsbereich des AMG** ab dem 1. 1. 1978 **an den Verbraucher abgegebene Arzneimittel.** Dadurch soll die Deckung von Schäden vermieden werden, die durch im Ausland an den Verbraucher abgegebene Arzneimittel entstanden sind, da diese nicht dem Geltungsbereich des AMG unterliegen.[27] Der gleiche Gedanke liegt auch der Ziff. 1 Abs. 3 zugrunde, wonach – abweichend von § 4 I Ziff. 3 AHB – auch der im Ausland eingetretene Personenschaden in den Versicherungsschutz eingeschlossen ist. Denn auch hier wird vorausgesetzt, daß es sich um Schäden durch im Inland an den Verbraucher abgegebene Arzneimittel handelt.[28]

17 **Ziff. 2** bezeichnet als Grundlage der Produkt-Haftpflichtversicherung die **Bestimmungen dieses Vertrages und die AHB,** soweit der Vertrag keine Regelungen trifft.

18 **Ziff. 3** befaßt sich mit der **Deckungssumme** und legt diese in Abs. 1 in Anknüpfung an die §§ 88 und 94 AMG auf DM 200000000 Kapitalbetrag oder DM 12000000 jährlicher Rentenbetrag, begrenzt für die einzelne Person auf DM 500000 Kapitalbetrag oder DM 30000 jährlichen Rentenbetrag, fest.

19 Eine besondere Beachtung verdient, daß nach **Ziff. 3 Abs. 2** der Tod, die Verletzung oder Gesundheitsbeschädigung mehrerer Menschen durch das **gleiche Arzneimittel als**

---

[22] BT-Drucks. a. a. O.; Jannott a. a. O.

[23] VerBAV 1977, 444.

[24] Vgl. ferner zu diesen Besonderen Bedingungen Sander Arzneimittelrecht, Band II, Pharmaversicherung, Anhang II/11 S. 1ff.; Späte Produkthaftpflichtversicherung, in: Brendl Produkthaftung, Gruppe 13, S. 74ff.

[25] Vgl. Späte a. a. O., S. 74f.

[26] Vgl. Späte a. a. O., S. 75; Sander a. a. O., Erläuterungen zu Ziff. 1, S. 2.

[27] Späte a. a. O.; Sander a. a. O.

[28] Späte a. a. O.; vgl. auch OVG Hamburg RIW 1989, 235, wonach der Deckungsvorsorge unterliegt, wer Fertigarzneimittel in der für den deutschen Markt vorgesehenen Aufmachung exportiert und deshalb mit einer Wiedereinfuhr und einem Verbrauch im Bundesgebiet rechnen müsse.

ein Schadenereignis gelten und § 3 II Ziff. 2 Abs. 1 Satz 3 AHB keine Anwendung findet. Darin kommt zum Ausdruck, daß hier eine besondere, von den AHB abweichende Serienschadenklausel gilt.

Ziff. 3 Abs. 3 schließlich sieht vor, daß **Schadenaufwendungen (Zahlungen, Reserven)** eines anderen Pharma-Haftpflichtversicherers für dasselbe Schadenereignis auf die Deckungssumme **angerechnet werden.** Dadurch soll erreicht werden, daß die Haftung und die Deckung auch für den Fall des Versichererwechsel übereinstimmen und maximal DM 200000000 für alle Schäden durch das gleiche Arzneimittel zur Verfügung stehen.[29] 20

Ziff. 4 der Besonderen Bedingungen legt mittels einer Fiktion den für die **Gewährung von Versicherungsschutz bedeutsamen Schadenszeitpunkt** fest und bestimmt in Abs. 1, daß der Personenschaden in dem Zeitpunkt als eingetreten gilt, in dem der Geschädigte erstmals einen Arzt wegen Symptomen konsultiert hat, die sich bei diesem Anlaß oder später als Symptome des betreffenden Personenschadens erweisen. **Ziff. 4 Abs. 2** sieht **im Hinblick auf einen Personenschaden** ebenfalls eine **Fiktion** vor. Danach gelten bei einem Schadenereignis gemäß Ziff. 3 Abs. 2 alle Schäden, die auf das gleiche Arzneimittel und dieselbe Ursache zurückzuführen sind, in dem Zeitpunkt als eingetreten, in dem erstmals eine ärztliche Konsultation im Sinne des Abs. 1 stattgefunden hat. 21

Ziff. 5 beschäftigt sich mit **Strahlenschäden** und sieht vor, daß abweichend von § 4 I Ziff. 7 AHB auch Personenschäden durch radioaktive oder mit ionisierenden Strahlen behandelte Arzneimittel in den Versicherungsschutz eingeschlossen sind, soweit für diese Arzneimittel keine atomrechtliche Deckungsvorsorge besteht. Hierfür kommen vor allem Diagnostika in Betracht.[30] 22

Ziff. 6 dient der **Risikobegrenzung** und läßt solche Aufwendungen nicht unter die Deckung fallen, die damit im Zusammenhang stehen, daß Arzneimittel aus dem Verkehr gezogen, umgepackt, nachgebessert oder sonstwie verändert werden. Dies gilt auch für Packungsbeilagen, Etiketten, Verpackungen oder ähnliches. Dadurch werden **alle Schadenverhütungs- und Rückrufkosten vom Versicherungsschutz ausgeschlossen.**[31] 23

Die **Ziff. 7–10** schließlich betreffen die Rückgriffsmöglichkeit des Versicherers (Ziff. 7), die Unanwendbarkeit der §§ 1 Ziff. 2c und 2 AHB über die Vorsorgeversicherung (Ziff. 8), die individuell zu vereinbarende Vertragsdauer (Ziff. 9) und die Prämienberechnung (Ziff. 10). 24

Sind die wesentlichen, die Deckungsvorsorge des pharmazeutischen Unternehmers ermöglichenden Voraussetzungen genannt, darf doch auch nicht unerwähnt bleiben, wie für die Erfüllung einer **ordnungsgemäßen Einhaltung der Deckungsvorsorge** durch den pharmazeutischen Unternehmer gesorgt werden kann und welche **Konsequenzen** sich aus der Nichterfüllung der Deckungsvorsorge für den Geschädigten ergeben. 25

Was die Erfüllung einer ordnungsgemäßen Einhaltung der Deckungsvorsorge durch den pharmazeutischen Unternehmer angeht, ist zum einen eine **Betriebsüberwachung** vorgesehen. Zum anderen besteht aber auch die Möglichkeit des **Ausspruchs entsprechender Strafen** gegenüber dem pharmazeutischen Unternehmer. Nach § 64 IV Nr. 2 AMG sind die mit der Überwachung von pharmazeutischen Betrieben beauftragten Personen befugt, Unterlagen über die nach § 94 AMG erforderliche Deckungsvorsorge einzusehen und hieraus Abschriften oder Ablichtungen anzufertigen. Ferner können diese Personen nach § 64 IV Nr. 3 AMG von natürlichen und juristischen Personen und nicht rechtsfähigen Personenvereinigungen alle erforderlichen Auskünfte über die die Deckungsvorsorge betreffenden Betriebsvorgänge verlangen. In Ergänzung hierzu wird nach § 96 Nr. 14 AMG mit Freiheitsstrafe bis zu einem Jahr oder mit Geldstrafe bestraft, wer ein zum Gebrauch bei Menschen bestimmtes Arzneimittel in den Verkehr bringt, obwohl die nach § 94 AMG erforderliche Haftpflichtversicherung oder Freistellungs- oder Ge- 26

---

[29] Vgl. auch Späte a. a. O., S. 76; Sander a. a. O., Erläuterungen zu Ziff. 3, S. 3.

[30] Näher hierzu Rz. 32ff.; vgl. auch Späte a. a. O., S. 77; Sander a. a. O., Erläuterungen zu Ziff. 5, S. 4.

[31] Ebenso Späte a. a. O.; Sander a. a. O., Erläuterungen zu Ziff. 6, S. 4.

währleistungsverpflichtung nicht oder nicht mehr besteht. Somit zeigt sich hieran, mit welchen erheblichen Sanktionen die Nichterfüllung der Verpflichtung zur Deckungsvorsorge für den pharmazeutischen Unternehmer verbunden sein kann.

27 Hinsichtlich der Frage, welche **Konsequenzen sich aus der Nichterfüllung der Deckungsvorsorge** durch den pharmazeutischen Unternehmer in bezug auf den Geschädigten ergeben, hat sich der Gesetzgeber in § 94 II und III 2 AMG für die sinngemäße Anwendbarkeit der §§ 158c–158k VVG entschieden, um dem Geschädigten einen entsprechenden Schutz zu bieten. Diese sehen nämlich im Hinblick auf ein **sog. krankes Versicherungsverhältnis** nach § 158c I VVG vor, daß die Verpflichtung des Versicherers (des Kreditinstituts) in Ansehung des Dritten gemäß § 158c II VVG mindestens noch einen Monat bestehen bleibt, wenn der Versicherer (das Kreditinstitut) von der Verpflichtung zur Leistung gegenüber dem Versicherungsnehmer ganz oder teilweise frei ist. Allerdings haftet nach § 158c IV VVG der Versicherer (das Kreditinstitut) nicht, wenn und soweit der Dritte in der Lage ist, Ersatz seines Schadens von einem anderen Schadensversicherer oder einem Sozialversicherungsträger zu erlangen. Soweit der Versicherer (das Kreditinstitut) den Geschädigten befriedigt, geht nach § 158f VVG dessen Forderung gegen den pharmazeutischen Unternehmer auf den Versicherer (das Kreditinstitut) über.

3. Einzelheiten zur Probandenversicherung

28 Neben den den Abschluß einer Haftpflichtversicherung vorschreibenden §§ 84ff. AMG hat in dem **§ 40 I Nr. 8 und III AMG** eine weitere Versicherungsform, die **sog. Probandenversicherung,** ihren Niederschlag gefunden. Nach § 40 I Nr. 8 AMG darf die klinische Prüfung eines Arzneimittels bei Menschen nur durchgeführt werden, wenn und solange für den Fall, daß bei der Durchführung der klinischen Prüfung ein Mensch getötet oder der Körper oder die Gesundheit eines Menschen verletzt wird, eine Versicherung nach Maßgabe des Abs. 3 besteht, die auch Leistungen gewährt, wenn kein anderer für den Schaden haftet. Gemäß § 40 III AMG muß die Versicherung nach § 40 I Nr. 8 AMG zugunsten der von der klinischen Prüfung betroffenen Person bei einem im Geltungsbereich dieses Gesetzes zum Geschäftsbetrieb zugelassenen Versicherer genommen werden. Dabei muß ihr Umfang in einem angemessenen Verhältnis zu den mit der klinischen Prüfung verbundenen Risiken stehen und für den Fall des Todes oder der dauernden Erwerbsunfähigkeit mindestens DM 500000 betragen. Soweit aus der Versicherung geleistet wird, erlischt ein Anspruch auf Schadensersatz.

29 Wie bereits der Wortlaut verdeutlicht, läßt sich diese Versicherung **nicht** ohne weiteres **unter eine der herkömmlichen Versicherungsformen** und schon gar nicht allein unter die **Haftpflichtversicherung** einordnen. Vielmehr enthält sie **Elemente mehrerer Versicherungsformen,** die von einer **Unfallversicherung**[32] über eine **Personenschaden-Versicherung**[33] bis hin zu einer **Haftpflichtversicherung zugunsten des klinischen Prüfers und pharmazeutischen Unternehmers** reichen, wie die Regelung des § 40 III 3 AMG zeigt, wonach ein Anspruch auf Schadensersatz erlischt, soweit aus der Versicherung geleistet wird.[34]

30 Dementsprechend überrascht es nicht, daß die **Rechtsnatur der Probandenversicherung** von Anfang an **höchst umstritten** war, teilweise noch andere als die soeben genannten Auffassungen vertreten wurden[35] und sich selbst die am Gesetzgebungsverfahren beteiligten Ministerien, das BAV und der HUK-Verband nur in der Weise zu helfen vermochten, daß man sich auf eine Kompromißformel einigte. Diese sieht vor, daß es sich bei

[32] Kloesel/Cyran Arzneimittelrecht, Band I, § 40 AMG Anm. 18.
[33] Vgl. Klingmüller, Festschrift für Hauß, S. 169, 171.
[34] So zutreffend Kollhosser MedR 1983, 201.
[35] Vgl. hierzu insbesondere Klingmüller a. a. O., S. 169ff.; Bausch VersR 1979, 212ff.

der Probandenversicherung um eine **„Versicherung sui generis"** handelt, die **wie eine Schadensversicherung** praktiziert werden soll.[36]

31 Dann stellt sich aber die **Probandenversicherung nicht als spezielle, hier näher zu erörternde Form der Produkt-Haftpflichtversicherung** dar. Wer dennoch Informationen über diese Versicherungsart sucht, sei verwiesen auf die vom Bundesverband der Pharmazeutischen Industrie und dem HUK-Verband gemeinsam erarbeiteten, vom BAV genehmigten **„Allgemeinen Bedingungen für die Versicherung der klinischen Prüfung von Arzneimitteln (Probandenversicherung)",**[37] die zusammen mit den recht zahlreichen Veröffentlichungen zur Probandenversicherung[38] einen Überblick über den Gegenstand und die Grenzen dieses Versicherungszweiges bieten.

III. Die Deckungsvorsorge nach dem AtomG

1. Allgemeines

32 Ein ganz spezielles, den Rahmen einer herkömmlichen Produkt-Haftpflichtversicherung weit übersteigendes Risiko betrifft die im **AtomG vorgesehene,** haftungs- und deckungsrechtlich von der EG-Produkthaftungs-Richtlinie vom 25. 7. 1985 unberührt bleibende **Deckungsvorsorge**[39]. Wenn dennoch unter Nennung der insoweit einschlägigen Vorschriften nachfolgend hierauf kurz eingegangen wird, geschieht dies aus der Erwägung, daß diese **Deckungsvorsorge im Einzelfall auch einmal Bedeutung für pharmazeutische Unternehmen** und damit verbunden auch für den Bereich der Produkt-Haftpflichtversicherung erlangen kann. Denn wie in Rz. 22 erwähnt, ist es bei radioaktiven oder mit ionisierenden Strahlen behandelten Arzneimitteln, zu denen vor allem Diagnostika zu rechnen sind, denkbar, daß für diese eine atomrechtliche Deckungsvorsorge in Betracht kommt.

2. Einzelheiten zur Deckungsvorsorge

33 Nach **§ 7 I AtomG** bedarf der Genehmigung, wer eine ortsfeste Anlage zur Erzeugung oder Bearbeitung oder Verarbeitung oder zur Spaltung von Kernbrennstoffen oder zur Aufarbeitung bestrahlter Kernbrennstoffe errichtet, betreibt oder sonst innehat oder die Anlage oder ihren Betrieb wesentlich verändert. § 7 II AtomG ergänzt diese Vorschrift und sieht u. a. in Nr. 4 vor, daß diese Genehmigung nur erteilt werden darf, wenn die erforderliche Vorsorge für die Erfüllung gesetzlicher Schadensersatzverpflichtungen getroffen ist. Wie **diese Vorsorge konkret auszugestalten ist,** wird im einzelnen in **§ 13 AtomG** erläutert. Dabei bestimmt § 13 III AtomG nicht nur, daß die Höhe der Deckungsvorsorge im Rahmen einer **Höchstgrenze von DM 500000000** zu regeln und Höchstgren-

[36] Zu Einzelheiten vgl. Sander Arzneimittelrecht, § 40 AMG, Anm. 16 und Probandenversicherung, Anhang II/10, Erläuterungen zu § 1 der Allgemeinen Versicherungsbedingungen für klinische Prüfungen von Arzneimitteln (Probandenversicherung); vgl. ferner Rundschreiben des HUK-Verbandes R 20/77 M vom 15. 4. 1977.

[37] VerBAV 1978, 88; 1979, 262 und 1982, 145; abgedruckt auch bei Kollhosser MedR 1983, 201 ff. und Sander a. a. O., Probandenversicherung, Anhang II/10 mit Erläuterungen zu den einzelnen Vorschriften der Allgemeinen Bedingungen.

[38] Vgl. Sander a. a. O., § 40 AMG, Anm. 13 und 15 ff. und Probandenversicherung a. a. O.; Klingmüller, Festschrift für Hauß, S. 169 ff.; Bausch VersR 1979, 212 ff.; Deutsch VersR 1979, 685, 689 ff.; Kollhosser a. a. O.; Baumann JZ 1983, 167, 173, 175.

[39] Zur Unanwendbarkeit der EG-Produkthaftungs-Richtlinie vom 25. 7. 1985 (ABl. EG Nr. L 210/29 vom 7. 8. 1985) gegenüber Schäden infolge eines nuklearen Zwischenfalls, die in von den Mitgliedstaaten ratifizierten internationalen Abkommen erfaßt sind, vgl. Art. 14 dieser Richtlinie; hierzu Kullmann in Kullmann/Pfister Produzentenhaftung, Kennzahl 3600 S. 5; Taschner Produkthaftung, Art. 14 Rz. 1 und 8; Brüggemeier ZHR 152 (1988), 511, 533; zur atomrechtlichen Dekkungsvorsorge vgl. ferner Klingmüller, Insurance Law, S. 55, 57 ff.; Lukes Reform, S. 279 f. und Kullmann a. a. O., Kennzahl 3250 S. 14.

ze und Deckungssummen im Abstand von jeweils fünf Jahren mit dem Ziel der Erreichung des realen Wertes der Deckungsvorsorge zu überprüfen sind.[40] Vielmehr gibt **diese Vorschrift auch eine Ermächtigung zum Erlaß einer Rechtsverordnung** darüber, welche Maßnahmen zur Vorsorge für die Erfüllung gesetzlicher Schadensersatzverpflichtungen erforderlich sind. Von dieser Ermächtigung hat die Bundesregierung mit Zustimmung des Bundesrates durch die **Verordnung über die Deckungsvorsorge nach dem Atomgesetz (atomrechtliche Deckungsvorsorge-Verordnung)** vom 25. 1. 1977[41] Gebrauch gemacht und dabei u. a. auch die Möglichkeit einer **Deckungsvorsorge** durch den **Abschluß einer entsprechenden Haftpflichtversicherung** geregelt.

34 Ohne auf die Deckungsvorsorge-Verordnung hier eingehen zu können,[42] verdient doch hervorgehoben zu werden, daß wie im Bereich des AMG auch hier die Deckungsvorsorge durch die **Haftpflichtversicherung den Regelfall** bildet, was durch die Regelung des **§ 14 AtomG** deutlich zum Ausdruck kommt.[43] Zu beachten ist ferner, daß angesichts des exorbitanten Haftungsrisikos kein Versicherer allein in der Lage wäre, den erforderlichen Versicherungsschutz zu bieten. Daher ist schon im Jahre 1957 die **Deutsche Kernreaktor-Versicherungsgemeinschaft (DKVG)** gegründet worden, der über 100 deutsche bzw. in Deutschland zum Geschäftsbetrieb zugelassene ausländische Versicherungsgesellschaften angehören und deren Aufgabe als einer Mitversicherungsgemeinschaft in der Form einer BGB-Gesellschaft es ist, das auf den einzelnen Versicherer zukommende Risiko quotenmäßig zu begrenzen, wobei eine gesamtschuldnerische Haftung nicht erfolgt.[44] Von Bedeutung ist schließlich, daß nach § 14 I 1 AtomG die §§ 158c–158h VVG sinngemäß gelten,[45] und zwar mit der Maßgabe, daß die sonst zur Anwendung kommende Ein-Monatsfrist des § 158c II VVG hier zwei Monate beträgt und ihr Ablauf bei der in §§ 4–4b AtomG vorgesehenen Haftung für die Beförderung von Kernmaterialien für die Dauer der Beförderung gehemmt ist.

IV. Die Rückrufkosten-Versicherung im Kfz-Bereich

1. Allgemeines

35 Die mit dem **Rückruf fehlerhafter Produkte** verbundenen, **als Ausfluß aus der Produktbeobachtungspflicht des Herstellers**[46] sich ergebenden Probleme sind enorm und werfen nicht nur in tatsächlicher, sondern auch in rechtlicher Hinsicht eine Reihe von schwer zu beantwortenden Fragen auf,[47] da bereits der Rückruf eines bestimmten Einzel-

---

[40] § 13 III 2 AtomG in der seit dem 1. 8. 1985 geltenden Fassung (BGBl. I S. 1565).

[41] BGBl. I S. 220.

[42] Vgl. hierzu Fischerhof, Deutsches Atomgesetz, § 13 AtomG Rz. 1, 18 m. w. N.; vgl. ferner Geigel/Schlegelmilch Haftpflichtprozeß, 23. Kapitel Rz. 46; Lukes Reform, S. 279; Medicus Schuldrecht II, § 147 IV; zum atomrechtlichen Ausgleich bei Nuklearunfällen Pelzer NJW 1986, 1664ff.

[43] Vgl. auch Fischerhof a. a. O., § 13 AtomG Rz. 1.

[44] Vgl. Fischerhof a. a. O., § 13 AtomG Rz. 10f. mit weiteren Einzelheiten; zum gegenwärtigen Stand der deutschen Nuklearversicherung vgl. VW 1989, 87f.

[45] Vgl. hierzu Rz. 27.

[46] Vgl. hierzu BGH NJW 1987, 1009f. = BB 1987, 717ff. mit Anm. Schmidt-Salzer; OLG Frankfurt VersR 1987, 1196ff.; grundlegend zur Produktbeobachtungspflicht und der damit gegebenenfalls verbundenen Warn- und Rückrufpflicht des Herstellers die sog. Apfelschorf-Urteile des BGH vom 17. 3. 1981, BGH NJW 1981, 1606/1609; NJW 1988, 2611 (Anm. von Reinelt).

[47] Eingehend hierzu Löwe DAR 1978, 288ff.; Sack DAR 1983, 1ff.; J. Hager VersR 1984, 799ff.; K. Mayer DB 1985, 319ff.; Link BB 1985, 1424ff.; Herrmann BB 1985, 1801ff.; U. Hübner, Haftungsrechtliche Probleme, S. 47, 54ff. = VersR 1985, 701, 707ff.; Schwenzer JZ 1987, 1059ff.; Schilling/Jörissen DBW 48 (1988), 311, 321; Mertens in: MünchKomm, BGB, § 823 Rdnr. 82 und 299; Walter Kaufrecht, § 9 IV 2d, S. 420f.; jeweils m. w. N.; vgl. ferner 2. Teil § 24 Rz. 233ff. zum Rückruf und 2. Teil § 24 Rz. 252ff. zur Produktbeobachtung.

teiles einer Gesamtsache **unter Umständen Kosten in Millionenhöhe** auslösen[48] und zur Existenzgefährdung oder gar zum wirtschaftlichen Ruin mancher Unternehmer führen kann. Werden nämlich derartige Einzelteile in großer Stückzahl hergestellt und als Bestandteil der Gesamtsache in eine Vielzahl von Ländern exportiert, müssen sie bei einem Rückruf nicht nur ausgebaut und zurückgeschickt, sondern auch sortiert, überprüft, eventuell ausgebessert, zurücktransportiert und schließlich wieder eingebaut werden. Dann wird aber deutlich, von welch einer Dimension die im Falle eines Rückrufes zu erwartenden Kosten sind. Daher verwundert es nicht, daß das **Bedürfnis der produzierenden Wirtschaft sowohl auf Hersteller - als auch auf Zuliefererebene groß** ist, sich hiergegen möglichst **umfassend zu versichern.**

Diesem Begehren in einem größeren Umfange stattzugeben, sieht sich jedoch die Versi- 36
cherungswirtschaft derzeit gehindert. So sind auch ihr nicht die enormen, im Falle der Deckung auf sie zukommenden Aufwendungen verborgen geblieben. Noch wesentlicher dürfte jedoch sein, daß bei einer uneingeschränkten Gewährung von Versicherungsschutz für das mit dem **Rückruf verbundene Risiko auch die Grenzen des Deckungsbereiches** einer Haftpflichtversicherung berührt würden. Denn immerhin ist zu beachten, daß der Rückruf herstellereigener Produkte in der Praxis häufig bereits dann erfolgt, wenn überhaupt noch kein konkreter Sach- oder Personenschaden eingetreten ist und sich der **Rückruf** daher als bloße **schadenverhütende Maßnahme** darstellt. Diese führt dann aber zu einem reinen Vermögensschaden des rückrufenden Unternehmers, der als typischer Eigenschaden nicht Gegenstand der Allgemeinen Haftpflichtversicherung ist.[49]

Etwas differenzierter gestaltet sich die Rechtslage demgegenüber dann, wenn es um die 37
durch den **Rückruf entstandenen Kosten Dritter** und nicht die des Versicherungsnehmers geht. Erreichen etwa die Kühlschränke des Herstellers X in einer Serie die in der Beschreibung vorgesehene Temperatur nicht, so daß die Gefahr des Verderbens von Lebensmitteln besteht, und fordert deshalb X die Käufer dieser Geräte durch Presse, Rundfunk und Fernsehen dazu auf, die Kühlschränke bei den Händlern gegen einwandfrei funktionierende auszutauschen, so genießt X wegen der den Händlern durch die Umtauschaktion entstandenen Kosten bei Einbeziehung von Vermögensschäden in den Versicherungsschutz nach § 1 Ziff. 3 AHB Deckung, da es sich hierbei um **Drittschäden,** nämlich der Händler, handelt, die diese durch die Erhebung von Schadensersatzansprüchen gegenüber X geltend machen. Hinsichtlich der Kosten für die Aufrufe in Presse, Rundfunk und Fernsehen handelt es sich hingegen um nicht versicherte Eigenschäden des X.[50]

Werden vom Hersteller eines Endproduktes sog. **Fremdrückrufe** vorgenommen, weil 38
ein vom Zulieferer stammendes Einzelteil Mängel aufweist und deshalb die Gefahr der Entstehung von Personen- und Sachschäden besteht, so hat der Zulieferer bei Inanspruchnahme durch den Hersteller wegen der entstandenen Kosten Versicherungsschutz, wenn diese reinen, sich als Drittschäden darstellenden Vermögensschäden des Herstellers aufgrund besonderer Vereinbarung nach § 1 Ziff. 3 AHB Gegenstand der Haftpflichtversicherung des Zulieferers sind.[51]

---

[48] Vgl. den verdienstvollen Überblick über Rückrufaktionen bei den verschiedensten Produkten in der Broschüre der Frankona Rückversicherung Produkte- Rückrufaktionen, S. 4ff. Allein dieser Überblick läßt bereits erahnen, daß Kosten in Millionenhöhe für eine Rückrufaktion keine Seltenheit sind; vgl. auch Niehusen Rückrufaktion, S. 215 in Fn. 2, wonach nach einem Pressebericht der Metzeler AG anläßlich des Rückrufs der Monza-Steel-Reifen Kosten in Höhe von ca. DM 3000000 entstanden sind.

[49] Vgl. auch Späte Produkthaftpflichtversicherung, in: Brendl Produkthaftung, Gruppe 13, S. 78; Löwe DAR 1978, 288, 295f.

[50] Vgl. auch Späte a. a. O., S. 78f.

[51] Vgl. auch Späte a. a. O., S. 79.

2. Einzelheiten zum Versicherungsschutz

39 An diese in der Praxis immer wieder auftauchenden Probleme knüpft die **Rückrufkosten-Versicherung im Kfz-Bereich** an, die – von den in Rz. 37 genannten Fällen abgesehen – trotz mancher Versuche auf der Versicherungsnehmerseite bisher auf diesen Industriezweig beschränkt ist, da das damit verbundene Risiko als enorm gilt und eine Übertragung der dort geltenden Grundsätze auf andere Branchen als ausgeschlossen angesehen wird.[52] Diese **spezielle Form der Produkt-Haftpflichtversicherung** ist aus der Überlegung entstanden, daß sie zwar nicht zur Aus- und Einbauklausel der Ziff. 4.4 des Modells paßt,[53] für sie aber dennoch ein großes Bedürfnis auf Versicherungsnehmerseite besteht. Zu diesem Zwecke sind daher Versicherungsbedingungen erarbeitet worden, die als **„Besondere Bedingungen und Risikobeschreibungen für die Haftpflichtversicherung wegen Rückrufs von Kraftfahrzeugen“**[54] seit 1981 gelten und in der Praxis als Ergänzung zur Betriebs- und Produkt-Haftpflichtversicherung abgeschlossen werden.

40 Hinsichtlich der inhaltlichen Ausgestaltung dieser Besonderen Bedingungen ist zu beachten, daß sie von einer **erfreulichen Klarheit** sind und sich die nachfolgende Darstellung daher auf die sie bestimmenden **Kernaussagen** beschränken kann.

41 Im Mittelpunkt dieser besonderen Bedingungen stehen die **Ziff. 1 und 4,** die sich mit dem Gegenstand und dem Umfang des Versicherungsschutzes und den versicherten Tatbeständen beschäftigen.

42 Nach **Ziff. 1.1** ist im Rahmen der AHB und der Bestimmungen dieses Vertrages versichert die gesetzliche Haftpflicht des Versicherungsnehmers – einschließlich seiner gesetzlichen Schadensersatzpflicht für Mangelfolgeschäden wegen Fehlens zugesicherter Eigenschaften –, soweit es sich um Vermögensschäden handelt, die dadurch entstehen, daß aufgrund festgestellter oder anhand bestimmter Umstände zu vermutender Mängel der vom Versicherungsnehmer hergestellten oder gelieferten Erzeugnisse (Teile, Zubehör, Einrichtungen) zur Vermeidung von Personen- oder Sachschäden ein **Rückruf von Kraftfahrzeugen** erforderlich wurde. Dabei sind versichert ausschließlich reine Vermögensschäden, nicht jedoch Personen- oder Sachschäden.

43 **Rückruf** im Sinne dieser Bedingungen ist die **Aufforderung des Kraftfahrzeugherstellers an Kraftfahrzeughalter,** ihre Fahrzeuge in das Herstellerwerk, eine Vertragswerkstätte oder sonstige Werkstätten zu bringen, um sie auf konkret angegebene Mängel überprüfen und diese gegebenenfalls beheben zu lassen. Als **Rückruf** gilt auch die nicht unmittelbar an Kraftfahrzeughalter gerichtete **Benachrichtigung von Händlern, Vertrags- oder sonstigen Werkstätten,** die Kraftfahrzeuge auf die angegebenen Mängel zu überprüfen und diese gegebenenfalls zu beheben.

44 Gedeckt sind nach Ziff. 1.2 ausschließlich **Aufwendungen des Kraftfahrzeugherstellers** oder der in seinem Auftrag handelnden Unternehmen für
- die notwendige Benachrichtigung der Kraftfahrzeughalter bzw. der Händler, der Vertrags- oder sonstigen Werkstätten;
- eine Überführung des Kraftfahrzeugs in eine Werkstätte oder in das Herstellerwerk, falls diese wegen fehlender Verkehrssicherheit erforderlich ist;
- die Überprüfung, ob tatsächlich ein Austausch oder eine Ersatzmaßnahme notwendig ist;

[52] Vgl. Produkte-Haftpflicht aktuell, S. 73; Späte a. a. O.; J. Hager VersR 1984, 799, 800 in Fn. 13; vgl. auch Frankona Rückversicherung Produkte-Rückrufaktionen, S. 3 mit dem Hinweis, daß für die übrigen Bereiche die Prämien fallweise berechnet würden; vgl. auch G. Hager AcP 184 (1984), 413, 425, wonach die Erweiterung der Einstandspflicht des Produzenten auf Rückruf und Mängelbeseitigung durch eine entsprechende Erweiterung der Betriebs-Haftpflichtversicherung aufgefangen werden müsse.

[53] Vgl. hierzu § 54 Rz. 64.

[54] VerBAV 1981, 346ff.

– den Ausbau mangelhafter und den Einbau mangelfreier Erzeugnisse des Versicherungsnehmers bzw. der unter Verwendung der Erzeugnisse des Versicherungsnehmers hergestellten funktionellen Einheiten.

Gedeckt sind nach Ziff. **1.2 und 1.3** ferner noch weitere **Kosten und Aufwendungen,** die jedoch im Gegensatz zu den zuvor genannten nicht bei jedem Rückruf auftreten werden, so daß insoweit auf den Bedingungstext verwiesen wird. **45**

Zu den nach **Ziff. 4 nicht versicherten Ansprüchen** sind solche zu rechnen **46**

– aus Rückrufen, die nicht zur Vermeidung von Personen- oder Sachschäden erforderlich waren (z. B. wegen Schönheitsfehlern);
– aus Rückrufen oder Aufwendungen gemäß Ziff. 1.3, wenn der Versicherungsnehmer die mangelhaften Erzeugnisse selbst eingebaut oder montiert hat oder in seinem Auftrag oder für seine Rechnung hat einbauen oder montieren lassen. Dies gilt jedoch nicht, wenn der Versicherungsnehmer bei Montage durch den Besteller oder ein von diesem beauftragtes Unternehmen lediglich überwachend oder beratend – nicht als Montageleiter – tätig geworden ist und die Mangelhaftigkeit nachweislich nicht aus fehlerhafter Montage, Montageüberwachung oder Beratung, sondern aus der Herstellung oder Lieferung resultiert;
– wegen Aufwendungen des Versicherungsnehmers für die Nachlieferung fehlerfreier Erzeugnisse einschließlich der dafür entstehenden Transportkosten;
– wegen Folgeschäden, z. B. Betriebsunterbrechung, Produktionsausfall oder entgangenen Gewinn, die dem Kraftfahrzeughersteller, Kraftfahrzeugzulieferer oder sonstigen Dritten entstehen, sowie wegen Ersatzes von Mietwagen-, Fahrt- oder sonstigen den Fahrzeughaltern im Zusammenhang mit der Rückrufaktion entstehenden Kosten;
– aus selbständigen Garantiezusagen.

Schließlich sind **ausgeschlossen vom Versicherungsschutz Ansprüche aus Rückrufen** wegen vorsätzlichen Abweichens von Vorschriften oder Anweisungen und wegen einer nicht ausreichenden Erprobung nach den Regeln der Technik oder Wissenschaft.[55] **47**

Gegenüber diesen beiden die **Grundgedanken der Besonderen Bedingungen** widerspiegelnden Vorschriften halten sich die anderen Bestimmungen grundsätzlich im Rahmen der auch bei anderen Bedingungswerken üblichen Regelungen. **48**

Während **Ziff. 2** das **versicherte Risiko** anspricht und **Ziff. 3** die **mitversicherten Personen** nennt, wird in **Ziff. 5** der **Versicherungsfall** definiert und daraus eine entsprechende Anzeigenobliegenheit des Versicherungsnehmers abgeleitet. **49**

Ziff. 6, Ziff. 7.1 und **Ziff. 7.2** enthalten Regelungen über die **Deckungssummen (Ziff. 6),** den **Serienschaden (Ziff. 7.1)** und den **Selbstbehalt (Ziff. 7.2),** wobei hinsichtlich der Serienschadenklausel der Ziff. 7.1 zu beachten ist, daß sie sich unter Berücksichtigung der besonderen Rückrufproblematik[56] eng an die der Ziff. 8.1 des Modells anlehnt. **50**

Ziff. 8 regelt die **Auslandsdeckung** und bestimmt, daß abweichend von § 4 I Ziff. 3 AHB sich der Versicherungsschutz auch auf im Ausland vorkommende Rückrufe wegen Erzeugnissen erstreckt, die der Versicherungsnehmer ins Ausland geliefert hat oder dort hat liefern lassen, oder wegen Erzeugnissen des Versicherungsnehmers, die ins Ausland gelangt sind, ohne daß der Versicherungsnehmer sie dorthin geliefert hat oder hat liefern lassen. Hinsichtlich der **Rückrufe in die USA und Kanada** wird nach Ziff. 8.2 wegen der dort herrschenden besonderen Verhältnisse[57] das Bestehen von Versicherungsschutz von einer besonderen Vereinbarung abhängig gemacht. Zudem werden nach Ziff. 8.3 die Aufwendungen des Versicherers für Kosten[58] als Leistung auf die Deckungssumme angerechnet. **51**

---

[55] Einzelheiten hierzu in Ziff. 4.6 und 4.7 der Besonderen Bedingungen.

[56] Ziff. 7.1 der Besonderen Bedingungen spricht von Versicherungsfällen und nicht von Schadenereignissen und verwendet statt des Begriffes Produktionsfehler den des Fabrikationsfehlers.

[57] Vgl. hierzu § 57 Rz. 12ff.; ferner § 54 Rz. 151.

[58] Zum Begriff der Kosten im Sinne der Besonderen Bedingungen vgl. Ziff. 8.3 Abs. 2.

52 **Ziff. 9** behandelt die **zeitliche Begrenzung** und sieht in Ziff. 9.1 vor, daß der Versicherungsschutz diejenigen Versicherungsfälle umfaßt, die innerhalb eines Zeitraumes von **zwei Jahren nach der Auslieferung** der von dem Versicherungsnehmer hergestellten und gelieferten Erzeugnisse eintreten, und zwar abweichend von § 4 I Ziff. 1 AHB auch insoweit, als eine Haftung des Versicherungsnehmers nur aufgrund vertraglicher Verlängerung der Verjährungsfrist gegeben ist. Hingegen besteht nach Ziff. 9.2 für Schäden durch Erzeugnisse, die **vor Inkrafttreten dieses Vertrages** ausgeliefert wurden, kein Versicherungsschutz.

53 Schließlich regeln die verbleibenden Vorschriften noch die **Unanwendbarkeit der Bestimmungen** des § 1 Ziff. 2c AHB und des § 2 AHB über die Vorsorgeversicherung **(Ziff. 10),** die Erhöhungen und Erweiterungen des Risikos **(Ziff. 11)** und die Vertragsdauer **(Ziff. 12).**

54 Zusammengefaßt ist festzuhalten, daß es mit der Rückrufkosten-Versicherung im Kfz-Bereich gelungen ist, ein in sich **recht geschlossenes Bedingungswerk** zu konzipieren, das geeignet ist, eine **Vorbildfunktion** für zukünftige Regelungen in anderen Industriezweigen zu haben.

V. Die Produkt-Haftpflichtversicherung im Luftfahrt-Bereich

1. Allgemeines

55 Wie bereits in *§ 54 Rz. 121* angedeutet, besteht auch im **Luftfahrt-Bereich** ein großes **Bedürfnis** der dort tätigen Unternehmen, sich gegen die **Entstehung von Produktschäden** angemessen **versichern** zu können. Jedoch haben die beteiligten Kreise schon frühzeitig die Erkenntnis gewonnen, daß der Produkthaftungs-Problematik hier aus mehreren Gründen nicht mit herkömmlichen Mitteln beizukommen ist. So werden die Produkte dieses Industriezweiges üblicherweise **grenzüberschreitend weltweit genutzt,** indem die Luftfahrzeuge jeden Punkt der Erde ansteuern können bzw. die Einzelteile dieser Luftfahrzeuge an einem beliebigen Ort eingebaut und dann ebenfalls überall genutzt werden können. Dann kann aber unter dem haftungsrechtlichen Blickwinkel dieser Industriezweig nicht national und auch nicht allein europäisch betrachtet, sondern muß vielmehr international gesehen werden.[59] Dies ergibt sich ferner daraus, daß die für die Luftfahrzeuge benötigten Produkte wie z. B. Bauteile, Instrumente, Aggregate und Zubehör ganz **individuelle Anfertigungen** sind, daher von darauf spezialisierten Unternehmen aus aller Welt stammen und dementsprechend im Schadensfall aufgrund nationaler wie internationaler Gesetze, Vereinbarungen und Abkommen mit einer Vielzahl von Rechtsstreitigkeiten zu rechnen ist. Schließlich gilt das mit der Luftfahrt verbundene Produktrisiko allgemein deshalb als sehr schwer, da die mit dem Unfall eines Luftfahrzeuges verbundenen **Schadensersatzforderungen** häufig **astronomisch anmutende Summen** erreichen, wenn man etwa an den Absturz eines Großraumflugzeuges denkt.[60]

56 Daher verwundert es nicht, daß der Kreis der versicherungssuchenden Produzenten groß ist und nicht nur den Endhersteller eines Luftfahrzeuges und seine Partnerunternehmen, sondern auch den Hersteller kleiner und kleinster Zubehörteile bis hin zu Reparaturbetrieben umfaßt, da sie alle Produkthaftpflichtansprüchen ausgesetzt sein können.[61] Demgemäß vermag es nicht zu überraschen, daß es für die mit der **Luftfahrt verbundenen Risiken** einen **speziellen Versicherungsmarkt** gibt, der nicht auf nationaler, sondern auf internationaler Ebene tätig ist und erst durch das Zusammenwirken von Versicherungsunternehmen aus verschiedenen Ländern effektiv zu arbeiten vermag.[62]

---

[59] So zutreffend Petermann, Der gegenwärtige Stand, S. 133.

[60] Vgl. hierzu Dietz, Versicherungsrechtliche Aspekte, S. 143f. und vor allem Müller-Rostin ZLW 1983, 225ff.

[61] Vgl. Dietz a. a. O., S. 144.

[62] Vgl. Müller-Rostin a. a. O., 238.

Berücksichtigt man dies, so wäre es im Rahmen dieses knappen Überblicks wenig sinnvoll, wenn nachfolgend speziell auf die deutschen Verhältnisse eingegangen würde.[63] Vielmehr ist in der Weise vorzugehen, daß die wesentlichen im **internationalen Bereich geltenden Grundsätze** kurz angesprochen werden.[64] 57

2. Einzelheiten zum Versicherungsschutz

Den Ausgangspunkt für die Gestaltung des Versicherungsschutzes im Luftfahrt-Bereich bildet die Überlegung, daß angesichts des erheblichen Risikos häufig nur das **spezifische Luftfahrt-Produkthaftpflichtrisiko,** nicht aber das allgemeine Betriebs-Haftpflichtrisiko in Deckung genommen wird.[65] Dabei kommt es noch stärker als sonst darauf an, den versicherten Tätigkeitsrahmen genau festzulegen, wobei es von wesentlicher Bedeutung ist, ob der Versicherungsnehmer der Hersteller des Luftfahrzeuges oder ein bloßer Zulieferer ist.[66] 58

Zu den bei Großschadenrisiken üblichen, auch im Luftfahrt-Bereich zur Anwendung kommenden Prinzipien gehört es, daß häufig eine sog. **Umbrella-Deckung** vereinbart wird. Diese besagt stark vereinfacht, daß nicht nur der Endhersteller als Versicherungsnehmer, sondern auch alle Zulieferer in die Police als Mitversicherte aufgenommen werden. Vorteil einer solchen, mit der Vereinbarung eines gegenseitigen Regreßausschlusses verbundenen Regelung ist es, daß nicht jeder Zulieferer für sich allein um Versicherungsschutz nachsuchen muß, sondern durch Einbeziehung in den einen Versicherungsvertrag des Endherstellers sichergestellt ist, daß es im Schadensfall bei der Schadensregulierung zu keinen größeren Auseinandersetzungen zwischen den einzelnen Mitversicherten kommen kann.[67] 59

Gegenstand des Versicherungsschutzes sind Haftpflichtansprüche wegen Personen- und Sachschäden, die nach Übergabe bzw. Ablieferung des Luftfahrt-Produktes an den Abnehmer oder nach Abschluß der Reparatur-, Überholungs-, Betreuungs- oder Wartungsarbeiten während der Laufzeit der Versicherung eintreten, und zwar 60
– an dem Flugzeug selbst,
– an beförderten Personen (Insassen einschließlich Besatzungsmitgliedern), Gepäck und Fracht;
– an sonstigen dritten Personen und Sachen.[68]

Versichert sind ferner **Folgeschäden,** die aus diesen Schäden herrühren, wozu vor allem der Verdienst- und der Nutzungsausfall zu rechnen sind.[69] 61

Ausgeschlossen vom Versicherungsschutz sind demgegenüber in Anlehnung an die in den §§ 4 I Ziff. 6b AHB und 4 II Ziff. 5 AHB zum Ausdruck kommenden Gedanken[70] Ansprüche wegen Schäden, die an den vom Versicherungsnehmer hergestellten Produkten oder gelieferten Sachen infolge einer in der Herstellung oder Lieferung liegenden Ursache entstehen. Somit sind nicht versichert Schäden an Luftfahrzeugen oder Teilen von Luftfahrzeugen einschließlich ihrer Befestigung, 62

---

[63] Vgl. hierzu Besondere Bedingungen für Luftfahrt-Haftpflichtversicherung des deutschen Luftpools; Besondere Bedingungen für die Luftfahrzeughalter- und Luftfrachtführer-Haftpflichtversicherung (Lu H 1), VerBAV 1980, 307; Besondere Bedingungen für die Haftpflichtversicherung von Luftfahrtveranstaltern, Luftsportvereinen und der Halter von Luftfahrtgeländen (Lu H 2), VerBAV 80, 308; Gerling-Konzern Luftfahrt.

[64] Umfassender Dietz, Versicherungsrechtliche Aspekte, S. 143, 146ff.; Müller-Rostin a. a. O., 237ff.; vgl. ferner Petermann, Der gegenwärtige Stand, S. 133, 135ff. und Klingmüller, Insurance Law, S. 55, 59ff.

[65] Vgl. Dietz a. a. O., S. 146; Müller-Rostin a. a. O., 237.

[66] Vgl. Dietz a. a. O.; Müller-Rostin a. a. O.

[67] Vgl. auch Müller-Rostin a. a. O.

[68] Dietz a. a. O., S. 147f.; Müller-Rostin a. a. O., 238f.

[69] Dietz a. a. O., S. 148; Müller-Rostin a. a. O., 239.

[70] Vgl. hierzu § 53 Rz. 13ff. und 20ff.

- die vom Versicherungsnehmer hergestellt oder geliefert worden sind;
- die unmittelbar Gegenstand der gewerblichen oder beruflichen Tätigkeit des Versicherungsnehmers oder eines Mitversicherten gewesen sind.[71]

63 Ebenfalls **nicht gedeckt** sind die Kosten für den Aus- und Wiedereinbau derartiger Teile. Schließlich besteht auch kein **Versicherungsschutz** für Schäden an **Prototypen,** da diese als Einzelmodelle oder in ganz geringer Zahl gebaute technische Erzeugnisse noch keine serienreifen Produkte sind und daher auf Konstruktionsmängel hin getestet werden müssen.[72]

64 Eine Besonderheit der Luftfahrt-Produkt-Haftpflichtversicherung stellt das sog. **Grounding- oder Sistership-Risiko** dar, für das aufgrund einer besonderen Vereinbarung gegen Zahlung einer **Zusatzprämie Versicherungsschutz** besteht. Hierbei handelt es sich um Schäden aus der Stillegung oder der Verwendungsbegrenzung, also aus dem Nutzungsverlust von fertiggestellten und ausgelieferten Flugzeugen, für die der Versicherungsnehmer haftpflichtig ist, und die darauf zurückzuführen sind, daß aus Gründen der Flugsicherheit ein oder mehrere Flugzeuge aus dem Flugbetrieb zurückgezogen werden, weil in einem gleichen Flugzeugtyp oder in einem anderen Flugzeugtyp mit gleichem Einzelteil ein genereller Herstellungsfehler festgestellt wurde oder zu vermuten ist.[73]

65 In einem solchen Fall hat ein fehlerhaftes oder mutmaßlich fehlerhaftes Produkt noch nicht unmittelbar zu einem Personen-, Sach- oder Vermögensschaden geführt. Dennoch genügt bereits die Gefahr der Schadensentstehung, um ein Grounding zu rechtfertigen.[74] Allerdings muß als Voraussetzung für die Gewährung von Versicherungsschutz das **Grounding** auf eine behördliche Anordnung oder darauf zurückzuführen sein, daß eine gemeinsame Übereinkunft zwischen dem Versicherungsnehmer und/oder dem Hersteller und dem Halter/Eigentümer des Flugzeugs erfolgte.[75]

66 Gedeckt sind unter diesen Voraussetzungen der während der Dauer des Grounding eingetretene **Ausfallschaden** oder der zu dessen Minderung in dieser Zeit geleistete **Aufwand** für die **Beschaffung anderer Flugzeuge** unter Abzug ersparter Eigenkosten. Nicht gedeckt sind hingegen die von dem jeweils Geschädigten aufgewendeten Kosten für die Überholung bzw. die Modifizierung der betroffenen Flugzeuge sowie für Austauschteile.[76]

67 Hinsichtlich des **Geltungsbereiches** der Luftfahrt-Produkt-Haftpflichtversicherung ist schließlich darauf hinzuweisen, daß angesichts des erheblichen Risikos für sie selbstverständlich eine **weltweite Deckung** besteht und sie im allgemeinen auf einen Zeitraum von **12 Monaten** abgeschlossen wird.[77]

§ 57. Die Produkt-Haftpflichtversicherung im internationalen Bereich

I. Allgemeines

1 Wie aus den bisherigen Ausführungen bereits deutlich geworden sein dürfte, handelt es sich bei den immer weiter ausufernden **Grundsätzen der Produkthaftung** um ein **Phänomen,** das nicht auf die Bundesrepublik Deutschland begrenzt ist, sondern in unterschiedlichem Ausmaße in einer **Vielzahl von Ländern** in gleicher Weise zu beobachten ist. Daher werden auch dort Überlegungen dazu angestellt, welche Möglichkeiten der Absicherung

---

[71] Dietz a. a. O., S. 149; Müller-Rostin a. a. O.
[72] Dietz a. a. O.; Müller-Rostin a. a. O.
[73] Dietz a. a. O., S. 150; Müller-Rostin a. a. O., 239.
[74] Dietz a. a. O.; Müller-Rostin a. a. O.
[75] Dietz a. a. O., S. 151; Müller-Rostin a. a. O., 239f.
[76] Müller-Rostin a. a. O., 240.
[77] Müller-Rostin a. a. O.

des Produzenten durch den Abschluß entsprechender Produkt-Haftpflichtversicherungen bestehen.

2 Ohne hierauf an dieser Stelle im einzelnen eingehen zu können, erscheint es doch lohnenswert, exemplarisch zwei Komplexe herauszugreifen und kurz vorzustellen, denen aus deutscher Sicht eine besondere Bedeutung zukommt. Zu denken ist zum einen an die Frage, welche Konsequenzen sich im EG-Bereich aus der **Richtlinie EWG/85/374 vom 25. 7. 1985** zur Angleichung der Rechts- und Verwaltungsvorschriften der Mitgliedstaaten über die Haftung für fehlerhafte Produkte[1] auf die Haftpflichtversicherung ergeben. Zu denken ist zum anderen aber auch daran, wie sich die Situation der **Produkt-Haftpflichtversicherung** in den USA derzeit darstellt, da hierüber aufgrund spektakulärer, nicht selten interessenorientierter Äußerungen bisweilen völlig falsche Vorstellungen existieren. Dabei kann es angesichts der Komplexität der Materien nur darum gehen, Kernaussagen zu formulieren, während im übrigen auf das weiterführende Schrifttum verwiesen werden muß.

II. Die Auswirkungen der EG-Produkthaftungs-Richtlinie von 1985 auf die Haftpflichtversicherung

3 Die Frage, welche **Auswirkungen die EG-Produkthaftungs-Richtlinie von 1985** auf die **Haftpflichtversicherung** hat, läßt sich derzeit nur sehr schwer beantworten und wird demgemäß auch in dem ansonsten recht reichhaltigen Schrifttum zu dieser Richtlinie[2] kaum näher diskutiert. Entscheidend hierfür ist, daß die **Richtlinie** sich zwar damit ausführlicher beschäftigt, welche Maßstäbe und Anforderungen in den einzelnen EG-Ländern künftig an die Produkthaftungsregeln zu stellen sind, sich jedoch zur **Haftpflichtversicherung überhaupt nicht äußert.**[3] Hinzu kommt ferner, daß der in Art. 19 der Richtlinie vorgesehene, eigentlich bis zum 30. 7. 1988 vorzunehmende Erlaß der erforderlichen Rechts- und Verwaltungsvorschriften in der Mehrzahl der Mitgliedstaaten noch aussteht

---

[1] ABl. EG Nr. L 210/29 vom 7. 8. 1985.

[2] Vgl. Hollmann DB 1985, 2389ff. und 2439ff.; Brüggemeier/Reich WM 1986, 149ff.; Lemor VW 1986, 108ff.; Kretschmer Produktehaftpflicht International 1986, 34ff.; Taschner NJW 1986, 611ff.; ders. Produkthaftung; Schmidt-Salzer BB 1986, 1103ff.; ders. F. A. Z. vom 31. 3. 1987; ders. DB 1987, 1285ff.; ders. BB 1987, 1404ff.; Schmidt-Salzer/Hollmann EG-Richtlinie Produkthaftung; Schlechtriem VersR 1986, 1033ff.; Loewenheim IWB 5 Europäische Gemeinschaften, Gruppe 3, S. 55ff.; Küpper VP 1986, 178ff.; Lüderitz Festschrift Pleyer, S. 539, 543f., 553f.; W. Lorenz ZHR 1987, 1ff.; Kullmann Rechtsfragen Produkthaftpflicht, S. 136ff.; ders. in Kullmann/Pfister Produzentenhaftung, Kennzahl 3600, S. 1ff.; Keilholz BauR 1987, 259ff.; Freiherr von Marschall AG 1987, 97, 107f.; Stiefel/Stürner VersR 1987, 829, 834, 839; G. Hager VersR 1987, 1053, 1056f.; Adams BB Beilage 20/1987, 3, 4, 15f. und 21; Walter Kaufrecht, § 9 I 2 S. 402f.; Kötz Deliktsrecht, Rz. 459ff.; Sack DAR 1988, 109ff.; ders. VersR 1988, 439ff.; Hannig Haftpflichtrisiken, S. 5, 9ff.; Koepcke VW 1988, 680ff.; H. Koch ZHR 152 (1988), 537ff.; Brüggemeier ZHR 152 (1988), 511, 530ff.; Deutsch VersR 1988, 1197, 1199ff.; Bundesstelle für Außenhandelsinformation, Europäische Gemeinschaften – Die EG – Produkthaftung; Giesen JZ 1989, 517ff.; zum Referentenentwurf vgl. Schmidt-Salzer BB 1987, 1404ff.; Schmidt-Räntsch ZRP 1987, 437ff.; Buchner DB 1988, 32ff.; grundlegend zur wechselvollen Entstehungsgeschichte der Richtlinie Lukes Reform; zur Entwicklung der Produkthaftung in einzelnen europäischen Ländern Ficker Festschrift für Duden, S. 93ff.

[3] Vgl. auch Lemor a. a. O., 108; Brüggemeier/Reich a. a. O., 151 mit Fn. 26; dagegen enthält das am 1. 7. 1988 in Kraft getretene, nach dem Vorbild der EG-Richtlinie geschaffene österreichische Produkthaftungsgesetz in § 16 eine Vorschrift über die Deckungsvorsorge. Danach sind Hersteller und Importeure von Produkten verpflichtet, in einer Art und in einem Ausmaß, wie sie im rechtlichen Geschäftsverkehr üblich sind, durch das Eingehen einer Versicherung oder in anderer geeigneter Weise dafür Vorsorge zu treffen, daß Schadensersatzpflichten nach diesem Bundesgesetz befriedigt werden können. Einzelheiten zu dieser Vorschrift des Produkthaftungsgesetzes bei Reindl, in: Fitz/Purtscheller/Reindl, Produkthaftung, § 16.

und daher nicht sicher ist, wie sich die **Transformation der Richtlinie** in innerstaatliches Recht unter **haftpflichtversicherungsrechtlichem Blickwinkel** in den jeweiligen Ländern tatsächlich auswirken wird.

4 So findet etwa im **„Entwurf eines Gesetzes über die Haftung für fehlerhafte Produkte (Produkthaftungsgesetz – ProdHaftG)“** vom 9. 6. 1988[4] die Haftpflichtversicherung mit keinem Wort Erwähnung. Aber auch in der Begründung dieses Gesetzentwurfs der Bundesregierung werden die versicherungsrechtlichen Auswirkungen des Produkthaftungsgesetzes nur recht kurz angesprochen. Im Abschnitt „Wesentlicher Inhalt des vorgeschlagenen Produkthaftungsgesetzes“[5] heißt es unter 4c:

> Das deutsche Recht sieht im allgemeinen bei Gefährdungshaftungstatbeständen eine Haftungshöchstgrenze vor, zum einen als Ausgleich für die verschärfte Form der Haftung, zum anderen im Interesse der wirtschaftlichen Vorhersehbarkeit und der Versicherbarkeit für den Haftenden. Entsprechend Artikel 16 Abs. 1 der Produkthaftungs-Richtlinie ist deswegen in § 10 für Personenschäden, die durch ein Produkt oder durch gleiche Produkte mit demselben Fehler verursacht worden sind, ein Haftungshöchstbetrag von 160 Millionen Deutsche Mark vorgesehen. Dieser Höchstbetrag schützt einerseits den Haftenden vor unbeschränkter Haftung und erleichtert dem Hersteller die Versicherbarkeit; andererseits wird durch diese Betragshöhe in der Praxis kaum eine Situation eintreten können, in der dem Geschädigten nicht eine ausreichende Entschädigung gewährt werden kann.

Im Abschnitt „Kosten“[6] findet sich folgende Aussage:

> Die von den Herstellern zu tragenden Risiken und damit die Versicherungsprämien werden je nach Risikoträchtigkeit des hergestellten Produkts unterschiedlich ausfallen. Eine Schätzung der Versicherungswirtschaft aus den Jahren 1977/1979, die noch vom Einschluß der Entwicklungsrisiken und von der Sachschadensersatzpflicht ohne Selbstbehalt zu Lasten des Geschädigten ausgegangen ist, hat den Erhöhungssatz der Versicherungsprämien der Hersteller für die zu versichernden Produkthaftungsrisiken – ausgehend von der damaligen volkswirtschaftlichen „Belastungsquote“ für die einschlägigen Betriebshaftpflichtversicherungen von 0,7 Promille des Umsatzes – auf durchschnittlich 0,2 Promille vom Umsatz geschätzt.
>
> Kleine und mittlere Unternehmen könnten spürbarer belastet sein. In einzelnen Fällen kann dies auch zu Preiserhöhungen führen; dies läßt sich aber im vornherein nicht quantifizieren.
>
> Vom Umfang der abzuschätzenden Einzelfälle gesehen dürften keine nennenswerten Auswirkungen auf das Verbraucherpreisniveau ausgehen; insoweit sind keine Einflüsse auf das Preisniveau zu erwarten.

Schon an diesen Begründungen wird deutlich, daß bisher die Bundesregierung noch keine genauen Vorstellungen über die tatsächlichen Auswirkungen des Produkthaftungsgesetzes auf die Haftpflichtversicherung hat.

5 Dann verwundert es aber nicht, daß sich auch im Schrifttum die Diskussion darauf beschränkt, welche **Entwicklung die Produkt-Haftpflichtversicherung** hinsichtlich der **Prämiengestaltung** in der Zukunft nehmen wird. Dabei sind es zwei Punkte, die hier erörtert werden. Einmal ist es die Frage, ob mit der Einführung der Herstellerhaftung als Gefährdungshaftung nicht beachtliche **Prämienerhöhungen** verbunden sein müßten. Zum anderen ist es die Frage, ob die grundsätzlich unbeschränkte Herstellerhaftung[7] zur **Unversicherbarkeit** führen müsse oder zumindest extrem hohe, wirtschaftlich nicht mehr tragfähige Versicherungsprämien zur Folge habe.

6 Was die erste Frage angeht, ist im Ergebnis eine **interessenorientierte Argumentation** unverkennbar. So wird von führenden Vertretern der **Versicherungswirtschaft**[8] überein-

---

[4] BT-Drucksache 11/2447.

[5] BT-Drucksache a. a. O., S. 12.

[6] BT-Drucksache a. a. O., S. 12f.

[7] Vgl. Art. 16 der Richtlinie.

[8] Vgl. Grell VW 1985, 1610, 1616; ders. VW 1987, 122, 130; ders. VW 1987, 1509, 1516f.; ders. VW 1988, 1465, 1467; Schmidt-Salzer BB 1986, 1103, 1111; ders. in Schmidt-Salzer/Hollmann EG-Richtlinie Produkthaftung, Rz. 216f.; Lemor VW 1986, 108, 116; Schilling/Jörissen DBW 48 (1988), 311, 315; Jörissen Gabler's Magazin 12/1988, 44f.; ders. Qualität und Zuverlässigkeit 1989, 151.

stimmend die Auffassung vertreten, daß Prämienerhöhungen unausweichlich seien, wobei allerdings die Bandbreite von einer fehlenden genauen Festlegung[9] über den Hinweis auf einen mittelfristigen Anstieg[10] bis hin zu einer Festlegung auf eine spürbare Erhöhung der Versicherungskosten[11] reicht. Zur Begründung wird darauf verwiesen,[12] daß in Anbetracht der Haftungsverschärfung die Publizitätswirkung auch beim Verbraucher steige, damit das Problem- und Anspruchsbewußtsein einhergehe und damit verbunden auch mit einer Zunahme der geltend gemachten Ansprüche zu rechnen sei. Diese Entwicklung werde sich insbesondere auch auf den Quasi-Hersteller und den Importeur von Waren aus Drittländern erstrecken, da beide künftig wie Hersteller eingestuft und behandelt werden.[13] Allerdings wird die Entstehung amerikanischer Verhältnisse nicht befürchtet, da die dortigen Gegebenheiten, insbesondere die Entschädigungspraxis der Gerichte sowie das amerikanische Anwaltssystem von anderen Grundlagen ausgingen und sich daher auf europäische Verhältnisse nicht einfach übertragen ließen.[14]

Von der **Versicherungsnehmerseite**[15] wird demgegenüber ganz überwiegend entge- 7
gengehalten, daß nicht damit zu rechnen sei, daß das Anspruchsbewußtsein der Bevölkerung bereits derartig gewachsen sei, daß praktisch mit dem Zeitpunkt des Inkrafttretens der Richtlinie als nationales Recht eine Produkthaftpflicht-Prozeßwelle einsetzen werde. Dagegen spreche einmal, daß trotz pessimistischer Prognosen ähnliche Erfahrungen auch nicht im Zusammenhang mit der Einführung des AMG gemacht worden seien,[16] und zum anderen, daß bis zu den ersten Urteilen, die auf der Grundlage der Richtlinie gesprochen würden, der Presse und den typischen Verbraucherschützern der aktuelle Stoff für eine Verbraucheraufklärung fehle. Allerdings wird es für denkbar gehalten, daß sich mit den ersten Urteilen und den Berichten darüber kontinuierlich ein Anwachsen der Anspruchsmentalität ergeben werde. Ferner wird im Einklang mit der Auffassung der Versicherer nicht damit gerechnet, daß amerikanische Verhältnisse eintreten könnten.[17]

Versucht man, diesen **Meinungsstreit** einer kurzen **Würdigung** zu unterziehen, so dürf- 8
te – wie so häufig – die Wahrheit in der Mitte liegen. Sicherlich ist es **überzogen,** annehmen zu wollen, es müsse mit einer **spürbaren Erhöhung der Versicherungskosten** gerechnet werden. Genauso ist es **realitätsfremd,** die These vertreten zu wollen, daß die von niemandem ernsthaft geleugnete **Haftungsverschärfung** sich nicht auf das **Anspruchsbewußtsein der Verbraucher** und damit verbunden auf eine zunehmende Inanspruchnahme der Haftpflichtversicherer auswirken werde. Denn wie das Beispiel der von der Recht-

---

[9] So Grell VW 1987, 122, 130; ders. VW 1987, 1509, 1516f.; ders. VW 1988, 1465, 1467; Schilling/Jörissen a. a. O.

[10] So Schmidt-Salzer BB 1986, 1103, 1111; ders. in Schmidt-Salzer/Hollmann EG-Richtlinie Produkthaftung, Rz. 216; ders. BB 1987, 1404, 1407; vgl. aus betriebswirtschaftlicher Sicht auch Frese/v. Werder/Klinkenberg DB 1988, 2369, 2372, die unter Bezugnahme auf die Schätzung eines führenden Haftpflichtversicherers darauf hinweisen, daß nach Auffassung verschiedener Unternehmen ein moderater Anstieg der effektiven Schadensersatzverpflichtungen durch die Versicherungen abgefangen würde und sich allenfalls in einer mäßigen Erhöhung der Versicherungsprämien niederschlage.

[11] So Lemor a. a. O.

[12] Schmidt-Salzer a. a. O.; ders. in Schmidt-Salzer/Hollmann a. a. O., Rz. 214ff.; Jörissen Gabler's Magazin 12/1988, 44.

[13] Lemor a. a. O.; Grell VW 1987, 122, 130.

[14] Schmidt-Salzer a. a. O.; ders. in Schmidt-Salzer/Hollmann a. a. O., Rz. 210; vgl. auch dens. F. A. Z. vom 31. 3. 1987; Lemor a. a. O.; Schilling/Jörissen DBW 48 (1988), 311, 316; vgl. aber auch Mehlhorn VW 1987, 688ff. zu noch gar nicht genau abzusehenden Entwicklungen aufgrund geplanter Umweltgesetze, die die amerikanischen Verhältnisse in den Schatten stellen könnten.

[15] Küpper VP 1986, 81, 84; ders. VP 1986, 178, 179; Hannig Haftpflichtrisiken, S. 5, 21f.; vgl. aber auch Hollmann DB 1985, 2439, 2443, wonach es zu einer Erhöhung der Versicherungskosten kommen könne.

[16] Vgl. hierzu § 56 Rz. 2ff.

[17] Küpper VP 1986, 178, 179f.; Hannig Haftpflichtrisiken, S. 5, 14; Stellungnahme des BDI, zitiert nach Handelsblatt Nr. 227 vom 25./26. 11. 1988, S. 3.

sprechung und der Literatur in den sechziger Jahren entwickelten Grundsätze über die Produkthaftung zeigt, wurden auch diese in der allgemeinen Öffentlichkeit rasch bekannt und blieben auch auf die Prämiengestaltung der Haftpflichtversicherer nicht ohne Einfluß. Dann müßte es aber mehr als überraschen, wenn nicht erst recht ein Gesetz entsprechende Auswirkungen haben sollte. Allerdings darf die bevorstehende Transformation der Richtlinie ins nationale Recht nicht von einzelnen Versicherern zum Anlaß genommen werden, übertriebene Prämienvorstellungen zu entwickeln, da hierauf der Versicherungsmarkt äußerst negativ reagieren dürfte. Umgekehrt dürfen auf der Versicherungsnehmerseite nicht die zu erwartenden Prämiensteigerungen als bloßes Alibi der Versicherer mißverstanden werden, auf diesem Wege zu höheren Prämien zu gelangen. Denn bei allem Streit um die Angemessenheit von Prämien sind die mit der Richtlinie verbundenen Haftungsverschärfungen doch so beachtlich, daß ein Festhalten an den gegenwärtig geforderten Prämien nicht möglich ist.

9 Hinsichtlich der Frage, ob die **grundsätzlich unbeschränkte Herstellerhaftung zur Unversicherbarkeit** führen müsse oder zumindest extrem hohe, wirtschaftlich nicht mehr tragbare Versicherungsprämien zur Folge habe, ist diese Auffassung schon lange vor Inkrafttreten der Produkt-Haftungsrichtlinie von 1985 vertreten worden,[18] hat auch bei den Beratungen zu Art. 16 der Richtlinie eine nicht unwesentliche Rolle gespielt und schließlich Eingang in dessen Kompromißlösung gefunden.[19] Jedoch ist dieser Ansicht auch vehement widersprochen und darauf hingewiesen worden, daß die Mehrkosten bei einer fehlenden Haftungsbegrenzung nur minimal seien, wenn man sie mit den Prämien für angemessen hohe Haftungshöchstgrenzen vergleiche.[20]

10 In der Tat stellt es eine **Problemverzerrung** dar, wenn– wie es die Befürworter der Haftungshöchstgrenze häufig tun – nicht streng zwischen dem Haftungsumfang und der Deckungssumme getrennt wird.[21] Richtig ist es auch, daß selbst hohe Deckungssummen nicht zu exorbitanten Prämien führen, da die Gefahr der Entstehung wirklicher Großschäden relativ gering ist.[22] Dennoch muß an dem **Erfordernis** einer möglicherweise zwar hohen, aber doch **begrenzten Deckungssumme** festgehalten werden, da nur so die dauernde **Erfüllbarkeit der Versicherungsverträge** gesichert und damit verbunden die Versichertengemeinschaft ausreichend geschützt ist. Hinzu kommt aber ferner, daß für unbegrenzte Deckungssummen auch kaum ein entsprechender Versicherungsmarkt zu finden sein dürfte, da selbst Deckungssummen in der Größenordnung des AMG,[23] also etwa von DM 200000000, größere Versicherergemeinschaften erforderlich machen.

11 Zusammengefaßt ist daher festzuhalten, daß der **Streit um das Für und Wider von Haftungshöchstgrenzen** aus deckungsrechtlicher Sicht letztlich **unerheblich** ist, da unbegrenzte Deckungssummen aus versicherungsrechtlichen Erwägungen ohnehin nicht in Betracht kommen.

III. Die Produkt-Haftpflichtversicherung in den USA

12 Zu den umstrittensten und derzeit am meisten diskutierten Fragen aus dem Bereich der Produkt-Haftpflichtversicherung gehört die über die augenblickliche Lage der **Produkt-**

---

[18] Vgl. Will Quellen erhöhter Gefahr, S. 311; Kötz Gefährdungshaftung, S. 1778, 1828.

[19] Vgl. Schlechtriem VersR 1986, 1033, 1042.

[20] So besonders deutlich Taschner Begrenzung, S. 75, 83ff. mit weiteren Einzelheiten; ders. NJW 1986, 611, 613; ders. Produkthaftung Art. 1 Rz. 9; ebenso Kötz a. a. O.; vgl. auch Ficker Festschrift für v. Caemmerer, S. 343ff.

[21] So zutreffend Taschner Begrenzung a. a. O., S. 83f.

[22] Vgl. auch § 53 Rz. 39 und § 54 Rz. 141.

[23] Vgl. hierzu § 56 Rz. 12f.; zu den mit dem Atomgesetz zusammenhängenden deckungsrechtlichen Problemen, die zur 1957 gegründeten DKVG führten, vgl. § 56 Rz. 32ff.

Haftpflichtversicherung in den USA.[24] Überraschen mag dieses allgemein große Interesse den auch nur einigermaßen Eingeweihten schon deshalb nicht, als den US-Haftpflichtversicherern in den Jahren 1984 und 1985 Verluste in Milliardenhöhe in US-Dollar entstanden waren und damit verbunden ein Rückzug einer Vielzahl von Rückversicherern vom amerikanischen Versicherungsmarkt zu konstatieren war.[25]

Unter derartigen Umständen konnte es nicht ausbleiben, daß im Sog dieser Entwick- 13
lung auch auf dem deutschen Versicherungsmarkt Überlegungen angestellt wurden, wie dem **enorm gestiegenen Risiko in den USA** in sachlich angemessener Weise Rechnung getragen werden könnte. Diese reichten auf Versichererseite von einem weitgehenden Verzicht auf das US-Geschäft über eine ausgesprochen restriktive Zeichnungspolitik bis hin zu drastischen Erhöhungen der Prämien und der Selbstbehalte bei gleichzeitiger Einschränkung des Deckungsschutzes.

Aber auch auf der Versicherungsnehmerseite bemühte man sich um Wege zur Neu- 14
orientierung. So wurde auf Initiative des DVS eine Fragebogenaktion zur Betriebs-Haftpflichtversicherung für US-Risiken durchgeführt,[26] die dazu dienen sollte, den tatsächlichen **Bedarf** der gewerblichen Versicherungsnehmer für **Haftpflichtversicherungsschutz von US-Risiken** festzustellen. Dabei wurde der Bedarf sowohl für den direkten und indirekten Export deutscher Unternehmen aller Branchen wie für US-Tochterfirmen von deutschen Muttergesellschaften erfragt.

Parallel dazu werden gegenwärtig in der Bundesrepublik Deutschland **drei Modelle für** 15
eine Selbsteinrichtung diskutiert, die dazu beitragen soll, die US-Haftpflichtkrise aus deutscher Sicht einigermaßen beherrschbar zu machen. Allen diesen Modellen ist gemeinsam, daß die Gründung einer von deutschen Unternehmen getragenen Rückversicherungs-AG angeregt wird, die den Aktionären über Erstversicherer die benötigte Rückversicherungskapazität zur Verfügung stellen soll.[27]

Allerdings zeichnen sich bei allen diesen recht umfänglichen Aktivitäten auf dem deut- 16
schen Versicherungsmarkt noch **keine verbindlichen Ergebnisse** und nicht einmal Tendenzen ab, so daß es verfrüht wäre, hierzu an dieser Stelle kommentierend Stellung nehmen zu wollen.

Davon unberührt bleibt jedoch die Beantwortung der viel grundsätzlicheren Frage, wie 17
es überhaupt zu dieser **US-Haftpflichtkrise** kommen konnte. Hierüber sind ebenfalls

---

[24] Eine ausführliche Darstellung des US-amerikan. Produkthaftungsrechts von Debusschere/Hare wird **Band 2** des Handbuchs enthalten; vgl. auch Hoechst US-amerikanische Produzentenhaftung, S. 125ff.; siehe ferner de Lousanoff ZHR 151 (1987), 72, 84f.; Dielmann AG 1987, 108, 116f.; ders. Festschrift Stiefel, S. 117, 118ff., 134 und 143ff.; Veltins in: Kullmann/Pfister Produzentenhaftung, Kennzahl 4550 S. 1; Zettervall VW 1989, 231ff.; aus der Sicht der Versicherer-, Versicherungsnehmer- und Versicherungsmaklerseite ist zu verweisen auf folgende Beiträge: Schmidt-Salzer VP 1985, 157ff.; ders. F. A. Z. vom 31. 3. 1987; Grell VW 1985, 1610, 1611; ders. VW 1987, 122, 124ff.; ders. VW 1987, 1509, 1516; ders. VW 1988, 1465; Schilling VP 1986, 90ff.; jeweils für die Versicherer; Küpper VP 1986, 81ff. und VP 1987, 2ff.; Rohde-Liebenau, zfbf 39 (1987), 1088, 1094f. für die Versicherungsnehmer; Groh Die Haftpflichtversicherung, S. 1ff. für die Versicherungsmakler; zur Rechtslage vor der US-Haftpflichtkrise vgl. Produkte-Haftpflicht aktuell, S. 76ff.

[25] Vgl. hierzu Schmidt-Salzer VP 1985, 157ff.; Küpper VP 1986, 81ff.; Groh Die Haftpflichtversicherung, S. 1, 4; Dielmann AG 1987, 108, 116f.; ders. Festschrift Stiefel, S. 117, 118f.; Rohde-Liebenau a. a. O., 1094; Zettervall a. a. O., 234; kritisch zum Verhalten der Versicherer aus der Sicht der Versicherungsnehmer Hannig Haftpflichtrisiken, S. 5, 22f.; vgl. auch aus betriebswirtschaftlichem Blickwinkel v. Werder ZfB 58 (1988), 1010, 1018f., wonach teilweise – zumindest zu akzeptablen Prämien – kein Versicherungsschutz mehr zu erhalten sei und die (nicht versicherbaren) Auswirkungen spektakulärer Haftungsfälle auf Image und Marktanteil die eventuellen Schadensersatzleistungen um ein Vielfaches überstiegen und daher Versicherungen ab einem gewissen Ausmaß der Haftungsrisiken nur noch flankierend eingesetzt werden könnten. Hierbei handelt es sich um ein häufig gehörtes, im Kern sicherlich zutreffendes Argument. Zu Selbstversicherungskonzepten der amerikanischen Industrie vgl. jüngst Noehrbass VW 1989, 679ff.

[26] Vgl. VP 1987, 5f.

[27] Vgl. Küpper VP 1987, 2f.

schon zahlreiche, zumeist stark interessenorientierte Äußerungen gemacht worden, die bisweilen eine von sachlichen Argumenten geprägte, allen Beteiligten letztlich zugute kommende Diskussion vermissen lassen.[28] Ohne hierauf näher eingehen zu können, schält sich doch als wesentlicher Aspekt das gegenüber der Bundesrepublik Deutschland ganz anders geartete Gesellschafts- und Rechtssystem in den USA heraus. So ist etwa der **Verbraucherschutzgedanke** in den USA viel stärker ausgeprägt und führt zu einer Anspruchsmentalität, die in einer beachtlichen Prozeßfreudigkeit ihren Niederschlag findet. Umgekehrt genießt der Einzelne in den USA im Verhältnis zur Bundesrepublik Deutschland einen **viel geringeren Schutz durch die Sozialversicherung** und ist daher bemüht, die durch einen Schaden entstandenen Nachteile durch die Forderung nach extrem hohen Schadensersatzleistungen zukunftssichernd auszugleichen. Diese werden nicht selten durch die Gerichte zugesprochen, da einmal etwa 30–40% der Summe dem Anwalt als Erfolgshonorar zusteht und zum anderen – was noch viel wichtiger ist – **nach amerikanischem Prozeßrecht** grundsätzlich eine sich aus Laien zusammensetzende **„jury"** über die Frage der Schadensverursachung und der Höhe des zu leistenden Schadensersatzes zu entscheiden hat. Dann bedarf es nämlich keiner weiteren Erklärung dazu, warum Gerichtsentscheidungen in den USA viel eher zu Ungunsten der beklagten Industrieunternehmen ausgehen, zumal hinter diesen die vermeintlich finanziell immer potenten Haftpflichtversicherer vermutet werden.

18 Alles dies hat in der Vergangenheit entscheidend dazu beigetragen, daß der seit den frühen sechziger Jahren in den USA zu konstatierende **Produkthaftungsboom** sich auch auf der deckungsrechtlichen Seite negativ ausgewirkt hat und schließlich in die in Rz. 12ff. geschilderte augenblickliche **Misere auf dem amerikanischen Haftpflichtversicherungsmarkt** eingemündet ist. Dabei hat sich aus deutscher Sicht gezeigt, daß die noch vor einiger Zeit weitgehend für ausreichend angesehenen, zumeist einseitig von den Versicherern vorgenommenen Maßnahmen wie z. B. erhebliche Prämienerhöhungen, Ausschluß der punitive und exemplary damages und Einbeziehung der Kosten in die Deckungssumme[29] allein nicht greifen. Gefordert ist vielmehr kurzfristig ein der Erarbeitung gemeinsamer Konzepte dienendes **Zusammenwirken von Versicherungsnehmern und Versicherern,** da nur so zu erwarten steht, daß die gefundenen Lösungen einigermaßen krisenfest einen gewissen Zeitraum Bestand haben werden. **Längerfristig** lassen sich die Probleme der Produkt-Haftpflichtversicherung jedoch nur **über die nationalen Grenzen hinweg** lösen, wie sogleich darzulegen sein wird.

IV. Zusammenfassung und Folgerungen

19 Bereits die knappe Skizze des gegenwärtigen Standes der Produkt-Haftpflichtversicherung im EG-Bereich und in den USA dürfte mit genügender Klarheit verdeutlicht haben, daß korrespondierend zum Phänomen der Produkthaftung auch das der **Produkt-Haftpflichtversicherung** weit über die Ländergrenzen hinausreicht und auch auf **internationaler Ebene** eine ganz entscheidende Rolle spielt. Verwundern mag dies schon deshalb nicht, als in einem auf Export und Import angelegten und auch angewiesenen Warenverkehr die Gefahr der Entstehung von Produktfehlern entsprechend groß ist und daraus resultierend dafür Sorge getragen werden muß, daß im Schadensfall ein entsprechender Ausgleich gewährt werden kann. Leider wird diesem Aspekt in der Praxis vor allem auf der Versicherungsnehmerseite nicht immer genügend Beachtung geschenkt. Vor allem mit Rechtsproblemen aus dem innerstaatlichen Bereich beschäftigt werden allenfalls noch

---

[28] Vgl. hierzu die in Fn. 24 Genannten unter Anführung der in diesem Zusammenhang immer wieder gehörten Argumente.

[29] Vgl. zum Ausschluß der punitive damages vom Versicherungsschutz und zu den drastischen Prämienerhöhungen Stiefel/Stürner VersR 1987, 829, 835 mit zahlreichen Nachweisen in Fn. 90–94.

Haftungsfragen des internationalen Rechts in die Betrachtung miteinbezogen, während die mindestens ebenso wichtigen deckungsrechtlichen Aspekte weitgehend unberücksichtigt bleiben.

Aber auch für die Versicherer treten bei der Beschäftigung mit ausländischen Dek- 20
kungskonzepten immer wieder erhebliche Schwierigkeiten auf, da diese Deckungskonzepte von ihrer Struktur, von ihrem Aufbau und den sie beherrschenden Prinzipien überwiegend ganz anders gestaltet sind als die von den deutschen Versicherern verwendeten und daher eine Übertragung auf die den Versicherern aus der eigenen Rechtsordnung bekannten Grundsätze nicht zulassen. Hier könnten die **Probleme des internationalen Produkt-Haftpflichtversicherungsrechts** nicht unwesentlich entschärft werden, wenn man sich in näherer Zukunft zu **vereinheitlichenden Vorschriften** oder zumindest in Anlehnung an die EG-Produkthaftungs-Richtlinie von 1985 zu **gemeinsamen Richtlinien** entschlösse. Dabei verspricht allerdings ein solches Vorgehen nur dann Aussicht auf Erfolg, wenn zur Wahrung der divergierenden Interessen der Versicherer und der Versicherungsnehmer beide sich von Anfang an in gleicher Weise an der Erarbeitung derartiger Konzepte beteiligten.

Wie notwendig derartige **Schritte zur Vereinheitlichung der Produkt-Haftpflicht-** 21
versicherung auf internationaler Ebene sind, haben der Erlaß der Produkthaftungs-Richtlinie von 1985 und die derzeitige US-Haftpflichtkrise deutlich vor Augen geführt. Wird doch die augenblicklich überall zu konstatierende weitgehende Ratlosigkeit über die weitere Entwicklung in der Zukunft entscheidend dadurch beeinflußt, daß niemand auch nur annähernd vorauszusagen vermag, welche Wege in den einzelnen Ländern demnächst beschritten werden.

Nur wenn man sich daher über die nationalen Grenzen hinweg zu **alsbaldigem gemein-** 22
samen Handeln entschließt, erscheint ein Ausweg aus der weltweit zu beobachtenden **Krise der Produkt-Haftpflichtversicherung** möglich. Ansonsten steht zu befürchten, daß längerfristig die gegenwärtig herrschenden amerikanischen Verhältnisse mit allen ihren negativen Folgen auch auf andere Staaten übergreifen.

Anlage I

Allgemeine Versicherungsbedingungen für die Haftpflichtversicherung (AHB) in der Fassung von 1986 (VerBAV 1986, 216ff.)

I. Der Versicherungsschutz (§§ 1–4)

§ 1 Gegenstand der Versicherung

1. Der Versicherer gewährt dem Versicherungsnehmer Versicherungsschutz für den Fall, daß er wegen eines während der Wirksamkeit der Versicherung eingetretenen Schadenereignisses, das den Tod, die Verletzung oder Gesundheitsschädigung von Menschen (Personenschaden) oder die Beschädigung oder Vernichtung von Sachen (Sachschaden) zur Folge hat, für diese Folgen

auf Grund gesetzlicher Haftpflichtbestimmungen privatrechtlichen Inhalts

von einem Dritten auf Schadenersatz in Anspruch genommen wird.

2. Der Versicherungsschutz erstreckt sich auf die gesetzliche Haftpflicht

a) aus den im Versicherungsschein und seinen Nachträgen angegebenen Eigenschaften, Rechtsverhältnissen oder Tätigkeiten des Versicherungsnehmers (versichertes „Risiko“);

b) aus Erhöhungen oder Erweiterungen des versicherten Risikos, soweit sie nicht in dem Halten oder Führen von Luft-, Kraft- oder Wasserfahrzeugen (abgesehen von Ruderbooten) bestehen; bei Erhöhungen der übernommenen Gefahr, die durch Änderung bestehender oder Erlaß neuer Rechtsnormen eintreten, gelten die §§ 27 bis 29 VVG;

c) aus Risiken, die für den Versicherungsnehmer nach Abschluß der Versicherung neu entstehen, gemäß § 2 (Vorsorge-Versicherung).

3. Der Versicherungsschutz kann durch besondere Vereinbarung ausgedehnt werden auf die gesetzliche Haftpflicht wegen Vermögensschädigung, die weder durch Personenschaden noch durch Sachschaden entstanden ist, sowie wegen Abhandenkommens von Sachen. Auf die Versicherung wegen Abhandenkommens von Sachen finden die Bestimmungen über Sachschaden Anwendung.

§ 2 Vorsorge-Versicherung

Für die Vorsorge-Versicherung (§ 1 Ziff. 2c) gelten neben den sonstigen Vertragsbestimmungen folgende Besondere Bedingungen:

1. Der Versicherungsschutz beginnt sofort mit dem Eintritt eines neuen Risikos, ohne daß es einer besonderen Anzeige bedarf. Der Versicherungsnehmer ist aber verpflichtet, auf Aufforderung des Versicherers, die auch durch einen der Prämienrechnung beigedruckten Hinweis erfolgen kann, binnen eines Monats nach Empfang dieser Aufforderung jedes neu eingetretene Risiko anzuzeigen. Unterläßt der Versicherungsnehmer die rechtzeitige Anzeige oder kommt innerhalb Monatsfrist nach Eingang der Anzeige bei dem Versicherer eine Vereinbarung über die Prämie für das neue Risiko nicht zustande, so fällt der Versicherungsschutz für dasselbe rückwirkend vom Gefahreneintritt ab fort. Tritt der Versicherungsfall ein, bevor die Anzeige des neuen Risikos erstattet ist, so hat der Versicherungsnehmer zu beweisen, daß das neue Risiko erst nach Abschluß der Versicherung und in einem Zeitpunkt eingetreten ist, in dem die Anzeigefrist nicht verstrichen war.
2. Der Versicherungsschutz wird auf den Betrag von DM 500000,– für Personenschaden und DM 150000,– für Sachschaden begrenzt, sofern nicht im Versicherungsschein geringere Deckungssummen festgesetzt sind.

3. Der Versicherungsschutz erstreckt sich nicht auf die Gefahren, welche verbunden sind mit
   a) dem Besitz oder Betrieb von Bahnen, von Theatern, Kino- und Filmunternehmungen, Zirkussen und Tribünen, ferner von Luft- und Wasserfahrzeugen aller Art (abgesehen von Ruderbooten) und dem Lenken solcher Fahrzeuge, sowie der Ausübung der Jagd:
   b) Herstellung, Bearbeitung, Lagerung, Beförderung, Verwendung von und Handel mit explosiblen Stoffen, soweit hierzu eine besondere behördliche Genehmigung erforderlich ist;
   c) dem Führen oder Halten von Kraftfahrzeugen.

§ 3 Beginn und Umfang des Versicherungsschutzes

I.

Der Versicherungsschutz beginnt, vorbehaltlich einer anderen Vereinbarung, mit der Einlösung des Versicherungsscheins durch Zahlung der Prämie, der im Antrage angegebenen Kosten* und etwaiger öffentlicher Abgaben**.

Wird die erste oder einmalige Prämie nicht rechtzeitig gezahlt, so ist der Versicherer, solange die Zahlung nicht bewirkt ist, berechtigt, vom Vertrag zurückzutreten. Es gilt als Rücktritt, wenn der Anspruch auf die Prämie nicht innerhalb von drei Monaten vom Fälligkeitstage an gerichtlich geltend gemacht wird.

Ist die Prämie zur Zeit des Eintritts des Versicherungsfalles noch nicht gezahlt, so ist der Versicherer von der Verpflichtung zur Leistung frei. Wird die erste Prämie erst nach dem als Beginn der Versicherung festgesetzten Zeitpunkt eingefordert, alsdann aber ohne Verzug gezahlt, so beginnt der Versicherungsschutz mit dem vereinbarten Zeitpunkt.

II.

1. Die Leistungspflicht des Versicherers umfaßt die Prüfung der Haftpflichtfrage, den Ersatz der Entschädigung, welche der Versicherungsnehmer auf Grund eines von dem Versicherer abgegebenen oder genehmigten Anerkenntnisses, eines von ihm geschlossenen oder genehmigten Vergleichs oder einer richterlichen Entscheidung zu zahlen hat, sowie die Abwehr unberechtigter Ansprüche.

Wird in einem Strafverfahren wegen eines Schadenereignisses, das einen unter den Versicherungsschutz fallenden Haftpflichtanspruch zur Folge haben kann, die Bestellung eines Verteidigers für den Versicherungsnehmer von dem Versicherer gewünscht oder genehmigt, so trägt der Versicherer die gebührenordnungsmäßigen, gegebenenfalls die mit ihm besonders vereinbarten höheren Kosten des Verteidigers.

Hat der Versicherungsnehmer für eine aus einem Versicherungsfall geschuldete Rente kraft Gesetzes Sicherheit zu leisten oder ist ihm die Abwendung der Vollstreckung einer gerichtlichen Entscheidung durch Sicherheitsleistung oder Hinterlegung nachgelassen, so ist der Versicherer an seiner Stelle zur Sicherheitsleistung oder Hinterlegung verpflichtet.

2. Für den Umfang der Leistung des Versicherers bilden die im Versicherungsschein angegebenen Versicherungssummen die Höchstgrenze bei jedem Schadenereignis. Dies gilt auch dann, wenn sich der Versicherungsschutz auf mehrere entschädigungspflichtige Personen erstreckt. Mehrere zeitlich zusammenhängende Schäden aus derselben Ursache oder mehrere Schäden aus Lieferungen der gleichen mangelhaften Waren gelten als ein Schadenereignis.

Es kann vereinbart werden, daß sich der Versicherungsnehmer bei jedem Schadenereignis mit einem im Versicherungsschein festgelegten Betrag an einer Schadensersatzleistung selbst beteiligt.

---

* Ausfertigungsgebühr

** Versicherungsteuer

Ferner kann vereinbart werden, daß der Versicherer seine Gesamtleistung für alle Schadenereignisse eines Versicherungsjahres auf ein Mehrfaches der vereinbarten Versicherungssumme begrenzt.

3. Kommt es in einem Versicherungsfall zu einem Rechtsstreit über den Anspruch zwischen dem Versicherungsnehmer und dem Geschädigten oder dessen Rechtsnachfolger, so führt der Versicherer den Rechtsstreit im Namen des Versicherungsnehmers auf seine Kosten.

4. Die Aufwendungen des Versicherers für Kosten werden nicht als Leistungen auf die Versicherungssumme angerechnet (vgl. aber Ziff. III. 1).

III.

1. Übersteigen die Haftpflichtansprüche die Versicherungssumme, so hat der Versicherer die Prozeßkosten nur im Verhältnis der Versicherungssumme zur Gesamthöhe der Ansprüche zu tragen, und zwar auch dann, wenn es sich um mehrere aus einem Schadenereignis entstehende Prozesse handelt.

2. Hat der Versicherungsnehmer an den Geschädigten Rentenzahlungen zu leisten und übersteigt der Kapitalwert der Rente die Versicherungssumme oder den nach Abzug etwaiger sonstiger Leistungen aus demselben Versicherungsfall noch verbleibenden Restbetrag der Versicherungssumme, so wird die zu leistende Rente nur im Verhältnis der Versicherungssumme bzw. ihres Restbetrages zum Kapitalwert der Rente erstattet. Der Kapitalwert der Rente wird zu diesem Zweck auf Grund der vom Statistischen Reichsamt aufgestellten Allgemeinen deutschen Sterbetafel für die Jahre 1924 bis 1926, männliches Geschlecht (Statistik des Deutschen Reiches, Band 401), und eines Zinsfußes von jährlich 4% ermittelt.

3. Falls die von dem Versicherer verlangte Erledigung eines Haftpflichtanspruchs durch Anerkenntnis, Befriedigung oder Vergleich an dem Widerstand des Versicherten scheitert, so hat der Versicherer für den von der Weigerung an entstehenden Mehraufwand an Hauptsache, Zinsen und Kosten nicht aufzukommen.

§ 4 Ausschlüsse

I.

Falls im Versicherungsschein oder seinen Nachträgen nicht ausdrücklich etwas anderes bestimmt ist, bezieht sich der Versicherungsschutz nicht auf:

1. Haftpflichtansprüche, soweit sie auf Grund Vertrags oder besonderer Zusagen über den Umfang der gesetzlichen Haftpflicht des Versicherungsnehmers hinausgehen.
2. Ansprüche auf Gehalt, Ruhegehalt, Lohn und sonstige festgesetzte Bezüge, Verpflegung, ärztliche Behandlung im Falle der Dienstbehinderung, Fürsorgeansprüche (vgl. z. B. die §§ 616, 617 BGB, 63 HGB, 39 und 42 Seemannsgesetz und die entsprechenden Bestimmungen der GewO, der RVO und des Bundessozialhilfegesetzes) sowie Ansprüche aus Tumultschadengesetzen.
3. Haftpflichtansprüche aus im Ausland vorkommenden Schadenereignissen; jedoch sind Ansprüche aus § 640 der RVO mitgedeckt.
4. Haftpflichtansprüche aus Schäden infolge Teilnahme an Pferde-, Rad- oder Kraftfahrzeug-Rennen, Box- oder Ringkämpfen sowie den Vorbereitungen hierzu (Training).
5. Haftpflichtansprüche aus Sachschaden, welcher entsteht durch allmähliche Einwirkung der Temperatur, von Gasen, Dämpfen oder Feuchtigkeit, von Niederschlägen (Rauch, Ruß, Staub u. dgl.), ferner durch Abwässer, Schwammbildung, Senkungen von Grundstücken (auch eines darauf errichteten Werkes oder eines Teiles eines solchen), durch Erdrutschungen, Erschütterungen infolge Rammarbeiten, durch Überschwemmungen stehender oder fließender Gewässer sowie aus Flurschaden durch Weidevieh und aus Wildschaden.

6. Haftpflichtansprüche wegen Schäden
   a) an fremden Sachen, die der Versicherungsnehmer gemietet, gepachtet, geliehen hat oder die Gegenstand eines besonderen Verwahrungsvertrages sind,
   b) die an fremden Sachen durch eine gewerbliche oder berufliche Tätigkeit des Versicherungsnehmers an oder mit diesen Sachen (z. B. Bearbeitung, Reparatur, Beförderung, Prüfung u. dgl.) entstanden sind; bei Schäden an fremden unbeweglichen Sachen gilt dieser Ausschluß nur insoweit, als diese Sachen oder Teile von ihnen unmittelbar Gegenstand der Tätigkeit gewesen sind.

   Sind die Voraussetzungen der obigen Ausschlüsse in der Person von Angestellten, Arbeitern, Bediensteten, Bevollmächtigten oder Beauftragten des Versicherungsnehmers gegeben, so entfällt gleichfalls der Versicherungsschutz, und zwar sowohl für den Versicherungsnehmer wie für die durch den Versicherungsvertrag etwa mitversicherten Personen.

   Die Erfüllung von Verträgen und die an die Stelle der Erfüllungsleistung tretende Ersatzleistung ist nicht Gegenstand der Haftpflichtversicherung, auch dann nicht, wenn es sich um gesetzliche Ansprüche handelt, desgleichen nicht der Anspruch aus der gesetzlichen Gefahrtragung (für zufälligen Untergang und zufällige Verschlechterung).
7. Haftpflichtansprüche wegen Schäden, die in unmittelbarem oder mittelbarem Zusammenhang stehen mit energiereichen ionisierenden Strahlen (z. B. von radioaktiven Substanzen emittierte Alpha-, Beta- und Gammastrahlen sowie Neutronen oder in Teilchenbeschleunigern erzeugte Strahlen) sowie mit Laser- und Maserstrahlen.

II.

Ausgeschlossen von der Versicherung bleiben:

1. Versicherungsansprüche aller Personen, die den Schaden vorsätzlich herbeigeführt haben. Bei der Lieferung oder Herstellung von Waren, Erzeugnissen oder Arbeiten steht die Kenntnis von der Mangelhaftigkeit oder Schädlichkeit der Waren usw. dem Vorsatz gleich.
2. Haftpflichtansprüche
   a) aus Schadenfällen von Angehörigen des Versicherungsnehmers, die mit ihm in häuslicher Gemeinschaft leben oder die zu den im Versicherungsvertrag mitversicherten Personen gehören,
   b) zwischen mehreren Versicherungsnehmern desselben Versicherungsvertrages,
   c) von gesetzlichen Vertretern geschäftsunfähiger oder beschränkt geschäftsfähiger Personen,
   d) von unbeschränkt persönlich haftenden Gesellschaftern nicht rechtsfähiger Handelsgesellschaften,
   e) von gesetzlichen Vertretern juristischer Personen des privaten oder öffentlichen Rechts sowie nicht rechtsfähiger Vereine,
   f) von Liquidatoren.

   Als Angehörige gelten Ehegatten, Eltern und Kinder, Adoptiveltern und -kinder, Schwiegereltern und -kinder, Stiefeltern und -kinder, Großeltern und Enkel, Geschwister sowie Pflegeeltern und -kinder (Personen, die durch ein familienähnliches, auf längere Dauer angelegtes Verhältnis wie Eltern und Kinder miteinander verbunden sind).

   Die Ausschlüsse unter b)–f) erstrecken sich auch auf Haftpflichtansprüche von Angehörigen der dort genannten Personen, wenn sie miteinander in häuslicher Gemeinschaft leben.
3. Haftpflichtansprüche, die darauf zurückzuführen sind, daß der Versicherungsnehmer besonders gefahrdrohende Umstände, deren Beseitigung der Versicherer billigerweise verlangen konnte und verlangt hatte, nicht innerhalb einer angemessenen Frist beseitigte. Ein Umstand, welcher zu einem Schaden geführt hat, gilt ohne weiteres als besonders gefahrdrohend.

4. Haftpflichtansprüche wegen Personenschaden, der aus der Übertragung einer Krankheit des Versicherungsnehmers entsteht, sowie Sachschaden, der durch Krankheit der dem Versicherungsnehmer gehörenden, von ihm gehaltenen oder veräußerten Tiere entstanden ist, es sei denn, daß der Versicherungsnehmer weder vorsätzlich noch grobfahrlässig gehandelt hat.
5. Haftpflichtansprüche wegen Schäden, die an den vom Versicherungsnehmer (oder in seinem Auftrage oder für seine Rechnung von Dritten) hergestellten oder gelieferten Arbeiten oder Sachen infolge einer in der Herstellung oder Lieferung liegenden Ursache entstehen.

II. Der Versicherungsfall (§§ 5, 6)

§ 5 Obliegenheiten des Versicherungsnehmers, Verfahren

1. Versicherungsfall im Sinne dieses Vertrages ist das Schadenereignis, das Haftpflichtansprüche gegen den Versicherungsnehmer zur Folge haben könnte.

2. Jeder Versicherungsfall ist dem Versicherer (§ 11) unverzüglich, spätestens innerhalb einer Woche, schriftlich anzuzeigen.

Wird ein Ermittlungsverfahren eingeleitet oder ein Strafbefehl oder ein Mahnbescheid erlassen, so hat der Versicherungsnehmer dem Versicherer unverzüglich Anzeige zu erstatten, auch wenn er den Versicherungsfall selbst bereits angezeigt hat.

Macht der Geschädigte seinen Anspruch gegenüber dem Versicherungsnehmer geltend, so ist dieser zur Anzeige innerhalb einer Woche nach der Erhebung des Anspruchs verpflichtet.

Wird gegen den Versicherungsnehmer ein Anspruch gerichtlich geltend gemacht, die Prozeßkostenhilfe beantragt oder wird ihm gerichtlich der Streit verkündet, so hat er außerdem unverzüglich Anzeige zu erstatten. Das gleiche gilt im Falle eines Arrestes, einer einstweiligen Verfügung oder eines Beweissicherungsverfahrens.

3. Der Versicherungsnehmer ist verpflichtet, unter Beachtung der Weisungen des Versicherers nach Möglichkeit für die Abwendung und Minderung des Schadens zu sorgen und alles zu tun, was zur Klarstellung des Schadenfalles dient, sofern ihm dabei nichts Unbilliges zugemutet wird. Er hat den Versicherer bei der Abwehr des Schadens sowie bei der Schadenermittlung und -regulierung zu unterstützen, ihm ausführliche und wahrheitsgemäße Schadenberichte zu erstatten, alle Tatumstände, welche auf den Schadenfall Bezug haben, mitzuteilen und alle nach Ansicht des Versicherers für die Beurteilung des Schadenfalls erheblichen Schriftstücke einzusenden.

4. Kommt es zum Prozeß über den Haftpflichtanspruch, so hat der Versicherungsnehmer die Prozeßführung dem Versicherer zu überlassen, dem von dem Versicherer bestellten oder bezeichneten Anwalt Vollmacht und alle von diesem oder dem Versicherer für nötig erachteten Aufklärungen zu geben. Gegen Mahnbescheide oder Verfügungen von Verwaltungsbehörden auf Schadenersatz hat er, ohne die Weisung des Versicherers abzuwarten, fristgemäß Widerspruch zu erheben oder die erforderlichen Rechtsbehelfe zu ergreifen.

5. Der Versicherungsnehmer ist nicht berechtigt, ohne vorherige Zustimmung des Versicherers einen Haftpflichtanspruch ganz oder zum Teil oder vergleichsweise anzuerkennen oder zu befriedigen. Bei Zuwiderhandlungen ist der Versicherer von der Leistungspflicht frei, es sei denn, daß der Versicherungsnehmer nach den Umständen die Befriedigung oder Anerkennung nicht ohne offenbare Unbilligkeit verweigern konnte.

6. Wenn der Versicherungsnehmer infolge veränderter Verhältnisse das Recht erlangt, die Aufhebung oder Minderung einer zu zahlenden Rente zu fordern, so ist er verpflichtet, dieses Recht auf seinen Namen von dem Versicherer ausüben zu lassen. Die Bestimmungen unter Ziff. 3 bis 5 finden entsprechende Anwendung.

7. Der Versicherer gilt als bevollmächtigt, alle zur Beilegung oder Abwehr des Anspruchs ihm zweckmäßig erscheinenden Erklärungen im Namen des Versicherungsnehmers abzugeben.

§ 6 Rechtsverlust

Wird eine Obliegenheit verletzt, die nach § 5 dem Versicherer gegenüber zu erfüllen ist, so ist der Versicherer von der Verpflichtung zur Leistung frei, es sei denn, daß die Verletzung weder auf Vorsatz noch auf grober Fahrlässigkeit beruht. Bei grobfahrlässiger Verletzung bleibt der Versicherer zur Leistung insoweit verpflichtet, als die Verletzung weder Einfluß auf die Feststellung des Versicherungsfalles noch auf Feststellung oder den Umfang der dem Versicherer obliegenden Leistung gehabt hat. Handelt es sich hierbei um die Verletzung von Obliegenheiten zwecks Abwendung oder Minderung des Schadens, so bleibt der Versicherer bei grobfahrlässiger Verletzung zur Leistung insoweit verpflichtet, als der Umfang des Schadens auch bei gehöriger Erfüllung der Obliegenheiten nicht geringer gewesen wäre.

III. Das Versicherungsverhältnis (§§ 7–11)

§ 7 Versicherung für fremde Rechnung, Abtretung des Versicherungsanspruchs

1. Soweit sich die Versicherung auf Haftpflichtansprüche gegen andere Personen als den Versicherungsnehmer selbst erstreckt, finden alle in dem Versicherungsvertrag bezüglich des Versicherungsnehmers getroffenen Bestimmungen auch auf diese Personen sinngemäße Anwendung. Die Ausübung der Rechte aus dem Versicherungsvertrag steht ausschließlich dem Versicherungsnehmer zu; dieser bleibt neben dem Versicherten für die Erfüllung der Obliegenheiten verantwortlich.
2. Ansprüche des Versicherungsnehmers selbst oder der in § 4 II Ziff. 2 genannten Personen gegen die Versicherten sowie Ansprüche von Versicherten untereinander sind von der Versicherung ausgeschlossen.
3. Die Versicherungsansprüche können vor ihrer endgültigen Feststellung ohne ausdrückliche Zustimmung des Versicherers nicht übertragen werden.

§ 8 Prämienzahlung, Prämienregulierung, Prämienangleichung, Prämienrückerstattung

I.

Die nach Beginn des Versicherungsschutzes (§ 3 Ziff. I) zahlbaren regelmäßigen Folgeprämien sind an den im Versicherungsschein festgesetzten Zahlungsterminen, sonstige Prämien bei Bekanntgabe an den Versicherungsnehmer zuzüglich etwaiger öffentlicher Abgaben* und einer Hebegebühr** zu entrichten. Unterbleibt die Zahlung, so ist der Versicherungsnehmer auf seine Kosten unter Hinweis auf die Folgen fortdauernden Verzugs schriftlich zur Zahlung innerhalb einer Frist von zwei Wochen aufzufordern. Tritt der Versicherungsfall nach dem Ablauf dieser Frist ein und ist der Versicherungsnehmer zur Zeit des Eintritts mit der Zahlung der Prämie oder der Kosten im Verzug, so ist der Versicherer von der Verpflichtung zur Leistung frei. Nach dem Ablauf der Frist ist der Versicherer, wenn der Versicherungsnehmer mit der Zahlung der Prämie noch im Verzug ist, berechtigt, das Vertragsverhältnis ohne Einhaltung einer Kündigungsfrist zu kündigen. Kündigt der Versicherer nicht, so ist er für die gerichtliche Geltendmachung der

---

* Versicherungssteuer

** In dem jeweiligen Betrage, der der Aufsichtsbehörde durch geschäftsplanmäßige Erklärung des Versicherers bekanntgegeben ist.

rückständigen Prämie nebst Kosten an eine Ausschlußfrist von 6 Monaten seit Ablauf der zweiwöchigen Frist gebunden.

Bei Teilzahlung der Jahresprämie werden die noch ausstehenden Raten der Jahresprämie sofort fällig, wenn der Versicherungsnehmer mit der Zahlung einer Rate in Verzug gerät.

II.

1. Der Versicherungsnehmer ist verpflichtet, nach Erhalt einer Aufforderung des Versicherers, welche auch durch einen der Prämienrechnung aufgedruckten Hinweis erfolgen kann, Mitteilung darüber zu machen, ob und welche Änderung in dem versicherten Risiko gegenüber den zum Zwecke der Prämienbemessung gemachten Angaben eingetreten ist. Diese Anzeige ist innerhalb eines Monats nach Erhalt der Aufforderung zu machen. Auf Erfordern des Versicherers sind die Angaben durch die Geschäftsbücher oder sonstige Belege nachzuweisen. Unrichtige Angaben zum Nachteil des Versicherers berechtigen diesen, eine Vertragsstrafe in dreifacher Höhe des festgestellten Prämienunterschieds vom Versicherungsnehmer zu erheben, sofern letzterer nicht beweist, daß die unrichtigen Angaben ohne ein von ihm zu vertretendes Verschulden gemacht worden sind.

2. Auf Grund der Änderungsanzeige oder sonstiger Feststellungen wird die Prämie entsprechend dem Zeitpunkt der Veränderung richtiggestellt. Sie darf jedoch nicht geringer werden als die Mindestprämie, die nach dem Tarif des Versicherers z. Z. des Versicherungsabschlusses galt. Alle entsprechend § 8 Ziff. III nach dem Versicherungsabschluß eingetretenen Erhöhungen oder Ermäßigungen der Mindestprämie werden berücksichtigt. Beim Fortfall eines Risikos wird die etwaige Minderprämie vom Eingang der Anzeige ab berechnet.

3. Unterläßt es der Versicherungsnehmer, die obige Anzeige rechtzeitig zu erstatten, so kann der Versicherer für die Zeit, für welche die Angaben zu machen waren, an Stelle der Prämienregulierung (Ziff. II 1) als nachzuzahlende Prämie einen Betrag in Höhe der für diese Zeit bereits gezahlten Prämie verlangen. Werden die Angaben nachträglich, aber noch innerhalb zweier Monate nach Empfang der Aufforderung zur Nachzahlung gemacht, so ist der Versicherer verpflichtet, den etwa zuviel gezahlten Betrag der Prämie zurückzuerstatten.

4. Die vorstehenden Bestimmungen finden auch auf Versicherungen mit Prämienvorauszahlung für mehrere Jahre Anwendung.

III.

1. Ein unabhängiger Treuhänder ermittelt zum 1. Juli eines jeden Jahres, um welchen Prozentsatz sich der Durchschnitt der Schadenzahlungen, welche die zum Betrieb der allgemeinen Haftpflichtversicherung zugelassenen Versicherer im vergangenen Kalenderjahr geleistet haben, gegenüber dem vorvergangenen Jahr erhöht oder vermindert hat. Den ermittelten Prozentsatz rundet er auf die nächst niedrigere durch fünf teilbare ganze Zahl ab.

Als Schadenzahlungen gelten auch die speziell durch den einzelnen Schadenfall veranlaßten Ausgaben für die Schadenermittlung, die aufgewendet worden sind, um die Versicherungsleistungen dem Grunde und der Höhe nach festzustellen.

Als Durchschnitt der Schadenzahlungen eines Kalenderjahres gilt die Summe der in diesem Jahr geleisteten Schadenzahlungen geteilt durch die Anzahl der im gleichen Zeitraum neu angemeldeten Schadenfälle.

2. Im Falle einer Erhöhung ist der Versicherer berechtigt, im Falle einer Verminderung verpflichtet, die Folgejahresprämie um den sich aus Ziff. 1 Abs. 1 Satz 2 ergebenden Prozentsatz zu verändern (Prämienangleichung).

Hat sich der Durchschnitt der Schadenzahlungen des Versicherers in jedem der letzten fünf Kalenderjahre um einen geringeren Prozentsatz als denjenigen erhöht, den der Treuhänder jeweils für diese Jahre nach Ziff. 1 Abs. 1 Satz 1 ermittelt hat, so darf der Versicherer die Folgejahresprämie nur um den Prozentsatz erhöhen, um den sich der Durchschnitt seiner Schadenzahlungen nach seinen unternehmenseigenen Zahlen im letzten Kalenderjahr erhöht hat: diese Erhöhung darf diejenige nicht überschreiten, die sich nach dem vorstehenden Absatz ergeben würde.

3. Liegt die Veränderung nach Ziff. 1 Abs. 1 oder Ziff. 2 Abs. 2 unter 5 Prozent, so entfällt eine Prämienangleichung. Diese Veränderung ist jedoch in den folgenden Jahren zu berücksichtigen.

4. Die Prämienangleichung gilt für die vom 1. Juli an fälligen Folgejahresprämien. Sie wird dem Versicherungsnehmer mit der Prämienrechnung bekanntgegeben.

5. Soweit die Folgejahresprämie nach Lohn-, Bau- oder Umsatzsumme berechnet wird, findet keine Prämienangleichung statt.

IV.

Endet das Versicherungsverhältnis vor Ablauf der Vertragszeit oder wird es nach Beginn der Versicherung rückwirkend aufgehoben oder ist es von Anfang an nichtig, so gebührt dem Versicherer Prämie oder Geschäftsgebühr nach Maßgabe der gesetzlichen Bestimmungen (z. B. §§ 40 und 68 VVG).

Endet das Versicherungsverhältnis infolge Kündigung im Schadenfalle (§ 9 Ziff. II 2), so gebührt dem Versicherer der Teil der Prämie, welcher der abgelaufenen Versicherungszeit entspricht. Das gleiche gilt im Falle der Kündigung des Versicherungsnehmers wegen Angleichung der Folgejahresprämie (§ 9 Ziff. II 1).

§ 9 Vertragsdauer, Kündigung

I.

Der Vertrag ist zunächst für die in dem Versicherungsschein festgesetzte Zeit abgeschlossen. Beträgt diese mindestens ein Jahr, so bewirkt die Unterlassung rechtswirksamer Kündigung eine Verlängerung des Vertrages jeweils um ein Jahr. Die Kündigung ist rechtswirksam, wenn sie spätestens drei Monate vor dem jeweiligen Ablauf des Vertrages schriftlich erklärt wird; sie soll durch eingeschriebenen Brief erfolgen.

II.

1. Beträgt die Prämienangleichung gemäß § 8 Ziff. III 2 vom Vorjahr zum neuen Versicherungsjahr mehr als 10 Prozent oder in drei aufeinanderfolgenden Jahren in der Addition der Veränderungsprozentsätze mehr als 20 Prozent, so kann das Versicherungsverhältnis vom Versicherungsnehmer mit sofortiger Wirkung gekündigt werden. Das Kündigungsrecht erlischt, wenn es nicht spätestens einen Monat, nachdem der Versicherungsnehmer von der Erhöhung Kenntnis erhalten hat, ausgeübt wird.

2. Das Versicherungsverhältnis kann ferner gekündigt werden, wenn von dem Versicherer auf Grund eines Versicherungsfalles eine Schadenersatzzahlung geleistet oder der Haftpflichtanspruch rechtshängig geworden ist oder der Versicherer die Leistung der fälligen Entschädigung verweigert hat.

Das Recht zur Kündigung, die seitens des Versicherers mit einer Frist von einem Monat, seitens des Versicherungsnehmers mit sofortiger Wirkung oder zum Schluß der laufenden Versicherungsperiode zu erfolgen hat, erlischt, wenn es nicht spätestens einen Monat, nachdem die Zahlung geleistet, der Rechtsstreit durch Klagerücknahme, Anerkennung oder Vergleich beigelegt, oder das Urteil rechtskräftig geworden ist, ausgeübt wird.

III.

Die Kündigung ist nur dann rechtzeitig erklärt, wenn sie dem Vertragspartner innerhalb der jeweils vorgeschriebenen Frist zugegangen ist.

IV.

Wenn versicherte Risiken vollständig und dauernd in Wegfall kommen, so erlischt die Versicherung bezüglich dieser Risiken.

§ 10 Klagefrist

Hat der Versicherer den Versicherungsschutz abgelehnt, so ist der bestrittene Versicherungsanspruch bei Meidung des Verlustes durch Erhebung der Klage binnen einer Frist von sechs Monaten geltend zu machen. Die Frist beginnt mit dem Tage, an dem der Anspruchsberechtigte durch eingeschriebenen Brief unter Hinweis auf die Rechtsfolgen der Fristversäumung davon in Kenntnis gesetzt worden ist, inwieweit sein Anspruch auf Versicherungsschutz bestritten wird.

§ 11 Anzeigen und Willenserklärungen

Alle für den Versicherer bestimmten Anzeigen und Erklärungen sind schriftlich abzugeben und sollen an die Hauptverwaltung des Versicherers oder an die im Versicherungsschein oder in dessen Nachträgen als zuständig bezeichnete Geschäftsstelle gerichtet werden. Die Vertreter sind zu deren Entgegennahme nicht bevollmächtigt.

Anlage II

Besondere Bedingungen und Risikobeschreibungen für die Produkthaftpflichtversicherung von Industrie- und Handelsbetrieben (Produkt-Haftpflicht-Modell) in der Fassung von 1986 (mit einer anderen Bezifferung teilweise abgedruckt in VerBAV 1987, 3ff.)

(Bei Vereinbarung dieser Besonderen Bedingungen und Risikobeschreibungen richtet sich der Versicherungsschutz für die Produkthaftpflicht des Versicherungsnehmers ausschließlich nach den AHB und den folgenden Bestimmungen)

1. Gegenstand des Vertrages

1.1 Der Versicherungsschutz für Schäden, die durch
a) vom Versicherungsnehmer hergestellte oder gelieferte Erzeugnisse,
b) Arbeiten oder sonstige Leistungen nach Ausführung der Leistung oder nach Abschluß der Arbeiten entstehen, richtet sich nach den Allgemeinen Versicherungsbedingungen für die Haftpflichtversicherung (AHB) und den folgenden Vereinbarungen.
1.2 Versichert ist die gesetzliche Haftpflicht des Versicherungsnehmers für Personen- und Sachschäden.
1.3 Mitversichert ist die persönliche gesetzliche Haftpflicht
1.31 der gesetzlichen Vertreter des Versicherungsnehmers und solcher Personen, die er zur Leitung oder Beaufsichtigung des versicherten Betriebes oder eines Teils desselben angestellt hat, in dieser Eigenschaft:
1.32 sämtlicher übrigen Betriebsangehörigen für Schäden, die sie in Ausführung ihrer dienstlichen Verrichtungen verursachen.
Ausgeschlossen sind Haftpflichtansprüche aus Personenschäden, bei denen es sich um Arbeitsunfälle im Betrieb des Versicherungsnehmers gemäß der Reichsversicherungsordnung handelt.

2. Versichertes Risiko

(Genaue Beschreibung des Produktions- und Tätigkeitsprogramms)

Ohne besondere Vereinbarung sind nicht mitversichert Ansprüche wegen Schäden, die durch einen von dem Versicherungsnehmer als Generalunternehmer beauftragten Subunternehmer entstehen.

3. Deckungssummen

Bis DM .... für Personenschäden (für die einzelne Person jedoch nicht mehr als.......... DM),
bis DM .... für Sachschäden je Schadenereignis.

4. Abgrenzungen und Erweiterungen des Versicherungsschutzes

Eingeschlossen sind – wobei Vermögensschäden wie Sachschäden behandelt werden – in teilweiser Abänderung von § 1, § 4 I Ziff. 1 und Ziff. 6 Abs. 3 AHB gesetzliche Schadenersatzansprüche, die aus der Herstellung oder Lieferung mangelhafter Erzeugnisse oder Leistungen einschließlich der Falschlieferung von Erzeugnissen resultieren, soweit es sich handelt um
4.1 Schäden, die an Sachen Dritter eintreten und die daraus entstehenden weiteren Schäden; oder

4.2 Schäden Dritter infolge Mangelhaftigkeit von Sachen, die erst durch Verbindung, Vermischung oder Verarbeitung der gelieferten Erzeugnisse mit anderen Produkten entstehen, und zwar

4.21 wegen Beschädigung oder Vernichtung der anderen Produkte;

4.22 wegen der für die Herstellung des Endproduktes aufgewandten Kosten mit Ausnahme des Entgelts für das mangelhafte Erzeugnis des Versicherungsnehmers;

4.23 wegen Aufwendungen, die zusätzlich wegen einer rechtlich und wirtschaftlich notwendigen Nachbesserung des Endproduktes oder einer anderen Schadensbeseitigung entstehen. Der Versicherer ersetzt die entstehenden Aufwendungen in dem Verhältnis nicht, in dem das Entgelt für das gelieferte Erzeugnis zum Verkaufspreis des Endproduktes steht;

4.24 wegen eines weiteren Vermögensnachteils, weil das Endprodukt nicht oder nur mit einem Preisnachlaß veräußert werden kann. Der Versicherer ersetzt den Schaden in dem Verhältnis nicht, in dem das Entgelt für das gelieferte Erzeugnis zu dem Verkaufspreis steht, der bei mangelfreier Lieferung für das Endprodukt zu erwarten gewesen wäre;

4.25 wegen der dem Abnehmer des Versicherungsnehmers infolge eines sich daraus ergebenden Produktionsausfalls unmittelbar entstehenden Kosten.

4.3 Kosten Dritter für die Weiterverarbeitung oder Weiterbearbeitung eines mangelhaften Erzeugnisses – ohne daß eine Vermischung, Verbindung oder Verarbeitung mit anderen Produkten stattfindet –, sofern das verarbeitete oder bearbeitete Erzeugnis unveräußerlich ist und soweit diese Kosten nicht für die Behebung des Mangels an dem Erzeugnis selbst aufgebracht werden oder sonstwie den Charakter der Nachbesserung tragen.

Kosten in diesem Sinne sind die Herstellungskosten des Dritten mit Ausnahme des Entgelts für das mangelhafte Erzeugnis des Versicherungsnehmers.

Führt die Mangelhaftigkeit des vom Versicherungsnehmer gelieferten Erzeugnisses zu einem Preisnachlaß für das Endprodukt, so ersetzt der Versicherer anstelle der Kosten den durch den Preisnachlaß bedingten Mindererlös des Dritten. Hiervon trägt der Versicherungsnehmer den Anteil, der dem Verhältnis des Entgelts für das gelieferte Erzeugnis zu dem Verkaufspreis entspricht, der bei mangelfreier Lieferung für das Endprodukt zu erwarten gewesen wäre.

4.4 Aufwendungen Dritter für Beseitigung, Ausbau, Abnahme oder Freilegung mangelhafter Erzeugnisse und für Einbau, Anbringen, Verlegen mangelfreier Erzeugnisse.

Ausgenommen hiervon bleiben die Kosten für die Nachlieferung der Erzeugnisse einschließlich Transportkosten.

Kein Versicherungsschutz besteht

a) wenn der Versicherungsnehmer die mangelhaften Erzeugnisse selbst eingebaut oder montiert hat oder in seinem Auftrag oder für seine Rechnung hat einbauen oder montieren lassen.

Dies gilt nicht, wenn der Versicherungsnehmer bei Montage durch den Besteller oder ein von diesem beauftragtes Unternehmen lediglich überwachend oder beratend – nicht als Montageleiter – tätig geworden ist und die Mangelhaftigkeit nachweislich nicht aus fehlerhafter Montage, Montageüberwachung oder Beratung, sondern aus der Herstellung oder Lieferung resultiert;

b) bei Teilen, Zubehör oder Einrichtungen von Kraft-, Luft- oder Wasserfahrzeugen.*

4.5 Schäden Dritter infolge Mangelhaftigkeit von Sachen, die durch die vom Versicherungsnehmer gelieferten oder montierten oder gewarteten Maschinen hergestellt oder bearbeitet oder verarbeitet wurden, und zwar

4.5.1 wegen Beschädigung oder Vernichtung der mittels der Maschinen hergestellten oder bearbeiteten oder verarbeiteten Erzeugnisse,

---

* Versicherungsschutz hierfür kann nur für den Kraftfahrzeugbereich und nur im Rahmen einer besonderen Rückrufkostenversicherung geboten werden.

4.5.2 wegen der für die Herstellung oder Bearbeitung oder Verarbeitung der Erzeugnisse umsonst aufgewendeten Kosten,

4.5.3 wegen Aufwendungen, die zusätzlich wegen einer rechtlich oder wirtschaftlich notwendigen Nachbesserung der mittels der Maschinen hergestellten oder bearbeiteten oder verarbeiteten Erzeugnisse oder einer anderen Schadenbeseitigung entstehen,

4.5.4 wegen eines weiteren Vermögensnachteils, weil die mittels der Maschinen hergestellten oder bearbeiteten oder verarbeiteten Erzeugnisse nicht oder nur mit einem Preisnachlaß veräußert werden können,

4.5.5 wegen der dem Abnehmer des Versicherungsnehmers infolge eines sich aus Mängeln der hergestellten oder bearbeiteten oder verarbeiteten Erzeugnisse ergebenden Produktionsausfalls unmittelbar entstehenden Kosten.

5. Auslandsdeckung

(Umfang nach besonderer Vereinbarung.)

6. Nicht versicherte Tatbestände

Nicht versichert sind

6.0 a) Ansprüche auf Wandlung, Minderung, Nachbesserung, Neu- (Ersatz-)lieferung;
b) Ansprüche aus Verzug;
c) Ansprüche wegen Nichterfüllung, soweit es sich nicht um ausdrücklich mitversicherte Mangelfolgeschäden handelt;
d) Ansprüche aus der gesetzlichen Gefahrtragung (für zufälligen Untergang und zufällige Verschlechterung);
e) Ansprüche wegen Aufwendungen in Erwartung ordnungsgemäßer Leistung (z. B. vergebliche Investitionen);

Ausgeschlossen sind

6.1 im Rahmen der Deckung gemäß Ziff. 4.2 bis 4.5:
Folgeschäden, wie z. B. Betriebsunterbrechung oder Produktionsausfall, unbeschadet Ziff. 4.2.5 und 4.5.5;

6.2 Ansprüche aus selbständigen Garantiezusagen;

6.3 Ansprüche, die daraus hergeleitet werden, daß gelieferte Sachen oder Arbeiten mit einem Rechtsmangel behaftet sind (z. B. Schäden aus der Verletzung von Patenten, gewerblichen Schutzrechten, Urheberrechten, Persönlichkeitsrechten, Verstößen in Wettbewerb und Werbung);

6.4 Ansprüche wegen Schäden gemäß § 4 II Ziff. 5 AHB;

6.5 Ansprüche gegen die Personen (Versicherungsnehmer oder jeden Mitversicherten), die den Schaden durch vorsätzliches Abweichen von gesetzlichen oder behördlichen Vorschriften sowie von schriftlichen Anweisungen oder Bedingungen des Auftraggebers herbeigeführt haben;

6.6 Ansprüche aus Sach- und Vermögensschäden durch Erzeugnisse, deren Verwendung oder Wirkung im Hinblick auf den konkreten Verwendungszweck nicht nach den anerkannten Regeln der Technik oder Wissenschaft oder in sonstiger Weise ausreichend erprobt waren.

Dies gilt nicht für Schäden an Sachen, die mit den hergestellten oder gelieferten Erzeugnissen weder in einem Funktionszusammenhang stehen noch deren bestimmungsgemäßer Einwirkung unterliegen;

6.7 Ansprüche aus
a) Planung oder Konstruktion, Herstellung oder Lieferung von Luftfahrzeugen oder Teilen für Luftfahrzeuge, soweit die Teile ersichtlich für den Bau von Luftfahrzeugen oder den Einbau in Luftfahrzeuge bestimmt waren;
b) Tätigkeiten (z. B. Montage, Wartung, Inspektion, Überholung, Reparatur, Beförderung) an Luftfahrzeugen oder Luftfahrzeugteilen,

und zwar sowohl wegen Schäden an Luftfahrzeugen einschließlich der mit diesen beförderten Sachen und der Insassen als auch wegen Schäden durch Luftfahrzeuge.

7. Zeitliche Begrenzung

7.1 Der Versicherungsschutz umfaßt die Folgen aller während der Versicherungsdauer vorkommenden Schadenereignisse, die – unbeschadet sonstiger Anzeigepflichten – dem Versicherer nicht später als drei Jahre nach Beendigung des Versicherungsvertrages gemeldet werden.
7.2 Für Schäden durch Erzeugnisse, die vor Inkrafttreten dieses Vertrages ausgeliefert wurden, besteht Versicherungsschutz nur im Falle besonderer Vereinbarung.

8. Serienschadenklausel*/Maximierung/Selbstbehalt

8.1 Mehrere während der Wirksamkeit des Vertrages eintretende Schadenereignisse
- aus der gleichen Ursache, z. B. aus dem gleichen Konstruktions-, Produktions- oder Instruktionsfehler, es sei denn, es besteht zwischen den mehreren gleichen Ursachen kein innerer Zusammenhang,
  oder
- aus Lieferungen solcher Erzeugnisse, die mit den gleichen Mängeln behaftet sind,

gelten unabhängig von ihrem tatsächlichen Eintritt als in dem Zeitpunkt eingetreten, in dem das erste dieser Schadenereignisse eingetreten ist.
§ 3 II Ziff. 2 Abs. 1 Satz 3 AHB wird gestrichen.
8.2 Die Gesamtleistung des Versicherers für alle Schadenereignisse eines Versicherungsjahres beträgt . . . .
(höchstens das Doppelte der vereinbarten Deckungssummen).
8.3 Von jedem Schaden hat der Versicherungsnehmer . . . .
selbst zu tragen, jedoch für alle Schadenereignisse einer Serie . . . .

9. Erhöhungen und Erweiterungen des Risikos

Abweichend von § 8 II Ziff. 1 AHB hat der Versicherungsnehmer wesentliche gefahrerhöhende Änderungen oder Erweiterungen des Produktions- oder Tätigkeitsprogrammes zwecks Vereinbarung neuer Prämien und Überprüfung der Bedingungen anzuzeigen. Wird eine solche Änderung oder Erweiterung nicht angezeigt, so erhöhen sich die in Ziff. 8.3 genannten Selbstbehalte in Schadenfällen, die mit einer solchen Änderung oder Erweiterung im Zusammenhang stehen, auf das Doppelte.

Anhang

Besondere Bedingungen für den alternativen Einschluß von Serienschäden in die Produkt-Haftpflichtversicherung von Industrie- und Handelsbetrieben

Mehrere Schadenereignisse
- aus der gleichen Ursache, z. B. aus dem gleichen Konstruktions-, Produktions- oder Instruktionsfehler, es sei denn, es besteht zwischen den mehreren gleichen Ursachen kein innerer Zusammenhang,
  oder
- aus Lieferungen solcher Erzeugnisse, die mit den gleichen Mängeln behaftet sind (Serie),

* Versicherungsschutz für Serienschäden kann alternativ auch im Rahmen der „Besonderen Bedingungen für den Einschluß von Serienschäden in die Produkt-Haftpflichtversicherung von Industrie- und Handelsbetrieben" gewährt werden; vgl. Anhang.

gelten unabhängig von ihrem tatsächlichen Eintritt als ein Schadenereignis und in dem Zeitpunkt eingetreten, in dem das erste dieser Schadenereignisse eingetreten ist.

Teilweise abweichend von § 1 Ziff. 1 AHB bezieht sich die zeitliche Geltung des Versicherungsschutzes ausschließlich auf Schadenereignisse solcher Serien, deren erstes Schadenereignis während der Wirksamkeit der Versicherung eingetreten ist, aber auch auf alle Schadenereignisse dieser Serien.

§ 3 II Ziff. 2 Abs. 1 Satz 3 AHB wird gestrichen.

Sachregister

Die fetten Zahlen bezeichnen die §§, die mageren Zahlen die Randnummern.

Sachregister

Sachregister

Sachregister

Produkthaftungshandbuch
Band 2

(Erscheinungstermin: Frühjahr 1990)

Das Erscheinen des zweiten Bandes ist von der Verabschiedung des Produkthaftungsgesetzes abhängig, die zum Zeitpunkt der Drucklegung von Band 1 immer noch nicht absehbar war.

Es sind folgende Beiträge in Band 2 vorgesehen:

Nationales Recht:

Prof. Dr. Uwe Diederichsen, Göttingen:	Produkthaftungsgesetz (systematische Darstellung)
Prof. Dr. Uwe Diederichsen, Göttingen:	Die Produkthaftung nach dem Arzneimittelgesetz
Prof. Dr. Peter Marburger, Trier:	Die Regeln der Technik
Prof. Dr. Peter Marburger, Trier:	Qualitätssicherung und Gerätesicherheitsgesetz

Internationales und ausländisches Recht:

RA Prof. Dr. Rolf Schütze, Stuttgart:	Internationales Verfahrensrecht
RA Dr. Harro Wilde, Stuttgart:	Internationales Privatrecht
RA J. M. Barendrecht, Den Haag:	Produkthaftungsrecht der Niederlande
RA David Debusschere, San Francisco/ RA Francis Hare Jr, Birmingham, Al.: (Übersetzt von RA Dr. Ekkehard Kretschmar, Hamburg)	Product liability and discovery problems in the United States
Prof. Dr. Willibald Posch, Graz:	Die Produkthaftung in Österreich (mit dem Bundesgesetz vom 21. 1. 1988)
Prof. Dr. Willibald Posch, Graz:	Produkthaftungsrecht in der Schweiz
Prof. Dr. Willibald Posch, Graz/ Dr. Fabio Padovini, Trieste:	Produkthaftungsrecht in Italien
RA Ulrich Rohs, München/Paris:	Produkthaftungsrecht in Frankreich
RA Dr. Volkart Triebel, Düsseldorf:	Produkthaftungsrecht in Großbritannien